C. 584
X.C.3.

VETERUM SCRIPTORUM ET MONUMENTORUM

HISTORICORUM, DOGMATICORUM, MORALIUM, AMPLISSIMA COLLECTIO.

TOMUS VI.

COMPLECTENS PLURES SCRIPTORES HISTORICOS DE VARIIS ORDINIBUS RELIGIOSIS, ANTIQUA MARTYROLOGIA NONNULLA, CUM QUIBUSDAM SANCTORUM ACTIS.

Prodiit nunc primùm studio & opera Domni EDMUNDI MARTENE, *& Domni* URSINI DURAND, *Presbyterorum & Monachorum Benedictinorum è Congregatione S. Mauri.*

PARISIIS,
Apud MONTALANT, ad Ripam PP. Augustinianorum, prope Pontem S. Michaëlis.

M DCC XXIX.
CUM PRIVILEGIO REGIS ET SUPERIORUM PERMISSU.

PRÆFATIO
IN TOMUM SEXTUM.

D illustrandam historiam ecclesiasticam nihil conducit magis quam diligens & accurata rerum monasticarum indagatio, & qui huic maxime studio incumbunt, eos operam suam collocare utilius non posse existimo. Nam ut taceam quæque virtutum omnium specimina e monasteriis, veluti ex divino quodam thesauro, prodiisse, atque etiamnum quotidie prodire; ibi castra Dei esse, strenuosque Christi milites, quibus dignus non erat mundus, ibi in acie stare adversus potestates tenebrarum harum, quid in ecclesia, ex quo Christiano orbi illuxit ordo monasticus, præclare gestum aut constitutum memoratur, cujus participes non fuerint monachi, quodque eorum maxime studiis & laboribus jure ascribi non possit? Monachorum maxime opera eversa passim est varia idolorum superstitio, confutatæ hæreses, extincta schismata, disciplina instaurata, corrupti hominum mores ad meliorem frugem adducti, omnia denique propemodum renovata, & suus ecclesiæ splendor plane restitutus. Plerasquę sedes monachi sæpe cum laude occuparunt, neque ullam pene invenias, quæ non plures prædicet antistites cum sanctitate, tum doctrina celeberrimos. Quid de Romana dicam? Jam si quid egregie pieque scriptum circumfertur, nonne id fere e monasteriis exiisse constat? Pleraque concilia & cetera decreta ecclesiastica a monachis potiorem partem aut constituta, aut digesta, vel certe eorum studio industriaque, ut alia præclara quæque monimenta, conservata, ad nostram memoriam pervenere. Monachos etiam & abbates ad respublicas & regna quandoque procuranda e solitudinibus abductos fuisse testis est Sugerius & Matthæus abbates S. Dionysii, viri sane clarissimi; testis in Germania Wibaldus Stabulensis & Corbeiensis abbas, & alii plurimi, quorum sapiens administratio principibus & populis æque accepta fuit, & maxime utilis.

Quibus attente consideratis, cum primus hujus collectionis scopus sit historia ecclesiastica, ut jam sæpe declaratum est, alicujus operæ pretium existimavimus, aliquas in hunc tomum historias monasticas, hocque ordine congerere. Primo loco historiæ proferuntur religiosorum ordinum cum generales tum singulares. Succedunt aliquot monasteriorum annales antiqui, quos demum nonnulla sanctorum monachorum acta certo ordine excipient.

Et ne quid hic operæ nostræ desideretur, ad illustrandos quos promimus

PRÆFATIO.

scriptores rerum monasticarum, indagare est animus religiosorum ordinum seu societatum undecimo & duodecimo sæculo exortarum præclaras origines, simulque vel hac exigua disquisitione ostendere, potiorem hanc historiæ ecclesiasticæ partem necdum satis accurate tractatam fuisse.

§. I.

De religiosis ordinibus seu congregationibus sæculo XI. *&* XII. *exortis.*

I. De origine Camaldulensium.

2. De variis undecimi & duodecimi sæculi ordinibus religiosis cum tractare instituimus, primus se nobis obtulit sanctus ordo Camaldulensis, cujus auctor fuit beatus Romualdus, multorum cum cœnobitarum tum eremitarum pater. Is nomen primum dederat inter monachos nigros Classensis monasterii prope Ravennam; deinde post varias cum in Italia tum in Gallia mutationes locorum, novum sub regula S. Benedicti duplexque vitæ genus eremitis ac cœnobitis instituit. Quo autem præcise anno non facile est definire. Nam si ejus ordinis exordium ab eo repetas tempore, quo Classensis monasterii regimen abdicavit, id circa Christi annum millesimum factum videtur: si vero ab eo tempore quo Campi Malduli solitudinem incolere cœpit, id anno millesimo duodecimo contigisse tradunt vulgo auctores Camaldulenses, qui locum a Maldûlo quodam cive Aretino S. Romualdo concessum volunt, unde & Campus Malduli & præcisâ syllabâ, Camalduli nomen loco inditum est. At si chartas & instrumenta Camaldulensis eremi consuluissent, aliam plane iniissent sententiam. Locum enim illum qui in diplomate Henrici I. imperatoris dicitur Campus Amabilis, ad Aretinam ecclesiam pertinuisse vidissent, eumque tunc non a Maldulo occupatum, sed a *Bernardino* Sidoniæ filio aut patre ejus, qui illum ab ecclesia S. Donati, id est Aretina tenebant. Traditum vero fuisse Romualdo a Theobaldo Aretino antistite constat ex ejus instrumento anno 1027. Petro priori sacræ Eremi Camaldulensis dato, & ex aliis pontificum Aretinorum diplomatibus, præsertim Azonis, Constantini, Galterii, Gregorii, qui omnes Romualdum una voce asserunt locum a Theobaldo episcopo accepisse. Cum autem Theobaldus creatus fuerit episcopus anno MXXIII. hinc Mabillonius, qui sacræ Eremi chartas & instrumenta apud Fontem-bonum asservata lustraverat, Camaldulensis ordinis initium ante hunc annum collocandum esse non censet. Hanc tamen eremum cum discipulis suis Romualdus aliquot ante annis incolere potuit, quam sibi traderetur.

3. Porro cum quinque tantum cellas ibi erexisset, sic sensim numero accrevere, ut teste Guillelmo episcopo Aretino, ad octo & viginti sæculo decimo tertio assurgerent, ex quibus quatuor & viginti supererant anno M.CCCC.XXXII. tempore Hieronymi de Praga monachi Camaldulensis. Modo vero sacra Eremus cellas habet XL. qui numerus ex multo tempore finitus, nulla accessione augetur. Quamvis autem vita & instituto differant inter se eremitæ & cœnobitæ, eumdem utrique præpositum generalem, eumque perpetuum ab ipso ordinis exordio habuere, ex cœnobitis quidem ipsis assumtum, sed qui apud eremitas agere teneretur. At his quærentibus multa subinde incommoda ex præposito perpetuo nasci, jugum ejus cum sæpe excutere tentarunt, tum potissimum sub Ambrosio, quem adeo ab his exagitatum reperimus, ut olim crederent *certi aliquid* de eo amovendo se a summo pontifice impetrasse, eumque revera *pro abrogato* habuerint. Quo quidem comperto Ambrosius, *Non me terrent hæc*, inquiebat, *attestante mihi conscientia nihil a me gestum perperam, cujus gratia sim abrogandus.* Et certe multis jam pro sede apostolica obitis laboribus, majori apud pontificem auctoritate valebat, quam ut his terreri ullo modo posset. Longe acrio-

Amb. epist. l. 13. ep. 14.

rem in Petrum Delphinum procellam excitarunt Eremitæ, fulti auctoritate celeberrimorum inter eos virorum Justiniani & Quirini, qui exacto vix sex mensibus eremiticæ vitæ tirocinio, strictiori huic disciplinæ sese ardenti studio addixerant. Hi negotium in Romana curia tam diligenter prosecuti sunt, ut duo statim adversus eum diplomata, alterum a Julio II. alterum a Leone X. reportarint, nequicquam obsistente Delphino, atque eorum conatus elidere satagente; eoque res processit, ut ipsi demum pontifex archiepiscopi titulum & dignitatem obtulerit, cum pensione annua ccc. aureorum ab eremitis ipsis numeranda, facta etiam ipsi potestate Florentiam ad quod maxime liberet ex tribus ordinis monasteriis demigrandi, certamque ibi figendi sedem; aut si ita mallet, archiepiscopi suffraganei, ut vulgo vocant, munus eadem in urbe & diœcesi exercendi. Oblatos sibi titulos acceptandos non censuit vir modestissimus, ingravescentem prætexens ætatem, quæ manumissionem a laboribus postulare videbatur. Romam profectus pontificis aditum sibi præclusum reperit, frustraque tentavit sæpius adire palatium, denegato sibi ex industria a cubiculariis ingressu. Tandem post multas altercationes hinc inde habitas, ordinis sui præfecturam dimittere coactus, in S. Benedicti hospitium prope Florentiam secessit, retenta sibi annua pensione trecentorum aureorum. Quæ quidem omnia minus hactenus nota pluribus exequitur ipse Petrus Delphinus epist. 139. tom. 3. hujus collectionis, quæ non frustra consuletur. Ceterum tres vigent in Italia Camaldulensium eremitarum congregationes, sacræ Eremi, Veneta, & Montis-Coronæ, præter Gallicanam, in quibus angeli non homines conversari videntur.

Pet. Delphini epist. 139.

4. Eodem fere tempore quo Camaldulenses, novi in Italia Fontis-Avellanæ eremitæ exorti sunt, hoc fere uno ab illis differentes, quod bini & bini in cellis degerent, atque etiam præter ceteras corporis macerationes utrisque communes, flagellorum, seu, ut vocant, disciplinarum usum invexerint. Sita est solitudo Fontis-Avellanæ in Umbria, ad radices Montis-Catriæ, in diœcesi Faventina, cujus fundator dicitur Ludolphus episcopus Eugubinus, Germanus natione. De fundationis anno non sibi constat Mabillonius. Nam in præviis observationibus ad vitam S. Petri Damiani, qui præcipuum ejus instituti ornamentum fuit & strenuissimus propagator, Fontis-Avellanæ initia ad annum M. refert; in annalibus vero fundatam ait anno MXIX. sub titulo S. Crucis, quam sententiam ideo præferimus, quod junior esset anno millesimo Ludolphus, quam ut huic operi posset animum adjungere, cum anno solum MLXIII. e vita excesserit.

II. De congregatione Fontis-Avellanæ.

5. Hujus vero congregationis instituta paucis his verbis exsequitur Johannes, Petri Damiani discipulus, in ejus vita. *Porro loci hujus institutio hujusmodi fore dignoscitur, quod bini divisis cellulis commorantes, diu noctuque in spirituali luctamine, velut in acie consistentes, brachia non remittebant. Inexpugnabilibus namque psalmodiæ, orationis, lectionis, abstinentiæ, obedientiæque armis accincti, adversus aëreas potestates infœderabiliter dimicabant. Abstinentiæ vero modus hic erat, ut quatuor in hebdomada diebus pane & aqua contenti, tertia & quinta feria pauxillum leguminis sumerent, quod videlicet singuli in suis cellulis decoquebant. Jejuniorum vero diebus nequaquam pro suo libitu cuiquam de suo pane sumere licebat, sed id quod præfixa mensura præbebat. De vini usu quid memorem? Cum nisi pro sacrificio, seu forsitan pro ægro, vinum ibidem tunc prorsus deesse feratur. Nec dipedalia passim per eremum cunctis temporibus exercebant. In cellis vero nec caligas induebant. Ceteris autem spiritualibus exercitiis, disciplinæ videlicet, metaneis, palmatis, prolixis ulnarum extensionibus, sedulo prout cuique fervor virtusque inerat, incumbebant. Porro vigiliarum hunc morem servabant, ut signo temporis personante, post synaxim psalterium ante lucem complerent.*

iv *PRÆFATIO.*

Act. SS. ord. S. Benedicti sæc. 6. tom. 2. p. 443.

6. Ad jejunia quod attinet, paulum differt a Johanne S. Petrus Damiani in vita S. Dominici Loricati, hancque in ejus eremo servatam ait legem abstinentiæ, *Ut numquam vinum biberent, numquam adipe alimenta condirent, unum in Dominica, sed & quinta feria pulmentum sumerent, quinque per hebdomadam diebus pane & aqua jejunium celebrarent.* Ubi vides quinque per hebdomadam jejunia in pane & aqua, cum quatuor tantum commemoret Johannes in vita S. Petri Damiani. De silentio vero, quod potissimum est vitæ religiosæ firmamentum, hæc paulo post subdit Petrus: *Tenebant autem per totam hebdomadam districta censura silentium, quod utique Dominica die post vesperam, cibumque solventes, habebant loquendi invicem usque ad completionis officium libertatem.*

Opusc. 15. c. 6.

7. Tantam vitæ austeritatem ipse Petrus Damiani, creatus Fontis-Avellanæ præpositus, nonnihil emollivit; considerataque aliquorum fratrum imbecillitate, modici vini usum extra tres ante Paschæ, S. Johannem, & Natalem Domini quadragesimas, quo tempore & vino & pisce tam monachi quam laici, seu conversi abstinebant, indulsit. Flagellorum vero, seu

Lib. 6. epist. 84.

disciplinarum legem scribens ad eremitas his temperavit modis: *Adhibito discretionis moderamine, constituimus ut ad disciplinam sibimet ingerendam nullus in eremo compellatur. Quem vero sanctus ad hanc fervor impellit, per quadraginta psalmos in unoquoque die disciplinam sibi facere liceat, ita dumtaxat, ut quadragenarium hunc numerum non excedat. In duabus autem quadragesimis, quæ videlicet Natalem Domini & sacrosanctum Pascha præcedunt, usque ad sexaginta psalmos cum disciplina procedere liceat.*

8. Cumque pauci admodum studio ferveant vitæ austerioris, ac plerumque usu veniat, ut firmiora religiosarum societatum instituta, fratrum frequentia & multitudine remittantur ac dilabentur, idem Petrus Damiani eremitarum numerum ibi videtur determinasse opusculo 14. *In hoc nempe loco,* inquit, *qui Fons-Avellana dicitur, plerumque viginti plus minusve monachi per cellulas degimus, ut omnes simul in conversis & famulis tricenarium quintum numerum vix excedamus.* At in Luceoli eremo, quam tot tamque horrendis corporis macerationibus illustravit S. Dominicus Loricatus, cum erectæ tradantur cellæ octo & decem, certum est ibidem eremitas sex & triginta districtissime vixisse, binis videlicet, ut dictum est, unaquaque cella attributa.

Vita Petri Damiani n. 19.

9. Præter Fontis-Avellanæ & Luceoli eremos, quinque alias Petrus Damiani instituit. Unam in Camerina diœcesi, aliam ad montem Pregium in territorio Perusino, in qua & cellam, quam B. Romualdum ferebant incoluisse, invenit. Tertiam in comitatu Ferentino, in loco dicto Gamonium; quartam huic vicinam, dictam Aceratam. Quintam denique in territorio Ariminensi, loco qui Murcianum appellatur. Quamdiu viguerit apud illos eremitas disciplinæ observatio, haud satis liquet: at quæ est rerum humanarum vicissitudo, adeo defecerat sæculo XIV. restincto penitus fervore illo pristino de quo superius dictum est, ac deploratis pene omnibus, ut sancta hæc societas, cujus tam illustris origo fuerat, plane sit rescissa, anno Christi MDLXX. aggregatis ejus monasteriis celeberrimæ Camaldulensium congregationi S. Michaëlis de Murano.

III. De ordine Vallis-Umbrosæ.

10. Non procul a sacra Eremo Camaldulensi situm est monasterium Vallis-Umbrosæ, quod alterius est religiosi ordinis sub regula S. Benedicti militantis caput. Ejus auctor Johannes Gualbertus, relicto S. Miniatis monasterio, in quo se Deo devoverat, in solitudinem diœcesis Fesulanæ perfectionis vitæ studio secessit, in locum Aquam-bellam dictum, quicquid in contrarium afferat vitæ ejus scriptor Atto, qui secessus ejus causam in Uberti abbatis S. Miniatis, & episcopi Florentini, simoniam refundit. Nam præterquam

PRÆFATIO.

terquam quod Lambertum & Athonem eo tempore antistites Florentinos, cum ab omni simoniacæ labis suspicione immunes, tum sanctissimos fuisse contendit, & demonstrat Mabillonius, constat Lambertum a Petro Damiano in epistola ad Alexandrum papam II. egregie laudatum, monasticam vitam, abdicato episcopatu, amplexum esse; alterum vero, Athonem, in Italia sacra dici, *Præsulem æterna memoria dignum.*

11. Prius vero quam Vallem-Umbrosam attingeret Johannes Gualbertus, Camaldulum, diversis peragratis locis, cum socio advenit, ibique multis exactis diebus, cum religiosorum abstinentiam & conversationem prorsus angelicam stupens admiraretur, a Petro Dagnino sacræ Eremi priore, qui ipse utriusque ardorem suspiciebat, benigne invitatus fertur, ut posito tandem modo illis itineribus, secum eo quo capiebatur bono perfrui vellet, ac *renuisse penitus, quia fervor ejus in cœnobiali vita tantum erat.* Indeque ad Vallem-Umbrosam progressus, sedem, reperto ibi loco apto, in nomine Christi firmare decrevisse; tum vero congregatis aliquot discipulis, & favente Itta S. Hilarii abbatissa, cujus juris erat ille locus, celeberrimum tota Italia monasterium construxisse, cujus basilicam Rodulphus Paterbornensis episcopus, jussu Conradi imperatoris, consecravit, vacante sede Fesulana.

12. Si fides sit Elioto, Johannes ibi primum eremiticas cellas erexit: verum huic repugnant opinioni scriptores ordinis, qui omnes una voce asserunt eum solo *vitæ cœnobiticæ desiderio* Camaldulensi eremo demigrasse. Alioquin si eremiticam vivendi rationem ambiisset, quidni illic remaneret, ubi & vasta solitudo, & vitæ genus durissimum; ubi eximia & perpetua exempla religionis & sanctitatis, ubi denique omnia proposito ejus convenire, ipsum invitare & allicere videbantur. Si quis vero hic objiciet, vestigia quædam cellarum eremiticarum in antiqua Vallis-Umbrosæ delineatione superesse, is attendat velim, singulare eremi certamen fratribus diuturna monasterii probatione exercitatis facile permitti potuisse ex regula, ut revera olim permissum est Petro ejusdem ordinis eremitæ, *qui vitæ secretioris studio ductus, cum bona superiorum suorum venia in Verniensi territorio silvas secedens, tuguriolum sibi ædificavit.* [Apud Boll. 12. Julii.]

13. Jam vero Johannis Galberti secessum in Vallem-Umbrosam, consignat Mabillonius ad annum Christi MXXXIX. quo nimirum anno ipsi Itta abbatissa sociisque ejus Bellam-aquam, facta solemni donatione, concessit. Extat apud Ughellum donationis diploma, in quo sic illa loquitur: *Quosdam viros de S. Miniatis monasterio, quos vobis bene notos credimus, in eremo quæ Vallis-Umbrosa vocatur, sicut vos scitis, suscepimus, in loco qui dicitur Aqua-bella.... qui melioranda vita gratia cœnobium, quod multa populositate frequentabatur, relinquentes, in loco solitario vitam sanctam actitare maluerunt.* Et paulo post narrat quomodo Conradus imperator, audita sancta eorum conversatione, Rodulfum Paterbornensem episcopum miserit ad consecrandum novi monasterii oratorium. Ex quibus colligimus Johannem sociosque ejus hanc in solitudinem paulo ante advenisse, siquidem oratorium & cetera monasterii ædificia jam construxerant.

14. Quale autem esset illud oratorium paucis Atto explicat in vita S. Johannis. *Manserunt ibi multo tempore ligneum habentes tantummodo parvulum oratorium.* Si tam tenuis esset domus Dei, tamque exigua, qualia erant fratrum tuguria? Certe multo humiliora, ut par erat, & longe angustiora, quippe religiosæ paupertatis observantissimus Johannes, vel mediocres pauperum suorum discipulorum casas ferre vix poterat. Et testes sunt illæ ædes paulo ampliores, ut sibi videbatur, quæ Deo annuente precibus ejus & votis eversæ sunt funditus. Nec lautior erat mensa servorum Dei.

Eadem ubique tenuitas cibi & potus; vestes non modo viles & incultas, sed & asperas *adeo diligebant, ut cilicina tunc veste uterentur. Quam* tamen *nemo ferre cogeretur invitus, nec ad ferendum volens prohiberetur.* Ad colorem quod attinet, *idem pater de ovium suarum varia lana jussit pannum promiscuum fieri, cujus designatione specialius nosceretur quicumque de schola* Spicil. tom. *tanti patris existeret.* Hinc forte Anselmus episcopus Havelbergensis, ait 13. monachos Umbrosæ-Vallis *a ceteris qui vocantur monachi, novo ordine & novo habitu esse differentes.* Porro habitus ille ab initio ferruginei fuit coloris, nec ante annos centum & quinquaginta in nigrum est conversus. His accedebat strictior regulæ observatio. Nemini ne extra claustri quidem fines efferre pedem licebat, *non patiebatur* Johannes nocte dormitorium *esse sine lumine, dicens; Levius esse ferendum oratorium sine lumine esse quàm dormitorium, si egestas utrumque non sineret.*

15. Fratres exterioribus operibus addictos, quos vulgo appellamus conversos, libenter admittebat; qui quidem *fere nihil a monachis distabant, extra vestium qualitatem & silentium, quod exterius occupati nequibant plenius observare.* Nec enim quemquam ceteris potiorem habebat, nisi forte eum qui ceteris humilitate præstaret. Unde dignitatum titulos, divitias, aliasque hujusmodi pompas, huic potissimum virtuti contrarias abhorrebat; ac si quis dives, aut nobilis, aut quovis nomine insignis e procellosa sæculi voragine elapsus, ad placidissimam Vallis-Umbrosæ stationem accederet, cùm mundanis pompis ante exui peroptabat, nudos & pauperes lubentius admittens. Aut si quid forte ad sublevandam loci egestatem conferri sineret, cavebat ante omnia ne heredum detrimento foret. Quamobrem audito olim novicium aliquem patrimonium suum spoliatis heredibus monasterio alicui delegasse, continuo totus infremuit, ac zelo accensus locum subiit, arreptoque donationis instrumento, & frustatim scisso ac dilaniato, cœnobio est dira imprecatus.

16. Ceterum instituta apud Umbrosam-Vallem vivendi norma non in Italia solum propagata est, sed & in Galliam a venerabili Andrea, Vallis-Umbrosæ priore & primo abbate Casalis Benedicti in pago Biturico, (quod monasterium multarum cellarum caput, celeberrimæ congregationi nomen dedit,) invecta lætissimos fructus edidit. De quo Andrea hæc pauca Odericus Vitalis lib. 8. Historiæ suæ. *Eodem tempore venerabilis Andreas de Valle-Bruciorum monachus effloruit, & in Bituricensi pago monasterium, quod Casale Benedicti nuncupatur, construxit, & discipulos in magna paupertate & continentia Deo famulari docuit. Hic erat genere Italus, litterarum eruditione plene instructus, & lucrandis animabus per ejus gratiam idoneus.* Extant de ejus obitu litteræ encyclicæ Spicilegii tomo 2.

IV. De origine canonicorum regularium. 17. Ab Italia transeo in Galliam, in qua perplures XI. & XII. sæculo exortæ religiosorum societates, incredibilem universæ ecclesiæ splendorem intulere. Primus omnium occurrit celeberrimus ordo canonicorum regularium, de cujus origine auctores inter se non consentiunt, quibusdam ad apostolos ipsum referentibus, aliis ad S. Sylvestrum & ad Urbanum papam, pluribus ad sanctum Augustinum, nonnullis ad Chrodegangum episcopum Metensem, quem revera canonicis regulam contexuisse constat; aliis denique ad celeberrimum concilium Aquisgranense anno DCCCXVI. habitum sub Ludovico Pio, cujus concilii jussu & auctoritate Amalarius diaconus, alteram regulam ex sanctorum patrum dictis compilavit, in omnibus deinceps primariis, seu cathedralibus & collegiatis ecclesiis observandam. At qui sanum sapiat, nullam ex his opinionem admittet: non primam, quæ nullo solido fundamento nititur, cum planè sit inauditum aliquam religiosorum societatem tempore apostolorum institutam fuisse. Non secundam, quæ nullam ex falsis decretalibus veritatis umbram haurire potest; non tertiam, quia clerici sub sancto Augustino in communi viventes, nullis votis astringebantur, sicut nec hi qui Chrodegangi aut Aquisgranensium patrum regulam susceperant. Tardius igitur canonici regulares, nec ante undecimum sæculum in ecclesia orti videntur, cum aliunde scribat Abaelardus, auctor XII. sæculi, eos recentis esse instituti.

18. His igitur ultro annuimus, qui canonicorum regularium initium ad annum referunt millesimum trigesimum octavum, quo quatuor canonici ecclesiæ Avenionensis, Arnaldus, Odilo, Pontius & Durandus, vitæ religiosæ studio accensi, in solitudinem se recepere, favente Benedicto episcopo, qui ipsis sanctorum Justi & Rufi ecclesiam concessit. Et quia canonicis prius adscripti fuerant, quam monasticis se institutis addicerent, ab omnibus deinceps appellati sunt Canonici Regulares. Quorum exemplo innumeri cum canonici & clerici, tum etiam laïci, eorum vivendi rationem amplexi, passimque effusi, quamplurima monasteria, eaque fere in vastis solitudinibus erexere, a monachis solo nomine differentes. Ex quibus demum conflata est S. Rufi congregatio percelebris, quæ brevi palmites suos, instar proceræ & saluberrimæ arboris, in agro Dominico protendens ad primas sedes seu ecclesias cathedrales, depravatos canonicorum mores ad meliorem frugem convertit & reformavit.

19. De regula quam sibi primum observandam duxerunt, nihil hactenus legi; at similius est vero eos statim regulam patrum Aquisgranensium sibi imposuisse. Nec sane aliam in ecclesia Avenionensi, quæ huic novo instituto se statim addixit, fuisse observatam, colligi facile potest ex bulla Urbani II. data anno 1096. in qua canonici *per divinam gratiam aspirati, mores suos sub regularis vitæ disciplina coërcere, & communiter secundum sanctorum patrum institutionem omnipotenti Deo deservire* dicuntur. Simili modo de Caturcensis ecclesiæ canonicis loquitur idem pontifex, cujus bullas in nova Gallia Christiana videre licet. Atque hanc nostram opinionem confirmat antiqua formula professionis canonicorum quæ extat in antiquo pontificali ecclesiæ Conchensis in Hispania, hactenus asservato in bibliotheca Majoris-monasterii prope Turones, estque hujus tenoris: *Ego frater ill. regulam a sanctis patribus institutam, Deo juvante, servare promitto, & propter vitæ æternæ præmium humiliter militaturum me subjicio in loco qui consecratus est in honore S. Mariæ genitricis Dei, vel in alterius sancti N. & aliorum sanctorum, in præsentia N. civitatis ill. episcopi. Promitto etiam huic sedi rectoribusque ejus semper obedientiam, & stabilitatem, & conversionem morum meorum coram Deo & angelis ejus, secundum præcepta canonum.* Postea vero regulam S. Augustini, seu eximiam illam ad sanctimoniales epistolam, olim 109. nunc 211. sibi pro vitæ norma adoptarunt, adjectis etiam variis constitutionibus, plerumque adscitis ex S. Benedicti regula, in quibus præscripta omnibus abstinentia a carnibus, exceptis ægrotis; jejunium a festo exaltationis S. Crucis ad Pascha; singulis diebus certisque horis opus aliquod indictum, cum ad victum comparandum, tum ad frangendos animi motus, & refrænandam carnis petulantiam; nocturnæ vigiliæ institutæ, & pleræque aliæ monasticæ asperitates. Sed humilitatis, quæ propria est monachorum virtus, studiosissimi, ne pedum quidem pontificium aliaque dignitatis suæ ornamenta abbates in ecclesia gestabant; plerique etiam abbatis titulum respuebant; solo prioris aut præpositi nomine contenti. Quod quidem in Vallis-Scholarium congregatione & pluribus antiquioribus monasteriis olim modeste usurpatum Windeshemenses, instituti sui in multis tenaciores, hodie adhuc retinent; solosque præpositos se habere dicunt.

Tom. 1. in append. pag. 31. & 141.

V. De origine Grandimontensium.

20. Sequitur ordo Grandimontensis, de cujus exordio auctores qui hactenus tractarunt, ex eodem fonte omnes videntur hausisse, nempe e vita S. Stephani ejusdem ordinis institutoris, scripta a Gerardo VII. priore Grandimontensi, qui anno octogesimo octavo supra millesimum & centesimum, hoc est quarto & sexagesimo a pii patris exitu, successit Guillelmo de Trinhaco VI. priori. Hic igitur primo ponit beatissimum Stephanum, nobilis viri Stephani vicecomitis Thiernensis filium, anno ætatis duodecimo Barium, ad limina S. Nicolai cum patre religionis ergo profectum, ac Beneventi aliquo morbo correptum, Miloni ejusdem urbis antistiti, ejusque populari, & fortasse etiam propinquo, ad confirmandam valetudinem relictum esse, ab eoque detentum annis duodecim. Tum vero mortuo Milone Romam contendisse, expleto anno ætatis XXIV. ibique totum quadriennium apud aliquem e sacro ecclesiæ senatu agentem, facultatem a Gregorio VII. obtinuisse novi instituendi ordinis ad normam sanctorum Calabriæ eremitarum, quos a Milone commendari audierat: ac demum in Gallias reversum anno ætatis trigesimo, apud Muretum quarto ab urbe Lemovica lapide, ordinis sui fundamenta in vasta solitudine jecisse.

21. Verum tot tricis totque ambagibus involvitur qualiscumque hæc narratio, ut nodum Gordium vere dixeris, aut labyrinthum, quo nemo se expedire nisi ægre admodum possit. Nam quod ait Gerardus, Stephanum anno ætatis duodecimo Barium ad visitanda S. Nicolai limina adiisse, adeo procul abest a vero, ut nec tum, nec postea quidem aliquanto delatæ sint Barium S. Nicolai reliquiæ, sed quod plane norunt omnes, pluribus post annis. Nec verius est quod de Milone archiepiscopo subjicitur, quem nec integro biennio, nedum annis duodecim Beneventanæ ecclesiæ præfuisse certum est, ut colligitur ex brevi chronico Beneventano apud nos ms. in quo ejus episcopatus initium his verbis consignatur: anno MLXXIV. *electus est domnus Madalvinus & consecratus in abbatem S. Sophiæ a domino papa Gregorio, & Milo fuit archiepiscopus.* Deinde anno sequenti nuntiatur ejus e vita exitus, ac demum additur anno MLXXVI. *Rofredus fuit archiepiscopus.* Quæ aliqua ex parte confirmat Ughellus tom. 9. Italiæ sacræ, ubi in serie archiepiscoporum Beneventanorum, Milonis diploma in gratiam S. Sophiæ adducit, datum anno MLXXV. *Primo anno*, inquit Milo, *nostri episcopatus.* Ac ne qua suboriretur suspicio diplomatis notam chronicam vitiosam esse, ibi probat Ughellus Ancellum Milonis decessorem, sedisse anno 1074. atque adeo nec annis duodecim sedere potuisse Milonem. Quod addit Gerardus Stephanum Romæ apud quemdam e sacris senatoribus quatuor a Milonis morte annos habitasse, id vero conciliari vix potest cum plerisque domesticis scriptoribus tradentibus passim ipsum anno sexto & septuagesimo supra millesimum ordinis sui fundamenta posuisse. Nam Milo anno solum præcedenti obivit mortem, ut modo probavimus. Si igitur Romæ quatuor post Milonis mortem annos cum cardinali egerit Stephanus, & reversus in patriam anno ætatis trigesimo, se in solitudinem receperit, restat ut ordinis sui fundamenta non anno millesimo septuagesimo sexto posuerit, sed anno MLXXXI. Præterea Calabri illi eremitæ ad quorum normam Stephanus ordinem instituere meditabatur, ultimæ antiquitati ignoti videntur, & quæ de ipsis referunt solis conveniunt Cartusianis, qui quidem Calabriam, sed longo post tempore incoluere, sub Urbano nimirum secundo, qui S. Brunoni ad se advocato, & statim secessum ab urbanis fluctibus ardentissime petenti, locum desertum in Calabria indulsit.

22. Superest hic discutiendum an Stephanus ordinis instituendi facultatem a Gregorio VII. impetrarit, ut tradit Gerardus, & suadere videntur quædam ejus pontificis litteræ anno primo ejus pontificatus datæ atque editæ

PRÆFATIO.

a Mabillonio in præfat. ad tom. 2. Sæc. VI. Ben. ex schedis Francisci Escouvetæ monachi Cælestini, qui eas e prioratu de Francorio acceperat, historiæ suæ Grandimontis inserendas. Quibus nimirum litteris Stephano reipsa annuitur, uti ordinem ad normam *fratrum nostrorum Benedictinensium de Calabria* fundet & constituat. Verum bullas illas idem qui ediderat Mabillonius, ubi paulo attentius est perscrutatus, ut nothas rejecit, simulque aperte in Annalibus suis, palamque ea retractavit, quæ olim earum occasione astruxerat.

23. Et vero tot præ se ferunt falsi indicia, tot nævos totque errores exhibent, ut prodire numquam debuissent. Primo observat Mabillonius eas *non omnino sapere stilum cancellariæ*, quo quidem uno suspectæ valde sunt, nec facile admittendæ. Sed non minus earum obest sinceritati solemnis hæc atque alias tam frequenter usurpata inscriptio, *Gregorius servus servorum Dei*, quæ plane est insolens in omnibus Gregorii VII. diplomatis, ante ejus ordinationem, anno sequenti die Purificationis celebratam, datis, cujusque loco hæc semper apponi solebat, *Gregorius in Romanorum pontificem electus*. Aut si forte illa usquam occurrat, non certe ante calendas Julii, neque prius occurrit quam Henricus imperator electioni ejus assensum præbuit. His adde aliud inscriptionis vitium: *Salutem & apostolicam benedictionem*, & *Ad perpetuam rei memoriam*, quæ duo simul conjuncta haud facile reperias; sed neque alias in genuinis bullis usurpatum vidimus, *Ad perpetuam rei memoriam*, sed simpliciter, *In perpetuum*. Non moror hæc verborum portenta: *Proprium sentire*, *frequentatio Benedictinensium*, aliaque id genus Gregorii ævo nusquam adhibita, ut plane constat. Majoris momenti est quod sequitur, neque, opinor, aliud falsarii insulsi imperitiam manifestius prodit. Ait Stephanum Beneventi apud Milonem archiepiscopum, *cum frequentatione filiorum & fratrum nostrorum Benedictinensium de Calabria virtutis tirocinium sine habitu posuisse*. Quid igitur? num calendis Maii anno primo Gregorii pontificatus, quo diploma datum ejus auctor voluit, Beneventanæ ecclesiæ Milo præerat, quem supra ostendimus hac dignitate anno solum MLXXIV. potitum. Nec verisimile videtur fratres illos *Benedictinenses* Milonis domum frequentasse, quippe eremitæ & solitudinis amantes civitatum frequentiam longe aversari debebant. Neque est probabilius Stephanum *vitæ religiosæ tirocinium Beneventi sine habitu posuisse*, quem, etsi moribus admodum compositis omnium ad se oculos cum Romæ tum apud Milonem facile convertebat, ab ea tamen eremitica vivendi ratione, quam postea Mureti instituit, procul abfuisse fatendum est. Verum ad evincendam amplius Gregorii diplomatis τὴν νοθείαν, hoc est falsitatem, ibi dicitur Stephanus Romæ annis quatuor egisse sub Alexandro II. cujus archidiaconus erat Gregorius, cum tamen in Urbem non appulerit nisi mortuo Milone, sub finem anni MLXXV. tribus nimirum vel circiter post Alexandri mortem annis. Item diploma datum est Romæ præsente Agnete imperatrice, quæ tum Casini, non Romæ agebat. Postremo insignem falsi notam præfert sigillum pontificis, quod certe non viderat Mabillonius, alias falsitatem statim advertisset. Ejus vero notitiam Johanni *Leveque*, Annalium Grandimontensium concinnatori, debemus, ubi hæc leguntur pag. 30. *Sigillum papæ continet leonem a læva pede dextro ostendente stellam cum hac scriptura*: SIGNAT AD ASTRA VIAM. Quod sane sigilli genus hactenus ignotum in bullis Romanorum pontificum, quantum iis repugnet quæ hoc de argumento scripsit olim Mabillonius lib. 2. de re diplomatica cap. 4. hic existimo non esse investigandum. Unum hoc addam, nullum prorsus diploma nec Gregorii VII. nec successorum ejus usque ad Adrianum VI. qui primus Grandimontense institutum laudavit & approbavit, nullas bullas, nullave

privilegia pontificia in Grandimontensi archivio esse nec saltem recenseri.

24. Cum hæc ita se habeant, indagare juvat cujus religionis institutum Stephanus sibi imposuerit, sanctine Benedicti an S. Augustini; hunc enim beatissimum virum utriusque ordinis alumni sibi vindicare nituntur. Ac Benedictino quidem ordini adscribendum putant gravissimi scriptores Johannes Trithemius, Antonius Yepesius, & Benedictus Hæftenus, quibus denique accessit noster Johannes Mabillonius tom. 11. Sæc. VI. Ben. qui tamen aliam postea sententiam iniit in Annalibus; ut est jam observatum. Ex adverso canonici regulares sancti sui Galcheri discipulum fuisse, atque adeo suis annumerandum prædicant. Contra utrosque Johannes Salisberiensis auctor XII. sæc. & sancto Stephano pene coævus, *Alii*, inquit, *Basilium, alii Benedictum*, hi Augustinum: *At isti*, Grandimontenses, *singularem magistrum habent Dominum nostrum Jesum Christum*. Et vero haud aliam discipulis suis regulam S. Stephanus videtur præscripsisse, præter unius evangelicæ perfectionis observationem; quos his eximiis & plane aureis verbis alloquitur in regulæ suæ prologo: *Quærentibus cujus professionis vel cujus regulæ, cujusve ordinis vos esse dicitis; Christianæ religionis, primæ & principalis regula, evangelii scilicet, quod omnium regularum fons est atque principium, qualescumque vos observatores confiteri non erubescatis.* Et in libro Sententiarum: *Sciatis autem firmiter aliam non esse regulam nisi Domini præcepta: à quocumque tenentur, religiosus est.* Quod autem monachi ordinis Grandimontis in Benedictinorum numerum referri nequeant, nec fortasse vellent, testantur atque evidentissime probant conscripti ad eorum usus libri antiqui divinorum officiorum, in quibus nulla S. Benedicto consignata dies solemnis, sed simplex ejus translationis commemoratio, eaque in ordinario illo quod jussu & auctoritate Guillelmi Pellicerii abbatis sæculo XIV. compactum est, novissime adjecta. Nam quis credat filios certe minime malos nec degeneres, optimi patris adeo oblitos esse, ut ne semel quidem in anno ejus diem festum cum fidelibus celebrarent, quem sane cum ceteris Benedictini ordinis alumnis præcipuo ritu venerari debuissent. Præterea extat S. Stephani regula: eam vero quisquis forte evolvet, advertat velim an vel semel Benedictinæ mentio fiat, an aliquando regulam Benedictinam ut legem omnibus propositam & communem indicet. Imo, quod peremtorium est adversus Trithemium & ceteros ipsi consentientes argumentum, nec nominatur in solemnis votorum nuncupationis formula. Non magis ad canonicos regulares spectant Grandimontenses, cum multa eorum institutis plane opposita in regula sua præcipiat S. Stephanus, inter quæ in mentem venit caput V. *de ecclesiis non habendis.*

25. Cum itaque S. Stephanus nec S. Benedicti institutis se addixerit, nec S. Augustini, reliquum est ut inquiramus, qui tandem fuerint Calabri illi eremitæ, ad quorum normam ordinem suum instituisse fertur. Nam quæ Gerardo auctore didicimus, ea nobis videntur parum certa, quod tamen ita accipi nolim, ut scriptor religiosissimus suspectæ fidei homo habeatur. Sed ut fateamur quod res est, eo in ordine eoque tempore Gerardus scribebat, quo in virtutibus potius comparandis operam suam collocabant monachi, quam in edendis aut conscribendis historiis. Quæ igitur is bona fide retulit, hæc plerumque ex vulgari & minus certa traditione auctor jam a Stephani remotus ætate hausit & compilavit. Hic itaque in tanta rerum caligine sola ejus fide nixi, conjecturas adhibebimus, quas ultro subjicimus eruditorum virorum judicio.

26. Primùm Gerardo facile annuimus, Stephanum anno ætatis duodecimo Miloni conterraneo suo a parentibus traditum fuisse ad disciplinam. Id unum observamus, quod quidem omnem solvit difficultatem, Milo-

nem tum temporis sedem Beneventanam nondum adeptum fuisse, neque in Italia, sed Parisiis, Parisiensis ecclesiæ decanum egisse, ut probat Mabillonius ex charta fundationis cellæ S. Florentii Dolensis, data *per auctoritatem papæ Gregorii, ut per testimonium* MILONIS ARCHIEPISCOPI, QUI PRIUS DECANUS PARISIACENSIS ECCLESIÆ, *ab apostolico ordinatus est archiepiscopus Beneventanæ.* Hocque posito, valde est probabile Stephanum Parisius non Beneventi, uti existimavit Gerardus, apud Milonem Parisiensem decanum liberalibus artibus sacrisque litteris operam feliciter navasse; quem deinde Beneventum eo præcise tempore sequi potuit, quo a Gregorio est creatus archiepiscopus. Tum nihil vetat quin mortuo Milone Romam progressus, ibi apud quemdam e sacris ecclesiæ senatoribus commoratus sit aliquandiu, cum demum blandientis mundi lethiferâ aurâ exterritus, in patrium solum reverti proposuit. Quæ sequuntur æque cohærent. Non multo post relictis parentibus, spretisque honoribus, & possessionibus amplissimis prorsus abjectis, ad Mureti eremum secessit, ibique *omni humano carens solatio solus* anno primo habitavit secum, de fundando ordine nihil cogitans. Anno secundo adjunctus ei est unus socius, quem postea alter secutus est. His duobus tantum comitibus diu perseveravit, vitæ ejus asperitatem plerisque admirantibus, nullis imitantibus. Sed cum demum placuit ei qui Stephanum ad multorum salutem prælegerat, tot ad eum discipuli convolarunt, ut jam de congregatione erigenda cogitarit. Audita vero eremitarum Cartusiensium fama, qui vitam angelicam, duce Brunone, agebant in vasta solitudine diœcesis Gratianopolitanæ, eò statim contendit, & tam nova tamque inaudita vivendi ratione recreatus, præcipua ejus capita a se & suis in posterum discipulis observanda constituit. Ut procul ab hominum consortio in desertis locis agerent; Ne ullos reditus, nullave prædia extra certos limites haberent; Quæ injustè auferrentur ne judicio repeterent, neque omnino litigarent. A carnibus abstinerent omnes, cum sani tum infirmi; & cetera hujusmodi instituta, quæ legere licet in regula S. Stephani. Cum autem S. Bruno in Italiam ab Urbano II. accersitus, in Calabriæ solitudinibus pedem fixerit, ejus discipulos Gerardus EREMITAS CALABRIÆ appellavit, nec forte sine fundamento est arbitratus ad eorum normam Stephanum ordinem suum instituisse, utpote quos consulere potuit non in Calabria, sed in majoris Cartusiæ eremo, quæ diœcesis est Gratianopolitanæ.

27. His præmissis jam inquirendum quo præcise anno ordinem suum instituerit S. Stephanus. Si brevi chronico Andegavensi credimus, *Anno* MLXXIV. *ordo Grandimontensium in Lemovicensibus invenitur.* Idem videtur confirmare chronicon Turonense his verbis: *Anno Philippi regis* XIV. *in Lemovicensi territorio quidam vir egregiæ sanctitatis Stephanus apud Muretum locum, qui nunc Grandimons dicitur, primitus quasi in eremo conversavit, agensque ibi cœlibem vitam ferme quinquaginta annis, pluribus sibi associatis sub sanctæ paupertatis proposito, idus Februarii spiritum exhalavit. Ex cujus doctrinæ fonte purissimo sacer ordo Grandimontis incipiens, in plures beata paupertatis rivulos emanavit.* Et hæc quidem sententia ex ea oriri potuit Gregorii VII. bulla, quam modo spuriam esse ostendimus. Vincentius Bellovacensis in Speculo, cardinalis Baronius in Annalibus ecclesiasticis, auctor historiæ ordinis Grandimontensis hic a nobis editus, Johannes *Leveque* Annalium ejusdem ordinis scriptor, hi omnes initia ejus anno MLXXVI. consignant. Verum cum Stephanus, mortuo Milone archiepiscopo, Romam profectus dicatur, atque exactis ibi annis quatuor in patriam reversus, ponas licet annos illos quatuor non fuisse integros, non potuit ante annum MLXXIX. in Mureti eremum se recipere. Unde Guil-

Annal. Ben. tom. 5. p. 66.

Tom. 3. Anecdot.

lelmus de Dandina vitæ Hugonis de Lacerta, præcipui discipuli S. Stephani, scriptor accuratus, ait eum sexto & quadragesimo a sua conversione anno decessisse: Verum nec tum quidem de novo in ecclesia ordine instituendo cogitasse videtur Stephanus, cum primum secessit in solitudinem, in qua primo anno solus habitavit, & postea cum duobus sociis est diu conversatus. Et certe anno MCXI. quo Hugonem de Lacerta admisit, paucos discipulos coëgerat, ex quibus vix aliqua mediocris congregatio assurgere potuit ante annum millesimum centesimum, ad quem vel circiter ordinis Grandimontensis initium revocari posse credimus: in quo postea multiplicatis fratribus, plures deinceps cellæ passim erectæ sunt. De hoc ordine pauca hæc scribit Joannes Iperius in chronico S. Bertini. *Hi fratres per omnia fere Cisterciensis ordinis instituta sectantur; hoc tamen addito, quod numquam carnes pro quacumque causa comedunt. Habitum gerunt brunum sive griseum, tunicam scilicet & scapulare, desuperque non cucullam aut froccum, sed cappam ante scissam, & sunt quasi reclusi.* Floruit sanctitate sub primis prioribus, donec fratribus conversis facientibus scissuram, pietate sensim remissa, elanguit & regulæ observatio. At utrumque restituit ante annos sexaginta R. P. Carolus *Fremont* Turonicus, omnibus ad primum ordinis institutum saluberrima reformatione adductis.

Tom. 3. Anecdot.

VI. De origine Cartusiensium.

28. Venio ad Cartusienses, quorum odor sanctitatis suavissimus fidelium mentes ab annis amplius sexcentis reficit & recreat. Institutorem agnoscunt S. Brunonem Coloniæ Agrippinæ haud obscuris parentibus natum, qui Remis liberalibus litterarum studiis operam navans sic profecit, ut brevi *magnorum studiorum rector*, & canonicus ecclesiæ cathedralis effici meruerit, mox cancellarii dignitate illustratus, quo nomine fundationis instrumento S. Martini de Gemellis apud Ambianos, anno MLXXIII. subscripsit: *Bruno cancellarius*; itemque post tres annos quibusdam Manassis archiepiscopi litteris pro monasterio S. Basoli. At cum scelestam Manassis vitam sæpe argueret, ac palam detestaretur, eo demum munere biennio post exutus reperitur, suffecto ejus in locum Godefrido cancellario. Nec vero inde remissior fuit Brunonis zelus. Nam & in concilio Augustodunensi anni MLXXIX. cum Manasse & Pontio, & in Lugdunensi, archiepiscopi sui accusator fuit, gravissimaque ei flagitia imposuit. Quas tamen Brunonis accusationes iste despiciens & pro nihilo ducens, *Ego dico vobis,* aiebat in Apologia sua, *quia ego & Manasses pro omnibus sociis suis concordiam fecimus, exceptis duobus, quorum unus, scilicet Bruno, nec noster clericus est, nec noster natus aut renatus est; sed S. Cuniberti Coloniensis in regno Teutonicorum positi, canonicus est; cujus societatem non magnopere affectamus, utpote de cujus vita & libertate penitus ignoramus: qui quando apud nos fuit, multis beneficiis a nobis collatis, male & nequiter tractati sumus, ideoque respondere ei nec volo, nec debeo.* Prævaluit nihilominus Brunonis zelus, deposito tandem Manasse. Sed cum ejus depravatos mores ferre amplius non posset, secessit in solitudinem.

Guib. lib. 1. de vita sua cap. 11.

Musæi Ital. tom. 1.

29. Hanc unam ejus secessus causam affert Guibertus Novigenti abbas, auctor gravis & coævus, ac Remis vicinus, qui hæc de Manasse & Brunone habet, lib. 1. de vita sua cap. 11. *Hujus ergo mores prorsus improbos & stupidissimos habitus cum omnis honestus horreret, Bruno in ecclesiis tunc Galliæ opinatissimus, cum aliis quibusdam in Remensium clericorum nobilibus, infamis illius odio excessit ab urbe.* Scio ab aliis scriptum, Brunoni causam secedendi fuisse exitum horribilem cujusdam canonici, qui exhalato jam spiritu exclamavit, se divino judicio damnatum, hocque portento ipsum vehementer perculsum ac pene exanimatum, in eremum statim concessisse. Quam opinionem tenent Cartusiani ut certam, & apud se constan-

ter traditam ab annis circiter quingentis. At Guiberti abbatis auctoritati accedit Petrus Venerabilis abbas Cluniacensis, qui de Cartusiensium institutis ex professo agens lib. 2. mirac. cap. 28. nihil prorsus ac ne unum quidem verbum de tam terribili historia retulit, cujus porro silentium quantum hac in re sit ponderis facile est advertere.

30. Ubi primum est egressus e Rhemorum urbe Bruno, quemdam consulendum censuit *magnæ religionis eremitam*, quem olim Mabillonius Stephanum Muretensem est arbitratus; at re maturius discussa, agnovit in Annalibus, eremitam illum alium non esse a S. Roberto abbate Molismensi, qui diu inter eremitas atque eremitarum pater conversatus fuerat, cujusque fama religionis Rhemos usque facile penetrare poterat, quod sic probat: Annal. "Extat in Molismensis monasterii tabulario Rainaldi de Barro & Johannis de tom. 5. " Laniaco charta, qua *terram apud Siccam-fontanam labore hominum* partim " *jam complanatam*, laudante Alberico comite Brenensi atque Barrensi, cu- " *jus hoc casamentum erat*, ecclesiæ Molismensi conferunt. *Cum vero ecclesia* " *loci illius quam ædificaverant Petrus & Lambertus, discipuli magistri Bru-* " *nonis, qui cum eo in territorio illo erant, & eremiticè vixerant, a domno* " *Roberto Lingonensi episcopo in honore B. semper Virginis Mariæ dedicare-* " *tur, atriumque benediceretur, prædictus comes & idem Raginaldus & Ace-* " *linus cum multis aliis præsentes erant.* Ex quo intelligitur Brunonem apud " Siccam-Fontanam, qui locus est diœcesis Lingonensis, in archidiaconatu " Barri super Albam, aliquandiu *eremiticè* vixisse cum prædictis Petro & Lam- " berto ipsius discipulis, & de proximo consulere potuisse Robertum Molis- " mensem abbatem magni tunc nominis, qui eremiticam passim vitam " agebat. "

31. Verum Bruno studiosius humanam gloriam fugiens ac declinans, quam vulgo solet appeti, ibi adhuc a Rhemorum civitate, quæ doctrina ejus personabat, se propius abesse arbitratus, consulente Roberto, Gratianopolim ad S. Hugonem episcopum, cum sex sociis contendit; qui eos in asperrimos diœcesis suæ montes Cartusiæ deduxit, loco cedente Seguino abbate Casæ-Dei. Quo præcisè anno Cartusiæ eremum incolere cœperint inter auctores non convenit. Ex Monastico Anglicano *Cartusianorum exor-* Tom. 1. p *dium incidit in annum salutis* MLXXX. Ex chronico Turonensi incœpit ordo 949. Cartusiæ *anno Domini* MLXXXVI. eademque est Gaufridi Vosiensis sententia cap. 2. quam etiam propugnat eruditus vir Jacobus Sirmondus epist. ad Severum a Neapoli Cartusianum, ubi hanc dedita opera quæstionem discutit. At Mabillonius invictis tuetur argumentis ordinis Cartusiensis traditionem, quæ S. Brunonis in Cartusiam adventum ad annum MLXXXIV. collocat, idque probat ex " charta S. Hugonis episcopi Gratianopolitani, qua " vetat ne feminæ transeant per terram fratrum Cartusiæ, qui Deo placere " cupientes, mundum & turbas fugiebant, & ne quisquam intra terminos " ipsorum possessionis piscationem aut venationem exerceat, & sua animalia pascenda deducat. *Datum mense Julii anno* MLXXXIV. Aliaque profert argumenta, quæ idem evidenter demonstrant. Suffragatur & ipse Sigebertus, qui in chronico initium Cartusiensis ordinis ad eumdem annum reponit.

32. Eam vero vivendi rationem S. Bruno ex eo tempore discipulis suis proposuit, quæ cælestem magis naturam attingeret, quam fluxam nostram & instabilem. Primo S. Benedicti regulam quatenus anachoretarum ferebat institutum, ab eo præscriptam fuisse contendit Mabillonius, hisque demonstrat argumentis. Guigo statuta sua condidit ad mentem regulæ Benedictinæ, ut patet ex veteri codice Cartusiæ Portarum, in quo Guigonis statuta hunc præferunt titulum: *Statuta Guigonis Cartusiæ prioris & aliorum*

Tom. VI.   d *patrum juxta regulam S. Benedicti.* Et Guigo ipse in statutorum præfatione ait, nihil aliud eos hactenus observasse, nisi *quod vel in epistolis S. Hieronymi vel in regula S. Benedicti continetur.* Neque aliam a Benedictina formulam solemnis votorum nuncupationis admisit. Ad hæc Eugenius papa III. in privilegio pro Cartusia Montis-Dei, statuit *ut ordo monasticus secundum B. Benedicti regulam, normam quoque & institutiones fratrum Cartusiensium, perpetuis ibi temporibus observentur.* Visiturque hactenus in Monte-Dei antiquus regulæ S. Benedicti codex, quem primis illius eremi incolis tradidit Odo abbas S. Remigii eorum fundator. Denique S. Bruno antequam in beatos referretur, S. Benedictum Cartusienses patrem suum in confessione appellabant, retentoque hactenus ad regulæ ejus normam ordine divini officii, ejus diem festum semper ex omni memoria solemni ritu celebrarunt.

33. Secundò præter S. Benedicti regulam, suas etiam leges, easque saluberrimas Cartusienses a piissimo patre accepere, quas cum satis accuratè referant Guibertus Novigenti & Petrus Cluniacensis abbates clarissimi, ipsamet eorum verba hic referre non gravabor. *Habent singuli cellulas per gyrum claustri proprias,* inquit Guibertus, *in quibus operantur, dormiunt, & vescuntur.*

Dominica a dispensatore escas, panem scilicet & legumen accipiunt, quod unicum pulmenti genus a quoque eorum apud se coquitur. Aquam autem tam haustui quam residuo usui ex ductu fontis, qui omnium obambit cellulas, & singulorum per certa foramina ædiculis influit, habent.

Pisce & caseo Dominicis & valde festis diebus utuntur; pisce dixerim, non quem sibi ipsi emerint, sed quem bonorum aliquorum virorum largitione susceperint.

Aurum, argentum ad ornamenta ecclesiæ a nemine accipiunt. Nihil enim ibi, præter calicem, argenteum.

Ad eamdem ecclesiam non horis solitis, uti nos, sed certis conveniunt. Missas, nisi fallor, Dominica & solemnibus diebus audiunt.

Nusquam penè loquuntur, nam si quid peti necesse est, signo exigitur.

Vinum si quando bibunt, adeò corruptum, ut nihil virium, nihil penè saporis utentibus afferat, vixque communi sit unda præstantius.

Ciliciis vestiuntur ad nudum, ceterarumque vestium multa tenuitas.

Sub priore agunt; vices autem abbatis ac provisoris Gratianopolitanus episcopus, vir plurimum religiosus exequitur.

Cum in omnimoda paupertate se deprimant, ditissimam tamen bibliothecam coaggerant, quo enim minus panis hujus copia materialis exuberant, tanto magis illo qui non perit, sed in æternum permanet, cibo operosè insudant.

Vocatur autem locus ille Cartusia, in quo terra rei frumentariæ causa parum ab eis excolitur: verum velleribus suarum, quas plurimas nutriunt, ovium qualescumque suis usibus fruges comparare soliti sunt.

Sunt autem infra montem illum habitacula laïcos vicenarium numerum excedentes fidelissimè retinentia, qui sub eorum agunt diligentia.

Hi igitur tanto cœpta contemplationis fervore feruntur, ut nulla temporis longitudine a sua institutione desistant, nec aliqua ardua illius conversationis diuturnitate tepescant.

Hæc Guibertus, quibus nonnulla hic addimus ex Petro Venerabili.

Vestes vilissimas & super omne religionis propositum abjectissimas, ipsoque visu horrendas assumserunt. Quantitate enim breves & angustæ, qualitate, ut vix respici possint, horrida & sordida, nullum gloriandi vitium se posse admittere prædicant.

Cupiditatem insuper, quæ radix omnium vitiorum dicitur, ita radicitus avulserunt, ut certos terminos juxta locorum suorum fertilitatem aut sterilitatem in circuitu cellarum suarum majores minoresque præfigunt, extra quos, etiamsi totus eis offerretur mundus, nec saltem quantum pes humanus occupat, terræ spatium acciperent. Ea etiam de causa animalibus vel pecoribus suis certum, quem transgredi fas non esset, terminum instituunt, bobus scilicet, asinis, ovibus, capreis, hircis. Et ut non esset eis quandoque necessarium vel plus terræ quam dictum est, possessioni suæ addere, aut numerum jumentorum suorum vel pecorum augere, XII. tantum monachos cum decimo tertio priore & decem octo conversos, paucis cum mercenariis, nullo prorsus superaddito, in sui ordinis monasteriis esse perpetuo decreverunt.

Præter ista ad edomandum jumentum corporis sui, continuatis pene acribus jejuniis corpora affligunt, extenuant & exsiccant. Inde est quod pane furfureo semper utuntur, vino adeo adaquato, ut merito magis villum quam vinum dicatur. Ab omni carnium esu tam sani quam ægri in perpetuum abstinent. Pisces numquam emunt, sed forte ex caritate datos accipiunt. Die Dominico & quinta feria tantum caseum vel ova ad vescendum admittunt. Tertia feria & sabbato aut legumine, aut olere cocto utuntur. Omni secunda, quarta & sexta feria pane solo & aqua contenti sunt. Semel in die semper comedunt, exceptis octo diebus Natalis Domini, octo diebus Paschæ, octo diebus Pentecostes, Epiphania Domini, repræsentatione ejus, id est Purificatione S. Mariæ, Annuntiatione Domini, quando paschali tempore provenit, Ascensione Domini, Assumptione & Nativitate jam dictæ sacræ Virginis Matris ejus, & exceptis festis Apostolorum, S. Johannis-Baptistæ, S. Michaëlis, S. Martini, & illo quod in calendis Novembris celebratur festo Omnium-Sanctorum.

Super hæc omnia antiquo more Ægyptiorum monachorum, singulares cellas perpetuo inhabitant, ubi silentio, lectioni, orationi atque operi manuum, maxime in scribendis libris irrequieti insistunt. In eisdem cellis debitum regularium horarum, hoc est primam, tertiam, sextam, nonam, completorium, signo ecclesiæ commoniti Deo persolvunt, ad vesperas & matutinas in ecclesia cuncti conveniunt.

34. Hactenus Guibertus & Petrus Venerabilis, ubi quod ait Guibertus Cartusienses singulos singulas habere cellas proprias per gyrum claustri, non videtur a Brunone institutum. Nam ejus tempore non singuli, sed bini singulas cellas inhabitabant, ut constat ex vita S. Brunonis apud Surium, in cujus cap. 12. hæc lego. *Atque in iis cellulis singulis bini fratres degebant*, & infra cap. 15. *Bini quippe tunc per singulas cellas inhabitabant.* Idem asserit historiæ Cartusiensis auctor anonymus hic editus. Sed neque tunc cellas per claustri gyrum habuisse innuit & suadet S. Brunonis biographus his verbis: *Extructa tum ab illis in editiori montis parte, quæ nunc dicitur ad B. Mariam de Casalibus, ecclesia parva, domicilia seu cellulæ apud fontem, qui usque in præsens fons S. Brunonis appellatur, haud procul ab ecclesia distantes ab invicem, sed inter se tamen aliæ ab aliis separatæ, ne alter alterius quietem & solitudinem interturbaret.* Sur. 6. Octob.

35. Quod autem dubius & hæsitans ait Guibertus: *Missas, nisi fallor, Dominica & diebus solemnibus audiunt*, disertis verbis astruit Petrus Blesensis ad Richardum episcopum Londoniensem hæc scribens: *Raro sacrificat Cartusiensis ordo.* Et ad Alexandrum novitium, qui hac specie ordinem deserere prætendebat: *Hoc in ordine Cartusiensi causaris, arguis quod singulis diebus missas non faciunt, atque hujus religionis, aut potius superstitionis obtentu tuum machinaris egressum.* Quibus suffragatur Guigo in statutis cap. 14. *Raro*, inquit, *hic missa canitur, quoniam præcipue studium*

& propositum nostrum est, silentio & solitudini vacare. Quin & hæc apud Cartusianos consuetudo etiam quarto & decimo sæculo vigebat, ut docet Petrus Boherius in apparatu ad constitutionem Benedicti XII. ad caput 27. *Unde non quotidie sacrificat Cartusiensis ordo. Sicut enim solet generari ex assiduitate contemtus, sic attenditur ex ipsa raritate devotio.*

36. Sex tantum annis S. Bruno Cartusiam incoluit, quibus elapsis, ab Urbano II. suo olim discipulo, Romam vocatus, in Calabriam, recusato Rhegiensi episcopatu, secessit, ubi quod reliquum vitæ fuit sanctissime exegit ad annum usque MCI. quo demum ad superos evolavit. Successorem in eremo sortitus est Lanuinum, qui adeo religiose se gerebat, ut dignus habitus sit a Paschali papa II. cui vicinorum monasteriorum, quæ juris essent apostolicæ sedis, cura cum eremi præfectura & administratione committeretur; cujus commissionis litteras edidit Mabillonius. Is vero plurimos eremiticæ vitæ laboribus esse impares advertens, ut cœnobium ipsis apud Metaurum a Paschali II. erigeretur impetravit, in quo ad S. Benedicti institutum, exemplo Camaldulensium, quorum pars eremitæ, pars cœnobitæ, possent informari. En ipsa pontificii diplomatis verba affero. *Ex præsenti auctoritate in ecclesia illa juris eremi, quæ apud Squilliacum sita est, monasterium constitue, ut fratres austeritatem eremi ferre non valentes, juxta S. Benedicti regulam illic possint omnipotenti Deo deservire: quam nimirum habitationem per præpositum & decanum gubernari disponique præcipimus; sic tamen, ut eremi præpositus semper præferatur & major habeatur. Et sicut idem monasterium eremi dispositioni subjacet, ita ejusdem loci præpositus & decanus subjiciantur magistro eremi.*

Annal. Bened. tom. 5. pag. 456.

Ibidem.

37. Tum vero cum sanctitate florerent Cartusienses, paucis se locis continebant, nec statim ubique propagati, ut plerique ordines religiosi, societatem inter se inire, nec capitula, ut vocant, generalia celebrare cœperunt. Quando majorem Cartusiam S. Bruno erexit, sese & suos curæ ejus loci episcopi, *viri*, inquit Guibertus, *plurimum religiosi, qui tum apud eos vices abbatis & provisoris exequebatur*, commisit. Eadem quoque disciplina in quinque aliis Portarum, Excubiarum, Durbonis, Majorevi & Alveriæ Cartusiis obtinebat & perseveravit ad annum usque MCXL. quo majorem Cartusiam feliciter regente S. Anthelmo, prædictarum domorum priores sese ejus & capituli generalis auctoritati subjecere, faventibus omnibus ad quos spectabant episcopis, eosque a debita obedientia lubentissime eximentibus ac transferentibus ad majoris Cartusiæ priorem. Quod quidem nemini hactenus notum qui indagare voluerit, is acta primi capituli generalis ordinis Cartusiensis tomo IV. nostrorum Anecdotorum adeat; ibique instrumenta ipsa authentica quibus hæc sancita sunt, lustrare ne gravetur. Sed hæc hactenus de sanctissimo ordine Cartusiensi.

VII. De origine Congregationis Aroasiensis.

38. Jam aliqua facta est mentio ordinis canonicorum regularium S. Augustini. Novum ejus ordinis examen anno circiter millesimo & nonagesimo erupit e percelebri apud Artesios monasterio Aroasiæ, a quo & nomen accepit, cujusque tenuis origo, ut modica sunt magnarum etiam rerum principia, tribus omnino eremitis attribui vulgo solet, Hildemaro & Cononi presbyteris, ac Rogerio laico. Horum Hildemarus Tornacensis genere, & Cono Teutonicus, uterque sanctitate insignis, apud Guillelmum regem Anglorum & Mathildam reginam tum sacrorum ministerio perfungi dicebantur, cum cœlestis patriæ desiderio incensi, fratri Rogerio, eremiticam vitam in Aroasiæ solitudine agenti, trajecto mari, adhæsere. Est autem Aroasia locus in diœcesi Atrebatensi, altero a Bapalma oppido lapide situs, dictus etiam Aridagamantia; quem locum speluncam latronum prius fuisse asserunt, atque ab eorum principe dictum etiam Truncum Berengarii. Ibi igi-

tur

tur pauperes illi eremitæ ædiculam in loco horroris & vastæ solitudinis ædificant in honorem S. Nicolai, cujus cultum per universas orbis Christiani partes invexerat reliquiarum ejus Barium translatio recens; clausoque ejus ædiculæ tecto, & parietibus contextis myricis & foliis seu ramusculis, sacrificium laudis Deo immolabant in odorem suavitatis, & reddebant Altissimo vota sua, cum Hildemarus a falso fratre est interemtus, Rogerio laico graviter vulnerato. Tum vero Cono, qui paucos quidem socios, sed religiosissimos eosdem coëgerat, monasterium suscepit regendum, eversaque lignea ædicula, lapideam ejus loco construxit, quam Godefridus Ambianensis & Johannes Tervanensis episcopi, rogante Lamberto Atrebatensi præsule, solemni ritu consecrarunt anno MCVI. nono cal. Octobris. Non multo post Cono a Paschali II. creatus est S. R. E. cardinalis & apostolicæ sedis legatus; cujus dignitatis splendor magnum novo monasterio incrementum dedit, ut congregatis undique fratribus, ac passim effusis in varias solitudines, nova statim eaque florentissima canonicorum regularium congregatio assurrexerit, quæ octo saltem & viginti cœnobiis constabat, a Belgicis auctoribus recensitis; sed illi Formezellam & Calviniacum omiserunt, quibus etiam adjungenda videtur insignis ecclesia Dubliniensis in Hibernia, quæ Aroasiensium usus & consuetudines studio & labore S. Laurentii ejus urbis episcopi suscepit, ut legitur in ejus vita apud Surium 14. Novembris. At longe plura Aroasiæ ascetæ monasteria erexere, quæ tamen nescio quam ob causam statim ad Cistercienses translata, reperimus in variis hujus ordinis tabulariis quæ perscrutari licuit. Aroasienses magnifice prædicat Jacobus a Vitriaco Historiæ Occidentalis cap. 23. *Sunt & alii regulares canonici*, inquit, *qui de Aroasia nuncupantur, eo quod prima hujus institutionis abbatia, quæ caput est aliarum, sic vocetur, in diœcesi Atrebatensi sita. Hi siquidem fundamentum regulæ B. Augustini retinentes, ut carnem suam cum vitiis & concupiscentiis arctius crucifigerent, carnes a refectorio suo subtraxerunt. Camisiis insuper non utuntur, sed cum tunicis laneis nocte in dormitorio suo quiescunt. Quasdam etiam alias institutiones necessarias & honestas supra prædictum fundamentum prudenter ædificantes, contra imminentia pericula sibi præcaventes, addiderunt. Et quoniam nihil magis virtutem religionis conservat, ubi plures sunt congregationes & conventus, quam respectus ad unum superiorem, qui diversa sub se membra regit & continet, quasi summum & supremum caput, semel in anno sub primo & principali abbate capitulum generale celebraturi conveniunt, ut omnes unanimiter abbates, secundùm quod religioni viderint expedire, corrigant corrigenda, resecent superflua, instituant & addant quæ fuerint superaddenda, vel secundum temporum aut rerum mutationem, quæ fuerint commutanda commutent, & novis supervenientibus ita vetera rejiciantur, quod vetustissima veterum, prima scilicet antiquorum patrum instituta firmiter & invariabiliter observentur. Principalis siquidem abbas filias suas, inferiores scilicet abbatias, per se vel per viros idoneos studiose visitando, quantum religioni subministret fulcimentum, ne per negligentiam defluat, vel per dissolutionem status religionis enervatus corruat, ex his liquet conventibus & congregationibus, quæ ex uno tantum abbate pendentes, & uni soli superiori intendentes, cum corruente plerumque corruunt, cum non habeant unde aliàs fulciantur.*

39. Quo fere tempore exorti sunt apud Artesios Aroasiæ canonici, illucere cœpit apud Burgundos toto orbe celeberrimus ordo Cisterciensis, auctore Roberto abbate, qui jam ante aliquot annos monasterium in loco deserto, cui nomen Molismus, sub S. Benedicti regula condiderat, sed cum quodam temperamento, uti in locis etiam bene moratis ferebat illa ætas;

VIII. De origine ordinis Cisterciensis.

congregatoque ibi numeroso monachorum grege, quorum alii aliis, ut vulgo sit, disciplinæ studio ferventiores, sanctam regulam ad amussim observare peroptabant, sedulò attendebat, qua ratione coenobiticæ vitæ summam una assequi possent.

40. Piis ejus consiliis favebant præ ceteris viri sanctitate præcipui Albericus prior, Stephanus Hardingus; quibus tamen major pars fratrum non modo non annuebant, sed adversus eos impotenter commoti, venerabilem patrem Albericum tantum non discerpserunt. Nam uti legimus in Parvo ordinis Exordio, *pro hoc negotio multa opprobria, carcerem & verbera perpessus est.* Neque his difficultatibus deterritus fuit Robertus, sed contra semper obnitens, mentem suam fratribus in capitulo congregatis aperire non dubitavit. Assensere ultro Albericus, Stephanus & ceteri, quos eodem pietatis æstu efferbuisse diximus. E contrario alii monasterii sui consuetudines, multorum sanctorum statutis approbatas, quasque *Cluniacenses, Turonenses, aliique regulares viri* tenuerant, numquam se dimissuros declarant, ut fusius exponit Ordericus Vitalis. Hinc illi majori ferri desiderio vitæ austerioris, instar ignis, qui quo angustius continetur, eò nititur violentius ut foras erumpat; & fratrum suorum conatus eludere satagentes, episcopali auctoritati, quam illi sollicitare poterant, Hugonem Lugdunensem archiepiscopum & apostolicæ sedis legatum opponere constituunt. Quo consilio Robertus Molismo cum sex sociis Alberico, Odone, Johanne, Stephano, Letaldo & Petro profectus, Lugdunum contendit, expositoque suo & suorum proposito, petit a legato, oratque, ut locum observandæ ad amussim sanctæ regulæ aptum sibi quærere liceat. Assensit legatus piis sanctorum votis, datis litteris, quibus munitus Robertus Molismum revertitur. Nec mora consilium suum fratribus ibi remansuris approbare conatus, ostenso legati apostolici diplomate, abdicatoque abbatis munere, potestatem fecit alterius eligendi abbatis.

<small>Orderic. Vital. lib. 7. hist. pag. 711.</small>

41. Itaque unus & viginti Molismo egressi, ad præelectum locum pergunt, Cistercium antiquitus vocatum, locum fere inaccessum & in vastissimo recessu, longe ab hominum consortio remotum, ad Raynaldum vicecomitem Belnensem pertinentem, "qui novorum hospitum pietate commotus, domno Roberto ejusque fratribus, qui cum eo regulam S. Benedicti arctius & perfectius observare cupiebant, annuente uxore sua Hodierna, filiisque, contulit de prædio suo, quod antiquitus Cistercium vocabatur, quantumcumque ipsis & eorum successoribus famulis Dei conducebat, ad monasterium ejusque officinas construendas, ad arandum & ad omnem usum necessarium." Hoc in loco consistentes servi Dei, extemporaneas ex virgultis casas construxere cum oratorio beatissimæ Virgini sacro, cujus exemplo ceteræ deinceps ejusdem ordinis ædes sacræ seu oratoria in ipsius Deiparæ honorem Deo sunt consecrata.

42. Hæc acta sunt anno MXCVIII. die XI. cal. Aprilis, solemni Natalis sancti Benedicti memoria, quæ tunc in Dominicam Palmarum incidebat. Eodem tempore S. Robertus virgam pastoralem jussu legati apostolici cum monasterii administratione suscepit ab episcopo Cabilonensi, cui continuo fratres obedientiam juravere, Alberico creato priore, Stephano subpriore. Tunc Burgundiæ dux Odo servorum Dei religione recreatus, ac legati excitatus litteris, reliquam Cisterciensis territorii partem, quam sibi retinuerat Rainaldus vicecomes Belnensis, facta aliqua compensatione, ipsis concessit, consummatoque suis sumtibus ligneo quod cœperant monasterio, rebus illos necessariis, agris, pascuis, pecoribus & ceteris omnibus donavit, ideoque merito a posteris habitus Cistercii fundator.

43. Roberti absentiam Molismenses ægrè ferentes, impetratis ab Urbano II.

litteris, eum ad se reverti coëgere. Extant hactenus litteræ illæ ad Hugonem archiepiscopum Lugdunensem, qui congregato apud Portum-Ansillæ episcoporum & abbatum conventu, Molismensium querelas cum mandato pontificio exposuit. Eo in conventu aderant Norgaudus Æduensis, Galterius Cabilonensis, Berardus seu Bertrandus Matisconensis, Pontius Belismensis episcopi. Abbates vero Petrus Trenorchiensis, Jarento Divionensis S. Benigni, Gaucerannus Atanacensis cum Petro papæ camerario & multis aliis, qui omnes Robertum ad Molismenses remittendum esse decreverunt, statuentes ut reddita episcopo Cabilonensi virga pastorali, absolutisque a promissa sibi obedientia fratribus Novi-monasterii, prioris curam & administrationem, annuente & petente Godefrido abbate ejus successore, resumeret ab episcopo Lingonensi.

44. Paruit episcoporum decreto religiosissimus abbas, reversusque Molismum cum duobus fratribus, qui eremiticæ vitæ asperitates ferre vix poterant, summa omnium gratulatione exceptus est, & Gaufrido loco cedente, Molismensium curam denuo resumsit, & usque ad mortem retinuit. Capellam suam & multa alia, quæ Molismo discedens Cistercium attulerat, reliquisse fertur, præter breviarium, quod tamen transcribi permiserunt Molismenses. Visitur hactenus in Cisterciensi cimelio psalterium eò a S. Roberto allatum, cui inscripta est hæc epigraphe: *Beatus pater Robertus, Spiritu-sancto inspirante, exiens de monasterio Molismi, quod ipsemet fundaverat, & tamquam apis argumentosa Domino cum sancta confratrum suorum comitiva veniens ad locum cœlitus sibi ostensum, in quo erat sacrum Cisterciense monasterium, caput tam excellentissimi & devotissimi ordinis fundaturus, inter alia attulit præsens psalterium, quod per compositionem postmodum auctoritate apostolica inter Cistercienses & Molismenses factam, remansit apud Cistercium, super quo totius religionis psalteria transsumi, & in littera, & accentu, ac punctuatione debent: sed ordo non acceptavit præcedens calendarium, nec sequentem letaniam.* Plures sancti Belgii hoc calendario continentur, uti & letania, unde psalterium conjicimus ad monasterii alicujus Belgici usum conscriptum esse. In fine cujusque psalmi una collecta habetur, ad calcem vero psalterii cantica divinis in officiis ab ecclesia usurpata, plures eximiæ preces cum oratione Dominica & Symbolo Apostolorum, sed sine Salutatione angelica.

45. Orbatus optimo pastore pusillus grex Cisterciensis, Albericum, qui & Molismi & novo in monasterio prioris officio strenue perfunctus fuerat, abbatem sibi elegit, virum divinis humanisque litteris apprime instructum & regulæ studiosissimum, qui Stephanum priorem instituit, futurum post novem annos ejus successorem. Dehinc suæ sponsionis non immemores, S. Benedicti regulam ad amussim eo in loco observare statuerunt, unanimiter *rejicientes a se quidquid ei refragabatur, frocos videlicet & pellicias stamineas & caputia, stramina lectorum, & diversa ciborum in refectorio fercula, sagimen etiam & cetera quæ puritati regulæ adversabantur.*

Exord. Cisterc. cap. 15.

Et quia nec in regula, nec in vita S. Benedicti legerant, eumdem sanctum possedisse ecclesias vel altaria seu oblationes & sepulturas, vel decimas aliorum hominum, seu furnos & molendina, aut villas & rusticos; nec etiam feminas monasterium intrasse, nec mortuos ibidem; excepta sorore sua sepelisse, ideo hæc omnia abdicarunt.

Quia etiam S. Benedictum non in civitatibus, non in castellis aut villis; sed in locis a frequentia hominum remotis cœnobia construxisse legebant, idem se æmulari promittebant.

Tunc temporis etiam *interdixerunt, ne dux illius terræ seu aliquis alius princeps curiam suam aliquo tempore in ecclesia illa tenerent, sicut antea in solemnitatibus agere solebant.*

Deinde ne quid in domo Dei, in qua die ac nocte Deo servire devote cupiebant, remaneret quod superbiam aut superfluitatem redoleret, aut paupertatem virtutum custodem, quam elegerant, aliquando corrumperet, confirmaverunt etiam ne retinerent cruces aureas, aut argenteas, sed tantummodo ligneas coloribus depictas; neque candelabra, nisi unum ferreum; nec thuribula, nisi cuprea vel ferrea; neque casulas nisi de fustanea vel lino sine pallio, auroque & argento; neque albas vel amictus nisi de lino similiter, sine pallio, auro, vel argento.

Pallia vero atque dalmaticas, cappas tunicasque ex toto dimiserunt. Sed & calices argenteos non aureos, si fieri poterit deauratos, stolas quoque ac manipulos de pallio tantum, sine auro & argento retinuerunt. Pallia autem altarium ut de lino fierent, & sine pictura plane præcipiebant, & ut ampullæ vinariæ sine auro & argento fierent.

46. Quibus saluberrimis institutis imbuti novi athletæ, dici vix potest quam suavem ubique odorem spargerent. Cum vero nihil non horridum offerret cum loci inaccessi situs & natura, tum vitæ asperitas, quæ vires humanas excedere videbatur, tantam ore lætitiam præferebant, ut cœlesti jam beatitudine perfusos dixisses. Nec tamen his suavitatibus allecti homines, tam sanctis legibus obligari, aut servorum Dei inhærere vestigiis audebant, sed districtiori disciplina deterriti, stupentes recedebant; jamque pusillus grex Cisterciensis cum Stephano abbate omnem fere spem posteritatis desponderat, suaque eis paucitas cœperat esse tædio, cum incunte anno MCXIII. Bernardus cum sociis triginta, quos Christo lucratus fuerat, servis Dei ut aggregaretur petiit. Revixit Stephanus, & quasi ex gravi somno excitatus, Deo gratias egit, qui novellam vineam hujusmodi operariis dignaretur, quorum ministerio palmites suos extenderet a mari usque ad mare. Tuncque erecta passim Cisterciensis instituti monasteria. Eodem anno in diœcesi Cabilonensi fundata est mense Maio abbatia B. Mariæ de Firmitate, prima filia Cistercii. Anno sequenti in diœcesi Autissiodorensi Pontiniacensis monasterii fundamenta jecit Hugo, quondam comes Matisconensis, tum vero humilis monachus, Bernardi opera a sæculi servitute abreptus, quem Stephanus designavit abbatem. Tertium erexit anno 1115. S. Bernardus in Valle-absinthii, quæ ex eo tempore merito est appellata Clara-vallis, ex qua tot prodiere lumina splendidissima, quorum radiis non ordo solum monasticus, sed tota quam late patet ecclesia est illustrata. Eodem quoque anno Morimundi abbatia in diœcesi Lingonensi ortum habuit, & quatuor abbates horumce monasteriorum PATRES ORDINIS vulgo appellati, quorum est visitare Cistercium totius ordinis caput. Nec stetit hic S. Stephani ardor, cum duodecim saltem monasteria infra octo annos erexisse reperiatur.

47. Hactenus Cistercienses sub Cabilonensis & aliorum pariter episcoporum, in quorum provincia erant constituti, jurisdictione agebant, cum omnes monasteriorum suorum abbates Stephanus convocavit Cistercium anno MCXVI. ut eorum consilio & assensu, annuentibus episcopis suis, uniformis ubique vivendi ratio & mutua consensio institueretur. Tunc conscripta est eximia illa CHARTA CARITATIS, a summo pontifice Calixto confirmata, quæ brevis quidem verbis, sed magno judicio & prudentia confecta, celeberrimo ordini regiminis formam tradidit, atque hæc est Cistercii capitulorum generalium origo. Adeo vero ex eo tempore propagatus est ubique terrarum ordo Cisterciensis, ut erectis infra annos circiter quinquaginta monasteriis seu abbatiis amplius quingentis, cautum sit anno 1152. ne ulla deinceps abbatia admitteretur. Quod quidem statutum non valuit.

48. Duobus post jacta Cisterciensis ordinis fundamenta annis, novus in
diœcesi

diœcesi Pictavensi ordo Fontis-Ebraldi consurgit; cujus auctor Robertus de Arbrisello, *ex pago Rhedonensi oriundus, villa qua vulgo Arbricellum nuncupatur indigena & colonus,* patrem habuit Damatiochum, matrem Orguendim. Ab ipsa pueritia maturis moribus inolescere cœpit, ac litterarum studiis applicatus, varias peragravit provincias, Franciam adiit & Lutetiam ad assequendos scientiarum thesauros idoneam penetravit. Ibi dum sacris studiis operam navaret, destituta pastore urbs Rhedones, Silvestrum, quem & morum integritas & sua commendabat nobilitas, episcopum elegit. Is licet non multum litteratus, litteratos tamen, *quod hominum genus Britannia tum habebat rarissimum*, valde complectebatur, ac Robertum accersens, his verbis ipsum est affatus: *Vides, frater carissime, quomodo sancta Rhedonensis ecclesia mater tua, sine regimine vacillat, hoc præsertim tempore, cum me pene laïcum ei contigerit præesse. Esto igitur, quæso, in responsis ecclesiasticis noster interpres. Audiam te, & loqueris in me. Poteris procul dubio Dei populo præesse, si zelum Dei habens, volueris nobiscum militare.* Annuit Robertus, & quadriennio apud episcopum archipresbyteri officio fungens, operam indefessam cum ecclesiis ab infami laicorum servitute liberandis, tum incestis sacerdotum laicorumque illicitis copulationibus, simoniæ denique aliisque extinguendis vitiis, ac paci inter discordes conciliandæ impendit.

IX. De origine Fontis-Ebraldi.

Baldricus Dolensis in ejus vita.

Ibidem.

· 49. Silvestro e vivis erepto, Robertus Andegavum venit, ibique scholaribus studiis incumbens, subtus ad cutem indutus loricam ferream, quam biennio portavit, mollioribus & pretiosioribus vestibus exterius adhibitis, carnis macerationem oculis ac favori hominum occultabat. Vili etiam ac modico cibo vescebatur, sæpe etiam vigiliis vacans. Verum cum ipsi arduum videretur in turba saluti suæ consulere, in vastissimam tunc temporis silvam Credonensem cum altero presbytero se contulit, ubi rigidissimum vitæ genus exorsus est. Nam præter cilicium ex porcorum pilis confectum, quo induebatur, lectum præter humum non noverat, cibis plane agrestibus utebatur, vino & sagimine abstinens. Hinc multi ad eum confluere cœperunt, quibus ille salutaria monita dabat, ac demum sibi adhærentes ad regulæ S. Augustini præscriptum informavit, extructa in saltu Credonensi, eoque in loco quem ipsi Reginardus Roberti Burgundi filius attribuerat, basilica B. Mariæ de Rota; novique monasterii abbas usque præfuit & profuit, dum, fama ejus crebrescente, Andegavum ab Urbano papa II. qui in Galliis agebat, accersitus, & privatis ejus colloquiis sæpe admissus, conciones ad populum tam vehementes coram pontifice, jubenteque ipso habuit, tam pias & concitandis animis tam aptas & congruentes, ut ab ipsius ore pendens ipse pontifex, *secundum a se eum statuerit seminiverbium. Imperat atque injungit ei prædicationis officium, & aliquantulum renitenti ei talis obedientia commendat ministerium.*

50. Hoc modo a filiis suis, *nec sine communibus lacrymis* avulsus, regiones & provincias perambulare cœpit, per plateas & compita verbum Dei passim disseminans; quæque prædicaret vitæ magis integritate & religiosis actibus instillans atque infundens quam verborum inani sono; & cum magni ad eum populorum concursus undique fierent, ipsique ut patri plerique adhærerent, nec enim quemquam, cui forte Deus aspirasset, repellere audebat, tanta frequentia promiscui sexus brevi est stipatus, ut quandoque ad duo triave millia numerati ferantur. Quibus omnibus monasteria separata vir Dei erigebat; quorum princeps & caput Fons-Ebraldi, nomen ordini dedit. Si auctori vitæ Geraldi de Salis credimus, *Robertus instituit Tuitionem esse matrem & caput ordinis, Fontem-Ebraldi vero filiam Tuitionis; quod observatum est,* inquit, *per aliquantum temporis, donec propter aquæ pe-*

Tom. VI.

nuriam Tuitionenses compulsæ sunt mutare domicilium, & intrare Fontis-Ebraldi monasterium. Ex tunc irritatum est quod statuerat pater, & mater filia, filia vero mater facta est.

51. Est autem Fons-Ebraldi locus in confinio Turonum & Andegavorum diœcesis Pictavensis, haud procul a Condatensi oppido, S. Martini obitu percelebri; quem locum opinor a Roberto ideo prælectum, quod esset incultus, quod squallidus, spinetis obsitus, & ab hominum consuetudine remotior. *Fecerunt autem ibi pro tempore quædam tuguriola, quæ eos dumtaxat tuerentur ab intempestiva aëris ingruentia. Oratorium etiam ibi quodlibet construxerunt, in quo Deus invocaretur.* Mulieres, ut diximus, a viris segregatas, & intra murum amplissimum conclusas, orationi deputavit; viros vero mancipavit laboribus. *Laïci & clerici mixtim ambulabant, excepto quod clerici psallebant, missasque celebrabant, laïci laborem spontanei subibant. Prælatum suum* Magistrum *tantummodo vocabant; nam neque dominus, neque abbas appellari volebat.* Multo tempore jumento non est usus; sed nudis semper pedibus, ac rudiore tunica, & sacco asperiore indutus incedebat. Non vinum, non cibos, aut ulla arte conditos, aut exquisitos gustavit, vel etiam sibi apponi passus est. Hacque vivendi ratione cum de Deo deque fluxa rerum imagine sermones haberet, omnes ad Dei amorem & sæculi contemtum, vel paucis atque etiam inconditis verbis sic concitabat, ut nemo tam scelestus tamque obduratus accederet, quin statim flecteretur. *Confluebant ad eum*, inquit vitæ ejus scriptor, *homines cujuslibet conditionis. Conveniebant mulieres, pauperes & nobiles, viduæ & virgines, senes & adolescentes, meretrices & masculorum aspernatrices.* Itaque crescente in dies numero, cum jam *præparata tuguriola* capere omnes non possent, data est opera parietibus oratorii cum dilatandis, tum erigendis, claustraque claustris adjuncta; *nec tamen tria aut quatuor tantis mulierum collegiis suffecerunt.* In majori claustro plusquam trecentas congregavit. Aliis vero monasteriis vel centenas assignavit vel sexagenas, pluribus aut paucioribus alibi pro capacitate locorum admissis. Idemque de hominibus statuit, quibus sic manipulatim distributis, omnes demum cum viros tum mulieres Pauperes Christi, neque alio nomine vocari voluit. Operis vero cum ipse nec instare vellet nec posset, Hersindem de Campania, magnæ religionis feminam magnique consilii, quæ mortuo viro suo Guillelmo de Monte-Sorelli tacta divinitus, ipsum ante alias consecrata fuerat, operibus præfecit, adjuncta ipsi Petronilla procurationis mansionariæ non ignara.

52. His ita dispositis, omnes sine discrimine, divites & pauperes, senes & juvenes, qui ad Dei cultum, vel certe ad meliorem vitam traducendam accederent, facile admittebat, neminem ducens a domo Dei esse abigendum. Nec debiles respuebat aut quolibet morbo affectos, non leprosos ipsos, quibus suas habitationes suaque claustra S. Lazaro dicata comparaverat. Suas etiam meretricibus ædes instrui præcepit ab aliis separatas sub patrocinio S. Magdalenæ. Hodieque apud Fontem-Ebraldi præter monasterium majus, in quo residere solent centum & quinquaginta virgines, cernuntur alia duo S. Lazari & S. Magdalenæ monasteria, in quibus singulis decem virgines anno elapso revocandæ agunt; quæ tamen omnes ad solemnem missam in majori basilica celebrandam quotidie convenire tenentur.

53. Cum autem extremum vitæ diem imminere sentiret, convocatis discipulis suis Fontis-Ebraldi, *Ecce filii mei carissimi*, inquit, *viam universæ carnis aggredior, quapropter deliberate vobiscum, dum adhuc vivo, utrum permanere velitis in vestro proposito, ut scilicet pro animarum vestrarum salute obediatis ancillarum Dei præcepto. Scitis enim quæcumque, Deo cooperante, alicubi ædificavi, earum potentatui atque dominatui subdidi. Si vero*

cum illis remanere, sicut cœpistis, non vultis, do vobis licentiam, cum meo tamen consilio, alterius religionis. Quo audito, omnes pene unanimi voce dixerunt: *Absit hoc a nobis, carissime pater, ut eas umquam derelinquamus... Deinde stabilitatem atque perseverantiam ecclesiæ Fontis-Ebraldi coram Deo & sanctis ejus unanimiter promiserunt.*

54. Postea de instituenda abbatissa consilium a fratribus inquisivit, utrum *ex virginibus claustrensibus*, quæ nullius vel modicæ essent experientiæ; an potius ex conversis laicis eligenda foret. Cumque omnes ipsi ultro annuissent præferendam esse laïcam, electa est Petronilla de Camiliaco, uxor quondam domini de Camiliaco, quæ relictis rebus paternis ipsi ab initio adhærebat, confirmataque electione cum a Gerardo episcopo Engolismensi & sedis apostolicæ legato, tum ab ipso summo pontifice Paschali II. constituit *ut nulla umquam ex claustrensibus* abbatissa Fontebraldensi monasterio præficeretur. Summum utrisque cum viris tum mulieribus silentium indixit, vanam reputans religionem illam quæ linguam compescere non valeret. Præcepta omnibus abstinentia a carnibus. Viliores vestes ut pauperibus, omnibus pariter distribui voluit, quippe *illa vestimenta* aiebat *omnibus religiosis posse sufficere, quæ frigus possint expellere, non quæ corpus quandoque moriturum possint ornare.* Hinc tum apud Fontebraldenses & multo post tempore solemne erat hoc S. Benedicti effatum, *De colore aut grossitudine non causentur monachi.*

55. Inter præcipuos Roberti de Arbrisello discipulos quatuor præsertim recensentur, quatuor ordinum religiosorum institutores, Bernardus de Pontivo, Vitalis de Moritonio, Radulfus de Fusteia, & Geraldus de Salis, de quibus nunc dicendum. Bernardus in Pontivo Abbatis-villæ territorio, honestis & religiosis parentibus ortus, cum vigesimum ætatis annum attigisset, divino afflatus Spiritu, patriam deseruit, ac sanctioris vitæ desiderio Aquitaniam ingressus, Pictavim usque penetravit. Florebat tum prope urbis muros S. Cypriani monasterium, cui præerat Rainaldus S. Roberti Casæ-Dei olim discipulus, vir litteris apprime eruditus, non modo in Aquitania, sed & in curia Romana celebris. Sub eo complures monachi cum genere tum vitæ integritate conspicui, ibidem religiose vivebant. Quorum contubernio Bernardus se adjungere non dubitavit, eorumque exemplis per annos decem informatus, vitæ regularis observatione & ceteris monasticis virtutibus, quibus omnes facile superabat, dignus tandem est habitus: qui Gervasii S. Savini abbatis adjutor renuntiaretur: quo quidem munere tam sapienter cum in spiritualibus tum in temporalibus perfunctus est, ut jam de ipso instituendo abbate monachi inter se deliberarent.

X. De ordine Tironiensi.

56. Hoc statim intellecto, Bernardus clam e monasterio in eremum se recepit, ibique a Roberto de Arbrisello, Vitali de Moritonio, & Roberto de Fusteia, plaudentibus novo socio, & cellas suas ei certatim offerentibus, lubenter exceptus, tribus annis religiosissime egit, donec a monachis S. Savini, qui missis passim exploratoribus, eum ubique per silvarum latibula montiumque recessus diligentissime perquirebant, detectus est. His enim litteras a Pictavensi episcopo & abbate S. Cypriani utriusque sigillo munitas instantissime petentibus, quibus videlicet Bernardus ab hac solitudine abstractus abbas sibi præfici posset, ad marinas insulas fugere coactus est, quæsitisque in procelloso mari latebris, quas in vastissimis silvis reperire non potuerat, in Causeo insula ab omni hominum consortio remotus, sine socio, sine foco, tres annos in maxima omnium penuria delituit. Inde tamen a Petro de Stella revocatus, mortuo Reginaldo abbate S. Cypriani, munus quod dudum refugiebat, divina ordinante providentia, subiit, eoque nomine concilio Pictavensi, in quo Philippus rex ob adulterinam cum Bertrada co-

pulam anathemate percussus est, cum Roberto de Arbrisello interfuit.

57. Tum Cluniacenses Paschalis II. auctoritate freti, S. Cypriani monasterium, ut multa alia, sibi vindicare satagebant. Quibus Bernardus viriliter obstitit, cum abdicare se mallet, quam monasterium sibi commissum indebitæ servitutis jugum subire; eoque res est adducta, ut jubente pontifice, & monasterio excedere, & deposita dignitate in solitudinem, unde pia fraude abstractus fuerat, redire compulsus sit. Neque inde potior fuit Cluniacensium causa, immo magis magisque ipsis obnitentibus monachis S. Cypriani, qui quatuor ferme annis pro sua libertate cum Cluniacensibus decertarant, iterum invitatur Bernardus uti ecclesiæ in summum discrimen subveniret, urgentissimisque Petri episcopi litteris iterum revocatus, continuò Romam, assumtis secum ex eremo aliquot sociis, asino vectus & paupere amictu indutus, proficiscitur, & ad Paschalis audientiam admissus, pristinæ dignitati restituitur: a qua tamen non multo post, immani Cluniacensium auctoritate excidit. Unde iterum regressus in Urbem, causam suam coram pontifice rursum discussurus, ubi ipsum advertit in Cluniacenses plus æquo propensum, ad divinum judicium coram omnibus provocare non est veritus; qua libertate commotus Paschalis, eum revocavit ac benigne audiit. Inter alia acerbissime conquerebatur, abbatem Cluniacensem infinitis jam & pinguissimis monasteriis præpotentem, ad unicam & pauperem *suam hinnire uxorem*, tamque acriter jus suum coram pontifice defendit, ut ejus animi constantia perculsus pontifex, ipsum apud se detinere, & sacro etiam senatui ascribere proposuerit. Quod utrumque deprecatus modeste Bernardus, monasterio suo iterum restitutus est, honorificentissimeque dimissus cum potestate dispensandi verbi Dei, baptizandi, & aures præbendi confitentibus.

58. Jam asserta S. Cypriani libertate, cum ipsi sui fratres lætis animis ac summo affectu gratularentur dignitatem semel & iterum recuperatam, ipsos tertiò reliquit, ac paucis cum discipulis varias solitudines vitæ eremiticæ studio peragrabat, cum Rotrocus comes Perticensis locum ipsi a Novigento castro una circiter leuca dissitum, Arcisias nomine, obtulit. At contradicente Beatrice matre comitis, vicinitatemque Cluniacensium, qui cellam Novigenti habebant, contentionibus perpetuis occasionem futuram objiciente, Tironium viro Dei est collatum, ubi deinceps Bernardus constitit, & monasterium seu potius extemporaneas casas extruere cœpit, acceptaque ab Ivone Carnotensi episcopo benedictione, *primam missam celebravit in die sancto Pascha in monasterio ligneo jam ædificato.*

59. Verum cum nec ibi tutus esset a Cluniacensium Novigenti monasterii rixis, novum unius aratri fundum ab Ivone episcopo & canonicis Carnotensibus ad construendas monasterii officinas obtinuit secus fluvium Tironum. Qui locus Bernardo eò magis arrisit, quod incultus & sterilis, pœnitentiæ exercitiis aptior videretur, ibique durissimum vitæ genus cum suis iniit. Silentio in primis studebant, operam suam plerumque aut ædificiis erigendis, aut sarriendis agris, aut aliis laboribus impendebant. Labori succedebat oratio & frequens psalmorum cantus. Victus qui in arido loco occurreret tenuissimus. Habitu inculti, & vestitu horridi, extremam omnium indigentiam omnibus thesauris longe præferebant. Quo miraculo moti vicini, undique frequentes accedunt, moxque sparso etiam in remotiores provincias rumore, maximus fit hominum concursus; omnes servos Dei vel videre avebant, cum nemini loquerentur; & quæ est virtutis admirabilis illecebra, tanto fervore statim capti, abjectis omnibus, eorum vestigiis inhærere, ipsos fratres habere, cum ipsis vivere summo ardore cupiebant, ut parvo admodum intervallo Bernardus quingentos fratres ibi congregasse memoretur. Hic audiendus est Ordericus Vitalis. *Illuc*, inquit, *multitudo fidelium utriusque*

que ordinis abunde confluunt, & prædictus pater omnes ad conversionem Orderic.
properantes caritativo amplexu suscepit, & singulis artes quas noverant le- Vital. Hist.
l. 8.
gitimas in monasterio exercere præcepit. Unde libenter ad eum convenerunt
tam fabri lignarii quam ferrarii, scriptores, aurifabri, pictores & cæmen-
tarii, vinitores & agricolæ, multorumque officiorum artifices peritissimi. Sol-
licitè quod eis jussio senioris injungebat operabantur, & communem confere-
bant ad utilitatem quæ lucrabantur. Sic ergo ubi paulo ante in horribili saltu
latrunculi solebant latitare, & incautos viatores repentino incursu trucidare,
adjuvante Deo, in brevi consurrexit monasterium nobile. Hinc fama Bernardi Tironensiumque monachorum longè latèque diffusa, eorum institutum non in Gallia solùm, sed in exteris etiam regionibus ita propagatum est, ut præter cellas innumeras abbatiæ undecim principi monasterio Tironensi subjectæ numerentur; ex quibus octo in Gallia, scilicet Arcisia, nunc monialium, in diœcesi Carnotensi; Pelissia, & Vadum Alneti in Cenomanensi; Asinariæ in Andegavensi, Boscus Alberici in Turonensi, Ferrariæ in Pictavensi, Jugum-Dei in Lugdunensi, Trunchetum in Dolensi. Duæ in Anglia, abbatia B. Mariæ de Cameis in diœcesi Menevensi, Rokcaburgum, & in Scotia Tironium.

60. Vitalis alius Roberti de Arbrisello discipulus, patre Reigfrido, & Ro- XI. De or-
hardi matre Figerii apud Bajocasses, in pago Moritonii natus, unde appel- dine Savi-
gniacensi.
latur de Moritonio, non de Mauritania, ut quibusdam placet, cum litteris
esset apprimè imbutus, collegiatæ S. Ebrulfi Moritoniensis canonicus & Roberti comitis capellanus est institutus. Sed deposita rerum temporalium mole, suave Christi jugum subiit, Deoque impellente in Credonensem solitudinem sub magisterio Roberti de Arbrisello se contulit. Ibi cum annis ferè septemdecim eremiticam vitam exegisset, ac plurimos suis concionibus ad bonam frugem adduxisset, monasterium ad multorum salutem ædificare constituit, fundum in Savigneiensi saltu diœcesis Abrincensis suppeditante Radulpho de Fulgeriis. Cujus monasterii initium Mabillonius ad annum re- Tom. 5.
tulit quintum & centesimum supra millesimum, licet editum a Baluzio Chro- Annal.
nicon Savigniacense fundationem ejus anno solùm MCXII. consignet; cui concinit Radulfi Filgeriensis charta ipsa fundationis tom. 1. nostrorum Anecdotorum edita: id quod rectè intelligit Mabillonius de perfecta monasterii constructione; nam teste Orderico Vitali, Savigniense cœnobium *per* VII. *annos ædificavit.* Quo etiam tempore Guillelmus comes Moritonii, filius Roberti fratris Guillelmi regis Anglorum, abbatiam sanctimonialium construxit in honorem S. Trinitatis in Novoburgo Moritoniensi, *adjuvante fra-* Spicil. tom.
tre Vitali, tunc temporis abbate Savigniacensi existente: uti legitur in ipsius 13.
Guillelmi litteris, eidemque abbati multa prædia ad opus Dei & sanctimonialium usus assignavit.

61. Coadunatis in Savigneiensi cœnobio fratribus, Vitalis *ritus Cluniacenses, vel aliorum qui monachilibus observantiis jam dudum mancipati fuerant,* non proposuit, *sed modernas institutiones Neophytorum,* inquit Ordericus Vitalis, hoc est, uti interpretor, Cisterciensium, quos Neophytorum nomine solet Ordericus appellare. Cum autem Vitalis, quâ erat facundia, omnium animos ad quod maximè vellet facilè inclinaret, sæpe e suggestu loqueretur, nemini, nec potestatibus parcens, & dici non potest quanta eum observantia omnes & reges ipsi & principes colerent & revererentur, quam ardenter ad eum audiendum, vel prima luce accederent, quam mutati abirent. Cumque in his sanctis operibus annos decem & septem indefessè & maximo omnium emolumento perseverasset, *in oratorio post aliquantam* Orderic.
ægritudinem, in qua fideliter confessus fuerat, & sacræ Communionis Viati- Vital.
cum devotè perceperat, ad matutinas de sancta Virgine MARIA *lectori poscenti*

Tom. VI.

benedictionem dedit, & a cunctis, qui aderant, dicto amen, mox spiritum exhalavit.

Ad calcem Guiberti abbatis.

62. Vitalem ejusque successores his verbis commendat Robertus de Monte in tractatu de abbatibus & abbatiis cap. 4. *Vitalis eremita optimus seminiverbius in confinio Normanniæ & Minoris Britanniæ, in vico Savineio, monasterium ædificans, modernas institutiones, in aliquibus Cisterciensibus similes, monachis suis imposuit. Huic successit Bajocensis Gaufridus Cerasiensis monachus, vir admodum litteratus, & in religione fervens. Hic multa monasteria ædificavit, & consuetudines prioribus arctiores Savinensibus imposuit. Cui, post Evanum Anglicenam, qui parvo tempore eidem monasterio præfuit, successit venerabilis Serlo de Valle-Badonis juxta Bajocas, qui fuerat prædicti Gaufridi in sæculo discipulus, & monachatum prius susceperat cum eo in monasterio Cerasiensi; sed relicto illo monasterio, pro majori religione expetierat Savineium. Hic quia pro velle suo ei non obtemperabant monasteria sibi subdita, auctoritate Eugenii Romani pontificis subdidit se & omnia monasteria sua Cisterciensi ordini, & exinde post paucos annos, ut Deo liberius posset vacare, relicta cura monasteriorum, in monasterio Claravallis Deo & sibi vacans delituit. Cui successit in regimine Savineii Richardus de Curseio prior ejusdem loci.* Jam si quis fortasse quæret, quænam essent monasteria illa ex quibus conflatus erat ordo Saviniacensis, is consulat Anastasii IV. bullam primo hujus collectionis tomo editam. Unum solum monebo Saviniacum & monasteria ipsi subdita Cisterciensi ordini, sub linea Claræ-vallis, promovente S. Bernardo, adjuncta fuisse, hoc abbati Savigniacensi ob tam insignem accessionem dato, ut primus post primos patres & abbatem Prulliacensem, qui loco sibi debito cedere noluit, in ordinis comitiis consideret.

XII. De Congregatione S. Sulpicii.

63. Tertius Roberti de Arbrisello discipulus Radulphus de Fusteia, in quibusdam chartis dictus Radulphus de Flageio, post legitimam cœnobiticæ vitæ in monasterio S. Jovini de Marnis exercitationem, ad anachoreticam transiit, ut permittit S. Benedicti regula, sub disciplina Roberti de Arbrisello, in saltu Credoniensi per multos annos degens, tandem magistri sui exemplo sanctimonialium monasterium sub S. Sulpicii patrocinio in diœcesi Rhedonensi construxit, quibus religiosos monachos sub priore viventes, ut apud Fontem-Ebraldi, subjecit. Ejus monasterii fundationem ab Alano Fergentio Britanniæ comite factam ad annum MCXII. refert Mabillonius. Cujus prima abbatissa Maria Stephani Campaniæ comitis & postea Angliæ regis, & Bertæ ducissæ Britanniæ filia, a Marbodo Rhedonensi episcopo benedictionis munus anno MCXVII. accepit. Quo anno Fulco Andegavensis & Cenomanensis comes cellam Fontis S. Martini fundavit & tradidit novo cœnobio, *in manibus Radulfi monachi magistri sanctimonialium, & eum de hoc dono investivit cum aureo annulo in aula sua Cenomanis*. Quo etiam anno Wilhelmus episcopus Pictavensis *Radulfo de Flageio, sanctissimo viro & religiosissimo, ecclesiam S. Mariæ, quæ sita est in parochia Fulgerosa, ad opus monialium S. Sulpicii, videntibus & audientibus Roberto episcopo de Cornugallia & aliis,* concessit. Ad hæc Conanus comes cum matre, uxore & sorore sua monasterium *S. Mariæ Magdalenæ, quod Britannicè Locmaria vocatur, Radulfo priori atque Mariæ abbatissæ, necnon & sororibus ibidem Deo servientibus,* contulit. Quod Robertus Corisopitensis episcopus anno MCXXIV. confirmavit. Alias eidem parthenoni cellas subditas recensent. Ceterùm defunctum anno MCXXIX. Radulfum pro sancto venerantur S. Sulpitii sanctimoniales, etsi nullo ecclesiastico officio colitur.

XIII. De Congregatione Ge-

64. Quartus Roberti de Arbrisello discipulus Geraldus de Salis, in hoc magistro suo consimilis, quod canonicus primùm regularis, deinde eremita,

PRÆFATIO. xxvij

tum verbi Dei præco eximius, ac tandem fundator monastici ordinis, ubi- raldi de que ecclesiam mirabilibus virtutum exemplis illustrarit. Salis in pago Petro- Salis. coricensi Fulcone & Aldearda nobilibus parentibus ortus, adolescens post navatam studiis operam, canonici regularis habitum in monasterio S. Aviti, quod a Salis proximè aberat, consilio Roberti de Arbrisello induit, ibique sacris est ordinibus initiatus, excepto sacerdotio, cujus se indignum judicabat. Ejus exemplo pater ejus & mater, fratresque duo natu minores Grimoaldus & Fulco monasticæ vitæ se addixere. Quorum Grimoaldus prioris seu præpositi munere primùm apud Tuitionem, deinde ad Castellariam non sine laude expleto, abbas Allodiorum creatus est, ac demum episcopus Pictavensis, Fulco verò eremiticam vitam apud Boscanium districtissimè exegit.

65. Ubi ad virilem ætatem pervenit Geraldus, *de paupere canonico factus est pauperior eremita*, cilicio carnem macerans, arcto pane & aqua brevi cum modico legumine epulari solebat. Posteà divino Spiritu afflante, verbum Dei tam feliciter disseminare cœpit, ut Petrus Pictavensis, moribus & scientia clarissimus, & plures alii episcopi ei vices suas suis in diœcesibus committere non dubitarent. Exinde variæ monasteriorum fundationes statim consecutæ. Septem recenset vitæ ejus scriptor; Caduinum, Grandem-silvam, Dalonum, Bornetum, Allodia, Absiam Gatinæ, & Castellarias; & duo feminarum, Tucionem & Bibionem, quorum prius Roberto de Arbrisello tradidit, qui ei vicissim fertur cessisse Caduinum. Præterea Ligurensem parthenonem fundasse reperitur anno MCXV.

66. His chronicon Malleacense addit Gondum in pago Aginnensi, cujus primus abbas fuit Bernardus; in territorio Sanctonensi Fontem-dulcem & *Tenale*, quibus præfecti duo Wilhelmi; in nemore Gatinensi S. Benedictum de Pinu, cujus primus abbas dictus fuit etiam Guillelmus, & Bonam-vallem. Castrense etiam monasterium, cui alter Guillelmus primo loco præfuit. Denique in pago Lemovicensi Domum-Dei Castellensem dictam, cujus administrationem prioris nomine suscepit Goffredus. Item Domum-Dei, vocatam Corbasim, S. Mariæ & S. Nicolao sacram, quam Bernardus rexit prioris nomine. Quibus monasteriis, vivente Geraldo fundatis, accessere post ejus mortem Fons-Guillelmi in diœcesi Vasatensi, Faësia in Burdigalensi, S. Marcelli in Caturcensi, Ardorellum olim in Albiensi, nunc in Castrensi, Clariana in Elnensi, Bulium, Palatium B. Mariæ, Bonus-locus, Pratum-benedictum in Lemovicensi, Albiniacum in Bituricensi, Locus-Dei in Ruthenensi, in Malleacensi S. Leopardi, Fons-frigidus in Narbonensi, Pons-altus in Adurensi.

67. Atque his locis Geraldus paucos primùm discipulos coëgerat, qui eremiticam vitam profiteri solebant. Unde in Silvæ-majoris & Mansi-Garnerii instrumentis eremitæ vocantur primi incolæ Grandis-silvæ. Item *Clerici Absienses*, quorum antesignanus fuit Petrus *Brunc* eremita, *& Castellarienses erant eremitæ,* inquit scriptor vitæ S. Geraldi. At ubi accrescente numero solitariorum, in societatem aliquam convenire potuere, postposita vita solitaria, regulam ipsis S. Benedicti, cum Cisterciensium institutis imposuit, nec tamen ideo ordini Cisterciensi ullo modo addixit, ut planè constat ex charta fundationis Grandis-silvæ, in qua Amelius episcopus Tolosanus anno MCXVII. hoc est annos ut minimum viginti antequam Cisterciensi ordini uniretur, *religiosissimo magistro Geraldo de Salis ejusque discipulis* concedit, & auctoritate episcopali confirmat, quicquid a fidelibus acquisierant aut poterant acquirere, ea tamen lege, *ut ad honorem Dei regulam B. Benedicti teneant more Cisterciensium, qui laudabiliter eam custodiunt.* Eodem modo *anno* NovaGall. MCXX *fundatum est cœnobium S. Mariæ Absiæ in primam abbatiam pagi Picta-* Christiana tom. 2.

venſis, ſecundum regulam S. Benedicti, & inſtitutum patrum probatiſſimo-
rum Ciſterciensium monachorum a magiſtro venerabili Giraudo; quod tamen perſtat hactenus ſub S. Benedicti regula. Idem colligere licet ex Lucii
papæ II. bulla pro monaſterio Fontis-dulcis, Cisterciensi ordini numquam
unito, in qua hæc in primis obſervanda pontificis verba. *Conſuetudines ad*
religionis atque humilitatis obſervantiam ab eo qui præeſt & fratribus, ſimi-
liter ſecundum S. Benedicti regulam & Ciſterciensium fratrum ordinem in
monaſterio veſtro & aliis ſubjectis eccleſiis inſtitutas, nullus archiepiſcopus
ſua auctoritate infringere aut immutare præſumat. Idem confirmant Loci-
Dei apud Ruthenos monumenta, in quibus hæc inter alia leguntur. *Philippi*
regis tempore Geraldus quidam venit in partibus Aquitaniæ, ubi deſerta re-
quirens, ſeptem fundavit monaſteria, in quibus victum & veſtitum ad for-
mam Cisterciensium inſtituit, & ſuſceptam a communi monachorum patre
Benedicto regulam. Quod ut adhuc magis elucescat, extant apud Vallem-
magnam ordinis Cisterciensis monaſterium diœceſis Agathensis litteræ, quibus ejus loci fundationem Caduini & Ardorelli abbates anno MCXXXVIII. recipiunt, & decem poſt annis a ſede apoſtolica petunt monachi ut ordini Ci-
ſterciensi adjungantur: quod benigne annuit Eugenius papa III. ſcriptis litteris ad abbatem Bonarum-vallium diœceſis Viennensis. Ex quibus patet
Vallem-magnam a prima ſua fundatione unitam non fuiſſe ordini Ciſter-
ciensi. Eadem ratione Joachimus abbas Florinensis, Ciſterciensium inſtituta
ſuis præſcripſit diſcipulis, tametſi non eſſent Cisterciensi ordini addicti, ut
docet Radulfus Coggeshalensis abbas, & ipſe Cisterciensis, in Chronico An-
Tom. 5. glicano. *Ea tempeſtate, inquit, extitit quidam abbas non longe ab urbe Roma,*
p. 858. *ordinis Cisterciensis, ſed Cisterciensibus minime ſubjectus.*

68. Jam vero de tempore quo Cisterciensi eſt ordini attributa Geraldi de
Salis congregatio, ſi quis fortaſſis quærat, reſpondemus id facile definiri non
poſſe. Si quibusdam recentioribus & ceteris ordinis Cisterciensis ſcriptori-
bus credimus, id factum conſtat vel paulo ante Geraldi mortem, vel certe
non multo poſt. Caduino anno MCXIV. fundato, Henricum Pontiniacenſem
monachum ab Hugone abbate miſſum, duobus poſt annis præfectum fuiſſe,
Tom. 2. tradunt novi Galliæ Chriſtianæ auctores. Similiter docent Cisterciensis ordi-
pag. 1538. nis ſcriptores, Grandem-ſilvam, vivente adhuc Geraldo a S. Bernardo receptam, & ſucceſſoribus ejus Claræ-vallis abbatibus ſubjectam fuiſſe; quod
utrumque nullo ſolido fundamento nititur. Nam Mabillonius in nota ad
epiſtolam 247. S. Bernardi unionem hanc anno MCXLV. conſignat, Angelus
Manrique Manrique vero MCXLVII. quorum opinio fundamentum habet in prædicta
Annal. epiſtola ſcripta anno 1147. ad Toloſanos, quos S. Bernardus alloquens, *Sit*
Ciſt. ad an.
1147. c.19. *vobis,* inquit, *commendatus lator epiſtolæ venerabilis abbas Grandis-ſilvæ &*
art. 2. *domus ejus, quæ & noſtra eſt, & nuper noſtro ordini ab ipſo tradita, &*
eccleſiæ Claravallensi ſpecialiter aſſociata. Nos vero Grandem-ſilvam Ciſter-
ciensi ordini adſcriptam eſſe exiſtimamus circa annum MCXLIII. ſub finem
pontificatus Innocentii papæ II. id quod collegimus ex ejusdem pontificis
reſcripto ad epiſcopum Toloſanum, datum occaſione abbatis Caduini monaſterii, qui abbas ordinis a Geraldo inſtituti pater, querelam ad ſedem apo-
ſtolicam de recuſata ſibi obedientia ab abbate Grandis-ſilvæ depoſuerat. To-
loſano igitur epiſcopo his verbis reſpondet Innocentius. *Adverſus abbatem*
& fratres Grandis-ſilvæ gravem querelam accepimus, quod Caduinenſi ec-
cleſiæ ſubjectionem & debitam ſubtrahunt obedientiam. Quod ſi verum eſt,
per apoſtolica tibi ſcripta mandamus atque præcipimus, quatenus ipſos ad
obedientiam præfatæ eccleſiæ redire districte commoneas. Si vero te audire
noluerint, de ipſis tamquam de inobedientibus plenam juſtitiam facias.

69. Supereſt hoc pontificium diploma in eccleſiæ Toloſanæ chartario, ex
quo

quo patet non modo Grandem-silvam, necdum ordini Cistercienfi unitam fuisse, sed nec Caduinum ipsum, cujus abbas circa idem tempus unà cum abbate Ardorelli, fundationem Vallis-magnæ excepit, quæ tamen decem tantum post annis Cistercienfi familiæ nomen dedit, subdiditque se abbati Bonarum-vallium in diœcesi Viennensi. Exeunte autem duodecimo sæculo, cum Aimericus abbas Caduinensis, regularis observantiæ zelo accensus, ægrè admodum ferret, monachos suos a primæva ordinis sui institutione plane excidisse, neque alia ratione disciplinam restitui posse videret, quam Cisterciensium ope & consiliis, ipsos supplex exoravit, scriptis ad capitulum generale litteris, ut monasteriorum suorum curam deinceps suscipere ne dedignarentur, auctoritateque Innocentii papæ III. interposita, hæc commissa est provincia Pictavensi & Petracoricensi episcopis, & archidiacono Petracoricensi; ut scilicet Caduinum accederent, atque adhibitis præsentibus malis remediis, Caduinenses ordini Cistercienfi & Pontiniacenfi abbati, jurata ipsi obedientia, subjicerent. Quæ quidem in capitulo Caduinenfi strenue peracta sunt anno MCCI. hac posita conditione, ut Caduini filiæ, ut vocant, seu monasteria, sub patris abbatis jurisdictione perseverarent, qui abbas a nullo alio visitaretur abbate præter Pontiniacensem, qui ipse accederet, nec cuilibet alteri vices suas committeret.

70. Hæc omnia confundit auctor vitæ Geraldi de Salis, cum scribit ipsissimum Geraldum voluisse Caduinum S. Bernardo tradere & Claræ-valli, ut pravos monachorum mores emendaret: sed iis repugnantibus, Geraldum dixisse Bernardo: *Recedamus hinc ab his civibus in nomine Domini, & dabo vobis domum meliorem ... dicebat autem Grandem-silvam. Et revera, sicut dixit, sic factum est. Nam Grandis-silvæ incolæ receperunt Bernardum sicut angelum Dei, & in obedientia perpetua se subdiderunt ei.* Tempora etiam confundit ille auctor, dum supponit Caduinenses, vivente Geraldo, hoc est quinque aut sex ad summum a fundatione annis a regulæ tramite exorbitasse, atque ad enormes excessus, qui nonnisi post annos circiter octoginta a Geraldi obitu contigere, se præcipitasse.

71. Sed neque alia Geraldi de Salis monasteria Cisterciensibus se statim sponteque subjecere. Rogerius abbas Dalonensis occasione Buliensis ad Claram-vallem accessionis scribens S. Bernardo, questus dicitur ipsum esse similem homini, qui oves habens nonaginta novem, pauperis oviculam unam surriperet. Abbatia de Ponto-alto Cistercienfi ordini est adjuncta anno solùm quinquagesimo primo supra millesimum. Palatium S. Mariæ anno MCLXII. S. Leonardi de Calmis anno MCLXVIII.

72. Nonnulla jam de S. Victoris Parisiensis monasterio in prævia observatione in vetera ejus monumenta hoc tomo edita diximus, quæ fortasse sufficerent; at ne propositum argumentum hic videamur intactum præterire, pauca de celeberrimo monasterio etiam hic juvat observare. Fundatorem agnoscit Ludovicum VI. Francorum regem, promotorem Guillelmum de Campellis, universitatis Parisiensis doctorem insignem, de quo hæc habet Robertus de Monte libro de abbatibus & abbatiis cap. 5. *Eodem tempore magister Guillelmus de Campellis, qui fuerat archidiaconus Parisiensis, vir admodum litteratus & religiosus, assumens habitum canonici regularis cum aliquibus discipulis suis extra urbem Parisius, in loco ubi erat quædam capella S. Victoris martyris, cœpit ædificare monasterium clericorum.* Eumdem etiam commendat alter auctor, quem sola nominis prima littera indicat: *Parisius modo sum*, inquit ad quemdam præpositum scribens, *in schola magistri Guillelmi, summi viri omnium sui temporis quos ego noverim, in omni genere doctrinæ: cujus vocem cum audimus, non hominem sed quasi angelum de cœlo loqui putamus. Nam & dulcedo verborum ejus*

XIV. De Congregatione S. Victoris.

Eccardi Corp. Hist. tom. 2. pag. 368.

& profunditas sententiarum, quasi humanum modum transcendit. Qui cum esset archidiaconus, fereque apud regem primus, omnibus quæ possidebat dimissis, in præterito Pascha ad quamdam pauperrimam ecclesiolam, soli Deo serviturus se contulit, ibique omnibus ad eum undique venientibus, gratis & causa Dei solummodo; more magistri Manegaudi beatæ memoriæ, devotum ac benignum se præbuit; jamque tantum studium regit, tam in divinis quam in humanis scientiis, quantum nec vidi, nec meo tempore usquam terrarum esse audivi. Ex quibus colligere licet Guillelmum non modo pietatis & regularis observantiæ, sed scientiarum etiam scholam apud S. Victorem instituisse: quam ipse maximo urbis & totius regni emolumento rexit ad annum usque MCXIV. quo adeptus episcopatum Catalaunensem, successorem sortitus est Thomam priorem, virum sanctissimum, a Thebaldi Noterii archidiaconi nepotibus, quos sæpe simoniæ arguerat, pro justitiæ defensione interemtum. Ei in scholis regendis successit Hugo Victorinus, Hugoni Nanterus, Nantero Richardus, sub quibus ita virtutibus & doctrinis floruit familia Victorina, ut plures statim fundatæ sint ad ejus normam abbatiæ & præpositurae, ex quibus surrexit nobile corpus Victorinæ Congregationis,

<small>Hist. Occid. cap. 24.</small> de qua Jacobus de Vitriaco: *Hi siquidem prudentes & honesti viri extra Parisiensis urbis tumultum seorsum congregati, supra firmum & stabile fundamentum regulæ S. Augustini institutoris, honestas & salutares observantias statuerunt. Nigris siquidem cappis & tunicis albis laneis induti, pellibus agninis & lineis utuntur camisiis. Carnes in refectorio non manducant. Certis temporibus & horis constitutis infra terminos suos manibus suis corporaliter laborant. Circa primam vel secundam noctis horam ad matutinas surgentes, in hymnis & psalmis & canticis spiritualibus Domino suaviter & devote jubilando, residuum noctis plerumque expendunt. Æstatis autem tempore a vespera usque ad auroram nocturnum frequenter pertrahunt officium. Semel autem in anno omnes hujus ordinis abbates Parisius apud sancti Victoris ecclesiam generale capitulum celebraturi congregantur. Post divinæ prædicationis epulas delicatas & suaves, de his quæ ad religionem & ordinis instituta pertinent unanimiter pertractantes.*

<small>XV. De ordine Præmonstratensi.</small> 73. Sequitur canonicorum Præmonstratensium celeberrima societas. Ejus auctor S. Norbertus archiepiscopus Magdeburgensis, Sanctis quod Cliviæ est oppidum in diœcesi Coloniensi, nobili genere natus, patre Herberto & Hadvige matre, primò in Frederici Coloniensis archiepiscopi curia, deinde in aula Henrici imperatoris, munus capellani obivit; cumque eodem Cæsare imperialem coronam accepturo, Romam profectus, præsens ibi aderat, cum Paschalem papam & cardinales ei adhærentes vi interceptos Henricus in car- <small>Heriman. de restauratione S. Martini Tornac. Spicil. tom. 12.</small> cerem detrudi jussit: quod nefandum scelus adeo est detestatus, ut imperatoris aulâ statim excedere decreverit, & prostratus pontificis pedibus, in patriam impetrata delictorum venia & absolutione remearit, ubi oblatum episcopatum Cameracensem a se modeste repulit. Cum vero aliquando solus cum puero ad locum nomine *Freden* contenderet, orta subito gravissima tempestate, fulmine ictus equo dejicitur, ac tum tactus dolore cordis intrinsecus, velut alter Saulus, hanc in vocem erupit: *Domine quid me vis facere?* sibique responderi visum: *Desine a malo & fac bonum.* Quo audito, in alium virum mutatus, cilicio indutus, ad Sigebergense ordinis S. Benedicti monasterium diœcesis Coloniensis accedit, ubi adhibito in consilium Conone abbate, admirandæ sanctitatis viro, cum de abnegando sæculo firmiter deliberasset, ad Fridericum Coloniensem archiepiscopum convolat, ac diaconum simul & sacerdotem eadem die institui se cupit & facile impetrat.

74. Initiatus sacerdotio cum depravatos clericorum mores palam in concionibus redargueret, a suis concanonicis ejectus est, relictaque patria Ge-

lafium, qui Paschali succefferat, adiit, veniam ab eo deprecaturus, quod duos eadem die ordines sacros iniisset, atque impetrata facultate disseminandi verbi Dei, munus apostolicum obire cum rigidissimo vitæ genere cœpit, cibis quadragesimalibus ad vesperam, Dominicis diebus exceptis, vescens, piscibusque & vino plerumque abstinens. Cum frequentes aliquando sermones ad populum Valencenis haberet, ei Burchardus episcopus Cameracensis, quo olim in aula imperatoris familiariter utebatur, occurrit, qui viso Norberto nudis pedibus & vili veste amicto, a lacrymis temperare non potuit, eoque spectaculo motus Hugo Burchardi capellanus, ipsi statim se adjunxit, moxque secutus eum est alter socius.

75. Mortuo Cluniaci Gelasio, subrogatus ei Calixtus II. concilium generale Rhemis indixit. Quem nudis pedibus adiens Norbertus, post tres dies, infecto negotio, ac ne impetrato quidem ad pontificem accessu, abire cogitur. Interim Bartholomæus Laudunensis antistes, Rhemos ad concilium veniens, cum jam S. Theoderici monasterium esset transgressus, *Norbertum cum duobus sociis clericis non longe ab itinere sedentem conspexit. Ad quos appropinquans episcopus interrogavit qui essent. Respondit: Se relictis parentibus sæculique vanitate, religiosam vitam sequi proposuisse; hujusque religionis normâ sedis apostolicæ consilio & auctoritate incipiendâ, jam per tres dies Rhemis demoratum fuisse. Sed quia præ multitudine jugiter confluentium divitum, nullus sibi ad papam ingressus patebat, tristem ac desperantem urbe digressum, quò diverteret nescire.* Commiseratusque Bartholomæus Norbertum secum Rhemos redire cogit & ad papam producit. Exceptus benigne a pontifice Laudunum, quo erat concilio finito venturus, dimittitur, cum firma spe, favente præsertim episcopo, ea assequendi quæ petierat.

Herman. lib. 3. de mirac. B. Mariæ Laud. c. 2.

76. S. Martini ecclesiam extra muros Lauduni Bartholomæus religiosam pauperemque vitam sectari cupienti obtulit. At Norbertus qui majores Coloniæ divitias reliquerat, modicis facultatibus Lauduni detineri non potuit, professus sibi extra urbes in desertis & incultis locis habitare propositum. Itaque Bartholomæus post papæ discessum, per varias eum diœcesis solitudines conduxit, oblatoque Fusniaco & Tenaliis, utroque loco religiosæ vitæ apto, sed quem aliis vir Dei Norbertus, non sibi destinatum dicebat, ad locum Præmonstratum dictum pervenit, ubi Deo duce & auspice Deipara, quam sibi patronam elegerat, in loco prope inaccesso, ut tutissima in statione se continuit. Erat ibi ædicula S. Johanni-Baptistæ sacra, juris cœnobii S. Vincentii Laudunensis, quam episcopus Norberto, compensato abbate, attribuit. Si Historiæ Viconiensis monasterii auctori credimus, *quo tempore venerandus pater Norbertus Præmonstratum venit habitaturus, sacrarumque institutionum, quibus jam totum fere per orbem catholica decoratur ecclesia, rudimenta daturus, ... Vido paucis diebus illic demoratus ... secessit, loco Majori cedens, & in Viconiensem silvam se recepit.*

Infra pag. 283. num. 3.

77. Paucos post dies Norbertus Laudunum venit, scholamque magistri Radulfi, qui germano suo Anselmo successerat, ingressus, habito ad scholares hortatorio sermone, septem ex eis ditissimos, qui nuper e Lotharingia advenerant, convertit, & cum ingenti pecunia adduxit Præmonstratum. At pecuniam illam, eremiticæ paupertati fortasse minus congruentem, alter e viri Dei sociis, cui commissa fuerat, sibi attribuisse fertur, & suadente diabolo clam non reversurus aufugisse. Hieme transacta, Norbertus apostolico munere pro more defungens per vicos & oppida, Cameraci sermone habito, Evermodum magnæ spei juvenem, Raceburgensem postea episcopum in Saxonia, Deo est lucratus, sibique adscivit, nec multo post Nivigellæ alterum juvenem nomine Antonium, quibus & alii adjuncti; ac tandem Præ-

monstratum cum tredecim sociis est reversus, congregatisque jam fere quadraginta clericis & plurimis laicis cum sanctorum eis patrum instituta eligenda proposuisset, cunctis ad ejus nutum se convertentibus, S. Augustini regulam afferri jubet, cui omnes, nullo prorsus refragante, die Natalis Domini subscripsere.

Vita S. Norberti apud Boll. 6. Junii.

78. Nec vero tum sancti illi longe ab angelis vitæ puritate abesse videbantur. *His de corporalibus cura & sollicitudo vix aliqua erat, universumque studium ad spiritualia contulerant. Is erat religiosæ paupertatis amor, ut potius eligerent veterem & clavatam tunicam, quam novum & integrum vestimentum. Nullum erat opus tam vile quod respuerent; obedientia adeo promta, ut si clibanus ardens eis proponeretur, & quælibet mors se offerret, magis timerent imperantem quam mortem. Juge silentium in omni loco, in omni tempore, in omni statu, ita ut illi qui illum* (Norbertum) *comitabantur, licet confertissimis populorum turmis admixti essent, vix unum verbum ab eorum ore posset extorqueri. Quod si quemlibet eorum de qualicumque commisso culparet, ibidem ad pedes corruens satisfacturus, neque visum hominum circumstantium erubescebat ... Voluit ut omni tempore jejunarent, una refectione contenti in die. Voluit etiam ut asellis circumvectarentur usque ad quatuor aut quinque leucas. Sed obsistente carnis infirmitate observari non potuit. Feminalibus semper uti fratribus suis præcepit; laneis ad carnem, laneis ad laborem uti, & absque ulla tinctura præcepit, licet asperrimo cilicio assidue vestiretur. In sanctuario vero, & ubi divina sacramenta tractantur, vel celebranda propter munditiam & multimodam honestatem, lineis uti voluit, & omni tempore utenda disposuit.*

79. Acta fuerunt hæc omnia anno MCXX. quo fere tempore Gualterio S. Norberti discipulo creato S. Martini Laudunensis abbate, fratres quingenti ibi infra annos duodecim coacti. Sequenti anno MCXXI. fundatur prope Namurcum Floreffense monasterium, sicque brevissimo tempore est propagatus sanctissimus ordo Præmonstratensis, ut post triginta ab ejus fundatione annos centum ad capitulum generale abbates convenirent, qui severiorem vivendi rationem a Norberto institutam suis in locis consectabantur cum infinitis fratribus. Instar omnium quæ coacervari possent, hic referre juvat ea quæ de Viconiensibus historiæ ejus monasterii scriptor coævus hoc tomo editus narrat.

Num. 11. pag. 287.

Quis autem valeat digne disserere qualis quantusque fuerit eo tempore tam in discipulis quam in magistro amor veritatis, custodia humilitatis, contemtus humanæ vanitatis, cum certis indiciis sinceræ caritatis omnes se monstrarent mortuos esse mundo, & mentibus habitare in cœlestibus cum Christo. Cur autem eos mundo mortuos non recte dixerim, quibus tanta erat parcitas in victu, ut quæque gustui dulcia, tactu mollia penitus abhorrerent, & talia quærentes ostentui haberent? Tanta quippe erat austeritas in victu, quod æstivis temporibus cum legumina non haberent, tribulos & agrestes herbas per arva legentes, & propriis humeris domum advectantes, una cum foliis arborum coctas, in cibos sumerent. Nec tamen mors in olla sentiebatur, quia farinula perfectæ caritatis condiebatur. Erat vero tanta vilitas in vestibus, ut tunicis toties reclavatis plerique vestirentur, quod in dubium venerit, ex qua potius parte initium sumserit. Quid dicam de assiduitate laboris vel instantia orationis, cum vix umquam aut manus quiesceret a labore & lingua vacaret ab oratione? ... Porro consuetudo talis erat, ut egredientes ad laborem, sive ad sarriendum, vel ad sarta cremandum, finito labore non vacui redirent, sed quisque pro viribus onera sibi bajulantes, seriatim & cum silentio repedarent.

80. Nec fratres solùm, sed & sorores a Norberto congregatæ, quarum cœnobia haud procul a viris erigi solebant, & *plus quam decem millia fe-*

minarum

PRÆFATIO.

minarum, ait Hermannus monachus, *in eis hodie credimus contineri. Mox* Lib. 3. de *autem ut conversæ fuerint*, pergit ille auctor, *perpetua deinceps lex manet* mirac. B. *semper intra domus ambitum clausas contineri, nusquam ulterius progredi* Mariæ *nulli viro non modo extraneo, sed nec germano aut propinquo loqui, nisi ad* Laud. *fenestram in ecclesia, duobus viris conversis cum viro exterius, & duabus feminis cum illa interius residentibus, & quicquid dicitur audituris. In ipso conversionis initio mox ut suscipiuntur ... capilli earum usque ad aures tondentur .... nulli deinceps pretiosam vestem, nisi ex lana, vel ovinis pellibus licet habere, nulli velum sericum, more quarumdam sanctimonialium, sed levissimum panniculum nigrum super caput portare.* Addit Jacobus de Vitriaco: *In choro & in ecclesia non cantabant, sed tantum in silentio orationi vacabant, psalteria sua legentes & horas canonicas vel B. Virginis Mariæ secreto cum omni humilitate & devotione dicentes;* quibus sane legibus nihil consultius provideri poterat. Et tamen virgines illæ tam sapienter institutæ, quæ sæpe fratres numero superabant, cum nulla fere ordinis abbatia erigeretur, quin ipsis simul daretur locus extruendo monasterio aptus & conveniens; hæ virgines vix secundam attigere ætatem, hodieque paucioribus extra Galliam positis cœnobiis continentur.

81. Ceterùm Præmonstratensium disciplinam, qualis suo tempore vigebat, his describit verbis Jacobus de Vitriaco Hist. Occid. cap. 22. *Carnes siquidem Præmonstratensis ordinis canonici & fratres laïci numquam nisi in infirmitate manducant. A festo S. Crucis usque ad Pascha jejunant. Duobus pulmentis more Cisterciensium in refectorio vescuntur. Camisiis non induuntur. Pellibus ovinis utuntur. Vestiti tunicis albis & caligis calceati dormiunt. Cappis laneis albis absque tinctura vestiuntur. Diebus festis more aliorum canonicorum novem lectiones, aliis autem diebus tres tantùm in matutinis legunt. Post officium nocturnum ad dormitorium revertuntur ut dormiant & requiescant. Temporibus determinatis & horis certis ad labores manuum egrediuntur. Parochiales ecclesias & animarum sæcularium curas in propriis personis suscipiunt. Omnia hujus institutionis & religionis monasteria sub uno capite Præmonstratensis monasterii continentur, ad quod annis singulis ad capitulum generale omnes hujus ordinis abbates congregantur. Habent autem curias & prioratus, in quibus tam clerici quam laïci, secundùm quod eis a superioribus suis injungitur, commorantur.*

82. Non multùm ab hac vivendi ratione differebant canonici S. Gilberti XVI. Ordo de Simpringham, qui ipsi eadem ferme ætate ordinem in Anglia celeberri- S. Gilberti mum instituere, in quo viri S. Augustini, feminæ S. Benedicti regulam ser- gham. vabant. De eo vide si lubet Eliotum tom. 2. Hist. ord. monast. cap. 29.

83. Calefiensis exigua Congregatio, cujus memoria pene est oblitterata, XVII. suo etiam tempore floruit apud Delphinates. Ejus caput Calesium, mona- Congregasterium olim ordinis S. Benedicti in Gratianopolitana diœcesi, ab illustri tio Calefiensis in viro Guidone Delphino & Mathilde regina ejus conjuge, anno circiter mil- Delphinalesimo & trigesimo conditum, ornatumque reditibus & prædiis, tam sanctis tu. legibus a prima sui origine refulsit, ut jugum ejus monasteria alia paulatim subire, ipsique ut capiti subjici optarent: in quibus præcellebant ceteris Boscodunum & Alba-vallis Ebredunensis diœcesis, ac Lura in Sistaricensi, quæ anno demum quadragesimo octavo supra millesimum & centesimum aliquam inter se societatem inire statuunt, edita exemplo Cisterciensium Charta Caritatis, in qua inter alia est definitum; Ut abbas Calefiensis, novæ congregationis pater, monasteria sua visitet, emendet & corrigat. Singulis annis omnes congregationis abbates ad capitulum generale convocet, electos confirmet; utque ejus vicissim electioni Boscoduni & Albæ-vallis abbates præesse, Calesiamque visitare queant, aliaque solemni hoc decreto egregie

Tom. VI. i

sancita, quæ legi possunt tom. 4. nostrorum Anecdotorum, pag. 1211. At quæ est rerum etiam optime constitutarum miserabilis conditio! Pusilla hæc Congregatio suos non modo fines ulterius protulisse non videtur, sed caput ejus Calesium, monachis sensim deficientibus, ad tantas est angustias exeunte sæculo decimo tertio redactum, ut majori demum Cartusiæ ipsum Guillelmus episcopus Gratianopolitanus, impendente jam ruina, adjungi & attribui præceperit anno Domini MCCC.

XVIII. Ordo Vallis-Caulium.

84. Sub finem sæculi XII. novus in diœcesi Lingonensi ordo sub S. Benedicti regula surrexit, Vallis-caulium dictus: cujus auctorem vulgo faciunt fratrem Wiardum Cartusiensis ordinis in Luvigniensi monasterio conversum, qui cum non satis rigidas Cartusiensium leges existimaret, in proximam vallem silvis undique circumdatam secessit, ibique congregatis discipulis, novum fundavit ordinem. Verum popularem hanc traditionem ad vulgi fabulas ablegandam esse demonstravimus in primo nostro Itinere Litterario pag. 112. 1. Quia Vallis-caulium monasterium paucis post Luvigniacensis Cartusiæ fundationem annis construxit Odo dux Burgundiæ, anno scilicet MCXCIII. quo tempore Cartusienses, ubique primævum ordinis sui fervorem retinentes, reformatione non indigebant. Immo quamvis Vallis-caulium fratres rigidiorem ducerent vitam, Cartusiensium tamen austeritatem attigisse, nedum superasse credimus. Deinde Cisterciensium non Cartusiensium usus & consuetudines adoptatas a Caulitis fuisse diserte asserit Jacobus a Vitriaco auctor ejus ætatis. 3°. Primus Vallis-caulium prior Guido, non Viardus vocabatur, ut fert ejus & Humberti successoris tumulo appositum epitaphium:

Hic duo sunt fratres caput ordinis & protopatres
Guido & Humbertus, sit Christus utrisque misertus.

Postremò in sacra æde hoc legitur inscriptum. *Anno Domini* MCCXCIII. IV. *nonas Novembris intravit frater Wiardus in chorum Vallis-Caulium*, hoc est anno post monasterium conditum centesimo vigesimo, atque adeo nec ejus loci auctor aut conditor haberi ulla ratione potest frater Wiardus.

85. Aliam & longe diversam Vallis-caulium originem historiæ Cartusiensis ordinis scriptor hoc tomo editus his verbis refert. *Cum quemdam Cartusiensem provectum patrem dæmon præcipitasset in fugam, invenerunt eum quidam nobiles de Francia dicti de* Mont-corne *in silva quasi desolatum: qui interrogatus respondit se de claustro fugisse propter nimium rigorem vitæ, adjecitque quod si tempore abstinentiæ panis & aquæ caules habuisset, bene contentus mansisset. Miserti illius pauperis, duxerunt eum ad sua, assignantes ei locum pro fructibus & herbis valde fertilem, cui & ex hoc* CAULIUM *vocabulum est, unde & ipsi fratres* CAULITÆ *sunt vocati. Ibidem ergo facto claustro quodam, & a sede apostolica, promotore Domino, approbato, adunati sunt socii multum devoti, qui viventes quasi sint Cartusienses, per multos annos multum ibi bene habuerunt se.*

86. Ex his, quæ sane non longe a vero abesse existimo, patet primùm Caulitas ex ordine Cartusiensi prodiisse, primumque eorum patrem ex Luvigniaci Cartusia assumtum, id quod aliunde discimus ex primis eorum constitutionibus a nobis aliàs editis, ubi cap. 10. hæc leguntur: *Primus pater & constitutor ordinis nostri de ecclesia Luniaci ad locum Vallis-caulium, unde exorti sumus, primitus venit.* Unde mirum non est, quod pleraque Cartusiensium instituta, ipsumque habitum, & missale haberent, maximeque a carnibus abstinerent tam sani quam infirmi. Immo a Luniacensi etiam monasterio sic pendebant, ut nec novitium admittere sine fratrum consensu possent, ut aperte docent laudatæ jam constitutiones cap. 32. *Novitius in Vallecaulium non debet ire, nisi congregentur monachi Luniaci & monachi Vallis-*

Tom. 4. Anecd. pag. 1654.

caulium, nec domum ipsam intrare potest. Votorum tamen nuncupationem, seu, ut vulgo dicitur, professionem religiosam secundùm S. Benedicti regulam edebant, ut constat cum ex constitutionibus cap. 42. tum ex statutis capituli gen. anni 1266. c. 3. In plerisque etiam Cisterciensium usus sibi imposuisse testatur Jacobus de Vitriaco, ut jam dictum est. Ex quibus omnibus conjicio Vallem-caulium ex his fuisse monasteriis, quæ olim Cartusienses in gratiam eorum qui eremi austeritatem ferre non poterant, erigi, ac suis adjungi Cartusiis sinebant, quibus S. Benedicti regulam ea lege permittebant, ut a proxima Cartusia & ejus priore penderent, ut supra vidimus.

Tom. 4. Thesauri Anecdot.

§. I I.

De fratrum Conversorum in monasteriis origine.

87. Expositis, ut licuit, religiosorum ordinum XI. & XII. sæculi originibus, nunc inquirendum videtur quo præcise tempore fratres laïci, quos vulgo Conversos vocant, cœperint in monasteriis recipi, & religiosis alligari institutis. Hanc verò provinciam, paucis hactenus notam, eo lubentius ingredimur, quod nonnulli eos putent a Cisterciensibus ortos & propagatos, remotiorique ignotos antiquitati, quæ sane opinio quantum a vero absit, non est, ut credimus, extra propositum nostrum vel paucis demonstrare, cum pleraque monasteria eorum maxime fratrum cura & labore erecta fuerint aut reparata, agri exculti, prædia & reditus aliaque id genus, sine quibus nec monachi stare ullo modo possent, acquisita, aucta & conservata. Fatemur quidem primos patres Cistercienses ab initio definiisse, *Conversos laïcos barbatos se suscepturos.... quia sine adminiculo istorum non intelligebant se plenariè die ac nocte præcepta regula posse observare.* At quid inde sequitur ? id nimirum, Cistercienses monachos, dum sanctam regulam ad amussim observare instituunt, S. Benedicti mentem magis prospicere quam verba.

Errant qui conversorum originem ad Cistercienses referunt.

Exord. Parvum Cist. cap. 15.

88. Et certe ex his omnibus quos modo recensuimus religiosis ordinibus, nullum prorsus reperias qui non suos habuerit fratres laïcos seu conversos. Observatum est superius in vita S. Roberti de Arbrisello, Fontis-Ebraldi ordinis duodecimo ineunte sæculo exorti institutoris, *fratres laïcos & clericos mixtim ambulasse, excepto quod clerici psallebant & missas celebrabant, laici laborem spontanei subibant.* Bernardus ordinis Tironiensis institutor, *fratres illitteratos* morti proximus *commonuit, ut quasi pelles & cilicia tabernacula Domini, purpuram & byssum, hyacinthum a pluviosis procellis protegerent, divinumque quod administrare nequibant officium, in exterioribus subserviendo suum facerent.* Cartusienses, qui paulo ante Cistercienses orbi Christiano illuxere, ab ipso exordio fratres admisere conversos, quorum etiam numerus numerum clericorum longe excedebat. *Duodecim tantum monachos*, inquit Petrus Venerabilis, *cum decimo tertio priore, & decem octo conversis, paucisque mercenariis, nullo prorsus addito, in sui ordinis monasteriis esse perpetuò decreverunt.* Apud Grandimontenses clericis rerum cœlestium contemplationi divinisque officiis plerumque addictis, omnis rei exterioris cura & administratio solis incumbebat fratribus conversis, quos Stephanus æque ac clericos in prioris electione suffragium ferre voluit. Nec conversos fratres in percelebri Cluniacensi monasterio defuisse testis est Petrus Venerabilis, Cælestino papæ, qui eum de sua in pontificem promotione fecerat certiorem, scribens, *Die ipsa*, inquit, *publicè in capitulo lectam* (epistolam papæ) *tam litteratis quam illitteratis, quos conversos vocamus, exposui.* Quibus adde sæpe in antiquis Cluniacensium consuetudinibus, tam a Bernardo priore quam ab Udalrico editis & collectis, horumce fratrum fieri mentionem, atque adeo eos Cisterciensibus, Cartusiensibus, Grandi-

Conversi admissi ante Cistercienses.

Vita Roberti de Arbrisello apud Boll. 25. Febr.

In ejus vita.

Lib. 2. Mirac. cap. 28.

Lib. 4. epist. 13.

montensibus & ceteris ejusdem ævi ordinibus esse in Gallia multo antiquiores. Id vero amplius constat ex vita S. Geraldi abbatis Silvæ-majoris, qui *Vita S. Geraldi Sæc. vi. Bened.* ineunte sæculo xi. Corbeiensi in monasterio oblatus, *ab omnibus qui ibi erant tam monachis quam laicis diligebatur.* Anno MVIII. cum laxatam suis in monasteriis disciplinam Armoricæ comes Gaufridus instaurare decrevisset, Vitalem monachum e Floriacensi monasterio accersitum, Ruyensibus præfecit monachis, qui statim laicos fratres cum clericis recepit, in quibus *monachus quidam nomine Gingurianus laicus, sed Spiritu-sancto omnibusque virtutibus plenus custos alvearii fuit, & c.* Sed & eodem in cœnobio refulsit Gulstanus. Hic laicus erat, sed *psalmos & orationes quas memoriter didicerat, nocte dieque ante Deum decantare non cessabat.* Cum vero haud diversam a Floriacensi disciplinam Vitalis abbas Ruyensi in cœnobio instituerit, sequitur ut suos etiam fratres conversos decimo sæculo habuerint Floriacenses in S. Benedicti monasterio. Ex quibus jam luce clarius patet conversos seu laicos quos etiam *barbatos & illitteratos* fratres appellant, in omni passim Gallia xi. & xii. sæculo dispersos ubique fuisse.

In Italia. 89. Idem de Italia asserimus, & jam dictum est Johannem Galbertum, qui medio sæculo xi. Vallis-umbrosæ monasterium & congregationem *Sæc. 6. Ben. tom. 2. pag. 274.* instituit, ejusmodi excepisse viros, *qui nihil fere a monachis distabant extra vestium qualitatem & silentium, quod in exterioribus occupati nequibant plenius observare, talesque tam probatos conversos pater ad mercatum & ad omnia exteriora mittebat.* De congregatione etiam Fontis-Avellanæ Petri *Opusc. 15.* Damiani testimonium protulimus: *Plerumque,* ait, *viginti plus minus monachi per cellulas sive in assignata cuique obedientia degimus, ut omnes simul cum conversis & famulis tricenarium, quinarium numerum aut vix aut breviter excedamus.* S. Romualdus Camaldulensium eremitarum pater, ordinem suum instituens, sicut eremitas simul & cœnobitas, ita & clericos una cum laïcis admitti voluit. Unde Fontem-bonum eodem quo Sacramcremum tempore ad radices montis erexit, *ubi monachum unum presbyterum cum tribus laicis fratribus quos conversos vocamus constituit,* ut scribit Augustinus Florentinus Hist. Camaldulensis lib. 1. c. 29. Ipse etiam Romualdus cum ob patratam a patre suo, se præsente, cædem cujusdam consanguinei sui, in Classense prope Ravennam monasterium secessisset, *cœpit* *Ejus vita num. 5. Sæc. 6. Bened. pag. 257.* *cum quodam converso quotidianum habere colloquium, a quo etiam juxta mediocritatis sensus, bona exhortationis audiebat sæpe consilium: quem cum conversus frequenter admoneret secularem vitam animo postponere, & ad sanctæ conversationis ordinem festinare,* demum acquievit. In Romanis S. Pauli consuetudinibus tempore S. Odilonis abbatis conscriptis, & a Farfensibus etiam adoptatis, sæpe fit mentio fratrum conversorum, & quod in primis est observandum cap. 21. statuitur, ut in festo S. Petri ad Vincula *ad majorem missam induantur omnes cappis, etiam conversi qui sciunt cantare.* Ubi vides conversos vulgo a cantu abstinuisse, & qui scitè canerent, eis singulari indultum privilegio, ut præter morem gestarent cappas cum aliàs a monachorum choro cum ceteris arcerentur.

In Germania. 90. Jam vero si gradum faciamus in Germaniam, Willelmus abbas Hirsaugiæ, multorum monasteriorum pater & reformator, *primus,* teste Heimone vitæ ejus scriptore, *instituit, ut monachi ministerio fideli laicorum* *Ejus vita Sæc. 6. Ben. tom. 2.* *conversorum in exterioribus administrandis uterentur; & versa vice laici a monachis quod ad curam animarum pertinet, consequerentur, eorumque claustralem disciplinam pro posse suo extra claustrum in corrigendis moribus imitarentur.* Ubi quod ait Heimo fratres conversos a Willelmo primùm institutos, ne ita velim intelligas, ut eos neges ante ipsum admissos usquam fuisse aut visos, cum pleraque Galliæ & Italiæ, ut patet ex dictis,

immo

immo & Angliæ, ut mox fumus dicturi, monafteria effent hujufmodi fratrum plena & conferta. At vel dicendum eft cum Trithemio, quod *hunc converforum ordinem primus in Germania* inftituerit, vel quod tam numerofum converforum exceperit gregem, ut clericos longe excederent; nulla quippe ars nullumve minifterium excogitari poterat, quod non exercerent Hirfaugiæ fratres converfi: *unde converforum laboribus adjutus tot fundavit monafteria & monachorum necefsitates laudabiliter adimplevit*, inquit Trithemius; quod fane in Germania fatendum eft ante eum præftitiffe neminem; quamquam nec converfi ante Guillelmum ignoti apud Germanos videntur, ut patet ex libro miraculorum S. Drutperti, ubi mentio fit fratris converfi, *cui erat, ut moris eft, barba procerior*. Item ex Trevirenfi S. Matthiæ cœnobio, ut fumus infra dicturi.

Chron. Hirfaug.

Bolland. 26. April.

91. De monafteriis Anglicanis nihil dubii relinquit S. Lanfrancus epiftola ad Johannem Normanniæ archiepifcopum: *In cœnobiis*, inquit, *monachorum fratres laici induuntur albis; ex antiqua patrum inftitutione folent ferre manipulum.* Si enim *ex antiqua inftitutione*, nec tum igitur recentis erant originis. Quod vero albis induerentur, nec hodie eft plane infolens; vifunturque hactenus Andaginenfes fratres converfi publicis in fupplicationibus præcipuorum anni feftorum, albis five fuperpelliciis pariter induti. Anno 1076. Ingulfus Fontanellenfis in Normannia monachus, cum trajectus in Angliam Croylandiæ abbatia fuiffet a rege ornatus, ait fe inveniffe *in ifto monafterio monachos* LXII. *quorum quatuor laici fratres erant*, anno vero 1091. defcribens hujus monafterii incendium, *Refectorium*, inquit, *noftrum & omnia in eo contenta.... cum coquina & annexis, & fratrum converforum aula & camera, cum omnibus contentis in ea, concremantur*. Erant ergo Croylandiæ in monafterio converfi a monachis feu clericis aulâ & camerâ five dormitorio feparati.

In Anglia, Epift. 13.

92. Ex dictis hactenus evidenter conftare exiftimo, fratrum converforum originem longe altius effe repetendam quam vulgo conftitui folet, nec recte XI. aut XII. fæculo homines dici novos aut ignotos, cum jam XI. fæculo frequentes in Gallia, in Italia, in Germania, in Anglia, in omnibus denique reperirentur locis, ubi aliqua effet monachorum congregatio; nifi quis fortaffe dicat hos homines, novos & ignotos, aut ubique invifos, tum primùm ubique fimul apparuiffe; omnefque tot monafteriorum, diverfique inftituti abbates, legiflatores, fundatores tot regionibus, tot regnis & provinciis, atque etiam lingua & moribus disjunctos ac feparatos, eodem fimul tempore, eadem mente, eodem animo, fed ne communicato inter fe confilio, unà confpiraffe, ut converfos fecum haberent, reciperent, eifdemque alligarent inftitutis; id fane perfuadere nemo poterit, fi vel in memoriam revocetur tum converfos *ex antiqua patrum inftitutione* in monafteriis pofitos & ftabilitos fuiffe, ut clare infinuat Lanfrancus laudata fuperius epiftola ad Johannem archiepifcopum Rothomagenfem.

93. Id vero pluribus adhuc monumentis confirmari facile poffet. Sæculo X. Turketulus abbas Croylandenfis in extremis conftitutus, omnem monafterii congregationem advocavit, *monachos fcilicet quadraginta feptem & laicos fratres quatuor*, ut fcribit Ingulfus ejus loci abbas & fcriptor accuratus. In Trevirenfi S. Eucharii, feu, ut nunc vocant, S. Matthiæ cœnobio fratres converfos fæculo X. non defuiffe apertè indicatur in libro miraculorum S. Celfi epifcopi num. 4. ubi Egbertus Trevirenfis epifcopus fertur quemdam contractum meritis S. Celfi *fanatum, monachico habitu contexiffe. Erat enim*, inquit auctor hujus libri, *de familia epifcopi, & quamdiu adviveret, ne ab ecclefiæ fervitio pedem retrahere præfumeret, præfixo mandat præcepto. Idem autem renovatus pauper pluribus annis, ut juffus fuit, in monafterio defer-*

Converfi fæculo X. Ingulf. hift. ad annum 975.

Tom. VI.

k

vivuit, & post curationem tanta potentia viguit, & viribus abundavit, ut inter omnes monasterii servitores parem invenire sibi non posset. Unde factum est, ut ad majorem utilitatem fratrum consensu accedere debuisset, id est ad fullonis officium. Ubi vides eum quem monastico prius habitu indutum dixerat, exterioribus occupatum exercitiis, inter monasterii famulos connumerari, & fullonis mancipari officio, quæ sane solis conveniunt fratribus conversis.

Et nono. 94. Jam sæculum nonum si vel leviter excurrere libet, sorores etiam laicas seu conversas in S. Mariæ Argentoliensi parthenone egisse reperio & colligo ex lib. 2. Miraculorum S. Dionysii cap. 25. ubi ejus auctor operis, qui sub Carolo-Calvo scribebat, de duabus agit sanctimonialibus, *quarum altera Deo sacrata, altera laica fuit.* Nec semel fit conversorum mentio in Bertulfi Merciorum regis litteris pro Croylandia datis anno 851. quibus pie religioseque annuit rex & indulget in peccatorum Witlafi regis, fratris ac prædecessoris sui remissionem, ut per totum suum Merciæ regnum *abbas, monachus, conversusve sacri monasterii* Croylandensis, *pro quocumque negotio processerint, de fugitivis qui ad S. Guthlaci limina, velut ad tutum azylum confugiebant, famulos sibi licenter faciant & producant, inque præsentia dicti abbatis monachi vel conversi ubique per regnum... sicut in ecclesia sua* CROYLAND *salvi permaneant & securi.* Atque hic advertas velim monachis opponi conversos & ab eis distingui, quod aliàs sæpe occurrit. Sed & infra vetat, ne quidquam exigatur *a Croylandiæ monachis litteratis aut* LAICIS. Præterea in Ingulfi Historia Croylandensi memoratur anno 870. *Frater Talius*, monachus conversus *ejusdem monasterii, miles ante conversionem per totam Merciam in bellicis rebus nominatissimus.*

Immo & VII. 95. Sæculo VII. S. Wulmarus genere illustris, cum plane rudis & illitteratus Altimontis Hannoniæ monasterii abbatem studio vitæ monasticæ adiisset, ab eodem abbate libentissime admissus, opera statim subiit ministerii vilissimi, *injunxitque ei abbas causa obedientiæ boum, fratrum curam gerere, ac ligna ad eorum officinas ministrare.* Ille verò prompto animo injunctam sibi obedientiam usque *exercebat*, dum litteris imbutus, & clericali ac sacerdotii honore insignitus, monasterium in proprio Silviaci fundo ædificavit, & sanctissime rexit; haud dubie autem fratribus conversis seu illitteratis tum adscriptus sub abbatis obedientia fuerat, quando tam vilia explevit servitia, quæ aliàs viro nobili & ingenuo numquam imposuisset Altimontis abbas. Aliquot ante annis S. Fructuosus episcopus Bracharensis monachorum regulam conscripsit, in qua fratres conversos manifeste designat cap. 13. *Monachi*, inquit, *in monasterio sancte ac pudice atque honeste viventes persistant: laici foris abbatis & præpositi mandata peragant.* Monachos igitur rebus vacare divinis volebat: *in monasterio persistant.* Fratribus vero conversis exteriora cedere ministeria: *Laici foris abbatis & præpositorum mandata peragant.* Nec aliter est intelligenda S. Isidori regula: *Ars pistoria,* inquit, *ad laicos pertinebit; ipsi enim triticum purgant, ipsi ex more molant, massam tantumdem monachi conficiunt.*

Sæculo etiam VI. 96. Venio ad sæculum VI. quo florente in Italia sanctissimo patre Benedicto S. Kentigernus in Hibernia Glasconiense erexit monasterium, *in quo congregati sunt... novies centum sexaginta fratres sub regulari disciplina in magna abstinentia Deo servientes. Trecentos enim illitteratos,* ait vitæ ejus scriptor, *agriculturæ & pecorum custodiæ extra monasterium deputavit, alios trecentos operibus intra monasterium exercendis & cibariis præparandis assignavit, & trecentos sexaginta litteratos divinis officiis intitulavit.* In regula etiam S. Benedicti haud obscura fratrum conversorum indicia mihi

Reg.S.Ben. cap. 66. deprehendisse videor. Nam primò sic monasterium construi voluit, *ut artes diversa intra* ipsum *monasterium exerceantur*. Monasterii etiam artifices *cum humilitate & reverentia ipsas artes exercere* præcepit, ita ut *si quis ex eis extollatur pro scientia artis suæ, eò quod videatur conferre aliquid monasterio, hic talis evellatur ab ipsa arte, ac denuo per eam non transeat, nisi forte humiliato ei iterum abbas jubeat.* Quibus ex verbis facile est colligere artifices illos non sæculares viros, sed verè religiosos fuisse; religiosos inquam laicos seu conversos & illitteratos, qui chori officiis vacare minime poterant. Et certe nullo prorsus regulæ testimonio probare quisquam poterit famulos olim conductitios ad monachorum obsequia adhibitos a sancto Benedicto fuisse; immo contrarium sæpe docet & præcipit. Capite 35. *fratres* hortatur *sic sibi invicem serviant ut nullus excusetur a coquinæ officio.* Capite 53. fratres per annum duos præparandis hospitum cibis deputat, & tertium statuit fratrem qui lectos sternat, & cellam mundet scopis. Infirmis etiam a fratribus operam dari constituit. *Qui quidem infirmi*, inquit, *considerent in honorem Dei sibi serviri, & non superfluitate sua contristent fratres suos servientes sibi.* Jam verò si quod aggrederetur ædificium, fratres etiam, non alios opifices solebat adhibere. Atque adeo fratres conversos a sancto Benedicto admissos fuisse nemo, opinor, temere asseret, cum vix fieri posset quin sæpe plures in tam numeroso artificum grege reperirentur adeo rudes & illitterati, ut nec legere, atque adeo nec divinis defungi officiis ulla ratione possent. Et conjecturam hanc nostram confirmat ipse sanctus pater præcipiens, ut *si novitius* monasterio addicendus *non scit litteras, alter ab eo rogatus scribat, & ille novitius signum faciat, & petitionem manu sua super altare ponat.* Itaque fratres in monasteriis S. Benedicti tempore erant, qui nec latine scirent, nec legerent: eos uero laicos appellabant, illitteratos, barbatos, conversos, qualis fuisse videtur pauperculus ille mendicus, quem ab infirmitate sanatum sanctus Ebrulfus abbas *faciens monachum, hortulanum esse præcepit*, ut scribit Ordericus Vitalis.

Cap. 57.

Cap. 36. de infirmis.

Reg. S. Ben. cap. 58.

Lib. 6. Hist. pag. 617.

97. Quin etiam ante S. Benedicti tempora fratres conversos Lirinensi in monasterio fuisse constat ex concilio Arelatensi sub Ravennio archiepiscopo. Nam cum Theodorus episcopus Forojuliensis contra privilegia a Leontio decessore suo concessa, Lirinense monasterium sibi subjicere tentaret, Faustus abbas, is qui postea Rhegiensis fuit episcopus, constanter ei restitit. Re autem ad Ravennium delata, & in congregata ab eo synodo maturè discussa, statutum est, *ut clerici atque altaris ministri nonnisi ab ipso* Theodoro episcopo Forojuliensi, *vel cui injunxerit ordinentur? Chrisma nonnisi ab eo speretur; Neophyti si fuerint, ab eodem confirmentur; Peregrini clerici absque ipsius præcepto in communionem vel ad ministerium non admittantur. Monasterii verò* OMNIS LAÏCA MULTITUDO *ad curam abbatis pertineat, neque ex ea episcopus sibi quidquam vendicet, aut aliquem ex illa clericum, nisi ab abbate petente præsumat.* Jam manifestum est his verbis *omnis laica multitudo*, viros religiosos intelligi, ut post Menardum observavit Mabillonius. Hactenus, ni mea me fallit opinio, evidenter probatum est fratres conversos monasteriis omni tempore addictos fuisse, quique ipsos aut a Cisterciensibus originem dicunt ducere, aut certe undecimo saltem sæculo natos aut vix notos affirmant, nullo prorsus fundamento niti.

Et ante S. Benedicti ætatem.

98. Quod vero quidam curiosius inquirunt, solemnibusne an privatis solum aut simplicibus, ut vulgo loquuntur, votis se fratres isti conversi astringerent, illud ipsum nec inquirendum esse arbitror. Quem enim vel levissime in antiqua ecclesiæ disciplina versatum latet, recentem hanc votorum distinctionem, omnibus non modo ignotam antiquis, sed & contrariam prorsus videri, votaque omnia privatim aut solemniter prolata æquè semper obligasse? Et certe eamdem a clericis & conversis usurpatam olim

Qualis esset conversorum professionis formula.

fuisse votorum nuncupationis, seu, ut loquuntur, professionis formulam, ex ipsamet eruitur S. Benedicti regula: *Quam petitionem*, inquit, *manu sua scribat*, monachus nimirum vel clericus choro addictus, aut *si non scit litteras*, quod solis convenit fratribus laicis seu conversis, *alter ab eo rogatus scribat*. Idipsum confirmant antiqui rituales libri, quibus eadem conversis & monachis formula præscribi solet, hujusque ferme tenoris, uti ex plerisque colligere licet codicibus ms. *Ego frater ill. sacerdos vel diaconus vel conversus promitto stabilitatem, &c.* Primi omnium Cistercienses, fratribus, opinor, rudibus & tardioris memoriæ consulentes, qui nec legere nec prolixiorem formulam pronuntiare poterant, hanc invexere novam. *Ego promitto obedientiam de bono usque ad mortem*; qua tamen ipsos non minus quam monachorum prolixiori formula illigari pro certo habebant; solo enim obedientiæ voto omnia alia contineri manifestum est. Et tantum abest ut aliter cogitarent, ut quilibet frater laicus ad mundi hujus procellosum mare deposito sanctæ religionis habitu & abjuratis votis se transtulisset, eum continuo apostatam haberent, captumque & carcere detentum, gravissimis afficerent poenis, ut videre licet in plurimis capitulorum generalium decretis tom. 4. Anecdotorum nostrorum pag. 1252. 1254. 1255. 1264. 1272. 1284. &c. Et quisquis religioni voto obstrictus uxorem sibi temere adjunxisset, irritum reputabatur ejus matrimonium, tamquam ligati jam hominis cum soluta conjunctio, *quam contra ecclesiasticam auctoritatem constat esse contractam*, inquiunt concilii Rhemensis patres sub Eugenio III. cum tamen hodie vota quæ appellantur simplicia, contrahendum impediant matrimonium, contractum non dirimant.

An conversi a monachis statu differant. 99. Jam his positis, facile solvetur quæstio alia, fratresne laici a monachis seu clericis statu & conditione differant. Si enim iisdem utrique votis obligantur, si eadem sub regula & sub eodem patre militant, restat ut æque sint monachi, & vere religiosi. Quod vero nec sacris initiari ordinibus, nec clericis ascribi ulla ratione possint; quod a choro, quod a capitularibus deliberationibus arceantur, quod post monachos sedeant atque aliis addicantur abjectis rebus & ministeriis, quæ hac professionis clausula *in statu conversorum* continentur, hæc inquam, qualiacumque a clericis discrimina, constitutum laicis in sacra religione locum & ordinem, quæque annexa ipsi sunt onera potius tangunt, quam ipsam status monastici naturam seu essentiam. Nec vero ægre ferant boni illi fratres has sibi imponi leges, quæ quam saluberrime sint institutæ, perpetuo erit documento sanctus ordo Grandimontis, quem laicorum impotens protervitas foedissime miscuit & prope evertit; quorum, si sapiant, infortunio edocti, eo lubentius se suis continebunt finibus, quo securius matri virtutum humilitati servitur. Ceterum apud Cistercienses licet habitu differrent, ad abbatis electionem simul cum clericis advocari solebant, ut colligitur ex S. Bernardi epistola 306. n. 2. Apud Grandimontenses æquali cum clericis numero priorem eligebant, ut est superius observatum.

An olim propriæ conversis leges impositæ. 100. Erunt fortasse qui non existimabunt leges hujusmodi tempore S. Benedicti latas fuisse, fratribusque impositas laicis. At nemo usquam eos clericali ornatos corona reperiet, sed tonsis solum crinibus. Immo varias clericalium coronarum species in monasteriis adhibitas fuisse observat Mabillonius, majores quidem presbyteris, diaconibus alias, & paulo minores, minimas vero subdiaconis & ceteris inferioribus clericis, at nulla usquam conversorum facta mentione. Vestes etiam habebant e rudiori panno confectas ac proinde a clericorum tunicis prorsus differentes, quæque diversis illis quæ quotidie exercebant artibus & ministeriis convenirent. Unde Atto in vita S. Johannis Galberti de conversis agens Vallis-umbrosæ, eos repræsentat ut

viros

PRÆFATIO. XLJ

viros religiosos & pios, *qui sere nihil a monachis distabant extra vestium qualitatem & silentium.* Suis etiam locis seu dormitoriis jacuisse, suisque refectoriis cepisse cibos non modo probant antiqui Cistercienfium usus & statuta Cartusiensium, sed & laudata jam Ingulfi Croylandensis historia, eo loco nimirum quo monasterii incendium anno MXCI. describit. *Refectorium,* inquit, *nostrum & omnia in eo contenta, cum coquinis annexis, & fratrum conversorum refectorium, aula & camera cum contentis in ea concremantur.* In aula ergo & camera seu dormitorio laici separato quiescebant; quod consulto nec temere ab antiquis institutum patribus nemo qui sanum sapiat arguet. Nam cum exterioribus occupati operibus, incertis ut plurimùm horis tardiusque se reciperent, & plerumque surgerent summo mane, magno monachorum incommodo eodem decubuissent loco seu dormitorio. Quod vero de dormitorio & refectorio observamus, idem & de choro dicendum, cum ecclesiæ navim inter officia divina occuparent, atque etiamnum occupent apud Cartusienses & Cistercienses fratres conversi.

101. Cum vero in omnibus fere antiquis scriptoribus & quamplurimis statutis seu decretis a monachis distingui soleant conversi, dubitabit fortasse aliquis an monachi sint appellandi, & dubitandi locum tribuit Innocentius papa II. qui disertis id verbis negat in quibusdam privilegiorum litteris S. Bernardo datis: *Conversos,* inquit, *vestros, qui monachi non sunt, post factam in cœnobiis vestris professionem, nullus archiepiscoporum, episcoporum vel abbatum sine vestra grata licentia suscipere aut susceptos retinere præsumat.* Verum hæc quæstio est solum de nomine; nam si viros monachis annumeres religiosos & monastico ordini votis addictos, constat eos vere esse monachos, ut modo dicebamus; sin vero monachos velis ab omni rerum sæcularium commercio separatos cœlestium vacare contemplationi, non erunt nec appellabuntur monachi; quod quidem hoc regulæ S. Fructuosi loco nititur. *Monachi in monasterio sancte & pudice atque honeste viventes persistant. Laici foris abbatis & præpositi mandata peragant.* Unde & in vita S. Johannis Galberti præter vestium qualitatem & silentium, quod exterioribus addicti servare nequeunt, nihil fere a monachis videntur differre.

An monachi possint appellari.

102. An vero conversos in cœnobiis admitti, an famulos aliunde ascitos collocare expediat, quod quidem vellent nonnulli, non est hujus loci vel paucis indagare. Id unum fidenter assevero, qui a sæcularibus sibi serviri malunt, eos procul a S. Benedicti mente recedere, qui sæcularium obsequia nusquam admisisse legitur. Cistercienses monasteriorum suorum opes & divitias solis debent conversis, quorum erat agros steriles diligentius colere, extricare silvas, armentorum & pecorum greges studiose procurare. Denique amplissimas monasteriorum moles aliaque ædificia & basilicas erigebant, & feliciter, nulla exterorum ope nulloque adminiculo, consummabant. Unde sæpe clericos numero superasse constat, vidique olim in basilica Claræ-vallis fratrum conversorum chorum triplici subselliorum ordine ex utraque parte distinctum omnem basilicæ navim facile occupantem, cum longe pauciora essent subsellia in breviori clericorum choro. In Rievallensi Angliæ monasterio Aelredus abbas centum & quadraginta monachos admisit, conversos vero quingentos.

An expediat conversos admitti in monasteriis.

103. Præter fratres conversos in monasteriis admissæ etiam fuerunt ad monachorum servitium sorores conversæ, in vita B. Bernardi Pœnitentis dictæ *Sorores velatæ,* de quibus extat apud Petrum Venerabilem sequens statutum: *Statutum est ne sanctimonialibus, aut conversis mulieribus juxta domos monachorum infra duas leugas ad minus habitatio aliqua concedatur.* Earum professionis formulam ex Tarbeiensi S. Savini monasterio hanc accepimus: *Ego mulier peccatrix, nomine Gallardis, cupiens nequam fugere sæculum,*

De sororibus conversis. Boll. 19. April. Stat. 47.

Tom. VI. λ

PRÆFATIO.

& adipisci regnum cœlorum, offero me & filiam meam Mariam omnipotenti Deo & S. Savino in manu Raymundi *abbatis, in conspectu omnium ejusdem monasterii fratrum, & promittimus ego & prædicta filia mea obedientiam & stabilitatem in ipso monasterio, sicut oportet familiares & conversas. Damus quoque, &c. Facta est charta ista mense Augusto, regnante in Bigorra Petro de Marca & comitissa uxore ejus Beatrice, anno* MCLVII.

§. III.

Observationes de disciplina ecclesiastica.

Observ. I. De moribundis in cinere & cilicio expirantibus.
Sulp. Sev. in vita S. Mart.

104. Etsi præfationis metas jam excessisse videamur, paucas tamen easque breves ad disciplinam ecclesiasticam spectantes observationes hic præterire non possumus. Una erit de infirmis olim in cinere & cilicio depositis, ut cum sinceræ hoc pœnitentiæ signo animam Deo redderent, secundùm solemne hoc S. Martini episcopi Turonensis effatum: *Non decet Christianum nisi in cinere & cilicio mori.* Quo de ritu plura olim a nobis dicta sunt in lib. 5. de antiquis monachorum ritibus cap. 9. & in lib. 3. de ecclesiæ ritibus cap. 11. Ne quis tamen hanc existimet disciplinam apud monachos solos aut primis dumtaxat ecclesiæ sæculis apud Christianos locum habuisse; plura nobis Gerardus prior Grandimontensis exhibet exempla, quibus ea sub XII. etiam sæculi finem apud omnes Christianos prævaluisse comprobatur. Nam in vitæ S. Stephani cap. 23. narrat Andream quemdam, in Gluforum villa, febre acuta correptum, convocasse presbyteros & clericos, præmissaque confessione, Corpore & Sanguine Domini sese muniisse, tum præparatis omnibus ad funus necessariis, *graviter cœpisse nimio dolore affligi & ad mortem usque perduci, quod cum viderent qui astabant, deposuerunt eum de lecto in terra super stramenta, ut moris est Christianis mori, &c.* Hæc contigerunt ipso anno revelationis S. Stephani, quæ defuncto jam anno 1189. Henrico Anglorum rege facta est. Simile aliquid evenisse legimus cap. 28. anno 1192. in pago Ruthenico, ubi mulier quædam Florentia nomine, nobilitate & probitate florens, gravi infirmitate languens, *cum cerneret se mori & fere de sanitate sua tam ipsa quam vir ejus & ceteri desperarent, posita est in cilicio, ut mos est Christianis mori, &c.* Circa idem tempus in territorio Caturcensi, vico Saliniaco, cum Bernardus quidam Arnaldi filius ad extrema fuisset redactus, & Bernardus Constantini ejus patrinus accersitus ad eum venisset, *invenit adolescentem jam penitus destitutum, nec videntem, nec audientem, sed quasi mortuum in cinere & cilicio, ut moris est Christianis vitam finire, projectum, &c.* quæ fusiùs narrat Gerardus cap. 33. Et cap. 35. Iterium de Monte-Valerii in S. Juniani vico, gravi infirmitate laborantem & jam positum *in cinere & cilicio,* ut moris est Christianis mori, commemorat a S. Stephano sanitati fuisse restitutum, quod etiam aliis, de quibus hactenus, præstitit beneficium.

Mabill. tom. 3. Anal.

Labb. Bibl. nova.

105. Neque ab hac lege immunes fuere ipsi episcopi, ut multis demonstrari posset exemplis. Unum suppeditant acta episcoporum Cenomanensium cap. 38. de Guillelmo præsule piissimo, *qui cum jam prope videretur, ut in fata concedere deberet, ipse ad terram super cinerem positus, peracta commendatione animæ, quam Petrus abbas Belli-loci & multi alii cum lacrymis celebrabant,* migravit ad Dominum anno 1188. Alter etiam Guillelmus Bituricensis archiantistes, vir, si quis umquam, sanctissimus anno 1209. *in cinere & cilicio* depositus ad cœlos evolavit, ut tradit auctor Patriarchii Bituricensis cap. 68.

106. Quid quod & ipsi potentissimi reges & principes hoc ultimum pœnitentiæ testimonium palam dare non recusabant. Illuxit hac in re insignis Lu-

dovici VI. Francorum regis pietas, qui extremo decumbens morbo, ut scribit Sugerius, *præcipiens tapetum terræ, & cineres tapeto in modum crucis deponi, ibidem manibus suorum depositus est.* Idem de S. Ludovico Francorum rege illustri narrat anonymus vitæ ejus scriptor apud Chesnium : *Christi pu-* Hist. Franc. *gil strenuus super stratum cinerem recubans, extensus in modum crucis*... tom. 5. p. *de temporali regno transivit ad æternum.* His addo Mathildem reginam, 406. Henrici Aucupis imperatoris conjugem, de qua hæc lego : *Appropinquante* Vita Ma- *autem hora nona, jussit cilicium humi poni & corpus moribundum supra col-* thild. reg. *locari, propriis manibus imponens cinerem capiti.*

107. Ceterum apud monachos, ad hoc opus non qualiscumque cinis adhibebatur, sed ex sarmentorum cremiis factus, & feria IV. in capite jejunii benedictus; sed neque in quovis deponebantur loco ad terram, sed in certo & ad hoc designato. Hic locus Majori in monasterio erat capella ipsa infirmorum S. P. Benedicto sacra, in qua non ita pridem cernebatur adhuc ad crucis pedem lapis monachum expirantem exhibens, in cujus circuitu hi duo versus legebantur :

> Cum dabor exire de mundo, jussus obire,
> Hic peto finire, precor hinc mihi detur abire.

Qui quidem lapis in majus templum translatus, in sacello B. Benedicti stratus hodie visitur.

108. Cum signa data sint a Deo infidelibus, non fidelibus, ut qui sanctorum Observ. II. prædicatorum verbis ad Christum converti nolunt, prodigiis ac miraculis De miraculis. credere cogantur; primis ecclesiæ sæculis, cum ubique regnaret idololatria, per apostolos eorumque discipulos ac successores frequentes apparebant virtutes, in quibus Dei digitum agnoscere vel inviti pagani debebant. Postquam vero totum per orbem disseminata est Christi fides, rarius cœperunt fieri miracula, donec tandem languens in dies fidelium devotio, signis excitanda necessario fuerit. At monachi, qui Spiritu Dei animati, sæculo cum omnibus ejus oblectamentis spreto, in solitudinem secesserant, ut uni adhærere Deo eoque perfrui possent, ea non solum non petere, sed nec desiderare a Deo solebant; immo enixis eum precibus exorabant ut ea cessare juberet, ne dilectæ solitudinis quies & contemplatio rerum cœlestium tumultu populari turbaretur. Plura hoc tomo eaque insignia occurrunt exempla hujusmodi abnegationis. Egregium nobis suppeditat vita S. Stephani Vita S. Grandimontensis ordinis institutoris, qui cum statim post mortem variis Steph. cap. coruscaret miraculis, Petrus Lemovicanus ejus successor, *his inspectis, timuit* 55. *sibi & aliis quietem minui, & internæ suavitatis dulcedinem tardius experiri, si populorum turba, miraculorum causa, locum ad quem venerant, frequentarent. Et veniens ad sepulcrum hominis Dei ante altare, tamquam spiritualis paupertatis verus amator, ei ac si vere viveret ita locutus est : Serve Dei, tu ostendisti nobis paupertatis viam, & toto conamine tuo docuisti nos incedere per eam. Nunc vero de arcta & ardua via quæ ducit ad vitam, ad latam & spatiosam quæ ducit ad mortem, tuis miraculis vis revocare. Prædicasti solitudinem, nunc in solitudine fora nundinasque vis congregare. Non ducimur curiositate, ut tua miracula videre velimus, satis tuæ credimus sanctitati. Cave igitur de cetero ea miracula facias, quæ tuam extollant sanctitatem, & nostram destruant humilitatem. Non sic laudi tuæ provideas, ut nostræ sis immemor salutis. Hoc tibi præcipimus, hoc a tua poscimus caritate. Quod si aliter feceris, dicimus tibi, & per obedientiam quam tibi promisimus constanter asserimus, quia ossa tua inde extrahemus & spargemus in flumen.* Et cap. 71. ejusdem vitæ, cum miles quidam clarus genere, igne, ut vocant, infernali cruciaretur, nec ullis medicorum remediis curari posset, Grandimontem accedens a Stephano de Liciaco quarto

loci priore ossa sibi sancti confessoris solum ostendi petiit, cui ille, *qui sæpius cum beato viro quasi cum vivo homine loquens, super miraculis quæ faciebat durius increpaverat, minitans ossa ejus inde extrahi & in flumen projici, nisi a miraculis cessaret, dixit ad militem: Frater, B. viri Stephani ossa vix umquam ab aliquo possunt videri, sed vade ad alios sanctos, ad quorum memorias miracula creberrime fiunt, & nos libenter orabimus pro te, ut Dominus tribuat quod necessarium esse videbitur.* Non alia fuit mens monachorum Benedictinorum Casæ-Dei. Nam cum ex quotidianis ad tumulum S. Roberti miraculis divina turbarentur officia, *majores natu & serventiores spiritu ad beati viri sepulcrum accedentes, hujusmodi sermonibus eum convenisse feruntur: Nos, inquiunt, domine pater, eremi squallores vestro ducatu optavimus, & ut delictorum veniam, & redemtoris gratiam consequeremur, gaudentes intravimus. Præsentium miraculorum abundantia tanta nobis succrescit divinorum officiorum inopia, ut nec peccata nostra plangere, nec divinas laudes valeamus decenter exsolvere; vestra ideo nobis impetrent merita, ut his diebus importunitatibus sopitis, cum tranquillitate sic Domino Christo serviamus, ut in futuro veniam delictorum invenire valeamus.* Addit Bertrandus in tripertito libro miraculorum S. Roberti, unde hæc descripsimus: *Interim cautum est, ne quis infirmorum ad sepulcrum accederet, quodque nec ei a modo valvæ aperirentur, nec obsequiæ præberentur.* Simili fere modo S. Hidulfus Mediani monasterii in Vosago monte fundator, S. Spinulum miraculis coruscantem adorsus est, quippe qui, referente chronographo Senonensi, *Cum ad sepulcrum dilecti sui Spinuli pervenisset, orationi incubuit, & quasi vivo loqueretur, sic ait: Gratias agimus Deo Salvatori, ô frater Spinule, quod miraculis fidem facientibus, te divinæ majestati adstare certissime credimus, etiam naufragia præsentis sæculi evasisse te ac cœlesti gloria potiri gaudemus. Sed si frequentia populorum, quam Deus pro te confluere fecit, aliquamdiu pressi fuerimus, non modicum a via regia, quæ ducit ad vitam, nos declinare videbis. Unde te illa obedientia, quam dum viveres nobis infatigabiliter exhibere solebas, admonemus & exhortamur in Domino, ut affluentem & omnium bonorum largitorem Deum pro nobis interpelles, ut repressa inquietudine gentium, & præsentis vitæ fluctuationibus amotis, cursum cœlestis vitæ expedito gressu nobis liceat peragrare.* Subdit chronographus: *Videres mortuum, quasi viveret, magistro jubenti obedire, cessantibus signis miraculorum.* Non solum Grandimontensium & Benedictinorum ea fuit agendi ratio circa sanctorum suorum miracula, eadem plane fuit & aliorum etiam ordinum, Cisterciensium, Cartusiensium & Præmonstratensium. Et ad Cistercienses quidem quod attinet, miranda sunt prorsus ea quæ de S. Bernardo refert Gaufridus ejus notarius & vitæ scriptor lib. 7. cap. 28. *Enimvero*, inquit, *Dominus Cisterciensis, qui cum pluribus aliis abbatibus sui ordinis ad exequias viri Dei venerat, considerans tantam importunitatem tumultuantis populi, & ex præsentibus futura conjiciens, vehementer timere cæpit, ne si crebrescentibus signis, tam intolerabilis turba populorum concurreret, eorum improbitate disciplina periret ordinis, & sanctæ religionis fervor in eodem loco tepesceret. Quapropter habita super hoc deliberatione, reverenter accedens, per virtutem obedientiæ, ne signa ulterius faceret inhibuit. Paruit imperanti vir Dei, atque ex illa die & deinceps numquam publica miracula facere visus est, &c.* Cum majori Cartusiæ præesset Jancelinus prior decimus, eodem in loco illuxit monachus quidam sanctus, qui tot clara certaque post mortem edidit miracula, ut ex omni Sabaudia & Delphinatu eò confluerent tamquam ad medicum infirmi sanitatem recepturi. Tantum populorum concursum ægrè ferens pius prior, has ad sanctum suum deposuit

PRÆFATIO.

fuit querelas: *Siccine, fili mi cariſſime, hæc eſt retributio quam retribuiſti nobis? Tu ad Deum tuum perpetuo in gloria quieturus aſcendiſti, nobis tantæ inquietudinis bellum indicis? Non ſic, fili, erit, non ſic, ſed eodem pignore quo adverſarium confudiſti, ego te aggrediar, neceſſe eſt. Obedientia enim quâ in campo hoc certaminis viriliter dimicaſti, quæ tibi pacem perpetuam procuravit, ſimiliter etiam & fratribus & ſociis tuis in hoc loco pacem & tranquillitatem procurabit.* Tuncque dictus prior ad tumulum accedens ſic ait: *In virtute ſanctæ obedientiæ, fili mi, tibi præcipio, quatenùs ſicut in vita tua mihi ſemper obediens fuiſti, ſic & nunc exiſtas, nec ullum miraculum de cetero facere præſumas.* Quid ex hoc mandato ſecutum ſit, audi. *O miraculum inauditum! nam poſt prædictum præceptum tanta eſt ejus obedientia ſubſecuta, quod ad dictum ſepulcrum ulteriùs facere miraculum non præſumſit.*

Supereſt ut unum etiam de mente Præmonſtratenſium hic exemplum ſubjiciam, quod nobis ſuppeditat Chronicon Viconienſe, de Radulfo ejus loci abbate ſanctiſſimo, cujus ad tumulum convolabant undique *populi terræ* Pag. 297. *pro variis languoribus gratiam ſanitatis reportantes, quod videntes noſtri,* inquit Nicolaus chronographus Viconienſis, *ne congreſſus per clauſtrum pateret omnibus, exhumantes corpus, oſſa ad eccleſiam veterem, non ad iſtam novam tumularunt, ubi etiam, dante Deo, circumvicini remedia multa poſcebant, & inſuper reportabant.* Quod verò ſubdit chronographus, maxima conſideratione dignum eſt. *Noviſſime in eccleſia nova, ſub pedibus Crucifixi, ad chori introitum extitit, conſepultuſque ibi deſiit miracula facere. Quâ de cauſa novit omnipotens Deus.*

Plures his alias obſervationes ſubjicere facilè eſſet, quas inter locum habere poſſet id quod narrat Nicolaus Viconienſis, Ciſtercienſes ſcilicet circa annum MCCXXX. Præmonſtratenſem ordinem viſitantes, *picturam ab aulâ quia nimis ſumtuoſa erat,* auferri juſſiſſe atque aliam ſimpliciorem ſuperinduci. Sed jam præfationi finis eſt imponendus.

INDEX CONTENTORUM
IN HOC SEXTO TOMO.

SENTENTIA Brunelli *de ordinibus religiosis*, Pag. 1

Anonymi monachi Cartusiensis Vallis-Dei dialogus de diversarum religionum origine, & earum temporibus ac legislatoribus; de quibusdam quoque hæresibus; sed & de schismatibus quæ in Romana sede contigerunt, 11

Gesta septem abbatum Beccensium metricè a Petro Divensi conscripta, 93

Historia brevis priorum Grandimontensium, 113

Historia prolixior priorum Grandimontensium, 123

Brevis historia ordinis Cartusiensis auctore anonymo, 150

Insignis monasterii S. Victoris Parisiensis vetera monumenta nonnulla, 217

Diploma Ludovici VI. regis pro S. Victore, ibid.

Bulla Paschalis papæ II. pro S. Victore, 219

Litteræ Stephani episcopi Parisiensis ad suos archipresbyteros, 220

Epitaphium Adæ S. Victoris canonici, 221

Diploma Henrici fratris Ludovici regis pro monasterio S. Victoris, 222

Diploma Bartholomæi decani ecclesiæ Parisiensis pro monasterio S. Victoris, 223

Diploma Odonis prioris S. Martini a Campis pro ecclesia S. Victoris, 225

Conventio inter monachos S. Martini & canonicos S. Victoris super annualibus præbendæ quam in ecclesia Stampensi obtinent monachi S. Martini, ibid.

Charta Aimonis de Aiis pro S. Victore, 226

Epistola Ludovici VII. regis ad Henricum fratrem suum, &c. 227

Epistola Gilduini abbatis S. Victoris ad episcopum Belvacensem, ibid.

Diploma Philippi fratris Ludovici regis pro monasterio S. Victoris, 228

Littera Gilduini abbatis S. Victoris de ecclesia S. Petri de Monte-Letherico, &c. 229

Epistola Achardi abbatis S. Victoris ad Henricum II. Anglorum regem, 230

Epistola Achardi abbatis S. Victoris ad A. episcopum Lexoviensem, 231

Epistola Ludovici regis ad canonicos S. Victoris, 232

Bulla Alexandri III. papæ ad abbatem de Castro-Nantonis, ibid.

Epistola Hugonis cardinalis ad Guidonem episcopum Catalaunensem, 233

Epistola Alexandri papæ III. ad S. Germani & S. Victoris abbates, priorem & subpriorem S. Victoris, atque Odonem quondam abbatem S. Genovefæ, 233

Epistola P. S. Chrysogoni papæ capellani ad Ervisum abbatem S. Victoris, 234

Epistola Willelmi prioris Ursi-campi ad Richardum priorem S. Victoris, ibid.

Epistola A. ad O. 235

De Ervisio abbate S. Victoris patrino Philippi regis, ibid.

Epistola Ludovici regis ad Ervisum abbatem S. Victoris, 236

Epistola G. presbyteri Anilcurtensis ad Richardum priorem S. Victoris, ibid.

Epistola G. ad Richardum priorem S. Victoris, 237

Diploma Petri episcopi Aniciensis ecclesiam de Doa Stephano abbati S. Evurtii & ejus successoribus reformandam concedentis, ibid.

Bulla Alexandri papæ III. ad canonicos regulares S. Sasyri, 238

Epistola Ludovici VII. regis ad canonicos S. Genovefæ, 239

Diploma Ludovici VII. regis pro S. Victore, ibid.

Epistola G. Herefordiensis episcopi ad Ervisum abbatem S. Victoris, 240

Epistola Ervisi abbatis S. Victoris ad O. cardinalem apostolicæ sedis legatum, ibid.

Epistola Alexandri papæ III. ad abbatem sancti Victoris, 241

Epistola Laurentii abbatis Westinensis ad Ervisum abbatem S. Victoris, 242

Epistola E. ad Ervisum S. Victoris abbatem, 243

Epistola R. abbatis S. Evurtii ad Ervisum abbatem S. Victoris, ibid.

Epistola Richardi abbatis Bristoliensis ad Ervisum abbatem S. Victoris, ibid.

Epistola L. ad R. subpriorem S. Victoris, 244

Epistola G. ad Ervisum abbatem fratrem suum, ibid.

Epistola Odonis cardinalis ad Ervisum abbatem S. Victoris, 245

Epistola Jonæ canonici ad Ervisum abbatem S. Victoris, ibid.

Diploma Mauritii episcopi Parisiensis, 246

Epistola anonymi ad amicum, 247

Bulla Alexandri papæ III. ad archidiaconum Parisiensem, 248

Epistola Alexandri papæ III. ad Ludovicum regem, 249

Rescriptum Alexandri papæ III. ad Senonensem

INDEX CONTENTORUM IN HOC TOMO.

archiepiscopum, Meldensem episcopum & abbatem Vallis-secreta, 250
Epistola Alexandri papæ III. ad abbatem & canonicos S. Victoris, 251
Epistola Alexandri & Theoderici cardinalium ad Willelmum Senonensem & Stephanum Bituricensem archiepiscopos, 252
Epistola Alexandri & Theoderici cardinalium ad Guarinum abbatem, 253
Epistola Mauritii episcopi Parisiensis ad Willelmum archiepiscopum Senonensem, ibid.
Epistola Alexandri papæ III. ad canonicos sancti Victoris, 254
Epistola Alexandri papæ III. ad Guarinum abbatem S. Victoris, 255
Epistola Guarini abbatis S. Victoris ad Johannem cardinalem Neapolitanum, ibid.
Epistola Guarini abbatis S. Victoris ad Alexandrum papam, 256
Epistola Gilduini abbatis Fontis Johannis ad Guarinum abbatem S. Victoris, 258
Epistola Johannis comitis Augi ad Guarinum abbatem S. Victoris, ibid.
Epistola P. cardinalis ad Guarinum abbatem S. Victoris, 259
Epistola Hugonis Petri-Leonis cardinalis ad Guarinum abbatem S. Victoris, 260
Epistola Bernardi cardinalis ad Guarinum abbatem S. Victoris, 261
Epistola Johannis Neapolitani cardinalis ad Guarinum abbatem & fratres S. Victoris, ibid.
Epistola Petri papæ camerarii ad Guarinum abbatem S. Victoris, 262
Epistola Alexandri & Th. cardinalium priori & fratribus sancti Victoris, 263
Epistola Alexandri papæ III. ad Robertum priorem & capitulum S. Victoris, 264
Epistola Guarini abbatis S. Victoris ad Cælestinum papam III. 265
Epistola Guarini abbatis S. Victoris ad Philippum regem Francorum, 266
Epistola Gratiani Parleonis ad Robertum abbatem & canonicos S. Victoris, 267
Privilegium Petri episcopi Parisiensis pro ecclesia S. Victoris, ibid.
Compositio inter capitulum Meldunta & canonicos S. Victoris, 269
Epistola Radulfi domini papæ pœnitentiarii ad Menandum S. Victoris canonicum regularem & pœnitentiarium, ibid.
Epistola Petri canonici S. Martini Trecensis ad Jo. Pict. canonicum S. Victoris, 271
Epistola Gregorii papæ IX. ad abbatem & conventum S. Victoris, 272
Miraculum in ecclesia S. Victoris virtute sancti martyris patratum, ibid.
Litteræ Fulconis Parisiensis episcopi, 273
Notitia de contentione cum episcopo Parisiensi in electione Petri Ducis abbatis S. Victoris, 274
Notitia de contentione cum archidiacono de Josayo & canonicis S. Victoris de installatione abbatis, 275

Notitia de altercatione cum cantore Parisiensi ratione juramenti novi abbatis, 276
Notitia de altercatione cum archidiacono de Josaio ratione ordinationis religiosorum, 276
De modo recipiendi archiepiscopi Senonensis aut episcopi Parisiensis cum visitant monasterium, 277
Litteræ Petri episcopi Parisiensis de missa solemni in honorem B. Mariæ diebus sabbati celebranda, & de antiphona in fine completorii decantanda, 278
Litteræ Johannis cardinalis de indulgentiis concessis his qui ecclesiam S. Victoris & prioratuum ejus visitaverint, & ad reparanda ædificia contulerint subsidium, 279
Historia Viconiensis monasterii ordinis Præmonstratensis, 281
Continuatio chronici a Nicolao de Montigni ejus loci canonici, 296
Fundatio monasterii Altæ-ripæ ordinis Cisterciensis, filiæ Cari-loci de linea Claræ-vallis, 311
Historia monasterii a Kenlos ordinis Cisterciensis in Scotia a Johanne Ferrerio Pedemontano ejusdem monasterii monacho, scripta anno MDXXXVII. 319
Historia fundationis venerabilis ecclesiæ beati Nicolai Oignacensis, ac ancillæ Christi Mariæ Oignacensis, 327
Brevis historia ordinis fratrum Prædicatorum, auctore anonymo, 331
Brevissima chronica magistrorum generalium ordinis Prædicatorum, 344
Bernardi Guidonis libellus seu tractatus magistrorum ordinis Prædicatorum, necnon & priorum provincialium provinciæ Provinciæ seu Tolosanæ, 398
Historia fundationum conventuum ordinis Prædicatorum Tolosanæ & Provinciæ provinciarum, auctore Bernardo Guidonis ejusdem ordinis, 537
Numerus monasteriorum monialium ordinis Prædicatorum, 539
Brevis historia conventus Parisiensis fratrum Prædicatorum, 549
Pauli Florentini dialogus de origine ordinis Servitarum, 558
Dominici Johannis ordinis Prædicatorum de basilicis Florentinis divæ genitrici consecratis, 590
Historia fundationis monasterii Cælestinorum Suessionensium, 593
Martyrologia seu calendaria aliqua antiquissima, 633
Libellus annalis domni Bedæ presbyteri, 637
Calendarium Floriacense, 649
Calendarium Anglicanum, 652
Antiquum martyrologium Gallicanum, 658
Antiquum Calendarium monasterii Stabulensis, 668
Calendarium Verdinense, 679
Martyrologium insignis ecclesiæ Antissiodorensis, 685

INDEX CONTENTORUM IN HOC TOMO.

Acta S. Reparatæ virginis & martyris, 739
Passio S. Mercurii, 743
Historia corporis S. Mercurii Cæsarea delati Quintodecimum, & exinde Beneventum, 751
Vita S. Bibiani episcopi Sanctonensis, auctore anonymo, 757
Vita S. Donati episcopi, 775
Vita S. Apollinaris Valentiæ ad Rhodanum episcopi, auctore anonymo, 777
Petri diaconi Casinensis monachi prologus in vitam S. Placidi, 785
Epistola Stephani Aniciensis in passionem S. Placidi, 788
Petri diaconi Casinensis prologus in lib. de Locis-sanctis, 789
Ortus & vita justorum cœnobii Casinensis, 791
Vita S. Godonis abbatis Oyensis in diœcesi Trecensi, 793
Acta translationis S. Savini martyris, 805
Versus de Carolo-Magno & aliis, 811
Liber miraculorum B. Eadmundi Orientalium Anglorum regis, auctore anonymo, 821
Translatio S. Justi pueri novennis martyris Malmundarium, 833
Vita S. Niconis Metanoitæ monachi ex pervetusto codice Græco translata in Latinum a Jacobo Sirmundo S. J. 837
Vita S. Nili confessoris a B. Bartholomæo Cryptæ-Ferratæ abbate Græce conscripta, & a Sirleto S. R. E. cardinali in Latinum conversa, 887
Vita & conversatio S. Patris nostri Bartholomæi junioris Cryptæ-Ferratæ, 957
Ejusdem brevior vita, 969
Inventio, translatio & miracula S. Trophimenis virginis & martyris, 971
Acta translationis S. Mennatis eremitæ & confessoris auctore Leone Marsicano monacho Casinensi & S. R. E. cardinali, 977
Miracula S. Anselmi Cantuariensis archiepiscopi, 983
De verbis S. Anselmi, 987

Vita B. Giraldi de Salis, auctore anonymo, 989
Acta translationis sancti unius militis Legionis Thebæorum, auctore Rodulfo abbate S. Pantaleonis Coloniensis, 1013
Vita S. Bertrandi Convenarum episcopi, auctore Vitali apostolicæ sedis notario, 1021
Vita S. Stephani ordinis Grandimontensis institutoris, auctore Gerardo septimo priore Grandimontensi, 1043
Concessio brachii S. Stephani Grandimontensis facta canonicis collegiatæ ecclesiæ de Thierno a Petro abbate Grandimontensi, 1131
Rithmus de nece Caroli-Boni Flandriæ comitis, 1133
Libellus de miraculis Eugenii papæ III. 1139
Vita Hugonis de Lacerta, discipuli S. Stephani ordinis Grandimontensis institutoris, scripta a Guillelmo Dandina cognomento de S. Savino, auctore suppari. 1143
Vita Petri Venerabilis abbatis Cluniacensis, auctore Rodulfo monacho ejus discipulo, 1187
Vita Margaritæ Burgundæ Guidonis Delphini & comitis Alboni conjugis, scripta a Guillelmo canonico Gratianopolitano, 1201
Brevis vita Walonis monachi Altimontensis, 1213
Acta translationis S. Reoli archiepiscopi Remensis, scripta a Willelmo abbate Orbacensi, 1215
Epistola episcopi Thunensis ad Theobaldum regem Navarræ de felici obitu S. Ludovici regis Francorum, 1217
De felici obitu Johannæ comitissæ Alenconii & Blesensis, 1229
Processus contestationum super doctrina & sanctitate B. Catharinæ Senensis, &c. 1237
Vita Gabriëlis Palæoti S. R. E. cardinalis & Bononiensis archiepiscopi primi, auctore Augustino Bruno, 1385
De beato Angelo de Massatio martyre monacho Camaldulensi, 1439

SENTENTIA

SENTENTIA BRUNELLI
DE ORDINIBUS RELIGIOSIS

Ex duobus mſ. codicibus, uno Stabulenſi, altero Reginæ Sueciæ.

OBSERVATIO PRÆVIA.

IN *veteri codice mſ. Stabulenſis monaſterii opus antiqui poëtæ invenimus, nomine Brunelli, qui ad oblectationem potius, quam ad inſtructionem varia conſcripſit carmina. Hæc cum levi oculo perluſtraſſemus, ſeria quædam jocoſis, atque a gravitate haud aliena animadvertimus, de ordinibus religioſis inſerta fuiſſe, in quibus & multa ſcitu digniſſima, de eorum diſciplina referuntur. Quapropter, omiſſis ceteris, ea quæ religioſos ordines tangunt excerpere operæ pretium duximus. Simile exemplar cum Romæ in bibliotheca reginæ Sueciæ Mabillonio occurriſſet, idem atque nos de toto opere judicium tulit, contentus ex illo tantum ea quæ religioſos ſpectant deſcribere. Auctorem ſub finem ſæculi duodecimi aut ineunte decimo tertio vixiſſe duo perſuadent, primum, quod ea quæ de Carthuſianis, de Grandimontenſibus, de Ciſtercienſibus, & de Præmonſtratenſibus canit, primævum illorum ordinum repræſentat fervorem, qui ſæculo præſertim duodecimo illibatus perſeveravit. Secundum, quod de ordine ſancti Gilberti de Simpingham paulo poſt medium ſæculum duodecimum in Anglia exorto differens, de eo tamquam recenter inſtituto loquitur. Germanum etiam extitiſſe inde colligimus, quod Germanicam vocem* Her *ad Dominum ſignificandum uſurpet.*

Hinc ego diſpoſui me tradere religioni,
  Ut valeat ſalvus ſpiritus eſſe meus;
Utque ſenex redimam juvenilia tempora, vitam
  Fas eſt ut ſatagam corripuiſſe meam.
Et ſupereſt modicum vitæ; ne tota deorſum
  Defluat, hoc opto claudere fine bono.
Eſt melius ſero quam numquam pœnituiſſe:
  Quem pudet errorem, pœnituiſſe decet.
Et ſi mane fuit, vel tota dies nebuloſa,
  Obſcurum redimat veſpera clara diem.
Quod male diſperſit incircumſpecta juventus,
  A Ens in flore ſuo prodiga facta ſui,
Damna juventutis redimens animoſa ſenectus,
  Colligat in fructu, floribus uſa ſuis.
Spes fuit in flore, ſed flos defloruit a ſpe.
Spes abiit florum, ſpes una noviſſima fructus,
  Dum ſupereſt, aliquid utilitatis agat.
De re tam certa nil morte latentius ipſa,
  Omnes ipſa latet, omnibus ipſa patet.
Rebus in humanis mors eſt res publica nobis,
  In qua quiſque vicem proprietatis habet.
Si qua tamen propria, publica nulla magis.
Ergo quid hic facio, niſi quod deſervio mundo.

SENTENTIA BRUNELLI

Mors mihi cras dicet: En ego, surge, A veni.
Nil igitur superest, nisi tantum relligioni
   Me conferre: procul sit, precor, ergo mora.

De diversis relligionis speciebus. Sed quia diversæ species sunt relligionis,
   Nescio præcipue quæ sit habenda mihi.

Et primo de cruce signatis qui olim vocabantur Templarii nunc destructi. Si cruce signatis rubea me confero Templo,
   Trans mare me mittent solvere vota Deo.
Servus ero, servum facient procul esse seorsum,
   Servient & forsan in regione Tyri.
Non tamen ibo pedes, sed equo qui pastus avena,
   Crassus & ad calces sit tener atque levis; B
Quique pedem servans, & fractis gressibus errans,
   Molliter incedet: regula nostra jubet,
Scandere trottantem prohibet quoque regula, nolo
   Quod per me careat ordo rigore suo.
Ingrediar miles ne candida pallia desint;
   Sed tunc ab bellum non rediturus ero.
De cute corrigiam nostra soldanus habebit,
   Et comedet carnes bestia sæva meas.
Incircumcisi gladius mea viscera fundet,
   Detracto corio, cetera dabit humo.

De Hospitalariis. Rursum si fuero crucis Hospitalarius ille,
   Ad Libanum mittar ligna referre domum.
Cum lacrymis pergam scutica cædente trinordi,
   Et venter vacuus & quasi vellus erit.
Multa licet subeant mihi, nil de jure licebit,
   Præter mentiri magnificando domum.
Et si ingressus fuero semel atque secundo,
   Vade foras dicent, diripientque crucem.

De Monachis nigris. Esse niger monachus si forte velim Cluniaci,
   Ova fabasque nigras cum sale sæpe dabunt.
Surgere me facient media de nocte, volentem
   Amplius in calido membra fovere thoro. D

[a] Quodque magis (a) nollem vellent me psallere sursum,
   Et geminare meos in diapente tonos.
Vox est rauca nimis, quamvis sit & ipsa sonora,

[b]   Pectus & (b) obtrusum tussis anhela gravet.
Psallere si nolim, facient me ferre lucernam,
   Debita reddentes præmia mane mihi.
Multoties carnes, & pinguia sæpe vorare
   In feria sexta sæpe licebit eis.
Pellicias portant & plura recondita servant,
   Quæ non sunt sociis omnia nota suis.
Sed neque sunt dominis abbatibus omnia nota,
   Quamvis nil cupiant, percipiantque satis.
Quod si contingat stabilita silentia solvi,
   Corripient verbis verberibusque simul.
Et si percutiam, vino stimulante vel ira,
   Me gravibus culpis carceribusque dabunt.
[c] Qui nisi claustrali, multumque diu (c) laborare

Experto tribuunt exteriora loca.
Non amor abbatis ibi, nec cognatio quævis
   Contra claustrales obtinuisse potest.
Ordinis aut morum numquam dispendia quisquam
   Fratribus ex nigris sustinuisse valet.
Non comodant vel emunt sua prædia vel prioratus,
   Omnia sed gratis distribuuntur ibi.
Si quam de membris nebulam contingit oriri, *Ironica carpit si noxiam istorum.*
   Hanc caput absorbet nobilitate sua.
Si fuero monachus albus generalia dura, *De albis monachis.*
   Hi pulmenta duo, sed bene cocta dabunt. *Loquitur hic de Cisterciensibus.*
Hoc odiunt quod ego sine fine fideliter odi,
   Scilicet ut prope se rusticus arva colat.
Agrorum cupidi numquam metas sibi poni,
   Vicinis vellent pestis iniqua suis.
Lac & lana, greges ovium pecorumque ministrant
   Quod satis est, quamvis nil satis esse putent.
Paucis contenti non cessant quærere magna,
   Et cum possideant omnia, semper egent.
Otia sectari non me patientur ibidem,
   Sed bene me pascent in novitate mea.
Omnibus injungunt operas, ne desidiosus, C
   Aut quandoque vacans inveniatur ibi.
Sabbata (d) rara colunt, male respondente coquina, [d]
   Est ibi virga frequens atque diæta gravis.
Non comedunt carnes, nisi cum permiserit abbas,
   Præpositusve loci de pietate sua.
Et quia quadrupedum prohibet sua regula carnes,
   Nec sinit his vesci præ gravitate sui,
Quæ volat aut currit cupiunt carnem bipedalem,
   Non quia sit melior, sed quia rara magis.
Cum tamen illud agunt, testis vicinia fumi
   Non erit, aut facti conscia facta sui.
Carnibus absumtis, vestigia nulla videbis,
   Ne clament: (e) Her, her, ossa sepulta jacent. [e]
Tres etiam tunicas de jure, duasque cucullas
   Omnes accipiunt, & scapulare breve.
Tædia de nocte femoralia nulla jacenti *De usu femoralium.*
   In lecto facient, sit procul iste timor.

. . . .

E. Frater ab effectu, non solo nomine dici
   Frater habet, sine re nomen inane tenet.
Sunt etiam multi quos falso nomine fratres
   Dicimus, & sanius hostibus esse pares:
ratribus in falsis quia multa pericula Paulus
   Passus erat scriptis inserit ista suis.
Plurima falsorum sunt vere pericula fratrum,
   Et venit a falsis fratribus omne malum.
Quisque sibi caveat a fratre suo, nec in illo

(a) Al. *Cumque magis nollent, pellent.*
(b) Al. *obscurum.* (c) Al. *dinque studere.* (d) Al. *varo.*

(e) Id est, domine, domine. Hinc patet istius carminis auctorem esse natione Germanum, *her* quippe vox est Germanica.

DE ORDINIBUS RELIGIOSIS.

Ponere præfumat fpemque fidemque fibi.
Rara fides fratrum, quia cum fit quifque fidelis,
Se probat infidum, dum caret ipfe fide.
Frater carnalis, necnon & fpiritualis
Fallitur, & fratrem fallit uterque fuum.
Si tibi contingat fratrem reperire fidelem,
Sit tibi pars animæ dimidiumque tuæ.
Nam tot funt ficti, tot falfi, totque ferales,
Quod jam mundus eos (a) dimidiare nequit. [a]
Qui funt in clauftro quafi fathan in paradifo,
In quo conftat eum juris habere nihil.
Talia me terrent, dum relligionis ad arcem
Tendo, nec attendo quove vel unde ruo.
Forfan & vanus timor eft, vanoque moveri
Multoties hominum corda timore folent.

De ordine Grandimontanis.
Grandimontani vitam cum vefte profeffus
Si fuero, vereor afperiora pati.
Hi cum nil habeant, nec fe patiantur habere,
Ex nihilo femper fufficienter habent.
Abdita clauftra colunt, & nota filentia fervant,
Nefcit figna manus, libera lingua manet.
Non fundos, nec agros, nec pafcua lata requirunt,
Nec facit ad faccos annua lana decem
Vellera, nec triplici pofitu diftinguere norunt,
Idem faccus habet pectora, colla, latus.
Non macerant nodos affumto vellere pellis,
Nec faciunt pingues in nemus ire fues.
Non mare confcendunt ratibus, quo retia laxent
Pifcibus, aut hamis infidiantur eis.
Qualia vel quando comedunt, fi lauta diæta
Vel tenuis fit eis, non mihi fcire licet.
Si pluit e cœlo femper quod habent quafi manna,
Quid plus præftaret area lata (b) brevi? [b]
Si vivunt ut homo, nunc funt ficut angelus ipfi,
A ftudiis hominum cur prohibentur ita?
Et fi fint homines mortales conditione,
Cur non humana vivere lege licet?
Quod fit in occulto raro fine fufpicione
Effe poteft homini, nec licet abfque nota.
Si fatagunt corpus carnemque domare rebellem,
Commodius facerent, & meliore modo.
Non reprehendo tamen fuper his, nec judico quemquam,

Servus enim domino ftatque caditque fuo.
Litibus & caufis variis fora publica vexant,
Et teritur longo tempore caufa brevis.
Sumtibus infiftunt, nil proprietatis habentes,
Fitque triluftralis caufa fepulta diu.
In duo divifi multumque diuque laborant,
Atque fupervacuis fumtibus ufque vacant.
Nam vice converfa, laïco dictante, facerdos
Exhibet officii vota facrata fui.
Motus ob hanc caufam mox eft, Romamque profectus,
Sed nec ibi meruit fumere caufa modum.
Plurima fuderunt, fed mons eft pinguis & uber,
Qui de lacte fuo cuncta miniftrat eis.
Si quem nullus arat, ferit, aut metit, ordine miro
Pullulat ad votum quidquid habere volunt:
Ergo quid eft, quod homo qui vivit ut angelus intus,
Pulfatur totiens exteriore foro?

De Cartufienfibus.
Quid fi Cartufiam me convertendo revertar,
Pellibus & tunicis pluribus utar ibi.
Cella mihi dabitur quam folam folus habebo,
Nemo mihi focius, nemo minifter erit.
Solus enim pfallam, folufque cibaria fumam,
Et fine luce meum folus adibo thorum.
Semper folus ero, cella retinente trimembri,
In qua continue pes meus alter erit.
Semper erunt præfto pulmento conficiendo
In cella propria ligna, legumen, aqua.
Vifere me veniet prior ordinis, atque frequenter
Panis erit calidi portio magna mihi.
His ovium, pecorum, nemorum, terræque (c) feracis [c]
Vivere qua poffunt portio certa datur.
Interior veftis quam lana caprina miniftrat,
Carnem caftigat afperitate fua.
Qualibet hebdomada ter pane cibantur & unda,
Non comedunt *carnes, fit nifi fefta dies. *l. pifces.
Et femel in menfe, vel bis de jure venire
Ad miffam poterunt, (d) fi vacat atque volunt.
Contenti propriis, nec divitibus nec egenis
Effe volunt oneri, cras, hodie, nec heri.
Non licet augeri numerum pecorum vel agrorum,
Taxatur certo canone quidquid habent.
Carnis in æternum cuncti prohibentur ab efu,
Præter eum fi quem tabida lepra tenet.

(a) Al. *dinumerare.*
(b) Al. *brevis.*
(c) Al. *ferarum.*
(d) His concinunt ftatuta Guigonis cap. 14. ubi hæc legimus: *Raro hic miffa canitur, quoniam præcipue ftudium & propofitum noftrum eft filentio & folitudini vacare*, &c. Unde & Petrus Blefenfis ad Richardum epifcopum Londonienfem fcribens epift. 123. *Raro*, inquit, *facrificat Cartufienfis ordo*. Et epift. 86. Alexandrum monachum Cartufienfem, ea de caufa, ordinem deferere volentem fic arguit: *Hæc in ordine*

Vet. Script. & Mon. ampl. Collect. Tom. VI.

Cartufienfi caufaris & arguis, quod fingulis diebus miffas non faciant, atque hujus religionis feu potius fuperftitionis obtentu, tuum machinaris egreffum, &c. Vigebatque adhuc medio fæculo decimo quarto apud Cartufienfe, hæc confuetudo, ut patet ex Petro Boherio in Apparatu ad conftitutionem Benedicti XII. ubi ad caput 27. *Non quotidie*, inquit, *immo raro facrificat Cartufienfis ordo, ficut enim folet generari ex affiduitate contemtus, fic attenditur ex ipfa raritate devotio.* Nunc vero quotidie celebrant nec minori devotione quam cum rarius celebrabant.

A ij

SENTENTIA BRUNELLI

Ad fora non veniunt quo litem scite resol-
vant,
Nec populi vanum depopulantur ave.
Hospitis adventu gaudent mutantque diæ-
tam,
Dant quod habent hilari pectore, voce,
manu.

De nigris canonicis. Est & item vita nigrorum canonicorum
Judicio populi digna, decensque Deo,
Mollibus induti, non semper pinguibus usi,
Inque refectorio carnibus atque mero.
Quid caro peccavit plus quam faba, pisa,
legumen,
Ne posset comedi conditione pari?
[a] Quam (*a*) nos causamur non est in carne rea-
tus,
Sed comedente male, nec cohibente gula,
Causa datur vino, debetur culpa bibenti,
Dum caput aut membra cetera mane do-
lent.
Ne pariat psalmus vel lectio tædia longa,
In psallendo tenent, inque legendo mo-
dum.
Nec nituntur ad hoc ut vocibus immode-
ratis
Ardua prævaleant rumpere tecta domus.
Candida, sed pura subtili stamine texta
Mundis munda placet linea vestis eis.
Vestis honesta quidem, quæ nec cum carne
rebelli
Aut cute bella gerat asperitate sui.
Exteriora tamen clauduntur schemate nigro,
Ut color interius aptior esse queat,
[b] Lumina ne lædat albo nigredo (*b*) repugnat,
Inque timore nigro, gaudia candor habet.
Sic arcus cœli gemino splendore refulget,
Sic pilus est pardo candidus atque niger.
Pallia cornici dat penna subalbida nigræ,
Candida sic picas & nigra penna tegit.
Si vestis bicolor carnem sine corde colorat,
Mens erit absque nota, veste tenente no-
tam.
Quid refert quales veniunt in veste colores,
[c] Si mens unicolor interiora (*c*) tegat?

De Præmon- Præmonstratenses rursus qui vestibus albis
stratensibus. Induti veniunt, simplicitate placent.
His color unus adest, niveo candore resul-
gens,
Hos semper simplex vestis ovina tegit.
Omnibus abjectis, duris pro mollibus uti
Vestibus ad præsens hoc statuere modo.
Vellere partito quod colli nuda protexit,
In proprios usus constituere suos.
Ne caro luxuriet vervecis vellere crispo,
Corpora castigant asperitate gravi.
Damna tamen lini lana redimente suavi,
Ordine cogente sustinuisse decet.
Ordinis austerus rigor est, quia carnibus uti
His in conventu tempus in omne vetat.

A Dispensando tamen sacer Ordo salubrius usus
Consiliis super his alleviavit (*a*) onus, [*d*]
Pinguia concedens quæ sunt affinia carnis,
Sic tamen ut numquam sit manifesta caro.
Bellum cum carne, pacem cum pinguibus esse
Pacis amatores hoc statuere modo.
Carnis honestatem sic conservare volentes,
Ne contra carnem lex inhonesta foret.
Si foret exclusa penitus caro, carnis honestas
Sæpe daret causam materiamque mali.
Unde nec admissa penitus nec tota repulsa,
Exulat in patria (*e*) monstrua facta sua. [*e*]

B Sunt & canonici sæculares atque vocati *De canonicis*
Nomen ab officio promeruere suo. *sæcularibus.*
His quodcumque libet, lex nova, licetque,
sub isto
Canone constituit vivere tota cohors.
Hi nihil excipiunt, nec dicunt despiciendum
Quidquid in obsequio corporis esse potest.
Illud præcipue tamen instituere tenendum
Omnibus in tota posteritate sua.
Lex vetus ut suasit, ne quilibet absque sua sit,
Et quod quisque suas possit habere duas.
Hi sunt qui mundum cum flore cadente te-
nentes,
Ne cito marcescat sæpe rigare student.
C Hi sunt qui faciunt quidquid petulantia car-
nis
Imperat, ut vitiis sit via prona suis.
Totus in errorem mundus, pereuntibus illis,
Ducitur, hi pereunt præcipitesque ruunt.
Hi mundum non mundus eos habet, (*f*) atque [*f*]
deorsum
Hi quia compellunt, funditus ille cadit.
Hi fundamentum fidei subvertere promti,
Moribus expugnant quæ facienda docent.
Hi sunt pontificum per quos vigor, ordo,
potestas
Nutat, & ecclesiæ fit status absque statu.
D Languet & exspirat per eos reverentia cleri,
Deficit in nihilum relligionis honos.
Horum consilio reges meditantur iniqua,
Et quæ debuerant stringere laxa tenent.
Pontificum latera sunt hi regumque sini-
stra,
Pes errans, mendax lingua, recurva ma-
nus.
Cor duplex, simulatus amor, sine vivere
nomen,
Ira latens, vera motio, falsa quies.
E Bursa carens fundo, prædæ sine nomine
prædo,
Lanx mendax veri, vera statera doli.
Lex sine lege Dei, canon sine canone Christi,
Prævia causa mali, pagina plena doli.
Hi sunt justitiam qui prostituere pudicam,
Falsa loqui linguas qui docuere suas.
Qui dum labentem mundum retinere labo-
rant

(*a*) Al. *qua.* (*b*) Al. *repurgat & repungit.*
(*c*) Al. *tegat.* (*d*) Al. *alleviabit.*

(*e*) Al. *menstrua.* (*f*) Al. *hinc.*

DE ORDINIBUS RELIGIOSIS.

Cumque labente labent, cumque ruente
    ruent.
Quorum vita labor, via lubrica stat quasi
    stercus.
Finis in incerto, præmia certa dolor.
Quod bene dum secum quidam meditantur
    eorum,
Talibus a studiis se cohibere student.
Qui pariter mundi fœno cum flore relicto,
    Omnia quæ mundi sunt nihil esse putant.
In medio fornacis agunt, flammæque vo-
    racis
Ignitum studium constituere suum.
Non tamen uruntur, quia quos refrigerat
    intus
Spiritus, exterior flamma cremare nequit.
Decoquit hos mundus, & sicut in igne ca-
    mini
Aurum flamma probat, sic Deus urit eos.
In mediis flammis & in ignibus esse nec uri
Non est naturæ; sed Deitatis opus.
Cum propria carne certamina longa tenere,
    Res est difficilis, & metuenda nimis.
Nam caro mortali levis est ut cerea flecti,
    Quo natura vetus & vitiosa trahit.

De monia- Est & adhuc ordo velatarum mulierum,
libus.   Quas & eas nonnas dicimus esse sacras.
Qui de virginibus viduisque coactus in unum,
    Ordo satis notus pluribus esse solet.
Horas canonicas solito de more frequen-
    tant,
Solventes pensum nocte dieque suum.
Vocibus altisonis adeo modulamine dulci
    Cantant, sirenes quod cecinisse putes.

Corpore serpentes, sirenes voce, (a) dracones [a]
    Pectore, Susanna ænigmate, corde pares.
Sed tamen illud habent, quod cuncta errata
    refellit,
Ante Deum lacrymas, quæ sine lege fluunt.
His Dominum placant semper veniamque
    merentur,
His sua cuncta lavant crimina, quidquid
    agunt.
Omnibus aure tenus licet his nutrire (b) ca- [b]
    pillos,
Sed non ulterius, ratio namque vetat.
Utuntur niveis agni de corpore sumtis
Pellibus intonsis, pallia nigra gerunt.
Hæ caput abscondunt omnes sub tegmine
    nigro,
Sub tunicis nigris candida membra latent.
Cingula nec ferunt, sed nec femoralibus uti
Consuetudo fuit, nescio si modo sit.

Est & adhuc alius nuper novus ordo repertus,   Alius novus
    Quem bene, nam bonus est, commemo- ordo in par-
    rare decet. tibus Angli-
Hic apud Anglorum fines exortus, ab ipso canis Sim-
    Nomen habet natus quo fuit ipse loco. phinigra.
Symphinigram (c) dictus, de simplicitate vo- [c]
    catus,
Sive per antiphrasim ordo vocatur ita.
Canonici missas tantum, reliquumque so-
    rores
Explent officii debita jura sui.
Corpora, non voces, murus disjungit, in
    unum
Psallunt directo psalmate & absque mero.

(a) Al. triones.
(b) Olim sanctimonialibus perinde ac monachis abscin-
debantur capilli, ut constat ex S. Hieronymi epistola ad Sa-
biniarum, cujus hæc verba : *Moris est in Ægypto & Syria*
& saculo remansientes, omnes viliculas saculi conculcarint,
crines coram floribus matribus offerant desecandum, non in-
tuste postea contra Apostoli voluntatem incessura capite, sed
ligatis pariter & velato. Non solum capillos non nutriebant
moniales, sed eos etiam in modum coronæ abscindebant :
quod patet ex vita S. Gertrudis abbatissæ Nivialensis, cujus
mater illa in Nivialensi monasterio religiosam vitam professa, ferrum tonsoris arripuit, & capillos sanctæ puellæ ad
instar coronæ abscidit; deinde episcopis velandam obtulit. Ita
etiam Montanæ virginis mater sanctæ capillos *adinstar co-*
ronæ abscidit, ut legó in ejus vita apud Labbeum tom. 2.
Bibliothecæ novæ, pag. 194. Monialibus Præmonstratensis
ordinis *capilli ad aures tondebantur,* teste Hermanno in libro 3. de miraculis B. Mariæ Laudunensis.
(c) Vulgo dicitur Sempingham, Semplingham vel Sem-
pringham, cujus ordinis institutor fuit S. Gilbertus, qui viros & feminas congregavit, assignata viris S. Augustini regula ; feminis Benedictina.

Tom. VI.

A iij

ANONYMI
MONACHI CARTUSIENSIS VALLIS-DEI
DIALOGUS
DE DIVERSARUM RELIGIONUM ORIGINE
& earum temporibus ac legislatoribus; de quibusdam quoque hæresibus, sed & de schismatibus quæ in Romana sede contigerunt.

Ex mſ. codice Vallis-Dei.

OBSERVATIO PRÆVIA.

DE nomine auctoris sequentis dialogi hactenus nihil deprehendere potui : quis tamen ille fuerit ex dialogo ipso utcumque colligere licet. *Patriam suam ipse nobis indicat cap.* 18. *his verbis* : Multum iste beatissimus archangelus (*Michael*) nostram Normannicam patriam honoravit. *Non patriam modo, sed etiam diœcesim declarat cap.* 32. *ubi de Nicolao Lyrano loquens, hæc habet.* Hic certe venustat plurimumque decorat nostram non solum nationem, sed etiam diœcesim. Extitit enim natione Normannus, Ebroïcensis diœcesis, natus oppido cui Lyra vocabulum est. *Adolescens erat cum funestum exortum est schisma Eugenium IV. inter & Felicem V. habuitque tunc temporis patruum in curia Eugenii ex cap.* 39. *Ordinem Vallis-Scholarum, qui sub regula S. Augustini militat, a puero ingressus est ex cap.* 3. *eique ordini toto vitæ suæ decursu maximopere affectus fuit ex cap.* 29. *In eo per annos plurimos sub suavi obedientiæ jugo permansit ex cap.* 3. *quod clarius explicat scheda Cartusiæ Vallis-Dei, in qua hæc verba:* Quindecim annis sub regula S. Augustini militavit in ordine Vallis-Scholarum. *Sacros ordines a* Guillelmo *de* Floques, *qui Ebroïcensem episcopatum anno* 1447. *adeptus est, suscepit ex capite* 26. *lectione vitæ S. Antonii compunctus, & arctioris vitæ desiderio vehementer accensus, ad Cartusienses transmigravit ex cap.* 3. *idque in Eremo Vallis-Dei diœcesis Sagiensis, ut indicat initio libri primi dialogorum.*

Factus monachus, post regulæ & contemplativæ vitæ exercitia, quidquid supererat temporis sacris lectionibus ac scribendis libris totum impendebat. Inter varia autem ipsius ingenii monumenta, perlustrando Cartusiæ Vallis-Dei bibliothecam, incidit in manus meas codex quatuor dialogorum libros continens, de præsentibus, præteritis & futuris ecclesiæ pressuris, deque origine variorum religiosorum ordinum, propria ipsius manu, uti existimo, exaratus; quem occasione dissidii, quod anno 1485. *inter duos contendentes de Sagiensi episcopatu contigit, conscribendum suscepit : id quod ipse declarat initio libri primi hoc modo:* Quapropter cuidam religioso nomine non merito, cunctorum Cartusiensium minimo data est opera hoc opusculum cudere, ad hoc stimulatus maxime ob desolationem & miserandam dejectionem Sagiensis ecclesiæ, propter duorum præsulum grave ac scandalosum dissidium jamdudum obortum, & usque nunc, heu! in grande animarum præjudicium continuatum.

Ex his quatuor Dialogorum libris, tertium dumtaxat, qui majoris nobis visus est utilitatis, descripsimus. Ne tamen Sagiensis ecclesiæ pressura, quæ huic operi ansam præbuit, omnino nos lateat, hic eam propriis auctoris nostri verbis repræsentare juvat, maxime cùm aliunde vix quicquam de illa apud auctores resciri queat. Audistis, inquit, dudum grave dissidium inter duos; alterum verum, alterum fictum pastorem. Quis autem horum verus, quis sit fictus, in brevi, ut confido, Dominus pandere dignabitur, ad veri pastoris gloriam, fictique confusionem.

Audistis, inquam, litigium scandalosum certe pro primatu adipiscendo Sagiensis sedis venerabilis. Diu litigatum est, sed nondum finis. Diu, inquam, litigatum est, sed, heu! de verbis ventum ad verbera: nec tantum ad hæc, sed & ad neces. In his nec tremendæ majestati obedientia, nec sanctis ecclesiæ illius patronis reverentia, nec mihi ærumnosæ Matri, tamen Christi sponsæ, honor delatus est. Accessum est ad sacrum Christi templum impudenter, pugnatum est atrociter adversus sanctum locum, contra Dei sanctam ac dicatam basilicam, clypeo & hasta, arcu & sagitta, omnique armorum apparatu, tamquam contra Christianæ fidei hostes pugnaretur, immo vero, ut opinor, multo atrocius atque ferocius. Accesserunt quippe ad murum armatorum cohortes, impegerunt vehementer ad ostia, circumvallata undique sacra ædes, circumquaque obsessa. Clamatum est fortiter, ululatuque ingenti vociferatum, & pervenit clamor usque ad cœlos; immo & ipsos penetrans ascendit usque ad thronum Dei, pervenit usque ad aures tremendæ majestatis. Sed qui injuste hanc suam ac sanctorum suorum nostramque injuriam nutu facilius vindicare poterat, vindictam suspendit, offensamque dissimulavit usque ad tempus, vere pius, vere misericors. Tacuit, siluit, patiens fuit, factus tamquam homo non audiens & non habens in ore suo redargutiones. Verumtamen non semper silebit, sed dum tempus acceperit justitias judicabit, & loquetur velut parturiens. Quid plura? Undique irruentibus hostibus, capta est basilica sancta, templum Dei, & habitatio sanctorum ejus. Heu! heu! quid dictura sum? Irruerunt cum ingenti strepitu discurrentes cum horrendo fremitu, cum rugitu terrifico sicut leo paratus ad prædam. Nulli rei prorsus delatum est, nulli parcitum, non sacris vasis, non indumentis ecclesiasticis, non sacratis reliquiis, denique non pretiosi corporis Christi reverendo sacrario. Proh nefas! ipsum etiam Christianæ regenerationis sacratum chrisma, anfracta, ut fertur, ampulla argentea, per substratum pavimentum sparsum est, & ab impiis sacrilege calcatum. Sed nec ista sufficiunt. Humanum insuper sanguinem fuderunt in atriis Sion, in templo sancto Dei homicidium crudeliter perpetrantes. Quid atrocius? quid crudelius? quid horrendius? quid inhumanius? quid sceleftius fieri poterat? Quis umquam audivit talia? quis vidit similia? nec sic tamen crudelitatis finis. In omnibus his non est aversus furor hostis, sed adhuc manus ejus extenta. Ausi sunt insuper in contemptum Dei vivi, in injuriam nostri, & contumeliam sacri loci, ante fores ipsius sacræ basilicæ in honorem Dei ac pretiosorum martyrum dedicatæ Christianos suspendere, laqueo quoque velut in publicis patibulis suffocare, perque dies plures sic suspensos relinquere. Quid amplius agere possent sævissimi Turci seu pagani vel barbari? Quid? Taceo tremorem, pavorem, horrorem, formidinem, quæ illos venerabiles religiosos (a) Dei servos invaserunt, illum qui illius venerabilis collegii ac merito honorandi conventus suppositos obtinuit tremor, quique intra septa suæ propriæ mansionis, quamvis insontes, obsessi sunt velut impii proditores seu regni grassatores. Taceoque eorum bona deprædata, substantia cuncta profligata, reposita ad usus necessarios servorum Christi dissipata, ita ut nihil prorsus remanserit eorum quæ reperit & capere valuit sacrilegi manus rapax prædonis. Sileo calamitates civium, furentem irruentium armatorum impetum formidantium, qui mole formidinis etiam sine ferro exanimari poterant, maxime sexus ætasque natura timidior. Prætereo viros ac mulieres, pueros ac virgines, senes cum junioribus, quorum præ immanitate pavoris mens pene recessit, sensus turbatus, sanguis gelidus, stetere comæ, artubus vigore dissolutis corpus omne diriguit. Quis hos reparare valebit enormes excessus?

Porro operi suo auctor ille hunc præfixit titulum. Dialogus inter ecclesiam & actorem Filii personam miseriis matris piæ condolentis gerentem. *Præter hos quatuor dialogorum libros creditur etiam alterum edidisse dialogum animam inter & rationem, qui ms. habetur una cum tribus de* Imitatione Christi *libris in codice alio Vallis-Dei, ubi longam instituit disputationem de quæstione quæ ad ipsum maxime pertinebat: an scilicet monacho religiosum ordinem professo, liceat primo ordine relicto ad alium transire: ubi & professionis formam quæ a canonicis regularibus ordinis sancti Augustini, nimirum Vallis-Scholarium consueverat fieri, repræsentat.*

(a) Quippe canonicos regulares ordinis S. Augustini, qui cathedralem Sagiensem ecclesiam tunc occupabant.

PROOEMIUM.

FILIUS. Somno refectis artubus, ac recreatis sensibus, imminente jam crepusculo, ac stellis suum jubar retrahentibus, Phœbo jam vergente ad ortum, veneranda Mater pallium, quod mihi ipsa sero sua benignitate substraverat, lente traxit excitandi gratia: moxque ego, oculis reseratis, eam mihi assidentem intueor. Resplendebat autem ejus facies ut sol, ita ut vix in eam obtutus possem defigere. Tum illa me affari exorsa est.

MATER. Eia, Fili care, sufficit, satisque pausasti. Surge igitur celer & sede, ad mentemque quod sero spoponderas reducito, & vel nunc somno protelato recreatus, intentum prosequere: tecum namque jugiter seu assidue stare non possum. Sunt nempe & alii uterini sicut & tu consolandi. Igitur alibi profectura cum me absentem experimento probaveris, quod tamdiu otio torpueris tunc dolebis.

FILIUS. Dolebo certe, ô veneranda Mater, non dubito. Sed quoniam extenso sopore, a te mihi plusquam satis satisfactum est, ne quæ restant temporis momenta depereant, peto quid ad meam ædificationem depromas. Nam licet sero transacto me locuturum spoponderim; quia tamen multum & forte nimis locutus sum, quæve meam forsan facultatem excedunt, opto, si libet, ut loquaris. Nam & repente venit in mentem, & quæ meam frænet verbositatem, illa Jacobi memoranda sententia, qua nos adhortatur dicens: *Sit autem omnis homo velox ad audiendum, tardus autem ad loquendum.* Precor itaque humiliter, Mater, loquere. Te siquidem decet, quæ & sensu profundior, & & stylo venustior, affatu quoque fœcundior atque facundior fore dignosceris. Nos quidem densis ignorantiæ tenebris involvimur: tu autem, quæ sponsi tui spiritum habere probaris, qui te in omnem inducet veritatem, profectus nostri gratia dicito quodlibet, & me, eodem spiritu auxiliante, intentum habebis auditorem.

MATER. Mihi, fateor, placet quod facis; te siquidem & quemcumque in virtute proficere cupientem decet humilia de se sentire. Nam *Deus superbis resistit, humilibus autem dat gratiam.* Sed & ipse Salvator in evangelio, *qui se humiliat,* inquit, *exaltabitur; & qui se exaltat humiliabitur.* Tuæ igitur humilitati applaudo, & quod abjecte de te sapis libenter amplector. Et quoniam de nostris generalibus persecutionibus pene omnibus, usque ad piorum & catholicorum imperatorum tempora, per quos pax, Christo miserante, reddita est, in præcedenti tractatulo prælibavimus, libet nunc ut de origine diversorum ordinum multimodarumque religionum sub nostro regimine militantium atque florentium, de temporibus quoque quibus sumserunt exordia, de eorum quoque legislatoribus cum compendio memoremur, & quod restat de nostris persecutionibus,

tionibus, cum temporum occasione opportunitas emerserit, Christo juvante, narrabimus.

FILIUS. Gaudenter, mater, hilari ac læto animo quod spondere dignaris accepto. Et miro modo ad id meus libens animus inclinatur, quod a te, etiamsi renuetis, precibus improbis extorquere conarer. Age ergo jam, redde quod promisisti: nam me, ut dixi, promtum & attentum, Christo propitio, auditorem habebis.

CAPUT I.
De beato Antonio ac primis Anachoreticis patribus.

MATER. Igitur his qui ante Christi passionem in anachoretica seu thoretica conversatione perfecti extiterunt, sive Elia, seu Johanne-Baptista, vel aliis quibuslibet omissis, quorum tamen ingentem turbam fuisse non dubites a mundi exordio, ad eos qui post apostolorum tempora fuere convertamur, & ab illis sumamus narrationis exordium. Et primum omnium illum præclarissimum, & ut ita dixerim, angelicæ perfectionis virum, cujus fama micat per orbem, sumamus ANTONIUM, qui totius anachoreticæ seu monasticæ vitæ caput esse creditur, cunctorumque heremicolarum magister, doctor, & signifer, fundamentum, atque principium. Nam licet PAULUS heremita primus extiterit tempore, nullos tamen discipulos seu sectatores habuit; sed cunctis hominibus, quoadusque illum Dominus servo suo ANTONIO revelare dignatus est, incognitus mansit. Hic igitur ANTONIUS eo tempore heremi deserta adhuc adolescens incunctanter aggressus est, quo sacer præsul SILVESTER status nostri moderamina, CONSTANTINUS vero merito magnus monarchiæ totius sceptra regebat, licet circa finem ejus imperii. Nam SILVESTER quidem viginti & uno annis præfuisse legitur, CONSTANTINUS vero triginta & uno circa annos Christi nati trecentos viginti quatuor.

Ab isto itaque sacertimo ac dignissimo patre ANTONIO exempla vitæ sumserunt quicumque in anachoretica seu contemplativa vita ac solitaria conversatione instituti sunt. Hic cælebs ANTONIUS quamplures discipulos vivens in solitudine habuit, PAPHNUTIUM videlicet, ac HILARIONEM, PAULUM simplicem atque MACARIUM & alios plures centenarium numerum excedentes. Verum post ipsius felicem transitum cohors innumera ejus terens vestigia heremum vastam incolere cœpit, Deo & his quæ Dei sunt vacando quotidie, sacris orationibus, meditationibus assiduis, contemplationibus theoricis & aliis piis exercitiis indesinenter insistendo; de quorum Chrysostomus laude atque præconio home-

Vet. Script. & Mon. ampl. Collect. Tom. VI.

lia quædam super Matthæum ita inquit inter multa: »Est enim cernere tota illa Ægypti « Homil. VIII. regione diffusum exercitum Christi, & admirabilem illum regium gregem, virtutumque cœlestium conversationem in terris micantem. Atque hæc non in viris solum, verum etiam in feminis splendere conspicias. Nam illæ quoque non minori quam viri virtute decorantur; non clypeo arrepto in equum insilire callentes, ut honestissimi illi & sapientissimi gentilium jubent magistri: sed multo certe vehementius bellum gerentes. Communis enim illis viris adversus diabolum pugna est, contraque hujus mundi potestates, nec uspiam teneritudo sexus his congressibus impares facit. Non enim natura corporis, sed voluntate animi exercentur ista certamina. Propterea sæpius in hujusmodi certamine fortius viris feminæ decertarunt ac triumphis insignibus claruerunt. Non ita variis astrorum choris cælum refulget, ut Ægyptus innumeris monachorum ac virginum distinguitur atque illustratur habitaculis. Et idem post pauca: Cunctis quippe præsentibus rebus exuti, mundoque crucifixi, nihilominus ad perfectionis ulteriora contendunt. Proprii siquidem corporis opera ad indigentium utuntur alimoniam. Neque enim quia vigilant aut jejunant, idcirco sibi otiuni indulgent diurnum; sed noctes quidem sacris hymnis ac vigiliis, dies vero orationibus ac manuum operibus exercent, apostolicæ cursum virtutis imitantes. Et quibusdam interpositis demum idem venerabilis doctor ita infert: Quisquis regionis illius gnarus est, ista quæ dicimus recognoscit. Si vero habitacula illa nondum novit, consideret virum per cunctorum usque hodie ora volitantem, quem apostolorum simillimum Ægyptus protulit: beatum dico & magnum illum, de quo sæpe audistis, ANTONIUM, & attendat quia hic quoque illius fuit regionis indigena, cujus etiam Pharao, sed nihil sit inde vitiatus. Hæc cuncta Chrysostomus & plura, quæ quamvis valde bona & utilia, causa tamen brevitatis omitto. Omnia ad manum habes, legere poteris quando libuerit. Sed & ipsius totius perfectionis ANTONII vitam a B. Athanasio Alexandrino dignissimo præsule ejusdem contemporaneo ac familiari egregie editam, vitas patrum insuper a Hieronymo & Heraclide aliisque auctoribus editas contemplari poteris, Et si in his cum affectu excitatus fueris, non parvum, ut confido, inde accipies virtutis incrementum. Harum siquidem lectio litterarum professioni tuæ congruit non minime, sed quam maxime tuo adstipulatur proposito.

FILIUS. Certe optimum, Mater, loquendi de patribus assumsisti initium, celebrem ANTONIUM tamquam fundamentum & lapidem primarium jaciendo, super Christum tamen, qui secundum apostolum extat merito totius spiritualis structuræ seu ecclesiastici ædificii fundamentum. *Fundamentum*, inquit, *aliud nemo potest ponere, præter id quod positum est, quod est* Christus Jesus. Optimum, inquam, ab Antonio prælibasti exordium, cujus mores & conversatio multorum fuit & est causa profectus & emulatio sanctæ virtutum. Et utinam ad Christi gloriam non ad pomposam jactantiam referam. Hujus vitæ seu sanctorum ceterorum patrum lectio dudum ad meipsum introrsus redire compulit, compulsumque & a terrente divina justitia stimulatum, ordinem Cartusiensem ingredi persuasit, utinam ad Christi præconium, propriam salutem, ac fratrum exemplum & ædificationem.

Mater. Amen, Sic fiat.

CAPUT II.

De Machario & aliis patribus.

Hunc tam egregium pugilem & emeritæ militiæ ducem Antonium secuta est cohors innumera sanctorum patrum, quorum dux & abbas pater & rector Macharius extitit, ipsius Antonii perfectus æmulator atque discipulus. Hujus Macharii sub regimine atque ducatu floruerunt monachorum, ut legitur, fere quinquaginta millia. Quo post diutinam ac sanctam conversationem incredibilemque continentiam e terris assumto, successit in regimine monachorum (*a*) Pastumius venerandus, qui quamvis prius Paganus, & idiota, ac prorsus litterarum ignarus, miro tamen modo per continuum sanctarum virtutum exercitium, per quotidiana exercitia, juges vigilias, orationes & lacrymas assiduas, fuit ad plenum adeo eruditus, ab eo procul dubio qui docet hominem scientiam, ut non solum prodesse sufficeret sibi ipsi, sed insuper idoneus esset & alios erudire, atque in viam salutis eorum gressus dirigere.

Fuit post hunc & alius veneratione ac memoria, laude & præconio dignus nomine Pachomius, vir valde sanctus & in abstinentia singularis: qui cum quodam tempore vigilaret in oratione, apparuit illi angelus Domini, dicens: voluntas Dei est, ó Pachomi, ut ei pura mente deserviens, multitudinem congreges monachorum, & juxta formam quæ tibi ostensa est, cunctos instituas, ac Deo exhibere contendas. Acceperat nempe dudum tabulam, in qua hæc quæ sequuntur erant annotata.

Vita S. Pach. cap. 11.

Cap. 22. Singulis juxta vires suas edere concedas & bibere; & pro modo vescentium laborare compellas. Et neque comedere molestes, nec jejunare prohibeas. Validioribus quidem & plus edentibus validiora, leviora vero infirmioribus & abstinentibus imponas.

Facies autem cellulas diversas, & ternos per unamquamque cellam manere constituas. Omnium vero cibus in uno loco paretur atque consumatur.

Induantur autem noctibus (*b*) lebitones lineos, præcincti lumbos, habeantque singuli melotem, id est caprinam pellem, confectam albam, sine qua non comedant neque dormiant.

Accedentes autem ad communionem Sacramentorum Christi, & cingulos solvant, & melotas deponant, cucullis utentes tantummodo.

Hoc etiam præceptum est, ut cum comederent, capita sua cucullis operirent, (*c*) ne frater fratrem videret manducantem; & ut nullus comedens loqueretur cum alio, nec præter mensam suos alibi circumferret aspectus.

Necnon & hoc ab angelo constitutum est, ut diurnæ orationes duodecim fierent & vespertinæ duodecim & nocturnæ æque duodecim.

Cumque Pachomius diceret paucas orationes esse, angelus respondit: Has constitui quas possunt infirmiores absque labore perficere: ceterum qui perfecti sunt hac lege non indigent: apud se namque in propriis constituti cellulis, orare non desinunt, qui puritate mentis & divina contemplatione pascuntur.

Cumque hæc & alia quædam dixisset, quæ causa brevitatis omisimus, nuntius cœlestis abcessit. Et Pachomius solito more Deo gratias referens, de visione & allocutione angelica certus est redditus, quam trina revelatione cognoverat: cœpitque cunctos suscipere, qui se Dei miserationi offerebant; quos etiam post longam conversationis experientiam, monachorum cœtibus aggregabat, instruens eos illecebras carnis fugere, sanctisque semper institutionibus inhærere: primitus autem admonens, ut generaliter monachus universo mundo renuntiet, deinde juxta evangelicum præceptum parentibus suis, & ad postremum sibimetipsi, ut ita possit tollere crucem suam & Christi vestigia veneranda sectari.

Filius. Multum authentica certe videtur hæc regula, quæ de cœlo missa, ab angelo dictata, & huic sancto patri tradita. Quamobrem miror satis quod non a pluribus fuit assumta atque professa.

Mater. Noli mirari, cum quotidie videas caritatem frigescere, devotionem languescere, fervorem tepescere, & animos mortalium ad laxiora resolvi. Sed his explicitis, breviterque tactis, ad ulteriora provehamur.

(*a*) *al.* Posthumius. Vitam ejus edidit Rosweidus, in qua observat plura esse affinia cum Pachomio, vereturque, ne ipse sit Pachomius, qui & quibusdam dicitur Pachumius.

(*b*) Lebiton vestis erat linea instar colobii.
(*c*) Vide Cassianum lib. iv. institutionum.

CAPUT III.

De beato Augustino & ejus regula.

MATER. Istos quos præmisimus & alios quamplures causa brevitatis omissos venerabiles patres sequitur venerandus heros ac Deo dignus sacerdos & pontifex ac doctor egregius AUGUSTINUS, canonicorum regularium pater ac eremitarum institutor, anno Christi circiter CCCLXXXIV. sub SIRICIO papa imperatoreque piissimo THEODOSIO. Hic per omnia sequens apostolorum vestigia, scripsit regulam discretione plenissimam, brevem quidem verbo, sed non parvam merito, in se plenissime continens quicquid pertinet ad rationem salutis, seu statum perfectionis, sicque regula ipsa suas traditiones legalesque observantias moderari dignoscitur, ut & perfectis bene observata sufficiat, & imperfectis quique pusillo animo sunt nihil aut parum difficultatis inducat, sed statim præsto sit implendi facultas, si adsit bona voluntas.

Et notandum quod ipse venerandus AUGUSTINUS tres sub suo ducatu suoque regimine dum adviveret instituit professionum distinctiones, unam quidem regulam habentium, sed constitutiones diversas, quæ diversificant diversarum species professionum. Legitur siquidem in ipsius vita, quod cum a beato Ambrosio apud Mediolanum baptismi gratiam percepisset, cum filio naturali ADEODATO, mox cum matre & quibusdam necessariis amicis inde recessit, ad Africam natale solum redire cupiens. Cum autem devenisset apud Ostiam Tiberinam, pia mater ejus beata & sancta MONICA defuncta est, & ibidem sepulta. De cujus felici transitu ipse AUGUSTINUS in Confessionum libro satis diffuse tractat. Post hæc igitur ipse reversus ad agros proprios, ubi cum amicis jejuniis & orationibus vacans, scribebat libros & docebat indoctos. Comperta autem ejus miranda fama, B. VALERIUS Hipponensis episcopus eum ad se accersiri fecit, & licet invitum presbyterum ordinavit. Factus ergo presbyter monasterium clericorum mox instituit, & cœpit ipse cum multis vivere, secundum regulam sub sanctis apostolis constitutam. Neque enim, sicut in apostolicis Actibus legitur, quisquam aliquid suum esse dicebat; sed erant illis omnia communia. Sic quippe in ipsius regulæ initio ait: *Primum propter quod congregati estis, ut unanimes habitetis in domo, ut sit vobis anima una & cor unum in Deo, & non dicatis aliquid proprium, sed sint vobis omnia communia. Sic enim legitur in Actibus apostolorum: quia erant illis omnia communia, & distribuebatur unicuique prout cuique opus erat.*

FILIUS. Optimum valde regulæ initium, *Vet. Script. & Mon. ampl. Collect. Tom. VI.* apostolicæ perfectionis forma. O certe apostolica perfectio, vere sancta regula, & laude digna! Pridem laudabamus B. PACHOMII regulam tamquam de cœlo missam, velut ab angelo sancto dictatam & traditam. Sed hæc, ut videtur, non minori attollenda præconio, tamquam quæ apostolicæ perfectionis æmulatur industriam. Nempe ipsi sancti apostoli indubie perfectissime vixerunt, tamquam ipsius Christi magisterio immediate edocti, ipsiusque verbis & exemplis instructi. Ut enim inquit S. Lucas in Actibus, cœpit JESUS facere & docere. Nullo modo itaque sancti apostoli aliter vivere potuerunt, quam ipse Salvator & vixit & docuit.

MATER. Iste sacerrimus pater AUGUSTINUS non multo post tempore Hipponensis factus episcopus, exemplo laudabili & discreta ac blanda exhortatione suasit suis canonicis, ut sine proprio degerent, videlicet secundum regulam in suo priori monasterio constitutam. Vivebat igitur in sua cathedrali ecclesia cum Christi pauperibus & ipse pauper. Nullo quippe modo perfectus vir aliter potuit docere quam vixit, seu aliter vivere quam docuit. Postmodum ipse cernens quosdam tam de suo monasterio, quam etiam de sua ecclesia, ad theoricam anhelantes vitam, hominum visus fastidientes, & eremum affectantes, aliud in solitudine monasterium, & a civitate longius sequestratum construxit, & ibidem quos ad theoriam aspirare comperit, manere constituit, quos etiam fratres eremitas vocavit, illos sæpius visitans, & cum illis quantum sibi licebat conversando, doctrina ac sacris & cœlo dignis moribus instituens. Extant sermones ipsius ad eosdem eremitas vivæ vocis oraculo editi, quos te vidisse ac legisse non dubito. Ab his itaque tribus monasteriis, seu tribus generibus professorum sub una regula quidem militantium, sed non eadem forma degentium, ortæ sunt diversæ differentiæ religionum, de quibus, Deo propitio, in suis dicemus locis.

Cernis igitur quam pius & dignus pater ac venerandus legislator extitit iste filius noster dilectus AUGUSTINUS, qui tamquam lignum plantatum secus decursus aquarum, fructum copiosum dedit, dat quotidie, & dabit usque in finem in tempore suo. Quamvis enim, sicut & in ceteris professionibus, degenerando atque a recto tramite exorbitando aberrare noscantur, plurimos tamen in eisdem religionibus proficere non dubium est, nec perire possunt quos Deus præscivit & prædestinavit conformes fieri imaginis Filii sui, ut sit ipse juxta apostolum primogenitus in multis fratribus. Siquidem novit Dominus qui sunt ejus, & ut ait AUGUSTINUS iste, novit in area sua triticum, novit & paleam, novit segetem, novit & zizania. Novit qui permaneant ad coro-

B ij

nam, & qui permaneant ad flammam.

FILIUS. Quam pulcher ordo certe, sed si primo suo decore mansisset. Expertus loquor, nempe sub illo annis pluribus a puero detritus sum, quamvis in eo non bene & perseveranter profecerim. Nam si, ut quidam, quos dudum novi in eodem ordine, profecissem, mutare locum & religionem atque habitum necessitatem non haberem. Sed juvenilia desideria nimis sectantem necessarium fuit loris durioribus vinciri atque jugo graviori artari.

MATER. Sic profecto multi cernuntur usque hodie, qui nolunt sub leni jugo Christi & onere levi domari, sed dura cervice & indomabili corde sunt, quibus profecto sola vexatio dat intellectum auditui. Temetipsum considera, & quam difficilis ad hunc ordinem, in quo Deo propitio degis conversio extiterit advertens, verum me dicere procul dubio comprobabis.

FILIUS. Quod asseris mater verissimum est, nec eget probatione. Jam igitur quoniam de his ordinibus mihi pro nunc satisfactum est, ad alia, si placet, dilecta mater, properemus.

CAPUT IV.
De B. Benedicto & ejus regula.

MATER. Hunc de quo præfati sumus Augustinum tempore sequitur vir vitæ venerabilis gratia BENEDICTUS & nomine, ab ipso juvenili ævo cor gerens senile, ætatem quippe moribus transiens, nulli animum dedit voluptati. Hic spreto sæculo & cunctis quæ sæculi sunt, sese devote Christo devovit anno Incarnationis ejusdem DXIV. (*a*) Justiniano I. imperante Feliceque IV. summo pontifice. Qui beatissimus BENEDICTUS quasi stella matutina luxit & splenduit, & velut sol refulgens in diebus æstatis, sic ille refulsit in templo Dei, quod sumus nos. *Templum enim Dei sanctum est*, inquit apostolus, *quod estis vos*. Hic venerandus pater scripsit monachorum regulam multum authenticam, a nobis & a rectoribus summis plurimis confirmatam, a cunctis approbatam, a sanctissimo præsule summo GREGORIO egregie laudatam, quam professi sunt innumeri & floruerunt quamplurimi etiam miraculis coruscantes, quorum nomina in sanctorum catalogo annotata, spiritus autem jam beati felices regnant cum Christo in gloria. Hic ipsorum pater BENEDICTUS, ut verum fatear, status monastici extitit solidissimum fulcimentum, totius religionis norma, ac perfectionis exemplar, qui & in sancta conversationis proposito inclytos valde habuit discipulos & plures numero, inter quos unus, & is præcipuus beatissimus MAURUS paternarum virtu-

(*a*) Sanctus Benedictus eremum petiisse creditur anno Christi 494. ætatis suæ decimo quarto.

tum imitator, ac sanctæ conversationis indefessus æmulator, ab ipso suo magistro ob fundandum cœnobium directus in Galliam, veluti vitis abundans copiosissimas ac floridissimas emisit propagines, botros innumeros proferentes. Hic MAURUS sacerrimus, instar vivi ac lucidissimi fontis copiose manantis, religionis rivulos usquequaque diffudit, adeo ut innumeri ejus dulcedine delectati, cunctas orbis delicias & oblectamenta, carnisque voluptates contemnerent, & ad illa dulcia fontis fluenta refocillanda properarent. Alii in pueritia, alii in adolescentia, alii in juventute, alii in virili ætate, atque alii in senectute illum sacrum ordinem profitentes, cœlo & cœli gaudiis digni inventi sunt. Horum omnium venerabilis BENEDICTUS legifer extitit, ad cujus honorificentiam hoc insuper accessit, quod non alius quilibet ecclesiasticorum tractatorum ejus vitam digessit, quam insignis ille ac disertissimus doctor GREGORIUS, qui dignissimum Spiritus-sancti organum merito nuncupatur, quoniam omne quod dixit, dictavit, aut scripsit, spirituale atque theoricum moraleque fore nullus qui dubitet. Divinitus siquidem, creditur, dispositum est, ut cum iisdem venerabilis BENEDICTUS in ceteris sit a Deo decoratus & honoratus, etiam hinc tam ipse quam ejus regula roboretur, quod eamdem vitam summus apostolicæ sedis antistes conscripsit ac ordinavit, & quod adhuc amplioris honoris fore constat, sub ejusdem patris BENEDICTI regula, mundi despectis pompis atque divitiis, in adolescentia devotissime militavit GREGORIUS ipse, donec a PELAGIO papa in diaconum cardinalem assumtus, tandem ad summum præsulatum post ipsum gloriose ac miraculose meruit sublimari, quod de nullo alio summo pontifice reperies, præterquam de FABIANO sancto, qui sub Deciana persecutione coronatus est.

De hoc autem sacerrimo patre BENEDICTO & ejus ordine quidam quasi jubilando in ejus laudes prorumpens ita infit:

Sacer ordo BENEDICTI
Utitur amictu miti
Pro suo velamine,
   Albo, nigro, camelino,
Lana texta sine lino,
Pro ut est religio.
   Hic monarcha monachorum,
Patriarcha stat cunctorum,
Qui ad se confugiunt.
   Cœnobitis præbet normam,
Et anachoretis formam
Vias rectas ingredi.
   Cujus regularis usus
Nunc ubique est diffusus
Inter orbis climata.
   Nam specus cultus divini
Locusque montis Cassini
Redolent virtutibus.

Hinc Fuldenses cum fervore,
Clauftra multa cum decore,
Regunt in Alemannia.
 Hinc a MAURO discipulo
Tamquam rivulo
Perfunditur Gallia.
 Innumeros hic habuit
Filios, quibus præbuit
Exempla justitiæ.
 Hos vitiis conculcatis
Per semitas æquitatis
Fert in regnum gloriæ.
 Felix regio Francorum,
Parens fœcunda tantorum
BENEDICTI militum.
 Horum fuit dux & pater,
Horum quoque ego mater
Tam piorum Quiritum.
 Affunt jam Cluniacenses,
Simul & Camaldulenses,
Cum Cistercientibus.
 Columberni, Silvestrini,
Superfunt & Cœlestini
Diverso sub habitu.
 Montis-Oliveti patres,
Humiliatique fratres,
Sub eadem regula.
 Vigent quoque Justinenses,
Cum candore Bursfeldenses
His diebus ultimis.
 Adduntur & his Beccenses,
Quorum mentes velut enses
Vibrantur in intimis.
 Ob terrendos inimicos
Versipelles & iniquos
Quærentes hos perdere.
 Fifcannenses adjunguntur,
A queis hostes percelluntur
Et corruunt propere.
 Perplura in Normannia
Cum his sunt monasteria
Egregia nomine.
 Quibus teruntur vitia,
Exercentur cœlestia
In sanctorum agmine.
Hujus summi quoque ordinis plures, immo pene nobis innumerabiles fuere laude digni, quorum memoria bona & mors in conspectu Domini pretiosa, de quibus hi extant versus.
Mitis & invicte Christi verna BENEDICTE,
In cœlo sisti tot fratres promeruisti,
Quingentos quinque quinquaginta millia quinque
A te tranatos post omnes canonizatos.
 Non est nostræ facultatis
Compensare dicta factis
Ac stilo digerere.
 Sed quis alter confessorum
Secum duxit talem chorum
Ad cœli palatia.
FILIUS. Vere magnus pater iste venerabilis BENEDICTUS, magnus, inquam, & laudabilis valde: immo vero magnus Dominus, & magna virtus ejus, & magnitudinis ejus non est finis, qui in se quidem incomprehensibilis, mirabilis est in sanctis suis, sicut scriptum est: *Gloriosus Deus in sanctis suis, mirabilis in majestate faciens prodigia.*

CAPUT V.

De venerabili Columbano.

POst hunc honorandum patrem BENEDICTUM non multis decursis annorum curriculis constat sanctum floruisse Columbanum, virum utique bonum & justum, simplicem & rectum, atque in omni virtute perfectum. Hic pater venerabilis prius quidem claruit in Hibernia nativo solo; sed cum ibidem non fructificaret ad nutum propter gentis barbariem, venit in Franciam, regionem dulcem & amabilem, colonos habentem sua natura benignos, ac feritate carentes naturaliter, ob videlicet ingenitam lenitatem. Regio siquidem dulcis dulces gignit alumnos. In qua quidem patria idem venerandus heros propter hujusmodi tractabilem gentem, copiosam ac fertilem messem acquisivit, ac monasticæ professionis leni jugo humiliata colla voluntarie mancipavit. Hujus autem viri sancti doctrina vel fama, qualisve vita fuerit, qui nosse ad liquidum voluerit, ex libro qui ejus gesta ornate differit, cognoscere facillime poterit. Accidit autem ut dum fines Galliæ ob Christi prædicandum evangelium animasque lucrandas circuiret, ad villam quamdam in littore amnis Maternæ sitam, Vulciacum nomine deveniret, ibique illustrem virum AUTHARIUM cum nobili conjuge sua AIGA inveniret. Qui cum virum Dei ob ejus redolentem famam hospitio cum gaudio suscepissent, ac venerabilibus ei obsequiis placere satagerent, religiosa mater trium natorum prole fœcunda, quorum nomina ADO, DADO & RADO, ad benedicendum eos viro Dei obtulit, humiliter obsecrans, ut eos dextra sua benediceret, sanctaque manu signaculo salutiferæ Crucis signaret. Videns autem vir sanctus futurorum præscius, piæ matris fidem, infantulos benedicens, spiritu afflatus prophetico, prædixit hos futuros in Christianæ religionis virtutibus eximios, honoribus ac dignitate sæculi claros, in aula etiam regum gloriosos. Nec potuit tanti viri benedictio cassa vel fortuita ullatenus æstimari: nam mox uti pubescere cœperunt, primo LOTHARIO, deinde DAGOBERTO in cunctis inventi sunt gratissimi. Perinde ad cœlestia tendentes, inter pestifera hujus mundi negotia sanctorum semper amabant consortia, & quamvis ordine diverso, sequitur tamen effectus promissionem. Primogenitus nempe ADO cuncta mundi hujus oblectamenta contemnens, semetipsum abnegans, voluntatibusque propriis renuntians, perpetualiter divino beneficio in castris regis æterni militare delegit, monasticam vitam appetens, mortiferam virulenti sæculi calcavit dulcedinem. Monasterium quippe Radoliense super præfatæ Maternæ fluvium in proprio solo secundum regulam sæpefati almi COLUMBANI, adjuvante beatissimo germano suo AUDOENO, ipse est DADO, dotatum rebus & omnibus necessariis nobiliter condidit. RADO vero trium minor fratrum eximium nativitatis ordinem tenens, thesaurorum regalium summus procurator effectus est. Sanctus autem AUDOENUS cognomento DADO auricularii locum in aula regis sortitur. Ipse insuper ad signanda scripta vel edicta regalia sigillum vel anulum regis custodiebat. Erat quippe sensu profundus, eloquio venustus, consilio providus, judicio justus, corporis statura procerus, vultu decorus, & ante omnia in Christi caritate fundatus.

FILIUS. Magnus valde ac venerabilis pater iste AUDOENUS extitit, postmodum metropolitanus Rothomagensis dignissimus præsul, cujus laudes si velles ad liquidum persequi, non exiguus codex edendus foret.

MATER. Hoc nostri non est propositi, sed ad nostrum revertendum est COLUMBANUM, cujus occasione hæc inseruimus, non tamen incongrue, sed satis necessarie, ut æstimo.

FILIUS. Tanto certe libentius de isto reverendissimo archipræsule AUDOENO te narrantem audivi, quanto hunc digniorem nostræ metropoleos pastorem recognovi.

MATER. Ut noveris, fili, iste honorandus pater COLUMBANUS, postquam in Gallia multum fructum protulit, inde ad Burgundiam migrans, ibique diu commanens, fructificavit abundanter, ibidem monasterium nobile, quod Luxoviense dicitur, construens, Dei famulos quamplures Christo servituros aggregavit, quorum posteritas cum multiplici fructu perseverat usque hodie. Postmodum devenit in Almanniam, ubi factus est in gentem maximam, demum spiritu fervens, velut alter Paulus totum mundum, si sibi foret possibile, ad Deum perducere festinans, postquam plura cœnobia in præfatis regionibus fundaverat, devenit in Italiam; ubi post multos agones, ac infinitos labores multasque patientiæ coronas, monachorum etiam catervas quamplurimas Christo acquisitas; nam, ut legitur, innumerabilium pater extitit monachorum, plurimis insuper clarus miraculis, in monasterio Italico, quod Bobiense dicitur, migravit ad Christum, suorum piorum operum coronam immarcessibilem percepturus. Nam, ut Sapiens inquit, bonorum laborum gloriosus est fructus.

FILIUS. Bene & ut competit Deo nostro optimo remuneratori, qui sic bonus esse per-A hibetur pius ac misericors, ut semper vindicet citra dignum & muneret ultra condignum. De quo nempe ipse iterum Sapiens dicit: *Reddidit Deus mercedem laborum sanctorum suorum, & deduxit illos in via mirabili*, & cetera quæ sequuntur.

CAPUT VI.

De beatissimo papa Gregorio.

Supervacaneum nequaquam existimo, quamvis forte a subjecto videri posset extraneum proposito, hic pauca inserere de sanctissimo & vere dignissimo papa GREGORIO doctore nostro præcipuo, cujus origo fere e vestigio præscripta subsecuta est tempora. Hujus autem sacerrimi ac Deo dignissimi pontificis iccirco præ multis specialem facio mentionem, quoniam revera nostrum statum excellentissime rexit ad Christi gloriam, nostrum honorem, orbis salutem, & ita, ut verum fatear, & pace sanctorum loquar, nemo umquam melius.

FILIUS. Optime certe, Mater, faris, & ut tibi competit mihique placet, me quoque delectat non minime. Neque enim tantum doctorem tamque pium patrem, tanta dulcedine refertum virum umquam oblivisci debet animus Christianus, cujus nomen in ore pro meritis, ut æstimo, quasi mel dulcoratur, si ipsius mansuetudo in corde ruminetur.

MATER. Hic igitur beatissimus GREGORIUS suavissimum organum Paracliti dictus, clarissimis ortus natalibus, eo tempore duxit originem, quo a Nativitate Christi annus DXLI. volvebatur. Qui nobilis genere, tamquam stirpe senatoria editus, sed tamen nobilior fide, ac virtutibus insignior extitit. Hic divitiis, honoribus, pompis, atque deliciis spretis, in monasterio quod ipse, aliis sex prius in Sicilia fundatis & dotatis, in proprio domate in ipsa Romana urbe fundaverat, conversus sub almi BENEDICTI regula, ut prius diximus, Christo devote servivit. Hic GREGORIUS Magnus merito dictus est propter multa quæ in ipso æterna sapientia præ multis etiam meriti excellentis abundanter impressit, videlicet potentiam, divitias, virtutes, nobilitatem, sapientiam, sanctitatem, famam, industriam & pene in *.... certam experientiam. Nihil quippe eum in omni statu latebat, quippe qui in cunctis exercitatus erat. Sub eo paulatim mala præteritorum temporum, quæ nos graviter afflixerant, quieverunt. De ejus incomparabili utilitate, qua nostro regimini vigilantissime præfuit, plures conscripti sunt libri. Sed & ipse doctor principalis unus a quatuor, quanta scripserit, quamque utilia, & quam dulcia studiosorum faucibus fuerint & sint ejus melliflua eloquia, nostrorum probat universitas filiorum. Ipfe infuper plura valde utilia inftituit, decretales plures edidit, ut in fuo patet regiftro, quod & tu alias perlegifti. In canone miffæ addidit: *Diefque noftros in tua pace difponas, atque ab æterna damnatione nos eripi, & in electorum tuorum facias grege numerari. Deus in adjutorium* ante horarum canonicarum initium cantari inftituit. Totum ecclefiafticum officium ftilo pulchriori & ordinatiori, atque decentiori modo renovando compofuit, quodque permanet ufque hodie, & dicitur Gregorianum. De omnibus ordinibus & officiis tam epifcoporum quam aliorum inferiorum prælatorum five fubditorum, fic prudentiffime ordinavit, ut recte ac digne GREGORIUS, quod vigilans feu vigilator fonat, appellatus fuerit. Totius humilitatis titulus, videlicet *Servus fervorum Dei*, fummis pontificibus ab ifto humillimo patre inftitutus fuit, & permanet ufque hodie. Letaniam majorem propter plagam inguinariam mox electus in papam cantari inftituit, cui etiam angelus divinæ ultionis executor fupra caftrum Adriani apparuit. Angelos quoque in aëra *Regina cæli* cantantes audivit, addens in fine illius antiphonæ *Ora pro nobis Deum alleluia*. Et fic ipfa piiffima regina, quam ipfe una cum clero & populo devote invocaverat, piiffimum filium fuum implorante, plaga illa, quæ populum Romanum magna ex parte confumferat conquievit: unde ufque hodie caftrum illud *Sancti Angeli* nuncupatur. Ad Anglicos convertendos poftquam in propria perfona, ut optaverat, ire non potuit, fanctum AUGUSTINUM venerabilem monafterii fui monachum cum JOHANNE & MELLITO direxit. Quos videlicet Anglicos fuis precibus & meritis, miraculis corufcantibus quamplurimis, præfatis viris Dei femen verbi fpargentibus, convertit ad Chriftum.

FILIUS. O vere ineffabilem virum, per quem, quamvis longe pofitum, in terra aliena miracula tanta corufcant.

Sequuntur deinde nonnulla de Mauritio imperatore, deinde quinque capitula de Mahomete, impiis ejus moribus, & facrilega lege; de impietate Conftantini tertii & quinti, & de multis tribulationibus quæ in diverfis Chriftiani orbis partibus contigerunt: quæ omnia cum ad originem religioforum ordinum non pertineant, atque uberius & accuratius ab aliis fcriptoribus longe antiquioribus pertractata fuerint, a nobis hic ultro prætermiffa funt.

CAPUT XII.
De origine Cluniacenfium.

MATER. Cluniacenfium ordo primum quafi ftella matutina in medio nebulofæ tempeftatis hujus & fcandalofæ turbedinis, de qua præfati fumus, in magna humilitate ingentique fervore rutilare cœpit, plantari atque germinare, fructificare ac proficere, anno videlicet DCCCXII. Cluniacenfis quoque monafterii nobiliffimi ac famofiffimi fundamenta jacta fuerunt. Conftruitur a BERNONE nobili duce Aquitaniæ, dono etiam ANNÆ comitiffæ, a GUILLELMO quoque egregio ac pio principe Burgundiæ. Porro ODO vir fanctus primus abbas Cluniacenfis extitit, qui fervorem monafticum in monafteriis fufcitavit, ac etiam ad reformationem plurima fcripfit, doctus valde, in divinis fcripturis ad plenum eruditus. Dialogum B. GREGORII * ipfo annuente fub uno volumine coarctavit. Hic pater multorum monachorum fuit, qui fub ipfo plurimum profecerunt, & aliis abbatibus quamplurimis æque perfectis. Hi primi ordinis S. P. BENEDICTI, qui jam in plerifque locis ceciderat, reformatores extiterunt. Sed & HUGO venerabilis, qui huic ordini abbas digniffimus præfuit anno MXCIV. vir valde fanctus ac pietatis vifceribus totus affluens, revelatione divina templum monafterii Cluniacenfis virtute Dei, non arte virili, venuftiffime ampliavit, ficut hactenus cernitur. Hic quoque multorum monachorum pater extitit ac etiam monafteriorum, quæ tunc in diverfis mundi partibus conftruebantur, & propter hujus inclyti monafterii famam ejus obedientiæ fubjiciebantur, ac fuaveolentem opinionem fanctitatis fanctorum monachorum qui tunc ibidem Deo famulabantur. Hic etiam venerandus heros ac digniffimus abbas inclytos valde habuit difcipulos, inter quos UDALRICUS monachus ad Almanniam pro reformatione regularis vitæ directus, qui quantæ fanctitatis extiterit, miracula quæ per eum Chriftus effecit veraciter proteftantur. O quanti viri & quam fancti in hoc ordine floruerunt, quorum quamplurimi ad pontificatus culmen, ad papatus etiam faftigium funt fumti: quorum unus HILDEBRANDUS, qui prius Cluniacenfis prior, idem papa GREGORIUS VII. dictus, multas perfecutiones pro juftitia agonizans perpeffus eft. Hic ante papatum legatus fuit in Gallia, & dure proceffit contra fimoniacos, quemdam etiam epifcopum miraculofe vicit de fimonia contre fe difputantem, quia nullo modo dicendo *Gloria Patri* proferre potuit *Spiritui fancto*. Factus autem papa fynodum celebravit, in qua contra ipfos fimoniacos hoftes fortiffimos ferventi zelo proceffit, & contra presbyteros uxoratos feu concubinarios, eos a divinis fequeftrando, ac tamquam indignos, profanos & execrabiles removendo. Et quia juftitiæ rigorem vifus eft tenere, folito more contra eum mali infurrexere. Et primo CINTHIUS præfecti Romæ filius eum cepit cum primam miffam in nocte Nativitatis Dominicæ apud fanctam Mariam majorem celebraret, & in turri fua pofuit. Sed Romani turrim ftatim deftruunt, & inde papam edu-

* immo ipfius moralia.

cunt, & Cinthium extra urbem expellunt. Quanti autem zeli ac fervoris extiterit, hoc uno singulari actu patuit, quia etiam imperatorem propter dissidium excommunicavit, qui post nudis pedibus, vicibus etiam repetitis super glaciem diu stando vix veniam & absolutionem impetravit. Tandem post multos agones, multasque patientiæ coronas in Apulia moritur miraculis coruscans. Huic statim successit in sanctæ religionis proposito & in papatus solio vir magnæ excellentiæ antea monachus Cluniacensis, ODO dictus, deinde papa URBANUS II. vocatus, qui multum laboravit in nobis. Hic zelum præfati GREGORII secutus, regem Franciæ excommunicavit propter adulterium, non veritus animositatem regis propter Dei timorem. Concilium primo celebravit apud Clarummontem, in quo statuit horas B. MARIÆ dici quotidie & in sabbato officium solemniter fieri. Dicitur quod hoc eadem sanctissima mater Dei religiosis quibusdam in Cartusia, quæ nuper fundata erat, revelavit. Aliud concilium Turonis idem papa celebravit pro recuperanda terra sancta, & provocavit Occidentales ad transfretandum, qui tunc in lancea Domini triumpharent. Hic habuit magistrum BRUNONEM Parisius podagogum, qui post fuit prior Cartusiæ, quem etiam lateri suo sociavit in papatu, & multum profectum in nobis fecerunt. De hoc BRUNONE plenius loquemur cum de Cartusiensi ordine tractabimus. Sed hæc per anticipationem dicta sunt occasione Cluniacensium, in quo ordine fuerunt & multi alii de quibus loqui causa brevitatis omitto, qui magni religionis zelatores extiterunt, ac deformatum sanctissimi BENEDICTI ordinem reformaverunt.

FILIUS. Vehementer admiror, Mater, qualiter tam sanctus ordo sic declinare potuit, qui tam egregium legislatorem tantosque patres & tam sanctos habuisse dignoscitur, & ut prius pro parte prænotasse te recolo.

MATER. Ne mireris cum aliquid in causa sit, & ut tuam auferam admirationem, in sequenti capitulo breviter tibi ipsam absolvam rationem.

CAPUT XIII.

De causa defectus seu profectus in monasteriis, & quibusdam aliis.

Firmiter tene, Fili, & nullatenus dubites, quod divitiæ maximæ sæpe fuerunt causa casus religionis in monasteriis, & maxime S. BENEDICTI, quæ plus aliis incomparabiliter dotata sunt. Et paupertas econtrario causa fuit reformationis. Devotio nempe peperit divitias, nam fideles monachorum devotionem, celibem cultum, sanctam in Domino conversationem attendentes, plurima bona monasteriis largiti sunt pro redemptione peccatorum suorum. Quibus copiosissime exuberantibus, cœperunt fratres his uti non ad solam necessitatem, sed ad superfluitatem. Inde superfluitas ipsa minime resecata neque coërcita fastum generavit atque superbiam, aliaque quamplurima mala, quæ sunt potius reticenda quam dicenda: quod cernentes fideles, & maxime principes ac domini temporales, non tantum manus retraxerunt ab eleemosynis ipsis largiendis, sed & ipsos persequi cœperunt, eorum possessiones vi, malitia, calliditate, fraude, processu dissipando, hoc ipsum Deo permittente ad eorum correctionem: unde quidam coacti & inviti, quidam autem voluntarii ad amorem redierunt paupertatis, resecantes superflua in victu & vestitu, lautitiis, ædificiis, equitaturis, & aliis monasticæ professioni omnino impertinentibus; demum in humilitate & simplicitate degentes. Quod rursum cernentes fideles, pristinam, quam dudum erga monasteria habuerant, resumserunt devotionem, & cœperunt eis non solum benefacere, sed & ipsos contra impugnantes tueri atque defendere. Hæc principalis causa profectus seu defectus in monasteriis. Sunt & aliæ causæ quas omitto, non tamen sine ratione.

Sed tunc per hos venerabiles patres Cluniacenses, occasione quorum hæc inseruimus, qui prius paupertatis virtutem amaverunt ac fortiter tenuerunt, magna ex parte B. BENEDICTI religio reformatur; & si vellemus ea quæ jure spectant ad tanti ordinis laudem seu venerabilium patrum qui in ipso floruerunt, vel summotenus tangere, longo tempore, sed & longo volumine opus foret.

FILIUS. Verum esse, Mater, quod perorasti non ambigo, libenter autem nosse vellem, utrum in eisdem Cluniacensibus decor ille antiquus sanctæ religionis perseveret.

MATER. Quid ad te? non est nostrum modo de his judicare, suo Domino stant aut cadunt, & utinam stent. Potens est autem Deus, ut ait apostolus, statuere illos. Et de ipsis satis dixisse sufficiat. Non est tamen premendum silentio, quod S. MAIOLUS, qui fuit tertius abbas Cluniacensis, eximii fervoris extitit, miræque abstinentiæ, ac reparator monasticæ disciplinæ, qui etiam gloriosis claret miraculis.

FILIUS. Non ambigo hunc sanctum patrem bonos filios habuisse, ut nempe in carnalibus, sic & in spiritualibus sæpius patrem sequitur sua proles, & bonus pastor bonas habet vel efficit oves.

MATER. Circa hujus, de quo loquimur, tempora MAIOLI & post longo tempore valde nos afflixerunt, atque statum nostrum immaniter turbaverunt diversa in Romana sede schismata, propter quæ diversa dispendia atque incommoda contigerunt tam animarum quam corporum, ac etiam nostrarum facultatum, & illis infaustis temporibus,

bus, heu! sanctitas papas deseruit, & ad imperatores accessit, sicut claret per chronicas. Verumtamen quamvis Petri sedes hac tempestate multum infirmaretur, in aliis tamen quibusdam mundi partibus valde floruit fides, & noster status optime fuit ordinatus propter quamplures venerabiles pastores qui in magno numero ac merito extiterunt, a quibus dignissimi præsules Bruno Coloniensis, Odo Cantuariensis, Osvardus Eboracensis, Adelbodus Trajectensis, Fulbertus Carnotensis, Elphegus item Cantuariensis, qui post martyr efficitur trucidatus a Danis. Venerabiles etiam abbates fuerunt, videlicet Odilo vir sanctus, Cluniacensis abbas post Maiolum, Medericus abbas Eduensis, Herigerus Lobiensis, Gerardus quoque Cameracensis episcopus qui ab Hungaris per martyrium gloriose occubuit. Fuerunt & alii plures gloriosi illustres non solum præsules & abbates, sed & imperatores & reges in diversis mundi climatibus, qui nostrum honorem toto nisu zelati sunt, nostramque pacem non sine sua magna turbatione procuraverunt.

Filius. Verum te dicere, Mater, agnosco. Nam tunc fuere imperatores & reges vere pii & vere catholici, quorum unum a multis commemoro, Othonem scilicet primum, qui primus fuit imperator Almannus, totus virtuosus, & velut alter Carolus defensor tuus sollicitus & promotor singularis, ob quod a Deo meruit imperialem dignitatem, & multos infideles convertit, ecclesias ac monasteria ædificavit, & alia innumerabilia bona fecit.

Mater. Fuit etiam Otho secundus hujus filius non degener a patre, sed & Otho tertius per omnia similis patribus in probitate. Henricus quoque ejus proles haud degener, qui miræ sanctitatis extitit, uxorem habens ac sororem eadem sanctitate pollentes.

Filius. Mira & stupenda de isto & ejus sancta uxore narrantur, qui cum mutuo viverent, perpetuum tamen tenentes cœlibatum virgines, permanserunt.

Mater. Successorem habuit Henricus iste Conradum probum valde ac strenuum, qui multas leges condidit & pacem strictissime servari jussit sub pœna capitis.

CAPUT XIV.

De Ordine Grandimontis.

Mater. Anno Christi incarnati MLXXIV. Stephanus vir sanctus, nobili Alvernorum prosapia ortus, tamquam redolens rosa, & velut suave fragrans viola, odorem suum circumquaque diffudit. Hic spretis sæculi nequam oblectamentis, mundoque derelicto, eremum incoluit: moxque audita ejus fama populi multitudo ad ipsum devote cucurrit,

quorum quidam ejus exemplo commoti, valefacientes sæculo, sese ejus magisterio pro suis animabus lucrandis devotissime subdiderunt, qui eis ac eorum successoribus vivendi normam constituit, regulamque constituit arduam satis. Et sic vir ille sanctus diu cum ipsis in voluntaria paupertate degens, carnemque cum suis concupiscentiis edomans ac spiritui subdens, ordinem laudabilem statuit in loco qui Grandimontis dicitur, unde ordo nomen est sortitus, ut Grandimontensis vocetur. Hujus ordinis professores diu in summa perfectione & vitæ austeritate vixerunt: nunc autem ordo ipse, tepescente quotidie caritate & abundante iniquitate, ut alii plures & pene omnes, a sua primaria institutione, unde dolemus, non minime, non parum deflexit. Hic etiam ordo unicum habet abbatem Grandimontensem, cui omnes ceterarum domorum priores obedire tenentur.

Filius. Familiaritatem non modicam, honoranda Mater, quandoque habui cum quibusdam ordinis ipsius professoribus: cum ipsis quoque contuli de ipso ordine ejusque statutis vel observantiis, qui multum extollebant ordinem, ac mira de ipso ejusque institutore præfato sancto Stephano narrabant; sed æstimo quod qui nunc sunt ipsius religionis professores longe aliter conversantur.

Mater. Cave ne de quoquam ordine vel persona temere judicare præsumas, maxime de his qui foris sunt, & qui de ordine tuo non sunt. Quis enim, ut ait apostolus, potest juste de alio judicare, cum nemo sciat quid agatur in homine nisi spiritus hominis. Noli propter factum alterius propriam in periculo animam ponere: neque enim pro aliis es rationem coram districto judice redditurus, sed pro te & pro illis quibus datus es in exemplum.

Filius. Dum, Mater, hortaris atque salubriter, & ut te decet mihique expedit, & saluti constat fore necessarium: unde noveris me tuam adhortationem granter suscipere, quoniam te perpendo salutem meam tui gratia non parum zelare, & id profecto maternum decet affectum.

Eodem tempore cœpit ordo canonicus in Belvacensi & in Sagiensi, heu! nunc nimis desolata ecclesia, aliisque quibusdam eleganter florere. Hic ordo, ut prius diximus, cum de patre venerabili Augustino loqueremur, primo ab apostolis sanctis, inde ab eodem sacerrimo præsule regulariter est institutus; nam de ipso sancto legitur, quod cœpit vivere secundum regulam sub sanctis apostolis constitutam. Quam pulcher ordo certe, qui apostolos gloriosos imitatur, qui Christo Domino adhæserunt, ac totius sanctæ vitæ ac perfectionis formam ab ipso immediate acceperunt.

Filius. O beata vita, vivere ut Christus

vixit in terra, in ipsa nihil carnale, nihil sæculare, nihil pretiosum, nihil ambitiosum, nihil voluptuosum, nihil quod carnem lædat, quod animam inficiat, quod gulam incitet, quod luxum irritet; sed in ea vera paupertas, casta sobrietas, mentis jocunditas, sensuum tranquillitas, carnis puritas. Ibi non cibi nausea, non potus ructus, sed tranquillus & pacatus totius corporis motus. Inde mente pura, carne sobria, vivido sensu surgitur ad laudes, ad psalmos, ad hymnos. Nihil ibi sumtum est quod lectionem vetet, quod somni vaporem augeat, quod meditationem arceat, contemplationem impediat.

MATER. O vere beata vita, & sancta regula, & beati ejus professores, dummodo apostolicæ traditionis veri fuerint imitatores. At quoniam de ipsa regula ejusque latore AUGUSTINO prius tractavimus, hic eamdem ulterius non arbitror prosequendam, ne res pariat repetita fastidium. Hoc autem nosse te cupio, quod in præfata Belvacensi civitate cœpit hic ordo canonicus observari sub magistro YVONE præposito cathedralis ecclesiæ, qui postmodum propter claram scientiam, sanctam vitam, ac bonam famam, In episcopum Carnotensem est assumtus.

In diebus illis clarum quiddam effecit Christus, quod multum decuit gloriam suam *De Godefri-* & nostram consolationem & pacem. GOF-*do Bvllio-* FRIDUS nempe dictus de *Billon*, dux Lotharingiæ, victor gloriosus pro nobis velut alter Carolus undique dimicat, ac Christo auxiliante triumphat. Tandem terram sanctam conquisivit, civitatem sanctam Jerusalem cepit, ibidem factus rex, & post laudabiliter administrato regno ibidem moritur, ac in ecclesia sancti Sepulchri sepelitur. Monstratur autem sepulcrum ipsius locum sanctum visitantibus, usque hodie permanens gloriosum. Habuit fratrem æque gloriosum ac victoriosum, BALDUINUM nomine, qui eidem in regno successit, & erat totus inclytus, & miraculosa bella gessit, Christo semper fidelis existens.

Hisce temporibus finitur successio regni Anglorum, seu regum Angliæ, & GUILLELMUS nobilissimus Normannorum dux Deo ac ejus dignissimæ genitrici devotus, interfecto ALARDO rege, regnat pro eo, qui nostrum statum rex factus in melius reformavit, basilicas sanctas fundavit, atque ministros nostros omnisque cleri statum zelando multum honoravit & excoluit. Nunc ordo narrationis exigit ut de Cartusiensibus memoremus.

CAPUT XV.

De origine Cartusiensis ordinis.

CArtusiensium igitur ordo sanctissimus eo tempore sumsit exordium, quo ab Incarnatione Christi Filii Dei benedicti annus millesimus octogesimus quartus volvebatur, per BRUNONEM virum sanctum ac scientia theorica cunctarumque liberalium artium præpollentem disciplina, natione Almannum, de Colonia Agrippina oriundum, & sex alios venerabiles viros ac reverentissimos in theorica facultate magistros & in alma universitate Parisiensi degentes, qui divino Pneumate inspirati, sæculum fugientes, deserta loca petierunt, Christo deinceps militaturi.

Hujus autem mutationis dextræ Excelsi motivum tale fuisse veridica relatione narratur. Parisius nempe hic adhuc præclaris viris degentibus horribile quiddam ibi contigisse memoratur, & quod pene universo orbi haud extat incognitum. Quidam namque magister famæ excellentis ac nominis obiens, dum esset tumulandus, cunctis audientibus dixit: *Sto ad judicium.* Ob id reservatus in crastinum iterum dixit: *Judicatus sum.* Ejus propter hoc in diem tertium sepultura dilata, rursum cunctis qui astabant audientibus, sic ait: *Justo Dei judicio condemnatus sum.* Quo audito & cognito, quod videlicet tantus vir damnatus esset, de quo longe meliorem æstimationem habebant, dictus BRUNO doctor venerabilis, præmisso protenso sermone salubrique exhortatione, hos versus edidisse discipulis fertur:

Linquo coach ranis, cras corvis, vanaque vanis.
Ad logicam pergo, quæ mortis non timet ergo.

His dictis, mox cum suis præfatis sex sociis ad B. HUGONEM tunc Gratianopolitanum dignum antistitem, Domino ducente, pervenit, qui divina revelatione præmonitus, eis in sua diœcesi aptum suo proposito locum delegit, ac amore Christi in suo sancto proposito fovit. Qui & ipse tandem cum ipsis ordinis habitum sumsit, ac verus Cartusiensis usque ad vitæ terminum, quantum onus pati potuit pastorale, perseveravit.

Ordo iste, B. Bernardo teste, inter omnes ecclesiasticos ordines primatum tenet, non ratione temporis, sed rigorositatis: unde ipse eum vocat speciosissimam nostri ædificii structuræque spiritualis columnam. Verum quia propter nimiam austeritatem paucis portabilis erat, prout statuta tradunt GUIGONIS, qui Cartusiæ tertius laudabiliter præfuit; & ne diu parvus ordo ipse remaneret, sed tamquam vitis fructifera pullularet in palmites, a nostris postmodum rectoribus & a nobis rationabiliter extitit moderatus, nec umquam a suo proposito cecidit, singulariter a Spiritu-sancto usque hodie præservatus.

Quantum autem idem B. BERNARDUS ipsi ordini favorabiliter applaudat, eique pie congratuletur, lucide claret in principio (*a*)

(*a*) Hic liber est Guigonis prioris Cartusiæ, ut constat ex duobus antiquissimis mss. uno Pontiniacensi auctoris ætate conscripto, altero Caroli-loci, licet in plerisque mss. sub nomine Bernardi reperiatur.

libri bipartiti quem ad fratres de Monte-Dei ejufdem ordinis caritate dictante tranfmifit. Ad quos etiam vifitandos & confolandos, atque ædificandos corporaliter perrexit, & cum eis aliquantulum temporis egit. Sed & in ipfius epiftolis ad præfatum GUIGONEM & fratres Cartufiæ ejus difcipulos, necnon & ad priorem Portarum familiariter directis, patet quam bene de ipfo ordine fentiat, quantumque ipfum attollat, amplectatur, ac diligat.

In hoc ordine floruerunt & adhuc florent, immo magis fructificant, non dubito, multi, quorum plurimi foli Deo cogniti, in cellulis corpore voluntate inclufi, quotidie cœli fecreta in fancta contemplatione fufpenfi rimantur, fæpiufque, ni fallor, non folum cum cœli civibus, fed & cum ipfo Rege gloriæ familiariter loquuntur.

Quantos autem viros illuftres, probos, & fanctos, ac titulo dignos hæc nobis genuerit religio, quis enumeret? De cujus origine facroque principio hujufmodi extant verfus famofi fatis apud multos.

Anno milleno quarto quoque, fi bene penfes,
Ac octogeno funt orti Cartufienfes.
His ortum tribuit facundus BRUNO magifter.
Conful hic inde fuit papæ, pariterque minifter.
Hinc eremum petiit, divino Pneumate flante,
Et populos adiit Calabros, ubi vixit ut ante.
Junctis namque fibi fociis terreftria fprevit,
Et tumulatus ibi cum fumma pace quievit.

Sunt & alia multa ad hujus ordinis facri laudem fpectantia, quæ rationabiliter omitto, ne tibi loquendo tuo ordini applaudere plufquam decet videar a quibufdam, qui ignorant quoniam apud me numquam fuit eft & non, nec unquam fubrepfit accepto perfonarum, fed ut verum fatear, in omni gente, quæ timet Deum & operatur juftitiam, ficut Deo, fic & acceptus mihi. Neque indignentur alii, fi hunc ordinem plus forte ceteris peculiarius laudo, immo fi & ipfi a me laudari cupiunt, iftos in bono ftudeant æmulari. Nam quicumque exiterint meliores, Chrifto profecto mihique erunt gratiores.

CAPUT XVI.

De S. Hugone & pluribus aliis ordinem Cartufienfem profeffis.

Quid autem dicam de GUIGONE præfato, magno per omnia viro? Quid de BASILIO ac multis aliis fanctis ac Deo dignis patribus, qui eremo Cartufiæ feu ceteris poft fundatis præfuerunt? Quid de HUGONE fancto, prius Cartufiæ ftrenuo procuratore, inde ad magnam regis inftantiam pro domo nova ordinis in Angliam ædificanda directo, & primo ipfius per eum de regis fumtu ædificatæ domus priore, poftmodum Lincolnienfis ecclefiæ digniffimo præfule, qui in vita, in morte, & poft mortem claruit multis infignibus & approbatis fignis ac miraculorum prodigiis? De quibus narrare vel pauca de multis fuperfluum judico, cum in ejus vita luculenter digefta hæc pleniffime exarentur. Ad cujus laudis præconium tales extant verfus heroici.

In Delphinatus *Avalon* caftro generatus,
Octennis Chrifti miles fieri meruifti,
Canonicus primo, fed Cartufienfis in imo.
Hinc fublimatus ad honorem pontificatus,
Vixifti gratus Chrifto, per cuncta probatus.
Nos tibi devotos a quovis crimine lotos
Chrifti fubde jugo, præful facer & pater HUGO,
Cartufianorum tibi placeat meminiffe,
Ordine de quorum fciris quandoque fuiffe,
Ipfos conforres in vera religione,
Ac tibi confortes in cœli fac regione.
Pontificum baculus, monachorum norma, fcholarum
Confultor, regum malleus HUGO fuit.

FILIUS. Mater bona, magnus fuit induibæ fanctus ifte coram Deo & hominibus. Sed & legiffe me memini quindecim fanctos effe vel fuiffe in ordine: quatuor videlicet epifcopi, novem monachi & duæ moniales extiterunt, quorum nomina & gefta habentur, & miracula declarantur.

MATER. Quis novit quanti fint fancti in ordine ifto facro? Puto Deus folus qui novit omnia, & quamvis eorum fanctitas per miracula minime declaretur, non minus tamen fancti funt qui ipfius ordinis facras traditiones fervantes in Dei amore & proximi perfeverant; quoniam, ut ait quidam, miracula non faciunt hominem fanctum, fed oftendunt. Verumtamen & grandia & multa miracula in ipfo ordine contigerunt ab ipfius exordio ufque nunc. Nam & fanctus ANTELMUS epifcopus Bellicenfis, & fanctus STEPHANUS prius prior Portarum inde epifcopus Dienfis, ambo Cartufienfes, miraculis claruerunt, pofiti a Chrifto de fub modio fuper candelabrum, ut lucerent omnibus qui in domo ejus funt; quæ domus fumus nos, fi tamen, ut ait apoftolus nofter, fiduciam & gloriam fpei ufque ad finem firmam retineamus.

LUDOLPHUS quoque vir fanctus, prior Argentinenfis, qui inter egregia fua acta vitam JESU-CHRISTI compilavit, opus egregium, jamdiu per orbem famatum, qui & doctor venerabilis fuit, ac facræ paginæ profeffor digniffimus.

Sed & doctus vir & eruditus, nec minus religiofus HERMANNUS de Petra, qui inter utilia multa, quæ fcripfit, quinquaginta fuper Dominicam orationem fermones edidit, in quibus exempla quamplurima inseruit, quæ in diversis ordinibus & statibus ac etiam in ordine Cartusiensi, cujus & ipse dignus professor erat, contigerunt.

Nec solum monachi vel sacerdotes, sed & conversi fratres fuerunt, qui plurimas revelationes habuere : inter quos comes *Muricensis, digito Dei tactus comitatui renuntians ac sæculo universo valefaciens, humillimus conversus factus est in Cartusia. Tempus mihi deficeret si de singulis vellem narrationem texere, qui in hoc sacro ordine enituerunt. Erubescant igitur, & illorum os obstruatur, qui huic ordini sacratissimo detrahere non verentur, asserentes minime fore approbatum. Qui si revera approbatus non esset, nequaquam tanti, tam etiam excellentes, ac scientifici viri ejus statutis colla humiliter subdidissent, nec in eo sic perseverando profecissent, & proficiendo perseverassent. Sed neque usque hodie stetisset inconcusse, immo quotidie crescendo per domos & monasteria minime pullulasset, quorum quædam a summis etiam pontificibus sunt fundata. ALEXANDER quoque tertius vir per omnia strenuus, ac nostro statui & regimini perutilis, ordinem confirmavit cum subscriptione omnium cardinalium, suscipiens ipsum sub beati Petri protectione & sua, dando privilegia plurima, quibus LUCIUS ejus successor immediatus & alii numero undecim plurima superaddiderunt, videlicet INNOCENTIUS III. & IV. CLEMENS III. & IV. CÆLESTINUS III. HONORIUS III. GREGORIUS IX. X. Sed & ante eumdem ALEXANDRUM, URBANUS II. & III. JOHANNES quoque XXII. qui fundavit domum Boni-Passus supra Duranciam prope Avinionem. INNOCENTIUS quoque VI. religionis verus amator ordinem hunc sic dilexit, ut ex opposito Avinionis monasterium nobile valde construeret, quod *Vallis-Benedictionis* nuncupavit, & multa privilegia, non tantum domui illi, sed etiam toti ordini concessit. Ab humanis quoque decedens, in ipso suo monasterio suam elegit sepulturam, ubi usque hodie requiescit humatus. Sed & pater ipsius ibidem factus conversus, Christo & ordini devotus servivit. Hujus autem tempore & præsentia, dum adhuc cardinalis esset, visio flebilis atque terribilis cuidam eremitæ ostensa est, unde aiebat: » Vidi animas » in infernum descendere quasi nives densissimas, in purgatorium sicut nivem rarissimam, sed ad paradisum tantum tres vidi introire, scilicet talis episcopi, & illius viduæ Romanæ, & illius prioris Cartusiensis. Quæ omnia idem INNOCENTIUS, inquisitione de hora mortis ipsorum facta ; reperit esse vera, & ex tunc maximam devotionem erga viros religiosos habuit, præcipue Cluniacenses & Cartusienses. Ordines siquidem duos hos specialiter privilegiavit, & ab omni patriarcharum, archiepiscoporum, episco-

*f. Nivernensis.

Ordo Cartusiensis a summis pontificibus approbatus.

porum, & quorumcumque principum jurisdictione, visitatione, taxatione, & qualicumque vexatione exemtos esse decrevit sub anathematis vinculo, eosque sub S. Petri ac sua protectione suscepit.

CAPUT XVII.

De eodem ordine & de quodam venerabili patre Cartusiensi nuper defuncto.

HÆc sic diffuse posuimus, ut hi qui invidia stimulante ordini Cartusiensi detrahunt, & contra eum improbe latrant, erubescant & confundantur, atque a suo livore resipiscant, & ordini deinceps reverentiam habeant, ut ipsum diligendo bonorum ejus participes fiant. Qui autem ignoranter ipsi derogant, per hanc nostram paginam instruantur de his quæ ignorant, & ideo errant.

FILIUS. Multum tui gratia hunc nostrum ordinem, Mater, laudas, extollis & exaltas.

MATER. Ne inde glorieris, nisi talis fueris qualem fore vovisti: alioquin & tibi & similibus tuis non gloria, sed opprobrium, confusio, & contumelia, & quod incomparabiliter pejus est, damnatio sempiterna.

FILIUS. Immo vero sub tua reverentia loquar, etiamsi boni fuerimus, inde gloriam captare non debemus, sed illi honor spectat & gloria, qui est totius boni & origo & causa. Nobiscum autem & bene agetur, si vel in fine fuerit parcitum, ne in æternum incidamus horrendum baratri supplicium. Neque enim, si justi fuerimus, justitia nobis tribuenda, sed Deo, ut ait Augustinus, cum boni sumus ipse facit nos, & non ipsi nos. Itaque, ut ait Apostolus, Regi sæculorum immortali & invisibili, soli Deo honor & gloria in sæcula sæculorum.

MATER. Optime, & ut expedit ad salutem. Nempe ipse Dominus dicit in propheta : *Gloriam meam alteri non dabo, & laudem meam sculptilibus.*

FILIUS. Nosti, Mater, qualis fuerit ille pater per omnia venerandus atque laudandus, cum quo diu satis in ordine vixi. Illum loquor JOHANNEM, qui in officio vicariatus digne præerat eo tempore & eo monasterio quo habitum religionis assumsi.

MATER. Novi certe. neque enim ignorare possum bonos filios meos. Et nunc nobis placet, ut pauca de multis sanctæ ejus conversationis bona recenseas.

FILIUS. Libens, Mater, id facio, & eo lubentius atque delectabilius, quo ipsum dilexi ardentius, & ei adhæsi familiarius. Fuit itaque vir ille, ut de beato Job testatur Dominus, simplex & rectus, ac timens Deum, & recedens a malo; & ut Simeon, justus & timoratus; etiam, ut de viro sancto canitur, humilis, pudicus, sobrius, castus fuit,

& quietus, toto zelo diligens juſtitiam & odio habens iniquitatem. Fuit ſiquidem juſtitiæ tenax, & ob hoc quibuſdam ipſam minus amantibus minus etiam gratus. Sed licet quandoque in ore ſonaret propter diſciplinam & ad coercendos mores parum digeſtos vocis aſperitas, ſemper tamen in corde manebat lenitas. Erat nempe ad exemplum Salvatoris mitis & humilis corde. In cellam adventantibus hilaris & affabilis, ædificabilis & conſolativus; & quamvis eſſet doctiſſimus, & in omni pene ſcientia affluenter eruditus; paratior tamen erat diſcere quam docere. Cum autem quis noſtrum indoctus vel ignarus de aliquo ipſum interrogaſſet; non tamquam magiſter docens, ſed tamquam ſodalis differens ſe habebat. Extra cellam autem ſpiritu fervens, faciem etiam quandoque gerebat ignitam, & ex igne divini, qui intus ardebat amoris, quaſi quædam ſcintillæ in facie relucebant. Tam humilis fuit in ſuis oculis & abjectus, ut cum revera & abſque dubio dignior propter vitæ ſanctitatem eſſet omnibus, doctior cunctis, prudentior univerſis; nihil aliud tamen ſe reputabat, quam vas fractum & ad omne opus inutile, immo tamquam vas perditum, & a Deo reprobatum, nullique uſui aptum.

In confeſſione ſacramentali, quod longo experimento didici, ita vehementer culpam propriam in ſemet impingendo exaggerabat, ſeque culpabilem arguebat, ut qui eum ejuſque mores atque converſationem ignoraſſet, ſcandalizari in audiendo ipſius confeſſionem potuiſſet. Non eſt peccatum aliquod quo ſe non confiteretur multipliciter inquinatum. Peccatorum capitalium cogitationes, etiam ſine conſenſu vel delectatione, ubi magis virtus eſſe ſolet quam vitium, ſic accuſabat, & inde ſuam culpam aggravabat, ſic deflebat, tamquam illa peccata actualiter commiſiſſet. Et quoniam multum ſcrupuloſam gerebat conſcientiam, ſatis extenſam, quamvis quotidianam, agebat confeſſionem. Indulgentias plenarias quas ſummi pontifices ſui gratia frequenter ordini largiuntur, cum ingenti gratiarum actione ſuſcipiebat, & ad ſuam generalem confeſſionem faciendam, ſe ſuamque conſcientiam longo tempore præparabat. Et ne quid remanere poſſet inconfeſſum, cuncta ſua errata a puero in charta ſcribebat, atque legendo ea confitebatur & accuſabat, & pro viribus juſtitiæ divinæ orando, lacrymando, jejunando, diſciplinas afflictivas ſumendo ſatisfaciebat.

CAPUT XVIII.
De eodem venerabili Patre.

Cum autem ad altare ſanctum myſteria ſacroſancta celebraturus acceſſiſſet, velut totus præ devotione ac fervore liqueſcens, ſemetipſum in ſpiritu humiliato & contrito, Deo acceptabile ſacrificium offerebat, & id maxime agebat in ſancto canone, cum eſſet Jesu Christi ſacratiſſimum Corpus Sanguinemque ſumturus: in quo temporis momento velut totus in lacrymis defluens, ipſum ſuum ac noſtrum omnium redemtorem, ſub panis ac vini ſpeciebus realiter contentum, piis ac fidelibus oculis mente contemplando dulces lacrymarum ſtillabat guttas. Non recolo eum umquam vidiſſe ſine lacrymis digniſſimum Sacramentum ore libaſſe. Tam dulciter autem illæ lacrymæ per rubentes præ fervore genas ſtillabant, tamque caute has occultabat, ut vix niſi ab inſpectore curioſo deprehendi valerent.

Tantæ autem ſibi ipſi auſteritatis tantique rigoris extitit, ut a primo ordinis ingreſſu uſque ad mortem, in lectulo etiam tali quali nos utimur, vix ſemel cubaverit. Jacebat autem ſuper oratorii aſſeres ſuppoſita natta arundinea ſeu ſtraminea, in quo loco multa patiebatur frigora, & ob hoc frequenter rheumaticus humores crebro ab infrigidato cerebro profluentes emittebat. Numquam calceamenta, raro cingulum dormiens deponebat. Sæpe, maxime ſero, in ſacris lectionibus pernoctabat fere uſque ad horam decimam, ad nocturnas vigilias poſt ſumtum breviſſimum ſomnum cum aliis ſurrecturus. Poſt peractum nocturnale officium regreſſus ad cellam, iterum vigilabat in orationibus, parvo & quaſi momentaneo ſomno ante Primæ pulſum ſeſſam naturam multumque fatigatum corpuſculum refocillans. Utebatur autem ſuper nudo aſperrimo cilicio, funcque circa renes groſſiſſimo, & nodis duriſſimis exaſperato ac circumſepto, utroque pediculis & vermibus referto. Hanc autem innumerabilem vermium multitudinem eorumque moleſtiſſimam afflictionem, qui eo maxime in ejus corpuſculo pullulabant, quod ſemper ac præcinctus jacebat, ſic patientiſſime tolerabat, quod numquam abluendas deponebat veſtes, quoaduſque vermes ipſi per collum gutturque ſcandentes, aures vultumque catervatim obſidebant. Ipſe autem, quamvis ſenex & grandævus, ſatiſque corpulentia gravis, ſemper eaſdem veſtes ſuas per ſeipſum abluebat; tantum erat humilis, tamque rigidus ſibi ipſi. Indumenta vero ſuperiora, id eſt cuculla & tunica, quæ quotidie ferebat, ſatis abjecta erant, in cubitis & oris aliiſque locis propter vetuſtatem reſarcita, & quamvis vilia, munda tamen. Ut enim de B. ſcribitur Bernardo, vilitas in veſtitu placebat, ſordes numquam. Sæpius autem, maxime in hyeme, pellicia utebatur, abjecta ſatis cuculla deſuper æque pretioſa. Habitum tamen alium habebat paulo honeſtiorem, quo in ſolemnitatibus, Dominicis, ac præcipuis ſanctorum feſtis utebatur, maxime apostolorum, quos post Christum & ejus dignissimam Genitricem in maxima reverentia habebat. Mariam quoque Magdalenam Christi dilectricem multum venerabatur, & hanc pro speciali advocata atque patrona elegerat. Martham quoque sororem & earum fratrem Lazarum. Sed & cunctos Christi contemporaneos, qui Christum in carne conspicuum fuerant corporeis oculis contemplati, & ei adhæserant, cum summa veneratione colebat, ac in eorum solemnitatibus veste mundus, sed multo mente nitidior apparere satagebat.

Beatissimos insuper cœlestes spiritus suos concives honorabat pro osse & præcipue paradisi præpositum Michaëlem. Sæpius quoque dicere solitus erat: Multum iste beatissimus archangelus nostram Normannicam patriam honoravit, dum in ea corporaliter apparere sit dignatus, & sicut in Gargano monte, ita & in monte Tumba mirabilia suæ præsentiæ indicia demonstrare. Angelum insuper proprium ubique reverebatur, & tamquam eum oculis cerneret corporeis sibi adesse præsentem, quicquam agere declinabat, quod angelicum digne offenderet obtutum. Immo magis ubique præsentem cunctaque cernentem tremendam & adorandam verebatur offendere majestatem.

Nihil pretiosius in hoc mundo tempore reputabat, & ideo nec momentum quidem amittere volebat, sed aut divino operi, tam in cella quam in ecclesia vacabat, aut orationibus peculiaribus invigilabat, aut libris scribendis vel sermonibus componendis intentus erat assidue, & maxime de libris corrigendis vel emendandis ingentem curam habebat. Et licet vix in suo tempore parem in grammatica facultate habuerit, numquam tamen libros præsumebat corrigere, nisi cum exemplari correcto, nisi forte ubi manifestus & evidens error esset. Ita quippe humilis erat, & ab omni præsumptione alienus, a pompaque jactantiæ extraneus, nihil prorsus de se præsumens.

MATER. Mira sane & magna satisque stupenda sunt quæ de hoc venerabili patre recenses, quæ tamen vera esse non dubito: neque enim velle te mentiri pro cujusquam favore arbitrarer. Tibi quoque eo magis fides in hujusmodi adhibenda, quo virum hunc melius nosti, ac longo temporis intervallo cum eo conversatus es, ejusque secreta conscientiæ non parvo spatio nosti. Siquidem sacramentum pœnitentiæ & ipse tibi, & tu ipsi annis plurimis ministrastis. Placet igitur de ceteris quæ restant & utilia fore pervideris breviter prosequaris, neque siquidem omnia posses; alioquin liber non parvus conficiendus esset, & nos ad alia narranda properamus.

FILIUS. Libentissime, Mater, exequor quod jubes; nam valde meo cordi dulcescit illius memoria, quem in terris positum multum dilexi, & ipse sui gratia non meis meritis carum semper me habuit.

CAPUT XIX.

De eodem.

HOc nullatenus nostram effugere narrationem convenit, quod in hoc venerabili patre præcipuum fuit: nam ut ipsius confessionis verba, quamvis per conjecturas, advertere potui, virginitatem, quam e sacro fonte attulit, usque ad mortem inviolatam servavit, quamvis sæpius acriter tentaretur a carne, & a fornicationis spiritu nequissimo; sed non impune sibi. Nam quotiens ille se immundo spiritu sentiebat agitari, ardenter contra se insurgebat, & ita leves seu tepidos motus aut sordidas cogitationes, etiam sine delectatione, immo cum displicentia puniebat; sicque acriter ac vehementer se de his in confessione accusabat, quasi stuprum seu adulterium commisisset, & neque a singultu & lacrymis, secretisque disciplinis sumendis cessabat, donec, miserante Domino, tentatio abscederet. Aliquando etiam mihi secreto dicebat: Quid miser ego agerem, si opportunitates vel occasiones proximas haberem, qui sine his sæpius me in cœni volutabrum præcipito tamquam porcus, & meas sequor concupiscentias, sicut equus & mulus, quibus non est intellectus? Hæc autem indubie de profunda humilitate manabant, deque timore Dei, ne videlicet desertus a gratia ejus, novissima fierent prioribus deteriora. Nempe sæpe recordabatur sententiæ Sapientis, dicentis: *Beatus homo qui semper est pavidus: qui vero mentis est duræ, corruet in malum.* Propterea cum esset procurator domus, (plures siquidem illud exercuit officium etiam senex) & pro variis domus negotiis eundum esset ad civitatem, quod sæpissime, & fere quotidie contingebat, vehementer timebat, ne hoste impellente, & carne consentiente rueret in peccatum. Ideoque dicere solitus erat: Numquam talis domum regredior, qualis exeo.

MATER. Beatus vir qui timet Dominum, in mandatis ejus cupit nimis.

FILIUS. Ejus conversatio ante ordinis ingressum, quamvis mihi parum nota extiterit, de his tamen quæ veridica narratione comperi, non silebo. Hoc in eo primitus commendandum reor, quod numquam beneficium habere voluit habens curam animarum annexam, timens rationem reddere districto judici de aliorum factis, qui, ut fatebatur, nequaquam sufficeret de propriis. Oblatas a reverendissimo Rothomagensi archiepiscopo & cardinali magnas scholas grammaticæ tamquam dignissimo, atque in illa facultate, ut notum erat cunctis, experientissimo, omnino respuit, assensumque negavit: ad quod magisterium plurimi longe infra idonei improbe aspirabant. Pro omni autem beneficio unicam canonicariam in quadam collegiata ecclesia non nimis pinguem habebat: de qua tamen contentus, sese, matrem, sororemque pascebat. Insuper & libros atque codices plurimos parvi quidem pretii, sed optimos, quantum ad materias in eis contentas, emebat, quorum non parvum numerum aggregavit. Sed & alios propria manu quotidie transcribebat. Ad ingressum autem ordinis inspiratus a Deo, non sibi sanum aut integrum fore putavit, matrem annis mucidam atque decrepitam, quam semper in magna reverentia habuerat, relinquere, memor Tobiæ senioris, qui natum moribus optimis informans, inter multa hoc quoque ait: *Honorem habebis matri tuæ cunctis diebus vitæ ejus: memor enim esse debes quæ & quanta passa sit pericula propter te in utero suo.* Itaque quamdiu ipsa mater fuit in humanis, curam ejus sollicitam gessit, secumque tenuit, & ejus necessitatibus humaniter ac humiliter deservivit. Non enim alium habebat filium qui sibi jura naturæ rependere posset: ideo impium reputabat ipsam sine tutore relinquere. Voluit insuper ante eumdem ordinis seu religionis ingressum, apostolorum limina visitare, quod & fecit devotus anno MCCCCL. scilicet jubilæo, Romam pedes adiens sacras generales indulgentias lucraturus, ac sacrosancta sanctorum pignora cum devotione adoraturus. Porro antequam iter arriperet, optime de suis facultatibus, propriaque substantia, quæ major erat in libris, disposuit, in calce cujuslibet ipsorum librorum subscribens, signo etiam manuali consignans, cujus juxta suam intentionem, si peregre defungeret, esse deberet: majorem tamen partem ordini & domui, in quibus, si rediret, recipi in monachum ardenter affectabat, relinquebat. Quod & factum esse constat non longo tempore post regressum. Ingressus autem ordinem, in novitiatu & deinceps cum quanto fervore ac devotione JESU CHRISTO, quantaque humilitate fratribus servierit, abjectaque officia quamvis dudum sacerdos & canonicus impleverit, juvenes etiam novitios in hujusmodi præveniendo non est facile dictu. In ferendo lumine ad matutinas, in portandis a refectorio libris, in scopando ecclesiam, claustrum, vel capitulum, in pulsanda campana mira alacritate currebat. Humillimus quippe & abjectissimus erat in oculis suis, & ob hoc humilitatis seu caritatis obsequia maxima cum delectatione implebat. Quam benignus autem, quamque compatiens erga infirmos, ipsos visitando sæpius, consolando, animando, sermonibus optimis erigendo, eisque, si quid boni in cella vel in horto habebat, porrigendo, quis eloqui sufficeret? Et cum crebrius ipse infirmaretur, vix a quoquam volebat sibi serviri; sed suas infirmitates ac debilitates postponens, & quasi obliviscens, aliorum curam indefessus agebat.

MATER. Si velles, Fili, cunctas hujus sancti viri sigillatim referre virtutes, volumine non codice opus esset. At quoniam ad alios transeundum est, ejus commendationi seu laudi limitem dare necesse. Volo tamen ut de ejus felici transitu vel brevem facias mentionem.

CAPUT XX.

De hujus venerabilis patris felici transitu.

FILIUS. Cum Altissimo disponente tempus immineret, quo felix ejus anima bonorum laborum fructum gloriosum percipere deberet, contigit cujusquam neglectu, ut in aliquid impingeret, unde gravissime in capite sauciaretur. Hoc autem tentationis iccirco Dominus ei permisit accidere, ut quia sancta fuerat ejus vita, fieret mors nihilominus pretiosa. Fidenter enim dico, & utinam non errem, quia talis extitit ejus vita, ut etiam gloriæ apta esset martyrii. Obiit autem, ut vere credo, martyr & virgo, confessorque Christo carus cœloque dignus. Dum autem gravissima detinetur carnis molestia in partibus maxime mutilatis, numquam ecclesiæ, quam semper dilexerat, quamque indefesse die noctuque devotus frequentarat, poterat oblivisci, cum vix præ doloribus movere se valeret, sæpius assistentibus ita dicens: Eamus ad ecclesiam: numquid pulsatum est? Et licet jam propter afflictionem nimiam pro parte usum exteriorum sensuum pene non sentiret, se tamen Christo ejusque quotidiano obsequio debitorem fore recordabatur assidue. Sic quippe ecclesiam dilexerat, ut numquam, etiam cum procurator esset, existens domi matutinis defuerit.

In illa insuper gravissima infirmitate immensisque doloribus atque vulneribus gravissimis in lecto qualicumque recumbere noluit, præterquam illo suo nobili stratu præfato, nisi forte portaretur ad ignem. Dum autem mortem inevitabilem ac cunctis debitam mortalibus, corpore jam emortuo ac venis sanguine exhaustis, sentiret adesse præsentem, ecclesiastica Sacramenta, pœnitentiæ scilicet, ac Unctionis-extremæ petiit & accepit. (*a*) Cum autem ad sacratissimum Eucharistiæ Sacramentum sumendum invitaretur, ita respondit: Nequaquam id convenit, quoniam jejunus non sum. Ad quod venerabilis prior, homo utique litteratus & doctus ac theoricæ scientiæ non ignarus: Infirmi, inquit, de quorum morte timetur,

(*a*) Nota apud Cartusianos extremæ unctionis sacramentum ante viaticum fuisse administratum.

qualibet hora sumere possunt Sacramentum. Erat quippe sexta feria, hora quasi secunda post meridiem. Ad quod ille: Non decet, inquit, ut a me Christus sumatur alio quocumque prælibato edulio. Nam quamvis nihil aut parum ederet, tamen propter nimiam sanguinis effusionem, ut Christus in cruce, valde sitiebat & frequenter ei potum porrigere oportebat. Et cum adhuc pater prior instaret, nolens ipsum sine Viatico, si fieri posset, decedere; ita respondit: Die, inquit, Dominica, eodem Christo propitio, communicabimus mane jejuni. Et si, inquit prior, voluntas Dei non sit, ut ad illum usque diem perveniatis; respondit ille: Augustinus inquit: Crede, & manducasti. Credo & communicasse jam per Dei gratiam confido. Quo audito siluit prior, optimum de ipsius fide testimonium tenens, moxque recessit cellam propriam lectumque repetendo. Erat quippe & ipse tunc temporis infirmus valde; statimque vir iste per omnia sanctus, si tamen in hoc judicium non errat humanum, feliciter migravit ad Dominum.

MATER. Id certe credendum, quamvis propter cautelam pie potius sit præsumendum, quam temere adstruendum. Igitur quoniam de his jam diu locuti sumus, quamvis pauca pro meritis, nunc ad reliquos ordines memorandos verba vertamus.

FILIUS. Quoniam, Mater, tuo obtemperans imperio diu locutus sum, & utinam absque offensa, jam tibi incumbit loqui quodlibet: me autem, utinam ut dignum & justum est, intentum habeas auditorem.

CAPUT XXI.

De Ordine Cisterciensi.

MATER. Jam ordo narrationis exigit, ut de venerabili Cisterciensi professione loquamur. Anno igitur MXCVIII. sacer ordo Cisterciensium religiosum ac sanctum, Deo inspirante, sumsit initium per venerabilem patrem ROBERTUM primum abbatem Cistercii, & sanctum virum ALBERICUM ejus successorem. Hi sancti viri in magno fervore & sancto desiderio cum arduis institutionibus, sub regula tamen B. BENEDICTI, ipsum ordinem inchoarunt. Et hi videntur primi reformatores religionum sub illa regula militantium post Cluniacenses; & multas curiositates, superfluitates, & abusiones successu temporis introductas, abdicarunt, ac simpliciter secundum sanctam ac B. BENEDICTUM ejusque sanctam regulam vivere cœperunt. Et mirabiliter in brevi tempore excrevit ordo iste in omnibus, habuitque viros illustres atque sanctissimos & plures numero: quorum omnium caput & exemplar est B. BERNARDUS, ob cujus famam & sanctitatem atque excellentiam ordo ipse in ramos, tamquam e trunco super aquarum decursus plantato, pulcherrimos, & quasi innumeros pullulavit, & ab eo nomen sortitur, ut communiter Bernardinorum vocetur. Hic igitur venerabilis ac sanctissimus pater BERNARDUS anno ab Incarnatione Domini MCXIII. a constitutione Cistercii ordinis XV. annos natus circiter XXII. a paterna domo egrediens cum fratribus suis ac filiis quos aggregaverat Christoque genuerat amplius quam XXX. Cistercium ingreditur sub STEPHANO viro venerabili tertio Cistercii abbate.

Hic beatissimus pater BERNARDUS incœpit clarescere adhuc juvenis. Qui cum ingenti fervore in eodem monasterio Christo devotus servivisset, Clarevallensis primus abbas efficitur, & ibidem cum fratribus dirigitur. Hic crevit in doctorem magnum & vere apostolicum virum. Tanta miracula fecit, tantumque ipsum Christus honoravit in terris, ut similis ei vix in his umiquam creditur extitisse. Et quamvis omnium maximus esset sui temporis, solus sibi vilissimus apparebat. Erat siquidem summe humilis ac simplicissimus in sæcularibus, amans habitare secum, publicum fugitans, mire meditativus, summe obediens, omnibus benignus & gratus, domi quietus, foris rarus, & ultra quam credi posset verecundus, numquam multum loqui amans, Deo devotissimus, affluens pietatis visceribus, & omnium morum venustate ornatus. Pater extitit centum & sexaginta monasteriorum. Sub se in Claravalle quandoque quadringentos monachos & conversos rexit, quorum multos doctrinis & exemplis ad culmen sanctitatis evexit. Hic pater egregius jure dicitur cleri gemma, splendor ecclesiæ, monachorum deliciæ, mali spretor, cultor justitiæ, vas pudoris, nitor munditiæ, amator puritatis & innocentiæ, totiusque sanctitatis exemplar.

FILIUS. O quantum te, Mater, dilexit, quanto zelo refovit, quanto fervore tuum honorem defendit, quanta pericula subiit, quantos labores sustinuit. Credo, ut pace sanctorum loquar, vix est inventus similis illi, qui sic pro te pugnaret, contra schismaticos dimicaret, adversus hæreticos confligeret, simoniacos infectaretur, superbos execraretur, ambitiosos persequeretur. Quod si quis hæc ignorat; ipsius vitam, epistolas, sermones, libros de Consideratione legat, & me indubie verum dicere comprobabit. Trina vice, Mater, pro tua causa tuenda ac contra schismaticos tuæ pacis turbatores, verbi Dei mucrone pugnaturus, Urbem adiit, quamvis infirmus ac debilis, ultra vires infatigabiliter pro te desudando. O virum ineffabilem, nec labore victum, nec morte vincendum, qui nec pro te mori timuit, nec ærumnas vel pericula recusavit!

MATER Gaudeo, Fili, atque tibi congratulor, quoniam cerno te hunc venerabilem patrem

patrem pro viribus attollere. Sed scito & nullatenus dubites, quia quantuncumque vel tu vel quivis illum attollas & laudes, parum tamen est & fere nihilum pro meritis. Laboravit pro nobis non tantum pro viribus, sed etiam ultra vires. Proprias omnino contemsit injurias, ut pacem haberemus; sprevit opprobria, ut tueremur; certavit ut vinceremus; dimicavit ut triumpharemus; exulavit ut regnaremus. At nunc pro his omnibus mercedem bonam & confertam & coagitatam & supereffluentem consequitur, percipiens in coelestibus quod nec oculus vidit, nec auris audivit, nec in cor hominis ascendit, quodque præparavit diligentibus se.

FILIUS. Juste quidem, *Beati enim qui persecutionem patiuntur propter justitiam, quoniam ipsorum est regnum cœlorum.*

CAPUT XXII.

De eodem ordine sacro.

Hujus sancti ac vere beati patris BERNARDI discipulus extitit inter multos ac bonus inter bonos frater BERNARDUS, postea papa Deo propitio factus, ac EUGENIUS III. dictus, qui missus a Claravalle ab ipso viro sancto Romam cum multis æque religiosis viris pro nova instauratione monasterii sancti ANASTASII, ibidem primus abbas efficitur, & non longe post in papam ex insperato satis electus est, ob famam suæ sanctitatis meritaque magistri. Hic cum prius esset simplex, adepto pontificatu, Dominus ipsum mirabili gratia, scientia & eloquentia perfudit. B. etiam BERNARDUS illum egregium librum de Consideratione ad eum scripsit, qui continet quinque libros partiales. Romani autem inhumane solito more fervescentes, & contra pium patrem insanientes, seditionem commovent. Quapropter vir sanctus dedit locum iræ, & in Gallias veniens, pristinum monasterium dilectæ Claravallis humiliter benigneque visitavit. Alloquitur fratres non sine lacrymis, memor pristinæ & tam pulchræ quietis jam dudum perditæ, miscens sermonibus avulsa a corde suspiria. Hos hortabatur & consolabatur, seque inter eos fratrem & socium constituens, non Dominum aut magistrum, rem valde difficilem, agens, diversarum scilicet in uno homine proprietatem exhibens personarum. Dum autem ei propter naturæ necessitatem esset pausandum, fragmenta ei deferebantur & pulvinaria, lectus quoque ejus pallis opertus cortina ambiebatur purpurea; sed si operimenta revolveres, invenires laneis complosa stramina & palleas conglobatas. Sed homo videt in facie, Deus autem intuetur cor. Iste vero bona coram Deo & hominibus juxta apostolum providebat, æternum omnibus monachis & pontificibus exemplum relinquens. Demum apostolica benedictione largita, exosculatis benigne fratribus, & eis valedicens, cum multis lacrymis, solitis inquietudinibus redditur. Inde Romam regressus, gloriose suscipitur a civibus, universis clamantibus, *Benedictus qui venit in nomine Domini.* Rexit autem statum nostrum laudabiliter quinque annis, mensibus quatuor. Obiit autem in magna sanctitate, suis meritis illustrando Romam miraculis plurimis, sepultus in basilica S. Petri. Eodem quoque anno sanctissimus pater & doctor BERNARDUS decessit ab hoc exilio, cœlo regnaturus, mundum illustrans miraculis, doctrina & sanctitate usque hodie. Quanta autem scripserit, seu quæ volumina ediderit satis nosti: ejus siquidem opuscula pro magna parte habes ad manum.

FILIUS. Audivi, Mater, quemdam venerabilem modernum doctorem de sancto isto BERNARDO dicentem: Totus liquescit præ devotione; & re vera ista esse cognosco. Nam sæpe inter nos ejus sermones loquuntur, & alia ejus acta, ut æstimo, pro magna parte legi, in quibus velut quodam mellis edulio dulciter sæpius sum refectus. Nam eo amplius ipsius dicta cum amore complector, quo ad nostrum ordinem abundantius affectum fuisse cognosco. Insuper quemdam dilectum in ipso ordine habere me confido, qui mihi inter caros carissimus est, ac inter amicos amicissimus, amore cujus amatum ordinem plus diligo. Quis autem sit ille, aut quo dignus præconio nolo dicere, cum scriptum sit: ne laudes hominem in vita sua, duplici enim ex causa, ait Chrysostomus,* utilius est homini magis memoriæ laudem dare quam vitæ; ut illo potissimum tempore merita sanctitatis extollas, quando nec laudantem adulatio noceat, nec laudatum tentet elatio.

* immo S. Maximus serm. 59.

MATER. Necessarium, ut reor, non est in his diutius immorari, neque de hoc sanctissimo BERNARDO plura memorando narrare, cum ejus gesta ad manum habeas, quæ te plenissime de his quæ restant instruere possunt. Hujus sacri ordinis inter prima & præcipua venerabile monasterium extitit, quod Caroli-locus, eo quod a nobilissimo Francorum rege CAROLO fundatum sit, nuncupatur. In quo videlicet monasterio quamplures memoria digni floruerunt; inter quos velut lucifer inter stellas, velut rosa inter violas, velut carbunculus inter margaritas enituit vir egregius & per cuncta laudabilis S. GUILLELMUS, qui sanctitate vitæ conspicuus, castitate fulgidus, humilitate profundus, caritate profusus, religione præcipuus, pietate viscerosus, zelo fervidus, discretione præcipuus, sanctus per omnia & Deo acceptus & carus, primum abbas ipsius monasterii extitit. Deinde, ut lucerna super candelabrum posita splendidius ubique fulgeret, in archiepiscopum Bituricensem Christo vocante est assumtus. In quo dignitatis & honoris apice quam sancte, quam strenue, quamque laudabiliter atque utiliter præfuerit, ejus acta testantur, miracula quoque declarant. Nam & vita ipsius signis effloruit atque prodigiis, & mors nihilominus extitit in conspectu Domini pretiosa, nunc quoque in supernis triumphans, multis ac mirandis signorum virtutibus a Christo Domino sponso nostro venustantur in terris.

FILIUS. Quam magnus certe vir iste per cuncta, ut testaris, laudabilis, &, ut opinor, in nonnullis prærogativis singularis, ita ut de eo merito dici possit illud quod de præclaris ac Deo dignis confessoribus præcinis tu sancta Mater Ecclesia: Non est inventus similis illi, qui conservaret legem Excelsi.

MATER. Noveris autem post hunc sanctum plurimos in ordine magnos valde fuisse tam in scientia, quam etiam in vitæ sanctitate. Sed & quammulti alii fuerunt ad dignitates ecclesiasticas digne promoti. Inter quos merito memorandus frater JACOBUS DE FURNO prius monachus Cisterciensis, deinde abbas * Bolensis, postmodum merito sanctorum profectuum assumtus est ad papatum, & alterato nomine BENEDICTUS XII. vocatus. Hic ab infantia bonæ vitæ & honestæ conversationis extitit, deinde doctor in theologia sacra. Factus autem papa, reformavit ordinem S. BENEDICTI & Cisterciensem, quod necessarium fuit. In largiendis beneficiis durus, & ne indignis conferrentur decretalem edidit quæ incipit, *Benedictus Deus in donis suis*, &c. & multos indignos privavit.

* l. Bolbonensis.

FILIUS. Hic, ut erat fervidus fidei cum severitate zelator, & ob hoc multis minus carus, tantæ rigorositatis extitit, quod vix suos agnoscere consanguineos voluit, dicens, papam consanguineos non habere.

NOTA.

MATER. Noveris post hunc paucos tales fuisse. Immo pene omnes promoti ad dignitates suum sanguinem provehunt ad nostras facultates, & sic bona Crucifixi rapiunt, pauperum patrimonium dilapidant. Inde pascuntur superflue, vestiuntur pompose, equitant superbe. Inde conduntur palatia, fabricantur domus eburneæ, aulæ & cameræ, parietes pinguntur curiose, pavimentum ipsum palliis & tapetis sternitur damnose. Inde mangonum turba compta post eos glomerantur, equorum mulorumque fræna deaurantur. Inde nutriuntur joculatores, pascuntur histriones, ne dicam meretrices; & in plateis ante eorum oculos, si tamen videre dignantur, fame & siti, frigore & nuditate moriuntur pauperes, quorum sunt bona quæ diripiunt, patrimonium quod consumunt. Videat pauperum judex, orphanorum pater, viduarum defensor; & judicet causam eorum, nostramque tueatur ac defendat substantiæ portionem. Et de his satis ad præsens, quæ tamen quasi per excessum & insperate diximus; neque enim de hujusmodi nunc est sermocinatio nostra.

FILIUS. Expedit quidem silere pro nunc, ut arbitror, de his; nec illa indicando eloqui quæ non possunt ab illis grataner auditi. De isto sacro ordine, ni fallor, membrum insigne & egregium extitit M. ALANUS merito magnus & doctor universalis, de Burgundia oriundus. Hic, ut legi, ad tempus pœnam taciturnitatis coram multis incurrit, eo quod in principio sermonis divinum auxilium more solito quodammodo præsumens non invocasset, nec salutationem MARIÆ dixisset.

MATER. Verum est, Fili, quod dicis: sed & mira & stupenda satis sunt quæ de isto egregio doctore scribuntur. Horum autem narrationem aggredi declino, quæ non queunt explicari paucis. At quoniam de hoc ordine Cisterciensi sufficienter quamvis paucissime secundum ipsius meritum tractatum est, jam nunc Christo prævio ad alia narranda convertamur.

CAPUT XXIII.

De tribus ordinibus, videlicet Templariorum, Præmonstratensi, & S. Johannis-Baptistæ, qui de Jerusalem vulgariter dicitur.

Ordo Templariorum incœpit hoc tempore; qui prius albis usi sunt mantellis, post rubeam crucem superpositam portaverunt. Horum HUGO & GAUFREDUS primi fundatores fuerunt, & B. BERNARDUS eis regulam composuit. Hic ordo, quia in veritate non stetit juxta eamdem regulam a sancto sibi traditam; sed ejus postmodum professores erraverunt graviter, & a religiosa professione & a catholica fide, propter quod miraculose destruuntur subito, mirantibus cunctis quod tanti domini sic insperate perimuntur. Magister ordinis comburitur Parisius. Causa autem publicata fuit postea, quæ extitit varia, cum abnegatione Christi & * expincione super crucem in opprobrium & contemtum Crucifixi, prout plures eorum confessi sunt. Et stetit ordo iste annis centum octoginta quatuor.

* f. expuitione.

FILIUS. Heu, heu, miror qualiter sic errare potuerunt a tam pio patre instituti, videlicet B. BERNARDO, qui, ut asseris, eorum regulam composuit.

MATER. Fili, nequaquam dubites, fastus, & superbia, avaritia, & rerum copia eorum ruinæ causa fuit. An excidit a memoria quod Apostolus dicit: *Avaritia est idolorum servitus?* Quid ergo mirum si Christum negant, & nostra sacramenta ac venerandam Christi crucem conculcant, qui jam idolis immolant. Ut enim idem dicit Apostolus: *Quæ participatio justitiæ cum iniquitate, aut quæ societas lucis ad tenebras? Quæ autem conventio Christi ad Belial? aut quæ pars fidelis cum infideli?* Quis autem consensus templo Dei cum idolis?

MATER. Recte, Mater, præmisisti superbiam, deinde avaritiam. Nam initium omnis peccati superbia, quia sicut humilitas radix omnium virtutum, sic superbia omnium est origo vitiorum. Inde psalmista Deo dicit: *Superbia eorum qui te oderunt ascendit semper.*

MATER. Dimittamus hos perditos, ordinemque deseramus abolitum, & ad alios transeamus.

FILIUS. Tuum est, Mater, dicere, meum autem audire, & utinam audiendo intelligam, & intelligendo proficiam.

MATER. Ordo Præmonstratensis iisdem cœpit temporibus, qui non ut alter cecidit, saltem a fide: utrum autem a fervore primario ejus professores declinaverint, ipsi viderint. Huic autem ordini dedit originem vir Dei NORTBERTUS. Et hic ordo satis est dilatatus; sed non sicut plures alii. Hi regulam B. Augustini assumserunt, & sub ea vivere professi sunt, & utinam teneant quod voverunt. Habent & alias constitutiones, eos ab aliis ipsius regulæ professoribus distinguentes, sicut & habitu differunt.

FILIUS. Visitavi aliquotiens quoddam hujus ordinis monasterium, sed & abbatem pluries vidi, & cum eo familiariter conversatus sum, cum quibusdam etiam suis religiosis; sed fateor non inde magnam ædificationem rediens ab his reportavi.

MATER. Si bonus certe fuisses, profecto, etiamsi pessimi forent, aliquid ad tuum profectum assumere posses: sed & si forte quid inordinatum esset, vel pastoris neglectu seu subditorum contemtu, non tamen inde scandalizari decuit, nec aliquid sinistre de illo sancto & approbato ordine sentire, in quo sunt, non dubites, ex utroque genere hominum, bonorum scilicet & malorum, aliqui, sicut & in aliis religionibus; quia, ut ait Gregorius, soli boni nusquam sunt nisi in cœlo, nec soli mali nisi in inferno. Ista autem patria, quæ sita est in medio, utriusque civitatis cives recipit. Arcam Noë cogita, in qua fuerunt non solum animalia ratione utentia, id est homines, sed & irrationales pecudes, volucres, & serpentes; sic procul dubio in omni cœtu reperies. Et hoc te terrere non debet, sed omnino configere debes, ne de numero reproborum, sed de sorte sis bonorum.

FILIUS. Optima certe exhortatio tua, & vere eam gratanter amplector; & utinam & ego & ceteri omnes ita vivere unusquisque in ea vocatione in qua vocatus est studeamus, ut ad perfectionis culmen pervenire valeamus.

Vet. Script. & Mon. ampl. Collect. Tom. VI.

MATER. Utinam, & hos dimittamus.

Anno MCXXIV. vel circa, ordo S. Johannis-Baptistæ inchoatur; qui de Jerusalem vulgariter dicitur, a RAYMUNDO viro venerabili & operibus misericordiæ dedito, & valde crevit hic ordo, dilatatus per orbem. Hujus ordinis professores inter cetera vovent se pauperibus Christi servituros, ob hoc a prælatis & magnis dominis, ac principibus & magistratibus, devotionis & pietatis intuitu, immensas pecunias ac redditus largissimos, ecclesiasque parrochiales & alias valde dotatas habuere, sed & commendatorias ditissimas in terrenis facultatibus. Utinam juxta vota, quæ distinxerunt labia sua, hæc quæ possident cum pauperibus participentur. Hujus ordinis tria extant genera professorum. Primi dicuntur milites, & hi debent pro fide & pro nostro statu contra infideles armata dextra militare, captivosque redimere. Secundi sunt sacerdotes, quibus incumbit militiæ spirituali deservire, horasque canonicas decantare, & divina mysteria celebrare; hique curis seu beneficiis præficiuntur animarum lucris insistere. Tertii dicuntur clientes sive servientes, qui utrisque debent humiliter & obedienter servire. Hi omnes caput unum habent, magnum priorem Rhodi, cui tenentur omnes cujuscumque vocationis obedire, & ad ejus mandatum celeriter properare. Hi etiam adjuti Christianis contra Turcos, & Sarracenos, Tartarosque & alios infideles solent viriliter dimicare, in ipsa insula Rhodi se contra eos tamquam Christianitatis murum valenter exponentes.

FILIUS. Vere diebus istis quibus, proh dolor! sic insaniunt & prævalent isti infideles, & immaniter furit eorum sæva crudelitas, tales fidei pugiles videntur necessarii & quamplurimi utiles pro christianitate tuenda.

MATER. Valde, Fili, & utinam agant semper quod agere tenentur in hac parte. Sed sicut ceterarum quoque religionum, etiam horum multi a recto deviarunt, militantes propter stipendium, non propter Christum. Et de his interim taceamus, ne eos offendamus quos ad defensionem nostram pernecessarios fore jam diximus.

FILIUS. Donet Dominus ut unusquisque juxta apostolum in qua vocatione vocatus est, in ea permaneat, semperque proficiat, ad gloriam sponsi tui Domini nostri, qui est benedictus in sæcula.

CAPUT XXIV.

De sancto Guillelmo de desertis.

AB isto sanctissimo GUILLELMO eremita Deo digno & accepto, ordo Guillelmitarum in observantiis regularibus satis au-

D ij

sterus traxit originem. Hujus sancti Guil-lelmi discipulus fuit S. Albertus eremita, qui ordinem istum educavit; sed indubie hic ordo, quemadmodum & alii plurimum a suo rigore deflexus est: tamen permanet usque hodie, & permanebit Christo propitio usque in finem. Circa hæc tempora floruit & fructificavit in nobis M. Hugo de S. Victore ordinis regularium canonicorum juxta Parisius doctor insignis, humilis, ac devotus. Hic tot & tanta edidit, tamque diserte & utiliter scripsit, ut a multis dicatur alter Augustinus: qui post laudabilem vitam ac multis utilem sanctam conversationem, sanamque doctrinam, circa hæc tempora defungitur. Qui cum jam in extremis laboraret, Corpusque Dominicum humiliter ac devote dari sibi poposcisset, fratres ei pro vero Corpore Domini, eo quod alimentum retinere non poterat, timentes de nausea, hostiam simplicem non consecratam porrexerunt. Quod ille revelante Spiritu mox cognoscens, ait: Deus misereatur vestri, fratres, quare me deludere ac decipere voluistis? Non est iste Deus meus qui me redemit. Quibus stupentibus, & de hoc quod inconsiderate egerant pœnitentibus, ac veniam a Deo & ab eo etiam poscentibus, Christi verum Corpus detulerunt. Ille autem sentiens quod propter nauseam sumere secure non valeret, ne tanto fieret injuria Sacramento, erectis in altum oculis ac manibus, talibus verbis fertur orasse: Accedat filius ad Patrem, spiritus ad Dominum qui fecit illum. His dictis, mox spiritum emisit, & Dominicum Corpus numquam comparuit. Hic sanctus absque dubio tenetur, quamvis minime canonizatus. Ut autem carne exutus cuidam revelavit, cupienti scire de statu ipsius, quoniam vivens propter nimiam carnis teneritudinem disciplinas horruerat, non fuit dæmon in inferno qui ei ictum asperrimæ disciplinæ in purgatorio non daret. Inde mox creditur ad cœlum illam sanctam animam evolasse.

Filius. Hinc liquido colligitur quantum disciplina humiliter ac voluntarie sumta nos expertes reddere valeat e verberibus dæmonium, si tantus vir ita extitit ab eis flagellatus, quia disciplinas declinaverit, eo scilicet, ut dictum est, quod fuit corpore nimium delicatus.

Mater. Circa idem tempus beatissimus Thomas archiepiscopus Cantuariensis martyrizatus in Anglia, in propria basilica sedis suæ, in loco sancto, sacro in tempore, ab his qui eum tueri debuerant, nostris scilicet filiis, sed heu patricidis, pro nostra causa fovenda, nostra libertate tuenda, nostris juribus defensandis, pro defensione quoque justitiæ, inter manus sacerdotum & religiosorum ipsius ecclesiæ. Nam ibidem loco canonicorum sunt monachi S. Benedicti.

Monachi Benedictini in ecclesia Cantuariensi.

Filius. Magna & stupenda Deus omni-potens ob meritum hujus martyris declarandum egit prodigia, inter quæ illud mirabile fertur, quod ad ejus exequias, dum clerus pro introitu missæ *Requiem æternam* voce lugubri caneret, mox angelorum chori psallentium voces interrumpentes, martyris officium, scilicet *Lætabitur justus* seraphicis modulationibus decantaverunt, stupentibus cunctis atque mirantibus.

Mater. O quam venerandus pastor noster iste fuit, qui pro nostra libertate tanta sustinuit. Et licet tunc cum nostris in ejus occasum multum turbati fuerimus & afflicti, tum propter tam pii patris absentiam, tum propter ipsius atrocissimam necem; tum valde nos consolatus est Dominus post ipsius gloriosum triumphum, ob inaudita miracula quibus honorare voluit sanctum suum, quorum quædam hic libenter insererem, si non fastidiosis oneri esse formidarem.

Filius. Rectissime de isto dici debet quod de sanctis martyribus decantantur in jubilo: *Hic est vere martyr, qui pro Christi nomine sanguinem suum fudit, qui minas principum non timuit, nec terrenæ dignitatis gloriam quæsivit, sed ad cælestia regna feliciter pervenit.*

CAPUT XXV.

De hæresi Valdensium seu pauperum de Lugduno.

Valdensium hæresis seu pauperum de Lugduno circa hoc tempus contra Christum Dominum nostrum impudenter surrexit, quæ nos ut ceteræ hæreses multum turbavit, cujus inventor fuit diabolica inspiratione delusus, Valdensis quidam, civis Lugdunensis. Hic cum dives esset, relictis omnibus, paupertatem evangelicam sectari voluit, zelum Dei forte habens, sed non secundum scientiam. Qui scribi fecit aliquos Bibliæ libros in vulgari cum nonnullis sanctorum auctoritatibus; quæ minus sane intelligens, suo inflatus spiritu, apostolorum officium usurpavit, prædicando ubique, & suos ad prædicandum mittendo, errores plurimos seminaverunt. Moniti autem & examinati responderunt: Deo magis obediendum quam hominibus, prælatos & clericos aspernando. Tandem prohibiti; sed inobedientes & contumaces excommunicati sunt, & expulsi a patria, & post in concilio hæretici denuntiati sunt. Et factum est in grande malum & laqueum magnum simplicibus & devotis personis scandalum. Et utinam hodie esset finis. Sed nondum venit, ut cernimus. Nam miserrimi isti videntes sibi resisti & contradici per prælatos & pastores nostros, per prædicatores ac religiosos, & quod diutius aperte & palam nequeunt malignari, ad alia conversi sunt perditionis argumenta. Horum siquidem plurimi dæmonum invocatores facti & cum eis paciscentes, sortilegi facti sunt, nefanda cum humani generis hoste habentes susurria, damnandaque commercia. Hi pepigerunt foedus cum morte, & cum inferno fecerunt pactum, & cum diabolus eos semel detinet irretitos, perplexis, ut scribitur, nervis testiculorum compeditos, ad omne genus nequitiæ ab ipso miserabiliter pertrahuntur.

FILIUS. Memini me, Mater, in adolescentia, antequam hunc ordinem ingrederer, multa de hujusmodi sortilegis, qui vulgo scobaces dicuntur, audisse. Nam tunc & deinceps plures capti fuerunt in nostra provincia & combusti, qui prius in arcta positi quæstione, horrenda fatebantur. De quorum uno, si tamen id tibi rectum videtur, æstimo non silendum.

MATER. Dic ergo quod de illo nosti, caute tamen, neque enim videtur expediens cunctis eorum damnatorum nefanda acta singillatim replicando narrare, maxime propter quosdam modicæ fidei, qui facile possent in his scandalizari seu materiam errorum assumere, præsertim curiosa sectantes. Non enim omnia omnibus expediunt.

FILIUS. Optime loqueris, Mater, & prorsus juxta intentum nostrum. Itaque, ut jam dixi, ante ordinis hujus ingressum fuit quidam GUILLELMUS EDELINE dictus, theologiæ sacræ professor prius, sed ut post in propatulo patuit, ipsius persecutor. Hic prius Carmelita, inde ad Cartusienses accedens, sed non longo post tempore eos deserens, dispensatus, immo melius dissipatus ab ordine, ad sancti religionem Benedicti se transtulit: qui postea diabolica improbitate, tanta extitit ambitione absorptus, quod ut ad affectatas, male indigneque cupitas pervenire posset dignitates, cum hoste crudeli pactum fecit, & ipsum prius in humana effigie, ut facilius deciperet apparentem, adoravit, ejus manum nefariam flexis poplitibus osculando.

MATER. Proh nefas! Heu de isto recte dicere possumus quod dudum dixit propheta: *In domo Dei vidi horrendum.* Quid enim aliud iste quam horrendum idolum in templo Dei, & monstrum abominabile fuit? Et qui esse debuit vas in honorem, factum est vas execrabile in contumeliam. Sed ut hoc plenius appareat, fode, Fili, parietem, ut videamus abominationes majores.

FILIUS. Vere majores, sed ne in immensum capitulum protelatur, in aliud explananda serventur.

MATER. Sic certe congruit, & ita fieri placet.

CAPUT XXVI.

De eodem.

FILIUS. Postquam hunc miserum humani generis hostis loris infidelitatis tenuit fortiter alligatum, nequaquam ei quod egerat suffecit, sed ipsum ad deteriora pertraxit. Nempe jam non in humana effigie, sed in vilissimi hirci forma sese ostentans, ad hoc perversum ac detestandum & omnino inhonestum perduxit, ut eum adorando ipsam pudendam corporis partem, secessum scilicet oscularetur, abominabilior certe factus quam equus & mulus, quibus non est intellectus. Hic insuper ad id perfidiæ deductus est miser, ut in ipsorum scobacium detestando conventu, qui ad certum noctibus per aëra, ut ipsi missi confessi sunt, deportabantur locum. Hic, inquam, infelix inimici præco factus est, & qui quondam fuerat præco veritatis, factus est nuntius hostis, miseris ita dicens: Vos ipsos, ut decet, ad dominum & magistrum vestrum recipiendum præparate. Taceo de abnegatione sanctæ Trinitatis, JESU CHRISTI Domini nostri ac suæ dignissimæ Matris, dignissimi Crucis vexilli, sanctorum Sacramentorum, & aliorum quæ fideles credere tenentur & servare. Nam illa horrenda sunt ipso auditu. Nam ille postquam diu in tali errore mortuus in anima vixit, deprehensus captus est, & in manus Ebroicensis honorandi pontificis traditus, qui & sacros mihi ordines omnes contulit in ipsa Ebroicensi civitate. Hic venerandus antistes labores multos assumsit, ac expensas copiosas consumsit, ut posset ad veritatem hujus negotii pervenire. Nam quanto hic infelix erat in scientia exercitatior & in astutia callidior, tanto ad convincendum difficilior. Convictus est tamen, & confessus articulos erroneos est ultra triginta, qui inter doctores & magistros diligenter examinati, tamquam execrabiles damnati sunt, & ipse auctor eorum adjudicatus est hæreticus. At quoniam ipse ab initio credens sibi posse suffragari, in auxilium sui advocaverat Universitatem Cadomensem. Econtrario venerabilis episcopus GUILLELMUS *de Floques* dictus, vir bonus, sed simplex, B. BENEDICTI etiam professus, in adjutorium sui & pro causa fidei tuenda Universitatem Parisiensem assumsit, quod satis necessarium fuit. Post diuturnum autem causæ processum, interrogatus tandem per excellentes theologiæ ac juris doctores ad hoc convocatos, utrum vellet eosdem articulos nefandos abjurare, & utrum agnosceret se errasse; respondit quod sic, velleque omnes suos errores, cuncta etiam pacta execranda, quæ cum hoste contraxerat, revocare, fidemque catholicam profiteri paratum, ac deinceps in eadem vivere stabiliter & mori velle. Tandem a pio pastore & episcopo præfato, vicario tuo, suscepta est, Mater, in gremium tuum ovis, quam lupus invaserat, recepta prius cautione & juramento in capella dicti episcopi, coram testibus plus quam triginta. Et hæc omnia certius cognovi. Nam statim post promotor fidei in hac materia M. Johannes *Gravelle* dictus, mihi poscenti confessionem illius pauperis dedit, & alia sui processus acta, cum sententia definitiva, & omnia manu propria scripsi, & apud me tenui, donec ab illa domo recedens, ad hunc ordinem accessi. Summa autem totius actus totiusque processus talis fuit. Primo ab inquisitore fidei ad hoc vocato, in curia episcopii fuit coram populo prædicatus, & de certis ac principalioribus articulis per singula interrogatus, cuncta confessus est, quæ prius coram testibus fuerat in privato confessus. Post quæ lecta sententia, quæ & ipsos erroneos articulos continebat, condemnatus fuit per M. Simonem Capistri vicarium episcopi, & officialem curiæ, ad perpetuos carceres in pane angustiæ & aqua doloris, quamdiu esset in humanis. Ad quod episcopus proprio ore subjunxit: *Retenta nobis misericordia nostra.* Tunc ad ista inquisitor fidei protestando respondit: Protestor, inquit, auctoritate qua fungor in hac parte, quod nullo modo relaxabitur absque consensu magistri nostri generalis hujus provinciæ inquisitoris, vel nostro in ejus absentia. Et sic iste mox fuit carceri mancipatus, in quo per quadriennium supervixit, & ut postmodum comperi, signa in eo deprehensa sunt veræ pœnitentiæ. Deinde in eodem carcere, ut audivi, genibus flexis ac junctis manibus mortuus est repertus. Hanc narrationem, Mater, sic diffuse duplici de causa posui, ad cautelam scilicet multorum, qui forte possent seduci ab his Valdensibus, seu Scobacibus, quorum multi, quamvis ignoti, supersunt, non dubito: & ut unusquisque formidet, sibimetque timeat, dum audit tantum virum sic turpiter corruisse, sicque ab hoste delusum fuisse, ut ipsum in forma, ut dictum est, vilissimi hirci veneraretur, suaque posteriora fœda deosculraretur. Tanto autem de his certius loquor, quanto, ut præfatus sum, hæc eadem manu propria scripsi.

Mater. Utinam hæc, etsi non prodesse, saltem nulli possint obesse. Jam tempus exigit, ut ad ea quæ restant narranda reflectamur.

CAPUT XXVIII.

De sacro Ordine Fratrum Carmelitarum, & de quibusdam aliis.

Post ferventem horum damnatorum Valdensium ebullitionem, non multis elapsis annorum spatiis, ut quidam volunt, incœpit ordo sacer B. Mariæ de Carmelo, qui & Carmelitarum dicitur, quem Albertus patriarcha Jerosolymitanus in monte Carmeli instituit, & sanctus Bertoldus postmodum ab Haimerico Antiocheno patriarcha fratribus ibidem Deo & sacræ Virgini illius loci patronæ famulantibus in priorem est assignatus, quamvis ipsi Carmelitæ longe ante, tempore scilicet Heliæ, suum hunc ordinem cœptum fore asseverent. Qui hoc non credit, opponat se, si voluerit, contra eos. Non enim decet nos contentionibus deservire. Quidquid sit, credendum est hos quos prænominavimus venerabiles patres ipsi ordini magnum dedisse profectus incrementum: in quo quidem ordine postmodum per orbem dilatato plurimi & magni in vita, fama, atque scientia fuerunt, qui nobis plurimum profuerunt, ac nos contra hostes valenter se opponentes adjuverunt, de quibus merito quosdam dignum est propriis designare nominibus.

Primus Bertholdus sanctus præfatus, qui fama celebri multis innotuit, & inter multa præclara suæ sanctitatis indicia animas quamplurium fratrum, quos Saracenorum absumserat gladius cum corona martyrii, ab angelis deferri ad cœlos vidit.

S. Angelus Hierosolymitanus Carmelita vir sanctioribus annumerandus, nominis sui vere speculum, tamquam nubes imbrifera prædicando circumquaque discurrens, innumeras Christo lucrefecit animas, qui etiam tandem post multa miracula effusione proprii sanguinis mortis vicem reddidit.

S. Cyrillus Græcus melli'siui Carmeli prior, doctorque tum vitæ sanctitate, tum prophetiæ dono conspicuus, multa conscripsit futuris sæculis profutura, & copiosis miraculis Deo procurat gloriam mundoque stuporem.

S. Albertus de Tarpano Carmelita, Siculus genere, vir meritis, signis, doctrinaque clarus, ac totius perfectionis exemplar, VII. idus Augusti migrauit ad Dominum.

Girardus de Bononia hujus sacri ordinis columna stabilis, ac doctor mirificus, sapientia, doctrina & opinione celebris, post plurium editionem librorum in Avenione vitam exuit temporalem, possessurus sempiternam.

Johannes de Bachone Carmelita, theologicæ sapientiæ canonicæque scientiæ princeps, Parisius & demum per Angliam clarus habetur.

Guido de Perpiniano ex priore generali Carmeliticæ religionis primum Majoricensis, ac demum Duensis pontifex, deque inter præcipuos commendatus, & ut alter Elias pro domo Domini seriosus, post Correctorium juris & alia quamplurima volumina, librum contra omnes hæreses scripsit, mercedem a Domino pro suis immensis laboribus recepturus.

Petrus de Casa ex priori generali Carmelitarum episcopus Vasionensis ac Hierosolymitanus patriarcha, virtutis fama doctrinæque speculo clarus dignoscitur, quem etiam plura miracula Deo contegnare testantur.

S. Petrus Thomæ ex Carmelita Pictaviensis episcopus, & patriarcha Constantinopolitanus, doctor percelebris, summique regis signifer bellicosus, post innumeras quas habuit, nedum cum spiritualibus, sed & cum corporalibus Crucis inimicis, victorias, post plures conscriptos libros & patrata miracula, in Cypro corpus exuit in festo epiphaniæ, cœlo perenniter victurus.

Michael de Andegavis Carmelita, totius christianitatis luminare, post editionem multorum librorum; post Dei verbum in populis fructuose ac utiliter seminatum, terras liquit, superis sociatus.

Johannes Soreth prior generalis ac reformator Carmelitici ordinis, vir sanctæ vitæ, & singulariter Christo fructificus, postquam Carmelum totum xx. rexit annis laudabiliter, Andegavis obiit, ubi quamplurimis nunc miraculis coruscat.

Hi omnes & quamplurimi alii in sancto ordine isto diversis temporibus floruerunt, nostrumque statum plurimum decoraverunt.

Filius. Dignus est ordo iste valde, plurimumque laudandus, qui tamquam vitis egregia in tuo horto, Mater, plantata, quot sanctos protulit quasi tot palmites misit.

Mater. Post & alia nobis oritur tribulatio non modica: nam anno MCXCIII. Jerusalem iterum capitur à Saracenis, Deo justè permittente, & gloriosissimum Sepulcrum cum sancta Cruce invaditur, propter peccata Christianorum, & præcipuè luxuriæ & crapulæ. Nam rarus erat in monasteriis, rariorque in sæculo quem non morbus luxuriæ infecisset. Et quia tota terra sordescebat sceleribus, ideo projecit Dominus populum suum, inducens multas tribulationes super eum, sicut quondam fecerat tempore regum Israël & Juda, quando propter idololatriam aliaque scelera populus Israël ductus est in captivitatem Babylonicam, ibique captivus detentus est per annos septuaginta, hoc est à tempore Jechoniæ regis Judæ, usque ad secundum annum Cyri regis Persarum. Et pro recuperatione illius terræ sanctæ, sed per sceleratos Christianos jam jamque profanatæ, passagium grande ordinatur tempore Clementis tertii, & imperator Fredericus crucem accepit, & quamplurimi principes cum eo, & factus est concursus maximus. Tamen parum profecerunt, nec aliquid recuperarunt præter solam Achon. Nondum siquidem completa erat malitia populi, nec iniquitas ejus dimissa. Sciscitantibus autem principibus ab abbate Joachim, qui spiritum prophetiæ dicebatur habere, an ad terram sanctam proficisci deberent, respondit: Non, quia tempus nondum advenisset.

Filius. Iste Joachim utrum verus fuerit propheta ignoro; plura tamen prædixit, & scripsit, atque in quibusdam erravit.

Mater. Hæreticus tamen non fuit, quia errori suo pertinaciter non adhæsit, sed suæ dictæ nostræ determinationi nostrorumque rectorum humiliter submisit, ut patet in principio decretalium.

Filius. Non ingens error, nec gravis admodum videtur offensa, quæ humili obedientia expiatur.

CAPUT XXVIII.

De Ordinibus domnorum Theutonicorum, sanctæ Trinitatis, & Augustinensium.

Mater. Fuit & alius ordo domnorum Teutonicorum qui cœpit circa annum Domini MCXCIV. sub Cælestino papa tertio, & ortum habuit in Prussia ex ordine sancti Johannis Jerosolymitani, cujus professores nobiliter fuerunt inchoati, nobiliusque in exordio ipsius conversati, satisque fuerunt nostro statui apti, atque ad nostram defensionem idonei. Sed, heu! fallaces divitiæ omnem pene ordinem nituntur evertere, omnem statum prorsus moliuntur depravare. At quoniam hi magis exuberant divitiis, verendum est ne a suo proposito exorbitent viventes in deliciis. Omnipotentem autem Deum deprecamur, ut ipsis bene agendi gratiam tribuat, ut unusquisque id quod voverit devotus adimpleat.

Filius. Hi habuerunt associationem ad ordinem nostrum, & utinam nos Christus dignos efficiat orare pro invicem, ut salvemur.

Mater. Fuit & alius ordo qui SS. Trinitatis dicitur, qui & circa hæc tempora exordium sumsit. Hujus ordinis sunt qui Parisius dicuntur Maturini, & est ordo satis famatus satisque dilatatus. Hi maxime vigilare debent redemtioni captivorum ab infidelibus detentorum, & ob hoc magnos reditus & pingues possessiones habent, a devotis etiam fidelibus eleemosynas multas ac pecunias numerosas consequuntur.

Filius. Veneranda mater, æstimo quod in his religionibus valde necessaria esset reformatio. Sed & si secundum illorum intentionem, qui ipsos ordines primitus statuerunt, eorum professores vixissent, æstimo quod uberius pullulassent.

Mater. Verum est, Fili, sed ne æstimes quod in his solis necessaria sit reformatio. Est & in ceteris ordinibus, sed & in omni statu nostro vel gradu; & ob id venerabiles Constantiensis concilii patres, filiorum nostrorum pastores, optime & necessario statuerunt, ut in posterum generale concilium de decennio in decennium celebrari deberet. Plura insuper utilia statuit, quæ minime observantur in perniciem & subversionem totius status nostri animarumque exitium & perditionem.

Filius. Æstimo, Mater, quod nihil utilius pro omnimoda reformatione cleri, totiusque tui directione status generali concilio foret.

MATER. Hoc quod asseris, nihil verius esse constat, sed ambitiosorum, simoniacorum, avarorum ac cupidorum, fornicatorumque impia ac nefanda conversatio correptionem respuit, reformationem non admittit. Talium siquidem perversa consilia, nefanda susurria principum mentes depravant, & a recto sæpe deflectunt, ut difficile condescendere & consentire possint quod concilium celebretur, putantes hoc fore in regum regnorumque præjudicium, quod profecto esset in decus & profectum. Et hos dimittamus, necesse est enim silere quod audire non possunt. Transeamus itaque ad alios.

Imperante OTHONE IV. & INNOCENTIO papa III. incœpit ordo Augustinensium, qui mendicartes dicuntur, seu eremitæ sancti Augustini. Ordo iste fontaliter a B. AUGUSTINO, secundario a venerabili GUILLELMO digno Parisiensi præsule, sumsit originem. Hic ordo valde necessarius nobis, exercetur circa prædicationes & animarum lucra. Nec ambigas quammultos in ipso sacro ordine floruisse, immensumque fructum in Dei vinea protulisse. Nempe hujus sacri ordinis flos vernantissimus & redolentissimus extitit S. NICOLAUS de Tolentino, vir utique doctissimus atque sanctissimus, prædicator egregius, ac fidei zelator ferventissimus. Hic mundum sibi crucifixum semper habuit, seque mundo crucifixum exhibuit, Christum etiam crucifixum mente devota assidue bajulavit. Claruit autem signis atque miraculis quibus ipsum decoravit Christus dum adhuc viveret. Nunc insuper ?um Christus ob labores quos pro ipso in terris degens indesinenter pertulit, in cœlesti regno perenniter regnaturum gloria & honore coronavit: quoniam, ut ait Sapiens, *bonorum laborum gloriosus est fructus*. Fuerunt & alii in ipso ordine doctores plures venerabiles ac mirifici, sancti ac Deo digni, odore virtutum ac scientiæ redolentes, & adhuc sunt & erunt, Deo largiente, in nostro statu plurimum proficientes tam sibi quam aliis, & signanter circa exercitium virtutum sanctarumque prædicationum, pro quibus & aliis piis operibus mercedem habent repositam in cœlis. Si qui autem sint qui non ex caritate, sed propter quæstum evangelizant, mercede merito privantur æterna, solumque eis secundum apostolum dispensatio credita est. Audi quid de hujusmodi prædicatoribus idem dicat apostolus.

1. Phil. 1 f. *Quidam propter invidiam & contentionem, quidam vero propter bonam veritatem Christum prædicant. Quidam ex caritate, scientes quoniam in defensionem evangelii positus sum: quidam vero ex contentione Christum annuntiant non sincere, existimantes pressuram se suscitare vinculis meis. Quid enim, dummodo sive per occasionem, sive per veritatem Christus annuntie-* tur? *Et in hoc gaudeo, sed & gaudebo. Scio enim quoniam hoc mihi proveniet ad salutem.* Quæ omnia sicut tunc quamvis in se experta, in nostra tamen maxime loquebatur personæ: ita & nunc quoque in nobis ac nostris modernis prædicatoribus videntur adimpleta. Ergo unusquisque videat qua intentione prædicet: si bona, habebit inde gloriam, & hanc apud Deum: si mala, habebit forsan & ipse gloriam, sed apud homines, & ideo vanam, quia vani filii hominum; & vere vana est humana gloria & volatilis, nihil in se prorsus stabilitatis habens; ob hoc ejus appetitores inconstantes, vanos, & instabiles facit, & valde vereor, multumque formido ne plures tales sint, non in hoc tantum, de quo loquimur, ordine, sed in aliis ordinibus & statibus.

FILIUS. Novi dudum paucos istius ordinis, sed valde venerabiles viros, atque statui prædicationis valde idoneos, quorum unus fuit gradu & sapientia ac vitæ probitate conspicuus, primo sacræ theoriæ doctor insignis, inde episcopus Dimitriensis M. JOHANNES FABRI de conventu Rothomagensi. Hic longo tempore reverendissimi illius loci archiepiscopi suffraganeus fuit, deinde episcopi Ebroicensis, quo quidem tempore ipse mihi Christi ac sua gratia, licet immerito, minores ordines contulit. Vir iste reverendus admodum gravis & magnæ probitatis sanique consilii fuisse dignoscitur. Hujus primum discipulus fuit ROBERTUS Clementis, qui eadem qua & ejus magister via processit, eisdemque vestigiis; nam & ipse primum sacræ paginæ doctor fuit irrefragabilis, deinde episcopus Hypponensis, ac reverendissimi domini Rothomagensis suffraganeus & coadjutor maxime in ordinibus conferendis extitit & est, ut æstimo, adhuc enim ipsum fore superstitem non dubito.

MATER. Non dubites, Fili, viros percelebres in hac religione fuisse, quorum quidam merito, ut hi quos nunc memorasti, ad nostras dignitates sunt provecti. Alii autem & fuerunt & sunt, non ambigas, etsi non ad harum dignitatum culmen evecti, non tamen ad hoc ipsum minus idonei, sed nec sedibus æthereis minus digni.

FILIUS. Verum esse constat quod asseris, nempe, ut ait Augustinus, non in sublimitate graduum, sed in amplitudine caritatis acquiritur regnum cœlorum.

CAPUT XXIX.

De ordine Vallis Scholarium.

MATER. Nunc operæ pretium reor diligentius describere qualiter Vallis Scholarium ordo sumsit originem, quamque copiosa benedictione gratiæ cœlestis a primaria sua institutione perfusus sit enarrare; eoque
curiosius

curiosius id facio, quo te ordinis ipsius in adolescentia atque juventute professum fuisse non ignoro, ne forte cuiquam videatur, quod in contemptum ipsius exieris, vel minus sufficientes forent ipsius observantiæ volentibus in statu religionis proficere, quod neutrum credo. Scio tamen quod non sine causa illum ordinem reliqueris, quod & ipsum jam dudum confessus es.

FILIUS. Vera sunt, Mater, cuncta quæ astruis, & non est in tuis verbis quicquam indiscretionis, ne dicam falsitatis admixtum. Et quamvis illum ordinem reliquerim, quia tamen in ipso dulciter educatus extiti, diligo & diligam eum in æternum. Quapropter tibi gratias refero ex hoc, quod scilicet de ipso ordine plenam facere narrationem polliceris.

MATER. Optime. Audi igitur attente quæ dico, quæque possunt & tibi & aliis proficere. In alma igitur Universitate Parisiensi erant viri divinis & humanis disciplinis eruditi, magistri utique celeberrimi, atque fama excellentes, videlicet GUILLELMUS, RICHARDUS, EVRARDUS, & MANASSES, quorum primum venerabilis senectus, morum gravitas, decor sapientiæ, nitor eloquentiæ, & inter hæc humilitatis mansuetudo ceteros præcellere dignum reddebant. Hi non multum longe ab invicem positi, facti quasi in extasi viderunt stare coram se quamdam arborem sublimem ac decoram, ramorum & frondium ornatu mundum decorantem: cumque hora opportuna familiariter mutuo colloquerentur, venerandus idem magister GUILLELMUS ita infit: Ego studens librum Ezechielis prophetæ, non solum semel & bis, sed etiam jam trina vice, ante me vidi stare quamdam arborem magnam, pulchram & fulgidam, cujus rami videbantur mundum perornare. Quod & ceteri tres similiter confessi sunt similem arborem pluries se vidisse. Considerantes igitur tantam & tam continuam arboris condensæ visionem, magnæ futuræ rei signum evidens per divinam gratiam eis fuisse ostensam, habita gravi & matura deliberatione cum plurimis doctissimis ac prudentissimis viris, qui nec decipi possent, nec decipere vellent, aliquem ordinem sublimius vivendi atque salubrius, prout desursum a Patre luminum eis descenderet, noviter instituere & incipere decreverunt. Tunc idem venerabilis magister GUILLELMUS post longam exhortationem ad socios præfatos factam, demum ita conclusit: Eia, carissimi, genus nobile altamque progeniem ac cetera quæ possidemus præter amare Christum obliviscamur. Eam* hinc & elongemus fugientes, & sec* um prophetam maneamus in solitudine, ut Dei gratiam inveniamus in tempore opportuno. At ut ille sanctæ exhortationis verba finivit, ipsi conscholares & magistri humiliter obtemperantes velut Christo eos vocanti, leni jugo pœnitentiæ colla subdiderunt, mundum & omnia quæ mundi sunt pariter relinquentes.

Itaque anno MCCI. iter arripientes angelo duce in fines Burgundiæ versus Lingonensem urbem devenerunt. Tandem post multos locorum circuitus, ad quamdam vallem, longe ab hominum accessu sitam, solis feris habitabilem, altis rupibus circumquaque vallatam gratia reficiendi corpora declinaverunt. At subito de sub rupis pede fons limpidus emanavit, qui tunc usque numquam hominibus visus fuerat. Quo comperto, cognoscentes locum illum a Deo sibi paratum, reverendum patrem GUILLELMUM Lingonensem episcopum adeunt, propositum insinuant, locumque illum sibi ab eo dari ad serviendum Christo perpetuis temporibus petunt. Tunc pius episcopus Dei caritate tactus, gaudenter suscipit peregrinos, reficit lassos, pauperes alloquitur, visionem intelligit, limpidi ac novi fontis audit rumorem, gloriatur patriam tantis patribus decorari. Suæ ecclesiæ capitulum consulit, largitur quod petunt, obtinent quod volunt, devotas gratiarum actiones Domino bonorum omnium largitori referunt. Miratur magister FREDERICUS vir prudens, auctoritate magnus & omni honestate fultus, electus, & confirmatus episcopus Catalaunensis, qui cum pluribus episcopis aliisque eminentibus viris apud Lingonis aderat, benedictionis ac consecrationis munus assecuturus. Miratur, inquam, tantorum virorum singularem affectionem, quos nuper noverat inter celeberrimos Parisius honorari. Et ecce nunc hos prospicit eremi loca quærere, ciborum spernere delicias, luxum calcare sæculi, visus hominum fugere, totaque mentis aviditate viam pœnitentiæ arripere. Cuncta hæc mente sedula & affectata meditatione pertractans, cogitat se moriturum, diem iræ, extremæ calamitatis & miseriæ tacita mente revolvit, supplicia epulonis divitis, & præmia ulcerosi pauperis retractat & pensat, honores sæculi fugitivos, fluxam gloriam, fallaces esse divitias, onus pastorale gravissimum, animarum sarcinam fore periculosissimam. Quid multa? Episcopatui & omnibus quæ mundi sunt propter Christum renuncians, cunctaque vana & caduca contemnens, pauper Christi efficitur, & apud Catalaunum ad ejus instantiam loco ejus substituto episcopo, ad antra deserti in pœnitentia victurus sponte ipsis sese conjunxit. Eunt itaque ipsi quinque viri Dei gaudentes a conspectu episcopi, quoniam digni habiti sunt pro nomine JESU dicatam sibi vallem obtinere. Construunt exigua cellarum tuguria, modicoque contenti pabulo, in illa vastissima valle morantur, omnipotenti Deo die noctuque plurimis mox aggregatis fratribus famulantes. Itaque sapientium freti consilio, certam formam vivendi eligentes, proposuerunt sub regula beatissimi Augustini patris venerabilis militare, habentes officium ecclesiasticum, & habitum secundum propositi sui congruentiam, more fratrum B. Victoris juxta Parisius. Quorum piam electionem memoratus episcopus Lingonensis auctoritate sua ordinaria laudavit & ratificavit, & ad ejus supplicationem Honorius papa III. auctoritate apostolica confirmavit & approbavit anno MCCXVII.

Filius. Habent hujus ordinis professores ultra præfatam Augustini regulam constitutiones laudabiles, arduas satis. Nam inter multa ita habetur in eisdem: Fratres camisiis lineis non utantur, in dormitorio jaceant sine culcitris, super pannos lineos succincti tunicis, & calceati caligis. Calceamenta etiam genua non excedant. Clausa desuper ferant indumenta, corrigias de corio habeant amplas valde, cultellos sine cuspidibus nullum auri vel argenti ornatum habentes. Pellibus utantur agninis seu etiam vulpinis tantummodo. Alia quoque multa honesta valde & religiosa in eisdem habentur constitutionibus. Sed & secundum antiquum rigorem carnium usus eis interdicitur. Scio tamen quod super hoc ab apostolica sede quasdam habent relaxationes.

Mater. Si easdem suas constitutiones perfecte servarent, non multum a Cartusiensi distarent proposito, sed vereor ne ut alii multum sint dilatati & relaxati a rigore primario.

Filius. Certo certius novi hoc quod asseris, Mater, verissimum fore. Fateor autem non ad propriam, sed utinam ad Dei laudem, postquam ab illo ordine discessi, ferventi succensus sum zelo pro illis quos reliqueram, & pro reformatione illius domus quæ me educaverat, atque a puero nutrierat; & cuidam de domo illa bono viro optimoque zelatori, & qui dudum, ut, Mater, nosti, neque enim illum ignorare potes, multa pertulerat pro contritione Joseph, multaque scripsisse me memini, quæ mihi videbantur ad illam reformationem competentia, sed frustra ut vereor.

Mater. Unusquisque mercedem recipiet secundum suum laborem. Si propter hoc & tu & ille desudastis, nec secutus est fructus optatus, tamen non erat vacua vobis merces.

Filius. Utinam ille, jam enim discessit, a bono Domino recipiat pro jactato semine manipulos copiosos! Utinam & ego illum post mortem contemplari merear in gloria Dei Patris! Amen.

CAPUT XXX.
De Ordine Prædicatorum seu Jacobitarum.

Ordinem hunc sequitur tempore, sed præit fama & nomine, ordo Prædicatorum, qui vulgo Jacobitæ dicuntur, a B. Dominico Hispano viro sanctissimo originem ducens. Qui beatissimus confessor, apostolicæ perfectionis ferventissimus æmulator, mirabili zelo persequitur hæreticos, miraculis coruscantibus atque prodigiis, quæ per illum fecit Dominus. Qui cum Romæ pro confirmatione sui ordinis apud papam instaret, nocte orans vidit in spiritu Christum in aëre existentem, & tres lanceas manu tenentem, & contra tres mundi status eas vibrantem; cui velociter pia mater occurrens, quidnam facere vellet inquisivit. Et ille; Ecce totus mundus tribus vitiis plenus est, superbia scilicet, luxuria, & avaritia: & idcirco his tribus lanceis ipsum, quem diu multumque sustinui, jamjamque perimere volo. Tunc virgo benigna ad ejus genua procidens ait: Fili carissime, miserere obsecro, & rigorem tuæ justitiæ misericordia tempera. Cui Christus: Nonne vides, Mater, quantæ mihi injuriæ irrogantur? Cui illa: Tempera, Fili, furorem, & parum expecta. Habeo enim servum fidelem & pugilem strenuum, qui ubique discurrens mundum expugnabit, & tuo dominio subjugabit. Alium quoque servum habeo, quem ei ad hoc ipsum in adjutorium dabo, qui contra mundi vitia similiter decertabit. Cui Filius: Ecce placatus faciem tuam suscepi, sed vellem videre quos tu ad tantum officium velles destinare. Tunc illa sanctum Dominicum præsentavit. Cui Christus vere bonus & strenuus pugil iste, & studiose faciet quod dixisti. Obtulit etiam sanctum Franciscum, & hunc Christus, sicut & primum pariter commendavit. Regressus autem Tolosam ad fratres suos, postquam consensum Innocentii III. de erigendo novo ordine obtinuit, omnibus in unum congregatis, & invocato Spiritu-sancto, (erant autem CCXVI,) regulam B. Augustini prædicatoris & doctoris præcipui elegerunt; quasdam artioris vitæ consuetudines, quas sibi per formam Constitutionum observandas statuerunt, insuper assumentes. Verum interea Innocentio defuncto, ab Honorio tertio confirmationem sui ordinis obtinuit anno MCCXVI.

Hic ordo venerabilis mirabiliter dilatatus est, & plurimum fructificavit Christo & nobis animas lucrando, & ad veram fidem ducendo, hæresesque destruendo, ac ubique hæreticos persequendo. Ordo iste quasi innumeros habuit laudabiles ac omni laude dignissimos patres ac doctores, egregiosque prædicatores quamplures, etiam in summo apice dignitatis locatos, quorum primus fuit, quoad ecclesiastici honoris fastigium, Innocentius V. excellentissimus in scientia & moribus; sed heu! postquam in papam est assumtus, statim rapitur, & tantum mensibus quinque præfuit, tamque fulgida lucerna statim extincta est, nam eo dignus non erat mundus. Hic prius dictus est PETRUS A de Tarentasia, qui cum pluribus aliis æque sanctis & litteratis viris fortiter pro nostra defensione agonizavit. Horum quammulti in diversis mundi partibus contra inimicos crucis Christi decertarunt, a divina bonitate missi & adjuti. Alioqui tota pene fides periisset propter hæreticorum muititudinem & subtilitatem, simul & potentiam, quorum quamplures ab hujus ordinis exordio fuerunt.

De hoc quoque ordine fuit BENEDICTUS papa XI. vere benedictus & sanctus, sed ut alter cito rapitur, & tantum mensibus octo diebus XVII. præfuit.

De hoc ordine extitit ALBERTUS magnus, & vere magnus, tam morum sanctitate, quam scientiæ claritudine. Hic prius doctor præcipuus, postmodum episcopus Ratisponensis, de quo mira dicuntur.

Hunc sequitur S. THOMAS de Aquino doctor egregius, ipsius ALBERTI discipulus, qui mirabiliter laboravit in scholis, Universitatem Parisiensem incomparabiliter doctrina & eloquentia venustando. Plures summas ac libros edidit, tam in theorica, quam etiam in dialectica vel philosophica facultate; & ejus veridica doctrina communiter utuntur moderni; perspicua siquidem est & familiaris. Hic sanctus virgo obiit, plenus operibus sanctis LII. ætatis suæ anno, duplicem aureolam reportans, doctoralem & virginalem, multisque claruit miraculis in vita & post mortem. Ejus vitam stilo venusto exaratam vidisti, hæc & alia plenissime continentem.

Hunc non longo post tempore sequitur S. PETRUS martyr gloriosus & inclytus, qui ipsum ordinem valde venustat. Hic impie ab hæreticis perimitur, multis clarus virtutibus, signis atque prodigiis mundum illustrans universum, triplicem aureolam reportans, doctoris, virginis, & martyris. Hujus vita in legendis sanctorum diligenter invenitur expressa.

Floruit & RAYMUNDUS, juris speculum, decretalium compilator, quæ de mandato GREGORII. IX. ad studia universalia legenda destinantur.

Sed & HUGO cardinalis, qui totam Bibliam postillavit.

Magister JORDANUS sanctus & doctor irrefragabilis, multumque nobis fructificus. Quam profundus autem in scientia extiterit ejus scripta testantur.

Reverendus etiam pater M. BERENGARIUS doctor doctioribus comparandus, primo generalis ordinis, dein episcopus Compostellensis, vir utique in cunctis strenuus, in ipso ordine suo tempore floruit: sed & nunc in suis egregiis floret scriptis.

Venerabilis magister ac doctor solertissimus deinde episcopus Lodovensis magister BERNARDUS, qui quatuor speculi sanctoralis edidit libros, opus egregium, & alia multa fragranti stilo digessit.

Magister ULRICUS doctor præ multis in arduis quæstionibus allegatus, præfati ALBERTI magni discipulus, magistro haud degener.

VINCENTIUS speculator, qui omnem scibilem collegit scientiam studiosis perutilem.

HUBERTUS quoque doctor vernantissimus ac generalis ordinis, moralis valde.

Magister JOHANNES de Janua doctor scientificus, qui inter multa laudabilia etiam catholicon compilavit, opus ecclesiasticis pernecessarium.

Magister JACOBUS Januensis disertus doctor & floridus, qui legendam auream compilavit breviando opus compendiosum.

Dominus JOHANNES de Turrecremata reverendissimus Romanæ ecclesiæ cardinalis fere tuus contemporaneus, qui multum laboravit in nobis, plurimaque optima scripsit, inter quæ Summam quæ Flos theologiæ dicitur, in qua multa de dictis præcedentium doctorum congregavit in unum, quasi qui racemos colligit post vindemiatores. Quid ultra dicam? Deficiet mihi tempus, si vel exiguam portionem de multis recensere velim qui in isto sacro ordine floruerunt per orbem, quorum nomina sunt in libro vitæ.

FILIUS. Ultra quam credi potest, admiror valde hunc ordinem, dum eum mente contueor, velut quamdam arborem ramos suos ubique terrarum protendentem.

MATER. Arbor certe sublimis & fructifera super rivos aquarum plantata; seu vitis generosa, quæ vere extendit palmites suos usque ad mare, & usque ad flumen propagines ejus.

FILIUS. Unum est in quo ordo iste videtur præcellere, quod videlicet ipsius professoribus & solis inquisitio fidei committitur, non aliis cujuscumque gradus, conditionis, vel ordinis.

MATER. Id certe magnum & decus singulare, & utinam ad hoc ipsum vigilent & intendant ad Christi gloriam, fidei exaltationem & animarum salutem.

FILIUS. Amen.

CAPUT XXXI.

De ordine fratrum Minorum & eorum sanctissimo legislatore B. Francisco.

MATER. Minorum ordo, qui vulgariter Cordigeri dicuntur, eodem tempore instituitur a sanctissimo & Deo digno FRANCISCO, primo in Italia, unde oriundus fuit. Vir iste singulariter extitit sanctissimæ paupertatis amator, humilimæ & abjectissimæ humilitatis ferventissimus, æmulator, B. DOMINICI contemporaneus & sodalis, similis voti, ejusdemque propositi. Hic suis sequacibus, ut unanimem haberent formam vivendi, scripsit evangelicam regulam, quam domino Innocentio papæ III. præsentavit. Sed cum differret illam confirmare, præsentia sancti plurimum delectatus, tandem domino vocante obiit, & sic per dominum Honorium III. ipsa regula approbatur, & sacer Minorum ordo confirmatur anno MCCXVI. anno eodem scilicet, quo & Prædicatores, sex tamen mensibus postea. Hi duo divini verbi satores Dominicus & Franciscus cum gente sua mirabilem fructum in Christi regno ac nostro fecerunt. At quoniam prius de Prædicatoribus aliqua diximus, nunc de Minoribus pauca dicamus. Et primo vir iste seraphicus Franciscus Italicus incomparabilis fervoris, ac summæ perfectionis, paupertatis evangelicæ quasi quoddam speculum & exemplar perlucidum fuit. Multis quoque & magnis in vita & post mortem claruit miraculis: inter quæ illud singulare est, summum, mirabile atque stupendum, quod dum semel oraret, & præ nimio fervore totus arderet intus amore & compassione Christi Jesu Crucifixi, supra se seraphim crucifixum aspexit, qui crucifixionis suæ signa sic ei evidenter impressit, ut crucifixus videretur & ipse. Consignantur quippe manus, pedes, & latus crucis caractere, sed diligenti studio ab omnium oculis ipsa sacra stigmata abscondebat. Quidam tamen fratrum hæc in vita viderunt, sed in morte plurimi conspexerunt.

Filius. Privilegium singulare certe, & geminæ dilectionis indicium, quod videlicet ardenter diligeret Christum, & quod ab ipso vicissim plurimum amaretur.

Mater. Sanctus iste certe fuit velut arbor magna, sublimis & condensa, ramos suos usquequaque protendens, quæ quot sanctos protulit, quasi tot ramos emisit. Et ut ad ipsorum quosdam decerpendos veniamus, in primis assumendus videtur doctor devotus, ceteros, ut æstimo, scientiæ profunditate, ac vitæ sanctitate præcellens, S. Bonaventura, alias Eustachius dictus, qui vitam ipsius patris sui S. Francisci luculenter digessit. Fecit quoque super libros sententiarum opus egregium atque mirificum. Edidit etiam librum qui Stimulus amoris dicitur, in quo libro quantum Christum dilexerit, quamque profundæ humilitatis extiterit evidenter apparet. Scripsit & alia multa tam religiosis quam etiam scholasticis valde utilia, quorum quædam legisti non dubito. Fuit hic primo generalis ordinis minister, deinde assumtus est in Romanæ ecclesiæ cardinalem & episcopum Albanensem. Sed heu! defungitur apud Lugdunum nobilissimam Galliæ urbem, zelo invidiæ intoxicatus, ut fertur, futurus papa omnium judicio, si vixisset. Nuper autem fuit canonizatus a Sixto papa IV. moderno. Sed & hoc de eo mirabile fertur,

Nota.

quod dum elevaretur corpus ipsius, lingua inventa fuit integra & incorrupta, cum tamen centum annis & ultra jacuisset in pulvere.

Floruit in hoc ordine veluti candens lilium S. Ludovicus filius regis Siciliæ, qui contemto regni temporalis fastigio, frater Minor de magno factus est. Hic postmodum contra votum, ob famam sanctitatis, in archiepiscopum Tolosanum est assumtus, & tantæ excellentiæ extitit & apostolicæ perfectionis, ut octo mortuorum legatur fuisse suscitator, aliis quamplurimis miraculis clarus.

Fuit & alius sanctus, & hic præcipuus S. Antonius de Padua dictus, primo regularis canonicus, deinde, ut operi sanctæ prædicationis aptius posset insistere, Minor ordine factus est, magnus meritis manens. Hic acerrime contra hæreticos prædicavit, eosque confutavit, valenterque coercuit, sitiens pro Christo mori, si tamen ita ille disponeret; & sic non dubium quin martyr extiterit, & si non effectu, tamen affectu.

De isto melliftuo ordine fuit Nicolaus papa IV. antea frater Hieronymus dictus. Inde succrescens & gradu & merito, factus est primo generalis ordinis, inde cardinalis, postmodum papa. De quo illud fertur memoria dignum, quod cum mater pauper Romam ad videndum filium, ad papatus culmen evectum, advenisset, & ab hospita, honestis vestibus mutuatis, ante papæ conspectum cum filia sua adducta fuisset, noluit eam in tali pretioso ac mutuato habitu cognoscere, dicens se non divitis, sed paupercula cujusdam matris filium. Quo audito, mox vestes mutuatas abjecit, assumtisque propriis vilibus ac resarcitis, a filio agnoscitur, amplexatur & deosculatur, & eidem pro sua ac sororis sustentatione redditus satis tenues delegavit: non quibus ditescerent, sed tantum mendicitatem vitarent, sacrilegium ducens de Christi patrimonio, quod pauperum fore constat, ditare parentes. Volumus, inquit, eis sic dare, ut non egeant, non tantum ut inde superbiant.

Nota.

Hujus quoque ordinis membrum dignissimum primum fuit, deinde orbis totius caput Sixtus papa IV. modernus. Prius dicebatur frater Franciscus de Savona prope Januam, vir bonæ famæ ac morum, prius doctor, post generalis ordinis, inde cardinalis ipso ignorante factus, statim evehitur ad summum nostri status fastigium, & præfuit annis XII. Anno autem sui pontificatus primo, Bernardus orator Venetus recitavit coram ipso, quod Turcus de novo abstulisset Christianitati duo imperia, quatuor regna, viginti provincias, & ducentas urbes, populumque absque numero utriusque sexus, hortabaturque, ut ad resistendum se disponeret.

Floruit insuper ac redoluit ut rosa novissimis temporibus istis S. BERNARDINUS, vir adeo sanctus, sanctæque paupertatis zelator, atque omne in humanis sublime ita propter regni cœlestis fastigium promerendum perhorrens, ut tres episcopatus vicissim oblatos contemneret. Hic, ut fertur, & ut alias, non dubito, publice prædicari audisti, parvulum cujusdam sui devoti filium, a funere jam cum Christo regnans revocavit.

FILIUS. Hoc me, Mater, recolo Parisius in prædicatione audisse M. JOHANNIS BARTHOLOMÆI doctoris, qui etiam asserebat puerum se vidisse, quem pater asserebat meritis sancti a morte suscitatum. Erat autem, si bene recolo, idem vir Italicus. Sed & quamplura tam in vita quam etiam post mortem ipsius sancti meritis Christus patravit miracula, quæ causa brevitatis videntur necessario omittenda.

MATER. Fuit & alius quidam de ipso sancto ordine magister JOHANNES SCOTUS, doctor subtilis, excellentissimis merito comparandus. Hic multum dilexit honoravitque Virginem dignissimam Christi matrem, eamque absque macula originalis culpæ conceptam fuisse valenter defendit, prædicavit, ac docuit, atque contra oppositum astruentes constanter se opposuit, & irrefragabilibus rationibus convicit, quamvis nonnulli etiam postmodum contrarium dogmatizare moliti sunt.

FILIUS. Æstimo, Mater, quoniam quæstione ipsa satis difficili in Basiliensi concilio ventilata, & cum matura venerabilium patrum deliberatione diffinita & declarata, non ultra persistent in sua sententia.

MATER. Stultum esset valde & præsumtuosum, cum per orbem universum nostrorum universitas filiorum inconcusse teneat ac firmiter credat eam semper mundissimam extitisse, nec umquam ullam seu originalem seu actualem contraxisse culpam. Quod si contrarium verum esset, de ipsius conceptione festum non fieret. Quod autem de ipsa festum fieri debeat miracula super hoc manifestata declarant.

FILIUS. Efficax sane & irrefragabilis probatio & prorsus invincibilis assertio est, si quod homo per rationes probat, per prodigia Deus confirmat.

CAPUT XXXII.
De eodem Minorum Ordine.

Quoniam pauca de sancto & vere beato BERNARDINO prælibavimus, subito venit in mentem ut adhuc pauca ipsius gesta narremus, quæ videntur merito non omittenda. Et primo noveris virum istum sanctum, cui Dominus linguam dederat eruditam, multos per devia vitiorum oberrantes; ad rectitudinis tramitem reduxisse sanctæ prædicationis alloquio, necnon justæ operationis exemplo. Cumque diu laudabiliter sibi a Christo injunctum exercuisset sanctæ prædicationis officium, jamque tempus immineret, quo pro tantis laboribus mercedem a Domino percipere deberet, in ultimam decidit ægritudinem. Cumque ingravescente languore, morti, quæ cunctis debetur mortalibus, propinquasset, vigilia Dominicæ Ascensionis advenit. Cumque vir Deo devotus, quod ad tanti festi vesperas ex more solemni cum aliis fratribus ad ecclesiam ire non posset, doleret; in cella ecclesiæ contigua lecto decubans, assistente sibi fratre ad servitium deputato, earumdem vesperarum cantica dulcisona auscultabat, ut poterat. Cumque ad *Magnificat* pulchra illa antiphona, scilicet *Pater manifestavi, &c.* in choro altisonis vocibus decantaretur a fratribus, jacens in lecto oculos cum manibus erigens ad æthera eamdem antiphonam cum lacrymis inchoans, totis præcordiis suspensus in Deum, ita dixit: *Pater manifestavi nomen tuum hominibus quos dedisti mihi, nunc autem pro eis rogo, non pro mundo, quia ad te vado.* Quo dicto feliciter migravit ad Dominum.

FILIUS. Bonæ vitæ felix consummatio! Hujus, ut æstimo, contemporaneus fuit S. VINCENTIUS de ordine fratrum Prædicatorum, qui multum & ipse laborando fructificavit, & fructificando laboravit, fructumque copiosum in horrea cœlestia condidit. Et hic quidem in oris Britanniæ, ille vero in partibus Italiæ, velut duo astra rutilantia populos illuminando ab errorum tenebris ac vitiorum condensa caligine eduxerunt. Tandem uterque beata morte functus est miraculis clarus.

MATER. Floruit etiam in hoc S. Francisci ordine doctor excellens dotibus multis, magister NICOLAUS de Lyra, qui multum fructificavit in nobis, multaque laudabilia scripsit posteris profutura, & signanter totam Bibliam postillavit, ac juxta sensum litteralem egregie ac utiliter exposuit. Opus profecto magni laboris ac vigiliarum.

FILIUS. Hic certe multum venustat plurimumque decorat nostram non solum nationem, sed etiam diœcesim. Extitit enim natione Normannus, Ebroicensis diœcesis, natus oppido cui Lyra vocabulum est, unde & nomen accepit; receptus autem & professus in ordine Minorum in conventu Vernoliensi, deinde Parisius missus ad studium, sic in studio profecit, ut appareret cunctis studiosis sua scripta legentibus.

MATER. Fuit nihilominus & alius ejusdem nationis hujus ordinis professus, postea doctor venerabilis, magister ALEXANDER de Villa-Dei, qui multa utilia in diversis facultatibus scripsit. Inter quæ doctrinale grammaticum, pueris perutile ad grammaticæ rudimenta concipienda. Etiam hujus ordinis

E iij

membrum honorabile fuit M. ROBERTUS de Licio, qui paucis elapsis annis diem clausit extremum. Hic primum doctor in sacra pagina & rhetor vernantissimus, multa edidit sermone venusto valde, inter quæ sermones de adventu & quadragesima perutiles volentibus in virtutibus proficere. Sed & de timore divinorum judiciorum opus singulare. Propter quæ omnia fidem sanam moresque catholicos redolentia, sed & ob meritum sanctæ vitæ, tam Deo quam hominibus acceptus & gratus, assumtus est in episcopum Aquinensem, ut lucerna jam dudum refulgens, posita super candelabrum nitidius reluceret. Credo quod ejus sermones habueris atque perlegeris: nempe scio te illos dudum optasse, & ad eos habendos avidissime aspirasse.

FILIUS. Verum est, Mater, quod asseris. Nam & illos habui & habeo, in quibus miratus sum valde tantam in homine mortali facundiam: valde quippe diserte loquitur, satisque mihi sapit ejus eloquium.

MATER. Fuit & alius magnis annumerandus doctor & ipse profundissimus in theoricis conceptibus, M. ALEXANDER de Hallis, qui multa scripsit studentibus utilia quamplurimum, & ejus fama doctrinæ Parisius & alibi celebris habetur.

FILIUS. Certe, Mater, dum tot ac tantos viros commemorando recenses, stupeo non minime, audiens in mortalibus tanta mirabilia atque in vasis luteis tam pretiosa mercimonia.

MATER. Noveris quod paucissimos commemoravi de multis, quamvis fortassis hi de præcipuis. Hoc autem æstimare me putes, nullum de quocumque ordine citius ad culmen scandere sanctitatis, quam hujus ordinis professores, dummodo sui vere sancti patris FRANCISCI veri & perfecti fuerint imitatores. Et hoc propter profundissimam humilitatem, quæ ad hoc ipsum necessario requiritur, quia nullus pervenire potest ad fastigium sanctitatis, nisi prius ejus cor figatur in radice humilitatis: & si qui in illo seu aliis ordinibus parum proficiunt vel etiam deficiunt, firmiter teneas & nullatenus dubites, hoc maxime provenire defectu hujus sanctæ virtutis.

FILIUS. Hoc ita fore, ut asseris, honoranda Mater, non dubito, quia ita semper per Dei gratiam & sensi & sentio.

CAPUT XXXIII.

De quatuor simul ordinibus Mendicantium, & de renovato ordine Cruciferorum.

MATER. Igitur quatuor ordines Mendicantium, videlicet Carmelitarum, Augustinensium, Prædicatorum & Minorum, haud dubium quin a Christo Domino & sponso nostro pie, misericorditer ac salubriter sint ordinati nobisque donati, & ad nostram consolationem nostrumque subsidium, qui videlicet hæreticis inimicis nostris se opponerent, ac lucris animarum indesinenter instarent. Nam & ipsi supplent negligentiis prælatorum & curatorum, prædicando & exhortando fideles, aliaque quæ ipsi prælati quidam aut negligunt aut nesciunt, aut non possunt ipsis fidelibus ministrando. Attamen multum cavendum est ipsis prædicatoribus Mendicantibus, ne sibi concessa abutantur potestate, ne vel prælatos ipsos seu curatos despiciant, vel indiscrete obloquantur de ipsis apud subditos, & inde oves exosos pastores habeant, & pastores oves odiant, earumque curam minime gerant, & sic suffocentur ab infernalibus lupis ducanturque in tartarum.

FILIUS. Magna privilegia habent hi ordines, ut dicunt; & id credendum est, alioquin non tolerarentur ab episcopis aliisque prælatis.

MATER. Privilegium meretur amittere qui concessa sibi abutitur potestate. Utantur igitur misericorditer concesso privilegio, ne merito digni sint privari eo. Non prætergrediantur sibi statutos limites, nec quicquam ultra concessam potestatem attentent: sin autem, unde deberent sperare præmium, pavere debent grave supplicium. Debent igitur priores & prælati eorumdem Mendicantium tales personas nonnisi eligere, episcopisque nostris præsentare, qui idonei sint catholicos instruere, verbo & exemplo ædificare, qui vita, scientia, famaque præpolleant, qui ferventes sint in fide, accensi caritate, ardentes æmulatione, qui non propter quæstum, sed propter animarum lucrum officium prædicationis exerceant. Si enim aut avaros, aut turpe lucrum sectantes, aut inscios, leves, lascivos, aut discolos ad prædicandum dirigunt; procul dubio se suumque ordinem non parum scandalizant, & oves Christi quas salvare debuerant, & ad summi pastoris ovile reducere, perdunt & necant: unde non solum ipsi, sed & qui eos miserunt, una cum ipsis ovibus ad inferni claustra descendunt in perpetuum cruciandi. Non est itaque dubium, quin quatuor isti Mendicantium ordines approbati sint, & a nostris summis pastoribus confirmati, signanter ab HONORIO III. qui bene Honorius dictus est, quoniam multos honoravit. Præposuit tamen Prædicatores Minoribus, quoniam, ut supra dictum est, sex mensibus ante ipsos fuerunt confirmati, & a nobis approbati.

Fuit etiam hujus HONORII tempore ordo Cruciferorum renovatus, vel potius anno octavo decimo INNOCENTII III. qui fuit ultimus annus pontificatus ipsius & immediate præcessit HONORIUM, jam devicta hæresi Albiensium per crucesignatos. Fertur B. QUIRIACUM Hierosolymorum episcopum, olim

DE RELIGIONUM ORIGINE.

hujus ordinis primicerium fuisse statim postquam B. Helena sanctam Crucem invenit, sed Julianus apostata eumdem Quiriacum cum fratribus interemit, & sic hic ordo longo tempore abolitus est. Tempore autem Innocentii IV. apud Lugdunum crevit, & privilegiis dotatus est ab eodem.

Tempore autem Gregorii IX. qui præfato successit Honorio, Frigia pene tota submergitur a fluctibus maris, quibus perierunt plus quam centum millia hominum propter irreverentiam factam reverendissimo Eucharistiæ Sacramento a quodam nefario pugile, uti postmodum B. Maria revelavit, & constructa ecclesia in eodem loco, ubi sanctæ hostiæ ceciderant, mox cessavit quassatio.

Hac tempestate Tartari horribiliter Hungariam & Poloniam invaserunt, & fuit ingens terror in Christianitate, sed precibus sanctorum impediti sunt ne ultra procederent.

Filius. Efficax certe pugnandi genus oratio, quæ quid agere nequit armata militia, valenter exercet in hostes, illos potenter dejiciens, & suos faciens triumphantes.

Mater. Post hæc tempora Gregorio X. in sede Petri digne præsidente celebratum est concilium apud Lugdunum egregiam Galliæ urbem, quingentorum episcoporum, quadraginta abbatum & aliorum prælatorum circa mille, in quo concilio Græci & quidam Tartari baptisati sunt.

Gens sæva Tartarorum regnum Constantinopolitanum invadunt, multasque terras imperii occupant, stragem indicibilem de Christianis filiis nostris facientes, quod certo nobis fuit immensi causa doloris ingentisque calamitatis. Tripolis quoque capitur a Saracenis, & Christianitatis nomen ibidem deletur.

Filius. O miseria! Christiani se invicem atrociter perimunt, bellis intestinis sese consumunt, & gens impia & profana eorum fines, quos protegere debent, invadunt & conterunt; vastant & depopulantur; nec est qui vicem tuam doleat, Christi regnum tueatur.

Mater. Achos* illa fortissima, immensa & inexpugnabilis civitas capitur a Soldano & Saracenis, propter discordiam vitiaque nationum in ea commorantium, & deleta fuit, & consequenter, heu! tota terra sancta occupatur a Saracenis, ob nefanda Christianorum peccata ibidem commorantium. Vides, Fili, quanta infortunia, quanta mala, quantæ tribulationes, quantique dolores illis temporibus nos urgebant, videndo Christi nomen de terra sancta & prope sua deleri, Christianos immaniter trucidari, Sacramenta conculcari, virgines opprimi, matronas violari, omneque facinus in Christi contemptum ab ipsis perpetrari. Nam & Achon civitate vastata, demum Deiferæ Mariæ de Carmelo

*l. Accon.

monasterium, ad quatuor milliaria civitati vicinum, ab ipsis Turcis igne crematur, fratribus illic repertis crudeliter trucidatis: & nunc proh dolor! ordo Carmeliticus mellifluum locum a quo nomen sortitus est, ex toto perdidit: quod quidem monasterium a tempore Eliæ per duo annorum millia ducentos viginti & unum perstiterat.

Filius. Vere, Mater bona, plurimum & sæpenumero tribulata fuisti & afflicta. Et certe recte tunc dicere poteras illud Psalmistæ: *Quantas ostendisti mihi tribulationes multas & malas.* Nam multis & quasi innumeris castigationibus te erudivit sponsus tuus.

Mater. Vere castigans castigavit me Dominus, & morti non tradidit me, immo sæpe adjuvit me & consolatus est me; spero quod semper & consolabitur. Ipsi enim cura est de nobis.

Filius. Impossibile certe est, ut tui obliviscatur, quam tanto pretio emit: aut quomodo morti te traderet, qui mortuus est pro te, ut viveres in æternum, assumendo te in sponsam gloriosam, mundans te, ut ait apostolus, lavacro aquæ in verbo vitæ?

CAPUT XXXIV.

De sacerrimo ordine Cælestinorum & quibusdam aliis.

Mater. Contra has calamitates postremo edictas ab ipso glorioso Domino ac sponso nostro omni reverentia dignissimo, ingens nobis collatum est solatium. Nam hoc tempore ordo sacerrimus & vere cœlestis, Cœlestinorum scilicet, laudabilem sumsit originem sacratumque principium per virum sanctum Petrum postmodum papam Cælestinum V. qui vere sanctus fuit, vita famaque percelebris. Ob hoc cum per annos duos cum dimidio sine capite, id est sine pastore fuissemus, cardinales concordare non valentes, ut sæpe contigit, ipsum tandem de eremo vocantes, in papam elegerunt, & statim propter importabile sibi onus, ordinatione prius facta quod papa posset cedere, papatui cessit. Et cum ad dilectam solitudinem, & ad fratres & filios quos reliquerat redire cuperet, a suo successore Bonifacio prohibitus est, ne scilicet oriretur inde seditio contra ipsum, & ab eodem in custodia detinetur: ibique aliquot annis detentus, tandem obiit feliciter, multiplices patientiæ manipulos reportans.

Filius. Revera multum sibi necessarium fuit antemurale patientiæ contra multiplices diversarum tentationum insultus. Non mediocris enim, ut æstimo, illa tentationis procella extitit, cum ille, qui summus omnium fuerat, sanctus & innocens, tamquam malefactor detinetur inclusus, & ab eo qui quondam sibi subjectus, ad hoc culmen, nisi eo cedente, non pervenisset.

MATER. Omnia sustinuit propter spem quam habebat repositam in cœlis. Recordabatur enim sæpe apostolicæ sententiæ qua dicitur: *Non sunt condigna passiones hujus temporis ad futuram gloriam quæ revelabitur in nobis.* Ab hoc itaque sanctissimo papa CÆLESTINO ordo sacer hic cœlestis & nomen & ortum pariter est sortitus. Hic beatus vir canonizatus est postmodum per CLEMENTEM V. tamen sub nomine PETRI, quia dum papatui cessit, simul alterato nomine caruit. Ejus festum quarto decimo calendas Junii solemniter recolitur apud multos, maxime apud suos. Claruit autem in vita pariter & in morte, sed etiam post mortem magnis & prodigiosis miraculis. Suum autem ordinem instituit sub regula B. BENEDICTI, quibusdam cum distincto habitu arduis satis constitutionibus assumtis, quæ hunc faciunt ab aliis ordinibus differentem. Hic ordo numquam a suo proposito cecidit usque hodie: nempe præfati sancti patris BENEDICTI regulam, quam a principio assumserunt, inviolabiliter observant. Carnibus non utuntur nisi in articulo gravis infirmitatis, si tamen hoc a medicis consulatur; alioquin, si ex infirmantis concupiscentia quærantur, denegantur omnino. Habuit hic ordo cœlestis quamplurimos viros sanctos magnæque excellentiæ patres, prudentes, doctos & eruditos atque litteratos, qui multa ardua, profundo sensu, mystico intellectu ac devoto affectu ediderunt, atque conscripta posteris profutura tradiderunt. Hujus ordinis devotissimi patres divinis exercitiis intenti, semper orant aut legunt, meditantur aut scribunt, divinæ etiam ac theoricæ contemplationis haud inertes, cœlestibus crebro interfunt secretis, sed & aliis religiosis laboribus alternatis vicibus ac certis horis insudantes; insistunt alii hortulis fiendis, oleribus transplantandis aliisque leguminibus; alii arboribus inserendis, vineisque colendis humiliter, obedienter, ac delectabiliter mancipantur: quidam libris ligandis, alii emendandis seu corrigendis insistunt. Hi cœlici patres angelis & hominibus bonæ voluntatis multum amabiles, hujusmodi piis exercitiis, Deo cooperante, infatigabiliter intendunt. Nulla in cujusquam corde superbia, nulla in ore jactantia, nulla in habitu curiositas, nulla in gestu levitas, nulla in actu vanitas, sed in cunctis religiosa splendet honestas atque maturitas. Nullus in corde rancor, in nullo invidiæ livor, in nullo furentis luxuriæ fervor. Non inter eos pompa jactantiæ, non rubigo avaritiæ, non fermentum malitiæ, non iniquitatis zelus, non duplicitatis nævus, non fraudulentiæ dolus; sed in singulis religionis vernat decor venustus. Ibi Dei & proximi amor sincerus, ibi dilectio sine simulatione, caritas sine tepore, fervor absque torpore, gaudium sine tædio, lætitia sine fastidio.

FILIUS. O sanctissimus ac Deo gratissimus cœloque dignissimus ordo! Dum enim hujus ordinis præconia audio te narrantem, nihil aliud intueor in his, quam quoddam futuræ vitæ simulacrum, quam cœlestis patriæ pacificum statum, concordiæque speculum, & utinam perseveret usque in finem de bono in melius proficiendo, & de virtute in virtutem ascendendo, ut tandem ipsius professores Deum deorum in Sion, hoc est in speculatione superna, possint perpetuo contemplari.

MATER. Amen. Et si quid est in aliquibus imperfecti, suppleat caritas perfectorum, quæ revera operit multitudinem peccatorum.

FILIUS. Bene: nempe *caritas*, ut insit apostolus, *patiens est, benigna est*. Patiens est, ait Gregorius, ut aliena mala toleret: benigna vero, ut etiam quos portat amet.

CAPUT XXXV.
De quibusdam perfidis sectis.

NOn longo post tempore iterum consurgit calamitas, furit impietas, sævit impunita nequitia, sanctæ simplicitati prævalere nititur malitia. Nam pauperes de Lugduno qui se dixerunt de tertio ordine S. Francisci, tamquam hæretici damnati sunt & combusti pluribus locis & vicibus cum suis articulis erroneis, quorum unus fuit, Quod Christus & apostoli nihil habuerunt in proprio vel in communi, & quod nullum jus habuerunt in his quæ scriptura dicit eos habuisse.

FILIUS. Miranda valde perversitas horum laicorum illitteratorum, hebetum & inertium, qui arcanum fidei investigare aggrediuntur, præsumentes intrare in sancta sanctorum, panem filiorum non sibi porrectum sed e parvulorum manibus violenter abreptum devorare nituntur; qui tamen juxta prophetam convertitur eis in fel draconum intrinsecus, & ipsas quoque cœlestis thesauri tamquam porci spurcissimi pollutis vestigiis margaritas calcare atque contaminare nituntur.

MATER. Begardi quoque multi combusti sunt Parisius propter hæresim horum pauperum de Lugduno, quia sub specie boni suscitare mala nitebantur. Et MICHAEL generalis minister Minorum fuit cum suis adhærentibus probatus hæreticus. Numerus combustorum tam de eorum ordine quam aliorum centum quatuordecim.

FILIUS. Vere hi miserabiles, qui cum temporali miseria miseriam mercati sunt perpetuam.

MATER. Non multo post tempore ordo novorum militum Christi constituitur in Portugalia per JOHANNEM papam XXII. contra Sarracenos Christianitatem vastantes, & valde necessarium erat & est propter feroces incursus ipsorum, & maxime Turcorum, qui odio nominis Christi Christianis nimis sunt infesti. Nec tamen multum est mirandum, cum & ipsi qui Christiano nomine censentur, per diversas ac multiplices haereses Christi tunicam nusquam consutilem, quam neque ethnicus scindere praesumsit, penitus conantur abrumpere. Mox quippe post surrexerunt anno videlicet MCCCLI. Cruciflagellatores. Haec secta pestifera surrexit in superiori Almannia, & ad inferiorem descendit; demum ad has Gallicanas oras devenit. Confluebant hujusmodi ex diversis nobilibus & innobilibus, doctis & indoctis, diversorum ordinum, aetatum, conditionum, & sexuum. Flagellabant autem se cum flagellis nodosis acubus infusis; & nisi papa inhibuisset, multa mala attentassent. Tempora illa valde periculosa fuerunt propter haereses & sectas plures perversas a veritate exorbitantes; & superbia & iniquitas, simulatio & hypocrisis nimis invaluit: unde in libro B. BRIGIDÆ primo, cap. XLV. dicitur, quod secundum rigorem justitiae, mundus merito deberet perire, quia pejor est quam tempore diluvii, sed precibus sanctorum misericordia parcit ei. Haec S. BRIGIDA vidua perfectissima de regno Sueciae fuit, clara virtutibus multis, & immensas a Deo revelationes habuit informativas ad omnem statum nostrum. Ordinem quoque instituit, cujus ipsa patrona est; tandem obiit coruscans miraculis gloriosis, ad gloriam Christi Domini nostri & ipsius commendationem, cujus festum agitur XXIII. Julii.

FILIUS. Honoranda Mater, magnum est quod asseris de hac sancta vidua, multas scilicet habuisse revelationes de omni statu tuo: quae revelationes cum verae sunt, haud dubium quin sint genus quoddam prophetiae: cum vero falsae, nihil aliud quam illusiones diabolicae. Hinc est quod multi saepius inde decepti fuerunt, quos cum a spiritu erroris contigisset illudi, a Deo se putabant per revelationes visitari. Unde legisse me memini, quod in illis de quibus loqueris diebus, fuit quidam JOHANNES de Rupe-scissa dictus, Minor ordine, qui etiam multa praedixit quasi mox essent futura, videlicet de duobus antichristis, & de desolatione terrarum & generali conculcatione cleri, & deinde de reductione totius orbis ad Christi fidem, pluraque alia ante annum Domini MCCCLXX. quae dixit sibi a Domino revelata, sed non evenerunt in tempore praefinito, sed nec usque hodie quo haec scribuntur, qui est MCCCCLXXXIX. vigilia beatissimi Nicolai.

MATER. Si non evenerunt, ergo nec verae revelationes fuerunt, nec a Christo, qui est vera veritas, revelatae. Nam qui mendacium loquitur, de proprio loquitur. Ait enim propheta: *Omnis homo mendax*, hoc est a se mendacium habet, veritatem a Deo.

FILIUS. Diu in vinculis detentus fuit, & multa scripsit de futuris. Vereor ne fictitia, aut certe illusoria, illudens hominibus, prius ab hoste delusus ipse.

MATER. Notare te summopere cupio, Fili, quod pene ab initio fidei hujusmodi praenosticatores fuerunt, & quotquot tempus determinatum praefixerunt de hujusmodi arcanis, quae Pater coelestis posuit in sua potestate, decepti sunt; & ideo non est his revelationibus fides amplius exhibenda. Nec in hoc divina gratia, quae ubi vult & quando vult spirat, contemnitur; sed contra hostis astutias cautela adhibetur.

FILIUS. Experientia rerum magistra. Claret igitur quod dum illa per experientiam cernimus nequaquam evenire quae a talibus praedicta sunt, quod non a bono spiritu revelationes habuere, sed a maligno potius delusos extitisse.

CAPUT XXXVI.

De Ordine Salvatoris, qui S. Brigidæ vulgariter dicitur.

ORdo Salvatoris, qui vulgariter dicitur S. BRIGIDÆ, circa haec tempora inchoatur; cujus regulam, quod permagnificum est, ipsemet Salvator dictavit, ipsaque B. BRIGIDA ab ipso Salvatore ad URBANUM V. directa fuit pro confirmatione ipsius regulae, quatenus potestate ab ipso nobis collata approbaretur, & in unione capitis & corporis compage servata, caritas commendaretur, & unitas non scinderetur.

FILIUS. Multum tibi defert, Mater veneranda, amantissimus sponsus tuus Dominus noster JESUS-CHRISTUS, qui quod per se facit, approbationi nihilominus tuorum vicariorum committit. O magna Christi dignatio magnaque ecclesiasticae unitatis commendatio! ingens Christi humilitas, ingens etiam tua dignitas, cum tibi examinanda committuntur, quae ab ipso sponso tuo, qui aeterna sapientia est, potestative conduntur. De ipsa quippe sapientia aeterna, quae Christus est, dicit Sapiens: *Attingit a fine usque ad finem fortiter, & disponit omnia suaviter.*

MATER. Fuit & hisdem temporibus CATHERINA de Senis virgo sanctissima fervorisque incomparabilis. Habuit etiam secum sanctam virginem CATHERINAM filiam praefatae S. BRIGIDÆ & alias plures utriusque sexus personas venerabiles valde. Haec incredibilis fervoris fuit circa amorem Crucifixi, & incomparabilis pietatis erga perditos & de salute desperantes. De schismate pessimo, quod per annos XL. extitit protelatum, prophetavit atque praedixit, & multum justificavit partem Urbani VI. contra quem electus fuit dominus Robertus de Gebennis, & dictus est Clemens VII. dixitque sancta virgo eumdem Urbanum fuisse verum papam.

Filius. Non infima fuit justificatio partis hujus Urbani, quæ a tanta virgine, in qua indubie Spiritus-sanctus loquebatur, habere meruit testimonium. Et si hujus electio canonica; ergo & ceterorum, qui durante schismate electi sunt ab illa parte successive post ipsum; videlicet Bonifacius IX. Innocentius VII. Gregorius XII. Electi vero parte ex altera post Clementem præfatum; scilicet Benedictus XIII. Clemens VIII. Alexander V. & Johannes XXIII. nullum jus prorsus mihi videntur habuisse in papatu, nec vere papas, sed magis antipapas ac monstra portentosa fuisse. Quapropter mirandum satis videtur, qualiter illud schisma damnosum tibi, scandalosum clero, animabus pernitiosum tamdiu valuit perdurare.

Mater. Adeo perplexum fuit schisma istud, ut etiam doctissimi & conscientiosi viri non valerent discernere cui esset magis adhærendum. Fastus quoque, superbia & ambitio excellentiæ partes ad invicem inflexibiles fecit, una alteri nullo pacto cedere consentiens. Pernitiosi quoque consiliarii partis infirmioris, qui etiamsi perpenderent lucide ejusdem causæ jus infirmum, citius tamen damnari eligerent quam flecti. Animositas quoque cervicosa cedere etiam agnitæ respuit veritati. Addo autem & illud, quia fere omnes plus justo privato amore se diligunt, effrenateque seu decus seu perfectum per fas atque nefas tueri nituntur. Non longe pergendum est ad id probandum: ad episcopos tuos * te mitto, quorum alter etsi jus norit alterius, sibimet tamen quodammodo abscondit, oculosque cordis claudit, ne videat æquitatem, neque recordetur judiciorum Dei justorum.

* Sagienses scilicet.

Filius. Verissima sunt, Mater, quæ asseris, sicque perspicua, ut nullus rationis compos eis valeat contradicendo repugnare, seu repugnando contradicere.

Mater. Sub hoc pernitioso schismate ac nimis damnoso virgo veneranda Catherina in nostris magnis afflictionibus supramodum attrita, & quodammodo martyr effecta, ad extremam horam veniens, Christo vocante, mundicolas liquit adiendo celsa polorum, ubi cum eodem regnabit in sæcula sæculorum.

Filius. Vere eam, bona Mater, martyrem dixisti, quia quamvis percussoris gladius ejus sanguinem non fuderit, quia tamen per multiplices tribulationum torrentes transiit, martyrii triumphalem palmam non amisit.

Mater. Demum etiam pendente hoc schismate, Bonifacio & Benedicto inter se certantibus, ne quid deesset tribulationibus nostris, surrexit contra nos alia hæresis pessima & perversa a tribus pessimis hæresiarchis excogitata, videlicet Johanne Wicleff in Anglia, & Johanne Hus in Bohemia, & Hieronymo de Praga. Et hæc hæresis multos infecit, & sub veste ovina lupum tegentes, totum nostrum statum subvertere moliebantur.

Filius. Adjuvit, non dubito, multum eorum nequitiam tempus pessimum propter nimium scandalosum schisma.

Mater. Verum est quod astruis. Nempe cum status noster scinditur, & ecclesia dividitur in capite, mox totum corpus infirmatur, secundum illud: *Si caput infirmum, omnia membra dolent*. Sed & statim post hanc hæresis Adamitarum pullulare cœpit in Bohemia, sed statim extincta est ab aliis hæreticis, scilicet Hussitis. Erat siquidem grossa nimis & inverecunda. Nam hi miseri incestuosi & impudici ac prorsus bestiales, nudi incedebant, & indifferenter cum feminis luxuriabantur.

Filius. O pudor! ô dedecus & prorsus insania bestialis! homo certe cum in honore esset non intellexit, comparatus est jumentis insipientibus, & similis factus est illis. Verum, honoranda Mater, quoniam de schismate mentio incidit, vellem libenter a te audire, quot fuerunt schismata a tempore Petri, ab exordio scilicet tui usque ad istud quod pessimum extitit, quia longissimum.

Mater. Libenter id faciam. Expedit enim, nam cum nostras cœperimus pandere calamitates, hoc quod postulas, nullatenus omittendum, cum inter maximas sit tribulationes numerandum, quod nostri status integritas contigit per scissuras dividi, ac Christi tunicam per schismata laniari. Et ut noveris, tria fuerunt quæ nos graviter afflixerunt, gladius persecutorum, perfidia hæreticorum, scandala schismaticorum.

Filius. De duobus primis jam competenter tractatum fuisse existimo, de tertio, si libet, restat dicendum.

Mater. Noveris igitur viginti tria schismata in Romana sede contigisse, quæ nobis fuerunt immensi causa doloris, & hæc sequentibus capitulis tibi pandam.

CAPUT XXXVII.

De Schismatibus in Romana sede contingentibus.

Mater. Primum schisma contigit inter Cornelium sanctum verum papam & Novatum, qui se pro papa tenuit, quamvis non esset, immo quod deterius est ambiendo papatum factus est hæreticus, & de ejus hæresi habes supra lib. 3. c. 10.

Schisma secundum fuit inter Liberium & Felicem papam Arrianos, quibus favebat Liberius, & ideo tamquam hæreticus a Catholicis est dejectus, & Felix in papam assumtus. Et hic Liberius dicitur primus papa infamis fuisse. Nam omnes ejus decessores sancti fuerunt numero triginta sex.

Schisma tertium fuit inter Bonifacium primum & Eulalium. Causa extitit discordia eligentium, sed obtinuit Bonifacius, quia major & sanior pars erat secum.

Schisma quartum fuit inter Symmachum & Laurentium. Causa fuit discordia eligentium, sed Symmachus obtinuit judicio concilii, in quo Theodoricus rex personaliter fuit, sed major pars erat cum Symmacho, ideo, &c. Deinde post annos quatuor surgit iterum altercatio in clero propter crimina objecta Symmacho, & factum est schisma quintum.

Schisma igitur quintum factum est contra eumdem Symmachum propter crimina gravia sibi objecta. Sed cum eorum concilio ob id specialiter congregato, Symmachus juramento se purgasset de objectis, præsente rege Theoderico, restituitur cum gloria, & Laurentius, qui hujus altercationis videbatur incentor, justo judicio damnatus fuit.

Schisma sextum fuit per Leonem quemdam qui factus est papa per patrocinium Romanorum, sed non ponitur in catalogo pontificum, quia non fuit verus papa, propter malum introitum & violentam intrusionem: tamen se gessit pro papa annis duobus mensibus undecim.

Schisma septimum fuit inter Sisinium & Dioscorum; sed statim Sisinio per mortem facto de medio, continuatur schisma inter Bonifacium & Dioscorum. Tandem mortuo Dioscoro, qui per vim papatum tenebat, Bonifacius restituitur, nec fit de his memoria in catalogo pontificum, quia forte propter schisma in dubium venit an essent veri successores Petri. Et fuit nobis tunc tribulatio maxima undique, foris pugnæ, intus timores.

Schisma octavum fuit inter Eugenium II. & Sizinnium propter discordiam eligentium: sed Eugenius obtinuit, quia pars major & sanior cum eo. Tandem per laicos Romanos crudeliter interemtus hic gloriosus papa Eugenius, glorioso martyrio coronatur, sepultus apud S. Petrum.

Schisma nonum pessimum & scandalosissimum fuit secundum quosdam inter Formosum & Sergium. Nam Sergius a Formoso reprobatus a papatu, fugit in Franciam; & tandem papa factus, revertitur Romam secrete, & mortuo Formoso, Christophorum antipapam cepit, & Formosi corpus effossum dehonestavit, corpus ipsius in cathedra locatum decollari præcipiens, decollatumque in Tyberim jactari. Piscatores autem ipsum in ecclesiam deportaverunt, sacris imaginibus inclinantibus & salutantibus ipsum venerabiliter.

Vet. Script. & Mon. ampl. Collect. Tom. VI.

Filius. Magna approbatio sanctitatis hujus Formosi, & quod verus extiterit papa testimonium certum; & econtra reprobationis hujus Sergii, qui inhumane nimis egit in mortuum, nimisque crudeliter.

Mater. Fuit & sub schismate isto aliud inter Leonem & Christophorum prædictum. Nempe Christophorus per vim rapuit papatum, Leone incarcerato, sed statim etiam ipse per Sergium captus est tamquam invasor. Quidam tamen dicunt quod monachus effectus sit, & multiplicata sunt mala super terram, maxime super clerum, & gravis in nos irruit tribulatio & angustia.

Schisma decimum fuit inter Johannem XII. & Leonem VIII. quia Johannes, cum male intrasset & pejus vixisset, depositus fuit, & Leo substitutus. Et quamvis a Johanne bis fugatus fuerit, auxilio imperatoris tandem obtinuit.

Schisma undecimum fuit inter Benedictum V. & præfatum Leonem VIII. Hic Benedictus, vivente Leone papa, a Romanis in papam eligitur, propter quod imperator Otho Romam obsedit, & traditur ei Benedictus, & Leo obtinuit.

Schisma duodecimum inter Gregorium V. & Johannem XVII. Nam cum parvo tempore sedisset Gregorius, & jam imperator ab Urbe recessisset, a Crescentio consule deponitur, & Johannes præficitur. Sed hoc comperto, mox imperator rediens Crescentium cepit, & capite truncari jussit, Johannem vero exoculari, & ceteris membris mutilari fecit. Infelix intrusio, sed multo infelicior dejectio. Miser ingressus, sed miserrimus exitus.

Filius. O cæca & obdurata ambitio! O, ait Bernardus, filii Adam, genus avarum, genus ambitiosum, audite quid vobis cum terrenis divitiis & gloria temporali, quæ nec veræ nec utiles sunt! O quanta inculcando invehit idem sanctus, salubriter impingendo, si adverteret contra hujusmodi superbos vaniglorios & ambitiosos. Sed incassum apud quamplurimos, qui terrena sic ardenter ambiunt, quasi non esset altera vita ab ista, quæ mors est potius dicenda quam vita; tamquam hæc esset tota portio substantiæ eorum, cum e contrario propheta & rex potentissimus David non sine ingenti affectu terrena omnia calcando ambiat cœlestia dicens: *Portio mea, Domine, sit in terra viventium.*

Mater. Cernis itaque, Fili, quam impudenter quamque perniciose ac nequiter pro primatu certatur, quod modis omnibus tamquam onus gravissimum, etiam ipsis angelicis humeris formidandum, fuerat declinandum, & ad illud solo Dei timore & propter obedientiam animarumque salutem accedendum.

Filius. Cerno, Mater, & valde cordi

hærent quæ faris: & utinam omnes ambitiosi, qui terrena sapiunt, saperent & intelligerent, ac novissima providerent; saperent spiritualiter, intelligerent prudenter, providerent utiliter. Sed hoc attendere nolunt qui gloriam ab hominibus quærunt, & gloriam quæ a solo Deo est non requirunt.

CAPUT XXXVIII.
De reliquis Schismatibus.

MATER. Schisma tertium decimum inter BENEDICTUM VIII. & quemdam alium intrusum, a quo fuit BENEDICTUS ejectus: sed illo rursum restituto, ille invasor turpiter est ejectus. Hunc BENEDICTUM post mortem vidit quidam episcopus in miserabili specie, dicentem se graviter affligi, & nihilominus de Dei misericordia sperare, nihilque sibi profuisse quod pro eo fuerat erogatum, quia de rapinis extitit. Iret ergo quantociùs ad JOHANNEM papam ipsius successorem, & de tali summa pecuniæ accipiens, pauperibus erogaret: quod ille fideliter implens, ac timore perculsus episcopatui cessit, & monasterium intravit.

Schisma quartum decimum fuit valde scandalosum & confusione plenum inter BENEDICTUM IX. & alios plures. Causa fuit mala & lubrica vita ipsius; nempe extitit pollutissimæ vitæ & conversationis impudicæ. Ideo ejectus fuit a papatu, & iterum restitutus, iterumque ejectus. Isto autem primò ejecto, SILVESTER eligitur. Inde SILVESTER ejicitur & BENEDICTUS restituitur. Quo iterum ejecto, GREGORIUS VI. eligitur, qui cum esset litterarum rudis, alterum papam ad ecclesiastica officia exequenda secum consecrari fecit. Dumque hoc multis non placeret, tertius superinducitur, qui solus vices duorum adimpleret. Quibus inter se dimicantibus, HENRICUS II. imperator superveniens, omnes deposuit; & CLEMENTEM II. substituit. Verum de isto GREGORIO GILBERTUS dicit in chronicis, quod fuit vir sanctus, prout miraculosè fuit demonstratum post mortem ejus. Vide historiam, si non vidisti.

FILIUS. Vidisse me, Mater, recolo, licet ante plures annos. Sed valde horrendum est quod dicitur de isto BENEDICTO nomine, sed reipsa vere maledicto, qui filius fuit BENEDICTI VIII. qui videlicet propter suam lubricam vitam damnatus, apparuit cuidam in specie monstruosa & horribili. Caput & cauda erant asinina, reliquum corpus sicut ursus, & ait: Noli expavescere, scito me hominem fuisse sicut tu es, sed sic me tibi repræsento, sicut olim existens infelix papa bestialiter vixi.

MATER. Hic notare te convenit, Fili, quod, ut ait Ptolomæus, fastus summorum pontificum habuit semper malum exitum, & fuit & est occasio & causa multorum schismatum.

FILIUS. Hoc valde facile ad persuadendum, & utinam hoc attenderent fastuosi & ambitiosi, qui non verentur perturbare tuum statum, dummodo suum pravum adimpleant desiderium.

Schisma decimum quintum inter ALEXANDRUM II. extitit & CADOLUM episcopum Parmensem; quia ALEXANDER accusatus de simonia, postquam Mantuæ se purgavit coram concilio de objecto crimine, licet imperator contradiceret, restituitur auctoritate concilii, quia major pars fuit cum eo, & CADOLUS ipse tamquam simoniacus invasor expellitur. Hic ALEXANDER vir sanctus fuit.

Schisma XVI. fuit inter GREGORIUM VII. & archiepiscopum Ravennensem. Causa fuit tyrannis imperatoris & dissentio quorumdam episcoporum. Majus fuit omnibus ante habitis, & duravit usque ad URBANUM II. Fuit autem idem GREGORIUS vir sanctus, magnus zelator justitiæ, prius fuit prior Cluniacensis, inde legatus in Gallia, & durè processit contra simoniacos & presbyteros concubinarios; & factus papa, ardentiori contra eos zelo processit; & ob hoc multos contra se ac in sui odium concitavit, sicut moris est malos semper agere contra bonos. Insuper ab imperatore HENRICO III. cum cardinalibus in castro S. Angeli incarceratur, sed a rege Apuliæ liberatur. Tandem post multos agones, plurimasque patientiæ coronas, in Apulia moritur miraculis coruscans.

Schisma XVII. fuit inter PASCHALEM II. & tres prælatos, scilicet ALBERTUM, ARNULPHUM & THEODERICUM, qui favore imperatoris erexerunt se; sed omnes mala morte perierunt, & sic PASCHALIS obtinuit, quia justè electus erat, & Deus fuit cum eo. Multa hic perpessus est a falsis fratribus, etiam ab imperatore captus fuit cum cardinalibus, & per duos menses in vinculis detentus. In omnibus tamen triumphavit, & tandem gloriosum & pacificum exitum habuit.

Schisma XVIII. fuit inter GELASIUM II. & quemdam BENEDICTUM, qui favore imperatoris erexit se contra papam GELASIUM; sed & contra CALIXTUM II. immediate sequentem; sed iste miserabilis periit morte subita, & qui justè & canonicè electi fuerunt, Deo eos juvante, obtinuerunt.

Schisma XIX. fuit inter INNOCENTIUM II. & PETRUM LEONIS. Causa extitit discordia eligentium; sed INNOCENTIUS obtinuit, quia major & sanior pars erat cum eo, & B. BERNARDUS per septem annos laboravit viriliter & pene usque ad mortem pro unione & pace nostra. Hoc diffusè habetur in vita ipsius longiore, quod ne tædium generem omitto.

Schisma XX. fuit inter ALEXANDRUM III. & quatuor schismaticos, duravit spatio XVII. annorum, & ALEXANDER vicit eos successivè, & excommunicavit eos, qui omnes mala morte perierunt. Prævaluit insuper contra imperatorem FRIDERICUM I. qui imperavit annis XXXIII. Et quamvis multa laudabilia dicantur de eo, tamen in hoc erravit, quod persecutus est hunc ALEXANDRUM papam, & schismaticos contra eum fovit in nostram jacturam & animarum perniciem, quod non parvi est reatus: sed post graviter pœnituit, & ad unionem nostram humiliter rediit.

Schisma XXI. fuit inter JOHANNEM XXII. & PETRUM DE CORBARIO de ordine Minorum. Causa extitit tyrannis LUDOVICI IV. qui scindere nitebatur unionem nostram & pacem confundere, eo quod JOHANNES hic papa eum excommunicavit, quapropter PETRUM istum in idolum erexit & veneratus est: sed nihil profecit, quia statim succisum fuit, & PETRUS venit ad pedes JOHANNIS veniam petens, & obtinuit. Tamen conservatus fuit cunctis diebus vitæ suæ, ne ipsius occasione aliquod iterum oriretur.

FILIUS. Cautela prudens & necessaria. Etenim hic venerandus pontifex caute egit & prudenter: caute tibi, prudenter sibi. Caute tibi, dum & tibi cavit a scandalo; & invasori dimittendo noxam, sibi prudenter providit in futuro. Ait enim ipse Salvator: *Si dimiseritis hominibus peccata eorum, & Pater vester cælestis remittet vobis peccata vestra.*

CAPUT XXXIX.

De reliquis schismatibus.

Schisma XXII. pessimum super omnia quæ antea fuerunt, & duravit annis XL. Et de isto jam diximus cap. XXXVI. & occasione hujus alia memoravimus. Noveris autem schisma istud pessimum valde fuisse, quia diuturnum nimis, cum grandi scandalo totius cleri, & gravi animarum jactura propter hæreses & alia devia & inordinata, quæ tunc pullularunt quasi vepres & spinæ, quia non erat manus eradicans, dum, infirmato capite, cetera membra nutant.

FILIUS. Deus largitor pacis & caritatis amator misereatur nostri, & det nobis pacem, & mentibus nostris infundat caritatem, auferat de regno suo omnia scandala, astringat pacis fœdera.

MATER. Gratias sibi, tandem schisma hoc pessimum per concilium Constantiense fuit terminatum, depositis tribus ad invicem decertantibus, videlicet BENEDICTO, GREGORIO [Johanne.] & *ALEXANDRO, & unanimiter electo MARTINO V. cum jubilo cantantibus omnibus *Te Deum*, & summæ Trinitati gratias certatim referentibus.

Schisma XXIII. fuit inter EUGENIUM IV. & FELICEM V. & duravit annis XVI. ut satis nosti; fuit enim temporibus tuis.

FILIUS. Verum est, Mater, quamvis adhuc adolescens: sed habui patruum qui in curia hujus EUGENII mansit, pendente schismate, a quo multa de isto audivi; cui parebat Italia, sed & Gallia nostra, aliæque provinciæ multæ, ita ut processu temporis paucæ remanerent cum FELICE.

MATER. Iste EUGENIUS mortuo MARTINO electus fuit in Urbe pacifice, & indubitatus papa habitus; sed brevi post tempore compulsus a Roma nudus exire. Item a concilio Basileensi, quod MARTINUS ante excessum congregari jusserat, citatus, obedire noluit, ob hoc depositus non curavit; & sic oritur schisma istud, quod duravit usque ad mortem ejus.

FILIUS. Qui favebant sibi, multa laude digna de eo dixerunt: econtra qui ipsi adversabantur, plura enormia sibi imposuerunt, ut moris est.

MATER. Tamen quicquid est, ante papatum fuit vir abstractæ vitæ & famæ bonæ: quicquid postea fertur egisse, divino judicio relinquo; suo Domino stat aut cadit, non nostra interest de mortuis judicare. Etiam post fugam Romam recuperavit, adjutus a Venetis, & majorem obedientiam habuit. Causa autem hujus schismatis fuit satis nova, & ante hæc tempora inaudita. Nempe concilium Basileense, ut dictum est, deposuit EUGENIUM, qui unicus erat & indubitatus papa, ideo quod noluit servare instituta & decreta Constantiensis concilii venerabilis valde, nec obedire curavit eidem concilio Basileensi, asserens potius econtra debere fieri: unde oritur grandis altercatio scribentium de hac materia pro & contra, nec potuerunt concordare usque hodie. Nam una pars dicit concilium supra papam esse, altera dicit non, sed papam supra concilium.

FILIUS. Audivi nonnullos non aspernabilis scientiæ, sed nec opinionis calcandæ, de hac materia disputantes; sed prævalere mihi videbantur qui afferebant concilium fore supra papam, quibus satis assentiebam. Nempe te, Matrem nostram Christi sponsam, idem legitime congregatum concilium indubie repræsentat.

MATER. Certum constat quod asseris, & ideo nolumus de hac materia diffinire, ne partes nostras videamur fovere, & pro nobis judicium ferre. Videat Dominus & judicet. Nunc autem de schismatibus dicta sufficiant.

FILIUS. In isto, de quo sermo, Basileensi concilio multa bona & utilia instituta fuisse traduntur pro reformatione totius status tui. Habuit principium gloriosum, sed finem ignominiosum ac tribulatione plenum propter schisma.

MATER. Mirabilis rerum eventus! Prævaluit concilium Constantiense contra tres papas eos dejiciendo & quartum instituendo, cum tot haberet adversantes, & a nullo confirmatum fuisset. Istud autem tanta auctoritate collectum & firmatum, nec unum

F iij

potuit vel in modico reducere ad normam sui propositi: immo econtra processus ejus impeditus fuit ab uno. Ibi debile principium & finis gloriosus, hic e contrario initium inclytum, finem vero habuit miserum.

FILIUS. Illis diebus vel paulo ante, ut legisse me memini, tres soles visi sunt in coelo, & sequitur statim triplex regimen in statu tuo, videlicet Eugenii, concilii & neutralitatis.

MATER. LUDOVICUS ALAMANDA episcopus Arelatensis, cardinalis, vir sanctae vitae, ac patientiae singularis, fortis & constans, stabilis' & firma columna fuit Basileensis concilii, & ei diu praesedit: deinde post multos agones laboresque infinitos, quos pro nobis sustinuit, feliciter migravit ad Dominum, multis coruscans miraculis.

FILIUS. Vellem, Mater, a te audire, qualis vel cujus meriti extiterit FELIX iste, qui prae aliis tantis & tam dignis patribus in papam electus est in ipso Basileensi concilio.

CAPUT XL.

De papa Felice & quibusdam aliis eventibus contemporaneis.

MATER. FELIX iste, qui in concilio electus est contra EUGENIUM, fuit dux Sabaudiae, princeps devotus & senex. Vidit filios filiorum suorum. Hic cum jam caelibem vitam duceret, electus est in papam, deposito, ut dictum est, per concilium EUGENIO, & non habuit hic magnam obedientiam, quia neutralitas subintravit. Tandem defuncto EUGENIO, FELIX iste cessit NICOLAO a cardinalibus electo propter bonum pacis & favorem unionis, factus legatus Franciae & cardinalis Sabinensis. NICOLAUS igitur iste electus in Urbe anno Domini MCCCCXLVII. loco EUGENII, pendente schismate, paulatim ubique obtinuit obedientiam, mirantibus cunctis, quod vir humillimae nationis sic praevaleret contra ducem Sabaudiae, qui fuit affinis quasi cunctis principibus Christianitatis, & tamen dimissus ab omnibus, sicque Christo miserante, schisma pessimum, longum & nobis molestissimum cessavit, & pax cunctis optanda nobis reddita est, quia placuit Deo per abjecta mundi glorificare nomen suum. Hic NICOLAUS fuit magister in theologia, totus activus, & in conceptibus locuples. Factus papa multa reaedificavit, grandem murum Romae in circuitu palatii sui construxit, & totum murum Romanum redintegravit propter timorem Turcorum. Iste versus fertur Romae de eo publicatus:

Lux fulsit mundo, cessit FELIX NICOLAO.

Hujus tempore Constantinopolis imperialis civitas permagnifica capitur ab infidelibus Turcis, tradita per quemdam Januensem perfidum Christianum, qui juxta promissum constituitur rex civitatis, sed post triduum decollatur, non hominibus, sed Deo sibi reddente quod meruit. Pro cujus amissione civitatis, fit planctus in universa Christianitate, & timor ac tremor grandis. In illa multa millia Christianorum trucidati sunt, & innumerabiles venumdati, virgines violatae, ecclesiae destructae, sacra loca foedata, praecipue ecclesia S. Sophiae, nobilissima inter reliquas orbis, equorum stabulum ac meritricantium prostibulum facta est, & alia infinita mala patrata, haud dubium quin propter peccata habitantium in ea. Nam & confoederationem & societatem habebant cum infidelibus in mercantiis & aliis negotiis suis, & plerique in multis paganiter & non christiane vivebant, & totum pro parte punitum est, & ab illa incomparabili civitate omnino usque hodie divinus, proh dolor! ablatus est cultus. Imperatoris corpus ab impiis occisum, decapitatum fuit ex livore & feritate impiissimi & crudelissimi Turci, & periit pene totaliter fides in Graecia.

FILIUS. Aestimo hujus perditionis causa fuit vel maxima, quod Graeciae praelati, quorum Constantinopolitanus patriarcha caput, jam dudum recesserant a Romana obedientia, insuper ritu a te, veneranda, nobis in sacramentis tradito abutentes, obstinati & inflexibiles in sua opinione manentes, novas sectas superinduxerunt perditionis.

MATER. Hoc quod asseris facillime persuaderi posset. Bella quoque in diversis orbis climatibus etiam nostro sceptro subjectis diu fuerunt continuata, praecipue in Saxonia, Westphalia, Flandria, Prussia, Suevia, Bochonia, & specialiter in Anglia strages ingens propter intestina bella, quae gens illa ferox saepius commovere solet.

FILIUS. Vere ferox, quae reges & principes suos crebro gladiis cruentis exterminare suevit.

MATER. Non multo post tempore victoria miraculosa coelitus datur Christianis contra Turcum magnum, in Hungaria trans Danubium, & perdidit multos, ac fugit turpiter timore hostium perculsus; cum tamen eum nemo persequeretur mortalium, sed castra Domini Sabaoth terruerunt eum in die sancti Sixti papae anno MCCCCLVI. Sanctus JOHANNES de Capistrano praesens fuit ibi, & provocavit populum trepidantem ad persequendum infideles fugientes, & facta est ultio magna de inimicis Crucis. Propter hanc victoriam coelitus datam, festum Transfigurationis renovatur a CALIXTO III. NICOLAI V. successore, pro gratiarum actione illius victoriae miraculosae. Praefatus JOHANNES de Capistrano frater Minor, discipulus sancti BERNARDINI fuit, ac post ipsum praefuit reformationi novae. Hic peracta praefata victoria statim moritur clarus miraculis.

FILIUS. Legi, Mater, hos impuros Turcos dolo & fraude obtinuisse regnum Bossenorum, ducatumque despotis Serviæ, & plura loca & regna in partibus Orientis, Achaiam provinciam, & insulam Mitilenen, anno MCCCCLVIII.

MATER. Reformatio magna plurimorum monasteriorum multum necessaria in diversis mundi partibus sit. Et nota quod hujusmodi reformationes crebro leguntur factæ, sed pene nulla remansit in statu, quin potius solito more per successum temporis ad pristinum relaberentur languorem post venerabilium patrum reformatorum mortem.

FILIUS. Sensus & cogitatio hominis prona sunt in malum, ut scriptum est, & in paucissimis fervet virtus caritatis, & ob hoc tentante hoste, qui summe nititur religionem in monasteriis extinguere, homines facile seducuntur, ac extra æquitatis limites pedes affectionum ponentes, libenter ambulant vias non bonas, sed post peccata sua. Nam procul dubio nulla in nobis donaretur iniquitas, si in nobis ferveret caritas: qua deficiente, sequuntur multi pravitatem cordis sui mali, impulsi ab hoste maligno, ut tandem in inferni voragine demergantur.

MATER. Igitur cave tibi ipsi a ruina, alioquin os tuum condemnabit te. Nempe scienti bonum facere & non facienti peccatum est illi.

FILIUS. Nihil verius. Nam & servus sciens voluntatem domini sui, & non faciens, vapulabit multis.

MATER. Fili, inter loquendum subito incidit in mentem, ut quemadmodum de nostris præsentibus tribulationibus, persecutionibus ac pressuris in primo hujus dialogi libello, deque præteritis in secundo vel tertio interim tractavimus; ita quoque in sequenti, de his quæ restant & nos indubie manent, seu per prophetica oracula, sive per evangelicam tubam apostolicamque doctrinam ad plenum sum edocta, vel pauca de multis dicendo ad invicem conferamus.

FILIUS. Optime, Mater, & ut congruit, mihi expedit, tibique convenit, ut quæ passionibus exerceris omni tempore, omnium etiam temporum passiones ad tuorum ædificationem recenseas filiorum.

MATER. Sic agere libet. At quoniam sabbatum est & ad vesperas properandum, crastina vero ob Dominicæ reverentiam laudibus insistendum, feria secunda tractare aggrediemur quidquid inspirare dignabitur JESUS CHRISTUS sponsus & Dominus noster, qui vivit & regnat cum Patre in unitate Spiritussancti per infinita sæcula sæculorum. Amen.

GESTA
SEPTEM ABBATUM BECCENSIUM
METRICE A PETRO DIVENSI CONSCRIPTA

Ex duobus mss. codicibus uno Beccensi, altero reginæ Sueciæ.

OBSERVATIO PRÆVIA.

GESTA *septem primorum abbatum Beccensium a Petro Divensi metrice conscripta suppeditaverunt nobis antiqui codices duo, alter Beccensis quem nobis perofficiose exscripsit sodalis noster domnus Richardus* Houssaye, *alter reginæ Sueciæ Romæ a Mabillonio repertus, cujus apographum cum Beccensi codice contulimus.*

Eorum auctor Petrus Divensis, hoc est monasterii S. Petri supra Divam in Diœcesi Sagiensi monachus, qui & Petrus Augensis, dictus a pago Augensi, ubi situm est illud monasterium, cum aliquando hospes apud Beccenses nostros divertisset, excitatus a nobilissimo viro Milone Crispini monacho & cantore Beccensi, opus illud suscepit. Porro in codice reginæ Sueciæ una cum prædictis gestis continebatur & chronicon Bec-

cense, alias ab Acherio ad calcem operum Lanfranci editum, cujus ideo præcipuas variantes lectiones hic subjiciemus una cum actis Johannis de Rothomago dicti etiam de Motha & Gaufridi de Hispania, abbatum, quæ in editione Acheriana desiderantur.

PEtrus Divensis conscribit versibus istis
Structores primos Becci summosque magistros.

1. Ex quo principium Beccus jam sumsit
& esse,
A quo vel per quem primo processit ad esse,
Seu quibus ipse viris fundatus magnificetur,
Queis vel personis ditatus clarificetur,
Quot præcesserunt abbates, quive fuerunt,
Tempore vel quanto Beccum rexere fovendo,
Carmine decrevi perstringere metrificali,
Ut sermone brevi signentur & ordine tali.
Non quia præsumtor operis dijudicer hujus,
Sæpe magis numero fuerim compulsus ad
istud
Domni Milonis Crispini voce monentis,
Omnibus & votis nihilominus id satagentis.
His ita libatis in principioque locatis
Hoc opus aggrediar, licet huic sum viribus
impar :
Infantum linguas sed qui facit esse disertas,
Spiritus ipse mihi nunc adsit ad hoc properanti.

S. Herluinus primus abbas Becci.

2. Anno milleno ter deno necne quaterno
Quo Deus ipse Patris Verbum de viscere
matris
Nostrum produxit corpus mundoque reluxit,
Cum Normannorum turgentia colla domaret
Guillelmus senior, quos & super imperitaret
Nobilis & prudens vir quidam, corde sed ingens,
Ut patet in Becci structura cœnobiali,
Qui fuit HERLUINUS sacro de fonte vocatus,
Inspirante Deo, mortisque timore citatus,
Cum foret in multis præsertim strenuus armis,
Inter & ipse suos nimis esset honorificatus,
Hinc & apud primos patriæ satis appretiatus;
Jam sibi plaudentem, jam pronum, jamque
faventem
Mundum despexit, seseque subinde retraxit,
Et monachus factus sancto jam flamine tactus,
Præsule tunc urbis HERBERTO Lexoviensis
Attondente comam, simul & tribuente cucullam,
Protinus ecclesiæ se contulit & sua quæque,
Quam prius in fundo construxerat ipse paterno,
Haud procul a fluvio qui Beccus dicitur, a
quo
Sumsit & ipse locus nomen sub tempore
Beccus.

A Fratribus & secum quampluribus associatis,
Artius instabant aptari posse beatis
Dulcibus hymnis, laudibus amplis invigilando,
Vestibus hirtis, sumtibus arctis membra domando.
Herbis vescentes crudis, laticemque bibentes,
Pane sed adjecto quandoque siligine facto,
Crebro legentes, sero loquentes ordine certo,
Prava caventes, justa sequentes tramite recto.
Insuper & Pauli doctoris jussa probantes,
Instanter manibus quæcumque suis operantes.

B Talis tantillus, humilis satis atque pusillus
Extitit exorsus Becci, primus quoque motus:
Non ibi murmur erat, non fraus, nec bilis
amara :
Multa sed intus erat pax & concordia mira.

3. His igitur vitam ducentibus intro sopitam,
Cœpit diffundi paulatim rumor eorum.
Vallis & ex imo jam conscendebat in altum,
Unde perafflati quamplures atque citati,
Partibus e notis venientes, necne remotis,
Beccum quærebant, illuc & conveniebant,
Se patris HERLUINI subdentes religioni.

Lanfrancus Beccum appulit ex Italia.

C Quos inter magnus vir quidem mitis ut
agnus,
Editus Italia, quæ dicitur urbe Papia,
Stemmate non humili, natalibus ac generosis,
Magnificus rhetor, notissimus undique doctor,
Cui Lanfrancus erat nomen satis amplificatum,
Gallis, Italicis, Græcis quoque clarificatum,
Cum disceptando studiis & mira docendo
Urbes lustrasset, regiones & peragrasset,
Et foret hic clarus apud omnes, par quia
rarus.

D Nam fore præclara fert Tullius omnia rara.
Omnia conspiciens hæc vana superflua necne,
Et quia mundus abit, sed in hoc quod cernitur omne
Flamma succensus divi Lanfrancus amoris,
Culmine calcato terreni prorsus honoris,
Pauperiem Christi decernens ipse subire,
Cœli divitias quo felix possit adire,
Applicuit Becco tandem, sed præduce Christo,
Hunc qui præscierat præ tempore, necne pararat
Ecclesiæ purum vas, quam dignumque futurum.

Monachi schema induit.

4. Conspectaque loci jam paupertate cupita,
Simplicitate

DE GESTIS ABBATUM BECCENSIUM.

Simplicitate patris, mira fratrum quoque vita,
Vestibus explosis queis tectus erat pretiosis,
Induitur vili gaudens tunica monachali,
Fratribus appositus, desiderioque potitus,
Omnibus elegit abjectior ipse videri,
Quam peccatorum domibus sublimis haberi,
Illud habens oculis præfixum & cordis in arcto:
Quanto major eris, tanto dejectior esto.
Qua rogo lætitia pater HERLUINUS agebat,
Cum, prout optavit, jam suscepisse sciebat,
Cujus doctrina Beccus foret erudiendus,
Qui rudis intus adhuc fuerat, sed & instituendus.
Cui deferre volens persæpe, decebat ut illi,
Ipse refutabat, persolvens hoc magis illi.
Ille verebatur subici vatem sibi tantum,
Hic venerabatur nimis abbatem sibi gratum.
Gaudebatque satis vir tantæ nobilitatis,
Qui foret ignotus, qui cognitione remotus.
Intus & arcebat se strictius atque premebat,
Ne sibi dilectam cito perderet ipse quietem.

5. Explicitis vero tribus annis in monachatu

Fit prior.

Sub patris Herluini quo venerat ipse ducatu,
Ne jam sub modio posset latuisse lucerna,
Hactenus in medio fuerat quæ vallis operta,
Est prior effectus, fratrum sed ab agmine lectus,
Ut splendore sui sensus pariterque sophiæ,
Lumine sublimis perlustrarentur usiæ,
Et domus hæc nota, sed & ipsa Neustria tota,
Quam licet abnuerit, suscepta denique cura,
Omnibus intendit prodesse sub hac positura,
Fratribus assignans essent quæ rite sequenda,
Non minus insinuans illis quæ jure cavenda.
Præ manibus semper doctrinam promptus habebat,
Qua præcellenti sociorum corda rigabat.
Gratus erat cunctis, nam cuncta scienter agebat,
Hosque cibo forti, nunc illos lacte cibabat,
Distribuens cunctis, ut cuique decere putabat.

6. Fama sed ut crevit volitans, terramque replevit,

Fama ejus penetrat ubiq.. magnisq. fit zal cu nobilium & scholarium concursu.

De novitate loci, simul & de relligione,
Deque viri tanti Lanfranci cognitione,
Nobilium multi, dites, comitum quoque nati,
Hinc alii plures: inflati nempe scholares,
Concurrunt Becco, Lanfrancum nosse volentes,
Institui tanto doctore magis cupientes.
Cujus perspicua fundati philosophia,
Horum nonnulli cordis ad intima puncti,
Pneumatis atque sacri subito fervore peruncti,
Jam mundi fastu dejecto carnis & æstu,
Colla jugo Christi festinant subdere miti,
Ejus amore quidem remanentes prorsus ibidem.
Ast alii plures sub eodem philosophantes,
Artibus imbuti præclaris & bene docti,

Vet. Script. & Mon. ampl. Collect. Tom. VI.

Ibant a studio Beccensi mira loquendo,
Facti præcones ipsarum per regiones,
Ac sic quæ penitus constabant annihilatæ
Artes, Rollonis ex tempore partibus istis,
Lanfranci studio noscuntur item reparatæ,
Ipsius ascribi quod conderet utique laudi.

7. Tunc Beccus primo qui pauper adhuc & in imo,

Beccus floret & omnibus abundat.

Cœpit ditari, succrescere, fructificari,
Auro, divitiis, personis relligiosis,
Vitibus & terris, ornamentis pretiosis.
Felix ecclesia, Christoque placens & amica,
Ex istis unum quæ novit habere patronum.

8. Tempore prolapso, cum jam floreret ab alto

Lanfrancus fit abbas S. Stephani Cadomensis.

Beccus, & in totum fere dilucesceret orbem,
Intus Lanfranco doctrinam distribuendo,
A foris Herluino curam majoris agendo:
Dux Normannorum GUILLELMUS laude suorum
Sumsit Lanfrancum merito cunctis venerandum,
Non sine singultu multo grandi quoque luctu
Fratrum, necne patris Herluini jam senioris.
Ecclesiæque suæ Cadomi tunc ædificatæ
Contulit abbatem solerter ad utilitatem
Cœnobiique rudis nihilominus & regionis.
Hunc etenim sensu quo mirus erat, sed & actu
Imbuit, ornavit, præstruxit, clarificavit
Ordine, doctrina, concentu, philosophia:
Qui licet haud multis inibi vigilaverit annis,
Cum fuerit raptus de cura cœnobiali,
Postmodum sedi provectus pontificali:
Ejus signa tamen doctrinæ non pereuntis
Sunt, & adhuc intus satis apparentia cunctis.

9. At dux præfatus regnandi jure citatus,

Deinde episcopus Cantuariæ.

Postquam devictis in bello cominus Anglis,
Terram possedit rex, & regnando resedit,
Ecclesias regni cupiens renovare subacti,
Quæ nimis incultæ fuerant, vitiis & adultæ;
Consilio procerum functus satrapumque suorum,
Sustulit abbatem de cœnobio Cadomensi
Domnum Lanfrancum, dictante sed Omnipotenti,
Atque reluctantem nimis, idque diu renitentem.
Tandem multorum precibus stringentibus ipsum,
Præsertimque patris Herluini fœdere victum,
Cujus ut auctori Christo patebat & ori,
Intulit eximiæ quæ Cantia dicitur urbi,
Atque sacerdotem summum præfecit eidem,
Clero sed populo cum laudibus amplificatis
Excipientibus hunc, & mentibus exhilaratis.

10. Culmen ubi talis fuit hic indeptus honoris,
Non castellorum structuræ materiali,

Non canibus, non hic avibus luxu laicali
Extitit intentus, quia prorsus ab his alienus,
Ut mos pontificum dinoscitur Angligena-
　　rum:
Sed pius ut pastor structuræ spirituali
Sedulus instabat censura pontificali.
Mentes barbaricas doctrinis ædificando,
Usibus atque malis ad conspicuos revo-
　　cando.
Non opus est crebris jam declamare loquelis
Anglorum genti quantum profecerit omni.
Namque status regni testatur & ecclesiarum,
Ipsius ingenti cura studioque frequenti,
Quod tunc justitiæ sub norma sit reparatus.
O tunc felicem populum nimis, atque viren-
　　tem,
Cum rex insignis pacem sibi conciliabat,
Tantus & antistes doctrinam suppeditabat.
Ille refrænabat stricto pugione rebelles.
Non etenim poterat sibi quis restare satelles.
Iste beatorum sedes passim renovabat,
Per patriam lectis rectoribus atque sacrabat.
Legibus ille novis reparabat templa vetusta.
Tunc efflorebat Britannia, tunc revirebat,
Tunc erat insignis, ducibus quia prædita
　　dignis.
Tunc opulenta bonis, quia pax optata co-
　　ronis,
Quorum sudore nimio grandique labore
Mundi pollentes hujus tum quique potentes
Materiam sumunt turgendi desipientes.
Sed quia deflexi paulisper ab ordine cœpto,
Est illuc iterum redeundum calle resumto.

Herluinus annis satisscs Anselmum sibi successorem eligit.
11. At pater HERLUINUS mens veri con-
　　scia cujus,
Ut se conspexit Lanfranco jam viduatum,
Quem successorem gaudebat habere para-
　　tum,
Quoque suæ curam domus ipse refuderat
　　omnem,
Eligit ANSELMUM vita studiisque probatum
Lanfrancique loco deliberat ire locatum.

Anselmi origo & prima studia.
12. Hic fuit Anselmus Augusta natus ab
　　urbe
Stirpe satis clara nihilominus auctus in orbe;
Qui post decursis ævi puerilibus annis,
Applicitus studiis, imbutus & artibus ipsis.
Primitus in trivio, seu postulat ordo scho-
　　laris,
Postea quadrivio quo quisque stupet popu-
　　laris,
Summos ipse brevi doctores æquiparavit.
Hic cum floreret studiis in partibus illis,
Fama percelebri mira de laude magistri
Lanfrancum adit. Lanfranci motus, qui tunc prior oppido
　　notus,
Extiterat Becci pastoris tempore primi,
Æde patris spreta, notis patriaque rejecta,
Pluribus emensis regionibus Italicensis,
Lætius optatum subiit tandem sibi portum;
Inventoque viro, vita verbis quoque miro,
Ejus & experta cum relligione sophia,

Tanto constat eum complexum cordis a-
　　more,
Ejus ut ulterius discedere nollet ab ore.
Sumpto tunc igitur sibi relligionis amictu, *Fit monachus Becci.*
In modico fertur tantum virtutis adeptus,
Qui nulli penitus fratrum foret ipse secun-
　　dus.
Cui, post Lanfranci digressum commemo-
　　randi,
Qui fuit ecclesiæ translatus ab hac Cado-
　　mensi
Abbas, ob vitam, qua præpollebat, honestam,
Imperat officium de more prioris agendum. *Prior instituitur post Lanfrancum.*
Quo non elatus fuit aut levitate notatus,
Sæpe quia mores mutant, ut fertur, honores.
Imo studebat eis queis præerat ultimus esse,
Lege ministrandi fuerat quod cuique necesse.

13. Abbas HERLUINUS senio jam debilita- *Herluinus migrat e vita.*
　　tus
Postquam lustra novem minus anno conti-
　　nuasset,
Quo fugiens mundo se Christo consociasset.
Omnibus expletis quæ mens optaverat ejus,
Rebus in humanis & functis visibus ejus,
Tum quia basilica præstanter & ipsa peracta,
Hinc a Lanfranco tunc archipræsule summo
Multiplici pompa miroque decore sacrata,
Cum desideriis ejus jam nil superesset,
Ni quod dissolvi Christumque videre cupis-
　　set,
Miles ut emeritus, & ab omni labe politus,
Corpore munitus, Christique cruore potitus,
Cœlo dans animam, virtutibus undique ful-
　　tam,
Reddit humo corpus quo primus noscitur
　　ortus.
Quantus ibi fletus, dolor omnis quippe re-
　　plevit,
Quantus erat gemitus, quia pastor tantus
　　obivit.
Concurrunt plures cum divitibus populares;
Hi Dominum flentes, alii patrem repetentes.
Tantus erat clamor lugentum tantus & an-
　　gor,
Quod vix audiri psallentes, vix & adiri
Possent præ turba, foribus vi namque refusa.

14. At cum exequiis singultibus haud sine *Succedit ei S. Anselmus.*
　　crebris,
Utque viro decuit tanto de more peractis,
Conveniunt fratres jam patre suo viduati,
Atque pari voto non schismate dissociati,
Abbatem statuunt ANSELMUM, dignaque sol-
　　vunt.
Quæ jam nimirum successio continuata,
Absque Dei nutu non creditur insinuata.
Tantus enim fuit hic ætate quidem juvenili, *Ejus virtutes.*
Dignius ut tanto tunc præferretur ovili.
Dulcis in affatu, sed dulcior in famulatu
Extiterat cunctis in cœnobio sibi junctis.
Sanis namque pater fuit, infirmis quoque
　　mater,

Et simul utrisque pater, & mater fuit ipse.
Neumate contactus erat omnibus omnia factus,
Ut sibi captaret quos Christo lucrificaret.
Fratribus hic igitur de quorum sobrietate
Jam bene fretus erat, vita simul & probitate,
Exterius causis sollertius insinuatis,
Interius curis attentius ipse vacabat,
Erudiensque suos doctrinis invigilabat,
Contemplativos fructus carpens aliquando,
Nunc in consiliis dandis erat ipse morando.
Quis ita discretus fuit & multis manifestus?
Quod quasi divinum responsum consuluisset,
Ipsius alloquio quicumque frui potuisset;
Gratia tanta quidem labiis insederat ejus,
Quod gens cuncta fere verbis alluderet ejus.
Regibus & primis patriæ, mediocribus, imis
Haud fuit exosus, sed amabilis & pretiosus.

15. Floruit hoc Beccus sub tempore, crevit & hujus
Oppido sub cura, nec enim Normannia sola,
Verum longinquæ regiones atque propinquæ
Ejus odore bono fragabant numine prono.
E quibus exciti præsignes atque periti
Conveniunt Becco, se dantes & sua Christo,
Terras cum villis & prædia multa sub illis;
Aurum cum gemmis pretiosis atque lapillis,
Argentumque satis cum vestibus appretiatis,
Illi subdentes solemniter attribuentes.

Angliæ rege adit, pro ecclesiæ suæ negotiis.

16. Jam tunc pollebat Beccus, sesic & habebat
In melius semper succrescens proficiendo,
Ordine, divitiis, conventu religioso,
Insuper & numero, meritis, & multiplicando.
At cum bissenis superadjectis tribus annis
Anselmus Beccum bene jam rexisset adultum,
Fratrum constrictus prece, jussu denique victus,
Ecclesiæ causis quampluribus hinc & obortis,
Sic mare transivit, regem super his & abivit
Compellaturus, quædam super & moniturus.
A quo susceptus digne satis & veneratus,
Obtinet ad libitum quod constat abiisse petitum.

Rapitur ad sedem Cantuariensem.

17. Tunc erat insignis urbs Anglica Canturiensis
Proh dolor! egregio meritis orbata patrono
Ferme decursis in gyro quatuor annis,
Ex quo Lanfrancus mundo decessit amandus.
Cum super id vero monitus rex crebro fuisset,
Quatenus ecclesiæ lugenti consuluisset,
[*a*] (*a*) Rufus & ille diu protendens dissimulasset,
Tunc emollitus, tandem furore sopitus,
Regni personis diversæ relligionis,
Principibus necnon super id pulsantibus ipsum,

(*a*) Guillelmus II. rex Angliæ dictus Rufus.
Vet. Script. & Mon. ampl. Collect. Tom.

Annuit ut fieret electio pontificalis,
Et procul abstaret contentio causidicalis.
Omnibus ergo simul cum rege volentibus unum,
Vocibus & crebris id subclamantibus ipsum,
Abbas Beccensis, qui tanto dignus honore
Esset, & insignis, sapiens grandique lepore,
Quæritur Anselmus, capitur, trahitur violenter,
Cum tentasset & his obsistere quam vehementer.
Summus & antistes stabilitur Canturiensi
Ecclesiæ dignus successor & Italicensi.

18. Archiepiscopii qui sublimatus honore,
Non sua sed Christi quærebat in ejus amore,
Ecclesiis regni totius & invigilator
Sedulus assistens, ipsarum sed relevator,
Æquus judicio majoribus atque pusillis,
Promtus in auxilio viduis pariterque pupillis,
Dapsilis indigenis, non parcus & hic alienis,
Totus & assidue fuerat perfusus egenis,
Compatiens mœstis, non parcens ipse superbis.
In commune tamen fuit omnibus ipse juvamen,
Insuper & verbi divini semina fundens,
Non erat in terris Domini commissa recondens:
Immo, quod audierat per tecta docens resonabat,
Pastor ut insignis, dispensatorque fideis.
Talibus ornatus virtutibus iste beatus,
Jure subit curam tam digni pontificatus.
Hinc & amabatur a clero sufficienter,
Atque colebatur a plebe satis reverenter;
Tum quia defensor cleri fuit imperiosus:
Tum quia provisor populi fuerit studiosus.

19. Ut consecratus fuit hic & sede locatus, *Guillelmus tertius abbas Becci.*
Istud & insonuit, jam quippe latere nequivit,
Conventus fratrum Becci deductus in unum,
Et super ablatum pastorem concionantes,
Deque novo rursum reparando quæstionantes,
Ipsius Anselmi consulto præsulis almi,
Comminus eligitur quidam Guillelmus ab ipsis,
Ex *Monfort* natus, sic & præponitur ipsis, *Ejus patria, mores, litteræ.*
Moribus ornatus, sed relligione probatus,
Mitis, munificus, patiens & pacis amicus.
Hic erat edoctus divina lege potenter,
Nunc nova nunc vetera proferre sciens reverenter.
Qui decus & speculum tum norma patens monachorum,
Claruit ut lilium, micat inter germina florum.
Nec modo contiguis confratribus & sibi natis,
Immo procul positis, sublimibus, haud quoque notis
Carus & acceptus fuit, hoc virtutis adeptus,

G ij

Tempore sub cujus quammulti multa dedere
Becco, divitiis ditantes, excoluere.

Robertus Mellenti ejus consanguineus.
Robertusque comes de *Mellent* vir memorandus,
Ipsius abbatis consanguinitate propinquus,
Auxit præcipue non parvis ejus amore
Beccum redditibus, Matrisque Dei sub honore,
Ordo sed interior sub eodem debilitatus
Haud fuit; in modico quin firmior, at moderatus;
Cultus & interior non laxabatur in ullo:
Immo subaccrescens, flexusque gravedine nulla.
Non etenim Beccus tunc temporis intus egebat,
Jam sed abundabat, jam de foris ipse cluebat.

Rexit annis XXX.
20. At qui transactis ter denis circiter annis,
Ecclesiæ Becci, quibus abbas præfuit ipsi,
Cum pastorali cura prius invigilasset,
Officiumque suum, quod pulchre concelebrasset,
Tandem Guillelmus carnis valetudine tactus,
Posthabitis rerum curis plenusque dierum
Sic obdormivit, sed & in Domino requievit,
Appositusque suis hinc patribus & tumulatus.

De Bosone Becci IV. abbate.
Cui prior ecclesiæ successit Boso vocatus,
Pro libitu fratrum pastoris sede locatus.
Hic fuit astutus, sapiens, subtilis, acutus
Consilio, cura, scripturis, philosophia.
Quisnam quæso virum tristis properavit ad ipsum,
Et non continuo gaudens discessit ab ipso.
Summi nempe viri, distantes atque remoti
Quo satis edocti sermonibus exhilarati,
Consilii causa venientes hunc repetebant,
Hunc admirantes verbi virtute stupebant.
At super illius quid dicam relligione,
Quidve super mentis quid proloquar integritate,
Quis fuit Anselmo connexus ita reverendo,
Quod vix aut sero disjungi posset ab ipso?
Hic sibi subjectos in tanta pace tenebat,
Insuper & tantæ dulcedinis arte regebat,
Ut fieret notum, manifestius atque pateret
Spiritus ille sacer, qui in ejus corde maneret.
Claruit hic multis diversis partibus orbis,
Sensu magnifico, verborum pondere miro;
Notus & indiciis fit summæ relligionis
Regibus, & primis cujusque procul regionis,
Qui sibi commissum servare gregem satagendo,
Nunc potabat eos exemplis instituendo,
Nunc pascebat eos doctrina spirituali,
Non tamen exceptans hos pastu materiali:
Immo subimplebat laute quod cuique decebat,
Affectu miro Christi nectens sibi tyro.
Taliter egregius Boso pastorque peritus,
Invigilans castris Domini ter quatuor annis,

Justitiæ tectus lorica vir bene doctus,
Neumatis at gladio sancti præcinctus acuto;
Tum clypeo fidei tutus galeaque salutis,
Fortis ut athleta non segniter intus agebat,
Hostis ab incursu servando suos satagebat.
Hic consummato vitæ præsentis agone,
Transiit ad Christum mortis sed conditione;
Et bene defertur super æthera spiritus ejus,
Namque mori lucrum fuit ipsi vivere Christus.

Theobaldus V. abbas Becci.
21. Cujus in officio quidam surrexit herilis
Exque priore loci curam sortitur ovilis.
Hic Thebaldus erat dictus, satis atque patebat
Moribus insignis, natalibus & bene dignis,
Artibus egregiis imbutus, & altius ipsis
Qui post annorum jam decursum geminorum
Desuper aptatis sex mensibus enumeratis,
Cum regeret Beccum satis accuratius ipsum,
A foris acceptans quæ congrua noverat ædi,
Intus & assignans divinæ consona legi,
Esset & hic gratus cunctis & amore ligatus,
Illis substrahitur, Christo sed compositore;
Aaglis atque datur, miro transflatus honore,
Summus & ecclesiæ fit præsul Canturiensis,
Insula præsignis cui subditur Albionensis.

Creatus archiep. Cantuariæ varios in Anglia motus compescit.
22. Tempore sub cujus, species ut denotat ejus,
Anglia, quæ dudum fuerat ditissima rerum,
Hinc opibus variis, hinc gentibus imperiosis,
Proh dolor! orbatur, alienis & spoliatur.
Obruta languescit, fere jam subversa patescit,
Invidiâ procerum regni patriæque potentum,
Ensibus & flammis cum proditione furentum.
Hujus ob arcendam cladis rabiemque premendam,
Quæ penes ecclesias etiam tunc depopulando,
Sævius exarsit, vix ullam prætereundo,
Tanta superborum tulit impedimenta virorum,
Sæpe quod & capitis incurrerit ipse periclum.
Christus at illæsum conservans altius ipsum,
Omnibus eripuit ex his, pacique reduxit.
Nam velut ipse Joseph auctore Deo perhibetur.
Missus in Ægyptum, scripturis idque docetur,
Fratribus atque patri, cunctæque suæ quoque genti
Quo compensaret, pro tempore convenienti.
Sic fuit iste Dei nutu provectus honori
Regni totius Anglorum, sed potiori,
Quo jam liberius, & matri compatiendo,
Fratribus atque suis præstaret subveniendo;
Insuper & rerum fieret protector earum,
Quæ fuerant pronæ Becco procul in regione.
Quæ bene compensans, & secum mente retractans,

Becci possessiones in Anglia inprimis tuetur.

Muneribus dignis matrem venerando fre-
 quenter
Extulit, adjuvit submissus ei reverenter.
Quidquid erat Becci conservans inviolatum,
Hostis & e manibus defensans intemeratum,
Tempore quo cuncti noscuntur ad omnia
 moti.

Letardus VI. abbas Becci. 23. Cui post successit vir summæ religionis,
Infestus vitiis, virtutibus ac studiosus
Nomine Letardus, redolens velut Indica
 nardus.
Porro sed ætatis provectæ, nam gravitatis
Extiterat multæ, mentisque procul bene
 cultæ.
Prudens, maturus, patiens & corpore purus,
Discipulis pandens exemplo sufficienti,
Quod mandabat eis servandum voce patenti.
Hic consummatis bis quinque beatius annis,
Ex quo cœnobium sumpsit Beccense regen-
 dum,
Vitam finivit præsentem sic & obivit,
Transiit, & virgo prodivit matris ut alvo,
Cum sexagenum quintus superegerat annum.

Rogerius de Bailleul VII. abbas. 24. Cui Iubit exemplo conventus e grege
 simplo,
Quidam Rogerius de Bailleul qui fuit or-
 tus,
Indolis egregiæ, scrutator & ipse sophiæ.
Ingenio promtus, sed & eloquio bene com-
 ptus.
Qui non humanis, quo quisque tumescit ina-
 nis,
Tantum, sed divis imbutus erat documentis.
Quorum notitia pastorum qui viduatur
Est asino similis, sed Lauro qui decoratur.

VARIÆ LECTIONES ET ADDITIONES AD CHRONICON BECCENSE.

Ex mf. bibliothecæ serenissimæ reginæ Sueciæ not. 1303.

Pag. 8. Cui successit Rogerius filius ejus. *mf. cod.* cui successit Rogerius frater ejus. Roberto de Tougeyo priore claustrali. *mf. cod.* Roberto de Torigneyo P. C. Beccensis monasterii. Eodem mense dux Henricus rediens de Aquitania Rothomagi in die festivitatis S. Johan. Bapt. gratanter assensum præbuit prædictæ electioni, quam archiepiscopus Rothomagensis Hugo, vir summæ religionis & industriæ, cum imperatrice matre ducis, antea ut præsentes libentissime confirmaverant. Sequenti vero mense in festivitate Mariæ Magdalenæ prædictus electus benedictus est in abbatem apud S. Philibertum de Monteforti, ab Heberto episcopo Abrincatensi & Girardo Sagiensi, præsentibus abbatibus Rogerio Beccensi, Michaële Pratellensi, Hugone de S. Salvatore Constantiensi.

Respiciens augustum præcisa rupe sepul-

chrum. *mf. cod.* respicis angustum præcisa rupe sepulcrum.

Pag. 9. Mathildis, &c. *mf. cod.* Massuldis, &c. cujus corpus apud Beccum delatum est & ante altare beatæ Dei genitricis Mariæ in eadem ecclesia honorifice sepultum.

Anno millesimo centesimo septuagesimo octavo idem pretiosus martyr canonizatus est. *mf. cod.* an. 1173. &c.

Et Rotrodo Rothomagensi. *mf. cod.* a Rotrodo Rothomag.

Pag. 10. Et Henrico Briocensi. *mf. cod.* Henrico Bajocensi.

Mf. cod. Anno 1179. Ludovicus rex Francorum vota sancto Thomæ soluturus orationum causa Angliam intravit & per triduum Cantuariæ moratus est.

Dominus Richardus de sancto Leodegario, tunc infirmarius prædicti loci. *mf. cod.* Dominus Richardus de S. Leodegario, tunc justitiarius prædicti loci.

Pag. 11. Amoto Ingelranno foro sancto, &c. *mf. cod.* Amoto Ingelranno foro facto.

Pag. 13. Ce fut en temps de l'abbé Pierre, pour ce qu'en pierre, &c. *mf. cod.* Ce fut en temps de l'abbé Pierre, à qui écheyt maintes pierres, pour ce qu'en pierre, &c.

Pag. 16. Feci dedicare ecclesiam novam de novo completam, ut postea patebit. *mf. cod.* De novo completam & consummatam quæ dedicatio fuit tam celeberrime & tam solemniter completa prout patebit in sequentibus.

Pag. 18. Guillelmus de Benssevilla dictus Popeline, &c. *mf. cod.* G. de Beussevilla dictus Popeline in abbatem & pastorem ipsius monasterii & postmodum benedictus, vir quidem magnæ prudentiæ & probitatis, modestus, facetus, mitis & dilectus ad omnes, patiens, misericors, largus & munificus qui strenue & laudabiliter rexit, &c.

Pag. 18. Christe propina, anno D. 1388. post obitum, &c. *In mf. codice hæc adduntur post hæc verba* Christe propina. Hic venerabilis vir supradictus temporibus suis vestivit & recepit in prædicto monasterio quamplures monachos religiosos discretos viros, de quibus postea floruerunt unus Gaufridus dictus *Harene* abbas Gemmeticensis, Vincentius de Rothomago dictus *le Lieur* abbas Pratellensis; necnon Robertus de Rothomago, alias *le Tellier*, abbas S. Ebrulfi, ac Johannes de Bouleya abbas Ceraciensis. Anno D. 1388. post obitum, &c.

Pag. 22. Reverendus pater Guillelmus abbas, &c. *usque ad hæc verba* ubi solet accipi benedictio, *ut in mf. postea sequitur in mf. cod.* Hic vir venerandus rexit prædictum cœnobium cunctis suis amabilis per spatium 18. annorum & dimidio vel circa; cujus animæ propitietur Deus. Amen.

Pag. 24. Thomasque Friguanti, *mf.* Frigueti.

G iij

Christi colla subegit, *mf.* Christo colla, &c.
Anno milleno centeno sicque quaterno, *mf.* addit : Quinta Quintilis decies quarto quoque sexto, parcat illi Deus. Amen.

Deinde sequitur in mf. codice : Venerabili Thomæ xxviii. abbate monasterii B. M. de Becco Herluini de carnis educto ergastulo, successit honestus vir unanimi fratrum consensu electus Johannes de Rothomago, alias de Motha, sacerdos & monachus in dicto monasterio expresse professus. Hic vir venerandus decimus liberorum nobilis viri Simonis de Motha civis Rothomagensis, postquam pueritiæ incrementa transegit & rudimenta grammaticalia studiosus percepit, discretis magistris Parisius in præclara artium facultate a parentibus traditur imbuendus: verum quia Deus præviderat eum lucernam in domo sua fore ardentem, noluit tanti splendoris lumen sub nubilo mundanæ obscuritatis diutius latere; sed super candelabrum vitæ contemplativæ, ut omnibus qui in domo Dei sunt postmodum luceret, voluit collocare. Unde suorum parentum obtecundans votis, bene meritus filius dictum monasterium ad probandum monastici ordinis vitam oblatus ingreditur, & ad sui probationem ab abbate & conventu dicti loci benigne suscipitur : sit Christi tyro novus qui prius erat philosophus. Accipit illico obedientiæ fortissima arma, & jugi Domini suavitatem, oneris levitatem diligenter experitur, probat & approbat monasticam vitam. Probatur nec reprobatur ejus laudabunda conversatio ; nam ob vitæ meritum bonæ indolis adolescens omnibus se imitabilem exhibebat. Probationis igitur anno & die revolutis, dicta probatione hinc inde facta, ipse more solito professionem expressam fecit: qua facta, & per dictum abbatem recepta, in conventu fratrum per osculum admittitur, cœpitque postea de virtute in virtutem proficere, singulos fratres suos exemplo ad bonum inclinare, & ut verus claustralis omni humilitati operam dare. Noverat enim humilis ille monachus, quod non nisi per gradus humilitatis valet quis ad apicem altitudinis ascendere. At ubi ætatis fuit competentis, est sacris promotus ordinibus, ad sacerdotii tandem meruit ascendere gradum. Deinde post modicum temporis intervallum commissus fuit administrator prioratus de Bello-saltu Rothomagensis; deinde prioratus S. Petri de Cochiaco Ambianensis; postea prioratus B. Mariæ de Layo Belvacensis, & deinceps prioratus S. Petri de Pontisara Rothomagensis diœcesis; studebatque Parisius quousque adeptus esset gradum baccalaureatus in decretis, & procedebat ad gradum Lutetiæ legendo per plures annos in dicta decretorum facultate, secundum morem in studiis decretorum hactenus observatum : sed consequenter revocatus ad claustrum, qualis quantusve fuit rerum effectu

clarescit. Nam electus fuit in priorem claustralem dicti monasterii; postea ad prosequendum quamdam causam intentatam per quemdam cardinalem occasione prioratus de Bello-monte Rogerii Ebroicensis diœcesis, missus fuit Parisius, & interim videlicet anno Domini mccccxxxiv. gradum licentiæ in dicta decretorum facultate fuit assecutus, & postmodum commissus fuit ad regimen & administrationem prioratus Confluentii Parisiensis diœcesis, & effectus est doctor, & actu regens Parisius in dicta decretorum facultate, in qua per multum tempus rexit & ut doctor per universitatem Parisiensem dominis abbati & conventui monasterii Majoris-monasterii prope Turonis, ordinis sancti Benedicti, prioratum de Ovis, *en Terasse* gallice, Morinensis diœcesis, & commendam obtinuit.

Anno Domini mccccxlvi. dicto monasterio B. Mariæ de Becco Helluini vacante per mortem præfati Thomæ xxviii. abbatis, & treugis inter reges Franciæ & Angliæ factis & proclamatis, pragmatica sanctione in Normannia minime locum habente, religiosi dicti monasterii electionem pastoris in capitulo dicti loci celebrandam decreverunt. In quo certa die congregati, ceremoniis ad hoc necessariis debite observatis, unanimi consensu dictum Johannem de Rothomago per viam Spiritus-sancti elegerunt, & electionem ipsius cum magnis sumtibus ab apostolica sede confirmari, & per dominum Radulphum archiepiscopum Rothomagensem in capella palatii sui Rothomagensis munus benedictionis sibi impertiri, cum ea solemnitate quæ decebat, obtinuerunt. Quibus canonice peractis, idem dominus abbas, non obstante tempore guerræ & desolatione patriæ, dictum monasterium laudabiliter rexit, & spiritalibus severitatem in se retinens. Nam rigidis & perversis cohabitationem disciplinæ inferens, mitibus & piis mansuetus erat ut agnus. Gerebat ipse modicam de sua persona sollicitudinem; nam cunctis ut agnus videlicet pius se affabilem exhibebat, cum fratribus erat sicut unus ex ipsis, in se formam gregis potius quam pastoris ostendens. Gravitatem prælaturæ tamen prout poterat retinebat. In omnibus etiam suis agendis, etsi satis expeditivus, satis nihilominus erat bene consultus. Semper etiam citra ingressum curæ pastoralis tristitiam vultu præferebat. Audivi quippe a fide dignis, eum post ingressum prælaturæ numquam fuisse hilarem, sicut antea fuerat. Perpendebat forte cum B. Gregorio quidnam amiserat, perpendebat nihilominus quid tolerabat, cernebatque se debere multorum servire moribus, singulorumque mores in melius reformare, & de singulis tandem æquissimo judici rationem reddere. In temporalibus etiam dicti monasterii tam intra quam extra in bono statu manu tenendo & desolata reparando, debitaque sui prædecessoris quæ maxima erant, occasione guerræ quæ tempore suo viguerat, acquittando satis profecit. In recuperatione tandem ducatus Normanniæ per regem Franciæ facienda, cum nonnullis aliis viris & dynasticis nobilibus, & civitas Rothomagensis apud dictum regem orator destinatur. Deinde per dictum regem una cum aliis prælatis pro expeditione dictæ pragmaticæ sanctionis in conventione Bituricensi comparuit : ubi principium infirmitatis sumsit. Finaliter ad scaccarium Normanniæ apud villam Rothomag. sedis vocatus fuit.

Anno D. MCCCCLII. decima septima die Novembris post suorum susceptionem sacramentorum ab hac luce migravit, sepultusque est in medio chori, ad caput Guillelmi XXVI. abbatis dicti monasterii: cujus animæ propitietur JESUS CHRISTUS filius MARIÆ Virginis. Amen.

Sequitur epitaphium ejus :

Clarum Rothomagus gaudet genuisse Johannem.
Et tanto Beccus Patre carere dolet.
Juris Parisius cathedram per tempora rexit,
Fratres direxit moribus in melius.
Quem Rothom genere commendat, quem sacra jura,
Quem prælatura, subjacet in cinere.
M. C. quater sem. I. duplex, & funera signant
Mensis & undeni septima dena dies.

Venerabili in Christo patre ac domino JOHANNE XXIX. abbate cœnobii Beccensis a Deo accersito, successit in regimine prædicti cœnobii reverendus in Christo pater ac dominus GAUFRIDUS DE HISPANIA cognomine Benedicto, tum prior de Prato, qui die Mercurii quatuor temporum Decembris anni Domini 1452. convocatis omnibus & singulis quorum intererat, solemnitatibus assuetis rite peractis, per viam Spiritus-sancti in abbatem fuit electus, nemine contradicente aut se opponente : deinde per vicarios archiepiscopi Rothomagensis, sede vacante, secundum pragmaticam sanctionem confirmatus atque benedictus, demum regiæ majestati fidelitatis præstitit juramentum, mox in cura sibi commissa insequi studuit doctrinam apostoli dicentis : *Pascite qui in vobis est gregem Dei, providentes non coacte, sed spontanee secundum Deum, neque turpis lucri gratia, sed voluntarie, neque ut dominantes in clero, sed forma facti gregis ex animo.* Nam quamvis gregi, quem dirigendum susceperat, esset pastor & prælatus, communis tamen erat omnibus. Itaque salva justitia & gravitate pastorali, singulorum auribus se accommodat; in ceremoniis quoque chori, claustri, capituli, & refectorii adeo religiose & reverenter se gerebat, quod omnes suos ad devotionem alliciebat. Domum Dei sicut ardenter amabat, sic multum decorabat. Unde merito dicere poterat : *Domine, dilexi deco-*rem domus tuæ, & locum habitationis gloriæ tuæ. Nam totam navim & sinistram partem chori a capella Virginum usque ad Crucem pavimento stravit, & fecit eam dealbari, quia ex vapore fumi procedentis ab igne ibidem a populo facto denigrata fuerat. In ea fecit altaria duo erigi, quæ non fuerunt suo tempore dedicata, & in superiori apposuit imagines sanctorum Clari & Apolloniæ. Fecit iterum pingi Cruces intus & foris in signum dedicationis, & clausit vestiarium. In choro locavit imagines quatuor doctorum ecclesiæ, Gregorii scilicet, Ambrosii, Augustini atque Hieronymi, & juxta altare in parte sinistra posuit analogium, in quo sunt quatuor angelorum & totidem prophetarum imagines, inter quos sunt quatuor figuræ evangelistarum, super quibus leguntur evangelia, singulorum singula, cum quatuor magnis candelabris. Ante pedaneum statuit imaginem Moysi, super quam leguntur epistolæ & lectiones veteris testamenti, & in medio chori figuram aquilæ, super quam chorista ponit gradale. Quæ omnia Parisius de cupro fuerunt facta. Fecit etiam fieri unam crucem argenteam de scyphis decedentium religiosorum ponderis xxx. marcharum vel circa, reliquiis & gemmis ornatam, in qua sunt quatuor spinæ coronæ Salvatoris Domini nostri JESU CHRISTI, & de vera Cruce cum aliis sanctorum reliquiis. Eo tempore fecit in capsam caput sancti Blasii.... Has omnes reliquias suo tempore ab Anglia a commonachis nostris inde expulsis allatas, fecit approbari. Duos etiam urceolos de argento pro aqua benedicta deferenda, & totidem aspersorios fieri fecit ponderis .... marcharum vel circa. Fecit etiam fieri duas capellas panni serici, munitas casulis, tunicis, dalmaticis, cappis albis, amictis & mappis paratis, unam scilicet rubei coloris, aliam vero albi, & etiam complevit capellam de Caroliis, quæ ante fuerat per suos prædecessores incœpta. Et ne ipse & ejus conventus notaretur de ingratitudine, & laberetur memoria benefactorum ecclesiæ, quamdam cuppam munitam circumcirca argento, quam antiquitus dederat dicto cœnobio celebris memoriæ domina Mathildis imperatrix, quæ tractu temporis fuerat consumta, & deinde per defunctum dominum ROBERTUM DE HISPANIA, tempore quo vivebat & decessit, priorem prioratus beatæ Mariæ de Prato prope Rothomagum, patruum ejusdem defuncti abbatis, totaliter de argento reformata, postea propter necessitates ecclesiæ venditioni exposita, fecit instaurari de argento deaurato ponderis XII. marcharum, imaginibus elevatis refertam; & ordinatum fuit quod singulis diebus in quibus sive * totus vel quatuor ad Venite, & in diebus obituum domini Helluini, ipsius imperatricis, & ipsiusmet defuncti, singulis per ordinem conventus monachis propinaretur in ipsa vi-

* f. chorus.

num : quo præguftato, quilibet diceret: *Requiefcant in pace, amen.* Et pro dicto vino quærendo affignavit quatuor acras terræ, quas in parochia de Nova-villa acquifivit. Superftruxit ftillicidia lapidea in circuitu capellæ B. MARIÆ, & totam carpentariam, & cooperuit ficut antea fuerat plumbo; ædificavit pulchrum infirmitorium & fpatiofum, ornatum capella & cellulis. pluribus faluti corporum decentiffimis. Super conductus fontium, quia fæpe perdebant curfum, propter groffas radices arborum, quæ intus ex humore aquæ fovebantur, obftruentes meatum aquarum, vias fubterraneas largas altitudinis hominis, teftudinibus coopertas, pro ipfis vifitandis, & impedimentis amovendis, a campo de Boulleyo ufque erga molendinum de Feugerio, & a portu vineæ ufque ad vadum prioris, & ab illo vado ufque ad Turriculam quæ eft prope cellam abbatis, exftrui fecit una cum turricula, & in vico per cujus medium manant aquæ, ufque ad tineam lapideam cellarii, & de lignis & tecto fuper veteres parietes ræedificavit aulam Martelli. Ædificavit portam pratorum; muros quoque parci pro majori parte reficere ftuduit. Manerium & grangiam de Marbedio & plura alia de novo conftruxit. Molendina *des Mejans* funditus deftructa de novo ædificavit; & fuo tempore in favorem fratrum conventus acquifita fuit portio quam habebat dominus de Mefnillo fuper illa molendina, ad augmentationem reddituum pitanciarum : unde ordinavit quod fratrum conventus perciperent xx. folidos pitanciarum fingulis annis in termino Pafchæ, qui eis fubftracti fuerant occafione guerrarum & fortereciæ, tempore abbatis ROBERTI. Turrim quoque pro fufpendendis campanis ecclefiæ incœpit & ædificavit ufque ad altitudinem CLX. graduum & principium feneftrarum, quam morte præventus perficere non potuit. Privilegia noftra de religiofis committendis in prioratibus dicti monafterii vacantibus, contra impetrantes apoftolicos & quoflibet alios viriliter defendit. Præterea non immemor fuæ falutis, fundavit unum anniverfarium pro fe, fuis parentibus, & amicis, & pro benefactoribus ipfius monafterii, pro quo celebrando affignavit x. libras Turonenfes annuatim diftribuendas modo & forma contentis in litteris in thefauro de monafterio reconditis. Finaliter infirmitate, quam fere per feptennium Deum laudando fuftinuit, habuit plures æmulos graves viros contra fuam vocationem, ambientes dignitatem abbatialem, obtinentes litteras commendatitias principum & magnatum regni, mittentes magnos legatos, nobiles prudentes, & maximos rhetores, ad fibi perfuadendum, ut dignitati cederet, offerentes fibi daturos magnam penfionem, fed femper fuit conftans & in refponfis cautus, quia minis, blandimentis, nec promiffionibus ullis concuti potuit nec converti : fed rexit dictum cœnobium continue a die fuæ electionis ufque ad diem quartam decimam menfis Maii anni Domini 1476. qua die facramentis ecclefiafticis munitus, carnis farcinam depofuit. Anima ejus in pace requiefcat, amen. Sepultufque fuit in choro dicti cœnobii fub tumba quam ipfe vita ejus comite cum tumba fui prædeceffloris fieri fecit. Sequitur epitaphium ejus.

GAUFRIDUS *Hifpanus cognomen habens Benedicti,*

Abbas Beccenfis fratribus univocis
Electus, rectam morum vitæque beatæ
Servari normam temporibus ftuduit.
Curfum complevit, vitæ præcluditur ufus,
Spiritus alta petit, corpus humufque tenet.

HISTORIA BREVIS
PRIORUM GRANDIMONTENSIUM

Ex mf. codice Grandimontensis monasterii.

OBSERVATIO PRÆVIA.

UPLICEM hic exhibemus historiam priorum Grandimontensium, brevem unam, prolixiorem alteram, utramque ad illustrandas eorum res gestas necessariam. Utraque enim singularia quædam & scitu dignissima continet. De prioribus etiam Grandimontis scripsit Bernardus Guidonis episcopus Lodevensis, cujus opus in Bibliotheca nova edidit Labbeus; sed leviora sunt, immo levissima quæ refert. Est autem Grandis-mons insigne monasterium, caputque ordinis a sancto Stephano Muretensi sub magna districtione in diœcesi Lemovicensi fundatum, quod Johannes papa XXII. in abbatiam erexit.

DE S. STEPHANO PRIMO PRIORE.

STEPHANUS Tierni sive Ternarum in Arvernia Galliæ provincia vicecomes nobilissimus uxorem habuit CANDIDAM, ex qua suscepit filium sibi cognominem STEPHANUM, quem cum ad intelligibiles pervenisset annos, litteris imbuendum tradidit, & duodennem secum ad gloriosum corpus S. Nicolai, quod de Myrrha Lyciæ metropoli nuper translatum fuerat Barum, orandi causa duxit. Inde cum rediret puer Beneventi in morbum incidit. Erat ejus urbis archiepiscopus beatissimus MILO de Arvernia oriundus, apud quem puer a patre relictus, diu decubuit. Cum convaluisset, litterarum studia repetiit, & assiduus fuit cum archiepiscopo. Florebat tunc in Calabriæ finibus justorum congregatio religiosa, quam MILO sermonibus, quos habebat ad populum, jugiter commendabat; cumque aliquem eorum patrum videre poterat, ut Christum in servo suo loquentem audiebat. Fecit hæc piorum A hominum observatio, ut STEPHANUS noster, qui pueritiæ metas jam excedebat, magno deserendi mundum desiderio incenderetur. Quod ut commodius perficeret, parentes visitare decrevit, ac postmodum ad archiepiscopum redire. Accepta ergo a S. MILONE licentia, Gallias repetiit, parentes visit, & Italiam repetiit. Verum cum Romam denuo fuisset ingressus, comperit S. MILONEM viam universæ carnis jam ingressum. Quare annos quatuor remansit apud quemdam prudentissimum sacrosanctæ Romanæ ecclesiæ cardinalem, cum eo Romanam curiam intrans & exiens. Cumque de omnibus quæ spectant ad salutem animæ sufficienter edoctus fuisset, ac conceptum Deo serviendi desiderium complere vellet, a Romano pontifice, cui bene notus erat, devotissime petiit, ut ordinem quem in Calabria observari didicerat, sibi, ubi vellet, tenere concederet. Quod Christi vicarius auctoritate apostolica, & potestate qua cunctis præeminet mortalibus ei concessit.

Ille de concessione summi pontificis, quam

multum optaverat, gaudens, cum ejus benedictione discessit a curia, & per Arverniam in Lemovicum fines se contulit ad montem Muretum, ab urbe Lemovicensi non longe distantem, ubi inter rupes & fontes sedem sibi delegit, & cum quodam annulo, quem de omni substantia mundi solum habebat, semetipsum virginem Christo desponsavit, dicens: Ego Stephanus abrenuntio diabolo & omnibus pompis ejus, & offero atque trado meipsum Deo Patri & Filio & Spiritui-sancto, Trino & Uni Deo vivo & vero. Et scribens professionem suam posuit eam super caput suum, & dixit: Omnipotens & misericors Deus Pater, & Fili & Sancte Spiritus, qui semper idem permanes & vivis & regnas trinus & unus Deus, Ego Stephanus promitto tibi me amodo serviturum in hac heremo in fide catholica. Quapropter pono cartam istam super caput meum, & annulum istum in digito meo, ut in die obitus mei sit mihi hæc promissio & hæc carta scutum & defensio contra insidias inimicorum meorum. His dictis, non est ultra reversus ad sæculum, sed facto de virgulis parvo tugurio anno ab Incarnatione Domini MLXXVI. tricesimum agens ætatis suæ annum, heremum habitare cœpit.

Ab illa die cibus ejus panis & aqua fuit. In senectute tamen, trigesimo scilicet a conversatione ejus anno, modico vino usus est propter stomachum, quem ciborum ariditas & penuria nimia arctaverat: sed carnem & sagimen nullo tempore suæ conversationis sanus aut æger comedit. Lorica ferrea contra carnis insidias tamdiu incessit armatus, quousque toto exsiccato corpore plenam de seipso obtinuit victoriam. Stratus in quo post nimiam carnis fatigationem ad quiescendum se modicum conferebat, erat ex tabulis ligneis instar sepulchri in terram conseri, omni stramento omnique lectisternio carens, præter tunicam ferream, quam semper ad nudam gestabat carnem, & vilissimum habitum, quo desuper erat indutus. A prima die qua heremum cœpit incolere, usque ad ultimum vitæ suæ, præter ecclesiastici officii regularia debita, scilicet agenda diei, & B. Mariæ & fidelium defunctorum, ordinem de S. Trinitate cum novem lectionibus & horis canonicis singulis diebus ac noctibus devotissime celebravit. Numerum genuflexionum ejus quas terram deosculando & cum fronte nasoque percutiendo faciebat, scire non possumus: scimus tamen quod manibus ac genibus in modum cameli earum assiduitate genuflexionum callos contraxerat, & nasum curvaverat in obliquum. Psalmodiam, familiares orationes, & contemplationem ita amabat, ut nunc hujus dulcedine captus, nunc illarum occupatione detentus, frequenter biduo aut triduo a corporali vacaret edulio. Ad se undique venientes ita instruebat, ut ea quæ orando facere vel dicere consueverat, differret quidem, sed non omitteret. Postquam enim ab eo qui advenerant recedebant, quacumque hora tunc esset, antequam comederet vel dormiret, omnia quæ de consuetis orationibus necessario intermiserat omni cum devotione restituebat, unde plerumque usque ad crastinum nullum cibum sumebat.

Primo suæ conversionis anno solus in heremo fuit, secundo autem quemdam de sæculo in suam recepit custodiam & disciplinam, quem alter postea subsequutus est: his duobus solummodo diu comitatus fuit. Postquam autem disponente Domino discipulorum ejus numerus crevit, non quasi unus ex illis in illis factus est, sed minor omnibus illis. Eorum tamen cogitationes noverat, & tentationes quas a diabolo patiebantur, illis apertissime dicebat. Venerunt ad eum cardinales Gregorius & Petrus de Leon, inter quos postmodum de prælatione Romani pontificatus, schisma fuit, cum a summo pontifice ad concilium Carnotense mitterentur legati, & B. viri conversationem summopere laudaverunt. Denique cum annos fere quinquaginta in eremo vixisset, sanctus noster Stephanus in morbum incidit: quo ingravescente, se in oratorium portari fecit, & finita missa, post sacram unctionem & sumtionem Corporis Christi octogesimo ætatis suæ anno, in ordine diaconatus, sexta feria, sexto idus Februarii, migravit ad Dominum, anno Christi MCXXIV. pene completo, sub epacta tertia, concurrente septimo, cum bissexto jam futuro in eodem mense.

Vix animum exhalarat, cum monachi de Ambaziaco, capellanus ejusdem vici, & plebis multitudo cellæ fores pulsaverunt dicentes: Nolite nobis celare domini Stephani mortem, bene enim scimus quia mortuus est. Nam in vico nostro puer quidam in extremis positus ab heri & nudius tertius loquelam amiserat, qui cum a matre sua exitum præstolante servaretur, subito in hæc verba prorupit: Video scalam lucidissimam, cujus altera pars cœlum, altera tangit Muretum, & angeli multi descendunt per eam, ut animam domini Stephani Deo gratissimam ducant ad gloriam. Quod audiens mirata est valde, & monachos istos vocavit, qui idem audierunt de ore pueri, qui etiam adjecit: Hoc erit vobis indicium quod dico veritatem, quia jam moriar, nec ultra loquar vobiscum, sed ascendam cum sanctissimo patre. Quibus dictis expiravit.

Eodem die ejus transitus apud Turonum incerto nuntio vulgatus est. Dato sanctissimo corpore sepulturæ, discipuli ejus obitum per litteras & nuntium mandaverunt jam dictis cardinalibus, qui coram archiepiscopis, pontificibus, ceterisque sapientibus Carnoti congregatis, multa bona de virtutibus illius loquuti sunt : quibus auditis omnes qui aderant, Deo gratias egerunt ; & facta absolutione, cardinales dixerunt : Nos oravimus pro illo, nunc vero deprecemur illum, ut oret pro nobis ad Dominum, quia sine dubio plus possunt nos juvare illius sancta merita, quam illum nostra suffragia.

De secundo priore à sancto Stephano, scilicet Petro Lemovicano.

Pio patre destitutis fratres, de conventu suo in priorem & patrem spiritualem sibi delegerunt PETRUM Lemovicanum, qui in sæculo sacerdos fuerat, & in religione voti quod fecerat æmulator, Deo & hominibus carus & amabilis erat. Sub cujus regimine grege Dominico in augmentum proficiente, locum de Mureto, in quo Deo serviebant, *Lemovi-* monachi S. Augustini * calumniari cœperunt ; sed immensa Dei providentia latiorem locum & religiosæ conversationi magis idoneum eis paraverat. Priore namque missam in sacello Muretensi celebrante, cum *Agnus Dei* ter cantatum fuisset, & omnes ardentissime Deum exorarent, quædam cœlestis vox audita est, dicens : *In Grandimonte, in Grandimonte.* Hanc vocem prior & nonnulli de fratribus audierunt, & finita missa, se ad locum divina revelatione compertum, nec longe a Mureto distantem se contulerunt. Ibi ecclesiam & domos ædificaverunt, eoque postea transtulerunt sanctissimi patris ossa, juxta quæ miles quidam paralyticus sanatus est, & quidam sancti viri discipulus oculorum quem amiserat usum recepit.

Quibus miraculis inspectis, timuit prior sibi & aliis quietem minui, si populorum turbæ miraculorum causa locum ad quem venerant frequentarent. Et veniens ad sepulchrum Hominis Dei ante altare, ei, ac si viveret, ita locutus est : Serve Dei, tu ostendisti nobis paupertatis viam, & toto conamine tuo docuisti nos incedere per eam. Nunc vero de arcta & ardua via, quæ ducit ad vitam, ad latam & spatiosam quæ ducit ad mortem tuis nos vis miraculis revocare. Prædicasti solitudinem, nunc in solitudine fora nundinasque vis congregare. Non ducimur curiositate, ut tua miracula videre velimus. Satis tuæ credimus sanctitati. Cave igitur ne de cetero ea miracula facias, quæ tuam extollant sanctitatem, & nostram destruant humilitatem. Non sic tuæ laudi providas, ut nostræ sis immemor salutis. Hoc tibi præcipimus, hoc a tua poscimus caritate. Quod si aliter feceris, dicimus tibi & per obedientiam quam tibi promisimus constanter asserimus, quia ossa tua inde extrahemus, & spargemus in flumen. Ab hoc tempore paucissima facta sunt ad sancti viri tumulum miracula usque ad tempus canonizationis, de quo inferius.

Vet. Script. & Mon. ampl. Collect. Tom. VI.

Hujus secundi prioris tempore cœpit HENRICUS rex magnificam Grandimontensibus patribus domum ædificare, quam ejus posteri perfecerunt, & plumbo tegendam curavit. Vixit Petrus Lemovicanus in prioratu suo annos tredecim minus triginta diebus.

De priore tertio Petro de sancto Christophoro.

Subiit huic in prioratu PETRUS de S. CHRISTOPHORO electus anno Domini MCXXXVII. tempore Innocentii II. pontificis maximi. Vixit in prioratu annos duos & dimidium.

De IV. priore Stephano de Liciaco.

Post eum accepit prioratum STEPHANUS DE LICIACO, homo austerus, qui constituit ut fratres bini & bini, cum de eremo aliqua necessitate urgente egrederentur, incederent. Prohibuit ut nullus fratrum istius religionis sanus aut æger carne vel * sanguine vesceretur. Vixit in prioratu XXIII. annos & dimidium. *f. sagimine*

De V. priore Petro Bernardi.

Electus est post eum PETRUS BERNARDI quintus prior, qui prædecessoris sui vestigia veraciter sequendo, virgam sui prioratus rectissimam per septem annos cum dimidio tenens, translationem gloriosissimi corporis S. Stephani confessoris, adunato in Grandimonte capitulo generali, die sequenti post nativitatem B. Johannis-Baptistæ celebravit, & obiit VI. idus Julii.

De VI. priore Guillelmo de Traynhaco.

Cui successit GUILLEMUS DE TRAYNHACO, tempore cujus Emmanuel imperator Constantinopolis, per venerabilem episcopum Lyddensem in Grandimontem pridie idus Junii anno Domini MCLXXIV. crucem sanctam transmisit. Idem prior MCLXXXI. Alexandro III. pontifice M. Gerardum Sibergiæ abbatem meritissimum de Germaniæ partibus venientem, ut fraternitatem ordinis peteret, ac Rupem Amatoris visitaret, honorifice suscepit, & reliquias SS. Albinæ & Essentiæ virginum & Martii aliorumque sanctorum a PHILIPPO archiepiscopo Coloniensi meruit accipere. Romam adiit, unde rediens in itinere obiit decimo octavo prioratus sui anno. Ejus ossa in Grandimontem translata sunt.

De VII. priore Gira..o Itherii.

Ultimo anno papatus Lucii III. Philippo rege Francorum & Henrico II. Angliæ regnantibus, oborta est gravis dissentio inter monachos Grandimontenses, quæ per triennium fere duravit. Ibant ad curiam fratres & redibant, nihil proficientes usque ad tempus CLEMENTIS papæ III. qui B. Stephani Muretensis regulam confirmavit, privilegia innovavit, duosque priores qui tunc erant sibi contrarii destituit, & potestatem eligendi priorem indulsit. Qua accepta Grandimontem reversi, convocatoque generali capitulo in festo S. Michaëlis, elegerunt GERARDUM ITHERII priorem septimum, cui fratres congregati fere quingenti obedientiam promiserunt coram ELIA Burdigalensi archiepiscopo, SEIBRANDO Lemovicensi episcopo, & BERTRANDO Aginnensi episcopo.

Hujus prioris septimi anno primo & Christi MCLXXXVIII. facta est revelatio S. Stephani confessoris, de qua diligenter inquisierunt supra nominati pontifices, quorum attestationes GERARDUS prior per duos ex discipulis suis Robertum sacerdotem & Guillelmum fratrem conversum Romam misit. Quibus visis perlectisque, dominus CLEMENS papa, habito cum cardinalibus consilio, destinavit Prenestinum episcopum & JOHANNEM S. Marci cardinalem, qui Grandimontem peterent cum his litteris.

CLEMENS episcopus, servus servorum Dei, dilectis in Christo filiis GERALDO priori & fratribus Grandimontensibus salutem & apostolicam benedictionem.

Ideo sacrosanctam Romanam ecclesiam Redemtor noster caput omnium esse voluit & magistram, ut ad ejus dispositionem & nutum, divina gratia præeunte, quæ ubique a fidelibus gerenda sunt, ordinentur, & errata in melius corrigantur, & ad ejus consilium in ambiguis recurratur, ut quod ipsa statuerit, nemini, quantumcumque de suis meritis glorietur, liceat immutare, ne si forte promiscua daretur universis licentia quæcumque sibi secundum voluntatem propriam occurrerent perpetrandi, confusa libertas, cum secundum personarum diversitatem vota dissentiant, in aliorum aliquando scandalum, sine justi discretione libraminis commendanda supprimeret, & minus digna laudibus indebitis celebraret. Inde siquidem fuit, quod bonæ memoriæ prædecessor noster URBANUS audita fama religionis, & vitæ commendabilis puritate, qua sanctæ recordationis STEPHANUS Grandimontensis ordinis institutor emicuit, quantis etiam miraculorum testimoniis omnipotens Deus ipsius voluit mundo merita declarare, legatis quos ad partes illas direxerat pro quibusdam negotiis ecclesiæ tractandis, plenam circa hæc investigationem committere voluit, ut ex ipsorum ceterorumque virorum, quibus sine dubitatione fides esset habenda, testimonio, ad id agendum consulte procederet, quod & fidelium commodis, & ejusdem viri sancti honori, qui hactenus velut in sterquilinio gemma latuerat, congruere videretur. Nos etiam ex testimonio carissimi in Christo filii nostri HENRICI illustris Anglorum regis, necnon venerabilium fratrum nostrorum GUILLELMI Remensis S. Sabinæ cardinalis, BARTHOLOMÆI Turonensis, & ELIÆ Burdigalensis archiepiscoporum, & SEIBRANDI Lemoviensis episco-

pi, & dilectorum ROBARDI tunc S. Angeli, & OCTAVIANI SS. Sergii & Bacchi diaconorum cardinalium, qui in partibus illis functi sunt legationis officio, & aliorum multorum episcoporum plenius instructi, de vita, meritis & conversatione qua sæpedictus vir sanctus asseritur floruisse, & quod eum multimodis miraculorum indiciis divina voluit pietas illustrare, hujus executionem negotii dilecti filii nostri JOHANNIS tituli S. Marci presbyteri cardinalis apostolicæ sedis legati duximus arbitrio committendam, per apostolica illi scripta mandantes, ut ad locum vestrum accedens, convocatis adjacentium illarum partium episcopis, ceterisque viris religiosis, ipsum inter sanctos auctoritate qua fungimur, nos denuntiet adscripsisse in sanctorum catalogo numerandum, & per ipsius merita Redemtoris suffragia decrevisse cum reliquorum sanctorum interventionibus postulanda. Datum Lateranis XII. kal. Aprilis, pontificatus nostri anno II.

Acceptis litteris domini papæ, valde lætati sunt fratres Grandimontenses, actisque Deo gratiis, priori GERARDO dixerunt: Domine pater, vestra discretio novit quomodo & quemadmodum pater spiritualis domnus PETRUS Lemovicensis prior secundus, domino ac venerabili patri primo B. Stephano quasi increpando ac minando, cum cerneret quod Deus per merita ipsius prodigia & signa faceret, eum ne taliter ageret prohibuit. Requirat itaque vestra humilitas ab eo, ut fiant aliqua miracula ejus meritis & precibus. Quo audito, dixit prior GERARDUS fratribus: Venite ergo & congregamini & eamus ante sepulcrum viri beatissimi. Iverunt, oraverunt, & Deus B. Stephanum diversis dignatus est honorare miraculis.

Appropinquante autem festo S. Augustini, & jam defuncto recenter HENRICO Anglorum rege illustrissimo, dominus legatus Grandimontem venit, & convocatis ibidem archiepiscopis & episcopis, videlicet domno HENRICO Bituricensi, RAINAUDO Apamiensi qui tunc temporis a transmarinis partibus exul venerat, necnon & ELIA Burdigalensi archiepiscopo, SEIBRANDO Lemovicensi, GUILLELMO Pictaviensi, ELIA Xantonensi, ADEMARO Petragoricensi, GERARDO Caturcensi, BERTRANDO Aginnensi episcopis, abbatibus etiam & viris religiosis, & plebe innumera, accessit ad locum ubi corpus B. Stephani condigno honore humatum jacebat. Tunc domino legato jubente, a terra elevatur, & per claustrum cum magna veneratione, cereis ardentibus, ac thuribulis fumigantibus portatur, in ecclesiam deducitur, & super altare B. Mariæ honorifice ponitur. Domnus HENRICUS Bituricensis archiepiscopus ac primas Aquitanicus missam in honorem sancti Stephani celebravit, cantoribus solemniter incipientibus Os justi. Inter missarum solemnia puer quidam decennis ex utero matris suæ claudus, mutus, & manibus aridus, quem pater ejus Elias Valaris nomine, civis Lemovicensis, ad sepulcrum B. Stephani portari fecerat, cœpit libere loqui, ambulare, & manus movere. Adolescens quidam filius Petri de Usarchia civis Lemovicensis, a vesica magna quam in collo habebat curatus est. Completis missarum solemniis, alia multa miracula facta sunt, quæ a priore GERARDO litteris mandata extant. Idem prior vitam S. Stephani dictavit, Speculum Grandimontis compilavit, omnibusque bene constitutis prioratui cessit. Obiit XIII. cal. Maii in Grandimonte.

De VIII. priore Ademaro de Friaco.

Institutus est ejus loco ADEMARUS DE FRIACO prior VIII. qui interfuit concilio Lateranensi Romæ celebrato sub Innocentio III. anno Domini MCCXV. pontificatus illius anno XVIII. Inde rediens anno sui regiminis XVIII. in itinere pridie nonas Martii obiit, delatus in Grandimonte, & inter priores sepultus.

De IX. priore Caturcio.

Huic successit CATURCIUS prior nonus, cujus tempore, anno scilicet MCCXVII. fuerunt fratres conversi ordinis Grandimontis, qui dominari clericis consueverant, sub clericorum correctione omnino redacti. Hic cum annis duobus prioratum gubernasset, illum resignavit, & post resignationem vixit annos decem. Obiit Grandimonti XII. calendas Decembris.

De X. priore Elia Arnaldi.

Caturcio substitutus est ELIAS ARNALDI prior X. qui depositus fuit ad instantiam quorumdam sui ordinis fratrum per episcopum Pictaviensem & abbates de Saviniaco & de Maceriis, ac priores de Ligeto & de Glanderiis Cisterciensis & Cartursiensis ordinum, judices a sede apostolica delegatos. Ab hac depositione dictus prior appellavit ad sedem apostolicam, appellationemque suam prosequens, obiit anno 1248. idibus Augusti. Ibidem jacet.

De XI. priore Johanne de Aquila.

Post depositionem dicti Eliæ electus est JOHANNES DE AQUILA, prior XI. qui per tres annos cum dimidio prioratum salubriter rexit, & eidem postmodum ultro cessit. Obiit III. nonas Julii.

De XII. priore Ademaro la Vernha.

Huic successit ADEMARUS LA VERNHA prior XII. qui cum per tres annos prioratum rexisset, celebrato in Grandimonte festo nativitatis B. Johannis Baptistæ, capitulo generali, obiit VI. calendas Februarii.

De priore XIII. Guillelmo Dongres.

Post quem electus est GUILLELMUS DONGRES prior XIII. qui interfuit concilio Lugdunensi sub Innocentio IV. anno 1247. ubi dictus pontifex regulam & privilegia Ordinis Grandimontensis innovavit. Obiit Guillelmus VII. calendas Julii in domo de Machereto.

De priore XIV. Itherio Meruli.

Huic successit ITHERIUS MERULI prior XIV. qui a fratribus Gallicis sui ordinis fuit coram rege Franciæ accusatus, ad eumdem evocatus, promisit renuntiare prioratui, quod fecit cum in Grandimontem rediisset, & post multa tempora V. nonas Octobris in Sarmasia spiritum suo reddidit creatori.

De priore XV. Guidone Archerii.

Ei successit GUIDO Archerii prior XV. cujus tempore THEOBALDUS rex Navarræ corpus B. Macharii martyris de legione Thebæorum in Grandimontem detulit. Ivit Guido prior primo Lutetiam Parisiorum contra fratres Gallicos cum auxilio regis puniendos: tum visitando domos sui ordinis, etiam Romam se contulit, unde rediens audivit exitum fratrum Gallicorum inobedientium, & prioratui cessit.

De priore XVI. Fulcherio Grimoaldi.

Ejus loco institutus est FULCHERIUS GRIMOALDI prior XVI. qui interfuit concilio Lugdunensi sub Gregorio X. anno MCCLXXVIII. Obiit Grandimonti VI. calend. Octobris anno MCCLXXXI.

De priore XVII. Petro de Consaco.

Institutus est ejus loco PETRUS DE CONSACO prior XVII. qui cum ad instantiam fratrum æmulorum suorum fuisset coram papa Honorio IV. citatus, & de curia ad Grandimontem, impetratis judicibus, rediisset; habita de suis adversariis plena victoria, anno IX. sui regiminis prioratui cessit, & VI. calendas Octobris in domo de Defenso feliciter migravit ad Christum.

De priore XVIII. Bernardo de Grandalmar.

Post quem electus est in Grandimonte BERNARDUS DE GRANDALMAR prior XVIII. qui post mensem ab electionis die, VIII. calendas Aprilis in pace quievit.

De priore XIX. Guidone Fulcherii.

Huic successit GUIDO FULCHERII prior XIX. cujus tempore Clemens V. cum sex cardinalibus & curia sua per domum Grandimontensem anno MCCCVI. transiit, & per quinque dies expensis ipsius domus moram traxit. Post ejus discessum prædictus prior nequiens a factis expensis domum Grandimontensem relevare, anno XV. sui regiminis in vigilia

Pentecostes libere cessit prioratui, & x. cal. Octobris obiit in domo de Sarmasia anno Domini MCCCVI.

De XX. priore Guillelmo de Prato Morelli.

Cui successit GUILLELMUS DE PRATO MORELLI prior XX. qui sex annis & novem mensibus ordinem Grandimontensem gubernavit, & ad Christum migravit anno MCCCXII. v. idus Martii.

De XXI. priore Jordano de Rupistagno.

Prior XXI. auctoritate Clementis papæ v. in priorem electus est JORDANUS DE RUPISTAGNO per abbates S. Fermerii & S. Maxentii Vasatensis & Pictaviensis diœceseum, & archidiaconum Caturcensem. Hic cum v. annis in regimine prioratus stetisset, fuit per Johannem XXII. in Avinionem evocatus, & in ejus præsentia die Lunæ ante Natale Domini anno ejusdem MCCCXVII. prioratui cessit, & IV. idus Aprilis obiit in domo de Pinello anno Domini MCCCXX. De prioratu Grandimontensi facta est abbatia sub Johanne XXII. XV. calendas Decembris MCCCXVII.

HISTORIA PROLIXIOR
PRIORUM GRANDIMONTENSIUM

Ex ms. monasterii Grandimontensis.

Incipiunt laudes pastorum venerabilium patrum priorum Grandimontensium.

SI juxta doctrinam Ecclesiastici 43. laudare debeamus viros gloriosos & patres nostros in generatione sua, cum legimus I. Paralip. XI. mira quæ peregerunt viri fortium qui erant cum David, intelligimus quod eorumdem patrum exemplo laudare debemus patres nostros priores Grandimontenses, qui, ut legitur Sap. XI. imitati fuerunt illos qui in locis desertis fixerunt casas, necnon & illos qui suis posteris reliquerunt nomen narrandi labores eorum; quibus patribus prioribus Grandimontensibus, quia se & sibi subjectos fratres virtuose rexerunt, ut electi in Domini nostri JESU CHRISTI regnum, fecit Dominus nomen grande, juxta nomen magnorum qui sunt in terra, sicut prophetæ David regi legitur fecisse I. Paralip. XVI. Et imprimis laudemus levitam magnificum sanctissimum confessorem Christi STEPHANUM heremitam doctissimum, natione Arvernicum, primum & præcipuum fundatorem post Deum ordinis fratrum Grandimontensium, sub quo in heremo cœlestem ac vitam Deo placitam ducente, anno Verbi incarnati MLXXVI. Grandimontis cœpit ordo.

Hic fuit similis Moysi, qui sicut legitur Actuum VI. quod Moyses fuit eruditus omni sapientia Ægyptiorum: ita S. Stephanus fuit à Milone archiepiscopo Beneventanæ urbis B sacris litteris, bonitate, disciplina & scientia. Item sicut Moyses fugit Ægyptum Exodi II. ita S. Stephanus fugit mundum & patriam suam. Item sicut Moyses desertum intravit Exod. XV. & XIX. ita S. Stephanus. Item sicut Moyses dedit populo Israëlitico legem, Exod. XX. ita S. Stephanus dedit suis discipulis regulam secundum quam viverent. Item sicut Moyses multa fecit miracula coram Pharaone, Exodi XVII. ita S. Stephanus fecit miracula multa de eo scripta. Item sicut Moyses eduxit filios Israël de Ægypto, & immolavit Domino super montem, Exodi III. ita S. Stephanus eduxit suis exhortationibus milites de sæculo, & immolavit Domino in monte de Mureto. Item sicut Moyses castrametatus fuit juxta montem Dei Exodi XVIII. ita S. Stephanus ædificavit juxta Grandimontem de Mureto, qui quidem sanctus Stephanus anno Domini MCXXIV. idus Februarii quievit cum regibus & consulibus terræ, qui ædificaverunt sibi, ut dicit beatus Job III. solitudines, in dicta domo de Mureto ducatus Aquitaniæ, non longe distante a Lemovica urbe. Vixit autem in dicto nemore seu solitudine sub sanctæ paupertatis, humilitatis & abstinentiæ salutari proposito, annis fere quinquaginta quasi duobus mensibus minus, indutus ad nudam carnem virgineam lorica ferrea; de cujus vitæ commendabilis puritate & miraculis, quibus omnipotens Deus ipsius voluit mundo merita declarare, Job. V. quia ut in libro Speculi Grandimontis & sententiis seu documentis ipsius S. Stephani plene legitur, non omnia, sed aliqua de vita sunt hic sub brevitate hoc modo inserta.

Fuit S. Stephanus natus in Arverno
Ex nobili domino de Castro Tierno,
Matre dicta Candida nitore interno.
Duodenum puerum pater duxit carum
Nicolai tumulo, pergens apud Barum,
Quem ad virum deferit Milonem præclarum.
Hunc Stephanus habuit humilem doctorem,
Fratrum de Calabria imitando morem,
Ut seipsum faceret Christo servitorem.
Tales in Calabria nescit pro recenti,
A Milone noverat manens Beneventi,
Qui archiepiscopus erat illi genti.
Apud hunc duodecim annis est moratus
Stephanus, a Stephano patre commendatus,
Sibi noto quod erat ab Arvernis natus.
Ab eo se contulit Romam, hic quaternum
Annum cum compleverat rediit Arvernum,
Mox a solo proprio petiit externum,
Et in loco restitit quem vocant Muretum.
Non amoenos eligens agros, olivetum:
Sed saxosum eremum, vepres & dumetum.
Hic per annum integrum solus habitavit,
Inauditum audiens gens prius expavit;
Sed post illi Dominus plures copulavit.
Annis fere quinquies decem ibi vixit,
Seque abstinentiis pluribus afflixit,
Quas tamen pro regula suis non præfixit.
Quis nostrum in talibus eum sequeretur,
Ut lorica ferrea caro stringeretur,
Tridui jejunium continuaretur?
Annis tribus decies vinum non gustavit,
Frequens genuflexio nasum oblicavit,
Genibus & manibus callum concreavit.
Æstate & hyeme idem induebat,
In habitu singulis noctibus jacebat.
Terræ junctis postibus nihil supponebat.
Fit ut rosa redolens, sed humilitatis
Maximæ sacrarium & virginitatis,
Cum munificentia liberalitatis.
Sunt ab eo mortui plures suscitati,
Surdi, claudi, debiles, infirmi sanati,
Et aperti carceres, nautæ liberati.
Cum per scalam anima Stephani portatur
Ad cœli palatia, tunc puero datur
Referanda visio quæ matri pandatur.
De Mureto qui in hunc montem commigrarunt,
Eos de parochia monachi fugarunt,
Cum arctare cuperent, magis dilatarunt.
His majora dicerem, sed non crederentur,
Forsitan increduli scandalizarentur,
Ipsemet prohibuit ne publicarentur.
Petro qui post Stephanum prioratum rexit,
In missa per angelum Grandimons illuxit,
Ibique ædificans se & gregem vexit.
Iste locus Grandimons ante vocabatur,
Sed fortassis qui nunc est præfigurabatur,
Ut mons Sion in quo nunc Deus adoratur.
Est in monte Moysi lex a Deo data,
Christi prædicatio ibi inchoata,
Et transfiguratio ab ipso monstrata,
Dæmonis tentatio a Christo prostrata.
In monte salvatio, estque lex parata,

Et Heliæ in Oreb ascensio data.

Isai LVI. ait: *Adducam eos in montem sanctum meum, & lætificabo eos in domo orationis meæ, holocausta eorum & victimæ eorum placebunt mihi super altare meum, quia domus mea domus orationis vocabitur cunctis populis.*

Post quem confessorem & Deo amabilem Christi athletam Stephanum venit domnus Petrus Lemovicanus prior secundus, qui S. Stephani eremitæ susceptum ordinem XIII. annis minus XXIV. diebus salubriter rexit. Istius prioris tempore translatum est caput ordinis & corpus S. Stephani a dicta domo de Mureto ad locum honorabilem, qui nunc est Grandimontis. Scriptum enim dictus prior legerat Aggei 1. *Ascende in montem portare lignum & ædificare domum, & acceptabilis mihi erit, & gloriabor in eo, dicit Dominus.* Et Ezech. XLIII. *Ista est lex domus in summitate montis sita, omnis finis ejus in circuitu, sanctum sanctorum est.* De isto priore successore S. Stephani confessoris, sicut de Josue successore Moysi in Ecclesiastico XLVI. legitur potest dici, quod fuit *magnus secundum nomen suum, maximus in salutem electorum Dei... Invocavit Altissimum in oppugnando inimicos undique, & audivit illum magnus & sanctus Deus* super persecutionibus quas monachi sancti Augustini sibi & fratribus faciebant, in deserto insidiantes eisdem, juxta illud quod legitur in Threnis IV. dum sibi missam celebranti, post *Agnus Dei* ter cantatum, locum Grandimontis voce angelica nuntiavit. Hicque prior obiit nonis Januarii.

Successit huic domnus Petrus de sancto Christophoro tertius prior regens ordinem Grandimontis annis duobus cum dimidio, obiens idus Januarii.

Huic successit domnus Stephanus de Liciaco quartus prior, sub cujus regimine auxit Dominus quamplurimum ordinem Grandimontis, magno fratrum & domorum numero, disciplina & bonis moribus informato, rexitque feliciter ordinem XXIII. annis cum dimidio, & obiit tertio nonas Januarii.

Electusque est postmodum domnus Petrus Bernardi quintus prior, tempore cujus gloriosissimi corporis sanctissimi & Deo amabilis confessoris patris nostri Stephani fuit in Grandimonte sequenti die nativitatis beati Johannis Baptistæ præcursoris Domini Salvatoris translatio celebrata, coadunato universali capitulo generali, & istius prioris tempore fuit exemtio a Clemente papa III. in capite & in membris ordinis Grandimontis personis & cellis concessa, rexitque prior ordinem Grandimontis annis septem cum dimidio, obiitque nonas Julii.

Cui successit domnus Guillermus de Traynaco prior sextus, vir pius & humilis, Deoque devotus, tempore cujus Emmanuel imperator Constantinopolitanus, per venerabilem episcopū *Heldensem ligni vivificæ Cru-

Petrus Lemovicanus II. prior.

Petrus de S. Christophoro III. prior.

Stephanus de Liciaco. IV. prior.

Petrus Bernardi V. prior.

Guillelmus de Traynaco VI. prior.

Liddensem.

cis reliquias venerabiles & maximas in Grandimonte transmisit, anno Domini MCLXXIV. De hoc enim ligno vivificæ Crucis scriptum est Sapientiæ XIV. *Benedictum ejus est lignum per quod fit justitia.* De qua Johan. III. legitur: *Qui credit in Filium Dei non judicabitur, qui autem non credit jam judicatus est.* Et reliquiæ sanctarum virginum Coloniæ ipsius tempore fuerunt in Grandimonte delatæ. Hic prior pro libertate clericorum primus rabiem sustinuit conversorum, qui conversi ipsius prioris cameram & Grandimontensem eorum matrem ecclesiam ausu sacrilego infringentes, eumdem priorem & alios ejusdem Grandimontensis ecclesiæ clericos detinuerunt inclusos, eos injuriis gravibus affligendo, & ipsum priorem de facto destituere præsumserunt, & quemdam fratrem nomine Stephanum clericum, in locum prioris intrudere, & ei prioris Grandimontensis nomen imponere præsumserunt : quem priorem Guillermum de facto destitutum Carnotensis episcopus & prior S. Victoris Parisiensis, judices ab Lucio papa III. dati, restituerunt, & dictum Stephanum, qui quasi alter Ruben cubile patris sui ascendere non expavit, Gen. XLIX. & quicquid factum de eo aut per ipsum fuerat, exigente justitia, cassaverunt, invocato ad præmissa nobilis comitis Marchiæ & Engolismæ, & aliorum potentium brachio sæculari, & ipse prior ob conversorum persecutionem exul a domo Grandimontis factus, confidens in iis quæ quidam amicus Job. IV. & V. eum consolando dixit : *Recordare quis umquam innocens periit, aut quando recti deleti sunt : quin potius vidi eos qui operantur iniquitatem, & seminant dolores, & metunt eos, flante Deo, periisse, & spiritu iræ ejus consumtos.* Ad S. Stephanum confessorem se convertens, deprecatione facta ad Dominum, qui ponit humiles in sublimi, & mœrentes erigit sospitate, qui dissipat cogitationes malignorum, ne possint implere manus eorum quod ceperant, qui apprehendit sapientes in astutia eorum, & consilium pravorum dissipat ; Parisius ivit, ubi in præsentia Philippi regis Francorum fuit facta quædam conventio (*a*) inter clericos & conversos, per papam Innocentem IV. postmodum revocata, & discordia inter clericos & conversos per conventionem prædictam non bene sedata, dictus prior pro clericis Romam adiit, & a papa Lucio III. privilegium protectionis domus Grandimontis & totius ordinis, & de non solvendis de laboribus decimis, & franchesiæ clausurarum locorum & grangiarum nostri ordinis impetravit, & a Romana curia rediens feliciter obiit XVIII. prioratus sui anno, XIV. cal. Decembris, translatusque fuit in Grandmontem a loco in quo obierat : jacetque inter priores

[*a*]

(*a*) Hanc conventionem a nobis editam invenies tomo I. Anecdot. pag. 630.

honorifice tumulatus. Hæc autem secundum apostolum I. ad Corint. X. *in figura facta sunt nostri, ut non simus concupiscentes malorum, sicut & illi concupierunt.*

Post hunc tenuit prioratum domnus Geraldus Yterii VII. prior novem annis, & primo anno ejusdem facta est S. Stephani confessoris patris nostri revelatio anno Domini MCLXXXVIII. qui Geraldus dictavit vitam S. Stephani prælibati, & compilavit speculum Grandimontis, miræ utilitatis & scientiæ librum : obiitque XIII. cal. Maii. Hic dum adhuc viveret prioratum resignavit.

Giraldus Yterii VII. prior.

Institutusque est loco ejus domnus Aldemarus de Friaco prior octavus, cujus tempore in uno volumine fuerunt collecta & scripta statuta venerabilis sancti Stephani confessoris & priorum sibi succedentium, & Innocentius papa III. concessit eidem priori ordinis privilegium quod incipit : *Immaculata ordinis vestri religio, &c.* in quo prædicta confirmantur statuta ad castigationem nostri ordinis facta, & archiepiscopus Bituricensis & episcopus Aurelianensis auctoritate apostolica ad Grandimontem personaliter accedentes istius prioris tempore, inter alia statuerunt, quod clerici in refectorio a superiori parte in mensa juxta crucem sederent, & quod clerici & conversi corriperentur in capitulo per hebdomadarium sacerdotem & non per alium fratrem. Iste prior interfuit concilio generali quod fuit celebratum sub Innocentio papa III. anno Domini MCCXV. pontificatus illius XVIII. anno, ubi facta fuit constitutio de decimis possessionum acquisitarum ante concilium generale. De qua constitutione faciunt mentionem Gregorius IX. in privilegio quod incipit ? *Non absque dolore cordis* ; & Innocentius IV. in suo privilegio regulæ nostræ annexo. Et dicto priore Romæ in dicto generali concilio existente & præsente, archiepiscopus Bituricensis S. Guillermi confessoris Bituricensis archiepiscopi canonizationem a dicto domino Innocentio papa III. petiit, & ad prædicti prioris Ademari & plurimorum aliorum religiosorum & fide dignorum testimonium impetravit. Hic prior recedendo a dicto concilio prioratus sui anno XVIII. pridie nonas Marsii obiit, delatusque est apud Grandimontem & inter priores sepultus.

Aldemarus de Friaco VIII. prior.

Huic priori successit domnus Caturcinus prior IX. vir Deo devotissimus & in clericorum exaltatione ferventissimus. Hic secundus pro clericis persecutionem sustinuit a conversis ; exaltatione sub ejus tempore clerici in singulis domibus correctores effecti, & conversi, qui dominari consueverant clericis, humilitati fuerunt sub clericorum correctione omnino redacti anno Dñi MCCXVII. unde de clericorum exaltatione & conversorum humiliatione & subjectione quidam frater clericus canticum suum composuit, quod

Caturcinus IX. prior.

quod incipit, *In Gedeonis area vellus aret extentum, &c.* ad ultimum dicens, *Jamjam Barbati taceant & clerici loquantur, utrimque Deo serviatur, & lites finiantur*: est enim Christus vera pax, qui mandavit ut dicantur missæ, & deponantur per clericos, ut dictum est, & asini pascantur, juxta illud quod legitur Ecclesiastici XXXIII. *cibaria & virga & onus asino; panis & disciplina & opus servo.* Hujus prioris tempore HENRICUS illustris rex Angliæ concessit omnibus domibus nostri ordinis ducatus Aquitaniæ jurisdictionem altam & bassam: qua jurisdictione Caturcini prioris tempore in assisiis grangiæ Caderii fuit usus. Sed cum prioratum XII. annis salubriter gubernasset, eligens sibi, tamquam divinitus inspiratus, tutius esse in humilitatis subjectione, quam in tumultu regiminis prælaturæ, in qua nihil prodest prælato non puniri proprio, qui puniendus est pro subditorum delicto, prioratum cessit, attendens periculum prælati, qui curam regiminis suscipit, & pondus laboris regiminis fugit; & illius qui regere subditos nescit, & regimen suscipit, & illius etiam qui subditos regere scit, & peccare permittit: cum solus Deo bene vivere possit, cur pro subditorum culpis mortem incurrat? Scriptum enim est Ezechiel. XXXIII. *quia animæ subjectorum de prælatorum manibus a Domino in die judicii requirentur.* Et rursum scriptum est Sapientiæ VI. quod *durissimum judicium in iis qui præsunt fiet; durum, si male intraverunt; durius, si male vixerunt; durissimum, si subditos male rexerunt.* Ideoque S. Stephanus confessor in libro sententiarum suarum de introitu in prælatione dicit, quod JESUS CHRISTUS consuluit in evangelio Joan. X. ut intretur per ostium in ovile ovium, quia facilius est, quam cum diabolus insinuat, ut illuc aliquis ex alto corruat. Et beatus Gregorius ait: Ordinate ergo ad ordines ascendendum est; nam casum appetit quisquis ad summi loci fastigia, postpositis gradibus, per abrupta quærit ascensum: quanto gradus altior, tanto casus gravior. Et de prælatis ex sua vita malum exemplum subditis dantibus, idem Gregorius dicit: Scire prælati debent, quod si perversa umquam perpetrant, tot mortibus digni inveniuntur, quot ad subditos perditionis exempla transmittunt. Scriptum enim est Sapientiæ VI. quod *potentes potenter tormenta patientur*: & prælatis, quod pascere debent subditos scientia & doctrina, ut legitur Jeremiæ III. turpe est addiscere quando subditos deberent docere. Si in præelato scientia sit, ecclesiam Dei erudit atque defendit, potens exhortari in doctrina sana, & eos qui contradicunt arguere, ut dicit apostolus ad Titum I. Et post renuntiationem vixit dictus domnus Caturcinus ut verus discipulus in divinæ contemplationis & subjectionis otio fere per decem annos; obiit vero feliciter XII. cal. Decembris

Vet. Script. & Mon. ampl. Collect. Tom. VI.

& sepultus est honorifice præsente generali capitulo inter Grandimontenses priores.

Ipso quoque cedente, substitutus est in priorem domnus Helias Arnaldi prior X. qui ordinavit cum definitoribus capituli generalis, ut hymni in nostro ordine dicerentur: cujus etiam tempore ordinatum fuit per Gregorium papam IX. quod duo de Cisterciensium & duo de Cartusiensium ordinibus semel in anno usque ad triennium futurum in Grandimontensi capitulo generali, omni appellatione remota, statuerent & reformarent quicquid in ordine Grandimontis statuendum cognoscerent, vel etiam reformandum, faciendo statuta & reformata per ipsos, cessante appellationis obstaculo, per censuram ecclesiasticam firmiter observari; & ad instantiam quorumdam ex fratribus Grandimontis episcopus Pictaviensis cum abbatibus de Savinhiaco & de Maceriis, prioribusque de Ligeto & de Glanderiis Cisterciensis & Cartusiensis ordinum, a sede apostolica judicibus delegatis, super certis criminibus contra dictum Heliam priorem propositis, inquisitor a sede apostolica datus, amotionis sententiam in præfatum priorem Heliam protulit, excommunicando ipsum priorem, si pro priore se gereret, & adhærentes eidem, dicto priore ad sedem apostolicam de lata sententia appellante. Qui quidem prior præfatos episcopum, abbates & priores cum ducentis fere clericis Grandimontensibus in quadam domo de amotionis suæ fecit violenter includi, & inclusos per diei spatium detineri. Qui Helias Romæ coram Gregorio papa IX. comparens, a sententiis quas incurrerat, pro eo quod sine ipsius papæ licentia ad sedem apostolicam contra inhibitionem venerat, fecit se per abbatem S. Laurentii extra muros de Urbe apostolica auctoritate absolvi, & appellationem suam prosequens Romæ obiit anno Domini MCCXL. v. idus Augusti, ibidemque sepultus jacet.

Post quem electus est in priorem religiosus vir domnus Johannes de Aquila prior XI. cujus electio facta fuit in domo de Vincennis, dicto Helia Arnaldi deposito, & ejus tempore per abbates prædictos de Savinhiaco & de Maceriis & priores de Ligeto & de Glanderiis, auctoritate apostolica, ad reformationem ordinis quædam fuerunt promulgata in domo de Vincennis tempore generalis capituli ibidem celebrati statuta, quæ hodie sunt per papam Clementem quintum specialiter approbata. Qui quidem domnus Johannes in quantum potuit, ne eligeretur enituit. Attendens quod secundum Augustinum, nihil est in hac vita, & maxime hoc tempore difficilius, laboriosius, & periculosius prælati officio, & quod indignus est sacerdotio ille qui non fuit ordinatus invitus; quia sicut locus regiminis desiderantibus negandus est, ita fugientibus offerendus est,

Elias Arnaldi X. prior.

Johannes de Aquila XI. prior.

I

sicut fuit oblatus Jeremiæ, qui de fuga re-
giminis prælationis sibi oblatæ ait : *A, a, a!*
Domine Deus, nescio loqui quia puer ego sum.
A dixit primum propter defectum vitæ;
A dixit secundum propter defectum scientiæ;
A dixit tertium propter defectum eloquentiæ. Dicit Johannes Chrysostomus quod desiderans primatum prælationis in terra, inveniet confusionem in cœlo. Et Apostolus ad Hebræos v. ait : *Nemo debet sibi honorem assumere, sed qui vocatur a Deo tamquam Aaron;* tandem post deprecationem ad Deum factam, qui, ut legitur Job. v. *facit magna & inscrutabilia & mirabilia absque numero. Qui superbis resistit, & humilibus dat gratiam.* Invitus officium regiminis prioratus Grandimontensis assumsit, confidens, quod si posse suum faceret, ut bene regerentur & corrigerentur subditi, quanto majus periculum esset sibi in regiminis prælio, tanto esset major gloria in triumpho. Quia, dicit Apostolus 1. ad Timoth. III. & v. *Qui bene ministraverint, gradum sibi bonum acquirent, & Multam fiduciam in fide quæ est in* CHRISTO JESU. Et *Qui bene præsunt presbyteri, duplici honore digni habentur,* maxime qui laborant in verbo & doctrina. Et regimine Grandimontensis prioratus per tres annos cum dimidio salubriter acto, prioratui ultro cessit, & obiit III. nonas Julii.

Aldemarus Lavercha & Guillelmus Dongres XII. & XIII. priores.

Post quem promotus est domnus Aldemarus Lavercha prior XII.

Cui successit domnus Guillermus *Dongres* prior XIII. cujus tempore Innocentio papa IV. apud Lugdunum existente, anno Domini MCCXLVII. FREDERICO Romanorum imperatore in concilio generali deposito, fuerunt regula & privilegium Grandimontensium per ipsum Innocentium renovata, & in formam meliorem redacta; & impetratum etiam fuit a dicto Innocentio exemtionis privilegium, quod rationem delicti vel contractus, aut rei de qua ageretur contra fratres ordinis Grandimontensis, ipsi fratres exemti non tenerentur coram locorum ordinariis respondere. Istius etiam prioris tempore provisiones domus Grandimontis annis singulis debitæ, fuerunt usque ad summam XVIII. millium solidorum Turonensium augmentatæ, provisionibus solitis computatis. Post quæ dictus Guillermus prioratui sponte cedens, in domum de Machareto corrector extitit ordinatus, & VII. cal. Julii obiens, ibidem fuit honorifice tumulatus.

Iterius Meruli XIV. prior.

Huic successit domnus Iterius Meruli XIV. prior, cujus tempore fratres Gallici conati fuerunt ad transferendum caput & dignitatem prioratus ordinis Grandimontis ad domium prope Parisius de Vincennis. Qui quidem fratres Gallici, suffragante eis favore regio, attentaverunt sibi supponere & subjugare multipliciter ceteras ordinis nationes, & alia sinistra quamplurima facere, contra

A priorem Iterium & eorum matrem ecclesiam, a qua specialiter geniti & nutriti fuerant Grandimontis: sed præventi eorum quamplures a suis flagitiis, Grandimontensem ordinem, quem persecuti fuerant, ut male conscii, fugiendo, persequente eos rege Franciæ; qui prius eis valde faverat, ne diversarum concordiam nationum sua dissensione fratres Gallici violarent : sic legitur Esther 3. 8. rex magnus persecutus fuisse unam gentem, quam invenit rebellem adversus omne hominum genus, turbantem provinciarum sibi subjectarum pacem atque concordiam, præfati fratres Gallici ut privigni & degeneres iniquitatis alumni reliquerunt omnino. De ipsis dictum est illud Apostoli 1. Johan. II. *Ex nobis prodierunt, sed non erant ex nobis; nam si fuissent ex nobis, permansissent utique nobiscum.* Multi sunt portantes religionis habitum, qui filii religionis cujus portant habitum non existunt, juxta Apostolum ad Rom. IX. dicentem : *Non omnes qui ex Israël ii sunt Israëlitæ, neque qui semen sunt Abrahæ, omnes filii sunt Abrahæ.* De quo dicit Salvator in evangelio Judæis Johan. VIII. *Si filii Abrahæ estis, opera Abrahæ facite.* Quia, ut dicit Hieronymus, non sunt filii sanctorum, qui tenent loca sanctorum, sed qui exercent opera eorum. Falsus frater, secundum Ambrosium, est ille, qui se religiosum profitetur, & contraria suo ordini operatur. Et prior Iterius ad instigationem æmulorum suorum vocatus per regem Franciæ Parisius ad renuntiandum prioratui, in præsentia regia per juramentum astrictus, postmodum ad Grandimontem rediens, prioratui cessit, & factus corrector de Sarmasia, post multa tempora v. nonas Octobris spiritum suum reddidit creatori, ipso postea ibidem honorifice tradito ecclesiasticæ sepulturæ.

Cui successit domnus Guido Atcherii prior XV. cujus tempore THEOBALDUS rex Navarræ, corpus beati Macarii martyris in Grandimontem detulit, & apud Tutellam sui regni Navarræ, domum S. Martialis de Tutella dicto priori & ordini nostro contulit, & eam multis bonis ditavit. Iste prior instigantibus inobedientiis & excessibus quorumdam fratrum Gallicorum, quos punire plene per se non poterat, Parisius ivit; & exinde visitando per domos post visitationem Franciæ & Normanniæ, ad Grandimontem rediit, & visitatione peracta Romam perrexit, & impetratis contra dictos fratres Gallicos sibi inobedientes, quos corrigere non poterat, ut decebat, judicibus a sede apostolica delegatis, a Roma incolumis rediens, audito exitu fratrum Gallicorum inobedientium a suo ordine Grandimontis, prioratui cessit, obiitque in Grandimonte XV. cal. Novembris.

Guido Atcherii XV. prior.

Huic successit domnus Fulcherius Grimaldi XVI. prior, vir providus & multum astutus, qui pacifice XII. annis ordinem utiliter gu-

Fulcherius Grimaldi XVI. prior.

bernavit, & suos indifferenter promovit. Hunc priorem Gregorius papa x. Lugduni ad concilium anno MCCLXXVIII. vocavit, ubi cum aliis prælatis interfuit, & ad Grandimontem rediens, solvit debitum naturale anno Domini MCCLXXXI. VI. cal. Octobris in Grandimonte: jacens inter priores honorifice tumulatus.

Petrus de Caufaco XVII. prior. Institutus loco ejus est domnus Petrus de Caufaco prior XVII. vir Deo & hominibus acceptissimus, qui ut dicitur Eccli. XLI. sciens nomen impiorum deleri, curam de habendo bono nomine semper habuit: quem quidam promotores sui lingua magis quam veritate & opere diligentes, a maledicto scipsos in perditionem ponere non verentes, non ipsum, sed potius ejus fortunam sequentes, cum nollet prædictis suis promotoribus in omnibus & per omnia acquiescere, post duos annos vel quasi, a promotione sua dejicere a prioratus regimine turpiter attentarunt. Propositis contra eum coram visitatoribus illius temporis domus & ecclesiæ Grandimontis, confictis, & submissis defectu scientiæ, perjurii & simoniæ criminibus; & interpositis ad sedem apostolicam appellationibus, occasione quorum, defectu & criminibus minime probatis, visitatores prædicti ipsum priorem, ut Judæi Paulum Actuum XXIV. culpabilem reputantes, extra portam Grandimonensis domus, licet ipsos visitatores prior, ut sibi suspectos recusasset, & ne contra ipsum in aliquo procederent, ad sedem apostolicam legitime appellasset, non solum deponere, sed excommunicare de facto suum pastorem & patrem spiritualem filii, & prælatum subditi, omni honestate & reverentia ac juris ordine postpositis, præsumserunt. Post quam depositionem sic de facto prolatam, multi correctores, curiosi, & fratres priori contrarii, ditati de bonis ordinis, non acquiescentes consiliis quæ docuit cuiquam volenti pacifice vivere Ecclesiastici VII. cum dicit: *Non litiges cum homine potente, ne forte incidas in manus illius*; ex suis inobedientiis, rebellione & excessibus calcitrare contra stimulum satagentes, priorem patrem suum spiritualem, cujus judicio & voluntate nunc poterant erigi, nunc deprimi, offendere non verentes, in manus dicti Petri prioris incidentes, ab ipso priore a sibi commissis domibus, curis & officiis amoti fuerunt, in quibus domibus, curis & officiis fratres partis adhærentis priori præfecti fuerunt; quia dignum erat, ut illi qui cum priore in adversis permanserunt, prosperis remunerationibus uterentur, facti secundum Apostolum 2. ad Corint. I. consolationum socii, qui fuerant passionum; & prædicti correctores, curiosi & fratres priori contrarii, adhuc in sua rebellione & inobedientia persistentes, adhæserunt fratri Bernardo *Risse*, cui in domo de Bosco Raherii nomen prioris Grandimontensis de facto imponere præsumserunt, confirmatione a dictis specialibus visitatoribus eidem fratri Bernardo impensa, post appellationes contra dictum fratrem Bernardum, & ipsius electionem a parte dicti domni Petri prioris ad sedem apostolicam interjectas; cum quo fratre Bernardo prior Petrus prædictus, occasione discordiæ inter eos motæ, citatus, auctoritate Honorii papæ IV. Romam perrexit, & comparentibus coram dicto domino Honorio priore Petro & Bernardo prædicto, cum præcipue de hinc inde propositis coram eo non constaret, causam inter dictas partes exortam, & reformationem ordinis abbati monasterii Moisiacensis, Bernardo Geraldi priori provinciali fratrum Prædicatorum in Provincia, & decano Pictaviensi commisit, cum clausula, quod si non omnes exequendis ipsis commissis interesse possent, duo tamen eorum ipsa exequi nullatenus retardarent. Quo decano viam universæ carnis ingresso, abbas & prior prædicti in Grandimonte venientes, fratre Bernardo Risse de jure suo diffidente, electioni de se factæ renuntiante, causa cognita, pronuntiaverunt visitatorum prædictorum sententiam contra dictum priorem Petrum prolatam non tenere, & ipsum priorem remanere debere ordinis Grandimontis, dicto fratre Bernardo *Risse* postmodum correctore in domo de Podio Caprarii ab ipso Petro priore ad judicium instantiam ex gratia instituto. Tandem post inquestas factas auctoritate dictorum judicum super his in quibus reformatio ordinis petebatur, & super excessibus, dissolutionibus, & rixis inter partem priori adhærentem & contrariam exortis, & quibusdam correctoribus, spoliatis dissensionis tempore, restitutis, dicti judices ad amputandam omnem excessuum, dissolutionum & turbationum materiam, pro reformatione & pace ordinis salubria quædam ediderunt statuta, quæ a priore Petro & conventu Grandimontis, ac pluribus aliis correctoribus spontaneis voluntatibus suscepta fuerunt & promissa servari, & festum S. Trinitatis in octava Pentecostes, & III. cal. Maii festum S. Hugonis confessoris, & VII. cal. Augusti S. Annæ matris B. Mariæ Virginis, & S. Dominici confessoris patroni ordinis fratrum Prædicatorum celebrari jusserunt: quæ statuta sunt hodie per papam Clementem V. in suo privilegio approbata. Et dicti prioris Petri tempore incœperunt fratres capellos de filtro portare, quos antea non portabant, & in esu carnium, & secularibus non ascendentibus pedis cavillam dictæ dissensionis tempore se laxare: quorum transgressores prior prædictus, ut pastor providus, & arguebat & tolerabat quantum decebat & oportebat, videns quosdam de suis subditis qui sibi absolute promiserant obedire, ipsius jussionibus irrevocabiliter contraire: propter quæ dictus prior Petrus, ut ille

Nota.

qui juxta doctrinam Pauli ad Rom. ultimo, erat sapiens in bono & simplex in malo, expertus in seipso verum esse quod dicit idem idem apostolus 2. ad Timot. III. de omnibus qui pie volunt vivere in CHRISTO JESU, quod persecutionem patiuntur, & quod mali homines & seductores proficiunt in pejus, errantes & in errorem mittentes : qui non fuerunt veritatis discipuli, existunt erroris magistri. Sap. V. propter eorum ignorantiam quæ mater est cunctorum errorum, Sap. XIII. & Matt. XXII. sicut sapientia omnium bonorum operum. Sap. VII. Post victoriam adversariorum suorum plene obtentam, pacem ordini dare credens, prioratui resignavit, & verus discipulus in sanctæ contemplationis requie in domo de Deffenso, ubi corrector fuerat, vitam finivit, sepultusque est ibidem VI. cal. Octobris. Hæc quæ de dicto domno Petro recitata sunt, scripta sunt secundum Apostolum 1. ad Cor. x. ad correctionem nostram, in quos fines sæculorum devenerunt. Itaque qui se existimat stare, videat ne cadat.

Felix quem faciunt aliena pericula cautum.

Bernardus de Gaudalmar XVIII. prior. Post hæc, ut moris est, vocatis a visitatoribus specialibus domus & ecclesiæ Grandimontis, omnibus correctoribus & curiosis cellarum forensium, electus est domnus Bernardus de *Gaudalmar* XVIII. prior; & quia per potestatem dictorum abbatis Moysiaci & prioris provincialis Prædicatorum electus, & visitatores adhuc durare credebant, præfatus electus cum suis electoribus & visitatoribus pro confirmatione suæ electionis coram prædictis abbate & priore recipiendà, ad domum de Pinello profectus est, & confirmatione a dictis visitatoribus habita, cum ad domum Grandimontensem rediret, infra unum mensem a die electionis suæ in domo de *Ganhazes* morte naturali, disponente Domino, qui quem vult pauperem facit & ditat, humiliat & sublevat, quievit in pace, sepultusque ibidem est IX. cal. Aprilis. Scriptum est Sapientiæ III. *Placens Deo factus dilectus, & vivens inter peccatores translatus est. Raptus est ne malitia mutaret intellectum ejus, aut ne fictio deciperet animam illius. Consummatus in brevi explevit tempora multa. Placita enim Deo erat anima ejus, propter hoc properavit educere illum de medio iniquitatum.* Legitur Job. v. quod *nihil in terra sine causa fit, quia sicut tollit Deus bonos de medio, ne malitia mutet intellectum eorum, sic tollit Deus malos de medio, ne peccatum augeatur eorum.*

Guido Fulcherii XIX. prior. Huic successit domnus Guido Fulgerii prior XIX. qui per XV. annos quasi pacifice ordinem gubernavit. Hujus prioris tempore augmentatæ provisiones fuerunt usque ad sexcentas libras Turonenses ultra provisiones antiquas, solvendæ annis singulis a cellarum correctoribus domui Grandimontis, & numerus fratrum in singulis cellis taxatus, & promissum extitit quod fratres mutati per ipsius prioris obedientiam, de cella ad cellam ire possent absque alio socio suo ordinis fratre, ad evitandas expensas quæ in mutandis fratribus faciendæ quotidie imminebant. Hujus etiam prioris tempore anno MCCLXXXVIII. die Martis post assumtionem B. Mariæ Virginis Bonifacius papa VIII. sextum librum Decretalium, quem fieri fecerat, publicavit; & anno Domini MCCC. omnibus vere pœnitentibus & confessis accedentibus ad basilicas beatorum Petri & Pauli ab eodem Bonifacio concessa fuit plena & vera remissio omnium peccatorum in quolibet anno centesimo secuturo etiam duratura. Postmodum dicto Bonifacio Anagniæ propriæ originis loco cum sua curia residente, pro defensione ecclesiæ quibusdam suis æmulis inimicus effectus, cum Apostolo ad Galatas IV. dicente, *Ego inimicus vobis factus sum, verum dicens vobis, volens magis pro veritate pati supplicium, quam adulatione beneficium*: Sciens quod insciis magistris veritas scandalum est, & cæcis doctoribus est caligo quod lumen est, utilius reputans nasci scandalum permittere, quam veritatem relinquere, a quibusdam perditionis filiis primogenitis satanæ & iniquitatis alumnis captus extitit Anagniæ, sed prout legitur de Tobia I. capitulo, *capto in diebus Salmanazar regis Assyriorum*, ipse Bonifacius captus & in captivitate positus, viam veritatis non deseruit, & dictæ captionis Bonifacii tempore fuit per dictos iniquitatis filios ecclesiæ Romanæ thesaurus violenter ablatus, & ecclesia suo capto sponso quodammodo captivata, & diversis oneribus & exactionibus aggravata: in tantum quod sibi competere videatur quod Jeremias in Thren. I. deplorat dicens: *Princeps provinciarum tuarum*, scilicet ecclesia, *facta est sub tributo*. Et ultimo anno regiminis dicti domni Guidonis prioris, Clemens papa V. cum suis cardinalibus & curia per domum Grandimontis Lemovicensis diœcesis sibi immediate subjectam transiens, in expensis ipsum priorem ac domum plurimum aggravavit anno Domini MCCCVI. in quo anno honorifice receptatus, vocato dicto priore & conventu coram se, inter alia dixit, quod a XXV. annis citra audiverat dissentiones & turbationes in ordine Grandimontensi fuisse, & ad extirpandam materiam dissentionis & turbationis, & ad dandam ordini perpetuam pacem de Lugduno venerat Grandimontem, & visis regula, privilegiis, indulgentiis, & statutis quamplurimis, tam generalis capituli Grandimontis quam reformatorum auctoritate apostolica factis; visitatoribus specialibus domus & ecclesiæ Grandimontis potestatem, quam habebant vacante prioratu, in ponendis XII. prioribus electoribus prioris, clericis & conversis juxta regulam, & eligendis anno quolibet una cum priore novem clericis in deffinitores, juxta quoddam particulare privilegium Innocentii IV. omnino abstulit, pro eo quod eorum prædecessores speciales visitatores in domnum Petrum de Cauzaco priorem XVI. Grandimontis, eidem papæ ab infantia, dum idem prior Petrus erat corrector domus de Deffenso, notum, multum excesserant, objectis confictis contra ipsum priorem Petrum innocentem criminibus, ut Judei contra Paulum fecerunt Actuum XXIV. ad depositionem ipsius temere procedendo, & excommunicando suum prælatum & patrem spiritualem subditi filii, honestate, obedientia & reverentia retrojectis; & quia dictus prior Guido domum Grandimontis ab expensis prædictis non poterat relevare, eo quod dictus Clemens v. omnia excelsa sua & fluctus Romanæ curiæ induxerat super eam: requisitus a generali capitulo, a quibusdam stultis invidis suis, universitatem ordinis more solito contra ipsum priorem provocantibus, ad modum quorumdam malorum hominum, qui turba facta concitaverunt civitatem Thessalonicensem contra apostolum Paulum Actuum XVI. de quibus stultis invidis universitatem provocantibus dicitur in Ecclesiastico XIII. *Nihil est invido nequius, quia alienum bonum facit suum invidendo supplicium, quia primum sibi invidus nocet, quam alium vulneret.* Et Job. v. legitur, *Vere stultum interfecit iracundia. Et parvulum occidit invidia.* Quæ invidia in alterius prosperis dolet & in alterius lætis lugit. Et ideo justius invidia nihil est, nam protinus ipsum actorem corrodit excruciatque suum. Reputans ipse prior sibi melius paucis interesse, quam multis periculose, suorum invidorum cupiens litigia fugere Apostolo 2. ad Tim. 2. dicente, *Servum Dei non oportet litigare*, anno Domini MCCCVI. in vigilia Pentecostes libere prioratui cessit, & tempore dissentionis prioris Jordani de Rapistagno, inquietatus per ejus gentes, ordinem Minorum intravit, & infra annum probationis pristinæ nostræ religionis habitum in domo de Sarmasia reassumpsit.

Guillelmus de Prato Morelli XX. prior. ·Cui successit domnus Guillelmus de Prato-Morelli prior XX. electus in die Pentecostes ab omnibus concorditer, & a visitatoribus specialibus confirmatus, juxta constitutionem Clementis papæ V. de electione & confirmatione prioris loquentis. Qui prior Guillelmus pecuniosus esse credebatur, & ideo sperabatur domum Grandimontensem ab expensis prædictis relevare omnino: quod tamen non de congregata ab ipso pecunia, sed contribuente multipliciter talliato toto ordine de bonis cellarum forensium fuit actum.

Templariorū excidium. Hujus prioris tempore anno Domini MCCCVIII. magister major ultramarinus militiæ templi auctoritate apostolica in civitate Pictavensi vocatus, ubi papa Clemens V. cum sua curia residebat, & omnes alii fratres Templarii in diversis suis domibus & locis regni Francorum fuerunt capti, & multi ex eisdem fratribus diversis & inauditis tormentis & quæstionibus horribiliter torti, cum primo dixissent se in sua professione Redemptorem nostrum Christum Dei filium abnegasse, & quædam facto & auditu turpia flagitia gravia commisisse, & Templariorum ordinem pravum & erroneum esse; postmodumque dicerent illa quæ prius confessi fuerant in tormentis, vel terrore tormentorum ab eis extorta fuisse, falsa existere, ordinemque Templariorum bonum, sanctum & salubrem suis professoribus esse; fuerunt curiæ sæculari traditi, & tamquam relapsi hæretici vivi cremati, parificati illis de quibus dicit Apostolus ad Hebr. x. Qui sine ulla miseratione convicti duobus vel tribus testibus debent mori, quia Filium Dei conculcaverunt, & sanguinem testamenti pollutum duxerunt, in quo sanctificati fuerunt & spiritui gratiæ contumeliam fecerunt, & eorumdem Templariorum domus per papam Clementem v. Jerosolymitanis Hospitalariis in generali concilio, quod anno Domini MCCCX. in calendis Octobris fuit celebratum Viennæ donatæ fuerunt; Ex quibus Templarii flentes cum Jeremia Thren. IV. dicere Domino potuerunt: *Recordare, Domine, quid accidit nobis, intuere & respice opprobrium nostrum, hereditas nostra versa est ad alienos, domus nostra ad extraneos.*

Grandimontis reformatio. Hujus prioris etiam tempore præfatus Clemens papa V. quibusdam suis statutis tempore domni Guidonis Fulcherii in Grandimonte inceptis, & examinatione ac correctione in ipsis Pictavis & Avinioni prioris Guillelmi tempore factis, Grandimontensem ordinem reformavit. Et quia in sterili & frigido loco Grandimontis usus cibariorum mensæ prioris & fratrum fragilis erat & parcus, concessit præfatus Clemens, ut humanitatis causa inter olera & legumina aliquibus anni temporibus in Grandimonte & cellis bis in septimana, die Dominica & Jovis, possint fratribus a priore & correctoribus carnes dari. Carnium esus indulgetur. Vixit autem prædictus prior Guillelmus VI. annis & IX. mensibus ordinem pacifice regens. Octavo vero anno sui regiminis, cum fuisset citatus per Clementem papam V. ut Viennæ in generali concilio, in quo ordo Templariorum de potestatis dicti domini Clementis plenitudine, potius quam de rigore justitiæ, fuisse a nonnullis asseritur reprobatus, personaliter cum omnibus aliis prælatis majoribus universalis ecclesiæ, postpositis omnibus, interesset: Adveniente interim celebrando in Grandimonte, triduo ante ascensionem Domini, capitulo generali, ut esset similis illi de quo legitur Job. v. *Beatus homo qui corripitur a Deo, quia ipse vulnerat & medetur, percutit & manus ejus sanabunt*, NOTA.

gressu, actu, pariter & loquelâ paralysi morbo privatus, assumto sibi vicario seu coadjutore, & missis Viennæ ad dictum generale concilium suis excusatoribus, Grandimontensem prioratum paralyticatus manens, tali quali recuperata loquela, & a suis fautoribus inductus, ne prioratui aliquomodo cederet, ex tolerantia ordinis tenuit, quousque permissione divina ad Christum migravit v. idus Martii anno Domini MCCCXII. Jacetque in Grandimonte in claustro honorifice tumulatus.

Jordanus de Rapistagno XXI. prior. Huic successit domnus Jordanus de Rapistagno prior XXI. de nobilium personarum genere procreatus, factus prior auctoritate papæ Clementis V. in Grandimonte, ubi imminebat, vocatis correctoribus & curiosis, prioris electio facienda, missis abbatibus S. Fermerii & S. Maxentii Vasatensis & Pictaviensis diœcesum, ac archidiacono Caturcensi cum potestate, quod cum consilio & assensu visitatorum, correctorum, curiosorum & conversorum XII. vocem in electione prioris habentium, Grandimontensi prioratui de persona idonea providerent, & virtute mandati dicti papæ Clementis fuit per prædictos abbates & archidiaconum prioratui & ordini Grandimontis de persona domni Jordanis provisum. Cui omnes visitatores, correctores, & curiosi, qui ad electionem vocati venerant, obedientiam promiserunt.

Hujus prioris tempore clausura Grandimontis per sossata, cruces & alia evidentia signa, intra quæ domus Grandimontis habet altam & bassam justitiam in suam familiam, extitit innovata anno Domini MCCCXIII. & in capitulo generali celebrato anno Domini MCCCXIV. electæ a priore prædicto & definitoribus fuerunt XXV. domus conventuales, in quibus melius ordo servatur, ad quas & non ad alias prior novitios clericos de cetero mittet, & domus Grandimontis taxata fuit ad tenendum XL. sacerdotes & XXVI. conversos, præter fratres clericos & novitios ac infirmos, & ordinatum extitit etiam, quod de cetero in domum de Mureto vel alibi teneatur magister idoneus in grammatica, & aliis necessariis fratribus instruendis, & quod prior in octava epiphaniæ quolibet anno ordinet de visitatoribus ad ordinem visitandum, & post festum candelosæ ad longius nominatis visitatoribus suas litteras secundum quas visitare poterunt mittet. Iste siquidem prior incœpit domus, dormitoriorum, coquinæ & officinarum Grandimontis facere recooperiri de plumbo. Hujus & prioris tempore anno Domini MCCCXIV. Romanorum imperatore defuncto, & magistro militiæ Templi Parisius vivo cremato, papa Clemente V. mortuo, & illustrissimo rege Francorum Philippo viam universæ carnis ingresso, regnare cœpit D. Ludovicus ejus filius in regno Franciæ & Navarræ; qui qui-

A dem dissipavit aliquos de patris sui familia proditores, qui festinaverunt ditari, & dicto domino Ludovico & aliis invidebant, ut habetur Proverb. XXVIII. & ut rex justus erexit regni sui terram, implendo quod legitur Proverb. XX. ubi dicitur: *Rex qui sedet in solio judicii, dissipat omne malum intuitu suo.* Et Proverb. XXIX. *Rex justus erigit terram, vir avarus destruit eam.* Et Ecclesiastes X. *Beata terra, cujus rex nobilis est, & cujus principes vescuntur in tempore suo.* Et rursum Proverb. IX. dicitur: *Rex qui judicat in veritate pauperes, thronus ejus in æternum firmabitur.* Et hujusmodi Ludovico rege regnante, cardinales qui in Carpentoratensi civitate inclusi pro electione summi pontificis fuerant, propter incendium in dicta civitate exortum, exierunt clausuram, in quam clausuram redire ibidem non curarunt, nec papam elegerunt quousque per dominum Philippum comitem Pictaviæ Lugduni iterato inclusi fuerunt anno Domini MCCCXVI.

Et hujus prioris tempore cum IX. de duodecim definitoribus capituli generalis, celebrati in Grandimonte diebus Martis & Mercurii ante ascensionem Domini, & ipsa die ascensionis sub anno ejusdem MCCCXV. super denuntiatione contra dictum priorem, propter ipsius prioris fautorumque suorum potentiam & timorem, assererent se non audere procedere tute in Grandimonte, reservaverunt sibi durante capitulo generali diffinitoriam potestatem usque ad diem Mercurii post tunc futurum Pascha, aliis tribus de XII. definitoribus omnino insciis, & priore, facto de dicta reservatione publico instrumento, & capitulo generali præsentibus XII. definitoribus a prædicto priore, ut est moris, finito, post omnium correctorum, curiosorum, & fratrum cellarum forensium recessum, eodem anno circa festum S. Andreæ apostoli septem de dictis novem definitoribus, qui sibi definitoriam reservaverant potestatem, venientes Lemovicis, citaverunt ad instantiam illius qui denuntiabat, ipsum priorem coram eis in aula episcopali Lemovicis, processuri super denuntiatis criminibus contra eum: asserentes se non audere tute in Grandimonte venire ad procedendum contra ipsum priorem in denuntiatione prædicta. Qui prior ipsorum septem definitorum citationem nec locum acceptans, ne contra ipsum priorem, capitulo generali finito, & extra domum ordinis Grandimontis procederent, per procuratorem suum in scriptis Lemovicis coram dictis septem definitoribus ad sedem apostolicam appellavit: quam appellationem præfati VII. definitores datis apostolicis refutatoriis minime admiserunt: duobus definitoribus aliis dictæ appellationi, ob reverentiam dicti prioris & sedis apostolicæ, deferentes; & dicti VII. definitores, non obstante appellatione prædicta, priorem contumacem reputantes, in dicta causa denuntiationis ad testium receptionem & publicationem processerunt. Et dicto priore monito, ut regimini administrationis prioratus Grandimontis cederet: nolente cedere, in ipsum priorem amotionis a regimine administrationis dicti prioratus sententiam die Mercurii, id est ante vigiliam Natalis Domini in aula episcopali Lemovicis protulerunt, ipsumque priorem excommunicaverunt, si de cetero pro priore se gereret ordinis Grandimontis; omnes fratres dicti ordinis ab ejus obedientia absolvendo; à qua amotionis sententia fuit ad sedem apostolicam ab ipsius prioris procuratoribus appellatum, appellatione dictis VII. definiroribus die Natalis Domini Lemovicis intimata: & his ut prædictum est actis, correctores de Vincennis & de Bosco Raherii, correctore de Podio Caprarii discordante, ad electionem alterius Grandimontis prioris correctores & curiosos cellarum forensium, superiorem curiosum & procuratorem monasterii Grandimontis, vocem in electione prioris Grandimontis habentes, per suas patentes litteras, in domo fratrum Minorum Lemovicis, ad diem Jovis post festum S. Mathiæ apostoli vocaverunt, & expectatis absentibus usque ad diem Lunæ, post appellationes a parte dicti prioris, ne ad electionem alterius prioris Grandimontensis procederetur, interpositas, fuit ad electionem & confirmationem fratris Heliæ Aldemari processum, & dicto domno Jordano possessionem prioratus Grandimontis retinente, & suos visitatores ad visitandum ordinem, ut est moris, mittente, dictus frater Helias in domo de Castaneto permanens, suos visitatores similiter ad ordinem visitandum transmisit. Post quas visitationes dictus domnus Jordanus in Grandimonte, & præfatus frater Helias in domo de Castaneto sua generalia capitula diebus consuetis ante ascensionem Domini anno MCCCXVI. cum visitatoribus, correctoribus, curiosis, & aliis fratribus sibi assistentibus tenuerunt: ubi correctores, curiosos, & alios fratres sibi non obedientes diffiniverunt ad administrationes & officia sibi commissa perdenda; & licet Dominus de sibi servientibus Zachariæ II. dicat: *Qui tangit vos, tangit pupillam oculi mei*, multos correctores, curiosos, & alios fratres ipsi capi, incarcerari, & male tractari fecerunt. Hinc fratribus captis occurrit illud Ecclesiastici XLI. *De patre impio filii sunt conquesti, quoniam propter illum sunt in opprobrio.*

Post hæc vero ipsorum domni Jordanis & fratris Heliæ de prioratu Grandimontensi dissensione durante, regno Francorum per mortem prædicti domni Ludovici vacante, uxore ejus relicta prægnante, adhuc sede apostolica vacante, dictus dominus Philippus comes Pictaviensis rexit regna Franciæ & Navarræ, coram quo procuratores dictorum domni Jordani & fratris Heliæ, pendente debato, prioratus Grandimontensis ordinis inter eos multo tempore in sæculari judicio litigarunt, contra doctrinam Apostoli, qui ait I. ad Cor. VI. *Sæcularia judicia si habueritis, contemtibiles qui sunt in ecclesia illos constituite ad judicandum. Ad verecundiam vestram dico; sic non est inter vos sapiens quisquam, qui possit judicare inter fratrem & fratrem, sed frater cum fratre in judicio sæculari contendit?* Et qui II. ad Timot. II. subjungit, *Servum Dei non oportet litigare, sed mansuetum esse ad omnes.* Qua vacatione dicti regni & apostolicæ sedis durante, ecclesia & conventu Grandimontis interdictis, cessavit gaudium tympanorum Isaiæ XXIV. quia *non solvebatur pecunia manulevata ab illis;* qui, ut Ecclesiastici XXIX. legitur, *Fenus quasi inventionem existimant.* Quam etiam pecuniam dictus domnus Jordanus non cogitabat restituere, quamvis sibi Ecclesiasticus VII. diceret: *Non spondeas supra virtutem tuam, quoniam si spoponderis quasi restituens cogita.* Et quia plures fratres a dicto conventu propter victualium defectum recesserunt, perventum ad illud fuit, quod Dominus per prophetam Joel I. ait: *Periit sacrificium & libatio de domo Domini, & luxerunt sacerdotes ministri Domini.* Et ad comminationem quam facit Amos I. *Cessare faciam omne gaudium ejus, solemnitatem, & neomeniam, sabbatum, & omnia festa ejus.* Et quod Jeremias deplorans Thren. IV. dicens: *Dispersi sunt lapides sanctuarii in capite omnium platearum. Qui soliti erant vesci in croceis, amplexati sunt stercora.* Nam caritas fraterna, de qua Apostolus I. ad Corint. ultimo, ait: *Omnia vestra in caritate fiant.* Et ad Hebræos XIII. Præcipit: *Caritas fraterna maneat in vobis;* Versa fuit in odium, de quo I. Johannis III. dicitur, *Qui non diligit manet in morte, & omnis qui odit fratrem suum homicida est.* Et veritas, de qua præcipitur Ecclesiastici III. *Non contradicas verbo veritatis ullo modo.* Et Jacobi III. dicitur; *Si contentiones sunt in cordibus vestris nolite gloriari, & mendaces esse adversus veritatem.* versa fuit in mendacium ab illis de quibus ad Romanos I. dicitur: *Commutaverunt veritatem Dei in mendacium, servientes creaturæ potius quam Creatori.* In persona quorum Isaias LIX. loquitur: *Concepimus & locuti sumus de corde verba mendacii, quia corruit in plateis veritas coram magistris illis.* De quibus Apostolus II. ad Timot. IV. dicit, *Quod prurientes auribus a veritate auditum avertunt, & ad fabulas convertuntur,* nec coram illo principe, de quo Salomon Proverb. XXIX. ait: *Princeps qui libenter audit verba mendacii, omnes ministros habebit impios.* Non pensantes illud Apostoli dicentis I. Corint. ultimo: *Non possumus aliquid adversus veritatem, sed pro veritate.* Et bonitas versa fuit in tædium, sanctitas in opprobrium, simplicitas & humilitas in vitupe-

rium, religio in detrimentum, quia I. ad Tim. A cens: *Hac est gens quæ non audivit vocem*
III. *Oportet habere prælatum modestum, non* *Domini Dei sui, nec recepit disciplinam: periit*
litigiosum, non cupidum, suæ domui bene præ- *fides & ablata est de corde eorum, posuerunt*
positum, filios habentem subditos cum omni ca- *offendicula sua in domo, in qua invocatum est*
ritate. Et versa etiam fuit obedientia in con- *nomen meum, ut polluant eam, &c.* ideo unus-
temtum a multis, qui, ut dicit Apostolus II. *quisque a proximo suo se custodiat, & in omni*
ad Timot. III. & ad Titum I. *sunt parentibus* *fratre suo non habeat fiduciam, quia omnis*
inobedientes vaniloqui & seductores, & fere *frater supplantans supplantabit, & omnis ami-*
omnis virtus in nihilum ab illis. Qui, ut Apo- *cus fraudulenter incedet, & veritatem non lo-*
stolus ad Titum I. ait: *Confitentur se nosse* *quetur. Docuerunt enim linguam suam loqui*
Deum, factis autem negant. Quorum mens & *mendacium, ut inique agerent.* Laboraverunt
conscientia inquinatæ sunt, hinc fratrum con- non considerantes quod Apostolus ad Ro-
gregatio veneno diaboli, qui, ut dicitur Job. manos I. ait: *revelabitur enim ira Dei de cœlo*
XLI. *est rex super universos filios superbiæ*, in- B *super omnem impietatem & injustitiam homi-*
ficitur; conventus Grandimontis victu & ve- *num eorum qui veritatem Dei in injustitia de-*
stitu carens, confunditur, cum in ipso illud *tinent.* Ex his enim fraude, mendacio, im-
quod dicit Isaias III. impletur, *In domo nostra* pietate & injustitia ordo venerabilis, in quo
non est panis, neque vestimentum. Et Aposto- omnia honeste & secundum ordinem sole-
lus I. ad Corint. IV. *Esurimus & sitimus & nudi* bant fieri, ut I. ad Corint. IV. dicitur, *male*
sumus. Et in modico mali panis tunc tempo- *tractatur, subsannatur & captivatur.* Isaia V.
ris fratribus ministrati verificatum fuit quod causam captivitatis reddente, cum ait: *Prop-*
Sapiens in Ecclesiastico XXXI. ait: *In nequissi-* *terea ductus est populus meus captivus, quia non*
mo pane murmuravit civitas, & testimonium *habuit scientiam, & nobiles ejus interierunt*
nequitia illius. Verum est, & illud evenit Psal. *fame & multitudo sibi exaruit.* Et super his
Ipsi dispergentur ad manducandum: si vero non Deo remedium subjungente, qui Deus Isaiæ
fuerint saturati, murmurabunt. Et eleemosyna, XXXII. dicit: *Non vocabitur ultra, qui insipiens*
quæ, ut dicitur Ecclesiastici III. *resistit peccatis,* C *est, princeps; nec fraudulentus appellabitur ma-*
& de qua Dominus Lucæ XI. ait: *Date elee-* *jor.* Unde Proverb. XIV. *In malitia sua expel-*
mosynam, & ecce omnia munda sunt vobis, *letur impius, contemtor juris.* Et ...... jure
omnino relinquitur, religio perturbatur, ex securis, qui gravat atque premit quos Christus
eo quod, ut Apostolus II. ad Corint. XIII. in- ab hoste redemit. Et de tali principe Psalm.
ter fratres erant *contentiones, æmulationes,* ad Dominum ait: *Sedem ejus in terra colli-*
animositates, dissensiones, detractiones, susur- *sisti, minorasti dies temporis ejus, perfudisti*
rationes, inflationes & seditiones inter illos. *eum confusione:* quia spreto consilio Job. XXXVI.
Qui non advertunt Apostolum ad Gal. V. *noluit deponere magnitudinem suam absque tri-*
dicentem: *Utinam abscindantur qui vos con-* *bulatione.* Isaia LVII. dicitur: *Non est pax im-*
turbant, in servientium & commissariorum *piis.* Et rursum idem Isaias XXIII. de ordine
introductione, fratrum captatione, incarce- a viris impiis tribulato, & a nullo tunc tem-
ratione & maceratione, in quorum servien- poris consolato, admiratus, compatiendo
tium & commissariorum cellarii solutione & D ordini ait: *Ubi est litteratus? ubi est verba*
sustentatione evenit quod Isaias I. ait: *Regio-* *legis ponderans? ubi doctor parvulorum?* Cum
nem vestram coram vobis alieni devorant, & ordo Grandimontis tribulatus in dedecus &
desolabitur sicut in vastitate hostili. Et quod detrimentum ex tribulatione vertitur, ex qua
rursum idem propheta Isaias subdit: *Irruet* quidem tribulatione spirituales viri facti sunt
unusquisque ad proximum suum, tumultuabit- carnales & animales, juxta apostolum Jaco-
que puer contra senem, & ignobilis contra no- bum III. dicentem: *Cum sint inter vos zelus*
bilem. Apprehendet enim vir fratrem suum do- *& contentio, nonne carnales estis, & secundum*
mesticum patris sui, per manus illorum; qui, *hominem ambulatis?* Et Judam Thadei apo-
ut idem propheta Isaias LIX. ait: *Viam pacis* stolum in sua canonica asserentem, quod
nescierunt. Proverb. 11. *Lætantur cum male* *in novissimo tempore venient illusores secundum*
fecerint. Ecclesiastic. XI. *Justis insidiantes in* *sua desideria ambulantes in impietate; hi sunt*
electis ponunt maculam. De quibus Jeremias *qui segregant semetipsos, animales, spiritum*
III. dicit: *Sapientes sunt ut faciant mala; bene* E *scilicet sanctum non habentes;* qui Spiritus
autem facere nescierunt: quia, ut dicit Apo- sanctus non descendit nisi super congregatos
stolus ad Rom. I. *Obscuratum est insipiens cor* fratres, & repente de cœlo sonus, tamquam
eorum, ex eo quod ut Isaiæ XVII. V. *fiduciam* advenientis Spiritus vehementis. Ait enim
in sua malitia habuerunt, & II. ad Timot. III. Apostolus I. Corint. XIV. quod *non est dissen-*
legitur, quod *mali homines & seductores pro-* *sionis Deus, sed pacis;* qui Math. XVIII. *Ubi duo*
ficient in pejus. Et Ecclesiastici II. quod *casus* *vel tres congregati fuerint in nomine meo, in*
malorum festinanter veniet. In persona quo- *medio eorum sum.* Qui pro omnibus passus est,
rum Apostolus ad Roman. III. ait: *Faciamus* Rom. IV. & V. & I. ad Tim. II. & ad Titum II.
mala ut veniant bona. Quibus competit quod qui etiam ut legitur Ecclesiastici XII. & XV.
Dominus Jeremiæ VII. & IX. improperat di- *Odio habens peccatores, miserius est pænitenti-*
bus,

bus, nemini dans spatium peccandi, teste Jeremia IX. *Facit misericordiam judicium & justitiam in terra.* Suos in hoc mundo permittens capi, incarcerari, torqueri, cruciari, & persecutiones pati, ut Paulum 1. ad Corinth. IV. qui ex persecutionibus a Domino ereptus 2. ad Timoth. 3. dixit, quod omnes qui volunt in Christo pie vivere persecutionem patiuntur, ut postmodum a Domino consolentur, visitentur, remunerentur, coronentur, & glorificentur, secundum eumdem Apostolum 2. ad Corinth. 1. dicentem: *Si socii passionum fuerimus, erimus & consolationis.* Et ad Romanos V. asserentem gloriam in tribulationibus, *scientes quoniam tribulatio patientiam operatur, patientia probationem, probatio spem, spes autem non confundit.* Et in eadem epistola ad Romanos 8. dicentem: *Quid ergo nos separabit a caritate Christi? tribulatio? an angustia? an persecutio? an fames? an nuditas? an periculum? an gladius? sed in iis omnibus superamus propter eum qui dilexit nos.* Qui etiam Deus per papam

[marginal: *Johannis 22. auctoritas.*]

Johannem 22. de . . . . . qui ut legitur de Job XXIX. *Justitia semper indutus extitit, & insuper fuit oculus cæco & pes claudo, pater omnium*: qui & causam quam nesciebant diligenter investigabat. Pro corrigendis retroactis excessibus, & liberatione fratrum oppressorum de carceribus, reformandisque dicti ordinis statutis & moribus voluit visitare super omnes qui attonsi sunt comam habentes in deserto, incircumcisi corde, ut ait Jeremias IX. Et Stephanus protomartyr Actuum VI. dicens: *Dura cervice, & incircumcisi corde & auribus, vos semper Spiritui sancto resistitis, sicut patres vestri, quem prophetarum non sunt persecuti patres vestri?* Et volens dictus Johannes papa se informare de dicti domni Jordani depositione, & fratris Heliæ electione, ac confirmatione, factâque ab ipsis fratrum incarceratione: qui prout legitur 1. Petri IV. Videns quoniam *tempus est ut incipiat judicium de domo Dei,* abbati S. Martini . . . . suis dedit litteris in mandatis, ut dictos domnum Jordanum & fratrem Heliam, ac electores ejusdem Heliæ, & definitores ac confirmatores electionis monasterii & ordinis Grandimontis, peremptorie citaret, ut infra x. dierum spatium post citationem ipsis factam, Avenioni coram ipso papa personaliter comparerent: præcipiens fratres incarceratos ab eis, per dictum abbatem S. Martini ab eorum carceribus liberari, recepta ab eis cautione idonea de comparendo intra deffinitum terminum, personaliter coram papa. Cui Isaiæ XLII. dicitur: *Ego Dominus, vocavi te in justitia.* Et Jerem. XXII. *Liberavi oppressum de manu calumniatoris:* Implens dictus papa quod legitur Ezechiel XXXIV. *Ecce ego ipse super pastores, & requiram gregem meum de manu eorum & cessare faciam eos ut ultra non pascant gregem, nec pascant am-*

plius pastores semetipsos, & liberabo gregem meum de ore eorum, & non erit ultra eis in escam. Quod perierat requiram & quod abjectum erat, reducam, & quod confractum fuerat alligabo, & quod infirmum erat consolidabo, & quod pingue & forte est custodiam, & pascam illas in judicio, salvabo gregem meum, & ultra non erit in rapinam, & judicabo inter pecus & pecus, & suscitabo super eas pastorem verum, &c. Qui etiam Johannes papa secundum Apostolum ad Titum 2. arguere cum omni *impio non postponens, diligenter investigatos & per fratres coram se personaliter evocatos, probatos dicta dissensione durante excessus, præsentibus fratribus citatis Avenioni coram eo, hoc modo processit.

[marginal: *f. imperio.*]

Die lunæ ante festum Natalis Domini sub anno Domini MCCCXVII. quia post cessionem dicti domni JORDANI & fratris Eliæ, religiosum virum domnum GUILLELMUM PELLICERII, olim correctorem de Pinello Tolosanæ diœcesis, de novo monasterio Grandimontis abbatem præfecit, sub eo in Grandimontensi ordine triginta novem conventuales constituens prioratus, & pace inter dictos domnum JORDANUM & fratrem ELIAM facta, & pacis osculo confirmata, suspendit interdictum in dicto monasterio & conventu Grandimontis prolatum usque ad Paschæ octavas, ut posset interim de solvendis debitis contractis in curia ordinare, absolvens omnes fratres ab omni excommunicatione & irregularitate contracta ratione discordiæ motæ. Qui fratres vexati ex litigio & anfractibus curiæ Romanæ cum Salomone Sapientiæ 5. dicere potuerunt, *Lassati sumus in via iniquitatis & perditionis, & ambulavimus vias difficiles, viam autem Domini ignoravimus. Quid nobis profuit superbia? aut quid divitiarum jactantia contulit nobis? Transierunt omnia tamquam umbra.*

[marginal: *Johannes papa XXII. erigit monasterium Grandim. in abbatiam.*]

In ms. codice Tolosano fratrum Prædicatorum, inter plurima scripta Bernardi Guidonis, series occurrit priorum Grandimontensium, in qua de hac discordia & de compositione facta a Johanne 22. hæc pauca addita sunt in margine, ubi de Jordane agitur.

Tempore vero prioratus memorati fratris Jordanis facta est commotio in ordine valde magna, quæ cœpit sub anno Domini MCCCXIV. suboriri, quibusdam eidem Jordano adhærentibus, aliis vero insurgentibus contra ipsum; quæ biennio & amplius perduravit, fuitque grande scandalum inter fratres interius suscitatum, & exterius apud exteros propalatum; processitque pars una ad depositionem ipsius Jordani publice, & ad electionem prioris alterius, apud Lemovicas electoribus patribus extrinsece convocatis, fuitque electus in priorem & habitus pro priore ab exterioribus frater Helias Ademari, quia præfatus frater Jordanus prior interiorem cum sibi adhærentibus obtinebat, & con-

[marginal: *Helias Ademari.*]

tra alios defendebat. Tandemque post multos hinc inde graves & grandes conatus & enormes excessus, quos reticere propter honorem religionis melius est, quam narrare, creato summo pontifice domino Johanne XXII. sub annum Domini MCCCVI. ad apostolicum fuit totum negotium devolutum, & per eumdem summum pontificem, prout sequitur, terminatum. Ipsum enim antiquum ordinem reformando, in aliquibus innovavit.

Ordinavit siquidem & statuit, ut ipsa domus Grandimontis, quæ totius ordinis est caput, & prioris prioratusque nomine a sui initio regebatur, deinceps abbatis & abbatiæ titulo & vocabulo censeatur; & electio abbatis pertineat ad conventum. De reliquis vero domibus totius ordinis, quæ in diversis partibus & regionibus plures erant, sic extitit ordinatum; ut 39. prioratus collegiati in locis seu domibus potentioribus fierent, & facti sunt ex eisdem, in quorum eligerentur priores singuli a collegio, & ad abbatem Grandimontensem, tamquam scilicet ad superiorem suum, eorum confirmatio pertineret. Reliquæ vero domus fierent unitæ singulis prioratibus & subjectæ, nonnullis tamen abbati & abbatiæ Grandimontensi sine medio reservatis. Item tribus visitatoribus ordinis ab antiquo institutis, unum superaddidit, & quatuor esse constituit & decrevit. Hæc autem cum quibusdam aliis * contra dictum ordinem, ad ejus reformationem rationabiliter sunt prævisa; ut obviaretur frequentibus scandalis, & in distribuendis domibus & instituendis rectoribus eorumdem maturitas gravior & major æqua-

*f. circa.

litas servaretur, & voluntatum partialitas vitaretur : cum non per unius hominis voluntatem, sicut prius, sed per communem electionem plurium canonice fieret provisio de personis, & in distributione beneficiorum personarum merita pensarentur, & vigeret amplius correctio in ordine, tam in capite quam in membris, ubi plures essent oculi vigilantes. Acta sunt hæc anno Domini MCCCXVII. pontificatus vero memorati domini Johannis papæ anno 2. elapsis vero tunc temporis annis ducentis undecim ab exordio ordinis, computando * quo beatus STEPHANUS, primus ejus institutor & fundator, primum advenit ad eremum de Mureto; quod idem fuit anno Domini MLXXVI. sicut in gestis ejusdem Stephani scribitur & habetur.

*suppl. abeo tempore.

Præfatis vero duobus prioribus, novo pariter & antiquo, de prioratu concertantibus Grandimontis, prioris & prioratus re & nomine per summum pontificem vacuatis, idem dominus papa erexit prioratum Grandimontensem in novam, sicut præmittitur, abbatiam, primumque abbatem instituit in eadem. Primus namque abbas Grandimontis fuit institutus per dominum Johannem papam XXII: frater Guillermus Pellicerii de Albunca diœcesis Caturcensis; qui tunc erat rector seu corrector domus de Pinello sub anno Domini MCCCXVII. circa finem, benedictionemque abbatis cum virga seu baculo pastorali ex more recepit per manum domini Nicolai cardinalis episcopi Ostiensis, apud Avinionem in curia, Dominica in octavis Paschæ, ultima die Aprilis, sub anno MCCCXVIII.

Primus abbas Grandimont.

BREVIS HISTORIA
ORDINIS CARTHUSIENSIS
AUCTORE ANONYMO

Ex mſ. codice abbatiæ S. Laurentii Leodienſis.

OBSERVATIO PRÆVIA.

UM Carthuſienſis ordo a prima inſtitutione floruerit hactenus ſanctitate, traditamque ſibi a S. Brunone vitæ rationem in omnibus fere ſervaverit illibatam ; mirum ſane videri poteſt, ordinis clariſſimi nullam adhuc vulgatam hiſtoriam, quæ alumnos ad pietatem imitationemque priſcorum patrum provocaret, ceteros vero in amorem admirationemque converteret. Id ſane non niſi ſingulari præpoſitorum Carthuſienſium modeſtiæ tribuendum exiſtimo, qui numquam ſe magis fulgere apud Deum arbitrantur, quam cum obſcuri apud homines deliteſcunt. Quapropter cum generalem totius ordinis ſui hiſtoriam conſcribere deliberaſſet majoris Cartuſiæ prior noviſſimus, aliquoſque e fratribus ſuis eruditos viros ad hujuſmodi opus idoneos adſciviſſet ; obſtitere alii ordinis priores fere omnes, latebras ſe decere, atque a ſolo Deo cognoſci ſibi ſufficere conclamantes. Cui defectui ut occurratur ſequentem hiſtoriam ex Leodienſis S. Laurentii monaſterii codice manuſcripto acceptam piis religioſiſque lectoribus offerimus ; brevem quidem pro rei magnitudine, ſed pro ſui raritate, uti ſperamus, non ingratam.

Auctor ſeceſſus S. Brunonis in ſolitudinem cauſa.n refert ad ſingularem eventum doctoris Pariſienſis, qui Dei judicio damnatum ſe palam profeſſus eſt, quem ex antiqua ſui ordinis traditione ab annis minimum quingentis ad nos uſque derivatam quaſi pro aris & focis propugnant Carthuſienſes. Cui quidem opinioni anſam ac fidem, ut ſuſpicatur Mabillonius, præbere potuit exitus alter conſcriptus ab auctore vitæ S. Annonis Colonienſis archiepiſcopi. Erat nempe Romæ vir quidam opibus ac divitiis affluens, ſed laxioris vitæ, Andreas nomine, qui præter nomen nihil Chriſtianæ religionis habere videbatur, niſi quod B. Ceſario martyri devotus, ejus eccleſiam cum cereis frequentare ſolebat. Hic ſero pœnitens defunctus, cum corpus ejus in feretro compoſitum eſſet, caput cœpit erigere. Tum qui aderant, aliis metu diffugientibus, aliis qui conſtantiores erant, illic remanentibus, & an mortuus eſſet dubitantibus, ille graviter ſuſpirans, ſe vere mortis ſortem ſubiiſſe teſtatus eſt, atque perpetuæ damnationis pœnas luiturum, niſi Cæſarii martyris interceſſiſſet ſupplicatio, &c. Hæc ubi fuſius retulit Mabillonius, Nec ſcio, ſubjicit, an S. Brunonis converſioni, qui ex Annone, utpote Colonienſi, reſcire potuit, occaſionem dederit. Aliam alii ſeceſſus illius cauſam afferunt, nempe perverſos Manaſſis archiepiſcopi Remenſis mores, quos cum inſectaretur Bruno, nec quicquam proficeret, relicta Remorum civitate, arduos Carthusiæ montes, ductore Hugone Gratianopolitano antistite, petiit, ut fusius narrat Guibertus abbas Noviginti.

DE ORDINE CARTHUSIENSI.
Unde cœpit exordium, & de prioribus majoris domus Carthusiæ, ac de gestis eorumdem.

Quoniam, attestante scriptura Ecclesiastici trigesimo nono, *narrationem antiquorum sapiens exquiret*; idcirco Sancti Spiritus adjutorio invocato, de antiquis patribus ac sanctis fundatoribus, necnon & promotoribus, reverendissimis videlicet prioribus domus majoris Cartusiæ, aliqua ad perpetuam memoriam posteris curavimus intimanda. Et licet quinque primi priores hic inferius descripti, in pluribus chronicis reperiantur; tamen successores eorum, nescitur qua de causa, taliter sunt oblivioni traditi, quod nulla penitus ex eis memoria per aliquam scripturam habeatur. Ceterum unus monachorum olim præfatæ domus librariam ac instrumenta ad dictam domum pertinentia custodiens, & dicta instrumenta perlegens ex certa causa, inter alia scripta ibidem reperta, alios infrascriptos priores descriptos reperit, eosque cum anno Domini ibidem descripto ad partem annotans, posteris intimare curavit. Pauca siquidem de eorum sancta vita & conversatione, nisi ex solo auditu innotescere potuit, excepto dumtaxat, qui ad domus Cartusiæ scilicet majoris prioratum, quæ caput ordinis totius esse dignoscitur, minime fuissent electi, nisi eorum sancta conversatio & laudabilis vita ordini universo in exemplum cessisset. Hoc etiam notandum, quod antiqui priores ex eis duabus vicibus sunt nominati; tum quia forte priores diversis vicibus extiterunt; tum etiam quia diversi eodem nomine fuerunt insigniti. Utrum autem alii priores intermedii fuerint non constat; eo quod non potest per aliquam scripturam reperiri: verum, ut præmissum est, multa hic posita sunt ex solo auditu seu relatu; & auditus sæpius fallitur, maxime tempore moderno, in quo multi multa loquuntur. Potuit hic aliquid minus tempori congruens inseri, præcipue de miraculis & annis Domini currentibus; eo quod aliqua hic sub uno priore describuntur, quæ forte sub alio contigerunt, sicut & aliæ narrationes & facta. Si quid vero huic operi minus rectum fuerit interclusum, auctor ejusdem pium & bene de veritate informatum postulat correctorem, ut in rectam harmoniam convertat. Alias supersedendum esse censetur, quam temere aut inordinate seu vitiose aliquam committere corruptelam; ne de corruptione aut falsitate scripturarum in tremendo cuncti judicio districte inde puniatur. Exordium autem sumitur a loco ubi incœpit semen sanctum atque propositum ordinis præfati, a fundatoribus scilicet & patribus sive prioribus ipsius domus Cartusiæ antedictis.

Auctor monachus majoris Carthusiæ.

Explicit proemium.

Anno igitur Dominicæ Incarnationis millesimo octogesimo secundo, dum solemne studium floreret Parisiis, præcipue in philosophia, theologia & jure canonico, aliisque facultatibus, sicut generaliter consuevit, tale ibi cunctis horrendum fertur prodigium accidisse, sicut patres nostri nobis narraverunt. Fuit quidam doctor præcipuus ac famosus, vita, ut videbatur, atque fama, doctrina, pietate, & scientia inter omnes doctores Parisienses excellenter honoratus, & mirabiliter gratiosus; qui gravi & ultima infirmitate præventus, non diu decumbens, diem clausit extremum; cumque tota illa die qua defunctus est, more Parisiensi, in aula, funere decumbente in feretro, fuissent decantata divina officia defunctorum more solito; in crastino mane congregata ibi universitate Parisiensi, tam scholarium quam doctorum, quatenus tam honorabili viro solemnis & venerabilis præberetur funeralis officii sepultura; cum reverendi viri feretrum in quo funus jacebat elevare vellent ad ecclesiam deferendum, subito cunctis stupentibus, qui mortuus videbatur & erat, elevato capite resedit in feretro, cunctisque audientibus alta terribilique voce clamavit: *Justo Dei judicio accusatus sum*; & hoc dicto caput inclinans decubuit mortuus sicut prius. Qua voce cuncti attoniti ac territi deliberaverunt ipsum illo die nullo modo fore sepeliendum, sed potius usque in crastinum reservandum: & inito consilio corpus ad aulam retulerunt. Mane igitur sequenti cum multitudo maxima studentium convenisset, & exequiis iterato celebratis, cum vellent dictum funus sicut prius ad ecclesiam deportare, idem defunctus sicut prius elevato capite dolorosa ac terribili voce vociferatur dicens: *Justo Dei judicio judicatus sum*. Quam vocem multitudo quæ ibi convenerat audiens, clare & intelligens, stupuit plus quam prius: & alterutrum conquirentes quid sibi vellent innuere tam insoliti & inexperti defuncti clamores, quibusdam dicentibus quod judicium poterat sonare in bono & malo, adhuc determinaverunt ipsum ad aliud crastinum deferendum, & non ante ullatenus tumulandum: quod & factum est. Tertia vero die cum propter hujusmodi rumores & prædicta prodigia fere tota civitas Parisiensis cum clero convenisset, & funus cunctis præparatis vellent ad tumulum deportare; defunctus sicut prius jam tertia vice altissimo & mœstissimo clamore clamavit : *Justo Dei judicii jam judicatus sum, & æternaliter condemnatus sum.* Qua horribili justi Dei judicii sententia audita, quasi omnes immenso timore & tremore fuere perculsi, certi facti de tanti viri condemnatione, qui inter alios & super alios videbatur honestate vitæ, claritate famæ, excellentia dignitatis, & multiplici scientia ac sapientia præfulgere.

Ea tempestate erat ibi magister BRUNO doctor famosus, magister & doctor sacræ theologiæ, vir magnæ sanctitatis & profundi sensus, natione Theutonicus, de civitate Colonia, non obscuris parentibus natus, Remensis ecclesiæ canonicus, & ibidem scholarum magister & rector : qui attente rem auditam considerans, ac salubriter supradictis vocibus territus atque compunctus, allocutus est quosdam socios suos ibidem præsentes hujusmodi verbis dicens : Eia charissimi, quid faciemus ? omnes simul peribimus : nemo salvabitur nisi qui fugerit. Si in viridi, scilicet in tanto doctore hæc fiunt, in arido quid fiet ? Si denique homo tantæ dignitatis & famæ, tantæ litteraturæ, tantæque scientiæ, qui videbatur tam honestæ vitæ, qui tam celebris famæ, sic indubitanter damnatus est; quid nos miseri homunculi ac nullius reputationis facturi sumus ? Si tam lugubri unius homuncionis voce, tam horribili timore ac tremendo terrore concussi ac stupefacti sumus; quid faciemus in illo tremendo examine, cum intolerabilis rugitus leonis, cumque extremi judicii illa tuba aures nostras perculerit ? cum cuncti audierimus : *Surgite mortui, venite ad judicium* ; quo tunc arctati undique fugiemus ? Quomodo in tam horrendo examine, ubi etiam cœli columnæ contremiscent, & terrebuntur angeli & territi purgabuntur, ut scriptura testatur, apparere poterimus ? Ubi tunc latebimus ? Impossibile erit tunc latere & fugere : intolerabile autem apparere. Fugiamus igitur a facie gladii : præoccupemus faciem Domini in confessione. Venite potius adoremus & procidamus ante Deum, ploremus coram Domino qui fecit nos. Postquam enim vocem Domini hodie audivimus, non obduremus corda nostra ; sed exeamus de medio Babylonis : egrediamur de pentapoli, in igne & sulphure tam succensa ; & exemplo beatorum patrum, Pauli scilicet primi eremitæ, & Antonii, Arsenii, Evagrii atque Macharii, & aliorum plurimorum sanctorum patrum, cum beatissimo Johanne Baptista antra deserti & devia quæramus in montibus & speluncis nos salvos facientes; quatenus æterni judicis iram, & sententiam æternæ damnationis & diluvium peccatorum in arca Noë & in navicula Petri, in qua Christus ventum & tempestatem cessare fecit, id est in navi pœnitentiæ, evadere ab ira columbæ valeamus, & pervenire possimus ad portum & tranquillitatem æternæ salutis optatæ.

His & similibus verbis, & salutaribus monitis atque sententiis, & seipsum & quosdam socios suos alloquens & exhortans, deliberaverunt scilicet ipse & sex alii probi viri secum, abrenuntiare sæculo & omnibus pompis ejus, & ad perfectam pœnitentiam peragendam eremi deserta competentia quærere, & ibidem relictis omnibus divitiis, deliciis & honoribus hujus mundi, accipere singuli cruces suas, & nudum Christum nudi sequi per arctam viam, quæ ducit ad vitam, & latam & spatiosam deserere, quæ amatores & sectatores mundi perducit ad supplicia damnatorum. Et quia jam audierant famam sanctitatis excellentissimi viri beati HUGONIS Gratianopolitani episcopi, qui prius aliquo tempore ejusdem magistri Brunonis in scholis creditur socius extitisse, sancto Spiritu inspirante, ad sanctum memoratum episcopum simul accedere decreverunt, & ejusdem consilium & auxilium super proposito suo inquirere, ut in ejusdem diœcesi, quam audiverant multis desertis montibus abundare, mererentur locum congruum obtinere, in quo suum sanctum propositum possent effectui mancipare.

Septem igitur viri infra descripti præfata de causa ad prædictum sanctum episcopum, duce sancto Spiritu, pervenerunt. Cumque intrarent præfatam civitatem, contigit ut præfatus sanctus episcopus in camera sua obdormiret ; viditque in somnis sanctam visionem : & ecce septem stellæ cadebant ante pedes ejus, & postea ascendebant per diversos montes & multa deserta usque ad quemdam locum horridum valde, & a populis remotum, Carthusia nuncupatum, steteruntque ibi. Hic utitur auctor opusculi verbis sanctæ memoriæ domini Guigonis, olim prioris Carthusiæ, ex legenda præfati episcopi narrando sic : Adest magister BRUNO vir religiosus scientiaque famosus, honestatis, gravitatis ac totius maturitatis quasi quoddam simulacrum : habebat autem idem socios propositi sui, magistrum scilicet Landuinum, qui post eum extitit prior Carthusiæ, & duos Stephanos, Burgensem & Diensem : ii ambo beati Rufi canonici fuerunt ; sed desiderio solitariæ vitæ, eis abbate eorum favente, sese in conjunxerant ; Hugonem quoque quem cognominabant capellanum, eo quod solus ex eis sacerdotio fungeretur, duos autem laicos, quos appellant conversos, Andream scilicet & Guarinum. Quærebant autem locum eremiticæ vitæ congruum, & necdum repererant : vigilante autem prædicto episcopo & de visione septem stellarum cogitante, adsunt præfati septem viri, scilicet magister BRUNO cum sex præfatis sociis suis. Cadentibus autem iis septem ante pedes sancti viri, conferebat ipse sanctus vir in corde suo de septem stellis quas in visione viderat : qui eos benigne levavit ad pacis osculum, & inquisita & diligenter intellecta qua de causa veniscent, dixit eis: Scio locum vestrum a Deo vobis paratum; & duxit eos non sine grandi labore ad locum ubi steterunt septem stellæ, & ait: Ecce locus vester. Sicque ipso sancto viro consulente atque juvante, Carthusiæ locum intraverunt, & exstruxerunt anno Domini millesimo octogesimo quarto, episcopatus vero præfati S. Hugonis anno quarto. Et quia idem sanctus episcopus ante per somnium viderat in eadem solitudine Deum suæ dignationi habitaculum construentem, stellas etiam septem itineris sibi ducatum præstantes, non istorum septem tantum, sed & eorum qui successerunt, & consilia eorum secuti sunt, amorem libenter amplexatus est, & usque ad mortem Carthusiæ habitatores consiliis semper & auxiliis ac beneficiis fovit & adjuvit. Licet vero & prius divini amoris totus arderet incendiis, non aliter tamen ad disciplinæ cœlestis exercitia eorum exemplis & familiaritate effervuit, tamquam si flammatæ quis faci plures alias circumponat ardentes. Erat autem cum eis non ut dominus aut episcopus, sed ut socius & frater humillimus, & ad cunctorum, quantum in ipso erat, obsequia paratissimus: adeo ut vir venerabilis Guilhermus tunc prior S. (*a*) Laurentii, postea abbas sancti Theofridi, magistro Brunoni etiam ipse religiosa devotione non mediocriter alligatus, beati Hugonis contubernalis (bini quippe tunc per singulas habitabant cellas) apud magistrum Brunonem non leviter conquereretur, quod pene omnia ad humilitatem spectantia intra cellam sibi præriperet officia, & episcopus non saltem secum ut socius, sed potius secum conversaretur ut famulus. In tantum autem eremum incoluit & sedulus, ut cum magister Bruno nonnumquam exire compelleret, ita dicens ei: Ite ad oves vestras, eisque quod debetis exsolvite. Eo tempore magis paupertatis & humilitatis ardore succensus dictus episcopus, voluit equitantias suas vendere omnes, & diviso pauperibus pretio, propriis pedibus in prædicatione discurrere: sed homo profundi cordis magister scilicet Bruno, cujus consilio non aliter quam abbatis præcepto in singulis obtemperabat, non concessit: timens ne forte apud se de hoc extolleretur, aut a ceteris de aliqua singularitate judicaretur, aut certe, quod dubium non erat, quod ipsum propter itineris asperitatem ac viarum inæqualitatem consummare non posset.

Omnia præmissa sunt verba venerabilis domni Guigonis, scripta in vita ejusdem S. Hugonis Gratianopolitani episcopi, quæ hic inferenda judicavimus; quia in eis primordia fundationis principalis domus Carthusiæ declarantur, & præcipue magistri Brunonis ex-

[*a*] (*a*) Cella est in suburbio urbis Gratianopolitanæ sita, a monasterio S. Theofredi dependens.

cellentia innotescit in hoc, quod eidem tam venerabilis tamque sanctus episcopus cum tanta reverentia, sic ferventer & humiliter sedule adhærebat; & quia de præfato episcopo veraciter dici potest, quod ipse domus & ordinis Carthusiæ patronus sit atque fundator, & quamvis non primus, tamen quodammodo præcipuus & principalis institutor. Feliciter denique fundata fuit & inchoata domus & ordo Carthusiensis tempore summi pontificis Gregorii hujus nominis septimi: cui in papatu successit felicis recordationis papa Victor, qui modico tempore, scilicet uno tantum anno cum quatuor mensibus ecclesiæ præfuit. Quo defuncto, Urbanus papa hujus nominis secundus creatus est, cujus venerabilis magister Bruno primitus præceptor fuerat & magister.

Hic cito post creationem suam recordatus sapientiæ & sanctitatis atque discretionis eximii magistri sui carissimi Brunonis, indilate cogitavit cum secum habere; quatenus eum dirigeret & adjuvaret ad apostolatus sollicitudinem, & ecclesiæ sanctæ onera perferenda. Cum igitur præfatus magister Bruno jam sex annis eremum Carthusiæ inhabitasset, & tandem ex parte summi pontificis ad curiam Romanam vocatus fuisset; cum summo pontifici obedire oporteret, & filiorum suorum cœlicolorum societatem gratissimam ad tempus saltem deserere; ipsi subditi sui tanto sunt propter hoc dolore concussi, ac tanta tristitia & mœrore perturbati, quod omnino & ipsi asserebant se nullo modo in Carthusia mansuros, si ipsos contingeret tam dulcissimi ac dilectissimi patris orbari præsentia & pia providentia privari. Venerabilis magister Bruno denique propter filiorum suorum hujusmodi desolationem & mœstitiam non leviter desolatus, ac cordialiter quodammodo sauciatus, debitam tamen obedientiæ summo pontifici non volens nec valens aut audens debito aut licito denegare; ne locus Carthusiæ piis exercitiis jam mancipatus, a cœlicolis derelictus ad profanas aut indignas abusiones vel usus sæcularium deveniret, ipsum abbati Casæ Dei, qui fuerat unus de primis donatoribus & promotoribus, facta donatione aut cessione dereliquit, confecto super hoc ei publico instrumento. Deinde præfatus venerabilis pater ad summum pontificem veniens, eidem non longo post, de brevi tempore assistens consiliis & auxiliis salutaribus, ejus multa onera optime supportabat, & multum integerrime sanctæ Dei ecclesiæ ejus sollicitudinem sua promtitudine sublevabat ac disponebat.

Verumtamen diu patienter sustinere non poterat tristitiam & dolorem correptum jam de carissimorum filiorum suorum dispositione; & strepitus ac tumultus curiæ impedientes dulcedinem ac quietem, qua frui & pasci in eremo consueverat, graviter ferens atque diutius ferre non suftinens, expofita fummo pontifici fuæ mentis moeftitia, cum fumma fua inftantia imploravit, & vix tandem obtinuit, a curia fcilicet feparari, & quod poffet ad eremum, & cellæ jam præguftatam dulcedinem atque optatam quietem & tranquillitatem remeare. Et cum fummus pontifex vellet cum in Regienfis ecclefiæ archiepifcopum confirmare, ad quam, pontifice annuente, eo vero invito electus fuerat, nullo modo confenfit; fed fpreto archiepifcopatu atque contempto, domno apoftolico valefaciens, ad Calabriæ quamdam eremum cui Turris nomen eft, Deo duce, pervenit; ibique iterato multis clericis & laicis congregatis, monafterium inftituit, in quo ufque ad finem vitæ fuæ fideliter defudans, in folitudine, vitæ propofito, humilitate conftans, caritate flagrans, devotione præcipua fervens, Deo femper adhæfit, atque ibidem itinerarii fui curfum feliciter confummavit. Quem fæpedictum gloriofum patrem adeptum fuiffe bravium & coronam felicitatis æternæ, divina clementia per multa miraculofa indicia crebraque miracula declaravit. Et ut pie credendum eft, priufquam idem pater de curia recederet, ejus meritis & precibus divina providentia omnes ejus focios & fubditos revocavit: ita quod omnes omnino redire Carthufiam decreverunt & confenferunt. Et idcirco magifter BRUNO a fummo pontifice impetravit litteras ad abbatem monafterii Cafæ Dei venerabilem virum domnum SIGUINUM; quatenus locum Carthufiæ fibi per magiftrum Brunonem derelictum, omnino infra triginta dies a receptione litterarum papalium redderet ac reftitueret fociis ac fubditis magiftri Brunonis cum omni priftina libertate. Nota quod iftæ primæ videntur litteræ papales, quæ inveniuntur de ordine Carthufienfi facere mentionem, quæ circa principium carthularii domus Carthufiæ habentur confcriptæ.

Abbas vero SIGUINUS recepto mandato apoftolico gratanter & hilariter obedivit, & magiftro LAUDUINO & fociis fuis locum Carthufiæ libenter liberum reddidit per publicum inftrumentum, quod circa principium carthularii Carthufiæ eft confcriptum. Et antequam ad Calabriæ partes fæpefatus magifter Bruno tranfmearet, prædictum magiftrum Lauduinum Carthufiæ priorem ordinaverat. Nam, ut fertur, de mandato & confilio dicti pontificis ad Calabriæ partes tranfivit, quia alias, ut fertur, ad priftinum locum Carthufiæ reverti difponebat. Quia igitur incomprehenfibilia funt judicia Dei & abyffus multa, non eft locus Carthufiæ indignior judicandus, ex eo quod poftquam fex annis divino cultui dedicatus, a prædictis fanctis viris fuerit derelictus, fed potius propter hoc eft mirabilior & dignior reputandus, quafi qui etiam derelictus tantæ virtutis fuit, quod fuos incolas meruerit & prævaluerit revocare, nec fine Dei cultoribus, nec abfque divinis laudibus potuerit remanere. Sicut enim divinæ difpenfationis providentia jam cœli ac terræ principes apoftolos æterna prædeftinatione conftitutos, in paffione Chrifti nihilominus cadere permifit, & a veritate Chrifti & veræ fidei feparari; ita quod etiam aliqui ex difcipulis fanctificata civitate Jerufalem derelicta, ad caftella extrinfeca infidelitatis vento difperfi defperationis fluctibus vacillabant; verumtamen Chrifto corporaliter refurgente, & ipfi fpiritualiter infurrexerunt, conftantiores & firmiores in fide & amore Chrifti poftmodum permanfuri; & ii qui jam recefferant ab Jerufalem ftadiis fexaginta, eodem die revertentes, fuerunt Chrifti vifione cum aliis difcipulis reformati: ita Deus incolas Carthufiæ primo permifit recedere, ut poftea redeuntes exifterent firmiores, & in fancta perfeverantia fortiores. Qui enim in fine fexti anni recefferant, in anno feptimo redierunt, ut daretur per hoc eis intelligi, quod ficut feptimo die Dominus in creatione primaria a laboriofis operibus requievit, & poft paffionem fuam eodem die feptimo quievit fimiliter in fepulchro; & feptimus annus in lege generali fuerat deditus requiei; & fepties feptimus annus dicitur jubilæus: ita feptimo anno habitatores Carthufiæ redeuntes ibidem a fervilibus ceffantes operibus peccatorum, fpirituali contemplationis requie recreati, & in fepulchro Chrifti, id eft in clauftro & cellis abfconditi quiefcentes, tandem ad feptimum feptenarium jubilæi, laudem & requiem æternam gloriæ æternæ defignantis, ipfi tunc numero feptem feliciter pervenerunt, & pari ac fimili modo eorum ibidem fucceffores per futura & infinita fæcula.

Magifter igitur BRUNO vir fanctiffimus, & gemina fcientia præditus, tam divina fcilicet quam humana eloquentia Tulliana præclarus, difcretione ac devotione, morumque excellenti honeftate præfulgens, cœleftiumque virtutum copiofo thefauro ditatus atque dotatus, Deo & hominibus dilectus atque gratus, eremum Carthufiæ fex annis rexit. F. Henricus Kalkar ita fcribit: Acceperant autem fratres ipfi pro exercitio regulari vitam de Actibus apoftolorum poft Afcenfionem Domini, viventes fcilicet in communi, vacantes etiam vigiliis facris, jejuniis & orationibus, expectantes & ipfi, ficut & adhuc eorum pofteri quilibet, vitæ fuæ terminum, prout apoftoli fancti Spiritus adventum. Pro fundamento autem fuæ pœnitentialis vitæ affumferunt, ut firmam petram, pœnitentiam iftam canonicam quæ de presbytero fornicario ponitur in decretis diftinct. 82. cap. Presbyter fi fornicatus; pro remotione fcilicet illius a ceteris, hoc eft pro reclufione, cellam fervantes & filentium, quietem & folitudinem; pro facco ejus cilicium ad carnem cum vestibus grossis; pro adhæsione ejus humi, hoc est pro stratu ejus in terra, lectum de straminibus filtro vel panno simplici desuper contextis; abstinentias etiam ut ille in pane & aqua tribus feriis, secunda scilicet, quarta & sexta tenentes, aliquamdiu tres, sed tandem minus, sexta scilicet contenti, & semper sine carnibus. Quieverunt igitur sic fratres ipsi annis fere sex in pace Christi. Hæc ille.

Magister vero Bruno, ut præmissum est, a pontifice vocatus, & non diu post ad eremum Calabriæ, cui nomen est Turris, transiens, ibique sancto constructo monasterio, multorum Dei servorum anachoretarum rector extitit & magister, atque ibidem vitæ suæ cursu peracto migravit ad Dominum, post egressum Carthusiæ undecimo plus minus anno, sicut in libro consuetudinum domini Guigonis, quæ sunt in domo Carthusiæ, continetur. Juxta sepulchrum ejus, ut scribitur, immediate fons vivus emanat, qui divina cooperante gratia, & hujus sancti viri meritis, multis languoribus optatæ confert remedia sanitatis.

F. Henricus Calcar hæc addit: Residentibus igitur in pace apud Carthusiam fratribus post reversionem eorum aliquanto tempore, astitit inter eos Sathan mirabili tempestatis perplexitate. Dixerunt enim inter se: Si enim hic manserimus, nostri periculi rei erimus ex horribili hoc loco & inhabitabili: si autem abierimus, duces nostras huc stellas & Deum graviter offendemus. Et ecce Dominus, qui non deserit sperantes in se, misit eis sic colloquentibus super hac re, sicut scribitur de spiritu: *Nescis unde veniat aut quo vadat*, virum honorabilem crispum & canum sic dicentem: Fratres, perplexi estis de recedendo: ego dico vobis ex parte Dei, quia beata Virgo Maria conservabit vos in loco, si horas ejus legeritis, cum eis canonicas præveniendo, sed completorium subsequendo: quo dicto evanuit homo. Et gavisi sunt gaudio magno: illi obedientes elegerunt beatam Mariam patronam ordinis & patronum Johannem Baptistam. Hominem illum postea conjectabant fuisse beatum Petrum, ex quo successor ejus Urbanus sedens in concilio Claromontensi, horas instituit legendas beatæ Virginis. Exinde ita sunt confirmati, quod nec pro vita nec pro morte separari poterant a caritate Christi.

De domo constructa in Calabria per magistrum Brunonem.

Verum cum de exordio, constructione, atque promotoribus domus Carthusiæ superius aliqualiter est prætactum; nunc qualiter domus Calabriæ, quæ nunc S. Stephanus de Busco vocatur, fuerit in ædificiis & magnis redditibus ampliata, breviter est videndum. Sicut enim vulgari relatione fide dignorum ad nostros posteros est transmissum, cum dictus magister Bruno plurimis sibi sociis adunatis, dictam Calabriæ eremum personaliter insedisset, ibique non cellas, quia sumptus deerant, sed plures speluncas sive cavernas eremitis congruentes de vili materia, sed in Christo pretiosa construxisset, atque in eisdem nocturnis excubiis pariterque diurnis cum prædictis suis sociis divinis laudibus & orationibus insisteret, contigit divina mediante providentia eos taliter visitari. Cum enim dux Calabriæ Rogerus dictus, venationi insistens dictam eremum pervagaret, canesque more suo latrando discurrerent huc illucque, contigit eos ad dictas devenire speluncas. Moxque dictos sanctos patres ibidem intuentes, divino docti oraculo coram ipsis genibus flexis, caudæ blandimento gaudium ostendentes, maximis latratibus suo domino copiosam se sentiunt venationem reperisse. Ad quorum latratus dictus dux accurrens, equo insidens, multo comitatu sociatus citius advolat, magnam se sperans venationem reperturum: & vere magna; quia dum animalia terrena venatur ad mortem, suam ipsius animam est venatus ad vitam. Cum vero dictorum canum latratu intimante ad dicta tuguria devenisset, eosdem poplite flexo caudæ blandimento coram ipsis sanctis patribus reperit ibidem præ gaudio latrare, ac inflexibiles remanere. Dictus vero dux de hoc multum stupefactus, admirationeque repletus, statim de equo dissiliens, eosque salutans reverenter, ac in eis Deum adorans, causam adventus & habitationis dicti loci humiliter sciscitatur; cognitoque quod per eremiticam vitam ibidem Deo vacare vellent, monasterium eisdem construxit, redditusque annuos quamplurimos donavit, dictique loci quem nomine sancti Stephani nuncupari voluit, fundator meruit esse principalis atque defensor. Unde usque hodie dictum monasterium vocatur S. Stephanus de Busco.

Hic dux ipse quoad vixit, mirabiliter ipsos fratres ac venerabiliter diligebat, gaudens plurimum tantum thesaurum se reperisse & habere in ducatu suo. Porro sæpius eos visitavit, suisque emolumentis sedule & auxiliis refovebat ac refocillabat, eorumque orationibus quamplurimum se recommendabat, sperans haud dubium eidem nihil sinistri posse occurrere, ubi eorumdem esset clypeo salubriter præmunitus. Denique non fefellit eum spes sua. Cum enim ipse dux guerram cum principe Capuæ haberet, ac eamdem urbem multorum militum præsidio suffultus manu obsedisset armata, prædictus princeps munere & pretio plures nobiles dicti ducis circumvenit, ut proditorie eum traderent in manibus suis. Dum vero quadam nocte sæpedictus dux se sopori dedisset, & præmissi nobiles vellent suum implere promissum, dictus magister Bruno, qui per septem diætas

tas & amplius a loco distabat, eidem per visum astitit, eique dixit: Surge, quid dormis? Surge velociter, quoniam alias a tuis proditus, in manus principis Capuæ traderis. Ecce enim appropinquant qui te tradent. Qui statim de stratu suo exiliens, inquisitione facta & veritate comperta, dictos nobiles jussit illico ergastulo carceris custodire, postera die morte, ut erant digni, plectendos; sed nocte præcedente eidem duci venerabilis Bruno per visum iterato apparuit, eidem pariter dicens & injungens: Cave ne quidquam eisdem malefacias, quoniam Deum offenderes quamplurimum per mortem ipsorum: nam arcu tuo eos non cepisti vel sapientia tua, sed protegente te bonitate ac providentia divina. Tunc præfatus dux eisdem mortem indulsit; servituti tamen eos subjecit in hunc modum: Quoniam, inquit, mihi per visum assistente meo charissimo Brunone atque injungente, nullam de vobis, ut meruistis, ultionem facere præsumo; vobis vitam indulgeo, sic tamen quod vos & posteritas vestra eidem monasterio perpetuæ servituti subdatur. Quod & ipsi libenter amplectentes, publicis prius inde instrumentis confectis, servi & homines dicti monasterii sunt effecti. Quam ob causam plura castra & possessiones dictorum nobilium ad manus dicti monasterii in posterum devenerunt, quæ possidet usque in præsentem diem.

Verum cum, ut præmissum est, prædictus sanctus Bruno viam fuisset universæ carnis ingressus, miraculis divina suffragante gratia quamplurimis coruscavit: eidem in dicta domo alii quinque priores successerunt; ac quousque domnus Guigo supervixit, de quo fit mentio inferius in quinto regiminis loco, dicta domus in obedientia ordinis Carthusiensis remansit. Successu vero temporis cum in Burgundia & Sabaudia ac locis circumvicinis, ubi dicta domus Carthusiæ est constituta, ordo multiplicari cœpisset, dictaque domus Calabriæ sola ibi remaneret, in fervore pristino, jamque tepuisset; cum visitatores ac reformatores a domo Carthusiæ sæpius petivisset, nec propter viarum distantiam & discrimina ad libitum habere valuisset, schismaque quod erat tempore papæ Eugenii ecclesiam deturbaret, ordoque Cisterciensis in partibus Calabriæ multiplicari cœpisset, isque Cisterciensis ordo in magno regulari fervore cresceret & remaneret; dicta domus sancti Stephani pro ordine Carthusiensi fundata & dotata, cum per sexaginta annos vel circa in suo proposito remansisset, fataliter, & de facto & non de jure Cisterciensis ordinis est effecta. Quæ quoniam usque adhuc ex negligentia domus Carthusiæ repetita non fuit, sic permanet usque in præsentem diem. Considerent, quæsumus ipsi Carthusienses, quam reprehensi-

Vet. Script. & Mon. ampl. Collect. Tom. VI.

bile apud Deum & apud homines existat, qui dictum venerabilem magistrum Brunonem, ordinisque fundatorem atque patronum, cum dicta domo tamdiu revocare neglexerunt. Si enim simile quid de sanctis Dominico & Francisco ordinis Prædicatorum vel Minorum contigisset, potius fere mundum concitassent universum.

Sed nunc ad propositum priorum ac patrum domus Carthusiæ redeamus, pro quibus annotandis hoc opus principaliter est assumptum. Anno Domini millesimo nonagesimo dicto magistro Brunoni successit in prioratu domus Carthusiæ venerabilis vir frater Landewinus, natione Tuscus, de civitate Luca, litteris ipse divinis & humanis ad plenum eruditus. Quam in sanctæ religionis observantia annis decem pacifice gubernans, cum * ad magistrum Brunonem in partibus Calabriæ residentem, quem adhuc prælatum suum & priorem majorem recognoscebat, sicut manifeste ex quibusdam magistri Brunonis epistolis colligitur, incidit in manus Guiberti papæ schismatici, quem plurimum abhorrebat; adversus cujus minas atque promissiones, dolos etiam ac violentias divina juvante gratia immobilis omnibus modis perseveravit & inflexus. Quem Guibertum in suo errore defunctum lacrymabiliter planxit; adeo ut a circumstantibus argueretur, quod eum plangeret, a cujus perversitate ecclesiam suam Christus liberasset. Post cujus obitum septimo die & ipse pius vir defunctus est, positusque in monasterio sancti Andreæ ad pedem montis Syraptis, cui vicinum erat castrum ubi in custodia tenebatur. Hic magister Landewinus magnæ litteraturæ magnæque virtutis & rigidæ abstinentiæ sibiipsi vixit satis austere, ita ut etiam gravi languoris infirmitate quandoque depressus, non potuerit a suis abstinentiis revocari. Millesimo igitur & cente... o Domini anno a Domino quasi millesimum centesimum creditur fructum recepisse.

Tertius prior.

Anno Domini millesimo centesimo primo frater Petrus cognomento Franciscus, non eo quod esset Francigena natione, sed quia in quodam Franciæ loco, cui nomen est Felix-mons, majore vitæ suæ parte prius moratus sit, origine tamen Flandrensis, natus de castro vocato Bethuna, post prædictum venerabilem magistrum Landewinum prioratum Carthusiæ sustinuit uno anno tantum. Postmodum cum prælationis pondus atque sollicitudinem graviter ferret; amore silentii ac quietis ceterorumque quæ ad cellam pertinent studiorum; misericordiam petiit & obtinuit.

Quartus prior.

Anno Domini millesimo centesimo secun-

* iten

L

do frater JOHANNES, natione Tuscus ex castro Majorana, scholasticis quidem studiis non multum exercitatus, pene quippe puer sæculo valefecit; sed in his quæ ad religionem spectant, nulli antecessorum suorum secundus, in prioratu domus Carthusiæ dicto domno Petro successit: quam octo annis religiose & laudabiliter gubernando, octo beatitudinum præmia in fine octavi suscipiens, in Carthusia feliciter vocatus a Domino sepulturam accepit.

De quinto priore.

Anno Domini millesimo centesimo decimo tempore Paschalis papæ; quo tempore maximum in ecclesia Dei fuit schisma propter tres hæresiarchas successive sibi papatum usurpantes; in prioratu Carthusiæ domno Johanni præfato successit sanctæ memoriæ domnus GUIGO domus Carthusiæ monachus de castro Valentinensis episcopatus, cui sancti Romani nomen est, claris de parentibus ortus, litteris sæcularibus & divinis admodum eruditus, atque ingenio & memoria tenax, facundia admirabilis, & exhortatione efficacissimus, in tantum ut nullus antecessorum suorum fama vel auctoritate eum vix præcesserit. Hic Carthusiensis propositi institutionem & scripto digessit, & exemplo monstravit; & divina favente gratia in eadem institutione sequaces multos habere promeruit. Sub eodem siquidem domus Portarum, Excubiarum, Durbonis, Silvæ Benedictæ, Majorævi, Arveriæ, & exordium acceperunt, & incrementum non modicum, tam in personis quam in ædificiis, Deo miserante, assecutæ sunt. Eremus quoque Montis-Dei in archiepiscopatu Remensi anno vitæ ipsius ultimo, ejusdem ordinatione & consilio, per manum & adjutorium venerabilis valde viri domni ODONIS abbatis sancti Remigii cœperat inhabitari. Hic prior ædificia superioris pariter & inferioris habitationis domus Carthusiæ pene omnia vel nova construxit, vel vetera renovavit: & aquæductus lapideos labore mirabili & exquisitis ingeniis fecit. Libris quoque authenticis perquirendis ac scribendis & emendandis studium infatigabile impendit. Epistolas quoque sancti Hieronymi in multis falsificatas & errore scriptorum corruptas & immutatas, ad veritatis lineam reduxit & mirabiliter emendavit: ostendens in prologo super dictas epistolas per ipsum compilato, quæ epistolæ essent ipsi Hieronymo vel quæ non essent eidem adscribendæ. Vitam quoque beati Hugonis Gratianopolitani episcopi jubente INNOCENTIO papa nobili stylo digessit. Sub cujus etiam prioratu, quod reticendum non est, anno videlicet vigesimo tertio (a) nives densissimæ de altissimis rupibus

(a) Anno 26. juxta Dorlandum. Vide vitam S. Anthelmi die 26. Junii.

grandi impetu subito & incredibili mole ruentes, cellas monachorum præter unam solam, & cum eisdem cellis sex de monachis & unum novitium horrendo turbine obruerunt, ac vasta sui congerie submerserunt. Ad consolationem tamen superstitum ac futurorum, atque in testimonium beatitudinis lacrymabiliter oppressorum, die ab eadem ruina duodecimo quidam ex eisdem oppressis, AUDUINUS nomine, Lotharingus natione, novissimus de profundo tantæ voraginis tandem erutus, stupendo miraculo non solum vivus, sed etiam integro sensu & illæsa memoria repertus, in claustro deportatus pauca quidem verba, sed miræ dulcedinis & suavissimi affectus alloquentibus & audientibus reddidit. Ex more igitur sacro facta confessione, & inunctione accepta, cunctisque fratribus osculatis, Dominici insuper corporis & sanguinis alimento post tantam inediam satiatus, placidissimo fine quievit in Domino.

Anno itaque ætatis suæ quinquagesimo quarto, a conversione vero sua trigesimo, a prioratu vigesimo septimo, cum ab exordio Carthusiensis eremi annus quinquagesimus ageretur, septimo kalendas Augusti, prædictus sanctæ memoriæ domnus GUIGO, studiorum beatorum atque piorum actuum finem faciens, sanctum Domino spiritum commendavit, scilicet anno Domini millesimo centesimo trigesimo septimo.

Sub præfati prioris tempore creditur evenisse, quod non incongrue videtur ad memoriam revocandum. Sicut enim in miraculis beatæ Virginis inter cetera tradit PETRUS Cluniacensis, & in dicta domo Carthusiæ reperitur per scripturam: Conversus quidam ibidem fuit receptus, humilis genere, juvenis ætate, moribus autem generosus, vitæque sanctitate admodum provectus. Hic omni studio obedientiæ, humilitati, mortificationi, omnem quam poterat operam adhibens; mundum sibi seque mundo non solum crucifixerat, sed etiam sepelierat. Amori divino potissime & specialiter memoriæ Matris misericordiæ gloriosæ Virginis Mariæ ita se totum devoverat; ut bonis viris ipsum vitamque ejus cognoscentibus, nihil se sentire indicaverit, nisi CHRISTUM JESUM, & hunc crucifixum, sacratissimamque ipsius Crucifixi matrem ac perpetuam Virginem, humanæ salutis singularem post Deum amatricem Mariam. Is piis ac sanctis studiis conversionis suæ principio receptis magis magisque insistens; in hac quoque nostra juxta psalmistam lacrymarum valle de virtute in virtutem quotidie proficiendo, ascensiones in corde suo disponens, antiqui hostis invidiam veluti novam & specialem contra se concitavit; non jam occulte sed palam quantum ille perditionis filius humanæ perditionis sit avidus ex seipso monstravit. Jacebat illé siquidem quadam nocte in cella sibi, ut talium mos est, ad laboris solamen & orationis secretum designata; cum ecce jam in multo noctis processu eidem adhuc vigilanti, & cœlestia meditanti, dæmonum turba in specie porcorum agrestium apparuit. Furebant ubique per totam cellam, & discursu insano rictuque horrendo, dentibusque longissimis & veluti in necem ejus peracutis, pavefactum ac trementem hominem circumstabant. Sudabat ille præ timore; & quasi jamjamque a bestiis discerpendus, nil penitus nisi mortem ultimam præstolabatur. Talia eo patienti adauctus est metus nimius, cum quemdam enormis magnitudinis hominem, ut ex cordis sui judicio videbatur, dæmonum principem cellam suam conspicit intrantem. Qui primo ingressu suo conversus ad porcos: Quid, inquit, segnes & miseri facitis? Cur hunc jam non rapuistis? Cur eum jam non discerpistis? Quid, inquiunt porci, dicis? Magna valde conati sumus facere; sed cuncta tentantes nihil facere potuimus. Ego, inquit ille horribilis aspectu, jam faciam quod desides facere omnino non prævaluistis. Quo dicto, uncum ferreum longis ac recurvis ungulis terribilem minaci manu pertendens, atque ad virum Dei rapiendum, immo ad discerpendum adaptans, eum nimio timore & horrore, mente pene excedere coëgit. Sed Deus omnipotens & clemens, cui ipse sanctus vir assidue in oratione dicebat: *Ne nos inducas in tentationem*, quin potius *libera nos a malo*, tentationem tam duram non est passus ulterius procedere; sed sua infinita miseratione, qua suis pie providet, eduxit eum a tentatione, liberavitque a malo. Mox enim ut ille nefandus manum, ut dictum est, ad eum rapiendum & uncum, ut videbatur, ferreum ad eum discerpendum extendit; illico omnipotentis Filii Dei Mater, vel, ut dicimus, Mater misericordiæ, in qua, ut dictum est, iste sanctus vir totam spem suam posuerat, visibiliter affuit, ac virga leni manu pertensa: Quomodo, inquit, huc detestandi venire ausi suistis? Non est hic vester, nec jam in aliquo contra eum poteritis prævalere. Dixit, & hoc dicto totum illud nefandum collegium mox ut fumus evanuit. Perstitit denique Mater misericordiæ post dæmonum fugam cum homine adhuc tremente ac pavido, eumque iis consolata est verbis: Placet, inquit, quod facis, tuique animi devotionem Deo mihique gratam noveris fore: Fac ergo quod facis, & de iis ad meliora perseveranter proficere stude; & ut tibi aliquid singulare in mandatis tradam: Stude vilibus escis contentari; amplectere abjectas vestes; operi manuum plus solito devotus insiste. (*a*) His dictis, beata Virgo animatum hominem relinquens cœlos repetiit.

(*a*) Hæc etiam Petrus Cluniacensis.
Vet. Script. & Mon. ampl. Collect. Tom. VI.

Aliud miraculum.

Post istud de hoc sancto converso miraculum, adhuc aliud eo non minus mirandum eodem tempore noscitur contigisse. Rusticus quidam rebus pauper, sed devotione perdives, domui Carthusiæ ac sanctis religiosis viris in ea domo militantibus se in amicitia vinxerat, eisque non minimum familiaris extiterat. Hic duos filios suos ibidem obtulit: quatenus a juventute in sancta religione tenelli adhuc & educati Deo perpetuo servirent. Horum unus non multo post tempore lapso defunctus, alterum superstitem dereliquit. Quem religiose educare & instituere volentes, supradicto bono converso ejus curam committunt. Nec segnis ille mandatorum executor, puerum commendatum suscipit & enutrit; ac sacro religionis lacte, quo ipse educatus in viriles annos evaserat, eum imbuens, nil terrestrium rerum sapere, nilque eorum quæ in terris sunt diligere, cœlum mente conspicere, cœlestibusque inhiare, ad Christum cœli ac terræ conditorem atque Dominum totis animi viribus anhelare, quæ sursum sunt sapere, non quæ super terram, ubi Christus est in dextera Dei sedens; juvenemque sibi creditum tamquam bonus doctor edocuit. Edoctus itaque ille ab eo non in vanum laborasse doctorem suum, ut quidam indisciplinati faciunt, ostendit; sed ut a quodam sapiente dictum est: Recens testa semel cœlesti sapore imbuta, odorem inde contractum non diu tantum, ut ait ille, sed semper quoad vixit servavit. Sed placuit Deo ut puer tam bene edoctus, tamque sancte educatus, non diu particeps mortalium fieret, vel aliquem de eorum diutino consortio nævum contraheret. Raptus est igitur ne malitia mutaret cor ejus, aut ne fictio quæ quibusdam etiam religiosis quandoque familiaris esse solet, deciperet animam illius. Præveniens ergo in moriendo discipulus magistrum, bonam quidem spem salutis suæ, sed cum eadem spe magnum illi ac pene intolerabilem de morte sua dolorem dereliquit. Acceperat quippe illum a priore suo, ut jam dictum est, ad educandum; sed ejus bonos mores sanctamque intentionem intuens, admirans & amplectens, eum non solum ut commendatum, sed ut filium unice diligebat: & ideo tam celerem, immo quasi furtivum de mundo recessum pene assidue dolendo deflebat. Eo tractus affectu orabat continuo pro ipso; psalmorum quidquid noverat Deo quotidie profundebat, nec satiari orando, psallendo, mœrendo pro ipsius animæ salute poterat. Cumque hæc tam devoti animi sui pia studia nullo fere tempore intermitteret, nec ab iis, quandocumque facultas dabatur, cessaret; volens Deus hominem suum; aut a tam duro labore cessare,

L ij

aut relevare; aut cujus meriti vel ipse esset ostendere; dignum fecit cum visione cœlesti, qua & ipse consolaretur, & quid de ipso, vel de puero defuncto sentiendum esset legentibus, seu audientibus proderetur. Pernoctabat aliquando sub divo ille bonus præfatus conversus, ut sæpe facere consueverat, ac spiritum cœlo intentum ab orationis labore vel studio, ut de magno Martino legitur, non relaxabat. Cumque defixis non solum mentis, sed & corporis oculis in cœlum, Deum, ut homini erat possibile, super cathedram quæ visui corporali obstabat, contemplaretur; ecce subito quasi per medium aëris discissi lux longe omni alia corporea luce clarior ei de supernis insiluit, eumque ac loca sibi circumposita immenso splendore perfudit. Et ut servi sui votis ille qui voluntatem timentium se facit, satisfaceret: conspicit & dilectum puerum, immo in Deum dilectum filium suum de cœlis cum eadem luce descendere, atque usque ad se lætum & radiantem venire. Admirans ille insuetæ visionis modum, gaudio simul & timore turbatus hærebat. Ad quem is qui apparuit puer: Quid, inquit, turbaris? An non agnoscis filium tuum? Redi ad animum tuum: & mecum, ut solitus eras, loquere. Sed ut paucis ea quæ circa me aguntur tibi aperiam; noveris quamplurimum mihi profuisse quod me tam tenere Dei causa dilexisti, & quod morti meæ tam benigne compassus es, & quod pro me sollicitas & continuas Deo orationes fudisti. Ammodo noveris me per Dei gratiam ad illum statum pervenisse: ut sicut tu hactenus mihi piis actibus tuis profuisti, sic & ego ammodo tibi prodesse valeam apud ipsum Deum omnipotentem. Dixit hoc, & statim unde venerat paulatim eo conspiciente regredi cœpit. Referebat autem ille hujus visionis inspector, quod dum a se discederet cœlumque conscenderet, non aversa facie, vel huc illucque conversa, ut valefacientes solent, recessit; sed sicut locutus ei fuerat facie ad faciem. Sic semper ad se converso vultu ad superna tendens tamdiu permansit, quousque, ut de Martino jam dicto legitur, patenti cœlo receptus, videri ulterius non potuit. Quæ visio in hoc forte visioni illi præponderat; quod si Severus Sulpicius illam, sicut ille perhibet, licet ut matutinis horis leniter dormiens tamen vidit: hanc autem iste non dormiens, sed vigilans sub divo positus, atque orationi toto corde intentus conspexit.

De sexto priore.

Anno Domini millesimo centesimo trigesimo octavo sæpedicto beatæ memoriæ domno Guigoni successit in prioratu domus Carthusiæ domnus Hugo, monachus dictæ domus, cui in sanctitate vitæ & morum probitate, præclaraque scientia & exemplari doctrina, vix consimilis in ordine potuit reperiri: qui fuit discipulus & specialis alumnus præfati domni Guigonis. Nec mirum. Nam tantæ perfectionis homines tunc temporis in Carthusia extiterunt, quod non terrestres, sed angeli cœlestes videri poterant. Unde B. Bernardus ad eos scribens sic incipit: Inter patres reverendissimis & inter amicos carissimis, Guigoni priori Carthusiensi ceterisque sociis qui cum eo sunt, frater BERNARDUS abbas de Claravalle salutem æternam. Vel in alia: Amantissimo domino & reverendissimo patri Guigoni priori Carthusiensi, & sanctis fratribus adhærentibus ei. Eo namque tempore ex illa traduce processit domnus Hugo successor sancti Hugonis Gratianopolitani episcopi, qui postea fuit archiepiscopus Viennensis. Quorum etiam magnæ virtutes & prudentia in diversis scripturis valerent reperiri. Siquidem dictus sanctus Hugo ejus sanctitatem & vitæ probitatem cognoscens, sibi dum adhuc viveret per dominum Innocentium papam voluit successorem ordinari. Præfatus vero alter Hugo, qui in prioratu, ut præmissum est, dicto domno Guigoni successit, cum circa biennium gregem sibi commissum laudabiliter gubernasset, amore quietis & contemplationis, prælationis pondus atque sollicitudinem graviter ferens, misericordiam petiit & accepit: ac virum admirabilis sanctitatis & vitæ domnum ANTHELMUM monachum suum, domus Carthusiæ professum, loco sui subrogari procuravit.

De septimo priore.

Anno Domini millesimo centesimo trigesimo nono vel circiter venerabilis domnus ANTHELMUS prædictus domus Cartusiæ monachus prioratum Cartusiæ gubernandum suscepit. Hic de castello Sabaudiæ, quod dicitur Signinum, claris de parentibus ortus, litteris sæcularibus & divinis admodum eruditus, & a domno Bernardo viro magnæ sanctitatis & virtutis priore tunc Portarum, cum audisset verbum salutis, monachicum habitum in domo dicta suscepit. Hic domnus Bernardus post mortem multis miraculis effulsit, sanctusque Bernardus abbas Claravallensis ad ipsius instantiam cantica canticorum exposuit. Circa ista tempora idem sanctus abbas (a) ad fratres Cartusienses de Monte-Dei sibi viciniores elegantissimam scripsit epistolam; & desideravit ex eis fieri unus: sed obstitit fructus labiorum suorum. Mira enim erat gratia præditus trahendi ad conversionem etiam multos discolos, ostensis sæpe signis cum sermonibus: ita quod quadam vice prædicans Parisius, habens pro themate illud evangelii: *In verbo tuo laxabo rete*, tot convertit studentes, quod in Claram-vallem multis ducebantur curribus. Ob

[a]

(a) Jam constat apud eruditos, epistolam illam esse Guigonis prioris V. Vide novam edit. operum S. Bernardi.

hoc etiam papa fecit eum legatum ad prædicandum Crucem pro terra sancta cum tali gratia speciali, ut quodcumque collegium, vel persona singularis ad suum se transferret ordinem, indulgentiam terræ sanctæ consequeretur plenam. Et ex hoc tempore multæ fiebant illius ordinis domus.

Sed cum crescentibus modicum Carthusienfibus, conveniflent quadam vice sancti viri, conquirentes de illo ordine, quomodo esset quod tam sanctus ordo non cresceret; respondit unus: Dico vobis quod Cisterciensis ordo cito senescet, Cartusiensis vero tarde juvenescet. Quod hodie cernimus dono Dei fieri: nam quotidie novæ pro eis domus fiunt, aliis heu! ubique declinantibus.

Tempore illo veniente beato BERNARDO in civitatem Spirensem, occurrenteque ei clero, & *Salve Regina* ante chorum coram imagine beatæ Virginis clamante; dixit sibi geniculanti in Gallico aperte: *Bene veneris Bernarde.* Quo audito homo ille, insiliente in ipsum spiritu lætitiæ, addidit illam clausulam: *O clemens ! O pia! O dulcis Maria!* prius non habitam. Unde & in introitu ecclesiæ adhuc invenies tabellam ad sinistram effigiem ipsius, & sermonem pro tunc sui memoriam continentem. Videns igitur sanctus ille quod Cartusiensis esse non potuit, in signum magnæ affectionis ad eos, cellam in domo Montis-Dei obtinuit, quæ adhuc cella sancti Bernardi dicitur: in qua quandoque se sibi & principibus, quorum sæpe vexabatur consiliis, subtrahens cautius, Deo vacabat secretius. Hæc Fr. Henricus Calcar.

Verum cum domus Cartusiæ propter nivium ruinam & oppressionem monachorum, prout superius tactum est, monachis quamplurimum indigeret, dominus HUGO prædictus Gratianopolitanus episcopus, postea archiepiscopus Viennensis, magnis precibus apud prædictum priorem exegit, ut dictum venerabilem Anthelmum tunc domus suæ novitium, domui Cartusiæ concederet ac donaret. Quo ibidem suscepto, regulam ordinis tam constanter & indeclinabiliter exequebatur, ita ut cunctis ejus vita præberet religionis exemplum. Verum, ut præmissum est, cum ipse prior Cartusiæ fuisset effectus, regulam sive consuetudines, quas domnus Guigo præfatus compilavit, studuit imitari, ejusque subditos secundum ejusdem constituta voluit conversari. Siquidem post decessum ipsius memorati prioris domni Guigonis ordo intepuisse videbatur seu rigor disciplinæ, quia deerant viri fortes animo, ex quo beatus ille sanctorum conventus oppressione nivium meruit ad cœlestia regna migrare. Sub ejus itaque manu indeclinabiliter regularia observabantur instituta, ordoque Cartusiensis florebat, multiplicabaturque & crescebat : fratremque suum carnalem traxit ad Christum ipse post se ; nam alter frater ipsum præcesse-

rat; ultimo patrem ad militiam Christi venire fecit. Multarum interea bonarum consuetudinum domus Cartusiæ ipse extitit auctor & factor. Nec hoc tacendum est, quod aquæ ductus miro sed ineffabili & infatigabili labore fabricans, longis meatibus ad cellas, coquinam, ceterasve officinas aquarum tanta abundantia direxit, ut jugi lapsu defluentium copia molendino ibidem constructo sufficeret. Cumque talis esset, cellæ desiderans secretum, quia parum sibi videbatur agere, multumque perdidisse, quia spiritualibus pro velle vacare non poterat; cum duodecim annis strenue ac religiose domum Cartusiæ gubernasset, substituto sibi in dicta domus regimine magnæ sanctitatis & virtutis viro domino BASILIO dictæ domus monacho, cum Maria ad pedes JESU totus contemplationi deditus manebat in cella. Verum quantum præfatus venerabilis pater domnus ANTHELMUS postmodum multorum miraculorum meruit privilegio præfulgere, sequens ejus vita videtur non immerito referenda. Cum enim, ut præmissum est, sibi successorem substituisset, domnus BERNARDUS prior domus Portarum præfatus, qui eumdem domnum Anthelmum, ut præmittitur, ad habitum monachicum suscepit, cupiens & ipse contemplationi vacare, prædictum domnum Anthelmum sibi ab ordine substitui procuravit. Qui quoniam eidem contradicere non præsumebat, erat enim summæ obedientiæ, se ipsum tamquam filium obedientiæ disposuit ad dictam domum regendam. In qua siquidem domo otio non torpens magna exercuit opera. Nam silvarum quarum dicta domus magnam habet possessionem, magna strage facta, pratis creandis latitudinem patefecit, atque agriculturæ patentes reddidit agros; arborumque domesticarum copiosum nemus plantari fecit & inseri. Cumque se nimis occupatum cerneret, minus autem frui se rerum terrestrium optans, duorum evoluto spatio annorum in dicto prioratu se absolvi procuravit, ad cellæque tutum refrigerium semperque dilectam penes matrem Cartusiam properavit: ubi denique sic mansitans, quid pro catholica veritate constanti animo & fidei æmulatione peregit contra schismaticos perpaucis explicari non posset. Nam cum Romanæ ecclesiæ cardinales ALEXANDRUM apostolicæ sedis summum pontificem consecrassent, & Octavianus qui primus eum elegerat, præsidio imperatoris suffultus, apostolicam sedem attripuisset, & Cartusiensis ordo ante omnes, ut notum est, Alexandrum papam in apostolicum recepit, & ei obediendum curavit. Sed & quis hoc fecit? domnus ANTHELMUS utique cum GAUFRIDO sapiente & egregiæ facundiæ viro. Ii etiam quamplurimos ecclesiastici ordinis prælatos a devio errore revocantes, ad veritatis lineam direxerunt, atque cum ipsis catholicum approbantes & re-

Auctor vitæ apud Surium.

probum reprobantes, præfatum domnum Alexandrum confirmaverunt. Notumque factum est imperatori & antipapæ suo quid fecerit domnus ANTHELMUS: & ab illo perdito, qui nec benedicendi nec maledicendi habebat potestatem, fuit damnatus. Sed non licuit diutius talem lucernam sub modio latere, sed super candelabrum positam in domo Dei lucere. Nam, cum Bellicensis ecclesia fuisset orbata pastore, tandem domnus Anthelmus ad dictum apicem fuit electus, & a præfato domno Alexandro papa confirmatus. Cumque regimen prædictum acceptare nollet, nec aliqua via mundi a priore suo & conventu posset induci, a prædicto domno apostolico fuit obedire compulsus. (a) Consecrato vero eo a præfato apostolicæ sedis præsule, ac simul benedictione & diversis munusculis honorato, ad ovile suum regendum remeavit. Qui in tanta religionis abstinentia atque perseverantia, virtutumque constantia, vigiliis sacris, orationibus & eleemosynis, ac ceteris pietatis operibus, superaddito zelo justitiæ, postmodum vixit, ut omnes audientes atque videntes verteret in stuporem. Divinum enim officium non in capella, sed cum canonicis suis in ecclesia frequentabat. Missam fere omni die cum omni devotione ac lacrymarum effusione devote celebrabat. Diœcesis suæ capellanos vel sacerdotes insolentes arguendo, obsecrando, prædicando, castigando, oleum cum vino miscendo, emendare in melius satagebat. Quicumque etiam in iis quæ tuenda acceperat injuriam faciens offendisset, quantæcumque esset potestatis, quantæve dignitatis, nulli parcens, nullius personam excipiens, nihilque metuens, etiamsi martyrium speraret, tunc constantior ipsum anathemate ligans, numquam nisi prius satisfactione facta solvebat. Nam cum comes Sabaudiæ HUMBERTUS Amedei filius quemdam ejus sacerdotem capi fecisset, eumque sibi reddi episcopus instanter petisset, nec impetrasset, præpositum ejus qui eum ceperat cum omni domo sua excommunicavit. Cum vero didicisset ubi presbyter tenebatur in vinculis, misit qui eum eriperet domnum WILHELMUM episcopum Maurianensem. Quo invento, monuit qui aderat præpositum, ut dimittat eum. Quo nolente, assumens presbyterum episcopus eruit de custodia, ipso præposito contradicente ac vociferante: Ego quidem non resisto vobis, sentiet vero dominus meus qui sibi abstulit captivum suum. Sed postea cum intimatum esset eidem sacerdoti quod iterato insidiabatur ei ut raperetur; cum egrederetur se defenderet paratus, ab insidiis præparatis graviter vulneratus infra paucos dies emigravit. Præterea dictus comes calumniabatur quædam in ecclesiæ possessionibus regalia; sed injuriam vel vexationem domno Anthelmo vivente facere non præsumsit. Cum igitur super præmissis episcopus eum appellasset, indignatus magis cœpit minari, non se diu asserens permissurum quin ea quæ sui juris erant haberet. Cumque iterum admoneret & interminaretur excommunicationis sententiam nisi calumniam abrenuntiaret, & propter sacerdotis mortem, quantum ad eum pertinebat, Deo satisfaceret, prædictus comes monita ejus spernens & minas, se a nullo excommunicari posse respondit, cum a summo pontifice ratum hoc privilegium haberet. Nec modo præcelsum illum principem non est veritus excommunicare in præsentia sua. Qui illico totus in ira succensus mala eidem minabatur. Cumque qui cum comite erant dicerent, quod pro tantæ temeritatis ausu in principem statim capite puniretur: constantior tunc vir Dei effectus, inculcata sententia lata, pertinacem principem expressius a Christo & ejus corpore, quod est ecclesia, segregans, tradidit sathanæ. Stupebant vehementer qui aderant, timentes ei, cum intrepidus ipse maneret. Sed & cum quanta & quam constanti justitiæ auctoritate suam in præfatum comitem vir sanctus ipse sententiam tenuerit prætermittendum non est. Cum enim comes ipse sedi apostolicæ intimasset ab episcopo se excommunicatum Bellicensi contra privilegium sibi datum; mandavit eidem domnus papa per archiepiscopum Tarentasiæ & alium episcopum, ut filium comitem præfatum, quem satis temere excommunicavit absolveret; præcipiens eis quod si nollet, noverat enim viri Dei constantiam, ipsi eum absolverent. Præfatis itaque mandatis, atque multis admonitus verbis, quatenus summo pontifici ex debito obediret, iratumque principem sibi, eum absolvendo, placaret, respondit: Qui juste ligatus est absolvi non debet, nisi læsor pœnitens pro læsa satisfaciat caritate, etsi non digne pro meritis, misericordia tamen occurrente, veritateque concurrente, catholicæ ecclesiæ reddi mereatur. Tunc dimiserunt eum episcopi, nec juxta quod injunctum eis fuerat comitem absolvere præsumserunt. Sed domnus papa, cum hoc ei recitassent, absolvit eum, mandans episcopo comitem ex apostolica auctoritate absolutum. Motus igitur animo vir Dei, fortis in Christo, ac moleste ferens, relicta cathedra episcopali, solitarius sedere desiderans ut soli Deo vacaret, cellæ dilectam domus Carthusiæ quietem repetivit. Sed ecclesia Bellicensis & tota patria illa de episcopi sui absentatione desolata non modicum fuit. Clerici quoque sui cum litteris domini papæ, quem pro episcopo suo interpellaverant, eum repetentes, vix tandem obtinentes reduxerunt eum debito cum honore. Comes vero præfatus non se pro absoluto habuit, nec ecclesiam ingredi præsumsit. Oderat enim

[a] (a) Hic videndus Dorlandus chron. Cartus. lib. IV.

hominem Dei, contestans non esse hominem sub cœlo quem sic odio haberet. Minabaturque ei, & vix se continens, mala in eum cogitabat; sed reverebatur eum valde, sanctitati ejus deferens, sed non personæ. Cumque huic viro Dei vitæ hujus occiduæ terminus immineret, ac sui eidem suggererent, ut res suas distribueret, ait illis: Absit a me ut testamentum faciam qui nihil habeo, quippe cum de hoc mundo non existam. Cœperunt autem eum rogare, ut comiti dimitteret adversus quem querelam habebat. Quod numquam se facturum asseruit, quousque ipse calumniam dimitteret quam faciebat, nullamque in episcopi vel ecclesiæ possessionibus umquam exactionem se facturum fidem faceret; insuper de sacerdotis præfati morte culpam suam recognoscens pœniteret. Cumque hæc comiti intimanda etiam ipso invito dudum fore censerent, & non erat qui auderet: aderant ex Cartusiæ fratribus duo genere nobiles, sed humilitatis & fidei firmitate nobiliores, HAYMO videlicet, vir quondam in sæculo magnificus & potens, & GIRALDUS. Ii adeuntes principem, quod audierant ei intimaverunt, consulentes eidem, ut omnem calumniam dimittendo, veniam tanti patris imploraret, quo ipsius qua se felicem fore credat, benedictionem mereatur. Quod audiens, Deo in hoc sibi consulente, & sancti patris, qui ejus optabat salutem, intercedentibus meritis, timore correptus, & corde tandem compunctus, in lacrymas erupit. Statimque veniens ad sanctum patrem, propriam confessus culpam, omnem calumniam dimisit. Ecclesiam quoque se defensurum pactus, jurejurando confirmavit, humiliatusque coram eo veniam implorans impetravit & gratiam. Impositisque manibus principi, vir Dei benedicens ei, ait: Deus omnipotens Pater & Filius & Spiritus sanctus benedictionis suæ & gratiæ tibi tribuat largitatem: crescere te faciat & multiplicet, ac filium tuum, cum non haberet filium sed filiam. Cumque astantes suggererent ei ut diceret filiam, putantes eum errare, iterato & tertio dicendo filium repetivit. Quam prophetiam non multo post tempore de sibi filio, novimus impletam. Expletis vero circa eum quæ decebant exequiis, inter letanias & cantica migravit ad Dominum sexto calendas Julii, ætatis suæ plus quam septuagesimo, episcopatus autem sui decimo quinto. Ubi vero de mundi hujus caligine perpetuam migravit ad lucem: Dominus qui de tenebris fecit lumen splendescere, non est passus sanctum suum diutius in occulto latere; sed infinitis & patentibus miraculis sanctitatem ejus demonstravit. Sed quoniam ipsa narrando magno indigent libello, tria de ipsis aut quatuor pro nunc solum sufficiat enarrare.

Miraculum.

Dum enim venerabiles celebrarentur exequiæ, cum sacrum corpus ejus conderetur sepulchro, omnium qui aderant oculis mirabile signum apparuit & gloriosum. Erant enim ubi positum fuit sacrum corpus tres lampades noctibus accendi consuetæ, non diebus nisi in præcipuis festivitatibus & præclaris: sed hæc erat celebritas præclara, non funeris sed triumphi. Vident denique astantes in una lampadum illarum ignem succrescendo flammescere, immensoque lumine coruscare. Dumque stupentes admirarentur, ecce alias duas cernunt similiter accendi, omnesque pariter plus solito more micantes. Fit clarior clamor ecclesiæ exultantis. Conveniunt igitur undique tam qui aderant præsentes advenæ quam cives ad tantum spectaculum. HUMBERTUS quoque comes ac socer ejus GERARDUS Viennensis: utriusque etiam sexus hæc audiens multitudo infinita concurrit, Deum in sancto suo pariter laudantes.

Aliud miraculum.

Rure, quod Ficiliacum dicitur, puerulus quidam trium annorum, matre ipsius alias occupata, domo egressus, longiusque progrediens, huc illucque vagari cœpit: tardiore vero hora mater filii recordata, diu circumquaque indagando tristis quærebat; cum ecce ipsum in gurgite lapsum cernit ab aqua moveri: accedensque & levans, ipsum jam extinctum invenit. Cum vero domi esset delatus: nam, ut creditur, mane erat; per noctem in gurgite remanserat sic submersus: ad sepeliendum eum sepultura parabatur. Mater vero ipsius sepeliri eum non permisit; sed glebæ sancti Anthelmi præfati sepulchro reconditæ eum potius censuit deferendum: credo enim, inquiens, quod ejus meritis reddet mihi Dominus filium meum, quem peccatis meis exigentibus abstulit fraus inimici. Statimque mater cum patre corpusculum ad sanctum deferunt sepulchrum, concomitantibus eos vicinis atque amicis: sed ecce post pusillum cœpit puer moveri, matre tremefacta, & ab ipso se retrahente ac rei eventum expectante. Parvo autem intervallo, nemine ad eum accedente, stupentibus qui aderant omnibus, surrexit puer, & assumto qui juxta se erat baculo, ambulans vertit se versus sanctum sepulchrum, & resedit. Tunc demum accedente matre, & aliis eam concomitantibus, incolumis & nihil mali habens, allocutus eos, cœpit loqui, & ad propria cum ipsis remeavit.

Aliud miraculum.

Adolescens quidam nobilis diro enutritio laborabat, id est quotidiana cum tertiana febribus, similiterque epilepsia, scilicet passione caduca. Hic de vino potatus, unde sanctum corpus est ablutum, liberatus est: cujus etiam vini potu, multi infirmi a diversis ægritudinibus sunt sanati.

Locus corruptus.

Aliud.

Dum vero adhuc sanctus ANTHELMUS viveret, & Gebennas pro quodam negotio devenisset, Bernamundus quidam amicus suus, ipsum meruit hospitio habere. Cumque sedisset, ait : Ubi est domina ? volo eam videre. Qua ingressa, exhortabatur utrumque de fide conjugali & legitimo amore, & de bonis actibus ac timore Dei. Dicit ei vir : Domine, cuncta prospera habemus ; sed quod maxime cupimus, prole caremus. Tunc vir sanctus vocans ad se mulierem, signum Crucis ei in frontem fecit , & quasi ludens ei dixit : In nomine Domini fac mihi filium. In virtute ergo sanctæ Crucis mandatum fides, & fidem subsecutus est effectus. Nam infra annum nato eis filio, gavisi sunt gaudio magno de prole.

De octavo priore Basilio.

Anno Domini, ut videtur, millesimo centesimo quinquagesimo primo , in prioratu domus Cartusiæ eidem Anthelmo successit , ut jam præmissum est, sanctæ & recolendæ memoriæ domnus BASILIUS monachus dictæ domus Cartusiæ. Qui multa scientia præclarus, virtutibus eximius, domum Cartusiæ non modicum in spiritualibus ac temporalibus ampliavit. Hic egregius vir viginti tribus annis (*a*) vel circa prioratum Cartusiæ tenuit : constitutiones quoque ac statuta multa pro sacræ religionis observantia compilavit : & totum ordinem, qui multum fuit tempore suo in domibus ampliatus, sagaciter ac mirabiliter regens & gubernans : monimenta sui præclari regiminis posteris dimisit in exemplum, deficiensque mortuus est in senectute sancta circa annum Domini millesimum centesimum septuagesimum tertium : sepultusque est in prædicta domo Cartusiæ, miraculis coruscando.

Hic sanctæ memoriæ domnus BASILIUS sanctum HUGONEM postea Lincolnensis ecclesiæ in Anglia episcopum, ad ordinem suscepit : qui sanctus Hugo qualis vitæ, quantæque sanctitatis, doctrinæ ac eloquentiæ fuit, tam in ordine Cartusiensi, quam in dicto episcopatu suo, qui ejus mirabilem & luculentam vitam luculenter descriptam legerit, faciliter poterit reperire. Nam tam in vita quam in morte & etiam post mortem tot miraculis coruscavit, quod inter sanctorum numerum meruit ab ecclesia solemniter canonisari. Hic denique sanctus Hugo cum novus tyrunculus jam in ordine professus, moribus vitaque maturus maxima carnis maceratione post venerabilis patris Basilii patris spiritualis sui mortem in dicta domo Cartusiæ Christo militaret, tanta ei carnis tentatio tamque continue & importune exorta est, ut mallet gehennalibus flammis tradi, quam

(*a*) *Scribit Dorlandus* : *plus quatuor & viginti.*

A tantis suppliciis urgeri & affligi. Ad plenum autem hujusmodi congressus nemo referre posset quibus lacrymis , quibus gemitibus, quamque crebra confessione, quam etiam aspera flagellatione, vel divinum expetierit adjutorium, vel contriverit corpus proprium cruciando. Demum athletæ fortissimo sic prostrato quidem, sed non superato ; non victo sed fatigato tenuis sopor obrepsit. Continuo velut in excessu positus, vidit virum Dei qui eum suscepit ad ordinem, sanctum scilicet Basilium, vultu & amictu angelico radiante astitisse sibi, seque sic voce blanda alloquentem : Quid, inquit, tibi est, ô fili carissime ? Surge & velle tuum fiducialiter mihi enarra. Ille vero exhilaratus spiritu ait ad eum : O pater bone & nutritor meus piissime, affligit me usque ad mortem lex peccati & mortis quæ est in membris meis, & nisi mox more solito auxilieris mihi, en morietur puer tuus. Vix dictum complevit : en, inquit S. Basilius, auxiliabor tibi. Moxque patefactis novacula, quam manu tenere videbatur, visceribus ejus, quasi strumam igneam inde visus est exeruisse, longiusque extra cellam eam projecisse ; dataque benedictione, medicus cœlestis illico discessit : æger vero sanatus & sibi ipsi redditus somno fugiente resedit, lætusque supra modum de ostensa sibi claritate carissimi nutritii sui in corde & carne mirabiliter se reperit immutatum.

De priore nono.

Anno Domini millesimo centesimo septuagesimo quarto, vel circiter sanctæ memoriæ sancto Basilio præfato successit in prioratu domus Cartusiæ domnus HUGO dictæ domus Cartusiæ monachus, qui utrum fuerit ille Hugo, de quo supra narratum est in sexto loco, an alius fuerit taliter nominatus, certum seu clarum non habetur. Nam nonnisi duobus annis prior existens, sanctæ suæ vitæ parva monimenta posteris dimisit. Cum enim contemplationi totus deditus esset, & quieti, prælationis pondus atque sollicitudinem graviter ferens, a capitulo generali sibi misericorditer procuravit & accepit.

Cujus ante tempus videtur contigisse quod non satis congrue ad memoriam potest reduci. Domnus enim STEPHANUS postea prior domus Portarum, postmodum vero episcopus Diensis miraculose procreatus, tantis in vita atque post mortem miraculis refulsit, ut cunctos legentes pene verteret in stuporem. Nam tot mortuos suscitavit, leprosos mundavit, cæcos illuminavit, aliasque infirmitates etiam incurabiles ad sanitatem reduxit, quod materies in narrando cederet in immensum. Ab hoc enim tempore non reperitur aliquis episcopus fuisse de ordine Cartusiensi usque ad annum Domini millesimum quadringentesimum quartum, quando prior domus Cartusiæ juxta Bononiam factus fuit episcopus Bononiensis,

Bononienfis, deinde cardinalis. Si quis cauſam vellet interrogare vel ſcire quare tam longo tempore de ordine Cartuſienſi epiſcopi non fuerint procreati vel aſſumti, faciliter poteſt reſponderi : Quia enim tempore moderno epiſcopi magis favore humano, quam oraculo divino procreantur.

De priore decimo.

Anno Domini milleſimo centeſimo ſeptuageſimo ſexto vel circa, venerabilis vir domnus JANCELINUS (a) eidem domno Hugoni ſucceſſit in prioratu Carthuſiæ. Hic utique tantæ ſanctitatis & meriti, tantæque virtutis extitit, & exempli vitæ, ut unus fere de antiquis patribus eſſe videretur. Hic itaque ſanctus vir, quod aliquibus forte incredibile videbitur, circa ſexaginta annos rexit tam laudabiliter Carthuſiæ prioratum, quod omnes fere videntes & audientes in admirationem verteret & ſtuporem. Iſte recepit ad ordinem PETRUM FULCERII, (b) patrem videlicet felicis recordationis domini CLEMENTIS papæ quarti; qui etiam in præfata domo Carthuſiæ defunctus eſt & ſepultus. Hujus denique tempore vel circa contigit in Carthuſia quod merito memoriæ commendandum eſt. Fuit ibidem, ut fertur, quidam monachus ſanctiſſimæ vitæ & obedientiæ ſingularis, qui tandem evocatus a Domino diem clauſit extremum. Sed Dominus qui retribuit unicuique ſecundum opera ejus, non eſt paſſus ſervum ſuum ſub modio latere : ſed infinitis & patentibus ſignis & miraculis eum illuſtravit poſt mortem, ut innumeroſi populi de Sabaudia & Delphinatu, quorum multi infirmos & languidos ſuos deferebant ad ſepulchrum ejus in Carthuſia, Deum ex eorum liberatione improviſa in ſancto ſuo efferrent, benedicerent ac laudarent. Siquidem multi infirmi, leproſi, cæci, claudi, paralytici, ſurdi, & muti, & alia quacumque infirmitate detenti, cum ejus ſepulchrum attigiſſent, in fide ſua ſanabantur. Stupor enim omnes circumdederat videntes tanta miracula quæ Deus operabatur per ſervum ſuum. Diebus dies ſuccedunt & menſes menſibus ; miraculaque quotidie accreſcunt. Sed diabolus omnis doli artifex dictæ domui Carthuſiæ invidens, quod virum tam ſanctum enutrivit ; quique in natalitiis & ſolemnitatibus ſanctorum ſuas etiam nefarias & laſcivas ſolemnitates immiſcere conatur ; quantoque majora ſunt feſta ſanctorum, tanto reciproca laſcivia & vanitate per homines ſæculo deditos eorum feſtis illudit ; diabolus, inquam, invidens dictæ domui ac paci Fratrum, tantam turbationem & inquietam ibidem ob ſtrepitum hominum concurrentium concitavit, quod nulli monachorum Deo ſer-

vire ac vacare licebat ; & quod pejus eſt, quamplurima inhoneſta perpetrabantur. Sed vir ſanctus perſpicacis ingenii, prior ſcilicet Carthuſiæ ſuorum ferens graviter tantam inquietudinem filiorum, has pias ſancto ſuo potuit facere querelas : Siccine, fili mi cariſ- « ſime, hæc eſt retributio quam retribuiſti no- « bis ? Tu ad Deum tuum perpetuo in gloria « quieturus aſcendiſti ; nobiſque tantæ inquie- « tudinis bellum indicis ? Non ſic, fili, erit, « non ſic : ſed eodem pignore quo adverſa- « rium confudiſti, ego te aggrediar, neceſſe « eſt. Obedientia enim qua in campo hoc cer- « taminis viriliter dimicaſti, quæ tibi pacem « perpetuam procuravit ; ſimiliter etiam & fra- « tribus & ſociis tuis in hoc loco pacem & « tranquillitatem procurabit. Tuncque dictus « prior ad tumulum accedens ſic ait : In vir- « NOTA. tute ſanctæ obedientiæ, fili mi, tibi præcipio, « quatenus ſicut in vita tua mihi ſemper obe- « diens fuiſti, ſic & nunc exiſtas, nec ullum « miraculum de cetero facere præſumas. O « miraculum inauditum ! Nam poſt prædictum præceptum tanta eſt ejus obedientia ſubſecuta, quod ad dictum ſepulchrum ulterius facere miraculum non præſumſit : & quia in vita ſua perfecte obedivit, poſt mortem etiam obedire non recuſavit. Perſeveravit autem præfatus vir domnus Jancelinus, ut fertur, in prioratu Carthuſiæ uſque ad annum Domini milleſimum duceteſimum trigeſimum tertium : ac ſic plenus dierum mortuus in ſenectute bona, in dicta domo Carthuſiæ eſt ſepultus.

De priore undecimo.

Anno Domini milleſimo ducenteſimo triceſimo quarto dicto domno Jancelino in prioratu Carthuſiæ ſucceſſit vir magnæ ſanctitatis & meriti domnus MARTINUS, monachus, ut videtur, dictæ domus Carthuſiæ, atque ſcientiæ ſingularis. Siquidem cum jam tempore ſuo ordo multum accreviſſet in domibus & perſonis ; nulla tamen perſona in toto ordine ei conſimilis putabatur. Nam Deo dante incrementum, tanta exempli ſuis in ordine ſemina virtutum plantavit & rigavit, quod poſteris ſuis ſe ſequentibus in memoriam laudabilem reliquit. Qui cum per tredecim annos vel circa prioratum Carthuſiæ rexiſſet, deficiens mortuus eſt, ac in dicta domo ſepultus. Hujus præfati prioris tempore, ut fertur, inter domum Carthuſiæ & Cambariacum quidam mons maximus ſe ab aliis montibus dividens, & per plura milliaria cujuſdam vallis tranſiens, ad alios montes acceſſit ; omneſque in ipſa valle villas terra & lapidibus obruit, atque circa quinque millia hominum ſuffocavit.

De duodecimo priore.

Anno Domini milleſimo ducenteſimo quadrageſimo octavo ſucceſſit in' prioratu

---

(a) Aliis dictus Ancelinus.
(b) Petrum Frecoldi dictum apud Sutorem & apud Dorlandum.

domus Carthusiæ domnus BERNARDUS. Hic multis virtutibus præditus, scientiaque non modica tam divina quam humana permunitus, sanctam suam vitam posteris dimisit in exemplum. Iste posuit reliquias multorum sanctorum in ecclesia inferioris domus Carthusiæ, in qua conversi commorantur. Deficiensque diem clausit extremum circa annum Domini millesimum ducentesimum quinquagesimum quintum, atque in sæpedicta domo Carthusiæ sepultus jacet.

De decimo tertio priore.

Anno Domini millesimo ducentesimo quiquagesimo sexto successit in prioratu Carthusiæ domnus RIFFERIUS monachus, ut putatur, dictæ domus, litteris sæcularibus ac divinis admodum eruditus, doctrinaque, ingenio & exhortatione efficacissimus. Hic Carthusiensis propositi consuetudines augmentavit, compilavit, correxit, pulchroque stylo exornans ad perfectum usque perduxit, atque confirmari fecit in capitulo generali anno millesimo ducentesimo quinquagesimo nono. Qui cum prioratum Carthusiæ & totum ordinem strenuissime gubernasset per annos undecim vel prope, beato fine quievit in Domino, sepultusque est in Carthusia, suam bonam doctrinam perpetuo posteris dimittens in exemplum. Hujus tempore URBANUS papa quartus regnum Siciliæ dedit CAROLO fratri regis Franciæ, qui illud obtinuit & MANFREDUM interfecit: contra quem CONRARDUS nepos Frederici imperatoris insurgens cum manu valida Apuliam intravit. Sed post bellum diutissimum Conrardus capitur, & cum ducibus Bavariæ & Austriæ in Neapoli pariter decapitatur.

De priore decimo quarto.

Anno Domini millesimo ducentesimo sexagesimo septimo successit in prioratu Carthusiæ domnus GIRALDUS monachus, qui scientia, vita & fama præclarus, cum sex annis vel circa strenue satis dictam domum & ordinem sub regulari observantia gubernasset, beato fine quievit in Domino, in eademque est domo sepultus.

De priore decimo quinto.

Anno Domini millesimo ducentesimo septuagesimo tertio domnus CUILLELMUS, homo magnæ virtutis & religiositatis, præfato domino Giraldo successit; qui per quinque annos alarum suarum virtute & doctrina dictam domum ordinemque regens & gubernans laudabiliter, diem clausit extremum sepultusque est in dicta domo Carthusiæ.

Hujus tempore in concilio Lugdunensi Græci ad ecclesiæ unitatem redire promiserunt: in cujus signum spiritum sanctum professi sunt a Patre Filioque procedere, Symbolum in generali concilio decantando. Nuntii vero Tartarorum infra dictum concilium baptisati sunt, & ad propria redierunt. Multi etiam reges & barones cum RODULPHO tunc noviter in regem Romanorum procreato a papa Gregorio decimo Cruce signati fuerunt pro subsidio Terræ sanctæ, transieruntque ultra mare circa ducenta millia Christianorum, qui pro majori parte perierunt.

De decimo sexto priore.

Anno Domini millesimo ducentesimo septuagesimo octavo successit in prioratu domus Carthusiæ Boso monachus dictæ domus; qui fuit vir magnæ sanctitatis & vitæ, magnique meriti apud Deum & homines noscitur extitisse. Ipsius denique meritis & precibus Deus hominem a morte, dum adhuc viveret, suscitavit. Cum enim quædam in Carthusia fabrica erigeretur, quidam de mancipiis dictæ domus ex superficie altissimæ fabricæ corruens, collisus ad terram, totusque confractus expiravit. Cumque coram beato Bosone dictus mortuus foret elatus, fusa ad Deum pro eo prece, immediate sanus & incolumis surrexit; sicque ad opus suum ire perrexit. Emitque præfatus domnus Boso grangiam de Foresta, quam domus Carthusiæ tenet & possidet de præsenti. Cum enim abbatia Calesii, quæ tunc erat de ordine sancti Benedicti, fere omnia bona sua ex malo regimine domino Aymaro de Bellovisu impignorasset, sive aliter alienasset; ita quod de cetero spes recuperandi non erat; vir Dei sanctus Boso zelo domus Dei accensus, dicta bona de manu ipsius redemit, supplicantibus pro hoc & rogantibus abbate & monachis prædictæ abbatiæ: postque de consensu papæ dicta abbatia fuit ordini Carthusiensi concessa. Fuit autem vir Dei Boso valde fervidus & zelans in juribus domus suæ defendendis. Nam cum quadam vice, ut cetera prætermittam, minera ferrea, quæ est in monte de Bovina, sita infra terminos domus Carthusiæ, extraheretur per quosdam sæculares operarios numero copioso; vir Dei sanctus senectutis oblitus, baculo membra imbecillia sustentans, conventumque domus suæ secum adducens; dictum montem fere inaccessibilem hominibus, licet non pastoribus, cum magna difficultate conscendit. Cumque dulcibus verbis eos a cœpto opere cohibere non posset, durius eos alloquens comminatoria in verba prorupit. Dixit enim eis, quod nisi a cœpto opere cessarent, illic cum quinquaginta armatis viris venire non differret. Tunc virum Dei taliter eos allocutum admirantes, ipsumque scientes a comite Sabaudiæ & delphino Viennensi valde diligi & revereri, a cœpto opere desistentes, ulterius talia facere non præsumserunt. Vixit autem in prioratu suo annis triginta quinque, & deficiens mortuus est in senectute bona & sancta, sepultusque est in dicta domo Carthusiæ. Super cujus sepulchrum nascitur herba, quæ multis præstitit & quotidie præstat sanitatis medelam: potissime tamen valet contra febres. Nam & a diversis mundi partibus sæpe veniunt diversæ personæ, quæ de dicta herba & etiam aliis herbis super corpus aliorum sanctorum in dicto cimiterio existentibus accipientes, multis curationis medela extiterunt. Nam rustici illarum partium seu provinciæ in infirmitatibus suis aliis medicinalibus non utuntur.

De decimo septimo priore.

Anno Domini millesimo trecentesimo decimo quarto venerabilis vir domnus AYMO monachus domus Carthusiæ prioratum suscepit; qui scientia multa & discretione præditus, vitaque & devotione exemplatis; cum dictam domum totumque ordinem strenue & laudabiliter quindecim annis præsidens gubernasset; amore dulcissimæ quietis & contemplationis cum Maria accensus, ponderæque prælationis ac sollicitudinis nimium prægravatus, instanter a capitulo generali sibi misericordiam fieri petiit & accepit.

Sub hujus venerabilis patris prioratu, quod reticeri non debet, instigante maligni hostis malitia, qui sæpedictam domum propter sanctæ religionis observantiam destruere conatus est, domus Carthusiæ in toto fuit combusta ac fere in nihilum redacta ex incendio. Cum enim dominus de *Grandisson* pro una nova domo ordinis Carthusiensis per ipsum ædificanda, proque licentia obtinenda Carthusiam tempore generalis capituli venisset; famuli ejus incaute ignem in camera, in qua idem dominus dormiebat, retinentes, totius domus, proh dolor! ruina per flebile incendium extiterunt. Ob hoc priores ipsi qui ad capitulum generale venerant, tam etiam præsentes quam absentes, necnon & prælati ecclesiarum; similiter divites & pauperes, nobiles & ignobiles, ejusdem domus, quæ est mater totius ordinis lamentabilem, nimis destructionem videntes & nimium condolentes, erga celerem ejusdem reparationem liberalissimi extiterunt. Nam subito eamdem de novo de lapidibus reædificantes quæ antea de lignis erat, sine comparatione in melius commutarunt: ita ut non minus de dictæ domus reparatione universi gauderent, quam de ipsius ante doluerant combustione.

Aliud quoque factum notabile tempore sui prioratus evenit in dicta domo, per quod zeli ipsius sinceritas pro domo Carthusiæ demonstrabatur. Dominus scilicet Intermontium AYMARUS nomine, magnus baro comitatus Sabaudiæ; occasione cujusdam jurisdictionis quam infra terminos domus Carthusiæ habere se prætendebat, sub ipsius prætextu tempore capituli generalis cum satellitibus suis pontem Carthusiæ non est veritus infringere, aliasque violentias dictæ domui irrogare. Cumque venerabilis pater prior Carthusiæ timeret non immerito hanc in posterum injuriam domui Carthusiæ esse in detrimentum, vel effici in ruinam, domino comiti Sabaudiæ necnon delphino Viennensi hanc violentiam factam studuit intimare, de & super præmissis petens justitiæ complementum. Sed non proderat ei hujusmodi sermo, quoniam prædictum baronem quamplurimum diligebant. Tunc præfatus domnus prior Carthusiæ perspicacis ingenii, zelo domus suæ accensus, hanc violentiam sibi factam domino regi Franciæ studuit intimare. Ob cujus rei gratiam præfatus dominus rex fortiter commotus, dictis comiti Sabaudiæ & delphino mandavit, quatenus de ipsis, barone scilicet & sociis ejus, facerent justitiam ad ipsius prioris voluntatem; alias sæpe dictam domum Carthusiæ usque ad solum faceret destrui in contemptum ipsorum, eamque multo melius in regno suo alibi fundaret. Quod illi audientes, quia multum gloriabantur dicti principes dictam domum Carthusiæ in territorio eorum constructam fore: siquidem dividit ipsa domus, ac posita est in confinibus comitatus ac delphinatus prædictorum: prædictum baronem una cum sequacibus suis cum fune ad collum posito ire Carthusiam illico mandaverunt, ac se submittere pedibus & misericordiæ prædicti domni prioris Carthusiæ. Quam misericordiam indilate ab ipso priore misericordiarum pleno obtinere meruerunt; confecto tamen publico instrumento ad cautelam futurorum: qui dictus baro omni juri quod se habere prætendebat infra terminos Carthusiæ pro se & suis posteris perpetuis temporibus renuntiavit.

Miraculum.

Hujus piæ memoriæ prioris tempore, anno quinto prioratus sui contigit miraculum infrascriptum. In dicta enim domo Cartusiæ fuit quidam magnæ religionis monachus domnus PETRUS FAVERII vocatus. Hic prior domus sanctæ Crucis effectus, præ strenuitate morum ac subtilitate ingenii procurator generalis totius ordinis ad causas pertractandas in Avenione est constitutus. Cum in dicta civitate pro indicta sibi obedientia maneret, contigit eum gravi infirmitate vexari; ordinationeque, ut pie creditur, divina, contigit domnum HERBERTUM tunc priorem domus Boni-passus ad ipsum infirmum visitandum devenire: quem mox ut infirmus vidit, gavisus est gaudio magno valde, dixitque ei infirmus: Frater mi dilecte, tu me trades sepulturæ; sciensque finem suum adesse, confessione eidem facta, sacram unctionem cum Viatico petiit & accepit. Præfato vero domno Herberto priore aliqua occasione ab infirmo recedente ad horam, & infirmo solo remanente; & ecce Sathan humani generis inimicus ante lectum ejus statim affuit, magnum volumen portans in quo omnia peccata quæ dictus infirmus commiserat, in tota vita sua erant descripta. Qui ante faciem dicti infirmi cum magna protervia & minis importune se ponens, eidem omnia peccata sua improperabat procaciter cachinnando. Cum vero idem infirmus præ timore & horrore horribilis visionis quid responderet nesciret, nisi hoc tantummodo, quia in misericordia Dei & in confessione peccatorum suorum confideret; magis ac magis Sathan nitebatur eum ad desperationem inclinare. Cœpit autem infirmus tremere ac pallescere, ac fere in baratrum desperationis jam cadebat, nisi superna cum gratia clementi oculo respexisset. Subito namque mœstorum consolatio, laborantium fortitudo, desperatorum relevatio affuit; scilicet beatissima, unica spes nostra Virgo MARIA, ultra humanam narrationem lucidissima atque splendidissima, in brachiis suis puerum gerens inenarrabiliter speciosum: prædictoque infirmo jam fere desperato cominus astans: Frater mi, inquit, cur times? cur diffidis? per istum enim puerum speciosum omnia peccata tua sunt soluta. Ad hæc enim verba Sathan qui advenerat nimium confusus, de loco illo turpiter est egressus: statimque ab oculis infirmi illa gratiosa Domina cum specioso præ filiis hominum puero suo evanuit. Tunc infirmus in tanta exultatione & lætitia cordis exultans remansit, quanta sicut ipse referebat, ab ipso exprimi vel ab auditore capi non valebat. Cum vero dictus domnus Herbertus prior ad dictum infirmum redisset, eidem omnem visionem & modum enarravit. Hæc autem prædicta visio non in somniis, ut assolet, sed aperte dicto infirmo fuit facta die jam ad vesperam inclinante. Demum post matutinas noctis sequentis solus septem psalmos cum letania prout poterat cœpit decantare. Cum autem dicendo letaniam nimis gravaretur, dictum domnum Herbertum, ut se juvaret rogavit. Dum vero letaniam pariter decantarent, venissentque ad locum illum in quo dicitur: *Omnes sancti orate pro nobis*: subito post prædictam postulationem elevans infirmus digitum dexteræ manus, cum cordis lætitia maxima subjunxit dicens: *Omnes sancti, qui modo*, ait, *hic adestis, orate pro me*. Quam postulationem cum magno fervore ac singulari affectu crebrius ingeminans, spiritum exhalavit. Ex quo apertissime conjicitur, quod sanctos vidit, qui ad eum venerant a malignis spiritibus defendendum.

De decimo octavo priore.

Anno Domini millesimo trecentesimo tricesimo successit in prioratu Cartusiæ dicto Haymoni vir venerabilis & magnæ scientiæ atque contemplationis domnus JACOBUS DE VIVIACO, monachus dictæ domus, qui cum præ nimia sollicitudine curarum contemplationi & quieti solito vacare non posset, ad suam importunam instantiam in capitulo generali sequenti misericordiam ab officio prioratus petiit & obtinuit. Sic apparet quod tantum uno anno vel circiter præfuit.

De decimo nono priore.

Anno Domini millesimo trecentesimo trigesimo primo successit in prioratu Cartusiæ domnus nomine, virtute & scientia CLARUS vocatus, ac tunc prior conventus Parisiensis, litteris sæcularibus & divinis admodum eruditus, facundia admirabilis ac exhortatione efficacissimus; in tantum quod publica vox esset & fama inter eos qui eum cognoscebant, quod consimilis ei in virtute & scientia in ecclesia Dei in diebus illis vix potuisset reperiri: & propter hoc secundus clericus mundi a multis vociferabatur, ipsum nolentibus nec valentibus honorifice præponere domino papæ. Cum vero strenuissime dictam domum Cartusiæ totumque sanctum ordinem quinque annis gubernasset, vocante Domino mortuus est, atque in eadem domo sepultus.

Hujus autem tempore fertur evenisse quod sequitur. Domnus Johannes Cornerii * monachus jam dictæ domus, homo valde idoneus, ac magnæ sanctitatis & meriti ad officium sacerdotale fuit promotus: qui cum, ut moris est, primam missam de mane in conventu celebrare deberet, sacrista dictæ domus videns ipsum nimium tardando ad ecclesiam venire pro missa celebranda, ad ejus cellam accessit, ipsamque aperiens eum evocavit; & ecce tota illa cella intus igneo splendore rutilabat: sicut solis radius in centro positus totum lumen suum emittit in virtute sua. Dictus vero monachus cum evocatus ad sacristiam accessisset, velut flamma ignis totus ardere videbatur. Quam ob causam dictus sacrista nimium attonitus ac stupefactus, cum ad ecclesiam remearet, oculosque ad dictam cellam deduceret; ecce, mirabile dictu, quatuor cereos in aëre super quatuor angulos cellæ dictæ ardentes aspexit. Hoc miraculum de præfato viro sancto sub isto prædicto priore evenit.

Sed & aliud non minus isto, sub domno Johanne Birelli dictæ domus priore inferius in vigesimo primo loco descripto, Deus per præfatum sanctum virum operatus est. Quod idcirco hoc in loco ponitur, ut sanctitas ipsius cunctis legentibus seriatim ostendatur. Cum enim præfatus devotus monachus sub prædicto domno Johanne priore fuisset procurator ipsius domus constitutus; utpote qui in activa vita pariter & contemplativa valde idoneus habebatur: quidam rusticus domui Cartusiæ convicinus, ad dictum procuratorem accessit, secum deferens quædam scripta

Apud Dn. Sandium Zinnerii.

instrumenta quarumdam terrarum quas emerat, ut ipsum forte super iis consuleret, vel certe, ut potius crederetur, dicta instrumenta sibi custodiret. Tunc a casu prædictus procurator eidem rustico dixit, quatenus certa ad ignem ligna deferret: erat quippe hyems & ingens frigus: cumque ille ligna detulisset, & super ignem valde ardentem projecisset, casu ipsa instrumenta ex oblivione cum ipsis lignis in igne jactavit. Ad ipsum procuratorem dehinc accedens, de negotiis suis cum ipso tractaturus, & longi temporis spatio elapso, ipsis pariter conferentibus, cum dictus rusticus instrumenta sua quæreret & minime inveniret, demum recordatus est ipsa cum lignis pariter in igne projecisse. Quo cognito, flens & nimium ejulans, seque ipsum nimis clamoribus dilanians, desperato homini similis videbatur. Ipse vero sæpedictus pius procurator misericordia & pia compassione commotus, tristem hominem fidere in Deum jussit; & dehinc ab eo parumper segregatus, Domino in oratione se prostravit, statimque prædictum rusticum advocans: Vade, inquit, & instrumenta tua ubi ea projecisti require. Dictus vero rusticus tristis ac tremens ad ipsum ignem valde ardentem accessit, & ipsa instrumenta in medio flammarum sine aliqua læsione reperit. Tunc religiosus vir ipse procurator humanam timens ex hoc incurrere gloriam captare, eumdem rusticum obnixe exoravit, ut nulli hominum hoc factum intimaret. Ipse vero, Deo hoc forte inspirante, qui in sanctis suis mirabilis vult videri, nequaquam sibi in reticendo miraculum prædictum obedivit.

De vigesimo priore.

Anno Domini millesimo trecentesimo trigesimo octavo venerabili patri domno Claro successit in regimine domus Carthusiæ iterato domnus JACOBUS DE VIVIACO, cujus ante modicum fuit facta memoria. Qui cum ante per importunitatem suam a prioratus officio dictæ domus fuisset absolutus, & nunc iterato ultra voluntatem suam ac multum renitendo esset in dicta administratione confirmatus; cum amore contemplationis & quietis sollicitudine temporalium & inquietudine occurrentium laborum nimium gravaretur; videns quod misericordiam suam quam optavit, a capitulo generali obtinere non potuit; in quinto anno sui regiminis capitulum privatum infra annum convocavit, a quo sive opportune, sive importune, ut videtur, pertinaciter absolvi a prioratus officio procuravit. Ob quam causam ordo nimium indignatus, diffinivit in capitulo generali sequenti, quod nullus prior domus Carthusiæ de cetero a privato capitulo super annum posset absolvi. Utrum vero prædicta diffinitio postea fuerit a capitulo revocata ignoratur.

Miraculum.

Ut autem Deus clemens omnia sua pia providentia disponens declararet, quod præfatus prior ipsum ex nimia importunitate & pertinacia ejus manifeste offendisset; quippe qui bina vice vocatus ab ipso ad dictum prioratum ingratus extitisset, oviculas suas de talento sibi credito pascere nolendo; tanta subito post dictam ultimam suam absolutionem fuit percussus infirmitate, ut cunctis innotesceret, ipseque etiam publice diceret propter suam ingratitudinem a Deo se fore percussum. Nam qui prius alios poterat & noluit adjuvare, postmodum usque ad finem vitæ suæ per multos annos indiguit adjutore. Sed Deus omnipotens, clemens & misericors, qui talentum dispensandum sibi contulit, de isto ratione infirmitatis expetita non fuit contentus; quia etiam talem successorem sibi procuravit, qui voluntatem divinam adimplendo ipsius inobedientiam talem expurgaret. Cum vero dicti viri pertinacia fuisset plene a Deo expurgata, tandem a Domino evocatus, deficiens mortuus est, & in Carthusia sepultus anno Domini millesimo trecentesimo sexagesimo secundo. De quo constat relatu quod plurima, Deo cooperante, miracula fecit post mortem; sed quanta vel qualia non occurrit memoriæ. Tantæ siquidem prædictus vir piæ memoriæ fuit contemplationis, tantique consilii, sapientiæ & discretionis, ut cum ipso colloquentes, seu ab eo consolationem vel consilium requirentes, tamquam angelum Dei se putarent reperisse. Ad ipsius denique instantiam & requisitionem HUMBERTUS delphinus Viennensis centum florenos annuales domui Carthusiæ destinavit, pro pelliceriis & indumentis monachorum.

De vigesimo primo priore.

Anno Domini millesimo trecentesimo quadragesimo tertio Jacobo successit in prioratus regimine domus Carthusiæ vir venerabilis, ac admirabilis ingenii & scientiæ domnus HENRICUS dictus POLETI, tunc prior domus Parisiensis. Hic litteris sæcularibus atque divinis admodum eruditus, facundiaque atque memoria singularis, nulli in ordine secundus putabatur. Sed & tam idoneus fuit in activa vita, ut vix aliquis consimilis ei in ordine posset reperiri; quique & a grege sibi credito ex bona conversatione perdilectus valde erat. Verum cum contra omnes sapere, desipere sit: dum idem quamdam consuetudinem in ordine quam honestam suo videre putabat, contra sanctam rusticitatem ordinis antiquam introducere niteretur; & ordo seu capitulum generale eidem in hoc consentire recusaret: cum tribus annis dictam domum satis laudabiliter rexisset, misericordiam sibi a capitulo generali a prioratus officio seriose requirens, faciliter ipsam obtinere meruit. Ob quam causam conventus domûs Carthusiæ ejusdem absolutionem graviter ferens, ipsum iterato voluit eligere in priorem, sed ipse nullo modo consentire voluit. Qui postmodum domus Parisiensis prior fuit electus; sicque deficiens mortuus est, & in eadem domo sepultus.

De vigesimo secundo priore.

Anno Domini millesimo trecentesimo quadragesimo sexto præfato domno Henrico Poleto successit in regimine domus Carthusiæ vir venerabilis, & admirabilis vitæ atque sanctitatis domnus JOHANNES BIRELLI, de Francia civitate Lemovicensi oriundus, tam divina scientia præditus quam humana, discretione præcipua atque devotione præfulgens, monachus domus Carthusiæ, Deo & hominibus dilectus, vigesimus secundus in prioratûs domus Carthusiæ successione. Et vere Deo & hominibus dilectus atque gratus in tantum, ut ferre nullus eum tempore suo in ecclesia Dei præcesserit auctoritate vel fama. Ob quam causam cum felicis recordationis Clemens papa sextus viam fuisset universæ carnis ingressus, major pars cardinalium ipsum in summum pontificem eligere disponebat: quod videns domnus cardinalis Pettagoricensis, qui tunc temporis inter cardinales quasi vexillifer habebatur, scilicet præfati prioris electionem ad apicem pontificalem perduci velle: cum sentiret ipsum priorem summæ esse justitiæ & æquitatis, neque ullum hominem mundi contra justitiam revereri; surgens in medio collegii ait: Domini mei reverendi cardinales, vos quod facitis ignoratis. Sciatis pro certo priorem Carthusiæ tantæ fore justitiæ, rigoris & æquitatis, quod si ipsum in papam eligimus, pro certo ad statum nos reducet antiquum; atque equi nostri infra quatuor menses quadrigas conducent: non enim cujusquam veretur personam, quia ecclesiam Dei zelans, quasi leo confidit. Quo audito, domini cardinales perterriti, sibique ipsis nimis carnaliter metuentes, præfato priore prætermisso, dominum INNOCENTIUM sextum de collegio suo elegerunt. Tunc præfatus pontifex ipsum priorem voluit facere cardinalem; sed ipse omnino acceptare recusavit. Præfatus pius pater tempore quo præfuit, sollicitus valde fuit circa commissum sibi gregem, & præcipue circa celebrantes; notans diligenter qui sedule, quique raro celebrabant. Sedule celebrantes animabat, & raro celebrantes arguebat. Si quempiam uno die contigisset non celebrare, dissimulabat: si autem duobus aut tribus diebus, causam scire volebat & inquirebat. Et exempli causa solebat fratribus narrare, scilicet quod semel causa domus constituta erat, ubi personaliter eum infra terminos domus Carthusiæ oportebat adesse.

Talairandus. (marginal)

Venit semel dies constituta: accedente priore sine celebratione, nihil factum est. Venit secunda dies constituta: & accedente eo sine celebratione, iterum nihil factum est. Et tertia die constituta post missarum solemnia peracta, priore accedente ad diem constitutam, omnia prospere sibi successerunt. Aliud quoque exempli gratia ad idem spectans narrabat ad ædificationem audientium. Ambulantibus aliquoties duobus fratribus de ordine Prædicatorum per locum desertum in die quadam solemni, conceperunt, Deo inspirante, magnam celebrandi devotionem: & sic conquirentibus illis ex abundantia cordis præ nimia devotione, apparuit haud longe ante eos quasi quoddam capellæ tugurium. Quod intrantes & circumquaque respicientes, repererunt singula quæque ad celebrandum necessaria: qui gavisi gaudio magno spirituali, ad celebrandum se invicem hortabantur. Qui peractis missarum solemniis, gratias omnipotenti Deo de tantis collatis beneficiis retulerunt: exeuntes autem capellæ ædificium, illico quod ædificium apparebat non comparuit. Dicebatur quoque præfato patri, quod sicut dictum est voces in electione summi pontificis habuerit: quod audiens & seipsum humilians, ut erat humilis corde: Vere, ait, numquam ero papa neque cardinalis; sed pauper Carthusiensis moriar. Fuit namque dictus pater potens in opere & sermone, nec cujusquam personam accipiens. Sæpe nempe præfato domino papæ, regibusque, principibus ac prælatis litteras exhortatorias & monitorias scripserat, ut inde corrigi mererentur: sic enim litteras ejus æstimabant, tamquam sibi a Deo transmissas. Unde factum est, quod cum præfato summo pontifici scripsisset, quatenus se sic a nepotibus suis custodiret, ne animæ suæ & ecclesiæ Dei efficerentur in scandalum & ruinam; ob hanc causam dicti pontificis nepotuli, quorum aliqui erant cardinales, aliqui vero episcopi, vel magni ecclesiarum prælati, erga sæpedictum priorem erant plurimum offensi & indignati. Nam propter præfati prioris litteras sæpius a domino papa repellebantur, nec obtinere poterant quod volebant. Plures etiam reges, principes & barones propter ejus litteras tales a multis se illicitis temperabant. Nam AMEDEUS comes Sabaudiæ, qui mortuus est in transitu ducis Andegavensis in Apulia, nil aliud facere præsumebat, quam quod dictus prior voluisset & mandasset. Unde sæpius & peccata confitebatur sua ad Carthusiam usque veniendo, eumque suum patrem nominabat. Contigit autem quod quadam vice prædictus prior eidem comiti quamdam peregrinationem satis arduam pro factis suis injungeret, prolixæque viæ juxta statum suum. Cumque dictus comes ipsam peregrinationem peragere vellet, comitissa ejus uxor graviter ferens, precibus quibus potuit per litteras præfatum priorem obnixe rogavit, quatenus comiti licentiam concederet equitandi: quod ipse prior omnino recusavit, allegans quod comes juvenis erat, & satis fortis ad peregrinationem peragendam. Ad hæc comitissa prædicta, more muliebri indignata, eidem priori sic rescripsit: Bene custodies te quod non ibis cum ipso. Nihilominus tamen ipsum priorem semper mira reverentia honoravit, & præcipuo affectu dilexit; in tantum ut usque hodie eum bonum & magnum priorem secundum idioma linguæ suæ [appellet.] Demum cum prædictus comes magna tristitia absorberetur, eo quod de dicta comitissa prolem non haberet, quæ sibi in comitatu succederet, timeretque ne ad manus extraneas, videlicet ad consortem sororis suæ deveniret, hoc ipsum prædicto priori studuit intimare. Dictus vero prior per omnia confidens in Domino, ipsum consolans fidere jussit: postmodum vero conventum suum convocans atque causam dicti comitis in medium proponens, orationem singulis indixit, cum eis pariter & ipse orationi instans pro prole eidem comiti a Deo concedenda. Quid multa? In brevi namque exaudita est oratio ejus, filiumque de uxore sua, quæ sterilis putabatur, suscepit; qui etiam patris nomine AMEDEUS vocatus, nunc comes Sabaudiæ est effectus. Ad consilium etiam, ut fertur, dicti prioris delphinus Viennensis HUMBERTUS nomine, qui non minus dicto comite mandatis ejus obediebat, habitum fratrum Prædicatorum suscepit. Nam, ut fertur, dictus delphinus habitum religionis in Carthusia suscipere disponebat; sed prior ipse vir discretus considerans, ipsum nequaquam posse asperitatem tanti ordinis sustinere, eumdem censuit ad Deum progredi plana via, quam asperam incipere quam consummare non posset. Domnus Pontius decretorum doctor egregius, quem dominus papa URBANUS quintus canonizare volebat propter sanctissimam vitam ejus & multa miracula, quæ in vita fecit pariter & post mortem, singulis annis venire Carthusiam consueverat ad dictum priorem invisendum, ut spiritus ejus recrearetur a tumultibus Romanæ curiæ, quibus multipliciter erat illigatus; tum etiam ut conscientiæ suæ secreta revelando aliquam instructionem & consolationem ab ipso reportaret. Cum vero ad curiam Avenionis remeasset, & interdum, ut moris est, ipsi cardinales sacræque paginæ doctores & alii magistri certas interdum sacræ scripturæ quæstiones haberent: cum ipsi ad confirmationem dictorum suorum Augustinum, Ambrosium, seu alios eximios doctores allegarent; iste solus, ut apis prudentissima, quæ mellis favum collocare sciebat, domnum Johannem Birelli priorem Carthusiæ, seu ejus verba oretenus ab eo audita pro confirmatione dictorum suorum vel quæstionum allegabat: unde factum est ut audientes de intellectu ipsius prioris stupentes mirarentur. Hic prior, ut æstimatur, jejunium cum abstinentia pro festo Sacramenti in capitulo generali institui procuravit.

Visio.

Dum quadam nocte ipse prior membra sua quieti mandasset, subito ad eum vox venit, eique dixit: Surge ac fratrem tuum nimia infirmitate laborantem visita, atque stude curationis medelam adhibere. Cumque iis verbis attonitus nimium remaneret, ex eo quod neminem fratrum in domo sciret infirmum; subito de quodam novitio quem receperat sibi in mentem venit, quem cognoverat de ordinis asperitate satis tentari. Ob hoc ad ejus cellam illico properavit, eumque jam ordinis habitum deponentem ac pannos suos complicantem & sæcularem habitum assumere volentem reperit, ut inde ad sæculum rediret: Sed vir sanctus Deo utique plenus, tanto consolationis imbre verborum Dei novitium replevit, quod bonorum operum inimicus contra eum amplius non potuit prævalere.

Aliud miraculum.

Alius quoque novitius tædio ordinis, maligno instigante, affectus est: cum ex hoc ad sæculum vellet redire, intempestæ noctis silentio, ob reverentiam timens hoc priori indicare, priore habitu sæculari resumpto, & regulari habitu deposito per medium cimiterii contigit eum recedendo transire; ibique duos monachos venerabiles personas stantes reperit sibi invicem ibidem quasi colloquentes: quibus visis nimium attonitus obstupuit; eo quia in tanto noctis silentio contra regularem observantiam sibi hoc inconveniens nimis & quasi impossibile videbatur. Cumque aliunde transire non posset, nisi juxta eos qui erant spiritus; unus illorum manu eum tenens, ei dixit: Ubi miser vadis? ubi, inquam, tendis? reverte ad cellam tuam, & regulari habitu resumpto persevera. Alias vero male tibi erit. Nam scias quod in isto cimiterio nullus sepelitur quin sanctus in conspectu Dei habeatur.

Aliud miraculum.

Aliud non minus isto miraculo in domo Maguntiæ Carthusiensis ordinis fertur evenisse; sed utrum tempore istius prioris Carthusiæ, an tempore domni Clari antedicti prioris accidit, incertum habetur. Quidam nempe novitius in domo prædicta ad ordinem susceptus est; qui tandem tædio & rigore ordinis affectus, ad sæculum redire disponebat. Cumque precibus ac piis ac sedulis exhortationibus prioris ac magistri sui acquiescere omnino non vellet; in pertinacia persistens, habitu regulari rejecto ac pristino suo sæculari resumto, perficere volebat optatum suum. Sed antequam recederet de cella sua, quamdam imaginem beatæ Virginis MARIÆ de ebore seu de osse, quam in cella habens solebat salutare, hanc ante ipsius egressum cellæ more solito seipse recommendans salutavit iterato. Mira dictu, vera tamen. Ad ipsius namque salutationem, quasi ultimum valedicturus & recessurus, mox dicta imago quasi in tabernaculo posita ibidem visibiliter se regyrans, eidem novitio conspicienti vertit dorsum suum tamquam ingrato. Quo viso dictus novitius tamquam beatissimæ Virgini misericordiæ matri ingratus, non fuit, viso tam efficaci miraculo, ad correctionem compunctus, sed semper obstinatus; & veluti desperatus instigante maligno voluit perficere quod incœpit. Nihilominus tristis & aliqualiter dolens, Deo inspirante, idipsum quod factum fuit priori & magistro suo studuit intimare. Dum vero interim prior & magister suus circa eumdem pauperem satagentes, plus solito more ipsius curam habentes, ac ipsum fere sine intermissione visitantes, suadebant ei quatenus voluntate sua in stabilitatem firmata, eidem beatissimæ Virgini MARIÆ reconciliari studeret. Sed verba eorum exhortatoria surdas aures ingrati & infelicis non poterant penetrare: cum ecce una die post matutinas, dum magister novitii ad ipsius cellam pro prima cum eo dicenda ivisset, reperit ipsum parum ante de monasterio per murum exivisse, ut inde ad sæculum rediret. Prior vero exeunti valde timens, eo quod beatam Virginem MARIAM eidem noverat indignatam, cursu veloci mox multam domus familiam post ipsum misit, quatenus eumdem ad monasterium revocarent. Sed heu! & ô stupendum & dolendum nimis! dum dictus novitius monasterium fuisset egressus, ipsa domus familia ipsum insequens ac undique diligenter inquirens, sic quod etiam parvum animal reperire valerent: ipse ab oculis eorum evanescens, nusquam, proh dolor! comparuit, nec de eo postea umquam nova sunt audita. Isti namque apte congruit quod beatus Gregorius in homilia de ingratis loquitur: Post contemptum gratiæ major solet sequi iræ vindicta. Tunc prædicta imago beatæ Virginis ad laudem ipsius & in testimonium præmissorum & ad cautelam futurorum fuit delata de mandato prioris Carthusiæ ad domum Carthusiæ, quæ ibi servatur ad præsentem diem.

Sed nunc ad propositum quod incœpimus de præfato priore revertamur. Præfatus enim pater domus Carthusiæ, tam admirabilis in vita contemplativa pariter & activa videbatur, quod vix ei consimilis reperiri posset. Si quando enim, ut fertur, vitæ se contemplativæ dedisset, in tanto extatico rapiebatur excessu, quod seraphicus potius videbatur quam homo: si vero vitæ activæ, ultra naturam humanam perspicaciter hoc facere cernebatur. Nam cum in multis occupatus, tam ex parte ordinis quam ex parte domus Carthusiæ frequenter esset ut Martha; non tam faciliter ut Martha erga plurima turbari videbatur, exemplo ducis Israëlitici populi, qui utraque manu pro dextera utebatur. Sicut etiam nec elevabatur prosperis, sic nec frangebatur adversis. Cum vero Deus omnipotens tanta ejus merita remunerare decrevisset, quadam a Deo est infirmitate percussus, qua invalescente vicarius ipsius domus ad eum inungendum cum aliquibus de conventu perrexit: siquidem totus non potuit interesse conventus, eo quod tunc matutinæ in ecclesia decantabantur: cumque fuisset inunctus, & etiam ecclesiastica sacramenta cum viatico recepisset, utpote qui prope finem esse videbatur, tunc jussit omnes astantes recedere, portamque cellæ suæ recludi, ipsum solum relinquentes. Quibus peractis, adnisu quo potuit de lectulo prosilivit, atque oratorium intrans, pavimento se dedit; tantoque lacrymarum imbre se perfudit, reum se clamitans, peccatoremque se coram Deo accusans, ut eisdem lacrymis copiose pavimentum perfunderet. Quidam vero clericus Redditus facti ignarus, a casu pertransiens, audiensque ejus lamenta, cellam aperuit & intravit, ipsumque nimis singultibus vix respirare valentem in pavimento prostratum invenit. Tunc pater ab eo utcumque sustentatus & adjutus, utpote qui in extremis erat, ad lectulum rediit. Dehinc præ expectatione sui exitus monachis congregatis, Dominicæ, ut moris est, passiones legi cœperunt: vir vero Dei cum tanta attentione Dominicas passiones auscultabat ac si fere nihil mali fuisset perpessus. Sed, ô mirabile auditu! cum is qui Dominicas passiones legebat iterum erraret, vir sanctus, in cujus corpore vix extremus halitus palpitabat, adnisu quo poterat emendabat: non verba evangelicæ veritatis poterat sustinere corrupte legi. Lectis demum passionibus, ac letania decantata, sancta illa anima feliciter inter verba orantium obdormiens in Domino migravit anno Domini millesimo trecentesimo sexagesimo, die sancto epiphaniæ, qui fuit annus decimus quartus prioratus sui. Dum vero Avenioni rumor de transitu prioris Carthusiæ percrebuisset, domnus Innocentius papa adhuc superstes, hæc audiens, in vocem lacrymarum, ut fertur, prorupit dicens: Valentior religiosus & clericus mundi mortuus est. Cum vero post modicum tempus supradictus papa in extremis laborasset, & finem suum adesse cerneret, coram infinitis astantibus intonuit dicens: Utinam anima mea esset coram Deo talis qualem æstimo fore animam Johannis quondam prioris Carthusiæ.

Præscriptus

Præscriptus etiam dominus cardinalis Petragoricenfis, qui ejufdem prioris electionem in papatu impediverat, audita ejus morte, in hæc verba prorupit: Væ nobis, quia triſtes nos. Triſtis eſt ecclefia Dei, quia collegium noſtrum & ecclefia ſancta Dei talem non promeruit habere paſtorem. Non enim digni ſumus tanto paſtore.

Exemplum.

Poſt modicum vero temporis dicto priore jam defuncto, duo de ejus patria, erat enim, ut præmittitur, Lemovicenſis, venerunt Carthuſiani, qui a domno venerabili patre Eliſiario ſucceſſore ſuo aliquas reliquias de ipſo defuncto priore magnis precibus petierunt, aſſerentes eum duo notabilia miracula poſt mortem in patria ſua peregiſſe. Dictus vero ſucceſſor ejus eiſdem pro reliquiis unum de ciliciis ſuis dedit, quod dum advixit ad carnem ſuam deferebat. Siquidem cilicia nodoſa aſperrimo pilo in modum camiſiæ ſanctam ſuper carnem die noctuque ſemper ad mortem uſque geſtavit in longitudine poplites protegentia, ac manicas longas fere uſque ad manus habentia. Tali enim lorica miles Chriſti uſque ad mortem ſemper inceſſit armatus. Hoc quoque inter cetera fertur de eo, quod longo tempore poſt mortem ejus veſtes ſuæ in domo Carthuſiæ pro reliquiis ſervabantur.

Dum vero adhuc vir iſte ſanctus viveret, & corpus cujuſdam defuncti fratris ſuper quemdam lapidem, qui eſt poſt tribunal eccleſiæ dictæ domus, ubi omnes mortui exportantur ad lavandum, lavaretur, in hæc verba prorupit: Confido firmiter de bonitate Dei, & de ejus miſericordia præſumo indubitanter, nullum hic morientium ſuperque iſtum lapidem lotum, quin ſanctus in conſpectu Dei habeatur. Non quod ille lapis aliquem ſanctificare poſſet, hoc dixit; ſed quia nullus niſi a Deo prædeſtinatus in eadem domo Carthuſiæ uſque ad finem propter ordinis, potiſſimumque propter loci rigorem vix perſeverare valeat. Sub iſto etiam priore accidit miraculum, quod ſuperpoſitum eſt de domno Johanne Cornerii procuratore.

De vigeſimo tertio priore.

Anno Domini milleſimo trecenteſimo ſexageſimo, domno Johanni Birelli ſucceſſit in prioratu domus Carthuſiæ venerabilis pater domnus HELIZIARIUS monachus dictæ domus Carthuſiæ, tunc autem prior domus Boni-paſſus. Hic pius pater tantæ fuit abſtinentiæ, auſteritatis & pœnitentiæ, quod nullus fere anteceſſorum ſuorum eidem in præmiſſis poterat comparari. Siquidem aliquibus, imo quaſi omnibus excedere videbatur, pro eo quod pœnitentiam tam arduam faciebat, quod natura humana vix poterat ſuſtinere. Unde cum naturam ipſam conarefatur vincere, ab ea quoque ſæpius vincebatur. Cum enim ex orationis fervore & contemplationis exceſſu diem crebro cum nocte inſomnem duxiſſet, natura ſuperante, interdum in medio galileæ in clauſtro ex nimia ſomnolentia collabebatur ad terram: ibique cum nullus præſens affuiſſet dormire cogebatur ſuper pavimentum. Semper fere nudus & diſcalceatus, hoc eſt ſine pedulibus atque capite nudo, nonobſtantibus intenſis frigoribus, quæ ibidem in hyeme vigent, incedebat. Numquam in lecto fere decubans, numquam cilicium vel tunicam mutans, quouſque bene fuiſſent attrita; ſuperfluum enim reputabat beati Hilarionis exemplo munditias quærere in cilicio quod portabat ad carnem. Prædicti patris etiam abſtinentias, diſciplinas, vigilias, necnon & pœnitentias, ſpirituſque ſui devotiones nemo deſcribere valeret, quoniam quidem modum & naturam excedere videbatur humanam. Et cum ſibi ipſi auſterus valde & durus in ſingulis eſſet; omnibus tamen pius & miſericors extitit. Unde hunc titulum præ ceteris poſt ejus feliceſm tranſitum in charta capituli habere meruit: *Obiit pius pater dominus Heliſiarius prior Carthuſiæ*. O quoties in eccleſia tempore divinorum cum pſalmodiam cum aliis decantaret, aut miſſam celebraret, in mentis exceſſu rapiebatur! Sed & ô quanta eidem ſecreta Dei revelabantur! Siquidem interdum ex nimia lætitia ſpirituali & mentis exceſſu ſaltare quodammodo & inſanire fere in choro videbatur. Nam ſæpe ex nimio mentis exceſſu ſeipſum obliuts, & neſciens ubi eſſet, in laudem Dei tam alta voce exultabat, quod ab aliis notabiliter diſcordabat. Interdum vero ad ſeipſum rediens, de diſcordia quam inſcius in raptu fecerat, quamplurimum erubeſcebat. Dum enim quadam tempore Dominica capituli generalis miſſam in conventu omnibus præſentibus celebraret; dum *Credo in unum Deum* conventus cantaret, raptus fuit ibidem exiſtens in altari; nec a diacono ſibi calicem offerente & ſtrepitum faciente, ad humanum poterat intellectum reduci, quin immobilis & inſenſibilis per ſpatium remaneret. Super omnia autem in factis & verbis ſuis ſine aliqua fictione tam ſimpliciter & humiliter ſe gerebat, quod in multis nimium videbatur excedere, quaſi ſtatum ſuum dedeceret. Quod cum ſibi a fratribus quandoque diceretur, ipſe ex hoc in nimium riſum reſolutus aiebat: Sine dubio nimis ſum rudis. Erat etiam nepos cardinalis Mimatenſis, (a) qui eidem nepoti ſuo aliquando ex certis cauſis ſcribere conſuevit; cujus etiam litteris licet invitus nonnumquam reſcribere cogebatur. Et tunc ex induſtria tam ſimpli-

[a]

(a) Anglici Grimaldi de Griſaco diœceſis Mimatenſis, archiepiſcopi primi Avenionenſis, tum pesbyteri cardinalis S. Petri ad vincula tit. Eudoxiæ, &c.

citer & in parvissima pagina eidem cardinali rescripsit, quod ex hoc ab ipso se despici arbitrabatur. Cum vero dictus cardinalis prioribus seu aliis ordinis personis litteras eidem ex parte prioris deferentibus responderet, se ulterius dicto nepoti suo non scripturum, eo quod per modum scribendi eum contemnere videbatur; ipse pius pater hoc audito in magnum risum resolutus dicebat:
» Sine dubio bene placet mihi quod non scri-
» bat mihi amplius. Quid enim mihi cum ip-
» so? Faciat ipse facta sua, meque dimittat in
» pace. Non enim si voluisset sibi defuit materia curiose dictandi, quia bene intelligens erat & litteratus; sed in se corde humilis, ipse se despici & omnino nihil reputari cupiebat. Secundo autem anno prioratus sui decidit in infirmitatem gravem: unde visitantibus eum sedule fratribus, quibus valde dilectus erat, ac flentibus coram eo, ipse eis compatiendo dixit: Charissimi fratres mei,
» ut quid fletis? Cupio enim dissolvi & esse
» cum Christo. Eis autem non acquiescenti-
» bus, ait: Cernitis quod ex regionibus cir-
» cumquaque homines veniunt ad nos pro
» herbis crescentibus in cimiterio nostro car-
» pendis, quas in fide sua secum deferentes
» infirmis suis, ut fertur, in potum tribuunt,
» & sanantur. Faciatis, si placet, ut habeamus
» de herbis ipsis; si forte Dominus misericor-
» diam suam mecum voluerit facere, & vos a
» fletu quiescatis. Ad quod verbum hilares effecti, certatim ad cimiterium currentes, potumque ei super eas porrigentes, & non post multum ex ea infirmitate convaluit & surrexit. Præfata infirmitate satis gravi eo lecto decubante, in tantum in eo morbus invalescebat, quod lumine unius oculi orbatus fuit. Propter hoc non pro plaga Dei quam circa eum Dominus permisit, non turbatus sed immobilis persistens; cum contemplationi desideraret ac quieti vacare, ratus est se legitimam causam habere petendi absolutionem ab officio prioratus sui. Quam cum in capitulo generali instanter peteret, inter cetera turpitudinem cæcitatis allegando; hoc meruit a capitulo responsum habere, quod inter cetera corporis membra nullum membrum quemadmodum oculus tam valeret alterius defectum membri supplere. Siquidem uno orbatus oculo, habet alter ut plurimum virtutem acutius pervidendi. Unde sæpius jocando dicebat: De istius oculi cœcitate non curo, quoniam alter mihi sufficit pro voto. Verum cum virtutem & pœnitentiam hujus sancti patris Deus omnipotens remunerare decrevisset, venit tempus vocationis suæ. Quadam igitur infirmitate a Deo percussus, lecto decubuit; cumque in conventu & in privato oratio in missis pro infirmis continuaretur, & ipse hoc intelligens dicebat: Deus non exaudit vos. Nam & ego cupio dissolvi & esse cum Christo.

Sed & filiis suis, monachis scilicet dictæ domus ipsum crebro visitantibus atque eidem sanitatem imprecantibus aiebat: Deus non exaudiat vos. Tunc ecce feria sexta in qua non multum videbatur infirmitate ipsa gravari, misit pro vicario domus & conventu, ab eis humiliter petens viaticum & ecclesiastica sacramenta. Super quo ipsi licet nimium admirati, quod petebatur tamen compleverunt: nam eidem, ut postea patuit, fuit revelatum, quod feria sexta migrare deberet. Et ecce feria sexta sequenti invalescente infirmitate incœpit fortius aggravari: cumque eadem die jejunium esset, & post nonam dictam conventus comedisset; conventus congregatus est pro expectatione sui exitus ad cellam infirmi. Sed & cum juxta morem ordinis ad lectulum ipsius ab uno monachorum Dominicæ passiones legerentur; cum ipse se vellet erigere, ac, ut videbatur, manus ad cœlum extenderet, sed per lassitudinem non valens, cunctis videntibus tradidit spiritum anno Domini millesimo trecentesimo sexagesimo septimo in die Barnabæ apostoli in mense Junio, qui fuit annus septimus prioratus sui.

De priore vigesimo quarto.

Venerabilis pater domnus WILLELMUS monachus domus Carthusiæ, vir litteratus, pius, discretus & morigeratus, ei in prioratu domus Carthusiæ successit: qui dictam domum & ordinem satis strenue imprimis gubernans, nominis sui posteris reliquit memoriam. Hujus prioris tempore extitit piæ memoriæ vir venerabilis ac litteraturæ domnus JOHANNES domus Carthusiæ monachus, sed prior domus Allionis, qui multoties propter excellentiam suam vitæque meritum visitator ordinis existens, suo bono ac sancto zelo, quem circa ordinis observantiam gessit, sui nominis posteris non modicam reliquit memoriam. Ejusdem etiam tempore quamplures domus exordium sumserunt de novo pariter & incrementum, tam ante schisma incœptum quam pendente schismate, idcirco quia pluribus annis præfuit. Pro quo notandum quod domnus Henricus Calcar prior domus Coloniæ in opusculo suo sic scribit: Unum specialiter est pro Carthusiensibus in signum sanctitatis, quod numquam vel raro incœpta est pro eis domus, nisi cum præsagio aliquo aut signo; impediente semper hoc circa principium diabolo, vel per infortunium aliquod aut damnum fundatoris, vel citiorem mortem eorum, aut aliunde veniens periculum: sed numquam prævaluit, quia dudum in proverbium venit: Ubicumque Carthusiensibus erigitur horreum, cito fit claustrum. Unde Innocentius papa tertius, cum adhuc cardinalis esset, sanctum quemdam visitare solebat eremitam. Quadam vice venientibus se & suis illuc &

fortiter pulsantibus, non audiebatur vox neque sensus. Tandem irruentibus clientibus in cellam vi, & ipsum stimulando quasi mortuum excitantibus, clamavit voce magna dicens: O mi, ô mi, vidi mirabilia, vidi horribilia. Sciscitante igitur diligenter cardinali quid viderit, respondit: Ductus ad infernum vidi incidere animas sicut nives densissimas aërem obnubilantes; ad purgatorium vero sicut nivem rarissimam: sed ad paradisum tres tantum vidi introire animas, illius scilicet episcopi, & illius prioris Carthusiensis, ac illius viduæ Romanæ singulas nominans personas. Cardinalis igitur vir prudens, veritatem scire volens visionis, missis hinc inde nuntiis, comperit animas illas eadem hora corpore solutas. Sicque qui prius timuit aliqualiter de nimio rigore Carthusiensium, maxime propter carentiam carnium, propter evolutionem animæ illius prioris, factus est amicus illorum, novam pro eis procurans fieri domum.

Exemplum.

Mons etiam sancti Beati super Confluentiam locus sanctus & valde antiquus: ibi enim olim pro fide Christi solebant martyrizari Christiani. Quibus sanctis martyribus, dum aliquando reliquiæ beati Servatii deducebantur per Mosellam, sanctus idem ex opposito eorum veniens reverentiam facere videbatur, in capsella tumultuans, quasi erigendo se & assurgendo eos salutans. Unde & fratres ibidem de reliquiis ejus partem obtinuere non modicam. Hunc locum olim monachi incolebant Benedictini; quibus amotis venerunt sæculares canonici; post quos mirabili instinctu archiepiscopus Trevirensis BALDUINUS frater Henrici imperatoris, instituit ibi domum ordinis Carthusiensium. Qui etiam prope Trevirim faciens Carthusiensium domum, cum ipsis sæpe vixit in abstinentiis, horis, vigiliis, jejuniis & in legendis missis, & ad ipsas serviendo sicut frater humilis. Pro quo ipsum indubitanter mercedem creditur recepisse æternaliter in cœlis, & sanctæ memoriæ apud ipsos existens in terris.

Archiepiscopus Coloniensis WALRAMUS dum quamdam domum sanctæ Barbaræ fundare volens, multis extra Coloniam attentasset locis; tandem nutu Dei pervenit ad *S. Martini locum dictum, * Sent Martins-Velt, in quo olim sanctus Severinus audivit concentus angelorum animam sancti Martini in cœlum deferentium. (*a*)

*Domus monachorum. Apud *Arnhem* domus dicta * Monichausen, antequam fieret, dux Gelriæ, dum equitaret circumquaque ad videndum ubi eam ædificare vellet, occurrit ei pauper septuagena-

tius & dixit: Hic multis annis audivi concentus celebres; ardentia vidi luminaria & mira fieri festa. Hoc audiens devotus pater abbas de *Marievverde* Præmonstratensis ibi præsens, continuo descendit de equo, & oratione facta super terram in genibus, audivit dicentem: Hic est locus meus. Domus igitur ibidem ædificata (*b*) & reddituata; & postea moriente Domino, & discordantibus inter se filiis, procurante sathana sex annis sine Carthusiensibus stetit vacua. (*c*)

De insula Mariæ.

[*b*]

[*c*]
[*d*]

Domum etiam prope Argentinam (*d*) quædam reclusa multis prædixit annis. Item domus Portæ-Mariæ super Danubium diu ante fundanda apparuit cuidam matronæ. Domus etiam prope Leodium in principio multa habuit adversa.

Apud *Nuremberge* cives nullatenus voluerunt admittere quod domus ibi fieret: sed beata Virgo apparuit fundatori dicens: Quod audacter peteret, & domus fieret, & cellam Mariæ vocaret.

Juxta Trajectum inferius quidam dominus perdives cum aliquando venisset Monstreolum Picardiæ, & cives invitassent eum, videre veronicam Domini tertiam ibi existentem; veronica illa semper ab ipso diverterat, ac si ipsum omnino despiceret: super quo multum mirans & timens, tandem consuluit quemdam priorem ordinis, olim socium suum in scholis. Qui audito eo, dixit: Domine sentio, quod in quodam obnoxii estis Deo? audivi enim aliquando a vobis quod libenter velletis facere domum ordinis. Qui statim dixit: Verum, sed illius penitus fui oblitus. Et prior: Vovete, inquit, domine domum facere; & reddite votum, & ad veronicam redite. Vovit igitur & secundo iter arripuit: & ecce veronica illa, quocumque se divertit, semper sibi tunc in oculis fuit. Lætus igitur rediens domum ædificavit & reddituavit; ac pro ædificando multa millia florenorum adimpendit. Factusque prior supradictus ibidem rector primo, & postea prior domus, quæ Dei dono quotidie proficit circa annum Domini millesimum trecentesimum nonagesimum primum.

Itaque communiter domus eorum cum aliquo inchoantur præsagio, aut notabili signo, resistente semper circa principium inchoationis diabolo, prout in jam tactis domibus exemplificavi pro solatio, quia & sunt novem in vicinio.

Crevit igitur ordo Carthusiensium in domibus & personis, sed lente satis; & hoc propter rigorem nimium, ab ecclesia tamen postea mitigatum. Vixerunt enim in magna sobrietate fratres, super omnia castitatem custodientes. Quapropter & divitias fugientes tamquam pereuntes, & animarum

(*a*) Empto a canonicis sancti Severini fundo Carthusiam erexit circa annum 1336.
(*b*) Circa annum 1340.

(*c*) Modo destructa est funditus; ejus autem præclaram mentionem facit Thomas Campensis in vita Gerardi magni.
(*d*) Modo funditus eversam.

insidias, terminos possessionum contra avaritiam statuerunt certos. Super quo & quidam papa valde commendat eos dicens: Contenti estis ob hoc paucis personis, ne pro pluribus plurimis gravaremini curis: de apostolatu scilicet monachorum, ut spiritualiter prior sit loco Domini, & loco apostolorum duodecim monachi. Et sic sua gratia tenet eos Dominus sub virga, ne divites declinent ad vitia, quæ communiter transeunt sub & supra, semper tamen sine pecunia notabili aut abundantia. Quapropter & ecclesia in quadam privilegio exemit eos ab hospitalitatis obsequio: quod quidam tyrannus nolens advertere, sed gravans eos sæpe, recepit monstrum pro prole; quousque doctus a bono viro hoc esse ex illo gravamine, refudit ablata, & prolem recepit naturalem, postea defendens ordinem. Hypocrisim etiam fugientes summopere, sunt mediæ, non singularis aut fictæ apparentiæ: immo si aliquando aliquid senserint gratiæ in visionibus vel revelationibus, consolationibus aut aliis sanctis visitationibus, hoc celant cum propheta, ut secretum meum mihi, secretum meum mihi. Unde cum prior quidam eorum ostentationem semper vitare docens, & propheticum illud sæpe allegans, mortuus esset & sepulchrum suum visitantes sani fierent; prohibitus in virtute sanctæ obedientiæ a suo successore, allegante quod propheticum illud ipsemet non servaret mortuus quod semper docuit vivus, sanitatem conferre postea desiit. Honores etiam mundanos & dignitates non curant, nec singularis notas sanctitatis reputant, ut patet per exemplum. Cum enim cuidam priori ordinis electo solemniter in episcopum applaudere venissent episcopi vicini, & alii domini; uni eorum dixit: Scito quod episcopus esse nolo; verumtamen quia cito moriar, mane hic & causam tibi revelabo. Priore proxime mortuo, clara meridie apparuit episcopo in cella oranti, dicens hoc verbum: Scito, si fuissem de numero episcoporum, fuissem & de numero reproborum. Illius quoque episcopi ordinis sui sanctitatem Deo committunt; de quo sic scribitur in speculo historiali. Anthelmus ex priore Carthusiæ Bellicensis episcopus floruit; qui mortuus visus est corpus suum gracilibus strinxisse funiculis, & quatuor cerei capiti ejus appositi cælitus sunt accensi. Quod autem sanctus Hugo Lincolniensis episcopus ordinis eorum fuit canonizatus, hoc propter eximia ejus miracula post mortem & in vita, qualia & adhuc sæpe facit procuraverunt Anglici, non ipsi. In cujus signum festum sibi faciunt nunc solemne, in quo tamen conversi possunt laborare; præsumentes pie quod idem sanctus plus approbet humiles fratrum labores, quam gloriosas festivationes. Cum autem quidam papa, non diu est, priorem Carthusiæ voluit esse cardinalem; renuit ille, allegans periculum animæ. Quapropter excommunicationem humiliter sustinuit per aliquot menses, quousque papæ dicerent cardinales: Dimittatis eum, pater sanctissime, quia si huc venerit, asellum equitabit, & omnes nos confundet. Hæc frater Henricus Calcar. Sequitur.

Circa annum Domini millesimum trecentesimum sexagesimum nonum contigit quod URBANUS papa quintus ordinem Carthusiensium sincere inter reliquos diligens, unam de septem principalioribus ecclesiis in alma urbe Roma, scilicet Jerusalem, quæ alias dicitur ad sanctam Crucem, ipsi ordini contulit & incorporavit; qui Romæ residens, de laxatione tanti rigoris ordinis quasi zelando pro ordine excogitans, quasdam in suo sancto collegio ordinationes novas, irrequisito domno priore Carthusiæ & capitulo generali, observari in ordine instituit: inter cetera; Quod domnus Carthusiæ abbas vocetur, qui est generalis & caput omnium, & abbatis teneat statum.

Item, quod Carthusienses more monachorum omnes horas diei pariter & conventualiter in ecclesia persolvant.

Et item, quod quotidie more monachorum refectionem simul in refectorio capere debeant, lecturamque a legente pariter audire.

Et rursum, quod infirmi ac debiles in ordine Carthusiensium in necessitatis articulo in infirmaria debeant secundum regulam S. Benedicti uti carnibus.

Quæ nova, cum ad aures domni Carthusiæ percrebuissent, dolens pius pater super tali ordinis laxatione, quippe qui hactenus in sua sancta simplicitate & rigore ex patrum præcedentium ordinatione, divina mediante providentia perstitit, misit illico, præhabita deliberatione, ad summum pontificem venerabilem virum litteratum, in sacro palatio quondam grande nomen habentem, domnum Johannem tunc domus Novæ-villæ juxta Avenionem priorem, qui & legatione fungebatur cum præfato pontifice ante creationem suam, ex parte felicis recordationis Innocentii papæ prædecessoris sui: quatenus ipsi pontifici suggerere debeat pro talium constitutionum laxatione aliquali. At prædictus prior notus pontifici ad præsentiam ejus veniens, ab eodem gratiose valde ac benigne susceptus est: nempe dictus prior demandatus olim a cardinalibus in conclavi pro electione novi papæ residentibus, tale de domino papa futuro testimonium intulit: quare in papam Dei providentia electus extitit. At papa pro jocunditate quasi interloquendo eidem priori dixit: Ecce Johannes aliqua bona noviter pro ordine Carthusiensium statuimus, inferens prædictos quatuor punctos. Ad quem cum humilitate, ut de-

„ cuit, statim prior respondit: Immo, pater „ sanctissime, sub correctione sanctitatis vestræ „ sanctum ordinem Carthusiensium destruere „ aliquatenus videmini. Primo videndum, quod „ si prior Carthusiæ abbas sit & abbatis statum „ tenere debeat; unde proventus & emolu- „ menta pro se & familia sua, & equitatura, „ ut abbatem decet, accipiet? Multarum enim „ domorum ordinis proventus vix ei sufficé- „ rent: domus itaque Carthusiæ vix pro su- „ stentatione prioris & conventus sustentatio- „ nem habet; quid ergo abbas faciet? Deinde „ si quotidie in refectorio contingat nobis pa- „ riter comedere; quid tunc erit de sobrietate „ & abstinentia à sanctis patribus nostris tam „ feliciter introducta, quæ, ut timendum est, „ succedente tempore valde declinabit? Et rur- „ sum, si quotidie, ut vultis, divina in ecclesia „ conventualiter simul persolvere debemus, „ devotio modica verisimiliter erit; quin po- „ tius magna inde sequetur mentis distractio, „ currere sic de ecclesia ad cellam, & de cella „ ad ecclesiam. Et iterum de esu carnium, qui „ est unus casus ordinis satis gravis; quem qui „ transgreditur gravem ordinis disciplinam in- „ currit. Si denique, ut vultis, infirmis & de- „ bilibus in ordine quasi pro pietate & mise- „ ricordia carnes ad comedendum in necessi- „ tatis articulo debeatur ministrari; numquid „ ex hoc abusio visibiliter sequetur non modi- „ ca? quin immo tam gravis tentatio, eo quod „ absque dubio ipsi sani nonnumquam tentati „ de esu carnium, suggerente maligno, infir- „ mos se esse simulantes languebunt: & sic pau- „ latim dispensatio vertetur in dissipationem. „ Quibus auditis papa mirabatur de tanta or- „ dinis simplicitate; & quasi subridendo dixit: „ Dimittamus eos propter Deum in pace & in „ simplicitate sua, ex quo nolunt quod eis ob- „ latum est gratanter accipere.

De carnibus.

Vide Petrum Sutorem lib. 1. vitæ Cartus. pag. 182. maximè verò cap. 1. tract. 1.

Et quia hic agitur in præcedentibus de esu carnium, ut legentibus sit causa exempli, notandum quod cum S. Hugo doctos viros ad ordinem recepisset, eorum quidam revertentes ad sæculum, defendendo se, priori suo objecerunt rigorem ordinis indiscretum: de quo tamen compuncti tandem, quia iterum admissi non sunt, plus in duritiam exarserunt, & suam quasi excusantes inconstantiam, jaculabant hoc capitulum circa finem decreti: Carnem cuiquam monacho nec gustandi nec sumendi est concessa licentia; Carthusienses violare seu non servare quantum ad clausulam illam sequentem: servato tamen moderamine pietatis circa ægrotos; ex quo ipsi simpliciter propter Deum à carnibus abstinent, ut sic carnem doment, spem roborent, & Domino suo castum corpus offerant: scientes quod si delicatius indulgetur ventri, oporteat etiam & Veneri; prout hoc heu! in dolore omnis status experitur

ecclesiæ. Occasione illorum, & quia rex & regina circa illud tempus juxta Parisius duplicem pro eis fecere conventum, aliquibus invidentibus, disputabatur Parisius in scholis, utrum Carthusienses essent de salvandis, qui in infirmitatibus non utuntur carnibus. Prædixerat enim S. Bernardus in epistola ad fratres de Monte-Dei, Carthusienses semper laudatores habere debere & vituperatores. Ea itaque tempestate vixit Arnoldus de Villa-nova, præcipuus ille medicus, qui tractatum pulcherrimum fecit pro Carthusiensibus quod bene starent, per hunc medicis suis satisfaciens & artistis. Quem & ille honorandus doctor Johannes Andreæ allegans in Novella, ut pro eis theologis satisfaceret legistisque suis & canonistis super capitulum, consilium de jejuniis sic concludit: hunc autem librum sic summavi, quia etiam nunc quamplures status nobilis amicis meis Carthusiensibus, apud quos est vera religio, detrahere conantur. In hoc factus amicus ordinis doctor venerandus, ita ad eos affectus in Christo, quod novam domum ordinis fieri procuravit juxta Bononiam maxime de suo proprio patrimonio. Sibi enim à Johanne papa vigesimo secundo in Avinionem vocato pro consilio, Carthusienses sua statuta dudum ab ecclesia confirmata præsentaverunt, propter Deum examinanda contra calumniatores: quibus perlectis respondit, numquam se audivisse vitam cum tanta districtione, sobrietate, humilitate & caritate institutam. Hoc igitur ad curiam Romanam, quæ olim vitam eorum confirmaverat delato, & super eo hinc inde disputato, sententia majorum & potiorum conclusum fuit doctorum ipsis Carthusiensibus per arctam viam incedentibus, securius esse & salubrius simpliciter carere carnibus; quàm quotidie desiderando nunc has nunc illas titillare tentationes non sine periculo, sicut experitur heu! nimis in aliis religionibus: & hoc præcipue quia longo tempore hactenus ab eis abstinendo saniores inventi sunt & longæviores, sicut & olim homines ab Adam usque ad Noë eas non comedentes. Et sic supplendum esset clausulæ illi eis oppositæ ut supra: servato tamen moderamine, &c. nisi forte sponte pro Christo ægroti aliqui eis eligerent carere. Hæc Henricus Calcar.

Carentiam etiam hanc carnium sanctam ab ecclesia approbatam Dominus dignatus est pulcherrimo post hoc declarare miraculo. Quodam enim carnisprivio hactenus quidam reverendi viri clerici causa devotionis domum Carthusiæ visitantes, petierunt à domno Carthusiæ licentiam visitandi fratres per cellas; & accidit ut visitantes fratres invenirent quosdam debiles, senes ac infirmos: unde cum multa instantia apud domnum Carthusiæ supplicando satagebant, quatenus amore Dei & eorum gratia ipsis infir-

Carnes mutatæ in pisces.

mis saltem, etsi non omnibus carnes liceret ministrare illo saltem die, quo universus mundus carnibus utitur. Domnus Carthusiæ hæc audiens, quasi nefas reputans, omnino contradixit. At illi videntes se nihil precibus proficere, instabant apud domnum Carthusiæ, quod saltem eis ibi liceat uti carnibus, quia omnino eis carere illo die nolebant: hoc autem ad hunc finem fecerunt, ut cum carnes haberentur, facilius possent patrem pro ministrandis infirmis inducere. Quorum precibus & instantia pater Carthusiæ tandem convictus, licet invite valde, propter ordinis observantiam, consensit. Missi tandem famuli eorum cum converso Carthusiæ domus ad proximiorem villam pro carnibus emendis, qui non parcentes pecuniæ, delicatiores quas invenerunt pro tantis dominis suis emerunt. Quid plura? Reversi ad domum, & aperientes marsupia sua, qui carnes delicatas putaverunt se attulisse, pro carnibus pisces notabiles diversi generis repererunt. Domini eorum invaserunt eos injuriis multis & verbis, quasi false in hoc egerint & ficte. Ipse etiam conversus cum aliis nuntiis astricti valde mediante juramento affirmaverunt se veraciter carnes emisse & non pisces. Sed non crediderunt domini eorum dictis ipsorum, donec ad carnifices de novo nuntios mitterent pro veritate experienda: qui cum juramento affirmaverunt se famulis eorum veras carnes vendidisse. Quibus auditis, domnus Carthusiæ exhilaratus spiritu de dono Dei: Ecce, inquit, domini mei venerandi, videtis nunc sub oculis, quod Dominus non vult nos uti carnibus. Et sic pisces qui valde sapidi fuerunt administrati sunt conventui: quibus visis & auditis, domni ipsi cum familia sua multum ædificati in hoc facto, cum gaudio sunt reversi ad propria. Fertur quoque quod quotquot illis piscibus vescebantur infirmi, sanati sunt & confortati.

Præterea invidentes eis solent allegare, quod circa civitates habitantes panem Christi fidelium comedunt, otio vacantes, quia nec prædicant, nec confessiones audiunt, nec se aliter ad proximum exercent; sed sibi ipsis tantum in quiete vivunt. Quorum invidentium cuidam hoc in priori novam domum recipienti satis austere improperanti prior idem humiliter respondit: Dilecte pater, nos venimus hoc vivere quod vos soletis prædicare; & hoc libentius faceremus in silvis & eremis, si quis nos defenderet a raptoribus & maleficis. Neque enim solum qui verbo fratrem suum erudit, sed etiam qui exemplo ad meliora convertit, ministerium gerit doctoris, dicit Beda. Qui humili illo verbo in conscientia percussus, semper eorum postea fuit amicus: animadvertit enim tunc quod ipsi vitam prædicant non fabulis vel verbis, quod leve est & bonis & malis; sed quod ipsi

sunt, qui pro testimonio futuri judicii crucem suam portant quotidie cum S. Luca in suo corpore, fidem Christi bullantes proprio sanguine: quod plus animat ad fidem & ad bonam vitam proximum, quam multa millia verborum. Cessante igitur omni murmure contra sanctum ordinem, prorupit repente pervolando quasi fons ille hortorum deliciarum paradisi Dei, ordo Carthusiensium, puteus aquarum viventium in omnem Europæ circa regionem. Ipse enim Johannes vigesimus secundus papa domum ordinavit Bonipassus super Durentiam prope Avenionem. Innocentius etiam postea fecit gloriosam domum, in qua & sepultus est ex opposito Avenionis ultra Rhodanum. Habent etiam decem domos monialium, quarum propinquior nobis & ultima est prope Brugas in Flandria, nolentes plures recipere, quia grave est feminis talem vitam ducere. Rex etiam Angliæ fecit domum dictam Witham, quam rexit longo tempore S. Hugo postea Lincolniensis episcopus: & post mortem S. Thomæ Cantuariensis episcopi a papa tunc injunctum est præter alia tres domos per regem Angliæ ordinis Carthusiensium fieri debere in Anglia pro pœnitentia; occasione cujus jam in Anglia octo sunt domus. Hæc ille.

De incendio Carthusiæ.

Anno Domini millesimo trecentesimo septuagesimo vel circa idem tempus contigit flebile valde in domo Carthusiæ. Fratribus enim quiescentibus æstivo tempore in dormitione meridiana, incendium inopinate a parte coquinæ veniens, totam domum Carthusiæ superiorem cum ecclesia, claustro, cellis ac aliis officinis, quidquid igne consumi poterat unica vorax flamma consumsit. Sicque cuncti quasi desperati omnem sollicitudinem suam & curam dumtaxat pro libris eripiendis apponebant, si quos tamen eripere potuissent, ceteris Deo & populo instanti commissis. Domnus Carthusiæ nullum videns remedium, valido clamore incessanter clamabat: Ad libros, fratres, ad libros. Plures tamen libri absque hæsitatione ulla hinc inde in cellis igne consumti sunt. Propter quod, fratres, scilicet conventus domus Carthusiæ ad domum inferiorem descendentes, scilicet conversorum, inibi divinum officium, prout poterant, Deo persolventes, in magna victus & vestitus locique penuria longo post tempore necessitate cogente, cum conversis degebant. Quamobrem angustiatus nimis pius pater domnus Carthusiæ inter cetera, ut fertur, misit ad quamdam sanctimonialem reclusam magni nominis quosdam priores ordinis, sciscitans ab ea, cur tantum in ordine sancto piaculum contigerit, ut mater ordinis sic deleretur. Quæ ad se missis illico respondit verbum bonum, verbum utique consolatorium: Non pro domus aut personarum domus aut ordinis culpa id constat evenisse, sed sola maligni hostis invidia instigante, qui domum ipsam potissime propter sacræ religionis observantiam delere conatur; hoc quoque inter cetera adjiciens: quod domus ipsa absque ulla hæsitatione in futurum solemniore statu quam umquam hactenus fuerat, Deo cooperante, esset reparanda. Quod equidem in præsentiarum ad oculum cerni potest: nam & ipse summus pontifex dominus GREGORIUS hujus nominis undecimus, qui & ipse inibi, si circa Avinionem viam universæ carnis exsolvisset, ut fertur, sepeliri proposuit, audita dictæ domus tam flebili desolatione, pro celeri ejus reparatione magnam summam florenorum cito transmisit. Sic & fecerunt etiam domini cardinales, prout sibi a Deo inspirabatur: idipsum fecerunt reges Franciæ, Angliæ, & Navarræ cum ceteris principibus & magnatibus ubique locorum; episcopi quoque ipsi atque ecclesiarum prælati, parvi cum magnis; insuper quoque & cives & civitates, simul in unum pauperes & divites, una cum domibus ordinis, audita dicta domus tam lugubri plaga, largius eleemosynas suas pro ejusdem ecclesiæ reparatione transmiserunt. Sed & domnus Carthusiæ quosdam de suis monachis ad regiones diversas cum litteris deprecatoriis principibus atque prælatis, ecclesiis quoque & capitulis per Franciam, Alemanniam, Lombardiam, Angliam & Galliam pro dictæ domus suæ subsidio transmisit. Et sic, Deo propitio, non in vacuum laboraverunt, sed magnam florenorum summam colligentes cum gaudio suscepti. Itaque Deo pie providente ac miserante, præfatæ reclusæ prophetia ad oculum plene jam cernitur adimpleta. Nam sæpedicta domus ædificia, cum ecclesia & aliis officinis & claustris, sumptuosa valde atque solemniter constant cum testudinibus lapideis, murisque & tegulis lapideis reparata; ita ut Deo dante jam potius de dicta domus reparatione sine comparatione magis gaudeant, quam qui de ejus antea desolatione videntes dolebant. Hæc est enim secunda per incendium domus Carthusiæ destructio: nam tempore piæ memoriæ domni Aymonis quondam prioris Carthusiæ, qui fuit decimus sextus in successione prior, domus præfata incendio ex toto periit circa annum Domini millesimum trecentesimum vigesimum; sed postea, Deo miserante, iterum reædificata fuit, & in melius quam ante reparata.

De schismate.

Tempore quoque præfati domni GUILHELMI prioris, scilicet anno Domini millesimo trecentesimo septuagesimo octavo, ordine Carthusiensium in quiete & summa reverentia, Dei providentia, persistente; contigit in ecclesia Dei sancta, permissu divino, inter triticum seminante maligno zizania, ut assolet, & quasi irremediabiliter & damnabiliter pullulante, videlicet illud detestandum ac nimis flebile schisma post obitum felicis recordationis domni Gregorii papæ undecimi. Celebrata denique Romæ per dominos cardinales pro novo papa electione, creatus fuit in pontificem dominus URBANUS hujus nominis sextus. Dehinc, nescitur quo Dei judicio, sine cujus nutu nec ab arbore folium cadit, parvo spatio post hanc electionem celebratam elapso, schisma contigit inter cardinales: nam una pars Romæ remansit cum electo suo, altera vero recessit novum creando papam, & conveniunt in unum CLEMENTEM curiam suam tenentes in Avinione. Accidit autem eodem secundæ electionis die, vel saltem eo tempore, duos fratres de ordine Prædicatorum ad domum Carthusiæ a casu devenire: conferentibus eisdem cum domno Carthusiæ forte de statu ecclesiæ, unus eorum petiit sibi afferri Apocalypsis librum; quo allato revolvit per folia: cum autem venisset ad locum scripturæ, *quasi per prophetiam*: Ecce, inquit, hæc prophetia hodie in ecclesia Dei impleta est. Et sic ecclesia claudicabat & nutabat ex utraque parte; sicque ordo permansit per biennium nec uni nec alteri parti adhærendo. Et tandem anno Domini millesimo trecentesimo octogesimo, collecto in domo Carthusiæ more solito capitulo generali, missa fuit ex parte URBANI papæ per priorem ordinis legatio pro sibi adhærendo tamquam Christi vicario. Missi fuerunt & ex parte domini CLEMENTIS secundi electi solemnes ambassiatores, quia prope satis est Carthusia Avinioni, pro sui adhæsione tamquam Christi vicario. Et sic tandem audita utriusque partis allegatione, præhabitaque aliquali deliberatione, domnus Carthusiæ magis inclinando se parti secundi electi, quia Gebennensis erat; quippe qui resistere non valebat aut certe verebatur majestati papali, dominioque terreno se opponere, sic nec diœcesano episcopo, scilicet Gratianopolitano; deliberavit finaliter pro se sibique adhærentibus stare cum secundo electo. Quod audientes quamplures priores, qui de diversis mundi partibus ad capitulum convenerant, dolorem cordis sui intimum dissimulantes, celerius a domo Carthusiæ recesserunt. Legato autem domini papæ Urbani insidiæ factæ sunt, quas domnus Carthusiæ compescuit, procurans sibi salvum conductum, donec extra fines Sabaudiæ perveniret. Non diu post hæc domnus Carthusiæ metuens sibi quod futurum erat, misit mandatum sub pœna obedientiæ in scriptis ad domos ordinis per Alemanniam, Picardiam & Flandriam, quatenus quilibet sibi & capitulo generali tamquam superiori suo obedire deberet. E contra venit & mandatum ex parte Urbani papæ ad priores & domos ordinis auctoritate apostolica de sibi adhærendo tamquam Romanæ ecclesiæ & vero Christi vicario; & non solum ad domos ordinis, verum etiam ad archiepiscopos & ad singulos etiam episcopos atque ecclesiarum prælatos, necnon & ad principes Romanæ ecclesiæ subjectos. Quare priores & conventus domorum ex omni parte coarctati, diffinierunt pro securitate, pendente schismate, stare simpliciter unusquisque cum suo diœcesano & ecclesia cathedrali; sicut domnus Carthusiæ in facto suo eis exemplificavit pro domo sua. Super iis omnibus ex parte domini papæ Urbani capitulum nostrum generale ad Pascha tunc futurum in alma urbe Roma ad S. Crucem, quæ est nunc ordinis nostri, celebrari institutum est. Cui capitulo generali plures priores Alemanniæ & aliarum regionum Romanæ ecclesiæ subjectarum interfuerunt, & ad præsentiam papæ singuli accesserunt; ibique definitum fuerat de novo quid in hunc eventum agendum erat. Dehinc proh dolor! fiebant excommunicationes, dignitatum privationes, suspensiones ex utraque parte; una pars alteram vitabat, neque communicare poterat unus cum alio propter vim præceptorum. Unum tamen erat notabile satis, quod ii qui erant ex parte domni majoris Carthusiæ, stantibus iis malis, magis vexabant eos qui erant ex parte obedientiæ Romanæ ecclesiæ ad obedientiam eorum & ad communicandum cum ipsis: econtra vero qui erant de obedientia Romanæ ecclesiæ magis, immo potissime vitaverunt ex alia parte. Stantibus autem iis malis, qui erant ex parte Urbani papæ elegerunt sibi unum generalem, qui loco prioris Carthusiæ vices suas ageret in domo sancti Johannis in Zeytz, in illaque domo residentiam haberet pro domo Carthusiæ. Heu quantæ tunc in ecclesia Dei per orbem ex utraque parte in detrimentum ecclesiæ fiebant desolationes & abusiones! prælati & presbyteri, viri clerici & idonei de dignitatibus ejiciebantur, beneficiis ecclesiasticis privabantur, & indigni & idiotæ intrudebantur; populus quasi quodammodo judaizare incipiebat sub bicipite, & alia infinita mala quæ iis malis pendentibus, peccatis nostris exigentibus evenerunt, longum nimis esset scribere. Pontifices de novo per successiones creabantur ex utraque parte, sic etiam & cardinales. Præterea & priores Carthusiæ, tam in domo Carthusiæ, quam in domo de Zeitz successores habuerunt. Stante adhuc schismate præfatus venerabilis pater domnus GUILLELMUS prior Carthusiæ terminum faciens hujus temporalis vitæ, viamque exsolvens universæ carnis, post multos labores deficiens in senectute bona mortuus est, ac in domo Carthusiæ sepultus anno Domini millesimo quadringentesimo tertio in Junio.

De vigesimo quinto priore.

Cui successit in regimine domus Carthusiæ venerabilis domnus BONIFACIUS, domus Carthusiæ monachus, vir litteratus. Qui præfatæ domui & ordini sollicite satis præfuit, donec ex utraque parte, scilicet obedientiæ, convenientibus in unum in domo Carthusiæ prioribus, post unionem sanctæ ecclesiæ, Deo tandem miserante, capitulum generale celebratum est. Sicque fluctuante jam diu desolata matre ecclesia tam in capitibus quam in membris quasi per spatium triginta annorum, tunica Domini inconsutili quasi spiritualiter dissipata; tandem miserante misericordiarum patre nostri, cujus miserationes super omnia opera ejus, ipsi domini cardinales, relicto utroque papante, dolentes super tamdiu, heu! Petri navicula fluctuante, jamque periclitante sub bicipite, convenerunt ex utraque parte in unum in civitate Pisis in Italia, ibique convocato cum matura deliberatione universalis ecclesiæ concilio solemni anno Domini millesimo quadringentesimo nono, ut de remedio jam quasi periclitantis sanctæ matris ecclesiæ salubri pariter tractarent, denique invocato divino auxilio multis piis precibus & obsecrationibus a fidelibus præmissis pro divina miseratione impetranda, domini cardinales intrantes conclave, creatus fuit uniformiter pro universali summo pontifice dominus ALEXANDER papa, natione Græcus, cui post non multum tempus successit in papatu JOHANNES vigesimus tertius.

De unione ordinis.

Anno Domini millesimo quadringentesimo nono convenientibus ex omni regione in unum ad domum Carthusiæ pro capitulo generali more solito celebrando prioribus, paceque ecclesiæ utcumque Deo miserante reddita, de nova prioris Carthusiæ electione facienda tractabatur. Nam BONIFACIUS tunc prior Carthusiæ a domo absens, cupiens ut apparebat celerius ad unionem sanctam ordinem posse venire, sua sponte per nuntium fidelem necnon per litteras in pleno capitulo renuntiavit prioratui domus Carthusiæ absolute. Similiter & ipse venerabilis pater *De domo* domnus STEPHANUS Deo dilectus & homini- *vallis S. Jo-*bus, pro parte Romanæ ecclesiæ prioratum *hannis Baptistæ de Seitz in* tenens in domo de Zeitz, generalis ordinis *Zeitz.* ibidem personaliter præsens, cum summa humilitate sua sponte pro ordinis optata unione, ad terram se prosternens renuntiavit prioratui domus de Zeitz tamquam prioratui Carthusiæ. Qui venerabilis pater plurima, immo quasi fere omnia dicta illius sanctæ mulieris Catherinæ de Senis, ipsa dictante, compilavit, quia sibi semper secretarius fuit. Sicque demum capitulum generale, præhabita deliberatione, invocato divino auxilio, nonobstante

nonobstante quod ad conventum domus Carthusiæ prioris electio dictæ domus hactenus spectet, novam electionem celebravit, facta tamen prius cautione conventui pro futuris per capitulum. Et sic anno præmisso sedente capitulo generali, uniformiter per capitulum, præsente conventu Carthusiæ, electus fuit in priorem Carthusiæ venerabilis ac pius pater domnus JOHANNES DE FRISEMONT, prior & monachus domus Parisiensis ibidem præsens, plurimumque renitens; qui, ut dicitur, quamplurimam pro ordinis unione zelando laboravit. Nam sicut Phinees zelando zelum Domini in pontificatus honore meruit sublimari; sic hic pius pater zelando sanctum ordinem & ejus unionem caput esse meruit, Deo providente, ipsius ordinis. Quod & usque in finem ad salutem suam & totius ordinis profectum perficere dignetur divina providentia, dirigendo sanctum ordinem in manibus ejus cum pace & tranquillitate cunctis optatâ; ut cum apparuerit Pastor pastorum, de talento pariter & grege sibi commisso dignam valeat Domino reddere bonæ villicationis & dispensationis rationem, (a)

Obiit anno 1400. vel circiter.

[a]

Habent sæpe Carthusienses consolationes & præostensiones spirituales & alia signa solatiosa, quæ latere magis volunt quam pandere, de quibus domnus Henricus Calcar scribit sic. Cuidam priori ordinis eorum in oratione consistenti & ecclesiæ de paucitate prædicantium condolenti contra errores Albigensium, quia papa compulsus fuit mittere contra eos abbates Cistercienses, cum non haberet alios: revelavit Deus aperte venturos esse breviter quatuor ordines prædicantium loco quatuor evangelistarum, dicens ei: Fili, esto bono animo, quia mihi breviter de prædicantibus providebo. Quod confidenter prædictus prior fratribus suis retulit & aliis Christianis: & ecce non diu post venit DOMINICUS canonicus regularis ad Carthusiam, recipiens a priore consilium de prædicando contra hæreticos, pariter & quasi habitum sine clausura, scilicet vittarum; qui tamen habitus post hoc per beatam Virginem cuidam eorum est ostensus, & tandem aliqualiter commutatus. Venerunt igitur Prædicatores, venerunt & Minores, a Deo sicut illi priori præostensi: quibus & post Augustinenses prædicantes, & Carmelitæ sunt adjuncti; qui interim magnum fecerunt fructum animarum in ecclesia.

Exemplum.

Cuidam novitio canonico ecclesiæ majoris Gratianopolitanæ, sedenti in muro Carthusiæ ante matutinas pro recedendo, apparuit magister suus noviter defunctus, clara luce dicens: Fili mi, revertere, & hæres eris

(a) Hic explicit Chronicon Carthusiense, quæ sequuntur excerpta sunt ex scriptis Henrici *Kalkar*.
Vet. Script. & Mon. ampl. Collect. Tom. VI.

A æternæ gloriæ. Qui reversus mansit, & feliciter consummavit.

Exemplum.

Alteri etiam novitio ibidem transeunti noctis tempore prope sepulchrum magistri sui defuncti, idem de sepulchro clamavit alta voce: Fili mi, noli recedere, alioquin filius eris gehennæ; qui similiter permansit, & sancte vixit.

Exemplum.

B Sæpe primas missas vel alias celebraturi a sacrista ad hoc eos vocante, in magna luce sedere sunt reperti, & aliquando cum hoc super terram elevati.

Exemplum.

Domnus ELIZIARIUS olim prior Carthusiæ, semel cum sacristam suum pulsare tardantem vocare vellet de cella, ipsum elevatum reperit de terra, & in luce magna.

Exemplum.

C Idem pater cum cuidam novitio suo ex humilitate serviret ad missam, audivit eumdem in canone clamantem: Plane, plane. Qui ob hoc interrogatus ab eodem, respondit, ita angelos circa Sacramentum tumultuasse, quod ex hoc sibi operis sui timuit periculum imminere.

Exemplum.

D Cuidam novitio de portando cappam tædium habenti, & in meridiana dormienti, apparuit Dominus portans crucem magnam satis laboriose ascendendo scalam. Item inferiorem crucem manibus tenuit & brachiis, superiorem vero scapulis; cui cum novitius diceret: Domine, adjuvem te, respondit ipse: Quomodo pro me portares talem crucem, qui renuis portare cappam? Ille evigilans compunctus, fuit abhinc ad omnia promtus. In memoriam illius crucis adhuc ibi & alibi tales solent cruces depingi.

Exemplum.

In loco eodem dum quidam monachus tardans dormire, respiceret superius de fenestra ad aërem, audivit vocem non ab homine: Tempus est dormiendi, monache.

Exemplum.

E Presbyter quidam celebrans Maguntiæ in ecclesia majori, communionis tempore, scilicet post *Agnus Dei*, audivit vocem dicentem sibi: Intra ad Carthusiam, quia ab hodie annis duobus transactis morieris. Obedivit ille citius, & quod prædictum est evenit certius. Vixit interim in ordine ita sancte, quod ex hoc bonus dicebatur Ludovicus; & sanitatem obtinuit cruris antea debilis.

O

Exemplum.

Raptores quidam animalia cujusdam domus Carthusiensium pro rapina abduxerunt omnia: quibus in valle quadam pausantibus, veniente quoque converso inopinate super eos & clamante: Sancta Maria, sancta Maria, hic sunt, hic sunt; statim eruperunt de sylva bestiæ non prius visæ. Quæ omnes cum equis dilaniaverunt membratim, nec comederunt, sed quasi peracto negotio sibi commisso, citius abierunt: quo miro viso, frater reduxit prædam ex integro, dolens ex eorum miserabili exitio.

De consolationibus eorum.

Consolationes etiam sæpe habent salutares a Domino, & hoc pro spirituali stipendio. Non enim potest homo ex natura inclinatus ad sæcularia, vivere in tanta castitate, parcitate & solitudine sine divina ad hoc speciali gratia & consolatione: unde somnia habere solent gratiosa, & aliquibus vix est aliquod notabile futurum, quod non prius prævideant per somnium. Visiones etiam habent devotissimas, nimirum quia vigilantes sola habent tractare animæ salutaria. In psalmodiis occurrunt eis expositiones super hominem plenæ mysteriis. Lectiones sunt ipsis animarum refectiones. Missæ sunt eis valde sapidæ, quas communiter frequentant pro aliis & pro se, libere tamen & sine coactione.

De tentationibus eorum.

Econtra ne magnitudo talium extollat eos, molestat eos sæpe angelus sathanæ tentationibus & persecutionibus satis importune, & specialiter novitios tamquam noviter de sua potentia erutos, lapidibus quasi jaculans post eos. Unde quosdam vexat perfidia, alios blasphemia, desperatione etiam & præsumptione; nunc scrupulositate, nunc judiciis falsis, suspicionibus, etiam & antiquis factis, seu peccatis. Aufert etiam quandoque appetitum comedendi, quandoque dormiendi tempus debitum impedit; & si quandoque dormire permiserit, vel pulsu excitat turbido, vel somnolentum facit in choro. Communiter autem eis sub devotionis pallio suadet eis plus facere quam velit ordo. Vigilare scilicet extra tempus debitum, abstinere plusquam oportet, in pane & aqua vel aliter jejunare, vel disciplinare; & similia tenebrarum suarum opera illicite facere: propter hoc & multi ab olim in illis primo sunt periclitati: cui periculo ut succurratur, ordo semper deputat eis magistrum, unum scilicet seniorum, qui novit iras dæmonum; quem qui non audiunt, sed suasu diaboli singulariter vivunt, aut exeunt, aut raro proficiunt. Omnia enim prædicta diaboli machinamenta sunt ad hoc, vel ut ad sæculum redeant, vel sibiipsis vel ordini inutiles fiant.

Exemplum.

Parisius quidam clericus de Flandria cantor optimus, dum examinandus esset pro intrando ordine, nullatenus cantare potuit quousque consilio prioris in ecclesia precem fecit. Hic diabolum sæpe vidit similem Æthiopi in novitiatu sic sibi loquentem: Recede miser, non manebis Carthusiensis, quia meus fuisti sæcularis. Parentes tui expectant te, volentes magnum Dominum facere. Quem ille non curans nec timens, mansit in ordine.

Aliud exemplum.

Novitius quidam in Carthusia recens juvenis, dum aliquando phantasiaretur de carnibus; ecce diabolus ut quidam juvenculus portabat scutellam carnium optime præparatam dicens: Comede, comede, quia optime sunt præparatæ & sapidæ. Iste sentiens diabolum adesse in tali re dixit: Expecta paulisper & revertar. Adiens igitur priorem & rem sibi referens, audivit ab eodem: Comede de licentia mei in nomine Dei. Reversus ille, dum diabolo dixit: Licentiam habeo; statim evanuit.

Exemplum.

Similiter diabolus in forma pulcherrimæ mulieris cuidam Carthusiensi coxit pulmentum de pisis; quod de licentia prioris comedens, ita sensit sapidum, quod in veritate affirmabat numquam se comedisse nec in sæculo, nec in claustro, cibum tam artificialiter & bene præparatum.

Exemplum.

Novitii cujusdam soror nubilis venit ad portam claustri flens, & ejulans pro eo quod ipsam desolatam reliquerit in sæculo. Consulit prior quod ipsam non videat, ne forte ab ea flexus recedat. Ille econtra stulte præsumens de fortitudine eam adiit, & statim miser cum ea recessit. Pergentibus ipsis insimul, & non longe a claustro, & nemusculum quoddam ingredientibus, vident rustici arantes & pastores bestiam de sylvis venire rabidam prius non visam; quæ mora in nemusculo facta modica, ad locum recte rediit unde venit. Mirantes illi quid fecerit bestia, currunt ad nemusculum; & ecce invenerunt membra eorum tantum dilaniata & hinc inde dispersa: quod cum nuntiassent fratribus in claustro, plangebant miserabile eorum exitium, mirantes Dei horrendum judicium.

Exemplum.

Honesto cuidam viro novitio tot accreverunt vermiculi sub novitiatus sui finem, quod ob hoc exire proposuit ordinem; qui cum tandem deposita verecundia, consuluisset priorem, audivit sibi respondentem: Fili, cum professus fueris, liber ab eis eris. Mira res! Confidenter profitetur, & statim nec unus quidem habetur, & aperte est comperta sathanæ fallacia.

De Caulitis.

Exemplum.

Provectos etiam usque ad mortem multis persequitur modis; de quibus hoc est unum, ex quo tamen primo venit bonum. Cum enim quemdam Carthusiensem provectum patrem præcipitasset in fugam; invenerunt eum quidam nobiles in Francia dicti de *Montcorne* in sylva quasi desolatum. Qui interrogatus, respondit se de claustro fugisse propter nimium rigorem vitæ; adjecitque quod si tempore abstinentiæ panis & aquæ caules habuisset, bene contentus mansisset. Miserti illi pauperis, duxerunt eum ad sua, assignantes eis locum pro fructibus & herbis valde fertilem, cui & ex hoc adhuc Caulium vocabulum est: unde & ipsi fratres postea Caulitæ sunt vocati. Ibidem ergo facto claustro quodam, & a sede apostolica, promotore Domino, approbato, adunati sunt socii multum devoti; qui viventes quasi sint Carthusienses, per multos annos multum bene habuerunt se. Qualiter autem nunc habeant apparet clare in claustro de *Horne* ex opposito *Rurelmont*, quia dominium de *Horne* de sanguine eorum de *Montcorne* descendit, quod constructum est ibi in honorem sanctæ Elizabeth, ubi nunc jam sunt canonici regulares de reformatione.

Sequitur. Vide nunc quanta bona de revelatione statuum animarum post mortem evenerunt. Nam status Benedictinorum salubriter fuit reformatus per quosdam post hoc regulam suam strictissime observantes, qui, mutato nomine & habitu, dicti sunt Cluniacenses.

Exemplum.

Reversus enim est quidam magnus inter eos nomine Euteritius post mortem dicens: Deo gratias. Sciatis, fratres, quia in his quadraginta annis unum tantum non memini diem me cibum sumpsisse nisi prius flevissem; hodie autem sublato mœrore consolatus est me Dominus, & inter choros angelorum tribuit mihi requietionis locum: hæc dicens, perpetue requievit in pace. Fratres igitur illi hoc ab homine longe vere mortuo audientes, timorati in Domino rigidissime vixerunt postea, & posteri eorum aliquamdiu, ut in speculo historiali. Post quos venerunt Grandimontenses etiam strictius ob hoc viventes. Quanta autem bona statuum post illam & ex illa damnationis sententia Parisius audita evenerunt, patet quia conversus est Bruno cum sociis, & ortus est ordo Carthusiensium; &

Vet. Script. & Mon. ampl. Collect. Tom. VI.

post modicum cœpit ordo Cisterciensium. Papa Urbanus audiens hoc factum Parisius, territus venit in Galliam conscientia ductus, ubi in multis reformavit ecclesiam, intimavit passagium pro terra sancta, post hoc breviter gloriose obtenta. Cujus post reliquias defenderunt Templarii aliquo tempore; quibus amotis locum illorum subierunt Johannitæ. Surrexerunt & milites Theutonici; venerunt & Wilhelmitæ tunc pœnitentes cum Wilhelmo illo comite, quem S. Bernardus convertit. Venerunt Prædicatores, Minores, Cruciferi, Augustinenses, Carmelitæ, & ordo Trinitatis, & ordines Camaldulensium, Calatravensium, Vallis-umbrosæ, Humiliatorum, & militiæ S. Jacobi. Postmodum orti sunt Cœlestini, quibus Gregorius undecimus propter novitatem, fecit domum de pecuniis apud quemdam cardinalem sibi sanguine junctum defunctum adinventis. Rex etiam Franciæ Carolus ultimus fecit pro eis domum Parisius: isti licet novi, jam tamen multi declinaverunt a bona vita ipsorum. Postremo in Hungaria cœperunt Paulitæ seu Paulini, nobis propinquiores prope Pinguiam & Moguntiam inter montes, qui contra regulam suam mendicant, & aliter satis heu! declinanter ambulant: isti hoc modo sunt orti. Fugatis ab ecclesia & dispersis ante papæ Johannis vigesimi secundi tempora pauperibus de Lugduno & pseudo-apostolis hæreticis, sic quod habitum dimiserunt; latent tamen heu! adhuc multi inter mechanicos præcipue, sub vestibus, ne cognoscantur, communibus, quorum circa Moguntiam aliqui inventi fuerunt & combusti. Fugatis igitur illis & occultatis, iterum laïci tempore Johannis papæ vigesimi secundi fecerunt novam sectam sub habitu singulari, scilicet Fratricellorum seu fratrum de paupere vita; contra quos idem papa Johannes fecit constitutionem illam: *Sancta Romana atque &c.* Et hoc quia pro tunc nulla alia erat secta, quæ contra voluntatem ecclesiæ mendicabat, & tenuit conventicula, quia fratres de tertia regula S. Francisci, non mendicando, vivebant de propriis laboribus. Rex igitur Hungariæ multos habens in regno suo tales pauperes in silvis hinc inde commorantes, & ad villas pro necessariis exeuntes; ut verus obedientiæ filius, noluit eos taliter vivere contra voluntatem ecclesiæ, nec etiam eos in periculum animarum ipsorum effugare: rogans ob hoc papam prædictum obnixe pro certa regula, qua tales stare possent canonice. Quam & libenter dedit, intitulans eos Paulo primo eremitæ; sed omnino noluit mendicare. Quapropter & rex pius dedit eis vitæ necessaria & ædificia fecit competentia: sicque in multis breviter profecerunt domibus, de quibus Turci jam aliquas heu! destruxerunt, interfectis lamentabiliter similiter habitatoribus. Sic igitur illi ab ecclesia confirmati sunt, aliis ubique adhuc in sua duritia persistentibus, & ob hoc hactenus semper vexati sunt ab inquisitoribus. Omnes istæ religiones prænominatæ in principio sui mira religiositate floruerunt & devotione; & ob hoc ex Spiritu sancto tamquam paradisi voluptatis quos plantaverat Deus a principio, in quibus posuit personas utriusque sexus. Quæ cum tandem, instigante diabolo, cum Adam & Eva gustassent de ligno vetito, sapientes quæ mundi sunt & carnis, & non quæ sunt Spiritus Dei, turpiter etiam de paradiso sunt ejecti, declinantes quotidie in obligationem diaboli, communiter cum operantibus iniquitatem heu! heu! seducti. Carthusienses vero casu aliorum edocti, fugerunt semper a facie gladii Sathanæ, reclusionem sui paradisi tenentes firmissime, nec intromittentes etiam fatuam ad se; quippe qui munditiam carnis & cordis summe pro Christo servant. Habent etiam custodes murorum, patres scilicet visitatores, qui nec prælato parcent nec subdito delinquenti. Quin immo insurgente zizania, statim extirparent eam aut reprimerent, ut semen residuum fructum Deo reddere posset. In servitutem corpus suum redigendo, per medium quasi spatium vitæ suæ jejunando; & quando bis reficiunt, pro cœna tantum fructus terræ & arborum recipiunt. Vigilant etiam pro Christo noctis tempore communiter ad minus horis quinque, offerentes pro tunc Deo aut nocturnale semper officium aut duodecim lectionum, tribus diebus ante Pascha tantum exceptis, quibus novem lectiones tenent cum aliis clericis. Preces semper in singulis tenent horis canonicis, quas per medium quasi annum solvunt cum veniis, hoc est in genibus, per reliquum vero profundis inclinationibus. Totam etiam bibliam singulis annis persolvunt. Militant itaque Deo humiliter sub priore patre vice Petri Christi vicario, providente eis feliciter de necessariis, quia proprium non habent, ex statutis eorum certo numero quali & quanto ministrandis: contenti semper paucis cum frugalitate, malentes pro Christo pœnitentialiter egere, quam carnaliter superhabere. Feriis secundis & quartis panem & vinum recipiunt, potagium quoque & fructus si adsunt: aliis diebus additur illis aliquid ex gratia. In hebdomada semel contenti sunt in pane & aqua: segregatim soli habitant in cellis, ita tamen propinque, quod in necessitatis articulo alter alterum advocare potest pro subsidio. Diebus ferialibus ter, scilicet ad matutinas, ad missam, & ad vesperas in ecclesiam conveniunt, festivis diebus omnes cantant horas excepto completorio, quo se in cella benedicunt, & de beata Virgine ultimo & aqua benedicta, ne inquietentur a diabolo. Silentium semper tenent nisi de licentia; signa non habent: non reguntur ab uno homine, qui leviter posset rigorem ordinis immutare, sed in capitulo eorum ordinantur novem diffinitores, qui ad omnia salvo rigore ipso cum magna discretione respondent; qui visitatores singulis deputantur provinciis. Benedictus ergo sit ille qui illos benedixerit, & hic in gratia & alibi in gloria. Habent in anno quinque tempora sibi minuendi. Hæc ex scriptis Henrici Calcar.

INSIGNIS MONASTERII
SANCTI VICTORIS
VETERA MONUMENTA NONNULLA.

Ex mss. codicibus ejusdem monasterii.

OBSERVATIO PRÆVIA.

E Parisiensi S. Victoris monasterio, cujus nonnulla hic exhibemus vetera monumenta, magna cum laude loquitur Jacobus de Vitriaco in historiæ occidentalis capite 28. ubi repræsentat illud quasi lucernam Domini supra candelabrum positam, quæ non solum propinquam civitatem sed remotas circumquaque regiones & ad Dei cognitionem illuminat, & ad caritatem inflammat. *Unde mirum omnino videri non debet, quod quidam referunt scriptores, septem ex eo prodiisse cardinales, archiepiscopos duos, episcopos sex, abbates diversis in locis constitutos quinquaginta quatuor, primoque & altero fundationis sæculo subjectas habuisse sui ordinis triginta abbatias & prioratus cum octoginta præpositutis. Fuit autem in prima sui origine cella Nigrorum monachorum Massiliensis monasterii S. Victoris, qui circa annum* MCVIII. *loco cesserunt canonicis regularibus congregationis S. Rufi. Ex quo regio edicto adductus fuit ab Hugone Lothariensi conventus. Huic statim accessit socius & frater insignis Universitatis Parisiensis doctor & magister Guillelmus de Campellis, qui accepto ibidem canonicorum regularium habitu, scholam suam in Victorinas ædes transtulit, nec multopost ipse translatus ad sedem episcopalem ecclesiæ Catalaunensis. Cum autem non minus sanctitatis, scientiæ laude floreret nova congregatio Victorina, amplissimis eam latifundiis dotavit perillustris Francorum rex Ludovicus VI. Porro dolemus, dolentque nobiscum omnes viri antiquitatis studiosi, nullam celeberrimi monasterii hactenus vulgatam historiam, quam donec quis aggrediatur nonnulla quæ ex ejusdem cœnobii mss. collegimus, interim hic promimus monumenta, quibus etiam ecclesiastica historia potest illustrari.*

DIPLOMA LUDOVICI VI.
regis Francorum, pro S. Victore.

Concedit eis facultatem eligendi abbatis, non requisito regis aut cujusvis alterius assensu.

EGo Ludovicus Dei gratia Francorum rex, antecessorum nostrorum exemplis informatus, & accusante conscientia, diem extremi examinis ante oculos reducens, ob remedium animæ nostræ, pro salute etiam A Philippi patris nostri regis & antecessorum nostrorum, in ecclesia B. Victoris, quæ juxta Parisiorum civitatem sita est, consultu quidem archiepiscoporum & optimatum regni nostri, canonicos regulariter viventes ordinari volui; qui videlicet tam pro nobis, quam pro salute regni nostri Dei misericordiam implorarent, & memoriam nostri & antecessorum nostrorum in suis orationibus haberent. Et ne cura temporalis necessitudinis fratrum speciale propositum ad exteriorum sollicitudinem inclinaret, eamdem præfatam ecclesiam nostræ largitatis beneficio dotavi & ditavi. Convenientibus vero in unum Catalauni archiepiscopis, episcopis, comitibus, & ceteris regni nostri optimatibus, communi assensu definivimus, quatenus prædicti canonici de grege suo vel de alia ecclesia quem vellent sibi abbatem eligerent : ita tamen quod in illa abbatis electione, nec regis assensum quærerent, nec regis auctoritatem ullatenus expectarent, nulliusque alterius personæ voluntatem vel laudem attenderent; sed quem Deus eis concederet, inconsulto, ut diximus, rege vel qualibet alia persona, canonice eligerent, & Parisiensi episcopo irrefragabiliter consecrandum offerrent. Promulgavimus etiam in eodem conventu, villas, prædia & cetera beneficia, quæ ad usum canonicorum præfatæ contulimus ecclesiæ. Et hæc omnia perpetuo jure, perpetua libertate eis habenda concessimus, nihil potestatis, nihil juris reservantes nobis; sed omnia quæ ad nos pertinere videbantur, eis omnino emancipantes. Signum RODULFI Remorum archiepiscopi. Signum DAIMBERTI Senonensis archiepiscopi. Signum LUDOVICI regis. Signum IVONIS Carnotensis episcopi. Signum GAULONIS Parisiensis episcopi. Actum Catalauni in palatio publice anno Incarnationis Dominicæ MCXIII. anno vero regni nostri V. Data per manum domni STEPHANI cancellarii.

BULLA PASCHALIS PAPÆ II.
pro S. Victore.

Regio diplomate concessa canonicis S. Victoris confirmat.

PASCHALIS episcopus servus servorum Dei, dilectis filiis GILDUINO priori & ejus fratribus in ecclesia S. Victoris secus Parisius canonicam vitam professis tam præsentibus quam futuris in perpetuum.

Religiosis desideriis dignum est facilem præbere consensum, ut fidelis devotio celerem sortiatur effectum. Filius siquidem carissimus noster LUDOVICUS illustris Francorum rex pro sui & patris sui anima, vestram ecclesiam suis beneficiis donatis, nostra hæc petiit auctoritate firmari. Statuimus ergo ut canonicæ observantiæ disciplina, præstante Domino, in vestra semper ecclesia conservetur. Obeunte tamen vestræ congregationis abbate, libera vobis eligendi abbatis facultas maneat, omni sæcularis potestatis contradictione seposita. Porro villas, prædia & cetera beneficia quæ supradictus rex de suo jure usibus delegavit, nos vobis vestrisque successoribus in perpetuum possidenda sancimus, &c.

Ego Paschalis catholicæ ecclesiæ episcopus subscripsi.

Datum Laterani per manum JOHANNIS S. R. E. diaconi cardinalis & bibliothecarii, calendis Decembris, indictione VIII. Incarnationis Dominicæ anno MCXIV. pontificatus autem domni Paschalis papæ anno XVI.

LITTERÆ STEPHANI EPISCOPI
Parisiensis ad suos archipresbyteros.

Ut latam ab se excommunicationis sententiam in Thomæ prioris S. Victoris interfectores promulgent.

STEPHANUS Dei gratia Parisiensis episcopus F. R. E. H. archipresbyteris salutem.

Ex auctoritate Dei patris omnipotentis, & Filii, & Spiritus-Sancti, & sanctæ Dei genitricis Mariæ, & omnium sanctorum excommunicamus, & anathematizamus, & a sanctæ matris ecclesiæ liminibus sequestramus illos, qui domnum Thomam priorem S. Victoris interfecerunt, & qui in fortitudine interfectoribus affuerunt, & eos quorum consilio & ammonitione & auxilio interfectus est. Omnes etiam illos excommunicamus, qui ejus interfectores & interfectorum præsentes coadjutores in suo hospitio receperint, vel qui cum eis aliquam communionem vel participationem habuerint in cibo & potu, in consilio & locutione, nisi forte pro eorum correptione, in emtione & venditione, in dati & accepti communione, in susceptione & protectione. Omnes istos supradictos excommunicavimus donec resipiscant, & ad satisfactionem veniant. Mandamus itaque vobis atque præcipimus vobis, quatenus per singulas dies Dominicas hoc modo & his verbis excommunicetis, & ceteros presbyteros excommunicare faciatis. Mandamus etiam vobis, quatenus unusquisque vestrum in suo archipresbyteratu prohibeat, ut nullus omnino presbyter, nec de sæculo, nec de religione, nec abbas, nec canonicus, nec monachus, nec eremita, nec inclusus, nec etiam abbas S. Victoris hujus reum ad se pro confessione venientem suscipiat, nec ei absolutionem hujus culpæ tribuat, aut pœnitentiam injungat. Et ego de tanto reatu mihi soli absolutionem & pœnitentiam reservavi. Hoc quoque præcipimus, ut presbyteri quando excommunicant, hanc nostram prohibitionem omnibus dicant. Valete.

EPITAPHIUM ADÆ S. VICTORIS
canonici regularis.

CIrca tempora excellentissimi doctoris magistri Hugonis de S. Victore floruit excellens & celebris doctor, magister Adam ecclesiæ ejusdem S. Victoris Parisiensis canonicus professus, natione Brito, conversatione humilis & gratus, doctrina & eruditione utilis & præclarus : adeo ut sine operibus ejus vix posset homo in prologis S. Hieronymi super bibliam pedem figere, vel expositionem rationabilem difficilium invenire. Ipsos enim tam super vetus testamentum, quam super novum, ut sit rota in medio rotæ, licet multis & magnis obscuritatibus involutos, tam ex brevi & succincta mysteriorum multiplicium narratione, quàm ex dictionum quasi insolitarum interpositione, de verbo ad verbum exposuit luculenter, ut patet diligenter intuenti librum suum, quem de hujusmodi expositione prologorum composuit, qui sic incipit: *Partibus expositis textus nova cura contingit, & fragiles humeros onus importabile frangit.* In quo etiam libro ipse facit multotiens mentionem de quodam libro, quem ipse composuit, qui vocatur *Summa de vocabulis bibliæ*, seu *Summa Britonis*, & de aliis operibus virtuosis. Illud etiam non immerito debet meritorie commendari, quod valde multas prosas fecit de benedicta Trinitate, de S. Spiritu, de gloriosa Virgine MARIA, ad quam specialem devotionem noscitur habuisse; de apostolis & aliis pluribus sanctis, quæ succincte & clausulatim progredientes, venusto verborum matrimonio subtiliter decoratæ, sententiarum flosculis mirabiliter picturatæ, schemate congruentissimo componuntur, in quibus & cum interserat prophetias & figuras, quæ in sensu quem protendunt videbantur obscurissimæ, tamen sic eas adaptat ad suum propositum manifeste, ut magis videantur historiam texere, quam figuram. Quo tamen stante, cum eo quod in eis addit superfluum, nihil in eis invenies imminutum. Dicat ergo qui viderit præsens scriptum illud; quod dicit Scriptura: *Adam exemplum meum ab adolescentia mea.* Et bene debet esse exemplum religiosorum, quia dictum est de eo & de illis: *In funiculis Adam traham eos in vinculis caritatis.* Si autem quæras cum Scriptura, *Adam ubi es?* respondetur, quod sub ista tumba clavata, in terra unde formatus est Adam similiter est sepultus, qui dum vitam ageret in humanis tam excellenter & excellenter est locutus. Et quia scriptum est, reddet Dominus hominibus secundum actus suos & secundum opera Adæ, hinc est quod de operibus quæ per eum Spiritus-Sanctus edidit, aliqua censuimus hic scribenda, ut qui ea legerit, viderit & audierit, Deum laudet in sæcula benedictum & oret, quatenus spiraculum vitæ, quod inspiravit in faciem istius Adæ, ex visione suæ benedictissimæ essentiæ cum sanctis & electis suis efficiat gloriosum.

EPITAPHIUM MAGISTRI ADÆ canonici S. Victoris.

Nominis & pœnæ primi patris hic situs heres,
   Terra sit, a terræ nomine nomen habens.

Ne mireris homo, quod Adam sub humo cinerescat,
   Cui cognomen humus materiamque dedit.
In vita reliquis illuxit, quo duce verum
   Dicat Adam quam sit fallax opulentia rerum.
Quem fovit virtus, cui favit gloria mundi,
   Ecce sub externi cinerescit cespite fundi.

Aliud epitaphium quod ipse de se composuit.

Heres peccati, natura filius iræ,
   Exiliique reus nascitur omnis homo.
Unde superbit homo, cujus conceptio culpa,
   Nasci pœna, labor vita, necesse mori.
Vana salus hominis, vanus decor, omnia vana,
   Inter vana nihil vanius est homine.
Dum magis alludit præsentis gaudia vitæ,
   Præterit, immo fugit, non fugit, immo perit.
Post hominem vermis, post vermen fit cinis, heu, heu!
Sic redit in cinerem gloria nostra simul.
Hic ego qui jaceo miser & miserabilis Adam,
   Unam pro summo munere posco precem.
Peccavi, fateor, veniam peto, parce fatenti,
   Parce pater, fratres parcite, parce Deus.

DIPLOMA HENRICI, FRATRIS Ludovici regis, pro monasterio S. Victoris.

Concedit ei præbendam in ecclesia S. Exuperii de Corbolio.

HENRICUS frater illustris LUDOVICI Dei gratia regis Francorum & ducis Aquitanorum, & Dei permissione abbas regalium abbatiarum, omnibus Christi fidelibus tam posteris quam præsentibus in perpetuum. Jam ad multorum devenit notitiam, quod illustris memoriæ pater meus Dei gratia rex Francorum LUDOVICUS, B. Victoris ecclesiam de pulvere paupertatis erexit, eamque canonicorum regularium ordine insignitam abbatiam instituit: cui etiam juxta regalem munificentiam plurima beneficia contulit, & in augmentum veræ dilectionis, quosdam de filiis suis fratribus nostris, cum ex hac vita decederent, in eadem religionis domo sepeliri mandavit. Ego itaque videns plantationem patris mei de die in diem proficere, & religionis non solum flores, sed etiam uberrimos fructus afferre, & jam præ multitudine fratrum ea etiam quæ pater suus contulerat eis non posse sufficere, necessarium duxi de his bonis quæ in sancta ecclesia divina bonitas mihi concesserat, eisdem fratribus ad sustentationem ipsorum aliquid impertiri. Proinde noverint universi & præsentes & posteri, quod prædictis canonicis B. Victoris ob remedium animæ meæ & majorum meorum, in ecclesia S. Exuperii de Corbolio præbendam unam assensu canonicorum ejusdem ecclesiæ donavi, & in perpetuum habere concessi. Nec illud latere volumus, quod huic dono prædictus frater meus rex non solum assensum præbuit, sed etiam ut hoc faceremus & voluit & rogavit. Quod ne valeat &c.

DIPLOMA BARTHOLOMÆI DECANI
ecclesiæ Parisiensis, pro monasterio
S. Victoris.

Confirmat donationes ab episcopis & ecclesia Parisiensi S. Victori concessas.

[*a*] EGo Bartholomæus (*a*) Dei gratia ecclesiæ B. Mariæ Parisiensis decanus & totus ejusdem loci conventus, notum fieri volumus tam posteris quam præsentibus, quod ecclesia nostra B. Victoris ecclesiam canonicorum regulari ordine insignitam speciali amore dilexit, & dilectionem suam, ut res ipsa probat, effectu operis comprobavit. Siquidem præfata B. Victoris ecclesia, multa tam ex dono episcoporum, quam canonicorum, possidet beneficia. Nos igitur prædecessorum nostrorum beneficiis assensum præbentes, & non solum illorum dona, sed etiam nostra firma in perpetuum esse volentes, ob recordationem beneficiorum nostrorum præsentes litteras præcipimus fieri, atque in eis multa beneficia ex maxima parte proprie signanterque describi. Hæc autem sunt beneficia. Ex dono domini Galonis episcopi medietas molendinorum sub domo episcopali, ita scilicet quod in aqua Secanæ a superiori parte insulæ usque ad parvum pontem, quæ tota est de jure episcopi, si molendini unus, aut plures construantur, aut quacumque occasione, vel in quocumque loco mutentur, communi etiam consilio & sumtu tam episcopi quam canonicorum B. Victoris fiat molendinorum constructio & reparatio, & communis & æqualis habeatur totius emolumenti tam multuræ quam piscium quam ceterorum divisio. Molendinarii etiam communiter imponantur, & fidelitatem faciant. Addidit etiam prædictus episcopus huic dono viginti solidos Paris. monetæ, quos singulis

[*b*] annis prædicti fratres reciperent de Gordo (*b*) episcopali, inter parvum pontem & *Melbrai* collocato. Ex dono capituli apud Civilliacum, tam de territorio Civilliaci quam Orsiaci terra uni carrucæ sufficiens, cum de-

[*c*] cima & camparte ejusdem terræ. Olchia (*c*) quoque una, cum omnibus consuetudinibus & reditibus suis. Ex dono piæ memoriæ domini Stephani episcopi & nostro in hac nostra B. Mariæ ecclesia præbenda una, in ecclesia S. Marcelli præbenda una, in ecclesia sancti Germani Autissiodorensis præbenda una, in ecclesia S. Clodoaldi præbenda una, in ecclesia S. Martini de Campellis præbenda una.

Ita scilicet quod canonici S. Victoris in singulis supradictis ecclesiis ad servitium earumdem ecclesiarum singulos vicarios ponant. Item, ex dono prædicti episcopi annualia canonicorum omnium prædictarum ecclesiarum, ita scilicet, ut quocumque modo quilibet canonicus earumdem ecclesiarum præbendam suam relinquat, vel quocumque modo præbenda de una persona in aliam transeat, ecclesia S. Victoris ejusdem præbendæ reditus per annum ex integro habeat, & nullum super hoc ex debito aut ecclesiæ aut defuncto præter anniversarium exsolvat obsequium. Idem quoque episcopus quasdam parochiales ecclesias, quas quædam personæ etiam laicæ prius tenebant, earumdem personarum non solum assensu, sed etiam rogatu, præfatæ B. Victoris contulit ecclesiæ. Rogatu Sadulfi Belli ecclesiam *de Vilers*, & tertiam partem maximæ decimæ, tam vini quam annonæ, & redecimationem magnæ & minutæ decimæ. Ecclesiam S. Briccii cum tota sua minuta decima, & de presbyteratu ejusdem ecclesiæ per singulos annos sexaginta solidos. Item, rogatu Pagani de Præriis ecclesiam de Valle-gaudii, & totam magnam decimam tam vini quam annonæ, & totam minutam ad eamdem ecclesiam pertinentem. Rogatu etiam prædicti Pagani partem etiam cujusdam decimæ prope Lusarchias, in villa quæ dicitur *Lati*, quam prædictus Paganus tenebat. Item, rogatu Baldoini clerici de Corbolio, qui in ecclesia B. Victoris canonicus extitit, ecclesiam de villa quæ *Cons* appellatur, & terram & decimam ad presbyteratum ecclesiæ pertinentem. Sextam quoque partem magnæ decimæ & sextam minutæ. Statuit etiam idem episcopus, ut de presbyteratu ejusdem ecclesiæ canonici sancti Victoris per singulos annos sexaginta solidos habeant. Item, rogatu Matthæi militis de Munellis, & Pagani filii Sulionis avi ejus, quorum alter, id est Matthæus, in præfata ecclesia ad succurrendum se reddidit; alter vero, id est Paganus, sub habitu canonici aliquantulum vixit, ecclesiam de Vico-novo & totam decimam quam in tota parrochia ejusdem ecclesiæ habebant. Sextam quoque partem magnæ decimæ ejusdem loci ex dono prædicti Baldoini de Corbolio. Item, ex dono prædicti episcopi ecclesiam de Athiis, & totam decimam quam Albertus *de Ver* in tota parrochia prædicta habebat. Sunt aliæ quædam ad feodum episcopalem pertinentia, a quibusdam præfatæ B. Victoris ecclesiæ data & a prædicto episcopo concessa. Siquidem Hugo filius Girelmi terram arabilem super ripam Sequanæ & apud Balneolum octo solidos & tres obolos census præfatæ ecclesiæ dedit. Similiter Ungerus frater ejusdem Hu-

---

(*a*) Iste Bartholomæus Stephani Parisiensis episcopi nepos, anno 1149. Catalaunensis ecclesiæ antistes creatus est.
(*b*) Gordus locus est in fluvio coarctatus piscium capien-
dorum gratia.
(*c*) Olchia est portio terræ arabilis, fossis vel sepibus undique clausa.

gonis

gonis totum censum quem in Cardineto & apud S. Marcellum, & Parisius in vico qui vocatur *Cherruchin*, & apud Vitriacum habebat. Item dominus MATTHÆUS de Monte-Morentiaco centum solidos per singulos annos de censu quem habet apud S. Dionysium in terra quæ dicitur S. Marcellus. Item, dominus GALERANNUS comes Meulenti XL. solidos de censu quem habet Parisius in moncello S. Gervasii. His & aliis beneficiis ecclesiæ B. Victoris ab ecclesia nostra collatis sicut supradictum est assensum præbemus, & ne possit oblivione deleri, præsentem cartam præcepto nostro conscriptam, sigilli nostri impressione, & nominum nostrorum subscriptione firmamus.

DIPLOMA ODONIS PRIORIS S. Martini a Campis, pro ecclesia sancti Victoris.

Compensatio annualis præbendæ quam S. Martini monachis concessit Theobaldus episcopus Parisiensis.

EGo frater ODO Dei gratia prior S. Martini de Campis, & totus noster conventus, notum fieri volumus tam posteris quam præsentibus, quod dominus THEOBALDUS per Dei gratiam de nostro monasterio assumtus, & Parisiensis ecclesiæ episcopus factus, præbendam unam in eadem B. Mariæ ecclesia assensu capituli nobis in perpetuum dedit. Ecclesia vero S. Victoris, quæ in præfata B. Mariæ ecclesia annualia præbendarum habet, hujus ipsius præbendæ quæ nobis data fuit annuale suum ex integro habuit. Sed quia de eadem præbenda, quæ ecclesiæ S. Martini in perpetuum data erat, jam de cetero ecclesia S. Victoris annuale habitura non erat, sic ne hoc dono nostro ecclesia S. Victoris læderetur, si unius præbendæ annuali beneficio in perpetuum privaretur; consilio & consideratione domni HUGONIS Altissiodorensis episcopi & domni BERNARDI Clarevallensis abbatis communi assensu statuimus, ut ecclesiæ S. Victoris pro recompensatione annualis supradictæ præbendæ per singulos annos in festo sancti Paschæ X. solidos persolvamus & mittamus. Quod ne valeat oblivione deleri, scripto commendavimus, & ne possit a posteris infirmari, sigilli nostri impressione signavimus.

CONVENTIO INTER EASDEM ECCLESIAS *super annualibus præbendæ quam in ecclesia B. Mariæ Stampensis obtinent monachi sancti Martini a Campis.*

THEOBALDUS Dei gratia episcopus Parisiensis, GOSLENUS Suessionensis, HUGO Autissiodorensis universis fidelibus tam posteris quam præsentibus in perpetuum. Notum fieri volumus, quod querelam illam quæ inter ecclesiam S. Martini de Campis & ecclesiam S. Victoris erat, præcepto domni CÆLESTINI papæ discutiendam suscepimus, unde autem querela ista orta sit, ad majorem evidentiam pacis aperimus. Proinde sciendum est quod in ecclesia B. Mariæ Stampensi monachis S. Martini de Campis præbenda una in perpetuum data est. Cumque canonici S. Victoris, qui in prædicta B. Mariæ ecclesia, sicut & in aliis regalibus ecclesiis annualia præbendarum sibi jam olim data & privilegiis confirmata obtinent, annuale præbendæ monachis datæ jure sibi debito vellent habere, nollent monachi dare: tandem res in querelam ducta, & usque ad audientiam domni CÆLESTINI papæ perducta, ab eodem ipso domno papa, sicut supradictum est, nobis discutienda, & si fieri posset terminanda commissa est: quam hoc modo terminavimus. Primo quidem decrevimus, ut ecclesia B. Victoris illius præbendæ, quæ ecclesiæ S. Martini data erat, annuale suum ex integro haberet, quod & factum est. Deinde etiam quia de eadem præbenda quæ monachis data erat, jam de cetero ecclesia S. Victoris annuale habitura non erat, nostra consideratione nostroque consilio domnus ODO prior S. Martini & totus conventus ejusdem loci communi assensu statuerunt, ut pro recompensatione annualis supradictæ præbendæ, per singulos annos ecclesiæ S. Victoris decem solidos in festo S. Remigii & persolvant & mittant. Hanc autem pacem & pacis conventionem, quam præcepto domni papæ inter utramque ecclesiam fecimus, ne aliqua valeat oblivione deleri, scripto commendavimus, & ne possit a posteris infirmari, sigillorum nostrorum auctoritate firmavimus.

CARTA AIMONIS DE AIIS pro sancto Victore.

De annualibus præbendarum, quas milites Templi in ecclesia Stampensi & in Pissiacensi possidebant.

Ratio docet & justitia exigit, ut quod nobis fieri volumus hoc & ipsi aliis faciamus. Itaque AIMO DE AIIS unus ex militibus & fratribus Templi, cui rerum Templi, quæ citra mare sunt, cura & administratio commissa est, & ceteri fratres nostri notum fieri volumus tam futuris quam præsentibus, quod in duabus ecclesiis canonicorum sæcularium, in quibus ecclesia S. Victoris annualia præbendarum, sicut & in pluribus aliis, habet, præbenda una & dimidia nobis in eleemosynam data est. In ecclesia B. Mariæ de Stampis præbenda una, in ecclesia S. Mariæ de Pissiaco præbenda dimidia. Notum vero est & præceptis regiis & apostolicis privilegiis confirmatum, ut quotienscumque quilibet canonicorum ecclesiarum illarum obierit, vel quocumque modo præbenda de persona in personam mutata fuerit, ecclesia B. Victoris præbendæ illius reditus per annum integrum ex integro habebit. Proinde ne in prædicto dono nostro sæpedicta B. Victoris ecclesia damnum aliquod pateretur, in capitulo nostro apud S. Walburgam habito, super hoc consilium habuimus, & pro præbendis quas in eorum annualibus vel jam habemus vel forte habituri sumus, ecclesiæ B. Victoris personam unam certam magistrum scilicet Templi majorem communi assensu assignavimus, eo videlicet pacto, ut quotienscumque magister ille quicumque fuerit, vel mortuus vel mutatus fuerit, ecclesia B. Victoris omnium præbendarum reditus, quos in eorum annualibus habuerimus, per annum integrum ex integro habeat, sicut ante donum nostrum de mortuis vel mutatis canonicis habere solebat.

EPISTOLA LUDOVICI REGIS VII.
ad Henricum fratrem suum, & Ist. & Jal. archidiaconos.

Ut ecclesiam S. Martini de Campellis canonicis S. Victoris tradant, ut in ea regulares canonici instituantur.

[a] LUDOVICUS Dei gratia rex Francorum & dux Aquitanorum H. (a) fratri suo, Ist. Jal. archidiaconis salutem & gratiam suam.

Negotium quod, si præsentes essemus, per nos ipsos vobiscum libentius ageremus, vobis sicut amicis agendum committimus super ecclesia S. Martini de Campellis, ut canonicis S. Victoris ad religionem tradatur. Voluntatem nostram episcopo Parisiensi & toti capitulo B. Mariæ per litteras nostras insinuavimus, & ut ipsi hoc ipsum velint & concedant obnixe rogavimus, Vos itaque primum rogamus, ut & vos pro Dei amore & nostro hoc ipsum velitis & concedatis, ac deinde apud ceteros canonicos ut & ipsi hoc velint pro nobis agatis, atque ab eis consensum eorum vestra industria & instantia eliciatis. Valete.

EPISTOLA GILDUINI ABBATIS
S. Victoris ad episcopum Belvacensem.

Commendat ei presbyterum, cujus frater intestatus obierat.

DOmno Belvacensi G. beati Victoris Parisiensis dictus abbas in summo pastore gloriari, & ipsius digne imitari vestigia.

(a) Henrico abbati S. Martini de Campellis & plurium aliarum regalium ecclesiarum, deinde anno 1146. monacho Clarevallensi, nec multo post episcopo Belvacensi, ac tandem archiepiscopo Remensi, de quo vide quæ diximus in præfatione ad tomum II. hujus collectionis.

Presbyter iste præsentium lator habebat quemdam fratrem, qui intestatus mortuus est, excepto quod unum equum canonicis regularibus S. Quintini, (b) in quorum terra habitabat, ut nobis dictum est, dereliquit. Expectabat enim hunc fratrem suum, sed antequam iste adveniret, ille decessit. Venerunt autem prædicti canonici, & tulerunt defuncti corpus, ipsum apud se sepelientes, & quæ habere videbatur secum pariter auferentes. Unde vos mediante parvitate nostra rogat iste, ut ei justitiam faciatis, & quæ fratris sui fuerunt restitui faciatis. Valete.

DIPLOMA PHILIPPI
fratris Ludovici regis Francorum, pro monasterio S. Victoris.

Confirmat ei annualia canonicorum decedentium in ecclesiis regalibus.

IN nomine sanctæ & individuæ Trinitatis, PHILIPPUS frater illustris LUDOVICI Dei gratia regis Francorum & ducis Aquitanorum & per Dei gratiam abbas quarumdam regalium ecclesiarum, videlicet beatæ Mariæ de Stampis, S. Mariæ de Corbolio, S. Mariæ de Medunta, S. Mariæ de Pissiaco, S. Mellonis de Pontisara, omnibus fidelibus tam posteris quam præsentibus in perpetuum. Justum est & rationabile comprobatur, ut illustris patris bene gesta illustris filius imitetur, ejusque beneficiis, maxime quæ pauperibus Christi contulit, promto animo consentiens attestetur. Noverint igitur universi, quod illustris memoriæ pater meus Dei gratia Francorum rex LUDOVICUS in quibusdam regalibus ecclesiis, quas antecessores nostri fundaverunt vel fundatas acquisierunt, annualia canonicorum voluit ordinari, & ad B. Victoris ecclesiam canonicorum regularium ordine insignitam, ob sustentationem fratrum voluit deputari. Nam quia eamdem S. Victoris ecclesiam, utpote a se fundatam, specialius diligebat, idcirco & beneficia multa conquirere diligentius insistebat. Beneficium autem supradictorum annualium ecclesiæ B. Victoris non modo collatum est, ut per annum reditus præbendarum canonicorum decedentium ecclesia S. Victoris ex integro habeat, & nullum propter hoc aut ecclesiæ aut defuncto præter anniversarium exsolvat obsequium. Hoc etiam adjunctum est, quod si quilibet canonicorum prædictarum ecclesiarum, cujuscumque religionis vitam eligens, præbendam reliquerit, ejusdem præbendæ reditus ecclesia S. Victoris per annum ex integro possidebit. Ego igitur PHILIPPUS, qui regalibus abbatiis ex magna parte

(b) Insigne canonicorum regularium monasterium juxta Bellovacum, a Guidone hujus urbis episcopo anno 1067. fundatum, cujus primus abbas fuit Ivo celeberrimus postea Carnotensium episcopus.

Deo auctore præsideo, & licet minus idoneus, dignitatem abbatis obtineo, hoc beneficium patris mei quod ecclesiæ B. Victoris contulit approbo, laudo, & confirmo. Insuper quemadmodum a fratribus meis, domino scilicet LUDOVICO Francorum rege & duce Aquitanorum, & domino HENRICO, qui ante me abbas earumdem abbatiarum extitit, statutum ac privilegio confirmatum ac roboratum est, hoc beneficium adeo integrum & perfectum in perpetuum esse decerno, ut quicumque canonicus regalium ecclesiarum, sive earum quæ jam in potestate nostra sunt, vel etiam si Deus ordinaverit, futuræ sunt, non solum mortuus fuerit vel vitam mutaverit, sed etiam absque ulla exceptione, quocumque alio modo præbendam reliquerit, perdiderit, mutaverit, ejusdem præbendæ reditus ecclesia S. Victoris, sicut jam supradictum est, per annum ex integro possidebit. Ne autem ecclesia in eodem anno suo privetur servitio, illud faciat canonicus qui succedit. Hoc itaque quod de annualibus supradictis statutum est, in perpetuum esse ratum statuimus, & posteris nostris immutabiliter esse decernimus. Illud ne valeat, &c.

LITTERÆ GELDUINI ABBATIS S. VICTORIS de Ecclesia S. Petri de Monte-Letherico concessa monachis Longi-Pontis, & de compensatione facta canonicis S. Victoris, qui in ea præbendam, & annualia possidebant.

G cœnobii S. Victoris dictus abbas cum fratribus suis omnibus fidelibus tam posteris, quam præsentibus in perpetuum. Omnium bonorum & maxime religiosorum proprium est totius sanctitatis & religionis propagationi & profectui congaudere. Gaudium hoc nostri, Deo miserente, temporibus in mutatione ecclesiæ B. Petri de Monte-Letherico piis desideriis oblatum est donatum. Siquidem ipsa ecclesia per Dei gratiam & piissimi LUDOVICI Francorum regis voluntatem, consilio & assensu, de sæculari statu in religionis statum promota est, & ad hæc servis Dei monachis scilicet de Longo-Ponte (*a*) assignata est, & in perpetuum donata. Nos itaque qui in prædicta S. Petri ecclesia præbendam unam & integram & aliarum præbendarum annualia habemus, mutationem illam in melius volumus & approbamus, & per manum domini nostri THEOBALDI Parisiensis episcopi supradictam præbendam & annualia ecclesiæ de Longo-Ponte in perpetuum habenda concedimus. Ne autem ecclesia nostra pro illius ecclesiæ mutatione & nostra benivola concessione redituum suorum diminutione nimia grava-

[*a*]

retur, consulente, mediante, immo faciente prædicto Parisiensi episcopo, in cujus arbitrio & potestate, utriusque partis assensu, totum in hoc consistebat negotium, monachi de Longo-Ponte nobis recompensationem vicariam reddiderunt, & rebus ecclesiæ suæ & ecclesiæ S. Petri ea quæ subscripta sunt ecclesiæ nostræ communi assensu perpetuo possidenda dederunt. Apud Athegias terras, vineas, decimam & quicquid omnino ecclesia de Longo-Ponte ibidem habebat. Apud eamdem villam duos solidos census, quos prædicta ecclesia S. Petri ibidem habebat. Hæc omnia sicut dictum est ecclesia de Longo-Ponte ecclesiæ nostræ libere & quiete semper habenda donavit, & donum semper commendans sigilli sui impressione firmavit. Ut autem mutationis prædictæ ecclesiæ S. Petri & præbendæ & annualium nostra concessio rata in perpetuum habeatur, cartulam istam concessionis nostræ tenorem continentem conscripsimus, eamque sigilli nostri impressione firmavimus, & monachis de Longo-Ponte habendam & conservandam tradidimus. Nomina etiam fratrum nostrorum, ad hujus rei testimonium & ad majorem firmitatem subscripsimus. Signum G. abbatis, &c.

EPISTOLA ACHARDI ABBATIS
S. Victoris ad Henricum II.
Anglorum regem.

Ut Richardum de Ely thesaurarium suum ad solvendam pauperibus & ecclesiis relictam a canonico Parisiensi pecuniam compellat.

HENRICO Dei gratia gloriosissimo regi Anglorum A. (*b*) cœnobii S. Victoris Parisiensis qualicumque dictus abbas, salutem, & administratione regni temporalis æternum promereri.

Canonicus quidam Parisiensis F. nomine sola liberalitate ductus, nullo amplioris acquisitionis interveniente intuitu, magistro Richardo *de Ely* thesaurario vestro viginti libras Parisiensis monetæ usque ad diem diffinitum commisit. Contigit autem eumdem canonicum infra scriptum terminum ingredi viam universæ carnis. Cum vero ageret in extremis, universam substantiam suam ecclesiis & pauperibus, aliis plus, aliis minus, pro consilio religiosorum virorum designavit. Unde & qui testamento ejus interfuerunt, ad prædictum Richardum nuntium in Angliam miserunt super exsolvenda prætexata pecunia submonentes. Ipse vero tanti immemor beneficii solvere contempsit. Majestati igitur vestræ pro ecclesiis & pauperibus pauper Christus supplicat, & patroci-

[*b*]

(*a*) Longus-pons est insignis cella ordinis Cluniacensis in diœcesi Parisiensi, in qua cum priore erant olim viginti duo monachi. Est & alius Longus pons tribus a Suessione leucis distans, ubi est celebris abbatia ordinis Cisterciensis.
(*b*) Achardus secundus S. Victoris abbas Gilduino successit, qui obiit anno 1155. 13. Aprilis.

nium vestrum in hac causa sua speciali specialiter efflagitat; & ne transgressionis ejus in vos, quod absit, ex negligentia culpa redundet, potestate vobis divinitus data pecuniam Christi periculose retinentem ad reddendum compellatis, ut & zelus lætitiæ in vobis evidenter appareat, & causa ecclesiarum & pauperum adjuta apud summum judicem pro vobis intercedat. Illud autem pro certo habeatis, quod in extremo mortis articulo prædictam pecuniam se gratis absque omni augmento ante dicto Richardo coram tribus honestæ existimationis sacerdotibus confessus est ad tempus commisisse. Valete.

EPISTOLA ACHARDI ABBATIS
S. Victoris ad A. episcopum Lexoviensem.

Commendat ei ecclesiam suam.

[4] Domino illustrissimo & omni dignissimo reverentia A. (a) episcopo Lexoviensi A. S. Victoris abbas, salutem & devotæ caritatis obsequium.

Benignitati vestræ dignas referre grates non possumus, quia domum nostram & miro coluit affectu, & amplis sibi obligavit beneficiis. Illi igitur referendas committimus, cui facitis quicquid uni ex minimis suis facitis. Porro vestram flagitamus celsitudinem, & precibus obsecramus instantissimis, ne vester ille tepescat affectus, quem vivente piæ memoriæ patre & prædecessore meo GILDUINO abbate, vestra erga nos habuit pietas, ne contrahatur aliquatenus illa pristina vestræ caritatis latitudo; sed quo magis nunc indigemus, eo magis amplietur in dies. Vobis omnino sumus obnoxii omnes nos devoti servi vestri paratissimi pro vobis, ut debemus, promtissima facere voluntate quicquid potest humilitas nostra. Vestri nobis memoriam nullo die subducit oblivio. De cetero fratrem ad vos Reynerum mittimus pro qua causa ipse insinuabit. Sciatis autem ita se habere negotium pro quo mittitur, ut idem asseret, unde serenitati vestræ multas porrigimus preces, ut pio negotio piam porrigatis manum, & sua pauperibus debita solvantur impedendatis & consilium & opem. Beatitudinem vestram custodiat CHRISTUS JESUS domine illustrissime & omni dignissime reverentia.

(a) Arnulfo, qui ex archidiacono Sagiensi factus est episcopus Lexoviensis.

EPISTOLA LUDOVICI REGIS
ad canonicos S. Victoris Parisiensis.

Ut Achardus ad aliam assumtus ecclesiam nihil alienet vel accipiat de rebus S. Victoris.

Ludovicus Dei gratia Francorum rex priori & universis fratribus S. Victoris salutem & dilectionem.

Ecclesia ista ex beneficio prædecessorum nostrorum & ecclesiæ Parisiensis fundata est, unde & specialius eam diligimus. Vocatus est abbas vester ad aliam ecclesiam, (b) non volumus quod res ecclesiæ, cujus cura ad nos principaliter spectat, in aliquo minorentur, sed crescant. Unde & regia auctoritate vobis præcipimus, quod abbas A. de cetero nullam alienandi vel accipiendi res ecclesiæ istius habeat facultatem, neque eo præsente verbum aliquod de electione incipiatis. Valete.

BULLA ALEXANDRI PAPÆ III.
ad abbatem de Castro-Nantonis.

Ut in Ecclesia S. Salvatoris Victorinos sinat pacifice annualia possidere.

Alexander episcopus servus servorum Dei dilecto filio abbati de Castro-Landonis (c) S. & A. B.

Injuncti nobis officii auctoritas nos hortatur universis Dei fidelibus & præsertim viris religiosis in justitia sua diligenter intendere, & eis quæ sua sunt illibata penitus & integra conservare. Unde dilectioni tuæ per apostolica scripta mandamus, quatenus annualia quæ dilecti filii nostri abbas & fratres S. Victoris Parisiensis in ecclesia S. Salvatoris jam ex longo tempore canonice possedisse noscuntur, quiete eos permittas & pacifice possidere, donec cum eis super his componas. Vel si de justitia tua confidas, in præsentia electi ab utraque parte judicis, vel etiam in adjutorio nostro legitima cum eis examinatione contendas. Datum Turonis (d) XI. Cal. Februarii.

(b) Abrincensem scilicet, ad cujus episcopatum adscitus est anno 1162. teste supplemento Roberti de Monte.
(c) Vulgo dicitur Castrum-Nantonis, licet gallice pronuncietur *Château-Landon*, estque canonicorum regularium cœnobium in diœcesi Senonensi, quod pro monachis primum a S. Severino fundatum fuerat tempore Clodovei regis.
(d) Alexander III. Turonos accessit mense Octobri anni 1162. ibique tribus & amplius mensibus remoratus est. Deinde Parisios venit, ac postmodum Turonos reversus ibidem concilium celebravit.

EPISTOLA HUGONIS CARDINALIS
ad Guidonem episcopum Catalaunensem.

Commendat ei Alexium subdiaconum S. Victoris canonicum.

Venerabili fratri & amico carissimo Guidoni Dei gratia Catalaunensi episcopo Hugo eadem gratia S. R. E. diaconus cardinalis salutem & intimæ dilectionis affectum.

Apostolicæ sedis benignitas, quæ speciales filios quadam prærogativa dilectionis consuevit amplecti, dilectum fratrem nostrum Alexium latorem præsentium, subdiaconum sanctique Victoris Parisiensis canonicum, virum utique prudentem & litteratum propriis apicibus ad se revocat, destinatione, & proposito, auxiliante Domino, ad altiora sublimandi. Nos igitur de amicitia vestra præsumentes, ipsum cum nostris litteris ad vos confidenter dirigimus, rogantes & obsecrantes ut eum nostra contemplatione benigne recipiatis, & manum auxilii & consilii sive in bona equitatura sive in ejus æstimatione liberaliter conferatis. Nos autem quod ei feceritis peræque gratum habebimus & acceptum, ac si personæ nostræ impenderetis.

EPISTOLA ALEXANDRI PAPÆ III.
ad S. Germani & S. Victoris abbates, priorem & suppriorem S. Victoris, atque Odonem quondam abbatem S. Genovefæ.

Ut inquirant de poenis inflictis Guillelmo canonico S. Genovefæ.

ALexander episcopus servus servorum Dei, dilectis filiis sancti Germani & sancti Victoris abbatibus, priori quoque ac [a] suppriori S. Victoris, & Odoni (a) quondam S. Genovefæ abbati S. & A. B.

Significatum nobis est quod cum Guillelmus S. Genovefæ canonicus ad præsentiam nostram absque abbatis & capituli sui licentia accessisset, eumdem ad prædictum abbatem, ut in capitulo de hujusmodi transgressione humiliter satisfaceret, a nobis transmissum, ita vehementer & inhoneste tractavit, quod ipsum universis vestibus exuens & acriter verberans, septem diebus in terra cum canibus cibum sumere fecit. Quoniam vero de viro tam honesto ac religioso aliquid sinistrum non debemus facile credere, nos de vestra honestate plenius confidentes, hoc discretioni vestræ committimus exequendum, mandantes ut rem ipsam diligentissime inquiratis, & hujus rei veritatem ve-

(a) Ex hoc loco patet Odonem primum S. Genovefæ abbatem, longe ante mortem curam pastoralem dimisisse, & ad S. Victorem unde assumtus fuerat, rediisse, ubi & diem extremum clausit.

Astris litteris nobis fideliter intimetis. Datum Senonis (b) XV. cal. Septembris. [b]

EPISTOLA PE. S. CRYSOGONI PAPÆ
capellani ad Ervisium abbatem S. Victoris.

Ejus ob amorem se pecuniam Roberto de Bristo accommodasse.

HErvisio Dei gratia venerabili abbati S. Victoris Parisiensis, Fr. Pe. S. Crysogoni domini papæ capellanus, salutem & intimæ devotionis affectum.

Petitiones tuas & precum oblationes quas mihi pro amicorum levamine porrigere dignaris, tanto libentius effectui mancipare studeo, quanto arctius caritatis affectu tuæ personæ adhæreo. Quod in fratris Roberti de Bristo negotio & aliorum noscere vales, Cui tum pro amore tuo, tum debito fraternitatis & avunculi sui duas marcas argenti vel circa accommodavi, quas, me teste, pro negotio suæ ecclesiæ expendit. Rogo igitur dilectionem tuam, ut tuis hoc litteris præfato abbati notifices, ut super hoc facto sic se habeat, quatenus libentius, si opportunum fuerit, alicui de ordine nostro auxilium ex corde impendam. Ex hoc testes habeo dominum Albanensem & Rogerium clericum ejus, Hugonem capellanum domini papæ, & Johannem servientem nostrum quem bene nosti.

EPISTOLA WILLELMI PRIORIS
Ursi-campi, ad Richardum priorem S. Victoris.

Petit aliquod ex ejus opusculis describendum.

DIlecto suo domno Richardo priori de S. Victore, frater Willelmus dictus prior Ursi-campi (c) salutem in Domino. [c]

Libellum vestrum quem remitti vobis mandastis, ego ipse reportavi in quadragesima; sed quoniam tunc non eratis apud S. Victorem, fratri Hugoni hospitali vestro illum commendavi, insinuans ei ut vobis eum redderet. Rogamus autem ut aliquod opusculum vestrum nobis mittatis, quod nondum habuimus, scilicet *de somnio Nabuchodonosor*, vel *Illumina faciem tuam super servum tuum*. Nam & hoc scribere incoeperamus; sed in exemplari vestro imperfectum reperimus. Vale.

(b) Alexander papa, celebrato Turonis concilio, circa festum S. Hieronymi 1163. Senonas accessit, ubi sesquiannum commoratus est. Hinc colliges hanc epistolam sequenti anno 1164. scriptam fuisse.
(c) Ursi-campus insigne monasterium ordinis Cisterciensis filia Claravallis anno 1129. fundatum.

EPISTOLA A. AD O.

Queritur de suo abbate, quem rogat ab abbate, priore & aliis S. Victoris fratribus moneri.

Fratri A. suus O. salutem.

Sicut ex fructu & folio cujus naturæ & utilitatis sit arbor cognoscitur, sic ex operibus & verbis tuæ dilectionis tam præsens, quam absens, quantus esset affectus tuus in me didici. Scias, carissime, quoniam ex quo a vobis recessi, multos labores pro salvanda auctoritate nostri conventus incurri, & diu sunt mansuri, nisi Deus, cui soli possibile est, cor, manum, & linguam nostri abbatis, qui contra omnes molitur, operatur, & loquitur, sua dignatione immutaverit. Rogo igitur tuam caritatem, ut tu roges Ervisium abbatem & Richardum priorem & Henricum Longobardum & Henricum de Cercellis, magistrum S. & ceteros amicos nostros ex nostra parte, quatenus eum cum ad vos venerit, moneant, arguant & corripiant; nisi enim in alium virum commutatus fuerit, nec nobis utilis erit, nec famam sanctitatis ecclesiæ B. Victoris in partibus conservabit nostris. Hoc munus Domini, non quantum, sed ex quanto considerans, per præsentium latorem suscipe, ut per signa signatam habeas memoriam mei in oculo & mente. De cetero quære a Rainero sacrista, quando potero habere tabulas, quas mihi petenti promisit, & pretium ipsarum, prout voluerit & mandaverit mittam. Vale ut & ego valeam.

DE HERVISIO ABBATE S. VICTORIS, patrino Philippi regis.

Anno Incarnationis Dominicæ MCLXV. in octava Assumtionis B. Mariæ Virginis, nocte dum matutina synaxis celebraretur, nobilissima proles Ludovici regis quondam Franciæ processit ad ortum, videlicet Philippus filius ejus, cujus nativitatis gaudium deferens nuntius ad S. Germanum de Pratis veniens, hos felices rumores narravit eadem hora qua monachi incipiebant cantare propheticum canticum, *Benedictus Dominus Deus Israël, quia visitavit & fecit redemtionem plebis suæ, &c.* Quod divino oraculo contigisse manifestis indiciis conjici potest. Fama vero tam desideratæ prolis circumquaque percurrens, omnes Francigenas maximo gaudio replevit, quippe qui successorem masculini sexus de semine regis procedentem diu multumque desideraverant, qui post gloriosi patris decessum solium regiæ majestatis obtineret; quorum desiderium attulit eis Dominus, nec sunt fraudati a desiderio suo. Itaque regia prole exorta, in crastino ortus sui, hoc est die Dominica, pater ejus rex Ludovicus filium suum baptismatis sacramento confirmari fecit. Ad quod exequendum Mauricius Parisiensis episcopus mandato regis sacerdotalibus vestimentis se induit, & regiam sobolem in ecclesia S. Michaëlis de Platea solemniter regeneravit. Hugo enim abbas S. Germani Parisiensis, patrinus, puerum super fontem baptismatis in ulnis suis tenuit, Hervisius quoque abbas S. Victoris, & Odo quondam abbas S. Genovefæ patrini extiterunt. Constantia soror regis Ludovici, uxor Remundi comitis S. Ægidii, & duæ viduæ Parisienses matrinæ fuerunt.

EPISTOLA LUDOVICI REGIS ad Ervisium abbatem S. Victoris.

Petit justitiam ab hominibus de Amponvilla.

Ludovicus Dei gratia Francorum rex, amico suo Ervisio illustri abbati sancti Victoris salutem.

Cognitum est nos habere jus nostrum in causa adversus homines Amponvillæ, de quorum numero quinque nobis rectum fecerunt. Unde mandamus vobis, ut fortunam, sicut inventa fuerit, nos habere faciatis, & homines vestros, quia fuerunt nobis, ad justitiam habeatis a die Mercurii ad octo dies. Quod si non feceritis, ad villam ipsam nos convertemus. Si enim aliqui effregissent domum nostram, etsi non haberent pecuniam sublatam, totam tamen reddere tenerentur, & nos volumus quod homines nostri de effossa fortuna nobis satisfaciant.

EPISTOLA G. Presbyteri Anilcurtensis ad Richardum priorem S. Victoris.

Petit ab eo passionem sive lectiones novem de S. Victore, inserendas in breviario.

G. Dei gratia Anilcurtensis ecclesiæ presbyter, dilecto fratri suo R. venerabili priori ecclesiæ S. Victoris Parisiensis, salutem.

Mandamus atque rogamus dilectionem vestram, quatenus passionem B. Victoris, quæ apud nos non invenitur, vel novem saltem lectiones de ipsa passione transcriptas per præsentium latorem nobis mittatis. Scribimus enim quemdam librum, quem breviarium vocant, cui eas inserere dignum duximus. Valete.

EPISTOLA G.
ad Richardum priorem S. Victoris.

Cupit rescire quid cum rege & abbate sancti Germani egerit pro suo negotio.

[a] Carissimo suo RICHARDO venerando priori S. Victoris, humilis frater G. (*a*) salutem eamdem quam sibi.

Si iter prosperum a nobis ad propria habuistis, si gratiam in conspectu regis invenistis, si recte ac prospere apud domnum abbatem, si abbatem S. Germani super negotio nostro convenistis, per præsentium latorem nobis significare non gravetur dilectio vestra. Salutate nobis domnum abbatem, qui humilitatem nostram non solum ad obsequendum, sed ad obediendum in quibus sibi placuerit, promtam inveniet. Salutate nobis domnum ROGERUM abbatem Augensem carissimum nostrum.

DIPLOMA PETRI EPISCOPI
Aniciensis, ecclesiam de Doa Stephano abbati S. Evurtii & ejus successoribus reformandam concedentis.

[b] Petrus Dei gratia Aniciensis episcopus, omnibus ecclesiæ fidelibus in perpetuum. Sollicitudinis ac providentiæ pastoralis esse debet, ea quæ ad honorem Dei & religionis augmentum spectant specialiter diligere, & si qua negligentius aguntur a subditis in melius reformare. Eapropter ecclesiæ de Doa, (*b*) in qua disciplina regularis & canonicus ordo pene deperierat, ad petitionem carissimi fratris & amici nostri magistri STEPHANI abbatis, ecclesiæ S. Evurtii Aurelianensis donavimus & concessimus, ut in ea regularis ordo per institutionem prædicti abbatis & successorum ejus secundum approbatas consuetudines ecclesiæ suæ deinceps observetur, & honor Dei & sanctæ ipsius ecclesiæ per regulariter ibi servientes canonicos successu temporum perfectius augeatur. Huic donationi nostræ interfuerunt & idipsum fieri postulaverunt canonici Aniciensis ecclesiæ, Odo Caprarius sacrista, Petrus Gualli thesaurarius, Mauricius Stephanus Sauverius. Quod

ut ratum & firmum permaneat, ad perpetuam memoriam præsentem cartulam fecimus conscribi, & sigillo nostro confirmari.

BULLA ALEXANDRI PAPÆ III.
ad canonicos regulares S. Satyri.

Hortatur eos ad regularem disciplinam sedulo observandam, vetatque ne etiam extra cœnobium carnibus vescantur.

[c] ALEXANDER episcopus servus servorum Dei, dilectis filiis capitulo S. Satyri, (*c*) salutem & apostolicam benedictionem.

Eos qui relictis vanitatibus & mundanis illecebris in arctiori vita devoverunt Domino famulari, summa cura & diligentia vigilare oportet jugiter & intendere, qualiter assumtæ religionis habitus moribus & vitæ concordet, & propositum suum firmum & immobile conservetur, ne super arenam, sed potius super firmam petram Domini videantur fundasse. Inde est quod caritatem vestram monemus, mandamus atque præcipimus, quatenus dilecto filio nostro abbati vestro omnimodam obedientiam & reverentiam devote & humiliter impendentes, circa cultum religionis & honestatis, & canonici ordinis observantiam, sicut olim bonæ memoriæ Radulfo (*d*) quondam abbati vestro ferventer & unanimiter intendatis, consuetudines illas probatas, quæ in diebus ejusdem abbatis salubri & rationabili providentia in monasterio vestro institutæ fuerunt pariter & servatæ, præsertim in carnalis esus abstinentia extra claustrum sicut in claustro nullatenus violare tentetis. Si quis autem vestrum contra easdem institutiones temere venire tentaverit, usque ad satisfactionem congruam eum eidem sententiæ subjacere decernimus, quam prædictus abbas in earumdem transgressores rationabiliter statuisse [dicitur,] quod in capitulo nullus vestrum pro evitanda disciplina in voce appellationis prorumpat. Et si pro tali causa duxerit appellandum, appellationem ipsam nullius momenti esse censemus, quominus secundum ordinis instituta regulari disciplinæ subdatur. Datum Beneventi. [d]

(*a*) Guillelmus, ut opinor, canonicus S. Genovefæ, de quo superius in epistola Alexandri papæ ad abbates S. Germani & S. Victoris, &c.

(*b*) Ex hoc diplomate plura sunt emendanda, quæ in nova Gallia Christiana referuntur de abbatia de Doa. Eam scilicet primo concessam fuisse Præmonstratensi ordini, atque, secundam, ut creditur, ordinis illius domum extitisse, quæ a fervore primævæ observantiæ jam descivisset sub Petro Aniciensi episcopo. Nam si *ejus origo refertur ad annum* 1138. ut ibi dicitur, qua ratione dici potest secunda domus ordinis, qui eo anno jam totum per orbem dilatatus erat? Quomodo descivisse a primævo fervore, qui tum ubique vigebat? sed neque mendum irrepsisse dicendum est in epistola Stephani Tor-

nacensis ad episcopum Aniciensem inscriptione *pro ecclesia S. Evurtii*; nam cum Stephanus tum abbas S. Evurtii Aurelianensis petiisset a Petro episcopo ecclesiam de Doa sibi suisque successoribus subjiciendam, non mirum si epistola illa inscribitur *pro ecclesia S. Evurtii*. Quo vero anno a canonicis regularibus ad Præmonstratenses Doa transierit ignoramus.

(*c*) Abbatia ord. ordinis S. Augustini in diœcesi Bituricensi haud procul a Sacro-Cæsare fundata.

(*d*) Qui obiisse videtur anno 1164. nam eo anno successorem habuit Johannem, ut patet ex bulla Alexandri III. in nova Gallia Christiana relata.

EPISTOLA LUDOVICI VII. REGIS
ad canonicos S. Genovefæ.

Hortatur eos ad vitam religiose ducendam.

LUDOVICUS Dei gratia Francorum rex toti conventui S. Genovefæ de Monte, salutem & dilectionem.

Ecclesia vestra quæ ab antiquis temporibus magni nominis extitit, & regalis est ecclesia, sicut magnifice bonis exterioribus est ampliata, ita interius ordinis observantia & cultu justitiæ debet esse decora. Eapropter universitati vestræ mandamus & precamur, ut dum in hac titubatione & sine pastore estis, oves errabundæ non sitis. Cavete ne nominis vestri nitorem infamiæ rumor aspergat, & color optimus vertatur in pallorem. Efficite ut magnitudini nominis fervor religionis concorditer accedat. Si quis autem deviaverit, ab errore viæ suæ revocetis; & si rebellis inventus fuerit, secundum ordinis vestri regulam & disciplinam sancti Victoris corrigatis, & ad obediendum prælatis rigore animadversionis coërceatis. Videte tamen ut ita verba paterna habeatis, ut ubera materna non desint. Taliter agentibus vobis nec consilium deerit, nec auxilium nostræ.... Civitas supra montem posita non potest abscondi, & vos cum sitis in monte, curate, & seduli estote, ne lucernam vestram, quæ & omnibus lucet, pravarum actionum fumus extinguat. Qui est in monte arduum virtutum montem non deserat, nec in plano vitiorum, ubi Cain fratrem occidit, descendat.

DIPLOMA LUDOVICI VII. REGIS
pro S. Victore.

De decimis de Villaribus.

IN nomine sanctæ & individuæ Trinitatis. Amen. Ego LUDOVICUS Dei gratia Francorum rex. Quoniam plurimi meditantes dolum omnino vigilant ad rapiendum, expedit & præcipue religiosis, ut in pactis eorum intercedat conscientia principum ad sopienda jurgia malignantium. Notum itaque facimus omnibus futuris sicut & præsentibus, quod ante nos multis astantibus Hugo Mala-punctura cognovit meditatem trium partium decimæ majoris & minoris de Villaribus, usque ad quatuor annos se invadiasse ecclesiæ S. Victoris pro mille solidis per manum fratris Alardi, quod etiam laudavit Guido Sagitta frater Hugonis, & tali tenore stat wadium, quod non diswadiabunt illud nisi ad suum retinere, & quod de manu sua decimam non ejiciant. Cognoverunt etiam prænominati Hugo & Guido, quod Nicolaus sororgius suus aliam medietatem trium partium prædictæ decimæ, & unum hospitem pro mille solidis ecclesiæ S. Victoris invadiaverat eodem per omnia tenore conventionis, assentiente uxore sua Emelina. Et nos pro immobili firmitate vadium sicut ante nos recordatum, scribi & sigillo nostro fecimus consignari. Actum publice Meleduni anno ab Incarnatione Domini MCLXIX. astantibus in palatio nostro quorum apposita sunt nomina & signa.

Signum comitis THEOBALDI dapiferi nostri.
Signum GUIDONIS buticularii.
Signum MATTHÆI camerarii.
Signum RADULFI constabularii.
Data per manum HUGONIS cancellarii.

EPISTOLA G. HEREFORDIENSIS
episcopi, ad Ervisium sancti Victoris abbatem.

Petit aliquem ex ejus grege, qui ecclesiæ Wigorniensi pastore viduatæ præficiatur.

G. Dei gratia Herefordiensis episcopus, dilectis sibi in Domino E. S. Victoris abbati curæque suæ commissis fratribus, salutem, gratiam & benedictionem.

Nos vobis ad præsens scribere vestræque benignitati preces affectuose porrigere caritas de cordibus fratrum vestrorum imperiosa compellit. Plorans enim ploravit in nocte doloris sui jam diu Wigorniensis ecclesia, nec poterunt hærentes maxillis ejus lacrymæ, nisi per vos reprimi leviter aut exsiccari. Optans itaque post amissi damna pastoris patrem sibi de more substitui, recurrit ad pascua unde pastorem primo suscepit, unde primo canonicæ institutionis rudimenta, Domino sic disponente, sortita est. Unde cum supplici supplicamus, preces fraternitati vestræ cum rogante porrigimus, quatenus ecclesiæ quam plantavit dextra vestra, pastorem idoneum providentes, & qualem sibi noveritis expedire, de collegio vestro concedatis, ut ipsos jugis obedientiæ, & nos, si quid possumus, gratiæ & servitii debitores habeatis. Valere vos oportet in Domino, dilectissimi.

EPISTOLA ERVISII ABBATIS
S. Victoris, ad O. cardinalem apostolicæ sedis legatum.

Regem ei liberam concedere facultatem ad suos fratres cardinales revertendi.

REverendo patri & domino O. Dei gratia S. R. E. cardinali & apostolicæ sedis legato, frater ER. ecclesiæ S. Victoris Dei patientia dictus abbas, cum devota salutatione debitam reverentiam & obedientiam.

Feci quod dignatio vestra mihi injunxit, regem adii, devote ex parte vestra salutavi. Secretum ac satis familiare de vobis cum ipso

ipso colloquium habui, anxius curas & afflictiones cordis vestri & diligenter intimavi, & desiderium animi vestri & voluntatem redeundi, ac mandatis Domini papæ obediendi, si difficultas nimium periculosa non obstaret, exposui, ac demum de omni hoc perscrutando voluntatem ipsius consului. Ipse vero serenitatem vultus & animi exhibens, manifestavit de singulis, nec celavit a me voluntatem suam. Debeo igitur vobis domino meo responsionis meram veritatem renuntiare. Bono animo concedit, ut ad fratres vestros cardinales accedatis ubicumque fuerint, & cum eis consilium habeatis quam citius ad dominum papam redeundi. Salvum quoque conductum personæ vestræ & rebus vestris pro vestro amore & curiæ ratione & honore dabit per omnem terram suam, & per terram baronum suorum usque ad S. Ægidium, ibique præcipiet comiti & sorori suæ, ut vos excipiant & habeant cum honore & omni securitate, donec inde transitum inveniatis. De mora autem faciendi in terra sua nullum assensum ullo modo præbere voluit; immo vero ne de hac re sibi ulterius loquerer interdixit. Nunc itaque pro conductu ad eum sicut vobis expedire cognoveritis secure mittatis. Dixit tamen mihi quosdam transitus esse, qui sunt potestatis regis Angliæ. Per hoc vobis conductum non dabit, sed tantum per transitus qui sunt baronum suorum. Vale, & mihi puero vestro quæ volueritis imperate.

EPISTOLA ALEXANDRI PAPÆ III ad abbatem S. Victoris.

Commendat ei Alexium diaconum apud sanctum Victorem commorantem.

ALexander episcopus, servus servorum Dei dilectis filiis abbati & universo capitulo ecclesiæ S. Victoris, S. & A. B.
Cum universos Christi fideles ex injuncto nobis officio diligere debeamus, illos præsertim, qui specialius ad Romanam ecclesiam pertinent, magis caros debemus & acceptos habere, & eis propensiori studio providere. Inde est utique quod dilectum filium Alexium diaconum nostrum, qui in ecclesia vestra habitum canonicæ professionis accepit, & qui inter vos præsentialiter conversatur, vobis attentius commendamus. Rogantes & hortantes, ut eum pro reverentia B. Petri & nostra, intuitu quoque probitatis & honestatis ipsius, diligatis & honoretis, & ipsum de caro habeatis de cetero cariorem. Datum Præneste. v. calend. Julii.

EPISTOLA LAURENTII abbatis Westinensis ad Ernestum abbatem S. Victoris.

Commendat ei Johannem sui prioris cognatum qui scholas regere desiderabat.

LAurentius abbas Westinensis dilecto cognato suo E. abbati S. Victori salutem.
Innotescat vestræ dilectioni hunc præsentium latorem Johannem nostri prioris esse cognatum & nobis familiarem. Unde vestræ supplicamus caritati, quatinus illum in partibus vestris pro amore Dei & nostro consilii vestri & consolationis sustentetis amminiculo; & quia, Deo volente, scholas regere desiderat, quod ad perficiendum congruat proposito prece nostra castrum aliquod ei provideatis. Quidquid autem liberalitatis & & beneficii conferet illi vestra benignitas, nobis procul dubio arbitrabimur impensum. Valeat sanctitas vestra.

EPISTOLA E. ad Ervisium S. Victoris abbatem.

Significat mala quæ sibi ab Ursino milite inferuntur.

PAtri suo venerabili E. S. Victoris abbati, E. filius ejus utriusque vitæ beatitudinem. Dicere, mi dilectissime, necessarium duxi mala quæ nobis ab Ursino milite inferuntur, & quantocius mandare. Expoliavit enim terram vestram omni supellectili sua, & terram vestram hominibus vestris colere interdixit, & insuper servientes quosdam conduxit, qui prædæ nostræ nocte dieque insidiantur. Quapropter a nobis in præsentia vestra tertia feria octavæ Pentecostes submonitus vix suscepit diem. Rogo igitur ut certum terminum adventus vestri ad nos per præsentium latorem significetis. Valete.

EPISTOLA R. ABBATIS S. EVURTII ad Ervisium abbatem S. Victoris.

Excusat se quod non venerit ad eum, commendatque illi sui monasterii negotia.

VEnerabili patri & amico præcordiali E. Dei gratia S. Victoris abbati, frater R. (a) pauperum S. Evurtii Aurelianensis minister humilis se totum, & si quid præter id potest. [a]
Ne vobis sit admirationi, dilecte pater, quod ad vos venire moram fecerimus, si enim optatum accepissemus nuncium super negotio nostro de quo vestræ dilectioni scripsimus, unde adhuc non minima premimur angustia, alacres & festinantes occur-

---

(a) Rogerius, sive Robertus, qui tempore Ervisii abbatis, monasterium S. Evurtii rexere.

reremus. Sed & abſque ulla ſpe illius negotii, ſi noſtra parvitate in aliquo egeris, non minus libenter & devote veſtræ obſequimur paternitati. Sicut vobis ſcripſimus, etiam nunc imminente neceſſitatis articulo ſcribimus & obnixius rogamus, quatenus totis pietatis viſceribus huic noſtræ neceſſitati compatiamini, & rem ſicut vobis mandavimus effectui modis omnibus emancipare ſtudeatis, quia debiti obligatione, quod auget quotidie uſura, domus noſtra gravata eſt. Per fratrem noſtrum Bituricenſem quod vobis ſuper hoc placuerit remandate. De invaletudine veſtra graviter contriſtamur: unde ſicut diximus, ſi in aliquo vobis neceſſarii ſumus, feſtini occurremus. De præbenda decani S. Marcelli, quam habet Aurel. de qua vobis alias mentionem fecimus, rogamus ut cum opportunitas occurrerit, pro nobis loquamini. Minimum enim ex ea ipſe conſequetur commodum. Vos autem Dei gratia magnum obtineris gratiæ locum & apud ipſum decanum. Valete.

EPISTOLA RICARDI ABBATIS
Briſtolienſis ad Erviſium abbatem S. Victoris.

Laudat monaſterii S. Victoris ſanctitatem, agitque gratias de impenſis Rob. gratiis.

VEnerabili domino & patri chariſſimo E. Dei gratia abbati S. Victoris, frater Ricardus cœnobii S. Auguſtini Briſtolienſis ſacerdos indignus ſalutem & dilectionis integritatem.

Exultat ſpiritus meus in Domino pro his quæ gratanter cognoſcimus, & frequenter audimus de ſancta religione & ſapientia veſtra in domo Domini, ubi ſic exterioris geritur cura ſollicitudinis, ut virtus intus floreat religionis. Super hæc autem vobis regratiari tenemur quantum poſſumus & quantum ſcimus, immo omnimode pluſquam valemus, de his quæ parvitati noſtræ ſcribere dignata eſt excellentia veſtra ſuper ſtatu præſenti & valetudine ſanctæ domus veſtræ; nihilominus quoque & pro his quæ erogaſtis beneficia fratri noſtro Rob. verbo, opere atque conſilio in omni officio & humanitate, quæ & alia vobis reddere non poſſumus, vobis retribuat retributor omnium bonorum Deus. Nos autem & fratres noſtri veſtræ paternitatis ſervi devoti in tranquillitate & bono pacis ſumus, proficere ſtudentes in domo Domini juxta modicum virium noſtrarum. Valete.

EPISTOLA L.
ad R. ſubpriorem S. Victoris.

Gratias agit pro exhibitis obſequiis.

SUo patri ac domino R. S. Victori ſubpriori L. omne in Chriſto obſequium.

Veſtra ſancta religio & religioſa prudentia vos in patrem ac Dominum eligere mihi perſuaſit. Exinde vos mihi optimus pater, ego devotiſſimus exriti filius, ad omne veſtrum in Chriſto obſequium promtiſſimus. Proinde tamquam providus mihi pater & probatus amicus magiſtro R. inter me & ipſum pro utriuſque bono ſic diſpoſuiſtis, quatenus ſingulis annis pro neceſſitatibus meis quouſque in eccleſiaſtico beneficio provideret, decem marchas impenderet. Mihi quoque conſulenti ipſum, certam ſpem dandi beneficii, non tamen primi vel ſecundi, nec forte terni dare reſpondiſtis. Ideoque ad me veniens in camera ubi jacebam in præſentia veſtra & optimi amici noſtri domini Alexandri, ſicut diſpoſueratis inter me & ipſum firmiter ſe ratum habiturum reſpondit. Adjiciens quod abſque libris & ſine litteris domini papæ & domini cardinalis ad ſe non venirem. Nunc autem abbate Guygomoræ quoniam me venire feceris referente, in hunc modum reſpondit. Verum, eſt cuicumque moleſtum: ſic ejus vel eorum metu, quibus adventum meum moleſtum fore acceperat, forte factum eſt, ut nuper mihi mandaverit, quod ſeptem marchas & non ultra pro omnibus neceſſitatibus meis ſingulis annis daret, omni ſpe beneficii expreſſi ademta, forte immemor qualiter inter me & ipſum diſpoſueritis, ſicut nec in memoria ſua eſſe dicit, quod dominus cardinalis de me eum rogaverit expreſſim. Sicut inter me & ipſum diſpoſuiſtis abbati Guygo-moræ ſignificeris, qui & ei reducat in memoriam. Alioquin cum ſua, veſtra & mea nobilitatus confuſione remittet ſub fide religionis qua vos mihi & ego vobis tenemur, hæc celanda vobis committo.

EPISTOLA G.
ad Erviſium abbatem fratrem ſuum.

Ejus ſe commendat precibus, mittitque ei munuſcula.

REverenti domino ſuo & fratri amantiſſimo *Erviſio* eccleſiæ S. Victoris abbati G. ejus ſoror ibi eſſe ubi ad ipſum eſt.

Multum valet deprecatio juſti aſſidua, quanto magis igitur illius præcellit oratio, qui peculiari ſanctitatis prærogativa mundum cum ſuo flore ſub pedibus conculcans, mente & operatione divinæ voluntati aſſiſtit. Nos ergo, frater mi dilecte, quamvis non parva chaos disjungat intercapedo, tamen non solum carnis affinitate, verùm etiam orationum in Christo devotione exopto convinculari. Hinc ergo sanctitati vestræ prosperitatis meæ statum denuncians, me virumque meum sanos & hilares esse propalo. Munusculum quoque tam gratè quam jocundè suscipiatis non minori exiguum, quam magnum amplectentes diligentia, per Petrum namque bajulum vobis transmitto albam pellem ursinam, dentemque rotallinum, & duos cutellos argento deauratos. De cetero deinde est quod multi ex nostratibus se ex viri mei parte dicentes, ad pietatis vestræ portum confugient. Cui autem tales magis similes dixerim, quàm cani famelico, qui ubicumque prævalet cibum acquirit. Ergo itaque in veritate dico, quod nullum ad vos præter Salomonem & Johannem transmiserim. Ut autem ambages eorum qui ad vos quasi ex mea parte transmissi veniunt detegantur, rogo quod aliquod a vobis mihi trans destinetur, quod hujus rei inter nos intersignum esse prævaleat. Item istud oro quod a vobis mihi gariophilum & canelus mittatur. Salutat vos Salomon pro universitate beneficii ex pietate vestra ei collati, debitor gratiarum devotus vobis existens. Vestræ quoque voluntati obnoxius pro magno quidem habiturus, si quid ei mandare velletis.

EPISTOLA ODONIS CARDINALIS
ad Ervisium abbatem S. Victoris.

Commendat ei famulum & negotia ei commissa.

ODo Dei gratia, S. R. E. dictus cardinalis & apostolicæ sedis legatus dilecto fratri E. abbati S. Victoris salutem.
Latorem præsentium famulum nostrum, quem pro quibusdam negotiis nostris ad vos transmisimus, dilectioni vestræ commendamus, ut in his quærendis quæ sibi injunximus diligentiam adhibeatis. Volumus enim ut duo bacillia, calicem, thuribulum & reliqua ad capellam, si opportunum invenerit, acquirat & cambium faciat, & rogamus ut eum adjuvetis.

EPISTOLA JONÆ CANONICI
ad Ervisium abbatem S. Victoris.

Missus Cæsaris-Burgum rogat revocari ad S. Victorem.

Ex schedis S^{ti} Jacobæis.

ERvisio patri suo spirituali Dei gratia B. Victoris Parisiensis abbati F. Jonas suus qualiscumque canonicus, miser exul ac peregrinus, quam non habet ipse, salutem. Inveni, carissime pater, verissime dici
Nescio qua natale solum dulcedine cunctos

Vet. Script. & Mon. ampl. Collect. Tom. V.

Ducit, & immemores non sinit esse sui.
Sic fera, sic volucris, sic piscis nota requirit.
In quibus ante locis pascua parvus habet.
Nam locum ego illum cunctis jure prefero locis in quo me mater gratia cum multis fratribus sponso suo genuit Christo, ubi ego esse vellem, ut apud Cæsaris-Burgum non essem. Nec mirum;
Perfidus hic populus, & regis amor metuendus.
Hic terræ steriles, & vinea nulla superstes,
Silva caret foliis, desunt sua pascua pratis,
Est mare confine, sed mortis mille ruinæ.
Dulcius hic nihil est quam mala posse pati,
sunt præterea quæ intrinsecus latent,
Anxia cura domus, rerum possessio parca,
Quam quærunt multi, non dare crimen erit.
ut ego hæc patiar, quod crimen admisi? Si nullum: mitius exilium & vestra potuit præcepisse obedientia, & mea invenisse ignorantia. Ne pigeat itaque tam pium pastorem ovem reducere centesimam, & benignum patrem filium e regione dissimilitudinis redeuntem suscipere perditum. Non rogo stolam primam, non vitulum saginatum; sed fiat mihi sicut uni ex mercenariis vestris. Vale.

DIPLOMA MAURITII
episcopi Parisiensis.

De censu quem sancti Victoris canonici apud S. Marcellum & Ivriacum possidebant.

QUoniam plerique petversi animi ad decipiendum maxime intendunt, nostri officii est, res in præsentia nostra bene gestas pro bono pacis ad notitiam posterorum memoriæ tradere, & scripto confirmare. Ego igitur MAURITIUS Parisiensis episcopus notum facimus præsentibus pariter & futuris, quod FERRICUS de Gentiliaco quemdam censum quem apud censum * Marcellum & apud Ivriacum ecclesia B. Victoris Parisiensis de dono fratris Ferrici ejusdem ecclesiæ canonici diu in pace tenuerat, de feodo suo & antecessorum suorum eumdem censum esse dicens, saisivit. Ecclesia vero S. Victoris erga prædictum Ferricum querimoniam movit, & coram justitia nostra placitavit. Tandem consilio prudentium virorum habito in dicta ecclesia, ad confirmationem pacis supra nominato Ferrico quatuor libras denariorum donavit, & ipse præscriptum censum sæpe memoratæ ecclesiæ: qui etiam clamavit, & quicquid proprii juris in eodem censu se habere dicebat, eidem ecclesiæ in præsentia nostra in pace perenniter possidendum concessit, & justam se inde garantiam laturum promisit. Quod etiam concessit & laudavit Anselmus de Bruneyo sæpedicti Fer-

* f. Sanctum Marcellum.

rici frater, videntibus & audientibus qui nobiscum aderant, quorum supposita sunt nomina & signa.

S. domni Anselmi decani S. Marcelli.
S. Simonis de sancto Dionysio.
S. Gauterii capellani nostri.
S. Magistri Manerii.
S. Marcelli clerici nostri.
S. Theoberti de Monte Leterici.
S. Petri de Monterello.
S. Philippi de Athiis.
S. Hugonis mercatoris.
S. Drogonis carnificis.

Quod ne subrepens oblivio deleat, aut emergens calumnia contradicat, scripto mandari præcepimus, & præsentem paginam sigilli nostri auctoritate roboramus.

Actum publice Parisius anno Incarnationis Verbi MCLXXI. episcopatus vero nostri anno XI. (*a*)

[*a*]

EPISTOLA ANONYMI
ad amicum.

Significat se tyrunculum apud sanctum Victorem feliciter esse, petitque sibi S. Thomæ reliquias transmitti.

Audito, carissime, quod bene viveres, quod bene valeres, quod in cunctis prospere ageres, quod Deo & hominibus moribus placeres, quod de me rumores cognata diutius pietate libenter audires, gavisus sum gaudio magno, & cum mortuus mundo ejus absolutis affectibus vivat, hac in parte fateor non me penitus absolvi. Verumtamen istud non mundi, sed magis caritatis donum est, quæ pium pectus tuum sicut de me cognato tuo aliquando sollicitat, sic quoque pro te cognato meo jamdiu piis verberans curis affecit. Quibus, Deo gratias, jam ex parte liberatus, unum est quod restat, ut tuam itidem sollicitudinem, si qua pro me est, per latorem præsentium & præsentem indicem cartulam exonerem. Parisius itaque ad aratrum dominicum manu missa in domo Dei ac beatissimi Victoris sub regula canonica sancti Augustini tyrunculus degens, Christo militare decrevi, cui servire regnare est, cujus obtemperare frenis summa libertas est, ubi vivo, jam non ego, sed qui habitat in me Christus, ubi mihi mundus crucifixus est & ego mundo, non quærens ibi quæ mea sunt, sed quæ Jesu-Christi, & hæc est gloria mea tam posse quam velle Deo placere. An adhuc sublimioribus inhias & majora de me audite delectat? En intus memoriam consulo, & me nihil scire, nihil esse reperio. Sed quid dicam? Magis & quasi majora promisi, & ecce tandem ad nihilum

redactus sum & nescivi. Aut forsitan sic descendisse magis ascendere est juxta illud: Qui se humiliat exaltabitur. Ille etenim vere humilis est, qui mavult reputari vilis, quam prædicari humilis. Et hæc hactenus: superest ut flagrantissimi desiderii mei tibi carissimo meo secreta revelem, quatenus si quo modo sedulitate tua interveniente de sacris gloriosi Christi martyris Thomæ (*b*) reliquiis aliquam particulam habere possem, obnixius attendas. Erit enim mihi thesaurus pretiosus super aurum & topasium dilectus. Erit mihi in peregrinatione comes & solamen. Erit mihi contra insidiantis inimici testamenta dulce præsidium, ut me oviculam suam pius pastor protectionis suæ humeris impositam gregis sui numero non deesse patiatur. Quod si desiderium meum complere studueris & effectui rem mancipaveris, in vase signato & nuntio fideli aliquo inde huc remeante transmittere festines. Vale.

[*b*]

BULLA ALEXANDRI III. PAPÆ
ad archidiaconum Parisiensem.

Ut nihil exigat pro abbatis inthronizatione.

Alexander archidiacono Parisiensi. Cum sis vir litteratus & discretus, te nullatenus ignorare credimus, eos graviter excedere, & creatorem suum sibi reddere offensum, qui pro elatione & inthronizatione alicujus viri ecclesiastici præmium exigere & extorquere præsumunt, cum id ad simoniacam pravitatem non sit dubium pertinere. Ex parte siquidem dilectorum filiorum nostrorum abbatis & fratrum ecclesiæ S. Victoris Parisiensis ad nos est quæstela perlata, quod tu ab eis centum solidos exigere non vereris, eo quod prædictum abbatem contra antiquam & rationabilem consuetudinem prædictæ ecclesiæ post benedictionem susceptam in sedem posuisti, cum id tantum ad priorem & subpriorem ejusdem ecclesiæ pertinere dicatur. Quia vero inthronizatio abbatis vel alicujus ecclesiastici viri libera & gratuita esse debet, sicut & electio; discretioni tuæ per apostolica scripta præcipiendo mandamus, quatenus pro inthronizatione prædicti abbatis a fratribus prædictæ ecclesiæ nihil per te vel per alios exigas, & eis hac oratione nullam molestiam inferas vel gravamen, sed ipsos libere orationi vacare permittas. Quod si secus agere præsumpseris, & ab eorum indebitis gravaminibus non destiteris, nos auctore Domino, eisdem in jure suo, sicut nec debemus; nulla ratione deerimus.

(*a*) Ex hoc loco patet initium pontificatus Mauricii episcopi non ad annum 1164. repetendum esse ut volunt Sammartani, sed ad 1160.

(*b*) Cantuariensis archiepiscopi martyrio coronati 29. Decembris 1170. quem sequenti anno Alexander III. sanctorum albo inscripsit. Unde hæc epistola scripta videtur post annum 1171.

EPISTOLA ALEXANDRI PAPÆ III.
ad Ludovicum VII. regem.

De reformando monasterio S. Victoris.

ALEXANDER episcopus servus servorum Dei dilecto filio LUDOVICO Christianissimo Francorum regi S. & A. B.

Considerantibus nobis eximia gloriæ tuæ præconia, nihil facile videtur occurrere, quod te tanta commendatione dignum, & tam securum de sempiterna retributione possit efficere, quam quod sincera devotione religionem diligere comprobaris, & ad eam in regno tuo plantandam juxta quod regiæ con convenit officio dignitati, libenter intendis. Utinam qui sunt in ordine sacerdotum ad institutionem & conservationem religionis eo animo & cura procederent, quo favor regius ad defensionis auxilium sequeretur. Credimus enim quod ita per regnum tuum totius ecclesiæ status se haberet, quod & nomen Domini honoraretur in omnibus, & turba fidelium populorum in via vitæ duces plurimos invenirent. Nunc autem dormitantibus sacerdotibus, quos aliorum custodiæ oportet intendere, tepescit in multis locis sacra religio, & ut cujusdam verbis utamur, pro molli viola & purpureo narcisso, infelix lolium & steriles dominantur avenæ. Hoc sane in ecclesia S. Victoris non modicum dolemus accidere, quæ cum olim in religione floreret, ita nunc, quod tristes dicimus, in suæ professionis asseritur observantia tepuisse, ut quæ multis manum in via salutis currentibus porrigebat, nunc auxilio alieno indigeat, & non inveniat qui sublevet eam. Nec tamen ex eo perhibetur accidere, quod non sint ibi plures qui & notitiam religionis habeant & amorem; sed quibusdam cum suo capite membris languentibus, in eadem ecclesia fervor religionis noscitur tepuisse. Nos autem cum jam dudum ad nos super eorum tepiditate relatio pervenerit plurimorum, distulimus hactenus aurem apponere, & necessariam adhibere tam gravi valetudini medicinam: expectantes quod aliquando reducerent oculos ad seipsos, & de reformanda religione studiosius cogitarent. Capite vero quæ ad emendationem suorum & subditorum pertinent negligentius exequente, nos jam tandem exequutioni eorum quæ dicta sunt oportet intendere; & si verus sit rumor, qui toties aures nostras aspersit, quia in propria persona non possumus, per alios invenire cogimur: ita quidem ut si vera competerent quæ dicuntur, per eosdem, dilatione seposita, medicina, quam viderint necessariam, apponatur. Venerabilibus ergo fratribus nostris WILLELMO Senonensi archiepiscopo, STEPHANO Meldensi episcopo & N. abbati Vallis-Secretæ vices nostras in hoc negotio prævidimus committendas, qui quanto pleniorem & faciliorem hujus rei poterunt habere notitiam, tanto cum minori gravamine salutis remedia providebunt. Quia vero magnificentiæ tuæ ad cumulum mercedis accedit, si per illorum instantiam, favore regio imminente, prædictæ status ecclesiæ dirigatur, celsitudinem tuam monemus & exhortamur in Domino, quatenus ad exequutionem hujus negotii favorem tuum impendas, & nullam patiaris contradictionem apponi, quominus ibi quæ prædicti viri statuenda viderint, statuantur: ne si forte diutius medicina tardaverit, & dissimulantibus nobis languor ceperit aggravari, sensus etiam doloris intereat, & cum multa difficultate post modum vix redeat ad salutem. Datum Tusculi Calendis Februarii.

RESCRIPTUM ALEXANDRI PAPÆ III.
ad Senonensem archiepiscopum, Meldensem episcopum & abbatem Vallis-Secretæ.

Ut visitent monasterium S. Victoris, & inquirant de vita & moribus abbatis.

ALEXANDER episcopus servus servorum Dei venerabilibus fratribus WILLELMO Senonensi archiepiscopo apostolicæ sedis legato & STEPHANO Meldensi episcopo, & dilecto filio abbati Vallis-Secretæ S. & A. B.

Crebra jam dudum suggestio super statu ecclesiæ S. Victoris nostrum pulsavit auditum, & timemus nos in extremo examine severius judicandos, si ad inquirendum & corrigendum quæ suggeruntur tardi fuerimus aut remissi, dicente scriptura: *Maledictus qui prohibet gladium suum ab omni sanguine.* Olim sane ad doctrinam salutis, quæ de loco illo fluebat, & bonæ conversationis odorem quo eadem flagrabat ecclesia, in multis ecclesiis & prava in directa & aspera convertebantur in vias planas, & erat vere puteus aquarum viventium, de quo arentia corda multorum ad extinguendum mundanorum desideriorum æstum vitæ potum haurirent. Nunc autem, ut dicitur, dormitante paulatim incustodia provisoris, & frigescente in capite religionis amore, ad partem quoque membrorum quidam se lethalis torpor effudit: & factum est ibi, quod de quodam dicitur per prophetam: *Comederunt alieni robur ejus, & nescivit; sed & cani effusi sunt in eo, & ipse ignoravit.* Nec hoc tamen dicimus, quod non credamus ibi & sapientes & religiosos viros plurimos inveniri, qui multis esse possint odor vitæ in vitam. Sed non est facile cum multa vi remigum dirigi nunc ad portum, si rector qui clavum tenet imperitus fuerit aut remissus; idcirco ne forte contingat illi, quod de se ipso lamentabatur propheta dicens: *Amici mei & proximi mei adversum me appropinquaverunt, & qui juxta me erant a longe steterunt*, quia in propria persona eamdem ecclesiam visitare non possumus, vobis visitationis officium decernimus dependendum, per apostolica vobis scripta mandantes, quatenus illuc accedentes, de statu ejus & de actibus abbatis ac fratrum, maturitate ac diligentia qua convenit inquiratis, & quicquid ibi cognoveritis corrigendum, vice nostra taliter corrigatis, ut & religio ibi per studium vestrum & gratia divina refloreat, & nos de dissolutione tantæ domus non teneamur in die judicii reddere rationem. Si videritis autem quod nisi per amotionem unius aut plurium personarum status ecclesiæ reformari non posset, nec in hoc parcat gladius vester, sed plenam a nobis auctoritatem accipite, appellatione remota, quæve evellenda fuerint evellendi, & quæ plantanda fuerint, Domino auctore, plantandi. Nos enim ita per vos apud Deum volumus excusabiles inveniri, ut non sit quod a nobis spirituali ejusdem ecclesiæ detrimento in extremo examine requiratur. Si autem his exsequendis, vos tres non poteritis interesse, duo vestrum nihilominus hæc quæ dicta sunt maturius exsequantur. Datum Tusculi Calendis Februarii.

EPISTOLA ALEXANDRI PAPÆ III.
ad abbatem & canonicos S. Victoris.

Ut visitatores ab ipso deputatos benigne recipiant, & eis quæ ad reformationem necessaria fuerint aperiant.

ALEXANDER episcopus, servus servorum Dei, dilectis filiis abbati & canonicis S. Victoris Parisiensis, S. & A. B.
Jam dudum ad nos de statu vestro pervenit, quod requiri districtius & corrigi oportebat. Nos autem quia ecclesia vestra longo tempore per Dei gratiam religione floruit & scientia; ita ut in odore unguentorum vestrorum multi concurrerint, & in lumine vestro viderunt lumen, expectavimus hactenus, si tandem per vosmet ipsos rediretis ad vos, & de medio vestri dissensionis & scandali materiam tolleretis. Ceterum quia in expectatione nostra non tam correctionem aliquam subsequi, quam infirmitatem vestram aggravari conspicimus, dignum duximus ad ecclesiam vestram personas aliquas destinare, venerabiles scilicet fratres nostros WILLELMUM Senonensem archiepiscopum, apostolicæ sedis legatum, & STEPHANUM Meldensem episcopum, & dilectum filium N. abbatem Vallis-secretæ, qui quomodo se habeat status vester inquirerent, & quæ corrigenda cognoverint, appellatione remota, corrigant & emendent. Quocirca per apostolica vobis scripta præcipiendo mandamus, quatenus expositis eis, cum ad vos venerint, quæ necessitas & emendatio vestra poscit exponi, quod inter vos ipsi, vel duo eorum, de reformanda ordinis disciplina, aut de personis, si res exegerit, amovendis statuendum esse cognoverit, suscipiatis humiliter & firmiter observetis. Datum Tusculani calendis Februarii.

EPISTOLA ALEXANDRI
& Theoderici cardinalium, ad Willelmum Senonensem & Stephanum Bituricensem archiepiscopos.

Ut Ervisio quondam abbati locum ad quem missus fuerat retinere conanti obsistant.

DIlectis & diligendis semper in Christo fratribus WILLELMO Dei gratia Senonensi & apostolicæ sedis legato, & STEPHANO Bituricensi archiepiscopis ALEXANDER tituli S. Laurentii in Lucina, & THEODERICUS S. Vitalis dignatione divina cardinales, apostolicæ sedis legati, cum justitia parere in conspectu Dei.
Inveteratis in via sæculi peccatoribus & ad viam salutis per austeriores observantias renovandis, utiliter & provide consulitur, si peccandi opportunitas adimatur. De fratre ERVISIO quondam S. Victoris abbate, quomodo carnem suam crucifixerit cum vitiis & concupiscentiis, quam diligens etiam de salute subditorum suorum extiterit, non oportet nos auribus vestris intimare. Vos enim plenius nostis, qui effodistis parietem, & latentia interius reptilia conspexistis. Nunc autem, ut dicitur, quod timuerunt fratres in amotione ipsius, nisi prudentia vestra occurrat, evenit eis, & quod verebantur accidit. Locum etenim illum, in quem ad tempus eum vos mittere dicebatur, donec videlicet ordinaretur ecclesia, retinere laborat; & qui si recte saperet, locum sibi deberet eligere, in quo labore manuum, afflictione corporis, & voluntaria paupertate satisfaceret Domino Deo suo, locum potius habere desiderat, in quo transgressionibus transgressiones accumulet, & epuletur quotidie splendide cum illo divite purpurato. Non esset hoc bonorum, sicut credimus, medicorum, qui & restitutione cibi, & opportunitate loci salubrem providere debent languentibus medicinam. Unde caritatem vestram monemus & exhortamur in Domino, quatenus ponatis ad hoc pontificalem sollicitudinem, & ne in pestifera illa voluntate prævaleat, studiosius peragatis, ne sanguis illius in die judicii de manu vestra requiratur. Si etenim dicta est, & in aliis quæ invitis etiam interdum a bonis medicis inferuntur, salubriter ei non fuerit provisione vestra consultum.... Valete.

EPISTOLA ALEXANDRI
& Theoderici cardinalium, ad
Guarinum abbatem.

Gratulantur ei de sua promotione, hortantur, ut construendis magnis ædificiis non insistat.

ALEXANDER dignatione divina tituli sancti Laurentii in Lucina, & THEODERICUS tituli S. Vitalis presbyteri cardinales apostolicæ sedis legati, dilecto in Christo fratri GUARINO abbati S. Victoris exerceri semper in justificationibus Dei.

Scribimus fratribus nostris Senonensi & Bituricensi archiepiscopis, sicut vobis & ecclesiæ vestræ credimus expedire. Sane in honore vobis imposito, & gaudemus super eo quod factum est, quoniam ad salutem multum, auxiliante Domino, provenire speramus, & lætamur quod difficultatem provisionis vobis impositæ attendit & timetis. Utinam hoc religio vestra semper attendat, & cum timore & tremore consideret, cui & unde in die judicii oporteat rationem reddere. Credimus enim quia non facile locus dabitur negligentiæ, si hoc sedulo fuerit in animo vestro versatum. Antecessor vester sicut & alii multi de magnarum domorum constructione solliciti fuere: vos qui electi estis a Domino, & veniendo ad religionem talia dimisistis (a) in sæculo, sedete ad pedes JESU cum Maria, & audite verbum ex ore ipsius, quod commissis vobis ovibus & aliis qui ad vos venerint proponere debeatis, ne si forte terrenis ædificiis construendis decreveritis insistendum, evangelicum illud valeatis audire: *Omnes ædificationes istæ destruentur, & nec lapis super lapidem relinquetur.* Porro & nos bona spe quam de vestra religione concepimus, & testimonio piæ vestræ conversationis imbuti, & personam vestram in visceribus caritatis habere proponimus, & negotia commissæ vobis ecclesiæ in timore Dei libenter volumus promovere.

EPISTOLA MAURITII
episcopi Parisiensis, ad Willelmum archiepiscopum Senonensem.

Ut ad S. Victorem accedens, ecclesiæ thesaurum quem Ervisius retinere conabatur, Guarino restituat.

WILLELMO Dei gratia Senonensi archiepiscopo, MAURITIUS Parisiensis episcopus, salutem.

In quantam & quam perniciosam frater ERVISIUS quondam abbas S. Victoris ex inordinatis actibus suis ecclesiam & fratres universos, qui tam religione, quam litteratura,

(a) Hinc colligere licet Guarinum illustri fuisse genere ortum.

præ ceteris præeminere dignoscuntur, adduxerit confusionem, vestra novit plenius circumspectio, qui cum sanctos qui secum erant pro viribus impugnaverit, & sanctitatem persecutus fuerit, ei per Dei gratiam, sibi amputata nocendi facultate, nondum, ut accepimus, quærit nomen Domini, sed adhuc manus ejus extenta est, & cum internam & externam non posset subvertere disciplinam, variis & innumeris tentationum generibus exteriorem nititur perturbare quietem. Proinde cum thesaurum ecclesiæ adhuc occultare contendat, fraternitati vestræ præsentium auctoritate iterato mandamus, quatenus ad ecclesiam omni mora semota accedentes, sub testimonio dilecti filii nostri GUARINI abbatis & fratrum memoratæ ecclesiæ, thecam & repositoriola prætaxati ERVISII scrutari curetis, & calicem aureum & alia quæ ad jus ecclesiæ S. Victoris spectantia ibidem inveneritis, abbati & fratribus assignetis. Depositum vero archiepiscopi Daciæ in loco reponatis in ecclesia majori. Si vero memoratus ERVISIUS prædicta exhibere detrectaverit, nihilominus vase iniquitatis & mammonæ confracto, quæ prædiximus executioni mandetis.

EPISTOLA ALEXANDRI PAPÆ III
ad canonicos S. Victoris.

Cessionem Ervisii & Guarini promotionem confirmat.

ALEXANDER episcopus, servus servorum Dei, dilectis filiis canonicis ecclesiæ S. Victoris Parisiensis S. & A. B.

Quanto ecclesia vestra majori hactenus religione floruit, & ampliori refulsit gloria meritorum, tanto audita reformatione ipsius lætati sumus & gavisi, & de ipsius commodo & profectu exhilarati. Audivimus sane quod venerabilibus fratribus nostris Bituricensi & Senonensi archiepiscopis cooperantibus, & ad hoc juxta mandati nostri tenorem toto studio laborantibus, ecclesia vestra in statum & gradum sit pristinum reformata; & ERVISIO quondam abbate spontanee in præsentia dilectorum filiorum nostrorum ALEXANDRI tituli S. Laurentii in Lucina, & THEODORICI tituli S. Vitalis presbyterorum cardinalium, apostolicæ sedis legatorum, administrationi cedente, cujus culpa status ejus fuerat in parte non modica deformatus, personam idoneam, honestam & litteratam in abbatem vestrum communiter elegistis, & providere vobis curastis unanimiter in pastorem. Nos vero quibus convenit rationabilibus votis ac statutis gratuitum præstare favorem, & incrementa desiderare, recentem electionem vestram, & abrenuntiationem illius, de communi nostrorum fratrum consilio ratam & firmam habemus & confirmamus: universitatem vestram monentes atque mandantes, quatenus abbati vestro quem elegistis, debitam reverentiam & obedientiam impendatis, & ita vos sibi devotos & humiles exhibere curetis, quod per obedientiam vestram & providentiam illius ordo religionis & honestatis in ecclesia vestra refloreat, & plenius valeat, auxiliante Domino, conservari. Datum Tuscul. tertio idus Aprilis.

EPISTOLA ALEXANDRI PAPÆ III.
ad Guarinum abbatem S. Victoris.

Gratulatur ei de sua electione, hortaturque ut pastoris vices diligenter obeat.

ALexander episcopus, servus servorum Dei, dilecto filio Guarino abbati sancti Victoris Parisiensis, S. & A. B.

Intellecto & cognito, quod cum, Ervisio quondam abbate ecclesiæ, cui præesse dignosceris, libera & spontanea voluntate administratione cedente, fratres ipsius ecclesiæ te sibi elegissent communi voto & desiderio in abbatem, tanto inde magis lætamur atque gaudemus, quanto de ipsius ecclesiæ tribulatione dolebamus amplius, & pro ejus statu majori anxietate & sollicitudine urgebamur. Unde quia decet te sollicite attendere, quantæ religionis & honestatis ecclesia, ad quam es, Domino providente, vocatus, hactenus extiterit, & quomodo ibi rigor regularis disciplinæ viguerit, discretionem tuam monemus atque mandamus, quatenus injunctæ tibi administrationi providenter & constanter intendas, & ita commissum tibi officium ad honorem Dei & ædificationem tuam & eorum qui tibi commendati sunt, cum auxilio coelestis gratiæ efficaciter & diligenter exerceas, quod ibi per prudentiam tuam & sollicitudinem tuam religionis ordo semper refloreat, & de die in diem magis ac magis suscipiat incrementum. Nos enim te & eamdem ecclesiam diligere volumus & fovere, & vobis cum fuerit opportunum apostolicæ defensionis patrocinium ministrare. Datum Tusculani III. id. Aprilis.

EPISTOLA GUARINI ABBATIS
S. Victoris, ad Johannem cardinalem Neapolitanum.

Se non posse ei quos petierat fratres mittere, uno jam defuncto, altero graviter ægrotante; sed & ægre alios mitti posse.

REverendo domino & patri in Christo carissimo J. Dei gratia S. R. E. cardinali Guarinus ecclesiæ B. Victoris Parisiensis minister humilis, salutem in Domino, & promtum cum devotione servitium.

Prædecessori meo de duobus fratribus, ac denuo cerata epistola, idem parvitati meæ vestra mandavit sublimitas, ipsos quos volebatis, utrisque in litteris etiam subjunctis nominibus, Petrum videlicet Petragoricum & Hugonem de S. Germano specialiter designastis, quorum alter, Deo vocante, transiit; reliquus vero sine spe evadendi morbo incurabili infirmatur. Cum autem morte & languoris præpediente molestia, eorum posset neuter destinari, quid agere nesciens, dominos Senonensem ac Bituricensem aliosque prudentes ac religiosos viros conveni, quid super hoc mihi faciendum consulerent: laudaveruntque ex quo in vestra epistola eligendi pro voluntate alterius nihil reliqueratis arbitrio, alios non esse tutum dirigere, ne forte onerosi magis quam grati, si non eos quos volebatis misissem, sed alios. Ob hoc etenim differendum consuluerunt, ut comperta vobis multiplici ecclesiæ necessitate, compassionis visceribus, parcendo ei, vestra pietas condescendat. Viri quippe religiosi, quorum quondam religione & providentia regebatur ecclesia, maxima jam obierunt ex parte, paucique surrexerunt post eos. Domus perturbationibus fatigata, oppressa debitis, bonis temporalibus nuda. Et si inter tot curarum angustias, eos paucos, qui mihi remanserunt, qui me adjuvando supportare debent, cogor dimittere; & si oculos qui mihi religionis & disciplinæ debent viam monstrare, perdidero, de facili profecto errare contingit, nec solus potero onus & providentiam domus portare. Tandem, humanum dico, secreta infirmitate operiens mortem, valde & propter terræ insuetam asperitatem & aëris qualitatem corruptam fratres pavescunt: quoniam si nostrates laici cum illuc vadunt, quive spatiandi, eundi & redeundi habent libertatem omnimodam, vix vel modicum vivere possunt; isti claustro clausi, quomodo vivere in longinquis possent? Has causas & occasiones fratres prætendunt, unde & gravissimum duco eis injungere quod si fit, contra voluntatem suscipitur; si non fit, periculose valde negatur. Parcat igitur nunc, domine, infirmitatibus nostris vestræ clementiæ magnitudo, & ecclesiæ instantes attendite necessitates. Ego enim in quibuscumque potero, vestris sum paratus obedire mandatis.

EPISTOLA GUARINI ABBATIS
S. Victoris, ad Alexandrum papam III.

Ejusdem argumenti.

SAnctissimo patri & domino Alexandro Dei gratia universalis ecclesiæ summo pontifici, Guarinus ecclesiæ S. Victoris Parisiensis, minister humilis, salutem in Domino, & subjectionis omnimodæ devotissimum famulatum.

Exiguitati meæ, de voluntate, ut arbitror, domini

domini Johannis Neapolitani, vestra mandavit sublimitas, quatenus ei duos canonicos religiosos & litteratos ad ordinem canonicum in ecclesia, quam ad hoc ipse construi fecerat, tenendum & conservandum destinarem. Prædecessori meo semel super hoc ante jam scripserat, duos etiam subjunctis nominibus, Petrum scilicet Petragoricum & Hugonem de S. Germano specialiter requirens, quorum alter mortuus, reliquus vero languore infirmatur continuo. Cum autem dominus cardinalis unum esse mortuum didicisset, scripsit mihi denuo, illum qui supervixerat requirens ex nomine, & alium quem secum ipse ducere vellet. Ceterum ego, cum nec ille, morte interveniente, nec iste, infirmitatis molestia obsistente, destinari posset; vestro interim suscepto mandato, religiosorum ac prudentium virorum consilium requisivi, quid mihi inde faciendum consulerent; laudaverunt sane, ex quo utrisque in litteris quos volebat nominatim signans, electionis sibi retinuerat arbitrium, nihil super hoc alterius voluntati vel dispositioni relinquere volens, alios non esse tutum dirigere, ne forte onerosi magis quam grati essent, si non illos quos quærebat misissem, sed alios. Denique illi religiosi quorum quodam testimonio religionis nostra magnificabatur ecclesia & consilio regebatur, majori jam obierunt ex parte, pauci supersunt post eos. Plures enim venerabiles & litteratæ personæ quæ possent esse ecclesiæ profectui & honori, cum devote flagitarent ingressum, nolente vel simulante prædecessore meo, nobis invitis, repulsæ. Domus quoque perturbationibus fatigata, oppressa debitis, bonis temporalibus nuda, & in spiritualibus aliquantulum læsa; & si inter tot curarum angustias paucos quos inveni, qui me adjuvando & sustinendo supportare debent in hac novitate, maxime cum sim ætate juvenis, religione junior, cogor dimittere, & oculos qui mihi in via religionis & disciplinæ consilii & auxilii lumen debent præstare, perdidero, de facili profecto errare contingit, nec solus onus & providentiam domus portare potero: quidquid tamen exinde faciendum decreverit vestra auctoritas, prosequar ego pro viribus. Tandem humanum dico, mortem valde, & propter terræ insuetam asperitatem & aëris qualitatem corruptam fratres pavescunt. Præterea objiciunt nos non posse cogere eos ire ubi rigor ordinis nostri tepidius teneatur. Proinde ego gravissimum duco injungere, quod, si fit, contra voluntatem suscipitur, vel si non fit, periculose valde negatur. Par-

cat igitur, sancte pater ac domine, infirmitatibus nostris & instanti ecclesiæ necessitati discretionis vestræ modestia.

EPISTOLA GILDUINI ABBATIS
Fontis-Johannis, ad Guarinum
abbatem S. Victoris.

De annona, quam ab eo mutuo petebat.

Venerabili & dilecto patri Guarino abbati cœnobii S. Victoris, frater Gilduinus Fontis-Johannis (a) abbas cum obsequio salutem. [a]

Dilectioni vestræ & fratrum vestrorum possibilitatem nostram obsequi voluntati sumus. Annona vero quam vobis exposcitis commodari magna ex parte jam præparata est, scilicet a paleis excussa. Proinde provideat caritas vestra, ut apud grangiam nostram, quæ apud Moretum est, feria v. post festum S. Jacobi nuntium vestrum præsentem inveniamus. Non autem mittatur navis donec pervenerit nuntius vester, qui nobiscum annonam videat, & quantum sine gravamine domus nostræ poterimus, libentissime commodabimus. Vale.

EPISTOLA JOHANNIS COMITIS AUGI
ad Guarinum abbatem S. Victoris.

Ut canonici quos Augum direxit, consuetudines Aroasiæ observent, alioquin recedant.

Guarino Dei gratia abbati S. Victoris Parisiensis, Johannes comes Augensis salutem & dilectionem.

His litteris discretioni paternitatis vestræ insinuare curavi, quam graviter & quam aspere & quasi infestanter barones mei in me insurgentes totusque clerus meus, multæ quoque religiosissimæ personæ me affligentes incessanter vituperant, pro eo quod de ecclesia Augi sic contra rationem inconsulte disponere decreverim, & quod vestros canonicos contra institutum patris & meum in ea receperim. Objiciunt enim mihi id quod verum est, scilicet, quia pater meus ex quo canonicos regulares apud Augum zelo Dei instituit, statim assensu Galfridi archidiaconi Rothomagensis, & postea rogatu & ammonitu atque exhortatione Hugonis (b) archiepiscopi Rothomagensis, donavit & ego concessi ecclesiam prædictam in manu abbatis Arwasiæ (c) ad tenendum & conservandum ordinem in perpetuum secundum regulam beati Augustini, & ita quod abbas Augi semel in anno revisitaret [b] [c]

(a) Fons Johannis monasterium est ordinis Cisterciensis in diœcesi Senonensi, a dynastis de Curtenaio anno 1124. fundatum, in quo monasticam olim professionem emisit S. Guillelmus postea archiepiscopus Bituricensis.
(b) Hic est celeberrimus ille Hugo ex abbate Radingensi creatus archiepiscopus Rothomagensis, cujus libros vii. dialogorum edidimus tom. 5. Anecdotorum.
(c) Aroasia, dicta etiam Aridagamantia, insignis est abbatia in diœcesi Atrebatensi, caput ordinis seu congregationis Aroasiensis, cujus elogium habes apud Jacobum de Vitriaco in hist. Occid.

capitulum ecclesiæ S. Nicolai de Arrowasia, ut si quod minus esset reintegraretur. Quapropter mando, mandans quoque vestræ diligentissimæ paternitati supplico, eamque super omnia rogo & obsecro, ut pax in ecclesia Augi habeatur. ROGERO abbati & sociis ejus quos ad nos transmisisti per obedientiam præcipiatis, & præcipiendo injungatis, ut secundum morem & consuetudinem Arrowasiæ ordinem religionis in ecclesia Augi teneatis, aut omnino recedant. Nolo enim amplius ferre sententiam excommunicationis quæ proinde super me dominicis diebus singulis datur. Grave etenim mihi videtur, quod tamdiu eam sustinui. Quod si hæc non seceritis, veraciter dico, quia numquam amplius eos dilexero; sed destruam in quibuscumque potero. Vale.

EPISTOLA P. CARDINALIS
ad Guarinum abbatem S. Victoris.

Quid egerit pro negotio S. Victoris, & quid faciendum consulat.

G. Dei gratia S. Victoris abbati, totique conventui, eadem gratia tituli S. Chrysogoni presbyter cardinalis, salutem, & sinceram amoris perseverantiam.

Accepimus nuper litteras devotionis vestræ & doluimus non solum ecclesiæ gravamen, verum etiam prudentiam vestram nescio quorum consilio seu calliditate adeo declinasse, quod ad pedes archiepiscopi humiliati, quæ alius rapuit vos sponderetis soluturos. Cum enim nos pro liberatione ecclesiæ vestræ totis nisibus totaque sollicitudine nos opponeremus parti adversæ, duplex nobis incumbebat labor. Primo probare quidem rem tali personæ & taliter commissam a vobis minime deberi. Deinde quia cecideratis in causa, innocentiam & paupertatem vestram commemorando, vos a tam gravi casu relevare; requirebamus humiliter & devote a domino papa, ut vos a petitione domini archiepiscopi faceret penitus absolvi. Sed quia tanta difficultas negotii, archiepiscopo omnia imperanter & præcise quasi de jure requirente, inaudita est nostra petitio. Impetravimus tandem litteras quam meliores potuimus & judices, quibus per litteras nostras preces porrigimus affectuosas, ut justitiam vestram illæsam modis omnibus conservare studeant. Nunc igitur oculos vos oportet habere apertos & circumspectos. Si enim inter vos & archiepiscopum amicabilis non poterit compositio pervenire, cum dominus papa, cognitis utriusque partis rationibus, ad solvendum, nisi quæ in usus ecclesiæ versa fuisse constiterit, vos minime cogat, nec istud judicibus, sed tantum causam fine debito terminandam præcipiat, & in aliquibus vos præjudicio gra-

vari censeatis, respondendum erit vobis constanter. Nos si incaute quicquam promisimus indebitum, reddere nec possumus nec debemus. Sed adinstar pupilli si lapsus fuerit vel lubrico consilio, vel adversariorum dolo, restituendi sumus : alioquin in voce appellationis libere procedere : quoniam & litteræ domini papæ taliter dictatæ sunt, ut vobis appellationem minime prohibeat. Nec oportebit tunc aliquem de fratribus ad nos usque propter hæc defatigari, sed unus de pueris vestris rem gestam referat nobis, & nostram circa vos sollicitudinem experiri poteritis.

EPISTOLA HUGONIS PETRI LEONIS
cardinalis ad Guarinum & capitulum S. Victoris.

Dolet de facto Ervisii quondam abbatis, suaque illis offert obsequia.

Dilectis in Christo fratribus Guarino abbati, priori & universo capitulo S. Victoris HUGO PETRI LEONIS (*a*) Dei gratia S. Angeli diaconus cardinalis salutem & dilectionis affectum. [*a*]

Quanto dilectionem vestram sincerioris brachiis caritatis amplectimur, tanto dolemus amplius & turbamur, cum vos vel monasterium vestrum adversitati cuilibet subjacere audimus, quod in prosperitate gaudere & præ ceteris Gallicanæ provinciæ monasteriis præ sui honestate ac religione fovemus, & nomen celebrius cognovimus extulisse. Visis siquidem litteris vestris, quibus nobis factum ERVISII quondam abbatis vestri significastis, turbati sumus, & vehementi amaritudine cordis percussi, utpote qui dolorem vestrum nostrum penitus reputamus, & in lætitia vestra plurimum gratulamur. Ad medelam igitur tanti doloris & gravaminis, petitionem vestram quanta potuimus instantia & sollicitudine promovere curavimus, & quod non est in omnibus sicut voluimus effectui mancipatum, nobis tantum displicuit, quantum vestram timemus deficere voluntatem. Inde est quod universitatem vestram rogamus & exoramus attentius, quatenus de nobis tamquam de speciali vestro plenius confidentes, & posse nostrum vestrum omnimode reputantes, pro vestris & ecclesiæ vestræ negotiis ad nos cum omni fiducia recurratis, ut operis exhibitione vobis luce clarius enitescat, quanto circa vos dilectionis fervore ducamur, & ad impendenda grata vobis obsequia promti simus omnimodis & parati. Propositum etenim & immobilem gerimus voluntatem ea efficere quæ vobis noverimus complacere, &

[*a*] Is anno 1175. ab Alexandro III. creatus diaconus cardinalis, apostolicæ sedis in Gallia, Anglia & Scotia legatus fuit.

ad decorem & augmentum domus & religionis vestræ debeant pertinere.

EPISTOLA BERNARDI CARDINALIS
ad Guarinum abbatem & capitulum S. Victoris.

Condolet gravamini monasterii sancti Victoris, commendatque illis Bernardum nepotem suum.

[a] BERNARDUS (*a*) Dei gratia Portuensis & S. Rufinæ episcopus, venerabili fratri GUARINO ecclesiæ B. Victoris abbati & capitulo, salutem & Deum deorum in Sion videre.

Vestræ religionis gratanter susceptis litteris, ipsarum tenorem diligenti meditatione considerare non omisimus, vestræ domus ruinam & gravamen non modicum attendentes. Verum quia nostrum est a crebris concussionibus tueri ecclesias, & vestram præcipue, quam quasi propriam reputamus, & cujus assidua, ut credimus, oratione protegimur, interposuimus partem, domino papæ instanter suadentes, ut vestram in tanto casu ecclesiam pontificali gratia protegeret & studiosius defensaret. Quod taliter demum factum esse credimus, ut si vestra propensior cura sollicite studuerit, parva vel nulla restitutione pecuniæ prædictam vestram gravabit ecclesiam. Petimus igitur & propensius suademus, quatenus vestræ nobis orationis non subtrahentes munus, Deum incessabiliter pro nobis exorare dignemini, quia nostra, in quantum poterimus, nullatenus vobis deerit protectio: rogantes quatenus BERNARDUM nepotem nostrum more solito diligatis, honeste illud quod cum Nicolao clerico nostro ei promisistis pro hospitio largientes. Hoc enim carius habebimus, quam si in propria deponeretur camera. Præterea rogamus, quatenus latori præsentium misericorditer vestra provideat discretio, pro impenso servitio ei congruum exsolventes beneficium, quo suam inopem possit defendere vitam. Scitis enim hunc multoties se morti & periculis pro vestra ecclesia fideliter opposuisse.

EPISTOLA JOHANNIS NEAPOLITANI
cardinalis ad Guarinum abbatem & fratres S. Victoris.

Gratias ei refert de concessione Petri canonici quem ei miserat, omnemque ei curam & sollicitudinem pro suis negotis promittit.

[b] JOHANNES Neapolitanus (*b*) indignus presbyter cardinalis dilectis in Domino fratribus & amicis carissimis G. abbati & conventui S. Victoris Parisiensis salutem & sincerum amorem.

Multimodas gratiarum actiones vobis referimus, quia juxta tenorem præcepti domini papæ & nostræ postulationis destinastis nobis fratrem Petrum, virum utique morum honestate & scientia laudabilem, quem cum honore recepimus, & cum multo honore circa nos tenemus. Et postquam receperimus alios canonicos de ecclesiis ordinis vestri, quibus dominus papa eodem modo scripsit sicut & vobis, cum multa & solemni honorificentia instituemus in ecclesia, quam per gratiam Dei magnifice construximus, & amplissimis possessionibus dotavimus. A modo igitur quasi ex debito tenemur omni vitæ nostræ tempore propensius diligere & juvare ecclesiam vestram in omni possibilitate nostra juxta voluntatem vestram. Et nunc quoque super quæstione illa quam archiepiscopus Lundensis indebite contra vos movere dignoscitur, sic efficaciter juvimus sicut oportuit & necessarium fuit. Quod itaque plenius cognoscetis, postquam rescriptum litterarum domini papæ, quas Lundensi archiepiscopo pro vobis mittit, legeritis, ante judices quos dominus papa delegavit ad cognitionem & decisionem querimoniæ, quam jam dictus archiepiscopus contra vos facit, propitii vobis sint. Sic ut & partem vestram attentius manu tenere studeant, nostras eis litteras mittimus, & preces illis pro vobis porrigimus, & qualiter in judicio ipsius causæ procedere debeant apertissima ratione monstramus. Multi etiam fratrum nostrorum cardinalium, intuitu dilectionis nostræ, litteras suas juxta formam litterarum nostrarum judicibus illis transmittunt. Et hæc quidem omnia ex apertione rescriptorum apertius vobis clarescent.

EPISTOLA PETRI PAPÆ CAMERARII
ad Guarinum abbatem S. Victoris.

Condolet domus ejus gravaminibus.

VEnerabili & digne reverendo patri G. Dei gratia abbati S. Victoris Parisiensis frater PETRUS domini papæ camerarius, salutem & devotam reverentiam.

Litteras vestras sicut carissimi patris benigne recepimus, utpote qui honori & obsequio vestro intendere dispositi sumus & parati. Audito autem scandalo vestræ domus condoluimus, & qualiter exinde solliciti fuerimus Deus scit, & opere, quantum rationabiliter potuimus, studuimus demonstrare. Rogamus autem bonitatem vestram quatenus nos capitulo vestro & eorum orationibus commendetis.

(*a*) Is fuerat canonicus Lateranensis creatus ab Eugenio III. cardinalis titulo S. Clementis, translatus ab Adriano IV. ad Portuensem & S. Rufinæ episcopatum.

Vet. Script. & Mon. ampl. Collect. Tom. VI.

(*b*) Is fuerat canonicus regularis S. Victoris Parisiensis, ut scribit Ciaconius, creatus cardinalis ab Adriano IV. qui & ipse fuerat S. Rufi canonicus regularis.

R ij

EPISTOLA ALEXANDRI ET TH.
cardinalium priori & fratribus
S. Victoris.

Hortantur eos ad regulæ observantiam.

[a] ALEXANDER dignatione divina tituli sancti Laurentii in Lucina, & TH. (a) tituli S. Vitalis presbyteri cardinales apostolicæ sedis legati, dilectis & diligendis semper in Christo fratribus priori & capitulo sancti Victoris, non respicere in vanitates & insanias falsas.

Quod scribimus vobis & universitatem vestram visitamus salutationis alloquio, de cordis affectu, ac bona quam erga vos habemus voluntate procedit. Attendentes enim quantum olim ecclesia vestra in religione claruerit, & quomodo luce sua in multis locis noctem illustravit alienam, optamus admodum, & si facultas detur, libenter volumus existere adjutores. Et quia minus secundus ab aliquantis diebus ex neglectu forte cultoris ager vester apparuit, fecunditatem pristinam Deo irrogante recipiat, & in observantia sacræ religionis & fructu vitæ ita refloreat, ut ordo canonicus, qui aliquantulum videtur in locis plurimis infirmatus, per exemplum vestrum atque doctrinam amissum recipiat, Deo adjuvante, vigorem. A plurimis retro annis multum scimus impensum, ut ecclesiæ vestræ status mutaretur in melius, & tolleretur e medio quod fecunditatem dicebatur divini germinis impedire, & videtis id dilatum hactenus, & eo tempore reservatum, quo facilius & cum minori onere vestro effectum posset habere. Non credatis hoc opus hominis extitisse, sed illius potius, qui posuit arenam terminum maris, & dixit ei: Huc usque venies, & hic infringes tumentes fluctus tuos. Eapropter universitatem vestram monemus & exhortamur in Domino, quatenus grati ei de tantæ super vos benignitatis indicio existentes, levetis corda vestra cum manibus ad eum in cœlum, & ita in observantia sacræ religionis immensa studia vestra dirigatis, ut quia Deo fuit cura de vobis, qui nisi adjuvisset vos, paulo minus habitasset in inferno anima vestra, non interveniamini vos de salute vestra existere negligentes, & pro minimo ducere quod tam misericorditer & tam suaviter Deus voluit vobis providere. Obedite abbati quem divina vobis videtis miseratione concessum, habete ipsum sicut patrem animarum vestrarum in omni reverentia & honore, & simultatibus omnibus scandalisque sedatis, communibus votis, & tota virtute contendite, ut bonus religionis odor qui olim de loco vestro usquequaque flagrabat, per ecclesiam Dei magis ac magis debeat redolere. Profecto nos qui eum pro sua religione sinceræ caritatis ulnis amplectimur, & profectum ejus nostrum proprium in Domino reputamus, tanto vos in visceribus Christi cariores habebimus, tantoque libentius negotia vestra per nos & per eos qui nobis crediderunt promovere curabimus, quanto amplius ei obedientes noverimus ac devotos, & majori sinceritate dilectionis cum eo audierimus ambulare.

EPISTOLA ALEXANDRI PAPÆ III.
ad Robertum priorem & capitulum
S. Victoris.

ALEXANDER episcopus servus servorum Dei dilectis filiis Roberto priori & capitulo S. Victoris Parisiensis S. & A. B.

Sæpius dilectum filium nostrum ERVISIUM abbatem vestrum, & nunc etiam per scripta nostra monuimus atque mandamus, ut negotia (b) ecclesiæ vestræ tam intrinseca quam extrinseca cum consilio majoris & sanioris partis capituli dirigat & pertractet, & ad profectum vestrum secundum institutionem ordinis vestri prompta sollicitudine & cura intendat. Quoniam igitur eumdem abbatem juxta commonitionem & mandatum nostrum libenter facturum credimus & speramus, discretioni vestræ per apostolica scripta mandamus atque præcipimus, quatenus eidem abbati debitam obedientiam & reverentiam impendentes, in ordinandis & disponendis negotiis ecclesiæ vestræ provide & efficaciter assistatis, & juxta institutionem ordinis vestri taliter & ad religionis cultum & ad temporalium etiam incrementum vos exhibeatis ultroneos, quod eadem ecclesia studio & sollicitudine vestra, cooperante Domino, in spiritualibus amplietur, & temporalibus etiam proficiat incrementis. Si quid autem in ecclesia vestra corrigendum fuerit, quod in concilio majoris & sanioris partis capituli non possit corrigi, volumus & mandamus, ut ad mandatum eorum quibus statum ejusdem ecclesiæ dirigendum commisimus, commodius corrigatur. Datum Venetiis (c) III. idus Maii. [b] [c]

(a) Hunc Theodinum vocat Ciaconius, superius Theodericus dicitur.
(b) Hinc apparet Ervisium dignitati abbatiali cedentem, non omni fuisse regimine exutum, sed aliqua ei administranda reservata.
(c) Venetias accessit Alexander anno 1177. quo pace cum Friderico imperatore facta, eumdem reconciliavit ecclesiæ.

EPISTOLA GUARINI ABBATIS
S. Victoris ad Cælestinum Papam III.

Gratulatur ei de ejus promotione, commendatque illi S. Victoris ecclesiam.

[a] SAnctissimo domino & patri CÆLESTINO (a) Dei gratia summo pontifici, frater GUARINUS pauperum ecclesiæ S. Victoris Parisiensis minister humilis, cum ceteris ejusdem loci fratribus, debitum tanto patri obedientiæ obsequium, & reverentiæ plenitudinem.

Omnipotenti Deo, pater sancte, referimus gratias, qui sacrosanctam, quam unici filii sui pretioso sanguine redemit ecclesiam, fidei vestræ sinceritati commisit, summum vos certumque pastorem constituens, quem de ovium pridem salute cognoverat esse sollicitum, ut paternum omnibus affectum impenderet, qui vigilaverat ante pro omnibus. Sane suum amicum vos confidebat existere, qui vobis dicere voluit: *Amice ascende superius*, colles mundi & altitudinem quamlibet pedibus vestris inclinans, cum de parte sollicitudinis vos transferre placuit in plenitudinem potestatis. Credimus quod idem pluries olim contigisset de vobis, si ita ordinasset Omnipotens, & vestro beneplacito concordaret. Nunc autem diuturna multorum dierum experientia de his quæ ad honorem & utilitatem sanctæ ecclesiæ sunt necessaria vobis indulta cœlitus cognitione multiplici, ad hoc in eminentiore Christianæ religionis loco vestram voluit Omnipotens celsitudinem collocare, ut industriæ vestræ cautela pervigili jam dudum in tot & tantis experientissima eradicarentur de agro pleno, cui benedixit Dominus, quæ noxia sunt, ac diligentius plantarentur salubria. Utinam cordi vestro viva recordatio & perseverans inhæreat, quam brevi tempore de hac luce [b] migrarunt, quibus nunc successistis (b) in cathedram, ut sanctorum apostolorum, quorum geritis vicem, imitando dum licet exempla, eorumdem pervenire valeatis ad præmia, & per eum qui in proximo imminet finem, divina propitiante clementia, non finiendam accipiatis mercedem. Ceteris quidem Deum timentibus in paternitatis vestræ promotione communis est gaudiorum materia. Sed in hac parte lætitiæ B. Victoris ecclesia gloriatur speciali privilegio, quæ pietatis dignatione cælestis vos hactenus benignissimum patrem in suis necessitatibus & inexpugnabilem cognoscitur invenisse patronum. Celsitudinis igitur vestræ pedibus provoluti, supplicamus attentius, quatenus pro animæ vestræ remedio sacram aposto-

licæ sedis interpretationem super illud verbum ex integro auctoritate vestra impetratam servis vestris restituere dignemini, & causam nostram juxta priorem commissionem in integrum formare.

EPISTOLA GUARINI ABBATIS
S. Victoris ad Philippum regem Francorum.

Ut finem imponat dissidio Grandimontensium.

ILlustrissimo Dei gratia Francorum regi PHILIPPO GUARINUS divina dignatione pauperum ecclesiæ S. Victoris minister humilis, sic divina misericordia regnum terrenum regere, ut in cœlo possit regnare.

Cum de personæ vestræ celsitudine fideli narratione cognoscimus ea quæ ad animæ vestræ profectum coram Deo, & ad honorem coram hominibus pertinere noscuntur, gratum nobis plurimum esse noveritis & acceptum. Inde est quod non mediocriter gratulamur in Domino, quia super pauperibus clericis Grandimontensibus virtus Spiritus sancti vestrum cor tetigit, & ad compassionem inclinavit affectum, qui ad confusionem sanctæ matris ecclesiæ & totius religionis opprobrium, miserabile omnibus Deum timentibus coacti sunt exilium sustinere. Excellentiæ vestræ nobilitas ceterorumque principum servientium Deo, cælestium sacramentorum ministros, quibus traditæ sunt regni cœlorum claves a Domino, reverenter honorat. Sed eos Grandimontenses conversi, qui in religione fratres esse debuerant, inhoneste (c) tractando, turpiter inhonorant; [c] qui tamen a vobis ceterisque magnis personis tanto studio desiderant honorari. Obedientiam & humilitatem ministris ecclesiæ prædicant, nescientes scripturas, neque virtutem Dei; sed ut eis ab ecclesiæ ministris obediatur, non ut ipsi ministris obediant, qui magis inobedientes & rebelles existunt; ipsi etiam Deo, quod gravius, quia vicariis Dei. Mirantur viri virtutum, qui absque omni hæsitatione Dei spiritum habent: sapientum quoque & religiosorum multitudo tam maxima, quæ dinumerari vix possit, quomodo ministri Dei tam diuturno tempore, tam intolerabilia potuerunt sustinere, nisi quia eorum statu sepulto, lux necdum lucebat in tenebris, & tenebræ eam non comprehenderant. Ordinante vero ut credimus Dei clementia, vestris temporibus est reservata correctio, ut tantum tamque excellens Dei opus vos Regis æterni ministrum in bono & cooperatorem fidenter habeat. Celsitudini igitur vestræ supplicamus attentius, ut illam recti-

---

(a) Creatus est summus pontifex 12. Aprilis 1191.
(b) Nimirum Lucius III. qui tantum annis 4. mensibus 2. & diebus 18. sedit: Urbanus III qui anno 1. mensibus 2. & diebus 25. Gregorius VIII. qui 2. tantum mensibus, & Clemens III. qui 3. annis 2. mensibus 10. dieb. pontificatum tenuerunt.
(c) Quo usque progressa fuerit conversorum illorum insolentia, videsis in epistola Grandimontensium quam tom. 1. Anecdotorum edidimus pag. 846.

consilii, quam a principio divina vobis, ut prædiximus, pietas inspiravit, felici exitu consummare velitis (a), malignantium linguas magna cautela sollicitudinis declinando, quæ sub boni specie, diabolicæ nequitiæ venena proponunt, & fructuosam sanctæ religionis correctionem, quam vestris diebus Spiritus sanctus reservare disposuit, maligni hostis arte nituntur destruere. Conservet vos Deus ad honorem sanctæ ecclesiæ per tempora longa incolumem.

[a]

EPISTOLA GRATIANI PARLEONIS ad Robertum abbatem & canonicos S. Victoris.

Gratias agit quod Hugonem Placentiæ episcopum receperint, suaque illis offert obsequia.

Venerabili patri & domino ROBERTO S. Victoris reverendo præposito, & universo ejusdem ecclesiæ conventui sanctissimo GRATIANUS PARLEONIS Romanus consul, salutem & plenæ dilectionis servitium.

Ex quo venerabilem fratrem meum & dominum HUGONEM Placentiæ episcopum in collegio vestro suscepistis, doctrina & ordinis vestri honestate informastis, & cor meum & caro mea exultaverunt, & concupierunt ut obsequiis vestris per omnia manciparer, in mandatis exercerer, & illum quem in reverentia vestra concepi affectum, ipsa operis exhibitione comprobaretis. Inde est quod in conspectu sanctitatis vestræ id quod sum & quod possum devotus offero, suppliciter implorans, ut legem ponatis mihi in servitiis vestris & non in avaritia. Et si est in partibus illis unde sanctitati vestræ obsequi valeam, voluntatis vestræ mandatum suscipiam, quatenus in obsequio sinceritatem cordis mei ipsa experientia cognoscatis. Ad hæc plurimum gratiam vestram deposco, ut vestris me orationibus commendatum habeatis, quatenus precibus vestris apud Deum adjutus, præsentis vitæ ruinam evadam & peccatorum merear percipere veniam.

PRIVILEGIUM PETRI PARISIENSIS episcopi pro ecclesia S. Victoris.

De dimidiis præbendis vacantibus.

PETRUS Dei gratia Parisiensis episcopus omnibus præsentem paginam inspecturis in Domino salutem. Cum ecclesia B. Victoris sæpius a retroactis temporibus conquesta fuisset, præjudicium sibi fieri super annualibus dimidiarum præbendarum percipiendis in ecclesia S. Mariæ Parisiensis, tandem a bonæ memoriæ ODONE Parisiensi episcopo prædecessore nostro super eisdem annualibus percipiendis impetravit authenticum, cujus tenor talis est ad verbum. ODO Dei gratia Parisiensis episcopus omnibus ad quos præsens scriptum pervenerit æternam in Domino salutem. Quanto venerabilis ecclesia S. Victoris famæ suæ sinceritatem & bonæ opinionis odorem suavius circumquaque diffundit, in qua fervor regularis observantiæ non tepescit, sed per Dei gratiam de die in diem gratiora percipit incrementa, tanto eam & fratres ibidem divinis obsequiis mancipatos uberiori caritate debemus amplecti, & eorum tranquillitati & commodis spiritualibus imminere. Licet autem eidem ecclesiæ annualia vacantium præbendarum in Parisiensi ecclesia a prædecessoribus nostris Parisiensibus episcopis fuissent olim pia liberalitate concessa, & munimentis authenticis confirmata, tamen multotiens contingebat, ut dimidia præbenda vacante, & eo, qui dimidius canonicus extiterat, integrato, ecclesia S. Victoris annuali beneficio præbendæ dimidiæ privaretur. Attendentes igitur eamdem ecclesiam concesso sibi beneficio minus rationabiliter defraudari, & intelligentes dimidiam vacare præbendam, quoties de integra præbenda dimidius canonicus investitur, præsertim cum juxta consuetudinem Parisiensis ecclesiæ, dimidiam & integram pariter habere non debeat, & integra dimidiari non possit. Habita super hoc deliberatione pleniori, & communicato prudentium virorum consilio, præfatæ ecclesiæ sancti Victoris concessimus de conniventia Parisiensis capituli & assensu, ut cum a nobis vel successoribus nostris dimidio canonico præbenda integra conferetur, ecclesia S. Victoris primo anno dimidiæ præbendæ beneficium annuale sine diminutione percipiat, sicuti & integrarum annualia percipere consuevit. Ut igitur præscripta concessio perpetuæ robur obtineat firmitatis, eam præsenti scripto sigilli nostri impressione munito fecimus commendari. Actum Verbi incarnati MCXCVII. pontificatus nostri anno 1. Nos autem inserto authentico nihil immutantes, sed ad tollendam omnem dubietatem & cavillationem illud duximus adjiciendum, præsenti scripto statuentes, & protestantes, quod cum a nobis dimidium canonicum contigerit integrari, ille integratus primo anno, neque de fructibus dimidiæ quam antea habebat, neque de fructibus integræ aliquid percipiet, immo ecclesia S. Victoris tam dimidiæ quam integræ fructus annuos habebit, absque ullo diminutionis detrimento. Ut igitur hæc nostra concessio cum præscripta perpetuæ robur obtineat firmitatis, eam præ-

---

(a) Anno 1177. Philippus Augustus de baronum suorum consilio, quosdam edidit articulos a nobis editos tom. I. Anecdot. pag. 847. ad conciliandam pacem inter clericos & conversos Grandmontenses, quibus non videntur acquievisse conversi, ut colligitur ex egregia epistola Innocentis papæ III. scripta anno 1215. ad Robertum *de Corebon* legatum suum, qui plus æquo favebat conversis.

senti scripto sigilli nostri impressione munito fecimus commendari. Actum anno MCCVIII. pontificatus nostri anno I.

COMPOSITIO INTER CAPITULUM
Meduntæ & canonicos S. Victoris.

De annualibus.

Omnibus præsentes litteras inspecturis capitulum Meduntensis ecclesiæ in Domino salutem. Notum fieri volumus quod querela quæ inter nos ex una parte, & ecclesiam S. Victoris Parisiensis ex altera vertebatur super duobus modiis bladi, quos singuli vicarii in corpore præbendarum singulis annis percipiunt, & super denariis communitatis & anniversariorum, quos canonici S. Victoris dicebant ad eos pertinere, quotiens in nostra ecclesia annuale percipiunt, in hunc modum est sopita, quod assensu canonicorum & vicariorum nostrorum necnon & domini regis, qui abbas est nostræ ecclesiæ, in perpetuum dedimus ecclesiæ S. Victoris salmonem qui in bochio, (a) de Copopey primo capitur singulis annis, quem annuo reditu percipere solebamus. Si autem contigerit aliquando in dicto bochio nullum salmonem capi, ecclesia nostra ad nullam tenebitur restitutionem. Dicti vero canonici S. Victoris pro pisce illo habendo prædictas querelas nostræ ecclesiæ omnino & in perpetuum remiserunt. In cujus testimonium præsentem cartam fieri & eam sigilli nostri munimine fecimus corroborari actum anno MCCX.

EPISTOLA RADULPHI DOMINI PAPÆ
pœnitentiarii ad Menandum S. Victoris canonicum regularem & pœnitentiarium.

Determinatio subsequentium quæstionum a domino Honorio papa de consilio cardinalium prolata.

Discreto viro in Christo sibi carissimo fratri Menando canonico & pœnitentiario, frater Radulfus domini papæ pœnitentiarius salutem in Domino.

Cum ex lectione divina quotiens occurrunt dubia, ad patres & seniores recurrere debeamus, sane multum & utiliter providisti, quod super ambiguis per nos summum pontificem consulere postulasti, cupientes ambiguitatis tenebras a vobis penitus amoveri, veritatis radio lucescente. His vero evidentius declarandis, quantam adhibuerimus diligentiam & laborem, vobis subsequentia declarabunt. Noveritis igitur quod consultatio vestra sex quæstionibus contexta, lecta est in auditorio summi pontificis, cardinalium examine ventilata, quibus a domino papa de consilio cardinalium singulariter est responsum.

Primæ quæstioni videlicet, si subdiaconi ad decantandas horas canonicas ex debito teneantur, responsum est quod teneantur.

Ad hoc autem quod in secunda quæstione quæsistis, cum dominus papa sua indulgentia quam facit scholaribus Parisiensibus absolvendis per abbatem S. Victoris de violenta manuum injectione in clericos, dicat nisi tam grave fuerit vulnus enorme, quod propterea ad sedem apostolicam debeat laborare, * pro quanto grave vulnus & enorme debeat judicari, taliter est responsum, quod hoc ad plenum quis interpretari non potest. Dicitur tamen vulnus grave vel enorme alicujus gravis & honestæ personæ læsio licet parva, vel in aliis personis minimis membrorum mutilatio vel læsio gravis.

Tertiæ quæstioni, videlicet utrum possitis absolvere Parisienses scholares auctoritate jam dicti mandati, si se ad invicem percusserint, cum ad S. Dionysium, vel ad B. Mariam, vel ad alios sanctos peregre gradiuntur; responsum est quod potestis, dum modo ipsi injectores Parisius faciant mansionem.

Ad quartam vero quæstionem, scilicet quod magistri Parisienses dicunt quod bedellos & scholarium famulos a violenta manuum injectione supradicti auctoritate mandati absolvere potestis, cum vivere nequeant sine ipsis, recepimus hoc responsum, quod vobis nullatenus est concessum, nec eadem auctoritate potestis aliquem solvere vel ligare.

Quintæ siquidem quæstioni, videlicet utrum auctoritate prædicta possitis absolvere Parisiensem scholarem, qui clericos non scholares percutit non scholares; responsum est quod potestis, sed non e converso, cum nolit dominus papa clericos non scholares in hac parte scholarium privilegio congaudere.

Super eo vero quod in sexta quæstione quæsivistis, utrum videlicet Parisienses scholares, qui tempore domini Innocentii papæ, sive medio tempore ante datum privilegium scholaribus, in promulgatæ sententiæ canonem inciderunt, & excommunicati de civitate recesserunt, auctoritate hujus mandati possint absolvi, cum postea mansionarii scholares ad Parisiensem redeunt civitatem, ut absolvantur, statim post absolutionem recessuri recepimus hoc responsum, quod tales absolvere non debetis, cum ipsa indulgentia ad tempus se præteritum non extendat.

(a) Bochium in Cangii glossario interpretatur fluvii ostium.

EPISTOLA PETRI CANONICI
S. Martini Trecensis ad Jo. Pict. canonicum S. Victoris.

Qua ratione capitis S. Victoris martyris pars aliqua ad canonicos Parisienses S. Victoris pervenerit.

Venerabili fratri domino Petro canonico S. Martini Trecensis, frater Jo. Pict. canonicus S. Victoris Parisiensis salutem.

Intimo cordis affectu vestræ supplico fraternitati, ut certitudinem illam quam vos de capite B. Victoris Massiliensis meministis habere, insinuare dignemini.

Frater Petrus fratri Jo. hoc vobis de certitudine capitis B. Victoris insinuo, quod imperator Constantinopolitanus CALO-JOHANNES nomine, tertius ante EMMANUEL, volens fundare quamdam ecclesiam in honore B. Victoris Massiliensis, misit nobilem quemdam virum ad civitatem Massiliensem cum pretiosis muneribus ac reliquiis plurimorum sanctorum, insinuans Domino Massiliensi, ut remuneratione prædictorum munerum aliquid de corpore B. Victoris sibi mittere dignaretur: qui satisfaciens ejus petitioni, misit imperatori magnam partem capitis præfati martyris, & sic illa per nuncios parte recepta, fundavit ecclesiam in honore B. Victoris in Constantinopoli urbe infra muros, non longe a portis aureis. Urbe autem subjugata, dominus GARNERIUS (*a*) Trecensis episcopus, cujus ego Petrus eram capellanus, accessit ad ecclesiam B. Victoris, in qua erat conventus monachorum. Assumpsit autem idem episcopus ab eadem ecclesia caput B. Victoris pretioso vase repositum cum aliis reliquiis sanctorum. Ego vero Petrus ab eodem episcopo domino meo pro servitio quod ei impenderam, postulavi ut partem illam capitis B. Victoris conferre mihi dignaretur. Qui petitioni meæ satisfaciens, litteras sigilli sui munimine impressas, & aliorum episcoporum qui erant in civitate prædicta, in testimonium illius partis capitis & aliarum reliquiarum mecum in Galliam reportavi. Demum vero partem illam sacratissimi corporis beatissimi Victoris dedi magistro PETRO DE CORBOLIO (*b*) tunc Senonensi archiepiscopo. Idem vero archiepiscopus magnam contulit portionem illius partis capitis ecclesiæ B. Victoris Parisiensis, prece domini JOHANNIS (*c*) Teutonici tunc ejusdem ecclesiæ abbatis. Suscepimus autem eamdem portionem sanctissimi capitis cum processione & gaudio pridie idus Aprilis.

[*a*] Garnerius *de Trainel* ex vetusta & nobili prosapia dynastarum de Triangulo oriundus, anno 1193. creatus est episcopus Trecensis, crucem, sacræ militiæ tesseram, assumpsit & Constantinopoli diem clausit extremum 14. Aprilis 1205.

EPISTOLA GREGORII PAPÆ IX.
ad abbatem & conventum S. Victoris Parisiensis.

Ut degentes in obedientiis iisdem vestibus, cibis & lectis utantur, quibus existentes in abbatia.

GRegorius episcopus, servus servorum Dei, dilectis filiis abbati & conventui S. Victoris Parisiensis, S. & A. B.

Quia nimis abusivum esset & indecens, si in unius ordinis professoribus in modo vivendi diversitas haberetur, unde ordinis dissolutio sequi posset: cum in constitutionibus ordinis vestri contineri dicatur, ut fratres in obedientiis commorantes a communi institutione in victu, vestitu & lectualibus non recedant, auctoritate præsentium districtius inhibemus, ne fratres ipsius ordinis in obedientiis constituti aliis victualibus, lectualibus, seu indumentis utantur, quam quibus in abbatiis propriis, si præsentes existerent, uterentur. Nulli ergo omnino hominum liceat hanc paginam nostræ inhibitionis infringere, vel ei ausu temerario contraire. Si quis autem hoc attentare præsumpserit, indignationem omnipotentis Dei, & beatorum Petri & Pauli apostolorum ejus se noverit incursurum. Datum Lateranis v. idus Aprilis, pontificatus nostri anno v.

MIRACULUM
in ecclesia S. Victoris virtute sancti martyris patratum.

Tam præsentes quam posteri, scitote quoniam mirificavit Dominus sanctum suum, Victorem videlicet, militem egregium, & martyrem gloriosum, post antiqua quæ plurima leguntur miracula in terra & in mari ad invocationem nominis ipsius gloriosi martyris olim divina virtute patrata, novum faciens præclarum & evidens miraculum in præsenti ecclesia in honore ipsius sanctissimi martyris fundata, & in ejus nomine specialiter dedicata. Anno siquidem Dominicæ Incarnationis MCCCII. VIII. calendas Februarii, in die scilicet conversionis S. Pauli, vir quidam Garnerius nomine de Curteneto, Senonensis diœcesis oriundus, qui divino, sed occulto judicio, feria VI. post epiphaniam, dum culturæ cujusdam vineæ solus operam daret, subita percussione dextri brachii & manus dextræ motum, sensum, & omnimodum amiserat officium, cum jam sanctorum, videlicet S. Albini confessoris primo, & postea S. Petri-Vivi Se-

[*b*] Petrus de Corbolio Senonensem rexit ecclesiam ab anno 1200. ad 1222.
[*c*] Hic successit Absaloni abbati, qui obiit anno 1203. mense Septembri, administravitque Victorinam abbatiam usque ad 1229.

nonensis

nonensis sanitatis beneficium petiturus visitasset ecclesias, nullum tamen remedium reportasset; tandem divina revelatione, sicut coram multis & majori parte nostri conventus idem G. asseruit, hujusmodi videlicet voce, dum anxius nocte sabbati vigilaret, audita: Noli timere, vade ad S. Victorem, & sanaberis. Incitus brachium ipsum cum manu juxta latus pendulum bajulans velut cadaver exanime, cum fide & devotione iter arripuit, dictaque die conversionis S. Pauli quæ fuit feria VI. post missam maiorem, ecclesiam nostram ingressus, quadam honesta matrona cive Parisiensi pluribus nota ipsum comitante, dum fratres horam sextam cantabant, ante majus altare venit, & oratione fusa, osculatisque sacris quæ intus reservantur gloriosi martyris reliquiis, brachium paululum levavit, digitos, manus movens, licet cum magno dolore, horribili clamore, fragoreque ossium a circumstantibus audito, antequam horam sextam incœptam percantassent fratres, pluribus videntibus, dictorum brachii & manus recuperavit sensum & motum ut prius habuerat.

LITTERÆ FULCONIS EPISCOPI Parisiensis.

Quibus ad dissipandam pestem grassantem suos hortatur fideles, ut S. Sebastiani reliquias in ecclesia S. Victoris existentes visitent.

FUlco miseratione divina quondam Parisiensis episcopus, universis Christi fidelibus in nostri Parisiensi civitate & diœcesi constitutis, ad quos præsentes litteræ pervenerint, salutem in eo qui est vera salus.

Licet sanctorum animæ humanis non indigeant laudibus, cum requiescant in cœlis, ubi immarcessibilem æternæ gloriæ coronam de manu Domini percipere meruerunt: nos autem in hujus mundi naufragio periculose quotidie navigamus, ipsorum reliquias in terris nimis honorare non possumus, ut ipsorum meritis & precibus hujusmodi coronæ participes effici mereamur. Sane cum, sicut antea sanctorum testatur historia, diutius retroactis temporibus Dominus populum suum sic flagellare permisit, & tantam pestem in orbe grassari, ut vix unus alterum sufficeret sepelire, & tamdiu hujusmodi pestis viguit, quousque cuidam divinitus revelatum extitit, quod non cessaret illa pestis, donec beatissimo Sebastiano martyri gloriosissimo altare construeretur; quod constructum extitit, & allatis ad locum illum præfati martyris reliquiis, statim illa pestis cessavit. Ex his igitur debemus verisimiliter præsumere, quod ipsius gloriosissimi martyris precibus & meritis, si eum debitis venerationibus veneremur, & præconiis attollamus, cessabit pestis similis, qua in plerisque mundi partibus, & nunc maxime in civitate & diœcesi Parisiensi, Domino permittente, populus flagellatur. Videmus enim modernos eventus terribiles, cum proximorum & amicorum hinc inde interitum tam subitum intuemur, cum his diebus plus sanus formidine, quam infirmus ægritudine mortis interitu conturbetur. Cum igitur, sicut veraciter didici, in ecclesia monasterii S. Victoris juxta Parisius, centum quinquaginta & amplius anni sunt elapsi, sit & fuerit unum altare erectum & consecratum in honore præfati martyris, & in ipsa reliquiæ ipsius sanctissimi Sebastiani pretiosissime habeantur, videlicet os brachii & dens ejus, & aliæ quas oculis propriis subjecimus, & scripturas authenticas hoc testantes vidimus; idcirco universitatem vestram, quam paterno affectu ac vehementi desiderio cupimus a dicta peste præservari illæsam, motu proprio monemus & exhortamur in Domino JESU CHRISTO, ut ad prædictum locum S. Victoris personaliter accedatis, dictum sacratissimum martyrem adoraturi devote & veneraturi sanctissimas ipsius reliquias, ut ejus intercessionibus & meritis Dominus ostendendo suam nobis misericordiam, hujusmodi pestem cessare faciat, & ab ipsa nos & vos præservare dignetur illæsos. Nos enim de omnipotentis Dei misericordia & gloriosissimæ Matris ejus ac præfati gloriosissimi martyris & omnium sanctorum meritis & intercessionibus confisi, omnibus vere pœnitentibus & confessis, qui altare, monasterium & reliquias prædictas devote visitaverint & adoraverint, quotiens hujusmodi facient, XL. dies de injunctis sibi pœnitentiis misericorditer in Domino relaxamus, præsentibus perpetuo valituris. Datum apud S. Marcellum juxta Parisius die XVIII. mensis Novembris anno MCCCXLVIII.

NOTITIA
De contentione cum episcopo Parisiensi in electione Petri Ducis abbatis S. Victoris.

QUoniam labilis est memoria hominum & littera scripta confert memoriam in perpetuum: idcirco ad rerum futurarum memoriam & utilitatem istius ecclesiæ volumus aliqua quæ sequuntur in scriptis redigere.

Primo est sciendum & veridice tenendum, quod cum anno Domini MCCCLXXXIII. circum festum S. Dionysii, frater PETRUS DUCIS fuisset electus in abbatem istius ecclesiæ S. Victoris, nullo extraneo convocato, exceptis fratribus, pro tunc in ecclesia solum existentibus, ut antiqui & laudabilis moris est usque nunc observati prædicti monasterii. Hinc est quod dominus AYMERICUS Parisiensis episcopus, seu vicarii ipsius fecerunt convocare & citare præfatum PETRUM in abbatem electum & seniores istius ecclesiæ, dicentes electionem ipsius Petri fuisse irritam & inanem, nec canonice factam, ex eo quod in prædicta electione non fuerat convocatus episcopus, nec aliquis ex parte ipsius. Præfati autem Petrus & seniores responderunt dicentes, quod secundum antiquas consuetudines & sanctiones, secundum librum ordinis ipsorum, secundum privilegia & attestationes summorum pontificum, secundum sanctum usum a fundatione suæ ecclesiæ usque nunc observatum, ipsi non tenebantur, nec debent advocare pro electione abbatis nec regem nec episcopum, nec aliquem ex parte ipsorum, nec alicujus domini seu potentis consensum vel dissensum : quin immo nec fratres ipsorum extra commorantes sive existentes. Præfata igitur longa altercatione & tædiosa ipsorum religiosorum vexatione ab ipsius episcopi vicariis, & finaliter examinatis discrete & prolixe, senioribus ipsius ecclesiæ & per juramentum requisitis, visis etiam & attentis religiosorum libertatibus & privilegiis, inventum est ipsos religiosos sancte, debite & canonice fecisse prædictam electionem, nec ipsos fuisse obligatos ad cujuscumque personæ religiosæ seu sæcularis extra domum eorum commorantis, seu de gremio ecclesiæ non existentis convocationem, excepto priore claustrali, qui per duos vel tres dies potest expectari, nec tenentur licentiam, auxilium, consilium, seu favorem ab aliquo forensi postulare; sed secundum quod Spiritus-sanctus inspiraverit saniori parti ipsorum, illum illa sanior pars posset eligere, & illum pro tunc sub domino episcopo Parisiensi, nunc vero sub summo pontifice in abbatem præficere, & sic remanserunt in pace. In ista definitione & in sententia pro religiosis prolata, fuerunt præsentes pro parte episcopi magister Philippus de Molendinis, nunc episcopus Ebroicensis, magister Johannes Electi professor utriusque juris, dominus officialis Parisiensis, & dominus Girardus frater domini episcopi. Pro parte religiosorum, præfatus frater Petrus electus, frater Bertrandus prior, Adam camerarius, Theobaldus cellerarius, Radulfus prior de Villaribello, Johannes de Remis prior de S. Paulo, Johannes Merlin prior de Valle-Gaii, & multi alii, quorum nomina scripta sunt.

NOTITIA

De contentione cum archidiacono de Josayo & canonicis S. Victoris de abbatis installatione.

Eodem anno circa festum Purificationis B. Mariæ Virginis facta est altercatio inter dominum archidiaconum de Josayo & præfatos religiosos, dicente archidiacono, quod sui juris & consuetudinis erat abbatem installare, & pro installatione decem libras Parisienses ab ipsis recipere, fratribus prædictis contradicentibus, & privilegium in contrarium se habere asserentibus. Igitur tali lite pendente, visum est ipsorum religiosorum privilegium, in quo habetur quod non per archidiaconum, sed per priorem & subpriorem ipsius ecclesiæ abbas præfatus debet installari sive inthronizari. Quo attento, statim cessavit tempestas, & dictus archidiaconus fuit contentus.

NOTITIA

De altercatione cum cantore Parisiensi ratione juramenti novi abbatis.

Eodem anno circa festum Annuntiationis Dominicæ, cum prædictus Petrus jurasset super majus altare ecclesiæ majoris S. Mariæ, sicut fecerant aliqui prædecessores sui, deferre se honorem & reverentiam ipsi ecclesiæ matrici, ad instantiam scilicet domini decani & domini cantoris ejusdem ecclesiæ; tunc idem dominus cantor dixit eidem abbati & fratribus suis, quod ratione illius juramenti ipsi tenebantur cantori persolvere unum verrem, id est magnum porcum, vel centum solidos Parisienses. Prædictus autem abbas & fratres responderunt se minime ad hoc teneri, nec umquam suos prædecessores talem debitum persolvisse. Immo non erat diu quod ipsi compellebantur hujusmodi jurare. Prædictus autem cantor, quantum potuit, obstitit, & præfatis fratribus in capitulo nostræ Dominæ aliqualiter nocuit, & pro consimili facto contra abbatem sancti Mauri Fossatensis diu placitavit : sed neque de abbate S. Mauri, neque de abbate sancti Victoris nec verrem, nec denarium, nec obolum habere potuit, nec immerito, quia numquam debuit; immo dictum est a multis sapientibus, quod illa erat una pessima exactio, & quodammodo simoniaca pactio.

NOTITIA

De altercatione cum archidiacono de Josaio, ratione ordinationum religiosorum.

Eodem anno circa festum Pentecostes facta est altera altercatio inter clericos prætati archidiaconi de Josayo & dictos religiosos pro fratribus ordinandis, ipsis clericis pro scriptura, registratione, & nominatione fratrum ordinandorum pecuniam seu vinum exigentibus : fratribus vero ad hæc se teneri seu debere facere negantibus & contradicentibus, quia videretur esse contractus simoniacus & contra conscientiam pro sacris ordinibus conferre pecuniam. Igitur hac lite pendente, dominus archidiaconus fecit testes & seniores ipsius ecclesiæ examinare

& aliqua religiosorum privilegia de hoc tangentia attente discutere. Quibus peractis, inventum est prædictos religiosos ab hoc tributo seu exactione omnino & penitus esse immunes, & pro fratribus ordinandis nihil debere persolvere. Unde præfatus dominus archidiaconus juravit quod nec per se nec per quemcumque suum familiarem vel clericum quamdiu viveret, pro hujusmodi ordinibus aliquid reciperet aut requireret aut per alium recipi faceret propter causas prædictas, & sic cessavit tempestas : immo est sententia excommunicationis contra dantem & recipientem pro ordinibus sacris.

De modo recipiendi archiepiscopi Senonensis aut episcopi Parisiensis cum visitant monasterium.

NOta quod quotiescumque reverendus in Christo pater dominus archiepiscopus Senonensis seu etiam dominus episcopus Parisiensis visitaverit ecclesiam istam pro prima vice, tunc debent honorifice cum processione recipi in cappis sericis vel sine illis, sicut visum fuerit expediens domino abbati. In omnibus autem ceteris visitationibus, ulterius cum processione non recipiuntur. Sed si placuerit pro honore ipsorum majores campanæ pulsantur.

Item in capitulo numquam admittuntur cum consiliariis aut gentibus suis, sed præcise cum aliquo suo socio, & aliquo notario, nisi de gratia speciali.

LITTERÆ PETRI EPISC. PARISIENSIS
De missa solemni in honorem beatæ Mariæ diebus sabbati celebranda & de antiphona in fine completorii decantanda.

PEtrus miseratione divina episcopus Parisiensis, dilecto filio nostro PETRO abbati S. Victoris juxta Parisius, & omnibus fratribus ibidem sub vita apostolica & regula S. Augustini degentibus, salutem & sinceram in Domino caritatem.

Justis petentium desideriis dignum est nos facilem præbere consensum, & vota quæ a rationis tramite non discordant, benigniter exaudire, & specialiter illa quæ tangunt decorem & honorem domus Dei & intemeratæ genitricis ejus. Dudum, fili carissime, exposuisti nobis, quod in præfata ecclesia, cui præsides, exigua & multum neglecta de gloriosa Virgine MARIA fiebat memoria, saltem in celebranda de ipsa aliqua solemni missa, quia cum antiqui patres ipsius ecclesiæ instituissent in qualibet die sabbati unam missam solemnem celebrari de ipsa gloriosa Virgine, in ecclesia majori, tamen propter octavas festivitatum & festa quæcumque novem vel trium lectionum diebus sabbatinis occurrentia, prætermittebatur, & adhuc de facto prætermittitur præfata solemnis missa. Tu vero motus devotione, ut credimus, volens circa defectum præfatæ missæ remedium apponere, instituisti & ordinasti in capitulo tuo coram fratribus, ut de cetero perpetuis temporibus præfata B. Virginis missa nullo modo prætermittatur; sed si in die sabbati occurrat aliquod festum propter quod illa non possit celebrari in majori ecclesia; ipsa tamen in aliqua alia capella cum nota & solemnitate celebretur.

Ordinasti insuper quod ne sit defectus in celebratione præfatæ missæ, si aliquis fratrum tuorum ex mera devotione velit ipsam celebrare, sibi permittatur. Si vero nullus ad hoc se præsentet, tunc frater qui debet dicere tertiam missam, loco illius ad illam missam de B. Virgine teneatur, & dicta oratione pro defunctis, a tertia missa teneatur immunis. Quod si ille absens fuerit, per infirmarium tuum, aut alium cui hoc injunxeris celebretur.

Supplicasti insuper, quod istud sanctum & devotum statutum approbaremus, confirmaremus, & scripto sub sigillo nostro communiremus, ut memoria hujus & statutum duraret in perpetuum.

Iterum, quod, ut fratres seu quicumque alii devotius & libentius illi missæ interessent, & solemnius decantarent, placeret nobis loco materialium distributionum, conferre stipendia spiritualia, scilicet aliquas indulgentias.

Supplicasti etiam nobis pro quadam antiphona de ipsa gloriosa Virgine quotidie in tua ecclesia post completorium solemniter cantata, quod ut fratres infra septa monasterii hora qua cantatur existentes, frequentius & avidius ad illam antiphonam conveniant, aliquos etiam dies indulgentiarum omnibus illi antiphonæ interessentibus conferremus, ut de cetero celebrius & vocibus altisonis concinatur. Nos igitur cupientes divinum officium magis ac magis ampliari, considerantes etiam ipsam intemeratam Virginem, in cujus honore cathedralis ecclesia, cui præsidemus, est insignita, omni laude fore dignissimam, & secundum Hieronymum, quicquid fit ad honorem Matris Dei, fit ad honorem ipsius sui Filii. Idcirco speciali devotione moti, petitionibus tuis facilem præbemus assensum. Nos igitur in primis approbamus, confirmamus & præsens scriptum sigillo nostro communimus, illa, & super illa quæ super ordinatione hujus missæ duxisti ordinanda & facienda, ratum & gratum habentes ipsum sanctum statutum, & participationem atque communionem volentes habere in ipsa missa & omnibus orationibus ipsius ecclesiæ, quæ inter alias ecclesias est immediata filia nostra, nobis subdita, auctoritate nobis a Deo collata & a summo pontifice concessa, concedimus & conferimus omnibus illi missæ, in quocumque loco infra muros ipsius monasterii celebretur, personaliter existentibus, pro qualibet die sabbati, XL. dies indulgentiarum. Item convenientibus & omnibus existentibus in antiphona post completorium in honore gloriosæ Virginis decantata, decem dies indulgentiarum concedimus, perpetuis temporibus istis indulgentiis duraturis. Petimus tamen & supplicamus in præfata missa haberi unam specialem orationem pro statu nostro & omnium prælatorum populo Christiano præsidentium. In cujus rei testimonium sigillum nostrum præsentibus litteris duximus apponendum. Datum & actum Parisius die quinta decima mensis Julii anno Domini MCCCLXXXV.

LITTERÆ JOHANNIS CARDINALIS,

De indulgentiis concessis his qui ecclesiam S. Victoris & prioratuum ejus visitaverint & ad reparanda ædificia contulerint subsidium.

JOHANNES ROLIN miseratione divina tituli S. Stephani in Cœlio monte S. R. E. presbyter cardinalis & episcopus Eduensis universis & singulis Christi fidelibus præsentes litteras inspecturis salutem in Domino sempiternam.

Ante thronum divinæ majestatis fideles Christi Sanctorum piis adjuti suffragiis, ad eorum solemnia eo debent ferventius incitari, quo piis eorum fulsiti præsidiis, potiora retributionis præmia valeant promereri, unde nos more pastoris vigilis, singulos Christi fideles, ipsos quos cupimus in superna patria collocari ad ipsorum Sanctorum trahimur libentius obsequia, ut eos in conspectu Domini devota veneratione collaudent. Cupientes igitur ut conventualis ecclesia monasterii S. Victoris prope & extra muros Parisienses, ordinis S. Augustini, necnon ecclesiæ prioratuum S. Dionysii de Athiis, S. Pauli de Alnetis, S. Guenaili de Corbolio, S. Nicolai de Valle-Jocosa, S. Desiderii de Villa-Ribello, B. Mariæ de Nemore, S. Petri diœcesis Parisiensis, B. Mariæ de Puteolis, B. Mariæ de Floriaco, ejusdem B. Mariæ de Faronvilla, & B. Mariæ de Monte-Beonis diœcesis Senonensis, S. Victoris de Brayo diœcesis Silvanectensis, S. Petri de Buciaco-Regis Aurelianensis diœcesis, membrorum a dicto monasterio S. Victoris prope Parisius dependentium, congruis frequententur honoribus, & a Christi fidelibus jugiter venerentur, ac in suis structuris & ædificiis debite reparentur, conserventur & manu teneantur, libris, calicibus & aliis ornamentis ecclesiasticis decorentur, & laudabiliter muniantur; in ipsis quoque cultus augmentetur divinus; & ut Christi fideles ipsi eo libentius devotionis causa confluant ad easdem, & ad reparationem, augmentationem, aliaque præmissa manus promptius porrigant adjutrices, quo ex hoc ibidem dono cælestis gratiæ uberius conspexerint se refertos; dilectorum nobis in Christo abbatis & conventus ipsius monasterii S. Victoris prope Parisius porrectis super hoc nobis supplicationibus inclinati, de omnipotentis Dei misericordia & beatorum Petri & Pauli apostolorum ejus auctoritate, sanctorumque martyrum Nazarii & Celsi, Lazari atque Leodegarii patronorum nostrorum meritis & intercessionibus confisi, auctoritate etiam apostolica nobis quo ad hoc specialiter concessa, omnibus & singulis utriusque sexus Christi fidelibus vere pœnitentibus & confessis, qui conventualem ecclesiam ipsam S. Victoris prope Parisius, necnon alias ecclesias prædictas ab ea dependentes, aut alteram de ipsis visitaverint, & ad reparationem, augmentationem, conservationem, aliaque præmissa manus porrexerint adjutrices, ut præfertur, quotiens id fecerint, totiens centum dies indulgentiarum de sibi injunctis pœnitentiis misericorditer in Domino relaxamus, præsentibus perpetuis temporibus duraturis. In quorum omnium fidem & testimonium præmissorum præsentes litteras fieri, sigilloque nostri oblongi jussimus appensione muniri. Datum Parisius in domibus nostræ residentiæ die X. mensis Octobris, anno Domini MCCCCLXXVIII. pontificatus sanctissimi in Christo patris, & domini nostri domini Sixti divina providentia papæ quarti anno VIII.

HISTORIA VICONIENSIS MONASTERII
ORDINIS PRÆMONSTRATENSIS.

Ex mss. ejusdem monasterii.

OBSERVATIO PRÆVIA.

CELEBERRIMI *in Hannonia monasterii Viconiensis ordinis Præmonstratensis brevem historiam edidit noster Acherius Spicilegii tom. XII. quæ primordia tantum ejusdem cœnobii complectitur, cum gestis Guarini primi abbatis usque ad ejus in Laudunensem S. Martini abbatiam translationem, & Geraldi ipsius successoris electionem, opus certe pium, & si quod umquam, publica luce dignum.* Hoc ad annum MCCIII. *prosecutus est Nicolaus Viconiensis prior, subsequentium septem abbatum gesta testis oculatus accurate describens, quippe qui sub iis omnibus egerat, uti ipse infra affirmat n. 20. his verbis:* Ego Nicolaus, qui in officio prioratus jam dicto Joscelino successi, anno MCCIII. scribi feci, quoniam omnes prænominatos abbates vidi, singulorumque obediens fui, præter primum, qui translatus fuerat apud Laudunum. Obiit autem Nicolaus in senectute bona, erat enim nonagenarius, cujus lucubrationem ad sua usque tempora continuavit ejusdem cœnobii religiosus alter Nicolaus de Montigni dictus, factis quibusdam utriusque operi non spernendis additionibus.

Trium horumce auctorum codices mss. cum reperissemus in bibliotheca Viconiensi, dignos statim eos judicavimus, qui publici juris fierent, nec mora eos descripsimus, & anonymi quidem libellum ab Acherio vulgatum cum ms. collatum aliquibus emendavimus in locis, factasque a Nicolao de Montigni additiones, ansulis inclusas, ubi necesse fuit, inclusimus.

HISTORIA VICONIENSIS monasterii.

1. Spiritus-sanctus ore prophetico testatur filiis Israël mandatum divinitus, ut beneficia sibi cœlitus collata, crebra recordatione suis suorumque cordibus imprimerent, quatenus his frequentius memoratis, animos a cultu vanitatis arcentes, benefactori suo a caritatis obsequium gratanter exsolverent. Hæc ego frequenter audita sedulo versans in pectore, recolensque quot & quantis blandimentis divina bonitas primordia nostræ conversionis delinierit; satis ægre tuli nihil ex his ad notitiam posterorum litteris inditum: præsertim cum primævos fere omnes cernerem vitæ præsentis transcurrisse terminum. Libuit ergo, juvante Deo, notare breviter, quo tempore, quove auctore, locus

HISTORIA

iste sacræ religionis initium sumserit, ut non priuentur notitia gestorum futuri heredes, & loci & morum.

Loci descriptio.

2. Locus iste nomine & veritate *Casa Dei*, licet ad id quod dicitur ante sæcula divino consilio præordinatus fuerit, non diu tamen ex quo tali vocabulo vocabulique virtute decorari cœpit. Tempore namque LUDOVICI regis Francorum, hæc silva primum a fratribus nostris incoli cœpit annis ab Incarnatione Domini MCXXV. plus minusve decursis; eatenus enim locus iste spinis ac vepribus cannisque palustribus densus, luporum ac ferarum latebris magis quam habitaculis hominum videbatur idoneus. Sed Rex ille sapiens ac potens, *qui vocat ea quæ non sunt*

Rom. 4. 17. *tamquam ea quæ sunt*, tempore sibi placito, vetustam auferens loco despectionem, ino-

Edit. significationem. pinatam contulit * sanctificationem, vetera dissipans lustra, novaque sibi statuens castra. Per idem tempus quippe Dei sapientia cum filiis hominum ludens in orbe terrarum, diversis in locis casas sibi statuit, ad quas construendas operarios de servitute Babylonis

Edit. ubique. evocatos, * inibique multiplici virtutum experientia probatos, ad cœlestem aulam coronandos introduxit. Inter quos velut sapiens architectus plurima sagacitate cœnobii hujus primus instaurator enituit, Britonum quidem gente progenitus, Francorum tamen loquelis & moribus luculenter satis imbutus,

Primus incola Wido. sacerdos officio, nomine WIDO. Hic cum levis adolescentiæ annos per trivia vanitatis vagabundus, ut plerisque moris est, transegisset, ævo jam maturante, mutavit & mores. Cœpit namque supernæ gratiæ perfusus ju-

In edit. deest factus. bare, * factus jam juvenis, dies laboriosos mensesque vacuos vigilanter sibi dinumerare, annosque æternos in amaritudine animæ suæ recogitans, taliter, ut reor, ad contemtum mundi seipsum sollicitare. O anima misera, quare seduceris vanitatis sic æmula, ast veritatis nimis ignara ? Perpende quæso quam grave sit quod patimur, quamque vanum quod sequimur, æternum quo ducimur. Ob-

Edit. perspicies. secro siste gradum * perspiciens ultra pro-
Edit. hac perdidisse tenus. gredi quam sit periculosum; * huc prodiisse tenus satis est, jam non decet ultra : Sperne voluptatem, nocet empta dolore voluptas. His atque his similibus, spirante Deo, ad animum reductis, terga nugis vertens, male tutus arctum qui ducit ad vitam ingressus terere callem, mutans habitum, liquit sæculum, migravit ad eremum.

3. Illo namque in tempore quo venerandus pater NORBERTUS Præmonstratum venit habitaturus, sacrarumque institutionum quibus jam totum ferme per orbem catholica decoratur ecclesia, rudimenta daturus, præfatus WIDO paucis diebus illic demoratus, sicut audivimus, secessit loco majori cedens. Audita vero fama hujus silvæ (famosissima enim erat tum præ sui latitudine, tum præ

scelerum quæ in ea frequentabantur enormitate) Deo comite adveniens, locato sibi tabernaculo sub annosa, ut dicunt, tilia inopinatus resedit * hospes, in proximo fiendus *In edit. hospes.* & heres. Haud longe autem ab arbore palus erat ingens, rivusque præterfluens, quem indigenæ sermone publico *Paraginm* * rivum *In edit. vinum* appellant, quidam vero e nostris paradisi sive Paracliti rivum eumdem dici mallent, quod & mihi magis libet.

4. Hoc igitur in loco, sicut prædictum est, facto domicilio, vir Dei vino illo quod novis in utribus recondi decet, dilectione Dei scilicet & proximi fervens interius, lucrumque animarum vehementer sitiens, duce Christo egressus ad publicum, eructare cœpit populis quod ab * æternis hauserat po- *In edit. æternis.* culis. Igitur velociter sermone currente, turbæ confluunt, vilemque hominis habitum, hilarem vultum, placidumque sermonem attendentes, & in præcordiis omnia ponentes, reficiebantur non minus opinione quam sermone. Fit itaque, largiente Deo, peregrinus homo notus in populo, ab omnibus amatur, veneratur, suscipitur & colitur. Frequentant ejus domicilium, poscunt censilium, impendunt corporale beneficium, referunt optatum animæ domi solatium. Perpendens igitur manum Dei bonam secum esse, populique corda divino spiramine ad audienda verba vitæ reserata, cogitabat dilatare tentorium suum : quatenus collectis fratribus ibidem, Christo debitum persolvere possent samulatum : nec tamen arbitrabatur sibi tutum vel licitum * in alieno ces- *In edit. in alio hospitio.* pite absque nutu heredum fundamenta jacere, præsertim in hac silva quæ pluribus subdivisa heredibus, tot dominorum legibus subjacebat. Proinde accedens ad unum eorum ALAMANNUM scilicet * *de Ponz*, illustrem *In edit. de Ponz.* virum, cujus juris videbatur esse locus quem occupaverat, conventione facta cum eo, partim præsentis lucri acceptione, partim mercedis æternæ sponsione, factus est coram multis testibus hujus loci legitimus heres, qui paulo ante fuerat inquilinus & hospes. Constructisque casulis sibi suisque necessariis, exivit homo ad opus suum, peragratisque finitimis castellis & oppidis, semina vitæ sparsit ubique, moxque mirum in modum sole justitiæ desuper radiante, maturos inveniens fructus, primitias ex eis Domino litaturus decerpsit.

5. Siquidem tantus ardor divinæ dilectio- *Ad Wido-* nis quosdam arripuit, ut repente sæculi va- *nem abdica-* nitatibus abdicatis, rebusque propriis ad nu- *tis sæculi va-* tum viri Dei delegatis, ipsi deinceps adhæ- *nitatibus* rerent, nexu indissolubili colligati. Cum qui- *multi confluunt.* bus ad locum paupertatis suæ regressus, singulis diebus secundum tempus & horam ad humilitatem obedientiæ, ad virtutem patientiæ, ad instantiam orationis, ad tolerantiam laboris, ad vigilantiam contra juges antiqui

hostis insidias, monitis & exemplis quos Deo lucratus fuerat, instituebat tyrones. Tantæ vero caritatis erat, ut licet inopem agens vitam, sibi suisque vel scribendo, vel alio quocumque justo modo quotidianam a foris conquireret stipem: * hospitatori tamen præceperit neminem ex caritate victualia petentem vacuum abire permitti. Sæpius enim illam veritatis promissionem, *date & dabitur vobis* mente retractans, plurimumque de ea sperans, pro viribus implebat, sibique subditis servandam attentius commendabat.

inedit. hospitaliter.

Luc. 6. 38.

6. Confluxere undique populi terræ, cernere cupientes quæ hic fiebant tamquam mirabilia. E quibus aliqui videntes opera fratrum, vilitatem vestium, devotum ad invicem obsequium, laboris exercitium, caritatem & silentium, dicebant *Castra Dei sunt hæc*, & Spiritus-sanctus habitat in his: alii vero largifluam Dei misericordiam non considerantes, aiebant: In tantis miseriis non subsistent; sed recedente pastore dispergentur & oves. Hoc autem illis, ut opinor, non modicam desperationem incusserat, quod qui anteriori tempore in vicinia nostra habitaverunt, nihil umquam ad perfectum adducentes, absque habitatore domos vacuas dimiserant.

Gen. 32. 2.

7. Ante paucos etenim annos in proximo monte ad boream sito, quidam eremita erecto tabernaculo cum matre degens, ea ibidem sepulta, cum solus remansisset, nescio a quo scelesto homine jugulatus in puteum dejectus est: unde postmodum extractus, & in atrio S. Amandi sepultus requiescit; cognomen monti non excidit. Porro ad occidentalem plagam quidam cum matre & fratre similiter habitabat, Hugo vocabulo, conversus habitu, graduque sacerdos. Huic consuetudo fuit circuitis circumquaque villis & castris sermonem ad populum facere, nec tamen multum proficere: quidquid enim ore loquaci ferebat, moribus indisciplinatis conculcans, crescere non sinebat. Inter duo namque matura, sicut vulgo dicitur, unum acerbum promens, risus & joca persæpe audientibus commovebat. Hic patrem Widonem de die in diem prosperis successibus attolli, se vero minui cernens, nil prosperatus recessit, ejus portiuncula nostros in usus redacta, nec tamen nomine pristini possessoris privata. Adhuc namque locus ipse Sartum domni Hugonis appellatur.

8. [Locus autem hujus est pro posteris a magnis arboribus ante portam, ubi pro transeuntibus fons profluit, tam in terris nondum cultis quam excultis, usque ad viam quæ via sartata dicitur: dividens hujusmodi sartum a silva ibidem existente. Verū dixerunt aliqui sedem habitaculi sui in piscaria nostra vivarii stratæ publicæ contigui, scilicet de ramis: quod non mihi placet, cum magnum spatium sit a vivario usque ad ipsum sartum, multos modios terræ continens; & non est verisimile hominem solum cum matre & fratre pro sui habitatione tantum terræ invasisse aut etiam inclusisse, nisi forte duo habitacula jam construxerit, quæ nusquam reperi aut audivi. Est etiam locus alius in silva *de Trit*, qui Mala-domus dicitur, ubi similiter quamplures eremitæ inhabitaverunt, qui una cum aliis a malivolis jugulati finem optimum, ut rei probat veritas, sunt adepti. Nam in loco suspendii fons a terra ascendit, qui ibidem permanet usque in præsens. Attamen dicta domus ex hinc nostrum dominium non suscepit: sed in ea miles quidam leprosus mansionem atque cursum vitæ consummavit; necdum convertitur in nostros usus, vel tunc primum cum per excambium villæ de *Hucegnies* dictam silvam atque domum cum omnibus appenditiis possidemus. Cum autem jam fortis armatus tam nefarie custodiret, immo vastaret atrium suum, supervenit fortior, virtus scilicet divina, quæ ad præsentem locum quem modo incolimus destinare dignata est domnum Guidonem virum religiosum & timentem Deum jam supradictum, litteratum virum, in cujus labiis diffusa erat gratia fructuosæ prædicationis. Hic mundum marcentem cum suo flore sterili respuens, sub tegmine fagi solus aliquantis diebus inhabitavit. Porro quoniam lux accensa non debuit sub modio latere, sed in palam abduci, prædictus magister Guido circumquaque verbum Dei disseminans, quosdam fratres de inter fluctus labentis sæculi ad portum sanctæ religionis, Deo cooperante, perduxit. Ut autem tam novella plantatio magis posset propagari, & ramos suos ad fructificandum extendere latius,] venerandus Wido bonis initiis finem optimum annectere satagens, * Berengertruncensem abbatem adiit, rogans quatenus de fratribus suis ad hunc locum destinaret, qui nostros suis institutis imbuerent, ac tempore opportuno ex eodem ordine abbatem sibi, Deo * disponente, præficerent. Abbas itaque precibus annuens supplicantis, misit de suis canonicis, ut locum gentemque considerantes renuntiarent, utrum *res dignum quid effectu præmonstraret. Qui venientes diebus aliquot in loco peractis, videntes terram aquosam & arenosam, cultuque difficilem, non satis fidentes in eo cujus est orbis terrarum & plenitudo ejus, via qua venerant reversi sunt in regionem suam, Deo nobis melius aliquid providente.

Id est Truncensi Berēgarii.

In edit. sibi disponentes præficerent.

In edit. utrū re dignum.

9. Siquidem domnus Valterus abbas S. Martini Laudunensis, vir in perferendis malis experientissimus, multis precibus pulsatus, venit locum invisere, ac misericordia motus, cœpit ejus curam agere; fidensque in eo a quo cuncta bona procedunt, ingressus Duacum, verbum Dei cum fiducia loquebatur ad populum: factumque est, eo lo-

Subjiciuntur Viconienses canonicis Præmonstr. S. Martini Laudunensis.

quente, cum inter cetera loci hujus mentio incidisset, plurimorum tam ex clero quam populo tanto amore erga Deum & locum corda perculsa sunt, ut sæculo mox renuntiantes, se cum suis, abbate præsente, Christo voverent & loco. Exinde vir Dei constantior factus, signato privilegio a venerabili viro Roberto Attrebatensi episcopo, curam loci suscepit, eo videlicet tenore, ut abbates ibidem consecrati cum sibi subditis Laudunensis cœnobii statuta regularia, moresque honestos pro facultate servarent; nec tamen ulli exactioni temporali obnoxii forent. Missi sunt ergo fratres, qui rebus prospere cedentibus, infra modicum tempus domnum Henricum vice prioris sibi prælatum, illustrem virum, (fertur enim capellanus & consanguineus fuisse regis Francorum) in abbatem elegerunt: attamen Christo resistente, desiderio suo fraudati sunt. Statuta enim consecrationis ipsius die, dum episcopus non adesset, elongata benedictione Laudunum reversus est.

Warinus I. abbas Vico-
niensis.

10. Quo regresso, Laudunensis abbas domnum Warinum priorem suum ad consecrationem misit, qui percepta benedictione, dignitatis gradum piis actionibus superexal-
* In edit. sa- tare sategit. Erat enim vir * simplex, & rectis
piens. moribus ornatus, æmulator ordinis, amator paupertatis, custos castitatis, sectator hospitalitatis, postremo virtutum impiger cultor, ac vitiorum fervidus ultor. Qui dum venisset, & de nimia egestate quosdam conqueri audisset, verbum memoria dignum fertur tulisse: Deus, inquiens, si nos in loco scierit, ipse ad manducandum præstabit: non ignorans utique quod Deus omnia per plenitudinem sapientiæ suæ sciat, sed subditos monens quatenus boni operis sedulitate a Deo sciri satagerent.

11. Quis autem valeat digne differere quantus qualisque fuerit eo tempore tam in discipulis quam in magistro amor veritatis, custodia humilitatis, contemptus mundanæ vanitatis, cum certis indiciis sinceræ caritatis omnes se monstrarent mortuos esse mundo, & mentibus habitare in cœlestibus cum Christo? Cur autem eos mundo mortuos non recte dixerim, quibus tanta erat parcitas in victu, tanta vilitas in vestitu, ut quæque gustu dulcia, tactu mollia penitus abhorrerent, & talia quærentes ostentui haberent? Tanta quippe austeritas erat in victu, quod æstivis temporibus cum legumina non haberent, tribulos & agrestes herbas per arva legentes & propriis humeris domum advectantes, una cum foliis arborum coctas in cibos sumerent: nec tamen mors in illa sentiebatur, quia farinula perfectæ caritatis condiebatur. Erat vero tanta vilitas in vestibus, ut tunicis toties reclavatis plerique vestirentur, quod in dubium veniret ex qua potius parte initium sumserint. Quid autem dicam de assiduitate laboris vel instantia orationis, cum vix umquam aut manus quiesceret a labore, vel lingua vacaret ab oratione? Unde contigit frequenter, ut per noctes quiescentes in lectulis, se vel psallentium choris interesse, vel sacris altaribus astare, aut etiam albatorum catervas præcedentes subsequi, vel simile quid cernerent. Evigilantes vero versum, quem opprimente somno dimiserant, adhuc in ore ruminarent.

12. Porro consuetudo talis erat, ut egredientes ad laborem, sive ad sarriendum vel ad sarta cremandum, finito labore non vacui redirent; sed quisque pro viribus onera sibi bajulantes, seriatim & cum silentio repedarent. Tali quidem opere, ut reor, illam Sancti-Spiritus promissionem ore Psalmistæ prolatam: *Venientes autem venient cum exultatione portantes manipulos suos,* quam cordibus infixam ore frequenter ruminabant, se desiderare & expectare jam quasi quædam præludia exercentes, declarabant. Et quidem Spiritus-Sancti promissio in retributione justorum perfecte complebitur, cum finito scilicet judicio, sancti qui in labore & ærumna in hoc scilicet sæculo semina * vitæ semina- ** Inedit. Inss*
verunt, audita illa desiderabili voce, *Venite* *vitæ.*
scilicet *benedicti patris mei, percipite regnum* *Matt. 25. 34.*
quod vobis paratum est a constitutione mundi, pulcherrima cum processione portantes præmia laborum, a tribunali judicis introibunt gaudentes, ad contemplandam perenniter faciem Patris, reprobis omnibus cum suo principe diabolo in tartara retrusis.

13. Hæc & his similia ordini congruentia die noctuque incessanter agentibus, Deus cui placere gestiebant, tantam contulit gratiam, ut vicini divites & pauperes magno cum affectu venerarentur, & locum & gentem & præcipue abbatem, qui eis vir bonus apparebat, in sermone verax, in operatione justus, in universis moribus ornatus. Unde seniores terræ locum frequenter invisentes, cum audissent & vidissent numerum fratrum ampliatum, ac diversorium valde angustum, hortati sunt abbatem oratorium lapideum construere, suum ei spondentes auxilium artificibus conducendis atque pascendis, ceterisque necessariis non desore: quorum monitis non de propriis viribus præsumens aut opibus, sed divinis fidens muneribus, abbas annuit, effossisque lapidibus, quæque forent ad opus necessaria præparavit.

14. Diebus itaque sanctis Paschæ facta processione ad locum quo construendum erat oratorium, ibique missa celebrata, locata sunt fundamenta in honore Dei ac beatissimæ semper virginis Mariæ, Godefrido comite Austrebatensium cum infinito cœtu divitum & pauperum astante. Siquidem oratoriolum quo eo tempore imo & ante celebrabantur divina in honore Dei & beati Sebastiani martyris a venerabili patre Wi-
DONE

DONE ex lignis compactum in pomerio situm fuerat, ibi etiam tunc temporis claustrum erat atrio ibidem consecrato. Porro ecclesia beatæ Deigenitricis Mariæ vi. annis consummata, septimo dedicata est octavo calendas Octobris a viro excellentissimo domno ALVISO Attrebatensi episcopo, ab Incarnatione Domini anno MCXXXIX. domni Varini primi abbatis decimo.

15. Facta est ipso die consecrationis non modica perturbatio in populo; sed Deo vindicante non longe post in ipsum, a quo perturbationis causa processit, ultio manifesta factisque digna proruit: factum est namque cum, omnibus quæ tantæ solemnitati congruebant rite peractis, qui ad diem festum venerant festinarent ad propria, orta contentione inter Austribatenses milites & Landastentes, ut vir illustris AMANDUS scilicet de Dononio graviter quassatus, causa mœroris non modici nobis existeret. Fideli quippe virilitate domno abbati sponte factus obnoxius, in pluribus nobis utilis extiterat, & ad ecclesiæ constructionem de suis facultatibus frequenter adjuverat. Igitur proxima die ille qui caput jurgiorum fuerat, Daniel scilicet de Curte-Trajani, ferocitate tyrannica opinatissimus, ad determinatum congressum, quem vulgo Tornionem vocant, properans, lancea perfossus, a præsenti luce violenter extortus est, dignam sui sceleris suscipiens retributionem.

[16. Et in his omnibus lætabatur pater GUIDO, eo quod prosperum iter faciebat Deus salutarium suorum, proficiebat pater in filiis, filii in patre, quia unus amor, una fides erat in eis, ut competat eis: *Ecce quam bonum & quam jucundum habitare fratres in unum.* Sic etiam in eis deerat omnis philargyria & avaritia, quia ea quæ a vicinis in muneribus sponte donabantur, ab eisdem non sumebantur: verbum recolentes: *Pecunia tua tecum sit in perditionem.* Divitias sic contemnentes, & summam paupertatem eligentes, salvatorem suum JESUM insequentes. Quo percepto a popularibus, perturbati graviter ad ecclesiam orationis gratia confluebant; exurgentes vero ab orationis loco, saccos magnos pecuniæ plenos relinquebant. Unde nostri per ecclesiæ vestigia incedentes, saccos hujusmodi reperiebant, admirantes timebant valde.]

Obiit Wido in Burgundia.
17. His ista gestis pater WIDO in territorio Metensis civitatis ædicula rursus constructa, collocato etiam abbate, a Jerosolymis iterata vice reversus, aliquanto tempore degens apud nos, quamdam curtem ad *In edit. se-aliter.* usum pauperum atque * debilium apud Valencenas manentium exorsus est construere juxta montem *Aizin*; qua nondum perfecta, oppidanis non ad placitum adjuvantibus, ad Burgundiam ipse profectus est, nec plusquam duobus mensibus post ejus abscessio-

nem transactis, apud * Jovinianum, præfatæ regionis castrum defunctus; in atrio sancti Lazari, ubi debiles peregrini & pauperes sepeliri solent, id ipso petente, conditus jacet, beatam præstolans a justo judice sui laboris remunerationem. Anno quidem ab Incarnatione MCXLVII.* calendis Februarii profectus a nobis, 11. calendas Aprilis migravit a sæculo, in æternum, ut credimus, victurus cum Christo, pro cujus amore ab ineunte juventute voluntarius pauper factus, quoad vixit pauperum strenuus consolator, prout potuit, semper extitit.

In edit. Jovinian.
In edit. MCXL. vii. Februarii.

[18. Anno igitur Dominicæ Incarnationis MCXXIX. dominante comite BALDUINO, domus Viconiensis ordinem Præmonstratum, donante Deo, & domno GALTERO abbate S. Martini Laudunensis auxiliante, suscepit, patre Guidone quæ fuerant operi necessaria procurante fideliter: in qua primus electus est domnus Hainricus vice prioris, cœnobii Laudunensis canonicus, vir magnus, ut superius est expressum, qui elongata benedictione, die ad hoc statuta absente episcopo, ipse perturbatus Laudunum reversus est. Sic vero Viconiensis ecclesia orbata electo, orbata patre Guidone mœstissima, utrum subsistere posset hæsitabant omnes: attamen vineam quam in loco despectissimo atque inopinatissimo dominus plantaverat, in posterum fructiferam eradicari non volens, immisit vineæ suæ fidelissimum custodem atque conservatorem.]

Post ejus vero transitum annis IV. semis ferme defluxis, domnus GUARINUS abbas, vir piæ recordationis, cum annis XX. ferme duobus nostram ecclesiam strenue rexisset, cœnobii S. Martini Laudunensis regimen suscepit, domno VALTERO ejusdem claustri abbate episcopante urbi præmemoratæ. Nobis autem ob discessionem sæpe dicti viri mœstissimis.

19. Successit alius nomine GERALDUS præfixi cœnobii canonicus, qui in initio prælationis suæ, quantum ad humanum spectat examen, morum honestate & verborum dulcedine atque affabilitate mirifice florens, maximum studium erga ornatum ecclesiæ & decorem domus Dei impendere studuit, licet post modum instinctu adversarii ab humili & recto religionis tramite deviaverit. Hujus itaque temporibus, cum & in spiritualibus & in temporalibus ecclesia nostra floreret, quidam e fratribus nostris ob amorem & honorem sanctorum, vas quoddam quod feretrum vulgo vocatur, ipso consentiente & cooperante ædificaverunt, auro & argento ac pretiosis lapidibus decoratum. Cujus rei causa, scilicet ne tanto vase vacuo remanente, frustra laborasse dicerentur, ubicumque potuerunt ab ecclesiis tam vicinis quam longinquis sanctorum pignora perquirentes, magnam ex eis copiam aggregaverunt

II. abbas Viconensis Getraldus.

inter quæ etiam caput S. Flaviani, qui fuit archidiaconus S. Nicasii, præfatus abbas a civitate Rhemensi rediens secum attulit: quoniam in ecclesia præfati præsulis & martyris parentes notos & familiares amicos habebat. Ipsum ergo caput cum aliis plurimorum sanctorum reliquiis, quorum nomina jam alibi descripsimus, positum est honorifice in præfato receptaculo a domno GODESCALCO Attrebatensi episcopo.

Ecclesiam suam variis dotat reliquiis.

20. Accidit præterea ut BALDUINUS comes Hainonensis Coloniam orationis gratia proficisci pararet: cujus peregrinationis fama cum fratrum nostrorum ad aures usque pervenisset, suaserunt jam dicto abbati, ut aliquem de fratribus cum eo dirigeret, qui ejus auctoritate & precibus ab abbate S. Heriberti corpus integrum unius virginis de societate XI. millium virginum mereretur suscipere, nobisque deferre, quod factum est. Enimvero Domini cooperante gratia, precibus comitis nostri, necnon & auctoritate atque imperio HENRICI ducis Lemburgensis abbas S. Heriberti pulsatus, immo victus, unam e pluribus virginibus quæ in sacrario conservabantur, cujus nomen est Karissa, protulit nobisque transmisit. Hujus ergo sacræ virginis sacras reliquias cum hymnis & laudibus die sancto Paschæ suscepimus, & post Pentecosten convenientibus quampluribus viris religiosis atque abbatibus, ac multa plebe seculari, a domino Frumaldo archidiacono Attrebatensi cum honore debito in jam dicto feretro repositæ sunt.

21. Interea cum hujus unius sacræ virginis adeptio acriorem sitim amplius acquirendi in corde abbatis Gerardi succendisset, visa opportunitate temporis, ipsemet, nonnullis sibi fratribus associatis, Coloniam profectus est, & quantum potuit a quibuscumque potuit opportune importune precibus, donis ac promissis, ab ipso etiam jam sæpius memorato abbate S. Heriberti, ignorantibus licet monachis, sanctarum virginum & martyrum, qui cum eis passi sunt, sacra ossa recepit, & huc ad nos die festo sanctæ Trinitatis attulit. Verum cum necdum semel accensus ignis desiderii cordi suo suadere posset lentescendo, ut diceret: sufficit: tertio nihilominus, non quidem ipse, sed per priorem legatum suum sanctum, locum Coloniæ adiit, & sicut semel & iterum, sic etiam tertia vice sanctorum martyrum & virginum corpora collegit, de quibus ecclesiam nostram, ut rei veritas probat, magnifice ditavit. Horum ergo martyrum ossa Deo sacrata, paratis loculis ligneis, in quadam structura lignea, auro & coloribus venuste composita, desuper altare apostolorum in ipso fronte capitis ecclesiæ, ut intuentibus facile patet, cum reverentia & timore collocaverunt: ubi eorum usque hodie venerantur merita ad laudem & gloriam Domini nostri JESU CHRISTI.

Hucusque edita hist. in Spicil. tom. 12.

CONTINUATIO HISTORIÆ
Viconiensis a Nicolao priore anno MCCLII.

Præmissa præfatiuncula, quæ summatim refert exordia fundationis sic incipit.

22. Anno igitur Dominicæ Incarnationis MCXXII. dominante domino Balduino, domus Viconiensis ordinem Præmonstratensem, donante Deo & domno Galtero abbate S. Martini Laudunensis auxiliante, suscepit, in qua domnus Guarinus abbas vir religiosus ac timens Deum primus abbatum regimen tenuit XXII. annis.

23. Huic successit Geraldus qui circiter XVI. annos tenuit abbatiam, & quamvis in temporalibus aliquantulum profecerit, eam ultramodum indebitis obligatam reliquit. Eo ergo pro meritis deposito, post modum electus est GALTERUS, qui absque benedictione episcopali solo anno non sine magna perturbatione completo, excessit.

Galterius III. abbas.

24. Amoto Galtero, substitutus est STEPHANUS de Ursina-valle. (a) Summa debiti & gravaminis quod nobis comes scilicet BALDUINUS Hanoniensis intulit propter incendium *de Harcies*, in quo valens mille libras perdidimus, fere ad undecies mille libras pervenisse dicitur. Deus vero qui vineam quam plantaverat noluit eradicari, servis suis largam benedictionem infundens, sexto post depositionem domni Geraldi abbatis secundo anno, debitum prænominatum ad tria millia librarum misericorditer redegit, & quod admiratione dignum est, retentis possessionibus nostris ecclesiæ apud *Curgies* & *Onaing* in terris & redditibus comparatis, circiter octingentas libras expendimus. Præterea domus & grangiæ apud *Harcies* & in aliis grangiis de novo constructæ & resarcitæ secundum æstimationem fratrum mille libras possunt valere. Hoc autem ad relaxationem debitorum multum valuit, quod piæ memoriæ PHILIPPUS Flandrensium & Viromandensium comes, miseratus domum quam prius hospitalem audierat, divini amoris intuitu neminem in tota ditione sua a nobis usuras exigere permisit. Aliqui etiam creditores nostri, pro salute animarum suarum, non solum usuras, sed & sortem condonaverunt. Nam duo burgenses sancti Quintini in sub obitu mille libras nobis dimiserunt, Petrus scilicet *de Vilers* sexcentas, Robertus Cambarius CCCC. quidam itidem burgensis Valencenensis Lambertus cognomento Cabilaus quingentas. Albertus etiam cognomento Comes, burgensis Valencenensis ante obitum plusquam L. marchas nobis condonavit. Similiter & quidam alii. Hæc vero proinde scribi fecimus, ut caveant posteri,

Stephanus IV. abbas. [a]

(a) Consule Alexandri papæ III. epist. 249. & 251. a nobis editas tom. 2.

ne aliquando desiderio terrarum sive reddituum comparandorum, & permaxime dilapidatione bonorum, vel luxuriose vivendo recidant in usuras, & incurrant illam maledictionem Judæ, quam oculis nostris vidimus, quod scrutati sunt feneratores omnem substantiam nostram, & diripuerunt alieni labores nostros, in tantum ut libri nostri & ornamenta ecclesiastica nobis ablata sunt, quæ postea Deo miserante redemimus. Conventus etiam præ penuria dispersus est.

Daniel V. Abbas.

25. Prædicto itaque Stephano jam satiscenti senio, nondum vita exempto successit DANIEL vir simplex & bonus, qui cum præfuisset IV. ferme mensibus, necdum in abbatem benedictus, quibusdam de causis quas evolvere prolixum est, ab abbate Præmonstratensi depositus est.

Johannes VI. al. Enasco.

26. Tunc subrogatus est domnus JOHANNES GUASCO, ante prior Præmonstratensis, tunc temporis abbas de Stella, qui nobiscum demoratus per dimidium annum, videns multa gravamina intus & foris, maxime pertæsus ad abbatiam suam quam dimiserat rediit.

Godefridus VII. abbas.

27. Substitutus est igitur ei GODEFRIDUS de Tongria qui circiter sex annis minus provide se habens, domum multis debitis oneravit, nec in spiritualibus nec in temporalibus admodum proficuus, a cura pastorali amotus est. [Hic licet indiscrete se habuit, cum in antea multipliciter esset ecclesia nimis aggravata, & cumulans mala malis, pejora prioribus, cum trabes & quid quid potuit ab ecclesia & a dormitorio auferri fecerit ac etiam vendiderit: quoniam maxima de eisdem erat in eisdem multitudo, ob hoc mercedem laborum habuit, quoniam a pastorali cura cum ignominia ejectus est. Possessiones vendidit, in tantum ut molendinum S. Gaugerici in Valenchenis vendiderit : unde qualiter damnificati his diebus nostri fuerint agnoscere possunt omnes.]

Arnulfus VIII. abbas.

28. Consequenter prælatus est domui isti domnus ARNULPHUS, vir litteratus & in sermone profusus, natione Flamingus, qui licet exterioribus deditus esset, religiosum tamen in priorem, Jocelinum nomine, ordinis & officii ecclesiastici pium æmulatorem, excessuumque acerrimum corectorem interius præfecit, atque Nicolaum subpriorem; exterius vero virum industrium nomine Theodoricum præpositum constituit : & ita in brevi domus bonis temporalibus abundavit, ut mirum in modum esset videre, nec eam aliquid detrimenti passam fuisse, nec deinceps passuram fore. Præfato igitur priore de medio facto & in capitulo tumulato, ubi prius sepulti fuerant domnus STEPHANUS, domnus GODEFRIDUS, prænominatoque Arnulpho cum officialibus suis sumptuosius & lautius vivente, quam ordo exigeret, denuo cœpit domus debitis obligari, maxime vero eo quod per multos annos annona ita fuit ca-

Vet. Script. & Mon. ampl. Collect. Tom. V.

A ra, quod infinita millia pauperum fame perierunt & nos qui multum seminavimus parum intulimus. Inde provenit, ut quod dandum erat pauperibus, in usus communes verterentur, ut etiam ante januas religiosorum inedia confecti morerentur egeni. Tunc impletum est propheticum illud : Clerici eorum non proderunt eis. Erat ergo videre miseriam. Nam qui prius solebamus liberales esse pauperibus, præ nimia continuatione famis, quæ v. annis sine interpolatione alicujus fertilitatis duravit, nobismetipsis timentes, ne nihil serentes, nihil reciperemus, plusquam

B mille marchatas avenæ ad opus jumentorum comparavimus. Siquidem in agricultura periti, non solo foragio, sed & avena ea sustentati asserebant. Exinde accidit, ut quod dandum erat pauperibus, pro jumentis expenderemus, venditoque nemore nostro, quod procerum & annosum nobisque valde necessarium habebamus, ad extremam fere penuriam devoluti sumus. Præfatus itaque ARNULPHUS, & prænominatus Theodoricus, qui prius rerum copia effluebant, pariterque elationis typo a multo notabantur, miserabiliter vitam finierunt. Abbas nempe paralysi dissolutus, per aliquot annos officio membrorum, sed linguæ præcipue destitutus est. Alter vero pessimo crimine accusatus, præ nimio dolore objectorum tabescens, qui antea per multos annos fidelis & utilis ecclesiæ nostræ esse censebatur : apud *Furnes* peregre in carcere defunctus est.

Radulfus IX. abbas.

29. Sæpedicto autem Arnulfo adhuc ærumnose vivente, qui prius in multa gloria & pompa vixerat, pro eo quod impotens esset huic ecclesiæ, domnus RADULPHUS abbas de Castello juxta Mauritaniam præficitur, & per septem annos egregie gubernavit. Humilitatem cujus in abjecto habitu & frugalitatem in victu laudare superfluum reor, juxta

D illud : *Ne laudes hominem in vita sua* : hoc tamen fideli memoriæ arbitror commendandum, quod licet domum istam debitis gravatam invenerit, & multa & maxima damna pertulerit, præcipue a domno Gerardo de *Bohaing* [qui sic nos aggravavit, ut bannum fieri in *Bohaing* fecerit, ut nullus laicorum nobis deserviret : quod si secus præsumtum esset, decapitatum permitteret, & aliter vel minus non puniret. Quo viso a nostris, unus nostrorum guerram sic sumit, ut in territo-

E rio de *Harchies* cum XIV. conversis armatus incedat. Itaque a conversis aratur terra ac etiam seminatur, custode concanonico nostro jam prædicto. Qua re cognita a domno de *Bohaing*, capitali sententia eos debere puniri dicit, si amplius incedant tali modo in despectu sui : sed nihilominus non cessant nostri, quam ut heri & nudius tertius hereditatem suam conservent atque elaborent. Fremit miles ad arma incedere, suos ad perdendum nostros jam invitat, progredi una

T ij

cum aliis ubi novit nostros trahere moras: viso a seipso nostro concanonico, lanceam levat, equum stimulat, ut tamdem eumdem perfodiat. Percipit noster socius furentis animi motum, lignum opponit, ut loqui valeat cum milite sic turbato. Cessat miles ad nutum sic supplicantis & intelligit quæ dicere intendit. Dicit enim non esse honestum tanto ac tali militi armatum incedere contra religiosos sua bona conservantes; & insuper adhuc in tuto existant, si velle suum impleat, qui postea factum vindicabunt, quoniam uno occiso vel defuncto, duo succedere dinoscentur. Audit miles verba viri, cogitat sic posse fieri prout dicit, vocat suos ad reversum, qui prius venerant ad congressum;] & permaxime a Willelmo de *Belsart*, qui incendit vel incendi fecit grangiam nostram de *Curgies*, ubi tantum amisimus, quod æstimatio pretii ignoratur. Pro posse suo nitens contra impetum fluminis, idem & resistens malitiæ sæculari, debita potius minuit quam auxit, & in emtione terrarum & terragiorum & decimarum aliorumque redituum, & in construendis & reparandis molendinis atque aliis ædificiis plus quam sex mille libras expendit. Hæc autem ego Nicolaus, qui in officio prioratus jam dicto Joscelino successi anno MCCIII. scribi feci, quoniam omnes prænominatos abbates vidi, singulorumque obediens fui, præter primum, qui translatus fuerat apud Laudunum, jamque per multos annos ecclesiam sancti Martini rexerat, quem ubicumque esset larga benedictio Domini prosequebatur: nec tamen mirum, siquidem erat fervor religionis, columna ordinis, & zelator castitatis, amator veritatis: quo præsidente vix alicubi tantus rigor disciplinæ posset inveniri quantus circa eum; & cum esset plebeius & mediocriter doctus, & ex minori Britannia oriundus, pro apice tamen virtutum in tanta veneratione habitus est, quod milites hujus provinciæ certatim ei hominium facerent, & ecclesiam nostram propriis sumtibus a fundamentis construerent, & ubicumque opus esset pro ipso allegarent, liberisque nomen ejus imponerent.

Schisma in ecclesia.

30. Post ipsius vero recessum, tot increbuerunt incommoda, specialia & generalia damna, incendia, dissensiones, scandala, quod longum esset texere per singula: generalia tamen summatim tangere utilius est. Schisma per xx. annos in ecclesia Romana fuit inter Alexandrum papam & Octavianum antipapam & alios successores Octaviani, in quo schismate tot damnationes, spoliationes, captiones episcoporum, abbatum, monachorum, clericorum factæ sunt, quod ab aliquo sciri vel scribi esset impossibile. Novissime tamen Alexander obtinuit, quod omnia regna Latinitatis ei favebant. Solus FREDERICUS imperator cum imperio suo ei resistebat, qui tamen demum apud Venetos in gratiam ipsius rediit. Hanc perturbationem totius sanctæ ecclesiæ secuta est captio terræ Jerosolymitanæ, ubi multa millia Christianorum interemta sunt, ut captivis & obsessis subvenirent, fame, dissenteria & gladio perierunt. In hac siquidem expeditione FREDERICUS imperator & filius ejus, & decus omnium principum illustris comes Flandriæ PHILIPPUS, & innumeri alii nobiles & ignobiles moriuntur, & tunc flos Europæ cecidit & emarcuit, nec adhuc Jerusalem libera est.

Sterilitas magna.

31. Desolationem terræ promissionis secuta est sterilitas terræ prædicta, in qua quidem, quod mirum est dictu, multa victualia inveniebantur venalia, licet grandi pretio venderentur, ut etiam inopes si pretium habuissent evadere possent. Tunc nos & fere ecclesiæ regularium & sæcularium, tum ex inhumanitate, tum ex diffidentia, retentis vasis aureis & argenteis aliisque ornamentis & pecoribus multis, graviter offendimus, quod fons misericordiæ ignoscat, eo quod in substentationem pauperum expensa non sunt: tantum nempe invaluerat fames, quod nihil aut modicum talis expensa crederetur proficere. Hanc sterilitatem, quæ inundatione pluviarum continua accidit, secutæ sunt guerræ multiplices inter regem Francorum & reges Anglorum, factaque est divisio imperii inter OTTHONEM & PHILIPPUM ducem Sueviæ, in quibus tot cædes hominum, tot eversiones urbium, & desolationes ecclesiarum provenerunt, quod etiam scire nedum scribere esset difficile. BALDUINUS vero comes Flandriæ, nepos illustris domni Philippi, adjuvit aliquandiu partes Johannis regis Anglorum.

CONTINUATIO CHRONICI a NICOLAO DE MONTIGNI ejusdem loci canonico.

32. Anno igitur Verbi Incarnati MCCXVII. venerabilis in Christo pater noster hic debitum Adæ solvit, & more mortalium in hoc pœnam alieni delicti sustinuit, qui delicta propria frequenter punivit, utpote corpus suum in tantam dum viveret redigens servitutem, tantisque macerationibus crucifigens, ut fragilitatem communem excedere videretur; & qui sibi adeo durus erat, totis circa egenos & miseros misericordiæ visceribus affluebat, non solum accipiens de rebus communibus, sed & necessaria detrahens corpori, quod eisdem misericorditer erogabat, & nonnumquam tamquam alter Martinus se exuens ut nudos vestiret; & gratia exempli sufficiat unius recitationis exemplum. Contigit diebus suis hyemem esse perhorridam, & se per villam de Ramis incedere, ubi mulierem quamdam cernit quasi nudam; poposcit mulier eleemosynæ subsidium: pietate ductus pro sexu muliebri, se a suis divertit in partem, & pellicium quo

Rodulfi abbatis obitus

Ejus virtutes & pie gesta.

solo vestiebatur exuens, mulieri contradidit, ut operirentur verenda ejus. Ob hoc eum Dominus mirabiliter adhuc insignivit in vita, pius vero post mortem, ut patebit. Cum autem pastoris officio nobis, Deo disponente, præesset, in habitu semper fuit humilior, in gestu dejectior, parcior & in victu. Nec defuit fideli ministro gratia benedictionis supernæ, quia sicut per eum bonis spiritualibus informati eramus, sic quoque temporalibus incrementis per eumdem fuimus dilatati, ut tam ipsi quam nobis ex perceptione præsentium numerus firmior esse posset expectatio futurorum. Verum senex emeritus regiminis sarcinam in qua bene sudaverat sibi propter impotentiam corporalem præsentiens solito graviorem, eidem humiliter se subtraxit, & ad sola se contulit studia pauperum fovendorum, ut illum in ipsis susciperet & amplecteretur quotidie, qui se pauperem fecit pro nobis. Hujus itaque temporibus assignati sunt ob reverentiam dicti patris ad xv. libras annui redditus ad portam, ut haberet unde melius expleret præpositi desiderium. Succedente vero tempore, multiplicatus est annuus redditus in æstimatione cccc. Ob hoc adhuc computum, prout magistri alii, reddere nondum consueverunt. Cum igitur in his & aliis virtutum studiis se exercens, ad diem extremum inter dies paschales pervenerit, in bona dormivit senectute, quasi cupiens cum Domino pascha suum celebrare, & sic de exilio ad patriam, de morte ad vitam, de labore ad requiem, de mundo transmigravit ad Patrem, qui est benedictus in sæcula sæculorum, amen. Obiit autem in senectute sancta & canitie veneranda, quoniam nonagenarius; sepultusque est cum patribus suis coabbatibus in capitulo. Sed quem dum viveret tenuit fides, ibidem promeruit ut memoriter assit nomen ejus in sæcula. Nam lucerna lucens fuerat in sæculo coruscante merito: quamvis abscondita sub lapide latere non potuit, & adducta in palam multis claruit miraculis. Confluebant undique populi terræ pro variis languoribus gratiam sanitatis reportantes: quod videntes nostri, ne congressus per claustrum pateret omnibus, exhumantes corpus, ossa ad ecclesiam veterem non ad istam novam tumularunt, ubi etiam, dante Deo, circumvicini remedia multa poposcebant, & insuper reportabant. Novissime vero in ecclesia nova, sub pedibus crucifixi, ad chori introitum extitit, consepultusque ibi desiit miracula facere, qua de causa novit omnipotens Deus.

Nota.

De Nicolao sacre.

33. Fuit in tempore suo prior quidam, videlicet prior Nicolaus, qui virtutum generibus multipliciter florens, nescio quid dicam, nisi quia Dominus alterum Nicolaum in laudem populi adesse statuit. Fulsit enim a Domino tanta gratia, quod ejus præ-sentia complacebat universis, specialiter a tunc temporis comite ac etiam comitissa. Nam cum causa spatii eis aderat, non in joculatorum aut histrionum strepitu congaudebant; sed mandato priore, de ejusdem verbis dulcedinis delectati hilares se reddebant. Hic studiose manus operi præbens, non otiosum debere esse frequenter ruminabat: unde contigit quadam die, cum causa spatii mandatus esset a comite, & a pluvia in itinere nimium madefactus, tandem pervenit ad comitem: igne vero in camino apposito, inter comitissam & comitem super tapetia ad desiccandum eum in eorum præsentia seipsum discalcians, præbens comiti unum de socis suis, comitissæ alterum, aiebat quoniam omnia mala docuit otiositas, idcirco ab aliquo opere nusquam esse vacandum: qui parentes imperio socos suos ad ignem humiliter desiccabant. Hic frequenter cum ante conventum in choro pro matutinorum officio celebrando orationis gratia subintraret, in stallo suo illusionem diabolicam in forma visibili sentiebat, sed fidens veraciter in Domino JESU, in quo omne genu flectatur, cœlestium, terrestrium, sive infernorum, non timebat, immo *vade retro satana* proferens, in modico disparebat.

34. Cum similiter post matutinarum officium in oratorio resideret, adveniebat iterum idem adversarius, & lampades ecclesiæ extinguebat: sic orationi assidue insistebat, & oratione completa, cum reperisset lucernas extinctas, agnoscebat ab adversario id extitisse perpetratum. Mirum in modum injungebat eidem incontinenti, ut quas extinxerat sine mora reaccenderet: qui mox parebat nutibus imperantis. Iterum vero cum ad legendum se pararet, veniebat summæ nequitiæ auctor diabolus se opponens in globo igneo inter librum & virum Dei; sed re cognita, manu percutiens hujusmodi ignem dicens: *Discede a me pabulum mortis*, ignis viro Dei non inferebat jacturam vel læsuram. Attamen eum pluries afficiebat verberibus & tormentis. Tantæ similiter fuit dulcedinis in correctionibus suis, ut emendare volentem numquam proclamaret, quantumcumque deliquisset. Inde est quod mos inolevit, ut qui se in aliquo noverit deliquisse, ante horam capituli vocare liceat in gratia, tum ad parcendum aut ad demulcendum, & gratia hujus.

A dæmone infestatur.

35. Contigit enim temporibus suis, dum circariæ instaret operi, quemdam de nostris graviter delinquere: qui a facie prioris fugiens, vix sperabat evadere, cum idem agnovisset & vidisset delinquentem. Quid agat ignorat, illucescit crastina dies, & hora capituli appropinquat; sed hoc solum cogitat, quia pius est, si seipsum coram eo humiliaverit, remittere poterit jam delictum, sic complet ut proponit. Vocat priorem, emen-

In delinquentem ut se gereret.

dare repromittit, dum tamen sibi parcat in hac vice. Quærit prior si solus sit qui viderit factum, & responso accepto, subjungit prior se a talibus de cetero servaturum, quoniam non proditoris, sed potius correctoris in mansuetudine servat locum. Audit frater, mox corrigitur, pœnitentiam aggreditur pro commisso. Discant ergo ecclesiarum præfecti in corrigendis excessibus hujus sancti patris sequi vestigia, ut qui non de visu correxit sed pepercit. Quid de relatu egisset? prorsus nihil: qui etiam de minimo magnum fecit, quid de illis qui de modicis magna aut quasi magnis condemnare non formidant?

Veritatis fuit amantissimus. 36. Fuit etiam veritatis æmulator fortissimus. Nam refertur cum quadam vice equitaret versus Floreffiam cum suo capellano, audivit aliquos astare in insidiis ad perdendum ipsos. Tremens ac pavens capellanus sive consocius intimavit priori, quod si occursus iste super ipsos irrueret, quærens unde essent, dicerent non de Viconia sed potius de Floreffia se esse, & sic evadere posse jam credebat. Inter hæc cucurrit ad ipsos armiger armatus, horride petit quid & unde existerent? Prior vero vitam istam parvipendens pro veritate conservanda, consilium nefarium respuit, & sic dicit quoniam de Viconia & in eadem gerere officium prioratus. Revertitur armiger ad dominum suum, narrans quæ reperit. Audito igitur a milite Viconiæ nomine, equum stimulat, tandem ad priorem appropinquat, & benigniter eum jam salutat, regratians eum super curialitate impensa, cum ad dominum Viconiensem hospitalitatis gratia semel divertisset. Subjungens quod si de Floreffia se denominasset, procul dubio mortem nusquam evasisset. Quærit prior turbationis causam, & insuper pacem inter eos velle reformare: quæso, dicit, una mecum ad locum pergite, & quæ facturus sum attendite, ut sint inter vos cor bonum atque concors. Deponit ilico animi furentis miles motum, ferocitatem in mansuetudinem, austeritatem in dulcedinem convertebat pro voluntate deprecantis: nempe cui infernales subjecti sunt, non mirum si mortalis obediat, ubi etiam gratia Spiritus Sancti operatur. Quid plura? pacem prout disposuit inter partes reparavit. Pace siquidem consummata, objurgat consocium, dicens numquam debere proferri mendacium, *& quoniam veritas liberabit vos*, a Domino esse scriptum.

37. Tantæ etiam austeritatis erat erga eum in ruminanda propria conscientia, quod frequenter enarraret coram omnibus factum unum a seipso in detestationem sui in juventute perpetratum. Dicebat enim semel nidum unum volatilium reperisse, & pullos in eodem existere, ductus voluntate juvenili, pullos hujusmodi in nido interemit immisericorditer; cum tamen progenitores eorum circumcirca caput suum acclamantes sæpius volitarent. Obiit vero nonagenarius; qui obitum suum diu longe ante præscivit atque prædixit quam per XVIII. dies. Contigit namque laborare eum in infirmitate qua & mortuus est. Assistebant enim circa eum fratres horam exitus præstolantes, tam die quam de nocte vigilantes. Aiebat ad illos: Filioli, quiescite, in vanum laboratis; scitote si quæritis, quia adhuc superest in penetralibus istis. Enim vero in die beati Johannis Baptistæ infra horam tertiæ habebitis quod expectatis. Quo habito, statim corpus meum tradite sepulturæ: quod & factum est. Unde computatis diebus, XVIII. dies, ut dixerat, reperti sunt. O felix mors quæ jam certa de præmio, non quærit amplius orationum suffragia! O quam bonum est bene vivere, quia sequitur bene mori! Sic vitam suam usque ad canos sancte dinumeravit, ut perveniens ad mortem temporalem, ad felicitatem æternam per eam conscendit. Hic omnes electos vidit hujus ecclesiæ præter duos primos, videlicet domnum Henricum priorem, & domnum Garinum, eo quod translatus sit apud Laudunum, singulisque obediens fuit. Vitam ergo istam pertransiens, ob sui gratiam & reverentiam ante capitulum tumulatus jacet, præstolans ibidem resurrectionem singulorum. *Ejus obitus.*

38. Subsequenter substitutus est alter prior, qui sic prædecessoris sequens vestigium, ut prior in bonis operibus & re & nomine censeretur. Hic in modulandis vocibus peroptime noverat artem. Qui in infirmitate correptus, qua & mortuus est, raptus in extasi, ad se rediens quærebatur a circumstantibus qualiter aut quatinus per omnia esset, qui respondens quia bene, benedictus Deus. Unde inter hæc in altis vocibus incipiens erat *Te Deum laudamus, te Dominum confitemur*, quo dicto expirabat.

39. Post dictum domnum Radulphum, qui ecclesiam nostram, sicut dictum est, strenuissime rexerat, successit in regimen domnus GALTERUS DE QUERCETO. qui eidem Radulpho in officio præpositi fidelissimus extiterat coadjutor: qui pius, prudens, humilis, pudicus, sobrius, castus fuit & quietus: cujus bonitatem si scribere velim, deficiet pagina citius quam materia. Ego tamen volens offerre in gazophilacium cum paupere muliercula minutum, gratiarum dotes quibus Dominus ipsum mirabiliter insignivit tangam potius quam describam, pauca de multis excerpens. Valde humilis fuit in confessione, contritus in sui accusatione, devotus in peccatorum emendatione, crudelis in propriæ carnis afflictione, largus & effusus in eleemosynarum largitione, alienis peccatis miro modo compatiens, de suis ultra modum impatiens. Qui licet in officio Marthæ jugiter & incessanter desudaret: tamen cum Maria ad pedes Domini sine intermissione *Galterus de Querceto I. abbas.*

sedebat, & hos lacrymis irrigando, capillorum officio detergebat: qui quamvis inter dulces amplexus Rachel affidue moraretur, quotiescumque ei vacabat: tamen cum Lia lippa & laboriosa multiplicem prolem non desinebat generare. Qui cum nostram ecclesiam decem & septem annis cum incolis suis in omnimoda pace gubernasset, ita quod a subditis suis ne unum verbulum audisset, & eamdem ecclesiam in utroque statu prosperam & opulentam reliquisset, ac ejus possessiones ultra quam credi posset aut dicere audeam ampliasset, XVIII. sui regiminis anno idus Martii veris initio, eo quod ab omnibus malis impugnatus cum vitiis & concupiscentiis martem assiduum habuisset, ab hac vita transiens, ad æterni veris transmeavit amœnitatem, evidenter dans intelligi, quod septiformis Spiritus-sancti gratia debriatus in hora exitus, decalogo legis fideliter observato, ad octavæ beatitudinis gloriam perveniret, etiam in signo visibili, quia lux tanta irradiavit super astantes; quod ducti in extasim stare non poterant. Reversi vero, quod ab angelis deferretur anima viri certitudinaliter agnoverunt. Qui in ecclesia nostra sepultus sicut ipse rogaverat cum piis lacrymis subditorum quos uberibus maternis lactaverat, & paternis verberibus corripuerat, nos reliquit desolatos tota die mœrore confectos. Obiit autem anno gratiæ MCCXXIX. feria V. indictione secunda, epacta XXIII.

40. Hujus itaque temporibus computatio reddituum magistris curiæ non fiebat, sed quilibet pro viribus officium suum adimplebat, & quæ in lanis & lacteis congregaverat & bladis ceteriscumque, domi transmittebat, & omnia in diebus sabbathi in Valenchenis venacula vendebant. Mira res! locus ad suscipiendum omnia sufficere non poterat, quoniam fidelissimos habebat coadjutores in suis officinis: nempe cui caput bonum cetera membra convalescunt; si vero debilitatum, cetera membra mox sentiunt. Nam sæpe solet similis filius esse patri. Hic aulam altam pariter & capellam ædificari jussit, in pictura æqualem infirmitorio. Sed Cistercienses tunc temporis ordinem iterum invisentes, picturam ab aula, quia nimis sumtuosa sive curiosa, jusserunt auferri, & aliam super induci. Capellam etiam depicturare volentes, propter nostros non potuerunt. Hæc & his similia in diversis locis peragentes, appellatione ab ordine contra eos facta, a visitatione postea cessaverunt. Campanas etiam duas majores, & alteram etiam minorem ab illis, coronam auream, duo brachia argentea, turrim, vestiaria, potum cupreum magnum cerevisiæ, etiam multas possessiones acquisivit ad honorem domus Dei. Præparavit, fulsitque diebus suis Eustacius *de Lens* hujus ecclesiæ canonicus, cujus cameræ nomen excidit, doctor in theologia, qui

Cosmographias Moysi, Seminarium verbi Dei, Regulam beati Augustini, hymnos & canon fulvo sermone conscripsit. Hic domnum WILHELMUM DE WERCINIO postea abbatem tunc temporis juvenculum habuit capellanum, ipse vero magister multo confectus jam senio, tractatum de Trinitate cogitans, super pulpitum suum visurus Trinitatem oculo ad oculum quam viderat per speciem & in ænigmate, ibidem expiravit.

41. Fuit etiam eodem tempore in Monte S. Martini alter doctor in Theologia Jacobus nomine, qui pluries ad invicem conscripserunt. Ipse vero magister Jacobus intitulatus est Jacobus de Laude Virginis. Viam ergo universæ carnis ingresso domino GALTERO successit domnus ÆGIDIUS, Walaciensis primo abbas, vel *Miledebourg* altero nomine nuncupatus, in Hollandia adjacens Gerisiæ villæ, etiam ibidem extitit idem pater oriundus, qui sicut stella differt ab altera in splendore, iste inter primævos emicuit. Hic viscera pietatis in se gerens, mitissimus propinquis & indigentibus, austerus tamen sibi fuit. Hic quæ communitatis erant non distraxit, sed auxit. Nam cum conventus noster præter duo bracharum paria possideret, tertium par adhibuit. Etiam in cibis & potibus, invitis Præmonstratensium & Laudunensium abbatibus, singulorum nostrorum præbendavit. Expetit ab eisdem ut ad mensam in vino suos habeat canonicos præbendatos; sed iidem ægre ferentes dicunt se inhabitare in vineis, & insuper multas vineas possidere: attamen suos non esse præbendatos. Quibus sic loquitur: vineas vestras observate, quæ peto concedite; quoniam si vobis sit vinearum possessio, mihi autem est pecuniæ magna acquisitio: & idcirco efficere debeo quod intendo. Finitis sermonibus, locum suum revertitur & explet quæ proposuit festinanter. Sic debet adesse præbendam, quod sacerdos semilotum ad mensuram in prandio obtineat. Nam antea in scyphis magnis vinum fundebatur. Tamen cum multa bona suis concanonicis egerit, vix unum diem cum eis in pace possedit. Nam inimici hominis domestici ejus. In gravi enim culpa positus est, instigantibus suis, ipse abbas. Causa autem fuit talis. Venit quidam episcopus de finibus longinquæ regionis ad eumdem visitandum. Mutuo se viderant, cum dominus ÆGIDIUS in partibus abiisset transmarinis. Volens igitur abbas eum solemniter suscipere, processionem statuit adesse contra eum: quod & factum est. Suscipitur festinanter, prout decet. Advertunt æmuli quod factum est, fremunt dentibus in eum, quasi jus verum habeant contra eum procedendi. Recedit episcopus valedicens omnibus, & nomen abbatis multipliciter recommendans. Sed non attenditur ad id quod dicitur de viro tam excellenti, quin immo proponitur

Ægidius XI. abbas.

quod forenfis epifcopus non fic fufcipitur, ut fcriptura evidenti patet plenarie in ftatutis. Querimoniam deferunt ad præfidentes, ut corrigatur qui deliquit. O nefanda rabies in cordibus invidorum! Nam fcintilla corrodit brandonem unum. Item vero ad eos quafi nihil egiffent in eum, placide fe gerebat. Unde cunctis dicebat: quanto mala multiplicabitis, tanto pro viribus meis majora bona inferam vobis. O virtus patientiæ, quæ in prælato fuftollitur, & in fubdito denegatur, aut nufquam reperitur. O manfuetudo nimia in prælato, quoniam a fubditis patitur perperam humiliter & devote. Pro eo vitam ejus, exempla virtutum pariter & gefta prolixum effet nimium fubnotare. Attamen inter virtutum ejus infignia licet pauca de pluribus inferperę.

Prædones ad Chriftum convertit. 42. Hic in primis actibus fuis quinque ficarios convertit, qui vias tranfeuntes deprædabant, jugulabant, quorum magifter erat prædictorum quidam Druardus nomine, LXXX. habens tantæ nequitiæ fubfequentes: fed ad exhortationem pii patris, hic Druardus cum præfatis quatuor actus deferunt nefarios, & ad ordinem ut converfi fe converrunt; vivunt in ordine qui inordinati extiterant; palam incedunt, qui in latibulis prius morabantur; bonis actibus inferviunt, qui ad nefandos fe extenderant actus. Nempe docet eos qui præeft tam prædicationis verbo quam converfationis exemplo, etiam fic Spiritus-fancti gratia in vita extitit debriatus, ut meruerit pacem inter Yfengrinos & Flaventinos, vel Flampedes in partibus Hollandiæ & Zelandiæ & Flandriæ, quam nullus hominum attentare quibat, five rex, five comes, aut baro reformare. Sic autem guerra erat inter eos, quod pater filium habens obvium aut filius patrem, mox immaniter fævientes collifi pariter alter alterum fuffocabat. Erant autem nobiles valde una pars, refidui vero, ficut fupradictum eft, de territorio Furnenfi in Flandria, in loco aut circumcirca locum qui dicitur *Cayens* commorantes. Hoc cernens fanctus pater, fidens in Domino, cui poffibilia funt univerfa, illos aggreditur in verbis dulcibus dicens, Non effe honeftum etiam apud homines fanguinem fic fundere propinquorum, quid ergo apud Deum? Sed effe juftum bellum & acceptabile Deo facrificium, fi ad inimicos Chrifti fe convertant pro confequenda venia delictorum. Exprimit coram eis pactum, quod cum eis erit dux itineris; & fic pax inter eos reformetur. Placet fingulis quod dictum eft, & ofculo facto inter capitales, præparatis neceffariis, viam tranfmarinam cum fuis arripit tantus pater.

Pace inter nobiles procurata cum eis adverfus infideles transfretat.

43. Unde veniens cum fuo comitatu ad infidelium fines, armatus in lorica & galea, defuper arma caputium ordinatum habens incedebat. Pontem quemdam cernit a nefandis obfeffum. Mox fuo primo introitu A pergit audacter ad pontem, fed fui viam patris non fequuntur, territi timore mortis, quia in numero nimio exfuperat eos hoftium multitudo. Revertitur ad fuos, territos animat ad palmam, coronam immarceffibilem repromittit dicens, Quod non in multis vel in paucis eft fortitudo belli, fed in virtute Dei defuper. Aggrediamur hoftes, moriamur pariter, bellum etenim Domini eft. Paftoris fuper vos gero officium, animam meam pro animabus veftris pono. Attamen eorum corda numquam pro verbis dulcedinis, ut deberent, compunguntur. Sed pater fciens omnia effe poffibilia credenti, tandem convertitur ad converfos, quos fecum deduxerat. Vocat Druardum cum fuis confociis ad proficifcendum in prælium contra aftantes inimicos, proferens: Filii, greffus veftros una mecum dirigite, quos ufque nunc direxiftis in peccato & dolore: vos qui bonum ignoraftis agere, moriamini cum falute. Brevis mors, grandis vita: parvum demeritum, fed magnum præmium. Si vere converfi eftis, convertimini mecum: quia qui incœperit & non perfeveraverit nihil eft, fed perfeverantibus tribuitur merces & corona. Finitis fermonibus, Deo fe commendans, cucurrit ad hoftes tantum cum converfis; fifus digna fide, fultus Dei gratia, fic deducit vibrantem haftam, quafi alter Jonatas cum armigero Philiftinorum percutiat ftationem. Intuetur diu belligerans a commilitonibus tantum percutere gregem, refumtis viribus, fe non milites nec ftrenuos fatebantur, impetu fubito facto, infequuntur audacter iter ejus, fic militare implent officium, ut fubito perfidorum ruat innumera multitudo, & proftravit grex pufillus catervam infidelium quafi infinitam, & impletum eft quod dictum eft a pfalmographo: Quod unus mille, & duo fugarent decem millia. Præliatus ergo prælia Domini, fic nomen militis propter officium promeruit.

Eos cum fuit aggreffus exdere cœpit.

44. Hic armatus velut habitum eft, ante Damietam cum populo Chriftiano circuit quærens, ut capiat. Unde prius facta prædicatione ad populum, eumdem mirifice confortabat. Dicebat enim: Tradidit Dominus nobis Damietæ civitatem, furgite celeriter, pugnate viriliter, pugnat pro nobis Dominus, non eft qui de manu ejus poffit eruere. Hæc armiger ejus qui poft obitum fuum veniens ad locum iftum gratia vifitandi enarravit. Dixit enim quod & in prælio illo defervierat, qui quidem a noftris vifus eft & locutus noftris diebus viventibus, quibus fidem adhibemus. Referebat enim prædictione jam ab abbate completa, lanceam arripiens, equum ftimulans lancea, mox portam civitatis contingebat, quæ nutu Dei ultro aperta eft ei, & cum fuis ibidem fubietrans, neminem qui fe poffet defendere, aut etiam protegere repererunt.

Prius Damiatam ingreditur.

45. Multis

45. Multis siquidem victoriis habitis revertentes, secessit in Romaniæ partes, pergit invisere Romanum pontificem, ad quem usque perveniens, deosculari, prout ab omnibus moris est, ejus pedem voluit. Audito vero à præsule summo ejus adventu, mox aperiri jussit. Nam quæ gesserat in bellis Domini diu jam præscivit. Ingrediente eo coram pontifice summo, surgit pontifex summus, eum amplectitur, dat in faciem osculum, nec patitur quod ad osculum pedis incurvetur. Et inter hæc profert aspectibus ejus assistere sanctæ matris ecclesiæ decorem & honorem, idcirco morem communium sequi non debere. Erat autem staturæ ejus proceritas pulcherrima valde. Obtenta igitur a summo pontifice licentia, potestatem habuit utique prædicandi specialiter in cruce. Hic sic detestabatur usurarum voracitatem, quod cum Gandavi secessisset, in hac nequitia corruptam fere totam reperit civitatem. Ad ecclesiam gressus dirigit, verbum prædicationis populo præostendit, specialiter contra usurarios agit mentionem. Completo vero sermone, communem ecclesiæ modum non servans, ad excommunicandum tales, qui sit cum candela, ob detestationem foenoris, sed mandato crucibulo sive sagimentario, cernentibus cunctis, anathematizavit. Ex quo facto seminarium sibi fore præbuit mortis, sed Deo dante sanus & incolumis pristinam exorsus est sedem. In sexto regiminis sui anno petivit cœlos perenniter desolatum deferens gregem atque mœrore confectum.

Gerardus de Cirvia XII. abbas.
46. Huic successit dominus GERARDUS DE CIRVIA qui locum domini Ægidii exequebatur officium prioratus. Hic liberalitate hospitalitatis, largitate summa præfulsit gratia, in tantum, ut fama diebus suis crebresceret, quasi parem non haberet. Hic circa obloquentes atque detrahentes, ne suo intercessent auditui, immanissime sævit. Ad cujus cognitionem sufficiat hujus recitationis exemplum. Quidam de concanonicis nostris pistoriæ sive furnariæ præexistens operi, dum quadam die quædam ejus neptis ad eum visitandum tarde advenisset, diu cum ea confabulans, forte necessitatis causa eam minus provide in camera sua pernoctavit, eo quod exire non poterat absque scandalo plurimorum. Qui habens aliquos de nostris præ ceteris familiares, sibi mandavit pro eis propter consilium expetendum. Sed festinanter illi societatis causa in potibus & cibariis eam visitabant. Surrexit quidam de nostris, utinam in zelo Dei & ordinis, rem gestam abbati palam fecit & latenter. Sed quid agit providus pastor? Caute agit, non cogitat de suis concanonicis nisi bonum, zelatorem hujusmodi in partem modicum abire jussit, & ad nutum ejus præcepit quantocius reversurum. Interea assumit ipse abbas suum capellanum, ut ad furnum sic diffamatum condescendat, ibique magistro præcipit, ut si quid in domo sua sit reprehensione dignum ammoveat, constituens id in plateæ medio, & abscondens sub cupa furfuris, quia illic erat accessurus. Quod & factum est. Tunc mandatum est pro diverso non adverso: quo habito, incepit abbas horam completorii eo quod nox esset, & in altis vocibus, sic enim dicere consueverat semper, ut audiri posset a singulis tam propinquis quam longinquis. Non enim necessarium est ut singula quæque prævideant, eo quod intentiones non noverunt singulorum, proferebat. Venit siquidem cuppam reperiens, super eam consedebat. Magistrum vocat, claves expetit totius loci ambitus. Quibus habitis, eas dabat suo relatori. Qui locum sub obedientia diligenter circuiens, reversusque se nihil reperisse referebat. Et abbas ut iret iterum atque iterum hortabatur. At ille renitens dicebat, quod si plus iret esset in vacuum. Sic abbas recedens dissimulabat usque in crastinum. Illucescit ergo dies, venit hora capituli, fuit ibi abbas, fuit & ille: quem cernens abbas proclamavit, qualiter suos socios scandalizaverit, quos prius ammonere debuit: etiam quid circarie egerit & repererit enarraverit: & idcirco vapulatus, quatuor dies in pane & aqua tribuit ad terrorem successorum. Consueverat obloqui idem, idcirco sic punivit. Sed quid detractor? quid oblocutor? quid susurro? Salomon: Si mordeat serpens in silentio, nihilominus qui occulte detrahit. Ergo serpenti detractor similis, verum semper pejor. Si mordeat serpens, hoc habet ex instinctu naturali, solum lædit, solum interimit, sed detractor detrahendo non solum perdit bonum ad quod creatus est, sed ejus naturam depravat & corrumpit. Non tantum solum lædit, sed tres uno ictu suffocat & extinguit, nam eum de quo loquitur, illum ad quem loquitur, pariter & seipsum. Idcirco idem pater omnes in occulto loquentes decenter minabatur si dicerent de absentibus quæ inpræsentiarum dicere non auderent. Inde est quod verbum recolebat Gregorii memoria dignum. Si desit auditor deest detractor. Unde summe inter se & subjectos pax viguit, quoad vixit.

Hic in ædificiis erigendis construendisque curam sollicitus adhibuit. Nam infirmitorium, insuper & altum dormitorium, pariter & capellam B. Nicasii, ubi, id ipso rogante, sepultus jacet, consummavit sive fieri jussit. Etiam vasa argentea, utensilia non modica pulcherrima ad decorem domus ejus, & hospitibus honorandis atque thesaurum præparavit. Hic mitissimus hominum fuit, quamvis tamen rufus: in tantum etiam quod apud inimicos ejus benevolus extiterit, quoniam occiso a malevolis fratre suo, eisdem propter metum parentum veniam humiliter sibi ipsi postulantibus, misericorditer propter *Fratris sui homicidæ parcit.*

Deum condonavit, & insuper a parentibus, ne eis aliquid mali inferrent præservavit. Unde hac de causa quam plurimis diebus armatus incessit, legem implens Dei mandatorum de diligendis inimicis. Domum hanc transiens a sæculo indebitatam reliquit, fertilem & uberrimam. Migravit autem a nobis vigesimo secundo suæ prælationis anno, sanctum sanctorum conscendens, prout merces operis promerebat.

Willelmus de Wercinio XIII. abbas.
47. Hoc ergo migrato a carnis ergastulo, electus est post modum domnus WILLERMUS DE WERCINIO, vir summe eleemosynarius: cujus fama in tantum crebuit deducta in remotis, quod cum ad Lugdunense concilium, cum Præmonstratensi abbate viam destinaret, cognoscebatur ab omnibus eleemosynam expetentibus, frugem bonam pro se & suis voce unanimi exoptantibus, specialiter autem a leprosis: quod Præmonstratensis abbas ægre ferens, quæsivit ob vituperium, utrum pro suis proclamandis mercimoniis illuc suos podagras adduxisset: cui leviter respondit, quia non ipse, sed eleemosynæ domus suæ quæ fiebant proclamabanr. Per ejus autem sapientiam fere universa Hainonensium atque Flandrensium regio regebatur. Unde comes ob hujus gratiam vocabatur a nonnullis. Hic grandis corde, statura tamen pusillus erat. Multiplicavit bona, reparavit ædificia vetera, insuper & nova comparavit. In novis possessionibus usque ad valorem mille & octingentarum librarum annui reditus nos ditavit. Hic inter omnia sitiens decorem domus Dei, ut puta habens zelum Dei, ecclesiæ novæ jaciens fundamentum, eam nisibus suis complere satagebat, de qua tres partes complens, quartam reliquit imperfectam ob dissensionem quamdam pro turribus duabus, quas addere volebat duabus prioribus in lateribus mediis templi: sed conventus timens ecclesiæ orbitatem, insuper quia locata fundamenta pondus satis habent impositum, si amplius oneraretur, ne uno ictu totum subruat & subvertat; proinde quidquid a latomis & cæmentariis in die in opere secundarum turrium ponebatur, in noctis medio a conventu solvebatur. Ob hoc per septem annos opus ludificatus non implebat. Quibus transactis, refectorium pariter & claustrum incœpit, & usque ad perfectum non perduxit. Cur vero sic construxerit hujusmodi ecclesiam, videlicet absque deambulationis circuitu, in qualibet parte templi merito quæritur: Dico videlicet, quod idem in somnis virginem quamdam sibi pulcherrimam vidit assistere, quam diligentius intuens, esse Dei genitricem agnovit per spiritum. Hæc vero de ædificatione cujusdam ecclesiæ in honore ejusdem dans præceptum, formam & modum præostendens, & idcirco mutari non potuit, quod sibi ipsi a tanta Virgine fuerat imperatum. Hæc magister Johannes de S. Amando canonicus Tornacensis, qui magister tumulatus jacet coram altare beati Ægidii confessoris, cui prædicta a prædicto fuerunt ante omnes enarrata, & omnia ostensa ab abbate per picturam. Hic abbas cum ab eo quæreretur cur ecclesiam miræ magnitudinis construeret, & eleemosynis insisteret magnis: unde hæc bona provenirent, de quibus tam ardua parabantur: Respondebat illud verbum evangelicum, *Date & dabitur vobis*, a Domino esse scriptum. Item dicebat plus expavescere saxorum carentiam quam pecuniæ massam.

Obitus pii cujusdam novitii.
48. Fuit iis itaque temporibus quidam novitius per optime cantans in hac ecclesia, infirmitate pressus, primitivis suis temporibus ante professionem a Domino corripitur: unde & moritur, tamen ante spiritus exitum a corpore, in extasi rapitur, & paulopost gaudens revertitur. Interimque suo novitiorum magistro præsente res gaudii quæritur. Profert innocens rem quæsitam. Dicit enim se vidisse locum suum inter choros virginum jam sibi præparatum, supplicans humiliter magistro, quia *Ave mundi spes Maria* in choro una cum aliis peroptime frequenter dixerat, sibi ad dicendum in hac vice existeret coadjutor. Incipe pro modulo, fert magister, qui incipiens una cum magistro, finito versu expiravit, & tandem sepelitur. Sed cum ecclesiæ novæ locarentur fundamenta, perventum est ad oblitum consepultum. Nempe per tres annos integre fuerat consepultus, attamen sic corpus ejus omne intactum remanserat, quod si vivens esset, pulchrior non posset æstimari. Verumtamen vestimenta ejus terra consumserat. Itaque totum corpus nudum jacebat in spelunca, cernunt nostri illæsum virginem, recolunt quæ in ejus transitu contigerunt, ob quam gratiam in ecclesia iterum sepelitur.

49. Hic tres grangias videlicet *Hiertebise*, *Erin* & *Marcesselve* de novo construxit, & ultra quam dicere audeam domum in divitiis & honoribus augmentavit. Hic quemdam famulum per ebrietatem celebrantem uxoricidium, captum a judicibus, precibus suis intervenientibus, a suspendio liberavit. Nomen vero famuli Petrus *de Feriere* vocabatur. Legem etiam Dei in corde suo medullitus imprimens, quæ præcipit pro viribus liberare concaptivos soleiter adimplebat. Nam jam febricitans febre qua & mortuus est, sanitatem transitoriam parvipendens, æternam considerans, secessit æger in Montensi oppido, ubi quosdam capite plectendos & adjudicatos in pace possedit. Obiit autem nobis utilis per omnia XXII. suæ præsidentiæ anno migrans ad cœlos, in omni opulentia derelinquens domum. Suo etiam stante regimine, conventus tempore jejunii & in antea, in collatione sola cervisia utebatur. Verum fere circa finem suum pater ejusdem

LXIX. libras Parisienses, dominus Johannes *Tate* dictus de S. Amando, c. libras Parisienses, Domicella Fressendis dicta *le Casseliere* XL. libras Parisienses, ut de hujusmodi pecunia vino dictis collationibus reficerentur, tradiderunt. Æstimato siquidem justo pretio, sic adesse decreverunt præsidentes, prius æstimantes præcipua festa quibus conventui vino tenebantur providere, quod conventus qualibet die in præfatis collationibus duos sextarios plenos in refectorio celerarii distribuerent, nec horum quicquam diminuerent. Hoc dato pro existentibus extra tam infirmis quam aliis, qui a magistro refectorii ex eisdem non providebantur. Sed missis ad eos cellerariis, libenter donabant quæ expectabant, stetit autem hoc libere usque ad tempora Johannis de Pontibus, prout in epitaphio ejus continetur.

Johannes de Malbodio XIV. abbas.

50. Communi siquidem carnis debito domino Guillelmo soluto, successit dominus JOHANNES DE MALBODIO pulcher quidem corpore; sed pulchrior fide, vir simplex & rectus, ac per omnia timens Deum. Hic sic immunis a luxuriæ illecebra fuit, quod credimus firmiter ipsum semper virginem permansisse. Nam cum confabulatio mundialium in turpiloquiis aut in indecentibus fieret coram eo, non attendebat quid dicerent. Cum vero comminaretur eisdem, tunc petebat quid dixissent. Hic amator veri, cleri doctor, castitatis custos, sceleris ultor, norma sanctitatis, vitæ speculum existebat. Hujus itaque temporibus incepimus molestari a comite in angariis & perangariis, sed sic viriliter restitit dictus pater, quod temporibus suis nequivit obtinere: imo sic eum coëgit, quod comitissa diebus purgationis tunc expletis, missam seu ecclesiam, prout statutum est ab ecclesia talibus, subintrare non potuit occasione interdicti; cum tamen infantuli patrinus extitisset. Et ut de bonis ejus actibus pauca referam, frequenter cum in conventu in refectorio causa prandii accessisset, quidquid in piscibus pro eo parabatur, in cervisia & leguminibus seu quovis potagio, tamen esum suum perducebat. Item etiam ne perpenderetur a ministris, in scypo argenteo sive mazerino aquam infundebat pro haustu, sic in solo pane & aqua continebat; omne aliud quodcumque fuerit quod appositum erat coram eo, Deo distributo. Hic primævos infantiæ suæ flosculos in rudimentis prioribus imbuit. Post hæc ad liberales artes pertingens & in eis proficiens, tandem ad sacros theologiæ fines conscendit, dotatus sic dono singulari a Domino, ut improvide librum sententiarum Parisius in scholis compleverit publice & patenter: nam qui, prout moris est, eas inceperat, electus est in abbatem fere quasi in initio, & idcirco complere non potuit quod incepit. Rogatus autem hic domnus JOHANNES, & pulsatus

A imo convictus annuentibus spopondit se facturum. Hic aliqua imperfecta sui prædecessoris compleri jussit in sartatectis, & ut perficeretur hæc incepta ecclesia, incisionem sylvæ conventui tradiderat in custodiam, renuntians omni sorti, cujus valor aut æstimatio ad tria millia librarum existebat. Ab hac luce migrans anno officii XI. cum dimidio functus est requie sancta, immarcessibilem coronam in choris virginum, ut credimus, adeptus est repromissam.

51. Quo consummato carnis luctamine longo, electus est post modum domnus NICOLAUS dictus Pastor, qui quamvis non esset multum corpore pulcher, in gratiis gratuitis multipliciter apparebat gratiosus. Magnus scientia, quia jurista peroptimus; magnus moribus, quia sic complacebat inter omnes, ut ambirent ejus famulatum universi; dulcissimus etiam cunctis fuit in affatu. Hic contra comitem Hannoniæ, ne nos redigeret in servitutem illam quæ angariæ & perangariæ dicuntur, Gallice *Courouvees*, strenuus fuit & defensor fortis. Hic Romipeta ter extitit, qui ob sui reverentiam & gratiam meruit a domno ANCHERO cardinali, cujus erat capellanus, audito ejus adventu in Romana civitate, etiam fama cardinalatus, si voluisset, obtinere dignitatem: sed renitens ad nos reversus est. Attamen decimam in finibus nostris a summo pontifice concessam reddidit indemnem per triennium & insolitam. Hic allegans corporis imbecillitatem, renuntiavit abbatiæ, tamen per spatium trium annorum cum dimidio præsidebat. Hic tempore suæ prælationis aliquos provexit in altum, quos pro libitu deprimere non potuit; qui implicati in mundialibus, mirabiliter ecclesia a bono nomine quod prius habuerat extitit diminuta, proinde malivolentiam plurimorum incurrebat. Ob hoc sarcina pastorali abbas renuntians, in grangia sub petitione cc. lib. annuæ pensionis, videlicet *de Harchies* residebat, & ibidem per aliquot dies morabatur. Hic ibidem abbati proprio domno Præmonstratensi quædam frivola, nec relatione digna, nisi quia lasciviæ causa, proposuit ut mutato habitu secederet licentiatus ab eisdem in remotis. Qui Vernonem tendens, tamquam clericus ibidem moras aliquamdiu trahens, abjecto habitu monachali. Attamen Dominus quos prædestinavit hos & vocavit. Compunctus ad grangiam de qua exierat revertebatur, & illic parum post infirmitate correptus moriebatur; & ad nos in loculo adductus, ob gratiam quam ante prælationem promeruerat in introitu nostri chori sepelitur. Discant senes & juvenes, cum sapientissimus hominum esset, & sic in fine deviaverit, non habentes tantam scientiam, rerum experientiam, quid voluptas carnis nisi desperatio, juxta illud: *Peccator cum in profundum peccatorum venerit tunc contemnit.*

Nicolaus XV. abbas.

Johannes de Pontibus XVI. abbas.

52. Successit huic domnus Johannes de Pontibus, qui pulchritudine corporali decenter ornatus, per aliquot annos domni Johannis de Malbodio satis eleganter exercuerat officium prioratus. Per exaltatos supernis non depressos domum gubernabat etiam per seipsum, cum se fingeret multa scire, cum tamen omnium esset inexpertus, de præceptis multipliciter pauperes subjugavit. Quos voluit pro libito pauperes suppressit, & sic ecclesia paulatim decrescebat, ut ad tantam inopiam devenerit, quod tempore suo in undecim millibus extiterit obligata: cum tamen pensiones * multas vendiderit, decimam etiam *de Zienzele*, vasa argentea quæ superius paraverat domnus Gerardus de Cirvia, necnon & multa relatu digna quæ per prolixitatem potius pariunt perturbationem animi quam adscriptionem laudis. Hic per * vii. annos cum dimidio præsidebat, & renuntians abbatiæ, nec immerito, domum relinquens improvisam. Egit hoc inter cetera in omnium detrimentum, quod duos vini sextarios datos pro collatione tempore jejunii per manum domni Johannis de Malbodio conventui, imo verius emptos per largitionem plurimorum, ut continetur ibidem, redegit ad potum duorum lotorum cum dimidio.

* f. possessiones.

* al. novem annos præsidebat.

FUNDATIO MONASTERII
BEATÆ MARIÆ DE ALTARIPA
ORDINIS CISTERCIENSIS
FILIÆ CHARI LOCI LINEÆ CLARÆ-VALLIS

Ex schedis Mabillonii.

Bbatia beatæ Mariæ de Altaripa, gallice *Hauterive*, initium sumsit anno salutis 1137. 5. calend. Martii monachis e Charo-loco, comitatus Burgundiæ cœnobio accitis, & fundatorem agnoscit Guillelmum de Glana ex illustrissima comitum Viennensium familia oriundum, virum tantæ pietatis, ut annulo suo aureo super altare oblato, præter possessiones & dominia Deo ejusque sanctissimæ Genitrici pro dotatione novi sui monasterii consecrata, etiam castrum suum præmagnificum quod ad quingentos passus distabat demoliri jusserit, inde sacram ædem serenissimæ cœlorum Reginæ constructurus. Donationes autem quas dictus dominus Guillelmus ad fundationem hujus domus fecit, sunt sequentes.

Primo dedit in manibus Guidonis episcopi Lausanensis ipso consecrationis die, primæ ecclesiæ Altaripensis in præsentia plurimorum nobilium, aliorumque dominorum tam ecclesiasticorum quam laïcorum, qui huc ad solemnitatem novæ dedicationis confluxerant, videlicet totam Altamripam, deinde Grangiam de Combis, & crescimentum circumquaque in campis in nemore. Item 24. jugera cultæ terræ sita apud *Escuvillens*, pratum quoque *Dossel*, & totum *Molin Vassin*, vineasque sitas ad lacum Lemannum, fabricas S. Symphoriani communiter dictas, & quicquid habebat in *Unens*, in hominibus videlicet & in campis, pratis, sylvis, nemoribus, aquis, lapidibus & usimentis, insuper & usimentum & pasturam per totam terram suam. Concessit etiam dictus fundator in manibus præfati episcopi Lausannensis quod quicumque de subditis suis ad dictum monasterium causa conversionis venire voluerint, libere veniant cum tota substantia & allodio suo. Similiter quicquid clericorum aliquis ad advocatiam suam pertinentiū de terris sive beneficiis, ecclesiæ suæ domui Altaripensi conferre voluerit, & ipse concedit obtento tamen prius præsulis Lausansis consensu. Idem fundator dedit etiam terram *de Pouilly* & quicquid habebat in monte *Jublors* & *Montorrent*, exceptis quibusdam campis antiquitus excultis.

Supradictis fundatoris donis accessit liberalitas illustrissimi Amadæi comitis Gebennensis approbantis & confirmantis quidquid de feudo suo ecclesiæ Altaripensi dedisset, vel daturus esset aliquis, & multorum aliorum dominorum qui de bonis suis eidem ecclesiæ hoc ipso dedicationis ejus die contulerunt, prout latius in fundationis litteris continetur.

Prædicta omnia approbata fuerunt & confirmata a dicto Guidone episcopo Lausanensi, qui hanc domum de Altaripa in suam successorumque suorum specialem protectionem suscepit, decimasque totius laboris & nutrimenti sui juxta generale totius ordinis privilegium eidem assignavit, adjiciens insuper & immatriculans huic monasterio ecclesias de *Escuvillens* & de *Unens* cum fundis & pertinentiis suis universis, laudantibus & approbantibus Guillelmo decano & Conone presbytero de *Unens*. Anno 1142.

Præfatæ donationes dicti domini comitis de Glana approbatæ etiam fuerunt & confirmatæ a Rudolpho comite de Grueria, & Petro domino de *Montsalvant* fratre dicti Rudolphi, Uldrico domino de *Arconciel*, & Uldrico comite de Novo-Castro nepotibus sæpedicti comitis de Glana ex sororibus ejus procreatis, aliisque consanguineis, qui quicquid juris habebant & habere poterant in prædictis omnibus quibus ecclesia de Altaripa investita erat cesserunt: hæc autem confirmatio & cessio facta fuit in manibus Landrici episcopi Lausannensis, anno Christi 1162. quando ossa sæpe nominati Guillelmi de Glana translata fuerunt solemniter de prima ad secundam sive majorem ecclesiam, & in presbyterio ad cornu evangelii in sepulchro elevato decenter collocata.

Hic Landricus episcopus hoc monasterium in suam singularem protectionem suscepit, decimasque totius laboris sui & nutrimenti animalium suorum confirmavit; fulminans excommunicationem contra quoscumque qui hujus cœnobii bona & jura diripere aut quovis modo diminuere attentarent.

Aliæ donationes.

Uldricus comes de Novo-Castro dedit liberaliter monasterio de Altaripa omne jus quod habebat supra ecclesiam de *Escuvillens* & supra terram quamdam monasterio proximam, vulgariter dictam *le Sac*; item terram de *Espagniez*, allodium videlicet Cononis de Porta, tenore litterarum datarum anno 1196.

Bertholdus comes de Novo-Castro pietatem & munificentiam prædecessorum suorum sequi desiderans, dedit litteras monasterio Altaripæ, quibus approbat & confirmat quæcumque majorum suorum aliquis monasterio contulisset. Concedit insuper subditis suis de *Noires-joux* prope S. Sylvestr. liberam facultatem donationem faciendi dicto monario terrarum, quas propriis manibus excoluissent, rogans prætorem Friburgensem, ut monasterium in dictis possessionibus protegere & defendere velit. Anno 1240.

Idem Bertholdus comes tenore litterarum ab ipso datarum anno 1246. publice profitetur se teneri ad protegenda & defendenda jura atque bona a suis prædecessoribus præsertim Guillelmo de Glana avunculo suo huic domui collata, ac proinde de novo confirmat advocatiam supra ecclesiam sancti Petri sitam prope villam de *Arconciel* cum suis juribus & appenditiis, uti monasterium ab antiquo jam tempore possederat.

Aymo filius Thomæ comitis Sabaudiæ assignat cœnobio Altaripensi pro sustentatione perpetua unius religiosi sex libras annui census, levandas de quatuor molendinis sitis subtus turrim de Milduno. Anno 1233.

Johannes comes Burgundiæ & dominus de *Salin* dedit liberaliter & gratuitò monasterio Altaripæ centum salarios panes de salinis suis sitis in *Salin*, mandans & præcipiens administratoribus suis, ut quotannis dictos salarios panes prænominato monasterio tradant. Concessit etiam ut dictum sal per omnes terras ditionis suæ libere & sine pedagio ad monasterium usque advehi possit, ut constat ex litteris datis anno 1248.

Summa privilegiorum pontificum.

Innocentius II. in bulla quæ incipit *Desiderium quod ad religionis*, monasterium de Altaripa sub speciali sanctæ sedis apostolicæ tutamine suscipit, & confirmat quicquid Guillelmus de Glana fundator ejus pro dotatione contulisset, &c. Anno 1141.

Eugenius III in bulla quæ incipit, *Ad hoc universalis ecclesiæ*, domum de Altaripa in specialem S. Petri suamque protectionem suscipit cum omnibus possessionibus & pertinentiis suis, confirmat omnes donationes factas & faciendas dicto monasterio, &c. Anno 1146.

Innocentius III. in bulla quæ incipit, *Religiosam vitam eligentibus*, &c. cœnobium Altaripense sub speciali protectione sanctæ sedis apostolicæ suscipit cum omnibus possessionibus & pertinentiis suis tam præsentibus quam futuris. Concedit præterea de gratia speciali omnibus abbatibus Altaripæ, ut uti possint testimonio religiosorum suorum in propriis causis sive criminalibus sive civilibus, ne defectu testium jura sui monasterii depereant, excommunicando quoscumque qui supradictis contravenire aut monasterii bona invadere præsumpserint. Anno 1198.

Per Innocentium IV. prædicta omnia fuerunt denuo confirmata in bulla quæ incipit, *Religiosam vitam eligentibus*, &c. Anno 1247.

Martinus V. in bulla quæ incipit, *Exposcit devotionis vestræ sinceritas*, &c. Concedit admodum reverendo Petro ab *Affry*, pro tunc abbati & successoribus ejus ut possit uti mitra, annulo, &c. Datum Gebennis primo sui pontificatus anno 1416.

Litteræ exemtionum Bertholdi ducis Zeringiæ fundatoris civitatis Friburgensis apud Nuithonas.

In nomine Domini nostri JESU CHRISTI. Notum sit omnibus tam futuris quam præsentibus, quod ego Bertholdus dux & rector Burgundiæ pro salute animæ meæ venerabili Gitardo abbati Altaripæ, fratribusque ibidem Deo servientibus, eorumque successoribus donavi omne genus tributorum per totam terram & dominium meum.

Decrevi igitur & præsentis paginæ scripto firmavi, ne quis in tota potestate mea ab eis, nec ab aliis ejusdem ordinis fratribus pedagium, occasione transeundi, vel thelonum quod causa venundandarum rerum jure solet accipi, exigat. Omnia enim hujusmodi jura eis remisi, &c. anno 1157.

Ejusdem ducis ad Friburgenses pro Altaripa.

Bertholdus dux & rector Burgundiæ H. sacerdoti, & C. sculteto, ceterisque burgensibus tam majoribus quam minoribus salutem & victoriam de inimicis. Nunciatum est nobis, quod domum de Altaripa, quam toto cordis affectu diligimus, & in nostram tuitionem recepimus, injustis exactionibus sive collectis gravetis &c.

Litteræ protectionum principum hic de verbo ad verbum ex originalibus transcriptæ.

Hartmanni comitis de Kyburg successoris Bertholdi ducis Zeringiæ fundatoris urbis Friburgensis.

Hartmannus comes de *Kyburg* omnibus in sua amicitia & potestate constitutis tam ecclesiasticis quam laicis salutem & amorem. Mando vobis & humiliter rogo, quatenus religiosam domum de Altaripa Cisterciensis ordinis honoretis & diligatis, & quisquis mihi servire & me amari voluerit, ipsam amet, & nullum gravamen eidem faciat: quoniam ego accipio eam in tuta protectione mea, & quicumque eam offenderit, vel ejus res violenter rapuerit, sciat, quod ipse offendet personam meam, & si ipsi mihi de hoc conquesti fuerint, de cetero sciatis pro vero, quod hoc ita graviter accipiam tamquam si personæ meæ factum fuisset; & rogo & præcipio C. Sculteto de *Friburg*, & omnibus civibus nostris Friburgensibus, ut quandocumque audierint aut cognoverint quod eis fiat injuria ab aliquo vel damnum rerum suarum, sic faciant contra eum, quicumque injuriam fecerit, tamquam si propriæ personæ meæ eadem injuria facta fuisset, & qui hoc præceptum meum facere noluerit, sciat pro certo quod amorem meum non habebit, & ego quam citius potero per me, aut per nuntium meum ultionem justam faciam de inimicis eorum, &c.

Hartmanni comitis Palatini Burgundiæ filio suo Hartmanno juniori comiti de Kyburg pro monasterio Altaripa.

Viro illustri & potenti dilecto filio suo Hartmanno comiti juniori de *Kyburg*. H. comes Palatinus Burgundiæ & comitissa Palatina salutem & amorem in omnibus filialem. Dominationem & dilectionem vestram, de qua confidimus, attentius deprecamur quatenus domum Altaripæ quam defendere debetis & etiam custodire, ut sub vestro dominio securius Domino valeant famulari, &c. Datum anno Domini 1253.

Hartmanni junioris comitis de Kyburg ad Friburgenses pro Altaripa.

Hartmannus junior comes de *Kyburg* dilectis suis sculteto & burgensibus de Friburgo majoribus & minoribus amoris plenitudinem cum salute. Cum dilectus & familiaris noster abbas Altaripæ diligens, sollicitus & fidelis valde fuerit in negotiis nostris, & pro amore nostro multum laboraverit, quem etiam in protectionem & defensionem nostram & domum Altaripæ cum rebus suis recepimus; dilectioni vestræ mandamus, præcipimus, & quantum valemus instanter rogamus, quatenus dictum abbatem & domum Altaripæ sicut personam nostram & res nostras proprias defendatis & custodiatis pro amore nostro, &c. Datum anno 1253.

Ludovici comitis Sabaudiæ.

Noverint universi præsentem litteram inspecturi, quod nos Ludovicus de Sabaudia dominus Vaudi, volentes specialem facere prærogativam seu gratiam fratri Hugoni abbati monasterii Altæripæ & conventui ejusdem loci Cisterciensis ordinis diœcesis Lausannensis, ipsos cum rebus suis mobilibus & immobilibus seu se moventibus ex parte omnium ballivorum nostrorum, castellanorum, burgensium, familiarium & auxiliatorum Domini Amadæi comitis Sabaudiæ fratris nostri in nostra protectione recepimus totaliter & conductu, mandantes in quantum possumus per præsentem litteram sigillo nostro, &c. Datum anno Domini 1296.

Situs monasterii Altaripensis.

Hoc cœnobium situm est in valle juxta torrentem Sanam, Gallice *Sarine*; præ altis rupibus & collibus undique circumdatam. Olim in Sabaudica ditione erat, nunc est in Helvetica, cantonis Friburgensis in diœcesi Lausan. a dicta urbe Friburgensi una ex tredecim confœderatis sesqui hora distitum. Ejus structura non tam magnifica quam commoda & religiosa est, hæc domus paulatim ita restauratur tam in disciplina regulari quam in ædificiis, bonisque fortunæ caducæ, ut nunc in ea viginti & amplius religiosi professi commode & religiose habitent, sustententur, omnibusque necessariis provideantur.

Insignia quæ præfert sunt ipsissima quæ fundatoris, scilicet scutum rubrum aureo leone erecto & coronato impressum, crucibus argenteis in area innumeris perspersis.

Hæc domus mater est cujusdam cœnobii

religioforum Capella vocati, siti prope Tigurum (quod est unum ex XIII. confœderatis) in diœcesi Constantiensi; quod nunc ab hæreticis illius ditionis occupatur. Item huic monasterio duo monialium immediate subjecta sunt: videlicet B. V. MARIÆ de Macra Augia, ad mœnia civitatis Friburgensis situm, & Filiæ Dei, ad radicem oppidi Rotundimontis, ambo in diœcesi Lausannensi.

Reliquiæ sacræ præcipuæ.

Lapis S. Stephani protomartyris, tinctus duabus guttis sanguineis.

Stola sanctissimi P. N. BERNARDI ex grossiori panno coloris grisei obscuri, qua sanctus hic pater sacrarium nostrum decoravit, dum eundo & redeundo ex Germania per hoc monasterium transiret.

Duo tibialia grossioris panni grisei coloris S. Guillelmi ordinis Cisterciensis, archiepiscopi Bituricensis.

Cilicium ex crinibus equinis S. Petri ordinis nostri, episcopi Tarantasiensis.

Cranium unius de sociabus S. Ursulæ, & plurima alia ossa earumdem.

Varia ossa de legione Thebeorum, aliorumque martyrum. Et plurimæ aliæ reliquiæ certæ, quorum nomina perdita partim sunt, partim præ vetustate legi non possunt.

Et licet in hoc monasterio nulla certa SS. corpora per miracula manifestata habeantur, attamen singulariter hic sub invocatione omnium SS. mirabilia operari dignatur Altissimus, dum ab antiquo jam tempore per vinum, quod in honorem omnium SS. in hoc templo benedicitur, multi utentes eo a variis & incurabilibus morbis liberantur. Hinc fit ut templum hoc a multis qui se huc spe recuperandæ salutis devoverunt, passim per annum frequentetur, maxime vero in solemnitate Omnium-sanctorum, in qua insolitus huc fit populi concursus, aliquibus in gratiarum actionem ob levamen in infirmitatibus suis receptum, aliis vero propter antiquam & singularem hujus loci in omnes beatos devotionem huc sese conferentibus.

Sepulchra quæ sunt in Templo.

Immediate supra gradus presbyterii ad cornu evangelii honorifice conditus est in sepulcro elevato dominus Guillelmus de Glana fundator hujus domus, cui tale epitaphium appositum est.

Anno Dominicæ Incarnationis 1142. 3. Id. Feb. obiit Guill. de Glana, qui fuit fundator domus hujus Altæ-ripæ, & sepultus est in præsenti tumulo. Cujus pater, videlicet Petrus, & frater suus Guillelmus de Glana anno Incarnationis Dominicæ 1126. 5. idus Februarii, cum illustri viro comite Viennensi, qui etiam fuit comes Solodorensis & dominus Salinensis, & cum multis aliis nobilibus injuste ab injustis in occisione gladii mortui sunt apud Paterniacum. Sanguis autem ipsorum videtur ad Dominum clamare de terra cum sanguine Abel justi & Innocentum. Vindica, Domine, sanguinem nostrum. Dominus autem videtur respondere: Vindicavi, & iterum vindicabo.

Dicti autem Petrus & Guillelmus de Glana cum comite Viennensi sepulti sunt in prioratu Cluniacensi, sito in insula quæ est in lacu de *Nirvez*.

Barones de Ponte honorificum sepulturæ locum obtinent in sacello S. Johannis ab ipsis dotato, ante quod ipsorum insignia & vexillum visuntur adhuc hodie.

Nobiles ab Affry monumenta sua habent in capella S. Nicolai ecclesiæ contigua, quæ ab ipsis fundata & dotata fuit.

Domini de *Corpateur* jacent ante sacellum undecim millium Virginum.

Domini de *Trois-Vaux* honorifice requiescunt prope altare S. Annæ extra cancellos.

Domini de *Corbieres* suum sepulturæ locum habent ad latus altaris S. Michaëlis.

Domini de Aventico paululum inferius sepulti sunt.

Ante capellam SS. Rochi & Guillelmi jacent corpora baronum de *Blonay*, & dominorum de *Dompierre*, quælibet in suis propriis monumentis.

In capitulo honorifice tumulata est domina Agnes comitissa de Grueria, quæ fuit domina de *Illens* & de *Arconciel* una cum marito suo domino Nicolao de *Engelsberg* equite.

In claustro prope capitulum sepultus est archiepiscopus quidam cujus nomen ignoratur; ex antiqua solum traditione habetur eum fuisse archiepiscopum Cantuariensem, qui in persecutione Anglicana exul ad hoc monasterium confugit, hicque diem suum extremum egit, ejus epitaphium lapidi incisum præ vetustate ferme deletum est, ita ut nihil certi ex eo colligi possit.

Ad latus superioris introitus in ecclesiam tumbas suas habent domini de *Montmacon*, germanice *Makenberg*, & paulo inferius sepulti sunt domini *de Villars*.

Liberi barones de *Hanenberg* communiter dicti Divites, suum sepulturæ locum elegerunt in Alta-ripa, & sepulti sunt in claustro ad inferiorem introitum ecclesiæ. Et paulo inferius jacent domini de *Duens*.

HISTORIA
MONASTERII A KENLOS
ORDINIS CISTERCIENSIS IN SCOTIA
A JOHANNE FERRERIO PEDEMONTANO
ejusdem monasterii monacho scripta anno MDXXXVII.

Ex ms. reginæ Sueciæ eruit Mabillonius.

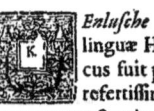

Enlusche olim, ut accepimus a linguæ Hibernicæ peritissimis, locus fuit planus & herbarum copia refertissimus. Factum hinc illi nomen putant Scoticæ linguæ interpretes *Kenlusche*, quasi dixeris caput herbarum. Postera ætas paulo negligentior ad vetustatis memoriam retinendam, & idiomatum corruptela per Anglicanas incursiones introducta, loci vocabulum invertit, & pro *Kenlusche* factum est nomen *Kenlos*. Sunt qui Kislos dicant, sed inepte, per quam putant hunc locum designari & tantumdem valere, ac si quis dixerit Ecclesia florum Hibernice. David Scotorum rex XCI. vir plane divinus, inter alia pleraque suæ administrationis monumenta, oraculo primum per somnium admonitus, deinde columbæ niveæ admonitu edoctus, in venerationem pientissimæ matris & Virginis Mariæ fundamenta ponit monasterii a Kenlos Cisterciensis familiæ anno MCXLI. Rex hic morte præventus, nihil præterea contulit monasterio quam baroniam, quam vocant a Kenlos, statim ab initio fundationis, facturus certe majora, si supervixisset.

Ad hujus monasterii administrationem fundatoris regis studio primum admotus est vir pietate insignis domnus ANSELMUS primus abbas a Kenlos anno Domini MCXLI. qui vixit ad annum MCLVII. quo mortuus est. Sunt qui referant hunc Anselmum fuisse ex Hibernia, quam nunc Irlandiam vocant; sed a quo monasterio Hibernico est controversum. Non desunt qui prædicent e cœnobio Fontanis huc profectum; aliis interim asserentibus e primario illo Hibernico cœnobio dicto *Mellefont*. Ego potius crediderim hunc Anselmum navigasse in Gallias, cum floreret divus Bernardus. Sic etiam narrant qui a majoribus acceperunt: a quo susceptus est in monachatum. Deinceps ubi accepisset regem David in Scotia moliri aliquot novas religiosorum fundationes, impetrasse ex divo Bernardo, ut cum aliquot Scotis monachis accederet illuc.

Domnus ANDRÆAS abbas a Kenlos secundus obiit anno Domini MCLXXXIX. Manum admovit ut ea perficeret, quæ rex David moriens inabsoluta imperfectaque reliquerat, scilicet totam faciem cum bona parte navis augustissimi templi a Kenlos. Hujus etiam opera a fundamentis ipsis excitatum est amplissimum refectorium, quod & nunc in claustro visitur. Hujus optimi viri ossa sepulta jacent inter sedilia chori sub lapide prælongo & minime signato, proxime ad sedem ejus religiosi, qui ex officio hebdomadario post cænam ante completorium æstivo tempore sumtam, lectionem concinendo perlegit. Cum autem nequiret domnus ANDRÆAS par esse tantæ fundationi a Kenlos, non destitit MALCOLMUM regem ad id operis sollicitare. Verum per intestinas seditiones non licuit Malcolmo multa facere. Extincto autem MALCOLMO successit GUILLELMUS rex vir pius, qui domno Andreæ & surgenti monasterio a Kenlos baroniam a *Strathily* dono dedit. Hic domnus Andreas fornicem summæ aræ posuit, & eam partem columnarum claustri, quæ ab angulo vestiarii usque ad sepulcrum ejus nunc etiam visitur.

Domnus RAYNERIUS abbas a Kenlos tertius, obiit anno Domini MCCXIX. Sub hoc abbate deducta est colonia ad Culros. Anno MCCXVII. hoc est a fundatione monasterii a Kenlos anno CXXXVI. facta est conventus S. Servani erectio, & profecti sunt aliquot monachi a Kenlos veluti in coloniam quamdam ad fundationem Cultros die sacra Matthæo apostolo. Hujus abbatis opera claustrum peractum est apud Kenlos.

Domnus RADULFUS abbas a Kenlos IV. obiit VIII. cal. Novembris anno MCCXXXIII. Is accepit terras a *Burgynne*, donante ALEXANDRO Scotorum rege nonagesimo quarto, filio

filio Guillelmi regis anno MCCXXI. Sub initium hujus Radulfi deducta est colonia monasterii a *Deir*. Anno Domini MCCXIX. fuit electio * monasterii in *Deir* IV. calendas Februarii, & eodem die profecti sunt monachi aliquot ex Kenlos in *Deir*, tamquam in novam coloniam. Monachorum nomina sunt hæc, Hugo, Ardorus, & Johannes, qui continua successione altero decedente subrogati sunt in ejusdem loci abbates, ut scribit domnus Robertus Stephanus nunc prior a *Deir*. His tribus in *Deir* abbatibus successit quartus VALERANTIUS nomine, vir, ut tum ferebat ætas, bene eruditus, & Gallus natione. Valerantio succedit Richardus, qui postea nonus abbas a Kenlos fuit.

margin: f. erectio.

Domnus RICHARDUS abbas a Kenlos V. obiit idibus Octobris anno Domini MCCXLI.

Domnus HENRICUS abbas a Kenlos VI. obiit IV. nonas Novembris anno Domini MCCLI. Sub initium hujus abbatis quidam vir magnificus, cui nomen fuit Roberto Augustini, dedit anno Domini MCCXLIV. monasterio a Kenlos terras ab Juverclinis proxime ad defluxum Speæ amnis, quas nunc occupat Jacobus *Grunth*, consuetudine magis tyrannica majorum suorum quam jure aliquo.

Domnus THOMAS abbas a Kenlos VII. obiit III. nonas Februarii anno Domini MCCLVIII. anno vero Domini MCCLV. ROBERTUS episcopus Roffensis contulit monasterio a Kenlos ecclesiam nomine *Albatht* in Roffia.

Domnus SIMON abbas a Kenlos VIII. obiit XII. calendas Maii anno Domini MCCLXIX. Fuit is vita & moribus ornatissimus, & ad religionem composite factus. Non desunt qui prædicent summam hujus eruditionem. Sub initium istius abbatis arsit monasterium a Kenlos anno Domini MCCLVIII. Hujusce rei causa ignoratur, nisi famam a majoribus in posteritatem translatam recipimus, quæ docet id contigisse per menidulam dum suum constitueret nidum, & in cum conjecisset ardentem festucam, & ad instaurationem loci *Muriel* contulit solidos centum Scoticos super Dundurius. *Muriel* filia Petri de *Polloch* & uxor Wallerii *Murdach* ad opus fabricæ ecclesiæ a Kenlos centum solidos annuos super Dundurius contulit, testibus domno ANDREA episcopo Moravensi, Felkrino decano, Hugone de *Dufolas* & aliis, anno MCCLVIII.

Domnus RICHARDUS abbas a Kenlos IX. obiit XVIII. calendas Augusti anno Domini MCCLXXXIX. Hic primum monachus fuit apud *Deir*, & ibidem abbas V. deinde selectus est ut præesset monasterio a Kenlos, huc venit, & complusculos annos pie vixit homo plane religiosus.

Domnus N. abbas a Kenlos X. obiit anno Domini MCCCIII. Sub finem hujus abbatis X. annos totos EDUARDUS Anglorum rex Scotos multis incommodis afflixit. Regnum ad Fornam fluvium ubi Rosa per vadum est, tertio tandem occupat. Hic abbas sequutus Anglorum judicium, varias extruxit domos ad formam Anglicanam.

Domnus THOMAS abbas a Kenlos XI. obiit anno Domini MCCCXXI. Sub initium hujus abbatis, rex ROBERTUS BRUIS semper invictissimus, contulit monasterio a Kenlos piscationes a *Pepudernen* omnes, inchoando a *Dundaff* usque mare. Dedit etiam ecclesiam ab Ellone, anno regni sui IV. hoc est anno MCCCX. sub Abendonensi episcopo Henrico *Chienne*.

Domnus abbas a Kenlos ... XII.

Domnus ADAM abbas a Kenlos XIII. Proditum est memoriæ hunc fuisse a claustro *Deir* selectum, ut præesset monasterio a Kenlos, quamvis non probe sciatur quotus fuerit.

Domnus RICHARDUS abbas a Kenlos XIV. obiit anno Domini MCCCLXXI. Pene sub initium hujus abbatis dominus Guillelmus comes Nothilandiæ contulit monasterio de Kenlos hospitale S. Johannis Baptistæ de *Hebuifden* cum omnibus suis quas vocant pertinentiis apud *Elgyn*, XXI. die mensis Maii anno Domini MCCCLXII. sub ALEXANDRO episcopo Moraviensi. Hic locus occupatur ante complusculos annos tyrannice. Sub hoc abbate RICHARDO vixerunt monachi aliquot perceleberes, Adam de *Teras*, postea abbas & successor David *Forest*, Walterus de *Spine*, & domnus Patricius prior, qui imperante Richardo abbate, profectus est ad capitulum generale Cistercii, & Romam bis in contentione ejus terræ, quam vulgo Tapetum monachi dicunt.

Domnus Adam de *Teras* abbas a Kenlos XV. obiit II. nonas Junii anno MCCCCI. Fama est, immo certissimum hunc Adam oscitantia nescio qua perdidisse bonam partem pagi de *Teras*, quem nunc habet Moraviæ comes. Hujus Adami ossa jacent sub lapide signato ante presbyterium. Adami etiam opera extructa est aula abbatis quæ nunc visitur. Invexit & pontificalia, sed tamen sub pontifice schismatico, Benedicto XIII. anno pontificatus illius primo, id est anno Domini MCCCXCIV. data Avenione IX. cal. Octobris. Eo tempore vixit domnus Guillelmus de Spina, monachus nequaquam contemnendus. Referunt hunc Adamum parum pudice transegisse vitam, ut qui ex concubinatu proles aliquot sustulerit.

Domnus GUILLELMUS BLAYR abbas a Kenlos XVI. obiit XV. cal. Novembris anno Domini MCCCCXLV. Vixit hic vir a Kenlos ab anno MCCCCI. ad MCCCCXXX. vel circiter. Postea in Cuprum Augustiæ est transpositus, ut illi præesset loco, ubi moriens ante summam aram sui monasterii sepultus est. Fuis is decretorum doctor & monachus apud Cuprum prius quam abbas a Kenlos crearetur, utrumque rexit monasterium & instauravit annis

XLI. Hic abbas anno MCCCCXIX. sub annum II. Martini pontificis summi domnum JOHANNEM a Kulros propter concubinatum in ordinem redegit. Tunc temporis in eo præfuit negotio dominus Johannes *Fogovir* theologus, primum monachus, dein abbas a Melros. Ea contingebant imperante JACOBO Scotorum rege ejus nominis primo. Idem abbas sub episcopo Moraviæ HENRICO litem movit magistro Columbæ *Dumbare* de annuo censu solidorum Scoticorum c. a Dundureus, & vicit anno MCCCCXVII. die XX. Octobris. Hoc tempore abbas Pontiniacensis Gallus venit

[a] in Scotiam, a concilio Cisterciensium (a) patrum transmissus, ut tum forte collapsam religionem instauraret.

Domnus JOHANNES FLUTERE abbas a Kenlos XVII. obiit nonis Maii anno MCCCCLX. Is argenteum pedum, quo etiam nunc abbates utuntur ad missarum solemnia, magno ære coëmit. Vixit in officio X. annos. Anno vero MCCCCXL. ob parum pudicam vitam de gradu suo dejectus sub Johanne *Ellem* XX. annos totos private postea vixit. Referunt majores cum fama esset hunc abbatem plurimum pecuniæ collegisse, nocte quadam vi raptum de domo sua in porta monasterii a quodam domino a *Duffuß*, qui frustratus opinione sua, abbatem statim illæsum in monasterium unde adduxerat, remisit. Ea de re, ut vulgo creditur, male cessit illi domui a *Duffuß* perpetuo, veluti qui sacrosanctæ B. Mariæ a Kenlos numen in suo abbate ad ultionem irritavit; quare abiit in proverbium, futurum ut porta monasterii a Kenlos dejiciat *Duffuß*. Sub hoc abbate domnus ARTHURUS hujus loci monachus electus est in abbatem *Deir*, & illuc profectus X. annos rexit; deinde MC. marcas Scoticas suo monasterio a *Deir* moriens reliquit. In abbatis Johannis *Flutere* magistratu dejecti sunt monachi albi a Pluschardis, & nigri intromissi.

Domnus JOHANNES ELLEM abbas a Kenlos XVIII. obiit IV. idus Februarii anno Domini MCCCCLXVIII. Is tabulam majoris aræ incomparabilem, candelabra duo ad majus altare, tertium ex auricalco super quod legitur Christi evangelium, aliquot etiam dalmaticas & casulas in suum monasterium deportavit.

Domnus JACOBUS GULTURY abbas a Kenlos XIX. homo bene doctus in theologia, obiit XVII. calendas Aprilis anno Domini MCCCCLXXXII. Is quondam fuit cellerarius Cupri. Sepultus est in viculo a *Forfayz*. Hic in sua visitatione a Culros coëgit illius loci abbatem domnum RICHARDUM *Marscheell* ob vitæ turpitudinem abire magistratu. Ad hujus abbatis electionem præfuit abbas a Cupro domnus David, vir doctus & visitator tunc sui ordinis per universam Scotiæ pro-

vinciam. Fuit is theologiæ baccalaureus, non spernendus abbas, videlicet JACOBUS GULTURI. Extruxit turrim campanarum, & alia quæ nequaquam probari possunt, & infeliciter periit dolore confectus apud *Forfayz*.

Domnus Guillelmus *Galbreth* abbas a Kenlos XX. obiit X. calendas Octobris anno Domini MCCCCXCI. Sepultus est apud Kenlos in sacello S. Petri. Fuerat is succentor ecclesiæ Moraviensis. Vendente prædecessore suo emit dignitatem, & transmissis procul hujus loci a Kenlos diplomatibus, cum antea abbates eligerentur canonice per monachorum suffragia & patris abbatis a Melros electionem simul & confirmationem. Hunc tamen perhibent fuisse probum hominem. Cum profectus esset ad ecclesiam *Albath* in Rasciam, ac reverteretur, paucis concomitantibus, a barone de *Killranunyk* & Hugone cognomento *Roß*... ejus qui nunc vivit interceptus est. Id cum rescivisset domnus Jacobus *Dumbar* eques auratus, vicecomes Moraviæ & baillivus a Kenlos, collectis aliquot armatis militibus ad *Galbreth* abbatem liberandum est profectus. Verum Hugo equitis furorem præsentiens, prius quam armis concurrant, abbatem missum fecit. Fuit abbas *Galbreth* paulo severior, ut qui in furorem & quamdam insaniæ speciem per atram bilem frequentius incitaretur.

Domnus GUILLELMUS CULROS abbas a Kenlos XXI. obiit V. calendas Januarii anno Domini MDIV. Sepultus est in sacello sancti Thomæ. Hic abbas mole gravatus corporea, post pauculos suæ administrationis annos domnum THOMAM CRYSTALLI in suum successorem etiam vivens monasterio suo præfecit. Toto suo magistratu abbas *Culros* nihil umquam magni effecit, & ut non auxit hujus loci bona, ita nec imminuit. Consueverat manibus propriis multa facere, plurimum scribebat & decenter rituum libros hujus loci. Vir satis pius, nisi carnis voluptatibus & veneri succubuisset. Hujus tempore magister Jacobus *Buuche* abbas Balmerevothensis vir theologus floruit.

Domnus THOMAS CRYSTALLUS abbas a Kenlos XXII. anno MCCCCXCIX. idibus Januarii a domno Guillelmo *Culros* declaratus est abbas monasterii a Kenlos. Multa bona fecit monasterio; & cum videret ab ætate se in communem mortem properare, ut suis in longam ætatem consuleret laboribus, anno ætatis LX. virum omnibus modis celebratissimum ecclesiæ Moraviensis subdecanum M. Robertum *Reyd* mœcenatem meum in futurum abbatem delegit. Post successoris electionem annos plus minus VII. vixit. Obiit *Strathily* IV. calendas Januarii anno MDXXXV. & sepultus est in Kenlos proxime ad summam aram.

Anno MDXV. die XXVII. Decembris JOHANNES GORDONIUS comitis ALEXANDRI filius

---

(a) Vide ea de re decretum capituli generalis ordinis Cisterciensis anni 1440. num. 7. tom. 4. Anecdot.

natu major quorumdam nebulonum impulsu irrupit sub vesperam in adyta monasterii a Kenlos, ac scrinium honestæ matronæ dominæ Margaritæ *Molbat*, in quo asservabantur aliquot scripturæ cum nonnullis pecuniis, confregit, quibus suppilatis in Gallias profectus est; sed ob scelus patratum numine agitatus apud Gallos diutius vivere non potuit. Ubi rediisset, nequivit alicubi conquiescere nisi apud Kenlos, quo in loco duobus annis post scelus admissum, eodem mense die sequenti morbo gravatus vitam morte commutavit.

Domnus Robertus *Reyd* abbas a Kenlos XXIII. De hoc viro quoniam vivit & cum eo agimus familiariter, tantum consignabimus paucula, quæ contexendo historiæ aliquando inservire possint. Nobili & honesto loco natus in *Akinheide* patrem habuit Johannem *Reyd*, qui cum Jacobo hujus nominis quarto apud Floddum vicum in Northumbria occubuit, & Birretam *Schanvvelle* matrem, germanam quondam domni Johannis abbatis a Cupro. Magister artium sub M. Hugone *Spens* theologo clarissimo, creatus in collegio divi Salvatoris de S. Andrea; tum subdecanus Moraviæ, duobus præsulibus Moraviæ, M. Jacobo *Halburne* & domino Roberto *Schalbe* fuit longe gratissimus, & sub his egit officialem, quem vocant, non inepte. Habebat dominus Robertus *Schalbe* in animo hunc deligere successorem suum, nisi mors immatura illius conatum abrupisset. Anno MDXXVI. hunc elegit sibi successorem domnus Thomas *Crystall.* Anno MDXXVII. Romam profectus est pro diplomatibus monasterii a Kenlos in pontificatu Clementis septimi, paulo post eam cladem quam Borbonius dux urbi intulit. Anno MDXXVIII. Scotiam repetens & Parisios veniens, ubi magistrum liberalium artium nacti eramus, addidi me M. Roberti *Ried* comitatui, & in Scotiam veni, & tandem Kenlos, ubi domni Guarini *Dumbar* Abendoniarum præsulis ministerio in abbatem inunctus est, & apud Kenlos receptus. Anno Domini MDXXX. accepit in commendam monasterium Belli-loci, in quo multa quotidie digna posteritate facit. Sub annum MDXXXIII. missus est ab rege Scotorum Jacobo ejus nominis quinto, una cum Abendoniarum præsule domino Guillelmo *Steuvart* legatus ad Henricum ejus nominis octavum Anglorum regem pro pace ineunda inter Scotos & Anglos: quod etiam obtinuit. Missus solus ad eumdem regem, auspicatissime suum munus peregit. Inde semel atque iterum ab Henrico rege multis vasis argenteis donatus ad suos rediit. Item bis legatus in Gallias ad Franciscum nominis ejus primum pro sui regis matrimonio, profectus est sub annum MDXXXV. primo, deinde sub annum MDXXXVI. ante aliquot annos inter Jacobi V. Scotorum regis consiliarios non infimam partem tenet meritissime, cum ob juris peritiam, tum vitæ modestiam qua plurimum valet. Instituit præterea in Kenlos satis copiosam selectarum in omni disciplinarum genere bibliothecam, quam nos alio libello designavimus. Nunc de nobis paucula dicamus.

In Italiæ parte Insubria & Gallia Comata dicta olim, modo vero Pedemontana, oppido Cherium dicto natus, & villa de Rippa prope Cherium anno Domini MDII. parentes habui ex vetere & satis nominata familia per universam Insubriam non contemnendos, in primis Martinum Ferrerium patrem & Catharinam Finellam matrem. Avus meus ex patre fuit Guillelmus Ferrerius vir consularis & probus, qui annos CIII. vixit. Proavus meus ex patre fuit Martinus; avi Guillelmi pater, in re militari strenuus, dux & connestaulus quem vocant egregius. Abavus autem meus ex patre fuit Thomas Ferrerius Martini proavi pater, juris utriusque doctor & vir consularis. Sed hæc in præsentia de genere nostro satis. Anno MDXXV. ætatis meæ XXIII. veni Parisios, ubi pene triennium totum exegi sub Johanne Morando natione Picardo, nunc doctore theologo in collegio Lexoviensi, sub Johanne Tartasio primario, atque tunc, oblata nusquam occasione videndæ Scotiæ, cum M. Roberto *Reyd* nunc abbate a Kenlos sub annum MDXXVIII. in Britanniam transmisi, & cum eo in aula Scotiæ tres annos fere vixi; sed cum viderem sic meorum fieri studiorum jacturam, petii vel ut mihi potestatem in Kenlos degendi faceret, vel abeundi potius. Ille cum nollet me missum facere, non gravate permisit, ut in Kenlos vitam transigerem. Itaque toto hoc quinquennio vel in instituendis monachis, vel in studio meo privato, vel in commentariis aliquot novis edendis fui. Nunc autem hoc anno MDXXXVII. quo hæc scribo, Italiam identidem, si nihil impediat, cogito.

Interea abbas Robertus in monasterio suo optimis structuris locum ipsum ita exornavit, ut post fundatores reges nullus umquam prædecessorum tanta ac talia fecerit.

Anno MDXL. ædificavit navem templi a Bello-loco magnifice, & eodem anno sub Jacobo ejus nominis quinto Scotorum rege, declaratus est & inunctus episcopus Orchadensis, ubi quotidie multa parat ad veteres reficiendas structuras, & novas item ædificandas. Multis autem ego precibus & litteris ejusdem abbatis revocatus, sub annum Domini MDXL. in festo Paschatis redii in Scotiam, ubi offendi dominum meum declaratum episcopum Orchadensem, a quo sum exceptus humanissime. Eodem anno sum eum euntem ad Orchades comitatus, ut propius expectarem quæ a veteribus de illis consignata sunt litteris. Anno MCXLI. una cum episcopo Abendonensi missus est legatus ad Anglorum regem de controversia quadam limitum utriusque regni, in quo nihil est confectum, sed ampliatum in aliud tempus negotium.

Anno MDXLII. una cum domino ab *Erschyne* datus est arbiter a JACOBO Scotorum rege in rem præsentem de limitibus Scotiæ cum Anglo. Adfuerunt utrimque multi; sed post longam disceptationem, cum non satis conveniret inter partes, ampliatum est negotium ad futurum conventum Anglorum Eboraci, & discessum est ab utraque parte. Deinceps una cum domino *Eschyne* itum est ad illud publicum Anglorum concilium, ac iterum producta res est, dum clam paratur ab Anglo exercitus in Scotiam, nec permiserunt qui erant in confessu illo Anglico legatos Scotos vel scribere in patriam, vel ad suos redire, ne forte suo regi narrarent quæ per fraudem illic gerebantur, donec collectis copiis simul cum exercitu, Scotiæ fines ad quinque dies ipsi Angli occupavissent.

✻✻✻✻✻✻✻✻✻✻✻✻✻✻✻✻✻✻✻

HISTORIA FUNDATIONIS venerabilis ecclesiæ beati Nicolai Oigniacensis ac ancillæ Christi Mariæ Oigniacensis.

Ex ms. codice ejusdem monasterii.

Tempore illo quo permisit Deus sanctissimum regnum Jerosolymorum cum Christianis ibi habitantibus, peccatis eorum innumerabilibus exigentibus, debellare, & ipsos crudeliter & hostiliter trucidare per quemdam Sarracenum regni impium SALHADINUM & crudelissimum tyrannum, anno scilicet ab incarnatione Domini MCLXXXVII. regnante cum Christo ac prædicante humillimo ac sanctissimo viro fratre Francisco Minoris ordinis fundatore ac patrono, ac etiam studente in sacra theologia in civitate Parisiensi reverendissimo patre nostro domino JACOBO DE VITRIACO regis Francorum LUDOVICI confessore, erat quidam vir venerabilis in villa de Walcuria Johannes vocitatus, divitiis temporalibus & spiritualibus sufficienter abundans, qui de uxore propria quatuor genuit liberos, qui successu temporis promoti sunt in sacerdotes, præter unum. Nomina sacerdotum hæc sunt: Ægidius, Robertus, & Johannes: alter dictus est Hugo, qui fuit in urbe aurifabricæ operator famosissimus. Sciens autem amator hominum benignissimus Deus cogitationes fratrum prædictorum, qui a patre & matre a juventute sua diligenter & devotissime instructi fuerant in timore Domini, dignatus est eos inspirare ex abundantia caritatis & viscera misericordiæ suæ & gratia spiritus sui, adeo ut ab adolescentia sua fraternitatis ama-

tores, caritatis mutuæ semper foverent unitatem. Unde cum primogenitus eorum Ægidius post mortem patris & matris ex magna devotione & spontanea voluntate nullam beneficii ecclesiastici habens curam, in capella domus domini WERRICI militis de Walecuria, patris domini THEODERICI armis famosi, sæpius missarum solemnia celebraret, suis impendiis patrimonialibus domino militando, ipsamque capellam, facto sibi ingressu, frequentaret, quidam de familia dicti militis putantes sibi prospera nuntiare in favorem ejus, impie piis actibus invidentes, mentiti sunt occultasse Dei sacerdotem thesaurum non modicum in quodam scriniolo posito in capella ipsius, clavigero sacerdote. Impietatis instructu probat avaritia domini servorum accusationem mendacem. Fracto enim scriniolo, inventa tantum modo sunt in eodem liber missalis cum calice altaris, vestes sacerdotales, & cetera quædam altaris ornamenta, unum cilicium, & duæ virgæ disciplinales. Quo viso, prædictus miles multa confusus est verecundia, nec indigne: ea propter vir Israëlita Pharaonis importuna molestatus in curia, non sibi videns inter Ægyptios locum, sive facultatem divini cultus suppetere, illinc secedere animo tenus divina providentia diffinivit, decernens de fratrum suorum consilio Deo se tutius serviturum sub professione & habitu regulari, quam sic sæcularium inquietudine fatigari: quod & fecit. Venditis enim omnibus jure sibi hereditario competentibus in Walecuria, & circa partes illas, assumens secum matrem & fratres suos, patre jam mortuo, domini usus consilio dicentis: *Si vis perfectus esse, vade, & vende omnia quæ possides, & da pauperibus, & veni sequere me*; devenit ad partes circa Sambrinas, pedem sistens in quodam tunc deserto, quod modo Oigniacum nominatur, loco quidem spatioso ad manendum; de quo curasse Jacob legitur patriarcha propter aquæ, pratorum & silvarum amminiculationem. Ibidem cum suis fixit tabernaculum, ædificata pro viribus domo Dei, invenies in eodem loco capellam ligneis parietibus instructam, in honore beati Nicolai fundatam, trium gallinarum redditibus dotatam. Et licet, secundum quod ait Gregorius in Moralibus, soleat inter fratres substantia gravioris culpæ fieri causa, unde legimus de Abraham & Loth, quod cum esset substantia eorum multa, nequibant habitare communiter; dicti tamen fratres fulti substantia competenti, primogenitum ex eis sibi priorem præficientes Ægidium, junctis sibi aliquot fidelibus, quos Spiritu sancto Dominus inspiravit, communia propriis, non propria communibus anteponentes, clericorum beati Augustini regulam sunt professi, cœperuntque vehementer religionis efficaci titulo insigniri, & magnifice divini numinis gratia irrorari: adeo ut de diversis mundi partibus in quas religionis eorum fama diffundebatur, multi ad eos magnates & personæ graves renuntiantes sæculo devenerunt, eligentes potius humiliari cum mitibus, quam dividere spolia cum superbis. Inter quos præcipuus & venerabilis vir magister JOHANNES DE NIVELLA, quamplurimis legitur virtutibus & miraculis effulsisse, ut puta vitiorum nobilis extirpator, pius animarum conversor, & verbi Dei egregius prædicator. Florebat diebus illis Oigniaci pretiosissima Christi margarita MARIA DE NIVELLA, cujus vitam innumeris virtuosam miraculis posteris mandaverunt qui suo persæpe patrocinio sunt gavisi. In Dei enim nomine infirmos curavit, leprosos mundavit, dæmones ex obsessis corporibus effugavit, cujus etiam vestis inpræsentiarum reverenter apud nos custodiæ mancipata: mulieres a partu laborantes ipsa circumdante de mortis periculo liberantur, felici puerperio gratulantes. In odore præterea boni nominis filiorum Dei de semotis accurrens venerabilis & reverendus pater bonæ memoriæ dominus JACOBUS Tusculanus & Acconensis episcopus ac sedis apostolicæ cardinalis, probaturus si quod hominum insonuerat auribus super devotione nostri status primitivi, fides operibus exhiberet: non famæ, quæ quandoque laborat mendacio, credidit, donec ipse oculis suis vidit & probavit quod media pars sibi non fuerat nuntiata, sicut olim regina Saba mirata magnificentiam Salomonis. De gremio quidem ecclesiæ nostræ per gratiam Dei & propriis meritis suffragantibus ad apicem tantæ dignitatis est assumtus. Ob specialem vero gratiam, & debitæ venerationis affectum, in quibus tamquam matri filius divino præcepto se teneri cognoscebat, multis beneficiis temporalibus & spiritualibus eamdem ecclesiam nostram promovit; primo sua corporali præsentia, quando eidem ecclesiæ se tradidit, qui jam erat doctor in sacra theologia consecratus, & contemtis divitiis secularibus elegit consortium paupertatis. Postmodum ad statum perveniens fortunæ dignioris, pannis sericis, sanctorum reliquiis & aliis ecclesiæ ornamentis, librorum voluminibus, ac sedis apostolicæ privilegiis non paucis ipsam ecclesiam munivit. Ad ultimum Romæ decedens, corpus suum in ecclesia Oigniacensi intumulari, spretis mundanis vanitatibus illecebris & honoribus, destinavit.

Ægidius primus prior prædictus præfuit ecclesiæ Oigniacensi pluribus annis, qui cum fratribus suis devotissime Deo servivit secundum regulam canonicorum beati patris nostri Augustini, cujus regula & statuta sequuntur, & etiam in vita ipsorum multa bona acquisierunt & optime laboraverunt, ecclesiam quidem decenti nobis fabrica fundaverunt, posteris eam relinquentes consummandam opere quamplurimum sumtuoso. Postquam autem diu vixisset in fervore religionis, dormivit plenus dierum in senectute bona cum patribus suis anno ab incarnatione Domini millesimo ducentesimo tricesimo tertio nonas Januarii.

Sequuntur capitula regulæ beati Augustini.
De proprietate non habenda 1. &c.
Explicit regula, &c.

BREVIS HISTORIA
ORDINIS FRATRUM PRÆDICATORUM
AUCTORE ANONYMO.

Ex mſ. S. Sabinæ anni 1367. eruit Mabillonius.

OBSERVATIO PRÆVIA.

Tanta eſt ordinis Prædicatorum præſtantia, tanta ſunt ejus in eccleſiam benemerita, ut quæcumque ipſum tangunt, vel minima antiquitatis monimenta præterire ſit nobis religio. Quamobrem duas hic ejuſdem ordinis hiſtorias, quas Romæ eruit Mabillonius ex manuſcriptis S. Sabinæ, piis & eruditis lectoribus offerimus; unam quidem brevem, alteram paulo fuſiorem, utramque auctoris nomine deſtitutam. Priorem tamen ab aliquo Teutone ſcriptam ex eo conjicimus, quod priores provinciales provinciæ Saxonicæ accurate retulerit, amore, uti videtur, patriæ, atque ut magis notos, quam aliarum nationum priores. Alterius auctor opus Jacobi de Suſato celeberrimi apud Prædicatores ſcriptoris, in epitomen retulit, interpolavit, continuavitque ad annum uſque MDIV. eumque fuiſſe Albertum caſtellanum exiſtimat Jacobus Echart in Bibliothecâ Prædicatorum, quem ſi lubet conſule.

Duabus hiſce hiſtoriis ſubjunximus Bernardi Guidonis epiſcopi Lodovenſis, & ejuſdem ordinis non vulgaris ſcriptoris, libellum de Magiſtris ſive præpoſitis generalibus fratrum Prædicatorum, & de prioribus provincialibus provinciæ Provinciæ ſeu Toloſanæ, atque etiam hiſtoriam ab eo compoſitam de fundatione conventuum ejuſdem provinciæ, quam ſuppeditavit nobis codex mſ. olim Stephani Baluzii, nunc bibliothecæ regiæ. Eam etiam ſequetur conventus Pariſienſis brevis hiſtoria ex codice Victorino.

I. De initio ordinis fratrum Prædicatorum.

Beatus Dominicus ordinis fratrum Prædicatorum magiſter & inſtitutor, fuit natione Hiſpanus, de villa quæ dicitur Karaloga Oxonienſis diœceſis, vir ſcientia Dei plenus, vita ſincerus, religione conſpicuus. Incœpit autem ordinem Prædicatorum mente concipere & mente tractare in partibus Toloſanis a primordio computando, quo ad primum Toloſam advenit anno Domini MCCII. pontificatus domini Innocentii tertii anno ſexto, qui ſedit XVIII. annis, menſibus IV. diebus XXII. Perſeveravit autem beatus Dominicus ſolus cum paucis ſibi adhærentibus ibidem indefeſſa continuatione prædicationis, redeuntibus ad propria legato ſedis apoſtolicæ & duodecim abbatibus ordinis Ciſtercienſis, domino Didaco Oxonienſi epiſcopo, qui ad prædicandum illuc contra pravitatem hæreticam missi fuerant, per annos x. videlicet usque ad tempus Lateranensis concilii quod celebratum fuit anno Domini MCCXV. sub eodem Innocentio, mense Novembri. Profectus est itaque B. Dominicus cum domino FULCONE episcopo Tolosano ad concilium, cum quo adiit domnum Innocentium papam, petens ut sibi dignaretur ordinem confirmare, qui Prædicatorum diceretur & esset.

Respondit ut ad fratres suos rediens invocato Spiritu-sancto, aliquam regulam approbatam eligerent, & sic quod peteret impetraret. Convocans igitur apud Prulianum fratres, qui tunc erant numero sexdecim, regulam B. Augustini doctoris & prædicatoris præcipui elegerunt; qua electa, Romam rediens, apud Perusium domnum Innocentium defunctum invenit, & HONORIUM III. in papam electum, a quo ordinis confirmationem impetravit. Anno Domini MCCXVI. IX. cal. Januarii in crastino beati Thomæ apostoli Romæ apud S. Petrum confirmatus est ordo prædicti Honorii papæ anno primo.

II. De his qui cum beato Dominico regulam elegerunt.

Hic autem ponere libet nomina de his qui cum beato Dominico regulam elegerunt. Primus frater Matthæus Gallicus, vir doctus, & ad docendum paratus, qui fuit primus postmodum & ultimus in ordine nostro albus. Hunc misit B. Dominicus quando fratres dispersit de Tolosa, cum fratre Bertrammo, cum litteris summi pontificis Parisius ad publicandum ordinem confirmatum. Qui venerunt Parisius circa principium Octobris anno Domini MCCXVII. Secundus frater Bertrammus de Garvia, pervigil, vir sanctitatis magnæ & rigoris circa seipsum, carnisque suæ mortificator acerrimus. Hujus corpus post XXIV. annos de terra levatum integrum & incorruptum est repertum, & in domo quarumdam sanctimonialium honorifice conditum, & usque hodie permanet & servatur incorruptum. Tertius frater Petrus Celam civis Tolosanus, vir peroptime personatus, constans & rectus. Hic longo tempore vivens, multum fructum fecit in ordine. Quartus frater Thomas Tolosanus. Hi duo B. Dominico ad concilium proficiscenti se obtulerunt, & frater Petrus insignes domos quas Tolosæ habebat obtulit beato Dominico & ejus sociis. A quo tempore cœperunt primum apud Tolosam in eisdem commorari. Quintus frater Manees Hispanus, uterinus frater sancti Dominici & sanctitatis ipsius purissimus imitator. Hic fuit vir contemplativus, qui diu in ordine serviens beato fine quievit. Hic obiit & quiescit in quodam monasterio alborum monachorum in Hispania, ubi virtutibus & miraculis claruit. Sextus frater Michaël, vir contemplativus. Septimus frater Dominicus Hispanus, alius a B. Dominico. Hic fuit qui individuus comes B. Dominici in partibus Tolosanis fuit, vir humilitatis eximiæ, parvus scientia, sed virtute magnificus. Hic aliquando a muliere sollicitatus, respondit, Vade & ad tempus revertere, parabo locum ubi convenire possimus. Intrans igitur in cubiculum, duos ignes præparat hinc & inde vicinos ad invicem, & veniente meritricula seipsum prostravit in medio, ipsamque hortatur ut veniat. En, inquit, locus tanto facinori. Quæ videns compuncta recessit, & quod mirabile fuit, ignis materialis, qui fratrem non combussit, ignem libidinis in muliere extinxit. Octavus frater Johannes de Navarra. Nonus frater Laurentius Anglicus. Decimus frater Stephanus Metensis, carnis suæ rigidus macerator. Undecimus frater Odorius Normannus conversus. Duodecimus frater Wilhelmus Clareti. Hic fuit unus de sociis & sequacibus præmaturis B. Dominici in prædicationis officio ei adhærentibus: frater Petrus Madicensis, frater Gnomecius, frater Michaël alius a prædicto Michaële. De istis tribus ultimis certum non est quod cum illis qui regulam elegerunt fuerint. Notandum est autem qualiter per mundum universum prædicaturi per B. Dominicum de diversis mundi nationibus sunt collecti.

III. De causa quare ordo vocatur fratrum Prædicatorum.

De nomine quoque quare Prædicatorum fratrum ordo dicatur aliquid est dicendum. Siquidem juxta verbum B. Ambrosii, affectus tuus operi tuo nomen imponit. Hi duo affectus & opus matri ejus in catulo facula ardente mundum succendente, sunt ostensa. Celebrato siquidem Lateranensi concilio anno Domini MCCXV. summus pontifex ordinans quædam circa negotium fidei in partibus Tolosanis agenda, decernens super his scribere Dominico & his qui cum eo erant, accito notario dixit ei: Sede, scribe super his *fratri Dominico & sociis ejus* in ista verba. Et stans paululum, Noli, inquit, sic scribere, sed hoc modo, *Fratri Dominico & cum eo Prædicatoribus in partibus Tolosanis*. Statimque aliquamdiu plus considerans, Sic, inquit, scribe: *Magistro Dominico & fratribus Prædicatoribus*, & citius surrexit. Sic dixit Dominus, sic scripsit notarius. Nutu Dei tunc præsens Romæ aderat sanctus pater, qui audito verbo vicarii JESU CHRISTI, gavisus est valde. Nam deinceps in curia & ubique ipse & filii sui cœperunt se Fratres Prædicatores vocare, cœperuntque in curia & ubique ab omnibus sic vocari.

IV. De habitu ordinis nostri.

Verum quia habitus ordinis niger videtur cœlitus demonstratus, potius quam humana industria inventus, consequenter dicendum unde ordini huic hic habitus est candidus. Sciendum igitur quod B. Dominicus & alii primitivi fratres aliquamdiu superpelliciis usi sunt ad modum reliquorum canonicorum regularium: demum magistro Reynaldo decano sancti Aniani Aurelianensis super ordinis ingressu cum B. Dominico conferente, eodem magistro graviter decumbente, desperantibus medicis, nocte quadam beata Virgo ei apparens, salutari unctione perunctum sanavit, eique habitum ordinis ostendens, ait: *En habitus ordinis tui.* Qua revelatione patefacta, fratres ordinis habitu cœlitus designato uti cœperunt. Venerabilis etiam abbas JOACHIM Florinensis ordinis institutor, fratribus suis habitum quem dictus magister Reynaldus a B. Virgine acceperat, prophetice demonstrans, in quodam monasterio ordinis sui depingi fecit in Calabria, dicens: " Cito surrecturus est in ecclesia Dei " ordo novus docentium, cui præerit unus " major, & cum eo & sub eo erunt duodecim " præfutum ordinem regentes: quia sicut pa- " triarcha Jacob cum duodecim filiis ingressus " est Ægyptum, sic ipse cum illis duodecim in " illo ordine post ipsum majoribus ingredie- " tur, & illuminabit mundum. Parcat illi Dominus, qui causam & occasionem dederit " ut per provinciarum divisionem hic propheticus & apostolicus numerus tolleretur.

V. *De hoc quod multi etiam prælati ordinem sunt ingressi.*

Divina præterea providentia beatum virum Dominicum, secundum quod de beato Job scriptum est, *Scies quod multiplex erit semen tuum, & progenies tua ut herba terræ*, nobili prole fecundavit. Dispergente namque beato viro fratres suos, tamquam quosdam radios, immo quædam luminaria, ubique terrarum cœperunt submittere corda & corpora suavi jugo Christi, decani, primates, archidiaconi, abbates, priores, cantores, monachi & canonici regulares, diversarum facultatum doctores, & aliæ personæ vita & scientia eminentes, qui intra breve tempus provincias omnes ultra mare & citra fratribus ordinis ordinaverunt, & civitates ac villas magnas ecclesiis & collegiis repleverunt.

VI. *De summis pontificibus assumtis de ordine.*

Habuit sacrosancta Romana ecclesia de fœcunditate prolis hujus primo dominum INNOCENTIUM V. creatum apud Aretium Tusciæ civitatem anno Domini MCCLXXXV. in festo sanctæ Agnetis, vita, scientia, moribus excellenter ornatum. Hic infra sex menses a creatione sua Romæ obiit. Habuit secundo dominum BENEDICTUM, qui prius dictus frater Nicolaus de Tervisio, natione Lombardus. Assumtus est autem ad papatum anno Domini MCCCII. XI. cal. Novembris.

Sedit autem mensibus VIII. diebus XVII. migravit autem apud Perusium nonis Julii, sepultusque est in ecclesia fratrum, cœpitque clarere miraculis.

VII. *De cardinalibus assumtis de ordine.*

Habuit hæc etiam ipsa Romana ecclesia de ordine Prædicatorum venerabiles cardinales, qui sequuntur: Primum omnium dominum fratrem HUGONEM DE CARO diœcesis Viennensis, magistrum in theologia, quem propter vitæ & scientiæ famam Innocentius papa IV. assumsit de provincialatu Franciæ in presbyterum cardinalem tituli S. Sabinæ tempore magistri ordinis fratris Johannis Theutonici, anno Domini MCCXLIV. Fratrem ANIBALDUM Romanum, magistrum in theologia, quem assumsit in presbyterum cardinalem basilicæ XII. apostolorum dominus URBANUS papa IV. anno Domini MCCLXI. Vixit autem cardinalis circiter X. annis: Fratrem PETRUM DE TARENTASIA magistrum in theologia, primo priorem provincialem, deinde archiepiscopum Lugdunensem, quem deinde assumsit in cardinalem episcopum Hostiensem dominus GREGORIUS papa X. anno Domini MCCLXXIV. infra octavam Pentecostes, postea papa INNOCENTIUS appellatus est. Fratrem ROBERTUM Anglicum magistrum in theologia, primo archiepiscopum Cantuariensem & primatem Angliæ, quem inde assumsit in cardinalem episcopum Portuensem dominus Nicolaus papa III. pontificatus sui anno I. Fratrem LATINUM Romanum, prudentem & cordatum virum, quem fecit cardinalem episcopum Hostiensem memoratus dominus Nicolaus anno Domini MCCLXXVIII. hic obiit cardinalatus sui anno XVII. mense Novembri. Fratrem HUGONEM de Bilonnio Claromontensis diœcesis. Hunc fecit cardinalem presbyterum dominus Nicolaus papa IV. anno Domini MCCLXXXVIII. Hunc postmodum fecit episcopum Hostiensem dominus Cælestinus papa V. defuncto prædicto domino Latino. Hic obiit cardinalatus sui VIII. Fratrem NICOLAUM de Tarvisio Lombardum, quem assumsit de magistro ordinis dominus Bonifacius VIII. in presbyterum cardinalem tituli S. Sabinæ Reatæ nonis Decembris, anno Domini MCCXCIX. quem postmodum transtulit & fecit episcopum Hostiensem, anno Domini MCCCII. postmodum summus pontifex creatus BENEDICTUS XI. est vocatus. Fratrem NICOLAUM DE PRATO episcopum Spoletanum assumsit & fecit cardinalem episcopum Hostiensem dominus Benedictus papa XI. in adventu domini anno Domini MCCCII. Fratrem GALTERUM Anglicum confessorem domini regis Angliæ. Hunc assumsit & fecit cardinalem, idem dominus Benedictus XI. in jejuniis quatuor temporum post cineres, anno Domini MCCCII. Hic nondum habens titulum nec annulum,

nulum, nec capellam. Obiit Januæ vi. cal. Septembris, sepultusque est in ecclesia fratrum. Elegit autem inde transferri & sepeliri in conventu fratrum in Londinis in Anglia unde fuerat assumtus. Fratrem Nicolaum de Framala confessorem tunc regis Franciæ. Hunc fecit cardinalem tituli S. Eusebii dominus Clemens papa V. in Lugduno anno Domini MCCCV. XVIII. calendas Januarii. Fratrem Thomam Anglicum, magistrum in theologia. Hunc fecit presbyterum cardinalem tituli sanctæ Sabinæ idem papa Clemens V. in Lugduno, ubi præsentes erant, anno Domini MCCCV. XVIII. cal. Januarii. Hic frater Thomas fuit provincialis Angliæ, habuitque secum VI. fratres carnales in ordine. Fratrem Guillelmum Petri Baionensem de provincia Tolosana, magistrum in theologia. Hunc assumsit de lectoratu curiæ in cardinalem presbyterum tituli sanctæ Ceciliæ idem papa Clemens V. quem postea transtulit, & fecit episcopum cardinalem Sabinensem dominus Johannes papa anno Domini MCCCXVII. hic fuit multo tempore cardinalis. Matthæum Ursini Romanum creavit presbyterum cardinalem papa Johannes XXII. Avenione sub titulo sanctorum Johannis & Pauli anno MCCCXXVII. erat archiepiscopus Sipontinensis, & postea fuit episcopus Sabinensis in cardinalatu. Gerardum de Domaro Lemovicensem Gallicum creavit presbyterum cardinalem tituli sanctæ Sabinæ Clemens VI. ejus patruus ex generali magistro ordinis anno MCCCXLII. mense Septembri. Johannem de Molendinis Gallicum creavit presbyterum cardinalem tituli sanctæ Sabinæ idem Clemens VI. Avenione anno jubilæi MCCCL. ex generali magistro ordinis. Nicolaum Roselli Cathalanum de provincia Aragoniæ creavit presbyterum cardinalem tituli sancti Sixti Innocentius VI. Avenione, anno MCCCLII. ante festum Natalis. Fuerat prius in dicto regno inquisitor hæreticæ pravitatis. Guillelmum Sudæ Tolosanum creavit cardinalem episcopum Hostiensem Urbanus V. Avenione, anno MCCCLXVI. erat episcopus Marsiliæ & fuerat prius magister sacri palatii. Post hos creati sunt cardinales diversis locis & temporibus sequentes, videlicet, Nicolaus de Neapoli inquisitor sub titulo sancti Cyriaci, Philippus Romanus pœnitentiarius Urbis tituli sanctæ Susannæ, Nicolaus de Saturnino Gallicus tituli sancti Angeli, Johannes de Novo-Castello Aragonensis tituli sancti Sixti, Johannes Dominici de Florentia tituli sancti Sixti, Johannes de Casa-Nova Cathalanus tituli sancti Sixti, Johannes de Turrecremata Hispanus, tituli S. Mariæ trans-Tyberim.

Vet. Script. & Mon. ampl. Collect. Tom. VI.

VIII. *De fratribus qui fuerunt interfecti pro fide Christiana.*

Ut autem ordinate de hac prolis fecunditate dicam, imprimis de hiis qui pro pietate fidei & obedientia sacro-sanctæ Romanæ ecclesiæ passi sunt, & suo sanguine ordinem purpuraverunt est agendum. In harum siquidem acie primum locum obtinuit dignitate scilicet, sed non tempore, frater Petrus Veronensis, qui prior Comanus existens, a domino Innocentio papa IV. inquisitor missus est contra hæreticam pravitatem. Passus est autem ab hæreticis anno Domini MCCLII. nonas Aprilis sabbato in Albis. Fuit autem catalogo sanctorum ab eodem Innocentio eodem passionis suæ anno, Dominica prima Quadragesimæ sequentis ascriptus, quæ tunc contigit VIII. idus Martii. Festum vero mutatum fuit propter celebritatem Dominicæ Resurrectionis, quæ ut sæpius tunc occurrit, & institutum est celebrari in III. kalendis Maii, passus est cum eo socius suus frater Dominicus, qui ibidem lethaliter vulneratus, quinta die cœlum petivit sanguine laureatus. Cum ordo Prædicatorum sit a beato Dominico contra hæreticos & errores specialiter institutus Tolosæ, fratres de partibus illis multis annis in frigore & fame & siti & tribulationibus multis impugnaverunt, contra illos & contra tyrannos qui hæreticos defendebant. Tandem Gregorius nonus inquisitionem contra hæreticos commisit anno Domini MCCXXXIII. X. kal. Maii, pontificatus sui anno VII. Hujus rei causa multi se fratres periculis exposuerunt. Nam fratres in Tolosa post multa quæ passi sunt de civitate, cum injuria expulsi sunt. Domus fratrum in Narbonia destructa est, & etiam libri lacerati, & in aliis pluribus locis capti, spoliati sunt. Anno Domini MCCXLII. IV. kal. Junii, apud Avinionem passus est ab hæreticis frater Guillelmus Arnaldi, & secum duo fratres, scilicet Bernardus de Rupeforti, & Garsias de Aura. Eodem tempore passus est apud Virgellum Cathalaniæ, frater Poncius Hispanus. Passus est etiam frater Pacanus anno Domini MCCLXXVII. in natali sancti Stephani. Passi sunt etiam sub persecutione Tartarorum in partibus transmarinis circiter XC. quorum alii gladiis, alii sagittis, alii lanceis interfecti sunt, alii ignibus concremati. In Antiochia cum caperetur, passus est Stephanus episcopus cum aliis IV. fratribus. Ante hanc captivitatem in eisdem partibus passi sunt frater Guido & socii ejus. Præter hos numeratos & quorum nomina nesciuntur, passi sunt circiter CVII. fratres.

IX. *De magistris ordinis Prædicatorum.*

Primus & præcipuus dominus & magister ordinis fratrum Prædicatorum fuit beatus Dominicus, cui suit ordo confirmatus

& ipse ordini in magistrum a domino Honorio papa III. anno Domini MCCXVI. in crastino sancti Thomæ apostoli. Hic Honorius fratribus plura privilegia dedit, & ecclesias, decimas & castra, & possessiones, quas beato Dominico dominus PETRUS archiepiscopus Narbonensis, & dominus FULCO episcopus Tolosanus, & dominus SIMON comes Montis-fortis contulerant, confirmavit. Supervixit autem beatus Dominicus a confirmatione ordinis annis IV. mensibus VII. diebus XV. obiit autem apud Bononiam post secundum capitulum, quod ipse celebraverat anno Domini MCCXXI. decubuit autem & obiit in lecto fratris Monetæ, quia lectum proprium non habebat & in ejusdem fratris Monetæ tunica obiit, quia cum qua mutaret illam quam diu portaverat, aliam non habebat. Hunc dominus HUGOLINUS cardinalis episcopus Hostiensis apostolicæ sedis legatus tradidit sepulturæ, & postea papa factus & Gregorius IX. appellatus, catalogo sanctorum ascripsit apud Reatem Tusciæ civitatem.

Secundus magister ordinis fuit frater JORDANUS Theutonicus. Hic electus fuit in tertio capitulo generali Parisius celebrato anno Domini MCCXXII. erat autem tunc prior provincialis Lombardiæ. Nam hoc magistro fuit ordo merito & numero dilatatus. Hic annis fere XV. regens & dirigens ordinem mille fratres & amplius manu sua fertur recepisse & habitum induisse. Hic litteras primus ad provincias a capitulo generali misit. Nam ab ipso fratres primo ad legendum Parisius licentiati sunt & duas scolas habuerunt. Hic vir beatus, dum ad terram sanctam visitandam transiret, submersus est cum sociis suis anno Domini MCCXXXVI. idibus Februarii, & ob hoc non fuit celebratum capitulum generale illo anno. Sepultus est autem in Acone ubi multis claret miraculis.

Tertius magister fuit frater RAYMUNDUS, Cathalanus Barcinonensis electus in capitulo generali Bononiæ celebrato anno Domini MCCXXXVIII. ipse vero in capitulo præsens non erat. Hic constitutiones, prædicationes, & capitula ordinavit. Hic cum per biennium rexisset ordinem, propter nimiam debilitatem suam, ad suam magnam instantiam fuit a magisterio absolutus in capitulo generali Bononiæ celebrato anno Domini MCCXL. ex qua absolutione tanta sequuta est turbatio, quod statutum fuit, quia magistri non amoverentur in posterum nisi ob impedimenta perpetua. Supervixit autem in conventu Barcinonensi annis XXXVI. ubi quievit in Domino in die Epiphaniæ anno Domini MCCLXXV. multis coruscans miraculis.

Quartus magister ordinis fuit frater JOHANNES Theutonicus, quondam episcopus Bosnevensis in Hungaria. Hic electus fuit in capitulo generali Parisius celebrato anno Domini MCCXLI. Hic provincialis Hungariæ existens factus episcopus cessionem impetravit & postea provincialis Lombardiæ electus est magister, qui cum reniteret & se episcopali exemtione defenderet, per privilegium dñi Gregorii, quod tunc fratres propter hoc ipsum impetraverant, compulsus est officium suscipere. Hic vir Deo plenus ac in omni sanctitate conspicuus, fertur vivus & mortuus miraculis claruisse. Hic cum præfuisset annis XII. & dimidio migravit ad Dominum anno Domini MCCLIII. in conventu Argentinensi pridie nonas Novembris, & ob hoc non fuit generale capitulum celebratum illo anno.

Quintus magister ordinis fuit magister HUMBERTUS electus apud Budam Hungariæ anno Domini MCCLIV. Fuit autem tunc provincialis Franciæ. Hic vir Dei cunctis aspicientibus fuit gratiosus & religionis exemplum & imago. Hujus instantia dissensio quæ Parisius inter magistros & fratres occasione Guillelmi de sancto Amore nata est, a domino papa IV. est sopita. Revocavit etiam idem Alexander in principio suæ promotionis, constitutionem gravem contra fratres ab Innocentio editam ad preces ejus. Hic cum præfuisset annis IX. cessit magisterio in capitulo Londinis in Anglia celebrato, anno Domini MCCLXII. supervixit autem annis XV. obiitque plenus operibus bonis in conventu Valentino provinciæ Provinciæ, anno Domini MCCLXXVII. pridie idus Julii.

Sextus magister ordinis fuit frater JOHANNES de Vercellis electus in capitulo generali Parisius celebrato anno Domini MCCLXIII. erat autem provincialis Lombardiæ. Hic vir magnæ prudentiæ & experientiæ, fama & opinione præclarus, & optimis moribus notus. Hic fecit transferri corpus beati Dominici in arcam marmoream, in qua nunc quiescit, quam ipse fieri procuravit. Facta est autem hæc secunda translatio in capitulo generali Bononiæ anno Domini MCCLXVII. præfuit autem annis fere XX. obiitque in Monte-Pessulano anno Domini MCCLXXXIII. pridie cal. Decembris, & ideo non fuit illo anno celebratum capitulum generale.

Septimus magister ordinis fuit frater MUNIO electus in capitulo generali Bononiæ celebrato anno Domini MCCLXXXV. Erat autem tunc provincialis Hispaniæ. Hic præfuit annis VI. & septimo fuit a magisterio absolutus per litteras domini Nicolai papæ IV. sibi & ordini destinatas anno Domini MCCXCI. fuitque assumtus in episcopum Palentinum in Hispania. Tandem ad curiam evocatus, fuit ab episcopatu absolutus per Bonifacium papam VIII. denique manens in curia in conventu fratrum, obiit anno Domini MCCXCIX. pridie idus Martii.

Octavus magister ordinis fuit frater STEPHANUS in theologia magister, electus in capitulo generali in Colonia assignato, sed post per papam Romam translato anno Domini MCCXCII. Erat autem prior provincialis Franciæ. Præfuit annis duobus & fere dimidio, obiitque in conventu Lucano Romanæ provinciæ, anno Domini MCCXCIV. in die beatæ Ceciliæ, & ideo non fuit celebratum generale capitulum illo anno.

Nonus magister ordinis fuit frater NICOLAUS de Trevisio, electus in capitulo generali Argentinæ celebrato anno Domini MCCXCVI. Erat autem tunc provincialis Lombardiæ. Hic XIV. ætatis suæ anno venit ad ordinem, XIV. annis studuit, XIV. legit, XIV. præfuit in prælatione. Post hæc assumtus ad cardinalatum, deinde summus pontifex est assumtus, & BENEDICTUS XI. appellatus. Hic obiit apud Perusium anno Domini MCCCIV. nonis Julii.

Decimus magister ordinis fuit frater ALBERTUS Januensis, baccalaureus in theologia, electus in capitulo generali Marsiliæ celebrato anno Domini MCCC. in vigilia sancti Augustini.

Undecimus magister ordinis fuit frater BERNARDUS electus in capitulo generali Coloniæ celebrato anno Domini MCCCI. Erat autem prior provincialis Provinciæ. Hic præfuit annis duobus, mensibus IV. obiitque in conventu Trevirensi anno Domini MCCCIII. in die B. Lamberti.

Duodecimus magister ordinis fuit frater AYMERICUS electus in capitulo celebrato Tolosæ anno Domini MCCCIV. Erat autem tunc lector Bononiensis, electus in provincialem Græciæ. Cessit autem magisterio in capitulo generali Neapoli celebrato anno Domini MCCCXI.

Tertius decimus magister ordinis fuit frater BERENGARIUS, magister in theologia, electus in capitulo generali Carcassonæ celebrato anno Domini MCCCXII. Erat autem tunc prior provincialis Tolosanus. Hunc magistrum misit legatum in Franciam dominus Johannes papa XXII. & propter hoc non fuit in capitulo generali in Pampilonia celebrato anno Domini MCCCXVII. Ei idem dominus Johannes papa eodem anno contulit archiepiscopatum Compostulanum circa festum exaltationis sanctæ Crucis.

Quartus decimus magister ordinis fuit frater ERVEUS BRITO magister in theologia, qui obiit anno Domini MCCCXXIII.

Quintus decimus magister ordinis fuit frater BARNABAS electus in capitulo generali Burdegalensi, qui mortuus fuit Parisius anno Domini MCCCXXXIII. post festum Michaëlis, & illo anno non fuit capitulum generale.

Sextus decimus magister ordinis fuit frater HUGO Gallicus, magister in theologia, electus in Avenione anno Domini MCCCXXXIII. Hic obiit anno Domini MCCCXLI. in Avenione VI. die Aug. hoc est in crastino S. Dominici.

Vet. Script. & Mon. ampl. Collect. Tom. VI.

Decimus septimus magister ordinis fuit frater GERALDUS de Domaro, baccalaureus Parisiensis, electus Carcassonæ in capitulo generali anno Domini MCCCXLII. & eodem anno assumtus in cardinalem tituli sanctæ Sabinæ per dominum Clementem papam VI. XX. die Septembris.

Decimus octavus magister ordinis fuit frater PETRUS de Palma, magister in theologia, electus in capitulo Pisensi anno Domini MCCCXLIII. Hic obiit anno Domini MCCCXLV. Parisius, prima die Martii, & propter hoc illo anno non fuit capitulum generale.

Decimus nonus magister ordinis fuit frater GARINUS, magister in theologia & provincialis tunc Franciæ, electus in capitulo Brivensi anno Domini MCCCXLVI. III. die mensis Junii. Hic obiit anno Domini MCCCXLVIII. circa festum Mariæ Magdalenæ in conventu Montis-Miliani.

Vigesimus magister ordinis fuit frater Johannes de Molendinis, magister in theologia, & lector sacri palatii, electus in capitulo Barchinonensi anno Domini MCCCXLIX. Hunc assumsit in cardinalem tituli sanctæ Sabinæ dominus Clemens VI. anno Domini MCCCL.

Vigesimus primus magister ordinis fuit frater Simon Lingonensis, magister in theologia, tunc provincialis Franciæ, electus in conventu Castrensi Tolosanæ provinciæ anno Domini MCCCLX. prædicto magistro in legatione per dominum Innocentium papam ad imperatorem exeunte, per diffinitores capituli generalis in conventu Perpiniani provinciæ Provinciæ celebrati, a magisterio, eo absente, absolutus est: sed cum data sua absolutio ad Romanam curiam esset deducta, per eumdem dominum Innocentium declarata est irrita fuisse & inanis, post lapsum autem temporis dominus papa præfato magistro providit de ecclesia Nivernensi, quam recusavit; deinde de ecclesia Carnotensi, quam consequutus non est, quia deprehensum est episcopum illius ecclesiæ nondum ex hac vita migrasse. Tandem provisum est ei de ecclesia Nannetensi, quam humiliter acceptavit, & ordinis magisterium resignavit anno Domini MCCCLXVI.

Vigesimus secundus magister ordinis fuit frater Helias Raymundi, magister in theologia de provincia Tolosana, electus in conventu Avenionensi provinciæ Provinciæ anno Domini MCCCLXVII. Hic transtulit corpus beati Thomæ de Italia Tolosam.

Vigesimus tertius magister ordinis fuit frater Raymundus de Capua electus Bononiæ, vivente Helia, ob schisma ecclesiæ pro obedientia Urbani VI. anno Domini MCCCLXXX. Hic fuit confessor Catharinæ Senensis, & vix cœpit ordinem reformare.

Vigesimus quartus magister ordinis fuit frater Thomas de Firma Lombardus, electus post Raymundum tertium anno MCCCC.

Vigesimus quintus fuit frater Leonardus Staci Florentinus, magnus prædicator, electus Florentiæ post Thomam MCCCXIV. Sub hoc facta est unio ecclesiæ & ordinis.

Vigesimus sextus fuit frater Bartholomæus Fexerri de provincia Provinciæ, electus Bononiæ MCCCXX. per viam compromissi. Hic rexit ordinem annis XXIV.

Vigesimus septimus fuit frater Petrus Rochini Gallicus, electus Lugduni anno MCCCCL. Obiit infra mensem.

Vigesimus octavus fuit frater Guido Flamocheti Gallicus, electus Romæ MCCCCLI. Migravit infra annum. Neapoli.

Vigesimus nonus fuit frater Martialis Auribelli Avenionensis, electus Nannetis M. CCCC. III. Hic depositus fuit a papa Pio II. nono anno generalatus.

Trigesimus fuit frater Conradus de *Ast*, Lombardus. Hic post tres annos magisterio cessit, & Marsiliæ est iterum reassumtus Novarræ anno MCCCCLXV.

Trigesimus primus fuit frater Leonardus de Mansuetis, Perusinus, electus Romæ ex lectore sacri palatii anno MCCCCLXXIV.

Trigesimus secundus fuit frater Salutis Casseta Siculus, Panormitanus, electus Romæ ex lectore sacri palatii anno MCCCCLXXXI. Hic fuit legatus in Germania Sixti papæ. Romæ quiescit.

Catalogus Prædicatorum provincialium provinciæ Saxoniæ.

Anno Domini MCCCNI. in capitulo provinciali apud Erphordiam fuit electus primus provincialis Saxoniæ magister Echardus, qui fuit absolutus apud Neapolim anno Domini MCCCXI. & missus Parisius ad legendum.

Secundus fuit frater Johannes de Buscho electus in Preslavia, & quia magister Aymericus in capitulo generali magisterio cessavit, quem tres de capitulo antiquiores fratres, videlicet frater Johannes de Tornace, Ludolphus de *Lypsic*, & Conradus de *Epyn* confirmaverunt. Obiit autem in Mysna anno Domini MCCCXV. III. nonas Decembris, & in *Uriberch* in choro fratrum sepultus.

Tertius fuit frater Annotoæus de Templum electus apud Mindam, ubi electores convocaverat frater Johannes prior Sundensis, vicarius provinciæ, anno Domini MCCCXIV. feria VI. ante Dominicam in Passione. Hic per litteram absolutus fuit per capitulum generale immediate apud Montem-Pessulanum anno Domini MCCCXVI. Retinuit autem litteram usque ad capitulum Lyptenense, ubi lecta fuit in die XI. millium Virginum.

Quartus fuit frater Hartingus ibidem electus anno Domini MCCCXVI. & fuit absolutus in capitulo generali apud Venetias celebrato anno Domini MCCCXXV.

Quintus fuit frater Henricus de *Lubeke*, electus apud Erphordiam in capitulo provinciali idibus Septembris anno Domini M. CCC. XXXV. & in capitulo apud Brugis celebrato anno Domini MCCCXXXVI. fuit absolutus.

Sextus fuit frater Johannes de *Meleberch*, baccalaureus in theologia, electus in capitulo Uribergn. anno Domini MCCCXXXVI. & fuit absolutus in capitulo Mediolanensi anno Domini MCCCXL.

Septimus fuit frater Brochardus *de Wysense*, electus in *Martburch* anno Domini MCCCXL. vigesima secunda mensis Julii, & fuit absolutus in capitulo Montis-Pessulani anno Domini MCCCL. XXII. die mensis Maii.

Octavus fuit frater Corardus de *Alberstat*, magister in theologia, electus in capitulo Gotingensi anno Domini MCCCL. ultima die mensis Octobris. Hic absolutus fuit in capitulo generali Narbonensi anno Domini M. CCC. LIV.

Nonus fuit frater Coradus *Herle*, electus in capitulo Tremoniensi anno Domini M. CCC. LIV. VII. die mensis Septembris. Hic obiit provincialis in Sosato, ibidem sepultus anno Domini MCCCLXIX. die ... mensis Martii.

Decimus fuit frater Waltherius *Herlinger*, magister in theologia & inquisitor hæreticæ pravitatis, electus in capitulo Rupinensi anno Domini MCCCLXIX. Hic obiit provincialis in Erphordia anno Domini MCCCLXXIII. & ibidem in choro fratrum sepultus.

Undecimus fuit frater Hermannus *Hetsede*, inquisitor hæreticæ pravitatis, electus in capitulo Sosatensi anno Domini MCCCLXXIV. Mortuus in Avenione in ecclesia fratrum sepultus anno MCCCLXXVI.

Duodecimus fuit frater Henricus *Halberti* de conventu *Hyvvarden*. hæreticæ pravitatis inquisitor, & magister in theologia creatus in capitulo Hamburgensi anno Domini M. CCCLXXVI. & in capitulo Tremoniensi anno Domini MCCCLXXXII. per litteram absolutus. Hic obiit in conventu Gergiis, & in Hywardem translatus ante majus altare sepultus est.

Tertius decimus fuit frater Gerardus *de Buren*, Hywrdensis, magister in theologia. Hic Parisius legit sententias.

BREVISSIMA CHRONICA
RR. magistrorum Generalium ordinis Prædicatorum.

Dominus noster & Salvator JESUS CHRISTUS verus Samaritanus, infundens misericordissimè sauciato vulneribus pleno vinum & oleum; immo ut verus pater familias, messem videns quamplurimam, operarios autem paucos, novissime diebus istis misit operarios in messem suam, posuit quoque messores ad fructus uberes in agro Dominico colligendos, fratres de ordine Prædicatorum, qui prædicando verbo pariter & exemplo, confessiones audiendo, ac per alia virtutum exercitia, hæreticorum propulsarent vitia & exstirparent, mundum errabundum verbo doctrinæ illustrarent, tenebris fugatis. Qui supradicti fratres cum adhuc floruit caritas, affuit benignitas, viguit hominum compassio, in spiritus fervore abjectis sarcinis mundanarum facultatum, calceati pedes in præparatione evangelii, pro proximorum salute, multis laboribus & vigiliis ac periculis non solum apud Christianorum nationes, verum in diversarum regionum partes se disperserunt, morti se pro Christo exposuerunt, & quotidie perseverant reddere Domino populum acceptabilem in terris infidelium, Sarracenorum, paganorum, Græcorum, Bulgarorum, Cumanorum, Æthiopum, Tirorum, Iberorum, Gazarorum, Gothorum, Ruthenorum, Jacobitarum, Nubianorum, Nestorianorum, Georgianorum, Armenorum, Persarum, Indorum, Tartarorum aliarumque infidelium nationum, ut protestantur in suis privilegiis Alexander IV. Innocentius IV. Clemens IV. Bonifacius VIII. Johannes XXII. & Gregorius XI. Hi enim, divina gratia cooperante, laudabilibus incrementis successive sanctæ ecclesiæ profuerunt: qui assidue flores proferentes copiosius honestatis, producunt uberius fructus vitæ. Hæc enim evidens utilitas universali ecclesiæ proveniens, beatissimis apostolicis & summis pontificibus nota, promeruit ipsum ordinem Prædicatorum & fratres spirituali favore prosequi, defensare privilegiis, ac communire specialibus sedis antedictæ multiplicibus gratiis, ut apostolicæ gratiæ favoribus quasi rore irrigati majoribus, semper, tribuente Domino, consurgat & dilatetur ipsorum incrementum. Ne ergo tam gloriosorum virorum nostri ordinis fratrum laudabilia opera ipsa negligentia, quæ est mater ingratitudinis & gratiæ inimica, aboleret, curavi post terga metentium cum humili Ruth hinc inde spicas, per modum chronicæ ab ordinis nostri origine, gloriosorum fratrum magis studiosorum sollicitudinem circa doctrinam & scripta plus quam vitam cœpi colligere, quoniam multorum vitæ gloriosæ in vitis fratrum sunt collectæ, ut legentibus normam & formam ceteris traderem imitandi, atque ea quæ oculi mei minime reperire potuerunt, eisque nota secundum discretionem patriarum, nationum atque terrarum ipsi ad hunc tractatum addere atque apponere curent, in laudem & gloriam Domini nostri JESU CHRISTI, qui cum Patre & Spiritusancto vivit & regnat Deus unus in sæcula sæculorum. Amen.

I. *De origine B. Dominici Patris nostri, & institutione ordinis Prædicatorum.*

Anno igitur MCCIII. tempore Innocentii tertii, qui cœpit anno Domini MCXCVIII. & sedit annis XVIII. mensibus IV. diebus XXIII. & hujus Innocentii pontificatus anno sexto, B. DOMINICUS ordinis fratrum Prædicatorum magister & institutor primus, natione Hispanus, de villa quæ dicitur Calaroga Oxomensis diœcesis, vir scientia Dei plenus, vita sincerus, religione conspicuus, incœpit ordinem fratrum Prædicatorum mente concipere, & voto tractare in partibus Tolosanis, primordia computando quo primum Tolosam advenit. Siquidem XII. abbates Cisterciensis ordinis cum uno apostolicæ sedis legato mittuntur ab hoc Innocentio papa in terram Albigensium, ut fidem catholicam prædicarent, & hæretica venena pro viribus propulsarent. Quibus de Hispania DIDACUS Oxomensis episcopus, habens in comitatu suo B. Dominicum, pro hæreticis convertendis adjungitur. Post biennium autem redeuntibus ad propria legato sedis apostolicæ & XII. abbatibus dictis, & D. DIDACO Oxomensi episcopo, beatus Dominicus cum paucis sibi adhærentibus solus permansit ibidem, in indefessa continuatione prædicationis & in impugnatione hæresis fere per annos decem usque ad tempus Lateranensis concilii, quod celebratum fuit anno Domini MCCXV. sub eodem Innocentio mense Novembri. Hoc tempore videns B. Dominicus, quod aliqui nobiles in partibus Tolosanis egestate compulsi, tradebant filias suas hæreticis nutriendas ac erudiendas, immo potius pestiferis erroribus imbuendas, earum miseratus calamitatem, instituit monasterium de Pruliano ad earum susceptionem, ubi ancillæ Dei virtutibus & numero plurimum excrescentes, devotum Altissimo exhibent famulatum: & hoc fuit primum monasterium sororum ordinis. Postea successive beatissimus pater Dominicus post ordinis confirmationem instituit monasterium S. Sixti de Urbe, ad mandatum Domini papæ Honorii III. in quo centum & quinque sorores reclusit. Ab his ergo omnia alia monasteria sororum ordinis originem habuerunt, & sic ordo iste sororum, qui secundus ordo appellari potest, originem habuit a B. Dominico. Profectus est itaque B. Dominicus cum FULCONE episcopo Tolosano ad dictum concilium generale, cum quo adiit Innocentium papam, petens ut sibi dignaretur confirmare ordinem, qui Prædicatorum diceretur & esset. Qui cum statim non acquiesceret, nocte visum est eidem pontifici in somnis, quod Lateranensis ecclesia gravem subito minaretur ruinam. Quod dum timens aspiceret, ex adverso vir Dei Dominicus occurrebat, humerisque totam illam casuram fabricam sustentabat. Evigilans autem & visionem intelligens, petitionem viri Dei hilariter acceptavit, hortans ut ad fratres suos rediens, regulam aliquam approbatam sibi eligerent, & ad ipsum rediens confirmationem ad libitum reportaret. Eodem tempore cum Innocentius papa quædam scripta dirigere vellet pro negotiis fidei ad partes Tolosanas, deliberavit super his scribere B. Dominico, & his qui cum eo erant. Accito autem notario ait: Sede, scribe super his *Fratri Dominico & sociis ejus* in hæc verba; & stans paululum, ait: Noli scribere sicut prædixi, sed sic: *Fratri Dominico & cum eo prædicantibus in partibus Tolosanis, &c.* Et aliquantulum plus considerans dixit, Scribe sic: *Magistro Dominico & fratribus Prædicatoribus, &c.* Et ex tunc cœperunt vocari nomine isto, quod os domini nominavit, tam in curia quam alibi. Per illud tempus dum B. Dominicus Romæ in ecclesia B. Petri oraret, apparuerunt ei beatissimi apostoli Dei Petrus & Paulus, quorum beatus Petrus baculum, beatus vero Paulus librum porrigebant dicentes: Vade, prædica, quia ad hoc ministerium es electus. Reversus est igitur B. Dominicus ad fratres suos Tolosæ existentes. Erant autem fratres numero XVI. Quos convocans apud Prulianum, invocato primum Spiritu sancto, regulam B. Augustini doctoris & prædicatoris egregii, ipsi pariter re & nomine prædicatores futuri, unanimiter elegerunt, quasdam arctioris vitæ consuetudines, quas sibi per formam constitutionum observandas statuerunt, insuper assumentes. Electa autem regula B. Dominicus Romam rediens invenit Innocentium papam apud Perusium defunctum, & Honorium III. electum, a quo ordinis confirmationem impetravit.

II. *De habitu Fratrum Prædicatorum dato per beatam Virginem, & de prophetia abbatis Joachim, & de institutione fratrum & sororum tertii habitus.*

ANno itaque Domini MCCXVI. XI. calend. Januarii in crastino S. Thomæ apostoli, Romæ apud S. Sabinam ordo fratrum Prædicatorum est confirmatus, pontificatus domini HONORII papæ III. anno primo. Nec est prætereundum, quod confirmatione ordinis habita, B. Dominicus, & alii primitivi fratres habitum quem habemus non statim deferre cœperunt, sed superpelliciis usi sunt admodum canonicorum regularium, cujus ordinis fuerat B. Dominicus, usque ad ingressum magistri Reginaldi decani Aurelianensis ad ordinem nostrum, qui ipso anno confirmationis ingressus est. Huic magistro Reginaldo graviter decumbenti, & a medicis desperato, nocte quadam B. Virgo apparens, salutari unctione perunxit eum atque sanavit, eique habitum ordinis ostendens, ait: En habitus ordinis tui. Qua revelatione facta, fratres habitu ordinis cœlitus signato uti cœperunt.

Venerabilis autem abbas JOACHIM Floriacensis* ordinis institutor, fratribus suis habitum, quem dictus magister Reginaldus a beata Virgine acceperat, prophetice demonstrans,

*l. Florinensis.

in quodam monasterio sui ordinis; quod est in Calabria, depingi, & etiam in ecclesia S. Marci de Venetiis opere musivo, sive fieri fecit, dicens: Cito surget in ecclesia Dei novus ordo docentium, cui præerit unus major, & cum eo & sub eo erunt XII. præfatum ordinem regentes. Quia sicut Jacob patriarcha cum duodecim filiis ingressus est Ægyptum, sic ipse cum XII. illis in illo ordine post ipsum ingredientur & illuminabunt mundum. Stante ista prophetia, timeo eos peccasse, qui causam & occasionem dederunt, ut per provinciarum divisionem hic propheticus & apostolicus numerus ab ordine tolleretur.

Divina propterea providentia B. Dominicum secundum quod de B. Job scriptum est v. cap. *Sciesque quod multiplex erit semen tuum, & progenies tua ut herba terræ*, nobili prole fœcundavit. Dispergente namque B. Dominico fratres suos tamquam quosdam radios, immo quædam luminaria, ubique terrrarum, cœperunt in brevi tempore copiose multiplicari. Eodem tempore dum per totam Italiam & etiam per partes Tolosanas hæreticorum & eorum credentium perfidia in tantum diffusa esset, quod quasi nullus catholicus eis posset resistere; adeo etiam jura ecclesiæ a laïcis fuerant occupata, quod pontifices & clerici mendicare cogebantur. Insuper & venenosa hæreticorum vesania adeo multorum & potentium animos subverterat, quod sine magna fidelium multitudine non poterant coërceri, quin suos errores publice prædicarent & in scholis docerent. Volens igitur ferventissimus fidei zelator beatissimus pater Dominicus tam bona & jura ecclesiæ defendere, quam hæreticorum venenosa figmenta detegere, advocatis quibusdam viris fidelibus sibi devotis, cœpit cum eis de ecclesiæ defensione & de hæretica perfidia exstirpanda tractare. Et ut competentius talia perficere posset, instinctu Spiritus sancti cogitavit novum ordinem catholicorum laïcorum facere in pœnitentia viventium, qui eum adjuvarent ad hæreticorum perfidiam abolendam, & ecclesiam & fidem catholicam defendendam. Et quos voluntarios invenisset, faciebat eos jurare, quod omnia bona sua & vitam corporalem pro his exponerent. Eapropter cum multos tales invenisset, eos fratres de militia JESU CHRISTI appellavit. Et ut uxores eorum eos non impedirent, faciebat etiam eas jurare, quod in negotio ecclesiæ & fidei defensandæ nullum maritis præstarent impedimentum. Ut autem tales merito ab aliis discernerentur, tam viris quam eorum uxoribus habitum album & nigrum contulit, & eis certum numerum orationum indixit, cum quibusdam jejuniis & aliis abstinentiis, fratresque & sorores de militia JESU CHRISTI appellavit. Igitur cum ministerio B. Dominici & aliorum fratrum

Prædicatorum, auxilioque & armis militum militiæ JESU CHRISTI hæretici fuissent quamplurimum debellati & destructi, in tantum quod in canonizatione B. Dominici probatum fuit, quod plus quam centum millia hæreticorum per doctrinam, merita & miracula B. Dominici fuerant ad fidem conversa; post obitum B. Dominici & ejus solemnem canonizationem visum est tam patribus ordinis quam ipsis confratribus militiæ JESU CHRISTI ad honorem B. Dominici sui institutoris mutare nomen militiæ in nomen pœnitentiæ, & appellari voluerunt fratres & sorores de pœnitentia B. Dominici. Qui sub utroque nomine & titulo diversa privilegia a sede apostolica habuerunt, & novissime per dominum INNOCENTIUM papam VII. iste ordo fuit plenissime confirmatus, & gaudet omnibus privilegiis quibus gaudent fratres ordinis. Et sic beatissimus pater Dominicus tres ordines instituit & fundavit ad laudem Patris & Filii & Spiritus sancti.

III. *De receptione conventuum Bononiensis & Parisiensis, & primis capitulis generalibus, & obitu B. Dominici & magistri Reginaldi.*

Anno Domini MCCXVIII. fratribus Prædicatoribus data est domus S. Jacobi Parisiis a magistro Johanne decano S. Quintini & universitate Parisiensi. Inde missus fuit frater Petrus Cellani Lemovicam, ubi factus est primus conventus Franciæ; statim post missi sunt fratres Remis & Aurelianis, & eodem anno conventus ibi receperunt. Hoc tempore multi magni & litterati viri, archidiaconi, decani, abbates, priores, doctores omnium facultatum ordinem intraverunt. Inter quos Bononiæ fuerunt magister Rolandus Cremonensis, summus philosophus, qui primus Parisius ex fratribus in theologia rexit, & summam gloriosam compilavit. Magister etiam Clarus, qui pœnitentiarius papæ existens, & regens in jure canonico ordinem intravit. Magister quoque Moneta famosissimus in toto orbe terrarum, qui summam theologiæ contra hæreticos compilavit.

Anno Domini MCCXIX. missi sunt fratres de Roma Bononiam a B. Dominico, quos ipse postea subsecutus est, & misit inde fratrem Reginaldum Parisius, qui Parisius veniens JESUM CHRISTUM & hunc crucifixum prædicabat verbo pariter & exemplo. Ubi paulo post obdormiens in Domino, in ecclesia sanctæ Mariæ (*a*) de Campis sepultus est, quia fratres jus sepulturæ nondum habebant. Hic vir beatissimus fratrem Jordanum Teutonicum eo tempore ad ordinem receperat, qui tunc temporis Parisius erat sacræ theologiæ baccalaureus.

[4]

(*a*) Cella erat a Majori-Monasterio dependens, quæ anno 1603. concessa est religiosis Virginibus de Monte-Carmelo.

Anno Domini 1220. fuit celebratum Bononiæ primum capitulum generale a beato Dominico, & anno sequenti scilicet 1221. beatus Dominicus secundum capitulum generale celebravit Bononiæ, in quo capitulo ordinatum est, ne possessiones vel reditus fratres nostri retinerent; sed & his quæ habuerunt penitus renuntiaverunt. In eodem capitulo frater Jordanus prædictus, qui nondum in ordine annum compleverat, factus est provincialis Lombardiæ, fundatis jam per orbem LX. circiter conventibus, qui in octo provincias erant distincti, scilicet Hispaniam, Franciam, Lombardiam, Romanam, Provinciam, Theotoniam, Poloniam, Ungariam & Angliam. Post illud capitulum generale statim a confirmatione ordinis anno v. obiit B. Dominicus v. die mensis Augusti, pontificatus D. Honorii papæ III. anno v. & Bononiæ sepultus est. Contigit in diebus illis reverendissimum virum dominum UGOLINUM cardinalem Hostiensem apostolicæ sedis legatum in Lombardia, qui postea fuit summus pontifex, & GREGORIUS IX. appellatus est, Bononiam Domino ordinante advenisse. Propter quod multi & magni viri, & ecclesiarum prælati aderant tunc præsentes. Hic cognita beati viri morte, advenit & officium missæ persolvens, corpus ejus sanctum cum digna devotione sepulturæ mandavit. Noverat quidem sanctam ejus conversationem in Domino, & spirituali eum dum viveret sibi astrinxerat amoris amplexu; qui etiam præsens extiterat quando idem pater sanctus Romæ Neapoleonem domini STEPHANI cardinalis nepotem a mortuis orando suscitavit. Aderat namque cum prædicto legato reverendissimus patriarcha Aquilegiensis, pluresque episcopi & abbates aliorumque prælatorum multitudo non parva, qui omnes ejus sacro funeri interfuerunt, & dictus reverendissimus cardinalis eum propriis manibus sepelivit. Quo tempore quidam frater Bernardus Bononiensis dæmoniacus multum fratres vexabat. Cujus gravis vexatio fuit una de causis, quibus moti fratres *Salve Regina* post completorium decantari instituerunt apud Bononiam, & inde per totum orbem illa devotio gloriosissimæ Virginis est diffusa.

Eodem anno frater Paulus Hungarus cum quatuor sociis missus fuit ad Hungariam ad prædicandum. Hic actu erat legens in jure canonico quando intravit ordinem. Hi igitur totam provinciam peragrantes, magnum fructum fecerunt in populo, & multiplicatis ibidem fratribus, missi sunt aliqui a dicto fratre Paulo in terram quæ Structium dicitur, quam hæretici & schismatici incolebant. Ubi post multas tribulationes tandem Domino largiente mirabiliter profecerunt. Deinde memores dicti fratres devotionis beati Dominici, qui ire volebat ad prædicandum Cumanis, qui nullam penitus Dei notitiam habebant, ordinaverunt mittere patres ad dictam terram: quam ingressi, sunt exire compulsi, & denuo regressi ad eam, prædicare cœperunt; & duobus ex ipsis ab infidelibus martyrio coronatis, alii in prædicationis officio perseverantes, converterunt primo ducem unum ex ipsis nomine *Bruchi*, qui in fidei Christianæ confessione decessit. Postea vero alium ducem majorem nomine *Bribrech* cum mille de familia sua, quem rex Hungariæ ANDREAS de sacro fonte levavit, qui similiter susceptis sacramentis ecclesiæ fideliter decessit. Fratres igitur perseverantes ibidem fructum maximum fecerunt, & conventus cœperunt. Cum hæc agerentur, & fervor fratrum magis ad conversionem paganorum accresceret, Dei occulto judicio venerunt Tartarorum exercitus, qui non solum prædicationem prædictam impedierunt, verum etiam circiter nonaginta fratres ad regnum cæleste per coronam martyrii transmiserunt. Post Tartarorum autem expulsionem, missi sunt alii fratres, qui indefesse Dei verbum prædicantes, multa millia ex eis converterunt & baptizaverunt. Item missi fuerunt a domino papa in Bosnia & Dalmatia fratres ad hæreticos convertendos. Qui prædicationi & disputationibus insistentes, multos hæreticos ad fidem converterunt, licet aliqui fratres ab eis martyrio coronati fuerint, & duo conventus ordinis quos ibi habebamus igne cremati sunt. In partibus etiam transmarinis multi fratres missi ad prædicandum, ibidem a Saracenis martyrio coronati sunt. Inter quos passus fuit episcopus ordinis nostri cum quatuor fratribus in captione Antiochiæ. Frater etiam Guido de Longimella vir devotus & sanctus in eisdem partibus cum uno socio passus est martyrium.

IV. *De magistri Jordani secundi ordinis generalatu, & translatione & canonizatione beati Dominici.*

Anno Domini 1222. frater JORDANUS Theutonicus de provincia Saxoniæ, & ipse natione Saxo de villa quæ dicitur *Borgerge* diœcesis Maguntinæ, verus Israëlita, electus est in secundum magistrum ordinis in capitulo generali Parisius celebrato. Erat enim tunc provincialis Lombardiæ. Sub hoc magistro fuit ordo merito & numero dilatatus, qui fere annis xv. optime regens & dirigens ordinem, mille fratres & amplius manu sua fertur ad ordinem recepisse & habitu induisse. Migravit autem ad Christum anno Domini 1236. *(a)* XVII. die Februarii multis clarens miraculis.

Anno Domini 1224. mense Augusti in vigilia B. Laurentii venerunt fratres primo in *Magdeburg* civitatem Saxoniæ, missi a capitulo Parisiensi & magistro JORDANE, ad petitionem reverendissimi domini archiepiscopi Magdeburgensis, & quorumdam aliorum episcoporum & nobilium; & secundo anno introitus fratrum primum provinciale capitulum est ibidem celebratum, supervenientibus tantum decem fratribus extraneis; quia in provincia Theutonicæ tantum quatuor conventus erant, scilicet Frisacensis, Coloniensis, Argentinensis & Magdeburgensis.

Anno Domini 1227. mortuo D. HONORIO papa D. GREGORIUS nonus, qui antea D. Ugolinus Hostiensis appellabatur, de quo supra dictum est, in pontificali cathedra sublimatus est, & sedit annis XIV.

In eodem anno in generali capitulo tertio Parisiis celebrato sub magistro Jordane erant superadditi provinciis supradictis aliæ quatuor provinciæ, scilicet Polonia, Dacia, Græcia, & Terra-sancta, & sic ordo anno XII. a sua confirmatione, erat divisus in duodecim provincias, scilicet Hispaniam, Franciam, Lombardiam, Romaniam, Provinciam, Theutoniam, Hungariam, Angliam, Poloniam, Daciam, Græciam & Terram-sanctam.

Anno Domini 1233. crebrescentibus per totam Italiam sancti Dominici evidentibus miraculis, fidelium devotio duxit corpus sancti Patris humili loco repositum, ad altiorem locum debito cum honore transferre. Facta est ergo hæc translatio in capitulo generali Bononiæ post annos XIII. a sepultura viri sancti. Ad quam translationem convenerunt de mandato domini papæ Gregorii, viri reverendissimi, videlicet archiepiscopus Ravennas, & episcopus Mutinensis postmodum Sabinensis, Brixiensis & Tornacensis, necnon & magister ordinis dulcis P. Jordanus cum diffinitoribus capituli. Potestas quoque Bononiensis cum civibus multis Bononiensibus aliarumque civitatum non paucis civibus honoratis cum fratribus & clericis laïcisque affuerunt. Ex cujus sanctis ossibus tanta prodiit odoris fragantia, quod non defuncti cadaveris theca, sed pigmentorum & odoramentorum omnium apotheca fuisse videretur. Ostendit etiam Dominus multa miracula in eadem translatione ad laudem & honorem sancti sui, anno Domini quo supra pontificatus vero domini Gregorii IX. anno VI. a confirmatione autem ordinis anno XVII. a transitu vero B. Dominici XIII. sit ergo per omnia benedictus Deus.

Eodem anno constitutus Perusii præfatus dominus Gregorius papa, præsentibus archiepiscopis & episcopis aliarumque ecclesiarum prælatis multis, fidelem Christi famulum B. Dominicum sanctorum catalogo

(a) Acta capitulorum generalium a nobis editorum tom. 4. Anecdotorum mortem ejus consignant ad annum 1237. quibus concinit chronicon Erfordiense his verbis: *Hoc anno*

(1237.) *frater Jordanus magister ordinis Prædicatorum pridie idus Februarii in mediterraneo mari submersus, in terra sancta honorifice sepultus est.*

solemniter

solemniter canonizando ascripsit, perhibens de eo tale testimonium, quod ita dubitabat de sanctitate ejus sicut de sanctitate beatorum apostolorum Petri & Pauli, quia, ut prædictum est, magnam familiaritatem ad invicem habuerant. Consummatum est ergo totum canonizationis officium apud Perusium solemniter anno & temporibus præscriptis, sub beatissimo & sanctissimo patre magistro Jordane generali ordinis magistro II. & directæ sunt litteræ apostolicæ per omnia regna ecclesiæ hoc attestantes, in quibus ipsius vitæ sinceritas & gloriæ sublimitas Christi fidelibus declaratur. Sub isto magistro Jordane fratres primo fuerunt licentiati Parisius ad legendum, & ipse primus fuit qui litteras a capitulo generali ad provincias ordinis mittere cœpit. Scripsit idem pater super Apocalypsim post illam gratiosam. Item super Priscianum minorem. Item quædam grammaticalia dictata. Scripsit præterea libellum de Ordinis initio, qui incipit: *Filiis gratiæ, &c.* Sub isto patre ordinem intravit vir eximiæ litteraturæ frater Johannes de sancto Ægidio magister in theologia, & multi alii excellentes viri, quorum scripta usque in hodiernum diem eorum sapientiam & doctrinam demonstrant. De hoc glorioso patre & dulcissimo vide librum qui Vitæ patrum dicitur in tota tertia parte.

V. De magistro Raymundo ordinis nostri magistro generali tertio.

Anno Domini 1238. post transitum beati Jordanis electus est Bononiæ absens in capitulo generali in magistrum ordinis tertium frater RAYMUNDUS natione Cathalanus, Barchinonensis. Hic fuit excellentissimus doctor in jure canonico, in quo multis annis legit Bononiæ. Transeunte autem episcopo Barchinonense per Bononiam, cum magnis precibus eum secum ad patriam reduxit, & canonicum & præpositum & ecclesiæ cathedralis eum fecit. Ubi postmodum feria sexta in parasceve ordinem Prædicatorum est ingressus. Audita autem fama sanctitatis & doctrinæ ejus, dñs (a) Sabinensis cardinalis apostolicæ sedis legatus, eum licet renitentem in socium legationis assumsit, & diu secum tenuit. Cumque eum vellet Romam secum ducere, nullo modo acquievit. Qui tamen Romam reversus, multa de eo domino papæ bona narravit. Summus vero pontifex GREGORIUS IX. litteras præceptorias direxit mandans ei, ut ad se veniret. Qui obediens apostolicis litteris & Romam rediens, ab eodem pontifice factus est pœnitentiarius & confessor papæ, & advocatus ac expeditor causarum pauperum. Nec multo post mandavit ei quatenus decretales in uno volumine compilaret, quo in judiciis & scholis nunc omnes utuntur. Tandem propter vigilias & labores quos in curia contraxerat, maxime quia numquam carnes comedere voluit, nec cibaria ordinis mutare, in gravem incidit valetudinem & magnam, a qua cum Romæ minime liberati potuisset, habita cum magna difficultate licentia, ad conventum Barchinonensem rediit. In quo existens capitulum generale ipsum absentem elegit in totius ordinis magistrum. Et quia dubitabant eum nolle acceptare magisterium, diffinitores capituli generalis miserunt ad eum quatuor magnos viros usque Barchinonam, qui ei persuaderent quod ordinis curam acceptaret, inter quos fuit frater HUGO, qui postea fuit primus cardinalis ordinis nostri. Qui timens ordinis scandalum, ad preces illorum patrum electionem cum multis lachrymis acceptavit. Hic sanctus pater multis claruit miraculis in vita & in morte, & ordinem per biennium sapientissime gubernavit. Hic etiam constitutiones ordinis in duas partes divisit sicut sunt nunc, cum antea satis essent confusæ. Composuit etiam Summam de casibus valde utilem, quæ Summa Raymundi appellatur. Cum autem per biennium ordinem rexisset gloriose, in capitulo generali Parisius allegans debilitatem suam generalatui cessit. Quapropter magna turbatio in ordine exorta est propter ejus cessionem. Unde statutum fuit hoc in constitutionibus, quod magistri cessio nullo modo admitteretur de cetero, nisi propter perpetua impedimenta. Vixit autem in conventu Barchinonensi per 35. annos post hanc cessionem, & anno Domini 1275. multis miraculis clarus, in festo Epiphaniæ Domini migravit ad Christum.

VI. De magistro Johanne Teutonico magistro ordinis nostri quarto, & de Hugone cardinali & B. Petro martyre.

Anno Domini MCCXLI. post renuntiationem magistri Raymundi, electus fuit in quartum magistrum ordinis nostri in capitulo generali Parisius, frater JOHANNES Teutonicus, quondam episcopus Bosnensis in Hungaria, natione Westphalus, Bremensis diœcesis. Hic provincialis Hungariæ existens, factus episcopus Bosnensis, impetravit ab episcopatu cessionem, nulla sibi provisione retenta. Postmodum effectus provincialis Lombardiæ eligitur in magistrum: cumque renueret, nec vellet acceptare, allegans exceptiones episcopatus, e contrario porrecta est littera domini papæ Gregorii IX. quam propter ipsum fratres impetraverant, quæ ipsum totali ordinis obedientiæ supponebat. Igitur compulsus ordinis magistratum suscepit, & tamquam vir Deo plenus ac in omni virtute conspicuus, XII. annis & dimidio or-

---

(a) Erat tunc magni nominis Gaufridus de Castellione Sabinensis cardinalis a Gregorio IX. creatus & sedis apostolicæ legatus.

Vet. Script. & Mon. ampl. Collect. Tom. VI.

dini præfuit, & virtutibus & miraculis tam in vita quam in morte clarissimus Argentinæ obiit pridie nonas Novembris anno Domini MCCLIII. (a) & illo anno non fuit celebratum generale capitulum.

Anno Domini MCCXLII. apud Avinionetum, Tolosanæ diœcesis, in camera comitis Tolosani, martyrizati fuerunt pro fide Christi frater GUILLELMUS ARNOLDI de Monte-Pessulano inquisitor hæreticæ pravitatis, & frater BERNARDUS DE RUPE-FORTI, ac frater GARSIAS DE AURA, omnes de ordine Prædicatorum: qui postmodum multis claruerunt miraculis.

Anno Domini MCCXLIII. post biennalem vacationem sedis apostolicæ, electus est in papam INNOCENTIUS IV. natione Januensis, & sedit annis XI. & mensibus sex. Hic primo anno sui pontificatus fecit primum cardinalem ordinis fratrum Prædicatorum fratrem HUGONEM de S. Theodorico provincialem Franciæ, qui fuit primus postillator totius bibliæ, & eam tam excellenter postillavit, quod hucusque parem non habuit. Scripsit etiam super quatuor sententiarum libros. Item librum quem Speculum ecclesiæ appellavit. Et sicut primis temporibus cum solus Origenes ceteros omnes doctores & scriptores vinceret in scribendo, ipse in Canticis scribens, seipsum vicit; sic temporibus his solus Hugo cum postillatores omnes vinceret & excelleret suis postillis; ipse seipsum in Psalterio & Isaia & in evangeliis superavit, non tantum extensive quatuor modis sensum quemlibet latius & diffusius prosequendo, sed etiam intensive, de quolibet gratiosius & impermixtius differendo. Legis enim verba per legem explanavit, nec physica nec alia quælibet intermiscens, nec musas poëticas interponens, sed legem per legem exposuit gratiose.

Fuerunt ab initio nascentis ecclesiæ in terra sancta & maxime in Carmelo eremitæ multi, sicut patet ex chronicis, & ex multis sanctorum vitis. Horum conversationem videns felicis recordationis D. ALBERTUS patriarcha Jerosolymitanus, multum eos in Domino spiritualiter nutriebat, & in scriptis modum vitæ eorum redigens, separatim in cellulis per totum montem Carmeli antea habitantes, sub cura unius eorum ipsos adunavit, & per professionis vinculum pariter colligavit, & per sedem apostolicam confirmari curavit. Qui post multos annos ad papam Innocentium IV. venientes Lugdunum, pro eo quod regula gravis erat, nec eis in civitatibus & villis habitare licebat, obtinuerunt quod negotium totum committeretur venerabilibus patribus, videlicet domino HUGONI de S. Theodorico presbytero cardinali & fratri GUILLELMO episcopo Antaradensi, qui ambo erant de ordine Prædicatorum. Qui specialem eis regulam scripserunt, quam ex tunc profitentur, & tenent primo per tantos viros scriptam, & secundo per Innocentium papam IV. bullatam & confirmatam.

Per idem tempus passus est pro fide Christi, & ab hæreticis veneno extinctus frater PONTIUS Hispanus, inquisitor hæreticæ pravitatis, apud Urgellum Cathaloniæ civitatem, & ibidem in ecclesia cathedrali multis clarens miraculis honorifice sepultus.

Anno Domini MCCLII. frater PETRUS Veronensis ordinis Prædicatorum, hæreticæ pravitatis inquisitor, ab hæreticis martyrio coronatus est. Hic prior Comensis existens, a domino Innocentio papa IV. inquisitor missus contra hæreticam pravitatem, ab hæreticis captus, nonis Aprilis, sabbato in Albis, dum pro exequenda inquisitione contra eos properaret, occisus fuit. Hic vir beatissimus a teneris annis fidem catholicam defendens, ordinem Prædicatorum ingressus, virtutibusque ac miraculis decoratus, evangelicam prædicationem per totam Italiam cum mirabili gratia & fructu disseminans, ac virgo permanens, nulliusque mortalis peccati macula umquam fœdatus, martyrioque coronatus, tribus decoratus coronis cœlum conscendit. Hunc dum infinita miracula ad ejus tumulum & per multas mundi partes fierent, dominus INNOCENTIUS papa prædictus, nondum anno elapso a passione ejus, sanctorum martyrum catalogo ascripsit, statuitque festum ejus tertio calendas Maii ab universali ecclesia celebrari, quæ dies passionis ejus frequenter inter paschalia festa occurrit. Passus est cum eo frater DOMINICUS socius ejus, qui ab eodem lectore quatuor ictibus lethaliter vulneratus quinta post die obiit.

VI. De magistro Humberto generali ordinis magistro V. & beato Thoma Aquinate, & beato Alberto-Magno.

Anno Domini MCCLV. mortuo magistro Johanne Teutonico electus fuit apud Budam provinciæ Hungariæ in capitulo generali in magistrum ordinis quintum, magister HUMBERTUS natione Burgundus, ex provinciali Franciæ, cunctis existens religionis exemplar & imago.

Hoc tempore quidam canonicus Matisconensis, videlicet Guillelmus de Sancto-amore, qui Parisius legebat ex quibusdam auctoritatibus sacræ scripturæ & doctorum per eum male intellectis, vel potius maligne ad suum propositum adductis, magnum libellum domino Innocentio porrexit, in quo probare nitebatur, quod fratres non poterant de eleemosynis vivere, nec mendicare, nisi cum damnatione animarum suarum. Multa insuper alia hæretica & falsa conflans, ordines mendicantium valde vexavit.

(a) Lege 12 §2. ut constat ex actis capitulorum generalium a nobis editorum tom. 4. Anecdot.

Eodem etiam tempore idem Innocentius fulminavit bullam terribilem contra Mendicantes, præcipiens in virtute Spiritus-sancti & sanctæ obedientiæ, & sub pœna excommunicationis latæ sententiæ, quod nullo modo diebus Dominicis & festivis parochianos alienos in suis ecclesiis reciperent ad divina, nec eorum confessiones audirent sine speciali licentia sacerdotum parochialium, nec in ecclesiis suis ante missarum solemnia prædicarent, sed in prima parte diei omnes parochiani ad parochias suas ad audiendas missas accederent, nec in ecclesiis parochialibus, vel quando episcopus prædicaret, vel faceret solemniter coram se prædicare, minime prædicare possent, & quod de funeralibus portionem canonicam (etiam non requisiti) infra octo dies dare tenerentur sacerdotibus parochialibus, de quarum parochia essent defuncti. Istis angustiis & tribulationibus sic fratres nimium vexantibus, ordinatum fuit, quod fratres dicerent post matutinas septem psalmos & letanias cum orationibus beatæ Mariæ & B. Dominici; quæ dum in quodam conventu dicerentur, quidam frater devotus vidit beatam Virginem rogantem dulcissimum filium suum atque dicentem: Fili, exaudi eos, Fili, exaudi eos. Nec mora, & ecce exaudivit eam Dominus. Nam Guillelmus de Sancto-amore prædictus ad instantiam magistri Humberti citatus, Romæ in publico consistorio coram domino ALEXANDRO papa IV. a beato ALBERTO Magno disputando confusus, privatus beneficiis quæ possidebat, combustoque libro ejusdem in publico consistorio quem contra Mendicantes dictaverat, e clero expulsus fuit. Contra hunc etiam ad mandatum magistri ordinis scripsit libellum unum S. THOMAS DE AQUINO, qui prænotatur, Contra impugnantes religionem. Innocentius etiam in sua sententia permanens, dum esset Neapoli gravi infirmitate percussus, advertens quod male egerat religionem molestando, ad se rediens, dixit: *Propter iniquitatem corripuisti hominem, & tabescere fecisti animam meam.* Et his dictis expiravit. Cui succedens D. ALEXANDER papa IV. bullam Innocentii contra Mendicantes revocavit, & nullius roboris esse voluit, & aliam amplissimis favoribus refertam ordini gratiosissime concessit. Ex quo tempore cardinales & prælati dicere solebant, in quodam solario, Cavete a letaniis Fr. Prædicatorum, quia mirabilia faciunt.

Anno Domini MCCLV. mortuo eodem papa Innocentio, successit ei Alexander IV. natione Campanus, & sedit annis septem. Hic Alexander anno pontificatus sui primo, ut prædictum est, prædictas litteras Innocentii revocavit, & libellum Guillelmi prædicti condemnavit, & publice in ecclesia cathedrali Anagniæ in sui & omnium prælatorum præsentia comburi fecit. Hic etiam magnus amicus religiosorum fuit, & plura & insignia eis privilegia concessit.

Hoc tempore claruit pater Guillelmus de Peiranta (*a*) diœcesis Viennensis, vir devotus & verax, qui summam de virtutibus & vitiis, & sermones de tempore & de sanctis, ac expositionem professionis quæ est in regula sancti Benedicti, & librum de institutione religiosorum, & de regimine principum, & alia multa composuit.

Hoc etiam tempore, divina providente clementia, duo magna luminaria ex ordine Prædicatorum mundo apparuere, scilicet luminare majus, id est beatus THOMAS DE AQUINO, ut præesset diei, & luminare minus, id est D. ALBERTUS MAGNUS, ut præesset nocti. de quibus dici potest illud propheticum Zachariæ 4. *Isti sunt duæ olivæ*, videlicet duo fundentes oleum & duo filii splendoris. Et Apoc. 11. *Hi sunt duæ olivæ & duo candelabra lucentia ante Dominum, ut luceant omnibus qui in domo Domini,* id est in sancta ecclesia sunt. Verum quia D. Albertus B. Thomam de Aquino præcessit, primò de eo agetur.

ALBERTUS cognomento Magnus, philosophorum omnium totius Christianitatis sol præclarissimus & generalis, natione Suevus de oppido Louvingensi prope Augustensem civitatem, ad quatuor milliaria, ex genealogia militarium natus, XVI. ætatis anno ordinem fratrum Prædicatorum propter devotionem & studium Paduæ, vel ut alii dicunt, Coloniæ ingressus est. Cumque studio intenderet diligenter, forte ad majorem beatissimæ Virginis gloriam, cui Albertus maxima devotione afficiebatur, & devota mente serviebat, adeo labilis memoriæ & hebetis ingenii erat, quod nihil proficere poterat. Proficientibus aut sociis, cum nihil ipse proficeret, deliberavit omnino ordinem relinquere. Cum in isto proposito insisteret, in visione raptus sibi videbatur quod apponebat scalam ad murum conventus, ut extra conventum & ordinem recederet, cumque scalam ascendisset, vidit in summitate ejus quatuor venerandas matronas, quarum una repulit eum & ad terram dejecit, cumque iterato scalam ascendere vellet, a secunda veneranda persona secundo repulsus fuit, & ad terram dejectus. Cum autem tertio idem attentaret, a tertia veneranda persona interrogatus fuit de causa ascensus sui per illam scalam; cui venerando vultu respondit: Domina, video quod socii mei in philosophia proficiunt, & ego nihil addiscere possum, propter hunc igitur ruborem discedere ab hoc ordine propono. Cui illa: Illa domina, quam vides, hic, est Mater Dei, Regina cœli & Mater misericordiæ, & nos sumus ejus ancillæ. Recommitte te ei, & nos te adjuvabimus, ut ipsa intercedat pro te ad Filium suum pro docili ingenio tibi concedendo

(*a*) Vulgo dicitur Guillelmus Petardi.

dendo. Quo audito, lætatus in his quæ audiebat, dixit: Valde libenter, unde rogo vos ut sitis mihi adjutrices. Cumque una cum ipsis Reginam gloriæ rogaret, dixit illi beatissima Virgo: In qua scientia vis docilis fieri, in theologia an in scientia naturali? Cui cum responderet quod in naturali philosophia, & annexis ei scientiis libentius vellet proficere, & talis fieri qualis numquam fuit aliquis vel futurus est in antea. Respondit beatissima Virgo MARIA: Habebis quod rogasti, sed quia non quæsisti scientiam Filii mei, in ultimo vitæ tuæ omnem scientiam tuam amittes, & eris obtusi ingenii sicut modo existis. Annuente ergo gloriosa Virgine ut orationi, devotioni & studio vacaret, sic facere promisit. Recedente visione ad se rediens, mandatum Virginis exequi satagens, quidquid legebat plenissime intelligebat, & si aliquando aliquam difficultatem habebat, orationibus apud beatam Virginem instabat, & quæ proprio ingenio non poterat, precibus impetrabat. Frequenter autem rogabat ipsam beatam Virginem, ne permitteret eum philosophorum rationibus a veritate fidei averti, sed in fidei soliditate ejus animum firmaret. Quæ apparuit ei, & consolans eum dixit: Esto fidelis, in studio perseverans, quia Deus te tanta copia sapientiæ ditabit, quod per libros doctrinæ tuæ tota ecclesia illuminabitur. Tamen ante mortem tuam a te omnis sillogistica ars auferetur, ne in fide vacillare possis, & ut in sinceritate fidei perseveres. Hanc visionem de se narravit Albertus magnus prædictus in ultima lectione quam legit, in qua ipsa visio completa est & verificata. Igitur vir iste sanctus & præclarissimus post adeptam divinitus scientiam, ut prædictum est, primò legit sententias in conventu Hildensemensi, provinciæ Saxoniæ, ex cujus conventus refectorio naturali arte muscarum multitudinem taliter abegit, quod de cetero usque in præsens nulla musca potuit ibi viva consistere. Postea legit in Vapingo, post in Ratisbona duobus annis, deinde Parisius. Post sententias gloriose lectas magister factus, ibidem tribus annis resedit. Deinde Coloniam reversus, legere cœpit gloriosissime. Quo tempore sanctus THOMAS DE AQUINO ipsum audivit, & ejus discipulus fuit. Posthæc magister Albertus fuit provincialis Teutoniæ, & illo tempore monasterium sororum de Susato Coloniensis diœcesis, quod dicitur Paradisus, instituit, & sorores in eo introducens, sua benedictione stabilivit. Exinde a papa Urbano IV. propter quosdam errores eliminandos ad curiam vocatus, ad ejus petitionem & dominorum cardinalium, beati Johannis evangelium & epistolas canonicas inaudito modo exponendo legit. De quo adversarii veritatis obstupescentes confusi sunt. Frater Guillemus Corinthiensis auctor libri de Apibus, refert in eodem libro, quod quidam canonicus regularis de Bavaria, vir sanctus & bonus, qui pro suis negotiis ad curiam venerat, una dierum existens in ecclesia sancti Petri, orans, ad excessum mentis raptus, vidit ipsam ecclesiam serpentibus totam plenam, quorum horribili sibilo tota Roma impleretur. Cumque ille miraretur, unus frater ordinis Prædicatorum sibi incognitus, ecclesiam intravit, qui licet a serpentibus multipliciter impediretur, violenter tamen restitit, & eos a se repellens, ascendit ambonem, in quo diebus solemnibus solet legi evangelium, & perlecto sancti Johannis evangelio usque ad *Verbum caro factum est*, omnis alia multitudo serpentium a sibilo cessavit, & a dicta ecclesia effugata est. Revelatumque est illi divino responso, quod ille erat frater Albertus Teutonicus. Post hæresum igitur expugnationem, URBANUS papa fecit eum episcopum Ratisponensem. Quam dignitatem cum tribus annis administrasset, videns vir sanctus quod armis & magnis tumultibus se implicabat, reservatis sibi quibusdam reddititibus, episcopali curæ renunciavit, & Coloniæ ad ordinem rediit, ac per annos XVIII. legit gratiosissime. Construi autem fecit in conventu Coloniensi chorum quo divinæ laudes persolvuntur suis expensis, normamque ædificandi secundum veram geometriam ædificantibus dedit, totus denique studio intentus & bonis operibus, sicut oliva fructifera, intentus, ferventer clero & populo prædicabat, consilia petentibus saluberrima dulciter & affectuose dabat, devotione præcipua vigebat, locum sepulchri sui quotidie visitabat, & officia ibidem pro se ac si esset defunctus, dicebat, & quotidie post lectiones factas totum psalterium recitabat. Ad beatissimam vero Virginem multum devotus, sequentias ejus quæ pro sabbatis assignantur, cum cantu dictavit: & dum componeret sequentiam de assumtione ejusdem Virginis beatissimæ, quæ incipit, *Salve Mater Salvatoris*, & venisset ad versum *Salve Mater pietatis* pariter substitit, & deliberans quid subderet, subito scripsit *& totius Trinitatis nobile triclinium*. Et ecce beatissima Virgo ei apparens, dixit: Gratias tibi ago bone ALBERTE, quia me salutasti tali salutatione, quali ab alio numquam prius salutata fui. Hic Doctor clarissimus infinita propemodum scripsit quæ vulgatissima sunt. Super Prædicabilia Porphirii prædicamenta sex, principia Priorum, Posteriorum, Topicorum, Elenchorum, Physicorum, de lineis individualibus, de Cœlo & mundo, de Generatione & corruptione, de Natura loci, de Proprietatibus elementorum metheororum, de Anima, de Sensu & sensato; de Memoria & reminiscentia, de Inspiratione & respiratione, de Somno & vigilia, de Nutrimento & nutribili, de Longitudine & brevitate vitæ, de Morte & vita, de Mineralibus, de vegetalibus & plantis, de Animalibus, de Caufis fuper libros metaphyficæ. Omnes ifti funt fupra Ariftotelis textum. Super libros Ethicorum, Politicorum & Rethoricorum, librum de Animalibus profundiffimæ intelligentiæ, fuper Problemata de quatuor coëvis, de Origine animæ, de Potentiis animæ, de Intellectu & intelligibili contra unitatem intellectus, de Unitate formæ, de Homine, de Bono, de Herbis, de Lapidibus, de Alchimia librum, qui dicitur Semita recta, contra Necromanticorum libros, contra Averroiftas, Quinque determinationes quæftionum quarumdam ad clerum Parifienfem, fupra Spheram & Aftrolabium. Speculum de partu hominis, de Muliere forti, fequentias multas, fuper Job, fuper Cantica, fuper Ifaïam, Jeremiam, Ezechielem, Danielem, & xii. prophetas minores, fuper Mathæum, Marcum, Lucam & Johannem, fuper omnes epiftolas Pauli, fuper Dionyfium de Cœlefti hierarcha, de Divinis nominibus, de Symbolica hierarchia, fuper quatuor libros fententiarum, Summam theologiæ, Secretum fecretorum, expofitionem Euclidis, perfpectivæ Almagefti, de Perfectione fpiritualis vitæ. Item, de Myfterio miffæ, & fuper evangelium *Miffus eft angelus Gabriel*, ad laudem beatiffimæ Virginis MARIÆ, profundiffime & copiofiffime fcripfit, & in fine vitæ fuæ libellum de Sacramento altaris compilavit, & infinita pene alia opufcula compofuit ad laudem JESU CHRISTI, quæ hic non enumerantur. Tandem per triennium ante mortem fuam, dum femel Coloniæ legeret, omnem memorativam amifit, & recordatus vifionis & fponfionis B. Virginis, prædictam vifionem quam adolefcens habuit omnibus narravit, & ait: Ego, filii, de cetero non legam, fed confiteor publice coram vobis, me omnes articulos fidei veraciter credere, & de eis nihil penitus dubitare, fupplicans mihi exhiberi ecclefiaftica facramenta tempore opportuno; & fi quid dixi vel fcripfi fidei vel bonis moribus incongruum, ex nunc ipfum revoco, omnem doctrinam meam fanctæ matris ecclefiæ Romanæ correctioni fubdens, & fic de Cathedra magiftrali defcendens, omnibus lacrymantibus ac eum ofculantibus, ufque ad mortem in magna fimplicitate permanfit, nihil de his quæ religionis funt prætermittens. De ejus autem mirabili doctrina fequens metrum compofitum fuit:

Cunctis luxifti fcriptis, præclare legifti,
Mundo luxifti, quia totum fcibile fcifti.

Anno igitur Domini MCCLXXX. annis fex & octo menfibus poft obitum B. Thomæ de Aquino, die v. Novembris, anima illa fanctiffima carne foluta eft, & per reverendiffimum dominum SIFFRIDUM Colonienfem archiepifcopum, accedentibus omnibus congregationibus collegiorum Colonienfis civitatis, necnon & dominorum omnium in circuitu, & totius civitatis concurfu, in choro conventus Colonienfis ordinis Prædicatorum ante majus altare fepultus fuit. Cujus fepulcro tale eft epitaphium infculptum.

Phœnix doctorum, paris expers, philofophorum
Princeps, doctorum vas fundens dogma facrorum,
Hic jacet ALBERTUS*, præclarus in orbe, difertus*
Præ cunctis, certus affertor in arte repertus,
Major Platone, vix inferior Salomone.
Quem tu, Chrifte bone, doctorum junge coronæ.
Annis bis denis minus actis mille tricenis
Chrifti nafcentis, de corporis exit habenis,
Quinta poft feftum Martini luce, moleftum
Omne, petendo Deum, tranfivit, agens jubilæum.
Qui legit hos verfus, mox ad tumulum retroverfus
Inclinans dicat collectam cum requiefcat.

Cum autem poft aliquot tempus corpus ejus in tumba repofitum, fuiffet requifitum, cum pofitum fuiffet fupinum, ut moris eft, repertum fuit genuflexum, ac in faciem incurvatum, prout orare folebat dum viveret. Non ceffavit autem Deus ejus gloriam revelare poft mortem, quam felix in patria poffidebat. Magiftro fiquidem Theodorico lectori Trevirenfi in cella fua ftudenti quædam fancta & nobilis mulier, quæ ei in vita fua confiteri confueverat, xv. diebus poft mortem fuam apparuit, dicens fe fuiffe a Deo miffam, ut eum de tribus certificaret, quorum veritatem fcire volebat; & cum quæfiiffet ab ea quomodo fe haberet, refpondit: In confpectu fum fanctiffimæ Trinitatis, quieta gloriæ beatitudine. Cumque ab ea quæfiiffet quæ fcire defiderabat, & illa refpondiffet optime ad omnia, ait illi: Cognofcifne fratrem Albertum Teutonicum qui nuper in Colonia defunctus eft, qui fuit frater ordinis noftri. Cui illa, optime. Ubi eft? inquit; & illa: Gaudet lætitia inenarrabili longe fuper nos. Fratri etiam Conrado de *Durborgh* ejufdem domini Alberti focio & miniftro pro ejus anima oranti, poft matutinas in ecclefia fratrum in Colonia vigilanti, poft receffum aliorum fratrum, apparuit dominus Albertus Magnus corporaliter, pretiofiffimis veftibus pontificalibus indutus, habens in infula fuper frontem gemmam pretiofiffimam, quæ folares radios emittens totam ecclefiam illuminabat. Qui ab eo requifitus qualiter fibi effet, refpondit: « Humani fenfus non funt capaces gloriæ meæ. Claritas autem quæ ex gemma frontis meæ procedit, fignificat inexplicabilem gloriam in claritate fcientiæ quam tradidit mihi Dominus, qua totam ecclefiam fuam dignatus eft illuftrare meo minifterio ac labore. Et evanuit ex oculis ejus, ad fruitionem fanctiffimæ Trinitatis in nunc & in perpetuum manfurus accedens. Hæc breviffime de vita beati Alberti Magni dicta fufficiant. Floruit etiam hoc tempore frater Vincentius Belvacensis, ordinis Prædicatorum, qui scripsit quatuor magna Specula, scilicet Naturale, Doctrinale, Morale, & Historiale, beato Ludovico Francorum rege ei libros ministrante. Scripsit etiam librum gratiæ, & epistolam consolatoriam ad eumdem sanctum Ludovicum super morte sui primogeniti. Scripsit etiam libellum de laudibus beatissimæ Virginis ex dictis sanctorum concatenatum, & multa alia.

VIII. *De magistro Johanne Vercellensi, & de B. Thoma Aquinate, & institutione festi Corporis Christi, ad ejus instantiam & preces impetrati.*

Anno Domini MCCLXII. obiit dominus Alexander papa IV. specialis patronus fratrum Prædicatorum, & sepultus est Viterbii in ecclesia cathedrali. Cui successit dominus Urbanus IV. natione Gallus, & sedit annis tribus, mense uno & diebus quatuor.

Anno Domini MCCLXIII. magister Humbertus quintus ordinis magister magisterio cessit. Hic enim religionis exemplar, & ceremoniarum pater totum officium quo ordo utitur, ordinavit: quam ordinationem D. Clemens papa IV. postea approbavit & confirmavit. Scripsit etiam hic pater sanctus super regulam sancti Augustini egregium volumen. Item, libellum de septem gradibus contemplationis. Item, de tribus votis religionis essentialibus; librum præterea de omnibus officiis divinis miro ordine dictavit, ut quilibet frater sciat quid sua interesset, cum ei aliquod officium imponeretur. Scripsit etiam super constitutiones, sed non perfecit morte præventus. Cum igitur hic gloriosus pater annis novem ordinem laudabiliter rexisset, magistratu cessit anno MCCLXIII. in capitulo Lugdunensi, & supervixit annis XI. obiitque plenus bonis operibus anno Domini MCCLXXIV. in conventu Valentino Provinciæ. Hic etiam ordinari fecit librum de vitis fratrum Prædicatorum.

Anno Domini MCCLXIV. in capitulo Parisiensi electus est in magistrum ordinis sextum frater Johannes de Vercellis provincialis Lombardiæ, magnæ prudentiæ & sapientiæ vir. Hic transferri fecit corpus B. Dominici in arcam de alabastro valde pulchram, in qua etiam nunc requiescit, quam ipse fieri procuravit. Et hoc anno Domini MCCLXVII. hic reverendus magister totum ordinem visitavit cum baculo suo pedester semper incedendo. Qui ut melius oculata fide mores fratrum exploratos haberet, superveniebat conventibus incognitus, & diligenter observabat qualiter religio observaretur. Unde cum semel ad quemdam conventum valde famosum Teutoniæ debuisset accedere, dimissis sociis extra civitatem, ipse cum uno fratre hora prandii conventum ingressus est.

Cumque quæreretur ab eis qui essent, responderunt quod erant fratres Lombardi. Quod prior qui in refectorio prandebat audiens, hospitium minime eis præparari jussit, sed servitori dixit: Vade & præpara illis Lombardis in ultimo loco illius mensæ. Quod cum factum fuisset, & male fuissent procurati, videns magister ordinis, quod prior & fratres alii haberent bonos pisces, & eis solum ferculum datum fuisset, vocato servitore dixit: Bone frater, dicatis patri priori quod placeat ei dare nobis etiam modicum de piscibus, quia lassi sumus & jejunamus. Quod cum priori a servitore dictum fuisset, prior alta voce clamavit: Non habemus pisces pro Lombardis. Magister ordinis hoc audito patienter sustinuit. Finito prandio, sicut magister ordinaverat, dum fratres gratiarum actiones peragerent, socii magistri ad portam conventus pulsaverunt, & intromissi, dum peteretur ab eis qui essent, responderunt: Socii sumus domini magistri ordinis. Et illi: Ubi est, inquiunt, magister ordinis? Quibus socii magistri dixerunt: numquid non venit ad vos jamdiu pater unus antiquus cum baculo, & uno socio? Consternati illi & verecundia ac confusione repleti, quid agerent nesciebant. Tunc magister ordinis mandavit pulsari ad capitulum, & ingressus capitulum assumsit pro themate, *Non habemus pisces pro Lombardis*, & increpata durissime inhumanitate prioris & fratrum, facta visitatione priorem absolvit, & fratres & conventum in melius reformavit. Hic beatissimus pater ordinem rexit annis fere viginti, & ob ejus singularem sapientiam & prudentiam, aliquibus legationibus domini papæ laudabiliter functus est, & dum esset ultra montes, electus fuit in papam a dominis cardinalibus; sed antequam electio ei fuisset præsentata, apud Montem-pessulanum sanctissime diem clausit extremum anno Domini MCCLXXXIV.

Horum præcedentium magistrorum Umberti videlicet & Johannis tempore claruit etiam aliud luminare majus, scilicet sanctus Thomas de Aquino, qui genere nobilissimo, utpote in linea paterna natus ex genere comitum Aquinorum, qui dicuntur comites de Laureto & Belcastro, & antiquitus dicebantur de Frangipanis Romanis, quæ fuit progenies sanctissimi Gregorii papæ primi hujus nominis, & progenies est antiquissima. Retulit dominus Bernardus comes de Laureto, se habere unum instrumentum apud se pertinens ad progeniem suam, in quo Boëtius senator summus philosophus & theologus, qui alias sanctus Severinus appellatur pro teste inducitur. In quo ipsa domus de Laureto & de Belcastro vocatur de Frangipanis, ut reperitur in quadam chronica antiqua in conventu sanctorum Johannis & Pauli de Venetiis. In linea vero materna habuit matrem Neapolitanam Theodoram nomine, quæ habuit duas carnales sorores, quarum una mater extitit Petri serenissimi regis Aragonum, altera autem fuit mater inclyta Ludovici regis Siciliæ. Ex hac ergo nobilissima primogenie ortus beatissimus Thomas ordinem Prædicatorum infra annos pubertatis ingressus est, a quo nullis parentum blanditiis vel tribulationibus potuit amoveri, sed post plures eorum persecutiones, missus fuit Coloniam ad studendum sub magistro Alberto magno. Quo in loco existens, dum esset devotus studiosus & taciturnus, nec die nec nocte chorum neglexit, refectorium & alia communia frequentans, nihil in eis fastidiebat, quo effectum ut præclarissimæ scientiæ apicem apprehenderit. Unde missus Parisios pro bacalaurio cursum suum laudabiliter exercuit, cum tanta omnium admiratione, & præclaro novoque legendi modo, quod schola ejus quotidie replebatur. Quo tempore scripsit super quatuor sententiarum libros. Triginta autem annorum existens, factus est sacræ theologiæ magister, in quo magisterio annis fere viginti permanens, multa præclara & magna conscripsit volumina, videlicet Summam theologiæ iv. magnis voluminibus distinctam, quæstiones multas videlicet de veritate, de anima, de potentia Dei, de malo, de virtutibus. Summam contra Gentiles. Quolibeta xi. Super Job, Isaiam, & Threnos. Super quinquaginta primos psalmos psalterii, super Cantica, super Matthæum, super Johannem, super omnes epistolas Pauli. Opus continuum in quatuor evangelistas. Opuscula multa quæ uno magno & insigni volumine continentur. Dictavit fallacias in Logica. Scripsit super librum Perihermenias, Posteriorum, Physicorum, de Anima, de Coelo & mundo, de Generatione, & super libros Ethicorum, Politicorum, ac Metaphysicæ Aristotelis. Super Dionysium de divinis nominibus, & de cælesti hierarchia. Super Boëtium de Trinitate & de Hebdomadibus. Officium Corporis Christi ad mandatum Urbani papæ iv. Hæc & multa alia præclara edidit doctor hic gloriosus, quæ brevitatis causa prætermittuntur. Et quia mentio de officio Corporis Christi facta est, congrue causa festi instituendi hic ponetur. Cum enim B. Thomas ad mandatum B. papæ Urbani iv. dictasset opus continuum super quatuor evangelistas, pro præmio laboris dominus papa ei episcopatum obtulit, quem ipse noluit acceptare. Unde rogavit eumdem, ut pro reverentia ejusdem Sacramenti festum institueret particulare de eo ad laudem Salvatoris, & in recompensationem sui laboris: quod papa libentissime fecit concurrentibus maxime ad hoc quibusdam revelationibus (a) factis & miraculis circa hujus sacratissimi Sacramenti venerationem. Ad preces igitur sancti Thomæ prædictum festum instituens, ordinavit officium per eumdem dictari, quod per universalem ecclesiam tali celebritate dici posset, quod & factum est. Hoc officium quod per totam ecclesiam celebratur, est illud quod sanctus Thomas dictavit, & ita festum Corporis Christi est quasi festum sancti Thomæ & fratrum Prædicatorum, quia ad ejus instantiam & remunerationem laboris ejus institutum fuit.

Tempore hujus pontificis Urbani iv. apud Urbem-veterem vir sanctitate & doctrina mirabilis dominus Hugo cardinalis ad Dominum migravit, cujus corpus Lugdunum ad ecclesiam fratrum Prædicatorum cum magna solemnitate translatum est, & sepultum cum tali epitaphio. *In hoc sepulcro jacet vir laudabilis Hugo de sancto Theodorico, Deo & hominibus gratiosus, tituli sanctæ Sabinæ quondam presbyter cardinalis. Hic habetur ut luminare magnum ecclesiæ, ordinis Prædicatorum lucerna, Parisius doctor theologiæ egregius, famosus divinarum scripturarum tractator, & expositor lutulentus verbi Dei, Prædicator eximius, oliva pietatis, palma justitiæ, species honestatis, religionis patronus, veritatis præco, pater pauperum, & solatium miserorum, qui obiit apud Urbem-veterem anno Domini* 1262. xiv. *calendas Aprilis*. Hic D. Hugo fuit cardinalis legatus in Theutonia, & in ea legatione laudatissime se habuit.

Eodem tempore floruit frater Gulielmus Brabantinus sacræ theologiæ bacalaureus, qui ad instantiam sancti Thomæ omnes libros naturalis & moralis philosophiæ & metaphysicæ Aristotelis de græco in latinum transtulit, & librum de Apibus & de Naturis rerum composuit.

Hic Urbanus fratrem Anibaldum Romanum secundum cardinalem ordinis fecit. Qui vir doctissimus in sententias præclara commentaria fecit: in quo cardinalatu vixit annis x. & beato fine quievit.

Anno Domini 1266. * Urbano iv. migrante Perusii, electus est in papam D. Clemens iv. natione Provincialis, & sedit annis tribus mensibus ix. & diebus xxi. Hic pontifex multum ordinem nostrum dilexit, ac variis privilegiis decoravit. Qui moriens Viterbii in ecclesia fratrum Prædicatorum, quorum vitam & abstinentiam dudum imitatus fuerat, corpus suum sepeliri jussit: quod etiam factum est. Ab hoc sanctissimo pontifice, cum quidam miles peteret in quo ordine sibi melius esset ingredi, scilicet in ordine Prædicatorum vel Minorum, eidem infra scriptas litteras direxit: Clemens (a)

(a) De origine festi Corporis singulare opusculum edidit Bartholomæus Fisen Societatis Jesu eruditus presbyter, Leodii impressum anno 1628. De eo etiam vide quæ diximus in tom. 4. de antiquis ecclesiæ ritibus.

(b) Hæc epistola extat cclxix. inter editas a nobis tom. 2. Anecdotorum Clementis quarti epistolas; inscribiturque *Ermengaudo de Melgorio militi*.

episcopus servus servorum Dei dilecto filio suo P. militi salutem & apostolicam benedictionem. Quaris a nobis consilium quod apud te rectius poteris invenire. Si enim tibi Dominus inspiravit relicto saeculo, vitae frugem appetere melioris, Dei spiritum sicut nec possumus sic nec volumus prohibere, praesertim cum filium habeas bene disciplinatum (ut credimus) qui tuae domui sciet providere. Quod si proposito non mutato sciscitaris ulterius, quem tibi ex fratrum Praedicatorum & Minorum ordinibus praeligendum credimus. Id praecipue conscientiae tuae relinquimus. Magis enim tu scire poteris utriusque ordinis observantias, quae non sunt pares in omnibus, & in diversis articulis excedentes & excessa. Alterius quidem istorum ordinum lectus est durior, nuditas gravior, & (ut nonnulli judicant) paupertas profundior. Et alterius cibus parcior, longiora jejunia, & (ut quamplures autumant) sanctior disciplina. Neutrum ergo nentri praeferimus, sed in arctissima paupertate fundatos ad unum tendere credimus, salutem scilicet animarum. Et ideo sive hunc sive illum elegeris, arctam vitam aggredieris & per portam intrabis angustam ad terram melleffluam, & prae ceteris spatiosam Unde hoc apud te pondera, hoc diligenter adverte, quis magis animo tuo placeat, quaeque speres melius portaturum, & sic uni conversatione adhaereas, ut amore ab alio non discedas. Frater enim Praedicator est reprobus, qui Minores non diligit; & execrabilis Frater Minor, qui vel odit Praedicatorum ordinem vel contemnit. Datum Perusii XIII. kalendas Maii pontificatus nostri anno secundo. Intravit autem praedictus miles ordinem Praedicatorum & etiam filius ejus post eum.

Anno Domini 1271. electus fuit in pontificem D. GREGORIUS X. vir sanctus & justus postquam per biennium vel triennium cardinales in contentione fuissent, & sedit annis tribus, mensibus duobus & diebus XV. Hic fecit cardinalem fratrem PETRUM DE THARANTASIO, magistrum in theologia, virum doctissimum, qui postea fuit summus pontifex.

Hoc tempore in ordine Praedicatorum fulserunt praeclarissimae stellae tam in sanctitate vitae, quam doctrinae amplitudine ultra eos qui supra nominati sunt. Quorum primus fuit PETRUS DE THARANTASIO praedictus, qui scripsit postillas super Genesim, Exodum, Leviticum, Numeros, Lucam, super omnes epistolas Pauli, super quatuor sententiae libros, de unitate formarum, de materia coeli, de aeternitate mundi, de intellectu & voluntate. Hujus contemporaneus fuit frater Aegidius de Lisciviis bacalaureus in theologia, qui scripsit duos libros de unitate formarum. Item de immediata visione divinae essentiae.

Item eodem tempore floruit frater ROBERTUS natione Anglicus archiepiscopus Cantuariensis ac cardinalis Portuensis, qui scripsit super Porphyrium praedicamenta, Perihermenias, sex principia divisionum, Priorum, Posteriorum, Topicorum, Elenchorum super Boëtium, super Priscianum minorem, de natura relationis, sophistriam grammaticalem, sophistriam logicalem. Librum de ortu scientiarum, de rebus praedicabilibus, de unitate formarum. Item super libros Physicorum, super coelo & mundo, de generatione & corruptione, super libros meteororum, de anima, super metaphysicam & omnes parvos naturales, & super quatuor libros sententiarum.

Frater etiam Ulricus Theutonicus bacalaureus in theologia scripsit super librum meteororum super sententias & Summam theologiae magnam & subtilem.

Frater Gerardus de Mida bacalaureus in teologia, scripsit super metaphysicam & super Ecclesiasten.

Frater Fridericus *de Vriburg* magister in theologia scripsit de origine praedicamentorum, de tempore, de iride, de mensuris rerum, de defensione privilegiorum ordinis, de tribus difficillimis, de quidditatibus rerum, de generatione lucis, de visione beatifica.

Frater Johannes Parisiensis magister in theologia scripsit super quatuor libros sententiarum, item librum de iride & contra corruptorium sancti Thomae. Item libellum de transubstatione panis & vini in sacramento altaris, de unitate esse & essentiae, de adventu Christi, & apologeticum.

Frater Jacobus de Voragine archiepiscopus Januensis scripsit legendam sanctorum abbreviatam. Item sermones Dominicales & Quadragesimales, & de sanctis per totum annum valde bonos & utiles, & Mariale B. Virginis.

Frater Johannes de Vriburgo lector scripsit Summam confessorum in casibus valde notabilem. Item Confessionale pro audiendis confessionibus.

Frater Hermannus de Minda provincialis Theutoniae scripsit de interdicto & inquisitionibus criminum, & epistolas singulares.

Frater Johannes Christophorus de Minda scripsit super quatuor evangelia, super Apostolum totum, super canonicas epistolas, super librum Elenchorum, & super librum de anima.

Frater HUGO (*a*) Gallicus, qui fuit archiepiscopus Lugdunensis & cardinalis Hostiensis, scripsit super quatuor libros sententiarum. Item de universitate formae. Item, de visione immediata divinae essentiae. Item, contra corruptorium B. Thomae.

(*a*) Nullus hoc nomine fuit tunc temporis archiepiscopus Lugdunensis, sed Petrus Tharentasiensis, qui fuit etiam ex ordine Praedicatorum & cardinalis Hostiensis, scripsit in quatuor libros sententiarum, & de unitate formae.

Frater

Frater Guillelmus de Altono Anglicus, magister in theologia. Hic scripsit postillam super Mathæum. Item, de x. virginibus. Item super Ecclesiasten.

Frater Thomas de Suetonia Anglicus, qui scripsit super prædicamenta sex principia. Item, complevit scriptum S. Thomæ super librum Perihermenias. Item, scripsit super librum Priorum. Item, de unitate formæ. Item, duo quolibeta. Item, de relatione. Item, Summam theologiæ. Item, super psalterium. Item, Quæstiones difficiles pro declaratione dictorum S. Thomæ.

Frater Richardus *Clapoel* Anglicus, magister in theologia, scripsit super quatuor libros sententiarum. Item, contra Corruptorium S. Thomæ. Item, de unitate formarum. Item, de immediata visione divinæ essentiæ.

Eodem tempore GREGORIUS X. congregavit concilium Lugdunense, ad quod vocavit S. THOMAM propter ejus eminentem scientiam. Qui dum de Neapoli Romam accederet, in itinere infirmatus, devotissime apud monasterium Fossæ-novæ Cisterciensis ordinis, Terracinensis diœcesis ad Dominum migravit, ætatis suæ anno quinquagesimo inchoante, & sepultus fuit in illa abbatia sub deposito tamen: cujus abbatiæ consanguinei ejus erant patroni, multis miraculis clarissimus.

Mortuo Gregorio X. anno Domini M. CC. LXXV. creatus est in papam dominus INNOCENTIUS V. cardinalis de ordine Prædicatorum, Petrus de Tharantasia antea vocatus, de quo supra dictum est. Qui primo fuit magister in theologia, postea archiepiscopus Lugdunensis & cardinalis Hostiensis, & demum Innocentius papa V. appellatus. Hic vita, moribus & scientia excellenter decoratus, infra sex menses a sua creatione Romæ obiit, & in ecclesia Lateranensi sepultus fuit anno MCCLXXVI.

Mortuo Innocentio V. electus est in papam Adrianus V. qui cum sedisset mense uno & diebus XI. obiit in Viterbio, & ibi sepultus fuit.

Post eum successit Johannes XXI. Petrus Hispanus antea vocatus, qui sedit mensibus octo, & obiit Viterbii anno Domini M. CC. LXXVII. Nicolaus III. de Ursinis, natione Romanus pontifex creatur, qui sedit annis tribus. Hic anno pontificatus sui primo, fratrem Robertum Anglicum prædictum ordinis Prædicatorum fecit cardinalem Portuensem. Idem papa dominum Latinum de Frangipanis, id est de progenie sancti Gregorii papæ primi, cardinalem Hostiensem creavit, virum sanctum, prudentem & doctum, qui in cardinalatu vixit annis XVII. & obiit anno MCCLXXXXIV. Item anno MCCLXXX. dominus frater & magister Albertus-Magnus, de quo supra dictum est, migravit a sæculo. Anno MCCLXXXI. electus est in papam Martinus IV. Ante istum Martinum reor magistrum Johannem Vercellensem magistrum ordinis nostri sextum, fuisse electum in papam.

IX. *De magistro Munione & ejus generalatu ac multis viris excellentibus sui temporis.*

Anno Domini MCCLXXXV. post obitum Martini IV. electus est in papam Honorius IV. qui sedit annis tribus. Eodem anno electus est in magistrum ordinis VLI. in capitulo generali Bononiæ magister Munio prior provincialis Hispaniæ, & rexit ordinem annis VI. laudabiliter & prudenter. Hunc Nicolaus papa IV. assumtus ex ordine Minorum, absolvit a generalatu, toto ordine reclamante, qui supervivens IX. annis assumtus fuit ad episcopatum Palantinum in Hispania. Et inde ad curiam vocatus, absolutus est ab episcopatu per Bonifacium octavum. Tandem pius hic pater inter manus fratrum ad Dominum migravit, sepultus in conventu sanctæ Sabinæ Romæ. Fuit autem vir magni animi, & patientiæ singularis in adversis. Hic pater sanctus regulam fratrum & sororum de Pœnitentia beati Dominici dictavit, quam nunc habent, cum prius sub quibusdam consuetudinibus a B. Dominico eis traditis viverent, & ordinem illum plurimum auxit, & gratiis communivit.

Anno Domini MCCLXXXXII. post Honorium IV. cœpit Nicolaus IV. & sedit annis VI. mensibus VIII. diebus XVI. Hic fuit de ordine Minorum, & fecit cardinalem dominum Hugonem II. Gallicum, de Ballione, archiepiscopum Lugdunensem, de quo supra, qui post mortem domini Latini factus est episcopus Hostiensis.

Eodem tempore Henricus de Gandavo, qui doctor Solemnis appellatur Parisius, frater Jacobus de Viterbio ordinis Heremitarum, & magister Gofridus de Fontibus multa conscripserunt, quibus lucidissimam ac veridicam S. Thomæ doctrinam impugnare nixi sunt. Contra quos suscitavit Dominus spiritum gloriosorum doctorum ordinis Prædicatorum, qui doctrinam impugnatam gloriosius defensarent, fundarent & declararent. Quorum primus fuit Robertus *Orford*, Anglicus, qui contra Henricum de Gandavo scripsit in his in quibus vult impugnare sanctum Thomam. Item contra primum Ægidii, ubi adversatur doctrinæ S. Thomæ.

Frater Bernardus Claramontensis episcopus & baccalaureus in theologia scripsit contra Henricum, item contra Godefridum de Fontibus, & contra Jacobum Viterbiensem Augustinensem in quibus latrant contra sanctum Thomam. Idem scripsit super quatuor libros sententiarum.

Frater Guillelmus de *Massept* Anglicus, magister in theologia, scripsit contra Henricum de Gandavo, ubi sanctum Thomam impugnare conatur. Item contra Corruptorium corruptorii. Item quæstiones de Angelis.

Anno Domini MCCLXXXII. in capitulo Romæ celebrato electus est in magistrum ordinis frater Stephanus Bisuntinus, magister in theologia, & præfuit duobus annis. Hic obiit anno MCCLXXXXV in conventu Lucano. Scripsit autem super Ecclesiasten. Item libellum de auctoritatibus sanctorum & philosophorum. Item. librum exemplorum per alphabetum narrationum. Item postillam super Apocalypsim.

Hujus temporibus fuerunt viri litterati multi in ordine Prædicatorum, inter quos fuit frater Bernardus de Trilia Hispanus, magister sacræ theologiæ, qui scripsit postillas super Ecclesiasten & librum Sapientiæ, tria Quolibeta super Johannem, Quæstiones de spiritualibus creaturis, Quæstiones de anima conjuncta, Quæstiones de anima separata, Quæstiones de differentia esse & essentiæ, Quæstiones super totam astrologiam, & Quæstiones de potentia Dei.

Frater Oliverius Brito, magister sacræ theologiæ, scripsit super quatuor libros sententiarum & super librum Elenchorum.

Frater Nicolaus de *Goram* Gallicus, scripsit postillas super Ecclesiasticum, super canonicas epistolas, super Mathæum & Lucam, super totum Apostolum, super Psalterium, super Apocalypsim. Item Distinctiones & Themata.

Anno Domini MCCLXXXIII. mortuo Nicolao IV. electus fuit Cælestinus V. qui sedit mensibus quinque, quo papatui renuntiante, electus fuit Bonifacius VIII.

Anno Domini MCCLXXXXVI. electus fuit in magistrum ordinis IX. frater Nicolaus de Tarvisio, provincialis Lombardiæ, in capitulo Argentinensi, qui in pace & humilitate ordinem rexit duobus annis, & fuit magnus amator communitatis: sub cujus magisterio provinciæ ordinis cum prius essent XII. divisæ fuerunt in XVIII. provincias. Hic ex magistro ordinis assumtus fuit ad cardinalatum per D. Bonifacium VIII. ut infra dicetur.

Anno Domini MCCC. in capitulo generali Marsiliæ electus fuit in magistrum ordinis frater Albertus Januensis, baccalaureus in theologia, vir religiosus, & præfuit tribus mensibus. Hic obiit in conventu Anagniæ in vigilia sancti Augustini.

Anno Domini MCCCI. electus fuit in magistrum ordinis XI. frater Bernardus de Vizico de provincia Tolosana provincialis Provinciæ. Præfuit duobus annis & quatuor mensibus. Obiit autem in conventu Trevirensi in festo S. Lamberti.

X. *De domino papa Benedicto XI. ordinis nostri.*

Anno Domini MCCCIV. mortuo Bonifacio VIII. electus est in papam II. calendas Novembris dominus magister Nicolaus de Tar-

visio olim generalis ordinis, & tunc cardinalis Hostiensis, & appellatus fuit Benedictus XI. de quo ex chronica ordinis Fratris Bernardi de Castris sancti Vincentii sic habetur. Eadem Romana ecclesia geminata lætitia gratulatur se habuisse præsulem & pastorem dominum Benedictum XI. qui prædictus est frater Nicolaus de Tarvisio, XIV. ætatis suæ anno ordinem fratrum Prædicatorum ingressus est, in quo XIV. annis primis studuit & laudabiliter profecit, & in aliis XIV. annis sequentibus exercuit officium lectoris, & XIV. annis aliis in prælationis officio in ordine laboravit. Hic prior provincialis Lombardiæ existens factus fuit magister ordinis in capitulo generali Argentinæ, anno Domini M. CC. LXXXXVI. Hic præfuit magisterio annis duobus cum dimidio in pace & humilitate ac æquitate magna, magnus amator communitatis. Deinde crescentibus ejus meritis, & præconiis claræ famæ, vocatus est de magisterio ad cardinalatus titulum & honorem, per dominum Bonifacium papam octavum, dum esset ipse in provincia Provinciæ, cui per nuntios dominus Bonifacius papa infrascriptas direxit litteras apostolicas videlicet.

BONIFACIUS *episcopus servus servorum Dei, dilecto filio fratri* NICOLAO *de Tarvisio quondam magistro ordinis fratrum Prædicatorum, in sacrosanctæ R. E. presbyterum cardinalem assumto, salutem & apostolicam benedictionem. Inter ceteros ordines in agro plantatos Dominico, sacrum fratrum Prædicatorum ordinem dileximus hactenus, & diligere non cessamus, ad ea quæ prosperum statum ejus suique honoris incrementa respiciunt paternis studiis intendentes. Volentes itaque personam tuam quam laudabilis fama refert, ac fide digna clamat assertio, claris virtutum insigniis decoratam, & in te præfatum ordinem multipliciter honorare, te nuper de fratrum nostrorum consilio in presbyterum cardinalem sacro S. R. E. duximus assumendum. Quocirca discretioni tuæ per apostolica scripta mandamus, quatenus impositum tibi onus a Domino prompta devotione suscipiens, te submoto dilationis obstaculo præpares ad nostram præsentiam quantocius accessurus. Datum Reate nonis Decembris pontificatus nostri anno* IV.

Præfatam litteram cum bulla recepit ipse dominus Nicolaus in Lesinhano prope Narbonam. Et sequenti mane intravit Narbonam, & in capitulo fratrum præsentibus fratribus, & dominis civitatis & multis solemnibus viris fecit legi litteras apostolicas, & renunciavit magisterio ordinis lacrymabiliter, & cardinalatum acceptavit. Hic igitur primo cardinalis presbyter fuit tituli sanctæ Sabinæ, & postmodum translatus fuit ad episcopatum Hostiensem, in quibus dignitatibus mansit quasi annis quinque. Tandem mortuo Bonifacio VIII. factus est summus pontifex, & BENEDICTUS XI. fuit appellatus. In quo pontificatu vixit mensibus VIII. & diebus XVII.

& migravit apud Perusium Meguv, nonis Julii, die martis, hora quasi nona, omnibus ecclesiasticis sacris devote susceptis, & sepultus fuit in ecclesia fratrum Prædicatorum Perusii ante altare sub terra sicut ipse mandavit dum adhuc viveret, ne in alto poneretur, sed sub terra ex magna humilitate quam habebat & licet modico tempore vixerit, multa tamen bona fecit & meliora sperabantur. Nam constitutionem Bonifacii de sepulturis revocavit tamquam nimis rigidam, & aliam fecit quæ incipit, *Inter cunctas*, in favorem religiosorum. Præterea duos cardinales ex Columnensibus reconciliavit, quos Bonifacius acriter fuerat persecutus, Hic etiam fecit successive tres cardinales de ordine Prædicatorum, videlicet dominum NICOLAUM de Prato in titulum Hostiensis, fratrem GUILLELMUM Anglicum. Item fratrem GUALTERUM Anglicum, confessorem regis Angliæ in presbyteros cardinales, concessit etiam privilegia multa religiosis, & eos tenerrime dilexit. De hoc sanctissimo viro legitur, quod cum mater ejus, quæ erat pauperrima, audisset eum pontificem creatum, venit Romam ad videndum eum. Cumque ab amicis pretiosis vestibus sericeis fuisset induta, ad præsentiam pontificis est perducta. Quam cum pontifex ita pompose indutam vidisset, abhorruit factum, & dixit: Quæ est ista domina quam ante me præsentastis. Et illi: Beatissime pater, est mater sanctitatis vestræ. Qui licet optime eam cognosceret, ait: Mater mea est una paupercula, vilibus vestibus induta, & ista est ita bene induta, quod non cognosco eam pro matre mea, unde eam extra ducatis, quia non cognosco eam ut matrem meam. Quæ educta & vestibus vilibus, quibus antea vestiri consueverat, reinduta, ad conspectum pontificis præsentata fuit. Quam pontifex de cathedra descendens amplexatus est, & dixit circumstantibus: Filii, ista est mater mea paupercula, & non illa dives & pretiose induta, De quo multum ædificati fuerunt omnes, attenta ejus maxima humilitate. Ordo fratrum Servorum beatæ MARIÆ, qui dicitur ortum habuisse a beato Petro martyre ordinis nostri, licet alii dicant quod non originem habuit ab eo, sed magnum incrementum receperit, a domino Benedicto papa XI. ordinis fratrum Prædicatorum fuit confirmatus, ob magnam devotionem, quam ad ipsum martyrem gloriosum habebat, & quia, sicut scriptum est, *qui se humiliat exaltabitur*. Quia iste sanctus pontifex se valde humiliaverat, ideo post mortem ejus adjecit eum Dominus magnificare super terram coruscatione miraculorum, ut per hoc ostenderet, quod felix viveret in excelsis. Quædam hic inferius annotavi, prout accepi ex litteris fide dignorum in curia existentium, qui visu vel auditu de eis potuerunt certius informari. Et quædam ex eis postmodum audivi relatione plurium confirmari. Quæ quidem breviter & summatim ponam, dimissa omni historiæ longitudine. Ipsa die obitus beati Benedicti papæ, qua sancta illa anima ad cœlum conscendisse credita est, tantus fuit concursus populorum circa corpus ejus in palatio adhuc positum, venientium ad pedum oscula beatorum, & in crastinum in ecclesia fratrum Prædicatorum dum officium cantaretur, & super sepulchrum ipso etiam tumulato, quod pressura gentium a nomine potuit cohiberi. Cœperuntque variis languoribus laborantes beati Benedicti papæ suffragium implorare, moxque divinam adesse virtutem percipere & sentire.

Mater cujusdam fratris ordinis Prædicatorum, quæ per XIV. annos continuos dolorem capitis continuum sustinuerat, devote sibi devovens protinus est curata.

Homo quidam filium habens, qui tribus diebus sine cibo & potu fuerat, de vita ipsius pueri quasi desperatus, ad sepulcrum beati Benedicti eumdem attulit: & quia tulit cum reguli ac centurionis fide & devotione, quærens salutem filii, statim B. Benedicti meritis sanitatem recepit, & per se in ecclesia deambulare cœpit, qui prius fuerat deportatus.

Mulier quædam brachium alterum curvum & quasi aridum habebat, cum quo nihil agere poterat. Quæ benedictionis & salutis ibidem petens auxilium, a benedicto Domini, protinus est curata, ita quod sic cum eo sicut cum altero omnia poterat operari.

Quædam etiam mulier, & quidem puer penitus nihil videntes, ad Benedicti sepulcrum perducti, statim fuerunt ejus meritis ad lumen pristinum reducti.

Quidam domicellus vice cancellarii impotens factus in uno brachio, audiens tanta miracula beati Benedicti papæ meritis divinitus perpetrari, cum fide & devotione ad ejus sepulcrum veniens, fuit ibidem continuo liberatus.

Quamdam mulierem a fluxu sanguinis quem per annum passa fuerat liberavit.

Puerum unum ad ambulandum penitus impotentem in pedibus & tibiis ex retro jam multis annis, ibidem suis meritis instauravit, & gressum reddidit, præsente populo & testimonium perhibente.

Quædam mulier dæmoniaca ad sepulcrum Benedicti papæ adducta fuit, in eisdem diebus paulopost ipsius tumulationem, quam diabolus multum vexabat, & torquebat & vociferare præ angustia miserabiliter compellebat. In qua diabolus mulieris utens labiis, latinum congrue admirantibus audientibus loquebatur. Muliere igitur juxta sepulcrum posita, unus frater Prædicator, præsentibus omnibus qui aderant clericis & laicis in multitudine copiosa, & duobus fratribus Minoritibus, incipit dæmonem adjurare dicens: Adjuro te ex parte Dei, & servi sui papæ Benedicti, ut exeas inde & dimittas istam mulierem. Tunc respondit dæmon verbis latinis: Quomodo credis quod Benedictus me hinc expellat, cum Franciscus me non potuerit expellere? Prædicta namque mulier prius adducta fuerat apud Assisium ad B. Francisci tumulum. Tunc frater dixit: Scio quod uterque habet potestatem a Deo expellendi te. Sed Deus potest istam gratiam reservare sancto papæ Benedicto, quam non fecit sancto Francisco hac vice. Tunc dixit demum: Rogo te, ut non me vexes amplius, nec infestes, quia per xvi. annos in hac muliere mansi. Et iterato cœpit eum frater adjurare ex parte beati papæ Benedicti, ut prius, & dicere evangelium secundum Johannem: *In principio erat Verbum* Cumque pervenisset ad finem & dixisset: *Et Verbum caro factum est*, continuo exivit diabolus, & dimisit mulierem ita conquassatam & vexatam, quod multo tempore nihil potuit loqui. Postquam autem respiravit, viribus aliqualiter jam resumtis, devote laudes & gratias egit Deo & S. Benedicto, nec ulterius locuta est latinum, quod non didicerat, nec sciebat, nec recordata est quod umquam taliter fuerit locuta, sed cum sibi dicebatur, de hoc plurimum mirabatur.

ORATIO.

Deus qui beatum Benedictum pontificem tuum benedictionis tuæ gratia sublevasti ad cœlum, populum tuum, quæsumus, nova benedictione gratiæ tuæ sanctifica, & a cunctis malis imminentibus ejus meritis & precibus tuæ nos virtute defende, per Christum.

Anno Domini 1304. Clemens papa V. eligitur in papam post longam contentionem cardinalium, & sedit annis VIII. hic transtulit curiam ultra montes, quæ continue ibidem mansit usque ad Gregorii XI. pontificatum. Qui divina revelatione per beatam Catharinam Senensem ordinis de Pœnitentia beati Dominici sibi facta, curiam ad urbem Romanam reduxit. Hic Clemens fecit concilium generale apud Viennam Galliæ, & multas constitutiones, præsertim contra religiosos. De ordine autem Prædicatorum successive tres cardinales creavit, quorum primus fuit dominus NICOLAUS DE FARINULA, qui tunc erat confessor regis Franciæ. Hunc constituit presbyterum cardinalem tituli S. Eusebii. Secundus fuit dominus THOMAS Anglicus magister in theologia, quem fecit presbyterum cardinalem tituli S. Sabinæ. Tertius fuit frater GUILLELMUS PETRI Barbariensis magister in theologia, quem ex lectore sacri palatii fecit presbyterum cardinalem S. Ceciliæ. Postmodum autem per dominum JOHANNEM XXII. factus est cardinalis episcopus Sabinensis.

Anno Domini 1308. (*a*) electus fuit in magistrum ordinis XII. frater AYMERICUS Placentinus, Lombardus, tunc lector Bononiensis, in capitulo generali Tolosano. Hic legerat in ordine annis XXIII. tam in philosophia quam in theologia, & ordinem gubernavit annis VII. Hic etiam in capitulo Neapolitano cessit magistratui, & pluribus annis supervivens, tandem Bononiæ die VII. Junii 1327. diem clausit extremum, ibidem sepultus.

Anno Domini 1312. electus fuit in capitulo generali Carcassonæ in magistrum ordinis XIII. frater BERENGARIUS de provincia Tolosana. Hunc papa Johannes XXII. misit legatum in Franciam, & postea concessit ei archiepiscopatum Compostellanum.

XI. *De infamia ordini imposita per quemdam monachum Cisterciensem & fratres Minores, dicentes quod frater Bernardus de Monte-Politiano veneno in hostia consecrata extinxerat serenissimum dominum Henricum Lucellemburch imperatorem Romanum.*

Anno Domini 1314. serenissimus dominus Henricus *Lucellemburch* Romanorum imperator existens in Tuscia, in civitate Pisarum, & volens cum exercitu versus reliquas partes Tusciæ adire, per magistrum Bartholomæum de Vagenaria fuit dissuasus, ne illo tempore exponeret se itineri propter æstum, quia erat dispositus ad magnam infirmitatem. Cumque ille nullo modo acquiescere voluisset, tandem post in Bonconventu infirmatus, die nona diem clausit extremum. Quidam autem monachus Johannes nomine ordinis Cisterciensis, qui erat capellanus imperatoris, sperans effici confessor ejus propter discessum cancellarii & episcopi Botontini, qui imperatorem aliquando in confessione audiebant, & videns Johannes quod frater Bernardus de Monte-Politiano ordinis Prædicatorum effectus esset ejus confessor, invidia motus ipsum fratrem Bernardum infamavit, quod imperatorem in hostia consecrata veneno extinxisset. Unde propterea magna tribulatio excitata fuit ordini Prædicatorum per Alemanniam, & provincias quæ erant sub imperatore prædicto. Verum comperta veritate, quod imperator ex naturali infirmitate obierat & non ex veneno, plures cardinales & episcopi testimonium innocentiæ fratris Bernardi qui culpabatur & famæ ordinis Prædicatorum per suas litteras ad prælatos illarum partium transmiserunt, & ipse frater Bernardus obtulit se cujuscumque recte sentientis judicio & examini, sicut per litteras suas evidentius se purgat, & etiam testimonia de vita laudabili ipsius fratris Bernardi, quam semper tenuit in ordine ipsum

(*a*) Lege 1304. quo anno celebratum est capitulum generale Tolosæ.

immunem declarant. Nam semper fuit bonæ famæ & honoratus in officiis ordinis, & propter bonitatem suam in multis negotiis ordinis fuit expositus. Infrascripta autem sunt indicia quibus frater Bernardus ab hoc scelere purgatur clarissime & evidentissime. Primo, quia ipse frater Bernardus probatus fuit semper innocentissimæ vitæ & laudabilis famæ in ordine, nec tantum flagitium in tantum dominum & cum vivifico sacramento admisisset. Secundo, omnes consanguinei ejus (nam erat nobilis genere) erant de parte imperatoris, & ei valde favorabiles, nec eis tantam injuriam, infamiam, & damnum fecisset. Tertio, per dominum Nicolaum de Prato cardinalem Hostiensem, qui erat amicissimus dicti imperatoris ipse F. Bernardus datus fuerat in servitium & familiarem dicti imperatoris. Quarto, summe honorabatur ab imperatore. Nam confessor ejus factus fuerat, & imperator plus in eo quam in aliquo confidebat, & ejus principibus æquabatur. Quinto, quia post mortem imperatoris non fugit ad inimicos imperatoris, sed ad ejus amicos accessit, & judicio cujuslibet recte sentientis se exposuit. Sexto, quia medicus imperatoris antequam Pisis recederet, ei suum recessum dissuasit, asserens quod dispositus erat ad magnam ægritudinem, de qua ne ipse medicus publicum fieri fecit instrumentum. Septimo, quod in vigilia assumtionis Dominæ nostræ habuit unum parosismum tertianæ, de quo non curavit, & in die Dominæ nostræ præsentibus multis baronibus communicavit, & diem illum cum illis in magno convivio & lætitia expendit, & postea die sequenti omnino voluit equitare, & castra movit, & ex labore itineris & æstu habuit alium parosismum, qui numquam eum deseruit. Octavo, ipse erat in loco valde infirmo, quia locus ille suos habitatores devorat, sicut dicunt ipsi habitatores ejusdem loci. Nono, quia medici dederunt ei quotitidie tres & aliquando quatuor ciatos vini nigri potentis, cum tantumdem de aqua, & ossa panis calefacti & tergia, volentes subvenire debilitati, & non considerantes æstivum tempus, & febrem acutam quam habebat, & ex his tantum febris ardor crevit, quod non inveniebat requiem ullam, donec nono die post secundum parosismum diem clausit extremum. Decimo, quia post mortem nullus tumor aut depilatio secuti sunt; sed sicut erat quando obiit, ita perseveravit cadaver ejus. Undecimo, quia serenissimus rex Johannes rex Bohemiæ filius prædicti imperatoris serenissimi, & reverendissimus dominus Balduinus archiepiscopus Treverensis & alii principes, & omnes imperii electores, item episcopi nobiles quamplurimi Theutoniæ & Italiæ, imperio fidelissimi, discussione diligentissima super hoc fideliter habita, vivis suis vocibus litterisque sigillis corroboratis, fuisse falsum & confictum hujusmodi scelus contra prædictum fratrem Bernardum demonstraverunt universis, & super omnes Carolus IV. imperator, filius supradicti Johannis regis Bohemiorum, filii Henrici imperatoris, suo sermone ad ordinem nostrum ostendit esse falsum. Insuper post aliquot annos fecit celebrare capitulum generale fratrum Prædicatorum in Praga civitate Bohemiæ; in cujus capituli solemni celebratione in die Pentecostes imperator erat præsens, stans in missa, in loco suo, imperialibus insigniis & corona insignitus in dextro choro; & eodem modo imperatrix in choro sinistro, in excusationem fratrum & ordinis & infamiæ factæ ratione mortis avi sui. Fratres enim Minores famaverant per totam Thuringiam & Mysiam, quod ideo convocasset fratres Prædicatores in Pragam ad capitulum, ut vindicaret mortem avi sui. Quod imperator intelligens, omnem honorem excogitabilem & decentem in sui excusationem & ordinis, ordini & fratribus exhibuit. Primo enim fecit deaurari turrim nostri conventus. Post in die Pentecostes stetit in choro imperialibus insignitus, & fecit exhiberi & offerri fratribus duas bullas aureas ad altare, quarum una est de exemptione ab omnibus principibus Christianis sæcularibus, & quod solum sumus sub imperio; secunda est de successione & hæreditate paterna. In secunda feria Pentecostes invitavit totum capitulum ad aulam suam in castro Pragensi, & gloriosis pavit ferculis, ministrantibus ibidem proceribus suis. Post prandium duxit omnes fratres ad cathedralem ecclesiam quæ in castro est, & ostendit ibidem reliquias imperii & omnem ornatum domus suæ, & cum solemnitate reduxit fratres in propria persona ad conventum, ut fratres Minores mendacium dixisse omnibus patenter ostenderet. Nec obstat quod aliqui objiciebant, quod in prædicta infirmitate corpus imperatoris effectum est nigrum, quia pleureticus erat. Et si medici usi fuissent diligentia, & non ita calidis eum refecissent, forte mortuus non fuisset. Extant autem copiæ litterarum plurium reverendissimorum dominorum cardinalium & domini episcopi Aretini ad prælatos Alemanniæ super assertione innocentiæ fratris Bernardi prædicti. Extat & epistola ipsius fratris Bernardi omnem rei seriem narrans, quas si quis videre desiderat ad longum, legat chronicam præfati magistri Jacobi de Susato. Hic autem brevitatis causa omissa sunt. Non obstantibus supradictis defensionibus, & probationibus veritatis innocentiæ fratrum Prædicatorum, & falsitatis Minorum, adhuc rabido dente rabiem suam rodentes, quidam fratres Minores nobis insultare non cessant, & præsertim quidam frater Minor, qui anno Domini MCCCX. Lubicensibus chronicam scribens, mentiendo

BREVIS HISTORIA

in ipsa hanc historiam interserit, dicens quod ob hoc flagitium in poenam datum est ordini nostro, quod omnes fratres quando celebramus, communicemus nos cum manu sinistra, quod quam falsissimum sit ex his apparet. Primo quia nemo debet gravari onere alieno ex regulis juris. Unusquisque enim onus suum portabit Gal. 6. ca. & 24. q. 4. ca. *Si quis catholica*. Malus portat causam suam, nec præjudicabit alteri quem in consensu mali operis socium non habet criminis, dicente Domino Ezech. xviii. *Anima quæ peccaverit, ipsa morietur. Filius non portabit iniquitatem patris, nec pater portabit iniquitatem filii*. Quanto minus fratres unius religionis. Esto quod verum esset id quod fratres Minores falso composuerunt, quia ex dicto ipsorum sequeretur quod B. Petrus traxisset noxam ex Juda traditore ejus coapostolo, cujus contrarium cau. 24. q. 1. *Non turbatur*, dicens: Non turbatur navis quæ Petrum habet, sed turbatur quæ Judam habet. Secundo, quia ordinarius, id est rubrica ordinis fratrum Prædicatorum in principio ordinis confirmatus, habet sic de divisione hostiæ dans modum & formam, quod sacerdos dividat hostiam primo in duas partes, deinde partem quæ tenetur in dextera superponat in transversum parti reliquæ in sinistra, & dividat illam in alias duas, ita quod digiti fracturam non tangant si fieri potest, in sinistra retinens duas partes usque ad perceptionem, & hæc littera in nullo libro ordinis nostri est mutata, nec per modum additionis apposita, sed sicut erat in principio scriptura ordinata, ita etiam perseverat. Et est quatruplex ratio quare sacerdotes ordinis fratrum Prædicatorum communicant cum sinistra. Prima trahitur ex dictis B. Gregorii papæ in homelia diei Paschæ. Quid per lævam nisi præsens vita significatur? Cum igitur fratres Prædicatores communicant cum sinistra, significare volunt quod per virtutem sacramenti & Passionis Christi de præsenti miseria transferuntur ad gaudia sempiterna. Secunda ratio, quia omnes nos, scilicet gentiles ex quibus constituitur ecclesia, fuimus filii iræ & per consequens per sinistram designati; filii vero Israel fuerunt filii dilecti & filii dextræ, sed vice mutata translatum est regnum ad eos qui fuerunt filii sinistræ. Nobis igitur filiis quondam iræ, nunc dilectionis, sacramentum in quo est virtus regni, datum est solum, Judæis numquam; sed est figura & umbra, nobis autem veritas & res. Nec transferetur ad Judæos, sed apud ecclesiam ex gentibus constitutam durabit in æternum, ad quod significandum communicant cum sinistra. Tertia ratio est postquam sacerdos se transfert in missa ad sinistrum cornu altaris, tractatur Christi Passio, & illa recordantur tunc quæ Dominus noster gessit hic in sua humili-

tate benedicta pro omnium nostrum salute. Quod evangelium regni videtur annuere, quod tunc primo legitur. Idcirco in divinissimo sacramento memorantes dulcissimam Passionem Christi, quam pro humani generis salute hic in sinistra, scilicet in præsenti vita, passus est, cum sinistra communicant. Quanta ratio est ex nomine ordinis fratrum Prædicatorum; nam Innocentius III. dedit ordini nomen fratrum Prædicatorum, quia prædicaturi erant Jesum Christum crucifixum, & ideo dedit ordini, scilicet generali fratrum Prædicatorum, crucifixum pro signo sigilli. Qui quidem generalis magister habet crucifixum in ordinis & officii sui sigillo. Cum ergo hic in sinistra, scilicet præsenti vita, Dominus sit crucifixus, quem verbo crucifixum prædicamus, in sigillo pro signo habemus, manu sinistra passum crucifixumque in humanitate in officio missæ cum manu sinistra communicando demonstramus. Insidiose igitur & malitiose fratres Minores asseruerunt nobis ob prætensum venerati imperatoris flagitium in poenam impositum fuisse sinistra manu communicare, & falso crimine honorem ordinis Prædicatorum male & falso diffamaverunt. Quæ falsitas ex præmissis potest deprehendi evidenter. Hæc autem hic posita sunt, ut veritas facti fratribus ignorantibus eam manifestetur. Hæc omnia habentur in chronica præfati reverendi patris fratris Jacobi de Susato ordinis Prædicatorum. Alias rationes quare communicamus cum manu sinistra ponit magister Leonardus de Utino in quadragesimali suo, sermone 42. de dignitate animæ humanæ, in secunda parte ejusdem sermonis, & in testimonio legis canonicæ, ubi sic dicit: Propterea nos fratres Prædicatores communicamus cum manu sinistra, quia in ea parte est cor, etiam quia manipulus qui designat indissolubilem colligationem cordis nostri cum Jesu Christo ponitur in manu sinistra ob ferventem & cordialem caritatem nostri ad Christum, ut declaravi in Sermonario aureo de Sanctis, in sermone de beato Dominico patre nostro. Præterea uxor in signum illibatæ fidei & cordialis amoris gestat annulum in manu sinistra. Nobiles etiam & magni principes insignia sua, quæ vulgariter dicuntur *Devise*, deferunt ex parte sinistra. Milites insigne suum aureum ferunt in latere sinistro. Ad abolenda ergo peccata quæ regnant in corde nostro, Matthæi xii. *De corde exeunt cogitationes malæ, &c.* medicina superponenda est cordi. Cantic. 8. *Pone me sicut signaculum super cor tuum*. Ratio autem litteralis est ista. In principio ordinis nostri insurrexit quædam hæresis, asserens non esse verum corpus Christi in altari, nisi quandiu elevatur, cujus opinionis fuit magister Johannes *Wiclef*. Ordo autem noster prævaluit contra hanc hæresim miro modo eam confutando, in cujus fignum datum eft ordini noftro, ut in miffa poft *Agnus Dei*, ante communionem tenerent fratres hoftiam elevatam fuper calicem, ut fic adoraretur ab univerfo populo tamquam verum Corpus & Sanguis Chrifti, & ne deponeretur ufque ad communionem inclufive. Quia vero cum manu dextra habet facerdos tundere pectus fuum, tamquam verum Deum adorans hoftiam, oportuit ut cum manu finiftra teneret, & fic communicaret. Propter hanc caufam plures fratres noftri martyrio coronati funt ab hæreticis; & dum effem in concilio Ferrarienfi tempore domini Eugenii papæ IV. relatum eft plures conventus noftri ordinis funditus everfos ab Huffitis in Bohemia, & plures trucidatos fratres ab eifdem. Ordo enim nofter valde infudavit contra hærefes ad earum exftirpationem, & præcipue circa hoc facramentum Corporis Chrifti. Hæc magifter Leonardus prædictus.

Claruit his temporibus Fr. Albertus de Brixia doctor præcipuus, cui revelata fuit a beato Auguftino gloria S. Thomæ. Hic cum effet apprime doctus, fummam de officio facerdotis valde utilem & bonam compilavit, & dies fuos in fanctitate vitæ & commendatione B. Thomæ complevit.

Hoc tempore floruerunt doctores infignes in ordine, videlicet magifter Robertus *Olchot* Anglicus, qui fcripfit fuper librum Sapientiæ elegantiffime. Item fuper feptem prima capitula Ecclefiaftici. Item moralitates pulchras. Item floruit Johannes de fancto Geminiano, qui fermones perpulchros confcripfit de tempore, Dominicales & quadragefimales, de Sanctis & pro defunctis ad omnem ftatum. Item librum de Similitudinibus. Item Fr. Hugo de Prato, qui fermones dominicales & quadragefimales ac communes folemnes compofuit. Item F. Henricus de Arimino, qui fummam de quatuor virtutibus compilavit egregie. Frater etiam Grandeus de Afculo, qui in logica & philofophia multa compofuit. Item frater Dominicus Tolofanus qui in divina fcriptura commentaria magna dictavit. Floruit quoque eodem tempore frater Bartholomæus de Pifis compilator Summæ Pifanæ, & nonnullorum aliorum voluminum. Frater quoque Raynerius Pifanus, qui fummam magnam theologicam compilavit, circa ifta tempora fuit.

XII. *De beato Jacobo de Venetiis, qui jacet Forlivii, & de canonizatione S. Thomæ de Aquinis.*

Anno Domini MCCCXIV. obiit Forlivii beatus frater Jacobus de Venetiis LXXXII. annorum exiftens. Hic enim multis virtutibus & gratiis adornatus, omnibus fanctitatis exemplar fuit. Poft mortem vero magnis continue miraculis corufcavit & corufcat.

Anno Domini MCCCXVI. Johannes XXII. papa confecratur in Avinione, & fedit annis XIX. Hujus tempore factus eft generalis ordinis noftri magifter HERVEUS natione Brito, electus in capitulo generali Lugduni celebrato anno Domini MCCCXVII. Hic ordinem gubernavit annis V. & plus, & fepultus fuit in Narbona.

Anno Domini *MCCCXXXII. tempore iftius magiftri Hervei canonizatus fuit S. THOMAS DE AQUINO ordinis noftri, per prædictum dominum papam Johannem XXII. XV. cal. Augufti in Avinione. Hic magifter Herveus fuit folemnis magifter in theologia, & multa fcripfit, videlicet contra Henricum de Gandavo XV. quolibeta, & contra Durandum, ubi ipfe Durandus impugnat S. Thomam. Scripfit fuper quatuor libros Sententiarum, & octo quolibeta. Item de Verbo. Item quæftiones de peccato originali: de æternitate mundi, de cognitione primi principii, de beatitudine, de virtutibus moralibus, de ordine fecundæ intentionis ad primam, de fecundis intentionibus tractatus duos, de paupertate Chrifti & apoftolorum, de Sacramentis, de poteftate papæ. Plura etiam ejus opera habentur, quæ hic brevitatis gratia dimittuntur.

* l. 1323.

Scripfit eodem tempore F. Durandus fenior fcripta diverfa, duo fuper Sententias, & duo quolibeta. Item tractatum contra Johannem XXII. de vifione divinæ effentiæ.

Scripfit etiam F. Durandus de fancto Porciano fuper quatuor libros Sententiarum, & duo quolibeta.

Item F. Nicolaus *Traveth* (a) Anglicus fcripfit fuper Boëtium de confolatione, fuper declamationes Senecæ, & fuper Auguftinum de Civitate Dei.

[a]

Item frater Paganus fcripfit poftillas fuper Pentateucum, fuper Jofue, Judicum, Ruth, Regum, Paralipomenon, Efdram, & Neemiam, Tobiam, Job, Parabolas, Ecclefiaften, Cantica, librum Sapientiæ, Pfalterium, quatuor prophetas majores, fuper Evangelia, fuper Apocalypfim.

Hoc tempore facta eft canonizatio fancti Thomæ de Aquino a domino papa Johanne in ecclefia cathedrali Avenionenfi. Nam D. papa audita fama miraculorum & doctrinæ, & vitæ ejus, deputavit folemnes inquifitores, qui inquirerent de prædictorum veritate: & probatis omnibus canonice, de omnium prælatorum tunc in curia exiftentium confilio, & affenfu, fanctorum confefforum catalogo eft adfcriptus. In die canonizationis ipfius prædicavit primo dominus papa Joan. XXII. in palatio fuo, fumto themate: *Scitote quoniam mirificavit dominus fanctum fuum*, & in eo mirabiles commendationes dixit, tam de ordine, quam de fancto, & in-

(a) Ejufdem auctoris non fpernendum habes Chronicon in Spicilegii tom. 8.

tei alia quod sanctus Thomas in hoc ordine gesserat vitam apostolorum, qui ordo nihil habet in proprio, licet habeat, & vivat in communi. Item dixit quod credebat istam esse vitam apostolorum. Addidit etiam quod nullus haberet pro malo, quod iste gloriosus doctor post apostolos & doctores primos plus illuminavit ecclesiam Dei. Post modum prædicavit F. Petrus Graterei. Tertio loco prædicavit rex Siciliæ. Quarto loco prædicavit archiepiscopus Capuanus excellentissimus. Quinto loco prædicavit alius quidam episcopus. Sexto loco prædicavit archiepiscopus Arelatensis. Septimo episcopus Vintoniensis. Octavo loco prædicavit episcopus Londoniensis de ordine Minorum. Hi sermones facti fuerunt idibus Julii. Postea D. papa xv. kalend. Augusti in festo sancti Alexii cantavit missam, & iterum sermonem habuit de eodem sumto themate: *Magnus es tu & faciens mirabilia.* Postea per regem & reginam & comitem sancti Severini, & prælatos diversorum ordinum facta sunt magna festa in conventu, ad quos venerunt domini cardinales cum magna lætitia.

Anno sequenti D. STEPHANUS episcopus Parisiensis de consilio episcoporum & archiepiscoporum, ac viginti trium magistrorum in theologia & triginta novem bacalaureorum quosdam articulos qui videbantur tangere doctrinam sancti Thomæ, condemnatos per universitatem Parisiensem per litteras suas revocavit: (*a*) quæ littera Parisiis in festo S. Thomæ coram universitate post sermonem publicata fuit, cum omnium gaudio & lætitia ad laudem Salvatoris.

Eodem tempore floruit F. Robertus domus Avenionensis, genere nobilis, sed sanctitate nobilior, qui prædixit pestilentiam futuram ante annos triginta quam cœperit: quæ secuta est infallibiliter sicut prædixit. Prædixit etiam prophetice multa alia quæ completa sunt ex magna parte. Claruit autem multis miraculis in vita & in morte. Inter cetera autem cum sacrum corpus ejus ad sepulcrum defferretur, divina virtute ita in altum elevatum est, quod subdiaconus cum cruce non potuit ipsum tangere & sic elevatum divinitus delatum est usque ad sepulcrum.

Anno Domini 1324. electus est in capitulo generali Burdegalensi provinciæ Tolosanæ in magistrum ordinis xv. F. BARNABAS Vercellensis, qui doctor existens in jure canonico, ordinem intravit, & in magisterio vixit annis VIII. & obiit Parisiis.

Anno Domini 1333. in capitulo generali Divionensi electus est in magistrum ordinis XVI. F. HUGO Campanus, provincialis Franciæ, magister in theologia, & rexit or-

(*a*) Hanc revocationem habes tom. 1. Anecdotorum pag. 1372.

dinem annis XII. qui obiit in curia die VI. Augusti.

Anno Domini 1334. papa Johan. XXII. jam moriturus, se & doctrinam suam in omnibus subjecit correctioni sanctæ Romanæ ecclesiæ & sic mortuus est.

Hoc tempore floruit in Tuscia apud castrum Montis Politiani beata AGNES de eodem castro: Quæ sanctimonialis de ordine Prædicatorum effecta, mirabili vita & miraculis quampluribus claruit. Hujus corpus venerabile aliquando liquorem sudat valentem ad multorum salutem, qui devote ad eam accedunt. Corpus ejus numquam sepultum fuit, sed nec humanitus perunctum, sed solo liquore ex sese defluente ita est conservatum, ut in integrum adhuc per omnia perseveret. Hujus admirabilem vitam magister Raymundus de Capua diligenter conscripsit.

Beata soror HELENA de Hungaria, quæ habuit quinque stigmata Christi, & magnæ perfectionis mulier, in Hungaria sanctimonialis ordinis Prædicatorum fuit. Hujus discipula B. Margarita regis Hungariæ filia, similiter sanctimonialis mirabilibus virtutibus refulsit.

Anno Domini 1340. corpus B. Petri martyris transfertur ad tumbam pretiosam præsentibus domino archiepiscopo Mediolanensi Johanne de Vicecomitibus, magistro ordinis HUGONE, & diffinitoribus capituli generalis, ac multis nobilibus. Quo tempore miracula gloriosa quamplura facta sunt.

Anno Domini 1334. dominus BENEDICTUS papa XII. Cisterciensis creatus & sedit annis VIII. Hujus tempore floruit beatus F. Venturinus de Bergomo prædicator excellentissimus, qui mirabilem fructum per totam Italiam fecit, adeo ut innumeras paces fecerit inter capitales inimicos, & licet injuste multas tribulationes suspicionibus dicti Benedicti papæ passus fuerit, tamen omnia patienter sustinuit. Tandem consolatus per dominum Clementem VI. sanctissime obiit in Nigroponte seu Euboca insula, in ecclesiastico & Christiano exercitu contra Turcos. Hujus vita habetur plena omni suavitate, quæ hominem sanctissimum luce clarius ostendit.

Defuncto Benedicto XII. paucis mortem suam flentibus, CLEMENS VI. in papam consecratur, & sedit annis x. & mensibus VII.

Eodem tempore scilicet 1342. in capitulo generali Carcassonensi electus est in magistrum ordinis XVII. frater GERARDUS DE SANCTO-ADOMARO, de provincia Tolosana, magister in theologia, absens, & eodem anno assumtus est in cardinalem tituli sanctæ Sabinæ, per D. dominum Clementem VI.

Anno sequenti electus fuit in magistrum generalem ordinis XVIII. frater PETRUS DE PALMA

PALMA magister in theologia [provinciæ] Franciæ, conventus Bisuntini, & obiit in officio post annum unum.

Anno Domini 1346. in capitulo generali Brivensi provinciæ Tolosanæ electus fuit in magistrum ordinis XIX. frater GUARINUS provinciæ Franciæ magister in theologia, qui rexit ordinem duobus annis, & obiit in conventu Gratianopolitano.

Anno Domini 1347. electus est in magistrum ordinis XX. in capitulo Barchinonensi F. JOHANNES DE MOLENDINO magister in theologia, lector sacri palatii, & infra biennium assumtus fuit in cardinalem per dominum Clementem VI.

Anno Domini 1348. pestis grassata est per totam Europam & ita desævit in homines, quod vix decimus remanserit. Et fuit impleta prophetia fratris Roberti supra posita.

Anno Domini 1352. in capitulo generali Castrensi provinciæ Provinciæ electus fuit in magistrum ordinis. F. SIMON conventus Ligonensis provinciæ Franciæ, sacræ theologiæ magister, & præfuit ordini annis XIII.

Anno Domini 1355. * mortuo Clemente, electus fuit in papam INNOCENTIUS VI. seditque annis IX. diebus XV.

Hoc tempore frater Henricus de Erfordia Mindensis, provinciæ Saxoniæ scripsit, Chronicam gloriosam ab origine mundi usque ad annum 1355. in quatuor magnis voluminibus. Item Catenam auream in pulchro volumine. Item tractatum de conceptione Virginis gloriosæ & alia multa.

Anno Domini MCCCLXII. coepit Urbanus V. natione Provincialis, & sedit annis VIII. mense I. diebus XX. Iste URBANUS mandavit corpus B. Thomæ, quod LXXV. annis sub deposito in monasterio Fossæ novæ jacuerat, ad conventum Tolosanum ordinis Prædicatorum transferri. Quod quidem magnis & multiplicibus coruscans miraculis, cum magna solemnitate translatum fuit.

Anno Domini MCCCLXVII. electus fuit in magistrum ordinis XXII. frater HELIAS de Tolosana, magister in theologia, qui transtulit corpus B. Thomæ de Italia Tolosam in conventu suo, ut dictum est. Hujus tempore floruit sacratissima & admirabilis virgo Catharina de Senis tertii ordinis de poenitentia B. Dominici, cujus excellentissima vita & doctrina profundissima eam mirabiliter commendant. Obiit autem anno MCCCLXXX. & sanctorum catalogo ascripta fuit anno MCCCLXI. per Pium II. pontificem maximum, cujus vitam virtutibus admirandam magister RAYMUNDUS DE CAPUA, ordinis generalis magister descripsit. Hujus ordinis fuere plures sorores Deo devotissimæ diversis temporibus, quæ miraculis claruere. In primis in civitate Urbe-vetana fuere duæ virgines gloriosæ & innocentes, videlicet beata VANNA & beata DANIELA hujus status & ordinis, quæ in vita & morte miraculis claruere.

In civitate Castelli fuit alia B. soror MARGARETA nomine, quæ etiam in vita & post mirabilibus & inusitatis miraculis coruscavit. Cujus corpus adhuc integrum in eadem civitate apud fratres Prædicatores cunctis videre volentibus patenter ostenditur.

In civitate Florentiæ fuit soror JOHANNA nuncupata, continentis vitæ, quæ etiam miraculis coruscavit.

In civitate Pisana fuit soror PINA eximiæ pietatis & conversationis sanctæ.

In civitate Venetiarum fuit soror MARIA, quæ singularissimæ & admirabilis vitæ fuit.

Item in civitate Senarum est alia soror CATHARINA magnæ virtutis adolescentula, quæ jacet in ecclesia Campi-regii in capella S. Dominici.

Anno Domini MCCCLXX. GREGORIUS XI. natione Provincialis creatur in papam, & sedit annis IV. Hic divina relatione per beatam virginem Catharinam Senensem facta curiam ad proprium locum reduxit, quæ per annos LXXIV. fuerat per diversos pontifices ultra montes detenta. Hujus tempore Florentini suis machinationibus pessimis fecerunt rebellare omnes terras ecclesiæ ab obedientia pontificis, & bona omnia ecclesiarum sui potentatus immobilia abstulerunt & vendiderunt, ut contra ecclesiam dimicarent. Propter quod gravi anathemate a papa Gregorio fuerunt innodati, & divinis interdicti fuere.

Anno Domini MCCCLXXVIII. electus fuit Romæ URBANUS VI. qui sedit annis XII. mensibus XI. diebus XXII. Hic cum cardinales Gallos & Ultramontanos malis moribus assuetos corriperet, ab eis derelictus est. Unde elegerunt alium apostaticum, quem CLEMENTEM VII. appellaverunt, & sic factum fuit schisma in ecclesia Dei omnium pessimum, quod duravit XL. annis. Nam Italia, Germania, Anglia, Portugallia, Hibernia, Dacia, Polonia, Bohemia, Hungaria Urbano: Francia vero, & Hispania Clementi obediebant. Hic Urbanus fecit duos cardinales de ordine nostro assumtos, videlicet fratrem NICOLAUM de Neapoli, qui fuit doctor sacræ theologiæ & inquisitor hæreticæ pravitatis, quem creavit presbyterum cardinalem S. Cyriaci, & D. MATHÆUM DE URSINIS Romanum, qui requiescit in conventu Minervæ Romæ, & ex testamento suo reliquit bonam eleemosynam capitulo generali & multis conventibus & monasteriis ordinis. Unde ordo Prædicatorum sicut & alii ordines divisus fuit in duos generales. Magister HELIAS adhæsit Clementi VII. & vixit in generalatu annis XXXII. & magister RAYMUNDUS adhæsit Urbano & successoribus.

XIII. *De generalatu magistri Raymundi de Capua & de beato Vincentio Valentino & aliis incidentibus illorum temporum.*

Anno Domini MCCCLXXX. electus fuit Bononiæ in magistrum generalem ordinis XXIII. pro obedientia Urbani VI. frater Raymundus de Capua, magister in theologia, vir sanctus & doctus, qui fuit confessor sanctæ Catharinæ de Senis. Hic pater cœpit ordinem reformare in conventu S. Dominici de Venetiis, a quo postea & Lombardia & Tuscia, & Sicilia & Trinacria, & Hollandia, Hungaria, & Alemannia, Hispania & Francia pro magna parte reformatæ sunt. Hic ordinem rexit annis XIX, & in conventu Nurembergensi provinciæ Theutoniæ totus contractus ad Dominum migravit anno Domini MCCCLXXXX.

Post Urbanum VI. anno MCCCXC. electus est in pontificem Bonifacius IX. qui sedit annis XIV. mensibus IX. Hujus anno II. scilicet anno Domini MCCCCI. electus fuit Urini in capitulo generali magister THOMAS DE FIRMO sacræ theologiæ doctor in XXIV. generalem ordinis. Hic vir fuit magnæ prudentiæ & multa privilegia ordini obtinuit. Hic etiam ordinavit, quod provincia Lombardiæ inferioris vocaretur provincia S. Dominici, & per tria capitula generalia fuit probatum. Hic rexit ordinem annis X. & Januæ mortuus requiescit. Hoc tempore claruit sanctissimus pater beatus VINCENTIUS Valentinus ordinis Prædicatorum, vir in primis eximiæ scientiæ, vitæ sinceriffimæ ac in apostolorum gratiis multum ditatus. Hic enim per annos XL, quotidie prædicavit, celebravit, & alia opera præclarissima fecit. Cujus prædicatione verissime comprobatum fuit, quod plusquam viginti quinque millia Judæorum & octo millia Saracenorum ad fidem catholicam sunt conversa, & ultra centum millia hominum perversorum & desperatorum, ac publicorum peccatorum ad vitam bonam venerunt. Hic plures mortuos vivens adhuc in corpore, & multo plures post mortem suscitavit, & alia signa innumerabilia fecit. Inter cetera dona apostolorum quæ habuit, linguarum gratiam habere promeruit. Nam prædicans in suo idiomate Cathalano, ab omnibus quarumcumque linguarum intelligebatur. Hic plenus virtutibus anno ætatis suæ LXX. in Britannia, civitate Venetensi, ad Dominum migravit anno MCCCCXVIII. & a Calixto III. canonizatus fuit.

Anno Domini MCCCCIV. electus est in papam dominus INNOCENTIUS VII. Hic summus pontifex confirmavit ordinem frattum & sororum de pœnitentia sancti Dominici, ad instantiam fratris Thomæ de Senis viri sanctissimi. Hic pontifex sedit annis II. Hoc tempore claruit Forlivii beatus frater MARCOLINUS vir eximiæ sanctitatis & miraculorum gratia insignis.

Anno Domini MCCCCVI. electus fuit in papam dominus GREGORIUS XII. natione Venetus, vir sanctitatis eximiæ, & sedit annis III. Hic fecit cardinalem JOHANNEM DOMINICUM de Florentia, & misit eum legatum ad imperatorem SIGISMUNDUM pro unione ecclesiæ procuranda, qui tandem obiit legatus in Hungaria tempore Martini V. Hic dominus GREGORIUS papatui sponte renunciavit in concilio Constantiensi propter unionem faciendam.

Anno Domini MCCCCIX. convenerunt cardinales duorum pontificum Gregorii scilicet & Benedicti XIII. qui in sua obedientia successerat Clementi VII. & facto concilio Pisis, elegerunt dominum PETRUM DE CANDIA magistrum in theologia famosissimum tunc cardinalem, & archiepiscopum Mediolanensem in papam, & ALEXANDRUM V. appellaverunt. Hic gloriosum privilegium fratribus mendicantibus concessit, quod incipit *Regnans in excelsis*, quod nimio zelo Parisienses & alii in concilio Constantiensi impugnare voluerunt, sed minime potuerunt. Hic obiit Bononiæ & sepultus est in conventu sancti Francisci. Huic successit dominus JOHANNES XXIII. BALTHAZAR COSSA antea vocatus, & sedit annis VI. Hic convocavit concilium in Constantia civitate Alemanniæ, ubi depositus fuit, & in castro reclusus. Tandem liberatus & cardinalis effectus, Florentiæ obiit.

Anno Domini MCCCCXV. electus fuit in generalem ordinis magistrum XXV. frater Leonardus de Florentia magister theologiæ in capitulo generali Florentiæ, qui fuit unus de electoribus papæ, electus in concilio Constantiensi. Hic multum laboravit in dicto concilio pro privilegiis ordinis contra Parisienses & alios. Hic ordinem rexit annis X. & mensibus VII.

Hujus tempore claruit doctissimus frater Johannes Capreoli Tolosanus, qui scripsit super quatuor libros Sententiarum egregie in defensionem doctrinæ sancti Thomæ contra eam impugnantes. Frater etiam Franciscus de Rethsa in universitate Viennensi, qui legendo in scholis proverbia continuavit annis XII. & amplius, istud thema semper reiterando *primi & purissimi fructus ejus*, applicando semper ad beatam Virginem, & multa volumina pulchra & magna de eadem scribendo. Scripsit etiam super *Salve Regina* integrum volumen, & multa alia.

Eodem tempore claruit magister Jacobus de Susato conventus Coloniensis, qui fuit inquisitor contra hæreticos, & scripsit super quatuor libros Sententiarum ad litteram, super librum Sapientiæ, super epistolam ad Hebræos. Item super Mathæum tria magna volumina, super epistolam ad Titum duo magna volumina, super missam unum volumen, tractatum de veritate conceptionis beatæ Virginis. Item de origine & unitate ecclesiæ. Item tractatum de hora mortis Christi. Item chronicam unam. Item mappam mundi. Item ordinavit privilegia ordinis cum defensione eorumdem. Item collationes breves & latinos sermones. Item distinctiones breves & longas pro arte colligendi. Item chronicam brevem ordinis ex qua pro majori parte ista excerpta est. Hoc tempore facta est divisio provinciarum aliquarum ordinis, scilicet Hispaniæ in provinciam S. Jacobi & Portugalliæ. Item provinciam Regni in provinciam Siciliæ & Trinacriæ, & sic factæ sunt xx. Provinciæ.

Anno Domini MCCCCXV. renuntiante Gregorio XII. & legato Marchiæ declarato, absolutisque per concilium Johanne XXIII. & Benedicto XIII. tamquam scandalizantibus Dei ecclesiam, Martinus V. natione Romanus de Columnensium nobilissima familia unanimiter ab omnibus cardinalibus & aliis electoribus ad hoc constitutis electus fuit, vir tanto dignus magistratu, qui multa & præclara in dicto concilio ordinavit.

Anno Domini MCCCCXXVI. electus fuit in magistrum ordinis XXVI. per viam compromissi magister BARTHOLOMÆUS TEXERII provincialis provinciæ Provinciæ. Hic vir Deo acceptissimus, qui provinciam illam sanctissime per septem annos rexerat, valde doctus erat, & sanctæ vitæ, & absens a capitulo generali. Hic suscepto generalatu, ipsum annis XXIV. rexit, & conventum Bononiensem & alios multos in Italia conventus reformavit, privilegia multa impetravit, & dispensationem qua fratres habere possent possessiones obtinuit. Hic pater in senectute bona migravit ad Dominum anno Domini MCCCCXLV.

XIV. *De magisterio magistri Martialis, & viris illustribus sui temporis.*

Anno Domini MCCCCXXX. creatus est summus pontifex dominus Eugenius IV. natione Venetus, homo singularis prudentiæ & religiosissimæ vitæ, qui sedit annis XVI. Hic ordinem plurimum dilexit, & fratrem JOHANNEM DE TURRE-CREMATA Hispanum, sacræ theologiæ doctorem, ac sacri Palatii magistrum, cardinalem tituli S. Sixti creavit. Qui homo doctissimus infinita quasi scripsit. In primis super totum Decretorum librum plura ingentia volumina, per modum quæstionum modo theologico: quem etiam librum Gratiani parum distinctum ipse in distinctiorem formam redegit. Item de Potestate papæ insigne ac magnum volumen. Item de Conceptione B. Virginis magnum volumen; de Sacramento altaris; super Psalterium quæstiones, super evangelia occurrentia, expositionem Regulæ S. Benedicti, & multa alia. Sepultusque est ad Minervam Romæ, quam ecclesiam ipse multum ornavit, & primum claustrum construxit, & pingi fecit cum quibusdam contemplationibus a se editis.

Hoc tempore claruit doctissimus vir magister Johannes de Monte-nigro, qui publice in concilio disputavit contra Græcos & eos superavit. Hic multa composuit, & præcipue tractatum de Conceptione beatæ Virginis.

Magister quoque Leonardus de Utino, vir excellentis doctrinæ, hoc tempore claruit. Hic composuit sermones dominicales & quadragesimales valde notabiles, & sermones aureos de Sanctis. Fecit etiam alia quamplura opuscula, tam in philosophia quam in logica, quæ in suo conventu habentur.

Floruit etiam hoc tempore frater Petrus Hieremiæ Siculus, qui Bononiæ ad ordinem receptus, postmodum ad Siciliam profectus, magnam partem illorum conventuum reformavit. Hic sanctus pater multos doctos & pulchros sermones compilavit, & sancte in Domino obdormivit.

Frater quoque Manfredus excellentissimus ac fructuosissimus prædicator & hæreticæ pravitatis inquisitor, vir bonus & sanctus, qui magnum fructum prædicando fecit, & postmodum Romæ sancto fine quievit.

Hoc tempore etiam floruit dominus frater ANTONINUS archiepiscopus Florentinus, vir doctus & sanctus, qui Summam in quatuor partes distinctam compilavit. Insuper Confessionalia tria, unum litterale & duo vulgaria. Item sermones plurimos, ac novissime chronicam ab initio mundi usque ad tempora sua. Claruit post mortem miraculis pluribus, utpote qui sanctus ac pater pauperum in vita sua fuerat.

Anno Domini MCCCCLI. electus est in magistrum ordinis XXVII. frater PETRUS ROCHIM, & infra XV. dies obiit.

Anno Domini MCCCCLII. electus fuit Romæ in capitulo generali in magistrum ordinis XXVIII. frater GUIDO FLAMOCHETI, qui infra annum suæ electionis obiit.

Anno Domini MCCCCLIII. electus fuit canonice in magistrum ordinis XXIX. frater MARTIALIS AURIBELLI de Avinione provinciæ Provinciæ, sacræ theologiæ magister, tenacissimæ memoriæ, & prudentissimus ac doctissimus. Hic animo constans, multas perpessus est persecutiones injustas. Hujus generalis tempore canonizatus fuit B. VINCENTIUS cum maxima solemnitate, & tanta fuit multitudo virtutum & miraculorum ejus recitata, quod omnibus versum est in stuporem. Inter alia autem probata est, quod post mortem XXVIII. mortuos suscitaverat. Hic etiam multos conventus in Italia, Flandria, Hollandia, & aliis provinciis reformavit, & postquam IX. annis ordinem feliciter rexerat, quibusdam id quærentibus, a PIO pontifice a generalatu absolvitur.

Anno Domini MCCCCXLVII. dominus NICOLAUS papa V. electus, sedit annis octo. Hic vir doctissimus fuit, & ordinis amicus satis, utpote a quo sapientiam hauserat Bononiæ constitutus. Quo defuncto, anno Domini MCCCCLV. creatus fuit pontifex CALIXTUS III. & sedit annis tribus & mensibus III. Hic canonizavit beatum Vincentium, ut prædictum est.

Anno Domini MCCCCLVIII. electus fuit in papam PIUS II. Senensis, qui contra Turcas multa facere tentavit; sed morte præventus non perfecit. Sedit autem annis v. mensibus XI. diebus XXVI. Hic post diligentem inquisitionem, ut moris est, factam, B. CATHARINAM Senensem sanctorum catalogo ascripsit cum magna solemnitate.

Anno hujus pontificis IV. scilicet MCCCCLII. magister CONRADUS de Ast, provinciæ Lombardiæ, electus fuit in magistrum XXX. ordinis, post absolutionem magistri MARTIALIS, qui ordinem rexit annis tribus, & postea cessit generalatui in capitulo Novariensi MCCCCLXV. in quo magister MARTIALIS iterum est concorditer reassumtus ad generalatum. In eo vixit usque ad annum Domini MCCCCLXXIII. & in conventu suo Avinionensi ad Dominum migravit.

Tempore hujus pontificis surrexit magna altercatio inter fratres Prædicatores & Minores de materia Sanguinis Christi, an videlicet divinitas fuerit separata a Sanguine Christi in cruce effuso, fratribus Prædicatoribus asserentibus pro parte negativa, & adducentibus rationes & auctoritates sanctorum doctorum, & etiam contrariæ opinionis condemnationem factam in ecclesia cathedrali Barchinonensi, de mandato Domini CLEMENTIS papæ VI. fratribus autem Minoribus deducentibus pro parte affirmativa opinionem Francisci Mayronis. Tandem post longas disputationes conclusum & sententiatum est pro opinione fratrum Prædicatorum; sed ad scandalum evitandum utrique parti silentium impositum fuit.

Hoc tempore claruit doctissimus vir frater Gabriël de Barchinona magister theologiæ, qui in dicta materia Sanguinis Christi publice coram pontifice disputando palmam & victoriam est consecutus. Floruerunt etiam cum eo ibidem frater Jacobus sacræ theologiæ doctor, inquisitor hæreticæ pravitatis strenuissimus, ac magister Vercellinus de Vercellis, vir apprime doctus & eruditus, & hi omnes erant ex parte conventus Bononiensis ad istam disputationem transmissi. Floruerunt etiam eo tempore magister Johannes de Neapoli, prædicator excellentissimus, & frater Johannes de Pistorio in tota Italia famosissimus, quorum prior beatæ CATHARINÆ Senensis præconia, posterior vero beati VINCENTII miracula prædicando magnum fructum fecerunt in populis.

Anno Domini MCCCCLXIV. dominus Paulus II. Venetus in papam eligitur, & sedit annis VI. & mensibus X. Hujus tempore magister MARTIALIS reassumtus est ad generalatum de ejus mandato.

Anno Domini MCCCCLXXI. electus est in pontificem dominus Sixtus papa IV. ordinis Minorum, & sedit annis XIII. Hic privilegia ordinis ampliavit, & gratias multas dedit.

Anno Domini MCCCCLXXIV. electus fuit Romæ in capitulo generali ex lectore sacri palatii magister LEONARDUS DE PERUSIO in generalem XXXII. & rexit ordinem annis VII. & Romæ obiit cum spe pilei quod non habuit. Hic valde remissus fuit, & maxime in causa stigmatum beatæ Catharinæ.

Anno Domini MCCCCLXXX. electus fuit in generalem magistrum XXXIII. procurante Sixto pontifice, magister SALVUS CASETA Siculus, & rexit ordinem duobus annis & tribus mensibus. Hic jussu pontificis in Teutoniam legatus directus, corpus beati ALBERTI MAGNI transferri fecit: quod quidem ita integrum est repertum, ac si de novo fuisset positum, licet ducenti anni ab ejus obitu essent decursi. Cujus brachium ipse inde ad pontificem detulit, quod nunc est in conventu Bononiensi. Regressus autem cum pileum se habere speraret, in sepulcro moriens collocatus est Romæ in conventu Minervæ.

Anno Domini MCCCCLXXXIV. electus est in magistrum ordinis XXXIV. cum magna ordinis altercatione & violentia frater BARTHOLOMÆUS COMACIUS Bononiensis, magister theologiæ, & IX. mensibus ordinem rexit.

Anno Domini MCCCCLXXXIV. electus est in papam dominus INNOCENTIUS papa VIII. & sedit annis VII. & mensibus XI. Hoc tempore in ordine Prædicatorum claruit magister Alanus Brito, vir doctissimus & devotissimus, cui beatissima Virgo rosarium prædicandum revelavit. Item magister Jacobus Spenger Teutoniæ provincialis, qui prædictum rosarium plurimum dilatavit. Item frater Dominicus de Flandria, vir doctissimus, qui super metaphysicam Aristotelis magnum volumen composuit. Item super libros Posteriorum & libros de Anima, & multa alia præclare & subtiliter scripsit. Claruit etiam magister Petrus de Bergomo, vir inter omnes sui temporis doctissimus, qui multis annis regens Bononiæ, tabulam super omnia opera sancti Thomæ composuit, & multos præclaros discipulos reliquit, præsertim autem reverendissimum patrem fratrem VINCENTIUM BANDELLUM olim generalem nostri ordinis, & magistrum Thomam Brixiensem, virum sanctum & integerrimum ac doctissimum, & alios plures. Sub eo etiam studuit magister Paulus de Soncino, qui quæstiones acutissimas in libros metaphysicæ composuit, ac multa alia eleganter dictavit.

Hoc tempore etiam Paduæ claruit sapientiſſimus & doctiſſimus vir magiſter Franciſcus de Neritono, qui multos inſignes diſcipulos reliquit, præſertim autem reverendiſſimum dominum D. Dominicum Grimanum cardinalem, virum omnium doctrinarum genere cruditiſſimum; reverendum quoque dominum Antonium Pisamanum Feltrenſem epiſcopum, virum doctiſſimum, & omnium virtutum ſplendore clariſſimum, & alios archiepiſcopos & epiſcopos, & doctores plurimos, cujus fama in æternum manebit. Magiſter etiam Valentinus *Camers* magnæ ſcientiæ hoc tempore floruit & floret.

Anno Domini MCCCCLXXXV. electus eſt in capitulo generali Venetiis in magiſtrum ordinis xxxv. magiſter Barnabas de Neapoli, vir bonus, qui vixit in generalatu menſe uno.

Anno Domini MCCCCLXXXVI. electus eſt in magiſtrum ordinis xxxvi. magiſter Joachim Turrianus Venetus in capitulo generali Venetiis, & rexit ordinem annis XIII. & menſibus II. Hic pater dulciſſimus & humaniſſimus in benignitate & charitate ordinem gubernavit, nulli moleſtus niſi malis omnibus, bonis bonus, & licet multas injuſtas perſecutiones habuerit, victor tamen de omnibus, omnes adverſantes ſibi humiliatos vidit. Tempore hujus patris reverendiſſimi multa in officio divino ſunt addita, & quatuor octavæ ſolemnes inſtitutæ, & memoriæ ſanctorum quæ erant in calendario in feſta trium lectionum ſunt permutatæ. Hic etiam multa bona reliquit officio generalatus, & conventui ſuo multos libros græcos & latinos magni precii, & in ornatum eccleſiæ pulchros pannos & pretioſos. Obiit anno jubilei MD. Romæ cum magna ordinis mœſtitia, qui patrem fratrum ſe amiſiſſe dolebat, & ibidem ſepultus quievit.

Hujus tempore floruit magiſter Vincentius Merlinus Venetus, præclaræ ſcientiæ vir, qui annis pluribus in univerſitate Patavina ſumma cum laude metaphyſicam docuit.

Anno Dominini MCCCCXCII. Alexander VI. electus fuit in papam, & ſedit annis XI. hoc etiam tempore floruit frater Thomas Donatus Venetus origine, & ejuſdem civitatis patriarcha, qui laudabiliter in ordine annos XLIV. percurrens in officio prædicationum, & prioratuum ac multorum aliorum laborum exercitiis, tandem per annos XII. patriarchatu non ſine magnis curis & corporis languoribus ac diuturna cœcitate laudabiliter adminiſtrato, migravit a ſæculo ſeptuagenarius, toti clero & civitati optimam ſuæ adminiſtrationis famam relinquens.

Claruit quoque hoc tempore reverendus pater frater Antonius de Brixia Brixienſis inquiſitor, magnæ prudentiæ vir, qui præclaros ſermones a ſe editos poſteritati reliquit. Hic pater prædicationis tuba per totam Italiam per multos annos gratioſe intonuit, & multorum conventuum prior extitit.

Floruit hoc tempore etiam vir præclariſſimus & doctiſſimus magiſter Paulus de Monelia Januenſis, qui poſt provincialatum Lombardiæ ſuperioris, ſacri palatii magiſter effectus, plures annos in dicto officio magna cum gloria & omnium prælatorum curiæ gratia peregiſſet, per dominum Alexandrum VI. epiſcopus Chii effectus, in legatione ejuſdem pontificis in Buda Hungariæ ad Dominum devotiſſime migravit.

Hoc etiam tempore floruit ſanctiſſima virgo Colomba apud Peruſium ordinis de pœnitentia B. Dominici, cujus miti actus leguntur. Anno MCCCCLXXXVII. non minori apud multos ſanctitatis & doctrinæ apud omnes opinione floruit frater Hieronymus Savonarola Ferrarienſis, qui e congregatione Lombardiæ congregationem Tuſciæ ſeu ſanctæ Mariæ de Florentia erexerat, ac regularem obſervantiam promoverat. Hic poſt reformatos mores & regimen civitatis Florentiæ, facinoroſorum rabie cum duobus, Dominico videlicet & Sylveſtro noſtri ordinis fratribus, in publica platea (ſicut ipſe prædixerat) crematur, ſparſis poſtea in Arnum amnem eorum cineribus. Multa prædixit futura, complura ad catholice fidei confirmationem & morum reformationem doctiſſime ac religioſe ſcripſit. Conciones ejus, quæ vel ex ore prædicantis exceptæ, vel ex annotatis ab ipſo ſummatim & per capita, per alios extenſæ fuerunt, apud multos adhuc habentur in pretio, quæ contra tepidos quemdam ad amorem Dei & contemptum ſui vitalem ſpiritum ſpirare videantur. Rationalem ac naturalem philoſophiam ad compendium exacte clariſſimeque reduxit. Hujus opus eſt liber de triumpho crucis, ſeu Chriſtianæ fidei. Item de ſimplicitate chriſtiana & alia complura.

Apud Ferrariam celebris habita eſt ſoror Lucia Narnienſis, cujus obtentu illuſtriſſimus dux Ferrariæ monaſterium ſolemniſſimum conſtruxit.

Anno Domini MDI. in capitulo generali Romæ celebrato electus fuit unanimiter & concorditer nemine diſcrepante reverendiſſimus pater frater Vincentius Bandellus de Caſtro novo, Terdonenſis diœceſis, Lombardus, in magiſtrum ordinis xxxvii. & ordinem rexit annis v. & menſibus tribus. Hic in adoleſcentia ſua Prædicatorum ordinem ingreſſus, religioſiſſime vixit, ac litteris intentus, magnum ſapientiæ & doctrinæ culmen conſcendit: quam cum per xx. annos & ultra glorioſiſſime per multos conventus legendo, diſputando & ſcribendo, charitative & ſine invidia communicaſſet, & in capitulis tam ordinis quam aliarum religionum, & publicorum ſtudiorum univerſitatibus, publice diſputando cum magna omnium laude oſtendiſſet, & per omnes gradus ſcholaſticos ſucceſſive aſcendiſſet, cathedram magiſtralem summa cum laude Bononiæ est consecutus ibidem per plures annos regens existens. Quo tempore multos egregios apprime eruditos reliquit: inter quos est ordinis nostri monile præcipuum dominus frater Paschasius Hispanus episcopus Burgensis Hispaniæ, vir doctus, sanctus, eleemosynarius & omni virtute adornatus. Scripsit autem prædictus reverendus pater generalis de conceptione beatissimæ Mariæ Virginis tria volumina successive, & tractatum de potestate papæ, & quædam alia, quæ adhuc non sunt divulgata, quæ quidem omnia sapientiam ejus ostendunt. Idem fecit declarationem super constitutiones ordinis ex actis capitulorum generalium excerptam, quæ per capitulum Mediolanense MDV. fuit acceptata & approbata. Dictavit quoque, ut beatissimæ Virginis devotissimus, officia ejusdem de festo Sanctificationis & de Visitatione ejusdem. Dehinc prior Bononiæ bis & totidem vicibus generalis-vicarius congregationis Lombardiæ summa cum laude existens, omnium admiratione administrationem suam complevit. Postea vero prior Mediolani factus, ac principi & omnibus curialibus gratissimus, talia non requirens, divino nutu generalis ordinis summum magistratum, omnibus unanimiter consentientibus electoribus, adeptus est. Quo in magistratu quanta justitia, rectitudine, humanitate, se exhibuerit, nullus est qui ignoret. Nemo ad eum tribulatus vel tristis accessit, qui non ab eo consolatus recesserit. Habebat enim quamdam in vultu & verbis gratiosissimam venustatem, & innatam humanitatem, ut omnes ad sui amorem & reverentiam excitaret. Nulli enim crudelem, immitem se præbebat; sed omnes paterna caritate suscipiens, quantum in se erat consolabatur, & a se bene satisfactos emittebat. Hic igitur piissimus, dulcissimus & sanctissimus pater, post labores diuturnos in ordine tam in studendo quam in legendo & gubernando toleratos, post visitationem provinciarum Romanæ provinciæ, Lombardiæ, Sabaudiæ, Franciæ, Hollandiæ, Flandriæ, Hispaniæ, provinciæ Provinciæ & novissime regni Siciliæ in vigilia sancti Augustini MDVI. in conventu Montis-Alti Calabriæ septuagenarius migravit ad Dominum, corpus suum Neapoli in conventu S. Dominici mandans tumulari. Fecit hic pater dulcissimus duo capitula generalia, quibus sanctissimas ordinationes pro utili ordinis reformatione statuit, ad quam opere complendam enixius laboravit. Nam conventum Parisiensem & alios multos, præcipue autem in provinciis ultramontanis reformavit. Sub ejus etiam generalatu emanavit bulla a domino Julio papa II. de temporalitate prælatorum ordinis. Hujus viri præclarissimi memoria in benedictione erit, & laudem ejus narrabit omnis ecclesia sanctorum. Floruit hoc tempore vir doctissimus magister Dominicus de Mortario ordinis, & præfati reverendissimi patris generalis socius, qui postea quam per xv. annos & ultra generosissime in ordine legisset, & multos excellentes discipulos instituisset, Bononiæ plenus virtutibus & bonis operibus beato fine quievit. Amen.

BERNARDI GUIDONIS
LIBELLUS
SEU TRACTATUS MAGISTRORUM
ORDINIS PRÆDICATORUM,
NECNON ET PRIORUM PROVINCIALIUM provinciæ Provinciæ seu Tolosanæ.

Ex mf. olim Stephani Baluzii nunc bibliothecâ regiâ.

INCIPIT TRACTATUS de tribus (a) gradibus prælatorum in ordine Prædicatorum, ubi primo agitur de magistris.

Uoniam funiculus triplex difficile rumpitur, ordinavit beatus Dominicus, quod religio Prædicatorum, quam ipse instituit, regatur per tres ordines prælatorum, scilicet per magistros, priores provinciales & priores conventuales, qui omnes in ea canonice eliguntur.

Magistri ordinis fratrum Prædicatorum fuerunt hi successive.

Primus ac præcipuus dominus & magister ordinis fratrum Prædicatorum fuit B. Dominicus, natione Hispanus, de villa quæ dicitur Calaroga, diœcesis Oxomensis, vir scientia Dei plenus, vita sincerus, religione conspicuus; qui fuit primo canonicus-regularis ac subprior regulatus & regulans in ecclesia Oxomensi provinciæ Toletanæ, qui subprioratus habebat in eadem ecclesia personatum.

Incepit autem ordinem Prædicatorum mente concipere & tractare in partibus Tolosanis; a primordio computando quo Tolosam advenit, anno Domini MCCIII. pontificatus domini Innocentii papæ tertii anno sexto, qui sedit annis octodecim, mensibus quatuor, diebus viginti tribus.

Anno siquidem Domini MCCIII. B. Dominicus cum felicis memoriæ DIDACO suo episcopo Oxomensi in Marchias sive in Daciam proficiscens, exigente matrimoniali negotio ab ALPHONSO rege Castellæ sibi commisso, transiens per Tolosam, prima nocte, qua ibidem hospitio sunt recepti, hospitem suum hæretica pravitate, quæ multum in illis partibus invaluerat, infectum esse deprehendit, & cum eo multa disputatione & persuasione fortiter & ferventer agens, cum non posset hæreticus resistere sapientiæ & Spiritui qui loquebatur, eadem nocte ipsum hæreticum ad veritatem fidei catholicæ, Deo cooperante, convertit; & ex tunc concepit infidelium conversioni operam dare, ac statum religiosum instituere, & ipsum prædicationi evangelicæ dedicare. Per annum autem in dicto negotio regis Castellæ moram contrahens, cum præfato episcopo Romam adiit, & notitiam sibi, immo & gratiam summi pontificis ac ejus collateralium vindicavit.

Anno Domini MCCV. in fine quarti istius anni deliberavit præfatus episcopus cum S. Dominico redire in Hispaniam. Transeuntes autem per Montempessulanum, invenerunt ibi quemdam apostolicæ sedis legatum, cum duodecim abbatibus Cisterciensis ordinis, qui convocatis & præsentibus archiepiscopis & episcopis ac aliis ecclesiarum prælatis, super cruce prædicanda in terra Albigensi, & prædicatione infidelium concilium celebrabant. Accersitis ergo DIDACO episcopo & B. DOMINICO, a legato, inquisivit quonam modo commodius id cujus gratia missus erat executioni mandaret; quorum extitit, Spiritu suggerente, consilium, ut dicti abbates & ceteri ad prædicationis officium deputati, abjecta pompa superflui apparatus in equitaturis & vestibus & expensis, pedites Christum pauperem in paupertate voluntaria prædicarent, & remissis Oxomam

---

(a) Tertium gradum, de prioribus scilicet conventualibus, tanti non duximus, ut hic locum ei daremus. In historia tamen fundationum, quæ de nonnullis eorum memoratu digna judicavimus, referre curabimus.

suis clericis cum evectionibus & supellectili, & diverso quem secum tulerant apparatu, primi hoc facere pollicentur. Prosequentes itaque hoc modo prædicationis officium, ipsum dicti abbates & ceteri ad hoc sunt sequuti. Per continuum autem biennium sunt omnes in dicto prædicationis officio demorati, multum fructum in populo facientes. Post biennium vero præfatus DIDACUS episcopus Oxomensis, ne forte negligentiæ posset argui circa sibi commissam ecclesiam Oxomensem, in Hispaniam redire decrevit: qui cum Castellam intrasset, post paucos dies vitam præsentem in magna sanctitate complevit, bonorum laborum fructum gloriosum accepturus in abundantia, sepulcrum ingrediens in requiem opulentam, anno Domini MCCVII. Fertur autem post mortem miraculis claruisse.

Anno Domini MCCVI. S. DOMINICUS monasterium quoddam instituit, quod dicitur Prulianum, in diœcesi Tolosana, ad susceptionem monialium, sub clausura perpetua propriis manibus laborantium ; & ex tunc fortius cœpit de ordinis institutione tractare. Cujus propositum dominus PETRUS AMELII archiepiscopus Narbonensis, & dominus FULCO episcopus Tolosanus Cisterciensis ordinis, & vir inclytus dominus SIMON comes Montis-fortis, ducti zelo fidei, fovere cœperunt, decimasque & ecclesias atque castra sibi & ejus sequacibus ad eorum sustentationem dederunt; & ideo plures scientia præditi & sermone facundi sibi ad prædicationis officium adhæserunt.

Anno Domini MCCVII. audito obitu præfati episcopi Oxomensis, prædictus legatus apostolicus & abbates duodecim præscripti, & ceteri qui in partibus Tolosanis & Albigensibus causa prædicationis remanserant, ad propria sunt reversi. Solus autem beatus Dominicus cum paucis sibi adhærentibus in prædicatione, indefessa continuatione permansit. Nec aliquis sociorum in aliquo sibi voti vinculo tenebatur, sed gratis eum propter suæ sanctitatis meritum sequebantur. Post obitum vero præfati domini Didaci, mansit B. Dominicus quasi per decem annos in provincia Narbonensi, maxime in partibus Tolosanis, & Carcassesii, & Albigesii, in quibus pestis hæretica amplius sæviebat, confundens hæreticos & confirmans catholicos verbis pariter & exemplis, annuntians Dominum JESUM CHRISTUM sequentibus signis & miraculis gloriosis, videlicet usque ad tempus Lateranensis concilii, quod celebratum fuit sub præfato Innocentio papa tertio, anno Domini MCCXV. mense Novembri.

Circa annum Domini MCCXIV. ingruente tempore quo ad Lateranense concilium Romam adire cœperunt episcopi, obtulerunt se S. Dominico duo probi viri & idonei de Tolosa, quorum unus fuit frater Petrus Cellani, qui fuit postmodum primus prior Lemovicensis ; alter vero frater Thomas, vir admodum gratiosus & sermone facundus. Horum primus nobiles & insignes quas Tolosæ circa castrum Narbonense domos possederat, obtulit & dedit S. Dominico & ejus sociis ; a quo tempore cœperunt primum apud Tolosam in eisdem domibus commorari, atque ex tunc omnes qui cum ipso aderant magis ac magis ad humilitatem descendere, & religiosorum se moribus conformare. Præfatus frater Petrus postmodum ludendo sæpius dicebat, quod ipse ordinem in suis videlicet domibus, non ordo ipsum recepisset. In eisdem vero domibus inquisitores pravitatis hæreticæ postmodum habitaverunt Tolosæ usque in præsentem diem.

Anno Domini MCCXV. profectus est sanctus DOMINICUS cum præfato domino FULCONE episcopo Tolosano, ad prædictum concilium generale, cum quo adiit præfatum dominum Innocentium papam tertium, petens ut dignaretur sibi ordinem confirmare, qui Prædicatorum diceretur & esset. Cujus petitioni difficilem se exhibens, pro eo quod prædicationis officium majorum esset Dei in ecclesia prælatorum, vidit summus pontifex in ipsa nocte, quod ecclesia Lateranensis caput omnium ecclesiarum, gravem minaretur ruinam; sed vir Dei DOMINICUS eam suis humeris sustentabat. Cujus intellectum altius percipiens vicarius JESU CHRISTI, tandem sancto viro respondit, ut ad fratres suos rediens, invocato Spiritu sancto aliquam eligerent regulam approbatam, & sic confirmationem ad libitum reportaret. Qui obtemperans vicario JESU CHRISTI ad fratres rediit, & verbum summi pontificis patefecit, & juxta ipsum omnes in Pruliano pariter congregati, qui erant numero circiter sexdecim, quorum nomina quæ reperire potui superius sunt notata, regulam beati Augustini doctoris & prædicatoris egregii, ipsi Prædicatores futuri re & nomine confirmandi, unanimiter elegerunt. Post aliquot autem menses regressus Romam B. DOMINICUS memoratum Innocentium papam defunctum apud Perusium invenit ; sed Perusinis artantibus cardinales, Honorium III. reperit in honorem apostolicum sublimatum, a quo quod a prædecessore ejus postulaverat plenissime impetravit.

Anno Domini MCCXVI. æstatis tempore data est B. Dominico & fratribus suis a bonæ memoriæ FULCONE episcopo Tolosano cum assensu totius capituli, una ecclesia in civitate Tolosana, in honore B. Romani martyris fundata ; circa quam protinus ædificatum est claustrum, cellas habens ad studendum & dormiendum, desuper satis apertas, (erant autem ut dictum est supra, fratres numero circiter sexdecim,) & alia ecclesia in villa Appamiensi:

pamiensi : tertia vero ecclesia inter Sorici- nium & Podium Laurentii, quæ vocatur ecclesia beatæ Mariæ de Lescura, in quarum qualibet conventus & prioratus esse debebat; in his vero duabus ultimis nullum umquam fratrum contigit habitare.

Interfuerunt autem præfato Lateranensi concilio in mense Novembri celebrato Romæ, in basilica Lateranensi quæ Constantiniana vocatur, mille ducenti viginti quinque ecclesiarum prælati.

Anno Domini MCCXVI. XI. calendas Januarii crastino B. Thomæ Apostoli, indictione quinta Romæ apud S. Petrum fuit confirmatus ordo Prædicatorum, & B. DOMINICUS quem Deus elegerat ab æterno, & Innocentius papa tertius approbaverat præcedenti anno, fuit institutus & confirmatus magister & dominus ordinis ab Honorio papa tertio præfati Innocentii successore, pontificatus ipsius domini Honorii anno primo. Hic Honorius papa S. Dominico & fratribus suis plura privilegia & libertates contulit, & ecclesias ac decimas atque castra & possessiones datas S. Dominico confirmavit, sicut in privilegio de confirmatione ordinis continetur.

Anno Domini MCCXVII. S. DOMINICUS Romam rediit, per se & fratres suos multiplicationi fratrum & dilatationi ordinis dando operam efficacem; qui cum in basilica S. Petri pernoctaret, & in conspectu Dei orationem suam pro conservatione & dilatatione ordinis, quem per ipsum Deus propagaverat, effunderet, facta manu Domini super eum, apparuerunt ei Petrus & Paulus, quorum primus baculum, secundus vero librum tradere videbantur, addebantque: Vade & prædica, quoniam a Deo ad hoc ministerium es electus. Moxque videbat fratres suos licet paucos per orbem dispersos, incedentes binos & binos, verbum Dei populis prædicantes. Quapropter Tolosam rediens, Spiritu sancto invocato, fratres dispersit, & quosdam quidem in Hispaniam, quosdam vero Parisius, alios vero Bononiam destinavit, & fratrem MATTHÆUM Gallicum ab omnibus electum in abbatem eis præfecit: ipse vero Romam iterum est reversus.

Anno Domini MCCXVIII. data est fratribus Prædicatoribus domus S. Jacobi Parisius a magistro Johanne decano B. Quintini, & ab universitate Parisiensi, ad instantiam precum præfati domini Honorii papæ tertii, quam intraverunt ad habitandum VIII. idus Augusti.

Anno eodem Domini MCCXVIII. circa principium per B. Dominicum missi fuerunt fratres a Roma Bononiam, videlicet Johannes de Navarra, & quidam frater Bertrandus, postmodum vero frater Christianus cum fratre converso, qui moram facientes Bononiæ, magnam perpessi sunt ibidem angustiam paupertatis.

Anno Domini MCCXVIII. cum B. Dominicus esset Romæ, magister Reginaldus sancti Aniani Aurelianensis decanus, a Regina cœli junctus est Romæ, ostenso sibi cœlitus per B. Virginem habitu Prædicatorum: En, inquit Virgo Maria, iste est habitus ordinis tui, scapulare quale deferimus, omnemque hujus ordinis habitum sibi demonstrans; & ex tunc tam B. Dominicus quam ceteri fratres, habitum quem Virgo demonstraverat assumserunt, nam antea superpelliciis utebantur; ipsumque habitum Reginaldus a B. Dominico tam feliciter quam perseveranter accepit, missusque est per B. Dominicum Bononiam, quo pervenit XII. cal. Januarii, scilicet in festo B. Thomæ apostoli, ibique ædificationi populorum & multiplicationi fratrum dedit operam efficacem.

Anno eodem Domini MCCXVIII. post receptionem fratris Reginaldi ad ordinem, B. DOMINICUS in Hispaniam profectus est, ubi duas domos instituit, unam scilicet apud Majoricum, quæ modo est monialium sororum ordinis nostri; & alteram apud Segobiam, quæ domus fratrum Prædicatorum in Hispania prima fuit.

Anno Domini MCCXIX. B. Dominicus de Hispania venit Parisius, & in domo S. Jacobi præfata conventum triginta fratrum invenit, & inde misit Lemovicas ad conventum accipiendum ibidem fratrem Petrum Cellani, Tolosanum superius memoratum; qui cum ignorantiam & librorum penuriam allegaret, nam unum solum quaternum de Homeliis B. Gregorii tantum habebat, respondit pius pater, cujus cor erat fiduciam habens in Domino: Vade, inquit, fili, & confidenter vade, omni die bis habebo te coram Deo, & ne dubites, multos acquires Domino, & afferes multum fructum; cresces & multiplicabis, & Dominus erit tecum. Et sic ipse frater Petrus post modum suis familiaribus enarravit. Cum intus vel extra angustia arctabatur, invocabat Dominum & Dominicum, reducens ad memoriam promissum suum, & omnia ei prospere succedebant.

Anno Domini MCCXIX. beatus Dominicus de Parisius profectus est Bononiam, & apud S. Nicolaum magnum invenit fratrum collegium, quos sub disciplina Christi fratris Reginaldi cura & diligentia nutriebat. Transmisit autem inde Parisius memoratum fratrem Reginaldum, qui semper & ubique indefesso mentis fervore CHRISTUM JESUM & hunc crucifixum verbo prædicabat & opere: sed cito de terra sustulit illum Deus, & consummatus in brevi, explevit tempora multa; sepultus est autem Parisius in ecclesia beatæ Mariæ de Campis, eo quod nondum fratres sepulturam haberent.

Anno Domini MCCXX. sanctus Dominicus primum generale capitulum Bononiæ celebravit: in quo capitulo per constitutionem perpetuam, omnibus temporalibus abdicatis, resignando tam præsentibus redditibus quam futuris, ordo Prædicatorum paupertatem voluntariam est professus: in quo etiam fuit statutum, ut capitulum generale uno anno Parisius, alio anno Bononiæ celebretur, ita tamen quod sequens immediate capitulum deberet propter solemnitatem numerosi tunc conventus apud Bononiam celebrari, sicut & factum fuit. Multa etiam fuerunt statuta ibidem, quæ usque hodie in ordine observantur. Huic capitulo interfuit frater Jordanis, successor B. Dominici, sicut ipsemet in suo libello describit.

Anno Domini MCCXXI. fuit a beato Dominico secundum generale capitulum Bononiæ celebratum; in quo capitulo vel in præcedenti, quod magis æstimo, sed certitudinem plenariam non inveni, fundatis jam per orbem conventibus circiter sexaginta, dicti conventus per octo provincias sunt distincti, scilicet Hispaniam, Provinciam, Theutonicam, Lombardiam, Romanam provinciam, Franciam, Hungariam, Angliam.

Vide tom. 4. Anecdot. p. 1670.

Priores provinciales primi instituti sunt hi qui sequuntur.

Primus prior provincialis in provincia Provinciæ, frater Bertrandus de Garriga supra commemoratus & inferius memorandus.

Primus provincialis in provincia Hispaniæ, frater Suggerus.

Primus prior provincialis in provincia Franciæ, frater Matthæus supra memoratus, qui fuit primus & novissimus ordinis nostri abbas.

Primus prior provincialis in provincia Lombardiæ, frater ac pater Jordanis, sicut ipsemet in suo libello descripsit.

Primus prior provincialis in provincia Angliæ, frater Gilibertus.

De Theutonica, Hungaria & Romana provincia nondum potui certitudinem invenire.

Anno Domini MCCXXI. frater Paulus Hungarus, qui quando intravit ordinem erat actu legens in jure canonico Bononiæ, cum aliis quatuor fratribus missus est in Hungariam per beatum Dominicum. Hunc æstimo primum priorem provincialem fuisse illius provinciæ, non tamen assero, quia aliter non inveni.

Eodem anno octavo idus Augusti post secundum capitulum generale, quod eodem anno fuerat Bononiæ celebratum, B. Dominicus apud Bononiam, secundum quod ipse prædixerat, transivit ex hoc mundo ad Patrem Deum cui servierat in spiritu & humilitate, quem dominus HUGOLINUS cardinalis episcopus Ostiensis, tunc apostolicæ sedis legatus, per semetipsum in ecclesia S. Nicolai tradidit sepulturæ, & ei familiariter sibi noto solemnes exequias celebravit: quæ quidem ecclesia sancti Nicolai data fuerat fratribus missis de Roma per beatum Dominicum anno Domini MCCXVIII.

Supervixit autem B. Dominicus a confirmatione sui ordinis annis quatuor, mensibus septem, diebus quindecim; ab exordio vero primo, quo de ordinis institutione tractare concepit & incepit, usque ad diem sui felicis transitus, fluxerunt anni circiter octodecim, quibus in officio prædicationis salubriter excursis, quievit feliciter plenus miraculis plusquam annis.

Anno Domini MCCXXIII. translatum fuit primo corpus B. DOMINICI ab archiepiscopo Ravennate & quatuor episcopis, & magistro Jordane suo dignissimo successore, levatum a terra in arcam primam marmoream, sicut in historia de translatione ejus plenius continetur, in capitulo generali Bononiæ celebrato, congregatis ibidem plusquam trecentis fratribus. Videbatur enim & hoc beati viri sarcophagum acclamare; nam cleri & populi ad ipsum devotione crescente, monumentum elevabatur a terra, quasi virtute interiori exterius pelleretur. In prima autem apertione sepulchri tanta odoris suavitate repleti sunt omnes, ac si cœlestium cella aromatum patuisset; & multi compuncti, & plures a diversis infirmitatibus sunt sanati.

Hunc beatum patrem Dominicum præfatus dominus Hugolinus episcopus Ostiensis post mortem Honorii III. factus papa, & Gregorius IX. appellatus, canonizavit, & sanctorum catalogo annotavit apud Reatam civitatem Tusciæ v. nonas Julii, anno Domini MCCXXXIV. pontificatus ipsius Gregorii papæ noni anno VIII. & a felici ejus transitu anno XIII.

Gesta præclara B. Dominici conscripserunt qui sequuntur fratres viri præclari.

Primo omnium venerabilis frater ac pater magister Jordanis dignus ejus successor in libello seu tractatu suo quem intitulavit *De principio ordinis fratrum Prædicatorum ante canonizationem ipsius*, & generale capitulum approbavit; qui libellus incipit in prologo hoc modo: *Filiis gratiæ cohæredibus gloriæ fratribus universis*. Vita autem seu legenda (a) incipit ibidem in secundo capitulo hoc modo: *Hujus temporibus fuit quidam adolescens nomine Dominicus*. [a]

Secundo scripsit frater Petrus (b) Ferrandi Hispanus natione de Galexia, post canonizationem S. Dominici, & generale capitulum similiter approbavit: hæc legenda incipit, ut æstimo: *Beatus Dominicus adhuc putulus suo nutricis custodia constitutus*. [b]

Tertio scripsit frater CONSTANTINUS, qui fuit

(a) De ista legenda fuerunt amota quædam, sicut paret in actis capituli generalis Bononiæ celebrati anno Domini M. CCXLIII. Item in actis capituli Valencenis celebrati 23. MCCLIX.
(b) De isto fratre Petro Ferrandi habetur in vitis fratrum lib. 5. cap. 3.

episcopus Urbe-vetanus, de mandato venerabilis patris magistri ordinis fratris Johannis Theutonici, sicut patet in epistola ipsius fratris Constantini, quæ incipit : *Reverendo in Christo Patri*. Prologus vero incipit consequenter hoc modo : *Multifarie multisque modis*. Legenda vero incipit hoc modo : *Venerabilis quidem pater beatus Dominicus* ; & hanc legendam similiter generale capitulum approbavit.

Scripsit etiam dilectus Deo & hominibus frater Geraldus de Fracheto Lemovicensis diœcesis, prior provincialis Provinciæ, quasi colligens spicas quæ manus metentium evaserunt, sicut ipsemet testatur ibidem, multa quæ omissa vel ignorata ab aliis scriptoribus videbantur recolligens & componens in secundo libro, qui Vitas fratrum inscribitur, quem ipse composuit & quinque libellis distinxit, qui secundus liber incipit : *Non debet videri superfluum*.

Scripsit nihilominus venerabilis pater frater Hymbertus magister ordinis quintus, omnia bene dicta & posita a præcedentibus recolligens &° compingens, conflans unam compilationem ex legenda præfati fratris Ferrandi & fratris Constantini, minus necessaria resecans, bene posita altius repetens, stylo fideli, pulchro & venusto, ordine quoque valde rationabili & congruo, quæ in pluribus ceteris antefertur, sicut patet diligenter examinanti & conferenti, idem assumens principium quod & fr. Constantinus in suo prologo, scilicet in sequentibus, in locis suis etiam in ipso prologo superaddens & immutans convenienter & apte. Prologus incipit sic : *Multifarie multisque modis*. Legenda vero incipit consequenter hoc modo : *Beatus Dominicus fratrum Prædicatorum dux & pater inclytus*.

Frater Jacobus de Voragine Lombardus, postmodum archiepiscopus Januensis, suam conflavit compilationem more suo in vitis sanctorum novis, sicut & de aliis sanctis fecit, prout ibidem patet.

Frater Thedericus de Appoldia Theutonicus, de conventu Erfordensi, provinciæ Saxoniæ, tempore & jussu venerabilis patris fratris Munionis magistri ordinis nostri septimi, librum novum quem intitulavit *De vita & miraculis S. Dominici, & de ordine Prædicatorum quem instituit*, compilavit circa annum Domini MCCXC. per capitula & rubricas. Primus liber post omnes prologos incipit in hunc modum : *Dominicus humilis servus Jesu Christi*.

Secundus magister ordinis dignus successor ac præcipuus imitator S. Dominici, fuit frater JORDANIS Theutonicus, verus Israëlita Dei. Hic electus fuit in magistrum in tertio capitulo generali ordinis, quod fuit Parisius celebratum anno Domini MCCXXII. erat autem tunc temporis prior provincialis Lombardiæ. Sub isto autem magistro maxime fuit ordo & merito & numero dilatatus : hic namque annis fere quindecim optime regens & dirigens ordinem, mille fratres & amplius manu sua fertur ad ordinem recepisse, & sanctum habitum induisse. Tempore quoque ipsius anno Domini MCCXXVIII. in primo capitulo generalissimo ordinis, quod fuit Parisius celebratum, primis octo provinciis per B. Dominicum institutis fuerunt quatuor superadditæ, scilicet Polonia, Dacia, Græcia, Terra sancta, sicut notatum inveni. Scilicet in notulis cujusdam antiqui fratris, qui fuit circa hujusmodi studiosus, & ab ejus ore ipse audivi. Qualis autem & quantus extiterit pater & magister iste in libro tertio qui *Vitas fratrum* inscribitur, plenius est descriptum. Hic consuetudinem de cantando *Salve regina* induxit, duo capitula generalissima celebravit, litteras de capitulo generali ad provincias primus misit. Sub ipso fratres ad legendum Parisius primo licentiati fuerunt, & duas scholas habuerunt. Hic beatus pater dum ad terram sanctam ad visitandum loca sancta & fratres transiret, pertransivit ad terram viventium beatorum idibus Februarii anno Domini MCCXXXVI. non fuit autem celebratum generale capitulum in sequenti festo Pentecostes illo anno. Locus autem ubi sancta corpora ipsius patris ac fratris Jordanis, & duorum sociorum ejus, scilicet unius fratris clerici Geraldi nomine, & unius fratris conversi vocati Albisii, in littore civitatis quæ vocatur Sathaliæ, quæ dicitur Persilenæ, usquequo fratres de Acon venerunt, & cum barcha eos in suam ecclesiam transtulerunt, ubi dictus pater quiescit in Domino, & multa multis præstitit beneficia salutis.

Tertius magister ordinis successor fratris ac patris Jordanis fuit frater RAYMUNDUS de Penna-forti Cathalaunus, natione Barchinonensis, electus in magistrum in capitulo generali Bononiæ celebrato anno Domini MCCXXXVIII. Cumque eligeretur, inclusis electoribus, ut moris est, orantibus fratribus ceteris ante sacrum corpus S. Dominici, vidit in visione imaginaria quidam frater devotus illic orans, omnes electores de camera exeuntes, & in medio ecclesiæ maximam unam columnam erigentes, quæ erat guttis sanguineis purpurata, attingens a summo usque deorsum : quod cum intuens lætaretur, ecce facto signo ad capitulum omnes electores venerunt, & electum concorditer ab omnibus in primo scrutinio eum nominaverunt ; ipse vero præsens in capitulo non erat, sed in conventu Barchinonensi existebat. Missi sunt autem ad eum apud Barchinonem pro magisterio præsentando & suscipiendo, frater Hugo prior provincialis Franciæ, frater Pontius de Sparra prior provincialis Provinciæ, frater Philippus, qui prior fuerat Syriæ, sed in eodem capitulo fuerat absolutus; frater Stephanus Hispanus, qui in eodem capitulo fuerat absolutus a prioratu Lombardiæ quem diu rexerat, & alii multi clerici fratres. Præfatus frater Raymundus fuit doctor in decretis B. monis, & domini papæ capellanus & pœnitentiarius, qui mandante domino Gregorio papa IX. compilaverat decretales. Fecit etiam summam perutilem de casibus sive de pœnitentia. Item constitutiones nostras per distinctiones & capitula ordinavit. Hic cum per biennium rexisset ordinem, propter nimiam debilitatem sui corporis ad suam magnam instantiam fuit a magisterio absolutus in capitulo generali Bononiæ celebrato anno Domini MCCXL. ex cujus absolutione secuta est tanta turbatio, quod statutum fuit quod magistri cessio non admitteretur in posterum, nisi ob impedimenta perpetua. Supervixit autem vir humilitatis eximiæ & sanctitatis magnæ annis triginta quinque in conventu Barchinonensi, ubi quievit in Domino, in die epiphaniæ, octavo idus Januarii, anno Domini MCCLXXV. ubi multam & magnam ipsius sanctitatem crebra miracula protestantur.

Quartus magister ordinis successor fratris Raymundi fuit frater JOHANNES Teutonicus, episcopus quidem Bosnensis in Hungaria, electus in magistrum in capitulo generali Parisius celebrato anno Domini MCCXLI. Hic prius fuit prior provincialis Hungariæ, ibique factus episcopus, tandem cessionem impetravit, & post factus est prior provincialis Lombardiæ, & in magistrum ordinis assumtus: quem renitentem & se pontificali exemtione defendentem, littera domini Gregorii papæ statim deducta in medium compulit, quæ dicebat, quod hoc ipso quod eum ab onere episcopali absolverat, obedientiæ ordinis & laboribus & officiis supponebat. Hic cum Parisius ab inclusis electoribus, ut moris est, eligeretur, orans quidam frater religiosus & aliquantulum dormiens, videbat quod idem frater Johannes in curru igneo ferebatur per claustrum, & evigilans consocio dixit, Talis erit magister. Hic fuit vir in omni bonitate conspicuus, in aspectu & affatu gratiosus, qui vivens & moriens fertur & scribitur miraculis claruisse. Hic bene rexit ordinem annis duodecim, migravitque ad Dominum pridie nonas Novembris, anno Dñi MCCLII. in conventu Argentinensi, provinciæ Teutonicæ, ubi in Domino requiescit: nec fuit celebratum generale capitulum in festo Pentecostes subsequenti.

Quintus magister ordinis successor fratris Johannis Teutonici fuit frater HYMBERTUS, oriundus de villa quæ dicitur de Romanis, diœcesis Viennensis prope Valentiam. Hujus patris electionem quædam soror ordinis apud Argentinam in Teutonia, ubi præfatus magister Johannes obiit & quiescit, in visu noctis hoc modo prævidit. Videbatur enim quod magister Johannes stans in scapulari ad portam sororum dicebat: Ego autem iturus sum in regionem longinquam, & huc amplius non revertar; non autem oportet contristari sorores de meo recessu, quia prior provincialis Franciæ post me fiet magister, qui multa faciet bona. Eodem die magister Johannes bono fine quievit, & in sequenti capitulo generali apud Budam in Hungaria celebrato, anno Domini MCCLIV. dictus prior Franciæ frater HYMBERTUS in magistrum ordinis electus. Hic fuerat Parisius magister in artibus, & cum audisset jus canonicum, intravit ordinem in festo S. Andreæ, & in sequenti quadragesima traxit ad ordinem magistrum suum, scilicet magistrum Hugonem. Hic in ordine fuerat lector Lugdunensis & prior, ac prior provincialis Tusciæ, & postmodum Franciæ. Hic compilavit & ordinavit officium ordinis ecclesiasticum, & librum de omnibus officiis ordinis, & de prædicatione Crucis. Et diversis infirmitatibus & laboribus plurimis excoctus, religionis fuit speculum & imago cunctis aspicientibus. Vir discretus, cautus & litteratus, & præ cunctis generationis hujus gratia Dei plenus, quæ vere in eo lucebat. Dicti autem magistri Hymberti instantia, domino ALEXANDRO papa IV. favente, & Christianissimo Francorum rege LUDOVICO juvante, dissensio grandis & gravis, quæ inter magistros Parisienses & fratres orta fuerat, machinante magistro Guillermo de Sancto amore, finaliter & feliciter ad honorem Dei & ordinis est sopita. Littera etiam quædam, quæ a domino Innocentio papa IV. data fuerat contra ordinem, ipso infra paucos dies defuncto, a domino Alexandro papa in principio sui regiminis revocatur. Cum enim dictus magister ad B. Virginem ordinis nostri patronam devotissime confugisset, ipsa expedivit velociter quod hominibus impossibile videbatur. Hic cum ordinem rexisset & direxisset annis novem, cessit magisterio, & ejus cessio fuit admissa a diffinitoribus capituli generalis Londoniis in Anglia celebrati, anno Domini MCCLXIII. Supervixit autem in honore & religione annis multis, plenusque dierum & operibus bonis ingressus est in abundantia sepulcrum in conventu Valentino in provincia Provinciæ, pridie idus Julii anno MCCLXXVIII. *

*al. 1277.

Sextus magister ordinis successor fratris Hymberti fuit frater JOHANNES de Vercellis provinciæ Lombardiæ, electus ad magisterium in capitulo generali Parisius anno Domini MCCLXIV. Erat autem tunc prior provincialis Lombardiæ. Hic rexerat Parisius in jure canonico, fuitque vir magnæ prudentiæ & experientiæ, fama & opinione ubique præclarus, in optimis notus omnibus, omnium vultus & nomina quos semel noverat quasi memoriter recolebat: instinctu quoque prudentiæ naturalis qua præditus erat, personarum conditiones & merita ex propriis moribus singulorum mirabiliter & subtiliter discernebat, sua unicuique tribuens & impendens. Hic fecit transferri secundo corpus B. Dominici in arcam marmoream, in qua nunc est, quam ipse fieri procuravit; quæ translatio facta fuit per archiepiscopum Ravennatem & alios episcopos in capitulo generali Bononiæ, anno Domini MCCLXVII. Hic patriarchatum Jerosolymitanum a domino NICOLAO papa III. sibi transmissum, accipere recusavit anno Domini MCCLXXVIII. Præfuit autem in magisterio annis fere viginti, in quo post multos labores decumbens in conventu Montispessulani, diem clausit extremum pridie calendas Decembris, anno Domini MCCLXXXIII. sepultus in ecclesia fratrum ad lævam altaris majoris, juxta parietem, in tumulo honorabili; ideoque juxta constitutionem non fuit anno sequenti generale capitulum celebratum.

Septimus magister ordinis, successor fratris Johannis Vercellensis, fuit frater MUNIO Hispanus, electus in magistrum ordinis in capitulo generali Bononiæ celebrato anno Domini MCCLXXXV. Erat autem tunc prior provincialis Hispaniæ. Hic fuit persona venerabilis, nec frangebatur adversitate quacumque, cum tamen multas perpessus fuerit. Hic præfuit magisterio annis sex, & septimus agebatur. Fuit autem a magisterio absolutus per litteram domini Nicolai (a) papæ IV. sibi & ordini destinatam paulo post generale capitulum Palentiæ, anno Domini MCCXCI. Supervixit autem annis novem postquam fuit a magisterio absolutus, fuitque assumtus in episcopum Palentinum in Hispania: tandem ad curiam evocatus, fuit ab onere episcopali absolutus per Bonifacium papam VIII. anno Domini MCCXCV. Mansit autem in curia diu, ibique manens in conventu fratrum diem clausit extremum coram positis fratribus & orantibus, pridie idus Martii anno Domini MCCXCIX. sepultusque fuit in habitu solo fratris, & non in pontificalibus, sicut ipse vivens ita fieri petiit & ordinavit.

Octavus magister ordinis, successor fratris Munionis, fuit frater STEPHANUS de Bisuntio, magister in theologia Parisius, vir facundus & gratiosus admodum prædicator. Hic fuit electus in magistrum in capitulo generali Romæ celebrato, quod prius fuerat apud Coloniam assignatum; sed auctoritate & mandato papæ fuit translatum de Colonia apud Romam anno Domini MCCXCII. Erat autem tunc prior provincialis Franciæ, præfuitque in magisterio annis duobus & dimidio fere: cumque proficisceretur ad curiam, in conventu Lucano Romanæ provinciæ positus, in festo S. Ceciliæ ante horam nonam debitum nostræ mortalitatis exsolvens, spiritum reddidit creatori; in festo vero sancti Clementis ad majoris altaris sinistrum cornu fuit traditus honorificæ sepulturæ anno Domini MCCXCIV. ideoque juxta constitutionem non fuit illo anno generale capitulum celebratum.

Nonus magister ordinis, successor fratris Stephani, fuit frater ac beatissimus pater NICOLAUS de Trivisio. (a) Hic fuit electus in magistrum in capitulo generali in Argentina in provincia Teutoniæ celebrato anno Domini MCCXCVI. Erat tunc prior provincialis Lombardiæ. Hic in pace & humilitate rexit ordinem annis duobus & dimidio, magnus amator & sectator communitatis. Hic venerabilis pater, dominus & magister, quandoque retulit de seipso, qui noverat plenius veritatem, quod quartodecimo ætatis suæ anno Prædicatorum ordinem est ingressus, in quo quatuordecim annis primis studuit & profecit; in aliis quatuordecim annis sequentibus exercuit officium lectoriæ, & quatuordecim annis aliis in prælationis officio in ordine laboravit. Post hæc autem de officio magisterii assumtus fuit ad cardinalatus titulum & honorem anno Domini MCCXCVIII. in prima hebdomada adventus Domini.

BONIFACIUS episcopus servus servorum Dei, dilecto filio fratri NICOLAO de Trivisio quondam magistro ordinis fratrum Prædicatorum, in sacrosanctæ Romanæ ecclesiæ presbyterum cardinalem assumto, salutem & apostolicam benedictionem.

Inter ceteros ordines in agro plantatos Dominico, sacrum fratrum Prædicatorum ordinem dileximus hactenus & diligere non cessamus, ad ea quæ prosperum statum ejus suique honoris incrementa respiciunt paternis studiis intendentes. Volentes itaque personam tuam, quam laudabilis fama refert, ac fide digna clamat assertio claris virtutum insigniis decoratam, & in te præfatum ordinem multipliciter honorari, te nuper de fratrum nostrorum consilio in presbyterum cardinalem sacrosanctæ Romanæ ecclesiæ duximus assumendum. Quocirca discretioni tuæ per apostolica scripta mandamus, quatenus impositum a Domino tibi onus promtâ devotione suscipiens, te submoto dilationis obstaculo præpares ad nostram præsentiam quam citius accessurus. Datum Reatæ nonis Decembris, pontificatus nostri anno quarto.

Præfatam litteram cum bulla per destinatos a papa nuntios accepit ipse dominus Nicolaus in Lesinhano prope Narbonam XIX. cal. Februarii in festo S. Felicis presbyteri & confessoris, anno Dñi prætaxato MCCXCVIII. indeque sequenti mane consurgens, Narbonam intravit feria sexta in festo S. Mauri ab-

---

(a) *Nicolaus iste, qui nostrum absolvit magistrum, fuit frater Minor, dictus Hieronymus, qui mortuus est infra annum in hebdomada sancta,* inquit Bernardus Guidonis in margine.
(b) Vide tom. 4. Anecdotorum pag. 1863.

batis, ubi in capitulo fratrum nostrorum, præsentibus fratribus & multis solemnibus viris civitatis & ecclesiæ Narbonensis, lecta papali littera coram omnibus, cessit totaliter officio magistratus, & ibidem in conspectu omnium sigillum officii fecit frangi, & præfatæ ordinationi & mandato summi pontificis suum præbens assensum, eam cum lacrymis acceptavit. Frater Raymundus Hunaudi, tunc prior provincialis Provinciæ, assidue fuit secum, & qui vidit & audivit testimonium perhibuit veritati. Postmodum ex cardinali in summum pontificem est levatus, & BENEDICTUS XI. appellatus, de quo plura superius sunt notata, ubi ponuntur Romani pontifices assumti de ordine Prædicatorum. Hic obiit apud Perusium nonis Julii, feria tertia, hora quasi nona, anno Domini MCCCIV. sepultus die Mercurii consequenti, scilicet VIII. idus Julii in ecclesia fratrum Prædicatorum Perusii, ubi multis miraculis claret, & specialiter in dæmoniacis sanandis & dæmonibus expellendis, quorum quædam superius litterarum memoriæ sunt mandata.

Decimus magister ordinis successor fratris Nicolai fuit frater ALBERTUS Januensis, baccalaureus in theologia Parisius, vir magnæ religionis & observantiæ regularis, factor operis non sermonis. Hic fuit electus in magistrum in capitulo generali Massiliæ celebrato, anno Domini MCCC. sabbato sancto Pentecostes, scilicet v. cal. Junii, in fine mensis Maii, quarta die, ubi inclusis, ut moris est, electoribus in conclavi, numero viginti novem in universo, inter quos erant novem priores provinciales, scilicet frater Guillermus Franciæ, frater B. de Juzico Provinciæ, frater Hugo Lombardiæ, frater Ægidius alias Stanislaus Poloniæ, frater Thomas magister in theologia Angliæ, frater Oliverius Daciæ & Græciæ ac regni Siciliæ. In sero * scrutinio viginti quatuor electores in ipsum fratrem Albertum tunc temporis lectorem conventus Montis-pessulani, qui unus de electoribus præsens erat, vota sua direxerunt, & ipsum rite & canonice in magistrum ordinis elegerunt, aliis omnibus consentientibus in eumdem. Qui inde capitulo celebrato versus Romanam curiam arripiens iter suum, cum esset Anagniæ in conventu fratrum positus, infirmatus in fine mensis Augusti quinta die quæ fuit sabbatum, scilicet in vigilia vel in die B. Augustini traditus est ecclesiasticæ sepulturæ. Tribus mensibus tantum præfuit ordini; sabbato sancto electus ad laborem magisterii, sabbato quoque a laboribus in Domino requievit anno magnæ indulgentiæ Domini prætaxato MCCC.

Undecimus magister ordinis successor fratris Alberti fuit frater BERNARDUS de Juzico, de villa quæ appellatur Landarro, Vasatensis diœcesis oriundus, de prædicatione conventus Burdegalensis, vir litteratus & discretus.

* f. sexto.

Hic fuit electus in magistrum ordinis in capitulo generali Coloniensi anno Domini MCCCI. sabbato sancto Pentecostes, scilicet XIII. cal. Junii per viam scrutinii. Cum essent viginti novem numero electores, ab octodecim electoribus nominatus, ceterisque omnibus consentientibus in eumdem, factus est magister concorditer & in pace. Erat autem tunc prior provincialis Provinciæ, fueratque prius lector & prior Burdegalensis jam semel & iterum, & prior Tolosanus. Hic præfuit magisterio annis duobus, mensibus quatuor, obiitque in conventu Trevirensi provinciæ Teutoniæ XV. cal. Octobris, in festo S. Lamberti, in die Martis, fuitque sepultus in crastino anno Domini MCCCIII.

Duodecimus magister ordinis successor fratris Bernardi fuit frater AYMERICUS Placentinus, natione Lombardus. Hic fuit electus ad magisterium in capitulo generali Tolosæ sabbato sancto Pentecostes, scilicet XVII. cal. Junii anno Domini MCCCIV. Cum enim essent triginta sex numero electores, a majori parte medietate eligentium in tertio scrutinio nominatur, ceteris consentientibus in eumdem, electus est in pace & canonice in magistrum. Erat autem tunc lector conventus Bononiensis & electus in priorem provincialem Græciæ, non tamen elector magistri; sed præsens aderat in conventu Tolosano, habens tunc in ordine triginta septem annos, quia puer adolescentulus est ingressus. (a) Hic legerat in ordine tam in theologia quam in philosophia viginti quatuor annis, fueratque prior Bononiæ. Hic præfuit in magisterio annis septem; cessit autem officio magisterii, & ejus cessio fuit admissa a diffinitoribus in capitulo generali apud Neapolim celebrato anno Domini MCCCXI.

[a]

Tertius decimus magister ordinis fuit frater BERENGARIUS de Landorra, magister in theologia, oriundus de diœcesi Ruthenensi, de provincia Tolosana, qui successit memorato fratri Aymerico, fuitque electus in generali capitulo Carcassonæ in vigilia Pentecostes tertio idus Maii anno Domini MCCCXII. Congregatis siquidem ex more electoribus & inclusis, inter quos erant septemdecim priores provinciales, cum essent quadraginta quinque numero electores, in primo scrutinio triginta sex ipsum in magistrum ordinis nominarunt, ceterisque omnibus accedentibus & consentientibus in eumdem, electus est unanimiter & concorditer & in pace. Erat autem tunc prior provincialis provinciæ Tolosanæ, & vicarius ordinis generalis, compleveratque triginta annos in ordine, & præcedenti tertia die electionis suæ inchoaverat trigesimum primum annum, quia Tolosæ in adolescentia est ingressus sub anno

(a) Anno Domini MCCLXVII. pridie cal. Aug. Bononiæ.

Domini MCCLXXXII. mense Maii, in festo sanctorum Gordiani & Epimachi martyrum. Hic præfuit in magisterio ordinis annis quinque, mensibus quasi tribus, fuitque factus archiepiscopus Compostellanus per provisionem domini JOHANNIS papæ XXII. cui provisioni consensum præbuit in conventu Parisiensi, XIV calendas Octobris, anno Domini MCCCXVIII. & sic fuit a magisterio absolutus. Capitulum vero generale sequens quod assignatum fuerat apud Viennam in provincia Teutoniæ celebrandum, idem papa transtulit & decrevit ut fieret in provincia Franciæ in Lugduno.

Quartus decimus magister ordinis fuit frater HERVEUS, magister in theologia Parisius, natione Brito, de Monte-Relaxi, diœcesis Trecorensis, de provincia Franciæ; fuitque in capitulo generali Lugduni in vigilia Pentecostes, vigilia S. Barnabæ apostoli concurrente, IV. idus Junii anno Domini MCCCXVIII. ab omnibus & singulis electoribus ex more constitutionis in conclavi inclusis, in primo scrutinio nominatus pariter & electus. Erat autem tunc prior provincialis Franciæ & vicarius ex vigore constitutionis ordinis generalis; ab ingressu ordinis anno quadragesimo secundo jam completo: quem ordinem intravit in festo B. Petri martyris anno Domini MCCLXXVI. Hic præfuit in officio magisterii annis quinque & mensibus quasi tribus. Obiit autem in conventu Narbonensi provinciæ Provinciæ anno Domini MCCCXXIII. octava die mensis Augusti. In isto claruit eminenter scientia & intelligentia veritatis, in quibus fuit solidus & profundus, ut probant dogmata clara, studiosaque pretiosa quæ in scriptis suis posterioribus dereliquit. Vir fuit simplicitatis & innocentiæ columbinæ, celebris fama & opinione super omnes suos coætaneos in scientia & doctrina.

Quintus decimus magister ordinis fuit frater BARNABAS natione Lombardus de Vercellis *(a)* de provincia Lombardiæ superioris. Successit prædicto fratri Herveo, fuitque electus in capitulo generali Burdegalensi anno Domini MCCCXXIV. in vigilia Pentecostes, ubi ab omnibus electoribus ex more inclusis fuit electus concorditer & in pace. Erat autem tunc prior provincialis Lombardiæ superioris. Hic præfuit in officio magisterii annis septem cum dimidio. Obiit autem in conventu Parisiensi in festo B. Pauli eremitæ, & ibidem in choro honorifice tumulatus

anno Domini MCCCXXXI. Illo autem anno non fuit capitulum celebratum, sed secundum constitutiones usque ad alium annum in festo Pentecostes prolongatum. *(b)*

Sextus decimus magister ordinis fuit frater HUGO *de Vaissaman*, natione Gallicus *(c)* ac magister in theologia de provincia Franciæ: successit prædicto fratri Barnabæ, fuitque electus in capitulo generali apud Divionem celebrato anno Domini MCCCXXXII. *(d)* in vigilia Pentecostes. Erat autem tunc prior provincialis provinciæ Franciæ. Hic præfuit in officio magisterii *(e)* . . . . . .

Decimus septimus magister ordinis fuit frater Geraldus de Daumato magister in theologia Tolosæ, natione Lemovicensis, & de conventu Brivensi. Hic actu legebat sententias Parisius, necdum erat formatus bacalaureus, quando in vigilia Pentecostes electus fuit absens a capitulo generali, celebrato apud Carcassonam anno Domini MCCCXLII. dominus autem papa Clemens sextus, cujus prædictus frater Geraldus erat consanguineus, audita electione ipsius mandavit immediate per bullam cancellario Parisiensi, ut prædictum fratrem Geraldum magistrum ordinis licentiaret ad magisterium in theologia, nonobstante quod cursum suum nondum terminasset; & sic ante festum Johannis Baptistæ factus est magister in theologia, & in festo Pentecostes immediate præcedente, factus erat magister ordinis, ut est dictum. Post festum autem Johannis de Parisius apud Avinionem, ubi erat papa convenit, & in sequentibus jejuniis quatuor temporum, scilicet IV. calendas Octobris anno Domini MCCCXLII. dominus papa Clemens assumsit eum in presbyterum cardinalem. Hic fuit vir innocens, gratus & humilis, pallidus facie, & totus mortificatus in membris.

Decimus octavus magister ordinis fuit frater Petrus de Palma, magister in theologia de provincia Franciæ, natione Burgundus, de conventu Bisuntino. Hic pluribus annis præfuit in officio provincialatus. Electus autem fuit concorditer in magistrum ordinis per omnes electores, in capitulo generali celebrato Parisius anno Domini MCCCXLIII. excepto fratre Parisio tunc provinciali Provinciæ, qui votum suum direxit in fratrem Garinum provincialem Franciæ, libere tamen & sponte accessit ad alium. Præfuit autem in magisterio anno uno & mensibus decem XIV. diebus minus. Migravit autem Parisius pri-

---

(a) Alter codex addit: *Vir utique pulcher & prudens, fueratque bis prior provincialis Lombardiæ superioris.*
(b) Codex alius addit: *Perpessus autem fuit multas tribulationes & adversitates, accusatus coram papa Johanne XXII. per multos magnos de ordine quamquam ipse sicut vir constans talibus adversitatibus minime frangeretur.*
(c) al. *Natione Campanus, magister in theologia, vir magnæ prudentiæ & experientiæ, fama & opinione ubique præclarus, omnibus notus in optimis, instinctu quoque prudentiæ naturalis conditiones mirabiliter discernebat.* *(d)* al. XXXIII.
(e) Al. addit: VIII. annis & ultra, quantum est a festo Pentecostes usque festum B. Dominici. Post multos autem labores, quos quatuor annis continuis in Avenione, ubi tunc erat curia, sustinuerat, occasione immutationis multarum novitatum, quas papa Benedictus XII. motu proprio contra voluntatem ordinis volebat in ordine introducere. Secunda die Augusti incepit graviter infirmari de febre acuta, & in crastinum B. Dominici, scilicet VIII. idus Augusti, receptis prius devotissime ecclesiasticis sacramentis, debitum mortalitatis exsolvens, impollutum spiritum tradidit Creatori. VII. autem die Augusti, scilicet in crastinum obitus sui, convenientibus omnibus cardinalibus de mane, & aliis prælatis curiæ, & populo mirabili confluente, cum magna cleri & religiosorum frequentia, sepultus fuit in ecclesia ante majus altare.*

ma die Martii, anno Domini MCCCXLV. & ob hoc anno illo non fuit celebratum capitulum generale. Fuerat autem electus sabbato sancto Pentecostes, scilicet idibus Maii, xv. die ipsius mensis.

Decimus nonus magister ordinis successor magistri Petri de Palma fuit frater Garinus de Giaco, de provincia Franciæ, natione Campanus, de conventu Autissiodorensi, magister in theologia. Hic erat provincialis Franciæ, quando electus fuit in magistrum per viam scrutinii in capitulo celebrato Brivæ, in provincia Tolosana, anno Domini MCCCXLVI. cum essent enim numero XLIV. electores inclusi, ut moris est, sabbato sancto Pentecostes, tertio nonas Jun. in primo scrutinio xxv. electores vota sua direxerunt in eum, & recte ac canonice ipsum magistrum ordinis elegerunt, omnibus aliis electoribus accedentibus & consentientibus in eum. *Altera manu additur*: Hic obiit in conventu S. Miliani post capitulum generale celebratum Lugduni, anno Domini MCCCXLVIII. in provincia Franciæ.

Vigesimus magister ordinis fuit frater Johannes de Molendinis magister in theologia, de provincia Tolosana, natione Lemovicensis, ac magister sacri palatii in curia, electus concorditer ab omnibus electoribus inclusis, ut moris est, in conclavi, in capitulo generali celebrato Barchinonæ, in provincia Arragoniæ, sabbato sancto Pentecostes, per viam scrutinii anno MCCCXLIX. anno integro & ultra, quantum est a festo Pentecostes ad festum Nativitatis Domini, & tunc in jejuniis quatuor temporum assumtus fuit in Avinione, ubi erat curia Romana, per dominum papam Clementem VI. in presbyterium cardinalem titulo S. Sabinæ, & illo anno supersedit ordo a capitulo generali celebrando in conventu Castrensi provinciæ Tolosanæ.

In codice ms. conventus Carcassonensis sequentia habentur.

Decimus quartus magister ordinis frater Herveius, magister in theologia Parisiens. qui fuit nobilior clericus temporibus suis totius mundi, electus ad magisterium in capitulo Lugdunensi unanimiter MCCCXVIII. Præfuit annis quinque. Qui cum rediret e capitulo generali apud Barchinonam celebrato MCCCXXIII. post nimios labores, eundo ad curiam Romanam, in conventu Narbonensi in magna devotione post magnam infirmitatem spiritum Deo reddidit, præsentibus multis magistris in theologia.

Decimus quintus frater Barnabas Vercellensis, Lombardus natione, qui fuit electus in magistrum in capitulo Burdigalensi anno MCCCXXIV. sepultus Parisiis anno MCCCXXXI. Extat alibi de ejus obitu egregia epistola. Præfuit annis septem.

Decimus sextus frater Hugo de *Varsamin*, electus Divione MCCCXXXII. & obiit Avinione, ubi erat ex solemnioribus FF. ordinis reformantibus ordinem. Ipse erat magister in theologia solemnis, vir magnæ discretionis, sicut apparuit in reformatione prædicta. Nam papa BENEDICTUS, qui aliqua circa nostrum ordinem voluit immutare, minime obtinere potuit. Præfuit annis novem.

Decimus septimus frater GERARDUS DE DAUMAR, conventus Brivensis, electus Carcassonæ in vigilia Pentecostes MCCCXLII. Iste fuit vir magnæ devotionis. Non fuit præsens in capitulo, sed erat tunc Parisius, ubi legebat sententias, & in sequenti festo S. Johannis Baptistæ factus fuit magister in theologia; & in sequenti festo Michaëlis assumtus fuit ad cardinalatum; & anno revoluto migravit ad Dominum, & credo quod assumtus est ad cœlum. Non præfuit in magisterio per annum, ut ex prædictis apparet. Sepultus est in conventu Brivensi.

Decimus octavus frater PETRUS de Palma, magister in theologia Parisius, ibidem electus. Præfuit tribus annis, & migravit ad Dominum.

Decimus nonus frater GARINUS de Giaco, magister in theologia, de provincia Franciæ, electus apud Brivam provinciæ Tolosanæ MCCCXLVI. Iste fuit valde gratiosus, magnus clericus & egregius prædicator. Præfuit annis tribus, & migravit ad Dominum.

Vigesimus frater JOHANNES de Molendinis de conventu Brivensi, magister in theologia, electus Barchinonæ provinciæ Aragoniæ anno MCCCXLIX. Non fuit in capitulo, sed erat Avinioni magister sacri palatii. Ipse fuerat inquisitor Tolosanus. Post dum magisterio fungeretur & visitaret provinciam Franciæ, assumtus est ad cardinalatum. Iste fuit magnus clericus & egregius prædicator, nobilis genere, sed nobilior moribus. Præfuerat magisterio per annum cum dimidio quando assumtus est ad cardinalatum, & successus fuit in capitulo generali.

Vigesimus primus frater SIMON de Lingonis electus in conventu Castrensi provinciæ Tolosanæ MCCCLII. Iste erat magister in theologia, prior provincialis Franciæ. Hic fuit scientia præditus & consilio providus, papæ ac cardinalibus ac domino imperatori ceterisque principibus mirabiliter acceptus. Hic legatus per dominum papam factus pro pace reformanda inter dominos reges Franciæ & Angliæ, Spiritu sancto cooperante inter eos pacem restituit. Hic episcopatum Nivernensem per dominum Innocentium papam sibi collatum, recipere humilitatis causa recusavit. Hic fere totum ordinem visitavit. Hic anno MCCCLXVII. magisterii vero sui anno xiv. in hebdomada per octavas Paschæ in conventu Parisiensi magisterio cessit, obediens factus domino Urbano papæ, qui cum episcopum

episcopum Nannetensem in Britannia fecit, & ut episcopatum acceptaret ei mandavit.

Vigesimus secundus frater ELIAS RAYMUNDI, de conventu Brageriacensi provinciæ Tolosanæ, electus in conventu Avinionensi anno MCCCLXVII. Iste prius sacræ theologiæ professor & pœnitentiarius domini papæ, factus fuit per dominum URBANUM papam ordinis vicarius generalis, deinde unanimiter in magistrum ordinis electus. Hic magisterii sui anno primo causam cœpit ducere in monachos albos super recuperatione corporis S. Thomæ, & infra annum ad finem perduxit. Nam de mandato Urbani papæ V. corpus sanctum una cum capite ordini fuit restitutum, & in magna solemnitate in conventu Tolosano collocatum MCCCLXVIII. in festo Agnetis secundo.

SEQUITUR DE SECUNDO GRADU, scilicet de prioribus provincialibus.

Præambulum ad sequentia.

Anno Domini MCCCXIX. vel MCCXX. cœpit ordo Prædicatorum habere priores provinciales. Priores autem provinciales in provincia Provinciæ non divisa, & in provincia Tolosana, ac in provincia jam divisa ; priores quoque conventuales Tolosanæ provinciæ quos potui reperire inferius continentur : ea vero quæ desunt, suppleri, & si qua minus bene posita sunt, emendari poterunt locis suis ab his qui noverint plenius & certius veritatem, præcipue circa priores conventuum antiquorum vel a me distantium, de quorum aliquibus nondum potui plene sicut volui invenire certitudinem veritatis. Hoc autem scire & in singulis conventibus habere non erit inutile ; sed inspecta veritate in multis expediens & devotum, ut filii qui nascentur pro patribus & exurgent in viros perfectos in provincia Tolosana, non ignorent primordia & progressus sui status, suorumque conventuum & locorum, & sub quibus rectoribus & prioribus profecerunt ; vivatque memoria justorum cum laudibus in terris, qui dum hic viverent in Domino, vitam perpetuam in cælestibus meruerunt. Quod si inter istos, casus alitus occurrerit, (nam de angelorum ordinibus aliqui ceciderunt,) non sit in lapidem offensionis & petram scandali, sed timorem potius generet & cautelam, ut qui stat videat ne cadat pro sui conservatione, gratias agens de præterito, & sibi præcavens in futurum. Sunt etiam nonnulla æterna memoria digna, quæ nullo illorum qui sciverunt superstite, nullaque scriptura teste, dabuntur oblivioni perpetuæ, cursu temporis prælabente ; & tunc frustra scire desiderabunt posteri, cum nullus sit qui eis valeat enarrare. Inquisivi autem veritatem de præteritis & antiquis quæ fuerunt ante nos, partim ab antiquioribus qui viderunt vel audierunt ; partim autem recollegi quædam ab aliis, quasi in memorialibus prænotata, & quædam ex Vitis fratrum & gestis B. Dominici, & ex actis capitulorum aliqua. De his vero quæ nostris temporibus evenerunt, plura potui ego scire quæ vidi vel audivi ab anno Domini MCCLXXIX. quo Prædicatorum ordinem intravi, usque ad annum Domini MCCCXI. quo hæc scripsi : plura quoque ab aliis inquisivi & didici, & ista malui utcumque semiplene scribi a me quam a nemine. Sunt etiam nonnulla de primitivis quæ nunc scire desidero, nec invenire valeo a quo possim expetere veritatem, quia primitivi mortui sunt qui viderunt ; & propter lapsum temporis a quorumdam senioribus, qui nunc supersunt, memoria exciderunt, aut quasi per solam velut somnii nebulam recordantur. Incepi autem ad hoc maxime studium applicare anno magnæ indulgentiæ Domini Jesu Christi MCCC. paulo ante.

Nota ætatem auctoris.

Priores provinciales in provincia Provinciæ ordinis Prædicatorum non divisa.

Primus prior provincialis in provincia Provinciæ fuit frater Bertrandus (a) de Garriga, a villa seu loco suæ originis prope Alestum in Provincia sic cognominatus. Hic fuit a beato Dominico institutus, cujus fuit socius & comes sæpius itineris & laboris. Hic fuit vir magnæ sanctitatis & rigoris, circa seipsum inexorabilis, carnisque suæ mortificator acerrimus ac imitator præcipuus beati patris sui Dominici, in vigiliis, jejuniis, disciplinis, aliisque multis formam sanctitatis ejus sibi imprimens & imbibens. Unde legitur in Vitis fratrum libro 11. cap. XIX. quod attendens B. Dominicus quod frater Bertrandus pro peccatis suis se nimis affligebat, eique compatiens, interdixit aliquando ne suas a modo, sed aliorum culpas defleret ; & tantæ virtutis verba fuerunt, quod ex tunc pro aliis abundanter fleret, pro se autem flere non posset. In eodem libro quinto capitulo VII. legitur de eodem fratre Bertrando, quod qualibet die fere missam pro peccatis dicebat. Cum igitur in conventu Montis-Pessulani frater Benedictus vir bonus & prudens hoc advertisset, quæsivit ab eo cur raro pro defunctis, & pro peccatis sæpius celebrabat. Qui respondit ; quia defuncti pro quibus orat ecclesia in tuto sunt, & certum est, quod pervenient ad salutem : nos autem peccatores in multiplici periculo & pendulo conversamur. Cui frater ait : Dicatis mihi, prior carissime, si hic essent duo medici æqualiter pauperes, sed alter omnia membra corporis salva haberet, alter vero omnibus careret, cui prius

[a]

(a) *Frater Bertrandus erat prior provincialis anno Domini 1233, sicut inveni in quadam littera Pruliani, ut dicit in margine Bernardus Guidonis, qui laudat eum tanquam virum miræ abstinentiæ.*

subveniretis? Qui respondit ei: Qui minus juvare se posset. Tunc frater Benedictus ait: Sic sunt defuncti, qui nec os habent ad confitendum, nec aures ad audiendum, nec oculos ad flendum, nec manus ad operandum, nec pedes ad peregrinandum, sed nostra solum expetunt suffragia & expectant: peccatores autem præter nostra suffragia prædictis omnibus juvare se possunt. Cum autem ne sic acquiesceret prior, sequenti nocte quidam terribilis defunctus ei apparuit, cum tumulo ligneo eum graviter premens, qui plusquam decies eum in illa nocte excitavit, & terruit, & vexavit; unde in aurora dictum fratrem Benedictum vocans, & ad altare cum lacrymis accedens devote, ex tunc pro mortuis sæpius celebravit.

Hic, ut in eodem libro secundo cap. vi. legitur, erat socius & comes itineris B. Dominici de Tolosa proficiscentis Parisius, quando Theutonicos peregrinos obvios & comites itineris, & provisores in necessariis de Rupe-amatoris usque Aurelianis habuerunt, & fusa ad Deum oratione flexis genibus, ut intellectum linguæ ipsorum pariter & loquelam Deus eis tribueret, ut eis possent annuntiare JESUM CHRISTUM, & spiritualia pro temporalibus jam susceptis subsidiis ministrare, dono Dei intelligibiliter stupentibus illis Theutonice sunt locuti. Hujus corpus sanctum, quod sepultum fuit in domo sanctimonialium *del Bosquet*, ubi & obiit prope Aurasicam in Provincia, post viginti tres annos levatum, integrum & incorruptum est repertum, & ibidem cum honore & devotione congrua custoditur, ubi multi consecuti sunt remedia sanitatum: conveniens Dei donum incorruptionem quam servavit & prædicavit vivus, conservat & prædicat jam defunctus, multisque miraculis ibi claret.

Secundus prior provincialis fuit frater Raymundus (*a*) de Convenis Vasco, vir admodum mitis & pius. Hic fuit positus in officio a capitulo generali, quievitque in officio, sepultus apud fratres Baionenses anno Domini.....

Tertius prior provincialis fuit frater Guillelmus *de Syssac* de Burdigalis oriundus, vir religiosus & verax & affluens visceribus pietatis. Hic cum apud Burdegalam in Domino quievisset, & corpus ejus sepeliretur, quædam religiosæ seminæ familiares fratrum, quæ de ejus morte multum dolebant, luminaria viderunt descendentia super fossam, & ex hoc multum consolatæ, fratribus retulerunt.

Magister quoque Petrus, qui erat rector scholarum Burdegalis, audita morte viri Dei, & confidens de ejus sanctitate, quam noverat, cum pateretur dolorem dentium, altera die accessit ad ejus sepulcrum, & fauces cum terra sepulcri ejus fricavit, & statim fuit a dolore dentium liberatus, qui audientibus multis suis scholaribus hoc narravit.

Præmissa duo scripta sunt in Vitis fratrum lib. vi. cap. ix. Hic quievit in Domino in conventu Burdegalensi, ut dictum est, x. cal. Junii, anno Domini MCCXXXVIII.

Quartus prior provincialis fuit frater Raymundus (*b*) de Falgario, de Miromonte castro, diœcesis Tolosanæ, vir sensatus & in verbo Domini gratiosus, qui de officio provincialatus assumptus fuit ad episcopatum Tolosanum, electus in episcopum in festo beati Benedicti abbatis, anno Domini MCCXXXI. Hic multa bona fecit fratribus, & redditus episcopales multum auxit. Migravit ad Christum xv. cal. Novembris media nocte, Dominica in crastino S. Lucæ, anno Domini MCCLXX. episcopatus vero sui anno xxxix. sepultus est in conventu fratrum Tolosæ, in fine chori, in cujus tumulo insculpti versus habentur.

Præsul Raymundus jacet hic quem flet modo mundus,
Cujus erat fundus Mirus-mons, hinc oriundus,
Verbis facundus, paucis probitate secundus,
Factis fecundus magnis, sensuque profundus.
Ordo facit fratrem, fratrum Provincia patrem,
Mons-Pesullanus ipsum de fratre priorat,
Sed Tolosanus cathedralis clerus honorat.
Virgo Maria Dei præsentet eum faciei;
Ut sic fiat ei, dic miserere mei.

Quintus prior provincialis fuit frater Romeus (*c*) Catalanus natione, sed cælestis conversatione, oriundus de Levya castro prope Podium-Cerdanum. Successit fratri Raymundo de Falgario memorato, anno Domini MCCXXXII. per provisionem magistri ordinis, ut audivi referri a quodam de senioribus. Præfuit in provincialatu annis iv. (*d*) vir inter devotos devotior, inter mites mitior, qui vivens & moriens miraculis coruscavit. Hujus viri fuit simplex habitus, supplex vultus, gratiosus aspectus, sermo mellifluus, pius ad Deum & homines affectus, specialis ad B. Virginem Mariam devotio, cujus salutatione dulcissima non poterat satiari, quam singulis diebus millesies salutabat. Mysterium divinæ Incarnationis jugiter in corde gerebat, ore promebat, & omnem suum sermonem ex ipso condiebat in principio vel in medio, vel in fine vel in toto: humilitatem cordis & corporis pio venerabatur affectu. Ad illud versiculum psalmi: *Cum dederit dilectis suis somnum, ecce hæreditas Domini filii merces fructus ventris,* tanta devotione ferebatur, tantoque cordis jubilo jocundabatur

---

(*a*) *In isto enituit patientia dulcis & amabilis,* inquit in margine Bernardus Guidonis.
(*b*) *In isto floruit facunda eloquentia & gratia sermonis,* ut in margine addit Bernardus Guidonis.
(*c*) *In isto exarsit fervor devotionis ad Matrem Dei Virginem & Jesum prolem,* ait in margine Bernardus Guidonis.
(*d*) *Anno Domini* 1235. *erat prior provincialis frater R. sicut inveni in primo libro inquisitionis Tolosæ,* inquit in margine Bernardus Guidonis.

in eo, ut ipsum semper in ore vellet habere. A Unde contigit ei saepe quòd de ore sui socii, cum quo divinum dicebat officium, specialiter versus de beata Virgine, ipsum versiculum rapiebat, si forsitan contigisset quod ad partem suam versiculus ille non venisset; quod tamen diligentius observabat, & dulcissime ipso quasi fruebatur in ore, & multo profundius in corde. Hic cum Lugduni & Burdigalis prior conventualis, & in provincia Provinciae prior provincialis fuisset, & multo tempore Domino in ordine deservisset in mira cordis munditia, odorem sanctitatis & famae suae, ubicumque esset, Deo volente, longe lateque diffundens, tandem apud Carcassonam decumbens, in mirabili patientia infirmitatem sustinens, & cum gratia servitia fratrum suscipiens, puerum JESUM & dominam MARIAM ejus matrem & Virginem ruminans & fratribus inculcans, obdormivit in Domino, cordulam cum nodulis quibus mille *Ave Maria* in die numerare solitus erat firmiter manu tenens, anno Domini MCCLXI. calendas Decembris. (*a*)

[*a*]

Eademque hora defunctionis ejus frater Guillermus de Grazanis, conventus Carcassonensis, vir religiosus & verax, audivit in dormitorio claram vocem resonantem (*b*) & dicentem praefatum versiculum psalmi, *Cum dederit dilectis suis somnum, ecce hereditas Domini filii mercès fructus ventris*; & statim dixit in corde suo, quod dilectus Deo & hominibus frater Romeus somnum mortis capiens, ad hereditatem Domini possidendam intrabat, & fructum ventris B. MARIAE semper Virginis, quam toties dulcissime salutaverat, revelata facie jam visurus, & de laboribus tam utilibus mercedem, tam felicem quam fertilem, percepturus abibat. Statimque praefatus frater Guillermus consurgens, & ad infirmitorium currens, sicut audiverat sic invenit. Multa quoque alia laude & memoria digna, & praestantiora perfectionis opera viderunt in viro Dei Romeo, qui ejus meruerunt dulci consortio frui. Hujus viri corpus sanctum, cum plusquam viginti annis sub terra jacuisset humatum, & sub divo in praefato conventu Carcassonensi ad honorabiliorem locum, sicut dignum erat, scilicet ante altare B. MARIAE Virginis, digno cum honore translatum, inventum fuit integrum & penitus incorruptum circa annum Domini MCCLXXXV. sicut compertum est per illos qui praesentes interfuerunt, perspexerunt oculis, & manibus contrectaverunt: inter quos subprior qui adfuit, viva voce mihi saepius enarravit. Alia quoque multa devotione plena, de eodem sancto amico audivi referri saepius à plerisque.

[*b*]

Hae sunt in fossa fratris venerabilis ossa
Dicti Romei qui fuit arca Dei.
Hic Jesumque piam dilexit valde Mariam.

Sextus prior provincialis fuit frater Pontius de Sparra Burdegalensis dioecesis, Vasco natione, leo virtute, agnus mansuetudine. Successit fratri Romeo anno Domini M. CC. XXXVII. Fuit autem absolutus in capitulo generali Bononiae, anno Domini MCCXLII. sicut & omnes alii, qui in absolutionem magistri ordinis fratris Raymundi de Pennaforti consenserant; sed immediate fuit reelectus in capitulo provinciali Montispessulani, anno Domini MCCXLII. Hic sicut alter Judas Machabaeus, similis factus est leoni in operibus suis. Hic siquidem in diebus suis non pertimuit principes, in favorem haereticalium contra ipsum & contra inquisitores pravitatis haereticae insurgentes. Hunc non superaverunt verba subdola praelatorum quorumdam, qui Tolosano principi applaudebant, inter constantes constantissime imperterritus; semper stans infatigabiliter verbis & factis, palam & publice: etiam quosdam qui videbantur esse columnae ecclesiae, rationibus infragabilibus refrangebat. Cum hac cordis constantia lacrymis in praedicationibus & orationibus affluebat, & valde misericors miseris & pius erat. Provincialis extitit annis duodecim: fuit autem absolutus à provincialatu in capitulo generali apud Treverim celebrato, anno Domini MCCXLIX. Tandem fractus laboribus & aetate, apud Burdegalam obdormiens in Domino resurrectionem expectat v. cal. Martii, anno Domini MCCLIV.

Septimus prior provincialis fuit frater Stephanus (*c*) dictus de *Alvernhatz*, qui successit fratri Pontio de Sparra, electus in priorem provincialem in capitulo provinciali Tolosano, anno Domini MCCXLIX. Erat tunc lector Montispessulani & absens a capitulo illo; sequens vero provinciale capitulum ipse tenuit in Narbona anno Domini MCCL. Inde vero post terminationem capituli veniens Carcassonam, dum esset in loco qui dicitur *Escalas*, inopinato casu cecidit, & fuit laesus graviter in brachio & in crure; ideo transmisit fratrem Petrum Hispani cum fratre Stephano Benedicti ad magistrum ordinis fratrem Johannem Theutonicum, qui in partibus Theutoniae tunc agebat, pro absolutione (*d*) à provincialatus labore & onere obtinenda; fuitque absolutus per litteram ante capitulum generale. Praefuit anno uno & dimidio. Hic fuit vir sanctus & humillimus. Vocatus enim Parisius & diutius expectatus & quaesitus, ut cathedram ascenderet magistralem, renuit ex sua humilitate, & abscondit se & latuit illa die: Hic cum

[*c*]

[*d*]

(*a*) *In calendario vero domus de Glanderio ordinis Cartusiae, invenì intitulatum ejus obitum X. cal. Novembris*, addit in margine Bernardus Guidonis.

(*b*) *Non enim audiverat sonitum tabulae cum aliis*, ut addit in margine Bernardus Guidonis.

Vet. Script. & Mon. ampl. Collect. Tom. VI.

(*c*) *De quo Bernardus Guidonis in margine: In isto praefulsit litteratura sacri canonis, vera humilitas cordis, mira innocentia operis.*

(*d*) *Vide codicem capitulorum provincialium.*

Dd ij

plusquam quadraginta annis, in diversis conventibus & solemnibus locis utiliter & honorabiliter docuisset in lege divina, vir simplicitatis rectæ & innocentiæ columbinæ, reverentiæ ac opinionis præclaræ, dormivit in conventu Biterrensi, ubi quiescit in ecclesia, anno Domini....

Octavus prior provincialis fuit frater Geraldus (a) de Fracheto, Lemovicensis diœcesis, de Castro Luceti prope Lemovicam oriundus, qui successit fratri Stephano Alverno, electus in capitulo provinciali in Podio B. Mariæ celebrato anno Domini MCCLI. erat tunc prior Massiliensis. Hic in pace & æquitate rexit Provinciam annis octo; fuit autem absolutus in capitulo generali Valencenensi, anno Domini M CCLIX. Hic fuit homo dilectus Deo & hominibus, prædicator ad clerum & populum gratiosus, facundus & fœcundus, & in omnibus quæ religionis sunt ad plenum instructus, & a primævis annis jugiter enutritus: gratia, facundia, genere & opinione præclarus, verbo ædificationis semper & ubique affluens; gesta quoque sanctorum & virorum illustrium & antiquitates memorabiles gerens in pectore, & promens in tempore opportuno; vir ubique in optimis notus. Hic librum qui *Vitas fratrum* inscribitur, de mandato venerabilis patris fratris Hymberti magistri ordinis compilavit, in quo suæ religionis viventem imaginem legentibus posteris dereliquit. Dormivit autem cum patribus suis in conventu Lemovicensi IV. nonas Octobris, in festo beati Francisci, anno Domini MCCLXXI. cujus corpus ornat & honorat claustrum fratrum Lemovicensium prope ostium ecclesiæ, unde versus isti ibidem habentur insculpti.

Frater Geralde de Fracheto, pie valde,
Tertius hic a te capitur locus immediate.
Ordo, genus, vita, discretio, lingua polita,
Fama, pudor, pietas, te laudant, pax, amor,
ætas.

Nonus prior provincialis fuit frater Pontius (b) de S. Ægidio, sic cognominatus, qui successit fratri Geraldo de Fracheto, electus in priorem provincialem in capitulo provinciali Montispessulani anno Domini M. CC. LIX. Erat autem prior Tolosanus. Hic fuit vir longe lateque in optimis notus principibus & prælatis, domino Clementi papæ IV. & glorioso principi sancto Ludovico Francorum regi, quibus gratia magna, favore ac notitia familiari junctus fuit ex suæ meritis probitatis. Hic si non fuit scientia præminens, fuit tamen virtute animi & conversationis fervore præcellens, communis boni ac communitatis amator, magnus & ardentissimus æmulator. Juvenes aptos & dociles, undecumque essent, pro viribus in studiis generalibus nutriebat, eisque quantum poterat in necessariis providebat, quos postea tractos ad ordinem quanta sollicitudine promoverit non posset de facili explicari. Hic multos magnos viros ad ordinem recepit; hic pro fide & fidei inquisitionis negotio constanter stetit coram principibus & prælatis. Tunica una contentus fuit hieme & æstate, ab omni pitancia multo tempore abstinens. Provinciam optime rexit & direxit annis quatuor: tandem cum plusquam triginta annis in multis officiis ordinis Deo & fratribus humiliter & utiliter deservisset, apud Brivam, Lemovicensis diœcesis villam, ad quam visitaturus fratres, qui de novo ibi erant, advenerat, quorum tunc prior provincialis erat, confectus senio, laboribus & vigiliis & jejuniis multis attritus, in mirabili fervore spiritus Deo & hominibus gratus diem clausit extremum XV. calendas Julii, anno Domini MCCLXIII. locumque novellum fratrum suo sancto corpore dedicavit: ad cujus tumulum multa fiunt miracula; & præstantur beneficia salutis devote poscentibus, virtute Dei, meritis sancti amici & dilecti sui; quorum quædam alibi sunt notata.

Decimus prior provincialis fuit frater Petrus de Valetica Vasco, bis; prima vice successit fratri Pontio memorato, electus hac vice in capitulo provinciali Tolosæ anno Domini MCCLXIII. Præfuit ista vice annis tribus, fuitque absolutus in capitulo generali Treviris celebrato anno Domini MCCLXVI. de quo adhuc.

Undecimus prior provincialis fuit frater Bernardus Geraldi de Monte-Albano, diœcesis Caturcensis, tribus vicibus. Prima vice successit fratri Petro de Valetica, electus in capitulo provinciali Lemovicensi, in nativitate B. Mariæ Virginis celebrato, anno Domini MCCLXVI. fuitque ibidem antequam de capitulo fratres discederent confirmatus per litteram magistri ordinis fratris Johannis Vercellensis, tunc in Burdigala existentis. Præfuit autem hac vice annis tribus, fuitque absolutus in capitulo generali Parisius anno Domini MCCLXIX. & lector Montis-pessulani ibidem assignatus. De isto adhuc infra.

Frater Petrus (c) de Valetica præfatus secunda vice successit fratri Bernardo Geraldi, fuitque electus in capitulo provinciali Biterrensi anno Domini MCCLXIX. & confirmatus ibidem a tribus antiquioribus electoribus, ex concessione & commissione magistri ordinis speciali, præfuitque hac ultima vice annis septem, & sic in universo præfuit annis decem. Fuit autem absolutus hac vice per litteram magistri ordinis, quam ipsemet, sicut

---

(a) Quem in codicis margine sic laudat Bernardus Guidonis. *In isto vernavit benignitas mansuetudinis, largitas quitationis, cum suavitate conversationis & dulcedine sermonis.*
(b) *In isto ferbuit zelus religionis & promotio & amor communitatis,* inquit Bernardus Guidonis in margine.
(c) *In isto viguit virtus discretionis in magnis & arduis præcipue.* Ex eodem auctore.

andivi referri, fecit legi in capitulo fratribus convocatis in conventu Petragoricensi sabbato sancto Pentecostes, ad terram ibidem lecta littera humiliter se prosternens, anno Domini MCCLXXVI. Hic fuit vir modestus atque sensatus, consilio providus & promtus; brevis staturæ, sed virtutis magnæ; lucerna montium Vasconiæ in confinio prædicationis conventus Morlanensis & S. Severi, ardens devotionis ad Deum, ut protendunt sua dictamina & carmina devota, in quibus non tam præmeditata cecinit, quam saporata primitus & gustata; lucensque præclaro ingenio intellectus, ut declarat inter cetera promtuarium ab ipso editum, & tractatus quidam ejusdem devotus & brevis de gradibus contemplationis, qui incipit: *Notam fac mihi viam in qua ambulem, &c.* Hic senex & plenus dierum dormivit & quiescit in conventu Burdegalensi, in festo S. Luciæ, anno Domini MCCLXXVIII.

Frater Bernardus Geraldi præfatus secunda vice successit fratri Petro de Valetica antedicto. Fuit autem electus in capitulo provinciali Agennensi anno Domini MCCLXXVI. confirmatusque ibidem a tribus antiquioribus electoribus (*a*) ex concessione magistri ordinis speciali; erat autem tunc lector Tolosanus. Præfuit hac vice annis quinque; fuit autem absolutus in capitulo generali Florentiæ celebrato anno Domini MCCLXXXI. quo absoluto, vacavit provincialatus anno uno integro, quia ipse bis fuit reelectus in anno illo, & bis cassata electio a magistro; primo siquidem fuit reelectus in capitulo provinciali Massiliæ anno Domini MCCLXXXI. & missa electio ad magistrum ordinis & cassata. Secundo vero fuit reelectus eodem anno, assignata die ad eligendum feria quarta ante festum purificationis B. MARIÆ in conventu Biterrensi, anno Domini prætaxato, & missa per fratres electio ad sequens capitulum generale apud Viennam in Teutonia ad magistrum, & ab eodem magistro cassata anno Domini MCCLXXXII. De isto adhuc infra.

[*b*] Duodecimus prior provincialis fuit frater Berengarius (*b*) Otarii Arelatensis, magister in theologia Parisius. Successit fratri Bernardo Geraldi, electus in capitulo provinciali Carcassonensi, anno Domini MCCLXXXII. Præfuit annis tribus, fuitque absolutus in capitulo generali Bononiæ, anno Domini MCCLXXXV. Hic fuit vir bonæ & magnæ apparentiæ; bene personatus, prædicator gratiosus. Diu servivit in officio lectionis; legit enim theologiam annis triginta quinque, multumque consenuit. Obiit vero in conventu Montis-pessulani tertio nonas Julii, sepultus in ecclesia ante altare B. Dominici anno Domini MCCXCVI.

Frater Bernardus (*c*) Geraldi præfatus tertia & ultima vice successit fratri Berengario Otarii memorato, electus in capitulo provinciali Condomii, in festo S. Dionysii celebrato anno Domini MCCLXXXV. & a magistro ordinis confirmatus. Præfuit hac vice annis sex, & sic in universo præfuit annis fere quatuordecim. Hic fuit vir magni consilii, magnæ experientiæ, expertæ prudentiæ, religionis probatæ. Non libenter monebat subditos facere cum ipse non faceret cum eisdem : plenusque dierum & operibus ac laboribus bonis in senectute bona quievit in officio provincialatus, ingressus in abundantia sepulcrum in conventu Tolosano, in festo Dominicæ annuntiationis octavo cal. Aprilis, inchoante anno Domini MCCXCI. qua die ordinem intraverat Prædicatorum, intrasse creditur chorum & ordinem angelorum. Sepultus est in medio chori fratrum.

Tertius decimus prior fuit frater Bernardus (*d*) de Trilia Nemausensis, qui successit fratri Bernardo Geraldi, electus in conventu Biterrensi, in die ad eligendum electoribus assignata, circa quindenam Paschæ, anno Domini MCCXCII. fuitque confirmatus a magistro ordinis fratre Munione in sequenti capitulo generali Palentiæ, terminata diffinitione immediate in conspectu omnium ibidem, ubi erat ipse pro provincia diffinitor. Præfuit autem anno uno integro, fuitque absolutus in sequenti capitulo generali Romano anno Domini MCCXCII. Hic fuit magister in theologia solidus & famosus, vir sensatus, naturali prudentia præditus, ingenio præpollens, clarus intellectu ad intelligentiam sublimium & subtilium veritatum, clausus labiis, animo circumspectus, dogmatis nectare ac doctrinæ fratris Thomæ excellenter imbutus, qui in sacris litteris præeminens & præcellens prædecessores suos singulos præcessit in eisdem. Hic dogmata clara studiosisque pretiosa in scriptis successoribus posteris dereliquit, scientia, fama ac persona insignis & celebris in toto ordine; ejus dulcis memoria cum laudibus vivit & præconiis gloriosis. Hic cum rediret de præfato Romano capitulo generali, in conventu Avenionensi decumbens, feliciter & imperceptibiliter in Domino obdormivit in vigilia B. Dominici, anno Domini MCCXCII. Sepultus fuit ibidem, sed postmodum apud Nemausum civitatem nativitatis suæ translatum est corpus ejus.

Frater BERNARDUS *jacet hic, cui Trilia nomen.*
Nominis est omen quod signat mystica nardus.

(*a*) *Inter quos electores antiquior fuit unus frater Stephanus de Salanhaco Lemovicensis, qui confirmationem pronuntiavit. Ex Bernardo Guidonis.*
(*b*) *In isto fuit gratia prædicationis.*
(*c*) *In isto præfulsit exemplar religionis & norma rectitudinis in judiciis.*
(*d*) *In isto claruit eminenter scientia & intelligentia veritatis.*

Nitens candore, fragrans virtutis odore;
Constans ac humilis, cum nemine nulla sibi lis.
Iste pater patriæ fuit hujus & arcæ sophiæ.
Munda fuit vita, mens cælica, lingua polita.
Doctor, lux veri, vox cæli, regula cleri,
Æterni regis reseravit dogmata legis.

[a] Quartus decimus prior provincialis fuit frater Petrus (a) de Mulceone Lemovicensis diœcesis, qui successit fratri Bernardo de Trilia, electus in capitulo provinciali Brivensi, in assumtione B. Mariæ semper Virginis, anno Domini MCCXCI. Erat autem tunc inquisitor Tolosanus hæreticæ pravitatis. Hunc absolvit a provincialatu per litteram frater Stephanus Bisuntinus magister ordinis pridie quam obiret, anno Domini MCCXCIV. sed reelectus fuit unanimiter in sequenti festo beati Matthiæ apostoli, in conventu Carcassonensi ad eligendum assignato electoribus convocatis, & ibidem fuit a tribus antiquioribus electoribus confirmatus, cum ordo magistrum non haberet; qui fuerunt frater Berengarius Otarii magister in theologia, frater Galterus prior Valentinus, frater Helias de Briva Lemovicensis diœcesis. Hic fuit vir mulcedine pietatis & gratiæ plenus, miseris & peccatoribus benignus & pius; nobilis genere, sed nobilior profunda humilitate & gratissima conversationis societate. Præfuit annis fere tribus, priorque provincialis existens obiit in conventu Montis-Albani VI. calendas Augusti, in festo B. Marthæ, anno Domini MCCXCV. ubi primo sepultus jacuit, deinde ad conventum Brivensem translatum fuit corpus ejus in capitulo provinciali Caturcensi, anno Domini MCCXCVIII.

[b] Quintus decimus prior provincialis fuit frater Raymundus (b) Hunaudi de Lantario Tolosanus, qui successit fratri Petro de Mulceone, electus in conventu Narbonensi, in festo S. Martini ad eligendum convocatis electoribus assignato, anno Domini MCCXCV. & ibidem fuit a tribus antiquioribus electoribus confirmatus, quia ordo magistrum non habebat; qui fuerunt frater Helias de Briva, quinquagenarius in ordine & amplius; frater Bernardus Gauteri Tolosanus quinquagenarius, & frater Johannes de Veyreriis Caturcensis similiter quinquagenarius. Erat autem tunc prior Burdegalensis, unde fuit ad provincialatum assumtus. Hic ex monacho Electensi factus est Prædicator bonus, vir magnæ constantiæ, gratissimæ conversationis & societatis; tantæ quoque discretionis & prudentiæ, quod optime novit discernere, & secundum justitiæ æquitatem reddere secundum merita, cui honorem honorem, cui tributum tributum obedientiæ & correctionis & debitæ disciplinæ, superioribus quidem suis cum multa reverentia obediens; in re-

(a) *Hunc sibi vindicavit mulcedo dulcis pietatis & compassionis erga miseros & afflictos.*
(b) *In isto refulsit gemma curialitatis & reverentiæ.*

A gimine vero subditorum oculatus, vigil & sollicitus; constans in arduis, amator bonorum, castigator insolentium; sola pœnitentis humilitate, & spe correctionis ad indulgentiam veniæ flectebatur. Prælatos & magnates optime noverat revereri, amicis & familiaribus ordinis regratiari prudenter & gratiose, & recolligere dulciter & decenter. Humiles humilem valde, elati vero sublimem experiebantur. Gratus fuit ad societatem, amoris tam optimi quam sinceri; fidus amicus omni tempore. Nobilis ipse genere,
B incultum tamen venerabatur monachum; curiosum vero & fastuosum detestabatur religiosum. Præfuit in pace provinciæ & virtute magna annis quatuor & dimidio, priorque provincialis existens, ac totius ordinis vicarius generalis, obiit in devotione & recollectione mirabili & devota in conventu Tolosano, ubi optaverat, tertio idus Maii, feria quarta post festum S. Johannis ante portam Latinam, anno Domini MCCXCIX. sepultusque est in medio chori fratrum post fratrem Bernardum Geraldi.

C Sextus decimus prior provincialis fuit frater Bernardus de Juzico diœcesis Bazatensis, de prædicatione conventus Burdegalensis, qui successit fratri Raymundo Hunaudi, electus in capitulo provinciali Perpiniani, XV. cal. Augusti, sabbato post octavas apostolorum Petri & Pauli, anno Domini MCCXCIX. fuitque ibidem a tribus antiquioribus electoribus confirmatus, quia ordo magistro carebat, qui fuerunt isti: frater Raymundus Severi, habens in ordine quinquaginta unum annum; frater Johannes de Genesteto quin-
D quagenarius in ordine, & frater Johannes Vigorosi prior S. Maximini, habens in ordine quadraginta novem annos. Hi tres pertinebant ad prædicationem conventus Montis-pessulani. Fuit autem prior provincialis annis fere duobus, & de provincialatu assumtus est ad magisterium ordinis in capitulo generali Coloniensi anno Domini MCCCI. Hic in labore magisterii desudans, obiit in provincia Teutoniæ in conventu Treverensi, in festo S. Lamberti martyris, anno Domini MCCCIII.

Vide tom. 4. Anecdot. p. 1878.

Decimus septimus prior provincialis fuit frater Guillermus Petri de Godino Baionensis,
E qui successit fratri Bernardo de Juzico, electus in capitulo provinciali Agennensi, in vigilia B. Mariæ Magdalenæ, anno Domini MCCCI. fuitque a magistro ordinis fratre Bernardo prædecessore suo in provincialatu confirmatus paulo post festum S. Michaëlis. Fuit autem prior provincialis hac vice annis fere duobus. Fuit absolutus in capitulo generali Bisuntino anno Domini MCCCIII. divisa provincia tunc in duas provincias, & factus ibidem in actis ejusdem capituli vicarius in provincia Tolosana: erat autem baccalaureus in theologia. Hic fuit ultimus prior provin-

cialis in provincia Provinciæ nondum divisa; de quo adhuc infra.

Præambulum ad sequentia.

Anno Domini MCCCIII. in generali capitulo Bisuntino, fuit divisa provincia Provinciæ ordinis Prædicatorum in duas provincias. Inferiori vero parti provinciæ impositum est nomen novum, & vocata est Provincia Tolosana; & in sinistro choro ratione antiquitatis majoris, primum locum retinuit sicut prius, quia in ea ordo Prædicatorum originem noscitur accepisse; ordo enim exordium habuit in Tolosa. Pars vero superior provincia Provinciæ retinuit vetus nomen, & sigillum cum angelo, quod & prius ratione inscripti nominis in eodem, & in dextro choro post provinciam Aragoniæ ex ordinatione capituli, prævia ratione, sortita est locum suum.

Priores provinciales in provincia Tolosana ordinis Prædicatorum.

Primus prior in provincia Tolosana fuit frater Guillermus Petri de Godino Baionensis, baccalaureus theologiæ. Hic fuit electus in capitulo provinciali in Monte-Albano, in vigilia S. Michaëlis, anno Domini MCCCIII. & confirmatus ibidem a fratre Arnoldo Johannis Caturcensi, priore Pruliani, auctoritate confirmandi a magistro ordinis commissa sibi per litteram in hac parte. Erat autem tunc vicarius provinciæ Tolosanæ in actis præcedentis capituli generalis institutus. Hic sicut præmissum est supra, fuit novissimus prior in provincia Provinciæ non divisa, & primus in provincia Tolosana. Præfuit hac vice in provincia Tolosana a festo S. Michaëlis usque ad sequens festum Trinitatis, fuitque absolutus in sequenti generali capitulo Tolosano in crastino Trinitatis, scilicet VIII. calendas Junii, in festo S. Urbani papæ, anno Domini MCCCIV. & missus inde fuit Parisius paulo post capitulum generale, pro magisterio theologiæ præsentatus. Hic postmodum factus fuit tituli S. Ceciliæ presbyter cardinalis, sabbato in jejuniis quatuor temporum adventus, anno Domini MCCCXII. & ejus corpus requiescit in conventu Tolosano.

Secundus prior provincialis frater Bertrandus de Claro-monte, Brageriacensis, Petragoricensis diœcesis, successit fratri Guillermo Petri de Godino, electus concorditer & in pace a capitulo provinciali Tolosano post generale ibidem immediate; fuitque confirmatus ipsa die electionis suæ a magistro ordinis fratre Aymerico, qui ibidem præsens erat, videlicet VII. calendas Junii; moxque ibidem incœpit suum provinciale capitulum celebrare. Erat autem tunc prior Carcassonensis, & ibidem fuerat elector magistri ordinis, & generalis capituli diffinitor, anno Domini MCCCIV. Præfuit in provincialatu annis duobus, mensibus fere duobus. Fuit autem absolutus per litteram magistri ordinis, quam ipsemet in conspectu fratrum qui ad provinciale capitulum Figiaci convenerant, in capitulo fecit legi, ibidem ad terram humiliter se prosternens, in festo B. Margaritæ XIII. calendas Augusti, anno Domini MCCCVI. Hic obiit in senectute bona in conventu Brageriaci, Dominica infra octavas omnium Sanctorum, nonis Novembris, anno Domini MCCCXII. ab ingressu vero ordinis anno LVI.

Tertius prior provincialis frater Berengarius de Landorra diœcesis Ruthenensis, successit fratri Bertrando præfato, electus a capitulo provinciali in vigilia B. Mariæ Magdalenæ in Figiaco congregato, & in sequenti mense Augusti a magistro ordinis fratre Aymerico confirmatus. Erat autem bacalaureus in theologia, in conventu Parisiensi tunc positus existens, ubi recepit litteram suæ confirmationis sequenti mense Septembris anno Domini MCCCVI. Prior provincialis fuit annis quasi duobus, fuitque absolutus propter magisterium theologiæ in generali capitulo Paduano, in festo SS. Primi & Feliciani V. nonas Junii anno Domini MCCCVIII.

Quartus prior provincialis frater Guillermus de Anhanis, diœcesis Tolosanæ, successit fratri Berengario memorato, electus in capitulo provinciali Rivensi, in vigilia Magdalenæ in Dominica die; litteram vero confirmationis recepit in festo B. Bernardi in monasterio Pruliani, anno Domini MCCCVIII. Erat autem tunc prior Tolosanus & vicarius provinciæ Tolosanæ; prior provincialis fuit annis duobus integris: fuit autem absolutus per litteram magistri ordinis fratris Aymerici in capitulo provinciali Appamiensi, in festo B. Mariæ Magdalenæ celebrato, lecta sibi littera absolutionis ultima die capituli, scilicet in octavis B. Mariæ Magdalenæ anno Domini MCCCX.

Frater Berengarius de Landorra præfatus secunda vice successit fratri Guillermo de Anhanis prædicto, electus in capitulo provinciali Appamiensi prædicto ultima die capituli, scilicet in octavis B. Mariæ Magdalenæ anno Domini MCCCX. Prior provincialis fuit hac vice annis fere duobus. Fuit autem assumptus de provincialatu in magistrum ordinis in vigilia Pentecostes, tertio idus Maii, anno Domini MCCCXII.

Frater Guillermus de Anhanis prædictus secunda vice successit fratri Berengario memorato, electus in capitulo provinciali Carcassonensi, post generale ibidem : fuitque confirmatus ibidem per magistrum ordinis fratrem Berengarium ipsa die electionis suæ, scilicet in vigilia translationis S. Dominici, X. calendas Junii, anno Domini MCCCXII. Prior provincialis fuit hac vice annis duobus, fuitque absolutus in capitulo generali Londoniis celebrato anno Domini MCCCXIV. Hic obiit in monasterio Pruliani IV. idus Junii in vigilia S. Barnabæ; sepultus vero fuit in festo ejusdem anno Domini MCCCXV.

Quintus prior provincialis frater Johannes de Falbeto Condomensis, successit fratri Guillermo de Anhanis, electus in capitulo provinciali in Altovillari celebrato in vigilia B. Mariæ Magdalenæ in Dominica die, fuitque confirmatus a magistro ordinis fratre Berengario, recepta confirmationis littera Tolosæ, tertio idus Augusti in Dominica die, anno Domini MCCCXIV. Prior provincialis fuit annis tribus; fuit autem absolutus in capitulo generali Pampiloniæ celebrato anno Domini MCCCXVII.

Sextus prior provincialis frater Berengarius de Maloduno de Terminis conventus Brivensis, successit fratri Johanni de Falbeto, electus in capitulo provinciali Brageriaci celebrato anno Domini MCCCXVII. Erat autem tunc lector Lemovicensis, priorque provincialis existens, fuit vocatus ad Romanam curiam, & factus pœnitentiarius domini papæ. In provincialatu vero præfuit anno quasi uno, fuitque propter officium pœnitentiæ absolutus ob officio prioratus per magistrum ordinis post generale capitulum Lugduni celebratum, anno Domini MCCCXVIII. & ibidem paulo post infirmatus, migravit ad Dominum, fuitque sepultus in ecclesia fratrum exteriori V. calendas Junii.

Septimus prior provincialis frater Hugo de Marciaco diœcesis Albiensis; successit fratri * Bernardo prædicto, fuitque electus in capitulo provinciali Brivæ celebrato VIII. idus Julii, anno Domini MCCCXVIII. Erat autem lector Tolosanus. Prior fuit annis quasi tribus, fuitque absolutus in capitulo generali Florentiæ celebrato, anno Dñi MCCCXXI. & ad legendum sententias Parisius assignatus. Hic factus magister in theologia, & repositus ad honorandam lectionem & cathedram Tolosanam, tandem migravit ad Dominum anno Domini MCCCXXVII. Vir fuit magnæ veritatis & laudabilis simplicitatis.

Octavus prior provincialis frater Guillelmus Dulcini, de villa & conventu Montis-Albani; successit prædicto fratri Hugoni, electus in capitulo provinciali S. Gerontii, anno Domini MCCCXXI. Erat autem tunc prior Burdegalensis & vicarius provinciæ per provisionem capituli generalis; fuitque confirmatus per magistrum ordinis fratrem Herveum. Provincialis fuit cum vicariatu annis tribus, fuitque absolutus in capitulo generali Burdegalensi anno Domini MCCCXXIV. & paulo post factus procurator totius ordinis in curia Romana, tandem legatus missus ad partes Tusciæ per dominum papam, per eumdem in Lucanum episcopum est assumtus.

Nonus prior provincialis frater Helias

* f. Berengario.

de Ferreriis de Salanhaco, conventus Caturcensis, successit prædicto fratri Guillermo, electus in capitulo provinciali Burdegalensi, post capitulum generale ibidem; fuitque confirmatus ibidem per magistrum ordinis fratrem Barnabam, qui in eodem capitulo generali electus fuerat in magistrum. Erat autem tunc prædictus frater Helias lector Caturcensis. Prior fuit provincialis quindecim annis continuis; tandem absolutus per litteram anno Domini MCCCXXXVI. factus est prior Pruliani, ubi obiit in anno mortalitatis, quæ fuit anno Domini MCCCXLVIII.

Decimus prior provincialis frater Petrus Guidonis conventus Lemoviensis, oriundus de loco qui dicitur Roheria, qui cum esset prior Carcassonensis, electus est in conventu Montis-Albani circa medium Quadragesimæ, anno Domini MCCCXXXVII. confirmatus fuit per magistrum Hugonem de Baufamant, rexitque provinciam quasi septem annis, & tandem absolutus per litteram, & factus inquisitor Tolosanus, migravit ad Dominum.

Undecimus prior provincialis frater Raymundus de Duroforti conventus Pruliani, oriundus de Villari de Savairico juxta Prulianum, qui cum esset inquisitor Majoricarum, electus est in capitulo provinciali Albiæ celebrato, anno Domini MCCCXLIII. fuitque confirmatus per fratrem Petrum de Palma magistrum ordinis. Rexit provinciam fere quinque annis, & tandem absolutus in capitulo generali Lugdunensi anno Domini MCCCXLVII. post modicum tempus factus est prior Pruliani, & consequenter magister in theologia, ubi post aliquos annos emptis redditibus pro capitulo provinciali in manso sanctarum puellarum & circa, datis sibi quatuor missis perpetuis super quemlibet fratrem sacerdotem provinciæ in singulis capitulis, obiit in dicto monasterio, & sepultus est ibidem.

Duodecimus prior provincialis electus & non confirmatus frater Bertrandus Nigri, alias de S. Michaële, conventus Tolosani, oriundus de S. Michaële de Lanesio, qui fuit electus unanimiter in capitulo provinciali celebrato in sancto Gaudentio, anno Domini MCCCXLVII. ubi durante capitulo post tres vel quatuor dies migravit ad Dominum & sepultus est in medio chori.

Tertius decimus prior provincialis frater Guillermus *Sudre*, conventus Brivensis, oriundus de Laguena, qui cum esset lector Carcassonæ, electus est in eodem capitulo sancti Gaudentii anno quo supra, scilicet MCCCXLVII. infra octavas apostolorum Petri & Pauli. Fuit confirmatus per fratrem Johannem de Molendinis magistrum, rexitque provinciam duobus annis, post quos absolutus per litteram, factus magister sacri palatii, ubi legit ad honorem Dei & ordinis multis annis; & tandem cum esset episcopus Massiliensis, per dominum

dominum papam Urbanum V. assumtus est in presbyterum cardinalem tituli SS. Johannis & Pauli, deinde promotus est in episcopum Ostiensem & Velletrensem.

Quartus decimus prior provincialis frater Petrus de Maricalmo, conventus Ruthenensis, oriundus de Cammasio, quod dicitur Maricalmum, in pertinentiam Cambolasii; qui cum esset bacalaureus Parisiensis, electus est in capitulo provinciali in Rivis, celebrato Dominica infra octavas apostolorum Petri & Pauli, anno Domini MCCCL. confirmatus per fratrem Johannem de Molendinis magistrum ordinis; rexitque provinciam quatuordecim annis, ex quibus duobus annis & ultra fuit simul provincialis & inquisitor Tolosanus. Tandem absolutus in capitulo generali Magdeburgensi, celebrato anno Domini MCCCLXIII. nondum auditis rumoribus de capitulo, circa festum apostolorum Petri & Pauli migravit ad Dominum: sepultus est in conventu suo in capitulo.

Quintus decimus prior provincialis frater Sancius de Ficola, conventus Marciaci, oriundus de Salvaterra, diœcesis Tarbiensis; qui cum esset confessor illustris principis domini comitis Armaniaci, & assignatus pro anno sequenti ad legendum sententias Parisius per acta capituli Ferreriensis, electus est in capitulo S. Severi, Dominica post festum B. Mariæ Magdalenæ, anno Domini MCCCLXIII. Confirmatus fuit per magistrum Simonem de Lingoniis; & tandem factus magister in theologia. Rexit provinciam quasi sex annis, & fuit absolutus in capitulo Brugensi anno Domini MCCCLXIX. & occasio fuit quod appellaverat cum multis aliis a magistro ordinis & ejus vicario: sed appellationis causa per dominum papam Urbanum V. fuit commissa capitulo generali, & judicatum injuste appellasse; & ideo & ipse & alii graviter puniti fuerunt. Sed pepertum fuit appellantibus quam incurrerant propter ordinationem quæ currebat anno illo.

Sextus decimus prior provincialis frater Hugo de Verduno conventus Figiaci, magister in theologia, electus anno Domini MCCCLXIX. Fuit provincialis per unum annum.

Decimus septimus fuit frater Bartholomæus de Riparia, conventus Baionensis, magister in theologia, electus in capitulo provinciali Carcassonensi, anno Domini MCCCLXX. circa festum omnium Sanctorum. Fuit provincialis per septem annos cum dimidio, absolutus in capitulo generali Carcassonæ anno Domini MCCCLXXVIII. Hic postmodum tempore schismatis dimissa fide & unione omnium dominorum cardinalium & magistri ordinis & provinciæ Tolosanæ, errore schismatis irretitus, ad urbem Romam accessit semicæcus, & post aliquos annos rediit ab antipapa Baionensis episcopus ordinatus.

Decimus octavus prior provincialis fuit frater Stephanus de Cumba, conventus Bellundæ, magister in theologia, oriundus de Dunnio castro de Vigna rupe, prope Bellumvidere, de manso vocato Lacumba; electus in dicto capitulo generali Carcassonæ, anno Domini MCCCLXXVIII. unanimiter & in pace. Hic idem fuerat procurator ordinis in Romana curia, residente in Roma & in Avinione, illud officium procuratoriæ regens per annos septem. Fuit iste idem frater Stephanus, dum esset procurator ordinis, electus unanimiter in priorem provincialem provinciæ Romanæ, & confirmatus; & provincialatum & procuratoriam ordinis, quia erat in eadem provincia, tenuit, scilicet per annum cum dimidio. Hic idem frater Stephanus fuit factus vicarius, & missus ad provinciam Lombardiæ inferioris auctoritate apostolica, per dominum cardinalem Albanensem, tunc vicarium apostolicum, ad reformandum dictam provinciam; & in eadem provincia idem factus est vicarius magistri ordinis. Qui dictus frater Stephanus dictam provinciam, existens procurator ordinis & vicarius jure duplici, ut præfertur, visitavit, incipiens in Bononiam; & demum provincialem dictæ provinciæ absolvit, quia sibi in reformatione & correctionibus obsistebat; & multas correctiones & reformationes tam in conventibus quam in monasteriis fecit in eadem. Et postmodum pro electione provincialis facienda totam provinciam congregavit in civitate Ravennas, in mense Februarii anno Domini MCCCLXX. & quamquam multos propter correctiones & punitiones offendisset, sicut mos est delinquentium cum tanguntur; tamen dictus frater Stephanus procurator ordinis existens & vicarius, actu visitans præfatam provinciam Lombardiæ inferioris, electus est unanimiter & in pace in magno gaudio ab omnibus electoribus & prioribus & prædicatoribus generalibus dictæ provinciæ in priorem provincialem; & decretum missum est ad magistrum ordinis dictum magistrum Heliam Raymundi, qui tunc in Romana curia residebat, Sed ipse magister ordinis videns multa ardua negotia in Romana curia agitari, dictum fratrem Stephanum procuratorem ordinis a dicto vicariatu revocavit, & ad curiam festinare mandavit, de nutu Gregorii papæ XI. & electio præfata cessavit; & dictus magister ordinis ex commissione domini papæ de priore provinciali sine nova electione providit dictæ provinciæ, dicto fratre Stephano in procuratoris ordinis officio remanente in Romana curia sæpedicta.

Decimus nonus prior provincialis fuit frater Petrus Aldeberti, magister in theologia conventus Ruthenæ, qui postea fuit prior Pruliani, deinde confessor domini Bernardi comitis Armaniaci. Iste fuit excellens prædicator & gratiosus: iste composuit sermones solemnes, dominicales & sanctorales: iste multa ædificia fecit fieri in conventu Ruthenæ, & inibi in pace prædeterminavit dies suos.

Vigesimus fuit frater Johannes de Merula, spectabilis persona & zelator religionis, de conventu Petragoricensi. Verum quia erat extirpator vitiorum, habuit æmulos, & habuit competitorem magistrum Petrum de Larossa; qui in prosecutione provincialatus mortuus est Parisius, & inibi terminavit dies suos.

Vigesimus primus fuit frater Petrus de Mommasio de conventu Morlanensi, valens magister in theologia, qui fuit provincialis per quatuor annos, & in pace rexit provinciam. Erat valde devotus Virgini MARIÆ.

Vigesimus secundus fuit magister Johannes Dignati, de conventu Rivensi, magister in theologia; & fuit factus provincialis anno Domini MCCCCXVII. Tolosæ, & fuit provincialis per quatuordecim annos; & fuit absolutus ab officio per magistrum Bartholomæum Texerum magistrum generalem ordinis.

Vigesimus tertius fuit frater Raymundus de Tillio, magister egregius in theologia, de conventu Carcassonensi, qui fuit factus provincialis Tolosæ anno Domini MCCCCXXXI. Fuit provincialis per novem annos, & ad sui requisitionem fuit absolutus per prædictum magistrum ordinis, & fuit factus prior monasterii Pruliani: deinde factus est episcopus Bazatensis. Fuit etiam inquisitor Carcassonæ, deinde Tolosanus, sed dimisit.

Vigesimus quartus fuit frater Johannes Vayseric, magister egregius, de Capella ecclesiæ novæ diœcesis Ruthenensis, vir sanctus & in verbo Domini gratiosus, conventus Ruthenæ: & fuit electus in capitulo Revelli, in festo B. Mariæ Magdalenæ, anno Domini MCCCCXL. & rexit provinciam per triginta & unum annum, quod non reperitur de quocumque alio. Hic rexit provinciam in pace, & valde laboravit ne conventus gravarentur in expensis, & contradicentibus fratribus, ad sui preces importunas impetravit absolutionem suam, quam reverendissimus magister ordinis Martialis Auribelli voluit concedere: sed quia erat amicus suus, noluit sibi displicere, & tandem concessit eam ad sui nutum, ut si vellet eam legere, quod legeret, & si non, quod dimitteret.

Vigesimus quintus prior provincialis fuit frater Guillermus de Abbatia, conventus Morlanis, electus via Sancti-Spiritus in conventu Condomiensi anno MCCCC....

Vigesimus sextus fuit frater Petrus de Brocario conventus S. Severi, electus a tota provincia concorditer in capitulo provinciali in conventu Hortesii celebrato, anno Domini MCCCCLXXIX. Dominica infra octavas apostolorum Petri & Pauli. Hic monasterium Pruliani, quod ad magnam devenerat paupertatem, sua industria relevavit, provinciamque per annos circiter quindecim cum magna mansuetudine rexit. Ab hac luce in monasterio Montis-Albani migravit anno MCCCC.....

Vigesimus septimus prior provincialis fuit frater Antonius de Cleda, conventus Tolosæ, in conventu Agenni a tota provincia unanimiter electus, anno Domini MCCCCXCII. in die S. Martini episcopi. Hic ratione congregationis Observantinorum, suo tempore introductæ in ista provincia, labores & molestias graves pertulit; & tandem in generali capitulo Mediolani celebrato anno Domini MDV. in festo Pentecostes, non obstante quod a provincia retineretur, una cum ceteris provincialibus totius ordinis, qui annos quatuor tunc temporis in provincialatu compleverant, fuit absolutus, & sic fuit in provincialatu per tredecim annos fere.

HISTORIA
FUNDATIONUM CONVENTUUM
ORDINIS PRÆDICATORUM
TOLOSANÆ ET PROVINCIÆ PROVINCIARUM
AUCTORE BERNARDO GUIDONIS EJUSDEM ORDINIS.

Ex mf. bibliotheca regia quod fuit olim Stephani Baluzii.

FUNDATIO MONASTERII Pruliani.

ANno Domini MCCVI. beatus Dominicus, opitulante fibi viro Dei DIDACO episcopo Oxomensi, eo scilicet tempore quasi biennio quo in partibus manserat Tolosanis, necnon patrocinante viro per omnia memorando domino FULCONE episcopo Tolosano, cujus ope & patrocinio in hac parte, præcipue in sua diœcesi, opus erat, monasterium quoddam instituit quod dicitur Prulianum, situm inter Fanum-Jovis & Montem-Regalem, in diœcesi Tolosana, ad susceptionem quarumdam nobilium feminarum, quas parentes earum ratione paupertatis egestate compulsi tradebant hæreticis, qui illo in tempore in eisdem partibus & locis circumvicinis plurimi habitabant, erudiendas & nutriendas ab eis, imo & revera erroribus potius deludendas & in anima perimendas, sicut de tempore & de causa institutionis satis colligitur & habetur ex libello venerabilis patris fratris Jordani magistri ordinis, quem fecit & intitulavit: *De principio ordinis Prædicatorum.* Partim quoque probantur & extrahuntur quædam ex quibusdam litteris & chartis antiquis & privilegiis multis ejusdem monasterii ab apostolica sede concessis. Habebat autem S. DOMINICUS ad sui suorumque sustentationem ecclesiam Fani-Jovis & S. Martini de Limoso, & quædam alia, castrum quoque insigne quod dicitur Fano-Jovis, in diœcesi Agennensi, sibi a domino SIMONE comite Montisfortis collatum ; cujus comitis erga ipsum fervebat dilectio specialis ; nondum enim ordo Prædicatorum fuerat institutus: quæ vero de eisdem sibi poterant subtrahere, impendebant sororibus monasterii

Pruliani, cujus in principio redditus & proventus fuerunt tenues, ædificia vero non multa, & ipsa humilia. Deus autem incrementum dedit, beato semper Dominico fundatore meritis & precibus adjuvante, cooperante quoque industria & fideli dispensatione & custodia ministrorum ejus, necnon gratia & meritis habitantium & laudantium Deum ibidem nocte ac die ; ubi usque in hodiernum diem ancillæ Christi sub observantiis mirabilibus, sub arcto silentio, sub clausura perpetua, contra otii desidiam propriis manibus laborantes, & operantes salutem suam, grata exhibent suo creatori servitia in magno sanctitatis vigore, cum conscientiarum puritate præclaram vitam agentes, salutarem sibi, hominibus exemplarem, jocundam angelis, gratam Deo. Quæ cum numero & merito creverunt, in immensum odorem suum longe lateque diffundentes, multas Deo devotas ad imitationem sui sanctam feminas provocarunt ad similia cœnobia construenda.

I. *Ecclesia S. Martini de Limoso per dominum Berengarium archiepiscopum Narbonensem confertur sororibus Pruliani.*

Anno Domini MCCVII. xv. calendas Maii dominus Berchgarius Narbonensis archiepiscopus, de consensu & voluntate canonicorum suorum dedit & libere concessit pro se & successoribus suis, priorissæ & monialibus noviter conversis, monitis & exemplis fratris Dominici Oxomensis sociorumque ejus, habitantibus & in perpetuum habitaturis in castro de Fano-Jovis, & in ecclesia B. Mariæ de Pruliano Tolosanæ diœcesis, ecclesiam B. Martini de Limoso, Narbonensis diœcesis, in Redesio, cum omnibus decimis & primitiis territorii B. Martini de Limoso, & territorii de Taxo eidem contigui, cum oblationibus & cum omnibus juribus suis & pertinentiis, jure perpetuo integre possidendam, & nomine ipsarum fratrem Dominicum & fratrem Guillermum Clareti cum traditione instrumenti in possessionem introduxit & misit, salvo jure episcopali in cathedratico, in procurationibus & visitationibus, & in commissione curæ animarum illi sacerdoti, qui a dictis monialibus, vel aliquo fratre loco earum, sibi & suis successoribus fuerit præsentatus. Actum fuit hoc anno & die quibus supra, Carcassonæ in domo episcopi. Extat inde littera præfati domini archiepiscopi sigillata.

II. *Possessio dictæ ecclesiæ de Limoso traditur sororibus memoratis Pruliani.*

Anno Domini MCCVIII. feria quinta, XIV. cal. Aprilis, rege PHILIPPO regnante, Ysarnus de Aragone, mandato & auctoritate domini Berengarii archiepiscopi Narbonensis, tradidit priorissæ & monialibus conversis, monitis & exemplis fratris Dominici sociorumque ejus, commorantibus & in perpetuum commoraturis in castro Fani-Jovis & in ecclesia B. Mariæ de Pruliano, Tolosanæ diœcesis, ecclesiam S. Martini de Limoso, Narbonensis diœcesis, quæ est in Redesio, cum omnibus juribus & pertinentiis suis ac decimis, primitiis totius territorii B. Martini de Limoso, & territorii de Taxo eidem contigui, & oblationibus, & omnibus obventionibus. Et nomine dictarum monialium, fratrem Guillermum Clareti in corporalem possessionem misit, ut dictam ecclesiam habeant & possideant in perpetuum. Actum fuit hoc anno & die quibus supra, in præsentia domini BERNARDI RAYMUNDI electi sedis ecclesiæ sancti Nazarii Carcassonensis, & Arnaldi capellani de villa Florano, & Raymundi Seguini, & Bernardi de Pulchro-facto, & Guillermi Ferreoli, & Bertrandi Gayraldi, & Raymundi Arnaldi, & Raymundi clerici in Redesio archipresbyteri, & Raymundi de Calhavo notarii publici Carcassonensis, qui chartam & instrumentum inde recepit, quod fuit sigillo magistri Ysarni de *Conchis*, qui præsens interfuit, sigillatum, de voluntate præfati Ysarni de Aragone, qui sigillum suum non habebat.

III. *Commissio fit domino Bernardo Carcassonensi episcopo, ab archiepiscopo Narbonensi.*

Anno Domini MCCXVIII. VI. cal. Decembris, frater A. Narbonensis archiepiscopus, scribendo mandavit & commisit domino BERNARDO Carcassonensi episcopo, ad querelam factam per fratrem Guillermum Clareti, priorem monasterii Pruliani, quatinus ad locum seu ecclesiam de Limoso accederet; & convocatis abbate & monachis sancti Hilarii Carcassonensis diœcesis, & præfato fratre Guillermo Clareti priore Pruliani, veritatem inquireret de hoc quod prior conquerendo monstravit, videlicet quod cum priorissa & moniales de Pruliano essent in possessione ecclesiæ B. Martini de Limoso, præfati abbas & monachi prædictam ecclesiam violenter invaserunt, & fratres qui prædictam ecclesiam nomine prædictarum priorissæ & monialium tenebant & possidebant, per violentiam de eadem ecclesia expulerunt: & si ita inveniret, præfatis priorissæ & monialibus possessionem dictæ ecclesiæ restitueret. Extat inde littera archiepiscopi sigillata, data Massiliæ.

IV. *Restitutio possessionis ecclesiæ B. Martini de Limoso, facta sororibus Pruliani.*

Anno Domini MCCXIX. idus Aprilis, præfatus dominus Bernardus Carcassonensis episcopus, de mandato & auctoritate præfati domini A. archiepiscopi Narbonensis, restituit ecclesiam B. Martini de Limoso cum omnibus juribus suis, fratri Guillermo Clareti, priori & procuratori monasterii B. Mariæ de Pruliano Tolosanæ diœcesis, nomine prædictæ priorissæ & conventus ejusdem monasterii: quam possessionem dominus ALBOYNUS abbas & monachi monasterii memorati S. Hilarii per violentiam occupaverant, & fratres qui nomine dictarum priorissæ & conventus dictam ecclesiam possidebant, de eadem per violentiam expulerant. Actum fuit in villa de Limoso in capella, anno & die ut supra, in præsentia præfati abbatis ALBOYNI & domini Ysarni de Aragone archidiaconi Carcassonensis, & domini Ysarni de Conchis archidiaconi Narbonensis in Redesio, Bernardi de Flacciano, Peregrini de Flacciano, Arnaldi Sancii de Lauraco, Guillermi Grimaudi de Fano-Jovis. Extat super hoc littera sigillata præfati domini episcopi Carcassonensis.

V. *Iterum restituitur possessio ecclesiæ B. Martini de Limoso sororibus Pruliani, per diffinitivam sententiam domini Amelii archiepiscopi Narbonensis.*

Anno Domini MCCXXII. pridie nonas Octobris, dominus A. archiepiscopus Narbonensis diffinitivam tulit sententiam in causa quæ coram ipso ventilabatur, per fratrem Guillermum Clareti, priorem monasterii B. Mariæ de Pruliano Tolosanæ diœcesis, nomine priorissæ & conventus præfati monasterii ex una parte, & per abbatem & conventum monasterii S. Hilarii Carcassonensis diœcesis ex altera, super ecclesia B. Martini de Limoso, & domibus & rebus ejusdem ecclesiæ; quas cum priorissa & moniales prædictæ pacifice possiderent, præfati abbas & monachi monasterii S. Hilarii violenter invaserant, & de possessione dictarum ecclesiæ & domorum & supellectilium præfatas priorissam & moniales temere spoliarunt, non sine juris injuria in præjudicium prædictarum: quam possessionem præfatus frater

Guillermus Clareti prior, nomine dictarum priorissæ & monialium sibi restitui petebat, & cum instantia supplicabat. Verum abbas prædictus monasterii S. Hilarii, procurator ejusdem conventus constitutus ad causam prædictam ex adverso dicebat, quod cum prædictum monasterium S. Hilarii in dictarum ecclesiæ & domorum & rerum possessione fuisset, quando hostium incursione & hæreticorum & inimicorum fidei & pacis fuit dissipatum, & dicta ecclesia S. Martini de Limoso ad ipsum monasterium de jure pertineat, sibi nomine monasterii S. Hilarii restitutio potius, vel ipsa possessio de jure adjudicari debeat. Quibus omnibus & aliis quæ pars utraque proposuit auditis & intellectis, juris ordine observato, facta conclusione juris & facti, præhabito prudentum virorum consilio, præfatus frater A. archiepiscopus Narbonensis, cum sibi constaret ad plenum per confessionem dicti abbatis monasterii S. Hilarii, præfatum fratrem Guillermum Clareti priorem & procuratorem monasterii B. Mariæ de Pruliano, dictas ecclesias B. Martini de Limoso, & domos & res ejusdem tunc nomine priorissæ & conventus dicti monasterii B. Mariæ de Pruliano possedisse, quando a dictis abbate & conventu S. Hilarii fuerat spoliatus, restitutionem omnium præmissorum, de quibus actum fuit coram ipso, per diffinitivam sententiam pronuntiavit faciendam præfato fratri Guillermo Clareti priori, nomine prædictarum priorissæ & conventus; dictis abbati & conventui monasterii S. Hilarii super præmissis omnibus silentium imponens. Lata fuit hæc sententia apud Limosum anno & die quibus supra, in ecclesia S. Martini, in præsentia abbatis sancti Pauli Narbonensis, domini Ysarni de Conchis archidiaconi in Redesio, domini Ysarni de Aragone archidiaconi Carcassonensis, Bernardi de Flacciano, Ysarni de Taxo, Petri de Taxo, Raymundi de Calhavo notarii publici, qui de præmissis instrumentum recepit. Extat inde littera ipsius A. archiepiscopi sigilli munimine roborata; in qua etiam ipse confirmat prædictam donationem dictæ ecclesiæ B. Martini, quam memoratus prædecessor suus dominus Berengarius archiepiscopus, fecerat præfatis priorissæ & monialibus Pruliani jure perpetuo possidendam.

VI. *Dominus Conradus legatus donationem ecclesiæ B. Martini de Limosa factam sororibus Pruliani confirmat.*

Anno Domini MCCXXIII. v. cal. Aprilis dominus Conradus Portuensis & S. Rufinæ episcopus cardinalis, apostolicæ sedis legatus, præfatam donationem ecclesiæ B. Martini de Limoso, factam a domino Berengario archiepiscopo Narbonensi priorissæ & monialibus Pruliani, prout superius plenius continetur, præsentatam per fratrem Bertrandum priorem fratrum Prædicatorum in Provincia, auctoritate legationis suæ confirmavit, & dictam ecclesiam dictis monialibus in perpetuum possidendam integre concessit; tenorem & litteram donationis ipsius domini Berengarii archiepiscopi Narbonensis in suis insertum litteris sigilli sui munimine roboravit. Actum fuit Biterris in aula domini episcopi anno & die ut supra.

VII. *Finalis & universalis determinatio quæstionum & controversiarum inter monasterium S. Hilarii & monasterium Pruliani per viam compromissi.*

Anno Domini MCCXXIV. VI. cal. Aprilis, cum controversiæ essent inter dominum ALBOYNUM abbatem & conventum monasterii S. Hilarii Carcassonensis diœcesis ex una parte, & fratrem Guillermum Clareti priorem, & B. priorissam & conventum monasterii de Pruliano diœcesis Tolosanæ ex altera, tam super monasterio S. Hilarii & membris ejus, quam super ecclesia de Limoso & decimis ejusdem, quam etiam super omnibus quæstionibus & querelis quæ inter partes easdem motæ sunt vel moveri possent usque in præsentem diem; de omnibus compromiserunt dictæ partes in dominum R. abbatem sancti Polycarpi Narbonensis diœcesis, & Ysarnum de Aragone archidiaconum Carcassonensem, tenentem locum domini archiepiscopi Narbonensis in Redesio; promittentes sub pœna centum marcarum argenti, se tenere & servare quidquid per eos ordinatum vel concordatum fuerit quocumque modo. Præfati vero domini R. abbas S. Polycarpi & Ysarnus de Aragone archidiaconus memorata, visis, auditis & intellectis petitionibus, responsionibus, juribus & rationibus utriusque partis, prædictas controversias terminarunt hoc modo. In primis de voluntate & consensu utriusque partis ordinantes & diffinientes, quod dictus ALBOYNUS abbas & conventus dicti monasterii S. Hilarii, tam ipsi quam successores sui habeant in perpetuum monasterium S. Hilarii cum pertinentiis suis. Item ordinaverunt de voluntate & consensu utriusque partis, quod dictus frater Guillermus Clareti prior & procurator & B. priorissa & conventus monasterii de Pruliano, tam ipse quam successores earumdem, habeant ecclesiam S. Martini de Limoso cum omnibus pertinentiis suis in perpetuum: ita quod deinceps prædictæ partes super præmissis nullam altera alteri moveat quæstionem; sed sopitis omnibus quæstionibus & querelis, quæ usque in hodiernum diem oriri possent, præsens compositio & ordinatio perpetuam obtineat firmitatem. Actum fuit hoc in villa de Limoso, in capella B. Martini, in præsentia domini Ysarni de Conchis archidiaconi Narbonensis in Redesio, Bernardi de Flacciano, Ysarni de Taxo, Peregrini de Flacciano,

Petri de Capella, Pagani Corona, Bernardi Mamella, Guillermi Grimaudi de Fano-Jovis, Arnaldi de Juliano notarii publici Fani-Jovis, qui inde instrumentum recepit & scripsit anno & die ut supra : & præfati duo arbitri sigillis suis roboraverunt.

VIII. *Dominus Romanus cardinalis legatus confirmat donationem ecclesiæ S. Martini de Limoso sororibus Pruliani.*

Anno Domini MCCXXIX. pridie cal. Decembris dominus Romanus sancti Angeli diaconus cardinalis, apostolicæ sedis legatus, donationem & litteram domini Berengarii archiepiscopi Narbonensis de ecclesia S. Martini de Limoso memorata, præsentatam sibi per fratrem Raymundum priorem monasterii monialium B. M. de Pruliano Tolosanæ diœcesis, auctoritate legationis suæ confirmavit, & ecclesiam concessit eisdem in perpetuum integre possidendam. Actum fuit hoc in præsentia venerabilium patrum Petri Narbonensis archiepiscopi, & Clarini episcopi, & Guillermi archidiaconi majoris, & Bernardi archidiaconi minoris Carcassonensis, anno & die quibus supra. Extat inde littera legati, sigilli sui munimine roborata.

IX. *Gregorius papa confirmat compositionem factam inter monasterium S. Hilarii & monasterium Pruliani.*

GREGORIUS episcopus servus servorum Dei, dilectis in Christo filiabus priorissæ & conventui monasterii de Pruliano, ordinis S. Augustini Tolosanæ diœcesis, salutem & apostolicam benedictionem. Exhibita nobis vestra petitio continebat, quod cum inter vos ex parte una, & abbatem & conventum S. Hilarii ordinis S. Benedicti Carcassonensis diœcesis ex altera, super ecclesia de Limoso Narbonensis diœcesis suborta fuisset materia quæstionis : tandem, mediantibus bonis viris, amicabilis inter partes compositio intervenit : quare fuit ex parte vestra nobis humiliter supplicatum, ut eam apostolico curaremus munimine roborare. Nos igitur vestris devotis precibus inclinati, compositionem præfatam, sicut sine pravitate provide facta est, & ab utraque parte sponte recepta & hactenus pacifice observata, auctoritate apostolica confirmamus, & præsentis scripti patrocinio communimus. Nulli ergo omnino hominum liceat hanc paginam nostræ confirmationis infringere, vel ei ausu temerario contraire. Si quis autem, &c. Datum Lateranis VIII. cal. Junii, pontificatus nostri anno V.

X. *Dominus P. Amelii archiepiscopus Narbonensis confirmavit donationem ecclesiæ de Limoso factam prius a domino Berengario prædecessore suo sororibus Pruliani.*

Anno Domini MCCXXXI. V. calendas Maii frater P. de Alesto, prior monialium beatæ Mariæ de Pruliano, præsentavit domino PETRO AMELII archiepiscopo Narbonensi, litteras domini Berengarii archiepiscopi Narbonensis prædecessoris ejusdem, continentes donationem factam ab eodem domino Berengario de ecclesia B. Martini de Limoso, priorissæ & monialibus Pruliani, sicut superius continetur : quam donationem memoratus dominus PETRUS archiepiscopus gratam & ratam habens, libere confirmavit, & præfatam ecclesiam cum suis juribus, sicut in donatione ipsa plenius continetur, concessit præfatis monialibus in perpetuum integre possidendam. Actum fuit Carcassonæ in domo domini episcopi anno & die ut supra. Extat inde littera sigillata.

XI. *Dominus G. archiepiscopus Narbonensis confirmavit donationem & confirmationes omnes præcedentes factas de ecclesia de Limoso per prædecessores suos, vel etiam per legatos, sororibus Pruliani ; & testatur se vidisse litteras omnium bonas & integras.*

Anno Domini MCCLII. XI. cal. Julii dominus G. archiepiscopus Narbonensis scripsit priorissæ & conventui monasterii B. Mariæ de Pruliano, ordinis S. Augustini (a) diœcesis Tolosanæ, se vidisse bonas & integras litteras præsentatas ex parte ipsarum domini Petri & domini Berengarii, prædecessorum suorum, de donatione & confirmatione præfatæ ecclesiæ B. Martini de Limoso cum omnibus juribus suis, facta eisdem priorissæ & monialibus. Item se recepisse & vidisse similiter litteras domini C. Portuensis & S. Rufinæ episcopi cardinalis & apostolicæ sedis legati super eodem. Item litteras domini Romani sancti Angeli diaconi cardinalis & apostolicæ sedis legati super eodem. Item litteras domini A. bonæ memoriæ archiepiscopi Narbonensis prædecessoris sui super eodem, non vitiatas, non cancellatas; quibus in scriptis donationes & concessiones ac confirmationes factas tam a prædecessoribus quam etiam a dominis legatis gratas habens & ratas, pariter confirmavit, & sui sigilli munimine roboravit, prout in eisdem litteris plenius continetur. Actum fuit Narbonæ in palatio domini archiepiscopi anno & die ut supra.

XII. *Dominus Raymundus episcopus Tolosanus & dominus Guillermus episcopus Carcassonensis testantur se vidisse litteras omnium prædictorum bonas & integras sub sigillis suis exemplatas.*

Anno Domini millesimo ducentesimo sexagesimo, quarto calendas Aprilis dominus RAYMUNDUS episcopus Tolosanus, & dominus

---

(a) Ordinis S. Augustini dicuntur propter B. Augustini regulam quam servant & profitentur sicut & fratres Prædicatores.

GUILLERMUS episcopus Carcassonensis omnes litteras superius contentas viderunt integras, non vitiatas nec cancellatas, & sub sigillis suis fecerunt exemplari, a quibus extracta fuerunt omnia præmissa per modum abbreviationis & compilationis compendiosæ diligenter & studiose anno Domini MCCVIII. pridie calendas Aprilis in Pruliano.

XIII. *Alexander papa indulget privilegium & gratiam sororibus Pruliani, quod capellano de Limoso non teneantur certam portionem de proventibus ecclesiæ assignare.*

ALEXANDER episcopus, servus servorum Dei, dilectis in Christo filiabus prioribus & conventui monasterii monialium inclusarum B. Mariæ de Pruliano, ordinis S. Augustini, secundum instituta & etiam sub cura fratrum ordinis Prædicatorum viventium, Tolosanæ diœcesis, salutem & apostolicam benedictionem. Meritis vestræ religionis inducimur, ut vos favore benivolo prosequamur, sed in his præcipue quæ vos & monasterium vestrum possint a dispendio præservare. Lecta siquidem coram nobis vestra petitio continebat, quod in ecclesia parrochiali S. Martini de Limoso, quam legitime in usus proprios obtinetis, & per quadraginta annos & amplius possedistis, capellanus habetur, qui licet diœcesano præsentatus a vobis, gerat curam animarum annexam ecclesiæ memoratæ, nulla tamen certa portio de proventibus seu bonis ejus fuit ei medio tempore assignata; quia semper vos sibi decenter & congrue in vitæ necessariis providistis. Quare humiliter petebatur a nobis, ut quieti vestræ in hac parte consulere paterna sollicitudine curaremus. Nos itaque obtentu dilecti filii nostri HUGONIS tituli S. Sabinæ presbyteri cardinalis, qui pro vobis super hoc apostolicam gratiam imploravit, vestris supplicationibus annuentes, ut capellano, qui pro tempore fuerit in prædicta ecclesia, non teneamini de proventibus seu quibuscumque bonis ipsius ecclesiæ certam & determinatam portionem, contra consuetudinem super hoc hactenus observatam, usque ad nostrum beneplacitum assignare; nec ad id per diœcesanum loci vel quemcumque alium compelli possitis, vobis auctoritate præsentium indulgemus. Sententias vero suspensionis vel interdicti aut excommunicationis, si quas in vos vel in eamdem ecclesiam propter hoc promulgari contigerit, decernimus irritas & inanes. Ita tamen quod capellano præfato de hujusmodi necessariis providere decenter more solito studeatis. Nulli ergo hominum liceat hanc paginam nostræ concessionis & confirmationis infringere. Datum Anagniæ XIII. cal. Junii, pontificatus nostri anno V. Verbi autem incarnati anno MCCLIX.

XIV. *Sanctus Dominicus & ejus socii instituuntur prædicatores in Tolosano, & de necessariis in decimis per Fulconem episcopum eis providetur.*

Anno Verbi incarnati MCCXV. in nomine Domini nostri JESU CHRISTI. Notum sit omnibus præsentibus & futuris, quod nos FULCO Dei gratia Tolosanæ ecclesiæ minister humilis, ad extirpandam hæreticam pravitatem, & & vitia expellenda, & fidei regulam edocendam, & homines sanis moribus imbuendos, instituimus prædicatores in episcopatu nostro fratrem DOMINICUM & socios ejus, qui in paupertate evangelica pedites religiose proposuerunt incedere, & veritatis evangelicæ verbum prædicare. Et quia dignus est operarius mercede sua, & os bovis triturantis non est obturandum, immo qui evangelium prædicat de evangelio debet vivere: volumus ut cum prædicando incesserint, de episcopatu habeant necessaria, & de consensu capituli ecclesiæ B. Stephani, & cleri Tolosanæ diœcesis, assignamus in perpetuum prædictis prædicatoribus, & aliis quos zelus Domini & amor salutis animarum eodem modo ad idem prædicationis officium accinxerit, medietatem tertiæ partis decimæ, quæ assignata est ornamentis & fabricæ ecclesiarum, omnium parochialium ecclesiarum, quæ in nostra potestate sunt, ad indumenta & cetera necessaria in infirmitatibus suis, & cum quiescere aliquando voluerint. Si quid vero post annum superfuerit, volumus & statuimus, ut ad easdem parochiales ecclesias refundatur adornandas, & ad usus pauperum; secundum quod episcopus viderit expedire. Cum enim jure cautum sit, quod aliquanta pars decimarum debeat semper pauperibus assignari & erogari, constat illis pauperibus nos teneri partem aliquam decimarum potius assignare, qui pro Christo evangelicam paupertatem eligentes, universos & singulos exemplo & doctrina, donis cælestibus nituntur & elaborant ditare, & a quibus nos metimus temporalia, per nos & per alios possimus congruenter & opportune spiritualia seminare. Datum anno Verbi incarnati .... regnante PHILIPPO rege Francorum, & SIMONE comite Montis-fortis principatum Tolosæ tenente, & eodem FULCONE Tolosano episcopo.

XV. *Quæstio decimarum cito suboritur, sed per Fulconem episcopum & Dominicum, viros pacis, citius terminatur.*

Anno Verbi Incarnati MCCXVII. cum inter nuncios reverendi patris FULCONIS Dei gratia Tolosani episcopi & fratrum Prædicatorum controversia moveretur super sexta portione decimarum ab eodem domino episcopo fratribus Prædicatoribus collata in ecclesiis quæ ad ipsum spectare videntur in diœcesi

Tolosana, dicentibus nunciis fratrum Prædicatorum dictam sextam portionem ipsos fratres debere percipere in omnibus ecclesiis parochialibus diœcesis prænotatæ, licet non haberent nisi septem parochianos : nunciis autem domini episcopi reclamantibus, & dicentibus nullam ecclesiam debere parochialem appellari seu intelligi, nisi ad minus haberet decem parochianos. Quæstione hujusmodi ad aures domini episcopi & fratris DOMINICI demum relata, placuit domino episcopo & fratri Dominico eam in hunc modum, præsentibus archidiaconis Lezatensi & Villamurensi, & consensum præstantibus, amicabiliter terminari. Placuit eis in omnibus ecclesiis ad dominum episcopum spectantibus, in quibus decem domus parochianorum fuerint vel amplius, modo & in posterum, quæ divina ibidem percipiant sacramenta, licet etiam alibi domicilium habuerint, fratres Prædicatores sextam partem percipere decimarum, in quibus decem domus parochianorum fuerint, ut superius est notatum. Si aliqua ecclesia propter insufficientiam alii ecclesiæ adjuncta fuerit, quæ capellanum habeat, in qua etiam divina percipiant sacramenta ; in aliis vero nullam prorsus percipiant portionem. Placuit etiam eis ad cautelam, ut omnis via calumniæ in posterum præcludatur & materia altercationis, pro ut est possibile, amputetur, ut si forte super dicta sexta portione circa hunc vel alium articulum aliquam inter eos vel eorum procuratores quæstionem deinceps contigerit exoriri, per arbitrium Petri de Parlevivi Lezatensis archidiaconi, & Petri Donati causidici, & Arnaldi Saucii capellani decidatur, omni dilatione penitus amputata. Si autem unus eorum vel omnes adesse non poterunt, vel noluerint, vel forte decesserint, ad cognitionem utriusque partis & electionem aliæ tres personæ idoneæ illico subrogentur. Ut autem hæc inconcussa permaneant, nos FULCO Dei gratia Tolosanus episcopus & frater DOMINICUS sigillorum nostrorum ea munimine confirmamus. Factum fuit hoc in Castro-novo tertio idus Septembris, & feria secunda anno Domini prætaxato.

Extat inde littera amborum per alphabetum partita, cujus ego ipsum originale vidi & tenui, & ex ea de verbo ad verbum extraxi, tamen amota erant inde sigilla, ipsorum locis in quibus appensa fuerant, apparentibus manifeste, anno Domini MCCXXI. mense Julii.

XVI. *Ecclesia Fani-Jovis datur S. Dominico & ejus ordini, & ab eodem decimæ Tolosano episcopo resignantur.*

Anno Domini MCCXXI. indictione IX. xv. calendas Maii. In nomine Domini. Notum sit omnibus præsentem paginam inspecturis, quod nos FULCO Tolosanæ ecclesiæ gratia Dei episcopus donamus, & libere concedimus per nos & per successores nostros in remissionem animæ nostræ, & ob tuitionem fidei catholicæ, & ad utilitatem totius diœcesis Tolosanæ, tibi dilecto nostro DOMINICO magistro Prædicationis, & per te tuis successoribus & fratribus ejusdem ordinis, ecclesiam B. Mariæ Fani-Jovis, quam eidem ordini Prædicationis cum decimis, sive ad nos, sive ad fabricam ecclesiæ, sive ad capellanum ibidem instituendum, quondam pertinentibus, primitiis, oblationibus, & cum omnibus juribus suis pertinentibus, jure perpetuo & possidendam integre assignamus, te & per te fratres ejusdem ordinis cum traditione præsentis cartæ in possessionem inducentes, salvo tamen jure episcopali nobis & successoribus nostris tam in cathedratico, quam in procurationibus & visitationibus, & in commissione curæ animarum illi sacerdoti, qui a magistro & priore in dicta ecclesia a dicto magistro instituto, vel a fratribus jam dicti ordinis nobis vel nostris successoribus fuerit præsentatus. Et nos supradictus magister Prædicationis per nos & successores & fratres ipsius ordinis vobis, domine FULCO episcope, vestrisque successoribus sextam partem decimarum ecclesiarum parochialium totius Tolosanæ diœcesis, quam nobis & ordini prædicto de consensu canonicorum S. Stephani Tolosani retroactis temporibus libere concessistis, sicut in instrumento publico plenius continetur, solvimus & desamparamus in perpetuum : ita quod dictum instrumentum sit penitus irritum & inane : renuntiantes omni legum & canonum auxilio, quod nobis & ordini antedicto ex donatione vestra, vel alio modo super prædicta parte decimarum posset competere vel valere. Ut autem omnia supradicta omni firmitate subnixa permaneant, sigillorum nostri & DOMINICI magistri Prædicationis præfati munimine fecimus roborari. Actum in urbe Romæ anno & die prætaxatis, præsentibus ad hoc vocatis Aymerico & Petro monachis Cisterciensis ordinis, & fratre Bertrando ejusdem ordinis, & magistro Arnaldo de Compragnano, & Guillelmo Calveto, & me Guillelmo Gayraudo, qui hæc rogatus scripsi, domino Amico Arelatensi archidiacono dictante.

XVII. *Ecclesia Fani-Jovis jam prius collata sororibus ab ordine, consequenter per dominum Fulconem Tolosanum episcopum confirmatur.*

Anno gratiæ Christi MCCXXVII. mense Septembris. Noverint universi præsentes litteras inspecturi, quod nos FULCO Dei gratia Tolosanæ sedis episcopus, considerantes necessitatem & indigentiam sanctimonialium monasterii nomine Pruliani ordinis Prædicatorum, siti juxta castrum Fani-Jovis nostræ diœcesis, illam collationem ecclesiæ Fani-Jovis

Jovis, quam eis fratres Prædicatores de communi ordinis & magistrorum suorum fecerant consilio & assensu, volumus & concedimus, & præsenti pagina confirmamus, sicut ipsi a nobis per commutationem sextæ partis decimarum, quam collatam sibi a nobis prius, postmodum resignarunt, dictam ecclesiam habuerunt. Ut autem supradicta confirmatio robur perennis & incommutabilis firmitatis obtineat, præsentes litteras cum sigillo nostro duximus eidem monasterio concedendas. Actum est hoc anno & mense ut supra.

XVIII. *Præfata ecclesia Fani-Jovis alio donationis jure & genere a memorato Fulcone episcopo Tolosano conceditur monasterio Pruliani.*

Anno Domini MCCXXX. mense Decembris, noverint universi præsentes litteras inspecturi, quod nos FULCO Dei gratia Tolosanæ sedis episcopus, considerantes necessitatem & indigentiam monialium monasterii nomine Pruliani, quod a nobis ædificatum fuit (*a*) & constructum, eidem monasterio & monialibus ibidem commorantibus de parte proventuum ad mensam nostram pertinentium, quam jura & statuta canonum concedunt episcopis posse dare monasteriis ab eisdem episcopis ædificatis, paululum concessimus in perpetuum possidendum : videlicet ecclesiam B. Mariæ Fani-Jovis, quæ sita est in nostra diœcesi, & quasi juncta monasterio memorato ; ita scilicet ut eamdem ecclesiam cum suis decimis, primitiis, oblationibus & aliis obventionibus ad ipsam pertinentibus, in perpetuum pacifice possideant & quiete, jure episcopali nobis servato, quod in cathedratico & visitationibus consistit. Ut autem supradicta donatio sive concessio robur perennis & incommutabilis firmitatis obtineat, præsentes litteras cum sigillo nostro duximus eidem monasterio concedendas. Actum est hoc anno & mense, ut supra.

XIX. *Præfata ecclesia Fani-Jovis a Domino Raymundo episcopo Tolosano, successore memorati D. Fulconis, cum approbatione donationis primæ sororibus Pruliani amplius & gratiosius confirmatur.*

Anno Domini MCCLXI. VI. nonas Octobris, noverint universi præsentes litteras inspecturi, quod nos frater RAYMUNDUS permissione divina Tolosanus episcopus, vidimus & inspeximus litteram infra scriptam, sigilli reverendi patris in Christo domini FULCONIS sanctæ memoriæ prædecessoris nostri, quondam episcopi Tolosani, munimine roboratam, non vitiatam, non cancellatam, nec in aliqua parte sui abolitam, cujus tenor talis est : Noverint universi præsentes litteras inspecturi, quod nos Fulco Dei gratia Tolosanæ sedis episcopus, considerantes necessitatem, &c. *ut supra.* Igitur nos frater Raymundus episcopus antedictus, considerantes donationem antedictam rite & canonice esse factam ; attendentes nihilominus quod prædictæ moniales prædictam ecclesiam B. Mariæ de Fano-Jovis cum juribus ad eam spectantibus, juxta donationem prædictam quadraginta annis & amplius possederunt pacifice & quiete ; volentes insuper dicti prædecessoris nostri piis vestigiis inhærere, donationem prædictam & possessionem diu, ut dictum est, obtentam, ratam & firmam habentes, auctoritate præsentium approbamus, ratificamus & etiam acceptamus. In cujus rei testimonium præsentes litteras sigilli nostri munimine roboramus. Datum Tolosæ VI. nonas Octobris anno Domini MCCLXI.

XX. *Honorius papa ecclesiam Fani-Jovis collatam primo fratribus & ordini a Fulcone episcopo Tolosano, confirmat eisdem.*

HONORIUS episcopus servus servorum Dei dilectis filiis magistro & fratribus ordinis Prædicatorum, salutem & apostolicam benedictionem. Cum a nobis petitur quod justum est & honestum, tam vigor æquitatis quam ordo exigit rationis, ut id per sollicitudinem officii nostri ad debitum perducatur effectum. Eapropter dilecti in Domino filii vestris justis precibus inclinati, ecclesiam S. Mariæ Fani-Jovis cum omnibus pertinentiis suis, quam venerabilis frater noster episcopus Tolosanus pia vobis liberalitate donavit, sicut eam juste & pacifice possidetis, auctoritate vobis apostolica confirmamus, & præsentis scripti patrocinio communimus. Nulli ergo hominum liceat hanc paginam nostræ confirmationis infringere, vel ei ausu temerario contraire. Si quis autem hoc attentare præsumpserit, indignationem omnipotentis Dei & beatorum Petri & Pauli apostolorum ejus se noverit incursurum. Datum Laterani IV. cal. Maii, pontificatus nostri anno V.

XXI. *Gregorius papa confirmat ecclesiam Fani-Jovis, datam a Fulcone episcopo Tolosano sororibus Pruliani.*

GREGORIUS episcopus servus servorum Dei dilectis in Christo filiabus priorissæ & conventui monasterii S. Mariæ de Pruliano salutem & apostolicam benedictionem. Inter alia quæ Christo præstantur obsequia, illud est præcipue commendandum, cum mulieres fragilitatem suam in stabilitatem perpetuam voluntarie convertentes, mundanas spernunt illecebras, & ut cum perenni sponso

---

(*a*) Hoc sane intelligendum est ita ; scilicet præbendo assensum, opemque ac patrocinium impendendo B. Dominico primo & præcipuo fundatori ipsius monasterii Pruliani, quia assensu episcopi in hoc & ad hoc in sua diœcesi, necnon & patrocinio opus erat, & ipse libenter impendebat, quia bonus & spiritualis vir erat. Ita in margine Bernardus Guidonis.

Vet. Script. & Mon. ampl. Collect. Tom. VI.

vivant perenniter, habitaculum ipsi dignum corpora sua parant, & accensis lampadibus eidem obviam exire festinant; ac pro hoc merito gratis sunt attolendæ favoribus, & congruis præsidiis muniendæ, ut eo devotius quo quietius Domino famulantes, sibi per vitæ meritum & aliis proficiant per exemplum. Hinc est quod vestris precibus benignum impertientes assensum, ecclesiam B. Mariæ Fani-Jovis, quam venerabilis frater noster Fulco episcopus Tolosanus, utpote ad mensam suam spectantem, monasterio vestro quod ipse construxerat pia & provida liberalitate concessit, prout super hoc confectum publicum indicat instrumentum, & in ejusdem episcopi litteris inspeximus plenius contineri, vobis & per vos ipsi monasterio auctoritate apostolica confirmamus, & præsentis scripti patrocinio communimus. Nulli ergo hominum liceat hanc paginam nostræ confirmationis infringere, vel ei ausu temerario contraire. Si quis autem hoc attentare præsumpserit, indignationem omnipotentis Dei & beatorum Petri & Pauli apostolorum ejus se noverit incursurum.

Sequitur ejusdem tenoris bulla Innocentii IV. data Lugduni idibus octobris, pontificatus sui anno VIII?

XXII. *Alexander papa confirmat eamdem ecclesiam Fani-Jovis sororibus Pruliani.*

ALEXANDER episcopus, servus servorum Dei, dilectis in Christo filiabus priorissæ & conventui monasterii S. Mariæ de Pruliano, ordinis S. Augustini Tolosanæ diœcesis, salutem & apostolicam benedictionem. Inter alias personas quæ se Christi obsequiis dedicarunt, mulieres Deo devotæ, quæ fragilitatem suam stabili religionis proposito fulcientes, mundanas spernunt illecebras, sanctificando in corporibus mundam S. Spiritui mansionem, apostolici sunt favoris præsidio muniendæ. Ex parte siquidem vestra fuit propositum coram nobis, quod bonæ memoriæ Fulco episcopus Tolosanus, ecclesiam S. Mariæ Fani-Jovis tunc ad mensam suam spectantem monasterio vestro, quod ipse construxerat pia & provida liberalitate concessit, prout in suis litteris inde confectis plenius dicitur contineri & felicis recordationis Gregorius papa prædecessor noster vobis ecclesiam hujusmodi confirmavit, quam sicut proponitis sine lite & pacifice possidetis. Nos igitur vestris supplicationibus inclinati, quod per eumdem episcopum in hac parte provide factum est, ratum ac gratum habentes, illud, nonobstante quod in his capituli Tolosani non intervenit assensus, auctoritate apostolica confirmamus, & præsentis scripti patrocinio communimus. Nulli ergo omnino hominum liceat hanc paginam nostræ confirmationis infringere, vel ei ausu temerario contraire. Si quis autem, &c. Datum Laterani XII. cal. Aprilis, pontificatus nostri anno III. Verbi autem incarnati anno MCCLVII.

XXIII. *Dominus Raymundus episcopus Tolosanus & dominus Guillermus episcopus Carcassonensis viderunt omnes litteras præcedentes non vitiatas, non corruptas, & eas sub sigillis suis exemplari fecerunt.*

Anno Domini millesimo ducentesimo sexagesimo quarto calendas Aprilis dominus Raymundus episcopus Tolosanus & dominus Guillermus episcopus Carcassonensis litteras omnes contentas superius viderunt integras, non vitiatas, non cancellatas, & ab ipsis originalibus litteris exemplari fecerunt sub sigillis suis, a quibus exemplaribus extracta fuerunt ista anno Domini MCCCVII. pridie calendas Aprilis in Pruliano; excepto dumtaxat illo instrumento seu illa littera quæ de controversia decimarum suborta, & per dominum Fulconem & S. Dominicum terminata expressam continet mentionem, quia ipsam alibi & ex suo originali extraxi.

Sequitur series priorum ex quia singularia quædam tantum excerpsimus.

Primus prior tempore, dignitate & ordine, utpote institutor, fundator & gubernator monasterii sororum B. MARIÆ de Pruliano, fuit B. DOMINICUS natione Hispanus, nunc & semper ante Deum sororum & loci defensor & patronus. Hic monasterium rexit & direxit *(a)* ab exordio ut principalis per seipsum annis aliquibus, quamvis non ibi assidue residens, sed ad diversas partes pro multorum salute discurrens, & ob hanc causam alios instituit loco sui, scilicet fratrem Natalem & fratrem Guillelmum Clareti. A confirmatione vero ordinis, cœpit non Pruliani, sed S. Romani prior & magister ordinis appellari, & per priores alios sub ipso tamen monasterium gubernari. De ordine vero priorum qui post beatum Dominicum successerunt, non totalem & plenam certitudinem quam ad primitivos potui invenire. Quæ autem inveni inferius annotantur, &c.

Frater Guillelmus Clareti Apamiensis erat prior Pruliani anno Domini MCCXVII. Item MCCXIX. item MCCXXII. item MCCXXIV. item MCCXXIX. sicut patet in quibusdam litteris ipsius monasterii, in quibus nominatur & scribitur prior. Hic transtulit seipsum ad monachos albos Cisterciensis ordinis in abbatia de Borbona *(b)* Apamiensis diœcesis, ut audivi dici, & ad eos transferre monasterium voluit, sed nolente Deo, minime valuit. De quo fratre Guillelmo habetur etiam supra

---

(a) In margine ms. hæc scripsit Bernardus Guidonis: *Anno Domini MCCVII. B. Dominicus vocabatur prior Pruliani. Sic enim inveni eum nominatum in quodam antiquo publico instrumento in monasterio Pruliani.*

(b) Vulgo Bolbona, nunc in diœcesi Mirapicensi in comitatu Fuxensi.*

inter fratres qui cum B. Dominico regulam elegerunt, inter quos fuit unus.

Sextus prior frater Raymundus Catalani, qui erat prior anno MCCXXIX. &c. Hic sorores prius inclusas inclusit amplius & arctius, præfuit & profuit monasterio annis circiter XXXII. Fuit autem absolutus propter senectutem suam per fratrem Geraldum de Fracheto priorem provincialem paulo post capitulum generale Tolosanum, ibidem Tolosæ anno Domini MCCLVIII. Hic fuit vir venerabilis sanctitate & virtute, discretus & devotus, qui cum quadraginta annis & amplius in ordine Domino deservisset, in sancta confessione decessit in monasterio Pruliani XVII. calend. Februarii, anno Domini MCCLXIII. tumulatus nunc jacet in ecclesia ante fenestram sororum, quia prius fuit alibi tumulatus, cujus ossa & fratris Natalis simul collecta ibidem infra vas unum lapideum continentur. Nota de fratre Raymundo Catalani miracula & opera laude digna in Vitis fratrum in fine.

Nonus prior frater Arnaldus Seguerii Appamiensis, successit fratri Petro Regis, institutus per priorem provincialem fratrem Bernardum Geraldi, paulo post provinciale capitulum Carcassonense, ubi fuerat a prioratu Narbonensi absolutus anno Domini MCCLXVII. Hic in diebus suis ædificavit insignem ecclesiam sororum. Anno siquidem Domini M. CCLXVII. in crastino B. Francisci, III. nonas Octobris, fuit in monasterio B. MARIÆ de Pruliano incepta ecclesia, & lapis primarius positus in eadem ad honorem gloriosæ Virginis matris Dei, per ipsum fratrem Arnaldum Seguerii priorem, & per nobilem virum dominum Guidonem de *Levis*, marescallum Mirapicis. Post hæc divina gratia assistente, meritis ejusdem Virginis gloriosæ, & B. Dominici patris nostri, prosecutum est opus & usque ad finem completum & peractum per eumdem priorem & fratres anno Domini MCCLXXXV. in festo Epiphaniæ, quo die festo prænominatus prior in eadem ecclesia in majori altari primam missam solemniter celebravit. Ædificavit quoque capellam fratrum S. Martini. Hic reditus monasterii adauxit plurimum. Clausuram etiam monasterii de muro lapideo inchoaverat, quam successor ejus quasi complevit. In grangiis quoque ædificia multa fecit. Præfuit monasterio annis XXIX. priorque existens senex & plenus dierum obiit in Pruliano XV. cal. Maii, anno Domini MCCXCVI. Sepultus est in ecclesia ante fenestram fratrum in eodem tumulo cum fratre Raymundo Catalani.

Decimus prior frater Bernardus de Turnis diœcesis Nemausensis, de prædicatione conventus Amiliani, successit fratri Arnaldo Seguerii prædicto, institutus per priorem provincialem fratrem Raymundum Hunaudi paulo ante festum S. Michaëlis, in capitulo Pruliani fratribus congregatis, ubi ipse præsens aderat, anno Domini MCCXCVI. Hic fuit vir magnæ devotionis & sanctitatis ac fervoris in Deum, zelator magnus pro salute hominum, maxime grandium peccatorum, prædicator maxime gratiosus & famosus, & multo amplius fructuosus, virtutibus & Deo plenus. Hic procuravit & obtinuit tempore sui prioratus a domino rege PHILIPPO universalem & plenariam amortizationem omnium bonorum temporalium acquisitorum usque tunc monasterii Pruliani, scilicet anno Domini MCCXCVIII. consummavitque clausuram insignem de muro lapideo usque ad portam majorem exclusive. Hic Dei amicus cum triginta sex annis in ordine Domino deservisset in laboribus plurimis, in jejuniis multis, in vigiliis abundantius, in puritate mentis & corporis, in fervore dilectionis Dei & proximi, transivit ex hoc mundo ad Patrem, cui servierat in spiritu & veritate, feliciter ac confidenter valde, sicut ipse nobis, qui ibidem aderamus, patris exitum expectantes, aperuit in extremis, pleno sensu suo, & ratione utens, ita inquiens. Cum enim sacram eucharistiam hora matutinali, prout ipsemet ordinaverat, coram positis fratribus & orantibus, in sancta confessione devotissime suscepisset, interrogatusque ex more de fide sacramenti Dominici Corporis, pectore pleno fide, clara voce confessus est, quod nihil verius, nihil certius in hac vita credebat. Et post pauca subjunxit: En, inquit, carissimi fratres, pulsatus sum, ut aliqua vobis loquar, & hæc erunt novissima verba mea: quamvis, inquit, ad illorum celsitudinem & gloriæ sublimitatem, de quibus scribitur Apocalypsis VII. *Ex tribu* N. vel tali N. &c. *duodecim millia signati*, mea parvitas & paupertas meritorum minime pertingere mereatur, securus tamen & confidenter expecto, & de misericordia Domini nostri JESU CHRISTI, cui servivi, non dubito quin istum pauperem Christianum salvum faciat, & suscipiat in collegio saltem illorum, de quibus ibidem scribitur: *Vidi turbam magnam quam dinumerare nemo poterat, &c.* Hæc verba dulcissime & sapidissime ingeminans, modoque ineffabili nobis exprimens & imprimens piissimo vultu, voce lacrymosa, complosis & ad Deum utcumque poterat manibus elevatis, ex facundia oris sui, & gratia in labiis ejus diffusa, de fonte fidei cordis sui, devotionis rivulos uberius emanantes effundebat, fontemque ipsum nobis amplius aperiens, ait voce sonora, humili & devota: Nec dubitetis, fratres mei carissimi, quin apud Deum vobis & loco huic teneam bonum locum. Et deinceps pauca vobis loquar, commendansque nos gratiæ Dei, ... Præfuit & profuit monasterio annis tribus & amplius. Dormivit autem in Domino in festo B. Francisci, illucescente aurora diei Dominicæ anno Domini MCCXCIX. Cujus corpus sanctum ego frater BERNARDUS GUIDONIS tunc prior Carcassonæ indignus minister, eodem die tradidi ecclesiasticæ sepulturæ, non sine fratrum & sororum gemitu & ploratu, sepultusque est in ecclesia sororum ante fenestram, in proprio tumulo prope prædecessores suos, de quo mentionem in scriptis feci alibi latiorem. Super tumbam ejus lapideam sunt hi versus:

Frater Bernardus de Turnis, mystica nardus,
Arsit amore Dei vivens, carnisque nitore
Canduit, & docuit sic vivere sicque nitere.

Anno Domini MCCCV. dominus CLEMENS papa V. prius dictus dominus Bertrandus *Del Got* de Burdigala, unde archiepiscopus existens assumptus & creatus fuerat in papam in vigilia Pentecosten præcedenti, scilicet nonis Junii, versus Lugdunum dirigens gressus suos, transivit per monasterium Pruliani, ubi hospitatus est sumtibus monasterii cum comitiva sua, & uno cardinali, scilicet domino PETRO HISPANO episcopo Sabinensi, secunda die Octobris in sabbato. Sequenti vero die Dominica mane intravit claustrum & capitulum sororum, susceptus processionaliter ab eisdem, cum præfato cardinali & domino BERTRANDO episcopo Agennensi avunculo ipsius papæ, & domino Raymundo *Del Got* nepote suo, & abbate S. Crucis Burdigalensis, & domino Guillelmo Arrufati, quos tres in sequenti adventu fecit cardinales, & cum priore provinciali fratre Bertrando, cum aliquibus fratribus; & collatione verbi Dei præmissa, petivit orationum munera ab eisdem humiliter & devote: quibus concessit & ipse quod confessores ipsarum possent eas absolvere auctoritate sua ab omnibus, quantum se extendit auctoritas B. Petri vicarii domini JESU CHRISTI.

Tempore prioratus fratris Arnaldi prædicti consummata clausura monasterii lapidea, factum fuit magnum illud portale cum turri desuper camerata anno Domini MCCCI. Itemque facta fuit magna illa domus lapidea ex parte ecclesiæ sororum, in qua sunt superius dormitorium cum cellis pro fratribus hospitibus & conversis, inferius vero magnum cellarium cum testudine & torcular, cujus domus ex parte orientali fuit ædificium inchoatum anno Domini MCCCII. in æstate, & ad finem usque perductum anno Domini MCCCVII. Item anno MCCCVIII. quarto cal. Februarii die Mercurii, dominus CLEMENS papa V. vadens apud Avenionem, locum curiæ destinatum, secunda vice fuit in monasterio Pruliani, & sequenti die Jovis intravit claustrum & capitulum sororum cum quinque cardinalibus, inter quos erat dominus frater NICOLAUS DE PRATO episcopus Ostiensis, item archiepiscopus Rothomagensis & episcopus Tolosanus, ambo nepotes papæ. Tempore præfati prioris fuit facta domus lapidea pro dormitorio & infirmitorio sororum valde pulchra, quæ consummata fuit anno Domini MCCCXV. Item facta fuit domus furni lapidea cum ipso furno, sub anno MCCCXV.

FUNDATIO CONVENTUS TOLOSANI.

Sicut in libello seu tractatu venerabilis patris fratris Jordanis magistri ordinis, quem fecit de principio ordinis Prædicatorum, partim quoque ex quibusdam aliis gestis beati Dominici, colligitur evidenter, a tempore obitus dignæ memoriæ domini DIDACI episcopi Oximensis, qui obiit anno Domini MCCVII. usque ad Lateranense concilium, quod celebratum est ab Innocentio papa III. Romæ anno Domini MCCXV. in Novembri, fluxerunt fere anni decem, quo decennio B. DOMINICUS qui solus permansit, jugiter insistens officio prædicationis verbi Dei in partibus Tolosanis, Albigensibus & Carcassonensibus, annuntians Dominum JESUM CHRISTUM, confundens hæreticos & catholicos erudiens & confirmans, Domino cooperante & sermonem confirmante sequentibus signis & miraculis gloriosis, cum aliquibus paucis sequacibus suis, qui ei tamquam socii, nondum tamen per aliquam obedientiam subditi, adhærebant propter suæ merita sanctitatis. Ex his autem suis sequacibus erant quidam Guillelmus Clareti, & frater quidam Dominicus Hispanus, qui postmodum in Hispania prior extitit in Madrito.

Ingruente autem tempore quo ad Lateranense concilium Romam adire cœperunt episcopi, videlicet circa annum Domini MCCXIV. obtulerunt se S. Dominico duo probi viri de Tolosa, quorum unus fuit frater Petrus Cellani, qui fuit postmodum primus prior Lemovicensis, alter vero frater Thomas, vir admodum gratiosus & sermone facundus. Horum primus nobiles & insignes, quas Tolosæ circa castrum Narbonense domos possederat, obtulit & dedit S. Dominico & ejus sociis; a quo tempore cœperunt primum apud Tolosam in eisdem domibus pariter commorari, atque ex tunc omnes qui cum ipso aderant, magis ac magis ad humilitatem descendere, & religiosorum moribus se conformare: in quibus domibus postmodum inquisitores hæreticorum habitaverunt & habitant usque in præsens.

At vero felicis & Deo dignæ memoriæ dominus FULCO episcopus Tolosanus, qui B. DOMINICUM dilectum Deo & hominibus tenerrime diligebat, videns eorumdem fratrum religionem & gratiam, atque in prædicatione fervorem, de consensu totius sui capituli contulit eis suæ diœcesis sextam partem decimarum, cujus emolumenti subsidio sibi & suis ad libros atque ad sustentationem necessaria providerent.

Post præfatum vero Lateranense concilium episcopus memoratus cum consensu capituli assignavit eis tres ecclesias, unam scilicet infra terminos civitatis; aliam in villa Appamiensi, quæ eo tempore ad Tolosanam diœcesim pertinebat; tertiam vero inter Soricinium & Podium-Laurentii, scilicet ecclesiam S. Mariæ de la Escura, in quarum qualibet conventus esse debebat.

Anno Domini MCCXVI. æstatis tempore data est fratribus prima ecclesia in civitate Tolosana, quæ in honorem beati Romani martyris est fundata. In reliquis autem duabus ecclesiis nullum umquam fratrum contigit habitare. At vero in prædicta ecclesia sancti Romani protinus ædificatum est claustrum, cellas habens ad studendum & dormiendum desuper satis aptas. Erant autem tunc fratres numero circiter sexdecim, quorum nomina quæ potui reperire breviter hic perstrinxi, quia alibi superius diffusius sunt conscripta. Frater MATTHÆUS Gallicus, vir doctus & ad docendum paratus, qui fuit postmodum primus & novissimus in ordine nostro abbas. Frater Bertrandus de Garriga prope Alestum oriundus, qui fuit postmodum primus prior provincialis hujus provinciæ. Frater Petrus Cellani, qui fuit primus prior Lemovicensis. Frater Thomas Tolosanus, vir admodum gratiosus & sermone facundus. Frater Mames Hispanus, carnalis frater S. Dominici, & sanctitatis ejus purissimus imitator. Frater Michaël Hispanus, vir contemplativus. Frater Dominicus Hispanus, alius a S. Dominico, vir humilitatis eximiæ, parvus quidem scientia, sed virtute magnificus. Frater Johannes de Navarra, de villa S. Johannis de Pede-portus diœcesis Baionensis. Frater Laurentius Anglicus. Frater Stephanus Metensis, carnis suæ rigidus macerator. Frater Odorius conversus Normannus. Frater Guillelmus Clareti Appamiensis. Frater Petrus Madritum. Frater Gometius. Frater Michaël de Uzeco, alius a prædicto Michaële. De istis tribus ultimis plenam certitudinem non inveni, sed habeo opinionem verisimilem ex his quæ circa hoc legi.

Anno Domini MCCXVI. nona die exitus mensis Octobris feria prima, regnante PHILIPPO Francorum rege, & SIMONE comite Tolosano, & FULCONE episcopo, frater Raymundus Vitalis & domina Brunqueldis uxor ejus, sua spontanea voluntate, amore Dei & intuitu pietatis, dederunt Deo & beatæ Virgini MARIÆ, & domno Dominico & fratri Bertrando, priori domus & ecclesiæ sancti Romani, qui hoc donum recepit pro eodem Dominico & omnibus habitatoribus dictæ domus præsentibus & futuris, omnem illam domum & honorem, cum omnibus ædificiis & bastimentis ibidem existentibus vel pertinentibus, quæ inter domum Petri Vitalis fratris dicti Raymundi Vitalis, & domum Raymundi Squivolli qui fuit, & totum illud medium arpentum maiolis cum terra quæ est, & plus si ibi est, quod est inter maiolem comitalem & maiolem de *Guifres*, & tenet de maiole Guillelmi Bruneti usque ad plateam publicam, ad omnem eorum voluntatem faciendam sine ulla retentione. Hujus rei testes fuerunt frater Guillelmus de Lezato, &c. Et Petrus Raymundi notarius, qui inde scripsit cartam. Extat adhuc instrumentum.

Anno Domini MCCXVI. quarta die exitus Octobris, feria VI. regnante PHILIPPO rege Francorum, SIMONE Tolosano comite, & FULCONE episcopo, Vitalis Autardus cum consensu & voluntate Magnæ uxoris suæ, vendidit & absolvit domno fratri Dominico & fratri Bertrando priori domus & ecclesiæ S. Romani, & omnibus habitatoribus ejusdem domus præsentibus & futuris, omnem illam domum & casalem, & alias domos cum omnibus ædificiis & bastimentis ibi existentibus & pertinentibus, quod est totum ex una parte inter domum Arnaldi Petri de Devesa, & domum Vitalis Autardi majoris, & domum Raymundi Arnaldi de Pozanis; & ex altera parte inter alium honorem ipsorum emtorum, & honorem Guillelmi Mercerii, & domum Raymundi Trenerii, & tenet usque ad carreriam publicam, ad omnem eorum voluntatem inde faciendam libere sine omni censu & usu & servitio. Hujus rei testes fuerunt frater Guillelmus de Lezato, & Arnaldus de Ranavilla, & Petrus Raymundi notarius, qui cartam inde scripsit. Extat adhuc instrumentum.

Anno Domini MCCXVI. eadem quarta die exitus mensis Octobris, feria VI. regnante PHILIPPO Francorum rege, & SIMONE Tolosano comite, & FULCONE episcopo, præfatus frater Bertrandus prior domus & ecclesiæ S. Romani, vendidit Vitali Autardi prædicto illum maiolem, quem Raymundus Vitalis filius Petri Vitalis eis dederat, qui est in condamina, & octavam partem unius molendini terreni, qui est in capitio B. MARIÆ Deauratæ, quam Thomas de inter ambabus aquis eis dederat. Testes fuerunt proxime nominati. Hæc venditio videtur fuisse facta in recompensationem seu in solutionem præfato Vitali Autardi pro prædictis ab eo emtis.

Anno Domini MCCXVI. sequenti mense Decembris, scilicet XI. calendas Januarii in crastino S. Thomæ apostoli, Romæ apud sanctum Petrum confirmatus est ordo Prædicatorum ab HONORIO papa III. pontificatus ipsius anno primo, ipsi B. Dominico tunc præsenti sub nomine prioris S. Romani ecclesiæ prælibatæ & ejus successoribus & fratribus, cum possessionibus & decimis & reditibus universis datis a præfatis domino FULCONE episcopo Tolosano & capitulo & magnifico principe domino SIMONE comite

Ff iij

Montis-fortis & quibusdam aliis, sicut in privilegio confirmationis ejusdem plenius continetur, quibus possessionibus & reditibus gratis postmodum resignarunt, retentis quibusdam pro sororibus monasterii Pruliani.

In præfata ecclesia S. Romani Tolosani manserunt fratres conventualiter annis circiter xv. Postmodum autem propter loci arctitudinem & dilatandi quasi impossibilitatem, quia carreriis publicis cingitur hinc inde, transtulerunt se fratres ad locum quem nunc inhabitant: præfatam ecclesiam patri nostro gratis collatam & confirmatam filii improvide penitus deserentes anno Domini MCCXXX.

Anno siquidem Domini MCCXXIX. emtus est hortus qui dicebatur de Garrigiis, mille ducentis solidis Tolosanis pro conventu inibi transferendo; in quo horto nunc est ecclesia fratrum ex parte claustri & totum claustrum & sacristia, & capitulum, & magna pars dormitorii ex parte claustri quasi in quadro, fortiter id agente fratre Raymundo de Miromonte priore provinciali tunc, cum fratre Johanne de Johannia priore conventuali: quem hortum & locum dominus Pontius de Capite denario de Tolosa emit & solvit, & dedit fratribus tamquam patronus loci & fratrum cum conjuge sua domina Aurimanda, & filia sua domina Stephana anno Domini MCCXXIX. in Septembri. Emit etiam idem quædam alia, quæ pariter dedit fratribus ut patronus. Dominium vero horti cum obliis dederunt fratribus Bertrandus de Garigiis & fratres ejus Johannes, Bernardus & Brunus.

Hic quoque notandum est, quod felicis recordationis dominus FULCO episcopus Tolosanus, introduxit fratres in locum istum, qui dicebatur antea Hortus de Garrigiis juxta planum de Bretoneriis in parochia Deauratæ, & ipse benedixit fratribus cimiterium, & in capite ecclesiæ primæ primarium lapidem manibus suis posuit, multis astantibus clericis & laïcis, & ipse idem in oratorio primo fratrum primam missam primus celebravit, & eodem die populo qui convenerat prædicavit, priore conventuali tunc existente fratre Johanne de Johannia. Ad istum vero locum mutaverunt se fratres de S. Romano Dominica die in natali Domini anno MCCXXX. & sequenti anno MCCXXXI. in die natali Domini obiit Fulco episcopus Tolosanus, sepultus fuit in monasterio Grandis-Silvæ.

Dominus quoque frater Raymundus de Miromonte tunc prior provincialis, qui successit in episcopatu præfato Fulconi, quot & quanta bona conventui & fratribus fecerit, & quanto studio & solicitudine locum promoverit, & quam largiter manum porrexerit adjutricem, præcipue in emtione domorum & locorum ad dilatationem conventus & in ædificatione ipsius, longum esset hic per singula enarrare, sed in quodam quaterno, (*a*) quem de ipsius loci acquisitione & promotione frater Guillelmus *Pelisso* conscripsit, sicut videbat & audierat, plurima legi, & multa alia fecit quæ ibi scripta non fuerunt. Hic obiit Tolosæ in conventu fratrum xiv. calendas Novembris media nocte Dominica, in crastino S. Lucæ, anno Domini MCCLXX. episcopatus vero XXXIX. sepultus est in ecclesia fratrum.

Locum istum secundum acquisiverunt successive per partes, cooperante Deo qui incrementum dedit, primitivi priores; supra quos omnes abundantius egit frater Raymundus de Miramonte provincialis, deinde episcopus Tolosanus, & cum ejus ope & virtute frater Johannes de Johannia primus, dehinc frater Pontius de S. Ægidio, frater Raymundus de Fuxo, frater Stephanus de Salanhaco, frater Guillelmus Bernardi, unusquisque in diebus sui regiminis plurima addiderunt, quæ scripta & consignata sunt in præfato quaterno per fratrem Guillelmum *Pelisso*, qui multum utiliter laboravit & apposuit partem suam.

Sequitur series priorum, ubi de Pontio de S. Ægidio hæc leguntur.

Frater Pontius de S. Ægidio bis, prima vice successit fratri Petro de Alesto, frater prior anno MCCXXXIII. quo canonizatus est S. Dominicus. Item erat prior eo tempore quo fratres Prædicatores de Tolosa edicto publico principis & consulum sunt expulsi anno Domini MCCXXXV. nonis Novembris vel octavo idus Novembris. Anno siquidem Domini prætaxato nonis Novembris, Petrus de Tolosa vicarius RAYMUNDI comitis Tolosani de mandato ipsius comitis, & consules Tolosæ qui tunc erant, scilicet Bernardus de Miramonte, Arnaldus Barravi, Grisus de Roaxio, Arnaldus Guillelmi de S. Barcio, Curvus de Turre, Pontius *de Sicilh*, Bernardus Signarii, Raymundus Rotgerii, Raymundus Borelli, Audricus Maurandi, Maurandus de Bello-podio juvenis, ejecerunt de Tolosa fratrem Guillelmum Arnaldi de ordine Prædicatorum, inquisitorem hæreticæ pravitatis auctoritate apostolica deputatum, quia coram se Tolosæ quosdam credentes hæreticorum ipse citaverat, & quia inquisitionis officium in Tolosa contra hæreticos exercebat. Idcirco præfatus inquisitor de Tolosa

[*a*]

(*a*) Eo in quaterno hæc leguntur: *Ad perpetuam rei memoriam noscant filii qui nascentur & exsurgent in conventu Tolosano, quod dominus frater Raymundus de Miramonte episcopus Tolosanus, præter illa quæ superius scripta sunt, ædificavit in domo ista fratribus capitulum; quod constitit solidos Tolosanos. Item, claustrum quod constitit quatuor millia & quadringentos solidos Tolosanos. Item, dormitorium & cellas simul, quod constitit quatuor millia quadringentos solidos Tolosanos. Item, dabat quolibet anno pannos pro xx. tunicis fratrum ad minus. Item, pro opere ecclesiæ dedit quatuor millia solidos Tolosanos in universo, præter eleemosynas panis & vini, & procurationum & pittantiarum frequenter.*

expulsus abiit Carcassonam, & inde citatos peremptorie excommunicavit eos omnes prædictos, tamquam fautores & defensores hæreticorum lata sententia IV. idus Novembris, sicut in libro inquisitionis vidi plenius contineri. In diebus illis memoratus inquisitor citaverat quosdam credentes hæreticorum per priorem S. Stephani, scilicet Vitalem Aureoli & Guillelmum Vaquerii; & per capellanos parochiales, ut certa die comparerent coram ipso Carcassonæ, responsuri de fide: qui comparere noluerunt, & ob hoc dicti consules omnes citatores ejecerunt de villa Tolosæ violenter, comminantes, quod si sequentem citationem aliquis faceret, non tantum ejiceretur, quin immo interficeretur, quicumque ille esset. Tunc dictus inquisitor citavit eos peremptorie per fratres ordinis Prædicatorum, scilicet Raymundum de Fuxo, Guidonem Navarra Lemovicensem, Johannem de S. Michaële, Guillelmum *Pelisso*. Fecerant enim jam ante dicti consules & vicarius tubicinari per villam sub pœna rerum & corporum, ne aliquod commercium aliquis haberet cum fratribus, nec eis aliquid venderet neque daret, & ad omnes portas domus fratrum positi sunt custodes de die ac nocte per tres fere hebdomadas, ne victualium aliquid inferretur, nec etiam aquam de Garona aliquis audebat eis intus deferre. Verumtamen multi dolentes de eis, & compatientes, multa bona plus solito dabant eis, occulte tamen per hortum, propter metum credentium hæreticorum, panes & caseos per parietes intus projicientes: quod intelligentes dicti consules, ejecerunt omnes fratres de domo & de villa Tolosæ, cum magna multitudine, publice eos trahentes. Verum aliqui cum aliqua reverentia tantam irreverentiam faciebant; cumque omnes fratres confessi ad martyrium pro fide & obedientia ecclesiæ Romanæ paratos se offerrent, & jam cum multo desiderio expectarent, præcepto principis de civitate exire compulsi sunt omnes. Ibant ergo gaudentes a conspectu concilii, digni pro fide Christi contumeliam pati. Processionaliter autem bini & bini exeuntes, alta voce *Credo in unum Deum*, dehinc *Salve regina* devotissime decantabant. Actum est hoc, ut præmissum est supra, anno Domini MCCXXXV. nonis Novembris vel sequenti die, scilicet VIII. idus Novembris.

Frater Bernardus Geraldi de Monte-Albano successit fratri Raymundo Mansi, qui prior Tolosanus existens, infra annum electus est & assumtus ad provincialatum tertia vice in capitulo provinciali Condomensi in festo B. Dionysii celebrato anno Domini MCCLXXXV. Hic fuit vir magnarum virtutum, prælatus multum religiosus, religionisque custos, sensatus in verbis & factis, justus judex, factor operis. Non libenter monebat

subditos facere quod ipse prius non faceret cum eisdem, litteratus multum famosus in toto ordine. Hic confectus senio, & laboribus ordinis, tertio in provincialatu deserviens, in conventu Tolosano, ubi optaverat, positus & decumbens in festo Dominicæ Annunciationis die videlicet qua intraverat ordinem Prædicatorum, pie creditur intrasse chorum & ordinem angelorum, intrante jam anno Dominicæ Incarnationis MCCXCI. ubi in medio fratrum cum justis resurrectionem expectat.

Frater Raymundus Hunaudi successit præfato fratri Bernardo Geraldi, translatus de prioratu Appamiensi ad prioratum Tolosanum anno Domini MCCLXXXV. paulo ante natale, ubi præfuit annis octo & amplius, ubi tempore prioratus fuit caput ecclesiæ consummatum cum columnis de lapidibus molaribus tam decorum, & prima missa fuit ibidem in altari B. MARIÆ Virginis solemniter celebrata per venerabilem virum, abbatem Moysiacensem dominum BERTRANDUM de Monte-Acuto, in festo Purificationis B. Mariæ anno Domini MCCXCI. Tempore quoque sui prioratus fuit originaliter inchoata illa magna domus multicamerata cum capella & hospitio defubtus cum aliis annexis. Hic fuit zelator bonus & amator magnus veritatis religionis, sincerus amicus amicorum Dei, optimi amoris, & gratissimæ societatis, nobilis & humilis. Fuit autem absolutus in capitulo generali Montis-Pessulani anno Domini MCCXCIV. ubi fuit ipse provinciæ definitor. Paulo post factus fuit prior Burdegalensis, & inde assumtus est ad provincialatum, priorque provincialis existens, ac totius ordinis, cum ordo magistro careret, vicarius generalis obiit valde devote in conventu Tolosano, ubi & optaverat, dum vivebat III. idus Maii anno Domini MCCXCIX. sepultus in choro fratrum juxta fratrem Bernardum Geraldi.

Frater Bernardus de Juzico de Landarro diœcesis Basatensis successit fratri Raymundo Hunaudi, præfuit annis IV. Fuit autem absolutus per litteram magistri ordinis, quam ipsemet procuravit, & legit coram omnibus, data definitione in capitulo provinciali Caturcensi anno Domini MCCXCVIII. Tempore sui prioratus fuit consummatum atque perfectum ædificium illius magnæ domus episcopalis, de qua facta est mentio, cum annexis; pro cujus constructione dominus Hugo de Mascharo episcopus Tolosanus contulit mille libras Turonenses. Item, fuit pinnaculum quantum est supra parietem ecclesiæ præeminens elevatum & pariter consummatum. Item, facta fuit illa magna campana pro universitate studii Tolosani. Item, una pars novi dormitorii facta fuit. Hic postmodum fuit prior provincialis hujus provinciæ, & de provincialatu ad magisterium est assumtus in capitulo generali Coloniæ anno Domini MCCCI. decimo tertio calendas Junii, magisterque ordinis existens obiit in conventu Trevirensi in provincia Teutoniæ XV. calendas Octobris anno Domini MCCCIII.

Frater Arnaldus de Prato, de prædicatione Condomiensi, successit fratri Bernardo de Juzico. Tempore sui prioratus facta fuit illa pars novi dormitorii, quæ a meridie protenditur versus aquilonem, scilicet brachium unum crucis ex parte scholarum: præfuit anno I. Fuit autem absolutus in capitulo provinciali Perpiniani anno Domini MCCXCIX. Hic fuit lector Tolosanus annis XIV. & tam in Tolosa quam in Monte-Pessulano, quam etiam in multis aliis conventibus, plusquam XXX. annis in theologia exercuit officium lectionis, dictator & inventor carminum valde bonus. Hic officium sancti Ludovici regis nocturnum & diurnum dictavit & composuit eleganter, quod in curia regis Philippi præ omnibus aliis præelectum extitit, pariter & acceptum. Hic factus fuit inquisitor Tolosanus hæreticæ pravitatis anno Domini MCCCIV. in principio mensis Martii. Hic inquisitor existens prope Burdigalam, ubi in curia ratione & causa summi Pontificis domini CLEMENTIS V. papæ, cui notus & acceptus erat plurimum, tunc temporis morabatur. Obiit apud Cadilacum feria VI. in festo B. Euphemiæ virginis, XVI. calendas Octobris anno Domini MCCCVI, ab ingressu vero ordinis LI. portatus fuit apud Condomium, & sepultus in ecclesia fratrum.

FUNDATIO CONVENTUS LEMOVICENSIS.

Anno Domini MCCXIX. paulo ante quadragesimam, venit primo frater Petrus Cellani Tolosanus apud Lemovicas, de Parisius cum sociis sibi datis missus a B. Dominico, ut acciperet ibi domum, fuitque paterne & benigne receptus a venerabili episcopo Lemovicensi BERNARDO DE SAVENA & a capitulo ejusdem ecclesiæ sedis Lemovicensis. Paulo post dictus frater rediit Parisius, & interim locus idoneus pro fratribus quærebatur & disponebatur. Hunc locum quæsitum & inventum, scilicet extra villam ultra Vigennam fluvium, juxta pontem qui dicitur S. Martialis, emit pro fratribus & dedit patronus vir venerabilis dominus Guido de Clausello archidiaconus in ecclesia memorata, postmodum vero episcopus in eadem.

Anno Domini MCCXX. præfatus frater Petrus Cellani adjunctis sibi sociis rediit de Parisius Lemovicas, locumque præfatum paulo post Natale Domini acceptavit, in quo loco fundata fuit ecclesia in honore sanctæ Dei genitricis MARIÆ, de voluntate & assensu præfati Bernardi episcopi Lemovicensis, & præfatus dominus GUIDO patronus primarium lapidem posuit in eadem, præsente clero & populo multo, in sequenti festo annuntiationis, inchoante jam anno Domini MCCXXI. Interim vero fratres manebant in domo S. Geraldi in una domo ad partem, & in loco præfato ad habitandum ædificia parabantur.

Anno Domini MCCXXI. in festo nativitatis B. MARIÆ perpetuæ Virginis, mutaverunt se fratres de domo prædicta S. Geraldi ad locum suum novum ultra pontem S. Martialis, quem tunc primitus inhabitare cœperunt. In sequenti autem festo epiphaniæ, constructo jam capite ecclesiæ, celebrata fuit missa solemniter a præfato domino archidiacono & patrono. In hoc autem primo loco manserunt fratres annis XX. nec plus nec minus amplius una die.

Postmodum namque propter mu tam ineptitudinem & inconvenientiam dicti loci, quia notabiliter ab utraque villa remotus & distans, & in seipso nimis erectus erat, & ad sermones & ad alia salutis consilia populus confluere non valeret; disposuerunt se fratres, Deo pro eis melius disponente, mutare ad locum secundum, in quo nunc habitant; de cujus loci emtione, & miraculosa solutione, quæ tunc impossibilis fratribus videbatur, necnon & de multis aliis contingentibus circa ipsum, de primo quoque loco plenius & diffusius est notatum in libello de fundatione conventus Lemovicensis, qui ibidem habetur.

Anno Domini MCCXL. in crastino beati Bartholomæi apostoli, in isto secundo loco fuit benedictum cimiterium liberum & absque omni conditione, a venerabili patre domino PHILIPPO Bituricensi archiepiscopo, de mandato domini Penestrini cardinalis, tunc apostolicæ sedis legati in Francia, in præsentia cleri & populi, vacante tunc sede Lemovicensi.

Anno Domini MCCXLI. IV. nonas Aprilis fuit fundata ecclesia fratrum in isto secundo loco a domino DURANDO Lemovicensi episcopo, tunc noviter præsulante.

Anno Domini MCCXLI. in festo nativitatis B. Dei genitricis MARIÆ, mutaverunt se fratres de primo loco ad secundum, solemniter & devote processionaliter incedentes, cum toto provinciali capitulo, quod ibidem tunc extitit celebratum, comitante clero & populo multo, necnon & religiosis viris, cum canticis & laudibus, sicut in præfato libello continetur.

Primus prior in conventu fratrum Prædicatorum Lemovicensi fuit frater Petrus Cellani præfatus, qui post B. Dominicum fuit primus frater ordinis Prædicatorum, sicut notatum inveni a fratre Stephano de Salanhaco viro antiquo, qui ibidem in ejus manibus est professus. Hunc fratrem Petrum Cellani B. Dominicus suscepit ad ordinem in in socium & in fratrem. Ipse vero suscepit B. Dominicum & totum, qui tunc in uno incipiebat, ordinem Prædicatorum, secum in hospitio proprio Tolosæ, in quo hospitio fratres primitus habitarunt. Cumque beatus pater Dominicus post obitum gloriosi principis domini SIMONIS comitis Montis-fortis, fratres pro dilatatione ordinis dispergeret, hunc fratrem Petrum Cellani Lemovicas, ut locum & conventum ibidem, sicut prætactum est, acciperet, destinavit. Cum vero ignorantiam & librorum penuriam allegaret, (nam unum solum quaternum de homeliis B. Gregorii tantum habebat) Vade, inquit, fili, & confidenter vade, omni die bis habebo te coram Deo, & ne dubites, multos acquires Deo, & asseres multum fructum, cresces & multiplicaberis, & Dominus erit tecum. Et sicut postmodum familiaribus suis sæpius enarravit, cum intus & extra angustia arctabatur, invocabat dominum Dominicum, reducens ad memoriam promissum suum, & omnia prospere succedebant. Hic frater Petrus multis habitum sanctum dedit, & in terra sicut unus de prophetis antiquis, apud clerum & populum in magna reverentia & honore consenuit optime personatus, constans & rectus. Prior fuit Lemovicensis annis XIII. Circa finem vero dierum suorum rediit Tolosam, unde extitit oriundus, ubi primus cum fratre Guillelmo Arnaldi viro constantissimo, deputatus fuit ad inquisitionis officium contra pravitatem hæreticam coërcendam in partibus Tolosanis, & per totam terram comitis Tolosani, anno MCCXXXIII. sicut habetur & legitur in chronica magistri Guilielmi de Podio Laurentii. Hic tandem post multos bonos labores, in conventu Tolosano sancte in Domino diem extremum clausit, fructus quietis & pacis æternæ a Domino percepturus, VIII. cal. Martii anno Domini MCCLVII. ut æstimo de anno ex auditis.

Secundus prior frater Gerardus de Fracheto, de castro Luceti Lemovicensis diœcesis, successit fratri Petro Cellani anno Domini MCCXXXIII. Præfuit autem annis XII. gratiosus Deo & hominibus, persona cunctis spectabilis, prædicator facundus & fœcundus. Hic locum primum consulte dimisit, incommoda plura & ineptitudines ejus prudenter considerans & attendens, & locum secundum ubi habitamus discrete & sollicite emit, & beata Virgo MARIA cum Filio suo, immo filius meritis & precibus piæ matris suæ per servum suum dominum AYMERICUM Palmutz canonicum Dauratensem miraculose persolvit. De hoc habetur in Vitis fratrum lib. I. cap. VI. *Cum fratres Lemovicenses, &c.* de quo loco fuerat visio cœlitus præmonstrata, sicut habetur in eodem lib. I. cap. IV. *Narravit mihi quidam honestus civis Lemovicensis, &c.* Hunc locum & ordinem honoravit multipliciter & promovit. Hic fuit prior provincialis hujus provinciæ octavus. Librum quoque, qui Vitas fratrum inscribitur, ipse compilavit & studiose recollegit, quinque libellis ipsum distinguens, ad mandatum venerabilis patris fratris HYMBERTI magistri ordinis. Tandem plenus dierum & operibus bonis in senectute bona migravit ad Dominum in conventu Lemovicensi, in festo B. Francisci, IV. nonas Octobris, anno Domini MCCLXXI. ætatis suæ anno LXVI. ab ingressu vero ordinis anno XLVI. quem intravit Parisius, in festo B. Martini anno Domini MCCXXV. sub fratre MATTHÆO priore, & in sequenti festo Annunciationis Dominicæ, in manu magistri Jordanis professionem fecit, sicut scriptum inveni de manu sua in quodam libro suo. Sepultus est in claustro prope ostium ecclesiæ, ubi habentur sculpti in lapide sequentes versus.

Frater Geralde de Fracheto pie valde.
Tertius hic a te capitur locus immediate
Ordo, genus, vita, discretio, lingua polita,
Fama, pudor, pietas te laudant, pax, amor,
atas.

Tertius prior frater Hugo de Mala-morte Lemovicensis diœcesis, successit fratri Geraldo de Fracheto anno Domini MCCXLV. vel XLVI. præfuitque annis quinque. Hic fuit nobilis genere & animi virtute, vir magni rigoris & bonæ discretionis. Fuit etiam prior Burdigalensis, ubi fuit in archiepiscopum nominatus opinionis & famæ præclaræ. Hic obiit in conventu Lemovicensi IV. cal. Januarii anno Domini MCCLXIII. Tandem post aliquot annos ad instantiam venerabilis viri domini Eliæ de Mala-morte decani Lemovicensis, & aliorum parentum suorum nobilium, translatum est corpus ejus ad fratres Brivenses, ubi avunculus & nepos in Domino requiescunt.

Quartus prior Stephanus de Salanhaco Lemovicensis diœcesis bis, prima vice successit fratri Hugoni de Mala-morte anno Domini MCCL. fuitque inde translatus in priorem Tolosanum anno Domini MCCLIX. Hic frater Stephanus fuit in omni statu & gestu suo religionis speculum aspicientibus, gratia prædicationis & sermonis benedictus in verbo audientibus, prudentia & sapientia præditus in regimine, facundia & eloquentia redimitus, experientia multa edoctus, in his quæ religionis sunt optime instructus, enarrator gestorum & antiquitatum, ac exemplorum notabilium gratiosus & copiosus, morum ac gestuum maturitate compositus, famosus in tota patria, de quo adhuc infra.

Quintus frater Elias Navarra, Lemovicensis diœcesis, successit fratri Stephano, præfuitque anno I. Hic fuit vir sanctus & devotus, veræ religionis speculum & imago, veneranda valde persona, fervens & gratiosus prædicator, in correctione rectus & constans, zelo salutis aliorum, velut alter Elias succensus. Hic fuit subprior Tolosanus, & prior Narbonensis & Carcassonensis & Figiacensis. Tandem in senectute bona obiit in conventu Brivensi in calendis Septembris anno Domini MCCLXX. Sepultus jacet in claustro, prope ostium capituli ad lævam introeuntibus.

Sextus prior frater Geraldus de S. Valerico, Lemovicensis diœcesis, successit fratri Eliæ Navarra anno Domini MCCLX. prior fuit annis v. Fuit autem absolutus in capitulo generali Montis-Pessulani anno Domini MCCLXV. Hic de monacho S. Martialis factus est Prædicator devotus & fructuosus, gratus, & lætus & largus, & persona venerabibilis, tandem in senectute bona in conventu Lemovicensi, in die Natalis qua Christus natus est mundo, natus est ipse, ut pie creditur, in cœlo: illucescente siquidem aurora illius diei sancti, voluit & petiit, ut fratres servitores qui ei infirmo assistebant, coram se sibi dicerent officium missæ matutinalis, quæ dicitur in aurora, scilicet, *Lux fulgebit hodie super nos, &c.* quo devote & attente audito & expleto, gratias agens Deo, ait: Carissimi fratres, officium missæ majoris, scilicet, *Puer natus est nobis, &c.* audiam in cœlo cum angelis. Et post paululum in Domino obdormivit, & in missa conventuali corpus ejus fuit in choro fratrum anno ejusdem Domini benedicti MCCLXXX. Sepultus est in claustro ante limen ecclesiæ, ubi epitaphium ejus sequentes continet versus.

Hic situs est frater Geraldus de S. Valerico,
Subveniat mater Christi pietatis amico.
Gratus, amans, hilaris, Christo florem juvenilis
Obtulit ætatis, susceptus in ordine gratis.
In matutino, medio placuit quoque trino
Ac uni Domino tempore serotino.
Sic ubi complevit annos ter in ordine quinos
Et decies trinos, moriens in pace quievit.

Frater Stephanus de Salanhaco prædictus secunda vice successit fratri Geraldo de sancto Valerico anno Domini MCCLXV. Tempore prioratus sui hac ultima vice, intravit ordinem & suscepit habitum de manu ipsius in conventu Lemovicensi venerabilis pater dominus PETRUS de S. ASTERIO episcopus Petracoricensis anno MCCLXVII. qui annis triginta tribus episcopatum digne & laudabiliter gubernarat. In ordine vero annis octo, mensibus quatuor cum dimidio vixit Lemovicis laudabiliter & honorabiliter, obiitque feliciter pridie idus Julii, Dominica die, anno Domini MCCLXXV. Sepultus est in medio chori fratrum. Tempore quoque prioratus fratris Stephani hac secunda vice anno Domini MCCLXIX. fuit inchoatum & fundatum dormitorium ex parte inferiori versus hortum, & memoratus dominus PETRUS Petragoricensis episcopus primarium lapidem posuit in eodem, de cujus bonis tam in vita ipsius,

quam post mortem, fuit quasi perfectum & consummatum. Hic frater Stephanus inchoavit tractatum brevem & devotum devotis, de quatuor in quibus Deus Prædicatorum ordinem insignivit: quem ego in notulis scriptum de manu sua semi-imperfectum reperiens diligentius recollegi, ipsum compingens noviter reformavi, pleraque superaddidi in locis suis secundum exigentiam materiæ, quam invenieram in eodem. Prior fuit Lemovicis tam prima quam secunda vice, in universo annis XVI. fuitque absolutus hac vice in capitulo generali Montis-Pessulani anno Domini MCCLXXI. Hic fuit prior Podiensis & Tolosanus. Tandem plenus dierum quasi sexagenarius in ordine obiit Lemovicis VI. idus Januarii, anno Domini MCCXC. sepultus in claustro ante ostium ecclesiæ.

Septimus prior frater Nicolaus de Monte Maurilii, (sic cognominatus erat) Lemovicensis diœcesis origine, successit fratri Stephano de Salanhaco, vir suavis moribus, & optime litteratus. Fuit prior anno quasi dimidio. Fuit autem absolutus ibidem a priore provinciali fratre Petro de Valetica anno Domini MCCLXXI. post natale Domini. Hic multis annis rexit & tenuit studium generale in Monte-Pessulano, ac studium Tolosanum solemniter & honorabiliter utrobique, & in Burdegalis. In conventu vero Lemovicensi legit & docuit plusquam quindecim annis. Tandem legens canonicis in sede cathedralis ecclesiæ Narbonensis, in cathedra more doctoris sedens, & cum mirabili fervore & devotione exponens illud Eccli. XXIII. *Quasi cedrus exaltata sum in Libano, &c.* de sapientia increata & de natura humana in Christo, & de Virgine beata, dulciter & quasi imperceptibiliter, cunctis astantibus sibi, feliciter in Domino obdormivit feria VI. ante ascensionem Domini de mane, quod fuit III. idus Maii, anno Domini MCCLXXIX. Et sic assumsit eum Deus in officio in quo placuerat ei, sicut sæpe audivi a plerisque, & specialiter a fratre Hugone de Rofiniaco de conventu Brivensi, qui socius ejus erat, & vidit & audivit. Sepultus est Narbonæ in claustro fratrum ante ostium capituli.

Decimus-nonus prior omnium minimus successi ego frater Bernardus Guidonis fratri Stephano Laurelli in vigilia B. Bartholomæi apostoli, Burdigalis confirmatus, anno Domini MCCCV. In sequenti vero tempore Paschali, anno Domini MCCCVI. in festo B. Georgii martyris, quod fuit in sabbato, dominus CLEMENS papa V. cum octo cardinalibus venit Lemovicam, & ad domum fratrum Prædicatorum declinavit, sine diverticulo ad manendum, ubi concessit priori præsenti, agenti gratias & petenti, quod confessor quem sibi eligeret & ipse prior super fratres, & confessores quos ipse prior fratribus deputaret, pro una vice eamdem & tantam haberent in omnibus potestatem in foro pœnitentiali & absolvendi & dispensandi ab omnibus culpis & pœnis citra purgatorium, quantum ipse papa. In crastino vero in quo fuit dies Dominica, littera dominicali B. idem papa visitato prius corpore S. Martialis, & benedictione data, populo congregato in platea S. Geraldi, recessit apud Solemniacum versus Burdigalam dirigens gressus suos. Hoc eodem anno Domini MCCCVI. facta fuit libraria pretio centum librarum & amplius. Prior fui anno uno & dimidio. Fui autem absolutus per litteram magistri ordinis, & factus inquisitor Tolosanus per litteram prioris provincialis Franciæ, receptis inde litteris utriusque Lemovicis in festo beati Marcelli papæ XVII. calendas Februarii anno Domini M. CCCVI.

FUNDATIO CONVENTUS BAYONENSIS.

Anno Domini MCCXXI. vel XXII. incœpit fundari conventus fratrum Prædicatorum in Bayona. Conventum Bayonensem recepit frater Pontius de Samatano, qui fuit de primitivis fratribus & sociis B. Dominici, ut audivi seriose referri a quodam seniore fratre illarum partium, scilicet fratre Petro de Fabrica. Hunc æstimo fuisse primum priorem ibidem, sed aliter non inveni.

Frater Geraldus Bermundi Petragoricensis diœcesis, successit fratri Johanni de Palagrua. Tempore sui prioratus contigit illud magnum incendium in Bayona, quo totus fere conventus noster igne devorante consumtus est, anno Domini MCCXC. Hic autem ad consolationem & ædificationem legentium notandum est & scribendum miraculum, quod ibidem apparuit, nulla oblivione delendum. Siquidem Corpus Christi in hostia consecrata, quod in quadam parvula capsula lignea de Ebeno, & infra capsulam in vase argenteo servabatur, fuit tunc in quodam armario lapideo infra sacristiam transpositum & repositum cum calicibus & aliis vasis argenteis pretiosis & reliquiis sacrosanctis, ubi credebatur posse ab ignis incendio præservari; sed circum flagrantibus flammis, & igne invalescente, nedum ecclesia, sed tota etiam sacristia lapidea & testudinata consumta est, & quæcumque erant in illo armario aut redacta fuerunt in favillam & cinerem, aut liquefacta penitus quæ erant in materia metallorum, & ipsa etiam capsula memorata, præter Corpus Christi, quod remansit sua sola virtute penitus incombustum, quod postera die inter cineres ipsius incendii inventum est integraliter conservatum, tam mirabiliter quam potenter. Panni vero qui intra vasculum argenteum erant ex more, redacti fuerant in cinerem circumquaque, præter illas partes, quæ consecratæ hostiæ subtus & supra immediatius adhærebant, quæ conservatæ fuerunt, quantum rotunditas hostiæ capiebat, ut sic veritas sacramenti & divinitatis virtus ibi manifestius monstraretur. Solus autem color hostiæ exterior fuit in rufum paululum immutatus, ut esset indicium manifestum, quod ignis affuerat, sed non potuerat amplius agere, prohibente creatore domino JESU CHRISTO, qui in sacramento Eucharistiæ realiter & veraciter continetur. Aliter enim inspecta fideliter veritate, fuit impossibile illam sacram hostiam in tali articulo sic conservari illæsam. Qui vidit oculis & manibus contrectavit, singula mihi seriosius enarravit, & perhibuit testimonium veritati, frater Guillelmus Petri testis fidelis & verax, postmodum cardinalis episcopus Sabinensis. Prior fuit annis tribus, fuitque absolutus in capitulo provinciali Biterrensi anno Domini MCCXCII. Hic frater Geraldus obiit in conventu Petragoricensi, anno Domini MCCCIX. circa festum sancti Martini.

FUNDATIO CONVENTUS CATURCENSIS.

Anno Domini MCCXXVI. fratres ordinis Prædicatorum Petrus Cellani Tolosanus, prior tunc in conventu Lemovicensi, & Pontius de Montibus, vocati a venerabilibus patribus domino GUILLERMO episcopo Caturcensi, & Pontio tunc sacrista, postea vero episcopo Caturcensi, ad recipiendum locum in civitate Caturcensi, ubi fratres Prædicatores manerent, ibidem Domino servituri. Raymundus vero Benedicti burgensis de Caturco, infirmus corpore & morti propinquus, de medici sui, videlicet magistri Arnaldi de Segis consilio, dictos fratres, tunc in domo dominæ de Conconi residentes, eo quod adhuc ordo fratrum Prædicatorum locum non habebat proprium in Caturco, fecit vocari de nocte: qui ad dictum venerabilem sacristam confestim accedentes, ad dictum infirmum una cum domino sacrista & medico supradictis venerunt, & donationem horti sui, quem habebat juxta ecclesiam S. Desiderii in carreria, quæ vulgariter dicitur La Ferdana, ab eodem infirmo receperunt: quam scilicet donationem dominus Guillelmus de Gordonio, tunc prior ecclesiæ cathedralis Caturci, totumque capitulum dictæ ecclesiæ approbaverunt liberaliter ac etiam concesserunt, quia erat in feodo ipsorum dictus hortus. Et recepit fratres venerabilis pater præfatus dominus GUILLELMUS DE CARDALHACO episcopus Caturcensis, de totius sui capituli & cleri consilio & assensu. Intraveruntque memorati fratres in possessionem dicti horti per manum domini Pontii de Autejano sacrista, in vigilia S. Thomæ apostoli anno prætaxato, & dominus Amalwinus de Cabraretz archidiaconus Figiacensis, qui tunc tenebat ecclesiam prædictam sancti

Vide Crucem hist. episcop. Caturcensiū pag. 93.

Desiderii, tradidit fratribus dictam ecclesiam & domos ecclesiæ ad manendum ibi donec ædificassent in loco sibi dato, ibique possent se mutare, & fuerunt fratres fere per annum in ecclesia memorata. Postmodum vero anno Domini MCCXXVII. fratres transtulerunt se ad locum qui fuerat eis datus, ubi fecerunt aliquot ædificia ad manendum, ubi longo post tempore fuit conventus fratrum, ædificata ibi ecclesia testudinata, & capella pro infirmis, ædificatoque claustro, dormitorio, infirmitorio, & omnibus aliis officiis; fueruntque ibi fratres usque ad tempus domini Arnaldi Beralli, qui ex affectione speciali motus, quam habebat ad ordinem, ipsos videns extra muros civitatis solitarios commorantes; nam tunc temporis paucæ domus extra muros habebantur, ipsos fratres arbitrans ibi indecenter commorari, rogavit eos ut ad locum honestiorem & villæ proximum se mutarent, deditque eis terram quam habebat ultra fluvium, prope ecclesiam S. Petri *de la Orta*, & centum libras Turonenses, cum quibus sua ædificia inchoarent. Ipse quoque dominus Arnaldus Beralli postmodum sepultus est in loco prædicto anno Domini MCCLXI. antequam fratres se mutarent de loco antiquo ad istum per tres annos, capitulumque super eum fecit ædificari Arnaldus Beralli, heres prædicti domini Arnaldi, & ad instantiam domini PHILIPPI archiepiscopi Bituricensis, dominus BARTHOLOMÆUS episcopus Caturcensis dedit monialibus Deauratæ, de consensu domini archiepiscopi prædicti & totius capituli Caturcensis, ecclesiam S. Georgii supra Caturcum ad duas leucas in ripa Olti, pro recompensatione redituum, quos habebant dictæ moniales in hortis & terris prope ecclesiam S. Petri *de la Orta*, quos reditus & ecclesiam S. Petri *de la Orta* cum suo cimiterio & reditibus omnibus quos habebant dictæ moniales in prædicto cimiterio, prout vadit via de Caturco versus *Blanetes* ex una parte, usque ad crucem quæ vocatur de *Blanotes*; & ex alia parte prout vadit via ab ecclesia S. Petri versus podium de *Miule*, & infra illos terminos nihil penitus retinuerunt, exceptis decimis suis. Domina vero priorissa Deauratæ de voluntate & assensu conventus, domino BARTHOLOMÆO episcopo Caturcensi dederunt, prout per instrumenta super hoc confecta, & sigillis priorissæ & conventus sigillata apparet: quam ecclesiam prædictus episcopus Bartholomæus, de assensu domini PHILIPPI archiepiscopi Bituricensis, ac assensu sui capituli Caturcensis, priori & conventui fratrum Prædicatorum dedit modo & forma quibus supra. Per priorissam & conventum monialium B. Mariæ Deauratæ Caturci sibi episcopo fuerunt data, ut fratres possent se dilatare circa locum, quem dominus Arnaldus Beralli eis dederat; & ex tunc cœperunt fratres ibi ædificare. Manserunt autem fratres in primo loco veteri annis circiter XXXVI. Anno vero Domini MCCLXIV. in festo cathedræ S. Petri, quod fuit in Dominica prima quadragesimæ illo anno, mutaverunt se fratres de primo loco veteri ad istum secundum, & apportaverunt ossa fratrum & aliorum sepultorum in primo loco.

FUNDATIO CONVENTUS BURDIGALENSIS.

Anno Domini MCCXXX. paulo ante archipræsule Burdegalensi existente viro venerabili in Christo patre domino GIRALDO DE MALA MORTE Lemovicensis diœcesis, magno fratrum & ordinis amatore & promotore, dominus Amantius Columbi Burdegalensis civis insignis & famosus, studiose & affectuose cum multo desiderio optabat & laborabat, quod fratres Prædicatores apud Burdegalam advenirent, & conventum ibidem acciperent & haberent. Verum paulo ante quam completum esset desiderium boni viri, morte media subtractus est ab hac luce: ideoque sepeliri elegit apud S. Andræam, (*a*) conventu Prædicatorum nondum posito in Burdegala civitate: renuntians prius omnibus quæ habebat, in manibus præfati archiepiscopi, in quibus posuit se & sua, ut pro ipso salubriter ordinaret, tam de anima sicut pater spiritualis, quam de rebus tamquam dispensator fidelis & prudens: bonus quippe vir erat: qui de bonis ipsius domini Amantii magna ex parte, ut creditur, aut suis propriis fecit fratrum ecclesiam fabricari, & fecisset cum testudine lapidea, si fratres illius temporis voluissent; fecit etiam refectorium infirmitorii cum camera sibi adhærente. Memoratus vero dominus archiepiscopus obiit anno Domini MCCLXI. vel LXII. Sepultus est in monasterio de Corona (*b*) Engolismensis diœcesis, cujus anniversaria dies a fratribus Burdigalensibus recolitur VIII. idus Februarii annuatim. Cui successit per provisionem domini papæ venerabilis dominus PETRUS Vasculus natione, domino rege Navarræ, cujus erat clericus, id fieri procurante.

Dominus vero Gahaldus Columbi, filius & heres præfati Amantii loco patris ipsius sequens vestigia in amore, fratribus se exhibuit in patronum, qui loco & fratribus plurima bona fecit, & facit ejus posteritas consequenter. Hic vero obiit quinto idus Januarii anno Domini MCCLXXVIII. Sepultus est in ecclesia in loco ubi ministri altaris resident ad dextram, & juxta ipsum condita jacet fidelis & devota conjux sua nobilis domina *Tremcalem*, magna fratrum domina & amica, quæ obiit pridie calendas Septembris anno

---

(*a*) Ecclesiam scilicet cathedralem, quæ sancto Andreæ sacra est.
(*b*) Canonicorum regularium ordinis S. Augustini.

Domini millesimo ducentesimo septuagesimo octavo.

Anno Domini MCCXXX. dominus Gregorius papa IX. præcipiendo mandavit archiepiscopo Burdigalensi, ut benediceret cimiterium fratribus Prædicatoribus in parochia S. Severini Burdigalensis; quod nisi fieret, mandabat episcopo Convenarum quod ipse benediceret. Extat inde littera bullata in deposito, pontificatus ipsius anno IV.

Anno Domini MCCLXIII. vel IV. fuit consecrata ecclesia fratrum Prædicatorum Burdigalensis per venerabilem virum dominum Petrum archiepiscopum Burdegalensem natione Vasculum memoratum, qui fuit bonus amicus & beneficus fratrum. Hic obiit anno Domini MCCLXX. Sepultus jacet in eadem ecclesia in medio chori fratrum.

Nobilis vir dominus Simon de Monteforti fecit fieri propriis sumtibus dormitorium infirmitorii valde pulchrum; cujus una filia parvula condita jacet in capella S. Petri apostoli, ad sinistram.

Dominus Guillelmus Columbi miles magnificus, fecit fieri refectorium fratrum & capellam infirmitorii suis sumtibus. Hic jacet in ecclesia prope introitum sacristiæ.

Frater Julianus fuit prior Burdegalensis, vir sanctus & bonus, de quo legitur in Vitis fratrum, quod cum iturus esset ad capitulum generale in Angliam apud Londonias, pro provincia diffinitor, multis honestis personis obitum suum prædixit, salutans eas quasi amplius non visurus. Cum igitur in conventu Belvacensi provinciæ Franciæ infirmus ad mortem venisset, visum est eadem die cuidam religiosæ personæ oranti in ecclesia fratrum Prædicatorum Burdigalensium, quæ distat per duodecim diætas a Belvaco, quod appareret ei in nube lucida elevari a terra solus; cumque quæreret ab eo quo iret, & quare solus erat, respondit: Ego vado ad Dominum. Non timeas autem quia solus sum, quia in brevi integrum conventum adducam mecum. Persona autem quæ hoc viderat, subpriori domus, viro valde religioso, cum multo fletu dictam retulit visionem, & obitum prioris prædixit, qui diem & horam notans, invenit eadem die & hora dictam priorem migrasse, videlicet V. nonas Maii anno Domini MCCL. Visionem autem rei postmodum comprobavit eventus. Nam infra illam æstatem lector & undecim fratres obierunt in conventu Burdigalensi.

Frater Hugo de Malamorte Lemovicensis diœcesis, successit fratri Romæo, fuitque absolutus in capitulo provinciali Narbonensi anno Domini MCCLXII. Hic eo tempore quo erat prior Burdigalensis fuit electus in archiepiscopum ab una & majori parte capituli, non tamen acceptavit, sed nec intromittere se voluit. Hic fuit vir nobilis genere & animi virtute. Fuerat autem prior Lemovicen- sis tertius, ubi postmodum obiit IV. calendas Januarii anno Domini MCCLXIII. Translatus inde quiescit in conventu Brivensi.

FUNDATIO CONVENTUS Petragoricensis.

Sicut colligere potui ex auditu unius potissime senioris temporis primitivi, anno Domini MCCXLI. vel circa fratres Prædicatores venerunt apud Petragoram civitatem, ut ibidem locum & domum acciperent ad manendum: inter quos fuit unus frater Johannes Balistarii Lemovicensis, præsulante inibi tunc temporis viro dignæ semper memoriæ domino Petro de S. Asterio, a quo fratres paterne & benigne fuerunt recollecti. Hic enim cum suo capitulo canonicorum, in quo plures personæ reverendæ & magnæ probitatis florebant, dedit fratribus & locum & ecclesiam S. Martini extra mœnia villæ, cum suis pertinentiis & ædificiis, ubi erat eo in tempore prioratus quidam pertinens ad monasterium canonicorum S. Johannis de Cola, & unus canonicus sub nuncupatione prioris inibi morabatur; data prius ab ipso episcopo & capitulo recompensatione condigna monasterio & canonicis memoratis. Primo siquidem habuerunt canonici in recompensationem ab episcopo ecclesiam Dentolon, quæ ecclesia postmodum dimissa, habuerunt & habent usque hodie loco ejus pacifice & quiete ecclesiam S. Martini, quæ est infra villam. De præfata vero ecclesia S. Martini, quam fratres Prædicatores acceperunt, fecerunt ipsi fratres dirui caput quod rotundum erat, & residuum ecclesiæ quod remansit, est usque hodie capella infirmitorii. Dedit etiam fratribus dominus episcopus memoratus bonam summam pecuniæ, pro fratrum ædificiis construendis, & aliam summam canonicis S. Johannis de Cola memoratis, pro antiquis ædificiis, quæ in loco fratribus remanserunt. Unde non immerito ipse dominus episcopus fuit conventus & fratrum Prædicatorum in Petragora vere pater & patronus, tandemque in ordine in conventu Lemovicensi verus frater, ubi suscepit habitum ordinis, episcopatus sui anno XXXIII. feliciter & strenue consummato, anno Domini MCCLXVII. in quo quidem ordine laudabiliter & honorabiliter vixit annis VIII. mensibus IV. & dimidio, sicque ibidem feliciter diem clausit extremum pridie idus Julii Dominica die, anno Domini MCCLXXV.

Notandum autem quod sicut fidelis tradit antiquitas & narratio seniorum, in præfato loco, qui nunc est Prædicatorum, fuit abbatia in qua S. Eparchius de nobili prosapia comitum Petragoræ trahens originem, monachus & pater extitit monachorum, quæ ut fertur, destructa & desolata fuit, quando

Petragoricensis fuit civitas devastata circa annum Domini DCCCXL.

FUNDATIO CONVENTUS Carcassonensis.

[a] Anno Domini MCCXLVII. mense Septembri piissimus rex Francorum S. LUDOVICUS mandavit per suas litteras (a) senescallo suo Carcassonensi, quatenus in burgo novo Carcassonensi assignaret fratribus Prædicatoribus plateam unam, in qua possent ædificare sibi congruam mansionem, quod & factum extitit in primo loco in quo primitus habitarunt annis circiter quinque, nondum tamen cum priore, sed cum vicario, sicut moris est ordinis in locis novis fieri, ad loci ipsius promotionem & dispositionem.

Anno Domini MCCLII. in actis capituli provincialis Montis-Pessulani fuit conventus in Carcassona regulariter positus & receptus. Et primus prior institutus frater Ferrarius Catalanus, & primus lector assignatus frater Petrus Regis de Fano-Jovis, & fuerunt assignati fratres Lucas Figiacensis dictus Amans-Deum, Johannes de Carcassona, sic dictus, erat tamen Gallicus natione, neposque domini CLARINI episcopi Carcassonensis, Petrus de Lodova, Ferrarius de Podio-Richardi, Raymundus de Oliva, Raymundus de Hertio, Raymundus de Malo-leone, Raymundus Sicredi Carcassonensis, Geraldus de Podio Sutor, Geraldus de Agrifolio, Petrus de Labatua.

Anno Domini MCCLV. 11. die Octobris memoratus rex dominus LUDOVICUS inter cetera beneficia regiæ pietatis, quæ prius contulerat fratribus dicti loci, contulit & providit, ut pius patronus, regia munificentia ampliori quindecim solidos Turonenses pro pittantia singulis septimanis, & duodecim libras Turonenses, pro habendis tunicis annuatim, quam eleemosynam ex tunc & deinceps usque in præsentem diem fratres liberaliter percipiunt, completis jam circiter sexaginta annis, calendis Octobris, quo hæc scripsi anno Domini MCCXV.

Anno Dñi MCCLV. in festo apostolorum Simonis & Judæ, Atace fluvio nimium inundante, & proprii alvei ripas exeunte, hunc locum primum aqua fluminis totaliter occupavit: ideoque fratres locum primum dimittere sunt compulsi, & exierunt inde in festo SS. omnium subsequenti, & in civitate superius in domo episcopali a domino GUILLELMO RADULPHI tunc temporis præsulante fuerunt caritative suscepti, ubi anno uno integro revoluto & amplius, quantum est a festo omnium Sanctorum usque ad primam Dominicam Quadragesimæ subsequentis permanserunt. Erat tunc prior frater Raymundus de Foro-Julio. Manserunt autem fratres in primo loco annis circiter octo.

Notandum incidenter quod conventus Carcassonensis & Agennensis fuerunt in uno eodemque provinciali capitulo in Monte-Pessulano celebrato regulariter instituti, sicut patet infra. Tamen quia fratres prius fuerunt in Carcassona quam in Agenno, ut patet infra, & quia conventus Carcassonensis in actis ejusdem capituli prius fuit pronunciatus & ordinatus quam Agennensis, sicut in Actis ejusdem capituli vidi plenius contineri; ideo conventus Carcassonensis locum & gradum prioritatis in ordine jure meruit obtinere. Simile habetur de provinciis divisis in capitulo generali Coloniensi anno Domini MCCCI. Item, in capitulo generali Bisuntino anno Domini MCCCIII.

Anno Domini MCCLVI. VII. calendas Februarii venerabilis pater memoratus dominus GUILLELMUS RADULPHI Carcassonensis episcopus, de assensu & voluntate capituli S. Nazarii, voluit & concessit fratri Ferrario & fratri Guillelmo Raymundi priori fratrum Prædicatorum tunc temporis in Narbona, & fratri Garino præsentibus volentibus & petentibus pro ordine, locum habere in territorio nuncupato de Aquis-mortuis, quod tunc erat de jurisdictione & dominio episcopi & capituli memorati, in quo possent fratres ædificare mansiones, hortum, ecclesiam, quantum necesse foret conventui construendo, sub pacto & conventione, quod fratres darent & penitus assignarent alibi domino episcopo recompensationem condignam, pinguiorem & utiliorem pro omnibus quæ idem episcopus in dicto loco pleno jure tanquam dominus possidebat: quod pro fratribus sanctus LUDOVICUS pius rex Franciæ, ipsorum fratrum in Carcassona ab initio specialis dominus & patronus, infra annum penitus adimplevit.

Anno Domini MCCLVII. præfatus rex & dominus LUDOVICUS emit & redemit pro fratribus hunc locum secundum, in quo nunc habitant Carcassonæ, qui de Aquis-mortuis nuncupatur, a domino Carcassonensi episcopo, ad cujus jurisdictionem & dominium pertinebat, dato ab eodem domino rege præfatis episcopo & capitulo excambio pinguiori tam in censibus & reditibus, quam in aliis juribus quibuscumque, cum pleno dominio apud Corbonacum, Sobroauciacum, & Mouzanum, & in terminis eorumdem, prout in cartamentis & litteris inde confectis plenius continetur. Hunc locum sic emtum & redemtum rex pius, dominus &

(a) En regis litteræ ex schedis Baluzii Ludovicus, Dei gratia Francorum rex, dilecto & fideli suo J. de Seraẑ senescallo Carcassonensi, salutem & benedictionem. Mandamus vobis quatenus fratribus Prædicatoribus Latoriẑẑ præsentium, sine dilatione assignetis in novo burgo Carcassonæ quamdam plateam inter alias plateas quas civibus ejusdem villæ vobis commisimus assignandas, in qua possint sibi ædificare congruam mansionem. Actum apud Vicenas anno Domini MCCXLVII. mense Septembri.

patronus dedit fratribus & ordini, & amplius ducentas libras Turonenses pro ædificiis construendis. Hunc locum intraverunt primitus fratres ad habitandum conventualiter Dominica prima Quadragesimæ, anno Domini MCCLXVI.

De eleemosyna conventus.

Dominus rex Franciæ dat conventui fratrum Prædicatorum Carcassonensi eleemosynam annualem quinquaginta unius librarum, decem solidos Turonenses, quam recipiunt fratres a thesaurario Carcassonensi domini regis annuatim liberaliter & de plano, in festo S. Johannis Baptistæ annus incipit computari. Solebant autem olim multo tempore recipere in Salino Carcassonensi domini regis solutionem dictæ eleemosynæ, viginti solidos qualibet hebdomada, sed postea sic fuit mutatum. Incœpit autem ista eleemosyna dari a S. LUDOVICO, sicut superius est expressum, & ex tunc semper continuatum extitit amore Dei a regia pietate.

Venerabile quoque capitulum ecclesiæ cathedralis S. Nazarii Carcassonensis cibum & potum, scilicet panem & vinum conventui porrigit una die singulis septimanis. Solebant autem fratres recipere panem sine numero, & vinum sine mensura, prout & quantum necesse erat omnibus fratribus, quot fuissent in conventu ad sufficientiam una die qualibet septimana; sed post modum extitit ordinatum, quod pro una die unum plenum barale vini, quod sex migerias continet, & sexaginta panes minores vel triginta magnos æquivalentes fratres reciperent in cellario S. Nazarii, sicut ipsi canonici comedunt valde bonos.

Dominus vero episcopus Carcassonensis similem eleemosynam in pane & vino dat conventui duobus diebus singulis septimanis, sicque fecerunt ab exordio præcedentes episcopi successive, etiam sede vacante, hoc idem procuratore capituli pro episcopo faciente. Retribuat eis Deus.

Ad marginem codicis legitur: Summa in blado quatuor modii tritici & undecim sextaria. In vino autem septem modii cum dimidio, id est triginta saumatæ vini pro episcopo tantum.

Quartus decimus prior frater Odo de Caufentiaco, &c.

Notandum hic posteris incidenter, quod tempore prioratus fratris Odonis anno Domini MCCXCV. Guillelmus Garrici, & Guillelmus Bruneti legum professores de Carcassona, & quidam alii confessi prius de hæresi & convicti, cum suis complicibus insurgentes contra officium inquisitionis & contra fratres, contumaciter & procaciter rebellarunt, & seditionem magnam in populo concitaverunt, & multa mala officio inquisitionis & fratribus & amicis intulerunt, & multiplicata sunt mala in terra ab eis, & plures additi sunt ad eos, quod non est facile nec fas scribere per singula. Finis autem illorum confusio & ignominia, & sententia condemnationis ad murum, justitia exigente.

Quintus decimus prior nomine, sed præcedentibus posterior meritis & virtute successi fratri & patri Odoni de Caufentiaco memorato, ego frater BERNARDUS GUIDONIS Lemovicensis diœcesis. Fui autem translatus de prioratu Albiensi, in quo quartum tunc agebam annum, ad prioratum Carcassonensem sabbato post festum B. Dionysii, confirmatus in monasterio Pruliani anno Dñi MCCXCVII. Servivi autem in Carcassona IV. annis, a cujus pœna, utinam magis a culpa sui absolutus in capitulo provinciali Agennensi, in festo beatæ Mariæ Magdalenæ celebrato, data definitione in festo SS. Felicis & Adaucti martyrum anno Domini MCCCI. quo præmissa collegi & conscripsi.

Notandum hic posteris incidenter, quod etiam tempore meo rabies Carcassonensis adhuc graviter sæviebat: mala vero quæ faciebant & inferebant inquisitioni & fratribus & amicis melius puto hic reticere, quam singula scribere, propter honorem multitudinis, quæ tamen omnino non poterat excusari, licet in ea fuerint aliqui qui non consentiebant actibus malignantium contra fratres: qui fratres verbis & signis diridebantur & deshonestabantur sæpissime & verberibus interdum, & tamquam excommunicatos ipsos fratres a sua communione & partipatione penitus effecerant alienos, alia pudet dicere. Tandem postquam in utraque curia, scilicet Romana & Franciæ decidissent, expensis prius non parvis pecuniis & thesauris, venerunt ad obedientiam inquisitoris fratris Nicolai de Abbatis-villa, & congregata universitate Carcassonensi voce præconia coram ipso inquisitore, die ad hoc assignata, in publico sermone, in claustro fratrum Prædicatorum Carcassonæ, præsente senescallo cum curia regali & terrariis, recognoverunt reatum suum, & petierunt absolvi ab inquisitore & reconciliari, & obtinuerunt ibidem, jurantes elevatis ad librum evangeliorum manibus singulorum, fueruntque condemnati per inquisitorem ad faciendam capellam unam in honore S. Ludovici in conventu fratrum Prædicatorum Carcassonæ. Actum fuit anno Domini MCCXCIX. mense Octobri, capella vero fuit constructa anno sequenti MCCC. pro qua facienda & ornanda solvit villa Carcassonensis nonaginta libras Turonenses.

Sextus decimus prior successit mihi, qui me præcedebat ætate, gratia & sapientia frater Bertrandus de Claromonte, &c. N...ndum hic incidenter quod tempore p... ratus sui rabies Carcassonensis, quæ olim diu saevierat contra officium inquisitionis & fratres, ut praetactum est, & tunc extincta, vel saltem sopita videbatur & credebatur, fuit iterum excitata sub Johanne de Pinquonio vicedomino Ambianensi, confoederatis in malum Albiensibus & Corduensibus cum Carcassonensibus, incentore malorum fr. Bernardo Deliciosi de ordine Minorum, duce & vexillario iniqui exercitus contra fratres & officium inquisitionis Elia Patricii de Carcassona, qui regulus Carcassonensis videbatur, proditore veri regis. In tantumque ascendit superbia & desaevit malitia praedictorum, quod haereticales & eorum complices fratribus Praedicatoribus in personis & rebus ipsorum verbis & verberibus plures injurias irrogarunt, & damna plurima intulerunt, & domos ac hospitia plurium hominum de burgo Carcassonae usque ad quindecim in odium inquisitionis & fratrum, quibus ipsos adhaerere credebant, diruerunt, & spoliaverunt publice & de die, turba coadunata irruentes & clamantes ad proditores mascaratos in festo sancti Laurentii, quod fuit in sabbato anno Domini MCCCIII. sed ultore Deo tandem non tulerunt impune.

Decimus septimus prior frater Pontius de Torellis, &c.

Notandum hic incidenter, quod anno Domini MCCCIV. in vigilia S. Andreae fuerunt suspensi Carcassonae quadraginta homines de Limoso, propter proditionem in quam consenserant contra regem Franciae, ut terram redderent regi alteri, & alii plurimi aufugerunt, & postmodum fuit villa Limosi condemnata in magna pecuniae quantitate, & privata consulatu.

Decimus octavus frater Geraldus de Blumaco successit fratri Pontio praedicto. Hoc tempore fuit coopertura illius pulchrae porticus ante ingressum ecclesiae Paschali tempore consummata, cujus opus lapideum prius fuerat inchoatum, & usque ad cooperturam perductum, anno Domini MCCC. Bernardus Manifacerii solvit majorem partem expensarum ab initio. Prior fuit annis duobus & dimidio, fuit autem absolutus in capitulo Rivensi anno MCCCVIII.

Notandum ad perpetuam rei memoriam, quod anno MCCCV. revelata fuit proditio & iniquitas proditorum de Carcassona contra regem Franciae, cujus complex & conscius & tractator fuit frater Bernardus Deliciosi de ordine Minorum, & Elias Patricii, & Aymericus Castelli cum pluribus aliis de Carcassona, de Limoso, & detecto proditionis tractatu, & veritate comperta per inquisitionem curiae, comprehensi fuerunt in malis suis proditores plures in vigilia B. Bartholomaei apostoli, dictusque Elias Patricii & quatuordecim alii proditores simul tracti per villam & suspensi fuerunt ad solem in patibulis de novo & solemniter erectis juxta viam publicam, justitia exigente, in vigilia S. Michaëlis, anno Domini MCCCV. Et qui prius insaniendo contra fratres Praedicatores voce corvina crocitabant, corvis fuerunt expositi crocitandi. Nam postea in patibulo corvi visi fuerunt picantes & crocitantes in cervicibus eorumdem, sicut testati sunt qui viderunt, pluresque alii similes in culpa fuissent ad poenam similem condemnati, nisi domini CLEMENTIS papae V. apud regem clementia & compassio intervenisset. Aymericus vero Castelli fugae praesidio evadens, tandem captus fuit in Petra Buseria Lemovicensis dioecesis, & diu in carcere regis tentus, procibusque multorum & pecunia multa ereptus a mortis supplicio. Pius autem rex PHILIPPUS interventu papae pepercit multitudini a morte & exilio, non tamen a mulcta: unde communitas Carcassonae privata fuit consulatu, & condemnata in maxima pecuniae quantitate.

Decimus nonus prior frater Stephanus Laurelli Lemovicensis dioecesis, successit fratri Geraldo de Blumaco, confirmatus in priorem infra octavas assumtionis B. MARIAE. Anno Domini MCCCVIII. dominica in quinquagesima, v. idus Februarii, frater GARINUS Cenomanensis natione, episcopus Sagonensis in Corsica, consecravit tria altaria in ecclesia fratrum Praedicatorum Carcassonae, scilicet altare B. Virginis Mariae, & altare S. Annae matris ejusdem Virginis benedictae, & altare S. Ludovici confessoris. Item sequenti feria IV. in die cinerum, pridie idus Februarii, consecravit altare S. Martini in capella sacristiae. Item anno Domini MCCCX. fuit consummata illa pars claustri & capituli conversorum in ingressu conventus. Anno vero Domini MCCCXI. fuit facta altera pars claustri, quae est ex parte dormitorii antiqui. Praefatus frater Stephanus fuit prior tribus annis. Fuit autem absolutus in capitulo provinciali Burdegalensi, in festo assumtionis beatae Mariae, celebrato anno Domini MCCCXI.

Trigesimus prior frater Petrus Guidonis Lemovicensis dioecesis, translatus de prioratu Petragoricensi, ubi secundum agebat annum. Fuit confirmatus in priorem Carcassonensem circa festum B. Michaëlis anno Domini MCCCXXXV. Tempore hujus fuit emendata prima camera de camino in retrocamera. Hic etiam fecit scribi de bonis conventus in duobus voluminibus Vitas Sanctorum, a domino Lodovensi patruo suo compilatas. Hic etiam obtinuit a domino rege PHILIPPO sub anno eodem cum transiisset per Carcassonam, in festo videlicet Purificationis, mediante & promovente fratre Henrico de Chamayo inquisitore tunc Carcassonensi, quod in molendino regio, quod est juxta civitatem in fluvio Atacis, perpetuis temporibus

bus molatur totum bladum pro fratribus & familia ipsorum necessarium libere & absque quacumque redivenria sive custu. Et de hoc extat littera regia cum sigillo viridi, quae in majori deposito conservatur.

FUNDATIO CONVENTUS AGENENSIS.

Anno Domini MCCXLIX. circa festum S. Catharinae venerunt primitus fratres apud Agenum, ut ibidem acciperent sibi locum, sicut ibidem didici & audivi a fratre Guillelmo Fabri Agenensi, qui illo anno Tolosae intraverat ordinem in principio quadragesimae praecedentis.

Anno Domini MCCLII. in actis capituli provincialis Montispessulani fuit in civitate Ageni conventus fratrum ordinis Praedicatorum ex more regulariter positus & receptus, & primus prior institutus Guillelmus de Blavia, & primus lector assignatus frater Galhardus *Dorsaut* vel de Ursi-saltu.

Frater Bernardus de Caucio inquisitor & persecutor ac malleus haereticorum, vir sanctus & Deo plenus, fuit fundator praecipuus & promotor conventus Agenensis dum vivebat, ipsumque locum suo corpore dedicavit, qui post XXVI. annos & amplius elevatum a terra, & in ecclesia ubi nunc jacet translatum, totum integrum est inventum divino munere specialis gratiae tanto tempore conservatum. Cujus translationis series & ordo & tempus in tenore sequentis litterae plenius continetur, quam scripsit ille qui praesens fuit & vidit singula seriatim, cujus tenor talis est:

In Christo sibi carissimo patri & fratri N. frater BERNARDUS GUIDONIS sincerae caritatis plenitudinem cum salute.

Pius zelus quem habetis pro ordine, & ea dilectio quam ad conventum Agenensem hactenus habuistis, & antiqua nec interrupta amicitia, quae adhuc inter nos inviolabilis perseverat, me instingant translationem venerabilium patrum fratris Bernardi de Caucio, & fratris Bertrandi de Bello-Castro, & domini Arnaldi Belengarii vobis sub brevis stili officio intimare. Igitur anno Domini M. CC. LXXI. in crastino S. Marci evangelistae, frater Raymundus Christiani & frater Nicolaus de Feodis, qui huic venerandae translationi jamdudum desideraverant interesse, speciali devotione sanctorum virorum exhumationi & translationi dabant operam efficacem. Cumque discooperto fratris Bertrandi de Bello-Castro corpore, invenissent, exceptis solummodo ossibus, totum corpus consumtum, & corpus domini Arnaldi Belengarii modo simili reperissent, corpus reverendi ac sanctissimi patris fratris Bernardi de Caucio, quod exhumaverunt ultimo, absque totius exhalatione fetoris integrum repererunt. Et hoc quidem stupendum factum, hoc in-

signe miraculum, divinae non immerito providentiae adscribimus & virtuti, qui per XXVIII. annos, &., ut dicunt, amplius, voluit sic servare integrum corpusculum sancti viri, maxime cum praedictorum duorum virorum corpora, nulla ea praeservante virtute, brevi in tempore corruptioni solitae sint subjecta; sed mirum in modum mox ut exhumatum est corpus, & in loco collocatum decenti, factus est repente concursus adeo vehemens & intolerabilis populorum, quod fratres aliqui custodientes corpus, vix poterant confluentem populi multitudinem sustinere: unde tandem gravati prae lassitudine, pressuram irruentium abrumpentes, sine conventu & absque solemnitate debita corpus ad ecclesiam transtulerunt, ubi etiam fere pondus se ingerentium non valentes sustinere, corpus in sacristiam transtulerunt. Ideoque populus ex subtracto sibi corpore concitatus in verba inordinata offensam animorum ostendentia prorumpebat, sic quod corpus est in crastinum cum veneratione debita conservatum. Nos vero interim, ne vanitatis vel cupiditatis possemus notam incurrere, deliberatione provida decrevimus consulere sapientes, utrum ostendendum corpus populo, an subtrahendum eorum aspectibus foret. Quocirca facto mane, venerabilis prior S. Caprasii & officialis locum tenens domini episcopi Agenensis, & dominus Raymundus *de Granhol* magister in decretis, plerique alii sapientes de utroque capitulo (a) Agenensi, necnon & quidam proceres de consulibus villae in nostro capitulo pariter convenerunt, ibique recitatis quibusdam miraculis quae gessit, dum adhuc viveret, & vita ejus multipliciter commendata, diversas sententias proferebant. Quidam namque dicebant satisfaciendum populo, qui multus aderat, & quasi continue veniebat. Alii autem dicebant ipsum potius occultandum. Ceterum cum in his immoraremur diutius, & hinc & inde in sententia vacillarent, voluntas finalis & stabilis fuit fratrum, ut in missa quae debebat a venerabili domino priore S. Caprasii solemniter celebrari, palam ostenderetur populo, qui multus utriusque sexus in claustro & ecclesia expectabant. Sane tandem deputati sunt fratres custodes, nihilominus adhibiti saeculares, qui dati, ut videtur mihi, erant nobis a bajulo & consulibus, qui & corpori in missa assisterent, & cum virgis & baculis interdum populum abigerent confluentem. Veniebant quippe homines hoc stupendum miraculum cernere cupientes, veniebant etiam mulieres, ad hoc biennes & triennes parvulos adducentes, stupor enim immensus circumdederat omnes, quia sanctum corpus tamdiu integrum fuerat sic compertum. Facies quoque integra erat, ex-

---

(a) Ecclesiae cathedralis scilicet & S. Caprasii.

cepto quod in naso in principio erat valde modicum diminutus. Frons autem & mentum & os cum dentibus in sua integritate manebant. Caput vero per collum medium sine interruptione ipsi corpori inhærebat. Collum quidem ita grossum erat, & guttur sub mento, sic etiam prominebat, quod non videbatur a die qua sepultus fuerat diminutionem aliquam recepisse, pectus, brachia, manus, ventrem & latera mira integritas conservabat. Pellis enim integra per totum mirabiliter scilicet suarum situm partium contegebat omnia supradicta. Unde ungues & rugæ ita distincte in pelle manuum apparebant, sicut apparebant in eo ipsa die qua fuerat ecclesiasticæ traditus sepulturæ: sed non minus mirabile est, quia virilia omnino integra erant, sicut dicebant, qui hæc curiosius inspexerunt. Unus tamen pes solutus inventus fuit a tibia. Et hoc, ut videbatur, contigit propter tumuli brevitatem. Sic quoque omnipotens Deus, cujus judicia incomprehensibilia, cujus investigabiles viæ, cujus consilia non mutantur, non solum antiquis temporibus ad errores a cordibus fidelium exstirpandos, & fidem in mentibus radicandam voluit in sanctis suis se mirabilem exhibere; sed & nostris quidem temporibus ad spem proficientium sublevandam, ad fidem catholicam roborandam, ad doctrinam evangelicam & apostolicam approbandam in sancto isto, qui & mirabilis in vita, mirabilis in doctrina, mirabilis in pravitate hæretica exstirpanda, disposuit post ipsius felicem obitum mirabilis apparere, eo quod a ceterorum communi corporum incineratione corpus ejus tam mirabiliter quam potenter integrum perseveravit. Unde extollendus præconiis & laudibus venerandus, & gratiarum actione multiplici jugiter recolendus. Denique autem divino officio expleto, circa reliquias sacrosanctas fratrem Bertrandum de Bello-Castro & dominum Arnaldum Belengarii, in præparatis sibi infra ecclesiam tumulis posuerunt. Sed fratrem Bernardum de Caucio non valuerunt in loco suo reponere, populo irruente, donec populus penitus de ecclesia recessisset. Et tunc post recessum populi fuit traditus sepulturæ. Fuit autem frater Bertrandus de Bello-Castro positus in tumulo superiori ad orientem versus caput ecclesiæ. Dominus vero Arnaldus Belengarii fuit positus in inferiori ad occidentem versus Garumnam. Sed sanctæ memoriæ reverendus pater frater Bernardus de Caucio fuit in medio prædictorum duorum venerabiliter collocatus, qui obiit in crastino sanctæ Catharinæ, VI. calendas Decembris, anno Domini MCCLII. Memoratus dominus Arnaldus Belengarii ædificavit ecclesiam fratribus in Agenno, & plura bona alia fecit fratribus dum vivebat.

FUNDATIO CONVENTUS ORTHESIENSIS.

Anno Domini MCCL. in actis capituli provincialis Narbonæ celebrati fuit receptus locus fratrum Prædicatorum apud Orthesium.

Anno Domini MCCLIII. in actis capituli provincialis Lemovicis in nativitate B. Mariæ semper Virginis celebrati, fuit in villa Orthesiensi conventus fratrum Prædicatorum regulariter positus & receptus. Et primus prior institutus frater Raymundus *Desparros.*

FUNDATIO CONVENTUS Montis-Albani.

Anno Domini MCCLI. venerunt fratres Prædicatores apud Montem-Albanum, Caturcensis diœcesis, primitus ad manendum, & elegerunt sibi locum juxta Tesconem, in illa parte quæ est in diœcesi Tolosana.

Anno Domini MCCLIII. in actis capituli provincialis Lemovicensis in nativitate B. Mariæ semper Virginis celebrati, fuit in villa Montis-Albani conventus fratrum regulariter positus & receptus. Et primus prior institutus frater Pontius de Montibus Tolosanus, qui fuit socius domini RAYMUNDI episcopi Tolosani. Primus lector fuit frater Bernardus Geraldi de Monte-Albano, qui prius fuerat lector Caturci annis duobus.

Octavus prior frater Ermengaudus Lenterii de prædicatione Castrensi, bis, prima vice successit fratri Raymundo de Caubosio. Tempore sui prioratus hac vice inundavit Tarnus fluvius in tantum, quod fratres de loco suo, qui erat juxta Tesconem, exire fuerunt compulsi anno Domini MCCLXXII. cal. Decembris, & tunc tractaverunt de loco alio habendo, ad quem se mutaverunt. Et emerunt locum alium, qui dicitur de Fossato, fratre Ermengaudo prædicto tunc priore prudenter & viriliter id agente. In quo loco, scilicet de Fossato, celebraverunt primam missam pridie nonas Februarii anno Domini MCCLXXII. Nondum tamen mutavit se conventus tunc de primo loco ad secundum, donec secundus locus fuit melius, sicut oportuit, præparatus. Prior fuit hac vice annis tribus, fuitque absolutus in capitulo provinciali Tolosano anno Domini MCCLXXIV.

Decimus prior frater Bernardus Stephani successit fratri Raymundo de Caubosio. Tempore prioratus sui fuit fundata ecclesia fratrum, in secundo loco appellato vulgariter de Fossato, in qua primarium lapidem posuit nobilis vir dominus BERTRANDUS vicecomes Bruniquelli, feria III. post festum B. Mathiæ apostoli, anno Domini MCCLXXVIII. Prior fuit annis tribus, fuitque absolutus in capitulo provinciali Massiliensi anno Domini

MCCLXXXI. Hic senex & plenus dierum obiit Caturci in capitulo provinciali ibidem celebrato, feria VI. hora quasi VI. anno Domini MCCXCVIII. ut peroptaverat.

FUNDATIO CONVENTUS FIGIACENSIS.

Anno Domini MCCLI. vel LII. venerunt fratres Prædicatores apud Figiacum diœcesis Caturcensis, ut acciperent ibi locum ordinis ad manendum, fueruntque fratres ibidem ad loci dispositionem & præparationem cum vicario, sicut moris est, annis duobus aut tribus ab exordio computando.

Primus vicarius in conventu Figiacensi & promotor loci illius sollicitus, fuit frater Johannes de Johannia, ut audivi a senioribus enarrari. Hic fuit Figiacensis ex origine parentali, sed de Monte-Pessulano ex origine suæ nativitatis.

Anno Domini MCCLIV. in capitulo provinciali Tolosano, in nativitate B. Mariæ Virginis celebrato, fuit in villa Figiaci conventus fratrum Prædicatorum ex more regulariter positus & receptus, & primus prior institutus frater Johannes de Johannia præfatus.

FUNDATIO CONVENTUS CASTRENSIS.

Fratres de Hist. de la Maison Auvergne, pag. 173.

Anno Domini MCCLVIII. in actis capituli generalis Tolosæ celebrati, fuit concessus locus seu conventus fratrum Prædicatorum S. Vincentii in Castris, diœcesis Albiensis, ad preces & instantiam nobilis ac præclari viri domini PHILIPPI DE MONTE-FORTI junioris, qui fuit filius PHILIPPI de Monte-Forti senioris domini terræ Albigesii & Tyri & Deltoro ultra mare. Hic Philippus junior fuit fratrum & loci ibidem bonus dominus & patronus, cujus eleemosyna annualis quotidie ibidem percipitur & habetur.

Vide tom. 4. Annal. p. 1703.

Anno Domini MCCLVIII. v. cal. Junii felicis recordationis venerabilis pater dominus BERNARDUS DE COMBRETO episcopus Albiensis dedit & concessit perpetuo fratribus Prædicatoribus, præsente & recipiente pro ordine fratre Guillelmo Raymundi Burdegalensi, ad hoc specialiter destinato, ecclesiam S. Vincentii de Castris, cum corpore ejusdem martyris gloriosi, quod ibidem a tempore Caroli-magni principis allatum de Valentia requiescit, prout in historia de hoc scripta famosa authentica habetur plenius & seriosius est scriptum; & cum omnibus reliquiis sanctorum, & libris omnibus & ornamentis ipsius ecclesiæ, necnon cum cimiterio, plateis, hortis ad eamdem ecclesiam pertinentibus, & cum omnibus aliis juribus & pertinentiis infra villam de Castris existentibus, prout melius olim canonici sæculares ibidem instituti tenuerunt & possederunt, seu tenere & possidere debuerunt, jure patrona-

tus in dicta ecclesia sibi & suis successoribus reservato, salva etiam reverentia episcopali, specialiter de sententiis suis & curiæ Albiensis denunciandis ibidem populo pro tempore congregando per capellanum dictæ villæ de Castris, seu per alium de mandato episcopi, salvis tamen in omnibus constitutionibus ordinis fratrum Prædicatorum, & privilegiis & indulgentiis a sede apostolica ordini concessis & in posterum concedendis. Hanc donationem fecit episcopus memoratus de voluntate & assensu canonicorum ipsarum dictæ ecclesiæ, qui tunc pauci valde superstites erant, & in societate ejusdem episcopi commanebant, nec tamen ipsi canonici, sed monachi S. Benedicti tunc temporis de facto ecclesiam possidebant. Inter quos canonicos erat dominus Raymundus de Rocozello, qui fuit postmodum episcopus Lodovensis. Memoratus autem dominus episcopus Albiensis in corporalem possessionem misit & posuit, & cum suo episcopali annulo investivit præfatum fratrem Guillelmum Raimundi, in præsentia dictorum canonicorum sociorum suorum, necnon & plurium aliorum virorum testium vocatorum. Erant etiam præsentes & recipientes cum eodem fratre Guillelmo Raymundi alii fratres nostri, scilicet frater Petrus Parvi, sive *Petit* sic dictus, frater Bernardus de Rocozello, qui fuit frater præfati domini Raymundi de Rocozello, & frater Petrus de Villa-magna. Acta fuerunt hæc Albiæ, in camera episcopali domini episcopi supradicti, anno & die ut supra. Extat inde publicum instrumentum per manum Isarni Garengarii publici notarii Albiensis, qui fuit postmodum frater noster, cum sigillo pendenti ejusdem domini episcopi Albiensis.

Anno Domini MCCLVIII. tertio nonas Junii dominus GUILLERMUS de Biterris venerabilis abbas monasterii S. Vincentii de Castris pro se & monasterio suo Castrensi, ad instantiam & preces nobilis viri domini PHILIPPI DE MONTE-FORTI dedit & contulit in perpetuum ordini fratrum Prædicatorum & memorato fratri Petro Parvi seu Petiti, præsenti & recipienti vice & nomine ordinis antedicti, totum jus quod habebat, vel habere debebat in ecclesia B. Vincentii memorata cum cimiterio & cum oblationibus ad dictam ecclesiam pertinentibus, aliquibus conditionibus reservatis, videlicet quod si aliquo casu contingeret dictos fratres Prædicatores deserere prædictam ecclesiam, & ab ea recedere, illud jus & illa possessio quam habebant monachi eo tempore, quo fratres auctoritate episcopi Albiensis intraverunt possessionem ecclesiæ memoratæ, ad monasterium redeat monachorum, & sit eis salva possessio quam habebant. Item retinuit pro se & monasterio, quod fratres occasione donationis sibi factæ ab episcopo Albiensi vel quacumque alia ratione non exigant, nec A peterent, nec possint petere umquam reditus aliquos ad dictam ecclesiam spectantes, nisi hoc solum quod superius est expressum. Item, retinuit dictus abbas quod ipse & successores sui ac monachi præfati monasterii in tribus anni festivitatibus, videlicet in duobus festis B. Vincentii & in festo purificationis B. Mariæ semper Virginis, possint venire processionaliter ad ipsam ecclesiam, & ibidem ipse abbas & successores sui missas celebrare, & in prædicto festo Purificationis candelas benedicere, si sibi visum fuerit expedire. Item, retinuit quod de illis quæ relinquerentur fratribus ab illis qui de villa Castrensi & de villa *Godor* in cimiterio fratrum eligerent sepulturam, monasterium prædictum quartam partem haberet ratione canonicæ portionis, exceptis illis quæ relinquerentur fabricæ corporis ecclesiæ & in ornamentis & in luminaribus & in aliis de quibus non deducitur canonica portio secundum canonicas sanctiones, & cum hoc licitum esset cuilibet de prædictis in dicto cimiterio fratrum eligere sepulturam, omnes vero alii extra duas parochias possint in eodem cimiterio absque canonica portione eligere sepulturam. Item retinuit pro monasterio suo vestes & lectos secundum morem solitum defunctorum prædictarum duarum parochiarum, scilicet villæ de Castris & de villa *Godor*, ubicumque sive in cimiterio fratrum, sive alibi eligerent sepulturam. Item, retinuit sibi & monasterio duos cereos de quatuor cereis defunctorum, qui in cimiterio fratrum se facerent sepeliri. Alii vero duo cerei fratribus remanerent pacifice & quiete. Promisit insuper bona fide se facturum & curaturum, quod donationi hujusmodi conventus sui monasterii consentirent. Præfatus vero frater Petrus Parvi recepit vice & nomine ordinis D a præfato abbate, sub forma superius expressata, omnia supradicta, donationem scilicet ecclesiæ supradictæ, & omnium prædictorum, promittens se facturum & curaturum pro posse suo, quod magister ordinis vel prior provincialis supradicta omnia acceptaret, approbaret & confirmaret. Acta fuerunt hæc apud Castras in cimiterio ecclesiæ supradictæ, anno & die immediate superius expressatis, in præsentia & testimonio præfati viri nobilis domini Philippi de Monte-Forti, & fratris Bernardi de Capite-stagni de ordine Prædicatorum, & magistri Sicardi Sabbaterii, archidiaconi Lauteranensis in diœcesi Tolosana, qui postmodum in fine habitum ordinis induit & recepit, & sepultus est in capitulo fratrum x. cal. Martii, anno Domini MCCLXXIV. & Petri Bertrandi de Castris judicis domini Philippi, qui fuit postmodum frater noster. Extat inde publicum instrumentum per manum Amelii Sicardi notarii publici villæ de Castris.

Alexander papa IV. ad petitionem & supplicationem prioris provincialis & fratrum, præcipue ad instantiam & preces supplices viri domini Philippi de Monteforti, qui ad summum pontificem procuratorem specialem fratrum Petrum Bertrandi de Castris jurisperitum cum suis litteris supplicatoriis celeriter super hoc destinavit, suis sumptibus & expensis, implorans & obsecrans, ut præfatam S. Vincentii ecclesiam, cum sancto ejusdem corpore, pro fratribus Prædicatoribus sibi daret, in recompensationem totius effusi sanguinis Montisfortis, pro Romanæ ecclesiæ obedientia & honore. Quo verbo audito & altius intellecto, summus antistes præfatam collationem & donationem fratribus Prædicatoribus factam ab episcopo Albiensi & abbate Castrensi auctoritate apostolica ratificans confirmavit, supplens de plenitudine apostolicæ potestatis defectum, qui ex eo in his affuit, quod ad hoc assensus capituli Albiensis & conventus præfati monasterii Castrensis non accessit. Id non obstante quod inter eosdem episcopum & abbatem quæstio super dicta ecclesia tunc temporis vertebatur. Nonobstante etiam contradictione monachorum præfati monasterii, quam super præmissis interposuisse dicebantur. Datum Viterbii VIII. idus Augusti pontificatus ipsius Alexandri anno IV. Verbi autem incarnati anno Domini MCCLVIII.

Alexander papa præfatus in voto gerens, ut de collatione seu donatione prædicta dictorum episcopi & abbatis, ac supplicatione & confirmatione sua apostolica subsecuta fructus proveniret fratribus, per apostolica scripta præcipiendo mandavit episcopo Aniciensi, qui tunc erat dominus Guido Fulcodii, qui fuit postmodum Clemens IV. quatinus fratres Prædicatores in corporalem possessionem prædictæ ecclesiæ & omnium prædictorum per se vel per alium, auctoritate apostolica induceret, & inductos defenderet, contradictores per censuram ecclesiasticam, appellatione postposita, compescendo, invocato ad hoc, si necesse fuerit, auxilio brachii sæcularis. Datum Viterbii XII. calendas Septembris pontificatus anno IV. Verbi autem incarnati anno MCCLVIII.

Anno Domini MCCLVIII. XVIII. calendas Octobris dominus Guido Fulcodii memoratus venerabilis Aniciensis episcopus juxta mandatum apostolicum sibi factum, præcipiendo mandavit domino Guillelmo majori archidiacono ecclesiæ Narbonensis, & domino Guillelmo capellano de Pippionibus, vel alteri eorumdem, altero impedite seu nolente exequi aut non valente, in hujusmodi executione negotii interesse, vel alias absente minime expectato, quatenus ad villam de Castris personaliter accedentes, fratres Prædicatores, quos ad recipiendum deputatos invenirent, in possessionem corporalem ecclesiæ supradictæ cum domibus & horto inducerent, & contradictores aut rebelles, in quos ex tunc in scriptis excommunicationis sententiam ferebat, excommunicatos publice nuntiarent, & singulis diebus Dominicis & festivis facerent in civitatibus & diœcesibus Narbonensi & Albiensi publice nuntiari, pulsatis campanis, & extinctis candelis, expressis nominibus singulorum. Et si qui forte contentis ecclesiæ clavibus, in sua rebellione persisterent, nobilium virorum senescalli Carcassonensis & domini Philippi de Monteforti, quibus super hoc speciales scripsit litteras, auxilium invocarent. Datum apud Montem-Pessulanum ut supra.

Anno & die Domini immediatius prætaxatis, idem dominus Guido scripsit nobilibus viris senescallo Carcassonensi, & domino Philippo de Monteforti, requirens & rogans eosdem auctoritate apostolica obsecrando, quatenus hujusmodi, si qui forent, præsumtuosam audaciam militari manu & brachii sui potentia compescerent, & eosdem FF. Prædicatores facerent possessione pacifica congaudere. Datum in Monte-Pessulano, ut supra.

Anno Domini MCCLVIII. VII. idus Decembris monachi præfati monasterii S. Benedicti Castrensis numero XIX. videlicet Bernardus de Podio Soriguerio prior claustralis, Ermengaudus de Florenciaco camerarius, Jacobus sacrista, Guillelmus Nigri prior de Murassano, Raymundus Berengarii prior de Ganubrio, Raymundus de sancto Privato prior S. Pauli, Bernardus de sancto Privato prior de Burlato, Raymundus de Palhairols prior de Guitatenis, Guillelmus Johannis prior de Assoale, Ermengaudus de Olargio, magister Gauterius, Gregorius de Nogareto, Petrus Vairati, Guillelmus Delgati, Pontius de Gordone, Petrus Nigri, Guillelmus de Albia & de Quiteriis, & Jordanus de Guideriis pro se & successoribus suis, ac toto conventu suo de voluntate & assensu præfati domini Guillelmi abbatis sui, ad instantiam & preces memorati nobilis viri domini Philippi de Monteforti dederunt, & concesserunt donatione inter vivos, ecclesiam sancti Vincentii memoratam, cum cimiterio ad eam spectante, fratribus Prædicatoribus & eorum ordini, sub modo & forma & conventionibus quibus prædictus abbas eisdem fratribus primitus contulerat & donarat, prout in instrumento inde confecto eisdem monachis lecto & expresso plenius continetur. Retento quod fratres vel alii nomine eorumdem corpus S. Vincentii a dicta ecclesia non extraherent aut mutarent, nec quærerent ubi jam in dicta ecclesia quiescebat sine præsentia eorumdem. Retinuerunt etiam libros qui in eadem ecclesia habebantur. Retinuerunt etiam quod postquam FF. Prædicatores in villa de Castris venissent, & conventus ibidem existeret deputatus, si ipsos abesse contingeret, si dictam ecclesiam desererent, non possent per sæculares clericos vel religiosos alterius ordinis prædictam ecclesiam retinere, vel etiam possidere; prædicto modo ecclesiam cum cimiterio donaverunt; promittentes, quod contra donationem hujusmodi per se vel per aliam personam non venirent, quamdiu fratres formam, modum & conventiones appositas observarent; promiserunt insuper bona fide in manu prædicti abbatis sui, omnia & singula superius expressata, & in instrumento confecto super donatione abbatis contenta, rata & illibata habere, & in contrarium non venire. Approbantes nihilominus & ratificantes donationem factam prius ab eodem abbate suo de prædictis ecclesia & cimiterio; necnon & confirmationem & suppletionem de eisdem a sede apostolica subsecutam. Dictus quoque abbas ibidem approbavit & laudavit donationem hujusmodi factam per monachos & conventum, necnon confirmationem & suppletionem a sede apostolica memoratam. Acta fuerunt hæc apud Castras in capitulo monasterii antedicti anno & die supra; in præsentia & testimonio domini Johannis de Burlato, domini Johannis de Manucuria militum, Petri Bertrandi de Castris jurisperiti judicis domini Philippi, qui fuit postmodum frater noster, domini Hugonis capellani de Assoale, & plurium aliorum testium vocatorum. Sicardus Magoti publicus villæ Castrensis notarius recepit & confecit de præmissis publicum instrumentum.

Anno Domini MCCLVIII. VII. idus Decembris præfatus vir nobilis dominus Philippus de Monteforti junior filius senioris, pius & bonus dominus & patronus, pietatis & amoris fratrum intuitu, quos plurimum diligebat, ut pacem cum monachis compararet fratribus necessariam & oblatam, in recompensationem oblationum & proventuum ad ecclesiam S. Vincentii spectantium, quas abbas & conventus monachorum Castrensis ad ipsius preces & instantiam, prout plenius tactum est, fratribus Prædicatoribus contulerat; dedit & concessit abbati & conventui monasterii sæpedicti & successoribus eorumdem, decem libras Melgorienses vel Turonenses in reditibus annuatim, quas assignavit eisdem in duobus molendinis positis in flumine de Durantia, cum juribus, proventibus & reditibus & pertinentiis in aquis & paxeriis eorumdem. Promisitque præfatus vir nobilis bona fide abbati & conventui antedictis, quod conventiones, formas, & modos positas & contentas in instrumentis confectis super donationibus de ecclesia S. Vincentii per ipsum abbatem & conventum, pro posse suo a fratribus Prædicatoribus in perpetuum faceret observari, & quod a magistro ordinis & diffinitoribus capituli generalis, cum primum ipsum contingeret celebrari, prædicta faceret approbari & ratificari, quæ videlicet Prædicatorum ordinem contingebant. Ad arbitrium & cognitionem domini abbatis Galliacensis & magistri Sicardi Sabbaterii Castrensis, & Petri Bertrandi judicis sui præfati, aliquis prædictos fratres non manu teneret contra prædictum monasterium in facto memoratæ ecclesiæ. Promisit insuper, ut magis ipsos monachos alliceret ad amorem fratrum, quod dictum monasterium tam in capite quam in membris in jure suo deffenderet & juvaret. Abbas vero & conventus præfati acceptaverunt ab eodem domino PHILIPPO omnia supradicta. Acta fuerunt hæc apud Castras in capitulo monachorum monasterii antedicti, anno & die quibus supra, præsentibus domino PHILIPPO abbate & conventu, in præsentia & testimonio domini Johannis de Burlato, domini Johannis de Manucuria militum, Petri Bertrandi præfati judicis domini Philippi, domini Hugonis capellani de Assoale, & plurium aliorum testium vocatorum. Sicardus Magoti publicus notarius villæ de Castris recepit & confecit inde publicum instrumentum, cui appenderunt sigilla sua præfati dominus abbas & conventus in testimonium & munimen.

Anno Domini MCCLVIII. IV. calendas Februarii dominus GUILLELMUS de Biterris, præfatus abbas Castrensis monasterii memorati ordinis S. Benedicti, & conventus ejusdem monasterii, videlicet monachi infrascripti: Guillelmus Nigri prior de Murassone, Raymundus Berengarii prior de Ganubrio, Raymundus de S. Privato, prior sancti Pauli, magister Galterius, Ermengaudus de Olargio, & Ermengaudus de Florentiaco camerarius, Raymundus de *Palhairols*, Jacobus sacrista, Bernardus Delgoti, Petrus Nigri, Arnaldus *olut*, Pontius de *Masset*, Guillelmus de Albia, & de Guideriis, Gregorius, Petrus Vairati, Bernardus Fortis, & Jordanus de Guideriis pro se & successoribus suis præsentibus & futuris ad instantiam & preces nobilis viri PHILIPPI DE MONTEFORTI præfati, dederunt & concesserunt donatione inter vivos in perpetuum valitura, fratribus Prædicatoribus & eorum ordini cimiterium, quod adhæret ecclesiæ B. Vincentii memoratæ, habendum in perpetuum, prout confrontatum hodie ab eisdem fratribus possidetur, cum juribus, reditibus & proventibus ad ipsum spectantibus; quod cimiterium sejungitur & dividitur a cimiterio quod remansit monachis de consensu fratrum, ut pacem sibi acquirerent, & haberetur via media, qua itur versus Agotum fluvium, & utrumque cimiterium parietibus cingitur hinc inde. Retinuerunt tamen, quod nullam personam fratres sepelirent in eodem, nisi sibi eligerent sepulturam: vestes quoque defunctorum de villa Castrensi, more solito, sicut

prius in donatione prima, qui se ibi facerent sepeliri. Dederunt insuper ac remiserunt fratribus illam canonicam pensionem & cereos & lectos, quam & quos dictum monasterium recipere debebat de relictis & legatis illorum qui in dicto cimiterio fratrum sepulturam eligerent, quocumque jure consuetudinario vel communi, seu pacto, & conventionibus quibuscumque prædicta competerent monasterio memorato. Ista namque prius sibi retinuerant abbas & conventus in prima donatione facta fratribus per eosdem, sicut in ea plenius continetur. Memoratus autem vir nobilis dominus PHILIPPUS, qui ibidem præsens aderat, bona fide sua promisit abbati & monachis, quod super hoc faceret fratres Prædicatores & eorum ordinem remanere & esse contentos jam dicta ecclesia & cimiterio superius confrontato & aliis superius expressatis, & quod prædicti fratres & ordo eorum a modo nec in domibus, nec in hortis, nec in aliis extra ecclesiam existentibus ad ecclesiam S. Vincentii spectantibus, vel ad cimiterium antedictum contra præfatum monasterium non moverent quæstionem in præsenti vel etiam in futuro, nisi de his in præsenti instrumento & in aliis instrumentis contentis; & quod præsens instrumentum cum aliis instrumentis inter monachos ipsos & dictos fratres Prædicatores confectis, & omnia in eis contenta confirmari diceret a magistro ordinis in primo quod celebraretur capitulo generali. Acta fuerunt apud Castras in capitulo monachorum monasterii antedicti, anno & die ut supra, in præsentia & testimonio domini Guillelmi Peluti, domini Johannis de Pasticio, alias de Burlato militum, & Petri Bertrandi jurisperiti, judicis domini PHILIPPI, qui fuit, sicut tactum est; postmodum frater noster, & multorum aliorum testium vocatorum. Amelius Sicardi publicus villæ Castrensis notarius, de mandato domini PHILIPPI & abbatis & conventus Castrensis monasterii prædictorum, recepit & confecit de præmissis publicum instrumentum, quod fuit sigillis ipsorum D. Philippi, abbatis, & conventus sigillatum ad majoris roboris firmitatem.

Fratres vero præmissis omnibus consenserunt, ut in pace cum monachis possent vivere & quiete, a quibus antea fuerant de loco semel exclusi, & pluries in pluribus infestati, & infestari amplius formidabant, nisi in manu forti generis Montis-fortis forti præsidio tuerentur.

Anno Domini MCCLIX. frater Pontius de S. Ægidio prior provincialis, & frater Raymundus *Tropacen* prior Montis-pessulani, frater Bernardus de Essartis prior Petragoricensis, frater Raymundus de Venasca, & frater Bertrandus de Castro-novo Caturcensis, quatuor definitores capituli provincialis de Monte-pessulano in festo B. Dominici celebrati, donationes prædictas, compositiones & conventiones & pacta in ipsis instrumentis contenta expressis & designatis sigillatim & specialiter instrumentis ad instantiam domini PHILIPPI & omnium fratrum in dicto loco de Castris tunc existentium ex parte fratrum ordinis, & auctoritate sibi in hac parte commissa a venerabili patre fratre HYMBERTO magistro ordinis approbaverunt, & ratificantes omnia acceptaverunt, & per litteram cum sigillis propriis munierunt. Datum in Monte-pessulano, anno Domini prætaxato mense Septembri, post provinciale capitulum memoratum.

Frater Bernardus de Bociacis, vir religiosus & bonus, fuit vicarius fratrum & loci Castrensis, datus antequam esset ibi conventus, ex more regulariter institutus, sicut ab ore ipsius sæpius & a pluribus aliis didici & audivi.

Sequitur historia de inventione sacri corporis B. Vincentii martyris & levitæ, in ecclesia fratrum Prædicatorum de Castris.

Tempore quo fratres Prædicatores, Deo disponente, nobili viro domino PHILIPPO DE MONTE-FORTI fortiter procurante & agente, ecclesiam B. Vincentii levitæ & martyris, sicut præmissum est, primitus habuerunt, ignotum erat omnibus incolis hujus terræ ubinam sacrosanctum corpus almi martyris in eadem ecclesia requiesceret: omnibus tamen fideliter certum erat, quod in dicta ecclesia alicubi quiescebat, allatum de Valentia apud Castras a tempore Caroli-Magni (*a*) principis & gloriosi regis, sicut fidelis & verax tradit historia, clamant patrata miracula, & testatur insignis ecclesia illic a fidelibus populis ob honorem martyris fabricata. Hoc autem divina providentia factum esse reor, ut incognitus esset locus, ut in eo thesaurus incognitus vel absconditus servaretur in posterum, ne inde tolleretur, & auferretur propter guerrarum discrimina, & perfidorum hæreticorum pericula, quæ omnia in partibus istis præteritis temporibus, peccatis hominum exigentibus, abundabant, sicut fidelis & verax, laudeque ac memoria dignus æterna præ cunctis generationis hujus magister Guillelmus rector ecclesiæ de Podio Laurentii, origine tamen civis Tolosanus, in suis chronicis prosequitur luculenter, & in gestis insignibus domini SIMONIS comitis Montis-fortis plenius est descriptum. A nonnullis tamen fertur, quod locus paucissimis quibusdam monachis notus erat, qui virtute juramenti constricti pandere non audebant, & cum quis ex eis morti propinquus fieret, ille alteri monacho ex secretissimis electo, & sic deinceps successive sub eadem juramenti constrictione pandebat, sed hoc nulla

A majori auctoritate vel scriptura teste fulcitur, eademque facilitate non recipitur qua narratur.

Fuerat autem præfata ecclesia aliquando sub manu & regimine canonicorum sæcularium, qui inibi aliquo tempore fuerunt cum præbendis duodecim deputati, sicut astruit evidenter antiqua scriptura publica seniorum, fama fidelis & certa assertio quorumdam ex eisdem, qui tempore quo fratres eam habuerunt superstites erant. Aliquando vero fuit sub custodia monachorum ordinis S. Benedicti, qui e vicino in sua abbatia commorantur, & illo in tempore de facto, non tamen cum pace episcopi Albiensis possidebant. Fuit etiam parochialis ecclesia appellata, sicut multa signa & insignia protestantur, quæ causa brevitatis omitto. Extat etiam una antiqua valde littera (*a*) domini GUILLELMI PETRI *de Berenes* quondam episcopi Albiensis, quæ de parochia S. Vincentii de Castris expressam continet mentionem. Hoc etiam protestantur usque hodie plura dicta fidelium seniorum, quod longum esset per singula enarrare, & tam istorum quam illorum erat incuria & negligentia circa custodiam sacrorum pignorum nimis magna, sicut rerum prædictarum illo in tempore evidentia probat, & testantur adhuc plurimi seniores, & in promptu est exemplum & irreparabile nobis damnum de sacro capite martyris Vincentii perdito & sublato.

Cumque fratres Prædicatores in prædicta ecclesia ad serviendum Deo & sancto martyri collocati jam fuissent, post unam expulsionem & multiplicem monachorum infestationem confirmati in loco virtute ex alto, quæstione monachorum terminata, pace data anno Domini MCCLIX. tempore quo adhuc præfatus frater Bernardus de Bociacis vicariam fratrum & loci regebat, sollicitari cœperunt, vehementius circe cupientes, ubi corpus sanctum absconditum servabatur, ut certi fierent de thesauro, & eo devotius ipsum colerent jam inventum, quo oculata fide scirent, ubi eidem martyri reverentiæ cultum dignum & debitum exhiberent, colloquentes & conquirentes sæpius ad invicem quid possent aut deberent agere super istis. Dispositio autem loci in quo sanctum corpus repositum servabatur, talis existebat. In capite namque majoris ecclesiæ constructa erat per modum testudinis tribuna quædam, sic dicta juxta vulgare loci, sicque disposita & aptata, quod subtus eam libere transire & supra ipsam spatiose stare, sedere, & deambulare poterant qui volebant, sicut adhuc transeunt subtus corpus sanctum parte illa, quæ remansit, cujus formæ & similitudinis erat pars alia, quæ diruta fuit a fratri-

---

(*a*) Non sub Carolo Magno, sed tempore Caroli Calvi anno DCCCLV. facta est corporis S. Vincentii translatio, cujus acta habes apud Mabillonium sæculo IV. Benedictino tom. I.

(*b*) De hac in ms. margine hæc lego: *Litteram hanc habet a domino Johanne Molineri archipresbytero Castrensi & in majori deposito posui conservandam anno Domini MCCCII. XIV. kal. Octobris.*

bus ad disponendum locum in melius, sicut hodie cernitur. Protendebatur dicta tribuna testudinata usque ad chorum fratrum, qui nunc est, & ibi ubi terminabatur, inferius ante ipsam, ubi nunc est chorus, erat altare majus ecclesiæ in honore S. Salvii confessoris. Supra vero ipsam in alto erat aliud altare in honore sanctæ Trinitatis parvum quantitate, & adhærens parieti capiti ipsius ecclesiæ. In circuitu autem illius altaris superioris a dextris & a sinistris, & ante ipsum erat spatium aliquod satis conveniens ad recipiendum plures personas, ad quem locum ascendebatur per scalares gradus lapideos a dextris & a sinistris inferioris altaris.

Fratres autem volentes coaptare sibi locum & augmentare spatium pro choro prout poterant, diruerunt altare inferius, & magnam partem præfatæ tribunæ testudinatæ, & cum in diruendo appropinquassent quasi ad altare quod erat superius, animadverterunt diruentes, lapidem tumuli esse subtus ipsum altare: habito consilio substituerunt, studiosiusque explorantes, cognito extrinsecus quod tumulus ibi erat, significaverunt hoc ipsum Philippo de Monte-forti principi terræ, & patrono fratrum & loci, qui tunc ibi præsens non erat, sed in remotis agebat, ut venire ac videre deberet & omnibus interesse. Statuto itaque tempore opportuno, diruerunt ipsum altare, & invenerunt unum tumulum lapideum, seu vas uno lapide coopertum, a quo levantes lapidem ipsum vacuum invenerunt, amotoque illo primo tumulo seu vase, subtus ipsum immediate invenerunt alium tumulum lapideum, seu vas in quo in capsa quædam lignea vetustissima, & præ nimia antiquitate temporis quasi penitus putrefacta, invenerunt repositum corpus sanctum sindone munda sed vetustissima involutum. Clavi autem ferrei ipsius præ antiquitate sic consumti & corrosi rubigine apparebant, quod levi motu faciliter cum digitis extrahi de locis suis poterant & moveri, sicut mihi ipse Bernardus frater retulit qui probavit. Ab his autem qui ad hoc electi fuerunt viris autenticis & probatis secrete condictum fuerat ad invicem & firmatum, ut ipsi prius efficerentur certi de veritate rei antequam panderetur populo. Et ut secretius ac quietius sine tumultu fieret, nocte quadam media, dum medium silentium tenerent omnia, convenerunt qui ad hoc explorandum & sciendum fuerant electi, & veritate comperta, gavisi sunt gaudio magno valde, reponentesque lapidem cum custodibus, ibidem tumulum concluserunt usque ad claram & perfectam diem.

Die autem statuta affuit præfatus vir nobilis dominus Philippus cum suis nobilibus, & domnus Guillelmus de Biterris abbas monasterii Castrensis, ordinis S. Benedicti, cum electis ad hoc paucis viris, convenit- que multitudo copiosa plebis utriusque sexus in ecclesia S. Vincentii, congaudentes ac tripudiantes, thesaurum inventum certatim videre cupientes: ita quod expediens fuit armatos curiæ statuere & astare, qui concursum ingentem populorum & impetum subitum cohiberent. Tunc præfatus frater Bernardus de Bociacis vir fidelis & verax, religiosus & timens Deum, qui fratrum & loci ex more ordinis, ut præmissum est, vicarius existebat, quia prior nondum fuerat aliquis institutus, cum præfato domino Philippo & paucis ex nobilibus suis, & memorato abbate cum paucis monachis, & cum aliquibus fratribus nostris, ceteris omnibus clericis & laicis inferius remanentibus, ad locum præfati tumuli superius ascenderunt, ipsoque discooperto, corpus S. Vincentii manifestis signis & indiciis cognoscentes, intuentes diligentius clara luce arsuras corporis & costarum distincte conspexerunt, & devote adoraverunt, scriptamque cedulam testificantem de corpore & tempore, & Audaldo monacho portitore, ut reor, quam & cum perlegi potuit, repertam ibidem reliquerunt. Ipse vero frater Bernardus de Bociacis, qui ossa & membra martyris dinumerans & contrectans in conspectu & in præsentia prædictorum, oculis suis vidit & manibus palpavit, & ipsas arsuras corporis & costarum studiosius de propinquo conspexit, devotione exinde sensibili generata, quasi virtus quædam sensibilis spiritualibus sensibus infunderetur, quæ ex sacro corpore emanabat, mihi fratri Bernardo Guidonis, sicut & pluribus aliis facere solitus erat sæpius, singula quæ circa corpus maxime visa sunt, & superius posita, mihi retulit devote, & mecum contulit pluries de eisdem, cum in conventu Albiensi pariter maneremus. Ipsumque audivi pluries publice & ferventer præmissa populo prædicantem, & fideliter contestantem, quod corpus S. Vincentii martyris, ut præmittitur, veraciter tenuerat, contrectaverat, & conspexerat diligenter, a quo plenius pro majori parte quæ superius scripta sunt didici & audivi; partim quoque ab aliis fide dignis, qui adhuc superstites sunt, qui viderunt & audierunt, studiosius inquisivi, & ex omnibus ut fidelius scivi & potui recollegi & scripturæ mandavi. Factum est autem in diebus illis gaudium magnum & exultatio ac tripudium populorum de repertione sacri corporis, ardentibus cereis & luminaribus, multis circumstantibus armatis & observantibus custodibus deputatis, ne quid de sacro corpore tolleretur, & in eodem loco repositum est sacrum corpus, & superius, prout hodie cernitur, fuit tumulus de sectis & cæmento conjunctis lapidibus coopertus, donec in capsa argentea pretiosa, prout præfatus vir magnificus dominus Philippus optaverat & mente conceperat, le-

varetur;

varetur; sed arduis & quasi continuis distractus negotiis, & tandem morte in exercitu Christiano contra Sarracenos apud Tunicium præventus, non potuit quod disposuerat adimplere.

Caput autem martyris almi non est inventum cum corpore, quod, ut fidelis tradit antiquitas, olim antequam fratres Prædicatores haberent ecclesiam memoratam, & modo ipsam canonici, modo vero monachi possiderent, caput in theca argentea servabatur, & diebus præcipuis & festivis ex more adorandum ostendebatur populis Christianis. Et vidi ego & audivi quemdam antiquum plus quam octogenarium seniorem de villa Castrensi constanter asseverantem, facundeque ac devote mihi & aliis duobus probis fratribus in die festo sancto Paschæ differentem, se a patre suo sæpius audivisse ipsum caput in dicta ecclesia in vase argenteo positum vidisse sæpius & adorasse, sicut sacræ sanctorum reliquiæ adorantur; ipsum caput crispum fuisse asserebat, & plures alii se illos qui viderint vidisse & audisse testantur.

Quid autem factum fuerit de capite, quo devenerit, vel ubinam habeatur & sit, apud nos nescitur, apud omnes communiter dubitatur, licet varii varia asseverent; quidam namque quod apud Claram-vallem Cisterciensis ordinis abbatiam per quemdam cardinalem ejusdem ordinis in partibus istis legatum, fuerit deportatum: quidam autem quod a monachis S. Benedicti de Castris fuit impignoratum: quidam vero quod non ipsum verum caput tradiderunt, sed loco ejus aliud simulatum. Alii autem quod adhuc in ipsa ecclesia sua, tamquam in aula propria, sit alicubi absconditum asseverant. Veritas autem hujus rei nota est ipsi infallibili Veritati.

Supra ipsum autem altare sub quo corpus sanctum, quemadmodum dictum est, olim conditum servabatur in capite ecclesiæ, in circuitu interiori erant, sicut & adhuc sunt, columnæ rotundæ lapideæ quinque parieti adhærentes, quæ fuerunt positæ, quando fuit ecclesia fabricata, & in capitellis columnarum sunt insculptæ quinque historiæ martyrii ipsius B. Vincentii subtiliter & distincte, & in circulo unius ipsarum sequens versus litteris lapideis est inscriptus, quasi directe respiciens versus corpus: *Costitiis ferri mactantur membra Beati*. Sunt autem supra istam historiam columnæ hujus angeli duo lapidei parvi insculpti, quorum unus ostendit digito suo versus corpus suum inferius esse cernendum, quasi digito loquatur, dicens ibi esse corpus sanctum ubi & repertum fuit.

Et sicut hodie subtus sacrum corpus almi martyris & levitæ est transitus liber, ita erat & tunc, quia ista pars præfata tribunæ testudinatæ penitus remansit, & alia pars admodum istius testudinata erat, quæ, ut præmissum est, ex causis prælibatis diruta fuit.

Claruit autem in prædicta ecclesia miraculis gloriosis martyr admirabilis, non tantum dum apportabatur de Valentia apud Castras, sicut historia de hoc prosequitur luculenter; verum etiam postmodum devote & fideliter se invocantibus opitulari non cessat, quorum quamplurima, quæ scripta non fuerunt per incuriam & negligentiam ministrorum, ab humana memoria exciderunt; pauca vero quæ reperi, prout ad meam notitiam pervenerunt, rudi sed fideli stilo scripturæ tradidi ad memoriam posterorum, quæ alibi sunt notata.

Anno Domini MCCLXX. IV. cal. Octobris sæpe memoratus, semper autem memorandus Prædicatoribus, præclaræ memoriæ PHILIPPUS DE MONTE-FORTI junior, filius PHILIPPI senioris, flos militiæ, & totius signifer probitatis, devotus ac munificus patronus loci & conventus Prædicatorum Castrensium, ac præcipuus totius ordinis nostri zelator, obiit in castris exercitus Christiani ante Tunicium, qui carnibus suis honorifice prius sepultis ibidem, mandavit, dum adhuc viveret, de ossibus suis ac corde, ut huc deferrentur ad fratres Castrenses, sepelienda ab ipsis. Fuerunt inde allata per dominum Germundum de Burlato, anno Domini MCCLXXI. & eodem die quo allata, videlicet in crastino nativitatis B. MARIÆ Dei genitricis semper Virginis, in præsentia dominæ JOHANNÆ quondam uxoris suæ ac fere omnium nobilium terræ fuerunt valde honorifice & solemniter tumulata in ecclesia B. Vincentii memorata, ubi condita jacent proprio tumulo ad lævam martyris almi, ex parte videlicet sacristiæ.

In cœlum recipi de Forti Monte PHILIPPI
Fac animam, Christe. Flos militiæ fuit iste,
Largus, formosus, humilis, sapiens, animosus.
Militiæ rector Carolina pugnat ut Hector.
Ordinis inventus fundator & ædificator
Hujus conventus non est ita verus amator.
Tunicii moritur, solemniter hic sepelitur.
Continet hæc fossa tanti domini cor & ossa.

Anno Domini MCCLXXV. IX. cal. Februarii obiit dominus SIMON DE MONTE-FORTI miles, filius præfati domini PHILIPPI patroni nostri in partibus Apuliæ, qui inde per fratrem Bernardum de Bociacis allatus fuit; & in eadem ecclesia S. Vincentii ad pedes genitoris sui in proprio tumulo requiescit.

Anno Domini MCCLXXXIV. III. calendas Junii obiit nobilis & magnifica domina JOHANNA, uxor quondam præfati domini PHILIPPI, & mater ejusdem domini Simonis, quæ fuit filia domini Mirapicis. Hæc condita jacet in ecclesia e regione viri sui, in proprio tumulo, in fine chori dextri.

Anno magnæ indulgentiæ Domini MCCC. calendis Decembris, obiit præclaræ memoriæ

Hist. di Napoli del Summonte, pag. 350.

dominus JOHANNES DE MONTE-FORTI comes Squillaci & Montis-caveosi ac camerarius regni Siciliæ, dominus terræ Albigesii, qua se extendit dominium Montis-fortis. Hic elegit in eadem S. Vincentii ecclesia sepeliri, ad pedes præfatæ dominæ Johannæ suæ nobilis genitricis. Fuit autem allatum corpus ejus integrum de Fogia, ubi obierat, & sepultum fuerat in ecclesia Fogitana, quod inde levatum anno a suo obitu, incorruptum & integrum est repertum, & apportatum per fratres illuc ad hoc specialiter destinatos, anno Domini MCCCIV. depositumque fuit ad custodiendum ad tempus in monasterio Pruliani ex causa, ut scilicet interius exequialis solemnitas pararetur circa festum Omnium-sanctorum. Unde postmodum allatum est ad conventum Castrensem in festo apostolorum Petri & Pauli in crepusculo noctis, & in capella sanctæ Trinitatis illa nocte a fratribus pernoctatum, & in crastino apostolorum nonis Julii in die Mercurii processionaliter cum conventu nostro & fratrum nostrorum, & monachorum sancti Benedicti Castrensium, & monachorum alborum Candelii & Adorelli Cisterciensis ordinis, & aliis religiosis multis, & cum toto clero, & nobilibus totius terræ, & domino

Memoires du Languedoc, pag. 689.

marescallo de Mirapice cum conjuge sua domina Constantia, filia quondam comitis Fuxi, cum fratribus suis consanguineis germanis ipsius domini Johannis de Monte-forti, deportatum est corpus integrum & incorruptum ad ecclesiam S. Vincentii fratrum Prædicatorum, & ibidem in medio chori solemniter ac honorifice tumulatum, donec tumulus nobilior præparatus esset ad pedes suæ nobilis genitricis. In omnibus istis præsens fuit in Castris nobilis domina HELYONORDA de Monte-forti, inclyta comitissa Vindocinensis, cum tribus filiis suis, soror & heres præfati domini Johannis, quæ corpus ipsum secreto videre voluit ipsa nocte. Quo viso, statim in facie ipsum agnovit, & cicatricem quam ab habuerat a pueritia, manifeste & distincte digito demonstravit, nec dubium fuit alicui, qui ipsum vivum viderit, ipsum fore. Actum die quo supra, anno Domini MCCCV.

Est hic donatus J. de Monfort requiei,
Defensor fidei, vir in armis valde probatus,
Justum plange virum, largum, sensuque profundum,
In vita mundum, probat hoc unum bene virum,
Corpus quod jacuit annis multis tumulatum,
Absque foetore fuit solidum, non incineratum,
Castris translatum jacet hic in honore locatum
Ad plantas matris, e regione patris.

Anno Domini MCCLX. in capitulo provinciali Massiliæ in festo B. M. Magdalenæ celebrato fuit in villa Castrensi, diœcesis Albiensis, conventus fratrum Prædicatorum regulariter positus & receptus, & primus prior ibidem institutus frater Petrus Hispani, de villa Lemovicensi oriundus, & ex more ordinis fuerunt lector & alii fratres assignati.

Conventus vero cum præfato priore noviter instituto, fuit valde honorabiliter cum processione solemni receptus a venerabili patre domino BERNARDO DE COMBRETO episcopo Albiensi, & nobili viro domino Philippo de Monteforti, cum multis nobilibus terræ & clero ac populo copioso Castrensi, in crastino S. Augustini episcopi & doctoris, anno Domini prætaxato.

Post aliquantum vero temporis a conventu sic recepto æterna dignus memoria dominus GUIDO FULCODII de S. Ægidio, tunc archiepiscopus Narbonensis, qui paulo ante fuerat episcopus Aniciensis, alias Podiensis, postmodum episcopus Sabinensis & ad ultimum papa CLEMENS, de licentia domini BERNARDI DE COMBRETO, episcopi Albiensis, plateam illam in qua modo est claustrum & capitulum in cimiterium consecravit.

CLEMENS (a) memoratus papa IV. ad petitionem & supplicationem prioris provincialis & fratrum, auctoritate apostolica ratificavit & confirmavit præfatam collationem seu donationem factam ab episcopo Albiensi & abbate Castrensi, de majoris partis monachorum monasterii assensu, de ecclesia S. Vincentii memorata, cum aliis expressatis, id non obstante, quod tunc temporis inter eosdem episcopum & abbatem super dicta ecclesia quæstio vertebatur, supplens defectum, si quis ex eo in his extitit, quod ad id assensus capituli ecclesiæ Albiensis & minoris partis monachorum dicti monasterii non accessit, de plenitudine apostolicæ potestatis. Datum Perusiæ x. calend. Februarii, pontificatus sui anno I. Verbi autem Incarnati anno MCCLXV.

Decimus octavus nomine prior successi ego frater Bernardus Guidonis Lemovicensis diœcesis, fratri Pontio de Caërcino prædicto, confirmatus in priorem in crastino assumtionis B. MARIÆ semper Virginis, anno Domini MCCCI. qui præmissa conscripsi in conventu Castrensi. Tempore quoque isto factæ fuerunt capellæ duæ in ecclesia B. Vincentii, in latere dextro a parte meridiei, quarum primam in honore B. Dominici patris nostri Berengarius Amblardi de Castris, secundam vero in honore B. Petri martyris fratris nostri domina Fina soror sua devota, fratrum amica, ex devotione construere ac

[a] *In msc. margine legitur: Notandum incidenter quod dominus Guido Fulcodii, consiliarius regis Franciæ, factus est archiepiscopus Podiensis anno Domini 1258. inde factus est archiepiscopus Narbonensis; postmodum cardinalis Sabinensis à papa Urbano, anno Domini 1261. cui successit in papatu anno 1264.*

perficere suis sumtibus elegerunt. Anno siquidem Domini MCCCIII. prima die Julii mensis, feria II. apertum est fundamentum pro utraque, & sequenti feria VI. III. nonas Julii, filii Berengarii Amblardi, Amblardus scilicet & Petrus, pueri innocentes posuerunt duos primarios lapides pro eisdem. Finaliter in capella B. Petri martyris fuit posita clavis testudinis in vigilia ejusdem martyris, & tam illius capellæ quam alterius fuit testudinatio consumta in crastino translationis B. Dominici patris nostri, anno Domini MCCCV. quo hæc scripsi. In conventu Castrensi servivi annis quasi IV. Fui autem absolutus in capitulo provinciali Lemovicis in festo beatæ Mariæ Magdalenæ anno Domini MCCCV.

FUNDATIO CONVENTUS CONDOMENSIS.

Anno Domini MCCLXI. venerunt primitus fratres quidam apud Condomium accipere sibi locum & domum ad habitandum : quo invento & accepto, fuit prima missa ibidem solemniter celebrata Dominica in sexagesima subsequenti per venerabilem patrem dominum GUILLELMUM episcopum Agenensem, qui fuit postmodum patriarcha Jerosolymitanus, qui erat Sanctonensis natione. Hic fuit vir misericordiæ, magnus eleemosynarius, pater pauperum, & amicus Dei & fratrum.

Primus vicarius loci & fratrum frater Raymundus Guillelmi de Altovillari. Manserunt autem ibi cum vicario, ut est moris, per annum & dimidium, locum & ædificia præparantes.

Bona patrona & matrona fratrum & loci extitit domina Viana, quæ ut sibi soli vendicaret nomen & jus patronatus, totum locum ipsa sola pro fratribus emit & dedit. Hæc quoque ædificavit fratribus ecclesiam valde pulchram, sacristiam, & capitulum, & domum super utraque. Item, claustrum decorum & quædam alia ædificia bene utilia in conventu. Hæc obiit in conventu in domo quam sibi ibidem ædificaverat ad manendum, IX. cal. Martii, anno Domini M. CC. LXXX. Hæc condita jacet in capite ecclesiæ interius, in decenti tumulo una cum patre suo.

Anno Domini MCCLXIII. in capitulo provinciali Tolosæ in festo B. Dominici celebrato, fuit conventus fratrum Prædicatorum in Condomio regulariter positus & receptus, & primus prior institutus fuit frater Raymundus Guillelmi præfatus, & lector & fratres alii assignati.

FUNDATIO CONVENTUS BRIVENSIS.

Anno Domini MCCLXI. Dominica I. adventus Domini, advenerunt primitus fratres Prædicatores apud Brivam Lemovicensis diœcesis villam, ut ibidem locum & domum sibi acciperent ad manendum, fortiter id agente & procurante fratre Hugone de Malamorte, viro nobili & potente in terra illa, qui ad hoc diu ante totis conatibus anhelarat, nec tamen, multis fratribus id nolentibus & retardantibus, potuerat hoc fecisse. Manserunt autem fratres in villa in domo de la Raynaudia, & in domo abbatis Tutelensis multis diebus, interim de loco apto & idoneo tractantes & procurantes, celebrabant in villa in ecclesiis alienis.

Anno Domini MCCLXII. in actis capituli provincialis Narbonæ celebrati, reperitur locus Brivensis annumeratus inter alia loca, per visitatores ex more ordinis visitanda.

Anno Domini MCCLXIII. XV. calend. Julii, celebratæ fuerunt duæ primæ missæ in loco fratrum Prædicatorum Brivensi in tentoriis, quia ibidem alia ædificia nondum erant; quarum primam celebravit frater Hugo de Malamorte de beata Virgine MARIA, secundam vero celebravit dominus GERALDUS abbas Obazinæ de mortuis, sicut officium funeris exigebat. Defunctus enim est ibi tunc venerabilis pater frater Pontius de S. Ægidio prior provincialis, qui illuc ad visitandum locum & fratres advenerat, & ibidem in horto sub tentorio fuit honorifice tumulatus, & ex tunc fratres a loco illo, quem prius elegerant minime discesserunt, more filiorum Israël in tabernaculis habitantes, & interim ædificia præparabant. Deus autem incrementum dedit tempore succedente.

Anno Domini MCCLXIII. in actis capituli provincialis Tolosæ in festo B. Dominici celebrati, fuit assignatus loco Brivensi frater Bernardus de Cella, & cura fratrum & loci fuit sibi tamquam vicario commissa ex more ordinis, fueruntque illuc assignati fratres, &c.

Anno Domini MCCLXIV. in actis capituli provincialis in Avinione in festo B. Mariæ Magdalenæ celebrati, fuit in præfata villa Brivensi conventus fratrum Prædicatorum regulariter positus & receptus, & primus prior institutus frater Petrus de Planis, Lemovicensis diœcesis, & lector assignatus frater Johannes de Monte-acuto, qui tamen non venit, nec legit, & fuerunt assignati infrascripti, frater Johannes Rigaudi de Raynhaco, Guillelmus Golferii, Guillelmus de Planis, Geraldus de Montibus, Galhardus, Pontius de Melgorio, Galterus, Guillelmus Galhardi, Petrus Bertrandi, Petrus de S. Amando, Johannes de Traynhaco, Bernardus Labessa de S. Amantio, conversi fratres Bernardus de Colongis, Johannes de Vernholio de Anexonio, Aymericus de Ambafaco, Stephanus Carpentarii, Helias de Riparia, qui fuerat Templarius Petragoricensis diœcesis.

Notandum, quod licet conventus Brivensis & Brageriacensis fuerint in eodem provinciali capitulo Avinionensi, sicut patet hic & inferius, regulariter instituti: tamen quia conventus Brivensis in actis ejusdem capituli prius fuit pronunciatus & institutus, quam Brageriacensis, sicut in ipsis actis evidentius continetur, ideo locum & gradum prioritatis in ordine jure meruit obtinere. Simile habetur & servatur de provinciis divisis in capitulo generali Coloniensi anno Domini MCCCI. Item in capitulo generali Bisuntino MCCCII.

Hic quoque præmittere libet, quod circa ipsius loci primordia primitiva anno incarnati Verbi MCCLXV. vel LXVI. præostensum esse fertur jocundum tale signum & præsagium futurorum. Dum enim prima majorque domus in dormitorium superius & refectorium inferius cum pluribus aliis officinis sub eodem tecto & ædificio pariter connectuntur, ipso in loco fundari deberet, in capite domus quod partem respicit occidentis, die ad hoc statuta advenerunt rogati & vocati fratrum familiares, benefici & amici, præcipui & majores, aliique quam plures pariter cum eisdem, ut viderent & fratribus congauderent; juvarent etiam devotis donariis & beneficiis opportunis: inter quos ceteris præeminebant vir religiosus domnus GERALDUS DE CARDAILHACO abbas Obazinæ Cisterciensis ordinis, magnus fratrum amator, ac venerabilis decanus Lemovicensis dominus Elias de Mala-morte, qui cum suo magno & nobili genere fuit loci ejusdem magnus beneficus & promotor, & primarium lapidem posuit ut patronus, multi quoque nobiles de illa vicinia ac Burgenses, cum plebis utriusque sexus multitudine copiosa, ad videndum & mirandum tam jocundum principium, tam devotum. Affuit & conventus totus processionaliter cum cruce & ministris sacris, indutis vestibus, lætis & devotis cantibus laudans Deum. Cumque sic essent omnes in unum in Dei nomine congregati, & a præfatis primoribus viris in fundamento primitus præparato primarii lapides jacerentur, ecce subito, videntibus ac mirantibus cunctis qui aderant, desuper examen apum descendens, dulciter amicabiliterque ac socialiter astantibus se conjungens, depositis aculeis, vel oblitis, nullum lædens, quæ intrepide absque ullo timore, tamquam domesticæ inhærebant, nunc manibus, nunc capitibus, aliisque partibus corporis istorum & illorum astantium & operantium in eodem, quasi & ipsa congaudentibus congauderent, præcipue ipsum primarium lapidem circumdantes, & collocantes eumdem manibus, applaudentes, aculeus, ut dictum est, nullus ibi sentiebatur, quia ad mulcendum venerant, non pungendum, crucem quoque, quam ibi frater tenebat elevatam, circumdantes, in eadem aliquanto tempore pariter quieverunt. Tandem suo præsagio ac officio jam peracto, sicut cum venientibus advenerant, sic quoque cum discedentibus discesserunt, & quo abierunt solus ille plane novit qui eas creavit & misit. Erat autem hoc verno tempore in Aprili in festo beati Petri martyris, quo nusquam alias naturali cursu & ordine consueto apum examina visa sunt discurrere nec oriri. Nondum siquidem examinandi tempus adveserat, quod dominus temporis jam prævenit. Erant apes oblongæ aliquantulum amplius ceteris in figura, mites & mansuetæ, deposito punctionis aculeo in natura. Sic mihi eas descripsit, qui eas vidit & præsens fuit, frater Johannes de Villa-nova Lemovicensis diœcesis. Multitudinem etiam hominum, quam apes communiter & naturali instinctu fugiunt, non verentes, non infestæ cuicumque, sed officiosæ potius & jocosæ. Præmissa didici & collegi ex ore fratrum plurium narrantium, qui præsentes affuerunt, & eas visibiliter suis oculis conspexerunt, vel ex eis qui affuerant audierunt: specialius tamen & seriosius a præfato fratre Johanne de Villa-nova, qui præsens affuit, & postmodum sæpius enarravit. In quo signo præter speciem quam sensibus ingerebat, quamvis pulcre & apte multiplex possit alia spiritualis intelligentia figurari, mihi tamen videtur non incongrue designari, salvo in hoc altiori alterius intellectu & judicio meliori, ut apis argumentosa, cujus fructus favus cum melle, teste scriptura, dulcoris habet initium; fundationi habitaculi fratrum, servorum & ministrorum Dei sedule affuerit & devote, qui de favorum cellulis scripturarum sanctarum mella dulcedinis cum devotionis sapore in prædicatione verbi Dei debebant populis eliquare, ipsosque favos in cibum salutis frangere & partiri, odoris sanctæ opinionis & famæ fragrantia comitante, & tamquam alterum examen apum spiritualium congregatum mellificando in tota patria ferre fructus uberes & salubres. Suntque nonnulla alia sapida & devota sub spirituali figura clausa & signata, quæ tam rerum experientia apertius docet & aperit, quam devota perscrutatio & studiosa meditatio dulcius sugit, si tamen sedulum & devotum habuerit interpretem, qui pie noverit sugere mel de petra.

Nec silendum hic arbitror, quod nequaquam debet in conventu Brivensi oblivio sepelire; in claustro scilicet fratrum juxta ostium sacristiæ introeuntibus ad sinistram, sub lapide humili thesaurus conditur pretiosus, corpus dignæ semper memoriæ dominæ Hugæ de Castris, quæ femina Deo devota extitit, intenta eleemosynis & operibus pietatis, cujus cor ardens erat in amore Dei, & vita aspicientibus luminosa, fratrum Prædicatorum devota hospita, magna benefica, & amica, in cujus transitu ex hoc mundo circa illam horam in qua sancta ejus anima erat de corpore egressura, globus igneus & claritas luminis apparuit super domum illam, in qua jacebat. Erat autem nox, cujus noctis tenebras immensa claritas illustravit, quam plures qui ibidem vigiles assistebant, corporalibus oculis diutius conspexerunt, videbaturque aspicientibus in cœlum paulatim illa claritas elevari, sicque anima ejus de præsenti vita egreditur, ut pie credendum est, ad patriam claritatis æternæ procedens cum jocundo signo luminis præeunte. Unus ex illis qui affuerunt adhuc hodie supervivit, scilicet anno Domini MCCCV. mense Januarii quo hæc scripsi, annis pluribus ab ejus transitu jam elapsis, testis fidelis, virque tam religionis canonicus, quam morum gravitate & antiquitate temporis jam grandævus, omni procul dubio dignus fide. Hic mihi devote retulit, & singula seriosius asseruit se vidisse, & a pluribus aliis sæpius audieram diu, ante quod etiam in diebus illis vulgatum fuit, & publice prædictum, & per totam illam viciniam vox insonuit tantæ & insolitæ novitatis. Obiit autem anno Domini MCCLXXVI. in festo undecim millium Virginum in sancto Bonito, & corpus ejus portatum est apud Brivam in conventum fratrum Prædicatorum, sicut optaverat & elegerat adhuc vivens.

Tertius prior frater Elias de Briva dictus *de la Pistoria*, successit fratri Aymerico de Barrio: prior fuit annis quatuor, fuitque absolutus in capitulo provinciali Caturci anno MCCLXXIV. Tempore prioris fratris Eliæ fuit inchoatum refectorium & dormitorium, quod est supra ipsum & totum residuum, prout protenditur versus infirmitorium ad orientem, antequam iter arriperet ad provinciale capitulum Cisterciense anno MCCLXX. & prosperatum est opus in manu fratris Arnaldi de Caneto, tunc lectoris, quem pro se vicarium dereliquit, qui non segniter agens, opus prosecutus est diligenter, implens illud proverbiorum 6. *Discurre, festina, suscita amicum tuum*. Unde actore Deo cooperantibus amicis domno GERALDO DE CARDALHACO abbate Obazinæ, & domino Aymerico capellano Douzeniaci, & quibusdam aliis devotis personis, infra breve tempus fuerunt tam magni parietes non mediocriter elevati. Mortuo vero AYMERICO Lemovicensi episcopo anno Domini MCCLXXII. qui legavit fratribus quatuor millia solidorum, fuit exinde quasi totum ædificium, quod magnum est, coopertum. Hic frater Elias senex & plenus dierum & operibus bonis, plusquam quinquagenarius in ordine obiit in conventu Montis-Albani, circa festum apostolorum Simonis & Judæ anno Domini MCCXCVI. Fuit inde translatum corpus ejus Brivam.

Quintus prior fuit Johannes *de Chastane* Lemovicensis diœcesis, successit fratri Ade-maro Seguini: Prior fuit anno I. fuitque absolutus in capitulo provinciali Narbonensi anno Domini MCCLXXX. Tempore prioratus sui fuit fundata magna illa domus infirmitorii, quasi in principio sui regiminis anno Domini MCCLXXIX. Item, eodem anno fuit inchoata ecclesia & fundata, & in capite ipsius ecclesiæ positus primus lapis per dominum Petrum de Mala-morte cum D. Bertranda sua nobili genitrice, jure & devotione patronatus. Hic fuit vir devotus & lætus, & promtus admodum prædicator. Senex gratus, vigilator & orator indefessus, subprior Lemovicensis existens obiit apud Haentum in prædicationis officio, in Quadragesima IV. calend. Aprilis, inchoato an. Domini MCCLXXXI. sepultus est in claustro Lemovicensi.

FUNDATIO CONVENTUS *Brageriacensis*.

Anno Domini MCCLX. vel circa venerunt primitus fratres Prædicatores apud Brageriacum Petragoricensis diœcesis, ad habendum & præparandum & disponendum sibi locum, inter quos frater Bernardus de Porcheriis fuit promotor magnus & sollicitus. Manserunt autem fratres multo tempore in villa, in hospitio *de Foleran*, & locus fratrum interim parabatur. Dominus Elias Bruneti Burgensis fuit patronus fratrum, qui locum pro fratribus emit & eis dedit, & dormitorium eis ædificavit, & multa bona fecit. Geraldus Rotgerii ædificavit capitulum fratrum, in quo fratres primitus missam celebraverunt.

Anno Domini MCCLXII. in actis capituli provincialis Narbonæ in festo B. Mariæ Magdalenæ assignati, fuit receptus locus apud Brageriacum, & vicarius positus frater Bernardus de Garriga Petragoricensis, fueruntque fratres XII. assignati.

Anno Domini MCCLXIV. in actis capituli provincialis in Avenione in festo B. Mariæ Magdalenæ celebrati; fuit in præfata villa Brageriacensi conventus fratrum regulariter positus & receptus, & primus prior institutus frater Guillelmus de S. Asterio Petragoricensis diœcesis, &c.

FUNDATIO CONVENTUS S. EMILIANI.

Anno Domini MCCLXII. in actis capituli provincialis Narbonæ in festo B. Mariæ Magdalenæ assignati, fuit receptus locus apud S. Emilianum Burdigalensis diœcesis, & vicarius assignatus.

Anno Domini MCCLXV. in actis capituli provincialis in Monte-Pessulano post generale ibidem immediate celebrati, fuit in villa S. Emiliani conventus fratrum Prædicatorum regulariter positus & receptus, & primus prior institutus frater Geraldus *Darsis*, &c.

FUNDATIO CONVENTUS APPAMIENSIS.

Anno Domini MCCLXIX. in actis capituli provincialis Biterris die ante festum B. Mariæ Magdalenæ celebrati, fuerunt assignati frater Peregrinus & frater Guillelmus Blanchi loco Appamiensi providendo, qui operarentur & procederent in ipsius loci promotione de prioris Tolosani consilio & assensu. De aliis autem fratribus necessariis prior provincialis provideret, vel faceret provideri.

Anno Domini prætaxato MCCLXIX. in festo omnium Sanctorum dominus frater RAYMUNDUS episcopus Tolosanus in præfato loco fratrum Appamiensi missam solemniter celebravit, & cimiterium fratribus benedixit, & prædicavit clero & populo convocato; & ex tunc cœperunt fratres ibidem divinum officium solemniter peragere & pariter habitare. Frater Bernardus Gauterius Tolosanus fuit vicarius institutus.

Anno Domini MCCLXX. in actis capituli Sistarici in festo apostolorum Petri & Pauli celebrato, fuit in villa Appamiensi, quæ tunc erat diœcesis Tolosanæ, conventus fratrum Prædicatorum regulariter positus & receptus. Et primus prior institutus frater Guillelmus Garini de Fano-Jovis, &c.

FUNDATIO CONVENTUS MORLANENSIS.

Anno Domini MCCLXVIII. in actis capituli generalis apud Viterbium celebrati, fuit concessa domus ponenda in Morlanis, si priori provinciali & diffinitoribus expediens videretur.

Anno Domini MCCLXIX in actis capituli provincialis Biterris Dominica ante festum B. Mariæ Magdalenæ celebrati, fuit in Morlanis locus positus & receptus, & vicarius institutus.

Anno Domini MCCLXXI. in actis capituli provincialis Narbonensis in festo B. Dominici celebrati, fuit ordinatum quod prior Orthesii teneret continuo duos fratres in loco de Morlanis, & mutaret eos per vices de quindena in quindenam, & illi manerent sine briga cum monachis, sed servarent possessionem loci, donec prior provincialis aliter ordinaret. Fratres vero de Morlanis fuerunt assignati conventui Orthesiensi quibusdam exceptis, qui fuerunt nominatim aliis conventibus assignati.

Anno Domini MCCLXXII. in actis capituli provincialis Caturci celebrati, fuit in villa de Morlanis conventus fratrum Prædicatorum regulariter positus & receptus, & primus prior institutus frater Bernardus de Villa, &c.

FUNDATIO CONVENTUS RIVENSIS.

Anno Domini MCCLXXII. in actis capituli provincialis Narbonæ in festo B. Dominici celebrati, fuit assignatus & vicarius positus ad promovendum locum de Rivis F. Raymundus de Ponte, & fuerunt assignati fratres Raymundus Amelii, Bernardus de Bosco, Vitalis de Fabrica, Petrus Lemovicensis, Petrus de Tilbone.

Anno Domini MCCLXXIII. in actis capituli provincialis Caturci celebrati fuerunt deputati & missi prior Anicensis, & prior Pruliani, frater Arnaldus Sequerii ad inquirendum de loco Rivensi & Vallis capraiæ, & de conditionibus ipsorum locorum, & ut de præmissis diligenter inquirerent & viderent, cum potestate quod possent alterum locum dimittere, si eis expediens videretur, & de retinendo altero spem donare.

Anno Domini MCCLXXIV. in actis capituli provincialis Tolosæ in festo B. Mariæ Magdalenæ celebrati, fuit pro loco Rivensi diœcesis Tolosanæ conventus fratrum Prædicarum regulariter positus & receptus. Et primus prior institutus frater Raymundus de Ponte Tolosanus, & lector assignatus frater Raymundus Hunaudi, & fuerunt assignati fratres.

FUNDATIO CONVENTUS ALTOVILLARIS.

Anno Domini MCCLXXV. in actis capituli provincialis Perpiniani in festo B. Dominici celebrati, fuit receptus primus locus in Altovillari diœcesis Agenensis. Fuit quoque simul conventus ibidem regulariter positus & receptus, & primus prior institutus frater Arnaldus de Pontiaco Condomiensis & lector assignatus frater Raymundus Guillermi de Villa-Franca & fuerunt assignati fratres.

FUNDATIO CONVENTUS ALBIENSIS.

Anno Domini MCCLXXV. in actis capituli provincialis Perpiniani in festo B. Dominici celebrati, ad promovendum locum Albiensem fuerunt deputati & assignati fratres Guillelmus Vitalis, qui fuit vicarius ibidem, Hugo de Marciaco, Guillelmus de Coya, Guillelmus de Ampiaco, Isarnus Garengavi, Johannes Gaventi Albiensis, Bernardus Mileti, conversi vero Petrus de Curvalha & Germanus.

Anno Domini MCCLXXVI. in actis capituli generalis Parisius celebrati, fuit concessa domus nominatim ponenda in civitate Albiensi, si priori provinciali & diffinitoribus expediens videretur.

Anno Domini MCCLXXVI. in actis capituli provincialis in Ageno, in festo assumtionis

B. Mariæ celebrati, fuit in civitate Albiensi conventus fratrum Prædicatorum regulariter positus & receptus, & primus prior institutus frater Bernardus de Bociacis, &c. Tempore prioratus sui fuit inchoatum & magna ex parte consummatum dormitorium bonum. Prior fuit annis IV. fuitque absolutus in capitulo provinciali Narbonensi anno Domini MCCLXXX. Hic fuit parvæ staturæ & virtutis magnæ, vir bonus, devotus & studiosus, otium semper vitans, & ad prædicandum verbum Dei spontaneus. Vixit autem diu in senectute bona & honorabili. Hic fuit prior Castrensis & Figiacensis. Obiit autem in conventu Albiensi in festo vel crastino S. Martini anno Domini MCCXCVII. ab ingressu vero ordinis anno XLIX. completo.

Sextus prior Guillelmus Bernardi Galliacensis successit fratri Raymundo Rotgerii. Tempore prioratus sui fuit fundata ecclesia fratrum, anno MCCXCIII. Dominica infra octavas apostolorum Petri & Pauli, qua die Dominica venerabilis pater dominus Bernardus de Castaneto episcopus Albiensis indutus pontificalibus, cum ministris indutis sacris, processionaliter accessit ad caput quod nunc est ecclesiæ, cum conventu fratrum, [a] cum canonicis multis utriusque ecclesiæ (a) Albiensis, ac multitudine copiosa plebis, cum officio solemni psalmorum, & cantus, secundum rubricam ordinarii episcoporum, ibique devote flexis genibus in terra, posuit in fundamento primarium lapidem politum prius & consignatum; ipsum lapidem ipse situans & cementans, manu artificis dirigente. Ego frater Bernardus Guidonis lector eo tempore in conventu, & diaconus in ipso officio sacris indutus, qui vidi & astiti, præmissa scripsi, ut qui non viderunt posteri qui futuri sunt, ita credant. Episcopus memoratus tunc nihil obtulit, sed tempore succedente in posterum dedit pro opere ipsius ecclesiæ partem bonorum sibi incursorum, [b] quæ ad episcopum pertinebat, duorum (b) civium de Albia, qui fuerunt pro crimine hæresis sententialiter condemnati, jam defuncti, ad valorem mille librarum Turonensium & amplius. Prædictus frater Guillelmus Bernardi fuit prior annis quasi duobus. Fuit autem absolutus in capitulo generali Montispessulani, anno Domini MCCXCIV. Hic frater Guillelmus, vir magnæ austeritatis & abstinentiæ in victu extitit, zeloque prædicationis evangelii Domini Jesu Christi, & desiderio salutis gentium succensus pertransiit in Græciam, pervenitque cum sociis Constantinopolim, ubi locum ad habitandum accepit, profecitque sic in lingua Græca, quod eam plane scivit, & libros Latinos fratris Thomæ in Græcum transtulit; sicut audivi a sociis suis, qui ibidem cum ipso fuerunt conversati, quos ego postmodum vidi, qui sibi perhibebant testimonium sanctitatis. De Constantinopoli vero transivit ultra in villam quæ vocatur Pera, ubi similiter locum habuit ad habitandum cum fratribus duodecim conventualiter verbum Domini prædicans, & disputans contra errores Græcorum, & in aliis salutis operibus jugiter se exercens. Arripuit autem iter versus Romam de Tolosa, anno Domini MCCXCVIII. paulo post festum sancti Michaëlis: de Roma vero in Græciam anno sequenti profectus est. Hic fuit prior Montis-Albani & Ruthenensis, & lector in multis conventibus.

Septimus nomine prior, minor omnium successi ego frater Bernardus Guidonis Lemovicensis, fratri Guillelmo Bernardi. Fui autem confirmatus in priorem in crastino B. Mariæ Magdalenæ anno Domini MCCXCIV. Hoc in tempore facta fuit magna campana ecclesiæ, & murus latericius horti ex parte fossati. Fueram autem ibidem prius in officio lectoris annis duobus præcedentibus, & sub nuncupatione prioris sequentibus annis tribus, & in quarto anno qui tunc agebatur, fui inde translatus ad prioratum Carcassonensem, sabbato post festum S. Dionysii, confirmatus anno MCCXCVII. qui præmissa omnia recollegi & scripsi.

Decimus prior frater Falco de S. Georgio successit fratri Bono mancipio. Tempore prioratus sui fuit facta illa magna domus, quæ est inter capitulum & dormitorium, cum libraria testudinata, quæ est de subtus, fuitque capitulum inalbatum, & sacristia pulchra valde consummata, præter ornatum interiorem, quæ tamen prius fuerat inchoata; pro qua sacristia legaverat Johannes de Solemniaco civis Albiæ centum libras, fuitque paries ecclesiæ ex parte claustri, elevatus usque ad tectum claustri fere, & pars illa claustri, quæ est ex parte capituli fuit facta; fueruntque in Albia per episcopum & inquisitores plures pro crimine hæresis condemnati, usque ad viginti quinque. Prior fuit anno uno & mensibus tribus, priorque existens factus fuit inquisitor Tolosanus circa festum sancti Michaëlis anno Domini MCCC. Fuit autem absolutus a prioratu Albiensi paulo post sequens Natale Domini in Tolosa. Hic obiit Carcassonæ die Mercurii infra octavas epiphaniæ quarto idus Januarii anno Domini MCCCVII.

Undecimus prior frater Guillelmus de Moreriis Tolosanus, de subprioratu Tolosano assumtus, successit fratri Falconi in prioratu Albiensi paulo post epiphaniam Domini, factus prior anno Domini MCCC. Prior fuit anno uno & dimidio, fuitque inde prior existens factus inquisitor Tolosanus Parisius, ubi erat anno Domini MCCCII. in festo B. Petri martyris, fratre Falcone ab inquisitionis offi-

---

(a) Cathedralis scilicet S. Ceciliæ & collegiatæ S. Salvii.
(b) In margine legitur: *Isti duo fuerunt Guillelmus Aymerici, Johannes de Castaneto.*

cio absoluto. Fuitque absolutus a prioratu Albiensi in sequenti provinciali capitulo Carcassonensi anno Domini MCCCII. Hic inquisitor existens obiit apud Perusium in curia, ubi agebat pro officio & negotio inquisitionis contra vice-dominum Ambianensem, & alios qui se opponebant inquisitoribus, IV. nonas Julii anno Domini MCCCIV.

Notandum autem est hic præsentibus & posteris incidenter, ne abhorrescant propter adversos casus, quod temporibus & annis istis insurrexerunt multi hæreticales, aut de genere hæreticalium de Albia & de Cordua, confœderati cum Carcassonensibus in malum. Conveneruntque in unum contra officium inquisitionis & contra inquisitores hæreticæ pravitatis, necnon contra dominum BERNARDUM DE CASTANETO episcopum Albiensem, occasione & causa, quia condemnaverant quosdam de Albia & de Cordua, & de quibusdam locis aliis diœcesis Albiensis pro crimine hæresis, de quo confessi fuerant & convicti: calumniantes & impugnantes multipliciter sententias & judicium eorumdem, opponentesque difficultates & obstacula, ne procederent amplius contra quosdam alios de dictis locis, qui restabant, & erant accusati & suspecti de hæresi: vehementer totis conatibus inhiantes, ut processus inquisitorum & episcopi inficiarent & diffamarent, totamque patriam contra ipsos inquisitores & episcopum cum multis falsis suggestionibus & diffamationibus concitarunt, quosdamque falsos rotulos nomine inquisitorum & episcopi confictos divulgaverunt per villas & castella, in quibus dicebantur multorum vivorum ac defunctorum nomina contineri, qui erant innocentes & innoxii in multitudine incredibili, & alias inaudita, ut sic corda plurium concitarunt, feceruntque in populo seditionem maximam, conatique fuerunt dominum regem Franciæ ac reginam, totumque regis consilium ac ejus curiam concitare, sub specie pietatis, prætendentes iniquitatem inquisitorum & episcopi, ac processuum eorumdem: condemnatos vero justificantes & catholicos asserentes; sed mentita est iniquitas sibi, & veritas non deficit in finem, missique fuerunt a domino PHILIPPO rege Franciæ, ad procurationem ipsorum, ad partes istas cum regia potestate dominus JOHANNES DE PINQUONIO vicedominus Ambianensis miles Picardus, & Richardus Nepotis Normannus, archidiaconus Algiæ in ecclesia Lexoviensi, qui reformatores patriæ in suis litteris se dicebant: sub quibus multiplicata sunt mala in terra contra officium inquisitionis, & inquisitores & episcopum; & plures additi sunt ad eos, & ipsi facti sunt illis firmamentum malitiæ & nequitiæ, cœperuntque ex tunc hæreticales cornua erigere ac sævire gravius & amplius insanire, fuitque ab eis inquisitionis officium multipliciter perturbatum & impeditum, fueruntque capti aliqui ministri inquisitionis de mandato vicedomini, & carceres inquisitorum invasi per eum. Fuerunt etiam plures comminationes ac minæ multiplices inquisitoribus ac ministris inquisitionis & amicis & episcopo Albiensi sæpius intentatæ in partibus Albiensibus & Carcassonensibus & etiam Tolosanis, clamabantque contra eos, Ad proditores, ad proditores. Bona quoque temporalia episcopi, procurantibus hæreticalibus, fuerunt occupata, & decimæ per quosdam, qui se dicebant nobiles, usurpatæ, & contra episcopum memoratum, de Tolosa, quo iverat hac de causa, redeuntem ad suam sedem Albiensem, cum appropinquaret civitatem, exiverunt de civitate homines & mulieres, turba coadunata & colligata in malum, clamantes ad eum: Ad mortem, ad mortem; moriatur proditor, moriatur; fuitque invasus ab eis, & ignominiose verbis & vituperiis saturatus. Quibus e contrario pastor bonus benedicebat more episcopali, exemplo Salvatoris, qui cum malediceretur non maledicebat; cum pateretur, non comminabatur; patienterque ac constanter omnia toleravit, nullius postmodum ultionem aut vindictam requirens, sed magis ipsorum errori compatiens & condolens ex animo clementer indulsit, sciens quod beati sunt qui persecutionem patiuntur propter justitiam. Prius autem suos qui in sua comitiva erant, animaverat ad patientiam sermonibus valde bonis, & eis inhibuerat sub pœna sui amoris & anathematis, ne ipsum in casu illo defenderent vi armorum aut vindicarent, aut alias alicui vim inferrent, sed cum eum interfici aut trucidari cernerent, ad Deum clamarent: *Te Deum laudamus*, asserens se spontaneum mori pro justitia fidei quam tenebat; feceratque omnes domicellos deponere enses & gladios coram ipso ante ipsius introitum civitatis, eratque videre hinc gaudium, hinc lamentum. Actum est hoc anno Domini MCCCI. tertio idus Februarii. Inter quæ mala apposuerunt adversarios & fratres Prædicatores eadem de causa ubique persequi & molestare, & vituperiis ac injuriis lacessere ac publice diffamare, & verbum Domini in ore ipsorum impedire, in tantum quod in ipsa civitate Albiæ fratres Prædicatores, qui iverant quadam die Dominica prima in adventu Domini anno MCCCII. ad ecclesiam S. Salvii & S. Martianæ & alibi, ad prædicandum verbum Domini, fuerunt ejecti turpiter & publice de ecclesiis & de locis in quibus ad proponendum verbum Dei se præparabant, depositi & dimissi: & quidam ipsorum qui actu prædicabat, fuit violenter tractus, & impulsus, & ejectus de ecclesia Castri-veteris. Frater Dominicus Lauterii & socius ejus novitius per iniquos omnino extraneos

traneos sibi tentatus ad exitum ordinis, qui ex hoc spiritus fervore concepto, non consensit ministris satanæ, verum ipsos viriliter repulit & confudit, & in ordine constantior est effectus. Clamabaturque contra eos: Ad proditores, ad proditores; moriantur & moriantur; & ita cum vituperiis & contumeliis vix permissi fuerunt ad conventum redire: nec ex tunc permissi fuerunt in ecclesiis per quinque aut sex annos verbum Domini prædicare, nec fratres bene audebant ire per civitatem, quia maledicta & vituperia contra se audiebant. Subtraxeruntque Albienses fratribus Prædicatoribus omnes eleemosynas & sepulturas, & alia beneficia & obsequia pietatis & subsidia caritatis, nec veniebant ad ecclesiam fratrum ad videndum etiam Corpus Christi. Ad hæc ad suæ dementiæ cumulum ampliorem, & notam causæ suæ perfidiæ quam defendebant, fecerunt sacrilegi deleri imagines & scripturam S. Dominici confessoris, & S. Petri martyris a latere imaginis crucifixi de portali civitatis Albiæ, quod est juxta fratres, feceruntque ibidem loco ipsorum sanctorum depingi imagines & nomina superscribi præfati vicedomini & archidiaconi mortalium peccatorum, cum duobus hinc inde peccatoribus advocatis, scilicet Petro Probi de Castris, & Arnaldo Garsia de Albia: in quo facto evidenter cunctorum aspicientium oculis suam insaniam demonstrarunt; reprobantes sanctos per sanctam ecclesiam approbatos, & approbantes & autenticantes inanes & devios peccatores. Sed tandem stare non permisit veritas falsas imagines & scripturas; fuerunt namque post aliquot annos inde abolitæ & deletæ, & reparari coëgit æquitatis auctoritas & censura sanctorum imagines, quorum nomina in libro vitæ indelebiliter sunt conscripta. Conventum quoque fratrum pluries invaserunt, & hortos intraverunt & spoliaverunt, & multas molestias & damna fratribus intulerunt, & vituperiis affecerunt, quæ longum esset hic per singula enarrare, & alibi latius sunt notata. Sed fratres egentes & angustiati & afflicti cum multa patientia, quæ ipsis necessaria valde fuit, æquanimiter portaverunt, nec eis defuit, qui deesse non potest Deus adjutor in opportunitatibus in tribulatione quæ supervenit eis nimis. Fuerunt autem inter actores malorum, incentores & cooperatores, & complices prædictorum præcipui, & majores in publico, Arnaldus Garsiæ, Johannes *Donadieu* jurisperitus, Raymundus Bauderii junior cives Albienses; Galhardus Stephani de Cordua, jurisperitus & judex tunc Albiæ, Guillelmus de Pesinchis habitator de Monte-Guiscardo, vicarius Albiæ, & Petrus Nicolai subvicarius. Isti tres ultimi qui compescere poterant & debebant, amplius incendebant, & qui ex incumbenti officio publico tenebantur defendere & tueri inquisitionis officium, gravius impugnabant.

Petrus Probi de Castris, jurisperitus, advocatus pro eisdem, ubique contra inquisitores & episcopum seipsum exhibuit defensorem, non veritus mentiri contra veritatem & justitiam impudenter. Frater Bernardus Delitiosi de Monte-pessulano de ordine fratrum Minorum, stipendiarius Carcassonensium & Albiensium & Corduensium in hac causa, pro eisdem publice & privatim se opposuit inquisitoribus & episcopo Albiensi & processibus eorumdem, ubique discurrens per patriam & in Franciam persequens inquisitores & episcopum, & concitans populos in publicis prædicationibus contra eos, condemnatos pro hæresi defendens, eosque asserens catholicos & devotos. Taceo de nominibus plurium aliorum religionis ejusdem, propter religionis honorem, qui in plurimis nocuerunt, & male se habuerunt, & plures personas contra inquisitionis officium concitarunt, & corda gentium commoverunt. Sub hac persecutione inquisitorum & perturbatione officii convenerunt hæretici plures, & multiplicari cœperunt & hæreses pullulare, & infecerunt plures in diœcesi Appamiensi, & Carcassonensi, & Tolosana, & in confinio Albigesii, sicut per inquisitionem legitimam & deprehensionem ipsorum hæreticorum & credentium eorumdem postea patuit evidenter, talemque fructum talia semina protulerunt. Cœperunt autem prædicta mala publice apparere anno Domini MCCCI. profeceruntque in pejus per septem vel octo fere annos continuos subsequentes, quibus persecutio perduravit; finis vero persecutorum confusio & ignominia fuit. Nam vicedominus Ambianensis præfatus eadem die qua excommunicationis sententia contra ipsum fuerat publicata anno revoluto, sic percussus anathemate, tamquam officii notorius impeditor, interiit in terra aliena, scilicet in Abrucio in regno Siciliæ,* sine clerico & sine sacerdote, & sine perceptione sacramentorum ecclesiæ, anno Domini MCCCIV. in festo sancti Michaëlis. Archidiaconus postmodum factus episcopus Biterrensis, lepra percussus ut Giezi, cum tali opprobrio obiit sic leprosus, anno Domini MCCCIX. ante Pentecosten. Frater Bernardus Delitiosi consentiens & tractator proditionis contra regem Franciæ, postmodum per inquisitionem regalis curiæ Carcassonæ inventus est & punitus, sed non plene. Rotulos vero de quibus facta est mentio supra, dicitur confinxisse Ramundus Bauderii monachus de Candelio, diœcesis Albiensis, qui finaliter duabus vicibus laqueo se suspendit, & ultima vice cum Juda proditore interiit desperatus in hebdomada Paschæ. Finis vero & consummatio afflictorum pro defensione fidei Domini JESU CHRISTI, laus & honor & victoria cum corona.

* In processu Bernardi Delitiosi dicitur mortuus in curia Romana.

FUNDATIO CONVENTUS S. SEVERI.

Anno Domini MCCLXXVIII. priore provinciali existente fratre Bernardo Geraldi, fuerunt missi fratres ad inquirendum de loco S. Severi, & de conditionibus ejus pro ordine, videlicet frater Guillelmus de Prato, Stephanus Vitalis Agenensis, Pontius de Moteriis Tolosanus, & quidam alius qui fuit subprior Rivensis; ad quorum laudabile testimonium facta relatione, consequenter missi sunt illuc fratres ad manendum: qui manserunt primitus in quadam domo, scilicet Bernardi de Paros. Vicarius fratrum & loci fuit frater Arnaldus Navarri Orthesiensis, qui ibidem postea mortuus est & sepultus.

Abbas vero S. Severi, qui primo cum sua littera assensum præbuerat, postmodum cum suis monachis se opposuit fratribus multipliciter & in multis, & specialiter ratione sepulturarum: sed actore Deo volentibus & instanter petentibus burgensibus & aliis probis viris ejusdem villæ, favente domino EDOARDO rege Angliæ, qui ex utraque parte fuit interpellatus, fratres inibi remanserunt, quorum patronus fuit dominus Bidomius, qui dedit magnam partem loci, & ducentas libras Morlanenses, pro ecclesia construenda. Processu vero temporis fratres compofuerunt cum monachis, domina regina devota fratrum antea faciente, quæ sedule interposuit partes suas, sicut in littera inde confecta plenius continetur.

Anno Domini MCCLXXXII. in actis capituli Carcassonæ in festo S. Jacobi, assignatus fuit in villa S. Severi conventus fratrum Prædicatorum regulariter positus & receptus. Et primus prior institutus frater Petrus de Salvaterra Orthesiensis, & lector assignatus frater Odo de S. Martino.

FUNDATIO CONVENTUS RUTHENENSIS.

Anno Domini MCCLXXXII. venerunt primitus fratres apud Rutheniam pro loco ordinis ibidem habendo, ad præparandum & disponendum quonam modo melius posset & citius expediri. Inter quos præcipuus promotor & ferventior apparebat frater Bernardus de Jaollo de Amiliano, qui ad hoc multo desiderio ferebatur.

Anno Domini MCCLXXXIII. in actis capituli provincialis Montis-Pessulani post generale, ibidem immediate fuit pro loco Ruthenensi vicarius assignatus frater Bernardus de Turre Alestensis, & fuerunt assignati fratres Bernardus de Jaollo præfatus, Bernardus Magistri de Monte-Pessulano, & alii usque ad sex, quos prior provincialis frater Berengarius Notarii duceret assignandos, qui in actis non fuerunt aliter nominati.

Anno Domini MCCLXXXIV. in actis capituli provincialis Perpiniani celebrati, fuit in civitate Ruthenensi conventus fratrum Prædicatorum regulariter positus & receptus, & primus prior institutus frater Johannes de Veyreriis Caturcensis, & lector assignatus frater Guillelmus Aymerici Tolosanus, qui parum remansit ibi, quia ante Natale Domini iter inde arripuit versus Parisius ad studendum, &c.

Primus prior in conventu fratrum Prædicatorum Ruthenensium fuit frater de Veyreriis Caturcensis, institutus in capitulo provinciali Perpiniani anno Domini MCCLXXXIV. Prior fuit annis v. Fuit autem absolutus in capitulo provinciali Narbonensi anno Domini MCCLXXXIX. Hic fuit vir sanctus & devotus, luminare clarum in monte illo, plerusque dierum & operibus bonis in fervore spiritus serviens Deo, plusquam quinquagenarius in ordine ingressus est in abundantia sepulcrum in conventu Ruthenensi, in die Annuntiationis Dominicæ inchoante jam anno MCCCI. In hora autem ejus transitus, quædam sancta & nobilis domina, nomine domina Longabruna de Calvo-monte, quæ post sacræ Eucharistiæ susceptionem per tres vel quatuor horas in extasi & insensibilis effecta continue rapiebatur, in raptu posita vidit ejus spiritum per angelos ad cœlum deferri, ac inter doctores eumdem situari: quæ eadem hora advocans quamdam aliam dominam suam consociam, indicavit ei quod frater Johannes præfatus migrasset ex hoc mundo, eidem referens quomodo vidisset in spiritu constituta, præfatum fratrem Johannem in paradiso inter doctores collocatum. Dubitante autem præfata socia & dicente, quod ejus infirmitas nondum erat audita, misso nuncio ad conventum fratrum, qui distabat a castro illo per duas leucas, repertum est quod exequiebatur corpus ejus in ecclesia, & quod eadem hora qua domina illa dixerat, sancta anima illa transierat ex hac vita. Hic frater Johannes vocatus semel per dominum HENRICUM comitem Ruthenensem, qui tertianis febribus gravissime vexabatur, infirmo conquerenti de gravitate accessionis, & cum fide & devotione ejus suffragium implorante compatiens, in nomine Domini anathematizando imperavit febri, ut eumdem comitem de cetero non vexaret; sicque factum est, ut ab eadem die & hora in antea omnino reliquerit eum febris: siquidem & istud in tantum vulgatum est, ut per incolas illius nationis ubique ad digitum ostenderetur: Hic est frater qui excommunicavit febrem comitis, &c.

Tertius prior frater Guillelmus Bernardi Galliacensis, Albiensis diœcesis, successit fratri Durando prædicto. Prior fuit annis quasi duobus. Fuit autem absolutus in capitulo provinciali Narbonensi, anno Domini MCCXCVI. Hic transivit in Græciam, & pervenit Constantinopolim, ubi domum accepit ad prædicandum gentibus verbum crucis: paulo post festum S. Michaëlis versus Romam iter arripuit de Tolosa, anno Domini MCCXCVIII.

FUNDATIO CONVENTUS LECTORENSIS.

Anno Domini MCCLXXVI. frater Arnaldus de Pontiaco prior Altivillaris, accepit locum in Lectora, altare erexit & tenuit ibi fratres: quia tamen sine auctoritate capituli fratrum fecerat inconsulte; ideo in sequenti provinciali capitulo Agenensi in festo B. Dominici celebrato extitit revocatum, & ipse fuit punitus, & in pœnam a prioratus officio absolutus anno Domini MCCLXXVI.

Anno Domini MCCLXXXV. in actis capituli provincialis Condomii, in festo B. Dionysii celebrati, fuerunt deputati frater Bertrandus de Castro-novo Caturcensis & frater Petrus Raymundi Baransio Tolosanus, ut ad locum accederent Lectorensem, & inquirerent diligenter, si ingressus posset haberi pacificus, & locus pro fratribus & ordine opportunus; & si possent haberi beneficia, per quæ secundum exigentiam status nostri fratres possent ibi locum construere, vivere & manere: quod si ita invenirent, locum ibi reciperent, & ex tunc prior provincialis vel ejus vicarius de fratribus mittendis idoneis providerent, ad loci promotionem, ut est moris, quod & factum extitit per omnia consequenter.

Anno Domini MCCLXXXVII. in actis capituli provincialis Burdigalis celebrati post generale ibidem immediate celebratum, fuit in Lectora conventus fratrum Prædicatorum regulariter positus & receptus, & primus prior institutus frater Petrus de Tapia Agenensis, &c.

Quintus prior frater Arnaldus de Morlanis successit fratri Nicolao prædicto, prior fuit sex annis. Hic mutavit primum locum, & posuit conventum infra villam nimis in arcto anno Domini MCCXCVI. Fuit autem absolutus in capitulo provinciali Caturcensi anno MCCXCVIII. Hic fuit tam lector quam prior vicissim in ordine plusquam xxx. annis, sicut audivi ab eodem. Tandem senex plusquam quinquagenarius in ordine obiit in Monte-Martiano, in domo Minorissarum, circa principium quadragesimæ anno Domini MCCCIII. inde portatus fuit & sepultus in Morlanis.

Nonus prior frater Raymundus Bernardi de Roseto Caturcensis successit fratri Esio in festo B. Bartholomæi Burdigalis confirmatus. Tempore prioratus sui redierunt fratres cum conventu de secundo loco ad primum, Dominica in Ramis Palmarum, quæ contigit VI. calendas Aprilis, inchoato jam anno Dominicæ Incarnationis MCCCVI. Fuerant enim in isto secundo loco arctati & infestati multipliciter annis decem. Prior fuit tribus annis completis. Fuit autem absolutus, concessa absolutionis littera in crastino S. Lucæ Tolosæ, qua lecta in conventu Lectorensi esset penitus absolutus, anno Domini MCCCVIII.

FUNDATIO CONVENTUS S. Gaudentii.

Anno Domini MCCXC. æstatis tempore venerunt primitus fratres apud S. Gaudentium diœcesis Convenarum, ut acciperent ibi domum, ibique prævenientes licentiam & auctoritatem capituli consuetam, erexerunt altare & celebraverunt sub ratihabitione & confidentia bonæ mentis: inter quos frater Ademarius de S. Paulo promotor ferventior videbatur, qui inde fuit in sequenti provinciali capitulo Appamiensi a vicario provinciæ fratre Bernardo de Trilia coram omnibus duriter redargutus. Remanserunt tamen fratres ibidem pro loci promotione plurimum laborantes a paucis adjuti, & ab aliquibus maxime a canonicis S. Gaudentii impediti. Fuit tamen Deus cum eis.

Anno Domini MCCXCI. in capitulo provinciali Brivæ in festo assumtionis B. Mariæ S. Virginis celebrato, frater Bernardus de Trilia memoratus, jam prior provincialis effectus, concessit de novo litteram & licentiam ampliorem fratribus remanendi ibidem ad loci promotionem.

Anno Domini MCCXCII. in actis capituli provincialis Brivæ in festo assumtionis beatæ MARIÆ semper Virginis celebrati, fuit receptus locus pro ordine in villa S. Gaudentii, & vicarius assignatus frater Arnaldus de Morlanis, & fuerunt assignati fratres Ademarius de S. Paulo memoratus, Bernardus Guillelmi, Bonus homo, Petrus de Lertio, Johannes Deodati, Vitalis de Abbatia.

Anno Domini MCCXCIII. in actis provincialis capituli Carcassonæ in festo beatæ Mariæ Magdalenæ celebrati, fuit in villa S. Gaudentii conventus fratrum Prædicatorum regulariter positus & receptus, & primus prior institutus frater Bernardus de Campo-Bernardi Tolosanus, &c.

FUNDATIO CONVENTUS S. Juniani.

Anno Domini MCCXC. fuit tractatus habitus & conatus, quod conventus fratrum Prædicatorum reciperetur, & esset in villa S. Juniani Lemovicensis diœcesis, quem tractatum pariter & conatum frater Petrus Virolis & frater Jordanis *Paute*, ambo de Rupe Cavardi, promovebant & præcipue faciebant: sed fratres alii non pauci de conventu Lemovicensi conantes in contrarium resistebant & impediebant, prætendentes maxime quod conventum Lemovicensem, ab antiquo venerabilem & famosum in fratribus & personis, oporteret tunc diminui & artari: quorum aliqui postmodum finaliter destiterunt resistere, & pœnituerunt se restitisse. Præfati vero duo fratres procuraverunt interim litteras mitti ad sequens provinciale capitulum, quæ sequuntur.

Littera canonicorum S. Juniani.

Religiosis viris & in Dei filio carissimis priori provinciali Provinciæ & diffinitoribus capituli provincialis apud Biterrim celebrandi, Bartholomæus capellanus, Petrus Seguini, Bernardus de Monte-Pessulano, Petrus Garrati, Petrus Grilli, Guillelmus Seguini, Bernardus de Auriaco, Aymericus *Chaynes* & Junianus *Chaynes* ejus frater, Elias Baorelli, Petrus de Monte-Pessulano, Petrus de Auriaco, Johannes de Vayraco, Johannes Boniti, Yterius Capreoli, Guillelmus de Azao, & Geraldus Galteri canonici ecclesiæ S. Juniani, Lemovicensis diœcesis, volentes vobis super his complacere, salutem cum recommendatione humili & devota.

Certis indiciis cognovimus, quod civitates & villæ ad quas vestri gratia pro inhabitando ibidem feliciter declinastis, melioratæ sunt visibiliter, tam in spiritualibus quam in temporalibus, tamquam a viris pacem portantibus, illuminantibus patriam & liberantibus Dei populum de vinculis peccatorum; propter quod vestrarum orationum & aliorum bonorum vestrorum volentes familiarius esse participes, visum est nobis & utile, ut supplicemus vestræ prudentiæ & etiam caritati, ut dum tempus pro vobis habetis, & nostra devotio hoc requirit, ad villam S. Juniani prædictæ diœcesis, devotissimam vestro ordini & beneficam, vobis placeat declinare, quia cum gaudio & lætitia nos & populus & clerus, ut constat nobis, vos recipiet & honore afficiet. Nam si differre volueritis, nociva erit vobis dilatio, ut credimus, & damnosa. Nam frequenter dictum est, quod qui facere noluerit, dum potuerit, cum voluerit adimplere nequibit; & cum fratres ordinis S. Augustini de novo Lemovicis venerint, & villa nostra nostro judicio prævaleat aliis villis dictæ diœcesis, ut poteritis audire, cum reverendo patre fratre Petro de Mulceone quondam priore Lemovicensi, ne dicti fratres vel alii vos præveniant, caveatis. Terra autem circum adjacens bona est & fertilis, in victualibus scilicet & frumento, vino & oleo, & populus humilis & devotus. Hoc etiam est timendum, ne per vestram negligentiam istud negotium quamplurimum fructuosum, impedimentum habeat, si per aliquorum negligentiam, vel per aliquorum de vestris opinionem indiscretam, tantum bonum & tam utile differatur; & ut prædictum negotium bonum finem habeat, nos bona fide in se-creto & palam promittimus illud nostris viribus juvaturos, si in prædicto capitulo optata gratia concedatur. Datum & sigillis nostris appositis die Veneris ante festum beatæ Mariæ Magdalenæ, apud S. Junianum in testimonium præmissorum, anno Domini MCCXCI.

Littera beneficiatorum in ecclesia S. Juniani.

Religiosis viris & in Dei filio carissimis priori provinciali & diffinitoribus capituli provincialis apud Biterrim celebrandi Petrus *Vezelay*, Petrus Seguini, Elias de Barreto, Petrus Passoti, Michaël Fabri, Johannes de Bello-loco, vicecapellanus ecclesiæ S. Petri de S. Juniano, Michaël de Montibus, Gaufridus de Claustro, Aymericus de Claustro, Guillelmus Gunteri, capellanus de Britannia, Petrus *Lobissene*, Johannes Tornerii, Petrus Larva, Johannes Sutoris, Elias Prati, Petrus Darra, Bartholomæus Portapica, Bartholomæus *Chaynes*, Geraldus Pictavini, Petrus Grossi, Petrus Podio, Bartholomæus Almeoti, beneficiati in ecclesia S. Juniani, Lemovicensis diœcesis, salutem, cum recommendatione humili & devota.

Certis indiciis cognovimus, &c. *ut supra*, datum anno, die, loco quibus supra.

Sequitur epistola præbendariorum & quorumdam aliorum numero octo ejusdem tenoris. Tum littera burgensium & quorundam aliorum numero 24. ejusdem etiam tenoris.

Prædictæ litteræ fuerunt præsentatæ per fratrem Raymundum Extranei Brivensem priorem, provinciali fratri Bernardo de Trillia, & diffinitoribus capituli provincialis Biterrensis, qui fuerunt frater Berengarius Notarii, magister in theologia, frater Petrus de Mulceone, inquisitor Tolosanus, frater Bernardus de Juzico, lector Burdigalensis, & frater ..... in capitulo provinciali Biterrensi in festo assumtionis B. Mariæ celebrato, anno Domini MCCXCI. Quibus intellectis, voluerunt & concordaverunt prior provincialis & diffinitores præfati, fuitque inter ipsos quasi conclusum, locum recipere in villa prædicta S. Juniani. Sed finaliter incidit eis ibidem consilium, quod usque ad sequens provinciale capitulum, quod ipsi assignaverunt in conventu Brivensi celebrandum, receptionis hujusmodi negotium differretur. Fuitque tunc receptio sic dilata. Interim vero frater Vitalis & frater Jordanus *Paute* præfati cum domino Aymerico Roderii, qui erat hospes fratrum in S. Juniano, & multum hoc optabat, & promovebat quantum poterat, sagaciter procuraverunt fieri donationem ordini de domibus Johannis & Yterii *Comtarau* fratrum de S. Juniano, ubi pro tempore reciperetur conventus fratrum Prædicatorum & esset; cujus donationis tenor & forma sequitur in hæc verba:

Sequitur littera donationis loci pro conventu in S. Juniano.

Universis præsentes litteras inspecturis, officialis Lemovicensis salutem in Domino. Noverint universi, quod in nostra præsentia constitutis in jure Johanne *Comtarau* de S. Juniano diacono ex una parte; & Petro Bovis procuratore religiosorum virorum fratrum Prædicatorum, quoad subsequentia audienda & recipienda ex altera, dictus diaconus pro se & nomine procuratorio Ytherii *Comtarau* fratris sui, a quo asseruit quoad subsequentia facienda, fide data, habuisse speciale mandatum gratis & scienter, pensatis meritis ipsorum fratrum Prædicatorum, & salubri devotione, & affectu dilectionis, quam idem diaconus & ejus frater habent erga ipsos fratres Prædicatores & ordinem suum, donatione pura & simplici & irrevocabili habita inter vivos pro se & dicto fratre suo & heredibus suis, donavit in perpetuum, concessit, irrevocabiliterque quittavit Deo & dictis fratribus Prædicatoribus & ordini suo domos suas, sitas apud S. Junianum, in barrio sive vico *de Salern*, cum viridariis & villaribus sitis trans dictas domos, & cum omnibus juribus & pertinentiis præmissorum, exceptis torcularii, & cuvis, & doliis, & aliis lignis, quæ in dictis domibus non sunt infixa, & quidquid juris, dominii, possessionis, & proprietatis ipsi diaconus & ejus frater habebant & habere poterant quoquo modo in præmissis donatis, & de præmissis donatis idem diaconus pro se & dicto fratre suo & heredibus suis se devestivit in jure, & dictum procuratorem fratrum Prædicatorum nomine & ad opus ipsorum & ordinis sui prædicti investivit perpetuo de eisdem: promittens pro se & pro dicto fratre suo & heredibus suis, quod dictos fratres Prædicatores poneret & induceret in corporalem, liberam & vacuam possessionem de præmissis donatis. Volens nihilominus & concedens, quod ipsi auctoritate propria possessionem præmissorum nanciscantur & apprehendant, constituens se & dictum fratrem suum præmissa donata ipsorum donatoriorum nomine, ex nunc in antea possidere, donec ipsi donatarii possessionem nacti fuerint corporalem, & eidem cessit & transtulit pleno jure omnes actiones & jura sibi competentia in præmissis donatis, & ratione ipsorum contra quascumque personas. Retinuit tamen idem diaconus ad opus sui & dicti fratris sui, & parentum suorum in præmissis donatis sepulturam suam in loco competenti. Et licet donator de evictione non teneatur, idem diaconus pro se & dicto fratre suo & heredibus suis promisit, quod ipsis donatariis suis præmissa donata garentient & defendent, & quieta & libera ad pacem tenebunt ab omni evictione & ab omni homine in judicio & extra judicium, ut jus erit, & quod contenta omnia & singula in litteris istis tenebunt & attendent, & contra præmissa vel aliqua præmissorum per se vel per alium non venient tacite vel expresse. Et promisit idem diaconus se facturum & curaturum quod dictus frater suus præmissa ratificet & approbet cum effectu, & ad præmissorum observantiam per nos voluit se compelli; ad quæ observanda nos ipsum diaconum volentem, instante dicto procuratore dictorum donatariorum, in scriptis sententialiter condemnamus. In cujus rei testimonium sigillum Lemovicensis curiæ duximus apponendum. Datum VIII. calendas Novembris, anno Domini millesimo ducentesimo nonagesimo secundo.

Anno Domini MCCXCIII. die tertia mensis Novembris, post capitulum provinciale, quod fuit in conventu Brivensi illo anno, in festo Assumtionis B. MARIÆ Virginis celebratum, frater Gerardus *Paute* prædictus, de licentia & auctoritate fratris Raymundi Extranei prioris fratrum Prædicatorum conventus Brivensis, ac vicarii tunc provinciæ, accessit ad villam S. Juniani, & celebravit missam in domo prædicta, & locum ibidem quantum in ipso fuit, pro ordine acceptavit.

Sequitur instrumentum publicum de celebratione primæ missæ.

In nomine Domini. Amen. Anno ejusdem MCCXCII. apostolica sede penes nos vacante, indictione sexta, mensis Novembris die tertia, in præsentia mei Aymerici infrascripti notarii & testium subscriptorum ad hoc vocatorum specialiter & rogatorum, religiosus vir frater Jordanus Pauta ordinis fratrum Prædicatorum, celebravit missam de B. Virgine MARIA apud S. Junianum Lemovicensis diœcesis, in domo quæ quondam fuit Johannis *Comtarau* diaconi extra portam villæ, in vico qui vulgariter appellatur *de Salern*, præsente fratre Geraldo Guillelmi ejusdem ordinis, de conventu Petragoricensi: qui, inquam, diaconus dedit dictam domum suam cum hortis & aliis pertinentiis ad dictam domum, prout in quibusdam litteris sigillatis sigillo curiæ Lemovicensis plenius continetur, Deo & beatæ Mariæ & beato Dominico, & ordini fratrum Prædicatorum, ad ædificandum ibidem oratorium aut ecclesiam, & cetera ædificia & officinas, sicut ordo requirit, ad conventum ibidem recipiendum, & Deo & ejus beatissimæ Genitrici & B. Dominico primo patri ordinis prædicti perpetuo serviendum. Hæc autem omnia de voluntate & assensu capituli & canonicorum & præbendariorum ecclesiæ S. Juniani facta sunt, prout in litteris sigillis eorum sigillatis plenius continetur; & etiam de voluntate burgensium, cleri & populi ejusdem villæ, ut ipsi asseruerunt, & prima facie apparebat. Actum apud S. Junianum, anno, die, mense, & indictione prædictis, præsentibus & audientibus dicto diacono, & Aymerico *Estanhac* clerico, Arnaldo *Lo Gasco*,

& Blancha *Flors* ejus uxore, Johanne *Comtarau*, & Beatrice Pozeta laicis ad hoc vocatis testibus specialiter & rogatis. Et ego Aymericus Roderii de villa S. Juniani Lemovicensis diœcesis, auctoritate apostolica publicus notarius, qui præmissis una cum dictis testibus præsens interfui, ea prout superius leguntur fideliter scripsi, & in publicam formam redegi, & meo signo signavi rogatus.

Sequitur littera testimonialis de concessione licentiæ recipiendi locum.

Universis præsentes litteras inspecturis, frater Raymundus Extranei ordinis Prædicatorum, salutem in Domino. Notum sit omnibus, quod olim tempore quo fuit ultimo celebratum provinciale capitulum in conventu Brivensi fratrum nostrorum, me existente priore in dicto conventu & vicario ejusdem provinciæ, de voluntate & assensu diffinitorum prædicti capituli, dedi & concessi licentiam & auctoritatem quibusdam fratribus recipiendi & acceptandi locum pro ordine in villa S. Juniani de prædicatione Lemovicensi, & in eodem loco missas & alia divina officia tamquam in loco ordinis celebrandi. Et hæc omnibus quorum interest vel interesse potest, significo per præsentes litteras sigillo meo sigillatas. Datum Brivæ die Mercurii infra octavas Assumtionis beatæ Mariæ, anno MCCCVIII.

Præmissis sic peractis, fuit per aliquot annos a fratribus nostris, quibus tunc temporis non placebat, dicti loci receptio & promotio retardata, sic quod promotio ejus ulterior non parvo tempore dormitavit, videlicet annis XVIII.

Anno Domini MCCCVIII. in actis capituli provincialis in Rivis celebrati in festo beatæ Mariæ Magdalenæ, fuit de loco S. Juniani per priorem provincialem & diffinitores taliter ordinatum: « Committimus fratri Bernardo inquisitori Tolosano, quod de loco » S. Juniani, quem fratres nostri olim dicuntur recepisse, & divina officia celebrasse ibidem, diligenter inquirat; & si invenerit quod » ad reponendum ibi fratres aliquid canonicum non obstat, eidem concedimus auctoritatem in prædicto loco fratres, ut & unde » expedire viderit, & vicarium assignandi.

Ego vero præfatus frater Guidonis qui hæc scripsi, non potui vacare circa præmissa, tam in inquisitione & investigatione hæreticorum & credentium eorumdem, quam in punitione ipsorum in partibus Tolosanis totaliter occupatus; ideo per me circa prædictam commissionem nihil actum est illo anno.

Anno Domini MCCCIX. in actis capituli provincialis Petragoris in festo S. Barnabæ celebrati, fuit de prædicto loco S. Juniani per priorem provincialem & diffinitores taliter ordinatum: « Volumus & imponimus » fratribus Guidoni Eliæ, & Hugoni de Mon-*cerant*, quod ad locum S. Juniani sine dilatione accedant & inquirant an fratres nostri ibi locum receperint, & divina celebraverint, & quod circa hoc invenerint, priori provinciali denuntient, cui committimus, quod si ita esse invenerit, fratres ibidem ponat idoneos, qui de loco prædicto ordinent & disponant.

Consequenter vero præfati duo fratres Guido Eliæ & Hugo de *Montcerant* inquisiverunt, & sicut invenerunt, priori provinciali fratri Guillelmo de Anhanis retulerunt; qui relatione audita, & invento cum jurisperitis quod prædicta receptio, quæ fuerat ante constitutionem domini Bonifacii papæ VIII. de locis novis non recipiendis a nobis nec a fratribus Minoribus sine sedis apostolicæ licentia speciali, tenebat & valebat de jure, vicarium instituit in dicto loco sancti Juniani, & de fratribus ibidem ponendis providit & ordinavit.

Sequitur littera de institutione vicarii sancti Juniani.

In Dei filio sibi carissimo fratri Hugoni de *Montcerant* ordinis fratrum Prædicatorum, frater Guillelmus fratrum ejusdem ordinis in provincia Tolosana servus indignus, salutem & augmentum continuum cœlestium gratiarum. Cum in villa S. Juniani dudum pro ordine nostro locus receptus fuerit; sicut constat per dicta plurium, & fidem faciunt publica instrumenta; & in nostro provinciali capitulo Petragoris proxime celebrato extiterit ordinatum, quod si contingeret ita esse, ibidem de vicario & fratribus idoneis providerem. Vos de cujus religione ac discretione certam gero fiduciam, in dicto loco vicarium pono & instituo per præsentes, curam ejusdem loci & fratrum, qui eidem fuerint deputati, vobis in spiritualibus & temporalibus committendo. Volo autem & in remissionem peccatorum vobis injungo, quatinus ad præfatum locum vos quam citius conferatis, & intendatis promotioni ejusdem cura pervigili & studio diligenti, taliter super his vos habentes, quod laudetur Altissimus, ædificetur proximus, honoretur etiam noster status, & conventus ibi ponendus suo tempore prosperetur, ex vestro vestrorumque subditorum novo adventu pariter & pro . . . .

Primus prior frater Hugo de *Montcerant* prædictus, institutus in capitulo provinciali Appamiensi, in festo S. Mariæ Magdalenæ celebrato anno MCCCX.

Primus subprior fuit frater Petrus de Viridario de Axia. Venerabilis pater dominus Reginaldus Lemovicensis episcopus introduxit conventum in locum suum conventualiter cum solemnitate qua decuit & devotione, cum processione canonicorum & fratrum Minorum, præsente clero & populo in multitudine copiosa, & ibidem so-

FUNDATIO CONVENTUS S. GERUNTII.

Anno Domini MCCCVI. in actis capituli provincialis Figiaci in festo B. Mariæ Magdalenæ celebrati, fuit per vicarium provinciæ fratrem Guillelmum Aurelie priorem Figiacensem, & per diffinitores de loco recipiendo in villa S. Geruntii Coseranensis diœcesis, ad instantiam nobilis viri domini ARNALDI DE YSPANIA, qui cum instantia & devotione conventum fratrum ibi habere petebat & volebat, prout sequitur ordinatum. Committimus fratri Guillelmo de Anhanis, & fratri Arnaldo Guillelmi de Lordato, quod ipsi ad villam S. Geruntii accedant, inquirant, & videant, & inspiciant diligenter locum oblatum, ordini, & alia quæ dominus Arnaldus de Yspania duxit & duxerit offerenda, & ipsi juxta tenorem litterarum reverendi patris magistri ordinis, supposita licentia summi pontificis recipiendi locum ibidem, & fratres ad hoc utiles de aliis conventibus advocandi & compellendi, auctoritate nostra habeant potestatem.

Prædicti fratres Guillelmus de Anhanis & Arnaldus Guillelmi de Lordato post præfatum provinciale capitulum juxta commissionem sibi factam ad villam S. Geruntii accesserunt, locumque & alia viderunt, consideraverunt & inspexerunt; ad recipiendum locum ibidem tunc minime processerunt. Nondum enim licentia sedis apostolicæ habita fuerat seu concessa. Ad quam procurandam & habendam præfatus dominus Arnaldus promisit se daturum opem & operam efficacem, sicut postmodum adimplevit, & ipse a domino papa CLEMENTE V. petiit & obtinuit licentiam antedictam.

2. Anno Domini MCCCIX. in actis capituli provincialis Petragoris in festo B. Barnabæ celebrati, circa receptionem prædicti loci de S. Geruntio fuit per priorem provincialem & diffinitores prout sequitur ordinatum: Volumus quod prior provincialis ad locum S. Geruntii accedat, & diligenter inquirat, si summus pontifex dedit licentiam recipiendi locum ibidem. Quod si sibi de hoc facta fuerit plena fides, & sibi visum fuerit ordini expedire, committimus eidem quod locum ibidem recipiat, & fratres idoneos ponat ad loci promotionem, cum ad hoc data fuerit per generale capitulum concessio specialis. Post prædictum provinciale capitulum Petragoricense prior provincialis frater Guillelmus de Anhanis cum fratre Arnaldo Johannis priore Pruliani accessit ad

villam S. Geruntii, & comperto quod summus pontifex CLEMENS papa V. cum sua littera bullata licentiam concesserat specialem, quod fratres Prædicatores possent ibi locum recipere & habere; acceptavit locum oblatum pro ordine in villa prædicta S. Geruntii Coseranensis diœcesis cum solemnitate qua decuit, in vigilia S. Matthæi apostoli & evangelistæ, quæ contigit in sabbato quatuor temporum in Septembri anno Domini prætaxato MCCCIX. Præfatus vero prior Pruliani celebravit tunc in loco recepto primam missam de B. MARIA Virgine, fueruntque præsentes præfatus dominus Arnaldus cum sua nobili conjuge domina PHILIPPA sorore comitis tunc Fuxensis, cum sua nobili comitiva, necnon cum multitudine populi copiosa. Memoratus vero dominus Arnaldus emit totum locum pro conventu fratrum juxta juxta aquam quingentis libris Turonensibus, & dedit eisdem sicut dominus & patronus; elegitque ibidem suam, cum ad ipso contingeret humanitus, sepulturam; & ad ædificia facienda, ac ad alias fratrum necessitates juvit in posterum larga manu. Prior autem provincialis instituit ibidem vicarium fratrem Petrum Arnaldi Tolosanum, qui præsens ibidem aderat, assignavitque fratres Guillelmum de Cera, Arnaldum Barravi ejusdem Prædicationis; & Bernardum de Fogia ad loci promotionem ibidem, cœperuntque ibidem ex tunc fratres secundum morem ordinis habitare. Anno Domini prætaxato MCCCIX. kalendas Decembris in vigilia S. Cæciliæ, feria VI. reverendus pater dominus Boso episcopus Coseranensis, de consensu vicariorum episcopi Coseranensis, in præfato loco fratrum S. Geruntii cimiterium cum solemnitate qua decuit, benedixit.

Anno Domini MCCCX. in actis capituli provincialis Appamiensis in festo B. Mariæ Magdolenæ celebrati, fuit in villa sancti Geruntii Coseranensis diœcesis, ad instantiam nobilis & potentis viri domini Arnaldi de Hispania vicecomitis Coseranensis, conventus fratrum Prædicatorum regulariter positus & receptus, & primus prior institutus frater Petrus Arnaldi Tolosanus, &c.

FUNDATIO MONASTERII SORORUM Pontis-viridis.

Anno Dñi MCCLXXX. paulo ante cœpit locus seu monasterium sororum Pontis-viridis juxta Condomium construi & fundari a nobili domina BIANA (a) magna amica ordinis fratrum Prædicatorum, multumque benefica & devota, quæ inter cetera magna loca quæ fecit, pro salute animæ suæ locum construxit pro sororibus ordinis memoratum,

(a) De ea vide supra in fundatione conventus Condomiensis.

ubi semper Deum colerent & laudarent, fundavitque ac dotavit ipsum reditibus, & obtulit & contulit ipsum ordini pro monasterio sororum, sub cura & regimine ordinis, secundum morem & consuetudinem monasterii Pruliani, & hoc fecit dum adhuc viveret: sed antequam sorores fuissent ibi positæ, ipsa subtracta fuit morte media ab hac luce. Obiit vero in conventu fratrum Condomiensi, ubi in domo quam ædificaverat morabatur ix. calendas Martii anno Domini MCCLXXX.

Anno Domini MCCLXXXIII. circa festum S. Michaëlis post mortem præfatæ dominæ Vianæ, fuerunt adductæ sorores xiii. de monasterio Pruliani pro instituendo monasterio Pontis-viridis memorato, & introductæ in eodem auctoritate & consensu magistri ordinis fratris Johannis de Verzellis, qui in Provincia præsens erat, & obiit ipso anno. Frater Berengarius Notarii magister in theologia erat prior provincialis, qui primitus instituerat fratrem Petrum *Baulenes* Condomiensem, ut præesset loco & sororibus, sed antequam sorores essent adductæ & introductæ laboravit & obtinuit quod absolveretur, prout ab ipso didici & audivi. Nomina autem sororum xiii. quæ fuerunt adductæ de Pruliano sunt hæc: Soror Blancha de Burdigalis quæ fuit priorissa, soror Peirona Teulyera, soror Agnes Aymeriga, soror Stephana de Ulmo Viennensis, soror Valensa Bequiyera, soror Alembort de Labranda, soror Serena *de Scayrac*, Caturcensis, soror Johanna Trosseta, soror Rosa Trosseta, soror Arnalda *Dorsaut*, soror Guiranda de S. Severo, soror Flos filia ejusdem, soror Azemara Fromenta de Martello.

FUNDATIO SORORUM MONASTERII S. Pardulfi.

Nobilissima domina MARGARETA vicecomitissa Lemovicensis, filia ducis Burgundiæ, relicta nobilis viri domini GUIDONIS vicecomitis Lemovicensis, fecit construi & ædificari suis sumtibus & expensis locum S. Pardulfi in Petragoricensi diœcesi, in confinio Lemovicensi, ut esset monasterium sanctimonialium feminarum.

Magister vero Geraldus de Malo-monte, de Castro-Lucii oriundus, vir totius prudentiæ naturalis, in diebus suis potens in opere & sermone, qui fuit rector & gubernator ipsius dominæ MARGARITÆ ac totius vicecomitatus Lemovicensis multo tempore pro eadem, quamdiu scilicet ipsa vixit, & non modico tempore post mortem ejus, & testamenti præfatæ dominæ major & præcipuus executor, post mortem ipsius dominæ ordinavit & disposuit, ac studiose procuravit & promovit, necnon penitus ipse fecit, ut ponerentur ibi sorores de monasterio Pruliani, & esset ibi monasterium sororum sub cura & regimine ordinis fratrum Prædicatorum, secundum modum & ritum & consuetudines monasterii Pruliani, & locum ipsum constructum & ædificatum & reditibus dotatum cum pleno & alto dominio villæ S. Pardulfi, quam ad hoc emerat, ut esset sororum, ipsis sororibus & ordini pro eisdem contulit & obtulit Parisius, coram illustri domino rege Franciæ PHILIPPO, præsente & recipiente pro sororibus & ordine ibidem fratre Guillelmo *Aurelie* cum socio suo fratre Bernardo Bertrandi anno Domini MCCXCI. circa festum S. Agnetis virginis & martyris; & tunc fuit concessum & datum a præfato domino PHILIPPO privilegium speciale bonum prædicto loco & monasterio, dictante & ordinante ipsum magistro Geraldo. Prædicta autem collatio dicti loci sancti Pardulfi fuit acceptata & approbata in sequenti provinciali capitulo Brivensi in festo assumtionis B. MARIÆ celebrato per vicarium provinciæ fratrem Raymundum Extranei priorem Brivensem, provincia tunc vacante, & per quatuor diffinitores capituli provincialis, qui fuerunt frater Raymundus Hunaldi prior Tolosanus, & frater Odo de Caufencio prior Montis-Pessulani, & frater Guirannus prior Massiliensis, & frater Johannes Vigorosi, quantum in eis erat & ad ipsos pertinebat anno Domini MCCXCII. super quo confecta fuit littera vicarii & diffinitorum, & ut in posterum esset firmior, & in nullo dicta collocatio & acceptatio claudicaret, ad majoris roboris firmitatem præfatam donationem dicti loci innovavit, ac denuo fecit præfatus magister Geraldus, qui potestatem habebat ex tenore & clausula speciali testamenti præfatæ dominæ MARGARITÆ, magistro ordinis fratre STEPHANO Bisuntino recipienti & acceptanti pro ordine & sororibus dictum locum S. Pardulfi Dominica in Ramis Palmarum, inchoante anno Domini MCCXCII. in domo fratrum Prædicatorum Parisius, in præsentia plurium fratrum, inter quos erant quinque magistri in theologia & & bacalaurei novem, alii quoque fratres electi non pauci: aderant etiam tunc præsentes Parisius frater Guillelmus *Aurelie* præfatus, & frater Geraldus Bremundi de conventu Petragoricensi, qui illuc iverant hac de causa, ut dictum negotium cum præfato magistro ordinis & aliis promoverent. Et tunc ibidem præfatus magister ordinis de voluntate & consilio omnium prædictorum, instante & inquirente opportune & importune præfato magistro Geraldo, voluit & ordinavit atque mandavit, quod sorores mitterentur de Pruliano pro instituendo monasterio S. Pardulfi, ex qua ordinatione & mandato adductæ fuerunt de Pruliano sorores sex, & positæ & introductæ in monasterium S. Pardulfi in sequenti festo Trinitatis, cum quo concurrit

concurrit isto anno festum translationis sancti Dominici, scilicet IX. cal. Junii, anno Domini MCCXCIII. multum solemniter & devote, præsente ibidem magistro Geraldo, & flente ubertim præ gaudio, cum multitudine copiosa virorum nobilium totius patriæ, & religiosorum ac plebis, cum canticis & laudibus & jubilo multo, quarum sororum nomina sunt hæc: Soror Fina de Aragone, quæ fuit prima ibi priorissa, soror Agnes de Arnovilla, soror Elisabeth *de Saves*, soror Agnes de Bechevena, soror Beatrix *de Bethesi*, soror Clara Davina, quæ inde postmodum rediit Prulianum.

Postmodum vero ut merito & numero augerentur ad Dei cultum & servitium exhibendum assumptæ fuerunt & perductæ aliæ sorores quatuor de præfato monasterio Pruliani, necnon duæ aliæ de monasterio Pontis-viridis, quæ etiam primitus fuerant educatæ in religione probata monasterii Pruliani, quarum nomina sunt hæc, de Pruliano quidem soror Margarita Dardina, soror Elizabeth Vezina, soror Agnes *de Bethesi*, soror Bertranda *Descayrac*. Postmodum vero fuerunt adductæ duæ de Ponte-viridi, ut tactum est, scilicet soror Serena *Descayrac* amita dictæ Bertrandæ, quæ fuit ibidem postea priorissa, soror Azema Fromenta de Martello.

Notandum incidenter quod magister Geraldus de Malo-monte de Castro-Lucii, ea die qua obiit dominus dicti castri, elegit sepeliri in monasterio sororum sancti Pardulfi. Obiit autem in castro Luceti anno Domini MCCXCIX. in vigilia nativitatis B. Mariæ, & delatum est inde corpus ejus ad præfatum monasterium, & sepultum ibidem honorifice die tertia subsequente.

Magister Elias Germanus frater ipsius, decanus S. Aredii, obierat Parisius ante ipsum feriæ tertia vel quarta ante Ramos Palmarum, anno Domini MCCXCIV. quem fecit idem magister Geraldus sepeliri in domo fratrum nostrorum Parisius in ecclesia, ut inde suo tempore portarentur ejus ossa ad monasterium S. Pardulfi.

MONASTERIA PROVINCIÆ PROVINCIÆ.

FUNDATIO CONVENTUS *Montis-Pessulani*.

Anno Domini MCCXX. cœpit fundari locus & conventus fratrum Prædicatorum in villa Montis-Pessulani.

FUNDATIO CONVENTUS NARBONENSIS.

Notandum quod, sicut a senioribus didici & audivi, fratres Prædicatores pervenerunt & fuerunt prius in Narbona, & locum ibidem acceperunt ad manendum, quam in Monte-Pessulano, sed permittente Deo, quadam sæviente rabie hominum impiorum ad tempus expulsi sunt de Narbona, & tandem accepto tempore gratiæ redierunt, & sic propter moram temporis quo a Narbona absentes fuerunt, fratres Montis-Pessulani gradum prioritatis sibimet attribuerunt, & Narbonenses ita pro modico perdiderunt. De annis autem Dominicæ Incarnationis tunc currentibus nondum potui plenam certitudinem invenire.

Anno Domini MCCXX. sicut existimo ex auditis, fuit receptus locus fratrum Prædicatorum in Narbona.

FUNDATIO CONVENTUS CISTARICENSIS.

Anno Domini MCCXLVII. mense Augusti, nobilis & æterna memoria ac laude digna domina BEATRIX, filia comitis Sabaudiæ & comitissa ac marchionissa Provinciæ, & comitissa Forcalquerii, dedit fratribus Prædicatoribus in Cistarico tamquam domina & patrona locum & ambitum magnum & spatiosum subtus castrum appellatum de Balma, super Durentiam fluvium, ad faciendum ibidem conventum sicut est hodie; est autem dictus locus & conventus in diœcesi Vapincensi, quia ibidem terminantur Cistaricensis & Vapincensis diœceses supra pontem.

In sequenti vero festo S. Andreæ apostoli, venerabilis vir dominus ROBERTUS episcopus Vapincensis accedens ad memoratum locum fratrum, consecravit eisdem ibidem cimiterium, & tamquam diœcesanus primarium lapidem posuit in fundamento ad ecclesiam, in honore beatæ Mariæ semper Virginis & B. Dominici construendam. Fuerant autem fratres modico tempore in Cistarico in loco alio minus apto.

Præfatus autem dominus ROBERTUS Vapincensis episcopus, obiit in habitu ordinis, in festo B. Valentini, anno Domini MCCLI.

Memorata vero domina & patrona fratrum Cistaricensium valde magnifica & devota, ministravit sumtus & expensas hilariter & abunde, ad construendam ecclesiam & alias officinas, tempore quoad vixit, & dona plurima contulit in vasis pretiosis & pannis sericis, ad cultum Dei ibidem reverentius peragendum; & si obiret in Provincia, ibidem elegit & voluit sepeliri. Obiit autem alibi quam in Provincia, fuitque alibi tumulata.

Notandum hic incidenter, quod præfata domina BEATRIX suscepit quatuor filias a nobili viro suo domino RAYMUNDO BERENGARII comite Provinciæ, viro per omnia magnifico, quæ postmodum fuerunt quatuor regibus desponsatæ, scilicet domino LUDOVICO regi Franciæ domina MARGARITA, & domino CAROLO regi Siciliæ, fratri præfati Ludovici, domina BEATRIX ultimo genita, quæ remansit heres comitatus Provinciæ, mortuo patre suo. Aliæ vero duæ, una domino regi Angliæ ODOARDO, scilicet domina ELYONOR; altera vero, scilicet domina SANCHIA regi Teutoniæ RICHARDO, fratri regis Angliæ, vivente adhuc præfato domino Raymundo patre ipsarum.

Anno Domini MCCLII. in festo B. Mariæ semper Virginis, frater HYMBERTUS ordinis nostri Lugdunensis, episcopus Cistaricensis, celebravit primam missam in ecclesia fratrum Prædicatorum Cistaricensi, capite ipsius ecclesiæ jam perfecto.

Anno Domini MCCLXX. fuit dedicata prædicta ecclesia in capitulo provinciali ibidem celebrato.

FUNDATIO CONVENTUS BITERRENSIS.

Circa annum Domini MCCXLVII. incœpit fundari conventus fratrum Prædicatorum in Biterri, sicut colligere potui ex auditis a senioribus temporis illius.

FUNDATIO CONVENTUS AMILIANI.

Anno Domini MCCLXXIX. in actis capituli provincialis in Castris S. Vincentii, Dominica infra octavas apostolorum Petri & Pauli celebrati, fuit receptus locus pro ordine fratrum Prædicatorum apud Amilianum, diœcesis Ruthenensis, & vicarius loci & fratrum institutus frater Guillelmus de Rupe de Monte-Pessulano, qui tunc erat supprior Montis-Pessulani, & propter hoc fuit a supprioratus officio absolutus. Et fuit ibi assignatus ad legendum frater Petrus de Fraisseneto.

Prævenerant autem aliqui fratres aliquanto tempore prius apud Amilianum, ad promotionem & dispositionem loci, ut est moris.

Anno Domini MCCLXXX. in actis capituli provincialis Narbonæ celebrati, in festo exaltationis S. Crucis, fuit assignatus pro vicario in loco Amiliani frater Bernardus Garini Narbonensis, & pro lectore frater Petrus de Veyraco Alestensis.

Anno Domini MCCLXXXII. in actis capituli provincialis Carcassonæ in festo S. Jacobi celebrati, fuit conventus fratrum Prædicatorum regulariter positus & receptus in præfata villa Amiliani, & primus prior institutus frater Bernardus Garini Narbonensis, &c.

FUNDATIO CONVENTUS CAUQUILIBERI.

Anno Domini MCCXC. dominus JACOBUS rex Majoricarum misit fratrem Petrum Missæ, & fratrem Petrum de Arulis Catalanos, cum suis litteris regiis ad provinciale capitulum, quod fuit in festo exaltationis S. Crucis in Appamiis celebratum, petens & instans, ut duo conventus nostri ordinis reciperentur in terra sua in Catalania, unus apud Cauquumliberum, alter vero apud Cerdanum, fuit per vicarium prioris provincialis fratrem Bernardum de Trilia, priori provinciali absente in Romana curia tunc agente, & per diffinitores capituli provincialis pro reverentia regia protinus exauditus super receptione conventus Cauquiliberi, nullo dilationis obstaculo concurrente. Dominus vero Guillelmus Poyt Dorsila burgensis magnificus & solemnis in Cauquolibero, patronum fratrum & loci se obtulit, & domos suas insignes statim contulit, quas fratres acceperunt, & sibi habilitaverunt, domino rege ferente auxilium, & memorato patrono opportunum patrocinium impendente: unde in actis ipsius capituli memorati fuit conventus fratrum Prædicatorum in villa Cauquiliberi regulariter positus & receptus, & primus prior institutus præfatus frater Petrus Missæ, &c.

FUNDATIO CONVENTUS PODII CERDANI.

Anno Domini MCCXC. dominus JACOBUS rex Majoricarum misit fratrem Petrum Missæ, &c. *ut supra usque ad illa verba*, unus apud Cauquumliberum, alter vero apud Podium-Cerdanum. Super receptione vero loci Podii-Cerdani unius anni dilatio intercessit, donec habita fuisset auctoritas magistri ordinis & diffinitorum capituli generalis, quia an villa Podii-Cerdani ad terminos hujus provinciæ pertineret, & an per vicarium & diffinitores ipsius provincialis capituli hoc fieri posset, ex causa rationabili in dubium vertebatur, fueruntque super hoc missæ litteræ a vicario fratre Bernardo de Tilia & a diffinitoribus, & per fratres delatæ ad sequens generale capitulum Palentinum, fuitque super hoc petitio exaudita, & de recipiendo locum habita auctoritas & concessa.

Anno Domini MCCXCI. in actis provincialis capituli Biterris in festo assumptionis beatæ Mariæ celebrati, fuit conventus fratrum Prædicatorum regulariter positus & receptus in villa Podii-Cerdani, diœcesis Urgellensis, & primus prior institutus frater Bernardus Guillelmi de Villafranca, &c.

FUNDATIO CONVENTUS S. MAXIMINI.

Anno Domini MCCXCV. circa Pascha, procurante & agente devoto & orthodoxo domino CAROLO rege Siciliæ, dominus BONIFACIUS papa VIII. pontificatus sui anno I. dedit & contulit de plenitudine apostolicæ potestatis ordini fratrum Prædicatorum locum S. Maximini in diœcesi Aquensi, cum sacrosanctis reliquiis omnium sanctorum ibi existentium, scilicet divæ Magdalenæ, quæ ibi non tantum fuisse, sed & nunc esse veraciter dignoscitur, & signis & prodigiis atque evidentibus miraculis declaratur, & gloriosi confessoris protopræsulis Aquensis S. Maximini, discipuli Domini nostri JESU-CHRISTI, & Sidonii evangelici cæci nati, & Marcellæ ancillæ S. Marthæ, & aliorum plurimorum sanctorum, quorum nomina non fuerunt inventa; sed in libro vitæ conscripta servantur. Dedit etiam pariter locum de Balma beatæ Mariæ Magdalenæ, ad tres leucas inde sic vulgariter a terræ incolis appellatum. Hæc est illa devota spelunca, sub excelsa rupe, in qua eadem sancta Magdalena triginta annis & amplius incognita latuit huic mundo, locus, si fas est dicere, in terra cœlestis, ubi ad cultum Dei peragendum, & tam sanctum & devotum locum illibate & devote custodiendum quatuor fratres manent. Præfatus autem locus S. Maximini erat prioratus monachorum nigrorum S. Victoris Massiliensis, ordinis S. Benedicti, ubi, sicut præfatus pius rex voluit & petiit ab eodem summo pontifice, positus est conventus fratrum Prædicatorum, & per eumdem summum pontificem primus prior institutus ibidem frater Guilielmus *de Tonenes*, diœcesis Agenensis, qui tunc in Romana curia præsens erat; adjecitque summus pontifex in suis litteris, ut in posterum nullus prior sine consensu regis posset ibidem poni seu institui, nec positus amoveri. Mandavit autem & commisit venerabili episcopo Cistaricensi fratri PETRO de Alamannone de ordine Prædicatorum, ut de subpriore idoneo & de electis & bonis fratribus auctoritate fretus apostolica eidem loco in sufficienti numero provideret: quod ipse cum deliberatione provida & solerti habita cum discretis sollicite studuit adimplere. De præmissis rumores certos per litteras & nuntium accepimus, cum essemus pariter congregati in capitulo provinciali in Castris S. Vincentii, in festo S. Johannis-Baptistæ celebrato, anno Domini prætaxato MCCXCV. Sane in præfato loco S. Maximini memoratus rex dominus & patronus ex munificentia regia ordinavit provideri annuatim de sumtibus regiis tria millia librarum pro ædificiis construendis, præter magnifica jocalia in pannis aureis & sericis, & vasis argenteis & aureis, cum lapidibus pretiosis, & ornamentis ecclesiasticis, quæ omnia multa & magna munere regio ultro obtulit & contulit dicto loco. Insuper nolens ipse fratres inibi morantes propter loci & terræ penuriam publice mendicari fore subjectos, de regio peculio, fecit provideri pro fratre quolibet decem libras, videlicet quingentas in simul annuatim.

Primus prior in conventu fratrum Prædicatorum S. Maximini, fuit frater Guillelmus *Tonenes* memoratus per summum pontificem,

ut præmissum est, institutus. Hic tamen non pervenit ad locum, sed antequam recederet de Romana curia fuit absolutus, & alius substitutus, dimidio anno circiter jam elapso a tempore suæ institutionis. Interim vero ipso fratre Guillelmo absoluto, frater Radulphus de Fonte senior Cistariensis, fuit loco prioris vicarius substitutus, donec de priore instituendo consensus regius haberetur, sine quo prior institui non poterat ex ordinatione summi pontificis memorati. Præfatus frater Guillelmus multis dotibus & gratiis a Deo fuerat jam dotatus. Hic senex & debilis & decrepitæ jam ætatis obiit in conventu Massiliensi anno Domini MCCXCIX. Præfatus vero frater Radulphus de Fonte, Prædicator gratiosus & famosus in patria prior Massiliensis effectus, obiit in Cistarico, anno Dñi MCCXCV. in Quadragesima.

FUNDATIO CONVENTUS DE GENOLHACO.

Circa annum MCCXCVIII. cœpit primordialiter promoveri locus fratrum Prædicatorum de Genolhaco in diœcesi Uticensi, cujus fundator extitit & patronus vir nobilis dominus Guillelmus de Randone. Hic siquidem a summo pontifice domino Bonifacio papa VIII. licentiam recipiendi & ponendi locum pro fratribus Prædicatoribus personaliter impetravit & obtinuit suis sumtibus & expensis anno magnæ indulgentiæ Domini MCCC. quam licentiam felicis recordationis dominus BENEDICTUS papa XI. successor Bonifacii memorati pariter confirmavit, & amplius roboravit anno Domini MCCCIV.

Anno Domini MCCCIV. in actis capituli provincialis in Aquis, Dominica post festum B. Mariæ Magdalenæ celebrati, fr. Johannes Ardentii Valentinus, fuit absolutus a prioratu Narbonensi, & factus vicarius & promotor loci de Genolhaco, & frater Fulco de Marologio coadjutor in promotione datus, & positus pariter cum eodem, fueruntque fratres alii pauci ad promotionem loci missi, & positi, ut est moris. Præfatus frater Johannes Ardentii fuit ab initio dicti loci promotor primus & præcipuus & ardentior procurator. Fuerunt tamen fratres aliqualiter per episcopum & canonicos Uticensis ecclesiæ aliquanto tempore non modicum retardati, & locum ad tempus de facto, non tamen animo dimiserunt, donec opportunitate temporis optata & oblata, ad eumdem quantocius redierunt, id agente ferventius diligentia & instantia præfati viri nobilis domini & patroni.

Anno Domini MCCCV. obiit memoratus vir nobilis Guillelmus dominus de Randone, fuitque sepultus honorifice in choro fratrum Prædicatorum de Genolhaco, sicut elegerat, tamquam loci dominus & patronus, primitiæ dormientium in eodem, nondum ibi dem cimiterio benedicto. Et ex tunc fuerunt fratres magis inibi confirmati. Hic dominus & patronus præfatum locum, dum adhuc viveret, & seipsum in morte, cum aliis multis bonis dedit ordini, quæ posteri qui nascentur & exurgent in viros perfectos in conventu de Genolhaco enartabunt filiis suis, ipsi quoque sentient & percipient in futurum temporibus opportunis, ut ejus memoria apud fratres perpetuo vivat, & vitam beatam obtineat cum electis, siquidem annuatim per decennium centum libras, item quadraginta solidos in perpetuum singulis septimanis.

Anno Domini MCCCV. in actis capituli provincialis Marologii Dominica post octavas apostolorum Petri & Pauli celebrati, fuit conventus fratrum Prædicatorum regulariter positus & receptus in præfata villa de Genolhaco, & primus prior institutus frater Fulco de Marologio supradictus, qui & ipse prius post memoratum fratrem Johannem Ardentii vicarius fuerat in eodem. Primus lector assignatus fuit frater Johannes de Massiliaco Podiensis.

FUNDATIO CONVENTUS Draguiniani.

ANno Domini MCCLXXXV. in actis capituli provincialis Condomii in festo B. Dionysii celebrati, fuit ordinatum quod frater Radulphus de Fonte Cistarciensis, prior Montis-Pessulani, & prior Arelatensis, & prior Graffensis accederent ad locum Draguiniani, & cum domino episcopo Forojuliensi viderent & tractarent si locum Saccatorum possemus habere pacifice & quiete, & aliæ conditiones existerent, quæ essent pro honestate ordinis opportunæ; & si ita invenirent, commissa fuit eis auctoritas & potestas recipiendi locum ibidem, & ex tunc prior provincialis vel ejus vicarius ad promotionem loci de fratribus idoneis provideret. Non fuit autem processum ad receptionem loci tunc quomodolibet contingente.

Anno Domini MCCCIV. in actis capituli provincialis Aquis Dominica post festum B. Mariæ Magdalenæ celebrati, fuit sic ordinatum : Cum sanctissimus pater dominus BE-
» NEDICTUS papa XI. ad instantiam serenissimi
» principis CAROLI II. domini regis Siciliæ,
» concesserit eidem duo loca, quæ fuerunt
» fratrum de Pœnitentia Saccatorum, videlicet locum de Draguiniano & locum de
» Tolono, pro conventibus ordinis nostri inibi
» ponendis, ponimus vicarium in loco de Draguiniano fratrem Bernardum Aycelini Auraficensem, & assignamus ibi fratres Petrum
» Rovellii, Pontium Massani, Rostagnum de
» Cellone. Ad quem locum possidendum venerunt & primitus intraverunt in primo sabbato Quadragesimæ subsequentis præfati duo

fratres Bernardus Aycelini, & Petrus Revelli, cooperatore strenuo & ferventi pro fratribus domino JACOBO, tunc episcopo Forojuliensi.

Anno Domini MCCCV. in actis capituli provincialis Marologii celebrati Dominica post octavas apostolorum Petri & Pauli, fuit conventus fratrum Prædicatorum regulariter positus & receptus apud Draguinianum, in loco qui fuerat Saccatorum, & primus prior institutus præfatus frater Bernardus Aycelini Auraficensis, &c.

FUNDATIO CONVENTUS DE BUXO.

ANno Domini MCCXCIV. in capitulo provinciali Montis-Pessulani celebrato post generale ibidem, extitit ordinatum per priorem provincialem fratrem Petrum de Mulceone & diffinitores, ad instantiam domini fratris Raymundi de Medullione archiepiscopi Ebredunensis, & Raymundi domini de Medullione domicelli nepotis sui, quod mitterentur fratres apud Buxum, ad recipiendum locum ibidem pro ordine; & postmodum consequenter fuerunt missi fratres Johannes de Genesto de Monte-Pessulano, & frater Radulfus de Fonte senior Cistariciensis; veneruntque ad locum cum aliis fratribus sibi sociatis, & steterunt ibi in domo Raymundi domini de Medullione domicelli præfati fratres, aliquanto tempore tractantes de loco recipiendo ibidem; sed tunc non fuit consummatum, & fratres postmodum ad propria redierunt : verumtamen ibi remanserunt & steterunt diu frater Bertrandus de Autana, & frater Guillelmus Relhonis de Buxo cum sociis suis.

Anno Domini MCCCX. Dominica in Passione Domini, quæ contigit nonis Aprilis, fuit receptus locus & positus conventus fratrum Prædicatorum in villa de Buxo Vazionensis diœcesis, cum priore & lectore, ut moris est in ordine, auctoritate & licentia concessa sub bulla CLEMENTIS papæ V. procurante id & agente præfato domino Raimundo domino de Medullione, domino dictæ villæ de Buxo, qui fuit patronus fratrum & loci, qui a multis retro jam annis hoc ab ordine petierat & optarat, locumque emit pro fratribus, & dedit & ædificavit, & multa bona contulit eisdem.

FUNDATIO MONASTERII SORORUM de Aquis.

ANno Domini MCCLXXXVI. vel VII. cœpit locus pro sororibus ordinis Prædicatorum in Massilia primitus promoveri, ubi dominus Hugo Bony Lombardus cum conjuge sua domina Aurimunda emit & dedit locum pro sororibus juxta fratres; fuitque ibi patronus sororum, fueruntque illuc adductæ sorores quatuor de monasterio Pruliani, scilicet soror Mathendis de Folcalquerio, quæ fuit prima ibidem priorissa, soror Nicolaa Gasca, soror Maria Estaudarda, soror Maria de S. Hilario, ubi annis aliquibus humiliter in paupertate permanserunt. Frater Raimundus Botini fuit ibidem rector & gubernator earum.

Deinde dominus CAROLUS II. rex Siciliæ, comesque Provinciæ, postquam a captione, qua a Siculis tentus fuerat, expeditus, rediens de Aragonia, transivit per monasterium Pruliani anno Domini MCCXC. paschali tempore, ubi audito & percepto altius, quam devote & quam sanctæ sorores ibidem Christo Domino famulantur sub regularibus institutis, allectus rex pius earum sanctitatis odore, mox concœpit & decrevit in Provincia terra sua fundare sororum monasterium & dotare. Et veniens in Provinciam, locum de Duranna prope Aquis sororibus procuravit & donavit, & eas de Massilia illuc transferri fecit, & ipse rex præsentialiter & personaliter in locum de Duranna introduxit paulo ante festum S. Andreæ anno Domini MCCXC.

Demum memoratus rex pro sororibus amplius sollicitus, ut melius locarentur, easdem transferri fecit de loco Durannæ in Aquis Provinciæ civitate, ubi extra, sed prope civitatem, eisdem locum valde bonum obtinuit & contulit, qui olim fuerat fratrum Saccatorum, quem tunc abbas Massiliensis, qui prius emerat, possidebat, & in illum locum rex ipse sorores personaliter & solemniter introduxit, præsente archiepiscopo Aquensi, & episcopo Cistaricensi fratre PETRO DE ALAMANNONE, cum comitiva regali, xx. die mensis Julii, in festo S. Margaritæ Virginis & martyris, scilicet XIII. cal. Augusti, anno Domini MCCXCII. ibidem instituens monasterium sororum B. MARIÆ de Nazareth de Aquis ordinis Prædicatorum, eisdem sororibus hoc nomen & titulum imponendo, ipsasque ac monasterium donis magnificis decorando, gratiis & privilegiis muniendo, & centenum numerum ibidem instituendo, de quibus decem esse conversas voluit pro servitio earumdem, ac eleemosynam ibidem omni die perpetuo faciendam omnibus pauperibus advenientibus ordinavit: quod licet antea temporibus aliquibus fieret in Duranna, interdum tamen interrumpebatur, & quasi totaliter dimittebatur, propter patriæ egestatem, & tenentium locum paupertatem. Nunc autem favente Deo & regiis beneficiis, perpetuo observatur: cumque pius rex sorores ancillas Christi in Christo Domino dilexisset, in finem dilexit eas, & ibidem elegit tumuluariam sepulturam.

Primus prior sororum de Aquis fuit frater Pontius de Aquetia de Tarascone, institutus anno MCCXCII. prior fuit ibidem anno quasi dimidio. Hic obiit in conventu Arelatensi anno Domini MCCCX. in fine mensis Februarii.

Secundus prior frater Berengarius Alphandi de Tarascone successit fratri Pontio de Aquetia, institutus ibidem auctoritate magistri ordinis fratris STEPHANI Bisuntini, procurante rege anno MCCXCIII. Tempore vero prioratus fratris Berengarii, actore Deo, & memorato rege CAROLO faciente, per ipsius prioris sollicitudinem & industriam diligentem, ædificatum fuit monasterium & prosperatum valde, tam in ædificiis insignibus & clausura, quam in reditibus & proventibus acquirendis.

Anno Domini MCCXCVII. die septima Septembris, scilicet in festo nativitatis B. MARIÆ Virginis, memoratus rex CAROLUS cum summa humilitate, devotione, ac reverentia peditando de palatio suo Aquensi, stipatus venerabilibus patribus ROSTAGNO Aquensi, & JACOBO Ydruntino archiepiscopis, ac DURANDO Massiliensi, PETRO Vencicensi, HUGONE Dignensi, & PETRO Regensi episcopis, ac religioso viro fratre GUILLELMO DE VILLARETO magistro Hospitalis S. Johannis Hierosolymitani, ac processionibus clericorum suæ capellæ, ac venerabilis capituli S. Salvatoris, & omnium aliorum religiosorum in dicta civitate commorantium, & universitate militum ac civium Aquensium, ac plurium aliorum, sacrosanctas reliquias quas habebat, ad prædictum monasterium apportavit, & ipsas in loco ad hoc disposito fecit omnibus præsentari, & tandem intra chorum sororum eas cum multa reverentia collocari. Ob quarum devotionem obtulit postmodum & dedit crucem auream & calicem aureum, pannos pretiosos in magna copia, tam de serico quam de auro: capellas etiam pretiosas diversorum colorum pro ministrantibus in altari donavit.

Anno Domini MCCXCVIII. die x. Novembris, venerabilis pater dominus ROSTAGNUS Dei gratia Aquensis archiepiscopus, cimiterium prædicti monasterii, præsentibus venerabili patre domino fratre PETRO Cistaricensi episcopo, fratre Berengario Alphanti priore prædicti monasterii, cum suis fratribus & multitudine cleri, militum & civium dictæ civitatis, benedixit & consecravit. Hic frater Berengarius Alphanti prior obiit in monasterio III. nonas Maii, feria sexta, anno MCCCXVIII. prioratus sui XXVI. ab ingressu vero ordinis LVI. vir virtutis, nominis & valoris, cujus tempore & industria prosperatum est monasterium.

FUNDATIO MONASTERII SORORUM Pruliani Montis-Peffulani.

ANno Domini MCCLXXXVIII. cœpit locus monasterii sororum Pruliani Montis-Peffulani primitus promoveri in capitulo provinciali Avenionensi, in festo B. Mariæ Magdalenæ celebrato: ad cujus promotionem frater Bernardus Grandis Caturcensis fuit positus & institutus procurator, per fratrem Bernardum Geraldi priorem provincialem, collaboraveruntque cum eodem fratre Bernardo Grandis frater Deodatus Fabri, & frater Galterius *Agulo* de Monte-Peffulano, emitusque est locus in territorio prope fratres, cœperuntque emi aliqui pauci reditus pro eodem, necnon ibidem ædificia inchoari de pecunia majoris alterius Pruliani, sic A quod per incrementa lente procedendo protelatum est negotium annis multis.

Anno Domini MCCXCIII. in actis capituli provincialis Carcaffonæ in festo B. Mariæ Magdalenæ celebrari, frater Bernardus Grandis præfatus fuit absolutus a prioratu fratrum Caturcensi, & conventui Montis-Peffulani assignatus ad promovendum præfatum locum Pruliani Montis-Peffulani, & in dispositione loci & ædificiorum fuit processum amplius, ut sorores ponerentur.

Anno Domini MCCXCV. Dominica infra octavas Ascensionis Domini, fuerunt sorores XI. adductæ de majori monasterio Pruliani, & ad Prulianum Montis-Peffulani perductæ, & in monasterium primitus introductæ, & frater Bernardus Grandis præfatus institutus primus prior per priorem provincialem fratrem Petrum de Mulceone.

NUMERUS
MONASTERIORUM MONIALIUM ORDINIS FRATRUM PRÆDICATORUM.

Ex mf. bibliothecæ Regiæ.

In provincia Tolosana.

MOnasterium Pruliani in diœcesi Tolosana, quod incœpit fundari a B. Dominico anno Domini MCCVI.

Monasterium Pontis-viridis in Condomio, diœcesis Agennensis, quod incœpit fundari primitus anno Domini MCCLXXX. sorores vero XIII. de monasterio Pruliano fuerunt illuc adductæ & positæ anno Domini MCCLXXXIII. circa festum sancti Michaëlis. Prima ibidem priorissa fuit soror Blanca de Burdigalis. Patrona & fundatrix monasterii fuit domina Viana.

Monasterium S. Pardulfi in diœcesi Petragoricensi, cujus locus ædificatur prius, ut poneretur & esset ibi conventus sanctimonialium feminarum de bonis dominæ MARGARITÆ vicecomitissæ Lemovicensis, filiæ ducis Burgundiæ, datus fuit pro sororibus Pruliani, actore magistro Geraldo de Malomonte anno Dñi MCCXCI. ab exordio computando. Sorores vero VI. de monasterio Pruliano fuerunt illuc adductæ & positæ in festo translationis S. Dominici, quod illo anno simul in eodem die concurrit cum festo Trinitatis, anno Domini MCCXCIII. Prima ibidem priorissa fuit soror Fina de Aragone.

Monasterium de Aquis Provinciæ civitate, quod olim primo fuit in Maffilia prope fratres, & illuc primo fuerunt perductæ sorores quatuor de monasterio Pruliani circa annum MCCLXXXVII. & annis paucis permanserunt. Deinde in Duranna prope Aquis anno quasi uno. Demum dominus CAROLUS rex Siciliæ inde transtulit eas in melius in Aquis, in loco qui fuerat Saccatorum, anno Domini MCCXCII. ubi fundavit, ædificavit & dotavit regaliter. Prima istarum sororum priorissa, dum adhuc erant in Maffilia, fuit soror Machendis *de Folcalquier*.

In Monte-Peffulano est alterum, sed longe dissimile monasterium Pruliani, ubi cœpit locus primitus promoveri in capitulo provinciali Avinionensi, in festo B. Mariæ Magdalenæ celebrato, anno Domini MCCLXXXVIII. sorores autem XI. de majori Pruliano fuerunt illuc adductæ & positæ anno Domini MCCXCV, infra octavam Ascensionis Domini, & frater Bernardus Grandis fuit per fratrem P. de Mulceone priorem provincialem prior institutus. Prima ibidem priorissa soror Pros Renardina.

Aliud monasterium est in eadem provincia juxta Avinionem quod vocatur S. Praxedis, cujus fundator fuit Petrus cardinalis Hispaniæ.

In provincia Hispaniæ.

Monasterium sororum apud Majoricum, ubi fuit a principio locus fratrum per B. Dominicum restitutus, sicut ex gestis ejus colligitur evidenter.

Monasterium sororum apud Calarogam in loco nativitatis S. Dominici patris omnium.

Monasterium apud Achellas.
Monasterium apud Ulisbonam.
Monasterium Zdanoram.
Monasterium apud Segobiam.
Monasterium Sancti-Spiritus in civitate Taurensi.
Monasterium de Alveita sancti Alfonsi.
Monasterium S. Cypriani diœcesis Legionensis.

In provincia Aragoniæ.

Monasterium apud Valentiam.

Monasterium apud Cæsar-augustam, quod domina BLANCA regina Aragoniæ, filia CAROLI regis Siciliæ, ibi esse voluit & fundavit, & in ecclesia primarium lapidem posuit. Domina vero SANCIA Petri de Aguilar nobilis baronissa, dedit omnia sua magna & multa pro monasterio sororum construendo & fundando. Hæc sepulta jacet apud fratres Cæsar-augustæ. Sorores vero sex de Pruliano antiquo fuerunt illuc perductæ & positæ, in in festo Assumtionis beatæ semper Virginis Mariæ, & a præfata regina susceptæ anno Domini MCCC. prima fuit ibidem priorissa ex prædictis sex, soror Johanna de Sinhas Tarasconensis.

Monasterium apud Barchinonam.

In provincia Franciæ.

Monasterium de Monte-Argivo juxta Senonas.

Monasterium sancti Matthæi juxta Rothomagum.

Monasterium *Mechim*.
Monasterium apud Vivarium juxta *Sarbore*.
Monasterium apud Insulam.
Monasterium apud Lausannam.

Monasterium de Pyssiaco prope Parisius, quod incœpit fundari in honore gloriosissimi confessoris B. LUDOVICI regis piissimi quondam regis Francorum, a domino rege PHILIPPO, tam insigniter quam regaliter & potenter, anno Domini MCCXCVII. audita canonizatione S. Ludovici piissimi regis Francorum quondam avi sui, qui apud Pyssiacum natus est in hoc mundo, & sacrum baptisma suscepit. Natus est vero in festo B. Marci evangelistæ anno Domini MCCXIV. Coronatus autem fuit in regem Dominica prima adventus, anno Domini MCCXXVI. ætatis vero suæ anno XIII. quem completurus erat in sequenti festo S. Marci evangelistæ. Crucem autem assumsit pro primo passagio transmarino anno Domini MCCXLIV. ætatis vero suæ anno XXX. jam completo. Transfretavit autem prima vice anno Domini MCCXLVIII. cum jam XXXIV. annum attigisset ætatis. Rediit autem inde exacto jam septennio inter moras anno Domini MCCLIV. transfretavit autem secunda vice anno Domini MCCLXX. ubi & pertransiit mare præsentis sæculi in exercitu Domini, in castris apud Tunicium VIII. calendas Septembris, anno Dñi prætaxato, ætatis vero suæ anno LVII. Fuit autem canonizatus & sanctorum confessorum catalogo annotatus per Bonifacium papam VIII. III. idus Augusti, dicto die, in Urbe-veteri, pontificatus sui anno secundo, anno Domini MCCXCVII.

PHILIPPUS Dei gratia Francorum rex, dilecto nobis in Christo fratri Guillelmo priori provinciali in Francia, ac totius ordinis vicario generali, salutem.

Cum nos in honore gloriosissimi confessoris B. LUDOVICI avi nostri regis Francorum, quoddam monasterium sororum inclusarum ordinis vestri apud Pyssiacum construi faciamus, bonis regalibus fundandum juxta munificentiam regiam & dotandum; cujus monasterii curam venerabilis pater frater NICOLAUS tunc magister ordinis, nunc vero sacrosanctæ Romanæ ecclesiæ presbyter cardinalis, de consilio & consensu definitorum ac totius capituli generalis anno Domini MCCXCVIII. Metis celebrati, precibus nostris humiliter annuens devote suscepit, eo modo quo alia monasteria talium sororum vestro ordini sunt annexa. Et cum oporteat, maxime in principio, tales eligere personas, quæ sciant legere & cantare, & quæ talem habeant corporis valitudinem, quod possint onera religionis portare, ac servare observantias consuetas, & quæ in posterum recipiendas in moribus & scientia & debito religionis verbo & exemplo efficaciter doceant & informent. Et quia prædictæ personæ de facili haberi non possent, nisi inquisitione præhabita diligenti ac probatione sequenti, quod non credimus melius nec convenientius fieri, quam per fratres ordinis, qui ad hoc debent specialiter adhibere diligentiam efficacem in Christo; discretionem vestram requirimus & rogamus attente, quatenus ad inquirendum personas prædicto modo idoneas centum vel circa, infra clausuram competentem probandas per annum in habitu sæculari, de discretorum fratrum consilio fratres maturos religiosos & discretos per obedientiam deputetis, & illas quas invenerint idoneas redigant in scriptis, & nobis & vobis asportare curent, cum certitudine relaturi de conditionibus personarum. Datum Pontisaræ, die Dominica in crastino B. Johannis, anno

Domini millesimo ducentesimo nonagesimo nono.

Prædictus autem modus non fuit taliter observatus, sed ad ædificia ibidem regaliter ac magnifice construenda & promovenda interim est processum.

Anno Domini MCCCIV. fuerunt sorores de aliis monasteriis Franciæ nostri ordinis assumptæ, & illuc adductæ & positæ, ac inclusæ de mandato magistri ordinis fratris AYMERICI, ad instantiam devotam præfati domini regis PHILIPPI, qui magistro ac generali capitulo Tolosano speciales super hoc litteras destinavit. Primus prior sororum fuit positus frater Reginaldus de Albiniaco paulo post generale capitulum Tolosanum, anno Domini prætaxato.

In provincia Romana.

Monasterium S. Sixti Romæ fundatum a B. Dominico, ubi prius fuit conventus fratrum, sicut patet in gestis S. Dominici.

Monasterium de Fossa Baudi in civitate Pisana.

Monasterium S. Mariæ de Angelis in Luca civitate.

Monasterium de Ripolis in Florentia.

Monasterium S. Dominici, ibidem Florentiæ.

Monasterium S. Mariæ de Virginibus in Perusio.

Monasterium S. Georgii in Perusio.

Monasterium S. Petri apostoli in Urbeveteri.

Monasterium S. Pauli apostoli ibidem in Urbe-veteri, ubi fuerunt olim moniales sub cura monachorum ordinis S. Benedicti, a quibus resilierunt, & habitum S. Dominici sub regimine fratrum esse elegerunt tempore domini fr. LATINI cardinalis, quod postmodum extitit confirmatum per BENEDICTUM papam XI. cum omnibus privilegiis concessis sororibus anno Domini MCCCLII.

Monasterium S. Agnetis in Reate.

Monasterium de Fulgineo in ducatu Spoletano.

Monasterium S. Dominici in Benevento.

Monasterium S. Silvestri in civitate Pisana.

Monasterium S. Nicolai de Prato.

Monasterium S. Dominici de Narnia.

Monasterium S. Catharinæ de Senis.

In provincia regni Siciliæ.

Monasterium S. Annæ Interamnis conventus de Salerno in terra Laboris, quod quasi in nemore positum est.

Monasterium S. Petri apostoli ad castellum in civitate Neapoli, in monasterio ubi erant prius monachi nigri, quibus inde depulsis, fundatum extitit & dotatum a domino CAROLO rege Siciliæ consensu & auctoritate Bonifacii papæ VIII. ad instantiam ipsius regis, & magis ac principaliter supplicantis, anno Domini MCCC. ubi rex & regina posuerunt sororem Elizabeth germanam ipsius reginæ, filiamque regis Hungariæ, quæ alias fuerat soror in monasterio de Insula sororum ordinis in Hungaria.

Monasterium S. Luciæ de Barulo in Apulia in diœcesi Tranensi.

Monasterium sanctæ Mariæ Magdalenæ de Muscufo in terminis conventus Aquilani.

Monasterium S. Mariæ Annunciatæ in ipsa civitate Aquilæ.

Monasterium S. Catharinæ in Sulmona.

Monasterium S. Catharinæ in Panormo.

Monasterium S. Eucharistiæ in Aquila.

In provincia Lombardiæ inferioris.

Monasterium sanctæ Agnetis in Bononia, quod prius fuit in loco alio a B. Dominico institutum.

Monasterium S. Dominici de Ymola.

Monasterium S. Mariæ de Caritate ibidem.

Ex his duobus monasteriis est factum unum monasterium S. Dominici de Caritate de Ymola.

Monasterium S. Dominici de Vincentia.

Monasterium S. Annæ de Padua.

Monasterium S. Mariæ de Cella in civitate.

Monasterium S. Dominici in Parma.

Monasterium S. Pauli de Trivisio.

Monasterium S. Petri martyris de Regio.

Monasterium S. Dominici de Forlivio.

Monasterium S. Mauri de Fano.

Monasterium S. Catharinæ de Ferraria.

In provincia Lombardiæ superioris.

Monasterium in civitate Januensi.

Monasterium S. Mariæ de Nazareth in civitate Papiensi, in loco quo fratres Prædicatores primo ibidem habitaverant.

Monasterium S. Mariæ de Renella, sub conventu Samlianensi fundatum, & dotatum a nobili viro domino THOMA marchione Saluciarum; in quo quatuor filias nobiles Christo Domino desponsavit, ubi cœperunt esse primo sorores, anno Domini MCCXC.

Monasterium S. Catharinæ in Alba civitate fundatum & dotatum a domino BONIFACIO episcopo Albanensi, ubi fuerunt introductæ sorores anno Domini MCCCV. in adventu Domini.

In Mediolano civitate sunt IX. monasteria mulierum, quæ sub Augustini regula & constitutionibus sororum ordinis S. Dominici vivunt inclusæ, & se regunt ac diriguntur fratrum prædictorum consilio, qui earum confessiones audiunt, & celebrant eis missas, non tamen sunt incorporatæ ordini quoad obedientiam & regimen earumdem, quin immo Mediolanensi archiepiscopo sunt subjectæ, quarum nomina sunt hæc.

Monasterium

Monasterium de Vinea prope fratres, in honore S. Petri apostoli, cujus monasterii dispositor & institutor fuit a principio sui S. Petrus martyr de ordine Prædicatorum, dum adhuc viveret; cujus capsa lignea in qua corpus ejus sacrum primo fuit reconditum, habetur in dicto monasterio, & supra quoddam altare cum devotione congrue custoditur.

Monasterium de Veteribus.
Monasterium de Virginibus.
Monasterium de Supra-muro in honore B. Mariæ.
Monasterium S. Dominici.
Monasterium S. Petri martyris.
Monasterium S. Augustini.
Monasterium S. Agnetis.
Monasterium S. Mariæ-novæ.

In provincia Hungariæ.

Monasterium apud Insulam fundatum a rege Hungariæ, ubi pro thesauro habetur pretiosa soror MARGARITA virgo electa, & sancta filia regis Hungariæ, nomine BELÆ. In vita sua virtutibus & miraculis multis effulsit, & post mortem vivere cum Deo miraculis demonstratur.

Monasterium apud Veprinum in valle in honore S. Catharinæ.
Monasterium apud *Jadre*.

In provincia Poloniæ.

Monasterium Posnaniense in Posna civitate.
Monasterium Wratislaviense in Wratislavia civitate.
Monasterium Artiboriense in Artibor.

In provincia Bohemiæ.

Monasterium Brivense ad beatam Virginem.
Monasterium Gradicense.
Monasterium Olonicense.
Monasterium in Praga civitate.
Monasterium Salucicense.
Monasterium Brunense ad S. Annam.

In provincia Daciæ.

Monasterium Roskindense.
Monasterium Skemungense.

In provincia Theutoniæ.

Monasterium apud *Luenz* in terminis conventus Frizacensis.
Monasterium apud *Mervibert* in terminis ejusdem conventus Frizacensis.
Monasterium apud *Studuns* in terminis conventus Bothoniensis.
Monasterium in nova civitate ad Spiram in clausura.
Monasterium in Vienna ad S. Laurentium.
Monasterium in Ripa amoris in terminis conventus Cremensis, quod vocatur Umba.
Monasterium Tulrense.
Monasterium S. Crucis in Ratispona.
Monasterium *Betendorf*, id est villa Orationum.
Monasterium apud *Vulcep* in terminis conventus Laudesudensis.
Monasterium apud *Hohenobre* in terminis conventus ejusdem.
Monasterium S. Catharinæ. In Augusta sunt duo monasteria, prædictum & sequens monasterium S. Margaritæ.

In terminis conventus Augustæ sunt duo monasteria sequentia.
Monasterium in *Meding*.
Monasterium *Medling*.
Monasterium Ulmense.
Monasterium apud . . . . . . in terminis ejusdem conventus Ulmensis.
Monasterium apud *Leontal*, id est Vallis-Leonis, in terminis Constantiæ.
Monasterium apud *Tiezenhovez* in terminis ejusdem conventus Constantiensis.
Monasterium in *Otenbuch*.
Monasterium apud *Tueze* in terminis conventus Turicensis.
Monasterium apud *Fvviz* in terminis ejusdem conventus Turicensis.

In terminis conventus Exclingensis sunt sex monasteria sequentia.

Monasterium S. Crucis.
Monasterium in Villerio-magno.
Monasterim in *Stzynheym*.
Monasterium in *Buritheyma*.
Monasterium *Offenhusen*.
Monasterium
Monasterium apud *Kirikirperch*, id est in monte ecclesiæ, in terminis conventus Rocvillensis.
Monasterium apud
Monasterium in Basilea *Nichilugendal*.
Item ad Lapides monasterium apud *Gevvilr*.

In civitate Uriburgensi sunt tria monasteria sequentia.

Monasterium *Adelhusen*.
Monasterium S. Agnetis.
Monasterium S. Catharinæ.

In Columbaria sunt tria monasteria sequentia.

Monasterium sub Tilia magnum & opulentum.
Monasterium *Amersivilr*.
Monasterium
Monasterium in civitate Sleccadensi, quod vocatur in *Syl*.

In circuitu civitatis Argentinensis sunt septem monasteria sequentia.

Monasterium S. Nicolai.
Monasterium S. Elizabeth.

MONASTERIA MONIALIUM ORDINIS PRÆDIC.

Monasterium S. Marci evangelistæ.
Monasterium S. Johannis evangelistæ, ubi etiam sunt quamplures filiæ S. Johannis liberæ, quæ sancta quadam æmulatione ipsum ut patronum suum devotius & jocundius in Domino venerantur.
Monasterium S. Agnetis.
Monasterium S. Catharinæ.
Monasterium S. Margaritæ.

In civitate Wormatiensi sunt duo monasteria sequentia.

Monasterium in *Hocheins*.
Monasterium in Columbario.

In civitate Trevirensi sunt duo monasteria sequentia.

Monasterium S. Catharinæ.
Monasterium S. Barbaræ.
Monasterium apud Vallem S. Mariæ in terminis conventus Luczemburgensis.
Monasterium in Confluentia.
Monasterium sanctæ Gertrudis in Colonia.
Monasterium in Valle-Ducis in terminis conventus Lovaniensis.
Monasterium apud Herbipolim.
Monasterium . . . . . . in terminis conventus ejusdem Herbipolensis.
Monasterium in civitate Spirensi in *Lasenphuel*.
Monasterium apud S. Lambertum in terminis conventus Spirensis.
Monasterium apud *Rosenburch* in terminis conventus Mergentenuensis.

In civitate Wireburgensi sunt duo monasteria sequentia.

Monasterium in *Engeldal*, id est Vallis Anglorum.
Monasterium in *Urach*.
Monasterium Unipenense in *Lauffen*, id est in Cursu.

In villa Piborgenensi sunt duo monasteria.

Mon.
Mon.

In provincia Saxonia sunt monasteria sequentia.

Monasterium apud *Corbie*, in terminis conventus Magdeburgensis.
Monasterium Halberstadense in civitate *Halberstat*.
Monasterium *Wederstede* in terminis conventus Halberstadensis, ubi sunt sorores communiter plusquam centum.
Monasterium *Lode* in terminis conventus Mindensis.
Monasterium quod dicitur Paradisus juxta Sozacum civitatem.

In civitate Plavvensi sunt duo monsteria sequentia.

Monasterium.
Monasterium.
Monasterium quod vocatur *Rede* prope *Set*, tamen extra civitatem Vinceniensem.
Monasterium *Blankeborch*, in terminis conventus Bremensis.
In Famagusta provinciæ Terræ-sanctæ monasterium sanctissimæ Trinitatis.

BREVIS HISTORIA
CONVENTUS PARISIENSIS
FRATRUM PRÆDICATORUM.

Ex mſ. ſancti Victoris.

CHRONOGRAPHIA DE FUNDATIONE
conventus Pariſienſis.

POſt confirmationem ordinis fratrum Prædicatorum, fidelis diſpenſator & prudens beatus Dominicus ſpiritu Dei afflatus, diſperſit fratres ſuos per mundum, velut quædam ſemina ſalutis, animarum fructus uberrimos productura, & anno Domini MCCXVII. miſit aliquos Pariſius, & fratres primo receperunt domum ad manendum inter domum epiſcopi & domum Dei. Et eodem anno data eſt eis domus S. Jacobi, & modicum poſt venit B. Dominicus Pariſius, & ibidem fere xxx. fratres invenit. Et illis domum regularem diſpoſuit, ordinando clauſtrum, dormitorium, refectorium, cellaſque ad ſtudendum. Iſtum autem conventum, quem ſanctus pater fundavit, inter omnes conventus ordinis ſpeciali amore & affectu dilexit, Spiritu divino prævidens, quales & quantos fratres in futurum nutriret & educaret, qui vita & doctrina totam illuminarent eccleſiam. Nam quando receſſit de Pariſius, & ivit Bononiam, ſtatim miſit conventui Pariſienſi probatiſſimum fratrem REGINALDUM, qui poſt beatum Dominicum in vita & doctrina ſecundus habebatur, & rexerat Pariſius in jure canonico annis quinque. Qui ſanctus pater, in iſto conventu diem clauſit extremum. Fuit autem in conventu prior longo tempore frater MATTHÆUS, qui canonice in ordine Prædicatorum electus eſt in abbatem, fuitque primus & noviſſimus abbas vocatus, & ſepultus eſt in capite chori dextri iſtius conventus prope ſedes inferiores.

Quod in iſto conventu habuit ortum quod cantaretur Salve regina *poſt completorium.*

Bonorum æmulus diabolus, qui univerſorum Dominum non timuit aggredi, in iſto conventu Pariſienſi, ubi eum fratres maxime impugnabant, ipſos ab initio ordinis per ſe & per ſuos ſatellites eſt aggreſſus. Nam huic formam ardentem ſuper ſe cadentem monſtrabat; illi formam delicatæ mulieris amplectentis ſe prætendebat. Huic aſinum cornutum, illi ſerpentem ignitum offerebat. Aliis alia ludibria & verbera inferebat: in tantum ut propter noctium phantaſmata, & dæmonum illuſiones viciſſim cogerentur fratres cuſtodire vigilias noctis ſuper alios quieſcentes. Inſuper aliqui in freneſim cadebant & multis aliis modis horribiliter vexabantur. Ad ſingularem igitur ſpem, MARIAM videlicet, & potentiſſimam, & piiſſimam confugientes fratres iſtius conventus Pariſienſis, ut ſcribitur in libro 2. de Apibus cap. XI. & in Vitis fratrum Prædicatorum, part 1. cap. VII. ordinaverunt, ut poſt completorium omni die cum proceſſione & ſolemnitate cereorum *Salve regina miſericordiæ* in initio flexis genibus in laudem & honorem glorioſiſſimæ matris Dei fundatricis & conſervatricis ordinis Prædicatorum cantaretur. Quo dicto, ſtatim fuere fugata phantaſmata, & qui prius vexabantur, curati ſunt. Unde quidam frater filius regis qui in iſto conventu erat inſanus, cauſa prædicta liberatus eſt pleniſſime, & ex tunc omnia ordini proſpere ſucceſſerunt. Nam multi viderunt, fratribus ad altare Virginis egredientibus, ipſam Virginem cum multitudine civium ſupernorum, a ſummo cœli progredi, & dum ad iſtud verbum, *o dulcis Maria* inclinarent, ipſam illis benedicentem pariter inclinare, & ipſis regredientibus ipſam ad cœlum reverti. Viſum etiam fuit alii, ut fratres dicebant, *Spes noſtra ſalve*, ipſam Reginam miſericordiæ ipſos dulciter reſalutantem. Et ut dixerunt, *Eia ergo advocata noſtra*, ipſam ante filium pro fratribus procidentem & exorantem. Et cum ſubjunxerunt, *Illos tuos miſericordes oculos ad nos converte*, ipſa læto ac columbino vultu & intuitu fratres reſpicientem. Et ut cantaverunt, *Et JESUM benedictum fructum ventris tui nobis poſt hoc exilium oſtende*, ipſam in ætate tenera filium geſtantem, & ipſum omnibus & ſingulis cum multo gaudio protendentem. Viſum eſt etiam frequenter globum lucidiſſimæ caritatis de cœlo super capita fratrum descendere, quod & devotissimæ personæ, cum ad ecclesiam causa audiendi completorium advenisset, & fratres *Salve regina* cantarent, Regina cœli visibiliter apparuit, monens ut ab ejus pedibus non recederet. Vidit ipsam utramque partem chori lustrantem, singulis inclinare cantantibus, & juxta acolythos & ceroferarios usque ad finem orationis stare. Vidit & pro ipsius ordinis prædicti dilatatione, conservatione devotissime supplicantem: ideo ordinatum est in quodam capitulo generali, ut pro conservatione & prosperitate ordinis, ista laudabilis processio in conventu isto incœpta per totum ordinem fieret, ad quam fratres omnes cum devotione insimul convenirent; & in hoc postea multi imitati sunt fratres, *Salve regina* eorum modo cantantes.

In tertio capitulo generali celebrato, in isto conventu, fuit electus in magistrum ordinis Prædicatorum sanctus pater, frater JORDANUS, licet nondum in ordine complesset duos annos & dimidium. Hic fuit Teutonicus de Saxonia, villa quæ dicitur *Borgerge*, in diœcesi quæ dicitur Maguntia oriundus, qui cum jam esset bacalaureus in theologia Parisius, receptus est ad ordinem in isto conventu a bonæ memoriæ fratre REGINALDO: in cujus felici obitu visio mirabilis cuidam religioso viro apparuit. Videbat enim in somnis in claustro S. Jacobi fontem limpidissimum subito arefieri, & post unum rivum magnum in eodem loco oriri, qui discurrens per prælaturas urbis & inde per totam patriam lavabat, potabat, & lætificabat omnes, & semper crescens usque ad mare currebat. Revera post obitum B. REGINALDI dictus pater surrexit, qui primo fratribus Parisius legendo, & post prædicando discurrens per orbem fere xx. annis citra mare & ultra annuncians JESUM CHRISTUM, plusquam mille fratres ad ordinem traxit. Sub eo introducta est consuetudo cantandi *Salve regina* post completorium. Sub eo fuerunt prius licentiati fratres Prædicatores ad legendum sententias Parisius, & habuerunt duas scholas, in quibus primo legerunt frater Rollandus Cremonensis Cenomanensis, & frater Elias Gallicus, frater Albertus Teutonicus, qui postea propter suam incomparabilem sapientiam cognominatus est Magnus. Ipse etiam est qui induxit consuetudinem de faciendis collationibus Parisius scholaribus. Sub eo etiam intraverunt Parisius ordinem Prædicatorum tot magistri in theologia, doctores in jure, bacalaurei & magistri in artibus, & alii innumerabiles, quod propter eorum gratiam prædicationis, & alia miranda quæ faciebant, totus mundus ex auditu stupebat. Consueverat enim de duabus quadragesimis, unam Parisius tenere, qui conventus eo præsente apum alveare videbatur. Hic pater cum in choro

istius conventus, in nocte Circumcisionis Dominicæ, in matutinis nonam legeret lectionem, eidem beata MARIA cum angelis astitit, & ipsum legentem intentissime respiciebat. In claustro istius conventus frater Johannes Teutonicus magister ordinis Prædicatorum in curru igneo splendidissimus visus est & apparuit.

In festo Purificationis B. Virginis cum fratres in isto conventu in matutinis inciperent invitatorium *Ecce venit*, beatissima mater Dei processit cum filio ad altare, ubi super thronum paratum sedit dulcissime, respiciens fratres ad altare juxta morem conversos, cum autem ad *Gloria Patri* inclinarent, ipsa apprehensa filii dextra, eos & totum chorum signavit.

Anno ab incarnatione Domini MCCXXVIII. convenerunt in isto conventu omnes priores provinciales ordinis prædicti, una cum sancto patre fratre JORDANO magistro ordinis, singuli cum duobus diffinitoribus, sibi a capitulis provincialibus deputatis, in quos omnes priores sua vota unanimiter transtulerunt, eisdem plenariam potestatem concedentes, ut quicquid ab eis fieret de cetero, perfirmum & stabile permaneret. Qui Spiritus sancti gratia invocata, constitutiones ad honestatem & vitam ordinis fratrum Prædicatorum pertinentes unanimiter & concorditer ediderunt.

Quod in isto conventu compositæ sunt concordantiæ.

In isto etiam conventu concordantiæ super totam bibliam completæ sunt, quas totus ordo Prædicatorum, quia breves erant dilatavit postea, & hic uno volumine redegit, fratribus insimul congregatis in quodam capitulo generali, & ideo vocantur concordantiæ sancti Jacobi, ut ponitur in prologo concordantiarum. Est autem conventus Parisiensis in toto ordine Prædicatorum secundus, sicut Tolosanus primus, sed dignitate honoris & eminentia in toto ordine primatum tenet atque principatum, nec enim est alius aut fuit in toto orbe conventus aut domus, quæ tales ac tantos viros in virtutibus & doctrina eminentes & coruscantes produxit, sicut venerabilis domus ista, in quo plurima sanctorum Prædicatorum corpora in pace & spe futuræ resurrectionis requiescunt.

Explicit de conventu Parisiensi.

De sancto Thoma Aquinate.

Beatus Thomas de Aquino ordinis fratrum Prædicatorum egregius, totius ecclesiæ lumen præfulgidum, almæ universitatis Parisiensis speculum clarissimum, de illustri prosapia comitum Aquinorum in confinibus Campaniæ regni Siciliæ, claram ducens originem, priusquam nasceretur ex ute-

10 præmonstratus divinitus, anno ætatis suæ XIV. in conventu Neapolitano Prædicatorum ordinem est ingressus. Naturalis autem dispositio corporis B. Thomæ erat talis. Fuit siquidem magnus in corpore proceræ & rectæ staturæ, quæ rectitudini animæ responderet, coloris attemperatæ complexionis indicium magnum, caput habens sicut perfectiones virtutum animalium quæ rationi deserviunt, organa perfecta requirunt, fuitque aliquantulum calvus, tenerrimæ complexionis in carne ad indicium aptitudinis intelligentiæ ejus in mente, fuitque virilis robore, cum aliquos actus virtutis corporeæ exerceret, ut videtur Deus tam nobile corpus & organum præparasse, quo ad actus virtutum deserviret obediens, quod numquam rationis judicio esset contradicens.

Anno autem ætatis suæ XXVII. ad persuasionem magistri sui Alberti magni missus est Parisius ad legendum sententias in isto laudabili conventu anno Domini MCCLII. paulo plus minusve. Cumque cœpisset legendo diffundere, quæ tacendo prius abunde collegerat, tantam sibi Deus infudit gratiam in doctrina, ut omnes homines ipsum audientes adduceret in stuporem. Unde & beatissimus rex Francorum LUDOVICUS frequentissime eum audiebat, multi etiam viri litterati de remotis partibus, audita fama sapientiæ suæ, ad ejus doctrinam mirabilem capiendam declinabant. Quotiescumque autem legere, scribere, disputare aut dictare voluit, prius orationis secretum accessit, & inde surgens sic inveniebat in promtu quod dictaret, ac si in libro aliquo didicisset. Nam ut socio fratri Reginaldo revelavit, scientiam suam non tam humano naturalique ingenio ac studio divinitus impetravit. In contemplando autem tanto ejus mens replebatur gaudio, quod pluries, dum oraret, visus est stare elevatus a terra, nullo prorsus innixus corporeo fulcimento, ut sic liber in Deum elevatione mentis conscenderet, quasi nullum pondus carnis contrarium sustineret. Tanta autem intellectus & ingenii subtilitate pollebat, ut numquam librum legeret, quem ad plenum non intelligeret, & ad profundum libri scripti mysterium non veniret. Cujus ingenii subtilitate & acumine, intelligentiæ ac rectitudine judicii evidenter ostenditur multitudo librorum quos edidit; & sententiarum novitas quas adinvenit, sensusque scripturarum absconditi quos in lucem produxit. Fuit quoque idem doctor tanta memoriæ capacitate & retentione, ut hoc quod semel legendo caperet, perpetuo retineret, ut videtur in ejus anima continue fieri habitus scientiæ, quem sic collectum habebat in animo, quasi exemplatum haberet in libro: quod evidenter patuit in primo opere mirabili, quod ad præceptum domini URBANI papæ super quatuor evangelia de sanctorum dictis composuit & contexuit, quæ ipse perlegens in diversorum monasteriorum libris, ita memoriæ commendavit, quasi doctorum dicta haberet præ oculis, quæ prius legerat in libris. In signum autem evidens, quod idem doctor in thesauro memoriæ quasi collectam scientiam possideret, de diversis materiis tribus scriptoribus, interdum quatuor, simul eodem tempore dictabat: aliquando etiam, cum fessus se pro labore dictandi repausationis gratia poneret ad quietem, dormiendo dictabat: de cujus ore dormientis scriptor quæ audiebat redigebat in scriptis continuando materiam, de qua antea scripserat, cum vigilando dictabat, ut videretur Deus simul ejus infundere intellectui diversas virtutes, quas simul posset non absque specialis gratiæ dono pluribus referare, ut non videretur ignota discurrendo perquirere, sed quasi collecta in memoria, de scientiæ thalamo, & dormiens modo mirabili effundendo dictare.

Anno autem Domini MCCLIV. ætatis vero suæ XXX. anno inchoante, cum ad theologiæ magisterium Parisius deberet assumi, Deo se in oratione humiliter recommendans, apparuit sibi in isto conventu frater quidam ordinis Prædicatorum canitie venerandus, dixitque ei: Ne formides, frater Thoma, onus magisterii suscipere, quia Deus tecum erit, & hoc in collatione pro themate propones, *Rigans montes de superioribus suis, de fructu operum tuorum satiabitur terra*. Quo dicto, senex ille disparuit: quod & doctor sanctus fecit. De divinis enim & superioribus sibi immissionibus, montes, videlicet futurorum doctorum ingenia irrigavit; de fructibus vero operum suorum terræ plenitudinem fœcundavit. Nec enim ullus inhæsit scripturæ ejus doctus, qui non fuerit scientiæ & sapientiæ ejus fructibus satiatus. Per ejus siquidem doctrinam doctus quilibet quasi cœlesti irrigatus imbre, doctior redditur, & minus doctus cœli pabulo satiatur. Vixit autem, postquam ad magisterium theologiæ assumtus fuit, annos circiter XX. in quibus quantum utilis ecclesiæ Dei & admirabilis fuerit, ejus scientia & doctrina & opera ejus in tam brevissimo confecta tempore, testimonium perhibent veritati. Ejus namque doctrina, quam totus orbis amplectitur & miratur, quasi lux splendens procedit & crescit usque ad perfectum diem. Quos enim studiosos non docuit? quos protervos non corripuit? quos devios non direxit? Sic enim divina docuit ut humana decentissime, quantum fuit expediens ad salutem hominum, sufficientissime pertractavit. Et ideo doctor communis & rectissime nominatur. Nam ejus doctrina est sal condiens scripturam aliam qualemcumque, quæ sicut mysteriis sapientes exercet, sic in superficie simplices refovet. Habet enim in publico unde parvulos nutriat &

serviat, in secreto unde mentes sublimium sublatum fuisse creditur, & ideo non fuit in ammiratione suspendat. In ipsa enim sunt multiplicatum.
brevis stilus, grata facundia, firma, clara, celsaque sententia. Unde quasi alter Moyses congrue & merito dici potest, qui sub duplici columna nubis & ignis fideles de Ægypti tenebris duplicis scientiæ luce doctus eduxit, ut in columna nubea, quæ de terra oritur, scientia sæcularium scientiarum intelligatur, humanis sensibus acquisita. In columna vero ignis lex illa ignea designatur, quam ex dextera sedentis super thronum, Deo sibi inspirante, suscepit, toti mundo reseravit. Hic est alter Thomas, non Didymus, alius dubius, sed in omni scibili firmus & certus, qui dictus est abyssus propter profunditatem ingenii, qui ad ipsum Christi latus invitatus ingreditur, & ad divinorum secreta scrutanda admissus, tam certa notitia inspirata scripsit in libris, quasi manu ipsa contingeret, quæ intelligentiæ digito indicantur. Obiit sanctus doctor nonis Martii in anno Domini MCCLXXIV. ætatis vero suæ anno XLIX. terminante, & quasi quinquagesimo inchoante, ab ingressu suo in ordine Prædicatorum quasi XXXVI. magisterii sui anno XX. & canonizatus est per dominum Johannem papam XXII. apud Avenionem, pontificatus sui anno VII. XV. cal. Augusti, anno Domini MCCCXXIII. a felici vero transitu ejusdem doctoris de hac vita anno quinquagesimo decurrente.

Sequitur numerus omnium librorum quos B. Thomas composuit & dictavit de diversis scientiis, divinis scilicet & humanis.

Donum autem scientiæ & intelligentiæ collatum divinitus S. Thomæ evidentius declaratur in multiplici opere scripturarum, qui ut scriba doctissimus, de thesauro cordis sui protulit nova & vetera, de novo scilicet & veteri testamento, & abscondita produxit in lucem diversarum scripturarū. Numerus autem & nomina librorum quos ad Dei laudem & fidei dilatationem, eruditionemque studentium ipse conscripsit in sequentibus conscribuntur.

Scripsit enim super quatuor libros Sententiarum quatuor volumina, opus siquidem stilo disertum, intellectu profundum, intelligentia clarum, & novis articulis dilatatum.

Primum incipit, *Ego sapientiæ effudi flumina.*
Secundum incipit: *Spiritus ejus ornavit cælos.*
Tertium incipit: *Ad locum unde exeunt flumina revertentur.*
Quartum incipit: *Misit verbum suum & sanavit eos.*

Cumque post tres annos sui magisterii rediisset in Italiam, existens Romæ scripsit iterum super primum sententiarum, sicut testatur in chronica sua frater Bartholomæus episcopus Corsulanus, qui diutius auditor ejus fuit, asserens se vidisse in conventu Lucano, quod nunc non invenitur, quia clam

De Summa theologiæ.

Scripsit & admirabilem Summam totius theologiæ, quam pluribus materiis, & articulis ampliavit, & aliter quam in scriptis suis secundum exigentiam materiæ prioribus miro & convenienti ordine per quæstiones & articulos distinxit, subtilioribus rationibus ipsos determinans & declarans, quos sanctorum doctorum auctoritatibus roboravit, & philosophorum dictis ornavit, fundavit & communivit. In quo opere cunctis theologiam ad plenum scire desiderantibus sic utiliter laboravit, quod viam sciendi & comprehendendi facilem, modumque compendiosum prius ignotum adinvenit & tradidit, non absque infusione doni gratiæ specialis. Summam autem prædictam in tres partes distinxit, scilicet in naturalem, moralem & sacramentalem. In prima agit & definit de naturis rerum; primo de divinis, secundo autem de rebus creatis, & intitulatur *Prima pars Summæ*. Secundam autem partem moralem divisit in duo volumina, in quorum primo agit & diffinit de virtutibus & vitiis & aliis ad moralem materiam pertinentibus in communi, & intitulatur *Prima secundæ*. In secundo vero volumine descendit ad materias virtutum & vitiorum, & diversorum hominum statum, & intitulatur *Secunda Secundæ* respectu ejusdem materiæ. Tertia autem pars Summæ est quartum volumen ejusdem, quæ ideo Sacramentalis vocatur, quia in ea agitur de sacramentis Christi & ecclesiæ, & de toto mysterio Incarnationis Filii Dei, & intitulatur *Ultima pars Summæ*, quia finis est aliarum, & ultimo facta fuit. Quam cum scriberet in conventu Neapolitano, & in capella S. Nicolai ejusdem conventus oraret, frater Dominicus sacrista vidit ipsum in oratione positum quasi duobus a terra cubitis in aëre elevatum. Super quo frater ille diu admirans, subito audivit ab imagine crucifixi, ad quam conversus sanctus doctor orabat, prolatam clarius istam vocem: *Bene scripsisti de me, Thoma, quam ergo recipies pro tuo labore mercedem.* Scripserat enim de Christi Incarnatione, Nativitate, Passione, Resurrectione & Ascensione. Et respondit Thomas: *Non aliam mercedem accipiam nisi teipsum.* Et quia a Domino facta est de mercede quæstio, dabatur intelligi de propinquo labore suo fore terminum imponendum. Nam revera postea pauca scripsit, & scribendi & vitæ suæ cito finem fecit. Ideo præventus morte dictam tertiam partem incompletam reliquit. Unde certe vera & fide digna doctoris hujus approbata doctrina, quæ divina revelatione suscipitur, & veritatis verbo approbatur.

Prima pars Summæ incipit: *Quia catholicæ veritatis doctor.*

Prima Secundæ incipit: *Quia sicut dicit Damascenus.*

Secunda Secundæ incipit: *Post communem considerationem.*

Ultima pars incipit: *Quia Salvator noster.*

De Summa contra gentiles.

Scripsit etiam Summam quæ intitulatur Contra gentiles, in qua sic hæreticorum errores scripturarum sua falce acutissima exstirpavit, sic contra paganorum & gentilium stultitiam arcu & gladio doctrinæ suæ prævaluit, quod de tali conflictu sibi hactenus nullus fuit similis. Gessit enim typum luciferi splendens in coetu nubium plus quam doctores ceteri, purgans dogma gentilium. Est autem opus illud stilo disertissimo & rationum novitate & subtilitate profundissimo. In quo præcipue opere cum ipsum scriberet, frequenter detentus est, a sensibus exterioribus sic abstractus, ut videretur totaliter divinis intentus. Unde invitatus Parisius a beatissimo rege Francorum LUDOVICO, recedensque de studio suo, cum imaginatione quam contra hæresim Manichæi præconceperat, quam tunc temporis impugnabat, sedensque in mensa regis juxta eum, subito virtute sibi divinitus inspirata, super mensa manu percutiens dixit: *Modo conclusum est contra hæresim Manichæi,* vocansque socium suum ex nomine ait: *Surge & scribe,* quasi esset in studio cellæ suæ. Prior autem istius conventus, qui ipsum sociaverat, tangens cum manu, dixit: *Animadvertatis, magister, quia nunc estis in regis Franciæ mensa, & non in cella;* qui ad se rediens, & advertens ubi erat, inclinans se ad regem humiliter ait: *Parcatis mihi, domine mi rex, quia credebam me esse in studio, ubi contra Manichæi hæresim incæperam cogitare.* De quo sanctus rex fuit plurimum admiratus & ædificatus, quod in homine fieret tantus per Spiritum raptus mentis, quem non impediret in aliquo sensus carnis. Tunc sanctus rex, vocato scriptore, mandavit ei quod statim scriberet quæ doctori sancto fuerant divinitus revelata. Istam autem Summam in quatuor libros distinxit qui incipiunt:

Primus liber, *Veritatem meditabitur.*
Secundus, *Meditatus sum in omnibus operibus tuis.*
Tertius, *Deus magnus Dominus.*
Quartus, *Ecce hæc ex parte dicta sunt.*

De quæstionibus disputatis.

Scripsit etiam idem doctor non parva volumina quæstionum theologicarum de diversis materiis, per diversos articulos distinguens & prosequens & elucidans veritatem, quas in septem partes distinxit, & vocantur Quæstiones disputatæ, scilicet:

Quæstiones de potentia Dei.
Quæstiones de unione Verbi Incarnati.
Quæstiones de veritate.
Quæstiones de malo.
Quæstiones de spiritualibus creaturis.
Quæstiones de anima.
Quæstiones de virtutibus.
Item scripsit xi. quolibeta.

De sacramento Corporis Christi.

Item, ad mandatum Domini Urbani papæ dictavit & ordinavit totum officium ecclesiasticum de festo & octavis Corporis Christi.

Item, scripsit librum de sacramento Eucharistiæ, & dimensionibus & accidentibus sine subjecto existentibus, ad rogatum magistrorum Parisiensium. Cum autem de Corpore Christi scripsit quæ sibi divinus Spiritus revelavit, in ecclesia istius conventus, cum quaterno ad altare oraturus accessit, & super altare coram Christo, tamquam summo magistro, quaterno ipso apposito, flexis genibus oravit: mira res! mox ibidem Christus visibiliter apparens, a socio sancti doctoris & aliquibus aliis fratribus ipsum devotionis gratia observantibus, super quaternum stans in altari conspicitur, taliter alloquens sanctum suum: *Bene de hoc Corporis mei sacramento scripsisti, Thoma, & determinasti, sicut ab homine in mortali vita degente potest intelligi, & humanitus definiri.* Quo diutius in oratione persistente, visus est doctor prædictus, quasi per unum cubitum a terra in aëre elevatus. Ad quod prodigium intuendum prior conventus & alii plures fratres convocati venientes, corporalibus oculis aspexerunt.

De libris Bibliæ.

Scripsit & ad mandatum Urbani papæ super quatuor evangelia opus insigne, miro contextum ordine ex dictis & auctoritatibus sanctorum, in quibus sic uniuscujusque evangelistarum quatuor est continuata historia, quasi unius doctoris videatur esse lectura.

Opus super Matthæum incipit: *Sanctissimo ac reverendissimo domino.*

Super Marcum; *Reverendo in Christo patri domino Ambaldo.*

Super Lucam: *Inter cetera Incarnationis mysteria.*

Super Johannem: *Diem visionis subtilitate illustratus.*

Item scripsit Postillam super Johannem. Incipit: *Vidi Dominum sedentem,* & hoc per modum lecturæ.

Item scripsit Postillam super Matthæum eodem modo.

Item Expositionem super evangelia totius anni.

Item scripsit super epistolas Pauli ad Romanos, ad Corinthios, ad Galatas, ad Ephesios, ad Philippenses, ad Colossenses, ad Thessalonicenses, ad Timotheum, ad Titum, ad Philemonem, ad Hebræos.

Super quas epistolas cum Parisius scriberet, & quippiam sibi obscurius occurrebat, emissis scriptoribus, in oratione se prosternebat, & tunc clarum illi erat quod obscurum antea fuerat. Frater Paulus de Aquila vidit S. Thomam in scriptis legentem & Paulum apostolum ad eum venientem, & scholas ejus intrantem: cui cum S. Thomas de cathedra descendens ei vellet occurrere, Paulus mandavit, quod legeret & prosequeretur quam incoeperat lectionem. Quem S. Thomas rogavit, ut ei diceret, an in epistolis suis verum habuisset intellectum. Cui Paulus respondit: Plenum habuisti de illis intellectum, sicut potest quis vivens in corpore habere.

Item scripsit super Job ad litteram, in quem nullus doctor ante eum litteraliter, sic sicut ipse exponere attentavit.

Item incoepit scribere super Psalterium, & scripsit super tres primos nocturnos, & praeventus morte remansit incompletum. Incipit: *In omni opere suo dedit confessionem sancto.*

Item scripsit super Isaiam prophetam, & cum scriberet prophetiae ejus mysteria exponendo, pervenit ad quemdam libri textum sibi difficilem: quem cum non posset intelligere, nec profunditatem sensus scripturae propheticae penetrare, orationi se contulit, & sanctis apostolis Petro & Paulo recommendavit: qui eidem visibiliter apparentes, de textu dubio plenissime instruxerunt. O vere felix doctor! cui divinae scripturae coeli clavicularius aperuit ostium, & ascensor coeli Paulus doctor ille mirabilis docuit in veritate secretum. O felix doctor! hospes mundi & civis coeli, qui cum coelestibus civibus loquitur, dum adhuc in corpore peregrinatur.

Item scripsit super Jeremiam.
Item scripsit super librum Threnorum.
Item super Cantica Canticorum.

De expositione aliquorum scriptorum.

Item, super librum Dionysii de Coelesti Hierarchia.
Item, de Ecclesiastica Hierarchia.
Item, de Divinis nominibus.
Item, de Mystica theologia.
Item, super omnes epistolas ejusdem.
Item, scripsit super librum Boëtii de Hebdomadibus. Incipit: *Praecurrit prior in domum tuam.*

Item, scripsit super librum Boëtii de veritate & incipit: *Ab initio nativitatis meae investigabo.* Cumque librum istum exponeret, candelam accensam in manu tenens, sic in contemplatione est abstractus, quod candela ardens consumta est usque ad digitos manus ejus, quibus ignem candelae diutius inhaerentem non sensit. Sed ipsum sine aliquo motu digitorum sustinuit, donec defecit. Inhibuerat enim scriptori suo, ut ipsum nullatenus vocaret quicquid in ipso videretur. Simile de ipso Parisius saepius visum est. Erat enim mirabile videre hominem sensibus utentem, & cum sensibilibus conversantem, subito rapi, & mente abstrahi, & quasi ab hominibus separari & ad coelestia elevari, quasi non esset ubi corporaliter sisteret, sed ubi mentaliter inhaereret.

De aliquibus aliis expositionibus.

Item, scripsit super Salutationem Angelicam, scilicet *Ave Maria*. Incipit: *In ista salutatione tria continentur.*

Item, scripsit Expositionem orationis Dominicae, scilicet *Pater noster*. Incipit: *Inter alias orationes Dominica oratio principaliter invenitur.*

Item, scripsit super primam decretalem *de Summa Trinitate, Firmiter tenemus*. Incipit: *Salvator noster.*

Item, scripsit super decretalem *Damnamus & reprobamus*. Incipit: *Exposita forma catholicae fidei.*

De aliquibus aliis libris.

Item, scripsit librum qui intitulatur *Compendium theologiae* ad fratrem Reginaldum, qui incipit: *Aeterni Patris Filius*. Et quia morte praeventus est, opus remansit incompletum.

Item, librum de perfectione religionis Christianae. Incipit: *Christiana religionis propositum.*

Item, librum de perfectione vitae spiritualis. Incipit: *Quoniam quidam perfectionis ignari.*

Item, librum de praeceptis & necessitate legis amoris. Incipit: *Tria sunt necessaria.*

Item, librum contra impugnantes religiosos. Incipit: *Ecce inimici tui sonuerunt.*

Item, librum contra errores Graecorum ad Urbanum papam. Incipit: *Libellum ab excellentia vestra modo exhibitum.*

Item, de articulis fidei & ecclesiae sacramentis ad archiepiscopum Parnomitanum. Incipit: *Postulavit a me vestra dilectio, ut de articulis fidei & ecclesiae sacramentis.*

Item, librum de articulis fidei contra Graecos, Armenos & Saracenos, ad Cantorem Antiochenum. Incipit: *Beatus Petrus apostolus.*

Item, librum de forma absolutionis sacramentalis ad magistrum ordinis Praedicatorum. Incipit: *Perlecto libello.*

Item, librum quadraginta trium quaestionum ad lectorem Venetum. Incipit: *Lectis litteris vestris inveni.*

Item, librum ubi continetur responsio ad multos articulos, ad fratrem Gerardum lectorem Bisuntinum. Incipit: *Carissimo sibi in Christo.*

Item, librum de substantiis separatis, scilicet angelis, ad fratrem Raynaldum. Incipit:

pit: *Quia sacris angelorum solemniis.*

Item, librum de regimine principum ad regem Cypri. Incipit: *Cogitanti mihi quid offerre regiæ celsitudini dignum.*

Item, librum de regimine Judæorum ad duciſſam Brabantiæ. Incipit: *Excellentiæ vestræ recepi litteras.*

Item, librum de origine & perpetuitate mundi. Incipit: *Suppoſito ſecundum fidem.*

Item, librum de Sortibus, ubi ſcilicet illis utendum, ad dominum Jacobum de Burgo. Incipit: *Poſtulavit a me veſtra dilectio.*

Et cum ab eodem divino intellectu omnium ſcientiarum ſecreta prodeant, a quo divinæ ſapientiæ veritates emanant, cui omnes ſcientiæ jure ſubſerviunt, ut ancillæ, ſanctus doctor ſcripſit multa de ſcientiis philoſophicis & habemus videlicet.

De Logica, Philoſophia & Metaphyſica.

Super librum Perihermenias.

Item, ſuper librum Poſteriorum.

Item, ſuper octo libros Phyſicorum.

Item, ſuper tres libros de cœlo & mundo, quia morte præventus non ſcripſit ſuper quartum.

Item, ſuper duos libros de generatione & corruptione.

Item, ſuper duos libros meteorum ſolum, quia morte præventus non ſcripſit ſuper tertium & quartum.

Item, ſuper tres libros de anima.

Item, ſuper librum de ſenſu & ſenſato.

Item, ſuper librum de memoria & reminiſcentia.

Item, ſuper librum de ſomno & vigilia.

Item, ſuper librum de morte & vita, & ſuper alia parva naturalia.

Item, ſuper xii. libros Mathematicæ.

Item, ſuper librum cauſarum.

Item, libros quatuor Ethicorum.

Item, ſuper libros Politicorum quatuor, quia præventus eſt morte & alios non complevit.

In exponendo autem litteraliter Ariſtotelem non habuit æqualem, unde a philoſophis *Expoſitor* per excellentiam nominatur.

Item, ſcripſit librum de quatuor oppoſitis? qui incipit: *Quatuor ſunt oppoſitiones.*

Item, librum de modalibus propoſitionibus, incipitque: *Propoſitio modalis.*

Item, de fallaciis ad quoſdam artiſtas, incipitque *Logica eſt rationalis ſcientia.*

Item, de demonſtratione. Incipit: *Ad habendam cognitionem.*

Item, librum de principiis naturæ ad fratrem Silveſtrum. Incipit: *Quia aliud poteſt eſſe, nec ſit.*

Item, librum de natura materiæ. Incipit: *Quoniam de principiis ſermo habitus eſt.*

Item, librum de natura inſtantis. Incipit: *Quoniam omnem durationem comitatur inſtans.*

Item, librum de fato. Incipit: *Quæritur de fato quid ſit.*

Item, librum de actionibus & operationibus occultis naturæ ad quemdam militem. Incipit: *Quoniam in quibuſdam naturalibus.*

Item, librum de motu cordis ad magiſtrum Philippum de Caſtiscœli: Incipit: *Quoniam omne quod movetur.*

Item, librum de Verbo. Incipit: *Ad intellectum hujus nominis quod dicitur Verbum.*

Item, librum de natura verbi Intellectus. Incipit: *Quoniam circa naturam intellectus.*

Item, librum contra Averroiſtas, de unitate intellectus. Incipit: *Omnes homines naturaliter ſcire deſiderant.*

Item, de mixtione elementorum in mixto ad magiſtrum Philippum. Incipit: *Dubium apud multos eſſe ſolet.*

Item, librum de Judiciis aſtrorum ad fratrem Raynaldum. Incipit: *Quia petiſti ut tibi ſcriberem.*

Item, librum de principio individuationis. Incipit: *Quoniam quæ ſunt potentiæ cognoſcitivæ in homine.*

Item, librum de quidditate entium, ſicut de eſſe & eſſentia. Incipit: *Quoniam parvus error in principio.*

Aliqua alia opera appropriantur ſancto doctori, quæ ipſe non fecit. Sed aliqui doctores ſui ſequaces ex ejus dictis, & ideo beati Thomæ opera nominantur.

Sequuntur ſpeciales orationes nimis devotæ a B. Thoma compoſitæ & dictatæ, quas certis temporibus Deo offerebat.

Quandocumque celebrabat, antequam indueretur orabat.

Omnipotens & miſericors Deus, ecce accedo ad Sacramentum Filii tui Domini noſtri Jesu Christi, *accedo, inquam, infirmus ad medicum vitæ, immundus ad fontem miſericordiæ, cæcus ad lumen claritatis æternæ, egenus ad Dominum cœli & terræ, nudus ad regem gloriæ. Rogo ergo immenſæ largitatis tuæ abundantiam, quatenus meam digneris ſanare infirmitatem, lavare fœditatem, ut panem Angelorum, Regem regum, & Dominum dominantium, tanta reverentia & tremore, tanta ſuſcipiam contritione & amore, tanta fide & puritate, tali propoſito & humilitate, ſicut expedit ſaluti animæ meæ. Da mihi, quæſo, illius Dominici corporis non ſolum ſuſcipere Sacramentum, ſed & virtutem Sacramenti. O mitiſſime Deus, da mihi ſuſcipere corpus unigeniti Filii tui Domini noſtri* Jesu Christi *quod traxit de Virgine* Maria, *ut merear corpori ſuo myſtico incorporari, ac inter ejus membra ſalubriter numerari. O pater amantiſſime, concede mihi dilectum Filium tuum, quem nunc velatum aſpicio, ſuſcipere in via, revelata tandem facie in patria contemplari; qui tecum vivit & regnat Deus per omnia ſæcula ſæculorum. Amen.*

Ante communionem cum Corpus Chriſti

dum celebrabat tenebat in manibus, sic orabat.

Adoro te digne latens Deitas, quæ sub his figuris vere latitas, &c.

Quando audiebat missam, in elevatione Corporis Christi orabat.

Tu rex gloriæ Christe, tu Patris sempiternus es Filius, & cetera usque in finem.

In secreta contemplatione flexis genibus sic orabat.

Concede mihi, misericors Deus, quæ tibi sunt placita ardenter concupiscere, prudenter investigare, veraciter agnoscere, & perfectè implere ad gloriam & laudem nominis tui. Ordina statum meum, & quod a me requiris ut faciam, tribue ut sciam, & da exequi ut oportet & expedit saluti animæ meæ. Via mihi ad te tuta sit, recta, grata, & confirmata, non deficiens inter prospera & adversa: ut & in prosperis tibi gratias referam, & in adversis tibi servem patientiam, ut in illis non extollar, & in istis non deprimar; de nullo gaudeam aut doleam, nisi quod promoveat ad te, vel abducat a te. Nulli placere appetam, nec displicere timeam, nisi tibi. Vilescant mihi omnia transitoria propter te, Domine; & cara mihi sint omnia tua, & tu Domine, plusquam omnia. Tædeat gaudii quod est sine te, nec cupiam aliquid quod sit extra te. Delectet me labor qui est pro te, tædiosa sit mihi omnis quies quæ non est in te. Frequenter da cor meum ad te dirigere, & in defectione mea cum emendationis proposito dolendo pensare. Fac me, Domine Deus meus, humilem sine fictione, hilarem sine dissolutione, tristem sine dejectione, maturum sine gravitate, agilem sine levitate, veracem sine duplicitate, te timentem sine desperatione, in te sperantem sine præsumtione, proximum corrigere sine simulatione, ipsum ædificare verbo & exemplo sine elevatione, obedientem sine contradictione, patientem sine murmuratione. Da mihi, dulcissime Deus, cor pervigil, quod nulla a te abducat curiosa cogitatio. Da nobile, quod nulla trahat deorsum indigna affectio. Da rectum, quod nulla seorsum obliquet sinistra intentio. Da firmum, quod nulla frangat tribulatio. Da liberum, quod nulla sibi vindicet violenta affectio. Largire mihi, Domine Deus meus, intellectum te cognoscentem, diligentiam te quærentem, sapientiam te invenientem, conversationem tibi placentem, perseverantiam fidenter te expectantem, & fiduciam te finaliter amplectentem; tuis pœnis hic affigi per pœnitentiam, tuis beneficiis in via uti per gratiam, tuis gaudiis inprimis in patria perfrui per gloriam, qui vivis & regnas Deus per omnia sæcula sæculorum. Amen.

Antequam prædicaret, studeret, legeret, vel dictaret, sic orabat.

Creator ineffabilis, qui de thesauris sapientiæ tuæ novem angelorum hierarchias advocasti, & eas super cælum empyreum miro ordine collocasti, atque elegantissime partes uni-versi disposuisti. Tu, inquam, qui verus fons lucis & sapientiæ diceris, atque supereminens principium, infundere digneris super intellectus mei tenebras tuæ radium claritatis, duplicem in qua natus sum removens privationem & tenebram, peccatum scilicet & ignorantiam. Qui linguas infantium facis disertas, linguam meam erudias, atque in labiis gratiam tuæ benedictionis infundas. Da mihi intelligendi acumen, retinendi capacitatem, interpretandi subtilitatem, abjiciendi facilitatem, loquendi gratiam copiosam; ingressum instruas, progressum dirigas, egressum complеas. Qui cum Patre & Spiritu sancto vivis & regnas Deus laudabilis & gloriosus, & benedictus in infinita sæcula sæculorum. Amen.

Contra coruscationes tempestates, & tonitrua sic dicebat. In terroribus autem aëris & tonitrui & tempestatis, quasi pro scuto, se muniens signo Crucis, dicebat: *Deus in carne venit, Deus pro nobis mortuus est & resurrexit.*

Littera quam misit Universitas Parisiensis capitulo generali fratrum Prædicatorum de obitu B. Thomæ de Aquino, ubi petit corpus suum & aliquos libros ejusdem doctoris.

Venerabilibus in Christo patribus, magistris & provincialibus ordinis fratrum Prædicatorum, ac universis fratribus aggregatis in capitulo generali Lugduni, rector Universitatis Parisiensis, & procuratores ceterique magistri Parisius actu regentes in artibus, salutem in eo qui salubriter universa disponit, & sapienter toti providet universo.

Singultuoso clamore totius ecclesiæ universale dispendium, necnon & Parisiensis studii manifestam desolationem lacrymabiliter deplangimus, & his diebus prælegimus in communi non immerito deplorare. Heu! heu! quis det nobis ut repræsentare possimus Jeremiæ lamentum, qui supra solitum modum in mentes deinceps singulorum inauditam extasim causans & inæstimabilem stuporem adducens, demum viscerum nostrorum interiora transfodit, & quasi lethaliter cordium intima penetravit? Fatemur, vix valemus exprimere, amor noster trahit, sed dolor & vehemens angustia dicere nos compellit ex communi relatu & certo rumore multorum nos scire doctorem venerabilem fratrem Thomam de Aquino *ab hoc sæculo fuisse vocatum. Quis posset æstimare divinam providentiam permisisse stellam matutinam præeminentem in mundo, jubar in lucem sæculi, immo, ut verius dicamus, luminare majus, quod præerat diei, suos radios retraxisse? Plane non inutiliter judicamus solem suum revocasse fulgorem & passum fuisse umbrosam eclipsim, dum toti ecclesiæ tanti splendoris radius est subtractus. Et licet non ignoramus conditorem nostrum ipsum toti mundo ad tempus speciali privilegio concessisse: nihilominus si antiquorum philosophorum auctoritatibus vellemus inniti, cum* videbatur simpliciter posuisse ad ipsius occulta elucidanda. Et cur frustra nunc verbis talibus immoremur? Cum eum a vestro collegio generali capitulo vestro Florentiæ (a) celebrato, licet requisitum instantius, proh dolor! non potuimus obtinere; tum ad tanti clerici, tanti patris, tanti doctoris personam non existentes ingrati, devotum habentes affectum, quem vivum non potuimus retrahere, ipsius jam defuncti ossa a vobis humiliter pro maximo munere postulamus. Quoniam omnino est indecens & indignum, ut altera ratio aut locus, quam omnium studiorum nobilissima Parisiensis civitas, quæ ipsum prius educavit, nutrivit & fovit, & postmodum ab eo doctrinæ documenta & ineffabilia fomenta suscepit, ossa inhumata habeat & sepulta. Si enim merito etiam ossa & reliquias sanctorum honorat, nobis non sine causa videtur honestum & sanctum tanti doctoris corpus in perpetuum penes nos haberi in honorem, ut cujus famam apud nos scripta perpetuant, ejusdem perseverans memoria sepulturæ ipsorum in cordibus successorum nostrorum stabiliat sine fine. Ceterum sperantes quod obtemperetis nobis cum effectu in petitione devota, humiliter supplicamus, ut cum quædam scripta ad philosophiam spectantia Parisius inchoata ab eo in suo recessu reliquerit imperfecta, & ipsum credamus ubi transflatas fuerat complevisse, nobis benivolentia vestra cito communicari procuretis, & specialiter super librum Simplicii, super librum de Cœlo & Mundo & expositionem Timæi Platonis & de Aquarum conductibus, & ingeniis rigendis, (b) de quibus nobis mittendis speciali promissione fecerat mentionem. Si qua similiter ad logicam pertinentia composuit, sicut quando recessit a nobis humiliter petivimus ab eodem, vestra benignitas nostro communicare collegio dignetur, & sicut melius vestra discretio novit, in hoc nequam sæculo periculis multis sumus expositi, fraterniter precibus devotis exposcimus, ut in hoc vestro capitulo speciali affectu, nos orationum vestrarum suffragio supportetis. Hanc autem litteram sigillis rectoris & procuratorum volumus sigillari. Datum Parisius anno Domini MCCLXXIV. die Mercurii ante inventionem S. Crucis.

Ista sunt nomina fratrum primo legentium sententias Parisius in duabus scholis theologiæ ordini prædicto concessis, qui & post fuerunt in theologia doctores solemnes & magistri, & legerunt ordine subscripto.

Frater Rolandus Cremonensis.
Frater Helias, Gallicus.
Frater Albertus, Teutonicus, qui propter incomparabilem sui sapientiam, postea cognominatus est Magnus.

(a) Celebratum fuit hoc generale capitulum anno 1272. biennio antequam e vivis excederet S. Thomas.
(b) Ex his libris soli comparent hodie libri de cœlo & mundo, at nihil prorsus de opere super librum Simplicii, de expositione Timæi Platonis, de Aquæductibus & ingeniis erigendis.

Vet. Script. & Mon. ampl. Collect. Tom. VI.

Frater Gaufridus de Blanello, Gallicus.
Frater Hugo, Metensis.
Frater Johannes Pungens-asinum, Parisiensis.
Frater Stephanus de Barnesa, Autissiodorensis.
Frater Bonus-Homo, Brito.
Frater Guerricus, Picardus.
Frater Hugo de S. Carro, Burgundus.
Frater Florentius de Hedino.
Frater Thomas de Aquino, Apulus, Sanctus.
Frater Guillelmus de Altona, Anglicus.
Frater Bambaldus, Romanus.
Frater Baldewinus de Maflis, Picardus.
Frater Petrus de Tarentasia papa.
Frater Bartholomæus, Turonensis.
Frater Guillelmus de Stampis.
Frater Petrus de Confleto, Burgundus.
Frater Guillelmus de Quintiano.
Frater Johannes de Allodio, Aurelianensis.
Frater Johannes de Verziaco, Autissiodorensis.
Frater Ferrarius, Arragonensis.
Frater Guillelmus de Tornaco, Picardus.
Frater Johannes de Turno, Normannus.
Frater Berengarius, provinciæ Tolosanæ.
Frater Guillelmus de *Hodon*, Anglicus.
Frater Guillelmus de Lexovio, Burgundus.
Frater Guillelmus de Magno Salu, Brito.
Frater Thomas de Lucido, de Monte-Cathino.
Frater Hugo de Bilionio, Alvernus.
Frater Gillebertus de Honis, Flammingus.
Frater Bernardus de Tralia, Vermansensis.
Frater Dominicus, Hispanus.
Frater Theodericus, Teutonicus.
Frater Bertrandus de S. Floro.
Frater Stephanus de Bisuntio.
Frater Oliverius, Trecoriensis Brito.
Frater Remundus *Guille* de Terasconia.
Frater Romanus de Roma.

In codice S. Victoris, unde hæc descripsimus, sequitur vita Alberti-Magni, tum libellus de scriptoribus ordinis fratrum Prædicatorum, ex quibus prætermissi ab erudito viro Jacobo Eschard in bibliotheca fratrum Prædicatorum memorantur AMBALDUS Romanus cardinalis, & LATINUS cardinalis episcopus Ostiensis, scripsisse in sententias. Tum ad calcem hæc leguntur:

Compilatum est hoc opus per fratrem Ludovicum de Valle-Oleti, regni Castellæ provinciæ Hispaniæ, & scripsit hæc frater Petrus Girardi, Flammingus. *Codex est annorum circiter* 300.

PAULI FLORENTINI
DIALOGUS
DE ORIGINE ORDINIS SERVITARUM.

Eruit Mabillonius ex bibliotheca Laurentiana.

ADMONITIO MABILLONII
IN DIALOGUM SEQUENTEM.

ORDINIS *Servorum beatæ Mariæ, quos* Servitas *vulgus appellat, primordia describit, atque ad annum* MCCXXVIII. *revocat Paulus ejusdem ordinis in Dialogo sequente, quem Petro Mediceo, Cosmi senioris filio, inscripsit. Interlocutores Petrus ipse, atque Marianus ex præfecto cœnobii, quod ab Annuntiata Florentini vocant, episcopus Cortonensis ab anno* MCCCCLV. *Ordinis prædicti cunabula per Philippum Benitium in eadem æde fuere, cujus nova basilica ab ipsomet Petro Mediceo eleganti opere condita est. Caput ordinis nihilominus in Senaro seu Senario monte, decimo a Florentia milliari, ubi hactenus viget illa religio. In æde Annunciata celebratur imago beatissimæ Virginis, quæ a Bartholomæo pictore incœpta, angelica manu perfecta dicitur a Paulo hujusce Dialogi scriptore. Johannem pictorem vocat Johannes alter ordinis Prædicatorum, qui tres libros de vita Deiparæ, quartum de Florentinis ecclesiis eidem nuncupatis metrice scripsit. Ex quarto libro ea subjiciemus hoc loco, quæ tum ad commendandam Annuntiatæ celebrem basilicam, tum ad illustranda Servorum beatæ Mariæ primordia possunt conducere. Gianius scripsit Servitarum Annales, quos lector consulere potest.*

DIALOGUS FRATRIS PAULI
Florentini de origine ordinis Servorum ad Petrum Cosmæ, incipit.

CUm ad Petrum Cosmæ, virum quippe aspectu jucundum, & multarum rerum periculo gravem, Marianus antistes fama & gloria celebris, aliquando venisset, ejusque comitandi causa Leonardus eodem pervenisset; inauditam inusitatamque omnium rerum cognitionem, & denique incredibilem ac pene divinam ejusdem Cortonensis episcopi sapientiam suis auribus intonasse exploratæ scientiæ est, ut nullius ingenii tantum sit officium, nulla dicendi aut scribendi auctoritas, quæ pro rei hominumque dignitate laudem dignam exornare posset. Mutua enim in divâ Virginê quadam Petrus caritate flagrans prior Marianum affari cœpit. Quæ non humana, sed divina ultro citroque protulerunt, narrando digeram. At præceptor noster Leonardus rediens, & talium verborum dulcedine captus, hæc admiratione dignissima commemorans, ait : Vellesne, ô Paule, id litteris mandare, quod maximum religionis nostræ decus & jubar immortale sit? Ego vero te docebo omnia hæc, quæ a clarissimis viris effusa fuere. Cum vero infinita in me officia contulerit, ut redditam haud umquam gratiam putem: ei plane resistere inhumanitatis apparebat. In his ipsis quæ relata sunt, par rebus ingenium mihi dari vellem, cujus gratia tantorum virorum doctrinam mortalibus cognoscendam traderem. Quare humanarum divinarumque rerum auctor, pariterque mortalium omnium Genitrix, ferte opem : non ut singula divinum ingenium exigentia narrem; sed incredibilium partem consequi possim, tum præceptori Leonardo obtemperandi gratia, tum vel maxime divæ Virgini sui viduitatem gestantes extollendo morem geram. Rem igitur dilucidam ante oculos ponere festino, si unum illud admonuero, ob novarum præclarissimarumque rerum varietatem. Rem jam ut aggrediar, hoc iterum iterumque legendum.

LIBRI PRINCIPIUM.

M. Efflagitasti ex me sæpenumero, Petre, quod nostri ordinis exordium, quæ dignitas & approbatio sit, cum ceteris longe inferiores esse censeamur. Quare non parva diligentia, & vetustarum rerum eximia cura, si quid antiquitatis ordinis reperi, tibi notum facere curo. Quod postquam intellexi, tametsi antea sponte mea satis accurate studio visendi cuncta lustraverim : tamen cognito desiderio tuo, omnia perscrutatus sum, & quam diligentissime potui, singula quæque prosperi, ut tuæ quam accumulatissime satisfacerem voluntati. Ideo nunc respondendum videtur. Nam ambo ociosi hic cum tranquillitate versamur, si eadem apud te sententia manet.

P. Nihil, inquit ille, acceptius aut gratius accidere poterat, quam eorum laudes accipere, quos me non modo dilexisse, verum & amasse constat. Tanta est enim magnitudo gaudii & desiderii, ut singula jam audisse peroptarem : hucusque fruendæ lætitiæ voluntate vehementer ardeo.

M. Tunc Marianus sic loqui cœpit : Mihi quidem perspicue videtur, ô Petre, ordinem nostrum celeberrimum constare divæ Virginis numine, sanctorum virorum laude, & rerum gestarum ab antiquis splendore.

P. Ad hoc respondens Petrus : Et quidem, inquit, ô Mariane, nil aliud reperiri posse puto, præter quod a te commemoratum est, unde magis ordines augeantur roborentur-

que. Verum nil adhuc compertum est, cur vos ceteros eodem obedientiæ jugo detentos antecellatis. Animadverti enim reliquos Dei cultores singulare quoddam refugium, morum, virtutum & sanctimoniæ exemplum habuisse, velut firmissimam columnam, & totius ordinis fundamentum : quo plerumque magnificari, & ad sidera usque tolli solent ob præclaram rerum gestarum memoriam, laudemque indicibilem consecutam. Vobis autem qui sanctorum virorum celeberrimus adsit, penitus ignoro.

M. Hic arridens Marianus : Quid narras, inquit ? Nam si ita est, cur mortales longe majora a diva Virgine quam ab alio quovis sanctorum exorarunt? Cur gratiæ & pietatis fons merito nuncupatur, ad quam omnes velut ad singulare solatium & cœlestis vitæ fruendæ desiderium affectant? cujus nos cultores electi non secus aliorum residuum anteimus, atque sanctorum choris ipsa Genitrix Dei superfit. Sed vulgus nequaquam mirum est si decipiatur, cum vos sapientes in hoc plerumque errare admirer. Ego plane doctus experientia rerum, hoc tibi affirmare possum, qui Virginis fervore & caritate tepidi sunt, eum vitæ cursum tenuisse, ut numquam ad felicem patriam absque purgatione pervenire valeant. In hoc enim, ut mihi videtur, ceteris maxime præsumus, quod humanarum divinarumque rerum & immortalis Dei Genitrice parentis loco fruimur, nobis celeberrimi sanctitate viri favent, ex quibus cuncta miraculorum genera effusa sunt. Ac proinde eorum gratia insignia templa, magnificæque ædes, non parva cum religiosorum corona, ea insuper potentia, ut facile flagitiosos subvertere, & bonis prodesse possimus.

P. Hæc cum audisset Petrus, probe mihi videris, inquit, ô Mariane, ista commemorasse. Nam nulla perfectior, nullave salubrior gratia est, quam quæ ex emanante officiorum fonte procedit. Ea quippe aperiens arcana, omnium rerum auctorem ad mortalium veniam provocat. Ideo animi est, quod asseris, & unum illud obsecro, ut talium virorum egregiam vitam & sanctimoniam aperire velis, ut si quæ in oculis tenebræ fuere, deleantur : quippe qui eorum jam amore & ingenti caritate flagro.

M. Tunc Marianus. Principio virginum Virgo suæ viduitatis memoriam deserere nolens, septem miræ sanctitatis viros & totidem Spiritus sancti donis repletos, tamquam sidera per universum terrarum orbem, virtutum & sanctimoniæ radium effundentia, ex omni civitate Florentia elegit, a quibus præclaram & egregiam originem ducimus; quorum memoria, vita, splendor, & sanctitatis laus, uti singulare ab omnibus exemplum imitandum relicta sunt; qui religionem hanc ita celebrem, ita decoram nobis vin-

Servitarum ordo a septe viris exordiu duxit.

dicarunt, qui hunc ordinem futuris nobis miro amore, mira providentia servaverunt, qui tantam ordinis gloriam in patrimonium reliquerunt, a quibus nondum nati, nondum visi, nondum creati unice dilecti sumus.

P. Fueruntne, inquit Petrus, hi septem viri ante religionis ingressum tanta reverentia & celebratione digni, ut tam vehementer accendaris. Intueor enim talium verborum persuasione, dulcedine, atque desiderio ante oculos meos astare fulgentissimam septem luminum coronam, non modo vestrum celeberrimum ordinem illustrantem, sed universum fere terrarum circuitum obumbrantem. Videor, inquam, ejus sanctitatis radiis obrui, ut mei ipsius nescius fiam.

M. In hoc quidem, inquit Marianus, tecum, ô Petre, facillime sentio, quod præ nimio gaudio, & narrantis aviditate, quæ dicuntur nonnumquam apud percipientium conspectum astare videntur. Aut ex ipsorum virorum sanctitate, cum eos in memoriam reducimus, hoc procreatur, quoniam non humana, sed divina laude digni comperti sunt; aut ex audientium desiderio. Hi itaque septem viri tanta in diva Virgine reverentia, ceremoniis, morum modestia, virtutum splendore, & sinceritate ornati fuerunt, quod totius civitatis firmissimas columnas mortales arbitrarentur. Hi ante MARIÆ Matris in animæ & corporis salute assumtam viduitate, cujusdam divæ Virginis consecratæ domus duces erant, a quibus ducenti viri & eo plus in celeberrima societate, admirandaque caritate rectam vivendi formam capere soliti erant, quo festis diebus major civium pars convenerat, objurgatisque ibidem culpis delictorum quisque suorum atrox punitor efficiebatur, cœlestis vitæ desiderio ducti.

P. At profecto vera esse censeo, quæ, ô Mariane profers, ubi præsertim per divinam spirationem loqui videaris. Sed qua voluntate ordinem istum exordiri decreverunt scire animo est, quippe qui hujus admirandæ rei gratia a somno & cibo desisterem.

Qui ad templum S. Petri de Casagio veniunt.

M. Cui respondit Marianus: Nonne celeberrimum hoc omnium auribus intonuit, gloriosam Dei Genitricem ordinis nostri principium, medium quoque extitisse & finem fore, atque ejus voluntate commemoranda quæque gesta fuisse? Demum hæc septem sidera, nunc huc ob populi multitudinem & impetum, nunc illuc migrabant. Denique ad templum S. Petri in Casagio, quod paraverat eis Virgo, devenerunt, ubi & nunc celeberrimum altare Annuntiatæ collocatum est, quod plurimum tua ope, tuaque industria extulisti. At paulo post, cum fama divulgaretur, Florentinam civitatem septem præclarissimos cives amisisse, cum præsertim major hominum pars eorum consilio & rerum gestarum proba auctoritate regeretur, non parva cordis anxietate angebatur, ejus vitæ ductores repente deseruisse.

P. Ex Florentiane oriundi, inquit Petrus, fuerunt hi viri?

M. Immo haud ex obscuro loco, respondit ille. His enim ob variarum & præclarissimarum rerum cognitionem, sanctique Spiritus effusionem non parva adhibebatur fides. Idcirco eximia sanctimonia mortales fieri diligenter eos inquirebant. Denique ut immortali Deo visum est, quantum invenientibus superabundaverit gaudii, tibi, ô Petre, excogitandum relinquo. Nam quanta delectatio sit, re investigata potiri, tibi opinor notum esse, quippe qui talium rerum periculum crebro feceris. Sed ad eos ut revertamur, cum cognitus esset locus, ubi versarentur, tam frequens virorum ac mulierum multitudo erat, quod præ nimio hominum sermone atque impetu, orandi locus minime daretur, ceterosque ætate primus alloquitur: « Gratiarum & pietatis fons uberrimus exorandus est, si quid salute dignum Virginique gratum peragere volumus, carissimi fratres. Equidem videre videor haud locum hunc acquirendæ saluti congruum fore. Huic summa rerum omnium opulentia est dulcissima & tranquilla, ut fœdetur paupertas. Neque tamen pauperum numero conglutinandi sunt, qui sine injuria suæ necessitati ire obviam possunt. Non ædes, non agros, non equos, non ulterius mancipium cupiamus, quæ adipisci difficilius & periculosius est, quam animam pretiosissimam rerum omnium gemmam, ea mortalium saluti obnoxia, continuam ruinam minari videntur. Hæc divitibus relinquenda: amplectenda est tutissima paupertas, totisque viribus conservanda: hominum confusionem deseramus. Non hic salutis exordium. Operæ pretium est antra deserti ad salutem facientia diligenter quamprimum adire. Illic enim pax & quies æterna; illic cœlestis vitæ fruendæ desiderium aderit, & omne bonum pro voluntate effundetur. Denique humanarum voluptatisque fertilium rerum nos habebit oblivio. » Ac paulo post speciosissima cœli regina eis in somnis affuit, quam intueri pro claritate vultus minime dabatur: sicque magnopere questi sunt. Heu miserum calamitosumque mundum, aiunt! Flagitia pro adipiscendis voluptatibus sectabamur, quod expedit relinquendo, sectando quod obest. Quos tanto mœrore & anxietate Virgo vexatos animadvertens, sic allocuta est: Quæ causa afflictionis est, cultores mei? Vestri enim consulendi gratia huc adventavi: quos ob meæ futuræ viduitatis memoriam diligo, dilexi, diligamque semper, atque indice *Scenarum montem ostendens, illic quietis & beatitudinis locus est, evanescens inquit. *le Mont senarum.

P. Volo etiam, ô Mariane, si illic umquam versatus es, loci amœnitatem narres, jam enim jucundiorem nullum ad acquirendum cœlestis regni iter arbitror.

Montis Senarum situs. M. Est mons, ô Petre, a Florentina urbe octo millia passuum distans, in cacumine planiciem in gyrum habens, unde fons pulcherrimus oritur, ex quo non parvam voluptatem caperes. Illuc igitur festinantes post debitam Virgini gratiarum actionem, beatitudinis desiderio adducti, nullum corporis aut animi laborem fugiunt, nullum periculum subire recusant; & tugurium quoddam suis manibus erexerunt: ubi cibo & somno parci, nonnumquam ad ipsa arcana contemplanda spiritus accendebantur: illic cœlestium rerum dulcedine fruebantur.

P. Vellem, ô Mariane, mihi habitus assumtionem narrari, an a Virgine, an a semet receperint. Videntur enim omnia, quæ a te commemorata fuere, nutu quodam divino gesta fuisse. Hoc quoque Matris MARIÆ præcepto perfectum arbitror.

Habitus formula Deiparæ antiquim. M. Cum immortali Deo, ô Petre, ejusque Genitrici visum est, hi septem viri Florentiam redierunt, crebrisque vigiliis, jejuniis, & orationibus operam navant, sui corporis habitum, vitæ modum & regulam peroptantes. Quibus Virgo Dei, velut sidus aureum omnes illuminans, apparuit, & suavissimum somni soporem infundens: Demum peroptata, inquit, attuli, electi filii. Duo scilicet, ô Petre, munera: alterum suæ viduitatis habitum; alterum litteris aureis in sinistra imponendum nomen scriptum.

P. Idemne, ait Petrus, quo nunc Virginis servi vocamini?

Ex regula S. Augustini. M. Id ipsum, respondit Marianus. Et angelorum alter ad dexteram ductoris nostri almi Augustini ad patriam, regulam aperiens. Ante omnia, inquit, fratres carissimi, Deus diligendus est; ex cujus Spiritus sancti fervore cetera ad salutem facientia comparantur. Alter ad sinistram victricem contra humani generis hostem palmam erigebat. Denique Virgo, Accipite, inquit, hujus instar habitum, & divi Augustini regulam imitandam percipite, ut servorum meorum nomine nuncupati, reipsa hanc vitæ æternæ palmam consequamini. Qui singula serie in memoriam redigentes, in beatæ Virginis laudem missam celebrari fecerunt: in præceptamque formam pannis redactis, exultantes MARIÆ viduitatem assumserunt, anno a salutifera [a] Christi Incarnatione MCCXXXIII. (a) Gregorii noni pontificatus anno XIV.

P. Tum Petrus: Excellentior, ô Mariane, ordinis vestri origo est, atque jubar; quare Virginis numen tanta mentis meæ obscuritate iratum vereor.

M. Absit hoc, ô Petre, quis enim ex om-

(a) Cum Gregorius IX. anno 1117. creatus sit summus Pontifex, annus 1233. cum anno decimo quarto pontificatus ejus copulari non potest, sed annus 1240. In alterutro itaque ipsorum numero mendum irrepsisse fatendum est.

ni multitudine Mariæ templum tanta beneficentia, & admirandis rebus electus ornavit? Etenim sæpe accidit, ut magna alicujus rei ignorantia quippiam nos facere cogat, quod alioquin minus fecissemus. Nam sane, ô Petre, quorum benevolentia magis accendimur, quam eorum qui ordinem nostrum illustrem, & splendidum redderent? Hoc templum, ô Petre, numine matris Dei latas per oras celebre, opera tua plurimum extulisti. Neque enim major benevolentia est, quam in eam partem manum adjutricem convertere, quæ digna sit, & indigere videatur, præmiumque afferre possit. Quare piissimæ Matri non modo molestam civitatem hanc, sed summe jucundam extitisse censeo: ut ex tenebris in lucem eruptus, ardentior caritate in celeberrimum ordinem nostrum accendaris. Ceterum, ô Petre, quam ex dicendis rebus admirationem capies, cum hac tantula re ingenti mœrore & anxietate agiteris?

P. Ad hæc respondens Petrus, sic inquit: Mihi quidem, ô Mariane, tuo lacteo sermone tristitia in gaudium conversa est. Sed aliquid vestrorum patrum narres velim, quorum tuba, & prædicator fieri cupio, ne eodem ceteri teneantur errore. Hi namque putandi sunt veri honores, beatique illi dicendi, qui ob præclara facinora in hominum ora volent; neque silentio, aut taciturnitate subjacere fas est, quorum tute, beateque vita agitur.

De Philippo inter Servitas viro insigni. M. Hæc cum audisset Marianus: Tuæ, inquit, cupio morem gerere voluntati, ô Petre. Almus PHILIPPUS ad Servorum ordinem illustrandum a diva Virgine electus, eadem hora, die, mense, & anno Florentiæ ortus est, in quo illa septem sidera Mariæ viduitatem [honorandam] sumserunt. Dominicus Bononiam, Franciscus Asisium hic quoque Florentiam illuminavit. Mater vero ejus cum jubar quoddam in quiete parere videretur, hunc protinus enixa est. Et in adolescentia litterarum studiis traditus, maximam sibi fidem comparavit: jamque divinitatis participem quibusdam signis extrinsecus hunc in Dei, Matrisque conspectu gratum fore apparebat. Itaque, ut paucis multa complectar, in provecta ætate, ad idem Annuntiatæ altare, quod tantopere ornasti, profectus est: in terramque prostratus admirandum plaustrum intuetur, in quo Virgo undique angelis ornata eminebat. Cujus ovis & leo in mansuetudinis fortitudinisque signum ductores erant, quod columba simplicitatem afferens ambiebat. Tum angelus clamans, Philippe, inquit, accede, & adjunge te ad currum istum. Raptusque est spiritus ejus, & iterum eadem vox suis auribus intonuit. Vidit dolosam serpentium, aliorumque generi humano obnoxiorum animalium sentum, cœnique viam plenam, mundi hujus vanam, fallacem, teterrimamque eam fortunam aperientem, & quid denique mundus sit, propalantem. Contra vitia rigidissimus punitor, honestæ vitæ & sanctimoniæ erat. Pro quo accersendo curia Romana usque ad extrema terræ misit, ut summo sacerdotio fungeretur. Hic est eo tempore qui Benitiorum genus ad sidera usque tulit.

P. Intueor, inquit Petrus, & admiror singularem virum cunctis extitisse virtutibus, & miraculis redimitum; immo quod maximum duxi beatissima cum Deo necessitudine fuisse copulatum.

M. Hoc, Petre, ex rei veritate & maxima procreatur observantia. Nam eorum vitam diligenter imitari cogimur, quos moribus & sanctitatis signis decoratos cognovimus. Sed longe magis obtupesceres, si adolescentis Pauli opusculum quoddam in hujus viri laudes legeres, ubi veluti ex mare flumina quæque originem trahunt, ita ex viro Dei omne miraculorum genus oritur, & in propriam sui laudem revertitur.

P. Mihi quidem videri solet, ô Mariane, quamdam divinitus adjunctam esse gratiam hujusmodi viris, ut eis actio idemque perfectio sit, cum tot generi humano gratias donare, & tot beneficia conferre possint.

M. Ita est, ô Petre, ut putas, inquit Marianus. Hic etiam nonnullos ex mortis faucibus evocavit. Sed jam majora parantur, neque unico viro illustratum intelligas ordinem nostrum. Nunc tibi ostendam, quale illud septem virorum decus fuerit, ô Petre, qui tamquam nihil habentes & omnia possidentes, summam cum tranquillitate pacem adepti, cœlorum regnis maxima cum aviditate fruuntur.

P. Utinam dies hic annus efficiatur, ô Mariane. Quadraginta annos natus, non tantum ex quapiam re gaudii excerpsi; quippe qui præ nimia dulcedine & suavitate deficere videor, jam jam celerius, atque animus cupiat, te finem aggredi, cernere videor. Perge inquam Mariane mi obsecro.

De Bonosilio. M. Quod Marianus tacitus desiderium percipiens, Mene ô Petre oras, inquit, scilicet ut præceptionis locus haud relictus ob nostram amicitiam sit? Primus itaque verbis, & rebus BONUSFILIUS adest, vir sane rerum omnium laude, Florentinus, qui scripturarum ingenio in altum volans, in ordinis decus & argumentum electus, latrantiumque objectiones confringere satagit. Is adversus quemdam fidei sectatorem quæstionem valde insignem habuit, ut sua sapientia hæreticum in tenebris, generisque humani teterrimi hostis laqueis constitutum, in lucem claram redigeret; idcirco hoc ceterisque sanctitatis signis merito decorandum censeas. Nam sat laude decorandum existimo eum qui relictis opibus atque nobilitatis genere deposito, sese Deo, & Genitrici dedicavit.

P. Cui Petrus: Perpetuis hunc splendoribus, ô Mariane, merito decorari sentio. Ille namque laudandus, qui hæretico instans, pretiosissimam rerum omnium animam suo creatori reddidit. Neque, ut opinor, eleemosynæ, vigiliæ, aut orationes immortali Deo sine fide jucundæ sunt, non ipsa denique sacrificia tantam divinitatem scandunt.

M. Nec secus, ô Petre, integer BARTHO- *De Bartholomæo.* MÆUS vitam vixit, qui sanctitatis meritis non mediocriter effulsit, cujus ingenium faciliter cognoscere posses, si prolixius narrandi tempus daretur. Ad hunc febribus laborantes accedunt, quem claudi cupiunt, luminibus privati affectant; ex quo ægrotantium quod vis genus optatum exorat, & quid admireris hoc est. Rusticus quidam octavum agens ætatis annum, in Senarii montis planitie fontem ambiens, sitiensque aquam, præceps labitur. Cumque ex sibilantium ventorum sonitu illius clamantis vox minime audiretur, ultimum vitæ diem obiit. At hic clarissimus Dei cultor aquam turbulentam hauriens, neque mirari definit: quem exanimem ubi primum conspicit, ipse quoque sese præcipitem in fontem misit illius extrahendi causa. Demum, ô Petre, tantam eum lacrymarum vim effudisse cerneres, quod neque majoris suam quam illius mortem fecisse arbitror. Tum omnipotentem Deum, & Genitricem ejus ardenti quodam animo obtestatur. Neque orationem absolverat, quando puer exultans, ô Dei cultor, inquit, vidi orationes & lacrymas tuas in Virginis conspectum ascendisse, eamque ex Filio, & natum ex Patre pristinam mei vitam exorasse.

P. Ita ne est, ô Mariane, inquit Petrus, virum Dei Bartholomæum tam gratum, tamque jucundum Virgini extitisse?

M. Nequaquam mirum est, ô Petre, quo- *De Johanne.* niam majora quidem, & excellentiora superfunt. Aliud ordinis nostri fundamentum, & decus immortale ostendam, cui JOHANNES nomen adest. Hic Spiritus sancti gratia vir summa laude dignus habetur, ut nequidem hucusque apud quemquam ignotus existat. Primo virtutum peritia, sacro Christi lumine illustratus, pro nostro plurimum ordine laboravit: & rerum fidelium flagravit studio, sui patrimonium nihil pensi habens, pauper Virginis viduitatem inchoavit. Quare sanctæ vitæ celebrandæ ardentissimus, & caritatis dulcedine ebrius factus, valida corporis tormenta haud horrebat. Taceant itaque qui servis Dei detrahunt; neque semper religionem sanctam vilipendant. Erat civis quidam Florentinus, ob volantem divitiarum famam nobilis, qui Antonius nomine vocabatur. Is quadam die ad Johannem deambulationis gratia vehit; de egregia viri virtute certior fieri cupiens. Cujus sententiam Johannes a longe intelligens: Heu, inquit, miserum corpus, divitiarumque catenis involutum.

DE ORIGINE ORDINIS SERVORUM.

latum, pauperum labores arripis, alteri necem, alteri vero pro voluntate salutem tribuens. Non sic. Cœlorum regnum vim patitur, & violenti diripiunt illud. Quod civis auribus intonans, in maximum timorem territus incidit, ne egregia viri fama vulgus in spem erigeret, quo jucundissima mortalibus vita haud umquam frueretur. Quod & factum est ut illum veneno necare statuerit, & vinum infusum ei per ancillam quamdam tradidit sub eleemosynæ specie. At Johannes Sancto Spiritu erudiente, quod mihi paras poculum bibe, inquit. Quæ præ verecundia, & timore, facti nescia libare volens a viro retenta est. Et quidnam pater, hoc poculi est, inquit: cui Johannes respondit. Illi qui te mihi haustum lethale impendere jussit, edixeris me poculum hausisse omne. Tecum ei pro me moriendum est. Et signo crucis adhibito, vinum audacter sumsit. Mira res eadem hora Antonius absens repenti lapsu moritur. Johannes sospes servatur. Et si mortiferum quid biberint, non eis nocebit, evangelium prædicat. Quamobrem quantis extiterit meritis, quantæque virtutis, amplius elaborandum sermo non exigit.

P. Et Petrus, bene hercle, inquit, ô Mariane, videris narrasse: sed tamen haud taciturnitate ceteri prætereundi videntur. Unum in septem corporibus versatum animum conspicio.

De Benedicto. M. Nec aliter, ô Petre, duplici BENEDICTUS merito inter hos viros aggregatur? Nam litteris floruit, & sanctimonia claruit, qui unus ex septem hunc ordinem inchoantium existit, qui semel immortalitatem animæ, æternamque mundi famam consecutus est. Dignum, ô Petre, censeas tanti viri memoriam agere, quod mortalibus gratus, ordini gratior, & Deo gratissimus fuerit.

P. Equidem, ô Mariane, inquit Petrus, quamvis non ea facundia sim, vellem tamen ab immortali Deo mihi datum, ut tecum tantorum virorum gesta divina cognitione consequi quirem. Verum cum sanctitati condigna merita reddere haud valeam, uberrimam saltem, ac maximam præsto voluntatem.

M. Hic vir clarissimus, inquit Marianus, cælestis patriæ desiderio raptus, hominum confusionem horrens, Senarii montis accola effectus est, atque illic apostolorum morem tenens, manus imponens, ægrotos quamvis arduos liberabat.

P. In monteme, ô Mariane, ista fieri consueverunt?

M. Et illic, ô Petre, omnem serpentium ferocitatem erucis signo adhibito perimere consuevit. Homo quidem miræ simplicitatis, claris mortalibus enicuit signis, qui totus Dei deditus obsequio, herbis plerumque substentabatur, cui merito dici potest: *Jacta cor tuam in Domino, & ipse te enutriet.* Ad hunc

magno fletu affines nepotem claudum permutum afferunt, si ejus virtute & sanctitate illum reddere posset incolumem postulantes. Nunc Deus, inquit, carissimi, votum vestrum absolvet, ex quo cuncta quævis bona procedunt. Tunc paratus ad missam, sacrificium Deo offerrens, & ea absoluta manibus infirmium adducens, recte pedibus sustulit liberatum. Ac perinde corpus Domini ori infundens exacta communione, loquendi tribuit facultatem. Quamobrem nimia admiratione, gaudio, & timore repletus populus exultavit.

P. Mira sane, ô Mariane, narras. Tanta enim in Benedicti laudem dixisti, ut nil majus, vel excellentius in ceteris superesse credam.

De Gerardino. M. Hei mihi quid, ô Petre, narras! GERARDINUS ante oculos meos ardentissimus Virginis cultor astare videtur; qui genere clarus, virtute & sanctitate clarior, litteris non mediocriter valuit. Inter cetera suis prædicationibus complures hæreticos, qui eo tempore hic abundabant, ad Christi fidem reduxit. Hic clarus, potens, & excellens consilio, & doctrina apud quemquam gloriosus erat, & semper in pulpito divino amore flagrabat.

P. Obsecro, Mariane mi, unicum, & saltem Gerardini miraculum in cognitionem nostram veniat, & nihil audientem remoretur: dumtaxat admirabilis rerum dulcedo, & voluptatis in hisce rebus amor me habeat, & qua soles facundia viri gesta prosequere, cujus facta omni ratione præstantia elegantem, perpolitumque calamum exigunt.

M. Id optas, ô Petre, narrari, quod in lacrymas utrumque prorumpere faciet. Absolvam tamen animi tui ardorem, tum ob austerrimam in miraculis vitam, ob dulcissimamque patriæ memoriam, tum vel maxime ut divini humanis saltem memoria præstent. Is cum jam quatuor & sexaginta annos natus esset, maxima aviditate, & non parva lacrymarum effusione mortem orat. Cui duo visibiliter cantantes angeli affuerunt, qui, Gerardine, aiunt, carissimam creatori animam reddas. Accipiebant, ô Petre, gloriosissimam illam gemmam, alter ad dexteram, alter vero ad sinistram, in divæ Virginis conspectum portantes. Et ecce sextus patrum nostrorum ordinem incipientium, nomine RICOVERUS, in eodem loco jacens, illudque animadvertens, clara voce inquit: Gerardine, Gerardine, me inquam, obsecro, maneas. Cujus statim animam angelorum alter accepit, quoniam & hic gratissimus in Virginis conspectu extiterat.

De Ricovero.

P. Stupenda quidem, ô Mariane, narras. Sed quid ceteri fratres illa corpora exanima invenientes rati sunt?

M. Nulli dubium, perfectos viros rei veritatem quamprimum cognoscere. Sed ut intelligas Ricoveri doctrinam; hic Florentinorum lucifer, theologiæque lucerna, ad quam mortalia vix ascendant pectora vel ingenia, pulchro sermone, aureoque ore universa locutus est; & sane egregia viri opera an abortiva detiliant nescimus. Incassum nihilominus elaborasse constat, ubi nihil soni reddiderit instrumentum.

P. Tum Petrus, ô felicem me hodie! At cedo aliudne sidus superest ad septenarium numerum absolvendum?

De Alexio. M. ALEXIUS, ô Petre, est, qui sanctitatis exemplum animam Deo reddidit immortalem. Is propter decem & centum annos quietem appetere debuerat; sed omnia corpori obnoxia diligenter investigabat, herbarum cibos capere, lectumque non infirmitati & membrorum gravitati congruum quærete, at ne bestiis quidem & feris atrocissimis. Nam super humum & nudas assides jacere, non in vitæ longitudinem, sed privationem vertitur.

P. Quid igitur causæ est, ô Mariane, hunc præ ceteris tantum supervixisse?

M. Idcirco, ô Petre, ut ordinis originem sociorumque facta alicui scribenti narraret, ne tanti facinoris memoria abesset. Cum vero ad extremum vitæ diem devenisset, angelos instar pulcherrimarum avium contra se volantes intuitus est, Christumque in speciosissimi pueri formam earum medium tenentem, qui ei coronam in capite pulcherrimam florumque fertilem ponebat. Hunc, o Petre, maximum ordinis nostri decus fuisse putandum est.

P. Tanto, Mariane, gaudio affectus sum ex talium virorum cognitione, quod totum me lætitiam conspicias. Gaudeo si quid umquam in ordinem vestrum contuli. Augetur animus, vires crescunt ob amorem erga prædicta lumina meum. Nunc vos felices video, quia numina ista apud Virginem intercedentia, Virginem apud Filium, Filiumque apud Patrem, quo nil dignius, nil melius, nil propitius, aut exorabilius est. Desino, inquam, mirari tantum vos ex diva Virgine benevolentiæ & caritatis comparasse. Hæc causa vestræ felicitatis est; hinc Annuntiatæ miracula orta, hinc universus mundus ad vos properat, hinc omne denique bonum procedit.

De Joachino. M. At profecto, inquit Marianus, nihil adhuc admiratione dignum compertum habes: quoniam ab his non tamquam a dignioribus principium dicendi sumsi; sed ut percepto ordinis exordio finis admiratu dignissimus sit. Nam & Senense decus JOACHINUS adest, qui ab illustrissima Pelachanorum prosapia originem traxit, celebris ordinis nostri gloria, morum jubar, & rerum sanctarum ditissimus, virtutumque fulgore præ ceteris ornatior. Hic summa omnes beneficentia & caritate amplectebatur; adeo ut ægrotantium nullum eo tempore incuratum omiserit:

Sanare ægrotos, claudos erigere, & mente captos restituere, & denique ad lucem pristinam ipsos mortuos revocare. Joachini nunc, o Petre, sanctitatem enarrare haud animo est, quem apud Senenses veluti clarissimum speculum hominumque decus celeberrimum inveni, cujus ipse vitam, ut mare quoddam videre poteris, quam tuæ dominationis servus nostræque congregationis frater PAULUS scribens, tanta rerum gestarum suavitate tenebatur, ut hæc ex ejus ore verba inter cetera emanarint. Et plane cum tantæ virtutis fuisse mecum ipse considero, non ab re putem providentia divina natum, ut esset qui eam ætatem conditissimis virtutum meritis, & singulari facundia illustraret.

P. Ambiguus profecto, o Mariane, sum ob tantarum & variarum rerum cognitionem, quam sententiam in medium afferam, cum nonnisi divinum ingenium in hisce rebus exigatur. Sequere, inquam, neque nostrum judicium exigas: quoniam pro tali cogitatione simul cum admiratione, neque mens, neque judicium satis officium suum facit.

M. Tum Marianus: Ardentissimus Christi *De Francisco.* sectator FRANCISCUS celeberrimam vitæ famam ubique reliquit illustrem: cui Virgo opem ferre solita semper erat. Quod in ejus historia idem Paulus ad Pium pontificem II. probe in lucem reddidit.

P. Quid hic, o Mariane, egregia ostendis?

M. Visum est sæpius, respondit, in salutiferis ejus ad populum prædicationibus ab angelorum manibus ante ejus oculos codicem apertum teneri, quæ omnia is, uti scripta erant, spiritu fervens summa cum caritate & virtute efferebat. Innumerabilia ab eo ægrotantium genera curata accipio, hoc (taciturnitate ut alia omittam) neque præterire possum, cum quatuor exanimes pueros ad clariorem lucem reduxisset. Demum ne diu laudibus viri immorer, hæc commemorans, illico ejus vitæ gloriam sanctissimo calce claudere propero. Nam primo Virgo Mater huic cum Filio in sinu apparens: Quam, dixit, Francisce, gratiam referam, cum me tam vehementer dilexeris? Dignum est, Filius respondit, ut qui nos dilexit, nobiscum superna in patria versetur. Et in eamdem Mater & Filius, Veni, veni, vocem proruperunt: ac statim alma confessoris anima migravit ad astra.

P. Cœlesti hic, ô Mariane, merito gloria decoratur, sacrisque aggregatur agminibus sanctorum splendoribus effulgens.

M. Dum hæc tibi, Petre, narro, venerandum *De Peregrino.* Forliviense jubar PEREGRINUM me objurgare visum est, quem si unico virtutis merito singularive experimento inter ceteros enumerandum putem, redargui vereor, quam egregia beatitudinis hæc præclara extitere. Quare ut celeriter ortum cum fine claudam, omnibus hunc viris Italiæ sanctimonia nominatis æquandum censeas. Quid moror, ô Petre, vellem simulque nollem amplissimum laudum campum ingredi; sed hoc tibi polliceor, ejus alibi & in majori ocio narranda gesta reservari. At nunc tibi plura sub brevitatis serie hæc solvere placet. Horrenda namque pro immortali Deo pertulit. Quod si in ejus perpetuam laudem verser, centum haud ora sufficerent, cui humanarum divinarumque auctor rerum condigna merita retulit, ut eadem Christi discipulis, & Peregrino potestas daretur. Nam præter ingentia miraculorum signa, nonnullos jocunda & amœna vita privatos in eumdem statum retulit.

P. Ingens me hodie, Mariane, voluptas habet, nec quicquam per hoc tempus amabilius, aut desiderabilius & salubrius accidere poterat, quàm ex tuo lac & mel emananti ore hoc audivisse. Per hoc enim longe majora fecisse inspicere possum.

Immo, Petre, ex unico frumenti grano, pauperum domicilio horrea adimplebat, vinumque ex nihilo in abundantiam redigebat. Quid jam plura loquar? Ea huic desuper gratia datur, ut pauci admodum eam consecuti sint.

P. Hoc unum, Mariane, miror, hos canonizandæ vitæ viros non esse sæculorum memoriæ datos, ubi multi inferiores antecierunt.

Cur nulli Servitæ in Sanctorum albo sint relati.

M. Ad hoc lacrymis irrigatus respondere, ô Petre, cogor. Heu, heu, nostris temporibus cuncta venalia, & ipsa demum sanctitas apud nos venditur. Nimia ordinis paupertas hos omni laude dignos viros ab hominum memoria retraxit. At unum illud me totum reficit, & recreat, quod apud immortalem Deum nobiles sunt. Sed ad nostrum propositum revertamur obsecro. Nam maxima pudoris, modestiæ & sanctitatis observantia nunc in mentem venit: is BARTHOLOMÆUS est tot pro Christi amore labores perpessus, ut non modo pelle, sed nervis sese spoliaverit.

P. Nostrane, Mariane, patria hunc virum genuit?

De Bartholomæo.

M. Nequaquam, inquit Marianus, quoniam natura non unicæ civitati cuncta concessit. Venit Bartholomæus in hunc mundum, ut Cæsenæ patriam illustraret: Venit, ut malorum impetus comprimeret: Venit ut bonis ab immortali Deo merito exoraret. Hujus plerumque animum in pulpito erectum videas, ab angelisque in sinu auctoris deportatum. Mirantur omnes sermonis absolutionem exoptantes: hunc extollunt, hunc prædicant. Hinc, ô Petre, sanctitatis fama orta est, & ad nostræ civitatis aures velocissima pervenit. Audit hoc mulier ob atrocissimum morbum cum duobus filiis in extremis laborans, maxima devotione Bartholomæum videre affectans. At in somnis Bartholomæus instinctu quodam prophetiæ hoc

A mulieris desiderium cognoscens, apparuit. Ostende, inquit, soror, propter quod tantopere doles. Et suam filiorumque ilico sanitatem reddidit. Hi sunt quos habuimus in derisum & in similitudinem improperii, quorum vitam existimabamus in viam, qui tam grati, tamque accepti in Virginis conspectu fuere?

P. Tum Petrus, jam cum Gregorio loquar, inquit. Illic animus meus cupit assistere, ubi te cum his viris sperat sine fine gaudere: & doleo cur non tanta observantia digni viri nostra ætate reperiantur, quorum ardentissimus imitator essem.

M. Hac quoque, ô Petre, tempestate co- *De Ubaldo.* lendi viri reperiuntur, ad quos cum pervenero, mirandi dabitur facultas. At nunc clarissimum Virginitatis speculum UBALDUS anteferendus est, ex burgo sancti Sepulcri claram originem ducens, qui humanitatis, philosophiæ & theologiæ radiis illustratus, celeberrimam morum, virtutum, & sanctimoniæ famam dereliquit: cujus gesta tradere cupiens, perstrepit calamus, in stupore ductus animus hæc scribere contremiscit, nihil condignus tantique viri idoneum prorumpere posse credo, sed paucis tamen ejus apud te cognitionem aperiam. Is a teneris annis religiosam vitam coluit: dumque adolescens & juvenis esset, civili ocio cedere, & litteris operam navare secum instituit, demum religionem hanc secundum divæ Virginis præceptum se obsequio sanctorum virorum tradens ingreditur.

P. Cedo, Mariane, quæ corporis habitudo, & qui cultus erat huic?

M. Dicam sane, ô Petre, hic corpore formoso, staturæ grandis, pauci admodum somni immensique laboris, hic in ictu temporis quemvis ægrotantium liberabat. Quod plerumque nonnulli invidi diabolica arte fieri rati sunt. Si quando fratribus panis, vel obsonium defuisset, orationem faciebat, & ornatam divinitus mensam conspiciebant, ex qua mira suavitas in vescendo oriebatur.

P. Talem se hic mortalibus, ô Mariane, præbuit, ut non fugiant, aut horreant: sed tota mente, toto animo, totisque viribus imitentur.

M. Cum autem Marianus eum ardentiorem fieri animadvertit, ex paucis, inquit, licet, ad magna me transferam. Divus HIERONYMUS ille est, qui ob miraculorum fertilitatem celebre nomen burgo sancti Sepulcri dedit. Hic spiritu rapiebatur in cœlum. Porro quia priusquam clara sine invidia fama fuit, quidam ei fratrum detrahens, statim in terram labens, ultimum vitæ diem ingressus est. In quem Hieronymus misericordia provocatus, in pristinam vitam redire fecit. Quare ab omnibus veneratum accipias: non tamen eo ordine, quo sui de verbo ad verbum scriptitant, impendam: ne

PAULI FLORENTINI DIALOGUS

nimia verborum prolixitate a primordio nostro decedam, ceteris dicendis locum occupem, aut tibi, ô Petre, tædium pariam.

P. Probè, ô Mariane, factum est, in his sermonibus medullitus enucleatam substantiam depro[m]psisti.

M. Ego quoque in eamdem sententiam devenio ; sed ad rem nostram, respondit Marianus : ita ejus oppidum totum gaudii repletum exultasse scias. Sed quid remoror horum in descriptione, ludibrium quæ humanarum mentium, levissimarumque gentium blandimenta sunt ? Summa hic omnes caritate amplectitur, omnibus morum, & continentiæ exemplar est, ciborumque parcitas. Quid plura loquor ?

P. Omnibus, ut video, inquit Petrus, sanctitatis jubar.

M. Maturo tandem ævo summa populi mœstitia, celeberrimam vitæ diem clausit.

P. Ad hæc Petrus, sic inquit : Silentium rumpere non audeo, & quasi mutus obstupesco : incœptum cupienti narra.

De Andræa. M. Aliud eadem patria sidus æthereum genuit ANDREAM, virum quidem egregium, inter sublimes ordinis cardines copulandum. Hic vivens moriensque beatæ vitæ cupiendum nomen destituit. Dumque corpus dormiret in pace, trium dierum noctiumque spatium per se campanæ sonarunt, quod omnium animos, cordaque erexit. Demum pulcherrimum cum palma lilium super ejus sepulcrum oritur : & frater quidam postquam lilium legere cum palma voluit, statim evanuerunt.

P. Equidem, hoc idem, Mariane, censeo, haud fas esse divina ab humanis tangi.

De Bonaventura. M. Quid demum Christi miles BONAVENTURA ? Nec immerito a bonitate sibi grande nomen sumsit. Hic contra acerrimum & acutissimum hostem victor gloria decoratur. Genus ex Pistorio ducens non infimum, nec maximum. Nam medium tenuere beati, & medio tutissimus itur. Is corporis, animique viribus non parum valuit, in vigiliis tolerandis aptus, virtuteque peritissimus fuit. Neque sanctitas laborumque relatio abfuit. Nam in ejus obitu a quibusdam Angeli cantantes auditi sunt : Veni dilecte, veni. Et animam illam absque macula in Dei, Virginifque conspectum deportarunt. Talia audientes veloci pede currebant, & frustrati exanime corpus invenerunt.

P. Hoc, ô Mariane, asserere audeo, nisi amor a veritate sensum auferat, omnium religionem veram felicissimam fore. Nam ego talium virorum laude præ nimio amore in spem erectus, nulli rei laborem inesse putabo ! sed tamquam dux incœptum prosequar, ut ardentiori animo tepidi efficiantur.

De Thoma. M. Quem hilari admodum facie, & sereno vultu Marianus ob verborum amœnitatem intuens, sic affatur. Dux eris, & hæc

A nomen tuum usque ad astra ferent : animam vero tuam in sinum Abrahæ patriarchæ angeli deportabunt immortaliter cœlesti sede fruituram. Redigitur, ô Petre, mente volutanti ex *Urbe-veteri insignis in memoriam THOMAS, qui Mariæ zelo raptus, cœlestisque sedis affectatione lætus ; ordinis nostri cultor efficitur, mirabili Matris Dei sapientia educatus. Quidam ob patrata furta ad necem deputatus, pio Thomæ vovit ; & nocte custodibus superna somni flagrantia dormientibus, incolumis fugam arripuit, paucisque post diebus, eo quod votum non absolverat, in idem crimen incurrit. Thomæ se recommendans, iterumque meritum vitæ recipiens, omnia ad unguem exsolvit.

Civitas vetus.

P. Non parvus, ô Mariane, admirationis locus relinquitur, nullum intactum ab his viris miraculi genus : nec ab re præ ceteris vos electos intelligo.

M. Mira res, ô Petre, est ANTONIUS ex Viterbio, vir præstans, apud omnipotentem Deum magnopere excelluit. Nocte quidam phreneticus magnis obortibus clamoribus ceteros vexabat ; & Antonius absens languentis pietate concitus, ad phrenetici cubiculum consolandi gratia perrexit, manum capiti imponens, statim defuit infestatio : deinde pro ejus salute preces effundens, mente sanum, refectumque, ac salubri potitum sanitate reddidit.

De Antonio.

P. Mutus sane, Mariane mi, pro laudandis viris, & rerum fertilitate efficiar. Volenti namque de unico gratulari, omnes una in linguæ velocitatem currere videntur.

M. Ita est, ô Petre, nam infiniti memoria digni adessent. Sed felix inter alios GABRIEL commemorandus est, qui gentium strepitum horrens, Senarum montem summa sanctitate coluit ; Florentiamque haud placere palam prædicat, quippe quæ exercendæ sanctitati obnoxia sit. Cumque ibique pestis adesset, propinquus se morti prospiciens, hilaris semper Virginem orabat. Quare actum est, ut binas dormiens, & aureas videret scalas, in quibus sex cum dimidio morituros fratres accipit. Dumque prædictam visionem aperit, ecce ad januam una cum filiis parentes, illum videre peroptantes. Quod fas cum minime sit mulieres Dei cultorum sedes ingredi ; felix ita. Gabriel foras ægrotans abiit ; lugetisne me, inquit ? hos potius in mundo calamitatum, miseriarumque fertili, & diaboli laqueorum, catenarumque plenos ? Et in quietem rediens, unius ex prophetatis fratribus exultantem animam super scalas aureas conspicit ; ac summo clamore, Cur, inquit, care frater, non me maries ? Cujus continuo anima evanuit. Sex itaque fratres universæ carnis viam ingressi sunt : primum autem pro dimidio semimortuum habuerunt. Quos omnes vidimus, & allocuti sumus. Hi sex fratres non pauca observantia

De Gabriele.

DE ORIGINE ORDINIS SERVORUM.

digni fuere, tum virtutum splendore, tum etiam eorum ab immortali Deo dote. Quorum nihil in præsentiarum nescius admirabilium rerum attingam. Sed eorum sit satis animas super scalas aureas exultare. Sed quid, ô Petre, agis ? Quid mente volutas ? Quid tantum cogitas ? Fierine posse ambigis quæ tanta brevitate commemoravi, an majora & adjicienda his miraris, rei veritatem nedum persuasus ?

P. Ego, mi Mariane, sermonem nunc tuum audivi, sed nequaquam intellexi. Tanta enim erat dulcedo alienati spiritus a corpore, & cum his, quos paulo ante commemorasti, benevolentia conjuncti, adeo connexi, ut eadem beatitudine jam illis me crederem consortem. Tenebar sane quodam sermonis lepore, quadam vitæ suavitate, cœlestisque regni fruendi desiderio, omnino a terrenis rebus alienus, caduca vilipendens, humilia abjiciens: ut cum eis tandem possem immortalitate connecti, quibus vidi, intellexi & quidem nullum adesse crimen, nullam animæ maculam, cum cœlesti corona fruerentur, & eis perfectam gloriam immortalisque Dei præmium absolutum inspexi. Quippe qui ante Virginem, ut claritatis sidera, ut luminum mortalibus lucernæ reducendorum in patria malorum vestigia, viæ errantium, salutemque optantium portus, virtutum itinera: morum, modestiæ, sanctitatisque ubique exempla præclarissimos radios effundentia.

M. Gratia quoque, ô Petre, cognoscendus est, hic mitis, clementisque naturæ fuit. Nec etiam immerito ex nomine rem sibi sumsit, cum non parvam ab immortali Deo ex proba vita gratiam sibi comparaverit. Et primo Senarium montem coluit ; ut more nostro superflua resecans, media tantum carpere laboro. Huic non pauca desuper gratia & laus data est, cum ad excelsa Divinitatis fastigia traheretur : cujus historiæ culmen attingere, paucisque explicare non possum.

P. Inter frondes, ait Petrus, multiplicesque ramos miraculorum fructus tantum elige. Nam lectorum exhaurientium mentibus hic satisfieri curabo.

M. Præter alia, respondit ille, in vitæ calce cuturnicem appetisse comperio, & repente ante ejus conspectum apparuit, eamque coquendam dixit. Quod factum. Cum in duabus esset partibus divisa, invicem conjunxit, anhelitumque in eam infundens, ait : Hei mihi ! ob moriendum corpusculum hoc fragile creaturam Dei peremeram ! Iterumque volare fecit. Ipse autem moriens, multa reliquit sanctitatis signa, quæ ob temporis levitatem tacenda duxi.

P. Ita, ô Mariane, est, quod totam sanctitatis machinam uno confectam homine breviter explicare non possumus : sed alium jam aggredere.

M. Petrus ex civitate nostra Florentiæ exordium trahens, innata quadam divinitate virtutumque decore ante creatarum rerum principem pro quodam morum & sanctitatis jubare sublimatus, non quidem immerito laudandus est : qui cum ea honestatis effigie & sapientia esset, ut mortales immortalesque caritate complecteretur, Virginis viduitatem portandam elegit, ex quo sæpe pietatis fontem Mariam videre meruit. Tum vellem, inquit, diva Mater, a corpore solvi, & cum beatis istis angelis copulari. Ipse tempus eligas, respondit Virgo.

P. Ubi hæc, ô Mariane, extitere. Apud ne eumdem montem virorum memoria celebrem ?

M. Tum Marianus : Si in eo loco frequentatam sanctitatem narrare possem, nullum sane commodiorem ad animæ immortalitatem acquirendam diceres. Prædicat ipse futuro vespere sibi moriendum fore, quorum omnino mentes a tali re alienatæ erant. Et ecce paulo post dulcissima cantantium vox sub tegmine casæ adstare auditur. Vocem quidem audientes, neminem autem præter binas aves viderunt. Interim alma Petri anima, suavissimum odorem fragrans, nemine hoc animadvertente, evanuit.

P. Quod Petrus tacitus cogitans, Divina hæc potius quam humana ope fiunt, inquit.

M. Claruit, ô Petre, etiam temporibus nostris vir multa observantia dignus, Nicolaus Aretinus, sacræ theologiæ doctor, ecclesiarumque obsequio deditus, qui moriens haud tacenda sanctitatis signa ostendit. Et sane quantum in rebus gerendis regia imperatrix ei affuerit, excellentissimum est. Mulier quædam ob urgentes corporis labores non diu vivere cogitur: quare assiduis se precibus Virgini commendat, eique in somnis adesse visa est, Perge, inquiens, ad virum perfectum Nicolaum Aretinum, clarum ordinis Servorum sidus, addeque preces, ut te liberet. Exsurgens illa pro viribus, quisnam sit Nicolaus Aretinus flagitat. Tibi, inquit, Virgo Maria me sanandam tradidit. Si ab ea mitteris, respondit Nicolaus, surge & revertere in domicilium tuum. Quæ erecta sanitatis voto potitur. Datur & huic virginitatis pretiosissimum lilium.

De Nicolao Aretino.

P. Gaudeo civitatem illam Aretinam non litteris modo, sed saluberrima omnium sanctitate non mediocriter excelluisse, & eo magis quod huic vestræ nonnihil decoris & ornamenti affert, & quia nobiscum benevolentia & amicitia atque caritate conjuncta est : ac præsertim idcirco lector animadvertens quos diligo, omni virtutum decore, & sanctimoniæ ornamento refulgere.

M. Dominicus inter ceteros urbis nostræ viros fortasse sanctitate quam progenie sublimior numeratur, cujus proprium castitatis

De Dominico.

decus fuit, semper paradisi januam ostendens: ex cujus quotidiano sermone plurima sanctitatis vestigia recepi, & probæ vitæ regendæ documenta, ipsiusque lacteo sermone tantopere afficiebar, ut diem plerumque ejus consuetudine fruens horam putarim.

P. Beatum me hodie, inquit Petrus, ô Mariane fecisti, admirandis his omniumque memoriæ tradendis rebus. Sed illud scire animus magnopere cupit, si quid in fœmineo genere tertii ordinis palam sanctitatis est, id ipsum in nostram cognitionem redigas. Nam hactenus infinitam vobis sanctorum coronam adesse perspexi.

De Juliana. M. Genuit hæc nostra civitas JULIANAM virginitatis speculum, & mulierum memorabile decus: quæ mira sanctitate refulgens celebris facta est; non quidem vanis ornata splendoribus, non mortalium erepta suasione, neque illustri genere specieque decora; sane virtutis præmio, in qua verum decus, triumphique gloria residet, assidue resultat, quæ sanctarum prædicationum sectatrix, gestorum testimonio comprobatur. Inter cetera divæ Matris viduitatem assumens, immortalem sibi in cœlo sedem comparavit, virginisque in salutem amictum gestavit.

P. Et ecce alma sine fictione mulier.

De Johanna. M. Est & alia sanctissima mulier, ô Petre, JOHANNA Cremonensis, quæ ab Isellis quondam originem traxit, celebris miraculorum gloria, virtutumque fulgore ornatissima omnium, quæ etiam Virginis amictum gestavit; & inter notanda, ubi vitæ suæ calcem præscivit, quindecim dies dumtaxat Christi Corpus in cibum, & Sanguinem in potum sumsit. Tot hinc inde nobiles progenie viri hanc uxorem exigentes frustrati sunt, & usque ad exitum tantam virginitatis laudem conservavit; cui in dies miracula velut flumen quoddam æstuans effundunt.

P. Ad hæc respondens Petrus: Mira, inquit, narrasti, ô Mariane, quæ omnia non modo censeo, sed jam ante oculos meos videre videor. Nec ab Hieronymum ad Eustochium legimus, ubi quam sæpe ad funera, & ad sepulturas quorumlibet sanctorum angelos advenisse asserit, & ad exequias eorum obsequia præstitisse, necnon & animas electorum usque ad cœlos cum hymnis, canticis atque laudibus detulisse, ubi utriusque sexus commemorantur frequenter laudes cecinisse, interea multo nonnumquam lumine resplenduisse; insuper adhuc viventes in carne ibidem miri odoris fragrantia diutius perpensisse. Quod si ad recreandam spem, mi Mariane, ad corroborandam fidem interdum astantium, Salvator noster ob suorum merita amplius comprobanda talia & tanta exhibere per suos cœli ministros circa defunctos dignatus est; quanto magis in ordinem vestrum, quem fertilissimum sanctorum intellexi, credendum est

his angelorum militiam cum suis agminibus obviam venisse, eosque ingenti lumine circumfulsisse usque ad thronum olim eis etiam constiturum cum canticis spiritualibus perluxisse? ea insuper potentia, ut vobis in decus, & nobis in favorem æterna luce fruantur. O felicem me! hodie non possum non exultare, tanta affatim lætitia me habet, quod ambiguum est vitæ an mortis optatior sim. Altera cum mortalibus agitur; altera cum immortalibus, ut gauderem. Nam quid honor? quid opes? quidve magistratus, ad comparandum cœlestis regni iter? Hi pauperes simul & divites fuere: hi honores, hi magistratus, hi quidquid optandum est pro voluntate possederunt. His amicissimus omnium Deus affuit, apud quem Virginem intercessorem habuerunt.

M. Additur, ô Petre, & nunc admirationis locus. Cedo quid illud esse reris? quid in tantam horum fidem adeo vehementem te prorumpere faciat, nisi ipsorum ardens caritatis flamma, quæ ad ipsorum divinam cogitationem mortalium corda non modo agitat & impellit, verum inflammat & accendit?

P. Aliud mihi, ô Mariane, jucundissimum narrare velis, obsecro, quo omnia simul hodierna die in lætitiam vertantur; quomodo apud universum terrarum orbem ista vestra Annuntiatæ devotio creverit; qua causa, quave ratione in tantam celebritatem devenit.

M. Est, o Petre, amœnitatis plena hæc tua petitio. Quare hoc scias velim, nihil umquam gratius postulatum. Neque ab re. Omnia namque præclara in unum deveniunt. Benefactoris interrogatio, narrantis aviditas, cultæque Virginis meritum, quæ quidem maximi facundia sunt.

P. Non minori admiratione rerum gestarum, quam ex tuo narrantis lepore detentus sum, quippe omnia novisse videris: addoque hoc te ad illustrandum Servorum ordinem præ cunctis mortalibus electum. Nequeo idcirco non mirari.

M. Dicam profecto quod optas. At illud in primis te non prætereat. Divinitus quæcumque egregia & bene gesta, quæve male humanitus, quævis præclara facinora ab immortali Deo originem traxerunt. Quædam Virginis precibus, quædam vero ceterorum sanctorum meritis, alia ex eorum devotione, alia vero ex cultu: per quæ nil tam arduum, nil tam grave aut difficile licet exaudiri dignum sit, quod humanum genus non consequatur. Quare hoc omnium præclarissimum non terrena, sed cœlesti ope factum censeas. Erant una noctium ad celebrandum simul matutinum fratres; cumque absolvissent, suavissimus orandi sapor eos invasit, ut præ nimia devotione spiritus a corpore evanuisse putes. Demum in maximum fervorem, vocifque vehementiam adducti: Ecce, inquiunt, omnes ingens multitudo, univerfum vulgus, ex longinquis partibus nationes ad nos properant. Denique ab oratione furgunt, fui ipfius omnes mirantes, illud fore infaniam arbitrati. At ubi mane templum aperuerunt, magno ftatim impetu mortalium repletum eft, qui non parva Annuntiatam hanc veneratione colentes, rei primordium invenerunt. Fama volat, ac deinde homines undique effundi videbantur.

P. Tuam profer, o Mariane, fententiam in hac ipfa re.

M. Ego profecto, inquit Marianus, affererem divam Virginem in perpetuam fui viduitatem geftantium memoriam hæc oftendiffe, utque ad fui cultum præ ceteris nos elegiffe conftaret. Nam & longe majora ordinem inchoantibus demonftravit.

P. Quid illa pictoris fama diu in hominum ora evagata?

M. Ad hoc, inquit ille, ut mos fere omnium eft pictorum, huic Bartholomæus nomen erat, qui motum modeftia, vitæ integritate & fanctimonia in divæ Virginis confpectu gratiofus extitit. Cui maximæ laudi pretiofiffimum virginitatis lilium dabatur. Qui cum Virginis imaginem pingere vellet, affidue jejuniis & orationi inftabat, noctefque plurimum infomnes crebrafque vigilias nuda humo jacens faciebat, ficque eam fæpius obteftabatur, ut propriam femel faciem pro nimio ardore defignare poffet: cujus exauditas preces aiunt. Et mane ad opus fuum rediens, abfolutum cum capite corpus invenit, quod nulli dubium videri poteft, cum illud per angelorum manus fabricatum fit.

P. Mira fane, o Mariane, narras.

M. Audi, quæfo, cum extra mœnia eo tempore divina Virginis Annuntiatæ imago effet, & illuc univerfus populus ad Fefulanas devotiones tranfiret, templum illud ob devotionem ingrediebatur: ut jam alter deambulationis gratia, alter vero devotionis illuc proficifceretur, ubi feffi requiem, ægri falutem, umbramque æftuantes recipere folebant.

P. Sicque, ut arbitror, inquit Petrus, paulatim locus ille in devotionem actus eft.

M. Necdum perfectam rei feriem tenes. MARTINUS papa cum Florentiam civitatem ob quafdam caufas interdixiffet, folum hoc divæ Matri altare confecratum refervavit, ad quod tunc omnes veluti ad unicum animarum folatium falutifque remedium confugiebant, atque illuc maxima devotio orta eft.

P. Videntur quæ a te commemorata funt adeo verifimilia, ut ea oculos cernere, & animum cenfere credas.

M. Non minorem, o Petre, devotionem probes ex cultorum meritis, qui tunc in tan-

A tam reverentiam habebantur, ut omnes una animarum paftores, tutores, falutifque remedium eos prædicarent, ut fuperius declaratum eft.

P. Jocunditatis, inquit ille, plenus extitit dies.

M. Ego vero, refpondit Marianus, ut jam domum redeam, divæ Virginis voluntatem in hoc ducem crederem.

※※※※※※※※※※※※※※※※※※

EX LIBRO IV.
DOMINICI JOHANNIS ORD. PRÆDIC.

De bafilicis Florentinis divæ Genitrici confecratis.

FRAGMENTUM.

Tria contemplor Dominæ felicia noftræ,
   Libera cui fervit relligiofa manus.
Hæc fervile fibi capiens ab origine nomen,
   Obfequiis tantæ dedita matris erat.
Quæ prius ancillam Domini fe fponte vocavit,
   Dum regem Chriftum mox patitura foret:
B Cum fibi de fupera Gabriel ftatione falutem
   Attulit, ut clare littera fancta monet.
Præcipuo cujus veneramur honore figuram,
   Dum manet ante fuos angelus ipfe pedes,
More falutantis niveo velatus amictu,
   Pictus in effigie, qua fibi dixit, *Ave*.
Talis in hoc templo miræ virtutis imago
   Digna fedet, multis inclyta prodigiis.
Hanc urbs noftra colens, & quælibet extera tellus,
   Orat præfidio tutior effe fuo.
C Cujus ope a variis fanantur corpora morbis,
   Et bene curatur vulneris omne genus:
Ut figmenta probant fub multis cerea formis,
   Factus & incolumis fexus uterque docet.
Per quam fanati reges, dominioque potentes,
   Infignes ftatuas hic pofuere fuas.
Afpera fæpe duces bello difcrimina paffi,
   Servati valida Virginis hujus ope:
Se fe cum propriis illi vovere caballis,
   Pulcra fibi dantes munera militiæ.
Hi funt belligeri ductores agminis omnes,
   Quos fuper immanes ftare videmus equos.
Grandævi, proceres etiam, natuque minores
   Hic refident, imum plebe tenente gradum.
Urbis habet fpeciem, fictis habitata colonis
D Hæc ædes, hominum tot fimulacra tenens.
Et ficut in vero ftruitur certamine pugna,
   Ordine fi recto debeat illa geri:
Sic pariter denfis acies ornata maniplis
   Parte fub alterutra cernitur ecclefiæ.
In cujus vacuo pendentes aëre puppes
   Mater ab æquoreis diva redemit aquis.
Nam mare componens celfa rutilantior artho
   Implorata vagas dirigit ipfa rates.

Quas hic instructus adeo perpendimus, ac si
   Vera forent alto bella gerenda mari.
Nam quæcumque solent terra pelagove no-
    cere,
   Amovet auxilio sancta figura suo.
Ut mala suspensi testantur vincula ferri?
   Quæque simul pendent intus & arma
    foris.
Hic exempla patent miseros signantia casus,
   A quibus humanum protegit illa genus.
Sed licet a populo foret hæc celebrata fre-
    quenti
   Pulcra salutatæ Matris imago deæ:
Attamen istius veteris structura sacelli
   Tam magnæ plebis non erat ante capax.
Quod Petrus advertens, Cosmi certissimus
    heres,
   Et sobolis Medicæ cura nitorque suæ,
Mox illam merita cupiens in sede locare,
   Hoc dignum tanta Virgine fecit opus.
Nam bene de niveo conflatum marmore
    totum,
   Et pretio reliquas vincit & arte domos.
Quattuor ara novas inter manet una co-
    lumnas,
   Et tegitur plano fornice tota super.
Quam scriptura vetus radio descripta re-
    centi
   Ornat, & auratis contegit ipsa comis.
Multa super viridi candent ubi lilia thyrso,
   Signa domus Medicæ mitia poma ru-
    bent.
Angelica suspensa manu micat alta corona,
   Quam dea sublimi fronte Maria tenet.
Lampade multiplici, cœli rutilantis ad instar,
   Nocte dieque nitet Virginis ara piæ:
Cujus in altari ne jugis de foret ignis,
   Petrus oliviferos sponte coëmit agros.
Fulgeat ut cunctis hæc nobilis ara diebus
   Splendida luciferi facta liquoris ope.
Et crates media situs est pulcherrimus æde,
   Qui lymphas poculo continet ore sacras.
Cui lapis ornatum paragonius addit, & in-
    gens
   Dat spera de fusco marmore facta decus.
Quattuor hoc orbe sustentant rite minores
   Ærea Baptistæ formula complet opus.
Percipit inde frequens optata piamina cœtus,
   Purior ut tactis inde recedat aquis.
Cetera virginei parco memorare sacelli:
   Quid Petrus ampla sibi munera sæpe
    dedit.
Et nova pro gazis sacraria fecit opimis,
   In quibus oblatæ sponte locantur opes.
Quas reges, clarique duces, fortesque tyranni
   Ponere pro votis hic voluere suis.
Sunt ubi, cum variis argentea vasa figuris
   Quæ tegit interius picta tabella foris.
Angelicus pictor quam finxerat ante Jo-
    hannes,
   Nomine non Jotto, non Cimabove mi-
    nor:
Quorum fama fuit Tyrrhenas clara per urbes,
   Ac dulci Dantes ore poëta canit.
Floruit & multis etiam virtutibus idem,
   Ingenio mitis, relligione probus.
Nunc data præ reliquis merito pictoribus
    illi
   Gratia fingendæ virginis una fuit:
Ut docet ejusdem manibus descripta Johan-
    nis
   Sæpe salutatæ forma venusta deæ.
Hic nova relligio Servorum dicta Mariæ
   Ex tenui cœpit surgere principio.
Cujus parva brevi per mundum gloria crevit,
   Maxima divinæ facta Parentis ope.
Bentius mira pollens virtute Philippus
   Inclitus hac olim vixit in æde pater.
Ossa modo cujus sita sunt veneranda Tu-
    derti,
   Mortua portentis vivificata novis.
Nunc dignus celso præsul Marianus ho-
    nore
   Tanti vera salus & pater ipse loci,
Hoc probitate sua templum conservat &
    auget,
   Dum placido mentes admovet ore pias.
Corripit audaci populos sermone potentes,
   Vera loquens, nullo territus ille metu.
Sed quibus ista domus meritis præluxerit
    olim,
   Clara probant sancti martyris acta Petri,
Qui nostram purgare volens erroribus ur-
    bem,
   Hospes in hac fidei perstitit æde pugil.
Stans ubi tunc heresim cupiens abolere ne-
    fandam,
   Dictis mollibat pectora dura suis.
Sed quos non poterat verbo curare salubri,
   Jure coërcendos viribus esse ratus:
Fortunata dedit populo vexilla fideli,
   Et cruce signatos misit in arma duces:
Cum quibus in bello cives prostravit ini-
    quos,
   Præsumpsere piam qui violare fidem:
Dum sibi polluta finxerunt dogmata mente,
   Spargentes heresis semina pestiferæ.
Id manifesta docent geminæ monimenta
    columnæ,
   Fluminis ex omni nunc quoque parte
    sita.
Altera trans Arnum domui vicina cohæret,
   Quæ justa titulum Felicitatis habet.
Pars ibi nam fidei Petro sub Martyre victrix
   Accepit pugnæ digna trophæa piæ.
Altera cis fluvium veteri contermina pago
   Exstat, cui Trivium nobile nomen inest.
Hoc pictura monet Mariani nota Bigalli,
   Et vexilla crucis candida purpureæ:
Quæ modo condigne servantur in æde No-
    vella,
   Ne pereat tantæ fama vetusta rei.
Inde patet quanto fidei flagraverit igne
   Militiæ ductor maximus iste Dei,
Cujus amore calens memoratu digna per-
    egit
                  Plurima,

Plurima, dum tanta traxit in æde moram.
Quam simul illustrat nostris constructa sub annis
Proxima sub signo Virginis ampla domus.
Hæc fovet expositos, tamquam pia mater, alumnos,
Rite trahens pueris nomen ab * innocuis.
Quam foris aspectu lætissima porticus ambit,
Redditur unde sacræ semita grata viæ:
Tramite quæ recto geminam perducit ad aram,
Semper ubi Christi præsidet alma Parens.
Vir locuples multo cui BENTIUS ore JoHANNES,
Obtulit insignem relligione locum:
Quem nunc Muratæ sanctissima turba sorores
Vitæ florentes integritate colunt.
Inde Salutatæ titulo fulgere Mariæ
Promeruit nostro tempore casta domus!
Semper ubi tantæ resonans præconia Matris,
Profert angelicas pura caterva notas.
Hanc amat ingenuam cœli Regina cohortem
Ultro quam missis educat illa cibis.
Salve sanctorum custos veneranda locorum
Supplicibusque tuis fer pia Mater opem.
Cui bona tot celsas posuit Florentia sedes
Quot mea descripsit nunc operosa manus.

S. Mariæ de Innocentibus.

S. Maria de Muratis.

HISTORIA FUNDATIONIS MONASTERII CÆLESTINORUM SUESSIONENSIUM.

Ex mf. codice Colbertino 2569.

1. IN nomine sanctæ & individuæ Trinitatis Patris, & Filii & Spiritus-sancti, amen. Ut pristinorum permaneat memoria gestorum in sæcula; congruum est illa commendare per scripturæ memorialia. Et ideo, ipso auxiliante Domino, hoc in volumine proposui pandere ortum hujus monasterii sanctæ Trinitatis Cælestinorum Villæ-novæ circiter Suessionem, fundationes ejusdem & bona, jurisdictiones, feuda, census, vinagia, reditus, vineas, terras, prata, insulas, & nemora ipsi monasterio pertinentia: quin immo per quas personas fuerunt donata, sive a quibus, quovismodo alio sunt acquisita: quod incipio mense Augusto anno Domini millesimo quatercenteno quinquagesimo quinto. impulsus siquidem hæc scribere propria non mea ingestione, immo nostri patris reverendi provincialis ex injuncta commissione, ob obedientiæ reverentiam, libens quippe hanc sumens sarcinam, & ut breviem posterorum laborem, institutorum noviter priorum, procuratorum & depositariorum, qui per hujus lecturam possint celerius cognoscere monasterii substantiam, & ut negotiorum actus tutius dirigantur.

TITULUS PRIMI FUNDATORIS.

2. Felicis memoriæ dominus ENGUERRANdus illustris comes Suessionis & dominus de Coucy, vir vere catholicus, ut suorum exhibitione gestorum comprobatur, qui ob divini ampliationem obsequii quondam digna motus devotione, ad patris nostri sanctissimi Petri Cælestini religionem propagandam, ac in gloriam sanctissimæ Trinitatis, honorifice fundavit hoc Cælestinorum Villæ-novæ prope Suessiones monasterium, ut patebit primo per suam litteram ejus sigillo munitam, quæ verbatim hic sequitur.

Enguerram sire de Coucy, conte de Soissons & Ber de Male, savoir faisons à tous presens & à venir, que nous considerans que le pelerinage & les biens temporels & mondains de ceste vie transitoire sont ordonnez à un chacun, qui bien en veult & scet user, à édifier & faire trésor envers Dieu, qui tous biens a prestez: meus par vraye devotion, en honneur de Dieu le Pere, le Fil & le Saint-Esperit, ung Dieu vraye & sainte Trinité, de la glorieuse Vierge MARIE, de tous les Saints & Saintes de Paradis, & pour avoir prieres perpetueles pour nous, nos devanciers, & successeurs, de nostre très chiere & amée compaigne ISABEL DE LORRAINE, à present nostre femme, pour tous les chevalliers & dames, les escuyers & demoiselles, qui ont esté, sont, & seront de nostre ordre de la couronne, pour la singu-

Vet. Script. & Mon. ampl. Collect. Tom. VI.

liere amour & affection que nous avons envers la devote & sainte ordre des Celestins, & l'accroissement & augmentation du service divin, pour consacrer le Corps de nostre Seigneur ou saint Sacrement de l'Autel, que il par sa grace ordonna à faire en la remembrance & commemoration de luy, de sa sainte & digne mort & passion, qu'il voulst souffrir pour tous Cristiens, & pour estre acompaigniés à tous les bienfaits de charité, de prieres & devotions, qui ont esté, sont, & seront faits par lesdits religieux de ladite ordre, avons ordonné & disposé, & voulons & ordonnons à l'aide de Dieu une église, monastere & habitation d'un convent de douze religieux au moins dudit ordre des Celestins estre fait, construit, édifié & établit au lieu & en la place de nostre maison de Ville-neufve emprès Soissons. Lequel lieu avec les cy-après declairées nous avons donné & donnons à Dieu, & à sainte église, & à ladite religion, pour estre par yceulx religieux tenus & possidés perpetuellement comme admortis, pour eulx habiter, demourer, faire le service de nostre Seigneur; & pour la sustentation & vivre de yceulx religieux leur avons donné quatre cens livres tournois de rente annuelle & perpetuelle admorties, à prendre, lever, recevoir & percevoir en sur toutes nous rentes, revenues, heritages, drois & possessions, que nous avons & povons avoir en ladite ville de Ville-neufve, & ès villes d'Amigny & de Baignenx, & en toutes les appartenances & appendances d'icelles, en quelque maniere que ce soit ou puist estre. Lesquelles villes, rentes, revenues, justice, seignourie, terres & possessions nous avons baillé & baillons par ces presentes audits religieux, & leur procureur en avons mis, & par nostre baillif fait mettre en saisine & en possession de fait come de leur propre heritaige, en tout droit pourfitable, & de manier, & en tout droit de justice, pour la prisée de quatre cens livres tournois des terres dessusdittes, sans rien retenir en iceulx, fors la moyenne & haute-justice, le ressort de la souveraineté par devers nous, sans moyen, sauf & reservé audits religieux toutes les amendes de soixante sols parisis & autres audessous, & tous les prouffis des fiefs qui y sont, tant en reliefs, en quindeniers, rachas, services, come autres drois de seignourie feodal. Et s'il advenoit que par confiscation aucuns fiefs venist à nous ou à nous successeurs seigneurs de Coucy ou contes de Soissons, en leur bailleroit & seroit tenus de bailler vassal pour user de leur droit & seignourie feodal, pourveu que les fruis, prouffis & émolumens desdites terres seront par nous commis & deputez, mis & convertis ès édifices de l'église, monastere & habitation devantdits, jusqu'à ce qu'il soit acompli & mis en tel estat que yceulx religieux y puissent convenablement habiter, faire le service de Nostre Seigneur, & propicement estre selonc l'ordre, & en retenant les maisons, édifices & heritages des trois villes devant dictes convenablement, sans empirer ne amenrir. Et est à sçavoir, que si les villes, terres & possessions devant dites ne valoient jusqu'à la extimation & valeur des quatre cens livres de terre dessusdictes, nous leur accomplirons & parferons au plus près d'eulx & à leur menre domaige. Et tous yceulx heritaiges par nous donnez & assis, & aussy tous ceulx que ils pourront acquiescer tant en fief come autrement en nous terres & seignouries par quelque maniere & tiltre que ce soit, jusqu'à la somme de CCC. livres de terre oultre ladite fondation de CCCC. livres tournois, nous voulons & gréons que yceulx religieux, & ceulx qui après eulx venront, tiengnent & possident paisiblement, sans estre de ce contrains par nous ou par nous successeurs de les admortir, mettre hors de leur mains, ou payer aucune finance pour ceste cause, retenu & reservé la justice moyenne & haulte, la souveraineté & la garde, come dit est, sauf & reservé ausdits religieux toutes les amandes de soixante sols parisis & aultres audessoubs, & tous les proufis des fiefs come dessus est declaré: & s'il est besoing iceulx heritages par nous donnez admortir envers autres, nous leur promettons admortir & faire admortir de tous ceulx à qui il appartiendra, à nous propres couls & despens, & toutes les choses dessus dictes feront accorder & consentir par nostre très chiere & amée compaigne par avant dicte. Et est assavoir que sur nostre volenté & devotion dicte nous avons parlé & fait parler au provincial & religieux dudit ordre, qui amiablement nous ont accompaigné à leurs services & bienfaits, accepté nostre don & promis que l'église & l'abitation faite au lieu dessusdit, tant que ils puissent habiter & le service faire propicement, & selon leur ordre, ils mettrons & establirons & seront tenus de mettre, establir & ordonner douze religieux au moins pour le service de Nostre Seigneur bien faire, & devotement, perpetuellement & à tousjours, dont ils nous ont baillé lettres: & les choses parfaites & consommées au plaisir de Dieu, ils entreront oudit lieu, & auront les fruits de yceulx heritaiges, & commenceront & continneront à faire le service audit lieu, & se feront lettres d'une partie & d'autre par conseil commun, selon ce qu'il sera bon à faire. Et aussy leur avons donné & donnons par ces presentes la somme de mille frans pour tourner & convertir en livres & en autres escoremens appartenans à l'église & au service de Dieu, avec une Bible en deux volumes, que nous avons ordonné à y mettre. Et avec nous leur avons ottroyé & concedé par ces presentes, leur ottroyons & concedons, que eulx, leurs successeurs, & tous leurs biens perpetuelement pour leur vivre & necessitez sans marchandise demourront quittes & exemps de tous nous péages, chauchées & autres devoirs presens & avenir, & pourront aller & passer par toutes nous terres & passaiges franchement & quittement

Jans payer aucune chose quelque elle soit. Et n'entendons point marchandise ce qui seroit acheté sans entention de revendre, mais pour user & dispenser en leur hostel, ne aussy auroient norry & le seissent mener en entencion de vendre. Et pour plus seure fondation avons ottroyé & accordé ausdits religieux, & par ces presentes ottroyons & accordons, que eulx & leurs successeurs, & tous leurs biens, heritaiges & possessions demeurent perpetuelement en nostre protection & sauve-garde, & de tous nous successeur, & que en toutes leurs causes, querelles & besoignes, qu'ils pourront avoir à faire, ils auront le consel, confort & aide de nous & de nous officiers en justice, & de nous conseillers & serviteurs, come en nous propres querelles & besoignes. Promettons en bonne foy & sur l'obligation de tous nous biens, & des biens de nous hoirs, meubles & immeubles, presens & futurs, toutes les choses devant dictes ainsy come elle sont escriptes tenir, garder, faire & acomplir par nous & par n us successeurs perpetuelement & pour le temps advenir sur la maniere, forme & condicions, que cy-dessus est declairé, & non faire ne venir au contraire par nous ou par autre ou temps futur par quelque maniere que ce soit. Ou tesmoignaige desquelles choses & pour ycelle estre fermes & estables, nous avons fait mettre nostre scel à ces lettres, qui furent faites & données en nostre hostel à Paris le XXVI. jour du mois d'Avril l'an de grace Nostre Seigneur MCCC. quatrevins dix.

Continuatur monasterii.

3. Cujus litteræ paulo post datam, ex ordinatione ejusdem domini ENGUERRANDI sumtibusque suis fuit ante omnia demolita comitalis domus antiqua. Inde in Dei nomine constructio dicti monasterii incœpta a primis ipsius murorum fundamentis, præsentibus quibusdam nostri ordinis patribus, signanter fratre Galchero *de Villers* & Johanne *de l'Ourme*, receptore dicti domini in villa sua Suessionensi: qui duo usque ad finem ecclesiæ, capituli, claustri, refectorii, dormitorii, & totius quadraturæ monasterii ædificiorum fuerunt visitatores operum, & opificibus distributores denariorum, ipsa in constructione impensorum.

Fundationi additamentum novi ordinis.

4. Ipsaque continuata constructione usque supra terræ faciem ad tres lapidum juncturas, sive ultra tantillum, prudens fundator prospiciens tenuem nimis præmissam redituum donationem ad tantum onus comportandum, duodecim scilicet fratrum, oblatorum & hospitum sustentationem, instaurandamque veterascendorum dicti monasterii ædificiorum ruinam & reparandam, nobis donavit alias centum libras Turonenses annuas & perpetuas, causa augmenti prætactæ fundationis admortizatas, situandas & exigendas super suis dominiis, pari penitus conditione, ut sunt ceteræ CCCC. libræ per ipsam fundationis litteram expressæ. Insuper contulit nobis unam amplam domum perpetue possidendam intra septa Suessionis suis emendam denariis, in qua fratres possint etiam guerræ tempore, omnisque eorum familia cohabitare, atque sancta officia cantare. Et hæc ultra voluit nobis emi in territorio *de Bucy* vel citciter Villam-novam, vineas bonas tot quot ex earum fructu ipse conventus & familiares possent per annum totum potu ministrari necessario. Ex quarum centum libris domus & vinearum donatione licet non stet publica carta, ob præpeditionem sui recessus in Hungariam, tamen ipsa sic donatio facta non robore viget minore, quam si hoc authentica fecisset littera: cum vero id egit atque promisit in multorum nobilium presentia & aliorum dignorum credentia virorum, sua super his exhibentium veri testimonia in inquesta pro nobis ad dominos de Parlamento Parisiensi facta contra successores dicti domini donatoris nostri, donationem atque totam fundationem implere, ut prædictus fundator devote statuerat, renuentes in animas suas. Qua de re processus adhuc usque in præsentem annum MCCCCLV. pendet in dicta Parisius curia indecisus. De quo denuo infra fiet sermo.

5. Perrexit deinceps præmissis sic gestis strenuus comes & præpotens bellator in Hungariam adversus paganos in vastationem sanctæ religionis Christianæ erectos, accinctus fidei potentia, proprio magnæ devotionis motu, non quovis imperantis præcepto, sese spernens, Christo ut placeret, propriam non erubescens mortem a rugientibus barbaris ipsis ei paratam, immo formidine omni contemta, JESU CHRISTI imitator perfectus se totum Deo pro fidelibus tuendis hostiam obtulit devotam, caræ conjugis ISABELLIS de Lotharingia demulcentis amplexus & obsequia ultro propellens, dulci quoque suarum trium genitarum consolatione dimissa sponte, paterno immemor amore, civitatum villarumque copiam ac castrorum tam multam & ædificiorum eorumdem pulchritudinem pro nihilo gerens, usum deseruit, lascivaque venandi cura sive otiose vacandi vita se privavit, & epulosa mensa consuetis honoribus & familia pomposa se destituit: septus tamen numerosa militum & nobilium præliatorum eleganti comitiva, sic sic procedens in viam, multa per scandalosa itinera & procellosa transfretans maria, fluminaque vadavit impetuosa, per Alpes & marecosas valles lætus ibat, se Domino sedulium commendabat, diversarum per nationes linguarum & climata transiens perlustravit. Sed ut potuit melius ante propriæ egressum patriæ suos affectæ oneravit, ut sua fundationis ordinatio totalis celerem consequeretur perfectionem; suam signanter, in qua merito & ceteris confidebat magis, uxorem prædictam, cui mandavit ut monasterium istud suis præ omnibus aliis per eum dimissis ne-

Enguerannus fundator pergit adversus infideles in Hungariam.

HISTORIA FUNDATIONIS MONASTERII

gotiis compleret. Quod se facturam pollicendo, ipsa onus assumsit: sed tamen, ut patebit, totum nitens in contrarium alias egit: Ah! ah! mi domine Enguerrande bone, tua fuisti frustratus promissionis fiducia in tua uxore sperata. Ergo væ qui fidit in muliere.

Codicillo confirmat primam fundationem.

6. In ipso sic positus itinere a sua jam patria longe, prope meridianum mare in loco Portus-Veneris sic dicto, cura multum affectus sollicita, ut suum quod adhuc in propria existens terra condiderat testimonium * deduceretur ad perfectum, in eo specialius quod ordinaverat de hujusmodi fundatione monasterii, formidans ne malitia suorum vel incuria omitteretur completio; ut quoque suos heredes magis ligaret obligatione ad illius perfectionem, codicillando corroboravit pristinam institutionem suam in modum qui sequitur, per clausulam ipsius codicilli cernentem materiam præsentem.

l. testamentum.

» » Ego ENGUERANDUS dominus de *Coucy*
» sanus mente, &c. Dei motus pietate, re-
» cordansque & ad memoriam reducens bene-
» ficia, bona, gratias, honores mihi a Deo col-
» latos, cum nuper ordinaverim & disposue-
» rim fieri & ædificari in domo nuncupata
» Villa-nova prope Suessionem, unum mona-
» sterium & ecclesiam pro habendo, moran-
» do, & habitando unum conventum religio-
» sorum Cœlestinorum usque ad numerum XII.
» ad minus, pro serviendo Deo & B. Mariæ
» Virgini ejus Matri, & omnibus aliis sanctis,
» in divinis officiis celebrando & Deum ro-
» gando assidue pro me, prædecessoribus meis
» defunctis, successoribus meis, pro carissima
» consorte mea ISABELLI de Lotharingia, &
» pro omnibus militibus, scutiferis, domina-
» bus & domicellis, qui sunt, fuerunt & erunt
» de ordine meo de corona, & pro omnibus
» aliis parentibus meis & amicis vivis & de-
» functis, & pro sustentatione, alimentis, &
» aliis necessariis dictis duodecim religiosis Cæ-
» lestinis dedi & donavi, & etiam assignavi
» ipsis duodecim religiosis, videlicet quatuor
» centum libras Turonenses terræ capiendas,
» habendas, levandas, exigendas & recupe-
» randas per ipsos religiosos, in & super villas
» meas de *Amigny*, de *Baigneux*, & de Villa-
» nova prædicta, & super pertinentias & de-
» pendentias ex eisdem. Et in casu quo red-
» ditus mei ipsorum locorum non tantum va-
» lerent, vel non ascenderent ad dictam sum-
» mam dictarum quatuor centarum librarum
» Turonensium annualium, promisi eis ipsas
» complere & perficere, compleri & perfici
» facere in & super aliis terris & possessioni-
» bus meis eis propinquioribus usque ad in-
» tegrum valorem dictarum CCCC. libratum Tu-
» ronensium annualium. Item, &c. Cum hoc
» promisi eis dare & deliberare seu deliberari
» facere, videlicet mille Francos auri semel
» tantum habendos per ipsos, pro habendo,
» emendo & acquirendo libros & ornamenta

ac alia dicto conventui & ecclesiæ necessaria ad divina officia & serviria celebranda. Item, magis promisi, ac etiam teneor eis & debeo facere fieri & ædificari, & construi dictam ecclesiam & habitationem, in qua dicti XII. religiosi habitabunt & habitare poterunt una cum servitoribus ipsis necessariis, juxta & secundum quod decet & pertinet tali ordini, & ad similitudinem & formam ac modum habitationis S. Crucis subtus Effemontem, aut melius expensis meis. Igitur ad hæc de præsenti ipsas ordinationem, dispositionem, ac promissionem, ut prædictum est, per me factas in modum & formam prædictis ratifico & approbo & confirmo, & ita fieri volo & ordino atque mando, quod ipsæ ordinatio & promissio suum sortiantur effectum. Et nunc de præsenti, si necesse sit, prædicta, sicut supra ordinata & disposita sunt, fieri volo & jubeo atque mando per executores meos infrascriptos, ac per ipsos, volo, ordino, præcipio atque mando dictas ordinationem, dispositionem, ac promissiones meas, in modum & formam quibus supra narratum est, ad integram perfectionem facere deduci, & pro omnibus & singulis in dicta ordinatione mea contentis & declaratis, fiendis, complendis & perficiendis, & etiam pro omnibus aliis legatis & relictis supra per me factis & infra fiendis, volo, ordino, jubeo, atque mando, quod omnia acquisita mea quæcumque, & specialiter Villæ-novæ & Seuhoriæ, de *Hem*, de *Doubly*, de *Pinon*, d'*Orugny en Theresse*, & domus mea Parisius sint & remaneant usque ad integram perfectionem, solutionem & satisfactionem omnium & singulorum prædictorum onerata tam pro fundatione, dotatione & completione ipsius conventus & ecclesiæ, quam etiam pro dictis legatis meis supra factis & infra faciendis, ac delictis & forefactis meis solvendis & satisfaciendis, casu quo tantum valere poterunt, & casu quo non essent tanti valoris & tantum valere non possent quantum ascendunt opera dicti mei testamenti, quod residuum capiatur in & super aliis bonis meis, & de eis ipsum residuum solvatur, & quod ipsa bona vendantur, & in denariis convertantur usque ad complementum supra & infra ordinatorum & legatorum. Acta fuerunt hæc in Portu-Veneris prope mare, præsentibus nobilibus viris dominis Johanne *de Roje*, Johanne de Fontanis, Percevallo de *Dureval*, Petro de Lihiis, militibus, & pluribus aliis, &c. anno a Nativitate Domini millesimo trecentesimo nonagesimo & die prima Julii.

7. Præterea sanctæ recordationis dominus noster papa dominus CLEMENS VII. elaborante ad hoc domino præfato fundatore nostro & ipsius favore, contulit ecclesiæ nostræ per suas patentes bullas abbatiam, quæ tunc, ut autumo, vacabat suppositis ob

Ejus gratia Clemens papa VII. aliis & Viennensi abbatiam in diœcesi Ambianensi.

CÆLESTINORUM SUESSIONENSIUM.

guerræ defolationem, nuncupatam Vifeno-lium, ordinis S. Auguftini, prope Ambianum fitam, cum fuis juribus & pertinentiis omnibus : quam cum eifdem juribus cum fratribus noftris de Ambianis, quod eis propinquior & decentior erat quam nobis, commutavimus pro certis vineis, terris, pratis, & infulis in & circa Villam-novam fitis, & quædam prope *Baigneux*, quorum declarationem omnium cum egero, infra de hereditagiis monafterii feriatim elucidabo. Ipfaque commutatio fuit contractata anno Domini milleſimo quatercenteſimo trigeſimo ſexto, die XVI. Aprilis, ut patet per litteram quam in depoſito habemus repoſitam.

Enguerranus a barbaricâ gente & reditione.

8. Rurſus ad provinciam tendens deſideratam pervenit, & ad locum certaminis, ubi in conflictu, ut reor, princeps illuſtris ardenſque bellator non fugiens, ſed in ferales illos forti animo perſiſtens, cum temporibus ſuis virorum quifvis in armis non eſt inventus ſimilis illi. Sua ſed denique parte devicta, ab ipſis eſt raptus barbaris atque captivatus; ſed lapſo quodam temporis intervallo, annuente Domino, qui ſperantium in ſe non obliviſcitur, in fine eſt redemtus, non permiſſus eadem divina proviſione in eorum mori ditione, ne videlicet tam dignum ejus corporis pignus poſſideret tam profana gens, & ut non gloriarentur proinde dicentes: Manu noſtra excelſa fortia hæc fecimus omnia, ubi eſt Deus Chriſtianorum? Inde vero exiliens, in Burgia degebat civitate, civitatum totius regni Hungarorum tenente metropolitam : ubi confirmavit iterum promiſſa ſua donaria; ſed augmentavit peramplius & alia, ut claret per ſuum codicillum illic confectum, cujus pars ſequitur quæ tangit meum propoſitum.

Alterum codicillum dom. addit ad primæva fundationem.

9. In nomine Patris & Filii & Spiritus-ſancti. Amen. Nos ENGUERANDUS dominus de Cuciaco, &c. ſanus mente, &c. codicillando volumus & ordinamus & etiam obligamus omnia jocalia ceteraque bona mobilia noſtra, immo etiam terras noſtras de Cuciaco, & comitatum Sueſſionenſem, & principaliter prædictum comitatum, aliaſque poſſeſſiones noſtras, ubicumque ſint, & taliter quod nullus heredum noſtrorum aut cauſam noſtram habentium eiſdem poſſit gaudere quovis modo, donec monaſterium ſanctæ Trinitatis prope civitatem Sueſſionenſem per nos fundatum, fuerit perfecte completum, ſicut jam pridem in teſtamento noſtro latius ordinavimus. Item volumus quod per ordinationem executorum noſtrorum fiat in eodem monaſterio una nobilis crux de argento ponderis quadraginta marcarum Pariſienſium, unum thuribulum de argento, buretas duas pro vino & aqua cum pelvi ad lavandas manus, cum uno pulcro calice argenti deaurato, & quatuor ornamenta ad celebrandum, quotum tria communibus diebus ſervient, & quartum fulcitum pro diacono, ſubdiacono & preſbytero pro feſtis ſolemnibus. Et ut iſta voluntas ſeu ordinatio noſtra ultima ſuum, ut ordinavimus, ſortiatur effectum, domino noſtro regi requirimus, quod terram noſtram de Couciaco & comitatum Sueſſionenſem, quoad tria caſtellana in manus ſuas ponat, & teneat, & proventus & reditus prædictarum noſtrarum terrarum tradi & deliberari faciat prædictis executoribus noſtris, &c. Acta in Burgia XVI. die menſis Februarii anno Domini MCCC. nonageſimo ſeptimo, præſentibus, &c.

Fundatoris mors.

10. Anno autem editionis codicilli proxime tacti & menſis Februarii die XVIII. dominus ipſe memoratus grandævæ ætatis & laborum tantórum onere depreſſus, corpore infirmus, ſed firmus fide, ab eo, cujus ob honorem laboravit libens, condignam ſuſcepturus mercedem, eſt ad gloriæ æternæ requiem vocatus. Sicque migrato catholice in eo quo ſupra, ſcilicet Burgia, loco, ejus corpus ſuorum comparium more eſt aromatibus conditum, & ſui ex ordinatione teſtamenti dehinc delatum ad monaſterium ſanctæ Dei Genitricis de Nogento (*a*) Sueſſionenſis diœceſis, appoſitumque honorifice in ſepulcro ſuorum patrum. Verum quia ubi theſaurus ſui fuerat amoris, voluit in ſignum eſſe tumulum ſui cordis, ſcilicet in noſtra præſenti eccleſia, cujus fundator extitit, ad quam fuit illud apportatum, eſtque in petra foramine reconditum de latere ſacriſtiæ in pariete, ſecus locum ubi accenduntur cerei in decantatione evangelii, ob cujus honorem & memoriam notiorem debent verſus quidam poni in ſilice ſculpti, ſi honeſte judico : quoniam tale pignus poſſidere non eſt modicum noſtræ decus eccleſiæ.

[4]

*11. Volui ſic præmiſſa domni ENGUERANDI fundatoris noſtri geſta de pluribus aliqua taliter qualiter enarrare, ut in poſterum non ignoremus tam affectam erga nos voluntatem bonam & impenſum beneficium, ut qui pro ejus ſalute attentius divinum devote rependamus obſequium, ne ingratitudinis gravemur propter vitium.

Obeunt ejus nata & uxor.

12. Defuncto eo, ſuperſtitem ISABELLEM ſuam reliquit uxorem, & ex ea procreatam matris nomine ISABELLEM adhuc infantulam, tutelæ ipſius matris & regimini commiſſam : quæ ad pubertatis annos pervenra, nuptui eſt tradita domino Nivernenſi comiti : cui ex eodem Nivernenſi fuit nata filia tantum una, quæ diebus octo ferme vixit. Ejuſque mater ipſa ISABELLIS poſt menſium ſex ſpatium pariter deceſſit. Et ſic ex hac linea à dicto domino de *Coucy* generatio non

(*a*) Ordinis S. Benedicti, congregationis S. Mauri, prope Codiciacum, ubi hactenus viſitur ejus tumulus. Hinc emendabis novam urbis Codiciaci hiſtoriam, cujus auctor Tuſſanus Pleſſæus exiſtimat Enguerranui cadaver eo in loco, quo vivere deſiit, ſepultum fuiſſe.

HISTORIA FUNDATIONIS MONASTERII

subsistit. Sed immo ex linea alia uxoris primæ, ISABELLIS etiam nuncupatæ, quæ filia fuit EDUARDI Angliæ regis. Hæc autem ex ipso domino de *Coucy* peperit duas filias, MARIAM videlicet & PHILIPPAM: quæ Philippa uxorata fuit domino Islandiæ duci, sed postea sine ventris proprii fructu expiravit. Mariam autem aliam filiam conjunxit potenti domino HENRICO DE BAR: qui genuerunt postmodum ROBERTUM DE BAR. Hic vero Robertus comes *d'Aumale* dictus, cepit matrimonio dominam JOHANNAM DE BETHUNE comitissam de *Liney.* Ex quibus processit filia una nomine Johanna, quæ hodie & anno Domini MCCCCLV. vivit uxor domini LUDOVICI DE LUCEMBOURG comitis S. Pauli. Et hæc Johanna heres est & sola posteritas generis sæpedicti domini de *Coucy* fundatoris nostri.

Quæ pliis viri sui votis quantum potuit obtitit.
13. Supra sæpe nominata ISABELLIS DE LORRAINE relicta domini *de Coucy*, post ejusdem domini viri sui decessum viribus innisa est omnibus, ut incompletum sineretur hoc monasterium, sui fallax promissi suo viro facti pro completione hujusmodi, spernens suæ ipsius salutem animæ, cui indulgeat Deus. Repente quidem ad se apportari mandavit, & factum est ita, jocalia dicti domini fundatoris tam pulchra, sed pretiosa ultra XVIII. millia librarum Parisiensium valentia, quæ ab eodem erant deposita gardiæ apud Venetias Italiæ, & illa idem dominus ordinaverat studiose ibi reservari pro nostræ fundationis perfectione. Tenuit quoque virago illa tamen inique forti manu sua partem successionis dicti domini nostri fundatoris, tam titulo administrationis tutelæ suæ prædictæ filiæ, quàm etiam suæ causa dotis, signanter terram nostram *d'Amigny*, in magnum postri detrimentum, & hoc usque ad suum miserum obitum, quæ post dictum suum virum XL. annis sive ulterius mansit in humanis, semper noxia nobis, nisi quod nobis, ut dicitur, dedit unum calicem argenteum rudi opere factum secundum veterem modum, quem patres nostri, perurgente guerrarum necessitate & famis tempore cum duobus urceolis ex argento factis alienaverunt, preciis pro suæ vitæ subveniendo expensis.

Maria Enguerranni ex prima uxore nata fundationem approbat.
14. MARIA autem præfata pro se & sorore sua PHILIPPA, carum genitoris domini *de Coucy* ordinationi consensit, & laudans sponte approbavit fundationem monasterii, atque donationes nobis per ipsum tam scripto quam alias factas. Voluit insuper omnium datorum possessionem nos perpetue pacificam possidere, suo suorumque successorum impedimento omni semoto, de quibus jussit instrumentum nobis fieri die XIX. Martii anni Domini millesimi CCCC. quæ illico & die illo nobis se obligavit quo supra nomine in quatuor mille librarum Turonensium impendendas ex suo pacto in continuanda mona-

sterii nostri constructione: quas libras certis recepimus terminis, & ut arbitror, in opus ipsum, ut jusserat, impendimus.

15. Viduata siquidem viro dicta MARIA, *Ludovici Aurelianensi vendit Coucy, dici, &c.* & parvulum ex ipso ROBERTUM filium superhabens, illa considerans sui sexus ineptam ad suos oppugnandos inimicos potentiam, qui suæ paternæ successionis terram nitebantur circumquaque invadere, quæ provido est usa consilio pro incolarum pace & totius regni utilitate, & pugili strenuo qui valeret velletque ipsos propugnare inimicos, domino videlicet LUDOVICO principi serenissimo regis domini nostri filio Aurelianensi duci vendidit suo & suæ sororis Philippæ nomine baronatum *de Coucy*, *La Ferre sur Aisne*, *& Marlo*, simulque omnes eorum pertinentias pretio quater centum millium librarum. Hoc actum anno Domini MCCCC. die XV. Novembris.

16. Exorta exhinc pro parte dicti ROBERTI *Ex jus fundo in villa & comitatu Sues. frontis.* illius Mariæ filii litigatione contra ipsum dominum Aurelianensem ducem ob venditionis prætactæ causam; sed tandem est perventum inter partes ad accordum, sicque præfata Maria, iam PHILIPPA prædicta sorore sua defuncta, venumdedit eidem Aurelianensi domino jus suum quod habebat in villa & comitatu Suessionensi & multis aliis terris & dominiis triginta mille scutis auri, cum aliis pactis quamplurimis & quittantiis hinc inde confectis. Specialiter cum onere per dictum dominum ducem suscepto monasterium istud perficiendi, in quantum illa juxta sui patris institutionem fundatoris tenebatur. Ipseque dux debebat illam ex hoc reddere erga quoslibet quittam. Et super hæc littera fuit conscripta anno MCCCCIV. die XXIII. in Maio.

17. Præmissorum accordi & venditionum litterarum, si ad nostri juris probationem originalia cupis, invenies ea Parisius in parlamenti registris sub datis & locis aptis. Sunt etiam intus monasterium istud earum copiæ omnium in papireo quaterno scriptæ fideliter manu venerabilis patris F. G. Romani olim prioris nostri.

18. Præterea jam satis heredibus fundationis ordinationem & ceteras donationes, ut præmittitur, nobis per dictum dominum *de Coucy* factas implere recusantibus & solvere, contra eosdem bene consulti de jure, non obstantibus quæ intus fecit dictus dominus duo operibus, ex supradicto per eum onere suscepto, incepimus processum Parisius in curia parlamenti anno Domini MCCCC... in quo petivimus ea quæ in demanda, quam ipsi curiæ proposuimus in hujus initio processus, quam hic inseram brevius, ut quod in futurum utile fuerit visum, provideatur secundum tutum consilium, dum tempus affuerit congruum; quoniam ad præsens aliquid intentare scias nihil prodesse propter

adversæ partis duritiam: quæ pars promtior est ecclesiæ adversari in hac parte quam propitiari. Sed, Deo opitulante, ipsis succedent meliores eis, nobisque favorabiliores atque catholici magis, qui justitiæ parebunt.

Libellus supplex Cælestinorum oblatus Parisiensi senatui adversus heredes Enguerrani.

19. *Afin que par vous nos seigneurs tenant le parlement du roy nostre sire à Paris, par le jugement de la cour soit declaré pour & au prouffit des religieux, prieur & convent de l'église des Celestins de Villeneuve-les-Soissons, demandeurs d'une part, à l'encontre de dame* Isabelle *de Lorraine vesve de feu prince de bonne memoire messire Enguerand de* Coucy, *& aussi contre monsieur* Robert de Bar *comte de Marle, & contre chacun d'eulx, tant que le puet toucher, deffendeurs d'autre part, que lesdits deffendeurs chacun d'eulx, pour le tout & pour moitié, soient contrains ou condamnez à faire faire édifier & achever oudit lieu, cloistre, chapitre, dourtere, refecteur, enfermeries, & chambres & lieux pour recevoir les hostes, & tous autres edifices necessaires, du moins pour douze religieux, leurs oblas, gens, familiers & serviteurs, en telle forme come doit estre ung bon & souffisant monastere dudit ordre, & a instruire & garnir ledit monastere de tous utensiles, mesnaiges, & autres choses necessaires & accoustumées à tels religieux, & qu'il a esté ordonné par ledit feu messire Enguerand, comme cy-après és articles sera declairé. Ou pour ces choses payer ausdits religieux la somme de dix mille livres tournois, que ladite moitié desdits édifices cousteroient ou vouldroient à faire, ou telle autre somme que lesdits édifices pourroient couster. Et à rendre & payer ausdits religieux la somme de sept cens livres tournois, restant de la somme de mille livres tournois, que monsieur de* Coucy *dessusdit donna en la lettre de ladite fondation, pour acheter livres & autres ornemens, &c, pour ladite église. Et acheter & delivrer ausdits religieux une bonne & honneste maison admortie dedans la ville de Soissons pour eulx retraire en temps de guerre, & en laquelle ils puissent habiter honnestement, & y faire le divin service, ainsy qu'ils doivent & ont accoustumé. Et aussy tant de vignes semblablement amorties ou terroüer de Bucy, ou ailleurs environ, que yceulx religieux y puissent cueillir & avoir chacun an tant de vin qu'il leur sera necessité pour leurs vivres & de leurs gens, ou leur payer & rendre pour lesdits hostel & vignes amortis la somme de deux mille livres Parif. au moins la moitié des choses & sommes dessusdittes, ou tant que raison sera, & avec ce faire bailler & delivrer ausdits religieux aux depens desdits deffendeurs une belle & notable croix d'argent pesant quarante mars d'argent, & au mars de Paris, ung encensier, une paix, deux burettes, une pour mettre le vin, & l'autre pour l'eau, à chanter le service divin, un plat d'argent à laver les mains du prestre, & un bel & notable calice d'argent doré, & de bon & competent poids & façon, & tel qu'il appartient en un tel monastere & une tele fundation: & aussi quatre paires d'aournemens complés & fournis de toutes choses, tant pour le prestre, diacre & soudiacre, dont les trois paires soient pour les communs jours, & la quarte pour les solennitez & grans festes. Ou pour lesdittes croix, encensier, burettes, plat & calice, & les aournemens, soient contrains ou condampnez rendre & payer la somme de deux mille frans, ou la moitié de telle somme que les dessusdittes choses pourroient couster. Et oultre que lesdits deffendeurs & espécialement ledit monsieur le Comte soient contrains asseoir, & assigner & delivrer ausdits religieux deux cens livres tournois de rente annuelle & perpetuelle sur la ville d'Amigny & sur les autres plus prochaines terres qui furent audit feu monsieur de* Coucy, *le plus prouffitablement que faire se pourra pour lesdits religieux, si ladite terre ne souffit & y vault lesdittes deux cens livres tournois de rente, & que lesdittes deux cens livres tournois soient admorties des seigneurs de* Coucy, *du roy, & de tous autres qu'il appartiendra, aux depens dudit heritier, tellement que yceulx religieux & leurs successeurs en puissent user & joir à tousjours paisiblement, & payer ausdits religieux les arreraiges desdites deux cens livres de rente. C'est a savoir ladite dame* cc. *livres pour chacun an depuis l'an* mccc. *quatre-vingt & seize,* xviii. *jours ou moys de Fevrier, ouquel jour ledit monsieur de* Coucy *trespassa, jusques à l'an* mcccc. *& neuf. Et ledit monsieur comte de Marle seul depuis l'an* mcccc. *&* ix. *jusques au commencement de ce procés, & les arreraiges que depuis ledit commencement sont escheus & qui escharront doresnavant jusques à ce que lesdittes* cc. *livres tournois de rente auront esté baillées, assises, admorties, delivrées ausdits religieux. Et semblablement que lesdits deffendeurs, specialement ledit comte soient contrains & condampnez à rendre & payer ausdits demandeurs la moitié de* cc. *livres tournois pour une fois, & la moitié des frais & depens faits & encourrus par lesdits religieux en la poursuite & l'admortissement de quarante-quatre livres deux sols Parisis de rente pour monsieur l'evesque & chapitre de Soissons, & les faire tenir quittes envers lesdits evesque & chapitre de la moitié de* xxiiii. *sols* Par. *de rente, que ledit chapitre prent chacun an sur ledit monastere, à cause & par le moyen de l'admortissement dudit hostel de Villeneuve & des terres dudit lieu, & de Baigneux, lequel admortissement ledit comte de Marle estoit tenu de faire faire come és articles de cette presente est declaré. Et oultre que ledit monsieur le comte soit contraint & condampné à faire admortir par le roy & tous aultres qu'il appartiendra à ses despens, la moitié des lieu, hostel & monastere dessusdits, & des terres de Villeneuve & de Baigneux, ou*

pour ce leur bailler telle somme qu'ils pourront couster a admortir, & que lesdits deffendeurs soient condampnez ès interests & dommaiges que lesdits religieux ont souffert & souffrent pour raison que les choses dessus demandées n'ont esté accomplies & payées selon que ledit monsieur de Coucy leur fondateur avoit donné & ordonné. Et cetera multa quæ poteris videre in lectura articulorum præsentis demandæ, quam habemus intus monasterium, quæ bene inspecta elucidant jus nostrum contra dictos heredes domini *de Coucy*.

Sequitur de gestis per dominum Aurelianensem tam ex suscepto onere, quam ex ipsa sua fundatione.

Ludovicus dux Aurelianensis secundus monasterii fundator.

20. Benedictus es Domine Deus, qui licet destituere videris bene cœpta, perficis tamen ea. Hoc quia cum per primi nostri fundatoris decessum arbitraremur, dolentes inceptum hoc in ipsum monasterium definiri funditus imperfectum: sed tu, Domine, qui virtute tua nobis absconditâ in cœlo optime disponis universa in mundo, suscitasti nobis pro fundatore primo fundatorem secundum singularem ordinis nostri zelatorem; quem si annis mille quæsissemus, studio præstantiorem non invenissemus isto: qui quidem ardentiori desiderio quod imperfectum fuerat relictum, perfectum etiam in melius ipse dominus Aurelianensis dux reddidit in seriem quæ sequitur. Confirmans in primis sponte & ratificans omnia quæ præfatus dominus ENGUERANDUS per suam fundationis stabiliverat præscriptam litteram. Sed & largius per unam cartam suam anno Domini MCCCCIV. & mense Novembri scriptam, nos & omnes totius nostri ordinis fratres atque bona exemit, francos & quittos in perpetuum fecit ab omni pedagio, hoc traducto, omnique simili jure forsitan in futurum imponendo sibi & suis debito in cunctis terris suis *de Soissons, de Coucy*, atque etiam per ceteras ubicumque possideat terras.

Ædificia omnia perfici curat.

21. Et advenit protinus princeps peroptimus id quod promiserat ad expediendum optativus, quosdamque hic nostros patres invenit atque paucillos cum se operarios, qui possetenus tam ex quatuor millibus librarum, quas domina MARIA DE COUCY supra tradiderat, quam aliàs fabricam ipsam continuabant. Vidit autem ipse in negotio grande adhuc opus restare, nec eo formidans illud respuit; sed utinam grandius foret appetebat, ut in perfectione illius mereretur peramplius. Confestim in civitates misit nuncios, direxit ad villas per castraque servos coacervare quotquot ad fabricam opportunos cujuscumque artis magistros. Applicant undique affluenter illi amplo de opere læti, lucrum scientes largum, securi de solutione celeri ad actum se adaptant promte, & sic expediunt quod infra annum quartum opus ipsum consummant totum, ecclesiam videlicet muris lapideam, ardesia tectam, in campanili cymbala tria, nominibus fundatorum ipsorum alternatim transcripta, in eaque ecclesia quatuor altaria optimo lapide posita, circa quorum majus columnas quatuor æreas, cherubim desuper fulcientes, & unam columnam aliam super altaris medio ad sacro-sanctam eucharistiam custodiendam. Sedilia ad ministros missæ repausandos à latere ipsius altaris, atque pro fratribus in choro ex ligno sumtuosè, modo operata decoro; stratam pavimento eamdem ecclesiam quadratis lateribus & plumbatis. Vitras quoque in ambitu ecclesiæ fenestris sacristiæ & capituli diversis respersas coloribus, formosis sanctorum effigiebus, & scutis fundatorum magistraliter compactas, libros perpulcros, missalia duo voluminis magni speciosa, & aliud minus satis competens, quæ tria simul ad... libras Paris. apprecientur. Item, legendarium precio XXVII. librarum Paris. Psalteria duo pulposæ & de longe legibilis litteræ, valentia.... lib. Par.... Item, quatuor antiphonaria pro ambobus choris, omnia unius voluminis magni val.... Item, unum antiphonale B. Mariæ ad cantandum in medio chori, in quo sunt missæ votivæ val.... Item.

Hic reliquitur amplum vacuum spatium, haud dubium ad scribenda omnia fundatoris dona ecclesiæ facta.

Deinde sacristiam, capitulum & collationem contiguas de lapide voltatas supra, quas dormitorium; in eo XIX. cellulas omni utensili, pro residendis tunc XIII. fratribus decenter munitas, atque cloacas illis conjunctas: indeque claustrum cum pilaribus duri lapidis pulcre compositum, & mire desuper ligno lambrucatum, atque in illo mundum lavatorium, & deinceps refectorium subterque caveam, & supra despensam ac coquinam suis ornatas mensis & decentibus vasis; postremo aulas majorem unam aliam minorem, cum tabulis & bancis atque hospitum cameras cum lectis aptis, sic quoque totum domus quadratum & supra illud ubique horrea satis disposita complevit. Et eodem tempore priorem scilicet, F. P. Probi & XII. fratres per patrem nostrum provincialem ipsius domini ducis instantia directos, quibus humilis & intimo zelo ipse exiit obviam, & eos associans quasi Dei angelos huc venientes cum gaudio introduxit, qui ex tunc in Dei nomine inceperunt divina celebrare officia usque adhuc continuata.

22. Jam fratribus in hoc constitutis loco, pius Dominus ipsis declaratis operibus & donis supra impensis non contentus, sed ex intima devotione sua, præterea loci hujus fundationem auxit abundantius, per suam ut patet quæ inscribitur litteram.

LOYS

Loys fils de France, duc d'Orliens, comte de Valois, de Blois & de Beaumont, & de Soissons, & seigneur de Coucy: Savoir faisons à tous presens & advenir, que nous pour le tres grand amour & singuliere devotion & affection que nous avons à la religion des Celestins, estant de l'ordre de S. Benoist, & aux religieux d'icelle, & especialement au monastere des Celestins de la sainte Trinité de Villeneufve lez nostre cité de Soissons, de la fondation duquel nous avons prins la charge: & afin que eulx & leurs successeurs soient tenus & obligez perpetuellement prier Dieu pour nous, notre tres chere & amée compaigne la duchesse, nos enfans, predecesseurs & successeurs, feux nos tres chers cousins messire HENRI DE BAR & messire ENGUERRAND, jadis seigneur de Coucy & comte de Soissons, nous avons ordonné & ordonnons par ces presentes, si come autrefois avons fais en notre testament, que six freres religieux dudit ordre soient fondez & appliquez à la fondation dudit monastere, & pour la fondation, vie & sustentation d'iceulx six religieux, & augmentation de l'office divin & dudit monastere, & aussi pour consideration de ce que nous avons fait dedier l'église dudit monastere, & y fait mettre par ledit ordre en notre presence, ung prieur & douze freres religieux pour commencier à l'aide de Dieu & perpetuellement continuer oudit lieu & église les heures haultes de l'office divin, afin que eulx, leurs serviteurs, ceulx qui venront & entreront en religion audit lieu, & leurs successeurs puissent mieux avoir leur vie, sustentation & necessitez, leur avons de certaine science & grace especial donné & aumosné, & par ces presentes donnons & aumosnons quatre cens livres de rente annuelle & perpetuelle, & toutes admorties, come en tel cas appartient, pour laquelle rente acheter nous leur avons fait bailler en deniers contens la somme de six mille livres tournois. Et ce nonobstant voulons que icelles quatre cens livres Parisis ils ayent & prennent chacun an par égale portion aux quatre termes de Pasques, S. Jean-Baptiste, S. Remy & Noël. Premierement, à la S. Remy prochain venant, sur notre domaine de notre comté de Soissons, jusques à ce seulement que nous leur aurons icelles cccc. livres de rente bien & souffisamment assis aultre part en ladite comté ou environ, laquelle doit estre achetée dudit argent par nous à eulx baillé pour cette cause, come dit est. Et les chargeons seulement oultre l'office canonique d'un obit perpetuel, & d'une messe quotidienne & perpetuelle, qui sera par eulx dite & celebrée à l'autel derrier le grand autel de ladite église en nostre chapelle, que nous y avons ordonné estre fondée en l'honneur & ou tiltre de S. Anne mere notre-Dame, des benoistes trois Maries ses filles, de S. Marthe, Magdelaine, Catherine, Agnés, Agathe, Marguerite, Ursé, & de toutes les autres benoistes saintes martyres & vierges de paradis.

Come ces choses & aultres sont plus à plain specifiées & declarées és lettres par lesdits religieux & leurs successeurs & ayant cause d'icelles, tiengnent & puissent tenir & posseder à tousjours perpetuellement en leur main lesdittes cccc. livres de rente, quant assises & baillées leur auront come admorties & en main morte, sans pour ce payer aulcune finance à nous ou à nos successeurs, laquelle nous par ces presentes leur quittons & remettons plainement & absoluement, & icelles cccc. livres Parisis de rente promettons faire admortir par monseigneur le roy, & par tous aultres à qui il pourra appartenir. Si donnons en mandement à nos amez & feaulx gens des comptes, & à tous nos aultres justiciers & officiers à qui il appartient, que lesdits religieux & leurs successeurs, de notre presente grace, donation & fondation, facent joyr & user paisiblement & absolument, sans leur donner, souffrir ou permettre faire en ce aucun empeschement aucunement au contraire: & que ce soit ferme chose & stable à tousjours, nous avons fait mettre nostre sceel à ces lettres, sauf en aultre chose nostre droit & mois l'autrui en toutes. Donné Paris ou d'Avril MCCCC. & quatre.

In cujus ora sive pede scribitur: *Per dominos de camera computorum dicti domini primo visa. Expedita de expresso mandato dicti domini nostri ducis.*

Hic deest unum folium.

23. Porro ex ipsius domini LUDOVICI gratia abundanti suum suscepimus donum per bene authenticam cartam Parisius scriptam anno MCCCCVII. in Augusto, quod donum pro expeditiori modo hic declaro, ut in littera ipsa notarum invenio. *Novum Ludovici ducis donum.*

Donnons aux religieux, prieur & convent des Celestins de Villeneufve un millier de fagoux à deux hars, & cent sommes de busches à les prendre & avoir dés maintenant chacun an perpetuellement par eulx & leurs successeurs religieux dudit monastere, pour leur chauffaige & usaige, en notre forest de l'Esgle, ou duché de Valois; c'est à savoir, lesdites cent sommes de busches à la mesure de nostredite forest de l'Esgle, ou lieu toutes voies moins domaigable pour icelle forest, & plus proufitable pour lesdits religieux par monstrée & delivrance du verdier de ladite forest, & de son lieutenant. Si donnons en mandement, &c. Hujus doni jure fuimus sæpe usi, ut possumus per multa mandata & congenia a dicto domino vel suis concessa probare, sed negligimus nunc, quod parum proficuum est computatis expensis necessariis.

24. Dominus quoque idem donaverat pridem, scilicet anno Domini MCCCCII. in mense Februario omnibus domibus & fratribus nostri ordinis in Franciæ regno constitutis, ut portemus & affigamus suos penuncellos, quotiens & in omne venturum tempus, cum nobis congruerit, super & in domi- *Et privilegium.*

bus, terris, & ceteris poffeffionibus noftris, praecipiens ne ulla armorum gens in ipfis praefumat nocere fub poenis. Quia etiam quod forrarii vel provifores fui, necne quicumque alii non granum, non vinum, non pullos aut foenum, five quidpiam in noftris domibus & cenfariorum noftrorum, etiam pro fua propria & domus fuae provifione aut fuorum in pofterum fucceforum temere capiant. Conceditque nobis & ipfis cenfariis noftris hujufcemodi generofae litterae vidimus unum aut plura fieri, vim originalis in fe habentia, ut poffimus & noftri ea firmius gratia tueri in omne tempus.

Ducis cædes. 25. Cum enim effet Parifius cum domino fuo rege dominus dux praefatus, quia frater ejus, & fuae domus merito in regimine primus, princeps, ipfe quia plenus pace ibi inermis cum fimplici quo volebat comitiva, ut fecurus ambulabat, & qui nulli nocuiffe voluerat, fic alios numquam nocere fibi exiftimabat. Sed fuggeftor malignus fuos propulit diabolus difcipulos, qui faeva prae invidia vigiles excubias nocte captantes, perfaepe eum in vico tranfeuntem ancipiti infixerunt gladio graviter, ita quod defecit vita. Sed vae illorum, vae & corpori & animae, fcelus qui patrarunt tantum factum in vigilia S. Clementis in anno Domini MCCCVII. Fuit tamen quo decuit honore, & non fine inaudito moerore, inhumatus in capella fua quamfpeciofa ecclefiae fratrum noftrorum Parifius. Animam cujus contineat paradifus. Fiat, fiat, per Dei mifericordiam.

Carolus dux ipfius heres. 25. Dominus Carolus praedicti Ludovici filius heres eft ei fubftitutus: cui reddidimus terras *de Clamecy* & *Levri*, ipfas, ut fupra patuit, per praedictum patrem fuum a Raffe pro nobis emtas nobifque traditas tunc. Sed cum non valerent in proventu annuali fummam CCC. librarum Turonenfium fuper terris ipfis affignatam nobis in deductione CCCC. librarum Parifienfium donatarum per dictum patrem pro fundatione, ut fupra cavetur; cum etiam nec poffent admortizari, ut nobis erat promiffum fieri, quia de dominio plurium ecclefiafticorum virorum & nobilium dependent in feudo, qui quovis modo noluerunt admortizare, propterea ipfas refumfit dominus idem Carolus anno Domini MCCCX. & die XVII. Februarii, qui pro illarum recompenfatione terrarum nobis affignavit CCC. libras Turonenfes, infuper & & reliquas CC. libras Turonenfes fuper receptas fuas comitatus Sueffionenfis & baronatus Couciaci, annuatim ad quatuor confuetos terminos recipiendas de dictarum receptarum primis & expeditioribus denariis nobis folvendas per firmarios, & mercatores ipfarum quos praecipue vellemus eligere, fic quod ipfi tenentur noftrae ecclefiae obligati ad dictam fummam quolibet anno nobis perfolvendam. Ad hoc quoque explendum re-

A ceptores ipforum dominatuum debent dictos firmarios compellere, immo debent ipfi receptores nobis jurare non contra venire, poenifque multari, fi fecus faciant, ut ceffante qualibet difficultate poffemus integre dictas fummas recipere. Hic tractatus nobis erat perutilis, licet fecutus fit perinde effectus pufillus, propter variationes quas ftatim videbis.

26. Nempe Carolus ifte ab hujus inveteratis regni hoftibus in praelio eft comprehenfus, & in Angliam transvectus, ibique B annorum XXV. detentus tempore. Poft cujus ad partes has reventum, nobifcum fecit anno Domini MCCCCXLII. XV. Februarii die fequentem tractatum. Verumtamen cum parum valde, illo quo captivus fuit tempore toto, poffemus de dicta proxime CCCC. librarum Parifienfium affignatione habere, fupplicantibus nobis retradidit poffeffiones quae noftri occafione fuerant a Raffe jam fato emtae, & ceteras etiam quaflibet, quas idem dominus habet in locis ipfis de *Clamecy* & *Levri* ad titulum firmae per nos tenendae per C XL. annor. tempus, finiendorum MCCCCLXXXII. in fefto Pafchae. Hoc pro centum & viginti libris Parifienfibus annualibus de dicta CCCC. librarum fumma defalcandis, cum pactis quod ipfo pendente fpatio, debemus folvere onera ad quae tenentur poffeffiones dictae, & retinere in fufficienti ftatu domus & poffeffiones ipfas, nifi adverfans eventus guerrae vel ignis eas demolierit. Debemus autem & tradere fingulis annis dictae pactionis receptori fuo Sueffion. quittantiam de ipfis CXX. libris Parifienfibus. Verum certe dicta firD ma, omnibus fummatis penitus ex ea quae poffunt provenire nobis, non valet quolibet anno ultra LXXX. libras Parifienfes etiam ad altiorem calculando taxam, attentis reparationibus quae magnae funt, hoc anno maxime, quo in ftagno *de Vourant*, in curando expofuimus XXX. libras, & in domo firmae *de Clamecy* XIV. libras vel circiter reftaurando ruinam. Ideo in aequo confcientiae deberet nobis dux reftituere pro anno quolibet ipfius firmae XL. libras Parifienfes. Sed non imputetur noftris patribus tam caram acceptaffe firmam, cum melius fuerit fic quam habere nihil.

E 27. Querimonia illico eidem domino pro noftra parte exhibita contra fuos receptores, Sueffionis videlicet & Couciaci, nolentes debitas nobis CCCC. libras Parifienfes folvi per firmarios receptarum ipforum locorum nobis, ut praemittitur, extitit conceffum per dictum ducem Carolum, immo ipfi receptores per manus fuas de jam tacta CCCC. librarum fumma fatis paucas folvebant, dum eis placuerat, pecunias tantum inde quod idem dominus dux nobis debebat arreragia quam multa: & audita fupplicationis querela praedicta, per fuum mandatum anno

Fit captivus & in Anglia ducitur.

Domini MCCCXLII. Februarii die XV. datum, præcipiendo injungit magistro generali suarum financiarum, quod faciat nobis per dictos receptores solvi dictas CCCC. libras Parisienses, secundum formam litteræ suæ, super hoc nobis supra factæ, id est quod ipsi receptores astringant firmarios solvere, deductis receptatori Suessionensi CXX. libris Parisiensibus, pro quibus habemus ad firmas dictas terras *de Clamecy* & *Levris* tempore ipsius firmæ tantummodo durante. Sed postmodum pro totali CCCC. librarum Parisiensium debebunt compelli, ut supra cavetur.

28. Sed quicquam nobis fuerit concessum per præmissas litteras, sive mandatum, numquam tamen potuimus sic agere quod solverentur nobis per dictorum firmariorum manus: verum per dictos receptatores recepimus anno quolibet istis temporibus, primo per illum *de Coucy* supra sua recepta centum librarum Parisiensium tantum, & hoc in pejoribus persæpe quas habeat assignationibus per nos profequendis cum amplis laboribus & expensis, aliquando in cera, in vino, in piscibus, pro multis sæpius caro pretio per ipsum traditis. Per illum autem Suessionensem receptorem cum firma quam tenemus de *Clamecy* prædicta alii. in anno XXIV. librarum Parisiensium cum maximo labore habemus solutas. Propter quod idem dominus in multis centenis libris est nobis obnoxius in arreragiis; sed suspicor quod eo vivente, cui det Deus bonam vitam, non melius habebimus; cum iteratis vicibus super hac re fuerit per nos supplicatum, nec tamen aliter, quidquid verbo curiali spondeat, curavit providere. Si tamen cum habuerit successorem, procuretur totis viribus, ut secundum prædictæ suæ seriem litteræ solvamur per manus dictorum firmariorum, quemadmodum nostri fratres de Amberto agunt Aurelianis in simili negotio, tunc bene erit nobis. Sane si hoc accuratius procuretur in futuro, ad hoc perveniemus dante Deo.

JOHANNIS IPERII

[a] CONTINUATUM S. BERTINI CHRONICON (a).

Ex ms. codice inclyti monasterii S. Vedasti.

USTASIUS abbas LIV. cognomento *Gonier*, Flandrensis, de Insula nativus, hujus loci monachus, Waltero ad patres posito, est in abbatem electus, & per JACOBUM Morinensem consecratus. Qualiter autem in regimine suo vixerit, nihil nobis priscorum scripta commemorant: annis tamen tribus rexit; & obiit anno Domini MCCXCVII. quo anno PHILIPPUS rex Insulis, ut eam suo dominio manciparet, magno cum exercitu venit, & diviso exercitu, Robertum Artesii comitem cum militibus multis Furnis misit, ubi Flamingos vicit, & villam Furnis captam exspoliatamque igne consumsit, captivos suos ad S. Audomarum reclusit, in quo conflictu Audomarenses ei auxilium præbuerunt. Quo facto, Philippus rex totam sibi Flandriam quam diu afflictaverat, usurpavit, GUIDONEM Flandriæ comitem duobus cum filiis, necnon multis aliis Flandriæ nobilibus, ad se sub spe boni vocatos incarceravit. Corpus abbatis sepultum traditur ante aram Sebastiani martyris.

ÆGIDIUS DE ONINA abbas LV. Artesiensis, vir admodum religiosus, qui anno (promotionis) tertio de XXIV. libris Parisiensibus a Willelmo *de Niele* monacho atque subpriore conventui emtis, unam missam in dies celebrandam pro animabus omnium, per quos ecclesia aliqua bona habuit & possedit, & omnium fratrum tam vivorum quam defunctorum, cum collecta *Inclina*, instituit, octodecim libras de dictis XXIV. libris pro eadem assignando. Item de eodem lampadem in veteri monasterio de die noctuque arsuram ordinavit. Ipsius Willelmi *de Niele*, fratrisque sui Simonis ex eodem anniversarium instituit. Item, quod magistri conventus annis singulis coram priore, subpriore & aliis de conventu de omnibus bonis sibi commissis rationem reddant, & de illis bonis nihil alienare sine ipsorum licentia præsumant, præcepit. Ut omnia bona conventui appropriata in perpetuum permaneant, concessit. Circa cujus initium Brugenses se a Francis infestari dolentes, pro

(a) Illud Chronicon habes in nostro Anecdotorum thesauro, tom. 3.

prio e solo eliminarunt, & multos sua in villa qui fugere nequibant jugularunt. Quare sævissimum bellum in Flandria, Francis eam impugnantibus, ortum est; & præcipue ante Curtracum, ubi ROBERTUS Artesii comes cum LII. baronibus de nobilioribus totius Franciæ atque innumera multitudine Francorum ipso die translationis Benedicti, anno millesimo trecentesimo ceciderunt. Eodem anno Flamingi ex tanta victoria superbientes, ante sanctum Audomarum, ut eam sibi, sicut totam Flandriam subjugarent, magno cum exercitu venerunt : sed Audomarenses eos ad propria redire coëgerunt, de Flamingis in parasceve Paschæ ultra quindecim millibus interfectis. Quo anno etiam ab Philippo rege Franciæ juxta Montem in Peulia expugnantur, ubi de Flamingis tot ceciderunt, ut campus mortuorum cadaveribus operiretur. Noster Ægidius videns ecclesiam ex perturbationibus tantis facultatibus diminui, nimium tristabatur, & quod sui contra eum machinabantur religiosi, unde ordo periclitaretur, honori cessit & oneri, anno MCCCXL. regiminis sui anno XIV. qui annis aliis XIII. cum pensione intus inter fratres honeste vixit, & obiit anno Domini MCCCXXV. Clemente* in papatu vivente, qui ad requestam Philippi Pulchri eligitur Lugduni, & ex tunc sedes Romana ad Franciam translatatur, quæ illic annis LXXIV. sedit, & in Viennensi concilio Clementinas fecit, Philippo Pulchro in Francia regnante, & in Flandria Roberto filio Guidonis in regis carceribus defuncti militante.

* Immo Johanne XXII.

HENRICUS DE CONDESCURE in valle Casletensi abbas LVI. Ægidio huic ecclesiæ cedente præficitur, quam depauperatam in tantum invenit, tum propter discordias & litigia suum inter prædecessorem & conventum præhabita, tum ob detentionem injustam atque confiscationem bonorum nostrorum per Flamingos, atque eorumdem bonorum ob bellorum impetum destructionem, ac debitorum sub usuris contractorum compactionem, ut unde religiosi sui vivere deberent hic non haberet, per domos nostras in Flandria dispersim alendos mittere coactus fuit. Et ut nonnulli ferunt, adeo depauperabatur ecclesia, ut si panem, cervisiam, aut aliquid unde sui alerentur habere voluisset, signetum suum pistori, & braxatori fas fuit ut mitteret. PHILIPPUS Strabo Francorum rex hujus coenobii condolens diminutioni, omnia hujus monasterii bona temporalia extra Flandriam, quia per Flamingos alia detinebantur, de gratia speciali sua in manu rexit, ac custodi ad hoc per conventum electo gubernanda commisit, debitorum usuras cassavit, creditores de sua sorte contentos fore jussit, & ut nulli nobis & fidejussoribus nostris ad quinquennium molesti essent mandavit. Demum devictis Flamingis in valle Casletensi per Philippum *de Valois* Franciæ regem, comiteque Flandriæ in suo dominio restituto, bona nostra Flandrensia nobis sunt ex integro restituta; unde noster abbas deperdita sui monasterii recuperavit, Palmam de *Popringhes* retraxit, Anianiamque acquisivit, chorum, per Guilbertum, de quo supra, sumtuoso opere incœptum, sed præ nimia sumtuositate incompletum, dejecit, & novum chorum anno Domini MCCCXXX. incœpit, & de consensu Morinensis episcopi suique conventus bona competentia ad complementum ordinavit. Claustrum a domini parlamentorio usque ad parlamentorium conventus cum capella S. Ludovici ædificavit. Item infirmariam, portam anteriorem cum cameris antiquis, duas turres in fine magnæ aulæ, domum de *Malvault*, & apud Arkas & Popringis plura ædificia instituit. Conventum suum, quem sui in initio multum exiguum atque egentem invenit, ante suum exitum toto puroque in argento in refectorio servire fecit, ubi scutellas octuaginta, salserios triginta quatuor, scyphos triginta ad hoc ordinavit. Ad cameram sua omnia vasa argentea appropriavit. Duo volumina pulchra Speculi historialis Vincentii scribere fecit. Repositorium Dominici Corporis in die Sacramenti deferendum dedit, baculum pastoralem ab episcopo Attrebatensi emit, cappam unam historia S. Silvestri ornatam fieri fecit. Quinquaginta & tres monachos vestivit, de quibus quinque abbates, duo scilicet hoc in loco, duo in Alciaco, & unus in S. Richario effluxere. Cujus in tempore per Johannem XXII. in Francia sedem tenentem Clementinæ per Clementem quintum compilatæ publicantur, & ad studia universalia mittuntur. Flamingi suum contra comitem machinantur, per Brugenses Sclusa villa comburitur. Templarii per Clementem quintum destruuntur. Noster Henricus regiminis sui anno XXIV. moritur, & in choro ab ipso incœpto sepelitur anno MCCCXXIV. Benedicto XII. ecclesiæ Dei in Francia præsidente, in Francia Francisco *de Valois*, & in Flandria Ludovico *de Nevers* militantibus.

ALELMUS BRISTEL Boloniensis de villa *Fneat* abbas LVII. per Henricum prædecessorem suum monachatus, & eo mortuo, quia vir industriosus providusque consilio erat, in abbatem est electus, & ab episcopo Raimundo confirmatur. Qui Philippi *de Valois* & Johannis regum Franciæ consiliarius extitit, cujus in tempore reservationes beneficiorum per Clementem VI. ortum habuere, bellumque illud diuturnum atque immane, nec [per] papam sedandum, inter PHILIPPUM DE VALOIS ex una, & EDUARDUM Angliæ regem ex altera parte, prætendentem jus in regno Franciæ, furiit: unde innumera mala per totam Franciam, Picardiam, atque Flandriam evenere, & cum diversis congressibus pu-

CONTINUATUM S. BERTINI CHRONICON.

gnatum esset, scilicet apud Sclusam, ubi Franci cum navibus multis perierunt, & in *Cressi*, ubi Ludovicus comes Flandriæ cum regibus atque Francis multis ceciderunt; tandem juxta Pictavum JOHANNES Francorum rex cum Philippo filio suo juniore per principem *de Galle* capitur, & ad Angliam deducitur, pro quorum redemtione pecunia in Artesia colligitur, ad quam colligendam ALELMUS noster abbas per Francorum regem ordinatur, qui annis IV. dictam collectam exercuit, & tum ab ecclesiasticis ultra centum XXII. millia VIII. c. XVIII. regalium aureorum dicta pro deliberatione dictis annis recepit, annoque quarto obiit: quare computum suum reddere minime potuit, ad quod reddendum successor ejus JOHANNES per Franciæ regem compellitur. Et omnibus positis & deductis, Alelmus plus recepisse quam dedisse septem mille XXVII. regales aureos invenitur, demtis XVI. c. regalibus aureis suo pro labore & salario, videlicet annis singulis, IIII. c. sibi quittatis & omissis. Ad quæ IIII. c. hæc ecclesia annis singulis dicta pro redemtione taxata exstitit, quæ Alelmus suis in scriptis pro soluto firmavit. Hic comiti Flandriæ assisias & impositiones generales apud Poperinghos ascensiit, & de emolumentis duas partes comiti tamquam supremo, & tertiam sibi attribuit. Cum Raimundo Morinensi episcopo de baculo petente & hircinis pellicibus in Parasceve Paschæ dandis concordiam fecit. Contra Johannem de Monte-corneto, quod Basiyarnesto non sit prioratus, sententiam obtinuit. Istius in tempore Calesium ab Anglis undecim mensibus obsessum vi capitur, & Scoti ab his qui Edouardi auspiciis in Scotia militabant superantur. JOHANNES rex Francorum in Anglia moritur, & in Francia tumultus populi pullulat, & per Anglicos Francia vastatur. Tandem Eduardus cum Francis pacem facit, & ducatum de *Ghienne*, & comitatum de *Ponthieu*, *de Potiers*, *de Ghines*, villam *de la Rochelle* dictam pro pace absque omni homagio regi de illis faciendo accepit. Noster Alelmus postquam annis XXXII. præfuisset, & circa ædificium novi chori ab Henrico incoeptum diligens prosecutor exstitisset, spiritum efflavit in auras, anno Domini MCCCLXV. Urbano V. papatum in Francia tenente. Hic apostolorum capita diu quæsita reperit, & in Lateranensi ecclesia collocavit. Regulam beatæ Brigittæ a Christo compositam jussu Domini confirmavit, Carolo filio Johannis in Francia regnante, & in Flandria Ludovico *de Male* principante.

cognomento. JOHANNES quintus* Longus, de Ipra tertius, abbas LVIII. sub Henrico monachus, & ab Alelmo suo prædecessore Parisius studendi causa est missus. Qui philosophiæ, theologiæ, decretorumque scientiis imbutus, ad monasterium revocatur, & fratribus verbum Dei prædicans in capitulo, a cunctis diligitur, eique cura forensium causarum committitur. Demum denuo Parisiis juris canonici gradu honoratur. Interea Alelmus moritur, quare revocatus Johannes, omnium votis, Spiritus-sancti voce, in Annuntiationis beatæ Mariæ vigilia in abbatem eligitur, & post pascha cum litteris suis commendatitiis regis Franciæ, Ludovici comitis Flandriæ, ac doctorum studii Parisiensis, ad Urbanum V. Avenionem sui pro confirmatione proficiscitur, a quo & grate suscipitur, quæ itaque sua ad optatum expediuntur, tum quia Urbanus hunc Parisius in decretorum exercitio alumnum habuit, a quo etiam ecclesiam istam pro servitio cameræ apostolicæ ad octingentos florenos, cardinalibus contradicentibus & in quantum poterant resistentibus, taxari ac registrari procuravit. Quare eidem Urbano anniversarium suum singulis annis hic celebrandum, scilicet ante Natale Domini obtulit. Quibus expeditis, Johannes abbas, etsi non faciliter propter prædones Burgundiam occupantes, suis cum litteris in vigilia Trinitatis ad domum nostram de *Salvervvinch* venit, & in vigilia Sacramenti jocunde in suam ecclesiam introitum fecit, qui suo a conventu cum solemnitate recipitur. Ejus tamen in ingressu convivium solemne consueto more non paratur. Hic receptus ecclesiam suam in tertia parte omnium bonorum diminutam reperit, & per venditiones ad vitam in quatuor millibus & triginta libris Parisiensibus in pecuniis, & ad DCCCCLXXXVIII. raserias bladi, in puris undisiis debitis, in XLII. millibus Francorum auri obligatam invenit. Qui sciens suæ ecclesiæ statum, omnes vasallos ac infeodatos suos ad se vocavit, & ut quilibet homagium præberet de eo quod teneret indixit. Quare feoda multa deperdita recuperavit, occultata vero in lucem produxit, & omnium illorum registrum a centum annis de novo scripsit, nostraque feoda de consensu conventus, ut judices suis in villis haberent instituit. Cum comite Flandriæ super assisiis de *Popringis* ab suo prædecessore Alelmo concessis altercationes habuit, ad tertiam partem, quam Alelmus sibi retinuerat, consensum non præbuit; sed cum comite, licet per vim, super dimidia parte conventum habuit; & sic hactenus media pars ecclesiæ mediaque comiti mansit, a quo privilegia prædecessorum Flandriæ comitum super navi de Popringis confirmari impetravit. Et sic navigium de Popringis CL. annis prætermissum innovavit, adeo ut a tota Flandria usque Popringis libere navigare possit. Circa quod navigium cum Popringensibus conventiones multas habuit, & de emolumentis navigii mediam partem Popringensibus, mediam sibi reservavit.

Anno sui secundo super redditione compoti domni Alelmi regis pro redemtione per ipsum facti Parisius mandatur, & suis excusationibus repulsis, compoti labyrinthum intrare compellitur : in quo omnibus positis & deductis, Alelmus plus recepisse quam dedisse septem millia viginti septem regales aureos in compoti conclusione reperitur, ut supra de Alelmo patuit, quam summam eodem anno Johannes solvit. Anno sui tertio cum ADEMARO Morinensi episcopo litigia tria habuit. Primum, quia bannitos nostris ex terris ad propria loca auctoritate propria reducere voluit. Secundum, quia nostrum abbatem venire sicut alii prælati compellere intendit. Tertio quo abbatem nostrum stilum suum cum episcopo scriberet, *salutem cum omni reverentia* mutare, & loco salutis subjectionem ponere nititur. In quibus omnibus noster Johannes eum devicit, & cessum huic ecclesiæ litigii causa per ipsum impositum, appellatione interjecta, annullavit. Contra dominos de Bancho, hujus villæ suam ecclesiam violenter obsidentes, & unum malefactorem *Quaethaudkin* suo de monasterio per vim extrahentes, sententiam obtinuit; dictos vero ad reparationem faciendam coëgit. A Carolo Francorum rege DCC. libras Parisienses causa decimæ eidem a sede apostolica concessæ debitas, ob hujus ecclesiæ depauperationem quittari procuravit. Cujus in tempore per Anglicos tota ista provincia depopulatur, & Arkas comburitur, & de familia abbatis ad eam tuendam missi XXXVII. ab Anglis capiuntur. Castellum S. Audomari a sexdecim captivis Anglicis illic jacentibus ruptis carceribus capitur, illudque tenere nituntur : sed a civibus ante vesperum recuperatur. Gregorius XI. sedem suam de Francia Romæ antiqua in sede reposuit. Quo mortuo, Urbanus VI. eligitur; sed cardinales Franciæ sedem apostolicam iterum suam in patriam trahere nitentes, CLEMENTEM septimum elegerunt, & annis XL. istud schisma continuarunt. Et quia dicto in schismate Clementi septimo suisque successoribus Francis tota cum Francia adhæsimus, bona nostra in Colonia, tamquam bona schismaticorum per Urbanum VI. confiscantur, & per XXVI. annos usque ad Alexandrum V. a Coloniensi archiepiscopo tenentur. PHILIPPUS AUDAX dux Burgundiæ Margaretam Ludovici comitis filiam uxorem duxit, qui Bethuniam villam dedit, ut Sclusam sibi magis propriam acciperet. Noster Johannes abbas quantum potuit suæ ecclesiæ donec vixerit profuit : sed ob guerras Anglicorum, Francorum, Flamingorum tumultuationes, pro voto eam in deperditis restaurare minime potuit. Tandem regiminis sui anno XVIII. spiritum emisit anno Domini MCCCLXXXIII. & in capella beati Dionysii juxta Johannem III. de Ipra secundum sepelitur, cujus in anniversario conventus quatuor pota vini confecti, quod clare vocant, a custode ecclesiæ de gratia accipit, Urbano VI. Romam & Clemente VII. in Francia papatum tenentibus, Carolo in Francia, & Ludovico *de Male* in Flandria militantibus.

JACOBUS III. Boloniensis de villa Condeta abbas LIX. vir prudens, Johanne sublato de medio, in abbatem eligitur, & Tornaci benedicitur, & feria tertia sequente in monasterio recipitur, qui illud miserrimo in statu prædecessorum reperit, & de omni recepta illius anni fit MDCCCLII. lib. VI. solidos libere ad bursam invenit, tum ob guerrarum perturbationes, tum ob redituum ad vitam scilicet MMCCXVIII. libr. IV. solidi monetæ regis annuam obligationem, tum propter bonorum nostrorum in Flandria detentionem a quodam Jacobo *Scotellare* monacho hujus loci, sed fugitivo post istius Jacobi electionem, & in schismate Bartholomæo antipapæ adhærente. Qui Jacobus *Scotellare* dum intro esset, officium custodiæ ecclesiæ, & *Oxelare, Ikelbeke, Broxele*, & hospitarium cum aliis parvis receptis gerebat, quæ omnia dum fugeret pro pecunia obligavit, & quæ de illis receperat secum portavit. In abbatem hujus ecclesiæ se benedici fecit, & pro abbate per totam Angliam & Flandriam se gessit, bona nostra de Arglia ad tres vitas vendidit, quam venditionem sigillo suo tamquam abbatis, & sigillo conventus, quod adulteraverat, vallavit. Multa damna huic ecclesiæ intulit. Tandem ad Angliam se transtulit, illicque vitam finivit. Jacobus abbas sui in principio statum ecclesiæ perscrutatus est, & eam obligatam in promta pecunia ad duodecim millia septingentas octuaginta quinque libras Parisienses repperit. Creditores vero ipsam ecclesiam propter ipsa debita molestantes invenit. Quorum molestiam ferre non valens, necessitate ductus, ecclesiam suam ultra illa quæ annis suis primis repererat ad vitam vendita in mille octodecim libras XVI. sol. Parif. annuo ad vitam obligavit, & IX. mil. XXXI. lib. VI. sol. monetæ regiæ dicta ex venditione recepit, ex qua pecunia creditorum esuriem mitigavit, & deinceps statum suæ ecclesiæ ad plenum cognovit, secundum quem sic se in expensis pensionibusque regulavit, ut ei redituarii sua spe minime frustrarentur, & suus conventus absque murmure aleretur. Anno sui circiter decimo claustrum ab Henrico incœptum ædificare cœpit, & majori pro parte perfecit, domum ...... & coquinam renovavit, chorum & presbyterium ampliavit, chorumque ipsum & capellas pavimento stravit, dossalium ligneum imaginibus antiquis ac deauratis ornatum posuit. Hallam de Popringis incœpit ac consummavit. In *Kelmes* fortalitium quoddam fieri mandavit, multum apud Arkas & Ro-

quæstor ædificavit. Novum vivarium retro granariorum confervatorium de confuetudine luciorum magnorum de novo fodit. Imaginem de Joffio cum rofis quinque fieri fecit. Bullam pro conferendo fex beneficia a papa & privilegium omnium privilegiorum noftrorum confortatorium a rege Franciæ impetravit, coram quo miffam intus cantavit, & capellanis regiis x. libras pro curialitate dedit. xxx. & IV. monachos duofque converfos hic fui in principio invenit, quibus XL. monachos & IV. converfos adjunxit. In camera abbatis cxx. & quatuor marcas argenti ultra xxxiv. marcas fui in principio repertas pofuit. Receptam ecclefiæ de MDCCCC. LII. lib. VI. fol. ad x. mille CCCC. XLII. lib. XII. fol. fuum ante exitum auxit. Conftitutiones multa honeftate refertas caufa brevitatis hic non recitatas, multis tamen aliis libris reperiendas, anno fui XXII. fecit. Annis fingulis miffam unam ab quolibet facerdote & feptem Pfalmos pœnitentiales a juvenibus cantari pro fe fuifque duobus fuccefforibus immediatis ordinavit, pro quibus facerdotes ii & juvenes vinum a magiftro conventus accipiunt; certificatione prius facta in capitulo. Eleemofynam propter bona ecclefiæ deperdita diminutam in magna fui parte reftautavit. Promtuaria ac granaria monafterii in victualibus panis & vini pro anno uno integro & amplius fuo in deceffu provifa reliquit. Mofitur autem Jacobus paftor bonus plenus dierum annorum octoginta vel circiter, anno Domini MCCCCVII. regiminis fui anno XXIV. Februarii II. duobus fcilicet Benedicto XIII. & Gregorio XII. pro papa fe gerentibus, in Francia Carolo VI. *de Valois* regente, & in Flandria Johanne, qui ducem Aurelianenfem interimere fecit, tempore deceffus iftius Jacobi principante.

JOHANNES VI. cognomento *le Bhegre*, de Arkas nativus, abbas LX. in cathedra S. Petri eligitur abbas, & Junii 27. fuo in monafterio jucunde recipitur. Qui ideo in electionis ftatu tamdiu ftetit, donec concilio ecclefiæ Gallicanæ Parifius celebrato, neutralitas obedientiæ; quia duo pro papatu contendebant, in toto regno Franciæ & Delphinatu declararetur. Ob quam neutralitatem ab epifcopo Morinenfi, non a papa; quia cui potius effet obediendum nefcitur, confirmationem dictus Johannes obtinuit. In cujus ingreffu conftitutiones, obfervantias, modumque vivendi bonæ memoriæ Jacobi fui prædeceffori, uno in libro fratres obtulerunt, juramentum fuper dicto volumine infequendo ab ipfo requirunt. Qui Johannes juramentum debitum a fratribus libenti animo aggreditur, & fuo in regimine dictas conftitutiones obfervantiafque pro exemplari amplexatur. Ædificationes a fuo prædeceffore incœptas continuavit. Clauftrum ab Henrico incœptum complevit, pavimentoque ftravit. Librariam ac veftiarium incœpit & perfecit. Novum chorum plumbo cooperiri fecit, feneftras vitreas imaginibus duodecim apoftolorum ac beatæ Mariæ ornatas illic pofuit. Partem crucis ecclefiæ juxta gardinum cum parva turre incœpit ac confummavit. Magnum candelabrum æneum in choro repofitum cum quatuor columnis æneis juxta altare cum angelis fuper deauratis, angelumque æneum fuper quem leguntur evangelia conflavit. Circa fortalitia de Arkas & Agnin multum ædificavit. Vivarium vicinum domui de *Hames*, & alium juxta vivarium eleemofynæ de novo fodit. Vafa tria argentea deaurata reliquiarum repofitoria acquifivit. Contra Johannem *Glachon*, non noftro de conventu in abbatem Alciacenfem electum, fententiam in curia Morinenfi obtinuit: quem poftmodum tum ex pacto tum ex Martini V. provifione fua in poffeffione pacifice reliquit. Cujus in tempore baftilla, ad Anglicos in Vallefia expugnandos, hic in gardino repofita a quodam Anglico ignem arcu trajiciendo comburitur, ex cujus incendio domus gardini ac plumbarii cremantur, feneftræ ecclefiæ vitreæ calore fcinduntur, quæ omnia Johannes fuo in tempore reftauravit. Franci propter mortem ducis Aurelianenfis Picardiam, rege infcio, pro magna fui parte depopulantur. Anglici totam fere Normanniam fibi fubjugarunt. In *Azincourt* ipfo die Crifpini & Crifpiniani Francos devicerunt, Parifius a domino de *L'ifle-Adam* capitur & dominio Johannis ducis Burgundiæ fubjicitur. In concilo Conftantienfi tres pro papatu contendentes deponuntur, & Martinus V. indubitatus papa creatur, & fic fchifma XL. annis continuatum finem fumfit. In quo concilio bona plura inftituuntur, univerfaque ecclefiæ Franciæ ad dimidiam taxam fervitii cameræ apoftolicæ reducuntur, qua de re ecclefia ifta ad DCCC. florenos tempore Johannis V. de Ipra cum difficultate taxata, ad CCCC. florenos per dictum concilium taxatur, qua taxatione Alardus *Trubert* & Johannes de *Triboual* iftius fequaces gavifi funt, ut per quittantias noftra in thefauraria repofitas, & in regiftris curiæ Romanæ regiftratas patet. Nofter Johannes monafterium in annuis redditibus auctum, in obligationibus ad vitam de MCC. libris & ultra diminutum relinquens, anno regiminis fui XIII. diem claufit extremum, anno Domini MCCCCXX. Quo anno Johannes Burgundiæ dux contra fidem juratam proditorie jugulatur. Martino V. in unione Dei ecclefiam regente, in Francia Carolo benedicto gubernante, & in Flandria ac Burgundia Philippo Johannis filio militante.

ALARDUS TRUBERT abbas LXI. Hic primo hujus loci fuit granitarius, poftmodum Alciacenfis abbas, demum huic loco præficitur, qui cccc. florenos tantum secundum statutum concilii Constantiensis pro servitio cameræ apostolicæ solvit, ut supra patuit. Hic toto suo tempore licet parvo, in ædificiis suis a prædecessoribus incœptis, scilicet novo choro, crosia juxta claustrum atque aliis diligens prosecutor extitit, lavatorium in refectorio fieri fecit, privilegium Calixti II. de electione abbatis a Martino V. interpretari, & demum innovari impetravit. Confessionale a pœna & culpa in mortis articulo, tantum suis pro religiosis, illo pacto quod omni feria VI. jejunent, obtinuit. Domum *de Hulnoi* & columbarium fecit, quæ postmodum anno MCCCCLXIX. a Francis cum domibus nostris aliis circumvicinis combusta sunt. Domum *de Coyergne* incœpit, sed minus perfecit. Imaginem beatæ Mariæ argenteam & deauratam acquisivit, sex libris Paris. emit. Circa cujus initium vehemens ignis in camera Johannis *de Gribonal* granitarii furiit, qui multa privilegia vasaque argentea ob defectum celeris subsidii consumsit: qua de re ut facilius de cetero, si contingat, quod Deus avertat, obvietur, LX. situlas de corio in dormitorio repositas fieri jussit. Cujus in tempore PHILIPPUS dux Burgundiæ cum rege Angliæ de morte patris sui Johannis vindictam sumsit, castellum *Monstereau*, in quo pater suus fuit necatus vi cœpit, corpus patris sui abstulit, & ad Burgundiam in *Digeon* cum ceteris Burgundiæ ducibus sepeliendum misit. Juxta Abbatisvillam Francos devicit, villas castellaque multa per Franciam sibi subegit, & adeo viriliter patris mortem vindicavit, ut qui Francum se nominari auderet vix fuerit. Noster Alardus regiminis sui anno v. ecclesiam suam in annuis redditibus non diminutam sed auctam, obligatam ad vitam de antiquo ad DCVII. lib. relinquens, apud Arkas XXV. Augusti moritur, & hoc in monasterio magna cum reverentia sepelitur, anno Domini MCCCCXXV. Martino quinto, sceptra Petri tenente, in Francia Carolo *de Valois* regnante, in Flandria ac Burgundia Philippo duce principatum tenente.

JOHANNES VII. DE GRIBOVAL abbas LXII. mortuo Alardo, voce S. Spiritus primum eligitur, sed contradicentibus nonnullis, electio cessat, deinde via compromissi proceditur, & sic prima electio ratificatur, huicque loco præfectus, a Martino V. confirmatur, & in festo S. Clementis suo in monasterio jucunde recipitur. Qui nisi quadringentos florenos aureos pro servitio cameræ, uti suus prædecessor solvit. Hic anno sui secundo ad instantiam aliquorum de suo monasterio, quia, ut ferunt, levis sensu fuerat, a vicariis Morinensis episcopi, coram suo conventu in capitulo ab administratione temporalium & spiritualium deponitur, & duobus religiosis ecclesiæ regimen committitur. A qua depositione ad sedem apostolicam viva voce appellavit. Et quoniam suis proximis & consanguineis plus justo favebat, bona ecclesiæ episcopis distribuendo, sub tutela sua in regimine aliquandiu stetit: sed ad se reversus, quæ ordinis fuerant in omnium successorum exemplum toto nisu adimplevit. Omnibus diebus missæ beatæ Mariæ, majoribus missis, horis vespertinis, cum ceteris cantans interfuit. In magnis duplicibus, magnis ac parvis principalibus festis vice hebdomarii officium in missa, matutinis, utrisque vesperis complevit. Sua in mensa duos religiosos conventuales secundum beati Benedicti regulam in dies mandavit. Non sumtuosus in vestibus, sed sicuti infantes de schola, subtus indutus extitit. Plures cappas blaveas liliis coroniscque aureis ornatas, operario hoc in monasterio retento, fieri fecit. Circa altaris ornamenta non mediocriter honestus fuit, crosiam ecclesiæ ab Johanne VI. incœptam cum senestris consummavit, novam ecclesiam anteriorem cum turri fundavit, pontem ante monasterii portam dilatavit, platea publica a vinculo S. Johannis usque ad pontem ob viæ turpitudinem ejus adminiculo lapidibus strata fuit, administrationem de Arkas, decimam de *Fontaines* præposituram de *Coyecque*, domum Stateræ in Popringhis & feodum de Corahinis, ac mitram unam imaginibus lapidibusque pretiosis ornatam acquisivit. Organa parva super dossale fieri fecit. Altaria novi chori ac omnium capellarum per circuitum benedici procuravit. Fratrum vestiarium sacerdotibus de XL. solid. juvenibus de XXX. solid. annis singulis augmentavit, novum luminarium instituit, scilicet in capella Assumtionis beatæ Mariæ omnibus magnis principalibus festis septe candelas de quarterio in missa B. Mariæ in dies dicenda? quatuor de quarterio in singulis B. Mariæ festis in capella Annuntiationis tres de quarterio & omni die sabbati unam; in quindecim processionibus ad capellas, in qualibet mediam libram ceræ loco unius quarterii prius instituti; in capella beatæ Mariæ Magdalenæ duodecim libras certis in festis quatuor lampades, unam ante capellam S. Sebastiani, secundam ante capellam S. Stephani, tertiam ante capellam beatæ Magdalenæ, & quartam ante capellam beatæ Catharinæ ordinavit, XXVII. libris XII. sol. diversis in locis, dicto pro luminari ordinatis. Cujus in tempore concilium Basileense quod ecclesiam in capite, & in membris reformare voluit, celebratum est, in quo Johannes duos hujus loci religiosos misit, qui illic in tanta reverentia sunt habiti, ut concilii sigillum illis fuerit commissum. Quod concilium Eugenium a statutis Constantiensis deviantem deposuit, ac Felicem V. in papam creavit, quare usque ad Eugenium mortem semper schisma in ecclesia fuit. Pax Attrebatensis inter regem Franciæ
&c

CONTINUATUM S. BERTINI CHRONICON.

& Philippum ducem Burgundiæ de sui patris morte facta fuit, qui contra Anglicos cum Francis concordare volentes, exercitum ducunt, Calesiamque obsident. Sed milites mutuis discordiis agitati inacti ad propria redierunt. Quare Anglici de Calesio erumpentes per Flandriam, partemque Picardiæ depopulando, comburendo, grassantur, & inter cetera villas *Popringhes* & Arkas ab ipsis crementur : quæ per nostrum Johannem pro majori parte reformantur. Festa IV. evangelistarum & doctorum de duodecim lectionibus ad parvum duplex suum ante obitum Johannes abbas auxit. Qui ecclesiam suam ab omni debito liberam omnibusque bonis refertam relinquens, regiminis sui anno XXII. plenus dierum diem clausit extremum, anno Domini MCCCCXLVII. schismate inter Eugenium & Felicem V. durante, in Francia Carolo VII. regnante, & in Flandria Philippo militante.

JOHANNES DE MEDOM, de Ipra oriundus, abbas LXIII. voce S. Spiritus, nemine contradicente, XVIII. cal. Sept. eligitur : quam electionem PHILIPPUS Burgundiorum dux, suum volens consiliarium, GUILLELMUM scilicet Virdunensem episcopum, hujus Johannis successorem, huic præesse monasterio, litteris sua propria manu scriptis impedire nititur, quare hujus Johannis confirmatio prorogatur. Tandem a diocesano confirmatur, & in vigilia S. Martini hyemalis læte a suo conventu in monasterio recipitur, lætiusque cetera tali in receptione agenda consummantur. Qua in die piscatoribus nostris sueto more apud..... dicti abbatis pro ingressu piscantibus, tantæ magnæ carpæ luciique capti sunt, quantæ nec hominum memoria capi poterat : unde admiratione nimia omnes percelluntur : Deo tamen factum attribuunt, & ei gratias agunt, qui suum pastorem sic invisere dignatus est. JOHANNES sic in suo monasterio receptus, illic per decem fere menses, non tamen pacificus, stetit, quia dictus GUILLELMUS episcopus Virdunensis, Philippo duce sibi favorem præbente, suis in negotiis sollicitare non distulit. Distulisset quidem, si expensas in hujus rei prosecutione per se factas a nostris obtinere meruisset; sed nostri trepidantes ubi non erat timor, æstimantes in simoniæ labe se casuros, si vexationem pecunia redimerent: ignorantes dictum Johannis Andreæ post Hostiensem in c. *Dilectus*, 1. extra *de simoniis* ubi dicit, quod ad redimendam vexationem licet aliquid dare pro jure quæsito servando, non pro jure novo quærendo, dictas expensas dare, non in parvo hujus ecclesiæ damno formidabant. Quare PHILIPPUS Burgundiorum dux volens negotium a se inceptum sortiri effectum, in decimo hujus Johannis mense hoc est in Augusto, cum bullis apostolicis dictum episcopum Guillelmum hoc in monasterio secum adduxit: qui dux suam electionem firmam stabilemque tenere volens, in ira magna atque furore locutus est, & lectis bullis, cui magis obedire vellent, an summo pontifici aut alteri, conventui quæsivit ; tunc fere omnes obticuerunt. Tandem papæ obedire & furorem iramque principis mitigare volentes, a sua electione recedunt, & dictum Guillelmum episcopum in hujus loci administratorem receperunt, Johanne *de Medon* electo ac vero abbate, cum magnis hujus ecclesiæ thesauris ac clenodiis, Parisius existente, & jus suum cum aliquibus de monasterio prosequente. Dum vero dictus episcopus per sex vel septem hebdomadas in administratione stetisset, suo rogatu a toto conventu in monasterio existente, in verum abbatem postulatur, qui postulatus Romam petiit, postulationemque de se factam a Nicolao V. admitti impetravit. Et sic duo ista in ecclesia, non in parvum hujus ecclesiæ damnum, jus prætendebant, & mutuis vexationibus. Noster vero electus Johannes dolens ecclesiæ nutricis suæ interitum, cum dicto Guillelmo pepigit, pensione annua CCCC. florenorum sibi retenta, deinde Romam petiit, & jus suum in manibus papæ resignavit. Cui papa : Bene facis fili, quia pacem das ecclesiæ., pensionemque supra taxatam domnus admisit. Cum qua pensione undecim fere annis vixit. Tandem nostri Guillelmi abbatis auxilio ad abbatiam Montis S. Quintini translatus, pensio cessavit, illicque annis pluribus honeste vixit, ibique ad Dominum migravit atque sepultus fuit.

WILLELMUS cognomento Fillatrius abbas LXIV. a puero sancti Petri Cathalaunensis in Campania monachus, post prior Cermonensis in Lotharingia, deinde abbas S. Theodorici in Remensi diœcesi, decretorum doctor de primis Lovanii creatis, post episcopus Virdunensis, deinde hujus monasterii administrator, & paulopost a toto conventu in abbatem postulatus. Post Tullensis, demum Tornacensis episcopus, primus regis Siciliæ consiliarius, deinde domini ducis Philippi, cujus adminiculo ad hunc locum est assumtus, præsidens magni consilii, & in magni consiliarii absentia cancellarius, cancellarius ordinis aurei velleris, Nicolai papæ V. conscholasticus, a quo plura obtinuit. Tabulam majoris altaris argenteam ac deauratam renovavit, omnesque gemmas per eam stratas de proprio dedit; novam capsam beati Bertini lapidibus pretiosis ornatam, thecamque argenteam partem capitis beati Mommolini continentem, hic de Noviomo ad ejus petitionem translatam, cum gemmis quas dedit ornavit. Pannum unum album gemmis munitum super ejus altare suspendendum donavit, decem & septem cappas albas, rubras & virides & unam nigram cum ornamentis ante altare magnum suspendendis operis polimitarii fieri fecit. Unicuique colori suam casulam, tunicam & dalmaticam appropriavit. Item aliam blaveam de operimento equi ducis Karoli suis in nuptiis, dum Margaretam regis Angliæ sororem duceret uxorem, huic ecclesiæ a quodam scutifero dato, fieri fecit. Item decem pannos in circuitu chori & crucis suspendendos historiis veteris & novi testamenti intertextos donavit, dicta in ipsis exarata de proprio composuit. Fenestras ecclesiæ anterioris cum dictis duodecim Sibillarum decoravit. Dicta vero ipsa de latino in gallicum rigmatice dictavit. Navim ecclesiæ cum turri perfecit, testudines tamen imperfectas reliquit, novas campanas v. conflavit & benedixit, majorem de proprio dedit, & Willelminam vocavit. Omnia signa ad structuram & celaturam ecclesiæ anterioris de proprio emit, portam anteriorem ædificiis multis decoravit. Principis hospitium intus construxit, in decoratione castelli de Arkas & domus de Popringhis insudavit, vas unum argenteum ac deauratum ad species in cœna Domini administrandas, duodecim cupas argenteas octodecim marcharum conventui dedit, quæ tempore sui successoris, Allemannis oppidum hoc de Francorum manibus surripientibus, cum aliis multis vasis argenteis sui pro stipendiis fere per vim sunt concessæ. Testamentum suum ante obitum de licentia papæ ac principis condidit. In quo omnia vasa argentea religiosorum suo tempore defunctorum conventui reliquit, omnia debita ex pecunia per ipsum ecclesiæ sua in necessitate mutuo data dimisit, successori suo omnia coquinæ utenseria argentea dedit. Reliqua bona tripartitus est. Partem ecclesiæ Tornacensi, partem monasterio, & partem propinquis suis. Mitram unam auro puro gemmisque circum ligatam donavit. Festum S. Barbaræ & Antonii XII. lect. instituit. Quotidianam missam post majorem missæ elevationem sua in capella ejus expensis facta pro se suisque benefactoribus fundavit. Materiam sufficientem ad conflandum calicem unum aureum ecclesiæ reliquit. Conventui pro recreatione XL. sol. in die sui obitus & XL. sol. in festo regis ordinavit. In expeditione contra Turcos tempore Pii secundi facta, se jeturum ceteris cum magnatibus devovit, & suo conventu salutato, armata cum manu illic tendit; sed ne suæ ecclesiæ pastore viduaretur, super suo voto dispensationem obtinuit, & in sui voti compensationem, quotam pecuniæ non modicam solvit. Privilegia pulchra impetravit, primo quod nullus huic præficiatur ecclesiæ nisi de gremio electus, etiamsi in curia Romana abbatia vacaret, quod privilegium per ducem Philippum, ac ejus filium Carolum, quorum consiliarius fuit, confirmari impetravit. Unciam auri papæ pro exemtione solvendam ad sex florenos auri de camera a Nicolao V. taxari impetravit. Item privilegium pro tribus nostris conservatoribus, scilicet abbate sancti Jacobi Leodiensis, abbate sancti Nicolai Furnensis, & præposito sancti Audomari obtinuit. Aliaque plura, quæ causa brevitatis omitto, a summis pontificibus accepit. Cujus in tempore CAROLUS comes de Ch'rolois, patre Philippo adhuc vivente, regem Franciæ in loco dicto Mont-Leuri devicit. Post hoc Leodium atque Dynant dextruxit, Gueldriamque sibi subjugavit, Festum transfigurationis a Calixto III. ob victoriam contra Turcum in Hungaria habitam, instituitur, & per Paulum annus Jubilæus ad xxv. annum mutatur. Noster Guillelmus regiminis sui anno XXV. Gandavi moritur, & magna cum reverentia inde tumulandus defertur an. Domini MCCCCLXXIII. Sixto IV. papatum tenente, Ludovico de Valois in Francia regnante, & in Burgundia ac Flandria Carolo regente.

JOHANNES IX. DE LANNOY abbas LXV. primo S. Vedasti Attrebatensis monachus; sed quia impeditioris erat linguæ, dicto de monasterio ejicitur. Postmodum a Guillelmo abbate nostro suo prædecessore hoc in loco recipitur, cœtuique monachorum ordinatur. Deinde Parisius studendi causa mittitur; demum Alciacensium abbas efficitur: qui denuo studia universalia Parisius repetens, juris canonici gradu baccalaureatus donatur. Postremo Guillelmo suo prædecessore humanis privato, hoc in loco S. Spiritus voce in pastorem electus est. Qui sui in principio præ suæ ecclesiæ exemtione adversus curiam Morinensem viriliter dimicavit, dictamque ecclesiam Romanæ ecclesiæ immediate subjectam privilegiis demonstravit, sicque in causa fere victor evasit. Navem hujus ecclesiæ pavimento stravit, testudines suo a prædecessore inceptas perfecit, clausuram ligneam cum capellis beati Bertini atque Blasii duobusque altaribus lapidibus sectis ornatis, sancti scilicet Petri apostoli atque præsentationis beatæ Mariæ, in quibus tres missæ in perpetuum sunt fundatæ, fieri admisit. Pro constitutione illarum duarum missarum in altari sancti Petri dicendarum, magister Nicasius Griette officialis quondam Morinensis decimam unam, communi æstimatione ccc. sol. sub anno valentem, quam a monasterio S. Winoki Bergensis emerat, huic ecclesiæ legavit, dictumque altare suis sumtibus fieri jussit. Confraternitatem præsentationis beatæ Mariæ in templo cum missis diebus Dominicis atque singulis beatæ Mariæ festis eo in altari celebrandis Johannes abbas ordinavit. Portam monasterii interiorem cum cameris superpositis innovavit, hortum deliciarum abbatis intus diversi generis arboribus consevit, quem muris vallavit. Censas *de Arkes*, *Salpervvich*, Houlna, *Longueresse*, domos veteris monasterii a Francis combustas restauravit, mediam partem molendini de Quoiet, qua suo monasterio acquisivit, & nonnullas super aquas apud *Salpervvich* v. libras perpetui reditus emit. Confirmationes privilegiorum Philippi ac Caroli ejus filii Burgundiæ ducum ab Maximiliano Romanorum rege Philippoque ejus filio super electione abbatis ac debitorum prosecutione impetravit. Prior monasterii nostri Jacobus nomine sua licentia crucem illam a Simone secundo factam non mediocriter decoravit: quem priorem, quia senex erat, postquam in hoc monasterio abbatis in absentia unum & viginti annis ministraverat, per commissarios, nescio quo zelo ductus de prioratu absolvit, aliumque installari ac inthronisari indixit; & quod juvenes a festo Crucis usque ad Omnium sanctorum diem, cœna facta, non in claustro, sed in capitulo, accensis luminaribus, sederent, prandioque facto, non in dies consueto more gardinum peterent ludendi causa, sed pro arbitratu supremi conventum tenentis, in claustro manerent instituit. Et quia generosa ex progenie ortum habuerit noster Johannes abbas, ab Maximiliano, Philippoque ejus filio, ac ceteris magnatibus totius patriæ, non mediocri veneratione habebatur: adeo ut aurei velleris cancellarius fieret, & in magno consilio cum ceteris consultoribus in dies astaret, in episcopatuque Tornacensi, nisi morte præoccuparetur, inthronizatus fuisset; negotia principum pacis primæque utilitatis gratia, apud Franciæ & Angliæ reges gessit, & dum vacaret, principis curiam fere semper incoluit timore Allemannorum hoc oppidum S. Audomari munientium, huicque monasterio non modicam vim pro victualibus habendis inferentium, adeo ut una die fere ducenti intus comederint, ac præter cervisiam centum & viginti potos vini biberint, & quidquid in coquina fuerat, ostiis ac seris fractis, acceperint, & dum isti in stipendiis recipiendis deficerent, intus fere semper victum acceperunt, vel ad mutuandas pecunias nostros coëgerunt. Qua de re omnia argentea monasterii vasa, tresque sacros calices habuerunt, & nisi eis data mutuo fuisset, uti ferebant, vi accepissent. Pretium vero istorum vasorum una cum pecunia mutuo eis data trium millium & ducentorum florenorum summam transcendit. Longe tamen pejora huic monasterio totique civitati attentassent, nisi benignus Dominus consilium eorum dissipasset. Nam XXIV. Aprilis in octavis Paschæ anno MCCCCXCIII. cives nostra de civitate dictos Alemannos absque sanguinis effusione aliqua expulerunt, quod præclarum factum non civibus, sed divinæ potentiæ, meritis sanctorum Audomari atque Bertini pie credimus attribuendum. Noster Johannes abbas, ne Alemanni aliquam vim suo corpori inferrent, ut terras domosque sui monasterii, cum totum clima nostrum tribulationibus bellorum agitaretur, pro viribus custodiret, in principis curia moram fecit. Tandem sui regiminis anno XV. cum rege Romanorum Maximiliano ceterisque de consilio dominis, Brugis populo commoto & in seditione posito, capitur, & Gandavi cum ceteris de consilio carceri mancipatur, Romanorum rege Brugis detento, ubi tribus & decem mensibus stetit, non in parvum hujus ecclesiæ damnum, cum sua pro absolutione & expensarum in carceribus factarum solutione, ultra xx. millia florenorum ecclesia dederit. Cujus abbatis in tempore CAROLUS Burgundionum dux, de quo supra capitulo proximo, apud *Nancy* bello occiditur, ejusque filia unica Maria nomine Maximiliano sæpedicto Frederici tertii imperatoris filio, matrimonio copulatur. Qui MAXIMILIANUS Francos prope Morinum potenti virtute devicit, multosque interemit. Post dicti Caroli ducis mortem, Franci totam Picardiam suo sibi dominio subjecerunt. Oppidum tamen istud S. Audomari obsidentes, & apud Arkas diebus unde viginti castra metantes, vicis circumvicinis incendio traditis, frustrati recesserunt. Quare illa tria insignia monasteria hujus civitatis in suburbio sita, scilicet Minorum de observantia, Prædicatorum, ac sororum de sancta Clara, idem Johannes abbas & magnus cooperator extitit: claustrum vero fratrum tertii ordinis nostro in patronatu constructum destruitur, & fratrum B. Alexidis in confinio hujus villæ construitur. Postmodum Burgundi Morinum suæ ditioni subdiderunt: quare Franci eodem anno quo Morinum capitur, contra eorum juramentum in conventione anni MCCCCLXXXIII. præstitum, oppidum S. Audomari proditorie ceperunt; cum vero unum & viginti menses illud tenuissent, a Burgundis adjutorio XXII. civium, divino potius auxilio recuperatur. Cum tamen hoc in oppido Franci moram haberent, ex Morino Burgundos eliminarunt: quibus ex causis mutationibusve non mediocria in temporalibus damna hoc monasterium accepit, multisque debitis involutum est: quare lumen ecclesiæ religiosorumque præbendas Johannes ad medium diminuit, & in choro matutinorum ac in mensis cœnandi horis pro candelis cereis, candelas sevaceas accendi jubet, & in tantum monasterium bonis evacuatum ejus successor invenit, ut pro confirmationis suæ electionis prosecutione, reliquiarum capsæ, vasa servitio divino deputata, imagines beatæ Mariæ, Audomari atque Bertini argenteæ auro munitæ, atque ecclesiæ calices venumdati sint, & præcipue ille calix aureus diversis gemmis ornatus.

Supplementum ex alio mf. codice.

Rexit annis xx. & Mechliniæ principis in curia, quoniam aurei velleris cancellarius fuit, moritur, intus tamen sepelitur anno Domini MCCCCXCII.

Jacobus IV. Duval Audomarensis abbas LXVI. Hic postquam Poperinghensi in præpositura XXII. annis præfuisset, hoc in loco ipso absente in abbatem eligitur: quam electionem Alexander papa VI. confirmare renuit, & Antonium *de Berghes* S. Trudonis abbatem per suas bullas inthronisavit. Electus noster tamen ab episcopo diœcesano confirmationem consecrationemque obtinuit, tamen dicto cum Antonio electus pepigit, pensione DCCCL. florenorum cum Poperinghensi administratione sibi assignata, cum qua annis v. vixit, & apud Poperinghenses moritur, & intus in capella beatæ Mariæ Assumtionis, quam ante electionem decoraverat, inhumatur anno Domini M. CCCC. XCVII.

Antonius de Berghes abbas LXVII. obiit anno Domini MDXXXI.

Ingelbertus d'Espaigne abbas LXVIII. obiit anno Domini MDXLIV.

Gerardus de Hamericourt abbas LXIX. obiit anno Domini MDLXXVII. XVII. Martii.

Fredericus Marolle administrator.

Vedastus de Grenette abbas.

MARTYROLOGIA
SEU
CALENDARIA ALIQUA ANTIQUISSIMA.

OBSERVATIO PRÆVIA.

ARIA jam edidimus Martyrologia seu Calendaria antiquissima in nostrorum Anecdotorum tomo 3. varia & clarissimus vir Johannes Solerius præmisit Usuardini martyrologii a se vulgati parti secundæ, causatus hujusmodi antiquitatis monumenta, quasi neglecta, locum non habere in Spicilegiis, Analectis aliisque collectionibus a nostris adornatis. Inter ea vero quæ vir eruditissimus publici juris fecit, Corbeiense vetustissimum ante annos octingintos exaratum, Papebrochio olim ab Acherio nostro missum, & a nobis tom. 3. Anecdotorum jam excusum, quinto loco recudit, præmissa brevi observatione, qua monet tantæ codicem Corbeiensem sibi non videri antiquitatis, ac existimavit Acherius, quem de ejus ætate quasi oscitanter judicasse censet his verbis: An in martyrologio illo evolvendo operam aliquam posuerit vir eruditissimus, dubitari merito potest. Nam si legisset quæ habentur xvii. Junii: *Eadem die interfectus est venerabilis Fulco archiepiscopus ab impio.* Si hæc, inquam, legisset prima manu scripta, non tam facile epocham illam determinasset. Verum si vir, alioquin sagacissimus, nostram consuluisset editionem, non ita facile judicium suum præcipitasset, animadvertisset enim hæc ipsa quæ citat verba, non prima manu, uti asserit incunctanter, sed recentiori, atque paulo aliter quam ipse legit inter duas parentheses scripta esse hoc modo: (*Alia manu. Eodem die interfectus est venerabilis Fulco archiepiscopus ab iniquo Wenetmero.*) Sed & aliquibus in locis suam potuisset emendare editionem.

Cum vero de Gellonensi martyrologio tractat vir eruditissimus; ideo Gellonense ab Acherio appellatum fuisse videtur existimare, quia ad Decembris diem xiv. in eo legitur: *Dedicatio basilicæ S. Salvatoris in Gellone,* ex quo concludit longe potiori jure Resbacense appellari debere, cum multo plura, ad Resbacense diœcesis Meldensis cœnobium a S. Audoeno fundatum, spectantia contineat. Verum non hoc solo nomine Gellonensis appellatio ipsi indita est, quod dedicationem basilicæ illius monasterii annuntiet; sed ea præsertim ratione, quod Gellonensis monasterii per octingintos & amplius annos juris fuerit, unde, vivente Acherio, huc allatum est.

Porro cum e re litteraria plurimum interesse censeant viri eruditi hujusmodi antiqua martyrologia seu calendaria e tenebris eruere; præter ea quæ alias a nobis jam vulgata sunt, nova quædam hic Sanctorum actis nonnullis quæ jamjam edituri sumus præmittere lubet, utpote non minoris pretii nec forte antiquitatis.

Et primo quidem loco offert se pervetustum celeberrimi apud Treviros monasterii S. Maximini martyrologium, ante annos octingintos exaratum, Bedæ presbyteri Anglicani doctissimi nomen præferens, quod tamen purum Bedæ fœtum asserere non audemus. Nam etsi sancti fere omnes quorum nomina recenset, si paucos excipias, eosque vulgo alia manu additos, Beda ipso sunt antiquiores: etsi præcipuos Angliæ sanctos Cuthbertum, Mellitum, Augustinum Cantuariensem episcopos, Columbam abbatem, Albanum martyrem, Osvvaldum regem, Justum ac Paulinum Eboracensem item episcopos enuntiat, tamen si non fallit titulus, Beda hoc martyrologium variis sanctorum, præsertim Trevirensium & circumvicinorum locorum, accessionibus auctum esse fatendum est.

Longe potiori jure attribuendum ei videtur quod sequitur antiquissimum calendarium, non solum quod cum aliis Bedæ operibus in vetustissimo codice Floriacensi, cujus caracter annos circiter nongintos repræsentat, reperitur; sed quia magnam cum metrico ejus martyrologio affinitatem habet: paucos siquidem singulis mensibus sanctos exhibet, eosque fere omnes qui in martyrologio; S. Cuthberti, cui impense devotus erat Beda, & S. Paulini Eboracensis archiepiscopi metropolitani sui, nomina litteris majusculis quas unciales vocant exprimit. Bedæ ipsius nomen ante annos septingintos ab aliquo qui tanti doctoris & tam sancti viri nomen in suo ipsius calendario desiderari noluit, additum est alio caractere. Eadem etiam manu addita sunt ecclesiæ Autissiodorensis festa, ex quo collegimus eam ad ecclesiam codicem hunc Floriacensem olim pertinuisse. Ne quis autem cum genuino Bedæ textu has confundat additiones, eas italico, ut vocant, caractere edi curavimus. Porro codicis nostri antiquitatem arguit festum Omnium-Sanctorum, quod in eo calendis Novembris desideratur.

Huic aliud subjicimus calendarium, antiquo Sacramentorum libro ad usum ecclesiæ Anglicanæ conscripto præmissum, cujus festorum mobilium tabella ab anno millesimo incipiens, singulos percurrit annos ad annum usque millesimum nonagesimum quintum. Unde colligimus codicem illum anno millesimo fuisse exaratum. Allatus est autem ipse liber ex Anglia anno M. XXXII. in Gemmeticense diœcesis Rothomagensis monasterium, atque eidem anno circiter ML. a Roberto quondam Gemmeticensi abbate, deinde Londonensi episcopo, ac tandem Cantuariensi dono datus.

Martyrologium Gallicanum ab annis circiter septingintis conscriptum suppeditavit nobis bibliotheca illustrissimi domini Chauvelin, regiorum sigillorum custodis, quod non alia ratione Gallicanum appellatum conjicimus, quam quia Gallicanos sanctos commemorare soleat. Illud autem commodi eo in martyrologio deprehendimus, quod loca fere omnia, ad quæ enumerati sancti pertinent, solet exprimere.

Stabulense calendarium præmittitur antiquo Sacramentorum libro ab annis circiter septingintis conscripto, cujus in calce legitur, Ordo ad conferendos sacros ordines. In ordinatione autem episcopi ordinandus interrogatur an sedi Moguntinensi promittat obedientiam, festa SS. Galli & Othmari capitalibus litteris exarata sunt, unde conjicimus codicem illum fuisse olim monasterii S. Galli, quod in Constantiensi ad Rhenum diœcesi existens, ad Moguntinam metropolim pertinet. Quæ autem prima manu scripta non fuere atque etiam necrologium italico caractere repræsentare curavimus.

Calendarium Verdinense sexcentos annos superare non videtur, in eoque desiderantur menses omnino quatuor, nec ideo tamen contemnendum, cum plures contineat non vulgares sanctos. Die XVII. Martii annuntiat festum S. Joseph in Bethleem, quod etiam exhibent Stabulense & Anglicanum, uti

& *Richenoviense martyrologium a Solerio vulgatum, & quidem Anglicanum hoc modo,* S. Joseph sponsi S. Mariæ, *Stabulense vero & Richenoviense sic,* In Bethleem S. Joseph nutritoris Domini. *Hinc colliges, hoc festum, quod, si me non fallit memoria, in pervetusto codice Oignacensi, quo usus est olim celeberrimus Jacobus de Vitriaco cardinalis, continetur, non esse ita recentis institutionis in ecclesia, ac existimant nonnulli.*

Ultimo tandem loco hic exhibemus insignis ecclesiæ Autissiodorensis martyrologium, quod aliis omnibus præstare diffitebitur nemo qui consideraverit, illud multo plura complecti sanctorum nomina, atque actus eorum singulares sæpius exprimere, loca etiam ad quæ spectant & dignitates; quæ ad illustrandam historiam ecclesiasticam mirum in modum juvant. Hoc autem martyrologium ex mutilo Colbertino codice eruimus, cujus defectum supplevit amicus noster cl. vir dominus Lebeuf, *succentor & canonicus Autissiodorensis.* Martyrologio adjunctum erat necrologium, ex quo eos tantum recensendos defunctos censuimus, qui alicujus sunt nominis, aut donis aliquibus de illa ecclesia bene meruerunt.

IN CHRISTI NOMINE,
incipit Libellus Annalis domini Bedæ presbyteri.

JANUARIUS.

Mensis Januarius habet dies XXXI. *Lunam* XXX.

Calendis Januarii Circumcisio Domini nostri JESU CHRISTI, & natale sancti Basilii confessoris, & Almachii martyris.
IV. nonas. Jerosolymis octavæ S. Stephani, Antiochiæ Sindoni episcopi, & alibi Macharii abbatis.
III. nonas. Natale S. Genovefæ virginis, & S. Anteri papæ & martyris.
II. nonas. In Africa Aquilini, Martiani & Quinti.
Nonis Januarii. Vigilia epiphaniæ & depositio S. Simeonis, qui in columna stetit.
VIII. idus. Epiphania Domini nostri JESU CHRISTI, & S. Melanii episcopi.
VII. idus. In Nicomedia Luciani presbyteri Antiochenæ ecclesiæ.
VI. idus. Natale SS. martyrum Luciani, Maximiani & Juliani.
V. idus. In Africa Epictati, Jocundi, Quinti, Saturnini.
IV. idus. Natale S. Pauli primi eremitæ.
III. idus. Eductio Domini de Ægypto, & natale S. Salvi.
II. idus. Natale S. Quiriaci, Moscenti & Saturi.
Idus Januarii. Octavæ epiphaniæ & depositio S. confessorum & episcoporum Hilarii, Remigii & Agricii Treverensis.
XIX. cal. Februarii. Natale S. Felicis episcopi & martyris in Pincis.
XVIII. cal. In Antiochia Liceri diaconi & depositio Abaçui prophetæ.
XVII. cal. Natale S. Marcelli papæ, & depositio Honorati episcopi.

A XVI. cal. Natale S. Antonii monachi & S. Sulpicii episcopi. *Sol in Aquarium.*
XV. cal. Natale S. Priscæ virginis.
XIV. cal. Natale S. Marii & Marthæ martyrum.
XIII. cal. Natale S. Fabiani & Sebastiani martyrum.
XII. cal. Natale S. Agnetis virginis.
XI. cal. Natale S. Vincentii martyris.
X. cal. Natale S. Emerentianæ virginis & S. Macharii martyris.
B IX. cal. Natale S. Babili episcopi & Trium Puerorum.
VIII. cal. Natale S. Præjecti martyris, & conversio S. Pauli apostoli.
VII. cal. Natale S. Polycarpi episcopi.
VI. cal. Natale S. Johannis Chrysostomi.
V. cal. Nativitas S. Agnetis virginis & martyris.
IV. cal. Treviris depositio S. Valeri episcopi & confessoris.
III. cal. Natale S. Flaviani martyris & depositio Aldegundis virginis.
II. cal. Natale S. Tarsici, Zotici, Ammonii C & S. Concordii martyris.

In isto mense nox habet horas XVI. *& dies* VIII.

FEBRUARIUS.

Mensis Februarius habet dies XXVIII. *Lun.* XXIX.

Calendis Februarii. Natale SS. Puplii & Saturnini & S. Brigidæ virginis.
IV. nonas. Purificatio S. Mariæ. In Africa natale S. Victoris.
D III. nonas. In Africa Felicis, Celerinæ, Felicitatis, & depositio S. Lupicini episcopi.
II. nonas. Natale S. Gelasii, & passio S. Eulaliæ virginis.
Non. Febr. Natale S. Agathæ virginis.
VIII. idus. Natale S. Vedasti episcopi & confessoris. In Elnone S. Amandi episcopi & confessoris.
VII. idus. Natale S. Auguli episcopi & mar-

tyris. *Ver oritur*, & *habet dies* XCI.

VI. idus. Depositio S. Pauli episcopi, Dionysii, & Lucii.

V. idus. Natale S. Alexandri & Ammonis.

IV. idus. Natale Sotheris & SS. Zotici, Erenei & Jacincti, & S. Scholasticæ virginis.

III. idus. Natale S. Desiderii episcopi, & S. Eufrasiæ virginis.

II. idus. Natale S. Eulaliæ virginis & passio S. Damiani.

Idus Febr. Natale S. Poliocti martyris.

XVI. cal. martii. Natale SS. Valentini, Vitalis, Feliculæ, Zenonis martyris.

XV. cal. Natale SS. Castulæ, Magni, Saturnini.

XIV. cal. Natale S. Onesimi & S. Julianæ. *Sol in Pisces.*

XIII. cal. Natale S. Policronii episcopi.

XII. cal. Natale SS. Rutuli, Silvani & Secundini.

XI. cal. Natale SS. Publii, Juliani, Marcelli.

X. cal. Depositio S. Gagii episcopi & Victoris.

IX. cal. Natalis S. Hilarii papæ, & depositio S. Felicis episcopi.

VIII. cal. Apud Antiochiam Cathedra sancti Petri, & natale sanctæ Teclæ virginis.

VII. cal. Natale S. Polycarpi presbyteri, & S. Sereni monachi.

VI. cal. Natale S. Mathiæ apostoli. Inventio capitis Præcursoris Domini, & natale S. Sergii martyris.

V. cal. Natale SS. Justi & Erenei.

IV. cal. Natale S. Felicis cum sociis suis. Item natale S. Nestoris & Fortunati.

III. cal. Natale SS. Leandri & Dionysii.

II. cal. Nat. SS. Pupilli, Justi, Theophili, Felicis.

In isto mense nox habet horas XIV. *dies* X.

MARTIUS.

Mensis Martius habet dies XXXI. *Lunam* XXX.

Calend. Martii. Natale S. Donati martyris & S. Albini confessoris.

VI. nonas Martii. Natale S. Lucæ episcopi, Primitivæ, Secundillæ.

V. nonas. Natale S. Fortunati, Felicis, Claudiani.

IV. nonas. Natale S. Lucii papæ & Adriani martyris.

III. nonas. Nat. S. Focæ martyris. (*Obitus Hrotgangi episcopi* alia manu.) VII. *Embol.*

II. nonas. Natale S. Victoris & Victorini. III. *Embol.*

Nonas Martii. SS. Perpetuæ & Felicitatis martyrum.

VIII. idus. Natale S. Quintoli episcopi, & Pontii diaconi.

Prima incensio Lunæ Paschalis.

VII. idus. Natale sanctorum Felicis, Rogati & Philippi.

VI. idus. Natale SS. Alexandri & Gaii.

V. idus. Natale S. Eraclii & Zozimi.

VI. idus. Natale S. Gregorii papæ.

III. idus. Natale S. Machedonis presbyteri.

II. idus. Natale S. Leonis papæ & martyris, Felicis & Daviti.

Idus Martii. Natalis sanctorum Longini & Lucii martyrum.

XVII. cal. Aprilis. Natale sanctorum Cyriaci & Castoris martyris.

XVI. cal. Natale S. Patricii episcopi, & S. Gertrudis virginis.

XV. cal. Natale S. Alexandri episcopi & Collegi diaconi. *Sol in Arietem.*

XIV. cal. Natale S. Theodori episcopi, Bassi, & Apollonii.

XIII. cal. Natale S. Chutberti episcopi & confessoris.

XII. cal. Natale S. Benedicti abbatis. *Æquinoctium vernale.*

XI. cal. Natale S. Pauli confessoris. *Primum Pascha & sedes epactarum.*

X. cal. Natale SS. Fidelis & Theodori.

IX. cal. Natale SS. Seleuci & Agapiti. *Concurrentium locus.*

VIII. cal. Annuntiatio archangeli ad sanctam Mariam, & Dominus crucifixus est.

VII. cal. Natale S. Castuli, & depositio Chiliani episcopi.

VI. cal. Resurrectio Domini nostri Jesu Christi, & Passio Alexandri martyris.

V. cal. In Cæsarea sanctorum Rogati & Dorothei.

IV. cal. Natale S. Gregorii Nazianzeni & S. Eustasii abbatis.

III. cal. Natale SS. Domnini, Paulini, & Eulaliæ virginis.

II. cal. Natale SS. Felicis, Diodoli & sanctæ Balbinæ virginis.

In isto mense nox habet horas XII. *dies* XII.

APRILIS.

Mensis Aprilis habet dies XXX. *Lunam* XXIX.

Calendis Aprilis. Natale SS. Venantii, Anastasii & S. Walerici.

IV. nonas. Depositio Nicetii episcopi, & S. Theodosiæ virginis.

III. nonas. Natale SS. Evagrii & Pancratii.

II. nonas. Natale S. Agathonis diaconi & S. Ambrosii.

Nonas Aprilis. Natale S. Claudiani & Andronici. *Ultima incensio Lunæ paschalis.*

VIII. idus. Natale S. Xisti papæ & martyris.

VII. idus. Natale S. Cælestini papæ, & SS. Timothei & Diogenis.

VI. idus. Natale S. Macharii & Perpetui.

V. idus. Natale SS. VII. Virginum, & beati Demetrii diaconi.

IV. idus. Natale S. Apollonii presbyteri.

III. idus. Natale S. Siagrii & S. Leonis papæ.

II. idus. Natale S. Carpi episcopi, Julii & Cypriani episcoporum.

Idus Aprilis. Natale S. Euphemiæ virginis.

XVIII.

ALIQUA ANTIQUISSIMA.

XVIII. calend. Maii. Natale SS. Tiburtii & Valeriani.
XVII. cal. Natale SS. Elimpiadis & Maximi.
XVI. cal. Natale SS. Calisti & Carissi.
XV. cal. Natale S. Petri diaconi & Hermogenis. *Sol in Taurum.*
XIV. cal. Natale SS. Eleutherii episcopi & Apollonii senatoris.
XIII. cal. Natale SS. Rufi & Antonici.
XII. cal. Natale S. Victoris episcopi.
XI. cal. Natale SS. Valeriani, Tiburtii & Maximi.
X. cal. Depositio S. Gaii papæ.
IX. cal. Natale SS. Ananiæ, Azariæ, Misahelis, & passio S. Georgii martyris.
VIII. cal. Natale S. Melliti episcopi & S. Alexandri.
VII. cal. Natale S. Marci evangelistæ, & Letania major. *Ultimum Pascha.*
VI. cal. Natale SS. Cleti & Marcellini.
V. cal. Natale SS. Anastasii papæ, Victoris & Maximi.
IV. cal. In Misitania civitate S. Hermogenis. Romæ natalis S. Vitalis martyris.
III. cal. Natale S. Germani presbyteri.
II. cal. Natale SS. Dorothei presbyteri, Viatoris & Terentii.

In isto mense nox habet x. horas & dies XII.

MAIUS.

Mensis Maius habet dies XXXI. *Lunam* XXX.

Calendis Maii. Natale apostolorum Philippi & Jacobi.
VI. nonas Junii. Natale S. Germani & S. Anastasii.
V. nonas. Natale S. Alexandri, Eventi, & Theodoli presbyteri. Inventio S. Crucis.
IV. nonas. Natale SS. Silvani & Floriani martyrum.
III. nonas. Natale SS. Hilarii & Nicetii episcoporum.
II. nonas. Natale S. Johannis apostoli ante Portam-Latinam.
Non. Maii. Natale S. Juvenalis martyris.
VIII. idus. Natale S. Victoris & S. Martini presbyteri.
VII. idus. Natale SS. Quirilli, Zenonis, & S. Macharii abbatis. *Æstas oritur, habet dies* XC.
VI. idus. Natale S. Gordiani martyris, & Epimachi. Et Romæ Calepodii presbyteri.
V. idus. Natale S. Antimi & S. Mamerti episcopi.
IV. idus. Natale SS. Nerii, Achillei & Pancratii martyrum.
III. idus. Autissiodoro Depositio Marcelliani & natale S. Servasii confessoris.
II. idus. Natale S. Victoris martyris & sancti Pachomii monachi.
Idus Maii. Natale sanctorum Isidori & Timothei martyrum.
XVII. calendas Junii. Natale sanctorum Aquilini, Victorini & Peregrini.
XVI. cal. Natale sanctorum Eraclii & Pauli, & S. Torpetis martyris.
XV. cal. Natale S. Dioscori. *Sol in Geminos.*
XIV. cal. Natale S. Potentianæ virginis & martyris.
XIII. cal. Natale S. Basillæ virginis & martyris.
XII. cal. Natale S. Timothei diaconi.
XI. cal. Natale SS. Faustini, Timothei & S. Juliæ, quæ crucis patibulo coronata est.
X. cal. Natale SS. Quinti, Lucii & S. Desiderii episcopi.
IX. cal. Natale SS. Donatiani & Rogatiani.
VIII. cal. Natale S. Urbani.
VII. cal. Natale S. Augustini episcopi in Cantia.
VI. cal. Natale SS. Julii & Esini martyrum.
V. cal. Natale S. Germani episcopi & confessoris & S. Johannis papæ.
IV. cal. Treviris S. Maximini episcopi & confessoris.
III. cal. Natale S. Felicis papæ.
II. cal. Natale S. Petronillæ virginis.

In isto mense nox habet horas VIII. *dies* XVI.

JUNIUS.

Mensis Junius habet dies XXX. *lunam* XXIX.

Calendis Junii natale SS. Claudii & Pamphili episcoporum.
IV. nonas Junii. Natale SS. Marcellini & Petri martyrum.
III. nonas. Natale S. Marcelli martyris & S. Gudualis confessoris.
II. nonas. Natale S. Quirini episcopi, Picti & Datiani.
Nonas Junii. Natale S. Bonificii episcopi & S. Apollonarii martyris.
VIII. idus. Natale S. Saturnini episcopi, Amantii & Lucii.
VII. idus. Natale S. Luciani martyris, & S. Macharii monachi.
VI. idus. Natale S. Medardi episcopi & SS. Naboris & Nazarii.
V. idus. Natale SS. Primi & Feliciani martyrum & S. Columbæ.
IV. idus. Natale S. Zachariæ & Barnabæ qui fuit socius apostolorum.
III. idus. Natale S. Babilæ & SS. Crispuli & Restituti.
II. idus Natale SS. Basilidis, Cirini, Naboris & Nazarii martyrum.
Idus Junii. Natale S. Lucii & Fortunati.
XVIII. cal. Julii. Natale SS. Rufini & Valerii, & translatio corporis S. Aniani.
XVII. cal. Natale SS. Viti & Modesti martyrum.
XVI. cal. Natale S. Diogenis, Ferreoli presbyteri, & Ferrutionis diaconi.
XV. cal. Natale S. Quiriaci & Aviti presbyteri. *Sol in cancrum.*

XIV. cal. Natale SS. Marci & Marcelliani.
XIII. cal. Natale SS. Gervasii & Protasii martyrum.
XII. cal. Natale SS. Pauli & Cyriaci. *Solstitium æstivum.*
XI. cal. Natale S. Albini martyris & S. Eusebii.
X. cal. Natale S. Jacobi in Perside, & S. Albani martyris.
IX. cal. Natale S. Aviti confessoris, & vigilia S. Johannis Baptistæ.
VIII. cal. Nativitas S. Johannis Baptistæ.
VII. cal. Natale S. Sosipatris discipuli sancti Pauli.
VI. cal. Natale SS. Johannis & Pauli martyrum.
V. cal. Natale SS. Crispini & Crispiniani martyrum.
IV. cal. Natale S. Irenei episcopi, & vigilia apostolorum Petri & Pauli.
III. cal. Natale apostolorum Petri & Pauli.
II. cal. Natale S. Pauli apostoli, & S. Martialis episcopi.

In isto mense nox habet horas VI. *& dies* XVIII.

JULIUS.

Mensis Julius habet dies XXXI. *lunam* XXX.

Calendis Julii. Natalis S. Gaii episcopi, & in monte Or depositio Aaron sacerdotis.
VI. nonas Julii. Natale SS. Processi & Martiniani martyrum, & S. Monegundis virginis.
V. nonas. In Alexandria Triphonis, Menelai, Cyrilli, & Juliani, & S. Gregorii episcopi & martyris.
IV. nonas. Natale S. Lauriani episcopi & martyris, & S. Innocentis.
III. nonas. Natale SS. Maximi, Secundi martyrum, Agathonis & Triphonis.
II. nonas. Octavæ apostolorum Petri & Pauli, & natale S. Goaris confessoris.
Nonas Julii. Natale S. Eracli, Partheni & Apollonii.
VIII. idus Julii. Natale S. Kiliani episcopi & martyris, & S. Procopii martyris.
VII. idus. Romæ natale sanctarum virginum Florianæ, Faustinæ, Felicitatis, & S. Cyrilli martyris.
VI. idus. Natale SS. VII. Fratrum filiorum S. Felicitatis.
V. idus. Natale S. Papii confessoris. Floriaco adventus S. Benedicti abbatis.
IV. idus. Natale SS. Naboris, Felicis & Primitivi, & S. Margaritæ virginis.
III. idus. Natale S. Serapionis, Zenonis & Nasei.
II. idus. Depositio SS. Justi & Amacii episcoporum.
Idus Julii. Natale SS. Cyrici, Cassiani, Juliæ.
XVII. cal. Augusti. Natale S. Aquilii, Hilarini, Pauli & Mammetis.
XVI. cal. Natale S. Sperati episcopi & martyris. Mediolano S. Marcelli.

XV. cal. Natale S. Symphorosæ cum septem filiis suis. *Sol in leonem.*
XIV. cal. Natale S. Rustici episcopi & confessoris, & S. Arsenii confessoris.
XIII. cal. Natale SS. Luciani & Petri.
XII. cal. Natale S. Praxedis virginis, & sancti Victoris martyris.
XI. cal. Natale S. Mariæ Magdalenæ, & S. Cyrilli in Antiochia.
X. cal. Natale S. Apollinaris episcopi & martyris.
IX. cal. Natale S. Victorini, & sanctæ Christinæ, & sanctæ Glodesindæ virginis.
VIII. cal. Natale S. Jacobi fratris Johannis, & sanctæ Segolenæ virginis.
VII. cal. Natale S. Jacincti martyris & SS. Joviani & Martiani.
VI. cal. Natale S. Simeonis monachi, & S. Etherii episcopi & martyris.
V. cal. Natale S. Augustæ virginis, & S. Pantaleonis martyris.
IV. cal. Natale SS. Felicis, Simplicis, Faustini & Beatricis martyris, & sancti Lupi confessoris.
III. cal. Natale SS. Abdon & Sennis martyrum. *Hic saltus lunæ.*
II. cal. Autissiodoro Natale S. Germani episcopi & confessoris.

In isto mense nox habet horas VIII. *& dies* XVI.

AUGUSTI.

Mensis Augustus habet dies XXXI. *lunam* XXIX.

Calendis Augusti. Natale SS. Machabæorum, & SS. Eusebii & Felicis martyrum, & ad S. Petrum ad vincula.
IV. nonas. Natale S. Stephani episcopi & martyris. VI. *Embol.*
III. nonas. Inventio corporis S. Stephani primi martyris, & natale sancti Justi episcopi.
II. nonas. Natale S. Chrisentionis & Justi martyrum, & SS. Sagæ & Bartholomæi.
Nonas Augusti. Natale S. Osvaldi regis, & SS. Mimmii & Cassiani episcoporum.
VIII. idus. Natale SS. Sixti episcopi, Felicissimi & Agapiti.
VII. idus. Natale S. Donati episcopi & martyris, qui fractum calicem orando restauravit. *Autumnus oritur habet dies* XCII.
VI. idus. Natale S. Ciriaci martyris, & S. Severi confessoris.
V. idus. Natale S. Romani militis, & vigilia sancti Laurentii martyris, & S. Auctoris episcopi.
IV. idus. Natale S. Laurentii martyris.
III. idus. Natale S. Tiburtii martyris, & sanctæ Susannæ virginis & martyris.
II. idus. Natale S. Eupli diaconi & martyris.
Idus Augusti. Natale S. Hyppoliti & S. Cassiani martyrum. (Item S. Wichberti confessoris Christi. *altera manu.*)
XIX. cal. Septembris. Natale S. Eusebii confessoris, & S. Gregorii presbyteri.

XVIII. cal. Assumtio S. Mariæ matris Domini nostri Jesu Christi.
XVII. cal. Natale S. Tyrsi cum sociis suis, & S. Arnulfi confessoris.
XVI. cal. Natale S. Eufemiæ, & S. Mammetis, & octavæ S. Laurentii.
XV. cal. Natale S. Agapiti martyris, & S. Candidi. *Sol in Virginem.*
XIV. cal. Natale S. Magni martyris. Romæ S. Julii martyris.
XIII. cal. Natale S. Filiberti confessoris, & SS. Valentiani & Leontii.
XII. cal. Natale S. Theodoti episcopi, & Juli, & Juliani, & S. Privati martyris.
XI. cal. Natale S. Timothei & Symphoriani martyrum.
X. cal. Natale S. Cyriaci; Remis, Timothei & Apollinaris.
IX. cal. Natale S. Titi discipuli Pauli apostoli. Romæ S. Genesii martyris. E. *Pagomeni dies* v.
VIII. cal. Natale S. Bartholomæi apostoli, & Arelato S. Genesii martyris.
VII. cal. Natale S. Habundi & Herenei martyrum.
VI. cal. Natale S. Rufi martyris, & SS. confessorum Rufi & Siagrii.
V. cal. Natale SS. Hermetis martyris, & Augustini confessoris, & S. Juliani martyris.
IV. cal. Passio S. Johannis Baptistæ, & S. Sabinæ virginis.
III. cal. Natale SS. Felicis & Audacti martyrum.
II. cal. Natale S. Numediani, & Treviris depositio S. Paulini episcopi.
In isto mense nox habet horas x. *dies* xiv.

SEPTEMBER.

Mensis September habet dies xxx. *lunam* xxx.

Calendis Septembris. Natale S. Prisci martyris, & S. Victoris episcopi.
IV. nonas Septemb. Natale S. Mammæ martyris, & SS. Remacli & Pirmini episcoporum. 11. *Embolismus.*
III. nonas. Natale S. Feliciani, Aristi, & S. Mansueti confessoris.
II. nonas. Natale S. Marcelli & Bonefacii episcopi.
Nonas Sept. Natale S. Quintini confessoris, & passio S. Ferreoli.
VIII. idus Septembris. Natale S. Eleutherii episcopi, & Zachariæ prophetæ.
VII. idus Sept. Natale S. Sinoti martyris, & passio S. Evortii episcopi.
VI. idus. Nativitas S. Mariæ matris Domini, & passio S. Adriani martyris.
V. idus. Natale S. Gorgonii martyris, & SS. Donati & Fortunati.
IV. idus. Natale S. Hilarii papæ, Ammonis & Victoris.
III. idus. Natale SS. Prothi & Hiacincti martyrum, & S. Patientis.

II. idus. Natale S. Sacerdotis episcopi, & SS. Eupli & Serapionis.
Idus Sept. Natale S. Felicissimi & Maurilionis & S. Amati confessoris.
XVIII. calendas Octobris. Exaltatio S. Crucis, & natale SS. Cornelii & Cypriani. (& S. Materni *altera manu.*)
XVII. cal. Natale S. Nicomedis martyris. Ipso die natale S. Apti episcopi.
XVI. cal. Natale S. Euphemiæ & SS. Luciæ & Geminiani.
XV. cal. Natale S. Lamberti episcopi & martyris, & Justini confessoris.
XIV. cal. Natale S. Trophimi & Mariani, & S. Eostorgii episcopi.
XIII. cal. Natale S. Ferreoli & S. Januarii martyr.
XII. cal. Natale S. Felicis & Faustæ virginis, & vigilia S. Matthæi apostoli. *Æquinoctium autumnale.*
XI. cal. Natale S. Matthæi apostoli & evangelistæ.
X. cal. Natale SS. Mauritii & sociorum ejus. vi. m. dc. lxvi. (Et Liutdrudis virginis *altera manu.*)
IX. cal. Passio S. Lini, & depositio S. Liberi episcopi, & natale S. Theclæ virginis.
VIII. cal. Natale SS. Andochii presbyteri, Tyrsi diaconi, & Felicis martyris. (Et conceptio S. Johannis Baptistæ *alia manu.*)
VII. cal. Natale S. Firmini, & passio SS. Sergii & Bacchi.
VI. cal. Natale S. Cypriani & depositio S. Eusebii episcopi.
V. cal. Natale SS. Cosmæ & Damiani martyrum.
IV. cal. Natale S. Justini presbyteri, (& in Gallia S. Liobæ virginis *altera manu.*)
III. cal. Dedicatio Basilicæ S. Michaëlis archangeli. (Ipso die S. Luitwini archiepiscopi *alia manu.*)
II. cal. Natale S. Hieronymi presbyteri, quo nemo post apostolos alter fuit præstantior.
In isto mense nox habet horas xii. *dies* xii.

OCTOBER.

Mensis October habet dies xxxi. *lunam* xxix.

Calendis Octobris Natale SS. Remigii, Germani, Vedasti, Bavonis & Pionis, & S. Nicetii episcopi Treverensis.
VI. nonas Octobris, Natale S. Leodegarii & S. Eleutherii martyris.
V. nonas, Natale SS. Sulpicii & Serviliani martyrum, & S. Theogenis.
IV. nonas Natale SS. Marci & Marciani.
III. nonas, Natale S. Cristinæ virginis & S. Apollinaris episcopi.
II. nonas, Natale S. Babinæ virginis, & SS. Marcelli, Emilii & Saturnini.
Nonas Octobris, Natale S. Augustini presbyteri, & S. Marci papæ.
VIII. Idus, Natale sanctorum Dionysii, Januarii, & SS. Marcelli & Apulei.

VII. idus, Natale SS. Dionysii, Rustici & Eleutherii, & S. Gereonis cum sociis suis.

VI. idus, Natale SS. Eusebii, Eracli & S. Paulini episcopi.

V. idus, Natale SS. Athanasii presbyteri & Venantii & Martialis.

IV. idus, Natale SS. Cælesti & Saturi. Apud Bituricas S. Opionis presbyteri & martyris.

III. idus, Natale SS. Fausti, Anastasii episcopi & Venantii confessoris. (Treviris Dedicatio basilicæ S. Johannis apostoli & evangelistæ *alia manu*.)

II. idus, Natale S. Calixti papæ & S. Lupi. (Et translatio corporum SS. confessorum Maximini, Agritii, atque Nicetii *alia manu*.)

Idus Octobris, Natale S. Fortunati.

XVIII. cal. Novembris, Natale S. Longini martyris, & S. Galli confessoris. (Et S. Lulli episcopi & confessoris & S. Sigismundi regis *altera manu*.

XVI. cal. Natale S. Victorini, & Passio S. Silvani.

XV. cal. Natale S. Lucæ evangelistæ. *Sol in scorpionem*.

XIV. cal. Natale sancti Proculi & aliorum XLIV.

XIII. cal. Natale S. Caprasii martyris.

XII. cal. Natale S. Justi & S. patris nostri Hilarionis.

XI. cal. Natale S. Severi & S. Philippi episcopi.

X. cal. Natale S. Dorothei & S. Severini confessoris.

IX. cal. Natale SS. Felicis, Ægati, Vitalis & Flaviani.

VIII. cal. Natale SS. Crispini & Crispiniani martyrum.

VII. cal. Natale S. Luciani & Translatio S. Amandi confessoris.

VI. cal. Natale S. Mariani & vigilia apostolorum Simonis & Judæ.

V. cal. Natale apostolorum Simonis & Judæ.

IV. cal. Natale SS. Quinti, Feliciani & Ferentii confessoris.

III. cal. Natale S. Saturnini martyris, & Passio S. Marcelli centurionis.

II. cal. Natale S. Quintini martyris.

In isto mense nox habet horas xiv. *& dies* x.

NOVEMBER.

Mensis November habet dies xxx. *lunam* xxx.

Calendis Novembris Natale S. Cæsarii martyris & festivitas Omnium Sanctorum.

IV. nonas Novembris Natale S. Poliani, & apud Viennam sancti Georgii episcopi. v. *Embol*.

III. nonas, Natale SS. Germani & Theophili, & Transitus S. Huberti episcopi.

II. nonas, Natale S. Cæsarii diaconi ; & Redenis S. Amati confessoris.

Nonis Novembris, Natale SS. Domnini & Quarti.

VIII. idus, Natale S. Melani episcopi & confessoris.

VII. idus, Natale S. Herculani episcopi & martyris. *Hiems oritur, habet dies* xcii.

VI. idus, Natale SS. quatuor Coronatorum Claudii, Nicostrati, Symphoriani, Castoris, Simplicii.

V. idus, Natale S. Theodori martyris: Virduno S. Vitoni episcopi & confessoris.

IV. idus, Natale S. Leonis papæ & SS. Demetrii episcopi & Amenesii diaconi.

III. idus, Natale S. Martini episcopi & S. Mennæ martyris.

II. idus, Natale SS. Mauruli & Publii, Germani & Theophili.

Idus Novembris, Natale S. Briccii episcopi, & S. Felicis presbyteri.

XVIII. cal. Decembris, Natale S. Clementini & S. Theodotæ.

XVII. cal. Natale S. Secundini & Fructuosi.

XVI. cal. Natale S. Eucharii episcopi & S Othmari confessoris.

XV. cal. Natale S. Aniani episcopi. *Sol in Sagittarium*.

XIV. cal. Natale S. Platonis martyris, & SS. Romani & Isicii martyrum.

XIII. cal. Natale S. Maximi, & Augustoduno S. Simplicii episcopi.

XII. cal. Natale S. Echberti episcopi, & SS. Baffi & Dionysii.

XI. cal. Natale S. Pontiani papæ, & in Italia S. Columbani abbatis.

X. cal. Natale S. Ceciliæ virginis.

IX. cal. Natale SS. Clementis & Trudonis presbyteri, & S. Felicitatis.

VIII. cal. Natale S. Chrysogoni martyris.

VII. cal. Natale S. Petri Alexandrinæ ecclesiæ episcopi.

VI. cal. Natale SS. Nicandri, Cassiani & Felicissimi.

V. cal. Natale S. Optati episcopi & S. Valeriani confessoris.

IV. cal. Natale S. Theodoli & S. Rufi martyris.

III. cal. Natale SS. Saturnini, Crysanti, Mauri & Dariæ virginis, & vigilia S. Andreæ apostoli.

II. cal. Natale S. Andreæ apostoli.

In isto mense nox habet horas xvi. *dies* viii.

DECEMBER.

Mensis December habet dies xxxi. *lunam* xxix.

Calendis Decembris, Natale sanctæ Candidæ, & S. Elegii episcopi & confessoris, & S. Albani.

IV. nonas, Natale SS. Pontiani, Viviani, Victorini, & Fortunati martyris. 1. *Embol*.

III. nonas, Natale S. Agricolæ, Saturnini, Sisinii & Cassiani.

ALIQUA ANTIQUISSIMA.

II. nonas, Natale SS. Metropli, Felicis, Merobii. IV. *Embol.*
Nonas Decembris, Natale S. Crispini martyris & S. Nicetii episcopi & confessoris.
VIII. idus, Natale S. Fortunati & SS. Hermogenis & Rogati.
VII. idus, Natale S. Sabini & Eutationi episcopi & octavæ S. Andreæ apostoli.
VI. idus, Natale S. Eucharii episcopi Treverensis, & SS. Eusebii episcopi & Jurani presbyteri.
V. idus, Natale SS. Succeffi & Geronti & S. Cypriani abbatis Petragorici.
IV. idus, Natale S. Milciadis papæ & S. Eulaliæ virginis.
III. idus, Natale S. Damasi papæ, & SS. Victorici & Fusciani martyrum.
II. idus, Natale SS. Hermogenis & Donati.
Idus Decembris, Natale S. Luciæ virginis, & S. Auberti episcopi & confessoris.
XIX. cal. Januarii Natale S. Viatoris episcopi. Apud Ciprum S. Spiridionis episcopi.
XVIII. cal. Natale S. Maximini presbyteri, & SS. Fausti, Candidi & Ceciliani.
XVII. cal. Natale S. Valentini & S. Concordii.
XVI. cal. Natale S. Ignatii martyris, & SS. Victoris & Victoriani.
XV. cal. Natale SS. Rufi & Zozymi, Theotini & Basiliani. *Sol in Capricornum.*
XIV. cal. Natale S. Zosimi, Pauli, Secundi S. Menesii martyris.
XIII. cal. Natale S. Athanasii episcopi & SS. Ammonis & Zenonis.
XII. cal. Natale S. Thomæ apostoli. *Solstitium Hiemale.*
XI. cal. Natale SS. xxx. martyrum. Spolitana S. Gregorii martyris.
X. cal. Natale SS. Eusebii, Johannis, Felicis & S. Victoriæ martyris.
IX. cal. Natale SS. Luciani, Donati, Drusui, & vigilia Natalis Domini nostri Jesu Christi.
VIII. cal. Nativitas Domini nostri Jesu Christi. Natale S. Anastasiæ & S. Eugeniæ virginis.
VII. cal. Natale S. Stephani protomartyris, & depositio S. Dionysii.
VI. cal. Natale S. Johannis apostoli & evangelistæ.
V. cal. Natale SS. Innocentium. In Africa Castoris, Saturnini, Eusebii.
IV. cal. Natale S. Felicis & S. Trophimi episcopi & confessoris.
III. cal. Natale S. Florentis & S. Perpetui episcopi.
II. cal. Natale S. Silvestri papæ & S. Columbæ virginis.
In isto mense nox habet horas XVIII. *dies* VI.

Vet. Script. & Mon. ampl. Collect. Tom. VI.

CALENDARIUM FLORIACENSE.

JANUARIUS.

Cal. Januarias. Circumcisio Domini.
VIII. idus. Epiphania Domini nostri Jesu Christi.
IV. idus. Natale beati Pauli primi eremitæ.
Idus Jan. Depositio Hilarii Pictaviensis.
XIX. cal. Februar. Natale S. Felicis.
XVII. cal. Natale S. Marcelli.
XVI. cal. Depositio S. Antonii.
XV. cal. Natale S. Priscæ.
XIII. cal. Natale S. Sebastiani.
XII. cal. Natale S. Agnes de passione.
XI. cal. Natale S. Vincentii.
V. calend. Natale S. Agnes de nativitate.

FEBRUARIUS.

IV. nonas. Purificatio B. Mariæ.
II. nonas. *Autissiodori depositio corporis S. Alexandri papæ. Fidicula.*
Nonas Febr. Natale S. Agathæ.
XVI. calendas Martii. Natale S. Valentini.
XIV. cal. Natale S. Julianæ.
VI. cal. Natale S. Matthæi * apostoli.   *L. Mathiæ.*

MARTIUS.

VII. idus. Natale SS. XL. martyrum.
IV. idus. Natale S. Gregorii papæ.
XIII. cal. Depositio domni Cudberchti episcopi.
XII. calend. Depositio S. Benedicti.
VIII. cal. Annuntiatio archangeli ad sanctam Mariam.
VI. cal. Resurrectio Domini nostri Jesu Christi.

APRILIS.

V. idus. Septem Virginum quæ in unum meruerunt coronas.
XVIII. calendas Maias. Natale SS. Tiburtii & Valeriani & Maximi.
IX. cal. Natale S. Georgii martyris.
VII. cal. Letania major ad S. Petrum & S. Marci evangelistæ.
IV. cal. Natale S. Vitalis martyris.

MAIUS.

Calendas Maias. Natale S. Philippi apostoli. *Autissiodori Amatoris episcopi.*
Nonas Maii. Inventio S. Crucis, & passio SS. Alexandri papæ cum sociis suis.
VIII. idus. Natale S. Victoris martyris.
VI. idus. Natale S. Gordiani martyris.
IV. idus. Natale S. Pancratii martyris.
II. idus. Natale S. Hisidori.
XVI. cal. Junii. *Autissiodori passio sancti Peregrini episcopi & martyris primi civitatis ipsius.*

Tt

XIV. cal. Nat. S. Pudentianæ. *Autissiodori dedicatio ecclesiæ S. Stephani senioris.*
XIII. cal. Natale S. Basillæ.
VIII. cal. Natale S. Urbani papæ.
VII. cal. *Bedæ presbyteri depositio.*
III. cal. Natale S. Felicis papæ.
II. cal. Natale S. Petronellæ.

JUNIUS.

VI. idus Junii. Natale S. Medardi.
V. idus. Natale SS. Primi & Feliciani.
IV. idus. Natale S. Barnabæ.
XVIII. cal. Julii. Natale S. Viti.
XV. cal. Natale SS. Diogeni & Blasti.
XIV. cal. Natale SS. Marcellini & Marci.
XIII. cal. Natale SS. Gervasii & Protasii.
X. cal. Natale S. Jacobi apostoli.
VIII. cal. Natale S. Johannis-Baptistæ.
VI. cal. Natale SS. Johannis & Pauli.
IV. cal. Natale S. Leonis papæ.
III. cal. Natale beatorum apostolorum Petri & Pauli.

JULIUS.

VI. nonas. Natale SS. Processi & Martiniani.
II. nonas. Octavas apostolorum.
VI. idus. Natale Septem Fratrum.
V. idus. *Adventus beatissimi Benedicti abbatis.*
Idus Natale S. Cyrici.
VIII. idus, Natale Jacobi apostoli, fratris Johannis.
IV. idus, Natale SS. Felicis, Simplicis, Faustini & Beatricis.
III. idus, Natale SS. Abdo & Senne.
II. *Natale sancti Germani episcopi & confessoris.*

AUGUSTUS.

Calendas Augustas, Natale Machabæorum.
IV. nonas, Natale S. Stephani pontificis.
VIII. idus, Natale S. Xisti papæ, & SS. Felicissimi & Agapiti.
IV. idus, Natale S. Laurentii.
III. idus, Natale S. Tiburtii.
XVIII. cal. Septembris, Assumptio S. Mariæ.
XV. cal. Natale S. Agapiti.
XI. cal. Natale S. Timothei.
VIII. cal. Natale S. Bartholomæi apostoli.
V. cal. S. Augustini episcopi. *Autissiodori Translatio corporis S. Germani episcopi.*
IV. cal. Passio S. Johannis-Baptistæ.

SEPTEMBER.

VI. idus Septembris, Natale S. Mariæ.
III. idus, Natale S. Proti & Jacinthi.
XVIII. calendas Octembres, Natale SS. Cornelii & Cypriani. *Et exaltatio S. Crucis.*
XI. cal. Natale S. Mathæi apostoli.
X. cal. Passio Mauritii & VI. M. DCLX. *Autissiodori acceptio corporis S. Germani ab Italia.*
VIII. cal. Conceptio Johannis-Baptistæ.

V. cal. Natale SS. Cosmæ & Damiani.
III. cal. Dedicatio basilicæ archangeli Michaëlis.
II. cal. Natale S. Hieronymi presbyteri.

OCTOBER.

Calendas Octembris, Natale S. Remedii.
V. nonas, Passio duorum Heuveddorum.
VII. idus, Natale SS. Marcellini & Genui.
VI. idus, DEPOSITIO DOMNI PAULINI EBROICENSIS *EPISCOPI. *Ebroicensis.
XV. cal. S. Lucæ evangelistæ.
V. cal. Natale apostolorum Simonis & Judæ.

NOVEMBER.

VI. idus Novembris, Natale Sanctorum IV. Coronatorum.
III. idus, Natale S. Martini episcopi.
Idus. *Autissiodoro exceptio corporis SS. Alexandri papæ & Crisanti.*
X. cal. Decembris. Natale S. Ceciliæ.
IX. cal. Natale S. Clementis.
VIII. cal. Natale S. Crisogoni.
III. cal. Natale S. Saturnini & S. Crisanti.
II. cal. Natale S. Andreæ apostoli.

DECEMBER.

II. nonas Decembr. *S. Benedicti abbatis.*
III. idus, Natale S. Damasi papæ.
XVI. cal. Jan. Natale S. Ignatii martyris.
XII. cal. Natale S. Thomæ apostoli.
X. cal. Natale S. Eugeniæ.
VIII. cal. Natale Domini nostri JESU CHRISTI.
VII. cal. Natale S. Stephani martyris.
VI. cal. Natale S. Johannis evangelistæ.
V. cal. Natale Innocentium.
II. cal. Natale S. Silvestri papæ.

CALENDARIUM ANGLICANUM.

JANUARIUS.

Hebraice vocatur *Tebeth*, Ægyptiace *Tubi*, Græce *Cynidios*, Latine *Januarius*, Saxonice *Giul*.

Luna Januarii in media nocte accenditur.

Principium Jani sancit tropicus Capricornus.

Januarius habet dies XXXI. *luna* XXX.

Calend. Januarii. Circumcisio Domini nostri JESU CHRISTI.
IV. nonas. S. Isidori episcopi.
III. nonas. S. Genovefæ virginis.
Nonis. S. Symeonis monachi.
VIII. idus. Epiphania Domini nostri JESU CHRISTI.
IV. idus. S. Pauli primi eremitæ.

III. idus. Eductio Domini de Ægypto.
Idus. Octavas Epiphaniæ. Sancti Hilarii episcopi.
XIX. cal. Februarii. S. Felicis in Pincis.
XVIII. cal. S. Mauri abbatis.
XVII. cal. S. Marcelli papæ.
XVI. cal. S. Antonii Monachi.
XV. cal. S. Priscæ virginis.
XIV. cal. SS. Mariæ & Marthæ.
XIII. cal. SS. Fabiani & Sebastiani martyris.
XII. cal. Natale Agnetis virginis.
X. cal. SS. Emerentianæ virg. & Macharii.
IX. cal. S. Babilli episcopi, & trium Puerorum.
VIII. cal. Conversio S. Pauli apostoli, & Projecti martyris.
VII. cal. S. Polycarpi presbyteri.
V. cal. Octavæ S. Agnetis virginis.

FEBRUARIUS.

Hebraïce *Sabath*, Ægyptiace *Mechir*, Græce *Peritios*, Latine *Februarius*, Saxonice *Solmon*.

Luna inter mediam noctem & galli cantum accenditur.

Cal. Februarii. Sanctæ Brigidæ virginis.
IV. nonas. Purificatio S. Mariæ.
Nonas. S. Agathæ virginis.
VIII. idus. SS. Vedasti & Amandi.
VI. idus. S. Cuthmanni confessoris. Ante istum locum non potest esse quadragesima.
IV. idus. S. Scolasticæ. S. Sotheris virginis.
III. idus. S. Radegundis virginis.
Idus. S. Eormenhildæ virginis.
XVI. cal. Martii. SS. Valentini martyris.
XV. cal. Diabolus a Domino recessit.
XIV. cal. S. Julianæ virginis.
VIII. cal. Cathedra S. Petri apostoli.
VI. cal. S. Matthæi * apostoli.
III. Inventio capitis S. Johannis Baptistæ post annos CCL.
II. cal. S. Oswaldi archiepiscopi.

MARTIUS.

Hebraïce *Adar*, Ægyptiace *Famenoth*, Græce *Distros*, Latine *Martius*, Saxonice *Hpedmonad*.

Luna Martii in media nocte accenditur.

VI. Nonas Martii. Sancti Ceaddæ episcopi.
V. nonas. SS. VII. Martyrum, & S. Adriani.
II. nonas. Sanctarum Perpetuæ & Felicitatis.
VII. idus. Passio XL. militum Romæ.
IV. idus. S. Gregorii papæ.
XVI. cal. S. Withburgæ virginis. S. Patricii episcopi.
XV. cal. S. Eadweardi regis. Primus dies sæculi.
XIV. cal. S. Joseph sponsi sanctæ Mariæ.
XIII. cal. S. Cuthberhti episcopi.
XII. cal. S. Benedicti abbatis.
VIII. cal. Annuntiatio sanctæ Mariæ.

A VI. cal. Resurrectio Domini.
III. Ordinatio S. Gregorii papæ.

APRILIS.

Hebraïce *Nisan*, Ægyptiace *Famuth*, Græce *Xanticos*, Latine *Aprilis*, Saxonice *Eastormonad*.

Luna Aprilis in galli cantu accenditur.

Cal. Aprilis. Beati * Boranti monachi.   * f. Barontii
II. nonas. S. Ambrosii episcopi.
V. idus. S. Mariæ Ægyptiacæ.
III. idus. S. Guthlaci confessoris, & S. Leonis papæ.
Idus. S. Eufemiæ virginis.
XVIII. calendas Maii. SS. Tiburtii, Valeriani & Maximi.
XII. cal. S. Petri diaconi.
IX. cal. S. Georgii martyris.
VIII. cal. S. Wilfridi.
VII. cal. S. Marci evangelistæ. *Letania major.*
IV. cal. S. Vitalis martyris.
II. cal. S. Ercenwoldi episcopi.

MAIUS.

Hebraïce *Jar*, Ægyptiace *Pactio*, Græce *Antemiseos*, Latine *Maius*, Saxonice *Trimilci*.

Luna Maii mane accenditur.

Cal. Maii. SS. Philippi & Jacobi.
V. nonas. Inventio S. Crucis, SS. Alexandri, Eventii & Theoduli.
II. nonas. S. Johannis apostoli ante portam latinam.
Nonas. S. Johannis episcopi in Beverlisco.
VII. idus. Translatio S. Andreæ apostoli.
Æstatis initium. Habet dies XCI.
VI. idus. SS. Gordiani, Epimachi, Septimi, Cyrilli.
IV. idus. SS. Nerei & Achilei, & Pancratii.
III. idus. Dedicatio basilicæ sanctæ Mariæ.
XV. cal. S. Ælfgyfæ reginæ.
XIV. cal. S. Potentiapæ virginis.
VIII. cal. S. Urbani martyris.
VII. cal. S. Augustini episcopi.
III. cal. S. Felicis papæ.
II. cal. S. Petronillæ virginis.

JUNIUS.

Hebraïce *Sivan*, Ægyptiace *Parni*, Græce *Deseos*, Latine *Junius*, Saxonice *Litha* vocatur.

Luna Junii tertia hora accenditur.

Cal. Junii. S. Nicomedis martyris.
IV. nonas. SS. Marcellini & Petri martyris.
II. nonas. S. Petroci confessoris.
Nonis. S. Bonifacii episcopi.
VII. idus. S. Audomari episcopi.
VI. idus. Depositio S. Medardi episcopi.
V. idus. SS. Primi & Feliciani martyrum.
III. idus. S. Barnabæ apostoli.

II. idus. SS. Basilidis, Cyrini, Naboris & Nazarii.
XVII. cal. Jul. SS. Viti, Modesti, & S. Eadburgæ virginis.
XVI. cal. SS. Cyrini & Julittæ cum sociis eorum.
XV. cal. S. Bonifacii confessoris.
XIV. cal. SS. Marci & Marcelliani martyrum.
XIII. cal. SS. Gervasii & Protasii martyrum.
XI. cal. S. Apollinaris martyris, & S. Leuthfredi abbatis.
X. cal. S. Albani martyris.
IX. cal. S. Ætheldrythæ virginis. Vigilia.
VIII. cal. S. Johannis Baptistæ.
IV. cal. S. Leonis papæ. Vigilia.
III. cal. S. Petri apostoli.
II. cal. S. Pauli apostoli.

JULIUS.

Hebraïce *Thamul*, Ægyptiace *Epifi*, Græce *Panemos*, Latine *Julius*, Saxonice *Litha*.

Luna Julii in media die accenditur.

VI. nonas. Depositio S. Swithuni episcopi, & Processi & Martiniani.
V. nonas. Translatio S. Thomæ apostoli.
IV. nonas. Ordinatio & translatio S. Martini episcopi.
II. nonas. Octava apostolorum, & S. Sexburgæ virginis.
Nonis. S. Marinæ virginis.
VIII. idus. S. Grimboldi sacerdotis. Obitus Eadgari regis.
VI. idus SS. VII. Fratrum cum matre.
IV. idus. S. Mildrythæ virginis.
Idus. Translatio S. Swithuni episcopi.
XVI. cal. S. Kenelmi martyris.
XIV. cal. S. Cristinæ virginis.
XIII. cal. S. Vulfmari confessoris, S. Margaritæ virginis.
XII. cal. S. Praxedis virginis.
XI. cal. S. Mariæ Magdalenæ.
X. cal. S. Apollinaris martyris.
VIII. cal. S. Jacobi apostoli.
VII. cal. SS. septem Dormientium.
VI. cal. S. Samsonis episcopi, S. Pantaleonis martyris.
V. cal. SS. Simplicii, Faustini, & Beatricis.
IV. cal. SS. Abdon & Sennen martyrum.
III. cal. S. Germani episcopi.

AUGUSTUS.

Hebraïce *Dominab*, Ægyptiace *Meson*, Græce *Loos*, Latine *Augustus*, Saxonice *Prodmonad*.

Luna Augusti inter mediam diem & nonam horam accenditur.

Cal. Augusti. Ad vincula S. Petri apostoli, Machabæorum, S. Athelwoldi.
IV. nonas. S. Stephani episcopi & martyris.

III. nonas. Inventio corporis S. Stephani protomartyris.
Nonis. S. Oswaldi regis & martyris.
VIII. idus. S. Sixti episcopi, Felicissimi & Agapiti.
VII. idus. S. Donati episcopi.
VI. idus. S. Cyriaci martyris, & sociorum ejus.
V. idus. Vigilia.
IV. idus. S. Laurentii martyris.
III. idus. S. Tiburtii martyris.
Idus. S. Ypoliti martyris, sociorumque ejus.
XIX. calend. Septembris. S. Eusebii sacerdotis.
XVIII. cal. Assumtio sanctæ Mariæ.
XVI. cal. Octava sancti Laurentii martyris.
XV. cal. S. Agapiti martyris, sanctæ Helenæ reginæ.
XIV. cal. S. Magni martyris.
XI. cal. SS. Timothæi & Symphoriani martyris.
X. cal. SS. Timothæi & Apollinaris.
IX. cal. Vigilia.
VIII. cal. S. Bartholomæi apostoli.
VI. cal. S. Rufi martyris.
V. cal. S. Augustini magni, S. Hermetis martyris.
IV. cal. Decollatio sancti Johannis Baptistæ, S. Sabinæ virginis.
III. cal. SS. Felicis & Audacti.
II. cal. S. Paulini episcopi.

SEPTEMBER.

Hebraïce *Elul*, Ægyptiace *Thoth*, Græce *Gorpieos*, Latine *September*, Saxonice *Haleginonad*.

Luna Septembris circa horam nonam accenditur.

Cal. Septembris. S. Prisci martyris.
II. nonas. Translatio sancti Byrini episcopi, & S. Cuthberthi episcopi.
Nonis S. Bertini abbatis.
VI. Idus. Nativitas S. Mariæ. S. Adriani martyris.
V. idus, S. Gorgonii martyris.
III. idus, SS. Proti & Jacinti.
XVIII. calendas Octobris, Exaltatio S. Crucis. SS. Cornelii & Cypriani.
XVII. cal. S. Nicomedis martyris.
XVI. cal. SS. Euphemiæ, Luciæ & Geminiani.
XV. cal. S. Landberthi episcopi.
XII. cal. Vigilia.
XI. cal. S. Mathæi apostoli & evangelistæ.
X. cal. S. Mauricii cum sociis suis.
IX. cal. S. Teclæ virginis.
VIII. cal. Conceptio S. Johannis-Baptistæ. Æquinoctium.
VII. cal. S. Firmini martyris.
V. cal. SS. Cosmæ & Damiani martyrum.
III. cal. S. Michaëlis archangeli.
II. cal. S. Hieronymi presbyteri.

OCTOBER.

ALIQUA ANTIQUISSIMA.

OCTOBER.

Hebraice *Theseri*, Ægyptiace *Faosi*, Græce *Tperbereteos*, Latine *October*, Saxonice *Pinterpillith*.

Luna Octobris inter nonam & vesperam accenditur.

Cal. Octobris, SS. Germani & Remigii episcoporum.
VI. nonas, S. Leodegarii.
III. nonas S. Cristinæ virginis.
Nonis. S. Marci papæ. Marcelli & Apulei.
VII. idus, SS. Dionysii, Rustici & Eleutherii.
II. idus, S. Calesti papæ.
XVI. cal. Novembris, S. Ætheldrythæ virginis.
XV. cal. S. Lucæ evangelistæ.
VIII. cal. SS. Crispini & Crispiniani martyrum.
VII. cal. S. Amandi episcopi.
VI. cal. Vigilia.
V. cal. SS. apostolorum Simonis & Judæ.
III. cal. Ordinatio S. Swithuni episcopi.
II. cal. S. Quintini martyris. Vigilia.

NOVEMBER.

Hebraice *Imare*, Ægyptiace *Athiri*, Græce *Dios*, Latine *November*, Saxonice *Blotmonad*.

Luna Novembris in vespertino tempore accenditur.

Cal Novembr. Omnium-Sanctorum. S. Cæsarii.
IV. nonas, S. Eustachii martyris.
VI. idus, SS. quatuor Coronatorum.
V. idus, S. Theodori martyris.
III. idus, S. Martini episcopi. S. Mennæ martyris.
Idus. S. Bricii episcopi.
XV. cal. Decembris, S. Aniani episcopi.
X. cal. S. Ceciliæ virginis.
IX. cal. S. Clementis martyris.
VIII. cal. S. Chrisogoni martyris.
III. cal. S. Saturnini martyris. Vigilia.
II. cal. S. Andreæ apostoli.

DECEMBER.

Hebraice *Casleu*, Ægyptiace *Choeac*, Græce *Apileos*, Latine *December*, Saxonice *Giuli*.

Luna Decembris inter vesperam & medium diem accenditur.

III. nonas Decembr. Depositio S. Byrini episcopi.
II. nonas, S. Benedicti abbatis.
IV. idus, S. Eulaliæ virginis.
III. idus, S. Damasi papæ.
Idus, S. Judoci confessoris, & S. Luciæ virginis.
XII. cal. Januarii, S. Thomæ apostoli.
VIII. cal. Nativitas Domini nostri JESU CHRISTI.

A VII. cal. S. Stephani Protomartyris.
V I. cal. S. Johannis Evangelistæ.
V. calend. Necatio Infantium CXLIV. millia.
IV. cal. S. Tibbæ virginis.
II. S. Silvestri papæ.

ANTIQUUM MARTYROLOGIUM GALLICANUM.

Ex ms. illustrissimi domini Chauvelin, regiorum sigillorum custodis.

INCIPIT MARTYROLOGIUM.

JANUARIUS.

Januarius habet dies XXXI. lunam XXX.

Calendas Januarii, Circumcisio Domini nostri JESU CHRISTI secundum carnem. In oriente Stephani. Nicomedia Euphrosini episcopi, Primiani.
IV. nonas Jan. Antiochia Syridoni episcopi, Firmi, Macharii abbatis. Hæc in Æthiopia Rutuli, Claudiæ, Aurigo, Vetali, Yertiæ, Stephani.
III. nonas Jan. Cyrici, Primi. Parisii civitate depositio S. Genovefæ virginis.
Vienna civitate beati Florenti episcopi.
Pridie nonas Jan. in Africa Aquilini, Gemini, Quinti. In oriente Bononia Ermentis, Aggei & Gagi.
Nonas Jan. Hierosolyma, depositio Simeonis prophetæ.
VIII. idus Januar. Epiphania Domini nostri JESU CHRISTI, Petri & Marci. Civitate Redonis nativitas &. ordinatio episcopatus & depositio S. Melanii episcopi ibidem celebris.
VII. idus Jan. Nicomedia Luciani presbyteri, Felicis, Januarii, Poliarci, Filoronis.
VI. idus Jan. In Græcia Timothei, Jocundi. Augustoduno civitate depositio Egimoni episcopi, Petri, Luci.
V. idus Jan. In Africa Epictati, Jocundi, Quinti, Secundi, Saturnini, Felicis, Fortunati, Vitalis, Martialis.
IV. idus Jan. depositio Melchiadis episcopi. In Africa Revocati, Firmi, Saturi.
III. idus Jan. In Alexandria Petri, Siveris, Eliuci.
Pridie idus Jan. in Achaia Cyriaci, Moscenei, Saturi.
Idus Jan. Romæ Secundæ, Zoronæ & militum XLI. Pictavis depositio S. Hilarii confessoris.
XIX. cal. Februarii, Nola Campanias passio S. Felicis, Pauli, Succisi, Victurini.
XVIII. cal. Febr. Antiochia depositio Abbacuc prophetæ. Remis civitate depositio S. Remigii. episcopi & confessoris.
XVII. calendas Februarii, Romæ depositio S. Marcelli episcopi & confessoris. Arelate

depositio sancti Honorati episcopi.

XVI. cal. Feb. In Thebaïde depositio S. Antonii monachi. Bituricas civitate S. Sulpicii episcopi. Linguinis passio SS. Geminorum Speusippi, Leonellæ, Junellæ, Neonis; & Deasci civitate depositio Marcelli episcopi.

XV. cal. Feb. Romæ dedicatio cathedræ S. Petri apostoli, qui primo Romæ sedit. Romæ S. Prisci, Tyrsi & Gallinici. Turonis monasterio Majori depositio S. Leobardi confessoris.

XIII. cal. Feb. Romæ S. Sebastiani & Fabiani martyrum. Lugduno Clementis presbyteri.

XII. cal. Febr. Romæ S. Agnetis virginis. Arvernis depositio S. Aviti episcopi, Projecti, Amerini, Saturnini.

XI. cal. Feb. in Spaniis Valerii episcopi & Vincenti diaconi & martyrum XVIII. cum sociis eorum.

X. cal. Feb. In Mauritania passio Severiani & Aquilæ & uxoris ejus, Eugeni & Machari, Donati.

IX. cal. Feb. Antiochia passio S. Babyllæ cum tribus. Par. & aliorum. Eugeni, Felicissimi, Saturnini.

VIII. cal. Feb. Antmasius, Sabinus, Leodotius, Thrugenis. Romæ translatio S. Pauli apostoli.

VII. cal. Februarii in Nitia, Smurnæ passio S. Polycarpi, Fabiani, Saliani, Sydonis.

VI. cal. Feb. In Apollonia Gagi, Celesti, Donativi, Publii.

V. cal. Febr. Romæ Natale S. Agnetis virginis de nativitate, Daviti, Juliani.

IV. cal. Feb. In Tuscia Constanti, Hyppoliti episcopi. Treveris depositio Valerii episcopi.

III. cal. Feb. In Africa Belleani, Cleri, Philippiani & aliorum CXXIV.

Pridie calend. Februar. In Alexandria Ammoni, Cyriaci, Gemmeni, Zelasi.

FEBRUARIUS.

Februarius habet dies XXVIII. luna XXIX.

Calend. Febr. Ravenna Severi episcopi, Victoris, & passio SS. Vindimiali & Singenii.

IV. nonas Febr. Purificatio B. Mariæ quando repræsentatus est JESUS in templo, Marini, Victori.

III. nonas Feb. In Africa Felicis. Vapingo depositio episc. S. Ferridi & Remedii. Lugduno Lupicini episc.

Pridie nonas Feb. Foro-Semfroni natale Gimini, Gelasii magni, Donati, Timoi, Filiæ episcopi cum filia sua.

Nonas Febr. In Sicilia Cathenas passio S. Agathæ martyris. Vienna depositio Aviti episcopi.

VIII. idus Febr. In Achaia Saturnini, Revo-

catæ. Cæsareæ-Cappad. passio S. Dorothei & Thiophili.

VII. idus Febr. In Britannis natale Aguli episc. Anatholi, Amonis.

VI. idus Febr. In India civitate passio S. Thomei apostoli. In Arminia Minore natale Diunysii, Oneliani, Luci. Depositio Pauli episcopi.

V. idus Febr. Suevo apud Cyprum Natale Alexandri, Pauli, Dionusii. Depositio Præjecti.

IV. idus Febr. Romæ S. Sotheris virginis. Sanctanis civitate S. Trojani episc. & Baldecundis abbatissæ.

III. idus Februarii. In Apulia Poënis Seufraxi. In Campania Basiliani.

Pridie idus Februarii. In Africa Damiani, in Italia Donati, Heraclii, Vincentii, Susannæ.

Idus Febr. Nicomedia passio Juliani, Tulliani. Lugduno depositio beati Stephani episcopi.

XVI. calendas Martii. Romæ passio Valentini martyris, Felicolæ. In Tuscia Spoleti civitate Vitalis, Cyrion, Martiani.

XV. cal. Mart. Antiochia Josippi diaconi, Apollonii, Romani, & S. Agapæ virginis.

XIV. cal. Mart. In Britanniis Fantini, Viventiæ. In Ægypto Juliani cum Ægyptiis numero V. millium.

XIII. calend. Martias. In Africa Concordiæ, Donati, Casti, Secundiani.

XII. cal. Martias. In Africa Rutulos, Silvani, Darsici, Secundini. Depositio Benedicti abbatis.

XI. cal. Martias. In Africa Publii, Juliani, Marcelli, Majulii, Julii.

X. cal. Martias. Romæ depositio Gagi episcopi, Victoris, Coronæ, Didimi.

IX. cal. Mart. In Africa Veroli, Secundini, Servuli, Jucundi.

VIII. cal. Martias. Cathedra S. Petri apud Antiochiam. Romæ natale S. Concordiæ, Teclæ virginis discipulæ S. Pauli apostoli, Valeri, Gagoni.

VII. cal. Martias. In Pannoniis Seneroti, Antigoni, Rutuli. In Asia Cosani.

VI. calendas Martias. In Cæsarea Heroli, Luci, Surgi, Felicis, Nicomedia Luciani presbyteri.

V. cal. Martias. In Africa, Donati, Justi, Aurili. Pampilia natale S. Nestoris & Casti.

IV. cal. Mart. Natale SS. Alexandri, Nestoris, Epicini, Justi.

III. cal. Martias. In Thessalonica Alexandri, Thiciani, Gayani.

Pridie calendas Mart. Natalis SS. Celeris, Pupilli, Justiopuli.

MARTIUS.

Martius habet dies XXXI. Lun. XXX.

Calend. Martii. Natale S. Leonis, Donati,

ALIQUA ANTIQUISSIMA.

Abundanti, Adriani, Victoris.

VI. nonas Mart. Georgii, Heroli, Absaloni. In Cæsaria Luci episcopi, Primitivi, Januarii.

V. nonas Martias. Felicis, Lucioli, Justi, Furtinati, Marciæ.

IV. nonas Mart. Luci episcopi, Roligagi Palatini, Orani, Sabellini, Pauli, Gregorii.

III. nonas Mart. In Africa Adriani, Evoli, Eusebii. Antiochia passio S. Focæ, Saturnini.

Pridie nonas Mart. Nicomedia Victoris, Victurini, Pabiæ, Diodori, Claudiani.

Nonas Martii. In Africa Saturi, Revocati, Jocundi. In Mauritania passio SS. Perpetuæ & Felicitatis. In Sischam * depositio Hildomarceæ virginis.

*Sin Scythia.

VIII. idus Martias. Nicomedia Quirilli episcopi & Cavitulini, Rogati, Felicis.

VII. idus Martias. Juliani, Sici, Cyrilli, Mariani, Rogati, Concessi.

VI. idus Mart. In Niora Gorgonii, Palatini, Firmi. In Antiochia Agaphæ virginis & Marianæ.

V. idus Martii. In Carthagine Heracli, Zosimi, Philomi episcopi, Candidi.

IV. idus Mart. Romæ depositio Gregorii papæ beatæ memoriæ, Innocentii episcopi, Racsi episcopi.

III. idus Mart. Nicomedia Matidoni presbyteri, Julii episcopi, Pioni, Victurini.

Pridie idus Martii. Nicomedia Felicissimi, Dativi, Petri, Frunimi.

Idus Mart. Nicomedia Luci episcopi & martyris, Fausti, Silvii, Lucæ evangelistæ, S. Longini, Pauli, Tropoli, Octavi. Nicomedia depositio S. Eufaxiæ.

XVII. calendas Aprilis. In Aquileia Hilaritas, Jani, Datiani, Papini.

XVI. cal. April. Nicomedia Diunysii, Januarii, Nonnæ. Romæ Alexandri episcopi, Theodoli diaconi.

XV. calend. Aprilis. In Alexandria Collegi diaconi, Colodii diaconi, Quinto, Rogati.

XIV. cal. April. In Cæsarea Cappadociæ Theodori presbyteri, Lucelli, Theodori episcopi, Leontii episcopi.

XIII. cal. April. In Antiochia S. Joseph. In Syria Pauli, Valentini. Fontenella monasterio in Gallia Wisframni episcopi.

XII. cal. April. In Alexandria Seraphionis, Josipphi, Voluntiani, Ammoni, Polycarpi.

XI. cal. April. Narbonia civitate natale Pauli confessoris, Saturnini, Decroni, Arionis.

X. cal. Aprilis. Natalis SS. Fidelis, Theodori presbyteri, Pauli, Cæsariæ, Juliani, Diunysii.

IX. cal. April. In Syria Seleucia Agapiti, Romuli, Rogati, Victorini, Saturnini.

VIII. cal. Aprilis. Adnuntiatio S. Mariæ per angelum. Dominus noster JESUS CHRISTUS crucifixus est, & natale Castuli, Erostrati.

VII. cal. April. Natale S. Castuli, Munati presbyteri, Petri episcopi, Casiani episcopi.

VI. cal. April. Hierosolyma resurrectio Domini nostri JESU CHRISTI, & natale SS. Romuli, Acuti.

V. cal. Aprilis. In Cæsarea Rogati, Alexandri. Cavillonis civitate depositio Guntramni regis.

IV. cal. April. Nicomedia Pastoris, Victorini, Saturnini, Theodori presbyteri, Pentali.

III. cal. April. Natale Domnini, Acaci, Palatini. Aurelianis civitate depositio Pastoris.

Pridie cal. April. Natale SS. Aneti, Felicis, Valeriæ.

APRILIS.

Aprilis habet dies xxx. Lunam xxix.

Calend. April. In Arminia Partini, Quintiani, Victoris, Secundi, Diunysii.

IV. nonas April. In Africa SS. Ampiani, Victori, Marcellini. Lugduno civitate depositio Niceti.

III. nonas April. In Sitia SS. Thomæ, Evagrii, Benigni, Theodosiæ, Donati.

Pridie nonas April. Agatomi diaconi, Pauli, Matutini, Orbani, Saturnini.

Nonas Aprilis. In Nicomedia S. Claudiani, Firmi, Biremi episcopi.

VIII. idus April. Quiriaci, Epiphani episcopi, item Donati, Sixti, Rufini.

VII. idus April. In Antiochia Syriæ, Timothei, Diogenis, Machariæ, Maximæ, Pululi.

VI. idus Aprilis. Natale Thimori, Macharii, Connexi, Maximæ, Concessi.

V. idus Aprilis. Natale Dimitri diaconi, Hilarii, Concessi, Fortunati.

IV. idus Aprilis. Natale Apollonii presbyteri, Hilarii, Donati, Gaiani, Theodori presbyteri.

III. idus Aprilis. In Mauritania natale S. Salonis, Maximæ, Domnini episcopi, Eustorgii presbyteri.

Pridie idus April. Pergamo natale SS. Carpi episcopi, Pauli, Isaac. Romæ Julii episcopi, Agapi, Valerii, Publii, Bassi.

Idus Aprilis. Calcidona natalis S. Eufionæ, Polycarpi episcopi, Pauli diaconi.

XVIII. calendas Maii. Romæ Tiburtii, Valeriani, Maximi, Quiriaci, Optati, Marciæ.

XVII. cal. Maii. Natale Martonis, Messoris, Mositis, Vironicæ & Victæ, Diugenis, Dei Acluperti, Apodomii cum duobus fratribus.

XVI. cal. Maii. In Achaia natale SS. Calisti, Carissi, Martialis, Silvini.

XV. cal. Maii. In Nicæa Petri diaconi, Hermogenis, Donati, Fortunati, Martiani.

XIV. cal. Maii. In Salonica civitate Septimi

diaconi, Victurici. Romæ Eleutherii epifcopi & Anthiæ.

XIII. cal. Maii. Natale SS. Hermogenis, Gagi, Rufi, Elvi, Sericiani, Vincenti.

XII. cal. Maii. Romæ depofitio Victoris epifcopi, Salviani, Jaraci, Donati. Autiffiodoro civitate Martinii prefbyteri.

XI. cal. Maii. Natale Fortunati, Arathoris presbyteri, Vitalis, Aprunculi epifcopi.

X. cal. Maii. Romæ depofitio Gagi papæ, Primuli, Turdiani. Lugdunum S. Epepodi. Senonis Leonis epifcopi.

IX. cal. Maii. In Valentia civitate Felicis prefbyteri, Fortunati diaconi, Acellei diaconi & Pantalemoni.

VIII. cal. maii. In Alexandria Coronæ virginis. Et hunc diem Sidrach, Mifac & Abdenago. Lugdunum civitate Alexandri cum aliis XXXIII.

VII. calend. maii. In Perfida civitate Diofpoli paffio S. Georgii. Lugdun. Ruftici epifcopi. Romæ fic celebrantur in letania majori.

VI. cal. maii. Natale Aurelii, Leonidis, Vindei, Maximi, Martianæ. Gemelini.

V. cal. maii. Nat. SS. Caftoris, Andimi epifcopi, Stephani epifcopi, Anthonini prefbyteri.

IV. cal. maii. Romæ S. Vitalis. In Pannonia Eufeppi epifcopi & Alipi, Luciani, Niceæ virginis, & depofitio Amalfredi epifcopi & confefforis.

III. cal. maii. In Alexandria Germani presbyteri, Profdoci diaconi, Prudenti, Urbani.

Pridie cal. maii. Natale S. Dorothei prefbyteri, Rodociani diaconi. Romæ Quirini epifcopi, Tyrenti, Marini prefbyteri, Saturnini, Æmiliani, Majoricæ, Polocroni epifcopi.

MAIUS.

Maius habet dies XXXI. *Lunam* XXX.

Cal. Maii. Initium prædicationis Domini noftri Jesu Christi, & S. Philippi apoftoli, Horienti epifcopi, Amatoris epifcopi, Sigifmundi regis & martyris.

VI. nonas maii. Natale S. Germani, Cæleftinæ, Felicis, Cæleftini, Chetini, Hermogeniæ.

V. nonas Maii. Hierofolyma inventio fanctæ Crucis. Romæ S. Juvenalis, Alexandri & Eventi, & Aviti diaconi.

IV. nonas maii. Nicomedia Antonii, Cæleftini, Fortuni prefbyteri, Petri.

III. nonas maii. In Africa Gregorii, Feliciffimi, Hilarii epifcopi. Vienna Nectarietni epifcopi, S. Amatoris.

Pridie nonas maii. Natale S. Geronti confefforis. Mediolano civitate Victoris & Felicis. Autiffiodoro S. Valerii epifcopi, Maximi.

Nonas maii. In Nicomedia Flavi epifcopi, Auguftini epifcopi & trium fratrum Marcellini, Magrobii, Euteci.

VIII. idus maii. Mediolano Victoris, Etici, Saturnini. In Santonico S. Martini. Autiffiodori S. Palladii epifcopi.

VII. idus maii. Natalis Querillæ, Quindei, Zenoni, Afrodifii, Timothei, Primoli, Beati confefforis, Gordiani.

VI. idus maii. Romæ S. Gordiani, Ebitati, & alibi Sovenanti, Job prophetæ.

V. idus maii. In Sirmia natalis S. Montani, Septimi. Vienna depofitio Mamerti & Martini epifcoporum.

IV. idus maii. Romæ natale S. Pancratii, Nerei & Achillei.

III. idus maii. In Palæftina Taraci epifcopi & Andronici. In Polentia Victoris, Saturnini, Marcelli epifcopi.

II. idus maii. Natale fanctorum Victoris militis, & Coronæ, Secundiani, Quarti.

Idus maii. In Porto Romano Preftabilis, Felicis, Victoris, Petri & Andrei, Pauli & Dionyfii. Depofitio Benedicti confefforis.

XVII. cal. Junii. In Efauria Aquilini, Victoriani, Heracli, Paulini, Fadoli prefbyteri.

XVI. cal. Jun. Romæ Partini, Galli, Chori, Heracli, Pauli, Aquilini, Victoris.

XV. cal. Junii. Natale Potaminis prefbyteri, Orthafii prefbyteri, Luciofi, Gafi & Victoris.

XIV. cal. Jun. Romæ natale Potentiani, Gallicieri, Paterni Eunucorum, Quinqui, Primoli, Salufti, Fortunati.

XIII. cal. Jun. Natale SS. Marcelli, Sefalfi. Romæ Bafillæ. In Noftata Auræ.

XII. cal. Jun. In Mauritania Timothei, Peheli, Victoris, Donati. Caturfas depofitio S. Defiderii.

XI. cal. Jun. Romæ Fauftini, Venufti, Caffi, Æmeluni. Corfica S. Juliæ.

X. cal. Jun. In Spaniis S. Epecteri, Aptonii, Defiderii epifcopi, Paffeliæ epifcopi.

IX. cal. Jun. In Hiftria; Zebelli, Servoli. Civitate Nannetis Rogatiani, Donatiani.

VIII. cal. Junii. In Tufcia civitate Lera S. Sententiati. Via Nomentana S. Urbani epifcopi, Poletrati.

VII. cal. Junii. Natale Hereali, Pauli, Rufini & Valerii, Saturi, Vituri, & paffio S. Prifci martyris.

VI. cal. Jun. Natale Aquilli presbyteri, Evangeli, Heliæ, Luciani, Quinti, Eftiabili.

V. cal. Junii. Pamphilia Zetoli, Primoli. Parifiis civitate depofitio S. Germani.

IV. cal. Jun. Natale Polionis, Crifpoli, Primi. Treviris civitate Maximini epifcopi, ubi multa mirabilia fiunt.

III. cal. Junii. Antiochia SS. Sici, Palatini, Gabini, Crifpoli.

Pridie cal. Jun. Romæ S. Petronillæ virginis S. Petri filiæ, Ganti, Gantiani, Proti, Prævilani, Grifogoni Cantianillæ.

JUNIUS.

JUNIUS.

Junius habet dies xxx. *Lunam* xxix.

Calend. Junii. In Thessalonica Octavi, Crispini, Jubenti, Castuli, Arapi, Publii cum aliis cxxvi. Vibinæ Gladi episcopi.

IV. nonas Jun. Romæ Marcellini & Petri. Item Marcellini episcopi, Zachariæ presbyteri, Rogatiani episcopi cum aliis xlviii.

III. nonas Junii. In Africa Quirini, Abidiani, Neproti, Julianæ virginis. Aurelianis civitate Leifardi presbyteri.

Pridie nonas Junii. Natale Camasiæ, Julii, Saturnini. Italia Rustici episcopi, Daciani.

Nonas Junii. In Ægypto, Martiani, Nigrandi & Apolloniæ, Gregorii.

VIII. idus Jun. Nevidunum Amanti, Luci, Alexandri, Claudii episcopi, Cærati episcopi.

VII. idus Jun. Natale Pauli, Fortunati, Magri, Primosi, Luciani.

VI. idus Jun. Romæ Primi & Felicis, Nabor, Nazari. Suessionis civitate depositio S. Medardi confessoris & pontificis.

V. idus Jun. Natale Maximini presbyteri, Vincenti, Bassilidis, Jachariæ, Censuri episcopi, & depositio Sagittarii confessoris.

IV. idus Jun. S. Basillæ, Crispoli.... Autisi, Rogati.

III. idus Jun. Natale Emeriti, Victuriani, Victoris & Fortunati.

Pridie idus Jun. Natale S. Balsilidis, Naboris & Felicis, Tribolis Madaledis.

Idus Jun. In Africa Luciani, Fortunati. Romæ S. Feliculæ.

XVIII. cal. Julii. Natale Antonii, Quitiani, Proti. Suessionis civitate Valerii & Rufini martyrum. Aurelianis civitate translatio corporis S. Aniani confessoris & episcopi, & liberatio civitatis ipsius a Chunis.

XVII. cal. Jul. Natale S. Hysiti, Clementis, Cantiani, Jovoniani, Filippi, Joviani, Candidi, Cantiani, Crissogoni, Quintiani.

XVI. cal. Jul. Caulaurea S. Viti martyris, Modesti & Criscenti, Cyrici, Julittæ matris ejus.

XV. cal. Jul. Natale S. Alexandri, Dioscori & Marini martyr. Quiriaci, Cyriæ. Aurelianis civitate Aviti presbyteri.

XIV. cal. Jul. Romæ Natale Marci & Marcelliani. Ravenna Martori, Felicis, Emeli, Crispini.

XIII. cal. Julii. In Mediolano SS. Gervasii & Protasii, & Celsi pueri. Romæ Hippoliti, Honoriæ, Voti, Petri.

XII. cal. Julii. Natale Pauli, Cyriaci, Feliciani, Vitalis, Crispini. Depositio Childemarchi virginis sacræ.

XI. cal. Julii. In Cæsarea depositio S. Eusebii episcopi, & alibi Quiriaci, Apollonaris, Rufini & Martii.

X. cal. Julii. In Britanniis Albini martyris cum aliis dccclxxxvii. Nola, Paulini episcopi, & S. Niceti episcopi.

IX. cal. Julii. Natale Aviti, Aritionis, Emeriti, Capitionis.

VIII. cal. Julii. In provincia Palæstinæ nativitas S. Johannis Baptistæ; & in Epheso assumtio S. Johannis apostoli.

VII. cal. Julii. Natale S. Lantalibi, Caritæ. Salonica Lucæ virginis, & Acciahæ regis.

VI. cal. Julii. Romæ Johannis & Pauli fratrum, & alibi Gauderti, Felicis.

V. cal. Julii. Romæ Crispi, Crispiniani, Felicis, Juliani, Primitivi, Justini.

IV. cal. Julii. In Africa Fabiani, Venusti, Curucci, Apolloni, Dionysii, Hynosi.

III. cal. Julii. Romæ natale apostolorum Petri & Pauli & aliorum dccclxxxvi.

Pridie calendas Julii. Lemovicas depositio S. Martialis episcopi. Andegavis civitate depositio S. Albini episcopi & confessoris; & alibi aliorum sanctorum Cursici presbyteri, Leonis subdiaconi.

JULIUS.

Julius habet dies xxxi.

Cal. Julii. Romæ Gagi presbyteri. In monte Or depositio Aaron sacerdotis. Agustini, Leoni episcopi. In Gallia Karileffi confessoris.

VI. nonas Julii. Romæ Processi & Martiniani, & Melchiadæ papæ. Turonis Munugundæ ancillæ Dei.

V. nonas Julii. In Alexandria Triphonis, Cyronis, Aprici, Juliani.

IV. nonas Julii. In Gallia Turonis ordinatio episcopatus, & translatio corporis, & dedicatio basilicæ S. Mattini episcopi. Bituricas nat. S. Lauriani martyris.

III. nonas Julii. Natale Agathoni, Triphonis, Magrini, Theodoti, Meroni, Rodosiæ.

Pridie nonas Julii. Natale Palladi, Philippi, Severi, ac Zotici, Ariethis.

Nonas Julii. Natale Eracli, Apollonii, Publii cum aliis xviii. Parma Novi & Parmini.

VIII. idus Julii. Natale SS. Sustrati, Esperi, Heraclii, Quanti, Pancratii, Corneliani cum aliis numero lx.

VII. idus Julii. Natale SS. Motthi, Faustiniani, Nathol.... Feliciani cum presbyteris vii. & Fraterni episcopi.

VI. idus Julii. Natale vii. germanorum, id est Felicis, Philippi, Maximi, Silvani, Prætextati, Januarii, cum sociis eorum.

V. idus Julii. Natale SS. Mariani, Stephani, Leonis, Mauritii. Pictavis depositio Bassenæ abbat.

IV. idus Julii. Mediolano Naboris & Felicis, Primitivi. Lugduni Viventioli episcopi.

III. idus Julii. Natale Syraphionis, Attalis,

Profili, Menci presbyteri, Trophinæ virginis.
Pridie idus Julii. Natale SS. Donati, Anthioci, Mari. Lugduni Galliæ Justi episcopi, Amici episcopi & confessoris. In Fiscamno dedicatio basilicæ S. Trinitatis.
Idibus Julii. In Porto Romano natale SS. Zotimi, Bonosi & sociorum, Catholini diaconi.
XVII. cal. Augusti. Natale SS. Helarini, Macharii, Dionysii.
XVI. cal. Augusti. Natale Aquilini, Bituri, Generosi, Nazarii. Antissiodero Theodosii episcopi.
XV. cal. Augusti. Romæ natale Symphorisi patris VII. germanorum, & alibi Flabæ episcopi.
XIV. cal. Augusti. Natale Sysinni, Lampadi, Petri, Justi, Rustici presbyteri.
XIII. cal. Augusti. Natale SS. Sabini, Luciani, Victoris, Pauli, Romani, Valeriani.
XII. cal. Augusti. Romæ S. Praxedis. Massilia natale SS. Victoris, Alexandri, Feliciani, Adriani.
XI. cal. Augusti. Natale SS. Cyrilli, Andrei, Tabelli, Auri, Platonis.
X. cal. Augusti. Romæ natale S. Vincenti.... Apollinaris, Bimitivæ.
IX. cal. Augusti. Natale S. Victurini militaris.... & S. Cristinæ virginis.
VIII. cal. Augusti. Natale SS. Acinti, Noani, Jacobi, Clementis & Juliani; & in..... passio S. Christophori martyris.
VII. cal. Augusti. Natale SS. Joviniani, Marciani.... In Nicomedia passio SS. Adriani cum aliis numero XXIII.
VI. cal. Augusti. Natale SS. Juliæ, Jocundæ, Januarii, Simeonis, & S. Echeri episcopi.
V. cal. Augusti. Natale sanctorum Theophili, Auxenti, Prudoti. Nicomedia sancti Pantaleonis.
IV. cal. Augusti. Natale sanctorum Rufi, Pontiani. Trecas S. Lupi, Anastasiæ. Aurelianis civitate Prosperi episcopi.
III. cal. Augusti. Romæ Felicis, Fausti, Viatricias. Autissiodoro depositio B. Ursi episcopi.
Pridie calendas Augusti. In Africa Secundi Tyrsi..... Autissiodoro depositio sancti Germani episcopi & confessoris.

AUGUSTUS.

Augustus habet XXXI. *dies.*

Calendas Augusti. In Antiochia passio sanctorum Machabæorum cum matre. Vercellis civitate in Italia S. Eusebii episcopi. In Spaniis S. Felicis.
IV. nonas Augusti. Romæ S. Stephani pontificis. In Italia Verona civitate natale sancti Felicis.
III. nonas Augusti. Natalis Metropoli episcopi, Hermeli martyris, Drogenis. Hierosolyma inventio beatissimi protomartyris, Eufrosini episcopi.
Pridie nonas Augusti. Criscentiani, Justi, Bartholomæi.
Nonas Augusti. Natale Hiereni, Assieradi. Agusta civitate S. Afræ. Agusta Cassiani episcopi. Catalauni S. Memmi.
VIII. idus Augusti. Romæ Xisti, Felicissimi & Agapiti, Donatiani, Faustini, & passio S. Afræ.
VII. idus Augusti. Natale SS. Effroni, Veneriæ, Donti episcopi, Ausenti, Faustini, Quiriaci, Donati.
VI. idus Augusti. Natale SS. Severiani, Victurini, Albini, Cyriaci, Largi, Metretæ virginis, Gloenedis.
V. idus Augusti. In oriente S. Firmi, Rustici, Pinoni Dionysii. Lemovicas S. Martini Brivensis.
IV. idus Augusti. Passio S. Laurentii archidiaconi, Felicissimi, Criscentionis, Januarii.
III. idus Augusti. Natale Valeriani, Tyburtii & Ceciliæ virginis, & passio sancti Cassiani.
Pridie idus Augusti. Natale S. Eupli, Macharii, Juliani, Crisanti & Dariæ.
Idus Augusti. Romæ Yppoliti martyris, Pontiani. Pictavis civitate depositio sanctæ Radegundis reginæ.
XIX. Cal. Septembris. Natale.... Fortunati, Dimetri, Vincentiæ, Tatuli.
XVIII. calend. Sept. Adsumtio sanctæ Mariæ matris Domini, Stroctionis, Philippi, Entiani.
XVII. cal. Sept. Natale SS. Horioni, Heneliæ, Agnati.

※※※※※※※※※※※※※※※※※※※※※※

ANTIQUUM CALENDARIUM MONASTERII STABULENSIS.

JANUARIUS.

Calendis Januarii, Circumcisio & octava Domini. Romæ S. Concordii martyris. *Thiatmarus episcopus.*
IV. nonas, Romæ S. Telesfori papæ & martyris VIII.
III. nonas, Parisius depositio S. Genovefæ virginis. Romæ Antheri papæ & martyris XVIII.
II. nonas, In Antiochia S. Simeonis monachi, & Jerusalem S. Simeonis prophetæ.
Nonas, Natalis S. Severini confessoris. *Hepo decanus obiit.*
VIII. idus, Epiphania Domini.
VII. idus, In Thracia S. Isidori episcopi, & SS. Martyrum, Faustæ & Evilasii, S. Valentini episcopi.
VI. idus, In Gallia civitate Bellovagus natalis SS. martyrum Luciani, Maximiani, Juliani.

V. idus *Sicco obiit*.
IV. Idus, in Thebaidis depositio S. Pauli primi eremitæ.
III. idus, Eductio Domini de Ægypto. *Havuini presbyter obiit*.
Idus. Octava Epiphaniæ. S. Hilarii episcopi & SS. Juliani & Basilissæ. In Campania civitate Nola passio Felicis, Agapiti, & Pontiani mart.
XIX. calendas Februarii, depositio S. Remigii confessoris.
XVIII. cal. Romæ S. Marcelli papæ xxx. & Perronæ S. Furfei abbatis, & Honorati martyris.
XVII. cal. S. Sulpitii martyris & S. Antonini.
XVI. Romæ S. Priscæ virginis, & cathedra S. Petri.
XIII. cal. Romæ Fabiani martyris papæ xx. Sebastiani martyris, Mari, Marthæ, Audifax & Abacuc martyrum. S. Pontiani martyris.
XII. cal. S. Agnetis virginis.
XI. cal. Passio S. Vincentii diaconi, & Anastasii martyris.
X. cal. Passio SS. Emerentianæ & Macharii atque Eugenii.
IX. cal. In Antiochia Babillæ episcopi cum tribus pueris. *Tertii Ottonis imperatoris obitus*.
VIII. cal. Damasco conversio Pauli; & Arvernis Præjecti martyris.
VII. *Ædit regina obiit*.
VI. cal. *Gistharius archiepiscopus obiit*.
V. cal. Romæ S. Agnæ virginis.
IV. cal. S. Valerii episcopi, Papiæ & Mauri martyr. *S. Constantini martyris*.
III. cal. Malbodio monasterio S. Aldegundæ virginis.
II. cal. S. Julii conf. *Rodolt subdiaconus obiit*.

FEBRUARIUS.

Calend. Februarii S. Brigidæ virginis, & S. Polycarpi episcopi.
IV. nonas, Purificatio sanctæ Dei Genitricis. *Eodem die, anno* M IV. *ordinatio Tageni sanctæ Magadaburgensis ecclesiæ archiepiscopi tertii*.
III. nonas, S. Blasii episcopi & martyris.
Nonas. In Sicilia passio S. Agathæ virginis.
VIII. idus Amandi episcopi, S. Vedasti episcopi & S. Dorotheæ virginis.
VII. idus S. Helenæ.
III. idus, S. Sotheris & Scholasticæ virginis, Zotici, Herenei & Jacinti. *Adricus presbyter obiit*.
II. idus, S. Castrensis martyris. *Hilderadus presbyter obiit*.
XVI. cal. Martii. Interamnis Valentini episcopi. Romæ Valentini presbyteri, Vitalis, Feliculæ, Tenonis.
XV. cal. Depositio S. Silvini episcopi, Faustini & Jovitæ martyrum.

A XIV. In Combas passio S. Julianæ virginis, Onclimi confessoris.
XII. cal. *Vestburg soror nostra obiit*.
XI. cal. *Godila diaconus obiit*.
X. cal. S. Eucharii episcopi & confessoris.
IX. cal. S. Felicis confessoris.
VIII. cal. In Antiochia cathedra S. Petri, Teclæ, Concordiæ. *Anno* M. VIII. *die Dominica dedicata est crypta nostra basilicæ*.
VII. cal. *Husennardus presbyter, Bodo confrater noster obiit*.
VI. cal. S. Mathiæ apostoli.
V. cal. *Walburgæ virginis, adventus S. Mauricii martyris*.
B IV. cal. In Alexandria S. Fortunati confessoris. *Amuco presbyter obiit*.
III. cal. *Hazacho presbyter obiit*.

MARTIUS.

Calend. Martii, Depositio S. Albani, Donati martyris, & Leonis.
VI. nonas, Romæ S. Simplicis papæ XLVIII. *Willihelmus archiepiscopus obiit*.
V. nonas, *Domina Chunigunda imp. augusta obiit digna & piæ memoriæ*.
IV. nonas, S. Adriani martyris cum sociis suis, Lucii papæ & martyris. *Ende abbas obiit*.
C III. nonas, Passio S. Focæ episcopi.
II. nonas, S. Quiriaci presbyteri. *Thiedericus comes obiit*.
Nonas. Passio SS. Perpetuæ & Felicitatis. *Alferi presbyteri obitus*.
VII. idus, In Sebaste Armenia minore XL. militum *Bruno archiepiscopus obiit*.
IV. idus. Romæ S. Gregorii papæ. *Amulred laica obiit*.
Idus. *Sigiefridus comes obiit*.
XVII. Calendas April. S. Cyriaci martyris & S. Eusebiæ virginis. *Reinvvardus presbyter obiit. Obiit Fritherun sanctimonialis*.
D XVI. cal. In Scotia S. Pancratii; & in Nivella S. Gertrudis virginis.
XV. cal. Romæ S. Pimenii martyris.
XIV. calendas. In Bethleem S. Joseph nutritoris Domini. *Frithericus presbyter obiit*.
XIII. cal. Fontinella depositio Wlfranni episcopi, Cuthberti app. & episcopi. *Bernhardus diaconus obiit*.
XII. cal. Depositio S. Benedicti abbatis.
IX. cal. *Wibberhtus episcopus & frater noster obiit*.
E VIII. cal. Adnuntiatio, conceptio & passio Domini. Passio Jacobi fratris Domini.
VII. cal. S. Castuli presbyteri & Acacii. *Liudgeri episcopi & confessoris. Thiedricus decanus. Badegoz presbyter obiit*.
VI. cal. Resurrectio Domini.
V. cal. *Liudulfus laicus obiit*.
III. cal. In Thessalonica S. Victoris martyris.
II. cal. Silvanectis S. Reguli episcopi & confessoris.

APRILIS.

Calendis Aprilis. In Thessalonica SS. Quintiani, Agapi, & Chioniæ.
III. nonas. Passio S. Theodosiæ virginis.
II. nonas. Mediolani depositio S. Ambrosii episcopi & confessoris.
VIII. idus. Romæ S. Cælestini papæ XLIV.
VII. idus. *Luidulfus archiepiscopus.*
V. idus. S. Antonini confessoris, & in Sirmia VII. virginum.
IV. idus. S. Antonii martyris.
III. idus. Romæ S. Leonis papæ XLVI. & S. Zenonis martyris. Item, Romæ S. Julii papæ XXXV.
Idus. In civitate Calcedona passio S. Euphemiæ virginis. *Wilping diaconus obiit.*
XVIII. cal. Maii. Romæ SS. martyrum Tiburtii, Valeriani, Maximi, & Frontoni. *Kristin subdiaconus.*
XVII. cal. Nat. S. Helenæ matris Constantini.
XVI. cal. *Erp laicus obiit, Merquuardus presbyter obiit.*
XIV. cal. Eleutherii episcopi & martyris, & Antiæ matris ejus.
XII. cal. SS. Victoris episcopi, Felicis, Alexandri. Papiæ Senesii martyris. *Obiit Thiezuca sanctimonialis.*
XI. cal. S. Maximi martyris. *Thoncunardus presbyter obiit.*
X. cal. Romæ S. Sotheris papæ XII.
IX. cal. S. Georgii martyris. *S. Adalberti episcopi & martyris. Tabia sororis nostra.*
VII. cal. In Alexandria S. Marci evangelistæ.
V. cal. Romæ S. Anastasii papæ & confessoris XL.
IV. cal. SS. martyrum Vitalis, Torpetis, Panphili episcopi & confessoris. *Atheldagus archiepiscopus.*
III. cal. Romæ S. Cleti papæ & martyris II. & translatio S. Richari sacerdotis.
II. cal. Romæ Quirini episcopi & martyris.

MAIUS.

Calendis Maii. Natalis apostolorum Philippi & Jacobi. Passio S. Cyriaci episcopi, & Sigismundi regis, & Walburgæ virginis.
VI. nonas Maii. S. Anastasii episcopi & confessoris.
V. nonas. Romæ S. Alexandri papæ VI. & SS. Eventii & Theodoli, & Inventio S. Crucis. *Biso, Egico fratres nostri.*
IV. nonas. S. Floriani martyris cum XL. sociis. *Herdinigus abbas obiit.*
Nonas. *Obitus Ottonis Magni imperatoris. Sztodorinus presbyter obiit.*
VIII. idus. Mediolani S. Victoris martyris & Coronæ virginis.
VII. idus. S. Beati presbyteri & confessoris, Gerontii martyris.
VI. idus. Romæ natalis SS. martyrum Gordiani & Epimachi. *Commemoratio sancti Remagli episcopi.*
V. idus. Vienna depositio sancti Mamerti episcopi.
IV. idus. Romæ SS. martyrum Nerei, Achillei & Pancratii.
III. idus. Trajecto S. Servatii episcopi, Taraci, Probi & Andronici.
II. idus. Romæ S. Theodori papæ LXXXIII. *Richarius abbas obiit.*
XIV. cal. Junii. Romæ S. Potentianæ virginis.
XIII. cal. S. Cononis & S. Basillæ virginis.
XII. cal. In cœnobio Augense S. Vitalis martyris.
XI. cal. S. Faustini confessoris & S. Helenæ virginis.
X. calend. SS. martyrum Desiderii episcopi, Sulpitii & Serviliani.
IX. cal. In civitate Nannetis passio SS. Donatiani & Rogatiani.
VIII. cal. Romæ S. Urbani papæ & martyris XVI. & S. Desiderii martyris. *Obiit Guntheri diaconus frater noster.*
VII. cal. In Britannia S. Augustini primi Anglorum episcopi, & Symmetrii episcopi. *Thiatsuith soror nostra obiit.*
V. cal. Parisius depositio S. Germani episc.
IV. cal. Treviris depositio sancti Maximini episcopi.
III. cal. Romæ S. Felicis papæ & mart. XXVI.
II. cal. Romæ S. Petronillæ virginis & SS. martyrum Cantii, Cantiani & Cantianillæ.

JUNIUS.

Calendis Junii. S. Pamphili martyris, SS. Faustini episcopi & martyris, sociorum ejus Abundii, Gratiani, Secundi martyrum, Juvini confessoris. *Adelgerus diaconus obiit. Hecil. Commemoratio Hivæ abbatissæ.*
IV. nonas. Romæ natalis SS. martyrum Marcellini & Petri & S. Martinæ cum aliis XLVII. *Prebor frater noster obiit.*
III. nonas. Pergentini & Laurentini martyr.
II. nonas. S. Quirini episcopi & martyris.
Nonas. Fuldensi in cœnobio Bonifacii martyris natale celebratur & passio. *Et dedicatio in Stabulaus.*
VIII. idus. SS. martyrum Vincentii & Benigni. *Radulfus laicus confrater noster.*
VII. idus. Ordinatio Henrici regis secundi.
VI. idus. Nat. SS. Medardi & Gildardi.
V. idus Romæ SS. Primi & Feliciani.
IV. idus. S. Gethullii martyris.
III. idus. S. Barnabæ adjutoris Pauli. *Sicco subdiaconus obiit. Alfkerius & Ricolfus monachus obiit.*
II. idus. SS. Basilidis, Cyrini, Naboris, Nazarii, Tripodis & Mandalis.
Idus. S. Beliculæ virginis.
XVIII. calendas Julii. Passio SS. Valerii & Rufini.
XVII. cal. Passio SS. Viti, Modesti & Crescentiæ.

XVI.

ALIQUA ANTIQUISSIMA.

XVI. cal. SS. Ferrioli, Ferrutionis, Aurei & Justini.
XV. cal. Depositio S. Aviti presbyteri, & Diogenis martyris.
XIV. cal. Romæ SS. martyrum Marci & Marcelliani.
XIII. cal. Mediolano passio SS. Gervasii & Prothasii.
XII. cal. *Aedelberhtus archiepiscopus Magadeburgensis ecclesiæ primus.*
XI. cal. In Alamannia passio S. Albini martyris, S. Eusebii hystoriographi.
Nota. X. cal. In civitate Nola depositio S. Paulini episcopi.
VIII. cal. Natalis S. Johannis Baptistæ.
VII. cal. *Translatio S. Remagli.*
VI. cal. Romæ SS. martyrum Johannis & Pauli fratrum, & Valentianis S. Salvi martyris.
V. cal. In Epheso revelatio SS. VII. dormientium.
IV. Romæ S. Leonis papæ & vigilia apostolorum.
III. cal. SS. apostolorum Petri & Pauli. Fortunati episcopi & confessoris. *Gero Coloniensis archiepiscopus.*
II. cal. Celebritas S. Pauli, S. Marcelliani episcopi & confessoris.

JULIUS.

Calendas Julii. Romæ S. Gaii episcopi, & SS. Fidei, Spei, Caritatis, cum Sophia matre earum.
VI. nonas, Romæ SS. Processi & Martiniani, & S. Monegundis. *Obitus militum S. Mauricii, qui occisi sunt in Arnaburg.*
V. nonas Translatio S. Thomæ apostoli.
IV. nonas, *Festivitas S. Odalrici episcopi. Benedictus papa obiit.*
II. nonas, Octavas Apostolorum, & S. Goaris confessoris.
Nonas. *Gerlacus monachus.*
VIII. idus, In Germania S. Cyliani & sociorum ejus.
VII. idus. In Ægypto passio Cyrilli episcopi, Procopii, & S. Effrem monachi, & Briccii confessoris.
VI. idus, Romæ passio SS. VII. fratrum filiorum Felicitatis, id est Philippi, Vitalis, Martialis, Alexandri, Silvani, Januarii, Felicis.
V. idus, Translatio S. Benedicti abbatis.
IV. idus, SS. Martyrum Felicis & Primitivi.
III. idus, S. Margaretæ virginis.
II. idus, *Fridericus diaconus. Adiel presbyter obiit.*
Idus, *Ekkihardus diaconus obiit.*
XVII. cal. Augusti, Hilarii martyris. *Adelmannus presbyter obiit.*
XVI. cal. In Cartagine natalis SS. Sperati episcopi, Martialis, Januarii, Cythii.
XV. cal. Vestarii, Felicis, Aquilini, Jactantii, Generosi, Vestæ, Donatæ & Secundæ martyrum. *Arnulfi episcopi.*

Vet. Script. & Mon. ampl. Collect. Tom. VI.

XIV. cal. S. Arsenii monachi.
XIII. cal. Gemmerico in Galliis S. Philiberti abbatis.
XII. cal. S. Praxedis virginis, passio S. Symphorosæ cum VII. filiis. *Obiit Gisla filia Cuonradi regis.*
XI. cal. SS. martyrum Sisinnii & Florentii, Mariæ Magdalenæ. *Burchardus presbyter obiit.*
X. cal. Ravenna S. Apollinaris martyris.
IX. cal. S. Cristinæ virginis, & S. Simplicis.
VIII. cal. S. Jacobi fratris Domini, S. Johannis evangelistæ, & SS. Georgii, Aurelii, Nataliæ & Cristofori martyrum. *Liudulfus episcopus obiit.*
VII. cal. Romæ S. Eutyciani papæ XXVII. SS. martyrum Rustici & Florentii. Eodem die S. Fronymi episcopi.
VI. cal. In Syria Simeonis monachi, Romæ Aconei & Emeriti martyrum.
V. cal. Romæ Innocentii papæ XLI. *Azo presbyter & præpositus.*
IV. cal. In Africa Felicis, Simplicii, Faustini & Beatricis, Lubi confessoris. *Rich presbyter laicus obiit.*
III. cal. Romæ Abdon & Sennes, & S. Ursi episcopi.
II. cal. Autissiodori depositio S. Germani episcopi & confessoris.

AUGUSTUS.

Cal. Augusti, Romæ S. Petri ad vincula, passio Machabæorum VII. fratrum cum matre sua.
IV. nonas, Romæ S. Stephani papæ XXIII.
III. nonas, Hierosolymis inventio corporis protomartyris Stephani. *Thiatmarus obiit.*
II. nonas, Romæ S. Justi presbyteri, qui corpora sanctorum collegit.
Nonas, Cassiani episcopi, Memmei episcopi, & Holwaldi regis.
VIII. idus, SS. martyrum Sixti episcopi, Feliciissimi & Agapiti, Magni, Januarii, Justi, Pastoris.
VII. idus, passio SS. Donati episcopi, Elarini monachi, & S. Afræ.
VI. idus, S. Cyriaci diaconi & martyris, cum aliis viginti. *Hadamarus presbyter obiit.*
V. idus, Romæ S. Romani, Firmi & Rustici martyris.
IV. idus, Passio S. Laurentii martyris & levitæ. *Obiit Thiadricus presbyter.*
III. idus, SS. martyrum Tiburtii & Susannæ, S. Gaugerici episcopi & confessoris, & Radegundis. *Gero & Waldo.*
II. idus, In civitate Catanensium, passio S. Eupli diaconi. S. *Cassiani martyris. Obiit Walthardus episcopus.*
Idus, Romæ, SS. martyrum Ypoliti & Cassiani, Wigberti confessoris.
XIX. cal. Septembris, S. Eusebii sacerdotis.
XVIII. cal. assumtio S. Dei genitricis.
XVII. cal. S. Arnulfi episcopi & confessoris.

Y y

XVI. cal. Octava S. Laurentii & S. Mametis monachi & martyris.
XV. cal. Passio S. Agapiti martyris.
XIV. cal. In Alexandria S. Magni martyris, Felicis & Fortunati. *Liudulfus diaconus.*
XIII. cal. S. Maximi confessoris.
XII. cal. S. Privati martyris.
XI. cal. S. Timothei & S. Symphoriani martyrum.
X. cal. In civitate Agea SS. Timothei, Apollinarii, Claudii, Austerii, & Neonis.
VIII. cal. In India passio Bartholomæi apostoli, Genesii martyris, S. Audoeni episcopi. Arelato passio S. Genesii martyris. *Obiit Landoltus comes.*
VII. cal. Romæ SS. Erenei & Abundi. *Lintharius presbyter obiit.*
VI. cal. In Capua S. Rufi martyris.
V. cal. Romæ S. Hermetis, S. Augustini, S. Juliani martyris. *Cuonradus presbyter obiit.*
IV. cal. Romæ S. Sabinæ martyris, & decollatio S. Johannis Baptistæ.
III. cal. In Apulcia passio SS. Felicis & Audacti.
II. cal. Treviris depositio S. Paulini episcopi & confessoris *Justi & Clementis.*

SEPTEMBRIS.

Calend. Septembris, In Capua Aquaria SS. martyrum Prisci, Petri, Felicis, Donati, Victoris: Sennis, Lubi, Sixti & Sinnicii episcoporum.
IV. nonas. SS. martyrum Aniceti & Foniti, & S. Justi Lugdunensis episcopi. *Helmricus decanus obiit.*
III. nonas. S. Antonini martyris. *Depositio S. Remagli episcopi & confessoris.*
II. nonas. SS. martyrum Marcelli & Justi. *Eggihardus presbyter obiit & philosophus.*
Nonas. Vienna S. Ferrioli episcopi, Ferrutii, Quintini, Ingenui, Taurini, Acenci, Erculani. *S. Victorini martyris & episcopi.*
VII. idus Sept. Evurtii episcopi, Clodoaldi regis, & Reginæ virginis. *S. Madalberhtæ virginis.*
VI. idus, Nativitas Dei genitricis, S. Adriani martyris, & Corbiliani confessoris.
V. idus, S. Gorgonii martyris, & S. Audomari episcopi.
IV. idus, S. Salvii martyris.
III. idus, Romæ SS. Martyrum Prothi & Jacinthi, Felicis & Regulæ. *Adiel presbyter obiit. Walto episcopus obiit.*
II. idus, *Heinricus subdiaconus obiit.*
Idus, Depositio S. Lidorii episcopi.
XVIII. cal. Octobris, Exaltatio S. Crucis, & SS. Cornelii & Cypriani.
XVII. cal. S. Nicomedis.
XVI. cal. Passio S. Euphemiæ, & SS. Luciæ & Geminiani.
XV. cal. Passio Landberti episcopi.
XIII. cal. In Campania passio S. Januarii,

Theodori episcopi, SS. martyrum Faustæ & Evilasii, & S. Eustochiæ. *S. Florentii episcopi & martyris.*
XII. cal. Vigilia S. Matthæi apostoli & evangelistæ.
XI. cal. Nat. S. Matthæi apostoli & evangelistæ. *Eggihardus presbyter obiit.*
X. cal. Passio SS. martyrum Mauricii, Exuperii, Candidi, Victoris, Innocentii, Vitalis, & VI. MDCLVI. sociorum. Eodem die Radesbonæ S. Emmerammi martyris, Luitdrudis virginis. *Wlshardus episcopus obiit.*
IX. cal. Romæ S. Lini papæ 1. post Petrum, & S. Declæ virginis.
VIII. cal. Conceptio S. Johannis Baptistæ, S. Ruodberti episcopi, & S. Eonii.
VII. cal. Passio S. Firmini.
VI. cal. SS. martyrum Cypriani & Justinæ.
V. cal. Passio Cosmæ & Damiani, & S. Timothei discipuli Pauli, SS. martyrum Fidentii & Terentii.
IV. cal. Depositio Liobæ virginis, & Stactei martyris. Nat. S. Gunthildæ virginis.
III. cal. In monte Gargano dedicatio basilicæ archangeli Michaëlis.
II. cal. In Bethleem depositio S. Hieronymi presbyteri. *Ositeri infans obiit.*

OCTOBER.

Calendis Octobris, Piatonis martyris, S. Nicetii episcopi, Bavonis, Remigii, Vedasti.
VI. nonas, Passio Leodgarii martyris.
IV. nonas, S. Marci confessoris.
II. nonas, SS. Caprasi & Fidei martyrum.
Nonas, Romæ S. Marci papæ, & SS. Marci, Apulei, Sergii, Bachi martyrum. *Ostericus diaconus obiit.*
VIII. idus Octobris, S. Reparatæ virginis, depositio S. Amoris confessoris. *Elvier presbyter obiit.*
VII. idus, Parisius passio S. Dionysii episcopi cum sociis suis. Colonia S. Gereonis cum CCCXVIIII. martyrum.
VI. idus. S. Victoris martyris, Paulini confessoris. Eodem die SS. martyrum Cassii atque Florentii.
V. idus, Recordatio Fratrum nostrorum. *Konco presbyter obiit.*
III. idus. S. Lupentii presbyteri & confessoris.
II. idus, Romæ S. Calixti papæ XVI. Hic instituit jejunium quatuor temporum esse. *Volcherdus laicus frater noster.*
Idus, SS. *Maurorum.*
XVII. cal. Novembris, Natale S. GALLI confessoris.
XV. cal. Bithinia S. Lucæ evangelistæ.
XIV. cal. S. Januarii cum sociis suis. *S. Maximi martyris.*
XII. cal. Depositio S. Hilarionis. In Basona villari S. Waldeni confessoris. *Thuardus frater noster obiit.*

XI. cal. In Francia S. Philippi episcopi & martyris.
X. cal. Parisius S. Venantii abbatis.
IX. cal. S. Columbani monachi, Eracliani confessoris & episcopi.
VIII. cal. In civitate Suessionis SS. martyrum Crispini & Crispiniani. *Miniatis martyris. Godescalcus frater noster obiit.*
VI. cal. *Alfruinus frater noster obiit.*
V. cal. Natale apostolorum Simonis & Judæ.
III. cal. Eusebii martyris. *Obiit Hillericus episcopus. Eadem nocte revertente archiepiscopo Tageni post nocturnam cum duobus capellanis suis Theoderico subdiacono & Erico presbytero, aperto cælo quasi per ostium lux clarissima facta est quasi per unius horæ circulum.*
II. cal. In Gallia passio S. Quintini martyris. Eusebii & Gavini.

NOVEMBER.

Calendis Novembris. Romæ S. Cæsarii diaconi. Passio S. Eustachii cum filiis suis.
III. nonas, S. Humberti episcopi. Valentini presbyteri & Hilarii diaconi.
II. nonas, S. Germani episcopi, Domnini & Amandi episcopi. *Frithericus presbyter & Richardus presbyter.*
Nonas. S. Felicis presbyteri, & Eusebii monachi. *Herculiani martyris. Otto dux obiit.*
VIII. idus, Depositio S. Willibrordi episc.
VI idus, Romæ quatuor Coronatorum. Severi, Severiani, Victorini & Carpofori.
V. idus, S. Theodori martyris.
IV. idus, Leonis confessoris.
II. idus, Turonis depositio S. Martini & S. Mennæ martyris.
Idus. Turonis S. Briccii episcopi.
XVI. calendas Decembris. In Alamannia S. Magni confessoris & S. Otmari confessoris. *Hager presbyter obiit.*
XV. cal. Aurelianis depositio S. Aniani episcopi. *Bernhardus nostri cænobii frater.*
XIV. cal. S. Romani monachi & martyris.
XIII. S. Simplicii episcopi & confessoris.
XI. cal. In Istria civitate S. Mauri martyris.
X. cal. Romæ passio S. Cæciliæ virginis.
IX. cal. Romæ S. Clementis & S. Felicitatis.
VIII. cal. Romæ S. Chrysogoni & translatio S. Feliculæ. *Eodem die S. Prosperi episcopi & confessoris. S. Eleutherii martyris. Eodem die S. Felicitatis matris VII. filiorum. Guntarius episcopus obiit.*
VII. cal. S. Audentii confessoris. *Hillivvardus episcopus obiit.*
V. cal. *Heinricus comes obiit.*
IV. cal. Romæ S. Gregorii papæ LXXXVIII. *Everhardus laicus obiit.*
III. cal. Romæ Saturnini, Chrysanti, Mauri, Darii cum LXX. millibus.
II. cal. In Achaia passio S. Andreæ apostoli.

DECEMBER.

Calendis Decembris. Noviomo S. Eligii confessoris, Candidæ virginis, & ordinatio Bonifacii. SS. martyrum Sabini, Latini, & Superantis.
IV. nonas, Capua S. Longini militis, qui latus Domini perforavit. *Emnil sanctimonialis obiit.*
III. nonas, In Alamannia depositio S. Solæ virginis.
II. nonas, S. Barbaræ & Inlatio corporis Benedicti in Floriaco. *Liutherius laicus, Mathil comitissa obiit.*
Nonas. S. Dalmatii martyris.
VIII. idus S. Nicolai, Hermogenis & Rogati.
VII. idus, S. Sabini episcopi. *Octava S. Andreæ. Otto imperator Augustus obiit. Biso frater noster & diaconus obiit. Gerdagus episcopus obiit.*
V. idus, *Tricus diaconus obiit.*
IV. idus, In Barcilona civitate in Spania passio S. Eulaliæ virginis & martyris.
III. idus, Romæ S. Damasi papæ XXXVIII. Victorici, Fusciani, & Gentiani.
II. idus, S. Finiani episcopi.
Idus, Siracusa passio S. Luciæ. Cameraco S. Authberti episcopi & confessoris.
XIX. cal. Januarii, Remis depositio S. Nicasii episcopi & martyris.
XVIII. cal. *Widikindus comes.*
XVI. cal. In Antiochia passio S. Ignatii episcopi & confessoris. *Athelheid. imperatrix obiit.*
XV. cal. *Bagred soror nostra obiit.*
XIII. cal. *Liudricus presbyter & monachus.*
XII. cal. In India passio S. Thomæ apostoli. *Brun presbyter.*
X. cal. Romæ S. Victoriæ martyris, & S. Gregorii presbyteri.
VIII. cal. Nativitas Domini nostri Jesu, & passio sanctarum virginum Anastasiæ & Eugeniæ.
VII. cal. In oppido Hierusalem passio S. Stephani protomartyris. *Burhardus infans obiit. Athilger presbyter obiit.*
VI. cal. In Ephesо Assumtio S. Johannis apostoli & evangelistæ.
V. cal. In Bethleem SS. Innocentium. *Geppe abbas obiit.*
IV. cal. *Brigida abb. obiit.*
III. cal. S. Perpetui Turonis episcopi & confessoris. *SS. Sabini & Exuperantii. Evvrhardus laicus obiit.*
II. cal. Romæ S. Silvestri papæ XXXIII.

CALENDARIUM VERDINENSE.

JANUARIUS.

Jani prima dies & septima fine timetur.

Januarius habet dies xxxi. *lunam* xxx.

Calend. Jan. CIRCUMCISIO DOMINI NOSTRI JESU CHRISTI. *Dies Æg.*
IV. nonas. *Octab. S. Stephani. Isidori episcopi & martyris.*
III. nonas. OCTAVA S. JOHANNIS. *Genovefæ virginis.*
II. nonas. *Octab. S. Innocentum.*
Nonis Jan. S. Simeonis prophetæ. Vigilia epiphaniæ Domini.
VIII. idus. EPIPHANIA DOMINI. Juliani martyris.
VII. idus. S. Isidori episc. & confessoris.
VI. idus. S. Luciani & Maximiani.
V. idus. S. Vitalis & Felicis.
IV. idus. S. Pauli primi eremitæ.
III. idus. EDUCTIO DOMINI DE ÆGYPTO. S. Felicitatis.
II. idus. S. Muscentii, Saturi.
Idus Jan. OCTAB. EPIPHANIÆ. Hilarii episc.
XIX. cal. Jan. S. Felicis presbyteri.
XVIII. cal. S. Chrysogoni & Zenonis.
XVII. cal. S. Marcelli papæ & martyris. Fursei confessoris.
XVI. cal. S. Sulpitii episcopi, Antonii monachi.
XV. cal. S. Priscæ virginis & martyris. *Sol in Aquario.*
XIV. cal. S. Mauri, Marthæ, Audifax, Abacuc.
XIII. cal. S. Fabiani papæ, Sebastiani martyris.
XII. cal. S. Patrocli martyris, Agnetis virginis & martyris.
XI. cal. S. Vincentii martyris, Anastasii monachi.
X. cal. S. Emerentianæ virginis & martyris. *Gerardus comes obiit.*
IX. cal. S. Babilli episcopi cum tribus parvulis martyribus.
VIII. cal. CONVERSIO S. PAULI. Prejecti martyris. *Dies Æg.*
VII. cal. S. Polycarpi episcopi & martyris.
VI. cal. S. Vitelliani, Johannis Chrysostomi.
V. cal. Octabas S. Agnetis virginis.
IV. cal. S. Valerii episcopi, Papiæ & Mauri.
III. cal. S. Aldegundis virginis.
II. cal. S. Victoris, Publii.

FEBRUARIUS.

Ast Februi quarta est præcedit tertia finem.

Februarius habet dies xxix. *lunam* xxix.

Cal. Feb. Severi episcopi, Brigidæ virginis.
IV. nonas. PURIFICATIO S. MARIÆ.
III. nonas. S. Blasii episcopi & martyris.
II. nonas. S. Castoris presbyteri & martyris, Gemini, Gelasii. *Dies Æg.*
Nonis Februarii. S. Agathæ virginis & martyris.
VIII. idus. S. Vedasti & Amandi martyrum.
VII. idus. S. Auguli episcopi.
VI. idus. S. Pauli episcopi, Julii papæ. THIATGRIMUS EPISCOPUS.
V. idus. S. Ammonis & Alexandri martyris.
IV. idus. S. Zotici, Erenei, Jacincti
III. idus. S. Scholasticæ virginis.
II. idus. S. Simplicii episcopi, Dorotheæ virginis.
Idus. Feb. S. Stephani episcopi & confessoris.
XVI. cal. Martii. S. Valentini martyris, Vitalis, Felicolæ, Zenonis.
XVI. cal. S. Faustini.
XIV. cal. S. Julianæ virginis & martyris.
XIII. cal. S. Polocronii episcopi.
XII. cal. S. Pigmenii presbyteri.
XI. cal. S. Publii, Juliani.
X. cal. S. Eucharii episcopi & martyris.
IX. cal. S. Eucharii confessoris.
VIII. cal. CATHEDRA S. PETRI.
VII. cal. S. Polycarpi martyris. Vigilia.
VI. cal. NATALIS S. MATHIÆ APOSTOLI. INVENTIO CAPITIS S. JOHAN. BAPT. *Bissext.*
V. cal. S. Nestoris & Casti.
IV. cal. S. Fortunati confessoris. *Dies Æg.*
III. cal. S. Serviliani martyris.
II. cal. S. Claudiani martyris.

MARTIUS.

Martis prima cujus sic cuspide quarta est.

Martius habet dies xxxi. *lunam* xxx.

Calend. Martii. S. Suidberti confessoris, Albini, Donati. *Dies Ægypt.*
VI. nonas. S. Simplicii papæ.
V. nonas. S. Felicis & Luciani.
IV. nonas. S. Lucii papæ & martyris.
III. nonas. S. Saturnini martyris.
II. nonas. S. Quiriaci & Victoris.
Nonas Martii. S. Perpetuæ & Felicitatis virginis.
VIII. idus. S. Cyrilli episcopi.
VII. idus. SS. martyrum XL. militum.
VI. idus. S. Ansberti episcopi.
V. idus. S. Zozimi, Piloni.
IV. idus. S. GREGORII PAPÆ.
III. idus. S. Macedonii presbyteri.
II. idus. S. Donati & Leonis mart.
Idus. S. Longini martyris, Matronæ mart.
XVII.

XVII. cal. S. Eugeniæ virginis, Eusebiæ virginis.
XVI. cal. S. Patricii episcopi, Gerthrudis virginis.
XV. cal. S. Pimenii martyris. *Sol in Arietem.*
XIV. cal. S. Joseph in Bethleem.
XIII. cal. S. Guthberti episcopi & confessoris.
XII. cal. *S. Benedicti abbatis. Æquinoctium.*
XI. cal. S. Saturnini.
X. cal. S. Theodori presbyteri, Fidelis & aliorum xx.
IX. cal. S. Seleuci.
VIII. cal. ANNUNTIATIO S. MARIÆ. PASSIO DOMINI.
VII. cal. S. LIUDGERI EPISCOPI ET CONFESSORIS.
VI. cal. RESURRECTIO DOMINI.
V. cal. S. Rogati & Alexandri & Succeßi. *Dies Ægypt.*
IV. cal. S. Eustasii abbatis & confessoris, Pastoris presbyteri.
III. cal. S. Victoris martyris.
II. cal. S. Reguli episcopi, Balbinæ virginis & martyris.
Desunt quatuor sequentes menses.

AUGUSTUS.

Augusti nepa prima fugat de fine secunda.

Augustus habet dies XXXI. *lunam* XXIX.

Calendis Augusti. *Ad vincula Petri.* Septem fratrum Machabæorum. *Dies Ægypt.*
IV. non. S. Stephani papæ.
III. non. Inventio corporis S. Stephani protomartyris.
II. non. S. Justini episcopi & confessoris.
Nonas. S. Memmei episcopi & confessoris, Oswaldi regis & martyris.
VIII. idus. S. Sixti papæ & martyris, Felicissimi, Agapiti mart.
VII. idus. S. Donati episcopi & martyris, Afræ virginis & martyris.
VI. idus. S. Cyriaci, Largi, Smaragdi, Crescentiani martyrum.
V. idus. S. Romani martyris. *Vigilia.*
IV. idus. S. LAURENTII MARTYRIS.
III. idus. S. Tiburtii martyris, Gaugerici episcopi.
II. idus. S. Eupli martyris.
Idus. S. Hypoliti martyris cum sociis suis.
XIX. cal. Sept. S. Eusebii confessoris.
XVIII. cal. ASSUMTIO S. DEI GENITRICIS MARIÆ.
XVII. cal. S. Arnulfi confessoris.
XVI. cal. Octava S. Laurentii. *Theodoricus presbyter obiit.*
XV. cal. S. Agapiti martyris. *Sol in virginem.*
XIV. cal. S. Magni martyris.
XIII. cal. S. Athanasii episcopi.
XII. cal. DEDICATIO ECCLESIÆ S. MARIÆ SIVE TURRIS VINCENTII.

Vet. Script. & Mon. ampl. Collect. Tom. VI.

XI. cal. SS. martyrum Timothei & Simphoriani.
X. cal. SS. martyrum Timothei & Apollinaris. VIGILIA.
IX. cal. Natalis S. Bartholomæi apostoli.
VIII. cal. S. Genesii martyris, Maximiani martyris.
VII. cal. SS. martyrum Herenei & Abundi.
VI. cal. S. Rufi martyris.
V. cal. S. Hermetis martyris. & S. Augustini episcopi.
IV. cal. S. Johannis Baptistæ decollatio, Sabinæ virg. *Dies Æg.*
III. cal. SS. martyrum Felicis & Adaucti.
II. cal. S. Paulini episcopi.

SEPTEMBER.

Tertia Septembris vulpis ferit a pede denam.

September habet dies XXX. *lunam* XXX.

Cal. Sept. S. Prisci martyris.
IV. nonas. S. Justini episcopi & confessoris.
III. nonas. S. Antonii martyris, Remagli confessoris. *Dies Æg.*
II. nonas. SS. martyrum Marcelli & Justi.
Nonas. S. Ferrucii martyris, Quinti martyris.
VIII. idus S. Eleutherii episcopi, Magni confessoris.
VII. S. Reginæ virginis.
VI. idus. NATIVITAS S. MARIÆ, S. ADRIANI martyris.
V. idus. S. Gorgonii martyris.
IV. idus. S. Salvii episcopi & martyris. GERFRIDUS EPISCOPUS.
III. idus. SS. martyrum Proti & Jacincti.
II. idus. SS. martyrum DCCC. in Alexandria. Evantii episcopi.
Idus Sept. Philippi episcopi & martyris, Lodorii episcopi.
XVIII. cal. Octobris. EXALTATIO S. CRUCIS, SS. martyrum Cornelii & Cipriani.
XVII. cal. S. Nicomedis martyris.
XVI. cal. S. martyrum Lucii, Geminiani, & S. Euphemiæ virginis.
XV. cal. S. LANTBERTI EPISCOPI ET MARTYRIS. *Sol in Libram.*
XIV. cal. S. Trophymi martyris. Vienna S. Ferreoli martyris, Medodi episcopi.
XIII. cal. S. Januarii mart. sociorumque ejus. Theodori martyris.
XII. cal. S. Eustachii martyris & filiorum ejus, Fausti martyris. *Vigilia.*
XI. cal. S. Matthæi apostoli & evangelistæ. *Dies Ægypt.*
X. cal. S. Mauritii cum aliis VI. M. DC. LXVI.
IX. cal. S. Lini papæ & martyris, Teclæ virginis.
VIII. cal. S. Johannis-Baptistæ conceptio.
VII. cal. S. Firmini martyris.
VI. cal. S. Cipriani episcopi & martyris, Justinæ virginis.
V. cal. SS. MARTYRUM COSMÆ ET DAMIANI.

IV. cal. SS. martyrum Fausti, Januarii, Martialis, Liobæ virginis.
III. cal. Dedicatio Basilicæ S. Michaelis Archangeli.
II. cal. S. Hieronymi presbyteri.

OCTOBER.

Tertius Octobris gladius decimo in ordine nectit.

October habet dies xxxi. lunam xxix.

Cal. Octobris, S. Remigii, Germani, Vedasti, Amandi, Bavonis confessorum.
VI. nonas, S. Leodgarii episcopi & martyris.
V. nonas, SS. Euvaldorum presbyterorum in Colonia. *Dies Æg.*
IV. nonas, SS. Marci, Marciani, Marsi martyrum.
III. nonas, S. Apollinaris episcopi, Flavinæ virginis.
II. nonas, SS. Martyrum Marci & Apulei, Caprasii abbatis.
Nonas. SS. martyrum Sergii & Bachi.
VIII. idus, S. Reparatæ virginis.
VII. idus, SS. martyrum Dionysii, Rustici & Eleutherii.
VI. idus, SS. martyrum Gereonis, Victoris, Cassii, Florentii & aliorum ccccxxvii.
V. idus, SS. martyrum Tharaci, Probi, Andronici.
IV. idus, SS. martyrum Cipriani & Felicis, Nidisti martyris.
III. idus, S. Laurentii episcopi & confessoris, Lupentii episcopi & confessoris.
II. idus, S. Calesti papæ & martyris. *Recordatio fratrum.*
Idus, SS. Maurorum martyrum in Colonia, Aureliæ virginis.
XVI. cal. S. Galli confessoris, Eliphii martyris. *Heriburga soror S. L.*
XVI. cal. S. Florentii episcopi.
XV. cal. S. Lucæ evangelistæ & confessoris. *Sol in Scorpionem.*
XIV. cal. S. Desiderii, Ferti, Januarii martyrum.
XIII. cal. S. Neoris martyris, & SS. Lucii, Marcellini martyrum.
XII. cal. S. Hilarionis monachi & SS. xi. millium Virginum in Colonia.
XI. cal. S. Philippi episcopi & martyris, Severi episcopi, Marci episcopi & confess.
X. cal. S. Severini episcopi in Colonia. Venantii abbatis. *Dies Æg.*
IX. cal. S. Columbani monachi & confessoris.
VIII. cal. SS. martyrum Crispini & Crispiniani.
VII. cal. S. Amandi episcopi & confessoris, Dariæ virginis.
VI. cal. S. Evaristi papæ, Florentii martyris. Vigilia.
V. cal. SS. Apostolorum Simonis & Judæ.
IV. cal. S. Quirini martyris, Narcissi episc.

A III. cal. S. Theonesti martyris, Eusebii martyris.
II. cal. SS. martyrum Quintini, Gavini. Vigilia.

NOVEMBER.

Quinta Novembris acus vix tertia mansit in urna.

November habet dies xxx. lunam xxx.

Cal. Novembr. Solemnitas Omnium Sanctorum. Cæsarii martyris.
IV. nonas, S. Benigni presbyteri & martyris, Hugberti confessoris.
III. nonas, S. Germani episcopi, Valentini presbyteri.
II. nonas, S. Proculi episcopi & martyris.
Nonas. S. Felicis presbyteri, Eusebii monachi. *Dies Æg.*
VIII. idus, S. Melani episcopi.
VII. idus, S. Wilbrordi episcopi & confessoris.
VI. idus, SS. quatuor Coronatorum.
V. idus, S. Theodori martyris.
IV. idus, S. Demetrii episcopi. Dedicatio
B Ecclesiæ Majoris. Hetharicus abbas.
III. idus, S. Martini episcopi. S. Mennæ martyris.
II. idus, S. Kuniberti et Liafwini confessoris.
Idus. S. Bricii episcopi & confessoris.
XVIII. cal. S. Clementini episcopi.
XVII. cal. S. Secundi.
XVI. cal. S. Otmari confessoris, Magni confessoris, Eucherii confessoris.
XV. cal. S. Aniani episcopi, Florini confessoris. *Sol in Sagittarium.*
XIV. cal. S. Romani confessoris & martyris.
XIII. cal. S. Simplici episcopi.
D XII. cal. SS. martyrum Bassi, Dionysii.
XI. cal. S. Mauri martyris, Columbani abbatis.
X. cal. S. Cæciliæ virginis et martyris.
IX. cal. S. Clementis episcopi & martyris, S. Felicitatis.
VIII. cal. S. Chrisogoni martyris.
VII. cal. S. Petri episcopi & martyris, Maximi confessoris.
VI. cal. Amatoris episcopi, Nicandri, Cassiani martyris.
V. cal. S. Theodoli martyris.
IV. cal. S. Sisinnii episcopi. *Dies Ægypt.*
E III. cal. S. Saturnini martyris. Vigilia.
II. cal. S. Andreæ Apostoli.

DECEMBER.

Dat duodena cohors septem inde decemque Decembris.

December habet dies xxxi. lunam xxix.

Cal. Decembris. Sanctorum martyrum Crisanti, Mauri, Dariæ martyris, Eligii episcopi.

IV. nonas, S. Longini militis & martyris.
III. nonas, S. Lucii regis & confessoris.
II. nonas, S. Barbaræ virginis & martyris.
Nonas. S. Talmatii martyris.
VIII. idus, S. Nicolai episcopi & Hermogenis.
VII. idus, Octava S. Andreæ apostoli, Mauturii martyris.
VI. idus, Sanctorum confessorum Euticiani, Eusebii & episcoporum.
V. idus, SS. martyrum Petri, Succeffi.
IV. idus, S. Eulaliæ virginis & martyris.
III. idus, S. Damasi papæ.
II. idus, S. Finiani episcopi & martyris. *Dies Ægypt.*
Idus, S. Luciæ virginis & martyris.
XIX. cal. Jan. S. Nicasii episcopi & confessoris.
XVIII. cal. S. Aureliani episcopi & confessoris. *Dies Ægypt.*
XVII. cal. S. Valentini episcopi & confessoris.
XVI. cal. S. Ignatii episcopi & martyris.
XV. cal. S. Simplicii episcopi. *Sol in Capricornium.*
XIV. cal. S. Secundi, Zozimi martyris.
XIII. cal. S. Anastasii episcopi & confessoris. Vigilia.
XII. cal. *S. Thomæ apostoli in India.* HILDIGRIMUS EPISCOPUS.
XI. cal. S. Theodosiæ virginis.
X. cal. S. Victoriæ virginis & martyris.
IX. cal. Vigilia Natalis Domini.
VIII. cal. NATIVITAS DOMINI NOSTRI JESU CHRISTI.
VII. cal. *Natalis S. Stephani protomartyris.*
VI. cal. *S. Johannis apostoli & evangelistæ.*
V. cal. SS. Innocentium martyrum.
IV. cal. S. Felicis papæ & martyris.
III. cal. S. Perpetui episcopi Turonensis.
II. S. Silvestri papæ, Columbæ virginis.

MARTYROLOGIUM
INSIGNIS ECCLESIÆ
AUTISSIODORENSIS.

Ex ms. Colbertino.

JANUARIUS.

Jani prima dies & septima fine timetur.

Calendis Januarii. Circumcisio & octava Domini nostri JESU CHRISTI. Romæ S. Almachii martyris, & S. Martinæ virginis & martyris. Apud Spoletum civitatem passio S. Concordii martyris. Apud Cæsaream Cappadociæ natalis S. Basilii episcopi & confessoris. In Africa natalis S. Fulgentii episcopi & confessoris. Apud Alexandriam S. Eufrosinæ virginis. In territorio Lugdunensi natalis S. Eugendi abbatis. Ravennæ S. Severi episcopi & martyris. Item Romæ martyrum xxx.

Obiit Robertus Levita & canonicus. Ipsa die in territorio Arvernensi, cænobio Silviniaco, depositio domni Ordilonis Cluniacensis abbatis.

IV. nonas Januarii. In Thebaide depositio beati Macharii abbatis. Et in Ponto civitate Thomis trium fratrum Argei, Narcissi, & Marcellini pueri & mart. In Frisia passio S. Theaginis martyris.

III. nonas Januar. Romæ natalis S. Antheros papæ & martyris. Parisius depositio sanctæ Genovefæ virginis. In civitate Aulana passio S. Petri, qui crucis supplicio est interemtus. Viennæ S. Florentii episcopi.

Obiit Gislebertus episcopus & Ablenus archidiaconus.

Pridie nonas Januar. Apud Cretam natalis S. Titi apostolorum discipuli. Romæ SS. mart. Prisci presbyteri & Priscilliani & Benedictæ religiosissimæ feminæ & beatæ Dafrosæ martyris, & aliorum VII. mart.

Nonis Januar. Romæ natalis S. Telesphori papæ & martyris. Jerosolymæ B. Simeonis prophetæ, qui Dominum nostrum JESUM CHRISTUM in ulnas accepit. Apud Antiochiam in ecclesia quæ vocatur Pœnitentia, depositio Simeonis monachi qui in columna stetit.

Obiit Ebrardus subd. & canon. qui datis in claustrum faciendum c. solidis, dedit etiam domum suam canonicis & vineas, hoc pacto ut fratres sui anniversarium ejus diem inde facerent, & canonici canonicis refectionem persolverent. Quod si facere recusarent, canonici domum & vineas sibi acciperent; & anniversarium idem cum eleemosynis & refectione celebrarent.

VII. idus Januarii. Epiphania Domini nostri. In civitate Antiochiæ natalis S. Juliani martyris & Basilissæ & Celsi pueri & Marcianillæ, & Antonii presbyteri & Anastasii martyrum. In territorio Remensi passio S. Magnæ virginis. Autissiodero translatio S. Germani confessoris.

Obiit dominus W. hujus sanctæ ecclesiæ episcopus. Ipso die Wadricus miles de Warziaco obiit.

VII. idus Januar. Relatio JESU ex Ægypto. In Antiochia natalis S. Luciani presbyteri & martyris, qui in quatuor partibus est divisus, & in singulis lapidibus ligatus & in mare mersus.

VI. idus Januarii. Neapoli in Campania S. Severi confessoris, Belvacus S. Luciani presbyteri, Maximiani & Juliani martyrum.

Obiit Anastasius Senonum archiepiscopus.

V. idus Januar. Apud Smyrnam natalis SS. Vitalis, Revocati & Fortunati; & in Mauritania Cæsariensi natalis S. Martinæ virginis.

IV. idus Januar. In Thebaide depositio S. Pauli primi eremitæ, qui a XVI. ætatis suæ anno usque ad cxIII. solus in eremo permansit, ejusque animam inter sanctorum choros ad cœlum ferri ab angelis B. Antonius vidit. Et in Cypro B. Nicanoris qui fuit unus de VII. diaconibus.

Ipsa die Leotardus sacerdos & decanus Senonum obiit. Item Frotmundus miles S. Stephani obiit.

III. idus Januar. In Africa natalis S. Salvii martyris. Apud Alexandriam natalis SS. confessorum Petri, Severi & Leutici.

II. idus Jan. Apud Achaiam natalis S. Saturi martyris. Eodem die S. Archadii martyris. Apud Lingones S. Gregorii episcopi & confessoris.

Idibus Jan. Romæ via Lavicana coronæ militum XL. Pictavis depositio S. Hilarii episcopi & confessoris. Remis natalis S. Remigii episcopi & confessoris. Octavæ epiphaniæ Domini.

Ipsa die Rainaldus Æduensis episcopus ab hoc sæculo est translatus.

XIX. cal. Febr. In Antiochia Glicerii diaconi multis tormentis passi & in mare mersi. Nola Campaniæ passio S. Felicis presbyteri sepulti in Pincis. Et alibi depositio S. Eufrarii episcopi & confessoris.

Ordinatio Gerranni episcopi, qui dedit fratribus in comitatu Laticensi Gaiacum cum omnibus appenditiis suis. Vineam quoque quæ est in suburbio civitatis quæ dicitur Cerseredus, quam qui habuerit per chartam det fratribus vini modium unum ad minorem mensuram.

Eodem die Rotdulphus rex obiit. Ipsa die Tetardus miles ab inimicis interfectus est, & Frotmundus sacerdos. Item ipsa die obiit Heldricus abbas S. Germani.

XVIII. cal. Febr. In Ægypto B. Macharii abbatis discipuli S. Antonii. Et alibi S. Hisiodori confessoris. Andegavis B. Mauri monachi & abbatis. Et alibi depositio Abacuc & Michææ prophetarum.

XVII. cal. Febr. Romæ via Salaria in cimiterio Priscillæ, depositio Marcelli papæ & martyris. Arelate S. Honorati episcopi & confessoris. Parrona cœnobio S. Furseï confessoris. Arvernis natalis S. Boniti episcopi & confessoris.

Obiit Heribertus episc. & postea monachus. Obiit Arnaldus diaconus & magister. Item obiit Gyla bona memoriæ femina Deoque sacrata. Eodem die obiit Gaufridus hujus ecclesiæ canon. & decanus.

XVI. cal. Feb. In Ægypto apud Thebaidam natalis B. Antonii monachi. Bituricas depositio Sulpicii episc. & confessoris. Lingonas passio SS. geminorum Speusippi, Eleusippi & Meleusippi, Leonillæ, Jovillæ & Neonis.

Eodem die Gurardus obiit hujus ecclesiæ canonicus & præpositus sanctæ Mariæ. Item obiit Vauterius levita & canonicus, qui dedit ad officium altaris S. Stephani vestimenta sacerdotalia & librum necessarium ad missam celebrandam, & fratribus dedit duos molendinos apud Villam-novam, domum, viridarium, vinum ad sui memoriam faciendam.

XV. cal. Febr. Cathedra S. Petri apostoli qua primum Romæ sedit. Eodem die natalis S. Priscæ virginis & martyris. Et in Ponto natalis SS. martyrum Mosei & Ammonis. Alexandriæ S. Maximi episcopi & confessoris. In civitate Apollonia passio SS. Tirsi, Leuci, & Gallenici. Autissiodero dedicatio beatæ & gloriosæ Virginis MARIÆ.

Obiit Gislaudus presbyter, qui cum fratre suo Fredeberto diacono & Vmberto laico dederunt fratribus mansum suum cum omnibus appenditiis suis, de vineis arpennes VIII. de terris ancingas sex, qui est situs in pago Senonico in villa Caciato ad refectionem canonicis celebrandam.

Commemoratio Gaufredi & uxoris ejus Heldradæ, pro quorum absolutione & sanctæ Mariæ veneratione Ricco filius eorum vineam dedit, de qua fratribus dedicationis ipsius Virginis die daretur pro tempore refectio.

XIV. cal. Febr. Jerosolymæ natalis Marthæ & Mariæ, sororum Lazari. In Smyrna natalis S. Germanici mart. ac bestiis damnati. Corbionis monasterio natalis sancti Launomari confessoris.

Obiit Airricus levita. Eodem die Frodo levita & canonicus obiit, qui pro salute animæ suæ fecit huic ecclesiæ columbam argenti auro... deauratam cum corona & catenis argenteis desuper altare pendentem ad Corpus Domini nostri JESU CHRISTI *conservandum.*

Eodem die Willelmus canonicus & levita obiit, qui pro remedio animæ suæ ad bibliotecam faciendam de nummis suis libras quatuor dedit. Item obiit Rodulphus sacerdos & canonicus, qui ob remissionem peccatorum dedit ecclesiæ calicem argenteum, missale librum optimum & sacerdotale indumentum.

XIII. cal. Febr. Romæ natalis Fabiani papæ & martyris, & S. Sebastiani martyris in vestigia apostolorum sepulti. In Cimiterio Callisti via Appia Marii & Marthæ cum filiis suis Audifax & Abacuc. Lugduno Galliæ Clementis presbyteri.

XII. cal. Febr. Romæ passio S. Agnetis virginis. Athenis B. Publii episcopi, qui a B. Paulo apostolo episcopus ordinatus est. Trecas natalis S. Patrocli martyris. In Hispaniis natalis SS. martyrum Fructuosi episcopi, Augurii & Eulogii diaconorum.

Ipsa die Johannes humilis episcopus migravit ad Dominum, vixitque in episcopatu ann. I. menses XI. dies totidem.

XI. cal. Febr. In Hispaniis S. Vincentii diaconi & martyris. Romæ ad aquas Salvias natalis S. Anastasii monachi & martyris.

ALIQUA ANTIQUISSIMA.

de Perfida. Eodem die in Galliis, civitate Ebreduno, SS. martyrum Vincentii, Orontii & Victorini. In territorio Viennensi, passio SS. XVIII.

X. cal. Febr. Romæ natalis S. Emerentianæ virginis & martyris. Et in Mauritania civitate Neocæsariensi natalis S. Severiani & Aquilæ uxoris ejus igne combustorum. Eodem die, natalis S. Parmenii diaconi, qui unus fuit de septem diaconibus. Toleto civitate, natalis S. Hildefonsi episcopi & confessoris.

IX. cal. Febr. apud Ephesum, natalis sancti Timothei discipuli B. Pauli apostoli, cujus corpus xx. anno Constantini imperatoris Constantinopolim translatum est. In Antiochia, natalis S. Babilli episcopi. Trecas S. Saviniani martyris. Et Neocæsaria civitate, natale sanctorum martyrum Mardonii, Musonii, Metelli, Eugenii.

VIII. cal. Febr. Conversio S. Pauli apostoli & translatio corporis ejus. Apud Damascum depositio Ananiæ, qui ipsum Paulum baptizavit. Eodem die, natale B. Gregorii Nazianzeni episcopi, qui Theologus appellatur. Arvernis S. Præjecti episcopi & martyris, & Marini viri Dei. Apud Gabalensem civitatem S. Severiani episcopi.

VII. cal. Febr. In Nicæa Smyrnæ, natalis S. Polycarpi episcopi & martyris discipuli S. Johannis apostoli, & Theogenis cum aliis xxxvi. In Bethleem, dormitio sanctæ Paulæ matris Eustochii virginis Christi. Et in monasterio Calæ, depositio Bathildis reginæ.

VI. cal. Febr. Constantinopoli, depositio S. Johannis Chrysostomi episcopi & confessoris. Eodem die, natalis S. Marii abbatis monasterio Bobacensi.

Obiit Heribaldus levita, qui dedit fratribus de prædio suo mansum & dimidium in Senonico, in villa quæ dicitur Liviniacus, cum mancipiis & omnibus adjacentiis & quinque arpennos de vinea in villa Pauliaco. Hubertus diaconus obiit, & Adoynus sacerdos & decanus.

Obiit Atto sacerdos & canonicus hujus ecclesiæ succentor egregius, qui omnibus quæ habebat in eleemosynam datis, cum servis, vineis & rebus aliis, ecclesiam honestavit libris suis.

V. cal. Febr. Romæ octavas S. Agnetis virginis & martyris. Apud Alexandriam depositio B. Cyrilli episcopi. In Tornodorensi, Reomago monasterio, transitus viri apostolici, doctoris eximii, Johannis summi confessoris.

Obiit Carolus imperator. Gotelindis Deo sacrata.

IV. cal. Feb. Romæ SS. martyrum Papiæ & Mauri militum. Treviris depositio S. Valerii episcopi discipuli sancti Petri apostoli. Trecas, sanctæ Savinæ virginis.

III. cal. Febr. In Antiochia passio S. Hippolyti martyris. Jerosolymæ, B. Matthiæ episcopi. Eodem die, S. Alexandri martyris. Malbodio monasterio, natalis sanctæ Aldegundis virginis.

Pridie cal. Feb. Apud Alexandriam, natalis S. Metrani martyris. Item Alexandriæ, natalis SS. martyrum Tirsi, Saturnini & Victoris. Trientina civitate, beati Vigilii episcopi & martyris. Et alibi, SS. martyrum Cyri, Johannis, & SS. Virginum Theodoctæ, Theotiotæ & Eudoxiæ, & sanctæ matris earum Athanasiæ.

FEBRUARIUS.

Calendis Februarii. Apud Antiochiam, natalis S. Ignatii episcopi & martyris. Et in Scotia sanctæ Brigidæ virginis. Smyrnæ, natalis S. Pionii martyris. Et alibi, beati Effrem diaconi. Tricastina civitate, sancti Pauli episcopi & confessoris.

IV. nonas Febr. Purificatio S. Mariæ. Cæsareæ B. Cornelii centuronis, ipsius urbis episcopi. Romæ natalis S. Aproniani martyris. Aurelianis, depositio Floscoli episcopi & Sicariæ Deo sacratæ virginis.

III. nonas Febr. In Affrica, B. Celerini diaconi, & SS. martyrum Celerinæ aviæ ejus, & Laurentini & Ignatii. Lugduno, depositio B. Lupicini episcopi.

Pridie nonas Febr. In civitate Ægypti, quæ appellatur Tumbis, passio beatissimi Philcæ ejusdem urbis episcopi, & Philoromi tribuni & innumerabilium martyrum. Trecis S. Aventini episcopi & confessoris. Autissiodero, S. Alexandri subdiaconi & confessoris.

Obiit Emmena Deo sacrata.

Nonis Febr. Apud Siciliam civitate Cathanensium, passio S. Agathæ virg. Vienna B. Aviti episcopi & confessoris.

Eodem die obiit Gislebertus sacerdos atque decanus, postea monachus effectus; & Raginaldus sacerdos atque canonicus obiit.

VIII. idus Febr. Cæsarea Cappadociæ, Natalis sanctæ Dorotheæ virginis & martyris, & sancti Theophili martyris scholastici. Arvernis, natalis S. Antholiani martyris. Atrabis, * SS. confessorum Vedasti & Amandi gloriosissimorum episcoporum.

*[margin: * l. Atrebatis.]*

VII. idus Febr. In Britanniis civitate Augusta, natalis sancti Auguli episcopi & martyris. Apud Asiam provinciam, S. Apollonaris Hyerapolitanæ urbis antistitis.

VI. idus Febr. Apud Armeniam minorem, natalis SS. Dionysii, Emiliani & Sebastiani. Romæ depositio S. Pauli episcopi. Alexandriæ, natalis sanctæ Cointhæ martyris.

V. idus Febr. Apud Pontum provinciam, S. Athenodori episcopi, fratris beati Gregorii, qui & Theodorus cognominatus est. Alexandriæ, natalis S. Apolloniæ virginis.

IV. idus Febr. In Benevento, natalis sanctæ Scholasticæ virginis, sororis S. Benedicti. In Oriente,* S. Sotheris virginis. Romæ, SS. martyrum Zotici, Irenæi, Hyacinti & Amantii. Apud Sanctonas, Trojani episcopi & confessoris.

*Hic error, nam verius Romæ via Appia.

III. idus Febr. Alexandriæ, depositio S. Eufrasiæ virginis, Lugduno, natalis B. Desiderii episcopi & confessoris. Eodem die S. Severini abbatis.

Obiit Aldoënus sacerdos, qui dedit fratribus patrimonium suum in Valeria Villa.

Pridie idus Febr. In Africa, SS. martyrum Saturnini presbyteri, Felicis, Apelii & sociorum ejus, qui passi sunt pro Christo sub Anolino proconsule. Apud Alexandriam, Modesti & Ammonii martyrum. In Africa, passio S. Damiani militis.

Eodem die obiit Robertus hujus ecclesiæ episcopus, qui annuale beneficium pro defuncto canonico instituit, & molendinum subtus murum ab Atone acquisitum, fratribus hujus ecclesiæ concessit & sauvamentum duplex a Pulvereno . . . . remouit.

Idibus Febr. Apud Antiochiam, natalis S. Agabi prophetæ. In Militana civitate Armeniæ, natalis S. Poliucti martyris, qui latine interpretatur multum orans. Andegavis, S. Lisinii episcopi & confessoris. Lugduno, depositio S. Stephani episcopi & confessoris.

• *Obiit Aaron episcopus.*

XVI. cal. Martii. Romæ, natalis S. Valentini presbyteri & martyris, Interamnis, natalis S. Valentini episcopi. Apud Alexandriam SS. martyrum Bassi, Antonii, Protholici, qui in mare mersi sunt. Eodem die, SS. martyrum Vitalis, Feliculæ & Zenonis cum aliis plurimis. In Eraclea, natalis S. Felicis, Januarii. Et alibi passio S. Sereni.

XV. cal. Martii. Romæ, natalis S. Cratonis martyris. Apud Sebasten civitatem, passio S. Blavii * episcopi & septem Feminarum sanctarum. Ipso die, depositio Quinidii episcopi & S. Silvini episcopi. Interamne, natalis S. Agapæ virginis.

*l. Blasii.

XIV. cal. Martii. Natalis S. Onesimi apostoli, qui Romæ lapidatus, ad Ephesum corpus ejus delatum est, ubi fuerat ordinatus episcopus; & in Cumis, sanctæ Julianæ virginis. Et in Ægypto, Juliani martyris cum aliis numero quinque millia.

XIII. cal. Martii. In Perside, natalis S. Polychronii episcopi & martyris. In Africa passio S. Donati, Secundiani, Romuli, cum aliis LXXXVI. In Scotia S. Fintani presbyteri & confessoris.

XII. calendas Martii. Hierosolymis beati Simeonis episcopi & martyris. Romæ sanctorum martyrum Claudii & Præpedignæ uxoris ejus, & filiorum Alexandri & Curæ, & fratris Claudii, beati Maximi. Apud Alexandriam, beati Dionysii episcopi & Confessoris.

Obiit Walterius Aurelianensis episcopus.

XI. calendas Martii. Romæ natale S. Gabinii presbyteri & martyris patris beatissimæ Susannæ. In Africa Publii, Marcelli, Juliani martyrum.

Obiit Robertus miles.

X. cal. Martii. Apud Tyrum multorum martyrum, quorum numerum Dei scientia colligit. Romæ depositio Gagi episcopi, & alibi Victoris & Coronæ. In Alemannia beati Galli confessoris.

Eodem die obiit Erembertus sacerdos & præpositus, qui dedit fratribus alodum in Antonno villa, quem comparavit de Regemberto.

IX. cal. Martii. In Sicilia martyrum septuaginta & novem sub Diocletiano diversis tormentis passi. In Africa civitate Adrumeto natale sanctorum martyrum Veroli, Secundi, Servuli & aliorum xx.

Goffridus canonicus S. Stephani & decanus S. Petri obiit.

VIII. cal. Martii. Apud Antiochiam Cathedra S. Petri apostoli qua primum sedit Antiochiæ. In Alexandria Abilii episcopi adjutoris Johannis apostoli & evangelistæ, & alibi beati Aristiodonis, qui unus fuit de septuaginta duobus discipulis.

VII. cal. Martii. Apud Smyrnam natale S. Sineri monachi & martyris, & septuaginta duorum martyrum. In Asia Polycarpi episcopi.

Ipsa die Otto Burgundiæ marchio obiit DCCCCLXIII. incarnationis Dominicæ anno. Item obiit Obertus miles.

VI. cal. Martii. Natale S. Mathiæ apostoli, & inventio capitis Johannis Baptistæ & præcursoris Domini. Apud Cæsaream Cappadociæ natale S. Sergii martyris.

Obiit domnus Betto episcopus, qui dedit fratribus Vendosam ecclesiam & Rontonnacum villam, & in Corboiaco mansum 1. ad exhibendam refectionem & commune obsequium.

V. cal. Martii. Apud Ægyptum natale sanctorum martyrum Victorini & Victoris, Nicefori, Claudiani, Dioschori, Serapionis & Papiæ. Pamphilia natale S. Nestoris & confessoris.

IV. cal. Martii. In civitate Pergem Pamphiliæ beati Nestoris episcopi & martyris. In Alexandria beati Alexandri gloriosissimi episcopi & confessoris.

III. cal. Martii. Apud Hispaniam civitate Hispali natale S. Leandri episcopi, ad quem B. Gregorius libros moralium scripsit. Et in Alexandria Juliani martyris.

II. cal. Martii. In territurio Lugdunensi locis Jurensibus depositio B. Romani abbatis. Eodem die sanctorum Macharii & Rufini.

MARTIUS.

Calendis Martii. Romæ natale sanctorum martyrum CCLX. quos jussit primo Claudius pro Christi nomine damnatos arenam fodere, deinde præcepit ut foras muro portæ Salariæ mitterentur, & in amphiteatro ejusdem civitatis militum sagittis interficerentur. Andegavis Albini episcopi & confessoris. Carthagine passio Donati martyris. Apud urbem Antinoum passio beati Leonidis.

Obiit Actaldus sacerdos, qui dedit hospitali fratrum suorum in villa Gratis mansum cum vinea adhærente. Eodem die Rotfredus decanus viam universæ carnis est ingressus. Guadilo subdiaconus obiit eodem die, qui dedit fratribus suis alodum suum in loco qui dicitur Vallis cum vineis & silvis seu mancipiis. Ipso die Enricus subdiaconus interfectus est. Item Waldricus præpositus corpus terræ, beatum Christo tradidit spiritum.

VI. nonas Martii. Romæ natalis sanctorum martyrum Jovini & Basilei, & aliorum plurimorum martyrum sub Alexandro capitali sententia damnatorum. Item Romæ Simplicis papæ & martyris.

V. nonas Martii. In Hispania sanctorum Emitterii & Cheledonii martyrio coronatorum. Autissiodero natale sanctæ Camillæ virginis. Cæsareæ natale sanctorum martyrum Marini militis & Aerii senatoris.

IV. nonas Martii. Natale S. Lucii papæ & martyris. Item, Romæ sanctorum martyrum nongentorum, qui sunt positi in cimiterio ad sanctam Ceciliam. Eodem die natale S. Gaii palatini in mare mersi. Nicomedia passio S. Adriani cum aliis numero viginti tribus.

III. nonas Martii. Antiochia passio sancti Focæ martyris, cujus ecclesiæ januam si attigerit credens quilibet colubrino morsu percussus statim sanatur. Ipso die sancti Eusebii palatini & aliorum novem martyrum.

Obiit Walo Tricassinæ ecclesiæ episcopus. Eodem die ordinatio domni Hugonis episcopi, qui dedit fratribus in die ordinationis suæ altare Billiacensis ecclesiæ.

Pridie nonas Martii. Nicomedia natale sanctorum Victoris & Victorini, qui tormentis multis afflicti, & retrusi in carcerem, ibidem vitæ suæ cursum impleverunt. Civitate Toleto depositio sancti Juliani antistitis.

Nonas Martii. Mauritania civitate Tuburbitanensi passio sanctorum martyrum Satyri, Perpetuæ & Felicitatis, & cum eis Revocati, Saturnini, & Secundoli.

VIII. idus Martii. Carthagine natale S. Pontiani diaconi & beati Cypriani episcopi. In civitate Antinoum natale sanctorum martyrum Philemonis, Apollonii, Arriani, Theotici & aliorum III. in mare mersorum.

Eodem die defunctorum commemoratio monachorum monasterii de Caritate solemniter, quod & ipsi pro defunctis nostris celebrant.

VII. idus Martii. Nisena civitate natale sancti Gregorii episcopi fratris beati Basilii. Barzilona Paciani episcopi & confessoris. Apud Sebasten Armeniæ minoris natale sanctorum gloriosorum martyrum XL. militum tempore Licinii regis. Nam & nomina & gesta eorum habentur. In Africa Cyrilli, Felicis, Philippi, Mariani, Rogati, Concessi.

Obiit Wala episcopus, pro cujus memoria facienda Ansergisus germanus ejus archiepiscopus.... duos mansos cum regali & episcopali consensu fratribus dilargitus est, & in administratione luminis divini altaris ecclesiæ S. Stephani in Piscasiolo villa mansum unum.

VI. idus Martii. Apamia natale sanctorum martyrum Alexandri & Gaii de Eumenia. In Persida sanctorum martyrum XLII. In Antiochia Agapæ virginis. Parisius sancti Drothoveri abbatis discipuli beati Germani episcopi. Luxovio monasterio S. Attali abbatis.

V. idus martii. Apud Alexandriam natale sanctorum Philoni episcopi, Candidi, Valerii cum aliis viginti. Apud Sebasten Armeniæ minoris natale sanctorum XL. martyrum, qui crurifragio martyrium consummarunt. Cartagine natale S. Heracli. Autissiodero sancti Vigilii episcopi & martyris.

Ipso die Agano decanus sancti Stephani obiit.

IV. idus Martii. Natale sanctorum Innocentii papæ & beatissimi Gregori papæ & præcipui doctoris. Apud Nicomediam natale beati Petri excellentissimi martyris, qui fide & nomine heres almi Petri apostoli extitit & aliorum octo.

Obiit Adalgarius diaconus, qui dedit fratribus de vineis arpennos VI. in circuitu Grattaci ad sui memoriam celebrandam. Eodem die ordinatio domni Bettonis episcopi.

III. idus Martii. Nicomedia natale sanctorum martyrum Macedonii presbyteri & Patriciæ uxoris ejus, & Modestæ filiæ ejus. Nicæa civitate sanctorum martyrum Theusetæ, Horis, Theodoræ, Nimpodoræ, Marcii, Arabiæ, qui omnes igni traditi sunt. In Thebaida S. Euphrasiæ virginis. In territorio Nevernensi sancti Viventii presbyteri.

Pridie idus Martii. Romæ natale sanctorum martyrum XLVII. qui baptizati sunt a beato Petro cum teneretur in custodia, qui omnes Neroniano gladio consumti sunt.

Apud Laodiciam natale sancti Segaris episcopi & martyris. Nicomedia Felicissimi, Dativi & Frontinæ. Romæ Innocentii episcopi. In Africa sancti Petri martyris & sancti Eufrosii.

Idus Martii in Cæsarea Capadociæ passio sancti Longini, qui latus Domini lancea perforavit, ut in gestis ejus invenitur. Thessalonica civitate natale sanctæ Matronæ martyris, quæ viriliter usque ad mortem in confessione Christi permansit. Romæ Zachariæ papæ.

Obiit eodem die Adelhelmus sacerdos & concentor. Eodem die obiit Odo miles, qui apud Crevenum villam alodum suum canonicis dedit.

XVII. calendas Aprilis. Aquileia beati Hilarii episcopi & Taciani diaconi, qui una cum filio suo Felice, Largo, & Dionysio martyrium consummarunt. Romæ Cyriaci martyris, & cum eo Smaragdi & Crescentiani, & aliorum viginti martyrum. Arvernis sancti Patricii episcopi & confessoris. Nicomedia Castorii martyris.

XVI. calendas April. In Scotia natale sancti Patricii episcopi & confessoris, qui primus ibidem Christum evangelizavit. Alexandria natale sancti Ambrosii diaconi. Nivigella monasterio S. Gertrudis virginis.

XV. calend. April. Apud Cæsaream natale S. Alexandri episcopi & martyris, qui cum Narcisso Hierosolymitanæ ecclesiæ gubernacula suscepit. Romæ Cyrilli episcopi & confessoris.

Obiit Walaharius sacerdos & decanus.

XIV. calend. April. In Cæsarea Capadociæ sancti Theodori presbyteri. Apud Penarensem urbem beati Johannis magnæ sanctitatis viii. Surrentum sanctorum martyrum Quinti, Quintilli, Quartillæ, Marci cum aliis novem.

XIII. calend. April. In Britanniis natale S. Chudbrehcti episcopi & confess. Eodem die natale S. Archippi commilitonis Pauli apostoli. In Syria sanctorum Pauli, Cyrilli, Eugenii cum aliis IV. Ipso die sancti Wlfranni.

Obiit Adoardus presbyter & Aroildis Deo devota, qui dedit fratribus in villari Tornetrense & Marolio optimum alodum cum capella pro sui memoria facienda.

XII. calend. April. Apud Cassinum castrum S. patris nostri Benedicti abbatis, qui fuit spiritu justorum omnium plenus. Et in Flaviniaco adventus & exceptio corporis S. Reginæ virginis & martyris. In territorio Lugdunensi beati Lupicini abbatis. Et in Alexandria B. Serapionis anachoritæ.

XI. calend. April. In Galliis civitate Narbonæ natale S. Pauli episcopi & confessoris discipuli apostolorum. Apud Corinthum beati Dionysii episcopi, Civitate Biterris S. Afrodisii episcopi & confessoris.

Obiit Conradus comes & Maginfridus miles sancti Stephani. Eodem die obiit Theodericus canonicus & sacerdos, qui dedit domum suam & vineas, quicquid etiam proprietatis habere videbatur, ad hospitale pauperum pro obtinenda venia delictorum suorum.

X. calend. April. Natale sanctorum martyrum Victoriani, Frumentii & alterius Frumentii, duorumque germanorum egregio tormento coronatorum sub Honorico rege. Apud Africam beati Fidelis martyris.

Gislarus archidiaconus obiit, qui dedit fratribus suis omne prædium suum quod in Melundis & in circuitu ipsius habere visus est ad memoriam sui faciendam. Eodem die Willelmus laicus obiit, qui dedit inter fratres & altare patrimonium suum in Senonico, in villa Confluente. Eodem die obiit Andreas miles.

IX. calend. April. In Syria natale S. Seleuci. Ipso die SS. Romuli & Secundoli, qui apud Mauritaniam pro Christo passi sunt. Romæ passio S. Pigmenii presbyteri. Hic Julianum apostatam a puero nutrivit & sacris litteris erudivit, a quo postea in Tyberim pro Christi fide necatus est; dehincque abstractus, sepultus est in cimiterio Pontiani non longe a sanctis Abdon & Sennen. In Syria S. Seleucii, itemque in Frigia S. Agapiti.

VIII. calend. April. Apud civitatem Galileæ Nazareth Adnuntiatio sanctæ ac perpetuæ virginis Mariæ, & in Hierosolymis crucifixio Domini nostri JESU CHRISTI. Apud Syrmium natale S. Herenei episcopi & martyris. Romæ passio S. Cyrini martyris. Nicomedia natale S. Sedulæ martyris. In Antro insula natale S. Ermolandi abbatis.

Obiit Ilduinus Senonensis archidiaconus hujus ecclesiæ canonicus.

VII. calend. April. Romæ S. Castuli presbyteri & martyris. Pentapolim Lybiæ Theodori episcopi, Yrenei diaconi, Serapionis & Ammonii lectorum. Apud Syrmium natale S. Montani presbyteri, & Maximæ uxoris ejus in mare mersorum.

Obiit Aya sanctæ Mariæ ancilla. Eodem die obiit Anastasia mater domini Acardi presbyteri, quæ dedit canonicis sancti Stephani protomartyris quamdam vineam optimam, hoc pacto ut qui matutinis horis institerint, vinum dum duraret biberent. Canonici autem qui erant in capitulo hoc concesserunt.

VI. cal. April. Apud Ægyptum B. Johannis eremitæ, admirandæ sanctitatis, & prophetiæ spiritus viri. Hierosolymis Resurrectio Domini nostri JESU CHRISTI. Apud Smyrnam beati Trasæ episcopi & martyris. In Pannonia S. Alexandri martyris.

V. calend. April. Cesareæ Palestinæ natale

SS. martyrum Prisci, Malchi, Alexandri. Cavillono depositio domni Gontranni regis. Romæ Sixti papæ. Tharso Ciliciæ Castoris & Dorothei.

Eodem die obiit Ansellus juvenis miles S. Stephani. Item, obiit Condrada Deo sacrata.

IV. calend. April. Natale SS. martyrum Armogasti, Archinimi, & Satyri tempore Wandalicæ persecutionis. Monasterio Luxoviensi depositio beati Eustasii abbatis discipuli S. Columbani.

Ordinatio domni Waldrici episcopi. Ipsa die obiit Dodo miles sancti Stephani.

III. calend. April. Romæ natale SS. martyrum Quirini, Tribuni. Apud castrum Silvanctensium depositio S. Reguli confessoris & primi civitatis ipsius episcopi. Thessalonicæ natalis sanctorum Domnini & Victoris.

Pridie calend. April. Romæ S. Balbinæ virginis, quæ jacet juxta patrem suum Quirinum martyrem. Eodem die Amoos prophetæ. In Africa SS. Diodoli & Anesii.

Ipsa die obiit Belinus levita & canonicus, vir honestæ vitæ, qui canonicis sancti Stephani ad emendos reditus mille solidos dedit, de quibus singulis annis communis refectio canonicis exhibeatur.

APRILIS.

Calendas April. In Armenia SS. martyrum Quintiani, Victoris. Romæ depositio beatissimæ Theodoræ martyris. In Thessalonica natale SS. virginum Agapis & Cyoniæ martyrum. In Sardinia B. Meritoris episcopi & confessoris. Ipso die, S. Venantii episcopi & martyris.

Obiit Guido canonicus & Edissæ archidiaconus.

IV. nonas Aprilis. Lugduno beati Nicetii episcopi & confessoris. Apud Palæstinam depositio beatæ Mariæ Ægytiacæ, quæ peccatrix appellatur.

IV. nonas April. Cæsareæ Cappadociæ passio sanctæ Theodosiæ virginis. Nicomediæ, S. Donati & S. Amphiani. In Scithia civitate Thomis, natale sanctorum Evagrii & Benigni.

Obiit Abbo hujus ecclesiæ miles.

II. nonas Aprilis. Mediolano beati Ambrosii episcopi & confessoris doctoris præcipui. Apud Ispalim depositio S. Isidori episcopi & confessoris.

Ipsa die obiit Leotericus vicecomes, hujus ecclesiæ vexillarius.

Nonas Aprilis. Thessalonicæ natale sanctæ Hyrenæ virginis & martyris. Apud Ægyptum, natale sanctorum Nichanoris, & Apollonii, & Martianæ, quorum gesta habentur.

Eodem die ordinatio domni Heriboldi episcopi. Item ipsa die Ingeluinus miles obiit.

VIII. idus Aprilis. Romæ natale S. Sixti papæ & martyris temporibus Adriani passi. In Macedonia sanctorum Timothei & Diogenis. Libiæ superioris Theodori episcopi, Herenei diaconi, Serapionis & Ammonii lectorum. Et alibi natale sanctæ Marinæ & Egulinæ.

Obierunt Remigius & Warimbertus episcopi, Eodem die obiit Gaufridus archidiaconus & abbas sancti Eusebii.

VIII. idus Aprilis. Apud Africam natale sanctorum Epiphanii episcopi, & Donati, & aliorum XIII. Eodem die Hejesippi viri sanctissimi. Alexandria sancti Peleusii presbyteri.

Obiit Johannes levita & abbas sancti Eusebii adhuc juvenis prudentia litterarum imbutus & bonitate decorus. Ipsa die obiit Adila religiosa femina.

VI. idus Aprilis. Apud Tolosam natale sancti Exuperii episcopi & confessoris, cujus actus beatus Hieronymus memorabiliter describit. Romæ Calisti papæ.

Obiit Beraldus sacerdos & concentor.

V. idus Aprilis. Apud Antiochiam natale Procori martyris, qui unus fuit de VII. diaconibus. Apud Syrmium natale VII. Virginum, quæ in unum meruerunt coronari, quorum nomina Deus novit.

Obiit Suavis subdiaconus in litteris multum deditus. Eodem die Regina uxor Guiberti obiit, cujus assensu & precibus idem Guibertus ecclesiam sancti Stephani canonicis in Acolaco villa dedit.

IV. idus Aprilis. Romæ natale plurimorum martyrum quos sanctus Alexander papa baptizavit, & Aurelianus in mari necare fecit, & alibi Ezechielis prophetæ. Autissiodero depositio sancti Palladii episcopi & confessoris.

Obiit Waningus, qui dedit fratribus suum mansum indominicatum cum optima vinea & viridario adhærente in loco qui dicitur Maustacus, ad sui memoriam celebrandam. Eodem die Hludovicus rex obiit.

III. idus Aprilis. Romæ natale S. Leonis papæ, cujus temporibus extitit sancta synodus Calcedonensis. Apud Cretam urbe Gortina natale sancti Philippi episcopi & confessoris. In Dalmatia civitate Salona natale sancti Dominionis episcopi & confessoris cum militibus VIII. Nicomediæ S. Eustorgii.

II. idus Aprilis. Romæ via Aurelia depositio beati Julii episcopi & confessoris. Ipso die Zenonis episcopi. Wapingo depositio Constantini episcopi. Autissiodero beati Tetrici episcopi.

Eodem die Guillelmus subdiaconus canonicus feliciter emisit spiritum, & pro delictorum suorum remissione domum suam & vineam canonicis dedit.

Idus Aprilis. In Calcedonia natale sanctæ

Eufemiæ virginis & martyris. Apud Pergamum Asiæ urbem natale SS. martyrum Carpi episcopi, & Papilii diaconi, & beatæ Agathonicæ, & aliarum multarum. In Hispania natale S. Herminegildis regis & martyris.

XVIII. calendas Maii. Romæ natale SS. Tiburcii & Valeriani & Maximi. Interamnis S. Proculi martyris. Apud Alexandriam beati Hontonis & sanctæ Domnæ virginis cum sociis virginibus coronatæ.

Eodem die ordinatio domni Richardi præsulis. Ipsa die obiit Otbertus miles S. Stephani.

XVII. cal. Maii. In civitate Cordula natale sanctorum martyrum Olympiadis & Maximæ nobilium. In Italia sanctorum martyrum Maronis, Euthicetis & Victorini. Et in Reomago cœnobio beati Silvestri discipuli sancti Johannis confessoris.

XVI. cal. Maii. Cæsar-augustæ sanctorum decem & octo martyrum, quorum nomina & passio habentur. Apud Chorintum natale S. Calixti & Carisii cum aliis VII. Romæ S. Anicheti papæ & martyris, & in Mauritania natale sanctæ Basiliæ.

Eodem die obierunt Godolgarius presbyter & Augustus sacerdos, qui dedit fratribus alodum suum Maisilina cum vinea adjacente in villa quæ dicitur Loconiacus ad sui memoriam recolendam.

XV. cal. Maii. Apud Africam natale sancti Mappalici, qui cum aliis pluribus coronatus est. Antiochia natale sanctorum Petri diaconi & Hermogenis.

Obiit Petrus diaconus qui dedit fratribus in pago Senonico, in villa quæ dicitur Rivisiacus, & in pago Autissioderense in villa quæ dicitur Poziacus, omnia propria sua quæcumque visus est habere, cum masilinis & terris & vineis ad sui memoriam recolendam. Ipso die David levita & præpositus migravit ab hac vita. Item, Johannes levita & abbas humilis ab hoc sæculo migravit ad clementiam Christi. Obiit Richardus comes. Victoriæ comitissa.

XIV. calend. Maii. Apud Messanam Apuliæ civitatem natale SS. martyrum Eleutherii gloriosissimi episcopi, & Anthiæ matris ejus. Romæ passio S. Apollonii senatoris. In Africa Victoris Pamphili cum aliis numero VII.

XIII. calend. Maii. Apud Chorintum natale S. Timothis crucifixi, qui fuit de VII diaconibus. In Armenia civitate Militina natale SS. Rosi, Aristonici, Hermogenis cum aliis numero sex. Caucoliberi Hispaniæ natale S. Vincentii martyris. In cœnobio quod dicitur ad Laubias depositio beati Ursmari episcopi & confessoris.

Obiit Ersendis vidua Deo sacrata, quæ dedit fratribus pro Agini quondam sui mariti atque animæ suæ absolutione in pago Se-nonico in villa Caciaco clausum vineæ habentem Arpennos IV. & ad sanctum Priscum inter monachos & fratres vineolas quas ibi habebat. Stephanus miles obiit.

XII. calend. Maii. Natale S. Victoris papæ & martyris. Item, Romæ SS. martyrum Sulpitii & Serviliani. Autissioderi civitate depositio SS. confessorum Mamertini & Mariani.

XI. calend. Maii. Apud Persidem natale S. Simeonis episcopi & martyris cum aliis plurimis. In Galliis civitate Ebredunensi natale S. Marcellini episcopi & confessoris. Apud Alexandriam natale SS. Fortunati, Aratoris presbyteri, Felicis, Silvii, Vitalis, qui in carcere quieverunt.

Obiit domnus Galdricus episcopus. Obiit Hugo nobilissimus miles sancti Stephani, qui dedit fratribus Acolacum villam cum appendiciis suis, annuente Goffrido episcopo suo seniori ad sui memoriam recolendam.

X. calend. Maii. Romæ S. Gai papæ & martyris. Apud Persidem SS. martyrum quingentorum. Lugduno Galliæ natale sancti Epipodii martyris. Et alibi S. Parmenii cum sociis suis. Senones civitate S. Leonis episcopi & confessoris.

Eodem die Elya uxor Roberti ducis, mundo plangente, cælo plaudente, ultimum exhalavit spiritum. Ipsa die Elisabeth uxor Josberti militis, cujus assensu & precibus isdem Josbertus nemus quoddam & olquam unam non longe ab Acolaco villa canonicis sancti Stephani dedit ad sui memoriam faciendam.

IX. calend. Maii. In Persida civitate Diospoli passio S. Georgii martyris. In Galliis civitate Valentia natalis SS. Felicis presbyteri, Fortunati & Achillei diaconorum. Fontenella monasterio S. Wlfranni episcopi & confessoris.

Eodem die obiit Gvvilencus miles.

VIII. calend. Maii. Lugduno Galliæ natale S. Alexandri martyris cum aliis numero XXXIV. In Britannia S. Melliti episcopi & confessoris.

Obiit Ansellus levita & canonicus insignis, in divinis scripturis magister egregius, qui pro salute animæ suæ vineam quam habebat in monte Defenso canonicis dedit.

VII. calend. Maii. In Alexandria natale S. Marci evangelistæ. Lugduno depositio beati Rustici episcopi. Romæ letania major ad S. Petrum. In Syracusa civitate Siciliæ natale SS. Evodii, Ermogenis & Calistæ.

Obiit domnus Eribaldus episcopus, qui dedit ad vestimenta fratrum emenda, condidam villam cum suis appenditiis & abbasiolam sancti Remigii cum vineis, corticea videlicet & plantis ; & ad stipendia ipsorum dimidium Maximiacum, hoc est mansos XXI.

VI. calend. Maii. Romæ natale SS. marty-

ALIQUA ANTIQUISSIMA.

rum Cleti & Marcellini papæ. In pago Pontivo, cœnobio Centulæ depositio sancti Richarii confessoris. Autissiodero dedicatio majoris ecclesiæ S. Mariæ.

V. calend. Maii. Romæ natale S. Anastasii papæ. Nicomedia S. Antimi episcopi & martyris cum innumera multitudine martyrum. In civitate Tarso Ciliciæ natale S. Castori.

Obiit Lambertus hujus ecclesiæ canonicus & sacrista, qui ad sui memoriam recolendam dedit huic ecclesiæ bacinos duos argenteos, thuribulum argenteum, cappam de pallio, & duo candelabra, & duo tapetia; canonicis autem dedit centum solidos & furnum quem apud Crevenum fecit, & quicquid domorum vel aliorum ædificiorum tam apud Crevenum, quem apud Acolacum habuit.

IV. calend. Maii. Apud Ravennam natale S. Vitalis martyris patris SS. Gervasii & Prothasii. Alexandria beatæ Theodoræ virginis & martyris, & S. Didimi martyris. In Pannonia S. Eusebii episcopi, & S. Pollionis martyris.

Obiit Stephanus laicus, qui dedit prædium suum, quod in Loconiaco villa adquisivit de Georgio presbytero, fratribus sancti Stephani, ad sui memoriam agendam post obitum uxoris Gelesindis.

III. calendas Maii. Apud Paphum natale S. Titichi apostolorum discipuli. In Tuscia Torpetis martyris. In Numidia apud Cirtensem coloniam natale sanctorum martyrum Agapii & Secundini episcoporum. Passi sunt cum eis alii sex.

Eodem die Ayglulfus sacerdos atque decanus, divinorumque erogator verborum ab hac luce migravit, canonicis S. Stephani tribuens tres arpennos vineæ sui prædii in Garricis villa.

Pridie calend. Maii. Natale sanctorum martyrum Mariani presbyteri & Jacobi diaconi cum aliis multis. Sanctonas civitate natale S. Eutropii martyris. Apud Asiam passio S. Maximi martyris. Romæ via Appia depositio Quirini episcopi & confessoris.

Obierunt Nivelon miles. Item Hugo hujus ecclesiæ canonicus & decanus.

MAIUS.

Calendas Maii. Natale SS. apostolorum Philippi & Jacobi. Jerosolymis natale sancti Quiriaci episcopi & martyris, qui & Judas vocatus est. Et alibi Jeremiæ prophetæ. Autissiodero civitate depositio sanctissimi Amatoris episcopi & præcipui confessoris Christi. In Galliis territurio Vivariensi passio S. Andioli subdiaconi. Civitate Sedunensi loco Agauno passio S. Sigismundi regis. Tolosa civitate depositio S. Orientis episcopi & confessoris.

VI. nonas Maii. Alexandria natale sancti patris nostri Athanasii episcopi & confessoris. Item in Alexandria natale SS. Saturnini & Neapolis, qui in carcere requieverunt. Hierosolymis natale beati Simeonis episcopi & martyris, qui propinquus Salvatoris fuit secundum carnem. Autissiodero Optati episcopi, Memorii presbyteri & Sanctini presbyteri.

Obiit Remigius monachus & egregius doctor. Eodem die obiit Norgaudus Eduensis episcopus, hujus ecclesiæ canonicus, qui per manum Humbaldi episcopi ecclesiæ nostræ dedit pretii librarum x. ex pallio cappam optimam & quinque marcas argenti purissimi ad mensam altaris exornandam, & duo super altare operimenta mirabiliter & operose operata.

V. nonas Maii. Hierosolymis inventio sanctæ Crucis ab Helena regina in monte Golgota anno post Passionem Domini CCLXXXIII. regnante Constantino imperatore. Romæ via Nomentana natale SS. martyrum Alexandri papæ, Eventii & Theodoli presbyteri. Ipsa die Juvenalis episcopi & confessoris. Autissiodero Eusebii presbyteri & Aviti diaconi.

IV. nonas Maii. In Palæstina civitate Gazan natale sancti Silvani episcopi cum plurimis clericorum suorum coronati. Et alibi sanctorum martyrum XL. Nicomediæ natale S. Antoniæ martyris. Autissiodero depositio & translatio S. Corcodomi diaconi & confessoris. Lauriaco natale sancti Floriani martyris.

Obiit Walterius levita & canonicus & S. Mariæ præpositus. Eodem die Girbertus levita & præceptor & abbas S. Eusebii corpus tumulo, animamque reddidit Christo.

III. nonas Maii. Ascensio Domini ad cœlos. Apud Alexandriam natale S. Euthimi diaconi. Thessalonicæ natale SS. Herenei & Peregrini & Hirenes ignibus combustorum. Arelato depositio S. Hilarii episcopi & confessoris. Autissiodero passio S. Juviniani lectoris. Viennæ B. Nicetii episcopi venerabilis sanctitatis viri.

Obiit Frodo archipresbyter & canonicus litteris bene eruditus.

Pridie nonas Maii. Romæ S. Johannis apostoli & evangelistæ, quando ante portam Latinam in ferventis olei dolio missus est. Antiochia natale S. Evodii episcopi & martyris. Eodem die B. Lucii Cyrenensis episcopi, & alibi sanctorum martyrum Helyodori, Venusti, Postumii, Maximi, Niceti, cum aliis LXXII. Autissiodero depositio SS. Valerii & Valeriani episcoporum & confessorum.

Eodem die Mediolano ordinatio domni Humbaldi episcopi, & obitus magistri Guidonis canonici sancti Stephani & archiclavi, qui dedit ecclesiæ nostræ ex libris suis passionales duos, antiphonarium, gradale, hym-

narium & psalterium optimum.

Nonas Maii. Apud Terracinam Campaniæ urbem natale beatæ Domitillæ virginis & martyris cum aliis virginibus martyrio coronatis. Eodem die natale sanctorum Nerei & Achillei eunuchorum. Trecas sanctæ Mastidiæ virginis. Ipso die apud Nicomediam passio sanctorum Flavii, Augusti & Augustini fratrum.

Ipso die Ilgerius hujus ecclesiæ venerabilis præpositus, speculum & forma clericorum, tandem monachalem suscipiens habitum, mortem perdidit & vitam invenit. Hic autem ut in anniversario Humbaudi episcopi avunculi sui fratribus refectio exhiberetur, molendinum quod apud Aglignacum de suo proprio fecit, huic ecclesiæ donavit. Multis etiam ornamentis ecclesiam istam decoravit sacerdotalibus, scilicet vestimentum diaconorum & subdiaconorum. Dedit etiam calicem argenteum, canulas argenteas & cappam de pallio optimam, missale & breviarium, & multos alios libros. Inter etiam multa beneficia quæ huic ecclesiæ fecit, dedit super altare quinque operimenta linea venerabiliter operata. Portas autem principales istius ecclesiæ fecit, in quarum operatione ccc. solidos donavit, medietatem quoque terræ de Albex, quam a Gaufrido Rufo emit, & molendinum quod ædificavit in villa quæ dicitur Molins, ad refectionem in die anniversarii sui singulis annis fratribus exhibendam donavit. Eodem die obiit Hugo Nivernensis episcopus hujus ecclesiæ canonicus.

VIII. idus Maii. Mediolano natale sancti Victoris martyris. Autissiodero depositio sancti Eladii episcopi & confessoris. In Santonico* Vertavense monasterio depositio sancti Martini presbyteri & confessoris. Romæ Benedicti papæ. In territorio Bituricæ civitatis monasterio Silviniaco depositio S. Desiderati confessoris.

[marg.] f. Naonetico.

VII. idus Maii. In Persida sanctorum martyrum cccx. Castro Vindocino natale Beati confessoris, cujus gesta habentur. Constantinopoli natale sancti Timothei.

VI. idus Maii. Obitus Job prophetæ. Romæ Via Latina in cimiterio ejusdem natale sanctorum martyrum Gordiani & Epimachi cum aliis multis. Item Romæ Calepodii episcopi & martyris. Item Romæ ad* Centum aulas Quarti & Quinti.

[marg.] f. Centumcellas.

V. idus Maii. Romæ Via Salaria natale beati Antimi presbyteri & martyris & S. Pontii. Vienna natale sancti Mamerti. Silviniaco natale S. Majoli abbatis. Eodem die passio S. Gengulfi martyris.

Obiit Wibertus laïcus & Dutinus puer, qui dederunt nobis mansionile cum vinea in valle juxta Matriacum. Ipso die obiit Landricus comes.

IV. idus Maii. Romæ in cimiterio Prætextati natale sanctorum martyrum Nerei & Achillei fratrum. Item, Romæ Via Aurelia natale S. Pancratii martyris. Eodem die beati Dionysii patrui ejusdem beati Pancratii. Apud Cyprum sancti Epiphanii episcopi & confessoris.

Obierunt Hugo abbas & Wigbaldus episcopus, qui dedit fratribus XII. mansos in Chichiriaco per præceptum regis. Item Hermengardis comitissa obiit.

III. idus Maii. Romæ sanctæ Mariæ ad martyres dedicationis dies agitur a Bonifacio papa institutus. Tungrensis ecclesiæ depositio S. Servatii episcopi & confessoris, & alibi beati Mitrii presbyteri & confessoris. Autissiodero depositio S. Marcelliani episcopi & confessoris.

Pridie idus Maii. In civitate Cymela natale S. Pontii martyris. In Syria natale sancti Victoris & S. Coronæ, qui simul passi sunt. Ipso die natale S. Pachomii patris nostri. Eodem die passio S. Bonifacii martyris, qui nonas Junias Romæ sepultus est, quando & celebrior ejus dies agitur.

Obiit Letardus presbyter, qui dedit fratribus quæcumque habere visus est in pago Senonico, in villa quæ dicitur Bagnentiis, & in pago Autissiodorensi in villa quæ dicitur Molendinis, ad sui memoriam recolendam.

Idus Maii. Natale sanctorum confessorum Torquati, Tisefontis, Secundi, Indaletii, Cecilii, Esicii, Eufrasii, qui Romæ a sanctis apostolis episcopi sunt ordinati. Apud insulam Chium natale S. Hysidori martyris. Lomosaco natale sanctorum Petri, Pauli, Andreæ & Dionysiæ, quorum miræ passiones leguntur. Augustiduno natale S. Tetrici episcopi.

XVII. calendas Junii. Autissiodero vico Baugiaco passio S. Peregrini episcopi primi civitatis ipsius. In pago Tricassino sancti Fidoli episcopi & confessoris. Et alibi natale sanctorum Aquilini & Victoriani, quorum gesta habentur. In pago Forojulensi vico qui vocatur Calidianus, natale S. Maximæ virginis. In Provincia civitate Aquis sancti Mitrasii martyris.

Eodem die domnus Rikardus episcopus viam universæ carnis est ingressus. Eodem die obiit Fulco sancti Amatoris canonicus & sacerdos, qui pro salute animæ suæ domum suam Petrinam fratribus dedit.

XVI. cal. Junii. Apud Hierapolim beati Papiæ antistitis. In Tuscia depositio corporis Torpetis martyris, qui v. calendas Maii martyrium complevit, sed festivitas ejus hoc die celebrior agitur. In Alexandria Victoris.

Obiit Gauzelmus sanctæ Lingonensis ecclesiæ episcopus.

XV. calend. Junii. Apud Ægyptum sancti Dioscori lectoris & martyris. Ipso die natale sancti Felicis episcopi & martyris. Autissiodero exceptio reliquiarum sanctæ

ALIQUA ANTIQUISSIMA.

ctæ Eugeniæ virginis & martyris.

XIV. calendas Junii. Romæ natale S. Potentianæ virginis & martyris & S. Pudentis patris ejus. Item Romæ natale sanctorum martyrum Calocerii & Partheni eunuchorum uxoris Decii imperatoris. In Africa natale SS. Quinti, Primuli, Salusti, Fortunati, Domnionis.

XIII. calendas Jun. Romæ via Salaria natale S. Basillæ virginis & martyris. In Galliis civitate Nemauso natale S. Baudelii martyris. Bituricas natale S. Austregesili episcopi & confessoris. Autissiodero in basilica S. Germani dedicatio subteriarum cryptarum, & in occidentali parte ejusdem ecclesiæ consecratio oratorii S. Johannis Baptistæ.

XII. calend. Jun. In Mauritania natale sanctorum martyrum Timothei, Poli & Eutichii diaconi. Autissioderi natale sancti Valis confessoris.

Obiit Ricco sacerdos, qui omne alodum suum, quod in Montiniaco possederat, cum areis infra civitatem sitis, dedit canonicis S. Stephani pro obtinenda peccatorum suorum remissione, & ut in obitus sui die optima exhibeatur refectio eisdem fratribus.

XI. calendas Junii. In Africa natale sanctorum martyrum Casti & Emili. Autissiodero S. Helenæ virginis, cujus actus præclari in gestis S. Amatoris continentur. Apud Corsicam passio S. Juliæ, quæ crucis supplicio coronata est. Item, Autissiodero depositio S. Romani monachi & confessoris, sanctique Benedicti discipuli.

Eodem die Hludovicus juvenis rex obiit, & Heldradus miles S. Stephani.

X. calend. Jun. Apud Lingones passio sancti Desiderii episcopi. Vigenna passio sancti Desiderii episcopi, qui passus est in territorio Lugdunensi.

Obiit Ablenus levita, qui dedit in pago Senonico in villa Juliaco canonicis S. Stephani patrimonium suum pro obtinenda peccatorum suorum remissione, & ut in obitus sui eisdem fratribus optima exhibeatur refectio. Ipso die obiit Walo sacerdos atque decanus S. Petri.

IX. calendas Junii. In Portu Romano natale S. Vincentii martyris. Et alibi natale S. Manahen & beatissimæ Johannæ. In Galliis civitate Nannetis natale sanctorum martyrum Donatiani & Rogatiani fratrum.

Obiit Legerius levita & canonicus, qui a Jerosolymis revertendo in mari sepulturam habuit.

VIII. calendas Jun. Romæ natale S. Urbani papæ & martyris. Mediolano natale S. Dionysii episcopi & confessoris. In territurio Tricassino S. Leonis monachi & confessoris. Et alibi sanctorum quatuor martyrum.

Vet. Script. & Mon. ampl. Collect. Tom. VI.

VII. calendas Jun. Apud Athenas B. Quadrati episcopi discipuli apostolorum. In Britannia natale S. Augustini episcopi & confessoris. Item, Quadrati martyris. In territorio Autissioderensi loco Quotiaco passio S. Prisci martyris cum ingenti multitudine. Romæ SS. martyrum XXIII.

VI. calendas Jun. Mesia civitate Dorostrensi natale S. Julii martyris. Civitate Arausica natale S. Eutropii episcopi & confessoris. In territorio Adartensi S. Ragnulfi martyris.

V. calendas Junii. Romæ natale S. Johannis papæ & martyris. Apud Parisium transitus sancti Germani episcopi & confessoris. Apud Carnotum civitatem passio S. Carauni. In Sardinia SS. Emili, Felicis, Priami, Luciani.

Obiit Walo levita & canonicus & postea monachus effectus.

IV. cal. Jun. Romæ via Aurelia natale S. Restituti. Via Tyburtina natale septem germanorum. Treviris B. Maximini episcopi & confessoris. Iconio civitate natale S. Coronis martyris. Eodem die natale SS. martyrum Sisinnii, Martyrii, atque Alexandri.

Obiit Frotmundus miles S. Stephani, & postea monachus S. Benedicti. Ipso die est interfectus comes Raynaldus.

III. cal. Jun. Romæ via Aurelia natale S. Felicis papæ & martyris. Turribus Sardiniæ natale SS. martyrum Gabini & Crispuli. Antiochia natale SS. Isirii & Palatini, qui multa tormenta passi sunt. Ipso die natale S. Huberti Tungrensis episcopi.

Pridie calend. Jun. Romæ depositio S. Petronillæ virginis, quæ fuit filia B. Petri apostoli. Eodem die apud Aquileam Cantii, Cantiani & Cantianillæ fratrum. Turribus Sardiniæ natale S. Crescentiani.

Eodem die obiit Elizabeth femina, pro cujus anima Obertus miles vir ejus ecclesiæ S. Stephani, duas olchas in Crevenno villa sitas, dedit ad sui memoriam recolendam.

JUNIUS.

Calendas Junii. Romæ dedicatio S. Nichomedis martyris, cujus martyrium XVII. calendas Octobris ibidem celebratur. Augustiduno SS. Riviriani episcopi & Pauli presbyteri, cum aliis X. martyrum. Apud Cæsaream Palæstinæ natale S. Pamphili presbyteri & martyris. Ipso die S. Caprasii abbatis monasterio Lirinensis. Vigenna Eladii episcopi & confessoris.

IV. nonas Jun. Romæ in cimiterio inter duas lauros via Lavicana Marcellini presbyteri & Petri exorcistæ. Ipso die Lugduno passio S. Blandinæ virginis cum XLVIII. martyribus, qui sunt in territorio Autissioderensi delati vico Bacernensi a beata Balbina.

III. nonas Jun. Apud Auretium civitatem Tufciæ natale SS. martyrum Pergentini & Laurentini fratrum. Item in Campania B. Erafmi epifcopi & martyris. In territurio Aurelianenfi vico Maiduno depofitio S. Lifardi presbyteri & confefforis.

Pridie nonas Junii. Romæ in cimiterio Catacumbis via Appia natale SS. Aretii, Datiani. Apud Hilliricum civitatem Scifciam natale S. Quirini epifcopi & martyris.

Obiit Alto canonicus, qui dedit fratribus in pago Autiffioderenfi, in villa quæ dicitur Poziacus, de vinea in unam continentes plus minus arpennos v. Eodem die Stephanus de Cafellis obiit, pro cujus anima Johannes ejus filius illam partem, quam in Cafellis habere videbatur, per manum Innocentii papæ & Willelmi comitis, canonicis hujus ecclefiæ Domino Deo fervientibus dimifit: & in Nanto villa tres arpennos de terra arabili octoque denarios de cenfu pro anima matris fuæ, prope murum civitatis.

Nonas Junii. Apud Ægyptum natale SS. martyrum Marciani, Nicandri & Apollonii, quorum gefta habentur. Apud Tharfum civitatem natale S. Bonifacii martyris. Item Bonifacii epifcopi & martyris, qui de Britannis veniens, in Frifia paffus eft.

Ipfa die obiit Theobaldus miles.

VIII. idus Junii. Apud Cæfaream depofitio S. Philippi diaconi, qui fuit unus de VII. diaconibus. Romæ fanctorum martyrum Artenii cum uxore fua Candida & filia Paulina. Apud Antiochiam S. Afclepiadis epifcopi & confefforis.

VIII. idus Junii. Conftantinopolim natale S. Pauli epifcopi & martyris. Corduba SS. martyrum Petri presbyteri, Aventii, Hieremiæ, & aliorum trium quorum gefta habentur.

Obiit Letericus fubdiaconus, qui dedit fratribus alodum fuum in Adrebleto villa.

VI. idus Junii. In Galliis Sueffione civitate natale S. Medardi epifcopi & confefforis. Eodem die depofitio S. Godardi Rotomagenfis epifcopi, fratris ejufdem fancti Medardi, quos ferunt una die natos, una eademque die epifcopos ordinatos, fimiliter quoque una die ab hac die fubtractos. In Doroftoro civitate fancti Marci epifcopi.

V. idus Junii. Romæ in monte Cœlio natale SS. martyrum Primi & Feliciani. In Scotia S. Columbæ presbyteri & confefforis. In Galliis civitate Agenno loco Pompeiaco paffio S. Vincetii levitæ & martyris.

IV. idus Junii. Romæ via Aurelia natale S. Bafilidis martyris & aliorum XXII. martyrum. Autiffiodero depofitio S. Cenfurii epifcopi & confefforis. Eodem die beati Geftulii martyris.

III. idus Junii. In India natale S. Barnabæ apoftoli. Apud Corinthum natale S. Softenes difcipuli S. Pauli. In Aquileia SS. martyrum Felicis & Fortunati. Romæ Salutaria vetere natale fanctæ Bafillæ.

Pridie idus Junii. Mediolano inventio & tranflatio corporum fanctorum martyrum Nazarii & Celfi, quorum inventio pridie idus Junii, martyrium v. calendas Auguftas celebratur: commemoratio tamen eorum publica & celebris in die fanctorum martyrum Prothafii & Gervafii celebrius excolitur. Et alibi SS. martyrum Bafilidis, Cyrini, Naboris: fed & Nazarii & Celfi, quos duos paffos fuiffe apud Ebredunenfem urbem antiquitas memorando celebrat. Romæ via Aurelia SS. Tripuli, Magdaletis, Zabini, Donatellæ & Secundæ.

Idus Junii. Romæ natale fanctæ Feliculæ virginis & martyris. Corduba civitate natale S. Fandilæ presbyteri & martyris. In Africa SS Luciani, Fortunati, Crefcentiani & Teclæ.

XVIII. cal. Jul. Sueffionis civitate paffio SS. martyrum Valerii & Rufi, qui Romæ quidem orti, fed in Gallia gloriofo funt martyrio coronati. Et alibi Helizei prophetæ. In civitate Aurelianis tranflatio corporis S. Aniani epifcopi & liberatio civitatis ipfius a Chunis. In Africa SS. Quintiani, Theodolæ, Feftivæ & Cantianellæ.

Obiit Iterius monachus doctor eximius.

XVII. cal. Jul. Apud Siciliam natale SS. martyrum Viti, Modefti & Crefcentiæ. Eodem die apud civitatem Doroftro natale S. Efirii militaris & martyris. In Aquileia SS. Cantiani, Proti, Marci, Clementis.

Obierunt Umbaldus & uxor fua Ingelfindis, qui dederunt fratribus in Alnedo villa alodum fuum. Ipfo die Robertus rex in bello occifus eft.

XVI. cal. Jul. Apud Antiochiam natale SS. martyrum Cyrici & Julitæ matris ejus & aliorum CCCCIV. Civitate Vinfontionenfi natale SS. martyrum Ferreoli presbyteri & Ferrutionis diaconi. Civitate Nannetis S. Similiani epifcopi & confefforis. Madriaco villa S. Felicis martyris.

Obiit Hugo comes.

XV. cal. Jul. Romæ natale SS. martyrum CCLII. Aurelianis depofitio B. Aviti presbyteri & confefforis. Et in monafterio qui Aurea nuncupatur, depofitio S. Wlmari confefforis.

XIV. cal. Jul. Romæ via Ardeatina natale SS. martyrum Marci & Marcelliani fratrum. In Hifpaniis civitate Malacha SS. martyrum Cyriaci, & Paulæ virginis. Alexandria natale S. Marinæ virginis.

Obiit Adhelardus facerdos, qui dedit pro amore vitæ æternæ in Montiniaco alodum fuum canonicis S. Stephani, & in civitate Autiffiodero aream in qua degebat.

XIII. cal. Jul. Mediolano natale SS. marty-

ALIQUA ANTIQUISSIMA.

rum Gervasii & Prothasii, & commemoratio SS. Nazarii & Celsi. Ravennæ natale S. Ursicini martyris.

Obiit Æia mulier bona.

XII. cal. Jul. Romæ depositio S. Novati fratris Timothei presbyteri, qui a beatis apostolis eruditi sunt. Ravenna Crispuli & Vitalis martyris. In Thomis civitate sanctorum Pauli, Cyriaci, Paulæ, Feliciæ, Thomæ, Felicis.

Obiit Hludovicus imperator. Ipsa die obiit Ingrannus & Elizabeth uxor ejus, pro quorum memoria Milo filius eorum dedit canonicis S. Stephani XII. nummos in censu.

XI. cal. Jul. Apud Siciliam civitate Syracusana natale SS. martyrum Rufini & Martiæ. Romæ sanctæ Demetriæ virginis. In Cæsarea civitate natale S. Eusebii istoriographi.

X. cal. Jul. Natale S. Albani martyris cum aliis DCCCLXXXVIII. In civitate Nola Campaniæ natale S. Paulini episcopi & confessoris. Ipso die B. Nicei Romatianæ civitatis episcopi.

IX. cal. Julii. Vigilia S. Johannis-Baptistæ. Eodem die S. Johannis presbyteri & martyris via Salaria veteri sepulti. Apud Britanniam Ediltrudis virginis & reginæ.

VIII. cal. Jul. Nativitas beati Johannis Baptistæ. Augustiduno depositio S. Simplicii episcopi & confessoris. Romæ in cimiterio Gaudenti, sanctorum Felicis, Emeritæ.

VII. cal. Julii. Natale S. Sosipatris discipuli Pauli apostoli. Alexandria Gallicani martyris. Romæ via Salutaria * natale S. Lucciæ virginis & martyris cum aliis XXII. simul & Acciæ regis barbari. Apud Cretam S. Philippi Gortianensis episcopi.

VI. cal. Jul. Natale SS. martyrum fratrum Johannis & Pauli, quorum primus præpositus, secundus fuit primicerius Constantiæ virginis filiæ Constantini. In Africa Gaudenti, Felicis, Emitæ.

Obiit Leottericus Senonensis archiepiscopus.

V. cal. Julii. Apud Galatiam B. Crescentii discipuli Pauli apostoli. Tiburtina urbe Italiæ natale sanctæ . . . . cum septem filiis martyrizatæ. Cordubæ Hispaniis natale SS. Zoili & aliorum X. & IX. Cartagini sanctæ Guddenæ virginis & martyris. Oia monasterio S. Florentii confessoris.

Obiit Johannes sacerdos & canonicus, qui ad missas celebrandas dedit pro redemtione animæ suæ vestimenta sacerdotalia & calicem argenteum, & fratribus XXXII. solidos censuales, ut eis refectio communis exhiberetur. Præterea dedit ecclesiæ domum suam. Item obiit Galo laicus, qui omne patrimonium suum quod habebat in pago Tornetrensi in Villari-villa pro amore vitæ æternæ fratribus dedit ob sui memoriam faciendam.

IV. cal. Julii. Vigilia apostolorum Petri & Pauli. Ipso die natale S. Leonis papæ & confessoris. Lugduno Galliæ S. Hyrenei episcopi & martyris, & aliorum VII.

III. cal. Jul. Romæ natale sanctorum apostolorum Petri & Pauli, qui passi sunt sub Nerone, Basso & Tusco consulibus. In eadem urbe via Aurelia sanctorum martyrum nongintorum septuaginta septem.

Pridie cal. Jul. Natale & celebratio iterum beati Pauli apostoli. Item beatissimæ Lucinæ apostolorum discipulæ. Lemovicas natale S. Martialis episcopi & confessoris. Ipso die sanctorum Corsici presbyteri & Leonis subdiaconi. In territorio Vivarensi S. Hostiani presbyteri & confessoris.

Eodem die obiit Andreas miles Jerosolymis sepultus.

JULIUS.

Calendas Julii. In monte Hor depositio Aaron sacerdotis primi. In territorio Lugdunensi depositio beatissimi Domitiani abbatis. Eodem die Aninsulæ monasterio natale S. Carelefphi presbyteri & confessoris. Turonis natale S. Monegundis virginis. Civitate Engolisma depositio S. Ebarchii episc. & conf. In territorio Remensi S. Theoderici presbyteri & confessoris. In territurio Cameracensi Portu, qui Valentianas nuncupatur, natale S. Salvii martyris. Augustiduno depositio Leonti episcopi & confessoris.

Obiit Rainardus miles. Item obiit Jonas levita & canonicus, qui dedit ad restaurationem librorum hujus ecclesiæ XL. solidos.

VI. nonas Julii. Romæ natale SS. martyrum Processi & Martiniani, qui a beatissimis Petro & Paulo baptizati & instructi sunt. Et in eadem urbe natale S. Eutici & Melchiadis papæ.

V. nonas Jul. Apud Edissam Mesopotamiæ passio S. Thomæ apostoli, qui translatus est XII. calendas Januarii quando celebrior dies agitur. Constantinopolim natale S. Eulogii. Laodicia S. Anatholii episcopi & confessoris. Apud Neocæsariam Ponti beati Gregorii episcopi & beati Athenodori fratris episcopi. Senones S. Sydronii martyris.

IV. nonas Jul. Oseæ & Aggei prophetarum. Turonis translatio S. Martini episcopi & confessoris, & ordinatio episcopatus ipsius. In Africa natale S. Jocundiani martyris. In territorio Bituricæ civitatis, vico Vesteno, natale S. Lauriani martyris. In Sirmia natale SS. Innocentii, Sabbatiæ cum aliis XXX.

III. nonas Jul. Apud Syriam natale S. Domitii martyris. Romæ natale sanctæ Zoæ martyris uxoris beati Nicostrati. In Alexandria S. Arpois.

Pridie nonas Julii. Oseæ & Johel prophetarum, & octavæ apostolorum. Romæ natale S. Tranquillini martyris patris martyrum Marci & Marcelliani, qui ad prædicationem beati Sebastiani credidit Christum. In pago Threcarensi natale sancti Gotharis presbyteri & confessoris. Augustiduno depositio Legonti episcopi & confessoris.

Nonas Julii. Apud Alexandriam natale S. Pantheni viri apostolici. Romæ SS. martyrum Nicostrati, Claudii, Castorii, Victorini, Symphoriani, quos beatus Sebastianus credere Christum docuit, & S. Polycarpus presbyter baptizavit.

Obiit Angilelmus episcopus, qui dedit villam, cui Pulverenus nomen est, fratrum canonicorum scilicet stipendiis. Res etiam quæ ex jure proprio ei cesserant tam in Bilisco, quam in Annau cum servientibus, eorumdem usibus delegavit.

VIII. idus Julii. Apud Asiam S. Aquilæ & Priscillæ, de quibus in Actibus apostolorum scribitur. In Palæstina natale S. Procopii martyris. Apud Eracleam SS. Johannis & Apri. Ipso die S. Cæciliani martyris.

VII. idus Julii. Romæ ad Guttam jugiter manantem natale S. Zenonis & aliorum decem millium ducentorum trium. Eodem die beati Cyrilli episcopi & martyris. In civitate Tyriæ natale S. Anatholiæ martyris, & S. Audatis martyris. In civitate Martulana natale S. Briccii episcopi & confessoris. Eodem die depositio S. patris nostri Effrem diaconi. Senones sancti Eraclii episcopi.

Obiit Odo sancti Dionysii monachus.

VI. idus Julii. Romæ natale SS. martyrum septem Fratrum filiorum S. Felicitatis, id est, Januarii, Felicis, Philippi, Alexandri, Vitalis, Silvani, Martialis. In Africa natale SS. martyrum Januarii, Marini, Naboris & Felicis. Item, Romæ natale SS. virginum Rufinæ & Secundæ sororum & martyrum. Apud Ephesium in monte Cœlio depositio septem Dormientium, quorum nomina hæc sunt: Maximianus, Malcus, Martianus, Dionysius, Johannes, Serapion, Constantinus.

V. idus Julii. Translatio corporis S. Benedicti abbatis. In Armenia minore civitate Nicopoli natale SS. martyrum Januarii & Pelagiæ. In territorio Pictaven si natale S. Savini confessoris. Hic fuit ex discipulis sancti Germani Autissiodorensis episcopi.

IV. idus Julii. Apud Aquileiam natale S. Hermogaræ episcopi & martyris, discipuli S. Marci Evangelistæ. Apud Cyprum natale beati Vasonis antiqui Christi discipuli. Mediolano translatio corporum SS. martyrum Naboris & Felicis. Romæ in Vaticano S. Pii papæ. (*Recenti manu.* Exceptio reliquiarum S. Amatoris,)

III. idus Julii. Natale S. Silæ apostoli, adjutoris beati Pauli apostoli. In Africa natale SS. confessorum Eugenii Cartaginensis episcopi & universi cleri ejusdem ecclesiæ, qui cæde inediaque mactati fere quingenti vel amplius fuerunt. In Britannia minori natale S. Thuriavi episcopi & confessoris. In Anthiochia passio S. Margaritæ Virginis. In Alexandria Serapionis & Trophimi.

Pridie idus Julii. Romæ natale S. Anacleti papæ. Apud Pontum natale S. Focæ episcopi & martyris. Alexandria depositio S. Eracleæ antistitis. Lugduno Galliæ S. Justi episcopi & confessoris.

Obiit Gualdricus levita & canonicus sancti Stephani & abbas sancti Eusebii.

Idus Julii in Alexandria SS. Philippi, Zenonis, Narsei, & decem Infantum. Nisibi natale S. Jacobi episcopi & magnæ virtutis viri. Cartagine SS. Catulini diaconi, Januarii, Florentii, Juliæ & Justæ, qui sunt positi in basilica Fausti. Hierosolymis divisio XII. apostolorum ad prædicandum.

Obiit Jonas sacerdos & canonicus almi Stephani, complens præsentis vitæ debitum, ovanter emisit spiritum.

XVI. calend. Augusti. In civitate Hostia natale S. Hilarini martyris. Apud Antiochiam Syriæ natale S. Eustachii episcopi & confessoris. Et alibi SS. Valentini, Theoni & Dyocletis.

XVI. calend. Aug. In Cartagine natale SS. martyrum Schillitanorum numero XII. Autissiodero depositio B. Theodosii episcopi & confessoris.

XV. calend. Aug. Romæ passio septem germanorum Petri, Marcelliani, Dionysii, Januarii, Symphronii, Clementis & Hyrenei. Civitate Mettis natale S. Arnulfi episcopi & confessoris.

XIV. calend. Aug. Apud civitatem Colossis natale beati Epafræ episcopi & martyris. Apud Hispaniam Hispali civitate natale S. Justæ & Rufinæ martyrio coranatarum. Eodem die natale S. patris nostri Arsenii monachi & confessoris, qui propter abundantiam lacrymarum sudarium in sinu semper ferebat. Lugduno Galliæ sancti Rustici presbyteri & confessoris.

XIII. cal. Aug. Natale S. Joseph, qui cognominatus est Justus. Civitate Corduba natale S. Pauli diaconi & martyris. In Thebaïda S. Victoris. Apud Damascum SS. martyrum Sabini, Maximini, cum aliis XIV. Autissiodero S. Marini presbyteri.

XII. calend. Aug. Obitus Danihelis prophetæ. Romæ natale S. Praxidis virginis. In civitate Marsilia natale S. Victoris martyris. Passi sunt autem cum eo tres milites, Alexander, Felicianus & Longinus. Trecas passio S. Juliæ virginis.

Ipso die obiit Robertus rex Franciæ.

ALIQUA ANTIQUISSIMA.

XI. calend. Aug. Natale S. Mariæ Magdalenæ, de qua, ut evangelium refert, septem dæmonia ejecit Dominus. Ancyra Galatiæ natale S. Platonis martyris. Cœnobio Fontenella depositio S. Wandregesili confessoris & abbatis.

X. calend. Aug. Apud Ravennam natale S. Apollinaris episcopi & martyris. Hic Romæ ordinatus a beato Petro apostolo Ravennam directus est, ibique passus.

IX. Calendas Aug. Apud Hemeritam Hispaniæ civitatem natale S. Victoris martyris cum duobus fratribus. In Italia civitate Tyro, quæ est circa lacum Vulsinum, natale S. Christinæ virginis & martyris. Eodem die natale SS. Nicetæ & Aquilæ, quæ martyrii palmam capitis abscissione meruerunt.

VIII. calendas Augusti. Natale beati Jacobi apostoli fratris Johannis evangelistæ, quem decollavit Herodes. In Licia civitate Samon natale S. Christophori martyris. Civitate Barcinona passio S. Cucuphatis. Romæ Nemesii diaconi & martyris.

VII. calend. Aug. Natale beati Herasti, qui Philippis a beato Paulo apostolo ordinatus, ibi martyrio coronatus quievit. Romæ in Porto natale S. Jacincti martyris. Item Romæ via Latina sanctorum martyrum Symphronii, Olympii, Theodoli, & Exuperiæ.

VI. calend. Aug. Apud Nicomediam civitatem natale S. Hermelagi presbyteri & martyris, cujus doctrina beatus Pantaleon ad fidem conversus est. Et alibi natale sanctorum XII. quorum gesta habentur. In Sicilia beati Simeonis monachi. Autissioderi beati Hetherii episcopi & confessoris.

V. calend. Aug. Nicomedia passio S. Pantaleonis. Britannia minore, Dolo S. Samsonis episcopi & confessoris. Mediolano passio SS. Nazarii & Celsi, quorum passiones annotatæ sunt 11. idus Junii, quando sacra corpora eorum inventa sunt.

Obiit domnus Gerannus episcopus. Ipso die Hazardus abbas sancti Germani ab hac vita sublatus est.

IV. calend. Aug. Romæ via Aurelia translatio corporis beati Felicis episcopi & martyris, qui IV. idus Novembris martyrio coronatus est. Eodem die sanctorum martyrum Simplicii, Faustini, & S. Beatricis martyris sororis eorum. Trecas depositio S. Lupi episcopi & confessoris. Item Romæ natale B. Seraphiæ virginis & martyris, cujus celebrior dies agitur III. nonas Septembris.

Ragenaldus hujus ecclesiæ.... eodem die Senonis pugnando interfectus est. Eodem die Philippus rex Francorum obiit.

III. calend. Aug. Romæ SS. martyrum Abdon & Sennen V. calendas Augusti martyrizatorum, & III. calendas ejusdem mensis sepultorum. Apud Africam civitatem Lucernatiam natale SS. virginum & martyrum Maximæ, Donatillæ & Secundæ. Autissiodero depositio S. Ursi episcopi & confessoris.

Pridie calend. Aug. Apud Ravennam Italiæ civitatem transitus S. Germani episcopi Autissiodorensis. Apud Cæsaream sancti Fabii martyris.

Eodem die Ludovicus rex Franciæ obiit.

AUGUSTUS.

Calendas Augusti. Romæ S. Petrum ad vincula. In Antiochia passio SS. Machabæorum septem fratrum cum matre sua, qui passi sunt sub Antiocho rege. In Italia Vercellis civitate natale S. Eusebii episcopi & martyris. Civitate Philadelphia SS. martyrum septem una die coronatorum. Gerunda civitate natale S. Felicis præcipui martyris. Romæ SS. virginum & martyrum Spei, Fidei & Caritatis, & matris earum Sapientiæ.

IV. nonas Aug. Romæ in cimiterio Calisti via Appia natale sancti Stephani papæ & martyris. In provincia Bithinia urbe Nicæa natale S. Theodotæ cum tribus filiis suis martyrizatæ. Et in Italia civitate Verona natale S. Felicis. Et alibi natale sancti Niceti.

III. nonas. Aug. Hierosolymis inventio corporis beati Stephani protomartyris Christi, & SS. Gamalihelis, Nicodemi & Abibon. Romæ via Appia natale S. Tharsitii martyris. Augustiduno depositio Eufroni episcopi & confessoris.

Pridie nonas Augusti. Romæ ad S. Laurentium natale S. Justini presbyteri. Eodem die beati Aristarchi discipuli S. Pauli apostoli, qui fuit Thessalonicensium episcopus. Romæ in crypta Atenaria beati Tertulliani martyris.

Obiit Henricus rex Francorum. Eodem die Gaufridus comes Cabilonensis, hujus ecclesiæ casatus, apud castrum suum Donziacum monachus factus obiit.

Nonas Augusti. Augustiduno natale S. Cassiani episcopi. Catalaunis natale S. Memmii episcopi. Eodem die natale S. Hoswaldi Anglorum regis & martyris.

Eodem die Hugo sancti Stephani præpositus in via Hierosolymitana sepultura traditus est. Eodem die Rainaldus Willelmi comitis filius interfectus est.

VIII. idus Aug. Transfiguratio Domini in monte. Romæ natale S. Sixti episcopi & martyris, cum quo passi sunt Felicissimus & Agapitus diacones, & alii quatuor, id est Januarius, Magnus, Vincentius & Stephanus subdiaconus, ac beatus Quartus cum eis, ut scribit S. Cyprianus. Item Romæ S. Ormisdæ papæ.

Bbb iij

Obiit Maurinus episcopus, qui dedit stipendiis fratrum agellum proprietatis suæ, cujus vocabulum est Villare, non longe a Varziaco.

VII. idus Augusti. Apud Tusciam civitate Aritia natale S. Donati episcopi & martyris. Apud Mediolanum S. Faustini. Romæ passio sanctorum XXVIII. Apud Cretam civitate Augusta passio S. Afræ.

Obiit Ermenfredus præpositus, qui dedit fratribus prædium suum super fluvium Balea, & in Capiliaco & in pago Senonico & in Basau ad sui memoriam celebrandam.

VI. idus Augusti. Romæ S. Cyriaci martyris sociorumque ejus, qui passus est XVII. calendas Aprilis: sed postea beatus Marcellus episcopus una cum beatissima Lucina transtulit in prædium suum sacrum corpus ejus pariterque XXI. sociorum ejus, manu sua recondidit cum aromatibus VIII. die mensis Augusti, quando & celebrem ejus festivitatem statuit. Viennæ S. Severi presbyteri.

Eodem die obiit Heriveus Nivernensis episcopus hujus ecclesiæ canonicus. Item obiit Ato miles, pro cujus anima Humbaudus frater ejus terram Lonniaci quam tenebat, canonicis S. Stephani reliquit.

V. idus Augusti. Romæ S. Romani militis, qui confessione S. Laurentii compunctus, baptizatus martyrisatus est. Ipso die vigilia S. Laurentii archidiaconi & martyris.

Obiit Salomon canonicus & decanus sancti Stephani.

IV. idus Augusti. Romæ natale S. Laurentii diaconi & martyris. Item Romæ militum centum sexaginta quinque.

III. idus Augusti. Romæ via Lavicana inter duas lauros natale S. Tiburtii martyris. Item Romæ natale S. Susannæ virginis & martyris. Cameraco natale S. Gaugerici episcopi & confessoris. In civitate Ebroicas natale S. Taurini episcopi.

Obiit Hugo hujus ecclesiæ venerabilis episcopus, quem vitæ sanctitas & morum probitas decoravit, & quam pie & religiose vixerit, hujus vitæ exitus satis comprobavit. Qui ob amorem Dei & sui memoriam singulis annis recolendam, ecclesiam Ausiaci ad refectionem fratrum in die anniversarii sui huic ecclesiæ donavit. Dedit etiam eidem alias ecclesias, ecclesiam scilicet Bacernæ & S. Briccii, & Induniaci, & Veniosæ, & decimas Visiaci. Præterea ipsam ecclesiam multis cappis de pallio, & duobus tapetis, & multis sacerdotalibus indumentis, & aliis ornamentis ipse dives ditavit.

Pridie idus Augusti. In Sicilia civitate Cathena natale S. Eupli diaconi & martyris. Eodem die natale S. Hilariæ martyris matris S. Afræ, cum qua passæ sunt Digna, Eumenia & Euprepia. Civitate Filare passio S. Gratiliani & Felicissimæ virginis.

Obiit venerabilis memoriæ magister Gislebertus, veteris & novi testamenti glossator eximius, qui Universalis merito est appellatus, hujus ecclesiæ canonicus, postmodum vero Londoniensis factus episcopus; qui præter cetera quæ ecclesiæ nostræ ex Anglia transmiserat ornamenta, octoginta & duas libras eidem ecclesiæ contulit: Fratres vero inde possessiones ementes, anniversarium ejus singulis annis celebrari devote constituerunt.

Idus Augusti. Romæ via Tyburtina natale S. Hyppoliti martyris. Passa est autem Concordia nutrix ejus, & alii de domo ejus XIX. Forosillæ natale S. Cassiani martyris. Pictavis depositio S. Radegundis reginæ.

Obiit Norgaudus miles S. Stephani.

XIX. cal. Septembris. Vigilia Assumtionis S. Mariæ. Via Appia in cimiterio Calixti depositio S. Eusebii presbyteri & confessoris. Apud Aquileiam passio sanctorum Felicis & Fortunati fratrum. In Africa Demetrii cum aliis decem.

XVIII. cal. Septembris. Assumtio sanctissimæ & gloriosissimæ Dei genitricis Mariæ. Eodem die natale S. Tharsitii acolythi & martyris. Et alibi S. Eusebii martyris.

XVII. cal. Septembris. In Nicæa Bithiniæ natale S. Ursatii confessoris. Romæ natale S. Serenæ uxoris Diocletiani Augusti. Autissiodero translatio Augurii & Desiderii episcoporum. In Persida natale S. Tyrsi martyris. Nivernis natale S. Arigii episcopi & confessoris.

Ipso die Odo præceptor S. Stephani præsentem finivit vitam.

XVI. cal. Septembris. In Cæsarea Cappadociæ natale SS. Mammetis martyris. Apud Africam SS. martyrum Liberati abbatis, Bonifacii diaconi, Servi & Rustici subdiaconorum, Rogati & Septimi monachorum, & Maximi pueri. Romæ octabas S. Laurentii.

XV. calendas Septembris. Apud Prænestinam civitate natale S. Agapiti martyris. Romæ SS. presbyterorum Johannis & Crispi. Apud Cartaginem passio SS. Massæ Candidæ, qui fere CCC. fuere viri, & in clibanum calcis vehementer ardentis pro fide Christi sunt demersi, unde candidatus ille exercitus beatorum Massa Candida meruit nuncupari: Massa, propter numerum, Candida, propter meritum: quorum memoria agitur IX. calendas Septembris. Tamen sciendum quia XV. calendas prædicti mensis passi sunt.

Obiit Gualterius vicecomes.

XIV. cal. Septembris. Natale S. Magni seu S. Andreæ martyrum cum sociis suis duobus millibus DXLVII. In monte qui dicitur Jura S. Donati presbyteri & confessoris. Romæ beati Julii senatoris & martyris. In territorio Bituricensi natale sancti Mariani

confefforis, cujus gefta habentur.
Ipfo die obiit Ebrardus miles S. Stephani.

XIII. cal. Septembris. Samuëlis prophetæ. Eodem die beati Porphirii hominis Dei. Herio infula in loco qui dicitur Deas, natale S. Philiberti abbatis & confefforis.

XII. calendas Septembris. In territurio civitate Gavalitana vico Mimatenfi, natale S. Privati epifcopi & martyris. Eodem die natale SS. martyrum Bonofii & Maximiani, quorum gefta habentur.
Obiit Adelelmus nobilis miles & humilis. Eodem die Willelmus Nivernenfis comes, Carturiæ religiofam vitam ducens fanctiffime obiit.

XI. cal. Septembris. Romæ natale S. Timothei martyris, qui de Antiochia Romam venit, & fua prædicatione multos ad Chriftum convertit: pro quo & martyrizatus fepultus eft juxta beatum Apoftolum pro eo quem habuerat ejufdem nominis difcipulum. Auguftiduno natale S. Symphoriani martyris. Item, Romæ B. Antonii martyris, & SS. Peregrinorum martyrum Martialis, Epiterii, Saturnini cum fociis eorum.
Stephanus hujus ecclefiæ præpofitus & canonicus obiit.

X. calendas Septembris. Antiochia natale SS. martyrum Donati, Reftituti, Valeriani, Fructuofæ cum aliis xii. Alexandria beati Theonæ viri Dei. Et alibi S. Zachei epifcopi & SS. martyrum Minerii, Eleazari cum filiis ix. Eodem die natale fanctorum Timothei & Apollinaris, qui apud Remenfium urbem confummato martyrio cœleftia regna meruerunt. In Liceæ civitate Egea SS. Claudii, Afterii & Neonis, qui poft acerba tormenta cruci adfixi funt. Auguftiduno depofitio fancti Flaviani epifcopi.
Eodem die Eribertus Autiffiodorenfis epifcopus viam univerfæ carnis eft ingreffus.

IX. calendas Septembris. In India natale S. Bartholomæi apoftoli. Apud Cartaginem commemoratio fanctorum Maffæ candidæ, quorum folemnitas fuperius xv. calendas Septembris annotata eft. Romæ natale S. Genefii martyris. Civitate Rotomago natale S. Audoëni epifcopi & confefforis. In territurio Nivernenfi natale SS. confefforum Patricii abbatis & Gildardi prefb.
Obiit Hugo comes.

VIII. calendas Septembris. Romæ natale SS. martyrum Eufebii, Pontiani, Peregrini, & Vincentii. Arelato natale S. Genefii martyris proprio cruore baptizati. Civitate Complufo paffio SS. Jufti & Paftoris fratrum, qui cum adhuc pueri litteris imbuerentur, projectis in fchola tabulis, fponte ad martyrium cucurrerunt. Item, Romæ via Nomentana militum xviii.

VII. calendas Septembris. Romæ SS. martyrum Herenæ & Abundi. Item, Romæ natale S. Zephirini papæ. Apud Victimilium caftrum Italiæ natale S. Secundi martyris. Bergamis civitate natale S. Alexandri martyris. Salona paffio S. Anaftafii, cujus memoria feftivitatis fupra notata eft xii. calendas Septembris. Autiffiodero depofitio S. Eleutherii epifcopi.

VI. calendas Septembris. Apud Capuam S. Rufi martyris. Arelato S. Cæfarii epifcopi & confefforis. Auguftiduno depofitio S. Siagri epifcopi & confefforis. Thomis natale SS. martyrum Marcellini tribuni, & uxoris ejus Manneæ, & filii ejus Johannis, & Serapionis clerici, & Petri militis. Eodem die paffio SS. Georgii diaconi, Aurelii, Felicis, Nataliæ, & Liliofæ. Civitate Bituricas tranflatio corporis S. Sulpitii epifcopi & confefforis.

V. cal. Septembris. Romæ paffio S. Hermetis martyris. Conftantinopolim natale fancti Alexandri epifcopi gloriofi fenis, cujus oratione Arrius divino nutu crepuit medius effufis vifceribus. In civitate Yppona natale S. Auguftini epifcopi & confefforis, qui fpiritu divino tactus, fecit libros, tractatus, epiftolas numero mille xxx. excepto quæ numerari non poffunt. Santonas natale S. Bibiani epifcopi & confefforis. Ipfo die in Brivato vico natale fancti Juliani martyris.
Obiit Gimo miles S. Stephani.

IV. calendas Septembris. Romæ ad arcum Fauftini beatiffimæ Sabinæ martyris, quæ fuit uxor præclariffimi quondam Valentini & filia Herodis Merallatii, quæ paffa eft Adriano imperante, fub præfecto Helpidio. Item, Romæ paffio S. Seraphiæ virginis. In provincia Palæftinæ civitate... decollatio S. Johannis Baptiftæ.
Ipfa die ordinatio domni Herefridi, qui dedit fratribus ad refectionem ipfius diei faciendam Artaldum villam, & in Lindriaco manfum unum, & in Capillaco manfum alterum, & molendinum fubtus murum. In Nativitate vero S. MARIÆ quando fedit primum in cathedra epifcopali, dedit fratribus ecclefiam Bavernæ & Lindriacum, & Lupiurum necnon Logniacum. Gimiliacum autem dedit in natali S. Clementis. Obiit Archemboldus epifcopus.

III. calendas Septembris. Romæ via Oftienfi milliario ab Urbe beatiffimorum martyrum Felicis & Audacti, ambo presbyteri. Item, Romæ Gaudentiæ virginis.
Obiit Ermenbertus facerdos, qui innocenter gladio interfectus eft.

Pridie calendas Septembris. Treviris natale S. Paulini epifcopi & confefforis. Apud Athenas B. Ariftidis fide fapientiaque clariffimi. Autiffiodero depofitio S. Optati epifcopi & confefforis. Ancira Galatiæ SS. Gaiani & Juliani.

SEPTEMBER.

Calendas Septembris. Hiesu Nave & Gedeon prophetarum, & beatissimæ Annæ prophetissæ, quæ in evangelio legitur. Capua natale S. Prisci martyris. Senones depositio B. Lupi episcopi & confessoris. Cenomanis natale S. Victoris episcopi & confessoris. Ipsa die transitus S. Ægidii abbatis & confessoris.

Obiit Richardus comes.

IV. nonas Septembris. Lugduno natale S. Justi episcopi & confessoris, qui migravit ad Dominum in eremo pridie idus Octobris, & ejus sacrum corpus & B. Viatoris ministri ejus Lugdunum relatum, cum digno cultu conditum est IV. nonas Septembris. Eodem die apud præfatam urbem depositio B. Helpidii episcopi. Apud Apamiam B. Antonini martyris.

III. nonas Septembris. Natale S. Fœben, de qua Apostolus Romanis scribit: *Commendo autem vobis Fœben, &c.* Romæ commemoratio B. Seraphiæ virginis & martyris, quæ passa est IV. calendas Augusti, sepulta pridie calendas Augusti, sed IV. nonas Septembris festivior dies agitur, quando locus orationis dedicatus est, & sepulcrum ejus ornatum est. Apud Capuam natale SS. martyrum Antonini pueri & Aristei episcopi.

Pridie nonas Septembris. Moysi legislatoris. Cabilonis civitate natale S. Marcelli martyris. Et alibi natale SS. martyrum Rufini, Silvani & Vitalicæ. Romæ in cimiterio Maximi via Salutaria natale sancti Bonifacii episcopi.

Nonas Septembris. In suburbio Romæ beati Victorini martyris. Romæ in Portu natale S. Herculiani martyris. Eodem die natale S. Bertini abbatis.

Obiit Lambertus levita & doctor eximius. Ipso die Helisabeth Deo sacrata obiit.

VIII. idus Septembris. Obitus Zachariæ prophetæ, & natale S. Honesyppheri, de quo ad Timotheum scribit Apostolus: *Det misericordiam Dominus Honesyppheri domui,* & reliqua. Apud Africam beatissimorum episcoporum Donatiani, Præsidii, Mansueti, Germani, Fusculi.

VII. idus Septembris. In Galliis territorio Æduorum nuncupato loco Alesia, quæ olim fortissima civitas fuerat, sed a Julio Cæsare destructa, natale sive passio sacratissimæ Reginæ virginis. Nicomedia natale beati Johannis viri Dei. Aurelianis depositio B. Evurtii episcopi. Parisius vico Novegento sancti Clodoaldi presbyteri & confessoris.

VI. idus Septembris. Nativitas sanctæ Dei genitricis & perpetuæ Virginis Mariæ, quam Spiritus-sanctus custodivit, & electam sanctificavit, ut ex utero illius nas-

ceretur Homo-Deus altissimus. Romæ festivitas sepulturæ S. Adriani, qui apud Nicomediam cum aliis XXIII. passus est IV. nonas Martii.

Obiit Eribaldus levita & archiclavis, qui insperate ab inimicis gladio interemtus est. Eodem die Dodo sacerdos occisus est in bello. Ipso die Ingelbaldus sacerdos atque decanus S. Stephani obiit.

V. idus Septembr. Apud Nicomediam passio SS. Dorothei & Gorgonii martyrum. Eodem die Audomari Tarvanensis episcopi. Romæ natale S. Sergii papæ.

IV. idus Sept. Depositio S. Hilarii papæ. Apud Africam natale sanctorum confessorum x. quorum actus gloriosi habentur. In Calcedonia natale SS. Sosthenis & Victoris, qui post varia tormenta incumbentes orationi, vocati de cœlo datoque sibi invicem pacis osculo spiritum emiserunt.

Obiit Hludovicus serenissimus rex filius Karoli.

III. idus Sept. Romæ in cimiterio Basillæ natale SS. martyrum Proti & Jacinti, qui fuerunt eunuchi sanctæ Eugeniæ virginis. Lugduno Galliæ depositio S. Patientis episcopi & confessoris.

II. idus Sept. Apud Ticinum ... pia dicitur, natale SS. confessorum Syri & Yventii, qui glorioso fine quieverunt in pace. Et in Sicilia civitate Catena S. Eupli & beati Serapionis episcopi. Augustiduno civitate S. Evanti episcopi & confessoris.

Idus Sept. Apud Ægyptum civitate Alexandria, B. Philippi episcopi & martyris patris sanctæ Eugeniæ virginis. Ipso die S. Amati presbyteri & abbatis monasterii Romerici. Andegavis depositio sancti Manrilionis episcopi. Augustiduno B. Nectari episcopi.

XVIII. cal. Octobris. Exaltatio sanctæ Crucis, quando Eraclius imperator eam de Perside Hierosolymam reportavit. Romæ via Appia in cimiterio Calisti natale sancti Cornelii papæ & martyris. Passi sunt cum eo XXII. viri. Apud Africam B. Cypriani episcopi & martyris, cujus sacratissima ossa cum capite S. Pantaleonis & membris B. Sperati martyris tempore Caroli-Magni Lugdunum delata honorifice tumulata sunt. Referuntur autem cum eo passi Crescentianus, Victor, Rosula & Generalis.

XVII. cal. Octob. Natale S. Nicomedis presbyteri & martyris. In territorio Cavillonense castro Trenorcio S. Valeriani martyris. Lugduno Galliæ B. Albini episcopi. Tullo natale sancti Apri episcopi & confessoris.

Obierunt Dadoenus & Alfaldus presbyteri, qui dederunt alodum suum in villa Montiniaco fratribus.

XVI. cal Octob. Civitate Calcedona natale S. Euphemiæ

S. Euphemiæ virginis & martyris cum aliis XL IX. Romæ natale S. Luciæ viduæ & martyris. Item, Romæ B. Geminiani martyris cum aliis LXXV.

Obiit Gofridus clarus consilio, amicus patris & pietatis, episcopus ecclesiæ quidem suæ dignus memoria, lachrymis, & benedictionibus. Item, Guibertus miles obiit, qui in manum Humbaldi episcopi ecclesiam in Acolaco villa reliquit, annuente uxore sua & duobus filiis suis & filia.

XV. cal. Octob. In Britanniis natale SS. Socratis & Stephani. Eodem die natale S. Lamberti Tungrensis episcopi & martyris. Cordubæ sanctorum martyrum Emiliani diaconi & Hieremiæ, quorum corpora post abscissionem capitis igne conflagrata sunt.

XIV. cal. Octob. Natale B. Methodii Olympi Liciæ & postea Tyri episcopi, qui sub Diocletiano in Calcidæ Græcia, ut scribit Hieronymus, martyrio coronatus est. Mediolano natale S. Saturi fratris S. Ambrosii episcopi. In Alexandria natale S. Trophimi.

XIII. cal. Octob. In Neapolim Campaniæ natale SS. martyrum Januarii Beneventanæ episcopi cum aliis VIII. In Palæstina natale SS. martyrum Pili & Nili episcoporum. Apud Nuceriam natale S. Felicis martyris & beatæ Constantiæ martyris. In territorio Lingonicæ civitatis monasterio Segestro, depositio S. Sequani presbyteri & monachi, & alibi S. Potiti martyris. In Galliis civitate Vigenna natale S. Ferreoli martyris.

XII. cal. Octob. In Cizico natale SS. martyrum Faustæ virginis & Evilasii, qui inauditis multigenisque laniati tormentis, vocati de cœlo reddiderunt animas.

XI. cal. Octob. Natale beati Matthæi apostoli & evangelistæ, qui primus in Judæa evangelium Christi Hebræo sermone scripsit. Postea vero apud Æthiopiam prædicans martyrium passus est. Eodem die natale S. Alexandri martyris, cui papa Damasus cryptam condignam faciens, illuc cum VI. calendas Decembris transposuit, quando & festivitatem ejus dedicavit.

X. cal. Octob. In Galliis civitate Seduno loco Augauno seu Octodero natale SS. martyrum Thebæorum Mauricii, Exuperii, Candidi, Victoris, Innocentii, Vitalis cum sociis eorum sex millibus sexcentis sexaginta sex. Autissiodero adventus (seu) exceptio corporis S. Germani episcopi & confessoris ab Italia. Et in Reomau cœnobio translatio corporis sancti patris nostri beatissimi Johannis confessoris. In provincia Bajoaria natale S. Emeremni martyris atque pontificis.

IX. cal. Octob. In Campania natale S. Sosii martyris diaconi Mesenatæ civitatis. Hic cum quoddam evangelium legeret in ecclesia præfatæ urbis, præsente beato Januario, vidit subito idem episcopus de capite ejus flammam exsurgere, quam nemo alius vidit, & pronunciavit eum martyrem futurum: quod postea veritas rei tam in ipso episcopo, quam in aliis quinque ministris ipsius, martyrizando comprobavit. Eodem die natale S. Teclæ virginis apud Seleuciam quiescentis, quæ de civitate Hyconio a beato Paulo apostolo instructa est.

VIII. cal. Octobris. Conceptio S. Johannis Baptistæ. In territorio Æduorum vico, qui dicitur Sedelocus, natale SS. martyrum Andochii, Tyrsi & Felicis, qui ad docendam Galliam ab oriente directi, sub Aureliano principe gloriosissime sunt coronati. Et alibi SS. Juliani, Christophori, Laurentii. In territorio Biturico castro Mediolano natale S. Genesii martyris.

VII. cal. Octob. Natale B. Cleopæ, qui unus fuit de LXX. Christi discipulis, quem tradunt in eadem urbe, eademque domo, in qua mensam quasi peregrino Domino præparaverat, a Judæis esse occisum. Lugduno S. Lupi episcopi ex Anachoreta. Ambianis civitate natale S. Firmini episcopi & martyris. Autissiodero depositio & translatio S. Augnarii episcopi & confessoris. Ipso die natale S. Herculiani martyris.

Obiit Eldaldus Senonum archiepiscopus. Eodem die Abbo levita & perfector obiit.

VI. cal. Octobr. Natale SS. martyrum Cypriani episcopi & doctoris egregii & beatæ Justinæ, quæ prædicto episcopo causa extitit salutis: quorum corpora ad urbem Romæ deportata, ac reverenter tumulata sunt. Item Romæ via Appia in cimiterio Calisti depositio S. Eusebii episcopi. Arvernis Apollinaris episcopi & confessoris.

V. cal. Octob. Apud Egeam natale SS. Cosmæ & Damiani. Corduba civitate sanctorum martyrum Adulfi & Johannis fratrum. In territorio Augustidunensi passio SS. Florentini & Hilarii.

IV. cal. Octob. In Hispaniis civitate Corduba natale SS. Fausti, Januarii & Martialis martyrum. Romæ ad Guttas natale sancti Stertei. Autissiodero depositio S. Alodii episcopi & confessoris.

III. cal. Octob. In monte Gargano venerabilis memoria S. Michaëlis archangeli, ubi multa mirabilia Deus ostendit. Romæ dedicatio oratorii S. Michaëlis, quod venerabilis Bonefacius pontifex dedicavit in summitate circi miro opere altissime porrectum. Autissiodero passio S. Fraterni episcopi, quem tradunt eodem die interemtum, quo & episcopum esse ordinatum.

Obiit Walterius Æduensis episcopus.

Pridie cal. Octob. In Galliis castro Solodoro,

quod est super Arulam fluvium, passio SS. Victoris & Ursi ex gloriosa legione Thebæorum. Eodem die apud Bethleem Judæ depositio S. Hieronymi confessoris doctoris præcipui, qui libros suos per L. & VI. annos confecit, & XCVIII. ætatis suæ anno in pace quievit pridie calendas Octobris. In Placentia civitate SS. Antonii, Gasti & Desiderii.

Obiit Teubertus laicus, qui dedit prædium suum canonicis sancti Stephani, in pago Autissioderensi, in vicaria Baugiacensi, in villa Matriaco, propter remedium animæ suæ & ad memoriam recensendam.

OCTOBER.

Calendas Octobris. Autissiodero depositio sacratissimi corporis beati Germani, episcopi & confessoris, qui apud Ravennam pridie calendas Augusti feliciter obiit, & calendis Octobris suæ tandem redditus civitati, honorifice traditus est sepulturæ. Eodem die translatio corporum SS. confessorum Remigii Remensis episcopi & Vedasti Atrebatensis. In pago Medenentense natale S. Patonis martyris. In Portu Ganto natale S. Bavonis confessoris.

VI. nonas Octob. Apud Nicomediam natale S. Eleutherii martyris. In Atrebatis villa Syricinio passio S. Leodegarii Augustidunensis episcopi. Romæ S. Eusebii papæ, sub cujus tempore inventa est crux. Et alibi Sereni confessoris.

V. nonas Octob. Natale Dionysii Areopagitæ Atheniensium episcopi & martyris; & alibi natale SS. Euvoldorum presbyterorum, qui cum sancto Willebrordo episcopo venientes, in Germaniam transierunt ad Saxones, & cum prædicare ibi Christum coepissent, comprehensi sunt a paganis & occisi. Autissiodero dedicatio cryptarum beatissimi Stephani protomartyris.

Obiit Adhebaldus sacerdos & magister hujus ecclesiæ.

IV. nonas Octobris. Natale SS. Crispi & Gaii, quos apud Corinthios Sanctus apostolus se meminit baptizasse. Apud Ægyptum natale SS. martyrum Marii & Marciani fratrum, & cum eis innumerabiles alii passi sunt. Romæ via Appia S. Balbinæ virginis & Marcelli episcopi. Autissiodero S. Marsi presbyteri & confessoris. Parisius S. Aureæ virginis.

III. nonas Octob. In Galliis civitate Valentia natale S. Apollonaris episcopi & confessoris. Autissiodero depositio SS. germanorum Firmati diaconi, Flavianæ virginis Deo sacratæ. Apud Eumeniam beati Trasææ episcopi & martyris.

Pridie nonas Octobris. Autissiodero depositio S. Romani episcopi, qui cum rexisset ecclesiam sibi commissam annos III. dies XV. tandem, ut fertur, martyrio vitam finivit. Laodiciæ B. Sagaris episcopi & martyris. In civitate Agenno natale sanctæ Fidis virginis & martyris.

Obiit Carolus imperator & Guido abbas. Ipso die Aginulfus subdiaconus obiit, qui dedit fratribus alodum suum cum masculi & vineis arip. v.

Nonas Octobris. Romæ natale S. Marci papæ. Item, Romæ SS. martyrum Marcelli & Apulei. Apud provinciam quæ nuncupatur Augusta Eufratesia, SS. martyrum Sergii & Bacchi sub Maximiano imperatore.

VIII. idus Octobris. Cortina civitate beati Philippi episcopi. Thessalonicæ natale S. Demetrii martyris. Eodem die juxta montem Oliveti depositio S. Pelagiæ, quæ peccatrix appellatur. In pago Landunensi natale S. Benedictæ virginis & martyris. Autissiodero Palladiæ virginis. Senones Porchariæ virginis.

Obiit Arnaldus subdiaconus, qui dedit fratribus prædium suum in pago Senonico, in villa quæ dicitur Vallis-diaconi, & in villa Aganonis arpen. de vineis VIII.

VII. idus Octob. Obitus Abrahæ patriarchæ. Parisius natale SS. martyrum Dionysii episcopi, Eleutherii presbyteri & Rustici diaconi, qui beatus episcopus propter prædicationis officium a sancto Clemente in Galliis directus, ibique est martyrizatus. Apud Coloniam Agripinam natale sancti Gerconis martyris cum aliis CCCXVIII. quos ferunt Thebeos fuisse. Apud Juliam via Claudia passio S. Domnini.

VI. idus Octob. Apud Cretam, beati Piniti inter episcopos nobilissimi, qui in scriptis suis velut in quodam speculo viventem sibi imaginem reliquit. Apud Agripinensem urbem natale sanctorum martyrum Mallosi & Victoris. In Britannia natale S. Paulini episcopi Eburaci.

Obiit Truthertus laicus, qui dedit fratribus masuile suum cum vineis & campis in pago Senonico in villa Caciaco.

V. idus Octob. In Acervo Siciliæ S. Zanasii presbyteri. Apud Tharsum metropolim Ciliciæ sanctorum martyrum Tharaci, Probi & Andronici. Turonis depositio sancti Venantii abbatis & confessoris.

Ipso die Ato archipresbyter & canonicus, homo simplex & rectus, & timens Deum, monachus factus spiritum Christo reddidit: qui dedit fratribus suis canonicis domum cum appenditiis, quam ab Ugone de Gurgiaco emerat, & vineam quam plantavit apud Billiacum, aliam etiam quam emerat in Curto-cane, & dedit etiam octo nummos de censu.

IV. idus Octobris. Apud Ravennam via Laurentiana natale sancti Hedisti martyris. Apud Africam sanctorum quatuor millium nongentorum septuaginta & sex. Bituricas S. Opilionis presbyteri.

Obiit Taganboldus sacerdos, qui dedit fratribus prædium suum cum masinili & vineis & campis in villa quæ dicitur Pradilis. Ipsa die Hugo bonæ memoriæ Autissiodorensis episcopus, decus pontificum & forma totius religionis, qui in vita sua pacem dilexit, bona pace quievit: qui inter cetera quibus episcopatum suum ditavit, usum nemoris de Tullo, quem canonici per multos annos sine spe recuperationis amiserant, cum summo labore & studio acquisivit. Dedit etiam ecclesiæ sacerdotalia indumenta peroptima, & calicem deauratum. Præterea assignavit in Lindriaco triginta solidos, quibus die anniversarii singulis annis canonicis refectio exhibeatur. Dimisit etiam canonicis ecclesiam Lindriaci post mortem Anselmi seu dimissionem. Interim autem Stephanus præpositus x. solidos ad refectionem faciendam persolvet.

III. idus Octobris. Apud Troadam natale beati Carpi discipuli Pauli apostoli. Antiochia beati Theophili episcopi. Alexandria Athanasii episcopi & confessoris.

Obiit Rudovicus levita, cujus industria masinile cum vinea in villare quod est in conspectu sancti Juliani, fratribus adquisitum est, & ea quæ ad eum pertinent.

Pridie idus Octobris. Romæ natale S. Calixti papæ & martyris. Lugduno Galliæ transitus S. Justi episcopi.

Idus Octobris. In Galliis apud Coloniam Agrippinam natale sanctorum martyrum Maurorum de militibus ex illa legione sacra Thebeorum numero quinquaginta in basilica conditorem ex musivo quodammodo deaurato, unde & sancti Aurei vocantur. Lugduno beati Antiochii episcopi. In territorio Remensi natale S. Basuli presbyteri & confessoris. Fontenella monasterio S. Wlframni archiepiscopi.

Obiit Henricus Burgundiæ marchio.

XVII. calendas Novembris. In Africa sanctorum martyrum CCLXX. pariter coronatorum, & sanctorum martyrum Martiani & Saririani cum duobus fratribus eorum, & egregiæ Christi ancillæ Maximæ virginis & martyris. Apud Bituricam natale S. Ambrosii episcopi & confessoris.

Obiit Gaufridus miles, qui reddidit terram quam tenebat de manu firma in Artadisvilla.

XVI. cal. Novembris. Natale B. Aristonis, qui unus fuit de septuaginta Christi discipulis. Eodem die natale B. Heronis episcopi. In civitate Aurausica S. Florentii episcopi.

Obiit Seuvinus Senonum archiepiscopus.

XV. cal. Novembris. Natale S. Lucæ evangelistæ, qui obiit in Bytinia; sed ejus sacra ossa Constantinopolim sunt postmodum delata. Antiochia natale S. Asclepiadis episcopi & confessoris. Romæ S. Tro-

phoniæ uxoris Decii Cæsaris. In territurio Belvacensi passio S. Justi martyris, cujus caput requiescit in basilica S. Amatoris.

XIV. calendas Novembris. Apud Alexandriam natale SS. Ptolomei & Lucii martyrum pretiosorum. In Antiochia Syriæ natale SS. Pelagi, Heronicæ & Pelagiæ.

Ipso die Gauzo sacerdos & decanus obiit, qui dedit canonicis S. Stephani prædium suum cum servis & ancillis, omne quod habuit in villa Creveno.

XIII. calendas Novembris. In Galliis civitate Agenno natale S. Caprasii martyris. Apud Aviensem provinciam natale beati Maximi levitæ & martyris.

Eodem die obiit Humbaldus humilitatis ac benignitatis episcopus, qui cum multis ædificiis atque ornamentis, quibus ecclesiam intus & exterius decoravit, ecclesiam Acolaci & ecclesiam Crevenni cum decimis ac pareda fratrum stipendiis donavit. Hic siquidem inter fratres pace prius reformata, Jerusalem causa orationis adiit, atque inde rediens, sanctamque psalmos canendo Deo confessionem faciens, maris pelago sepulturam promeruit pretiosam.

XII. cal. Novembris. Apud Nicomediam natale SS. martyrum Dasii, Soticigii cum XII. militibus. Eodem die sancti patris nostri Hilarionis, cujus vitam S. Hieronymus virtutibus plenam scripsit. In civitate Hostia natale S. Asterii presbyteri. Ipso die transitus S. Viatoris lectoris. In eremo comitis S. Justi.

Obiit Arnulfus laicus, qui pariter cum fratribus suis Norgaudo & Walgaudo dederunt fratribus prædium suum quod habuerunt in villa Crevenno.

XI. calendas Novembris. Hierosolymis natale S. Marci episcopi & martyris. Apud Adrianopolim Trachiæ natale SS. Philippi episcopi, Eusebii & Hermetis. In civitate Osea SS. virginum Mulinionis & Helodiæ. Lingonis civitate in Portu Bucino passio S. Valerii martyris & levitæ.

X. cal. Novembris. Apud Antiochiam Syriæ natale S. Theoderici presbyteri & martyris. In Hispaniis natale SS. martyrum Servandi & Germani. Colonia civitate S. Severini episcopi.

Obiit domnus Herifredus episcopus, pater piissimus, qui dedit medietatem Malliaci ad refectionem fratribus exhibendam. Die quoque ordinationis ejus dedit fratribus Artadum villam, & in Lindriaco mansum unum, & in Capiliaco mansum alterum & molendinum subtus murum, & in Nativitate S. Mariæ dedit ecclesiam Bacernæ, & Lindriacum, & Lupinum, necnon Logniacum; Gimiliacum autem in natale S. Clementis.

IX. cal. Novembris. In Venusia civitate Apuleiæ, natale SS. martyrum Felicis episcopi & Audacti & Januarii presbyterorum, & Fortunati & Septimi lectorum. mandensi S. Quintini martyris.

VIII. cal. Novembris. In Galliis civitate Suessionis natale SS. martyrum Crispini & Crispiniani. Eodem die Petragoricas civitate natale S. Frontonis episcopi, qui per virtutem Dei, accepto baculo S. Petri apostoli, socium suum Gregorium presbyterum a morte recepit. Romæ sanctorum martyrum XLVI. militum. Item, Romæ Bonifacii papæ. In civitate Gavalis depositio S. Hilarii episcopi vita & miraculis præclari. In territurio Turonico natale S. Spani martyris.

VII. cal. Novembris. Apud Africam natale SS. martyrum Rogatiani presbyteri & Felicissimi. Apud Ephesum S. Policratis episcopi egregii & nobilissimi viri.

VI. cal. Novembris. Romæ Euvharisti papæ & martyris. Autissiodero depositio beati Desiderii episcopi. In pago Pictavo natale S. Florentii presbyteri & monachi. In Hispaniis Helbora civitate natale SS. martyrum Vincentii, Sabinæ & Christæ.

V. cal. Novembris. Natale beatorum apostolorum Simonis Cananei, qui & Zelotes scribitur; & Thaddæi, qui & Judas Jacobi legitur, & alibi Lebbeus appellatur: e quibus Thaddæus apud Mesopotamiam, Simon vero apud Ægyptum legitur prædicasse. Inde simul Persidam ingressi, cum infinitam catervam Christo ibi aggregassent, martyrizati sunt. Romæ S. Cyrillæ martyris filiæ Decii imperatoris. Civitate Meltis S. Faronis episcopi & confessoris. Parisius translatio S. Genovefæ virginis.

IV. cal. Novembris. Natale beati Narcissi Hierosolymorum episcopi, viri sanctitate, & patientia ac fide laudabilis, contra quem crimen falso objectum cum tres testes jurassent, imprecati sunt super se maledicta: primus ut igne consumeretur si vera non diceret; secundus ut regio morbo corrumperetur; tertius ut luminibus orbaretur; quod ita singulis statim post perjurium accidit. Apud Sindonem urbem natale S. Zebei presbyteri & martyris.

III. cal. Novembris. Civitate Tingitana passio S. Marcelli centurionis. Apud Africam SS. martyrum numero CCXX. Apud Antiochiam beati Serapionis episcopi & confessoris.

Obiit Andreas presbyter, qui dedit masinile suum fratribus cum vinea adhærente in villa Ferreoli, similiter in villa Garricas. Item, obiit Bernardus presbyter, qui dedit masinile suum fratribus cum horto & vinea in villa Vendonsa.

Pridie calendas Novembris. Romæ B. Nemesii diaconi & martyris, & Lucillæ filiæ ejus, qui octavo cal. Septembris decollatus, pridie cal. Novembris honorifice translatus est. In Galliis territurio Vir-

Eodem die obiit Robertus præpositus, qui dedit fratribus vineas suas, ut singulis annis in die obitus sui communis refectio canonicis exhibeatur.

NOVEMBER.

Calendas Novembris. Festivitas Omnium-sanctorum. Divinio castro natale sancti Benigni presbyteri & martyris. Eodem die natale SS. martyrum Cæsarii diaconi & Juliani presbyteri. Parisius S. Marcelli episcopi & confessoris. Ipso die natale S. Severini monachi de Tyburtina civitate. Et alibi natale S. Mariæ virginis & martyris. In territurio Biturico nomine Dolus S. Lusoris confessoris.

IV. nonas Novembris. Romæ passio S. Eustachii cum uxore & duobus filiis. Eodem die natale S. Victorini martyris Pictabionensis episcopi. Leodicia B. Theodoti episcopi optimi viri. Monasterio Augaunensi natale S. Ambrosii abbatis.

III. nonas Novembris. Natale S. Quarti apostolorum discipuli. Apud Cæsaream Cappadociæ natale sanctorum martyrum Germani, Theophili, Cæsarii & Vitalis. In pago Vilcassino S. Clari presbyteri & martyris.

II. nonas Novembris. Apud Alexandriam B. Iterii presbyteri hominis Dei. In territurio Rotomagensi S. Amantii episcopi & confessoris. Augustiduno natale sancti Patrocli episcopi & confessoris.

Eodem die Hugo decus pontificum emisit spiritum.

Nonas Novembris. Obitus Zachariæ prophetæ patris Johannis-Baptistæ. In Terracina civitate Campaniæ natale SS. martyrum Felicis presbyteri & Eusebii monachi. Capua civitate natale S. Quarti confessoris.

VIII. idus Novembris. Toniza Africæ natale S. Felicis, cujus martyrium B. Augustinus in quodam psalmo mirabiliter exponit. In Oriente civitate Theopoli sanctorum decem martyrum, qui sub Sarracenis passi leguntur. Redonis S. Melanii episcopi & confessoris.

VII. idus Novembris. Apud Alexandriam beati Achillæi episcopi viri Dei. Apud Albiginensem urbem natale S. Amaranti martyris. Apud Perusinam urbem Italiæ natale sancti Herculiani episcopi & martyris, cujus corpus post abscissionem capitis ita unitum die quadragesimo repertum est, ut meminit papa Gregorius, ac si hoc nulla incisio ferri tetigisset. In Frisia natale S. Willibrordi episcopi, cujus actus Beda presbyter in gestis Anglorum describit.

Obiit Teodaldus juvenis, qui dedit partem patrocinii sui & hereditatis suæ cano-

ALIQUA ANTIQUISSIMA.

nicis S. Stephani, propter amorem patriæ cælestis & remissionem peccatorum suorum. Sitæ sunt autem ipsæ res in villa quæ dicitur Cormedus, cum capella & suis adjacentiis, mancipiis, vineis, campis & domibus, ad sui memoriam recolendam.

VI. idus Novembris. Romæ natale v. martyrum Claudii, Nicostrati, Symphoriani, Castorii & Simplicii. Ipso die juxta corpora eorum natale sanctorum quatuor coronatorum Severi, Severiani, Carpophori & Victorini.

Obiit Hunencus sacerdos & decanus sancti Mammetis.

V. idus Novembris. Natale S. Theodori martyris diversis tormentis coronati. Apud Bituricas S. Ursicini episcopi & confessoris. (*altera manu* In Syria civitate Beritho passio sanctæ & gloriosæ imaginis Domini Salvatoris.)

Obiit Ademarus sacerdos & præpositus.

IV. idus Novembris. In territurio Agathensi in Cessatione natale sanctorum martyrum Tyberii, Modesti & Florentiæ. Apud Antiochiam natale SS. Demetrii episcopi, Aniani diaconi, Eustasii & aliorum xx. Aurelianis S. Monitoris episcopi & confessoris. Eodem die natale S. Martini papæ & martyris.

III. idus Novembris. In Galliis civitate Turonis natale S. Martini episcopi & confessoris, cujus gloriosi actus longe lateque divulgati extant. In Scytia metropolim Frigiæ Salutariæ passio S. Mennæ variis tormentis coronati. Lugduno passio S. Verani episcopi.

Obiit Stephanus Cavillonensis episcopus.

Pridie idus Novemb. Apud Africam commemoratio SS. martyrum Arcadii, Paschasii, Probi, & Eutichiani, & Paulilli pueri. Apud provinciam Tarraconensem, civitate Tyrassona B. Emiliani presbyteri & confessoris.

Obiit Ingelboldus, qui villas S. Stephani Crevennum, Acolacum & Villam-novam readificavit, & ad domos fratrum componendas quingentos solidos de suo donavit.

Idus Novembris. Ravennæ natale sanctorum martyrum Valentini, Solutoris, Victoris. Apud Toletum urbem depositio B. Eugenii episcopi. Turonis natale S. Briccii episcopi & confessoris. Autissiodero exceptio corporis S. Alexandri & S. Crysanti martyris. Senones Paterni martyris.

Obiit Aldulfus episcopus, qui instituit hac die de suo hospitale fratribus refectionem præparari.

XVIII. calendas Decembris. Apud Trachiam civitate Heraclea natale sanctorum martyrum Clementini, Theodoti, Philomini. Apud Alexandriam beati Serapionis clarissimi martyris. In Laodicia S. Anatholii episcopi.

Obiit Velso abba.

XVII. cal. Decembris. Natale S. Felicis episcopi & martyris cum aliis xxx. simul martyrizatis. Ipso die S. Eugenii, qui apud pagum Parisiacensem consummato martyrii cursu beatæ passionis coronam percepit a Domino.

Obiit Waltherius Senonum archiepiscopus, & Gratianus abba.

XVI. calendas Decembris. Lugduno Galliæ natale S. Eucherii admirandæ fidei, vitæ & doctrinæ viri. In Africa SS. Nerei, Pauli, Adriani.

XV. calendas Decemb. Apud Alexandriam B. Dionysii episcopi magnæ sanctitatis viri. Apud Pontum natale beati Gregorii Neocæsariensis episcopi & martyris. Aurelianis S. Aniani episcopi & confessoris, cujus mortem in conspectu Domini miracula crebra testantur. Eodem die Cordulæ. In Hispaniis sanctorum martyrum Aciscli & Victoriæ, ubi ob commendationem pretiosæ mortis eorum eodem die rosæ ortæ divinitus colliguntur. Turonis sancti Gregorii episcopi miraculorum factoris.

Obiit Milo canonicus puer & acolythus, qui dedit fratribus in Monteio arpennos vinearum xv.

XIV. calendas Decembris. Antiochiæ natale S. Romani monachi & martyris. Eodem die in eadem urbe natale S. Sychii martyris. Autissiodero dedicatio basilicæ S. Germani episcopi cum superioribus cryptis. Eodem die translatio corporis beati prothomartyris Stephani a Jerosolymis in Bizantium.

XIII. calendas Decembris. Romæ via Appia natale S. Maximi presbyteri & martyris. Apud Viennam sanctorum martyrum Severini, Exuperii & Feliciani. Eodem die S. Fausti martyris. Augustiduno natale S. Simplici episcopi & martyris. Ipsa die beati Crispini martyris. Item Romæ Gelasii papæ.

Obiit Lantbertus presbyter, qui dedit fratribus alodum suum in villa quæ dicitur Stabulis, & ibidem in circumjacentibus locis. Item, Lanfredus presbyter obiit, qui dedit fratribus patrimonium suum in villa Gratiaco.

XII. calendas Decembris. Romæ natale S. Pontii papæ & martyris. Apud Siciliam civitate Messana sanctorum Ampelii & Gaii. Apud Cavillonem S. Silvestri episcopi & confessoris.

Obiit Iterus de Porta, qui pro obtinenda peccatorum suorum venia dedit canonicis S. Stephani duos homines apud Crevennum cum uxoribus & filiis suis.

XI. calendas Decembris. Natale beatissimi Rufi, de quo apostolus Paulus ad Romanos scribit: *Salutate Rufum electum & matrem ejus & meam.* In Antiochia sanctorum Basilii, & Auxilii & Zephirini.

Obiit Otardus, qui dedit fratribus propter amorem Dei & remissionem peccatorum suorum res optimas proprietatis suæ in comitatu Tornotrensi, in villa quæ dicitur Malorum, & in circumjacentibus locis, cum masinilibus, vineis, campis & domibus.

X. calendas Novembris. Romæ S. Ceciliæ virginis & martyris. Item, Romæ sancti Mauri martyris. In Cæsarea natale S. Longini militis & martyris, qui latus Domini lancea perforavit.

Obiit Christianus episcopus, qui dedit fratribus Albaris villam ad sui memoriam faciendam. Ipsa die obiit Clemens omnis sapientia luce coruscans.

IX. cal. Decembris. Natale S. Clementis papæ & martyris. Eodem die natale S. Felicitatis matris septem filiorum martyrum, quos Antoninus imperator jussit diversis suppliciis interire; mater vero eorum novissime decollata est pro Christo. In Italia monasterio Bobio natale sancti Columbani abbatis. in pago Asbanio natale S. Trudonis presbyteri & confessoris.

VIII. calendas Decembris. Romæ natale sanctorum martyrum Crysogoni & Crescentiani. Castro Blavia S. Romani presbyteri & confessoris, cujus sanctitatis præconium miraculorum gloria declarat. Civitate Corduba sanctarum virginum Floreæ & Mariæ, quæ post diuturnos carceres, pro Christo gladio interemtæ sunt.

Obiit Hictarius bonæ memoriæ, qui dedit fratribus suis in circuitu civitatis vineas adquisitionis suæ. Eodem die anniversarium Attonis canonici, qui dedit fratribus xxx. libras, servos etiam & ancillas, arpennos quoque vinearum tres in Monte-tenso, necnon areas quæ sunt juxta S. Stephani capellam, & aream unam ante domum pauperum sitam. Profectus est Jerosolymam, & in eo itinere, Christo-miserante, defunctus.

VII. calend. Decemb. Natale S. Petri Alexandrini episcopi & martyris, inter præcipuos egregii, cui post diversa certamina pro fide Christi, quadam nocte in habitu Dominus apparuit indutus colobio lineo candido nimis, consciso a summo usque deorsum, & ambabus manibus conjungebat eum circa pectus suum, quodam modo cooperiens nuditatem suam, & dixit ad eum: Quid est, Domine, quod video vestem tuam scissam? Et respondit Dominus: Arrius hoc fecit, qui separavit a me populum comparatum sanguine meo. Præcipio nunc & moneo ne recipias eum in communione, &c. Passi sunt autem cum eo ex Ægypto episcopi fere cum clericis & laïcis sexcenti sexaginta.

Obiit Milo laïcus, qui dedit fratribus alodum suum, qui conjacet in villa Colonicas super fluvium Senodum. Eodem die Goscelirus hujus ecclesiæ canonicus & decanus obiit, qui pro remedio animæ suæ domum suam cum vineis suis canonicis dedit, ut in die anniversarii ejus in refectorio (a) reficerentur. Ipse vero ad missas celebrandas pro defunctis apud sanctum Clementem proprium sacerdotem cum duobus arpennis vinearum constituit, & in reprehensione & in custodia capituli cum stabilivit. Dedit etiam præfatæ ecclesiæ vestimentum sacerdotale, missale optimum cum gradale, calicem argenteum cum canulis argenteis, & ita ornatam reliquit ecclesiam.

[4]

V. calend. Decemb. Natale S. Lini papæ & martyris, qui post beatum Petrum primus Romanam ecclesiam tenuit annos XII. menses III. dies XII. & martyrio coronatus sepultus est in Vaticano. Apud Alexandriam natale SS. martyrum Fausti presbyteri, & Dii, & Ammonii. Eodem die beati Alexandri martyris & episcopi. In pago Avalensi natale S. Magnentiæ virginis. Augustiduno natale S. Amatoris episcopi & confessoris.

V. cal. Decemb. Apud Bononiam Italiæ urbem natale SS. martyrum Vitalis & Agricolæ, post varia tormenta crucifixorum. In Galliis civitate Regensi natale S. Maximini episcopi & confessoris.

Eodem die obiit Johannes sacerdos & canonicus hujus ecclesiæ cantor eximius, qui dedit ecclesiæ nostræ ex libris suis missale unum, antiphonarium, gradale, hymnarium, prosarium optimum; & in Acolaco villa dedit fratribus domos suas, & quidquid etiam proprietatis habere videbatur, ad sui memoriam recolendam.

IV. cal. Decemb. Natale S. Sosthenes discipuli apostolorum. Eodem die S. Rufi martyris. Ipso die Papinii & Mansueti episcoporum cum aliis multis, qui eo tempore passi sunt. Romæ S. Gregorii papæ III. qui rexit ecclesiam annis x. Autissioderi translatio sancti Vigilii episcopi & martyris.

III. calend. Decemb. Vigilia S. Andreæ apostoli. Romæ natale S. Saturnini martyris, & Sennis & Sisinnii diaconorum & martyrum. Eodem die apud Tolosam natale S. Saturnini episcopi & martyris.

Pridie calend. Decemb. In civitate Patras provinciæ Achaiæ natale B. Andreæ apostoli, qui etiam apud Scythiam prædicavit. Apud Sanctonas S. Trojani episcopi, magnæ virtutis & sanctitatis viri. Romæ in cimiterio apud Guttam S. Castuli.

(a) Goscelinus decanus, cujus hac die consignatur obitus, vivebat anno 1133. & 1137. quo vigebat adhuc vita communis inter canonicos Autissiodorenses, ut patet ex hoc loco.

DECEMBER.

Calend. Decemb. Romæ passio SS. Chrysanti & Dariæ virginis. In Africa natale SS. martyrum Papini & Mansueti episcoporum. Apud civitatem Maguntiam beati Albani martyris. Eodem die S. Eligii Noviomensis episcopi. Apud Bizantum Nicomediam natale S. Nataliæ uxoris sancti Adriani martyris.

Obiit Teutgarius diaconus, qui dedit nobis vineam in villa Sigliniaco. Eodem die ordinatio domni Gaufredi episcopi. Eodem die Vitalis Autissiodorensis ecclesiæ decanus est viam universæ carnis aggressus.

IV. nonas Decemb. Natale sanctæ Vivianæ martyris, & SS. martyrum Fausti & Dafrosæ filiæ ejus. Ipso die passio SS. Veri & Securi, qui apud Africam martyrio coronati sunt.

III. nonas Decemb. Tingi metropoli Mauritaniæ Tingitanæ natale S. Cassiani martyris. Eodem die SS. martyrum Claudii tribuni, & uxoris ejus Hilariæ, ac filiorum Jassonis & Mauri & LXX. militum, qui omnes ad prædicationem S. Chrysanti crediderunt Christo.

Obiit Abbo episcopus.

II. nonas Decemb. Romæ natalis SS. martyrum Symphronii & Olympii temporibus Valeriani & Gallieni imperatorum. In Africa SS. Armogasti, & Archinimi, & Satyri, qui cum essent lucidissima membra ecclesiæ Christi, pro confessione veritatis multa & gravia perpessi supplicia atque opprobria ab Arrianis, cursum gloriosi certaminis impleverunt. Et in Lauditia sanctorum Metropoli, Felicis.

Ipsa die obiit Stephanus sancti Stephani præpositus & sacerdos egregius, necnon & divinarum scripturarum doctor eximius.

Nonas Decemb. In Africa apud Coloniam Thebastinam natale S. Crispinæ martyris. Eodem die in Italia natale Dalmatii martyris. Treviris S. Nicetii episcopi & confessoris.

Obierunt Ermenbertus præpositus & levita, & Arnaldus vicecomes.

VIII. idus Decemb. natale beati Nicolai episcopi Mirorum Liciæ. Apud Africam SS. Dionysiæ, Davitæ, Leontis, & Emiliani medici, & religiosi viri Noetercii, & Bonifacii, & Servi, & Victricis, & Majorici adolescentis, qui omnes innumeris suppliciis excruciati, confessorum Christi numero sociari meruerunt.

VII. idus Decemb. Apud Alexandriam beati Agathonis martyris sub Decio imperatore. Apud Sanctonas beati Martini abbatis, discipuli beati Martini Turonicæ urbis episcopi, qui in monasterio quod ipse ædificavit in pace quiescit. Eodem die in Spolitana urbe S. Sabini episcopi & mar-

tyris. In pago Mellicensi sanctæ Faræ virginis.

VI. idus Decemb. Romæ natale S. Eutichiani papæ & martyris, qui & ipse per diversa loca CCCXLII. martyres manu sua sepelivit. Apud Alexandriam Macharii martyris. In territorio Dunensi depositio S. Leonardi eximii confessoris.

V. idus Decemb. Natale S. Leuchadiæ virginis, quæ apud Toletum in carcere posita, cum audisset beatæ Eulaliæ cruciatus & reliquorum martyrum, qui tunc interficiebantur, genibus in oratione positis, impollutum Christo spiritum reddidit. Ipso die beati Cypriani abbatis Petragorici.

IV. idus Decemb. Romæ Melchiadis papæ. Apud Emeritam Hispaniæ civitatem natale S. Eulaliæ virginis & martyris. Eodem die apud præfatam urbem passio S. Juliæ virginis, quæ fuit convirginalis beatæ Eulaliæ. Hispolitana civitate sanctorum martyrum Carpophori presbyteri, & Abundi diaconi.

Obiit Wadimirus corepiscopus. Ipso die obiit Amalricus levita, qui dedit fratribus prædium adquisitionis suæ in villa quæ dicitur Castriacus, & in confinibus ejus arpennos vinearum VII. propter amorem vitæ æternæ & sui memoriam recolendam. Eodem die obiit Reinaldus archipresbyter & canonicus, qui dedit fratribus optimam vineam & viginti modia vini, & servum unum, & in claustro faciendo c. solidos.

III. idus Decemb. Romæ S. Damasi papæ, & natale SS. martyrum Pontiani, Prætextati & Trasonis. In Galliis civitate Ambianis, natale SS. martyrum Victorici, Fusciani, atque Gentiani, qui gloriosissimam suæ fidei confessionem sanguine passionis decoraverunt. In Hispaniis natale S. Eutichii, cujus gesta habentur.

Obiit Gerberga comitissa uxor Henrici ducis. Ipsa die obiit Gozfridus sacerdos atque decanus Senonicæ urbis.

II. idus Decemb. Natale SS. Hermogenis, Donati & aliorum XXII. Apud Alexandriam beatorum martyrum Epimachii, Alexandri. Apud Septimaniam urbe Narbona depositio beati Pauli episcopi & confessoris. In pago Vimmacense natale S. Walerici confessoris, qui super Sommam fluvium eremiticam vitam duxit.

Idus Decemb. Apud Syracusam Siciliæ civitatem natale S. Luciæ virginis & martyris.

Ipsa die obiit Matildis comitissa Landrici conjux. Eodem die Hermengardis abbatissa obiit.

XVIII. calend. Januarii. Apud Cyprum natale S. Sphiridionis episcopi & confessoris. Remis S. Nicasii episcopi & martyris, qui a Wandalis pro fide Christi intra domum ecclesiæ decollatus est. Autissiodero dedicatio altaris ecclesiæ superioris a Calixto papa II. facta, & ut solemniter a nobis quoque anno celebraretur ab eodem instituta.

XVIII. cal. Jan. Apud Africam natale sancti Valeriani episcopi & confessoris. In territorio Aurelianensi beati Maximini presbyteri venerabilis sanctitatis viri.

Obiit Aclevertus sacerdos & decanus.

XVII. cal. Jan. Trium puerorum Ananiæ, Azariæ, Misaëlis, quorum corpora apud Babyloniam sub quodam specu sunt posita. Eodem die natale beatorum martyrum Rufi & Zosimi. In Tuscia S. Barbaræ virginis & martyris. Apud Pontum S. Meletii episcopi & confessoris.

XVI. cal. Jan. Apud Antiochiam translatio & depositio corporis S. Ignatii episcopi & martyris, qui passus est Romæ calendis Februarii. Eodem die beati Lazari, quem Dominus JESUS in evangelio legitur resuscitasse a mortuis. Item beatæ Marthæ sororis ejus. In Oriente apud Elenteropolim civitatem SS. martyrum quinquaginta, qui sub Sarracenis passi sunt.

XV. cal. Jan. Apud Africam natale S. Moysis martyris. Eodem die S. Anatholiæ virginis & martyris. Turonis S. Gatiani primi episcopi ipsius civitatis.

Obiit Eldegarius laïcus, qui dedit fratribus omne prædium suum in pago Tornetrensi, in villa Madriaco, tam in vineis quam in terris, pratis, cultis & incultis, silvis, domibus, & cum omnibus adjacentiis, pro absolutione peccatorum suorum.

XIV. cal. Jan. Autissiodero depositio beati Gregorii episcopi, qui sedit annos XII, menses VII. dies III. sepultus est in ecclesia S. Germani. Apud Ægyptum beati Nemesii martyris. Alexandriæ beati Clementis presbyteri.

XIII. cal. Jan. Beatissimorum martyrum Ammonis, Zenonis, Ptolomei, Ingenii & Theophili.

Obiit Elisens archidiaconus, qui dedit fratribus res proprietatis suæ in villa quæ dicitur Gratiacus, arpennos vinearum IX. propter remedium peccatorum suorum, suique memoriam recensendam.

XII. cal. Jan. natale B. Thomæ apost. qui Parthis & Medis evangelium prædicans, passus est in India v. nonas Julias. Corpus ejus in civitatem quam Syri Edessam vocant, XII. calendas Januarii translatum, ibique digno honore conditum est.

Electio domni Geranni episcopi, qui dedit fratribus Logniacum villam & Solium, unde debet ad luminaria ecclesiarum sanctæ Mariæ, & sancti Stephani, & sancti Johannis modium olei, & fratribus libram unam denariorum, qui ipsam terram tenuerit. Eodem die obiit Agnes de Longa-villa, quæ dedit ecclesiæ protomartyris B. Stephani cortinam pretiosam diversis coloribus decoratam.

XI. cal. Jan. Romæ via Lavicana inter duas lauros natale xxx. martyrum, qui omnes uno die in persecutione Diocletiani coronati sunt. Apud Alexandriam B. Schyrionis martyris. Ipso die aliorum plurimorum martyrum, qui in desertis & montibus apud Ægyptum oberrantes fame, siti, frigore, languore, latronibus, bestiisque consumti sunt. Eodem die Theodosiæ virginis & martyris, & sancti Didimi monachi cruditissimi viri.

X. cal. Jan. Romæ natale S. Victoriæ virginis & martyris. Apud Nicomediam SS. martyrum xx. Item Romæ beati Servuli de quo beatus Gregorius scribit: Qui rebus pauper, meritis autem dives fuit & cetera mira quæ de eo loquitur. Eodem die natale S. Heuvaristi papæ & martyris. Autissiodero dedicatio ecclesiæ S. Johannis Baptistæ.

Obiit Ablenus diaconus, qui dedit fratribus res proprietatis suæ in villa quæ dicitur S. Mauricius, & in villa quæ dicitur Antonus, propter veniam peccatorum percipiendam, & ad sui memoriam celebrandam.

IX. cal. Jan. Vigilia Natalis Domini. Eodem die apud Antiochiam Syriæ natalis SS. virginum XL. quæ per diversa tormenta martyrium consummaverunt. Apud Spoletum natale S. Gregorii presbyteri & martyris, qui sæpe regyratus variis tormentis est coronatus.

VIII. cal. Jan. Bethleem Nativitas Salvatoris Domini nostri JESU CHRISTI secundum carnem. Eodem die natale S. Anastasiæ virginis & martyris, quæ de Roma secuta est sanctos qui ad martyrium ducebantur. Romæ in cimiterio Aproniani passio S. Eugeniæ virginis.

VII. cal. Jan. Apud Jerosolymam passio S. Stephani protomartyris & diaconi, qui non multo post Ascensionem Domini, ab apostolis cum esset plenus fide & Spiritu sancto, diaconus est ordinatus, atque eodem anno quo & Christus passus, a Judæis est lapidatus. Eodem die natale sancti Marini clarissimi viri, qui martyrii præmium sub imperatore Martiano Romæ adeptus est.

Obiit Ingelboldus miles.

VI. cal. Jan. Apud Ephesum natale sancti Johannis apostoli & evangelistæ dilecti Domini. Hic post exilii relegationem, post Apocalypsis revelationem divinam, post evangelii descriptionem, confectus senio mortuus est post passionem Domini anno LXVIII. ætatis autem suæ nonagesimo nono. In partibus Aquileiæ natale S. Zoëli presbyteri & confessoris.

V. cal. Jan. Bethleem natale sanctorum Innocentium, quos Herodes cum Christi nativitatem

nativitatem Magorum indicio cognovisset, trigesimo quinto anni regni sui interfici jussit. Qui anno XXXVI. morbo intercutis aquæ, scatentibus toto corpore vermibus, miserabiliter & digne moritur.

Obiit Sigradus, qui dedit fratribus mansum suum indominicatum cum omnibus appenditiis suis in pago Tornetrensi, in villa Cidernaco, de vineis arpennos.... de terra accingas..... ad censum fratribus dandum.

IV. cal. Jan. Hierosolymæ depositio Davidis regis. Apud Arelatem natale sancti Trophymi episcopi, de quo scribit apostolus ad Timotheum: *Trophymum reliqui infirmum Mileti*. Hic ab apostolis Romæ ordinatus episcopus, primus Arelatensem urbem Galliæ ob Christi evangelium prædicandum directus est. Ex cujus fonte, ut beatus papa Zozimus scribit, totæ Galliæ fidei rivulos acceperunt. In pago Occimense natale sancti Ebrulfi confessoris, cujus gesta habentur. Autissiodero dedicatio ecclesiæ sancti Michaëlis & sancti Clementis.

III. cal. Jan. Apud Spoletum passio sancti Sabini episcopi, Exuperanti & Marcelli diaconorum, & Venustiani cum uxore & filiis simul martyrizatis sub Maximiano imperatore. Turonis natale S. Perpetui episcopi & confessoris.

II. cal. Jan. Romæ natale S. Silvestri papæ & confessoris, cujus actus clari habentur. Hic fuit post beatum Petrum apostolum XXXV. sedit autem in episcopatu annos XXIII. menses X. dies XI. Hic plenus virtutibus obiit in pace, & sepultus est in cimiterio Priscillæ via Salaria pridie calendas Januarii. Apud Senones beatorum Sabini episcopi & Potentiani, qui a beatis apostolis ad prædicandum directi, præfatam urbem martyrii sui confessione illustrem fecerunt. Item, Senones passio S. Columbæ virginis, quæ superato igne gladio cæsa est.

Obiit Anseisus Tricasinensis episcopus.

ACTA
SANCTÆ REPARATÆ
VIRGINIS ET MARTYRIS.

Ex vetutissimo codice mf. Metensi.

OBSERVATIO PRÆVIA.

CTA sanctæ Reparatæ virginis & martyris ex optimæ notæ codice Metensi ab annis circiter octingentis exarato hic exhibemus. Alia ejusdem martyris acta profert Boninus Mombritius longe prolixiora, in quibus etiam perplura leguntur, quæ in manuscripto Metensi desiderantur. At illa & prolixitate sua & additionibus frequentibus ab eruditis viris tamquam dubia & suspecta merito reprobantur. Hæc vero quæ hic a nobis eduntur, eam sua brevitate spirant sinceritatem, quæ omnibus antiquitatis studiosis placere solet.

Reparatam Cæsareæ martyrii palmam obtinuisse sub Decio præside asserunt, sed cum plures sint hujusce appellationis civitates, ad quam illarum pro Christi confessione mortem obierit aliis divinandum relinquunt. In pervetusto etiam martyrologio Morbacensi tom. 3. Anecdotorum, uti & Verdinensi & Stabulensi calendariis hic a nobis editis VIII. idus Octobris fit mentio S. Reparatæ. In Gellonensi quoque martyrologio apud Acherium Spicilegii tom. 9. eodem die legitur Passio sanctæ Reparatæ, *nulla designata civitate*. At Flori martyrologium apud Bollandum martyrii locum disertis his verbis enunciat. In Cæsarea Palæstinæ passio S. Reparatæ virginis, & Romanum: Cæsareæ in Palæstina passio S. Reparatæ virginis & martyris, quæ cum nollet idolis sacrificare sub Decio imperatore variis tormentorum generibus cruciata, demum gladio percutitur, cujus anima in columbæ specie de corpore egredi cœlumque conscendere visa est. Suffragantur vulgatum Bedæ, Rabani & Notkeri martyrologia. Ex quibus Rabanus hæc habet, VIII. idus Octobris natale Reparatæ virginis & martyris, quæ passa est in Cæsarea urbe Palæstinæ sub Decio præside. Hæc cum nollet idolis sacrificare, primo adhibita est illi olla plumbo fervente impleta, postea abscissæ sunt illi mamillæ, & lampades ardentes adhibitæ: deinde in caminum ignis ardentis missa est, quæ cum in nullo fuisset læsa, ad extremum decollata est, & continuo de collo ejus exivit columba alba: cujus corpus rapuerunt Christiani, & conditum aromatibus sepelierunt. *Temporum vero decursu in Tusciam translatum est. Ferrarius in catalogo sanctorum Italiæ indicat Reparatam Florentiæ recoli VIII. idus Octobris, corpus vero Lucæ asservari in ecclesia S. Johannis: at Ughellus Italiæ sacræ tom. 6. corpus S. Reparatæ virginis & martyris Theanæ requiescere docet.*

PASSIO S. REPARATÆ.

Sub Decio præside, immanis fuit persecutio Christianorum. Ibidem quædam erat virgo nomine Reparata annorum duodecim. Hilari mente erat, corpore casta, Christum adorabat amplius quam negaret. Introiit ergo Decius præses in civitatem Cæsariensem. Tunc venerunt omnes cives ad eum, & dixerunt ei: Hæc virgo deridet deos nostros, invictissime, & adorat nescimus quem, qui dicitur Christus. Tunc jussit Decius præses puellam ad se venire, & cum eam videret pulcherrimam esse, sermonibus blandis cum ea loqui cœpit, dicens: Puella, ô felix est mater quæ te nutrivit! & ideo ego novi quia nobili genere orta es: accede huc & sacrifica diis immortalibus. Sancta Reparata respondit: ecce enim sum plus minus annorum duodecim, sufficit mihi jam transituram vitam vidisse, aliam spero fidens in eum qui me voluit nasci ex utero matris meæ, & meipsam desidero immolare Domino meo Jesu Christo. Notum tibi sit, inimice Dei excelsi, quia te & omnes tibi consentientes perdet. Decius præses dixit, antequam pereas consule tibi. S. Reparata respondit: Ego non me possum consolari, consolabitur me Dominus Deus meus, qui pro nobis dignatus est pati. Decius præses dixit: Si verus est Deus in quem credis, quomodo in terram descendit, & passionem suscepit? S. Reparata respondit: Passionem suscepit, ut nos de laqueo mortis liberaret. Induit se formam servitutis, ut ad libertatem omnes perduceret. Decius præses dixit: Abnega ergo quem dicis Christum, & immola diis immortalibus. S. Reparata respondit: Anathema tu, immola diis tuis stercore plenis. Ego autem non cesso confiteri Dominum meum Jesum Christum, in quem confidit anima mea. Ipsi parata sum immolare hostiam laudis. Decius præses dixit: Vide quanta tormenta possis sustinere. Sancta Reparata respondit: Nullo modo me confundis, sed magis confortas animam meam. Decius præses dixit: Plumbo ollam implete, & calefactam ante eam afferte. Primam pœnam illi ostendite, & si sacrificare noluerit, sic eam perfundite. S. Reparata respondit: Deus verax est ad liberandam ancillam suam, & eruet me de hac pœna. Hæc cum dixisset continuo exhibuit plumbum. Decius præses dixit, qualis duritia virginis, quæ malis tormentis sibi ingerit sententiam. S. Reparata respondit: Ego malis tormentis

sententiam non intro (*a*), sed plurimum adjuvor a Domino meo. Decius præses dixit: Lampades accendite, & mamillas de pectore ejus abstollite. S. Reparata respondit, Frigidus est ignis tuus, me autem amplicavit caritas Christi, quem spero videre. Decius præses dixit: Caminum accendite, & per ignem eam deficite, quo usque pereat. Cumque adimpleretur præceptum præsidis, & deduceretur puella, & dum introiret cœpit psallere in camino dicens: *Sicut cedrus exaltata sum super Libanum, & sicut cypressus in montem Syon, quasi myrra dedi suavitatem odoris.* Et tu Domine Jesu, fac mecum misericordiam, sicut fecisti Sydrac, Misac & Abdenago, & deambulabat quasi super rorem. Decius vero ante prætorium deambulabat. Proxime locus erat ibi, ubi fornax accendebatur. Cumque audisset eam psallentem in virtute Dei, dixit ad suos: Ecce qualis virgo in malis suis, credo victi sumus. Machæram afferte, & viscera ejus frustate (*b*). Et fecerunt sicut præcepit. Et continuo resolidata sunt membra ejus. Tunc S. Reparata respondit: Hæc sunt tormenta tua, antiquissime inveterate dierum. Nihil me potes nocere; sed magis confortas animam meam.(*c*) Decius præses dixit scubitoribus suis; Novaculam afferte, & decalvate eam & per publicanos ducite eam. S. Reparata respondit: Ignominias sustineo & decalvata in publico pervenire cupio. Scio enim qualiter pro hoc quod patior, quomodo a te exiget Deus meus Jesus Christus, inimice Dei. Decius præses dixit: Si ad deformitatem metuis venire, accede & immola diis invictissimis. S. Reparata respondit: Audisti quia dixi tibi, non immolo diis tuis: sed Deo offero sacrificium mundum, & victimam jubilationis. Vide autem quid facias, quia in conspectu judicis mei causam tecum dictura sum. Multi vero ibidem circumstantes compuncti corde territi sunt. Decius præses dixit: Miror te tam duro corde esse. Jam consule tibi antequam pereas ab oculis nostris. S. Reparata dixit: Ovis diaboli, quantis argumentis mihi insistis? Miser a facie Dei peristi (*d*). Decius præses dixit: Ducite verbosam & decollate obnoxiam, & caput ipsius auferte ab oculis meis. Sancta vero Reparata

[*a*]

[*b*]

[*c*]

[*d*]

(*a*) Forte *non muto.*
(*b*) Id est in frusta discerpite.
(*c*) Hic apud Mombritium ingeritur terræ motus, populi maxima ex parte interitus, & tortorum manus aridæ factæ, & multorum ad fidem conversio.
(*d*) Plura deinde apud Mombritium subjiciuntur tormenta, de quibus hic ne unum quidem verbum. Tum addit Decii ministros cæcos effectos & paulo post aridas manus eam tentantium.

cum duceretur ab spicularoribus, ait: Gratias tibi ago, Domine Jesu Christe, qui me de hoc sæculo peregrinationis ad te dignatus es perducere cum palma triumphi virginitatis. Audientes vero spiculatores percutiebant caput ejus, & cecidit. Et continuo de collo ejus exivit columba alba, quæ primo eum confortabat cum esset in certamine. Accedentes vero Christiani pauci viri timorati, rapuerunt corpus ejus, & conditum aromatibus sepelierunt eum, & requievit in pace octavo idus Octobris regnante Domino Jesu Christo, cui est honor & imperium in sæcula sæcula sæculorum. Amen.

PASSIO S. MERCURII.

Ex mf. cardinalis Casanatæ eruit Mabillonius.

Decius occupato imperio reipublicæ statum reparare meditatur.

1. Decius ambitionis inflammatus libidine ad pervadendum temere regnum, Philippum imperatorem omnium imperatorum primum Christianum, dolo circumventos patrem & filium interfecit, & exoptatum imperium homicidiorum labe pollutum, ac rapacitate subripiens, mox ad interfectorum odium pertinaci furore adversus Christianos persecutionis tempestatem impulit; non solum quod eos exosus esset: sed ut avarus fervore cupiditatis exæstuans, eorum facultates conabatur auferre; & quia vanæ gloriæ cupidus erat, & veterum Deciorum vocabatur nomine, ad reparandum antiquitus reipublicæ statum animum intendens, cupiebat sibimet favorabiliter adoreas affectare, & qui prius idolis deditus fuerat, arrecto regio fastu fervefactus, idolatriæ cultibus anhelavit. Idcirco dæmonum præstigiis afflatus, ex ore sacrilego taliter insaniæ putidissimos eructabat ventos.

Ideoque deorum cultum restituendum censet.

2. Certissimum est etiam Romanum imperium deorum ceremonias magno studio prosequendo ita pollentius excrevisse, ut oceano metas defigeret, cœloque coæquaret potentiam: namque sacrificantibus quondam ritu patrio majoribus nostris, totius mundi imperium promittebatur a diis. Præterea si cuicumque deorum ad pugnam faventi præliaturi votificabant, procul dubio victores effecti fortuitu templa statuebant ex voto, sicut nunc plurima ædium monumenta titulique scripti testantur. Sub ipsis etiam tutoribus ultra jam millesimum annum perdurans invictissimum permanet, & ut res vetustiores repetam, ex parva gente, licet valida, parvaque regione subcrescens, deorum præsidio, toto orbe terrarum propugnatum mille gentibus olim dominabatur.

Cujus cessationi clades imperii attribuit.

3. Et nunc ex quo templorum religio cultu neglecto oblita remansit, necnon & imminuta cessant sacrificia, ex hoc Romani regni status variis calamitatibus cœpit labefactari. Ergo merito, deorum ita exigente, utrique Philippi gladio trucidati, ut meritas luerent pœnas: quorum prior pro reipublicæ commodo hostias secundum morem immolaturus in capitolium nequaquam fecit ascensum.

4. Eodem namque tempore contigit a barbaris oborto bello, Romanos fines igni ferroque vastare. Quo audito, Decii disposuerunt utrique regias cohortes, quatenus cum hostes ire pergerent, dantes jussa, ut & de singulis civitatibus equites ejusdem numeri illuc convenirent. Factum est ita: etenim belli apparatus affuit, & idem numerus armatorum, qui cognominabatur Martius, quique primus in Armenia degebat sub uno comite nomine Saturnino. Egrediente autem de suo augusto ad prælium, alter Romæ remansit ad tuenda regni gubernacula.

Committur prælium, medio, Mercurius hostium cuneos penetrat & virgam traucidat.

5. Cumque ventum esset ad locum certaminis, expositis utrisque in campo juxta morem copiis, pugnam conserunt; in quo conflictu aliquantulum certatum est, mox anceps se subtrahens, uterque invictus exercitus ab alterutro recessit. Subsistentes autem seorsum Romanæ acies, postulabantur fortunæ prioris eventus; cum repente quidam ex equitibus Mercurius nomine intermixta conspiceret agmina: ecce vir adest splendidissimus, eminentis formæ, prægrandis, hastam tenens, inquit ad eum: Mercuri, noli ambigere nec formides; missus enim sum confortare te & adjuvare, victoremque coram his omnibus facere. Igitur accipe hanc lanceam, aggredere barbaros, victorque existens, ne obliviscaris Domini Dei tui. Dum taliter alloqueretur, ille ingenti admiratione stupefactus, existimans quempiam de primatibus regiæ cohortis, tandem sustulit lanceam de manu ejus, equo videlicet continuo concitato, ferventibus viribus acuens. Nec mora signo crucis edito, totius corporis annisu impetuque, quo magis valuit cursim barbarorum cuneos irrumpens, regem aliosque multos fortuita cæde prostravit.

6. Adeo præliatus est, ut manus ei bra-

PASSIO S. MERCURII

Decius Mercurii experientiæ prælianti virtutem, exercitus sui ducem constituit eum.

chiaque semi gelato cruore oppleta gravarentur, fessæque desiderent. Mira res! omnis illa barbaries amisso rege subito incusso terrore terga vertens ante Romanas acies, celerius effugit. Tunc Decius videns eventum rei, mirabatur audaciam alacritatemque & fortitudinem militis, putans deorum auxiliis hostem tam facile superasse, innumeras eis grates referebat. Denique beatus Mercurius victor interfecti regis caput deferens Decio, exuvias vel arma sibimet victoriæ nomine reservavit. Ille quidem vehementer exultans vocavit eum, & illi arridens aiebat: Dic fortunate vir, quo nomine nuncuparis. At ipse respondit: A parentibus Philopator, a commilitonibus cognominatus sum MERCURIUS. Et Decius addidit: Quod genus tuum, quaque patria oriundus es? Idem rursus ait: Pater quondam meus GORDIANUS nomine, genere Scitha, ex militia quæ cognominatur MANCIA, quippe secundum temporis dignitatem secundum tribunum primatum peragebat ejusdem militiæ, ortus autem meus in prima fertur Armenia. Tunc Decius cernens eum armis experientissimum, forma decorum, concione habita, constituit eum præmii nomine principem exercitus sui. Loquebatur enim intra se: Hic efficacissimus erit, puto, Romanæ reipublicæ, & una nobiscum statum regni nostri poterit in antiquitatem reparare. His ita bellicis rebus prospere gestis, Decius reversus ex more triumphans, Urbem ingressus est.

Angelus apparens Mercurio, eum adprædicandum pro Christo hortatur.

7. Post vero non multos dies, accidit, ut quadam nocte quiescenti beato MERCURIO angelus Dei apparuit, similitudinem viri referens, quem nuper insignem miratus aspexerat, pulsansque eum excitavit. Ille mox expergefactus intuitus est eum, & pavore correptus obstupuit. Ait autem angelus ei: Mercuri, cur non reminisceris nominis Dei tui, quatinus in acie tibi præpositum est? Oportet enim te propter eum legitime decertare, ut incomparabilem victoriæ coronam recipias, & æternæ beatitudinis præmia cum omnibus sanctis capias. Ipse vero reversus in se meminit demum prioris visionis, ac dictorum ejus animadvertit; interimque bis terque unus apparuit. Hæc enim secum agebat: Nunc verissime novi, quod misit angelum Dominus suum, per quem mihi singularem ex hostibus victoriam tribuit, & oblito rationi meæ.... recordationem sui testimonium misericorditer infundit. Ob hoc divinam perpendens erga me clementiam, non debeo desidiosus fore, sed salutaribus monitis operam dare.

De patris sui militia significatur.

8. Erat autem S. MERCURIUS adolescens annorum circiter viginti quinque, siquidem genitorem suum haud mediocriter litteris eruditum sæpe recensentem quod quondam audierat de ingenti miraculo, quod illis vicinis temporibus, sub Antonino principe ma-

nifestissime per milites Christianos in solo barbarico exercitui Romano periclitanti gestum fuerat, necnon & de persecutoribus Christianorum, quos e vestigio secutæ Romanum orbem diutissimæ clades devastaverant; simul & de sacris scripturis alia atque alia proferentem conspexerat. Dumque secum multa mente revolvit, recordatus interdum verborum ejus, quæ de Christo Domino crebra confabulatione cum militia fungeretur, taliter disputabat: nempe beatior erit quicumque militaverit regi cœlorum quam hostibus ejus, & qui propter eum dimicaverit in æternum, illi dabitur inæstimabilis corona victoriæ & infinitus honor triumphalis gloriæ. Verumtamen ista quæ videntur arridentia, pro quibus & in quibus militatur, nimium laboriosa citoque caduca, post mortem penitus nihil profutura: nam rex equidem ille dixit, & omnia creata sunt; visibilium omnium & invisibilium ipse dedit principia, cœlum terramque ex nihilo condidit, & ex eis mundum componens uti domum mortalibus habitandum indissolubiliter constare fecit : cœlum videlicet sursum velut cameram statuit, & lucidissimis sideribus ad inferiora lucidanda perornavit, terramque seu pavimenta deorsum stravit, & pulcherrimis arborum ac odoratis herbarum generibus vestivit, quas vescendi ac medendi gratia ejusdem accolis concessit. Idemque mare triremibus commodum fecit, quibus in procelas brevi velo volando curritur terras. Illic piscium genera belluarumque produxit immania corpora. Ita tamen hæc elementa ineffabili providentia propriis animantibus singulariter tribuens, cœlum angelis, aërem volatilibus, terram hominibus & ceteris animantibus, ac mare piscibus implevit. Sed quoniam genus humanum sic a principio arbitrii sui libertati commissus fuerat, ut per fructus spontaneæ obedientiæ æternitatem vitæ consequeretur. Sed quod libertate arbitrii abusus est in superbia licentiæ, & æternitatem perdidit, & ignorantiæ cœcitatem incurrit; ex hoc enim per successiones generationum in tantas, abolita ratione, tenebras prolapsus est, ut creatoris sui prorsus oblitus, non meminisse maluerit : sicque factum est dum unius veri Dei cultum deseruit, sævo errore deceptus in multorum deorum cultus decidit : ita ut elementa hominesque exanimes, innumeros deos ac deas adoraret; propterea cœlitus idem missus a patre & virginali partu Deus & homo mundo radiavit miraculorum ingentia facturus.

A Decio accersitur.

9. Sic illo cum luctibus noxas confitente, en adsunt secretarii lictores a Decio missi, eumdem ad imperialem conspectum deducturi : sed ille renuens eo die non posse se egredi dissimulavit. Iterum altera die convenientibus magistratibus, jussit cum similiter

Ddd iij

accersiri. Cum autem advenisset, congregatis simul omnibus, idem Decius ait: Procedamus ad Arthemis templum, eique sacrificemus. Erat autem feriatis gentilibus Arthemis festum. Illis vero magna frequentia confluentibus, beatus MERCURIUS velut ægrefactus intra regiam remansit. Ecce quidam ex regiis æditius accessit ad Decium, accusans eum & dicens: Præclare domine, & insignis triumphator & invictissime, promotus ab immortalibus diis, ut augustalem susciperes dignitatem, precor ut audias: MERCURIUS quem nuper præfecturæ sublimasti, glorificatusque majestatis tuæ dextris assistit, Christianus effectus abdicat divinitatis tuæ magnitudinis edicta, & idcirco ad sacrificandum jaculatrici deæ nequaquam commeavit. His auditis Decius subsistens, ait: Credo equidem invidiæ zelo te percussum adversus eum, propterea loqueris talia; sed non accommodamus credulitatis aurem tuæ suggestioni, nisi prius ea ocularia fides patefaciat. Nonne facti causas visus potius dijudicat, quam auditus? Conticesce nunc hujuscemodi quæcumque depromas: si tamen, quod præfatus sum, hoc deseras inflatus larvali agitatu, ultionem suscipies non modicam; si vero certa dilucidare potueris quod proponis, præmia promereberis.

Apud eum accusatur quod sit Christianus.

10. Quibus dictis, Decius ut erat Christiani nominis insectator & osor, illico per complures apparitores suos expertus rei veritatem, jussit eum in potentatus sui decore plus solito adornatius advenire, magna lictorum glomerante caterva. Sed beatus MERCURIUS illato sibi terrore, non trepidans carceris ingressus est claustra, gaudens & glorificans Christum Dominum, quod dignus esset habitus pro nomine ejus talia pati. Eadem vero nocte astitit angelus Dei dicens ei: Confide, MERCURI, ne formides momentaneas tyranni minas, & crede constanter, quod quem confiteris Dominum, liberabit te ex omni tribulatione ista. Confortatus est igitur validissime angelicæ visionis alloquio, gratias agens Domino, quod ei visitationis gratiam per angelum suum dignatus esset infundere. Altera autem die idem Decius sedens pro tribunali jussit eum vinctum adduci in conspectum suum, cuique dixit: Ita te decet vecors, nam talis impiis famulatus obsequiis dignus es haberi? Beatus MERCURIUS contra sic ait: Hoc vere fateris, sic te decet, eo quod inæstimabilem majorem decorem & gloriam præparas in æternum. Hic enim tu prætelabentem fœlicitatem suscipis, ego projecta temporali æternam vicissim recipere modis omnibus confido.

Detrusus in carcerem ab angelo confortatur.

11. Tunc imperator impiissimus furiis exagitatus exæstuans, ait parasitis suis: Sat est mihi patienter hactenus eum sustinuisse; sed quia diis blasphemias intulit, & dixit habeo loricam & clypeum, cum sit inermis, ex-

Tormentis applicatur.

tendite eum pronum & innectite brachia pedesque ejus ad quatuor sudes solo depactos, suspendentes a terra, quasi pedibus remis, & experiar vires quibus innititur. Quo facto, jussit extensum fustibus diutius verberari. Post hæc Decius illudens ei percontabatur: Ubi sunt arma tua, quibus te victurum sponderas Venerem dearum pulcherrimam? videor mihi bene te extendisse. Sanctus autem MERCURIUS suspiciens sursum, dixit: Domine Deus meus, JESU CHRISTE, propter quem patior, adjuva me famulum tuum. Denique post verbera crudelissimus imperator iterum jussit cultros acutissimos afferri, eisque flagellatim rigentia terga ac latera exarari, deinceps ignem ardentem substerni, eumdemque ad modicum exuri. Ex multitudine autem cruoris illius perfusus ignis extinguebatur; cumque vir Dei talia perpeteretur, Decius continuo præcepit eum solvi, ne citius moreretur, & in quoddam cubiculum mitti. Deportantes illum lictores jam modicum spiramen habentem, fecerunt quatenus sibi fuerat imperatum, arbitrantes quod momento expiraret.

12. Sequenti vero nocte, apparuit ei angelus Dei dicens: Salus tibi fortissime decertator. Et illico saluti pristinæ restituta sunt omnia membra sua: ita ut surgens glorificaret Deum. Audiens autem Decius quod citissime sanaretur, iterum jussit eum coram solio suo accersiri, vidensque eum dixit. Tu nec es MERCURIUS, quem pene jam mortuum a conspectu nostro præcepimus asportari? Quomodo nunc sospes ades? saltimne cicatrices doloribus stimulant? Tunc præcepit ministris totum membratim perscrutari. Illico jussa capescentes, retulerunt ei: Ceu numquam cæsus fuerit, ita sanus effectus est. Quo audito, Decius insultans dixit: Nunc dicturus est, esse verum, quia Christus meus me curavit. Iterum sciscitabatur ab eis numquid quempiam ad eum ingredi permisistis? At illi satis agentes responderunt: Per salutem tuam neminem externorum visere permisimus illum, præstolantes eumdem citius moriturum: quomodo nunc sanitate vigeat nescimus. Et Decius: Ad hæc animadvertite, inquit, ergo magicas artes Christianorum, quibus redivivus sospes factus asstat. Tunc furore correptus dicit: Quis te tam facile curavit? Beatus MERCURIUS respondit sicut prius illudens: Factus est Dominus meus JESUS CHRISTUS salutaris medicis animarum & corporum: ipse per angelum suum mei curam egit. Rursus imperator furibundus ait: Profecto corpus tuum variis exitiis eviscerabo, donec excruciata pereat anima, & probabo quonam modo Christus tuus, quem Dominum esse opinaris, medebitur tibi. Beatus MERCURIUS respondit: Si sic pereo, satis perisse juvabit. Verumtamen hoc tibi notum sit; quæcumque tormentorum irroges, men-

Divinitus sanantur ejus vulnera.

PASSIO S. MERCURII.

tem meam mollire nequibunt. Ipse enim suos exhortatus est dicens: *Nolite timere eos qui occidunt corpus, animam autem non possunt occidere.* Sed, inquam, miror, optime imperator, quorum exempla imitaris, eorum exitum non pertimescere. Denique Nero cunctorum imperatorum primus Christianæ persecutionis incentor & auctor, & Domitianus secundus ab illo non impune obierunt, sed meritas facti pœnas retulerunt, alter formidinis amentia perculsus, adeo angoris est nimietate coarctatus, ut semetipsum ignominiosissime fugientem trucidans, malorum compendium celeritate mortis evaderet; alter vero crudeliter a suis interfectus, infames exequias pertulit. Quippe vulgari sandapila per vespiliones evectus turpissimeque sepultus est. Trajanus quoque & Antoninus sive Severus ejusdem impietatis sævitias diversis temporibus perpetrantes, e vestigio divina subsecuta ultione continuis bellis lacessiti, multis acutissimis ac diversissimis regni sui calamitatibus mulctati sunt. Deinde sextus a Nerone maximus tyrannus hujus redivivæ calamitatis rabiem cœpit; sed mox ab hoste interemtus & obtruncatus, persecutionis vitæque terminum dedit: quin etiam tuus exitus hic simillimus erit, nisi ab hac impietatis tyrannide recesseris.

13. Quibus dictis, impiissimus Decius confutatus, indigne ferens, protinus jussit eum extendi, ardentique ferro uti cauterio per longum exuri, insuper & igne torrentibus subulis illius latera ac terga terebrari. Hoc autem facto, pro fœtore thuris suavissimi nidoris fragrantiam velut ex aromatibus ejus exhalaverunt membra. Talia per patientiam Decius percontatus cum exultatione: Ubi est, inquit, medicus tuus Christus, a quo te sanatum sanandumque pollicebaris? Adveniat nunc & opituletur tibi. Locutus est enim, quod & de somno me excitavit. Beatus Mercurius, qui in bello fortis extiterat, sed fortior in passionibus permanens, ita respondit: nempe Christus meus omnipotens invisibiliter solo dictu cuncta restaurat. Quod si noluerit meis mederi stigmatibus, certissimum tibi sit, cuilibet prius acerbissimæ morti caput objectabo, quam vanissimis frivolis tuis, in quibus dæmonia delitescunt sacrificabo. Licet enim tunc momentaneis me peruris incendiis, sed tu perpetuis gehennæ ignibus sine fine conflagrabis. Hinc Christus meus ineffabile mihi refrigerium & inremediabiles tibi decrevit cruciatus in æternum.

14. Crudelissimus interea Decius præcepit eum altius versis vestigiis suis suspendi, & collo ejus induto gravissimum lapidem pendere, ut pondere suffocatus, Christum invocare non valens forsan ejus animos frangeret. Sed adjutus Dei gratia fortissimus athleta, multarum horarum cursibus in hoc perniciosissimo supplicio perdurans, inter-

clausa voce anhelitus, Christum Dei Filium fracta loquela clamabat. Videns igitur impiissimus Decius viriliter atque constanter eum sufferre, nulloque pœnali aculeo mentem ejus posse mutari, saxum jussit a collo removeri, & afferri quatuor flagella, obstructoque ejus ore ne Christi nomen toties audiret, eum vehementissime cædi, donec cutis illius sanie flueret, ac lithostrotum aspergeretur. Sed beatissimus Mercurius animi robore incommutabiliter in fide perseverans, crebro Christi nomen secum corde vocitabat. Ut autem expertus tot in eo tormenta conspiceret impiissimus imperator, quod non vinceret sed vinceretur, mente confusus mœstitiaque perculsus, ne tanta sancti viri seduceretur constantia, vel ceteri ejus exemplo excitati militiam desertarent, consuluit quosdam quatenus eum perderent.

15. Igitur maturius deliberato consilio, talem dedit præscriptionis sententiam: Mercurium præfectum equitum, imperiali munificentia locupletatum, Romani regni sanctissima edicta contemnentem, deosque blasphemantem, exemplar infamiæ Christianorum, exulem apud Cappadocas, hostem publicum publico gladio perimendum. His dictis gladiatores suscipientes eum portaverunt in navim, quod corpus ejus erat valde laceratum, ferme membrorum compage dissolutum, velut exanime videbatur. Deducentes igitur eum mari terraque post aliquot dies, longo itinere confecto, pervenerunt Cæsaream, ubi noctu Christus Dominus apparens per visum, beato Mercurio dixit: Veni jam, miles fortissime, hic fortius requiem, hoste devicto, certamine consummato, suscipe victoriæ præfulgentem coronam. Cumque hoc diceretur, protinus herili præsentia consolidatus evigilavit, quod beatissimus martyr facili conjectura intelligens, ibidem agonis sui stadium explendum, tunc ait gladiatoribus: Perficite citius quod facturi venistis, nam me Dominus meus Jesus Christus hac nocte ad triumphalem palmam vocavit. hic etiam mei certaminis finem dedit. Verumtamen advertite, non vos lateat quod vaticinabor, nimirum scisse juvabit: Licet imperator vir crudelissimus meum sanguinem sitierit, sed statim atro obrutus gurgite bibulus sine fine satiabitur, & licet extorrem me obtruncatum proscripserit: sed indignus exequiis sepultura carebit. Quibus dictis, dein acclinis inter verba orationis extenta cervice, mox exciso capite migravit ad Christum Dominum septimo calendarum Decembriarum, regnante Domino nostro Jesu Christo, qui cum Patre & Spiritu-sancto vivit & regnat in sæcula sæculorum. Amen.

Mortis sententia in eum pronunciatur.

HISTORIA
CORPORIS SANCTI MERCURII,
CÆSAREA DELATI QUINTODECIMUM,
ET EXINDE BENEVENTUM.

Ex mf. cardinalis Cafanetæ eruit Mabillonius.

Anno 768. Qua occasione facta est corporis S. Mercurii translatio.

1. Tranflationis equidem corporis beati Mercurii, qua tranfvectum eft Quintodecimo Beneventum, & ad S. Sophiæ bafilicam deportatum, in præfenti tempore folemnitas celebratur. Valde tamen effe conveniens narrationis feries poftulare videtur, ut qua occafione ipfum facrum corpus Cæfarea Cappadociæ, ubi primo humatum extiterat, Quintodecimo delatum fuerat, innotefcat. Imperator Conftantinopoleos CONSTANTINUS, qui & CONSTANS eft nominatus, concipiens animo Italiam a Longobardis invafam, fub fui ditione imperii revocare, illis extorribus & expulfis, exercitum numerofum ad effectum

A Conftante imperatore, ut protector effet, deportatur in exercitu.

fui propofiti præparavit. Sicut autem Romanis principibus uni vero Deo non fubditis, in expeditionem proficifcentibus moris erat fecum deferre fimulacra, in quibus deos falfos invocarent fibi in præliis fuffragari;

Nota.

ita Cæfares Chriftiani pergentes adverfus hoftes imperii debellandos, corpora fanctorum habere confueverant comitatui eorum dumtaxat qui extitiffent in fæculo officii militaris. Itaque præfatus Auguftus exterminaturus armis, uti dictum eft, Italia Longobardos, robuftiffimi athletæ Chrifti Mercurii juxta prædecefforum confuetudinem, reverendum corpus affumit cum trium fanctorum reliquiis aliorum, ac tribus tradidit religiofis admodum cœnobitis diligentiffima

Quinto decimum defertur.

cura fervandum. Cumque tali comite & exercitu copiofo littora contigit Tarentina; illinc autem caftris motis, Apuliæ fines ingreditur, atque cunctis fere civitatibus depopulatis, necnon Luceria urbe, utique fecundum fuum vocabulum luculenta, folo tenus demolita, Quintodecimum eft profectus. Quæ civitas, five quod Quintus Decimus eam victricibus armis fubjugavit, ob fignum victoriæ Quinto-Decimo ei nomen impofuit : feu, quod oculis patet, eo quod quindecim millibus paffuum a Samnia, quæ nunc Beneventum dicitur, a parte auroræ dignofcitur conftituta, Quintodecimum eft vocata.

2. Erat autem hæc civitas plena populo, divitiis affluens & deliciis, cujus circumftantia civitatis quam voluptuofa fit & amœna, ex geminis fluviis hinc inde fluentibus, Arvio videlicet & Caloro, ex irriguis fontibus, ex virentibus pratis, ex denfitate filvarum, ex fructuum ubertate, tu ipfe poffis agnofcere, fi regionem illam velis curiofe luftrare. Propterea gloriofum videbatur Augufto, fi urbem talem aut fubjugaret invitam, aut reciperet fpontanee fe dedentem. At qnia ipfa civitas ex longis retro temporibus nullius jugum noverat dominantis, imperatori Conftantino non fe obtulit venienti, immo modis omnibus eft renifa. Eam igitur Auguftus obfedit obnixius, equitum ac peditum copias circumfundens: quam cum diutius oppugnaffet, & fui exercitus portionem non modicam amififfet, tandem expugnavit eam, ac mœnibus dirutis, humiliavit ad velle. Cujus fuperbus ac lætus excidio, urbem adiit gloriofam in civitatibus, Beneventum, de ipfa, veluti credebat infanus, identidem effecturus.

Quamcis tumidum Conftans ftans ruit.

3. Verum ftulta fpes ejus & potentia, in qua tumidus confidebat, cœlitus eft fruftrata. Quemadmodum fane imperator ætheris ac telluris eamdem urbem obfidione Conftantis Augufti dextra majeftatis eruerit, fideliffimi fervi fui BARBATI meritorum obtentu, necnon metu GRIMOALDI regis Longobardorum, qui cum maxima multitudine militum in adjutorium fui filii ROMUALDI Beneventani principis properarat. Quod quia in vita beati Barbati & in hiftoriis Longobardorum gentis fcriptum plenius reperitur, hic omittendum exiftimo, ut ad exfequendam materiam propofitam redeatur. Tres igitur monachi fuprafati cernentes Auguftum immanem paffim exercere malitiam in defolatione civitatum & caftrorum, in facrorum violatione locorum & everfione domorum Dei, in nimia humani effufione cruoris, tot tantifque malis ipfo comitatu fe communicare & effe quafi confentaneos

Dumtaxit Beneventum monachis corporis cuftodes des Quintodecimi manent.

cum

cum mœrore interno reputantes, non se monachos, sed gyrovagos judicabant. Quocirca Cæsare Constantino ad aggrediendam insignem Samniam properante, illi simulato languore apud disruptam Quintodecimum memoratam cum honorabili almi Mercurii corpore remanserunt. Quod imperator sincere potuit Constantinus: vel quod Beneventus, quam obsidere tendebat, non longe distaret; vel potius quia id divinitus agebatur, quatenus videlicet martyr eximius translato suo corpore Beneventum, eam utpote supernorum civium auxiliis indigentem, suis meritis tueretur. Prædicti vero tres fratres spiritu caritatis uniti, in afflictione jejunii cordisque intentione beatum martyrem cui jugem exhibebant reverentiam oraverunt, quatenus ad serviendum Deo viventi locum sibi congruum indicaret.

Ita mortui simulato in. firmitate ecclesiam illi construi efficiunt.

4. Quibus sanctus martyr per somnium præsto factus: Optime, inquit, egistis, nec „a vobis ipsis hoc, sed divino fecistis instinctu, „quod vos imperatoris efferi & scelesti comi„tatui subduxistis. Est nempe de meo corpore „ab omnium auctore dispositum, uti penes „hanc urbem suis profecto culpis eversam re„conditum sit ad tempus. Porro vester Augu„stus habens animum occupatum multiplici„bus curis suæ malignitatis, secundum occul„tum Dei judicium exercendæ, mei corpo„ris est oblitus. Qui urbe quam nunc frustra „obsidet derelicta, Romana mœnia subintra„bit; ibique ecclesias Dei pollutis manibus „violabit; & talibus onustus rapinis, ut Con„stantinopolim repetat, Siciliam expetens Bi„santium non videbit, sed Siracusis interime„tur in balneo a suis. Vos autem meo hic nomine fabricate basilicam, hic vestræ vitæ omnipotenti Domino famulatum ante spatium exigatis, ut ab eo vitam æternam percipere valeatis. Cum igitur cuncta quæ sanctus prædixerat accidissent, fratres illi gloriosi martyris revelatione & commonitione instructi, B. Mercurii nomini ecclesiam construxerunt, residuis civibus Quintodecimi desolatæ in opem illis pro posse operantibus in hoc opus, pro suorum scilicet animabus belli certamine peremptorum. Ceterum sub limine ingressus basilicæ corpus Mercurii gloriosi diligentius monachi locaverunt præscripti, superponentes lapidem sigillatum, nemine penitus hoc sciente.

Impune latet diu per nonaginta quinque annos.

5. Latuitque corpus honore dignissimum illo loco cunctis incognito nonaginta quinque elabentibus annis & mense uno, usque tempora inclyti Arechis in sæculum memorandi: quia nimirum thesaurus hujusmodi auro longe carior atque topazio, religiosissimo principi servabatur: cujus devotio magis erga corpora sacra fervebat in suam Samniam convehenda, quam circa perituras gasas, quibus avarus inhiat animus, cumulandas. Ut enim viros sanctos quosdam quasi supernæ curiæ optimates, quos imperatori perenni familiariores ingentia merita reddiderunt, idem princeps sibi amicos efficeret, non quidem de mammona iniquitatis, sed de divitiis ei divinitus elargitis, eidem pio studio condidit pretiosam [ecclesiam] ad exemplar illius Justinianæ Sophiæ vocabulo insignitam, Jesu Christi videlicet qui virtus & sapientia primus ab apostolo nominatur; in qua scilicet æde sacra illorum corporibus quæ in resurrectionis tempus peregrinantur a propria permanente civitate, velut quoddam humanitatis hospitium exhiberet, quatenus ipsi eum in tabernacula æterna reciperent, bonam suo hospiti vicissitudinem rependentes.

Qui ædificata Beneventi S. Sophiæ æde.

6. Cumque jam intra sanctuarium illud beatos artus duodecim germanorum in unius altaris memoria posuisset, aliorumque utriusque ordinis beatorum corpora collocasset, cœlitus princeps optimus incitatur, ut beati Mercurii corpus properet indagare Narniam: cujus profecto corporis gleba ecclesiæ non suo honori condignæ apud ruinas Quintodecimi commendata, virtutum tamen atque signorum fertilitatem gerebat: ubi quædam sanctimoniales juge obsequium Deo & sancto Martyri exhibebant. Illuc proficiscens itaque cum præsule Beneventanæ urbis, & clero magno, plebis agmine comitante, corpus domini sui Mercurii illius ferventissimæ Magdalenæ instar requirens, ac dicens: *Nescio ubi posuerunt eum*: Princeps prior aggreditur in nomine domini fossionem. Cujus incœptu ad certatim fodiendum tam præsul quam ceteri provocantur: sed reperiendi facta fodiendi difficultas spem fere totam inventionis ademit; nisi quod habens spiritum Dei princeps, certus erat ac fidens, quia misericors Deus, qui sibi desiderium inquirendi sacri cadaveris infudisset, effectum desiderii non negaret. Sicque nox imminens diem diremit & studium. Noctem illam princeps ducit insomnem, ac viritim singulos aggreditur, ut orationibus insistant non desinit supplicare. Adest interim in visione præsuli sanctus, & ne cœptum deserant adhortatur. Cumque diei sol oriens daret initium, comperto quod antistiti fuerat revelatum; præsul ac principis adhortatu tamdiu labori fossionis insistitur, donec thesaurus optatissimus invenitur. Fructu tandem inquisitionis adepto, cunctorum animis jocunditatis immensitas generatur, alteriusque Joseph ossa felicia, hoc est beati Mercurii filii videlicet accrescentis ab Ægypto, id est a desolatæ civitatis tenebris amoventur.

In eam corpus S. Mercurii transferre cœlitus monetur.

7. Antistes & cœtus ordinis clericalis festivo habitu & apparatu solemni, princeps & optimates ejus ac frequens populi multitudo, inclytum martyrem Mercurium in jubilationibus Samniam deducebant. Est autem ponticulus quidam distans a civitate non

Corpus Beneventum appromixans immobile permanet.

multum, quem rivus subter fluens prolabitur in Calorum. Super quem videlicet ponticulum bivio tenditur Beneventum, a læva quidem ad portam quæ Summa dicitur, ad dextram vero est iter ad portam quæ Aurea nominatur. Cumque plaustrum quo onus sancti cadaveris vehebatur, pertransisset ponticulum memoratum, substitit de repente, atque aurigas ipsos affixos quodammodo tenuit vis divina. Exemplo antistes suos humeros cum clero supposuit, biga tamen perstitit inconcussa, & hoc de mirifici voluntate MERCURII, proprium, ut reor, corpus invisibiliter ac mirabiliter comitantis. Nec mora omnis ordo, sexus & ætas, qui intra muros accurrit, tamquam innumerabiles phalanges erumpunt, ut in cleri plebisque copia poli solique accolas diceres concurrisse. Immensam igitur cleri populique lætitiam cum invento margarito corporis pretiosi civitatis jam mœnibus propinquantis. Ingens valde tristitia subito perturbavit, versa est in vocem flentium modulatio cantilenæ, & gaudium omnium in mœrorem.

Factis Sancto maximis domus leve & portabile redditur.

8. Fundunt preces in cœlum singuli lacrymosas, ne martyr illustris Samnium proprio suo corpore mutata divinitus voluntate privaret. Videtur martyr aures suas tam cleri quam & vulgi precibus obturare: nam rheda perstabat immobilis. Tunc Christianissimus princeps vehementius dolens, se quasi ad oram littoris naufragari cum opibus acquisitis, exuit se insignia principatus, & vestem induit cilicinam, quæ mœstæ mentis insinuaret affectum, atque coram corpore venerando excellentiam suæ dignitatis humilians, obtulit beato Mercurio dona non pauca, ditia satis erga martyrem devotionis indicia. Claves vero portarum totius civitatis cum annuis tributis illi in eodem loco obtulit, seque servum ejus cum omni vulgo attestans, ut moveri dignaretur & ad locum præfatæ aulæ digne sibi præparatum veniret, essetque totius provinciæ tutor atque defensor. Cum autem birotum adhuc perduraret immobile, promissionibus auxit promissiones: dicens quod ara ubi martyr ipse se in membris suis concederet collocandum, altaribus ceteris principalior haberetur; itaque duobus gradibus emineret, ac diebus dominicis in solemniis quoque præcipuis in eadem ara sacra deberent ministeria celebrari. Ad hujusmodi sponsionem, & ad orationem, propter supplicantes vehiculum almi corporis de loco, in quo fuerat divinæ virtutis obstaculo retentatum, reddita cœpit facilitate moveri. Eximius itaque miles imperatoris summi MERCURIUS cum honorificentia sibi condigna, per portam quæ Laurea nuncupatur Beneventum ingreditur, quam elegit. Præfatus quoque princeps, in tam immenso miraculo altius considerans martyris sæpe dicti virtutem, vota quæ illi voverat, multo ampliora quam promiserat reddidit.

9. Armeniam siquidem ubi ejus extitit prima nativitas, & Romam ubi disciplinatum exhibuit Domino crucifixo, diversos pro eo & horribiles perpetiens sub Decio cruciatus, esurie, algore, sudibus solo depactis, cultris, equuleis, igne, fustibus, ferro, subulis, cauterio, carcere squalenti & mille, ut ita dixerim, mortis generibus laniatus, & Cæsaream Cappadociæ, ubi vitam immo potius mortem juguli desectione finivit, has inquam nobiles civitates Mercurii sancti dignatio tibi postposuit Benevente. Illius ergo circa te benignitatem propensius ô Samnia recognoscens, quo te præ ceteris urbibus adamavit, eo diligentius, cave ne fias eidem martyri domus exasperans: immo ad hoc tuum studium enitatur, ut adeo in te sibi complaceat, quatenus de te dicat: *Hæc requies mea in sæculum sæculi, quoniam prælegi eam*. Exasperas vero tunc Benevento Mercurium, si ejus auctorem ad iracundiam non desines provocare, sed quid actura ô miseranda, cum Dominus Deus tuus a te sæpissime in multis & gravibus offendatur. Ceterum congregatio sanctæ Sophiæ cælestibus dedita disciplinis, in Domini justificationibus assidue te exercens, quæ tibi martyrem Mercurium servas, ipsa tibi studeas martyrem complacere. Ad ejus namque nomen & decus in aula ejusdem sanctæ Sophiæ ante altare sanctorum duodecim germanorum, juxta quod princeps voverat in Domino timoratus, constructa est ara præstantior, privilegiata in celebrationibus divinorum, & profecto rationabiliter ac decenter: beatus nempe Mercurius, qui arte strenuus militari propter victoriam gloriosam, quam de copiis barbarorum affatus angelicus est indeptus, Romani exercitus creatus est princeps, merito ad tutelam Longobardi populi procurandam, obtinet Samniæ principatum: cujus sancti corporis thesaurus apud Quintodecimum absconditus, & repertus, repositus est intra sanctuarium memoratum, in ara suo nomini dedicata, anno decimo principatus præfati domini ARECHIS, septimo calendas Septembris, anno septingintesimo sexagesimo octavo ex tunc temporis decurrente, quo intra uterum Virginis servilem se habitum induit filius Regis regum, qui cum eodem in unitate Spiritus sancti vivit & regnat Deus in sæcula sempiterna. Amen.

Auctor Beneventi venerationem alii gratiarum actioni, & gratiis a nem erga Deum.

VITA S. BIBIANI
SANCTONENSIS EPISCOPI
AUCTORE ANONYMO.
Ex veteri codice mſ. Colbertino.

OBSERVATIO PRÆVIA.

IBIANUS episcopus, cujus hic vitam ex veteri codice mſ. Colbertinæ bibliothecæ ante annos ſexcentos exarato, emittimus in lucem, tempore Theoderici regis, qui ab anno 419. ad 452. Gothis imperavit, Sanctonenſis ecclesiæ ſedem occupavit, ſucceſſitque Ambroſio antiſtiti, ut conſtat, cùm ex vitæ ejus ſcriptore, tum ex breviario Sanctonenſi: unde emendandi vulgati indices, qui Bibianum Ambroſio præponunt. Hujus autem cum Romano martyrologio mentionem faciunt Uſuardus, Ado Viennenſis & antiquum martyrologium ecclesiæ Autiſſiodorenſis hic a nobis editum. Meminit & Gregorius Turonenſis in libro de Gloria Confeſſorum, cap. 58. his verbis: Suburbano quoque urbis hujus (Sactonenſis) Bibianus antiſtes requieſcit, cujus virtutum moles liber qui jam de ejus vita ſcriptus tenetur, enarrat. Delituit hactenus in tenebris liber ille: ſequens vero e Moyſiacenſi monaſterio ubi diu jacuerat pulvere obſitus, in bibliothecam Colbertinam feliciter tranſvolavit, exterſo pulvere lucem aliquando viſurus. An vero idem ſit cum libro illo, qui Gregorii Turonenſis venit in notitiam, aliorum eſto judicium. Certe antiquitatem ipſius duplici ex capite repetere poſſumus. Primo quod ſacram citans ſcripturam alia a vulgata videtur uſus verſione. Exemplo ſit hic locus evangelii Johannis 15. 13. Majorem hac dilectionem nemo habet, ut animam ſuam ponat quis pro ovibus ſuis, *cum in vulgata editione legamus*, pro amicis ſuis. Et alter ex epiſtola Pauli ad Epheſios cap. 4. 28. Qui furabatur jam non furetur, magis autem laboret operando manibus ſuis quod bonum eſt, ut habeat quod tribuat inopiam ſuſtinenti, *ubi vulgata editio legit*: Unde tribuat neceſſitatem patienti. Secundo cum de Theoderico Gothorum rege loquitur, eum non Theodericum ſed Theodorum appellat, quomodo eum appellavere antiqui ſcriptores Sidonius Apollinaris, Gregorius Turonenſis lib. 2. hiſt. Francorum, & Fredegarius, qui proxime poſt eum vixit.

INCIPIT VITA B. BIBIANI & miracula ejuſdem.

Circa ſæc. Prologus.

1. IN exordio mundi naſcentis, ſicut diſpoſitor Dominus univerſitatis ſuperna cœlorum luminaria diſtinxit ordinibus variis, quædam vero inferiori, quædam autem mediocri, nonnulla quidem eminentiori in iſto zodiaco, quod græce *Galakian* dicitur, circulo ſtatuit ambitu, diverſoque modo eadem voluit propriis coruſcare fulgoribus: ita etiam ſanctæ matris eccleſiæ filios variis cariſmatum decoravit muneribus, qui veluti cœleſtia ſidera mundo huic ſanctitatis atque doctrinæ lumen infundentes, opaca infidelium

Vet. Script. & Mon. ampl. Collect. Tom. VI.

corda evangelicæ prædicationis splendore irradiarunt, abjectisque errorum tenebris, ad lumen veritatis quæ Christus est, exemplo piæ conversationis & sedulæ instantiæ correptionis perduxerunt: creditas vero talentorum quantitates in fœnore Dominico expendentes, prout cuique vires suffecerunt, lucra exigenti magistro reportare moliti, cui rationem reddituri ne crimen inertis studii tandem subirent, pervigili cura ejus pecuniæ institerunt, & in multiplicem fructum augmentare non destiterunt. Sed & hoc nulli dubio venit, ut qui sagaciori studio in Dominico quæstu desudaverit, majoris præmii dignitate a Domino non jubeatur potiri: quod ut evidentius agnoscamus, gestorum ac virtutum tituli ad memoriam reducantur, ubi imago eorum sanctitatis ac meritorum, veluti in speculo humanis obtutibus repræsentatur, cœlestisque bravii immortale decus illis pro modulo piæ conversationis recompensatum exprimitur. Quanto enim quisque in sanctitatis gratia inter humanas pravitates & fluctuantis sæculi procellosos turbines vivere studuit liberior, tanto in æthereis arcibus in retributionis dignitate invenitur præstantior; & qui numerosiores mundialis pompæ cordis abjectione perfectius spreverunt, regiæque dignitatis summos apices, ut quibusdam contigit, pro vili cœno duxerunt, illic æterna dictatoria, Domino favente, suscepta, perennis gloriæ obtinent sceptrum, de quorum collegio gloriosissimum Dei famulum Bibianum affore novimus, qui regalibus exortus natalibus, labentis atque caduci imperii fasces teneris sub annis abjiciens, divinis sese totum mancipavit obsequiis, ut in senatu cœlestis curiæ præmio potiretur æterni regni: cui tanta cœlitus gratia exigente meritorum qualitate infunditur, ut & incomparabilis viveret exemplo sanctitatis, & multos ad cumulum centeni fructus promoveret monitis atque sedulæ monitionis incitamentis, qui lumen in candelabro septiformis gratiæ positus, radios immensæ bonitatis ac justitiæ circumquaque spargebat, verbique divini lucernam pedibus rectorum præbebat, per quam cœlestium mandatorum possint videre semitam. Hic namque juxta Dominica præcepta columbæ simplicitatem ita custodire studuit, ut non etiam amittere videretur prudentiam serpentis. Inter bella quippe exercuit vivere pacificus, interque hostes minarum securus, ut ejus vitæ ac moribus illud Dominicum concordaretur: *Beati pacifici, quoniam filii Dei vocabuntur.* Qui ut bonus pastor quondam pontificali decoratus infula, pro creditis sibi ovibus corpus suum barbaricæ crudelitati objecit, ibi si persecutoris gladius in necem illius efferbuisset, martyrii palmam ardenti desiderio pronus accipere non renuisset. Sed divina providentia clementia in confessionis gratia perseveravit, curamque sibi commissam officiose in divinis cultibus conservavit, cujus virtutum pretiosa insignia laudum præconiis commendare conantes, brevitati nostri ingenii tam difficilem sarcinam attemptare expavescimus, ne deficiente & laboris facultate & volucris cursu ætatulæ tantum opus infectum atque impossibilitate diminutum relinquatur incassum. Si enim per singula tanti confessoris stili eloquio elugubrare voluerimus miracula, pluralitate superati veremur expensum frustra consumere tempus, cum a finali meta aversi extremum limen attingere nequiverimus: sed ne omnino tanti patroni gesta futuræ posteritati ignota fiant, illius suffragantibus meritis ad scribendi officium prorumpemus, multiplicitatemque incomprehensibilem devitantes, pauca e pluribus strictim persequemur. Littoreas enim arenarum minutias ac grandinum lapillos quis certo valet comprehendere calculo? Quod sicut mortalibus imperceptibile semper manebit, ita & prædicti viri insignia nullus morti debitus plectro linguæ sufficienter explicare valebit. Illud tamen dumtaxat lector a nobis expectet, ut ejus desiderio, licet non ad plenum, satisfacere cupientes, ortum atque conversationem per omnia inreprehensibilem gloriosissimi confessoris litterarum apicibus exarare procurabimus: ardua quippe virtutum fastigia quoniam summotenus attingere imbecillitati nostræ prorsus abdicatur, pauca, ut diximus, ante oculos exponemus, ut qui proceræ arboris comas a solo legere non sufficit, saltem dependentia ramusculorum brachia quandoque carpit. Nec tamen hoc nostræ facultati deputandum succensemus: sed quidquid illud erit, quod decursu præsentis facundiæ concinnatum fuerit, ad laudem & gloriam domini nostri Bibiani præcipui confessoris Christi referatur, cujus præsidio innisi, aliquid dignum auditu de eodem proferre non dubitamus; & quia hujus proëmii area non parum litterarum continere videtur, restat nunc ut ad promissi operis exercitium calami articulum convertamus.

2. Temporibus igitur priscis, quibus, augmentante divina gratia, religiosa fides terrarum spatia per diffusum quadrifidi orbis latus occupare dinoscitur, per varia sanctæ matris ecclesiæ loca quosdam exoriri Dominus voluit, in quorum mentibus cœlestis sapientiæ domicilium collocaret, lumenque veritatis ad illuminationem multorum perfecte inspiraret: quos variis virtutum distinguens generibus, alios doctores, alios vero sermonum interpretes, quosdam vero sanitatum operatores, nonnullos autem futurorum præcognitores in uno eodemque spiritu constituit; qui veluti superna luminaria lumen justitiæ mundo huic infundentes, fanaticis erroribus Dominicum gregem exue-

runt, omnemque superstitiosæ idolorum culturæ caliginem præcidando a cordibus infidelium deterserunt: quorum nonnullos sævitia gentilitatis supra modum grassans, per misera suppliciorum patibula cœlis transmisit martyres; reliquos vero piis operibus desudantes, luceque virtutum nobiliter coruscantes, sancta mater ecclesia in suo gremio fovet quieta pace confessores.

S. Bibiani illus...

3. Inter quos clarissimus Dei athleta Bibianus veluti phœbi jubar inter cetera signa luculenter emicat, qui regali exortus prosapia, æterni regis postmodum secutus est vestigia. Licet enim ex successione patris, qui regia potestate Aquitaniæ regionis jura obtinebat, regis dignitate colendus fuerat; non tamen ad regale imperium fanaticis erroribus tunc temporis implicitum aspirare voluit; sed potius divinæ religioni nefario privatum imperio sese mancipandum decrevit, paternam gentilitatem cum regni solio penitus abjecit, & matris religionem, quæ invito marito Christianæ pietati inserviebat, maluit totis præcordiorum nisibus amplecti. Cujus patris vocabulum quia paganus erat nobis non libuit tangere, ut cujus vita omnimodis extitit reprobanda, ejus etiam & nominis nota æterno silentio premeretur per sæcula. Matris vero nomen ideo viventi paginæ inditur, quia sub habitu divinæ religionis castam vitam gerens, gratum Deo semper obsequium impendisse perhibetur. Erat enim & regia stirpe progenita, & decore pulchritudinis speciosissima, quamvis ab impositione parentum vocaretur MAU-

Baptizatur & REOLA.
Christianis institutionibus imbuitur.

REOLA. Hæc post interitum gentilis mariti privato more studuit vivere, filium suum BIBIANUM ad prædicationem cujusdam sanctissimi viri nomine Marcelli sacrosancti lavacri fecit expiari ablutione, cui deinceps tradidit eum docendum sacrarum paginarum eruditione. Qui beatus puer a Deo prælectus ita doctrinæ fluenta sitiens exhausit, ut brevi temporum intervallo in omni didascalica disciplina doctor mirabilis & non solum in litterariæ prærogativa solertiæ fiebat astutus, verum etiam omni cautela verborum præ omnibus coætaneis ejus inveniebatur prudentissimus, elegantia corporis spectabilis, & morum gravitate probabilis. Juvenilem pro natu gerebat ætatem, sed senum pro modestia continentia vincebat decrepitatem. Genere notabilis, sed nobilior indole sanctitatis: qui vitæ suæ seriem tali studuit moderari temperamento, ut tam sublimibus quam infimis se æquiparans, amaretur amore germano, quum etiam intra ejus penetralium secreta mater virtutum pollebat castitas, per quam & infestantis inimici ignea tela frangebat, & bonorum omnia incrementa capiebat, sicque de virtute in virtutem conscendens ad sanctitatis usque culmen succrevit, & in ejus perfectione non mediocriter effloruit.

4. Talibus quidem decoratus gemmis, cogente, ac si dici fas est, rapiente populo urbis Santonicæ, unde originis principium sumserat, comes constituitur, quam non minus virtutibus quam regimine inter Aquitaneias urbes insignem facere conatur: quem principatum potius sarcinam deputans quam honorem, spontanea coactus voluntate penitus deposuit, sanctoque Ambrosio, qui tunc temporis ejusdem urbis pontificatum gerebat, sese commendavit: quem deposita capitis coma idem sanctus antistes sacris ordinibus consecravit; per singulos enim gradus ecclesiasticos eum ad altiora paulatim provehens, ad subdiaconatus usque ordinem perduxit, ac denique competenti processu temporis in ordine ministerii levitam constituit, quo in gradu, juxta patrum decreta, sanctæ & pudice Deo militantem trigesimo ætatis suæ anno ad presbyteratus eum promovit dignitatem, ubi in tantum sanctitatis excrevit cumulum, ut pro incomparabili meritorum excellentia omnes eum faterentur apostolicum.

Fit comes Sanctonensis, quam dignitatem deponit, ac sacris ordinibus decoratur.

II.

5. Sanctissimus igitur AMBROSIUS dignum suis meritis cupiens relinquere successorem, in omni regulari disciplina atque pontificali magnificentia eum constituit, sibique vicarium post ejus discessum præelegit. Post cujus excessum omnes uno assensu unaque conspiratione tam majores quam inferiores Bibianum virum justum & sanctum tali honore vociferant dignum, nullumque se alium præter eum attestantur excipiendum: quorum sententiæ vir Deo amabilis obstinatius reclamans indignum se tanto honore adjudicat, nec eum hujusmodi perfectionis esse autumat cui pastoralis debeatur committi cura. Qui dum magis per multas ambages excusatus abscedere putat, tanto ardentius incœpta petitione corda omnium inflammat; illi insistunt flagitando, ille faciem suam obfirmat abnuendo. Quid plura? Ut ergo comperit vir Deo plenus tantæ multitudini nullatenus se posse resistere, locum elegit ubi delitescens ignarus haberetur populis, sicque non abrupta montium, non dumosa invia silvarum, non cavernas scopulorum expetere volens, inter abdita sacrarii quod prope altare imminebat, latibulum quæsivit, ubi per dies aliquot tectus omnibus occultus extitit. O sancti viri insigne meritum nullo modo altius prædicandum! Quo enim secretius latere sperabat, eo manifestius se ubique diffundebat. Neque enim urbs in monte posita abscondi poterat; neque lumen accensum sub modio tegi debuerat, de cujus lucis splendore tota domus ecclesiæ aderat illustranda. Ex occulto namque Dei judicio luce clarius contigisse patet, ut matrona quædam, Bensilia nomine, more solito ante sacrarium orationi incumberet, eique provida Dei dis-

Designatus à S. Ambrosio eligitur episcopus.

Quam dignitate fugiens occultat se.

Detegitur.

E e e iij

pensatione latibulum sancti viri manifestum fieret: qui mox ut se agnitum rescivit, mulierem ne eum detegeret multimodis petitionibus exoravit, sed precum vota nequaquam obtinuit. Prædicta enim materfamilias licet sonum verborum intra faucium concava represserit, nutu tamen indicis oculi locum tetigit, ac sic eum passim indagantibus liquido indicavit: qui cum tali occasione proditum a secretiori aditu eximentes, omnibus manifestant, & ut eorum pontifex fieri annuat votis supplicibus efflagitant. Quo comperto, supradictus vir Dei Marcellus regem adit & regis pietatem deposcit, quatenus sanctum Bibianum in omni sanctitatis probitate virum perfectissimum pontificatus apice jubeat sublimari: cujus petitionibus regalis mox ut annuit dignitas, concito calle Sanctonas repetit, accitoque in unum cleri atque vulgi maximo conventu, cum magno favore ac laudum præconiis sanctum virum in episcopali cathedra honorifice constituit, sicque, Deo per omnia disponente atque ordinationi cooperante, sanctus vir Bibianus episcopus sacratur. Quem honorem non ad mundialis gloriæ jactantiam se suscepisse gloriabatur; sed potius ad custodiendas oves Dominici gregis tantum onus sibi impositum fuisse fatebatur: qui nec honoris prosperitate extollebatur, nec in ullo prælationis titulo se jactare videbatur. Sicque fit ut unde inter mortales præerat, inde etiam quotidie in virtutum incrementa pullulabat. Crescebat enim in eo magis ac magis virtutum excellentia; de cujus sublimitate sese humilians, semper ad altiora sanctitatis culmina procedebat: cum etiam diutinis jejuniorum parcimoniis corpus attenuabat, illicitas voluptates frangebat, abstinentia potius quam ciborum eduliis vitam præsentem sustentabat, sui prodigus, nullius umquam avarus, peregrinorum domicilium, pauperum fomentum, pater pupillorum, maritus communis fiebat viduarum; mœstorum solatium, levamen lapsorum, portus fugientium, salus ægrotantium, juvamen miserorum, reparatio debilium, atque redemtio frequentissime aderat captivorum, omnibus omnia fiebat, ut omnes lucrifaceret juxta apostolicam sententiam.

Et ordinatur episcopus.

III.

6. Dum hæc igitur & hujusmodi numerum excedentia per beatum pontificem indesinenter agerentur, Gothorum infandissima crudelitas atque hæretica pravitas totam pene Aquitaniam invasit, suoque truculentissimo dominio flagitiose subjugavit: cujus princeps auctorque sceleftissimus aderat rex Theodorus, qui in omni actuum suorum tenore dinoscebatur funestissimus. Qui dum copias exercitus post multarum urbium eversionem ad mœnia dirigeret Sanctonica, in manu forti urbis expugnare cœpit incolas,

Gothorū rex Aquitaniam atque adeo urbem Sanctonicam invadit.

atque machinis muros obrutos, victor obtinuit omnem patriam, sicque ferro, igni & rapinis totam urbem depopulans, omnes facultates universorum insatiabili cupiditatis voragine absorbuit, ac insuper statu libertatis cunctos miserabiliter privavit. Denique impiissimorum captus consilio, nobiliores atque paterna supellectili potentiores captivitati apud Tolosanam urbem relegavit, ut cum inedia atque angore crudeliter vitam exhalarent, in eorum prædia censusque avitos domestici ejus irrumperent: quam nefariam conspirationem confestim permisit subsequi & sacrilegam actionem. Ut ergo dispersionem gregis sibi commissi pius pater conspexit, intra cordis penetralia anxiari cœpit, & quo se vertat, quamve meliorem viam consilii ineat, penitus nescit. Tandem vero illud Dominicum ad memoriam reducit, in quo dicitur: *Majorem hac dilectionem nemo habet, ut animam suam ponat quis pro ovibus suis.* Quo fretus consilio commune cujusvis elegit potius periculum pati, quam ut illis perditis ipse solus vitæ frueretur aminiculis. Sed ne omnino pastorali absentes oves frustrarentur diligentia, instantibus precum votis eas custodire non cessabat, & quibus corporali specie absens erat, animo tamen ac orationum præsentia interesse non desistebat; & ut vinculis compeditos a nexibus absolveret, seipsum carcerali ergastulo mancipari flagranti desiderio optabat, mortisque extrema ob eorum libertatem sequi non formidabat. Cumque talibus irremediabiliter torqueretur curis, demum sibi currus vehiculum parari fecit, & sic jam senio confectus jejuniorumque squalore maceratus, ad Tolosam usque provehitur.

S. Bibianus captivos oves liberare meditatur.

7. Jam vero prædictæ urbi proximus factus, populorum devitat conventus, atque in quadam villula commodum sibi hospitium quæsivit suisque sodalibus. Mane autem facto, dum orationis causa gloriosissimi martyris Christi Saturnini oraculum expeteret, cumque pro absolutione suorum civium obnixis precibus sollicitaret, boves qui ejus vehiculo deserviebant furto ademti sunt, atque jugum domini sui vacuum reliquerunt. Sed ne aliquod damni dispendium tanto ingereretur pontifici, perlustratis circumquaque semitis, at semper suis reciprocatis vestigiis, sequenti die latro rursus, mirabile dictu! ad hospitium ejus adductos boves reducit, pedibusque gloriosissimi confessoris advolutus, commissi veniam postulat criminis: quod ille patienter ferens, procumbentem reum ab humo erexit, omnemque noxam ei propitiatus indulsit: quin etiam solito pietatis studio pecuniam ei tribuens, commonendo atque exhortando ait: Labori tuo valde, frater, compatior, quoniam noctis hujus excubias in malum duxisti & tempus, quod

Profectio Tolosam.

Erga latronē quam benigne se gessisit.

in tuo commodo expendere debueras, in alienæ pecuniæ rapacitate injuste consumsisti: quapropter, carissime fili, jam nunc a tali opere resipisce obsecro, & quia Christiani nominis insignitus es titulo, jussa Christi agere semper stude in omni opere bono; illud etiam te animadvertere commoneo, quod omnibus Christianis scribit Apostolus veritatis prædicator. Dicit enim: *Qui furabatur jam non furetur.* Quid vero sequi debeamus consequenter exponit dicens: *Magis autem laboret operando manibus suis quod bonum est, ut habeat quid tribuat inopiam sustinenti*, & his dictis illius diei victualem alimoniam ei præbuit, atque ita Domino lucratum abire permisit.

IV.

8. Crebrescente igitur fama tanti pontificis, ejus opinio regias aures implevit, eique summam benivolentiam concitavit: qui ex assistentibus sibi legationem ad eum pacifice dirigens, suis adesse fecit conspectibus, familiarique quodam privilegio cum blandiens, cum reliquis episcopis mensæ ejus deposcit interesse convivio; & quia Ariana hæresi rex ille perniciose captus erat, religiosus pontifex mensæ ejus participari mentis intentione spernebat: sed ut perfidiam ejus qualibet occasione lenire posset, non denegavit se acturum, quod regia sublimitas peteret. Paratis ergo epulis, rege ceterisque accumbentibus, adsistentes episcopi more solito regi poculum præbuerunt, & singuli vices suas in tali propitiatione expleverunt. At ubi idem calix ad manus sancti viri defertur, tangere renuit: & quam ob causam indignanti regi innotescere nullatenus abhorruit: Filiis, inquit, matris ecclesiæ calicem æternæ redemptionis ad salutem animarum suarum præbere mei officii esse non abnego, alienis vero filiis qui a veritate aberrantes claudicando mentiti sunt Domino, per manus meas sacris ministeriis consecratas potum tribuere indignum judico, ac per hoc tibi, rex, hanc pateram inferri indignor: quoniam moribus & cultu Christianæ religionis tramite exorbitatus, atque diabolica pravitate imbutus, nisi resipueris nostro obsequio omnino judicaris indignus. Qua indignatione perfidus tyrannus tota mente consternatus insaniis furiis exagitatur, ac toto malignitatis spiritu debacchatur, immoderatis irarum flammis succenditur, ac veluti incitus anguis squammea colla cum trisulcis linguæ aculeis intumescit, illatamque sibi injuriam diris ulcisci minatur supplicciis.

9. Amotis igitur mensis, sanctus pontifex palatium deseruit, ecclesiamque supradicti martyris Christi Saturnini sacra vigiliarum mysteria celebraturus expetiit; sicque factum est, ut dum sequenti nocte impius rex vino tortus & ira cubitum pergeret, & gloriosus præsul lassata veniis (*a*) membra quieti accommodaret, & ecce per merita sancti martyris sopito regi per visum astitit, & multis eum terroribus concussit; qui pene exanimatus, ut vix a somnii vexatione extorqueretur, iras deposuit, minas perdidit, sanctumque pontificem reverentius habere cœpit, & qui prius truculentus vesania minator extitit, dominante Christo post modum mitis supplicator apparuit. Sole enim orto, pro episcopo misit, cumque ad se verbis paciferis venire coëgit; ad cujus benevolentiam perfecte impetrandam, post quæsitam hesternæ iræ veniam, illud addidit ob cujus impetrationem illuc advenerat gloriosus confessor Christi: ut inquit, beate præsul, omnem iram mihi indulgeas, si quid apud nos est quod oculis tuis placeat, tollendi licentiam habeas, & in tuos usus vindicandi tibi a nobis traditur potestas. Quo audito, vir Dei tantam tyranni feritatem a solo Deo mitigatam agnovit, ac mox vinctos suos petivit, omniumque libertatem obtinuit: quibus a vinculis atque servili conditione solutis, rebusque omnibus restitutis, pius pastor multis ditatus præmiorum copiis, ab impiissimo principe discessit, urbique Sanctonicæ suos cives restituit. Recipit urbs ablatum civium ordinem, & ecclesia pro favore benignum excipit pastorem.

V.

10. Quodam vero tempore, dum barbarica Saxonum crudelitas per altos maris cumulos piraticam exerceret, locaque maritima ferro, igni & rapinis miserabiliter depopularet, classem ad portum qui Marciacus dicitur appulit, totamque ejus viciniam funesta cæde abolevit. Inde majoris ausu conaminis succensi, ad Sanctonicam urbem aciem dirigunt; quam violenti manu invadere disponentes, civiles gazas auferre se dicunt. Ad resistendum ergo tantæ populationi unius civitatis populus non sufficiens, episcopum expetit, & ut Dominum pro tutela reipublicæ sibi commissæ devotis precibus sollicitet præmonuit, ingenti quippe vallatu muros atque propugnacula obsidente barbarico exercitu, dum fundis atque tormentis lapideas moles intra murorum ambitum jaculari properarent, dumque portas robustissima arietatione concutere tenderent, ecce subito innumerabilis exercitus militiæ in summis arcibus atque per murorum propugnacula adstans emicuit, cujus horrifico terrore hostes percussi, retrocedere continuo cœperunt, ac tantæ visionis præstigio in stuporem potius quam in rebellationem conversi sunt. Sic quoque vir Domini orationi incumbens adversus inimicos dimicabat, sic inermis cælestibus auxiliis pugnabat, sicque solus, domino adjuvante, salus & publica

(*a*) Veniæ hoc loco sunt genuflexiones.

libertas fiebat, & quibus armorum instrumentis non posse resisti noverat, eos melius absque cruoris damno converti nisus est orando in celerem fugam. Talibus etenim bellatorum cuneis barbarica gens exterrita, cœlitus per merita sanctissimi Christi confessoris Bibiani id actum credidit, pacemque ac veniam quæsita, ad navalem portum rursus repedavit; atque ita contigit, ut qui urbem zelo rapacitatis invaderant, cœlesti correpti prodigio eam incolumem reliquerunt cum omnibus quæ circa ipsam erant.

VI.

Multis claret miraculis. 11. Interea dum hæc mirabiliter agerentur, fama volans urbes expetit, pontificis excellentiam vulgo diffundit, miserorum catervas excitat, & ad communem omnium opem invitat: cujus instinctu omnis debilitas animatur, & ad percipiendum optatæ salutis remedium accelerare pro viribus enititur. Fit ergo innumerus languentium concursus ad sancti viri habitaculum, quos & opibus adjutos & sanitate reparatos remittebat ad proprium. Ad tactum enim illius omnis privatio in pristinum reformabatur habitum, cœcitas recipiebat visum, surditas auditum, claudicatio gressum, taciturnitas usum verborum, & tortuosa paralysis directionem *Leprosum curat.* membrorum: inter quos etiam quidam morbo elephantino miserabiliter percussus advenit, qui tumore ulcerum & nigredine papularum ab humana specie fere deformatus, vocis etiam cum membrorum liniamentis amiserat usum, solum ligneis tabellis necessaria sibi requirebat, quia nullum rationis officium formare valebat. Qui cum gloriosissimi pontificis præsentiæ sese objiceret, signoque ac visu morbi vitium proderet; illico sanctus vir pietate ductus, in oratione procubuit, atque pro misella illius sospitate Dei potentiam totis præcordiorum nisibus sollicitare studuit: qua completa, oculorum acies cœlo fixit, tactoque leproso, ab omnibus morbi squammis penitus emundavit, talique alteratione miser ille permutatus & alter cœpit esse, & idem beati viri meritis obtinentibus.

VII.

Et puerum vipera morsu infectum. 12. Est & aliud prædicabile miraculum, quod per ejus sancti confessoris merita mirabiliter patratum huic paginæ decrevimus inserendum. Puer quidam a vipera percussus mortifere inficitur, cujus miseranda tabe turgescens, præ nimiis aculeorum doloribus morti fit contiguus: qui cum ad beatum virum pene jam exanimis bajularetur, ante pedes ejus sternitur, & ut huic misero solitam opem non deneget a parentibus exoratur. At ille ut erat semper misericordia facilis, ad orationis studium de more sese convertit: qua expleta, misero accessit, crucisque vexillum super viperosam percussuram depingens, omnem illam pestem talibus antidotis apposite curavit, sicque infusi veneni lethale malum per infixa foramina foris decurrens, sine periculi detrimento ab illius emanavit membris, nihilque ei ulterius nocens puerum incolumem dereliquit. Pristinæ namque malignitatis sævissimus anguis non immemor, hominem proprio veneno extinguere desideravit, qui pro Christo nostro mortale virus transgressionis infudit; & sicut ei generalem fraudulentis sibilis incussit necem; ita & huic insidiosis odiis adhuc plenus conatus est inferre singularem: in cujus versutam calliditatem provida Dei clementia tale nobis contulit munimentum, per quod & veteris parentis deleretur piaculum, & nobis omnibus semper securum adesset tutamentum. Erexit enim adorandæ crucis trophæum, quod & injustæ cautionis communis esset cyrographus & christianæ religionis cultoribus æternæ compararetur saluti. Virtute etenim tam pretiosi signaculi gloriosus Dei amicus undique fretus vipeream pestem a puero expulit, totumque incolumem parentibus restituit.

13. Tunc vero quoniam ad expedienda gloriosissimi Christi confessoris Bibiani præclara gesta, & virtutum insignia non temeritate ingenii, sed potius humilitate mentis prosiluimus, operæ pretium nobis videtur, ut qui in minorem relationem operam hactenus impendimus, in majoris meriti magnificentia silentio vacare debeamus. Imperitorum siquidem scriptorum hoc vitium plerumque fuisse meminimus, ut in levioribus atque succincto sermone prætereundis tanta facetia effluant, quatinus prolixiori oratione condigna tamquam fessi negligendo transcurrant. Quod quia vitiosum esse cunctis patet intelligentibus, ne & nos in hunc laqueum incidamus, media mediocriter conjectabimus, altiora vero & majoris diligentiæ indigentia ampliori quadam exequutione promulgare satagemus. Sed jam prætermissis ambagibus, plurimorumque verborum digressionibus, ad sancti viri Bibiani, de quo nobis totus sermo est, virtutes orationis fluenta reflectamus, cujus debitores facti nihil præter ea quæ per eum gesta comperiuntur interponere huic sermocinationi summopere cavebimus, & ne attentioni auditorum prolixa directio tædio fiat, illud cujus causa hæc præponuntur, ante oculos fidelium sine aliqua dilatione jam nunc exponetur.

14. Communem viam omni carni sub *Mortuum fulcitat.* funereo exitu cuidam necessitas accidit sequi, membrisque lethali frigore irreflexibiliter rigentibus, flatum penitus exhalavit. Componitur itaque juxta morem sabano atque sudarii operimento, levatur feretro, debitoque exequiarum concelebratur obsequio: inde ad ecclesiam stipatus undique lugentium cuneis effertur, atque inremedialibus orbatorum parentum ululatibus magna domus atria

atria confundantur, sacraque basilicæ aula talibus sic mugire videtur strepitibus. Ut ergo tantorum questuum lugubria lamenta aures sanctissimi pontificis perculerunt, ingenti pietate commotus, tanto dolore compatiens, in fletum & ipse actutum resertatur. Accedit ad feretrum, & ut omnes ab incœpto munere conquiescant, blande cohortatur, & sic incumbens orationi divinam potentiam profusis sollicitat obsecrationibus. Completa vero oratione, ad defuncti corpus accelerat, totumque se super ipsum effundens, rursus pro ejus restitutione lacrymosis precibus cœlestem virtutem exorat. Stupentibus igitur cunctis qui aderant, versaque vice præ gaudio lacrymantibus, mortuus oculos aperit, & quasi de gravi sopore excitatus suspirare cœpit: quem sacersanctus pontifex linteaminibus quibus erat obvolutus expedire præcipiens, parentibus reddidit vivum, quem invida mors huic mundo subduxerat vitæ alienum: sicque in vitalem statum adprime restitutus, pedestri calle domum rediit virbius, (a) qui ad humandi ultimum obsequium ecclesiæ fuerat inlatus. Quantus ergo per urbis compita fiat populorum concursus, quantus ad æthera laudantium Deum clamor volutetur, quantæque lacrymæ præ nimio gaudio tam admirandi miraculi fundantur, quis sermonis facundia evolvere poterit in mortali corpore constitutus? Insatiabilibus enim votis undique cuncti ad tam stupendum spectaculum circumfluunt, & quasi de ultima resurrectione veni.... hunc novum hominem cernere ambiunt, cunctaque membra ejus superlustrantes.... singillatim palpantes, veluti aliena materia reformata sensim experiri inardescunt, innumeris laudum præconiis virtutem sanctissimi pontificis Bibiani omnes unanimiter prædicant, cujus meritis tanta mortalibus cœlitus conferuntur miraculorum beneficia: tanta namque per beatum virum poterat operari miracula orationum sublimitas, ut per earum omnipotentem efficaciam, sicut superius jam prælibatum est, tyrannicam Ariani regis superaret sævitiam, & a barbaricæ gentis crudelitate urbem liberaret, delegata ei cœlestis militiæ multitudine copiosa: orationibus denique malignorum spirituum ab obsessis corporibus effugavit larvales furias, ac debilium membra invalida reparavit robore, cæcis visum restituit, caliginosam oculorum lippitudinem tali collyrio detersit, claudos recto itinere currere fecit, tabentesque leprosorum artus in novam formam depositis maculis reparavit, virus etiam infusum a percusso ejecit, nunc etiam inter cetera mortuum a mortis faucibus mirabiliter extorsit: quæ omnia per ejus merita Christus Dominus dignatus est potenti virtute operari, cui corpore & spiritu sine intermissione deserviens adhærebat in omnibus obsequiis.

I X.

15. Sed ne tanti viri sanctitas unius regionis coarctaretur angustia, neve ejus vitæ cognitione extimarum regionum fraudarentur loca, multi ex diversis partibus ad urbem assuerunt confluere Sanctonicam, qui post peracta suæ utilitatis commoda, repedantes ad propria, multa suis civibus ac contubernalibus de sancto viro recensebant satis admiratione condigna. Unde procaci studio omnes promiscui sexus tam nobiles quam inferiorem gradum tenentes, ejus præsentiam conspicari inardescunt, tantique antistitis benedictionibus firmari votis omnibus concupiscunt; & quem inopinatum audiebant virtutum longe lateque coruscari fulgoribus, ejus insatiabili desiderio captabant quolibet modo uti affatibus, atque ita contigit, ut ab Eois partibus non tam ad exequenda mercimoniorum lucra, quam ad prædicti pontificis cernendam præsentiam negotiator quidam adveniret; suisque conspectibus quam vehementius poterat sese inferret. Quem vir Domini, sicut erat blandus in verbis, benignus in responsis, suavissimus alloquiis, mox ut ante se conspexit, unde regionum extiterat interrogavit, cujusve rei gratia hoc advenerat, quove nomine censeretur fari promonuit. Qui ut nomen patriamque intimavit, protinus ob ejus contuendam præsentiam præ omnibus huc adiisse subjunxit: cujus reverentiam mente pertractans episcopus ad se divertere fecit, omnisque humanitatis obsequium præbens, familiari quodam cum privilegio inter suos carissimos constituit. Sicque & verbis eum blandæ exhortationis & exemplis piæ conversationis, ac omnino tam universarum virtutum incrementis quam corporalis necessitudinis stipendiis fovere non destitit.

16. Neque huic tanta beneficia soli contingebant negotiatori, sed etiam omnis vigor ecclesiasticus illic ejus quotidianis pascebatur prædicationum fomentis & pabulo reficiebatur æternæ redemptionis, firmabatur auctoritate evangelicæ doctrinæ, ac sale conditus cœlestis sapientiæ, in nullo phantastici erroris deviabatur pravitate. Nam ut fidelis dispensator sanctissimus præsul ei evangelici tritici tempore congruo non cessabat subrogare mensuram, ne aliqua famis inedia ad cœlestia habitacula tendens Christi familia deficeret in via. Vigilabat omni tempore piis studiis insistendo, ne repente paterfamilias adveniens eum dormientem præoccuparet in qualibet otiosa negligentia torpendo. Qui etiam ovium sibi commissarum ita strenuus pastor curam gerebat, ut & regiminis tueretur custodia, & in suis actibus imitanda bene vivendi eis ostenderet exempla. Sicque in semetipso turrem virtutum construere studebat, ut con-

Fit ad eum ex omni regione po, alorū accessus.

---

[a] *Virbius dicitur quasi bis vir, eo quod revocatus ad vitam quasi bis vir fuerit.*

tra mundi adversa fortiter dimicando, eis etiam quibus præesse videbatur, secura fieret in omnibus tutela. Crucem vero Dominicam in carnis suæ maceratione quotidiano usu ferebat, in cujus gestamine Domini videbatur sequi vestigia. Quam videlicet crucem, juxta divina præcepta, non solum bajulabatur in corporis attenuatione, sed etiam in proximorum miseranda compassione. Ergo sanctitatis tam sublime meritum ne diutius aliis terrarum provinciis abnegaretur, divina providentia credimus actum, quod sermone vulgante proferre non trepidamus in medium.

Sanguinem illius pulveri permixtum colligit mercator ac pro reliquiis veneratur.

17. Sub ejusdem namque temporis articulo quo prædictus negotiator beati viri domestica potiretur familiaritate, idem pontifex ecclesias circuibat de more, eodem se comitante cum aliis negotiatore. Dum ergo iter institutum perageret, divino nutu, ut postea compertum est, ex abundantia sanguis ex naribus ejus guttatim cœpit defluere, atque cum suppeditaneo permisceri pulvere, quo certi cursus meatum compescente, hinc sese cum suis sanctus præsul ammovit, ac nulla animi consideratione tantum beneficium aliquatenus perpendit. Negotiator vero illius comes itineris, ut tam pretiosum thesaurum sibi a Deo collatum vidit, posterius latuit, sanctasque reliquias pio amore cum ipsa arena collegit, quas nitido linteamine constringens, in hospitio suo latenter servavit, ac sic post paulum ad propria remeans, contubernali societate secum ovanter detulit, ut hoc reliquum ævum illius pro magni fiat monimento amoris, quem corporea nequibat præsentia semper habere præsto suis redditus vicinis.

X.

Sanguinis illius præsentiam ferre nequeunt dæmones.

18. Expletis ergo mercimoniorum suorum quæstibus, dum prosperis aquilonibus negotiator ille vela inflavit, patriamque navigio repeteret adunco morsu anchoræ scapha portum tenente, antequam rupis mœnia cum sacro reliquiarum pignore subiret velis, indiciis Dominus publicare voluit, quanti meriti cruor ille existeret, quem in linteolo cum pulverea arena religato, ab occidua partibus secum deferret. Nutu enim divini numinis cogente, intra urbis ambitum dæmoniaci quidam horrificis clamoribus coram omnibus cœperunt vociferari, & quasi ante conspectum sanctissimi pontificis astitissent, ne eos torqueret postulare: inter quos horridos sonos meritum ac nomen ejus omnibus astantibus penitus produnt, cunctosque tam cives quam suburbanos de tali relatione sollicitos reddunt. Tunc illi quorum melior sententia menti erat, consilio inito, ad portum legatos celeri cursu dirigunt, nautasque ac negotiatores diligenti cura sciscitari præcipiunt, si forte aliqua in parte orbis, hujus vocabuli quandoque invenirent, virum cujus

notitiam ad eos intolerabilis tremor deferret vexatorum. Cunctis igitur ignorantibus, atque hujusmodi opinionis virum se ullatenus ....ere attestantibus, negotiator secum cœpit volutare tacitus famamque agniti pontificis talibus revelatam illico agnovit præconibus. Quem cum turba fidelium, utpote diversa regionum loca perlustrantem, de prædicti viri agnitione, & quis esset ille Bibianus episcopus diligenti perscrutatione percontantur, rogabant ut si forte corporali specie præsens adesset, eis detegeretur, ut ei dignum obsequiorum impenderetur munus cujus sanctitatis opinio jam præcesserat ad eorum auditus. Cujus præsentiam ille veris denegans assertionibus, apud Sanctonicam civitatem eum se nuper vidisse sanumque discedens ibidem dimisisse, respondit omnibus. Cui illi: Est ne, inquam, virtus aliqua quam tecum quolibet modo his de tanto pontifice advehis partibus? Quicquid enim illud est quod asseras, diabolicus ultra quam credi potest contremiscit impetus, ac formidolosis rugitibus, tamquam in præsentia ejus, exclamat se cruciari prædicti pontificis virtutibus: unde omnes ingenti admiratione stupentes, te, qui illis advenis ex partibus, jam nunc obsecramus, ut si quid de eo pro honore religionis, tecum reservas occultum, nobis facias manifestum, quod pro magno munere suscipientes, digno venerabimur obsequio in perpetuum.

XI.

19. Agnoscens igitur mercator ille tantum thesaurum non posse diutius apud se latere, convocatis majoribus in unum, rem omnem ordine exposuit, ac postmodum cruorem sanctum in linteo obvolutum eis manifestavit. At illi exultantibus animis divinitus collatum sibi munus excipientes, omnem clerum ac populum utriusque sexus in unum cœtum congregaverunt, sanctasque reliquias a portu ad urbis mœnia choris psallentibus turbisque ante & retro gratiarum actiones excelsis vocibus modulantibus deportaverunt: in quarum occursu omnis debilitas in virile reparatur robur, sanitas ægris infunditur corporibus, diabolica phantasma humanos rugiendo atque ululando deserit artus, tantusque virtutum florescit fructus, ut etiam linguæ plectro inexplicabile videtur, quid illic pro amore famuli sui dignatus est operari Christus Dominus. Fit ergo ibi gloriosus pontifex nomine ac meritorum virtute opinatissimus, ubi usque ad diem illum fuerat omnino inauditus, sicque Galliarum populis habetur venerandus, ad quos non corporali præsentia dirigitur, sed tantum in sanguinis sui modica portione præsens efficitur: cujus sanguinis reliquias pro virtutum excellentia devota plebs summa veneratione amplectitur, atque sacro in loco recondens ad tutelam & liberationem

Sanguis ille magno cum honore suscipitur.

patriæ speciali gaudio frequentare nititur: in quarum susceptione sibi atque omni patriæ magnum credunt advenisse præsidium, salutareque remedium, cum & immundos spiritus earum adventum & præconisare atque immenso terrore conspexit formidare.

Bibiano adhuc viventi ecclesia ædificatur.

20. Sed ut sanctissimum pontificem pro meritorum culmine Dominus ubique glorificaret, ex communi consilio majorum ac minorum conjuratio processit, ut basilica construi debeat in honore tanti confessoris: qua conspiratione ad effectum usque perducta, gloriosus pontifex adhuc superstiti corpore aras promeruit suo dicatas nomini, ubi devotissima fidelium turba ejus præclara deposcit merita summa veneratione, innumeræque virtutes crebrescunt, superna gratia corporaliter inhabitante. Sic geminatis honoribus a Deo præ omnibus ditatus dicatur summus pontifex, sic Orientalibus præsens adest in virtutum operatione; Occiduis vero non minus miraculis quam etiam præsenti præsto adest corpore. Illos fovet virtutum gratia, istos vero signorum ac prædicationum instantia; in utrisque tamen patronus refulget mirabilis, in utrisque doctor insignis, in utrisque pater & fovens coruscat sublimis: ob cujus reverentiæ cultum ecclesiam paulo superius memoratam, Severus qui tunc temporis Galliarum imperabat populis, & ædificiis postmodum ampliavit, & rebus opimis affluenter ditavit, ubi quotidie per merita sancti confessoris tanta virtutum vernant beneficia, ut divina ibidem credatur plerumque adesse præsentia.

XII.

Ecclesiam sanctissimæ Trinitatis & ceterarum, & eodem die obiit.

21. Inter præclara namque sacrarum actionum studia, quæ in divinis assueverat expendere cultibus ammirandæ sanctitatis præsul Bibianus, basilicam in honore beati Petri apostolorum principis construere angelica revelatione ammonetur, in qua ut pontificalem sedem constituat idem præsul misso a stellifero cardine legato imperatur: quam cum provectioris jam ætatis senio confectus miro ac præclaro opere consummasset, agnoscens prophetico spiritu, unde semper plenus refulsit, diem suæ resolutionis imminere, mirabili dispositione ita tacitus deliberavit, ut uno eodemque die & ecclesiæ celebraretur consecratio, & sacri corporis ejus funereis exequiis ageretur tumulatio. Dissimulato igitur proprii obitus transitu, coepiscopos e vicinis urbibus ad tantam dedicationis solemnitatem convocat, & ut propinquum tempus suæ discessionis noverat, trium dierum adventui illorum statuit spatia. Denique accitis suæ familiaritatis domesticis tam fidelibus laïcis quam & clericis, pacis osculum singulis tradidit, diemque suæ depositionis liquido intimavit, & quomodo ejus sacra membra tumulo conderent, denotavit: de statu vero ecclesiastici ordinis, ut eum in sublimitate semper custodirent, super omnia promonuit; & ut sub jugo Dominicæ religionis militantes intemeratæ pacis foedera inviolabiliter servarent obnixis precibus depoposcit. Sicque per triduum illos in omni sanctitate atque coelestium mandatorum eruditione exhortans, die tertio præsentibus episcopis, ac diversi ordinis clericis, post innumera virtutum insignia, post inenarrabilia pietatis ac justitiæ beneficia, terræ corpus deponens, coelorum regno spiritum reddidit, ubi cum Christo regnans inter supernarum virtutum collegia stola immortalitatis decoratur, braviumque perennis vitæ adeptus, æternæ gloriæ sertis honorifice laureatur. O quantus omnium per urbis moenia luctus intonat! O quantus dolor omnium concutit præcordia! quantus gemitus magna confundit atria, quantave lamenta utriusque sexus vulgo reboant per urbis ac suburbii compita, ferit etiam altus clamor æthera, ac æmulis vocibus claustrorum remugiunt cava penetralia. Pupilli atque orphani amissa paterna viscera flebilibus vocibus acclamant, viduæ generalis sponsi lugent dispendia, senes suæ imbecillitatis baculum ac sustentamentum voce conqueruntur tremula, miles omnis firmissimam dolet amisisse tutelam, ecclesiasticus vigor pastoralem lamentatur omnino perdidisse custodiam: quin immo omnis gradus viventium tanti patroni deflet excessum, a quo semper omnibus commune ac salutiferum opime confluebat bonum: cujus honor & gloria quantæ dignitatis haberetur in coelesti patria, ut cunctis mortalibus divina ostenderet clementia, inter ceteras sanctorum martyrum reliquias ad dedicationem ecclesiæ delatas, gloriosissimi confessoris sacra bajulantur pignora, ut quorum gloriæ participabatur in æthereis arcibus, eorum societati in terra pariter jungeretur. Merito etenim communi laudum præconio celebrantur in terris, quibus communis gloria, eadem claritas, similis jubilatio permanet in astris; hic humanis venerabiliter honorantur laudibus, illic vero angelicis ovantur & sublimantur plausibus. Hic variis modulationum organis ad sanctæ matris ecclesiæ gremium deducuntur, illic inæstimabilibus cantorum concentibus æterni regni ad sublime thronum per angelicas manus evehuntur. Provida enim Dei dispensatione agitur, ut ecclesiæ consecratio & sanctarum reliquiarum ubi nunc a fidelibus populis coluntur statio, necnon & gloriosissimi confessoris Christi sub unius diei solemnitate celebraretur veneranda tumulatio, cujus sacer spiritus v. calendarum Septembrium trabea carnis exutus, liber cum angelico exercitu coelorum *agalma* penetrare meruit, gloriaque & honore coronatus, Christo sub principe palmam obtinet æternæ felicitatis, civisque superni senatus in albo coelestis mi-

VITA S. DONATI EPISCOPI.

Ex mf. Cafinenfi eruit Mabillonius.

Circa annum 400.

DESIDERANTI tibi, famula Dei Anaſtaſia, ut vitam beati DONATI epiſcopi de Græco in Latinum tranferrem ſermonem, videlicet ut merita ipſius, quæ legendo cupis decurrere, melius intelligendo cognoſcas; cum tibi apertius naturalis locutionis janua patefacta, & totum ſubtilitatis admiſceris ſenſum. Nam & mihi hanc rem infructuoſam eſſe non arbitror, ſi tanti viri virtutes, quæ non niſi gratioris* litteris continentur, per me etiam latine ſcribantur lectoribus. Orationibus ergo tuis adjutus, facta, ut dixi, de alia in alia lingua libri tranſlatione, religioni tuæ direxi, ut habeas quod & libenter legere, & legendo religioſe poſſis imitare.

f. græcis.

Temporibus Theodoſii principis erat in provincia Syriæ veteris in civitate quæ dicitur Euria ſanctus DONATUS epiſcopus. Sub ipſius territorio civitatis, eſt poſſeſſio quæ dicitur nomen Iſoria, in qua eſt tranſitus publicus. In ipſo erat fons aquæ tam noxius, ut ſi quis exinde biberet, ſtatim moreretur. Quod audiens homo Dei Donatus, convocatis ad ſe clericis dixit : Fratres cariſſimi, accepto ſancto evangelio & cruce, eamus ad locum fontis; & oratione facta, deprecemur Dominum, ut effugetur malum quod in aqua eſt. Et quidam timore receſſerunt, quidam vero ſecuti. Cum ergo perveniſſent ad locum, ſtatim tenebrato nubibus cœlo, fulgura ac tonitrua terribiliter iruperunt, ita ut aqua fontis & ipſa quoque animalia metu effugerent. At homo Dei Donatus vectus aſello, intrepidus proceſſit ad locum aquæ: unde exiens draco immanis ingenti impetu venit in occurſum ejus, caudaque pedes involvit aſelli, reliquo ſe contra Donatum erexit volubile. Quem Donatus, facta oratione ad Dominum, uno feriens verbere flagelli, extinxit draconem. Tunc convenit populus in unum, & in ſtrue lignorum ingenti compoſita immenſam beſtiam de fonte ſublatam ſuppoſito igne conſumſit. Tunc enim nimio labore defectus populus, cœpit ſitis ardore fatigari, & tamen non audebant adhuc ſuſpecti fontis poculum appetere. Approximans autem fonti homo Dei, facta oratione, Donatus orarium ſuum plicans in circulo, poſuit in terra, ipſeque rediit ad turbas, dixitque puero ſuo, Accipe ſtolam, & vade ad locum, ubi me vidiſti ante modicum ſtare orantem, & invenies aquam, quam hauriens affer ut bibamus. Vadens autem miniſter juxta verbum ejus, invenit fontem aquæ novum, quam hauriens detulit ut biberet. Qui gratias agens Domino, benedicens bibit, deditque omnibus in circuitu ſtantibus, ſimiliter oravit & pro fonte priori, & curatus eſt; utrorumque fontium aquæ humanis uſibus ſaluberrimæ factæ ſunt, &c.

Poſt multa alia : Rediens ad locum ubi draconem occiderat, deſignavit oratorium ſibi ad ſepulturam, ubi & poſitæ ſunt reliquiæ ejus.

In eodem codice habetur paſſio S. Fortunatæ virginis & martyris, cum hoc prologo.

Sanctorum martyrum paſſiones idcirco minoris habentur auctoritatis, quia ſcilicet in quibuſdam illarum falſa inveniuntur mixta veris. Et quamquam in aliis parum ſit falſitatis, in aliis tamen parum eſt veritatis. Pauciſſimæ vero reſtant, quæ totum quod verum eſt ſonant : & aliæ quidem honeſto, aliæ autem ruſticano ſunt ſtilo prolatæ. Unde factum eſt, ut quidam tractatorum doctiſſimi quaſdam ex ipſis venuſtæ pulchritudinis veraciſque dignitatis ſtilo reſumerent atque corrigerent : ſicuti reverendæ memoriæ Ambroſius Mediolanenſis civitatis epiſcopus, beatiſſimæ Agnetis virginis paſſionem poſt alios iterato propriæque locutionis dictatu ad ſanctimoniales feminas ſcribens protuliſſe invenitur. Sicuti beatus quoque Gregorius papa Romanus de geſtis ſanctæ Felicitatis & filiorum ejus in homeliis factum recolit. Ego igitur tantorum virorum auctoritate provocatus, tuiſque ſimul venerabilis pater Stephane, crebris exhortationibus animatus, paſſionem ſanctiſſimæ virginis Fortunatæ hac ratione ſtilo propriæ locutionis expreſſi, ſuperflua ſcilicet reſecans, neceſſaria quæque ſubrogans, vitiata emendans, inordinata corrigens, atque incompoſita componens : quæ in tantum erant abſurda, ut cum fidem ejuſdem paſſionis vellem exprimere, nihil poſſem de illius verbis adſumere. Et tamen niſi hanc prius vitiatam legissem, emendatam edere nullatenus potuissem. His itaque necessario breviter strictimque præjactis, ad textum promissæ narrationis veniamus.

Igitur sacratissimæ virginis Fortunatæ Cæsarea Palestinæ cespes & patria fuit, &c.

In fine codicis hæc leguntur.

Hunc librum scriptum anno Incarnationis M X. indictione V I I I. feliciter. Martinus peccator & scriptor libri hujus, habebat in conversione monachorum annos III.

VITA S. APOLLINARIS
VALENTIÆ AD RHODANUM EPISCOPI,
AUCTORE ANONYMO COÆVO.

Ex ms. reginæ Sueciæ, nunc Vaticano.

OBSERVATIONES PRÆVIÆ.

ITAM S. *Apollinaris Valentinæ urbis ad Rhodanum episcopi, Romæ describi curavit Mabillonius ex ms. codice reginæ Sueciæ. Auctor anonymus ætatem suam indicat non semel, cum testem se oculatum eorum quæ narrat non uno profitetur in loco.* In conspectu Arelatensium urbis Rhodano famulante PERVENIMUS, *inquit num.* 7. *Et numero* 9. *agens de Paragorio, qui Sancto alapam inflixerat:* cum qui vinctus fuerat locum tenere VIDIMUS inconcessum, indignantibus NOBIS. *Denique num.* 10. Ad matutinas laudes nobis consurgentibus. *Ex quibus patet auctorem non modo coævum, sed etiam Apollinari ipsi familiarem extitisse Hinc colliges quanti vita ista, etsi brevissima, ab eruditis piisque viris æstimanda sit.*

Porro duo potissimum ex illa discimus, primo exactum in episcopatu ab Apollinari tempus, nam cum de morte divinitus præmonitus, consacerdotes & propinquos visitavit, trigesimum quartum pontificalis officii annum complebat. Secundo Sigismundum regem, quem ecclesia sanctorum albo inscripsit, primis regni sui annis non adeo compositis fuisse moribus. Et certe cum Gondebaudo Burgundionum regi Arriano successerit, eadem tabe infectum fuisse non dubitamus, cum thronum ascendit regium. Ab Avito Viennensi præsule S. Apollinaris fratre, ad fidem catholicam conversum fuisse auctor est Agobardus Lugdunensis antistes, eo in opusculo quod adversus Gundebaldi legem conscripsit, cui concinit Ado Viennensis episcopus in Chronico, ubi ait Sigismundum regem in fide pietatis eruditum fuisse a S. Avito. Ad cujus etiam sanctitatem non parum etiam contulit reddita sibi a nostro Apollinari sanitas.

Porro Apollinaris Isicii senatorii primum viri, postea Viennensis episcopi filius fuit, fratrem habuit S. Avitum Viennensem antistitem, sororem Fuscinam Deo sacratam. Subscripsit concilio Epaonensi anno 517. *Extant ad eum plures inter Aviti epistolas, scripta scilicet* 12. 25. 54. 63. 78. *& 79.*

Incipit vita beatissimi Apollinaris *episcopi Valentinæ civitatis super fluvium Rhodani.*

Circa 520.

1. Quantum se omnium vita sanctorum beatis actibus sacrisque virtutibus non solum præsenti clarificavit in sæculo, sed æternitatis quoque sæculis extulit in futuro: tantum fidelium sensibus reatum abusionis exhibent, si linguæ taciturnitate denegatis præconiis negligantur. Et licet sufficiat eis præsentia gaudia laborum vicisse compendiis, tamen memoriæ fraudantur a posteris, si succedentibus sæculis vivacia facta silentio denegentur; & licet orbis totius spatia gestorum admiratione compleverint, & nullus sit Christiani nominis locus, qui aut electorum gloria careat, aut operum felicium laudes ignoret, tamen nos admonent Apollinaris summi facta pontificis, ne prætereat sedulitas votis, quod nequit lingua exæquare successibus.

S. Apollinaris genere nobilis.

2. Igitur beatus Apollinaris Valentinæ urbis episcopus, apud Viennam & natus & institutus est, qui nobilis genere, ortu conspicuus, natalium titulos mentis fastigiatione sublimans, dum pastoris cura gregem sibi creditum paterna gubernatione foveret, & melius eum constat emicuisse virtutibus, quas pro immensitate gestorum præterire maluit imperita præsumtio, ne tanti viri merita indignis aggressa suffragiis, non tantum mandaretur dictis, quantum verborum confunderetur injuriis. Tamen quod mundanæ vitæ propinquante jam exterminio eum egisse recolimus, tam præsentibus quam futuris sæculis aperimus, ut prædicandis actibus exemplisque gloriosis æmulatione laudabili posteritas excitetur.

Regis indignationem incurrit ob excommunicatum incestuosum.

3. Itaque accidit ut quidam ex officio regis Sigismundi nomine Stephanus, qui super omnem dominationem fisci principatum gerebat, defuncta ejus conjuge, sororem uxoris suæ sibi illicite conjugii consortio cumularet: qua de re sancti ac beatissimi apostolici viri Avitus & Apollinaris, qui secundum carnem germani, in Christi vero opere famosissimi fratres omni semper in tempore, operibus mancipati divinis, nobilitatis eorum cognita prudentia, doctrinis sacris spiritu fervente eruditi, synodalem institutionem servantes, cum reliquis pontificibus simul in unum congregati, ipsum Stephanum sacra communione privari sanxerunt, ut calcata scilicet humanæ fragilitatis impudicitia, incestum quod justitia superna damnavit, inhonesta præsumtio non audeat vindicare. Tunc rex diræ insaniæ permotus furore, beatissimos pontifices, eis insidias prætendendo, injuriare non desinebat. Sed apostolici atque mirabiles viri, terrenas res minime formidantes, imperiis.... armati,

A ita se justitiæ vinculo nexuerunt, ut quælibet supplicia eisdem inferrentur, ut sæva passionum tormenta tolerarent. Visum est enim illis, ut in oppido civitatis Lugdunensium, quod nominatur Sardinia, pariter tamquam exilio deputati, auxiliante Deo, comitarentur. Videns vero rex ille constantiam eorum incorruptibilem esse, ab ira non desinens, præcepit ut pontifices, qui ibidem habitarent, ad propria reverterentur, & sigillatim per singulos menses regem operire deberent. Sed quia beatissimus Apollinaris in condemnatione Stephani perseverans videbatur, ipsum primum studuit observare. Tunc omnes lacrymis divinam potentiam obsecrantes, ne se derelinquerent, valedicentes, celebrata oratione profecti sunt. In quo loco dum vir Dei morarum spatia necessitatis causa sustineret, ab ardenti æstu fluenta Rhodani tepefacta sunt, ut a sitientibus ex eo aqua potari non posset. Et quia nullus puteus, neque fons, unde aqua hauriri deberet ibidem reperiebatur, beatissimus vir firmans se Spiritu-sancto, de virtutis non ignotæ potentia securus, confert se ad locum a Deo designatum, & secretius præcepit suis sarculum exhibere: quo exhibito, oratione impleta, ait ad eos: In nomine Patris & Filii & Spiritus-sancti hunc locum aperite. Mox hoc facto, annuente illo qui aquas fervere jubet, in corde terræ fons exorsus est, & quamdiu beatissimus pontifex ibidem moratus est, beneficio omnipotentis Dei aquam sibi placitam semper habere promeruit. Post discessum vero ejus fons siccatus est, ut omnes agnoscerent meritis servi Dei fontem ipsum obsequium suum detulisse, & ad pristinum cursum fuisse reversum.

Fontem divinitus impetrat.

Rex expulso super se lavacri aquis a febre curatur.

4. Cumque rex ille virum illum apostolicum nec videre vellet, sed magis injurias prætendere studeret, qui est meritorum rectissimorum judex & immensæ virtutis laudabilis, celerem ultionem demonstrans, contigit ut ipse rex illico ita vim febrium incurreret, ut potius funebris quam vitalis esse crederetur. Tunc regina ipsius fide accensa, alacri festinatione pervenit ad locum ubi beatissimus pontifex præsidebat, & avida devotione petebat, ut intercessione ipsius domni ejus incolumitatis donum reciperet. Sed vir Dei abdicata mundanæ elationis essentia, eundi famulatum omnimodis denegavit: magisque regina illa lacrymis pedes ejus rigans poscebat vel cucullam ejus sibi præstari, quam super regem sternere deberet. Victus fletibus cessit; quæ cum, tribuente Deo, supra virum suum fiduciali constantia fuisset expansa, statim effugata infestatione febrium, vel si qua alia impugnatio videbatur, prosperitatis munus emeruit. His actis reminiscens rex ille facinus quod admiserat, licet grandi confusione repletus, tamen exultans, quod suffragante pontifice per vesti-

Ab eo veniam petit.

menti ejus tegmina, pristinam meruisset consequi sospitatem, percurrens primum studuit tanti miraculi, tantæque virtutis largitate latices, quos Dominus servo suo benignitatis munere tribuit, ut oculis visibilibus cernere mereretur. Agnita virtutis gratia, venit ad virum Dei, & amplectens pedes ejus, coram positus, cum exultationis fletu, veniam postulabat dicens : Peccavi, iniquè gessi, dum justis indignè sæpe intulerim tribulationes. Nam quæ expugnari nescit justitia cœlestis, hoc ipso quo impugnat fortior est. O cœlestis regis indulgentia, qui peccantium animas non vult perire, sed culpas! O virtutum gloria, quæ per famulum suum APOLLINAREM, refutatis mundialibus curis, gemina gratia claruit virtutis! Denique assistens pro justitia insaniam regis tumidamque ejus superbiam reprimit, & orationis effectu a languore mortali quo detinebatur absolvit. Dignum ergo est, ut non silendo denegentur, quæ divinitas in servis suis operatur, sed populo credenti, Deo auspice, patefiant.

De morte discipulis admonitus ad consacerdotes visitandos & propinquos cursu accelerato disponendos.

5. Ergo cum pontificalis officii cursum tricesimo & quarto anno venerabilis vitæ compleret, superna admonitione commotus, ad visendos consacerdotes propinquosque suos properare decrevit, dicens ante transitum suum quod tam celeriter imminere divina revelatione cognoverat, velle se [a] tam liminibus S. Genesii (a) martyris, quam conspectibus pontificum atque affectibus propinquorum præsentanea contemplatione præbere. Tum iter dispositum cursu navigationis arripuit. Et quamvis ceteros pernicis Rhodani fluenta terrerent; tamen in ipsius sancti pontificis meritis confidentes, inter undarum minas tuti secundis æstibus properabant, ut deditum amnem casibus, tunc manifestum sit caruisse periculis. Sempiterni ergo regis admiranda & non ignota potentia, dum suis sanctis flumina subdidit, qui sibi quondam æquora patefecit, & fluvius qui mortifera rapacitate terrere prius noverat, jussione Dominica didicit famulari. Jamque somno aquarum despecta ferocitas per navigium sopore corpora solvebantur : ita ut & beatus antistes securitatem quam vigiliis meruerat, dormitione monstraret, qui tamen viribus insopitis, diabolum quem sæpe insomnitate vicerat, mentis indefessæ aggrestione confudit, quod etiam sequens patefecit eventus.

Agitatus à Diabolo vanâ tædii & demoris ab arrepto fatigatione.

6. Namque cum jam in conspectu naturæ firmatam munimine arcem demonstraret Avenio, navigium sanctum antistitem quod gerebat, subitaneis fluctibus excitatis cœpit diabolica emissione vexari, ita ut posset navigium obruta desperatione turbari, cum esset potius valde dormientis gubernatione securus. Tunc quidam diaconus, Claudius nomine, in parte ipsius lectuli residens, librum S. Hilarii lectionis studio percurrebat: qui respiciens vidit unum ex pueris nomine Alisium, dæmonis impugnatione vexari, quod non solum perturbatione membrorum, verum etiam hinnitu, mugitu & balatu pecorum fatebatur. Cumque cerneret periculum navis miseriæ istius successione submotum, statim sanctum importuna aggrestione a somno compulit excitari. Cumque ab eo quoque vir Dei tam calamitatis seriem, quam metum præcedentis periculi cognovisset, ait ad eos lacrymans : Grande certamen cum adversario humani generis nunc gessimus in sopore : quod in veritate constare subsequens demonstravit exemplum. Nam dormiens procacitatem repressit undarum, dæmonium ab arrepto corpore evigilans effugavit, quæ virtus ut periculum quoque evaderet vanitatis, per suum eum voluit curare presbyterum; qui vix tandem antistitis jussione compulsus, & manum ei imposuit & quietem pristinam, discedente diabolo, revocavit. Et quia ipse presbyter impugnationem dæmonis sæpius sustinebat, hoc magis sanctus intendit episcopus, ut ab eo adversitas ipsa in nomine Salvatoris se depelli cognosceret, quem infestatione crebra aggressus fuerat superare : nam uterque sanitate recepta orationibus sancti pontificis in se perfecisse suam salutem perpetua curatione docuere.

7. His actis, dum a cunctis grates divinæ potentiæ redderentur, in conspectu Arelatensium urbis, Rhodano famulante, pervenimus, ubi sanctus atque præcipuus domnus CÆSARIUS episcopus, plebis quoque comitatus obsequiis, pariterque LIBERIUS (a) præfectus officio stipante circumdatus, & sedulo occurrere gaudio, & certis eum excoluere sermonibus, confidentes quod in adventu ejus divinam misericordiam accepissent. Hoc civitas gavisa præsidio, populorum exultavit studiis. Hinc S. APOLLINARIS civibus annuens pauliper precibus moras indulsit, ubi a consanguineis suis PARTEMIO (b) & FERREOLO (c) assiduo veneratur occursu, quique pro salutis suæ commodis multis honoravere muneribus, quæ indigentium manibus prope totum retinuit urbs devota quod dederat. In quo loco dum horarum spatia caritatis causa protraheret, ARCULAMIA senatrice propinqua sua invitante, Massiliensium nos vota suscipiunt, ubi dum præce-

Arelate honorificè excipitur.

[b]

[c]
[d]

Massiliam accedens amissos recuperat solidos.

(a) Hic Arelate cum sacra Christianorum in theatro irridendo repræsentaret; divino lumine illustratus, & ex mimo factus Christianus, Salvatoris fidem suo sanguine obsignavit.

(b) Extat apud Cassiodorum lib. 7. epist. 6. Athalarici regis epistola ad Liberium præpositum Galliarum seu præfectum prætorii.

(c) Hunc Partemium seu Parthenium eum esse conjicio, qui postea, teste Gregorio Turonensi lib. 4. hist. Franc. c. 34. fuit episcopus Gabalitanus.

(d) Ferreolum illum, eumdem esse existimo cum Ferreolo, de quo Sidonius Apollinaris Nemausum profectus lib. 2. epist. 9. ad Donidium ait : *Inter agros amœnissimos apud humanissimos dominos Ferreolum & Apollinarem tempus voluptuosissimum exegi.*

dens memoratus diaconus festinaret, a socio itineris Leone nomine, veridica responsione cognovit, ipsos solidos, qui eleemosynis superfuerant soluto lineo perdidisse. Tunc diaconus ille meritorum pontificis securitate confidens, ait ad eum succensendum: Est nobis, ne pereat quod est pauperibus deputatum. Itaque revertentes sparsos totos solidos protinus invenerunt, nec potuit rem sacra largitione jam pauperum, arenarum quæ exceperat fraudare congeries.

Surdum & mutum sanat.

8. Accidit hic ipso operante clarum & grande miraculum. Nam quidam surdum & mutum filium exhibentes, quam geminam calamitatis causam dæmonis assiduitas veteratorie nutribat, suppliciter postulabant, ut ab hac tribulatione S. Apollinaris orationibus sanaretur, quem ille per presbyterum suum secretius ecclesiæ jussit induci. Ubi dum fuisset oleo sancto linitus, ut fuerat pontificali jussione præceptum, statim imbecillitate submota, salutis præmium, diabolo fugiente, promeruit.

Paragorius sanctum alapa percutiens immotus manet, a quo libertatem recipit.

7. Deindeque post dies aliquos cum sacerdos ipse inæqualitate detentus consurgere ad deprecationem.... non valeret. Qui dum in lectulo suo tolerandæ infirmitatis causa quiesceret, quidam ex custodibus cubiculi Paragorius nomine, dæmonio instigante commotus, ad lectum ipsius insania ducente pervenit. At ipsius adversarii persuasus audacia, alapa non timuit vultum violare pontificis. Quod opus nefarium propria religatione condemnans, factum est ut pontificis viribus suisque ausibus necteretur. Nam grabbato cui admotus fuerat statim hærens, mansit immotus. Nos vero redditis Deo de more præconiis, dum cubiculi cellula nobis redeuntibus patuisset, eum qui vinctus stabat locum tenere vidimus inconcessum, indignantibusque nobis, cur quod reverentia vitari solet, præsumtio vindicaret, causam rei gestæ tam verbis ipsius sancti, quam hærentis taciturnitate cognovimus. Tunc servus Dei, fugato diabolo, absolutionem capto precibus exoratus indulsit, factoque in uno. geminæ claruere. virtutes, ut quem potestas vinxerat, benignitas liberaret.

10. Leubaredus quoque archidiaconus ipsius servi Dei eo tempore obsequiis inhærebat, qui cum ad matutinas laudes reddendas nobis consurgentibus defuisset, & Claudius diaconus causam ab eo hujus inofficialitatis exquireret, remotis officiorum sociis, sollicitudinis voto ad cellulam domini Apollinaris, inquit, accessi, quam cum immenso lumine fulgere conspicerem, integritatem ipsius investigare cupiens miraculi, studio devotionis exarsi, cumque inter patentes januas inserto lumine videre cuncta posse me credidi, quamquam magna claritate terrerer, tamen quanto fulgor magis creverat, tanto miraculum evidentius noscebatur. Nam noster patronus & pontifex utrisque manibus ad cœlum extensis, oculis apertis, vultu ad superna porrecto, mentem sequi corpore videbatur, ut fide non dubia paterna regna cœlorum, etiam corporalibus oculis inspicere crederetur. Erantque ante eum & post columnæ duæ mirabili proceritate conspicuæ, ardenti lumine radiantes, ceterosque singulos gemino gestantes in vertice: qua claritate deterritus, & gaudiorum magnitudine tremefactus, revertens lectulo membra prostravi, tantum enim sum visionis ipsius ordine pavefactus, ut oculis hauriens æterna, mortalibus sufferre terrenis sensibus cœlestia non valerem. Itaque jacui & vigore corpusculi depressus lætitiæ mole succubui. Tunc sæpedictus diaconus: Et quidem, ut narras, gaudiorum timore confectus, sed exultare te convenit, quod cernere meruisti visibus altiora mortalibus. Deus enim omnipotens ad confirmanda pectora fidelium suorum, tanta incitamenta semper tribuit, ut suo gubernet imperio.

11. Hæc retuli gesta quæ memini, quæ terris magister ipse affectans cœlos insignibus reliquit exemplis. Nam ipse remeandi tantum spatium consecutus, cœlos petens, mundum quem contemserat mox reliquit. At vero Valentina urbs quem tunc flevit amissum, urbs decora pontificem destinasse ad superna affiduo nunc gaudet advocatum.

Explicit vita S. Apollinaris episcopi ecclesiæ Valentinæ.

PETRI

PETRI DIACONI
CASINENSIS MONACHI
PROLOGUS IN VITAM S. PLACIDI.

Ex mf. Cafinenfi eruit Mabillonius.

OBSERVATIO PRÆVIA.

VITAM S. Placidi a Gordiano monacho confcriptam, & a Petro diacono interpolatam edidit Mabillonius fæculo 1. Benedictino; fed ea omnino diverfa videtur ab illa quam poftea vidit in bibliotheca Cafinenfi ab eodem Petro compofitam: initium quippe & finis omnino difcrepant. Prologus etiam in ea defideratur, & in fine epiftola Stephani Anicienfis in paffionem S. Placidi martyris. *Scripfit præterea Petrus diaconus libellum* de locis fanctis, *quem Guibaldo feu Wibaldo Cafinenfi & Stabulenfi abbati nuncupavit, aliumque libellum* de ortu & vita Juftorum cœnobii Cafinenfis, *cujus tantum capitulorum titulos defcripfit Mabillonius.*

Et hæc quidem opufcula extant hactenus manu exarata in bibliotheca Cafinenfi, ex quibus hic ea tantum dabimus, quæ fola excerpfit Mabillonius, fcilicet Prologum in vitam S. Placidi, epiftolam Stephani Anicienfis, nuncupatoriam epiftolam libro de locis fanctis præmiffam, quæ ad illuftrandas præclaras illas Wibaldi abbatis epiftolas a nobis tom. 2. editas non parum juvare poterit; denique indicem capitulorum libelli de ortu & vita Juftorum Cafinenfium.

Fuit autem Petrus Romæ ex illuftri genere natus, patre Ægidio, Gregorii Romanorum patricii & confulis filio; quinquennis beato Benedicto oblatus, cum Incarnationis annus 1115. *volveretur, Girardo abbate Cafinenfe monafterium adminiftrante. S. Placidi vitam anno ætatis fuæ* 23. *hoc eft Chrifti* 1133. *aggreffus eft. Lothario imperatori adeo carus fuit, ut ad fe vocatum inter capellanos Romani imperii locaverit, a fecretis etiam eum fecerit, logothetam, exceptorem & auditorem Romani imperii. Mortuo Lothario imperatore, confolatorias ad Richizam imperatricem fcripfit epiftolas a nobis editas tom.* 1. *hujus collectionis. Redux ad fuum monafterium plura confcripfit opufcula quorum indicem habes in Chronici Cafinenfis lib.* 4. *cap.* 66. *Porro cum Diaconum fe Cafinenfem appellet ubique, merito redarguas Guillelmum Caveum, qui eum Oftienfem & alios qui Lateranenfem diaconum efficiunt.*

Incipit prologus Petri diaconi in vitam vel obitum S. Placidi difcipuli S. Benedicti.

Anno 541. GYmnofophiftarum morem ferunt effe doctores, ut cum ad laticis hauftum fumendum Gangem ad fluvium venerint, fulA vum metallum defpicientes, fuis fub pedibus calcent. Quod ego Petrus Cafinenfis archifterii indignus diaconus advertens, ita te, Gregori præful venerande, jubente, Placidi exaravi fanctiffima gefta, ut ejus nihil defit ex vita, cum aliquid defit ex virtute fignorum. Enimvero cum hoc opus veftra mihi injungere vellet paternitas, noftraque exiguitas propter tanti cœnobii perturbationem nostrique exilii ærumnas id aggredi recusaret, vobisque hoc opus, qui in dictandi scientia splendes, imponere vellem, vestra sagacitas tali me responsione obstruere cœpit: Cur inani tædio de Casinatis cœnobii oppressione afficeris; numquidnam nescis quia

Si cecidit Sinai mons, qui legem dedit olim:
Quod periisse tamen sua munia credere nollim.
Regula namque manet digitis descripta sacratis,
Tradita discipulis Mauro Placidoque beatis:
Si rex Antiochus ex auro vendidit aram,
Lege labore novam Machabæus restruet aram,
Lator ait legis; vobis præsentior adsum,
Post mortem quoque nunc dicam clamantibus adsum.

Et si tantus pater se præsentiorem post suum e mundo recessum promisit futurum, cur de talibus perturbationibus tristis incedis? An jam oblivioni dedisti quibus angustiis quibusque persecutionum generibus affecti sunt omnes veritatis præcones? An mente cessit a tua quia levitas Jesus Christus Dominus noster segregavit ad annuntiandum toto orbi evangelium suum? Hi enim sunt septem stellæ in dextera Dei, & septem candelabra aurea lucentia ante eum, septemque spiritus Dei septem tubas tenentes missi in omnem terram. Numquid nam ignoras quia servus de absconso talento torqueri jubetur? Tantis igitur, præsul amande, assertionibus auctus, imperio succubui vestro, & ad beatissimi vitam exarandam animum erigere cœpi. Unde reor non sine superni regis nutu animo hoc hæsisse in tuo, ut tanti patris passio a Gordiano descripta transferretur. Nam cum ab ipsis B. Benedicti temporibus in Casinensi gymnasio sapientes quamplurimi fuerint, & istius passio de græco in latinum a nullo translata fuisset, hocque omnipotens Deus per nos tempore vestro implere dignatus est. Disponebam præterea opusculum istud ad Ptolomæum Romanorum consulem dirigere: sed prius censui eum tuo renitenti cothurno elimare: vestri tamen erit operis, pater venerande, ut si aliqua non æqua ordinis lance protulero, a vobis emendentur. Nam vicesimum tertium ætatis agens annum, discipulum, non magistrum esse decebat. Superni igitur regis munimine fultus tanti patris vitam scribere ordiar.

Incipit Vita.

Postquam summi regis dignitas lucis suæ radio idolorum tenebras pepulit ac procul fugavit, multos per orbem ecclesiæ suæ donavit viros, qui ceu sidera cœlum, ita & hi ejus ecclesiam vita ac miraculis adornarent, &c. *Desinit*. Beatissimi Placidi gloriosis meritis intervenientibus Domini nostri Jesu Christi, nullus ambigat usque in hodiernum diem pro nostra salute Virginis qui in ventrem descendit, devictoque mundi principe, captivitatis nostræ formam vehens secum locavit in arce, qui vivit, &c.

Hæc vita habetur etiam in codice 361. ubi originalis videtur.

Post hanc passionem in codice 449. sequitur sermo Petri diaconi Casinensis in passione S. Placidi martyris. Beatus igitur Placidus ex linea senatoriæ dignitatis erumpens Romanæ civitatis indigena fuit, &c.

Epistola domini Stephani Aniciensis in passionem S. Placidi martyris & sociorum.

Sub Sancti Spiritus disciplina degentibus sanctis viris qui in ecclesia Casinensi cœnobiali exercent militiæ pietatem, Stephanus Aniciensis indignus & ultimus servus eorum, spiritum Eliæ duplicem promereri: Philosophos cœli vos esse, & cœlestem philosophiam professos spiritale tirocinium vestrum docet, & ipsa rerum clamat electio meliorum. Elegistis partem optimam cum Maria: & de Ur Chaldæorum egressi, Ægyptique tenebras fugientes, montem sanctum, montem coagulatum & pinguem, ut Dominum Sabaoth videre possitis, singularitate conversationis & vitæ specialiter obtinetis. Deposita vetusti hominis cruditate, in cœlestium transfiguramini novitatem, & sedentes in speluncæ ostio, cum Eliæ suspensis desideriis ad æterna sentire vos credimus sibilum auræ tenuis vestris sine sono cordibus insonantem. Ad solatium peregrinationis & ærumnas temporalis exsilii demulcendas foditis diligenter & strenue puteos scripturarum, in quibus est aqua viva, & in nocte mortalitatis istius tres panes evangelicos exigitis ab amico: ut aqua refectionis potati, verique panis soliditate cibati, in fortitudine cibi hujus montem Dei Horeb quandoque sicut viriliter, ita & feliciter attingatis. Securi jam de adipiscenda cohabitatione sanctorum, viros confessionis & gratiæ; qui vobis semitam perennis vitæ suis vestigiis expresserunt, ea teneritudine amatis & colitis, ut quasi commilitones in bello, sed futuros concives in regno, divinis cultibus honoretis, eorumque pro viribus induatis similitudinem pariter & figuram. Placet vobis imitari quæ colitis, & ne fames verbi Dei, quæ opprimit terram Chanaam, & summos etiam patriarchas aliquando peregrinari compellit, fines vestros violenter invadat, post scripturas canonicas sanctorum passiones & gesta humiliter recenseris, & in eis velut in speculo vultus nativitatis vestræ refigurare gaudetis. Unde & Placidi martyris vestri triumphos pariter & agones, qui Latinorum incuria diu silentio sepulti erant, cum apud Græcos egregie vixerint atque floruerint, de Græco eru-

PROLOGUS IN VITAM S. PLACIDI.

tos produxistis in lucem, & ut eosdem stilo mediocri editos, verbis ornatioribus & magis propriis debeam colorare, potestativæ precis instantia postulatis. Auctoritatis vestræ mole depressus, munus quod tam solemnis vox exigit, negare non possum : sed timeo parti meæ, ne pusillitas pauperascentis ingenii vestris visibus impar appareat, quia & apud vos novi esse fontem aquæ vivæ salientis in vitam : & tanta est vestri hujus martyris claritudo, ut eloquio meo infacundo satis & tenui, obnubiletur potius quam clarescat. Supponam tanto oneri cervicem meam, & imperii vestri pondus subjectis humeris substinebo, ut Placidi monachi pridem, nunc martyris, commilitonis olim vestri, nunc tutoris pariter & patroni, sincerissimam passionem ea qua possum sermonis integritate perstringam. Non erit opus martyrium beati viri rhetoricis sententiarum vel ornare coloribus, vel floribus investire, cum tantus sit in hac historia pietatis splendor virtutum vel operum, ut ipse etiam proprietates rerum, quæ exprimendæ sunt, sermonem coloratissimum extorquere possint etiam ab invito. Nec in nos aliquis vel nimis diligens, vel minus cautus devolvere velit calumniam, quasi jam senescenti in mundo novum martyrem inducamus; cum autenticus sit martyr iste, non rudis, nec novitius, sed antiquus, teste Orientali ecclesia, quæ triumphos illius per Gordianum monachum expressos in græco venerata est ab antiquo; & Justiniano imperatore testante, qui per sacram imperii, Vigilio papæ directam, canonizari fecit sancti hujus martyris passionem. Nos quoque eorum sequentes vestigia, expressam ab eis in Græco veritatem reformabimus in latino : & quasi in via veteri novam semitam figurantes, ita mediocriter incedemus, ut & satisfaciamus negotio, & aurium vestrarum delicias prolixitate superflua minime vulneremus.

Incipit prologus Petri diaconi Casinensis ad Guibaldum Casinensem & Stabulensem abbatem in libro de locis sanctis.

DOmino suo ac patri in Christo venerabili GUIBALDO Dei gratia sacri Casini montis abbati, Petrus Casinensis diaconus debitæ obedientiæ famulatum. Quanto cupidinis igne, pater in Christo venerande, exarserim, ac quali quantove desiderio, ut vos omnipotens Deus de adversis eriperet exoptaverim, ipsum Deum invoco testem, quem mentis abdita, quem conscientiæ occulta non fallunt, quia & de ipsis animi motibus generis arbiter creditur futurus humani. Sed quia juxta prophetæ elogium in manu hominis non est via ejus, nec ab homine, sed a Domino gressus hominis diriguntur, nostris id facinoribus exigentibus, non est factum quod humana aviditas concupivit, sed quæ Deus arbiter meritis humanis competere indicavit. Nam cum omnium pravorum grassante impietate, ecclesiæ Dei status quotidie labefactari cernatur, & fere, ut ita dicam, nullus adversus eos insurgit pro domo Israel, partim amore, partim timore secularium potestatum : idcirco augustæ memoriæ dominus noster imperator LOTHARIUS vestram beatitudinem in Casinensi cœnobio abbatem instituit, ut ea quæ ad correctionem malorum & salutem bonorum attinent, sollicite ac diligenter pertractares, & effrenatos refrenares, ac superbos humiliares: quatenus recuperata justitia, & restaurata religione, cœtus ecclesiasticus sibi juste ac misericorditer servire, ac pro Romani imperii statu Dei omnipotentis clementiam exorare queat. Unde non immerito ab omnibus probis ac sapientibus diligeris ac veneraris. Nam quis tanti viri familiaritatem spernat, affabilitatem contemnat, industriam fugiat? Nam ut omittam cetera maxima & egregia vestri ingenii munimenta insignia, cunctos præcellentis Romani imperii sapientes Tulliana eloquentia superas, & antecessorum vestrorum largam munificentiam omnibus horis momentisque præcellis. Tantis, inquam, & talibus vos cernens sertis redimitum & laureis decoratum, itinerarium de locis sanctis a nobis utcumque exaratum, & ex omnibus, ut ita dicam, libris collectum, vestræ paternitati destinare curavi, poscens id a vestra eminentia roborari, in quo rogo non dictantis ignaviam, sed materiam attendatis utillimam. Nec novi vos & incogniti hactenus aliquid in hoc itinerario ediscituros, sed ea quæ jam viva voce illis referentibus qui ad sepulchrum Domini perrexerunt edidicistis, vel ea quæ per volumina diversa librorum legistis, nos hic noveritis collegisse. Quæ autem indeclinabilia & immania impedimenta a perfidis & sceleftis utroque genu claudicantibus nobis obstiterint, non jam Deum, verum vos ipsos conscios; vos ipsos fideles corde clamaverim testes. Ceterum ad tantillum spatii, quod elargitate divinæ indulgentiæ relictum est, istud opusculum cœlesti munificentia edidi, confidens nihilominus de Deo, de nostris æmulis quandoque nobis victoriam collaturum. Sicut enim nunquam fit opus solidum vel decorum, si artifex omnia prout ratio poscit non aptet; sic omnis scriptor manans multimoda verbositate nullam habebit valentiam edendi scripturam dulcedine fertam, prout Horatius strenuissimus orator in scriptis suis reliquit, dicens:

Omne tulit punctum, qui miscuit utile dulci.

Si postquam scribere conetur materiam non rimetur. Jam vero Christo auspice hujus proëmii iste sit finis.

Explicit prologus, incipit liber de locis sanctis.

Status urbis Jerusalem pene in orbem circumactus, non parvo murorum ambitu assurgit, quo etiam montem Sion intra se recipit, qui a meridie positus, pro arce Urbi supereminet. Major pars civitatis infra montem jacet, a planitie humilioris collis sita: cujus in magno murorum ambitu octoginta quatuor turres, portas sex habet. Prima porta David, &c. *Multa habet auctor ex Beda de locis sanctis.*

Notandum est quod dicit de sudario Domini his verbis. Sudarium vero cum quo Christus faciem suam extersit, quæ ab aliis Veronica dicitur, tempore Tiberii Cæsaris Romam delatum est. Arundo vero cum qua caput ejus percussum est & sandalia ejus, & lora cum quibus ligatus est, & circumcisio ejus & sanguis ejus in basilica Constantiniana Romæ venerabiliter honoratur. Aliud quoque aliquanto majus linteum in ecclesia veneratur, quod fertur a sancta Maria contextum, duodecim apostolorum & ipsius Domini continens imagines, uno latere rubro, & altero viridi. Circa Jerosolymam aspera ac montuosa cernuntur loca, &c.

Incipit ortus & vita Justorum cœnobii Casinensis Petri diaconi.

1. S. Benedictus abbas.
2. S. Maurus diaconus.
3. S. Martinus, de quo Gregorius Dialogorum libro tertio cap. 16.
4. S. Felicissimus.
5. S. Faustus.
6. S. Constantinianus.
7. S. Antonius sepultus est cum Constantiniano in monasterio B. Mauri.
8. S. Placidus, ejus vita suo ordine habetur cum hoc titulo, Incipit prologus Petri diaconi in vita vel obitu S. Placidi discipuli S. Benedicti. Gymnosophistarum, &c.
9. Simplicius B. Mauri socius in Gallia.
10. Constantinus.
11. Simplicius Constantini successor in Casino.
12. Vitalis.
13. Bonitus.
14. Severus. Hic fuit episcopus Casinensis, ejus vitam Petrus diaconus dedicat Seniorecto cum hoc titulo: Sanctissimo ac in monastico præsidenti gymnasio SENIORECTO abbati abbatum eximio, Petrus Casinensis diaconus quidquid in cœlo terraque felicius, quod a vestra injunctus potentia Severi pastoris egregii vitam orsus sum scribere, dilecti filii vestri RAINALDI hujus architesterii diaconi solers exegit instantia: qui nequaquam priscorum tantum libris contentus, ceu regina Saba habendi cupidus, ita & hic a vestra eminentia desiderat aliquid novi divinique accipere, &c.
15. Valentinianus, patris Benedicti discipulus post sanctissimum Benedictum quintus in Lateranensi cœnobio, quem Bonitus abbas decessor suus ex concessione Pelagii papæ construxerat, primus ibidem Casinensem congregationem rexit.
16. Theodorus post Valentinianum tertius ibidem abbas effectus, vita sanctitateque præclarus, ibidem quievit.
17. Gregorius monachus Terracinensis.
18. Speciosus ejus germanus.
19. Paulinus patris Benedicti discipulus, Casini mortuus, & sepultus in ipso loco ubi postea ecclesia S. Stephani constructa est. Hujus corpus ODERISII abbatis tempore dum inventum fuisset, dæmoniacus quidam ibidem veniens, confestim sanatus est. Tunc abbas cum patribus S. Paulini corpus inde elevans, in muro ecclesiæ S. Andreæ apostoli reverenter locavit.
20. Augustinus B. Benedicti discipulus, juxta corpus S. Paulini cum aliis duobus sepultus Casini, ejus corpus itidem in ecclesiam S. Andreæ translatum.
21. Petronax.
22. Carolus imperator.
23. Radchis rex.
24. Paulus diaconus Casinensis monachus, innocentiæ, humilitati, silentioque ultra humanum modum operam dabat. Ibique usque ad finem vitæ arduæ satis ac districtissime vixit. Sepultus vero est in Casino ante capitulum.
25. S. Apollinaris abbas habetur ejus vita cum hoc prologo, qui sic incipit: Incipit prologus Petri diaconi in vita vel obitu S. Apollinaris abbatis.

Reverendissimo academicisque floribus adornato RAYNALDO Casinensis archisterii diacono; PETRUS ultimus ejusdem cœnobii filius bravium perennis victoriæ. Enixius admiranda omnibusque laudibus virorum sollicitudo est attollere acta sanctorum, &c. Tu vero, pater in Christo carissime, & nimium nimiumque ab ipsis, ut ita dicam, crepundiis indissolubili inevulsibilique mihi conglutinatus amore, secundum superexcellentem & supereminentem regis tubam eximii..., opusculum istud a me simpliciter exaratum, tua renitenti ancipitique elimare romphæa ne pigeat, &c.

26. Deusdedit martyr.
27. Bertharius martyr.
28. Aligernus.
29. Guinyzo. Prolixa vita cum prologo.
30. Januarius.
31. Lucius Casinensis monachus, ab eodem cœnobio egrediens Jerosolymam petiit, indeque revertens, primo apud Salernum in quadam eremo, in loco qui dicitur ad Cavam, aliquandiu mansit: postmodum vero in monasterio hoc loco Albaneta vocabulo monasterium construxit, ibique cum triginta circiter patribus conversari religiosissime cœ-

pit. Ipse autem præ ceteris omni vilitate & extremitate contentus, ita humili se officio mancipavit, ut farinam in pistrino ad panem faciendum famulorum more discerneret, cum interim de ore illius Davidica cantica numquam cessarent, in cujus vitæ humilitate & austeritate ad finem vitæ perduravit. Sepultus vero est in monasterio Casinensi.

32. Johannes prior.
33. Constantius presbyter.
34. Johannes abbas.
35. Johannes abbas.
36. Felix.
37. Salvius.
38. Angelus.
39. Azo.
40. Johannes Veneticus.
41. Stephanus Veneticus.
42. Paulus.
43. Gregorius.
44. Raynerius martyr.
45. Adam mansionarius.
46. Benedictus Sardorum episcopus.
47. Benedictus presbyter.
48. Gauferius.
49. Theodemarius presbyter.
50. Ebizzo.
51. Gauderius.
52. Almannus.
53. Fortunatus.
54. Alphanus.
55. Guarinus.
56. Stephanus.
57. Desiderius.
58. Petrus.
59. Oderisius.
60. Bruno.

Ita in indice capitulorum. Præterea elogium habetur Randisii monachi sub Desiderio, Sergii sub Gerardo, Azonis sub eodem Gerardo: Gebizonis vita prolixa habetur. Item S. Aldemarii presbyteri Casinensis.

VITA SANCTI GODONIS
ABBATIS OYENSIS
IN DIOECESI TRECENSI.

Ex ms. codice clarissimi viri domini Breyer *canonici Trecensis.*

OBSERVATIO PRÆVIA.

*S*Equentem *S. Godonis abbatis Oyensis vitam accepimus ab erudito viro domino* Breyer, *insignis ecclesiæ Trecensis canonico, qui suis nos litteris monuit, longe diversam ab ea esse, quam ad diem Maii vigesimam sextam edidit Daniel Papebrochius. Et revera, si prima excipias capita, quæ ex actis S. Wandregisili, cujus* Godo *nepos fuisse dicitur, in utraque vita desumta sunt, quidquid deinde refertur omnino discrepat. In edita a Papebrochio vita S.* Godo *contemplationis ac vitæ solitariæ desiderio solus e Fontanella motu proprio recessisse, & in valle Oya eremiticam egisse vitam repræsentatur: ex Breyeriana vero cum monachorum in dies multitudo Fontanellæ cresceret, ac trecentorum jam superaret numerum,* Godo *S. Wandregisili jussu cum aliquibus monachis in Oyensem diœcesis Trecensis vallem se recepit, ibique monasterio ac templo sub S. Petri patrocinio extructo, monachorum pater extitit, virtutibus ac miraculis clarus quæ apud Papebrochium omnino subticentur.*

Monasterium autem Oyense sæculo IX. *a Normannis, duce Hastinga solo æquatum, restauravit centum circiter post annis Eva, seu, ut legendum censet Mabillonius, Emma comitissa, quam eamdem opinatur Breyerius cum Emma filia Theobaldi Carnotensis, Blesensis & Turonum comitis ex Letgarde Roberti & Heriberti comitum Trecensium sorore; quæ quidem*

VITA S. GODONIS

Emmæ Burguliensem etiam fundavit abbatiam, unde & a Balderico cœnobitarum decus appellatur.

Oyensis porro abbatia sæculo decimo quarto in prioratum monasterio sancti Petri de Cella Trecensi subjectum mutata est, qui tandem anno MDCXCVIII. *Trecensi seminario unitus fuit.*

Godonis patria & prosapia.

1. Gloriosus Domini confessor Godo, ante sæcularia divinæ majestatis judicio præelectus, novissimis sæculorum temporibus mundo datus, splendidissimis progenitoribus, & (quod laudabilius est) orthodoxæ fidei fervidis cultoribus, ortus est in Virdunensi territorio. Extitit nepos præcellentissimi viri & Deo dignissimi Wandregisili, qui ex nobilissima Francorum prosapia procreatus, principis egregii Pipini fuit consobrinus, & cunctis mundanarum rerum & honorum imbutus disciplinis, a rege Dagoberto comes palatii est constitutus. Et ne ejusdem viri sancti claram originem altius repetamus, satis est dixisse, quia cum esset a nobilissimis & ditissimis parentibus editus, non minus splendidæ vitæ moribus, ac piæ conversationis assiduis exemplis se præbuit nobiliorem. Utque erat Wandregisilus Deo & hominibus gratus dum inter sæculi proceres degit in palatio Dagoberti, Godonem suæ virtutis participem suscepit infantem, doctrinis cœlestibus potius quam terrenis instruendum.

Vitam monasticam amplectitur.

2. Qui cum divina gratia regeretur, cunctos sæculi honores magis fore animarum detrimentum reputans, quam justitiæ emolumentum, cum præfato nepote suo Godone mundanarum illecebras cupiditatum spernens, theoricæ vitæ suaves decerpere fructus magis elegit; unde sæculi pompis, inani gloriæ, curarumque terrenarum studiis funditus renuntiavit, & in conversationis angelicæ normam sub habitu monastico se recepit, illam quamdiu viveret, constituens observare, ideoque in monasterium & solitudinem abiit, ubi quantæ uterque fuerit abstinentiæ, quantæ benignitatis, humilitatis ac patientiæ quis mortalium valet enarrare? Contendebant ambo divinis officiis viriliter insistere, segnitiem animi declinare, mandatorum Domini obedientia rebellem superbiam superare, animum ab illicitis refrenare, passiones oblectamentorum carnalium, quæ quotidie interioris hominis integritatem sauciant, humilis confessionis antidoto purgare penitus & sanare, supernæ & cœlestis patriæ amore flagrare; denique se mundo & mundum sibi crucifigere. Nec minus dum suæ saluti attendunt, alienæ quoque invigilabant; siquidem misericordiæ operibus insistere, compassionem in miseros, pietatem in afflictos, solamen in desolatos, obedientiam ad superiores, benignitatem in inferiores, omnimodamque proximorum utilitatem, omnibus omnia facti, studebant exercere, ne quando apud Deum de rebus sanctis omissis reprehenderentur.

3. Piis hujusmodi spiritualibus ministeriis *Pro eo orat S. Wandregisilus.* continuo exercitati, certabant indesinenter placere Deo Patri, exemplumque fieri bonorum operum ecclesiæ matri, necnon & ipsius filios frequenti ad meliora commonitione lucrari. Studebat etiam beatissimus Wandregisilus pro eodem suo nepote, sedulo divinam exorare clementiam, ne quando adolescens deceptoris maligni versutia captus revocaretur ab incœptis, sed potius ut ejus mentis in Deum amantissimæ augeretur in dies constantia, nec umquam labefactari posset ejus bene vivendi perseverantia. Licet enim toto virium suarum enixu idem egregius juvenis Godo tam beati viri conaretur præclara sequi vestigia, necdum tamen elimatis adeo sublimium operum studiis, sua æquare conamina prævalebat, tantum sequebatur patrem non passibus æquis. Unde quadam nocte cum B. Wandregisilus pro eo toties repetitis attentissime precibus insisteret divinæ majestati offerendis, in cellula tali negotio apta, ecce incomparabili miræ suavitatis odore simul & claritate, locus ille cœlitus impletur, voxque ad eum hujusmodi perlata est: Serve Christi, in timore Domini devotissime, pax tibi semper multiplicetur: Certasti bonum certamen hucusque, semper his operibus bonis insiste, quæ per me gerulum offeruntur Domino, quia non otio torpentibus, sed in fide & caritate currentibus, pervigilique instantia Christo militantibus vitæ janua pater æternæ, quæ jam tibi a Domino referanda est, ut in justorum collegio gaudiis æternis perfruaris. Nepos autem tuus Godo, pro quo creberrimis precibus aures Domini sollicitas, vestigiis tuis arctius inhærebit, & cunctis hujus mundi vanitatibus derelictis, strenuus Christi miles ad castra cœlestia se recipiet: tecum incœpit, in tuis monitis perseverabit, vivetque tantæ apud Deum gratiæ & meriti, ut iis qui memoriam ejus devotis mentibus celebraverint, & in epidemiæ mortisque subitaneæ periculis invocaverint, opem celerem & præsidium de cœlo benignum Dominus Deus emittat. *Evangelica cum eo.*

4. Hæc audiens vir Domini, humi prostratus & orationi attentissime incumbens, non corde suo extollebatur, quia visitatione angelica frui meruisset, sed majori seipsum abjiciens humilitate, fragilem se & peccatorem fatebatur, qui tot peccatorum maculis & nævis fœdatus, non esset dignus ut cœ- *Ac nepotis seriam dicit conversionem.*

lecti oraculo magnificaretur. At vero egregius ipse Dei cultor, cum nepote suorum socio laborum, arctiorem vitam ducere desiderans, eremi secreta plurimum ambiens, mundanos toto enixu semper effugiebat rumores, ut Christi deliciis, oratione scilicet, jejunio & contemplatione frui posset, locumque tanto aptum negotio & monasticæ quieti opportunum quærebat, & ut si vetante id mundi turbine, votis non concurreret suis, saltem sub Christi jugo, placidoque illius onere, regularem vitam sequeretur ardentius, quo per eum, duce Deo, salus accresceret multorum. Cum talia volveret animo, meditans quo se reciperet, divina desideratis effulsit gratia, ut largiente ERCHINOALDO (*a*) viro illustri, ejusque regionis præfecto, non modicam soli partem acciperet, a virorum frequentia remotam; quo in loco una cum venerando nepote suo Godone, ut rudis habitator, Fontanellæ cœnobium construeret, quem locum veterum traditio verissima ob copiam fontium in eo scaturientium hoc nomine vocitabat. In eodem quoque loco monstrabantur ædificiorum olim priscorum accolarum industria constructorum, sed hostium externorum feritate belluina funditus solo coæquatorum vestigia, in quibus magis lustra ferarum quam hominum habitatio tunc temporis videbatur.

Fontanellensis monasterium construunt.

5. Hunc ergo locum vir Domini Wandregisilus, ac præfatus nepos venerabilis Godo sibi ab Erchinoaldo concessum, a principio studuerunt virgultis, sentibus & rudetibus repurgare, nonnullisque tam optimo primordio faventibus & auxiliantibus inutilia projicere, primaque cœnobii fundamenta collocare, (*b*) ut juxta prophetiam Isaïæ, *In cubilibus in quibus prius dracones habitabant, orietur viror calami & junci*, videlicet fructus bonorum operum ibi nascerentur, ubi prius bestiæ commorari consueverant. Ædificaverunt ergo in ipso loco præfati viri Domini basilicas egregio cultu decoras numero quatuor, in honorem videlicet principis apostolorum Petri, simulque doctoris gentium Pauli, sanctique Laurentii ac Pancratii martyrum Christi. Et cum huic operi diligenter insisterent, misit vir Domini Wandregisilus antedictum nepotem suum Godonem Romam, propter pignora apostolorum ac martyrum Christi accipienda, ut ædificatis basilicis in promptu haberet reliquias sanctorum, quorum nomini & reverentiæ eas dicare disposuerat : qui votis pii patris libentissime parens, Romam venit, VITALIANO papa eodem tempore pontificante & sedem ecclesiæ gubernante, atque ab eo suscepta plurima apostolorum & martyrum Christi pignora, una cum benedictione apostolica, rediens secum detulit, eodicumque sacrorum copiam non minimam, prosperoque cursu itineris confecto reventitur ovans ad virum Dei, & cuncta quæ attulerat ille, vir Domini venerabilis suscepit.

6. Accersito etiam sacræ recordationis AUDOENO præsule, præfatas quas ædificaverat ecclesias ut consecraret, simulque pignora quæ S. Godo cum ejus auctoritate Pomæ impetraverat, Christi altaribus imponeret, supplex exorat; quod ita a sancto præsule est impletum. Locus autem istius cœnobii tam fertilis tamque jocundus extitit, ut eum quis illuc accesserit, inter pomorum nemora & hortorum amœnitates virentium, in hæc protinus ei libeat verba prorumpere: *Quam pulchra tabernacula tua Jacob, & tentoria tua Israël? ut valles nemorosæ, ut paradisi juxta fluvios irrigui, ut tabernacula quæ fixit Dominus, quasi cedri prope aquas.* Ad cujus famam plebes undique concurrere, & cultui divino perficiendo dare curabant prædia plurima, & possessiones servis Dei nutriendis necessarias; tantaque facta est illuc confluentium ad vitam monasticam suscipiendam multitudo, ut trecentorum esset eorum numerus. Illic nobilium virorum liberi undique adesse nitebantur, ut despectis mundi oblectamentis, Deo servientes, æternæ cuperent cum tantis patribus consequi præmia felicitatis : unde cunctos monasterium ægre capiebat.

7. Quibus peractis & diligenter in Dei regula constitutis, cum cresceret in dies numerus civium in terra cœlestium, nec eos ut filios Israël, aut Abrahæ & Loth servos, unius terra monasterii capere posset ob ingentem multitudinem, dixit vir Domini Wandregisilus ad venerabilem nepotem suum Godonem, ut olim Abraham Loth alloquebatur : Fili, recede a me, vides enim quia nos unum non potest capere monasterium, ecce numerus sanctorum in dies augetur, accepta Domini benedictione, videtur nobis opus ut hinc alio te transferas, locumque alterum divino cultui & gloriæ proprium inquiras, ubi novam pietatis domum & Dei populum constituas. Aderit tibi, fili, Dominus Deus, qui nobis hic adfuit, & tua primordia sub ejus nomine & favore concepta secundabit. Cave ne ad sinistram vadas, sed more apostolico contemtis omnibus Dominum sequaris. Sequere, dilecte, spiritum quem accepisti, dabit autem tibi supereffluentem gratiam & benedictionem. Accipe baculum meum, ut in isto cum Jacob omnem adversæ fortunæ transeas Jordanem, & nobis novam turmam monasticæ societatis adducas. Accipe simul & sanctorum apostolorum & martyrum pignora & reliquias, ut tecum vadant, & tibi sint ad possidendam Dei terram; & quemadmodum illas Roma mihi

---

(*a*) Erchinoaldus fuit præfectus palatii Clodovei II. & consanguineus ex materna origine S. Wandregisili & S. Godonis.

(*b*) Id contigit anno Clodovei undecimo ex chronico Fontanellensi Spicilegii tom. 3. hoc est anno Christi 648.

VITA S. GODONIS

"attulisti, tecum eas defer, ut in ædificandis "postea tuis basilicis habeas quoque quas illis "imponere possis reliquias sanctorum, earum "tibi partem hanc servavi; ex illis suam Deus "quoque tibi benedictionem conservabit.

Ad Oyam desertum locum se recipit.

8. Obstupuit vir Domini Godo hæc audiens, quia illi videbatur difficillimum a tanto patre, venerabili Wandregisilo, viro Dei discedere, apud quem divinis officiis & sacro ministerio in dies plenius instruebatur, ideoque qua ratione divelli posset ab eo non videbat: tamen quia jam non suus erat sibi Godo, sed Deo assertus, & ut jumentum factus, obedientiæ ductus præceptis, beati patris paruit mandato, assumtisque aliquibus viæ & vitæ suæ sociis monachis, ad agenda Dei ministeria & cultum abiit, & multis peragratis locis, tandem in Oyam, locum ad Sezaniæ comitatum pertinentem, Deo ducente, devenerunt. Est autem Oya locus multarum villarum & oppidulorum diffitus, vallis valde grata, pratis abundans, fontibus scatens, aquis perfluens, optimis agris culta, frumenti ferax, & pluribus nemoribus opaca hinc inde circumjacentibus, montibus autem undecumque circumdata, olim vero incolis pene deserta, solitudinem profundam & divinæ contemplationi aptam valde præ se ferens: qualem quærebat vir Dei Godo, talem invenit. In illum igitur non modo deserti horroris, sed cœlestis vitæ locum se recepit cum paucis suis comitibus, tamquam longe ab hominum frequentia semotus, ut magis Deo serviendo amandoque esset proximus. Ibi ergo circiter sex annos ante mortem (*a*) venerabilis viri Dei Wandregisili, cellulas quaspiam, exiguamque basilicam B. Petro dicatam, in istis virum Dei Wandregisilum imitatus, construxit, pauperem quidem basilicam, sed meditationibus aptam, fontibus perfluentem, gratiaque magis abundantem, ubi sui venerabilis Wandregisili spiritum secutus: a quo enim Dei colendi & amandi disciplinam acceperat, ab eo normam monasterii construendi conservarat, ut viveret inter lustra ferarum, Deoque quietius inserviret in illa solitudine, de qua posset cum propheta dicere: *Ecce elongavi fugiens & mansi in solitudine.*

Ibique cellas construit.

Psal. 54. 8.

Locum sibi cedentibus incolis.

9. Dum ibi moratur vir Domini B. Godo, continuis orationibus insistens, vigiliis & meditationi noctu & interdiu incumbens, fama pervenit ad proximos incolas, adesse in desertis locis Oyæ viros Deo gratos, licet ignotos, & ut fert vulgaris hominum silvestrium consuetudo, quia tales umquam in his oris non viderant, omnes ad unum accurrunt, sciscitantur qui sint, monachos tam horride vestitos & victitantes mirantur, & jam captatum habitationis desertæ locum cesserunt ultro, vitam eorum angelicam & conversationem divinam admirati. Venerabilis enim vir Dei Godo, quotquot adventantes benevole rusticos excipiebat, illis benefaciens toto virium enixu: precibus & orationibus in B. Petri basilica cum suis monachis assiduus erat, jejuniis pene diurnis imo continuis jam horridum cilicio macerabat corpus, herbis agrestibus & pomis, raroque pane hordeaceo victitans, & non alio quam eo quem incolæ vicini, tantis stupefacti rebus mirandis, in eleemosynam quandoque deferebant, contentus. Exactis autem precibus aliquando, agello proximo vel hortulo ad herbas commodiores seminandas præparato incumbebat colendo, unde & vicini accolæ quoties ad eum ventitarent, herbas non solum salubres, sed morbis quoque suis salutiferas domum reportabant. Ubi noctis quietem & somnum corpus laboribus defessum & oratione fatigatum postulasset, ne deficeret spiritus carnalium necessitatum aut cogitationum rebellione, humi decubabat, exiguum quid soporis captaturus, dum mens illius interim cœlo defixa, continuis rerum cœlestium meditationibus & divini amoris incendio delectabatur; & ne quid pietatis in ejus animo deesset, utque salutem alienam ac suam diligentissime procuraret, adventantes tum rusticos accolas, tum nobiles viros ejus nomine attractos, cœlestium præceptorum verbis imbuerat, quibus alios a vitiorum labili tramite revocaret ad melioris vitæ commercia, alios jam a virtute accepta in perfectioris caritatis gradum promovebat.

Quam devotam ibi vitam duxerit.

10. Ita ergo vir Dei Godo, Deo gratus, monachorum benignus pater, omnibus accolis amicus, sibi quidem parcus & vilis, ceteris autem largus, lautus & salutifer vivebat; potissimum vero vix ferebat eos monachos, quorum negligentia Dei laudes parum devote celebrarentur, aut quorum torpore cœlestes feriæ impedirentur: unde certissime constat eum cum aliquando detineretur ab attentione precum præpeditus, animalculis imperasse; siquidem palustres ranæ cum semel nimium coaxarent, & tumultu vocis raucæ jubilum hymnorum ecclesiasticorum in ecclesia vicina monasterii dum precibus interesset, interrumperent, illis coaxantibus autoritate divina silentium imperavit; quæ statim ad unam omnes conticuerunt. (*a*) Tanta vis est & virtus viri Deo grati, ut animalibus etiam nulla ratione utentibus jubeat, illaque obediant, veluti quondam sol ad vocem Josue stetit, & luna in ordine suo permansit. Nec deerant etiam alia miracula divino nutu ab eo patrata.

Ranas coaxantes jubet in otiutique undecimæ auctoritate divina mutas reddere.

[b]

Jos. 10. 12.

(*a*) Wandregisili mortem ad annum 667. invictis argumentis consignat Mabillonius in notis ad ejus vitam ac proinde S. Godonis secessus in Oyam anno circiter 661. constituendus est, emendandusque Albericus, qui ad annum 675. hæc habet: *S. Godo S. Wandregisili nepos fundavit in diœcesi Trecensi primam abbatiam de Oya.*

(*b*) Albericus ad annum 676. ait ranas in Oya ad sua usque tempora mutas permansere.

11. His

11. His enim temporibus magna vis ingruit morbi, pessimaque contagio quosvis incolas proximorum oppidorum & villarum pessumdans, mortique tradens, aër nubibus, frequentia tonitrua; corrupti terræ fructus, corpora tabo laguentia, febrium ardor nimius, & (quod pejus est) peccata hominum inundantia tamquam torrentes, mortem horrendam, verumque Dei judicium pestiferæ contagionis flagella illis inferens, intentabant: certa mors omnibus imminebat, nisi a delictis suis resipiscerent. His flagellis attoniti clamant omnes & divinam poscunt humiliter misericordiam, sed incassum, eo quod enim prævalebant nimia hominum delicta, quæ vix ac ne vix quidem corrigere valebant. Prævalebat quoque divinæ misericordiæ justitia, *stipendia enim peccati, mors*, ut ait S. Paulus apostolus, ideoque aliis morbus epilepticus inhærebat, alios febres continuæ inurebant, illos repentina mors occupabat, illos angina strangulabat, & pene omnes contagione pestifera corruebant in sepulchrum; nec erat qui salutis aliquod remedium afferret. Ut vicit virtutem vitium, sic vitam mors; sed tandem mens afflictorum unaquaque die pessima morte decumbentium, viri Dei venerabilis Godonis est recordata, unde quem Deo charum & gratum sciebant, adire constituerunt, ut ejus precibus aliquod salutis & sanitatis refugium adipiscerentur.

12. Ille autem ut erat in omnes misericors & benignus, quosvis accedentes ad se consolando, nunc oleo sancto ungens, nunc benedictione crucis muniens, nunc eulogias illis tribuens, validos & integræ sanitati reparatos domum remittebat. O quot homines, quot mulieres jam morientes eripuit e sepulchro! venerunt & quandoque oculorum grato lumine orbati, quibus lucidam mentis in Deum aciem illustravit, & corporeum oculorum acumen restituit. Oblatæ sunt ei & mulieres aliquando cancris in papillarum sinu putridis & corrodentibus multum cruciatæ, quæ tamen ab eo penitus sunt curatæ & sanatæ. Translati etiam sunt a parentibus & in ejus monasterium, sanctique Petri basilicam pueri morbo caduco infidescenter afflicti, quibus ille vir Dei, ut erat gratia plenus & benevolentia, benedicens, & JESU nomen super illos invocans reparavit integram sanitatem, & omnem morborum corruptelam ademit. Tandem venerabilis vir Dei Godo, tam piis laboribus exactis, tam probata apud Deum & homines vita perfunctus, cum multæ ætatis vixisset annos, multa vicinis & exteris incolis sanitatum beneficia contulisset, plurimos ad vitam christianam revocasset, Oyense monasterium & basilicam Deo sub B. Petri nomine consecratam complevisset, monachosque sanctis monitis erudiisset, vitæ terminum in januis sentiens adesse, fratres universos convocavit: quibus in unum congregatis, & ejus jam præsentem e vitæ discessum gementibus, caritatem mutuam in seipsos, in Deum præcipuam, summamque vitæ monasticæ observantiam moriturus commendavit; exinde adorato & sumto Eucharistiæ sacramento, unctione salutifera roboratus, spiritum Deo commendans, inter eorum manus placide in Domino quievit VII. cal. Junii.

13. Verum post venerandi viri Dei Godonis dissolutionem, qua felix migravit ad Dominum, dum nescio qui barbari Gentiles e regionibus septentrionis egressi Gallias decurrerent furibundi, urbes depopularentur, agros vastarent, & omnia ferro flammisque pessumdarent, ex eorum numero crudelior exiit quidam tyrannus, qui per eamdem Galliam conduxit exercitum, nomine Astannus, (a) quippe nec justa Dei judicia timens, nec sanctos venerans, in Oyam licet remotum locum venit.; & ut erat nimia ferocitate crudelis, fugatis in deserta incolis, nobilibus peremtis, cæsisque monachis, supradictam B. Petri a sancto venerabili Godone structam basilicam destruxit, omniaque monasterii Oyensis loca flammis incendit. Quo factum est magno rerum omnium detrimento, ut multis annis locus ille manserit ignotus, corpusque viri Dei idcirco terra obrutum, lapidibus ruderibusque opertum, & hominum memoriæ ignotum. Tamen quia *in memoria æterna erit justus*, ut ait S. Propheta, non semper id permanere Dei bonitas voluit, ut rerum adeo sanctarum memoriam perpetua deleret oblivio. Adhuc restabant e ruderibus ædificiorum quidam lapides, adhuc vestigia basilicæ & monasterii e terra prominebant, quæ suo tempore postea divina clementia voluit reparari. Siquidem post diuturna tempora hanc principis apostolorum basilicam exinde de nomine Godonis appellatam, cum omni monasterio EVA (b) comitissa mulier insignis pietate, iterum restauravit, potissimum ea de causa, ut sancto Godoni suo benefactori non ingrata videretur. Illa enim dum quadam corporis infirmitate mortem minante dudum fuisset cruciata, Deo sanctoque Godoni se devovit, illius monasterium ædificaturam rursus si sanaretur. Unde statim illius almi confessoris gratia & meritis fuit restituta, divinaque id volente providentia, didicit revelatione ubi sacrum ejus corpus quiesceret sepultum, quod a loco squalenti in honestiorem capsam levandum, & in reparatam basilicam transferendum esset.

14. Quam vero Deus mirabilis in sanctis suis! surrexit sana comitissa, magnis impensis ba-

---

(a) Legendum Hastingus, ut Mabillonius & Bollandi continuatores observarunt.
(b) Mabillonius conjicit legendum esse *Emma*. Fuit autem Emma comitissa filia Theobaldi & Ledgardis, Burgulii monasterii fundatrix.

basilicam struit, monasterium reparat, & in ejus beatissimi patris Godonis honorem, cum ordine & numero competenti monachos ibidem, monastica vita probatos, statuit Domino in perpetuum deservire, qui sub regula possent opportune divina persolvere, laudes Deo sanctisque jugiter canere, vicinos accolas precibus fulcire, & omnes tum vita cum moribus probis in meliorem frugem peccatores revocare. Ne vero rerum vitæ necessariarum indigentiam paterentur, unde cogerentur vicatim ad alimenta quærenda vagari, de proprii patrimonii rebus ad usus necessarios tum alimenti cum vestitus, illa prout satis erat, annuales redditus fratribus assignavit & ordinavit. Ab illis autem vitæ monasticæ cultoribus & monachis devotissimis, collaborante eadem Eva comitissa, gloriosissimi Godonis corpus, quod in loco parum decenti jacere videbatur, est elevatum cum hymnorum grata melodia, & solemnibus canticis, cum honore multo decantatis, in altare præcipuum basilicæ, nec sine multorum operatione miraculorum in translatione factorum fuit collocatum: probavit enim Deus illorum frequentia, tam B. viri memoriam & honorem sibi complacere, potissimum iis quæ sequuntur.

S. Godonis corpus in decentem loci transfertur.

15. Contigit aliquando (nec reor absque divino nutu) annus fere omnium infestissimus, & juxta propheticum dictum, propter peccata hominum *pervenit gladius usque ad animam*. Repentina enim clade percussi cœlitus homines videbantur. Corruebant patres cum filiis suis, matres cum liberis dilectis, servi quoque cum dominis morte inexpectata rapiebantur, nullaque jam superesse illis morientibus spes vitæ aut salutis videbatur. Præveniebant corruentes interitu pestifero corpulenti marcidos, parvuli senes ipsos, atque horrenda divini examinis censura, strages fiebat inaudita, ita ut, sicut qui tantæ miseriæ affuerunt, astipulantur, septem usque & octo corpora in una pariter conderentur scrobe & sepultura; quia nimirum valde violenta peste corripiebantur ad mortem; unde nec condignæ celebrabantur exequiæ, nec parentes ultra invisis audebant defunctis suis parentare. Quis tunc mœror, quis tunc mortis metus aderat? cum quilibet eorum jam moriturus se districto Dei judicis examini perpenderet præservandum, nec supernorum speraret agminum contuberniis perfrui, sed potius cum divinæ justitiæ prævaricatoribus debito pœnarum supplicio mulctandus se perditum iri horreret? Quis ob ea non caperet hominum corda metus & mœror! Superest tamen una spes

Jer. 4. 10.
Ubi coruscat miraculis.

deficientibus, si ad tantæ aversionis causam justissime illa peccantibus illata Dei severitas, miserorum ad eum clamantium precibus flecteretur ad indulgentiam, ut morbi cessarent, auferretur contagio, & mors tanta pessundaretur. Decernitur ergo sanctorum patrocinia implorare frequenter, quibus ad vitæ tutamentum illud ab eis triste judicium mortis divinitus illatum averteretur.

16. Recordantur autem inter hæc accolæ vicini B. Godonis magnum meritum, olim scilicet ejus precibus talem luem sanatam: idcirco ad eum statim fecerunt omnes unanimiter confugium, properantes in ejus basilicam, & in tam gravi procella saluberrimum salutis attingere portum exoptantes. Unde feria sexta, qua die de passione Domini orbi universo salus effluxerat, Oyensis cœnobii fratres efflagitant ut beati viri corpus devota processione deferri ab eis honorandum, ea causa ut communem omnium Dominum sibi propitium efficiat, suppliciter exorandum, concedant: quod spoponderunt faciendum. Sed ob passionis Dominicæ diem censuerunt hoc pietatis spectaculum in secundam feriam Paschæ differendum, in quo cuncti locorum vicinorum accolæ, utpote feriatis diebus, valeant adesse, & Deum per B. Godonis merita implorare. Quid plura? Ecce dies illuxit, eoque statuto, cuncti undequaque convenerunt cum votis & donariis multis viro Dei offerendis. Fit oratio ab omnibus, ploratur, psallitur & canitur; profertur de latebris ille auro arabico, omnique lapide pretioso illustrior thesaurus, gleba scilicet sancti corporis effertur in propatulum; procedit omnium devotio, geminatur Deo grata processio, nec a lacrymis, nec a precibus cessant universi, donec omnibus fiat salutis remedium. Siquidem elatum in sublime a deferentibus sanctum corpus, omnibus afflictis dedit salutare tutamentum: nemoque omnium circum circa inhabitantium, infra ejusdem anni spatium expertus est mortis detrimentum; si excipias unicum qui eadem die tam læto conventui, mala lue & ægritudine detentus, non interfuit, quique eodem tempore sati munus implevit. Sic S. Godo etiam mortuus vivit miraculis a Deo exaltatus. Sic hoc celebri miraculo apud omnes populos est tantopere mirificatus, ut ex eo tempore qui diversis doloribus morborum, potissimumque pestis lue anxiatur, nutu Domini Salvatoris & sancti precibus liberetur, gratia Domini & Dei nostri Jesu Christi, cui sit cum Patre & Spiritu sancto semper honor & gloria in sæcula sæculorum. Amen.

ACTA TRANSLATIONIS
S. SAVINI MARTYRIS.

Ex mſ. illuſtriſſimi domini Chauvelin, regiorum ſigillorum cuſtodis.

OBSERVATIO PRÆVIA.

ACTA tranſlationis S. Savini martyris ſuppeditavit nobis codex antiquus illuſtriſſimi domini Chauvelin regiorum ſigillorum cuſtodis, ab annis circiter 800. exaratus. Aimoinus illorum auctor, alter nobis non videtur a celeberrimo illo Aimonio Pariſienſis S. Germani a Pratis monaſterii aſceta, qui tempore Caroli Calvi librum de inventione & tranſlatione ſancti Vincentii aliaque conſcripſit. Et certe id non obſcure innuit in fine præfationis, ubi S. Savini domnique mei Germani, inquit, ſanctitate adjuvari ſe poſtulat.

In hoc autem opuſculo duo præſertim occurrunt obſervanda. Primum, illuſtrem virum Baidulum clericum palatinum Majoris monaſterii Turonenſis abbatem, apud eruditos hactenus ignotum, S. Savini corpus ex eccleſia a Wandalis olim diruta, quamplurimis retro annis omnino deſerta, ac vepribus & ſpinis obſita, in proprium Ceriſiacum prædium tranſtuliſſe, ubi, ædificata in honorem Genitricis Dei Mariæ baſilica, canonicos poſuit & dotavit, variis beneficiis cumulavit. Secundo, locum illum, poſita ibi monachorum norma, longe cultiorem ac venerabiliorem evaſiſſe, quippe domus omnis cum eccleſia nobiliori atque ampliori ſchemate conſurrexit. Id auctoritate ſimul ac pietate Caroli Magni factum tradunt, qui monaſterium regia magnificentia conſtructum reſtauratori ordinis monaſtici in Gallia Benedicto Anianenſi abbati regendum commiſit, ubi congregata maxima monachorum caterva, Benedictina religio ita floruit, ut ad varias inde congregationes ſubſecutis temporibus diffuſa fuerit. Ex S. Savini quippe monaſterio ad reſtaurandam in Auguſtodunenſi S. Martini cœnobio diſciplinam cum ſancto Hugone & XVI. aliis monachis aſſumtus eſt maximus ille Berno, qui poſtea Gigniacenſi, Balmenſi ac demum Cluniacenſi congregationi abbas præfuit: idque petente ac procurante Badilone comite, Æduenſis aſceterii reſtauratore, cujus olim, ut conjicimus, Baidulus propinquus, S. Savini baſilicam conſtruxerat ac dotaverat.

Porro hæc Acta conſcripſit Aimoinus ad petitionem Hucberti abbatis S. Savini, qui a vulgatis hactenus hujus cœnobii indicibus exulavit, quique poſt Dodonem Benedicti Anianenſis diſcipulum & ſucceſſorem collocandus videtur.

Præfatio Aimoini monachi in tranſlatione almi Savini martyris.

1. Vere crediderim hoc tam parvum quam magnum hujus ſequentis operis ſacramentum mihi divina ſanctique Savini præcipui teſtis Chriſti miſeratione donatum: parvum dico quantitate voluminis, magnum vero reverentia martyris. Nam & talia ne legentium auditorumque ſenſibus faſtidienda ſint, paucis oportet innoteſci. Et utinam, licet immeritus presbyter, is talis inveniar, qui & ſancto deferam, ipſiuſque amplexandæ congregationi, memorando videlicet ejus cœnobii Hucberto abbati, & ſub eo pie colendis patribus, aliquid cum honore

Vet. Script. & Mon. ampl. Collect. Tom. VI.
H h h ij

futurum relinquam, utque ad sancti martyris laudem vestramque jocunditatem fieri possit, illius, domnique mei Germani sanctitate, vestrarumque orationum solamine, Dei sanctique Savini amici me supplex imploro juvari.

Explicit præfatio.

Incipit translatio ejusdem B. martyris Savini, quæ celebratur VII. *idus Januarias.*

2. Ea sane tempestate qua Wandalorum populatio, ut usque nunc ex antiquitate refertur, in vicinas exterasque longe lateque sæviebat nationes, ecclesia quæ desuper corpus erat beatissimi martyris Christi Savini, diruta, ipseque locus ita desolationi habitatorum absentia traditus est, ut eremi vastitate obsitus, per multum inhabitabilis desereretur annorum cursum. Quod etsi aliqui, pauci dumtaxat restiterant vicini incolæ, & quorum manus ad hoc reparandum minime sufficerent. Tempus namque profusum transiit, sed non memoria oblita est loci: qui licet incultus, priscorum tamen volvebatur per ora sacratus, beatique Savini corpori scientissime dedicatus. Cumque longioris ævi defluxo jam spatio, omnipotens & locum restaurari, & sanctum manifestius recoli disposuisset, quo modo acciderit gratum in brevi dicere fuit.

3. Cum igitur quoddam pecus cujusdam coloni hominis aliquando aberrasset a grege, ille animali in pascualibus non invento, remotiora silvarum, de pecore desperatus, aggressus est loca, repertoque extra pecoris vestigio, cœpit sequi donec spinarum tuborumque asperitate, longius arceretur ab incœpto. Sed quod est pro perditis rusticorum pauperum, laborem quamvis gravem evincere persistens, ferro veprium omniumque stirpium sibi nocentium dextra lævaque impedimenta succidens, ad locum tandem sic desudans prorupit, in quo quadrupede quod quærebat jacenti conspecto, accessit, eum commovens, sed pecus ullo modo se levare non potuit. Obruerat enim intrans ejusdem olim basilicæ septa, taliter debile jacens, quatenus omnibus contractum membris, nec assurgere, nec incedere penitus valeret. Brachiis tamen illud impositum portavit ad domum, vicinis gesta replicans universa.

4. Crescebat itaque hujusmodi narratio per dies, atque dilatabatur prolixe. Manebat quidem de sancto, & ejus ecclesia vivens adhuc, ut præmisimus, fama: sed eatenus quo fuerit in loco, mortuis jam qui noverant, ignorabatur. Non tamen deerant, qui a videntibus priorem ejusdem basilicæ statum, ea quæ tunc quasi nova dicebantur, se antea crebrius audisse certissime faterentur.

4. Interea quidam presbyter nomine ac merito Bonitus his diligentia attentis, instituit divino sanctique martyris amore conductus, ecclesiam martyrii reconstruere, locumque ut est hodie habitationi restruere. Quod autem inter cetera unum ibidem miraculum a Bonimio sacerdote ipsius Boniti nepote comperimus, sufficiens ad id quod agitur interponere judicavimus. Aiebat enim inter hæc quæ ab eodem suo avunculo referri de sancto sæpius asserebat, quasi modo idem Bonitus equum sibi quondam furtim subtractum interpellatione domni Savini recuperare meruerit. Equo siquidem perdito, quid faceret, frenum necnon & sellam accepit, atque ante sancti tumulum sic increpitans, mœrensque projecit. Te, inquit, sancte martyr, cultui seu venerationi ecclesia tibi refecta, pro parvo possim & laborando restituere, tu proh nefas equum mihi tuis meritis, ut poteras, non custodisti. Equidem servio ecclesiam, num patior? Quod si rectum videtur, Deus discernat, tuque perpende, mihique equum restitue. Hæc & plura postquam sic veluti juste querelans intulit, reversus ad domum, nocte superincumbente, placido se sopori donavit, deinde galli voce somni torporem linquere monentis evigilans, officium nocturnale atque matutinale ante sancti sepulcrum reverenter solito complevit. Quo peracto, dum se ab ecclesia domni redderet, equus nuper furatus, nullo se regente, mox in facie præsto fuit, dominique præsepium, utpote notum repetens; stabulum cursu ingreditur: quod presbyter cernens, Domino sanctoque ejus martyri Savino grates rependens, studiosiorem se deinceps circa Dei martyris cultum exhibuit.

6. Erat denique vir prosapia clarus, rebus inclytus BAIDILUS clericus palatinus abba Majoris monasterii Turonensis, hæreditaria ibidem juxta in villa nuncupante Cerisio, jure propinquitatis possidens prædia: qui hujusmodi dum advenisset, agnitis negotiis, incipit prudenti animo audita meditari, atque si taliter esse vulgata possent sagaci perquisitione scrutari; cumque ex præsentium & antiquorum relatione, insuper & miraculorum attestatione, idque etiam loco pandente, rem verissimam esse collegisset, conatibus piis sedulisque anhelare, quo & sibi ex sancti martyris parte cederet gratia, & sancto martyri ex suarum portione rerum amplificaretur dignitas. Quid inquam? In eodem prædio, quod non antea molitus fuerat, in honore Virginis matris Christi, divinitus ardens condit, sacratque basilicam, habitationes facit, clericos imponit, necessaria cuncta exornat, demum vero ad sancti tumulum cum fiducia, omnisque obsequii diligentia supplex accedens, celebratis officiis missarumque solemniis, Deum sanctumque postulans martyrem, ut illi quod nisus fuerat concederet perficere, tantum tamque copiosum pignus a loco in quo jacebat cum tremore

psallens assumsit. Ibat ergo feretro corporis suppofito, gaudenter exultans, nullâ fibi in sancto opere impediente difficultate, quousque ad reverendam egregio martyri quam paraverat perveniret urnam; in qua pretiofum, gratias agens divinas, corpus honeste recondens, dotem ecclefiæ ipfique martyri, totumque prædium familiamque donavit. Itaque Deum, quod fuis annuerit votis, fanctumque Savinum magnificè laudans, gratulans exivit & ovans.

7. Ceterum dum vixit non ceffavit conferre munera, augere beneficia, quibus locus ditaretur & crefceret. Plures quoque nobilium ejus actus eximios imitati, addiderunt thefauros, contulerunt alodos, multisque donis locus effulfit, pofitaque ibi monachorum norma, redditur quanto cultior, tanto prorfus venerabilior. Erat autem & eft fitu habilis, filvarum arborumque fructuofarum amoenitate jocundus, cum pratis & vineis, aqua & molendinis.

8. Ergo monachis poft divinum perfolutum officium, operibus manuum, quod fuum eorum eft, follicite ftudentibus, domus omnis cum ecelefia nobiliori ampliorique fchemate confurgit. Quorum bonitatis ordinifque religio, Deo fanctoque martyre fuffragante, illic talis extitit, quæ multorum & maxime magnatorum mentes ad recolendum dumtaxat munerandumque locum dulciter invitaret. Talis floruit, talis cum bonarum actionum fructibus hactenus vernat, talis quæfo & opto in JESU-CHRISTO permaneat.

9. Nec illam aliis omiffis filendam reor quæ poft venerabilem ejus corporis tranflationem præcipua facta fuiffe dignofcitur virtus, ad ipfius fanctam evidentiffimè declarandam fanctitatem, & quia locum unde tranfpofitus fuerat, etfi corpore, non tamen tuitione reliquerat. Prefbyter vero inde cum per eamdem viam qua fancti martyris corpus tranflatum venerat, plauftrum mufto onuftum minaret, antequam domum perveniffet, ducilis a fundo karralis egreffus in terram, nemine confiderante, profiliit: attamen muftus haud minus quam fi obturatum effet foramen, nec una fluerat gutta, ftetit, perventumque ad receptaculum plauftrum cum fuiffet, prefbyter accedens, & tonnam hinc inde fi quiddam feciffet circumfpiciens, animadvertit aperto foramine ducilem abeffe; æftimans pavenfque nihil in ea mufti remanfiffe, famulos vehementi furore commotus arguere coepit, & quare hoc minime providerint acriter ut triftis invehere: dumque amaro nimis animo fic loquitur, unus retro recurrens ducilem à terra non longe jacentem recepit, atque ad patentem qui erat in tonna pertufum applicuit. Quo appofito, priufquam intro poneretur, impetus mufti e regione profiliens, ad barbam &

pectus porrigentis ducilem ufque volavit. Prefbyter autem & qui aftabant, pro hoc quod vifu mirabile oftenfum fuerat, attoniti ftupuerunt, vocefque hymnidicas omnium factori ejufque fancto martyri Savino in coelum levatis manibus cum jubilatione dederunt. Sacerdos vero fub eadem fumma, qua illud in tonnam pofuerat, vino recepto, ampliori voto & ore grates lætus exfolvit. Hoc & alia idem Bonimius a præfato Bonito avunculo fuo frequenti relatu fe accepiffe fatebatur.

9. Sed quid plurima de Sancto fcribentes conferemus? Numquid illum majoris meriti ex hoc faciemus? Ut fi v. g. de Giboldi curvis inferamus pedibus fefe introrfum ad invicem refpicientibus, moxque Sancti precatu fuperna miferatione directis; ac de vinea illa juxta quam ejus corpus paufatum fuit, nec prius inde remotum, donec eadem ipfi daretur vinea; vel de alio in fomnis commoto a Franciæ partibus adveniente, manumque aridam diu habente, atque interventu martyris illic extemplo curato; aut etiam de coeco ab annis triginta lumine oculorum privato, qui poft trecentorum fexaginta menfium curricula ibidem illuminatus videns hilarifque receffit. Hæc & fimilia benignitate martyris ad ejus limina debilibus conceffa, fi modo, ut diximus, fuperflua exequi incipiam, fanatorumque nomina, patrias villafque in quibus funt nati vel ex quibus advenerunt, fi difpofuero recitare, me fobriis lectoribus avidifque auditoribus tædium inferre non abnego. Eft autem menfura difcretionis in divinis & agiographis fervanda fcripturis, & fi pauca de ipfo referamus, numquid ejus meriti virtutifque gratiam ex paucis mutilabimus dictis? Hoc autem precamur fufficiat dictum, paucifque roboratum, quod beatus Savinus ita decenter tranflatus, pretiofus ac gloriofus habetur martyr Chrifti. Quod tam ipfe quamque omnes Chriftum confitentes, ritè confeffores appellentur, cuidam ex eodem monafterio Deo fibique devoto per revelationem fpiritus oftendere voluit, fe martyrem ob fanguinis pro Chrifto effufionem malle vocari.

11. Eft enim meritis dives, precibus potens, ipfum rogemus, ipfumque humiles imploremus, quatinus ad eum qui fe martyrem fecit, atque in coeleftibus martyrii præmio coronavit, pro noftra animæ corporifque falute intercedere dignetur; ut ejus fanctorumque omnium orationibus crimina noftra idem Dominus folvat, peccata feu commiffa relaxet univerfa, gloriam vitamque conferat fempiternam in fæcula fæculorum. Amen.

Explicit de tranflatione & miraculis fancti Savini martyris.

VERSUS DE CAROLO MAGNO ET ALIIS.

Ex mſ. reginæ Sueciæ eruit Mabillonius.

Anno 814.

O Deus omnipotens, convexæ conditor arcis,
Terrarum & maris, & quæ tantus continet orbis,
Suscipe vota tuæ plebis, dignare rogatus
Cæsaris eximii Caroli firmare salutem:
Multiplices vitam protendas rector in annos,
Imperio Oceanum, consignans ordine metam,
Hostibus oppressis firmato pace perenni,
Optime quod princeps sedatum rite gubernes,
Permulcente sua divino munere dextra,
Unus in ætherea altitonans qui præsidet aula.
Convenit & solum terris regnare sub illo,
Qui merito cunctis præstans mortalibus esset.
Discedant variæ sectæ, discedat & error
Antiquus, quondam malesuasus ab ore maligni.
Sancta fides niteat comitanter gressibus altis,
Cum Caroli Magni ut vastum perlustret & orbem,
Imperio dictoque simul domitis virtute superbis:
Ac post innumero captos ex hoste triumphos,
Cum victore suo victrix lætetur & ipsa.
Post tanta in terris, post tot sublimia facta,
Pleno tum demum completo temporis ævo,
Felici centenos cursu evectus in annos,
Alma fides obviam comitante cohorte sororum
Virtutum veniens, Carolum super astra levabit,
Perpetuam tribuens Christo præstante coronam.
Versibus incomptis, summo sed mentis amore,
Hæc tibi conficiens, Cæsar dignare superne,
Munera quæso tui devoti sumere servi.

His ego litterulis Domini deposco salutem
Perpetuam Carolo servulus ipse sui
His te præclara GUNDRADA saluto puella,
Quæ ore nitens pulchro, pulchrior & merito.
Littera festina dominæ conferre salutem
Gundradæ, egregiæ moribus & facie.

Hos Carolo regi versus Hibernicus exsul,
Dum proceres mundi regem venerare videntur,
Ponderibus vastis ingentia dona ferentes,
Immensum argenti pondus fulgentis & auri,
Gemmarum cumulos sacro stipante metallo,
Purpura splendentes aurato tegmine vestes,
Spumantes & equos flavos stringente capistro,
Ardua barbarico gestantes colla sub auro,
Annua sublimi hæc debentur munera regi.
Dic mihi quæ pariter reddemus, garrula musa,
Ne forte in vanum regi servire videmur,
Quæ tanto ac tali patri munuscula demus?
Carmina quin etiam modo lata voce canamus,
Dulcisonas regi promamus pectore laudes,
Et nostris cunctus reboet clangoribus orbis.
O sola ante alias cantus dulcedine capta,
Divitiis orbis comparis carmina, musa;
Sic dic quid valeant nostri jam carminis odæ?
Heu numquid socius musarum nomina nescis?
Aut forte inludens nostrorum munera temnis?
Dilectus socius, musæ quoque dulcis alumnus.
Haud equidem ignoro musarum dulcia dona.
Sed dic nunc veterum vatum mihi maxima nutrix,
Quæ nostræ laudis concludent sæcula finem,
Sidereæ summus dum situs volvitur axis,
Et nox obscura claris dum pellitur astris,
Splendidus eximiis surget dum phosphorus umbris,
Et celer æquoreas ventus dum verberat undas,
In mare dum properant spumosis cursibus amnes,
Nubila dum tangent minaci vertice montes,
Atque jacent humiles limoso limite valles,
Aut summi extollent prærupta cacumina colles,
Regnumque obriso candor dum fulminat auro,
Nomina musarum sæclis æterna manebunt.
His regum vetera clarescunt inclyta gesta,
Præsentum & sæclis narrantur facta futuris,
Musarum & donis laudatur conditor orbis,
Sedibus æthereis fulgens virtutibus almis,
Nostris assiduis gratulatur cantibus æquis.
His igitur donis regem venerare memento.
Ast ego præcipuo comitabor fistula cantu.
Dic igitur modulans nutrix mihi maxima vatum,
Quis pacem eximiam conatus frangere patrum,

VERSUS DE CAROLO MAGNO.

Quis frustra egregiam commovit in arma
    quietem?
Quæ pestis tetigit servum per cuncta fide-
    lem;
Ut Domini faciem mereatur cernere tristem?
Lubricus hoc serpens profudit ab ore vene-
    num,
Isdem qui quondam miseris edixerat anguis
Conjugibus mortis mortales pectore voces,
Qui geminos sævo laniavit vulnere fratres,
Et qui germanas maculavit sanguine palmas,
Fraternum fœdus mortales vertit in iras,
Quique pietates nescire suasit amorem.
Hinc natus dejerans patrium derisit hono-
    rem,
Qui populos dudum docuit conscendere tur-
    rim,
Et Dominum servis jussit nescire tonantem.
Hic solus scindit perfectæ fœdera pacis,
Et populos sævis gaudet committere bellis:
Ut nullus Christo digne famuletur in orbe,
Mortiferis suadet verbis consurgere lites,
Seminat & rixas ubi pacis sola jubentur
Fœdera, perpetui queis dantur præmia regni,
Invidus hic *serpens tentavit frangere pacem,
Qua rex egregius Carolus duxque inclytus
    una
Dasilo perpetue tenebantur jure beato.
Adgreditur fama, cunctum contaminat or-
    bem.
Vocibus *his pure pulsavit perfidus aures.
Dasilo peccavit, linquit quia regia jussa,
Et sibi servitii non solvit fœdera pacti.
Hæc dicta egregias Caroli volvuntur ad au-
    res,
Et rumor cœpit latum volitare per orbem,
Pulsaturque ipsis regis præsentia verbis.
Inprimisque pias his dictis addidit aures,
Aiebat cunctis: Hic vir mihi valde fidelis
Est, & Francorum deposcit prospera regnis.
Ast rumor frequens regi firmabat, & omnis
Conclamat tellus: Non est dux ille fidelis.
Vocibus his tandem motus justissimus Heros,
Agmina conjungit, classemque in margine
    ponit
Rheni, qui Gallis cingit Germania terris,
Felici cursu victum transnavigat amnem,
Inclytaque innumeris tremuit Germania tur-
    mis.
At rex Francorum stipatus millibus altis,
Maximus in patriis exultat victor in armis.
Alloquitur proceres fidos, ac talibus inquit,
O gens regalis profecta a mœnibus altis
Trojæ. Nam patres nostros his appulit oris,
Tradidit atque illis hos agros arbiter orbis,
Subdidit & populos Francorum legibus æ-
    quis,
Perpetueque illis sanxit formator ab astris
Hos fines, amplas capiendas funditus urbes,
Ancillas, servos, famulatus credidit omnes.
At nuper nostris hostis surrexit in arvis
Invidus hinc serpens fortassis vulnere sævo

Multa desunt.

Armillas grandi gemmarum pondere & auri
    offertur, sonipes auri sub tegmine fulgens.
His puer ex donis Domini ditatur opimis.
Ad quem hæc rex placidis depromsit dicta
    loquelis:
Suscipe perpetui servitus pignora nostri.
Oscula tum libans genibus prædulcia regis
Dux, atque has celeres produxit pectore
    voces:
Rex tibi donetur munus per cuncta salutis.
Ast ego servitium vobis per sæcula solvo.
Sic fatus regis cum dono ad castra recessit.

Versus Caroli imperatoris.

Hæc est vera fides cœli quæ ducit ad aulam:
    Hanc teneat, requiem quisquis habere
    cupit.
Est etenim virtus cunctis credentibus ampla,
    More fide trino *physe placere Deo   *Id est trino
Summus apex Carolus Cæsar pax orbis opima, in una na-
    Huic turmas hominum subdere colla tura.
    docet.
Altior ut cuncti regni rex summus honore
    More fide forma Cæsar ut octo prior.
Qui sibi præsentis regni concesserat arcem,
    Arce poli summum det sibi posco locum.
Exiguus regi parvum nunc reddo libellum
    Collectum ex variis flore comante rosis.

Versus Caroli imperatoris.

Charta Christo comite per telluris spatium
Ad Cæsaris spatiosum nunc perge palatium
Fer salutes Cæsari ac suis agminibus,
Gloriosis pueris, sacrisque virginibus,
Via pergens prospera per Christi suffragia,
Prona coram Cæsare verba dicas talia.
Dic ut Cæsar Carolus per Petri præconia
Sit sanus, longævus sit, & felix victoria:
Dic regnator omnium det sibi subsidium,
Confortet, custodiat, dilatet imperium.
Dic ut fautor fuerat justis rite regibus,
Fiat Christus Carolo ac sibi fidelibus.
Dic regales pueri per prolixa spatia
Sint sani, sint longævi Salvatoris gratia,
Sint coronæ regiæ digni dic honoribus,
Felices ac victores genitoris moribus.
Regalibus puellis dic fiat sublimitas.
Sit sancta, sit sobria, sit vera virginitas,
Christus amat virgines propter castimoniam,
Det ut illis promiserat in futuro gloriam.
Dic protegat Dominus sic Francos armige-
    ros,
Regem, clerum, comites, milites belligeros.
Post hæc charta Cæsarem rogato continuo
De me Christo famulo sit memor exiguo.

Versus Caroli imperatoris.

Laudibus eximiis celebrantur tempora pri-
    sca,
    Omneque præteritum gratificare solet.
Cum moveat præsens famosis ora loquelis,
    Aggravat & plebis corda molesta dies,
Credere quæ sese incertis successibus ultro,

Aut etiam nimia speque futura capit.
Hoc homines inter passim contingit haberi,
Rumori veterum cedere fama nova.
Nobis e contra ordo est commutatus & usus,
    Priscis quique exstant tempora præferimus.
In queis Romuleum summa virtute gubernat
    Imperium dominus pacificus Carolus,
Cui cedunt proceres, & gloria celsa priorum,
    Solis obumbrantur sidera ceu radiis,
Flumina ceu Nilo, colles vincuntur olympo,
    Argento obrysum plus nitet Arabeum.
Sic, Auguste, tibi cedit jam maxime regum
    Fama, vigor, virtus, gloria, nomen, honor.
Singula nam reliquis virtutum dona redundant,
    In te cuncta videt quisque, notando probat.
Sunt quos forma decens alios ventosa loquela,
    Nobilis aut sanguis, dextrave marte potens.

Versus ad ecclesiam.

Hæc est mira domus vario depicta metallo,
    Nobilis in clero, dogmate clara pio,
Auro tecta nitent, paries argenteus albet,
    Ex nitido pressa marmore terra gemit.
Hæc formosa domus, victor cognoscere debes,
    Corpora sanctorum continet una trium.

Versus ad fontes.

Hic fons irriguus vitalia dona ministrat,
    Et renovans populos mittit ad astra Deo.
En ibi Christus adest, qui primi fontis origo
    Abluit omne scelus, purgat & omne nefas.
Currite nunc pueri ad latices undasque sacratas
    Sordibus immersis munera ferte Deo.

Versus ad fenestram.

Ne David grabatum tentator callidus intret
    Signetur Domini ista fenestra manu
Quadrus evangelii defendat numerus omne
    Corpus & interius cunctipotens animam.

Versus ad ostium.

Qui Ægyptios agni dudum de sanguine postes
    Signavit, nostros signet & ipse Deus

Versus ad ministerium.

Qui ex duro latices jussit producere saxo,
    Hic jubeat purum fundere sæpe merum.

Sit tibi summa salus semper sine fine beata,
Hoc optat Martin vestræque salutis amator,
Assiduis Dominum precibusque poposcerit almum.

Æternamque simul faciat te sumere palmam
Pectore nam puro Dominum portare memento
Ut illum valeas rectorem semper habere, &c.

Epitaphium Folradi. *
abbatis S. Dionysii.

Felix illa hominum est mors & pretiosa bonorum,
    Gloria quam sequitur, vita, salusque, quies.
Qui patriam repetunt linquentes extera mundi,
    Post miseros luctus gaudia longa tenent.
Ex quorum numero clarus jam jure sacerdos
    Corpore deposito hoc jacet in tumulo.
Clarus qui meritis vitæ, spe, nomine fulsit,
    Virtutum radiis, splendor ubique suis.
Qui probitate pater fuit omnibus atque magister,
    Illos arte monens, hos pietate regens.
Ecclesiæ cultor, fautor peregrum, ultor egentum.
    Proderat ore cunctis hic pietate pari:
Eloquio dulcis, factis probus, ore serenus,
    Pectore nectareo, promtus ad omne bonum.
Sed quia certum est te palmam meruisse patrone,
    Pro peregrino me posco precare tuo.

Epitaphium Fardulfi. *
abbatis S. Dionysii.

Qui pietate pater, pastor, curaque magister,
    Tranquillus, placidus, promtus ad omne bonum,
Ecclesiæ cultor, largus miserator egenûm
    Fardulfus fuerat: hoc jacet in tumulo
In hac æde Dei tolli qui nomine claro
    Æternis meruit laudibus & precibus.

Alii versus.

Egregii proceres Clotharius ac Dagobertus,
Filius & pater hic memorantur laude perenni.
Sed magis ecclesiam ditavit hanc Dagobertus
Cum Nanthilde sua quem exornant aurea busta.

Item alii versus.

Effigies regum hic & nomina clara refulgent
Præcipui Caroli & Pippini fortis alumni,
Optimus Augustus summo quo patre coruscat
Cæsar, quem peperit Berta pulcherrima mater.

Epitaphium Pippini regis Italiæ.

Hoc jacet in tumulo Pippinus rex venerandus,
    Hesperiam rexit, hoc jacet in tumulo.
Francia quem genuit pulcra pietate repletum,
    Nunc tenet Hesperia Francia quem genuit.
Nobilis in genere pulcra de stirpe coruscans,
    Quem

Quem genuit Carolus nobilis in genere.
Nubila cuncta fugans mundi properavit ad æthra,
　Nunc sine fine manet nubila cuncta fugans.
Deque sua facie superabat lilia pulcra,
　Fulsit clara dies deque sua facie.
Nobilior meritis quam quis valet ore referre,
　In specie pulcher, nobilior meritis.
Unus amor populi, virtus, pax omnibus una,
　Dilexit cunctos unus amor populi.
Rex bonus & placidus, nulli pietate secundus,
　Jure alios rexit rex bonus & placidus.
Cujus ab ore pio populus sua vota metebat
　Suavia cuncta bibit cujus ab ore pio.
Raptus ab orbe fuit cito pastor largus egentum
　. . . . . . Raptus ab ore fuit.

Post epitaphium Alcuini sequentes versus subduntur.

Epitaphium Motharii.

Qui manibus librum lector comprenderis istum
　Hic præcepta Dei discere sacra potes.
Scriptorem forsan operis si noscere curas,
　Illius nomen nolo latere tibi.
Edidit hunc librum MOTHARIUS ipse sacerdos,
　Conscripsit digitis hoc opus ex propriis.
Atque in honore dedit sanctæ sacer ille MARIÆ,
　Ut posset requiem prendere perpetuam.
Quisquis es ô lector librum qui legeris istum,
　Det sibi dic Dominus perpetuam requiem.

Item aliud.

Hoc recubat tumulo MOTHARIUS ille sacerdos,
　Qui prius in mundo vixit amore pio.
Felix ille fuit, mundi terrena reliquit,
　Eligit & sanas discere litterulas,
Plenius ut Domini potuisset dicere jussa,
　Ante fuit humilis plenus amore Dei.

Epitaphium Dungali.

Quisquis es hunc cernens titulum, dic pectore puro,
　Sit requies illi, lector opime, precor.
Te precor omnipotens quadrati conditor orbis,
　DUNGALUS ut vigeat miles ubique tuus,
Atque suum jugiter defendas corpus in ævum,
　Ne lupus incautus dilacerare queat.
Sidereum ut valeat rite comprehendere olympum,
　Cum sanctis vitam participare queat.
Quærere divinum non cessat nocte dieque
　Auxilium, ut possit vincere cuncta mala.
Divitias varias temnit mundi perituri,
　A mundi curis libera corda vehit,

Atque regit propriam justo moderamine carnem,
　Pro carnis vitio ne pereat anima.
Mortiferasque rogat mundi contemnere pompas,
　Cœlestis regni quærere lucra rogat.
In Domini meditans toto conamine lege,
　Et servit Domino mens pia jure suo.
Discipulos proprios inlustrat lumine sacro,
　Ceu posita in celso clara lucerna loco.
Scripturas promit casto de pectore sacras,
　Edocet infirmos & validos pariter.
Lacte rigans pueros, & dat capientibus escam,
　Hinc lac ut capiant, inde cibum pariter.
Ceu pia mater alit natos cum mente benigna,
　Escam grandævis, lac rudibus tribuens.
Plura quid enumerem sanctis virtutibus istis?
　Dicere quas nequeo, scribere nec valeo.
Pectore si fluerent verba ceu flumina nostro,
　Nec sic sufficerem digna referre tibi.
Sis sanus, vigeas, opto, per tempora longa,
　Perpetuam requiem det tibi, posce Deo.
Solvitur incertis mundus cum casibus iste,
　Et genus humanum pessima mors perimit,
Cum venit extremum, nil prosunt tempora longa,
　De mortis nullus lege solutus adest.

Epitaphium Authelmi monachi.

AUTHELMI monachi busto sunt membra sub isto,
　Mors inimica annis quem tulit in teneris.
Principio vitæ felix terrena reliquit,
　Despexit mundum, nunc super astra micat.
Nobilis in genere, placidus, bonus, omnibus æquus.
　Nobilior meritis, quam valet ore loqui.
Atque fuit sapiens, humilis, pietate repletus,
　Ingenio fortis, fulsit in orbe potens.
Quisquis, ô lector, titulum qui perlegis istum,
　Perpetuam requiem det sibi, posce, Deus.

Post Adelmi versus sequuntur alii ut infra.

Quisque venis studio discendi fretus, amice,
　Grammaticæ normam quærere rectiloquam,
Hujus adito domus properanti limina gressu,
　Quam signat titulus versibus iste suis.
Ad liquidum certo quam primus dogmate duxit,
　Donatus fama notus in orbe pia, &c.

Post versus de Rhetorica & aliis artibus liberalibus, hæc sequuntur carmina.

Dextera magna Dei ecclesiam tueatur ab hoste,
　Hanc quoque multiplicet dextera magna Dei.

Dextera summa Dei Carolum conservet
ovantem,
    Augustum & protegat dextera summa
    Dei.
Dextera celsa Dei regiam conservet in ævum
Prolem, & lætificet dextera celsa Dei.
Dextera clara Dei astrologos omnesque ministros
Salvet & ornet amet dextera clara Dei.

Postea sequuntur versus de Annuntiatione, Nativitate, & Ascensione. Tum alii de Bernovvino episcopo editi a Mabillonio, deinde versus achrostichici, qui continent preces ad Deum; & quidam alii ad Angilbertum etiam achrostichice scripti: post quæ hæc sequuntur.

Sic pro te tuisque caris redde vota Domino,
Et suorum memorare supplico,
Aulam istam qui fundavit, triumphante Carolo.
Qui cupiat domum ingredi, donisque vult perfrui,
Dicat vadens, oro supplex, pax huic sit domui,
Quam jussit servare Christus ejusque discipuli.
His peractis, exeuntes, supplex posco, dicite
Miserere, miserere, rex Deus altissime.
Construxit qui domum istam, ornavitque carmine.
Hac in domo fulget alma Christi crux mirabilis,
In qua salus, lux & vita, victor ineffabilis
Pendens plebem liberavit hostis ab insidiis.

Epitaphium.

Qui cupis ut precibus Domini mereare favorem,
  Hic interventus ante require viam.
Protinus invenies veniam portumque salutis,
  Si fidis animis hoc duce quæris iter.
Hic namque est Domini verus purusque sacerdos,
  Quem nullis mundus polluit iste dolis.
Non iræ pompæque tumor, non fervor habendi,
  Non fragilis luxus huic nocuere viro.
Sed constans, humilis, largus, patiens, pius, almus,
  Civibus ille suis commoda cuncta dedit.

Item aliud.

Id proprium credens quidquid commune fuisset,
  Nec sibi se cupiens vivere, sed patriæ.
Ædibus ille locum hunc positis, templisque sacravit,
  Et vicum fecit urbis habere decus.
Quem æterno suos diligens custodit amore,
  Ac meritis pariter ne quis æquet septenis
Sexies denos explevit cursibus annos,
  Queis metuit vitæ præmia perpetuæ.

Audax est igitur non falso nomine dictus,
  Namque petens cœlum æterna tenens.

Versus Bernovvini episcopi ad Crucem.

Conditor æterne, quem laudo versibus istis,
Rex requiem Bernwino da Pater piusque redemtor,
Virtus virtutum, victor, victoria JESU
CHRISTE, tu justus judex, miserere mei jam rex
Omnipotens Dominus mundi formator & auctor,
Sis pius & clemens, mihi sis spes unica vitæ.
Suscipe hoc munus, te supplex accipe rogo.

Epitaphium Hebrarii.

Quisquis magnorum dolet breve decedere vitæ,
Relegat hunc tumulum, commune ingemat causa.
Te igitur hoc tumulum acerba ætati
Impulsa nobiles hac mortuus ætate impulsa
Cuncta similes habuit optima quæque inluster
Nomen Hebrarius qui meruit consortia sanctis.
Quarto nonas Novembris caruit lumine vitæ,
Indicio XI. obiit qui in sæculo vixit annos
  XXX & VII.

Item aliud.

Hic constans, alacer, celebri probitate refertus,
  Cœlum mente petens, membra cadit tumulo.
Cui nomen priscum veniens de stirpe Pelagii,
  Per titulos morum gloria celsa dedit.
Nam sic justitiæ radiavit lance potitus,
  Ut fuget pretii mens sibi recta dolus.
Quidquid opum sancto vivendi more locavit,
  Aut tribuit natis aut sibi post obitum.
Et licet omne fretum seclivia sancta salutis
  Gestorum meritis exsuperasse probet.
Et se salutis prospexit mente sancta
  Vivendi causam semper habere suam.
Qui si quid noxæ quondam puerilibus annis
  Contraxit sensus,
Nunc precibus pretio complexus præmia Christi
Præsidium veniæ se meruisse docet.

Item aliud.

Hic probitatis apex, hic status gloria prisci
  EVALIS terris invidiose jaces.
Nam tantum dederat munus fors invida mundo,
  Quod raperent merito nonnisi regna poli.
Tu culmen generis, tu morum norma priorum,
  Tu pollens Latii lingua decoris eras.

Quod Vigelinbus erat genitor pietate magistra,
Que nunc orbatus lumine triste gemit.
Sic vix dum tenere radiabat flore juventæ,
Quod falibus cordis protulit ore senem.
Te conlapsa domus, te mens perculsa requirit
Et juvenum pariter & veneranda senum.
Heu dolor humani generis, lux alma bonorum,
Quod luctus patriæ, quod pia gesta docent,
Hoc nunc quisque venis visurus forte sepulchrum,
Pro tanto quæso ne doleare dole.

Qui fulsit sæclo bis denis præstitus annis
Et tribus adjectis, mensibus atque tribus.

Epitaphium Ardoini & Didæ.

Quantum jure potest ornari femina donis,
Tantis ditata est jam Dida valde bonis.
Felix quæ dudum mansit cum viro beato.
Ardoinus nobilis optima quæque sua.
Quicquid viventi reliquit opes more locavit,
Aut egenis tribuit aut natis erogavit.
Qui decies ter simul vixit feliciter annos,
Bis quater pariter & mensibus undecim.
Kalendas caruit ille lumine Martias vitæ,
Jan decimo migravit atii Dida calendas.

LIBER MIRACULORUM
SANCTI EADMUNDI
ORIENTALIUM ANGLORUM REGIS
AUCTORE ANONYMO.

Ex mf. codice bibliothecæ regiæ.

OBSERVATIO PRÆVIA.

Sanctus Eadmundus Anglorum rex Orientalium, cujus hic miraculorum librum ex veteri mf. codice bibliothecæ regiæ ante annos quingentos exarato, exhibemus, martyrii palmam assecutus est anno DCCCLXX. Ejus vitam Abbo Floriacensis monasterii in agro Aurelianensi abbas, qui diu versatus fuerat in Anglia, conscripsit dicavitque Dunstano Cantuariensi archiepiscopo, a quo præsertim sanctissimi Regis gesta & martyrium ex antiquitatis memoria didicerat. Hanc Laurentius Surius ad Novembris diem vicesimam edidit, at de ejus post mortem miraculis nequidem unum verbum. Quapropter gratum eruditis viris fore speramus sequentem libellum, ex quo illustrari potest Anglica historia. Hujus auctor anonymus, cœnobii S. Eadmundi haud dubium monachus, jussu felicis memoriæ patris Balduini atque hortatu fratrum ipsi subditorum miracula ista litteris se mandasse testatur. Fuit autem Balduinus ex monacho inclyti sancti Dionysii in Francia monasterii, abbas tertius asceterii sancti Eadmundi, quod quidem ab anno millesimo sexagesimo quinto ad millesimum nonagesimum septimum summa cum laude administravit, quo tempore auctor scripsisse videtur.

Prologus in textu miraculorum S. Eadmundi regis & martyris Orientalium Anglorum.

Anno 870. AD memorandum Christi Domini testamentum in sæculum confiteamur Domino. Per sanctum enim Eadmundum memoriam fecit Deus mirabilium suorum oppido, misericordia ejus & miseratione præcedente in humana conditione, sine qua nemo salvandorum potietur edulio spiritalis intelligentiæ. Memores simus virtutum suorum operum per se suosque sanctos effectorum, nec subeat nos memoriæ negligentia, quia turpi maculatur nota cujus mens pigrescit & lingua. Feriet siquidem, heu! multos illud propheticum anathema, *maledictus ducens opus Domini per neglecta*. Cum ipse Dominus etiam in fines sæculorum remuneraturus sit quemque secundum meritum, bonos misericordia, malos autem potestate judiciaria. Et nostris quibusdam præcessoribus olim erat pondus criminis, si mutus esset titulus memoriæ nominis: quia si cetera desint, dignum saltim judicatur, ubi justi memoria cum laudibus sit. Unde quoddam promeritum talibus dat psalmographus, inquiens: *In memoria erit justus*. Memoria quorum si fuerit æternalis, non dubium quin non similium fore debeat taciturnalis, quoniam silentii claudentur perpetuali carcere clausi stygiali; quod nos Dei adjutorio evitandum ducentes, & in gratia Spiritus sancti munerum largitoris confidentes, ad S. Eadmundi Orientalis Angliæ procuratoris memoranda accingimur vertere styli ultima, enucleatim de eo memorati quæque dignissima, quædam nobis prolata credulo virorum eloquio, quædam quoque reperimus exarata calamo cujusdam difficillimo, & ut ita dicam adamantino. Ad quæ contexenda non nos provocat, quod absit, nostra præsumtio, sed felicis memoriæ patris BALDEWINI obsequenda jussio, fratrumque sibi subjectorum caritativa exhortatio, ut quod tempore plurium cum negligentia sic est amissum, saltem quoad vivimus reparetur per talentum nobis a Deo commissum. Ad hoc guttatim suam irroret virtutem, qui totius scientiæ omnia continentis habet vocem, quique meritis patroni unde loquimur suam protegat plebem, ne miseri tristem zabuli trudamur in ædem, sed æterni memores Domini hereditate data gentium, opus ejus sentiamus manuum, veritatem scilicet & judicium.

Incipit textus miraculorum S. Eadmundi regis & martyris Orientalium Anglorum.

Universæ carnis viam ingresso EADMUNDO glorioso, palmaque percepta martyrii pro viatico, instabat enim, ut chronica testatur Anglica, annus incarnati Domini octingentesimus septuagesimus, formati vero mundi, his exceptis, decursis quinque millibus, idem justus Eadmundus, qui ut palma floruerat bonis operibus, agonia peracta, in domo Domini multiplicatur ut Libani cedrus. Mausoleatus quidem, ut majorum nobis intimarunt relata, in villula Suthune dicta, de prope loco martyrizationis pro instanti fervore rabidæ persecutionis, non auso quippe eum transferre aliquo suorum ad quemlibet magni nominis locum, sic Sanctus illo requievit, domuncula orationis super eum habita perparvissima, quoad paulatim refriguit persecutio Danorum sævissima, locusque claruit, quem Dei providentia suo martyri dignissimum disposuit. Clarebat denique circumquaque juxta statum sancti funeris candelarum fulgor nimius in obscuritatibus nocturnis, non hominum, sed vere cœlestium splendor, quarum cœli penetrabat fastigium, monstrans de eo nihil dubitative, quem Deus sic munificare voluit cœlico lumine. Hoc primordium signi competenter Dei gratia præbet suo martyri, ut sentiat mens humana lumine vigere cuncta creata, signante super nos lumine vultus Domini, data nobis lætitia sui fidelis Eadmundi.

De quadam muliere quam S. Eadmundus liberavit a judice.

Quia vero in tempore gratiæ benignissima Dei potimur misericordia, laudem Domini prologuendo nostra proferant eloquia, exarando pretiosi martyris Eadmundi gesta mirifica patrata per eum quando & quomodo voluit Omnipotentis clementia. Operatur enim per suos fideles Omnipotens ut per instrumenta artificialia quivis artifex prudens, quod & propheticis approbatur dictis, dicendo: *Mirabilis Deus in sanctis suis*; quæ operata mirabilia fidem credendi nobis augent & implent, si vera relatione florent, ut debent. Quidam igitur LEFSTANUS nuncupatus pollens honore vicecomitatus in diœcesi qua noster veneratur sanctus, ad improbationem suæ malignitatis, nihil sancto deferens dignitatis: quippe cujus cor plenum nequitiæ, die calendarum Maiarum placitaturus aderat cuidam acervo, quem Dunghogo solite vocat populi frequens appellatio. Quo demoratus versat in animo truci ac deteriori, si quid actionis justæ vel injustæ habeat alicubi, unde quoquomodo terrenus augeatur census. Sic vorax talium consuetudo suos solet variare sensus, ut offensa malint hominum, quam nihil reprehensionis eorum. In offensa tunc forte ceciderat vicecomitis mulier quædam lapsa per casus criminis, affectaque timore muliebri, ne subderetur affecta judiciariæ manui, sanctum martyrem expetit redemtorem, & sancti asyli subiens loca, juxta martyris pignora, clericorum, qui adhuc ibi manebant, pausat licentia. Quod dum judex comperit quem diximus, modo altercationis quis eorum sit potissimum, vel martyr in liberatione, aut judex in damnatione, apparitores citissime dirigit, qui sibi ream deducant præcipit, & ad supplendum facinus sui rabide jubet violari loca sancti: infelix nescius futurum tale quid in ejus detrimentum. Eunt apparitores ex imperantis jussione deteriores; intrant absque venerationis honore sancti basilicam, aspere requirunt a loci servitoribus vicecomitis ream. Hoc ecclesiæ majores Bonifildus sacerdos levitaque Leofricus abnegationi ingerentes, semel quam sanctus susceperat in ereptionem, se nullatenus in condemnationem, infelicis ministri ausu dæmonico permoti, violando sancta sancti rapiunt, ac cam deducunt qua possunt vi, clericis hac illacque genuflexis vindictam increpantibus septem psalmis & litaniis. Quorum vocem imprecationis Deus audiens non auribus surdis suo satisfacit martyri, ut glorificetur in sæculum sæculi. Interea loci vicedominus infamis post suos descenderat cursores in atrium martyris, habita statione ad sepulturam cujusdam Bundi presbyteri, non progressurus ulterius absque dedecore sui. Illuc virtus operata Deifica, alienatione mentis eum infecit & amentia, sic martyris mulierculam liberans, & ab oculis ducentium devians, quorum curæ versus suum damnatum dominum jam erat majoritas, quam perfici quod eorum cœperat protervitas. Posset videri tot uno impetu fieri, ream pervasam liberari, judicem quoque a dæmone possidetri, qui perosus cœlo & terræ, vitam finivit male, tum vivus possessus a dæmone, tum itidem possidetur cadaver exanime, nec diu retentus sinu sepulturæ, mergitur in stagnum, insutus tergore vitulino, tale sic habens monumentum, quique non resurget in judicio cum impiis. Jam enim erit vindicta Domini ut securis ad radicem arboris.

De quodam rectore iniquo, quem idem martyr occidit pro tributo.

Qua ætate quidam SUEYN dictus nomine, effrenis animi elatus nimietate, & ad vim propagandæ dominationis fastum suæ prætendens intentionis, nativum parvipendendo regnum, audacem tetenderat animum ad invasionem regni Anglorum, quo tunc EDELREDUS pater inclyti regis Edwardi præerat, rex quidem omnium quæ paci ac quieti competebant. Sed quia raro quid prosperi cedit in longum dilectoribus sæculi, dumque pax secure speratur insperata, confusio pro foribus minitatur. Præfatus rex Danicus apparata classium copia quam potuit citius, pervasioni diu meditatæ institit festinus, loco contiguo Angliæ *Geynesburch* nomine accipiens littus, ad damnum sui videlicet, cui occultum Dei judicium imminet. Cognito itaque ejus navali adventu EDELREDUS, sed & pauperrimo primatum, & ut, ita dicam, nullo resistendi consilio fretus, habenas linquens regionis Angliæ, Normanniam petit cum uxore, cedens ad tempus potenti fortunæ. Econtra procax SUEYN pervasor audax Angliæ, eo fugato, ab inde vix valet quis eloqui quanta rabies sibi fuerit cordi, cum parcens nemini, dedit omnem patriam vastitati inæstimabili, insuper lugubre malum, scilicet ubique ponit tributum, quod infortunium hodieque luit Anglia: multum felix, dives, ac dulcis nimium, si non forent tributa suorum regum. Sed tunc martyr EAD-MUNDUS valens apud Deum, quod fuit contrarium vertit in prosperum. Pervulgata quippe mali fama, turbatis omnibus pro formidine tyrannica dolet, gemit tristis Angliæ principe frustrata, exsequitur velit nolit quæ pervasorie rex imponit, nec persona quævis ab hac executione fit immunis, solum martyris familia fieri respuit tributaria, sui sancti poscens auxilia. Exactoribus itaque plerisque missis callidioribus, gregatim circumquaque sataguunt ut regis aggregetur fiscus, mentientes tanti operis viam, donec ad sancti descendunt mansiunculam, Boedrici villam nuncupatam, sibi dum vixerat suorumque antecessorum regum Orientalium a quodam, ut dicitur, rege Beodrico proprie nominatam, sed modo pignoribus martyris sacrosanctis dedicatam, suisque servitoribus a prædictis regibus concedendo victualiter delegatam. Illuc sine reverentia sibi jussa requirentes vectigalia, ore fulgureo villæ cultores territant, nisi quod quærunt annuant: sed abnuunt Beodricenses sancto confidentes, qui erga eum non pigritantes malum infortunii removent in virtute Dei, quibus adest jam solita quam dat Deus fidelibus clementia. Porro unanimi eloquio ab incolis censu refutato tributario, tum quia se tributarios nullius fore dicunt nisi sancti solius, tum defendi se ab hoc martyris protectione, ut soliti erant ab omni infestatione. Ministri falsitatis dominum repedarunt iniquitatis, evasionem suam pro magno reputantes, nedum tributum a tam libero loco exigentes. Quoniam vero quærentibus fideli mente nusquam deest, sed affluit largitio Dominicæ misericordiæ, cultores Beodricenses hoc utillimum providentes, & in calamitate lugubri commanentes, ante sanctum martyris corpus, invocando nomen Domini singultuosis precum effusionibus, animis invigilantes, exorant patrem Eadmundum diri SUEYN removeri tributum, cujus necessitatis interventu apud sanctum fit medius EGELWINUS monachus. Ipse enim sancti famulus nocturnæ revelationis mutuis allocutionibus ut ore ad os loquebatur sibi sæpius: qui in habitu laicali despecta dudum pompa seculari, in eadem ecclesia ad amorem sancti contulerat se primus monastico ordini sub constitutione regulari desiderantissime cucullatus inibi, adeo spiritualium exercitationi insudans operum, ut devotus erga sanctum servilem exhibens cultum, incorrupta sancti corporis membra pura sæpe superfundebat aqua capillos sancti capitis componens dentibus pectineis, quos detraxerat cum pectine, diligens reliquiarum more servabat in buxide. Hac excellentia prærogativæ singularis ditatus, martyris consecretalis cubicularius a suis vocabatur agnitoribus, omnimodis debitum impendendo servitium, ut viventi in carne solet quis hominum. Hujus rei gratia

LIBER MIRACULORUM S. EADMUNDI.

pro diversis oppressionibus sanctocolloqui solitus, ut amico amicus per noctis silentia viam levaminis ac consilii salubrioris responsa crebro capiebat utilia. Inter hæc a præfato monacho querela populi commanentis eo notificata sancto, meruit sinceræ cordis ejus fiducia, juxta quod petierat, exaudiri, & ab ingruenti oppressione per opacæ noctis silentia deditus sopori, ut expetit usus, revelari. Tunc felix EADMUNDUS suorum misertus, verba cum minis* rei SUEYN mittit, dicens: In meos ” quid furis? quid tributarios facis? Cessa, ” cessa tributum exigere, quod nullo dede- ” runt sub rege, nec requisitum, nec persolu- ” tum fuit pro me eorum aliquo tempore: ” quia si te ab hac infestatione non removes, ” prope cognosces quod Deo mihique pro po- ” pulo displices. Sic famulus Dei injuncta per soporem tenaci memoriæ commendans, ad sui populi relevationem sub designato termino viam hilaris arripit pro posse suo, tandemque meta viæ finita, regis diu quæsiti utitur præsentia. Quo stipato Danorum miserorumque Anglorum satellite plurimo, necnon peroráta salutatione, eloquio Egelwini, ut decebat, luculentissimo, legationis causa cur venerit palam prosecuta, miscendo diris blanda, sed & mitissimis demulcendo aspera, mandatum martyris indicat & edocet, videlicet ne suos cultores pondere tributi ullatenus oneret: sin autem, interminationem veram futuræ incommoditatis sentiet. Tum magis magisque Martyris mandato sollicitatur ab Egelwino secretario trux SUEYN, & frendens ut leo ad *Geynesburh* in generali placito. Sed sanctus martyr spretus cum nuncio instat interminationis negotio, nuncium contumeliis verborum lacessitum, spretum ac pulsum muniens divinæ securitatis clypeo. Ipse longe positus & Deo proximus hostem proterit, inimicum perimit, tributum minuit. Ecce martyr Eadmundus potentia signorum mirificus æquiparatur Mercurio martyri, ulciscenti injuriarum blasphemias apostatæ Juliani in genitricem Dei, Basiliumque virum Domini: uterque consummato vitæ cursu roseo martyrii certamine confringunt reges in die suæ vindictæ, ad levamen & auxilium suorum conquassando capita fortium in terra multorum, quia de torrente, id est morte, in Christo biberunt, propterea eorum exaltatur caput. Supra memorato Egelwino deturpato verbis ac minis a rege iniquo, contumeliis quoque & sub jurisjurandi sponsione nisi fugiat, confitandum fore, paululum affectus mœstitia discedens; verum in suo protectore non ficta mente confidens, declinata jam die Lincolnienses fines ingressus, quo potest cum suis procurat corpus, deinde fessos artus pauxillæ concedens quieti, dispositione Dei & voluntate sancti obripitur dulcedine somni, eo usus firmiter ut plerumque talibus solet fieri delectabiliter. Quo martyr adest pretiosus, procurator ejus, ac dictator viæ ipsius, allevans cum ponderis mœstitia, inculcando se defectui SUEYN auditurum gratissima, antequam ad propria unde venerit appropiet habitacula. Quin etiam præmonet somno excitum itineris arripere gressum ante diei crepusculum. Surgit impiger monachus, complicibus excitus a stratibus, procuratis necessariis carpit onus itineris, partim martyris affamine fisus, partim regis indignantis duris rationibus pavidus, sed præcessus ac subsecutus a quibusdam viantibus militibus, ab uno suorum ducit inquirendum conditionem eorum, verens ne loco suo præmittantur extorquendo tributum. Inde pavefactus quam maxime, & post eos equitans longiuscule, tandem inquisitoris responsione auditus etiam sui intentione, perpendit eos perstrepere verbis prolatis Danice. Imminente quippe accessu posterorum, cum jam proximaret incessus præcedentium, datis salutationibus, ut moris est, viatoribus in invicem gratum duxit protelandum cum eis aliquod affamen, in quo ab insistentibus oculo subtili cognitus, verbis unius sic est adorsus: Quæso te amicabili ratione, utrumne sis presbyter ille, quem æstimo conjectationis modo, ut videris esse, nudiustertius ante regem SUEYN locutum fuisse, audacter interminando ex sancti tui Eadmundi injuncta legatione? Hoc eodem profitente humili voce se sine dubio fore, cum gaudio audit quod ille gaudenter intulit, regem post suum vaticinium sequenti nocte mala morte multatum, perfossum cuspide terribiliter vita decessisse. Quæ intimata nullius credulitatis figens anchora, inter spem & metum tenuit, quoad propria revisere potuit, veriusque factum cognovit relatione plurium. Celebrior ergo pro tam insperato facto habitus est sanctus ab ipso cujus receptione sensit liberos non solum suæ pauperes villæ, sed etiam per Angliam totam deferbuisse invasionem gulosam, ad relevationem pauperum, quorum non obliviscitur Deus eorum. Sed ne claritas tanti miraculi obumbraretur raritate testimonii, voluit omnipotens proferri in propatulo quid invictus martyr egerit pro suo populo.

Contigit autem in vicecomitatu *Cestsexsse* in domo cujusdam villæ, eadem nocte qua *Sueyn* malo periit omine, quemdam sic infirmitatis mole depressum, sic sola facie, sic pectore vivente, paululum morituro simillimum, ut viribus negatis, nulli astantium videretur esse vitalis. Ad signum vero triumphi insignis EADMUNDI hic encliticus morti contiguus, triduo in agonia positus, sic in medium ab amicis vicinisque custoditus, in verba prorumpens, pandit astantibus *Sueyn* Sancti perfossum cuspide, vitam male perdidisse Dei pro sancto ultione. Quod ut aperuit virtute oris, residens in medio le-

*f. Regi.

ctuli, dono Dei omnipotentis, eo signo verum affirmat quo se mortuum ut prius in stratu collocat, datque fidem verbis. Jam nunc viget veridici effectualiter sententia Pauli, docens Romanos Dei invisibilia per ea quæ facta sunt a mundi cognosci creatura, ut superius de *Suveyn* relata ultio peregit divina, scilicet per ægrotum subito locutum, moxque defunctum, quod erat ignotum sit procul dubio notissimum ad Conditoris laudem, cui totus orbis dicit *amen.* Sicque grassante lætitia Danorum, in præcipitium versa mœrorum, corpore domini sui Anglica non merito sepultura, dispositione dictante superna, cadaveri locus multo sale repletur, ne ingruens fœtor obsit navigantibus remeantibus ad fines proprios, exitus habentibus per omnia pessimos: unde benedicatur Deus potenter deponens potentes fine tenus.

Quomodo presbyter denegavit hospitium corpori Sancti & delatori ejus.

Verum quia nihil gradus stabilis præter æterna, nanciscitur dubius orbis, Anglia totiens propulsata infestatione Danica ab Aquilone iterum perpetitur malum incursione Danorum, ad *Gippesvvich* versus solis ortum cum quodam Turkillo appulsis navibus, confinia S. martyris Eadmundi exterminantibus, quæque suppellectilia devastantibus. Qua tempestate tunc orta, Danorum res acriter invadentium Anglorum, Christi testis EADMUNDUS cum locello vehiculo superpositus, ab Ægelwino suo jam dicto secretario circumcirca deducitur, ne tantum thesaurum manus deprehendat malorum, vel frustrentur eo quo quos fovebat remediali præsidio. Hac compulsus formidinis sollicitudine Ægelwinus instat procurando officiosissime, cum amminiculis quibus audet, deducens per diverticula quæ potest, maxima diffugiens ædificia, hospitari contentus ad quæque humilia. Similis ipse itinerantium nundinas pro mercibus frequentantium, quo dum redeunt, timoris viam ineunt, semper a tergo timentes, nec minus timidum iter ante se prætendentes. Felix ac felicior felicissimo quiscumque modum coëmtionis iniens cum Egelwino, cui præ manibus viget tanta merces Dei dono. Non auro mercabitur Arabiæ, vel ulla specie nundinarum in die, quod talis ac tantus emtor reperit sola fide. Sic ÆGELWINUS tanta merce ditissima fretus, calle diurno non tamen sine pavore transcurso, intrat Æsesexæ fines vespertinalibus horis, mansiunculam invenit levamen laboris, quo notata cujusdam Eadbrihti presbyteri habitatione, patris scilicet EALFUVINI postea abbatis Ramesexæ, quæritat gratiam hospitandi cum sua modica supellectili. Sed presbyter quæ sit suppellex ignarus, hostiumque circumquaque rumore pavefactus, ingressum domus renuit, deforis autem locum commanendi annuit. Eo contentus Ægelwinus cum suo domino noctis deducit excursus; cujus cum Deo meritum sit dehinc pluribus notissimum, dum pernoctat a foris presbyteri domo, sanctus in vehiculo ductorque cubans sub eo, sic sanctus est illa tugurium & nocte lumen lucidum velut in meridie mundus solis claret lumine. Quam felicia quiescentis lectisternia, ubi servus secura somni carpit otia, Dominus tuetur servum per noctis silentis cursum, vice sermonis cantici canticorum: *Ego dormio vigilatque cor meum.* Utique vigil merito vigilavit Eadmundus modo, sed & EGELWINUS dormivit sub eo somno soporifero, dum in Gallorum conticinio, quod diei præest crepusculo, movent se vehiculi rotæ, non hominis sed Dei motione, sancto quid ex hostibus præsciente, viamque progredi volente. Surgit a stratu dulci qui dormierat, tandem præmeditatus novit, quis agitationis rotarum actor fuerat, paratus iter cum aurora properat properare. Jam solis orbita horæ primæ progressa linea, cernunt itinerantes post se prospicientes mansionis relictæ res omnes versas ab igne, seu fecerit furor hostium, seu fati vindicis aliquod præstigium. Dicuntur enim sic evenientia vulgariter fore fatalia; sed, ut credimus, ignis consumsit edacitas, quod dura presbyteri recusavit hospitalitas.

De rotis vehiculi S. martyris, una in ponte hærente, altera in aëre volitante.

Itinere citato taliter cursu diei peragrato, dum pervenit sanctus & auriga ejus ad aquæ cujusdam transitum, sit ibi dubium quomodo sancti gleba transiret in rheda. Tabulatus quidem pontis arctior rotarum vehiculi spatiis pontem per medium videbatur prohibere transitum, sed facit virtus divina pro suo sancto laudabilia. Transit enim sanctus cum rheda, cui pons & flumen jacet via æqua. Aspicit Ægelwinus ammirator hujus visus; laudat sanctissimi meritum Eadmundi, per quem benedicitur Filius Dei, cujus rotæ vehiculi dantes certa vestigia super flumen cucurrit dextra, æque super pontem sinistra, more Petri calcantis æquor nutu Domini. Hinc Deus benedictus per omnia, modificans suis fidelibus cuncta creata. Lætus ad hæc Egelwinus pro visu miraculi Londoniæ properat pignora sancti, ut in securitatis portu commaneat, sanctusque suus ad laudem Dei virtutibus præfulgeat.

Quomodo infirmi sanantur intrante Sancto in Londoniam.

Cujus visitationis lator Egelwinus, desideriorum desiderator, in civitatis ingressu præfatæ percipit, Deo sanctoque Eadmundo cooperante, a via quæ Anglice dicitur *Ealsegale*, usque ad ecclesiam B. Gregorii papæ octodecim curatis desideratam curationem ab eis vario corporum pulsu languore. Ad spectaculum sanitatis quorum, interea dum juxta fertur quædam in sporta a singulo pede tenus membris contracta, audito plausu prodigiorum Sancti, O, inquit, utinam mei perciperent oculi, quis, qualis, & quantus hanc urbem ingreditur Sanctus: illico stans in pedes carlem exilit, diu sibi peregrinæ sanitatis munus excipit, nonadecima facta curatorum, virtutes Dei in sancto Eadmundo magnificantium. Postmodum Egelwinus hilaris desiderabile reponit pignus sancti in ecclesia memorati Gregorii infra atrium apostoli Pauli, illuc ferme triennio cum suis excubando thesaurizat pro certo, sed non ignorat cui ea congregat, id est Eadmundo sibi in animo omnium horarum momento; quot & quæ virtutum signa cum martyre patrarit hic celsa Dei gratia, pulchrius ulla re foret scriptum relatu, si non torpuissent priores infecti socordiæ nexu, necdum a se vigilando repulsis torporis ac negligentiæ tenebris studii pigritantibus otiis.

De quodam Dano quem Sanctus cæcavit, & iterum illuminavit.

Attamen ne dicamur in meridie palpitare, a nobis excusso pigritiæ fasce, dilectores sancti dicamus quod indicat rumor verus ac moderatus. Oblata fuere sancto donaria rerum multarum innumerabilia: incolæ, cives & advenæ, sua dant xenia quæque, parum videtur cuique sua donare. Talis est omnibus devotio. Sancti quoque sic religiosa crescit veneratio. Inter quæ quidam Danus tanta veneratione vanus, abusus devotione, sed & torva plenus intentione, accedens ad sancti lætitiam, illiusque proterve unde operiebatur elevans pallam, oculo quærit proterve circumspicere, quis vel quantus habeatur sanctus de eorum genere dictus. Qui circumspiciens manum non impune sentit fore quidquid fit proterve; illico lumine frustratur, quia septimum est quod Deus abominatur. Talium memor Ecclesiastes concionatur dicens: *Sex sunt quæ odit Deus, & septimum abominatur anima ejus*, id est oculos sublimes, quibus omnes notantur arrogantes. Sed tumor arrogantiæ talis in modum vertitur melioritatis, Deo & Sancto peccatori propitiatoribus, Danoque fuso ad pœnitudinis fletus, humillime quærendo misericordiam, donec impensam adipiscatur veniam. Et quia cor contritum non respuit Deus & humiliatum, & quanto corda duriora, tanto sæpe per bonum flexibiliora, exauditur Danus, receptis visibus sanus gratanter munificat sanctum armillis aureis ambarum manuum, fuerat enim ex ordine magnatuum, laudans amodo Deum, venerando quoque sanctum Eadmundum.

Quomodo episcopus vi retinere voluit corpus Martyris.

Ante legem oppido subque legis constituto Deo suis in fidelibus olim mirificato, adest sub gratia modo sanctum de quo loquimur dietim mirificando. Et jure, cum protestetur Veritatis voce intra patriam propriam acceptum non fieri quemque prophetam. Qua acceptatione potius infra Londoniæ mœnia martyr Eadmundus mirificus signis per opera mira animat suos, privata secum sine mora repetit territoria. Ad quod petita quæ debebatur licentia, concessaque non absque animositatis injuria, advenit cum suis ÆLFHUN dictus præsul urbis, simulans modum devotionis: verum quod dissimulavit, verus rei finis palam propalavit. Idem præfatus pontifex se quarto ut sancti levaret pignora accedens, immobile reperit quod movere tentavit: additisque quatuor aliis, sanctus perstat immobilis, sed non pro duodecim movetur, nec dum totidem numero adhibentur. Animus enim præsulis fuerat memorati, tractarat quoque cum suis & id consilii, sanctum vi se deferre in basilica apostoli Pauli, si quo modo ab ecclesiola ubi manserat posset efferri. Bona quidem devotio, sed a voluntate sancti discrepabat talis intentio. Interea præsentibus aspectu tali stupentibus, lectica sancti veluti monte quodam immobili persistente, appropiat Egelwinus martyris servitor fidissimus, sanctum invocans orat medullitus, ne eum hac vice suæ voluntatis frustretur ostentamine, in præsentiarum ostendendo utrumne velit propria repeti se dehinc movendo. Quem martyr exaudivit, ut crebro consuevit, & exauditus quartus cum suis tribus beati levat corpus, levatoque nihil sentiunt levius, ac si sit ponderis nullius. Sic hymnizando cum populi frequentia, itinerantes urbis exeunt receptacula. Repedat Eadmundus agonitheta sua mansionaria, refrigerata jam Danorum sævitia. Beodricensibus inest modus exultationis, adventando corpore sui regis, & quo caruerant temporum per spatia, exultant a modo signorum cum gloria. Requies est iterum præsentialis villæ Beodrici, Æstenglæ præcentori, Eadmundo martyri. Quin & aula cœli cohæreditando Christo communis fit sibi, hic suos patrocinando, illic haud minus pro suis interveniendo. Adversa invitat in prosperum, prospera firmat in integrum, nihil subreptionis malæ requisitus suis fidelibus sinit inesse vel inane. Valens apud Deum alienat qualitates rerum, tergiversat acredinem passionum, radicitus mitigans motus animorum, vicissitudine patrata rerum diversarum.

LIBER MIRACULORUM S. EADMUNDI.

De quadam muliere contracta, quam sanctus Eadmundus sanavit.

Ex partibus diversis Britanniæ majoris Sanctum plures revisunt causa sanitatis. Quidam sibi salutis necessaria statim expediuntur, quidam dilata ad tempus præstolantur. Nullus tamen abit ingratus, cujus fide cooperante non misereatur sanctus. Talibus inter est quædam infirma, sic cingulo tenus inferius debilitata, sic pedibus ac cruribus frustrata, ut scabellulis in manibus clunibusque uteretur pro pedibus, donec remediabilis Eadmundus salutaris suus foret medicus. Ad quem tunc descenderat devotionis gratia quædam nobilis matrona ab *Esexse* finibus orta, nomine Ælfsega, in sancta basilica pernoctans excubando, oblationis suæ lumine accenso, ut credo nutu divino futura sancto pro testimonio. Sanctæ autem prædictæ basilicæ matricularius extiterat Brunstanus vir fidelis & monachus, quem etiam latere noluit deifica virtus, si quid operis divini sanctus esset operaturus. Accubat encletica nocte eadem in ecclesia, ut erat solita, consuete sancti suffragium præstolatur & invocat, quod & martyr Eadmundus de sacrario divinitatis excitus accelerat. Egreditur enim sub silentio noctis de locello suæ sanctæ pausationis, in modum viri admodum venerabilis, fulgurandose obeunte cœlestis claritatis fulgure, sicque transgrediens sancta sanctorum itinere silenti reservat valvas interioris asyli, progressus circumspective ad occiduam partem domus Domini. Talis & nocturnus itinerator, quo venerat deintus revertitur eo, sed in reversione divinus sit operator, futurus suæ pauperis mirificus adjutor. Appropiat quo debilis recubat, signum crucis a capite ad pedes desuper sicuti jacet figurat, compaginans redintegrando nervos ac membra jamjam diebus multis & annis debilia. Dehinc martyr pretiosus ad sancta sanctorum venerandos infert gressus. Vere Deus mirabilis agit mirabilia suis in sanctis, spirituales agunt spiritualia profutura plusquam corporalia. Extendit se jam sana mulier diu debilitata, dat vocem clamoris in extensione, cum quodam corporis angore, nec etiam mirum laxatis contractionibus compaginum, dum superastans sanctus pro medela signat debile corpus. Vigiliis instat matrona superius dicta, videns talia timet velut in extasi missa. Surgit matricularius frater Brunstanus pavoris horrore pervasus, partim sonitu vocis infirmæ, sed modo recuperatæ, partim audito strepitu stupet quasi pro latronum ingressu. Videt ac si in ingressu cujusdam moveri cortinam, quæ ante sancti appendebat lecticam, quas etiam manu cum sera clauserat valvas, invenit reseratas, & sic diligenti ac timida perscrutatione rerum reperit matronæ protestatione. Hæc quoque nocturnaliter visu protestans verissima, verax creditur, dum coram sana muliercula præsentatur. Jam synaxi matutinorum instante, modulataque quo competebat more, miraculum propalatur, impræsentiarum laus Deo decantatur & jubilum, Deus adoratur in sanctum Eadmundum, martyr Eadmundus veneratur in Deum, Deo vivente in sæcula sæculorum. Amen.

Explicit de miraculis sancti Eadmundi regis & martyris.

TRANSLATIO S. JUSTI
PUERI NOVENNIS ET MARTYRIS.

Ex ms. Malmundariensis monasterii.

IN nomine sanctæ & individuæ Trinitatis, omnibus in quadrifidi mundi hujus plagis constitutis catholicæ ecclesiæ filiis, Liruthardus hujus ecclesiæ præpositus, omnibus, quamvis indignissimus, Christicolis honor & lætitia, salus & vita sit opto per sæcula. Talenti sibi crediti omnes norunt fideles Domino se rationem reddituros, & ab ipso æquissima lance pro bene dispensato talento perpetuæ remunerationem vitæ percepturos, pro male vero offenso (quod absit) ignis maledictionem æterni. Hæc ergo semper animo revolvens, nolui tamquam invidus occultare quædam, licet perpauca, magnalia, quæ Dominus mihi propriis concessit oculis perspicere, sancti Justi martyris pretiosi, sed multis proferre in medium & facere commune, certus quod quantum plures ex eis Deum magnificaverint, tantum major merces mihi acquiritur: qui cum exiguum ad hanc narrationem me considerarem, elegi hoc detegere quod parvi sim sermonis & inertis ingenii: unde obsecro, ne qui culpam taciturnitatis vitare volui præsumtionis noxam incurram.

Hic igitur beatissimus Christi martyr noster vita & nomine clarus, dum adhuc infantiæ operam gestaret, tempora Domino consecravit martyrio. Furiosi namque jussu Rictiovari Christi nomen constanter confitens, a militibus mucrone percussus, æternam a Domino percepturus coronam, migravit. Ego igitur dum hujus sancti martyris ardenti desiderio sacra pignora, quodam in partibus Galliarum in regno, quod dicitur Caroli, pago vico Koniensi, data quantum tunc temporis oportebat pecunia, expetiissem, illeque assensum votis præbuisset, nocte soli pariter, nam die non audentes timore vicinorum, ad ecclesiam in qua sacrum corpusculum humatum honorifice consistebat, properaturi proficiscimur. Itaque dum secundum divinæ pietatis piissimam dispositionem, vestræque propositum voluntatis, de mausoleo sanctum foras corpus super altare poneremus, divina nobis apparuere insignia. Nam ut se beatus martyr cælesti inserta declararet lumini, amovit a nobis densissimæ noctis tenebras. Dum enim una nobis sufficeret candela, divino mox cuncti per ecclesiam accensi sunt lumine cerei. Quo viso, mox tanto obstupefacti miraculo, timoreque perculsi, magnas Deo & sancto martyri referebamus gratias, quia nobis, licet indignis, sua panderet mirabilia, quæ aliis ad laudem sui nominis & honorem sancti martyris veridica oportet relatione referre. Suscipientes igitur a supradicto sacras reliquias, raptim cum militibus carpere iter coepimus. Post paucos dies devenimus ad civitatem Cameracensem, in qua aliquantisper moraturi, [a] jussu domini STEPHANI (a) episcopi, quemdam ejusdem civitatis adivimus civem, apud eum illis hospitaturi diebus; qui nos cum exultatione in suam introduxit domum. Nobis ergo ipsa nocte magnam humanitatem intuentibus, etiam omnino ex tanta itineris longitudine fessis, pabula exuberanter tribuens. Habebat autem filium clericum, qui cum nos in patris sui comperit domo nocte degere, advenit, nobisque condelectari coepit. Ego vero dormitum pergens, sacrum corpus in quadam arca recondidi, tum clave munivi, quam nequaquam patrifamilias crederem, ad proprium dependi cingulum. Soporem itaque nobis dulciter capientibus, pater proprium decipit filium, hortatur ad crimen, auferre nobis equos jubet, & ad vicinum deducere proximum, futurum ut

A mane facto pretium distributis susciperet. Deinde arcam in qua corpusculum pueri innocentis a me repositum fuerat, alium in ea thesaurum putantes reconditum, effringere moliuntur. Sed Deus omnipotens sancti sui, noluit nos proprio frustrare patrono. Jam jamque enim frangenda arca maximum dedit fragorem, ita ut omnes stupidi a somno excitaremur. Ignis etiam qui jam cineribus adopertus erat, resplenduit, quasi omnis accensa domus esset. Videntes hos propius assistere, rem ignorare nequivimus. Gratias igitur Deo per cuncta fateor

B dignissime referendas, qui nos inter micantes gladiorum ictus, qui ex utraque parte processerant, non solum incolumes conservavit, verum etiam sicut de ablatione equorum humana nos (incitante bonorum omnium invidia) mœstos reddiderat malignitas, ita ejus piissima benignitas de erepta lætificavit immaniter.

Aliud etiam mihi quidem lætabile, ceteris vero venerabile, huic non dispar, ad declarandum ejus in omnibus periculis, invocato ipsius nomine, potentiam, silere refugio, & huic narratiunculæ inserere.

A præfata civitate gressum dirigentes cum

C sanctarum auxilio reliquiarum, in medium iter habuimus in Condustrium, quo in pago quoddam oportebat navi transnatare nos flumen, ab incolis Urtam vocitatum. Hoc autem dum nimiis conspiceremus pluviis alvei sui ripas transiisse, mortis timore ingredi minime audebamus, etiam equis cunctis intransmeabilis extiterat. Sed tandem in opitulatione Dei sanctique martyris Justi animum & spem ponens, mediam sacri corporis glebam colloco in naviculam, & sic inundationem fluvii illius secure transmeavimus. Postea prospero congressu iter carpentes, ad-

D ventum nostrum fratribus nostris Malmundarii (b) positis innotuimus, qui cum ingenti [b] exultatione nobis obviam procedentes, cum hymnis & laudibus corpus beati martyris in locum suum honorifice collocavimus, ubi per merita Sancti, ad laudem & gloriam nominis sui Deus quotidie virtutes operatur, qui vivit & regnat Deus per omnia sæcula sæculorum. Amen.

(a) Hic Stephanus anno 909. subscripsit concilio Trosleiano ac vitam cum morte mutasse dicitur circa annum 933.

(b) Malmundarium est monasterium in extremis finibus diœcesis Coloniensis, cujus abbas Stabulensis administrationem habet.

VITA SANCTI NICONIS
METANOITÆ MONACHI,
EX PERVETUSTO CODICE GRÆCO
in Latinum conversa ab erudito viro Jacobo Sirmondo S. J. presbytero.

OBSERVATIO PRÆVIA.

ACTA sancti Niconis Metanoitæ in Armenia monachi debemus diligentiæ clarissimi viri Jacobi Sirmondi Societatis Jesu presbyteri, qui ea ex pervetusto codice Græco Sfortianæ bibliothecæ eruit, in Latinum convertit, communicavitque illustri Cæsari Baronio S. R. ecclesiæ cardinali, ut iis in condendis Annalibus ecclesiasticis uteretur, quod & ille feliciter executus est. Eadem etiam ab ipso Sirmondo olim accepta editioni parabat noster Lucas Acherius, cum labores ejus reipublicæ litterariæ adeo utiles mors prævertit. Verum tam eximium opus tam eximii translatoris judicio approbatum, diutius in tenebris jacere non patiuntur virorum eruditorum vota, qui illud quam citius publici juris fieri impendio desiderant.

Auctor non uno in loco Lacedemonium se profitetur, dignitatem vero ætatemque suam prodit num. 74. ubi se monasterio sancti Niconis præfectum seu abbatem creatum fuisse asserit indictione XI. anno 6650. hoc est, sub annum Christi 1150. *ut exponit Baronius. Porro sancti Niconis non solum meminit martyrologium Romanum ad 26. Novembris, his verbis:* In Armenia S. Niconis monachi; *sed etiam Græcorum menologium hoc eum decorat elogio:* Mense Novembri die 26. sancti patris nostri Niconis Metanoitæ. Hic in Armeniæ regione ortus, primarii cujusdam viri filius fuit, qui cum Domini vocem audisset: *Omnis qui reliquerit patrem aut matrem, &c.* Omnibus relictis, ad monasterium quoddam profectus est, in quo omni genere monasticæ exercitationis ita profecit, ut summa vitæ asperitate omnes, qui ante eum fuerant, sit supergressus. Quod cum ad patris ejus notitiam pervenisset, omnes monachorum cellas investigando perlustravit. Ipse vero inde abiens, totum orientem obiit, clamans: *Pœnitentiam agite,* ex quo & nomen Metanoitæ sortitus est. Peragrata autem insula Cretensium & Peloponeso, aliisque urbibus, Lacedemonem denique se contulit, ubi, variis editis miraculis, templum erexit Christo Salvatori nostro, in eoque monasticam vitam usque ad finem perducens, ad eum tandem, quem desiderabat, certaminum coronam percepturus excessit.

VITA ET CONVERSATIO, cum exacta miraculorum enarratione sancti & mirifici NICONIS *Myrobliti, qui cognominatus est Metanoita.*

1. SI non loco, nec tempori, sed firmo potius animi proposito præclara quæque facinora, summique virtutum progressus adscribendi sunt, a recto judicio minime aberrabit, qui ad hunc scopum intendens, virtutem loco non circumscribi, nec ad veram philosophiam consequendam temporis auxilio indigere dicet: sed solo mentis consilio ac ratione bonum perfici cœlestisque gratiæ copiam Spiritus-sancti in eam illapsu large & affluenter infundi. Etenim si natura, non mores, virtutem, aut vitium pareret, duo utique non essent, sed alterum una eademque lege perpetuo dominaretur. Multa autem qui curiosius investigarit hujus rei argumenta, tum in anteactis, tu in hocce nostro sæculo reperiet, unde sit eram veri-

tatem perspiciat, quemadmodum hac via omnes, qui veræ philosophiæ studio flagrarunt, vitamque a vulgo remotam duxerunt, ad majorem præstantioremque gloriam evecti fuerint, & primo lumini, quoad fas fuit, appropinquantes, pivinitatis per gratiam participes, Altissimique per eamdem filii evaserint. Quo ex numero, & is, de quo nobis instituta est oratio, clarissimus Nicon fuit; Niconem dico, qui re magis quam verbo id nomen sibi proprium fecit, vereque id fuit quod vocabatur, aut ut verius dicam, ne dignum quidem satis pro eo, ac meruit, nomen sortitus est, sed illo ipso multis partibus superior fuit, victoriam de hostibus referens, & præclara de illis trophæa constituens. Qui licet tempore antiquitus posterior fuerit, qui multis agonibus laboribusque monasticis, & ceteris divinis studiis, præcipuam cum Deo familiaritatem adepti sunt: propiore tamen ad Deum accessu longo intervallo prætervectus, ita omnes propemodum superavit, ut omnium qui virtute clari fuerunt, eorumque adeo qui extra mundum hunc positi vitam humanam potiorem egerunt, gloriam famamque obscurasse videatur: quippe qui summam illam & absconditam virtutem, quæ apud multos in dubio versatur, virilis animi constantia, si quis alius, in omnium oculis præsentem exhibuit, arduumque & asperum iter quod ad illam ducit, & plerisque clausum atque invium est, patefecit; non natura quidem iter hoc terens, & intactum in medio hominum cœtu animi florem custodiens, sed recto potius mentis proposito, & propensa ad honesti studium voluntate. Unde velut columna quædam animata & immobilis fuit, aut tamquam perfectioris vitæ conversationisque tabula, quam posteri tardiores intueantur, qui ad meliora quidem aspirant, sed animi sui imbecillitate ac languore retardant, ut hinc etiam liquido appareat, quemadmodum benigne omnia dispensans Deus, pro summa pietate sua per singulas ætates Spiritus-sancti gratia in istorum mentibus operari voluerit, & quæ hominum vires excedant in mortali natura admirabiliter geri, ut duram & acclivem boni viam negotio confici doceat, & quam laboriosam vulgo molestamque recti actionem existimant, facile institui. Fieri denique posse, ut qui in communi multorum societate versantur, ipsum etiam virtutis culmen attingant, cum boni operis laus non ex loci natura, sed ex proprio animi sensu & voluntate nascatur; ut quibus segnior & supina mens est, æmulandi studium inde concipiant, exemploque ob oculos proposito, ad imitationem excitentur.

2. Beato igitur huic viro patria fuit, prima quidem, & divinior proprie loquendo, superna Hierusalem, in qua & divina factione juxta Davidem factus est, in qua conversationem suam semper habuit, ad quam perpetuo contendebat, ascensiones in corde suo singulis horis disponens, animumque supra materialem concretionem evectum, ad contemplationem attollens. Tenue siquidem, nimisque abjectum est ex inferioribus rebus cœlestes homines designare. Quod si quid etiam ex terrenis commemorandum est, & corporis origo, quæ oculis patet præferenda, Polemoniaca regio, quæ Armeniaco themati adjacet, Niconi ortum dedit. Floruit autem Nicephori Phocæ Romanorum imperatoris temporibus, cujus sanguinem nefariis, ut historiæ tradunt, dirisque modis effudit Johannes Trimisces; parentes vero clari admodum & spectabiles & copiosi, nec tamen divitiarum magis, quam virtutum opibus affluentes; quos concepta de filio par expectatio minime fefellit. Solus enim puerili adhuc ætate pueriles sensus non gerebat, neque nugis aut ludis & cursu, equorumque agitatione, aliisve quibus delectari ætas illa solet, capiebatur; sed tamquam a prima statim linea contra omnia carnis desideria depugnabat. Itaque jucunda illi in templis & sacris ædibus mora erat; omne autem in eo studium, ut mores optimos sectaretur, seseque ad Deo gratam beatamque vitam componeret, in teneris atque immaturis annis canam ac senilem sapientiam præ se ferens, atque ut uno verbo dicam, ex primo germine, ut in boni generis arboribus solet, quanta ejus futura virtus esset, apparebat. Postquam vero ex ephebis excessit, ingressusque est adolescentiam, crevit una cum virtute prudentia, vehementisque in Deum amoris vim demonstrans, omnia quæ ad corporis cultum spectabant, nihili fecit, ac ne aspectu quidem dignas ducebat res parvas & nullius momenti, eosque, qui se illis irretiti paterentur, aut caducis & fluentibus, tamquam fixis firmisque adhærescerent, summæ stultitiæ condemnabat. Ventris quidem oculorumque habenas impense moderabatur, haud ignarus, fervorem juventutis pronum inde ad lapsum ferri, multosque adeo & graves hujus vitii lapsus esse, nec ulla re alia magis, quam vitæ asperitate & afflictione Deum coli. Delectabatur autem non solum victus tenuitate, sibariticarumque omnium deliciarum & condimentorum contemtione atque fuga, sed cultus etiam vestitusque humilitate, supervacuum atque inutile judicans vestium ornatui, splendorique indulgere, nihil denique rerum humanarum vitæ in Christo actæ anteponens.

3. Cum ergo igne illo jam flagraret, quem Dominus misit in terram, & vehementiores animo fallacis inanisque hujus vitæ deserendæ, viæque ad salutem ineundæ flammas concepisset; mittitur a patre ad rustica prædia & possessiones inspiciendas: erat enim illis res ampla ac varia; sed excelsa cœlesti-

que illa mens simul ac in agrorum conspectum venit, & immensas illorum ærumnas & labores animadvertit, qui rure habitantes assiduam dies noctesque colendæ terræ operam navant, pauperum vitam laboriosam & duram commiserans: *O inanes curas*, cum lacrymis ait, *ô vitæ fraudem atque fallaciam! vere frustra conturbatur omnis homo: beati prorsus & ter beati, qui Domini causa, ut promissis ab eo bonis potiantur, omnia relinquunt. Quid enim prodest homini si universum mundum lucretur, & animæ suæ, quam totus mundus æquiparare non potest, detrimentum patitur? Omnis gloria sicut flos fœni: defecit fœnum & flos decidit, verbum autem Domini in æternum manet.* Hæc & alia tacitus secum volvens, quibus voluntariam illorum servitutem notabat, qui caducis terrenisque rebus insipienter inhiant, & ad ima hæc depressi ac defixi, illorum se cupiditati amorique victos dederunt. Subito velut divino quodam verbi æstu tactus, omniaque suscepto consilio posteriora statuens, fluxa atque inania valere jussit, oculisque ac manibus in cœlum sublatis, felicis vitæ auspicia a precibus duxit his verbis: Domine Jesu Christe, Deus meus, lux mea, qui paternos sinus non deserens, e cœlo salutis nostræ causa descendisti, esto mihi adjutor indigno famulo tuo, & deduc me in viam rectam, ut eam in civitatem habitaculi tui. Tu enim, Domine, omnium bonorum auctor es, & omnes homines vis salvos fieri, & ad agnitionem veritatis venire. Ne igitur destituas me, quoniam in te solo confido Deo ac Salvatore meo, te benedico, te laudo & magnifico in sæcula. Amen. Hæc precatus in viam e vestigio arrepta fuga se dedit, nihil secum deferens præter seipsum, pedibusque per invias & arentes oras multa asperitate ac difficultate obsitas profectus est, paterni natalisque soli, ipsorumque adeo parentum philtro penitus abjecto; expeditum enim per absconditam omnium abdicationem ad virtutes iter sibi parare studebat.

Fit monachus in Antræ primo monasterio. 4. Multorum ergo dierum per ignota & longinqua loca viam emensus, in Pontum pervenit, montique appropinquavit in Ponti & Paphlagoniæ finibus posito, in quo monasterium est quod Chryse-petra vetere quadam consuetudine appellatur, seu propter asperitatem siccitatemque loci, auri quamdam speciem ad splendentis solis radios referentis: sive, ut quod res est dicam, quia aureæ re vera & divinæ in illo animæ monasticis exercitationibus initiantur. Nicon vero ubi monasterium eminus conspexit, suavissimo quodam lætitiæ sensu affectus est: deinde ad preces iterum conversus, cœlumque suspiciens: « Domine, inquit, Jesu Christe » Deus, qui patriarcham olim Abraham de » terra & cognatione ac domo patris evoca- » tum, quo tibi visum est migrare jussisti, &

A me quoque indignum immensæ potestatis « tuæ providentia in has oras perduxisti, tu « idem mihi cetera quæ instant expedita redde, « primumque omnium de me monasterii hu- « jus præposito patefacias, salutisque viam per « illum mihi ostendas oro. Hoc enim mihi « indicium erit, me tibi cordi esse, teque mihi « adesse, Domine benedicte in sæcula. Amen. « Sic orabat. Dominus autem qui bonis semper favet, ejus preces opere complevit. Nam cum eo tempore divinum & incruentum in oratorio sacrificium offerretur, præpositus de Niconis rebus divinitus edoctus (erat quippe divinus ille senex visionum gratia jam olim illustris) celeri gressu prosilit a monasterio, mirantibus inusitatam in magistri festinationem reliquis sodalibus. Ut autem paululum progressus adolescenti senex occurrit, collum ejus tamquam amantissimus pater amplexus est, Nicetam illum, id est victorem, qui vere victor erat, de nomine appellans, omnique in sermone quo eum divino actus spiritu affatus est, se sua in Deum spe, quam de illo ceperat, falsum haud fuisse confirmavit. Norat enim illum senex spiritu, quanta nimirum mundo, quam clara brevi futura fax esset. Quare canonicam probationem supervacaneam in eo judicans, caput illi ad cutem detondit, monachique habitu & congruentibus vitæ insignibus ornatum pulcherrime fratrum coronæ aggregat, qui monasticæ vitæ perfectionem sponte sua pridem æmulabatur, deinde commune illi circa res domesticas ministerium imponit, ille vero famulandi partes perlibenter amplexus est. *In quo humilibus officiis biennii spatio exercetur.*

5. Videre tum erat tyronem adhuc, sed pugnæ idoneum, juvenili robore vigentem, adamantis instar ad durissimum vitæ genus occalescentem, nunc in aquæ & lignorum comportatione, nunc in coquendis parandisque fratrum obsoniis, reliquisque cœnobii obsequiis desudare, admirandæ Domini humilitatis exemplo, qui non venit ministrari, sed ministrare. Ergo desidiam, ut multorum fontem malorum oderat, nullum vero servitii genus erat, quod ipsemet non obiret, quodque mirandum magis, non solum humeris suis omnia, quæ monasterio vel monachis usui forent, numquam intermisit, ita ut quantumvis onere premeretur, fortiter tamen alacriterque laborem perferret, licet arduus admodum & acclivis, difficillimoque ascensu mons esset: sed ieiunus id faciebat, ut nullum cibi genus degustaret: adeo ut principio quidem semel in hebdomada cibum caperet, eumque ita maceratum, ut nihil quod sensum illicere posset, retineret. Enimvero adversus omnes ventris illecebras impendio exercitus, continuos labores & quidquid carni grave erat avidius amplectebatur. Ejus porro mensa meri panis modicum frustum erat, sal condimentum, & quod jure mireris, nullius magistri disciplina *Cibus ejus quam parcus.*

Kkk iij

edoctus, suopte ingenio ductus a primis, quod aiunt, carceribus in medios agones provectus est, paratas ad prælium manus habens & digitos ad bellum. Temporis vero processu cum ad duriorem hanc vitæ rationem animum assuefecisset, stato hebdomadis die divina mysteria percipiebat, cum exiguo panis hordacei frustulo, quod & carie obsitum atque ita marcidum erat, ut panis speciem ne odore quidem præ se ferret: potus ad hæc non alius quam aqua, eaque parce ac modice dimensa, atque hoc modo ille confecto macie vultu, membrisque omnibus corporis exhaustus languens, jejunus tamen inter domestici commeatus copias dies ducebat, & in gravissima afflictione admirabili constantia perseverabat.

Vigiliæ. 6. Noctes demum insomnes precibus & lacrymis transigebat, somnique vim penitus eluctari, magno scilicet Arsenio hac in parte conferendus, omni opere contendebat. Itaque simul ac naturæ necessitati cedens brevem, ut ille, tenuemque & quasi umbratilem somnum delibarat, repente exiliebat in Davidis verba erumpens: *Præveni in immaturitate & clamavi*, cum ceteris quæ sequuntur. Quod vero & in cœnobio, & tantis in negotiis omnium virtutum supra quam imitari liceat nunc impleret, atque eremiticæ & anachoreticæ vitæ absconditam imaginem omni ex parte repræsentaret, id vero longe maximum, & præ aliis omnibus jure mirandum est. Profligabat enim non solum sermonem otiosum, verum & mores incompositos & risum immoderatum, & sinistram omnem cogitationem; nullam denique egregius athleta mali nubeculam sereno animi cœlo obduci patiebatur. Florebat in illo præter ista jactantiæ expers humilitas, modestia, mansuetudo, gravitas, vigilantia, mentis insuper acies summa, motusque celerrimi, quibus ad cœlos ipsos subito ferebatur.

7. Biennium ergo in hac palæstra cum legibus naturæ spiritus lege certans in illo ministerio se exercuit, omnem operam navans ut seipsum in dies vinceret, novaque certamina experiretur, quo omnem a se corporis sensum penitus abdicaret, & angelicam in corpore vitam imitaretur, non illum hyberna frigora, non calor æstivus, non ullum aliud incommodum deterrebat. Animam enim quam divinus amor semel occuparit, suas in rebus asperis delicias ponere, afflictionibus refoveri, & gravioris instar pœnæ *Vestium vili-* desidiam atque otium refugere. Sed cetera *tas.* porro divina ejus instituta, vestium abjectarum & humilium usu sic afficiebatur, ut obsoletis, laceris atque horridis tantummodo pannis tegeretur, quibus licet tamquam internum ornatum, quamvis latentem, consequi studens impensius gaudebat & lætabatur, quam externo cultu capi delectarique solebant homines ambitiosi. His intento stu-

diis Nicone, quibus ultra præfixas leges exercebatur, philosophandi labore novis, quas in dies excogitabat, agonum accessionibus augescente, ceteri quidem homines patientiam constantiamque mirabantur, quod humanis viribus superiora hæc ejus scommata viderentur.

8. Præpositus vero monasterii veritus ne Deinde in immodica contentione seipsum conficeret, cellula jam enim umbræ simulacri quam homini rum more similior erat, illum a rei familiaris cura removit, cellulamque silentio & quieti commodam attribuens, in ea illum relaxationem aliquam impertiri cupiens, versari jussit. At ille, qui laboribus innutritus, in iisdem vivere gestiebat, grave sibi hoc, imperium, & pœnæ simile, atque a votis suis alienum judicavit, tamen apostolici præcepti non immemor, *Obedite præpositis & subjacete illis*, paruit quidem sine mora mandato, cellulamque haud gravate ingressus est; percommodo enim loco sita erat, in eaque de cetero mansit in seipsum descendens, Deum mente & cogitatione versans, & omnem inde animi delectationem petens juxta illud prophetæ: *Delectare in Domino, & ipse dabit tibi petitiones cordis tui*. Verum ne sic quidem strenuus pugil a laboribus abstinuit, quia materiam potius gravioribus ærumnis dabat inclusio ipsa, & solitudo habitationis. Quales vero diurnis nocturnisque stationibus crebrisque & immensis genuflexionibus susceperit, quantam inediam, quam duram omni ex parte tractationem, ima deinde pectoris suspiria, & divinitus fluentes sine induciis lacrymas, nec lingua eloqui nec capere aures possent. Sic enim illum Dei amor incenderat, tot & talibus telis confixerat, ut dies noctibus perennes compunctionis fletus copularent; ita ut cellulæ pavimentum perpetuo ab illis madens, perfusumque cerneretur. Unde & fratrum nonnulli, acres & ipsi virtutis amatores, quique nullos pietatis studio labores non alacriter sustinerent, summumque adeo divinæ philosophiæ studium præ se ferrent, aurem ad cellulæ ostium foris admoventes, vim tantam lacrymarum summopere mirarentur, compunctionisque ansam arriperent, lacrymas planctusque suos ab eo gradu multum abesse cogitantes.

9. Die quodam cum illum senex seorsim Quæ lacrymarum ejus abduxisset, blandius alloqui, & interrogare causæ. cœpit his verbis: "Res tuæ, fili, quod ipse « non ignotas, me minime latent: Quid ergo « sibi vult tantus iste luctus ei, qui lacrymis « nihil dignum perpetrarit? aut cur, ubi lætari « potius hilarique animo esse oportebat, quod « a mundo avulsus ad veritatis lucem convo- « laris, implacabilibus lacrymis, lamentisque, « sic indulges? Cui dimisso vultu, & quanta « dici queat animi modestia, ac simplicitate Nicon, reticere enim, & celare tantum patrem, quod res erat indecens atque incon-

„ſultum putabat? » Mihi quidem, ait, vene-
„rande pater, duplex eſt cauſa plangendi, ac
„lamentandi. Fecit enim, neſcio qua ratione,
„immerenti Deus, ut terrena adhuc compage,
„mortalique corpore vinctus, non ad ſpecta-
„bilem illam pulchritudinem, ſperatamque æter-
„norum bonorum fœlicitatem internis men-
„tis oculis liquido contuerer. Pertimeſcens
„ergo quamdiu vitæ hujus tenebris circum-
„fuſus, & luteâ carnis mole adſtrictus teneor,
„ne a divinis illis excidam, quorum in co-
„gnitionem, mente & cogitatione ductus ſum:
„hominum deinde vecordiam animo verſans,
„qui hiſce neglectis ad frivola & inania, quæ
„fumi ritu evaneſcunt, & mera nox a ſapien-
„tibus reputatur, ſtulte adhæreſcunt, totoque
„in ea impetu rapiuntur. Horum ego tantam
„amentiam & inſaniam dolens, per quam tot,
„tantiſque arcanis bonis miſeri privantur, illo-
„rum calamitatem, ſortemque infelicem meam
„duco, indeque in gemitus, & lamenta, &
„perpetes lacrymas erumpo. Puerorum enim
„more homines amentiſſimi littorum lapillis
„& calculis gaudentium, nec paternam he-
„reditatem, ampliſſimaſque poſſeſſiones abji-
„cere dubitantium, ut eas perexiguiſque nul-
„liuſque momenti rebus permutent; vanitati
„intabeſcunt, & fluxa permanentibus, brevia
„ſempiternis, immortalibus pereuntia, & ca-
„duca anteponunt. Quibus profecto Davidis
„oraculum jure conveniat: *Homo cum in ho-*
„nore eſſet non intellexit, & quæ ſequuntur.
Hæc ab eo cum diceretur, ſenſit ſenex ube-
riorem, quam ceteris, qui ætate illa pietatis, religioniſque laude claruerunt, Niconi
a Deo caritatis in proximos, & miſericordiæ
conceſſam gratiam fuiſſe. Itaque admirabun-
dus gratias Deo agens, illum de cetero ſuis
moribus uti, atque inſtitutum monaſticæ
exercitationis ſtadium ex animi ſententia pro-
ſequi, ſublimioremque illam vitam conſe-
ctari permiſit.

Uſq; ad an-
num duode-
cimum.
10. Duodecimum in hoc ſacro cœnobio
annum exegerat, ſenſuſque omnes ſic exer-
citos habebat, tam exactum in appetendis,
fugiendiſque rebus judicium, tantamque divinæ philoſophiæ copiam ſibi pepererat, ut in
quodam humanæ, atque angelicæ, & incor-
poreæ naturæ quaſi confinio jam poſitus videretur. Hoc enim uno ab angelica, & materiæ experte natura diſtare diceres, quod
corpore & figura tectus, ſenſuum organis
uteretur, quin ex eo fortaſſis nihilo ignobi-
lius diſcrimen hoc fuiſſe affirmare liceat,
quod vitam in carne ducens, corporis tamen
ſarcinâ, incorporearum mentium more nuſ-
quam deprimeretur, ſed erectam in cœlum
vitam ageret, & cum cœleſtibus per ſupera
gradiens perpetuo verſaretur.

Quæritur a
parte carnali.
11. Exacto igitur anno duodecimo divinitus tum ipſi, tum monaſterii præpoſito ſi-
gnificatum eſt, carnalem ejus patrem in ipſo
perquirendo totum eſſe. Arcana enim quadam providentiâ, utilitatis ejus cauſâ, quo
majores undequaque progreſſus faceret, ab-
ditus ad illum diem, tectuſque patri fuerat,
Deum illo occultante in abſcondito, ut canit David, tabernaculi ſui, aliiſque ſuis protegente. Itaque nec longum temporis ſpatium, nec diuturna cariſſimi abſentia genitorem antea permoverant, ut ad eum inve-
ſtigandum excitaretur, quia nondum præ-
ſtitutum Niconi ſupernæ miſſionis prædi-
cationiſque tempus advenerat. Senex ergo *Præpoſitus*
majorem in modum ſollicitus ancipiti curâ *per viſum ag-*
æſtuabat, metuens, ne paternus amor currenti, *noſcit quanta*
atque inoffenſo pede ad cœleſtia tendenti *per Niconem*
offendiculum præberet. At enim effuſis pro *Deus ſit per-*
illo precibus oranti, oblatum cœlitus eſt *petraturus.*
viſum de omnibus, quæ Niconi futura even-
turaque olim erant, quemadmodum apoſto-
licum munus obiens, urbes non paucas
regioneſque peragraturus, & pœnitentiam
populis veniamque peccatorum annuntiatu-
rus eſſet, quibus modis per improbos ſpiritus, ſed cum victoriâ, exagitandus; quantopere per illum glorificandus Deus: quam
multi ejus operæ in Dei filios adlegendi.
Sortem denique, ac præmium illi paradiſum
fore. Hæc quidem ſenex qualia optabat, per
revelationem de Nicone didicit, & vas electionis Pauli ſimile futurum cognovit. Ille
vero cum patris adventum, ut diximus, Deo
indicante, perſpexiſſet, ad ſenem mox accurrit, pronuſque in terram ad ejus pedes
advolvitur, & ne ſe monaſterio dimiſ-
ſum velit, cum lacrymis obteſtatur. Hoc
enim divortium ferre nullo modo poterat,
malumque omnium graviſſimum in patris
manus venire, ſibique acerbiſſimum ducebat.

12. At ſenex non minus quam ille animo *Abbatis ad*
urebatur. Acres nimirum in Deo amantium *Niconem ab-*
ſunt flammæ, & naturalibus ipſis vehemen- *euntem ora-*
tiores. Quare mœrens ſupra modum, & col- *tio.*
lacrymans, crebroque ſuſpirans „Non meum, „
ait, fili, non meum eſt, quod dimitteris, „
ſed divinæ providentiæ multorum per te ſa- „
lutem, ut video, diſpenſantis. Illi ergo gra- „
tias agas neceſſe eſt, quæ te apoſtolis parem „
cenſuit, talique miniſterio deſtinavit: quo- „
niam, ſi in arbitrio, & nutu meo res eſſet, „
ferreis te forſan vinculis, ſeparationis impa- „
tiens, catenſique conſtringerem. Ceterum „
quando & a me nunc in hoc tuo haud ex „
animi mei ſententia diſceſſu conferri quod „
ſuppetit æquum eſt, ne adſpernere, ô fili „
innocentiſſime, humilitatis noſtræ exhorta- „
tionem. Non enim eſt tibi colluctatio, fili, „ *Epheſ. 6.*
adverſus carnem & ſanguinem, ſed adverſus „
principes & poteſtates, adverſus mundi re- „
ctores tenebrarum harum. Noſti, fili, quod „
ego experientiâ ipsâ verborum ſum edoctus. „
Ambula ergo evangelice, non peram gerens, „
non æs in zonâ, amictus autem non alius „
eſto, quam cilicinus, iſque ad medios uſque „
talos pertinens, ne ſi longius fluat delicati „

"notam incurras, esca simplex & sine apparatu, pane solo & aqua necessitati serviens. "Ante omnia autem præcipua sit temperantiæ cura, atque custodia. Hæc enim est, fili, "animæ simul ac corporis sanctimonia & parens familiaritatis cum Deo. *Pacem enim*, "ait apostolus, *sequimini cum omnibus & sanctimoniam, sine qua nemo videbit Deum*. Vides desideratissime fili, quemadmodum temperantiam apostolus sanctimoniam appellet, "ac merito quidem: purus enim cum sit Dominus, puros utique desiderat, quia simile, "ut aiunt, simili gaudet. Vitare insuper te "volo intempestivos congressus, conversationesque sæcularium & divitum, illustriumque "domos, subducere te ipsum a multorum colloquio: pauperibus & peregrinis affabilem esse "atque communem cum spiritualibus fratribus "& patribus quos Dei timor ornat, versari, "sedemque & domicilium in sacris ædibus, "templisque collocare. Porro claræ passim hæc "voce personabis: *Pænitentiam agite, appropinquavit enim regnum cælorum, discite bene agere, convertimini ad Dominum: quærite illum ex animo, ut æternis bonis potiamini.* "Hæc enim pœnitentiæ prædicatio, fili, blandum tibi, & in vita, & post mortem nomen "imponet.

Discedit ex monasterio. 13. His verbis, precibusque tamquam viatico instructum senex, armatumque adversus impuros spiritus & noxias animi perturbationes, longius etiam cum luctu & lacrymis utrimque ad multam noctem fluentibus producta exhortatione postero die manu prehensum perduxit in templum, omnibusque ligni pulsu convocatis, *Kyrie eleison* ter centies in commune dicto, abeuntem monachi omnes fratris abscessum ingemiscentes, prosecuti sunt, deinde cum in declive paululum processissent, ad preces redit senex, quibus & spirituale virtutis iter & sensibus quod instabat feliciter eventurum, tum cetera quæ secutura erant, omnia ex divino viso clarissime cognita prænuntiat. "Ad extremum Domine Jesu Christe, inquit, qui Josepho quondam ad plurimarum animarum "salutem dux fuisti, qui Apostolis tuis dixisti: "Ego vobiscum sum, & nullus contra vos, "respice nunc vineam istam rationalem, & "custodi, ac serva eam in via hac, qua ambulat, ut per ipsam magnificetur nomen "tuum, quia benedictus es in sæcula. Ceteri ergo fratres Niconem amplexi cum lacrymis, ac muta tantum non inanima lamentationibus suis provocantes, reversi sunt. Senex autem flebiliter ejulans & solum ipsum fletu rigans, talia lugubri & miserabili voce "querebatur, "Heu me, fili, dimidius maneo, qui a te divellor, at te nulla umquam, "fili, sinceræ erga te in Christo conjunctionis "nostræ capiat oblivio, memineris etiam mei, "quantumlibet indigni dum precibus, supplicationibusque sacris vacas, sic enim confido futurum, ut Deum in die judicii opera tua propitium habeam. Hunc in modum divinus pater. Nicon vero, cujus pectus nihilo levior tristitia premebat, ut qui senem colebat impense, forti, erectoque animo & doloris sui vim frangere, & senis lacrymas abstergere conabatur. Quid non dicebat, quid non excogitabat, ut cum solaretur, ejusque mœrorem, & tristitiam mitigaret? Absurdum scilicet videri eos, qui spiritu inter se colligati sint, atque conjuncti, quique oculis mentis sese mutuo conspiciant, sensui servire, decretamque divino consilio corporum sejunctionem implacabiliter lamentari.

14. His ultro citroque dictis, in ejus amplexum ruens senex, ægre tandem a se divelli passus est, & monachi quidem ad cœnobium lachrymabundi tristesque redierunt. Nicon autem expedito gressu, gratia, qua regebatur, deducente, diei spatium emensus, ad Parthenium fluvium venit, quem ut tumentem aquis, & partim ex nive solutâ, partim ex aliorum amnium influxu exundantem offendit, insuperabiles in angustias redactum se ratus, quo se verteret non habebat. Non enim difficilem modo trajectu fluminis æstum esse sentiebat, sed trajici omnino posse diffidebat. Hoc vero non temere aut casu accidisse putandum est, sed divino quodam nutu, ne cassus omnino patris labor esset, si filium penitus non videret. Etenim simul ac ex monasterio abiit Nicon, adsuit ille cum filiis & famulis, filium exposcens omnia indagando lustravit, ipsaque adeo intima cœnobii penetralia canum more pervestigavit, quoad diu frustra scrutatus verum esse sibi persuasit, quod monachi affirmabant, jam abiisse quem optabat. Tum vero, quanta potuit celeritate illum eodem stipatus comitatu persequi cœpit. Nec diu insequutus fuerat, cum sonitus ipse & fragor equorum adventus patris nuntium ad Niconem detulit. Qui ut primo oculorum conjectu illum agnovit, præsenti periculo se implicitum cernens, surrectis in cœlum oculis, diviniore quodam afflatu incitatus, Christi opem advocans, immaculatæque ejus matri salutem suam credens, signo Crucis vallatus in profluentem aquam prosiliit, Davidis verba opportune repetens: *Salvum me fac Deus, quoniam intraverunt aquæ usque ad animam meam*, & *Non me demergat tempestas aquæ*. Quis hoc loco beati erga Deum fiduciam, quis Dei rursum in eumdem immensam benignitatem non miretur? Vix in flumen, ut diximus, se conjecerat, cum ipsamet integerrima Dei mater se obviam offerens, hanc enim ipse postea visam, ut aiebat, sequens, suis lineamentis exprimebat, porrecto ei baculo, cujus in summo efficta crux erat, dextra prehensum in adversam ripam incolumem, veste aquis intacta, patre ipso spectante, transvexit, baculus autem hodieque

VITA S. NICONIS.

15. Pater vero & fratres ejus cum ad ripam applicuissent, rei miraculo stupefacti, transmittere quidem & ipsi validissimis equis subvecti conabantur: adigebat siquidem amor, ut ardua omnia tentarentur, sed irritus, cassusque omnis labor erat. Mirum enim dictu, cum primum ingrediebantur, circumfusa nebula obtutum eripiens, & fragor ipse terrorque perfluentium undarum transitum inhibebat, ut vero gradum reflexerant, mox caligo dimoveri, & purus aër collucere, & terror omnis, simul ac cessabant ipsi, repressus omnino, sublatusque videbatur. Postquam igitur ter idem frustra conati, irritos esse conatus suos animadverterunt, tum ad lamenta conversi, ingenti omnia luctu & clamore compleverunt. Pater quidem tantum non mente alienatus, incredibili cum dolore vociferans: Fili, mi, aiebat, fili dulcissime, fili desideratissime, unicum vitæ meæ solatium, quomodo canos meos non revereris? Quomodo lacrymis meis non flecteris? An nescis, ut ego te præ ceteris filiis meis unice dilexerim? Ut te gallinæ more parvulum confoverim? Cur sic a me nunc avolasti? Cur me miserum abominaris? Recordare, fili, amoris in te mei, memento laboris, & defatigationis quæ huc properans tua causa sustinui. Ego tibi nascendi auctor, fili, me secundum Deum & virtutis, & vitæ in Christo tuæ parentem recogita. Pater tuus sum, non serpens, non vipera, non aspis, aut aliud noxiæ, & venenatæ feræ genus. Si tibi ad me infelicem venire non placet, saltem optatum mihi vultum tuum ne invideas, ita, egregie fili, ne miserum me perpetuo desperxeris, sed paululum convertere, ut carissimi mei conspectu fruar, & hac saltem, quæ non levis futura est, consolatione reficiar.

Partem fluvii transmittere conatum.

16. Hæc illo cum lachrymis obtestante, Nicon ad cujus aures paternæ vocis, luctuosæque tragoediæ sonus pervenerat, ut qui patris amantissimus erat, mitique alias ingenio, & ad preces minime inexorabilis, paululum reflexus tantumque subsistens, quantum satis erat, ut a patre fratribusque agnosceretur. Immutata enim per summam austeritatem & ad maciem ultimam deducta ejus facies erat, mox capite solotenus salutationis venerationisque causa ter inflexo, oculos avertit, & ad iter suum regressus est. Sciebat enim vir sapiens, ceteris quidem omnibus parentes, Deum vero parentibus præferendum esse. Tum denique communis omnium luctus renovatur, & comploratio

Exsaturatipa salutat, & abit.

tanta, ut Echo ipsa auditos planctus reddere, & collachrymari videretur; at pater tum cetera omnia agere, quæ sic affecti mœrentes solent, tum in hæc verba exclamare: O acerbam calamitatem! melius erat, fili, si huc numquam accessissem, melius si quod vidi nullatenus vidissem, nunc enim & gravior & acerbior est ægritudo. Sic ille, & plura in eam sententiam, quamdiu oculis digredientem subsequi licuit. Postquam autem visui subductus est, remiserunt & illi sensim lugubres voces, reditumque adornarunt, patre identidem tamquam præsentem filium salutante: *Vale fili, vale dulcissime.* Illi ergo domum tandem reversi sunt.

17. At Nicon, ut pugil iterum spontaneus, virtutisque invictus athleta per inaccessos montes nudis pedibus, unico eoque attrito & lacero amictu tectus ferebatur, nihil omnino gerens præter baculum, quem a fluvii (a) cognomine intacta Domini matre acceperat, & exiguam, sed non parvi pretii lagunculam ex sardio lapide artificiose elaboratam, quæ nunc quoque in eodem mirificæ thecæ sacrario extat, & aquam qua feretrum ablui, abstergique spongia solet, haurientibus, præstantissimum omnium morborum remedium suppeditat. Hanc enim solam, ut fama est, ex paterna domo excedens, & aliud nihil extulerat. Pergebat vero sic expeditus cum solis ardoribus, & cum hiemis asperitate dimicans, non frigori cedens, non æstui: passimque, ut spiritualis pater præceperat, magna voce intonabat, *Pœnitentiam agite.* Cibo, quoties natura cogeret parato, & insuavi utebatur, herbis & agrestibus, quæ esui essent, stirpibus vitam sustentans; semperque illi labores ac molestiæ, ut aliis voluptates, cordi erant.

Per deserta pœnitentiam prædicat.

[a]

18. Cum hac ergo laboriosa difficilique vita, & cum innumeris tentationum generibus quotidie luctabatur, & nunc quidem a sævis hominibus, latrocinio viventibus, agitabatur, nunc ab ipsis etiam impuris spiritibus, qui silvestribus desertisque in locis frequentes erant: quibus ille oberrans, *Pœnitentiam agite,* solemni carmine clamabat; & hac quasi carissione nonnumquam adversus dæmones utebatur, & verbi vi terrorem illis ac stuporem inferebat. Qui non ferentes se ab eo ita excruciari, & tamquam imbelles ignavosque prosterni, majorem in rabiem versi, gravius atrociusque insultabant. Nec clam modo & occulte, sed aperte sub variis & alienis imaginibus, quid non efficientes, quid non agentes, & quas machinas non admoventes? Quomodo, aiebant, huc venire ausus es, patriæ ac civium tuorum fugitive? Atqui nisi hinc te proripis, audaciæ te consilia nihil juvabunt. Deinde minas simul intentantes: Nescis inquiunt, ô turbulente belli

A latronibus & dæmonibus vexatur.

(a) Id est a Virgine, quia Parthenius græce est Virgineus.

Vet. Script. & Mon. ampl. Collect. Tom. VI.   L ll

» sator & ferreo corde, ut aliud nihil sit, tem-
» pus ipsum nos hujus loci dominos constituisse?
Ad hæc ignem execrandi spirare, & sanctum
calcibus appetere videbantur. Ille vero im-
pavidus fortique animo sic eos nihil trepi-
» dans affatus est: Si metum incutere paran-
» tes, ô impii detestandi, hæc agitis, &
» potestatem in me a Deo nacti estis, ut pro-
» positum meum disturbetis, eia, ad omne
» discrimen paratus sum; sin autem nullum
» habetis, quid incassum tumultuamini pessimi,
» qui ne in porcos quidem quicquam potestis?
His dictis, metu omni vacuus mansit, majorem humana fiduciam, ut custode sui gratia fretus, præ se ferens, Davidis verba ore
Psal. 26. versans: *Dominus illuminatio mea & salus mea, quem timebo? Dominus protector vitæ meæ, a quo trepidabo? Si consistant adversum me castra, non timebit cor meum, &c.*

Inde post triennium digressus.

19. Durante igitur per triennii spatium in hac rerum asperitate dæmonumque infestationibus Nicone, afflictabatur quidem tantis laboribus ejus corpusculum, quod adeo jam exhaustum atque consumtum erat, ut umbræ cujusdam simile videretur: animus vero præsens semper erectusque stetit, & tamquam Olympionices quispiam ad luctum, & agones infractus. Postquam autem tempus adfuit desertis oris excedendi, & in hominum lucem prædicandi causa prodeundum sibi, gravioraque adeo certamina, quo tempore quietem potius sic affecto corpori dari jus erat, subeunda cognovit, in genua procidens, fronte in terram depressa, corde ad Dominum sublato, sic illum invocavit, qui in eum sperantes eruit ex necessitatibus:
» Respice, ait, in me Domine, & ostende fa-
» ciem tuam super servum tuum, & accelera
» in auxilium meum, quoniam multi bellan-
» tes adversum me, ab altitudine intensæ sunt
» tribulationes, irruerunt mala super caput
» meum. Vide laborem meum, exaudi gemi-
» tum servi tui; multiplicati enim sunt inimici
» mei, & injusto odio oderunt me. Ego vero,
» Domine, in te solo confido, in te solo sa-
» lutis meæ spem posui, qui salvos facis a pu-
» sillanimitate, & a tempestate sperantes in te.
Hæc cum orasset, vires simul roburque adversus dæmones suffici rogabat. Auditas vero preces fuisse, oblatum ei divinitus visum confirmavit. Quin & illa ipsa audit, quæ Job olim post innumerabiles illas ærumnas
» ex ore Dei audiisse dicitur. Noli existimare
» hæc tibi alio consilio accidisse, quam ut ju-
» stus appareas, neque enim coronari conve-
» nit, qui non legitime certaverit. Ideo præ-
» sens ipse animam tuam percuti vetui, quod
» illi omni ope conabantur, reliqua autem
» omnia incuti permisi, ceterum horum ego
» te, quæ passus es, fructu ac præmio fraudari
» non sinam; quin & corpus afflictum corro-
» borabitur, & formidabilis de cetero istis eris,
» qui nec appetere te amplius poterunt, &

» sola objurgatione atque imperio tuo pulsi
» fugient, quocumque voles. Recreatus hoc Dei promisso Nicon, & ultra quam athletæ cibo solent, viribus refectus, firmaque spe subnixus ad prædicandum e vestigio, duce gratia profectus est. Insectabaturque ex eo tempore pravos spiritus audenter ac fortiter, nec aliter illos quam agrestes feras increpabat.

20. Cum igitur regiones non paucas Orientalium partium peragrasset, & publica pœnitentiæ prædicatione innumeras gentes ad salutis portum per pœnitentiam melioriusque vitæ mutationem perduxisset, ad Cretam insulam navigandum sibi esse intellexit; illuc enim divino quodam nutu vocabatur. Etenim simul atque insulam ingressus est ab Agarenorum jugo nuperrime liberatam, Romanoque imperio restitutam per Nicephorum, de quo diximus, imperatorem, vitæ gravitate virtutisque fama clarissimum, qua perturbationem animi, si quis alius rex fuit, & congrua temperantiæ suæ a Deo præmia tulit, fœdis autem detestandæ Agarenorum superstitionis vestigiis adhuc plenam & refertam: cujus scilicet incolæ diuturna atque assidua cum Sarracenis consuetudine, ad illorum mores, proh dolor! abrepti, nefanda etiam & profana eorum orgia fuerant amplexi.

Cretam insulam ad restituendum filio a Saracenico jugo eduxit.

An. 961.

21. Ut igitur eo delatus, solemne illud suum, *Pœnitentiam agite*, inclamare cœpit, attoniti peregrino & inaudito prædicationis genere insulani, animisque incensi, vehementer in eum commoti sunt; adeo quidem, ut manus etiam inferre cogitarent. Manifestum enim ad furorem illos adegerat res nova & inusitata, præoccupatos nimirum, deditosque, ut diximus, superstitiosis Sarracenorum ceremoniis. Videns ergo immitis atque intractabilis gentis ingenium, sentiensque tantam duritiem nisi prudenti quadam arte perdomari non posse: secundam (quod aiunt) navigationem, priore omissa, instituit, sapientumque medicorum exemplo, eorum curationem apposite simul ac solerter aggressus est. Habebat enim Paulum in ea re ducem ac magistrum. Itaque missam faciens insolitam illam prædicandi rationem, quod ex usu futurum in eo jam elucens perspicax futurorum gratia præmonebat, seorsum aliquos abducens, quos reliquis intelligentiores, & ad bonum excipiendum paratiores norat, blandis primum verbis illorum ferocitatem lenire, duritiemque animi emollire cœpit, deinde sensim cor permovere, occulta cujusque facta (ut meus olim JESUS Samaritanæ) vitæque flagitia redarguens. Quo factum est, ut eximiam ejus virtutem agnoscentes, confestim iras ponerent, animorumque impetus revocarent; & quem malo nunc affecerant, eumdem magno suo bono venerarentur, pro-

Nicon in Creta prædicat.

Ejus arte in prædicatione usus.

positamque ab eo rectam fidem amplectentes, odii modum ad benevolentiæ, profectusque sui cumulum converterent. Consuetudo enim, ut ait ille, ad majora & perfectiora viam munit. Itaque sapiens, si minus verborum copia, at veritatis facultate piscator erat; hominum animas venari sciens, easque ad immortalitatem divinis eloquiis, & non humanæ sapientiæ, sed Spiritus-sancti doctrina traducere.

22. Ex illo igitur tempore Cretenses Niconem tamquam a Deo missum apostolum habuerunt, totamque insulam ejus fama complerunt. Confluebant ad eum universi, & sicut Deo illi adhærebant, ita ut vim legis quidquid præceperat obtineret. Quare cum securo jam animo ad solitam prædicationem rediisset, ad baptismum omnes, veræque fidei disciplinam perpulit: tum errore omni e medio sublato, ecclesiis per totam insulam ædificatis, sacerdotibus, diaconis, *Cæremoniarum ædituum designatis; reliquis etiam ritibus conventio.* & ceremoniis apte distributis, vivendi legibus descriptis, omnibusque denique, quæ in animo erant, ne quem Cretensium boni expertem relinqueret, ordine constitutis, Gortyna discessit, triumque dierum iter progressus, quodam in loco sub noctem constitit, ubi antiquissimi templi, quantum ex ruderibus conjicere erat, vestigia cernebantur. Hoc in loco cum nocturno hymno rite decantato, & crucigero baculo humi defixo, somno se dedisset, lucernarium quasi lumen ante baculum in aëre libratum videre visus est: at somno decusso, cum surrexisset, non jam somnium, sed vera visio objecta est: divina quædam lampas haud materialis a cruce irradians, ad diluculum usque adstanti & oranti, Deoque gratias pro tanto munere agenti lumen exhibuit.

23. Cumque iterum, Deo, ut patuit, sic volente, somno indulsisset, ornatæ mulieris species apparuit, quæ dirutum templum instaurari jubebat, omnium Domino sic placere confirmans. Illo autem interrogante, quænam esset, quæ talia pro imperio juberet: *Photina sum*, inquit, *martyr & famula* *Huc usque martyris apparitio.* CHRISTI. *Quod nisi reipsa quod volo expleveris, pedem ex insula non efferes.* Expertectus ad hæc sanctus, propter visionis varietatem ambiguo animo erat, ut inane potius insomnium fuisse crederet, quam divinæ gratiæ illustrationem. Quare quasi audierat contemnens, cœptum iter tenebat, cum repente ademtam sibi oculorum aciem sensit; eoque tandem indicio divini numinis imperium id fuisse cognovit, quod ubi jussa exequi constituit, visum mox recepit. Sed quoniam nec ligo in promtu erat, nec pala, nec adjutor ullus, ô mira, Domine, & arcana opera tua! nocte insecuta, finitimis loci accolis ignea ibi columna per tenebras lucens apparuit, prodigioque exciti, subito accurrerunt, & cum ex Nicone, quæ viderant didicissent, suam quisque operam conferre jussi, communi omnes consensu imperio paruerunt. Itaque sedula ejus sollicitudine, vigilantia, alacritate, opus exactum, templumque martyris biennii spatio perfectum est. In quo postea aram defixit ac rite consecravit, sacerdotes imposuit, ecclesiasticos ritus omnes & solemnia præscripsit.

Ejus templū restituit.

24. Omnibusque post hæc valere jussis, navigium conscendit, ac secundo cursu provectus Epidaurum, quod Damalam incolæ cognominant, die quinto pervenit. Sed consentaneum est opinor, ut quæ in navi mirabiliter ab eo gesta sunt, non prætermittam. Pecuniæ cupidissimi nautæ erant, & avaritiæ dæmoni oppido perquam addicti: ita ut nudo, quod aiunt, capite ad omne scelus propterea ferrentur, perjuriis, cædibus, aliisque id genus criminibus turpiter se dedentes. At vide, ut Nicon & tacitus & loquens illos monuerit, sapientique arte ad salutem ab imo vitiorum turpitudinis cœno revocarit. Summam enim hominum avaritiam perversitatemque perspicaci mentis oculo cernens, involutum pallio salis fasciculum gestare se ostendit, quem nautæ, uno demto, aurum esse rati, magnique cujuspiam lucri spe incitati, dolorem, ut scriptum est, concipere incipiunt, & parere iniquitatem. Ergo consilium ineunt pessimum, ab eo videlicet inditum, qui mala semina hominum mentibus semper ingerit. Consilium autem hoc erat, ut sanctum in mare demergerent, auroque quod sibi fingebant, impune potirentur; sed fefellerunt stultos insidiæ suæ. Appetente enim jam prandii, cum mensæ jam omnes (prius enim id facere decreverant) atque una Nicon ipse accubuisset, convivis sal forte defecit, quod ille animadvertens, soluto in omnium oculis fasciculo, Vobis, inquit, salis inopia laboraturis, niveum hunc ac tenuem ex Creta detuli. En igitur, quod in ore vobis erat, tollentes, inanes Deo cogitationes ponite. Illi vero, ut audierunt, & sanctum nihil latere animadverterunt, ad illius genua cum metu provolvuntur, admissique sceleris veniam petunt: ac vide sancti viri humanitatem, simul veniam dedit, & mores hominum in melius versi sunt, ut postea narravit is, qui pravi aliorum consilii particeps non fuerat.

Epidaurum navigans insidias patitur a nautis.

25. Postquam hæc ita gesta sunt, & Damalam ingressus, incolas ad veritatis agnitionem, pœnitentiam prædicando perduxit; ad Cecropis urbem navigare constituit. Optabat enim maximopere totum mundum brevissimo, si posset, temporis spatio veritatis luce collustrare, lucisque & diei filios per pœnitentiam omnes efficere. Nactus ergo navigia duo, quæ Athenas solvebantur, in alterum ascendit, ambo autem cursum simul inierunt, cumque Æginæ insulæ appropin-

Athenas potens vaticinatur, & navigium servat.

quassent, & aquæ penuria laborarent, egressis nautis ad aquandum in Salaminam insulam Athenis finitimam, Nicon una egressus est. Verum alii quidem ad naves quamprimum reversi sunt, ipse vero reditum, futuri conscius, studio distulit, ac sero tandem ab insula rediit oleo perfusus, nautis simul & tarditatem increpantibus, & olei copiam in deserta insula, ejusque adsperginem (quæ arcano quodam consilio semper occulta mansit, cum adduci numquam potuerit, ut ejus modum ulli mortalium explicaret) mirum in modum stupentibus; at ille instabat porro ut secum amplius expectarent, & quidem qui navigio uni præerant facile paruerunt; alterius vero gubernatores vesana dementia quæ ab eo dicebantur aspernantes, insulam exemplo reliquerunt. Modicum ergo tempus effluxerat, cum ad nautas conversus Nicon: Canes, inquit, offam jam rapuerunt, filii, & abierunt, abire nunc licet; solutisque mox anchoris, tranquilla & lenis ejus precibus navigatio fuit, ita ut temporis momento Athenas invecti sint, ubi cum ea didicissent quæ aliis nautis, sancti monitis parere detrectantibus, evenerant, qui non longe ab insula in piraticos parones inciderant, abductique a barbaris fuerant in servitutem, futurorum sensum in illo mirati, ad ejus pedes prostrati maximas gratias egerunt.

26. Athenis ergo erat Nicon, & tempus ut consueta faceret admonebat. Quare a navale urbis, ubi præclarum Dei Matris templum situm est, proficiscens, pœnitentiamque intonans, vocem edit Tyrrhenica tuba *Athenis præ-* clariorem. Cives autem pietate cum primis *dicans a civi-* & sinceræ fidei laude conspicui, salutaris *bus honoratur.* ejus prædicationis dulcedine quasi quodam minime fallacium Sirenum cantu illecti, usque adeo amare illum & colere cœperunt, ut tantum non eosdem illis, quos Lycaones olim Paulo ac Barnabæ honores exhiberent, ac videre erat hiantes illos quodammodo totos ab ejus suavissima voce suspensos, quæ causa fuit, ut quamprimum inde discederet, ut constaret illum a fastu & gloria abhorrentem, non minore studio delatos ab hominibus honores refugere, quam cupide alii consectentur.

Ad Eubæam 27. Hic igitur abiens ad Eubæam appli*appulsus præ-* cuit, quem veteres Euripum etiam appella*dicat.* runt, translato hic nomine, quod maris fluctus in ea identidem recurrens septies, ut fama est, quotidie reciprocetur, ostendente, ut reor, symbolo, ac docente, si quis intenta mentis acie cogitationem altius defigat, ut certo & explorato conjiciat, non temere aut casu, nullo humano studio, vel arte adhibita, talem marini fluctus reciprocationem fieri, sed arcanam quamdam mysterii vim subesse: ex quo intelligat, fluxum & instabile & inconstans, ac mobile nihil prorsus fixum firmumque habens, millenariæ hujus vitæ amor hebdomadis. Sic enim æterno artifici verbo visum est, utilitatem hac etiam ex parte non vulgarem ab eis percipi, qui melioribus contemplationibus assuescere, & quæ oculis patent, ad divinos præstantioresque sensus transferre didicerunt.

28. Cum autem in Eubæa esset, & in muro tamquam in pulpito stans, ut commodius exaudiretur, usitatum pœnitentiæ canticum, die noctuque iteraret, Eubæensium pueri ludicrum quiddam, ut fieri solet, esse arbitrati, magno undique numero confluebant, cum invidus Belial hominum conversionis impatiens, adolescentem e corona spectan- *Puerum è* tium a muri pinna impulsum in terram de- *alto lapsum* turbat; ad cujus casum clamore populique *servat.* concursu facto, nemo erat, qui puerum solo afflictum, contusum, & acerba morte exanimatum non crederet; pueri vero parentes Niconem, ut cladis auctorem tantum non discerpturi ac dilaniaturi viderentur: quibus ille sereno blandoque vultu, Vivit, vivit, inquit, filius vester, vivit, & præter opinionem vestram mali nihil habet. Quod ipsa cum animadvertissent, illæsumque & intactum puerum viderent, causam cum admiratione sciscitantibus: Monachus, ait ille, *Pœnitentiam agite* vociferans, cadenti manum subjecit, nec allidi me ad terram passus est. Hoc igitur ex tempore omnes illum perinde ac Dei angelum venerati sunt: adolescens autem paulo post religiosum nomen appetens, comam posuit, & congruentem professioni vitam egit, Deoque per eam acceptus in cœlum emigravit.

29. Sed locus admonet, ut aliud subtexam, quod in Euripo quoque gestum est. Mulier farinæ massam subigebat, aqua cum deesset, filiam misit ad hauriendum: hæc *Puellam* ad puteum, qui proximus erat, tetrum licet *energumenam liberat.* odorem spirans, malisque spiritibus infestus, propere contendit, ubi hydriam demisit, spiritus nequam corvi specie ab imo prorumpens, miseram invasit, & solo statim allisit, miserabili spectaculo: volutabatur enim spumas in ore agens, circumagebatur, cetera omnia faciebat, quæ energumeni solent. At mater ejus tarditatem impatienter ferens, obviam cum indignatione procedit. Ut vero sic affectam offendit, animo perculsa præ dolore fari non potuit, ac forsan etiam desperasset, nisi Nicon, cujus recens suscitati adolescentis memoria erat, menti statim occurrisset. Ad illum ergo puellam cum turba defert, humique deponens multis lacrymis orat, ut pro sua in Deum fiducia gravi morbo subveniat. Ille autem primum quidem abnuere, gloriam scilicet, laudemque fugiens, & supra nos dicere, mulier postulatio tua. Cum illa nihilominus ejulando insisteret, quid non dicens, quid non agens omnium, quæ ad misericordiam inflectant. Flexus vir humanitate, & pietate singulari,

procumbit in genua, Deoque pro salute puellæ vota facit, post hæc catena illam revinxit, litaniisque cum populo inchoatis ad puteum usque pergit, ubi pro ea iterum precatus, dæmonique interminatus cum esset, ille puella in terram prostrata, ac distorta, ab eadem corvi similis qualis intrarat, erupit, & puteo iterum se abdidit, quem populus Niconis jussu mox obruit, opplevitque summotenus. Admirante igitur tantum opus, tantamque in Deo fiduciam multitudine, sanctumque laudibus supra homines evehente, ille, cui gloriam despicere perpetuo lex erat, sine mora discedens Heptapylas, Cadmæas Thebas petiit, in quibus cum pœnitentiam de more, quoad satis fuit, prædicasset, ad Pelopis urbem iter convertit. Quo tempore cum in Laconem quemdam robustissimo in equo sedentem, Corinthumque, ut videbatur, proficiscentem incidisset, nomine appellans, eum rogavit, ut pallium suum Corinthum usque deferre non gravetur. Ille vero divinum virum esse conjectans, vel eo maxime, quod ipsum proprio nomine compellarat, pallium multa cum honoris significatione recipiens, tota nocte cursum intendit, Corinthumque prima luce pervenit.

Thebis commonetur.

30. Sed quia subito inde in patriam pergendum erat, reputabat animo secum, in cujus fide pallium deponeret, cum interim ad forum ex causa profectus, Niconem in ipsius fori abside, ubi divinum Domini Dei ac Salvatoris nostri Jesu Christi templum est, stantem videt, illa quæ consuerat pro concione perorantem. Stupefactus ergo percontatur, quonam pacto iter pedes temporis momento confecerat, cum ipse expeditus in equo celerrimo cursu tota nocte festinans, Corinthum ægre postera luce pervenerit. Cui Nicon leniter subridens: At scito, inquit, fili, me hesterna die sub noctem appulisse. Quod ipsum testabantur Corinthii, qui illum pridie adventantem viderant. Quare magis magisque admiratus Lacon, aliis postea, quod viderat, narrare non destitit. Hoc vero non temere, aut fortuito casu accidisse credendum est, fuit enim velut proœmium quoddam futurorum, quod indicio esset Niconem apud Lacedemonios depositum iri tamquam thesaurum quemdam sacrum & inexhaustum.

Iam Corinthi.

Prægnoscens.

31. Corinthi ergo brevi spatio versatus, multisque per pœnitentiam cooperante gratia illuminatis, viam Argos tendentem ingressus est. Et cum Enorium venisset, quod agricolarum rusticorumque diversorium est, omnesque abunde eruditos ad pœnitentiam erexisset, abire jam parans, nescire se viam finxit, ducemque postulavit, non qui viam ostenderet minime ignoranti, sed qui stupendi, quod brevi editurus erat, miraculi spectator esset, haud ignarus, priusquam

Enorienses agricolas docet.

peteret (sic enim verisimile est) dignum hoc præmio, ac mercede futurum, quem deligerent, & illi quidem libentissime obsecuti sunt. Cum vero una incederent, & dux ille crebra suspiria ducens identidem lamentaretur, dixit ei Nicon, Ut apparet, fili, propter filium, qui tibi ante triduum mortuus est, hoc modo suspiras, gravique mœrore conficeris, atqui si filius morbo consumptus est, ejus mater post nonum diem bene valens repente, Deo sic melius providente, ex vivis excedet, sed abi, fili, & fortiter omnia sustine, quæ Dei nutu eveniunt, & hanc ad coronas certissimam viam esse puta. Dimisso ad hunc modum agricola, cœptum iter solus prosequebatur. Ille autem paululum retrogressus, quodam in clivo quietis causa concedit. Hic vero quibus verbis rem veram quidem, sed ad persuadendum propter eximiam dignitatem difficillimam explicare possit oratio! Solent enim homines suæ imbecillitatis conscii, res plerumque paradoxas, & a Deo in honorem sanctorum mirabiliter effectas, impossibiles arbitrari, nec facile illis aures, nec fidem præbere. Nam cum iter suum per subjectam vallem teneret Nicon, agricola, qui edito in loco substiterat, perspicue illum, & vallem subeuntem vidit, & mox inde in aera sublatum, crebrisque lampadum luminibus undequaque collucentem: idque tamdiu vidit, quoad ille ab oculis per aëra incedens ereptus est. Domum itaque reversus omnia, quæ oculis vel auribus hauserat, cum stupore referebat, omnesque pari cum admiratione audientes, Deum collaudabant, qui magna & mirabilia in electis suis operatur. Obiit autem & agricolæ conjux, prout illi prædixerat. Ita divini Niconis res orationem omnem, cogitationemque vincunt.

Viæ duci arcana patefacit.

Suspensus in aëre ambulat.

32. Enimvero cum Argos, ac Nauplium ipsum pœnitentiam prædicans intrasset, Johannis quoque illius ædes adiit, qui Blacenterius appellabatur, quem ex præstigiis quibusdam, veneficisque cautionibus gravi cum filia & diuturno morbo confectum videns, itaut reliquæ spem salutis nullam haberent, & anhelitu solo se mortuos non esse declararent, tantæ eorum calamitati condoluit, fusisque ad Deum precibus, sola divini nominis invocatione, manusque contactu utrumque persanavit, ac mali deinde causam in medium extulit, magicas præstigias, quæ ad propinquæ arboris radices obrutæ ac defossæ fuerant, erui jubens, quibus illi nisi sanctus mature adfuisset, miseram vitam infelici exitu claudebant. Et quæ Argis quidem ab eo gesta sunt ad hunc modum se habent. Multi porro & apud Argos & apud Nauplium virtutis, pietatisque cultores per illum facti sunt.

Argis Johannem Blacenterium cum filia præstigiis exsolvit.

33. Inde vero digressus, Spartam versus iter flexit, Doriensiumque regionem ingres-

Doriensium urbes lustrat.

fus, cum duo ibi templa erexiffet, & pœnitentiam omnibus fuafiffet, Mainen petiit, atque inde Calomatam, tum recta Coronam, & Methonem, & Mifponem, quæ incolæ Burtanum vocant. Arcades etiam luftravit, ac demum reliquis omnibus vicis, oppidifque peragratis, gentibufque innumeris ad pœnitentiam melioremque vitam traductis, Spartanam viam iniit.

Ægrotatis majorem habitum fufcipit.

34. Cum vero ad Morum, id loco nomen eft, perveniffet, levi morbo tactus in proximum quod opportune aderat, antrum feceffit, ubi graviore mox valetudinis incommodo affectari coepit. Febris ardens erat, qua vexabatur, nec enim novum, mirandumque eft, fi quid adverfi viris fanctis contingat, five ad exigui limi expurgationem, five ad virtutis experimentum, five ad aliorum etiam difciplinam, ut horum exemplo fortiter pati, & ingruentibus malis non cedere difcant. Et quoniam vir magnus confumatæ initiationis gratiam confecutus nondum fuerat, divinum dico magnum habitum, qui tamen operibus fuis perfectionem omnem jam dudum expreffit, accerfitis e vicinia facerdotibus ac monachis, hunc fibi concedi rogavit, qui folemnibus peractis, profeffionis ad vitam ducentis fymbolo, divinum inquam, & apoftolicum amictum illi impofuerunt.

35. Cum autem ingens populi multitudo conveniffet, ut ejus benedictionem expofceret (omnes enim virtutis fuæ illecebra ad fe rapiebat) magna tandem inter eos exorta eft fitis, quod aquæ in illis locis copia nulla effet, ac ne humoris quidem veftigium ullum, ita ut animis plerique jam prope deficerent. Quod cernens Nicon, & iniquam hominum fortem miferatus, profternens fe in terram,

Fontem virgæ ictu elicit.

Deum fupplex exoravit, deinde crucigera virga terram percuffit, ftatimque in omnium oculis aquæ latex effluxit adeo puræ ac limpidæ, adeo potabilis & nectareæ, ut oculos ipfos priufquam guftaretur nitore fuo delectaret, dulcedine vero ipfam Hymetrii mellis fuavitatem fuperaret; quodque mirandum in primis omnique oratione majus eft, folis precibus, virgæque ictu expreffus erupit, manetque ad hunc diem antiqui miraculi index ac teftis, ex quo tunc temporis affatim haurientes, qui fiti urebantur, Deo laudem omnes ejufque famulo reddiderunt. Quid ergo nunc virga hæc quæ miraculum hoc fecit, ab illa Mofaïca differt? Siquidem hæc, quemadmodum illa, folo ictu aquæ fontem elicuit. Nifi forte hanc illi anteponas, quod illa crucis fymbolum patrandis miraculis adumbraret; hæc vero res ipfa fuerit, non imago.

Lacedæmoniorum legatione evocatus.

36. Tranfactis in ea fpelunca diebus octo, a morbo recreatus, Spartam ire tum abnuens Amyclas contendit. Quod ut fenfere Lacedæmonii, feftini ad illum primarii cives & alii e plebe certatim convolarunt, enixe orantes, ut Spartam ufque venire velit. Invaferat enim civitatem peftifera lues, & plurimos incolas abfumebat: propterea venire illum cupiebant, quod fe divinis ejus precibus liberandos confiderent. Ille vero & cetera mifericors, & in eos maxime, qui ejus populus & fors futuri effent, tamquam futura præfagiens, eoque in illos propenfior, & legationem benigne excepit, annuitque petitioni, & ingruentis mali depulfionem fpopondit, fi modo ipfi Judaïcam gentem ex urbe fua pellerent, ne exccrandis, ut aiebat, moribus, piaculifque religionis fuæ diutius eam contaminarent. In his, ait, fi me audieritis, & peftis a vobis recedet, & ego quod fupereft vitæ ducam vobifcum. Quibus verbis monita alia fubjiciens, facras etiam Hieremiæ voces fubinde adfpergebat: *Viæ tuæ fecerunt hæc tibi & iniquitates tuæ prævaluerunt, & duro ludo percuffa es.* Cumque illi ejus oratione commoti feipfos condemnarent, atque omnia, quæ jufferat, facturos promitterent, nihil amplius cunctatus, cum legatis ipfis profectus eft, non eft canterio, aut lectica vectus, nec multo comitatu ftipatus, fed folo virtutum choro circumfeptus. Ad ejus porro adventum & lues ceffavit & Judæi urbe pulfi funt.

Spartam it & tamquam fugit.

Peftem ib Urbe pellit & Judæos.

37. Nec vero Lacedæmone amplius excedendum, fed in ea perpetuo manendum conftituit, ita ut non facile alio pedem efferret, nifi cum neceffaria res quæpiam aliquo vocaret: ac tum quoque gradum citius referebat. Videres igitur occurrentes quotidie ex univerfo Peloponefo ægrorum omne genus catervas, quibus ille non minus animi quam corporis curam impendebat. Mellitis enim adhortationibus ad pietatis eos zelum fuccendebat, & falutem cuique fuam pœnitentiæ ope defpondebat. Fortunata vero Lacædemon! quæ talem medicum civemque fortita es, cujus divinis præceptis ac difciplinis, ad omnem virtutis formam multo certius rectiufque quam inanibus olim Licurgi legibus effingebare.

38. Ingens erat, ardenfque Niconi defiderium, templum Domino, ac Salvatori omnium a fundamentis condere; cupiebatque adeo magnificentiffimum, atque ornatiffimum, cujufmodi fpeciem quamdam cœlitus per vifum oftenfam acceperat, excitare. Tempus ergo adveniffe ratus, cœlum fufpiciens, cœlumque ipfum cogitatione tranfiliens, operis aufpicia prima precibus duxit, fpem fuam omnem fiduciamque in cœlefti auxilio & numine defigens. Peracta prece confirmatus, nec fumtuum multitudinem reputans, nec viribus fuis majus effe, quod moliebatur, fola in Deum qui omnia poteft fide fretus, ad catholicam ecclefiam confcendit, populique concione advocata his verbis exortus eft: "Quantopere vos adamarim, filii, & noftis ipfi, & conjici hinc poteft, quod

Templum cœnnæ cupiturat & aggreditur.

„ vitam vobiscum ducendam censuerim. Si „ qua ergo apud vos mea est gratia, quod fe- „ cero, & ipsi facite. Tum ad Dei amantem Episcopum conversus (THEOPEMPTUS is erat Athenis quidem ortus, sed Lacedæmoniis a Deo juxta nomen suum missus) sic eum „ affatur. „ Exeamus ad forum, vir divinissime, „ litaniam cum sacro clero populoque obeun- „ tes. Et illo mox annuente, ternos lapides inter eundum humero imposuit, nemine, quid sibi lapides illi vellent assequente. Ut vero ad forum pervenit, lapidibus in terram projectis. Hic, filii, inquit, Dei nutu, ut indigno mihi significavit, decretum est templum ipsius domini nostri JESU CHRISTI omnique laude dignæ Dei genitricis, & egregiæ martyris Cyriacæ nomini sacratum, quod saluti auxilioque civitati vestræ futurum sit, ædificari. Nunc ergo illud tempus est, quo vestram in Christum fidem & pietatem declaretis. Ad hæc illi minime refragantes, sed dicto audientes, nec tamquam filii reprehensione digni, sed velut servi obsequentes, promtis omnes animis, viri simul ac fœminæ, & privati & magistratus summa statim alacritate, velut signo dato, ad opus accincti, nunc terram egerunt, nunc materiam convehunt, alter alterum studio & diligentia vincere contendunt. Efficax enim ad persuadendum est oratio, quando vitam sibi paria suadentem habet. Ac pecunias quidem partim præbebant, partim spondebant, & opportuna operi omnia ultro pollicebantur, magnosque adeo cum opera sumtus conferre, id ab eis optabile scilicet & laude dignum ducebatur. Denique Hieremiæ oraculum huc pertinere diceres: *Probatorem dedi te in populo meo, & scies, & probabis vitam eorum.* Postquam vero plurima brevi congesta est materia, & alii alia structuræ idonea suppeditarunt, ita ut vel hinc quanta Niconis gratia, & quam Deo gratum id opus esset, liquido appareret, substructionem adortus est, cum ejus formam funiculo ante descripsisset, & porticus inferiores, superioresque duxit, præstanti arte omnia perficiens, ac domo tandem omni ex parte clausa, tectum injecit, incolis omnibus in laboris partem venientibus, præter Johannem unum, cui Arato cognomen fuit.

39. Hic enim solus invidiæ stimulis concitatus, aut dæmonis potius scelere ac fraude impulsus, ira odioque adversus Niconem insaniebat, divini operis argumentum ad probrum & injuriam suam rapiens, proclivior siquidem est malitia, ut ad pejora feratur, quam ut melioribus inhæreat. Non cessabat egregius ille sancto in os obloqui, cœptoque operi ne colophonem adderet, omni ope prohibebat. Prorsus enim cum reliquis Laconibus illi non conveniebat, sed e diametro adversabatur; unde & Judæorum fugam injuria & immerito factam affirmabat, eamque civibus vitio vertere, atque illos hoc nomine sugillare & traducere non verebatur; cumque opificii cujusdam obtentu, quo poliri & illustrari textilia solent, horum unum in urbem introduxisset, intercessit illico Nicon, bellatorque juxta Prophetam factus, consueta lenitate paululum intermissa leoninum animum induit, & fuste, qui prope jacebat, arrepto, Judæum male acceptum foras extrusit; formidabiliorque hostibus, quam Hercules ille sua clava visus est. Judæorum enim gentem usque adeo aversabatur, ut nec lingua, nec auribus usurpare illorum nomen vellet, ut jure in illum Davidis verba convenirent. *Qui oderunt te, Domine, oderam, & super inimicos tuos tabescebam, perfecto odio oderam illos & inimici facti sunt mihi.* Propterea nomina eorum labiis meis non commemorabo.

40. Hæc vero cum audiisset a furore nomen trahens Aratus, rabie tumens, ut semper litium amans & impudens, atque ad immania præceps est improbitas, in sanctum anhelans irruere, conviciis onerare, præscindere, minis deterrere: quamquam inanis hæc illi strepitus erant, & pro larvæ terriculis habebantur. Qui leni ad voce, nec enim contendere prorsus nec alterari norat: Abi, inquit, ad te redi, infelix, desine scelera tua, brevi enim senties, quis arrogantiæ fructus, & qualia nequitiæ sint præmia. His dictis, & tamquam in mortui, quod aiunt, aures effusis, ad monasterium regressus est. Hominis enim animum verba non penetrarant. Quare non destitit amens ab incœpto, quin adversus sanctum de more fremeret, præscindens illum, figensque tota urbe dignis furore, & insania sua probris & contumeliis, quin etiam minas intentabat, nesciens stupidus & vecors, quod non glorietur malitia adversus virtutem, nec proficiat inimicus contra electos Dei, ut scriptum est, *Et filius iniquitatis non apponet nocere eis.* Quid tum autem consecutum est? Tantum abfuit, ut ejus minis ac maledictis avocaretur, ut in his potius, Domini exemplo, tamquam laudibus triumpharet. Dominus autem de cœlo auditum fecit judicium, & malitia justissimas pœnas dedit. Verba in rem misero abierunt. Nam dignos amentiæ suæ fructus tristi, & miserabili vitæ exitu percepit. Nec tarda fuit vindicta, qualis sæpenumero divina bonitate conversionem præstolante contingere solet, sed e vestigio; derepente, nec opinanti, ut mox dicam, oppressit.

41. Nocte proxima objecti sunt infelici duo senes in somniis, quos alii duo sequebantur, forma quidem Eunuchi, sed longe quam humana præstantiore, ab his vero flagris cædi sibi videbatur, & his verbis increpari: Quomodo tu eo provectus es audaciæ, ut Dei servum contemnere & conviciis ap-

petere non dubitares? Deinde in obscurum post verbera carcerem detrudi, & cum veniam multis orasset, vix tandem cædendi finem fecisse: nec tamen e custodia dimisisse. Experrectus igitur gravem statim in febrem incidit, accitoque Nicone ad ejus pedes advolutus, misericordiam imploravit. Cui beatus: Quæ in me perpetrasti, ait, ea tibi frater, quantum in me est condonabuntur. Sed quoniam vitæ finis tibi cœlesti decreto præstitutus est, nemo erit de cetero, quemadmodum ait Propheta, qui Dei consilium dissipare possit. Et his dictis, ad monasterium reversus est, illi vero tertia post dies infelici morte vitam eripuit. Ex quo metus ingens, ac trepidatio Lacedæmonios invasit: nec repertus est quisquam e minimis & maximis, qui ad Niconem non advolaret, ejusque jussis pareret, fidem enim fecerat omnibus exemplum, qui Christi servos ludibrio habent, *Quoniam utique est fructus justo, & Deus judicans eos in terra.*

42. Sed consequens est, opinor, ut ea nunc exponam quæ in templi ipsius ædificatione mirabilia contigerunt. Effosso igitur fundamento, ac justam fere in altitudinem producto, lapis occurrit mole ingens, minimeque tractabilis, & quem loco movere Herculeus quidam labor videretur, qui & a numerosa hominum manu conjunctis viribus *Nicon ingens impulsus immobilis stetit. Nicone autem levi saxum preci-manu attingente, penna levior factus, facili-bus eruit ex me ejectus est.* Dum erigitur, dæmones qui magno civium damno locum insederant, prope quos, opinor, templum illic extrui Deo visum fuerat, fucorum specie evolantes, opifices labori intentos, haud leviter perstrinxerunt; at sanctus & illos statim precibus suis ac signaculo sanavit, & vulnerum auctores loco pulsos ad abyssi latebras detrusit. Ita lapis sine cruore sublatus & nefarii spiritus per Niconis imperium profligati. Iis enim qui Deo soli vivere volunt, quique acceptam gratiam non corrumpunt, omnia semper obsecundant.

43. Quia vero sacræ ædis molitioni operam navantibus tum non parva erat multitudo, facileque consumebantur quæ Christiani ad eorum victum conferebant: vini porro probi ac integri penuria summa erat; ipsemet ad vinarium vas accedens, quo infusum pridie vinum fuerat a cive quodam tenuioris fortunæ; sed immaturum acerbumque adeo, ut ex odore ipso vitium deprehenderetur; omnipotenti Deo supplicavit, ut acidam vappam in melius converteret. *Vinum acidum in melius mutat.* Quid hic egit mirabilium auctor qui glorificaturum se spopondit, quorum ipse operibus glorificaretur? sicut nimiam olim marrhæ amaritudinem in dulces aquas, & aquam rursus in vinum ad Canam Galilææ converterat, ita tunc exorante sancto, ex acido corruptoque, optimum & cor hominis valde

lætificans vinum facit, quod operis ad multos dies stupentibus, Deumque laudantibus exuberavit, eademque fide nixus in reliquis etiam vitæ sumtibus abundabat, ut nihil habens omnia tamen possidere juxta Apostolum videretur. Dei enim providentia & larga ejusdem copiosaque dextera, quæ aperitur & omnes implet ac sustentat, suos minime destituebat.

44. Nec solum in sumtibus videre erat uberrimam affluentiam, sed in opere etiam ipso quotidianos processus & incrementa, cui laborans ipse cum ceteris, momentum haud leve spiritu potius quam corporis viribus conferebat: ita ut postridie in ædificio *Fabricæ* amplius semper aliquid, quam pridie reli-*se ipsa mæ-* querat, accessisse, ac modo cubitum, modo *teriæ su-* plus etiam operi adjectum offenderent. Sed *conis.* & materia, quæ interdiu penitus absumta fuerat, eadem noctu ad Niconem divinitus transmissa, postero die omni ex parte redundabat, ut fidem ex eo capere liceret, divinum revera id opus esse, Deique nutu elaborari, nec minus ex ignea columna, quæ supra fabricam noctu, inde ad cœlum pertinens cernebatur, quam a se procul visam adjacentium locorum accolæ affirmabant.

45. Die quodam cum amoris fideique, *Nænncnur* quam erga eum primores urbis profiereban-*vinctis ut* tur, periculum facere placuisset, quoniam *mercedem* ad mercedem fabris numerandam ne obo-*operis.* lum quidem habebat in promtu, persuasit eis, ut injecta in ipsius collum catena per urbem vinctum mancipii more raptarent. Cujus rei fama simul ad populum pervenit, reique causam intellexit, certatim omnia, quæ trahentibus debebantur, exsolvit, & preces a Nicone pro pecunia recepit. Hac autem catena quid beatius dici possit, quæ puræ sanctæque illius carnis contactu sanctificata, & habitantis in eo spiritus particeps effecta, morborum, ægritudinumque liberatrix evasit? Per quam dæmones ab energumenis fugantur, prodigia fiunt admiranda, curationesque assiduæ omnibus, qui fide integra suam illi cervicem subjiciunt: Nam etsi ferrea est ejus natura, at divinam virtutem adepta est, quam dæmonum acies perhorrescunt, angeli reverentur, triumphat vero exultatque sacrum templum, hanc velut aureum quoddam monile, pretiosumque mundum in ipsa beati corporis ædicula suspensam custodiens, unaque etiam divini capitis pileolum integumentum, quod omnium generum morbis præstantissimo est remedio, quæ nos ipsi pio sensu adorantes, & sanctitatem inde hausimus, & insidentem in illis divinam gratiam experti sumus.

46. Sed ad Niconem redeat oratio. Perfectum jam templum erat, & sacrum mo-*Templum* nasterium, aut sacrum potius diversorium, *absolvitur &* tabernaculumque in terra cœleste, ac terra *consecratur.* sublimius, tanta erat templi, tam varia & multiplex

VITA S. NICONIS.

multiplex pulchritudo, columnarum nitor colorque, lapidum fulgor, picturæ, artisque elegantia, materiæ omnis varietas oculos rapiens, omnia demum pari venustate & magnificentia, quæque cum Phidiæ, & Zeuxidis, ac Polygnotis operibus comparata, nullius illa pretii vel exigui fuisse demonstrarent, ut quamvis indicaret nemo, perspicuum tamen spectantibus esset divino consilio, ac divina etiam manu perfecta & ornata hæc fuisse. Sola templo deerat dedicationis consecratio. At Nicon summo in eam curam studio intentus, cum omnia quæ usui forent, scite præparasset, adiit ipse religiosum, de quo diximus, episcopum, oravitque, ut ad templum ecclesiastico ritu initiandum descenderet, poliebanturque etiamnum sacræ mensæ columnæ ab artificibus, quarum una latomorum negligentia ita confracta fuerat, ut avulso fragmento ceteris brevior esset. Hoc ergo vitium sancti metu tegere cupientes, fragmentum columnæ agglutinarant, sed frustra; male enim coagmentata minime cohærebant, nec sanctum latuit, quod clam eo factum putabant: quia prope aderat ad cor loquens, qui finxit singillatim corda hominum, qui ab eo non est passus, quod gestum fuerat ignorari. Quare postquam ad templum cum episcopo cleroque pervenit: Stulte, ait omnibus audientibus, per absentiam nostram aliquid hic factum est. Sed verborum sententiam tum quidem nemo intellexit; postmodum autem res patefacta est, cum episcopus ceromaticum columnis imponeret, tum enim columna illa inutilis apparuit, quæ forma quidem & crassitudine persimilis, longitudine autem ceteris brevior erat: cui quod deerat ligneo fragmento supplere artifices conati, cum diu frustra desudassent, fragmentum enim modo brevius, modo longius videbatur, Nicon genibus ter flexis, solemnique prece coram veneranda Dei matris imagine rite peracta, desperati operis idoneus auctor inventus est, nec diuturnus labor fuit; admota manu lapis in ceræ modum emollitus excrevit, reliquorumque mensaræ æquavit, nec minus apte quam illi suo loco stetit, mirante facto episcopo, & consecrationis solemnia non sine stupore ac metu prosequente.

Columnella facta a Nicone precibus infracta.

47. Nec destitit ex eo tempore sacrum hoc templum Spiritus-sancti gratia illustrare. Quodam ergo die cum incruentum in eo sacrificium offerretur, columba auri specie fulgens in adytis circumvolitare visa est, & alias rursum sub vespertinos hymnos cum sacra biblia legerentur, sonus quidam exaudiri, tum columba eadem specie per adyta volitans, hinc sese in pervigilem lucernam subito insinuare. Accidit etiam non raro, ut lucernæ in templo suspensæ nulla ventorum vi impulsæ, suopte nutu agitari inter se moverique viderentur. Peragebantur ali-

Miracula templum illustrant.

quando vespertinæ laudes, prima autem hebdomadis dies erat, cum sphæristarum aperto gymnasio juvenum frequens manus infra sacram ædem constitit; aque inter alios prætor Gregorius, pars & ipse certaminis, cum indigenis ludens; ludi enim amans erat, ludicrisque supra modum capiebatur. Et quoniam inconditæ clamantium voces, tam ludentium, quam spectantium exaudiebantur, adeoque perstrepebantur, ut a sacris hymnis avocarent, & mentem in illis figere non sinerent; zelo Dei percitus Nicon celeriter adproperat, belluinamque hominum barbariem libera voce, & qua justos uti decet libertate castigat. At prætor vir amari alias ingenii, & tum maxime ludo intentus, ut qui a paribus se vinci doleret, impotenti adversus sanctum actus rabie, præscindere maledictis, manusque ad vindictam ausus attollere, urbe denique expelli jussit; jamque ducebatur hilari pacatoque vultu Domini sui exemplo, leviusque injuriam quam ceteri maximos honores ferebat. Ceterum nec sera, nec pedibus, ut poëta dixit, tarda fuit ultio, quando velocius junctisque vestigiis contumeliosum secuta est. Nam cum primum ad excipiendam sphæram manum sustulit, paralysi repente icta est; idem porro membris omnibus statim solutus & enervatus, ad catholicam ecclesiam aliorum manibus elatus est, ubi acutissimis & gravissimis doloribus excruciatus, mortem præ illis in lucro ponens, lamentabiles questus edebat. Cumque magna medicorum sedulitate curaretur, & remedia omnia infra malum essent, ita ut inanis ac vana omnis ab illorum arte spes esset, causam exquirit episcopus, cur tam repentinus morbus invasisset: erat enim & ipse medicinæ artis peritissimus. At ille, quæ in Niconem admiserat vel invitus exposuit, hunc mali sui fontem & caput esse non dissimulans. Quo cognito, episcopus objurgavit ille quidem hominis temeritatem non leviter: tum opportuno consilio auctor fuit, ut factum poneret, & a Nicone supplex illatæ injuriæ veniam oraret. Norat enim unde certæ medicinæ spes esset. Paruit ille, abjectoque fastu, ac prætoriæ potestatis supercilio, Niconem multis precibus per nuncios accersiit, qui quidem acceptæ injuriæ oblitus, dicto citius adfuit, didicerat enim ut contumelias pati, sic easdem ultro remittere, aut potius benefactis & officiis compensare. Prætor autem ut illum vidit, ad ejus pedes se abjicit, & qui modo turgidus animusque ferox iras tantum & injurias spirare videbatur, supplex factus, erroris veniam lugubri voce rogat, ejusque preces, unicum salutis suæ pharmacum implorat; semper nimirum imbecilla res est vitium, fortis autem ac stabilis virtus. Quid ergo ad hæc divina mens? An exprobravit hominis amentiam effrenatamque audaciam? Aut as-

Gregorius prætor in Niconem injurius paralysi corripitur.

Veniam ab eo petens sanatur.

pernari orantem & tantisper abnuere visus est? Minime gentium. Qui enim faceret, qui discipulus [aut acerrimus potius] mitis illius & pacifici imitator erat, ad benefaciendum magis, quam ad plectendum natura comparati? Itaque non solum veniam dedit, sed sanitatem etiam precibus suis admota manu restituit: itaut cibum statim sumeret incolumis, & libere atque expedite loqueretur, miraculo vel oculis ipsis qui spectabant fidem vix faciente.

Nicon arcana de Sclero Bardæ reve- & de Barda Phoca.

984.

48. Huic ipsi & Scleri Bardæ rebus post ejus e Babylonia reditum, audire cupienti (nec enim abdita, intuentis gratiæ exsortem illum esse arbitrabatur) narravit Nicon, Sclerum quidem ad imperatores reconciliatum festinasse: ejus vero cognomine alterum ipsius audaciæ ac rebellioni successisse, attamen nec illi profuturam tyrannidem, nec imperatoribus superiorem fore. His ergo prædictionibus consentaneus fuit eventus, & eum qui prædixerat admirabilem declaravit. Ac prætoris quidem Gregorii, sanctique res hoc modo se habent.

Basilius Apocaucus prætor Bulgarorum metu per Niconem liberatus, & morbo.

49. Non longo post tempore, Basilius cognomento Apocaucus, prætoris munere nuper auctus, Corinthi versabatur, isthmumque illum præsidio contra Bulgaricos incursus tuebatur. Graviter autem illum angebat non solum molestus ac difficilis morbus quo tenebatur, sed multo magis urgens metus & pavor Bulgaricæ incursionis, fama gliscente; gentem illam tota Epiro grassatam, in Helladen atque in Peloponesum copias convertere. Proinde missis Spartam nuntiis, Apocaucus Niconem evocarat; enim vero compleverant ejus aures quæ de illo passim narrabantur, præcipue quæ de summa illius in Deum fiducia & libertate acceperat. Ex quo autem virtutis ejus illecebris capi cœperat, beatum ejus vultum cernere vocemque audire votis omnibus gestiebat, semper enim apud omnes gentes in pretio & veneratione fuit vera philosophia. Divinus quidem vir caritate præstans, Apocauci petitionem propenso animo accipiens, antiquius nihil habuit, quam ut Corinthum celerrime contenderet. Quo appellens, non solum morbo ægrum sua præsentia liberavit, sed metu etiam ac terrore Bulgarorum, illos alio cursum suum flexisse significans. Ita omni ex parte fausta & jucunda Basilio fuit Niconis oratio. Cum ergo dies septem illic posuisset, malorumque impendentium Ilias per cum discussa & sublata esset, domum revertit. Ubi sensuum habenas usquequaque contrahens, intro semper flectere cogebat, adeo ut majore in mediis tumultibus tranquillitate, quam eremicolæ desertis in locis frueretur. Sed postulat res, ut quæ in via mirabiliter gesta sunt commemorentur. Iter enim faciens cum altero pio viro ac religioso eodemque, presbytero, cum obscura nox esset, ambo in vetustissimum templum quietis causa in-

gressi sunt, statisque ante somnum precibus persolutis, cum somno humi se dedissent, experrectus postmodum sacerdos, quasi lucernæ faculam videt in illa noctis caligine, diffusis supra crucigeram Niconis virgam radiis coruscantem, totumque templum splendore suo collustrantem. Obstupefactus igitur hoc viso, divinum hunc virum esse sensit, matrisque memor, quæ diuturno confecta morbo, multos annos lectulo affixa jacebat, pro illius salute implorandum censuit. Vix animi sensum expromserat, cum ille fidem hominis adeo constantem admiratus pannosi, quo tegebatur, amictus oram secans, porrigensque sacerdoti: Vade, ait, frater, & sacra Theophaniorum sanctificationis aqua hanc imbuens, da ægræ potandam, & Dei gloriam mox videbis. Paruit mandatis presbyter, matrique intinctum pannum attulit; quo delibato, res mira, subito convaluit, quæ orci januis proxima fuerat, & Dorcadis instar incolumis e lecto profiluit.

Niconis laculus nocte radiat.

Ora vesti ægram sanat.

50. Ita Niconi ne parerga quidem, quæ obiter agebat, miraculis carebant. Spartam autem repetens, ut dixi, cum itineris sociis more suo philosophabatur, de illa æterna vita disserens, eosque melliffluis ac divinis monitis ad pietatis amorem mirifice incendebat. Cum vero viam quæ Amyclis huc ducit, attigissent, suavique illa ejus illecebra deliniti attentius audirent, quia & æstas erat, & meridies æstusque oppido ingens, & ardor intolerandus, viæ comites siti gravissima cruciari cœperunt: nullus porro toto illo spatio vel fontis latex, vel fluminis, aut torrentis decursus, aut alia demum aquæ copia erat. Quare consternati animis, humoque prope viam prostrati, vitam ægre spiritumque præ sitis ardore ducebant. Quod eorum discrimen miseratus Nicon, primum ad solita precum auxilia se convertit, deinde crucigera virga humum, in qua precatus fuerat percussit: nec mora, ô mira iterum, Christe mi, opera tua!, aqua dulcissima & clarissima, potuique aptissima ex terræ visceribus erupit, cujus haustu miseri illi, qui tabescebant, recreati corroboratique, sanctum virum alacres præcipua cum admiratione secuti sunt. At enim, aqua illa, quæ sic effluxerat, perennem in fontem versa, manet etiam nunc, & commune viantibus depellendæ siti solatium præbet. Ubi & sacellum postea ter beati nomine ab accolis monachisque per Zosimam pium virum & moribus laudabilem a fundamentis excitatum est. Ergo qui e fonte illo in dies hauriunt, suavique ejus potu reficiuntur, institutum iter hilarius Deum Niconemque prædicando conficiunt.

Fontem virgâ iterum elicit.

51. Lacedæmonem vix redierat & verephilosophiæ monasterium suis reddit ibat, cum paucis post diebus, quoniam invidia quiescere nescit, ab improbis quibusdam malevolisque hominibus per calumniam accusatus Johannes ille Malacenus, nobilitate

Johannes Malacenus a calumnia liberatus precibus Niconis.

generis ac splendore, necnon humanæ sapientiæ laude non inter Lacedæmonios modo, verum etiam tota Hellade ac Peloponeso facile princeps: accusatus autem apud eum, qui tunc imperii sceptris potiebatur, Basilium scilicet Romani minoris filium, regum omnium fortunatissimum, cujus & vita illustris, & imperii spatium longissimum fuit, & victoriæ ac trophæa de hostibus quamplurima: per quem & Bulgaricæ gentis princeps anno 1009. ut memorant historiæ, Samuel ille viribus & robore inexpugnabilis, in Creta cum innumerabili Bulgarorum multitudine fractus ac subactus est. Mittuntur itaque ab imperatore satrapæ duo militum legionem trahentes, ut Malacenum ex improviso comprehendant, vinctumque ad reginam urbium ducant. Defectionis enim, perduellionisque crimen in eum concinnantes æmuli, imperatorias aures falsæ accusationis calumnia oppleverant. Ut ergo in Lacedæmoniam pervenerunt, & virum cujus causa missi fuerant, comprehenderunt: evocat ille confestim virum Dei, quem ob egregia facinora præcipuo in honore habebat, gravique dolore anxius, Ora, inquit, ora pro me misero, serve Dei, ne imperatoris ira male peream. Quem sanctus blandis contra, melleisque verbis respondens, confirmare animum jussit, nihilque tristius formidare. Tum eximia quadam vi caritatis, mensæ simul accumbens & lætitiæ poculum, ceu poëticum illum cyceona malorum omnium oblivionem mœrenti propinans, oraculum adjecit, regiam potius benevolentiam adepturum, vitam anteacta beatiorem acturum, altiores ad honorem gradus conscensurum, de omni denique molestia & calamitate triumphaturum, & me, inquit, videbis, & in patriam sub vitæ finem revertere. Nam & hac quoque, ut supra dictum est, a Patre luminum ornatus gratia fuerat, ut futura æque ac præsentia prævideret, atque omnia sane, ut prædixerat, evenerunt. Malacenus ergo tamquam a prophetica & divinitus agitata lingua hæc audiens, nihilque penitus abigens, vehementer exhilaratus est, navigationemque consalutato Nicone securo animo exorsus est. Postquam ad imperatorem pervenit, & conficta ab æmulis criminatio, veritatis luce, sed Niconis maxime precibus discussa est, majorem deinceps apud imperatores gratiam, ampliores honores, gloriam ac famam adeptus est, adeo ut principem in senatu locum obtineret.

52. Transacto post hæc tempore non brevi, cum Malacenus Constantinopoli adhuc esset, Nicon ad immortalem beatamque sortem transiit. Quod ille cum accepisset & dulcem illam spem, qua futurum ex ejus verbis non dubitarat, ut acceptabilem vultum adspiceret, sibi quodammodo ereptam sentiret, vehementer angi animo, variisque cogitationibus æstuare cœpit, gravem præterea vitam ducere, nisi quod ille promiserat, re perfici videret. Fide igitur confirmatus (neque enim expers illius erat scientiæ, qua cognosci Dei mysteria solent) quid agit? quo se convertit? Pictorem advocat arte, manuque insignem, & qualis habitu, veste, capillis sanctus fuisset verbis designat: tum aptis coloribus in tabula totam ejus imaginem exprimi jubet. Reversus domum pictor, pretiumque operæ ratus, quod jussus fuerat quam accuratissime posset exequi, post varios conatus frustra tandem se laborare animadvertit. Nec enim ex sola narratione poterat quamvis peritissimus artis, & exercitatissimus esset, quem numquam viderat, ad veram similitudinem exprimere. In hac igitur cura versanti, vehementerque dolenti, quod oris lineamenta effingere non posset, ante oculos repente extitit monachus quidam, qui in ædes clam penetrarat, statura procerus, habitu eremitico, obsoleta veste amictus, coma squalens, capillitio barbaque niger, in omnibus denique beato viro simillimus. Nam & virgam manu gerebat, cujus apex in crucem desinebat, qui pictore comiter salutato, mœroris sollicitudinisque causam sciscitatus est. Ille vero & causam mox aperuit & operis definitionem demonstravit. Tum leni ad eum voce monachus: Me, inquit, adspice, frater, mihi per omnia similis est, quem depingis; ut ergo acrius in illum oculos intendit pictor, penitusque circumspexit, illum ipsum esse agnovit, quem Malaceni verba designarant. Quare ad tabulam reflexus, ut conspectam formam imitaretur! O rem admirandam, sacram ter beati effigiem in tabula suis lineamentis suapte expressam sponte videt. Cumque miraculo stupefactus ad sanctum subito *Domine miserere* cum horrore inclamans, se convertisset, illum amplius non vidit, jam enim avolarat. Itaque ad delineatam divinitus formam, reliqua colorum pigmenta adjiciens, perfectam imaginem, qualis hodie in sacro beati fano suspensa visitur, omnibus numeris absolvit, statimque ad spectabilem Malacenum cum illa properans, omnia illi, ut acciderant, ordine percensuit. Quibus ille auditis, cum ex oblata pictori Niconis specie ne in hac quidem parte inanem fuisse ejus prædictionem animadverteret, ingenti gaudio perfusus, mirabilium Dei operum laudes, & quantam a spiritu sancto gratiam sortitus Nicon esset, prædicare numquam destitit.

53. Sed Malaceni quidem, & sacræ imaginis historia sic habet. Nunc autem de beatissimi viri excessu necessario nobis etiam dicendum est. Erit siquidem & utilis & salutaris audientibus narratio. Appetebat ergo tempus, quo cœli amans, virtutis spirans columna vir Dei infera hæc relinquens, ad

Deum, quem impense amarat, proficiscetur, & pro laboribus præmia, quæ sperarat, mercedemque reciperet. Et quia suprema vitæ dies, quam Deo revelante prævisam & cognitam habebat, in illa dicessus sui cogitatione totus erat, cupiebatque cum apostolo dissolvi, & esse cum Christo. Leniter ergo cum ægrotasset, in monasterii vestibulo exponi se jussit, civitatisque primoribus evocatis, cum genere omni monachorum ac sæcularium, primum quidem alto quodam sensu mentis, summa animi modestia singulas vitæ suæ partes, & quæ occultarat ab origine patefecit. Deinde & patriam, & genus, & modum abdicationis, divinum insuper, sincerumque æterni patris amorem, quem infixum animo gerebat, quibus à Deo muneribus affectus, quanta Spiritus-sancti gratia decoratus fuisset; omnes denique res suas ordine commemoravit: exitumque imminentem, & quam acri desiderio ad Deum pergeret, significavit. Quam ad orationis partem cum venisset: »Ego quidem, inquit, » filii & viscera mea, quos parturivi, & genui » in Spiritu-Sancto, ad Dominum omnium & » Deum nostrum abeo, & resolutionis meæ » tempus instat: vos vero monita mea memoria semper retinere oportet, & animarum salutem serio amplecti, scientes post discessum ex hac vita, pœnitentiæ vim nullam fore. Illis autem ejus obitum communem orbitatem suam reputantibus, & separationem hanc profusis lacrymis planctuque lamentantibus, cessare eos a luctu jubebat, qui carnalium hominum proprius esset, ac Deo potius gratias agere, ut eos deceat, qui in eum credunt, & spe meliore sustentantur.

Obitum suū prænoscit, & ad eum se comparat.

Suos hortatur ante mortem.

54. Post hæc parænesim alteram spiritu afflatus (quibus sirenibus, aut quibus olorum cantibus non suaviorem?) exorsus est. »Filii mei carissimi, & desiderabiles, attendite, » inquit, vobis ipsis, & quæ à me monita » accepistis, quæque modo dicturus sum, pari » cura observate. Oportet enim vos Dei timo-» rem præ oculis perpetuo versare, pietatem » undequaque colere, ab ecclesia non recede-» re. Arrogantiam, turgidosque spiritus, dira » & pestifera animi vitia procul semper habe-» tote, veram autem humilitatem alacres am-» plectimini: tum ante omnia maximam, & » latissime omnium patentem virtutum, cari-» tatem, inquam, adversus Deum & proxi-» mum omni studio sectamini. Hæc enim est » vinculum perfectionis virtutum, & quod sal » pani, hoc virtutibus est caritas; ac majo-» rem humilitate caritatem hinc videre est, » quod Dominus ipse per suam erga nos cari-» tate humiliavit semetipsum, & similis no-» stri factus est. Ad hæc, filii, hospitalitatem ne » obliviscamini, mendicum & nudum ne des-» pexeritis, infirmos visitare non pigeat, paupe-» rum misereri, prostratis & afflictis opem » ferre, liberare oppressos de manu injusti &

iniqui: fraternum amorem retinete, invidiam, æmulationem, mutuum odium, & reliquas vitiorum pestes a vobis removete. Addam & aliud, quod minime quidem laboriosum, sed purgandis animæ maculis peropportunum didici, peccantibus erratorum facilem veniam date, hoc enim gratum in primis, si quicquam est Deo, abstergendisque malis nostris aptissimum. Oportet etiam vos, fratres, viduas tueri, orphanos protegere & egenis liberaliter erogare, fornicationem omni contentione fugere, temperantiamque adamare, sine qua Deum nemo apostolo teste visurus est. Erga famulos æquo & benigno animo esse, malum autem pro malo nulli rependere. Sed & commissa identidem spiritualibus viris confiteri, ad eam rem quam maxime idoneis. Ad hunc modum, si vitam vestram composueritis, orphanos ego vos, patris orbitatem lugentes, carissimi non relinquam: sed curam vestri patri illi committam, qui omnia ratione & sapientia produxit qui communis omnium parens, & dominus & curator est, salutem omnibus abunde impartiens.

55. Hæc & plura hortatus cum esset, non humana sapientia, sed Spiritus-sancti dono, ac munere verba fundens, ut idem illi, quod olim Hieremiæ a Deo dictum videretur: *Ecce ego dedi sermones meos in ore tuo.* Post manus illis orando impositas, post suprema, ut potuit, dictæ salutis officia, cum denique adjecisset: *Deus cum caritate vestra sit vobiscum,* oculos in cœlum intendens, *Domine,* ait, JESU CHRISTE *Deus, in manus tuas commendo spiritum meum,* & puram sacramque cum his verbis animam efflavit, & ad immortalem, beatamque sortem, velut olympionices quispiam, angelorum cœtu dignus, vitæque ante actæ, & laborum præmia percepturus evolavit. Tum vero, tum scilicet Spartanæ urbis populus universus, totaque adeo circumjacens provincia, omnium ordinum atque ætatum, Niconis transitu evulgato, summo animorum ardore hinc inde confluxit & apum instar ad favos advolantium, ad supremam beati viri benedictionem accurrit. Magni adeo præmii & honoris in parte numerans, vel ad septa ipsa propius accessisse, & beatum vultum oculis conspexisse. Itaque fervebant viæ, & compita concursantium turbis, miracula vero creberrima emicabant. Quin ut fidei suæ specimen darent nonnulli, agrestius quiddam rudi temeritate ausi sunt, alii squalentis comæ cinnos præcidere, alii barbæ pilos, alii partem aliquam obsoleti pallii vel straguli auferre, adeo in votis omnibus erat, aliquid ex sancti reliquiis ad vitiorum morborumque curationem decerpere: quos sane spes sua non fefellit, promptam enim salutem adepti, quotquot erant, incolumes domum, lætique redierunt.

Migrat e in magno gentilium contestu. &c. miraculis.

VITA S. NICONIS.

Sepelitur ab episcopo.

56. Ecclesiæ vero clavum id temporis regens, de quo sæpe jam dictum est, episcopus vir & fama illustris, & virtute supra famam illustrior, cum reliquo sacerdotum, & cleri, monachorumque agmine funeris solemnibus rite procuratis, purum, sacrumque corpus congrua veste involutum, summota, ut licuit, populi turba, quæ divino spectaculo satiari non poterat, in loculum *Unguentum* deposuit, ex quo mox unguentum fluvii ritu *prosluit ex* ab sacro tabernaculo scaturire cœpit, nec *loculo.* in posterum ullatenus exaruit, unguentum inquam, & specie inusitato, & vi ac facultate inexplicabili. Videres enim & claudos hoc liquore perunctos, rectis pedibus exsilire, & cœcos visum recipere, & furiosos pulsa rabie sui compotes fieri; diras demum febres & tabes, & aquas intercutes, & sexcenta morborum genera sacri olei ope ab hominibus, quorum ex numero Johannes Sabbatii filius fuit, citissime profligari. Enimvero initia flexusque vitæ, ut dixit quispiam, adsimilis finis consequitur. Quod si quid interdum secus accidat, id & raro prorsus & præter morem contingere.

Miracula 57. Restat ut de miraculis, quæ sancti viri *postumentes.* mortem consecuta sunt dicamus, non omnia quidem recensentes (cui enim liceat, cum tam multa in dies facta sint, ac ne nunc quidem fieri desinant,) sed ita ut pauca de multis ad Dei gloriam, qui sanctos suos honorat, libantes, cetera consciis relinqua- *Johannis* mus. Hic igitur Sabbatii filius, ex diuturno *Sabbatii fi-* morbo in paralysim membris omnibus so- *lius paralyti-* lutus cum incidisset, ad divinam ædem delatus, unguentoque ex sacris reliquiis manante delibutus, protinus convaluit, totoque corpore consolidatus, suis pedibus currens ad matrem rediit.

Basilii Apo- 58. Prætoris munere præcipua, cum laude *cauci præto-* perfunctus Basilius Apocaucus prætor, quem *ris servus.* supra memoravimus, priusquam rediret in patriam, Lacedæmonem venit, ut sacram beati thecam adoraret, suumque in illum amorem ac studium testaretur. Discedens autem, collectum vasculo sacrum unguentum, quod sanctificationi, malisque & morbis omnibus depellendis esset, domum tulit. Domi ergo quemdam ex famulis, quem in intimis habebat, gravi lethalique morbo decumbentem, & desperata per medicos valetudine deploratum nactus, divino quod gerebat unguento Gregorium (id enim servo nomen erat) certa fide spem fulciens inunxit. Res mira! sub mediam noctem e lectulo repente dissiliens æger, suisque pedibus ingrediens, sonora voce, qui modo elinguis erat, uxorem vocat. Apocaucus ad vocis sonum excitus accurrit, & sanitati aut vitæ potius restitutum cernens, modum causasque interrogat. Tum ille, Monachum sibi quemdam adfuisse, ait, insignem cruce virgam manu gerentem, vultuque corporis ere-

mitico, & lethalem morbum protinus pulisse. Adstans enim mihi aiebat monachus ille, (cujus etiam vultus lineamenta designabat, e quibus Apocaucus sanctum fuisse didicit) manuque prehendens, Deus, inquit, propter Apocauci fidem, vitam tibi Metanoitæ precibus largitur, & cum hoc dicto statim abiit; ego vero integram valetudinem adeptus sum.

59. Elita quidam ab impuro dæmone ve- *Elita Ener-* xatus, vinculis constrictus ad beati templum *gumenus.* perductus fuerat: constrictus autem, quia dæmonis æstu actus in furias omnia quæ manibus corripuisset, discerpere ac dilaniare cogebatur. Simul ac vero divinam arcam attigit, (sic enim potius appellare fas est) & stillante unguento illitus est, evanuit dæmon, liberumque, ut si infestus ei numquam fuisset, suique compotem dimisit.

60. Alius e Plagia non ignoto in Corinthi *Energume-* finibus vico oriundus, usque adeo & ipse a *nus alter a* fero spiritu agitabatur, ut nunc vestes dila- *Plagia.* ceraret, nunc per abrupta vallesque præceps impelleretur, interdum sepulchra ipsa penetrans, caput pulvere situque cadaverum deturpabat: obvios præterea quosque dentibus appetens, & spumas in ore versabat, & linguam fœdo spectaculo exertabat. Hic vero ad sacram pariter beati ædem pertractus, pariterque inunctus, haud dissimili modo liberatus est. Qui virtutis ansam postmodum inde arripiens, melioris vitæ mutationem per angelicum divinumque habitum professus est, & hanc velut gratiam sancto non injustam rependit.

61. Spartana insolens mulier dæmonis li- *Spartana* vore tam gravem in pedibus paralysim con- *pedum usum* traxerat, ut hi clunibus a tergo affixi, am- *recuperat.* bulandi officium negarent, & genibus repere quadrupedum more cogeretur. Jacebat misera sub fornicibus monasterii, & sanctum pro salute sua multis lacrymis verbisque precabatur. Nocte quadam, lucente luna, monachum e templi gradibus descendentem, rectaque ad se venientem videre visa est: qui cum, ut propius adfuit, virga quam gestabat, leniter feriens diceret: Surge mulier, & pedibus insiste; illa vero stridula voce id fieri posse negaret, ut quæ diuturna paralysi adstricta, movere illos prorsus nequiret: tum demum asperius aliquanto iterans: Surge, inquit, infelix mulier, nam Dominus JESUS CHRISTUS per Metanoitæ intercessionem te sanavit. Quo dicto, rejectis illico scipionibus, surrexit, & sanis firmisque pedibus ceu Dorcas altera exsiliit, gradusque conscendit. Ac medicus quidem jam abierat, illa autem tamquam nihil significantia verba ingeminans, *Kyrie eleyson*, & *Gloria tibi sanctæ Dei*, sine modo vociferabatur. Sæpe enim insperatum bonum, & quæ ex eo nascitur lætitia, de statu suo dimovere solet. His igitur vocibus excitata civitas universa, ad templum

M m m iij

accurrit, reque cognita, Deo laudes ejusque famulo meritas persolvit.

Alia cancro laborans.

62. Eo autem ipso tempore aliud miraculum secutum est, nam mulier altera ex indigenis cancri ulcere pessimo excarnificata, summumque in discrimen extra humanæ opis spem adducta, ut novum hoc miraculum agnovit, occasionem haud aspernata, spei divinæ plena, templum petit, partemque exulceratam sacro oleo linit: tum verme, qui rodebat, statim ejecto, plenam, ut ne vestigium quidem mali superesset, incolumitatem refert.

Elita serpentem evomit.

63. Elita item alter, cum serpentem visceribus excepisset, miserandum in modum ab eo depascebatur; jamque in malo immedicabili aliud potius nihil habebat, quam ut mortem omnibus invisam exoptaret. Verum & hic quoque præter expectationem sancti Niconis ope curatus est. Cum enim miraculorum, quæ in templo fiebant, fama permotus, ad sacram thecam accessisset, & lacrymis ac precibus quas immensus dolor expresserat, invocato Nicone, ad levandam sitim, qua uri cœperat, e lampade, quæ supra feretrum pendebat, clanculum in os instillasset, ô divinam sapientiam! nausea vomitum provocante, vivum simul serpentem ejecit, qui ad subjectam sacræ thecæ arcam reptando delatus, repente extinctus est. Quod cernens loci præfectus monachus, ligni pulsu convocata civitate, serpentem e sublimi loco suspendit, & rem, ut gesta fuerat, commemoravit.

Monachus serpentem egerit.

64. Alius quidam vir, vita honestus, fide fervidus, habitu monachus, in maritima Calommatæ ora natus, serpentem similiter in visceribus gestabat, acerbamque mortem expectabat. Qui cum primum ad templum venit, debitamque Salvatori Christo & venerandæ Deiferi Patris imagini adorationem exhibuit, manibusque & ipse superiorem æmulatus arrepto lychno oleum hausit, nauseam quidem nullam passus est: alvo autem commota, ad secessum egressus una cum excrementis anguem ipsum varias in partes dissectum egessit.

Calommatarum erga Niconem religio.

65. Itaque incolumis celerrimam opem adeptus est, & fidei suæ congruentem, & in gratiam maxime Calommatarum, qui sincero affectu ac studio sanctum omni cultu prosequebantur, non solum in ejus vita id testati, cum in eorum patria, ut dictum est, pœnitentiam prædicaret; verum & post mortem multo magis: quippe qui longitudinem laboremque itinerum nihil morati, huc cum familiis quotannis, quemadmodum ipsi persæpe oculis nostris vidimus, (tametsi nunc seu tempus seu vitæ humanæ infirmitas alacritatem hanc recudit) venire non intermittebant, ut solitis honoribus conventibusque suam in illum fidem declararent, & recordatione, metuque opinor divi, atque horrendi prodigii, quod apud eos, ut mox dicam, acciderat. Mos enim erat ejus olim tractus rusticis cædibus ac latrociniis infesta itinera habere: quod ut facere desinerent, cum multis verbis hortatus esset Nicon, frustra laboravit, quia cœlestis doctrinæ semen dæmonum superstitioni addictæ mentes non admittebant. Accidit ergo, ut viatores quidam quos illi de more adorti rebus omnibus spoliarant, ad sanctum mœsti recurrerent, calamitati suæ remedium flagitantes: quos ille ut bono animo essent jussit, Dei præsidio fretus ad prædatoriam illam manum festinus advolans, minis exterritos (nec enim precibus erat locus) omnia quæ abstulerant viatoribus reddere coëgit. At illi ad ingenium mox reversi, & hanc velut ignominiam ulcisci cupientes, sancto viro insidiari ex eo tempore non cessarunt, quoad aliquando pœnitentiæ prædicationi intentum, opportuni agrestium ferarum instar in eum irruere, capillos vellere, pugnisque, ô sceleftas manus! contundere ausi semivivum reliquerunt. Divina vero ultio tantum nefas horrendo supplicio mox expiavit. Dehiscens quippe tellus totam illam latronum catervam cum colle, cum agris, cum tectis, & vicinia universa, ceu Dathan olim, atque Abiron, funditus hausit, & tamquam nativo tumulo miseros ad orcum detrusos contexit. Quo deinde congestis aquis partim ex terra ipsa enatis, partim hinc inde confluentibus, in paludem, qualis nunc cernitur, tota loci facies conversa est, formidabilis hiatus memoriam æterno monumento conservantem, quin etiam fastigium quoque templi, quod Michaëlis cœlestis militiæ principis nomen olim gessit, media in palude prominet, & certum prodigii ejusdem indicium est.

66. Ad reginam urbium profectus aliquando fuerat monasterii præpositus, idemque sacri templi custos, Gregorius Paphlago, ut imperatori preces offerret, monasteriique jura per auream bullam confirmanda curaret. Interea dum Bisantii commoratur, Lacedæmonem, reliqua Græcia, & Peloponeso peragrata, venit cubicularius quidam ab imperatore aurei tributi causa missus, qui ut pecuniæ turpisque lucri percupidus erat, magnas cum ceteris civibus, tum sacro in primis cœnobio molestias exhibebat. Solent enim civitatum imperia & exactiones, non æquis & benignis, sed durioribus, ut plurimum, & inhumanioribus delegari. Frustra autem monachi, quibus auri nihil erat, immitem ferumque precibus lenire studebant, qui aurum sitiens, velut aspis ad incantantium voces, obsurdescebat, & tamquam spinarum sonum sub lebete, quod scriptum est, omnia illorum verba contemnebat, quin & ferocius insolescens, post atroces minas in carcerem eos detruit, ac monasterium ip-

Gregorius Paphlago monachus & Niconis abbas.

Cubicularius imperatoris monachis infestus a Nicone necatur.

fum expilare deprædarique vecors meditabatur. Quod ceteri audientes, qui in eo exercebantur, ad sanctum precibus exorandum se convertunt, præsentemque ejus opem sine mora experti sunt. Etenim proxima nocte minaci atque indignabundo vultu ad cubicularium veniens, multis eum verberibus excepit, eo quod, inquiens, (ejus enim verbis utendum est) monasterii curatores, cum ipsi nihil deliquissent, vinculis mancipasti. Quod nisi eos statim exemeris, acerbus præterea vitæ exitus te manet. Profuit Palatino ad saniorem mentem hæc afflictio. Mane igitur & vinctos eduxit, & ad templum properans, sacræ thecæ advolutus, cum lacrymis audaciæ suæ veniam a sancto petiit, discessurum extemplo se Lacedæmone promittens, & civibus aurum quod exegerat relicturum, quod reipsa præstitit. Nam aureis septuaginta duobus ad Beati loculum abjectis, consenso equo, protinus excessit. Aurum ergo qui monasterio tunc præerat, Constantinopolim misit ad præpositum. Is vero coemtis hoc pretio sacris pixidibus, aliisque pretiosis vasculis non paucis, ad monasterium omnia detulit, quæ ad hunc usque diem templi usibus percommoda cernuntur, & splendorem illi non parvum addunt, variis alioqui & egregiis omnium generum ornamentis referto, cura in primis ejusdem præpositi. Hic enim vir optimus & magnificentissimus divino zelo succensus, omnem operam posuit, ut templi vetustatem abstergeret, ejusque speciem penitus renovaret. Tum donariis deinde quamplurimis auxit, columnarum fulgore, politorum lapidum coloribus variis, picturarumque præstantissimarum varietate condecoravit; porticibus etiam & vestibulis gradibusque circumcinxit, ad eam denique dignitatem extulit, qua hodieque spectatur, & præclarum divini viri consilium pietatemque tacito præconio declarat.

67. Sed ad impium Antiochum convertenda est oratio. Præerat is ducis potestate ethnicorum regioni: eo autem inter cetera vitæ flagitia processerat amentiæ, ut ipsum Beati testamentum violare non dubitaret. Itaque finitimum ethnicorum oræ monasterii prædium invadens, sedem in eo, reclamantibus monachis, tentoriumque fixit; & ne quid sceleri deesset, cum locum profuso circum cruore contaminasset, impuro in libidinum cœno nefandisque flagitiis suo illic more volutabatur, quoad dignos tandem temeritatis suæ fructus a sancto percepit. Is ergo per noctem formidabili trucique ore illi adstans, post horribiles incussos terrores, crucigero demum baculo latus lethali plaga percussit, qua excitus cum exeuntem e tentorio percussorem notasset, famulis quidem, ut eum comprehendant, cruda & lamentabili voce imperabat: verum illi neminem videbant. Ex quo demum mali fontem miser agnoscens, sanctum fuisse intellexit, qui vulnus inflixerat, invasoremque suum ex suis sedibus pellere satagebat. Quare conscenso mox equo Lacedæmonem contendit, sed stadia haud amplius triginta processerat, cum doloris acerbitate victus, ex equo descendens, media in via turpiter in suorum manibus exanimatus interiit, atque in eo quod in Proverbiis legitur expletum est; *Anima iniquorum immaturæ peribunt, & perversi in morte repentina.* Miserum porro illius cadaver Spartam delatum sequenti nocte, ut constans fama est, ignis incertum unde in loculum irrumpens utrumque simul consumsit, & in cinerem redegit.

cap. 3. ex 70.

68. Non minus pavendum est quod sequitur. Michaël ille Chærosphactes, vir scilicet illustris, nullique inter Lacedæmonios nostros honore, gloria, operibus secundus; ad hæc facundia, indole, forma, suavitate morum, sapientia, aliaque omni laude præstans adeo erat, ut in ore omnium cum suavissimo sensu versaretur. Sed quoniam difficile est humanæ naturæ hostis insidiis numquam succumbere, rectique iter usque ad finem inoffenso pede decurrere, deflexit vir incomparabilis, & invidiæ face accensus contra monasterium impotenter exarsit, levissimo cujusdam agri prætextu, quem lædere monasterii pecora dicebantur. Ergo collecta facinorosorum hominum manu, cum ad locum venisset, primum quidem Zosymum monachum annis gravem, qui monasterii res procurabat, nihil ejus canos, nec virtutem reveritus, veste sua spoliatum, atque in terram prostratum, pugnis fustibusque ita vexavit, ut tantum non exanimem reliquerit; deinde Syracusanum illum Dionysium imitari volens, in agrestes etiam operas, famulosque sævire parabat, nisi fuga saluti suæ consuluissent; tum vero monasterii res omnes Mysorum prædæ amens exposuit, non caulis ipsis pecorumque septis parcens, quibus etiam flammas subjecit, ne quid esset quo tegi capræ ovesque, & a furum ferarumve insidiis defendi possent. Ita demum quasi parta victoria ovans in equo miser exultabat, cum subitam illatæ sancto injuriæ vindictam expertus est. Nocte insecuta, tetribili, ut in his solebat, aspectu dormienti se objicit, gravissimisque & acerrimis verbis increpans: Quid tibi mecum, ait, ut tantum audaciæ furorisque concipere, & contra nos Deumque ipsum insurgere non reformides? Sed diuturni insolentiæ hujus conatus non erunt, sentiesque tandem haud optabilem exitum fore, ac docebit experientia quantum mali sit temeritas, & projecta in Deum ejusque servos arrogantia. Atque his dictis, recessit. Michaëlem vero ardentissima illico febris invasit, & cum febri paralysis. Itaque domum relatus mortem expectabat, cum

Michael Chærosphactes.

iterum ipsi tamquam in mentis excessu oblatus Nicon, succensere porro, eademque cum minis exprobrare. Unde ad consanguineos, qui aderant, conversus: Non videtis, ait, monachum istum, qui mihi dira omnia minitatur? Tum expelli & abigi eum jubebat. Verum illi, quia neminem videbant, amplius mirabantur. Paulo post cum ad se quodammodo rediisset, ex utriusque visi argumentis mali sui causam conjectans, stultitiam suam reprehendere, calamitatemque lamentari cœpit. Heu, heu! inquit, quia mihi nunc contra quam Job contigit. *Timor enim, quem non timebam, evenit mihi, & quod non verebar accidit.* Deinde sceleris emendationem pœnitentia promittens, & quod tum cetera quæ inconsulto egerat, corrigeret, tum aularum cancellos ferreis repagulis obvallaret, morbi finem unice deprecabatur. Ceterum ejus preces a Deo exauditæ non sunt. Dominus enim qui finxit singillatim corda nostra, pravum, fictumque hominis animum intuens, qualis in plerisque solet esse mortalium, qui tempore quidem afflictionis Dei recordantur, aspernantur autem cum exerciti malis fuerint, irritam atque inanem ejus orationem abire passus est. Quare ingravescente vi morbi, in luctuosis illis vocibus oppressus est; gravi ferocibus superbisque documento, ut ira sua moderate uti discant, Deique judicia reformident.

Maligni monasterii prædium diripientes.

69. Maligni quidam spiritus quosdam ex ethnicorum gente, quos indigenæ Milingos pro Myrmidonibus vocant, homines cruentos, & latrociniis innutritos incitarant, ut monasterii pecora in prædio, quod diximus, prædarentur. Jamque abactis ovibus & capris, domum securi, ut putabant, lætique cum ingenti præda revertebantur, cum sanctus suo more in somnis apparens, duos secum validos ferosque canes ducere visus est: & primum quidem sceleftos colaphis cædere, tum deinde canes in eos immittere, quorum illi morsibus excitati cum essent, ò rem stupendam! alii ore oculisque distortis reperti sunt, alii collo in tergum reflexo, plerique vibices ex canum morsu toto corpore impressas cum acerbissimo cruciatu ostendebant, omnia denique quæ per somnum objecta fuerant, vera & non vana fuisse compertum est. Unde ad scelerum pœnitentiam versi, suam ipsi audaciam, temeritatemque damnare cœperunt, deinde amicos rogare, ut ad sacrum monasterium quantocitius veniam a sancto, præmissa pecorum restitutione, precaturi contenderent. Quo perfecto, prædaque interim ex voto redintegrata, pristinam statim incolumitatem receperunt, domumque multum ab illa naturæ immanitate mutati redierunt.

Monasterium S. Nicolai in portu Spartano.

70. Monasterium est ad Lacedæmoniis portum in urbis conspectu ad occidentem situm, in quo mirificus summusque inter pontifices Nicolaus præcipua colitur veneratione. In eo sub magistri disciplina novitius quidam adolescens exercebatur, Lucas nomine, qui hodieque monasticæ vitæ, & sacerdotii dignitate clarus vivit jam canescens, cujus ex ore non semel audivi cum narraret, quanto & quam eximio beneficio a Nicone affectus esset. Afflarat illius genas pestilens quædam aura, atque ita eas totumque os deformarat, ut ad summos dolores hoc etiam incommodi accederet, quod cibum præter succos decoctæ pultis, aut medullarum quæ extrinsecus infundebantur capere nullum posset. Humana porro remedia nihil juvabant, nec aliud restabat, quam ut divinis se traderet. Ergo ad sancti opem recurrit, & ante venerandam ejus imaginem pro ædis sacræ vestibulo ubi habitabat suspensam consistens. = Sancte Dei, inquit, si tibi obscurum non est, qua ad te fiducia, gravissimi morbi exitum petiturus accedam, adesto mihi indigno, & me ope tua fraudari noli. In Deo enim, & in te ejus famulo salutis meæ spes omnes collocavi. Hæc ille defixis in imaginem oculis cum orasset, Deo inspirante, beati templum cogitatione ingreditur, fideique plenus, pulverem qui in sacro loculo hærebat, labiis suis absens delibat, & procul positus cum implorat, quem præsentem per gratiam esse posse non dubitabat. Quem vero non delectet novæ, & subitæ curationis miraculum? Solvitur in somnum post preces adolescens: in somnis autem visus est sibi in occiduo graduum, qui ad sacram ædem ducunt, ascensu stare, ubi præter divinam domini imaginem, quam antiphoneti appellant, ipsius etiam Niconis effigies expressa est; cumque hanc mali levamen orans adoraret, vocem ab eadem sancti effigie prodeuntem audire, quæ juberet, ut deprompto e lychno, qui prope eum locum pendebat, oleo affecta membra perungeret; quod dum facere se per speciem somniat, manu ad lucernam vix pertingente, cum oleum capere non posset, lychnus ipse inverti, totusque in eum infundi visus est. Quo ille casu pavefactus, abeunte somno, cum evigilasset, ò rem admirandam, & lychnus olei plenus, & ipse incolumis omni malo depulso inventus est, ac primùm sane, quod in somnis gesta res esset, ægre sibi persuadebat: postquam vero rem certam esse comperit, Deo gratias, & Niconi agens, præpositum & monachos intempesta adhuc nocte ad spectaculum excitavit.

Antiphoneti imago Chisti.

71. Quidam hodie superstes ex iis qui prædicto in monasterii prædio commorabantur, acris humoris influxu videndi facultatem amiserat, maloque jam inveterato humanæ artis remedia nihil proderant. Quare his omissis, ad communem, gratuitumque medicum conversus, seipsum in oratorio, quod in ipso prædio Niconis nomini dicatum erat, coram sacra ejus imagine constituit,

Oratorium S. Niconis in quo sanatur Procopius rusticus.

tuit, & manus mentisque oculos attollens: Discute, ait, tenebras meas, ô primæ veræque lucis hæres, libera me a malo, quo premor, abeat circumfusa hæc caligo, videre venerandam imaginem tuam liceat, & templi adspectu recreari: narrabo & ipse, omnibusque prædicabo mirabilia tua. Sic orabat Procopius, (hoc enim nomen est) & sanctus exaudita prece, voti compotem tridui spatio fecit. Sed operæ pretium est, nec jucundum minus curationis modum animadvertere. Oblatus enim illi est in somnis alterius cognominis monachi specie, qui superstes & ipse in monasterio vivit, Procopium de nomine appellans, causamque rogans, quid ita in templo versaretur. Cumque ille causam exposuisset, supinum eum reclinare visus est, & dextrum pedem ejus pectori infigere; manibus autem oculos contrectare ac veluti serpentem ex illis educere, proculque abjicere. Quo in viso expergefactus æger desiderata luce frui, plenisque oculis, ut qui optime cernunt, omnia videre ac Niconis laudes prædicare cœpit.

Michaël energumenus liberatur.

72. Alius ordine ex militari, suis, quod difficile esse apostolus docet, stipendiis contentus militans, hodie superstes, & Argyromitæ cognomento notus, Michaël nomine, genere quidem Corinthius, sed domo Lacedæmonius, ex atra bile ac mentis statu dejectus, horrendis spectris agitabatur, furensque ac fremens omnibus ipse horrori erat, alios dentibus, alios manibus, ni retineretur sævum in modum appetiturus. Hunc propinqui post desperatam omnibus medicamentis valetudinem, vinculis alligatum ad sancti patris domum vi tandem pertraxerunt, & mira beati catena! post servidas preces ad sacram thecam circumdatum, cum oleo demum e lapide deprompto, ædituo sancti nomen, quasi salutare quoddam carmen succinente, perunxissent, sanum, suique compotem receperunt, & cum eo domum alacres, lætique redierunt.

Imago Niconis omnis quiquid imperii.

73. De sancti vero imagine non-hominis arte, vel manu facta, quæ olim quidem lapideæ tabulæ impressa medio in templo visebatur; postea autem in templi vestibulo juxta sacrarium defixa est; in qua crucigeræ etiam virgæ species ad vivum reddita cernitur, longum esset commemorare, cum miraculum id omnium linguis ad hanc diem celebretur, & tabula ipsa fulgentem sine coloribus effigiem gerens omni voce clarius rem expromat, quemadmodum scilicet in ea stante sancto, Deumque precibus propitiante, quo tempore Lacedæmoniorum regio universæ terræ motu propemodum delata est, Deo civium intemperantiæ, flagitiisque irato, ut piis quibusdam viris tunc temporis significatum est, relicta in saxo orantis vestigia fuerint, quæ argumento essent summæ illius erga Deum fiduciæ atque

Vet. Script. & Mon. ampl. Collect. Tom. VI.

gratiæ, & quod sperare per eum possint, qui rebus afflictis tanti patroni opem advocarint.

74. Stephanus ille inter publicos olim ministros notissimus, qui monasticam postea vitam amplexus, in ea nunc etiam perseverat, cum olei penuria aliquando premeretur, famulo præcepit, ut monasterii officinam, in qua oleæ asservabantur, petens, expresso ex illis succo, hydriam impleret, & cum ea rediret. Quod cum fecisset, haud diu dilata est ultio. Nam proxima nocte dormienti Stephano sanctus adstitit, similisque graviter objurganti cum factum exagerasset, & reum pronuntiavit, & temeritatis pœnas daturum minatus est. Cumque anxius ille, quo se purgaret nihil habens, tantum imposterum nihil tale aggressurum confirmaret, evomere jussus est oleum quod acceperat, & quidem evomere sibi videbatur: at sanctus magis, magisque evomere jubebat, & cum responderet ille, nihil amplius olei superesse, instabat nihilominus ut vomitum urgeret. Tum nisi, inquit, raptum oleum e vestigio restitueris, intestina ipsa cum vomitu ejicies. Pavefactus his Stephanus consurrexit, somniique vim agnoscens, oleum protinus ad officinam retulit, omnibus testatus periculi plenum esse res monasterii quoquomodo attingere.

Stephanus ex publico ministro monachus.

75. Hujusce famulum Gregorium paucis post diebus apoplexia tactum, & a medicis deploratum, Nicon solus, cum ad ejus templum confugisset, illico persanavit, quemadmodum insculpta argenteo monasterii thuribulo littera, ipsaque adeo rei gestæ iconculis expressa historia liquido testatur.

Gregorius Stephani servus.

76. Manueli infanti, tenero adhuc & lactenti, obtrita pudendorum pars altera erat, gravi periculo, ne intestina deorsum defluerent. Quo metu consternatus cum matre parens, & filii casum post tentata medicamentorum omnia genera ægerrime ferens, tandem anniversario ter beati dormitionis die festo, quando & nobis indignis monasterii præfectura tradita est, indictione 11. annis sexies millesimi sexcentesimi quinquagesimi, miraculorum memor quæ in dies a sancto fiebant, delato ad sacrum loculum filio, pronus in terram profusis lacrymis mirificam arcam rigans, pro ejus salute obtestatus est, nec eo contentus, digito indice partim fluentem ex feretro liquorem, partim lucernæ oleum colligens, obtritas pueri partes simul imbuit; incredibilique celeritate sanitas, erumpente & purgato statim ulcere, consecuta est.

Manuel infans. Auctor hujus operis sit abbas S. Niconis.

77. Ego ipse qui rudi lingua hæc scribo, quid dicam, aut quid loquar? injurius enim in me, injurius in veritatem fuero, nisi collatum in me beneficium commemorem. Salsus quidam humor a cerebro ad gingivas delapsus, sinistrum dentium latus acutissimis, & intolerandis plane doloribus affecerat sic,

Liberatur dolore dentium.

ut cibum, negantibus officium reliquis etiam dentibus, capere nullum liceret, vitæque ipsius omnibus carissimæ jam tæderet. Mentis igitur oculos, & ipse ad misericordiæ auctorem surrigens, ejusque famulum in auxilium advocans, ut me tam gravi dolore levatum vellet, toto animi sensu mœrens dolensque orare cœpi; nec mora, ô immensam, Christe, benignitatem tuam! velut frigidiusculam quamdam auram dentes afflantem sensi, detumescentibus genis, dolorem sensim remittere, ac sensim profligari. Quo nomine acceptum beneficium recolens auctorem gratiæ laudo, prædico, eique gratias ex animo immortales ago.

Puella a latronibus abducta eripitur.

78. Accolæ quidam prædii illius, quod sæpe memoravimus, latrociniis ac cædibus barbarorum in morem dediti, nocte quadam in rusticorum domum irruentes puellam abduxerant, vendere illam cogitantes, & pretium inter se dividere: sed elusit eos conatus, puellæ siquidem clamor parentumque vicinos excitavit, qui subito advolantes *Kyrie eleison* quanta poterant contentione vociferabantur, Niconis effigiem manibus præferentes. Ille vero minime cunctatus est. Vix paululum progressi latrones erant, cum offusa oculis caligine cæci fiunt. Itaque metu simul & stupore perculsi, supplices procumbunt, & puellam se reducturos pollicentur. Neque enim mali sui causam ignorabant. Mirum dictu! cum voto nebula repente discussa, visum receperunt. At infelices prava consuetudine victi, & an casu id factum esset, ut existimabant, experiri volentes, iter suum cum puella prosequebantur. Redit iterum cæcitas, pronique in terram ruunt, ut illi olim qui ad vitæ ducem capiendam venerant. Tum demum errorem suum, scelusque ex animo agnoscentes, & sanctum cum lacrymis implorare, & veniam delicti hæsitationisque flagitare, ac puellam sine fraude restituendam promittere. Quo facto, & lux eorum oculis extemplo, & puella parentibus reddita est, metu non levi omnibus injecto, ne quid simile in animum inducant.

Johannes equiso.

79. Adnumeretur & ceteris, quod nuper admodum Johanni accidit, homini externo equorum curatori, & in his domandis exercitatissimo. Is pauperculæ cuidam in monasterii conducto habitanti, & panificio vitam sustentanti, manu injecta panes sine pretio vi abstulerat, ac scutica, quam gerebat, cædere illam ad cumulum injuriæ non dubitarat; cujus querelis ejulatuque audito, nonnulli e monasterio foras prodierunt, ut miseræ opitularentur; frustra vero temulentum hominem hortando lenire conati sunt, qui exasperabatur magis & monitis probra atque impias in Niconem contumelias rependebat. Post hæc ille ad Dominum rediit, qui ipsum ut sceleratum & improbum male mulctavit. Adfuerat enim non sine divino

A consilio, ut servi facinus ulcisceretur. Adfuit autem & vindex sanctus, nec ultra quinque horarum spatium pœna dilata, cordis palpitationem cum deliquio & mentis alienatione hominis injecit, itaut in terram prolapsus, Corybantum more agitari volutarique non cessaret. Ad hæc serpentis speciem quamdam videre se dicebat e sinu prorumpentem, & dexteram qua male abusus fuerat circumplectentem, atque his spectris miser ad ceteras calamitates horribili modo cruciabatur, & ministrantes a se procul arcebat. Quidam vero ei de tali apparitione, pro amicitiæ jure compassi, illum ad beati templum perduxerunt, ut unde plaga prodierat, inde pharmacum peteretur. Nec desuit solita votis benignitas. Simul ac enim injecta ægro fuit mirifica catena, mox ad se rediens, invocare sanctum, ejusque opem inconditis hujusmodi verbis implorare cœpit. Multo, inquit, tibi sancte facilius est, animo bonus cum sis, sanare, quam lædere. Quod si vulnus mihi justas pœnas commerito inflixisti, haud dubie, & curare me, & malo liberare potes, profusæ enim primæ boni largitricis divinitatis exemplo, bona omnibus largiri consuevisti. Hæc vero cum oraret jurejurando simul confirmabat, se numquam ad pristinam temeritatem relapsurum, ac se deinde partim oleo lucernæ, partim aqua, qua ablui sacra theca admota spongia solet, identidem adspergens aut inungens, non amplius triduo id fecerat, cum incolumis, suique compos & integra mente factus est.

Aquilicienses duo fratres.

80. Duo fratres genere Latini, patria Aquilicienses, cum in Lacedæmoniam mercatus gratia venissent, alter illorum, cui nomen Vitali, morbo correptus est difficillimo, & cum eo diu collactatus, in rabiem tandem versus, furere & modis omnibus insanire cœpit, fratre inopinato casu obstupescente, communemque cladem miserabiliter lamentante. Vicini ergo, qui officii causa convenerant, nunc verbis, ut fieri solet, dolorem linire, & consolari studebant, nunc quotidiana sancti miracula commemorando hortabantur, ut ad ejus templum irent, & catena Vitalis collo imposita, mali exitum expectarent. Et ille quidem surda hæc aure non audiebat, difficile tamen ducebat sine custode rem exequi. Tum quia non satis tutum, nec suspicione vacuum peregrinis erat extra diversorium longas moras nectere, ne sua videlicet furum rapinis exponerent. Tum quia gravis præterea monachis futura res videbatur, non facile permissuris, ut furiosi homines sine congruenti custodia in templo consistant. Quoniam ergo in his illum difficultatibus hærere sentiebant, aliud consilium suggesserunt, ut eminus ipse preces pro fratris sui salute offerret; quod ille amplexus sacram ædem animo sibi præponens, quanta potuit mentis contentione precatus

VITA S. NICONIS.

est. Et quia fessus, fractusque erat assidua cura & labore vigilandi, ut quieti aliquantulum indulgeret, ægrum in lectulo reclinatum fasciis lorisque constringendum, ac januas ipsas clavibus, pessulisque obfirmandas censuit. Ita demum sub meridiem, cura domus aniculæ cuidam domesticæ relicta, quieti se dedit. Vix horæ spatium effluxerat, cum adest ad laborantis cubile, æque in remotos atque in proximos miracula spargens Nicon, & Vitalem, ò admirabilem providentiam! non solum doloris acerbitate levat, sanumque & incolumem corpore, animoque præstat, sed & vinculis eximit & porrecta manu e grabbato excitat. Deinde nomen, & quis esset indicans, ejus oculis se subducit, at ille ad fratrem profectus, cum omnia enarrasset, mirabilium auctori Deo, ejusque servo gratias uno ore professi sunt.

Puer ablato marsupio à Nicone servatus.

81. Tempus erat, quo fructus autumnales in foro prostant, & puer qui in monasterio educebatur, ut ætatis illius est ingenium, venales fructus avide appetebat, sed quia pecunia carebat, & qui gratis daret, nemo reperiebatur, in monachi cujusdam cella marsupium nactus, pecuniam inde in sinum effudit: verum id ex voto minime successit, superveniens enim monachus, remque odoratus, injectis puero minis, adductisque foribus, pavore trepidum intus occlusit. Ille vero desperabundus, inopsque mentis & consilii ac dæmone, ut apparet, instigante, per fenestram quæ forum ad meridiem spectat, præcipitem se dedit: & cum altitudo non minor quam sex ulnarum esset, subjectaque graduum area duris ac præruptis lapidibus constrata, ad hos tamen illisus, incolumis, ò mirabilium opifex Christe! illæsusque sola Niconis invocatione servatus est. Quotquot enim in foro erant, ruentem puerum conspicati, sancti nomen invocarant, qui nisi adsuisset, obtrita proculdubio, & comminuta pueri ossa forent. At vero salvus ille permansit, nisi quod in femore quadam Dei providentia leviter perstrictus, ne miraculum hoc somnii potius, quam verisimile videretur, intra decimum quintum diem omni ex parte curatus est. Videre tum erat confluentem populi turbam in fenestræ obtutu defixam, reique gestæ fidem suis ipsorum oculis haurientem. Quidam porro magis curiosi ac tamquam specimen ejus aliquod exquirentes non ex superiore illa, unde puer deciderat, sed ex subjecta depressiore fenestra, pomorum quædam genera demiserunt, quæ strato solo, cui puer incubuerat, afflicta, pulveris instar sic evanuerunt, ut nullum pene sui vestigium relinquerent.

Conclusio operis.

82. Quod vero benigne semper juxta pollicitationem suam, & amanter Lacedæmonios omnes cura sua ac patrocinio prosequatur, ab ingruentibus malis, morbis, periculis vindicet, & terra, marique tutetur, norunt Lacones ipsi, & re ipsa experiuntur, quamvis nec factis, nec verbis gratiam sancto referre studeant; quodque mirandum est magis, qui publicis triremibus in regiam classem adscripti se committunt, non clam modo ejus ope & auxilio sæpe fruuntur; sed oculis ipsis præsentem interdum vident, nunc inter remiges sedentem, nunc ad proram gubernacula regentem, & nautas animis ac viribus confirmantem: quod illi quidem omnibus ultro narrare gestiunt, propensam erga se Niconis benignitatem demonstrantes. At enim orationem nostram longius hoc modo producere, & singula sancti miracula numerando percensere, & supervacaneum fuerit, & operæ immensæ atque infinitæ, citius enim stellas aut arenam numerabis.

83. Quare cum hæc, quæ commemoravimus, ad declarandam ipsius in Deum fiduciam, summamque eximiis virtutibus partam familiaritatem sufficiant; cetera, quæ dicendo assequi nemo possit, tacita relinquantur. Et hæc quidem à me tibi, ò sacrum ac divinum caput, compendio, & in transcursu dicta sint, an pro dignitate nescio. Verum tuo tamen beneficio, qui ea ipse dicturo mihi suggessisti, quæ pacato benignoque vultu excipiens, propitium mihi Christum redde, quem ipse quidem supra modum semper adamasti, ego vero plurimis, proh dolor! criminibus offendi. Tum mihi monasterium hoc, meque ipsum bonus custos protege, sancte Nicon, gloria & laus mea, tuis superne vigiliis & advocationibus mentem meam illuminans, supplicemque tuum liberans; hinc quidem ab occultis utrorumque hostium insidiis, qui perniciem exitiumque mihi moliri non cessant, illinc vero ab æternis gehennæ, & implacabilibus pœnis. Non enim inani hæc verborum ornatu, nec ad gratiam, audientiumque voluptatem ementiti sumus, sed simplici, minimeque infuscata narratione recto filo veritatem secuti, ne posteros lateant, quæ per inhabitantem in te Spiritum-sanctum mirabiliter gesta sunt, de multis pauca libavimus. Tuis autem precibus utinam omnes, qui te salutis ducem delegimus delictorum veniam à Christo consequamur, cujus misericordia & bonitas immensa, quem decet omnis gloria, honor & magnificentia cum experte principii Patre & sancto ac vivifico Spiritu semper & nunc, & in æterna sæcula sæculorum, Amen.

VITA SANCTI NILI
CONFESSORIS,
A B. BARTHOLOMÆO CRYPTÆ FERRATÆ ABBATE
græce conscripta, & a Sirleto S. R. E. cardinali in latinum conversa.

Ex mſ. Vaticano eruit noster Johannes Durand.

OBSERVATIO PRÆVIA.

Floruerunt olim in ordine monastico celeberrimi duo Nili, sanctitate & doctrina insignes; quorum primus sæculo V. ex præfecto Urbis factus monachus, monasterium Constantinopoli situm sub Theodosio juniore magna cum laude administravit. Hujus epistolæ aliaque non contemnenda opuscula habentur in Patrum bibliotheca, citanturque in concilio II. Nicæno act. IV. Alter decimo sæculo Rossani in Calabria natus, post matrimonium vitam amplexus monasticam, plures congregavit discipulos vitæ sanctimonia in primis commendandos, ac demum condito in agro Tusculano Crypta Ferrata monasterio, circa annum millesimum ad superos evolavit. Ejus res præclare gestas a quodam ejus discipulo conscriptas fuisse observavit olim Cæsar Baronius, idque ipsum patet ex hac ejus vita quam modo proferimus, ubi auctor tamquam testis oculatus loquitur, maxime vero sub finem, ubi Sancti enarrans exequias hæc habet: Totam quidem noctem illam in psalmis & hymnis funebribus TRANSEGIMUS. Mane autem facto bajulantes lectum cum cereis, thurificationibus & psalmorum cantu, ADDUXIMUS reliquias, ubi fratres expectabant. *Discipulum autem illum haud alium fuisse a beato Bartholomæo tertio post S. Nilum Crypta Ferrata abbate colligimus, cùm ex inscriptione, qua vita ejus præfigitur in codice Vaticano 6151. hoc modo:* Hanc vitam beatus Bartholomæus scripsit; *tum ex breviori ejusdem S. Bartholomæi vita, in qua hæc legimus:* Hymnorum elucubrator, ac nimium sapienter res gestas sui præceptoris & multorum sanctorum describens, &c.

Porro cum Græcus esset S. Bartholomæus, Græcisque fratribus scriberet, acta etiam S. Nili græco sermone composuit, quæ quidem latine olim fecit eruditus vir Federicus Metius episcopus Thermularum, ex cujus translatione excerpta quædam suis inseruit Annalibus ecclesiasticis Cæsar Baronius, unde in Laurentii Surii collectionem vitarum sanctorum postea transiere. Verum præter Metii versionem, eadem etiam acta transtulit e græco Guillelmus Sirletus S. R. E. cardinalis, trium linguarum peritissimus, nec minus eruditione quam purpura illustris. Is cum esset ex Calabria oriundus, pietate ac religione motus in conterraneum suum Nilum, illius vitam latinam facere aggressus est, nec inani certi labore. Sirleti interpretationem cum in codice Vaticano reperisset olim noster Johannes Durand, statim accurate descriptam transmisit ad Mabillonium, eamque cum legisset Adrianus Valesius, tunc publici juris faciendam censuit. At variis studiis applicato doctissimi viri & amici votis satisfacere non licuit.

Quod vero spectat ad duplicem S. Bartholomæi vitam, utramque brevissimam, etsi primam græcè & latinè ediderit cum quibusdam aliis sancti Nili opusculis asceticis Petrus Possinus de republica litteraria non semel benemeritus, tamen cum Sirleti translatio longè antecellat, eam nihilo minus ut hic darem auctores fuerunt mihi amici mei.

VITA ET CONVERSATIO sancti patris nostri Nili.

1. Quum maximè deceat a Deo incipere & in Deum desinere, meritò & nobis inde initium sumendum est. Gratia Domini nostri Jesu Christi, & caritas Dei Patris, ac Sancti-Spiritus communicatio cum omnibus iis sit, qui attentè nos audituri sunt, ac meam tenuem mentem adjuvet, qui beati Nili sanctas actiones memoriæ sum mandaturus. Non enim humana adhortatione, aut consilio adductus sum, ut id operis tentarem: neque enim his miseris perditisque temporibus aliqui sunt, qui hujusmodi res inquirere aut audire velint; quin immo contra multi sunt qui hæc ludibrio habent, quique quâvis re potius, quam sanctorum hominum historiis, aut legendis, aut scribendis delectentur. Quodque pejus est, neque antiquis, neque recentioribus sanctè ac mirabiliter factis fidem adhibent, quum ad salutarem viam aures obstruxerint, unum illud sibi proponentes, iis tantum fidem adhibere, quæ illorum vires ac facultatem non excedunt: quæ verò illi non possunt perficere, neque ab aliis & posse perfici existimant; immo verò ea ut fabulas insectantur. Quamobrem invisibilem mentem, Deum, inquam, & Patrem Verbumque principio carens, & Patri coæternum, atque omni ex parte sanctum, & ejusdem substantiæ Spiritum, nostræ orationis fundamentum atque originem præponentes, ita narrationem aggrediamur. Quamvis sentiamus nulli alii utilem fore præter quam nobis ipsis, qui dum in ea conscribenda versamur, paulum a terrenis rebus animum erigentes, non mediocrem utilitatem assequimur: quemadmodum unguentarii ex diuturna aromatum pertractatione odorem secum referunt; ita & qui sanctorum virorum actiones assiduè legunt fieri non potest, quin ad illorum imaginem sese effingant. Quód cum ita sit, consentaneum est ut primum dicamus undenam hic fuerit, hic, inquam, celebris vir Nilus, cujus vitam sumus conscripturi, ut nihil desit iis qui omnem illius historiam cupiunt perdiscere.

<small>Nili patria.</small>

2. Rossanum urbem omnibus notam esse arbitror, quum non solùm Calabris regionibus præsideat magnitudine simul & potentia, locus admodum munitus: sed præcipuè ob eam causam, quod quum omnis finitima regio vastata esset atque deserta, A Sarracenorumque prædæ, ac violentiæ exposita, solùm hoc oppidum ab ea vastatione immune extitit, id quod non humana ope, sed Deiparæ ac sanctissimæ Virginis, quæ locum illum in primis tutatur, auxilio factum est: siquidem cum sæpè impii Agareni noctu irrupissent, atque arcem expugnare tentassent, simul atque ad moenia accessissent scalis prope admotis, fama est e superiore loco mulieri similem purpura indutam illis apparuisse, faces manibus gestantem, hisque illos propellentem, atque e muro deturbantem, idque verum esse testabantur, qui ex illis aufugerant. Ea igitur in urbe B. Nilus B natus est, ibique corporis originem sortitus est, qui genitus Dei donum fuit. Etenim post natam sororem parentibus marem filium cupientibus hic genitus est, atque ad templum sanctæ Deigenitricis oblatus promto animo fuit; qui cum esset bonæ indolis, ac mentis & ingenii excellentis, omnes coævos prudentia superabat, quod ex ejus responsis facilè perspiciebatur, tum etiam ex sacræ scripturæ diligenti lectione; tantaque cum prudentia præceptores interrogabat, ut illos in admirationem adduxerit, undenam puero tantum ingenii, ut de divina scriptura posset C percontari. Illud etiam in puero admirandum erat, quod ab ineunte ætate sanctorum patrum vitas semper in manibus habebat, quippe qui illas nimium adamaret, Antonii, inquam, vitam, Sabbæ & Hilarionis, ac ceterorum qui in catholicæ ecclesiæ sanctorum numerum sunt aggregati, quorum, ut dixi, historias magno cum ardore volvebat, ex quibus addiscebat, ut malorum osor esset, ac principum familiaritates aversaretur, omnemque curiositatem exosam haberet, ac pro nihilo faceret ea quæ incantationes dicuntur, atque exorcismos, quamvis neque hujusmodi libris caruerit, ob ingenii acrimoniam ac studii diligentiam.

<small>Quid B. Nilus legebat.</small>

<small>Principum familiaritas vitanda.</small>

3. Quum igitur non multo posteà ejus D parentes e vita excessissent, atque apud sororem ille educaretur, ac magna cum pietate institueretur (& illa enim Dei amantissima erat) quamvis vitæ jugum subierit. Cum ad ætatis florem pervenisset, nemo erat qui admonitionum freno illum reprimeret, ac juveniles impetus cohiberet, qui assiduâ doctrinâ ad meliora illum dirigeret, nemo episcopus, neque sacerdotum, nullus dux, aut eorum aliquis qui solitariam vitam degunt, rarum enim erat temporibus illis in ea regione monachorum genus, ut, ne dicam, si qui erant, depravatos mores habe-

bant. At diabolus quum prævideret quantam ille utilitatem hominibus esset allaturus, quodque illi adversarius atque hostis acerrimus futurus erat, ex his quæ præcesserunt facile dæmon ventura conjicit, quum hæc, inquam, conjiceret, cœpit ex mulieribus quasdam quæ matrimonio nondum erant copulatæ, ad juvenis pulchritudinem inflammare, necnon & ad canendos psalmos vocis concinnitatem, & ad omnium denique rerum dexteritatem, quam adolescens ille præ se ferebat. Quapropter multiplices illorum laqueos non effugit, sed velut cervus corde percussus ab illarum una capitur, quæ alias pulchritudine, & naturæ excellentia anteibat, quamvis obscuro genere esset edita; itaque cum illa rem habuit, atque filiam ex ea suscepit. Divina vero providentia, qua omnia gubernantur, quum prævideret maximam utilitatem, quam per illum homines essent percepturi, quodque illo intercedente multi cœlorum heredes futuri erant, non permisit ut in vitæ cœno is volutaretur; sed primum illius menti adeo infixit mortis memoriam, ut assidue eam in animo haberet: fecit etiam ut pœnas peccatoribus paratas semper secum meditaretur; permisit etiam ut maximo rigore ac febre vehementissima correptus, morbo affligeretur, ut eo pacto in diem mortem præ oculis haberet.

In laqueum diaboli incidit.

B. Nilus filiam habet.

4. Quodam igitur die, nulli suo consilio communicato, adit quosdam qui illi pecuniam deberent, ita dicens: Vineam pulcherrimam inveni, ac necesse habeo illam emere. Cumque ex illis cepisset quantum dare potuerunt, reliquum prætermittens, inde se amovit, morbo vehementer laborans. Cui ad monasterium dux præibat monachus quidam nomine Gregorius: cumque ad fluvium quemdam pervenisset, atque illum ingressus vellet pertransire, tunc manifeste agnovit divinam opem illum comitantem, quæ ad proprium ministerium illum dirigebat. Etenim cum in medio esset fluvio, morbo veluti gravi quodam pondere levatus est, atque ita promto & alacri animo reliquum viæ transegit. Quare lætus psallebat: *Viam mandatorum tuorum cucurri, quum dilatasti cor meum.* Quum accessisset Mercurii monasteria, visis illis divinis viris, Johannem, inquam, magnum illum ac celebrem Fantinum, atque angelicum Zachariam, reliquosque qui opere & doctrina excellebant, illorum contemplationem & sanctum habitum admiratus, lacrymarum plenus, divino quodam zelo est affectus. Cumque illi senilem mentem in juvenili corpore conspexissent, ac mores stabiles, atque illius suavitatem admirati quam in lectionibus recitandis præ se ferebat, nec, non & ingenii acrimoniam, mentis oculo prævideret, Spiritus gratiam, quæ in posterum in illo erat amplificanda, illi plurimas

In monasterium se recipit.

benedictiones impertierunt, & pro eo ad Deum oraverunt.

5. Non multo postea litteræ a totius regionis præside ad monasterium perlatæ sunt, quibus indicebatur, ne quis illi manus inferret: quod si quis id ausus fuerit, confestim illi manus amputetur. Quibus litteris attoniti ii qui cœnobiis præerant, consilium inierunt, ut illum alio mitterent, ubi hujusmodi principum imperium non esset, atque ibi in monachorum numero aggregarent, ac seipsos principibus infensos minime redderent. At vide etiam hic angeli ac dæmonis pugnam; hujus quidem studium erat, ut virum hunc a vitæ tumultibus ac fluctuationibus eriperet, & ad terræ promissionem dirigeret, quæ iis contingit quibus divina philosophia curæ est; unde & Deo amicus evaderet non secus quam alter Moyses; dæmon vero omnia tentabat, omnemque, ut aiunt, lapidem movebat, ut tanto bono impedimento esset, quod frustra est aggressus. Neque enim omnia terrarum orbis imperia in unum locum congesta satis esse potuissent, ut beatum Nilum ab animi proposito averterent. Atque illud primum hic divinus vir sibi proposuit monasterium petere, quod sancti Nazarii nomine appellabatur, atque ibi votum explere. Quod cum animadverteret humani generis adversarius, impedimenta objicit quibus detineretur, quominus ad ulteriora procederet; laqueos scilicet rerum humanarum, quibus irretitus reflecteretur. Ei Deo psalmis atque hymnis laudes recitanti, atque ad littus exeunti, ut ad maris aquam spectaret, barbarus unus occurrit ex sarmentis prosiliens, ac veluti vipera olim divi Pauli manum momordit, ita illum corripuit atque ad se rapiebat. Non multo postea Sarracenorum multitudo irrupit, nigrorumque Æthiopum deformes oculos atque facies trahentium, quique prorsus dæmonibus similes erant; atque ex altero latere multitudo navium ad terram subductarum, quæ navigationis tempus expectabant. Hæc cum vidisset beatus Nilus, ac rem novam & insuetam considerans, non mente excidit, neque vultum mutavit, aut orationem; sed tacite pectori manu admota, sanctoque crucis signo seipsum armans, audacter aliquorum interrogationibus respondit; aliis autem omnibus veluti quodam freno Dei providentia detentis, atque ad dicendum retardantibus, solus is qui eum corripuerat, secum loquebatur, quis esset? unde aut quo tenderet? Cumque omnia perscrutatus, patriam, genus atque hominis propositum cognovisset, hominis, inquam, vera omnia nuntiantis: admiratur barbarus juventutis florem, nondum enim trigesimum ætatis annum perfecerat; itemque vestium pulchritudinem, adhuc enim mundanis deliciis utebatur: admiratus etiam in respondendo pru-

Effera in B. Nilum aggreditur.

VITA SANCTI NILI.

dentiam; ad illum inquit, non opus erat te talem existentem monachorum laboribus tam tempestive addicere; sed in senectute, cum nullum malum per ætatem poteris perficere, tunc, inquam, tale certamen subire posses. Minime, inquit prudens vir, non placet Deo nos invitos bonos esse; sed neque senex potest placere Deo, quemadmodum neque tibi remex infirmus, aut regi miles segnis. Quare ergo nunc juvenis volo servire Deo, ut senex ab illo glorificer. Hæc cum audisset infidelis ille Agarenus, ac velut reveritus viri virtutem, immo a superiore prudentia immutatus illum liberavit, ostendens illi viam, nihil durum dicens aut faciens, sed illi bene precans ad virtutem adhortatus est.

Prudens B. filii responsum.

6. Postquam igitur mutuo disjuncti sunt, Dei providentia in suum ministrum opem atque auxilium ostendit in medio ignis camino, in mediisque leonibus, serpentibus & scorpionibus, atque ab omni humani hostis potentia illæsum servavit, ut & ipse agnosceret humanæ naturæ imbecillitatem, cum videret seipsum proprio auxilio destitutum. Tunc, inquam, tunc timor & tremor illum corripiunt, ac mortis timiditas in mentem venit. Cogitans enim ad qualium laqueorum multitudinem inciderat, neque pedes ad viam dirigere poterat, sed totus trepidans crebro respiciebat post se, in horam expectans ab illis consueta cæde obtruncari. Saracenus autem ut vidit illum neque panem, neque peram afferentem, nec vini solamen aliquod, capiens panes aridos ac nimium delicatos accurrit post illum, vocans nomine fratrem, atque ut expectaret admonens; quod majorem ei timorem injecit, vera esse quæ suspicatus fuerat existimans; quare animam Salvatori nostro JESU CHRISTO commendans expectavit. Cum hunc vidisset Saracenus formidantem, ac præ timore expallescentem velut mortuum, cœpit vehementer increpare, atque illi objicere animi imbecillitatem: Nos, inquiens, tristamur pro te, quod nihil scilicet habeamus, quod tuo honore dignum sit, neque de nobis ipsis cogites ea quæ minime decent; accipe hæc exigua quæ Deus elargitus est, atque in pace tuum iter peragas. Acceptis igitur panibus homo Dei tamquam a Deo illi missis, atque attonitus in tanta Dei benignitate atque ope, neque oculos in cœlum erigere audebat, velut erubescens ad Deum oculos intendere, in terram autem defixum aspectum habens, multa cum animi dejectione, multisque cum lacrymis David voces emittebat. Quid retribuam tibi, Domine, pro omnibus quæ in me contulisti beneficiis. Tu enim, Domine, suscepisti me ex utero matris meæ, neque conclusisti me in manibus inimicorum. Deinde pectus ac latera sua verberans, ac quasi animum percutiens, dicebat: *Benedic*

Saraceni pietas in B. Nilum.

anima mea Domino, & omnia quæ intra me sunt nomini sancto ejus. Benedic anima mea Domino, & noli oblivisci omnes retributiones ejus.

7. Interea cum jam iter quod supererat perfecisset, atque ad supradictam mansionem accessisset, obviam illi venit justorum hostis dæmon, equitis personam indutus, atque hic ad illum inquit, Quo tendis, clerice? Num eo animo huc proficisceris, ut monachus fias in hoc ipso loco? Ut quid ita male deceptus es? Vere melius domi tuæ sedens animam tuam servare potuisses, quam ingressus medias inter has feras. Cœpitque monachos reprehendere, infinita convitia infundens illorum vitæ, avaros, inanis gloriæ cupidos, ac ventri ac gulæ deditos illos vocans; & quod unus lebes coquinæ illorum mei una cum equo hoc capax esset, adeoque ego & equus in medio stare possemus. Cum autem justus vir illi responsurus esset, ac dicturus: Tu quis es qui judicas ac culpas Dei servos? Dignus enim est mercenarius cibo suo; ille aures ut aspis obturans, cursim abscessit ab eo. Sanctus autem ille sanctæ crucis signo sese armans, ac Deum precans, ut illum tueretur atque servaret, ne umquam id committeret, quod monachum aliquem judicaret ac condemnaret; alacri animo ad sanctam illam mansionem adiit, ac cum adorasset eum qui ibi præerat, atque omnes fratres, atque illos hortatus ut dominum; ab illis ut filius, aut ut frater dilectus benigne acceptus est.

A suscipiedā vita monastica dæmon eum avertere conatur.

8. Cum autem illum vidissent nimium ex itineris labore defessum, benigne illum exceperunt piscibus, vino atque aliis monachorum cibariis quibus uti consueverunt. Ipse autem animadvertens multa ex his quæ ei apponebantur novitiis esse inutilia, neque satis decentia eos qui juventutis vigore lasciviunt, atque Christi jugum subire in animo habent, prætermissis illis, pane & aqua tantum corporis usum explebat, indignum etiam earum rerum participatione propter immensam Christi caritatem seipsum reputans. Ad hæc omne suum propositum omniaque sua ipsius præsidi aperit, illum obsecrans, ut ita animatum monachorum habitu indueret, adeo ut non plures quadraginta diebus in ea mansione commoratus sit; sed ex sui animi sententia ad sanctos patres quibus initio adjunctus fuerat, redierit admonitionibus ac spiritualibus præceptis munitus. At monachorum rector simulatque illum consecravit, alterius monasterii gubernationem illi volebat committere. At is audiens, adeo hæc ægre ferre visus est, ut manibus ad Deum erectis, adfirmarit ex illo tempore, si quis patriarcham illum deligere vellet, nequaquam libenti atque æquo animo, se quamvis dignitatem accepturum, satis illi esse asseverans in aliorum monacho-

In monasterio ut se habuerit.

rum ordine se Deo servire, nec decere plus sapere quam oportet sapere, sed sapere ad sobrietatem. Non solum autem hæc non admittebat, verum etiam & aliis quibusdam legibus se coarctabat, quibus veluti multa summatim comprehendentibus incumbens, reliquas omnes actiones laudabiles amplectebatur. Sunt autem hujusmodi, corpus in castitate & puritate servare, ut oblationem & donum oblatum Christo, atque ab avaritia omnium malorum radice adeo abstinere, ut ne unum quidem obolum possideret: ac neque rectorem aliquem aut monachum a monasterio ejicere, ut in illorum locum ipse sufficeretur. Cum has regulas, sumto evangelico habitu, sibi circumscripsisset, multas ac maximas tentationes subiit. Pugna enim adversus eos qui resistunt semper esse solet, juxta id quod dictum, *In via hac qua ambulabam absconderunt laqueum mihi.* At divina ope communitus, ac propria alacritate concertans, hæc usque ad extremum vitæ spiritum immobiliter servavit. Cum igitur quadraginta dies in sancti ac magni martyris Nazarii monasterio permaneret, ubi & sanctum habitum se induit, per totos hos dies neque panem, neque vinum gustavit, neque aliud ex his quæ igni conficiuntur; sed vivebat arborum fructibus, & oleribus contentus. Multum autem illi hoc ad male patiendum fuit homini a deliciosa vita repente ad austeram hanc vivendi formam translato. Neque enim desidia abstinentiæ pondus levabat; aut multo somno otium transigebat: sed totum diem in pulchre scribendo conterebat, ut monasterio manuum suarum monumentum relinqueret, neque quod otiosus panem manducaret condemnetur. Nocte autem in oratione, psalmis & genibus flectendis ducebat, tribus certaminibus sibi propositis Trinitate munito, duplici continentia, corporis labore & afflictione, cum vigiliis peracta. At ne quis existimet initia certaminum hujusmodi extitisse, fines autem minus feliciter peractos: sed quemadmodum principium approbatum, ita & postremum Deo fuit acceptum. Manifestum autem hoc erit Dei gratia adjuvante, & oratione progrediente.

Quid die agebat.

9. Quodam die adiit ex familiaribus veteribus quidam, qui cum laudasset eum, quem erga Deum bonum animum præ se tulit dum in mundo vitam degeret, & rursus in monastica conversatione; cumque beatum illum prædicaret, propterea quod bonam partem elegit quæ non auferetur ab eo. At is: Si bonum, inquit, est, ô frater, quod laudas, quare & tu non æmularis? Propterea quod, inquit, non exstit mihi amictus, neque lana confecta tunica. Statim autem surgens sanctus vir, demto sibi quem gerebat amictu, novum ac maxime delectabilem ei dat excusationes importunas fin-

Amicæ vitam monasticam persuadet.

genti, ac quamprimum zonam dissolvens studebat sese exuere, ut & tunicam illi daret: Cape, inquiens, hæc, frater, modo, ne bona parte priveris, de me vero abjecto illius servo Dominus providebit. Cum ille viri magnanimitatem perspexisset, immensamque caritatem atque efferventem zelum, non permisit illum omnino exui, erubescens nudum videre: amictum autem solum capiens, ac sibi imponens, Pœnitens, inquit, credo Domino nostro JESU CHRISTO, & spero in sanctas tuas orationes, quod ob recordationem hujus amictus studebo & ego Deo placere, ac certamen subire pro meæ animæ salute: quibus dictis, discessit attonitus atque hominis virtutem admirans.

10. At sanctus Nilus cum petiisset a monasterii cellario unius pecudis pellem, hanc manibus conficiens, ac benedictionibus variam exornans suis humeris imposuit, secum cogitans eum qui dixit, *Circuierunt in melotis & pellibus caprinis.* Propositum autem hoc unum illi erat vitam apostolicam & zelum propheticum in animi promptitudinem suscipere, atque ad illos assidue aspiciens, ex illis formabat interiorem atque exteriorem hominem, caput inopertum habebat, juxta apostoli præceptum, una vero tunica omne tempus induebatur, evangelicum dictum sequens, pedesque nudos gerens, propterea quod ita a propheta sunt cum admiratione hujusmodi pedes approbati: quamvis ab hujusmodi laboribus atque afflictionibus extremæ senectutis infirmitas atque imbecillitas illum amovit, tamen ab animi virtutibus ne ipsa quidem mors absterruit, quominus in illis primas principatum haberet, neque illius memoriam futuri ævi delebit oblivio, siquidem juxta Apostolum manent hæc tria, spes, fides, & caritas. At interea ad ea quæ cœpimus redeamus.

Apostolicam & propheticam imitatur.

11. Erat regulus quidam, quem comitem vocant in regionibus illis, durus ac nimium inhumanus, nullam suæ salutis rationem habens: utens autem tyrannide atque arrogantia, servituti subjecit innocentem animam cujusdam, qui ad illud monasterium, ubi beatus Nilus versabatur, pertinebat. Quodam igitur die cum ille tyrannus irruisset in monasterium ad explendum proprium ventrem, neque enim ob animæ utilitatem. Cum esset discessurus, præfectus nihil ausus est ea de re dicere, veritus arrogantiam atque illius impudentiam, advocavit B. Nilum, in quo admirabilis loquendi libertas inerat, atque illum adhortatur, ut terribilem illum principem aggressus, animæ quam injuste occupaverat, liberationem impetraret. Qui velut a Deo jussus, atque indubitata fide armatus, adiit temerarium illum, & opere, & verbis spiritualibus admonitionibus utens, quemadmodum a præfecto audierat, admonens ut de proposita re cujus gratia venerat,

Hoc

Hoc autem nimium contradicente, atque petitionem renuente, quod neque si angelus e cœlo descenderet, neque alicui homini esset obtemperaturus, ut ejusmodi animam eriperet; beatus Nilus mortis stimulum injecit, considerans mortis recordationem idoneam esse, ut & lapideam animam moveret. At hic neque ita flectebatur, duritie tanta detentus, ut nihil sentiret: sed arroganter respondit, inquiens: Abi, senex, decem anni adhuc supersunt vitæ meæ, intra octo annos animi mei cupiditates explebo, atque inimicos meos mihi subjiciam, ut ego volo; duobus autem postremis annis pœnitentiam agam, & me Deus ut meretricem & latronem amplectetur. Tunc beatus Nilus a Sancto Spiritu afflatus respondet, inquiens: Attende tibi ipsi humilis homo, quos enim speras decem annos vivere, atque animi tui appetitiones implere, decem dies soli sunt. Noli igitur errare in somniis & vaticiniis te ipsum decipiens. Cum hæc audacter dixisset, atque ad monasterium reversus celerrimum tyranni illius interitum præfecto nuntiavit. At arrogans ille vir rigore ac febre repente correptus jacuit usque ad nonum diem immedicabili morbo detentus, ac decimo die commota in illum seditione ab iis qui oppidum habitabant, cumque omnes ita sentirent ut ille interficiatur, ipse hæc audiens ab ea quam adulterabatur furia, apprehendit temere ensem,atque omnes suos dispersit apparens solus. Timore autem magis detentus, ac fuga sibi salutem volens comparare, a suis impeditus, & curru decidens a vita excessit, atque ita ab his quos sæpe injuria affecerat, capite obtruncatus fuit, atque canibus in cibum appositus est, & perfecta fuit prædictio S. Nili, neque intra aut infra illos dies quos prædixit, sed decimo.

Prophetia B. Nili.

Reversio ad Mercurii monasterium.

12. Post autem hos dies rediit B. Nilus pater noster, Spiritu-sancto ac fide plenus, ad sanctos patres qui in Mercurio habitabant, solet enim simile simili suo gaudere, atque omnes illum videntes apostolica vita, zelo, habitu atque exercitatione præditum, admixtamque habentem humilitatem cum pudore fronti præsidente, exultaverunt atque exhilarati sunt, ac Deo gloriam in illius facto tribuerunt. Ipse autem omnes adorabat, atque ut angelos Dei glorificabat; præcipue autem affectione atque caritate maxima venerandum patrem Phantinum prosequebatur, atque ille vicissim eam benevolentiam aut majorem in hunc præ se ferebat. Dixisses Petri & Johannis, aut Basilii & Gregorii amicitiam illorum inseparabilem benevolentiam esse. Cum enim sæpe illi considerent, atque scripturas legerent, omnes fratres ad illos conveniebant, optantes audire sermonem utilitatis ab illorum ore, atque audientes sermonem lepidum ab ore beati patris Nili: considerantes autem ful-

Vet. Script. & Mon. ampl. Collect. Tom. VI.

gentem gratiam in sancto Phantino, nihil aliud existimabant hos esse, nisi Petrum & Paulum, quorum vitam ac fervorem imitabantur.

13. Quidam vero ex fratribus proficiscentes ad adorationem magni patris Johannis, cœperunt laudare B. Nilum ad utilitatis magnum argumentum atque occasionem in regiones illas a Deo missum, adjicientes & illud, quod neque panem neque vinum participat, exercitationis genus maxime sublime gestans. Jussit igitur illis pater ille, ut hunc ad illum mitterent; quo adveniente atque cum gaudio suscepto, jubet magnus pater Johannes dari ipsi poculum vini maximum, volens cognoscere an secundum Deum esset illius conversatio. Sumto autem poculo, B. Nilus benedictione petita, libenter ipsum totum ebibit ad extremum usque, neque damnum quod e vino fit repente abhorrens, neque proprium judicium illius patris discretioni præferens, sed sectionem voluntatis rationalis aut irrationalis, ut salutis maximum argumentum reliquis anteponens. Tunc magnus ille admiratus secum viri sapientiam atque obedientiam in omnibus hypocriseos simulatione carentem (tentavit enim illum & in aliis, immo docuit ut pater verum filium) ad præsentes dixit: Nonne dixerunt patres quod abbas Nilus non gustabit vinum? Ut videtur, alia vident homines, alia dicunt. Statim igitur surgens Nilus pœnitentiam agens, inquit: Concede mihi, honorande pater, quod numquam feci aliquid boni coram Deo, tamen continentia, pater, ut tu rectius nosti, expedit omnibus in omnibus, senibus quidem, ut juvenibus exemplum præbeant; nobis autem adolescentioribus atque novitiis, ne flammæ carnis majorem suggeramus materiam, neve feram agrestiorem ac magis insuperabilem reddamus. Verumtamen venerandæ tuæ manus sanctissimam benedictionem fuisse assecutum, sive per vini poculum, sive per panis fractionem, tanti est ut cum patriarcharum gratia conferri atque æquari possit. His auditis magnus Johannes subridens, vultu & spiritu exultans, multo plures benedictiones illi adjecit, atque orationibus eum locupletavit, atque admonuit ut modeste se exerceret, ne forte in morbum incidens, aut senio depressus, tunc necessario cogendus sit inquirere, quæ habitui aut monachorum professioni non conveniunt. Atque ita quidem eo tempore illum apud se detinuit, illius suavissima lectione maxime delectatus, ac sensuum recta explicatione, ac divinarum scripturarum interpretatione. Magnus enim ille Johannes assidue divi Gregorii theologi orationi plurimum studii insumebat, adeo ut multa peritia quam ex illarum lectione sibi comparaverat, alter apud omnes theologus haberetur.

B. Nili obedientia.

Mira B. Nili humilitas.

14. Quodam autem die dum legeret eum-

dem librum B. pater Nilus, ac senex vellet enodare unum ex dogmatibus a theologo Gregorio elaboratis, senis interpretatio Nilo haud satisfecit, quippe quæ a magistri vero sensu aberraret. Cumque vellet alibi eamdem sententiam apud eumdem auctorem clarius dictam proferre, atque dogmatis rectitudinem cujusmodi esset patefacere, vehementer a Johanne increpatus est, quasi non liceret illi adhuc juveni imperito, & in vitæ perturbationibus versanti hujusmodi secreta perscrutari. At is audiens nullo pacto turbatus est, neque paulum a fide & caritate qua illum persequebatur dimotus est; sed ita illius convitia suscepit, ut sitiens aquæ vas plenum; etenim illum ut Johannem-Baptistam observabat, sæpe autem ita locum ubi ejus pedes steterant, osculabatur, ut in ecclesia sanctum altaris gradum. Vespera autem adventante, cum is cellam adiisset quietis gratia, subiit illum cogitatio qua vehementer perturbari videbatur, an vere B. Johannes illum arguerit, quod thelogi sensum male perceperit, ne forte hæresis ejus interpretatio reputata sit; a id fecerit, ut ejus arrogantiam ac mentis superbiam reprimeret, quæ cogitans paulum dormitavit. At is qui omnium justorum observat depravationes divinorum gressuum, ne supplantentur aut furtim in laqueos incidant, volens & beatum hunc consolari, apparet illi per quietem habitu & figura duorum presbyterorum magnorum, ita dicentium: Nos sumus Petrus & Paulus, videntes autem te tristem de divinis dogmatibus, venimus ut te doceremus omnem veritatem. Dixerunt autem illi & sensus theologi intellectionem, quantum Dominico voto placebat, & abcesserunt. At is ad se rediens, neque enim dormiebat, gloriabatur autem in eo quod opportune apparuerat, & verba in ore habebat, mentem vero verborum non perscrutabatur, atque hæc per totum matutinum tempus: circa vero diluculum silentium profundum agens, cum revelationis profunditatem esset perscrutaturus, invenit id quod mel existimabat absinthio amarius, atque occultam theologiam manifeste hæresim existere gravissimam. Tunc ingenio acri præditus vir ille, velox ad dignoscendum purum ab impuro, ac sincerum a falso, perdiscens maximum omni ex parte dolum intelligibilium hostium, atque inopinatam versutiam illorum, accurrit ad servatoris crucifixionem, atque abjecto & humili corde humi stratus, petiit ut a mente & cordis penetralibus prophani sensus inscriptio aboleretur, quod repente est assecutus. Cum enim e loco illo surrexisset, ex illa hora nullo pacto poterat memoriter pronuntiare, neque principium neque finem sententiæ illius, cui pertinaciter primum inhærebat. Adiit autem & ad magnum artificem Johannem, ac pœnitentiam ostendens omnia ei aperuit; at senex ridenti vultu, manu apprehensa, dixit: Viriliter age, fili, & confortetur cor tuum, ac tentationes dæmonum sustine, ut & tu illos expugnans, multorum animas in ætate tua corrobores, lumen & sal in mundo errantibus ostensus. Atqui ego novi ingenii acrimoniam a Deo tibi concessam atque orationis leporem, atque intellexi te recte sancti mentem excipere; sed veritus ne in præsumtionis præcipitium incidas, quod sæpe evenit iis, qui ut tu, in cursu nimium veloces sunt, melius judicavi ex tua tristitia me exhilarari, ut apostolus docet, quam Sanctum-Spiritum contristari, te ob præsumtionem, & mentis superbiam lapso. His & multo pluribus dictis, orans atque benedicens illum a se dimisit. At sanctus pater Nilus satis ac satis proficiens atque crescens in Dei contemplationibus, atque ascensionibus & deificationibus omnium virtutum matrem amplexus est quietem, ingentes divitias ex hac potens lucrifacere atque infinitam sapientiam, atque illud imponens aliis patribus, propterea quod omnia illius consilio ac precibus operabantur, quodque is volebat ratum apud omnes habitum est.

15. Spelunca est non longe a monasteriis in sublimitate precipitii imposita, habens in se & aram Michaëli exercitus Angelorum principi cognominem, locum quieti aptissimum iis qui non alieni a quiete sunt. Hoc in antro fortis vir ille, Heliæ zelo sumto, atque Helizei tolerantia, atque omnium sanctorum patientia, ascendit habitaturus plurimo cum gaudio ac promtitudine: ubi solitarie degens, ac Deum suscipiens, immo vero illi assistens, atque invisibilem ut visibilem prospiciens, multa ac maxima certamina.... confecerunt, virtutes æmulatus, ita horum præmia assequi studebat, quæ nemo poterit aut sermone proferre, aut litteris mandare: propterea in occulto facta sunt, atque ei soli nota, qui omnia occulta scit, nisi quis hæc a fine velit conjicere, id est a gloria & remuneratione, quam a Deo Patre est assecutus. Pater enim, inquit, tuus qui videt in abscondito reddet tibi in aperto, atque Eos qui glorificant me, glorificabo. Ecquisnam hac tempestate tanta gloria atque honore affectus est, ut beatus hic, non solum a fidelibus regibus, & principibus, patriarchis simul atque sacerdotum principibus ejusdem ac diversarum linguarum; verum etiam & ab infidelibus, tyrannis, inquam, carnalium ac terrenorum dominis, qui vel ejus nomini honorem exhibebant, quoniam illum de facie non noverant. Omnia autem hæc sunt argumenta ferventis viri caritatis in Deum, atque humilitatis ad sublimia perducentis, multorumque jejuniorum, vigiliarum ac pœnitentiarum, infinitarumque afflictionum, necnon & ardentium tentationum, ac bellorum visibilium & invisibilium,

In Spelunca habitat.

VITA SANCTI NILI.

⁎ f. malitiæ. corporaliumque ægrotationum a *⁎ militiæ* spiritibus valide illi inductarum, eo quod illum viderent magno cum studio eo properare, unde ipsi ceciderunt.

16. Quoniam autem ex multis recte factis illius, pauca quædam recensere in animo habemus, quæcumque nobis, quos supra nostrum meritum ex animo amababat, a mendacio abhorrens illius lingua narravit, ut nos admeliora promtiores redderet, palæstrarum aut digladiatoriæ artis magistros imitatus, hæc litteris mandemus in eorum gratiam, qui ex omnibus his utilitatem percipere voluerint, non miracula maxima aut res prodigiose gestas demonstrantes, quibus infantium hominum, aut infidelium aures obstupescunt; sed labores immensos, atque afflictiones, quibus apostolum gloriatum fuisse novimus; nihilominus & hæc imperitis sæpe incredibilia videntur, his autem qui vel paulum experti sunt, zelum ingignent ac memoriæ excitamentum. Ille carnis angelus subjecit quidem animam & spiritum legi spiritus, nihil prorsus permittens mentem cogitare ex his quæ inferiora sunt, atque humi repunt; sed ad perscrutandam divinam legem illum excitabat, atque ad perficienda divina mandata ex animo adhortabatur. Subjecit etiam carnem spiritui, plurimum illam instituens atque instruens, ac vehementer in servitutem redigens, ut obtemperans illi esset, neque spiritus ac rationis freno repugnaret.

Per plures dies a cibo abstinet. Docuit enim illam, ut per duos dies, aut tres, aut quinque cibi patiens foret, præsertim cum semper minus nutrimenti sumeret, quam opus esset, ac quidvis comedebat, neque iis quæ appetebat libenter fruebatur, abstinebatque vino atque omnibus eduliis quæ igni conficiuntur; flagellabat etiam ipsam vigiliis, & psalmorum cantu, dumque per totam noctem partim staret, partim genibus flexis Deo supplicaret. Quoniam vero est & in bonis dæmonum versutia, quæ imperitis suggerit, ut ultra modum exercitationem protendant, omnia ille modo ac mensura operabatur, ut si quid deesset ex iis quæ sibi peragenda proposuerat, pigritiæ ostendatur esse quod deerat, atque ut debitam a seipso consuetudinem exigeret; si quid autem abundantius solito cogitatio illi suggerebat, dæmonum hoc esse opus, atque omnino sibi fugiendum dolum animadvertebat.

Labori ac contemplationi vacat. 17. Unde a matutina hora ad tertiam usque velociter pulchre litteras exarabat, tenui ac denso utens calamo singulis diebus quaternarium perficiens, ita adimplens præceptum quod operandum esse imperat. Spiritus vero gratiam una cum apostolis suscipiens, usque ad sextam cruci assistebat Domini cum Maria & Johanne, psalterium recinens, ac mille genuum flexiones faciens, servato & hic mandato, quod semper orandum esse præcipit. A sexta autem hora usque ad nonam sedebat legens, ac perscrutans legem Domini ac poëmata sanctorum patrum ac doctorum. Hoc enim divinus apostolus scribit; *Attende*, inquiens, *lectioni*. Nonam autem horam perficiens, ac veluti thuris vaporationem ad Deum mittens vespertinum hymnum, exibat foras deambulans ac delicians, ac paulum sensum recreans, jam diei prolixo labore defessum, in ore habens apostoli dictum, quod *Invisibilia Dei a creatura mundi per ea quæ facta sunt intellecta conspiciuntur*, atque illud; Ab operibus opificem comprehendentes. Multas etiam orationes atque dicta Theologi ac reliquorum doctorum in pectore gestabat, semper in his mentem occupatam habens, nullum oscitantiæ locum exhibens, simul atque disciplina ingenium exacuens.

18. Cum sol occidisset, accedens ad mensam illam. Lapis autem hic erat maximus, ac patella in illa testæ fragmentum, participabat grato animo cibum, qualem ille solebat; interdum quidem panem solum, & aquam in mensura, interdum vero legumina cocta, quandoque vero arborum fructibus solum contentus erat, solisque studebat strenuus ille interdum frui siliquis quæ ultro innascuntur, myricis, inquam, & comariis, atque hujusmodi pomis, sed quod non admittebat ad hæc præfectus vere effectum ut utris in pruina, rediit rursus ad panis usum. Quid multis opus est, tot vivendi formas percurrit, quot a singulis priscorum patrum perfectas esse legit. Quadraginta quidem dies non ita jejunus permansit, ut nihil gustarit, suspicans in laudibus hominum invidiam, ac superbiæ dejiciens gravissimum cornu; ter viginti pertransiit, bis in ipsis gustans solum a muliere pia nutritus; atque hoc cum perdidicisset perfectum fuisse a practica Theodoreti historia. Quare & experientia illud comprobans, invenit vera esse quæ scripta legerat. Pertransiit unum annum, mense minus, nullo prorsus liquido obsonio degustato: at vesperi aridum panem post solis occasum comedens, duo negotians magna ex his, ea ipsa re e quatuor virtutibus sibi augens temperantiam; etenim sibi placebat etiam naturali defluxu corpus liberare, quod & sanctorum plurimi appetiverunt: multum autem confert hujusmodi operi aquæ penuria, ut sanctorum quidam dixit, ac reprimere cogitationis nugacitatem, dubitantis, ac non credentis ea quæ admirabiliter, atque magnifice a sanctis patribus effecta esse recensentur. Omnino enim omnes audivimus eum, qui in ministerio furni tres annos transegit, neque umquam bibit atque ea in re perfectum. Quod cogitans beatus hic ne forte omnimodus pulmonis defectus periculum non mediocre illi afferret, ab opere destitit: neque enim sitis illum offendebat, sed usque ad octavum diem, solumque ex affectione

Qualis ejus cibus.

Vet. Script. & Mon. ampl. Collect. Tom. VI.

Ooo ij

VITA SANCTI NILI.

loquebatur dictum illud: *Agglutinata est pavimento anima mea, vivifica me secundum verbum tuum: postea vero Exsuscitasti spiritum meum, & consolatione affectus vixi.* Confirmat autem dictum, quod est: Siti sitim medetur; fames vero saniem non reprimit. Sanctam autem quadragesimam transegit totam nihil aliud sumens, nisi solam remunerationem, atque id propterea quod per singulos dies petierit panem quotidianum; tamen & hos dies sæpe sine potu perfecit.

Noctem pene insumens in recitand s psalmis transigit.

19. Quilibet igitur dies illi in studio erat, nec regulas prævaricaretur, noctem etiam in eodem studio atque opere transigebat, una hora somni debitum explebat, neque enim habebat quid consumeret digestio: quod autem e nocte supererat, ad psalterii recitationem insumebat, ac quinquaginta genuum flexionum mensuram, quæ est nocte media & matutinis hymnis peragebat. Sæpe enim cum sua ipsius cogitatione pugnabat dicens: Qui in cœnobio versantur, dies quidem in laboribus tolerandis transigunt quotidie jejunantes, nocte vero vigilant hymnis incumbentes ac lectioni, psallentes tot ac tot, atque eleemosynis, & hospitalitates plurimas operantur. In nobis autem in hac apparenti quiete desidentibus nisi abundaverit justitia, & divinus labor, vana erit fides nostra, & mores indecentes.

Vestis ejus saccus e caprarum velleribus contextus.

20. Erat autem ejus indumentum saccus e caprarum velleribus contextus, singulis annis unus, zona autem erat funiculus nonnisi semel in anno solutus. Quapropter & multitudine pedunculorum vexatus tolerabat, nec se excuties, neque paululum movens in illorum laceratione. Ramus etiam inerat in fronte speluncæ, ubi formicarum examen inhabitabat, in quem ramum dejectus saccus ille a beato Nilo, ab omnibus vermibus purgabatur. Ita enim vocandi sunt pedunculi illi tempore exasperati, a quibus formicæ pœnas exigebant, quare justum illum infestabant. Cubile illi non erat, neque scabellum, non arca aut loculi, non marsupium neque pera, sed neque atramenti vas quum describendis libris vacaret, ceram autem cum in ligno impegerit, ita tamen multos libros exscripsit. Hæc a me collecta sunt, exigua quidem si cum aliis actionibus illius majoribus conferantur, at aliis admodum magna, non ut ex iis aliqua illi accessio fiat, sed ut videamus quantum in virtutibus profecit, & quem ad finem bona initia perduxit. Virtutes, inquam, paupertatem, omnium rerum inopiam, continentiam, vigilias, orationes, secessum, castitatem, humilitatem, & reliqua; ex quibus imago & similitudo Dei comparatur, lacrymarum autem ardentium effusiones atque amaros gemitus, pectorisque percussiones, frontis etiam ad terram collisiones, quis cogitare ac pro dignitate dicere posset?

Tentationibus vexatur, ut eis resistet.

21. Increpationes vero, convicia, contumelias ac probra quæ ipsemet sibi ipsi objiciebat, ut hostem denique seipsum cavens, insidias quoque, bella ac dæmonum invasiones per cogitationes & manifestas visiones oblatas, corporeos etiam labores ex difficillimis morbis contractos, vix ipsemet qui hæc passus est, posset ordine recensere. Sæpe oppugnatus valde est ac tentatus, ut secessum derelinquens in cœnobia descenderet, quod eo animo dæmon faciebat, ut maledici ut fugacem ac timidum redarguerent. Quum igitur in multam necessitatem atque angustias ab inimicis humani generis redigebatur, adeo enim illum tumidum reddebant ob cogitationum vim, ut spelunca illum non caperet. Tollens igitur asperum indumentum quod ex alio anno supererat, ligno imponens, neque enim virgam habebat in humero, & descendens usque ad viæ dimidium ubi arbor sublimis stabat, quasi arbor illa esset beatus Phantinus, aut alius quispiam sanctorum patrum, ita sibi persuadebat. Postea pœnitentiam agens ante arborem illam stabat, ut interrogatus a patre, & reddens adventus sui rationem, ac rursus conviciis affectus atque ab illo irrisus, ac fratribus objicientibus, En tibi eremita. His modis & cogitationibus inexpugnabilibus hostes dejiciens redibat ad antrum, ut in aliquem carcerem, tolerans ac secum reputans, Bonum est mihi magis mori, quam gloriam meam ut aliquis evacuet. Sæpe illi oranti ac psallenti cogitationes dicebant, Aspice in ara, fortasse aut angelum aut flammam ignis, aut Sanctum Spiritum aspicies circa ipsam, ut multi viderunt. Ipse autem claudens oculos, tantum seipsum affligebat pœnitentiarum multitudine, ut ejus sudor veluti aqua in terram distillarit. Subjecit autem illi pravus dæmon & acutissimam carnis inflammationem, ipse autem spinarum attritione, atque urticarum aggrestium fustigatione dolore dolorem extinguebat. Quandoque sedenti ob longas vigilias, ac paulum ex labore recreanti astiterunt ipsi duo dæmones, alium quemdam medium tenentes, cujus veluti latera aperientes, atque omnia ejus intestina extrahentes in terram projecerunt. At hic cursim surgens, & ob nauseam evomens amarissimam bilim, in posterum se corroboravit.

Romæ munus ad orationem consedit.

22. Aliquando Romam profectus orationis causa & quorumdam librorum investigatione, vidit in templo apostoli Petri in transitu mulierem Alemannam, corpore sublimi ac magno. Hujus formam repræsentantes versuti, ostendebant sancto illi psallenti, legenti, ac scribenti, ac quidvis aliud facienti. Cumque hoc bellum invalesceret, cumque nihil haberet quod inimicis opponeret, ad Deum confugit, ipsi propriam imbecillitatem nuntians, ac seipsum projiciens ante propitiatorium in contrito atque humili

VITA SANCTI NILI.

corde ad Salvatorem ita dicebat: Domine, tu scis quod infirmus sum, miserere mei, & adjuva me, atque eripe a bello impurorum dæmonum, quod reliquum vitæ meæ apud me deploratum est. Hæc cum dixisset humi prostratus, ac paulum dormitans, videt ante se stantem pretiosam crucem, atque in ipsa suspensam viventem Dominum nostrum, atque in medio ipsorum suspensam papyrum puram ac tenuissimam, ac clamans cum timore multo, ait ad illum: Miserere mei, Domine, atque benedicas mihi servo tuo. Tunc Salvator dexteram manum e clavis extrahens, ter illi benedictionem elargitus est, atque divina visio finem habuit, simúlque & bellum omne atque carnis tentatio discessit, quodque minime potuerunt perficere multæ inediæ, sitis atque vigiliæ, potuit perficere humilitas & propriæ imbecillitatis cognitio.

Socium atque æmulus, quem vitæ sanctitas inquinare postea abire permittit.

23. Cum vero sanctus hic remissus atque in spirituali lætitia permaneret, adiit illum quidam frater, obsecrans ut pateretur illum secum permanere, fortasse enim per ipsum salvabitur: vix autem assecutus quod optabat, ad sanctum ait: Pater, tria numismata habeo, quid vis faciam de illis? Abi, inquit is, da hæc pauperibus, & tollens psalterium tuum, sequere mandata Salvatoris. Statim autem ista fecit, ac non longo tempore tolerans cum sancto patre, atque ab illo ediscens recte describendi difficilem artem, tristis ob exiguum victum atque durissimam exercitationem, coepit inquirere excusationes in peccatis, ac subtiliter investigans dissidii occasiones, quibus B. Nilum in iram excitaret. At ille semper in mente habens Domini præcepta tamquam illi soli injuncta, ac recordatus quod qui dixerit fratri suo, Racha, reus erit gehennæ ignis, numquam illi verbum malum dixit. Tunc autem ei mansuete ac leniter dixit: Frater carissime, in pace vocavit nos Deus huc atque in caritate & spiritu mansuetudinis, non autem in amaritudine aut ira & furore. Si autem adeo tibi gravis atque abjectus visus sum, atque oculis tuis appareo intolerabilis, vade in pace quocumque tibi libuerit, ac mihi peccatori ne sis molestus. Scio enim ego te non potentem, immo vero nolentem excutere atque a te abjicere spiritum ambitionis, quod te ad imperii ac sacerdotii principatum suscipiendum excitat. Abi igitur ac tuum appetitum perfice, atque accommodatum hospitium aut diversorium invenies. At ille plus a dæmone irritatus, cum videret suas secretas cogitationes a B. Nilo redargui, iratus ait: Da mihi tria illa numismata, & abibo: quid enim mihi opus erat pauperibus ea elargiri, nisi mandatis tuis paruissem? Respondet statim pater: Scribe, inquit, mihi, frater, in chartæ fragmento suscepisse me mercedem illorum in regno cœlorum, ac pone hoc in

A propitiatorium, & ego nunc præbeo tibi tria numismata. At hic volens experiri unde illi facultas erat, ne obolum quidem habenti, tria numismata promissa solvere, propria manu rem jussam perfecit, atque in propitiatorium imposuit. Tunc assumens illum pater descendit ad Castellii cœnobium, atque illinc mutuatus tria numismata, dedit cum caritate fratri illi, qui susceptis nummis recessit, atque omnia quæ B. Nilus prædixerat executus est, ut voluit, ac paulo post obiit. At sanctus pater noster Nilus reversus in speluncam sedens in patientia & tolerantia B multa, intra paucos dies tria psalteria describens, tunc enim dicitur ex his aliquos perfecisse per quatuor dies, solvit debitum quod propter mandatum Christi contraxerat.

24. Videns autem justorum hostis, quod *Dæmon cum exterius vexat.* in omni invasione victus, atque a beato viro dejectus est, luctam ab interiore homine ad exteriorem transfert, atque incipit illum affligere in laboribus, ac gravibus corporis morbis, ut eum a diurnis ministeriis impediret, atque ab oratione cœlum penetrante, C sibique inimicissima. Quid igitur adversus illum machinatur, tumore gravissimo atque intolerabili afflictione comprehendens vocis instrumenta, eum mutum prorsus affecit, atque edendi facultatem omnino illi eripuit. Verumtamen & in hoc multo magis superatus confundebatur pravus hostis. Quanto enim magis ille excludebat vocem psalmorum modulatricem, tanto vehementius hic ad Deum mentem intendebat, atque inseparabiliter divinis cogitationibus fruebatur. Ut autem præ fame non periret, aqua arid dum panem molliens, eo victu utebatur.

25. Non multo autem postea venit ad *A S. Phantino visitatus ægrotans ducitur ad monasterium.* visitandum eum sanctus Phantinus, crebro enim se vicissim conveniebant, mutuo ut duo lumina se illustrantes: qui B. Nilum hortabatur multa cum consolatione panem pro hebdomada suscipere; cujus beneficii gratiam compensabat Nilus ex suarum manuum labore. Cum autem B. Phantinus illum ita male morbo agitatum vidisset, multis precibus ad monasterium adduxit suum, omni cum studio, ac Deum ex toto animo pro ejus salute obsecrabat. At patientissimus Nilus cum non posset aliud quidquam gustare, nisi solam aquam, eamque vi & la- E bore, idque per multos dies; in mentem ei venit, si paululum piscis haberet, caperet ex illo, atque ita comedendi aditus ei patefieret. Resistens igitur octo dies, aut in mensem alicui rem patefacere, præsertim cum videret singulis diebus aliquem ex fratribus pertranseuntem, atque ad piscandum proficiscentem, ac rursus cum piscibus redeuntem, post multam luctam ac pugnam, qua tali appetitui resistebat, ecce venit quidam ex mundo afferens cophinum piscium plenum,

Ooo iij

VITA SANCTI NILI.

Oblatos pisces comedere recusat.

partim quidem sartagine, partim igne assorum, illum obsecrans ut ex illis gustaret, Quoniam, inquit, vespere cum audierim quod tibi acciderit, exii piscari in nomine sancto tuo, & orationibus vestris adjuvantibus, satis piscium percepimus, ac decet ex ipsis te participare, pater optime. Tunc beatus Nilus hominem quidem emisit benedicens, ac magnopere illi gratias agens pro labore, secum autem ita loquebatur: Hæc non Deus paravit, neque angelus, non enim sum ex timentibus ipsum, ut voluntatem meam faciat, sed hoc opus diaboli est, postquam me sensit hujusmodi appetitui obnoxium; scriptum est enim, Ne concupiscas: & vivit Dominus, non ingredietur ex his in os meum. Erat autem tunc monachus quidam profectus ex superioribus regionibus, qui nimium amabatur ab ipso, propterea quod bene sciebat canere & vocem pulcherrimam habebat: hunc vocans sanctus, dedit illi, quemadmodum erat cophinus, his verbis loquens: Accipe hoc munus hospitale, quod tibi Christus misit, qui capiens recessit. At Deus videns maximam ejus patientiam ac tolerantiam, illi opem præstitit, atque illum liberavit a dolore & morbo quo afflictabatur, morbo intus in collo fracto, ac multo ulcere per os exeunte.

In antrum reversus a dæmone vexatur.

26. Paululum igitur refectus repetiit antrum, assuetum genus vitæ, ac secessum ut propriam parentem amplexus. At diabolus non desistebat, dentes adversus illum exacuens ac prælians, sive a divina providentia permissus, ut fere vitam auferret sancto illi viro. Cumque pro more una nocte vacaret orationi, atque psalmis invigilaret genibus flexis, in antro ab eo ex lapidibus inciso, ac splendoris lumine omnia perlustrante, (erat enim æstatis tempus) apparet illi dæmon ante oculos ut Æthiops, clavam manibus gestans, qua sancti caput percutiens dejecit illum in terram, ac semimortuum dereliquit. Una autem hora intermissa ad se rediens sanctus, agnovit diaboli invidiam, atque infinitum adversus illum livorem. Cumque nimium ei caput doleret, ac dimidium faciei cum dextro oculo tumidum ac lividum esset, immo & brachium dissolutum & conquassatum, non amplius poterat stare, atque orationis ministerium perficere; jacens autem in solo, Dominum invocabat, *Deus*, inquiens, *in adjutorium meum intende, Domine ad adjuvandum me festina. Erubescant & revereantur quærentes animam meam*, ac reliqua psalmi. Itaque transegit omne tempus illud infinitis laboribus atque calamitatibus immensis vexatus. Cumque multi consulerent medicinæ curam suscipere, nullo pacto hoc fecit, agnoscens diabolicum dolorem immedicabilem esse, atque manibus humanis incurabilem. Decursu autem temporis facto, atque festo sanctorum apostolorum adventante, convenerunt in cœnobium illorum imitatores Phantinus ac Nilus, ut vicissim se cohortarentur tamquam bonos apostolorum filios. Cum igitur per totam noctem hymnos canerent, ac fratres exultarent in sanctorum doctrina atque scripturarum explicatione, adhortabatur magnus Phantinus sanctum Nilum surgere atque legere encomium in apostolos conscriptum a sancto Johanne Damasceno iambicis ac metricis versibus exornatum. At B. Nilus animadvertens nullo pacto esse mandatum illud negligendum, quamvis pene semiaridus esset, surrexit cum omni gaudio ac promptitudine, atque ipse lectionis principium fecit, ac pravus ille morbus paulatim a corpore abscessit. Hoc autem divinum beneficium sentiens B. Nilus præter expectationem, nemini aliquid dixit, donec finitum fuit matutinum, ac tunc pœnitentiam petens a B. Phantino, illi gratias agebat, utpote per illum tali afflictione liberatus: at ille contra ad ejus obedientiam atque ad apostolorum intercessionem miraculum referens, humilitatem exercebant, Deum glorificantes. At multiplex Dei dispensatio incomprehensibilis, quid circa suum servum provideret, nescio, tamen permisit illum usque ad senectutem exigua quædam ægrotationis signa secum gestare, quæ illum admonebant divinæ opis circa illam ægrotationem. Ad omnia autem hæc victor evadens propter eum, a quo amatus est, Deum, is qui sanctorum omnium fuit æmulator, ac mandatorum Christi observator, ad aliam armabatur luctam ac pugnam diaboli; decebat enim in omnibus propulsari dæmonem, atque ita B. Nilum coronatum existere.

Indictum illi valnus divinitus sanatur.

27. Eo tempore beato Phantino extasis contigit, ut autem vere dicamus mutatio dexteræ Excelsi, ac veluti Jeremiam audimus capite ac mento abraso Jerusalem in luctibus versantem obambulasse, atque existimationem delirantis stulti de seipso exhibuisse; sed ad eumdem modum erat videre hunc virum vere prophetam ac beatum affectum esse; sive enim sensibilem hujus regionis vaticinans destructionem, ac miserandam Agarenorum invasionem, sive omnimodam virtutis eversionem, ac monasteriorum ad vitia declinationem, atque vulgaritatem, quod magis credendum est: verum & ipse obambulabat luctibus deplorans ecclesias, monasteria, librosque, has quidem dicens asinis & bordoniis repletas esse ac coinquinatas, hæc vero igni combusta sunt, inquit, & perierunt, hi vero quod araneis pleni sunt & evanuerunt, fracti sunt, neque deinceps habemus quosnam legamus. Cum autem videbat aliquem e suo monasterio fratrem, ut mortuum cum lugebat, ego te fili interfeci. Hæc & hujusmodi faciebat ac loquebatur, neque sub tecta tolerans stare, neque cibum

S. Phantinus prædicit illi & sui monasterii evacuationem & discessit.

guſtare, ſed per deſerta oberrans vivebat agreſtibus oleribus. Hæc in maximam triſtitiam induxerat Nilum celebrem, ac pene nocte & die lugebat & ipſe boni ſocii ac cooperatoris privationem, ſæpe enim eum ſecutus ut, ut ſuaderet ad monaſterium reverteretur, atque ibi conquieſceret, non paruit, dicens; Qui in monaſterio habitant non ſunt mihi fratres: ſi enim eſſent, mecum lugerent. At ipſi contra, me furentem, ac mente captum vocant. Scito igitur, dilecte pater, quod ad ſuperiorem regionem demigrabo, atque ibi perficiar, atque ad monaſterium meum non amplius revertar. Atque hic beatus fecit ut dixit, apprehendens locum quem Deus ante omnia ſæcula illi præfinivit ut perficeretur.

Inſtituitur S. Nilus à fratribus ut eis præſiciat.

28. At ſanctus pater Nilus reverſus ad ſpeluncam in patientia perambulabat per anguſtam portam, ac tribulatam vitam quam pauci inveniunt. Veniunt igitur ad illum beati Phantini monaſterii patres, hortantes ut deſcenderet, atque illis rectorem præficeret, quem ejus ſanctitas elegerit: erubeſcebant enim etiam eum ipſum nominare, cognoſcentes cujuſmodi eſſet. At is cedens illorum hortationibus, atque una in monaſterium ingreſſus, ingreſſus etiam ad eccleſiam orandi gratia, atque omnibus eum comitantibus, perfectis orationibus, germanus frater B. Phantini, Lucas nomine, accurrens, atque pedes ſancti apprehendens, juramentis illum, atque adjurationibus perrimeſcentibus, perque ſanctam Trinitatem, & ſanctos patres obſecrabat, ut eorum paſtor eſſe & ductor dignaretur. Quid igitur effecit vir ille ingenio acris? Detinentis manibus validior effectus, atque ad eumdem modum illius pedes amplexus, iiſdem vinculis quibus ille uſus fuerat ſupplicavit, ut ſcilicet ipſe talem provinciam ſuſciperet, qualem B. Nilo imponebat; erat enim & ipſe, quamvis ſacrarum ſcripturarum non admodum peritus, ſed nihilominus frater ad gubernandum idoneus & prudentia & vita. Compoſitis igitur omnibus ut Deo gratum erat; atque cum & fratres & rectorem benedictionibus, & admonitionibus communiſſet, & hac tentatione liberatus eſt benedicens Deo.

29. Tempus autem eſt deinceps Deo approbante, & de magno ac beato patre STEPHANO mentionem facere, qui ejuſdem ſtudii æmulator, atque concertator extitit, ut non ſolum arbor a ſancta radice cognoſcatur, verum etiam & a ſanctis ramis & fructibus laudetur. Spero autem, Deo adjuvante, neque hujus viri memoriam inutilem nobis fore, ſed quamvis magnarum actionum imitatores eſſe non poſſimus, tamen illorum memoria cum fide & operibus illorum factis, multorum peccatorum remiſſionem nobis conciliabit, ut didicimus. Hic Stephanus adhuc adoleſcens vigeſimum prope annum

B. Stephanus ejuſ fit diſcipulus.

agens, agreſti autem atque humili genere natus, patre orbatus, habens matrem & unam ſororem, tanta ſimplicitate ac bonitate, ut ſi quis illum Jacob patriarcham aut ſimpliciſſimum Paulum nominaret abbatis Antonii diſcipulum, non immerito id diceret. Hic monaſticæ vitæ amore captus, atque Chriſti evangelium ſupra matrem ac ſororem amplectens, ac ſibi ipſi anteponens, a Deo ad beatum Nilum directus eſt; atque cum illi ſole jam occidente aſſediſſet, ne unum quidem verbum dicens; ad illum pater, Quid quæris, inquit, frater? qui reſpondit: Monachus fieri cupio. Cui magnus Nilus, Si monachus, ait, fieri vis, ego oſtendam tibi monaſteria ad quæ proficiſcaris, hic enim non poſſes habitare, cum nihil ſit unde vivas, atque periculum eſſet ne fame perires. At is, Monaſteria, inquit, novi, ſed mihi non placent, hic autem mihi cordi eſt habitare. Rurſus rogatus an aliqua habeat, quumque reſpondiſſet quod verum erat, adhortabatur ut rediret ad nutriendam matrem ac ſororem. Atqui minime, inquit, redibo, non enim ego, ſed Deus illas alit. Denique cum non poſſet pater a ſe illum propulſare, dedit quod habebat dimidium panis: ipſe vero jejunus permanſit uſque ad craſtinum diem. Quum enim eſſet paraſceve, finem habebat & dimenſus cibus. Hic autem fuit alter annus illius adventus illuc. Videns autem pater illum natura ſimplicem atque ſegnem, quod contrarium erat illius urbanitati, triſtabatur quidem ejus ſegnitie atque cruciabatur, non tamen paululum illi objiciebat, ad evangelica præcepta mentem intentam habens: at illum admonens cum æquitate & manſuetudine, ſtudebat ſolertem atque urbanum eum reddere, cujuſmodi ipſe erat, nondum enim manifeſte ſciebat, quod natura ipſa haud facile mutatur. Ubi igitur ſe a ſcopo errare videt, ac tres anni jam perfecti ſunt, ſecum cogitabat pater, Num ſi frater aut filius, aut ſobrinus mihi eſſet, non & injuriis & conviciis ad correctionem uſus eſſem? experiamur igitur e converſo aliam corrigendi formam in illo, ne frater remaneat incaſtigatus. Tunc cœpit auſteris verbis illum increpare, ſæpe autem & manu perterrefaciebat, volens enim conſuetas orationes eum docere ac pſalterium, neceſſe erat & verberibus eum cogere; ipſe autem omnia ſuſtinebat æquo animo, atque neque duriſſimam exercitationem, neque aſſiduas vigilias extimeſcens, in omnibus æmulans magnum patrem, neque convicia & increpationes exoſas habens. Quare & a Deo ſervatus eſt diabolicarum tentationum expers. Sæpe enim interrogatus a B. Nilo, quibuſnam cogitationibus perturbatur, reſpondit, Quod ne unam quidem habeo cogitationem, tantum dormio plurimum, & ob id male me habeo. Tunc facit illi pater ſcabellum

Verbis duris & increpationibus, &c. ipſum probat.

unum pedem habens, atque ei dicit: Tu quidem habes pedes duos, & scabellum unum, en tres pedes, atque ita sedens exercitationem non negligenter operaberis. Hic præceptum accipiens, nusquam alibi deinde nisi scabello illo sedebat, & in meditatione, in ecclesia, & dum comederet: Victus vero sæpe a dormitione, atque in terram procumbens, interdum brachio, nonnumquam vero facie conterebatur. Rursus profectus ad legumina coquenda, ac ponens plusquam vas capax erat, vi repente effractum; quadam vero die cumulans omnia fragmenta ostendit patri errorem suum confessus: hic autem ad illum: Et quænam utilitas qui mihi soli confiteris? abi ad monasteria, atque hæc ostende ut agnoscant omnes quales nos eremitæ ollarum effractores. Tunc acceptis fragmentis adiit Phantinum sanctum ac rem omnem enarravit,. Ipse autem intentionem divini ac sibi consentientis hominis assecutus, congregans omnia fragmenta ac funiculo illigans colloque appendens, fecit illum ita astare prandentibus fratribus, quo facto remisit illum rursus emendatum ad antrum ubi erat pater Nilus.

30. Obambulans vero aliquando B. Stephanus invenit asparagos, quos colligens, coctos apposuit in hora cœnandi. Sumens autem ex ipsis pater ac præter consuetudinem exiguam voluptatem sentiens, socium interrogauit an & ipse eamdem delectationem sentiret. Hoc autem annuente, extra projicere a patre jussus est; hi enim, inquit, cum natura amari sint, a diabolo conditi dulces evaserunt; tantum patres sancti continentiæ studiosi extiterunt, ac naturam assiduo studio superabant. Ad hæc judicavit B. Nilus curare & impossibilem partem beati Stephani, atque illum mittit cum litteris ad virginem beatissimam Theodoram vere Dei donum existentem, quæ eo tempore christianam philosophiam exercebat in loco quodam Arenario dicto, quæque paucis aliis virginibus præerat, anus sancta, prudentissima, sapiens, & ab incunte ætate monasticam atque asperam vitam ducens, cui nescio an Rossana tellus similem progenuerit: quæ ut filium legitimum diligens sanctum patrem, a juvenili ætate. Persuadet suscipere matrem ac sororem sancti patris in monasterium, ubi legitime Domino servientes, ac magnopere acceptæ omnes annos vitæ perfecerunt. Cumque tempore messis ad monasterium se contulisset B. Stephanus, messemque illic perfecisset, repetiit monasteria, atque omnibus viribus cum fratribus collaborabat, duplicem pugnam exercens, continentiam scilicet atque quotidianum laborem.

Mittitur ad S. Theodoram.

31. Impiis ergo Agarenis omnem Calabriæ regionem incursantibus eodem tempore, cum jam Mercuriacas regiones essent invasuri, neque monasterium intactum re-

Saracenorū inc rsio in Calabriam.

licturi, neque monachum aliquem excepturi, fama pervulgata est, quod diffugerant ad castra propinqua. Tunc jam & beatus Stephanus, cum esset in magni Phantini cœnobio, ascendit cum fratribus ad propinquum castellum, cum non posset ad spelūncam redire propter urgentem famam. At patere superiore loco speluncæ prospiciens pulverem pedibus concitatum, atque adventantium Saracenorum multitudinem, ab illorum incursationibus cogitavit abscondi, ne deprehendatur similis Dei potentiam tentanti. Capiens igitur aquæ vas, adiit occultum locum, ubi sine timore latuit. Nocte autem illa ambulans per montem illum, atque ex consuetudine David secum circumferens, immo Davidis regem, audiit strepitum velut equorum pedum obambulantium, atque illum circumdantium; ac primum cogitans hominem aliquem esse nihil locutus est, psalmum volens perficere; ut autem vidit illum, neque recedentem, neque appropinquantem; ait ad eum, quisnam es tu? Ac simul dicto audit contritam urnam aquæ, atque illum evanuisse. Tunc beatus ille ex operibus artificem cognoscens, cœpit rursum psallere ac dicere; *Circumdantes circumdederunt me inimici mei, & in nomine Domini ultus sum eos.* Se autem reprehendebat atque cogitationem suam alloquebatur, Quod paulo ante hic nos sit aggressus nostra segnities in causa extitit, propterea quod ore theologamur, mente autem a ratione peregrinamur. Ac sæpe dicebat nulla alia re adversus monachos dæmones excitari nisi oscitantia in oratione, neque attendere sermonibus ex ore prolatis. Tunc igitur B. pater Nilus, quum dies illuxisset, ad speluncam profectus, invenit etiam eo usque Saracenos advenisse, neque abstulisse asperam tunicam, qua ipse vicissim utebatur, implentes illam malis agrestibus quæ ibi erant. Descendens autem, & ad monasterium, ac videns omnia subversa atque desolata, suspicatus a Saracenis B. Stephanum fuisse comprehensum sive in spelunca, sive in monasterio. Cœpit igitur nimium tristari, ac secum dicere. » Vere miser Nilus, Stephanus in servitutem abiit, vere enim expectans nos, aut hic aut in monasterio captus est. Vere dignum est nos abire, & simul cum illo servire, atque hæc dicens lacrymabatur, timens impudentiam atque impuritatem paganorum. Coactus autem rursus ponere animam pro amico suo juxta Domini præceptum; hæc igitur cogitans abit, atque in media via publica sedet, expectans transitum Saracenorum. Non multum temporis intercessit, & ecce adveniunt fere decem equites, indumenta, arma, fasces, ac totam denique Saracenorum figuram præ se ferentes; quos cum vidisset beatus pater, statim surrexit, ac seipsum signans pretiosæ crucis sigillo, stetit expectans illos; at illi a longe agnoscentes

VITA SANCTI NILI.

agnoscentes illum, descenderunt ab equis, & pedites advenerunt, atque illius pedes adoraverunt: auferentes autem a vultibus eorum vela, tunc agniti sunt a patre ex oppido esse, quodque idcirco id faciebant, ut loca tutarentur, atque ab eis discens omnes fratres incolumes esse, cumque illis beatus Stephanus ad speluncam rediit Deo gratias agens.

S. Stephanus sportulam aque manu consactam in ignem projicere jubet.

32. Abeuntibus autem Saracenis, rediit beatus Stephanus, ac priorem viam sectabantur. Cum autem ipse esset in monasterio, erat quidam senex ibi tempore messis sportulas componens, atque ab hoc discens contexere sportas, fecit unam sportulam atque in speluncam attulit, existimans patrem Nilum ea re gavisurum. At is videns, ait ad illum: Veni frater Stephane, perficiamus & nos unum mandatum, si quidem sine impositione atque consilio hoc effecisti; projiciamus atque comburamus ipsam, ita enim dicit magnus ille Basilius; ac dicto simul surgens accendit flammam atque injecit sportulam. Cum autem vidisset illum eam rem moleste tulisse, neque cum gratiarum actione, sed cum murmure, permisit sportulam prorsus comburi, atque eum liberavit ab affectione qua eam rem prosequebatur.

Psalterium suum alteri dat.

33. Quodam autem die venit senex a quo edoctus fuerat sportas contexere, quærens a patre ut concederet secum ire ad graminis inquisitionem. Hic autem jussus abiit. Habens igitur senex psalterium, quum in quodam loco deposuisset, oblivione traditum amissum est. Veniens autem senex ad sanctum, pro amisso psalterio cruciabatur; at pater videns eum vehementer tristari, misericordia in illum motus est, ac cœpit increpare beatum Stephanum ac dicere ve tu stolidus es, atque sensus expers, quare non exquisisti psalterium? tuus est error; æquum igitur est ut tuum psalterium auferat senex: atque auferens dedit seni, atque is lætus abiit.

Georgius vir nobilis ipsius se subjicit disciplinæ.

34. Alias rursus eum misit pater Nilus Russanum, ut membranas emeret, atque profectus rediit cum alio quodam sene nobili ex oppido Russano nomine Georgio, qui interrogatus a beato patre quidnam vellet, respondit: » Sedenti mihi quodam die domi » meæ, atque vitæ vanitatem cogitanti, atque » peccata mea, occurrit mortis timor, atque » judicii exactio. Hæc igitur cogitans paulu- » lum dormitavi, & video me ipsum egre- » dientem per magnæ urbis portam, in qua » sanctorum apostolorum collocatum est habi- » taculum, ubi audiens divinæ melodiæ soni- » tum, qualem numquam audivi, motusque » sum ut viderem quinam sunt psallentes, ac » deinde aspicio totum locum plenum formo- » sis eunuchis, atque albis vestibus indutis ve- » lut angelis, atque inter illos stantem te quem » nunc video: in episcopi autem sede admo- » dum speciosum juvenem, ac splendidum,

A cujus pulchritudinem impossibile est exprimere. Dum igitur ingrederer in templum, ac spectarem omni ex parte pulchritudines illas, atque audirem bene sonantem melodiam, video duos ex his qui candidis vestibus induti erant venientes, missos ab eo qui in throno præsidebat, ac mihi dicentes: Veni, vocat te ille Dominus. Ego vero multo cum timore profectus, atque stans coram illo, audivi ipsum tibi dicentem: Iens tondeas illum. Tu autem accedens me totondisti, atque monachum fecisti. Statim somno excitatus, cœpi cogitatione dubius esse, ac dicere vere phantasma esse quod mihi apparuit, neque a Deo missum. Ego enim numquam cogitavi monachus fieri, tamen illud mecum deliberavi, si eo die aliquis ex monasteriis domum meam frater adierit, vere voluntatem Dei esse me monachum fieri; quod si hoc nequaquam factum fuerit, tamquam rem quæ temere evenerit me contempturum. Simpliciter autem egressus ad vestibula, video stantem fratrem Stephanum, cumque didicerim ab eo adventus causam, studiose omnia bene disposui atque te adii. Nunc autem ut Deo videtur, & tibi sancto patri, fac in me. Hos autem sermones audiens beatus & Deo amicus pater, ait ad illum: Nos, ô carissime frater, non Dei aut virtutis causa in solitudine hac sedemus, sed cum non possimus regularum monasticarum pondus perferre, in hanc solitudinem concessimus procul ab hominibus, ut aliqui leprosi & pestilentes. Tu autem bene facis animæ tuæ salutem procurans, abi igitur ad cœnobia, ubi & animo & corpore quiesces. Hic autem ut adamas ferri percussionibus non flectitur, ita hic ad patris sermones quibus eum tentabat se habebat. Cum autem Dominicus dies advenisset, in quo cœnobia paulum corporalis refectionis sumunt, secum adduxit illum pater Nilus ad Castellani dictum monasterium, ubi abunde nutrimento pleni ac vino mediocriter sumto, cum e mensa surrexissent, ait pater ad senem: Domine Georgie mane hic paululum, quousque abiens ad visitationem aliorum sanctorum revertar. Hoc autem dixit, volens illum ibi omittere in reliquum. Quod animadvertens senex statim respondit: Non est æquum, carissime pater, sed quocumque dominus abit, eo & canem sequi convenit. Admiratus autem pater illius exemplum, secum illum assumsit, atque uno animo redierunt. Ait autem illi Georgius in itinere: Existimasne mihi, optime pater, aliquid deesse domi meæ deliciarum, ac cujusvis delectationis, atque ut puerum epularum frequentia me capi censes? Certo scias quod neque continentia, neque alia quævis afflictio me commovebit. Ego enim in multas regiones peragratus multorum bonorum ac malorum particeps factus sum ac dominus,

» tuis precibus motus pater corroborare me; ut quæ mundanæ gloriæ causa perpessus sum, & eadem tolerantia & propter illius caritatem mala patiar. Ne quid igitur aliud deliberes, Deus enim me ad te misit: itaque fieri non potest ut a te separer. His auditis, magnus Nilus caritate majore eum prosecutus est, ac deinceps ut patrem illum observabat. At is contra plurimam illi fidem adhibens, ac sperans illius intercessione cœlorum regni se heredem futurum, amavit illum ut Deum. Verba autem quæ ab illius ore audiebat, aut admonentis, aut divinam scripturam interpretantis, ita accipiebat, tantaque delectatione in illis audiendis afficiebatur, ut & eamdem haberet affectionem quam is qui dicebat: *Quam dulcia faucibus meis eloquia tua, super mel ori meo.* Quare & incredibilem tolerantiam illam sustinebat, repente ab ea in qua educatus fuerat consuetudine ad hanc translatus quam multi experti, illico avolarunt. Quod autem maxime mirum videri potest, id est, quod cum numquam litteras edidicerit, ita psalmos canebat ac regulas, ut omnibus audientibus de se admirationem præbuerit; cumque his & pater Nilus in illius nocturna ac concinna cantione plurimum recreatus fuerit. Principio igitur ut consuetus cum paulum temporis nactus esset, enarrabat ad aliquem quemvis quæ vidit & audivit, in mundo, postea a patre interpellabatur ita eum increpante: Vah! qualis historiographus Lucas factus est aut Matthæus, atque is pulsans os, aut pectus suum surgebat: at solus existens tantum sibi maxillas percutiebat, seipsum increpans atque verberans, donec abunde lacrymasset.

Injuste damnatum sua prudentia liberat a cruce.

35. Cecidit autem tale quidpiam in castro Bisignano. Adolescens quidam illorum, qui nimium sunt incompositi occurrit Hebræo redeunti a negociatione, atque captus amore ac desiderio eorum quæ ille ferebat, gladio hunc percutiens interfecit, atque auferens asinum illius cum onere, fuga usus est; detentus hujus affinis ab iis qui nunc publica administrabant traditur Judæis, ut pro interfecto Hebræo crucifigatur. Quod cum didicisset sapientissimus Nilus ab affinibus ejus, qui condemnatus fuerat, ad injustos judices hæc scribit: Oportebat quidem » vos legisperitos juxta leges & judicia pro- » nunciare, secundum legem quæ præcipit pro » septem Judæis unum Christianum mori. Aut » igitur dent Hebræi e suis sex reliquos, ut in- » terficiantur pro eo qui crucifigendus est: aut » si omnino vobis visum est bene latas leges » pervertere, is quem cum his litteris ad vos » mitto nobilis est ex primis Russani, detur hic » Judæis crucifigendus, ac pauper ille libere- » tur, ut cum illo conjux ac filii misericordiam » consequantur. Vocans igitur abbatem Georgium B. Nilus, ac nihil illi revelans ex his quæ scripserat, dat ei epistolam atque Bisi-

gnanum cum mittit. Susceptis autem litteris ac lectis, judices aiunt seni: Ita, heu! frater, pater scribit, ut demus te Judæis crucifigendum, an tibi cordi est? Paratus, inquit ille, sum omnia quæ Dominus meus scripsit perficere. At si nemo est qui bene crucem sciat componere, ego recte novi eam conficere. At hi reveriti senis promptitudinem, atque ejus a quo missus fuerat magnificentiam, pauperem liberarunt, atque senem magno cum honore remiserunt.

36. Adhuc autem Saracenis impiis per loca illa grassantibus, cum non possent sedere in speluncis beati patris (illac enim futurum erat iter ad Phrussatum.) Visum igitur patri derelinquere ea loca, atque apprehendere confinia patriæ, ibique permanebat, ubi sancti Adriani exiguum oratorium constructum erat, existimans numquam eo gentem aliquam venturam, propterea quod devius erat locus. Hoc autem facto, cœperunt quidam eorum, qui spiritu pauperes erant, quos ad propriam cœnam vocavit Dominus, adire ad patrem, & eum precari ut eorum societatem admitteret: at is misericordia motus, illos suscepit, illorumque corporum atque animarum salutem negotiabatur. Paulatim autem procedente tempore, congregati sunt usque ad duodecim fratres aut plures, & Deo coadjuvante, monasterium locus evasit, plurimis quidem regulæ asperitatem effugientibus, qui latam viam angustæ præposuerunt; at Dei amicis omnia tolerantibus, ut regnorum cœlestium participes evaderent.

Plures à constantia discipuli.

37. Erant igitur duo fratres consanguinei prope habitantes, qui a diabolo tentati, atque invidia percussi, cœperunt B. Nilo detrahere, atque in omnibus eum carpere; seductorem ac magum, hypocritam ac mendacem, ac quovis alio nomine appellantes. Quibus auditis, beatus pater studebat quovis modo eorum invidiam placare, atque extinguere, eorumque corda lenire, quod non multo post effecit. Illis enim calumniantibus, ac valde maledicentibus, hic e contra non desistebat benedicens, ac laudes multas apud omnes de illis nuncians, adeo ut sanctos illos vocaret. Cum autem rursus illi parum aliquid occasionis quærebant, aut jumento clausum aliquem locum transeunte aut quod sepes a ventis concussa fuerit, agressi justum illum, infinita convicia objiciebant impudenter pugnantes, atque contumeliantur. At pater admonens fratres, ut nemo aliquid responderet, gestans suo in ore Davidicum illud: *Posui ori meo custodiam, cum consisteret peccator adversum me*: abibat; atque illi ita eum videntes, vociferantes dicebant: Vides hypocritam, seipsum sanctum fecit, nos vero diabolos, nonne bene dicebamus nos, quia diabolus te huc adduxit, ut in diem præliaremur? At is audiens, nihil respondebat; sed vespera adventante aut

Sibi detrahentes mansuetudine mitigat.

VITA SANCTI NILI.

sequente die, cum illos videbat ad cœnam ingressos, adiens illos pœnitentiam agebat, ab illis veniam petens; postea comedens cum illis, ac simul gaudens pulchra sua conscientia illorum animos placabat, ac cum gaudio ad suam cellam revertebatur. Cum autem aliquantum temporis processisset, moritur frater major natu, qui in manibus sancti patris, si quid possidebat, dereliquit. Insuper & fratrem suum, atque ipse omnia possidebat, Deo ita volente.

Vita abbatis Georgii obedientis.

38. Quodam vero die venit filius abbatis Georgii in monasterium, secum agens vitulos tres nimium pulchros ac magnos; vocans igitur pater Nilus senem, ait illi: Cur hæc afferri huc jussisti? At hic ligans manus ut si coram magistratibus assisteret, cum timore respondit; Carissime pater, quoniam laborant fratres ut quotidianum panem operentur, bonum est, si jusseris, ut habeant hanc modicam consolationem. Ait ad illum pater, Non opus habent his fratres, magis illis expedit ut laborent, sed abiens jugula & distribue pauperibus. Statim autem senex audiens, & neque paululum moratus, accinctus manibus ac gladio abiit, & quod erat jussus quamprimum perficiebat, ac penitus absolvisset, nisi a B. Nilo fuisset revocatus. Tunc agnoscens pater eam in illius animo dispositionem esse, quam in Abraham fuisse legimus, ne interficias eos dixit, quam brevis est utilitas; sed duos dabimus indigentibus monasteriis, in quibus major est frequentia; tertium vero partientes cum vicinis nostris necessitatem nostram explebimus, omne enim quod usum excedit avaritia reputatur. Facientes autem, ut pater instituebat, eo anno frumentum multum collegerunt, & omnes laudarunt Deum ac glorificabant.

Fratres extra monasterii divinitus conservantur & nutriuntur.

39. Quodam vero die, tres fratres ad molendinum profecti cum tribus animalibus oneratis, post confectum ac tritum frumentum revertentes, cum ad monasterium advenissent, vident in itinere pyram ignis accensam, ac dicunt: Nunc in monasterio jejunant, faciamus hic panem, ac comedamus: ne forte jejuni euntes, & nos cum illis jejunemus. Feceruntque ut constituerunt: at pater in spiritu eos videns talia facientes, jussit cellarii præfecto, ut reversis fratribus a molendino diceret: Comedamus panem. Statim igitur illis reversis, ac rursus cum beato Nilo & sociis comedentibus, postquam e mensa surrexerunt, vocat illos pater solos » & dicit: Quare paruistis diabolo consulenti » vobis in via panem facere comedere? » Numquid a monasterio longe aberatis? An » mei servi estis, ut me extimescentes clam » comederetis? Vos fratres mei estis & panis » vester labor est, neque aliquis invitos vos » coget bene facere. Hoc igitur cognoscentes, » numquam aliquid contra canones faciatis.

Vet. Script. & Mon. ampl. Collect. Tom. VI.

At hi audientes pœnitentiam egerunt, ac polliciti sunt se numquam aliàs hujusmodi delicta commissuros.

40. Aliàs rursus cum pater in monasterio non adesset, venit quædam virgo volens illum alloqui, nesciens quod magis eligebat cum aspide, quam cum muliere conversari. At fratribus in cellis quiescentibus, videns hæc in ecclesia neminem esse, ingressa orabat. Videntes autem illam ingressam fratres immurmurabant, quippe quæ præter solitum fecerat; At illa ædiscens patrem non ibi adesse, statim abscessit. Descendens igitur magnus pater post quartum diem, ac fratribus ad orationem illius convenientibus, cœpit eos increpare ac dicere, Talesne monachi estis vos, ut una mulier profecta vos conculcarit & coinquinaverit ecclesiam nostram, vere magna pœna digni estis. At hi attoniti rei miraculo, pœnitentiam egerunt, ac veniam petierunt.

Item quod eo absente mulier ingressa fuerit ecclesiam.

41. At vero beatus vere Georgius vehementer in Dei via proficiens, atque ei placens in continentia, afflictione, atque obedientia sine discretione, atque humilitate maxima, propriæque voluntatis abnegatione, quod martyrium & est & nominatur, ad Dominum migravit laborum præmia percepturus. In hoc magnopere Deo gratias egit, certo sciens quod vere probatam frugem atque acceptabilem oblationem primitiasque Deo obtulit Georgium. At ipse tenaciter in animo descripta habebat evangelii præcepta, illud scilicet, *Vos autem nolite vocari Rabbi neque Magistri*; numquam contentus fuit audire aliquod nomen quod gloriæ indicium aliquod haberet; sed semper humilem animum gerens, ut quemvis alium fratrem se infimum ostendebat. Quocirca & filiis desertæ amplificatis, & in diem ab eo spiritaliter genitis, & ad evangelii normam pastis, aliis principatus nomen omnibus diebus vitæ suæ tradidit, quorum unus erat & primus omni ex parte beatus ac sanctus Proclus, vir sæcularis disciplinæ peritissimus, librorumque externorum ac nostrorum, editorum atque edendorum postea proprium cor, bibliothecam quamdam composuerat, qui dicebatur, priusquam monachus fieret, juvenis admodum adhuc existens in castro habitans hujusmodi exercitationem habuisse: singulis diebus jejunasse ad vesperam usque, atque lectioni operam navasse, cibisque & potibus ad libidinem inflammantibus abstinuisse. Circumibat a vespera usque ad matutinum omnes castri ecclesias, psalterium recitans totum, & ad singulas ecclesiarum portas pœnitentiam agens, quæcumque sibi ipsi conferebat, nemo enim videbat exercitationem illius in occulto actam. Ad monasticum stadium ingressus & a beato patre nostro Nilo virtutis perfectionem adeptus, tantæ continentiæ & exercitationi sese injecit,

Georgii monachi obitus.

De Proclo S. Nili discipulo.

Ppp ij

ut mortificarit omnia ejus membra super terram, acerbisque ægrotationibus restiterit, usque ad extremum spiritum. Sed cum actiones illius propriam pertractationem postulent, multum utilitatis lectoribus allaturam, ad Deum qui omnia novit, quique unicuique pro ejus meritis reddit, nos referemus, ad nostri patris Nili narrationem revertentes.

Ingens terræ motus. 42. Eo tempore cum terræ motus ingens Rossanum apprehendisset, multis cum imbribus nocte atque die ingruentibus; cumque hi qui superiorem partem habitabant ad inferiora transmigrassent, cumque domos atque ecclesias obruisset terræ motus ille, neque alia loca reveritus esset, nisi solam ecclesiam quæ sanctæ Pacis nomine appellatur, admirabile atque horrendum omnibus spectantibus miraculum omnibus immutatis atque ex aliis aliis effectis. Quod autem maximam admirationem affert, illud est quod in tanta calamitate ne unus quidem homo aut jumentum periit. Hæc igitur multis beato patri narrantibus, attonito visum est ingredi atque res gestas videre. Modus autem ingressus hujusmodi fuit: cum invenisset in itinere dejectam vulpis pellem, atque hoc capiti suo circumligans, amictum autem in virga suspendens humeris gestabat, ita pertransiit totum castrum a nullo cognitus: pueri autem videntes ipsum in tali habitu obambulantem, sequebantur illum lapidantes ac dicentes: Aha tu vulgaris monache, aliique Phranum illum appellabant, nonnulli Armenium, ipse autem silens circumspiciens omnia, vespera jam facta, abit ad magnam ecclesiam, atque a capite projecta pelle, induens se vili amictu, ingreditur cum lacrymis nocturnis atque desiderio ingenti adorare supra modum puram atque immaculatam Virginem Dei genitricem, suam ducem atque advocatam. Videns autem ipsum ecclesiæ ædituus qui Camiscas dicebatur, qui ejus magister olim fuerat, atque alii quidam sacerdotes, cum agnovissent beatum patrem esse, venerunt & ad illius pedes accesserunt, admirati in admirabili ejus adventu. Ipse autem omnibus quæ utilia sunt enuntians, multumque illos juvans atque a se dimittens, permansit in ecclesia cum suo ipsius præceptore, illi consulens ut e mundo exiret, atque suam animam servaret; qui numquam cum muliere fuerat colligatus, neque ventri aut gulæ deditus, neque segnitiei; avaritia autem tantum erat irretitus quantum musca aranearum telis implicatur. Quare & " pater talem illi parabolam narravit: Qui ven-
" tris necessitate coacti sunt, merito servitia
" tolerant: tu vero cum nulla ventris necessi-
" tate detinearis, cur frustra assides iis, quæ
" nihil a stercore differunt, atque putrem odo-
" rem eorum participas? Ad hæc ille: Vere,
" carissime pater, multi sumus, qui tuam vitam
" beatam dicimus, & sæpe deliberavimus san-

Camiscam suum olim magistrum avarum monet ut divitias dimittat & pœnitentiâ agat.

ctitatem tuam adire: sed cum non possimus « sine vino nos vivere, perterriti sumus illud « facere: Venite, inquit, & facite vobis ipsis « novos utres conclusos, atque illos ipsos vino « implete, e quibus haurientes abunde bibite. « At eo rursus excusante excusationes in pec- « catis, neque admonitionibus quiescente, pro- « funda nocte magnus pater surgens, ab illis « regionibus secessit, uno tantum verbo ad « avarum illum dicto: Heu mihi, præceptor, « tunc pœnitentiam ages cum nihil proderit. «

Quum igitur paululum temporis processisset, ac sanctus pater in monasterio matutinos hymnos recitaret, dolor intolerabilis apprehendit illum, ut cum non posset ministerium perficere, exierit, atque seipsum dejecerit in jacentem humilem lectum, atque ita dolores pertulerit. Interea ecce frater consobrinus illius Camiscæ cursim advenit, asserens epistolam ex ipso ad patrem hujus- « modi: Veni, pater sancte, assume multas « divitias quas importune atque inutiliter cu- « mulavi, ad meæ ipsius animæ perditionem, « ne forte diabolus eas corripiens, me exper- « tem lucri reddat: ecce enim jam morior, « & me divinum judicium suscipiet. Hæc le- « gens pater, volebat quidem illum adire propriis visceribus victus, laboribus autem graviter detentus, quod volebat nequaquam poterat perficere. Ait autem litterarum nuntio: Non opus habet Christus avunculi tui « pecuniis, ipse enim dixit: Reddite quæ sunt « Cæsaris Cæsari, & quæ sunt Dei Deo. Is « vero ait: Age ambula, fortasse enim illum « vivum non offendes. At hic cursim revertens, invenit illum mortuum, atque omnia illius a publico direpta.

43. At sanctus statim post suam discessionem, gravis illius opprimentis eum doloris admiratione ac stupore affectus est, ineffabilem Dei providentiam supra modum admiratus, quod volentem ipsum aliquid præter illius voluntatem perficere & invitum detinuit. Fratribus autem in monte operantibus, atque incisas arbores præcipitantibus, eas, inquam, arbores quas exscindebant, ut terram frugiferam efficerent eam, quæ antea lignifera ac silvestris erat, dixit Spiritus sanctus proprio servo, Exi ad montem eos visere qui laborant, siquidem inimicus noster diabolus circuit quærens quem devoret. Statim autem surgens ambulavit, ac toto illo die non destitit omnes fratres circumvisere, alloquens atque eos ad orationem hortans assiduam, & in nomine JESU CHRISTI adversarium persequi. Videns autem diabolus ducis ac rectoris custodiam subditorum monachorum, circa horam decimam dejiciens magnam arborem, atque unum canem interficiens, abscessit confusus. Quibusdam vero fratribus canis mortem moleste ferentibus, dixit magnus pater: Bene, ô fratres, divina vox jussit semper orare nos, ne intre-

Fratres hortatur ut ort[at]ione diaboli tentationes avertant.

mus in tentationem: volens enim diabolus fratri alicui suum ipsius furorem inferre, quem in canem oftendit, prohibitus eft ab angelo Dei, quemadmodum ait pfalmus: *Immittet angelus Domini in circuitu timentium eum, & eripiet eos.* His fermonibus & moribus eos docebat femper orare, atque ita dæmonum infidias evitare.

Difcipulos verbis obedientiam in ratione viciet.

44. Ut autem & a rerum terrenarum affectione eos amoveret, atque eos erudiret, ut obedientiam & ipfi vitæ anteponerent, aliud fecit non minus quam reliqua memorabile. Mos erat B. Nilo ex virtute non ex natura profectum in omni re feipfum culpare; unde fæpe fecum cogitans feceffus fuavitatem, & paupertatis vitam follicitudinibus vacuam, quodque cum fratribus fedens monafticæ vitæ ftudiofus ad virtutem parum proficit, periculum autem eft ne retro labatur. Hæc omnia confiderans, multorum contubernio contriftabatur, vel ufque ad verborum converfationem, quippe quæ a mentis contemplatione illum dimovebat, atque ab interiore ftudio, cujus experti fuerant foli Antonius, Arfenius, ac Johannes Colonus, Dei afflatu referti patres. His cogitationibus opponebatur apoftoli dictum: *Nemo quæ fua funt quærat, fed ea quæ multorum funt, ut falvi fiant.* Vifum eft igitur tentare ipfos in quodam perverfi mandati opere, & fiquidem fine difcretione atque curiofitate juffis affenferint, admittere cohabitationem atque focietatem, fiquidem ita & illi poterunt fervare, & ipfe proprium ordinem fervare: fi vero reftiterint, ad feceffum redire. Ob hanc igitur caufam matutinis hymnis una in eodem loco concinentibus, ait ad illos magnus pater: Multa vincta plantavimus, ô patres, idque nobis pro avaritia imputatur: propterea quod plus eft quam noftro ufui conveniat; venite exfcindamus ex ipfis, neque derelinquamus nifi quantum nobis fatis fit. Hæc dicens ac videns illorum confenfum, fumens fecurim in humero advolavit ad pulchriorem ac fœcundiorem vineæ partem. Itemque omnes eum fecuti funt, ne unum quidem verbum proferentes, neque dixerunt: Homo infanit, & nefcit quid facit, hoc numquam factum eft neque auditum, fed oratione facta cœperunt fe percutere a matutina ufque ad tertiam horam. Tunc intelligens pater filiorum obedientiam concertantem cum his qui patrum fanctorum memoria ea virtute excelluerunt, dedit Deo dextram nihil eis præferre ad extremum ufque fpiritum. Eo igitur opere celebri effecto per omnem Calabriam atque Siciliam, nemo poterat rei caufam comprehendere. Sed hi quidem dicebant monachos ebrios effectos; hi vero, quoniam pater iratus eft; alii quod cum multa fint vineta, ea agricolari non poffint. Neque hoc mirum, cum neque ipfi qui incidebant, hoc fcirent, nifi hi quibus

ipfe magnus pater myfterium narravit.

Præparatos ad menfam pifces dat pauperi.

45. Cum olim fancta dies Pafchæ adveniffet, attulit quifpiam in monafterium pifces pulchros ac magnos unius cophini pleni, ut fratres paululum confolationis fumerent ex longo & multo jejunio, atque abftinentia. Cumque vidiffet pater eos paululum exhilaratos ex pifcibus illis, permifit quidem illos fquamis mundaffe, laviffe, atque ad coquendum præparaffe: quumque quidam mendicus adiiffet monafterium, dedit illi omnes illos pifces, ne unum quidem derelinquens. Ita eos erudiit ex animi affectione pfallere illud, *Domine, ante te omne defiderium meum.* Atque illud, *Pars mea es, Domine, & fors nimium optabilis.*

46. Oratorium quoddam eft in fummitate Roffani jucundiffimum, nomine fanctæ Anaftafiæ, conftructum quidem ab Eupraxio regio judice Italiæ atque Calabriæ: monafterium autem beatæ Virgini dicatum erat. Hujus præfidentiam fufcepit ab eodem Eupraxio Conftantinopoli commorante monachus quidam nomine Antonius, qui pecuniarum facultatibus præditus, atque a morte follicitatus, veritus principum rapacitatem, ad afylum ac turrim confugit beatum patrem Nilum, huncque omnium bonorum fuorum procuratorem conftituens, ita deinde tranquilla mente e vita migravit. Quod audiens Dei difpenfator, & mifericordia commotus, non tantum ob mortuum, quantum ob ftatum monafterii (erat enim ex illo tempore everfum ac difperfum) ingreditur ad urbem, & quæ relicta fuerant a defuncto pauperibus partitus eft & ecclefiis & monafterio; omnem autem operam adhibebat manfionem illam ftabilire, & virgines ibi collocare, quæ profeffione dignæ effent, quod Deo adjuvante perfecit, omnes difperfas congregans, & gubernatricem illis præficiens condignam: adhortatus omnes caftri habitatores earum curam fufcipere, ut imbecillioris partis, & magnam virtutem inde profecturam: hoc addens, Si quis veftrum mortuus fuerit, & voluerit conjux illius deinceps cafte vivere, non habens autem quo confugiat, ne fecundis nuptiis copuletur, veftrum eft delictum, qui non datis operam, ut talis urbs unum monafterium virginum habeat.

Virginum monafterium inftituit.

47. Cum autem adhuc ille in caftro moraretur, ac paulum a morbo effet detentus, ingreffus eft & metropolita Calabriæ THEOPHILACTUS, cum ipfo autem & domefticus Leon viri litteratiffimi ac fapientiffimi. At pater nofter Nilus fugiens populi perturbationem, atque amicum fibi feceffum femper amplexus, exiit paululum ab urbe ad templum eremi ftudiofi ac Baptiftæ Johannis, cujus vitam imitabatur, ibique Deo converfabatur, atque Chriftianæ philofophiæ vacabat. Exiit autem ad ipfum metropolita, do-

Vifitatus a metropolita & aliis. Terrore eis incutit divini judicii.

mesticus atque reliqui domini, atque ex sacerdotibus nonnulli, populique pars non minima. Deliberarunt autem in via quid quis interrogaret divinæ scripturæ secretorum, non tam discere quam tentare illum volentes. Sedens autem ex adverso sanctus ille, ac videns illos ad se venientes, secum ait : Ecce nunc hi venientes ad ociosos sermones nos injicient, sed Domine JESU CHRISTE libera nos a laqueis diaboli, & da nobis intelligere ac loqui quæ ad rem fuerint, atque ea facere quæ tibi placita sunt. Atque hæc cum orasset, aperit quem in manibus habebat librum, & casu incidit ad revelationem factam beato ac sancto Simeoni, qui in admirabili illo monte commorabatur. Illis igitur accedentibus, ac per adorationem sedentibus, dedit magnus pater librum domestico ut legeret, ubi signum erat. Is aperiens os cœpit nimium eleganter ac prudenter legere; cum autem venisset ad locum ubi dicit, ab decem millibus vix unam animam inveniri in instantibus temporibus quæ ad angelorum sanctorum manus perveniat, cœperunt omnes velut uno ore dicere, Absit, non est hoc verum, hæreticus est qui ita dixit. Ergo & nos frustra baptizati sumus, crucemque adoramus, ac participamus Corpus sanctissimum, ac Christiani dicimur. Hæc & consimilia omnibus contradicentibus, videns beatus quod metropolita & domesticus nihil ipsis dicunt, mansuete respondit: Si autem vobis, inquiens, ostendam & magnum Basilium, Chrysostomum, Ephrem sanctissimum, necnon & Theodorum Studitem, ipsumque Apostolum, ipsum denique sanctum evangelium idem & sentientes & dicentes, quid patiemini vos inconsiderate ora vestra patefacientes & Sancto Spiritui contradicentes, & sanctorum patrum horribiles sermones hæreticis nominibus subjicientes propter vestram ipsorum pravitatem. Dico autem vobis, fratres, quod ex omnibus quæ decrevistis, nulla vobis gratia apud Deum, quæ idola aut quam hæresim omittentes ad Christum accurristis. Audet aliquis vestrum dicere me esse hæreticum, & ingredietur in suam ipsius urbem, neque ab omnibus lapidabitur atque interficietur? Igitur vobis certo persuadeatis, quod nisi multa virtute præditi eritis, nemo vos ex pœna eripiet. His ab omnibus auditis, nimium attoniti cœperunt ingemere ac dicere: Væ nobis peccatoribus ac miseris.

*f. honorabiles.

Proposita sibi de scriptura varias difficultates solvit.

48. Ait autem illi Nicolaus protospatharius: Quare pater evangelium dicit, *Qui dederit uni ex minimis poculum aquæ frigidæ, non perdet mercedem suam?* Hoc, inquit pater, ad eos qui nihil habent dictum est, ne quis se excuset se ligna non habere ut aquam calefaciat. Quid autem facietis vos, qui & ipsum aquæ frigidæ poculum a paupere aufertis? Hoc autem tacente, surgit alter & ait: Vellem audire, sancte pater, si servatus est admirabilis Salomon an periit? Agnoscens autem in spiritu fornicationis passione detentum, reddidit illi responsum: Vellem & ego de te, si salvus eris an perdendus: quæ enim utilitas mihi est Salomonis salus aut condemnatio? Non enim illi, sed nobis præceptum est: *Quicumque aspexerit mulierem ad concupiscendam eam, jam mœchatus est eam.* Atque illud : *Si quis templum Dei corrumpit, corrumpet hunc Deus.* De Salomone vero quia numquam invenitur in sacra scriptura pœnitentiam egisse post commissum peccatum, quemadmodum invenitur Manasses, quis potest dicere salvum esse? Ad hunc surrexit quispiam sacerdos & ait: Sancte pater, quodnam fuit lignum quod comedit Adam in paradiso & condemnatus est? Agreste, inquit hic, malum. Ridentibus autem omnibus, ait S. Nilus: Ne rideatis in hoc, qualis enim fuit interrogatio, hujusmodi fuit & responsio. Lignum illud Moyses non nominavit, magistri omnes energiam dixerunt, id est effectum, speciem autem non viderunt; quod autem scriptura occultavit, qui nos revelare possumus? Tu autem omittens inquire quomodo formatus es & positus in paradiso. Tu enim, ut Adam fuit, es; & quodnam mandatum immo mandata, quæ cum acceperis non servasti, quocirca & a paradiso, quin a regno expulsus es: prætermittens etiam scire quomodo poteris ad paradisum reverti, id est ad pristinam gloriam & honorem, interrogasti nomen ligni ediscere, quod unum ex omnibus est, quodque cum didiceris majorem dubitationem afferet, quænam folia & quæ radix? quis cortex, magnusne an parvus? Ecquis potest interpretari quod numquam oculis vidit? Respondit domesticus & ait: Interrogabo & ego, pater. Quidnam est quod dicit theologus Gregorius, quonam pacto servabit facile aliena, qui perdidit propria? At pater ad illum: Id tibi dixit ille magister, ne confidas, ut per mulierem possis servari, quod & Apostolus puniendum esse dixit, quidnam scis mulier si virum servabis, omnino illa consuetudinem habente virum perdendi. Si enim illa quæ ex Adam carnibus exiit, & conjuncta illi existens, atque, ut ita dicam, soror aut filia, immo vero plus quam hæc, transgressioni virum subjecit ac perdidit; quomodo ad virtutem applicabit, ac servabit a te aliena, sententia, positione, habitu ac formatione? Attende igitur tibi ipsi & a conjuge tua tibi caveas: hæc illi dicens & alia multa parabolis quibusdam ad monasticam vitam illum adduxit. Omnino enim illum amabat propter prudentem ipsius animum. Hic respondit: Vere, pater sancte, omnia utilia consulis atque admones: Sed ait sanctum evangelium, quod *quos Deus conjunxit, homo non separet.* Respondit

illi magnus pater, Si quidem homo separat bene dixisti, ne separet; si autem est separans verbum ejus qui dixit: *Qui non dimiserit domos, aut fratres, aut conjugem, aut filios, aut reliqua, non est me dignus;* quis est qui hoc quod Deo placet impediat? Ecquis scit an Deus sit qui conjunxerit, & non corporeus amor, atque carnis voluptas? Quemadmodum Apostolus ait, quod propter adulteria unusquisque suam ipsius conjugem habeat. Hæc & plura his audientes, magnamque utilitatem assecuti, redierunt admirati virtutem, atque beati illius sapientiam, adeo ut ipse metropolita dixerit: Deus scit, magnus hic monachus est.

49. Crastino autem die cum descendisset illinc sanctus Nilus, atque ad castrum introiisset, adiit illum Judæus quidam nomine Domnulus, qui erat illi notus a juventute sua, propterea quod legis nimium erat peritus, atque artis medicæ eruditus. Cœpit igitur hic ad beatum dicere, audivi exercitationem virtutis tuæ, atque multæ continentiæ, & agnosceus mixtionem & compositionem corporis tui, admiratus sum quomodo non incidisti in morbum comitialem; sed si jubes ego nunc dabo tibi medicinam ad complexionem tuam, ut illam habens omnes vitæ tuæ dies nullam infirmitatem timeas. Ait illi magnus Nilus: dixit ad nos ex vobis Hebræus quidam, *Bonum est confidere in Domino, quam confidere in homine.* Confidentes igitur nos ad medicum nostrum Deum, & Dominum nostrum JESUM CHRISTUM, non necesse habemus tuorum medicamentorum. Tu autem non aliter poteris simplices Christianorum irridere, ac seducere, nisi jactando postea quod tua pharmaca Nilo impartieris. Hæc audiens medicus nihil sancto respondit.

Erat autem alius cum ipso qui ait, dic nobis aliquid de Deo; optamus enim aliquid a te de Deo audire. At pater ad illum: Similis es ô Judæe, sermo tuus homini imperanti puero, ut manu apprehendat sublimem arborem, & ad terram illam detrahat. Tamen si vis paululum de Deo audire, cape tuos prophetas cum lege, & veni in eremum ubi ego secedo, ubi attendens lectioni tot dies quot Moyses in monte, interroga postea, & ego respondebo: *Vacate enim & videte, quoniam ego sum Deus.* Etenim si nunc aliquid tibi de Deo loquar, super aquam scribam, & in mare seminabo. Responderunt simul, & dixerunt: Non possumus hoc facere; etenim extra synagogam expelleremur, & a propriis lapidibus obrueremur. Ita, inquit pater, & patres vestri in infidelitate mortui sunt, ut ait evangelista, quod multi ex primatibus crediderunt in JESUM, sed propter Judæos non confitebantur, ne a synagoga ejicerentur, dilexerunt enim magis gloriam hominum, quam gloriam Dei. Hæc cum dixisset, discedens ab illis ad monasterium & cellam reversus est, ut contemplationi, & divinarum scripturarum indagationi vacaret.

51. Et paulo post exeunt ad illum Nicolaus protospatharius, & domesticus Leon, cupientes audire utilem doctrinam, atque illius admonitionem. Atque cum jam satis collocuti essent, atque admoniti; sanctus in suam cellam ingressus est, Deo rursus operam daturus: illi autem extra quodam in loco recumbentes in gramine, & exiguum amictum cujuspiam fratris invenientes, vicissim suis capitibus imponebant, domesticus inquam & protospatharius ridentes, simul atque jocantes; quod perspiciens sanctus per fenestram, atque illorum nugacitatem cognoscens, vehementer increpavit, atque ait: Quod vos nunc irridetis ecce veniet hora in qua quæretis magno cum desiderio eo indui, & indigni reputati eritis. Et simul cum hoc prophetico sermone horror, atque capitis dolor domesticum apprehendit, qui confestim domum repetens atque in lectum se dejiciens, jussit vocari sibi aliquem piorum sacerdotum, qui profectus interrogavit vocationis causam, atque invenit illum mortuum; quo facto timor injectus est his qui cum illo a monasterio redierant, atque omnes admirabantur S. Nili prædictionem.

52. At quidam improbi atque adulatores homines Constantinopolim adeuntes detrahebant atque calumniabantur hominem ad aures regalis Eupraxii; quod scilicet ejus monasterium dissiparit, & Antonii res ad se transtulerit; qui hujusmodi calumniis deceptus, scribit cuidam suorum procuratorum sancto Nilo minans, ad eum modum: Quod Deus me sanum dignabitur istuc conferre, ut videam quisnam est iste monachus Nilus, & regius Eupraxius. Cum autem ipse cum superbia & arrogantia multa advenisset, & constitueretur a regibus judex Italiæ, atque Calabriæ; omnes optimates regionis accedebant ad illum cum donis & adulatione, ejus protectionem & auxilium aucupantes. At divinus pater noster Nilus, ne videretur, aut minas hominum extimescere, aut confidere in principibus, quos propheta cum contemptu vocat filios hominum; atque in eis nullam ait esse salutem; neque cum adulatione aut assentatione accessit, neque donis minas illius temeritatis placavit: quiescens autem solum in proprio monasterio Deum precabatur, pro totius mundi ac principis animæ salute, quæ res in majorem furorem inflammavit superbum illum ab omnibus honoratum, & a sancto manifeste contemtum. Quapropter petiit inquirere adversus sanctum iniquitatis occasionem: non enim possibile est cognosci vestigium serpentis supra petram, quemadmodum neque pravitatem principis in viro coronato. Ea igitur in re persistenti

Irridentibus vestem monasticam, futuram Dei ultionem prædicit.

Eupraxæ S. Nili contemptor divinitus punitus.

ac perverse agenti repentina pernicies invecta est, & oratio venerandi patris cum anticipavit. Morbus enim quispiam cancer nomine in glande membri virilis exortus, medicorum circuitus infectos atque inutiles reddidit, poenasque exigebatur intemperantiæ instrumentum, propterea quod intemperanter naturæ leges injuria affecit. Resipiscens igitur ac redarguens suam ipsius adversus sanctum temeritatem, erat enim prudens vir, etsi potestatis excellentia excœcatus erat; servus apparet qui nuper minax ac ferox erat, si quo pacto solum & illius visu dignus fieret, ac benedictione, & venia. At pater ad præsens remorabatur, ut eum de facie cognosceret; neque illum ad monasterium proficisci suscipiens, neque ipse volens ire, & votis illius satisfacere ad eum modum salutem illi operans. Sciebat enim in tempore proprio, & superbia opportune adversus arrogantes uti. Ut igitur per triennium a Deo missus morbus ille paulatim occultas partes consumens, accessit deinceps maxime opportuno membro & mortem minabatur hujus interitu. Tunc illum adit animæ medicus illius epistolis adductus. Videns igitur sanctum regius Euprax, & apprehendens pretiosos illius pedes, tantam lacrymarum multitudinem effundit eos exosculans, ut omnes assistentes, & una ipse pater Nilus collacrymaret. Nihil enim aliud erat videre, quam meretricem in cordis compunctione servatoris pedes detinentem, ac peccatorum veniam petentem. Videns autem pater illum luctu satiatum, ut infantem propria mamma; extendens manum apprehendit atque illum erexit. At is omnibus jubens exire ab eo cœpit aperire cum animæ passionibus, & corporis morbos, & cum lacrymis dicebat, En carissime pater triennio nocte & die hoc gravissimo morbo cruciatus sum acerbissimis doloribus atque putri odore vexatus, quem neque unguentorum multitudine attrita, neque pannorum vetustorum crebra mutatione, quæ septies in die sit, a me possum ejicere. Erat autem malum, ut beatus dicebat, sub vesica veluti urinæ profluvium liquefactum & habens nihil ex separatis membris. Rursus igitur manus justi retinens regulus & lacrymis illas implens dicebat, miserere mei propter Dominum imitator Christi, & dignare pretiosis istis manibus me tondere intemperantissimum, si quidem vovi me monachum fieri. Ait autem illi pater, Non licet tibi homini prudenti, ac nimium perito vulgarium hominum verba sentire aut loqui, omnes enim divino baptismate digni facti, qui ab omni peccato incommaculatum non servavit illud, sine omni confessione debent rursus beatum hoc baptisma, quod ob multam misericordiam ac bonitatem Deus hominibus elargitus est, divitibus ac pauperibus, regibus ac servis, sacerdotibus ac pontificibus, omni denique animæ volenti in uno temporis momento rejuvenescere velut aquilæ juventus, atque omnibus prioribus delictis liberari. Quod autem dixeris ut te tonderem, non est penes me id facere, cum nullum habeam sacerdotii ordinem. At hic est metropolita (forte enim tunc illuc erat) metropolita, inquam, sanctæ Severinæ, hic episcopi & archimandritæ sunt, ipsi tuis votis satisfaciant, at ego quis sum, ut eo munere fungar? Is rursus manus exosculans divini patris adhortabatur, simul adjurans ne alicui alii hujusmodi opus prætermitteret; sed per illum sancto atque apostolico habitu indui, & apud Deum ejus intercessorem fieri. Illius igitur lacrymis pater adductus, propriis manibus eum totondit, & sanctæ humilitatis indumenta eum induit, molle & circumfluenti veste antea usum, præsente metropolite Stephano, cum episcopo castri, atque aliis nobilibus & sacerdotibus.

53. Præsto autem erat & Domnulus Judæus medicus, de quo & supra mentio facta est, omnia spectans, atque egressus cum admiratione præsentibus dixit: Hodie vidi miracula quæ olim facta esse audivi; nunc prophetam Daniel leones mansuefacientem, quis enim umquam potuit manum huic leoni imponere? Ac novus hic Daniel, & comam abscidit, & cucullum imposuit. Et hæc quidem Hebræus. Regulus autem post factum omnem evangelicum ordinem in illo, adhortatus omnes ad gustandum, omniaque ipse disponens, assistebat veluti famulus promptus ad ministrandum, qui non multis ante diebus e cubili non poterat prospicere, roboratus Spiritus sancti & sancti viri gratia. Jussus autem assidere sancto petiit, ut post mensam depositam ipse comederet. Quo facto, omnes obstupuerunt in corroboratione, & promptitudine viri, ac Deum admirabantur. Ad hæc omnia bona pauperibus, ecclesiis atque indigentibus manu propria distribuens, omnemque ejus familiam disponens, & libertate donans, tertia die migravit ad Dominum, cum omni contritione atque gratiarum actione, fideque ac spe plena ac forma excedens ad eum, qui per prophetam dixit: *Nolo mortem peccatoris, sed magis ut convertatur, & vivat vitam æternam.*

54. Postea vero quam depositum fuit ejus corpus in monasterio S. virginis Anastasiæ, adiit divinum patrem dictus metropolita, ostendens illi basilici testamentum, ubi mobilium atque immobilium ejus facultatum eum procuratorem constituit. Quod videns beatus ille, atque animadvertens illarum rerum occupationem diaboli laqueum atque insidias esse, omnia committens eidem metropolitæ juste distribuere, tamquam omnia inspicienti, Deo redditturo rationem, ipse ad proprium monasterium rediit, sibi ipsi atque Deo incumbens, atque obediens sanctis angelis,

VITA SANCTI NILI.

gelis admonentibus, atque collaudantibus: *Transmigra in montem tamquam passer*, quoniam qui ex nobis sunt peccatores intenderunt arcum humanarum rerum, scilicet procurationem atque studium, & paraverunt sagittas in pharetra, id est eas, quæ ab illis mentibus injiciuntur, pravas cogitationes, quibus in obscuro sagittare machinantur dæmones rectos corde.

Ducis Po-
lyeucti filium
dæmone
liberat.

55. Hoc igitur cum admirabilis pater una cum sanctis fratribus Deo in orationibus offerret, venit quidam ad illum militiæ dux, Polyeuctus nomine, ab habitatione Mesiviani Calabriæ, afferens secum suum filium a validissimo dæmone detentum. Procumbens igitur ad pedes beati patris, adhortabatur illum ut misereretur ejus filium, ut a gravi spiritu eum liberaret. At ille vere imitator Christi humilitatis, Crede, inquit, homo, numquam Deum obsecravi, ut humilitati meæ curationum dona mihi largiatur, aut pravorum dæmonum fugationem; utinam multorum peccatorum veniam a Deo possem impetrare, & liberationem pravarum cogitationum quæ mihi semper negotium exhibent. Veni igitur frater potius & pro me Dominum obsecra, si quo pacto a dæmonibus me circumdantibus possim liberari. Tuus enim filius unum dæmonium habet, idque invitus, fortasse & ad salutem propriæ animæ, sive ad præteritorum peccatorum redemptionem, sive ad futurorum sectionem. Ego vero mea segnitia, ac negligentia singulis diebus servus fio infinitis dæmonum ad meæ ipsius animæ perditionem. His dictis, secedens paululum dies quosdam latuit, timens ne quo pacto sano effecto eo qui a dæmone correptus fuerat, exiret fama per totam regionem, neque permitterent illum in loco illo quiescere. At Polyeuctus muniens seipsum fide & spe, tolerabat in monasterio jejunans, ac se affligens, atque cum lacrymis dicens: Non recedam hinc, quousque filius meus curatus sit. Videns autem beatus divinam ejus fidem, ac patientiam, misericordia motus est in illum, atque in ejus filium, & monasterium petens secum tristabatur, dicens; Quid huic viro faciam, nescio, utrimque enim nobis tentatio inest, sive sanetur ejus filius, sive non. Tamen nullo pacto volens neque aspicere dæmone illo correptum, vocans sacerdotali ordine indutum jubet illi ire ad oratorium, & orantem super infirmum oleo candelæ eum ungere ac dimittere. Ea autem re facta, adolescens ille statim sanatione dignus factus est, dæmone per illius sensus veluti fumo egresso. Quod videns ejus pater, & gaudio cum admiratione affectus est, assumit eum & procumbit ad genua ipsius, Deo atque illi gratias agens, qui solo jussu dæmonem a filio fugaverat. Infœmens autem illi B. Nilus, interminatus est ne cui diceret, Deus enim tuum filium,

non ego curavi, & benedicens illis dimisit domum in pace glorificantes Deum. Eo autem modo multos a dæmonibus admirabilis ille curavit monachos ac laicos, hos quidem oleo per sacerdotes ungens, ipse numquam admittens ne manus quidem signo eos notare. Hos vero mittens ad beatorum apostolorum & martyrum monumenta quæ Romæ sunt, qui in via mundabantur, beato patre apertissime illis apparente ac dæmones ab illis fugante. Id autem factum est ne eorum fides in sanctum vana appareret & labor ad eum confugiendi inanis. Etsi enim propter animi humilitatem, pro illis manifeste non orabat, vitans humanas laudes: sed humanitate victus, ab occulto cellæ loco ardentibus orationibus dæmones fugabat, ac morbos expellebat, quæ omnia si singillatim vellem litteris mandare, deficeret mihi tempus: satis est autem piis ex parte totum conjicere ut ex unguibus leonem. Dedit autem illi gratiam omnium rex Deus non solum omnes afflictos, ac variis morbis detentos curare; verum etiam & urbes integras periculis eripere. Declarabit autem hoc ita esse id quod dicetur.

Russanis tu-
multi anti-
bus veniam
impetrat.

56. Dominabatur olim utriusque regionis, & Italiæ, & Calabriæ, nostræ regionis victor Magistrus, primus, ac solus dignitate præditus a piis regibus ad dictas regiones missus; quarum Magistrus magnificentia ac dignitate elatus, consilium iniit humanis cogitationibus acceptum, atque utilem, divinæ autem voluntati prorsus adversantem, ut finis ostendit. Cogitavit enim in unaquaque Calabriæ regione perficere navigia, & ipsis non solum custodire, ac tutam servare quam obtinebat regionem; verum etiam & vicinam Siciliam inimicam vastare. Id autem non ferentes Russani cives, ut insueti hujusmodi ministeriis servire, his jam confectis, cum essent mare ascensuri, zeli fervore accensi, quo super omnes Calabros afficiuntur, simul irruentes, ac tumultuantes navigia combusserunt; & eas quæ caravellæ appellantur secuerunt. Id autem in maximam iram adversus Russanenses Magistrum excitavit; quippe qui & reliquis castris auctores exstiterant, ut idem facerent. Quod animadvertentes Russanenses, condemnata priorum imprudentia, duorum alterum decreverunt, aut prorsus solum versare, atque aufugere, maloque malum mederi: aut pecuniarum effusione rem placare. Cum autem neutrum illis cederet, consilium ineunt nimium utile, ad inconcussam turrim patrem Nilum confugiunt, eum hujusce rei intercessorem opponentes, qui sua virtute furorem principis sopiret. Tunc admirabilis vir nihil immoratus, sed Christi nomen opponens, urbem adiit, & civibus decentia consuluit, cui parentes fores patefaciunt, sibi persuadentes Magistrum iram sedaturum,

Vet. Script. & Mon. ampl. Collect. Tom. VI.

VITA SANCTI NILI.

Cum omnes autem sacerdotes nobiles ac magistratus ejus vultum formidarent, solus Dei servus occurrit, & pro omnibus causam dixit; cujus virtutem princeps reveritus, atque loquendi libertatem admiratus, simulque relucentem in illo Spiritus sancti gratiam, hujus prævaricationis judicium ei commisit, ad quem sanctus benigne admodum respondit, Fatendum esse, inquiens, malam atque inordinatam rem gestam esse, sed si excellentium quorumdam virorum fuisset opus, merito irasci posses, sed cum præcipue multitudinis conatus hic sit, licetne tibi tantam multitudinem gladio interficere, & urbem omnino hominibus vacuam reddere, quod neque Deo, neque regi gratum extiterit? Ad quem Magistrus, Non, inquit, gladio trademus illam, neque interficiemus, sed illorum bona proscribemus, & fisco applicabimus, ut hac poena emendati, non amplius aliquid hujusmodi aggrediantur. Et quænam, inquit sanctus, tuæ excellentiæ erit utilitas, si regia marsupia onerans, tuam animam perdes? Quomodo tibi remittentur a Deo debita tua, non solum a Deo superno rege, sed etiam a terrestri principe, non dimittenti his qui simpliciter atque imprudenter adversati sunt tibi, hodie existenti & cras ablato & morienti? At si nobis objicis regiam majestatem, neque crimen vis absolvere, permitte me ad illius pietatem scribere, me, inquam, humilem & abjectum, & si quid jusserit ejus pia majestas omni cum promptitudine perficiemus. Ad quem Magistrus, Novimus, inquit, regis in te benevolentiam, & propterea damus tibi tantum nummorum mulctam quæ supra duo millia esset. Quod autem magistratuum capita fregerint & ignominiosa verbera haud æquum est impune prætermittere. At S. Nilus & horum veniam impetravit, soluta pœna non plus quinquaginta nummis.

Pro reverentia S. Nili parcitur Gregorio Malcino.

57. Cum autem B. Nili intercessione hæc bene evenissent, conversus est furor ad illorum dierum ministrum nomine Gregorium Malcinum, quem multo studio atque ingenti obsecratione B. Nilus valuit ex ejus manibus eripere: quem videns Magistrus, neque habens quomodo evacuaret cordis fervorem, beatum Nilum reveritus, surgens cum ira execratus est illum, & omnes qui in illius domo erant, ab equo & bove usque ad gallinam & canem & reliqua omnia. Ipso autem timore correpto, nihilque prorsus respondente, versus est ad sedendum, propterea quod protospatharius erat: ad quem Magistrus: Abi, inquit, cum consimilibus tuis stultis, atque effigiem Nilo effingite, nec desistatis illum adorare, illique gratias agere; siquidem per regis caput plus vos non vixissetis, gloriam dedissetis. Quum autem omnia hæc perfecisset, pacificorum beatitudine vere dignus ad monasterium reversus est,

Deo gratias reddens, omniaque ejus benignitate facta esse sibi certo persuadens, multum quidem tristis, quod viveret inter eos qui operantur iniquitatem, quodque mundi vanitatem videret, & inanes perturbationes cœlestium speculator & secessus vere filius; quodque cum turbis & principibus conversaretur, gravia passus ac periclitans propter ea quæ ab aliis injuste videbat committi: sæpe autem & juste. Quoties enim pro defensione afflictæ animæ ab iis qui Deum non timent, pedestre iter perfecit & afflictionem pertulit, hyeme quidem capiti imbrem suscipiens, & amaritudine aëris manus & pedes torpescens, & totum corpus divexatum, propterea quod una tantum tunica amiciebatur; æstate vero calore, labore, fame ac siti afflictus, quæ omnia generose sustinebat propter mandatum quod admonet, Libera eos qui ad mortem abducuntur, & redimere eos qui interficiuntur ne parcas.

58. Interdum pater dum proficisceretur ad redimendum quemdam qui ab injustis vexabatur, a patribus coactus est imponere sibi viles quasdam pelles in pedibus propter glaciem & frigus vehemens. In itinere vero cum per lignum quoddam esset transiturus, cum pedem supra illud imposuisset, diaboli opere propter pellis lubricitatem supra lignum cecidit, & adeo magnum vulnus in crure accepit, ut pene animus illi defecerit, & ob laborem, ob frigus, & ob sanguinis defluxum, periculumque ei fuit ne e vita discederet ac finiretur. Educens autem ab ejus pectore quod semper secum gestabat monimentum, hoc autem erat instrumentum ac novi testamenti thesaurus, hocque oculis, labris, & pectore amplectens atque dicens: In manus tuas commendo tibi spiritum meum, paululum recreatus est, aut, ut verius dicam, ad se rediit. Visus est autem illi angelus Domini confortans illum, atque pharmacum imponens ut mel dulce. Statim igitur surgens, & alacris effectus, validius quam antea viam perfecit, ejus qui illi apparuerat adjumento, & sanguine firmato neque amplius defluente, & dolore amoto prorsus. Dicebat autem sanctus sæpe, Dei adjutorium in multis rebus sensisse, ut autem tunc numquam auxilium senserat maximum, celerrimum, & omni consolatione plenissimum. Hic igitur proprie dici poterit, *Cum ceciderit non collidetur*; cito enim erigentur gressus hominis recta ambulantis ac viam Domini volentis.

59. At inimicus humani generis videns a B. Nilo tantam utilitatem hominibus afferri, non minus ad animam quam ad corpus pertinentem, studebat pro viribus omnem gloriam omnesque mundi facultates ante oculos illi præponere, quibus & illum ad virtutes hebetiorem redderet, & mundum ejus utilitate privaret. Multi enim eo-

rum qui illum visebant, ingentes pecunias afferebant, & prætexebant monachorum indigentiam & pauperum distributionem. Is autem ut stercora ea vitans, dicebat venientibus ac præbentibus, quod scilicet fratres a Davide beati prædicantur, si labores manuum suarum manducaverint, & alienis peccatis non communicaverint: pauperes autem adversus vos clamabunt tamquam eorum bona detinentes, me autem admirabuntur ut nihil habentem & omnia possidentem.

Eunuchus Cœnonetes cum videret monachum desiderium convertit.

60. Eunuchus Cœtonetes ingressus quoque Russanum, vidensque beatum numquam eo ad se accurrentem (noverat enim illum ex fama) tunc dicebat admirans ad præsens: Ubi commoratur hic Nilus monachus, & quomodo non accessit cum aliis ad me, cum audierit meum adventum? Id enim neque ipse patriarcha ausus fuisset, arroganter scilicet meum adventum contemnere. Ipsi autem qui aderant, responderunt. Is quem dominatio tua dixit monachus, neque patriarcha est, neque patriarcham timet, sed neque omnibus formidabilem regem; sedet autem simul cum paucis monachis in monte, nullo egens auxilio humano, neque enim latitudine regionum effertur, neque multitudine ornatuum colligatus est. Quapropter neque cum aliquo disceptationem ullam habet, monoceros animal hic est, suis ac Dei legibus vivens, ac si vi volueris illum cogere, numquam poteris ejus aspectum videre. His auditis, Cœtonetes ac magis virum admiratus, scribit illi epistolam vehementissimam, in qua & adjurabat illum, ne si aut eum viseret ipse Cœtonetes, se absconderet; aut dignaretur ad oppidum Russani adire, atque ei benedicere, atque eis qui cum illo erant. At B. Nilus partim juramentis adductus, partim autem quia sperabat per illum pauperes juvare, oppidum & Cœtonetem adit. At is viso aspectu prophetico immo angelico, osculatus est illius pedes, & apprehensum manu introduxit in cubiculum suum, ac jubens cuidam ex suis ut evangelium afferret, ait B. Nilo: Quoniam, sancte pater, cum mendacii opinione fides hominum amittitur, volo jurare ad confirmationem eorum quæ a me tibi enuntiabuntur. At sanctus cum videret id evangelio prohiberi his verbis: *Ego autem dico vobis non jurare omnino, sit autem sermo vester, Est, est: Non non, quod autem his abundantius est, a malo est.* Quare, inquit, incredulitatis argumentum facis jusjurandum, & ab iniquitate congressum exordiri, omnis enim qui paratus est ad jusjurandum, ad fallendum & ad mendacium promtior, ut e converso. At Cœtonetes: Consentaneum est, inquit, neque vobis Dei servis mentiri, neque diffidere iis qui cum fide res narrant. Quare audi & sermonibus meis fidem adhibeas: Nemo est mihi consanguineus in hac vita nisi sola mater impotens, me nimium adamans. Sunt autem mihi divitiæ multæ & facultates ingentes, servorum multitudo & pecorum examen innumerabile. Decrevi igitur omnia hæc conferre ad monachorum monasterium construendum. Si tamen compunxit Deus sanctitatem tuam, Constantinopolim una mecum petere, ut ex tuis manibus ego & parens evangelicum habitum sumamus, faciam autem te ita regibus quemadmodum nunc mecum assidere. Hæc verba mellis & picis plena audiens discretionis lumen Nilus, non corruptus est sublimibus his verbis ac promissis, sed pedetentim manum in pectus conjiciens, ut illi semper mos erat, & crucis signum sibi faciens, Cœtonete, respondit, intentio quidem vestræ pietatis ac prudentiæ laudabilis est & Deo accepta. Ad hunc enim adducens nos Servator parabolice dicebat, quod *simile est regnum cælorum thesauro abscondito, in agro, quem qui invenit homo abscondit, & præ gaudio vadit & vendit omnia quæ habet, & emit agrum illum.* Mihi autem inutile est delinquenti eremum & pauperes mecum compatientes & collaborantes, per urbes vagari, & curarum molestias suscipere. Numquid defecit a Constantinopoli monachus aut præfectus, ut per me tondeantur qui ibi a mundo segregantur? Si autem præfers illam meam dejectionem, quæ nullius momenti est, aggredere extremas has regiones quas nos incolimus, & nobiscum angustam viam ambules. Numquam enim poteris pauper spiritu evadere, priusquam omnino corpore pauper fueris: quod animadvertens perfecit qui nunc inter angelos versatur Arsenius. Omnia autem tua derelinque potestati illius qui dixit: *Meum est aurum & argentum, & quicumque non abdicaverit omnia quæ habet, non potest meus esse discipulus.*

Cœtonetes proponit monasterium construere dummodo Nilus velit venire CP. quod ille recusat.

61. Ad hæc Cœtonete instante, ac suam voluntatem fieri debere contendente, eum derelinquens beatus exiit, & jam ambulanti cum David, & ad proprium revertenti monasterium in dicendo, *In via hac qua ambulabam absconderunt laqueum mihi,* occurrit illi in medio itinere una puella monacha, quæ accurrens ante illum projecit seipsam in transitu, qua necesse erat beatum illum transire. Tunc divinus vir spiritualem fortitudinem suscipiens, & sathanæ dolum cognoscens, percutit ipsam baculo manus suæ infirmens, avolavit autem quamprimum nihil moratus juxta proverbium, atque abiit. Ex eo igitur tempore decrevit neque se, neque quemvis alium ex fratribus solum iter facere. Boni, inquit, duo, meliores uno, & *væ soli, quoniam si ceciderit non est qui erigat illum.* In his omnibus superior factus pater noster Nilus adversario propter eum a quo amatus est Deum, & probatus palæstritâ osten-

Revertenti ad monasterium Nilo apparet dæmon sub specie puellæ.

sus in fumis patientia & in objectione lapidum ex quibus panes fierent. Ad hæc totius mundi gloriam prosternens & pecuniarum aversionem, quorum causa aliquis dæmonem adorat, idque non semel sed sæpius, in multisque aliis tentatus, & vincens multifariam multisque modis. Decebat autem ipsum & deinceps in pinnaculo templi probari si contentus fuerit ex hoc dejici. At vide quomodo & in hoc imitator Domini ac magistri extitit.

Episcopatum Rossauensem fugit.

62. In illis enim diebus mortuo qui Russano præerat archiepiscopo, atque alio inquisito qui in demortui locum succederet, una voce inopinate beatum patrem apprehendere omnes decreverunt, & vi hunc ecclesiæ throno locare: quippe qui vitam supra doctrinam bonam præ se ferebat, & doctrinam quæ cum vita certabat. Eo igitur proposito, cum omnes irruissent, anticipat quidam & rem patri narrat, existimans se rem gratam ei facturum cum hujusmodi rem nuntiarit. Et quidem non ab opinione aberravit, gratias enim illi agens beatus pater, & tunc & postea dimisit in pace, jubens illi dari & benedictionem. Ipse autem meditans id quod evangelio continetur, *Cognoscens autem Jesus quod venturi essent ut raperent, atque eum regem crearent, secessit solus in montem.* Secedit autem & hic ad interiorem montis partem cum uno fratre, eo consilio ut tamdiu lateret, donec deliberatio illa pertransiret. Occupantes vero monasterium sacerdotes cum magistratibus, cumque diu pervestigassent, neque eum invenirent, plurimum ingemebant spe decepti: cumque magis institissent, neque aliquid proficerent, facilius enim unicornum superare, quam illum de suo proposito dimovere, redierunt & alium episcopatui præfecerunt. At sanctus exultans Domino cum propheta dicebat: *Tenuisti, Domine, manum dexteram meam, & in voluntate tua deduxisti me, & cum gloria suscepisti me. Quid enim mihi est in cœlo, & præter te quid volui super terram? Ante te enim, Domine, est desiderium meum;* & tu, inquam, Domine, scis, quod diem hominis non appetivi. Ea igitur mente beatus detexit brevis vitæ hujus gloriolam & humanos honores detestatus est, nunc autem constituit illum Dominus supra decem urbes, ut vere pollicitus est; neque enim quoniam sacerdotium non suscepit, talentum non amplificavit, plures enim servati sunt ex doctrina oris ejus in cœnobio aut in monasterio quam urbs illa continet habitantes.

63. Blatton quandoque ab Africa revertens cum multis captivis, propterea quod ad tempus Sarracenorum rex illi adversatus fuerat, excusatione eo quod ejus soror illi nupserat, quod nequaquam verum erat, applicuitque ad littora Russani, & maxima cum instantia sanctum accersivit, cupiens audire ab ipso decentia, & orationes ipsius lucrari. Postea vero quam archiepiscopus commisit illi omnia cordis secreta, ait ei beatus: Audi consilium meum, neque amplius redeas ad viperarum genimina; post enim quam nimium tibi adulati fuerint, sanguinem tuum bibunt, gladio te perimentes, & de pace Calabriæ ne anxius sis, neque labores, neque enim id omnium auctori Deo gratum est. Ait autem ad illum consobrinus metropolitæ: Vides, pater sancte, quot Dominus animas liberavit. Respondit illi sanctus: Non animas liberavit, sed corpora: prodest autem multis & corporum afflictio, quibuscumque libertas multum damni affert, quemadmodum furentibus conclusos servari atque inedia affligi. Quod si hæc quæ videntur misera, non afferrent salutem, numquam a Deo fieri permissa essent. Decet autem eos qui possunt hujusmodi hominibus subvenire. His auditis atque patris admonitionibus servatis, quod prædictum est in illo jam fuit perfectum. At sanctus pater partim ex nimio exercitationis labore, partim longa ætate, agebat enim jam sexagesimum annum, impotens jam neque amplius longum iter potens perficere, equo utebatur ad infirmitatis remedium: majore enim parte itineris abstinentiæ causa illum pertrahebat. Hunc equum dum sanctus cum archiepiscopo colloquitur, quispiam a dæmone subductus, furatus est ac discessit; per viam autem, tempestate suborta, descendens ab equo sub una arbore expectabat, donec tempestas cessaret. Tonitru vero cœlitus delapsum infelicem illum percussit, & ad inferos detrusit, quum non paruerit ei qui dixit, *Damno afficere justum virum haud æquum est.* Et *Qui furatur non amplius furetur, sed laboret operans propriis manibus, ut habeat unde participes faciat indigentes.* Et ille quidem miser peccatum frustra commisit. Quidam vero crastino die transeuntes per eam viam & equum cognoscentes in loco pascentem, ad monasterium reduxerunt & justo proprium.

Qui sancti furatus asinum equum subministraverat.

64. Alius militum quispiam motus ad equum rapiendum a monasterio, & ad solis occasum veniens, ut equum videret, noctis tempus expectabat ut commode illum posset rapere. Obambulans autem totam noctem neque prorsus potuit monasterio adhærere, sed vallibus & præcipitiis occurrens satis oberravit. Quum autem dies illuxisset, ante se monasterium vidit, & miraculo attonitus ingressus est pœnitens, & propriam imprudentiam confessus.

Miles equum furaturus veniens ad monasterium te nocte errat.

65. Illo autem tempore incursantibus impiis Agarenis Calabriæ regiones, atque omnia dissipantibus, sanctus pater castrum occupans cum fratribus servatus est. Tres autem ex illis qui in monasterio restiterant a Sarracenis detenti sunt atque abducti. Judicavit autem beatus non esse hos despicien-

Tres S. Nili discipuli a Sarracenis detenti, factis ejus iterum cum monachis diminutur liberi.

dos, sed ut propria membra esse inquirendos, & ad proprium locum reducendos. Cumulatis igitur a frumento & vino aliisque frugibus quasi centum aureis, & burdonem quem habebat Basilius dux Calabriæ dans cuidam ad eam rem aptissimo, Panormum misit scribens epistolam ad Notarium pium hominem, atque eorum qui ibi erant Christianissimum: qui Notarius ostendens dicto Ammiram ea quæ a sancto erant missa, interpretans autem illi & admirabilem epistolam, attonitus est in sapientia & pietate beatissimi, atque agnoscens illum Dei amicum esse, & omnis bonitatis plenum, siquidem virtus & apud hostes in veneratione esse solet, accipiens monachos & decenter alliciens, & detinens autem apud se memoriæ causa atque testationis bordonium, illos remisit cum sociis, addens & multas pelles cervorum, & nuntians patri hujusmodi verba: *Tuus error est pro punitione tuorum monachorum, quoniam primum non te mihi notum reddidisti. Si enim hæc cognovissem, misissem tibi meum signum, quod si in platea suspendisses, non necesse fuisset e monasterio discedere, neque aliquo pacto perturbari.* Hæc audiens divinus Nilus & admirans Dei œconomiam, in illo Samsonis problema dixit, quod vere nunc *de comedente exivit cibus, & a crudeli egressa est benignitas*, adjiciens & hæc ad Albaræ promissa, quod omnia hæc tibi dabo si cadens adorabis me.

Obtinet sibi restituendæ dilectionis aureos quingentos.

66. At prudentissimus Basilius dux tantum fidei & caritatis habens erga patrem sanctum, quantum centurio erga Salvatorem, attulit illi usque ad quingentos aureos, addens hæc verba: Non ab injustitia, inquit, hæc mihi adsunt, sed ab ense. Cum enim cepimus Cretam cum felicissimo Nicephoro, cum non adesset rex, opportune invenimus apud quemdam presbyterum indumentum Præcursoris ex pilis cameli confectum & ad cervicem cruentatum, quod capiens beatus ille, omne aurum mihi largitus est. Ita igitur aureos illos habitos accipe per Dominum, & ora pro me. At Nilus rerum humanarum vere contemptor, neque ad illos respiciens, ait ad illum quasi mortis timorem excusans, Visne, inquit, ut ob stercora hæc aliquis insidietur ac me interficiat, & ita amicum perdas? At is rursus: Permitte, inquit, ut his pretiosas altari vestes emam. Abi, inquit Nilus, & in catholicam oppidi ecclesiam deponas, ubi servantur, hinc enim rapi possent. At permitte, inquit, oratorium maximum ac pulcherrimum construere; non enim illud luteum videre possum. At pater ita: Neque me videre poteris; & ego enim ex luto compositus sum. De oratorio autem nihil sollicitus sis, ab impiis enim Agarenis destruetur, & omnis Calabriæ regio illorum manibus tradetur. Id autem prævidens beatus pater noster suo oculo prophetico, &

Prædicit Calabriæ destructionem ab Agarenis.

volens cedere divinæ iræ, noluit abire ad orientales partes suspicans ac verens quam de illo opinionem illi habebant. Usque enim ad Christi amatores reges ejus fama pervenerat, & honorem ab illis aufugiens. Elegit autem locum ubi diversaretur Latinorum regionem, quippe qui illis ignotus esset, neque tanto honore afficeretur. Quanto autem magis ipse humanam gloriam vitabat, tanto vehementius cœlestis gloria eum decorabat, omnesque ut unum ex apostolis illum amplectebantur, & eumdem honorem concedebant. Profectus enim Capuam, ut priora omittam, propter rerum multitudinem & honorem maximum assecutus a principe PANDULFO & primatibus, adeo ut episcopum sibi ipsis illum voluerint præficere, & ita factum fuisset, nisi mors principem prævenisset.

67. Tunc vero vocantes sancti Benedicti qui in monte Caselino morabatur præfectum, ALIGERANUS sanctus hic appellabatur, illi præceperunt ut beato Nilo monasterium darent quale vellet e sancti Benedicti habitationibus. Proficiscente autem sancto Nilo dictum inclytum monasterium, obviam venit omnis monachorum multitudo usque ad montis fundamenta, sacerdotes, inquam, ac diaconi sacras stolas, ut in die festo induti, cereosque atque thuribula manibus gestantes, ita beatum ad monasterium deduxerunt, non alium videre sibi persuadentes quam divum Antonium Alexandrensem ad illos venientem, aut divum Benedictum ab inferis excitatum, eum, inquam, qui leges illis scripsit. Ac recte quidem cogitabant, neque eos fefellit opinio. Omnes enim qui ex illis corporeis aut animorum afflictionibus tenebantur, curati sunt, & omnes utilitatem ab illo perceperunt. Qui in orationibus versabantur, doctrinam; qui operibus incumbebant, ducem; qui peccatorum mole premebantur, emendationem; qui in virtute versabantur, adhortationem; qui sani erant, continentiam; qui ægroti, medicinam; & ut breviter dicam, quemadmodum olim Israëlitis manna unicuique pro ejus appetitu gustum præbebat.

In Casinensi monasterio summo cum honore recipitur.

68. Quare neque in illis erat ægrotus, ita & in his admirabilis vir existebat. Curans igitur illos divina ejus præsentia, & spirituali lætitia eos implens; nimium autem & ipse admiratus in bono illorum ordine, & bene instructo statu, & admirans ac laudans illorum vitam, magis quam nostram, comitatus est rursus ab abbate & aliis primoribus viris ad monasterium, quod cum suis filiis oportebat illum incolere. Id autem vocabatur Valle-Lucion. Obsecrarunt autem illum & præses & fratres cum omni sua fraterna societate ad maximum monasterium ascendere, & græca voce in illorum ecclesia canonem implere, ut sit, inquit Deus, omnia

Ad monasterium Vallelucion deducitur.

in omnibus, quod & propheta prædicens clamabat, quod leo & bos simul pascentur, & simul eorum filii erunt. At divinus Nilus primum renuebat humilitatis causa: *Quomodo*, inquit, *cantabimus canticum Domini in terra aliena*, qui hodie sumus abjecti in omni terra propter peccata nostra: tamen ut simul consolationem assequamur ex mutua fide, & ut magnum Christi nomen glorificetur, contentus fuit hoc facere, & informans a fructibus Latiorum suorum canticum ad sanctum patrem nostrum Benedictum, quo hymno omnia ejus miracula continebantur, assumensque omnes suos fratres qui plus quam sexaginta erant, ascendit ad monasterium Casilinense, & vigilias exercuit concinna armonia, habebat enim secum fratres prudentes, & idoneos in lectione & psalmorum cantu, quos in utroque ipse edocuerat. Perfecto autem canone, convenerunt ad illum omnes monachi cum appositione illorum abbatis, eo enim usque bonum ordinem servant, & attoniti a splendore spiritus prodeuntis ab ejus aspectu, cupiebant vehementissime & ab ore illius verba audire; quare & quæstiones multas illi objiciebant. Age, inquientes, quod est monachi opus, & quomodo misericordiam invenire possimus. At beatus aperiens os suum Romana lingua usus dixit: Monachus est angelus, opus autem illius est misericordia, pax, & sacrificium laudis. Quemadmodum enim Deo sancti angeli, nulla facta intermissione, hostiam laudis offerunt, vicissim autem pacem habent in caritatis vinculo, miserantur autem & adjuvant homines ut minores fratres; ita enim decet verum monachum facere, misericordiam ostendere erga inferiores, & peregrinos fratres amare, in pace æqualis honoris participes his qui magis in virtute proficiunt, non invidentem, fidem autem non fucatam, & spem habere, & erga Deum & erga eum qui pater spiritualis est: qui hæc tria possidet angelicam vitam in terris degit; qui vero contra facit, id est qui infidelitatem habet, odium ac misericordiæ inopiam, totius mali domicilium fit, & dæmon manifeste apparet atque est. Ex quo enim aliquis monachi vitam profitetur, non amplius hominis habitum retinet; sed ex duobus alterum fit, aut angelus, aut dæmon; persuadeo autem mihi, fratres, de vobis meliora, & quæ salutem vobis afferant. Hæc & hujusmodi quæ plura sunt quam ut nunc scribi possint, admonente patre, omnes cordibus compuncti sunt, & quidam ex illis respondens dixit: Quare David inquit, *Cum sancto sanctus eris, & cum electo electus eris, & cum perverso perverteris?* Hoc, inquit pater, ad Deum ait propheta, non ad hominem, Deo enim convenit quod consequitur, non homini: *Quoniam tu humilem populum salvabis, & oculos superborum humi*-

Prius tamen ascendit ad Casinense, & ibi more Græcorum vigilias celebrat.

Quid monachus & quod ejus opus.

liabis. Audivit enim David Deum dicentem, quoniam *vivo ego Dominus; si recte ambulaveris mecum, recte ambulabo & ego tecum*. Et iterum scriptum est, ad obliquos, quod æque est ac si diceret ad perversos. Obliquas vias mittet Dominus & non homo. Hominibus autem mandatum est diligere inimicos, benefacere his qui illum odio habent, & malum pro malo nemini reddere.

69. Rursus alius interrogavit: Quid est quod inquit Abbacus propheta: *Requiescam in die tribulationis meæ, ut ascendam ad populum incolatus mei*. At sanctus respondit, Apostolo dicente, omnia hæc in figura illis contigisse, scripta sunt autem ad nostram doctrinam: ego omnem scripturam in meam ipsius utilitatem interpretabor. Adam enim audiens, Cain, Lamech, & omnes qui Deo peccarunt, cogito me esse hujusmodi, non illos. Hoc igitur dictum prophetæ homini convenit prudenti, sedenti infra in mundi silva, secum cogitanti ac dicenti, quousque oro & quæ dico non intelligo? tunc subdit dicens: Servavi, id est consideravi & meditatus sum labiorum meorum orationem, oro autem quod si reddidi retribuentibus mihi mala, hoc & illud patiar, & *judica me, Domine, secundum justitiam tuam, & secundum innocentiam meam Deus*. Et quod *Deus manifeste veniet, & non silebit; ignis in conspectu ejus exardescet, & inimicus comburet quæ in circuitu ejus sunt*. Hæc & hujusmodi considerans prodeuntia ex labiis meis, animadvertens autem me ipsum his diversa facientem, timuit cor meum, & contremuerunt ossa mea, vis & robur genuum meorum subtus me conturbata sunt, adeo ut pedibus sistere non possim. In hac igitur tribulationis meæ die non aliter judicavi posse quiescere & liberari a tremore & timore, nisi ascenderem eò ubi populus peregrinationis meæ, ubi sunt omnes peregrini atque hospites, & quorum conversatio in cœlis est. Quoniam ficus mea & olea mea, vitis & jumenta mea nihil mihi proderunt in die afflictionis; neque post mortem aliquem mihi fructum afferent. Si autem fecero quod deliberavi, exultabo tunc in Domino, gaudebo in Deo Salvatore meo.

Locum prophetiæ Abbacuc explicat S. Nilus.

70. Ea autem re ita explicata juxta moralem sensum, ait ad sanctum alius: Ecce pater carissime, mittor ab abbate ad ministerium, unde non exiguum malum assequar. At canon præcipit obedientiam sine discretione habere, utri igitur pareram, nescio. At pater dixit: *Obedite præpositis vestris & cedite, ipsi enim vigilant pro animabus vestris tamquam rationem redditturi*, Apostolus inquit. Quare nos omnia cordis nostri secreta abbati confitentes, ad judicium suum omnia referamus. Rursus alius dixit: Si semel in anno corpori meo gratificabor & carnem comedam, numquid est peccati admissum?

Alias subit monachum quæstiones.

Cui pater: Etsi omne tempus, inquit, sanus existens, in una hora lapsus per præcipitium fregeris crus, numquid mali est? Hæc & plura his ex scripturis objicientes rogarunt illum, & de sabbati jejunio. At hic brevem responsionem dans, destitit, dicens: *Qui comedit, non comedentem nequaquam contemnat; Deus enim utrumque accepit. Tu autem quare judicas fratrem tuum?* Sive igitur comedamus nos, sive vos jejunatis, omnia in gloriam Dei faciamus. Quod si nos corripitis, quoniam sabbatum non jejunamus, videte ne quo pacto inveniamini adversantes sanctis patribus & ecclesiæ columnis, Athanasio, Basilio, Gregorio & Johanni Chrysostomo, & aliis infinitis & sanctis synodis, qui id neque fecerunt, neque statuerunt faciendum. Quin & de Ambrosio vestro magistro, de quo scriptum est in ejus vita quod omnem hebdomadam jejunarit, excepto sabbato & die Dominico. Ego vero neque ipsum sanctum Sylvestrum arbitror adversantem sanctis patribus hoc jejunium instituisse; neque enim ullum ea de re canonem potestis ostendere, nisi solum apud eum qui ejus vitam conscripsit, cui nemo facile credit, propter auctoris incertitudinem. Verum nos prætermittentes verborum pugnas, nihil enim mali est jejunium, Apostoli sententiam dicamus, quod neque cibus neque potus commendat nos Deo; & quæ sequuntur. Utinam & miseri Judæi crucifixum adorarent Dominum, & jejunarent vel ipsos dies Dominicos. Parum enim refert, aiunt illi, & non est peccatum die Dominico jejunare, & si peccatum, inquit, est, quomodo sanctus Benedictus Dominicis & festis diebus jejunans, neque jejunio a die Paschæ abstinuit. Quare sciendum est omnem rem propter Dominum factam esse, neque rejiciendam, ne ipsum quidem interficere, ut & Phinees, & Samuel ostenderunt. Et nos igitur benefacimus sabbatum non jejunare adversantes execrandis Manichæis, lugentibus in hoc die & calumniantibus vetus testamentum, quasi non a Deo datum; non vacamus autem ab operibus, ne assimilemur impiis Judæis Dei interfectoribus. Et vos necessario jejunatis, vos ipsos præexpurgantes diei sanctæ resurrectionis. His & pluribus aliis monachi utilitatem & jucunditatem percipientes, admirati sunt omnes in sermonibus lepidis ab ejus ore prodeuntibus, ac dicebant: Numquam vidimus hominem ita sacram scripturam interpretantem. Atqui vere existimabant & recte dicebant. Omnium enim perturbationum mentem purgatissimam habens & cœlesti lumine illustratam, ejus sermo erat semper sale conditus, segnibus quidem & infirmis adjumentis stimulus, ferventibus autem & ultra septa transilientibus frenum comprimens atque capistrum: his autem qui ab utroque eorum declinabant, & medium iter perficiebant, jugum bonum & suavis dux. Omnes ad illum venientes a longe aspiciens cogitabat, & prædicebat illorum adventum, causam, & rerum eventus per dicta confirmabat. Illud certe scio quod si omnes qui sub cœlo vivunt convenissent, ab eo petentes consilium utile, non ab eo aberrassent. Erat enim ejus consilium ut Dei consilium, omni prudentia plenum & utilitate, quod servatum, utilitatem; neglectum autem pernciem maximam afferebat. Atqui possem multa capita de ea re contexere, nisi longior essem, & infinita rerum materies molestiam lectoribus præberet. Unum autem ex multis hoc est.

71. PANDULPHO Capuæ principe, de quo supra mentio facta est, mortuo: ejus conjux nomine AVARA, non minus viro toti regioni illi dominabatur atque imperabat. Hæc zelo imperii, immo invidia diaboli detenta, suggerit duobus filiis suis superstitibus, dolo interficere unum comitem, qui illi consobrinus erat, quem suspectum habebat, quemque ab omnibus honorari videbat. Consanguinea enim quædam illorum eum ad congressum vocans, atque simpliciter ingressum, occasionem istam hujus fratres ingressi, aggressi illum sunt & gladio interfecerunt. Horum mater pœnitentiam fictam non veram faciens, patrem ad se vocari jubet, tamquam ab illo accepta æquivalentem delicto pœnam. Cum autem sanctus venisset, obsecrationibus motus, & urbem apprehendisset, omnes confluxerunt per publicas vias, ut pretiosum illius aspectus caracterem spectarent, & illius benedictionis participes essent. In quibus una ministra monasterii præposita, cum suo presbytero juniore & ætate delicante, congregans autem & suas virgines exiit ad occursum sancti. At beatus prophetico oculo videns res illarum non declinavit earum occursum, sed occurrit illis ut flammea romphæa, austera voce & torvo vultu illis dicens: Quid vobis cum hoc juvene? Vos quæ apparetis virgines, quid cum illo conversamini? Non cognoscitis hunc virum esse, ipseque non novit vos esse mulieres? Deum non timetis neque homines reveremini, vere non video in vobis fructum justitiæ. Hæc illæ audientes, cum deberent verecundari, erubescere, atque admirari viri sancti reprehendendi libertatem, recesserunt dicentes, Hujusmodi homo non est servus Dei, sed diabolus. Et statim crastino die presbyter ille deprehensus est cum præpositæ consanguinea rem habere, & per totam urbem illam divulgatum est.

Damnat in sacris virginibus presbyteri consortium.

72. Pervenit igitur sanctus ad Avaræ palatium, quæ illum videns ad pedes procedit tremens, confessa & concessionem petens. Hic autem illam erigens dixit: Ne ita facias, & ego enim homo peccator sum, nondum assecutus potestatem solvendi aut ligandi,

Avaræ principissæ pœnitentiam indicatam respuit, prædicit filii ejus mortem, &c.

vade autem ad episcopos, quibus talia faciendi potestas commissa est, & fac ut illi tibi præceperint. Ad hæc respondit: Episcopis quidem confessa sum meum peccatum, & dederunt mihi pro pœnitentia ut ter in hebdomada psalterium recitarem & faciam misericordiam cum egentibus. Obsecro autem tuam sanctitatem, serve Dei, ut & a te quæ expediunt audiam & remissionem peccati accipiam. At sanctus dixit psalterium quidem recitare, & dare eleemosynam tibi & indigentibus utile est, at ei qui injuste occisus est, salutem non affert, neque illorum qui eum lugent mœrorem aufert. Quid enim tantum das quantum abstulisti? Quod si vis a me humili accipere consilium & facere voluntatem Dei, en dico tibi trade unum ex filiis tuis iis ad quos interfectus pertinebat, ut faciant quidquid illis libuerit, & tunc a peccato libera eris. Dixit enim Deus: Quod de manu hominis fratris tui exquiram animam ipsius, hominis scilicet, qui effundit sanguinem hominis, pro sanguine ipsius ejus sanguis effundetur. Et rursus: Omnis qui accipit gladium gladio peribit. Neque enim es tu Saül imbecillior rege, neque judice Jephte qui propter proprii mandati transgressionem, proprios filios morti tradiderunt. At hæc respondit, non possum hoc facere, timeo enim ne forte illum interficiant. Tunc beatus zelo plenus respondit: Hæc ait Spiritus-sanctus: Sanguis filii tui effundetur, pro sanguine illius quem injuste interfecisti, & peccatum hoc non delebitur ex domo tua usque in sempiternum. Nemo enim ex tuo semine dominabitur in hac urbe, sed expelletur & persecutionem patietur, & superabitur a propriis inimicis pro iis quæ commisisti propria potentia freta, neque didicisti quod *Dominus pauperem facit & ditat, humiliat & sublevat.* His illa auditis, cœpit lugere ac lamentari, atque implens manus auro, offerebat justo, existimans hoc illum placare. At ille vere nullis passionibus obnoxius, neque lacrymis mulieris mollis effectus, neque auri multitudine inescatus, neque ejus potestatem subveritus, abscindens amictum tunicæ, & ut cervus exiliens abiit, hæc secum considerans, ut ipse postea referebat, quod dixit, inquit, diabolus: hic monachus lutum est, madefaciam illum aqua, id est mulieris lacrymis, & jam faciam illum liquidum: adeo ut de eo faciam quidquid libuerit. Ita opere perfecit illud: *Estote prudentes sicut serpentes, & simplices sicut columbæ.* Similiter etiam & apostolicum præceptum: *Ne communices peccatis alienis.* Et tunc quidem beatus Nilus ad monasterium reversus est. Non multum autem temporis præteriit, & ejus prædictio finem sortita est, minor enim filius dictæ zelo imperandi majorem in ecclesia orantem gladio trucidavit. Ille autem rursus a Gallorum rege propter eamdem caussam vinctus abdu-

cebatur. Ac deinde intra breve tempus omnis jactantia atque imperium ei ablatum est. Ne autem aliquis eorum qui nimium temerarii sunt sævitiam objiciat beato patri in peccantes, zelator enim erat ad vindicandam legem Domini, quemadmodum Helias ille propheta, cujus aspectus characterem secum ferebat, idque non solum in externis nihil ad illum pertinentibus, verum etiam adversus eos qui maxime illi proprii esse videbantur ac veluti membra quædam: tantum antem ab affectu erga suos aberat, quantum sequens oratio declarabit. Recensebo autem & hoc ad securitatem legentium & ad correctionem eorum qui Heli imitantur.

73. Filius sororis beati Nili, a qua & educatus hic fuerat, versabatur in monasterio simul se in pietate exercens, nimium bonæ indolis, ut ad utrumque aptus. Hic quandoque cum fratribus iter faciens, & argenteum poculum ferens, limpidissimo fonti occurrit. Cum igitur vellent ex aqua bibere, ipse sacrum poculum projiciens in metalli puritate natans bibit & simul omnes. Id audiens beatus, & nimium adversus illum iratus multum objurgavit, & adeo aversatus est, ut ne illum umquam quidem videre voluerit, aversio autem illius erat, ut si a Deo alienatus esset, supra virgam & flagellum castigans prudentes viros. At frater increpationis mœrore detentus, & aversione patris conturbatus, & in ægrotationem gravem incidit in qua & mortuus est. At beatus in omnibus ægrotationis suæ diebus ingrediens atque egrediens in ecclesiam, ejus cella in transitu existente, numquam prospexit in locum ubi erat, neque illum adiit usque ad mortis diem, quamvis ab omnibus annotatum fuerat cum cœpit ægrotare frater, & beatus Nilus videret quod non esset surrecturus ab infirmitate illa. Tunc igitur quidam ex senibus videns patrem lacrymantem post mortem, & lugentem privationem illius, adiit illum privatim alloquens, tamquam animam ægre ferens de tribulatione fratris cum qua exiit a corpore propter aversionem patris. At hic nisi, inquit, ego eum aversatus essem, Deus eum non assumpsisset, persuadeo autem mihi quod hujus parvæ tribulationis causa maximo gaudio digna effecta erit ejus anima, siquidem non injustus Deus a carcere eripere, & in carcerem detrudere. Hujusmodi erat discretio prudentissimi patris nostri Nili supra omnes sanctos patres nostros. Superabat enim eos qui maxime exercitatione excellebant, discretione; eos autem qui maxime discretione valebant, exercitatione; eos autem qui simplicitate, cognitione; eos autem qui cognitione peritissimi erant, innocentia; eos qui vita probata pollebant, doctrina; eos vero qui doctrina, vitæ probitate; eos autem qui utroque excellebant, utriusque excellentia. Admirabilis moribus, alienus omnino

nino a mundo, fortis atque inexpugnabilis ab affectibus, sublimis in intelligentiis, superbis viris non cedens, compatiens vero humilibus.

furem captum liberate docet, & equo monasterii quem furatus fuerat.

74. Furatus est aliquando quidam Longobardorum, equum monasterii, & accedentes duo ex fratribus petierunt veniam a B. Nilo, ut persequerentur & apprehenderent eumdem equum, quoniam nimium utilis erat monasterio, quod & fecerunt. Prævenientes enim fratres labore multo ad castrum ubi erat fur, ubi illius oppidi magistratus solum nomen beati Nili audivit, statim apprehendens equum & furem ligatum fratribus tradidit. Illis igitur reversis ad monasterium & patri cum gaudio procumbentibus ac dicentibus: Quod tuarum orationum caussa adduximus equum, & eum qui rapuerat. Vocat autem beatus Longobardum, & ait illi: Vere tu frater amas equum hunc? nisi, inquit, illum amarem, nec furatus fuissem. Tunc pater capiens equum illi dedit addita sella & freno dicens: Si illum amas, accipe & ambula. At hic abiit gaudens & exultans. Cum autem cœpissent fratres susurrare adversus patrem Nilum, vocans pater illos admonuit his verbis: Discite fratres quod rerum aut bonorum qualiscumque amissio, peccatorum est imminutio. An non sumus digni gerontici unum caput perficere? Si Deus vult nos misereri, nos volumus a mundo segregari, & illi adhærere. Ii vero responderunt: Id nobis molestum est, pater, quod post multos labores, post longa itinera, cum invenissemus rem amissam, tunc furi eam didisti? Quibus pater dixit: Id feci ut vos docerem opere inimicos diligere, & benefacere calumniantibus vos, & omnia possidere ut nihil habentes, ut evangelium & apostolus nos docent. Ita quidem beatus pater Nilus hæc sentiebat & docebat, semper in ore habens dicta beatorum & sapientum doctorum, & quovis modo studens verba opere confirmare, & disciplina prudentiam, & ut doctrina erat, ita esset & vita. Non solum autem seipsum; verum etiam & eos qui cum illo erant ita informans atque instruens, cum a Salvatore didicerit: *Vos estis lux & sal terræ.* Sæpe enim sicubi dictum, aut sententiam, aliquid ex canonum instructionibus, quod morum emendationem doceret, ad se vocans fratres, veluti hæreditatem quamdam ac sortem illis distribuebat, admonens ut ea secum in pectoribus gestarent intelligentibus quidem sublimia & docta; simplicioribus autem faciliora præcipiens. Et unicuique medicamentum adhibebat pro malo quo detineretur, & disciplinæ emplastrum singulis aptum imponebat, ut si quis gulosus & ventri deditus esset, continentiam eum docebat: Si quis libidinosus, castitatem; si quis inanis gloriæ cupidus, humilitatem; si quis autem loquax & verbis pugnans, illi Jacobi apostoli epistolam legendam præbebat. Ubi apostolus ait: *Si quis autem putat se religiosum esse non refrenans linguam, sed seducens cor suum, hujus vana est religio.* Si quis autem indocilis esset, nec memoria valens, scribens sententiam in fragmento chartulæ suspendebat illi ad collum, aut ad brachium, donec in pectora recondidisset. Ita beatus Nilus faciebat mutos loqui & surdos audire & cœcos videre, barbaros theologos efficiebat, & antea jumentorum pastores, postmodum hominum magistros, & multos quidem a gravibus dæmonibus liberavit, plures autem a passionibus immundis, & consuetudinibus malis, majora autem prioribus subsequentia.

75. Cum autem multa habeam de eo dicere, temporis angustiis detineor, quo minus possim id facere: ad finem enim mea festinat oratio. Post mortuum celebrem ALIGERNUM, (a) qui bene & sancte divi Benedicti monasterium rexerat, successit illi rector qui non noverat sanctum Nilum quis esset, ut autem verius dicam, neque Deum. At ea quæ breviter subjiciam id quod circa ipsum accidit declarabunt.

76. Cum beatus Nilus quodam die illum visere, forte illum invenit in inferiore monasterio, ubi constructum est templum pulcherrimum ac delectabile sanctissimi Germani, aquarum multitudine & pulchritudine circumfluens. Invenit autem ipsum præpositum cum primoribus monasterii qui se lavabat & prandentem. Donec igitur beatus Nilus in ecclesia illum moraretur cum multis fratribus suis, audit citharœdum ingressum esse, ut in prandio citharam pulsaret. Tunc beatus Nilus dixit iis qui secum erant: Memores estote fratres mei verbi, quod non tardabit ira Dei venire supra homines hos, surgite eamus hinc, atque ita dicens discessit. Non multum temporis pertransiit, & præpositus a principe captus est, propterea quod illi rebellionem parabat, & oculis ei effossi (b) sunt. Monachi etiam in gravem morbum incidentes, usque ad mortem cruciati sunt, alii vero ex illis mortui sunt. At ille citharista ad furandum abiens, comprehensus, post multos cruciatus, & ipse oculis privatus est, & omnes ebiberunt iræ Dei poculum, juxta senis prædictionem. Sed hæc postea.

S. Nilus abbati Casinensi quæ futura erant prædicit.

[a]

[b]

77. Beatus igitur Nilus cum in monasterio, quod Valle-Lucion appellatur, quindecim annos perfecisset, & fratribus multiplicatis, & omnibus rebus necessariis exuberantibus, & monasterio magno effecto ejus intercessione, cum antea non hujusmodi esset, ac

Nilus relicta Valle-Luci transit ad locum minus commodum & pauperem.

(a) Obiit IX. cal. Decembris anno 986. successorem sortitus Mansonem Pandulfi principis consobrinum, cujus favore potius quam fratrum electione, immo plerisque repugnantibus, intrusus est, teste Leone Marsicano, Chron. Casin. lib. 2. cap. 12.
(b) Quo modo id factum exponit idem Chron. c. 16. l. 2.

videret fratres non multum curæ habentes spiritualis ministerii, & canonis diligentiæ, quemadmodum antea informati fuerant, sed lata via se oblectantes & inter se contendentes quis major esset, multum autem eos adjuvabat & levitas prædicti præpositi, quippe qui & dona suscipiebat, & pietatis osor esset. Hæc videns beatus atque intelligens rerum abundantiam multis causam esse intemperantiæ & impietatis, inde migravit, & obambulabat locum quærens ubi angustum & tenuem cibum, qui necessitati tantum subveniat, inveniret, ut vel inopia rerum necessariarum plurimi veluti freno ad exercitationis divinæ studium redigerentur. Quamobrem cum multi ex confinibus accurrerent, & ad se illum vocarent, & proprias habitationes offerrent, quidam vero & monasteria præparata, nullo pacto ipse accepit. Non enim in illis inveniebat quod quærebat, solitudinem scilicet & quietem, & ab aliis alienationem. Dicebat enim quod non prodest monachis hujus ætatis remissio & laborum vocatio, non enim est otium illorum in oratione & contemplatione, & scripturarum studio; sed in rerum vanarum narratione, & pravis cogitationibus, & inutili curiositate. Quare laborum occupationes inveniendæ sunt, quæ a pravis cogitationibus & malis illos abstrahant. Plurimi enim faciendum est illud: *in sudore vultus tui vesceris pane tuo*. Ita & apostolicum mandatum perficitur, quique assidue prætereunt mensurate quiescentes coronarum dignæ causæ erunt. Hanc justi prudentiam aliqui fratrum non intelligentes, quin latam viam angustæ. præponentes, remanserunt prædicto monasterio, alligati loci requici, & tristati austeritate sancti. Numquam tamen invenerunt requiem omnes dies quibus illuc permanserunt, neque illis deerat seditio & inordinatio, tribulatio & verborum pugna, postremo prorsus expulsi sunt.

Locum exiguum in agro Gaietano prædigit.

73. At beatus una cum iis fratribus qui cum illo erant & sancto Stephano, inveniens in Gaietæ regionibus exiguum locum, aut ut verius dicam pauperem cellulam, & contentus illius angustiis, & tenuitate, & aviditate habitavit ibi: primum quidem etiam corporalium rerum indigentia, paulo autem post pluribus fratribus Dei amatoribus confluentibus, omnia abunde succefferunt, opusque assidue peragebatur, & psalmi nulla facta intermissione canebantur, psalmorum crebræ lectiones, genuum flexiones assiduæ, abstinentia voluntaria, obedientia non coacta, & postea omnes florebant & fructum reddebant propter doctrinæ irrigationem & semina bene a patre nostro Nilo facta. Sed neque ille inexpugnabilis certaminibus virtutis cedebat, neque a consueta abstinentiæ via & divinis operibus deviabat, sed quanto magis corpore senescebat atque infirmabatur, tanto magis virtute reflorescebat, ac potentior evadebat. Neque umquam fieri poterat ut jejunium prætermitteret, aut gustaret, aut biberet tempore non constituto, ut senum mos est. Numquam carnes gustavit, aut corpus lavit usque ad suam mortem, idque provecta senectute. Centesimum enim annum agens mortuus est quinque minus, morbis magnis ac variis vexatus non solum senii, verum etiam & corporalis exercitationis immensa causa. Ad eum enim statum sese perduxit, ut si vellet comedere aut bibere, aut seipsum reficere, non permittebat eum consuetudo id facere, sed neque somni quantum satis esset particeps fieri poterat; sæpe autem & in extasi, plurimum temporis voce destituebatur, præsentes sentiens, nisi quid in extasi e sacris mysteriis loqueretur. Ut illud, *Exaudi nos Domine*, aut *Sanctus, sanctus* & hujusmodi. Interdum & *Beati immaculati* ordine recitans intelligebatur. Si quis autem ex fratribus postea illum interrogasset: quidnam tibi accidit pater, & ubi fuisti hactenus? Senui, inquiebat, fili & nugatus sum, ac dæmone correptus nescio quid fecerim. At iis qui importune de mentis contemplatione eum interrogabant jubebat eis dicere, quod senex dæmone correptus est, neque potest alicui occurrere. Quantum autem seipsum humiliabat, tanto magis celebris ejus fama per totum vagabatur, atque omnes currebant ut illum viderent atque ejus colloquia audirent.

79. Quodam vero die Gaietæ præsidem conjunx precata est ire ad adorandum servum Dei; & ait illi vir: Faciamus primum illum certiorem, ne forte moleste ferat, & tristis a nostra regione aufugiat, & privemur tanto bono. Tunc igitur nunciant illi hoc, adhortantes multum illum, cognoscebant enim quod vehementer mulierum colloquia fugiebat, quodque numquam mulier in ejus monasterium ingressa esset. Respondet igitur illi S. Nilus dicens: Compatiaris mihi per Dominum, quod cum eram mundanus dæmone correptus sum, & sanus factus sum a Deo ex quo monachus effectus sum, nunc autem si videro mulierem, statim dæmon revertetur, & me cruciabit. Hæc mulier illa audiens & considerans, plus animata & alacris evasit ad illum videndum, & tantum restitit donec venit, & ejus adoratione digna facta est. Prædixit tamen ne aliqua foemina ex urbe, sed viri illam comitarentur. At beatus pauca quædam de temperantia, castitate & eleemosyna & timore Dei eam instruens, dimisit cum gaudio ad domum suam: ipse tamen onus magnum reputabat ac vehementer abhorrebat optimatium hominum congressum atque consuetudinem, ut occasionem inanis gloriæ & animæ damnum. Cogebatur tamen id admittere intercessio pro iis qui ab illis affliguntur atque injuriam pa-

Gaietæ præsidis conjux ægre potest illum conve- nire.

VITA SANCTI NILI.

tiuntur, quos multos sæpe solis litteris à carceribus & suspendiorum laqueis eripuit, & si quis ejus epistolas collegisset, nimium utilem ex illis librum composuisset.

80. Ita autem fecit & ad concivem suum PHILAGATHUM archiepiscopum. Cum enim prædictus aggressus est Romæ thronum, non contentus ornatus magnitudine qua Deus ipsum admirabiliter decoravit, atque supra omnes extulit, utroque enim regno excellebat. Is quidem ut futura cognoscens, misit ad illum hortans locum dare humanæ gloriæ, quippe qui hac ad satietatem usque jam usus esset, & quiete ad monasticam vitam rediret. Ille vero non destitit ab armis, donec egressus rex cum præside, quem is insequebatur, intolerabilis iræ malum commissum est. Privatus enim ab ipsis opportunioribus membris, oculis inquam, lingua & naribus in carcerem detrusus est miserabilis, & à nullo visus. Hæc audiens pater Nilus, & tribulatione illa corde motus, coactus est in hoc senio, morbo & tempore non apto, quadragesima enim erat, Romam adire & regi supplicare. At rex cum patriarcha audito ejus adventu, ei obviam venerunt, & ex utroque latere apprehendentes ejus manus adduxerunt ad patriarchatus locum, medium collocantes, & illi a dextra atque a sinistra deosculabantur ejus manus, quamvis regis ita gestis nimium tristaretur, tamen omnia perferebat, si quo pacto petitionem assequeretur & aic ad illos: Concedite per Dominum mihi peccatori supra omnes homines & jam semimortuo seni, quod indignus existo hujusmodi honore; immo meum est adorare vestros pedes & vestras dignitates venerari. Attamen veni ad vestras amplitudines, non gloriam appetens, aut dona, aut census maximos, sed gratiam ejus qui vobis multum servivit, & multis malis affectus est, qui post baptisma vestrum utrumque suscepit, quique a vobis oculis orbatus est. Precor vestram pietatem date mihi illum, ut ego & ille simul sedentes, nostra peccata simul lugeamus. Tunc rex paululum lacrymatus, non enim omnia ex ejus voluntate facta fuerant, respondit beato: Omnia sumus parati perficere quæ tuæ sanctitati accepta sunt, si tu paueris nostræ obsecrationi, & contentus eris sumere monasterium in hac urbe quale volueris & nobiscum semper esse. Sene autem renuente urbis conversationem, dixit se illi daturum monasterium S. Anastasii, qui ex illorum gente Græcorum scilicet, esset, & jam quærebat quovis pacto id ab eo impetrare. At agrestis ille papa, id est pontifex nondum satiatus iis quæ fecerat adversus prædictum PHILAGATHUM, ad lucens illum, & sacerdotalem stolam dilacerans in illo, per totam Romam illum circumduxit; quod audiens sanctus senex, & nimium ea re tristatus, non amplius petiit a rege archiepiscopum. Ut autem novit hoc rex, mittit unum ex suis archiepiscopis, nimium eloquentem ad placandum senem, ad quem dixit sanctus: Abi, inquit, & dic regi & pontifici, hæc ait Caloierus senex, Concessitis mihi cæcum hunc, neque propter timorem neque ob magnam meam potentiam, sed propter solam Dei caritatem. Nunc igitur quæcumque illi adjecistis, non illi, sed mihi fecistis; immo vero in ipsum Deum injuriam intulistis. Scitote igitur quod quemadmodum vos non compassi estis, neque misericordiam ostendistis erga eum qui a Deo manibus vestris traditus est; ita neque pater vester compatietur vos, neque miserebitur vestrorum peccatorum. At loquax ille episcopus apprehendens sanctum, non desinebat excusare regem ac pontificem. At senex inclinans caput ante illum, simulabat dormitare. Ut autem ille vidit neque prorsus illius sermonibus intendentem, surgens abiit. At sanctus statim cum sociis suis fratribus ascendens jumenta, per totam noctem illam pervenit ad monasterium, orationi & sibi ipsi attendens, & Deum assidue sibi concilians. Non multis autem post diebus pontifex quidem veluti tyrannus quidam ab hoc mundo abstrahebatur, ut quosdam audivi dicentes, oculos inflammatos habens, & extractos a loco proprio, & ad maxillas gestans, ita sepulchro traditus est.

81. At rex pœnitentiam agere pollicitus, pedibus iter fecit a Roma ad Garganum montem ad Angelum exercituum principem cœlestium, & ejus reditus fuit per hospitium patris Nili. Cum igitur venisset supra monasterium, & vidisset cellulas fratrum circa oratorium, dixit: Ecce tabernaculum Israël in eremo, en cives cœlestis hierarchiæ, hi non sunt incolæ, sed ut viatores hic versantur. At beatus jubens processionem fieri, occurrit illi cum omni fratrum congregatione, ac cum omni humilitate ac pietate eum veneratus est. At rex supponens manum & sustentans senem, ingressi sunt simul ad oratorium. Postea oratione facta, dixit rex sancto: Dominus noster JESUS CHRISTUS donec simul aderat apostolis, jussit illis non peram, non virgam, neque duas tunicas possidere. Ac rursus ad passionem proficiscens eis præcepit: *Sed nunc qui habet marsupium tollat & peram.* Et tu igitur cum jam consenueris, & ad cœlum sis profecturus, satage tuorum filiorum, ne forte te separato loci angustiis dividantur. Nos dabimus monasterium & reditus in quavis regni nostri parte tibi placuerit. At sanctus respondit: Davidem audisti dicentem: *Salva me, Domine, quoniam defecit sanctus; quoniam imminutæ sunt veritates a filiis hominum.* Et rursus: *Non est qui faciat bonum, non est usque ad unum.* Si qui mecum sunt, vere sunt monachi, & pro viribus servabunt mandata Christi, ipse qui

hucusque mecum gubernavit, multo magis illorum sataget, & sine me, cui non in potentia potentis, neque in curribus viri beneplacitum est; sed in his qui sperant super misericordia ejus. His & multis aliis dictis, surrexit rex ut discederet; & rursus conversus ad senem, dixit: Pete a me, ut a filio tuo, si quid volueris, cum omni enim promtitudine id tibi perficiam. At beatus extendens manum ad pectus regis dixit: Nihil aliud opus habeo a tuo regno, nisi tuæ ipsius animæ salutem. Quamvis enim rex existas, tamen ut quivis alius ex hominibus moriturus es, & ad judicium te assistere oportebit, & rationem reddere bonorum & malorum: quæ rex audiens lacrymarum guttas effundebat. Postea coronam inclinans ad manus sancti, & benedictus ab illo simul cum omnibus qui secum erant, ibat per viam suam. Sed neque hic judiciorum divinorum finem evasit: statim enim Romam profectus, & seditione mota, secessit fugiens, & in itinere mortuus est. At patres murmurabant adversus sanctum, quod non suscepisset gratiam a rege, qui volebat illis monasterium largiti. At pater ad illos dixit: Ego quidem ut amens locutus sum quæ dixi, vos autem paulo post cognoscetis quæ sentitis. Postea vero audientes mortem regis, admirati sunt patris œconomiam.

B. Stephani mors & elogium.

82. Illis autem diebus ægrotavit beatus Stephanus lethalem morbum, animam igitur illo efflante, & sene illi assidente, congregati sunt fratres omnes circum, & ait magnus pater: Frater Stephane; is statim sedens manus ligavit, & attendebat animum patri beato, postea ad illum dicit: Benedic fratribus quoniam deficis. At hic extendens manus fecit quod illi jussum erat. Et rursus ait illi pater: Quiesce paululum, quoniam non amplius vim habes, & recumbens obediens fuit, mortuus est, etiam in morte obedientiæ servator existens. Postquam autem ille expiravit, lugebat senex, dicens: O bone Stephane, qui mihi adjutor atque collaborator extitisti, post tot annos separamur & vicissim privamur. Et tu quidem vadis ad requiem, quam tibi præparasti, ego vero ad pœnam remaneo. Tu athleta & martyr es, ego enim tibi carnifex fui. Id autem loquebatur senex, siquidem ad senectutem usque non destitit eum affligere, sciens illum certatorem generosum esse ac pugilem; veluti enim novaculam quamdam, aut aliud quodvis instrumentum illum habebat ad excitandos eos qui inobedientes erant & intolerabiles. Cum igitur in ecclesia aliquis stertebat, ipso interpretante sacram lectionem, dicebat ipse beatus Nilus simulans se ignorare: nemo est qui stertat nisi solus Stephanus, ejicite illum extra, ne forte doceat vos malum morem. Sæpe autem ex mensa eum ejecit cum injuriis atque contumeliis, ut im-

modeste comedentem, eo pacto corrigens eos qui id faciebant. Denique si quid peccati commissum fuisset inter omnes fratres, Stephanus reprehendebatur ut omnium peccatorum reus. Neque hoc satis erat, sed cum fratribus laborans senex existens supra septuaginta annos, & ob senium nimium curvatus, & ob multas infirmitates, neque in æstate cum frumentum meteretur & triuraretur, a labore & solis ardore removebatur, quominus in area permaneret, & ubi opus vilius & sordidius & laboriosius erat, ibi ipse inveniebatur. Denique per omnes suæ vitæ dies non vidit remissionem laborum in quavis ætate. Cum autem ad beatam & sempiternam requiem immigravit, præcepit pater duplex sepulchrum construi, id est, quod duorum esset capax, eo consilio ut cum ipse beatus Nilus vitæ suæ cursum perfecerit, eodem sepulchro contegatur cum beato Stephano. At princeps Gaietæ nimium Dei amator, & multum fidei beato patri adhibens, cum didicisset causam sepulchri, Si pater obierit, huc illum deponam? an non ad urbem meam abducens ibi recondam, ut sit Gaietæ propugnaculum inexpugnabile? Hæc audiens beatus senex, & nimium ea re tristatus, deliberavit rursus illinc transmigrare, & eo ire ubi a nemine cognoscetur; malebat enim male mori potius quam sancti opinionem de se aliis relinquere. Immo apud omnes studebat sese iracundiæ obnoxium, contumeliosum, & omnium affectuum vinculo detineri. Multi autem stulti erant & scandalizabantur. Nos autem qui cum illo simul comedimus & bibimus indigne, certi sumus & testamur coram Deo & angelis ejus ita sanctum fuisse beatum Nilum, ut unum ex divinis patribus & omnes superasse qui hac tempestate sunt, sive signa fecerit sive non, quod.... signa facere multi stulti quærunt, suæ ipsorum vitæ nullam habentes rationem, quæ res & apud multos hæreticorum inventa est: hoc autem dixi, non ut ejus gratiam miraculis caruisse significem, omnibus enim qui in capite oculos gestant, ea semper manifesta sunt, sed ut importunam & stultam interrogationem reprimam. Omne enim quod a Deo quæritur vita probata est, miraculorum autem multitudo & virtus, si cum vita bona conjuncta effulgeat, cara & jucunda est, quod si a vita dissentiat, contemnenda est. Sed ad propositum revertamur.

S. Nilus tristis ciri studet.

83. Deliberans igitur pater noster Nilus derelinquere monasterium quod Serperis vocabatur, ubi decimum annum in exercitatione perfecit, vix equo ob senium insidens, Romam venit. At fratribus ejus separationem lugentibus, dixit: Ne lugeatis, ô patres & fratres; eo enim parare locum & monasterium, quo congregem omnes fratres & dispersos hos filios meos. Illi autem non in-

Romam profectus apud Tusculanum sedem figit.

VITA SANCTI NILI.

telligentes quænam essent quæ dicebat, consolationem habebant. Deo igitur ducente ipsum ad præordinatum sepulturæ suæ locum, juxta Dei providentiam pervenit ad villam quamdam nomine Tusculanum, quod decem milliaribus a Roma distat. Circa quod Tusculanum constructum est monasterium paucorum fratrum ejusdem generis in nomine S. Agathæ, atque ibi diversans sanctus, atque ea verba prophetæ enuntians: *Hæc requies mea in sæculum sæculi*, non amplius deinde aliquis potuit eum inde avellere, quamvis qui ibi fratres erant molestiam inferrent, ac Romanorum optimatium nonnulli eum adirent ac supplicarent, ut Romam veniret, & per sanctos apostolos omnium principes adjurabant: quibus respondit, quod omni ex parte laudandos & beatissimos & summos apostolos ii qui fidem habent ut granum sinapis, hinc adorare possunt, quamvis ego indignus sim etiam ipsos nominare. Ad hunc autem vilem locum nulla alia ex causa veni, nisi ut diem meum obeam. At dux illius municipii Gregorius nomine, qui in tyrannide & iniquitate notissimus erat, nimium autem prudens & ingenii acrimonia excellens, descendens & procumbens ad pedes sancti hæc dixit: Ego quidem, serve Dei altissimi, ob mea multa peccata non sum dignus ut sub tectum meum intres, & unde mihi hoc, ut tu homo Dei ad me venias? Quoniam autem imitans tuum magistrum ac dominum prætulisti me peccatorem justis hominibus, ecce domus mea & totum castrum cum confinio suo ante faciem tuam, si quid jubes, fiat ut vis. At beatus ad illum: Benedicat, inquit, Dominus & te & vos omnes domesticos atque cives, quam minimam vero partem in tuo regno nobis concedas, ut ibi quiescentes Deum pro peccatis nostris placemus, & pro tua salute precabimur. Tunc Gregorius multa cum promptitudine fecit quod ille petiit.

83. At fratres qui restiterant in monasterio, post duos menses audientes quod non redit ad illos pater, demigrantes cum melotis ac pellibus caprinis, & omni supellectile, pervenerunt ad locum dedicatum a principe Tusculani pro monasterio. Cum autem beatissimus pater didicisset eorum adventum, exultavit spiritu, & illis ita significavit: Satis mihi est, patres ac fratres, quod propter Deum & ejus caritatem venistis huc usque. Nunc igitur obsecro caritatem vestram, ut expectetis donec ego ad vos perveniam. Dum igitur seipsum accingeret, ut propriis pedibus iter faceret, erant enim fratres fere tribus milliaribus distantes, convocans fratres qui una illi studebant, & præpositum Paulum, cui multis ante diebus præstiterat præsidendi officium, erat autem vir hic & ætate & prudentia canus, exercitatione & philosophia excellens, his partibus exi-

guas suas vestes lacerans, nihil enim aliud habebat ex mundo, ne minimum quidem quadrantem, jussit ut vivificantia Christi mysteria participaret. Postea dixit præposito & fratribus: Precor vos, fratres, si mortuus fuero, ne moremini corpus meum terra tegere, neque in domum Dominicam deponatis, neque monumentum ullum supra me construatis, aut alium quemvis ornatum. At si omnino vultis aliquod signum imponere loco in quo positus sum, æquale sit a parte superiore ut peregrinus illic requiescant; etenim & ego peregrinus fui omnibus diebus quibus vixi, & memores mei estote in sanctis orationibus vestris. His dictis, & benedicens illis & bene precatus, extendit pedes suos & seipsum declinavit in cubili suo. Fuit igitur duos dies non conversans neque oculos aperiens, & admirabantur illum videntes, quoniam non ut moriens videbatur, sed ut requiescens, solum autem labia movens, & dextra manu se signans cruce, existimabatur a præsentibus orare. At quidam ex fratribus admovens aurem ori ipsius hunc solum versum intellexit, *Tunc non confundar cum perspexero in omnibus mandatis tuis.* Cum autem dux Gregorius eam rem audisset, festinans descendit a castello suo, secum medicum Michaëlem artis medicinæ peritissimum ferens, & procumbens beato, lugens dicebat: O pater, pater, quare ita celeriter me dereliquisti? Quare peccata mea execratus es, & me dimittis? Exosculans autem ejus manus dicebat: Ecce non amplius prohibes me osculari manus tuas, quemadmodum antea faciebas, Non sum, inquiens, episcopus aut presbyter, neque diaconus, sed solum monachus exiguus: quare igitur vis osculari manus meas? Hæc autem dicens tantum lacrymabat, ut omnibus præsentibus lacrymas excuteret; tangens autem & medicus ejus pulsum, affirmabat eum non moriturum, non enim est in illo febris, neque aliud mortis signum, & revera ita erat. Discedentibus autem illis cum esset hora lucernarum, erat autem memoria apostoli Johannis & Theologi, visum est fratribus sanctum ad ecclesiam ducere; recordati enim sunt desiderii & amoris quem ille in sanctorum memorias præ se ferebat. Et quemadmodum semper dicebat, quod decet monachum in oratorio mori, nisi necessitas prohiberet. Hoc autem facto, & vespertino hymno finito, sol cognovit occasum suum, & ipse tradidit spiritum; & opus erat dicere, sol occidit cum sole, & discessit lumen a terra in die illa, & lucerna a facie videntium. An non & ipse prævidit præsentem caliginem & defectum sanctorum docentium & illustrantium alios? Et ubinam aliud solamen nostra tempestas reperit, quale id erat quod in die illo amisit? Multos enim invenies continentiam exercentes, qui nullam aliam utilitatem aliis af-

Rrr iij

ferant docendo; nonnullos vero plurimos, doctrinæ quidem vacantes, ab operibus tamen desistentes: quibus omnibus ille excellens ambidexter vere existebat, utroque oculo, & doctrina scilicet, & vita pollens. Præterea in hac tempestate quæ non oculo, sed ambobus caret, & tenebris maximis degit: quod ita futurum & ipse longe antea in extasi prospexerat; videbat enim omnes homines atque omnia animalia, omneque reptile super terram in cœcitate & tenebris versari, caliginem vero profundissimam, & nefandam supra orbem terrarum fusam, atque ea quidem antea. Nunc autem cum terrena omnia dereliquerit, spiritu cœlos inambulat is qui sempiterna memoria dignus est. Totam quidem noctem illam in psalmis & hymnis funebribus transegimus.

Ejus exequiæ.
f. cereis.

84. Mane autem facto bajulantes lectum cum *cleris, thurificationibus, & psalmorum cantu, adduximus reliquias ubi fratres beatum expectabant. Cum autem e regione illis facti sumus, & psalmorum cantus audierunt, exiere & obviam nobis venerunt omnes, juvenes, senes, parvi & magni, toti lacrymis madefacti & amare lugentes; deponentes igitur ad terram lectulum, & psalmis omissis, omnes simul lugebamus communem calamitatem, privationem, & nostram orbitatem. Nihil autem aliud erat videre, aut conjicere, quam quod de Jacob scriptum est, cum venerunt filii ejus ad aream quæ ultra Jordanem est; & laborem magnum & validum nimium inciderunt: etenim & nos parva area circumdabat, & novus Jacob mortuus jacebat in feretro, & filii Israel lugebant, & incolæ illius regionis, quicumque cum GREGORIO principe inventi sunt, qui non solum quæ nos faciebamus spectabant; sed & colligebant, & consecuti sunt donec reliquias ad locum perduximus, & in præordinatum locum deposuimus; quemadmodum ipse nobis præceperat. Permansit autem in sepulchro omnis fratrum societas una cum duce prædicto, operans & in patientia laborans, propterea quod focus im-

præparatus erat, quotid annum panem animæ & corpori convenientem. Multi autem ex ejus filiis spiritualibus, qui antea dispersi erant, propter ejus legationem & intercessionem apud Deum convenerunt, & ad illius sepulchrum cubuerunt viri vere desideriorum quæ ad spiritum pertinent, & pleni gratia & virtute. Quorum omnium intercessionibus digni nos habeamur, qui legimus atque audimus divinos ac virtutis plenos labores illius, participes fieri ipsorum gloriæ in regno cœlorum in CHRISTO JESU Domino nostro, cui gloria cum Patre & Sancto Spiritu, nunc & semper, & in sæcula sæculorum. Amen.

HYMNUS AD B. NILUM
e græco versus.

Hoc die sanctus pater atque rector
 Nilus e terra penetravit alta
Sidera, & magni fruitur beato
  Regis honore.
Hoc die cœtus coiere fratrum
Ad sacrum patris tumulum frequentes,
Quique disjunctis morabantur ante
  Sedibus adsunt.
Ceu puer charam querulus parentem
Quærit atque illam reperit carentem
Spiritu, ingenti cumulat priorem
  Vulnere plagam.
Sic vident Nilum comites jacentem
Quis manu sancta benedixit, atque
Recta felicis docuit tenere
  Dogmata vitæ.
Dum chorus multum lacrymans gemensque
Exitum patris dolet, atque ad illum
Hæc ait, Cui nos miseros beate
  Nile relinquis?
Ille ad æternum properat parentem,
Ad beatorum superum catervas,
Hinc tuum oramus genus & nepotes
  Respice fautor.

Officium beati Nili celebratur 26. Septembris.
Beati vero Bartholomæi 11. Novembris.

VITA ET CONVERSATIO
SANCTI PATRIS NOSTRI
BARTHOLOMÆI JUNIORIS CRYPTÆ FERRATÆ.

1. Nihil est quod magis ad bonorum operum imitationem excitare soleat, quam sanctorum patrum memoria, atque eorum quæ illi egerint sincera narratio; quæ magno cum studio consideretur, & benignorum filiorum auribus tradatur. Æmulationis enim veluti stimulum quemdam auditorum animis injiciens, amore ferventes, atque ad illorum actiones imitandas alacriores reddit, utque idem studium subeant hortatur: præsertim si ea recordatio de iis fuerit, qui nostra tempestate ut luminaria effulsere, quique bonorum operum splendore ad idem iter subeundum reliquos sunt hortati.

Quod cum ita sit, talium virorum actiones litteris mandari, easque annuis honoribus celebrari debere haud indecorum, sed operæ pretium esse arbitror. Etenim si qui ex carne & corruptione nati sunt, cum aliquid de suis parentibus quod generosum sit audiunt, audientes gestiunt, neque facile ab earum actionum narratione mentem avertunt; sed attentos animos ad ea quæ de illis recitantur habent, ac student fortitudinem & trophæa imitari: quanto magis qui in spiritu geniti sunt, atque incrementum ætatis, quæ secundum Deum est, in diem capientes, atque ad mensuram ætatis, quæ secundum Christum est, pervenire sperant: nonne & ipsorum politiam ac sinceram vitam, recteque facta libenter audient, atque studiosius perscrutabuntur; ut illorum memoriam indelebilem suis cordibus circumferentes, eorumdem vestigia imitantes, eadem quoque præmia & coronas consequantur.

2. Qua in re merito quis dubitare posset, si illi suorum heroum res præclare gestas multo cum studio conscripserunt, tantumque diligentiæ imposuerunt, ut ne una quidem illorum actio silentio sit prætermissa, quamvis nullam utilitatem hominum vitæ essent allatura. Nostrorum vero heroum præclarissimas res gestas, ita splendidas, venerandas, magnas atque admirabiles, quæque præter splendorem multum utilitatis secum afferunt, oblivionis profundo sinamus obscurari, ac diuturno temporis curriculo occultari.

Si enim quam verissime hi sua nomina in libro vitæ studuerunt scribi, nostris laudibus non opus habent, sed nobis multis exemplis opus est, qui in hac vita versamur, quique carne hac degravamur, atque ab invisibilibus inimicis impugnamur assidue. Illi enim res quas illinc expectabant, iis quæ in manibus habebant præferentes, superioris urbis hæredes fieri cupientes, ipsique regio throno assistere, & incorruptibili lumine illustrari, fluxa & ea quæ prætereunt prorsus contemserunt, nullamque omnino carnis providentiam habuerunt: quocirca & apud homines laudem assecuti sunt ac venerationem; Deo vero amabiles evaserunt, atque ad angelorum sortem & gloriam digne pervenerunt.

3. E quorum numero unus est divinus pater noster Bartholomæus, tantoque admirabilior, quod non in propria, neque in his quæ affinem, sed diversam linguam habent, & peregrina terra, quod non parum est ad viri laudem, tantum virtute effulsit, ut in illo perfecta sint omnia Dominica præcepta. Effulsit enim quod in illo lumen fuit, non solum in Italia, sed in omni confini regione & urbe, fuitque lucerna non sub modio, sed super candelabrum posita, quodque super candelabrum lumen erat orbi ostendens; neque urbs abdita & latens, sed super montem posita, & virtutum fulgoribus fulgurans. Fuit sal non foras projectum, sed cum studio inquisitum, & suaviter sumtum, omnemque amaritudinem & insuavitatem ab animis expellens. Quamobrem amabilis & admirabilis extitit, & clarus non solum confinibus, sed omnibus imperantibus, principibus, ipsisque regibus; quique eo tempore Romanæ ecclesiæ præsidebat, atque apostolicæ sedis gubernacula vicissim susceperat pontifex, hunc nimium carum habebat, atque ab hujus lingua pendebat, omniaque quæ ab illo dicebantur, libenter pontifex audiebat & perficiebat. Sed hæc proprio loco dicentur. Aggrediatur autem nunc oratio ea quæ maxime sunt opportuna.

4. Hic natus est in Calabrorum terra, pios parentes sortitus, a teneris unguiculis monasterio traditur; virtutem autem sibi contricem elegit, atque in puerili fremitu canam ostendebat mentem: non enim ludis vacabat & jocis, neque adulationibus, cursibus & saltibus, quibus ut plurimum juventus solet delectari; sed orationi incumbens & lectionibus, Deique pietatem exercens, &

Bartholomæus puer in monasterio traditus ut se gerebat.

ad virtutis summum fastigium accelerans. Omnium autem quæ recte gerebat jejunium erat præcipuum, quod ad ultimum usque spiritum servare studuit. Tunc autem puer nimium existens, in propinquo vico ab iis qui in ea mansione primas tenebant, mittebatur. Igitur ut puer, si quid mansioni illi opus fuisset, comedentes autem sæpe eos qui illic erant inveniens, atque una cum illis comedere rogatus, non tolerabat, decenti excusatione illorum precibus occurrens: cum enim in cœnobio, inquit, pransus sim, satur sum: ita hos rejiciens, jejunus ad mansionem revertebatur. Illicque rursus a monachis ad prandium vocatus, similia faciens, jejunii bonum inviolatum servabat.

S. Nili fit discipulus.

5. Cum ita igitur ipse in hac societate optime esset educatus, beatissimi Nili fama ut Dei angelus, per omnes partes perveniens, omnes virtutis studiosos ad seipsum convertebat, Nilum, inquam, juniorem, qui & ipse Calaber erat. Quietis autem & secessus amore detentus, patriam quæ illum genuerat derelinquens, locos ex locis permutans ad Latium pervenit. Hominum enim gloriam ut virtutis impedimentum fugiens, maxime desertis locis sese tradidit. Sed quoniam juxta Domini vocem non potest civitas abscondi supra montem posita, non quidem latebat, sed tuba penetrabilius, hujus virtutem fama personans manifestum hominem reddebat. Ergo & in Campaniæ partibus cum monasterium construxisset ad illum perrexerunt sexaginta monachi, cum quibus una venit qui nobis nunc ad narrandum præpositus est Deo carus puer Bartholomæus.

6. Rursus igitur & hic monasterium, & priorum laborum, & sudorum resumtio; & rursus Deo gratus juvenis cum prioribus se extendere studebat, adeo ut aliquando cum lectio incidisset, omnesque obdormissent, solus hic remanserit cum patre vigilans, ac difficilia scripturæ loca inquirens, quæ a magno illo solverentur: adeo ut pater admiratus, illis segnitiem objiceret, quippe qui somno gravi tenerentur, nec adolescentulo se in vigiliis æquales ostenderent; ac illius studium, ac quam in rebus seriis promtam operam navabat, acceptam se habere affirmabat. Quid deinceps accidit? decebat magnum patrem Nilum longis laboribus solutum fructus percipere, atque ad meliorem vitam immigrantem incorrupta frui sempiternitate, quæ res evenit, in bona enim senectute vitam dissolvit, & quem dilexit Christum, ad eum peregrinatur.

Ejus tertius successor extitit.

7. Cumque duo post hunc fratrum principatum suscepissent, tertius admirabilis Bartholomæus muneri successit, non honorem sequens, sed quem honor sequeretur, ac multo magis ab eo qui secundum Deum comitatus erat coactus. Quamvis autem ætate imperfectus esset, & inferior qui tali co-

natui sufficeret; tamen & hic humilitatem ostendens ac modestiam, non solum talis congregationis dux esse voluit, sed unum ex his qui intellectu & prudentia excelleret sibi socium gubernationis delegit, quamvis invidia non diutius id longius progredi permisit. Ubi autem lux supra candelabrum posita est, & lucere bene præparata est, quid opus est dicere, quam iis qui sub illo regebantur erat exoptatus, quamque facilem iis qui illum adibant sese exhibebat, iis qui longe erant admirationem sui concitabat, iis vero qui prope illum habitabant, se amabilem reddebat; sermone dulcis, cognitione sapiens, & circa cantuum elucubrationes vehementer elaborabat: cujus rei testes sunt omni ex parte docti cantus quos ad ipsius supra modum immaculatæ Virginis divini Verbi matris, ac reliquorum sanctorum laudes composuit; quique omni scientia referti erant, & concinnate. Quodque maxime est admirabile, quod & his quæ præ manibus habebat, diligentiam atque curam adhibebat, ut gubernaret scilicet eos qui illi erant commissi.

8. Cum igitur sapienter & ut Spiritus sanctus exigit, commissam sibi administrationem gessisset; ac societas illa cui præerat mirum in modum proficeret, monachorum multitudo in dies augebatur, tantamque divina gratia ei opem afferebat, ex illius sententia res disponens, ut in aliena regione populum in Deiparæ Virginis nomine ingentem coadunarit, templumque perpulchrum beatissimæ Virgini erexerit. Hoc, inquam, quod ab omnibus peregrinis atque indigenis visitur, ubi Deum celebrare consuevimus, multisque imaginibus illud adornavit, sacrisque vasis ac vestibus pretiosis & delectabilibus.

Sub eo monachorum occursus augetur, non plumque B. Mauricensis.

9. Sed non erit ab re quod, dum templum construeretur, miraculum contigit memoriæ prodere. Cujusmodi beatus ille existebat, istiusmodi ministris utebatur. Columnis sanctis hic vir templum ipsum fulcire in animo habebat; cumque una ex his in sublimi esset loco, quibus illam efferendi negotium commissum erat, ad declivem locum detrahentes, ut sine manuum opera deferretur, præparaverant. Cumque lapis ipse vehementi cum motu præceps descenderet, unus ex monachorum cœtu saxi nesciens descensionem, in medio itinere qua illud currebat, stabat, alias res agens, quodque fiebat non animadvertens. Cum vero qui lapidem projecerant, ipsum recta decurrentem vidissent, monachum vero ne minimum quidem advertentem, neque ad alteram viæ partem declinantem, ad illum sunt vociferati, illum admonentes ut saxo ruenti cederet, hic sensim conversus cum lapideam columnam descendentem vidisset: Siste, inquit, atque illico inanimatum saxum monachi illius verbo velut compedibus devinctum jacuit, omnemque

Miraculum.

que impetum repressit. Hoc quidem ita se habuit cum maxima omnium admiratione.

Aliud miraculum.

10. Alterum illo non minus admirabile postmodum evenit. Prope templum murus existebat ex luto & lapidibus compactus, sub cujus umbra beatus hic corpus laboribus defessum paululum recreabat. Sed hic paries sive ob insidias dæmonis malorum auctoris, sive fortuito, ut sæpius evenire solet, ei qui sub illo jacebat monacho perniciem minabatur, id tamen clam. Itaque in quadam nocte corruens in terram prostratus est. Sed ô celerem Dei opem! ô velocissimum in ejus servos subsidium! murus in eam partem in qua monachi lectus erat cecidit, monachus vero cum grabbato dormiens, remque omnem, prorsus ignorans, alibi servabatur. At postea dicemus quæ supersunt. Nunc vero eo redeamus, unde digressa est oratio. Atque iterum ad divinum Bartholomæum nos convertamus, ac dicamus quam venerabilem illum virtus ipsa apud omnes reddidit, quodque antea breviter perstrinximus, nunc manifestius explicemus.

Summi Pontificis præsumptionem emendat dignitate cedit.

11. Qui apostolicæ sedi eo tempore præsidebat cum esset juvenis, quod utinam numquam contigisset, voluptatibus delinitus ac victus, humanum incurrit delictum. Sero autem a malo resipiscens, atque commissi peccati veniam quærens, hujus intercessionem sibi delegit, quo pacto sperabat fieri posse, ut Deo reconciliaretur: quamobrem hominem ad se vocat, at quanta cum reverentia & benignitate? aperit huic delictum commissum, convenientem medicinam expetit. Hic vero non throni excellentiam obstupuit, non in honoris sublimitatem aspexit, non munerum aut honorum rationem habuit, quod plurimi faciunt animarum medici, sed ad malum quod curatu difficile erat. Quamobrem opportunam illi sectionem adhibens, Non licet, inquit, tibi rem sacram agere, sed operam dare ut divinum numen tibi propitium reddas, quod peccatis adversus te irritasti. *Ille nulla cum mora throno derelicto, statim ut privatus apparuit. Et itaquidem pontifex se gessit.*

Salerni principem captum, immo etiam B. Bartholomæum, liberat a duobus.

12. Quantum autem & principibus carus exstiterit, oratione declarabimus. Cum Salerni princeps Gaietæ imperantem tyrannice invasisset, in bello illum cepit, ac vinctum Salernum adduxit. Qui cum Gaietæ domino consanguinitate conjuncti erant, omnem, ut dicitur, lapidem movebant, ut illum ex vinculis & tyrannicis manibus eriperent. At nullo pacto poterant. Ubi autem de re ipsa desperabant, ac nullibi auxilium erat, omissis omnibus, ad tranquillissimum portum confugerunt, ad nostrum, inquam, patrem. Postea quam igitur cum Tusculanæ urbis primatibus rem communicarunt, illuc sanctum virum adducere student, quid non dicentes, quid non facientes eorum quæ animum poterant flectere, lugebant miserabiliter, ferventer supplicabant, manus amplectebantur ad illius pedes provoluti, cum dicerent se non dimissuros, neque discessuros propterea quod præter eum neminem alium habebant, quem sperarent illi misero posse esse adjumento. Flectitur horum supplicationibus, qui non poterat committere ut animam dolore afflictam videret, subit itineris laborem, ut pro amico animam offerat juxta Domini vocem. Quid igitur ex ea re fit? Quidque eos qui illum glorificant, multo magis extollens, hac in re dispensat? Ubi princeps audiit hunc prope esse, multa cum turba ad illius occursum exit, non enim ignorabat hujus viri sancti virtutem, sed bene perspectam illius probitatem habebat: itaque humaniter eum accipit, ac blande amplexatur. Sed post hæc reliqua narrationis pars mihi erit suavissima. Etenim etsi oratio paulo a proposito digredietur, tamen majore admiratione erit dignior. Monachus quidam prope Salernum habitabat, hujus sancti viri famam apud omnes celebrem audiens, ac de ejus exercitatione & exacto atque incomposito & abjectissimo vivendi modo, tunc cum illum vidisset a principibus comitatum, passus est quiddam humanum, falsa esse quæ de illo audierat suspicans, Numquam, inquiens, qui in ea gloria est & satellitio, virtutum quas audivi effector esse credi posset. Cum ita sentiret monachus ille, cumque advesperasceret, ad somnum conversus est, atque illico tale somnium illi apparuit. Videbatur mulierem perspicere pulchritudine supra modum effulgentem, purpureo habitu indutam, illique adversantem, atque ea quæ de illo suspicatus fuerat objicientem. Cur, aiebat, non profectus meum eremitam adorasti? Cum autem hic ad aspectum obstupuisset, ex habitu vero & splendore qui ab illa exiliebat, sanctissimam Deiparam illam esse conjiciens, cum tremore multo ac formidine ad illam respondit: Ecquis, inquiens, ô hera tuus est eremita? At hæc ad illum: Qui nunc, inquit, urbe mhanc adiit monachus BARTHOLOMÆUS nomine. Ego enim hunc eremitam & habeo & voco. Cum ita monachus audisset, e somno excitatus, & rem visam considerans, magno cum studio sanctum convenit, atque ea quæ de illo falso cogitaverat ei aperit, quodque illi in somnis visum erat, veniamque petens & assecutus, domum lætitia affectus rediit. Itaque monachus sanctæ Dei Matris provisione adjutus, quam de sancto illo viro opinionem antea habebat eam recepit. Gaietæ vero princeps non solum vinculis & carcere ereptus est, verum etiam & alterius principatus potestatem a principe, Bartholomæo intercedente, est adeptus. Atque ita lætus ad propriam regionem rediit, Deo gloriam referens atque ejus sancto viro plurimas gratias agens.

De Johanne scholastico.

13. Addatur his quæ dicta sunt & scholasticus Johannes dicta confirmans, & ostendens sanctorum erga sanctum virum caritatem. Hic ex Sicilia insula motus, audita hujus viri virtute, ingenii præstantia & prudentia, cupiebat & e facie illum agnoscere, ejus sermonibus frui & orationibus. Quod igitur volebat opere perficiens, viam est aggressus, atque intra paucos dies monasterium adiit. Quodque cupiebat, quoad potuit assecutus, Romam pergere in animo habuit, atque apostolorum principes Petrum & Paulum adorare, quod & fecit. Cum igitur illos adorasset, non multos dies ibi commoratus, cumque a beato illo viro non esset assecutus, ut ibi cum aliis ejus gubernationis atque curæ particeps esset, (quæ res divina dispensatione fortasse facta est, ut quam & sancti apostoli in eum virum ac totum terrarum orbem caritatem haberent, illi manifestum fieret) condemnata sancti viri inhumanitate ut sævitia, ad suam regionem absque hujus colloquio & oratione redire constituit. Navigium igitur ascendens, viam subiit. At hic quidem ita & constituit, & faciebat, providentia vero Dei alia tentabat. Ut enim mari navis applicuit, adversus ventus irruens aliàs aliis locis hanc impellebat. Multis igitur diebus cum hic in mari oberraret, totus ingemebat animo consternatus, non enim aliud quam ex maritimis aquis maritima mors imminebat. Cum igitur ipse cum his qui una navigabant in ea fluctuatione versaretur, ob idque consilii expers quidnam esset facturus: interea navis quædam altera eo sese admovere visa est, ubi vero ab iis didicit quod e Melpha essent, ac Romam iter tenerent, ut & illum una secum veherent, ab iis impetravit. Quo facto, prospere illis navigatio successit, ac Romæ portum tenuerunt. Ubi Johannes scholasticus e navi exiit, atque in loco quodam maritimo quietem, & laborum cessationem cepit tristis atque animo anxius, cum quid ageret illi incertum esset. Atque si sic animo affecto, duo viri apparuerunt per mare ad illum venientes, qui sanctis, atque apostolorum summis Petro & Paulo similes erant. Cumque prope accessissent, Salve, inquiunt, amice, undenam venis, aut quo tendis, qui solus maxime hic dejectus es? Hic timore correptus, quæ fecerat, quæque illi contigerunt, enunciavit. At hi imprudentiam ei objicientes; Haud recte, aiunt, tibi consuluisti. Cur discedens sancti patris Bartholomæi *precibus non te armasti*, orationum viatico non teipsum communisti? Ita ne cum celeritate, & gaudio ad propriam domum putabas te posse reverti? At hic ad nimium virorum qui illi astabant terrorem attonitus, Quinam vos estis, tremens inquit? Statim igitur alter dexteram manum porrigens S. Pauli apostoli templum ostendit, Mihi, inquit, domus illa dicata est, alter vero digito Romam protenso, divini Petri ecclesiam ostendens, Mihi, inquit, magna ædes illa sacra est. Cum ita dixissent, ab ejus oculis evanuerunt. Ubi igitur ex habitu atque oratione apostolorum principes illos esse animadvertit, quæque dixerant memoria repetens & recte intelligens, Romam iterum repetit, sanctoque viro illi omnia veluti digito intento indicat, commissique erroris veniam petit, atque commeatum, ut scilicet illius orationibus munito liceret domum reverti, quæ assecutus, lætus recto ac prospero itinere ad suam regionem pervenit.

14. Per omnem ergo regionem divini viri nomen pervolabat, atque infinitam multitudinem singulis diebus ad eum pertrahebat, quorum alii quidem sermone illius nutriebantur, alii vero quæ ad corporis usum pertinerent referebant satis abunde; quidam vero utrumque obtinebant. Verum opus erat & illum hominem ostendi. Cum enim fames quandoque vehemens ingruisset, atque eo ubi sanctus vir immorabatur, omnes indigenæ & peregrini veluti ad portum confluxissent, cumque monachorum res in angustum essent redactæ, (& justis enim in necessitatem incidere usu venire solet, ex judiciis quæ divino oculo, qui omnia perspicit, nota sunt) videns beatus vir eorum qui eo confluxerant, multitudinem, ciborumque quibus corpori opus est monasterium penuria laborare, siquidem & præ advenarum multitudine cibaria decrant, nec emi poterant, cum tellus sterilis facta esset. Ad hæc & amicorum præsidia prorsus defecerant. Non ferens homo Dei afflictas animas atque famis violentia cruciatas videre, de fuga cogitat, quod & fecit, iter quod Romam dedit cum duobus aliis monachis subiens. Sed quisnam te, Christe, non admiretur ob res admirabiles & remedia quæ ad malorum solutionem sapienti cum providentia abs te adhibentur? Illi vero beato viro iter facienti dormiratio incidit, qui eo somno detentus, his qui secum una iter faciebant, paululum, inquit, e via declinantes, locum ubi dormire possim mihi parate. Quo facto, sancto homini humi cubanti divinum somnium astitit, quod hujusmodi speciem habere visum est. Videbatur sibi videre quemdam sacrata & sacerdotali stola indutum, qui illi astabat, & fugam objiciebat, atque ut ad monasterium rediret, cum adhortabatur, nec de immensa Dei misericordia desperaret, neque pusillanimitate eum irritaret, qui aperit manum suam & implet omne animal benedictione. Videbatur autem hic magnus Gregorius esse qui dialogos conscripsit, qui & beato ad manum dedit vasculum quoddam admirabilem quemdam odorem emittens. E somno igitur attonitus surgens, quod jussus erat absque dubio fecit, atque ad mo-

nasterium rediit, bene sperans ac sibi promittens. Cum vero reverteretur, vidit quemdam e Tusculano oppido ad monasterium venientem, quem cum vidisset, sensim his qui secum erant conversus dixit: Hic evangelia venit nunciaturus, & vere ita erat facturus, centum enim tritici modios jussus erat ab hero beato Bartholomæo afferre. Ex eo igitur tempore larga manu indigentibus ea quæ ad victum pertinerent distribuebat, divina benignitate fretus, & pontificis illius hortatu qui ei apparuerat. Satis hæc sunt ad ostendendam divinam in beato Bartholomæo caritatem atque gloriam, qua Deus servum suum honoravit, quaque erga alios sanctos qui illum præcesserant familiaritate usus erat. Sed oratio me hortatur, ut de miraculis mentionem faciam, quæ non solum Deus ipse abunde per illum dum viveret fecit, verum etiam & post mortem. (a) Fuit admirabilis Elias Thesbites cum cœlos claudere atque aperire potuerit; atque Gedeon in vellere & area experiri. Verum ille propter populi contumaciam, atque cordis duritiam, hic vero ob acierum imbecillitatem aut diviniorem aliquam fortasse dispensationem. Haudquaquam minus admirabile est quod beato Bartholomæo Deo adjutus ostendit: quod cujusmodi fuerit, oratione declarabimus.

15. Æstivum tempus erat & caloris vehementia, area frumento plena erat, frumento, inquam, non integro, neque spes ulla erat posse illud instaurari; sed cum jam contritum esset, & operarii ad tritici collectionem properarent, ut plerumque evenire solet, repente nubium concursus, turbinesque, tonitrua & caligo maxima aërem obtenebravit, cœlumque noctis instar obicurum erat, atque imminebat pluvia ingens, cujusmodi fortasse numquam antea contigerat; jamque pluere incœperat, mœror autem agricolas gravis detinebat, quem & blasphemiæ subsequebantur, atque alia quæ a tristitia provenire solent. At homo Dei, qui simul aderat, operarios animans & ad laborandum alacriores reddens, primum hortatoriis sermonibus a blasphemiis atque a mœrore illos avocabat. Deinde & ad prandium vocavit: Abite, inquit, filii, atque comedite, & Dominus misericordias suas nobiscum faciet: ita operarios adhortatus, cumque uno in area derelictus, genu quidem ad orientem inflexit, labiis vero submurmurans cum lacrymis Deum precabatur, ut propitius fieret, pluviamque detineret, quæ maxima frugum calamitas futura erat. At quidnam fecit is qui celer est ad opem præstandam, quique voluntatem eorum qui illum timent facit? Numquid suum servum neglexit, aut ad illius preces tardus fuit?

Minime quidem, sed vetus illud prodigium hic renovans, pluvia enim ad loca omnia quæ circum erant vehemens deferebatur, ad aream vero illius justi ne minimum quidem accedebat. Quæ cum omnes vidissent e tristitia ad maximam animi tranquillitatem conversi sunt, atque gratiarum actiones Deo offerebant, ejusque sanctum magnificabant. At ille vere humilis corde, atque diligentissimus Christi mandatorum observator, semper sui similis erat, atque in iisdem quibus Deum colere solitus erat assidue perseverabat, jejuniumque ita servabat, ut solis necessariis contentus viveret, ac tantum sese humiliabat ut neque ab aliis cognitus sit an ipse præsideret, vigiliisque seipsum reprimebat, ut fere cum iis qui corporis expertes sunt, simul versaretur. Ad hæc & manibus laborabat assidue. Etenim admirabilis ille vir pulcherrime scribebat, si quando ei scribere contigisset, atque ita eleganter id faciebat, ut nullam harum rerum studiosis ansam præbuerit. De una tamen re mentione facta ad illius obitum, atque ad ea quæ mirabiliter tunc contigerunt, orationem convertam, ibique dicendi finem faciam.

16. Cum divina ope monasterium maximum numeri incrementum accepisset, oportebat & animalia ad monachorum ministerium aliasque familiæ utilitates, quibuscum & equi enumerantur; e quibus unus quispiam quandoque solus derelictus, cum sanctus tum a monasterio abesset, furibus ad rapiendum facilis expositus est, sequutus est equus sures aliquantisper, Deo ita disponente, ut & ibi emendarentur, atque ejus sanctus, quamvis absens, gloria afficeretur. Fures autem videntes equum illos sequi, gaudentes iter accelerabant. Sed narrationi mens adhibenda est, non enim injocunda erit, sed præterquam quod miraculum habet & leporis multum præ se fert, ubi enim furtum, ut ipsi arbitrabantur, eis successit, & lucrum in penetralibus erat, ac multæ spei pleni festinabant, repente equus constitit lapidi similis, neque minimum quidem sese movens. Cum autem hi fustibus illum onerarent ac propellerent, ac funibus deinceps apprehensu quantum poterant protraherent, ipse ut res aliqua inanimata stabat, ne paululum quidem illis cedens, neque ulterius progredi tolerans. Cum igitur fures desperarent posse illum ulterius procedere, tentabant an retrocederet per eam viam qua venerat. Ubi autem sensit se retro commeare, ô rem miram! velocissime ambulabat & promptitudinis plenus viam peragebat. Hoc illi videntes interea stupore detinebantur. Referentes autem equum, atque miraculum perpendentes, ad monasterium pervenerunt, peccata confitentes, atque juramento affirmantes non amplius se ea quæ prius exercebant velle aggredi, sed propriis manibus laboran-

---

(a) Additur in Græco: *Quæ multam habent cum admiratione credibilitatis auctoritatem, & fidei certitudinem.*

Vet. Script. & Mon. ampl. Collect. Tom. VI.

tes sibi victum parare. Atque hi quidem ita se gesserunt. In omnibus autem Deus glorificabatur, qui multo gloriosiores reddit eos qui illum glorificant. Postea vero quia decebat eum perfecto cursu, ac servata fide juxta divinum atque admirabilem Paulum, multis laboribus ac sudoribus finem facere, dissolvique & cum Christo esse, & vitæ origini Trinitati assistere, quantum homini fas est, in morbum incidit in quo & beatum finem sortitus est. Ipso autem die quo e tabernaculo peregre discessurus erat, monachus quidam nomine Leontius, qui (a) & ætate alios antecedebat, & ex eorum numero qui primas obtinebant, finitis hymnis matutinis, ut mos erat, somno sese tradens, vocem tonitrui similem audit. Vox autem hæc declarabat. Parata est Bartholomæo sedes, in quam nullus succedet. Hic audita voce trepidans, & e cella exurgens ac prosiliens, interrogabat eos qui illi occurrebant an & ipsi vocem audiissent. Hi cum se audisse nihil respondissent, atque, inquit, vel in Tusculano eam vocem exauditam esse arbitror: Vox quidem beato Bartholomæo parata bona nobis declaravit, & quanam gloria ille se oblectaturus sit. Inclinato autem die beatus ille ad Dominum migravit, nuncque in cœlis est, Deum videns, & ab eo visus quem adamavit, cui servivit, apud quem nunc sine medio pro nobis intercedit. Non æquum autem esse arbitror miraculum, quod post ejus obitum contigit, silentio præterire, quod par erit voci quæ a monacho Leontio audita est, quodque ea comprobatur.

17. Alter quidam monachus Franchus nomine in ægrotationem inciderat, atque naturæ debitum quamprimum exsolvere videbatur. Cumque vox illum defecisset, mortuus ac spiritus expers putabatur, immobilis, nullumque vitæ signum præ se ferens. Factus est igitur fratrum concursus, ut par erat, atque hi quidem ut sepulturæ traderetur, consulebant; hi vero ut paululum exequias prorogarent. Dies jam ad noctis principia accesserat, quique jacebat similiter mortuus reputabatur. Cum igitur funebre lavacrum illi pararent, ut aquam infuderunt, atque in utramque corporis partem eum versarent, repente qui mortuus censebatur, revixit; qui paulo ante mutus erat, loquebatur, atque his qui illum lavabant succensens: Cur, inquit, fratres, mihi vim inferre aggressi estis? Quare me suavem soporem percipientem exsuscitastis? At hi, te mortuum, inquiunt, esse videntes per totum diem, nunc lavare decreveramus. Quique jacebat, ad illos, ego, inquit, sive cum corpore, sive extra corpus videbam meipsum in quodam loco solum obambulantem, ac duas columbas me præcedentes, quarum una quidem candida, altera vero nigra, quæque circum me volabant, alba quidem a dextris, nigra vero a sinistris. Cum igitur illæ ita me antecederent, atque ego sequerer, in quemdam locum pervenimus. Locus autem ille ineffabili lumine & odore refertus erat, in quo loco consistens, atque animum intendens, patrem nostrum vidi stantem, ac circum ipsum pauperum catervam, ipsumque in medio manum extendentem, ac panem distribuentem. Ubi autem oculos convertens, me vidit: Quid tu hic Franche, ait, quisque te huc conduxit? Ego vero ut potui, inquam, pater vero rursus Quonam pacto, inquit, fratres nostri degunt? Recte, inquam, Deo & precibus tui adjuti. At hic, Redi, inquit, ad monasterium, ac fratres admone, ut quam illis traditionem dedi, eam sectentur. His dictis ad interiorem partem visus est penetrare. Cum autem ille abiret, atque ego illum subsequerer, non enim patiebar ab eo divelli, in quamdam urbem devenimus, cujus pulchritudinem humana lingua exprimi impossibile est. Cum autem in quoddam eorum quæ ibi erant templa, pater ingressus esset, & ego una adiissem, ibi sedem vidi nimium illustrem, ad quam ascendens pater considebat. Duo autem quidam illi astiterunt, quorum facies supra solem effulgebat. Conversus igitur & me videns, & huc, inquit, Franche venis, ad monasterium redeas, & quemadmodum a me audisti, admone fratres ut in virtute persistant, atque in bonorum operum exercitatione & patientia, atque in meam heram ac reginam spem meam contuli. Cumque hoc diceret oculos sursum elevabat fore ut non derelinquamini, neque a vobis segregabor, neque in hoc sæculo neque in alio futuro. Hæc pater dixit, & ego oculum supra caput ejus erigens, mulierem vidi in terribili throno considentem, cujus pulchritudinem, atque exilientem ab ea splendorem verbis haud possum assequi, ac circum ipsam splendidos quosdam in tremore illi assistentes, & adoratione, qua conjectura collegi sanctam Deiparam esse, his visis & auditis e palatio exii, ac rursus columbis illis mihi præviis huc deveni. Hæc igitur monachus quæ viderat, atque audierat nobis nuntiavit. Nos vero cum duabus de causis ita esse nobis persuaserimus, & ab ejus vita quam maxima cum virtute & diligentia transegit, atque a miraculis quæ per ejus manum Deus perfecit, firmo proposito, nihil dubitantes ferventi desiderio ejus memoriam celebrantes, ac reliquiarum urnam amplectentes, intercessorem ac legatum apud Salvatorem nostrum & Deum habere expetimus, ut hujus intercessionibus atque Reginæ nostræ semper virginis Deiparæ auxilio, nisi ea assequamur bona quæ ipse sortitus est, partem saltem percipiamus cum omnibus sanctis, qui gratias agunt Christo Deo nostro cui glo-

---

(a) In Græco: *Dignitate presbyter.*

ria una cum coæterno ejus Patre, & coæterno vitæ ac bonitatis fonte Spiritu-sancto, nunc & in sempiterna sæcula.

Finis vitæ sancti patris Bartholomæi.

EJUSDEM VITA BREVIS
PER ALIUM QUEMDAM.

Bartholomæus unus e numero sanctorum pater noster, ex Russana urbe originem ducens, ex qua & magnus pater noster Nilus junior. Natus ex piis & divini amoris studiosissimis parentibus, quique insignes nobilitate erant. Aiunt enim illustres judices & Italiæ primates hujus majores, a Constantinopoli profectos fuisse. Consecratus igitur primum, non manufactus, & gratus existens, doctis præceptoribus traditus est. Atque intra paucos annos a parentibus ad quoddam monasterium eorum quæ prope erant, adductus, prope diem & senes divinis moribus antecessit. Unde & meliorem cupiens profectum facere, ac ducem præstantiorem quærens, audit quemadmodum B. Nilus ejus conterraneus & sanctitate, & apud Deum fide ut sol effulgebat, atque per omnem orbem ejus nomen fere notum erat: quæ cum audisset, vehementi quodam desiderio accensus, omnibus derelictis, crucem tollens, omnesque latens, levis atque alacris, ut cervus sitiens quem cupiebat adit. Susceptus est igitur pietatis cultor puer a beato Nilo, qui in Campania commorabatur. Qui cum ejus bonam indolem audiisset, expansis, ut aiunt, manibus illum suscepit, sibi persuadens quod pulcherrimum suæ virtutis successorem relinquet. Statim igitur, angelico habitu indutus, adeo se illius imitatorem exhibebat, ut omnibus sui admirationem concitaret. Jejuniis igitur, vigiliis, orationibus, meditatione & divinorum eloquiorum auscultatione, maximaque humilitate, & divina obedientia suam ipsius mentem expoliebat, atque illustrabat, quo B. Nilus magis lætabatur, quam sexaginta aliis quos secum habebat. Ubi vero vitandæ ambitionis causa Nilus locos multos permutavit, atque eo tempore e Campania Romam se contulit, atque una cum illo B. Bartholomæus sanctorum apostolorum adorator, atque in Tusculano existens, ab illo admonitus, libros pulcherrime descripsit. Postea cum B. Nilus ad Dominum migrasset, quem ex animo adamabat; quo facto, omnes Bartholomæum monasterio præficere rem æquam existimabant. At hic juventutem excusans, lacrymis hujusmodi munus detrectabat, atque aliis parere æquius existimabat. Cum alii duo præpositi essent, ipse tertius eorum numero additus est. Qui cum invitus munus suscepisset, statim laboribus ac sudoribus multis usus incœpit a fundamentis erigere celebrem ecclesiam nimirum gloriosæ Virginis Deiparæ, nec somnum oculis suis dedit juxta Davidis dictum donec postremam manum imposuit. Ad hæc & gratiam ab immaculata Virgine assequutus, alter Joseph apparuit, hymnorum elucubrator, ac nimium sapienter res gestas sui præceptoris ac multorum sanctorum litteris describens: præcipue vero omni ex parte intactæ Virginis laudes. Præterea commissum sibi gregem a Deo & sacrata Virgine operibus & sermonibus Deo acceptis dirigebat ac gubernabat. Deumque imitabatur misericordia utens erga pauperes atque innumeris eleemosynis in eos qui cum pietatem colerent, inopes erant. Multosque ex perditione ad Deum revocabat, plurimique illo auctore salutem a Deo adepti sunt, multis, inquam, pontificibus, principibus, subditis & imperantibus stimulus quidam fuit, ut a mundo ad Deum converterentur: quibus factis ad Dei gloriam, ad Dominum migravit, cui omnis gloria & honor in sæcula. Amen.

INVENTIO, TRANSLATIO ET MIRACULA S. TROPHIMENIS VIRGINIS ET MARTYRIS.

Ex manuscripto codice Vallicellensi Romani Oratorii eruit Mabillonius.

Circa ann. 1050.

Compellitis nos, carissimi fratres, aliqua sanctissimæ Trofimenis miracula, quæ per eam Dominus operatus est, faleratis verbis perstringere: qui vix valeam etiam communes apices sentinis vitiorum multati ad liquidum elimari. Quapropter fraternæ caritatis requiro commodum, ut pro nobis interveniatis apud Deum & Dominum nostrum Jesum Christum, quatenus nostri januam cordis aperiat ad exprimenda ejusdem miracula, qui dudum vilis aselli humanas loquelas edere jussit. Credo equidem, immo veraciter teneo, vestro intercessu, hoc magis ad demulcenda multorum corda perducere, quam pro nostræ imperitiæ suadela aliquid exornare. Advecta siquidem hæc sancta virgo Æolicis finibus, uti tumuli ipsius carmina designant, intemerata, littus Reginnarum, angelo duce, meruit obtinere. Quæ cum injuriosè ad prædicti littoris oram in suo tumulo delitesceret, tandem aliquando mulier quædam relicto fluvio Dei nutu quo sordes vestium vel operatio coli ablui solent, coepit tundere super sanctissimæ Trofimenis tumulum fortiter, quod vulgo mulierculæ filatum vocant. Cumque spelea vicina ex hoc subtilius resonarent, & illa, ut dictum est, fortiter tunderet, subito manus illius arefactæ, amiserunt quod tenebant officium muliebre. Illa ergo medullitus fracta dolore, cum ab hujus loci accolis interrogaretur, quæ illius infirmitatis esset moestitia, ait, Nisi mihi presbyteros qui hic morantur, convocaveritis, vobis omnino nullum audebo dare responsum. Et illi: Quare, inquiunt. Illa autem: Timeo quia qui arefecit manus meas, ne forte vernaculum linguæ meæ decutiat. Illis igitur temporibus in prædicto loco plerique Parthenopenses presbyteri commorabantur pariter cum sacerdotibus Amalfetanis; idcirco quia, sicuti plane nunc decernitur, multæ ecclesiæ erant sacerdotibus Christi præditæ, quæ modò pene destructæ sunt ac viduatæ. Convocatis etenim presbyteris, seriatim quæ acciderant mulieri illi summo conamine coepit referre: quo viso, sacerdotes miraculo, ac talia attoniti audientes, veloci cursu concite pergunt ad littoris oram, ubi tumulus beatissimæ martyris erat advectus. Cumque Domini sacerdotes diu tentarent ex qua parte latentem tumuli thesaurum possent annotare, & noscere seu viri an mulieris esset religio, instinctu afflati divino, versi ad prædicti tumuli caput reperiunt carmina poëtali facundia ita cælata.

Qui tumuli causas ingressus discere quæris,
Martyris hic Trophimes, intactæque virginis artus
Et pia membra cubant, quæ dum præcepta prophani
Temporis & mundi polluta altaria vitat,
Sicanios fugiens devota puella parentes,
Æquoris in medio naturæ sorte quievit,
Membra dedit Reginniculis, animamque Tonanti.
Hinc Christi inter odoriferas depascitur aulas.

Quis ergo hujusce rei prærogativa non obstupescat? quando præsago spiritu poëta facundus in jam dicto tumulo talia poëmata pinxit atque cælavit? Ergo cum a jam dictis sacerdotibus prædicta carmina legerentur, & cernerent quod in eodem tumulo dumtaxat pretiosa margareta lateret, maturo cursu ad episcopi Amalfitanæ sedis limina properant, ut thesaurus qui omnibus diu incognitus fuerat, cunctis fidelibus promulgaretur. Illo igitur tempore pontificali culmine redimitus Petrus (a) ecclesiam gubernabat Amalfitanam. Is etenim nimio ductus amore, cum ab eisdem sacerdotibus ordinatius tale tantumque miraculum attonitus perhausisset, accito suo diacone ac primicerio, ceterisque presbyteris, omni cum diligentia eisdem, ut audierat, coepit referre sermones. Qui dum venerabilis episcopus, sicut ad magnæ festivitatis diem infula exornaretur, adjuncto secum clero Reginnas properant, ubi virginale decus margaritumque pretiosum degebat. Itum denique est, & utriusque sexus conventicula facta, jubente episcopo, sacerdotes, adscitis secum hujus incolis loci, coeperunt amplecti sanctum onus, turba fidelium procul spectante, & laudibus quibus poterant gratiarum actiones in com-

---

(a) Petrus Amalphitanam rexit ecclesiam ab anno circiter 1048. ad 1070. ex Ughelli Italia sacra.

mune Domino rependente. Suppositis etenim humeris, dum ad septa ubi nunc ejus basilica cernitur esse, sanctum onus omni conamine vellent portare, nullo modo est permissum mirum in modum vel quantumque saltem exagitare. Quocirca cum in istiusmodi opere cursus diei esset finitus, & sese nec moveri, neque constructa attrahi penitus permisisset; usus tandem bono consilio episcopus, jussit adduci pulcherrimas vitulas, quæ jugo liberrimæ & coitus essent ignaræ, ut ad id officium ipsæ prærogarentur. Ergo his adductis, & jugo iliarum cervicibus posito, tanta velocitate sacrum permotum est onus, ut non illud ab illis, sed illæ ab illo viderentur portari. Ast ubi nunc ejus ecclesia est constructa cum fuisset delatum, fidelisque plebicula accensos cereos manibus tenentes, Domino psalmodiam decantarent; mulier cujus arefactæ fuerant manus, dum circa ejus feretrum posita curaret avidius attrectare, ita ad eam pristinæ salutis officium est regressum, quasi nullius incommodi aliquando fuisset perpessa. Convocato igitur in unum Christicolarum cœtu, episcopoque jubente, ut omnes accensos manibus cereos retinerent, & modulatis vocibus pariter laudes sacratissimæ virgini exhiberent, adductis sarculis, ubi nunc ejus sanctum cernitur constructum altare, ibi præfatus locum designans episcopus, & sacerdotes nudatis cruribus fodere vicissim cœperunt. Cavato namque mausoleo, & non minime in altum defosso, cum eo locello quo inventa fuerat in aromatibus pretiosis sanctum recondiderunt corpus, ubi nunc ad laudem nominis ejus multa fiunt mirabilia, Domino cooperante. Tempora siquidem passionis ac persecutionis illius quia evidentius non annotantur, nullus fidelis obsecro ambigat. Quæ nimirum tot beneficia sibi petentibus præbet, procul dubio pro Christi nomine sanguinem suum incunctanter effudit. Quid mirum si terrenus judex illiusque persecutor incertus sit, cum per eam Dominus plurima acceptissima miracula operetur; cujus munia sanctitatis & insignia miraculorum hic constat esse, illic sine dubio ubi est requies beata inter angelos archangelosque gaudens exultat cum sanctis martyribus sociata. His igitur præibatis, quia finem postulat sermo, & valetudo me mei pectoris coangustat, obsecro ut si ineptum quid inveneris, ô lector, non noxam, sed potius veniam cede. Credo equidem me præmium a Domino recepturum, si vestro qui legitis interventu merear adjuvari: unde supplex sanctitatis vestræ posco suffragia, ut non me judicetis indignum, quasi aliquid ex meo descripserim, & percontans ac discens hoc scripsi quod a viris fidelibus est relatum.

Libet, fratres carissimi, de sacratissimæ virginis Trophimenis miraculis, Domino annuente, aliquid sub brevitate perstringere, quia jam, ut conjici potest, de inventione corporis hujus cunctis fidelibus satis est promulgatum. Valde etenim præposterum est judicandum, si hæc non intimatur fidelibus auribus, per quam Dominus non desinit sedulo plurima miracula operari; cum & ille qui hoc pangere visus est, ab inaudita valetudine & incognita medicis fertur ab illa esse curatus. Merito itaque hanc nos oportet laudare, quæ privilegio sanctitatis suffragia uberrima sibi pie petentibus numquam præbere desistit. Quis ægrorum vel ægrotantium ad ejus pie basilicam accelerans non illico recipit sanitatem? Languoribus quippe variis & diversis præventos infirmitatibus non solum invisibiliter, sed etiam visibiliter fertur curare. Sed quia modo reticetur, quomodo visibiliter curaverit atque curet, eo quod alia ad illius miracula vertitur stylus, suffragante eadem, dicetur in subditis. Hoc denique privilegio, fratres, sancti martyres sunt donati, ut qui ad eorum contubernium pia devotione ac mente fideli accesserint, ægroti vel ægri, non solum exterius, sed etiam interius a nævo & sorde purgentur peccati. Sancti igitur apostoli per quos ecclesia Dei fidei sumpsit initium, & a quibus martyrum sunt dedicatæ primitiæ, cum in uno conclavi federent, hoc a Domino responsum acceperunt: *Accipite*, inquit, *Spiritum sanctum: quorum remiseritis peccata, remittuntur eis*. Alibi autem: *Qui vos audit, me audit, & qui vos spernit, spernit eum qui me misit*. Ecce hoc voluit Dominus esse membra quod est etiam & ipse caput. Ipse etenim Dominus virtutes operatur in sanctis, qui pro universo mundo pretiosum sanguinem fundens, ab erebi baratro eosdem triumphando revexit. Hinc siquidem psalmista plenus Spiritu-sancto agebat cum diceret: *Mirabilis Deus in sanctis suis, Deus Israel ipse dabit virtutem & fortitudinem plebi suæ, Benedictus Deus*. Et alibi: *Memoriam abundantiæ suavitatis tuæ eructabunt, & justitia tua exultabunt*; tua, non sua. *Confiteantur tibi Domine opera tua, & sancti tui benedicent te: gloriam regni tui dicent, & potentiam tuam loquentur, ut notam faciant filiis hominum potentiam tuam & gloriam magnificentiæ regni tui*. Igitur exposita corporis hujus inventione, qualiterque secundis impellentibus zephyris eam ad Reginnarum advexerint oras, evidentius enodata, ad translationem sancti corporis articulum ejus vertentes, divina favente clementia, illud scilicet propaletur, quod luce clarius multis fidelibus est designatum.

Temporibus itaque eximii principis Beneventani Sichardi (*a*) nomine, cui pene tota

(*a*) Sichardus filius Sicconis anno 833. factus est princeps Beneventanus, occisus anno 840. ex brevi Chronico Beneventano penes nos ms.

Ausonia obtemperabat, facta est non minima dissensio inter utrumque populum, Amalphitanum videlicet & Salernitanum. Itaque dum sui regni gubernacula præfatus princeps moderatissime gubernaret, & primi civitatis ejus consilio & fortitudine summa pollerent, quidam Amalphitanorum majores natu linquentes natale solum, hujus se dominatui sponte propria subdidere. Qui cum ab eo infinita dona perciperent, missis occulte epistolis arte qua poterant, atque blanditie suos semper affines atque fratres monebant, ut propria quæque diriperent, & ad prædicta dona quantocius festinarent. Qui cum talibus, ut dictum est, diu monitis fundarentur, protinus illis fertur tale remisisse consultum: Vobis argentum aurumque nobis & cuncto populo nostro, nisi totam Lucaniæ regionem & finitima prædia jurejurando distribuerit, vestris suasionibus assensum numquam præbemus. Interea firmata clam conditione, factum est ut Tyrrheni æquoris insulas, Ausoniæque universa loca gloriosus princeps circumiret, quatenus corpora sanctorum quotquot inveniri possent, Beneventum debito cum honore deferret. Plebeio consilio dantes operam natu majores Amalphitanorum, antequam hæc inclyta Longobardorum gente regio desolaretur, ablata est a propria aula Christi beata martyr, ita ut vestra fraternitas est auditura. Appropinquante itaque termino desolationis civitatis jam dictæ, cum populus formidine maxima teneretur, ne forte ingruentibus Longobardis, a propria frustrarentur patrona, collecta multitudine populorum, ac destinatis navigiis, pergunt ubi sancta Dei martyra delitescebat. Disrupto igitur altari, sub quo Christi virgo degebat: & Petro secundo imponente antiphonam: *Laudate Dominum in sanctis ejus, laudate eum in firmamento virtutis ejus: laudate eum secundum multitudinem magnitudinis ejus*; cœperunt milites Christi quo tumulata erat sarculis fodere, cleroque hanc antiphonam pariter alternatim canente: *Surgite sancti de mansionibus vestris, & proficiscimini in viam præparatam, locum sanctificate, plebem benedicite, & nos famulos vestros in fide custodite*. Cumque avidius animo devoto in hujusmodi perdurarent opere; tandem animo diu desideratam quam quærebant sub tribus cameris mire constructis reperiunt sanctam Christi martyrem illibatam, in suo uti fuerat temporibus priscis tumulata locello. Locellus autem ipse super nitidissimas pomices sedens, habebat tres ampullas pretiosi operis: quarum una quæ gestabat oleum miri odoris, residebat ad caput ejus: reliquæ vero una observabat ipsius sancti pedis vestigium, altera alterum. Quis enim, quantum conjici potest, ambiget hoc ad gloriam sanctæ Trinitatis pertinere, & ad testimonium psalmistæ compro-

bandum, qui unicuique animæ fideli sectanti justitiam & odienti iniquitatem Spiritu-sancto inflammatus aiebat: *Dilexisti justitiam & odisti iniquitatem, propterea unxit te Deus Deus tuus oleo lætitiæ præ consortibus tuis*. His itaque gestis, tanta profecto odoris fragrantia est circumquaque diffusa, ut non solum qui aderant omnium odoramenta aromatum degustarent; verum etiam hi qui ad observanda navigia perstiterant, assererent non usquam se sensisse tantæ virtutis odorem. Ut autem omnibus hæc visio est manifestata, navigiis derelictis, nautæ currunt haud procul a littore: & ecce Petrum episcopum cum suo Petro archidiacono ceterisque presbyteris reperiunt propriis ulnis in tenuissimo pabone (*a*) sanctam martyram simul gestantes. Qui cum nimio tumultu & populi vociferatione episcopus opprimeretur, sisteretque aliquantisper ante ejusdem basilicæ sanctæ vestibulum, attrectata a quibusdam virgo prædicta, ex membris illius felici rapina furtim quæque poterant diripiebantur. mira res, & agnita cunctis fidelibus, ita guttatim sanguis ejus fluebat terra tenus post ep. annorum curricula, iterum ceu proprio carnificis & lanistæ jugulo feriretur. Concursio interim utriusque sexus ob istius spectaculi decus haud secus erat, tamquam si triticeæ messis tempore formicas videas propriis cervicibus vicissim grana vehere, donec promptuaria repleant, quibus udis temporibus sustentari valerent, & sua edulio tenuissima corpora satiari. Venerabile namque sanctæ Trophimenis corpusculum nautica pinus cum ingenti honore dum Amalphim deferret, collocaverunt in ecclesia beatissimæ Dei genitricis semperque Virginis Mariæ honorificentissime. Quo etiam pontificali præcepto quidam obtemperantes e clero die noctuque fidele servitium exhibentes, ad gloriam ipsius nominis certis dierum horis cantica laudis explebant. Expleto igitur octavi diei cursu, intempesta nocte, quando sopore gravi corpora fessa premuntur, in extasi positus prædictus episcopus, videns in visione jam dictam martyram Christi rubicundo pallio coopertam, aliasque illam virgines obsequentes, sibique manu intentantem, atque compellatione minaci dicentem: Cur, episcope, meum temere tumulum ausus es violare, pariterque meum cunctis corpusculum re. elare popellis, & ex corpore meo quosdam artus violenter divelli? Nempe quia nullus pudor mei ergo fuit, scias te proximo morituro, cadaverque tuum e sepulchro expellendum, & canibus comedendum. Omnes enim præsules dormierunt unusquisque in throno suo: tu autem de sepulchro tuo solus pelleris. Denique expergefactus episcopus, cum tremebundus volvere secum

[4]

(*a*) Pabo seu pavo, est vehiculum unius rotæ, ut habent glossæ Isidori.

cœpisset

cœpisset quod in horrore viderat visionis nocturnæ, mox jubet fieri sibi sepulchrum in pariete quasi cubitis tribus in sublime a terra ad partem aquilonis in ecclesia B. Johannis Præcursoris atque Baptistæ, ubi sanctæ purificationis & baptismatis undâ nova soboles renascitur & proles fœcunda. Ast ubi episcopi jussio est impleta, & parata, ut dictum est, sepultura, mox e vestigio subsecuta est tam crudelissima febris, ut vix trium dierum spatio hac luce perfrui videretur. Tum decursis vitæ suæ temporibus, & finito termino quem nullus hominum præterire potest, gregi suo valedicens, ac secum sumens viaticum exivit hominem plenus dierum. His namque præmissis, cum non multo post istius terræ desolatio immineret, utriusque populi præstigio confirmato, Amalphigenæ, videlicet & Longobardorum capta est civitas ac depopulata penitus sine sanguinis effusione. Hujus siquidem civitatis loca dum hac illac lustrando pergerent, & circuirent cubiculorum penetralia & aditus ecclesiarum, si forte thesauros occultos & reconditos invenirent, præsertim cum opibus plurimis essent dituti, tandem aliquando veniunt ad tumbam qua episcopus e vicino sepultus jacebat. Qui dum sperarent ob fabricæ recentis obstacula quod in præsulis tumulo aurum argentumve lateret, confringentes invenerunt episcopi cadaver jam fœtidum in monumento, compage corporis & pene omnibus solutum membris. O incomprehensibile Dei judicium & ineffabilis virtus ejus! turba omnis retro coacta & sepulchrum dimissum est patens nequic- quam apertum. Facto igitur exodio, cunctisque mœniis dirutis civitatis, adhuc ibidem civibus commorantibus, canes rabido ore latrantes, maturo cursu currentes abstrahunt e tumulo prædictum cadaver episcopi, uti vaticinatum fuerat a sancta Christi martyra, & eidem episcopo revelatum. Hinc est quod apostolis qui ad prædicandum missi fuerant, Dominus dicit: *Qui vos audit, me audit; & qui vos spernit, spernit eum qui me misit.* Et alibi: *Qui autem erubuerit me in terris, & ego erubescam illum coram Patre meo qui est in cœlis.* Itemque factum est, ut per circuitum cuncta depopularentur, non solum civitatis munitio intrinsecus, sed etiam extrinsecus prædia cuncta concisionibus subjacerent: adeo ut continuum annum & eo amplius tantæ densitatis fruteta succrescerent, ut non aliud quam ab olim arbuscula intonsa putares, revera [dum hæc ita gererentur] unusque fieret populus Salernitanus, & mutuo conjugali se fœdere constringerent, quamquam ab eximio principe prædia infinita perciperent donisque plurimis augerentur qui aulæ regiæ dignitatem obsequi voluissent: tamen pœnitudine uti ob Longobardorum stropham, qui eos principi concusabant quod duci Parthenopensi quidam Amalphitanorum flecterent caput, cœperunt volvere secum, ut excidium quod nuper ex illis perpessi fuerant, illud in civitate facerent Salernitana. Hæc inter accidit ut principale culmen Beneventanæ sedis gubernacula disponeret ipso in tempore, & jura Salernitana Gastaldei guberna...... *Cetera desunt.*

ACTA TRANSLATIONIS
SANCTI MENNATIS
EREMITÆ ET CONFESSORIS,

AUCTORE LEONE MARSICANO MONACHO CASINENSI & S. R. E. cardinali Ostiensi.

Ex ms. Casinensi eruit Mabillonius.

OBSERVATIO PRÆVIA.

Ennas seu Menna, cujus hic translationis acta proferimus, eremiticam vitam sæculo VI. duxit in Samnitibus: cujus præcipuum studium semper fuit nihil in hoc mundo habere, nihil quærere, omnesque ad se caritatis causa venientes ad æternæ vitæ desideria accendere: multis clarus virtutibus ad superos evolavit anno a Christo nato DLXXXIII. sepultus eo ipso in loco *quem vivens solitarius incoluerat. Ejus meminit martyrologium Romanum ad diem Novembris undecimam his verbis:* In provincia Samnii S. Mennæ solitarii, cujus virtutes & miracula sanctus Gregorius papa commemorat, nimirum lib. 3. Dialogorum cap. 26. ubi de eo ex professo agit. *Acta translationis quæ urgente potissimum Roberto inclyto comite anno* MXCIV. *facta est, descripsit Leo Marsicanus Casinensis monachus & S: R. E. cardinalis Ostiensis, auctor coævus, pro ut sequuntur.*

Quod temporibus his nostris novissimis ac periculosis, in quibus videlicet juxta quod testatur apostolus, sunt homines seipsos amantes, & omnes quæ sua sunt, non quæ Jesu Christi quærentes; & in quibus etiam jam, proh dolor! defecit sanctus, & diminutæ sunt veritates a filiis hominum. Quod his, inquam, temporibus revelationibus sanctorum corporum superna nos pietas visitare ac lætificare dignatur, sola illa ineffabili gratia & bonitate sua hoc circa nos exhibet benignus ac misericors Deus, ut uno eodemque opere & magis magisque animet electos ad præmium, & peccatores incitet ad sperandum, immo præsumendam veniam peccatorum: utque ille divini amoris ardor qui, quotidie abundante iniquitate, sinistro quodam flatu in sanctis etiam viris torpescere solet, quasi gratissimo austri flamine reaccendi in pectoribus fidelium iterum valeat. Quapropter exultemus omnes & jocundemur in Domino, dum ad recolenda sanctissimi nostri patroni, gloriosi scilicet confessoris Christi Mennatis sublimia merita solemniter convenimus. Dignum etenim est & omnino certe dignissimum, ut quoniam Dei gratia concedente sacratissimum ejus corpus obtinere meruimus, omni spirituali lætitiæ jubilo mens nostra plausibiliter hilarescat, & ei potissimum a quo omne datum optimum & omne donum perfectum est, laudum gratiarumque rependere præconia non desistat. Dignum & hoc nihilominus est, ut dum ejusdem translationis sacra solemnia annua revolutione recolimus, ipsi quoque mentes nostras a terrenis actibus & desideriis ad cœlestia ac perpetua transferamus: ut dum glebam ejus corporis tantopere apud homines in terris venerari conspicimus; quantum gloriæ pondus apud angelos in cœlestibus, ubi profecto verus & incomparabilis honor est, possideat, perpendamus. Sed libet jam translationis ejus historiam secundum certissimam fidem gestorum, ad fidelium populorum notitiam litteris tradere; ut nullo deinceps de tantæ hujus solemnitatis origine prorsus expediat dubitare: quin potius in laudem & gloriam Dei qui mirificat sanctos suos, omni devotionis genere studeat tam corde quam ore prorumpere, dicens: *Quis similis tibi in diis Domine, quis similis tibi, gloriosus in sanctis, mirabilis in majestatibus, faciens prodigia?* Cum igitur a sancti hujus viri transitu quingentorum circiter supputatio jam volveretur annorum, & tam pretiosus ac cœlestis thesaurus vilissimo quodam ac parvissimo necnon ac vetustissimo, non dicam oratorio, sed tugurio, satis indecenter requiesceret, in eodem scilicet monte ac loco, quo vitam solitariam, immo sanctissimam egerat, non utique procul a Beneventi mœnibus, sed quasi millibus octo. Jamque decrevisset omnipotens Deus sacrosanctas ejus reliquias, & ad sui nominis gloriam & ad fidelium providentiam revelare; talis profecto ipsius dispositione provenit occasio. Quadam denique die, cum Robertus egregius comes, Rainulfi scilicet comitis filius, vir plane & in sæcularibus strenuus, & in divinis devotus admodum, prout fas suppetit, ac studiosus, cum latomis ac cæmentariis qui aulam sanctæ Dei Genitricis apud Cajatiam ejus imperio studiosissime construebant, sederet, & satis anxie cogitaret unde vel qualiter sanctorum reliquias posset adquirere, quibus juxta devotionem suam eamdem genitricis Dei basilicam honoraret; contigit ordinatione divina, ut hora eadem domnus Madelinus venerabilis abbas monasterii sanctæ Sophiæ de Benevento, una cum domno Guiso abbate monasterii sancti Lupi, ad eum pro quibusdam monasterii sui utilitatibus advenisset. Cumque pariter consederent, & de quibusdam inter se negotiis aliquantisper tractarent; tandem inter loquendum percontatur comitem abbas, unde tandem sanctorum reliquias ad ipsius ecclesiæ consecrationem speraret. Animadvertens itaque vir prudens non sine Dei nutu id se abbatem interrogasse, quod ipse paulo ante versabat in corde: Deus, respondit, & sancta ejus genitrix providebunt hæc ad gloriam nominis sui qualiter illis placuerit. Ad hæc abbas gratulabundus: Quod mihi, inquit, repensurus es beneficium, si non modo parvas aut forte ignotas vel dubias corporum sanctorum particulas dedero, sed integrum prorsus tibi sancti cujusdam corpus intra comitatus tui ditionem ostendero, quod possis promereri continuo? Exhilaratus ad ista plurimum comes, & in spem tantæ pollicitationis erectus, Nihil, inquit, est certe in toto honore meo, quod me irreprehensibiliter dare & recipere te conveniat, quod non tibi præsto donetur, si quod promittis ore, opere fueris exsecutus. Subinfert protinus abbas: Non aurum a te, non argentum, seu quodlibet sæculare, quod nequaquam meæ professioni competit, exigam: verum enim vero illud quod tuæ saluti, quod tuo honori, quod tuo denique officio potius congruat quæram. Volo igitur simul & flagito, ut omnium rerum nostro monasterio pertinentium in tuo dumtaxat consistentium comitatu, custodem, advocatum ac defensorem te ab hodierna die constituas; ut ea quæ a pravis quibusdam subtracta vel diminuta sunt, eidem sancto cœnobio, prout tibi posse fuerit, gratanter restituas. Quod videlicet modo si irrefragabiliter te exsecuturum spoponderis, quod ego quoque sum pollicitus, protinus obtinebis. Promtissime comes universis mox ejus petitionibus annuit, insuper etiam conjugem suam testem rei hujus ac mediatricem sicut exegerat posuit.

His ita firmiter utrimque depactis, retulit abbas comiti omnia quæ de sancto hoc viro in dialogis beati Gregorii legerat, quod viderat, quod certo certius noverat. In monte, inquiens, qui hodie ex vocabulo ejusdem hominis Dei mons sancti Mennatis a loci incolis nuncupatur, referente beato papa Gregorio, idem vir Dei vitam solitariam duxit, ubi etiam post felicem sui transitus cursum a fidelibus est sepultus; parva admodum super ejus memoriam ecclesiola fabricata, quæ hactenus licet semiruta durat, cujus procul dubio sanctum corpus usque hodie in eadem ecclesia requiescit, sicut hoc & a coævis nostris, & a nostris etiam majoribus frequenter audivimus affirmari. Nam & ad commendandam venerabilem sancti ipsius memoriam memorabile usque in hanc diem miraculum in eodem loco peragit omnipotens & mirabilis Deus. Prope siquidem ipsam ecclesiam fonticulus perspicuus oritur, qui videlicet in usibus viri Dei, dum adviveret, fuisse non immerito creditur. Hunc refert antiqua incolarum traditio, per ipsum viri Dei sepulcrum habere meatum. Quam profecto aquam feminæ geniali lacte carentes, dum devote perbiberint, protinus abundantia cœlestis gratiæ mirabiliter eorum ubera replet, & lactis copiam affatim subministrat: quodque magis mirandum est, idipsum etiam quibusque lactantibus fertur animantibus provenire.

His comes acceptis, lætitia simul & confidentia magna repletus est, & ad exquirendum, immo ad quærendum tam incomparabile margaritum totis viribus animum impulit. Perrexit itaque protinus comes cum abbatibus supradictis Alifas, indeque post biduum properavit Telesiam. Inter eumdem autem, quemdam nutu divino rusticum duas ligneas capsas ferentem offendunt, quas dato mox pretio emtas ad recondendas in eis corporis sancti reliquias secum vehunt. Maxima siquidem fide fidens, procul dubio se reperturum quod cupiebat sperabat. Ubi advenit

Vet. Script. & Mon. ampl. Collect. Tom. VI.

Telesiam, & comedit..... candente sancti desiderii flamma in pectore, minime id differendum seu recrastinandum passus, confestim illuc cum eodem abbate profectus est, paucis secum assumtis, ut suspicionem nemini faceret. Cavens tamen ne si forte vicini incolæ hoc præsentiscerent, nullatenus id fieri paterentur, armatos aliquot de castro quod dicitur Tocius illuc convenire mandavit.

Cumque ad oratorium conductum venissent, & facta oratione foras egressi essent, advocans quemdam fratrum qui inibi commanebat, præfatus abbas, & oratorium illud rursum ingressus, cœpit ab eo disquirere, utrumnam certius sciret locum in quo beati Mennatis corpus quiesceret. Tum ille: Sicut ex majorum, inquit, traditione, mi pater, accepimus, certum habemus eumdem eximium Dei confessorem in ecclesiola ista pausare: sed certus pro certo locus quo lateat cunctis manet incertus. Illis ergo in hæc verba egressis, iterum comes nimium anxius & morarum impatiens, cum abbate & aliis aliquot ecclesiam ipsam ingrediens, eamdemque undique curiose perscrutando circumiens, maturabat id propter quod venerat agere: sed ignorabat in quem potissimum locum deberet manus injicere. Verum cum ipsius oratorii pavimentum præ vetustate simul & injuria scabrum totum videretur atque defossum; ante crucem tantum, quæ inibi stabat, aliqua illius particula remanserat solida, propter quod plerique suspicabantur in eodem loco sanctas jacere reliquias. At comes nequaquam hoc verisimile reputans, & iterum ecclesiam iterumque regirans, aliquod lucidius indicium exquirebat. Tandem vero secus altare vir valde devotus pertransiens, respexit subito post illud sancti viri imaginem cingulo tenus depictam, & proprii nominis apicibus insignitam. Exclamat continuo præ lætitia, quasi non jam imaginem, sed ipsam rei veritatem, ipsas sancti Dei reliquias cerneret. Accurrunt omnes, videntesque figuram sancti viri ac litteras gavisi sunt, minime jam dubitantes reperturos se protinus quæ quærebant.

Primus itaque idem comes Christum invocans, terræ fossor accedit. Sequuntur & ceteri. Ad primam quidem soli ipsius faciem quasi arenariam calci commixtam inveniunt. Qua mox egesta, terram reperiunt, & ea rursum defossa, impingunt in calceum pavimentum. Itaque se voti compotes æstimantes, magna cum aviditate illud dirumpunt; sed eo remoto, in puram terram iterum incidunt. Eo igitur magis instare, & terram ipsam aliquanto altius fodere; quam cum nihilo segnius ejecissent, pavimentum item de tegulis reperiunt; & eo quoque omni instantia dissipato, tertio iterum in similem priori terram deveniunt. Itaque fatigati, quasi diffidere & relinquere cœpta parabant, cum fervor fidei ac devotio comitis quiescere nullatenus adquiescens, magis ac magis cœpit instare, inventamque terram instantius mandat eruderare. Quod dum fieret, tandem ad lapidem quo sanctum contegebatur corpus attingitur, eoque caute ac diligenter sublato, thesaurus omni pretio pretiosior invenitur, integrum scilicet & illibatum in ossibus Mennatis beatissimi corpus. Jam vero quis enarrare pergat laudes & gratiarum actiones in Deum, gaudia & gratulationes in homines? Sed quoniam sepulcri ipsius medietas ita sub altare sita erat, ut sine illius violatione moveri vel levari nullomodo posset; consuluit abbas ut archiepiscopo Beneventano id significaretur, quatenus ejus permissione liceret eis & altare confringere, & sepulcrum cum corpore simul ut erat levare. Verum comes prudentiori consilio usus: Nequaquam, ait, ne forte archiepiscopus non solum altare non violari, sed nec etiam corpus nobis auferre permittat, immo fortasse prohibeat; nosque postmodum si fecerimus, incurramus non leve peccatum: si non fecerimus, incurramus nihilominus voti simul fatigiique dispendium: & si non possumus, inquit, quod volumus; velimus id quod possumus.

Cum maxima igitur devotione ac reverentia jussit levari sacras reliquias, atque in duabus capsidibus ligneis nimis diligenter locari. Sicque acceptis illis cum laudibus & & canticis, gaudentes ac triumphantes inde progressi, eodem die qui erat pridie kalendas Aprilis ad villam, quæ Squilla dicitur, applicuerunt: ibique in excubiis sancti corporis noctem integram peregerunt. Altera vero die, quia sabbatum Palmarum solemnitatem præcedens illucescebat, innumera tam cleri quam populi multitudine confluente accipientes sanctas confessoris Christi reliquias, pedester comes ipse cum omnibus qui convenerant per millia circiter [septem aut tria nescio quot *antiqua manu insertum est margini*] profecti, cum ingenti tripudio & lætitia, cumque hymnis & confessionibus Cajatiam detulerunt, easque super altare beatissimæ Dei genitricis Mariæ decenti honore ac reverentia posuerunt, glorificantes ac benedicentes Dominum, qui non deserit confidentes in se & de sua misericordia præsumentes. Acta autem sunt hæc anno incarnationis Dominicæ millesimo nonagesimo quarto, ad honorem & gloriam ejusdem Dei & Domini nostri Jesu Christi, cui simul cum Patre & Spiritu-sancto sit decus & gloria, laus & gratiarum actio, & nunc & semper, & in sæcula sæculorum, Amen. Hæc igitur sacræ hujus solemnitatis est causa, hæc veneranda cunctis celebritatis hodiernæ materia: Et ideo quam bonum & quam jucundum, quam dignum, quamque justissimum est, ut in translatione sacri corporis omni tripudio gaudeat plebs devota fidelium, cui non dubium est congratulari exercitum etiam angelorum.

MIRACULA S. ANSELMI
CANTUARIENSIS ARCHIEPISCOPI.

Ex ms. reginæ Sueciæ eruit Mabillonius.

1109.

Cum patris Anselmi miracula plura ferantur,
Quæ per eum Christus specialiter est operatus,
Res & apud paucos jam cognita vix habeatur,
Ut pateat quanti meriti fuit iste beatus,
Quædam distinxi, quæ dignum scribere duxi,
Subnectens operis prædicti materiei. (*a*)

Vir fuit in pago Pontif qui jungitur Augo,
Notus divitiis, sed marcidus ulcere carnis,
Servis vallatus, sed lepra contaminatus,
Actibus ipse bonis insistens quotidianis,
Fletibus admixtis, precibus cum multiplicatis

Christum pulsabat, Dominum sic efflagitabat
Quod super allisum dignetur flectere visum,
Qui mundando cutem sibi conferat ipse salutem.
At qui contritum cor respicit & sibi structum,
Ipsius ægroti non defuit anxietati,
Immo sibi mira subvenit & indice cura.
In somnis igitur quadam sub nocte monetur,
Quod si jam fieri sanus velit atque videri,
Hinc bene securus surgat Beccum petiturus,
Atque monasterii patrem secretius oret,
Omnibus ipse modis magis extorquere laboret,
Quod dignetur aquas sibi conferre bibendas,
Abluit unde manus dum missæ concinit actus.

(*a*) In ms. codice reginæ Sueciæ extant hi versus ad calcem vitæ S. Anselmi ab Eadmero conscriptæ. Hinc conjicies horum etiam versuum auctorem fuisse prædictum Eadmerum.

MIRACULA S. ANSELMI.

Credulus hic monitis, & factus certior ipsis,
Impiger ascendit illuc, sed & illico tendit,
Indicat, Anselmo summatim suggerit almo
Quæ sibi per visum fuerant ostensa supernum.
Qui stupet ex verbis, primoque repellit acerbis
Vocibus, atque monet, ne talibus ipse laboret,
Non opus esse suum protestans quod petit ipsum,
Immo beatorum qui præcessere virorum;
Se peccatorem, procul his sed & inferiorem,
Quique super tantis his auditi non mereatur
Quippe suis culpis poscentibus impediatur.
At magis in precibus perstabat homo miserandus.
Altius ingeminans, quod ferret opem venerandus,
Nec pateretur ea fraudari se medicina,
Unde sibi celerem credebat adesse medelam.
Vir tandem Domini clamoribus his stimulatus,
Et super afflictum de more suo miseratus,
Intrat in ecclesiam, precibus conscendit ad aram,
Mane rogaturus pro cura corporis hujus,
Vestibus atque sacris indutus, miles ut armis,
Concelebrat missam, sed non sine fletibus ipsam.
Adstat & ægrotus, prosternitur in prece totus,
Orans ex imis animi cordisque medullis,
Jam sibi promissum compleri cœlitus ipsum.
Atque mysteriis consummatis sacrosanctis,
Mira relaturus sum, mira sed expositurus,
Accipit e manibus abbatis aquas sitibundus,
Queis degustatis devote, queis magis haustis,
Mox optata salus membris infunditur ejus.
Nam caro mundatur, nam spurca cutis reparatur,
Et sic in laudem prærumpens Omnipotentis,
Non minus Anselmum tollebat vocibus altis.
Quem compescebat vir sanctus, eumque monebat,
Ne sibi quid facti velit huic adscribere tanti
Immo Deo soli persolvat munia laudis,
A quo procedit totius cura salutis,
Talibus instructus, hinc & nimis exhilaratus,
Mundus & incolumis redit ad sua pelle novatus.

Tempore quo sanctus curam pastoris agebat,
Et super Angligenas primatus jure cluebat,
Pluribus ex causis in regni finibus ortis
Præcipue regis GUILLELMI, sed junioris
Impete sævitia cerebri comitante mania,
Ecclesias regni qua vexans diripiendo,
Non erat ille Deum reverens hominesve furendo.
Hæc per se quoniam sedare nequibat ad unguem

Exiit e dulci patria Romam petiturus,
Consilium domini papæ super hoc habiturus,
A quo suscipitur nimio præventus honore,
Urbis & a tota veneratur nobilitate.
Ejus in occursum pompose jam properabat,
Præsulis ad tanti famam currens manicabat.
Tum quia semotis illuc de partibus orbis
Venerat is sancti repetens suffragia Petri,
Tum quia notus erat mirandæ relligionis,
Actibus hinc multo satis expertæ rationis.
Ast ubi causa sui fuit adventus manifesta,
Summo pontifici per eumdem quippe relata,
Ex tunc majorem sibi prætendebat honorem,
Ut decuit tali personæ tam speciali.
Nam retinens secum, sibimet facit esse secundum,
Actibus in cunctis secretis & manifestis,
Ipsius ad laudem quamplurima sæpe perorans,
Nunc in privato, modo cœtu multiplicato,
Sic ut multoties verecundaretur in iisdem.
Urbis vero situs, quia morbidus haudque salubris
Noscitur æstivo sub tempore, quin peregrinis,
Ex domini papæ consensu consilioque
Transiit ad villam quæ Sclavia dicitur, in qua
Sæpe quiescebat, corpus recreando fovebat.
Hæc quoniam alti constat sita montis in ipso
Sanior inde datur, clivique salubris habetur,
Nec procul a muris Romanæ sistitur urbis.
Quo patris ad jussum remeabat & ipse frequenter
Grandia sed quotiens tractabat & ipse patenter,
Ipsius ad montis homines penuria grandis
Conficiebat aquæ jam temporis illud ad usque.
Quod bene perpendens hujus custodia villæ,
Insuper & vitam sanctus quam duxerat ille,
Et quia plura suis precibus jam commoda multis
Præstiterit Christus morborum tabe gravatis,
Alloquitur sanctum, precibus circumvenit ipsum,
Ut signare locum putei dignetur ibidem
Quod mage conveniens latici decreverit idem,
Dicens velle suum fore, si jam forte valeret
Id fieri, precibusque juvamen ferre placeret
Quod non esset opus descendere vallis ad imum
Gurgitis ad limphas referendas montis in altum.
Audiit Anselmus, tandemque precatibus ejus
Annuit, & laudat quod disposuisse fatetur:
Assumtisque sibi sociis, monachisque duobus,
Exiit acturus fuerat quod sæpe rogatus.
Sed mons sublimis erat arduus & nimis ipse,
Desuper & rupes quo mons erat obsitus ipse;
Unde videbatur dementia summa probari
Quod quis ibi vellet puteum saltem meditari.
Attamen antistes scripti non immemor extans
Quod qui habens fidei quantum sit sperma sinapis,

Imperat hinc monti transferri, citoque movebit.
Ac tunc ipse fretus spe sicut erat bene suetus,
Inspiciendo locum, perlustrat strictius ipsum.
Tunc prece præmissa, quæ semper erat sibi promta,
Atque genuflexo, crucis exhibito quoque signo,
Ter feriens terram lapidi saxoque propinquam,
Jussit ut instarent operi, puteumque pararent.
Non diffidentes, sed in ipso spem statuentes,
Qui populo quondam per desertum gradienti
Firma de petra produxit aquas sitienti.
Perpaucis igitur transactis inde diebus,
Ex quo cœperunt in vertice scalpere montis,
Fons e vestigio prorumpens cotis, & unda
Percutit astantes subito grandique stupore.
Hinc pro lætitia mentis cum laudis honore
Christum magnificant, sanctumque Dei competitis
Vocibus acclamant, tum facti pro novitate
Muneris, & divi tam mira pro novitate.
Hoc & habetur ibi pro miro, nam patet omni
Cum mons procerus constet, modiceque cavatus
Fonte salubris aqua jugis & sit, & ipse repletus.
Nam febrientibus hæc in potum sumta medetur,
Insuper & variis languoribus apta probatur
Ad Domini laudem quod pertinet indubitanter
Talia qui populo dat dona suo miseranter
Præsul & ipse quidem non expers laudis habetur,
Cujus amore Deus opus hoc patrasse videtur,
Hinc Sclaviæ puteus patria vocitatur in omni
Præsulis Anselmi puteus de laude perenni.

Ex eodem ms.

DE VERBIS VENERABILIS ANSELMI.

Venerabilis pater Anselmus, dum adhuc esset abbas Becci, quadam die dum nimium mente meditabatur & nimium cogitando quasi cogitationibus suis perturbabatur. Cui dixit quidam monachus ejus qui forte præsens aderat: Domine pater, pro Deo rogo dicite quid cogitatis, quia video vos cogitationibus vestris turbari. Dicam, inquit. Ecce hoc cogitabam, si esset aliquis homo dives qui haberet gregem ovium, & vocaret puerum tam debilem & parvum, ut lupus veniens facilius tam illum quam ovem aliquam asportaret, & illi oves suas commendaret custodiendas, ita tamen ut si quamlibet ex eis perderet, anima hujus pro anima illius iret, Non valde timere deberet? Si autem uni cuilibet ipsarum ovium & forsitan infirmiori & stolidiori ceteras committeret dicens: ovis habeto curam istarum ovium, & scito quia si perdideris aliquam earum, sanguinem ejus de manu tua requiram, & erit anima tua pro anima ejus, Numquid non timere deberet ovis illa? quam securitatem habere posset? Ita est de me: Ego, inquit, ego sum puer parvus, ego infirma ovis & debilis, ego facilis ad rapiendum quasi quilibet alius, cui Deus credidit curam ovium suarum ut eas regam, custodiam, pascam, eo pacto ut si negligentia mea aliqua ex eis perierit, erit anima mea pro anima ejus & sanguinem ejus de manu mea requirer Deus. Ideo timeo, ideo conturbor; quia scio horrendum esse in manus Dei viventis incidere. Et frater propitius ait, domine, sit vobis Deus, quare talia cogitatis & dicitis? Nullus hoc cogitat quod cogitatis: ecce alii abbates gaudent & læti existunt. Respondit: Fortassis Deus dedit illis securitatem, ideo jocundantur & hilarescunt; mihi autem non dedit, idcirco jure timeo, quia scio illum pecuniam suam exigere cum usuris ab is quibus eam commisit.

Dicta Anselmi.

Judicium regale est judicium sponte quæsitum, monachi judicium imperatum. Abstinentia cujuslibet secularis potentis ex propria venit voluntate. Abstinentia monachi ex prælati pendet arbitrio. Tristitia regis vel cujuslibet potentis est superba. Tristitia monachi suavis est & compunctione plena. Tria sunt quæ hominem faciunt honeste vivere inter homines: Verecundia, silentium, modestia. Quidam monachus Becci petebatur ad episcopatum ecclesiæ Belvacensis, cumque S. Anselmus abbas huic electioni assensum præbere nollet, & monachum suum petentibus non concederet, dixerunt petitores: Domine, nos eligimus eum, non ipse se ingerit, quare non vultis concedere quod petimus? Si, inquit, ipse Deus me eligeret, adhuc timerem, quia ipse per prophetam elegit Saülem, & per semetipsum Judam traditorem, qui ambo reprobati sunt.

VITA BEATI GIRALDI DE SALIS,

SCRIPTA AB AUCTORE ANONYMO, Castellariensi, ut videtur, monacho, circa finem saeculi XIII.

Ex mſ. Caſtellarienſi.

Anno 1120. Giraldi patria & parentes.

1. Gyraudus igitur noster ortus est de Petragoricensi territorio, in vico cui vocabulum est Salis, & hæc fuit tanto viro terra natalis; ibi natus & alitus est per multum temporis, in medio perversæ nationis, bellicosæ ac ferocis: ceterum de natali cervicositate non plus traxit aliquid tale, quam pisces maris de materno sale. Fulco dicebatur ejus pater, Adeardis mater: ambo inclyti & locupletati, generosi & famosi juxta nomen magnorum, qui sunt in medio hujus maris magni & spatiosi, ambo milites ex conditione, Christiani professione, religiosi devotione; de quibus nobis sermo grandis restat ad interpretandum. Sed usque ad ordinem prosecutoris duximus reservandum. Præclari igitur parentes præclaras tres soboles, quia præclara tria luminaria, præclare genuerunt, omnes futuros ad eremum, Giraudum vocantes primum, Grimoardum secundum, Fulconem novissimum. Sed usque ad tempus sustinendo de duobus ultimis fratribus, Gyraudus sic a quodam commendatus est in versibus:

Gyraudus gente generosus, corpore, mente;

Petragoræ pago fulsit quia lucis imago.

Litterarum studiis erudiendus traditur.

Ingeniosus itaque puer Gyraudus magnæ spei, & laudabilis indolis, litterarum studiis traditus est a parentibus erudiendus in scholis. Erat enim primogenitus in multis fratribus, & ante eos traditus est artibus liberalibus; quibus non multo post fratrem sequi ad scholas fuit maximæ curæ: unicuique secundum tempus & ordinem suæ geniturae. Domi timere Deum, & abstinere ab omni peccato docebat eos devotissima mater. In scholis disciplinam & scientiam monebat eos sedulus magister, in quibus omnibus supra cunctos coætaneos suos enituerunt in brevi, non tantum eruditione linguæ magistræ, quantum unctione Spiritus-sancti.

Mundum deserere meditatur.

2. Religiosus itaque puer Gyraudus, comperiens in animo mundum positum in maligno, utpote quia domus ardet, & ignis instat a tergo, cœpit secundum sapientiam congruentem ætati tam teneræ, revolvere in corde de logica illa singulari & unica quæ mortis non timet ergo; & post multos cogitationum accusantium aut defendentium circuitus, sacra illustris pueri deliberavit infantia, demum petere deserta vel eremum: fecissetque desiderio satis, si teneritudo non obstitisset ætatis. Animus tamen cum Martino aut circa ecclesias aut circa abbatias semper intentus, adhuc in ætate tenella meditabatur, mire in benedictionibus dulcedinis præventus: quod postmodum exsolvit devotus, tunc rei probavit eventus. Et vidit quod esset bonum & coram Deo acceptum: apposuitque mittere manus ad aratrum, quatenus aptus regno Dei declinaret finaliter baratrum damnationis.

3. Erat in diebus illis Robertus d'Arbrisel quidam vir spectabilis conversatione, & omni venerabilis acceptatione, hujus religio munda & immaculata erat coram Deo & omni populo, sollicitum se custodire ab hoc sæculo nequam. Is ergo de caducis & transitoriis curans parum, ex zelo cordis sui solum salutem sitiebat animarum; & circuiens per villas & castella, de domibus paternis abstrahebat Christo virgines, alliciens ad spiritualia connubia, sicut fecisse legerat malleum hæreticorum beatum Hilarium de propria filia. Inter multas vero operationes spirituales ferventer instituit Fontis-Ebraldi locum & moniales. Erat fervens spiritu, & edoctus viam Domini, loquebatur ea quæ sunt Christi Jesu. Stupebant autem omnes audientes, & mirabantur in verbis gratiæ quæ de saliva ejus egrediebantur. Excitatus Gyraudus puer præconio tanti viri, festinavit apud eum inveniri, ut sub tanta ferula posset maturius erudiri. In quo facto consilium videtur habuisse Spiritus almifici, dicentis per os Ecclesiastici: *Cum viro sancto assiduus esto, quemcumque cognoveris habere timorem Domini.* *Ad Robertum de Arbrisello accedit.*

4. Suscipiens autem senex puerum cum devotione & alacritate animi, per dies aliquot notas faciebat parvulo vias Domini, qui dum adolesceret & eremum tenderet ulteriorem, videns pater in juvene tam inten- *Canonicorum regularium habitum, ea hortante, suscipit.*

VITA B. GIRALDI DE SALIS.

suni fervorem, persuadere cœpit ei religionem laxiorem, & coëgit renitentem. Suscepit ergo de consilio Roberti puer Gyraudus Domino oblatus habitum regularis canonici in monasterio sancti Aviti. Non longe erat monasterium illud a villa de Salis, & a domo parentum, placuitque ambobus commodari Domino prædilectum talentum. Quo tenerius tantæ opinionis sobolem diligebant, eo amplius de ejus conversione gaudebant. Ubi sunt qui carnaliter amantes filios suos plorant inexorabiliter mortuos mundo, ut vivant Domino Christo? *Nolite flere super mortuum*, ait Jeremias, *neque lugeatis super eum fletu, plangite eum qui egreditur a Deo, scilicet per peccatum, quia non revertitur ultra, non videbit terram nativitatis suæ.* Parentes Gyraudi divino mancipati servitio, gaudebant, non fletibus tabescebant, sicut & ceteri qui spem non habent.

In monasterio ut se gesserit. 5. Ingressus est Gyraudus cœnobium cum virginitatis odore, referto sincero pectore spiritu mansuetudinis, & virtutum multiplici flore. Mira illi erga canonicos reverentia & patientia, subjectio & humilitas: ultra humanum modum & infantiæ metas vivebat in congregatione justorum, ordinabiliter sibi, sociabiliter proximo, humiliter Deo, velox ad audiendum & ad bona, tardus ad irascendum & ad mala, summe verecundus ac circumspiciendus & ad verba, non circumquaque prospicere, non curiose per visibile quodlibet evagari: non oculos effrontes super singulos collocare, non sanctæ regulæ Augustini iota vel apicem præterire, non mandatis divinis vel seniorum contraire, non in elusionem disciplinæ subterfugium, ut assolet, aliquando reperire: non evanescere in cogitationes, non velle haberi in ostentatione, non in admiratione. Erat in puero justitia gratuita, per quam reddebat omnibus debita, Deo timorem, superioribus honorem, coæqualibus amorem, spiritui proprio fervorem, pudorem & decorem, corpori candorem & mœrorem. Quis umquam vidit vel audivit columbam simplicissimam, virtutem verecundissimam, aut respicere attonite, aut ridere excusse, aut cachinnare convitiose, aut loqui otiose? Talibus virtutum fulgoribus coram Deo & angelis radiosus erat, & apud socios flagranter gratiosus. *Fit diaconus.* Et coëgerunt gradatim eum ad ordines ascendere, usque ad diaconatum: nam ex trepidatione & humilitate cordis semper abhorruit presbyteratum, dicens se nolle augere reatum.

Iterum accedit ad Robertum de Abrisello, & in eremum se recipit. 6. Gyraudus sic habitans per longum tempus extra formam sæculi, in medio regularis populi, ut ad virilem pervenit ætatem, cogitavit addere fortiora ad ea quæ fuerant parvuli. Visitaverat pluries in illo temporis intervallo Robertum religiosum & famosum magistrum suum, & biberat de purissi-

mo ejus pectore nobile Spiritus sancti templum, & vixerat, ut ab eo didicerat, sacri præceptoris ad exemplum. Ad ipsum ergo rediit Spiritus-sancti consilio, a quo exierat, tum quia eum sitiebat audire licentius, tum quia prædicando populis mereri volebat cumulatius, tum quia eremi cultor optabat, latiora declinans, degere angustius: sancta quippe rusticitas prodest sibi soli, sed docta caritas proximo & sibi. Ardebat in claustro, sed non lucebat mundo periclitanti, quia non erat in loco lucendi: videbat messem multam, sed operariorum paucitatem, & mercedis ubertatem. Egressus est igitur ut copiosiora sibi vindicaret merita: de paupere canonico factus pauperior eremita, & secundum Dei manum bonam secum amplicare cœpit Dei cultum & religionis gentem & locum. Ex tunc mutati sunt vestes & cibi, ex tunc sollicitius & arctius vacare Deo & sibi cœpit.

7. Imprimis totus erat in cilicio, totus in *Mira ejus austeritas.* cruce & martyrio, restrictus fuit in cibo & potu, & victu & vestitu, paucis minimisque contentus. Pallidus erat & macilentus, carnem spiritui subjiciebat, parcius quam necesse esset seminecis artubus indulgebat, corporis & mentis perpetua rutilavit virginitate, & mira se armavit asperitate; omnes sensus corporis sic erant mortificati, ut in mortem vitiorum viderentur conjurati. Omnibus diebus vitæ suæ, æstate & hyeme, sanus & æger, semel & non plus comedebat; languens & incolumis cilicium ad carnem gerebat, semper ad occasum solis solvebat jejunium; pane arcto & aqua brevi, cum modico legumine perficiebat prandium; panis hordeaceus quanto nigrior, tanto sibi carior, & quanto albior, tanto sordidior. Vix sal & ovum tangebat, aut caseolum; vix quandoque pisciculum. Delicata gulæ, quia improperando negabat, & inter cœnandum sua fletibus ora rigabat; in pulmentis legumineis admiscebat aquæ frigidæ vel vini liquorem, ut omnem adnullaret saporem: sæpius intactas epulas misit egenis, sæpe esuriens ministravit plenis vino quod erat bibiturus ad horam, per infusionem aquæ tollebat colorem, dulcorem & saporem: semper vini virtutem sic enervabat, quia purum bibere crimen reputabat immane. Suadebatur ei aliquando contrarium, sed non persuadebatur; dicebat enim: Adam ejectus est de paradiso comedendo, & redire nos oportet abstinendo.

8. In discretis temporibus cilicium & cappa *Qualis ejus vestitus.* fuerunt illi indumenta, cappa grossa, rudis & vilis, in sui novitate asperis & hirsutis insita pilis: habens alimenta, & quibus tegeretur, his contentus erat: nullam corpori laxans, sæpe novam pauperibus tribuit, cum a quoquam sibi collata fuisset, quia veste nova vestiri erubuisset. Munditia, vilitas ei placuit,

placuit, paupertas sibi semper, sordes numquam; superfluitatem vel gloriæ oftentationem fugiens, solam recipiebat necessitatem vel exilem naturæ sustentationem. Quid dicam sustentationem an detestationem? utrumque si dixero, non me pœnitebit, veritatem enim dicam. De Johanne-Baptista dicitur, quod venit non manducans, nec bibens, plane nec vestiens. Hic autem frigidus & madidus, jejuna & nuda membra deferens ultra humanam consuetudinem, dapes supernas & æternas concupiscentias sitiebat, angelorumque dulcedinem. Vivat, qui voluerit, ut manducet: Giraudus manducabat ut viveret. Solum tempus perditum reputabat quod in sumendis cibis & potibus expendebat: pellibus vervecis contra frigoris instantiam corpus algidum tegebat, nonnumquam, pelliceis numquam.

Divinis san-ctis ruminabatur.

9. Et quoniam mundo penitus erat crucifixus, totus rapiebatur supra sidera fixus, pectore suspirans ab imo, divina revolvebat in animo. Ex compassione mortis Domini, & peccatoris populi, necnon ob prolongationem miseriæ, dilationem cœlestis patriæ cum Maria Magdalena ad pedes JESU lacrymabatur quotidie. O quoties totas noctes ducens pervigiles in oratione coram te, Domine JESU bone, totus a se alienatus, & in sagena tua tractus, sæpe angelorum penetrabat concentus, incerta & occulta tuæ sapientiæ multoties manifestasti contemplanti, visiones & conceptiones inspirasti meditanti, aperuisti ei sensum copiosiorem in intelligentia scripturarum, referatione figurarum, scala & manuductione creaturarum? Quidquid enim aliis tribuere solet studiorum exercitatio & meditatio in lege Domini, hoc Spiritus tuus suggerebat ei, & erat, juxta quod scriptum est, docibilis Dei, quercuum & fagorum magisterio didiscit, quia omnis creatura clamat: Deus me fecit.

Instruitur de operam.

10. Giraudo itaque scientiæ innatæ, acquisitæ & infusæ, triplici acumine vigente, irruit in eum Spiritus Domini repente, ut prædicando portaret nomen JESU coram omni natione & gente. Lucebat ut carbunculus, ardebat ut caminus, fulgebat ut sidus, redolebat ut nardus, ex zelo caritatis calido, acuto, mobili, fervido & superebulliente, coarctabat eum spiritus uteri sui, nec conceptum sermonem poterat continere. Disseminabat ergo luculenter & eleganter verbum Dei per universam regionem, & laxabat prudenter retia in capturam per varios actus. Erat ob lucrum animarum omnibus omnia factus, replens eundo patriam, evangelistæ faciebat opus, nec erat qui se absconderet a calore ejus. Benevolos instruebat, discolos arguebat, nulli palpans & adulans parcebat, pro omnibus orabat, omnibus debita reddebat, non ætatem discernebat, non sexum, non fortunam, non conditionem, non personam? summopere & tota diligentia operam impendebat, quomodo & qui non sapiebant, saperent; & qui non sapiebant, desiperent; & qui desipuerant, resipiscerent, gaudebat cum gaudentibus, &c.

11. Audita sunt Giraudi præconia longe lateque, & celebri sermone vulgata in episcoporum & prælatorum audientia. Primus dominus PETRUS Pictaviensis episcopus, vir vita & scientia præclarus, dextram dedit ei interminabilis caritatis, committens ei vices suas, & ordinariæ auctoritatis: similem auctoritatem quam plures episcopi commiserunt ei, dare legem vitæ & disciplinæ, & seminare semen sanctum in populo Dei; optime enim noverant spiritu ferventem, non talentis incubantem, sed lucris inhiantem; & ecce solito vehementius linguæ sarculo cœpit evellere, destruere, disperdere & dissipare, ædificare, plantare & renovare, factitans prava in directa, & aspera in vias planas. Exultabat ut gigas ad discurrendum per terras & vicos, urbes & castella, parare Domino plebem perfectam. Irascebatur vitiis, nec palpabat; afficiebatur personis quas amabat, accendebat gelidos, inflammabat tepidos, pungebat improbos, stimulabat pigros, hebetes acuebat; in arguendo libere personam, non noverat metuere. Diceres ignem urentem in consumendo vepres vitiorum, securem vel asciam in dejiciendo supercilia superborum. Explicabat peccatorum seriem & originem, prohibitiones & mandata, ut docti essent quid deberent agere, quid cavere. Post hæc more bonæ volucris ad latebras & ad nidum revertebatur in idipsum. Beati sunt qui te audierunt & in amicitia tua decorati sunt.

Petrus episc. Pictaviensis ei vices suas committit.

12. Interea multi conversi ad Dominum per ejus ministerium cœperunt ei offerre possessiones & prædia ad construenda cœnobia, fundavitque septem monasteria pro viris, duo pro feminis. Nominavit autem Caduinum primum, Grandis-silvam secundum, Dalonem tertium, Bornetum quartum, Alodia quintum, Absiam Gatiniæ sextum, Castellaria septimum: ibi sepultus est & requiescit in corpore, apud superos in anima, sicut dicitur, ab omni opere quod patrarat die septima requievit. Alia duo nominavit Tutionem & Bibionem ad monialium regionem. In Tutione introduxit & inclusit moniales pater devotissimus, & cum eo sacratissimus ejus præceptor dominus Robertus, cujus supra meminimus: instituitque Tutionem esse matrem & caput ordinis: Fontem-Ebraldi vero filiam Tutionis; quod observatum est per aliquantum temporis, donec propter aquæ penuriam Tutionenses compulsæ sunt mutare domicilium & intrare Fontis-Ebraldi monasterium. Ex tunc irritatum est quod statuerat pater: & mater filia, filia

Monasteria varia construit.

vero facta est mater. In Bibiene vero præ ceteris locis animæ fundatoris complacuit, quia locus ipse pauperrimus fuit, frequentius locum frequentabat, crebrius ibi Deo festa celebrabat. Tot fundata per ejus industriam loca sancta fuerunt, quorum nonnulla jam alia genuerunt, & matres filiarum fieri meruerunt. In quibus omnibus instituit in victu & vestitu modum vivendi ad unguem secundum regulam S. Benedicti; nihil minui, nihil superaddi, nihil iterari, nihil omitti præceptorum, nil converti vetitorum, nec supra cogi, nec citra cohiberi. Sed jam ad historiam veniamus.

Fratres ejus Charontonis fluvium transeunt miro modo.

13. Quodam tempore fratres uterini Giraudi, Grimoaldus & Fulco, de scholis ad propria faciebant reditum, & necesse erat per Charontonis fluvium transitum habere: ex opposita vero parte fluminis sine nauta & remige stabat navis; traductorem navis expectarunt diutissime, sed adveniente nullo flere cœperunt amarissime. Flentibus illis & conquerentibus advenit eis homo quidam, facie ignotus, & salutatis eis ex more, ex eis sciscitabatur unde essent: de Petragoricensi pago, inquiunt, ad quem & tendimus, & domini Giraudi Tutionensis a quo paulo ante discessimus, fratres sumus. Cumque hoc dicerent, subito navis a portu soluta est: quod videntes duo fratres timuerunt amplius, verentes ne propter aquæ impetum navis descenderet inferius, & habere non possent ulterius: sed Dei pietas longe egit aliter; nam navis per medium alveum habuit rectum iter, & ad eos usque celeriter: quod ut ignotus homo vidit, stupescens ait: Vere, vere, ut apparet, ô pueri, diligit vos Deus omnipotens: ingredimini nunc navem, & ducam vos usque ad ripam. Revera sicut promisit, sic per aquam nimiam pueros transvexit. Egressi de navi virum illum ulterius non viderunt, sed in viam suam lætantes abierunt, unde & psalmos Deo cantaverunt, & ad suos usque incolumes pervenerunt. Hoc multis audientibus Giraudus narrare consueverat, quia in spiritu in iis omnibus interfuerat, & de se virtutem exiisse senserat. Sed jam tempus est, ut quod de parentibus & dubbus fratribus Giraudi promiseramus, exsolvam.

Ejus parentes religiosam vitam amplectuntur.

14. Fulco ergo pater Giraudi, modo asper, modo lenis, secundum exigentiam temporis, postquam vixerat in populo, per consilium filii valefecit sæculo; cum enim ageret in extremis, suscepit religionis habitum, & post crementum meritorum pervenit adhuc juvenis ad obitum, & beato, ut credimus, fine cum Domino requiescens, mortuus est adolescens. Mater vero viduata tanto compare, consilio Giraudi monialis facta, habitum meruit immutare, & ut confessa est mater filiis, dum adhuc esset in hac vita, excepto solo filiorum patre, omnino viro permansit incognita. Clara conversatio duorum omnibus considerantibus esse potest speculum & exemplar morum.

15. Grimoaldus autem deposito sæculi habitu professus est cum capellanita apud Tustonium, inde translatus, factus est prior apud Castellarium, & post mortem fratris electus est in abbatem Allodiensium; inde compulsus assumtus est ad Pictaviensis urbis pontificium. O Deus omnipotens, quam grave damnum! Non vixit in cathedra illa per annum, quid ibi gesserit dicere non possum, quia raptus est, ne malitia mutaret illius intellectum, aut quia tanto viro dignus non erat mundus; qui si durasset peramplius, fructificasset uberius, carnem abundantius domuisset. Sæpius protestatus est se malle fore leprosum quam abbatem; exulem vel martyrem, quam præsulem. Cumque ageret in extremis, ter vidit regem cœlorum, semel Mariam Christi Domini genitricem: nam pluries ante viderat apparentem, audieratque loquentem. Transiit autem sexto calendas Augusti, sepultus apud moniales Fontis-Ebraldi. Cui sepulturæ, Domino concurrere faciente, interfuerunt tres archiepiscopi, Burdegalensis, Rhemensis, & Turonensis: tres episcopi, Suessionensis, Meldensis, & Noviomensis: legatus unus, scilicet dominus Ganfridus episcopus Carnotensis, & cum plebibus innumerabilibus consul Andegavensis.

De Grimaldo ejus fratre.

16. Fulco vero novissimus filiorum eremeticum habitum suscepit apud Boscavium, & beato fine quiescens pervenit ad bravium, post decursi in bonis actibus longi itineris spatium, non debebat vir ramificatus a tam gloriosa propagine in aliquo degenerare, sed in viam parentum ac fratrum fortiter ambulare. Sepultus est in capitulo Boscavii, ubi erat de primis loci illius pauperibus eremitis, & ibi jacuit temporibus aliquantis. Post multum vero temporis ad tantæ sanctitatis reverentiam honorificentius translatum est corpus ejus in ecclesiam, & dum levaretur, inventus est integer, & illæsus, ac caro carens carie, nec vestimenta sunt attrita quasi sepultus fuisset externa die: quod aspicientes stupore circumdati sunt astitentes. Fuerunt qui de panniculis & indumentis illis aliquid sibi scinderent, & in bursis pie retinerent. Cumque in diversorio sequestrati, scissuras illas vellent tollere pro reliquiis, nihil invenerunt omnes viri reliquiarum in bursis suis; a domino factum est istud, & est mirabile in oculis nostris. Hæc fuerunt parentum & filiorum gloriosa præconia. Jam nunc ad Giraudi insignia redeamus.

De fratre omittuntur fratre.

17. Giraudo igitur prædicante regnum Dei, & dicta fratris confirmante, contigit dum ad moniales Fontis Ebraldi prædicationis gratia declinaret, ingressusque capitulum, vidit in mulieribus illis Deo & angelis abo-

Giraldus apud Fontem Ebraldi prædicationis officium exercet officium.

minabile monstrum. Nam crinium suorum tortura & circumdatura, more meretricis phaleras & manticas prætendebat posterius, cornua anterius. Inspectis ergo cornutis illis rationabilibus bestiis, cœpit primo eas attrahere blanditiis; sciebat namque generosum esse hominis animum, ut ducatur potius, quam trahatur: & solitariam prius aggressus est abbatissam, sciens quod alias facilius vindicaret per ipsam, nec facile membra præstarent dissensum, ubi capitis præambulum viderent consensum.

Monialibus crines tondi repræhendet.

18. Domina, inquit, abbatissa unum munusculum peto a vobis, quæso ne negaveritis: assensit abbatissa, in idipsum assensæ sunt & reliquæ omnes. Mox exercens linguam quam in talibus satis habebat disertam, edidit eis apostolicam formam mulieribus impositam: *Non in tortis*, inquit, *crinibus aut circumdatura auri & argenti*: & incipiens ab hac scriptura Petri apostoli: Volo, inquit, ut singulæ dictis mihi in continenti omnes capillos capitis vestri. Quomodo enim tolerandum est in sanctimoniali femina quod apostolus damnat in sæculari matrona? Spiritu-sancto suscitante & per os Giraudi suggerente, tondentur universæ repente, & pro lege deinceps statuitur, ut a nulla moniali in posterum coma nutriatur.

Guillelmi epis. Pictaviensis & abbatum eremicolarum de Giraudi testimonium.

19. Post tanta Giraudi, præconia libet inserere GUILLELMI Pictaviensis episcopi, & eremicolarum abbatum testimonia. Vitam, inquiunt, religiosissimi ac famosissimi viri Giraudi tangimus summatim, non seriatim exponimus. Epistolam succingimus, non historiam teximus. Puer ingressus est cœnobium, inde migravit ad eremum; sublimiter degebat in cœnobio, sublimius vixit in eremo; excellenter religionem inchoavit, excellentius terminavit. Non Ægypti ollas, non Sodomæ flammas, non argenti auras, non vanitates respexit & insanias falsas. Ascensiones in corde suo disposuit, de virtute in virtutem ascendit, ad supremum tecti pervenit, canticum graduum intonavit. Vestis ejus erat cilicium, potus aqua, legumen prandium, vita ejus crux & martyrium, nec æger, nec incolumis cilicio carebat, nec æger nec incolumis nisi semel comedebat, in omnibus gestis suis Hilarionem redolebat, Antonium præsentabat, immo Christus in eo vivebat. Totus ardebat & alios accendebat: nunc Johannes in eremo, nunc Paulus in publico, faciebat & dicebat, super montem excelsum ascenderat, unde Sion evangelizabat, multos inflammavit, multos ad eremum convocavit, multa loca ædificavit, in quibus normam beati Benedicti usque ad minimum iota servandam ordinavit. Quid plura? Christum amavit, Christum prædicavit, Christum imitatus, ad Christum evolavit; si quid tamen rubiginis aurum contraxit vel imperfectum margaritæ vestris purgetur beneficiis, orationibus & la-

Vet. Script. & Mon. ampl. Collect. Tom. VI.

chrymis. Si hoc non est ei necessarium, sed evolavit ad Christum; oratio vestra revertetur in sinum vestrum.

20. Erat in periculo maris quidam Giraudi discipulus, & cadens in mare opprimabatur fluctibus. In articulo naufragii illius magistri meminit, magistrum advocavit. Mox illo clamante, apparuit ei vir reverendi habitus, dicens benigne: Quem invocasti, ecce adsum. Et continuo liberatus a tempestatis voragine, reperit se in littore.

Discipulum suum a maris periculo liberat.

21. Erat irretractabilis consuetudo evangelizanti per provinciam viro Dei, quod in quacumque villa qui primus invitaret eum ad hospitium, annueret ei. Quadam die villam sancti Maxentii erat intraturus, populo illi, sicut & ceteris gentibus, verbum vitæ prædicaturus. Sed fatua mulier illo die invitans sanctum in sua, incertum est autem quid appetebat in viro, thorum scilicet an marsupium, sperans se aliquid acceptura ab eo. Giraudus, ut audivit, venturum se esse spopondit. Novissime vero veniunt & reliquæ personæ honestæ, invitantes sanctum, sed renuit omnibus, dicens se esse ab una femina jam præventum. Et ut cognovit a dicentibus, quia lubrica esset, & nominis non boni: »Sinite; inquit, sinite, possibile est Deo etiam potius per me converti, quam per eam me perverti. Sermone peracto meridie, juxta condictum Giraudus subintravit mulieris discolæ tectum; post prandium & cœnam clauso die venitur ad lectum. At mulier capta laqueo oculorum suorum, visa elegantia viri, accessit ad thorum inverecunde dicens ei: »Date, inquit, locum; & in latus vos vertite, & ad dormiendum vobiscum me recipite. Est ita, inquit sanctus; revera ait illa, oportet me dormire vobiscum, idcirco enim introduxi vos in locum istum. Et ille, recedite, inquit, paululum, & ad tempus, donec me præparaverim ad hoc opus. Erat autem caminus accensus in domo & carbones multi ardentes in loco. Expandit ergo sanctus prunas per atrium, & desuper extendit proprium pallium, sicque in hunc locum cubavit in medium, & advocata impudica hospita, exorsus est ita: Jam si nunc vultis hic mecum quiescite, & usque in mane dormire. Cernens improba meretrix, confunditur & compungitur, pedibus sancti provolvitur, mutatur, & tondetur; atque in Fonte-Ebraldi recipienda perducitur.

Impudicam mulierem convertit.

22. Multi quorum Deus tetigerat corda, fuerunt hospites Giraudi per mundum, qui dum prædicaret, præbuerunt hospitium; dum domificaret, impenderunt adjutorium. Inter ceteros fuit unus, cui Giraudi præstitum est meritis tale beneficientiæ munus. Ardebat villa, discurrebat favilla; flante aura, non erat spes quo salvaretur aliqua domus in illa. Videns ille bonus hospes humanum deesse

Domum hospitis sui ab incendio illæsam servavit.

consilium, divinum rogitabat adesse patrocinium. » Giraude, inquit, hospes bone, commendo tibi domum meam ne flammas ingredi patiaris ad eam. Dicto citius flamma fugiens abiit, & recessit, & domus integra & illæsa remansit; flamma autem diffusa est super domos vicinas, & grassata incendit a dextris & a sinistris; domum vero hospitis omnino non tetigit ignis, neque contristavit, nec quicquam molestiæ intulit.

S. Bernardi elogium.

23. Dilatabatur religio Cisterciensis diebus illis, & a comite Campaniæ fundatum est cœnobium Claravallis. Ibi ordinatus est beatus BERNARDUS in abbatem primarium, & clarissime ac singulariter triginta novem annis Claravallis rexit monasterium. Singulariter enim effulsit in ecclesia sancta Dei, & post apostolos ingenio ac stilo, facundia ac efficacia, disciplina vitæ & doctrina scientiæ, opere & sermone, virtutibus morum ac jubare miraculorum nullus in orbe secundus ei. Ipse fuit per quem patuit doctrina sophiæ, præco Dei, doctor fidei, citharista Mariæ. Iste est Bernardus, cujus videre faciem totus desiderabat mundus: ipsius erat potissima cura salus animarum, conversio peccatorum, fundatio abbatiarum, dilatatio religiosorum. Hac de causa circuivit mare, & aridam, & universam pene nationem, donec deveniret provinciam Burdigalensem & Narbonensem. Hac occasione Bernardus (*a*) & Giraudus viderunt se mutuo; & facti sunt deinceps cor unum & anima una in Christo, glutino caritatis, & potuerunt esse contemporanei sex annis vel septennio.

[*a*]

24. Cum enim Bernardus abbatizaverit anno Domini millesimo centesimo decimo quarto, & Giraudus obierit anno Domini millesimo centesimo vigesimo, constat verum esse quod diximus de contemporeitatis termino. Non minus adhæsit alius alio, quam ferrum adamanti; non minus vidit & agnovit alium unus quam sese duo cherubim mutuo obumbrantia propitiatorium. Si videres Giraudum deducentem hospitem sanctum & introducentem in monasteriorum suorum nidulo, diceres redivivum David, deducentem arcam fœderis Domini in jubilo. Illustres itaque viri Bernardus & Giraudus in unum congregati simul veniunt Caduinum, ordini enim Cisterciensi volebat Giraudus incorporare monasterium, juxta Bernardi magisterium; sed viri habitatores illius loci, filii Belial, non dominicis, sed epicuricis (*b*) Inclusi ovilibus, propter novitatem ritus, vilitatem habitus, & asperitatem victus,

[*b*]

penitus abhorrentes jugum ordinis, illo in tempore sanctum Dei remiserunt vacuum & sine honore, dicentes corde, etsi non ore, Bernarde, recede a nobis, scientiam viarum tuarum nolumus. Et apposuerunt adhuc sancto peccare, roncinum quo vehebatur cauda truncare: nondum enim visitaverat Caduinenses oriens ex alto, sicut postmodum, quando conversi sunt sub Pontiniaco. Bernardo ergo de finibus illis egrediente, & pedum suorum pulverem in testimonium illis excutiente, Giraudus consolabatur eum blande. Venite, inquit, recedamus ab his civibus in nomine Domini, & dabo vobis domum meliorem, tantum ne moveamini. Non enim vos abjecerunt, sed me: dicebat autem Grandissilvam. Revera sicut dixit, sic factum est: nam Grandissilvæ incolæ receperunt Bernardum (*c*) sicut angelum Dei, & in obedientia perpetua se subdiderunt ei. O Deus omnipotens, quanta fecit servus tuus in regionibus illis, quanta audivimus & cognovimus ea, & patres nostri, &c. Ibi pater sanctus de sexta quasi parte unius hostiæ, tamquam singulus integram hostiam perciperet, totum conventum de Corona clementer communicavit, ibi viride folium potenter exsiccavit, ibi insultantem de grossitie colli sui prudenter confutavit. Omnibus Giraudus interfuit, vidit, & audivit, & ad virtutem stupuit. Sed jam ad Pictaviam stilo redeamus.

[*c*]

25. Post dies illos, Petrus *Duvar*, unus de discipulis Giraudi, venit in burgum sancti Maxentii diebus quadragesimalis jejunii, & quibusdam honestioribus caritate continentibus retulit, quod venerabilis GUILLELMUS episcopus domino Giraudo magistro suo totam diœcesim suam exposuit, & obtulit ad currendum & ædificandum religionis locum, quo congruit, & ipse libenter annueret, & adjutorium impenderet. Cumque diversi diversa, & illa edicerent loca, demum quidam intulit Castellaria, utpote præpitis & silvis, aquis & fossatis, vastisque solitudinibus abundantia. Adductus ad locum discipulus venit, & vidit, probavitque quod audierat, rediensque ad magistrum exposuit quod viderat. Excitus Giraudus his sermonibus, mense Maio devenit ad burgum, sermonem fecit ad populum, videre Castellaria exivit in crastinum, & ea die primus in terra illa primum meruit accipere donum, & sic reversus est unde fecerat exitum. Circa vero Baptistæ natalitia, Petrum *Duvar* cum duobus aliis discipulis ad locum excolendum destinavit, & circa festum sancti Bar-

Fundatio Castellariensis monasterii.

(*a*) Vivente Giraldo, S. Bernardus nullam fecit fundationem in provincia Burdigalensi & Narbonensi, sed nec nisi diu post Giraldi mortem; quapropter quæ hoc & sequenti numero ab auctore referuntur, ex falsa traditione desumta sunt.

(*b*) Quæ hic narrat auctor, cum ea vitæ austeritate & puritate, quam Giraldus suis in monasteriis instituit, conciliari non possunt.

(*c*) Non vivente S. Giraldo, sed anno 1145. quando S.

Bernardus profectus est ad Tolosanos, ut patet ex epistola ejusdem S. Bernardi 242. ad Tolosanos scripta anno 1147. post reditum suum: quos abbas sanctissimus sic alloquitur: *Sit vobis commendatus lator epistolæ venerabilis abbas Grandissilvæ, & domus ejus, quæ & nostra est, & nuper nobis & nostro ordini ab ipso tradita, & ecclesiæ Claravallis specialiter associata.*

VITA B. GIRALDI DE SALIS.

tholomæi ad consolationem eorum dominum Giraudum virum justum & pium eis mittens in priorem ordinavit. Facta sunt autem hæc omnia anno Domini millesimo centesimo decimo nono. Quodam die cum Giraudus secus Castellaria transiret, & locum Absiæ peteret, ut ibi, sicut in multis jam locis fecerat, de eremitario abbatiam constitueret, fratres illa vice non visitavit, ut consueverat, mandavitque fratribus ne transitum ejus ægre ferrent, sed expleto Absiæ opere eum venturum, veraciter expectarent. Clerici etenim Absienses, sicut & Castellarienses erant & eremitæ, domino famulantes in puritate vitæ. Absiam itaque pervenit, & quæ circa fratres desideraverat, devote complevit.

26. Interea dominus tyronem suum tam emeritum, & virtutum ac operum numerositate refertum, volens remunerare, triticumque purgatum septuplum in horrea cœlorum congregare, per febrem nuncium voluit evocare; repente cœpit infirmari, & cum eo fratres sunt infirmati. Decubuit lecto & vicissim universi cum eo. Quis in tanto patri infirmanti non coinfirmaretur? Ipse tamen sciebat quid de eo Deus esset facturus, ceteri nesciebant: exierat tamen sermo inter fratres, quod magister ista vice non moritur. Sibi placentia imaginabantur, & ex abundantia cordis loquebantur. Ceterum Dominus aliter disposuerat.

27. Giraudus igitur sciens quæ futura erant super eum, recogitansque quid Castellariensibus promiserat per seipsum, tractare cœpit de promisso inter discipulos quos ad hoc convocaverat in unum: qui omnes voce consuluerunt unanimi, competentius, sive viveret sive moreretur, eum esse Castellariis, quam alibi. Filius ergo veritatis nolens irritare promissionis eloquium; accersiri sibi fecit dominum terræ qui tunc aderat, nomine Tirolium, porrexitque ejus preces in ejus sinum; & adjuravit per dominum ne eum dimitteret in regione hominum Gastinensium, sed transferret Castellariis, intra concessionis suæ coram testibus factæ dominium; accepto mandato, mane facto, matutinis nondum finitis, Tirolius electis rectoribus in gestatorio feretri Giraudum eduxit, atque discipulis Castellariensibus dominica in passione gaudenter induxit: qui veniens tanta fuit infirmitate gravatus, ut dominica palmarum ad processionem fratrum non posset incedere, nisi bajulatus. Corpore deficiens, mente fortior erat & potens. Cumque languor ingravesceret, dissenteriaque deficeret, atque in omnibus Deo gratias ageret, die Paschæ portari se a discipulis in oratorium fecit: ibi Christi confessor Deo confitens, & diu mœrens, signum crucis adoravit, Dominique corpore & sanguine egressum suum roboravit; factusque ad horam in excessu mentis, & evanescens Domino, circumstantibus ait in latino: Volucres video. Illis non intelligentibus & sciscitantibus quænam essent volucres visæ, bonæ an malæ: subjunxit verus Israëlita: Visitare me venit Dominus Jesus-Christus, & cum eo Petrus Pictaviensis episcopus, & dominus Robertus eruditor meus. O virum incomparabilem, qui in die mortis non est derelictus a Domino! virum, in quo beneplacitum est Deo habitare in eo, & per seipsum deducere & introducere cum angelis in impireo.

28. Inter hæc Gyraudus cognoscens quia moreretur, fratres qui aderant rogavit sollicite ut sui memorarentur; regulam præceptoris almifici beati Benedicti admonuit suscipere, & per sanctam obedientiam adjunxit tenere. Quid plura? de locis suis ac fratribus diligenter ordinavit, amicos & hospites Deo pro eis supplicans commendavit; ne se aliter quam pauperes fratres sepelirent, vel ad sui tumulum vigilare aliquos sinerent imperavit; sicque bajulatus ad lectum remeavit. Interea fratres ei suaserunt, sed non persuaserunt, ut aliquid ovi aut casei gustaret, in adjutorium suæ infirmitatis, seu præcipue ob reverentiam paschalis solemnitatis.

Discipulos ad regulæ observantiam hortatur, & ut pauperem eū sepeliant.

29. At ille quasi indignans onerosis consiliariis, ait illis: Ah! ah miseri! quia talia consulere præsumsistis: & ego præcipio vobis, ne aliquid tale comedatis. Mansit ergo illo die & secundo vivus in medio populi sui, disputans & suadens de regno Dei, qui linguis hominum & angelorum loqueretur. Vix explicari sufficeret, cum quantis lamentis ad seipsum, hortamentis ad populum, oblectamentis ad Dominum, devenit ad extremum vitæ terminum, imo ad initium, secundum illud Salomonicum: *Consummatus homo tunc incipit.* Nunc ascendebat ad Dominum cum Moyse, dicens ei: *Pater sancte, serva eos in nomine tuo quos acquisisti tibi ministerio meo*; nunc descendebat ad populum suum cum Apostolo dicens: In disciplina quam suscepistis perseverate, fratres, quia hæc est via, & non est alia super terram. Cantabant fratres, sanctum Pascha celebrantes. Giraudus etsi non cantabat, non plorabat tamen: quid enim ploraret qui veri phase, id est transitus ducebatur ad solemnitatem. At quoniam ea quæ de ipso erant, finem habent, (testamentum enim hujus mundi *morte morieris*) dicamus, quin potius lugeamus tanti patris tam pretiosum obitum; musica siquidem in luctu importuna narratio.

30. Anno igitur gratiæ millesimo centesimo vigesimo (*a*) duodecimo calendas Maii, id est vigesimo Aprilis, feria tertia post Pascha, valde diluculo, Giraudus plenus dierum & virtutum, inter manus discipulorum migravit ex hoc sæculo, primusque suorum

Ejus obitus. [4]

(*a*) His concinit Chronicon Malleacense apud Labbeum Biblioth. nov.

appositus est populo; imponens eis, singulis qui aderant, manus, & salutans eos inter verba orationis, ultimum Deo reddidit spiritum. Mox per singulos illius albæ septimanæ dies, una vox discipulorum lamentantium, unus concursus non vocatorum populorum, virorum ac mulierum, simul in unum divitum & pauperum, nobilium & ignobilium, irruentium & se & suos tanto patri commendare desiderantium. Qui videre vel tangere tantam sanctitatem poterat, beatus erat. Adfuit dominus GUILLELMUS secundus, ADELENIUS nomine, Pictaviensis episcopus, inconsolabiliter flens, & ejulans, & ex præcordiis clamans: Ostendite mihi dominum meum, ostendite mihi dominum meum, & intuens eum ita vilibus panniculis laneis involutum: Auferte, inquit, ista hinc, & induite illum secundum clericatus sui diaconatum. Factumque est ita, & factum est in die octavo Paschæ sepelierunt corpus Giraudi in Castellariis, locorum suorum novissimo, pauperrimo, & quantum ad rectum vilissimo, sed religioso, in beatæ Mariæ oratorio, a latere altaris sinistro.

Dum sepelitur tres apparent cruces.

31. Dum sepeliretur Giraudus a ministris intra oratorium, erat populus foris expectans horam exsequiarum: & apparuerunt illis tres cruces miræ pulchritudinis super oratorium pendentes in aëre: quas non omnes videre meruerunt, sed quibus datum est; quæ tamdiu manserunt, quamdiu exsequiæ duraverunt: & qui videbant mirabantur, nec aspectu satiabantur. Media ceteris amplior & excellentior erat rubicunda: duæ reliquæ ad similitudinem iridis, una viridis, altera candida.

Quid illæ portenderent.

32. Quid inter hæc, fratres, animadvertitis? magnum portentum abditumque sacramentum, significatur quoddam divinum & a mundanorum corde peregrinum; excellens, ni fallor, meritum servuli, qui tanto & tam privilegiato signo meruit a Domino decorari. Cum enim crux a cruciatu dicatur, omnis amor crux est, quando desiderat hoc quod assequi non potest: tres ergo cruces, Dei, & sui, & proximi dilectiones. Purpurea crucifixit eum Domino per amorem transitoriæ asperitatis; nivea, sibi per electionem virginitatis; sed cærulea proximo per ædificationem utilitatis, instruendo de credendis & agendis. Unde Rabanus super Esther: Per virorem fidei, & candorem castitatis construitur fundamentum humilitatis. Quidam ternarium crucis referunt ad peccatores, quibus compatiebatur propter offensam Dei, metum inferni, & metum cœli. Alii ad sæculum proprium, cui crucifixus erat quoad divitias, delicias & honores. Reliqui ad Dominum Christum, post quem languebat ex crucis recordatione, ex miseriæ duratione, & gloriæ dilatione.

33. Aliter ipse sanctus crucium mysterium exposuit: qui episcopo GRIMOALDO fratri suo dormienti post mortem apparuit. A Giraudo ergo per visionem sibi apparente quadam de re quam facere cogitabat consilium petiit: sed ne facere deberet, terrendo prohibuit; post hoc sciscitabatur frater fratrem, vivens triumphantem, dicens: Magister, est veraciter credendum quod cruces visæ sint ad exequias vestras? Cui ipse respondit: Vere & absque ulla dubitatione credendum est, quod viderint eas quidam, quibus datum, sed non omnes: ostendit namque Dominus quanta dilectione virtutem sanctæ crucis agnoverim: apparuerunt autem ibi tres cruces diversi coloris, quarum una viridis, secunda purpurea, tertia candida: prima quidem signavit abstinentiam carnis, secunda martyrium cordis, tertia gloriam æternæ beatitudinis. Et hæc dicta de crucibus sufficiant.

34. Sepulto corpore, & signato monumento in veteribus Castellariis, jacuit ibi decem septem mensibus cum duabus hebdomadis. Nam ex tunc translatis fratribus in loco quo nunc degunt, translata est gleba sanctissima cum conventu anno gratiæ millesimo centesimo vigesimo primo, mense Septembris, sexto calendas Octobris, corpus Giraudi incorruptum & integrum delatum est de loco primo, & sarcophago bituminato reconditum est, ubi est abbatia modo: oratorio tamen petrino nondum inchoato, vel ædificio aliquo lapideo. Hoc anno undecimo, scilicet calendas Novembris, Giraudus prior decessit, eique EMERICUS Petragoricensis in regimine successit. In diebus istius fratres facti sunt monachi, & ipse primus abbas hujus loci: demum anno gratiæ millesimo centesimo vigesimo nono, adjuvante fratres & exultante tota vicinia, circa corpus sanctum inchoata est petrina ecclesia, perfecta est autem anno trigesimo septimo, & anno gratiæ millesimo centesimo quinquagesimo sexto, dedicata a CHALONE Pictaviensi pontifice, ADRIANO summo antistite, LUDOVICO in Gallia regnante, assistente domno EMERICO primo abbate, pleno dierum, divitiis, gloria, gaudio & honore. Sed jam nunc applicemus calamum ad ea quæ gessit, & revelata sunt per Giraudum post obitum.

35. Piscator quidam Evrardus nomine, cum Bernardo primo eremita Plumbi habitatore degebat, victum & vestitum, manu, arte, navi & rete quærebat. Subiit animum dormientis nocturnis horis, quod madescentia retia non expansa reliquerat foris. Exiliit e lecto illa hora, pendentia expandit retia sine mora, circumspicit lunam & sidera, polum & æthera, serena & clara rutilare, nec canem aut gallum aut strepitum aliquem resonare, sed leniter lambentibus littora fluctibus applaudere tranquillum mare; & dum aspicit in visu noctis, ecce processio nive candidior innumerabilium senum & juve-

VITA B. GIRALDI DE SALIS.

num apparet Eurardo ambulans super aquas maris, quasi tendens versus partes sancti Michaëlis. Post primos emergunt alii, & post alios semper scaturiunt novi, nec tantus aut talis grex visus est alibi. His decursis, vir venerabilis canitici & habitus, totus quasi divinus & athanaticus, semotus ab illis, & per mare gradiens sicco vestigio, assistit E-
„vrardo, dicens salutato: Valetne Bernardus,
„habitator loci diuturnus? Valet, inquit. Sur-
„rexitne ad matutinas? Nondum, inquit.
„Vade, ait, & dic ei ex parte nostra: Modi-
„cum fermentum totam massam corrumpit;
„item transgressor unius factus est omnium
„reus. Defunctorum servitia minus plene pera-
„gis & peregisti, quæ nisi restitueris cum multo
„fœnore, bona multa perdes congregata in
„omni tempore: quod defraudasti, cito re-
„stitue, quia jam rumpere tentat Atropos
„filum mortis tuæ. His auditis, ait Evrardus?
„Ecquis es, Domine? Ego sum, inquit, Gi-
raudus de Tutione. Dixit, & illico socios insequitur pede sicco. Tandem pulsata & prædicata hora canonica frater Bernardus audit & agnoscit quid ex parte magistri denuntiat Evrardus: errata cum fletibus limat & corrigit, & quod minus egerat restituit, non tepidus, neque tardus, & complens vitam in languoris cruciamine: non diu vixit, sicut sanctus prædixerat.

Abbates sol-
vere consuetos
patroni obla-
tiones a Deo
monitus.

36. Consueverunt abbates vicini illius regionis in honorem Giraudi annuatim concurrere ad festum sanctæ suæ depositionis. Inter ceteros semel adfuit vir venerabilis & per omnia laudabilis dominus Johannes de Calencio, primus abbas Boscavii, qui regimen illud susceperat quasi ducereque ad mortem martyrii. Venerat ad festum tanti patroni, sed & valefacere curabat inflexibiliter imposito regimini, nec in hoc cujusquam acquiescere volebat persuasioni. Expletis quæ pertinebant ad diem festum, instabat iste ut absolveretur; sed pater abbas omnino dissentiens perstabat ut ad Boscavium reverteretur. Volebat filius præcise remanere, volebat pater obnixe filium remeare. Dum inter utrumque lis amica necteretur in hunc modum, Giraudus interpellatur arbiter: dissolvit perplexionis nodum. Nam accedens ad monumentum sancti Boscaviensis abbas sursum cor in æthere fixit, atque fide plena, devoto pectore, lacrymis fusis, patri com-
„muni dixit. Sancte Giraude, ad cujus sto
„monumentum, da mihi non posse reverti
„ad Boscavii conventum, sed qui omnia po-
„tes a Domino, fac me remanere tecum in
„omnem eventum. Dicto citius febre corripitur ignota. Gratias agit Deo, mente devota, patrono Giraudo persolvit vota. Mox lecto prosternitur, adstantibus jocus adesse videtur, sed ille se non rediturum ad propria, sed moriturum die tertia pollicetur. Quærunt fratres, unde sit certus: Respondit, quia

A Giraudi patrocinio immutabiliter in talibus est expertus. Quid plura? confitetur, ungitur, communicatur, fratrum reconciliatio petitur, die tertia defungitur, & primus abbatum in capitulo Castellariensi sepelitur: sicut fratres audierunt, sic viderunt, & de nocte pariter & de die. Sed jam omissis quæ scripsit antiquitas, ad nostra tempora veniendum.

37. Jacuit ergo Giraudus, & in ecclesia illa lapidea a sinistris altaris sub lapide marmoreo clausus in sarcophago petrino fortiter sigillato & bituminato, centum viginti
B octo annis usque ad tempora clarissimi & religione conspicuissimi ac prudentissimi viri domini Thomæ abbatis. Ipse anno gratiæ millesimo ducentesimo quadragesimo octavo, in purificatione beatæ Mariæ, suscepit regimen abbatiæ, & apposuit cor suum inhærere Domino, & Giraudo servo ejus, propter quod apposuit erga eum cor suum Dominus, & benedixit coronæ annorum suorum, & in temporalibus, & in spiritualibus, sicut benedixit domui Ægypti propter Joseph. Et cogitavit abbas Thomas, secundum manum Dei bonam secum, augmentare in duobus cultum divinum, scilicet in ampliando Castellariensis templi gentem &
C locum, & in elevando in sublime a terra Giraudi corpus, ad ædificationem hominum. Durum siquidem & intolerabile videbatur abbati in communi humilitate terrenorum viscerum sordis & pulveris ossamenta deprimi tanti viri, quem collocaverat Dominus in excelsis cum principibus, cum populi sui principibus: & sicut concepit, sic executus est, & de templo.

Thomas ab-
bas novum
templum con-
struere & Gi-
raldi corpus
transferre
meditatur.

38. Anno itaque Domini millesimo ducentesimo quadragesimo nono, regiminis autem sui anno vigesimo (a) tempore paschali, abbas Thomas, adjunctis secretioribus
D fratribus, fodit in altum, usque ad sepulchrum; & gavisus est vehementer cum invenisset, licet cum difficultate, desideratum thesaurum, & pannis holosericis, ut decuit, ossa involuta & munda servavit honorifice; donec thecam pro corpore, vas pro capite, fabricasset: quod & factum est: nam caput posuit in vasculo deaurato, corpus vero in feretro marmoreo in modum arcæ fabricato, & super columnas sex lapideas sursum elevato, in eodem loco, ubi prius jacuerat sub pavimento. Factumque est grande mi-
E raculum in die illa. Nam pretioso corpore collocato, & operculo ad rectius submittendum per cordas elevato, omnes funiculi, præter unum rupti sunt subito, & assistentium manus, quasi sine pondere & læsura, operculum lapideum tantæ molis statuerunt in loco debito. Mirabatur artifex, quod tan-

Ejus fit translatio.

[a]

(a) Si anno 1248. Thomas suscepit regimen, annus vigesimus ejusdem regiminis anno 1267. incipit, non anno 1249. Itaque hic mendum irrepsisse in curia Amanuensis manifestum est.

VITA B. GIRALDI DE SALIS.

tam molem tam paucorum manus & humerus in aëre suſtinuit, nec eam læſit etiam in modico neque contriſtavit.

In ſanctum blaſphemans operarius morte mulctatur.

39. Aliud quoque audivimus geſtum relatione dignum. Cum prædictus ſancti tumulus initiatus eſſet in fieri, Thomas venit abbas, quotidie vehementius inſtabat operi, rogitans decenter, artificialiter & velociter compleri. Idipſum & faciebat ſocius ſuus architectus operis, nomine Colinus de Saliſo. Erat ibi unus de collegis Colini filius Belial, id eſt abſque jugo, qui tot admonitionibus indignatus eſt præ faſtidio; & non veritus eſt verbis improbis deſpumare convitia in ſanctum, & non impune, nec ad ſapientiam ei: »Pro neſcio quo, inquit, Giraudo, quem »vultis ſanctificare, Deo invito, oportet nos »accelerare plus ſolito. Cum has & hujuſmodi blaſphemias in virum ſanctum evomeret, increpavit eum ſocius ut taceret, alioquin cerebrum ejus effunderet. In ipſa nocte erat Colinus dormiens in cubili ſuo, & apparuit ei ſanctus Graudus, dicens continuo: Numquam te intromittas de injuriarum mearum ultione, quia potens eſt Deus punire æmulos meos, quoties voluero, gravi animadverſione: his dictis Giraudus diſparuit: & blaſphemum mox infirmitas lethalis arripuit; qui inde non convaluit, ſed horrenda morte peccatum blaſphemiæ luit.

Sancto convitium irrogans febre corripitur, facti pœnitens ſanatur.

40. Simile cuidam accidit de Partiniaco, cum ſancto Dei conviciaretur ore maledico. Ibant enim ex more quidam Partiniacenſes ſabbatis ad beati Giraudi vigilias; & iſte miſer conſtitutus in via irrogabat & peregrinis injurias & Giraudo blaſphemias, nec impune, in ipſa nocte blaſphemus febre corripitur peracuta, mors expectatur incontinenti ſecutura: nulla hora noctis quieta eſt vel ſecura. Mane facto ſacerdos acceritur, viaticum petitur, confeſſio permittitur, confeſſor ex more hortatur, confeſſus tandem externæ blaſphemiæ recordatur. Quid plura? Veniam cum lacrymis deprecatur, emendandum ſe pollicetur; & quod ſi eum oculo clemente reſpexerit, peregrinus ejus, & ſervus erit in perpetuum, corda in collo viſitaturus ſanctum, tamquam qui meruiſſet ſuſpendium. Mira res! qui paulo ante ſecundum cauſas inferiores deſcendebat in interitum, nunc per virtutem Giraudi certificationis experitur antidotum; infra paucos dies veniens ad ſancti ſepulchrum, reſti in collo ſecundum promiſſionis votum: & qui paulo ante merita Giraudi ſibi ſoli vix ſufficere, & nulli alii valere dogmatizaverat impudenter; a modo Chriſti amicum cunctis annuntiat præpotentem.

Monacho Caſtellarienſi apparet.

41. Erat frater Guillelmus *Desjuvre* monachus Caſtellarienſis, & magiſter pauperis hoſpitii, ſenior bonæ vitæ & laudabilis teſtimonii; quadam die ceteris dormientibus dum pergeret ad eccleſiam, monachum ignotum reverendi vultus & habitus obviam habuit, dixitque ignotus domeſtico: *Benedicite,* illi non reſpondenti, *Dominus*; quia nec erat abbas, nec prior conventus, ait ignotus protinus: »Ne loqui timueris, ſed abbatem ex »parte mea ſalutabis, & ſic ei intimabis. Quod »potes facito, & de reliquo ſolicitudinem abbatiæ derelinquito mihi; ego namque pro »te ante Deum vigilo, qui locum & gentem »protego ſub meo azilo. His auditis, dixit notus incognito: Quiſnam es tu? Et ille: Quis ego ſum tu neſcis modo; ſcies autem poſtea: ſequere me. Exiens ſequebatur eum, donec ingreſſum eccleſiam videret intrare Giraudi mauſoleum. Et tunc cognovit quia B. Giraudum vidiſſet, qui hæc & illa ſibi dixiſſet.

Transfertur retro altare & ecclesia corruitur.

42. Interim dum hæc circa Giraudum agebantur, per abbatis Thomæ operam eccleſia prima in longum, latum & altum, in dies augebatur; & perfectum eſt omne conceptum renovationis opus, & poſitus eſt Giraudo retro altare majus poſt ciborium ex tranſverſo collocationis venerabilior locus. Ibi ergo de lateribus aquilonis Giraudus poſt altare in recto diametro ad orientem tranſlatus eſt, qui & permanet uſque in præſentem diem. Anno Domini milleſimo ducenteſimo ſeptuageſimo ſeptimo Agnetis ſecundo; perfecta eſt circa Giraudem eccleſia renovata, & ab archiepiſcopo Burdigalenſium Simone rite dedicata. In qua per Giraudi merita fabricitantes refrigerantur, cæci illuminantur, claudi conſolidantur, ſurdi aperiuntur, multi loquuntur, dæmoniaci ſerenantur, guttoſi mitigantur, frenetici & epileptici reducuntur, blaſphemi benignantur, tumidi deficcantur, paralytici conſortantur, morituri præſervantur, mortui ſpiritualiter ſuſcitantur, libet nunc inſerere pauca de multis, aliqua de univerſis.

Claudus curatur.

43. In parochia de Marcheiſi homo quiſpiam claudicabat uno pede, nec niſi ſuper baculum, quem vulgo potentiam vocant, poterat incedere. Hic habebat in eadem vicinia virum alium, qui neptim abbatis cujuſdam Caſtellarienſis duxerat in conjugium. Compaſſus ille paſſionibus convicini, quadam die inter familiaria colloquia dixit illi: Eſt quidam ſanctus nomine Giraudus ſepultus in Caſtellariis, quem ſi devote viſitando requiſieris, ab incommodo tuo ſalvus eris: & ego in pignus & obſidem me tibi conſtituo, quod requiſito patrocinio non deërit tuo. Quid plura? Oportet eum credere qui diſcit, ſicut philoſophus in Elenchis dicit: Credidit homo ſermoni, quem collega ſuus dixerat, & votum emiſit. In craſtino via arepta, claudus & obſes ambo pervenerunt ad locum, viſitaverunt ſancti monumentum, æger convaluit ad perfectum, & dimiſit ibi potentiæ vehiculum in teſtimonii documentum, licet duobus annis portaſſet incommodum.

42. Alio

VITA B. GIRALDI DE SALIS,

43. Alio tempore Petrum cognomento *Abrenuntio* necessitas resarciendi tectum, supra pinnaculum sutrini statuit; qui casu contingente in immane præcipitium subito totus ruit, illisitque ad terram caput ejus tam valide, ut lapidem pergrandem super quem corruit, plusquam dimidium pedem cogeret terræ viscera subintrare. Ingemuit ipsius Petri pater, qui casu adfuit, & ait: Sancte Giraude, tibi commendo filium meum, sancte Giraude tibi, &c. mirum auditu, sed verum gestu & dictu vel eventu! Sic conquassatus artifex ponitur in lectisternium, gestatur ad hospitium, experitur Giraudi beneficium, sanus & incolumis infra paucos dies revertitur ad consumandum inchoatum artificium. A Domino factum est istud, &c.

Simile beneficium altri impartitum.

44. Johanni cognomento *Margnat* carpentario, contigit simile constituto in campanilis cacumine. Cum enim plures fabri lignarii campanam minorem in sede sua collocarent, iste unus incaute stabilitus e medio omnium prolapsus est ad ima, stetitque ruina ante majus altare usque ad pavimenti novissima. Qui dum præceps rueret, invocabat virginem Mariam & Giraudum servum Dei; idipsum & ceteri omnes conclamantes, & compatientes ei. In tanti casus fractione, non remansit in vertice cadentis caro vel pilus, cutis vel capillus; diceres esse caput excoriatæ bestiæ, nec aliud quam interitus sperabatur ipsa die. Quid plura? ultra opinionem astantium, & vanam spem quamplurium, evasit homo illa vice carnis interitum per beati Giraudi preces & meritum: in conspectu mirantium stabat homo quem ruina prostraverat, vivebat vir quem fractura necaverat. Vidi ego hominem postea, cui post evulsionem recollocaverant medici corium cum capillis, & aliquod præteritæ læsionis vestigium perpendere non poteram in illis.

Lectus ejus lumine nocturno servatur illæsus.

45. In veteribus quoque Castellariis in capella lapidea, in qua Giraudus jacuit primitus, crebra miracula fiunt divinitus. Nocturna per vices ibi radicare videntur & corruscare luminaria, ita quod resplendet hortus inde, & loci adjacentis colonia: accensa etiam ibi lampas cernitur aliquando sine ministerio humano. Est ibi lectus ligneus cum stramine & linteis, in quo, ut dicunt, Giraudus expiravit; quem Deus in medio flammarum sine incendio illæsum conservavit meritis servi sui.

46. Cum enim subitum infortunium vehementi conflagratione totam capellam illam perimeret, in tantum ut etiam tectum & laquearia flamma consumeret, lectus & altare cum ornamentis suis evaserunt, ita quod nec odorem ignis habuerint. Tantam sic quidem virtutem super quatuor elementa servo suo Deus contulit, quod rebus ejus nulla creatura eo invito molestiam intulit, sed ignis in hoc incendio, aër in trinæ crucis indicio, aqua in fratrum navigio, terra in duplici præcipitio voluntati ejus per omnia se obtulit. Sed nec cœlum, vel quinta essentia, ejus se ministerio subtraxit, quando volucres cœli, & tales volucres moriturus aspexit. Duos etiam irrfantulos, ut circumstantibus apparebat, emortuos suscitavit in facie bajulorum; ut ei deservire mereatur trina rerum machina, cœlestium, terrestrium, & infernorum: & ad pleniorem dictorum fidem, duæ camisiæ puerorum usque hodie pendent ibidem.

Dementem feminam sanæ restituit menti.

47. Conivadæ in Archesio demens & frenetica admodum erat femina; adeo ut in stagna sese præcipitaret & in flumina: hauserat in lucidis intervallis aliquam vel exilem de Giraudo memoriam, & quasi a cunabulis noverat abbatiam. Quodam die ducente phanaticam impetu sui spiritus, subiit animum ejus ingredi abbatiam a parte muri fluvio contigui, & accedere visa ad murum, cum id non liceret nisi per stagnum medium, usque ad collum præcipitem se dedit in fluvium: viderunt miseram homines non secus quippiam operis actitantes: & missa longa pertica, tandem extraxerunt eam miserentes; sciscitantibus quid quærebat; respondit, quod per ruinam maceriæ sanctum Giraudum adire cupiebat; & porrecta sibi misericordiæ dextra, ducentes eam ad capellam sancti Giraudi, solitariam statuerunt intra: ipsi vero consideraverunt & inspexerunt finem rei extra. At illa viso grabato in quo levita sanctus obierat, manus injecit, & stramen cum omnibus pertinentiis foras ejecit; & nescio quo occulto prodigio sub sancti cubili sancto inventi sunt coluber tortuosus & bufo: quibus ejectis, & refecto femina lecto, ab illa die & deinceps perfecte compos mentis effecta est & ex toto.

Item militi,

Simile accidit cuidam militi, Petro *de Ambierre* nomine, qui insaniam & alienationem mentis incurrerat ex vehementia amoris unius feminæ. Hunc soror compassa, in cubile ex abrupto projecit & ligari fecit: sed post duos menses fracto jugo, ruptisque vinculis, aufugit usque Mirabellum; & ibi abigebat muscas de furnariis circumducendo flabellum. Inde hauriebat per vices lucidorum intervallorum interpolationes diversorum sanctuariorum, prosequens peregrinationes: tandem applicans Castellariis equos, & lanceam vibrans habentem in ferro pillum filtreum, quærebat ubi esset militum hospitium, & impingebat in ostia & macerias portarum, per medium monasterium. Facta cœna, cœpit furere vehementius a vino, intrans completorium, & clamoribus improbis illudens psallentibus Domino. Eadem nocte tentus est & ligatus a suis: siluit, excepto quod exarando cum quinipulo parietes, per hospitium irruit. Mane facto, aliquantulum serenatus, orationes fra-

Vet. Script. & Mon. ampl. Collect. Tom. VI.

trum & reliquias sanctorum humiliter petiit; capite nudato, pedibus & cruribus reverenter adiit sanctuarium reliquiarum, in oscula ruit, & usque hodie perfecte convaluit. Sequebatur militem a longe sororis maritus cum chordis & quadriga, vinctum reducere volens ad propria; sed venit abbas Thomas verens ne ex visis motus relaberetur in amentiam, quadrigam duci jussit illa nocte ad proximam grangiam. In crastino revertentes ad propria, gratias egerunt abbati, quod modo dominus eorum, Giraudi meritis, valedixisset infirmitati. Erat in partibus illis misera mulier, multorum mater filiorum, quorum unus dementiam diuturnam incurrerat, more lunaticorum. Per omnes sanctorum famosas memorias mater filium ob salutem circumduxerat; donec per Dominam nostram de Cella, per sanctum Theobaldum, tandem ad sanctum Maxentium applicuerat: cumque filius sine sensu permaneret sicut prius, juravit mater quod non circumduceret ulterius. Audivit hoc quæ aderat pauper muliercula, & Giraudi cognoverat præconisanda miracula, quæ accedens propius: " Ne, inquit, ita loquamini, & ad sanctum " Giraudum hic propinquum proficiscamini, " & pro certo sancti virtutem experiemini; en " ipse stat in vestro itinere, & ego vos intro- " ducam usque in ejus nemore. Sic dictum est, sic factum est; cum autem mater cum filio appropinquavit nemori, torqueri cœpit patiens furia atrociori, solutisque casu quibus contingebatur vinculis, versitans per devia, tandem fessus & compos resedit in via sub arbore. Post hæc lentius cum uno filiorum mater perveniens ad locum, vidit filium quietum & cogitantem secum; vidit " & gavisa est multum: " Quomodo, inquit, " est tibi fili? & quid actum est tecum? & filius " ad matrem: quidam sanctus, Giraudus no- " mine, sanavit me perfecte, sequimini me, " & ego ad ejus ecclesiam vos ducam directe. Quid plura? præcedente filio, & sequente matre, venitur ad ecclesiam; nec a dextris, nec a sinistris obliquatur a via: gratiarum referuntur actiones; & sic gaudentes revertuntur in patriam.

A morbo caduco familiā quamdam præservat.

48. Est una famosa progenies in Chavigniaco, a qua singulæ ramificatæ personæ visitare solent sanctum Dei, cum muneribus, semel in anno. Tempore aliquo, illius prosapiæ juvenes & virgines, senes cum junioribus, annuatim videmus occurrere cum oblationibus, & sub sibilo auræ tenuis intelleximus ab aliquibus, quod si non apparerent in conspectu Giraudi semel in anno, suis temporibus morbum caducum sustinerent singulis mensibus; vel potius horrendis interirent cruciatibus.

Puerum a veneno.

49. Giraudus quondam cursor abbatis Thomæ uxorem habebat, & parvulos, quorum unus vento vel veneno toto vultu in- flatus, subito perdidisse putabatur oculos. Ignara mater filii quid agere deberet super eum, residuum duxit oculos suos dirigere ad eum: deficiebat consilium humanum, & ex totis præcordiis suis se convertit ad divinum. Spe concepta salutis ad abbatiam sancti Giraudi opitulatione sanatum reduxit, ut enim puer aspersus est, & potatus latice sacræ ablutionis, mox depulsus est omnis dolor inflationis.

50. Costa Giraudi in vasculo sequestrata honorifice conservatur, quæ diebus dominicis ad capellam sancti Giraudi fidelibus populis illic vigilantibus deportatur. Quodam die lata & relata, ac deposita incaute, furata est a quodam monacho hospite, qui, ut præsumitur, pedem excutere sitiebat de religionis limite. Mox una sententia majorum excommunicationum, una cura filiorum superlectilem proscrutantium, una confusio latronum se occultantium. Nam in tanto facinore latro principaliter habuit complicum patrocinia, sicut rei probavit eventus per intenta jurgia: cumque intellexissent sigillatim & per singulos fiendum scrutinium, videns latro nihil suæ industriæ prævalere latibulum, costam abscondit in choro super stallorum vehiculum: ibi post multos circuitus, cum exultatione universæ domus costa inventa est, & in locum suum restituta. Fuerunt qui dicerent quod costam latro extra monasterium efferre pluries voluit, sed Giraudi virtute obstante non valuit.

Costa furtim servata.

51. Duo viri fratres de S. Maxentio venationis egressi gratia, applicuerunt in beati Giraudi nemore, quorum unus urebatur quotidianæ febris ardore. Is a longo tempore fuerat sancti peregrinus, & offerebat ei quatuor numismatum munus. Ingressus ergo capellam in illa hora, obtulit quatuor denarios pro redemptione, & quintum ex devotione. Quo facto, exivit continuo quasi tristis, & mire cogitativus. Notavit hoc monachus qui forte aderat, & sciscitabatur ab eo quidnam sibi contigerat; & ut cognovit febricitantem, horamque accessionis expectantem, ait illi: " Dormite, inquit, paululum " in grabato sancti, & ibi requiescite, & ego " vobis promitto quod inde surgetis cum per- " fecta sospitate: compulit eum oppido facere " quod hortabatur precibus violentis, & post somnum reliquit eum febris juxta verbum pollicentis. " Benedictus, inquit, sanctus Gi- " raudus a Filio Mariæ, & benedicta hora " qua vestræ obtemperavi prudentiæ, quia num- " quam fui ita sanus, sicut sum hodie. His " dictis, cum fratre laudans & gaudens, ad propria remeavit.

Febre liberatus unus ex monachis.

52. Adolescens quidam sacerdos, de versus Chavigniacum, venerat semel ad abbatiam, ut visitaret beati Giraudi memoriam. Erat enim epilepticus, vel caducus miserabiliter, sicut ubi nostrorum aperuit lacryma-

Epilepticum curat.

biliter. Introductus ergo monasterium, & A monachum nomine Guillelmum Britonem. compunctus corde præ tædio vitæ, nimium de medio circumstantium virum venerabilem dominum Guillelmum, quondam abbatem Boscavii, traxit ad secretum colloquium; & confessus est ei totum spiritum suum per ordinem, incommodique sui non negavit originem, horroremque & magnitudinem: asseruit quoque mortem sibi magis esse caram, quam vitam ducere tam amaram. Et adjecit: Audivi sanctum vestrum pie solere patrocinari epilepticorum miseriis, ostendite mihi, quæso, aliquid de ejus reverendis reliquiis. Et monachus; Revera, inquit, solent hujusmodi patientes has osculari reliquias, & in capella veteri nocturnas excubare vigilias, & sic reverti compotes ad domos proprias. Credidit homo sermoni quem monachus dixit, & quod audierat implere efficaciter in animo fixit. Reverenter osculatus est reliquias, quia jejunus, & obtulit devotionis munus. Nocte sequenti cum lacrymis vigilavit; mane facto, costam devotus adoravit, & amplius non reversus, sanus in patriam remeavit. Non omisit ex omnibus quas audierat observantiis verbum, vel syllabam, iota vel apicem: propter quod manum Giraudi per manum Dei bonam secum sentit adjutricem.

52. Dominus Guillelmus *Figacæ* vir religiosus, mansuetus ac timoratus, de Claravalle semel exierat, gratia visitandi Pictaviæ religionem, habens in comitatu alium In via qua ambulabant, nocte ignis non restinctus per incuriam servitorum, omnem propinquam materiam consumsit, & pedem Guillelmi dormientis exussit. Augebatur in dies doloris acerbitas proficiscenti, qui non succensendum censet rem naturalem patienti. Fuerunt qui dicerent sacro pedem igne succensum propter tetram horroris caliginem, & angoris valetudinem, qui crescere videbantur in immensum. Sic tandem applicuit Castellariis, ubi fideliter imbutus est de Giraudi virtutibus fulgidis, gloriosisque prodigiis. Qui spe concepta, in crastino visitavit sancti mausoleum. Et ex tunc secundum dies antiquos convaluit ad perfectum, intrans cum suis, ambulans, & exiliens, & laudans Deum: Benedictus Dominus, qui non deseruit locum & gentem Castellariensium, sed tantum ac talem nobis credidit civem sanctorum & domesticum suum. Regina Saba hausit in Salomone sapientiam: Heliseus in Helia, & Judæi in Romanis potentiam, Esther in Assuero clementiam, Timotheus in Paulo sanctimoniam, Bersellai Galaadites in David misericordiam, angeli in Christo lætitiam; sed nobis omnibus omnia ista fiant prædulcis & perillustris præsentia Giraudi, Per Dominum nostrum Jesum-Christum Filium Dei, cum quo vivit & regnat Deus in unitate Spiritus-sancti per omnia sæcula sæculorum. Amen.

ACTA TRANSLATIONIS
SANCTI UNIUS MILITIS
LEGIONIS THEBÆORUM
AUCTORE RODULFO ABBATE S. PANTALEONIS COLONIENSIS.

Ex ms. codice monasterii S. Trudonis.

OBSERVATIO PRÆVIA.

Celeberrima apud Christianos semper fuit inclyta Thebæorum legio, quæ cum diu sub paganis imperatoribus strenue militasset, ne profanis idolorum sacrificiis pollueretur, vitam Christo litare sponte elegit, ne devota semel ipsi fides vel tantillum violaretur. Cum enim Maximianus ducto in Gallias exercitu, in finibus Sedunorum sacrificii causa constitisset; a ceteris copiis illa secessit, nec ullis tyranni jussis aut minis adduci potuit, ut diis qui non erant dii, hostias immolaret; immo hortante Mauritio duce, seipsos vero Deo dignas hostias obtulere. Verum non integra tunc Thebæorum legio apud Agaunum pro Christo occubuit. Erant & aliæ legionis ejusdem cohortes, quæ Treviris sub Tyrso, Bonifacio & Secundo ducibus: erant & Coloniæ Agrippinæ, quæ sub Gereone militantes, eodem animati spiritu pro Christi fide, Rictii-Vari immanitatem experti sunt. Ex his autem qui Coloniæ martyrium subierant cum S. Norbertus corpus aliquod expetiisset, præsenti translationi occasionem dedit, quam descripsit testis oculatus Rodulfus abbas S. Pantaleonis, is qui prius abbas S. Trudonis in Hasbania, Chronicon Trudonianum libris XIII. composuit, editum tomo 7. Spicilegii Acheriani.

INCIPIT TRANSLATIO unius martyris S. Thebæorum martyrum.

Anno 1121. 1. R ODULFUS gratia Dei id quod est omnibus sanctorum martyrum memoriam pie amplectentibus martyrum consortium. Anno ab Incarnatione Domini MCXXI. turbatis jam ante per aliquot annos ecclesia & regno sub imperatore HENRICO, cujus pater Henricus Leodii obiit, multi episcoporum & abbatum, & de omni ordine & gradu clerici & monachi expulsi a suis sedibus, hac illacque ferebantur propter communionem imperatoris quam vitabant: quia excommunicaverat eum dominus papa CALLIXTUS II. secutus in eum sententias prædecessorum suorum Gelasii & Paschalis. Hac tempestate eademque de causa, eoque maxime quia Frederici Leodiensium episcopi [a] electioni & consecrationi faveram, (a) expulsus sum & ego de cœnobio B. Trudonis idibus Aprilis, quarta feria Dominicæ Resurrectionis, cum in eo indignus præsedissem XII. annos & 11. menses, & ut puto XIV. dies, susceptusque sum eodem anno misericorditer a domino archiepiscopo Coloniensi FRIDERICO, ejusdemque ecclesiæ studio, & fratrum electione positus sum abbas in cœnobio B. Pantaleonis extra muros civitatis, VIII. idus Septembris, cum jam vacasset a IV. calendas Januarii.

2. Nec multis post subsequentibus diebus, petente quodam Dei servo & prædicatore [b] magno NORBERTO (b) unum de corporibus martyrum Thebæorum, qui jacent in monasterio S. Gereonis, apertum est unius eorum sepulcrum in eodem monasterio juxta medium pilarium ad meridianam plagam, præsentibus tota nocte ad vigilias & ad fodiendum religiosis, clericis & monachis atque abbatibus, cum omni obsequio & reverentia atque devotione, inter quos & ego peccator mandatus affui. Elevato igitur superiori lapide de sarcophago, post octingentos &

A aliquot plures annos martyrii Thebæorum, inventum est in eo corpus magnum, per scapulas amplum, per pectus & brachia torosum, indutum chlamide militari coloris purpurei, quæ ampla utrimque vestis dependebat usque subter genua ejus, quasi tribus digitis, genus pallæ non ignobilis. Super eam aliam habebat vestem breviorem, ignotam quidem nobis nomine, sed cognitam filo serico & colore nobilioris purpuræ, subtus ad carnem nihilominus vestis serica albi B maxime coloris, sed tamen subrubea. Corpus totum intactum adhuc videbatur a mento quod tantum de capite supererat, usque ad pedes, indissoluta adhuc superficie vestium, caligarum atque calceorum. Nam ut conjicere verius potuimus, sic casu pertransierat inter caput & mentum persecutoris gladius. Pars tantum illa ubi ventris mollities fuerat, tali suppressione pectus & ossa femoris videbantur magis turgere. Supra pectus illius signum Dominicæ crucis inventum est de aurifrigio factum, sicut considerari potuit, submicantibus adhuc in eo auri metalli scintil- C lulis. Aurifrigii longitudo pene unius pedis extiterat, latitudo vix unius digiti. A genu usque ad pedes tibiæ ex directo & integro decenter compositæ, habentes adhuc caligas integras de palla, rotundis floribus ad modum oculorum caudæ pavonis circumquaque distinctas. In ipsis subtularibus juncti sicut prima die & a talo sursum erecti pedes adhuc continebantur, & quantum ad superficiem vestis nihil de toto corpore videri poterat, quod adhuc corruptum sive commotum umquam fuisset. Sub vestibus tamen, sicut D postea exitus probavit, ipsa caro jam prorsus in cinere resoluta fuerat cum ossibus, exceptis paucis de majoribus, sed favillæ super extantis incommota integritas, carnis quoque integritatem oculis admirantium figurabat. O quam gloriosum erat videre magnanimi militis Christi venustam formam, magnificeque vestitam, & quasi viventis adhuc viribus plenam, cujus caput, si sub simili incorruptione corporis adesset, dormire eum

---

(a) De electione Friderici Leodiensis episcopi fusius agit Rodulfus in Chronico S. Trudonis lib. XI. quem, si lubet, consule.

(b) Is qui instituto Præmonstratensium in diœcesi Laudunensi ordine, Magdeburgensis postea archiepiscopus creatus est.

potius quam mortuum crederes. Ad caput ejus cespis erat gramineus, locatus a capite usque ad cingulum, utraque parte laterum inter corpus ejus & sarcophagum : qui cespis, immo qui cespites, nam plures fuerant, sanguinei toti adhuc erant, sicut perfusi in terra fuerant fluente sanguine martyris, quando percussus in terram cecidit. Sed in aliorum trium martyrum sarcophagis hac occasione apertis, eadem magnalia vidimus. Pili herbarum in ipsis adhuc cespitibus rigebant, sicci tamen, sed concreto sanguine integri & rubei tenebantur. Testes mihi sunt martyres, quia propria, sed indigna manu tenui, oculis propriis aspexi, & aliis videre porrexi, ipsi quoque domino episcopo assidenti multumque præ gaudio & devotione lacrymanti. O quantum studium, quantus amor Christi, quanta devotio fidelium tunc temporis Christianorum, qui in tanta persecutione nec ipsos sanguineos cespites tollere neglexerunt. Quid moror? Ista nocturnis horis acta sunt sub magno quidem religiosorum virorum & fletu & cantu.

3. Mane facto, cum res tam gloriosa & desiderabilis audita fuisset a civibus, & ostensa pluribus illorum, nam apertum sarcophagum palla tantum tegebat, tota statim civitas infremuit, clamantes se malle mori quam tanto thesauro, tanto patrono privari. Erant etiam inter eos, qui corpus inventum ipsum esse sanctum Gereonem dicebant, propter habitus venustatem & corporis formositatem. Unde major & major fiebat tumultus in populo, contradicebaturque ab omnibus domno Norberto. Vix tandem sedatus est tumultus, præposito sanctæ Mariæ de Gradibus Theoderico pulpitum ascendente, & populum mitigante, & quod rei hujus consilium esset differendum promittente usque ad præsentiam domni archiepiscopi. Tunc nihilominus ad satisfaciendum populo, decretum est a majoribus ut sepulcrum lapide superposito clauderetur, considerata prius diligenter integritate corporis a fidelibus, ne quid furto de eo tolleretur.

4. Hæc acta sunt III. idus Octobris anno supradicto Dominicæ Incarnationis. Interea nocte & die usque VIII. calendas Decembris cum magna devotione & multo lumine sepulcrum custodiebatur, die circumsedentibus cum psalmodia electis ad hoc ejusdem ecclesiæ aliquibus clericis; nocte vigilantibus nihilominus cum psalmodia quibusdam aliis, interdumque juvantibus eos fratribus de sanctis apostolis. Igitur post aliquos ita interlapsos dies, VIII. ut diximus calendas Decembris, vocatus adfuit domnus archiepiscopus, abbates, præpositi, & omnes congregationes civitatis: populus vero innumerabilis, magna reverentia magnifique laudibus secundo apertum est sepulcrum, & integrum repræsentatum est corpus sanctum. Tamen ex magni lapidis concussione caro quæ sub vestibus in favillam versa erat, per plurima loca supersederat, sicut etiam in talibus solet contingere, infuso post tot tempora occultis corporibus novo aëre. Ponuntur duo abbates induti vestibus albis & stolis, unus ad caput, alius ad pedes: quorum unus ego peccator ad caput ejus sedi, quamvis, ut superius dixi, de capite nihil præter mentum haberetur, sicut percussoris illud absentaverat gladius. Applicuerunt se etiam alii duo presbyteri clerici sancto levando corpori, nihilominus & ipsi induti vestibus albis & stolis, qui sacras manus pie apponentes, primum vestes collegerunt non integras, quia vetustas non patiebatur, sed per grandes & minores partes, sicut poterant diligentius. Circa scapulas vero & supra totum pectus & usque ad cingulum, multus inveniebatur sanguis superglobatus, sicut absciso capite ex collo & venarum meatibus sparsim potuerit emanare. Collectæ igitur sunt omnes ejus vestes, sed istæ diligentius crasso sanguine, sed sicco graves, & per se in scriniolo uno decenter ad hoc parato positæ reverenter, cum quibus & balteus ejus militaris de nigro corio inventus & repositus est pene unius ulnæ longitudinis adhuc integras habens partes; a sinistro latere juxta latus ejus & balteum inventus est nodus ferreus ad modum ovi, rubigine prope consumtus, quem capulum gladii ejus fuisse credidimus, sed de gladio frustum nullum invenimus. Diligentius tamen postea quidam attendentes in ipsis partibus reliquiarum quas inde exoraverant, particulas ferri mihi protestati sunt se invenisse. Subtulares magnis partibus integris eodem scriniolo reconditi sunt: Caligæ prorsus in cinerem resolutæ. At ubi susceptis vestibus ad carnem & ossa colligenda ventum est, vix de ipsis ossibus, & hoc de magnis aliquid solidum apparuit, quod prorsus in cinerem aut in parvas particulas vetustas redegit. Mira res, & valde gloriosa! Testor ipsos sanctos martyres, testor & ipsam multitudinem religiosorum qui diutius hoc viderunt, totus cinis carnis & ossium quasi calx noviter fusa candebat per totum sarcophagum. O quoties ibi cantarum cum multis lacrymis fuit, *Et in sanguine agni*. Tandem collectus est cinis & cespis simul sanguineus, & ipse in pulvere, sed terrei atque subrubri coloris propter sanguinem resolutus, susceptusque in munda palla & pretiosa, in alio scrinio majore reconditus est.

5. Tunc elevatis utrisque scriniis, multa oblata sunt ad fabricandum feretrum sancto martyri. Domnus archiepiscopus obtulit scutellam argenteam, deinde singuli quique, prout devotionem habebant. Acta est etiam processio magna die illa circa claustrum & circa monasterium, pulsantibus signis & cantantibus clericis & monachis, laïcisque theu-

tonice in concrepationibus suis. Qua processione finita, & sanctis reliquiis in loculis suis super altare in medio monasterii collocatis, missa de ejusdem sanctæ legionis martyribus incœpta est, & jubente domno archiepiscopo, a me peccatore cantata. Ante canonem vero, finito evangelio, domnus archiepiscopus sermonem fecit ad populum de his quæ tunc præ oculis habebantur & manibus, & quæ ad salutem animarum pertinebant de SS. Thebæis martyribus. Finita missa, dimissus est populus cum magna lætitia.

6. Ex hujus sancti martyris reliquiis cura & devotio fratris nostri ECHEBERTI (a) postea partes aliquas nostro interventu impetravit a præposito ejusdem monasterii HERIMANNO, cujus studio & devotione revelatum corpus translatum fuit. Reliquiæ autem hæ sunt. De veste subtiliori quam ad carnem suam indutam habuit. De balteo ejus militari, qui circa lumbos ejus inventus est nigri corii. De ferro, ut videbatur, ejus gladii, confuso cum sanguine & cineribus vestium & corporis illius, ubi quasi in media vagina ferrum adhuc patenter sublucere videtur. De sanguine ejus cum pulvere carnis & ossium & vestium ejus. Nam purus cinis carnis ossiumque ejus cum adhuc per se jaceret, simillimus erat calcis novæ aut farinæ candidæ. Postquam vero collectæ sunt partes vestium quæ integræ colligi potuerunt, & ossa quæ penitus resoluta non fuerunt, cetera omnia in uno pulvere collecta sunt. Hoc est pulvis sanguinei cespitis, pulvis ossium, pulvis carnis, pulvis vestium: quæ omnia simul confusa album quoque prius illum confuderunt.

7. Hæc ideo tam diligenter exprimimus, quia pulverem carnis & ossium colorem calcis noviter fusæ habere diximus: ut cum alius color in isto pulvere inventus fuerit, nemo tamen dubitet quin de vera carne & ossibus ejus sit: immo simul quoque de sanguineis cespitibus atque de ejus simul vestibus. Has scilicet reliquias cum mihi frater Ekebertus allatas repræsentasset, recognovi eas sicut in sepulcro videram, & ex earum præsentium occasione, ordinem inventionis, sicut hic legitur, aggressus sum fideliter describere, secundum quod vidi & manibus propriis, licet indignus, tractavi. Itaque prius eas vobis per eumdem fratrem misi transferendas in ecclesiam B. Mariæ in Dunc, quatenus ex hoc nostro scripto & ex earum præsenti contemplatione, nulli modo vel in posterum dubium sit, quod ex corpore martyris de sancta legione Thebæorum martyrum sumtæ sint. Hortamur ergo & rogamus atque præcipimus, ut fratres nostri qui morantur in Dunc diem festum martyrii eorum in die sancti Gereonis cum XII. lectionibus a modo agant, & diem adventus istarum ad eos reliquiarum. Hæc ego peccator Rodulfus, fratres mei & filii mei carissimi, qui estis in cœnobio S. Trudonis in Hasbania, scripsi vobis de cœnobio B. Pantaleonis juxta Coloniam: ceteras reliquias quæ subnotatæ sunt supradictus frater suo studio collegit. Earum aliam ego certitudinem non habeo, nisi quod a Dei ancilla apud nos inclusa, & a fidelibus Christi eas accepit. De sanctis virginibus, de sanctis Mauris, de pileo S. Thomæ apostoli & cingulo ejus, de cera ab igne Dominico liquefacta, de sancto Pancratio, de Sepulcro Domini. Data XVIII. calendas Octobris.

(a) Insinuare videtur Rodulfus Echebertum, seu Ekebertum, hunc fuisse monachum dum eum *fratrem nostrum* appellat: At mihi vehemens suspicio est, alium non fuisse ab Egeberto ecclesiæ Coloniensis scholastico, cujus præsertim opera Rodulfus creatus est abbas S. Pantaleonis, qui quidem Egebertus *postea regularis factus canonicus atque Monasteriensis est episcopus*, ut testatur idem Rodulfus in lib. XI. Chronici S. Trudonis Spicilegii tom. 7.

VITA S. BERTRANDI
CONVENARUM EPISCOPI
AUCTORE VITALI APOSTOLICÆ SEDIS NOTARIO.

Ex mf. codice Floriacensi.

INCIPIT VITA S. BERTRANDI EPISCOPI, quæ ad instantiam domni Jacinti sacrosanctæ Romanæ ecclesiæ diaconi cardinalis, ad mandatum domni Willelmi archiepiscopi Auxitani nepotis ejusdem sancti, edita est tempore scilicet Alexandri papæ, a magistro Vitale apostolicæ sedis notario, qui de provincia Auxitana oriundus fuit, qui vitam & miracula beati confessoris, ex relatione tamen archiepiscopi, & ab aliis qui eum viderunt in ecclesia sua & plene noverunt gesta ipsius, & a fratribus Scalæ-Dei Cisterciensis ordinis scripsit veraciter & fideliter tali stilo.

1. Sanctorum vita ceteris norma vivendi est, ideoque digestam plenam accepimus speciem scripturarum, ut dum Abraham, Isaach & Jacob, ceterosque justos legendo cognoscimus, velut quemdam nobis innocentiæ tramitem eorum virtute reseratum enitentibus vestigiis prosequamur. Ambrosiana hæc ratio nos in hanc sententiam potissimum duxit, ut scribere debeamus viam beati BERTRANDI episcopi & confessoris JESU-CHRISTI. Sanctus ergo Bertrandus clarus genere, sed nobilior fide, virtutibus refulsit: cujus pater dictus Ato-Raymundus vir generosus: mater quoque de claro titulo duxit originem, utpote quæ filia fuit veri comitis Tolosæ, qui cognomine vocabatur Scindens-ferrum; cujus fama celebris, claris operibus insignita, longe positas provincias illustravit. Fuit autem oriundus de castello Setio, quod incolæ commutantes construxerunt, exinde castrum quod Insula nuncupatur. Placuit autem utrique parentum, ut juxta Apostolum, ab infantia sacras cognosceret litteras, quæ eum possent instruere ad salutem per fidem quæ est in CHRISTO JESU. Qui dum esset in ætate tenera, in operibus suis tamquam matutina stella refulgens, evidenter indicabat in flore, quam copiosam fructuum segetem & virtutum uberem germine produceret in ætate sequente.

2. Cum vero B. Bertrandus attigisset juvenile robur ætatis militaribus armis, est decoratus, & cum nonnullos temporalis militia erigat in pestem jactantiæ, inficit & impellat in furorem superbiæ, ad rapinas trahat iniquitatem, denique in omni tempore involvat flagitium, qui in suis gloriantur lapsibus, putantes ea esse laudis, quæ sunt criminis. Non tamen hunc potuit a studio bonitatis evertere mala militiæ gloria: sedula nimirum intentione, beati Martini sequebatur vestigia. Unde tamquam civis supernæ patriæ moribus insudans honestis, miseriam inopum & gemitum pauperum suis bonis relevare studebat. Tanta enim liberalitate florebat, ut nobiles, ignobiles, divites, pauperes, ipsum haberent carissimum. Dabat enim hic operam ut non faceret proximo suo malum, & opprobrium non acciperet adversus proximos suos. Pius, modestus, placabilis, ad iracundiæ motum neminem provocans, nullum contemnens: velox ad audiendum, tardus ad loquendum, tardus ad iram, juxta Jacobum apostolum; inveniebat in singulis gratiam dilectionis. Necesse enim erat, ut quem divina persuaderat gratia, ab omnibus quoque amaretur.

3. Non in divitiarum incerto & mundiali potentia spem suam vir beatissimus collocavit, sed in virtutum præsidio quod stabile prorsus ac immobile permanet, totam mentem firmiter constituit. Juxta Petri apostoli sententiam humilians se sub potenti manu Dei, quæ sursum sunt quærens, non quæ super terram quærens, propriæ contemptor gloriæ, gloriabatur in Domino, sine quo gloria carnis pulvis erit. Illam ergo solam altitudinem gloriæ ardenti requirebat desiderio, quæ in suæ pulchritudinis speculo & decoris veritate indeficienter consistit, quam nullus commutationis turbo prosternit, nullus rerum casus pervertit, nulla quæ species altercationis infringit. Hanc amabat, totus huic inhærebat, hæc illum fovebat, hujus amor a latere suæ mentis nullatenus recedebat. Non gloriabatur in pulchritudine corporis aut in robore virium, cum & ipse formosus esset atque robustus.: sciens quia formæ dignitas, aut morbo deflorescit, aut extinguitur vetustate. Formæ namque nitor rapidus est & velox, in omni vernalium florum mutabilitate fugacior. Vires quoque corporis decrescunt quotidie & minuuntur, lapsum patiuntur atque succumbunt.

VITA S. BERTRANDI

Sed in solo Deo gloriabatur.

4. Non ergo in his vir beatissimus suam statuebat gloriam, non in fugitivis labilibusque bonis quæ festinant ad precipitem cursum, ad lapsum properant, ad fugam accelerant, quæ tanta levitate feruntur, tanta velocitate moventur, ut quietem nesciant, tranquillitatem ignorent, sequaces suos turpiter confundant, & multa doloris strage & amaritudine repleant: quorum amatores valentia deserit, pungit molestia, vilitas abjicit, recondit obscuritas. Non igitur in his, sed in Domino jactans curam & glorians, sequebatur apostolum, qui raptus usque ad tertium cœlum, tamquam vehemens tuba intonans, Spiritu-sancto terram relinquens, loquitur secundum altitudinem cœli, docens evidenter in quo amicus Dei debeat gloriari. *Qui gloriatur, in Domino glorietur.* Ecce igitur habebat secundum Deum prudentiam, quæ regebat ejus militiam, & malitiæ coërcebat audaciam. Cum multa nempe cautela & prudenti solertia congruis virtutum gradibus militabat, recte vivendi studio insudans attente, qui non se in operibus suis sed Deum cupiebat prædicari. Peregrinabatur in terris, sed ejus conversatio erat in cœlo: quod ad opus bonum spes futuræ remunerationis adduxit, & ipsum solum volebat sui operis testem, a quo se recepturum credebat tota fidei firmitate mercedem.

5. Iste vir, cum non esset de parentibus infimis, sed sub habitu militari posset viribus & potentia sua nonnullos opprimere, aliena diripere, & multa exercere malitiam, noluit exequi temporalem militiæ potestatem ad bonorum perniciem. Hic est qui potuit transgredi & non est trasgressus, & facere malum & non fecit, ideo stabilita sunt bona ipsius in Domino: qui post aurum non abiit nec speravit in pecuniæ thesauris: unde fecit mirabilia in vita sua. Sub armis ergo secularibus cœlesti serviebat militiæ, & egregiis moribus virtutum exempla posteritati relinquens, supernæ militiæ gloriosum assumsit certamen. Ceterum, ut causa brevitatis prætereram multa silentio divinæ gratiæ munia in quibus vir Dei summo opere nitebat, illam utique dignam laude prosequi cupio virtutum ejus prærogativam, quæ in paucis admodum reperitur, maxime in fervore juventutis quæ noscitur pronior ad peccandum.

Quam cautus in verbis.

Erat igitur utilis in verbo discretus in silentio, non referans inconsulte ostia linguæ, iniquis detractionum morsibus neminem lacerans, convictorum amaritudinem non aspernans, sale nigra non respergens, non afficiens contumeliis, illud adimplens oraculum: *Beatus qui tectus est a lingua nequam, qui in iracundiam illius non transivit, & qui non attraxit jugum illius, & in vinculis ejus non est ligatus. Jugum enim illius ferreum est, & vinculum illius vinculum æreum est.* Quoniam enim mors & vita in manibus linguæ; turpia vitabat eloquia quæ mores corrumpunt. Unde illud sibi congruebat quod scriptum est: *Sepi aures tuas spinis, & noli audire linguam nequam.* Et: *Ori tuo facito ostia, & seras auribus tuis.* Quia secundum Isaiam: *Justitiæ cultus silentium.*

6. Illud & multo opere declinabat, superbiam dico, quæ multos & potius sæculi milites, quos gloria vexat inanis, conturbat, ad infima dejicit. Sunt enim nonnulli, qui seipsos cognoscunt & non amant lucem in tenebris, ambulant nescientes quid sint, ignorantes unde veniant & quo vadant: unde religione contempta humilitatis, quærunt se supra se: & longius evolantes, metam virtutis nusquam attingunt, ne seipsos inveniant. Excœcavit enim illos superbia sua, & unde venantur sublimitatis materiam reperiunt dejectionis culpabilem causam, juxta prophetam dicentem: *Dejecisti eos dum allevarentur.* Lilio quoque castitatis virum Dei jugiter floruisse nulli eorum extitit dubium, qui vitæ suæ munditiam & puritatem noverunt plenius: cujus virtutis eminentia cum in omni ætate præclara sit atque laudabilis, gratior tamen fructus ejus apparet cum germinat, & firmat radicem viriditatis, quæ laqueis & lapsibus Veneris solet facilius cedere.

Quam humilis & castus.

7. Cum vir beatissimus exhiberet curam pervigilem in administratione dignitatis sibi commissæ, fama suæ bonitatis longius discurrente, quia civitas supra montem posita non potest abscondi; Convenarum cathedralis ecclesia suo viduata pastore sollicite quærebat pastorem qui eam posset regere prudenter, & ipsius necessitatibus invigilaret propensius. Factum est igitur divinæ dispensationis clementia, ut illi quibus erat eligendi concessa potestas, invocata de more Spiritus-sancti gratia, supra nominatum virum Tolosanæ sedis archidiaconum eligerent in episcopum: cujus virtutem potius acta quam dicta narrabant. Venerunt ad claustrum beati (a) Stephani ejusdem loci, episcopo & conventui electionem indicantes. Seniores simul & juniores gaudent de promotione justi viri, dolentes penitus quod eorum ecclesia filium suum mitteret longius. Quid plura? ducunt electum ad civitatem Convenarum, virum in singulis optimis optime notum, qui neminem pretio tentaverat ut altioris dignitatis culmen attingeret. Duxerunt virum, inquam, lilio castitatis præclarum, humilitatis placidum speculo, misericordiæ plenum operibus, more solemni in cathedrali ecclesia intronizantes. Concio clericorum laudibus plena resultat, in multo gaudio populorum multitudo lætantur. Præcedenti tempore consecratus est a domino Bertrando (b) beatæ recordationis venerabili archiepiscopo in ecclesia Auxitana

Fit episcopus Convenarum.

[a]

[b]

(a) Id est ecclesiæ cathedralis quæ S. Stephano sacra est.
(b) Videtur legendum Guillelmo; qui tunc sedem Auxitanam occupabat.

quæ

quæ juxta majorum statuta decem civitatum dicitur esse metropolis.

8. Post cujus consecrationis solemnitatem, cum vir sanctus ad suæ civitatis ecclesiam rediisset, divinum ibidem celebraturus mysterium, factus est de more viventium ingens concursus, gaudium in clero, & lætitia magna in populo. Hanc nimirum ecclesiam clementissimus rex Francorum, postquam eripuit civitatem prænominatam a tyrannica rabie gentilium, post adeptam victoriam sibi datam divinitus, ejecta prophanæ gentis spurcitia, insignibus decoravit ac regalibus cum monte & suburbio, & ad majorem honoris sublimitatem illud majestate regali adjecit, ut qui prædictam regeret ecclesiam auctoritate pontificali, de regio jure comes Convenarum existeret, & tam ignobilibus quam etiam nobilibus jure dominandi cunctis præesset. Tantæ nobilitatis ecclesiam, etsi minus locupletem, regendam commisit sancto Bertrando divina clementia. Dedit igitur vehementius operam, ut ecclesia reciperet decorem domus Dei & locum habitationis gloriæ ejus. Circa ecclesiam claustrum construxit, quantum permisit loci illius angustia, impediente præcipitio rupium : ibidemque religionis amator, canonicos instituit, qui sub regula S. Augustini ecclesiasticis manciparentur obsequiis. In monte quippe domus non erat, & ecce temporibus hujus sancti, meritis exigentibus suis, homines accesserunt, & in monte civitatem habitationis ædificaverunt : & juxta prophetam, seminaverunt agros, & plantaverunt vineas, & fecerunt fructum nativitatis, & locus qui multis temporibus desertus fuerat, habitatores recepit.

Episcopus comes Convenarum.

Canonicos instituens in ecclesia sua juxta reg. S. Bertrandus.

9. Sanctus itaque Bertrandus signipotens fulgore virtutum, plebem sibi commissam lingua, mente, vita prudenter regebat, & virtute miraculorum hominum infirmitates curabat : dumque parochiales ecclesias visitaret, dies vocationis advenit. Morbum incurrens febrilem, viribus corporis cœpit repente destitui, & intelligens dissolutionem corporis sui, fecit se deferri ad cathedralem ecclesiam. O virum in omnibus laudabilem ! qui tota devotione erigebatur ad cœlum, & cum gravius urgeret infirmitas, faciebat se portari a fratribus in oratorium ante altare beatæ Virginis Mariæ, in cujus honore fundata est cathedralis ecclesia, ubi in contemplatione suspensus, vacabat orationi propensius, & Domino JESU CHRISTO & misericordissimæ Matri ejus se recommendans, attentius ad vitæ præsentis exitum cum plena exultatione, tamquam certus de præmio devotionis, properabat. Denique vir sanctus post consolationem discipulorum & doctrinam, & episcopalem benedictionem eisdem exhibitam, laudabili fine diem clausit extremum, decimo septimo calendas Novembris : quem utique lingua, mens & vita, opera, vir-

Sancti mors.

tutes & signa fideliter narrant ad Christum migrasse, & ante thronum Altissimi inter sanctos & sublimes confessores JESU CHRISTI gloria fruens, immarcessibili regnat felicitate, ubi cum sanctis regnat in æternum. Magna nimirum & valde mirabilis clementia Christi, qui post transitum sancti viri contulit eidem gratiam faciendi virtutes & signa. Nam manifeste datur intelligi & occultata fide constat esse perspicuum, quod beatus Bertrandus Convenarum episcopus fidelis Christi servus & prudens, cujus vita innumeris refulsit miraculis, postquam migraverat a sæculo, majora noscitur beneficia præstitisse. More enim solito & multo frequentius postmodum mirabili virtute coruscant signorum, statim namque omni mora postposita, Domino disponente, virtutes renovantur sancti pontificis, declarantur & signa copiosius.

10. Inter cetera vero virtutum insignia, quibus eum divina perfuderat gratia, quæ sanctum efficiunt, noscitur habuisse integræ castitatis puritatem, veræ humilitatis devotionem, hospitalitatem ad omnes, maxime tamen ad domesticos fidei. Erat itaque castus non solum corpore, sed & mente, ut nullo doli ambitu, sincerum adulteraret effectum, non gestus fractior, non incessus solutior, non vox petulantior, ut ipsa corporis species simulacrum fuerit mentis, adeo quod domus bona ipso vestibulo debet agnosci. Humilitatis virtutem usque adeo fideliter conservabat, ut in nullo usquequaque declinaret ad ejus contrarium. Non vero quorumdam vanam hypocrisim inaniter curabat, sicut plerique faciunt, qui sub fallaciæ specie humilitatem ad fucum præferunt, ad veritatem abjurant. Sunt enim qui nequiter se humiliant, & interiora eorum plena sunt doli. Non sic iste, non sic, sed sine fuco, sine fraude veræ humilitatis custos indubitanter extitit. Liberalitatis virtus tanta in eo cognoscitur fuisse, ut hospitibus & peregrinis, pupillis & orphanis, viduis, leprosis & quibus est pudor aliena subsidia appetere, nulla ratione beneficentiæ gratiam abnegaret. Propter castitatem decoratus, propter humilitatem exaltatus, ob beneficentiam valde gratus, Deo & hominibus placere meruit. Ecclesia ergo Convenarum tanti patris sollicitudine in sancta conversatione perfecta opinione claruit, rebus necessariis crevit. Novit vestra dilectio, fratres carissimi, quæ præmisimus, & magna didiscimus parte, relatione domni WILELMI venerabilis archiepiscopi Auxitanæ sedis, nepotis ejus, quem in prima ætate apud se nutrivit, & eumdem fecit applicari studio litterarum, & canonicavit eum in ecclesia sancti Stephani, (*a*) unde ipse fuerat canonicus, & exinde ad dignitatem episcopalem assumptus, per lineam germanitatis sancto Bertrando noscitur fuisse

Laudatur de castitate, humilitate & liberalitate.

(*a*) Cathedrali Tolosana.

[4]

conjunctus. Mater vero prædicti metropolitani erat germana beatæ & recolendæ memoriæ beati Bertrandi (a) archiepiscopi Auxitani, a quo iste nomen accepit; nondum tamen in præsentem lucem effusus, sed clausus in utero matris. Quod eodem veraciter docente, dum in Auxitana sede suæ narrationis auctoritate multa virtutum exempla colligerem & præsenti scripti proposituum eo mandante addiscerem. Sic accepi ex ordine.

11. Mater ejus genuerat filios, sed morte interveniente facile eosdem perdebat. Quadam ergo die, cum loqueretur cum fratre suo archiepiscopo de morte liberorum, questa diutius ab eo tale responsum accepit: Soror mea, fructum quem utero deportas consecra Domino: si fuerit puella, sacrificabis eam sub voto & religione sanctimonialium: si vero masculus fuerit, nomen meum imponas, & facies eum litteras doceri, & offeres eum Domino: quod sic rerum eventus, Deo disponente, clarius indicavit. Fatemur utique quoniam non spe quæstus ad gloriam commoti ad scribendum venimus, sed hujusmodi viri gratiâ, qui patrueli gloriâ S. Bertrando conjunctus fuisse dignoscitur. Et sicut hujusmodi sancti virtutem, ita quoque & illius religionem, cujus causâ præsenti instamus proposito, multis ut veris audemus efferre præconiis, sed non præsumimus, cum sit scriptum: *Lauda homines post mortem, magnifica post consummationem.* Surgit autem congruus ordo doctrinæ, ut aliquam S. BERTRANDI miraculorum partem seorsum ac separatim in narrandis singulis non esset data facultas, & liber excresceret in opus immensum. Decens enim ut & sancti viri virtutes & signa non jaceant sepulta silentio; sed per scripturæ memoriam jugiter vivant in sæculo. Partim igitur accepimus in ecclesia sua ab iis qui cum viderant & ejusdem gesta noverant, plenius miracula scripsimus. Partim & illa scribenda duximus, quæ referebant fratres Scalæ-Dei de ordine Cisterciensi, dum apud eos sederet, & de schola virtutum eorum assumeret exempla verborum.

Auctor S. Bertrandi miracula suscipit narranda.

12. Tempore igitur quo vir Dei sublimatus cathedra pontificali Convenarum regebat ecclesiam, erat quædam femina titulo nobilitatis insignis, sub cujus dominatione multa erant constituta castella in eadem diœcesi. Obsessa stabat a dæmone; vexabat eam dæmonium; loquebatur tacenda atque dicenda, crinibus effusis per terram volvebatur supina, membrorum motus inæqualis, enormis, ✠inordinatus; oculorum revolutio horrenda quamplurimum; rictus oris terribilis; facies olim formosa, tota deformis. Dolebant parentes dolore nimio pro eo

Mulier a dæmonio vexata ejus precibus liberatur.

quod esset opprobrium & confusio omnium, duxerunt eam ad basilicam sancti Justi viri. Quantum poterat jejuniis & orationibus insistebat. Quadam igitur Dominica die ingressus est vir Dei prædictam ecclesiam, celebraturus ibidem missarum solemnia, parentes & amici prænominatæ mulieris, rogant illum ut accedat ad illam, & liberet obsessam. Denique vir Dei confisus de misericordia Christi, altius orationi incumbit, & officio pietatis conjunctus, lacrymas & preces attendens rogantium, in nomine Christi Jesu adversus dæmonem fortis athleta, surgit in prælium. Dæmon cœpit acrius fremere, obsessam crudelius vexare: sed ecce sanctus episcopus aquam benedictam super eam aspergit cum oratione devota, & invocata gratia Sancti Spiritus, imperat dæmoni confidenter ut exeat. Et confestim liberata est mulier a dæmonio per virtutem Spiritus-sancti & orationem apostolici viri; statimque ad majorem certitudinis augmentum & revelationem Christi Jesu, in repentina liberatione multum evomuit sanguinis quæ fuerat a dæmonio vexata, & omnes qui viderunt dederunt laudem Deo, qui tam sanctum elegit pastorem in Convenarum ecclesia, qui ecclesiam sapienter regeret, & dæmonia ab obsessis ejiceret. In hujus nimirum consideratione miraculi, omnes qui aderant erant repleti stupore nimio, & lætabantur in gaudio magno; sed illi potissimum mirabantur gaudentes & exultantes, ad quorum opprobrium infirmitas dominæ videbatur spectare. Ibant igitur omnes gaudentes & divulgantes ubique tanti virtutem miraculi. Mulier etiam infinito repletur gaudio, & ait Deo gratias & sancto episcopo per cujus orationem liberaverat eam Dominus a vinculo dæmonis, quæ pristina libertate percepta, cœpit e vestigio in formam sanitatis reduci. Vividus color redditur vultui, linguæ modestia, oculis venustas, stabilitas cervici, & omnis denique motus membrorum cum summa compositione servabat incolumitatis vestigia. Mulier hæc generosa multis temporibus de tanto miraculo perhibuit testimonium, cum iis qui viderant & crediderant non solum dum dominus sanctus episcopus terris viveret, sed & postquam feliciter ad sanctorum consortium in cœlum migrasse cognoscitur.

13. In quadam villa erat mulier formosa facie, quæ fallaci laqueo Veneris unum diaconem tanto libidinis ardore succenderat, ut præter eam nihil optaret habere, præter eam nihil videretur amare. Amor illicitus, amor perditionis, & noxius amor, religionis voto amor contrarius; & a clericorum conditione, schola virtutum persuadente, sejunctus, mentem prædicti clerici inebriaverat, & corpus ejus commaculaverat, & erat ligatus in vinculis ejus, & sic illius colla jugo submi-

---

(a) In serie archiepiscoporum Auxitanorum nullus reperitur Bertrandus, nisi Willelmus I, cui hic narrata convniunt, binominis fuerit.

ferat ut a misera captivitate nulla ratione posset evadere. Requirebat consilium quomodo posset ab amoris noxia peste recedere, & neminem inveniebat qui posset eum ab ejus retiaculo liberare. Gravis nimirum ista dementia. Non amicorum dehortatio, non pœna verborum, non denique virtus medicamenti plerumque sufficiunt hanc pestem auferre, hunc dolorem præcidere, hunc furorem extinguere. Sic iste captus erat, & vincula ejus nemo solvebat, sine spe libertatis tenebatur adstrictus, & a castitatis lilio recesserat impudicus. Sed ecce factum est divina gratia, ut sanctus episcopus ingrederetur hanc villam ubi hæc fiebant, & tamquam sollicitus pastor cupiens ovem suam reducere ad ovile Domini, corrigebat diaconum, dicens: Quid est quod audio de te? Debuisti vas tuum possidere in sanctificatione & puritate vitæ; ut dignus esses ad ministerium Dei. Congruum tibi erat, cum ad sanctos ordines accessisti, castitatem servare, fugare fornicationem quæ animum ligat, corpus commaculat. Ministrum altaris vitæ munditiam decet habere; nec usquequaque corpus suum libidinis inquinamento fœdare, nec cor suum inclinare ad Veneris istud. Post correctionem sancti episcopi, respondit diaconus dicens: Pater gratias tibi ago, quod rependitur monitis congrua vicissitudo, paterno verbere castigas quos diligis. Ego utique graviter deliquisse cognosco, & contra officii mei legem egisse confiteor. Ceterum invitus trahor & rapior nolens ad perditionis amorem, & libertatis gratiam nusquam reperio. Ago quod nolo, & quæ odio facio.

Mulier impudica divina gratia.

14. Tunc vir Dei intelligens altius vulneratum cor ejus, convertit se ad mulierem dicens: Ut quid blandimentis tuis meum filium persequeris? Quare oblectationum tuarum amaritudine amarissima meum ministrum cruciaris? Numquid, misera mulier, non times summi judicis iram incurrere, qui tam nefanda scelera non consuevit impunita relinquere? An ignorat lascivia tua sine pœna tanti delicti atrocitatem . . . . . ? Desine amplius mulier impudica, desine amplius, ab incœpta desiste nequitia, & tui furoris amorem averte. Tunc mulier scelerosa contemnens monita sancti episcopi, iniquitatis verba profudit; & dum loqueretur, nova quædam venit super eam virga terribilis, & mox in conspectu circumstantium vexata graviter a dæmonio expiravit: illico simul vitam amittens & animam, quo facto timore magno & vehementi admiratione repleti sunt qui aderant.

Per judicium aquæ frigidæ detegit patrem ex fornicatione.

15. Quædam mulier non habens unde filium suum nutriret, requirebat a patre præsidium; qui ut adimeret omnem occasionem petendi beneficium, dicebat se numquam filium habuisse ab illa. Venit ergo mu-

Vet. Script. & Mon. ampl. Collect. Tom. VI.

lier ad virum Dei, & ante præsentiam ejus constituta super hoc proposuit querimoniam dicens: Ad gemitum cordis mei inclina, pie pater, aurem tuam, quia inops & pauper sum ego. Infelix ego mulier omni exposita miseriæ, fornicatorio concubinatus amplexu hunc quem vides puerum præsentem vulgo natum concepi & peperi, & non possum ipsum nutrire. Angustia rei familiaris, acerbitas vehementius conturbat viscera mea, & acrius excruciat animam meam, quia pater ejus patrem se negat, & exutus pietate paterna filium non recognoscit, quem genuit, & omne beneficium negat filio suo. Video ergo misera filium meum mori pro eo quod non habeo unde sustentem vitam ejus; unde vita mea in timore & in gemitibus, quoniam in fame perit filius meus. Excusat matrem immoderata paupertas, & ejusdem innocentiam evidentius judicat ingens penuria. Accusat patrem veritatis conscientia testis, quæ docet eum filium habere, quem negat occasione retrahendi beneficium. Præterea arguendus est criminis, qui tametsi habeat filium, negat nutrimentum: præsertim cum non desunt sibi facultates. Dic ergo, Domine, ut me adjuvet qui reliquit me solam ministrare. Tunc sanctus episcopus, considerato gemitu mulieris, jussit hominem ante præsentiam suam constitui, monuit & inquisivit, & increpavit eum pro eo quod negaverat debitam nutrituram filio suo, qui more solito negationis protulit verbum, & se puerum istum non genuisse testatur dicens: Audisti, optime pater, astutæ mulieris querelam, quam manifesta falsitate respergere non erubuit, tamquam calumniatrix nequam, in me innocentem falsum intendere crimen præsumsit. Ego breviter respondeo, & me ab hac muliere filium habere nulla ratione cognosco. Ex rationibus intendentis & impellentis etsi non discurrebat eadem verbo series, eadem tamen nihilominus colligebatur sententia. Tunc sanctus episcopus ad experientiam fidei accedens, confisus utique de misericordia Christi, ante se jussit afferri vas plenum aquâ frigidâ. Appositus est lapis intrinsecus, benedixit aquam & dixit homini in nomine CHRISTI JESU, extrahe lapidem de aqua frigida, (a) & si confidis de innocentia, appareant innocentiæ signa; si vero non, contrarium. Tunc homo cum temeritate & summa audacia manum misit in aquam, & lapidem extraxit, & statim virtute divina manus tanta combustione exarsit, quod cocta videretur in ferventissima aqua, & recepit in filium quem prius negaverat; & nutrivit illum. Sensit testis dolosus in aqua frigida ignis incendium, qui contemserat episcopale mandatum, & apprehendit omnes timor

[4]

(a) Frequens fuit olim judicium aquæ frigidæ ad detegenda occulta crimina; qua de re vide quæ retulimus in lib. 3. de antiquis ecclesiæ ritib. cap. 7.

& admiratio, & magnificabant Deum, qui mirabilis est in sanctis suis.

Venatores ad ejus preces prædam capiunt.

16. In Villa-nova suum ingressus hospitium, vocavit servos patris familias, dicens eis: Habetis aliquid de venatione vestra? Qui dixerunt ei: Jamdudum, pater, de venatione nihil accepimus, & licet habeamus instrumenta venandi nonnulla, erepta tamen nobis est diu venationis gratia. Mox vir Dei præsentari sibi laqueos jussit, & benedixit eos, & jussit pueris ut ad venandum exirent. Confestim executioni mandatur præceptum, & post modicum temporis spatium magnum capreolum afferunt venatores, & cognoverunt episcopi benedictionem non cecidisse in irritum: & benedicebant Dominum, qui voluntatem episcopi tam repente compleverat. Multis quoque temporibus, quamdiu prædicti laquei superfuerunt, in eadem domo gratia venationis remansit.

Homo iniquus divinitus punitur.

17. Die quadam præstabat ducatum cuidam homini, & ecce in via miles quidam habens illum exosum occurrit in via, & manu profana rapuit eum equitantem post episcopum, ut esset securior. Rogavit vir Dei tyrannum, ut quem manu sacrilega violenter sibi abstulerat, redderet sibi hominem: sed miles preces ejus contempsit. Quod videns episcopus ingemuit, & canonicæ ultionis non distulit exercere gladium, & mox miles plagam sensit in oculis cœlitus missam, & sicut Cain impressum est signum in palpebris oculorum habentium motum continuum: unde invitus reddidit hominem.

Mulier sterilis ejus precibus fœcunda redditur.

18. Quidam habebat uxorem suam, cui negata erat gratia generandi prolem. Ingressus est vir Dei villam ubi isti permanebant: venerunt ante præsentiam sancti pontificis, exponunt cum gemitu cordis ei suam sterilitatem, quam non intulerat senectus, sed vitium naturæ. Ab utroque diligenter inquisivit sanctus episcopus utrum post contractum matrimonium, coitum legitimum contagione adulterii experientia recipiendæ prolis maculasset. Uterque sub fidei attestatione stipulatur se non transtulisse ad alienum thorum. Tunc sanctus episcopus jussit sibi offerri panem & & vinum, benedixit & dedit eis, monuitque ut sobrie & juste viverent, & fideliter expectarent in Christo se prolem habituros. Factum est ergo ut vir ille suam uxorem cognosceret, quæ concœpit, & desideratam sobolem peperit viro suo. Cui per orationem sancti Bertrandi ingrata sterilitas ei advenit jocunda fœcunditas.

Piscator non nisi sibi designatum a sancto piscium numerum capit.

19. In quadam villa in hospitio suo juxta fluvium quem Nestam incolæ nominant, præcepit cuidam piscatori, ut juxta numerum quem audierat, sine mora.... pisces piscator de aquis extraxit, & licet labori diutius incubuisset ut plures & alios caperet, non nisi sicut sanctus episcopus dixerat, in captura piscium voluit acquiescere fluvius piscatori.

Hoc etiam vir Dei miraculum fecit semel, iterum & tertio in eadem domo, & juxta propositum numerum nec minus nec amplius, sequebatur captura piscium. Sed vice ultima præcepit piscatori vir liberalitatis magnificus, ut multitudinem caperet piscium copiosam. Ad fluvium velociter currit piscator, jam fidem securam accipiens & certitudinem, ut pote qui ex mandato episcopi in captura piscium, sæpius ipse miraculorum inspexerat gratiam; de latebris gurgitum currunt celeriter pisces ad hamum, & festinanti multitudine piscium onustus piscator redit ad domum ubi erat vir Dei, plenus eleemosynis & bonis operibus; & qui hoc viderunt admirati sunt valde.

Sua benedictione arborem fructum reddit.

20. In villa quadam invitavit quidam homo sanctum episcopum ut manducaret cum illo, & paratis dapibus fecit illum discumbere sub arbore quam nucem nuncupant. Post quam exempta est fames, epulæ mensæque remotæ, qui paraverat convivium dixit: Rogo te, pater, ut per benedictionem vestram arborem istam benedicas sub qua discubuisti. Mox arborem benedixit episcopus, eamque virtutis gratiam in se recepit postmodum, ut nulla sterilitatis species sibi auferat annuam sui ubertatem jocundam. Accidit plerumque ut arbores sui germinis circumquaque positæ, & intemperie aëris quos pariunt fructus amittant; sed hæc sola nuces conservabat, & nullam repentina immutatione perdens plenitudinem gloriæ suæ. Lætatur præ ceteris mater fœcunda tempore debito, sterilitatis ignara.

Herbas noxias in agro suffocat.

21. Sicut est consuetudo, mulieres purgabant agros, resecantes falcibus noxias herbas, ut seges liberius excresceret, & creditorum seminum copiosius messem colligeret. Dum huic labori mulieres instarent, pertranseuntem vident episcopum de more benedicentem eis, & dicunt ei: Audi, Domine, voces ancillarum tuarum; herba pessima quæ dicitur lolium, hactenus in locis consuevit crescere, & multitudine sua suffocat segetes, non permittit agros fructificare, nec semina credita reddere. Unde sanctitas tua benedicat agros istos, ut maledictione puniat hanc noxiam herbam, ut ab agris recedat sterilitas, & tuis meritis de cetero segetum non ingrata sequatur ubertas. Supra nominatam herbam confestim maledixit episcopus, & ulterius nullo tempore in illorum agrorum cultura illius herbæ noxia pestis apparuit. Magna nimirum & mirabilis fides episcopi, cujus virtutem sentiunt aquæ, arbores, agri. Aquæ siquidem virtutem ejus noverunt cum, licet frigidæ essent, per orationem tamen episcopi in manu trahentis lapidem temere manifestæ adustionis reliquerunt vestigia. Alibi & fluvia intellexerunt virtutem ejus, cum tot sibi pisces miserunt quot ipse petierat. Saltus & nemora virtutem ejus senserunt; cum

vix extentis laqueis ad ipsum venationem A & replevisse ad summum. Vir Dei Benedictus
sine morâ miserunt. Ejus virtutem arbor agno- operibus misericordiæ totus exuberabat, &
vit, cum post benedictionem episcopi con- ideo per merita fidei suæ oleum inundabat
gruo tempore extitit sterilitatis ignara. Pul- de dolio. Sanctus quoque Bertrandus largi-
chritudo quoque agrorum virtutem episco- tatis discipulus, & omnium operum mise-
pi prædicat, in cujus gratia ab eisdem re- ricordiæ ardentissimus amator, illud per me-
cessit herbarum malitia, & provenit ubertas rita fidei & orationis obtinuit a Domino,
jocunda. ut vinum redundaret in dolio, cujus mater

Vinum à cel- 22. Sicut consuetudo ejus erat in quo vir- vitis terrena non fuerat quam nesciebat, &
lerario celati tus largitatis florebat, multi summopere co- vineam quam torcular nullum expresserat.
divinitus ef- mitabantur eum, & die quadam cum esset Sed per fidem sancti episcopi, dolio vinum
fundum. multa inopia vini, dixit cellerario suo: Ad intrudit cœlestis gratiæ virtus, miraculis om-
vicinas nostras volo exire parochias, & nium bonorum operum factis indeficiens,
si potes esculentum & poculentum nobis B qui de seipso in evangelio dicit: *Ego sum vitis*
ministra. Cui respondit cellerarius: Do- *vera.* De vite vera vinum descendit in domine, vinum non habemus. Et ait episcopus, lium; quod aperte indicavit sanctum sacer-
si habes vinum, contra conscientiam tuam dotem potentem virtute signorum. Qui con-
loqueris, judicet Dominus & ostendat. De vertit petram in stagna aquarum, & rupem
monte igitur descendit episcopus, & discu- in fontem aquarum, sub duce patriarcha Moy-
buit inferius in domibus constitutis juxta se filiorum Israël, is voluit nimirum & istum
ecclesiam sancti Justi. Interea vero factum est decorare episcopum virtute miraculorum,
ultione divina, ut vinum quod negarat cel- & per ejus orationem vinum excrevit no-
lerarius ad pavimentum ecclesiæ repente pro- vum, non tempore vindemiarum collatum,
rumperet, & fusum est vinum tamquam cu- sed virtute creatum Altissimi. Adhuc loqui-
piens sequi vocem episcopi. Obstupuerunt & tur in similitudine sicut olim Helias ille pro-
omnes qui viderunt, & admirati sunt pluri- pheta signipotens præbuit mulieri farinæ
mum, & magnus timor apprehendit celle- C incrementum & augmentum olei; ita quo-
rarium qui fuerat locutus mendacium. In que data est a Domino virtus episcopo, ut
quo facto sane intelligentes recte possunt col- vinum quod erat in modica quantitate in
ligere quod scriptum est ab amatoribus chri- fundo, per fidem ejus cresceret in immensum.
stianæ philosophiæ, quoniam res temporales Et lætati sunt convivæ, & bibentes exul-
usibus humanis commodæ, cum dantur ni- taverunt, pro eo quod Dominus mirificavit
tescunt, cum retinentur vilescunt. sanctum suum.

Vas vacuum 23. Tempore quodam cum vinum vix 24. Sacerdos quidam a sancto multoties *Sacerdoti*
oratione vi- poterat inveniri in partibus illis, in una de correptus episcopo quod infamia fœdaretur *impudici do-*
no replet. vallibus suis ingressus hospitium, considera- incontinentiæ, tamquam incorrigibilis & con- *ctione facit*
vit viri & uxoris ejus sollicitudinem quam tumax nolebat a culpa recedere, sed dete- *corruere.*
habebant circa frequens ministerium, & ait rius studebat contra mandatum episcopi in
illis: Sollicitos vos esse conspicio. Qui di- libidinis furorem prorumpere. Denique post
cunt ei: » Inter angustias & pressuras coar- D multas dehortationes cum vidisset sanctus
» ctantur viscera nostra, quia vinum non ha- episcopus rogando & hortando se nihil pro-
» bemus nisi valde modicum quod adjacet fæci ficere, die quadam cum pertransisset ante
» in fundo dolii; & jam ex inde non potest domum sacerdotis, maledixit domui tam-
» extrahi quod sine turbine possit assumi. Tunc quam prostibulo; & ecce virtus divina missa
sanctus episcopus dedit se orationi, & aquam repente de cœlo domum percussit ab omni
benedictam super aspergens, dolium resper- angulo, & licet multo & lapideo esset fir-
sit, & benedixit vas fere vacuum. Dextera mata robore, tamen cum ingenti præcipi-
Domini fecit virtutem, qui fecit in nuptiis tatione corruit tota domus. Sic igitur per vir-
in Cana Galilææ vinum ex aqua, & implevit tutem sancti viri percussit Dominus domum
hydrias de vino, implevit & dolium vino sacerdotis, ut saltem tali injecta formidine
per orationem sancti viri. Nam utique in adjiceret veri mandatum episcopi & notum
eadem hora cœpit vinum excrescere, & cum castis amare. Huic nempe miraculo illud
tanta inundantia ad summum copia venit, E occurrit consimile quod beatus papa Gre-
ut non solum ex inde vas repleretur, sed gorius scribit in vita sancti Benedicti, spiritu
& inundaret exterius unda vini uberrima. omnium justorum pleni, ubi denuncians ma-
Et omnes videntes hoc, intellexerunt mira- litiam sacerdotis cujusdam, qui amator li-
bilem virtutem Dei esse in confessore Christi, bidinis, & bonis gravatus alterius, tamquam
& lætati sunt convivæ magnificantes Domi- invidus & inimicus Dei mulieres compellebat
num. Hoc quippe miraculum aliquid simi- psallere eo in loco unde possent Benedicti
litudinis habet cum illo quod scribit beatus conturbare religionem. Sed Benedictus ab
papa Gregorius, cum loquitur de sancto Be- eo loco transivit ad alterum, & domus sa-
nedicto patre monachorum & duce, & enun- cerdotis corruit usque ad fundamentum.
tiat per ejus merita oleum crevisse in dolio Temporibus sancti Benedicti invidiæ domus

destruitur, temporibus sancti Bertrandi incontinentia domus sacerdotis percutitur.

Ædificare domum in cimiterio punitur divinitus.

25. Homo quidam alienæ possessionis avidus, firmabat columnam cupiens ædificare domum in cimiterio sancti Gaudentii. Nuntiatum est episcopo quod homo ille locum sanctum ecclesiasticâ auctoritate officio sepulturæ constitutum, in suum præsumebat transferre dominium. Amator igitur libertatis sanctus episcopus venit ad hominem, & increpavit eum dicens: » Ut quid occupas » terram, quam tui juris non esse cognoscis? » Locus iste sanctus est, in quo domum ædifi- » care desideras, & debitus sepulturæ morien- » tium non viventium debet hic domus ædifi- » ficari, & tu locum tribulationum & liberum » contra humana & divina jura, ad perniciem » bonorum tuorum & detrimentum animæ tuæ » tuis usibus vindicare præsumis. Iniquitatis » hæc opera sunt, nec jure hereditario possi- » denda. Fuge hinc & incœptam relinque ma- » litiam. Sed temerarius homo consilium episcopi salubre contempsit, & ejusdem præceptis obtemperare renuit, & magis ac magis operi illicito insistere cœpit. Tunc zelo rectitudinis ductus episcopus, non distulit exercere gladium canonicæ ultionis, & hominem ferire censura canonica. Quid plura? filius iniquitatis & diffidentiæ, innodatus vinculo excommunicationis traditus est satanæ in interitum carnis, & statim per merita sancti episcopi invitus mutavit propositum, cadens in languorem perpetuum. Infelix qui episcopo credere noluit, accubuit lecto, & numquam ultra convaluit, & timor apprehendit omnes qui hoc viderunt, & glorificabant Deum qui talem dederat illis episcopum.

Mulier impudica adulterii reum negans divinitus punitur.

26. Vir quidam in præsentia sancti pontificis accusabat uxorem suam de crimine adulterii. Uxor ejus prophana, præceps & temeraria, dolosis labiis culpam celare cupiens, accessit ad genua sacerdotis, extendens manum & dicens: Juro me per hunc sanctum non perpetrasse adulterium. Et ecce in eadem hora manus extensa facta est arida, & numquam ulterius liberata est; percussa manus commissum narravit adulterium, quod fraudulenter occultaverat linguæ officium. Mulier hæc celavit delictum & sensit flagitium, quæ si confessa fuisset culpam, meruisset veniam, sicut mulier evangelica quæ non erubuit coram convivantibus venire ad pedes Jesu, quantis gemitibus uberrimo lacrymarum fonte perfundi, osculari pedes Domini, lacrymisque rigare & tergere capillis; donec a fonte misericordiæ verbum bonum audiret discurrere; quia dilexit multum dimissa sunt ei peccata multa: hæc non imitatrix illius, noluit verum fateri, & non erubuit esse dolosa testis mendacii, quam conscientia deturpabat, actio accusabat. Unde propter mendacium occurrit flagellum debita occultari noxia pœna. Vitandum mendacium sicut legi-

tur in propheta: *Loquimini veritatem unusquisque cum proximo suo; & juramentum mendax ne diligatis.* Multas & alias virtutes & signa in præsenti vita fecit dictus episcopus quæ non sunt scripta in libro hoc: sed hæc scripsimus transcurrendo sub brevitate, recipientes certitudinem sancti ad decus ecclesiæ, & sancti episcopi religionem, & gloriam Domini revelandam, qui est mirabilis in sanctis suis.

Incarceratus a pediculis, & a captione, S. Bertrandi meritis liberatur.

27. Post transitum vero sancti viri, de quibus dicendum est secundum moderationem quæ est prope omnium rerum pulcherrima, quæ nos reprobos quidem quos damnat defendit, & quos damnavit, dignos solet facere solutione, unde & si non pauca quæ ad coarctationem bene vivendi proficiant scripta sint, serius tamen cum adjici possint quam plura, ne velut semessas verborum nostrorum epulas reliquisse videamur, incœptum prosequamur convivium. Quædam igitur miracula ex multis quæ operatus est per cursum vitæ præsentis, curavimus posteritati relinquere, nam singula nulla ratione possemus. Hæc igitur quæ accepimus ex vera quorumdam relatione, quorum non est præsumptio aliquo levi favore vera falsis miscere, voluimus in scriptis redigere. Accidit itaque temporibus illis quibus S. Bertrandus ad Christum migraverat, ut quidam vir notus & familiaris ejus nomine Bertrandus caperetur a quodam, & clausus est in fundo turris, & adstrictus in miseris vinculis catenarum, erat in tenebroso carcere; quod grave nimium captis est tædium: arcebatur catenis quod est valde molestum, denique fame & siti cruciatus pediculorum factus est pabulum, quorum multitudine incessanter scaturiens omnia membra tenebat, undique longa circumdatus erat catena prædictæ miseriæ, urgentibus continuo stimulis, expediri mundarive non poterat. Dies sine quiete, in nocte palbebræ ejus non inveniebant dormitationem, & si quis esset somnus, laboriosus erat: clamabat infelix, lugebat, dolebat; quid faciat, quo se vertat ignorat, jam de vita desperat, & mortem desiderat. Denique ineffabilis clementia Christi mentem miseri hominis illustrat. Excitat captivus animum, vocat in auxilium sanctum Bertrandum. Nolebat utique divina gratia ut virtus sancti episcopi consenesceret, sed ejusdem amplius fama claresceret. Factum est igitur ut toto corde invocaret in adjutorium sanctum Bertrandum, dicens: Pie pater, credo te ad Christum migrasse feliciter, adjuva me, & ab hac pediculorum funesta rabie me propitius libera. Auditæ sunt preces ejus, & statim tamquam stetisset jubentis imperium, tota illa prænominata miseria in terram cecidit. Mundatus est misera tota contagione per virtutem sancti Bertrandi, & jam de tanto patrono securus instat ferventius orationi. Rogat, plorat, supplicat, ut a vinculis ipsum eripiat: cum lacrymis,

singultibus crebrisque suspiriis iterat preces uberius: & cum hæc fierent divina miserante clementia venit sanctus episcopus, quem in loco præsenti dilexerat, visitat amicum in carcere, vincula rumpit, liberat captivum, extrahit de turre illius loci qui dicitur Castellum-forte. Quid præterea? qui captivus fuerat tulit catenam, quam suspendit ante gloriosum sepulchrum sancti confessoris, ad laudem & gloriam Jesu Christi.

28. Fama sancti episcopi longe lateque volante, miles quidam nomine Petrus cepit manu violenta hominem quem multis nexibus & firmissimis cum omni sollicitudine ligavit ad lignum, & velut insultando, in verbum veritatis cœpit erumpere dicens: Nunc exerceat vires quas potest sanctus Bertrandus, qui consuevit nonnullos a pœna captivitatis exsolvere, & si potest, tibi condoleat, vincula quibus astrictus teneris dissolvat, & tibi libertatem restituat. Dolet ligatus, gemit, suspirat, ante virtutem sancti pontificis vocem prosternit interni doloris. Mira res! mox beneficium sensit captivus, quo sanctus episcopus perplexos admodum nodos vinculorum repente confregit, captivum fecit illæsum abire, quem tyrannica manus sumserat nimia crudelitate vincire. Venit igitur ante sepulcrum sancti episcopi, & post gratiarum actionem, miraculum quod evenerat circumstantibus indicabat, & dicebat: Mirabilis sanctus iste, qui & militem insultantem confudit, & vinculis innodatum potenter absolvit.

29. Cum igitur opera sancta claresceret, quidam nomine Arnaldus tenebatur in vinculis in castro quod Campanum nuncupatur. Cœpit tacita mente revolvere quomodo exinde posset exire; plura excogitat, meditatur attentius, & opportunitatem fugere non reperit: perfundit lacrymas, trahit suspiria, clamat de profundis, orat cum lacrymis, vocat in auxilium S. Bertrandum, & ecce pius confessor Christi dolenti compatitur, accedit ad miserum, vincula rumpit, solvit compeditum, & qui captivus extiterat, venit ad sepulcrum sancti episcopi, agens gratias, & suspendens catenas. Ego quoque indignus servus Christi & Auxitanæ ecclesiæ clericus, qui hoc opus scribendum accepi; & mandatum domini Willelmi archiepiscopi prælibatæ sedis & sanctitatem & miracula S. Bertrandi tempore schismaticorum, quibus sacrosancta Romana ecclesia multarum turbine procellarum fluctuabat, significavi Alexandro summo pontifici viro catholico in palatio Lateranensi, in præsentia venerabilium cardinalium, memoriter teneo me vidisse in provincia mea juvenem quemdam cum vinculis ferreis confitentem se captum fuisse, & in illis vinculis positum, & liberatum per meritum S. Bertrandi. Juvenem prædictum vidi ego cum commorarer in pascuis cum quibusdam quorum cura erat ar-

menta regere, quibus mater mea commiserat, ut cum eis pergerem sub voto peregrinationis ad sepulcrum beati Bertrandi, cujus patrocinio prædicta genitrix mea me commendarat attentius. Solebat & ipsa hunc locum frequentare diligentius, & ut ego essem suæ devotionis imitator ardentius commonebat. Veni ergo cum prædictis ad venerandum tumulum sancti pontificis. Venit in comitatu nostro prædictus captivus, & ingressus ecclesiam post gratiarum actionem, suspendit vincula ferrea inter cetera quæ habebantur ibidem ad laudem Domini nostri Jesu Christi & gloriam, qui est mirabilis in sanctis suis.

30. Mulier quædam nomine Maria destituta membrorum officio, affixis postremæ parti calcaneis, gravi & longo detinebatur oppressa languore; sed cum jam diutius lecto accubuisset, parentum & amicorum suorum cura cessavit: vertebatur in tædium, non erat qui bene faceret, qui vultu pietatis ad eam respiceret. Nam longa infirmitas vix fidelem amicum inveniet. Quid ergo misera mulier? mortificatis membris vivit in corpore jam semimortua, vivit & mortem detiderat, optat mortem nec mori potest, pertrahit longas impia vita moras; gemit in die, torquetur in nocte, & ut liceat mihi assumere verba Ambrosiana, sicut aqua stativa vermes generans omnino contemnitur misera mulier. Denique unum semper est solatium, miserum tamen, sed necessarium, ut ejiciatur a domo tamquam cadaver mortuum, excludatur exterius, non habeat solatium, patiatur exilium. Sic accidit, expellitur a domo, velut corpus exanime collocatur in quodam vehiculo, in angusta domo constituta plura loca perlustrat, relevatur utcumque sua calamitas largitione eleemosynarum quas porrigit sibi fidelium pia devotio: non ipsa, sed domus ejus currit velocius, trahentium manibus diversas circuit villas, diversa requirit hospitia, quo potest modo vitam ducit miseram, afficitur tædio, cruciatur supplicio. Inter hæc audit celeberrimam famam miraculorum S. Bertrandi, currit ad montem feliciter, implorat divinum auxilium, tota cordis contritione rogat Christi clementiam, ut per merita beati Bertrandi sanitatem sibi restituat; sed misericors & miserator Dominus respiciens in orationem humilium, & non spernens preces eorum, lacrymas mulieris posuit in conspectu suo. Venit ergo sanctus episcopus ad mulierem, membra contracta ad directam revocat compositionem, vires infundit, erigit contractam, sustentationis baculum porrigit, viam ostendit. Mulier repente attonita gaudio, de carcere progreditur, prosilit ad terram, ad sepulcrum sancti viri festinanter accelerat, virtutem sancti denuntiat, osculatur sepulcrum, visitat frequentius, currit

VITA S. BERTRANDI

ad gentes, divulgat miracula populis, exaltat, miratur plurimum de tanta virtute, & cum baculum sibi oblatum prædicta mulier perderet, mox destituebatur viribus, & efficiebatur contracta. Mira res! baculum reddebat sibi sanctus episcopus, quo accepto, fiebat incolumis, surgebat e vestigio, & exercebat officia sua.

Baculi S. Bertrandi quanta virtus.

31. Quidam vero furatus est sibi baculum, & ingressus Hispaniam virtutem prædicabat tanti miraculi, populis indicabat baculum, cui pro respectu sancti episcopi multam exhibebant reverentiam, & exinde ille baculus multas oblationes recepit. Ille pro lucro gaudebat, sed mulier lugebat, & ante sepulcrum contracta jacebat; denique post multas lacrymas atque suspiria sibi baculum reddit, multis astantibus in ecclesia, qui sub voto peregrinationis advenerant. Solito mulier surrexit velociter, circumstantes mirantur, & reddunt laudem Deo, commendantes virtutem sancti episcopi: recuperavit mulier baculum, & incessum habuit liberum; non tamen virtus in baculo, sed in sancto episcopo. Mulier hæc multis temporibus ista divulgavit miracula in locis plerisque, & diem claudens extremum, jacet sepulta juxta basilicam Genitricis Dei, in qua quiescit corpus sancti pontificis. Parcat mihi auditor, si prolixa sibi videatur præsens narratio, quia judicio nostro tam præclara virtus miraculi non in discursu debet paginæ commendari.

Obsessa a dæmone mulier liberatur.

32. Mulier quædam indigena & de villa quæ vocatur *Aram*, erat obsessa a dæmone, vexabatur ab immundo spiritu, incutiebat terrorem dentibus, erat intimis & notis abominatio, confusio & abjectio hominum. Parentes & amici exhorrebant quamplurimum, & consortium suum vitare cupientes, negligebant eam, quoniam facta esset vas contumeliæ & habitatio tenebrarum. Mulier igitur considerans in tantum se adductam contemtum, & opprobrio tanto expositam, de domo simul & valle egreditur, venit ad cathedralem ecclesiam Convenarum, ubi quantum poterat vigiliis & orationibus diligenter instabat, & ante venerabile sepulcrum S. Bertrandi jacebat, suspirabat patrocinium, sancto episcopo sese commendans attentius. Factum est ergo die quadam in præsentia multorum, ut obsessam dæmonium vexaret acrius, & sentiens adesse virtutem sancti episcopi fugeret ab obsessa. Liberata est ergo mulier a dæmonio, & ab eo tempore illius furoris in ea non apparuerunt vestigia, & egit gratias Deo & sancto Bertrando, & omnes qui viderunt simul cum ea.

Mulier muta recuperat linguæ officium.

33. Quædam mulier, exigente morbi natura, perdidit linguæ officium. Torquebatur secum tacita mente quid ageret: quod cogitationum turbine volvebat, verbis expedire non poterat, quia muta erat. Grande quippe solatium cum quis suas quas patitur sollicitudines amicis suis indicat sermonum officio; & per contrarium maxima est tristitia loqui saltem non posse necessaria, & non habere virtutem sermonis, qui summopere consistit laudabilis & necessarius, si recta intelligentia & definita moderatione animi gubernetur. Mulier igitur ista non inveniens consilium reserandi claustrum oris, cogitavit in mente, ut a sancto pontifice postularet præsidium; venit ante sepulcrum ejus, lingua tacet, corde clamat, & post multas vigilias & longa quæ ab imis trahebat suspiria, exauditæ sunt preces ejus, & loquebatur benedicens Dominum & sanctum pontificem, per cujus meritum recuperaverat linguæ officium.

34. Crebrescente fama sancti pontificis, quidam homo cœcus & surdus cum filio suo & filia sibi ministrantibus, inter ceteras populorum catervas ivit ad sepulcrum piissimi patris, imploraturus auxilium. In multas lacrymas & alta revolvebatur suspiria miser iste, qui & auditum amiserat, & in tenebris permanebat. Hic igitur instat ferventius orationi, fundit fletus, querelas emittit, quas ipse proferens non audiebat, in cordis visceribus singula quæ loquebatur cum sollicitudine vehementi versabat. Denique cum fatigata mentis constantia labore postulandi lucis & auditus non sit in vacuum, & cordis compunctio, devotio integritatis augetur, incrementum suscipit fides, de cœlesti sede properat medicus, confert opem laboranti sanctus episcopus, citius dicto ab auribus removetur obstaculum, velamen aufertur ab oculis. Quid multa? & surdus audit & illuminatus est cœcus.

Cœcus & surdus visum & auditum recuperat.

35. Miles quidam cepit tres pueros, & misit eos in turri, qui vexati diutius clamaverunt ad Dominum, & exaudivit eos, & invocabant creberrime S. Bertrandum in præsidio: & Dominus ac Salvator noster qui est juxta omnes qui tribulato sunt corde, & salvat humiles spiritu, preces puerorum audivit, & qui tres pueros de fornace liberavit qui erant in Babylonia, eripuit hos tres de carcere, misitque eis S. Bertrandum, qui in virtute Christi Jesu liberavit eos de carcere, & eduxit eos de tenebris & umbra mortis, & vincula eorum disrupit.

Tres pueri capti liberantur.

36. Miles erat diœcesanus & longa detentus ægritudine, tantum passus est in ventre tumorem, ut asquitem vel tympaniten incurrisse crederetur, & erat vita sua tam sibi multo onusta. Denique cœpit clamare ardentissimo desiderio ad Dominum, ut sanaret illum per merita sancti Bertrandi. Et ecce quadam nocte cum omnes amici sui desperarent de vita ejus, ipse in thalamo ubi quiescebat prœ nimia angustia, de lecto perrexit ad humum, & super faciem terræ tamquam mortuus jacuit, sed lingua mentis quantum poterat clamabat

Miles hydropicus sanatur.

clamabat ad Dominum & S. Bertrandum, & inter mentis angustias venit medicina de cœlo, & liquor qui ventrem extenderat, & in modum tympani lucidum fecerat, liberos meatus invenit, & admixtus urinæ per virgam sicut erat immoderate prorupit, & velut gurgitem aquarum multarum in terra reliquit, & curatus est omnino. Sequenti die qui viderunt mirati sunt valde, & ipse tempore congruo resumtis viribus repræsentavit se ante sepulcrum S. Bertrandi, pro salute recepta grates exsolvens uberius in gratia Jesu Christi Domini.

Sacerdos cæcus lumen recipit.

37. Cum igitur tantorum fama miraculorum longe positas illustraret provincias, quidam sacerdos de terra Bearnensium ad illius infirmitatis pervenit incommodum, ut oculi ejus obducerentur caligine, & lumen amitteret. Contabescit anima ejus in amaritudine amarissima, quia sibi negatur facultas solita exercendi negotia. Accepit itaque multorum relatione quoniam S. Bertrandus multis infirmis procurat solatia. Urget infirmitas, monet necessitas, ut quærat remedium, imploratur auxilium. Venit ergo ad desideratum sepulcrum sancti Bertrandi, instat cum omni diligentia vigiliis, hymnis & orationibus, dulcem quoque & divinam psalmorum harmoniam mente vigili & meditatione laudabili psallere studebat propensius: hortabatur clericos ecclesiæ cum multa supplicatione ut ipsum juvarent orationibus, & obtinuerunt orando ut prædictum lumen per merita sancti pontificis recuperaret, & tunc obtulit sacrum textum evangeliorum super altare Virginis Mariæ, quem fecerat scribi de sumtibus propriis. Factum est igitur ut visum reciperet, & egit gratias Deo, & cum magno gaudio regressus est ad nobilem Bearnensium patriam, qui accepto miraculo tanto dederunt laudem Deo.

Furibus sanæ mentis restitutio.

38. Illud præterea insigne miraculum neglectæ vetustatis non debet caligine obduci, quod totius incedit fines Provinciæ, Burgundiam, Lotharingiam penetrat, Theutonicas nationes ingreditur. Accidit igitur ut quidam Theutonicus ad limina S. Jacobi pergens, in via incurreret desipientiæ morbum. Pervenit itaque cum sociis suis ad venerandum episcopi tumulum: orat, plorat, suspirat; mox ejus preces exaudit sanctus episcopus, sensum reformat, renovat rationem, mentem restituit, desipientiam tollit, furorem extinguit: qui fuerat desipiens permittit se tractari, non lacerat vestem, non stridet dentibus, non perstrepunt vaniloquia, moderato incessu, sensate loquitur, revocatur ad sensum, ad se revertitur, salutem plene recuperat, & benedixit Dominum qui est benedictus in æternum.

Muto loquela.

39. Quidam gravi detentus infirmitate lecto accubuit, & cum diu ægrotasset, cœpit aliquantulum convalescere; sed linguæ manusque destitutus officio, se repræsentavit ante gloriosum sepulcrum sancti episcopi, ubi se resolvit in gemitum cordis, & lacrymis compunctionis: quo facto, & manus quæ ad os duci non poterat plenam sanitatem recepit, & soluta sunt vincula linguæ ejus.

40. Quidam captus tenebatur in vinculis, *Captivo libertas.* & qui eum per crudelitatem tyrannicam ceperat, minis inhumane illum tractabat. Cumque vidisset captivus multiplici se expositum calamitati, toto corde invocavit Dominum, ut per merita S. Bertrandi eum liberaret a captivitatis miseria: prope nimirum est Dominus omnibus invocantibus eum in veritate. Factum est ergo ut visitaret Dominus miserum, & confestim misit ad illum sanctum episcopum, qui virtute miranda confregit vincula, liberavit captivum, & securum adduxit ante sepulcrum suum cum gloria & honore regis altissimi, qui est mirabilis in sanctis suis.

41. Alio quoque tempore accidit in Francia *Contractus curatur.* sabbato Pentecostes, facto jam vespere, quod quidam vir in comedendo panem contractus & membrorum valetudine destitutus est ita mirabiliter, ut cum genu stomachus, calcaneusque cum crure, & cum brachio pollex conglutinati sunt. Cui mox portato a sua matre ad Cantuariam in Anglia, sanctus Thomas, solidata ejus base tibiaque reformata præcepit apparens: Vade hinc & statim recede, quia non possum tibi plus satisfacere. Est enim gloriosissimus Christi confessor Bertrandus in Vasconia prope Alpes Hispaniæ, ad quem si abieris, totus sanaberis & pristinam recuperabis incolumitatem. Hoc audito, vir & mater sua illico discedentes per stratam publicam, venerunt ad S. Mariam de Rupe-amatoris, deinde Tolosam, de Tolosa recto tramite usque ad urbem S. Bertrandi, (a) ubi de nocte vigilando cum candelis suis ante sepulcrum ejus, & suffragia implorando, vir cœpit calescere, paulatimque resumto naturali vigore ac calore, sanus & incolumis penitus est effectus.

42. Quadam vice factum est, quod Sancius *Captivum liberat.* Parra de Oltia cum exercitu suo totam terram circa urbem Convenarum deprædavit, in qua præda boves fuerant S. Bertrandi, quos ut scivit captos sanctus episcopus, illuc pergens, a Sancio Parra petiit boves: qui statim negavit se nullo modo redditurum boves vel quicquam de prædatione, nisi sibi redimeretur. Cui rursus sanctus episcopus dixit: Redde mihi quod priusquam moriaris retribuam tibi. Audito responso isto Sancius Parra statim reddit S. Bertrando boves, & sic pacifice ambo discesserunt. Postea vero S. Bertrando jam ad Christum evocato, idem Sancius Parra in Hispania bello captus a Sarracenis, in obscuro carcere miserabiliter ja-

(a) Ita urbs Convenarum a S. Bertrando hactenus solet appellari.

cebat catenis onustus, debens in proximo adduci ultra mare cum multis aliis Christianis captivis: ad quem de nocte veniens S. Bertrandus lucidus & præclarus, & totum carcerem illustrans, dixit: Surge, Sanci, & sta in pedibus. Qui respondens ait: Quis es, domine? Ego sum, inquit, Bertrandus episcopus, cui boves reddidisti, paratus sum retributionem tibi reddere quam spopondi. Ad cujus vocem solutis nexibus ferreis quibus astrictus & ligatus erat, surrexit protinus, & sic ambo inde recedentes, fuerunt miraculose apud Rupem de Squito in Aspa juxta Oltiam lucescente aurora, ubi sanctus Bertrandus rogans eum, quatenus ecclesiam in qua corpus suum jacebat sepultum, honoraret & visitaret annuatim, valedicendo disparuit: atque Sancius Parra postquam fuit cognitus, tota congregata vicinia narravit quomodo abstractus erat a captivitate, & omnis populus dedit laudem Deo ac sancto Bertrando.

VITA S. STEPHANI

ORDINIS GRANDIMONTENSIS INSTITUTORIS

AUCTORE GERARDO

VII. PRIORE GRANDIMONTENSI.

Ex duobus vetustis manuscriptis Grandimontis, & tertio recentiori Majoris-monasterii.

OBSERVATIO PRÆVIA.

Sancti Stephani ordinis Grandimontensis institutoris res præclare gestas scriptis suis perplures celebrarunt auctores. Hanc in se provinciam primus omnium suscepisse videtur Stephanus de Liciaco, anno 1141. creatus quartus Grandimontensis prior. Ipse enim, teste Bernardo Guidonis, & dicta & facta S. Stephani conscribi fecit. Quod quidem opus hactenus in tenebris delituit. Deinde Gerardus Iterii anno 1188. unanimi fratrum consensu Guillelmo de Trinhiaco sexto priori suffectus, cum piissimum parentem suum Sanctorum albo referri satageret, vitam ejus & miracula fusiori conscripsit stilo, quæ nec ipsa lucem hactenus videre promeruit. Tertiam ex hac vita contractiorem, seu potius excerpta ex Gerardi opere non ita concinne adornata contexuerunt aliqui fratres in cellis habitantes, & quidem ut conjicio, ad suos proprios usus, labori prolixiori in tota vita carta committenda parcentes. Hanc vitam absque auctoris nomine primus edidit in sua bibliotheca nova Philippus Labbæus societatis presbyter eruditus anno 1657. Eamdem a Petro-Francisco Chifflet acceptam recuderunt Johannes Bollandus & Godefridus Henschenius ad diem Februarii octavam, sub nomine Gerardi VII. prioris Grandimontensis. Nam cum citatum a Carolo Fremontio Gerardi opus, cum ea quam præ manibus habebant vita contulissent, ipsissimaque illius verba in ea reperissent, illi posse & debere attribui minime dubitarunt: quamvis nonnisi excerpta quædam feriati fratris contineat, qui prolixiori parcens labori, integram describere noluit. Quarto piæ memoriæ Carolus Fremontius Turonicus, ordinis sui reformator, ut suos ad sectanda legislatoris vestigia fratres excitaret, S. Stephani vitam Gallico composuit idiomate, ac Divioni prælo commisit anno 1647. Quinto denique reveren-

diſſimus Henricus de la Marche de Pargnac *noviſſimus ordinis præpoſitus generalis & abbas Grandimontis, ſimile opus Pariſiis non ita pridem edidit. Hos præter auctores Guillelmus Dandina, cognomento de S. Savino, qui ſub finem ſæculi* XII. *Hugonis de Lacerta vitam eleganti ſtilo & accurate conſcripſit, perplura de S. Stephano ſcitu digniſſima & hactenus parum nota, illi inſeruit. His adde Vincentium Bellovacenſem, qui & ipſe de S. Stephano agit Speculi hiſtorialis lib.* 25. *cap.* 46. *& ſeq. Bernardum Guidonis, S. Antoninum part.* 2. *tit.* 15. *cap.* 21. *& plures alios.*

Itaque ad illuſtrandam S. Stephani Muretenſis memoriam, aliud nihil deſiderari videbatur, quam ut Stephani de Liſiaco & Gerardi prioris VII. *lucubratio publici tandem juris fieret. Cum autem Grandimontenſis monaſterii bibliothecam mihi olim luſtrare licuiſſet, inciderunt in manus ampliſſimi codices duo, Gerardi* VII. *prioris nomen præferentes, eleganter deſcripti, & ni me mea fallit opinio, ipſiſſima auctoris manu exarati; ad quorum exemplum Turonenſis S. Martini Majoris-monaſterii codicem recentiorem ſcriptum exiſtimamus. Illos vero diligenter evolventi mihi occurrerunt in eorum uno poſt caput* 46. *inſerta alia ſexdecim capita cum ſubſequentibus verſibus; quæ cum attentiſſime legiſſem, S. Stephani dicta & facta, juſſu Stephani de Liſiaco primum collecta ſtatim eſſe conjeci. Conjecturam hanc meam confirmarunt ſtilus paulo diverſus & res in eis tractatæ, quæ dictis & factis, ut titulus præfert, apprime conveniunt. Deinde cum caput* 47. *præcedenti* 46. *optime cohæreat, nemo eſt qui non advertat ſexdecim illos articulos extra numerum ibidem poſt completum opus inſertos fuiſſe. Præterea cum vita a ſe conſcriptæ tres Gerardus præmiſerit præfationes, quarum tertiæ tantummodo nomen ejus præponitur, duas primas aliorum eſſe auctorum, quorum opus ſuo intexeruerat ille, ſtatim dijudicavi, ex quibus unam fuiſſe Stephani de Liſiaco vehemens mihi ſuggerit ſuſpicio. Quapropter ſexdecim illa capitula ſeorſim edenda operæ pretium duximus.*

Porro tametſi Gerardus ea quæ vera quorumdam veridicorum relatione compererat, atque oculis propriis conſpexerat enarrare ſe profiteatur; initia tamen vitæ S. Stephani parum accurate ſcripſiſſe fatendum eſt. Nam quæ de ejus Beneventum profectione annuo ætatis ſuæ XII. *deque ejus apud Milonem archiepiſcopum totidem annis ibidem commoratione narrat, cum ejuſdem Milonis epiſcopatus tempore, annorum vix duorum, conciliari minime poſſunt; nam anno* 1074. *ordinatus ſucceſſorem habebat anno* 1076. *uti noſtris in notis demonſtravimus. Verum cum decani Pariſienſis dignitate potitus fuiſſet Milo, antequam ad Beneventanam ſedem eum eveheret Gregorius papa* VII. *haud abſimile a vero videtur, ſanctum Stephanum ætatis ſuæ anno duodecimo Pariſios ad eum acceſſiſſe, & ibidem cum eo commorantem divinis humanioribuſque litteris operam dediſſe: eumdem poſtea creatum archiepiſcopum Beneventum ſecutum, cum tunc ageret ætatis ſuæ annum vigeſimum ſecundum; atque Milone poſt duos annos ad ſuperos evocato, Romæ aliquandiu cum aliquo cardinali converſatum fuiſſe.*

INCIPIT PRIMUS TITULUS in vita S. Stephani confeſſoris primi patris Grandimontenſis ordinis.

Quoniam proprium eſt ſervorum fidelium, quos conſtituit Dominus ſuper familiam ſuam, intendere ſuper diſcipulos ſuos, ne a ſtatu rectitudinis labantur, in quo nimirum major ratio ſalutis ipſorum, quibus A cura commiſſa eſt, conſiſtere creditur. Cum caritas paſtoralis non quærit quæ ſua ſunt, nihilominus diſcipuli ſemper habent intueri vitam boni doctoris, qui cum beato Paulo dicere poteſt, imitatores mei eſtote,ut deinde ſumant in omnibus exemplar neceſſarium converſationis ſuæ. Illum enim cujus adjutorio veritas fidelibus reſeratur a Domino, verbis ſimul & operibus dignum eſt, ut ipſi fideles ſuper omnia viſibilia diligant, Quod nos certe fratres Grandimontis poſſumus dicere de Stephano reverendissimo nostræ religionis pastore primo. Quamvis enim ad fidei lumen jamdudum venimus; tamen per hanc semitam justitiæ quam aggressi sumus, nullatenus recto calle transire possimus, nisi ductorem sequamur, scientem vitare cuncta periculosa divortia, sicut ovis quæ pastorem suum ad uberrima pascua ducere volentem, herbis præsentibus inhærens, sequi contemnit, aut a lupis quandoque devoratur, aut tenuis atque deficiens balando nescia quo tendat, exclusa remanet ab ovili. Magna quidem salus omnium discretio pastoris est, gloria discipulorum magister sapiens est: tunc quoque solummodo parietes ædificii firmi sunt, cum a fundamento non discrepant, quod sapiens posuit architectus. Summum igitur gaudium nostrum, fratres dilectissimi, post fidei perceptionem, sit bonum habere pastorem, cujus profecto miracula incessanter oculis aspicimus, & indeficienter manutenemus. Quæ sunt enim alia tributa nostra vel agriculturæ magnæ, aut ingens possessio pecudum, sive quæstus per ecclesias, unde tot fratres congregati in unum quotidie pascamur, nisi pura fides ipsius? Nos mercedem lacrymarum atque jejuniorum ejus percipimus, nec longæ paupertatis, quam indesinenter amplexatus est, fructus tota die colligimus, ut videtis, ubicumque transmutamur per obedientiam, non habentes sustentaculum temporalium rerum, nec deficiendi metum, cum solummodo expectemus Dominum. Quemadmodum igitur in illo proverbio dicitur, cujus panem manducamus, ejus laudem teneamus; propterea Domini misericordiam, fidei constantiam Stephani pastoris nostri memoriter commendemus, in quam per Christi gratiam salutem speramus æternam. Taceo quia nullus nostrum qualibet sapientia sua hujus viam libertatis tentans arripere, nisi clare præmonstrata & undique ab omni cupiditatis servitute clausa foret ab isto patre: vel certe si quis tentaret, consummare nesciret, ut videmus de pluribus in incœpta paupertate non perseverantibus. Unde jucundius memoriam hujus patroni venerari debemus. Hæc autem idcirco dicimus, ut fratres benevolos reddamus, & attentos ad legendum ea quæ de præfato viro posita sunt in hac scriptura, communi causa videlicet, quoniam diligi non valet quod penitus ignoratur; fides enim ex auditu, ut ait Apostolus. Præsertim cum fides adhibenda sit relationi discipulorum illorum, a quibus ista audivimus. Veraciter namque per visum & auditum cognoverunt a principio, & adhuc superstites verborum suorum veritatem operibus attestantur. Verumtamen si multa fuissent apposita de perfecto viro Dei, quæ non omnes imitari, sed admirari possumus, idcirco tamen ea negligere non oportet auditores, immo carius amplecti, ut per hæc fragilitatem nostram subtilius agnoscamus, & mundemus aciem mentis in exemplis tanti Patris. Tanto enim quisquis proficit in Deum, quanto magis per bona alterius vilitatem suam attendit. Et hæc est in humano corpore membrorum firma concordia, quia manus & pedes, licet minime videant, diligunt tamen oculos per quos ad necessaria diriguntur. Et nos quoque diligamus excellens meritum venerabilis Stephani, quoniam ad utilitatem omnium nostrum tanta gratia collata est ei divinitus. Quisquis autem verbum veritatis audire solummodo renuit, aut vix aut numquam illud operando servabit. Hoc autem pro eo dicitur qui in hac stultitia detinetur. Sed Deo gratias agamus, quoniam a fratribus remota est penitus hujusmodi arrogantia. Porro quia tractatum per capitula distinximus, ideo sententias breviter in serie lectionis posuimus, ad intelligendam verborum seriem facilius, & a modo propositum exequimur.

Item alius titulus.

Cum omnibus hominibus ad cognoscendum & diligendum creatorem suum eadem gratia minime sit collata; illi procul dubio celebriori memoria digni habiti sunt, qui profusius divino afflati Spiritu, moribus & doctrina clarius refulserunt, & in ecclesia Dei profuerunt amplius: de quorum immensa multitudine unum habemus præ oculis, sanctum Stephanum videlicet, primum post Dominum Grandimontensis ordinis patrem, qui redemptoris sui sequens vestigia, paupertatem spiritus in tantum dilexit, quod in terra nihil fere voluit possidere; cujus virtutes referre opus est, ut credimus, aliquibus profuturum; sed nostræ scientiæ tenuitas & tarditas ingenii ad ea nempe non sufficit. Ceterum ipsius merita conversationis ejus proclamat austeritas, & testatur exemplum conversandi suis sequacibus derelictum. Quis enim nostris temporibus devotius audivit Dominum in evangelio dicentem: *Qui non renuntiat omnibus quæ possidet, non potest meus esse discipulus.* Quis expressius mancipavit effectui illud Jesu-Christi consilium: *Si quis vult venire post me, abneget semetipsum & tollat crucem suam & sequatur me.* Porro nullius perfectionis evangelicæ surdus auditor, nullius justificationis divinæ obliviosus lector, ut Christum lucrifaceret, ita omnia dereliquit, quod non pecudes, non terrarum possessiones, non reditus, non quæstus, vel aliquod aliud unde sibi necessaria ministrarentur, in mundo retinuit. Rebus itaque pauper & nudus, sed cœlestium virtutum thesauro præditus, in fide ac dilectione illius qui ait suis discipulis: *Nolite solliciti esse dicentes, quid manducabimus, aut quid bibemus, aut quo operiemur? Scit enim Pater vester ca-*

lestis, *quia his omnibus indigetis*, sine sollicitudine & occupatione mundanæ rei, cœpit primum quærere regnum Dei & justitiam ejus. Unde non immerito credendum est illum in terra cœlestem duxisse vitam, & frequentissime gustasse manna absconditum, quod nemo scit, nisi qui accipit; nec corporalis alimoniæ nimiam potuit habere penuriam, qui totam in Deo posuit spem suam, sicut propheta ait: *Jacta super Dominum curam tuam, & ipse te enutriet.* Quod nos qualescumque discipuli ejus, fide meritisque ipsius nobis hactenus accidisse fatemur; & quia omnibus paupertatis hujus propositum sequentibus ita semper eveniet, confidenter credimus & speramus. Scimus enim quantum fidelis est ille qui ait: *Non vidi justum derelictum, nec semen ejus quærens panem.* Quantam autem gratiam ob fidei suæ meritum & carnis macerationem in conspectu Altissimi vir iste adeptus est, ad eorum notitiam qui divinæ pietatis opera libenter audiunt, veraci relatione narrandum suscepimus; sed ab ortu ejus & infantia sumendum est exordium. De his tamen quæ in miraculis & dinoscendis fratrum cogitationibus per eum Dominus operari dignatus est, pauca dicturi sumus, ne forte incredulis veritas mendacium esse videatur, & creduli ex paucis quæ audierint dicant quia omnia possibilia sunt credenti.

Item alius titulus Geraldi venerabilis prioris Grandimontensis VII. *in vita sancti Stephani confessoris.*

Omnibus Christi fidelibus divina permissione Grandimontensis ecclesiæ minister humilis atque indignus, salutem. Ne miremini, dilectissimi, neque stultum vobis videatur atque insipidum, si universitati vestræ scribere præsumo, nomenque nostrum in initio hujus scripturæ ponendo, cum non hoc de jactantia, aut inani gloria, seu aliqua intentione perversa, sed voluntate bona & humili conscientia, in caritate perfecta, ut credimus, suffulta divina gratia, cum qua desideramus, qualiter beatus confessor STEPHANUS Grandimontensis ordinis institutor primus, ab infantiæ suæ rudimentis Domino Deo nostro fideliter servire proposuit, cujus vitæ propositum conversationemque admodum dignis laudibus plenam, moresque sanctissimos atque miracula quæ Deus omnipotens sua benigna gratia per ejus merita gloriosa operari dignatus est, in quantum Dominus donaverit, volumus, si possumus, ut vera quorumdam veridicorum relatione comperimus, & oculis propriis perspeximus, sub brevitate fideliter scripto commendare. Resipiscant igitur insipientes falsidici, oblatrantes & contradicentes veritati. Obmutescant dico, quia Dominus verax est, & omnes viæ ejus judicia & veritas. Ipse enim quæcumque voluit fecit in cœlo & in terra, in mari & in omnibus abyssis. Et quid mirum? omnia potest, quæcumque vult operatur. Intelligant igitur & percipiant increduli & erubescant infideles, quia Deus beatum STEPHANUM mirificavit, & mirificando laudabilem reddidit, nec voluit occultare diutius sanctitatem ipsius, qui velut gemma latebat in sterquilinio oblivionis. Exultent & lætentur fideles Dominum timentes, vera amantes, vana spernentes, mundana contemnentes, eo quod Deus eis demonstraverit lumen veritatis, ac lucernam quæ abscondita erat sub modio, quamvis videretur posita esse super candelabrum, id est beatum virum STEPHANUM, quem Dominus Deus omnipotens sua bonitate mirifica voluit universis manifestari populis. Gaudete, inquam, vos viri Grandimontenses, quibus Dominus talem ac tantum pastorem providit, qui vobis fideliter ostendisset veritatis viam, justitiæ semitam, sanctæ religionis regulam, caste vivendi formam, vigiliarum jejuniorumque observantiam, recte vivendi normam, corrigendi mores disciplinam, amandi amplectendique paupertatem constantiam. Hæc sunt opera pro quibus gaudere vos admoneo, & in quibus debetis operam dare, quia vobis in his & aliis justitiæ fideique operibus exemplum præbuit. Amator etenim fuit veritatis, sectator justitiæ, & sanctitatis fundator, & institutor optimæ ac venerandæ religionis, nutritor castitatis, conservator integerrimæ virginitatis. Quapropter vos admoneo, carissimi, quatenus eum in quantum potueritis imitemini, sectando justitiam, conservando patientiam, amando humilitatem veram, tolerando paupertatem voluntariam ac necessariam, habendo fidem rectam, spem certam, caritatem non fictam. Hæc sunt veræ bonitatis sanctitatisque opera, quibus extitit adornatus atque redimitus B. STEPHANUS pater vester sanctissimus: quem si audieritis & ejus viam sequi volueritis, bona terræ viventium comedetis, & regem gloriæ in decore suo videbitis, cum ad regnum cœleste, ipso beato STEPHANO ducente ac viam demonstrante, perveneritis, procurante Domino nostro JESU CHRISTO, cui est honor & gloria per omnia sæcula sæculorum. Amen.

Explicit titulus Geraldi venerabilis prioris septimi Grandimontensis in vita S. Stephani confessoris & eremitæ perfectissimi.

I. *Incipit vita sancti Stephani confessoris.*

Fuit igitur in Arverniæ partibus homo quidam nobilissimus nomine STEPHANUS, cujusdam oppidi, quod dicebatur Tiernium seu Ternas, dominus & vicecomes, & uxor ejus CANDIDA nuncupabatur. Qui nimirum non sine causa talia sortiti sunt vocabula. Erant enim filium habituri, qui de virginitate, & diutissima corporis afflictione tamquam de redolentibus liliis rosisque vernantibus a Domino erat coronandus. Cui sane præsagio eventus rei postmodum fidem fecit. Divino namque nutu natus est eis filius, qui semper virgo permansit, & in signum coronæ quam meruit, de nomine patris Stephanus est appellatus: quem progenitores sui more nobilium diligenti studio educatum, cum ad intelligibiles pervenisset annos, ad discendum litteras tradiderunt; tanto carius eum diligentes, quanto & elegantioris formæ & bonæ indolis puer cœpit apparere. Crescente itaque puero, & in litterarum scientia magis magisque proficiente, patri ejus cœlitus est inspiratum, ut ad gloriosum corpus B. Nicolai, quod de Mirrea metropoli Liciæ nuper (a) translatum fuerat Barium, causa orandi festinaret. Illuc namque ex diversis mundi partibus fidelium populorum multitudo tunc temporis concurrebat, tanti confessoris gloriosa intercessione peccaminum suorum veniam petitum. Parente igitur illo sumtus & socios eligente, iter cum vellet arripere, & filium suum, quem unice diligebat, secum ducere, perurgebatur admodum gravi tentatione. Timebat enim ne infantiæ suæ teneritudine, vel itineris longitudine puer debilitaretur; dimittere autem eum nolebat, quia eum ante omnia diligebat, & ideo absque eo esse non poterat. Et quid plura? Ipse cum eo ad sacratissimas reliquias lætissimus properavit, ignorans quid de eo Dominus Deus facere decrevisset. Erat enim jam duodennis. Volebat autem omnipotens Deus ac disponebat quatenus puer ea ætate sibi servire inciperet, qua filius suus a parentibus secundum carnem ad templum deductus est; & quemadmodum puer Christus remansit in Jerusalem, ignorante Joseph & Maria, sic puer iste remansurus erat in itinere, patre ignorante & Deo disponente.

[4]

II. De infirmitate pueri apud Beneventanam civitatem.

Cum autem, Christo ducente, post factam orationem pater cum filio feliciter remearet, ut ex devoto devotior fieret, per Beneventanam urbem transitum fecit, ubi quid acciderit sine dolore quis poterit enarrare? nam ibidem infirmatus est puer, & gaudium quod de parvulo comite suo pater habuerat, versum est in mœrorem. Tristis ergo nimis effectus, orando, eleemosynas largiendo, omnipotentis medici & B. Nicolai auxilium implorat, sed de filii sui sospitate nullum comperit indicium. O pietas patris, ô providentia supernæ dispensationis! postulat pater pueri sanitatem, sed Deus puero alium providit patrem.

(a) Veram peregrinationis Stephani vicecomitis Tiernensis causam ignorasse videtur Gerardus hujus vitæ auctor: nam constans est omnium auctorum sententia corpus S. Nicolai Barium translatum fuisse anno 1087. ac proinde aliquibus post annis quam peregrinationem suscepisset.

III. De archiepiscopo Beneventanæ civitatis Milone.

Erat enim tunc in eadem urbe archiepiscopus beatissimus Milo, qui de Arvernia oriundus huic viro ab infantia fuerat notissimus. Hic cum videret quod puer non convalesceret, ob votum & amorem nobilissimi viri, rogavit eum ut suum sibi dimitteret filium. Qui de illius amicitia certissimus, & de prudentia & probitate non ignarus, infantulum quem reducere non poterat, ei tamquam fidelissimo viro fidelissimum commisit depositum, obsecrans multis precibus ut si puer evaderet, illum faceret erudiri, quatenus sciret legem ejus, cui jam parvulus fuerat oblatus: sicque caro pignore destitutus, desolatus & mœstus ad propria reversus est. Post paucos vero dies, divina operante clementia, puer sanus factus est, & quasi oblitus patris & patriæ, hilaris & gaudens in terra fuit aliena.

IV. De puero instruendo ab archiepiscopo.

Unde archiepiscopus plurimum lætus non solum sacris tradidit eum litteris imbuendum, verum etiam ipse, velut pius pater & fidelis doctor, bonitatem & disciplinam & scientiam ipsum studiosius edocebat. Semper enim puerum a scholis vacantem operibus suis assidere faciebat, vel cum diœcesis suæ placita pertractaret, vel cum Romani pontificis, cui Beneventum sedes atque thalamus est, causis sive judiciis interesset. Talibus quippe negotiis propter veritatem & mansuetudinem & justitiam quæ in eo evidenter eminebant, frequentissime insistere cogebatur. Sed sicut ait apostolus, *Quis novit sensum Domini, aut quis consiliarius ejus fuit?*

V. De Dei providentia erga puerum.

Ut doctorem inveniret justitiæ, ut patrem haberet spiritualem, carnalis pater ad exteras nationes filium duxit, nesciens quid faceret. Ceterum ille sciebat, qui cum puero & de puero aliquid magnum facere cogitabat. Egressus est enim puer de terra & de cognatione sua & de domo patris sui, ut inter gentes quas nesciebat, vivendi formam disceret, ad quem postmodum maxima multitudo hominum vel de Hur Caldæorum & Ægyptia servitute ad terram promissionis & virtutum montem ocius convolaret.

VI. De religiosis Calabriæ, & vita & conversatione eorum.

Florebat enim eo tempore in Calabriæ finibus justorum quædam religiosa congregatio, tanto bonis cœlestibus uberior, quanto ab omni cura temporalium erat remotior. Pecudibus possessionibusque, ac universis rerum mundanarum occupationibus ita penitus renuntiaverat, quod unde professores sui ad tumultum sæculi revocarentur, non habebat. Et ut dilatato corde per arctam viam quæ ducit ad vitam, quicumque ad eam accedebant, incederent, nullus in ea aliquid proprium possidebat: sed sicut in Actibus apostolorum legitur, erant illis omnia communia, & dividebatur singulis prout cuique opus erat. Verumtamen nullos nisi seipsos habebant ministros, ut major locum minoris obtineret, & præcessor fieret ministrator. Corporalis autem subsidii sollicitudinem solummodo in Deum projecerant, unanimiter in claustro viventes, & obedientiam humani generis reparatricem pro suis viribus in omnibus custodientes; & quia mundum sibi & se mundo crucifixerunt, & in cruce Christi gloriabantur, operum prædicatione testimonium perhibentes veritati, tantam apud Deum & homines invenerant gratiam, quod & virtutum gratia redundabat, & in cibis & vestibus humanæ naturæ sufficientiis non carerent. Hoc itaque propositum sapientissimus archiepiscopus Milo in sermonibus quos ad populum faciebat jugiter commendabat, & cum eorumdem patrum aliquem videre poterat, ut Christum in servo suo loquentem audiret, omni postposita sollicitudine totus ei vacabat. Audiebat enim de conversatione eorum, unde postmodum clericorum, laïcorum, aliorumque religiosorum vitam ad altiora inflammabat, proponens eis exemplum istorum ab omni cupiditate, quæ radix omnium malorum est, caventium, solisque cœlestibus inhiantium.

VII. *Qualiter appetebat virorum supradictorum imitari exemplum.*

Cum igitur Stephanus jam pueritiæ metas excedens, hunc sanctissimum virum in hujusmodi vita cerneret adeo complacere, desiderio imitandi mores & actus illius religionis attentius investigare studuit, & fideliter memoriæ commendavit. Fecerat enim Christus Dominus in ejus pectore mansionem, & ideo amore illius omnia deserere cupiebat, sed qualiter perfecte id agere potuisset, tamquam prudentissimus adolescens & Deo plenus diligentissime deliberabat.

VIII. *De visitatione terræ nativitatis suæ ac parentum suorum.*

Eruditus itaque & nutritus a S. Milone Beneventano archiepiscopo (a) duodecim annis, accepta licentia ab eo, decrevit in cor- de suo quatenus visitaret (b) patriam & parentes suos, qui cum vidissent eum, ultra modum lætati sunt & congratulabantur ei veluti a mortuis surrexisset. Cumque ibi moram aliquam fecisset, retro per Dei misericordiam ad ipsum archiepiscopum redire disposuit. Cumque Romam fuisset ingressus, comperit eum viam universæ carnis jam fuisse ingressum, & tunc remansit apud quemdam prudentissimum virum sacrosanctæ Romanæ ecclesiæ cardinalem, cum quo in Romana curia per quatuor continuos annos (c) intrans & exiens, & de diversis diversarum religionum actionibus, & dispensationibus totius ecclesiæ catholicos viros sæpissime disputantes audierit. Cumque de omnibus quæ spectant ad salutem animæ, & etiam ad sæculi salutare consilium sufficienter edoctus fuisset, & conceptum desiderium serviendi Deo ad executionem operis animum perurgeret, a Romano pontifice, cui bene notus erat, devotissime petiit, ut ordinem quem in Calabria observari didicerat, in remissionem peccatorum suorum, quæ ut reor pauca erant, sibi alicubi observare concederet.

IX. *Qualem se habebat apud Romanum pontificem.*

Licet autem supererogare, si vel legere, vel audire, vel desuper inspiratum esse contingeret, unde primum bonum & mensuram consertam & coagitatam, & super effluentem, redeunte Domino expectaret. Cujus piæ petitionis affectum admiratus admirabilis pater apostolicus, ætatem juvenis & severitatem ordinis considerans, primo quidem obstupuit, deinde promittendo ei honores ecclesiasticos & immensa beneficia, ut a tali petitione pariter & voluntate desisteret, monuit; fortasse existimans, quod vel levitate, seu aliqua ingruente tentatione per tam arctam & arduam viam vellet incedere. Verum quanto magis pius pater probando spiritum, si ex Deo erat, illum ne talia postularet dehortari videbatur, tanto ad exequendum quod proposuerat, & quod poscebat impetrandum ille ferventior efficiebatur & instantior.

X. *De confirmatione beati Stephani per summum pontificem.*

Comperta itaque ac probata ipsius constantia, Christi vicarius tandem quod petebat annuit, & auctoritate sua apostolica & po-

---

(a) Hic cespitat auctor non parum in his quæ de Stephani apud Milonem archiepiscopum Beneventanum per annos XII. commorante narrat, cum constet Milonem vix duobus annis sedem Beneventanam occupasse. Id certe patet & ex brevi Chronico Beneventano apud nos ms. ubi ad annum MLXXIV. Milonis ordinatio consignatur, ejus vero obitus anno sequenti, Roffredi vero ejus successoris electio anno MLXXVI. Et ex instrumento ipsius Milonis apud Ughellum relato; in quo Milo primum sui præsulatus annum cum anno Christi MLXXV. componit. Mabillonius existimat Milonem superstitem fuisse anno MLXXVIII. quo per auctoritatem papæ Gregorii septimi & per testimonium Milonis archiepiscopi, qui prius decanus Parisiensis, ab apostolico ordinatus est archiepiscopus Beneventanus, quem de hac re intercessorem apud papam habuit Johannes quidam construxit cellam S. Florentii prope Dolum in Armorica. Verum aliquot ante annis intercedere potuit Milo quam cella illa construeretur, & certe invictissimis Ughellus probat argumentis Roffredum Milonis successorem sedisse anno MLXXVI.

(b) De hac parentum visitatione silet vita a Bollando edita.

(c) Si quatuor continuos annos post Milonis mortem moram fecit cum quodam cardinali S. Stephanus, ordinis sui fundamenta jacere non potuit ante annum MLXXX.

testate, qua cunctis præeminet mortalibus, omne bonum quod ageret ei in pœnitentiam & virtutis præmium injunxit. Tunc ille de jussione summi pontificis, quam multum optaverat gaudens, cumejus benedictione discessit a curia, & quasi futuræ conversationis jam medium habens, visum est ei bonum ea intentione redire ad patriam, ut quod corpore nolens & inscius reliquerat, mente & corpore spontaneus & prudens desereret.

XI. *De ingressu Arverniæ vel patriæ suæ.*

Iter igitur arripiens in ingressu juventutis suæ Arverniam regressus est, sed parvam ibi faciens moram, a parentibus & fratribus, & cognatis & amicis, qui de regressu ipsius admodum gaudebant solus latenter recessit.

XII. *De egressu patriæ suæ & de visitatione gratiæ divinæ.*

Cum autem egrederetur de patria sua, relictis parentibus suis, domo, & omni parentela, & cognatione sua, sciretque retro numquam se reversurum, respexit post se, ultimum vale facturus, & subito divinitus excussa sunt omnia ossa ejus, ita ut videretur sibi quod disjungerentur & solverentur omnes ejus juncturæ: unde credimus quod signum hoc fuit indicium futuræ sanctitatis ejus ac bonitatis: quapropter dicere potuit veraciter, *Dirupisti, Domine, vincula mea.* Perambulans & perlustrans plurimarum provinciarum partes, ea loca quæ ad serviendum Deo & agendum pœnitentiam magis sunt idonea diligentissime considerabat. Sciebat enim quod quærentibus & diligentibus Deum frequentia hominum, & copia rerum nociva sunt, utilia vero paupertas & solitudo.

XIII. *De loco eremi apud Muretum invento.*

Denique peragratis multis eremis & solitudinibus, & de canonicorum, monachorum, eremitarumque vita illa quæ imitanda sunt memoriæ commendans, in Aquitaniam ad nemorosum montem, qui non longe distat ab urbe Lemovicarum, & Muretum dicitur, Christo ducente, pervenit, ubi fontes reperit & rupes, terramque desertam & inviam, quæ novo hospiti suo potum frigidissimum & domum ventis expositam offerens, afflictionem corporis & requiem mentis manifestis indiciis promittebat. Porro tota silvestris & sterilis, & fere omni tempore hiemalis, hominibus insueta, assueta feris, aliud non poterat polliceri.

XIV. *De ingressu eremi.*

Sed non metuit tentationes qui sensit Dei consolationes, nec nimis esurit panem hominum, qui frequenter comedit panem angelorum: cujus rei non ignarus servus Dei, in spem ejus de quo legitur, quia erat in deserto cum bestiis, & angeli ministrabant ei, fervens & intrepidus ad unum accessit fontem, & gaudens de solitudine, quam juxta cor suum ad ducendam pauperem vitam aptam invenerat, omnibus diebus vitæ suæ ibi se Deo serviturum spopondit, & cum quædam annulo, quem de omni substantia mundi tantum habebat, semetipsum castissimum virginem Christo desponsavit, dicens:

XV. *De professione ejusdem.*

Ego STEPHANUS abrenuntio diabolo & omnibus pompis ejus, & offero atque reddo meipsum Deo Patri & Filio ejus & Spiritui sancto, trino & uni Deo vivo & vero. Et scribens professionem suam, posuit eam super caput suum, & dixit: *Omnipotens & misericors Dominus, Pater, & Fili, & Sancte Spiritus, qui semper & idem permanens vivis & regnas trinus & unus Deus; Ego frater* STEPHANUS *promitto tibi me a modo serviturum in hac eremo, in fide catholica; & propter hoc pono cartam istam super caput meum, & annulum istum in digito meo, ut in die obitus mei sit mihi hæc promissio, & hæc carta scutum & defensio contra insidias inimicorum meorum. Quæso, Domine, ut reddas mihi vestem nuptialem, & in numero filiorum sanctæ ecclesiæ me annumerare digneris, & ad cœnam nuptiarum Filii tui, sanctissime Pater, animam meam de corpore exeuntem, caritatis tuæ vestem indutam in regnum tuum cum sanctis omnibus introducas: Qui vivis & regnas Deus cum Filio tuo & Spiritu sancto per omnia sæcula sæculorum. Amen.* Item dixit: *Sancta* MARIA *mater Domini nostri* JESU CHRISTI, *Filio tuo & tibi commendo animam meam & corpus meum & sensum meum.* His dictis, non est ultra reversus ad sæculum, sed facto de virgultis parvo tugurio, anno ab Incarnatione Domini MLXXVI. trigesimum agens ætatis suæ annum, eremum habitare cœpit in jejuniis, vigiliis ac orationibus continuis serviens Domino die noctuque.

XVI. *De cibo ejusdem.*

A die namque illa cibus ejus panis & aqua fuit, & interdum farinulæ siligineæ modica sorbitiuncula, quæ ceteris ceterarum farinularum sorbitiunculis minus sapida, necessitati utcumque servit non delectationi. In senectute tamen sua, a tricesimo scilicet conversationis suæ, anno modico vino usus est propter stomachum, quem ciborum ariditas & penuria nimis arctaverat; sed carnem vel sagimen nullo tempore conversionis suæ sanus comedit aut æger. Ceterum, si quis scire voluerit unde etiam illa tenuis substantia, qua corpus ejus sustentabatur, illi aderat, præsertim cum diu solus in eremo habitaret nec exiret ad sæculum, revocet ad memoriam quomodo Abdias propheta Domini in
spelunca

spelunca absconditos pro Dei amore pane pavit & aqua, & noverit quod nihilominus circumstantium vicinorum caritas sola divina inspiratione huic Dei servo deferebat. Qui enim Danieli in lacu leonum incluso prandium misit per Abacuc, qui per ministerium corvi & viduae Heliam a famis liberavit injuria, qui quotidie dat jumentis escam ipsorum, & pullis corvorum invocantibus eum, hominis tantae fidei, quem ad se diligendum absconderat in abscondito faciei suae a conturbatione hominum non potuit oblivisci. Solis igitur intentus coelestibus, alimenta corporis a devotione fidelium, refectionem vero mentis & unctionem Spiritus a divinae contemplationis beneficio affluenter sortitus est.

XVII. De lorica ferrea qua induebatur.

Nam quomodo non gustaret quam suavis est Dominus, & dulcedinis ejus stillicidia stillantia non haberet, qui corpus suum castigando & in servitutem redigendo per districtam abstinentiam, etiam lorica ferrea contra carnis insidias & mentis lasciviam tamdiu incessit armatus, quousque toto exsiccato corpore, plenam de seipso obtinuerit victoriam. Ad cujus eximiae perfectionis cumulum tantae parcitas vestium, lectique accessit durities, quae cunctis humanae conditionis facultatem cernentibus vires hominis videatur excedere.

XVIII. De indumentis ejusdem.

Indumenta namque quibus super loricam induebatur, nullo tempore augebantur, nullo minuebantur; sed in hyeme & in aestate ad repellendum frigus, & cauma aequalia semper erant & eadem.

XIX. De stratu ejusdem.

Stratus vero in quo post nimiam carnis suae fatigationem ad quiescendum se modicum conferebat, adeo durus erat & quieti contrarius, ut in eo dormiens vexari poterat non foveri. Erat enim ex tabulis ligneis instar sepulcri in terram consertis, omni stramento, omnique lecti stramine carens, praeter illam tunicam ferream quam semper ad nudam gestabat carnem, & vilissimum dumtaxat habitum, quo desuper manebat indutus; illa ad stratum veniens secum afferebat, illa de strato surgens secum deferebat. Eo absente stratus ejus nudus erat & vacuus; eo praesente talibus culcitris talibusque linteolis erat ornatus. Sed quis ad haec non miretur? quis non obstupescat? Siquidem, ut verum fateamur, parcus in cibo, parcus in lecto, parcus in somno fuit.

XX. De perseverantia in divinis officiis.

Exceptis etenim ecclesiastici officii regularibus debitis, agenda videlicet diei & beatae Mariae, & fidelium defunctorum, a prima die qua venit in eremum, usque ad ultimum diem vitae suae, ordinem de sancta Trinitate cum novem lectionibus & horis canonicis, singulis diebus ac noctibus devotissime celebravit.

XXI. De genuflexionibus ejusdem.

Numerum autem genuflexionum ejus, quas terram deosculando, & cum fronte nasoque percutiendo humiliter faciebat, scire non possumus, quem utique propter earum saepissimam iterationem ipsum etiam credimus ignorasse. Scimus tamen quod manibus ac genibus in modum cameli earumdem assiduitate genuflexionum callos contraxerat, & nasum curvaverat in obliquum.

XXII. De psalmodia & orationibus ejus.

Psalmodiam vero & familiares orationes in tantum amabat, & gratiam illius excellentissimae contemplationis in qua Deus melius cognoscitur, tam efficaciter habebat, quod nunc hujus dulcedine raptus, nunc illarum occupatione detentus, frequenter biduo aut triduo a corporali vacabat edulio; & quia non potuit lucerna accensa latere sub modio, longe lateque sanctitatis ejus opinio divulgata est, & veniebant ad eum undique multi suae salutis monita audire cupientes. Verum si pro eorum colloquio quibus servata caritate deesse non poterat, ea quae orando facere vel dicere consueverat, statutis horis sive temporibus quandoque non impleret, differri quidem poterant, non omitti. Postquam enim ab eo, qui advenerant, recedebant, quaecumque hora tunc esset, antequam comederet vel dormiret, omnia quae de consuetis orationibus necessario intermiserat, omni cum devotione restituebat. Unde plerumque usque in crastinum nullum sumebat cibum, Christi discipulorum imitator verus, qui propter venientes & redeuntes manducandi spatium non habebat. Purus igitur rigidusque sui exactor primo suae conversionis anno, humano carens solatio solus in eremo fuit; secundo quemdam de saeculo in suam recepit custodiam suamque disciplinam, quem alter postea subsecutus est. His duobus solummodo diu comitatus fuit; plures enim ad austeritatem conversationis ejus accedere trepidabant. Verumtamen districtionis suae regulam & mensuram possibilitatis ipse nemini imponebat; sed quemadmodum inchoaverat sibi quidem crudelis & asperus, aliis pius longeque moderatior erat. Sciebat enim quod secundum collatam sibi coelitus gratiam alius alio fortior est, & non omnia possumus omnes.

XXIII. *De prudentia quam habebat erga discipulos.*

Nec quærebat discipulorum suorum corpora necare, sed vitia: unde tamquam fidelis dispensator & prudens quem constituit Dominus super familiam suam, in cibis & vestibus, ceterisque humanæ fragilitatis necessitatibus, eis æquo libramine indulgebat: hoc tantum ab eis exigebat, ut Dominum super omnia diligentes ei veraciter dicere possent, *Propter te mortificamur tota die, æstimati sumus sicut oves occisionis.* Ac postquam disponente Deo discipulorum ejus numerus crevit, non quasi unus ex illis in illis factus, sed minor omnibus illis.

XXIV. *De humilitate ejusdem.*

Nam, sicut consuetudo religionis est, in refectorio ad mensas sedentibus & vescentibus illis, ille humiliter humi residebat, legendo passiones sanctorum vel vitas patrum, seu aliam ædificantem scripturam, ut corporea alimenta capientes, illius sententiæ recordarentur, *Non in solo pane vivit homo, sed in omni verbo quod processit ex ore Dei.* Legerat quippe, legerat, inquam, & memoriæ mandaverat, *quanto major es, humilia te in omnibus, & coram Deo invenies gratiam*; & illud: *Qui voluerit inter vos major esse, erit omnium servus.*

XXV. *De doctrina ejusdem facta ad discipulos.*

Quam prudenter autem & quam sollicite de religionis observantia, de morum maturitate & de omnibus quæ ad salutem animæ spectant, quæ viva voce sanctorum sententiis & exemplis discipulos suos, & eos qui cum eo loquebantur docebat, quemadmodum in sententiis suis scriptum est, sub silentio præterimus. Nimirum ad ea evidentissima sanctitatis ejus indicia festinamus, quibus fides magis est adhibenda quam verbis. Quis enim novit cogitationes hominum, nisi qui finxit singillatim corda eorum, & intelligit omnia opera eorum, aut cui voluerit ipse revelare?

XXVI. *De cognitione cogitationum discipulorum suorum.*

Cujus gratiæ prærogativam ab illo Patre luminum a quo omne datum optimum, & omne donum perfectum, tam efficaciter vir iste acceperat, quod præsertim discipulis suis quid cogitabant, & tentationes quas a diabolo patiebantur, apertissime dicebat, & qualiter pravis cogitationibus & importunis tentationibus viriliter resisterent, tamquam pius pater & de salute eorum bene sollicitus, eos instruebat.

XXVII. *Quantam vim obtinebant orationes ejusdem apud Deum.*

Frequenter etiam cum eorum poscebat infirmitas, ne in hoc mari magno & spatioso hujusmodi fluctibus submergerentur, suis eos orationibus juvabat. Erant enim preces ejus tantæ virtutis ante Dominum, quod ipso cooperante, ab ipsis dæmonum faucibus & pravis machinationibus hominum captos poterant liberare; quod ut manifestum sit, de pluribus miraculis, quæ per fidem & orationes ipsius Dominus operari dignatus est, hic breviter duo narremus.

XXVIII. *De milite per eumdem a quodam crimine liberato.*

Igitur miles quidam generosus cujusdam immensi criminis tenebatur reus. Hic enim, cum inter alios, qui ad eum visitandi gratia venerant, cum eo semel assisteret, quasi unus de stultis hominibus locutus est. Ait enim: Obsecro te, serve Dei, noli pro me Dominum deprecari. Admirans autem ille, respondit ei, Quid hoc est frater? Cur ita loqueris? Miles ait: Quoddam peccatum in tantum diligo, quod nullatenus illud vel odire vel relinquere volo. Timeo autem ne hoc mihi contingat, si tu pro me rogaveris. Tuis ergo orationibus aliis auxiliare, mihi vero minime. His dictis, miles diaboli recessit lætus, sed fidelis athleta Christi tristis remansit & anxius. Ingressus capitulum, tabulam pulsat, fratres congregat, sed præ lacrymarum impetu qua causa id ageret, vix illis insinuat: tandem reserato eis sermone militis, jubet, hortatur, ut pro stultissimo milite cum eo Dominum studeant exorare. Nec mora peccator rediit, & de jam dicta stultitia veniam postulans, corde & ore suæ iniquitati renuntiavit. In quo utique facto datur agnoscere quantam caritatem habuerit, qui, donec errantem proximum ad viam veritatis reduceret, preces cum lacrymis Domino fundere non cessavit. Est & aliud fidei ejus præclarissimum opus, huic non dissimile.

XXIX. *De familiari cujusdam liberato.*

Nam homo quidam in re familiari satis opulentus, victualia quæ fidelis populus ei in eremo assidue commoranti caritative mittebat, ferre consueverat; sed quia longe manebat ab ejus cella, nec ad eam una die poterat pervenire, in itinere sibi providerat hospitium, in quo iens hospitabatur & rediens. Noverat autem illius hospitii Dominus hunc Dei servi famulum habere divitias, & ideo suadente diabolo tradidit eum duobus latronibus, qui ut ad redemtionem illum cogerent, in speluncis & in cavernis terræ cum eo latitabant, ligatum eum tenentes & captum. Post aliquot vero dies nunciatum est servo Dei quod familiaris suus in via qua ad eum veniebat, ab ignotis hominibus furtim fuerat captus, & quo nesciebatur adductus. Quod ille audiens prius pet multa loca diligentissime fecit eum requiri, sed nullatenus potuit inveniri. Tunc fratribus super hoc conquerentibus & dolentibus dixit: Cur estis anxii? Scio cui manifestum est de homine, ubi sit, & quo modo se habeat. Nudatis igitur pedibus eamus in oratorium, & gloriosæ Virginis matris Domini, in cujus obsequio captus est, imploremus auxilium. Nullus enim carcer nullusque locus est, de quo sine mora eum nobis reddere liberum ipsa non possit: & cum hoc factum fuisset, ecce crastina die diluculo, proditor hospes cum duobus latronibus & homine quem ceperant, ad cellæ januam pulsantes astiterunt. Homo vero qui captus fuerat & ligatus, solutus & liber, fures & traditor vinculis erant ligati; quod frater ostiarius intuens, & de miraculo multum gaudens, patri spirituali, qui more solito eadem hora discipulos instruebat, secreto manifestavit. Sed Christi servus gaudium mentis vultu dissimulans, verbum quod incœperat minime prætermisit, dans fratribus exemplum, ut non in miraculis, sed in solo Domino gloriarentur. Deinceps completo sermone, fures ac proditorem a vinculis quibus erant religati solvit, & cum fratribus Deo & beatissimæ Virgini MARIÆ gratias agens, tutos & liberos abire permisit.

XXX. De affluentia virorum ac mulierum venientium ad eum.

Veniebant itaque ad eum multi parvi & magni, pauperes & divites. Erat enim celeberrimæ opinionis, omnibus proficiens, nocens nulli. Non enim erat manus ejus extenta ad accipiendum & ad dandum collecta, sed libentius conferens quam capiens, spiritualem temporalemque alimoniam mendicantibus læto animo & hilari vultu liberaliter erogabat, arguebat peccantes, & de peccatis suis mœstos consolans, quid agerent indicabat: justis pius, afflictis compatiens, egenis misericors, omnibus pater erat.

XXXI. De fragrantia miri odoris quæ ab ipso procedebat.

Viri autem odoris fragrantiam cum eo loquentes & astantes circa eam ex ipso procedere sentiebant, cujus rei plures adhuc legitime testes inveniuntur. Quæ profecto fragrantia non solum sicut sentientes fatebantur & aliis prædicabant, totius suavitatis auctorem in eo requiescere testabatur: verum etiam, quantum nobis datur intelligi, meritum erat, quo integerrima virginitas & humilitas animæ & corporis, quæ in eo eminebant, etiam in hac vita dum viveret donabantur. Patientiam vero qua jejunando, vigilando, frigus æstusque tolerando, crucem Dominicam corde bajulabat & corpore, caritatem, sobrietatem, discretionem, & hilaritatem quibus cunctis indigentibus consulebat, seque præbebat affabilem, longum est enarrare. Deus hæc omnia novit: nos enim per omnem narrationem nostram, ea de ipso tacenda fore censuimus, quæ nostri temporis fidem forsitan facerent hæsitare. Redolebat tamen adeo conversationis ejus sanctitas, quod etiam supremos homines ad sui notitiam poterat convocare.

XXXII. De adventu cardinalium Romanorum.

Excellentissimi namque cardinales, GREGORIUS videlicet & PETRUS DE LEO, inter quos postmodum de prælatione Romani papatus, ut notum est, schisma fuit, cum a summo pontifice in Galliam missi legatione sua in partibus Lemoviciniæ fungerentur, ad hunc virum Dei pariter convenerunt. Qui primo vivendi formam quam habebat, deinde a quo eam didicerat, vel si esset canonicus aut monachus seu eremita, tandem cur in arido gelidoque monte, cur in terra sterili & inculta, sine animalium & omni temporalium rerum amminiculo curam hominum agere cœperat, diligenter quæsierunt.

XXXIII. De responsione beati Stephani ad cardinales.

Quibus ille, quemadmodum cunctis secum loquentibus facere consueverat, humiliter respondens, de doctore suo venerabili MILONE Beneventanæ urbis archiepiscopo primo mentionem fecit, illum Christi sermonem in corde suo recogitans: *Si ego glorifico meipsum, gloria mea nihil est.* Sed cardinales de tam celebri viro illum loqui audientes, in verbis ejus paululum hæsitaverunt. Sciebant enim illius sanctissimi viri obitum longo retro tempore extitisse. Quo agnito, Dei servus ait, Dubitatis super hoc, Domini mei? Certe si non festinaretis, & liceret auscultare utrum vera diceremus, illico probaretis. Tunc illi usque ad ultimum verbum, quidquid ille diceret, se libenter audire promiserunt.

XXXIV. De assertione cujusdam abbatis Lemovicensis ad supradictos cardinales pro beato Stephano.

Dicebat autem eis quidam abbas Lemovicensis qui eos adduxerat, nequaquam suspicemini quod iste Dei servus falsum proferat verbum: prius enim permitteret amputari caput suum, quam scienter in aliquo mentiretur sermone. Tunc ortus a principio seriatim illis retulit, qualiter in pueritia ad Beneventum a patre suo ductus est, ubi a sancto MILONE duodecim annis educatus, hanc regulam didicerit, de cujus etiam vita & doctrina mirabili multa quæ ipsi noverant interfuerit. Quocirca eum vera loqui cognoverunt, & quicquid ulterius dixerit, lætabundi receperunt. Solutis ergo universis eorum quæstionibus, quoniam quidem paratissimus semper aut ad satisfactionem omni poscenti se rationem de ea quam habebat fide & spe, in fine locutionis suæ subjunxit, & ait: Itaque cum de fallaci mundo, ducente nos Christi gratia, voluimus exire, a Romano pontifice in curia ubi cum quodam cardinali a transitu sapientissimi & sanctissimi doctoris nostri archiepiscopi Milonis fueramus, prout melius potuimus nostram suscepimus pœnitentiam, & cum ipsius præcepto & obedientia in remissionem peccatorum nostrorum hujus paupertatis & abjectionis viam sequi proposuimus: & si sanctos & laudabiles eremitas, quos per totam septimanam absque corporali cibo divinæ contemplationi vacasse legimus, fragilitate nostra non possumus imitari; tamen, quia a via publica aliquantulum declinavimus, & fratres qui in Calabria sine pecudibus & possessionibus Deo serviunt, utcumque sequimur, in extremo judicio, cum Christus venerit judicare vivos & mortuos, ejus misericordiam expectamus. Et ecce vestibus monachorum & canonicorum, de quibus interrogatis, non utimur, ut videtis, quoniam etiam tantæ sanctitatis vocabula nobis non usurpamus. Nam canonicorum institutio quæ habet potestatem ligandi atque solvendi quemadmodum apostoli, supereminet potestati monachorum, ideoque, ut diximus, usurpare vitam illorum minime audemus. Tanta namque perfectio ad regimen ecclesiarum est necessaria, quod perfectos earum rectores vix aut numquam imitari sufficeremus, imperfectos vero & inutiles nullo modo sequi debemus, nec solum nos oportet cupiditatem a nobis expellere, sed etiam omnia unde posset procedere: quin etiam si ecclesias nos habere contingeret, quo modo curam ageremus aliorum, qui mortui sumus mundo, & membris abscissis a sæculo, pedibus caremus ad ambulandum, ore ad loquendum, & ideo nec nostri curam agimus, vel possumus; quanto minus & aliorum, quemadmodum pastores ecclesiæ. Nomine autem monachorum non utimur, quia nomen sanctitatis vel singularitatis sortiti sunt vocabulum, quamquam omnes Christiani possunt vocari monachi: attamen illi specialiter monachi dicuntur, qui sui amplius curam * agunt, nec aliud cogitant nisi tantummodo de Deo. Eremitarum vero vitam imitari minime valemus, quia in hoc specialiter est vita omnium eremitarum devitare sæculi tumultus, & permanere in cellulis suis, quatenus vacent orationi & silentio.

* f. non agūt.

XXXV. *De extolentia viri justi facta a cardinalibus.*

Quibus auditis, cardinales legati ipsius prudentiam & humilem responsionem admirantes, omnibus qui illic aderant, constanter aiebant: Dicimus vobis, ut testificamur, quod aliquem huic viro similem nusquam invenimus, Sanctus enim Spiritus loquitur in eo. Et conversi ad eumdem Christi militem, taliter locuti sunt: Homo Dei, si fuerit possibile, ut usque in finem ita perseveres, profecto cum apostolis in regno cœlorum numeraberis; hæc sunt enim illorum vestigia. Sicque data ei benedictione, & communicatis invicem orationibus discesserunt ab eo. Ubi si divinæ pietatis dispensationem diligenter & caute perpendimus, evidens miraculum possumus intueri. Voluit enim Christus, ut servus suus qui a suo vicario apostolico, scilicet in exordio propositi sui bene agendi habuerat præceptum, a viris apostolicis vicarii sui vicariis, in fine suæ conversationis sanctitatis haberet testimonium.

XXXVI. *Similitudo.*

Hic enim quamdam comparationem ac verissimam, Deo annuente, facere possumus, ut melius sanctitas ac bonitas ipsius ostendatur, & quemadmodum Deus omnipotens ejus sanctitatem certis voluit declarare indiciis. Recolamus igitur verborum illorum quæ scripta sunt in Johannis evangelio de Johanne Baptista, ubi dicitur, quod *miserunt Judæi ab Jerosolymis sacerdotes & levitas ad Johannem, ut interrogarent eum: Tu quis es? Et confessus est, quia non sum ego Christus. Et interrogaverunt eum, Quis ergo? Helias es tu? Et dixit, Non sum. Propheta es tu? Et respondit, Non. Dixerunt ergo ei: Quis es tu, ut responsum demus his qui miserunt nos? Quid dicis de te ipso?* Ait, *Ego vox clamantis in deserto, parate viam Domini, sicut dixit Isaias propheta. Et qui missi fuerant, erant ex Pharisæis.* Intelligite verborum consonantiam. Missi sunt sacerdotes & levitæ, a quibus? scilicet a Judæis. Unde? ab Jerosolymis. Cui? Johanni videlicet. Ad quid? Ut interrogarent eum. De quo? Si ipse esset Christus. Similiter & isti duo legati missi sunt; sed a quibus? A viris religiosis. Unde? A Lemovica civitate. Cui? scilicet B. Stephano. Ad quid? Ut interrogarent eum. Interrogatus est Johannes triplici modo, utrum esset Christus, an Elias, an propheta? quod totum, ut audistis, negavit causa humilitatis, quamvis veraciter hæc omnia de se affirmare posset, si vellet, juxta testimonium scripturarum. Nam Christus dicitur unctus, & ipse unctus est oleo invisibili, id est repletus Spiritu sancto, secundum Lucam, ex utero matris suæ; hæc est unctio spiritualis, de qua dicitur: *Unctio ejus docet vos de omnibus.* Dominus autem Jesus suis discipulis, dum loquitur de Johanne, dicit: *Helias jam venit, & fecerunt in eum quæcumque voluerunt, & si vultis scire, Johannes ipse est Helias.* Alibi Dominus loquens ad turbas, interrogavit:

Quid existis in desertum videre? Prophetam? Dico vobis: Et plus quam prophetam. Similiter autem & B. Stephanus requisitus est ab eis, an esset canonicus, aut monachus, seu eremita? quod totum, ut in superioribus dictum est, causa humilitatis vitavit, ne videretur ab hominibus, quamquam verissime totum de se profiteri posset. Canonicus enim regularis interpretatur, & ipse juxta evangelii regulam, quæ est caput omnium regularum, in quantum valebat, vivebat. Monachus vero solus vel custos sui dicitur, ipse solus quia in solitudine spirituali locum sibi præparaverat ad habitandum cum Deo, ut dicere posset veraciter, *Elongavi fugiens in solitudine & mansi.* Hæc est solitudo spiritualis de qua dicitur: *Sedebit solitarius & tacebit,* Hæc est custodia sui, unde dicitur monachus, id est custos sui ipsius. Unde dicitur: *Omni custodia serva cor tuum, quoniam ex ipso vita procedit.* Stephanus autem beatissimus solus sedebat, id est quiescebat, & custos sui effectus erat, quia de omni supellectili mundana nihil penitus sibi vel discipulis suis retinuerat, nisi parum solitudinis, in qua nimirum cum fratribus suis Deo serviret. Eremita dicitur ab eremo, seu anachoreta, id est remotus. Quis umquam amplius potuit B. Stephano esse a sæculo remotior, qui nihil sibi, ut diximus, in mundo penitus retinuit? Omnia omnino pro Deo reliquerat, eremum colebat, quia ibi pœnitentiam nimis austeram die noctuque fideliter peragebat. Et quemadmodum dicitur de Johanne, dum deinde interrogarent illum quis esset, vel quid diceret de seipso, cum non esset Christus, vel Helias, aut propheta, ut responsum darent his qui miserant eos, ipse ait: *Ego vox clamantis in deserto.* Similiter & isti duo legati B. Stephanum interrogaverunt dicentes: Quid ergo dicis de te ipso, cum fateris quia non canonicus aut monachus vel eremita, quia his tribus ordinibus seu gradibus fulcitur omnis vita religiosorum, quibus humillima ratione, veluti Johannes, ut superius scriptum est, respondit. Itaque cum de fallaci mundo, &c.

XXXVII. *Item de extollentia ejusdem.*

Nunc igitur, dilectissimi, animadvertite & intelligite qualiter divina bonitas sanctum suum majoribus dignioribusque personis similem reddebat verbo & opere. Attamen non æquiparamus Johanni-Baptistæ, cui Christus Dominus tantum contulit testimonium, quod inter natos mulierum eo major non surrexit; sed quia bonum nobis esse videtur, ut comparatione actuum tanti prophetæ, quo nemo, ut asseritur, major, actus B. Stephani dum aliquatenus in aliquo assimilari possunt, amplius & melius resplendeant. Non enim contra dignitatem prophetæ loquimur, si ejus primitus dicta vel facta ostendimus, & postea, utcumque possumus, ei similem in aliquo B. Stephanum demonstramus. Cum Johannes evangelista de Domino Jesu Christo dicat, quod *cum apparuerit, similes ei erimus.* Certe scimus quod Johannes Baptista vestiebatur pilis camelorum, & esca ejus mel silvestre ac locustæ: Stephani erat esca, ut diximus, panis lixivio confectus, sive pultes de siligine, quas raro sumebat; vestis lorica ferrea. In his itaque ostenditur austeritas prophetæ, & austeritas sancti confessoris. Benedictus Deus per omnia, qui tales ambos fecit, & facere sic potuit. Amen.

XXXVIII. *De perfectione ejusdem orationis & confirmationis erga discipulos circa finem.*

Octavo namque die ab eorum recessu, hoc est pridie nonas Februarii, nullo adhuc tamen dolore vexatus, ab exterioribus cœpit vacare colloquio, seque totum contulit doctrinæ discipulorum suorum & orationi. Scivit enim per Spiritum-sanctum diem sui obitus propinquare, voluitque eos in proposito paupertatis ad quod venerant confirmare, & suis apud Deum obtinere precibus, ut in eo semper vellent perseverare. Cum autem de diligendo Deo, de amanda paupertate, & de observandis institutionibus quas eis fecerat, eos ardentissime commoneret, accidit per Dei providentiam quod ipsi coram eo unanimiter astantes dixerunt.

XXXIX. *Quomodo conquesti sunt discipuli apud patrem spiritualem.*

Sanctissime pater, quamdiu tecum fuimus, pro tuo amore Deus nobis præbuit necessaria; sed post mortem tuam quomodo vivere poterimus? Cuncta nobis aufers temporalia, & unde sustentabimur? Ad hæc pius pater in fide Christi firmissimus sic respondit:

XL. *De responsione ejusdem ad discipulos.*

Deum solum vobis relinquo, cujus sunt universa, cujus etiam amore cuncta pariter & vosmetipsos reliquistis. Si amando paupertatem ei constanter adhæseritis, nec ab hac veritatis via declinaveritis, ipse juxta providentiam suam, qua mirabiliter gubernat omnia, vobis quod expedire noverit, largietur. Si vero, quod absit, amando temporalia ab ejus amore recesseritis, nolo vobis relinquere unde ad ipsum impugnandum pascamini. Sciatis autem pro certo quod in hac solitudine fere quinquaginta (*a*) annos complevi, quorum alii in magna egestate, alii in magna fertilitate transierunt. Divina vero bonitas sic semper ad mensuram mihi omnia contulit, quod in egestatis tempore

---

(*a*) Guillelmus de Dandina in vita Hugonis de Lacerta, ait sanctum Stephanum *quadragesimo & sexto conversionis suæ anno fere* ad cœlum migrasse.

,, nihil necessarium defuit, nec in ubertate
,, quicquam superabundavit. Similiter vobis
,, eveniet, si vitantes omne superfluum, nam
* f. nemo. ,, necessaria * reminem damnavit, in hac re-
,, gula de evangelio sumta perseveraveritis.
Cumque per quatuor dies hæc & alia quæ
in libro regulæ aliisque voluminibus scripta
sunt multo ferventius solito eis diceret, ita
quod manifeste cognoscerent loquendi gratiam ei duplicatam fore, quinto die summo
diluculo lethalis dolor ejus invasit membra.
Tunc in oratorium se portari fecit, imperans fratribus ut divinum celebrarent officium, suisque orationibus instanter Domino
supplicarent, quatenus in pace animam ejus
susciperet.

XLI. *De transitu beati Stephani confessoris.*

Tandem finita missa, post sacram unctionem, post receptionem Corporis & Sanguinis Domini, fratribus flentibus psalmosque
cantantibus, octogesimo ætatis suæ anno in
ordine diaconatus, sexta feria, sexto idus
Februarii, dicens: *In manus tuas, Domine,
commendo spiritum meum*, feliciter migravit
ad Dominum.

XLII. *Item de transitu ejusdem.*

[a] Mox vero monachi de Ambasiaco,(a) cum
capellano ejusdem vici & magna plebis multitudine, ad cellæ januam pulsaverunt, cum
mœrore clamantes & dicentes: Boni viri,
boni viri, nolite nobis celare domni STEPHANI mortem. Vere scimus, vere scimus
quia mortuus est noster amabilis pater. Janitor autem hæc audiens, & volens eos a
sepultura removere, quatenus fratres tanti
funeris exequias sine tumultu digne & devotissime celebrarent, quasi consolando dixit
eis: Quid est hoc? Dicitis quia mortuus est?
Immo multo melius solito illi credimus esse.

XLIII. *Miraculum pueri de Ambasiaco.*

Cui sacerdos, qui cum monachis & populo venerat, ait: Domine, bene scimus
quia mortuus est. In vico etenim nostro puer
quidam modo in extremis positus ab heri
& nudius tertius loquelam amiserat, qui
cum a matre sua exitum præstolante servaretur, subito in hæc verba prorupit: Video,
inquit, scalam lucidissimam, cujus altera pars
cœlum, altera tangit Muretum, & angeli
multi descendunt per eam, ut animam domni STEPHANI Deo gratissimam perducant ad
gloriam. Quod mater ejus audiens, mirata
est valde, & egressa domum vocavit me &
monachos quos videtis, & narrans nobis
hoc verbum quod puer dixerat, duxit nos ad
domum suam, qui pariter ante puerum venientes, cum ad intimationem mulieris re-

(a) Gallice *Ambazac*, vico media a Mureto leuca distante, ubi erat cella seu prioratus a monasterio S. Augustini Lemovicensis dependens.

quireremus ab eo quid diceret, tam nos
quam plures alii qui illic aderant, ab ore
ejus idipsum audivimus, & subjunxit: Nunc
audio circumquaque per ecclesias & per monasteria sonare signa; & iterum ait: Hoc
erit vobis indicium quod dico veritatem,
quia jam moriar, nec ultra loquar vobiscum, sed ascendam cum sanctissimo patre &
angelorum multitudine. Quibus dictis, expiravit, unde sine dubio credimus verum
esse quod dicimus, migrasse scilicet gloriosissimum patrem. O felix visio! & quis congruentius virgini testimonium debuit perhibere, quam virgo? Ambo namque virgines
erant, & fidelis Dei servus, & puer qui vidit
& retulit visionem. Quanti enim meriti fuerit apud Deum hic athleta Christi, aliud
miraculum quoque potenter ostendit.

XLIV. *De revelatione transitus ejusdem apud Turonensem civitatem & Verzeliacum.*

Nam mira Dei dispensatione decessus illius apud Turonum & Verzeliacum eodem
die divulgatus est: quæ duo loca ab invicem & a Mureto adeo remota sunt, quod
nisi miraculose id fieret, fieri nequaquam
posset. Cujus rei testes idonei fuerunt peregrini Lemovicenses, qui illuc causa orandi
tunc erant, certamque rei veritatem postmodum fratribus retulerunt.

XLV. *Quomodo transitum suum per noctem revelavit cuidam canonico.* *

* S. Gaucherio.

Sequenti vero nocte cuidam canonico
familiari suo per visum apparuit, habitu roseo decoratus; nec mirum si roseo, quia
Christi martyr extiterat. Cui congaudens in
visione sua canonicus ait: Pater mi, quæ
causa fuit hujus præfulgidæ vestis, quam usque modo non induisti? Romani pontificii
mihi a Christo collati signum est, inquit. Ad
hæc canonicus respondit: Benedictus sit Deus;
nam per talem papam recte sancta regetur
ecclesia. Illico evigilans intellexit illum mortis debitum persolvisse, & celeriter surgens
pro commendatione animæ ejus ex integro
divinum decantavit officium. Mutua namque caritate ambo inter se condixerant, ut
ille qui diutius viveret exequias alterius celebraret.

XLVI. *De nuntiis ad legatos Romanos missis.*

Dato itaque sanctissimo corpore sepulturæ,
discipuli ejus jam dictis cardinalibus transitum illius per litteras & nuntium mandaverunt. Cumque in concilio quod apud Carnotum congregaverant, eis litteræ redderentur,
mox obitum ejus omnibus denuntiantes,
coram omni conventu archiepiscoporum atque pontificum, & ceterorum sapientium de
virtutibus ejus & fidei puritate quam investigaverant, multa bona locuti sunt. Quibus
auditis, omnes qui aderant Deo gratias ege-

runt, & facta absolutione, cardinales dixe- "runt : Nos oravimus pro illo, nunc vero "deprecemur illum, ut oret pro nobis ad Do- "minum, quia sine dubio plus possunt nos "juvare illius sancta merita, quam illum no- "stra suffragia : cum Christo namque vivit in "gloria.

XLVII. De electione domni Petri Lemovicani secundi prioris.

Pio igitur patre destituti & orbati fratres, de conventu suo unum, PETRUM scilicet Lemovicanum, in priorem & spiritualem patrem sibi concorditer elegerunt. Hic prius in sæculo venerabilis sacerdos, nunc vero in religione paternæ traditionis & voti quod fecerat æmulator existens, Deo & hominibus carus & amabilis erat : sub cujus regimine, grege Dominico in augmentum religionis proficiente, locum de Mureto in quo Deo serviebant, diuque cum sanctissimo patre suo servierant, monachi S. Augustini calumniari cœperunt.

XLVIII. De inquisitione diversorum locorum.

Sed qui potius auferenti tunicam pallium volebant dimittere, quam unde ad placita & litigandi consuetudinem traherentur habere; locum alium vigilanter perquirere curaverunt, ubi caput religionis suæ convenienter constituerent, libere & quiete servire Deo potuissent. Locis itaque diversis sedulo peragratis, nullo tamen idoneo reperto, tandem divinitus illustrati, salubre consilium omnes unanimiter inierunt, ut prior scilicet cum omni humilitate & devotione missam celebraret, & cum fratribus universis affectu præcordiali Domino supplicaret, ut clementer eis consuleret, & quod postulabant indicare non differret. O mira Dei clementia & perenni memoria commendanda ! Potuit fortasse livor Dei servis moliri calumniam, sed unde eos comprimere voluit, inde amplius dilatavit. Nam immensa & ineffabilis supernæ dispensationis providentia latiorem locum, & ad observantiam religiosæ conversationis & situ & nomine magis idoneum, eis a mundi constitutione paraverat, cujus loci nomen etiam per ipsam divinam vocem audire meruerunt.

XLIX. De revelatione loci Grandimontensis.

Priore namque, sicut condictum erat, missam celebrante, cum *Agnus Dei* ter cantatum fuisset, & tam ipse quam omnes alii fratres ardentissime Dominum exorarent, quædam cœlestis vox audita est dicens : *In Grandimonte, in Grandimonte, in Grandimonte*. Hanc sane beatissimam vocem prior & nonnulli de fratribus audierunt. Finita vero missa, quæsivit prior a fratribus, si cœlicam audierant vocem, & cum unus eorum confestim coram omnibus diceret : Ego audivi eam ter dicentem *in Grandimonte*, & alius similiter, cuncti affluenter lætati sunt, & consolati sunt, & confortati vehementer divinæ pietatis largitatem, propter gloriosæ revelationis felicitatem, mirari, laudare & glorificare studuerunt. Et quia in Grandimonte adversus principes & potestates, adversus mundi rectores tenebrarum harum milites Christi, ne perderent cœlestia, semper erant pugnaturi, merito ibi auditum est nomen ejus, ubi victoria quam ab antiquo humani generis hoste Christus habuit quotidie celebratur.

L. De ædificio ejusdem loci.

Pergentes igitur ad locum divina revelatione compertum, satis enim Mureto vicinum est, (a) ecclesiam & domos ad habitandum jussione Domini cujus erat, omni cum festinatione fecerunt. Quibus vili schemate utcumque pactis, reversi sunt Muretum, ubi nonnulli de fratribus remanserant, & accipientes sanctissimi patris sui gloriosum corpus, transtulerunt illud in Grandimontem, paucisque scientibus reconderunt subtus presbyterium ante altare.

LI. Miraculum de pane dato cuidam militi.

Cum pater pius viveret, BOSONI DERESES illustri viro die sancto cœnæ panem distribuit, quem ille diu reverenterque servavit, & multis languentibus frustatim distribuit, quos omnes virtus divina sanitati restituit, multaque miracula uno pane perpetravit.

LII. De milite sanato miraculum.

Postmodum vero miles quidam, qui RAIMUNDUS DE PLANTADIO dicebatur, ad illam novam Domini plantationem se deferri fecit, ut in orationibus fratrum recipi meruisset. Hic eo morbo, qui paralysis dicitur, ita corporis medietatem amiserat, quod ex illa parte nullum ejus membrum in aliquo prævalebat. Loquens ergo cum priore, verbo quo poterat, petiit ut in ecclesiam ad altare duceretur, cumque a quodam filio suo ex uno latere, & ab ipso priore ex altero totus fere portaretur, postquam super lapidem sub quo ante altare sanctissimi hominis corpus sepultum erat, pedes suos tenuit, libera voce exclamans ait : " Sinite me, nolite me juva- " re, ego enim in hoc loco, in quo pedes te- " neo, modo sanus factus sum. Dico autem " vobis quod hic sanctus jacet aliquis tumula- " tus, pro cujus meritis & amore mihi Deus " contulit sanitatem. Increpavit autem eum " prior, & ut nec ipsi, nec alii qui cum eo erant hoc dicerent, vehementer prohibuit. Sed quanto instantius hoc prohibebat, tanto qui sanus factus fuerat, præ gaudio validius clamabat : Hic sanus factus sum. Et qui sine

(a) Una dumtaxat leuca distat Grandismons a Mureto.

humano juvamine etiam a janua ecclesiæ ad altare paulo ante progredi non potuit, solius divinæ miserationis auxilio ad domum propriam nunc incolumis remeavit: sicque totus sanus factus est, ut deinceps in ejus corpore illius ægritudinis nullum remaneret vestigium.

LIII. *De discipulo ejusdem sanato.*

Nihilominus autem quidam ejus discipulus, qui lumen amiserat exterius, prostratus & orans ad ejus sepulcrum, pristinum recepit visum.

LIV. *De panno qui non potuit comburi.*

Pannus etiam, quo sacræ ossium ejus reliquiæ involutæ fuerant, a sacerdote qui decentiori panno eas involverat, semel & iterum atque iterum projectus in ignem comburi non potuit.

LV. *De verbis correctoriis quæ habuit prior secundus ad eumdem, inspectis miraculis post transitum ejusdem.*

Inspectis itaque prior miraculis timuit sibi & aliis quietem minui, & internæ suavitatis dulcedinem tardius experiri, si populorum turbæ miraculorum causa, locum ad quem venerant frequentarent. Et veniens ad sepulcrum hominis Dei ante altare, tamquam spiritualis paupertatis verus amator, ei ac si „ viveret, ita loquutus est: » Serve Dei, tu „ ostendisti nobis paupertatis viam, & toto co- „ namine tuo docuisti nos incedere per eam. „ Nunc vero de arcta & ardua via quæ ducit « ad vitam, ad latam & spatiosam quæ ducit » ad mortem tuis nos miraculis vis revocare? » Prædicasti solitudinem, nunc in solitudine „ fora, nundinasque vis congregare. Non du- » cimur curiositate, ut tua miracula videre » velimus; satis tuæ credimus sanctitati. Cave »igitur de cetero ea miracula facias, quæ » tuam extollant sanctitatem, & nostram de- » struant humilitatem. Non sic laudi tuæ pro- » videas, ut nostræ sis immemor salutis. Hoc » tibi præcipimus, hoc a tua poscimus caritate. » Quod si aliter feceris, dicimus tibi, & per » obedientiam quam tibi promisimus, con- » stanter asserimus, quia ossa tua inde extra- » hemus, & spargemus in flumen. Ergo quia pura fides & caritas vera magis amant opera quam signa, taceamus multa miracula, quæ dum adhuc viveret ab ipso audivimus & legimus fuisse facta, & quotidie in procuratione omnium nostrum sine possessionibus pecudibusque ac reditibus, Deo cooperante, fieri videmus. Sequamur autem ipsum per ostensum nobis sanctæ conversationis exemplum, ipso auxiliante, qui vivit & regnat Deus per omnia sæcula sæculorum. Amen.

LVI. *De Petro Lemovicano nepote secundi prioris per visionem sanato, miraculum.*

PETRUS LEMOVICANUS presbyter reverendus frater Grandimontis, nepos PETRI Lemovicani secundi prioris Grandimontis, columbinæ simplicitatis & floridæ virginitatis splendore vernabat, fluvioque lacrymarum frequenter affluebat, & tam Marthæ quam Mariæ officium sollicite gerebat. Qui divina permissione cœpit acriter ægrotare, cumque pondus gravissimum languoris amarissimi vix portare sufficeret, primo patri nostro STEPHANO sanctissimo, patronoque suo prænominato, humiliter supplicavit, ut divinam clementiam clementer exoraret, quatenus dolorem nimium sic temperaret, ut ipsum quoque modo sustinere valeret. Postea divinæ gratia benignitatis duos cœlestes modices fulgentes & gloriosos, scilicet STEPHANUM Christi famulum, & PETRUM Lemovicanum patruum suum, videt æger ad se venientes, linteamenque niveum afferentes, quo totum corpus suum a capite usque ad pedes cœperunt leniter extergere, quod dum facerent, quicquid linteamine tangebant mox sanatum fiebat. Quo facto, dixerunt hic totus est sanus. Quo dicto, disparuerunt. PETRUS vero Lemovicanus perfectæ sanctitatis munere lætificatus, mirabilem Dei patrumque prædictorum visitationem mirari & laudare cœpit affectuose. Hoc autem miraculum fidelis socius & carissimus frater meus ipse primum mihi, postmodum vero ceteris fratribus, rogatu meo, vultu demisso & verecundo manifestavit.

LVII. *Item aliud miraculum de quadam muliere.*

Homo quidam erat in territorio Pictaviensi cum uxore sua Petronilla nomine. Isti vero affectuose diligebant fratres nostros de Alonia, & multa bona eis sæpissime largiebantur & multotiens eos visitabant, credulitatem magnam habentes in eos & in B. STEPHANUM. Habebant autem fratres istos pro filiis, eo quod prole infœcundi & steriles permanebant. Erat enim illis consuetudo talis quod annuatim in festo B. STEPHANI procurabant fratres pro amore & honore ipsius, & veniebant ad eos ipsa die, afferentes quæ eis erant necessaria. Cum autem ex consuetudine in festivo die ipsius cum omni apparatu suo gaudentes & exultantes viamque carpentes venirent, & ipsa mulier supra dorsum jumenti fidens procederet, ecce subito jumentum illud, nescio quo casu pedem incaute posuit & mirabiliter corruit, & illico mulier illa cadens de asello expiravit. Videns autem vir ejus uxorem suam esse defunctam, cœpit ejulando clamare & dicere: » Heu me „ heu me miserum! heu me desolatum! heu me „ omnino destitutum! Uxor mea mortua est, „ solus sum, & non habeo consolatorem ne- „ que

„ que sublevantem. O Deus, quid faciam? A rantes expulerunt a summitate arcium, & corruit in terram, qui graviter collisus occubuit, sanguis vero ejus per oculos, per aures, per nares, ac per os defluebat. Quod cum viderent operarii vehementer ejulantes clamare cœperunt. Vir autem Domini Stephanus tunc temporis orationi insistebat. Cum vero subito tantum clamorem audiret, vehementer expavit, & surgens illico ab oratione, tremefactus ac concitus perrexit illuc ubi corpus defuncti coopertum jacebat exanime. Flebant itaque cæmentarii & alii operarii graviter super eum, quos intuens, ut erat vir magnæ austeritatis ac probitatis, increpare cœpit, & expellere a loco illo, ac vehementer convitiari eos cur flerent, aut cur clamarent, dicens: » Recedite, boni viri impostores, fugite ab isto loco, non est mortuus iste operarius, sed dormit. Et expulsit eos foras, & clausit ostium. Tunc confidens & sperans in bonitate Domini & meritis B. Stephani, vocat fratres, & congregat in capitulo, dicens eis: » Fratres & filii mei, in imicus humani generis nos hodie graviter invadere ac sauciare tentavit. Ea propter vos admoneo, ac vobis firmiter præcipio, quatenus discalciatis pedibus cum gemitibus & lacrymis veniatis ante altare B. Mariæ semper virginis, & postmodum ad sepulcrum S. Stephani. Et voce horribili venerunt, oraverunt, fleverunt. Deinde prior Stephanus duxit ad sepulcrum B. Patris nostri Stephani, & voce horribili arguere eum incipit dicens: » Redde, redde eum velociter. Cur sic nos afflixisti? quare hoc sustinuisti? Cito, cito, appareat bonitas tua, virtus tua. Si quid potes, & certe credimus quia potes, adjuva nos misertus nostri. Cumque complesset orationem, fidus de Dei misericordia & de Dei genitricis auxilio, & de B. Stephani beneficio, cum fratribus accessit ad corpus defuncti, discooperiensque eum apprehendit manum ejus dextram, & quasi increpando dixit ad eum: » Gerarde, surge, surge dico, operarie, & ad opus tuum revertere, surge velociter, nec moreris. Ad hanc vocem revivisens homo ille surrexit & dixit: » Ecce, Domine, adsum & nullum habeo vel sentio malum. Videntes autem fratres qui aderant, timuerunt, & præ gaudio fleverunt, & laudaverunt Dominum & B. Mariam matrem Domini, & B. Stephano gratias egerunt. Tunc venerabilis Stephanus prior, aperuit illis hominibus, quos inde expulerat, dicens eis: » Ecce magister vester Geraldus sanus & incolumis perseverat. Revertimini igitur cum eo ad opus vestrum. Videntes autem hominem vivum, quem mortuum reliquerunt, stupefacti & admirantes clamare cœperunt: » O Domine Deus, qui facis mirabilia magna solus, cujus nomen est benedictum in sæcula. Tu enim non derelinquis quærentes te, Domine. Ecce vi-

„ quo ibo? quid agam? nescio. Si rediero ad
„ domum meam, videbunt me vicini mei,
„ & audient me lugentem ac lamentantem, &
„ inimici insultantes dicturi sunt: Ubi est uxor
„ tua? quo remansit, quo perrexit? Et ego
„ tristis & anxius respondere minime potero.
„ Si huc diu perstitero, obvium me habebunt
„ transeuntes per viam hanc, & interrogabunt
„ me quid mihi accidit, & circumdabor rubore & anxietate. Si ad fratres perrexero,
„ angustiabuntur, dolebuntque, & convertetur gaudium eorum in mœrorem, & festivitas in tristitiam. Et quid dicam? Versa est
„ in luctum cithara mea, & organum meum
„ in vocem flentium. Cumque sic fleret, & ita
lamentaretur, & jam desperaret, venit ei in memoriam, quomodo pro honore & amore B. Stephani essent in itinere; & ideo bonum sibi visum est, ut auxilium ejus fideliter expostularet. Resumit igitur vires suas,
„ & in se reversus dixit: » Deus propitius esto
„ mihi peccatori. Per merita B. Stephani, redde
„ mihi uxorem meam, ut cum illo te laudare
„ queam. Appareat igitur nunc sanctitas B. Stephani, pro quo eramus in hoc itinere nos servi
„ tui. Da nobis, Domine, auxilium ex ista tribulatione, & revertatur, obsecro, anima ejus
„ ad corpus. Et dixit, Sancte Dei Stephane,
„ adjuva me. Sancte Dei Stephane, exaudi
„ me, ora pro me, nunc appareat gloria tua,
„ bonitas tua. Si quid potes adjuva me, & redde mihi uxorem meam, quia in tuo servitio
„ mortua est modo. Cumque talia locutus fuisset, cum omni fiducia accessit ad corpus
„ uxoris defunctæ, & ait: » Domina Petronilla,
„ Domina Petronilla, responde mihi. Domina
„ mea, amica mea, soror mea, responde mihi.
„ Et cum hoc dixisset, ad vocem ejus divino
„ nutu ipsa respondit: Heu mi domine, ut
„ quid pro me anxius fuisti? Certe bene eram, multo melius extiteram. Tunc vir ejus gaudio plenus, assumsit eam, & iterum levavit eam, & posuit super ipsum jumentum, & cum gaudio & exultatione pervenerunt quo tendebant, & narraverunt fratribus suis quæ sibi acciderant in via, & laudaverunt pariter Dominum, qui salvat sperantes in se. Et factum est gaudium magnum illis in illa die & deinceps. Hoc autem mirabile signum presbyter vitæ venerabilis & morum probitate conspicuus veraciter enarravit.

LVIII. *Item aliud miraculum.*

Aliud non minus mirabile miraculum caritati vestræ insinuabimus. Tempore domni Stephani de Liciaco venerabilis quarti prioris Grandimontis ædificabatur ecclesia in Grandimonte. Accidit autem quadam die cum operarii quemdam lapidem magnum ac quadratum sursum in altum deferrent, obvium habuerunt Geraldum magistrum operis ipsius, quem inviti & incaute igno-

Vet. Script. & Mon. ampl. Collect. Tom. VI.

"demus opera magna & prodigia quæ fiunt per B. Stephani merita gloriosa. Tunc Stephanus prior quartus, ac Deo dignus increpavit eos dicens: Videte, silete, cavete ne cui manifestum reveletur a vobis hoc signum. Si enim a vobis revelabitur, de vobis vindicabitur, & ita cum gaudio sit ab eis de cetero operis consummatio.

LIX. *Aliud miraculum.*

Aliud autem miraculum non minus mirandum narrabimus caritati omnium vestrum. Tempore hujus venerandi prioris erat puer in Grandimonte, Audoenus nomine, progenitus nobili germine, sed deditus erat nimiæ infantiæ. Sustinebatur autem propter nimiam teneritudinem juventutis suæ a fratribus, qui cum quadam die vellet ludere, ascendit ille puer super quamdam porticum, & ex transverso posuit se super eam, & cœpit se exagitare huc atque illuc. Videns autem eum presbyter quidam nomine Guido, vir religiosus, timuit ne tali enormitate puer ille periclitaretur, & accurrens ut eum increparet, antequam ad eum accederet, fortuitu cecidit, & collisus expiravit. Cucurrit autem sacerdos ille ad patrem spiritualem, & indicavit ei. Qui audiens, concitus venit ad puerum, & invenit eum jam defunctum. Et accipiens eum in ulnas suas, attulit eum ad B. Stephani sepulcrum, quod tunc temporis erat in claustrum conditum, & dixit: "Ecce, Stephane, vir amantissime, ecce filius tuus, ecce discipulus tuus jam, ut cernis, est mortuus, redde illum nobis, redde, aut certe a loco isto projiciam te. Vide ne tardaveris, neque moram feceris. Vides quia dolemus, quia affligimur, quia tribulamur, da nobis consolationem & tuo nomini honorem. Nec mora, post orationem factam, recepit juvenis vitam. Gaudet prior cum fratribus, quia revixit adolescentulus, inde laudatur Dominus & extollitur B. Stephanus.

LX. *Item miraculum aliud.*

Per idem tempus fratres operabantur in nemore, & dum vellent ligna cædere, oportuit arborem vertere ab alio latere, quæ retinuit fratrem quemdam Johannem nomine, vidente jam dicto priore, qui ibi loquebatur forte cum quodam religioso homine. Frater autem ab arbore tenebatur, manus ejus cum brachio destruebatur, & a fratribus cum eodem priore clamabatur: "Quid agis, B. Stephane? isti tuo discipulo in articulo mortis posito festinus succurre. Et cum hæc dixissent, illico liberatus est, & laudaverunt Dominum, & B. Stephano gratias egerunt.

LXI. *Item aliud miraculum.*

In territorio Lemovicensi prope domum nostram de Podio-Gisberti, erat homo quidam, qui domum supradictam obnixe diligebat, & fratribus ibidem manentibus multa beneficia conferebat. Hic habebat matrem vetulam & multitudine dierum inveteratam. Accidit autem quadam die, ut anus febrium morbo corriperetur: tunc ait illi filius suus: Mater, jube ut eam ad sacerdotem, quatenus accipias de manu ejus corpus Domini & sanguinem. Cui mater: Utique, fili mi. Perrexit itaque homo ille ad presbyterum, & adduxit secum. Qui cum venissent, invenerunt eam jam mortuam. Tunc ait illi sacerdos: Cernis quia mortua est mater tua, & nihil potest ei proficere admonitio mea, præpara quæ facturus es, & mane, Deo volente, revertar ad te. Et his dictis presbyter reversus est, & homo iste cœpit contristari & mœstus esse, quia mater ejus obierat absque corporis & sanguinis Christi perceptione, & sine confessione. Tunc anxie cœpit nomen Domini invocare, & auxilium beati Stephani per totam noctem illam præstolari. Cumque diu hoc ageret, cum fiducia ad corpus matris accessit, & clamare cœpit vehementissime. O mater! ô mater! Cui illa respondens ait: Quid vis, fili mi? Cur me incitasti? Certe bene mihi erat. At filius ejus gaudens & exultans ait illi: O bona mater, si tibi placuerit, ut iterum vadam ad presbyterum, & tradat tibi corpus & sanguinem dominicum. Cui illa, Fiat voluntas tua. Ivit autem iterum homo ille ad sæpedictum presbyterum, & attulit illi veteranæ corporis & sanguinis Domini sacramentum; & facta primitus confessione communicavit, & statim iterum obiit, & lætati sunt qui aderant universi, & laudaverunt nomen Domini & magnificaverunt merita B. Stephani, pro cujus honore tale signum, Deo volente, contigit. Vir autem iste annuatim solitus est candelam afferre supradictæ domui in festo sancti Stephani, ob memoriam & reverentiam tanti miraculi. Qui hæc viderunt & audierunt, tam clerici quam conversi, veridici nobis retulerunt.

LXII. *Item aliud miraculum.*

Quodam autem tempore domnus Stephanus de Liciaco venerabilis prior quartus ægrotabat, & tunc temporis reliquiæ corporis B. Stephani erant absconditæ in quodam vase ligneo, ignorantibus fratribus quamplurimis; qui cum graviter febricitaret, jussit ut in quodam sercophago lapideo absconderentur. Quod cum præparatum fuisset, imperavit ut ante eum reliquiæ asferrentur, quatenus eo cernente condirentur. Ipse autem graviter dolore febrium perurgebatur. Cumque delatæ fuissent reliquiæ coram eo, ut exinde in alio vase honorifice tumularentur, ex improviso prior venerabilis a febribus omnino liberatur. Quod cum animadverteret domnus prædictus prior, exclamavit

„ & dixit: Quare hoc fecisti ? Putabam certe
„ quod occasione hujus invaletudinis me mo-
„ do tecum ante tribunal Christi veraciter du-
„ cere velles, & tu quod nolebam mihi attri-
„ buere præsumsisti. Certe noveris pro certo
„ quod exinde tibi ingratus existo. Quod de-
„ siderabam prolongasti, & quod nolebam de-
„ disti. Non curo de tuis miraculis ; sed plus
„ gaudeo de operibus tuæ sanctitatis, incre-
„ duli & imbecilles, & infirmi signis & prodi-
„ giis indigent, fideles & justi ac firmi fide
„ his opus non habent. Hoc signum mihi esset
„ salutiferum, si me præsentares coram Do-
„ mino in regno cœlorum. Post hoc signum
aliud narrabimus dictu mirabile.

LXIII. *Item miraculum aliud.*

Miles quidam de Gasconia, consanguineus uxoris Pontii, quondam domini de
Bainagio, quæ Gaillarda nuncupabatur, captus fuit a Guillelmo de Gordonio in quodam procinctu, deductusque est apud Do-
mam oppidum, missusque in carcerem, in
domo cujusdam militis nomine Geraldus,
qui gravissime catenis, pedicis, manicis, &
pondere ferri premitur. Ostia carceris & fenestræ clauduntur, & ipse intus graviter affligitur. Cumque gravi dolore torqueretur,
& jam de vita sua desperaret, ad arma spiritualia recurrere festinat, & nomen Domini invocat & B. Stephanum, ut ipsum liberare & exaudire dignetur, modis omnibus
cum lacrymis anxie expostulat. Sic certe assiduus in oratione, die noctuque illum interpellare minime cessabat. Et quid plura ? Per-
severanti salus a Domino promittitur. Sic
namque in evangelio dicitur : *Qui perseve-
raverit usque in finem, hic salvus erit.* Dum
autem miles iste in oratione perseveraret,
dum assidue nomen Domini invocaret, quatenus ob amorem B. Stephani sibi auxilium
conferre dignaretur de cœlis, mittitur ei B.
Stephanus adjutor de supernis. Quadam autem nocte dum vehementer orationi insisteret, & auxilium a B. Stephano magnis vocibus quæreret, subito somno premitur, &
quasi mortuus efficitur. Sed a B. Stephano
ex improviso concutitur, & cur eum tantis
clamoribus vexaret requiritur. Quæ cum miles stupefactus audisset, & quasi de gravi som-
» no evigilans ait: Quis es, Domine ? Cui ille:
» Ego sum Stephanus quem tu invocare non
» cessasti, & huc ad hoc veni, ut intentus sim
» tuæ liberationi. Expergefactus autem miles
ille, cœpit vehementius illum exorare, quatenus dignetur eum omnino liberare. Et quid?
Cadunt manicæ a brachiis, & ex uno pede
liberatur a pedicis. Cum autem sentiret se
esse liberum, procedit ad carceris ostium
quod invenit obseratum. Inde vertit se ad
fenestram, quam reperit apertam. Considerans autem vallis profunditatem super quam
eminebat domus illa ædificata, timuit perinde

prosilire ; sed postmodum confortatus divino Spiritu, in semetipsum reversus, ait :
Melius est mihi sic mori, quam iterum in
carcere recludi, & statim confisus de bonitate Domini, & meritis B. Stephani, saltum
illum fecit, & per Dei misericordiam illæsus evasit, cui fuit quidam juvenis obvius,
qui ei postmodum extitit in itinere socius.
Nec mora ad fluvium Dordoniam veniunt,
naviculam sibi a Domino præparatam reperiunt, transmeato videlicet flumine, ad domum nostram de Vaisseras accedunt prospero itinere. Pulsantibus illis ad januas, fratres ex more surgunt ad matutinas, deinde
illis manifestatur quod miles ille per B. Stephanum a Domino sit liberatus. Cui fratres
veniunt gratulabundi obviam, & adducunt
secum in ecclesiam. Narrat eis miles quod
factum fuerat, & quemadmodum Deus eum
per B. Stephanum mirifice liberaverat. Gaudent igitur fratres de miraculo, laudes ca-
nunt & reddunt Domino, ac postmodum
eum ducunt ad hospitium, ubi mansit per
triduum. Qui hæc viderunt nobis fideliter
ac veraciter narraverunt.

LXIV. *Item aliud miraculum.*

Alio tempore ingressa est multitudo hominum maleficorum cum magistro suo nomine Lupardo, terram Lemovicani episcopatus, ut eam depopularet. Et quid dicam ? Capiebantur homines, violabantur
uxores, trucidabantur ipsorum infantes ; unde
factum est, peccatis eorum exigentibus, quod
castellum de Peiraco tunc temporis forte ab
illis captum est, & inter ceteros, quinque homines capti sunt, & reclusi in quodam specu
subterraneo, quorum duo ex ipsis valde diligebant B. Stephanum & ordinem nostrum.
Cumque sic a maleficis incluederentur, & cip-
pis & catenis fortiter ligarentur, assidueque
custodirentur, S. Stephanum sibi propitium
homines illi requirere cœperunt, quorum
unus Petrus nomine familiaris ac serviens
erat cujusdam domus ordinis istius, quæ Bonavallis vel Serra dicitur, alter vero Geraldus de Montellio vocabatur. Hi duo cum
ceteris tribus vehementer exorabant Dominum, quatenus per merita B. Stephani eos liberare dignaretur de manibus inimicorum
suorum; qui cum ex corde vehementer orationi insisterent, ecce B. Stephanus apparet
illis fulgidus, & dixit eis : Surgite, ne timue- „
ritis, & me sequimini. Qui respondentes, di- „
xerunt : Quis es tu, Domine ? Et ille, ego „
sum Stephanus Grandimontensis ordinis pa- „
stor primus. At illi præ gaudio flere cœpe- „
runt, atque dixerunt : O Domine, ô Pastor „
excelsi, libera nos de inimicis nostris istis cru- „
delissimis. Tunc viriliter assumens eos duxit „
per medium castrorum, videntibus cunctis, „
& nemo alicui eorum nocuit vel nocere po- „
tuit, & ita liberi effecti per misericordiam „

Dei, per beatum Stephanum mirabiliter evaserunt.

LXV. *Item aliud miraculum.*

Iterum narrabimus aliud signum mirabile. Homo quidam erat in territorio Lemovicensi nomine Reginaldus, qui valde diligebat B. Stephanum & domnum Hugonem, ceterosque discipulos ejus, ac totum ordinem nostrum, cujus erat consuetudo talis annuatim visitare domum Grandimontis & domum Mureti, ac domum de Plania. Accidit autem quodam tempore dum ex more loca supradicta cum omni diligentia & uxore propria visitasset, cum rediret ad villam in qua manebat, videret ipsam villam subito igni accendi: quod cum cerneret cœpit clamare dicens: O Deus, quid faciam? Fatigatus sum ex itinere, nec valeo domum meam ab isto igne defendere. Succurre mihi hodie, Domine, memento quia B. Stephanum diligo, & ordinem & discipulos ejus, a quorum visitatione nunc revertor. Ideo, Domine mi, obsecro per misericordiam tuam, quatenus ob amorem B. Stephani, & per merita ipsius in hac hora ab ignivomis flammis domum meam cum omni suppellectili sua liberare digneris. Qui cum complesset orationem, ignis ille numquam ausus fuit domum illam, nec etiam festucam unam lædere. Testabantur etiam homines villæ illius, quod cum ignis concremaret domos quæ conjunctæ erant domui hominis istius, sequebatur festucas comburendo, domorum aliarum, inter paleas domus illius hominis, quas quasi timendo omnino vitabat. Quod cum viderent qui astabant tam presbyteri quam homines ceteri, laudaverunt Dominum, qui per B. Stephani merita hoc miraculum tantum coram illis fecisset. Postea vero, tam Reginaldus quam presbyteri & alii plures, hoc signum fratribus de Entrefis & Ganfrido presbytero, qui nobis retulit veraciter & alacriter, narraverunt. Postmodum autem homo iste istius ordinis habitum sumsit, & usque in finem nobis videntibus ac scientibus fideliter perseveravit.

LXVI. *Item aliud miraculum.*

Petrus Bernardi fuit quintus prior Grandimontis.

Tempore domni Petri Bernardi prioris venerabilis, coadunato universali capitulo in Grandimonte, celebrata est translatio corporis beatissimi Stephani, præsente domno Geraldo Lemovicensi episcopo, sequenti die præcursoris ac præconis Domini Salvatoris: & erat ibi frater quidam nomine Guillelmus, qui nimia surditate ambarum aurium confundebatur anxie, qui cum videret sanctum Dei a supradicto priore & ab omni conventu a claustro in ecclesiam transferri, accessit velociter ad sarcophagum, & invenit sotulares, accipiensque eos in ipso sarcophago B. Stephani, cœpit mittere digitos suos infra sotulares, & inde extrahere quodcumque invenire poterat, ac in auriculas suas deinde transferebat. Cumque ita plenus bona fide ac spe certissima diutius fecisset, auditum, quem amiserat, velociter recuperavit, & postmodum ipse veraci sermone narravit.

LXVII. *Item miraculum aliud.*

Item dilectioni vestræ aliud declaravimus miraculum minime tacendum, quod tempore domni Guillelmi sexti prioris Grandimontis, acciderit in Senonensi civitate Galliarum. Erat enim ibi canonicus nomine Genulfus, qui ordinem nostrum bona fide ac voluntate & B. Stephanum diligebat, & ædificia cujusdam domus nostri ordinis construere de sumtibus suis fideliter fecerat. Hic autem cum supradicta civitas igne vehementissimo graviter concremaretur, domum suam fide plenus, atque de Dei misericordia & de B. Stephani auxilio minime dubitans, fiducialiter ingressus est, dicens: Nunc quæso, Domine Deus, appareat virtus & sanctitas B. Stephani primi patris ordinis Grandimontensis, quatenus domum meam & omnia quæ intus sunt, pro ejus amore defendas, ne ab hoc incendio concrementur; sin autem cum illa ego concremabor. Stabat vero vir ille trepidus, & cum a famulis suis diceretur: Dòmine mi, recedite, jam universa civitas accenditur & comburitur, ac flammæ undique domum istam lambere satagunt, nec potest certe evadere tantum incendium quin comburatur: Saltim vestræ personæ quæ nobilis est & digna omni honore salutem & auxilium præbete. Quibus ait: Nunc in isto cognoscam si ordo Grandimontensis sanctus est, seu vera sunt S. Stephani mira & stupenda quæ audivi, aut si placent Domino ea quæ pro amore ejus in ipso ordine gratanter obtuli; & quid plura? Depopulata est igne isto civitas & ultra quam credi potest omnino destructa est, & canonici istius domus sola divino nutu & auxiliante B. Stephano illæsa & incombusta permansit. Sic certe divina bonitas servum suum longe lateque multis & innumeris indiciis mirabilium signorum declarabat.

LXVIII. *Miraculum aliud.*

Quædam mulier benigno patri præsentans ova, jussu illius ante illum pluresque alios tam viros quam feminas, qui causa ædificationis ad eum venerant, posuit ea. Illico vir sanctus Spiritu-sancto illuminatus, alia ab aliis virga separavit, & feminæ dixit. Hæc si placet retinebimus, illa vero domum reporta. Mulier ait: Domine, munusculum paupertatis meæ noli renuere. Ille respondit: Nisi moleste ferres hujus rei causam tibi declararem. Illa inquit: Pater non ægre feram; immo tibi supplico ut hoc mihi mania festare dignetis. Ille subjunxit: Quia hæc ova sunt gallinæ tuæ, illa vero alienæ, ideo nolumus ea retinere. Illa statim erubescens, & obstupescens ante ipsum sese prostravit, propriumque reatum coram cunctis præsentibus humiliter confessa, verbum illius esse verum asseruit. Quibus visis & auditis omnes qui aderant valde mirati sunt, & Dominum laudare cœperunt.

LXIX. Item aliud miraculum.

Quædam femina servum Dei devote visitans, inquit ei: Pater, hunc panem vobis offero. Ille protinus eam interrogavit, unde panem habuerat. Ipsa respondit: Justo labore meo ipsum perquisivi, agro namque meo messe vacuato, spicas quæ remanserant sollicitè collegi, unde panem istum feci. Deinde panis divisus est, & cruentus inventus apparuit, & stuporem & horrorem maximum in feminam generavit. Mox vir spiritualis ait mulieri stupefactæ, quia reliquias segetis, quas lex divina pauperibus concedit, eisdem rapere præsumsisti, ideo justus judex ad terrorem & tuam correctionem & aliorum, hujusmodi miraculum dignatus est perpetrare.

LXX. Item aliud.

Cum fratres Muretenses patris reverendi mensam vilem & pretiosam fratri Amelio de Lacrozyla Fontiscrosæ * dispensatori super ea ab eo diligenter rogati, per Giraudum David mitterent, ipse nuntius causa fidei & devotionis, mensæ particulam abscidit, & pro reliquiis longo tempore servavit: qui parum de ligno sæpe radebat, & in aquam mittebat, multisque febricitantibus hibere dabat, moxque Dei gratia cunctos curabat. Idem etiam eadem medicina a febre sanatus est. Interea contigit ut domus de Orca, ubi lignum erat, & quæcumque in ipsis erant comburerentur: lignum autem pannumque lineum & pellem candidam quibus erat involutum, divina potestas penitus ab igne protexit. Cujus miraculi magnitudo Giraudum David super rerum suarum amissione plurimum confortavit. Sed cum vita mirabilis præfulgeat miraculis, cumque eremita eximius, quo, teste Domino, inter natos mulierum major non surrexit, pauca vel nulla legatur fecisse miracula, non est summopere talibus immorandum & gloriandum. Suis enim discipulis in signorum gloria gloriantibus, sic ait magister humilitatis: *Nolite gaudere quia vobis spiritus subjiciuntur: Gaudete autem quod nomina vestra scripta sunt in cœlis.* Totis viribus summo regi supplicamus, ut nos meritis & precibus tanti patris nostri faciat perpetuo participes suæ felicitatis. Amen.

LXXI. De milite curato de igne inextinguibili.

In territorio Lemovicensi erat quidam miles claro quidem genere, non multa morum honestate refulgens. Accidit vero quod divino judicio flagellatus est morbo incurabili, igne videlicet inextinguibili, qui dicitur infernalis. Ignis ille inextinguibilis, utpote non deficiens, donec subjectam materiam omnino consumserit, pedem prædicti militis, carnem videlicet cum ossibus, nullo interveniente remedio, immisericorditer consumebat. Præfatus vero miles multos consulens medicos, & in eos expendens plurima, nullam potuit salubrem sibi invenire medelam. Tandem conversus ad Dominum, in toto corde suo contritionem cordis interiorem, per copiosam lacrymarum effusionem & exhibitionem bonorum operum, exterius manifestans, se ferri fecit ad domum Grandimontensem, non humanum sed divinum postulans consilium & auxilium. Vocato siquidem STEPHANO DE LICIACO, tunc temporis præfatæ domus gerente prioratum, prostravit se humiliter ante pedes ejus, ostendens illi dolorem corporis intolerabilem, se nihilominus in corde pati significans, verba proferendo magnæ humilitatis, & profusius lacrymando, credens procul dubio propter peccata sua tam graviter a Domino flagellari. Quo viso, pater venerabilis obstupuit, quærens a milite quid peteret. Militi vero causa recuperandæ sanitatis humiliter & cum lacrymis respondenti dixit prior: Frater, non sumus medici, nec nobis nec aliis aliquid medicinæ corporalis consuevimus exhibere remedium. Dixit quoque miles: Domine, humano consilio destitutus pariter & auxilio, ad spiritualem confugio, postulans sanctissimas beatissimi viri STEPHANI confessoris reliquias mihi peccatori omnium miserrimo miserorum misericorditer ostendi. Credo namque per ejus orationum merita ab hoc incendio intolerabili, divina favente gratia, liberari. Prior autem timens sibi & aliis fratribus quietem minui, & internæ suavitatis dulcedinem tardius experiri, si populorum turbæ miraculorum causa locum illum sæpius frequentarent, utpote qui sæpius cum beato viro quasi cum vivo loquens homine, super miraculis quæ faciebat durius increpaverat, minitans ossa ejus inde extrahi & in flumen projici, nisi cessaret a miraculis, dixit ad militem: Frater, beati viri domini STEPHANI ossa vix aut numquam ab aliquo possunt videri; sed vade ad alios sanctos, ad quorum memorias miracula creberrime fiunt, & nos libenter orabimus pro te, ut Dominus tribuat quod tibi necessarium esse cognoverit. Miles vero respondit se nullo modo recessurum, donec saltem adeundi sepulcrum beati viri STEPHANI sibi licentiam indulgeret. Tandem convictus prior precibus militis & sociorum ejus, concessit ei licentiam adeundi viri beatissimi sepulturam. Tunc gavisus est miles plurimum, & de futuro remedio spem bonam concipiens, ad sepulcrum beati viri per manus sociorum suorum quam citius est deportatus. Mox prostratus humiliter ante sepulcrum, oravit cum lacrymis & multa devotione, sperans ad Dominum, ut per merita servi sui, cujus corpus ibidem requiescebat, doloris intolerabilis daret ei remedium, & ulceris sanitatem: lavansque lapidem super quo corpus beatissimi viri sepultum erat, aqua, eamdem aquam infundebat ulceri, & confestim extinctus est ignis, & curatus est miles ab ulcere pariter & dolore, & qui antea sine humano juvamine alicubi progredi non valebat, solius divinæ miserationis auxilio, nunc ad domum propriam sanus & incolumis remeavit, sicque sanus factus, devotus de cetero erga Dei servitium & opera pietatis usque in finem constanter perseveravit.

LXXII. *Item aliud miraculum.*

Narrabimus adhuc dilectioni vestræ miraculum minime silendum, quod tempore vitæ suæ miraculose acciderit. Quadam namque die, dum quidam familiaris ejus ex more de quadam villa ei panem afferret, obvios forte habuit latrunculos, qui in nemore illo per quod transitum faciebat, causa latitabant malignandi. Qui cum vidissent hominem jumentum pane onustum ducentem, gavisi sunt valde, & accipientes panem desuper jumento, posuerunt in terra, ut inde reficerentur. Quod cum vidisset familiaris ille, cœpit increpare eos, dicens: Quid est hoc quod agitis, homines malitiosi atque perversi? Panem istum quem violenter & injuste rapitis, beato viro STEPHANO defero; quapropter vobis ex parte Dei & Domini nostri JESU CHRISTI, & auctoritate bonitatis ipsius prohibeo, ne ipsum panem amplius tangere præsumatis; quod si feceritis, noveritis pro certo vos iram & indignationem Dei omnipotentis sine mora incursuros. Erat autem homo iste fidelis, habebatque fiduciam magnam in Domino & in beato STEPHANO. Cui fures illi quasi subsannando dixerunt: Etiamsi esset Deus præsentialiter, non possumus panem hunc dimittere, quin manducemus, ab heri & nudius tertius neque manducavimus, neque bibimus, incomparabili fame cruciamur. Quid plura? Extrahunt gladios de vaginis, & invadere cupiunt panem atque frangere per frusta, sed minime potuerunt. Adfuit certe virtus divina, quæ sic induruit panem illum, & debiles reddidit latrunculos illos, quod nullatenus panem incidere vel frangere valuerunt. Videns autem familiaris ille quæ fiebant prodigia, cœpit clamare, dicens: O miseri! O malefici! Nonne dicebam vobis? Certe

A nunc timeo de vobis, ne ignis de cœlo descendat, & vos omnes consumat. Non credebatis mihi cum vobis dicebam, quia bonus ac sanctus est homo iste, cui panem istum defero, & qui increduli fuistis, Deus omnipotens vobis, quamvis indignis, sanctitatem illius ostendere voluit in hoc facto. Cui latrunculi stupefacti ac tremebundi dixerunt: Certe scimus quia vehementer peccavimus, & ideo pœnitentiam coram te toto corde agimus, & deduc nos ad servum Dei STEPHANUM, cujus piis precibus veniam de tanto reatu apud Deum consequi mereamur. B Familiaris autem ille cernens quod ex toto corde pœniterent, consortavit eos, & duxit illos ad virum Dei, cum funiculis trahens illos post se quasi captivos ac miseros. Cum autem venissent ad portam cellæ viri Dei, pulsavit ille familiaris, & indicavit janitori quæ sibi acciderant in via. Ingrediensque cum latrunculis ad Dei hominem obtulit eos illi, & narravit ei per ordinem quæ facta fuerant. Quo audito, vir Dei convocavit ad se janitorem, & ait illi: Afferte nobis de panibus illis, qui nobis ablati sunt. Interea latrunculi provoluti pedibus ejus, veniam postulabant ab eo, quatenus pro eis Deum omnipotentem rogaret, ut dimitteret eis hanc noxam. Veniente autem janitore cum panibus, accepit eos Dei servus, & quasi subridendo frangere cœpit, & porrigere latrunculis, dicens: Nunc videte, filii mei, quomodo fragiles fuistis, qui recentes panes istos minime, ut asseritis, frangere potuistis? Ipsi tamen nihilominus magis ac magis veniam cum lacrymis & cum omni humilitate requirebant ab eo. Quibus ille, ut erat omnium mitissimus, benigne locutus, consolatus est eos, & admonuit ne amplius talia facere præsumerent, ut relinquerent cui deserviebant iniqui latrocinii & rapinæ negotium: & sic dimisit illos.

LXXIII. *Item aliud miraculum.*

Per idem tempus venit ad eum quidam homo de Monte-Cuculli nomine Geraidus, cujus uxor per multa tempora jacuerat clauda in lectulo, & ait ad virum Dei STEPHANUM: Serve Dei, quid faciam, quia conjux mea gravi infirmitate quotidie affligitur, nec habeo unde eam vel uno die etiam sustentare queam? Angit me ac detinet paupertas nimia: non enim ab ea recedere valeo aliqua hora diei propter gravem infirmitatem ipsius, ut de aliquo labore me & ipsam reficere possim; unde a vicinis meis frequenter & assidue admoneor, quatenus eam apud Montem-Maurilensem deferam, ut ibi in domo pauperum victum & tegumentum habere possit. Quo audito, vir Dei interrogavit eum si legali matrimonio eam sibi conjunxerat, vel quid ei promiserat in manu capellani sui, cum eam in uxorem suscepe-

,, rat. Cui homo ille fufpirans ait: Certe, Do-
,, mine mi, ego mifer & dolens bona fide
,, compromifi ei, ut fanam aut infirmam eam
,, pro viribus meis confervarem: quod ufque
,, ad præfens fideliter prout potui adimplere
,, curavi; fed deinceps hoc facere minime po-
,, tero, eo quod inopia ac paupertate confu-
,, mor. Cui B. STEPHANUS dixit: Vide, fili, ne
,, aliqua penuria depreffus eam dimittere præ-
,, fumas, fed ficut promififti, ita fideliter ac
,, veraciter adimplere feftina; aliter enim vi-
,, tam æternam confequi minime poteris. Con-
,, fidera diligenter, fi te talis infirmitas deti-
,, neret, velles ut ipfa te derelinqueret. Audi
,, quod Dominus in evangelio jubebat, *quod
,, tibi non vis fieri, alii ne feceris*: Confortare
,, igitur & efto robuftus. Dominus enim con-
,, folator & fublevator eft pauperum ac pu-
,, pillorum, & providebit tibi ea quæ fuerint
,, neceffaria, fi tamen in veritate atque juftitia
,, permanferis. Cum autem hæc & horum fimilia locutus cum homine fuiffet, dixit ad
,, eum: Expecta paulifper donec revertar ad
te. Et ingreffus domum attulit ei tourtam
panis & nummum unum, & inclufit illum
» in manu hominis illius, & ait ad eum: Efto
» fecurus, & vade, ac de ifto pane & nummo
» ifto procura uxorem tuam, prout tibi dura-
» verit. Cum vero deficiet, fiducialiter ad nos
» revertere, & fic dimifit eum. Reverfus autem homo ille ad domum fuam, gaudens
& exultans nuntiavit uxori fuæ quæ fibi vir
Dei dixerat: qui cum aperuiffet manum
fuam, in qua B. STEPHANUS nummum unum
incluferat, illico fic multiplicatus eft num-
mus ille quod nullo modo manus ejus retinere poffet. Cadebant enim ex omni parte
nummi de manu ejus & multiplicabantur
videntibus illis. Unde ftupefacti & admirantes laudaverunt nomen Domini, & quamdiu
vixit mulier, nummi illi numquam defece-
runt, fed femper fuam neceffitatem, largiente
Domino, fuppleverunt: quemadmodum de
Helia legitur, qui miffus ad viduam Sarep-
tanam, cujus hydria farinæ non defecit, nec
olei lecithus non eft imminutus. Vir autem
fic poftea, poft tranfitum B. STEPHANI, fratribus apud Muretum totum fideli narratione
ac veraci indicavit, de quorum numero aliqui fuperftites exiftunt.

LXXIV. *De vifione quam vidit domnus Hugo de Lacerta apud Muretum.*

Quadam igitur die dum B. HUGO difcipu-
lus B. STEPHANI confefforis, a Grandimonte
quo caufa vifitandi paftorem fuum STEPHA-
NUM DE LICIACO venerat, cum focio fuo
GUIDONE DE MILIACO iter arripiens defcen-
deret, & verfus domum noftram de Cafte-
nato tenderet, accidit ut campana ecclefiæ
Muretenfis loci ad miffam a fratribus pulfa-
retur. Qua audita, prædictus HUGO focio fuo
» Guidoni dixit: Frater, ingrediamur domum

Mureti, ut miffarum folemniis, Deo volente,
intereffe poffimus. Qui refpondens, præfto
fum, ait. Divertentes vero ad locum illum,
ingreffi funt cum omni feftinatione domum
orationis, & locum vifionis divinæ. Presbyter
autem cellæ illius folus cum folo minifto
præparabat fe ad officium miffæ. Prædictus
etenim HUGO cum furrexiffet ab oratione,
& oculos fuos ad altare & miniftros altaris
intentus fublevaffet, repente vidit fanctum
STEPHANUM leviticis ornamentis indutum ac
refulgentem, velut diaconum altari & facerdoti cum omni devotione honorifice mini-
ftrantem, & etiam, ut fibi videbatur, audiebat eum evangelium pronuntiantem, deinde,
ut moris eft diacono, illum facerdoti oblationem præftantem. Quo vifo, vir Dei jam
fæpedictus HUGO alacris efficitur, lacrymis
perfunditur, & a fuperno lumine illuftratur,
ac tanta vifione lætatur, cujus tam celeberrimæ vifionis ac gloriofæ vifitationis ut cer-
tiffimos teftes haberet, vocavit unum de fratribus qui in ecclefia erant, quærens ab eo
quot vel quanti effent miniftri altaris. Qui
refpondens ait: Domine, non funt nifi
duo, folus videlicet facerdos cum folo miniftro. Revertente autem fratre illo in locum
fuum, vocavit & alium idem B. HUGO, quærens iterum & iterum ab eo prædictum verbum. Cui & dixit frater ille: Certe, domine
mi, neminem ibi video præter folum pref-
byterum cum fuo focio. Hoc autem totum
faciebat, quatenus fibi melius crederetur,
cum poftmodum ab ipfo alicui hæc tam celebris vifio manifeftaretur. Scriptum eft enim
in lege divina, *In ore duorum vel trium
teftium conftat omne verbum*. His itaque
peractis, & facris miffarum folemniis rite ac
venerabiliter pertractatis, fanctus STEPHANUS
confeffor egregius ac Grandimontenfis ordinis paftor & pater primus, noluit difcipulum fuum quem valde dilexerat, & quem
tanta ac tali vifione vel vifitatione cœlitus
illuftraverat, infalutatum dimittere, fed con-
verfus ad eum alacri vultu & læta facie ei
fubridens, palmas fuas extendit, & ftatim dif-
paruit. Credimus fiquidem quod vir Dei
STEPHANUS tali extenfione manuum con-
vocaret difcipulum fuum ad cœlefte regnum;
nam eodem tempore fideliffimus HUGO fideliter migravit ad Chriftum. Cum autem
egreffus effet a loco illo, & cum focio fupradicto lætus & lætabundus, vel de tanta confolatione ac vifione confolatus, fecum cogitando, viam carperet, invafit eum frater GUIDO
tali modo dicens ei: Dic quæfo, mi pater,
cui multa manifeftare confuevifti, & qui me
indignum multa familiaritate multoque a-
more jam dudum amplecti dignatus es, quid
eft hoc quod hodie vidifti? Certe credo quod
aliquid tibi Dominus revelare dignatus eft.
Vide ergo, pater amantiffime, ne mihi indigno peccatori tua benignitas tantam fata-

„ gat abscondere visionem. Cui ille: Certe nescis quid petas, aut quid requiras a me, perge velociter & ambulemus simul. Desine ab hac stultitia, & noli quærere, nec altum sapere quod non oportet. Iterum frater ille adjecit: Precor, pater, nec moram facias, sed indica mihi visionem hanc quam vidisti: animadverti etenim dum tecum essem in ecclesia, te plus solito sollicitum esse circa altaris officium. Cur enim cupis abscondere Dei donum & gratiam. Indica mihi pro Dei amore, quæ & qualis fuit illa visio quam vidisti. Cumque pater ille amantissimus hæc & horum similia a fratre illo audisset, protestatus est eum dicens: In virtute Spiritus-sancti & sub periculo animæ tuæ inhibeo fraternitati tuæ, ne cui dum vixero manifestare præsumas hanc visionem quam a me petis tibi enucleari. Cui ille respondit: Promitto tibi per salutem animæ meæ, quod nemini pandam dum vixeris. Postmodum ille sanctissimus pater indicavit ei per ordinem fideliter visionem quam viderat, & adjecit: Scio me in proximo egressurum de ergastulo corporis mei, & ingressurum viam universæ carnis, quia vocavit me magister meus ad nuptias Agni immaculati, ut inhabitem in domo Domini omnibus diebus vitæ meæ, & satier ab uberibus consolationis ejus. Post transitum autem prædicti domni HUGONIS, frater GUIDO hanc visionem fratribus revelare curavit.

GERALDUS DEI GRATIA Grandimontensis prior VII.

I. De revelatione beati Stephani.

Dum ordo Grandimontensium diu post transitum B. STEPHANI confessoris Christi, divina largiente gratia, religione, sanctitate, ac bonitate, populis multiplicatus in magna pace, caritate, honore & prosperitate non modica perstitisset, ultimo anno papatus LUCII III. PHILIPPO rege Francorum, & HENRICO rege Anglorum regnantibus, oborta est gravis dissentio, peccatis nostris exigentibus, Deo permittente, & inimico humani generis instigante, in ipso ordine nostro. Unde necessitas coëgit ut fratres invicem altercantes ad curiam accelerarent. Heu! heu! proh dolor, qui diu pacifici extiterant, modo facti sunt discordes; qui sese dilexerant, modo facti sunt inimici: qui sanctitatis virtute præminebant, in dedecus & subsannationem a multis rediguntur; & quid dicam? Flebant, lugebant, lamentabantur, angustiabantur pene omnes amici ordinis, eo quod viderent & audirent falsidicos & inimicos veritatis impia verba proferre, garrire, strepere contra religionis observantiam, adversus caritatem fraternam. Timebant autem de ordine ne subverteretur, mutaretur, destitueretur, cum aspicerent, cernerent perturbari undique statum ordinis, discurrere fratres ac vagari per sæculum, alios invitos, alios spontaneos. Inviti defendebant ordinem, spontanei contra ordinem. Et quid plura? Dispersi sunt lapides sanctuarii in capite omnium platearum. Qui soliti erant vesci in croceis, amplexati sunt stercora. Caritas fraterna vertitur in odium, veritas in mendacium, bonitas in tædium, sanctitas in opprobrium, sobrietas in derisum, humilitas in contemtum, religio in detrimentum, obedientia in nihilum, fere omnis virtus in vitium. Quid ergo? Facti sunt cives Jerusalem cives Babyloniæ, spirituales facti sunt carnales, animales, bestiales, contra quos Apostolus, *Cum sit inter vos zelus & contentio, nonne homines estis? Nonne carnales estis, & secundum hominem ambulatis?* Quis, inquam, talia videret, talia audiret, & a fletu, a gemitu, a singultu, a suspiriis, a lacrymis cessare posset? O Domine, Jesu bone! ô Redemtor generis humani piissime! ô Pastor sempiterne! ô Pater misericordissime! ô Salvator amantissime! quare hoc sustinuisti? quare hoc permisisti? quare hoc ut sic fieret disposuisti, ut populus tuus veneno diabolico sic male interficeretur, domus tua confunderetur, religio perturbaretur, ordo venerabilis ita tractaretur, subsannaretur, in detrimentum & dedecus verteretur? Ubi est, Domine meus, ubi est protectio tua, ubi est promissio tua *Non relinquam vos orphanos?* Quare non nos visitasti? Cur sceleribus nostris non obviasti? Cur facinora nostra non delesti? Heu, Domine mi! hic deficit sensus, hic deficit cogitatus, hic ignorantes facti sumus, hic reatum nostrum cognoscimus, hic peccatum nostrum confitemur: unde veniam petimus, misericordiam & indulgentiam a te Domine misericorditer atque suppliciter postulamus. Indulge, Domine, quia potens es, quia misericors, quia suavis, & mitis, pius, benignus, qui omnium miserereris, & nihil odisti eorum quæ fecisti, Domine, dissimulans peccata hominum propter pœnitentiam. Parce, Domine, parce populo tuo, & ne des hereditatem tuam in perditionem. Fac cum servis tuis misericordiam. Visita nos in salutari tuo, & esto placabilis super nequitia populi tui. Et si oblocuti sumus, Domine, ista sic dicentes, ne memineris iniquitatum nostrarum antiquarum, sed cito anticipent nos misericordiæ tuæ, quia pauperes facti sumus nimis. Adjuva nos, Deus salutaris noster, & propter gloriam nominis tui, Domine, libera nos, & propitius esto peccatis nostris propter nomen tuum. Forsitan ob iniquitatem nostram, & propter scelus nostrum cecidit cæcitas hæc ex parte super populum tuum, talis tentatio, ut aliis esset ad probationem, ceteris ad peremtionem,

id

id est bonis ad bonum, malis autem ad malum; vel forte, ut qui in ordine latitabant, & sub ovina pelle seipsos arte simulatoria tegebant, agnoscerentur, unde & vitarentur, repudiarentur, contemnerentur, vel qui praedestinati non erant in ordine ut salvarentur, egrederentur : vel ut ordo pacem & concordiam vel bona spiritualia quae amiserat, te miserante, consequi posset. Ergo, Domine, audi vocem deprecationis nostrae & intende orationibus nostris, & qui aperuisti oculos Agar ancillae tuae, aperi oculos cordium nostrorum, & revelare digneris nobis famulis tuis, ut voluntas sancta tua erga nos sit, ut laudemus nomen tuum assidue, quod est benedictum per saecula. Amen.

II. *Item admonitio ad fratres.*

Igitur, dilectissimi, haec audientes compungimini, & nolite peccare vel contristari; sed recolite quemadmodum Deus omnipotens miro & inaestimabili modo permisit peccatis hominum terram Jerosolymitanam ea tempestate, qua haec apud nos facta sunt, in manibus Allofilorum transferri, populum suum ab eis interfici, captivari, torqueri. Haec autem saepissime in divinis libris inveniuntur, quemadmodum Pater misericordiarum suos patitur hodie habere ab initio saeculi persecutiones ac tribulationes. Quid enim de Noë justo factum est? Nonne passus est cataclismi tormentum? Nonne Abraham fidelis exul factus est? Nonne Moyses mitissimus hominum insecutus est a Pharaone? Et Israël Dei populus nonne persecutus est a Pharaone ipso & Aegyptiis? Quid David justus, quem Dominus omnium invenit secundum cor suum, passus est ab impio Saüle? Quid iterum & iterum filii Israël passi sunt a Nabuchodonosor, & a ceteris a quibus saepissime captivabantur? Quid sancti patriarchae? Quid prophetae? Quid sancti apostoli & sancti martyres, & sanctae ecclesiae doctores, ab infidelibus passi sunt? Recolite ipsum Dominum patriarcharum, prophetarum, apostolorum, martyrum, confessorum, virginum, ceterorumque fidelium, quo modo pro omnibus & a quibus passus est. Quid mirum si tanta vel talia ipse & sui passi sunt, si permisit nos tribulari, qui peccatores, qui fragiles, lutea vasa portantes, & ideo debiles & imbecilles sumus? Ne miremini igitur si ita factum est, quia a Domino Deo nostro sic permissum est, & est mirabile in oculis nostris: ab ipso enim est omne datum optimum & omne donum perfectum, qui suos in hoc mundo, ut audistis, permittit tribulari, torqueri, cruciari, ut postmodum ab eo consolentur, visitentur, remunerentur, coronentur, glorificentur. Unde Apostolus, *Si socii passionum fuimus, erimus & consolationis.* Et alibi: *Tribulatio patientiam operatur, probatio patientia, probatio vero spem, spes autem non confundit, &c.* Et alibi: *Quod lima ferro, quod fornax auro, quod flagellum grano, hoc facit tribulatio justo.* Ergo dilectissimi sustinete patienter persecutiones si venerint, tentationes si invaserint, tribulationes si occurrerint, necessitates si affuerint, dicentes cum Job beatissimo : *Si bona suscepimus de manu Domini, &c.* Consolamini igitur invicem in verbis istis, & audite Petrum apostolum dicentem : *Si quid patimini propter justitiam, beati.* Nunc autem viriliter agite, & confortetur cor vestrum, & expectate Dominum, quia veniens veniet & non tardabit. Cavete igitur ne amplius in vobis sint schismata, sed eligite charismata meliora, quia, ut ait Apostolus, servum Dei non oportet litigare; sed semper & assidue pax, patientia, gaudium, longanimitas, bonitas, benignitas, caritas non ficta, humilitas fructuosa, quibus virtutibus decenter ornati valeatis lucere tamquam luminaria in mundo, in medio nationis pravae & perversae, verbum vitae continentes & supportantes invicem in timore Christi, imitantes & sequentes vestigia ac mandata patris nostri STEPHANI beatissimi, cujus memoria in benedictione est, quem Dominus Deus sua pietate nostris temporibus, in quos fines devenerunt, mirificavit ac revelavit tali modo:

III. *Item de revelatione B. Stephani.*

Cumque, ut praelibavimus, ista dissensio fere per triennium graviter perdurasset, ibant ad curiam fratres saepissime, & revertebantur parum aut nihil proficientes, usque ad tempus CLEMENTIS papae III. qui iterum post confirmationem ADRIANI, ALEXANDRI, LUCII praedecessorum suorum, regulam institutionesque confirmavit, privilegia innovavit, duosque priores qui tunc temporis invicem erant contrarii destituit, & licentiam eligendi priorem indulsit. Accepta igitur licentia fratres ab eo, completisque negotiis in pace & gaudio revertuntur, adunatoque universali capitulo in Grandimonte ex praecepto domini papae in festo S. Michaëlis, tractatur ex more de eligendo priore, attamen non defuerunt, qui hoc ut non fieret perturbare nitebantur. Alii dicebant sic, alii vero sic, fere unusquisque suum quaerebat priorem. Sed non est sapientia, non est prudentia, non est consilium contra Dominum. Cumque vidisset divina bonitas eorum corda vehementer ab invicem esse divisa, ex improviso affuit in eorum conventu Sancti Spiritus praesentialiter consolatrix gratia, quae corda eorum vehementer accendit & inflammavit & in unum convertit. Facta est igitur in capitulo tranquillitas magna & exultatio, ita ut ibi videretur quod Deus omnipotens in medio eorum descendisset. Flebant igitur fratres fere omnes, & consolabantur invicem & laetabantur, Dominum benedicentes cum gaudio, cernentes Dei præsentiam adfuisse. O divina bonitas! ô ineffabilis Dei pietas! ô inenarrabilis Domini suavitas, quæ quam citius vis omnia disponis, omnia contraria ad tuum velle reducis. Quis utique tam cito posset mentes eorum, quæ ab invicem discordes erant, ad unitatem reducere & ad concordiam revocare, nisi tua præsens affuisset gratia? Verum est, Domine, verum est quod dicis: *Sine me nihil potestis facere.* Tibi laus, tibi gloria, honor, virtus & imperium, quia non derelinquis quærentes te Domine, nec præsumentes non de se, sed de te. Cumque sic visitati fuissent a Domino & consolati per dimidiam fere horam unanimiter concordantes dixerunt: Eligantur fratres duodecim ex nobis, sex clerici & sex conversi, qui, Deo volente, & facta primitus oratione, sibi & nobis ac totius ordinis utilitati provideant, & eligant pastorem. Quod ita factum est, & Deo volente, atque universali capitulo consentiente, GERALDUS eligitur a B. STEPHANO prior VII. Gaudent fideles & exultant, lætantur in laudibus divinis. Promittitur ei obedientia ab omnibus. Erant enim ibi fratres congregati fere numero quingenti, minus vero viginti, ducenti clerici & amplius viginti, & ducenti conversi & sexaginta. His itaque ex consuetudine peractis, tractatur de revelatione beati STEPHANI. Consilio habito cum domno HELIA Burdegalensi episcopo, & cum SEIBRANDO Lemovicensi episcopo, & cum BERTRANDO Agennensi episcopo, qui tunc temporis in Grandimonte convenerant, & acceptis litteris ab eis, & a ceteris episcopis, archiepiscopis, abbatibus, principibus, ipse prior GERALDUS duos de discipulis suis, Robertum sacerdotem & Guillelmum fratrem conversum, versus curiam cum attestationibus supradictis ut irent destinavit. Qui viriliter suscepto impositoque sibi negotio cum omni prosperitate, ac Deo ducente, meritis B. STEPHANI Romam venerunt. Suscepti igitur a summo pontifice & a quibusdam amicis suis cardinalibus, litteras attestationis quas secum detulerant ostenderunt. Visis perlectisque litteris, domnus papa cum cardinalibus negotium istud, Deo disponente, fideliter adimplere curavit, credens quod si suo tempore tale ac tantum opus perficere posset, magnum præmium apud Deum meritis B. STEPHANI perenniter obtineret. Habitoque cum suis fratribus consilio, destinavit Dominum Prænestinum episcopum, JOHANNEM sancti Marci cardinalem & apostolicæ sedis legatum, dans ei privilegium atque mandatum quatenus veloci cursu ad Grandimontem accederet, & sanctum Dei honorifice, ut decebat, canonizaret, & sanctorum catalogo conjungeret. Nobis autem & capitulo nostro tale privilegium per fratres nostros transmittere curavit in hunc modum.

CLEMENS *episcopus servus servorum Dei dilectis in Christo filiis* GERALDO *priori & fratribus Grandimontis salutem & apostolicam benedictionem. Ideo sacrosanctam Romanam ecclesiam Redemptor noster caput omnium esse voluit & magistram, ut ad ejus dispositionem & nutum, divina gratia præeunte, quæ a fidelibus gerenda sunt ordinentur, & errata in melius corrigantur, & ad ejus consilium in ambiguis recurratur, & quod ipsa statuerit nemini, quantumcumque de suis meritis glorietur, liceat immutare, nam si forte promiscua daretur universis licentia, quacumque sibi secundum voluntatem propriam occurrerent perpetrandi, & confusa libertas, cum secundum personarum diversitatem vota dissentiant, in aliorum aliquando scandalum sine justi discretione libramine commendanda supprimeret, & minus digna laudibus indebitis celebraret. Inde siquidem fuit quod bonæ memoriæ prædecessor noster* URBANUS, *audita fama religionis & vitæ commendabilis puritate, qua sanctæ recordationis* STEPHANUS *Grandimontensis ordinis institutor emicuit, quantis etiam miraculorum testimoniis omnipotens Deus ipsius voluit mundo merita declarare, legatis quos ad partes illas direxit pro quibusdam negotiis ecclesiæ tractandis, plenam circa hæc investigationem committere voluit, ut ex ipsorum ceterorumque virorum, quibus sine dubitatione fides esset adhibenda, testimonio, ad id agendum consulte procederet; quod & fidelium commodis & ejusdem sancti viri honori, qui hactenus velut in sterquilinio gemma latuerat, congruere videretur. Nos etiam ex testimonio carissimi in Christo filii nostri* HENRICI *illustris Anglorum regis, necnon venerabilium fratrum nostrorum* GUILLELMI *Remensis S. Sabinæ cardinalis,* BARTHOLOMÆI *Turonensis &* HELIÆ *Burdegalensis archiepiscoporum, &* SEBRANDI *Lemovicensis episcopi, & dilectorum* BOBARDI *tunc S. Angeli &* OCTAVIANI *SS. Sergii & Bacchi diaconorum cardinalium, qui in partibus illis functi sunt legationis officio, & aliorum multorum episcoporum plenius instructi de vita, meritis, & conversatione qua sæpedictus vir sanctus asseritur floruisse, & quod eum multimodis miraculorum indiciis divina voluit pietas illustrare, hujus executionem negotii dilecti filii nostri* JOHANNIS *tituli S. Marci presbyteri cardinalis apostolicæ sedis legati, duximus arbitrio committendam; per apostolica illi scripta mandantes, ut ad locum illum accedens & convocatis adjacentium illarum partium episcopis ceterisque viris religiosis, ipsum inter sanctos auctoritate qua fungimur nos denuntiet adscripsisse, deinceps in sanctorum catalogo numerandum, & per ipsius merita redemptoris suffragia decrevisse cum reliquorum sanctorum interventionibus postulanda. Datum Lateranis* XII. *calendas Aprilis, pontificatus nostri anno* II.

Acceptis itaque litteris domini papæ, & recuperatis honorifice, ut decebat, nuntiis

noftris, admodum lætati fumus, & Deo gratias, ut potuimus, cum dignis laudibus exultantes & alacres reddidimus. Tunc omnis fratrum conventus cum magna devotione nobis fupplicavit atque exhortatus eft dicens:
» Domine pater, veftra difcretio novit quo-
» modo & quemadmodum pater fpiritualis
» domnus Petrus Lemovicanus prior fecun-
» dus, domino ac venerabili patri primo B.
» Stephano, & quafi increpando ac minando,
» cum cerneret quod Deus per merita ipfius
» prodigia & figna faceret, eum ne taliter
» ageret prohibuit, viriliter dicens : Quid eft
» hoc ? quid eft quod agis, Pater amantiffime ?
» Quare vis nos fervos fanctitatis tuæ perpe-
» trando miracula tua excludere ab hac pau-
» pertatis humilitatifque via? Nonne figna ac
» miracula turbas congregationefque homi-
» num requirunt? Et quomodo poterimus per-
» manere in fecreto folitudinis, fi undique
» turbæ adveniunt, auditis & vifis miraculis
» tuis? Numquid non credimus fanctitati tuæ ?
» Certe credimus. Ut quid vexare nos cupis ?
» quid tibi & miraculis? Define, define, cave
» dico ab eorum pompis, nihil tibi & illis.
» Defifte, mi domine, aut fi non feceris, certe
» non diligam te, & ab ifto loco inhonefte
» omnino excludam te, & projiciam te in ali-
» quem locum viliffimum & inhoneftum. Hæc
» funt verba quæ habuit cum B. viro Stephano
» pater amabilis, caufa magnæ religionis &
» humilitatis. Nunc vero fi placet, pater bone,
» humiliter & piis precibus flexifque genibus
» fupplicare dignemini, quatenus tempore fuæ
» revelationis nos vifitare ac confolare digne-
» tur aliquibus fignis. Vos enim cernitis qui-
» bus tenetur Dei populus obligatus vinculis
» cæcitatis atque infidelitatis, & nifi viderint
» figna & prodigia, certe minime credent.
» Signa autem dantur infidelibus non fidelibus.
» Requirat itaque veftra humilitas ab eo, ut
» fiant & appareant aliqua miracula ejus me-
» ritis & precibus divino munere in Dei po-
» pulo. Quo audito, admodum gavifi fumus, & exultantes ac lætabundi eis diximus : Ve-
» nite ergo & congregamini, & eamus ante
» fepulcrum beati viri, & invocemus nomen
» Domini, ut qui eum mirificare incipit, di-
» verfis dignetur eum honorare miraculis.
Tunc fratres omnes veniunt, orationi infiftere non defiftunt, Dei quærunt auxilium, laudantes nomen Domini quod eft benedictum in fæculis.

IV. *De miraculo quod ante revelationem beati Stephani accidit.*

Cumque tempus revelationis appropinquaret, ecce homo quidam cæcus & fenex ducitur in Grandimonte de parochia vici Ambafiaci, quærens & poftulans auxilium Domini & viri Dei Stephani. Et quid? Manibus fui ductoris trahitur in ecclefiam, nobis videntibus atque præcipientibus, intromittitur, ad altare deducitur, oratio a fratribus pro eo fanando ad Dominum funditur, figno veræ crucis confignatur, illico illuminatur, lumen recuperatur, fanatus lætatur. Qui fine ductoris manu ingredi non valuit, abfque ductoris auxilio, videns & lætabundus exivit. Hoc vidimus, hoc teftamur, & teftimonium iftud verum eft. Appropinquante autem fefto S. Auguftini, & jam defuncto recenter Henrico (*a*) Anglorum rege illuftriffimo, cum magna velocitate dominus legatus ac veloci curfu ad Grandimontem accedit. Convocatis igitur & coadunatis ibidem epifcopis, & archiepifcopis, videlicet domno Henrico Bituricenfe, Rainaudo Apamienfe, qui tunc temporis a tranfmarinis partibus exul huc venerat, necnon & Helia Burdigalenfe archiepifcopis, & Seibrando Lemovicenfe, & Guillelmo Pictavenfe, & Helia Xantonenfe, & Ademaro Petragoricenfe, & Geraldo Caturcenfe, & Bertrando Agennenfe epifcopis, abbatibus etiam & viris religiofis, & plebe innumerabili. Tunc etiam clerici, qui ufque ad tempus illud difcordes extiterant, Deo infpirante, ad pacem redeunt, & videntibus cunctis quos fupra nominavimus, in capitulo obedientiæ noftræ jugo humiliter, ut decebat, colla fubmittunt, & in ofculo pacis, a nobis & a fratribus devote fufcipiuntur. His itaque peractis, ac lætantibus & exultantibus in Domino univerfis, venimus ad locum ubi corpus B. Stephani cum digno honore humatum jacebat. Tunc domino legato jubente atque præcipiente a terra elevatur, & per clauftrum cum magna devotione cereis ardentibus & thuribulis fumigantibus portatur, populo præcedente, & fubfequente, cum hymnis & laudibus in ecclefia deducitur, & fuper altare B. Mariæ honorifice ponitur. Domnus autem Henricus Bituricenfis archiepifcopus & primas Aquitanicus, juffu & præcepto domini legati, præparat fe ad officium miffæ in honore S. Stephani, & incipitur a cantoribus folemniter antiphona *Os jufti*. Deinde nos, accepta licentia a domino legato, in alia crypta præparamus nos cum miniftris, ad miffarum folemnia in honore B. Stephani celebranda : cumque miffarum folemniis cum omni devotione & timore intenti effemus, & ad canonem poft *Sanctus* ingreffi fuiffemus, Ecce fubito ex improvifo frater quidam presbyter nomine Simon, venit clamans de ecclefia, quem ad cuftodiendum B. Stephani corpus ibidem reliqueramus, adducens fecum puerum, & dixit : Domine pater, domine pater, videte & afpicite figna & miracula quæ Deus omnipotens fua mira omnipotentia modo per beatum Stephanum patrem mirificum in puero ifto mirabiliter nobis videntibus operari di-

(*a*) Obiit anno 1189. apud Chainonem fepultus in ecclefia Fontis-Ebraldi.

gnatus est. Nos vero cum de tanto clamore ac subito perterriti admodum fuissemus, nec mirum qui tanto pondere pressi & obligati eramus, tamen ut potuimus respeximus, & ipse qui tali necessitate silentium tali loco violaverat, quod nequaquam præsumeret, nisi miraculorum stupor eum cogeret, loqui adjecit. Ecce, Domine, puer iste quem videtis, ex utero matris suæ claudus extitit & mutus & manibus aridus. Ecce pater ejus quem agnosco Helias-Valaris nōmine, & uxor ejus mater istius pueri, qui hoc testantur, & ideo a Lemovicensi villa, cujus cives sunt, huc eum adduxerunt, ut Deus omnipotens per B. Stephanum sanando visitaret. Ecce, domine, ecce videtis, libere loquitur, ecce ambulat, manus ad libitum suum movet. Puer iste jam decennis esse potest. Cumque ipso talia loquente ac dicente, stupefacti ac mirantes hæc diu cerneremus, consolationis ac visitationis supernæ præ gaudio palmas ad cœlum tendimus, lacrymas perfundimus, & ad terram prosternimur, Dominum omnipotentem, ut potuimus, corde & ore laudavimus, atque cum his qui ad spectaculum istud confluxerant ipsum benediximus. Puer autem loquebatur, ambulabat, & populus Dei super his gratulabatur. Erat autem puer pulcher aspectu, & decora facie. Nos autem ad locum canonis, quem reliqueramus exultantes ac consolati, de miraculis revertimur. Cumque ex more ipsum canonem festinantes prosequeremur, post consummatam jam Dominicam orationem, ecce iisdem presbyter qui supra adducens alium adolescentem majorem priore, filium cujusdam burgensis Lemovicensis, nomine Petri de Userchia, & clamavit dicens: Domine, domine, ecce recens miraculum & non modicum, adolescens iste vesicam magnam & non modicam in collo habebat, quæ eum graviter affligebat, nec valebat sursum aspicere, nec faciem suam aliquorsum vertere, nisi simul cum toto corpore, quia mentum ejus conglutinatum & conjunctum permanebat cum corpore. Venit autem pater ejus quem cernitis, & obtulit eum B. Stephano cum lacrymis, quatenus ei auxilium conferret de cœlestibus, qui jam mirandis coruscat virtutibus: qui dum orationi vehementer insisteret, & auxilium divinum quæreret, cœpit vesica fugere, mentum ejus a pectore disrumpere. Tunc puer correptus dolore nimio clamare cœpit denuo, O Deus, quia doleo, sana me pro amore tuo, sana me per ejus merita, cujus postulo suffragia. Cumque puer hæc diceret, illico sanatus est. Nunc ergo, pater mi, Deum benedicite, qui nos visitavit hodie. Ecce duo miracula tempore sunt parvo. Ad hanc vocem presbyteri, totus in me contremui, cernens Dei magnalia, quæ facta sunt pro beati viri gloria. Iterum lacrymis perfundimur, & ad terram prosternimur, manus ad cœlum tendimus, cum hymnis & cum laudibus Dominum laudare cœpimus. Adunantur & congregantur populi ad spectaculum talis ac tanti miraculi, laudantes nomen Domini & sanctitatem beati Stephani.

V. De puella sanata.

Completis igitur missarum solemniis, adest pro foribus tertium miraculum, miraculosum atque gloriosum. Puella quædam de Berciaco vico cum ceteris advenerat, quæ manum dextram curvam & aridam ex utero matris suæ habebat. Venit & oravit, & fere per dimidiam horam ad orationem stetit, & quæ curva & arida manus extiterat, Dei virtute erigitur, ad signandum se extenditur, digiti ab invicem disjunguntur, opera Dei a populis laudibus extolluntur, a clericis hymni & cantica canuntur. Et quid dicam? repletur clamoribus ecclesia, mirantur atque extolluntur Dei magnalia, venerantur atque laudantur B. Stephani merita, cognoscitur ac recipitur præsens Dei gratia. Quare? quia adducuntur cœci & illuminantur, claudi & curantur, muti & fantur, dæmoniaci & liberantur, amentes & mutantur, ægri & sanantur, mortui & suscitantur, surdi & adjuvantur. De quorum multitudine signorum pauca volumus, si possumus, admodum sub brevitate transcurrere, ne verborum prolixitas sit legentibus vel audientibus onerosa. Bona enim ac brevis lectio aliquando legentibus fit utilis eruditio, quantoque fit prolixior, tanto est onerosior. Et quid plura? quamvis multa divinitus apparuerint signa, tamen pauca ponuntur in hac pagina, de quibus vestræ dilectioni vestræque utilitati meliora, certiora, gratiora scribere proposuimus. Nam die revelationis S. Stephani cum nocte subsequenti decem & septem, gratia Dei operante ac meritis ipsius, patuerunt miracula. Quædam quidem vidimus, quædam minime vidimus, sed audita credimus. Nam vicecomes Lemovicarum, ut fertur, Ademarus puerum a nativitate cœcum ipsa die revelationis per beatum Stephanum divinitus illuminatum duxit secum ad nutriendum. Hoc audivimus, sed non vidimus, cum in illo loco fuissemus. Non enim omnia quæ ibi ipsa die facta sunt vidimus, & si non vidimus, non credemus? Multo majora sunt quæ audivimus quam ea quæ vidimus: nonne dicit Apostolus, Fides est ex auditu? ideo fides adhibenda est, maxime his qui veritatem loquuntur, ac veritati obediunt. Dominus enim dicit in evangelio, *Noli esse incredulus, sed fidelis.* Et item: Qui non credit, reccidit; & qui credit, accedit. Fides autem habet apud Dominum magnum meritum, si bonis fulciatur operibus. Sunt enim quædam invisibilia quæ oculis carnis nequaquam videri possunt, sed oculis fidei veraciter conspiciuntur. Attamen multoties videri putantur quam pluribus nec videntur, ut est Corpus Dominicum; ponitur in altare panis & vinum, conficitur enim verbis divinis a sacerdote, nec mutatur color vel sapor in exterioribus creaturis, sed interius viget virtus in substantiis sanctitatis. Oculi vero exteriores hæc minime cernere possunt, nisi quæ exteriora ponuntur. Aperiendi igitur sunt oculi interiores, id est intellectuales, ut videant & intelligant quæ intrinsecus latent. Exteriora enim exterioribus oculis videntur, id est panis & vinum, & interiora interioribus oculis cernuntur & contemplantur, id est Corpus & Sanguis Domini. Hæc sunt sacramenta & argumenta veræ fidei. *Fides enim est sperandarum substantia rerum, argumentum non apparentium.* Numquam autem credidimus nisi viderimus? Audite ergo Isaiam, immo Spiritum-sanctum dicentem atque minantem : *Nisi credideritis, non permanebitis;* & Dominus in evangelio : *Nisi signa & prodigia videritis, non creditis.* Credite ergo, credite, ut permaneatis, videntes signa & prodigia, & audientes mirabilia quæ facta sunt nostris temporibus, largiente divina gratia, per beati STEPHANI veneranda merita, & nolite obdurare corda vestra, quia potens est Deus facere supra id quod potestis credere.

VI. *Item aliud miraculum.*

Adhuc autem narrabimus aliud miraculum pretiosum atque jucundum quod accidit tempore suæ revelationis. Erat quædam mulier apud Lemovicas, mater uxoris Heliæ Valaris, de quo supra mentionem fecimus, cujus filius per Dei gratiam triplici miraculo sanatus est. Hæc mulier per tempora multa surda extiterat, nec omnino aliquid audire valebat : quæ cum vidisset revertisse filiam suam & generum suum nepote suo sanato a Grandimonte, requisivit a filia sua unde venisset, vel quæ esset necessitas cur tanto tempore absentasset se a domo sua : quæ innuens ei rem, indicavit quæ acciderant. Cui mater : O bona filia, si tibi placuerit ut retro pro me revertaris, forsitan Deus omnipotens per sanctum suum me miseram & indignam tuis laboribus tuisque orationibus intervenientibus, respicere & consolari dignabitur. Video nepotem meum omnino sanatum; sed audire nequeo. Revertere igitur, bona filia, quæso, revertere enim, filia. Nudis pedibus ac veste lanea induta, portansque candelam in manibus. Venit accedens ad tumulum sancti, & orationi incubuit. Quæ cum orasset & oblationem fecisset, cum omni fiducia ad matrem reversa est, & invenit matrem suam jam sanatam, & quam surdam reliquerat, modo lætantem atque audientem divino munere ac meritis B. STEPHANI videbat & audiebat. Fit gaudium magnum & exultatio in domo illa, tam de puero sanato, quam de vetula illa. Unde & filia ejus iterum cum gaudio reversa est in Grandimonte, quatenus Deo & B. STEPHANO, qui domum suam meritis ipsius visitaverat, gratias cum laudibus ageret, & miracula quæ in domo sua acciderant omnibus manifestaret. Felix mulier & inclyta, quæ divinorum operum nuntiatrix esse potuit, & cui Dominus Deus gloriosi confessoris sui suffragantibus meritis tanta beneficia largiri dignatus est. Numquam enim talia ac tanta miracula in tam famosa villa abscondi potuerunt. Unde & in eadem villa eo tempore multa signa, Deo volente, per beatum STEPHANUM perpetrata sunt. Hoc autem presbyter qui audivit & partim vidit, nobis veraciter retulit.

VII. *Item aliud miraculum.*

Factum est autem cum hæc festiva celebrarentur in eadem villa, & publice fere prædicarentur, audivit quædam puella pauperrima, quæ in utero matris suæ clauda exiterat, quod Deus & Dominus noster in Grandimonte ad tumulum beati ac sancti talia faceret, ingemuit & dixit : O Domine Deus, « quid faciam, quia non habeo consolatorem « qui me illuc transferat, eo quod inopia & « paupertate permaxima aggravor? Sed scio, « Domine, te esse consolatorem & subleva- « torem pauperum, tu esto mihi adjutor & « consolator in hac tribulatione mea, & per « merita beati STEPHANI, si vera sunt hæc « quæ audio, & credo quia vera sunt, auxi- « liare mihi miseræ ancillæ tuæ. Tu enim si « mihi per ipsum potes me juvare, quemad- « modum si essem ante ejus sepulcrum, hanc « fiduciam habeo in te, & in virtutibus ejus. « Fac ergo, Domine, fac misericordiam cum « ancillæ tua per ejus sancta merita. Cumque « orationem suam complesset, respexit ad precem ejus, & exaudita est a Domino, & ut postulaverat, a Domino sanata est, intercedente B. Stephano. Et sic nimirum de die in diem divulgabantur ejus sancti merita, & signa ac prodigia.

VIII. *Item aliud miraculum.*

Eodem tempore quidam burgensis in eodem oppido Lemovicarum, nomine Stephanus, cujus uxor Mathildis nomine dicebatur. Hi habebant filium nomine Stephanum ex utero matris suæ jam fere per quatuordecim annos claudum. Qui cum audissent signa & prodigia fieri a Deo in Grandimonte, per beati STEPHANI bonitatem, straverunt asinum & imposuerunt puerum claudum cum scabellis super eum, & versus Grandimontem cum magna fiducia venire coeperunt; & cum essent in itinere, jumentum illud nescio quo casu pedem suum incaute posuit & corruit, & fracta sunt scabella claudi adolescentis. Quod cum vidisset claudus, dixit matri suæ: Mater, nunc scio me sanandum fore, cum pervenero ad tumulum B. Stephani in Grandimonte, & hoc est indicium meæ sanitatis, confractio scabellorum meorum quibus sustentari consueveram. Hoc dixit quasi propheta recuperandæ suæ sanitatis. Venientes autem ad sepulcrum sancti confessoris, oraverunt, fleverunt, & consolationem a Domino meruerunt, & videntibus nobis omnibus, puer qui claudus fuerat ex improviso surrexit, & erectus a Domino, succurrente illi B. Stephano, hilaris & gaudens ire cœpit: quem accipientes propriis manibus posuimus super altare, currebat velociter a cornu altaris usque ad aliud cornu, manibus ad cœlum erectis. Gaudebant omnes qui aderant, & præ gaudio alii flebant, alii lætantes hymnos & laudes Deo canebant, & sancti Stephani merita prædicabant. Hunc autem puerum a parentibus suis donatum retinuimus nobiscum ad nutriendum ob tanti miraculi testimonium.

IX. Item aliud miraculum.

Item quædam mulier nomine Johanna Brugiola de Monte gaudii, qui locus situs est juxta oppidum Lemovicarum, venit cum puero muto & manco. Erat enim infans ille enormis ad videndum. Os autem ejus distortum versus sinistram maxillam, & dentes inordinati in ore ejus erant, nec erat mirum, si loqui non poterat, certe comedere vix valebat. Manus ejus curva admodum & debilis erat, scilicet sinistra. Et quid? oravit pro puero mater, supplicavit nomen Domini invocando, & auxilium B. Stephani postulando: quod cum fecisset, meruit exaudiri a Domino, opitulante B. Stephano confessore reverendissimo, & statim locutus est mutus, & admiratæ sunt turbæ, & timor magnus irruit super eos, & benedixerunt Deum, qui dedit potestatem talem hominibus, atque sanctitatem viri Dei omni admiratione pleni ac stupefacti extollere cœperunt. Divulgantibus fere omnibus signa & prodigia quæ quotidie Dei bonitate & beati viri meritis fiebant in Grandimonte ac multis in locis, in quibus memoria nominis illius habebatur, cœpetunt multi venire concursu & ex occursu ex provinciis diversis, ut meritis ipsius de necessitatibus suis mererentur a Domino Deo exaudiri. Inter quos venerunt duo juvenes quoddam sudarium in manibus suis tenentes, qui a nobis requisiti unde essent vel quid quærerent, aut cur illud sudarium portarent, humiliter responderunt: Domine, nonne vos prior estis domus istius? quibus tale dedi responsum: Ita est, filii mei. Et illi: Domine, nos de Lemovicensi provincia hac orti sumus. Causa pro qua huc sudarium istud deferimus, hæc est. Pater noster quem habemus superstitem, modo in hac hebdomada, gravi urgente infirmitate defunctus est. Audientes autem signa & prodigia beati viri Stephani, invocare cœpimus virtutem ejus super patre nostro, ut Deus & Dominus noster, si vera essent hæc quæ audieramus de viro isto, succurrere & adjuvare dignaretur per merita ipsius, quæ multa & magna sunt nimis apud Deum. Cumque complessemus orationem nostram, nec mora surrexit pater noster & revixit: & ecce detulimus sudarium istud in testimonium. Hæc cum audivissem, admiratus sum vehementer, & glorificare cœpi nomen Domini cum ceteris qui hæc audiebant, & repleti sunt omnes stupore & admiratione de eo quod contigerat illis, & quia Deus talibus signis tamquam apertis suum sanctum decorabat & honorabilem reddebat.

X. Item miraculum aliud.

Post hoc autem mirandum miraculum narrabimus aliud signum quod tempore suæ revelationis, Deo miserante, acciderit. Inter ceteros qui congregati fuerant infirmos, advenerat quidam juvenis de vico qui dicitur S. Hilarius juxta Beneventi (a) cœnobium, nomine Stephanus, qui cœcus a nativitate extiterat, eratque unicus filius matris viduæ pauperrimæ. Hic dum orationi ante sepulcrum B. Stephani cum ceteris vehementer insisteret, & Dei misericordiam anxius expostularet, sanctumque Stephanum ut sibi conferret auxilium magnis vocibus invocaret, subito adest virtus divina, quæ meritis beati Stephani ei restituit quæ numquam, ut ipse postmodum nobis retulit, habuerat lumina. Hunc autem ob amore Dei ac pro honore gloriosi confessoris Stephani, quia pauper erat & indigebat, & ob testimonium tanti miraculi, in domo nostra ad nutriendum & confovendum recepimus ac retinuimus.

XI. Item aliud miraculum.

Eodem autem die quo hæc facta sunt, mulier quædam, quæ jam fere per octo annos lumen amiserat, Deo propitiante & sancto Dei auxiliante, nobis videntibus & multis aliis, feliciter recuperavit. Cui ipsa hora ob miraculi reverentiam contulimus parvi munusculi alimoniam. Erat enim certe talis consuetudo tunc temporis apud sanctum istum de quo loquimur, quod plus auxilii, plus beneficii conferebat viduis, orphanis, virginibus, infantibus, pauperibus, quam divitibus. Hoc certe animadvertimus in miraculorum ejus operibus, & comprobavimus, & etiam aliud mirabile & miraculosum. Dum enim pauca luminaria per diem ante eum coruscarent, pauca vel nulla ab

---

(a) Beneventum erat monasterium ordinis S. Augustini, duabus ab urbe Lemovica distans leucis, cujus reditus anno 1693. ecclesiæ Quebecensi attributi sunt.

eo fierent signa aut prodigia; sed cum multitudo populorum occurrebat, & multiplex multiplicitas luminum ac cereorum circa eum accenderentur, & etiam omnis fere ecclesia intus & foris plurimis luminaribus solemniter coruscaret, tunc signa & prodigia divinitus fiebant ab eo; quod cum animadvertimus, multoties hæc cernentes, admiratione & lætitia replebamur, & urbana verba invicem, prout licebat ac decebat, loquebamur. Credimus certe quod Deus omnipotens tali honore ac tanto eum irradiare volebat, eo quod ipse sanctus, dum in mundo viveret, a mundi hujus cognitione ac veneratione, in quantum valebat, se viriliter & humiliter occultabat. Sæpissime vero contingebat, ut turbis advenientibus, vel cum illi ab aliquo magna donaria Dei amore offerrentur, ut inde Christi pauperes qui cum eo degebant sustentarentur, ipse cernens fugiebat, ac lacrymabili voce dicebat: Deus, absconde me, „ Deus, absconde me. Cumque fratres ei di„cerent, & quasi increpando eum reprehen„dentes: Ut quid, domine, modo fugis quan„do reverti deberes, etiam si fugisses, cum „cernis te a Domino visitatum fuisse? Quibus ipse humiliter, ut erat omnium mitissimus & benignissimus, verbis pacificis responde„bat: Timeo, fratres, ne Deus, quod absit, „merita mea quæ fere parva aut nulla sunt, „mihi indigno retribuat. Sic nimirum, sic certe rerum temporalium vitabat ac fugiebat affluentiam & effluentiam, & si quando nequibat corpore, tamen corde.

XII. *Item aliud miraculum.*

Enarremus adhuc de his quæ vidimus vel audivimus aliqua signa. Inter cetera quæ suæ revelationis tempore fiebant prodigia, venerunt fortuitu peregrini in Grandimonte causa orandi, revertentes de Rupe-amatoris, ubi memoria beatæ Virginis MARIÆ colitur, adducentes secum mulierem habentem manum aridam. Erant enim homines illi, ut audivimus, de Normannia nati, qui cum vidissent & audissent quæ rutilabant in Grandimonte tunc temporis divina opera per B. STEPHANI merita gloriosa, insinuantes di„xerunt illi mulieri: Tange cito utcumque „poteris manu illa arida locum ubi quiescunt „tumulata sancti hujus membra sacrata; quæ cum fecisset, illico sanata est.

XIII. *Item aliud miraculum.*

Eodem igitur tempore quidam homo amens, nomine Guillelmus, deductus est a matre sua in Grandimonte, de vico scilicet S. Martini terræ Sudoris, ut Deus omnipotens per beatum STEPHANUM confessorem ei reddere dignaretur sensum & mentis sobrietatem: quæ cum venisset, fere per triduum ad memoriam beati STEPHANI orando & postulando stetit: attamen sancto Dei intercedente, adeptus est pristinam mentis suæ sobrietatem; qui postea lætus & exultans cum fratribus nostris interfuit vindemiis, adjuvans & vindemians sobrie cum eis.

XIV. *Aliud miraculum.*

Deinde narrabimus miraculum quod vidimus. Adhuc manebant in Grandimonte domnus legatus & Apamiensis archiepiscopus, cum quo forte de quibusdam negotiis tractabamus eo tempore vel hora qua miraculum istud accidit. Nox enim die jam recedente accesserat, & populus cum luminaribus accensis tumulum sancti viri circumdederat, & mulier quædam de Lemovicensi episcopatu filium ex utero claudum, utcumque poterat adduxit; quæ stetit, oravit, & a beato STEPHANO auxilium anxia pro filio viriliter expostulavit. Hoc cum fecisset, recepit illico filius ejus gressum, & solidatæ sunt bases ejus & plantæ, & admiratæ sunt turbæ. Tunc qui astabant populi traxerunt cordam cymbali, laudantes nomen Domini causa tanti miraculi, cujus sonum cum audivimus, nos scilicet & archiepiscopus ad ecclesiam venimus, claudum ambulantem invenimus, & laudem Deo reddidimus, ad altare deducimur, mirantes hoc miraculum. Turba adducit alium, qui cœcus jam extiterat, quem Deus visitaverat, ad tumulum oraverat, pro quo lumen receperat, unde gaudet ecclesia cernens Dei magnalia, laudatur Dei famulus, congaudet omnis populus, videns divina munera, & STEPHANI prodigia. Archiepiscopus miratus est de cœco qui illuminatus est, non habens ultra spiritum propter tantum prodigium. Ex una parte graditur claudus, qui tunc aspicitur; cœcus aspicit lumina qui numquam vidit talia. Hæc sunt duo miracula, facta per parva spatia, quæ cernit omnis populus, unde laudatur Dominus, sanctus Dei extollitur, inde laus Dei oritur, & psalmus Deo cantatur, eo quod claudus graditur, luce cœcus perfruitur. Omnes laudemus Dominum, propter duplex miraculum, qui sanctum suum servulum exaltavit in sæculum.

XV. *Item aliud miraculum.*

Adhuc restant miracula quæ recipit ecclesia Grandimontensis ordinis spatio illius temporis. Puella quædam adducitur de villa quæ Nobiliacus dicitur, non habens luminaria quibus cernantur omnia. Erant quasi lapilluli, duri velut cristalluli, unde ad sanctum ducitur, & ad terram prosternitur. Orat ergo ecclesia pro illa Christi famula, ut lumen mundi videat, & Christus eam exaudiat. Squammæ cadunt ex oculis, quæ erant similes cristallis, & videt quæ non viderat, quam tunc Deus respexerat. Maria ista dicitur, quæ cernit & quæ cernitur, quod a nobis sic quæritur, & sic nobis innuitur. O nova Christi munera! O nova Christi gratia! quæ rutilat per sæcula, & fulget in ecclesia, ubi sanctus extollitur, ubi justus cognoscitur. Quis umquam vidit talia quæ fiunt in ecclesia Grandimontensi ordinis cum ceteris prodigiis? Laudatur Dei famulus, applaudit omnis populus, in hymnis & cum canticis, visis tantis miraculis. Nunc igitur admiramini, ô filii carissimi, dantes honorem Stephano patri vero sanctissimo.

XVI. *Item aliud miraculum.*

De cetero enarremus aliud laudabile signum, quod Deus & Dominus noster ad honorem tanti patris & laudem sui nominis eo tempore ostendere suo populo voluit. Apud Solemniacum (a) vicum quidam puer nomine Otgerius gravi infirmitate febrium usque periclitabatur ad mortem: quod cum pater ejus Guillelmus & mater ejus Adema nimio dolore afflicti vidissent, voverunt eum B. STEPHANO, & statim convaluit, & sanus factus est. Hoc signum presbyter quidam nomine Petrus, qui vidit & audivit cum multis aliis, nobis postea fideliter retulit. Et etiam alius presbyter nomine Guido, hujus ordinis frater, quod cum quadam nocte tempore revelationis beati confessoris Stephani cum ceteris fratribus custodiret sanctum ejus sepulcrum, & plebs innumera utriusque sexus causa orandi advenisset, mulier quædam inter eos cum filia cœca affuit, quæ pro ipsa fundens orationem cum magna fiducia ad Dominum, quatenus ob amorem & honorem B. Stephani suæ filiæ visum restitueret, quem fere per octo annos amiserat, nec mora illico visum recepit, & Deo omnipotenti qui viderunt astantes populi gratias egerunt, ac S. Stephano venerando confessori.

XVII. *Item miraculum aliud.*

Item alius frater Johannes nomine de Pulchra-arbore, nobis veraciter retulit, quod eo tempore venit quædam mulier de villa sua nomine Petronilla, cum filio suo arido, cujus pater jam defunctus erat: quem cum vidisset frater ille, misericordia motus est super eum, & apprehendens de turba fiducialiter obtulit eum beato STEPHANO ad sanandum. Quod cum orassent pro eo ipse & alius nomine Aimericus, qui tunc temporis tumulum viri Dei forte custodiebant, visitavit Dominus Deus pro amore B. STEPHANI, & sanatus est, & accepit mater sua eum de manibus fratrum, & abiit gaudens & exultans cum sanato filio.

XVIII. *Item aliud miraculum.*

Die autem revelationis miles quidam nobilissimus, nomine ESCHIVARDUS, cum loculum portaret per claustrum cum ceteris ad processionem, in quo erant reliquiæ corporis S. STEPHANI, a quartanis febribus meritis ipsius viriliter sanatus est.

XIX. *Item aliud miraculum.*

Alius vero miles nomine JOSSELINUS DE SOLOCO, vir nobilis, per eumdem confessorem STEPHANUM ab ipsis quartanis eodem anno mirabili modo sanatus est: qui postea cum fratre suo abbate Solemniacensi ad tumulum beati viri, ut ei & Domino JESU CHRISTO gratias ageret, incolumis & gaudens accessit; sic namque longe lateque Dominus Deus sanctitatem ejus diversis declarabat miraculis.

XX. *Item aliud miraculum.*

Cum autem hæc mirabilia quotidie ad sepulcrum talis ac tanti viri in Grandimonte per merita ipsius, Deo disponente, apertissime fierent, & rumor tantorum operum per diversas regiones admodum pervolaret; accidit ut in oppido quodam quod Porgeria dicitur, homo quidam, nomine Johannes Gormundi, gravi usque ad mortem fere per unum annum urgeretur infirmitate: non enim valebat manum ad os adducere, nec pedem movere, ut ipse nobis postmodum retulit. Audiens ergo S. STEPHANI virtutem & insignia, toto corde, quia ore nequibat, cœpit invocare nomen Domini, quatenus per merita beati STEPHANI confessoris clarissimi sibi gratiam pristinæ sanitatis restituere dignaretur, promittens & votum faciens, ut accepta sanitate & incolumitate, postea ad ejus memoriam in Grandimonte gratulabundus acceleraret, quod & ita factum est. Completa oratione, illico sanatus est, & ut voverat in Grandimonte venit, & Deo ac beato Stephano lætus & incolumis nobis cernentibus atque gaudentibus gratias peregit. Cui pro amore Dei & honore tanti miraculi cappam unam dedimus. Illo autem in tempore, id est in nativitate S. Mariæ Virginis, quinque miracula, tam cœcorum quam claudorum aliorumve infirmorum, Dei virtute & B. STEPHANO intercedente, ac meritis Dei genitricis, nobis videntibus & audientibus, mirabiliter ante tumulum beati STEPHANI perpetrata sunt.

XXI. *Item aliud miraculum.*

Deinde in exaltatione sanctæ Crucis cum divinis laudibus vehementer insisteremus, ecce subito clamor magnus in majori ecclesia, ubi corporis beati confessoris STEPHANI reliquiæ honorifice tumulatæ erant, oritur & vehementer extollitur. Cumque tanto clamore stupefacti essemus, & cito requisissemus cur tantus tamque vehemens clamor in ecclesia fieret, comperimus quia mutus quidam, quem mater sua ad sanctum Dei virum,

---

(a) Solemniacum vicus duabus a Lemovicis dissitus leucis, ubi habetur monasterium ordinis S. Benedicti a sancto Eligio fundatum.

virum, scilicet STEPHANUM, cum magna fiducia adduxerat, ob meritis ipsius recte loquebatur. Intermissis igitur divinis laudibus ob tanti clamoris fragorem ac venerandi miraculi honorem, egressi de locis matutinalibus cucurrimus ad locum, ubi qui a nativitate mutus extiterat, loquebatur. Jam enim turbæ eum cum custodibus ante altare beatæ Virginis MARIÆ adduxerant, laudantes ac benedicentes Dominum, qui per beatum STEPHANUM illum visitaverat. Cum autem illuc venissemus, invenimus eum loquentem ac dicentem: Date mihi ad bibendum, date mihi ad bibendum. Cucurrimus igitur velociter ad aquam quæ prope defluebat, & dedimus ei ad potandum, & hoc videlicet in testimonium tanti miraculi. Compleverat autem, ut nobis videbatur, juvenis iste terminum jam fere duodecim annorum.

XXII. Item aliud miraculum.

Illis autem diebus alius juvenis qui fere per unum annum in lectulo languidus jacuerat, ad tumulum sancti confessoris STEPHANI ab amicis suis delatus est. Cumque ad sepulcrum ejus orarent, ecce subito languidus ille Dei virtute erigitur, & absque alicujus hominis adjutorio incedere cœpit, & nobis cernentibus, qui tunc temporis ibidem eramus, videntes & aspicientes, gradus lapideos, qui ante altare compositi sunt, viriliter ac mirabiliter ascendit. Erat enim hoc signum mirabile & dictu incredibile: nam brachia ejus erant quasi lignea sicca, & tibiæ ejus similiter, manus ejus grandes & pedes, corpus ejus nimis macilentum, facies ejus pallida ac vehementer deformis. Quis umquam eum aspiceret, qui non obstupesceret? Ex una parte compatiebamur ei, ex altera congratulabamur ei.

XXIII. Item aliud miraculum.

Adhuc autem non pigeat vos audire mirandum signum atque gloriosum, quod Deus omnipotens sua mirifica bonitate per beatum virum STEPHANUM apud Glutorum villam operari dignatus est eodem anno suæ revelationis, id est in festo S. Michaëlis. In præfata villa nundinæ, ut moris illius villæ est, celebrabantur: & ecce subito homo quidam, nomine Andreas, in ipsis nundinis febribus anxie invaditur. Cumque febricitaret pene usque ad mortem, & videretur sibi quod amplius vivere non posset, convocavit ecclesiæ presbyteros atque clericos, ceterosque amicos suos, & confessione facta, Corpore & Sanguine Domini nostri JESU CHRISTI munivit se. Deinde jussit præparari omnia quæ funeri suo erant necessaria, & dum exequiæ, ut visum fuerat, pararentur, infirmus ille graviter cœpit nimio dolore affligi, & NOTA. ad mortem usque perduci. Quod cum viderent qui astabant, deposuerunt eum de lecto in terra super stramenta, ut moris est Christianis mori, manusque ejus super pectus ejus implicantur, oculi clauduntur, anhelitus ejus fere ex toto extinguitur. Cumque cerneret se mori, ut potuit, in corde suo exorare & invocare cœpit B. STEPHANUM Grandimontensis ordinis pastorem primum, ut sibi conferret auxilium: quod si faceret, ad tumulum suum, dum convalesceret, concitus properaret. Et quid dicam? Ecce iste qui sic in corde suo loquebatur, nam ore nequibat, a circumstantibus jam mortuus putabatur. Et quid? Ecce B. Stephanus confessor pius ac venerandus apparuit, & in specie hominis candidissimi, cujus barba prolixa & candida; vestimenta autem ejus erant alba sicut nix, & capilli ejus candidi, cujus facies velut sol rutilabat, habens phialam aqua salutifera plenam in manu sua. Cumque Dei sanctus funderet aquam illam super corpus infirmi, quasi subridens ac lætabundus ait illi: Noli timere, quia modo non morieris, sed sanaberis. Quod cum dixisset, disparuit, & illico qui putabatur mortuus surrexit, & sanus factus est, & narravit circumstantibus omnia quæ sibi acciderant, & mirati sunt universi. Postea venit in Grandimontem, ut sancto viro promiserat, visitare ejus sepulcrum, & hæc omnia nobis veraciter viva voce retulit, & quemadmodum ejus corpus magnum accepit refrigerium ad effusionem aquæ illius salutiferæ, ita ut videretur sibi quod esset in paradiso Dei.

XXIV. Item aliud miraculum.

Isto in tempore juvenis quidam rusticus de villula quæ vocabulo Boissi dicitur, repletus spiritu maligno, atque ira & indignatione plenus, adversus fratres nostros de Exclusa, cruces quas pro metis circa nemus suum posuerant, violenter extraxit & igni combussit: quod cum fecisset, arreptus est a dæmone, & cœpit eum vehementer exagitare & graviter affligere, ita ut neminem posset cognoscere. Videntes autem ejus parentes hæc, prout potuerunt, in Grandimonte ad memoriam beati STEPHANI adduxerunt, ut Deus & Dominus noster eum pro amore ipsius a dæmone liberaret, & sensum ei redderet: quod Deo volente & beato Stephano intercedente ita factum est. Deinde juvenis iste sensu recuperato ac liberatus a dæmone, a nobis & a fratribus nostris ex injuria fratribus nostris illata veniam humiliter petiit & impetravit, ac promisit quod deinceps nullam molestiam eis facere præsumeret. Cognoscebat enim & confitebatur manifeste, quod Deus eum pro tanto facinore ad flagellandum satanæ tradidisset. Sic nimirum, sic certe potestis, si placet, animadvertere quemadmodum Deus omnipotens injuriam servorum suorum vehementer ulciscitur, & bonitatem eorum ac sanctitatem

XXV. Item miraculum aliud.

Deinde enarremus aliud miraculum quod non est silentio prætereundum. In illis diebus infirmabatur quidam adolescens, nomine Petrus de Scola, apud vicum qui S. Hilarius dicitur in territorio Lemovicensi. Hic autem cum gravi morbo periclitaretur, usque ad mortem perductus est. Audientes vero ejus vicini & cognati convenerunt in unum, quatenus ei exequias præpararent; sed mater ejus nimio dolore afflicta, subito arripiens stupeum filum, & accedens ad filium suum qui in terra jacebat exanimis, nihil penitus videns neque audiens, mensuravit eum a capite usque ad pedes, ut inde beato Stephano, cui eum vovebat, & pro quo ei humiliter supplicabat, candela fieret, quam postea juvenis, si convalesceret, ad sepulcrum viri Dei gaudens & exultans deferret. Ita mater pueri anxia de filio, postulabat auxilium a B. Stephano, dicens quod si filium suum ei redderet, ad ejus tumulum, Deo volente, duceret, & omnes qui astabant similiter orabant. Cernebant ut mortuum, plangebant quasi viam universæ carnis ingressum. Mater ejus jam erat de vita ejus desperata, unde flebat quasi desolata & viduata. Et quid plura? ad orationem matris revivisicit facies juvenis; circa galli conticinium juvenem vivum & incolumem circumastantes aspiciunt atque suscipiunt. Omnes autem Deum tunc laudare incipiunt, & sanctitatem beati Stephani dignis laudibus extollunt. Cujus etiam mater fere per totum annum nevit sudarium, quod postea evoluto anno ad sancti viri Dei sepulcrum in Grandimonte detulit super caput suum. Hæc autem omnia ab eo didicimus & a matre sua & a consobrino suo, & ab aliis qui cum eo venerant apud nos in Grandimonte.

XXVI. Item miraculum aliud.

Apud Auveriam oppidum erat quædam vidua nomine Dea, cujus filius nomine Belinus infirmabatur usque ad mortem. Patiebatur autem morbum gutturis gravissimum, ita ut nec quidem loqui, nec comedere, nec salivam deglutire valeret. Erat enim facies ejus & gula nimis livida, & lucens fere quasi vitreus. Jacebat autem in lectulo suo quasi mortuus, & de vita ejus pene omnes desperabant. Mater vero ejus nimis anxia & tristis flebat, lamentabatur, ejulabat, desolabatur, crines suos a capite velut amens effecta evellebat, vestimenta sua scindebat, auxilium de supernis quærebat, nec exaudiri potuit pro filio usquequo cum vovit B. Stephano. Cumque vovisset eum sancto Dei, & illum deprecata fuisset quatenus filium suum redderet; nec mora juvenis ille matrem suam cœpit invocare ac dicere: » Bona mater. Cui illa: Adsum, fili mi. Et cucurrit ad eum. Tum ille: Mater bona, tres peregrini hac nocte venturi sunt ad hospitium, quos precor ut benigne & honorifice recipias, ac sursum in altiori cœnaculo cum digno honore ascendere facias. Nam S. Stephanus venturus est cum eis, & post galli cantum me pristinæ sanitati restituet, & domno Petro capellano hic ante me lectum ad quiescendum præparare minime differas. Cumque hoc ita disseruisset, siluit. Ignorans quid dixerit, sicut postmodum nobis in Grandimonte ante altare cum matre & supradicto Petro presbytero, audientibus multis ex nostris fratribus, fideliter narravit. At vero mater veniens juvenis, cum hæc a filio audisset, astante ibidem sæpedicto capellano & multis aliis, stupefacta & gaudio repleta, eo quod filium loquentem quæ jam ab heri & nudius tertius audire nequaquam poterat, cœpit præstolari adventum B. Stephani & promissum cum fiducia sui carissimi filii: Illis autem expectantibus & præ gaudio admirantibus ac curiose vigilantibus, invicemque loquentibus, dum gallus semel aut bis vocem ex more dedisset, subito ægrotus matrem ad se venire festinanter vocando imperat: quæ cito consurgens, celeriter ad eum properat, & quid vellet clementer ab eo requirit. Cui ille: Mater bona, ecce S. Stephanus confessor egregius & venerabilis ordinis Grandimontensis pastor primus, me miserum modo dignatus est visitare, & tres digitos suos in gutture meo pie transfigere, & ita sanare. Quæ si forte dubitas, accelera & vide. Certe, Deo propitiante & B. Stephano intercedente, sanus & incolumis effectus sum ac si malum numquam habuissem vel persensissem. Tunc mater accensis luminaribus cum Petro sacerdote & aliis qui ibi aderant, accessit ad filium, & inquisivit diligenter utrum vera essent quæ dicebantur a filio, an non. Et cum diligenter exploraret, invenit pannos quibus coopertus erat juvenis ille, contagione morbi madefactos & tria foramina in gutture ejus, duo a sinistris & unum a dextris ipsius gutturis, quorum trium foraminum cicatrices postea in Grandimonte, cum eum mater cum presbytero supradicto & aliis quamplurimis adduxisset, ferentem in capite sudarium & candelam in manu perspeximus, ut quasi in ore duorum vel trium testium staret omne verbum. Nam illo in tempore congregatus erat generalis conventus in Grandimonte, id est in festo S. Michaëlis. Et hoc signum viderunt & audierunt fere plusquam ducenti fratres, qui ibi convenerant, & multi ex illis præ gaudio lacrymas fundebant, ac nobis videntibus & mirantibus cicatrices illas, quasi vestigia patris sui pie osculabantur. Nos vero in testimonium tanti miraculi tamque celebris digitos nostros in cicatricibus illis inferre præsumpsimus. Cum autem mater, ut supra diximus, filium suum ita sanatum reperisset, stupefacta, & omni admiratione & exultatione plena cœpit clamare, & cum lacrymis dicere: Venite, venite, videte Dei omnipotentis magnalia & prodigia quæ fecit super filio meo per B. Stephani merita; respexit certe miseriam ancillæ suæ, liberans filium meum a morte per sanctum suum & restituens vitæ. Congregata est igitur omnis multitudo populi oppidi Auveriæ in domo hujus viduæ, ut viderent signa & prodigia quæ Deus per B. Stephanum ibidem mirabiliter fecerat, & omnes mirati sunt de his quæ videbantur, & laudaverunt Deum in cœlestibus, qui facit mirabilia magna solus. Amen.

XXVII. Item miraculum aliud.

Adhuc non pigeat caritati vestræ audire signum perspicuum ac veritate perlucidum, quod tempore revelationis B. Stephani gloriose ac manifeste acciderat. Erat enim in vico Ambasiaco homo pauper, nomine Stephanus, cui erat filius Petrus nomine ex utero matris suæ claudus & jam fere decennis. Hic enim quasi quoddam reptibile reptabatur per terram cum volebat incedere. Cumque pater ejus audisset signa & prodigia multa quæ fiebant in Grandimonte, rogatu & consilio vicinorum suorum puerum portavit ad tumulum B. Stephani confessoris. Cum autem ibi per biduum aut triduum moram fecisset, fame coactus, & quasi diffidens de Dei bonitate & B. Stephani sanctitate reversus est cum filio, nihil penitus proficiens, quia incredulus permanebat, nec perseverare voluerat velut contemnens. Videntes vero vicini ejus & qui eum agnoscebant, quod quasi stultus & incredulus tam celeriter & enormiter recessisset a tumulo viri Dei, nec spem aut fidem haberet in operibus divinis, quæ jugiter ibidem divinitus fiebant, increpare eum cœperunt, ac verbis durissimis fortiter redarguere, & cum omni fiducia ei dicere, Revertere miser & miserabilis, revertere cum filio in Grandimonte, & noli incredulus permanere. Resume igitur, vires hominis fidelis, & tolle filium & pone ante altare & Dei viri sepulcrum. Credidit igitur homo verbis fidelium, & in Grandimonte attulit filium, & latenter fugiens ibi dimisit eum. Puer autem claudus sic nequiter a patre incredulo dimissus permanebat jugiter ad januam ecclesiæ, petens eleemosynam ab introeuntibus in templum. Cum autem perseveraret pulsans, & prout noverat orare vel ab aliis instructus quæreret auxilium de supernis, ut Deus & Dominus noster per merita B. Stephani * revelare dignaretur imbecillitatem sui corporis, exaudivit deprecationem ejus misericors & miserator pius, qui salvat omnes sperantes in se, & qui vult omnes ad agnitionem veritatis ve-

f. relevare.

nire, aperiens ei sinum misericordiæ suæ, dando ei sanitatem perfectam, quia consolidatæ sunt bases ejus & plantæ. Hujus rei testes sunt promiscui sexcenti viri & mulieres innumerabiles qui eum primitus agnoscebant. Nos vero, ut de tanto tamque pretioso miraculo certiores redderemur, & hilariores efficeremur, jussimus eum adduci ad nos, quem vidimus erectum & ambulantem, atque ex ejus ore audivimus suam quam primitus habuit infirmitatem; deinde vero sanitatem, quam per B. Stephani merita divinitus receperat, veraciter pronunciantem. Hæc vidimus, hæc audivimus, hæc testamur, hæc caritati vestræ fideliter annuntiamus, ut credatis signis & prodigiis istis quæ auditis, & sic fideliter credentes vitam æternam habeatis. Amen.

XXVIII. Item aliud miraculum.

Cum dicat apostolus Paulus, *Caritas non quærit quæ sua sunt, sed quæ Christi*; & Dominus in evangelio: *Qui crediderit, & baptizatus fuerit, salvus erit*, & Apostolus: *Sine fide impossibile est placere Deo*; & idem Apostolus: *Fides est sperandarum substantia rerum, argumentum non apparentium*; ideo dilectionem vestram modis omnibus exhortamur in Domino, fratres carissimi, ut corda vestra ad audiendum & credendum præparetis, quatenus ea quæ de B. Stephano viro sanctissimo patre nostro in volumine isto scripta reperietis, cum omni fiducia ac benignitate recipiatis, credatis, diligatis, pronuncietis; scientes pro certo quod in quantum potuimus, Deo inspirante, ut supra diximus, vera & verissima conscripsimus, nec etiam omnia quæ de eo scribenda erant vel scribi poterant, huic paginæ commendare voluimus. Quod si scriberentur, forsitan minime crederentur. Multa siquidem signa & miracula quæ per merita ipsius a Deo perpetrata sunt diversis in locis sive provinciis, nostris temporibus, quamquam a legitimis personis revelatione juridica facta audivimus, sub silentio præterire disponimus; sed pauca & certiora huic scripturæ commendamus. Audivimus siquidem quod in Rodensi episcopatu quemdam puerum Deus per eum suscitaverit, cujus imago cerea apud quamdam domum nostram, quæ dicitur S. Michaëlis, delata est, ubi in memoriam tanti miraculi in ecclesia conservatur ac demonstratur, & etiam in Rotenensi episcopatu multa eum fecisse signa, quæ ut nobis videtur, oblivioni minime sunt tradenda. Nam uxor cujusdam militis, Arnaudus nomine, domini videlicet cujusdam oppidi, quod Rupis-excisa vocatur, per ipsum sanata est hoc modo: Mense denique Augusto anno videlicet ab Incarnatione Domini MCLXXXXII. supradicta mulier quæ Florentia dicitur, genere ac nobilitate seu probitate florens, ex improviso febricitare cœpit, & gravi perurgeri molestia. Augebatur de die in diem infirmitas ejus, in tantum quod nec medici, nec aliquis alius ei proficere posset. Et quid dicam? pene usque ad mortem deducta est. Cumque cerneret se mori, & fere de sanitate sua, tam ipsa quam vir ejus & ceteri, desperarent, posita est in cinere & cilicio, ut mos est Christianis mori. Tunc ipsa, prout potuit, cum viro suo locuta est dicens: " Ecce vir meus, ut cernis morior, & viam " universæ carnis ingredior. Rogo te in no- " mine Domini nostri JESU CHRISTI, quate- " nus me offeras, & voveas B. STEPHANO con- " fessori, primo videlicet ordinis Grandimon- " tensis institutori. Tunc vir ejus ad vocem ipsius filium accipiens stupeum, mensuravit eum a capite usque ad pedes, ac deinde cœpit filum cera superinduere. Ipsa vero mulier, prout valebat, in corde suo B. STEPHANUM invocabat. Cum autem perseveraret in oratione, subito apparuit ei B. STEPHANUS multitudine discipulorum suorum constipatus, & apprehendens manum mulieris dextram, " quasi subridens, ait illi: Surge velociter, " non enim morieris, sed sanaberis ab hac in- " firmitate. Hunc autem nemo videbat vel audiebat nisi sola mulier. Cumque levasset eam B. STEPHANUS a lectulo infirmitatis suæ, surrexit mulier sana & incolumis effecta, & ita disparuit S. STEPHANUS. Vir autem ejus cum aspiceret eam surgentem, nimio stupore circumdatus, requisivit ab ea quid hoc esset, " dicens: Heu domina mea! heu! quomodo " ita est? Putabam te modo mori, nunc vi- " deo te sanam & incolumem atque hilarem " effectam, quid est hoc? Cui illa arridens ait: " Certe, mi domine, B. STEPHANUS, cui me " vovisti, modo dignatus est ad ancillam suam " venire, & cum multitudine discipulorum " suorum mihi indignæ mulieri apparere, & " ut cernis sanam & incolumem bonus & sanctus vir Dei me in pace dimisit. Tunc facta est lætitia magna & exultatio in domo illa, & in omni castello illo in illa die & deinceps. Postea vero mulier illa visitavit fratres nostros qui habitant in provincia illa, & in confinio castelli ejus apud Auram-Ventosam, & narravit eis quæ sibi acciderant, & quomodo Deus per B. STEPHANUM visitare & sanare dignatus est. Tradiditque tres solidos Rotenensis monetæ, quos deferrent nobis in Grandimonte ad faciendam statuam ceream in memoriam tanti miraculi; quam poneremus ante tumulum B. Stephani.

XXIX. *Item miraculum aliud.*

In eodem territorio apud castellum, quod S. Baudelius dicitur, erat quædam mulier nobilitate & genere perspicua, quæ fratres nostros permanentes apud Auram-Ventosam, & ordinem nostrum valde obnixeque diligebat. Hujus vero mulieris filius parvulus tempore revelationis B. STEPHANI confessoris gravi infirmitate invaditur, & pene usque ad mortem deducitur. Quod cum vidisset, mater ejus nobilis, anxia efficitur ac flebilis. Infirmitas autem pueri de die in diem augmentabatur, unde & supradicta domina anxior efficiebatur, ac dolore nimio perturbabatur. Quæ cum audisset virtutes B. STEPHANI, quæ assidue fiebant in Grandimonte, vovit eum B. STEPHANO confessori, & statim puer, Deo volente, restitutus est pristinæ sanitati. Fratres qui hoc viderunt & audierunt veraciter nobis retulerunt.

XXX. *Item aliud miraculum.*

Item in territorio Lemovicensi apud vicum S. Juniani erant duo homines genere & nobilitate perspicui, quorum unus ITERIUS, alter PETRUS vocabatur. Qui quadam die cum egrederentur de vico supradicto ad promovenda negotia sua, obviam habuerunt quemdam militem profugum, nomine Geraldum de Oratorio, qui causa rapiendi, si aliquid fortuitu inveniret, terram illam cum complicibus invadere cupiebat. Cumque obvios haberet supradictos viros, gavisus est valde, utpote qui de rapina se & suos fovebat. Capiens autem illos transtulit eos in terram aliam, ac retrusit in carcerem, ubi fame & inedia ac ferro afflicti fere per duos menses moram fecerunt. Cum autem cernerent se nimis cruciatibus affligi atque torqueri, ac de sua salute & liberatione fere jam desperantes, clamare cœperunt ad Dominum, ut per auxilium veræ Crucis, quæ erat in Grandimonte, & per merita B. STEPHANI confessoris, primi patris ordinis Grandimontensis eos liberaret. Factum est autem, Deo miserante, cum sic perseverassent, per totam noctem illam ex intimo cordis affectu Deum deprecantes, adfuit illis divina miseratio, quæ per virtutem supradictæ crucis vivificæ, & per merita B. STEPHANI, liberavit eos tali modo. Mane denique facto diei illius, quæ erat ante vigiliam B. Johannis-Baptistæ, ex improviso ceciderunt manicæ de manibus Iterii viri supradicti, sed de alterius manibus minime ceciderunt, usquedum, Deo ducente, venerunt ad domum nostram de Castanca-riis, ubi a fratribus cum gaudio & alacritate pro honore & reverentia tanti miraculi suscepti, per tres dies quieverunt. Fratres autem loci illius nuntium nobis generale capitulum celebrantibus in Grandimonte hac de causa festinanter destinaverunt. Quo audito, ultra modum gavisi sumus, & ad nos ut venirent fratres obviam illis transmittere curavimus. Venientes vero viri illi cum tribus, a nobis & ab omni conventu honorifice suscepti sunt in Grandimonte. Manicas siquidem ferreas, quibus graviter astricti fuerant, accipientes de manibus eorum, cum hymnis & laudibus, & eosdem pariter ad sepulcrum B. Stephani confessoris gaudentes obtulimus, ubi qui adveniunt in testimonium tam præclari miraculi, pendentes illas manicas assiduè cernere possunt. Hæc autem omnia peracta sunt anno quinto revelationis ejusdem B. Stephani confessoris.

XXXI. *Item aliud miraculum.*

Eadem autem tempestate accidit & aliud miraculum non minus mirandum ac celebrandum. Gens enim pestifera atque crudelissima, quæ cum magistro suo, Mercatore nomine, rapinæ ac malitiæ deservire consueverat, ingressa est causa rapiendi territorium Lemovicensis episcopatus. Factum est autem, cum devastarent fere universæ terræ illius quæ sita est juxta Grandimontem, & circumquaque diffusi per terram illam, quidam illorum venerunt ad quemdam vicum S. Salvatoris, ubi capientes in proditione quemdam clericum nomine Geraldum, duxerunt captivum apud Ambasiacum vicum, quem nimiis cruciatibus affligentes, verbisque durissimis & increpationibus pariter comminantes, ac manicas ferreas ejus manibus applicantes, districte ligaverunt ad stipitem, præstolantes, ut mane facto eum diversis cruciatibus interimerent, eo quod unum de consortio suo apud vicum supradictum morte crudelissima perdidissent. Clericus etenim ille vir bonus erat atque suavis, & magnam fiduciam habebat in Domino, ut qui tali ac tanta proditione ab ipsis maleficis captus fuerat, nullo modo credere poterat, quod Deus eum ab ipsis diutius torqueri vel teneri permitteret: unde semetipsum orationibus atque vigiliis per totam noctem illam alacriter offerens, toto corde cœpit invocare nomen Domini, & auxilium B. Mariæ Virginis. Deinde diversis exhortationibus atque deprecationibus cœpit invocare B. Stephanum confessorem sanctissimum, atque talibus verbis
„ eum obnixè efflagitare. O beate Stephane!
„ ô confessor sanctissime! ô pater amantissime!
„ mihi indigno, mihique misero servulo tuo
„ celeriter succurre modo, succurre, inquam,
„ nam ut cernis captus suu juxta sepulcrum
„ tuum, ubi multa miracula, ego indignus,
„ oculis meis perspexi, quæ divina largitate ac
„ bonitate sæpissimè sunt perpetrata. Eia nunc,
„ domine, fac cum servo tuo misericordiam,
„ & libera me ab horum maleficorum crudelitate, ne gaudeant super me omnes qui af-
„ fligunt me. Surge in adjutorium meum, &
„ ostende potentiam quam te veraciter credo
„ obtinere apud Dei benevolentiam. Si enim
„ me liberare decreveris,& ad sepulcrum tuum
„ me salvum deduxeris, invocabo nomen tuum
„ affidare, & tua magnalia non cessabo manifestare. Cumque hæc, & horum similia per totam noctem illam anxius diceret, appropinquante jam diluculo, ecce subito obdormiunt qui erant in habitaculo illo. Dum autem jacerent quasi mortui, ex improviso adfuit gratia Dei & auxilium B. Stephani. Liberatur etenim clericus, cui auxilium contulit Dominus, pro quo, ut credimus, rogaverat B. Stephanus, ut liberaretur a nexibus. Liberatur siquidem a stipite, nullo obstante ligamine. Sed adhuc dependent in manibus ejus manicæ ferreæ. Videns vero se liberum, Dei quærit auxilium, ut per B. Stephanum suum ductorem prævium reducatur ad hospitium. Egreditur de domo cum fiducia, aperta reperit ostia, quem divina clementia ad nostra duxit lumina. Laudes canuntur Domino, quas nostra psallit concio, pro liberato misero a pravorum ergastulo. Duræ franguntur manicæ, quas transtulit de carcere, suspenduntur ad tumulum, propter tantum miraculum. Laudatur inde Dominus, & bonus pastor Stephanus, per quem divina gratia fecit tanta prodigia.

XXXII. *Item miraculum aliud.*

Quinto anno revelationis beati Stephani confessoris accidit quoddam miraculum apud Anginiacum vicum in territorio Lemovicensi, tali modo. Erat ibi presbyter quidam nomine Geraldus, genere & dignitate perspicuus, capellanus ecclesiæ S. Martialis apostoli quæ sita est in loco illo. Cui ex improviso, nescio quo casu, talis surditas accidit, quod si omnia cimbala pulsarentur vel timpana ad aures ejus moverentur, nihil penitus audire posset, ut isdem presbyter postmodum in Grandimonte coram nobis pluribus retulit. Qui cum cerneret se auditum omnino amisisse, perrexit in ecclesiam sancti Martialis, ubi est memoria beati Stephani confessoris, ad altare B. Mar. æ semper Virginis, & ejusdem B. Stephani confessoris, cujus dentem, quem eidem presbytero dedimus, pro reliquiis accepit, indutus lineis, & manibus ablutis, consignavit & tetigit undique aures suas, habens fiduciam magnam in Domino & beato viro Stephano. Qui nocte subsequente, & Deo miserante, sanctoque Stephano, ut credimus, succurrente ac pro ipso orante, meruit recuperare auditum, ita siquidem, ut ipse postea nobis firmiter retulit, dupliciter quam prius audisset.

XXXIII. *Item aliud miraculum.*

Per idem tempus accidit aliud miraculum in Cadurcensi territorio apud Saliniacum vicum. Erat ibi quidam familiaris fratrum de *Lassiaisseras* & de Podio Girberti, nomine Arnaldus, cujus filius Bernardus nomine, gravi corripitur febre in Augusti mense. Videns vero pater adolescentis filium suum quem valde diligebat, nimio dolore perturbari, cœpit anxius esse, & quid ageret ignorabat. Attamen misit ad quemdam amicum suum Bernardum Constantini nomine, qui apud Sarlatensem vicum tunc temporis morabatur, indicans ei infirmitatem filii sui. Nam iisdem Bernardus suum nomen puero imposuerat, cum de sacro fonte baptismatis ipsum infantem elevasset. Unde anxius efficitur, & usque ad stratum pueri febricitantis concitus acceleravit; cumque venisset, invenit adolescentem jam penitus destitutum, nec videntem, nec audientem, sed quasi mortuum, in cilicio & cinere, ut moris est Christianis vitam finire, projectum. Pater vero adolescentis, & qui cum eo erant, flebant & lamentabantur super destitutione juvenis. Bernardus autem Constantini coepit consolari patrem pueri & ceteros qui in illa domo erant, talibus verbis: Fratres dilectissimi, videte ne fleveritis, neque dolore aliquo perturbemini, sed omnes invicem deprecemur Deum omnipotentem, quatenus pro amore B. Stephani confessoris Grandimontis, puerum istum pristinae restituat sanitati. Et placuit omnibus sermo iste, & voverunt eum omnes S. Stephano confessori sanctissimo candelam facientes, ac super eum ponentes, atque dicentes: Sancte Stephane confessor Dei egregie, succurre nobis hodie, ut revivsicat puer iste: nam si eum per te recuperabimus, ipsum cum candela hac ad tumulum tuum in Grandimonte alacres perducemus. Interim dum haec agerentur, videbat visionem quamdam adolescens in hunc modum. Apparebat siquidem ei quidam senex capite candido, ac barba prolixa, indutus nostro habitu, & dicebat ei: Veni mecum in Grandimonte, ibique sanaberis ad tumulum B. Stephani confessoris, Domino propitiante. Sequebatur eum adolescens, ut sibi videbatur, viam carpens, sed vir ille discedebat ab eo in itinere: unde puer qui quasi mortuus jacebat, magna voce cunctis qui aderant audientibus & mirantibus clamabat, Heu! heu! ubi est vir ille qui me ducebat? Nescio quo ivit. Et sic videntibus & gaudentibus cunctis qui aderant, Deo miserante, & beato Stephano pro ipso orante, redditur vitae. Igitur qui adstabant interrogare eum coeperunt, qua causa sic clamaverit; quibus ipse ait: Ignoro utrum clamaverim, an non: sed mihi videbatur, ut a quodam sanctissimo homine ducerer in Grandimonte, qui aliquando recedebat a me, cum essemus in itinere. Et hac de causa forte requirebam ubi pergeret ille. Audientes siquidem haec omnes qui ad exequias defunctionis ejus confluxerant, admiratione multimoda stupefacti laudare coeperunt nomen Domini, & beatum Stephanum magnis vocibus & laudibus extollere. Deinde praefatus Bernardus Constantini patrinus ipsius pueri duxit cum secum in Grandimonte, ut voverat, ad sepulcrum B. Stephani, quorum fideli narratione, audientibus quamplurimis, divina gratia largiente, haec omnia didicimus.

XXXIV. *Aliud miraculum.*

Eodem autem anno quo haec facta sunt, id est circa festivitatem S. Lucae evangelistae, accidit quoddam miraculum atque stupendum apud castellum quod dicitur Mons-Mauriliensis. Ignis ingens atque copiosus ex improviso coepit vastare domos supradicti castelli, in quo permanebat homo quidam, nomine Petrus Soutarius, familiaris cujusdam domus nostrae religionis, quae *Entresis* dicitur. Habebat siquidem homo iste domum magnam inter ceteras quae ab igne comburebantur, plenam utensilibus & bonis quamplurimis adornatam atque onustam, contra quam ignis vehemens quasi minando ut eam omnino incenderet atque popularet, veniebat. Videns vero familiaris supradictus ignem vehementem, cum summa festinatione de domo egreditur intrepidus, nihil secum de bonis omnibus educens vel rapiens, coepit clamare magnis vocibus & dicere: Sancte Stephane, confessor egregie, atque institutor ordinis Grandimontensis venerande, tu scis quo toto tempore vitae meae, in quantum valui, Deo inspirante, dilexi te, & filiis atque discipulis diu est quod fideliter deservivi. Tunc qui adstabant omnes amici ejus, & qui venerant ut eum adjuvarent, coeperunt eum vehementer increpare atque redarguere, & ei cum magna indignatione dicere: Quid agis, miser homo ac miserabilis? Nonne comburentem atque devastantem omnia ignem copiosum ad tui perniciem venire cernis? Permitte, obsecramus, ut alii ad exspoliandam domum ingrediamur, alii super tectum ascendamus, ut vel sic domum tuam & omnia bona tua ab igne, Deo volente, eripiamus. Quibus ille ait, ut erat magnae fidei & probitatis vir, quasi subsannando & increpando respondit: Videte, carissimi, videte ne feceritis, confido in Deo, quia domus mea, Deo auxiliante, & beato Stephano succurrente, nequaquam ab isto incendio modo comburi vel devastari poterit. Recedite, recedite, aliis succurrite, mihi vero minime. Est alius quem vos nescitis vel videre potestis, qui me juvabit & domum meam ab isto incendio liberabit. Et iterum atque iterum clamabat cum magna voce: Sancte Dei Stephane, mihi indigno famulo tuo auxiliare, & domum meam quae tua est ab isto igne defende. Ad hanc vocem subito ignis ille dissolvitur, fugit, & concutitur, domus illaesa ab ipso relinquitur, Deus vero benedicitur, & sanctus Dei Stephanus magnis laudibus extollitur. Nec mirum, quia ignis ille omnes domos devastaverat circumquaque, nec domum illam umquam tangere potuerat, quia virtus divina illam per B. Stephanum observaverat. Postea vero vir ille cum filio suo in Grandimonte venit, & Deo ac B. Stephano pro

XXXV. *Item aliud miraculum.*

Accidit eodem tempore circa festivitatem B. Lucæ evangelistæ, apud vicum S. Juniani in territorio Lemovicensi miraculum gloriosum tali modo. Iterius de Monte-Valerii, de quo mentionem superius fecimus, quem Dominus Deus omnipotens ipso anno per virtutem vivificæ Crucis, & ob amorem beati Stephani confessoris, de ergastulo carceris liberaverat, ex improviso lethargico morbo invaditur, & fere usque ad mortem deducitur. Flebant igitur sui, & omnes nati ejus, eo quod viderent omnes tali ac tanta eum invaletudine laborare. Jam enim desperabant de vita ipsius & incolumitate sui corporis. Et quid plura? dirigunt ad nos nuntios, quatenus orationibus nostris apud Deum & B. Stephanum ei auxilium conferremus. Audientes siquidem invaletudinem sui corporis, graviter affligimur. Erat enim amicus noster atque consanguineus, genere quoque atque nobilitate perspicuus. Unde fratres in unum convocantes, & rem ipsam eisdem significantes, injunximus ut pro eo orarent, & auxilium a Domino postularent, quatenus, intercedente beato Stephano confessore sanctissimo, Deus & Dominus noster ei auxilium de supernis conferre dignaretur. Postmodum vero veloci cursu nuntium nostrum cum ferculis ægrotanti necessariis mittere curavimus. Cumque domum ægroti festinus intraret, invenit eum jam positum in cinere & cilicio, ut moris est Christianis mori, amicis ejus ejulantes ac flentes, & exequias præparantes, clericosque psalmos psallentes & canentes. Jacebat siquidem quasi mortuus, nihil penitus videns, neque audiens. Erat enim vigilia Omnium-sanctorum. Convocans eum cum magno clamore nuncius prædictus, & cum magno ejulatu cœpit ei dicere: Domine Iteri, ecce adsum nuncius domini prioris Grandimontis, obsecro vos pro amore ipsius, & pro dilectione quam erga eum habetis, quatenus in corde vestro, si tamen ore non potestis, orationem fundatis ad Dominum, quatenus pro amore & honore beati Stephani confessoris vos ex hac invaletudine relaxare dignetur. Et quid dicam? ad vocem & admonitionem hujus nuncii infirmus ille cœpit eum in corde invocare, & prout poterat beato Stephano supplicabat. Tunc omnes qui astabant similiter pro eodem orationem ad Dominum fundere non cessabant, & B. Stephanum oratione assidua deprecabantur, ut pro ipso festinanter oraret. Facta autem oratione diutius ab omnibus, infirmus repente sanatur, vultus ejus in melius commutatur, lætus efficitur. Ita siquidem ut vestigium invaletudinis in ipsius corpore penitus non remaneret. Et qui prius flebant amici ejus, modo lætantur, eique congratulantur, & facta est lætitia magna & exultatio in illa domo die illo & deinceps. Postea vero venit sanus effectus & alacer in Grandimonte tumulum beati Stephani visitare, & ei gratias referre pro duplicato beneficio sanitatis, & liberatione carceris facta in spatio parvi temporis.

S. STEPHANI DICTA ET FACTA,

Stephani de Liciaco, uti conjicimus, jussu conscripta, & a Gerardo Iterii in vita ejusdem a se composita inserta.

Hic breviter comprehenduntur atque concluduntur virtutes conversationis atque sanctitatis beati Stephani confessoris.

SAnctus igitur Stephanus venerandi ordinis Grandimontensis institutor primus, dilectus Deo & hominibus, atque eremita perspicuus, humilitatis, virginitatis, veritatis, obedientiæ, abstinentiæ, patientiæ, fidei, spei, caritatis, prudentiæ, justitiæ, fortitudinis, temperantiæ, ceterarumque virtutum, ut superius prædiximus, ornatu decoratus extitit. Parvus fuit, ut ita dicam, & magnus; humilis & altus, pauper & dives, spiritualia carnalibus, æterna temporalibus præposuit, & seipsum integre Deo sacrificavit, & propter illum solum omnia reliquit. Speciosus corpore, sed speciosior corde; gratiosus sermone, sed gratior opere; nobilis genere, sed nobilior sanctitate, forma religionis, norma perfectionis & via fuit salutis. Vigiliis, orationibus, suspiriis, gemitibus, lacrymis, genuflexionibus, jejuniis, eleemosynis vacans studiose, vita spirituali & doctrina salubri florebat & redolebat. Pennis sanctæ contemplationis frequenter sursum volabat, ardenti desiderio in cœlis habitabat, totum cor in Domino figere satagebat. Divinitus illuminatus alios illuminabat, cœlitus inflammatus alios inflammabat, medullitus impinguatus alios impinguabat, funditus inebriatus alios inebriabat. Lorica ferrea die ac nocte indutus, armisque divinis undique munitus regnum perenne tam sibi quam pluribus aliis viriliter acquisivit, & annis fere quinquaginta in proposito sanctitatis sanctissime perseverans, miles gloriosus ad regem gloriosum fine glorioso vi. idus Februarii migravit, Stephanusque merito vocatus, quanta sit gloria & honore coronatus, non solum propriæ personæ miranda perfectio, verum etiam multiplex argumentum filiæ suæ, Grandimontensis videlicet religionis, testatur & declarat.

II. De caritate ejusdem, mansuetudine, longanimitate, ceterisque virtutibus.

Sectabatur itaque vir iste sanctus omni bonitate plenus jugiter caritatem, mansuetudinem & longanimitatem. Diligebat Deum ex toto corde, & ex tota anima, atque ex tota virtute. Erat quoque tranquillus moribus, & serenus aspectu. Gerebat vultum placidum, moderatam speciem, ornatum aspectum, quietum sensum, animum lætum, humilem sapientiam. Semper opera bona factis amplius quam verbis ostendebat; corpus fame castigans, jejunium potius quam epulas amans, dolentem consolans, spem suam Deo committens, orationi frequenter incumbens, nihilque amori Dei præponens, quod credebat docebat, quod docebat imitabatur. Semper enim ante oculos ejus dies ultimus versabatur, semperque mens ejus præcepta cœlestia meditabatur. Orabat autem frequenter, quia didicerat quod oportet sine cessatione Dominum rogare. Satagebat magnopere ne secundus cuiquam in operibus bonis inveniretur. Erat etiam erga Dei famulos valde humanus atque benignus. Caritatem vero super omnia & ipse diligebat, & omnibus servare mandabat. Existebat utique in cunctis casibus firmus, omniaque adversa patienter ferebat. Pericula aliena in se pertimescebat, aliorumque casus suos esse judicabat. Finem quoque vitæ suæ semper considerabat, metuens ne se tamquam fur hora illa inermem comprehenderet. Cum opere etiam lectioni vacabat, sciens quod lectione sensus augetur & intellectus tribuitur, & quod lectio docet quid caveatur. Erat vero erga omnes humilis, nimiumque in humilitate fundatus, nulli se præponens, nullo se superiorem deputans, sciens & illud, quia si quis perfecta contentus erit humilitate, habebit ex illa gloriam; & quanto quis humilior fuerit, tanto eum altitudo gloriæ sequetur. Habebat enim temperamentum in prosperis, patientiam in adversis, mentemque nec gaudio nec mœrore a Christi umquam amore revocabat. Irascentem quoque patientia deliniebat, & blandimento iracundiam furentis temperabat, ac sic alienam miseriam tamquam suam lugebat. Eratque ei in gressu simplicitas, in motu puritas, in gestu gravitas, in incessu honestas, in jejunio hilaritas. Animus enim ejus in modestissimo corporis habitu apparebat. Erat etiam parcus in sermone, blandus in eloquio, tristem, immoque dolentem dulci consolabatur affatu. Hoc proferebat ex labiis quod mentem ædificaret audientis, fiebatque ejus sermo auditioni populi utilis. Nihil enim ex omnibus quæ egisset bonis, meritis suis tribuebat, nihilque in viribus suis umquam præsumebat, sed omne opus suum ad Deum semper conferens, in cunctis actibus ejus auxilium implorabat. Bonum quod didicerat docebat, verba tamen operibus præcedebat; sciens quoniam non est laude dignum quod docet quis, nisi dictis facta conjunxerit; sed potius si quod docet & facit, tunc gloriosus habebitur. Unde & apostolus dicit: *Ne cum aliis prædicaverim, ipse reprobus efficiar.* Hostem præterea invisibilem orationibus & precibus repellere jugiter contendebat, pugnans ore, non gladio; orationibus, non telo; precibus, non ferro. Cunctis autem diebus, cunctis horis Dei flagitabat præsidium, ut dignus post mundi lucem posset pervenire ad bravium. Res temporales tribuebat egenis, ut per easdem mercaretur paradisi delicias. Devitabat quidem superbiam, amplectebatur humilitatem, Dei semper auxilium rogans, finem jugiter felicem postulans. Quis enim illo tempore humilitatem ejus cernens, non protinus compungeretur? aut quis amator pecuniæ ejus humanitatem ac parcimoniam, devotionem quoque & studium aspiciens, non confestim admirando obstupesceret? Nam quicquid bonorum in principio arripuit, usque ad finem vitæ nullis negotiis passus est implicari; sed integrum & sanctum propositum servans, in nullo cœptam regulam commutavit. Sub habitu enim alterius semper alteri militavit, & quidquid habere potuit in mundo, Christo tradidit ex toto. Pollebat magis ac magis in vigiliis, in jejuniis atque in caritate. Erat enim in eleemosynis largus, in vigiliis sedulus, in oratione devotus, in caritate perfectus, in humilitate profusus, in doctrina præcipuus, in sermone paratus, in locutione cautus, in conversatione sanctissimus, in nulla mundi compede catenatus, in obsequiis servorum Dei succinctus, in redemptione captivorum sollicitus, in egenorum largitione diffusus, in duris passionibus fortis, in bonis operibus hilaris, in tentatione fortissimus, in hospitalitate latissimus. Inter opprobria securus, inter odia beneficus, in prosperis etiam & in adversis cœlo semper intentus. Non enim poterat in eo invenire humani generis inimicus nec quod fraude deciperet, nec quod simulatione fuscaret. Sinceritatem quidem mentis vultus serenitate monstrabat, & pietatem clementissimi cordis ostendebat in lenitate sermonis. Nihil quippe ejus animo clementius, nihil illius severitate jocundius, jocunditate nihil severius, nihil risu gravius, nihil prorsus tristitia suavius. Si pauperem vidisset sustentabat; si divitem, ad benefaciendum cohortabatur, Deum testem invocans pro ejus nomine cuncta hæc se facere. Totus etenim visceribus caritatis affluebat vir iste sanctissimus, crucem Dominicam mente & corpore bajulans, unum sollicitus erat omnino peccatores ad viam veritatis reducere. Quotiens enim aliquem inveniret verbum Dei audire volentem, non causa cibi, vel causa somni, non

non frigus aut æstus retardabat ab hoc opere Christi. Diversis itaque diversa monita salutis dare providebat, verbis suis, ut attentius audirentur, convenientia inducens ænigmata, quasi mel in cera reclusum prætendens, ita dicendo quibusdam.

III. *De consiliis quibusdam datis.*

„ Plures sunt quibus hoc convenit, ut bona „ quæ faciant operentur, præcipue eum per„ ditionis credulitate. Quisquis enim detine„ tur in aliquo crimine, tamen idcirco cessare „ non debet a bonis operibus, immo festinan„ tius studeat bona peragere quantumcumque „ poterit. Hoc autem credat sine dubio, & „ cogitet incessanter in corde suo dicens: Do„ mine Deus, hæc bona facio; sed tamen non „ dubito me damnari sine fine, si moriar in „ crimine. Tali vero intentione solummodo „ bonum istud operor, ut merear resurgere ab „ iniquitate mea. Et hæc est, inquam, utilis „ credulitas perditionis. Nam si peccator assi„ due talia meditabitur, quantocius per hunc „ cogitatum a pravitate liberabitur, & bona „ quæ fecit dum in crimine permansit, reser„ vata fideliter erunt sibi a Domino, quæ non „ habuisset, si tunc agere dimisisset.

IV. *Quale consilium militibus ad rapinas currere volentibus dabat.*

Militibus quoque consilium super rapina „ petentibus ista dicebat: Frater mi, si volue„ ris, cum ad rapinam incedis, Christum po„ tes lucrifacere. Sed hoc in primordio verse„ tur in corde tuo, ut sic voveas Domino: „ Deus meus, vadam illuc, non ut alicui no„ ceam, immo tuum militem solummodo in „ hac via me deputo, quærens salutem om„ nibus privatis & extraneis. Interea cum do„ mini tui terreni necessitate coactus tantum „ illuc ieris, curre prior quasi raptor, & quos„ cumque videris, fac ut ipsi fugiant; vel si „ capiendi sunt ab aliis, prius illos apprehende, „ ut postmodum liberos dimittere valeas. Et „ ecce Christi monachus sub clypeo es abscon„ ditus, dum observaveris istud.

V. *Item ne aliquis de rapina eleemosynas faciat.*

„ De rapina vero cave ne facias eleemo„ synas, quia majus est peccatum cum paupe„ ribus offertur, nisi tantum conquerentibus, „ quam cum auferretur ipsis possidentibus. „ Credebas etenim veraciter te in rapiendo „ peccasse, sed de hoc quod obtulisti putas „ esse absolutus. Deus autem sic acceptat tale „ sacrificium, quemadmodum interfecto unico „ filio tuo acceptares sanguinem, si cum au„ reos cypho tibi propinaretur.

VI. *Qualiter clericos & sapientes viros ut bene agerent instruebat.*

Præterea clericos & sapientes viros juxta scientiam illorum & conversationem aliter ammonebat, non semetipsum per doctrinam exaltans, sed semper in humilitate deprimens. Unde cuidam sapienti consilium sub tentatione petenti tale fertur dedisse responsum: Numquid in corde tuo, domine mi, cogitasti quod rectum esse judicares, & dum cogitas placeret? Utique, respondit ille. Rursus in animo tuo quicquam meditatus es quod injustum sine dubio tibi prorsus appareret? Iterum ait: Etiam. Tandem inquit homo Dei, Habes igitur in te ipso quod quæris ab alio, ut compleas opere quod rectum mente discernis. Tunc sapiens ille congruenter subdidit: Nequaquam hic solus habitas, plures sunt socii tui, Dominus & angeli.

VII. *Qualiter viros religiosos ad justitiam informabat.*

Religiosorum quoque mores ad justitiam informabat, dicens eis competenter: Cavete, fratres, ne mundum ametis. Si sæculum sequamini, nequaquam assequemini. Si fugitis ab eo, veniet post vos compellente Deo. Insuper dicebat discipulis suis: Quamvis sufficienter religiosos viros procurare nequeamus, trahendi sunt tamen ad hospitium: quoniam ipsa paupertas est utilis, & honesta sufficientia nostra. Alioquin si dirigimus eos alibi ad hospitium divitis, subvenientibus erit lucrum quod a nobis removimus. Ea vero nocte qua nobiscum conversantur, in laudem Dei a sæculo custodiuntur.

VIII. *Qua ratione meretricibus & histrionibus bona temporalia largiebatur.*

Denique meretricibus atque histrionibus sua libenter etiam corporalia cum spiritualibus impendebat, dicens super hoc negotio: Peccator veniens ad nos, si verba crudelitatis audierit, Deum crudelem existimans, iniquitati suæ gravius adhærebit. Facilius autem obediet annuntianti animæ suæ salutem, si prius accipiat corpori necessaria. Multi enim peccant ut inopiam suam expellant, quamvis pauperiores non ditiores per scelera fiant. Unde si spiritualia ministranda sunt illis, ut ab errore liberentur, multo magis temporalia danda sunt ipsis, ut Christo famulentur, qui misericorditer non ignoranter expectat eos ut convertantur. At per hoc factum sapientes agnoscere possunt quantum B. STEPHANUS Paulum secutus apostolum, supererogabat ad sananda vulnera illius qui inciderat in latrones, sed admirabili caritate peccatores retrahebat ab iniquitate, dicens eis benignissime, cum videret pœnitentes aliquantulum trepidantes: Frater mi, ne terrearis, Deum vincere non potes, ut plus valeas peccare, quam ipse dimittere. Parva sunt peccata tua, cum convertaris ad Deum. Si meis adæquarentur,

"amplius aggravareris. Certe Petrus apostolus
"nondum fraudes diabolicas perfecte cogno-
"verat, cum Christum interrogaret, utrum
"fratri peccanti septies dimitteret: sed Jesus
"multiplicavit veniam, non attendens disci-
"puli ignorantiam. Talia pœnitentibus dicebat, obstinatis autem & defendentibus se
rigidus erat, non discedens tamen a modestia.

IX. *Qua ratione confraternitates sæcularium hominum vitabat.*

Interea gratia familiaritatis rogabatur a quibusdam, ut pro redemptione animarum & utilitate pauperum permitteret ibi fieri conjunctionem hominum, quæ vulgo solet appellari convivium fratrum: quod cum attentius investigaverat, tamquam ipse penitus ignoraret, solerter requirens quotiens in anno; referentibus & quasi docentibus cavens a cupiditate, nolens perdere quietem
" viriliter respondebat: Vos annuum consor-
" tium instituere monetis, nos autem conti-
" nuum illud observare nitimur. Quid enim
" aliud agimus quotidie nisi opera publica?
" Bona nostra, si qua sunt, communia sunt
" omnibus. Scitote quoniam fratrum oratio-
" nibus alias prolixiores superaddere nequi-
" mus. Quid igitur amplius vobis promitta-
" mus, ut vestra magis accipiamus, quando-
" quidem alia non daremus? Postmodum discipulis suis populi petitionem secreto declarabat dicens: Sic & sic admonent nos, igno-
" rantes equidem sub specie bonitatis fieri si-
" moniacos; sed absit a nobis divinum vendere
" officium. Opus est enim mercenarii tunc
" orare cum aliquid datur, & a precibus ces-
" sare cum nihil datur.

X. *De distributione eleemosynarum.*

De pauperibus autem exterioribus quanta cura semper huic viro fuerit explicare non possumus. Destinaverat enim in corde suo jactans cogitatum suum in Domino singulorum eleemosynas, prout ab aliis accipiebat, distinctis fideliter reponere loculis, dicens
" tribuentibus: Ut quid nos, frater, oneras? Deinceps a nobilibus clericis accepta munera pauperibus ejusdem ordinis reddere sollicitus erat. Discrete sciens quid orphanis, aut viduis, aut aliis universis deberet tribuere, ne maledictus esset opera Dei faciendo negligenter.

XI. *De differentia eleemosynarum.*

Sed quæ de ipsa parrochia suscipiebat, pauperibus ejusdem parrochiæ ubi habitabat, non extraneis impendebat, hanc proponens
" rationem: Nos in locum istorum pauperum
" venimus aliunde, eleemosynas debitas illis
" suscipientes, quas si possumus oportet eisdem reddere.

XII. *Qualiter se habebat erga pauperes.*

Quandoque vero die advesperascente, cum multitudo nobilium virorum qui venerant cum audire discesserat, egenorum turba cum eo remanebat. Tunc piissime paralyticos tamquam fratres osculabatur, respondens discipulis suis admonentibus eum, ut ad ipsos fatigatus non ingrederetur: Modo cum Christus advenit, me recedere dicitis, qui hodie moratus sum cum sæculi hujus potentibus. Absit hoc a me dedecus, ut Christo non accurram. Veritas enim quæ fallere vel falli non potest, numquam pauperes suos in vanum direxisset huc, nisi sciret aliquid apud nos esse quod eis conferri posset. Ubi vero tot nuntios inveniremus modo quos mitteremus ad ipsos, ut deberemus facere, nisi Christus adduxisset, qui solus eligere novit? Nemo etenim ab eo pauperum vacuus reversus est aliquando, illud jugiter mente replicans, quod Dominus in evangelio dicit: *Beati misericordes quoniam ipsi misericordiam consequentur*: necnon & illud: *Sicut aqua extinguit ignem, ita eleemosyna extinguit peccatum*. Et illud: *Verumtamen date eleemosynam, & ecce omnia munda sunt vobis*. Nam sicut de beato Job dicitur, janua ejus omni venienti patebat; sic & ipse cum Job posset voce libera proclamare: *Ostium meum viatori patuit*. Erat pes claudorum & oculus cæcorum, orphanorum pater, ac viduarum consolator, quique non carcere clausis, non ægrimdine fatigatis, umquam suum, in quantum facultas suppeditavit, negavit auxilium; sed omnibus misericorditer consulens miseris præbuit adminiculum. Quem enim cæcum non suum vocavit heredem? Aut quem debilem non sustentavit manus. Fores quippe ejus a miseris erant obsessæ, & in his Christum conspiciens, eos amplecti gestiebat, atque his indumenta tribuens, Christi sub inopis veste se tegere membra credebat. Hoc certe se reputabat perdere quicquid eleemosyna non assumeret. Id se tutissime congaudebat recondere, quod egentium sibimet dura necessitas auferret. Valde quippe devotus in eorum usibus substantiæ exagerabat pondus, ut quo pauperior sæculo esset, locupletior Deo fieret. Considerabat quidem quia quotidie deesse non potest quod peccetur, ideo nec quotidianæ eleemosynæ deessent quibus piamina tergerentur. Et ob hoc cum Domino suo pecuniam dividens substantiam gaudebat sociare cum Christo, faciens eum sibi possessionum terrestrium participem, ut & Christus faceret illum sibi regnorum cœlestium coheredem. Illi scilicet assignabat facultates, ut ipse esset custos perpetuus, sciens quod patrimonium Deo creditum nec res publica eripit, nec fiscus invadit, nec calumnia aliqua forensis evertit. Sciens etiam scriptum esse quod ea bene hereditas reconditur quæ Deo custode servatur. Hujus namque apud suos monita nihil fuerunt aliud quam magisteria divina, fundamenta scilicet corroborandæ fidei, nutrimenta fovendæ animæ, gubernacula dirigendi itineris, præsidia obtinendæ salutis. Dignum ergo est ut eum religiosi imitentur & diligant, plebs colat, noxii timeant, quem ita divina virtus illustravit, ut sub laïcali etiam habitu, habuerit a Deo collata dona doctrinamque mellifluam, & Spiritu sancto conditam, desiderio Christi salitam, de æterna beatitudine sollicitam. Quique sic religiosus extitit ac timens Deum, ut sæculi oblitus dignitates, omne consortium cum egenis & religiosis haberet.

XIII. *Item de eodem.*

Sed inter cetera semper fœnerabat pauperibus pauper sine fœnore, & viduis ac pupillis consolator existebat, viduæ nimirum Sareptensis imitator. Ipse plerumque esuriens sui juris substantiam Christi visceribus erogabat. Si infirmum vidisset, clementer consolabatur. Si in Dei quempiam amore ferventem, cohortabatur ad studium. Si quispiam ad eum æger devenisset, ita ejus fovebatur ministerio, ut nec delicias urbium, nec matris desideraret affectum. Tantum itaque ad obsequia debilium se ex devotione diffuderat, ut multi pauperum sani languentibus inviderent, atque ita ob Christi amorem eorum assidue curam gerebat, ut omnes pauperes, eum quasi patrem se habere proprium lætarentur. Sciebat enim quid in Lazaro aliquando dives purpuratus non fecerit, qualique superba mens retributione damnata sit. Idcirco magis ac magis erga omnes se misericordem ostendens, clementer miseris jugiter succurrebat. Quo enim dolente non doluit, vel quo pereunte non gemuit? Quem nudum vel verecundum non ejus vestimenta texerunt? Vel quas pro spe æternitatis non pertulit angustias? Famem scilicet & sitim. In tali itaque proposito perseverans, præbuit se in futurum vas electionis & utile Deo ad omne opus bonum paratum. Rutilabat quidem specie, robustus erat virtute. Sic se præbebat quasi quotidie moriturum, idcirco repugnantem carnem inedia subjugabat, & ultricis gehennæ sæva tormenta præveniens, ipse sibi persecutor existebat & tortor. Nam si contulisset sors temporis, cupiebat martyr fieri pro nomine conditoris. Sed quamquam cum pugno persecutor eum non transfixerit, quotidianum sibi libens ipse martyrium indixit. Fuitque ei fames pro ungula, sitis pro flamma, mundi calamitas pro bestiis, abstinentia pro craticula: qui sub imagine martyrii veluti catena rigentis ferri, sic dura lege constrictus semetipsum sibi abnegavit, ut Christum sibi lucrifacere posset, illum desiderans, illum ingenti aviditate si-

tiens, qui pro amore hominis homo factus est; & ut nos ad cœlum traheret, de sinu Patris in terram descendit, eique omnem sui laborem, omnemque dilectionem infundens, bonam terram sui cordis jugi cultu indesinentibus exercitiis excolebat. Et veluti quis esuriens ac sitiens, sic ille aviditatem quamdam sustinens, illud crebrius Psalmistæ dictum voce flebili conquerebatur, *Quis dabit mihi pennas sicut columbæ, & volabo & requiescam?* Et illud, *Quando veniam & apparebo ante faciem Dei?* Et illud Salomonis: *Post te in odorem unguentorum tuorum curremus.* Porro sectabatur in omnibus mansuetudinem & fidem, necnon & caritatem perfectam, quæ spiritalis ædificationis est vinculum. Studebat se vas sanctificatum exhibere, ut habitatorem Deum in mentis suæ hospitio posset recipere. Salutaribus quoque actibus jugiter erat occupatus, ut quotiescumque tentator accederet, quotiens hostis callidus aditum quæreret, clausum semper adversum se pectoris ostium inveniret. Orabat frequenter secundum Apostolum pro omnibus hominibus, pro regibus, & his qui in sublimitate sunt, ut quietam & tranquillam vitam agerent in omni pietate & caritate, sciens secundum eumdem apostolum hoc bonum esse & acceptum esse coram Salvatore nostro Deo, qui omnes homines vult salvos fieri & ad agnitionem veritatis venire.

XIV. *De extollentia viri justi.*

Quid plura loquendo immorer? In omni conversatione sua quasi lucifer inter astra refulgens, instar magnæ lampadis micabat. Semper enim perfectos æmulabatur ad bonum. Semperque aliorum virtutes sibi proponebat ad exemplum. Tardus erat ad loquendum, secundum Apostolum, & velox ad audiendum, eratque sermone subtilis, humilitate sublimis, eleemosynis dives, caritate longanimis, vigil in jejunio, promptus eloquio, flagrans studio sanctarum scripturarum, nempe ut utile vas in Christi domo. Ad miserorum eloquium non piger, ad orationem paratus, ad eleemosynam profusus, ad tribuendum largissimus, mansuetudinem colens, paupertate valde gaudens, bonitatem tenens, puritatem cordis semper amplectens, omnia omnibus prædicans, cui non fuit aliud vivere nisi Christum cum dilectione timere, & cum timore diligere. O vere felicem sæculi inimicum, cui mundus tantopere fuit crucifixus & ipse mundo. Qui ita sapientia extitit pervigil, lenitate placabilis, ut & serpentis astutiam cum discretione gereret, & columbæ simplicis animum non amitteret. Cujus quidem in mente virtutum omnium decorem collocavit valde sobrium sapientia domicilium, vere dignissimum in quo Dominus habitaret templum, jejuniis

Vet. Script. & Mon. ampl. Collect. Tom. VI.

mundum, orationibus ornatum, puritate refertum, vigiliis exercitatum. Quis enim esset ita obstinatus qui ejus modestiam intuens, non confestim admirando obstupesceret? aut quis arrogans sobriam ejus vitam considerans, non illico ad æquitatem semetipsum converteret? Crescebat nimirum in eo quotidie opinio famulatrix virtutum. Seminabat in plebem veritatis verba fructu fidei redundantia, sufficienti sale condita, & velut aromaticis unguentis infusa. Tamquam speculator etenim a Domino constitutus prædicabat verbum cum omni auctoritate. Instabat secundum Apostolum opportune, importune arguens, obsecrans, increpans in omni patientia & doctrina, suavem semper habens de his quæ Dei sunt vel allocutionem plebis, vel collationem fraternæ familiaritatis.

XV. Item de eodem.

Sane si quem vidisset peccatis noxiis vulneratum & sagittis diaboli confixum, mox adhibebat dignas curationes sermonum & verbi Dei salubre medicamentum, ostendens contra vulnera incentoris salubre malagma confessionis. Indisciplinationes quoque & transgressiones suorum a regula honesta & recta arguebat clementer, & tolerabat patienter. Eratque in eo mira in cunctis operibus discretio, & immutabilis erga omnes dilectio. Erat ergo Stephanus opere castus, fide catholicus, caritate diffusus, interpretationibus cautus, in fide firmissimus, in operibus bonis promtus, in sermone verissimus, in judicio justus, in consilio providus, in bonitate conspicuus, in caritate præclarus, Deo sedule serviens, errantes corrigens, correctos fovens, obstinatos spernens, humiles semper diligens. Exuberabat quoque in eo constantia fidei, puritas dilectionis, sinceritas pacis, amor caritatis, atque ad æternam vitam doctrinæ suæ filios justi studio incitans, quos erudiebat hortatu, præveniebat exemplo, quæ docebat agens, & quæ agebat docens, nec aliud ore promens, aliud corde volvens; sed quod ore docebat, opere corroborabat, & quale habebat verbum, talem & vitam; qualem etiam vitam, tale quoque verbum. Summa quoque bonitate subditos regebat, summa severitate semetipsum domabat. Non satis erat terribilis in subjectis, nimium valde austerus in piaculis; in se servabat censuram, in alios præferebat justitiam. Rigore utebatur in discussione justitiæ, misericordia in definitione sententiæ. Districtionis vero censuram semper temperabat misericordia, sciens scriptum, quia *in eo quod judicat quis judicandus est*, & quod *potentes potenter tormenta patientur*, & quod *judicium aris durissimum his qui præsunt*. Hæc ergo sedula mente pertractans in omni actione discretionem tenuit, nec in illo penitus intemperate se gessit; sed omnia diligenter distinguens, & in disciplina & in modestia modum semper ac temperamentum servavit, diligens in primis Dominum ex toto corde, ex tota anima, atque ex tota virtute; deinde proximum sicut seipsum. In lege Domini sine lassitudine persistens, mores bonos nulla noxia conversatione inquinabat, vitam temporalem pro exilio ducens, vitam æternam omni concupiscentia spirituali desiderabat. Actus vitæ suæ omni hora custodiens, oculum mentis suæ ad Deum semper defixum habebat, ab omnibus quæ lex vetat solerti cura abstinens, a cogitatione quoque noxia animam revocabat, sciens hominem & de cogitationibus judicandum. Nihil præterea de se præsumens, bona a se facta divino muneri adscribebat, odientes etiam ad pacem invitans, discordes ad concordiam revocabat. Consilium & opus suum ad Deum semper convertens, in omni conatu suo Christi auxilium flagitabat. Pedes ejus semper directi ad evangelizandum pacem, ad evangelizandum bona, sub specie honesta animo benigno incedebat. Ac sicut fidelis servus & prudens, quem constituit Dominus super familiam suam, ut det illis cibum in tempore necessario, sic populum sibi commissum omnimodis festinabat spirituali reficere cibo, clementer docens, optime instruens, a consuetudine peccandi tota omnes virtute retrahere nitens. Erat præterea spiritu fervens, sollicitudine impiger, moribus clarus, operibus ornatus omnique suavitate conspicuus, in oratione assiduus, in jejuniis strenuus, in eleemosynis largus, atque ita inter divites & pauperes medius, ut pauperes eum quasi patrem, divites quasi superiorem sibi aspicerent. Ipse enim non ad personæ potentiam, sed potius ad morum elegantiam attendebat, & tanto unumquemque eminentius honorabat, quanto vivere sanctius didicerat. Erga egenos quoque & advenas ita se sollicitum exhibebat, ut vere Christum esse in ipsis fide integra crederet, & non tam illis quod conferebat, quam ipsi Christo se eadem conferre gauderet. Ipsis quidem ministrabat cibum, & oculis suspiciebat cœlum. Ipsis alimenta præbebat, & Christum cum fiducia invocabat. Ulnas tendebat in dando, mercedem procul dubio expectans ex alto. Nam quantam molem substantiæ Stephanus disperserat amore Dei succensus, nostrum non est tantum referre. Quem enim pauperem non ejus penetravit eleemosyna? aut quis clericorum non ejus substantia resocillatus est? Quis peregrinus non ejus est receptus hospitio? aut quibus advenis non suum impendit obsequium? quos curiosissime omnibus locis perquirens, damnum suum putabat si quisquam debilis aut esuriens beneficio sustentaretur alterius. Ardentissima quippe fide toto Salvatori animo conjunctus, reddebat ei quod ab ipso acceperat, ac per singulos ejus famulos Christum se videre credens, quicquid in illis conferret, contulisse se in Deum lætabatur, illud semper revolvens quod Dominus in evangelio dicit: *Beati misericordes, quoniam ipsi misericordiam consequentur.* Et illud: *Sicut aqua extinguit ignem, ita eleemosyna extinguit peccatum.* Et illud: *Facite vobis amicos de iniquo mammona, qui vos recipiant in æterna tabernacula.* Et: *Date eleemosynam, & ecce omnia munda sunt vobis.* Hujusmodi sanctus Stephanus studiis exercitatus divina gratia comitabatur uberius.

XVI. *De extollentia sermonum illius atque scientia.*

Et inter cetera bona sermo quoque ejus sapientiæ atque scientiæ & consolationis sale affluenter conditus erat. Humilitatem autem Christi supra modum & caritatem æqualiter possidebat. Non præponebat in honore locupletem pauperi, nec principem vel nobilem subjecto vili præferebat; sed his se austeriorem exhibens, illis modestiorem præstabat. Discipulos quoque suos non affligebat magistrorum more; sed benigne ac modeste fraterna caritate diligebat. Jam vero in perversis tolerandis æquanimitas qualis & quanta patientia erat? Instabat nimirum incredulos ad fidem suadendo flectere, obsequio ingratos lenire, contradicentibus leniter respondere, superbos humiliter supportare, existebatque ad omnem tolerantiam fortis, ad sustinendam injuriam mitis, ad faciendam misericordiam facilis. Tribuebat egenis substantiam, committens Christo pecuniam, ut ab ipso æterna perciperet præmia, dicebatque res suas non esse suas, sed pauperum, quorum procurationem quodammodo agere videbatur. Denique omnes opes in thesauris cœlestibus largiendo egenis condens, cunctam supellectilem justa operatione ad paradisum removebat: illic videlicet transferens, ubi fructus caperet possessionis æternæ, illic thesauros abscondens, ubi feliciter glorioseque viveret sine fine. Erat præterea hic idem vir beatus in fide Christi firmus, in opere justus, in judicio providus, in humilitate perfectus, in devotione præcinctus, moribus suavissimus, sensu doctissimus, animo pacificus, corde piissimus. Tenebat jugiter in actibus sinceritatem, in corde puritatem, in opere virtutem, in moribus disciplinam. Gerebat in simplicitate innocentiam, in caritate concordiam, in humilitate modestiam, in amministratione diligentiam, in adjuvandis laborantibus vigilantiam, in fovendis pauperibus misericordiam, in defendendis dogmatibus constantiam. Eratque semper sermo ejus caritate & lenitate conditus, quo mentes audientium tamquam luminare lucidissimum irradiabat. O vere imitabilem virum! O semen Abrahæ benedictum! O præferendum omnibus Stephani exemplum! Jure itaque Abrahæ filius nuncupatur, dum ordinem gloriæ paternæ dignitatis exequitur. Merito, inquam, Abrahæ soboles ascribitur, fide scilicet, non genere; imitatione, non progenie; devotione, non stirpe. Nempe Abrahæ benedictio meruit filium. Stephanus vero benedictus transfertur in numero filiorum. Ille Domino obtulit filium, iste potiora donis omnibus obtulit semetipsum. Et Abraham quidem tradidit heredem, hic nihilominus hereditatem. Ille sobolis innocentiam, hic omnem substantiam. Necesse ergo est ut similitudo officiorum similitudinem conferat meritorum. Postremo Abraham quod habuit pignus exhibuit; Stephanus vero totum quod habere in mundo potuit, Domini juri arbitrioque commisit.

Sed longum nunc est per singula virtutum ejus insignia verbis ire; præsertim cum liber jam supra modum refertus finem postulans sermonem rejiciat, & ariditas nostri sermonis attenuata, velutique longo tramite pene defessa, succumbat: non quod omnia quæ de B. Stephano narranda erant expleverit, quippe qui nec ad centesimum ejus, ut ita dixerim, attingere potuit; quanta in eo bonorum omnium ornamenta quæ sunt vel pretiosa vel maxima, quæ supernæ remunerationis contulerit prærogativa; sed quod velut quidam eminens in sublimi scopulus magna jam ex parte adultus, ipsa sui prolixitate fronti se enarrantis opponat. Confidimus enim non nostris, sed ipsius meritis opus cœptum fideliter atque feliciter ad finem usque perducere, si ipse dignetur pro nobis Christum Dominum interpellare in cœlis, qui ejus munere meruit tanta mirabilia operari in terris per eumdem Dominum nostrum, qui cum Deo Patre & Spiritu sancto vivit & regnat in sæcula sæculorum. Amen.

Incipiunt versus de virtutibus ejusdem.

Grandimontensis fundator relligionis
Post Christum Stephanus trivit caput ambitionis.
Hic fuit Arvernus, natalis gloria gentis,
Rex erat æternus tutela viri sapientis.
Christi discipulus fuit in Christo studiosus,
Excelsi famulus fuit excelso pretiosus.
Se Domino junxit, Deus hunc intrinsecus unxit.
Ipse Dei cultor, rigidusque sui fuit ultor.
Regi sidereo servire fruique trophæo
Vir contendebat, carnemque domare studebat,
Miles regalis mundi scelus exitialis
Vincere sudabat, sursumque volare parabat.
Nigris præclarus fuit hostibus hostis amarus,
Actibus & dictis erat oppositus maledictis.
Hic animam fovit, cui carnem subdere novit.

Se Domino vovit, quæ sunt removenda removit.
Urbis opes sprevit, meritorum culmine crevit.
Justitia plenus, dives fuit hic & egenus;
Maximus & minimus fuit,& sublimis & imus,
Hinc divina virum fecit clementia mirum.
Felici vita felix erat hic eremita.
Vir fuit angelicus, divinæ legis amicus.
Provida simplicitas in patre sacro renitebat,
Florida virginitas in patre pio redolebat,
Intima nobilitas hunc maturum faciebat.
Cum decus esset ei sublimis progeniei,
Nobilitas morum magis hunc reddebat honorum.
Virgo columbinus fuit a colubro peregrinus.
Vir Domino plenus fuit, a lubricis alienus.
Vir Domino gratus meritis erat irradiatus.
Diutius lotum cor fixit in æthere totum.
In Stephano nituit lumen vivæ rationis,
In Stephano viguit robusti sudor agonis,
Agnus cum docuit fraudem vitare draconis.
Agnus ei tribuit robur cassare leonis.
Summopere studuit placare caput bonitatis,
Et quantum valuit caput obruit impietatis.
Junctus amore polo gaudebat principe solo.
Princeps præclarus, famulo super omnia carus,
Illi solamen felix erat atque juvamen,
Et dilectoris custos erat omnibus horis;
Vir mentis mundæ gemitus promebat abunde.
Anxius & lætus fundebat flumina fletus,
Culpæ culpator, gregis extitit ædificator.
Pacis plantator, litis fuit evacuator,
Juris servator, fraudis fuit annihilator.
Intus & exterius fieri cupiens homo divus.
Stantia quærebat, labentia despiciebat,
Christo vivebat, mundoque mori satagebat,
Regia captabat, se regi sacrificabat,
Lucida curabat, virtutum luce micabat.
Patris sedulitas erroris facta cavebat,
Hermicolæ bonitas pietatis gesta gerebat,
Belligeri probitas inimici tela terebat,
Virginis integritas amplexum regis amabat.
Hic caruit vitio tenebrosæ duplicitatis,
Quod nituit radio reverendæ simplicitatis,
Credere consilio non cessavit deitatis,
Affectu nimio sociari glorificatis,
Gliscens corde suo coluit regem pietatis.
Ebrius ille fuit dulcedine spirituali,
Militiæ studuit fore consors imperiali.
Hic sibi displicuit luxus miseræ brevitatis,
Quod sibi rex tribuit vel perpetuæ novitatis.
Multimode viguit virtutis nobilitate,
Inde frui meruit paradisi prosperitate.
Simplex & rectus coelesti melle refectus,
Tam dape carnali, quam cibo spirituali,
Multos pascebat; nudos vestire studebat,
Christo reddebat quod Christus ei tribuebat,
Pastor laudandus, mirabilis & venerandus,
Summi pastoris vigil inquisitor honoris.
Impia nolebat, divinum velle volebat.
Pectore prudenti plaudebat cunctipotenti.
Regi glorifico psallebat corde pudico.
Patri mirando resonabat pectore blando.
Regi festivo jubilabat pectore vivo.
Laus plasmatoris vox ejus cordis & oris,
Is respondebat menti Dominoque placebat.
Nectare divino perfusum pectus habebat,
Aures divinas cordis clamore replebat,
Et precis ejus odor plus thure Deo redolebat.
Ad Domini nutum Domino parere statutum,
Dives ditavit, mirandus mirificavit,
Summus honoravit, sublimibus annumeravit.
Flos eremitarum lucrum sitiens animarum,
Quod nocet horrebat, quod proficit esuriebat,
Noxia vellebat, semenque salubre serebat.
Sævos mulcebat, lascivos corripiebat,
Duros flectebat; depressis subveniebat,
Quos lupus urgebat ad ovile redire monebat,
Quod manet ardebat, quidquid fugit effugiebat.

✶✶✶✶✶✶✶✶✶✶✶✶✶✶✶✶✶✶✶✶✶✶

CONCESSIO BRACHII S. STEPHANI Grandimontensis, canonicis collegiatæ de Thierno facta a Petro abbate Grandimontensi.

UNiversis Christi fidelibus, specialiter honorabilibus viris domino præposito & capitulo ecclesiæ collegiatæ sancti Genesii de Thierno diœcesis Claromontensis, ad perpetuam rei memoriam.

Nos PETRUS permissione divina abbas monasterii & totius ordinis Grandimontensis, ad Romanam ecclesiam nullo medio pertinentis, & conventus ejusdem monasterii Grandimontis, notum facimus per præsentes, quod cum illustrissima domina domina ducissa Borboniensis & Arverniæ, viro tunc in terra Anglicorum captivo existente, audita fama sanctitatis ac miraculorum beatissimi Stephani confessoris, primi patris & institutoris ordinis nostri Grandimontensis, quondam domini & vicecomitis, oriundique dicti loci de Thierno, ad nos & generale capitulum nostrum in nostro monasterio celebratum direxerit certos nobiles ambassiatores, quosdam ex canonicis ecclesiæ ejusdem de Thierno, cum litteris eorumdem dominæ ducissæ & domini comitis sigillis munitis, rogantes & requirentes, quatenus ob Dei reverentiam & exaltationem præfati sancti Stephani, & pro expeditione & liberatione celeriori præfati domini ducis, eorumque villæ & patriæ conservatione, aliquas de reliquiis prænominati beati Stephani confessoris, cujus corpus in ecclesia nostra Grandimontensi veraciter asserimus quiescere & venerari, mitteremus in ecclesia præfata collegiata collocandas. Nos petitionibus tantorum dominorum quibus contradicere non debemus, pro expeditione celeri a nobis optata prænominati ducis, quam ejus meritis & orationibus infra breve speramus, & conservatione villæ & patriæ de Thierno quam totis visceribus desideramus, annuere cupientes, unum ex ossibus brachii præfati gloriosissimi patris Stephani eisdem ambassiatoribus, de consensu & voluntate totius nostri capituli generalis, servataque solemnitate in talibus servari consueta, tradidimus in dicta ecclesia de Thierno exponendum: rogantes & requirentes reverendum in Christo patrem & dominum episcopum Claromontensem, seu ejus vicarium, quatenus dictas reliquias prædicti reverendissimi patris ac gloriosissimi confessoris, quem sanctorum catalogo a sanctæ memoriæ Clemente papa tertio, ut per ejus bullam clare patet, significamus adscriptum fuisse, faciat & permittat a suis subditis honorari, & ut decet sancto venerari. Datum ad perpetuam rei memoriam in Grandimonte sub nostro & monasterii nostri sigillo authentico, & in capitulo nostro generali, una cum signo manuali magistri Petri Roherii clerici nostri & notarii publici, per quem signari mandavimus ad majoris roboris firmitatem, die vigesima nona mensis Maii, quæ fuit festum Ascensionis Dominicæ, anno ejusdem Domini millesimo quadringentesimo vigesimo septimo, regnante sanctissimo domino nostro MARTINO papa quinto, sui pontificatus anno decimo, & serenissimo Francorum rege domino KAROLO, sui regni anno quarto, & præfato illustrissimo principe domino JOHANNE duce Borboniensi & Arverniæ.

De dictorum dominorum abbatis & conventus, ac dominorum diffinitorum capituli generalis mandato, P. ROHERIUS.

RITHMUS DE NECE CAROLI (a) BONI FLANDRIÆ COMITIS.

Ex ms. S. Martini Tornacensis annorum 500.

PRoh dolor! ducem Flandriæ,
Defensorem ecclesiæ,
Bonum tutorem patriæ,
Et cultorem justitiæ,
 Traditorum versutia,
Impiorum nequitia,
Plena gravi invidia,
Peremit pro justitia.
 O infidelis Flandria!
O crudelis! ô impia!
Quæ te cepit dementia,
Quæ perversa nequitia?
 Ut tuum ducem sperneres,
Mortem illius quæreres,
Et laqueos prætenderes,
Protectorem perimeres.
 Tu per eum florueras,
Et decorem indueras,
Primatum obtinueras,
Multis honore præeras.
 Sed quia fornicata es,
Prævaricatrix facta es,
Et non audenda ausa es,
Præ ceteris spernenda es.
 O infelix! ô misera!
Crudelis & pestifera,
Cur intulisti vulnera
Pacis fundendo viscera?
 Cur hoc scelus perpetrasti?
Pacis vota conturbasti,
Justitiam violasti,
Patrem tuum jugulasti.
 Quid vobis deerat, impii,
Crudelitatis filii,
Tanti sceleris conscii
Timoris Dei nescii?
 Non aurum, vestes, prædia,
Non equorum subsidia,
Ergo præ multa copia,
Perpetrastis flagitia.
 O mœrore plena dies!
Nostri luctus materies,
Qua finitur nostra quies,
per malignas progenies.
 Omni privanda lumine,
Tetro fuscanda turbine,
Quo patria munimine,
Privatur & regimine.
 Impudens luge Flandria,
Gravi digna miseria,
Tibi instant supplicia,
Mortis inscrutabilia.
 Prius eras præcipua,
Modo facta es fatua,
Exigente culpa tua,
Strages reddetur mutua.
 O infelix revertere,
Cilicio induere,
Asperge caput cinere,
Festina culpam luere.
 Ne te Deus abjiciat,

(a) De eo vide si lubet genealogiam comitum Flandriæ, tom. 3. Anecdot. pag. 386. & Johannem Iperium, cap. 41. part. 2. ibid. pag. 621. & seqq.

RITHMUS DE NECE CAROLI BONI

In abyssum projiciat,
Atque lacus deglutiat,
Qui proditores cruciat.

Commisso tanto scelere,
Es digna multo genere
Tormentorum, nec vivere,
Vix poteris evadere.

Pete tibi propitiam
Dei misericordiam,
Ut per ipsius gratiam
Adipiscaris veniam.

Karole gemma comitum,
Dux inclyte, flos militum,
Te dolemus immeritum
Pertulisse interitum.

Cujus prudens modestia,
Et solers vigilantia,
Soilicita pro patria,
Tuta servabat omnia.

Te exhorrebant impii,
Amabant pacis filii,
Bonis locus refugii,
Malis eras supplicii.

Nam domans gentes efferas,
Non tantum quibus præeras,
Cum aliquando aberas,
Verbo subdere poteras.

Te luget dulcis Gallia,
Pro te gemit Burgundia,
Teque deflet Apulia,
Insuper nostra patria.

Hic deesse videntur duo versus.
Quæ lacrymarum flumine
Exuberans sine fine.

Luget tellus morte tua,
Facta cultore vacua,
Ecclesia fit vidua,
Mala ferens continua.

Te deflet nostra regio,
Suo privata gaudio,
Fugit pius pro impio,
Fit omnium confusio.

O quam dira, quam effera,
Quam sæva, quam pestifera,
Mors præ omnibus aspera,
Quæ nobis demit prospera.

Ovis pastorem jugulat,
Sibi peccatum cumulat,
Genusque suum maculat,
Sine spe digne exulat.

O quam bona constantia,
Quam constans patientia,
Moritur pro justitia,
Per quem constabat patria.

Cum esset in ecclesia,
Intentus in psalmodia,
Orans Deum mente pia,
Emersit cohors impia.

Mox exeruntur gladii,
Jugulant patrem filii,
Perimuntur innoxii
Una quatuor socii.

O approbanda bonitas!
Incomparanda puritas,

A Quam ita jungit caritas,
Ne separet adversitas.

Junguntur amore pio,
Mortis damnantur exitio,
Eorum internecio
Fit Flandriæ confusio.

Pia Dei clementia,
Cæsos pro tua gratia
Transfer ad cœli gaudia,
Ut tecum sint in gloria. Amen.

Sic cum duobus filiis
Pater truncatur gladiis,
Qui eruti ab impiis
B Cœli fruantur gaudiis.

O proles digna titulis!
Cunctis amanda populis,
Quæ pro amore consulis
Carnis solvitur vinculis.

Sed eorum cognatio,
Compatiens exitio,
Luget, gemit corde pio,
Ut exigit conditio.

Cesset amodo lugere,
Studeat preces fundere,
Constat animas quærere
Juvari precum munere.

C Fundat preces pro fletibus,
Det vota pro gemitibus,
Orans ut in cœlestibus,
Isti locentur sedibus.

Descripta morte consulis,
Cunctis invisa populis,
Lacrymis flenda sedulis,
Et inaudita sæculis.

Describantur crudelia
Impiorum supplicia,
Quæ pro sua nequitia,
Pertulerunt in Flandria.

Justa Dei potentia
D Volens tanta flagitia
Suppliciis innoxia
Puniri cum justitia.

Mittit ab Austro judicem,
Justitiæ opificem,
Et nequitiæ vindicem,
Qui impiis reddat vicem.

Venit igitur Franciæ
Rex provisurus patriæ,
Inimicus nequitiæ,
Et amicus justitiæ.

Init grande consilium,
Qualiter agmen impium
E Puniat, quod dissidium
Fecit per homicidium.

Cum principibus loquitur,
De nefandis conqueritur,
Consilium revolvitur,
Sanum tandem suggeritur.

Hortantur mentem regiam,
Ut transeat in Flandriam,
Punitura nefariam
Nefandorum nequitiam.

Rex fretus hoc consilio,

Illuc

Illuc [it] cum consortio,
Hos daturus exitio
Opere pro nefario.

Hoc audientes noxii
Iniquitatis filii,
Quærunt locum refugii,
Vim timentes imperii.

Intrant castrum tutissimum,
Ad bellandum aptissimum,
Cor habentes promtissimum
Tueri nefas pessimum.

Isaac tamen abfuit,
Monachi vestes induit,
Ovem mentitus latuit,
Qui post hoc lupus patuit.

Captus fatetur peccasse,
Tantum scelus perpetrasse,
Mortem comitis tractasse,
Quem debuit honorasse.

Ore suo convincitur,
Ad tormentum deducitur,
Hic in altum suspenditur,
Quod quæsiit assequitur.

Intrat ergo rex Flandriam,
Cohortem quærens impiam,
De his per Dei gratiam
Expleturus justitiam.

Venit potestas regia,
Machinis vallat mœnia,
Aggreditur palatia,
Quibus latet gens impia.

Utrimque bellum geritur,
Hostis hostem assequitur,
Alter mucrone cæditur,
Alter jaculo figitur.

Istis dat vires caritas,
Illis crescit debilitas,
His animum dat æquitas,
Illis tollit iniquitas.

Qui privati consilio,
Desperant de auxilio,
Tanto pro homicidio,
Dari timent exitio.

Caput hujus nequitiæ
Nullius dignum veniæ,
Per fenestras maceriæ
Dimittitur ab acie.

Dum desperat de venia,
Cogente conscientia,
Fugit nequam per devia,
Mortis timens exitia.

Huc & illuc progreditur,
Fugere mortem nititur:
Sed latere non sinitur,
Qui hoc scelere premitur.

Compertum est propositum,

A Sic latenter expositum
Fugisse, ne interitum
Subeat propter meritum.

Passim per terras quæritur,
Tandem repertus capitur,
Ad judicium trahitur,
Quod promeruit patitur.

Tortores tenentes eum,
Ponunt in collo laqueum
Trahitur ad equuleum,
Talis pœna decuit reum.

In equuleo ponitur,
Pugnis, fustibus cæditur,
Sæva flagella patitur,
B Sic cruciatus moritur.

Iste postquam mortuus est,
Patibulo suspensus est.
Ita tractari dignus est,
Qui proditor probatus est.

Redeamus ad alios
Iniquitatis filios,
Proditionis conscios,
Præ omnibus nefarios.

Audita fama miseri
De capite sic fieri,
Non cessant intus conqueri,
Sic metuentes conteri.

Burchardus mox exponitur,
Fugiens errat, capitur,
C Captus ad mortem trahitur,
Rota suspensus moritur.

Audiens cohors impia
Et hunc pati supplicia,
Desperando de venia,
Reddit castelli mœnia.

Intrat castrum rex inclytus
Et ipsius exercitus,
De consule sollicitus,
Currit fundendo gemitus.

Ad ducis tendit tumulum,
Gemitum promens querulum,
Flet, plangit gemmam consulum,
Bene regentem populum.
D His expletis doloribus,
Et captis proditoribus,
Alligantur compedibus,
Mancipandi tortoribus.

Tractatur de supplicio,
Exquiritur confessio,
Placet vultui regio
Hos mori præcipitio.

Ruunt ab arcis solio,
Mortis dantur exitio.
Hoc sunt digni supplicio,
Quibus placet proditio.

Vet. Script. & Mon. ampl. Collect. Tom. VI.

LIBELLUS DE MIRACULIS EUGENII PAPÆ III.

Ex mf. B. Mariæ de Misericordia-Dei.

OBSERVATIO PRÆVIA.

Eugenius papa III. cujus hic miracula ex manuscripto codice monasterii beatæ Mariæ de Misericordia Dei in diœcesi Pictavensi exhibemus, Bernardus antequam ad summum pontificatum eveheretur appellatus, natus in oppido Pisani agri, cui Montis-magni nomen est, primum canonicus vicedominusque ecclesiæ Pisanæ fuit, dein S. Bernardi abbatis prædicationibus & miraculis permotus, sæculo valefaciens, in Claramvallem recepit sese. Monachus ibidem factus, vilia quæque monasterii officia obivit, tum Romæ S. Anastasii ad Aquas-Salvias administraturus cœnobium abbas mittitur. Quod cum strenue regeret, mortuo Lucio papa II. summus pontifex renuntiatur anno 1145. sanctitate illustris obiit anno 1153. De quo Robertus de Monte, in appendice ad Sigebertum hæc habet: Mense Junio, VII. idus ejusdem mensis, viam universæ carnis ingressus est venerabilis memoriæ Eugenius III. papa, vir admodum religiosus, in eleemosynis largus, in judicio justus, omnibus tamen, tam pauperibus quam divitibus, affabilis & jucundus, ad cujus tumulum qui ei in ecclesia S. Petri venerabiliter factus est, miracula post transitum ejus statim apparuerunt. Ejus epitaphium in mf. codice monasterii Pontis-Otrandi diœcesis Andegavensis est hujusmodi.

> Hic habet Eugenius defunctus carne sepulcrum,
>   Quem pia cum Christo vivere vita fuit.
> Pisa virum genuit, quem Clarevallis alumnum
>   Exhibuit, sacræ relligionis opus.
> Hinc ad Anastasii translatus martyris ædem,
>   Ex abbate pater summus in orbe fuit.
> Eripuit solemne jubar mundique decorem
>   Julius octavam sole ferente diem.
> Conceptum sacræ referebant Virginis anni
>   Centnm bis seni mille quaterque decem.

INCIPIT DE MIRACULIS ad sepulcrum domni Eugenii III. papæ Romani.

1. Pauca de pluribus quæ Dei operatione & virtute diebus istis facta vidimus, & visa vera probamus, sicut memoriæ, sic & scribi digna judicamus. Dei enim virtutes quas audivimus, quas vidimus non loqui non possumus, qui virtutibus laudem, qui laudi confessionem debemus.

2. Johannes quidam nomine, cognomine Ritius, natione autem & civitate Castellanus, manus & brachia, pedes cum cruribus contractus fuit: qui cum fide & devotione plenus ad sepulcrum domni Eugenii III. scilicet papæ, Dominum pro infirmitate sua fletibus & suspiriis multis precaretur; subito compunctionem fletus gaudium, & infirmitates prece sanitas expetita subsequuta est. Hoc canonicis vespertinam horam canentibus publice factum & visum est ab omnibus. Hic passus erat tribus annis.

3. Alius quidam Petrus nomine, de Castello-Formello, manum sinistram habebat,

& rigiditate extensam, ita ut ad nullum usum curvare eam vel flectere posset; sed & brachium dextrum sic contractum habuit, quod nec erigere, nec movere illud valuit ad usum aliquem. Huic eodem die & hora eadem, scilicet dum vespertina laus ageretur, ante præfati domni Eugenii sepulcrum, Dei misericordia, ad integrum membra debilia restituta sunt. Hic passus fuerat mensibus quinque, & sanatus est in vigilia B. Apollinaris.

4. In secunda die post hoc, puella quædam nomine Romana, annorum ferme XII. cujus pater Petrus, mater vero Clara nominata est; cum ad sepulcrum beatæ memoriæ Eugenii decubaret, plorans & ejulans, & orans sanitatem brachii contracti & manus dextræ penitus inutilis curationem, crurium etiam & maxime tibiarum quas amiserat & & pedum similiter; non fraudatur a desiderio suo. In matutinis namque in festo S. Apollinaris, operatione & virtute Spiritus-sancti, ab infirmitate sua curata est, & officiis suis membra sunt reddita: ita ut etiam ambularet, & omnia quæ necessaria sunt faceret. Hæc nativitate fuit de Reniano.

5. In eodem die, puer quidam nomine Romanus, filius Saxonis & Gattæ matris ejus, de regione quæ appellatur Pons S. Petri, ante sepulcrum patris supradicti recubans, sanatus est. Infirmitas autem qua tenebatur hæc fuit: sinistrum latus & manum sinistram maxime, quæ fere arida fuerat, amiserat, & sinistro pede claudicabat, a qua omnino modicum ante horam matutinalem liberatus est.

6. Quadam autem die, quidam Romanus genere, nomine Stabilis, cum jaceret in choro nostro, apparuit ei in somnis domnus Eugenius, dicens, Stabilis. At ille, Domine. Cui beatus Eugenius, Cognoscis me? Et respondit, Optime domine, Tu es dominus meus Eugenius. Cui ille. Quare non visitasti me? Et respondit, Ubi possum visitare te, cum dicatur quod sis mortuus? Et ille apprehendens eum, per manum adduxit eum ad sepulcrum suum, dicens: Si hic me quæsieris, sine gratia non redibis. Qui mox cum pulsaretur ad nonam, surgens festinus ad sepulcrum accessit, promissamque sibi a supradicto domino Eugenio gratiam cum lacrymis & suspiriis multis postulans, meruit pro misericordia Dei protinus impetrare. Nam brachium sinistrum & manus quæ per multos annos ita arida habuerat, quod ad ullum usum & utilitatem movere ea poterat, misericordia Dei & meritis domni nostri Eugenii, ita ex integro sanitati restituta sunt, quod ad omnem usum & utilitatem moveri possunt, quasi nihil infirmitatis in brachio & manu aliquando passus fuisset; & quod per multas expensas a medicis consequi non potuit, a Domino Jesu-Christo per merita domni nostri consequutus est.

7. Quidam Romanus Todinus nomine, cum tertianas febres acriter pateretur, timens de morte, cum fiducia maxima ad sepulcrum prædicti pontificis accedens, misericordia Dei & meritis domni nostri Eugenii sanitati integræ restitutus est.

8. Quidam de quodam castro, quod vocatur Casamamanii, per XX. annos a dæmonio crudeliter vexatus, ita quod nullatenus aliquam ecclesiam sine maximo sui miserrimi corporis detrimento & tribulatione intrare poterat, cum ecclesiam apostolorum principis intraret, cœpit clamare, Quo ducitis me? Qui tandem adductus est ad sepulcrum ejus, licet invitus, & protinus liberatus est.

VITA B. HUGONIS DE LACERTA,

SANCTI STEPHANI ORDINIS GRANDIMONTENSIS INSTITUTORIS DISCIPULI.

SCRIPTA A GUILLELMO DANDINA, cognomento de S. Savino, auctore suppari.

Ex pervetusto codice Grandimontensi ætate ipsius auctoris exarato descripta, Et a reverendissimo abbate Grandimontensi mihi perhumaniter transmissa.

VITA BEATI HUGONIS de Lacerta.

Anno 1157. S. Stephani vitæ compendium.

1. Igitur domnus Stephanus pater primus & fundator totius religionis nostræ, per quem divina clementia nobis & per nos ceteris lumen veritatis innotuit, Arvernis oriundus certa plurimorum relatione comprobatur & creditur. Nam cum primum sanctus Dei generis nobilitatem, amorem rerum, fluxam sæculi gloriam, escarum variam delectationem, & reliqua remissionis blandimenta, quasi quoddam vitaret incendium, quodam rapido cursu pervenit Muretum, in quo se constituens, novus hospes habitavit. Exinde cum voluntati ejus merita religionis succrescerent, jam omnibus sæculi vinculis liber, arduum atque asperum arripuit institutum. Disponens igitur lege vitæ durioris se stringere, inediæ & vigiliarum tantum patiens cœpit esse, ut eum sibimet fore crudelem non dubitares. Pernoctans in oratione, edebat semel in die, sæpissime tantum post solis occasum, nonnumquam biduo, triduo jejunus permanens, quarto demum reficiebatur die; sumebat vero panem & salem quandoque, potumque perparvulum aquæ, unguenta penitus repudians; de vino quoque putavimus melius reticere, quam quidquam dicere; præsertim cum illum ab eo penitus triginta annis continuis abstinuisse audivimus: nisi cum communionem Domini acciperet in decretis sibi diebus. Quanto autem pannorum in æstate fruebatur, tanto in hyeme erat contentius; quibus etenim in die, eisdem utebatur in nocte: quieti autem membra concedens, duobus invicem conjunctis asseribus atque cilicio utebatur; loricâ tamen semper indutâ desuper: aliquoties etiam super nudam humum jacebat. Cujus etenim vita sermone A est satis luculento, caro paterni amoris studio, aliàs scripta in sacratioribus locis pro summo honore habetur & conservatur. Hic denique ex quo eremum aridam intravit, Christo servire ex corde desiderans, ut de suis aliorumque meritis mercedem in cœlis acciperet copiosam, fratrum habitantium in unum extitit pater atque minister; in qua cum eis habitans, quotidie in opere Dei succrescebat, formam tenens illius ecclesiæ primitivæ, de qua in Actibus apostolorum legitur: *Multitudinis credentium erat cor unum & anima una; nec quisquam suum ibi esse aliquid dicebat; sed erant illis omnia communia.*

2. Fuit enim in diebus illis in Lemovicinio vir beatæ memoriæ frater HUGO LACERTA cognomine, qui a primævis pueritiæ suæ annis ætatem moribus transiens, secundum quod scriptum est, innocentis habitavit domum; qui cum legitimis altisque exortus esset parentibus, ipsum jam quasi senescentem mundum cum concupiscentiis suis sprevit atque calcavit. Quanta eum Deus bonitate quantaque virtute mirificavit, cum adhuc florens militaret in sæculo, ad ædificationem omnium nostrum, ne æmuli inveniamur, utrumque explicare debemus. *Hugo de Lacerta chris ortus parentibus.*

3. O virum laudabilem! ô virum cunctis amabilem! quem in infantia sic divina prælegit gratia, sic præsignavit prodesse futuris, quod vulgo a coævis Deus fecit illum amari, meruit sanctus nuncupari: hic autem adhuc puer, cum ad ecclesiam cum parentibus sæpe conveniret, nec infantium lascivias, nec puerorum negligentias sectabatur, sed tantum ea quæ legebantur auscultabat. *Ejus infantia.*

4. Cum autem esset miles jam factus, pauperum Christi non immemor fuit, ipse pauper futurus; religiosos enim ac ceteros quoscumque secum hospitabatur, semper una domo, una mensa e sumtibus suis hilaris dator diligenter reficiebat; unicuique vero par- *Ea dans militi quam misericors esset in pauperes.*

cimoniam suam de facultatibus suis valde optime, prout poterat, dividebat; esurientes alebat, nudisque vestimenta præbebat, pupillos quoque & viduas, infirmos atque captivos in tribulatione eorum consortans, visitabat; peregrinis defunctis atque vicinis sepulturam sollicitus exhibebat. Quid plura? non habentibus ligones & cetera labori necessaria humilis humiliter ministrabat.

5. Nullus namque, juxta magistri nostri sententiam, perfecte abstinens prædicatur, nisi is qui ea coram se positis quæ amplius appetit desiderium suum illæsus calcat & frangit; tanta autem præditus Dei famulus abstinentia sese inclinaverat, quod sæpissime a licitis quibus libere uti poterat, jejunus existebat: cumque sibi, suisque amicis diversæ epulæ diverso genere posita mensa apponerentur; tunc inde quasi subtristis consurgens, ventris dolorem aut causam aliam se perpeti simulabat. Cœnatis itaque omnibus, incœnatus sæpe solus manebat; non suis, ut militaris ille assolet ordo, pro variis & delicatis cibis umquam tædio fuit, iis solum quæ dabantur contentus, nihil amplius requisivit.

6. Castello autem in eo quo famulus Dei commorabatur, diebus Dominicis quidam pauperrimus devote ad ecclesiam veniebat oraturus, quem adeo omnibus cura familiaris attenuaverat bonis, quatenus minime haberet, exceptis quibus nescio semicinctis unde pudibunda sua protegere posset, quæ ita videbantur resarcita ex aliis, quod vix aut numquam posset discerni cujus antea extitissent coloris. Hæc itaque talia, ut dictum est, Dei miles gemens & suspirans, propter Christum ex toto corde cupiebat habere; insuper & sibi per totam vitam suam sperabat sufficere posse.

7. Erat autem alius in prædicto loco, pauper tantum rebus, sed dives, ut credo, virtutibus, qui multo sudore toto anno sibi & familiæ suæ cum ligone tenuem victum acquireret; huic vero erat ædicula tam pauper, tamque angusta, quod ex pennulis juniperi aliorumque humilium arbustorum, collo quidem suo delatis, in ipso ostiolo prope limen se focularet; sic enim undique fabrica illa urgebatur angustia, ut ibi manentibus difficiliter valde pateret egressus; tale namque hospitiolum vir sæpedictus, ut lucrifaceret Christum, cogitabat fore sibi necessarium, reminiscens scripturæ illius dicentis: *Quam arcta est via quæ ducit ad vitam.*

8. Operæ pretium est, & nostræ ædificationi valde necessarium, huic etiam illud inserere lectioni, qualiter Dei famulus se adaptabat in spiritu non solum pauperibus, sed & immundis animalibus: quædam autem in præfato castello de sub cujusdam scala, stratu ex vilibus paleis atque minutis sibi parto, sus immunda jacebat, quam cum inibi vir Dei frequentissime jacentem ac volutantem pro-

pe aspiceret, tristis & stupefactus secum dicebat: Quomodo vivo? quid miser propter Christum sustineo? Nam tantum in amorem Christi ille jam promptus fuerat, ut tale cubiculum libentissime susciperet, si tempus suæ conversationis permitteret.

9. Perfectæ enim vitæ atque summæ scientiæ est habere in sæculo quod subsequente recitatur capitulo. Religiosus autem & pius miles in omnibus & pro omnibus magis Christo obediens quam sæculo; quidquid ex religiosa invitus acquirebat militia, ad usum bonum, quantum poterat, expendere semper studebat; qui cum ad militare ex præcepto domini sui compelleretur negotium, cui tamen propter beneficium non valebat suum defraudare servitium; Deo volens adhærere, promittebat nihil ibi se facturum nisi ejus obsequium: videlicet ex utraque parte dissipare malum & inquirere bonum; sed ut redderet Cæsari quæ sunt Cæsaris, ac si vellet omnia capere, incipiebat quandoque primus abire. Reddens ergo quæ Dei sunt Deo, fugabat quos capere nolebat; quos vero alii impedire tentabant, ipse prior capiebat, ac deinde locis convenientibus salvos atque solutos abire sinebat. De cetero autem portionem quæ se contingeret a commilitonibus suis importune exigebat: hac tamen intentione, ut illi qui amiserant non sine lucro reportarent ab eo. Cum autem ad omnia Dei miles se tam sapienter disponeret, propter conversationis suæ studium carus acceptusque Deo a populo judicatus est. Quodam ergo tempore dum ex more de contemptu sæculi tacitus secum disputaret, æternam potius quam præsentem vitam ac transitoriam approbans, placuit de terra & de cognatione sua egredi, & in aliena peregrinari. Hinc est quod per aliquod tempus quo iret aut quomodo fieret secum deliberaret, votum vovens Deo, proposuit Hierosolymam pergere, Christo militaturus, ac inde numquam ad propria reversurus. Cumque Dei miles accepto tempore, expensis dispositis, collectis sociis, optatum iter diebus multis perageret, quemdam ejusdem itineris socium, gratia Dei præcedente, invenire meruit, qui & ei voluntarie supplesset necessaria, si ei facultas deesset in via. Erat enim ex magno genere hominum, & dives multum auri & argenti & possessionum, ac familia multa nimis adornatus: denique dum ex more viatorum invicem de pluribus sermocinarentur, contigit ut omnium judicio præstantissimus esse & consilio & verbo decerneretur, quem siquidem cum tanta gratia dives ille quotidie cerneret sublimari, ita & amicum & familiarem sibi præfecit, ut ambo scypho uno, lance una refocillarentur, & relicto suorum consilio * ejus solo potiretur proprio. Cumque itineris cœpti maturitate viam conficerent, contigit ut Hierosolymis

VITA B. HUGONIS DE LACERTA.

fani & incolumes applicarent: deinde dum ex sudore multo fessa membra recreassent, ut locus obtulit, cum donariis copiosis per loca sancta perrexerunt oraturi. Erat enim Dei miles præterea deditus in eleemosynis, orationibus ac frequentioribus jejuniis, & omnibus pro posse suo obediens vitæ æternæ mandatis: religionis autem gratia reclusos ac ceteros religiosos frequentissime visitabat; cupiens tam prædicatione eorum instrui, quam præsentia recreari. Fere enim per biennium sedulum Christo exhibens obsequium, vir Dei ibi quandoque miles extitit, quandoque & peregrinus.

Ad patriam revertitur. 10. Interea causa extitit, quod dives ei socius reverti ad propria compelleretur: erat enim multo negotio plena. Quam cum venerabili viro per ordinem exposuisset, venire mox secum quantocius ut familiarem rogavit & amicum. Cui ille: Nequaquam ego quod rogas facere possum; nam huc ad hoc veni, ut Dei servitio dies vitæ meæ redimerem residuos. Rursus dives ait: Occasionem quæris, ne mihi quod rogo præstare debeas; sed quia longa & laboriosa nobis restat via, ne cuncteris, amice dulcissime, meis parere sermonibus: promitto enim huc me reversurum, si tu vis, in proximo tecum. Tunc ille victus his precibus acquievit; nulla in medium mora. Quod ergo supererat de thesauris suis incunctanter jubet præparari, unde & supplementum haberent victus & penuriam sublevarent vestitus. Dum autem ad mare descenderent, vir Dei de reditu suo cœpit secum contristari & molestus esse. Accidit autem ut quidam peregrinus pulcher facie, sed pulchrior fide, transiret eadem via, & viso illo accessit ad eum, & dixit: Frater, quid habes? quid ploras? Cui ille inquit: Domine mi, sic & sic, & me & meum Deus respuit servitium. Prædictus namque peregrinus cum quasi verbo prophetico consolans, ait: Fili mi & amice, noli lugere & noli contristari, forsitan enim Dominus ad alia utiliora te revocat negotia, quoniam ut trahat ad bonum melius, quandoque subvertit minus. Audita vero consolatione & percepta, mox navem cum sociis lætus & securus ascendit, & gratias Deo omnes in unum agentes, navigio prospero, aura levi, undis lenibus, temperatis flatibus, velo pendulo, mari tranquillo, tandem ad portum pervenerunt salutis.

Piis operibus vacat. 11. Cumque ad terram venissent, placuit ei cum sociis suis pariter & amicis ad patriam & propriam domum agrosque remeare: ad quos veniens, & in quibus constitutus, ferme biennio domus suæ curam agens satis honestam, multo instantius ac ferventius fuit deditus misericordiæ actibus, bonisque intentus operibus, hospitalitati præcipue studens, exercendis vero sæcularibus curis occupatus agebat terrena negotia; sed ut post in vita sua claruit, magis ex debito quam ex intentione; hic nimirum, cum jam quadragenarium ætatis suæ annum celebraret, reipublicæ negotiis, sæculique curis afflictus, mundum penitus detestari, & quo soli Deo vacaret secum inquirere cœpit.

12. Eo namque tempore domnus STEPHANUS in disciplina sua noviter jam fratres, *Ad S. Stephanum accedit ab eo suscipitur.* licet paucos, susceperat, quos tamen modo palam, modo clam, ad sanctæ conversationis studium informare vigilabat; qui vero, cum diu in eadem eremo virtutibus significque succresceret, cœperunt postmodum nonnulli jam mundum relinquere, atque ad ejus magisterium festinare. Hujus itaque nomen per vicina loca innotuit, factumque est ut ex illo jam tempore a multis frequentari cœpisset. Qui enim ei victualia deferebant corporis, ab eo in pectore suo æternæ alimenta reportabant vitæ: hujus ergo venerabilis patris celebrem opinionem vir iste de quo nobis præsens sermo, comperiens, divino, ut credimus, Spiritu instinctus; prædictam eremum aggressus solus & cum aliis multoties præsentiæ ejus se obtulit aspectibus; cui profecto per multa consolationis verba, pater venerabilis cum corde ejus præsentisset petitionem, sicut consueverat orationum munus obtulit; nec eum secum posse manere indicavit. Tandem expleta itaque consolatione & alloquio, ad propria sæpe repudiatus miles Dei recessit: alia quoque die per quemdam presbyterum satis litteratum religionisque institutis bene eruditum expertus est, utrum illic tanta adessent bona quanta & plurimorum narratio certa vulgaverat, ipse etiam inesse credebat; qui reversus dixit ad eum: Pater iste de quo tu quæris, tam ipse quam discipuli sui angelorum vitam, quantum fas est, sectantur in terris.

13. Post non multos vero dies eadem *Ad S. Stephanum revertitur & iterum repellitur.* causa optati eremi iterum miles Dei aggressus est iter. Hic nempe, cum viri Dei se præsentaret aspectibus, statim indicavit ei quid quæreret, dicens; Scio, domine, te non latere petitionem meam, sæpe enim caritatem te rogavi, & sæpe a te repudiatus recessi: pater & domine obsecro, reverti ad sæculum nolo, quia valde labile scio, & ne pro fragilitatis meæ conditione, valeam tam leviter ut modo huc redire, timeo. Ecce enim paratus sum ex toto ad Deum, quem tu prædicas, & cui devotum cum tuis exhibes famulatum, converti; unde supplico largiri mihi a te sanctæ habitum conversationis; cumque pater venerabilis petitionis ejus videret constantiam, talibus cum verbis eum alloqui cœpit dicens: Frater & amice nescis quid petis, vita enim tua nimis est delicata, & tota in deliciis enutrita, quomodo poteris onus sustinere quod tibi vis imponere? aspice crucem, multum est difficile ibi manere; si huc adveneris, in ea configeris; &

amittes dominationem quam habes in temetipso, in oculis & in ore, ac in ceteris membris, manducandi, jejunandi, dormiendi ac vigilandi tuam relinques voluntatem, multarumque rerum aliarum, & hoc quod in sæculo diligis, continget tibi odio habere; exinde non reverteris ad domum cognatorum tuorum, & si ipsi ad te venerint, nequaquam eis tuam paupertatem ostendes. Poterisne, frater, fossor esse, ligna & fimum portare, cunctis fratribus servire? Hoc totum esset facile; sed captus tali carcere manebis, ubi non est foramen per quod ad sæculum revertaris, nisi tu ipse feceris, & ego curam tui non agam, nec temetipsum agere sinam; a sæculo quippe meos abscidi pedes, & si propter me non redeo, propter te non redibo. Adhuc aliud superfuerit; forsitan mitterem te in aliquod nemorum, & annonam quam manibus cum ligno ligone laborando acquisieris, ego acciperem, & eis qui me hic custodiunt tribuerem: aliud vero restat horribilius; centupliciter tibi melius est damnari in sæculo quam hic: qui enim ab altiori cadit, amplius læditur: & si hinc in infernum caderes, omnibus aliis perditis inferior esses. Tu vero potes pergere ad quodlibet monasteriorum, ubi magna invenies ædificia; cibos delicatos suis temporibus constitutos; illic bestias reperies terrarumque latitudinem: hic tantum crucem & paupertatem. His & hujusmodi pluribus verbis Dei militem pater venerabilis expertus est, ac deinde oblata salutatione ad præsens jussit recedere.

14. Hæc autem patre dicente, magna valde repletus est anxietate, ac si omnem totius salutis perdidisset spem, sine consolatione ingebat, ob hoc maxime quia sibi salutis præsidium quod ferre poterat, ferre prolongabat: cui ille iterum utcumque potuit, dixit ô bone homo! ô bone homo! omni enim virtute tua age quod agis, operare quod operaris, non cesset pes tuus, non cesset manus tua, ego autem e contrario tantum malum & per me & per alios a modo perpetrabo; quatenus peccatis meis merentibus & me & te in profundum abyssi præcipitabo, quo dicto abscessit ille tristis & disparuit. Surrexit autem illico vir Dei, timore magno perculsus, vocatisque simul fratribus, quidquid ab illo audierat, & quale consultum super hoc tam periculoso negotio ministrarent, tremens indicavit & pavens: attamen interim indesinenter pro eo orabat, ne multa mora probationis averteret eum a servitute divinæ religionis. Cui fratres tale feruntur dedisse responsum: audi pater consilium nostrum, nostræ religioni forsitan profuturum, si hoc habet a Deo, probare poteris hoc modo: cum sint ergo nobis Dei bonitate diversa escarum subsidia, jube de partibus omnium nostrum partem talem & multo meliorem præparari, quæ illi in victum per diem sufficere possit. Si enim nobiscum propter hoc totum remanserit, inde Deus laudetur; sin autem, nec tibi nec nobis a modo & deinceps ad judicium imputabitur. Hæc autem cum prædicti discipuli perorassent, tam ipsi quam illis consilium istum dignoscitur placuisse; deinde duobus ex discipulis accersitis præcepit dicens, ite & dicite illi: Signamus igitur consisi de Christi misericordia ut venias, & nobiscum eidem servias in timore & disciplina: quod vir Dei præcepit statim a fratribus est susceptum. In crastinum autem factum est, ut & discipuli dimitterentur ire quo præceptum est: qui cum domum ejus ingressi fuissent, seorsum illum statim duxerunt secum, & quidquid pater ei mandaverat, secreto exposuerunt: placuit autem ei sermo jubentis patris, & exinde incedit timor in omnibus ei obedire. In ipsa autem hora ex intimis cordis medullis spem omnem quam habebat in sæculum dereliquit, & omnibus etiam quæ possidebat renuntiavit, eo quod Christum sibi magistrum omnino providisset: jam non uxorem, non filios carnis, non divitias, non honorem sæculi quærens, sed soli Deo servire studuit ex integro, & cœna facta, cum jam eos de die adventus sui & modo satis docuisset, in ejus thalamo fratres dormitum perrexerunt parumper. Mane autem facto, miles Dei surrexit prior, qui cum fratribus thalami hospitium aperiret, odor nimius naribus ejus inde protinus diffusus est; de quo dum diutius unde adesset dubitaret, incidit ei quod de labore fratrum & sudore vestium ille procederet; qui statim ad se reversus dixit: Domine Deus, si umquam merui gratiam in oculis tuis, talis odor ac tantus antequam moriar de me pro amore tuo egrediatur. Deinde vero fratres retroactum iter alacres & sospites repente ceperunt; cumque in via de adventu ejus invicem hæsitando conquererentur, ecce vir ille velocissimo subsequitur cursu. At ubi pervenit ad eos, dixit: Nolite mirari, fratres & domini mei, si vos ego subsequor solus; dies forsitan illa in dubio est vobis, qua me venturum ad vos designavi, quoniam vos advenientes tam sæculariter, tam delicate me invenistis; super hoc modicæ fidei quare dubitastis? Quo audito, stupefacti discipuli, ita esse responderunt. Quibus iterum dixit: Sed ut pro certo habeatis, ecce viator obviam venit, quomodo me habeam illum interrogate, statimque recessit: illis vero proficiscentibus, ecce viator ille obviam factus est; quem cum requisissent dicentes: Quomodo ille se habet? Respondit ille: Quod vero vix ceteri vel pretio impetrant, ille tantummodo simplici assequitur verbo. Hæc autem fratres audientes, insimul gavisi sunt valde; deinceps expleta ipsius diei hora vespertina, confecto

itinere, ad patrem & ad fratres conversi sunt in pace. Post parvum vero temporis miles Dei, terram, cognationem, amicos, cognatos, & quod his omnibus difficilius est, voluntatem propriam, domum egressus, propter regna cœlorum dereliquit, & assumto secum quodam ex domesticis socio, pari sententia, parique consilio aggreditur viam & locum ubi servus Dei morabatur cum discipulis suis. Perveniens vero ad locum, humilis docilisque ad patrem & magistrum continuo accessit discipulus, ut sanctæ religionis forma doctrinaque erudiretur: & ejus ut voluit desiderium completum est.

Susceptus in ordine quam sanctè se gesserit.

15. Susceptus itaque & factus discipulus, & religiosorum pauperum Christi numero sociatus intra congregationem, mox cum Dei servis conversari & vivere cœpit secundum paupertatis votum, & modum & regulam sub illo tanto patre constitutam. Maxime illis qui Deo serviebant ex corde, adhærebat, jejuniis & orationibus & operibus bonis, in lege Dei meditans die ac nocte. Cuique vero, ut dictum est, quidquid proprium in illa sancta societate habere, vel ad dexteram vel ad sinistram declinare minime licebat: ibique diu piis moribus & exemplis ad plenum eruditus, priusquam omne religiosarum studium institutionum adeptus est, optimorum quoque fratrum habitum factumque imitatus, eidem patri venerabili præ ceteris carus acceptusque postmodum factus est. Hujus enim frequentissimis verbi Dei statusque religionis instantissimæ præ ceteris aderat suspensus atque affixus colloquiis: utilitatem præceptorum, institutionemque vitæ servans; atque ita edoctus sensim atque paulatim proficiendi in religione eidem amoris ardor innatus est, ne quisquam eam infirmaret, vel quidquid dicere contra ipsam, eo præsente, præsumeret; & gratia Dei sic in eo succrescens quotidie proficiebat, ut sufficientissimè poscentibus reddere rationem de statu religionis & regula semper adesset. paratus: sicque vitam suam instituens, ab universis fratribus puro diligebatur affectu; eorum proprias singulorum gratias hauriens: nam istius lenitatem, illius vigilias, alterius orandi æmulabatur industrias; hujus continentiam, jucunditatem illius sectabatur: istum jejunantem, humi alium quiescentem, mirabatur alterius patientiam, alterius mansuetudinem prædicabat: sic secum universa pertractans, omnium in se nitebatur exprimere bona. Pater vero venerabilis magister ejus, ut erat vir pius, & Dominum timens, de profectu provectuque ejus gaudebat, & Domino gratias agebat; ob hanc causam præcipue quod divina sibi misericordia discipulus præstatetur talis, qui posset verbo Dei & exemplo boni operis ceteros consolari & ædificare, suisque necessitatibus sanum consilium providere: unde accensa & ardens positaque super candelabrum lucerna, omnibus qui in illa domo Dei sunt lucebat: de cujus vero familiaritate, consilio, providentia, ac bonitate in multis pater venerabilis multa perhibuit testimonia, sicut subsequentia possunt probare eloquia.

16. Cumque quotidie discipulus ille signis virtutibusque succrescens, magistri adjutor existeret, in caritate fratres non invidia congregati in unum, ad patrem & magistrum, flagitante religiosa necessitate, venerunt: quem cum de utilitate ecclesiæ suæ & amplificatione, de cellulis accipiendis & fratribus ordinandis satis diligenter alloquerentur & exhortarentur, jam scientes firmum sæpedicti discipuli propositum, ad mittendum cum omnes pariter laboraverunt; quibus pater id uno consensu & desiderio fieri perficique petentibus respondit: Quare, fratres, quare ita dicitis? Numquid cum tam vobis quam & mihi necessarium videtis? Multa vero beneficia Deus per eum operatus est nobis, propter quod horum vultis dimittere eum? Nam si eum a nobis dimittimus, altare pariter destruamus: sanctitas enim & benignitas & misa humilitas erat in eo, & oratio, sicut præcepit Dominus dicens: *Orate omni hora.* Nihil umquam aliud agere docuit si potuit, quin ipse prius fecerit. Cum jam in amore Domini nostri Jesu Christi eremus illa de die in diem fervesceret, exemplo ejusdem patris nonnulli æternæ vitæ accendi cœperunt desiderio, atque sub ejus magisterio omnipotentis Domini se humiliter dederunt servitio: ibi enim sanctitate atque doctrina longe lateque habitantibus jam vita ejus inclaruerat.

S. Stephani adjutor exstitit.

17. Eo namque tempore, flagitante ecclesiastica necessitate, ex numero cardinalium duo a summo Romanæ ecclesiæ pontifice missi, Gregorius videlicet, & Petrus de Leo Lemovicum venerunt, qui tamen postmodum curam ejusdem divisi invicem susceperunt; illi autem dum de vita ejus ac conversatione multa præconia plurimorum relatu cognovissent atque probassent, ad eum visitationis gratia convenerunt, cupientes secreto quisque voluntatem suam quisque cum eo sigillatim conferre sermonem. Tunc ejus quippe habitaculum multi frequentabant, quia ille homo Dei doctrina gratiæ cœlestis affluebat. Cum vero jam hora collocutionis exigeret, cœpit causam singulorum & viam discutere, quatenus illi tanti ac tales ad tam parva tamque humilia divertissent habitacula. Cumque singuli ad ejus exquisitionem cur ad eum divertissent, exponerent: multam quidem in eo comperientes sapientiam, a circumstantibus fratribus mox petierunt, ut secretioris unicuique eorum per se quantulacumque licentia concederetur consilii, cumque egredi nequaquam urgerent ab eis. Illis autem recedentibus, domnum Hugonem

Ipsum prædixisse in eloquio quid eos duobus cardinalibus habuit.

VITA B. HUGONIS DE LACERTA.

nem pastor ad se vocavit, cumque secum sedere præcepit; quibus vir Domini, ut confederunt, ait: Domini mei & amici, super hoc nolite conqueri & admirari; hunc enim meum discipulum bonumque filium ideo retineo mecum, quoniam quidquid in secreto dicetis mihi, totum ipse postmodum indicaret ei; tantum autem in eo consilii & bonitatis quantum & in me proculdubio invenire potestis, est enim in consilio valde providus & in commisso fidelis. Digna quidem valde res ex ea collocutione secuta est; quia, sicut post illi testati sunt, de statu Romanæ ecclesiæ ac moribus recedebant multo certiores sapientioresque quam venerant.

Prophetico spiritu declarat familiare Stephani occisum ab ipsis suis militibus.

18. Erat autem tunc temporis familiaris quidam à *Mortemar*, qui Muretum sicut ceteris & aliis locis caritatem deferre consueverat; habebat enim ille hospitem à *Bonnac*, apud quem hospitabatur tunc, cum iens vel regrediens quo tenderet tardiori hora fatigatus minime pertingere posset, suo quoque hospiti familiaris ille multa jam impenderat beneficia, tum propter reverentiam & amorem, quam, ut videbatur, deferebat fratribus; tum propter servitium & honorem quod ei in suo exhibebat hospitio. Bonis quippe hospes cernebatur moribus, atque in omni sua actione compositus; sed sicut res ipsa postmodum patuit, longe aliter quam apparebat, fuit. Nam dum ejus familiaris frequentaret hospitium, ab eo in pretio duobus latronibus occulte traditus est; quem secum captum vinctumque trahentes super Vigenæ ripam, in quibusdam petrarum latibulis in arctissima posuerunt custodia. Interea visitationis gratia viri quidam de *Mortemar* venerunt Muretum; hi nempe cum post ædificationis verba vellent recedere, si umquam mitteretur ille, patrem ipsum cœperunt interrogare; quibus ille respondit: minime. Illis autem abeuntibus supervenerunt & alii idipsum renuntiantes homini Dei. Sua enim familia eum plus solito jam retardasse amarissime plorabat; quo audito, vir Domini recessit, omnesque fratres ad se congregari fecit; at illi, ut consueverant magnum quid ac delectabile ab eo se crediderunt audire; quibus illico famulus Dei totum, ut audierat, indicavit; res venit in dubium utrum vivus an mortuus esset; cumque fratres per horam quid esset faciendum super hoc hæsitarent, domnus Hugo in medio astitit, qui prophetiæ spiritu, ut credimus, eum vivere traditumque ab hospite suo aperuit. Hunc enim prophetiæ spiritum habuisse nonnulli testantur, qui eum familiariter scire potuerunt. Quo audito, vir Domini increpavit eum dicens: Frater, tale quid quare umquam dicere præsumpsisti? Numquid pro tali tantoque bono ille tale ac tantum illi redderet malum? Qui statim mittere nuntios circumquaque ut quæreretur, præcepit, injunxitque fratribus ut in tanta necessitate devotis precibus opem efflagitarent divinam. Quodam vero die, facto mane expletisque missarum solemniis, janitor familiarem illum renentem manu suum hospitem latronesque pariter in collo, retortis ligatis post tergum brachiis, ad portam egressus invenit; cui statim suæ culpæ rei omnem citius indicaverunt pœnam; quo viso, janitor ad locum ubi vir Domini de domino fratribus loquebatur, reversus est, eique quod foras viderat & audierat, secreto nuntiavit in aure. Vir autem sanctus hoc audiens, a prædicatione cœpta tunc minime surrexit, nec de illo tam bono nuntio exhilarescere, nec sermonem suum plus solito visus est terminare; completo autem sermone, ut res exigebat, Dei famulus foras egreditur, ante cujus conspectum illico steterunt, miseri ab ipsa præda sua rei & ligati; cumque per horam nihil loquentes penitus ante illum astarent ligati, tremefacti vehementer ad terram corruerunt, & suæ pœnam nequitiæ ad ejus vestigia prosternentes, præstari sibi veniam magno gemitu & ululatu postulaverunt. At ille quem nimia cogebat compunctio in bonitate sua perstitit, vocatisque fratribus, illigata brachiis lora dissolvere, eosque tolli, ut benedictionem pariter acciperent, indicavit; non immemor quidem apostoli, inimicos nostros potu ciboque debere satiari; quos porro ad se reductos, de suis pravis actibus increpavit; & pace inter se reddita, ut deinceps a tantæ crudelitatis insania cessarent, admonuit, sicque illos ad propria ire dimisit; cœperunt ergo fratres gaudere insimul & admirari, eoque amplius quod illis sic contigerat quemadmodum frater & discipulus ille asserendo prophetando prædixerat.

Mortuus sæculo recusat dirimere litem.

19. Alia vero die & quidam alii causam habentes magno valde periculo plenam, ad virum Dei convenerunt Muretum, quam quidem pro pace reformanda solo sæpedicti discipuli arbitrio convenerant invicem determinandam; unde etenim pastor illum ad se venire præcepit; eique etiam quale malum quantumque damnum solus ipse posset extinguere diligenter exposuit, quibus & ille respondit: Huic vero negotio de quo quæritis, ego solus minime interfui. Cui & illi; Domine mi, ita est ut asseris: illi vero qui tunc fuere tecum jampridem universæ carnis viam perfecerunt. Si autem, inquit, mortui sunt nescio, hoc enim unum scio, quod illis prior ego fui mortuus mundo, sicut enim vobis vel aliis de hoc vel de alio testimonium modo perhibere non possunt; sic & ego de sæculo nec possum nec debeo: unde & prædictum discipulum, quia tam prudenter respondisset, pastor laudavit atque benedixit, sicque factum est ut sibi fieret defensio magistraque magistro sua responsio.

VITA B. HUGONIS DE LACERTA.

S. Stephanus ejus consilia aliis præfert.

20. Sic enim pastor bonus cum fratribus consueverat communicare, ab eisdem consultum super quadam quandoque quæsivit necessitate, qui tandem consentientes in unum, sicut ipse pastor prædixerat, fore bonum nuntiaverunt; cui vero discipulus ille e contratio dicebat: Bone pastor, ut mihi videtur, ita non est bonum, sicut & ceteri dicunt. Quod autem fratres audientes, in eum commoti sunt vehementer, proinde illum pastor increpavit, ac reprehendit insuper, & ei quamplures venias in conspectu omnium fratrum facere fecit. Cognovit autem pastor & credidit, quod multo melius prædixerat solus ille discipulus, quam ipse disposuerat cum ceteris omnibus; unde & illi protinus dixit: Sic enim, fili mi, bonus discipulus & fidelis magistrum suum ad Deum trahit atque reducit.

S. Stephani sententias colligit.

21. Fuit enim cum Domino ac magistro nostro Stephano discipulus ille usque ad obitum ejus, audiens eum fideliter & interrogans super sententiis ceterisque vitæ nostræ mandatis, ne spiritualia semina quæ procedebant de ore ejus absque multiplicatione, in solentia auditorum & negligentia deperirent. Dei quoque benignitas electum hunc de decem millibus unum, qui & audita humiliter sciret suscipere, eademque futuris sæculis in suo tempore fideliter revelare: verum quia in his deventum est locis de quæstionibus eorum, pauca tamen audiamus pariter atque responsis.

Quomodo fieri debeat oratio.

22. Cum enim pastor de oratione loqueretur, prædictus discipulus interrogavit eum qualiter esset ibi manendum; cui respondit sermonem hujuscemodi: Moyses in oratione sua manus ad Dominum erigebat, cum Josue minister ejus pugnabat contra Amalech, & quamdiu manus elevatas tenebat, populus suus vincebat, cum manus dimittebantur, ille vincebatur: tandem Aaron & Ur sustentaverunt ei manus, donec victoria fuit perpetrata. Alibi reperitur quod Maria Magdalena veniens ad Dominum pro suorum remissione peccatorum, prodidit ad pedes ejus, cui Deus donavit propter magnam dilectionem qua replebatur. Nam antea diligebat eum, quam illuc advenisset, & ita Moyses manus levabat ut magis Deum diligeret & melius exoraret, Maria Magdalena inclinavit se ad pedes Jesus. Idcirco cum aliquis in oratione sua secretius fuerit, eo modo se adaptet quo cum amplius diligere potuit, vel sedendo, sive stando, aut humi stratus, sive flexis genibus. Verum tamen secum ducat humilitatem, sine qua Dominus illum non audit ad suam utilitatem. Cum enim ipsi discipuli sanctus Jacobus & sanctus Johannes rogarent Jesum Christum absque humilitate, respondit eis: *Non est meum dare vobis sedem ad dexteram meam sive ad sinistram, sed quibus paratum est a patre meo*; estote ergo

A modo sitis per humilitatem & dabitur vobis. Omnis vis orationis est in magnitudine divinæ dilectionis, amor vero divinus meritum suum non invenit nisi in humilitate, & ideo Jesus Christus humilitati promisit excellentiam in regno cælorum, quia nihil aliud in terra reperitur a quo diligatur, in omnibus etiam operibus vult Deus ut tempus observetur & locus, nisi in oratione; secundum tempus vult ut psalmos dicat aliquis & de Deo loquatur, audiatque loqui, atque laboret, & sic de ceteris, nam propterea Deus diversa dedit præcepta, ne quis in suo servitio fastidiret, possetque mutari ab uno in aliud causa majoris delectationis; sed in uno quoque opere vult ut semper cum quisque deprecetur, dicens in corde suo: Deus hoc tantum facio, ut te diligere valeam; alicui vero quodlibet volenti agere dicit Dominus: Si velles, ego tecum pergerem, teque juvarem in hoc quod agere disponis; tunc qui sæculum diligit respondit: Alii auxiliare, mihi vero minime: hoc operibus dicit; quoties a divinis præceptis discedit, & ob superbiam qua homo divinam respuit societatem, respondit postmodum ei Dominus in oratione sua, quia me noluisti habere socium in illo opere, ego modo precem tuam non recipiam.

Hugonis ipsius buram quæstionem respondet S. Stephanus.

23. Rursus discipulus a pastore suo quæsivit qua ratione scriptura dicat: *Laudate Deum, benedicite Deum*, cum Dominus humana benedictione non indigeat; cui ita respondit: Sancta scriptura nihil præcipit nisi ad salutem hominis, cumque ipsa admonet *Laudate Deum, benedicite Deum*, omnis utilitas ad hominem revertitur. Quoties enim aliquis bono animo dicit, Deus lauderis, Deus benedicaris, Dominus respondet continuo, & tu qui laudas lauderis, & qui me benedicis, benedicaris. Ex hac ratione potest intelligi Deum hoc mihi respondere, quod nullus valet Deum benedicere, nisi prius a Deo benedicatur, & sua gratia præveniatur. Itaque cum benedictio prius a Domino proveniat penitus, cum homo Deum benedicit, ipse suam auget & benedictionem atque dilectionem.

Caritas & canticum novum.

24. Rursus idem discipulus quæsivit ubi tot cantica nova inveniuntur quæ assidue in cælo cantantur. Cui pastor dixit: Jesus Christus in evangelio suos docuit discipulos, quod est canticum novum quod in cælo cantatur, dicens illis: *Mandatum novum do vobis, ut diligatis invicem, sicut dilexi vos*; hoc est caritas quæ nominatur canticum novum, quia renovat hominem, & de filio tenebrarum facit lucis filium: hoc est caritas quæ est in terra canticum novum hominibus, est etiam in cælo canticum novum angelis. Quoties enim quemlibet electorum vident sursum ascendere, de ascensu illius canticum novum concinunt,

& si nihil amplius haberent unde Deum laudarent, numquam de illo solo ad finem pervenirent, quoniam quidem super peccatore pœnitentiam agente gratulantur, ut ait Dominus in evangelio, penitus congaudent videntes eum salutis suæ consortem, atque scientes quod deinceps non delinquet; cumque de Dei Filio videntes eum carne indutum & ascendentem admirati sunt, dicentes: *Quis est iste rex gloriæ?* bene præ gaudio mirantur cantantque novum canticum, quoniam membra caput sequuntur.

25. Idem discipulus quæsivit hoc a pastore; quandoquidem viribus totis & tantis jus divinum defendis, qua ratione præcepit Dominus Israëlitis, ut thesaurum ab Ægyptiis mutuarent secumque deferrent, nonne est rapina? Cui respondit: Frater, hoc aperte justum fuit. Isti namque Deo servierant, illi vero pro servitio malum istis retribuebant. Vero ergo judicio Deus æquus judex voluit ut isti mercedem sui operis secum deferrent, quam illi sibi defraudaverant. Est autem spiritaliter intellectus quod similiter membra Christi thesaurum sanctæ scripturæ receperunt a Judæis remanentibus in Ægypto, id est in hujus sæculi tenebris.

26. Iterum idem discipulus hoc eum interrogavit: Domine, tu dicis quia Jerosolymitanam terram Deus dilexit magis quam aliam, in tantum ut de ceteris regionibus amicos suos illuc adduxit, ipse etiam ibi de Virgine natus est, & frequenter in scripturis vocat eam terram promissionis. Mirum est itaque quod voluit eam talem esse; non enim ibi sunt prata speciosa, nec optimi fontes, nec ditissima flumina, sed aqua in cisternis, asperitas atque calor magis quam in multis terris. Hanc quæstionem pastor solvit hoc modo: Frater, in hoc potest considerari quam amabilis est dispositio divina. Ideo namque corporalem inde removit delectationem, ut amici sui in eo tantum delectarentur, & amor suus esset eis pratum, fons ac flumen, & quodlibet aliud refugium. Nisi enim Deus sciret aliud sæculum esse melius, nullatenus amicos suos illuc transferret; quin etiam matrem suam nullo modo deciperet, sed pro cœlesti gaudio præsens subtrahit aliquando, non tamen eo modo quatenus amicos suos in hoc sæculo tristes deserat ac desolatos; sed tantum quia Deus hoc vult agere, qui tunc servos suos in majore tenet requie; cum mundus considerat quod ipsi laborem patiantur. Magis enim inde honorantur cum in angustiis eos requiescere facit: aliquando vero, ut infideles erubescant, ostendit populo dulcedinem, in qua veri amici sui consistunt dum cruciantur, sicut legitur de tribus pueris, qui benedicebant eum in igne fornacis: alios vero quos ita non corporaliter, ut fideles ibi sumant exemplum patientiæ, tantum consolantur in spiritu, quod majorem laborem patiuntur qui eos cruciarunt, quam servi Dei qui cruciantur.

27. Superveniente autem venerabilis patris vocationis tempore, in illa sua tam sancta ægritudine, tribus diebus & totidem noctibus super prædicti discipuli discubuit pectus, nisi cum necessaria corpori deputaret. Invitus namque in eo dum informaretur, sicut postmodum discipulus ille perhibuit, rationem & intellectum in omnibus pene duplicatum invenit; cumque per triduum illud de vita nostra suoque transitu fratres informaret & consolaretur, circumsteterunt omnes gementes & flentes, eique dicentes: Ah, ah, ah! pater carissime pastorque bone, ecce nos reliquimus omnia & secuti sumus te; venimus ad te: nunc dic ergo cui nos tu relinquis, qui curam habeat de nobis? quid igitur nobis dabis consilii? Tu autem nos nullatenus habere permittis bestias, terrarum possessiones, decimas, ecclesias, & res ad eas pertinentes, redditus & quæstus sine quorum cura vix aut numquam temporalis ista potest sustentari vita. Fratres, inquit eis, *illi Deo vero cui omnia sunt & serviunt, cujus quoque natura bonitas, cujus voluntas potentia, cujus opus misericordia est, pro cujus vero amore omnia reliquistis quæ vos relinquo, ego vos commendo. Ille enim benignus Deus aget curam de vobis sicut bonus Dominus, qui bene scit curam habere de servis suis, ipse quoque dabit vobis quod necesse fuerit, nec tamen hoc quod velletis. Vos enim homines estis, & in hoc delinquere possetis: tali quidem vobis dico pacto, si in vita ista remanetis; si autem de vita recesseritis, ego ei injuriam facerem, si vobis sua promitterem, quia fere supputabuntur quinquaginta anni quod ego in hanc solitudinem veni, numquam panis postea tam amari potuit quin Deus mihi daret quod bene sufferre potui; neque tam largum semper fuit, quin bene totum esset necessarium quod Deus præstitit mihi: similiterque faciet vobis, si in vita hac remanseritis; ideoque nolo ego ut habeatis bestias, nec terras, nec decimas, nec ecclesias, nec quæstus, nec redditus, ut Deus vobis sit magis necessarius. Cum enim Deus vobis magis necessarius fuerit, amplius eum diligetis; si vos sapientes estis, quid ergo illi deesse potest qui omnia habentem habet?*

28. *Adhuc vero & aliud consilium sanum vobis, filii mei, præcipiens dabo: Si vos cum vicinis vestris & secularibus aliis pacem bonam & integram habere desideratis; cavete penitus ne ea quæ possident concupiscatis; quoniam si vos terras eorum, vineas, prata & cetera quæ possident tentatis rapere, laborem potius approbantes quam requiem, iram quam gaudium, terram quam cœlum,*

"nihilum quam totum, pacem cum eis ex integro habere poteſtis nullo modo. Inſuper de cetero cavete omnino ne habeatis quod illi concupiſcere poſſint, beſtias videlicet, equos, mulos & boves quibus non eſt intellectus, & cetera quæ intelligentes ac obedientes nequaquam habere poteſtis. Quæ autem convenientia Chriſti ad belial, lucis ad tenebras; quiſque enim vendicet quod ſuum eſt. Vendicate ergo fratres & quærite veſtra, quæ ſurſum ſunt, non quæ ſuper terram. Qui habet aures audiendi audiat, qui poteſt capere capiat, hoc eſt quicumque in hoc non perſeveraverit factus inobediens, regnum Dei non poſſidebit; quia quantum pro nomine Chriſti longius elongabimini a ſæculo, tantum merebimini fieri viciniores cœlo. Domine, inquiunt illi, numquid adhuc auxiliabimini nobis? Si ego poſſem utique fratres.

28. Fratres autem gaviſi & ſecuri de paterna conſolatione dixerunt ei iterum: Pater & domine, multi adhuc & aliud nobis dicunt: Dum enim vos vixeritis nos manebimus inſimul; poſtquam vos moriemini, nequaquam poterimus ſuſtentari ſi beſtias non habuerimus. Quibus ille ait: Fratres & qui vobis dicunt errant. Abbates quippe dicunt & alii religioſi & etiam ſapientes clerici. Errant, inquam, qui hoc dicunt, & quanto melior eſt clericus, tanto amplius errat, quod Deus poſſe ſuum amittat quoniam Stephanus de Mureto morietur: opere pretium ergo non eſt Domino, quod ego moriar, ſi ille poſſe ſuum amittit quoniam ego moriar: immo ſciatis firmiter, quod propter peccata mea vobis ſubtrahit beneficia ſua, & hoc quidem poſt mortem meam videbitis, quia tot & tanta faciet vobis, unde vos omnes mirabimini, ſi tamen in hac tam ſancta vita remanſeritis: quatenus ſi quotidie non videretur, vix ab aliquo crederetur. Sicque modo ad fratres viri Dei completa eſt ſententia.

29. Tunc deinde rogatus a fratribus, ut fidei verbum illis proferret priuſquam de hoc ſæculo migraret ad Chriſtum, ſermonem ſtatim omnibus propoſuit, qualiter Deum colere deberent, trinum videlicet in perſonis, unum in eſſentia divinitatis: intimabat vero de caritate, ut Deus ſcilicet diligeretur toto corde, tota mente, & hoc unuſquiſque impenderet proximo quod ſibi vellet impendi ab illo. De humilitate quidem qualis eſſet oſtendebat, quia per humilitatem illuc pervenitur, unde ſuperbiens corruit angelus; hæc eſt enim, dicebat, virtus illa, quæ congregatas virtutes conſervat; replicabat etiam juxta apoſtoli ſententiam, ut bonum hoſpitalitatis frequentiſſime reminiſcerentur, quoniam per eam nonnulli noſcuntur Domino placuiſſe, etiam angelis hoſpitio receptis. Addebat pater qualiter Dominus in judicium veniens, hanc compenſationem fidelibus ſuis repromiſit, ut ſibi di-

cat eſſe collatum quidquid uni ex minimis ſuis contulerunt. Præterea exhortabatur ut caritati ex operibus ſemper inſiſterent; quia plenitudo legis eſt dilectio, & qui in unum deliquerit, reus & legis & prophetarum adſcribitur. Semper ad memoriam humilitatis cuſtodiam ſcilicet, paupertatem ſpiritus illos reducere, Deumque coram oculis ſuis deprecabatur habere: avaritiam quoque omnino eſſe execrandam annuntiabat & excommunicabat; quia radix omnium malorum & ſervitus idolorum nominatur illa. Sic ergo factum eſt, ut totum tempus ægritudinis ſuæ proficuum atque jucundum duceret, & per omnia fratribus ſatisfaciens, ſpiritalis vitæ colloquiis ſe interdum a languore ſuo relevaret. Cumque per ſingulos dies languor ille ingraveſceret, die ſcilicet quinta feria priuſquam de corpore egrederetur, exitum ſuum Dominici Corporis & Sanguinis perceptione munivit; atque ad ultimum in cilicio recumbens, oculis ac manibus in cœlum ſemper intentus, ſexta feria ante altare Domini, ſpiritum inter verba orationis in ipſis illius diſcipuli manibus Domino reddidit. Glorioſum ergo & per cuncta laudabilem domni Stephani tranſitum omnibus ſcire deſiderantibus, quadrageſimo & ſexto converſionis ſuæ anno fere, ſexta feria fuiſſe manifeſtiſſimum eſt. Quod tamen non mediocris meriti cenſetur fuiſſe, ut illa videlicet die cum Dominus ſecum & cum latrone ſuſciperet, qua idem redemtor & Dominus hominem plaſmaſſet, eumque damnatum in cruce redemiſſet, & ut qui diem illam tam ſanctam celebraverat ſemper in abſtinentia, perpoſt mundi preſſuras die illa tam ſancta locaretur in gloria. De menſe autem & anno quo ipſe feliciter migravit de ſæculo, valde bona in ſequenti habetur notitia.

Nimboſus luces jam februas egerat octo,
Luciſluus Stephani cum ſpiritus aſtra petivit,
Anno milleno centeno bis quoque deno,
Adjuncto quarto, regno cæli ſibi parto.

Cum enim dicta & facta alias plene exarata, ſcripta modo ac luculenta declarat hiſtoria; ſed ſi cuncta, quæ in vita ejus geſta ſint ſcripta cum non audivimus, evolvere conaremur; a ſuſcepto jam procul dubio propoſito conticeſcimus: Unde neceſſe eſt, quia non eſt noſtri ingenii noſtrique propoſiti, ut hujus diſcipulo, cujus vita pia, cujus converſatio bona noſtræ plurimum proficit religioni, a modo legere incipiamus.

30. Igitur poſt tranſitum domni Muretenſis ſummi & memorabilis viri, de cujus vita atque doctrina, magna, ut dictum eſt, apud nos habentur volumina, ſuccedente beatæ memoriæ Petro Lemovicenſe, domnus Hugo, opitulante Deo, Planiam dirigitur, ubi etenim glorioſam & per cuncta laudabilem celebrans vitam, longe lateque ha-

S. Stephani obitus.

Hugo poſt Stephani obitum mittitur ad Planiam ubi præclare ejus virtus elucet.

VITA B. HUGONIS DE LACERTA.

bitantibus signis claruit atque virtutibus. Hujus enim fuit studium, terrena funditus despicere, toto adnisu mentis ad sola coelestia flagrare. Erat autem divina repletus eruditione, insignis religione, morum pollens probitate, signorum exhibitione admirabilis; contemtor enim erat sæculi, & amator Dei & proximi, & cui vivere Christus & mori lucrum. Erat enim deditus in assiduis orationibus, in frequentioribus jejuniis ac in continuis bonorum operum exhibitionibus. Omnes vero qui ad se caritatis causa veniebant, ad æternæ vitæ desideria accendebat; de omnibus etiam a se postulatis pro posse suo pauperum & peregrinorum, viduarum & orphanorum penuriam semper sollicitus sustentare curabat; religiosis vero præcipue omnibusque Dei ministris debitam exhibebat reverentiam, eorumque fraterne ex suis facultatibus relevabat inopiam. Si quem autem forte nobilem vidisset aliquo indigentem, juxta suam possibilitatem in necessitatibus subveniebat verecunde & abundanter. Religionis præterea ornamentum, sicut a magistro suo & domino beato Stephano didicerat, & verbo & exemplo multum benigne gerebat. Transgressiones & indisciplinationes condiscipulorum suorum a regula recta arguebat, & tolerabat quantum decebat in talibus & oportebat: præcipue docens ne cujusquam cor declinaretur in verba malitiæ ad excusandas excusationes in peccatis. Præterea ad ædificationem aliorum non causa, quod absit, jactantiæ de se replicabat, dicens: Ego enim miser non possum multum laborare, nec jejunare, nec vigilare, nec cetera hujusmodi facere, sed ut mihi videtur, Deum ejus gratuita pietate & scio & possum diligere. Hortabatur etiam condiscipulos suos & fratres, ut virtutibus insisterent, & ab omnibus vitiis & peccatis cum omni diligentia se custodire procurarent.

31. Tantam autem gratiam Christi bonitas illi contulerat, ut conscientias fratrum secum commorantium quoque agnosceret, & a quibus impulsarentur tentationibus eis patefaceret, & quid quisque pravæ cogitationis & immundæ pateretur, indicaret. Si quando autem quorumlibet culpas agnosceret, numquam ab increpatione illis parceret. Et ut prædicatio illius a nullo potuisset contemni, multitudo signorum astruebat, quæ in nomine Christi ipse faciebat; reddebat enim, ut didicimus, visu solo visum non videntibus, contractis erectionem, caducis sanitatem, & etiam multa languentium membra ejus orationibus incolumitati restituebantur. Hujus vero signa omnia atque gesta non didicimus, sed pauca quæ narramus, quatuor religiosissimis veracissimisque ejus condiscipulis, qui per diversa tempora cum eo conversati sunt, referentibus agnovimus, domino Petro scilicet, valde reverendissimo priore nostro, qui ab eodem ad erudiendum digno cum honore susceptus, & pro simplicitatis ac humilitatis reverentia loco maximæ venerationis est habitus. Guidoni quoque de Miliaco qui eidem, sicut decebat, pro religionis ac reverentiæ notitia seu anterioris familiaritatis conjunctione, in eorum cellulæ cura tam bene docta primus successit. Bernardo etiam Bocardi, qui cum eodem per mutuam collocutionem nostrarum sanctionum & dulcedine spiritalis dilectionis aliquamdiu familiarissime conversatus, immodici amoris sese vinculo constrinxerant. Hugone vero de Monte, cui ille pro justitia ac fidelitate quam in eo reperit familiarissimus ardentissime fuit, & ab eodem in ipso transmigrationis suæ articulo pacis Dominicæ osculum accepit salutare. Quoniam valde opinio sanctitatis memorati viri excreverat, multi infirmi ad eum ex diversis provinciis spe sanitatis recuperandæ confluere consueverant.

32. Eo igitur tempore *Haarnac*, sicut nostri seniores ferunt, contractus quidam decubasse dictus est; hic siquidem a renibus & infra tantam membrorum invaletudinem incurrerat, ut manibus repens, dissolutis renibus, corpus per terram traheret, & irrependo monstrum aliquod simularet. Multo itaque in hac debilitate detentus tempore, pro spe æternæ mercedis a sanctis monachis inibi commorantibus stipem divinam in quotidianis susceptebat usibus, quia nec sibi nec alteri aliquid exercere valebat operis. Cumque illo in loco in tanta miseria per multa annorum curricula demoratus fuisset, eique penitus de corporis salute esset desperatio facta, quadam die divina pietate occurrit animo, quod ad virum Dei se faceret quoquo modo portari, ubi tanta quotidie, operante Domino nostro Jesu Christo, merita ejus virtutum jam audierat monstrari frequentia. Hic vero fide commonitus, ac majori sui corporis necessitate compulsus, parentes suos absque dilatione propositum suum impleri lacrymosis rogavit gemitibus; quem cum audissent parentes atque vidissent jam per multum temporis nihil omnino posse proficere; deportantes posuerunt ante viri Dei habitaculum, ut saltem ab adventantibus pasceretur, labore ali proprio poterat minime; cumque palpando aliquantis diebus ad ostium famuli Dei ægrotus ille jaceret; ut locus obtulit, ante Dei hominem a portitoribus suis deductus est: obsederat enim omnia membra ejus scabies & putredo, & erat miserabilis facie & horribilis ad videndum, ut tamquam morti vicinus putaretur a populo. Intuitus autem vir Dei in eum, eis qui eumdem deportaverant dixit: Quid quæritis? quid vultis ut faciamus ei? Nondum enim sciebat quid eum essent rogaturi: Nos vero, inquiunt, Domine, audivimus & credidimus

quoniam hujusmodi calamitatibus, tuis potes subvenire orationibus: ecce hunc hominem quem prospicis, multum tædet miseræ vitæ suæ; non enim habet, nec valet operari, unde miseria sua possit recreari: unde & adjuva eum, & misertus sis ei. Quo audito, vir Dei eum in ecclesiam statim deportari, eosque parumper qui aderant abscedere jussit: qui mox in loco digno ad auxilia consueta confugiens, se in oratione cum gravi gemitu dedit; interea ægrotus ille, sicut erat contractis pedibus ac renibus, jactavit se pronus quasi truncus in pavimentum, & cœpit cum lacrymis invocare nomen Domini, ut etsi in hac necessitate non succurreret, saltem eum a gehennæ incendiis in posterum liberaret: cumque per horam in hunc modum suam prolongaret orationem, subito amota languoris sui amaritudine, intellexit optatam sanitatem se recepisse, qui statim erectis pedibus hominis Dei miraculum eis qui foris aderant, testabatur dicens: Ecce, ecce, ecce, quid in hac die vir Dei operatus est, me teste probante: qui protinus accurrentes stupebant & mirabantur, dicentes: Quomodo est frater? & interrogabant eum qualiter hoc factum fuisset. Ille autem dicebat: Homo Dei ille me de præsenti tristitia liberavit; ille deinde reversus ad Dei famulum narravit omnia quæ acta fuerant. Quo audito, clamor in cœlum circumstantium attollitur magnificantium Deum; quem mox vir Domini temporalem fugiens honorem molesta compescuit prohibitione, dicens: Tace, tace, sed si quis te interrogaverit qualiter hoc factum sit, solummodo responde quia Dominus JESUS CHRISTUS, qui per amicos suos ubique operatur, ipse in te tale ac tantum per beatum Maximum suum dilectum in loco isto operatus est miraculum: unde nunc surge, & tuo vade recuperatori gratias referre cum luminari & devota oblatione. At ille nihil moratus, confortatione cibi & virtute corpusculi simul recepta, alios antecedere propriis cœpit gressibus; qui jacens & languens ab aliis fuerat deportatus; sicque ex illa hora omnes in ejus corpore nervi ac membra solidata sunt, ut solutionis illius signa ulterius nulla remanerent. Vere hanc ego virtutem, juxta mei sensus intelligentiam, non inferiorem censeo, qua Petrus apostolus ad Speciosam portam templi claudum olim erexit æneam; sed super omnia conlaudetur Deus noster, qui tantam virtutem suis præstat dilectis, ut per eos talia dignetur operari. Amen.

Contractus capite sanat. 33. Lingua sterilis deficit tantas tanti viri auditas cupiens enarrare virtutes. Cujusdam enim matronæ filius contractus capite Brantomis graviter laborabat, qui tale videlicet tædium infirmitatis incurrerat, ut caput ejus a læva scapula adhæreret, cœlumque videre, nisi resupinus, nequaquam valeret; qui dum

nocte quadam ex hac eadem infirmitate jaceret fatigatus, visum est sibi quoniam si ad Dei famulum præsens fuisset, salutem continuo recepisset. Mane ergo facto, ut lux est reddita mundo, non perterritus timuit, & ex afflictione sumens audaciam exultavit; suisque parentibus dixit: Quæro etenim quid meæ infirmitati possit palpando mederi; qui contractus illum orando sanavit. Intelligentes autem parentes ejus hoc Dei esse mysterium, ad viri Dei habitaculum eum quam citius deportaverunt: quem cum vir Domini sibi præsentari fecisset, interrogavit quid quæreret. Tunc ille flens & ululans voce qua potuit eum rogare cœpit, ut pro illo Dominum dignaretur orare, nec eum sineret redire infirmum, cujus devotus expetierat suffragium. Cui vir Domini, benignissimi ut erat vultus, voce lacrymabili dixit: Fili & amice, hoc non est nostri quod quæris a nobis. Illi autem qui venerunt cum eo rogare cœperunt, ut saltem & imponeret manum. Ægrotus interea in magnis fletibus se affligens valde, gemitibus lamentorum continuis satisfaciebat dolori; cumque hoc diu faceret, atque flere nullo modo cessaret, vir Domini compunctus corde, illius dolori compassus est, & accedens per capillos eum tenuit, & invocans nomen Domini a scapula caput separavit; qui statim se velle evomere dixit, & amoto eo, oculisque ad cœlum elevatis ac manibus, erupit sanguinis ab ejus ore cum putredine rivus, & expuens in terram cœpit graviter gemere & excreare coleras nescio quas cum sanguine; ita ut putaretur quod ferramento aliquo guttur ejus incideretur, sed & tabes tamquam fila sanguinea ex ore illius dependebatur. Tunc disruptis linguæ ac faucium ligaturis, sed elevans & erigens iterum oculos ac manus ad cœlum, ore adhuc cruento in hac prima voce clara prorupit; nam antea cassum sermonem & vix intelligibilem proferre solebat: Gratias tibi magnas refero, domine Hugo, recuperator bone, qui mihi in tanta miseria succurrere voluisti. Admirantibus autem omnibus qui aderant, & stupescentibus de tali miraculo, interrogant utrum fabulari potuisset. Qui vero sanatus fuerat præsentibus dixit. Vir autem Domini hoc æquanimiter ferens, ægrotum cum lampadibus retinens secum, sanitati illium restitutum remisit necessariis refectum, pro virtute & reverentia vicini loci illius Deo gratias referre transmisit. Reversus ergo ad domum multis verbis inde acceptum beneficium publicavit assidue, quod videlicet factum ope Dei famuli tuto judicio reputabat, qui ex misericordia sua vicino populo multa commoda vivens extendebat.

34. Quantæ autem virtutes per Dei famulum factæ sint; quis umquam investigare potest & scire? Unum tamen memorabile mi- *Strumosum puerum cutis & orationes curat.*

raculum quod a fidelibus comprobatur, non taceri putavimus: vicino namque in castro, cui nomen *Segur* prisca vetustas securum indiderat, quidam juvenis guttur turgidum habens, & faciem, diu noctuque incessabilibus urgebatur doloribus; parentes quippe de dolore pignoris sui contristati vehementer & super modum afflicti, eum ut sanari potuisset, circumquaque ad loca vicina, sancta sanctorum per pueros suos multoties transmiserant oraturos; sed illi amici Dei ad quos fuerat missus, infirmitatis remedium ei tribuere noluerunt, ut quanta esset in Dei famulo virtutis gratia vicinis populis prædicarent miracula. Cui enim tam prope fuit mortis exitus, quod negato fere omni victualium usu, ita de illo ageretur, ut amissa omni spe præsentis vitæ, parentes ejus de solis sepulturæ necessariis cogitarent. Illis autem per publicum plangentibus, occurrit quidam dicens: Ex hoc quippe incommodo, quod vester filius patitur, per regem Francorum, Deo volente, infirmis medicina præstatur; unde & illuc dirigite illum; quod si crediderit, remedium poterit invenire. Tunc inopinata gavisi exultatione, parentes quantum citius potuerunt, ad Dei famulum pervenerunt, ut discerent qualiter auditum proficerent, atque ad regem accederent: quod ut vir Domini audivit, ægrotum propius ad se accedere jussit, & manum extendens, guttur ejus orando palpavit, & faciei ejus per modum salutiferæ crucis imposuit signum. Interea ægrotus ore aperto labia parumper movens mugiendo auxilium tentabat implorare patroni; statimque in ejus gemitu, tribulatione ejus, laborante patrono, guttur, & facies paulo minus inflata incœpit minui; denique reversus ad propria, infra parvum temporis quam optaverat integre sanitatem recepit. Parentes autem ejus cum vidissent quod factum erat, timuerunt & glorificaverunt Deum, qui dedit potestatem talem hominibus. Amen.

35. Nec hoc silendum qualiter stramen ejus suppedaneum fistulæ morbo salutem præstitit perituro. Cujusdam enim fabri filius in quadam vicina possessione incommodo pervasus fistulæ graviter jam diu laboraverat, de qua sane in discrimine sic ageretur, ut posse evadere a medicis disputaretur, nisi formidanda eorum manu quam citius secaretur. Ingravescente autem languore, a fistula mala sensum præ dolore omnem, fere perdiderat, & ita redactus fuerat, ut nihil penitus aut intelligere posset aut agere. Quid mirum? quod stare non poterat, & numquam in lecto suo surgere vel ad sedendum valebat, nequaquam pedem suum ad se trahere, nequaquam poterat in latus aliud se declinare. Parentes vero ejus nimis carnaliter atque remisse diligentes eum, ut mos rusticorum habetur, a sortilegiis quotidie & ariolis & ligamenta & potiones deferebant seducti. Sed cum nihil valeret, penitusque nesciretur quid hoc esset, nec emendaretur aliquid, sed deterius quotidie ageretur; visum est eidem noctis in visu, ut si de suppedaneo hominis Dei stramine haberet, & ligaret desuper, sanitatem ad præsens necessariam recuperaret. Cumque die dato in hac fide evigilaret a somno, demto omni pavore, sæpedicti viri auxilium, cogente promptu dolore requisivit, suumque matri suæ visum denuntiavit; adjiciens etiam & afferens se infirmum ulterius minime esse, si quod petebat pignus, videlicet stramen viri Dei afferretur. Cum ergo eum mater audisset, surgens continuo ad viri Dei pervenit habitaculum, illicque quantum potuit pro suo nato auxilium petiit ingenti fletu & gemitu & sincero corde, & magno erga filium amore; deinde abscedens quod volebat de stramine furatum decenter, & ad filium ingressa delatum imposuit super eum, & vehementer stupenda, mox ut genu tetigit ægroti, vulnus vim perdidit omnis doloris, amotoque omni languore, humore siccato qui fluebat ex corpore, cute tamen nova superveniente, totaliter redditus pristinæ sanitati, ut eadem hora de lectulo surgeret ac si nullam corporis læsionem umquam pertulisset. Parentes autem ejus obstupefacti admirabantur in illo divinæ tam velocem pietatis acquisisse medicinam, & interrogabant quid hoc esset? Qui ait: Intelligo me valde sanum, & quæcumque præceperitis adimplebo; & tunc incipiens, impendit eis, ita servitium, ut erat solitus ante tædium. Tunc una pariter exultantes & præ gaudio flentes, referebant tam pro se quam pro illo omnipotenti gratias, quod Dei famulo subveniente, incolumem illum corpore, eos vero reddiderat lætos de pignore: qui vero multos vivens in posterum annos assidue gratias prædicabat Deo, quod per famulum suum sic eum restaurasset incolumem. Ecce, ecce, qui degens in carne Dei famulus præstabat fidelibus qui ejus præsidia expetebant, per eum proprie salvabantur; qui pignora votive deferebant, subsequente ejus auxilio liberabantur. Promptior ergo ad fidem extitit qui de stramine suppedaneo sanari credidit hominis Dei, quam sanguinis fluxum patiens mulier, quæ ut sanaretur fimbriam tetigit Salvatoris; sed hæc omnia fides strenua operatur, dicente Domino: *Fides tua te salvum fecit.* Amen.

36. Quantis ærumnis & angustiis secum habitantes eripuit, in quantis sua benignitate necessitatibus astitit illis, vel quantas sua virtute molestias, in illis compescuit, non ad scribendum, sed etiam ad referendum æquum est; sed quia se apta occasio præber, hoc taceri nequaquam de hominis Dei virtutibus, quod ad præsens animo præsentatur. Domnus quoque Bernardus Dei gratia pa-

Bernardum priorem pendis dolore laborantem signo crucis sanitati restituit.

ſtor venerabilis, quantæ homo Dei eſſet virtutis, cum in diſciplina adhuc poſitus eſſet, in neceſſitate ſua ſine dubio expertas eſt. Hic igitur per aliquot dies quo neſcio caſu vel incuria ab unius graviter pedis dolore conſumebatur, die noctuque requiem non habens: hoc tamen unum præcipue inter ipſas torturæ ſuæ queremonias conquerens, quod vicem ſuam in officio eccleſiæ non valebat implere. Quadam vero die cum cum Dei famulus aſſiduis videret urgeri doloribus, dixit ei: An neſcitis cur ſic vobiſcum agitur? Qui ait: Ignoro prorſus, domine mi, unde hoc evenerit, ſtatimque quæ patiebatur denudavit. Tunc vir Domini hilari ridens vultu, acceſſit ad eum, & conſueta deferens arma crucis, beatum ſuper locum doloris ei palpando impoſuit ſignum: moxque ei dixit: Divina namque legitur in pagina, quemdam vitæ venerabilis virum, venerabilioriſque meriti extitiſſe, nullamque a planta pedis uſque ad verticem, partem corporis ſanam paruiſſe; huic quippe humor ferens cum ſanie de corpore profluebat aſſidue. Infirmi autem qui ſanari appetebant aſperſi exinde bene habebant; ita ut eum tum evadere non dubium eſſet, qui tangi aut aſpergi exinde devote meruiſſet: qui etiam hac in re ab omnipotenti Deo multoties remedium quæſivit, nec tamen meruit exaudiri. Ex qua re colligitur quia Deus cuſtodire ſic vult virtutes in illo, & male habentibus in ſigno quanti eſſet meriti declarare aperto. Quibus expletis verbis, prorſus fugato omni dolore, reſtituit eum in valetudine: ſanitati ſic redditus prædicti ſervi Dei virtute, cœpit ei ex illa hora familiariſſimus eſſe, & in teſtimonium beati viri gloriæ ſanus habetur * uſque hodie. Amen.

* Nota auctoris ætaté.

Duos viros ab infirmitate liberat.

37. Quid enim de caducis dicemus, quibus tam cito inveniebatur remedium, quam fideliter ab eis erat inquiſitum. Sed quia quantæ virtutes ab eo ſuper illis factæ ſunt longum eſſet enarrare, ex pluribus quoque unum quod memoriæ dignum erit proferamus miraculum. Duo etenim viri, quorum unus ad Bre, alter ad Rancum baliſta commorabatur, hoc videlicet quod de prædicto Dei famulo apud multorum notitiam percrebuerat, in ſemetipſis experti ſunt. Nam eos ab illo ſtimulo didicimus per multos annos laboraſſe, ut cum ab eodem flagellarentur, vix a pluribus tenerentur; quin etiam ex ea vexatione ſimul & conſortatione ciborum etiam virtutem perdiderant; corporum evomendo ſuperflua. Fide autem commonente, animo utriuſque inſedit, ut locum viſitare deberent venerabilis viri; unde tanto affecti ſunt deſiderio, ut nec illos oporteret vivere, ſi ad eum tardi direxiſſent. Nec mora adhuc convaleſcentes parumper ſuum cœperunt arripere iter; lento quidem adhuc conamine ad Dei famuli veſtigia pervenientes, & quod de eo audierant probare ſtudentes, cum magno petierunt fletu, ut ſuam eis gratiam largiretur. Quos cum Dei famulus requiſiſſet quid vellent ab eo; illi reſponderunt: Illo enim incommodo nequaquam diutius in vita hac manere poſſumus. Quibus ille dixit: Quid eſt quod loquimini, fratres? Deus autem ſolus hoc vobis facere poteſt. Illi vero magis ac magis ſuam plangentes infelicitatem, locuti ſunt dicentes ei: Adjuramus te per omnipotentem Deum & judicii diem reis omnibus metuendum, ut ad ea quæ rogamus conſentias: quatenus crucis ſignum ſalutiferæ, priuſquam recedamus, orando nobis imponas. Qui nimietatis eorum tædio affectus, facta oratione, ſignum crucis lacrymando quod petebant impoſuit, & a ſe recedere juſſit. Reverſi inde ad propria, a die illa & in reliqua vita ſua ab illa paſſione ſecuri & alieni extiterunt, ac ſi numquam eam pertuliſſent in ſuo corpore; qui multum felicem in poſterum ducentes vitam inter vicinos, gratias referebant Domino, quod per meritum famuli ſui dignatus ſit de tam periculoſa eos iniquitate liberare, non minus quidem miraculi quam beneficii in populo teſtimonium perhibentes. Mira ſunt hæc & noſtris valde ſtupenda diebus, ſed vita prædicti viri perhibetur talis, ut qui converſationem ejus agnoverunt, ejuſdem quoque virtutem non debeant admirari. Hoc quidem unum miraculum de duobus ſimul ordiri ſtuduimus, quoniam ipſum eumdem finem cumdemque modum habuiſſe cognovimus. Amen.

38. Valde igitur hæc ſunt admiranda, quæ de Dei famulo nos nunc uſque invenimus latuiſſe; vera namque ejus vitæ æſtimatio non ſolum in ſignorum oſtenſione, ſed in operum exiſtebat virtute. Conſuetudinem itaque fecerant vicini cellarum atque familiares, quos ſuo vir Domini tranſitu illuſtrabat, ut cum forte adeſſe eum cognoſcerent, pro diverſis illuc cauſis convenirent. Quadam vero die dum in illa cellula, quæ vulgo Chateney nominatur, cum ceteris fratribus vir Domini ſe ex more recrearet; unus quidem fide plenus de loco vicino, ſcilicet de Solemniaco eo advenit, capitis vehementer vexatus dolore, die noctuque requiem non inveniens; eadem quidem hora caſu contigerat, ut iſdem Dei famulus in porticu, ut ſolebat, federet, exteriorique populo ſatisfaciens verbo ædificationis deſerviret; cumque is qui venerat præ multitudine circumſtantium, & confuſione non inveniret quomodo & qua parte accederet ad eum, ſuam omnibus nolens uſquequaque manifeſtare moleſtiam, valde anxius tota die ſuſtinuit; recurſa vero circa veſperam multitudine, Dei famulus cum eo ſolus remanſit in porticu: cum autem qui venerat eum quidam ex ſuis amicis tota die huc & illuc vidiſſet anxiati,

Hominem dolore capitis cura.

anxiari, ad famulum Dei eidem venire monstravit. Audierat enim eum multo tempore capitis dolore mulctatum fuisse. Quo audito, flens statim largiter, seque in terram coram eo cum lacrymis dedit: cumque timens ac gemens fleret vehementer, & in terram diutius tunderet caput, se miserum gementem ostendens, quid quæreret repente intulit, dicens: Domine mi, tantam capitis inquietationem patior, quod vix quid dicam vel quid faciam nescio; ideoque ad te descendi, ut super hoc quid mihi, ut melius tamen, præstares consilii. Novi enim te multo meliora fecisse, ac potuisse: unde sicut potes misertus sis mei, Domine. Quem dum fratres qui circumstabant audirent, ejus commoti fletibus cœperunt flere, famulumque Dei instanter pro eo rogare. Cui vir Domini respondit dicens: Ego quoque caput meum doleo, qui mox ad caput suum dexteram suam levavit, eoque tractato, super caput dolentis eamdem cum signo crucis deduxit: cumque diutius caput palparet illius, miro cœpit modo ad semetipsam vexatio illa deficere, ac si sui defectione impetus innueret locum in eo habere se ulterius minime posse. Quo facto, ille ab eodem Dei famulo remeare ad propria est demissus, sub omni celeritate ex illa hora saluti pristinæ restitutus; huic namque miraculo fratres qui tunc præsentes fuerant, & adhuc si credentis, supersunt, fidem gratis adstruunt. De quo etiam viro quale quantumque miraculum in eadem cellula orando valuit obtinere, subjungemus ad præsens. Amen.

cum a nemo 39. Alio igitur tempore, virum in prædicta cellula alterum de nominato loco multorum relatione ad Dei famulum didicimus properasse; quem sic quotidie acris tortura compulis pessimis, quæ scilicet *Ira dolens* rustice nominatur, variis corripiebat tormentis, ut animam ejus de corpore expugnaret, nisi per horam divina retraheretur miseratione. Hic namque cum ad Dei pervenit virum, totum ei per ordinem infirmitatis suæ exposuit modum, humiliter ejus orationibus se commendans. Recepta autem remeandi licentia, ameliorari cœpit in via ipsa, quoniam is qui ad virum Dei sæviente incommodo vix per diversas stationes pervenerat, consolatus ab eo, absque recreatione aliqua, reversus est lætus ad propria, & ex illa hora sic diu optatæ restitutus est sanitati, ut mitior extiterit quam ante illam molestiam fuisset. Amen.

clo uno eo vi- stitituit 40. Quidam ergo paterfamilias illo in vico qui Tiverius nomine dicitur, qui etiam cellulæ Planiæ vicinus est, unius privatus oculi officio, diu graviter laborabat, in quo etiam cuncta pene medicorum adjutoria jam defecerant: idem ipse cum super hoc invenire nusquam remedium posset, fide tamen commonente, ad viri Dei habitaculum sub celeritate pervenit, cumque jam præsens ante Dei astaret famulum, ecce ex male videntis dolore oculi anxiari vehementer cœpit, magnis non jam vocibus sed stridoribus clamare dicens: Eh! eh! eh! mi Domine, modo moriturus ego sum, nisi & mihi jam perituro, consulendo orandoque subvenias. Quem blando sermone vir Dei alloquens, ejus periclitantis prius studuit clamores comprimere, ac postea intulit dicens: Deus autem omnipotens, qui omnes omnium sanat infirmitates pietate sua, si placet, tuam sanare utique potest. Quo dicto, vir Domini mox ad eum accessit, ejusque dolentis oculo extensa manu crucis signaculum devotus edidit, cumque ad propria sic ire dimisit, qui antequam illius clausuram loci esset egressus, optatum valde ex integro lumen sic recipere meruit, ut oculo quo diu jam laboraverat, cum quo etiam solo ducente advenerat ante, viam suam latiorem nihil dicens ipse eligeret, ceterisque de omnibus certissimus esset.

41. Sed & alius in præfato vico similem *Simile beneficium alteri homini tribuit.* quo nescio infortunio incurrens molestiam, unius damnum oculi longo tempore, omni sanitatis spe deposita, nimis graviter senserat. Hic denique cum audiret quod paterfamilias ille lumen recepisset, concitus ad eum venit, cumque qualiter viderat interrogavit. Statim ut actum fuerat, ci seriatim exposuit: Cui ægrotus ille, utinam tali virtute se manifestare dignaretur homo Dei ille, ut sic de oculo meo effugaret incommodum, sicut longas a tuo molestias tenebrarum, unde & te amice necesse est descendere mecum. Tunc ille qui sanus factus fuerat ad viri Dei habitaculum venit, secumque ægrotum illum deduxit, & ut eidem subveniret misero ipsum Dei famulum devote rogavit. Ad quem mox vir Domini dixit: Quid nos ad hoc facere possumus frater? Cui ægrotus: Ah! ah! ah! Domine, quo patior oculum tantum aspice, & hoc solummodo posse mihi sufficere credo. Nequaquam, inquit, propter hoc remanebit quin Deus omnipotens benefaciat tibi. Moxque Dei famulus porticum suam egressus, aëre desuper nudo, dolentis oculum diligenter inspexit, eidemque signo crucis impresso, luce protinus reddita, nox cœcitatis abscessit ab eo: qui statim ad propria revertentes, cœperunt Deum laudare & benedicere, qui salvos facit sperantes in se. Amen.

42. Nec hoc silendum est, quod cuidam *Item cæcæ* contigerit cœcæ, cum prædicti viri Dei præ-*feminæ.* sidium quæritaret. Mendicans quædam de loco satis propinquo femina oculorum luce privata, nesciens visu tenere viam, nisi alio ducente, devota valde & fide plena ad eleemosynam cum ceteris egenis ad ejus quotidie habitaculum venire solebat, cui æternæ mercedis aliquid alimoniæ contulisset, respe-

&tu illius quam aliis erogabat pauperibus, & stipem ab aliis multoties postulatam ceteris indigentibus exinde porrigebat. Erat enim non solum cœca, sed etiam in quadam parte corporis virtute propria destituta. Hæc diebus singulis ad ædem memorati viri mendicando cursitabat, cum quadam die in via sua posita, cogitatum suum ductori suo revelaret, dixit: Si umquam merear sola fabulari cum illo beato, salutem meam continuo credo. Confido etenim quod oculis meis lumen possit reddere, qui ægrotorum illorum oculis potuit ducatum præbere. Dehinc aliquo tempore stetit sola ante eum, rogans ac petens ut super faciem ejus suam tantum extenderet manum. Vir autem Domini, tunc clausis ejus oculis, crucis signum imposuit, dicens: Jesus Christus Dominus ac magister noster, qui lutum oculis imposuit cœci nati, & lumen ei restituit, ipse Deus, ipse omnipotens suæ claritate potentiæ te potest illuminare. Necdum enim verba compleverat, sed sermo adhuc ab ore pendebat, ipsa quidem orante, subito aperti sunt oculi, ita ut cuncta clare prospiceret, illique statim flens atque gemens in terram corruit, laudans Deum & benedicens. Interrogata autem ab eo quid sibi esset, respondit: Deo gratias, adest mihi remedium secundum verbum tuum. Vir quoque Domini hoc probare desiderans, dixit ei: Quem nunc ergo me prospicis indica mihi; vultus enim, inquit, vester gravis & honestus, barba nivea & prolixa. Ab alio, ait, didicisti, quod mihi nunc fabularis, & tenens scirpum in manu, quid esset eam interrogavit, juncus est, inquit illa. Ipse vero deinde ad aurem manum levavit, ipsa quoque quid faceret incunctanter respondit. Vir autem Domini hoc intelligens divinum esse mysterium, eam quam citius referre gratias beato maximo transmittere curavit, sicut & alios. Tunc terribiliter præcepit ei dicens: Tu ergo tace amodo, sed modicum hic me sustineto, quem scilicet introgressum nequaquam illa sustinuit; sed quam citius potuit lætabunde foras exivit, & advocans puerum suum, exultans & lacrymans præ gaudio, viæ suæ ducem ulterius non requirens, & ita sanata est, ut quæ cœca venerat alio perducente, dux cœcis futura regressa sit: quæ vixit multos in posterum annos, privatim gratias & publice omnipotenti Deo gerebat assidue, quod per famulum suum sic eam restaurasset incolumem. Istud autem miraculum publicavit fidelis reclusa, publicaverunt & populi admirantes fidem mulieris, magnificantes gloriam boni patris familiarum.

Iniquus judex divinitus punitur. 43. Quam tristis, quam terribilis divina super quemdam judicem ultio processerit, dum in porticu perjuravit, ad pervulgandam beati viri gloriam silere debemus nequaquam. Cujusdam etenim viciniæ possessionis,

A *Syncelly* nomen est, quo quidam famuli Dei commorari solebat familiaris. Hunc siquidem suus judex iniquitatis causis injustis atque occasionibus supra censum annuum ad res proprias rapiendas judicio circumveniebat, ipsumque sine æquitatis ordine nimis exacerbabat; qui die quadam multo repletus futore, inter cetera sic fertur dixisse ad eum: Sive juste sive injuste, me villicante, non permanebis in pace. Cumque possessor ille nullo modo posset evadere manus illius, inito consilio, eum furentem muneribus compescuit, eumque pacem secum firmare coëgit. Judex tandem, accepto devincto obsequio, ne timidus ille ab eo diffideret, pacem quæsitam in manu hominis Dei se propria manu ferire promisit. Illis deinde coram eo astantibus, judex manum suam in illa sancta manu, sicut prædixerat, posuit, dicens: In hoc loco sancto, in Domini mei præsentia, plena fide tibi promitto amice, quoniam & deinceps a te non exigam amplius quam debeam. Post non multos vero dies, judex ille, velut sponsionis suæ immemor, quem ab omni absolverat injustitia, de hereditate propria ecce contra justitiam pulsat. Hic demum commotus ab illo, pro pace habenda de rebus aliquid propriis invitus tradidit illi, cum suæ perjurationis tam præsens fuit judicium, quasi velociter de rebus illis non debitis effectus est Dominus: nam & manus ejus exemplo debilis & infirma facta est. Qui in exemplum Giesi, violentam possedit pecuniam, non solum acquirens animæ lepram, sed manum propriam numquam deinceps habuit sanam. Audite hæc omnes potestatem habentes, sic vestimini ut alios non spolietis; hoc congregate vestris thesauris, unde pauperiem non ingeratis proximis. Amen.

44. Dignum quidem existimamus ponere in relatu, quod velociter & super divinum altum affuit judicium ei qui ejusdem famulis superbus non timuit injuriari. De beneficiis autem & eleemosynis quas vir Domini suscipiebat a populo, caritatis gratia repletus, nostræ congregationis inopiam ipse frater velut pater ex quo potuit relevare curavit: verum præcipue super matrem suam sicut ablactatus ab ea diligentiori cura ac providentiori quam super filias evigilabat. Sciebat enim ibi magnam impensam, laborem quoque unde sustentaretur nimium esse. Factum in una dierum, ut vir Domini solita pietate de devotorum beneficiis, ad pastorem in Grandimonte & ad fratres multa per nuntios suos hujus miseræ transmisisset subsidia vitæ. Altera autem die ad viri Dei habitaculum qui missi fuerant remeare cœperunt; cumque & viam longam satis peragerent, eosque remotior mansio fatigaret, equitantes reperierunt in itinere pratum & rivum; tunc quidam eorum ait, amœnus locus! ecce aqua

& pratum, ecce in quo possumus recreati & requiescere parumper, ut valeamus incolumes nostrum explere postmodum iter. Cum igitur omnes una eo divertissent, oculisque eorum locus ipse blandiretur, de jumentis illico descenderunt, ora tamen eorum ad turbam frenis sublatis relaxantes: ibique eis demorantibus, loci illius enim supervenit dominus subito, collo palum ferens acutum, cumque furibundus pratum introisset, hinc atque illinc discurrere cœpit, graviter homines feriens, jumentaque furibundus perquirens. Exterritisque pueris & in fuga versis, jumenta eorum disruptis camis per plana prosiliunt & in fugam vertuntur: qui contristati valde, extra terminum loci quem assequi potuerunt, mitigantes acceperunt, nuntiantes beato viro contumeliam illam injustissime fuisse perpessos. Cum iram suam ille explesset injuste, subito cortipitur a rabie, ita ut a pluribus vix posset teneri. Erat enim ei tremor, & interea prorsus videbatur exsensus, immutatam faciem & decoloratis oculis habens: concurrentes autem vicini undique atque parentes, (audierant enim non parvulum fuisse tumultum) quos sanos invenientes, ut contigit, interrogaverunt. Beati viri, inquiunt, pueros ille & manu & lingua scandalizavit, ideoque illum præsens vindicta flagellat. Tunc parentes ejus, accepto consilio, ejusdem culpam superbiæ penitus profitentes, ad obtinendum salutis remedium, ad Dei famulum hunc duxerunt ligatum, ipsum tamen devote super eo deprecantes: qui ubi vocem eorum audivit, & quid miser ille fecerit intelligens, hunc statim solvi fecit a vinculis. Ecce novum miraculum & nostris temporibus inauditum, in ipsa nempe hora ita sanus & incolumis apparuit, ac si in eum humanæ potestatem salutis hostis numquam habuisset. Tunc ille suum reatum agnoscens, ejus pervolutus pedibus, cœpit magis ac magis culpam deflere & erubescere. Quem vir Domini mox de terra levavit, & de actibus suis in hunc modum increpavit, dicens: Vade sollicitus & tale quid amplius numquam facere præsumas; vindex est enim Deus velociter servorum suorum. Noli facere pretiosiorem terram quam cœlum, ibi vivendum, hic quoque finiendum. Discessit igitur sanus laudans Deum & benedicens. Quod stupendum miraculum audientes innumeri populi, ingentes clamores dederunt in cœlum, dicentes: Gloria tibi Domine. Amen.

45. Non longe ergo a viri Dei habitaculo, vicus erat nomine . . . . . in quo cujusdam militis graviter ægrotabat filius, qui tale taliter tædium perferebat, ut solo spiritu palpitaret, laxata pelle pene ossa viderentur. Miles itaque pater ejus, cum videret eum in extremis urgeri, ait servis suis, homo Dei ille quem quasi ad aurem positum multis credimus fulgere virtutibus, cujus apud Deum nunc usque meriti erga alios extitit fides, erga infantulum meum modo ego debeo probare fidelem. Proinde omnes ad ejus habitaculum cum puero veniamus, fidem certam in cordibus nostris deportantes. Si enim assequi nequit ibi medicinam, nusquam filium meum sanari deinceps credam. Quem mox fideles famuli de domo infantulum ad prædictum Dei famulum manibus propriis deportaverunt, ibique multum profusis lacrymis se nimis affligentes, pro puero beati viri auxilium exorant ægroto: cumque eum eidem obtulissent ex consuetudine, mox quibus obvolvebatur pannos amoveri præcepit, crucisque signaculum ad nudam carnem postmodum fecit; qui reversus ad propria ex infirmitate illa convaluit, & ad sancti hujus testimonium miraculi usque hodie in hac vita manet incolumis. Amen.

46. De vicino namque beati Aredii loco, ecce ex simili alius subsequitur sermo cujusdam. Etenim satis potentis parvulus filius, qui ætatis suæ quintum necdum attigerat annum, ibidem diu languerat, omni prorsus membrorum virtute debilis & destitutus: pater vero ejus super eo quid faceret penitus ignorabat, quia de ejus salute spem omnem jam deposuerat. Quid mirum? quia quomodo aut incunabulo aut loco alio ponebatur eo immobilis a suis inveniebatur. Si autem ei forte vel curvares pedem, vel manum extenderes, sic manentes proculdubio reperires, ita ut putares ossa ejus omnia minutatim confracta sub pelle latere. Promulgatis vero signis hominis Dei, & virtutibus collectis, a parentibus suis ad virum Dei delatus est, eidemque ex more oblatus, ipsum pro pignore suo multum humiliter deprecantes, & etiam asserentes nullum pro eo remedium superesse: quibus vir Domini, ait: Quid gementes ploratis? Mox rejectis pannulis, quantopere languerat ille narraverunt, rogantes ut per nudam carnem ejus amore Dei suam dumtaxat mitteret manum. Quo audito, vir Domini quæsitam protulit dexteram manum a vertice palpando per singula membra perduxit ad pedes, & accipiens scirpum, quasi ludendo, super ventrem pueri huc atque illuc ducere cœpit: quem mox extendens, tene, tene, languido ait: Eh! eh! & qui pene jam mortuus fuerat, tamquam a somno excitatus fuisset, ad viri Dei vocem quamvis modicam statim manum levavit, & scirpum sibi extensum accepit & tenuit. Illi vero qui convenerant, viso miraculo, præ gaudio flere cœperunt. Quo facto, vir Domini colligi puerum fecit, omnesque pariter remeare cum illo ad propria jussit. Et confestim surgentes parentes ejus tulerunt de quo jacebat loco puerum, & abierunt in

domum suam magnificantes & laudantes Deum, & dicebant: Quia vere vidimus mirabilia hodie, puer vero a languore suo convalescens crevit & profecit, & sanus lætusque in posterum diutius vixit. Perpendendum quod propter magnam patrum fidem, plenam filii percipere meruerunt sospitatem. Unde datur nobis intelligi, quia perfecta fides omnia quæ perfecte desiderat adipisci potest, juxta quod Dominus ait: Omnia possibilia sunt credenti. Amen.

Ipse & janitor monasterii a febre divinitus curantur.

47. Ergo quibusdam exactis quæ per beatum virum circa alios gesta sunt, aggredimur unum memorabile de pluribus & pretiosum miraculis, quod ad ejus vocem gratia circa ipsum & quemdam alium est operata divina. Contigit autem ut eodem tempore iisdem Dei famulus ejusque janitor, unusquisque ad dictam suam cellulam, gravibus graviter laborabat febribus. Una quidem dierum cum vir Domini febrire inciperet, & vehementer anxiari, stratum proprium ut leviter sufferre posset dolorem introivit, hujusmodi satis amicum languori: obsederat eum dolor assiduus cum ardore, sitisque intolerabilis cum capitis anxietate nimia. Ægrotante autem eo ac febricitante loco in illo, ad portam ecce factus est sonitus. Quo comperto, janitor, ut potuit, ad eum venit dicens: Su, su, surgite cito, ci, ci, cito surgite, dominus adest GOFRIDUS *(a)* Burdegalensis archiepiscopus, vestram quidem faciem videre cupiens, & vobiscum conferre sermonem. Lento enim illuc janitor pervenit gressu; quoniam eodem incommodo depasta ejus jam pene fuerant membra. Quo audito, vir sanctus, dedignando subrisit, & ait: Miser est sane & valde debilis, qui ab inquietationibus tam vanis & frivolis se fatigari permittit: laudo, inquit, frater, & volo ne amplius amodo aggravemur ab eis. O admiranda res & veneranda! porro ejus dictum statim subsequitur factum; nam in eadem hora vir Domini foras egreditur sanus. Alter vero qui erat magnis febribus in proximo laboraturus, ab eis similiter incolumis deinceps mansit atque securus. Qua de re, carissimi, datur nobis intelligi quia caritas nihil possidere cum angustia novit. Sibi quippe & proximo propter Deum proficere voluit, quoniam & aliter plenitudo non esset legalis; qui enim proximum diligit, legem implevit. Amen.

[a]

Agros a grandine liberat.

48. Sed quid super frigoreticis aliis & infirmis referamus, quibus tam velociter invenitur medela quam fideliter fuerit inquisita? De quibus sigillatim multum quod loqueremur erat; sed quia ad alia festinamus, exinde conticere melius putavimus. Nam si totum proderetur in publico, quod singuli quique dum fideliter poscunt latenter accipiunt, & occultum retinet conscientia multorum, ad hoc pene scribendum dies omnes vitæ nostræ arbitramur minime sufficere posse. Inter cetera vero signa ac beneficia quæ suæ vir Domini conferebat propinquitati, pro summo tamen unum illius incolæ terræ atque affines replicare solebant. Agros omnes affinitatis suæ, ut a senioribus nostris audivimus, grando regionem istam in annis præteritis vastare consueverat, quæ tam graviter cadebat, ut nihil ibidem, cum venisset, relinqueret. Post illam autem diem, cum homo Dei primum pedem in loco posuit illo, numquam ibidem tempestas, ipso in carne degente, cecidit. Sed adveniens, ut ante consueverat, & quasi timens præteriit & verecunda. Amen.

49. Ceterum quid nos in laude ejus & gloria conamur, quod perficere nescimus? Ipse enim est laus & gloria ejus, cujus laus ab ore ejus nusquam recessit. Competens profecto erat divinæ dignationi, cujus mirificabatur spiritus in cœlis, talibus taliter signis in corpore mirificari in terris. Itaque meritorum tanta creduntur insignia, quod non solum non prævalent explicari sermone, verum nec ipsa queunt humana comprehendi subtilitate. Verum quoniam sermo juxta quod de vita ejus proposuimus exsequi clausulam petit specialem, tamen unam atque præclaram vobis adhuc visionem quam in extasi positus, sed apertis oculis utrisque hominis, diligenter ipse aspexit, prius quam sedulæ nostræ finem suscipiant ad enarrandam ecce aggredimur viam. Hujus igitur prædicti famuli Dei familiarissimus fuit Guido de Miliaco frater venerabilis, qui ejusdem sanctæ habitum religionis ammonitione suscepit, in quo etiam ab eodem apprime eruditus atque contritus est; qui nimirum postea vitæ suæ merito morumque magnitudine familiaritatis, ut dicitur, apud eum prærogativam inter alios & ante obtinuit, cujus nos quoque didicimus narratione, quod narramus: quasi vir Domini sæpe cordis secreto & oris eum usu familiaritatis lætificare solebat. Factum est quodam tempore, ut visitationis studio ad pastorem nostrum in Grandimonte ambo insimul convenirent. In crastinum autem, benedictione recepta, in primo diluculo cum remeare cœpissent, missarum solemnia audiendi gratia fratresque videndi, properantes diverterunt Muretum. Erat enim dies festus Muretensis ecclesiæ dedicationis, quos videlicet advenientes bono & hilari vultu, ut decebat, fratres susceperunt, multum gaudentes; & prima completa, devote & solemniter missarum introitum incœpit primus sacerdos, ut tanti mysterii reverentia exposcebat, & ordo. Hujusmodi vero semper memorati viri erat consuetudo, ut oculos suos ad altare in tali di-

Cœlesti creatur visione.

(a) Extant ad eum S. Bernardi & Petri venerabilis abbatis Cluniacensis epistolæ. Præesse cœpit ecclesiæ Burdigalensi anno 1136.

rigeret hora intentius ac follicitius quam in alia: scriptum quippe audierat *ubi thesaurus tuus, ibi & cor tuum*; & *ubi dirigitur oculus, ibi figitur animus*; cumque vir Domini in hoc diligenter intenderet, unum subito in veste levitica stolaque candida inter alios vidit, circa frequens ministerium satagentem, cui præterea rasa erat corona & tempora: ipsaque barba; a quo etiam quisnam cœpit admirari valde & incertus esse: sciebat enim duos clericos ibi solummodo fore. Tunc vir Domini non longas diu sustinuit moras, sed statim fratrem Guidonem per quem videlicet super illa dubietate certus voluit esse, de loco suo semel bis terque diversis adiit momentis, & quot ibi adessent clerici sollicitus requisivit; cui ille totidem hujusmodi sermonem respondit, dicens: Domine, ut video, duo adsunt tantummodo. Sed credimus eum non fuisse æqualis meriti, qui toties interrogatus hoc videre non meruit. Qua de re certus, lectione libri Apocalypsis jam lecta, ad chorum clericorum accessit illico lætus, ubi supra pedes tam diu mansit erectus, donec divinum mysterium spatiose celebraretur. Factum est autem cum hora esset jam parata legendi evangelium, ecce diaconus ille ad pronuntiandum eum una cum sacerdote venit ad lectricem, quod videlicet ipse secundum Lucam distincte incœpit, etiam pronuntiando aperte usque ad finem complevit: de cujus voce & habitu argumentum vir Dei sumsit invincibile, quoniam de quo diutissime dubius fuerat, hunc veris intersignis indubitanter dominum Stephanum Muretensem credidit esse; talem enim eum in vita videre solitus fuerat. Peractoque ex more servitio, pater venerabilis ab oculis discipuli aspicientis evanuit. Qui deinde egressus ab ecclesia, fratres illico vocavit, jumenta quibus vehebantur adduci præcepit, atque socium suum cœpit vehementissime festinare ut possent exire. Cui fratres loci dixerunt: Pater & frater etiam domine, hoc fieri non potest, quia hodie ad nos introistis & hodie exire vultis. Quibus ille ait: Fratres & domini, sic oportet fieri. Paratis autem jumentis, Guidonem ejusdem loci fratres duxerunt seorsum, dicentes: Scimus certissime, quod secretum aliquod ei Dominus hodie dignatus est in domo nostra revelare, & quoniam modo non est locus prolixioris confabulationis, age frater, perge sollicitus valde. Quibus ille dixit: Ea vero quæ loquimini nunc quoque mecum ipse pertracto: qui statim salutatis fratribus recesserunt, iter quod desiderabant aggredientes & simul properantes, sese satiare per viam de Deo vicaria cœperunt relatione. Denique sicut inter cunctorum animos amicorum, immensam caritatis familiaritas fiduciam præbet, Guido frater non obliviosus factus, ipsum Dei famulum super eo quod in ecclesia viderat in hunc modum cœpit interrogare, dicens: Deo autem gratias & vestræ, pater & domine, sanctæ benignitati, quoniam me tam indignum, tam indoctum vestris tantis negotiis, tam privatis quam publicis, semper interesse voluistis; verumtamen, domine, unum dubius valde ego mecum revolvo, quod a vobis, carissime, si decet, discere rogo. Teneo namque ac firmiter credo, vos aliquod hodie vidisse signum, quod tamen videre, nostris impedientibus culpis, non est desuper datum. Exinde hoc ergo argumentor, quoniam in ecclesia vos insolito more fratres stupefacti valde viderunt perseverare. Tunc ille, ut erat vir eloquentissimus, nolensque in publico prodere quod tenebat interius, inquirenti socio citius persuasit ut quæsitum taceret, dicens: Porro mihi illud dicere non expedit, nec tibi quoque multum proficit illud audire. Numquid & domine, inquit, mihi celare potestis quod quærens cupio scire a vobis? Cumque hoc ille tam instanter ab eo precum multitudine ac frequentissima inquisitione exigeret, seque nullatenus astipularetur cessaturum, amicabilibus tandem ejus vir Domini constrictus conjurationibus, jam non celaturum se respondit, ei dicens: Tali siquidem ego tibi quod quæris conditione dicam, quod nusquam te amplius super hoc audiam confabulari dum vivo. Pertimescebat videlicet ne inani gloria super se raperetur, & inde intus fieret culpabilis unde fore hominibus appareret mirabilis: exemplum etiam Domini sequens, qui de semetipso suis discipulis præcepit dicens, ut ea quæ vidissent nemini dicerent, quousque filius hominis resurrexisset a mortuis: cui postmodum spondenti atque firmanti totum per ordinem vir Domini, ut evenerat gestum narravit. Sunt quidem præterea & alia multa commemoratione digna, quæ per eum Christi gratia cognoscuntur operata, quæ videlicet, si scripto commendarentur, a non credentibus apocripha judicarentur; sed de vita hactenus, ac moribus conversationeque loquentes, illius nunc qualiter ad cœlestis de hoc sæculo regni pervenit bravium, calamum pariter reducamus & manum. Amen.

50. Anno igitur a Passione Domini millesimo centesimo quinquagesimo septimo frater beatæ memoriæ Hugo, bonus verusque eremita, plenus virtutibus & sanctitate, præbens multa, ut dictum est, infirmis atque egenis beneficia, apud Planiæ locum conversationis ipsius valde præcipuum, de nequam sæculo, Deo vocante, migravit in pace. Illi sane beato venerabili viro prolixum vitæ suæ spatium pro utilitate religionis nostræ & amplificatione divinitus collatum est. Nam vixit, ut manu tenemus, annis octoginta sex, de quo notandum est præcipue quod ille vir Domini inter tot gratiarum in-

Ejus obitus,

VITA B. HUGONIS DE LACERTA.

signia, quibus in vita sua claruit, sanæ stabilisque memoriæ dono non mediocriter fulsit. Nam quidquid vel de sententiis nostris, vel ceteris vitæ nostræ mandatis invenitur fideliter scriptum, aut memoriæ hominum commendatum; totum quidem per eum, sicut a domino Stephano magistro nostro audivit, memoriterque suscepit, creditur & revelatum & manifestum. Divinarum etiam auditioni scripturarum præterea ita studium commodaverat, ut nihil fratribus dictum audiret, quia memoriam pro libris habebat. Sed ut omnia brevius concludamus, ut in ceteris quæ de illo jam diximus, quamvis nec omnia dicere potuerimus, nullus his diebus ei usquam inveniebatur secundus. Nam vicini & remotiores, divites quoque & pauperes, qui videndi audiendique amore ad eum veniebant, ipsum videntes Deicolam nuncupabant, indulto ei vocabulo: quidam eum ut filium diligebant & ut fratrem, cum venerabantur ut patrem; talem enim in omnibus se præbere cupiebat & volebat Dei conspectibus esse dignum, corde purum & voluntati ejus perfecte demissum. Sed quoniam hoc loquentes paululum a proposito digressi sumus, ab his expediti, nunc ad narrationis ordinem læti redeamus.

Ante mortē a fratribus convenitur.

54. Eo igitur tempore quo dilectus Deo & hominibus de præsenti sæculo erat migraturus, divinæ placuit dispensationi, ut quidam seniores nostri, viri valde religiosi, visitandi eum gratia ac audiendi, etiamque interrogandi super hoc quod expediebat eis, quarto decimo calendas Maii in quinta feria de diversis locis simul venissent: suscepit itaque eos vir Domini, sicut consueverat, bono & hilari vultu, & super eorum vultu nimium lætus atque jucundus fuit; totum autem illum diem duxit cum fratribus valde gratum multumque felicem; hilarem enim datorem diligit Deus. Crastina vero die languore nimio circa meridiem correptus est, unde cythara omnium mox in amarum versa est luctum. Fratres vero qui in vicinis morabantur cellulis, pauperum exauditor Deus noluit ab ejus frustrare exequiis, cujus etiam valentis & incolumis necessariis usi fuerant bonis. Convenerant itaque multi, Deo volente, ut tam sanctæ animæ de hoc sæculo recedenti suas animas devote commendarent, ipseque interim invaletudinem suam visitatione eorum, ac consortio admodum levius toleraret, & ipsi quoque illius præsentia & audientia lætiores in posterum manerent, ac meliores. Per decem autem dies in mente sana, inoffenso aspectu atque auditu perseveravit: non tamen sine causa ægrotavit usque tertio calendas Maii, quod est vicesimus septimus dies Aprilis; quod videlicet totum credimus factum, ut ipse fratres in tam mystica significatione super decalogo legis informaret, & si quid in ea per obli-

vionem deliquissent, & sibi & illis, ipso monente, tunc saltem emendare liceret. Insuper ne prædicatio ejus a quoquo impediretur, cunctis diebus infirmitatis suæ in lecto jacens, usque extremum diem imprætermisse ac fortiter verbum Dei prædicavit & audivit, exceptis tantum horis quibus vacabat orationi. Frequenter enim tunc orabat & pro experientia sua ubertim ac jugiter flebat, fratres necnon infirmos, debiles, minusque doctos inter illa commonitoria verba sufferre, portare monebat & hortabatur, non ut defensionem haberent, sed ut misericordiam sentirent ad invicem: quod & ipse, dum adhuc superesset, caritative docuit, & fecit ad posterum super omnia quidquid jam pridem de obedientia & de regula nostra pronuntiaverat; nunc vero abundantiori gratia, valentiorique loquela præsentibus fratribus recoluit, eosque fideliter observare rogavit. Numerus enim fratrum insimul erat omnium præfixus, bis quinque scilicet presbyteri, etiam octo conversi, de quorum numero unus extitit frater, qui de bonitate ejus confidens plurimum, benedici ab eo, hoc nullo sciente, alto quærebat ex corde. Hoc autem eo cogitante, scrutator cordium Deus, qui scit solus quid desiderat spiritus, ipse solus ad complendum desiderium suum in tali voce prorumpere fecit amicum, qui ait: Frater Guido de Campania sit benedictus & vere sit benedictus; & utinam eum Deus benedicat: qui totum postea quod tacitus quæsierat fratribus per ordinem nuntiavit. Ex quo aliisque hujusmodi liquido omnibus patuit, prophetiæ spiritum Dei famulum habuisse, in cujus auribus cogitationis etiam verba sonuissent. Igitur qui convenerant interrogabant eum dicentes: Domine, quid times? quid sentis nostræ plus posse nocere religioni? Nova, inquit, nemora, fratresque novitios super omnia plus posse nocere timeo & sentio. Tali siquidem tam sanus quam æger institutus erat proposito, ut quæ sunt JESU CHRISTI semper quæreret, solumque illius nec alterius recordaretur, posteriorumque penitus, juxta Apostolum, obliviscens, & ad ea quæ ante se erant se extenderet, Deoque hoc maxime faciebat, ut carnalibus ruptis vinculis; talentum sibi creditum Domino suo duplicatum reportaret, & pro duplicato duplicia, ut ita dicam, a fœneratore Domino in illa patria possideret. Cumque per singulos dies exitum fratres expectarent a suo corpore, quia tunc scilicet sabbatum habebatur, vicinum obitum suum denuntiavit verbis quidem aliis, sed idipsum prorsus significantibus. Ait enim: In crastinum autem benefaciet mihi Dominus; & in secunda feria in me anima non permanebit amplius. Quod totum ita factum est. Cum vero jam decem dies in ægritudine fuissent expleti, & die illa de qua jam prædixerat subsecuta,

Ad quos hortatoriam habuit sermonem.

omnipotens perennem mercedem ei reddere decreviſſet, dolor corporis in vitalia rediit, viribuſque propriis repente deſtitui cœpit: erat enim mane. Sciens itaque ſe morti jam proximum eſſe, qui eum ibi pernoctaverant fratres, ceteroſque pariter admonuit, ut ad primam quam citius ſurgerent, & cum eo benignum JESUM cum expectatione exitus ſui multo inſtantius ac devotius exorarent. Ea namque nocte jacuerat in capitolio, ibique dicta confeſſione, completoque judicio, ex quo nihil ulterius loqui auditus eſt, uſque ad pacem; totius miſſæ officium orans verſuſque ad eccleſiam audivit, & a pacifico fratre Hugone *Dumont* oſculum Dominicæ pacis accepit; & quoniam in ipſa tam ſacræ immolationis hora, teſtante Gregorio, adminiſtri vocem ratum manet cœlos aperiri, in illo JESU CHRISTI imperio angelorum choros adeſſe, ſummis ima ſociari, terrena cœleſtibus jungi: ex hoc plane probatur, & vere & catholice poteſt intelligi, quod plenam & perfectam eorum omnium remiſſionem per oſculum pacis accepit, ſuper quibus etiam paulo ante confeſſionem, judicium dicens, complere memoriter meruit. Poſt hoc autem fratres qui cuſtodiebant eum, diligentius illum ad lumen aſpicientes, quod jam obire cœpiſſet, tunc primum compererunt: quod ſtatim ceteris qui in eccleſia erant ſignificaverunt. Qui protinus advenientes cum in medio poſitum circumſteterunt, laudes & gratias in pſalmis & hymnis pro commendatione animæ ejus decantantes; qui cum diutius pſallerent, ſoloque ei in pectore adhuc palpitaret ſpiritus, quindecim pſalmos cantare exorſi ſunt. Cumque vir Domini, cui admodum parvulus tunc inerat flatus, unum de quindecim, pſalmum *Lætatus ſum* videlicet cantari audiret, ſtans in medio, crucemque Domini tenens & deoſculans, collecto ſpiritu quantumvis valuit, oculos, antequam *in domum Domini* terminarent, levavit & aperuit, & circumſtantes fratres ex ordine, velut eos ſalutaret, benigne aſpexit ac diligenter: ſicque demum oculis ac manibus in cœlum ſemper intentis, in cinere recubans, priuſquam miſſa finiretur, in tam ſancta hora inter jucunda verba, orante tam ſancto conventu, ut tenemus, exhilaratum ſpiritum reddidit Chriſto domus Domino, ad quam a fratribus jam fuerat invitatus, reddidit quidem in bona ſenectute ac converſatione enutritus.

52. Tunc vero mœror & metus grandis omnes qui aderant propter mortem ejus detinuit; qui autem perfectiores ac firmiores erant in religionis cuſtodia, ſe fletu abſtinebant præ timore & verecundia, vocem quidem plangentium comprimentes; ſi quibus flere prohiberet fides, gemitum ſaltem cogeret extorqueri affectus, cum lætandum potius illi eſſet, quoniam Dominus jam ſuo con-foveret gremio. Etenim tam ſancta de gloria illius fuit omnibus exultatio, quam pia de morte lamentatio, dum unuſquiſque & in ſe invenit quod doleat & unde illi gaudeat. Teſtatique nobis ſunt qui adfuerunt, quoniam jam exanimi corpore magis vivus videretur quam mortuus; vultum enim vigilantis hominis claritate ſuperabat, vultus ejus jam in Chriſto dormientis, cum in ceteris membris nec tenuis quidem macula lateret, & quodammodo caro ejus non ſenis, ſed tamquam pueri parvuli tota appareret, ſicque in quadam jam futura reſurrectionis gloria, ut ita ſari liceat, & naturam demutare carnis viſus eſt. O beati! ô felices! qui dum eſſet in terris, uſi fuiſtis ejus colloquiis, participaſtis conviviis, documentis inſtructi, præſentia recreati, confirmati fuiſtis ejus moribus & exemplis, inſuper & ſignis & virtutibus jocundati. Feliciores vos eſtis, ſi tamen quod ab eo audiſtis fideliter obſervare nitimini, qui viam ingreſſit per quam vos reliqui gradiremini: dedit fidem verborum in opere, ne putaretis eum aliquid ſuperfluum prædicaſſe, juſſam crucem ſemel acceptam deponere noluit, immo eam amore & famulatu ſpontaneo, non Cyreneo, ſemper tamquam principiis confixus portavit: unde quia nec longitudine temporis necnon laboris, crucis ſanctificatorem ſequi meruit, poſt mundi languorem. Hæc autem prædicta non ad correctionem, ſed ad æmulationem; hunc igitur ad bonum æmulamini.

53. Sacerdos vero ſtans interea ad menſam Domini valde laſſus, & diu expetita corporis ſanitate, ſacrificium jam obtulerat Domino, collectam de poſtcommunione adhuc dicturus, cum necdum ſciret utrum pro expetita ſanitate, an pro depoſitione oraret, percepto tandem quid faceret, collectam incœpit pro ejus depoſitione ſupplicaturus. Nec vacat locus iſte a myſterio: quem tamen pro parvitate & provectioribus nos adhuc ſugentes ubera decrevimus, enucleandum, eis vero maxime, qui partem aliquam tenent de Dominicis ſacramentis. Nam ut prætermittamus plurima, celebrata ſunt etiam in eo a fratribus plene ac intente, tam in obitu quam in infirmitate, prout devotius potuerunt, cetera quæ rogat juxta eccleſiaſticum morem inſtitutio noſtræ ſanctæ religionis & regulæ. Tunc demum fratres amantiſſimi bonique paſtoris, ſub quo tunc noſtra ſervebat religio, & voluntatis & juſſionis memores, feſtinanter quod eis jam dudum præceperat exequuntur. Nam & beati viri corpus qua oportuit honorificentia una cum ſanctis Domini ſacerdotibus, thuribulis paratis & cereis, reverentiſſime ſatis aggredientes aperiunt. Quo quidem aperto, tanta illic ſubito fragrantia miri odoris aſperſa eſt, ut qui aderant inæſtimabili ſuavitate replerentur, ac ex eadem ſuavitate cunctis clareſce-

VITA B. HUGONIS DE LACERTA.

ret, in eodem suavitatis auctorem habuisse diu mansionem. Cum ejus tamen caro præmortua tam aperto miraculo, quid vivens ejus spiritus semper egerit, testaretur. Cujus extemplo præcordia præscripti odoris fragrantia vitroque puriora apparuerunt, suscipientes profutura loco ad patrocinium, patriæque ad salutem, in sua ædificatione cultu satis eximio extructa ibidem venerabiliter tumulaverunt: quibus quoque digna veneratione conditis, ejus vestimenta inter se fratres velut thesaurum cœlestem diviserunt, exceptis ligonibus, quæ clam pro reliquiis cum summa ab eis devotione sumta sunt, & usque hodie debitæ zelo reverentiæ suis conservantur in locis; de quo quidem loco ex illa die multæ fidelitatis virtutes factæ sunt, quæ per negligentiam non sunt scriptæ, nec nobis recitatæ.

54. Huic quippe miraculo multi interfuerunt qui nunc usque vivunt; & cum magno fletu ex gaudio attestantur, quam quousque corpus ejus consueretur, suisque vestimentis, sicut nobis mos est sepelire, indueretur, illius fragrantia odoris ab eorum naribus non recessit: quod videlicet signum aliud venerabile est etiam comitatum, quod idcirco maxime prætermittere noluimus, ut ex hoc uno valeant a fidelibus alia multa pensari.

Post mortem coruscat miraculis. Huic nempe rei jam audire quidam frater noster interfuit, qui præ mira aptitudine sui, una cum ceteris, sanctissimum ejus corpus aperuit, & incomparabilem illum thesaurum, quem beatus ille diu sibi ad profectum, posterisque ad futurum servaverat, omnibusque patenter ex eodem devote suscepit & tumulavit. Habebat enim manum quo casu nescio incisam ac graviter vulneratam, & dolore pariter ac sanie plenam. Sequenti vero die, nescio an eadem nocte, dum ex more respiceret ut eam curaret, tremefactus eamdem repente quo involuta erat linteamine invenit evolutam, atque ita sanam, cicatrice sola superstite, ac si umquam vulneris nihil habuisset. Et quædam alia in augmentum istorum qui interfuerunt addunt mirabilia, de quibus non est modo dicendum per singula. Hoc ergo expleto, superstes corpus in medio adhuc positum in psalmodia & oratione a fratribus custoditur, noctem quidem præ timore vicini populi expectantibus, qui tamen per alias temporis vicissitudines eum servari scientes, ad viarum exitus olim suos posuere custodes, metuentes eum amittere velut heredem & patriæ defensorem. O pium & laudabile furtum, quod nemini prorsus detulit damnum. Occidente vero sole, ex omnibus bis decem numero fratribus, aut forsitan eo amplius, eo honore & reverentia qua decuit, quali potuerunt hora, de loco illo sanctissimum corpus tollentes, in primo noctis crepusculo, sicut invicem agendum proposuerant, injunctam

arripiunt viam, & sic simul cum pignore sancto properantes, descenderunt per viam quæ ducit ad munitionem, cui prisca vetustas Chalutium ediderat nomen. Ex hac siquidem nocte præterita, lumen odientes egressi fuerant malefactores, qui tenentes quemdam rusticanum trahebant captivum, sua paupere tamen supellectile valde onustum. Quo comperto, fratres (præ oculis enim eorum illi latrunculi faciebant iter) accesserunt ad eos, & captivum de manibus eorum liberum cum pia sarcina sua transmiserunt ad propria. Quod enim vir Domini vivus & adhuc sæcularis per seipsum agere consueverat, per filios suos & fratres jam mortuus non est oblitus facere. Susceptus est *Transfertur ad Grandimontem.* ergo cum summa veneratione a bono pastore & a sancto conventu, qui præcurrentibus etiam largissimis eleemosynis ei obviam venit, & in magna lætitia in Grandimonte translatus ab eis: ubi tamen coram fratribus pro ejus commendanda depositione corporis sacrificium Deo oblatum est a memorato pastore, & appositus est ad patres suos, atque inter domnum STEPHANUM DE MURETO, & domnum PETRUM LEMOVICANUM sepultus, certoque notamine assignatus. O quantus luctus circumjacentium populorum! quantus pauperum Christi & religiosorum planctus! quantus præcipue orphanorum clamor & viduarum, quibus extenderat caritatis brachia & benigna subsidia vitæ, pro cujus enim obsequio narrari non potest quanta multitudo hominum a propriis sedibus se commoverunt. Multi enim ex agris & vicis & villulis & castellis, & ex Lemovica etiam civitate adfuerunt, qui exinde remeantes turbis concurrentibus eum jam sepultum nuntiaverunt, & in his quidem omnibus quantum ille Deo acceptus & populo carus fuit; quantoque fervore, rectæ sanæ fidei, spei & caritatis in sancta ecclesia & catholica vixit, quoniam volente Domino, nobis conceditur scire, in his quoque omnibus plane manifestatur. Fidei enim fuit indicium missa, quam audiendo migravit ad Dominum; spei autem manifestatio, signorum multitudo quæ jam fecerat ille in Domino; bonum vero caritatis solutio aperte declarat captivi. Quod autem plenius agnoscunt quicumque eum loquentem & præsentem audire & videre potuerant, & ejus præsertim in religione conversationem non ignoraverunt. Nos vero qui in carne eum nec videre nec audire meruimus, pauca tamen quæ præscribuntur, quantum investigare potuimus, largiente Domino, qui dat affluenter & non improperat, tomis cartæ pro modulo nostro fideliter diligenterque commendare studuimus; in hoc etiam, carissimi, plurimum confidentes, quam etsi non potest legendam incultus sermo & rusticanus ornare, eam faciet ille beatus signis præclarisque virtutibus elucere,

elucere, & hanc solam insuper nostræ mercedis retributionem accipere sperantes, ut dum hæc recitata fuerunt in laude & memoria hujus memorati justi, nobis fortassis orantibus, vobis tribuatur refrigerium pro delictis, dicente poëta: Forsitan & hoc olim meminisse juvabit. Cujus sanctissimi memoranda & gloriosissima transitus dies celebrata est tertio calendas Maii, secunda feria, anno ab Incarnatione Domini nostri JESU CHRISTI, ut prænotatur, millesimo centesimo quinquagesimo septimo; ab excessu autem domni Stephani Muretensis, primi patris nostri, tricesimo secundo, ætatis vero beatissimi HUGONIS circiter octogesimo sexto, Romanæ tunc providente ecclesiæ papa Adriano quarto, regnante gloriosissimo Francorum rege Ludovico, qui Ludovico successit in regno sub bonæ & summæ beatæ memoriæ amantissimo STEPHANO de Liciaco quarto priore nostro. Exultemus ergo omnes in Domino qui nos tanti viri decorare dignatus est consortio; concedat Deus ipse nobis ex ejus sublimari suffragiis, cujus etiam moribus & signis nos ditavit, nos instruxit in terris. Ipse Dominus ac redemtor noster qui fidelem suum famulum de terris in pace suscepit, ipse nos de hoc sæculo nequam propter eum adjuvet, regat & custodiat, ne polluamur a malis. Ecce claudit dies, hebetatur calamus, pigritatur manus, lingua impeditur; quid igitur moras facimus? quo amplius protelari conamur, cum terminus etiam istorum prorsus ab homine ignoretur. Sane enim qui os aperuit belluinum, aperuit & docuit nostrum, idem ipse finis noster qui principium nostrum JESUS CHRISTUS Dominus noster & Deus, cui est honor & gloria, virtus & imperium cum Patre in unitate Spiritussancti ab æterno & nunc, & per omnia sæcula sæculorum. Amen.

Quis dixit? Dominus, hoc nomen permanet illi.

Nam dicti est dictor Dominus non alter ab illo.

Gloria sit soli Domino qui cuncta peregit.

Ego Guillelmus Dandina, qui de sancto Savino improprie cognominor, frater peccator, indignusque sacerdos, pro me exorare supplex humilisque exoro.

Quis umquam tanti viri mirabilia sic ex ordine inquirere aut referre poterit ut laudare sufficiat? Præfatus namque pastor venerabilis, qui providente Domino in discipulatu illius conversatus atque eruditus est, eique valde familiarissimus fuit, unum nobis de illo miraculum dicere consuevit, quod tamen nullo modo est prætermittendum, quam mira humilitate intelligitur plenum. Nam & beatæ memoriæ Hugo tyro, qui, Deo auctore, Engolismensi in episcopatu deservivit ecclesiæ, certus de miraculis & de bonitate illius, quæ per eum Dominus dignabatur operari, ea sæpe devotione ad eum venire consueverat, ejus præsentia recreari verboque instrui multum desiderans, tamquam ad audiendam Salomonis sapientiam. Quadam namque die contigit ut veniret ad eum episcopus, & dum ex more consedissent, qui quidem compulsus tædio, ait: Tantum enim dolorem a dextris in armo miser ego patior, quod sursum eumdem levare, vel seorsum flectere, vel in partem aliam declinare nullo modo valeo, qui videlicet ex gutta procedit, ut credo. Collum etiam, guttur & facies, ut videre potestis, ex sæviente prædicto dolore tumida lividaque effecta sunt; unde & mei locum doloris pro amore Dei vestris sanctis manibus tangite, domine, atque palpate. Quo audito, vir Dei admirans ait: Miror ego valde cur sic loquimini, domine, manus quidem meæ sanguine plenæ sunt, vestræ vero sacratæ & ad Dei vivi mysterium præparatæ, dono etiam Dei & gratia Dei repletæ; quod vero a me peccatore quæritis, mihi quidem & aliis cum necesse fuerit, per vos, operante Domino, & debet & potest præstari; de vobis enim & hujusmodi Dominus dicit: *Super ægros manus imponent, & bene habebunt.* Cui respondit episcopus: Certe si pro divini mysterii privilegio & honore vos retardare dicitis, scitote quia in statu vestro non partem imparem de divinis tenetis sacramentis atque habetis. Si ego enim indignus peccator indignusque sacerdos per mysterium meis immundis manibus suscipio Dominum, vos quoque in susceptione pauperum & refectione eumdem ipsum recipistis, nec alium. Ipse enim dixit: *Quod uni ex minimis meis fecistis, & mihi.* Et alibi: *Qui recipit vos, me recipit.* Et etiam alia multa, de quibus non est modo dicendum per singula. Vir autem Domini videns episcopum in sua perseverare petitione, noluit eum amplius contristatum manere, sed commune duarum partium bonum eligens, manum continuo episcopi cum sua accepit, eamdemque quo patiebatur cum signo crucis palpando tractandoque deduxit. In hoc præcipue sibi humilitatem custodiens, & sancto debitam episcopo reverentiam exhibens. His vero expletis, absque ulla procrastinatione sanatus est episcopus qui venerat ægrotus. Considerare enim libet quoniam in hoc tam amabili bono cum prædicti viri merito sancti episcopi multum convenit devotio, ideoque credendum hoc illum potuisse, quia plus confidit de episcopi quam de sua virtute; cujus enim manum cum sua loco doloris posuit, per eam tamen obtinere quod petebat existimavit. Amen.

VITA PETRI VENERABILIS
ABBATIS CLUNIACENSIS,
AUCTORE RODULFO MONACHO EJUS DISCIPULO.

Ex mf. Silviniacensis monasterii.

OBSERVATIO PRÆVIA.

Um ea sit monasterii Cluniacensis prærogativa, ut omnes fere primos abbates sanctos habuerit, eorumque acta a viris gravioribus scripta consignata passim circumferantur; doluerunt hactenus eruditi omnes, Petri Venerabilis, qui nonus celeberrimum illud cœnobium administravit abbas, quique & generis splendore & vitæ sanctimonia, aut doctrinæ ubertate, vix ullis fuit secundus, res præclare gestas ad hunc usque diem desiderari. Verum hanc jacturam resarcivit tandem antiquus codex Silviniacensis monasterii, in quo Rodulfi monachi hac de re opus mihi reperisse feliciter contigit.

Fuit autem Rodulfus sancti abbatis quondam discipulus, ipsius etiam in peregrinatione ac cellarum visitatione aliquando socius, ut constat ex cap. 7. ac proinde eorum quæ refert testis oculatus; idque disertis asserit verbis in proœmio ubi hæc habet: Non tam præsumtione quam amore, de illius vita scribere aggrediar, quod virorum religiosorum relatione didici, aut ipse vidi. *Si mea etiam me non fallit opinio, Rodulfum vitæ Petri abbatis scriptorem eumdem esse conjicio cum illo Rodulfo qui anno 1173. Cluniacensis abbas creatus, triennio post dignitati cessit sponte, ac decessit anno 1176.*

De Petro vero Venerabili longe plura, ac tanto abbate digna dicturus esset Mabillonius, si sæculum VII. Benedictinum, in quo sanctorum qui sæculo XII. floruerunt in ordine nostro continentur Acta, absolvere potuisset: at quoniam morte præventus incœptum opus reliquit imperfectum, Rodulfi de Petro abbate Cluniacensi lucubrationem interim offerimus.

INCIPIT PROLOGUS
in vita domni Petri abbatis
Cluniacensis.

Anno 1157. **S**Ancto patri & domino suo STEPHANO, Dei gratia Cluniacensi abbati, frater Radulfus bonis omnibus frui, nunc & in ævum.

Diu quidem, pater, silueram, & præ verecundia quod optabam dicere non audebam. Sed conturbatur spiritus meus in me, quod patris nostri beatæ memoriæ PETRI abbatis vita, omnibus sæculis recolenda, ita negligentiæ tradita est, quod omnes qui dilexerimus virum & illius virtutes cognovimus, inde merito condemnari debeamus. Quis enim tanti patris vitam moresque sciens, a fine sui ipsius condemnatione tacere potest? Quapropter ego minimus omnium hominum, non tam præsumtione, quam amore, de illius vita scribere aggrediar, quod virorum religiosorum relatione didici, aut ipse vidi: majoribus majora relinquens, ut & inde Deus honoretur, & illius exemplo nostra infirmitas roboretur, & ecclesia de filiorum gratia sublimetur, denique Deus in sanctis suis semper glorificetur, maxime in Cluniacensi ecclesia. Hæc enim propagine filiorum suorum orbem replevit, & religionis gratia occidentis filios adornavit: ita ut non esset in orbe terrarum regio, quæ non quæreret sibi patrem vel patronum de Cluniaco. Est autem locus sanctus, & patres semper beati: quia sicut in multitudine religiosorum præcellit : ita virtutum gratia in Domino gloriatur. Unde angelis & hominibus admirabilis divinæ gratiæ munus ministrat universis. Hoc in quatuor climatibus orbis prædicatur, hoc cœlum & terra testatur, hoc omnis sexus & ætas admiratur. Hæc beatos patres enutrivit, Odonem videlicet, Maiolum, & Odilonem, sanctumque Hugonem, qui quasi luminaria in firmamento cœli, sic in mundo emicuerunt claritatis suæ lumine, hominum tenebras depellentes. Isti suo ductu & exemplo actus reprobos hominum sic destruxerunt, ut angelorum formam in terris repræsentarent, nec solum virtutibus, sed etiam miraculis coruscaverunt. Isti, quia sese spreverunt, spernere mundum docuerunt, & humilitatis suæ disciplinam filiis adoptionis jure paterno reliquerunt. Hos sequitur electio sancta præfati patris, cujus memoria in benedictione est. Sed priusquam de vita ejus disseramus, de ortu disputandum est, & unde, quis, quantus, qualisve fuerit disquirendum. Sed quia supra vires meas esse video, de Dei gratia mihi præsumendum est, qui docet omnem hominem scientiam.

Explicit prologus.

Incipit vita domni Petri abbatis.

Ejus parentes.

1. Nunc itaque ad historiam stylum vertamus, & sacram sacri viri narrationem incipiamus. Sacra igitur proles Arvernorum nobilioribus progenita, patre scilicet Mauricio, matre Raingarde, honestissimis secundum sæculum parentibus processit ad ortum. Mater autem ejus, cum quodam tempore beato Hugoni abbati devote occurrisset, ipso ipsius germinis onerata fœtu, homo Dei intuens illam, ait: Fructum ventris " tui Deo dicatum & B. Petro donatum, do- " mina, cognoscas. Cui illa respondit: Domi- " ne, si masculus est, fiat voluntas tua. Mas- " culum, inquit, eum pro certo noveris esse. Natus autem puer, sicut prædixerat homo Dei, insignitus est nomine Petri. Deinde procedente tempore litteris infaus a parentibus traditur, & in monasterio Celsiniensi, (a) sancto jubente, nutriendus recipitur. Cujus qualis fuerit infantia, quantaque assiduitas legendi seu discendi postea rei probavit eventus. Nam ad tantam scientiæ plenitudinem, Dei gratia, in brevi evectus est, quod in ipsa juventutis adolescentia in Viziliacensi (b) monasterio seniorum doctor & custos ordinis constitutus est. Quod cum strenue & religiose tenuisset, & novellam plantationem secundum formam religionis sacri eloquii imbre ad plenum irrigasset, promotus est in priorem de Domina, (c) in quo non est

[a]

[b]

Qualis fuerit in discipulo.

[c]

oblitus scientiæ & disciplinam, sed magis & magis in Deum proficiens, in annis juvenilibus assidue meditabatur, quod postea in senectute devotus impleret. Lectioni & orationi vacabat, & ita sapientiæ splendore fulgebat, ut amabilis omnibus videretur. Suavis eloquio, decorus aspectu, sermone admirabilis, facundia insuperabilis, benignitate singularis, misericordiæ visceribus affluens, universis compatiebatur. Caritate ineffabilis, gratia inæstimabilis, propria bonitate communis omnibus efficiebatur. Quid ergo ? Transiit pater Hugo ex hoc mundo ad Patrem, & electus est Pontius in abbatem, qui quatuordecim fere annis Cluniacensibus prælatus, postea quibusdam simultatibus exortis, Romam se contulit, & ibi sua voluntate, summo pontifice renitente, abbatiam dimisit. Post quem electus est Hugo prior de Marciniaco, sed infra breve tempus mortuus est. Tunc Cluniacenses congregati in unum preces Domino fundebant, ut eis Deus talem pastorem concederet, qui exemplo & doctrina prodesse posset. Peracto itaque jejunio, & gratia Sancti Spiritus invocata, de electione tractabant : sed quem Deus præviderat non inveniebant. Convenientibus autem episcopis, abbatibus, prioribus ad electionem patris, venit & ipse Petrus ex more cum aliis, & qui prius pia contentione pro electione contendebant, illo viso, uno sensu, pari voto, pio desiderio, omnes unanimiter in eum conveniunt. Fit una vox omnium pariter clamantium Petrum esse dignum tanto honore, utpote cui nihil desit in ulla gratia. Hic, inquiunt, nobilis genere, adornatus moribus, fide devotus, religione purus, humilis & quietus, sapientia splendidus, disciplinæ subditus, & per omnia ab ineunte ætate regulariter instructus. Quid moror ? Surgunt, irruunt, rapiunt illum, & secundum mandatum regulæ omnia faciunt. Consuetis laudibus virum prosequuntur, ducunt ad sedem, & sic ab omnibus domnus & abbas (d) cum gaudio vocatur.

Eligitur abbas Cluniacensis.

[d]

2. Quomodo vero in abbatiæ regimine se habuerit, & illi noverunt qui ei religionis gratia adhærebant, & nos aliquatenus aperiemus. Nec enim ad omnia illius facta potuimus attingere, sed quædam breviter quæ relatione digna sunt, ædificationis gratia volumus enarrare. Igitur abbas Petrus ceteris prælatus, humilitati studebat & compunctioni, se magis judicans, quam alios reprehendere quærens : erat vultu placidus, circa fratres benigne providus, erga infirmos pie sollicitus, ne quis esset in domo Domini qui negligenter tractaretur. Ammonebat sub-

Qualis erga fratres suos abbas extiterit.

(a) Gallice *Soucilanges*, quod Petrus lib. 1. Mirac. cap. 6. vocat nobile monasterium. Extat in diœcesi Claromontana, estque unus ex quatuor primariis Cluniacensis monasterii prioratibus.
(b) Vizeliacum insigne est in diœcesi Æduensi monasterium, cui postea præfuit Pontius Petri Venerabilis frater.
(c) Gallice *Domine*, haud ignobilis cella Cluniaci in diœcesi Gratianopolitana.
(d) Id contigit anno 1122. & quidem in festo Assumptionis, ut ipse refert in libro 2. Miracul. cap. 12.

ditos, ut puritati studerent, & per confessionem semetipsos purificarent. In hac arte pater singularis erat, & universos pietatis dulcedine superabat. Dicebat enim secundum donum hoc in ecclesia Dei esse confessionis bonum, quo quasi baptismate sacro omnis anima sanctificaretur. Denique hanc habebat gratiam, ut quicumque ei confessus fuisset, illum singulari prærogativa diligeret, & familiarius amplecteretur & foveret. Unde fiebat contra aliorum prælatorum consuetudinem, ut omnes summo desiderio & amore illi confiteri semper optarent, qui noverat & sua & aliorum exhortationis & consolationis medicamine curare & sanare, non detegere aut publicare. Misericordiæ operibus sic inhiabat, ut nullus umquam ab illius ope repulsus sit. Subveniebat oppressis, vestiebat nudos, famelicos reficiebat. Habebat autem proprios pauperes, quibus alimenta & vestes semper donabat. Sed & domos leprosorum furtim quasi ab alio fierent, ne sibi adscriberetur, faciebat. Fratribus vero ita communis erat, quod sua petentibus ex toto communicabat. Quadam enim die, cum monachus quidam frigore algeret, & hoc ei insinuatum fuisset, contristari cœpit, quia quod daret non inveniebat. Nocte autem eadem cum esset in choro, de fratre nudo cogitabat, quomodo eum vestiret. Tunc signis extra chorum eum vocavit, & clam exuens pelliciam, illum vestivit. Hoc non solum fratribus, sed etiam peregrinis & pauperibus impendebat: ita seipsum denudans, ut aliquando & ipse vestibus egeret. Et quia corporalis exercitatio ad modicum utilis est, pietas autem ad omnia, circa cultum divinum ita invigilabat, quod nullus ei similis inveniebatur in officio pietatis. Ita enim in divinis solemnis erat, & solemniter solemnizabat officiis, ut gratus inde fieret angelis & hominibus, & omnium affectus in se provocaret, secumque traheret circa divina. Hoc enim super omnia in hoc exilio bonum ei videbatur, ut Deus in sanctis suis solemnizando glorificaretur.

3. De caritate fraternitatis quam affectu & effectu prædicabat, & prædicando magis actu docebat, non est meum dicere per singula. Diligebat namque fratres intimo cordis fervore, & unumquemque quasi seipsum sic nutriebat & incitabat ad amorem divinum. Nullum spernebat vel pellebat, sed ex toto omnes verbis & actibus amore divino invitabat ad veniam. Quia quicumque vere diligit, propriæ conscientiæ gratia sublimatur. Fervebat desiderio, ardebat amore, & mundum animi constantia despiciebat. Præsentia nihil esse dicebat, de futuris omnes glorificandos asserebat bonis. Docebat etiam illum qui cœlestibus vellet inhiare, deliciis, numquam posse ista infima animo appetere. Hic autem in populo Dei mitissimus apparuit, & divinæ legis sagacissimus investigator extitit: adeo ut studio lectionis sanctæ suis sibique extraneus redderetur, & sacris libris totum se dedicans, hauriebat de fontibus Salvatoris, quod postea gratis effunderet. Habebat circa se doctores, a quibus discere quærendo semper cupiebat, cum ipse mirabilis in scientia ab omnibus haberetur. Non elevabatur, nec se magnum faciebat; sed quasi puer parvulus divina scrutando, votis omnibus assidue discere præoptabat. Docebat suos pater benignus humilitatem, patientiam, bonitatem, mansuetudinem, & ut cum timore & cum tremore suam conscientiam in puritate custodirent, pietatis gratiam per omnia præferentes, sicut boni filii multiformis gratiæ Dei. Quantam etiam circa exteriora sollicitudinem adhibuerit, ex his quæ suo labore monasterio provenerunt perspicuum est. Vehementi enim diligentia ecclesiam non solum ædificavit, sed etiam mire pretiosis ornamentis adornavit, terras ampliavit, & ea quæ necessaria fratribus diversis temporibus erant, ita prudenter ordinavit, ut singulis mensibus, unusquisque de domo sibi credita patribus ministraret, quatenus hac ordinatione conventus semper in pace maneret. Hoc autem faciebat fratrum quieti providens, ne aliquando penuriam paterentur. In his vero cum esset animus intentus, nec minus interiora curabat, sed ferventi mente fervorem ordinis requirebat. Hinc est quod multa superflua de claustro abstulit, & ea quæ religioni congruebant inseruit; prohibuit minus utilia, honestatem & utilitatem ecclesiæ in omnibus & per omnia semper inquirens.

4. Hunc imperatores, reges & principes orbis pio affectu amabant, venerabantur, & colebant, & quasi patri & domino adhærebant. Hunc Romana ecclesia speciali prærogativa honorabat, amplectebatur & diligebat. Hic enim contra omnes hæreses & scissuras ecclesiæ se murum opponebat, & fidei hostes viriliter oppugnabat. Quod mirabiliter claruit tempore schismatis, quod fuit inter INNOCENTIUM & PETRUM LEONIS. Cum enim tota ecclesia tali modo deperiret, & diversi diversa sentirent, PETRUSQUE monachus (*a*) suus Romæ sederet, contra spem omnium INNOCENTIO per mare venienti festive occurrit, & sine consilio Gallicanæ ecclesiæ, datis sufficienter equitaturis, Cluniacum secum adduxit. Quod reges terræ audientes, mirati sunt quomodo monachum suum in sede positum relinqueret,

---

(*a*) Hinc patet Petrum Leonis monachum fuisse Cluniacensem. Hunc Paschalis papa II. diaconum sanctorum Cosmæ & Damiani cardinalem creavit. Anno 1124. legati sedis apostolicæ munere fungebatur in Gallia una cum Gregorio, cum quo tunc de papatu decertabat, ut supra vidimus in vita S. Stephani Grandimontensis.

& extraneum exaltaret : quem tam solemniter suscepit, ut orbi universo nota fieret ejus susceptio. Nam ad consecrationem ecclesiæ quam ipse ædificaverat, eum humiliter invitavit, & ut benedictionem compleret obtinuit. Quod cum Gallicana ecclesia cognovisset, statim in occursum papæ ruunt, & eum sicut patrem venerantur & colunt. Congregat rex concilium, prædicat factum Petri abbatis, dicit impossibile esse tantis initiis contraire. Ducit eum pater ad curiam regis, & convocatis cum principibus ecclesiæ prælatis, suscipit rex pastorem suum solemni gloria, & ut omnes suscipiant, abbatemque Cluniacensem sequantur præcipit. Auditum est hoc verbum in toto terrarum orbe, & quod abbas Petrus fecerat universi mirantur. Hoc rex Anglorum Henricus, hoc reges Hispaniarum, hoc Henricus (*a*) imperator Alemannorum sequentes ducem fecerunt, & ad unitatem hac occasione redierunt. Pater autem elevato Ecclesiæ pastori devote adhærebat, & illum quocumque ibat prosequebatur, ne quis aliqua occasione ab unitate deficeret. Nam usque ad Urbem cum ipso perrexit, & eum in pace, mortuo antipapa, in sede collocavit.

Ejus scripta. 5. Tempore isto diversorum hæreses in ecclesia pullularunt, & sua perversitate totum ecclesiæ statum maculaverunt. Quod videns pater beatus, totis nisibus assurgens, contra omnes verbis & scriptis agere cœpit, & omnes auctoritate scripturarum superavit. Cujus libri (*b*) contra eos facti qui tali vitio laborabant, & illos convincunt, & nobis doctrinæ scientiam ministrant. Fecit etiam librum contra sectam Mahumet, & omnes ejus adinventiones mirabili disputatione destruxit. Sed & epistolæ ejus ad diversas ecclesiæ personas, legentibus plurimum conferunt. Librum quem de diversis revelationibus sive visionibus edidit, quantæ puritatis fuerit vel utilitatis, qui legit intelligat. Sed & alia diversa opuscula ex ipsius scriptis apud nos sunt, ex quibus omnibus quantæ subtilitatis & sapientiæ pater extiterit, lector colligere potest.

Virginum monasterium construxit. 6. Inter cetera etiam mira & mirabilia quæ fecit homo Dei, hoc extat pretiosum, monasterium scilicet Virginum, quod ipse constituit, & Lavenna (*c*) dicitur, quod hodie tantæ religionis & honestatis est, quod omnibus in Arvernia sanctitatis gratia præferunt. Nam nihil commune habent Deo dicatæ sanctimoniales illæ cum mundo, nisi quod vivunt. Servant enim paternam institutionem, & ab omni aspectu hominum remotæ, castum Deo templum conservant.

Ejus obitus. 7. Nunc itaque redeamus ad illa describenda quæ mortales desiderant, signa & miracula quæ per eum Deus operatus est. Non enim Deus Cluniacum reliquit; sed adhuc magnificat eos qui ei adhærent in veritate. Nam quodam tempore, cum cellas suas vir Dei visitaret, Ruolium (*d*) venimus, & ibi solemniter humili devotione a filiis suis susceptus est. Eadem nocte prior ejusdem domus usque ad mortem infirmatus est, & cum graviter vexaretur, patrem vocavit, ei mentis & corporis vulnera denudare cœpit. Sed ut est mos animi infirmi, quoddam peccatum pro verecundia reticuit. Pater tamen ab his quæ audierat, & ab omnibus aliis Sancti Spiritus auctoritate eum absolvit. Sed cum languor graviter ingravesceret, media nocte cœpit nimium debilitari, & sic ad extrema deduci. Signum morientium pulsatur, currunt omnes, & pater cum aliis, & cum signis eum mortuum pronuntiassent, pater tempora tangens adesse vitam designavit. Raptus enim fuerat ad judicium, & ei insistebat turba dæmonum eum fortiter accusantium, & dicentium quia hæc & hæc fecit, & merito debet nobiscum reputari; cumque angelus ejus responderet pro illo, & diceret non esse ita: abbati enim suo confessus est. Illi magis ac magis invalescebant illud crimen quod tacuerat crudeliter inferentes. Tunc mater Salvatoris domina nostra Virgo Maria cum multitudine angelorum superveniens: Quid, ait, spiritus maligni, servum meum fatigare nitimini? Nondum venit hora ejus. Redeat & patri suo confiteatur, & sic veniat ad nos. Tunc malignorum turma diffugiente, infirmus nobis videntibus ad se rediit; & qui ante mortuus putabatur, patrem quærere cœpit. Apertis enim oculis cunctis mirantibus fortiter clamabat: Ubi domnus abbas? Illo vero cathedra surgente, infirmus assurrexit, & nobis recedentibus hanc visionem ei enarravit. Post modicum pater ad nos rediens, tantis fletibus afficiebatur, quod nullus nostrum ad eum accedere audebat. Resumto autem aliquantulum spiritu: Filioli, inquit, quanta est misericordia Dei circa nos, & nemo nostrum cognoscit? Frater noster non solum nobis, sed etiam Deo redditus est. Sequenti die quia ecclesia illa in qua hoc factum fuerat, in honore B. Virginis Mariæ consecrata tenebatur, jussit pater sibi altare parari, ut gratias referret matri & Filio ejus super his quæ contulerat illi. Paravit se illo suo more singulari, & celebravit divina nimis solemniter, ita ut universi mirarentur. Post infirmum visitat, absolvit, benedicit, osculatur; & sic eum Christo Jesu & ejus matri commendat. Recessimus, & ecce tertia die mortuus nun-

---

(*a*) Immo Lotharius qui Henrico successerat ab anno 1125.

(*b*) Præter libros quos adversus Judæos & eos qui dicunt Christum in evangelio numquam se Deum dixisse, scripsit adversus Petrobrusianos.

(*c*) Situm est in diœcesi Claromontana.

(*d*) Ruolium seu Ruelium, Gallice *Rueil*, cella prioratui Caritatis immediate subjecta, extat in Bria haud procul a Jotrensi abbatia in diœcesi Meldensi.

tiatur. Tunc pater graviter ferens quod defuerat, totus in lacrymis resolutus, & projiciens se ante altare, amare flebat. Deinde signa pulsantur, & omnia quæ ad officium pertinent pro illo complentur. Quibus peractis, senior ait: Oremus, fratres, & hoc attente & sollicite, pro fratre nostro: quia licet inter prædestinatos reputetur, tamen indiget auxilio vestro. Venimus Cluniacum, & ibi pater in capitulo iterum de fratre mortuo incipit sermonem plenum compunctione, plenum lacrymis, plenum devotione. In primis dicit quam devote eum susceperit, quomodo infirmatus, quomodo confessus sit, quomodo id quod sibi verecundiam inferebat reticuit, quomodo raptus, quomodo accusatus, quomodo excusatus, quomodo superveniens mater misericordiæ eum de manibus malignorum eripuit, vitæ reddidit, & ut peccatum quod tacuerat confiteretur ammonuit. Iterum luctus, iterum lacrymæ a paternis oculis fluunt, & audientes ad consimilia invitant. Videtote, ait, fratres, quanta sit gratia Dei, quanta virtus confessionis, quæ dæmones fugat, Virginem invitat ad succurrendum? Frater occasione confessionis salvatus est, & nobis exemplum dedit confitendi, & ut pure confiteamur hoc facto nos ammonet. Oremus itaque pro illo attentius, & caritatis visceribus ei compatiamur, pietatis beneficia ei impendendo. His dictis, post modicum frater præfatus patri apparuit, & quod ab omni pœna fratrum orationibus absolutus esset revelavit.

De quodam novitio tentato.

8. Aliud factum est in Cluniaco, quod relatione mihi dignum videtur. Frater quidam erat in monasterio, qui diversis cogitationibus agitabatur, & omnis ejus cogitatio in hoc erat, ut de monasterio exiret. Hic quadam die cum secum loqueretur, & usquequaque turbaretur, apparuerunt ei tres monachi in cella novitiorum, quorum unus ita allocutus est eum: Frater, quid habes? quid cogitas? quid ita turbaris? Qui ait: Domine, in hoc monasterio nimis affligor, & tormenta ordinis pati non possum, & ideo exire desidero. Tunc ille ait: Ego sum abbas de Crypta-ferrata, & si vis deferam te mecum. Volo, domine, opto, desidero. Tunc ille qui putabatur monachus & erat diabolus, assumpsit eum, & supra muros & domos deferens, cum supra curiam cujusdam burgensis transiret, multis clamantibus, illum dimisit. Tunc adductus est ad virum Dei, & rem ex ordine confessus est. Quem servus Dei leniter demulcens, & spirituali consolatione eum deliniens, secum detinuit ita dicens: Gratias Deo, fili, quia non potuit pars adversa perficere quod voluit, & a cogitationibus tuis deceptus, redditus es sanitati. Qui ita ex toto postea sanatus est, non solum a tentatione, sed ab inimici impulsione. Multis vixit annis, gratias Deo referens de visitatione cœlesti quam sibi contulerat divina bonitas. Iste Stephanus nomine in Podio civis ditissimus fuit, ita ut etiam super nummos lectum faceret. Sed contemptis omnibus, Cluniacum se contulit, & habitum religionis assumpsit. Sed ille qui tentat humani generis deceptor, eorum quæ dimiserat fantasiam ante oculos ponens, in tantam induxit tentationem, ut propria invasione illum secum ad mortem ferre conaretur.

9. Nunc itaque, quia Cluniaci sumus, quod factum est in Cluniaco iterum dicamus. Erat quidam frater ptisicus, qui eadem infirmitate ductus est ad mortem: qui dum lavaretur, invenerunt tres obolos circa ipsum qui eum lavabant, & stupefacti causam retulerunt priori. Qui convocatis omnibus, quæsivit si cui de hoc confessus fuisset, quod cum ab omnibus comperisset non esse factum, doluit, & accepto consilio, post beatum abbatem qui Virziliaci erat miserunt, consulentes de monacho quid faciendum foret. Qui præcepit ut extra omnem hominum habitationem projiceretur, & absque benedictione & religionis officio sepeliretur. At illi ponentes eum in dolio, extra castra projecerunt. Post multum vero temporis priori claustrali nomine Hugoni in visione apparens precabatur, ut sui misereretur, & domino abbati insinuaret quatenus ei servorum Dei sepulturam concederet, quia sic veniam a Domino consequi posset. Quod cum ille diu dissimularet, aliis duobus apparuit, hoc ipsum quod dictum est assidue repetens. Illi vero tres cum assidua ejus infestatione diu fatigarentur, patri revelaverunt, & ut fratri mortuo veniam concederet precabantur. At ille timens ne illusio esset, factum distulit. Mortuus autem magis ac magis insistens, nocte ac die eis visibiliter apparens, lamentabiliter querimoniam faciebat quod ei non miseretur. Denique cum pater nullo modo a sua intentione propter severitatem ordinis flecteretur, tandem Domini Jesu litteras defunctus priori detulit, ut patri & conventui eas ostenderet. Erat autem scriptum monachum veniam debere consequi, qui nullo alio delicto reus tenebatur. Tunc gaudium factum est & lætitia in tabernaculis justorum, & jubente patre, illi tres cum aliis festinanter currunt ad locum ubi jacebat, & eum ut erat ad ecclesiam detulerunt, fractoque dolio, eum ut prima die posuerant integrum invenerunt. Mirantibus autem cunctis de miraculo quod acciderat, in ecclesia posuerunt, & consuetis laudibus illum prosequentes, ut mos est Cluniacensibus sepelire, honoraverunt.

10. Tempore quodam cum pater esset apud Celsinias, ubi nutritus fuerat, contulit ei Deus quod minime prætereundum est. Frater quidam in infirmaria circa mortem laborabat, & ut insanus fortiter clamabat:

Morior, morior, morior. Tunc fratres ad eum concurrentes, quærebant ab eo qua de causa sic clamaret. At ille miserabiliter dixit eis, quod cujusdam equi nigri calcibus conculcabatur, ita quod nullo modo faciem suam ab eo posset abscondere. Qui statim ad patrem currentes, nuntiaverunt verbum. At ille infirmum visitans, quærit ab eo quid haberet, quod sic fatigaretur: Domine, inquit, sub pedibus tenear equi nigri qui me devorare conatur. At pater signum crucis faciens, & aqua benedicta eum aspergens, consolabatur infirmum; sed ille non minus oppressione diabolica carebat. Tunc pater toto spiritu concepto, ab illo inquirebat, si veram fecisset confessionem: quam ille fecisse se affirmavit. Nequaquam, pater ait, Si enim vere confessus fuisses, nullo modo maligno subjectus esses. Tunc pius pastor ovi sub lupo vaganti pie subsistens diligenter quærebat, ut quæ commiserat vere confiteretur, & cum ille silentium teneret, & quod quærebatur non aperiret, pater de singulis criminibus ei faciens quæstionem, venit ad illud quod occultaverat. Quod infirmus audiens in lacrymas est resolutus, & patri investiganti totum quod fecerat confessus est. Facta autem confessione, statim equus ille niger latrinas cursu velocissimo petiit, & infirmum reliquit, patris præsentiam ferre non sustinens. Quod infirmus videns, gaudio repletus clamare cœpit: Pater, » recedit equus, recedit diabolus, petit latri- » nas, & jam non video illum. Pater autem statim sacrosanctis mysteriis eum jussit muniri, & sic accepta benedictione recessit in pace.

lampas jurta illum cadens sua frigior. 11. Eo tempore, cum pater ibi moraretur, accidit ei quod non est silentio tegendum. Nam cum quadam die sua illa felici consuetudine divina celebrasset, & post celebrationem ante sanctum altare prostratus ad orationem jacuisset, subito lampas quæ super pendebat, juxta illum decidit, & ipso nesciente, nec fracturam incurrit, nec olei effusionem. Quod videns magister Thomas ejus capellanus, & Petrus de S. Johanne, qui cum eo remanserant, ad alios cucurrerunt, & eis quod factum fuerat miraculum ostenderunt. Pater vero nec quando cecidit, nec quando sublatum est vas agnovit: ita erat intentus orationi.

De muliere pauperrima.

12. Cum autem de eadem domo egrederetur, obviam habuit in porta mulierem pauperrimam, quæ eleemosynam sibi dari petebat. Quam ut vir Dei conspexit, paulatim substitit, & Bernardum famulum suum, qui in talibus specialiter ei familiarius adhærebat, ad se vocari jussit, & ut pelliciam suam peroptimam pauperi daret, secretius imperavit. Quod cunctis caritatem viri mi-

rantibus, licet occulte fieri voluerit, celebre factum apparuit. Nec mirum alicui videatur, quod inter miracula opus misericordiæ interseruimus, cum ei dictum sit & desuperius revelatum, Misericordia salvabit te.

13. De rege Anglorum Henrico seniore multis notum est quanta bona Cluniaco contulerit. Hic ad ultimam hominum conditionem deductus, viam universæ carnis ingressus est, & quia potentes potenter tormenta patiuntur, tormentis severioribus addictus est. Contigit autem quadam die, ut cuidam militi suo quondam idem rex quasi vivus super equum nigrum cum magna multitudine secum equitantium obviaret. Quem ut miles vidit, obstupuit, & magna voce clamare cœpit; Nonne tu es dominus meus « rex? Ego, inquit, sum. Nonne mortuus es? « Vere, inquit, mortuus, & morti æternæ de- « putatus fuissem, nisi dominus Petrus abbas « Cluniacensis cum suis subvenisset; sed quia « adhuc ejus auxilio indigeo, per fidem quam « dum in sæculo viverem mihi debebas, te « conjuro, ut quantocius ad fratres, qui in « monasterio sancti Pancratii (*a*) habitant, cur- « ras, & quid vidisti a me ex parte mea eis « dicas, quatenus amico meo patri suo Clu- « niacensi abbati ista per litteras designent, & « ut mei memor sit, & a beneficio non cesset, « donec me audiat sibi gratias referentem, de- « precentur. Quod ita factum est. Pater vero « hæc audiens, & totis viribus ut subveniret assurgens, eleemosynas, missas, tricenaria, & cetera bona quibus peccatores solent juvari, jussit per totum orbem in suis domibus pro rege augmentari, quoad usque diceret, sufficit. Factum est hoc quoadusque idem rex patri & aliis multis apparuit, gratias referens de liberatione sua.

14. Tempore alio cum pater Romæ esset, & pro diversis causis ibidem moraretur, unaque præcipue peracta de Vizeliacensi ecclesia, dixit ad suos: Quis ex nobis Cluniacum deferet quod in curia domini papæ ex jure obtinuimus. Tunc omnes acclamaverunt Ademarum sacristam dignum esse qui hac legatione fungeretur. Quod ille audiens, respondit: Nequaquam hoc negotium implere valeo, quia quartanam assidue patior. Tunc abbas: Auctoritate, inquit, sanctæ Trinitatis, & virtute obedientiæ tibi præcipio, ut Cluniacum absque omni dolore vel tractu febrium pergas. Sacrista autem patris obedientiam libenter amplectens, Cluniacum pervenit, & quod Viziliaco pater obtinuisset auctoritate Romanæ ecclesiæ demonstravit. Tunc cunctis gaudentibus cœpit haberi consilium, quis litteras domini papæ Viziliacum debeat ferre. Cum vero omnes assererent illum qui ab Urbe sanus & incolumis virtute obedientiæ rediisset, & omnia vidisset

Henricum I. Anglorum regem a tormentis liberat.

[*a*]

Discipulum quartana febre liberat.

(*a*) Cella olim insignis in diœcesi Cicestrensi a Cluniaco dependens.

VITA PETRI VENERABILIS

& audisset, ire debere, ille consensit, & pro voluntate seniorum pergere cœpit. Tunc mirum in modum febris quæ per tot intervalla locorum eum reliquerat, ut portam egressus est, eum invasit, & domum redire coëgit, & sic virtus obedientiæ comprobata est in infirmitate naturæ. Qui audit, intelligat.

Monachum Cari-loci ex revelatione cognoscit veneno mortuum.
[a]

15. Præterea cum esset in Urbe pater, accidit ei miraculum relatione dignissimum. Erat quidam monachus genere nobilis, religione præcipuus, officio prior Cari-loci, (a) nomine Willelmus de Roenna, contra quem invidia diaboli quidam exarserant: ita ut eorum malitia ei per quemdam venenum pararet, & hac factione vitam finiret. Eadem vero nocte & hora qua occisus est, apparuit patri sedenti in lecto suo post completorium, & sicut solebat religiose & devote patrem salutavit, & quid accidisset in toto indicavit. Quod homo Dei audiens, mirabiliter contristatus est. Causam tamen diligenter investigabat, & quomodo & a quo tantum scelus perpetratum fuisset, inquirebat. Explorabat etiam si confessus fuisset, si esset absque pœna, si communionem suscepisset. Cui ille respondit: Quia injuste occisus sum, sine pœna sum. Ut autem absolutionem & communionem suscipiam ad vos missus sum. Hæc omnia cum pater audisset, eum sicut mortuum absolvit, & ille accepta absolutione recessit. Tunc pater excitatis fratribus, indicavit eis quod viderat & audierat, & statim cursorem mittens ad locum Cari-loci, jussit inquirere de die, de hora, qua mortuus ei apparuit, & si vere mortuus esset. Quod & ita omnia evenisse, ut patri revelatum fuerat, nuncius invenit, & ad eum veraci relatione detulit. Illum autem qui hujus maleficii auctor fuerat, pater excommunicavit, & a corpore Cluniacensis ecclesiæ in perpetuum separavit.

Ejus meritis rusticus serpentem evomit.

16. Tempore quo vir beatus ab Hispaniis remeabat, cum in Podio solemniter curiam celebraret, & inter personas ecclesiasticas, maximum præ ceteris locum obtineret, venit ad eum quidam monachus, nomine Jordanus, de monasterio S. Fidis de Conchis; qui in Aniciensi episcopatu prioratum tenebat in oppido *Ebais*, consilium quærens super morbo quod acciderat cuidam rustico suo. Dicebat enim rusticus serpentem corpus suum intrasse, & hac occasione se assidue torqueri, & per singula momenta proximum morti fieri. Quod vir Dei audiens, multum condoluit, & tota mente Spiritumsanctum concipiens, intimo cordis affectu » suspirare cœpit. Frater, inquit, hæc nostra » non sunt, sed sanctorum Dei. Tamen quia » omnia possibilia sunt credenti, si fidem ha-» beat homo, potens est divina bonitas con-

(a) Cella est in territorio Matisconensi, a Roberto Valentinensi episcopo & Eduardo ejus germano fundata.

ferre consilium periclitanti. Quapropter summo diluculo venias tu solus cum solo, & ubi nos videbis ad divina celebranda intrare, illic & tu fideliter sequaris. At ille hoc audiens, cum magna lætitia ad hospitium recessit, & summo mane ante lucem rediens, ante ostium patris cum misero excubabat, donec egrederetur. Pater autem piæ promissionis non immemor, cum duobus monachis, Petro de S. Johanne & magistro Thoma, ante lucem surrexit, & ad oratorium sancti Maioli, ut ibi divina celebraret, perrexit. Celebravit autem missam de Ascensione, & illum qui torquebatur fecit adesse. Cum vero evangelium legeretur, & ad illum locum veniretur, ubi dicitur, *Serpentes tollent*, miser os aperuit, & serpens caput emisit, quem pater manu accipiens, & a corpore hominis extrahens, cunctis qui aderant stupentibus, in medium projecit. Homo vero corruens, fere spiritum præ angustia exhalavit: quem pater, dum divina celebraret, cooperiri jussit. Missæ completa solemnitate, ad infirmum accessit, & propria manu illum a terra elevans, ut peccata sua confiteretur imperavit. Facta confessione, lavit homo aqua & vino os suum, & sic sacrosanctis mysteriis communicans, incolumis remeavit ad propria. Tunc pater omnes qui aderant super sacrosancta evangelia jurare coëgit, ne alicui hoc factum dicerent, dum viveret. Ipse audita autem morte ipsius, Jordanus monachus miraculum, ut factum fuerat, in capitulo sanctæ Fidis publice revelavit, & multis aliis hoc factum fuisse pro certo affirmavit.

De ipsius parentibus.

17. Hæc breviter dicta sunt de miraculis patris nostri, non quod multa non essent dicenda; sed nolumus onerare audientes, quia ad alia properamus. Nam iste vir de nobili schemate & honesto ortus, antiquitate parentum declaratum est quantus & qualis fuerit in populo Dei. Denique proavus ejus revelatione divina ecclesiam S. Michaëlis de Clusa ædificavit; mater vero numeroso filiorum germine gaudens, Marciniacum se contulit, & ibi in sanctimonia vitam finivit. Pater vero ejus in monasterio Celsiniensi sepultus est. Fratres ejus quatuor ecclesiastici & duo laïci fuere, Jordanus abbas Casæ-Dei, Poncius abbas Viziliaci, Armannus abbas Magni-loci, Heracleus præpositus ecclesiæ Brivatensis, duo milites Dissutus & Eustachius, quorum nobilitas & honestas toti Arverniæ nota fuit. Quid ad nos de genere? Redeamus ad patrem. Hic enim per xxx. annos, ut mihi & aliis multis revelaverat, die Nativitatis Domini finem sibi evenire exorabat. Unde ad sanctos Cartusiæ quos nimio affectu diligebat, semel in anno pergebat, & obnixe precabatur, quatenus pro suo desiderio Altissimum exorarent, ut compleretur tempore certo. Cum autem illi dicerent: Pater, indica nobis quæ sit petitio tua,

ut

ut certius inde valeamus ipsum quem petis orare, ipse nolebat aperire; sed tantummodo dicebat: Si servi estis Altissimi, pro confratre vestro orate, ut desiderium meum Deus perficiat. Cum autem homo Dei ex hoc mundo transisset ad Patrem, Cartusienses Cluniacensibus pro desiderio viri Dei epistolam direxerunt, & quia consummatum fuerat quod tamdiu desideraverat, evidentibus indiciis declaraverunt. Hic pacis amator in die pacis pacem obtinuit in gloria Dei. Hæc breviter de beato patre nostro dicta sunt, quia audientibus fastidium inferre nolumus, & ideo plurima prudentioribus scribenda relinquimus.

Explicit.

VITA MARGARITÆ BURGUNDÆ
GUIDONIS DELPHINI
COMITIS ALBONI CONJUGIS,
SCRIPTA A GUILLELMO CANONICO GRATIANOPOLITANO.

Ex mſ. beatæ Mariæ de Haiis.

ADMONITIO PRÆVIA.

CEleberrimum in diœcesi Gratianopolitana habetur Virginum monasterium ordinis Cisterciensis, beatæ Mariæ de Haiis vulgo nuncupatum, quod duabus ab urbe leucis distans fundavit ac dotavit sæculo XII. Marquisa seu Margarita, Stephani Burgundiæ comitis filia & Guigonis Delphini conjux illustris. Hæc velo atque habitu monastico prius accepto, in illius parthenonis capitulo sepeliri voluit. Tantæ fundatricis vitam eleganti pro tempore stilo conscripsit Guillelmus canonicus Gratianopolitanus, atque devotis apud Haias Deo famulantibus sanctimonialibus dicavit: quam ex eodem parthenone acceptam hic exhibemus, dignam plane publica luce, utpote quæ ad illustrandam non solum Dalphinatus, sed ecclesiasticam etiam & monasticam ecclesiam conducere potest.

Anno 1163.
Auctoris præfatio.

Venerabilibus & amplectendis in Christo sanctimonialibus apud Haias Deo devote famulantibus, Guilhermus canonicorum ecclesiæ Gratianopolitanæ inutillimus; pro virginitate purpuream, pro castitate niveam a virginum sponso promereri coronam.

1. Non immerito effrons & pudoris ignarus potero judicari, necnon temerariæ præsumtionis atque præsumtuosæ temeritatis argui, qui neque invitatus, neque voce, aut nutu aliquo provocatus, me ignotis auribus medium præcipitanter ingerere non pertimesco. Popularis etiam auræ amator fortasse videbor, & sub hac occasione scribendi, magis vestram & auditorum amicitiam, laudemque acquirere, quam vobis aliquid commodi, vel eruditionis afferre, in quo cujuscumque judicii, aut obtrectationis oriatur disceptatio: nec satis curandum æstimo, dum tamen amplius appetam vobis prodesse quam laudari; plus ad aliquod motum ornamentum vos incitare, quam favorali aura more arundinis agitari. Cum ergo præteritarum rerum exhibitio, instantium & subsequentium sit certitudo, & nihil humano pectori sic inhæreat, quod temporis processu non evanescat, vel morte universa rapiente, morientium & eorum quæ sciebant memoria pariter pereat: quam cautelam, quam certitudinem nobis poterunt dare præterita, nisi vita fruentium atque succedentium memoriæ scribendo mandari curentur? Quia igitur licet undecumque proficere ac doceri, & ex iis quæ oculata fide agnoscuntur, exempla possunt percipi certiora, de vita & exitu laudabilis matris vestræ dominæ comitissæ, quæ Christo vos desponsavit, vobis, ad quas potissimum istud spectat, aliqua scribere dignum duxi: quæ licet lege viri fuerit alligata, de ipsa tamen referuntur quamplurima, quæ virginibus & universis ad summum

VITA MARGARITÆ BURGUNDÆ.

pudicitiæ culmen ascendere affectantibus, imitatione probantur dignissima.

Margaritæ illustris prosapia, matrimonium & liberi.

2. Hæc siquidem spectabili prosapia edita, utpote illustris & famosissimi viri STEPHANI Burgundiæ comitis filia, soror etiam excellentium virorum RAINALDI & GUILLIERMI, neptisque piæ recordationis papæ CALIXTI, ad conjugalem egregii comitis GUIGONIS Dalphini copulam fuit transducta, a magnifico principe Guigone veteri ejusdem Guigonis patre celebri donatione illustrata. Fuit autem nimio insignita decore, vultus scilicet elegantis, formæque decentis ac totius corporis miranda compositione idonea; quam in primis infœcundam & sterilem vir suus potius incuria, quam alia ductus occasione, per annos aliquos minus pleno dilexit amore: unde & factum est, quod marito eam tenuiter diligente, & socero se minus curiosum circa camdem exhibente, plerumque ferret necessariorum inopiam, quod ita patienter atque tacite pertulit, quod vix a quoquam vel raro exinde conqueri audiretur. Inerat equidem illi ac numquam inesse destitit verecunda sobrietas, cujus pudore devicta, si quid angebat, suis etiam familiaribus fateri erubescebat: cujus freni obstaculo sese a pluribus cohibebat illicitis, & modum servare studebat. Tandem ipso eam visitante, qui Annam fœcunditate concessa lætificavit, filios ac filias peperit, viri sui ita pleniter sortita gratiam, ut eam sicut Jacob Rachelem diligeret, & tam sui quam totius comitatus compotem ad plenum efficiens, discretis ipsius fultus consiliis, in quibus provida existebat, quamplura disponeret: quem sæpius quod poterat, ab immoderatis illa compescebat excessibus; atque erga subjectos, præsertim erga pauperes, eum esse clementem propensius exorabat.

Mortuo viro suffragia apud Deum procurat.

3. Porro non post multorum annorum curriculum, dum inter ipsum & Savotiensem comitem guerra exerceretur asperrima, comes Dalphinus in prælio vulneratus, dolore vulneris coarctante, vitæ terminum posuit, illaque cum geminis filiabus & parvulo desolata remansit: quæ acerbi mœroris stimulis agitata, ita eum planxit, ut mortem videretur optare: ita eum flevit, quod fere prope ipsum æstimaretur deficere. Ad cujus animam multiplicibus beneficiis adjuvandam pietatis fervore accensa, eo in ecclesiæ Gratianopolitanæ claustro a domino bonæ memoriæ GUIGONE (a) episcopo, qui postea Viennensi ecclesiæ præsedit, venerabiliter sepulturæ mandato, eidem ecclesiæ & religiosis circumstantibus ecclesiis larga impendens beneficia, multa pauperum millia eleemosynarum recreavit largitione. Probata est insuper eamdem fidem servasse defuncto,

[a] In serie episcoporum Gratianopolitanorum & archiepiscoporum Viennensium dicitur Hugo, ante episcopatum ordini Cartusiensi addictus.

A quam integerrime servaverat ei viventi, cum indeficienter ipsius pie memor exsisteret; in ejusque anniversario ad ecclesiam Gratianopolitanam vicinos convocans sacerdotes & clericos, ut acceptabile Deo sacrificium pro illius offerrent requie, eisdem devote supplicaret. Copiosa quoque egenis undique congregatis eleemosina distributa, canonicos ejusdem ecclesiæ & clericos aliunde venientes; monasteriorum etiam circumadjacentium habitatores faciebat optime procurati.

Dalphinus secum comitatum quam strenue administravit.

4. Cum ergo, comite jam defuncto, ei B laboriosior cura graviorque laboris sarcina ad regimen comitatus incumberet, eum cum tantæ discretionis consilio & tranquillitatis quiete administravit, ut non seminei, sed animi per cuncta videretur virilis. Proceres etenim sui comitatus ac nobiles, quadam animi circumspectione perita, ita sibi ex debita fidelitate noverat amicabiliter obligare, ut universi ad custodiendum comitatum incolumem ejus gratia, sollicitudine fideli intenderent. Si quando autem aliqui circumstantium principum occasione aliqua emergente adversus eam arma sumere se dixissent, potius divino quam humano confidens præsidio, sacerdotum atque religiosorum implorabat suffragia, & ut sibi a Domino pacem impetrarent, exorans terrores comminantium eorum intercessionibus tamquam forti clypeo repellebat.

Præclara ejus animi dotes.

5. Sed quando morum ejus insignia vel ad modicum potero prælibare? Congesserat enim Dei gratia in eam tot prædicandos virtutis titulos, ut nullum ei deesset ad præsentis vitæ felicitatem augendam morum instrumentum; haberet etiam ad cœlestis patriæ D beatitudinem adipiscendam, evidentem notitiam ac documentum. Erat quippe in justitia districta; in prudentia circumspecta, in temperantia moderata, in laboribus fortis, in consilio sagax, in sermone verax, affabilitate insignis, clemens in subditos, continentia nitida, & universa morum honestate conspicua, erga Deum amore fervens, erga proximum non negligens, afflictis & injuriam patientibus compatiens, erga egentes caritatis visceribus affluens, in cunctis misericors, in actibus quantumcumque poterat insons; quodque omni admiratione dignum est, & a sæculis inauditum, multoque vehementius in potenti & generosa femina stupescendum, numquam injuria vel tædio affecta: sive minus decentibus verbis lacessita, cuiquam familiari aut alieno ingessisse maledictum, protulisse convicium, vel ad contumeliosa objecta quippiam opprobrii respondisse, potuit deprehendi. Turpiloquium quoque cautius evitabat, æstimans exinde os suum in dicendo, aures in audiendo pollui, numquam siquidem verbum inhonestum, aut quicquam lasciviæ redolens audiebatur

proferre. Et quia illud Apostoli noverat, *Corrumpunt bonos mores colloquia mala*, confabulatoribus pessimis, linguisque detrahentibus aures quantum sibi licuit, subducebat. Nulla ei cura extitit polire faciem, ora depingere, alienis capillis turritum verticem struere, fuliginata supercilia gerere: quod & in ceteris mulieribus vehementer detestabatur, quæ alienos vultus sibi mentientes, genas peregrino rubore, ora & collum adulterato depingunt candore.

6. Audiant hæc quæ nubere Christo voluerint, si quando in loco stetisset, ad spectacula non processit, nec a suis est egressa thalamis, nisi aut ecclesiam adiisset, aut eam ad alium equitare locum domestica cura vocasset. Cumque sciret famam pudicitiæ in feminis rem esse teneram, & quasi florem pulcherrimam ad levem auram cito marcescere, levique flatu posse corrumpi, corpus & cor suum omni custodia servabat, & corpore ac mente se castam exhibere curabat. Quapropter eos qui levitati expositi, adulanti lingua, impudicis alloquiis, illius claustra pudicitiæ infringere attentabant, non mordacibus dictis, non iracundiæ responsis, sed rationabiliter & perite a se repellens, eadem vel similia, quæ quidam poëta in persona viduæ continentis protulit, respondebat:

Ille meos solus, qui me sibi junxit, amores
Abstulit, ille habeat secum, servetque sepulchro.

Verum quia fieri nequit ut absque morsu hominum vitæ hujus curricula quis pertranseat, si rumores sinistri de ipsa fuerunt aliquando ventilati, constat eos, & sequentia declarabunt, solo livore ab illis fuisse confictos atque disseminatos, quorum solatium est bonis detrahere, dum culpam æstimant multitudine minui peccatorum. O admirandi & constantis animi feminam, quæ duplici infirmitati, carni scilicet atque sexui muliebri obnoxia, inter famulantium multitudinem, inter circumstrepentem adventantium gregem in pulchritudine solvit castitatem, quæ in medio ignis posita flammæ ardorem illæsa evasit. Est enim summæ vigilantiæ ac laboriosæ sollicitudinis pene ultra naturam corpoream superare libidinem, carnisque fæces atque concupiscentiæ flammas extinguere, animique virtute inclusum hostem jugiter expugnare, & contra legem nascendi in carne non carnaliter vivere.

7. Unde & ipsa numquam absque honesto & pudico extitit capellano: contra cujus pudicitiam, nec etiam lingua maledica aliqua lacerationis famæ poterat invenire figmenta, a quo divinum horarum diei audiens officium, ut sui officii & moris fuerat, singulis diebus celebrationi missæ intererat sacerdotis; immo Deo per sacerdotem quotidianam offerens oblationem. Noverat vero psalmos legere, & orationes nonnullas, quas scriptas habens, dum orationis studio insisteret, quotidie aut in ecclesia, aut in camera sua, tam interioribus quam exterioribus oculis, relegebat. Quamobrem psalterium pretiosum litteris aureis decoratum ab imperatrice nepte sua sibi transmissum secum faciebat indesinenter deferri. Sane tantorum conventus bonorum in femina gratiæ munus extitit, non naturæ: deferebat equidem feminæ dum sibi formosa provideret pudice; commotam reprimebat dum servaret in potestate clementiam; quia sicut nihil est affinitati, ita nihil in præsidente gloriosius. Sciebat nimirum esse culpam totam persequi culpam, & quæcumque liceat explere: necessitate urgente, non voluntatis impetu instigante ad vindictam pertrahebatur; neminem puniebat absque dolore.

8. Porro ecclesias sub ejus potestate statutas, ecclesiam Gratianopolitanam præ ceteris ab infestantium incursione pro viribus deffensabat, & earum quieti pia curiositate intendens, religiosa loca construentibus benigna subveniebat liberalitate. Consueverat autem, suam deducens curiam in solemnibus festis, præcipue in beatæ Mariæ celebritatibus, Gratianopolim venire, tum propter sanctuarii reverentiam, tum quia divinum ibidem plenius audiebat officium: ubi quamdiu morabatur, nullum cuiquam in expensis inferebat gravamen; sed si quippiam ab aliquo mutuasset, persolvi tempestive & ex integro faciebat. Vos vero quos clericalis militiæ dignitas exornabat, humiliter & patienter audivit. Quos autem religiosos agnoscebat, gratanti animo ac benigno affectu honoravit, & coluit. Exhibebat insuper omnibus communem corde & verbis dilectionis affectum, & in quantum ingenuitas, sublimitas & potentiæ magnitudo permittebat, se jocundam & mitem quibusque alloquentibus offerebat.

9. Cum ergo, ut præscriptum est, tantis morum insignibus, & virili industria fere in omnibus femineam supergrederetur mollitiem, omnia inutilia reputans, se infructuose credidit laborem insumere, & quasi otiosa Dei donum inutiliter possidere, nisi aliquid quod nulla posset delere vetustas efficeret; per quod diabolo recentia quotidie infligens vulnera, regnis tartareis innumerabilia inferret gravamina, regnisque cœlestibus lucra conferens cumulata, creditori suo multiplices reportaret usuras. Propterea concepit gaudium & peperit jocunditatem: concepit bonum, & inenarrabilem boni peperit ubertatem. Cogitans utique, cogitavit esse bonum atque jocundum habitare sorores in unum, propter quod monasterium illud in quo vos venerabiles Dei ancillæ suavi jugo Christo colla supposuistis, fundare ac stabilire curavit, ut unanimes habitaretis in domo

una, & esset vobis anima una & cor unum in Deo, ut unum scilicet haberetis habitum, & unum cibum, ad unum etiam ac summum inhiaretis bonum, quatenus unum ac idem consequeremini proemium. Qui enim adhærent Deo, unum corpus & unus spiritus in eis esse probatur. Ut autem cum psalmista posset dicere: *Beati qui habitant in domo tua, Domine, in sæcula sæculorum laudabunt te*, vestrarumque orationum suffragiis, excessuum suorum a Domino indulgentiam impetraret, mirabilis structuræ monasterium fabricavit, miræ pulchritudinis ecclesiam, claustrum idoneum, officinas admodum competentes, vosque ibidem manu propria congregavit. Præterea, ne quid vobis deesset, quominus expeditius curreretis ad bravium, vos amplissimis prædiis, largisque ditavit subsidiis, & uberibus amplificavit reditibus. Hæc utique fuit vitis illius vineæ quæ extendit palmites suos usque ad mare, quæ quod non habuit in radice manifeste ostenditur produxisse in palmite. Hæc plane arbor quæ ex fructibus suis bona esse cognoscitur, de qua multiplices rami, pullulantes virgines, viduæ, continentes, flores producunt & fructum afferunt in patientia.

Filias in matrimonium collocavit.

10. Verum ut ad commendationem prudentiæ ac peritiæ ipsius stilus iterato vertatur, cum ejus filiæ ad nubilem devenissent ætatem, non absque sumtibus copiosis alteram inclyto & potenti viro Arverniensium comiti regis Franciæ consanguineo; alteram Valentinensium comiti, viro claris natalibus orto, lege matrimonii copulavit. Proinde vero cum filius ejus jam adultus, militari cingulo ab imperatore suscepto, consanguineam ipsius sibi conjugali vinculo alligasset,

Et filium cui resignato comitatu salutaria dat monita.

atque inde regrediens honorabiliter, & cum solemni processione cum uxore sua in Gratianopolitana fuisset receptus ecclesia, ipso cum matre & uxore sua, universisque principibus ac plebe, episcopales domos introgressis, nonnulli ibidem assistentium audita pia ac rationabili exhortatione matris ad filium, obstupentes admirabantur, unde illi tanta venusta eloquia & sapientia. Curam nempe atque regimen comitatus in manum illius refundens, monuit eum Deum super omnia diligere, ecclesiarum perturbatores propulsare, ecclesiasticos viros atque religiosas personas honorare ac protegere; in omnibus modum tenere, subjectos clementer regere, diligere justitiam, & iniquitatem odire. Pro eo incessanter sollicita, quotidiana & singulari prece Dominum exorabat, ut gressus actusque ipsius in voluntatis suæ beneplacito dirigeret, quatenus ad Dei reverentiam & subjectorum voluntatem comitatui præsidere valeret. Instantibus sibi guerris faciebat Deo salutares & gratissimas hostias immolari, ne vel in bello caderet, vel obitu repentino decederet. Quem nec esse iracundum, neque ad minas præcipitem, neque susurronibus aures facile inclinare materno exhortabatur affectu: quem etiam si quid nequiter, si quid immoderate contigisset patrare, lenes amaris, amaros lenibus sermones interserens, eum frequentius increpabat.

11. Evoluto denique non plurium annorum curriculo, ille de quo universa spes matris suæ post Deum pendebat, investigabili Dei judicio gravi ægritudinis incommodo apud castellum Visiliæ arreptus, jamque in extremis constitutus est. Qui licet parvulam ex conjuge filiam suscepisset, in matris manum quam ad misericordiæ opera dapsilem noverat & proclivem, comitatum libere resignavit, fiducialiter credens eam sibi defuncto non deteriorem impendere partem: qui post peractam confessionem & salutiferam viatici susceptionem, incessanter Deum invocando, generale conditionis humanæ debitum exsolvit, raptus ne mutaret malitia intellectum, qui propter hæc properavit eum educere de media iniquitate, ne longo vitæ itinere deviis oberraret anfractibus. Cujus solatio mater destituta, quanto potuerit mœrore affici, quanta carnis ac spiritus angustia coarctari, facile est animo advertere, sed difficillimum explicare. Flebat enim irremediabilibus lacrymis, & tamquam fletibus satiari nequiret, effecta exanimis se infortunatam vociferabatur, se numerosa annorum multitudine superstitem extitisse, mortem sui oblitam fuisse querelabatur.

Filii ejus obitus.

12. Ceterum brevi mora interposita, rationis solamine mitigans quod fore noverat tolerandum, ad se rediit, & exequiis filii propensiori cura intendens, fecit eum in Gratianopolitana ecclesia in patris sui sepulcro cum omni honorificentia tumulari. Ob cujus animæ requiem a Domino promerendam multiplicium beneficiorum medicamen conficiens, pauperibus, cœcis, debilibus plura distribuens, ecclesiam Gratianopolitanam, ac reliquas religiosas ecclesias, alias prædiis & possessionibus, alias muneribus augmentavit. Ceteræ matres tumulos filiorum faciunt dealbari, & aliqua coloris pulchritudine exterius decorari, atque dolorem pectoris his consolantur officiis: hæc autem cineres filii quiescentes balsamo irrigabat, & pigmentis atque odoribus misericordiæ confovebat, sciens esse scriptum: *Sicut aqua extinguit ignem, ita eleemosyna extinguit peccatum.*

Exequias ei sollemnes procurat.

13. Quod si quis calumnietur, & dicat: Cur in laudibus ejus ita sedulo immoraris? quæ viduata viro, orbata filio, sericas noluit vestes deponere, delicias respuere, cum inter Christi ancillas, assumtis servilibus indumentis, Domino posset expeditius militare. Perfacilis ad ista responsio; plus est animum deposuisse quam cultum; difficilius quis arrogantia quam auro caret & gemmis.

VITA MARGARITÆ BURGUNDÆ.

His enim abjectis gloriosis, tumet sordibus & paupertatem adeptam vendit popularibus auris. Ait autem Apostolus: *In veritate comperi, quia non est acceptor personarum Deus, sed in omni proposito qui timet Deum, & operatur justitiam, acceptus est illi.* Dicit etiam Hieronymus, quod numquam sera est conversio. Nam licet majoribus meritis majus debeatur & præmium, denarium tamen quem a prima diei hora in vineâ Domini laborantes accipere meruerunt, circa undecimam venientes assecuti fuere, quia nec quantitas diuturni vel brevis laboris ibi attenditur, ubi sincera cordis devotio remuneratur. Præterea urgebat ipsam administratio comitatus, cujus cura regiminis sibi jure contigerat, quem si absque rectore dimitteret, suæ potius animæ acquireret detrimentum, quam aliquid commodi lucraretur. Arduum insuper erat ex quo ingressa fuisset monasterium, eas quas Christo educabat, posse absque penuria sustentare, illisque abundanter necessaria subministrare. Quibus & nonnullis aliis in sæculari habitu magis profuit quam in monasterio profuisset.

In morbum gravem incidit.
14. Sed ô, amplectendæ in Christo milites, vos forsan suspensas detineo, dum in laudibus ejus occupatus, vitamque ipsius cupiens facere longiorem, ad extrema pervenire formido. Sanatum vulnus & in cicatricem obductum, quod tempus & ratio jam in vobis, ut credo, curaverat, commemoratione exulcero, plagamque doloris instauro. Quæ enim aures tam duræ? quæ de silice excisa præcordia, hujus lilii florem marcescere, hanc virentem smaragdi gemmam frangi, & ut expressius loquar, hujuscemodi non mulierem, sed viraginem morientem siccis oculis queant audire? Necdum annus post filii decessum effluxerat, post multos pro ejusdem filii obitu toleratos dolores, post multiformia laboris ac sollicitudinis pondera, quæ in comitatu regendo pertulerat, confirmatis ab ea sponsalibus inter filiam filii sui & comitem sancti Ægidii, cum in villa, quæ Mura dicitur, moraretur, in gravissimam incidit invaletudinem.

Filiæ ejus in matrem pia sollicitudo.
15. Quo audito, filia ejus marchisia domina, scilicet in his quæ mundi sunt admodum strenua, in decenti ac speciosa corporis habitudine, verborumque elegantia vehementer idonea, ad eam festinato pervenit, quam plus solito obdormisse, atque adhuc dormitantem inveniens, sicut est sagax & provida, metuens ne lethargini incommodo laboraret, jussu suo egressis omnibus ibidem assistentibus, eam familiariter excitavit. Hanc utique mater præ omnibus liberis gratam semper habuerat, ipsaque matri ferventiori jugiter dilectione adhæserat: unde & in matris ægritudine filiæ pietas erga eam ab omnibus comprobata magis innotuit. Assidebat equidem lectulo, sustentabat caput, quocumque se verteret supponebat pulvillum. Si opertorium aliquo laberetur, eam protinus operiens desuper imponebat, pedes interdum manu confovens, strata mollia sæpe componens, quidquid comestura erat præparabat, eique apponens famulantium præveniebat officia. Si alia quidquam fecisset, sibi fore dedecus & injuriam æstimabat.

Accersito sacerdoti peccata confitetur.
16. Sed quid ulterius differendo dolorem vestrum facio longiorem? Cum morbi molestia se aggravari sensisset, accersito ad se sacerdote, vetustatis suæ saccum, si quis erat in conspectu Dei, coram eo conscidit, & quidquid tabis, quidquid vulneris latebat interius, plenaria oris confessione, cordis contriti & humiliati devotione diluit funditus & abstersit; cumque sanæ mentis & integri sensus adhuc existeret, præmeditata disposuit quid ecclesiis, quid egentibus ad subventionem animæ suæ erogaretur. Id autem in potenti & inclyta muliere, atque tanto tempore in sæculo commorantes admiratione dignum extitit, quod ante Corpus Christi sibi allatum, per viginti & unum annum a tempore obitus viri sui, se nullum virilem expertam fuisse amplexum testando perhibuit. Cur ergo non arescebant mendaces garrientium linguæ? Cur non præ ariditate faucibus adhærebant? quæ illam suos colere amasios astruere præsumebant, donativa militantibus debita eis impendere confingebant, eam gravidam, vel promtam ad partum garrire solebant. O venenosas & præscindendas linguas & per frusta etiam lacerandas! O detestabile falsiloquorum genus! Cur non urbibus pellitur? Cur non lapidibus obruitur? Cur non præcipitatur in fluctibus? Verum cum in præsentis vitæ cursu lacerantium morsus nullus evadere queat, non miretur quispiam, si de hac sinistra opinio falso crebuerit: quippe cum & Dominus JESUS-CHRISTUS, filius fabri, vinique potator in derisum & opprobrium dictus fuerit, & a pluribus pluries ei sit exprobratum.

Accersitis monialibus monasticam ab eis vestem accipit.
17. Postquam vero, ut mos est, expleta confessione a sacerdote absolutionem accepit, salutaris hostiæ pane refecta, non mediocriter exultavit; advenerunt interim ad amplificandam ejus coronam, ô amabiles Dei famulæ, quædam de vestro collegio, ad quas & ipsa miserat accersendas, quæ veteri homine illam exuentes, novoque eam cum regulari habitu induentes, veli diademate insignierunt, quod multa interioris hominis alacritate suscipiens, spiritu ac mente Deo gratiarum actiones exsolvit. Noluit ergo ex tunc, nisi sicut sanctimonialem & religiosi habitus mulierem decebat, in plumarum jacere mollitie; unde mollia faciens linteamina removeri, sibi dura strui præcepit & vilia. Huc accedit, quod cum ejus laudabilis filia paulo superius memorata gallinæ coctæ pulmentum sibi ad vescendum intulisset, se

KKkk iij

VITA MARGARITÆ BURGUNDÆ.

numquam carnes esuram respondit, quia nec monastici ordinis mulieribus carneis vesci alimentis, regula prohibente, licitum erat. Aiebat enim: Affligendum est corpus quod multis vacavit deliciis, quæ sæculo placui, ut Christo placeam, vel eminente morte, dare operam debeo.

Ejus obitus. 18. Brevi post hæc spatio temporis supervenientem cum terminum vitæ non multum remotum sibi præsensisset instare, valefaciens filiæ, orationes & divina omnia quæ habebat scripta sibi jussit afferri, quibus ex corde perlectis, cum liberam loquendi possibilitatem haberet, prout illi qui aderant testati sunt, cum nemine postea voluit verba conferre; sed jam exacto unius horæ spatio, erecta manu in fronte, & labiis signum crucis impingens, anno ab Incarnatione Domini millesimo centesimo sexagesimo tertio, sexto idus Februarii, vitalem spiritum exhalavit. Cum igitur abjecta carnis sarcina, anima, veluti dignum est conferre, ad suum rediisset auctorem, quod dictu mirabile est, nihil pallor mutarat in facie; sed ita dignitas quædam & splendor vultum illustraverant, ut eam non mortuam, sed dormientem putares. Quodque omnibus his mirabilius, est atque ipsius meritis adscribendum, cum de loco prænominato ad monasterium tumulanda deportaretur, cerei accensi feretro inhærentes, licet vis ventorum toto die horribiliter flaret, numquam tamen lucere desierunt, nec ventorum spiraculis potuerunt extingui.

Defertur ad Aiarum parthenonem sepelienda. 19. Delatam ergo ad vos, reverendæ in Christo filiæ, matrem vestram, licet lamentantes, & præ angustia spiritus gementes, celeberrima processione, & qua potuistis secundum Deum exultatione suscepistis, honorabiliterque gestantes in ecclesiam induxistis. Affuerunt & tunc sacerdotes nonnulli pro ejus æterna requie missarum solemnia celebrantes, & quamplurimi gradus inferioris clerici vobiscum per ordinem psalmos undique personantes. Inter hæc egregia ipsius filia sacerdotes per singulos oblationem faciebat; quæ vix a matre abstrahi valens, non desinebat deosculari, oculis hærere vultui, corpus totum amplexari, cum matre desiderans sepeliri. Flebant inopes matrem & nutricem se amisisse clamantes; lugeretis & vos ipsius alumnæ, & voces plangendo extolleretis, nisi vos vociferari dedecuisset, vel si vestro sub ordine militantibus in sæcularium similitudinem flere mortuos licuisset. Crebris tamen singultibus, frequentibus agitabamini suspiriis, lacrymas tacite fundebatis, non quod lugenda esset quæ occubuerat, sed quia impatientius ferendum erat, quod talem desiistis videre.

Exequias ejus celebrat Johannes episc. 20. Ad reverendas hujus exequias accurrentibus istius terræ nobilibus, accurrit accepto nuntio dominus JOHANNES Gratianopolitanus episcopus, qui solemne Deo sacrificium pro ea offerens, peracta celebriter & honorifice pompa, non funeris, sed triumphi, primo sui pontificatus anno, in medio vestri capituli ejus corpus venerabile tumulavit. Adhuc tamen ejus pia filia quasi quibusdam facibus mœroris accensa, circa sepulcrum volutabatur, & sparsis crinibus, veste conscissa, ora lacrymarum imbribus compluebat, ad cujus lugubres voces Christum æstimo talia dedisse responsa: Quid exclamitas? quid ploras? non est mortua mater tua, sed dormit; de tenebris enim ad lucem, de labore migravit ad requiem. Videtur etiam mihi filiæ lamentanti matrem taliter respondisse: Si me numquam amasti, filia, si mea suxisti ubera, si meis es monitis erudita, ne invideas mihi, neque de voluntate Domini indigneris, nec rebellibus lamentis invidiam facias possidenti; nam diutius peregrinata ad patriæ amœnitatem remeavi, & mundana solitudine pererrata, ad terram lacte & melle manantem, Dei misericordia præeunte, perveni. Quiesce igitur, filia mea, nec me hujusmodi ulterius inquietes.

21. Cum autem planctus & gemitus ejulantis filiæ subsedissent paulisper, pio curiositatis studio largitionibus egenos lætificans, sacerdotes & clericos opulento reficit convivio; quæ numquam maternæ affectionis oblita, illum dormitionis matris suæ diem, patrisque sui anniversarium honore annuo recolens, sacrificiorum mysterio, oblationum frequentia, eleemosynarum instantia deducit celebrem ac solemnem. Materna quoque vestigia sequens, sinceræ affectionis favorem, quo erga vos tamquam adoptivas vel spirituales filias suas fervebat, nullatenus in se frigere vel tepere permittit. Amoris enim ipsius gratia erga vos clementem exhibuerat, & vos fovens ac protegens frequentibus beneficiis recreat. Vos igitur per omnia venerandæ Agni immaculati sponsæ, quæ bonum certamen certastis vel præteritæ vitæ nævos abluistis, vel meritorum cumulos vobis augere contenditis, pretiosam matris vestræ animam, beneficiorum acceptorum non immemores, quotidianis precibus Domino commendate; ut si qua de terrenis contagiis ei adhæsit macula, orationum vestrarum lavacro eam abluere studiosius laborate. Insuper conversationis suæ modum & vitam sæpius relegentes, quidquid imitatione dignum inveneritis eligite, & colligentes vestrisque profectibus coaptantes, verbis & actibus retinete. Probabile quidem est & rationi congruum, hanc, quæ cum Christo vivere creditur, in ore hominum jugem memoriam obtinere; in cujus laudibus si quid minus, si quid incomposite visus fuero protulisse, tam ignoranti quam simplici scriptori, prout æquum est, indulgete. Requiescat ergo per

immensam omnipotentis Dei clementiam in pace perpetua fidelis, devota, & accepta Deo anima, & fructu bonorum operum suorum perenniter cum supernis civibus potiatur. Amen.

22. Ad ornatum tumuli & decorem versus subscriptos composui; quibus perlectis, veneranda egregiæ ossa comitissæ meæ requiescere agnoscantur, lectoresque versuum ad orandum pro ea benignius incitentur.

EPITAPHIUM.

Inclyta, munifica, patiens, moderata, pudica,
Hic Christo grata comitissa quiescit humata.
Quæ postquam licito mansit viduata marito,
Cuiquam mortali non est sociata sodali.
Ergo roget Christum, titulum qui legerit istum,
Semper ut æthereis maneat comes illa choreis.
Hoc tumulo, patet ut titulo, requiescit operta
Femina nobilis & venerabilis atque diserta,
Jus, probitas, pudor & bonitas fuit in comitissa,
Pax, patientia, lux, moderantia fulsit in ipsa,
Muneribus simul & precibus Deus ergo rogetur,
Ut sibi portio cœlica mansio quam cito detur.

BREVIS VITA
WALONIS MONACHI ALTIMONTENSIS.

Ex ms. Alnensis monasterii.

OBSERVATIO PRÆVIA.

SEquentem vitam seu elogium Walonis monachi reperimus post vitam S. Bernardi in veteri codice Alnensis monasterii, qui fuit olim Altimontensis abbatiæ, in diœcesi Cameracensi. Hunc conjicio Walonem, qui & Walradus appellatur, Altimontensem fuisse monachum, breveque hoc elogium præmissum fuisse ipsius Rotulo per monasteria, pro temporum illorum usu, mittendo, persuadet hic versus:

  Hoc te Walo tui titulo venerantur Averni.
Nam hujusmodi elogia in Rotulo scribenda tituli vocabantur.

Hoc te Walo tui titulo venerantur Averni.

An. 1274. PAuca dicturus, lectorem paucis esse volo præstructum, me pennis Icariis volatum non affectasse, sed ut sequenti narratiunculæ stilum manciparem, jubentis imperium suscepisse, cui nimirum refragari non solum reprehensibile, sed & criminosum & pœnale. Ut ergo quod parturio, licet irrisione ridiculi, mutis indignum proferam, mihi sane magnopere mendacium & actu & opinione vitanti videtur onerosum, noti cujuslibet gesta inter familiares scripto commendare; quia scilicet quod unus laudabile censet, alter secus æstimat, sicut de Domino quoque legitur, quod quidam dicebant, Bonus est, alii non, sed seducit turbas. Ea propter per medium sic iter conabor incedere, ut ad utrumlibet latus juste non insimuler exorbitasse. Ceterum stomacho suo quemque relinquo, mihi satis est præceptori paruisse.

Fuit itaque inter nos frater Walradus, ut ita dicam, Flandrigena tam nomine quam natione, qui ob insoliti nominis barbariem dictus est Walo; vir quidem vere Israëlita, in quo dolus non est inventus, quantum potest humano comprehendi judicio, ut divino per omnia deferamus. Tenuit autem constantiam propositi monachilis XXXVIII. annis, per id fere temporis cellerarii functus officio, præter quod infirmitas interpolavit mutatione solatii, vel cum vacuationem languor novissimus indixit ei. Et ut aliqua memoratu digna subtexam, primus in eo virtutis honos enituit, quod munditiam ejus ne levis quidem suspicionis unquam attigit nævus. Nec enim occasione ministerii sui vagabatur, quippe cum apud *Avesnes* emporium utique vicinum numquam fuerit. Erat morum mansuetudine tranquillus, nec ita excandescens, nec iracundiæ tenax, nulli scandalum generans, & sicut alienus a vulpina calliditate, ita nec seductilis fatua simplicitate. Parcus fideliter, dapsilis utiliter, eo victu etiam in infirmitate contentus, quem posset fastidire sanus & famelicus. Cursum divini officii die noctuque, quantum in ipso fuit, numquam omisit, quin aut in ecclesia audiret, aut compendiari sibi deposceret. Ubique solus sedebat, *Pater noster* sufurrare continuum habebat. Ex his quæ sine offensionis detrimento sagaciter obedientiæ suæ subtraxit, ecclesiam cappis & casulis & dalmaticis honestavit, refectorium nihilominus scyphis, & cameras venustavit sedilibus. Testatur etiam domnus abbas CLAREMBALDUS ejus ope & instinctu aquæ-ductum se inchoasse & perfecisse, claustroque novum tectum reposuisse. Debitis autem numquam eum obligatum fuisse, pro argumento est, quod & nemo invenitur debitum repetiisse. Post hæc omnia, ut ostenderet Dominus eorum consortio dignum quos flagellando recipit, gravi languore dissolutus est, & exteriori lumine privatus, ut ad lumen æternum fiducialius anhelaret, & ambulandi standique facultate subtracta, longum duxit martyrium æquanimitate tolerantiæ, cujus patris esset filius videntibus insinuans. Cumque summus ille paterfamilias, apposita jam falce messi suæ, maturitatem monstraret adesse, in cœna Domini quando in universali ecclesia consecratur oleum athletis congruum, iste sacra unctione percepta, instanti die ac nocte cum nocte sequenti cum Domino mortis agonem sustinuit, sic tamen ut cum tranquillitate venientem sponsum videretur expectare. Sabbato autem, sicut Domino cognitum est, transivit ad sedem animarum, anno ab Incarnatione Domini MCLXXIV. In crastino autem quando suum corpus de sepulcro Dominus eduxit, iste suum reposuit in spe futuræ resurrectionis, quæ in Christo processit. Ad cujus videlicet resurrectionis gaudium & ipsum pertinere confidimus, & nos quoque ut admitti mereamur oramus, ipso præstante, qui pro nobis mortuus est & resurrexit, & cum Patre & Spiritu sancto incommutabilis Deus vivit & regnat in sæcula. Amen.

Forsitan hæc naucipendent quibus agnita nostri

Non est prisca loci macies, jam pane repleti.
Hinc vulgi verbum non respuo dicere verum,
Qui mala non novit, quantum profint bona nescit:
Sic nos quos cupere meliora coëgit egestas,
Jam dicti fratris laudamus res bene gestas,
Imbribus objecti gaudentes culmine tecti.

ACTA TRANSLATIONIS
S. REOLI ARCHIEPISCOPI REMENSIS,
SCRIPTA A WILLELMO ABBATE ORBACENSI.

Ex mf. Orbacensis monasterii.

An. 1180.

Anno millesimo centesimo octuagesimo ab Incarnatione Dominica, regnante PHILIPPO Ludovici regis filio, HENRICO Trecensi comite Palatino degente, WILLELMO metropolitano Remensi sibi subditis spiritualia ministrante, mihi WILLELMO Dei gratia Orbacensi abbati, placuit altare quoddam quod constitutum erat in reædificatione templi, in honorem B. Mariæ Virginis & sancti Thomæ martyris consecrari. Ad id opus peragendum petitionibus mei abbatis accessit NIVELO Suessorum episcopus, vir magni nominis & egregie litteratus, quamplurimis clericis, ut condecet tantum suppleri officium, comitatus. Accessit, inquam, sequenti que die ab Inventione S. Crucis, altare in honorem sanctorum prædictorum dedicavit, ac multorum peccamina, qui interessent obsequio, vel qui deinceps votum justæ peregrinationis usque ad tempus præfinitum ibidem supplerent, relaxavit. Placuit de cetero mihi cum fratrum meorum consilio, necnon metropolitani & Suessionensis præcepto, corpus beati REOLI longæva vetustate in quodam veteri vase repositum transferri in novum, quod ædificatum constabat opere sumtuoso, lapidibus pretiosis, gemmis, auro, & argento. Fama transmutationis evolans, diversorum provinciarum circinans compulit ritus & linguas dissonas confluere ad locum prædestinatum, ut ex laboris peregrinatione & eleemosynæ libera traditione pro salute animæ particeps obsequii fierent in perpetuum. Altari siquidem dedicato more consuetudinario, episcopus NIVELO abbatibus & ceteris confluentibus, nova mecum deferens ornamenta, quibus corpus beati REOLI emeritum involveremus, cum gemitu & lacrymis,

crymis, cum cantibus & modulis, accessimus ad feretrum, quod reseratum patebat in conspectu omnium. Rimatur episcopus, rimantur abbates, rimatur oculus beatissimi Reoli corpus, quod propter fragilitatem carnis humanæ, quamvis sacratus, tangere tamen reformidabat digitus. Res miranda! & etiam chirographo condigna; qui populo Israëli quadraginta annis per deserta gradienti vestes & calceamenta reservavit incorrupta, servo suo Reolo, quin potius amico, ornamenta quibus plus quàm trecentis annis involutus fuerat, contulit inviolata. Ego abbas corium cervinum vidi, & tenui, & immutari cum adstantibus censui. Consideravi vestem sericam, fortem & integram, quasi noviter de textrice vel texente prolatam. Palpavi & lineam, ac si rore cœlesti stillaret, & omni genere pigmentorum circumflueret. Testantur mecum qui hæc viderunt & affuerunt, & sub verbo veritatis tam futuris quam modernis credenda reliquerunt. Igitur Nivelo episcopus mecum cum reliquis laudem Deo decantantibus, sanctissimi Reoli corpus primitivis involutum vestibus, quasi lorica inexpugnabili, de veteri in novam fabricam catenis & seris ferreis obturavimus. Caput vero in vasculo quod capiti congruebat reservavimus, ut peregrinis ostenderetur, & petentibus tam corporis quam animæ salus perpetua inferretur.

EPISTOLA EPISCOPI THUNENSIS AD THEOBALDUM REGEM NAVARRÆ, DE FELICI OBITU S. LUDOVICI REGIS FRANCORUM.

Ex ms. Præmonstratensis monasterii.

C'est la fin que le bon roy S. Loys ot à sa mort, que l'évesque de Thunes envoya à Thibaut roy de Navarre.

A Thibaut roy de Navarre par la grace de Dieu, comte de Champaigne & de Brie, queux Palatin l'évêque de Thunes salut & lui tout.

Sire, j'ay receué vostre lettre en laquelle vous priés que je vous face à savoir l'estat de la fin de mon chier seigneur Loys jadis roy de France. Sire, du commencement & du milieu savés vous plus que nous ne sasons: mais de la fin vous pourrions nous tesmoigner la veuë des yeulx, que en toute nostre vie nous ne veismes ne ne sceusmes si sainte ne si devote en homme du siecle ne de religion; & aussi avons-nous oy tesmoigner à tous ceulx qui la virent. Et saichés, sire, que dès le dimenche à l'heure de nonne jusqu'au lundy à l'heure de tierce, sa bouche ne cessa de jour ne de nuit de loer nostre Seigneur, & de prier pour le peuple qu'il avoit là amené, & là où il avoit ja perdue une partie de la parole, si crioit il aucunes fois en hault : *Fac nos, Domine, prospera mundi despicere, & nulla ejus adversa formidare.* Et moult de fois crioit il en hault: *Esto, Domine, plebi tuæ sanctificator & custos.* Après heure de tierce, il perdit aussi comme du tout la parole, mais il regardoit les gens moult debonnairement, & faisoit moult de fois le signe de la croix, & entre heure de tierce & de midy fist aussi comme semblant de dormir, & fust bien les yeulx clos l'espace de demie lieuë* & plus. Après il ouvrit les yeuls & regarda vers le ciel, & dist ces vers: *Introibo in domum tuam, adorabo ad templum sanctum tuum;* & oncques puis il ne dit mot, ne ne parla. Entour l'heure de none il trespassa. Jusques à lendemain que on le fendi, il estoit aussi bel & aussi vermeil, ce nous sembloit, comme il estoit en sa pleine santé, & sembloit à moult de gens qu'il voulsist se rire. Après, sire, les entrailles furent portées à Montreal en une église près de Salerne, là où nostre sire a ja commencié à faire moult de beaux miracles pour lui, si comme nous avons entendu par l'arcediacre de Salerne, qui le manda par sa lettre au roy de Secille. Mais le cueur de lui & le corps demourerent en l'ost. Car le peuple ne voult souffrir en nulle maniere que il en feust portés.

* l. heure.

DE FELICI OBITU
JOHANNÆ COMITISSÆ ALENÇONII ET BLESENSIS.

Ex mf. Præmonstratensi.

Cy commence l'ordonnance de madame la comtesse d'Alençon & de Bloys que elle fist à son trespassement.

1. EN l'an de l'Incarnation MCC. quatre-vingt & onze, le jeudi devant la conversion S. Paul, prist la maladie à très-noble dame, madame JEHANNE contesse d'Alençon & de Bloys, dont elle trespassa le mardi après ensuivant. Ce jeudi à son esveillier li prist douleur une à son costé si grant, que elle ne cessoit de crier, & un rume très-fort, & si avoit mal au cueur tousjours; & en ce point elle fut tout le jeudi, & le vendredi après, & tousjours lui alloit le mal en enforçant: & le samedi mesme jusqu'au tour le midy que elle se voult confesser, & n'eust pas attendu à soy confesser à cest samedi, se ce ne fust le mal, qui si fort la grevoit, tant qu'elle ne pouoit avoir loisir, & le mal que elle avoit au cueur la fist moult cest same hochier & trembler, & elle se confessa si diligemment, & en si grant devotion, & en si grant contrition de la grant ferveur qu'elle avoit, elle fust si esmuë en grant chaleur, que les physiciens deslors s'apperçurent que elle estoit en fievre: tout ne le sceust-elle pas paravant, & ce ne fust pas grant merveille ou point où elle estoit, se elle estoit esmuë, & se la fievre apparoit plus fort; car en la plus grant santé que on la veist onques, quant elle se confessoit estoit-elle si esmuë de la grande & bonne diligence que elle y mettoit, que chascun de son hostel doubtoit moult sa confession. Car c'estoit l'une des personnes qui feust, qui plus humblement se confessoit, & qui plus saigement le faisoit, si comme son confesseur le tesmoignoit, & qui plus griefment se vouloit jugier & reprandre. Aprés ce que elle se fut confessée, & elle se fut fortement lassée & travaillée & moult au dessoubs, dont aucuns de ses gens qui moult estoient tendres de sa santé, eussent moult voulu qu'elle eust attendu à recevoir son Sauveur jusques au dimenche au matin. Elle répondit que elle ne pourroit attendre, car elle estoit pire de sa maladie au matin que aux vespres, & pour ce elle reçut son Sauveur cellui soir du samedi, & alors elle se fist vestir & appareiller son lit, pour plus reveremment recevoir nostre Seigneur, & là se fist mener & couchier, & commanda que quand nostre Seigneur vendroit, que on lui feist tantost à savoir: & si disoit, que se Dieu plait là ne l'attendroit-elle pas, ainçois vouloit aller à l'encontre de lui, car pour ce venoit-il. Et quand on lui dit que nostre Seigneur venoit, elle qui estoit si très foible en son lit, qu'elle ne se povoit pas bien tourner sans aide: si se dreça tout pour par lui, & se fist mettre sur un tapis, & y fust moult longuement acoutées, & à genoux à grans lermes, & à grant contrition de cueur avant que elle le reçut. Et après elle le reçut en si très grant desir, & en si très grant foy, que nuls ne pourroit montrer plus grant. Et après ce qu'elle l'ot receu, elle fut moult longuement en prieres & en oroisons, & puis la remist-on en son lit, & moult mercioit JESUS-CHRIST & disoit: Il m'est avis que je soye moult assouagée, car j'ay avec moi mon Seigneur & mon Dieu, & m'a, s'il lui plaist, apporté santé d'ame & de corps, & fut en ce point le samedi toute la nuit, & reposa ce nuit, ce qu'elle n'avoit fait toute sa maladie.

2. Le dimenche après li évesques d'Orliens, à qui elle avoit prié très le vendredi, que il venist à lui pour adjouster aucunes choses à son testament, y fust, & y fust monsieur de Chastillon, li connestables, & li chantres de Bayeux, & li arcediacres de la cité d'Orliens, & moult d'autres saiges gens, & de grant conseil, & tout ce dimenche elle travailla à perfaire ce que elle vouloit adjouster à son testament, là où elle fut moult grevée & travaillée, si que elle ne pot la nuit bien reposer ne dormir. Et le lundi après elle afoibloia moult, de son afoibloiment elle ne se apperçevoit pas, pour les grans douleurs qu'elle sentoit, & que elle cuidoit estre hors du peril. Elle redoubtoit un pou plus le peril d'acomplir la besoigne, que elle n'avoit fait avant, & avoit voulenté d'un pou reposer, & il sembloit aux physiciens que ce n'estoit pas repos, mais dessaut de nature. Si orent conseil ensamble que on lui montrast son estat, & elle-mesme l'avoit fait promettre à aucuns de ces privés, que

se ils la veoient en peril de mort, qu'ils lui seroient à savoir, & nomméement, à maistre Guillaume son physicien, & il lui acomplit, si bien ce qui lui ot en convenant, qu'il y
» apparut & vint à elle, & si lui dist : Madame,
» vous m'avez fait promettre sur ma loy que
» se je vous veoys en peril de mort, que je vous
» le feisse à savoir. Madame, je suis tenu à dire
» de l'estat de vostre maladie : car moult de
» fois le m'avés requis, & je tousjours ay res-
» pondu que non feroye. Mais comme qu'il
» aille, j'aime trop mieulx à faire contre mon
» dit, que contre ma loyauté. Lors lui dist
» maistre Guillaume : Madame, vous estes
» moult malade, & plus que vous ne cuidez,
» & si malade, que nature de lui n'a povoir
» de resordre, ne les physiciens ne li peuvent
» aidier. Si requierés à celi Seigneur qui fait
» du mort le vif quant il lui plaist, que il vous
» donne ce dont mestier avés.

» 3. Quant elle ot ce oy, si dist : Au moins
» pourrois-je avoir espace d'un mois, car se
» je la povoye avoir, je feroy encore moult
» de biens. Et li maistres respondit : Un mois,
» Madame, & qui est cils qui est seurs de vi-
» vre un mois? Et adoncques, lui dit-il : Ma-
» dame, pourquoy y pensés-vous ? Et la con-
» tesse dist. Et certes, maistres Guillaume, c'est
» un moult grant mot à mon oés, quant cel-
» lui qui fut nés de la Vierge MARIE sans pe-
» chié ou paour de la mort. Et lors lui dist
» le physicien : Nostre sires vous a envoié son
» flaiel, & vous a batué, essaiée. Madame,
» priez lui qu'il le veuille rappeller par sa grace,
» & si vous vueille donner espace de vie pour
» vous amender, si comme il en a le povoir.
» Elle dist : Certes, maistres Guillaume, se il
» lui plaisoit à moi respiter, je feroie encore
» moult de biens. Et tantost maistres Guillau-
» me dist : Madame, où vous plaira-t-il que
» vostre corps respose. Elle respondit que aux
» freres Meneurs. Et après lui demanda où il
lui plaisoit que on meist son cueur ; & elle respondit aux freres Prescheurs ; & on lui ra-mentut l'abbaye de seurs Meneurs, que son pere & sa mere fondorent, & de rechief elle dist, que elle vouloit que son cueur feust aux freres Prescheurs, & pour ce que elle pust bien avoir le secours des deux ordres, & pour l'amour de son seigneur le conte d'A-lençon.

4. Et après ce elle requeroit moult aspre-ment à ceulx qui entour lui estoient, de si
» grant cueur : Pour Dieu aidiés-moi à advi-
» sier, car nostre Seigneur me haste, & disoit :
» Beau sire Dieux, je vous rens graces & mer-
» cis, qui m'avés advisée de mort, car je ne
» voye goute : mais ores voys-je bien & con-
» gnois tout à plain les signes de la mort, &
» li mauvais ennemis me vouloit aveugler. Et moult bien & haultement mercioit nostre Seigneur, de ce qu'il n'avoit pas souffert, & disoit : Pour Dieu aidiés-moi le plus hastive-

ment que vous pourrez, car Dieu me haste. Et lors commanda que l'en lui appellast son confesseur, un frere Meneur, & le prieur de Vauvert de l'ordre des Chartreux de lès Paris, & frere Guion de Chasteau-neuf de l'ordre des freres Prescheurs : & à tous ces trois personnes notables elle se confessa ge-neralement en si très grant repentance & si amerement, que ils tesmoingnerent que ils ne virent oncques personne de plus grant re-pentance. Et dist à ces trois personnes : Je vous prie & vous conjure sur vos loyautés, « que se vous pensés que ceste confession plaise « plus à nostre Seigneur, & que elle me soit « plus proufitable de dire & recorder tout de- « vant le peuple, que vous le me dites, & je « le ferai. Et ils respondirent : Dame, il souffit, & pour ce ne demoura pas que elle ne se jugast moult loyaument par devant tous, en disant qu'elle avoit fait moult de dons plus pour le monde par orgueil & par vanité, que pour Dieu.

5. Après tantost elle envoia querre l'é-vesque d'Orliens & ses autres executeurs, & prist la croix d'oultremer plourant, & la croix aourant, & là endroit. Li bons éves-ques li devisa le merite du pardon, elle res-pondit : Certe, sire en ceste fois le crois je, « & en ceste fois vueil-je mourir, & ay ferme « esperance que par la foy que j'ay que je au- « ray pardon, & que tous mes faits me seront « pardonnés. Et dist que s'il plaisoit à nostre « Seigneur qu'elle trespassast, qu'elle avoit fait ferme propos & voulenté de gaaingnier le pardon par lui-mesme, & se il plaisoit à no-stre Seigneur que elle trespassasse, si envoi-roit-elle si largement du sien, que se il plai-soit à Dieu que elle auroit le pardon ; & lors tourna ses yeux vers l'entrée de la chambre, & vist le prieur des freres de Nostre Dame du Carme, & s'escria hault, en disant : Ve-nés avant, prieur des freres du Carme, car sur tous autres vous desiroye aveoir. Et le preist par la main, la baisa la chiete en bais-sant, & en pleurant moult tendrement, & en reitera ou rencommença sa confession en disant : Je vous supplie, las pecheresse que « je suis, que vous me vueillés avoir pour re- « commandée en vos oroisons & ès oroisons « de vos freres, & par especial que ils prient à « Nostre-Dame, que autressi qu'elle fust asseu- « rée des ennemis d'enfer devant son trépasse- « ment, que elle me vueille estre deffense & « asseurement & amie envers son chier Enfant. « Et puis s'escria : Ha, Dame de pitié, ayez « donc à merci ; & tant que c'estoit merveilles « de la oir, & beaux regrés qu'elle faisoit à la Vierge MARIE. Et pria que ledit prieur lui apportast l'image de Nostre-Dame, qui a-doncques estoit en sa chapelle, & elle la baisa aux pieds, & dist plusieurs oroisons moult devotes, & dist après, oyant tous : Ores suis-je bien aise quant j'ai Nostre-Dame, «

& son ordre de ma partie. Lesquels regrets elle disoit devant tous en plourant & criant : Haa doulce Vierge MARIE, par ta grant humilité tu voulsisse que nom royal feust en toy oblié du très grant & puissant roy Salemon, duquel lignaige tu estois extraite ; & j'ai voulu tout mon lignaige surmonter, & les poures petit prisier, les fleurs de lys de France en mes parements peindre & démonstrer. Haa, Madame, en quel lieu list-on qu'en vos paremens vous meissiés les armes & les signes du roy Salemon, de David, ne des autres roys mondains. Et je, qui suis si miserable par dehors, estoie si royamment aournée, & par dedans estoie charoigne puante de si riches aournemens & atours enveloppée. Haa, Dame, priés vostre doulx Fils, que cils orgueils & tous les autres pechiés me soient pardonnés. Vous ne fustes' oncques ennuyeuse, car par tout queriés pays pour chacun, car j'ay blasmé ou dit mal, ou escouté d'autrui, & ne pensoye pas que ma charoigne, laquelle je vouloye elever & porter devant tous les autres, estoit ordonnée à pourriture, & viande puante aux vers, & toison d'enfer, se il ne m'est par vous remedié. Haa, Dame, vous fustes sobre, & je gloute & desordonnée en excès. Nuls ne vous vit oncques courroucée, & je me suis pour neant courroucée. Vous fustes au service de Dieu jour & nuit au temple, & j'ay oy plus voulentiers instrumens, jougleurs, dances & caroles, & queroye les chambres mieulx parées. Vous fustes poure de biens de ce monde, & je suis toujours convoiteuse de joyaulx, richeces & bobances vains. Vous donnastes à tous exemple de virginité & de chasteté, & je par mes fols & mondains atours ay donné cause à ceulx qui m'ont regardée de penser à mauvaistie & à iniquité. Haa, Dame, vous donnastes la voye aux nobles pour venir en gloire, si nobles volt aucuns estre en paradis, qui soit avec vous qui estes des nobles fils d'Israël estraite, & mere & épouse du Roy souverain Fils de Dieu. Haa, Dame, se je ne suis digne d'estre prest de vous, plaise vous que j'aye aucun anglet près de vous, avec les miserables repentans : car par ma folie j'ay perdu le lieu de noblece, se par vostre doulceur ne suis ramenée à vostre misericorde. Haa, Dame, qui sauroit que c'est grant honneur d'estre prest de vous, petit priseroit estre prest des noblesses de ce monde pour vous laissier. Et puis disoit audit prieur, qu'il ne laissast pas à servir la très haulte royne pour nul autre service, & qu'il le deist à ses freres, & que le service de si grant Dame devoit estre sur tous les autres, & que nostre Seigneur faisoit grant grace à tous ceulx qu'il appelle au service de sa doulce Mere. Et puis ordena l'aumosne pour le chapitre general, & pour le chapitre provincial, & pour plusieurs convents, & eust volentiers fondé un convent de cel ordre, se elle eust encore vescu. Et adoncques ordonna par le conseil de ceux qui là estoient presents, combien elle vouloit envoier outre mer : & tout ensuivant elle voult ordonner de toute la gent de son hostel, & ne voult pas que ses executeurs tant seulement y fussent, mais tous ceux de son conseil, & la plus grant partie des gens de son hostel, pour porter vray tesmoignaige de son ordonnance. Et cele ordonnance feist-elle si bien & si saigement, comme si elle n'eust ne mal ne douleur. Car il n'y ot oncques homme ne femme, petit ne grant, qui par son devis ne passast, & qu'elle n'eust remembrance de quoy elle estoit tenué à eulx & un chacun d'eulx selon le sien estat. Et quant elle ot ainsi fait & ordonné, que tous s'émerveilloient du corps si malade qui avoit si sain entendement, que elle pust tout ainsi ses choses ordonner ; elle se tourna devers ses femmes, elle leur cria merci, & leur dit : Belles très doulces dames & damoiselles, je vous crie merci de ce que je vous ay esté pou courtoise & si diverse, & vous avés esté doulces & aimables, loyaulx & honourables, & de ce que je ne vous ay pas si bien guerdonnées comme je deusse. Or est ainsi que vous ne povez mais le corps servir : mais le bon service que vous povés faire pour moi, si est que vous priés Dieu pour mon ame.

6. Et quant elle ot tout ce fait, elle fut moult travaillée. Si la voult-on faire reposer & prendre un pou de viande. Et disoit : Qui se meurt doit-il reposer ? Certes nennil, ains doit tousjours merci crier à Dieu, & vous le me denssiez bien ramentevoir, non pas pourtant se je dois plus vivre pour le repost prendre, parquoy je peusse plus de cuer & plus parfaitement moy amender. Je vueil bien faire ce que on me loera, & parquoy je peusse à Dieu mon createur plus longuement merci crier, & moy plus asprement repentir ; & c'est la plus grant joye & le plus grant déduit que je peusse avoir que Dieu merci crier. Et lors prist-elle un pou de chose.

7. Après elle dist que elle vouloit veoir toute sa gent, & on les y fist tous venir. Lors, dist-elle : Il n'y sont pas tous, gardés qu'il n'y demeure garçon à l'estable ne en cuisine : car si les vueil tous veoir, & si vueil aussi que tous me voient. Et vouloit donc que toutes manieres de gens qui la vouloient veoir la veissent. Quant elle les veist, elle leur dist, que bien fussent-ils venus, & puis leur dist : Belle très doulce gent, vées à vostre chetive dame, que vous avez tant servie de nuit & de jour, & pour ce que vous avez eu tant de peine & de travail pour moy, qui mauvaisement les vous guerredonnés selon les bons services que vous m'a-

» vés faits, je vueil, & le vous prie pour
» Dieu, que vous le me pardonnés, & auſſi
» toutes les villenies que je vous ay faites par
» ma haſtiveté. Car tant eſtoie haſtive, que je
» ne vouloie que les choſes feuſſent faites tan-
» toſt que je les commandoye. Et vous prie
» pour Dieu que vous amendés vos vies, &
» n'ayés fiance en grant richeſces, ne en hon-
» neurs de ce monde, ne en beauté, ne en
» jeuneſce, car tout ce vous convient laiſſier,
» & vous le povés bien orendoit veoir en moy.
» Car tant ay fait d'ouſtrages & de bobans &
» tant de oultragieux deſpens, & tous les ay
» menés juſques à la mort : & pour ce n'atten-
» dés pas tant comme j'ay fait. Car ſe Dieu
» n'euſt eſté courtoys envers moy plus que je
» n'ay deſſervi, je cuſſe eſté deceuë, car je ne
» congnoiſſoie pas ma mort. Et pour ce que
on doubtoit qu'elle ne fuſt trop grevée, pour
ce qu'elle parloit ſi piteuſement à ſes gens,
on les en fiſt tous aler, & elle leur commanda tous à Dieu, & leur pria qu'ils priaſſent
tous à Dieu pour lui, & moult les louoit,
que moult avoit eu de vaine gloire de leurs
bontés, car y lui ſembloit bien que nulle
dame n'euſt meilleurs gens qu'ils eſtoient.

8. Maiſtre Guillaume ſon phyſicien & plu-
ſieurs autres grant ſeigneurs lui requeroient
que elle ſe vouliſt repoſer, car ils eſtoient
moult à meſaiſe de ce qu'elle ſe travailloit
» tant, & elle leur diſt : Du repoſer n'y a point,
» car qui ſe meurt, il n'a meſtiers fors tous-
» jours à Dieu merci prier, & de ces deffauts
» toutes recorder pardevant lui. Et adonc,
» diſt-elle, apportés-moi la croix, en quoy je
» puiſſe veoir la remambrance de mon Sau-
» veur, en quoy il voult mourir pour moy.
Et adonc lui apporta l'en une croix; & quant
elle la viſt, elle ſe dreça & leva encontre,
& puis diſt de ſi grant cueur à la croix :

» 9. Haa Dieu, qui en cette ſamblance mou-
» ruſtes pour moy, & pour tout le monde :
» Sires, ayez pitié & merci de moy chetive
» pechereſſe, l'une des plus mauvaiſes qui onc-
» ques feuſt. Sire, Dieu tous-puiſſans, je vous
» rens graces & mercie des bontés que vous
» m'avés faites, & tout le monde feiſtes &
» creaſtes. Sire, de tout quanque vous y avés
» & fait & mis, je vous rens graces & mer-
» cis. Sire, qui feiſtes homme & femme à vo-
» ſtre ſamblance, & toutes choſes feiſtes en
» terre pour homme & pour femme, & tout
» leur habau donnaſtes, & donnaſtes ſens &
» entendement de tout ſavoir & congnoiſtre ;
» Sire, tu deffendis à homme ce qu'il te pleuſt,
» il treſpaſſa ſon commandement, Sire Dieux,
» ceſte inobedience fut ſi tres-durement & ſi
» tres-cruellement vengée, que toutes les lignées
» qui de Adam deſcendirent, furent damp-
» nées & perduës. Mais ta grant debonnaireté
» & ta grant miſericorde fut ſi largement &
» ſi merveilleuſement habandonnée à tout le
» monde, que tu vouliſs deſcendre en ſi petit

» hoſtel, comme le corps d'une Vierge, une
» femelete, fille de homme & de femme, pour
» tout le monde. Sire, qui là fus ou ventre
» d'une Vierge pure & necte par l'eſpace de
» ix. mois, vous, Sire, roy puiſſant ſur tout
» le monde, Sire Dieux, vous vouſſites eſtre
» en ſi petit hoſtel ; & je oultrageuſe peche-
» reſſe, à qui grans ſales palais ne povoient
» ſouffire, ſe me feuſſe herbergée en un petit
» hoſtel pour vous, & ſe je y euſſe eſté une
» ſeule nuit pour vous, je cuidaſſe avoir fait
» merveilles pour vous. Sire, au chief de neuf
» mois tu naſquis de la Vierge MARIE, vray
» Dieu & vrays homes. Sire, Vierge fut-elle
» devant l'enfanter, & Vierge fut-elle aprés,
» ne oncques ſa virginité n'en empira. Haa !
» Sire Dieux, roys tous-puiſſans, vous qui eſtes
» Sires de tout le monde, vouſſites ſi debon-
» nairement * purement naiſtre de ceſte be- *f. poure-
» noiſte Vierge MARIE, que elle ne vous ot ment.
» oncques en quoy envelopper, fors que en
» poures drapelés ; & je chetive pecherefſe ainſi
» ne ſuis-je pas nourrie ; mais en grans delices
» & en grans richeſces, en grans boubans, &
» en grans enveloppemens. Sire, tu eſtoies
» Dieu tout-puiſſans, & vouliſs eſtre de lui
» nourris & alaities, & eſtre en ſubjection com-
» me enfant. Haa ! Sire, qui toutes ces grans
» merveilles vouſſites faire pour nous, Sire,
» tres-grant mercis cent mille fois.

10. A toutes ces choſes ci dire & recorder, elle mercioit noſtre Seigneur de ſi tres
grant cueur & de ſi grant repentance, que
c'eſtoit une grant merveille a oir, & tous
ceulx qui eſtoient entour de lui, que moult
ferment ſe doubtoient, que il ne lui gre-
vaſt du grant travail qu'elle avoit de ſi tres
hardamment crier merci à JESUS-CHRIST,
lui prioient moult que elle ſe teniſt quoye
en paix, & lui vouloient oſter ceſte croix,
& elle s'eſcria & diſt : Laiſſés-moi dire ce
» que je vueil, car oncques en jour de ma vie
» je ne merciay, ne ne graciay mon createur
» de nulle choſe, ſi comme je deuſſe ; & au
» moins au derrenier jour m'en laiſſiez faire
» ma volenté, & ne m'en deſtourbés pas. Et
quant elle ot ce diſt, elle commença à recorder les enfances noſtre Seigneur, & tout
adez en lui loant & en lui merciant : Sire
Dieux, qui ta nativité voulſis anoncier aux
poures paſtoureaux, Sire, en ce nous mon-
ſtras-tu ta grant humilité & ta debonnaireté : & tout ceci tu feis à noſtre enſeigne-
ment & grant prouffit. Et lors recorda tout
ce que noſtre Seigneur fiſt en ſon enfance,
& recorda ſa ſainte circonciſion, & l'offran-
de des trois rois, & comment il fut offert
au temple Salomon à ſaint Simeon.

11. Toutes ces choſes elle recorda en
JESUS-CHRIST regratiant & merciant doulcement, humblement & devotement, que
tres forte choſe ſeroit du raconter ; & à toutes ces choſes elle s'arreſta, & recorda par

paroles de si tres grant foy, & de si tres grant creance, que tous ceulx qui estoient illec, se merveilloient, dont ce povoit venir, ne comment elle povoit avoir tel desir.

12. Quant elle ot bien toutes ces choses dites & recordées, si commença à parler de la passion nostre Seigneur; c'est assavoir, comment il fut trahis, & comment il fut vendus, & tout ce elle reclama de si tres grant cueur en criant & desolant sa benoiste mort si tres amerement, que c'estoit grant merveille à oir; & toutes les journées des Pasques flouries, & la feste que li faulx Juifs lui firent, quant il entra en Jherusalem, & comment tout ce fut fait pour lui trahir, & tout jusques au Jeudi absolut, & recorda humblement comment il fist l'amende à ses apostres. Aprés ce quant ce vint à la cene, comment elle parloit à nostre Seigneur, & le mercioit de son tres-haut don, & de celle tres-grant largesse qu'il nous fist. Et disoit ainsi : Haa Sire Jesus-Christ, si tres-grant mercis vous rens, qui nous voulsistes en terre laissier vostre precieux corps. Car ce n'est pas dons comme autres, Sire, en ce benoist Sacrement de l'autel que tu establis; Sire, je le croy certainement. Et ces complaintes disoit-elle si ardamment, & de si tres-grant cueur, que il sambloit que elle veist Jesus-Christ presentement.

13. Aprés ce elle commença à parler à nostre Seigneur, comment il fut pris, & comment il souffri mort, & disoit ainsi : Sire Jesus-Christ, que Judas le fel trahist, qui estoit ton disciple, & te vendi, & te baisa en nom de paix, & tout ce fist par traison. Sire, tu fus pris, & loyés, & menés devant les juges, & si te souffris jugier. Sire, tu souffris que on te deist grans villenies & injures, & ne respondis fors humilité & toute debonnaireté. Sire, tu souffris que on te donnast de grans buffes & craichassent en ton benoist visaige, & te faisoient tant de villeinies & de laidures, qu'il n'est nuls hommes vivans qui les peust recorder ne dire. Sire, rois tres-puissant, moult grant mercis.

14. En telles paroles recordant, elle avoit tant d'angoisse au cueur, qu'il sambloit bien à ceulx qui là estoient, il li cuers lui deust tantost partir ou ventre, & puis s'escrioit en hault à nostre Seigneur : Sire Jesus-Christ, qui fus despoilliés tous nus & liés à l'estaiche devant tous, & batus de grans escourgies trenchans, tant que ta benoiste char fut toute desrompuë, & ton benoist sanc respandu. Sire, qui ce souffris pour nous, aiés pitié & merci de l'ame de moy. Haa, Sire, qui souffris que li mauvais Juif te firent porter la croix, qui moult estoit grant & pesant, laquelle, Sire, vous portastes. Hee ! tres-doulx Sire, larrons & murtriers on laissoit aler à leur martyre tout en paix : mais ce ne fist-on pas à toy, Jesus, à qui on la fist porter moult hastivement, dont tu fus, Sire, si travailliés & si grevés, que tu suas si grant sueur qu'elle te decouroit de ci aux piés. Tres-doulx Sire, ce souffristes-vous pour nous. Sire, moult grant merci. Sire, aiés pitié de moy poure pecheresse.

15. Et lors dist-elle : Faites-moy avoir une croix de fust en quoy je puisse mieulx veoir & avoir la samblance de ceste vraye croix en quoy mon Sauveur mourut, & par quoy je puisse mieux veoir la remambrance des grans peines & des grans angoisses, & les griefs playes que il voust souffrir pour nous, en laquelle il souffri mort : elle ne fust parée d'or ne d'argent, ne de pierres precieuses cleres & reluisans, & ceste croix d'or me esbloist tous les yeulx; si lui apporta en une croix de fust en grant devotion tous-jours.

16. Quant elle vit la croix, si dist : Sire, aprés ce qu'ils te orent fait porter la croix, ils te crucifierent entre deux larrons, & si te firent mourir de la plus honteuse mort, que l'en peust faire mourir nul homme au temps de lors. Sire, ils te percerent tes paulmes des cloulx, & si ataicherent au fust de la croix, & tes benois piés mistrent-ils l'un sur l'autre, & puis ti mistrent un grant clou agu, dur & aspre. Haa ! tres-doulx Jesus-Christ, qui fus couronné de si crueuse couronne, & de si tres-aspre & poignant, que vostre benoist sanc en decouroit parmi vostre benoist visaige. He! tres-doulx Sire, là où vous estiez en si tres-cruel & si horrible martyre de la croix, vous disoient-ils honte & si grans villenies & reprouches moult laides. Sire Dieux, & vous tout ce souffriés humblement & doulcement. Sire, tres-grant mercis. Haa ! Sire, qui fustes aprés abuvrés de si tres-mauvais & felon buvraige & si amers vous, Sire, tres-doulcement le souffriés. Sire, tres-grant merci de toutes ces souffrances. Tres-doulx Dieu debonnaire, qui eustes si grant pitié de la douleur que vous saviés que vostre tres-douce Mere avoit pour vous. Adoncques la recommandastes-vous à monseigneur saint Jehan, pour garder & pour servir comme sa mere. Haa ! Sire, pour icelle pitié, aiez pitié de l'ame de moy. Sire tres-doulx, pireux & debonnaire, qui mercis eustes du bon larron, qui à vostre costé pendoit, qui mercis vous cria, Sire; & vous si humblement & si largement vous lui donnastes ses meffaits. Sire, je vous requiers merci que vous aiez pitié & merci de moy pecheresse & larreneffe. Larrenesse, Sire, suis-je à vous; car je n'ay pas usé de vos biens, de vostre grace, de vostre temps, comme je deusse. Sire, aprés vous souffristes la mort tres-angoisseuse, & si tres-honteuse tout devant le peuple, & encore ne souffist-il pas aux mauvais & felons Juifs : car aprés ce que vous fustes mort, un chevalier appellé

» Longis vous feri par vostre costé d'un tres-
» cruel glaive, dont vostre precieux sanc issi
» à aussi grant ruissel, & à aussi grant foison,
» de quoy une petite goutte souffisist bien à
» cent mille mondes racheter, Sire, là sustes-
» vous si doulx & si courtois, que celui qui
» vostre precieux costé vous perça, qui goutte
» ne veoit ; vous lui enluminastes la veuë. Haa !
» Sire tres-doulx Jesus-Christ, qui pour mon
» salut souffristes celle tres-douloureuse mort ;
» Sire, je vous prie merci, que vous aiez pitié
» de l'ame de moy, & que vous me veuilliés
» garder de celle crueuse mort d'enfer. Sire,
» vous aviez dist que vous susciteriés au tiers
» jour. Vous resuscitastes, & allastes en enfer
» pour vos amis delivrer, & vous demonstra-
» tes à plusieurs de vos amis qui moult en fu-
» rent lies & joyeux adoncques. Aprés, Sire,
» vous montastes es cieulx pour amour de
» vostre benoiste ascension, & portastes celle
» precieuse char, qui pour nous fut crucifiée
» & glorifiée pardevant Dieu le Pere. Et de
ce parla-elle moult merveilleusement &
moult gracieusement ; aprés, comment li sains
Esperis descendi au jour de Pentechouste
ens és cueurs de ces apostres & de sa doulce
mere, & comment il les conforta, & com-
» ment elle disoit : Tres-doux Jesus-Christ,
» qui au jour de la Pentechouste reconfortastes
» vostre benoiste mere & vos apostres ; con-
» seilliés aujourd'huy l'ame de ceste chetive
» pecheresse à l'eure de la mort.

17. Et quant elle ot toutes ces bontés ci
recordées, que nostre Sire fist pour nous,
& de toutes ces choses lui gracié & mercié
si humblement, si debonnairement, & de si
tres-grant cueur, & si ardanment que nul ne
le pourroit penser. Aprés ce elle se commença à jugier si merveilleusement & si amerement, en recordant toutes ses deffautes
& de si grant cueur, qu'il sambloit à tous
ceulx qui la veoient, que li cueurs lui deust
partir ou ventre, car elle se jugeoit tres-as-
» prement, & si crioit à haulte voix : Fils de
» David, comment oserai-penser que j'aye
» merci, si pecheresse comme je suis, qui jus-
» ques à ceste heure ay attendu ; car oncques
» en jour de ma vie je ne vous servis, ne ne
» vous honnouray, si comme je deusse avoir
» fait ; ains ai despendu vostre temps en grant
» orgueil, & en grant boubant, & en vaine
» gloire, & en acquerant les loenges de ce
» monde, & si ay vescu delicieusement, & ay
» oy parceusement le vostre service. Et en
toutes ces choses recordoit-elle tousjours
ses deffautes si tres-angoisseusement, que elle
ne cessoit oncques, & tousjours disoit : Sire,
» ayez merci de moy, & confessoit en disant
que elle estoit une des plus pecheresses du
monde.

18. Et quant on lui disoit : Pour Dieu,
doulce dame, souffrez-vous un petit de tant
parler ; car il vous pourroit trop durement
grever. Lors dist-elle : Haa ! car me laissez «
en paix ; car si je cuidoye qu'il pleust à no- «
stre Seigneur, je vouldroye que je criasse si «
hault & si fort, que li cuers me volast hors «
du ventre, de l'angoisse & de la grant dou- «
leur que j'ay, que je courroucay oncques «
mon createur. Et lors dist-elle à ceulx qui «
estoient entour lui : Pour l'amour de Dieu, «
doulces gens, gardez-vous de pechier, & si «
amandés vos vies tost & isnelement ; car se «
createure savoit l'angoisse qui cueur de pe- «
cheur, qui a courroucié son createur, sent «
à la mort, jamais nul n'oseroit faire pechié. «
Adonc elle s'escria en hault, & dist : Sire «
Dieux, or vous pleust-il que je chetive pe- «
cheresse, qui tant ay mené de grant orgueil, «
& de bouban, feusse bien atelée d'un chetif «
roussin, & puis feusse traynée par toutes les «
ruës de Paris, là où je me suis monstrée «
orgueilleusement & boubencierement, & que «
tous ceulx & toutes celles qui m'ont veuë «
mener mes grans comtises, me dejettassent «
de boes & de savates ; car il n'est honte que «
on peust faire à chetive pecheresse, que je «
ne voulsisse que on me feist, quant oncques, «
vray Dieu, je vous courroucay. Et maintes- «
fois parloit-elle à plusieurs personnes qui en- «
tour son lit estoient, & disoit ainsi : Pour «
Dieu, je vous prie, que vous n'attendiés «
pas tant à laissier le monde comme j'ay fait ; «
car il me laisse maintenant, je ne le laisse «
pas, Car je l'ay servi jusques à l'eure de mort. «
Et pour Dieu, mirés-vous en moy qui estoie «
si aveuglée du monde ; car je cuidoye vivre «
moult longuement, donc j'estoye deceüe : «
car se nostre Seigneur ne me feust si cour- «
tois, qui m'en a avisée par sa doulce grace «
& misericorde, je eusse esté deceüe du mon- «
de, & moult en ay grant angoisse à mon «
cueur, quant je ne l'ay avant laissié que il «
moy : & si n'ayés pas fiance en ces faulses «
loenges de ce monde, ne en ces faulses «
amours. Car tout ne vault riens, ne il n'est «
chose qui vaille vostre bon amour, beaux «
Sire Dieux.

19. Quant elle ot toutes ces choses ra-
contées, & crié merci à nostre Seigneur
moult parfondement, elle requist par maintes
fois que elle fust enoliée. Et quant on luy
disoit : Dame, souffrés-vous, il n'est pas encore temps ; elle disoit : Je le vueil tant «
comme je suis en mon sens & en bonne me- «
moire, & je le charge à vous sur vos ames. «
Haa ! Sire Dieux, vueilliéz-moy donner gra- «
ce, que je puisse recevoir cest benoist sacre- «
ment si dignement & de si grant cueur, «
que ce soit en amendement de toutes les «
autres fois que je ne l'ay pas receu si comme «
je deusse. Car oncques en jour de ma vie «
je ne le receus si dignement, ne si vrayement «
comme je deusse en si grant tremeur, ne en «
si grant repentance de mes pechiés. Et avant- «
hier, beaux tres-doulx Dieux, ne vous re- «

ceus-je pas si comme il appartenist à moy. Et ce avoit esté le samedi pardevant que elle l'avoit receu. Hee! Dieux debonnaire, pourquoy disoit-elle ce; car vrayement c'estoit une des personnes du monde, qui plus doulcement le recevoit que l'en sceust.

20. Lors lui apporta-on la sainte onction, & quant elle vit ceulx qui luy apportoient, elle les receut moult liement à son petit povoir, & à moult grant reverence, & fist son plain povoir de soy drecier encontre eulx, & si leur dist moult humblement & de cueur, que bien seussent-ils trestous venus; & lors demanda elle que elle devoit dire, & si leur dist : Tres-doulx seigneurs, pour Dieu, enseignés-moy tout, quanque je dois faire & dire à cest benoist sacrement recevoir, & on lui dist qu'elle devoit dire *Pater noster*, *Ave Maria*, & *Credo in Deum Patrem*, &c. & qu'elle criast merci devotement à nostre Seigneur, & qu'elle ne cessast point en tant que l'en mettroit à faire le sacrement de l'onction; & tout adez, elle prioit merci à Jesus-Christ son createur, & de si fin cueur, que c'estoit grant merveilles & grant pitié à veoir & oïr.

21. Aprés l'ennoliement, l'en lui apporta la croix de fust que elle avoit tant desirée, & dist ainsi : Haa! tres-doulx Jesus-Christ, ycelle croix de fust me donne assez plus grant remembrance de vostre mort, que celle croix d'or. Et quant elle fut ennoliée, on lui bailla celle croix de fust à baisier, & puis dist son confesseur : Madame, vées à la samblance de la sainte croix, en laquelle nostre Sauveur Jesus-Christ receut mort au jour du bon vendredy. Haa! Sire, je croy certainement, que en ceste samblance vous morustes tres-honteusement pour moy, & en ceste foy & en ceste vraye creance vueil-je autressi mourir, quant il vous plaira. Tres-doulx Jesus-Christ, je vous crie merci par icelle tres-angoisseuse mort, que vous avez soufferte pour moy, que vous aiés pitié & merci de moy, Sire Dieux, & me vueilliés estre plus piteux & plus debonnaire que je n'ay desservi. Sire Dieux tout-puissans, je ne dessservi oncques si mal; non, Sire Dieux, moult de bonnes creatures ont esté pendues, traynées, enfouyes, arses, brulées, & noyées, qui de cent mille tant ne l'avoient pas si bien desservi comme j'ay; & Sire, larrenesse, murtriere, faulse & tircheresse vous ai-je esté de l'ame de moy; car, Sire, je l'ay traye & mal murtriés, se vous n'en avés pitié par vostre grant misericorde. Et lors se prist à son cuevre-chief, & l'enveloppa entour sa gorge, & se lança contre la croix, en disant : Sire, Sire, veés-ci vostre larrenesse, qui par droit a dessservi estre pendue au gibet d'enfer, Sire Dieux, se vous n'en avés pitié par vostre misericorde. Et lors commença-elle moult à despire le monde, en disant : Fi, si, fi, de moy qui tant ai mené & soustenu les richeces & les honneurs de cestui monde. Et disoit : chacuns m'enclinoit & s'agenoüilloit contre moy. Que me valent ores ces palais & ces chambres parées, & ces sales pavées, ces beaux liz en courtines, vins & viandes, compaignies de grans Seigneurs & de grans dames. Quant je serai demain encourtinée d'un drap court, & estroit de froide pierre & de terre. Et adonc commença-elle à entrer en une si grant repentance de cueur, & de si grant voulenté, qu'elle ne se pouoit abstenir de crier à nostre Seigneur, & si treshault, qu'il sambloit que les veines du cuer lui deussent rompre, de la grant ardeur & desir qu'elle avoit de dire ce qu'elle disoit. En ceste ardeur & en ceste ferveur, elle batoit si tres-durement sa coulpe & en si grant contrition, qu'il sembloit que on serist sur une table; & en ceste ardeur où elle estoit, elle se retourna devers la gent, & leur cria merci, en disant : Haa! belle tres-doulce gent, je vous prie merci pour l'amour de Dieu, que vous vueilliez prier pour moy, & vueilliez prandre medecine à la discipline pour moy chetive pecheresse, en nom de penitence, & moult leur pria par plusieurs fois : Pour Dieu, priez Dieu pour moy, que je ne me desespere, & priés à nostre Seigneur qu'il me tiengne en sa vray foy. Et on lui disoit : Pour Dieu, Madame, parlés plus bas, & si vueilliés oïr ce qu'on vous dira pour vostre salut. Et elle disoit : Comment pourrai-je avoir esperance d'estre sauvée, se ce n'estoit la tres-grant abondance de la misericorde nostre Seigneur; car je chetive pecheresse ne fis oncques chose dequoy je deusse avoir esperance de mon salut, se ce n'estoit sa tres-grant pitié & misericorde.

22. Lors commença-l'en à parler à elle, & à lui reconforter par quoy elle ne se desconfortast pas. Adonc dit-elle : Sire, je vueil que tu saiches, & si faites-vous bien, que ne paour d'enfert, ne paour d'ennemis ne me fait avoir l'angoisse, ne la grant douleur que j'ay, fors que je lasse chetive pecheresse vous ay tant & si courroucée, mon doulx Seigneur, mon doux createur, pour vostre amour, Sire, que je cuide avoir perduë. Et ce n'est mie grant merveille, Sire, que se je la doute avoir perduë; car oncques en jour de ma vie je ne vesquis en estat, ne ne fis chose que je deusse envers vous, par quoy je deusse avoir esperance d'avoir merci de voustre tres-grant misericorde, n'estoit plus grant que l'en ne pourroit penser ne dire : & ta tres-aspre & amere Passion, en quoy eu tousjours ferme esperance. Car je scay bien certainement, Sire, que nuls ne pot oncques penser comment vous estes tout-puissant de pardonner les pechiez des pecheurs & des grans pecheresses comme je suis. Et lors commença-elle à dire à moult

piteux

»piteux plains : Sire, je soulois avoir mes gens
»& mes fourriers qui alloient devant, pour
»prandre mes hostels, & pour appareiller mes
»chambres, & bien parer. Sire, je n'ay qui
»y envoyer pour moy ; ains m'en vois, douls
»Sires, pour une des plus desconseillée & des-
»confortée, plaine de pechiés, la plus poure
»& la plus nuë de tous bienfaits qui soit au-
»jourd'huy. Tres-douls Sire, je vous prie
»merci pour la tres-grant pitié que vous eu-
»stes de la tres-doulce Marie-Magdelaine.
Ceste requeste lui faisoit moult souvent.

23. Et aprés ce elle demanda à oir la Passion nostre Seigneur, & on lui dist en latin & en françois, & là endroit se asseur-elle moult, & en oyant, dist elle moult de parole plaine de foy & de tres grant esperance. Et quant ce fut dit, & elle fut aquoisiée le plus, lors commença-elle à parler à la royne MARIE, qui à ce temps estoit royne de France, trop devotement & trop doulcement, & disoit
»ainsi : Ha ! madame doulce, benoit soit no-
»stre Seigneur, qui vous a amenée à ma fin,
»& certes, ma doulce dame, je ne suis pas
»digne que vous y soyés, & pour l'amour
»de JESUS-CHRIST, madame, mirés-vous en
»moy, & si n'ayés pas fiance en vostre jeu-
»nesse, ne en beauté, ne en grant seigneurie
»que vous aiés maintenant : car tout sera cen-
»dre, & tout vous conviendra laissier, ainsi
»comme il fait moy, & si n'attendés mie tant,
»ma doulce dame, comme j'ay fait ; car je
»ne laisse pas le monde, mais il moy. Et ces paroles & autres moult belles disoit-elle à plusieurs personnes qui là endroit estoient, & moult leur pria par plusieurs fois, qu'ils ne se fiassent point en richesces, ne és delices de ce monde, & sur tout rien elle leur basmoit orgueil & bobant. Et lors pria-elle à la royne pour Dieu, qu'elle dist au roy de France, qu'il eust pitié & compassion de l'ame de luy, & qui lui pleust à mettre conseil que son testament feust accompli, si comme elle l'avoit ordonné. Et merveilleusement elle lui manda moult de belles paroles & de piteuses, en monstrant que il desprisast le monde, les orgueils & les bobans, & pour Dieu que ils remembrassent que tout convendra laissier. Et moult pria la royne, que elle voulsist prier à ses cousins de Saint Paul, que ils ne se tenissent à malpaiés de ce qu'elle avoit fait ; car se Dieu lui voulsist aidier, elle ne le faisoit pas par deffaute d'amour, ainçois li faisoit seulement & purement pour l'ame de lui & de son salut. Et
»pour Dieu, tres-doulce dame, priés-leur que
»ils me soient aussi courtois, comme ils voul-
»droient que leurs hoires leur feussent, se ils
»estoient ou point où je suis, Dieu merci.
Et par plusieurs fois elle avoit dit que elle ne faisoit chose, qu'elle ne feist, se elle eust deux enfans ou trois, & en ceste foy lui aidast JESUS-CHRIST à avoir la gloire de pa-

radis quant l'ame partira du corps.

24. Aprés ces choses, elle affoiblia moult, & regarda là où la croix de fust estoit, que on avoit mise contre ses yeulx, & fist signe que elle la vouloit avoir ; & quant on lui apporta, elle la prist à ses deux mains moult foiblement, & dist ains : Hé ! vray Dieu, « qui en la samblance de ceste croix mouru- « stes, Sire Dieux, ayés pitié & merci de l'a- « me de moi, & puis s'escria-elle pardevant « toute la gent : Bonnes gens, veez cy endroit « mes armes, & de ces armes vueil je estre « armée encontre mes ennemis, & en ceste « foy vueil-je bien mourir, ne jamais de moy « ne se despartiront tant comme je vive. Et « lors la coucha-elle sur son * pis, & estraint *id q̃ son entre ses bras au plus fort que elle pot. Et sein. quant ce vint une grant piece aprés que on lui voult ceste croix oster, pour ce que elle lui pesoit trop, elle dist à celui qui la lui vouloist oster : Non ferez, Dieux, dist-elle, « elle ne se partira jamais de moy tant com- « me je la puisse tenir à mes mains, se Dieu « plaise. «

25. Et tantost aprés elle requist que l'ame de lui feust recommandée tant comme elle avoit son entendement. Et celle recommandation prist-elle en si grant leesce, & en si grant voulenté & seurté, que il sembloit que y ne lui coustast, ne ne gravast riens au cueur. Et disoit que elle se merveilloit, se on povoit mourir à si petit de douleur comme elle sentoit. Et tousjours l'en recommandoit son ame, & ainsi que l'en disoit, Ora pro ea, elle disoit ententivement, Ora pro me, & joignoit les mains si tres-devotement, & batoit sa coulpe si forment, & disoit : Sire, Sire, « en vostre benoiste garde recommande-je l'a- « me de moy. Et quant l'ame de lui fut recom- « mandée, elle leur demanda quelles choses estoient milliours à dire prés de la mort ; & on lui dist : Madame, dites vostre Pater noster, & In manus tuas, Domine, commendo spiritum meum, &c. & ce dist elle de bon cueur par plusieurs fois, & puis disoit-elle tant comme elle pot, Pater noster, ave Maria, & disoit aussi, Sancta Maria, mater Domini mei JESU CHRISTI, ora pro me, & disoit moult de belles & de bonnes prieres que elle savoit, à son petit povoir ; car certes elle estoit moult foible. Et lors se commença à taire, & on la vist un pou fremir, tout aussi comme se elle eust paour ; & lors on lui dist pour lui reconforter : Madame, n'ayez pas paour ; car « se oncques nulle creature entra en la gloire « de paradis, pour croire fermement la foy « Chrestienne, & pour tres-grant repentance « avoir, nous creons fermement & certaine- « ment que vous y serez. Et lors parla tantost « son confesseur à elle, & lui dist : Madame, « aiés bien ferme esperance en la foy de sainte « eglise, & si n'aiés pour l'amour de Dieu nulle « paour ; car je pren tous vos pechiés sur moy ; «

"& si creés fermement ou Pere, ou Fils, & ou Saint-Esprit ; car cest article est de necessité à croire pour le salut d'un chacun.

26. Adonc dist-elle: Je croi certainement que ce soit un Dieu en trois personnes, li Peres, li Fils, & li Sains-Esperis, où j'ay tout adez euë ma ferme esperance, & en ceste foy vueil-je bien mourir. Et lors parla-elle moult fermement & moult parfondement, & de si tres grant foy du Sacrement de l'autel. Adonc fut-elle un bien pou aquoisée, & autressi comme en transses, & ouvri ses yeulx qu'elle avoit tres-beaulx, & puis si dist: Haa! tres-doulx Sires, ci a grant noblesce, & ce ne sont pas de mes noblesces que je souloie jadis mener par orgueil & par tres-grant beubant en ce monde. Et quant elle ot ce dit, elle se tut un tres-petit, & puis elle ouvri ses yeulx, & lançant ses deux bras devers le ciel: Voire avecques vous, Sire, droit comme ligne ; & puis si dit: *In manus tuas, Pater, commendo spiritum meum.* Adonc lui dist le prieur des freres de nostre Dame du Carme, qu'elle avoit retenu. Madame, dites ce ver du Psautier: *Dirupisti, Domine, vincula mea, tibi enim sacrificabo hostiam laudis.* Car la glose de ce texte dist que quiconque le dit trois fois devant la mort, il aide à avoir grant remission des pechiés, & vault contre les ennemis d'enfer. Et elle l'en mercie moult doulcement, & dist cellui ver par trois fois moult devotement, & entre-deux disoit-elle: Voire, Sire, avecques vous m'en irai-je droit comme ligne. Et tant comme elle pot parler, elle parloit tousjours à nostre Seigneur JESUS-CHRIST, & moult souvent. Hee! Dieux, dist-elle, la mort m'aprouche, & puis aprés dist ainsi: Pleust ore à Dieu, que tous mes amis sceussent comment il m'est ; car je suis moult aaise la merci à Dieu. Et tousjours dist-elle tant comme elle pot ainsi: *Pater, in manus tuas commendo spiritum meum.* Et lors fut-elle en tel point, que l'en cuidoit tout certainement, que l'ame s'en alast. Si commença-l'en la letanie. Et quant l'en dist *Sancta Trinitas*, elle dist: Arrestés-vous, & si demanda ses executeurs, & si leur dist: J'avoye en mon propos de faire une chapelle de la benoiste Trinité de v. freres ou de six. Je vous prie, & vueil, que vous la faciés faire. Et tout errant, si comme elle ot ce dit, elle fut en tel point, qu'il sambloit bien qu'elle ne deust jamais parler, & disoient tout ensuivant la letanie. Et quant vint au dire, *Sancte Johannes Baptista*, elle se revigoura ce qu'elle pot, & si leur dist: Arrestés-vous, je avoie en mon propos de faire une chapelle de monsieur saint Jehan Baptiste. Je vueil, & vous prie tant comme je puis & scay, que elle soit faite ; & lors lui demanda-on de combien ; & elle dist sa voulenté, & tantost se repousa: car moult estoit afflictée & travaillée du corps, & en moult petit point. Et puis ils disoient la letanie jusques-là où l'en dist, *Sancta Maria Magdalena*, & lors elle dist: Arrestés-vous, & moult leur pria, & dist qu'elle avoit eu devotion à la benoiste Marie Magdeleine, & voult que on en feist une chapelle en remuneration de tous ses meffais. Et puis la bonne contesse d'Alençon & de Blois n'atendi à nulle res fors à Dieu prier qu'il lui vousist tous ses meffais pardonner, si tres-bas, que on ooit moult pou ce qu'elle disoit. Et aucunes fois disoit-elle tout basset: *Pater, in manus tuas commendo spiritum meum*, si comme elle povoit, & en celles paroles, & en tel entendement tousjours fut jusques à la fin, que ses esperis se departi de son corps. Et si fut si doulce & si gracieuse à sa fin, que tous ceulx & toutes celles qui là endroit estoient presens, disoient qu'ils ne l'avoient onques veuë si doulce ne si gracieuse comme elle estoit, & leur estoit avis que elle risist.

27. Nostre Sire JESU-CHRIST, li doulx Roys de paradis, li Sires tous puissans en ciel & en terre & en mer, & la benoiste Vierge MARIE, sa tres-doulce mere, aient aujourd'huy pitié & merci de l'ame de la bonne dame, & aussi de toutes les ames de tous ceulx & de toutes celles qui sont trespassées de c'est siecle, qui la merci Dieu attendent. Dittes *Amen. Pater noster. Ave Maria.*

28. Ci fine l'ordonnance de madame JEHANNE la contesse d'Alençon. Et pour Dieu, tres-doulce gent, qui le grant bien & l'ordonnance du trespas de ceste bonne dame, la contesse d'Alençon & de Blois avés oy recorder, il vous plaise à de prier à JESUS-CRIST le roy tout puissant, que par tres-grant misericorde, qu'il vueille avoir pitié & merci d'une tres-bonne dame noble & son vivant, qui tous les jours de sa vie vesqui humblement & saintement, qui moult avoit grant pitié & compassion des poures membres de JESUS-CRIST, qu'il vueille l'ame de lui faire & mettre reposer en son saint paradis, ce qu'elle le puist veoir en sa saintissime gloire face à face. Dites, *Amen.*

29. Ce fut madame KATHERINE DE BAILLOUEL dame de Leuze & de Condé sur l'Escaut, qui trespassa à Barenther le prouchain lundi devant le jour de monsieur saint Denis vi. jour du mois d'Octobre, en l'an de l'Incarnation nostre Seigneur JESUS-CRIST mil ccc. xxxvii. Et li siens corps se repose à present en l'abbaye du Mont S. Eloy de lès la cité d'Arras. *Pater noster, & cum hoc, De profundis clamavi, pro ea & pro cunctis fidelibus defunctis. Amen.*

Oremus.

Fidelium Deus omnium conditor & redemtor, animabus famulorum famularumque tuarum remissionem cunctorum tribue peccatorum, ut indulgentiam quam semper optaverunt, piis supplicationibus consequantur, per te Jesu Salvator mundi, qui cum Patre & Spiritu-sancto vivis & regnas Deus per omnia sæcula sæculorum Amen.

Cy endroit fine l'ordonnance de madame la contesse d'Alençon & de Blois, qu'elle ot à son trespassement. Priés pour lui que Dieux bonne merci lui face, & à tous les trespassés en nostre Seigneur Jesus-Crist. Amen.

PROCESSUS CONTESTATIONUM
SUPER SANCTITATE ET DOCTRINA
BEATÆ CATHARINÆ DE SENIS,

DE MANDATO REVERENDI IN CHRISTO PATRIS ac D. D. Francisci Bembo, Dei gratia, episcopi Castellani, per Franciscum de Viviano notarium curiæ episcopalis Castellanæ de Venetiis, in cancellaria dictæ curiæ positus, ibidemque ad perpetuam rei memoriam conservandus, ac sine ipsius domini episcopi & successorum ejus licentia inde nullatenus removendus, nisi alias habito diligenti consilio discretorum virorum.

Ex manuscripto codice Majoris-Carthusiæ.

OBSERVATIO PRÆVIA.

Cum B. Catharina virgo Senensis, de Pœnitentia sancti Dominici, Romæ die Aprilis 29. anni 1380. ad superos evolasset, multisque, dum in vivis ageret, miraculis claruisset, nec paucioribus etiam post mortem coruscaret signis, quibus pro vita sanctitate cœlitum gloria perfrui probaretur: fratres Prædicatores in suis Venetiarum & aliis quibusdam Italiæ conventibus, aliqualem ejus memoriam fere ab ipso obitu celebrare cœperunt. Nam dominica post festum S. Petri martyris die, is qui apud eos concionatoris ordinarii munus exercebat, in laudem B. Virginis publice sermonem habebat ad populum, atque ad eximias illius virtutes imitandas auditores hortabatur. Id cum pro more in conventu SS. Johannis & Pauli præstitisset anno 1411. ortum subito est murmur in vulgus, stupentibus multis, virginis inter sanctos apostolica auctoritate nondum relatæ adeo solemnem agi memoriam: nec defuere qui re ad Castellanum episcopum summi pontificis legatum delata, tanti de novitate facinoris inquiri juridice postularent. Is insequenti die 26. mensis Maii præcipuos festivitatis hujus, ut aiebant, promotores, fratrem Bartholomæum de Ferraria inquisitorem, & fratrem Thomam Antonii de Senis ejusdem sanctæ quondam confessorem in jus vocavit, super querelis de ipsis factis responsuros. Qui quidem sic vocati, coram episcopi vicario comparentes, declararunt nullum se prædictæ virginis festum celebrasse; sed decantato ex more de dominica officio, eximia in ea Dei dona prædicasse, virtutes ejus non vulgares imitandas populis proponendo: quæ certe adeo nota cunctis & celebres evaserant, ut digna quæ sanctorum albo inscriberetur ab omnibus judicaretur: ceterum perhibuisse se testimonium veritati, paratos etiam facti sui rationem reddere, sed scripto potius quam verbo rem expediendam. Assentiente vicario, contestationes suas de vita & doctrina S. Catharinæ statim ambo scriptis fusioribus exhibuerunt. Neque his contenti, similes ab aliis gravissimis viris exhiberi procurarunt, Stephano de Maconibus ordinis Carthusiensis præposito generali, Bartholomæo de Ravenna ejusdem ordinis ac priori insulæ Gorgoniæ, qui ambo Catharina ipsa familiariter usi, ac virtutum ipsius conscii fuerant. Insuper a fratre Angelo de Senis ordinis Minorum, atque a fratre Bartholomæo Dominici de Senis, quorum omnium contestationes ab eruditis Bollandi continuatoribus, multa adhibita diligentia, frustra perquisitas, feliciter inveni in Majori-Carthusia, ex ms. codice fratrum Prædicatorum Senensium, propria manu R. P. domni Petri Masotti prioris Pontiniani prope Senas olim descriptas, ac mihi edendas perhumaniter commisit R. P. Innocentius Masson, Majoris-Carthusiæ prior & totius ordinis sui præpositus generalis, utpote quæ non solum beatæ Catharinæ, sed ecclesiasticæ etiam ac præsertim Gregorii XI. & Urbani VI. summorum pontificum illustrandæ historiæ conferre possunt non parum. His subjungemus Sixti papæ IV. bullam, qua sub gravissimis pœnis vetat depingi S. Catharinam Senensem cum sacris stigmatibus.

IN CHRISTI NOMINE AMEN.

Anno 1380. 1. ANno nativitatis ejusdem 1411. indictione quarta, die vigesima quarta mensis Maii ad perpetuam rei memoriam. Pateat omnibus infra scripta legentibus, quod cum a magno tempore in conventu SS. Johannis & Pauli, S. Dominici, & in monasterio Corporis Christi de Venetiis, ordinis fratrum Prædicatorum, annuatim celebrata fuerit memoria cujusdam virginis B. Catharinæ de Senis; in dominica videlicet quæ sequitur immediate festum B. Petri martyris ordinis Prædicatorum; contigit anno prædicto quod cum memoria prædicta in conventu dicto SS. Johannis & Pauli celebraretur more solito & tempore, & prædicaret ibidem ille qui tunc erat prædicator dicti conventus, videlicet quidam venerabilis pater, frater Bartholomæus de Ferraria, ortum est quoddam murmur inter aliquos dictæ virgini aliqualiter detrahentes ex grandi admiratione habita de virtutibus eximiis quæ dicebantur de illa, & aliquos alios ipsi virgini non parva devotione affectos. Ex quo sequutum est quod per quosdam discretos viros extitit ordinatum, quod apud dominum episcopum Castellanum fieret quædam querela super dicta materia, ut ipse dominus episcopus habitis declarationibus aliquorum patrum supradicti conventus SS. Johannis & Pauli, circa materiā memoriæ supradictæ, quietare valeret quoscumque suæ diœcesis quovis modo errabundos sive turbatos. Sicut fuerat ordinatum, ita fuit postmodum executioni mandatum. Nam anno, indictione, mense & die supradictis, in quo die celebratur festum translationis B. Dominici patris ordinis Prædicatorum, proposita & facta fuit dicta querela, prout hic

Querela de annua commemoratione B. Catharinæ sanctorum catalogo nondum adscriptæ.

A immediate subscribitur, me Francisco de Viviano de Venetiis curiæ præfati domini episcopi, notario publico infrascripto præsente, videlicet.

2. Coram reverendo in Christo patre & domino, domino Francisco Bembo, Dei & apostolicæ sedis gratia episcopo Castellano, comparuerunt a nobis, egregius vir dominus Bernardus Bembo de Venetiis, de confinio sanctæ Mariæ-novæ, & Castellanæ diœcesis, circumspecti viri F. Giannottus de Albertis de Florentia, de confinio S. Marinæ; F. Daniel Ziono de Venetiis, de confinio S. Leonis; F. Antoninus Savagnino de Venetiis, de confinio S. Cantiani; F. Guido & Johannes Leopardo de Luca, de confinio S. Mariæ; & F. Corradus de Bruxia, rector scholarium de confinio S. Simeonis prophetæ: & exposuerunt eidem quamdam piam querelam infrascripti tenoris, videlicet: Habita recompensatione, quod jam a pluribus elapsis temporibus, in quibus omni anno excolitur & celebratur festum in locis & conventibus fratrum Prædicatorum de Venetiis, videlicet in conventu SS. Johannis & Pauli, & in conventu S. Dominici, cujusdam quæ vocatur & nominatur B. Catharina de Senis, quæ etiam in pluribus locis depingitur, & multis videtur quod non sit bene factum, non secundum ordinem sacrosanctæ Romanæ ecclesiæ, ex eo quod ipsa nondum est canonizata.

3. Habita insuper recompensatione ab alia parte, qualiter reverendo patri & domino, domino Francisco episcopo Castellano interest inquirere pariter & providere, quod orationes & devotiones ecclesiasticæ directe perficiantur, & ut debetur, juxta ritum, consuetudinem & intentionem S. R. E. prælibatæ. Propterea nos apparentes hic coram

Petitur inquisitio de illa commemoratione, & ejus approbatio.

reverentia vestra, moti zelo & caritatis ardore, piam querelam facimus, & exponimus superinducta, avisando eamdem reverentiam vestram, ut super hoc inquirere placeat & providere, mittendo pro principalioribus fratribus dictorum conventuum & locorum, ac ab eisdem inquirendo, & cum ipsis providendo, & taliter ordinando quod circa hoc non possit sequi error, nec scandalum alicujus, & immo taliter provideatur, quod omnes & singuli civitatis Venetiarum & diœcesis Castellanæ, bonam ædificationem spiritualem, consolationem, & sanctam devotionem valeant reportare.

4. Postmodum die vigesima sexta mensis Maii instantis, de mandato supradicti domini episcopi Castellani fuerunt supradictus V. P. F. Bartholomæus de Ferraria inquisitor Ferrariensis, & V. P. F. Thomas de Senis de supradicto conventu SS. Johannis & Pauli ordinis Prædicatorum, apud ipsum dominum episcopum Castellanum, præsente suo vicario, videlicet domino Dominico de Esculo canonico Esculano, & me notario infrascripto, in capella episcopalis palatii, ubi disputatum fuit aliqualiter super querela prædicta, & tandem ad vitandum atque sedandum quodlibet scandalum, fuit post multa conclusum, quod bonum erit veritatem inquirere, & informationem habere de veritate super celebritate commemorationis prædictæ, præfatæ virginis Cathainæ de Senis, ut sic cunctis patere posset quod decenter fieret dicta commemoratio, & prædicatio de virtutibus dictæ virginis, licet nondum canonizata foret. Propter quod dictus dominus episcopus hujusmodi causam commisit, dicto suo vicario generali, concludendo quod præfatus inquisitor Ferrariensis, qui in principio supradicti mensis Maii, videlicet in die Inventionis S. Crucis, qui tunc in die dominico venit, in quo celebrata est dictæ virginis memoria, & de ipsa prædicaverat, super id scriberet, & etiam præfatus pater frater Thomas de Senis, qui aliis annis quampluribus adhuc prædicaverat de virgine tali die, & consimiliter aliqui alii magis de virtutibus ipsius virginis informati.

5. Sed cum contingeret ex quadam occurrenti necessaria causa, quod nocte immediate sequenti oporteret dictum inquisitorem Ferrariam accedere, sive redire; conclusum fuit quod ex parte dicti domini episcopi Castellani scriberetur domino episcopo Ferrariensi, quod ibidem in Ferraria deberet in publicam formam habere dicta præfati inquisitoris, super materia supradictæ commemorationis & prædicationis per ipsum factæ in supradicto conventu SS. Johannis & Pauli de Venetiis, in tali die, de virgine præfata ejusque virtutibus, & sic talia dicta fideliter præfato domino episcopo Castellano transmittere. Unde supradictus dominus vicarius

volens hujusmodi commissionem executioni mandare, sibi per dictum dominum episcopum, ut præmittitur, factam, ac per hoc volens super præmissis inquirere: & aliqualem informationem habere, ut mentes præfatorum exponentium & aliorum civitatis Venetiarum valeret reddere pacificas & quietas, mandavit infrascriptas litteras dirigi dicto domino episcopo Ferrariensi, quarum tenor sic sequitur.

6. Reverende in Christo pater. Cum nuperrime exposita fuerit querela & informatio quædam, quod inter alios fratres frater Bartholomæus de Ferraria ordinis fratrum Prædicatorum qui est ibi, prædicavit hic in Venetiis publice coram populo quamdam Catharinam de Senis fore venerandam pariter & beatam, nondum per ecclesiam approbatam, in scandalum plurimorum. Idcirco vestram paternitatem rogamus, quatenus mittentes pro dicto F. Bartholomæo super præmissis ipsum audiatis, & ejus dicta in scriptis redacta, sub vestro sigillo clausa, nobis placeat destinare. Paratus ad omnia posse tenus operari. Datum Venetiis anno 1411. die 27. mensis Maii. FRANCISCUS BEMBO Dei & sedis apostolicæ gratia episcopus Castellanus.

Epistola epiſcopi Castellani ad Ferrarienſem, de facienda inquisitione a fr. Bartholomæo.

7. Post hæc contigit, quod cum ad aures præfati P. F. Bartholomæi inquisitoris Ferrariensis in Ferraria existentis pervenisset, dominum episcopum Castellanum scripsisse litteras præfatas domino episcopo Ferrariensi, quod deberet eum requirere super his quæ dixerat & prædicaverat de dicta virgine in Venetiis, & sic ejus dicta sub episcopali sigillo, ut superius dicebatur, domino episcopo Castellano transmitti, scripsit dictus pater F. Bartholomæus inquisitor Ferrariensis Venetias supradicto patri fratri Thomæ de Senis, qualiter propter reverentiam sui officii inquisitoris in Ferraria non erat honestum quod episcopus ejusdem loci de materia præfata & simili ipsum examinare deberet: & ita decentius foret, quod vicarius domini episcopi Castellani sibi super dictis scriberet, & ipse sibi in formam publicam super intenta materia plenarie responderet. Supradictus autem pater fr. Thomas de Senis, habita littera præfati patris fr. Bartholomæi inquisitoris, fuit ad præfatos dominos episcopum Castellanum & ejus vicarium generalem, quibus cum narrasset prædicta quæ præfatus P. frater Bartholomæus scripserat sibi, dictus dominus vicarius, de consensu dicti domini episcopi Castellani, dicto patri fratri Bartholomæo inquisitori & in Ferraria tunc degenti, scripsit litteras infra scripti tenoris.

Fr. Bartholomæus petit inquisitionem fieri coram vicario episc. Castellani.

8. Reverendissime inquisitor, cum de mense immediate præterito, publice coram reverendo ac D. D. episcopo Castellano exposita fuerit quædam querela, quod a multis annis

Epistola vicarii Castellani episc. ad Bartholomæum de Ferraria.

hic in vestro conventu SS. Johannis & Pauli fuit celebratum festum seu memoria cujusdam Catharinæ de Senis, sororis ordinis de Pœnitentia sancti Dominici; sitque nobis relatum, quomodo die tertia dicti mensis interfuistis dictæ solemnitati, & tamquam prædicator conventus prædicastis ibidem de eadem coram populo de Venetiis tamquam de beata. Ideo tamquam zelator fidei, amatorque pacis, & præsertim populorum nobis subditorum, & ad sedandum quodvis scandalum eorumdem, vos rogo, quod statim vos, tamquam de ad fidem pertinentibus defensorem & vestri ordinis zelatorem, & per manus proprias vel notarii vestri mihi scribatis, quæ & qualia in præfata prædicatione protuleritis, & unde habeatis, si ipsam dogmatizastis ut sanctam, cum non habeatur quod sit ab ecclesia approbata; & dictum vestrum super præmissis sub vestro sigillo clausum nobis placeat fideliter destinare. Paratus ad vestra beneplacita. Datum Venetiis 1411. die penultima mensis Junii, DOMINICUS DE ESCULO, canonicus Esculanus, reverendi patris ac D. D. episcopi Castellensis vicarius generalis.

9. Cum autem dictus pater frater Bartholomæus, inquisitor Ferrariensis, recepisset in Ferraria prædictas litteras dicti domini vicarii domini episcopi Castellani, cœpit dare ordinem ad respondendum plenarie juxta posita; sed postmodum quamplurimis impedimentis tam sibi quam suo notario occurrentibus, dilata est præfata responsio. Inter hoc autem contigit quod dictus P. F. Bartholomæus factus est prior ejusdem conventus SS. Johannis & Pauli, ipso etiam in inquisitionis officio permanente: Et cum de Ferraria Venetias advenisset ad exequendum dicti prioratus officium, circa finem mensis Novembris supradicti anni 1411. & in dicto officio, ac etiam in prædicationibus foret continuo occupatus, finaliter tamen capta opportunitate, responsionem supradictam perfecisset, ordinavit quod in Ferraria per notarium sive scribam suæ curiæ officii inquisitionis publicaretur, & sigillo dicti officii muniretur; & ita factum est anno Domini 1412. die 27. mensis Aprilis. Cum autem dictus dominus prior & inquisitor postea die 7. mensis Maii immediate sequentis habuisset de Ferraria supradictam suam scripturam responsalem plicatam & sigillatam, ut præfertur, consequenter die 16. ejusdem mensis præfatus prior & inquisitor, assumtis secum tribus fratribus, videlicet supradicto V. P. F. Thoma de Senis, F. Johanne de Luca, & F. Jacobo de Papilionibus de Venetiis, accessit ad supradictum dominum vicarium Castellanum, & juxta banchum audientiæ episcopalis, præsentibus dictis tribus fratribus & notario publico infrascripto, ipse supradictus P. F. Bartholomæus de Ferraria, prior & inquisitor præfatus, supradictam suam responsionem, ut dictum est, plicatam & sigillatam, prout litteræ supradicti domini vicarii Castellani petierant, personaliter præsentavit. Qui dominus vicarius dictam scripturam plicatam & sigillatam, ut supra, propriis manibus accepit; statuens terminum supradicto priori & inquisitori quindecim dierum, ut pro responsione rediret, & ita factum est. Cum autem dictus dominus vicarius aliis occupatus nondum dictam scripturam plene vidisset, inde ad aliquos dies cum illam perlegisset ad plenum, dixit quod bene stabat, & quod in illa nihil reprehensibile reperisset. Dictæ autem scripturæ sive responsionis tenor sequitur.

IN NOMINE DOMINI. AMEN.

10. Noverint universi præsentes litteras inspecturi, qualiter anno Domini 1411. cum ego frater Bartholomæus de Ferraria, inquisitor Ferrariensis, ordinis Prædicatorum, essem in Venetiis actualiter prædicator conventus SS. Johannis & Pauli ejusdem ordinis, contigit me prædicare die tertia mensis Maii in dicto conventu, in quo die fuit festum Inventionis S. Crucis, & in quo die prædicans de Cruce, prædicavi etiam de virtutibus eximiis cujusdam, quæ communiter appellatur beata Catharina de Senis, applicando virtutes dictæ virginis ad materiam dictæ Crucis, de qua prædicavi in die præfato; & hoc ex eo quod omni anno circa principium mensis Maii, in dicto conventu virginis ejusdem commemoratio aliqualiter celebratur. Et cum occasione dictæ prædicationis facta fuisset per quosdam bonos viros quædam pia querela apud dominum episcopum Castellanum; quomodo videlicet non videbatur congruum, quod fieret celebritas de dicta virgine, ex eo quod canonizata non erat, admirantes etiam non parum super his quæ dicebantur de illa. Debens ergo ego die illa Ferrariam accedere, sentiensque quod deberem ex dicta causa a præfato domino episcopo Castellano requiri, ac etiam quidam alii patres nostri ordinis tunc in Venetiis existentes; antequam de Venetiis discederem, ad dictum dominum episcopum visitandum accessi cum quodam venerabili patre fratre Thoma de Senis ejusdem ordinis, ac eidem domino episcopo & vicario ejus promisi quod de Ferraria super materia celebritatis supradictæ virginis, & qualiter de ipsa prædicaverim die supradicta, eidem domino episcopo vel ejus vicario in scriptis publicis seriosius intimarem; & ita dominationi suæ valefaciens accessi Ferrariam, ubi existens, cum accepissem unam litteram pro parte reverendi vicarii supradicti, quatenus deberem quod promiseram executioni mandare; capta opportunitate, per publicas litteras tamquam adjuratus respondendum duxi; & ita respondeo

per præsentes, atque conteſtor videlicet.

11. Venerabili patri & domino Dominico de Eſculo, decretorum doctori egregio, & reverendi D. D. Francisci Bembo Dei & apoſtolicæ ſedis gratia epiſcopi Caſtellani vicario generali, frater Bartholomæus de Ferraria inquiſitor Ferrarienſis, licet indignus, cum recommendatione ſeipſum.

Litteras per R. V. mihi tranſmiſſas reverenter & affectanter accepi: quibus perlectis, adverti qualiter juxta illud quod veſtris paternitatibus, ſcilicet domini epiſcopi Caſtellani & veſtræ, promiſeram, requirebatis; ut videlicet veridice informare deberem eaſdem ſuper celebrationem quæ fiebat in conventu SS. Johannis & Pauli ſupradicto, de quadam, quæ communiter nuncupatur beata Catharina de Senis, ordinis de Pœnitentia S. Dominici, nec non de per me prædicatis de virgine prælibata in die ſupradicto. Quapropter id per præſentes ac ſi adjuratus forem, executioni mandando, in primis dico, Verum eſſe quod a magno tempore citra annuatim facta fuit, & fit celebratio dictæ virginis in Dominica quæ immediate ſequitur feſtum B. Petri martyris ordinis Prædicatorum, & hoc in ſupradicto conventu SS. Johannis & Pauli ejuſdem ordinis. Item dico, quod jam ſunt anni decem & ultra, ex quo ſui prædicator in dicto conventu, & vidi dictam celebritatem ibidem fieri, licet ego tunc non prædicaverim, ſed alius; & ita conſimiliter audivi in antea & poſtea factum fuiſſe cum devotione non parva. Item, dico quod nec in anno præſenti, nec alio umquam adverti vel audivi quod in dicta celebratione aliquid fieret, per quod derogaretur decretis eccleſiæ, utpote quod officium diceretur proprium vel appropriatum, vel aliquid aliud ſecundum modum eccleſiæ erga ſanctos canonizatos regulariter obſervatum; ſed quod ſemper tali die factum eſt officium de Dominica vel de ſancto occurrente tali die. Item, dico quod numquam vidi dictam virginem depictam cum diademate rotundo circa caput, ſicut de ſanctis canonizatis generaliter & ſemper fieri conſuevit; ſed ſemper vidi eam depictam cum diademate radioſo circa caput, prout eſt conſuetum fieri erga tales perſonas quæ beatæ communi nomine appellantur, quamvis etiam aliquando de appellatis beatis & nondum canonizatis viderim quoad alios appoſitum, utpote cum corona rotunda depictos, nulla interveniente querela. Item, dico quod anno & die ſupradictis, videlicet die tertia menſis Maii 1411. in quo die celebrata fuit cum ſolemnitate Inventionis S. Crucis etiam memoria virginis prælibatæ; in ſupradicto conventu ego prædicavi, & propter aliquos minus doctos & minus docte loquentes, & etiam propter veridicam populi informationem, ipſum populum docui tam de præfa-

tis, quam de aliquibus aliis, prædicando videlicet qualiter noſter ordo Prædicatorum, tamquam habens in horrorem omnem errorem, non celebrat in dicta die memoriam dictæ virginis tamquam de ſancta canonizata, nec faciebat, nec fecit officium de ipſa; ſed ſolum de Cruce & de Dominica. Item, dixi quomodo licet hinc inde multipliciter eſſet depicta, attamen quidquid vidi depictum circa ejus imaginem, ſive pertinens ad vitam ſuam, ſive ad miracula ejuſdem, totum erat ſimpliciter & veridice factum, ſecundum quod in ejus legenda continebatur. Item dixi, quia licet verum erat, quod hæc virgo nondum erat ſolemniter canonizata, & quod ex hoc non erat abſolute ſancta appellanda, quemadmodum ſunt ſanctæ per eccleſiam ſolemniter canonizatæ, ſed quod bene dici poterat beata, eo quod propter eximias virtutes & vitam & doctrinam ſanctam, quæ fuerunt de ipſa uſque ad ſuum tranſitum incluſive, nedum beata, ſed etiam pie quodammodo ſancta dici potuerit; quemadmodum contigit pluribus ſanctis, qui nedum antequam canonizarentur, ſed etiam dum agerent in humanis, fuerunt ſancti a pluribus appellati, prout conſtat contigiſſe de iſta, ut patet ex pluribus, & ſignanter ex ejus legenda: unde multo amplius poteſt dici beata. Nam Dominus Jesus Pettum profitentem ejus divinitatem appellavit beatum, dicens: *Beatus es, Simon, Bar-jona.* Et efficaciter audientes verbum Dei etiam appellavit beatos, dicens: *Beati qui audiunt verbum Dei, & cuſtodiunt illud.* Conſimiliter in ſuo ſermone quem fecit in monte, dixit beatos fore pauperes ſpiritu, ſemper loquendo de viatoribus, quorum tamen finis communiter eſt interitus. Unde multo magis convenit beatitudinis appellatio ſive denominatio eximiæ virtutis vita viventibus, & ſignanter perpetua devotione tranſeuntibus: de quorum numero iſta ſingulariter fuit, ut ex decurſu præfatæ legendæ apparet. Item, dixi & dico qualiter licet de hac virgine non fieret aliquod officium, attamen fieri poterat prædicatio & ſermocinatio de virtutibus & ſancta vita ac doctrina ſua, felicique tranſitu ejuſdem; & hoc ad animandum fideles ad virtuoſam vitam, quemadmodum adducimus ad eumdem finem in prædicationibus virtutes depictas, quæ fuerunt in philoſophis & paganis. Nam etſi fit ſermo de uno ſæculari, vel clerico, aut religioſo, qui tamen fuit peccator in vita, & in fine oſtendit ſigna pœnitentiæ per receptionem ſacramentorum, multo amplius fieri poteſt & debet de perſona quæ ſingularibus virtutibus emicuit in vita & doctrina, & cum hoc tam ſingulariter quam devote ex hac vita tranſivit, ſicut fuit virgo iſta, ut patet ex ejus legenda & legitima fama. Item, dixi de multis ſpeciebus & diſtinctionibus S. Crucis etiam ſpiritualibus & mysticis ad virtutes & earum excessum pertinentibus, & quamplures huic virgini applicavi; quod ut melius pateat, prædicationem prædictam duxi breviter inserendam: pro cujus executione proposui verbum apostolicum tunc congruentis epistolæ, secundum ordinem nostrum pro festo Inventionis S. Crucis, videlicet: *Ergo evacuatum est scandalum crucis.* Ad Galatas cap. 5. Ubi præmissa litterali expositione dicti verbi, & salutatione angelica, juxta morem, & resumto præfato themate, pro ejus introductione tres præmisi propositiones cum declarationibus suis.

Initium hujus concionis quæ ad festum Inventionis præsertim pertinet, brevitatis causa prætermisimus, eaque quæ S. Catharinam spectant referre contenti.

S. Catharina erga crucem quâ affecta.

12. Quia vero, ut omnes nostis, hodie cum festo Inventionis Crucis Christi etiam recolitur quædam memoratio B. Catharinæ de Senis, volens antequam ulterius procedam, tam præfatam crucem in qua crucifixus est Dominus, quam etiam prædictam crucem moralem prædictæ virgini adaptare, est notandum quod, ut signanter in secunda parte suæ legendæ in ultimo sexti capituli ostenditur, tantæ affectionis extitit ad dictam Crucem Christi, ut non cum parvo excessu affectaret per omnia Christi passionibus conformari, orando apud sponsum suum ita efficaciter, ut dignaretur sibi concedere passiones suas in cruce propter se & alios toleratas sentire, ac etiam quantum erat sibi possibile experiri: quod exaudita idipsum meruit reportare; in tantum quod ex vehementia talium passionum atque dolorum cor in suo corpore finaliter scinderetur, sicque ad tempus ex hac vita migraret. Insuper quodam die apparente sibi sponso suo JESU CHRISTO cruci affixo, ipsi virgini stigmata sua, licet invisibili modo, taliter eidem impressit, & cum tanti doloris & passionis suæ experientia, ut dictis stigmatibus receptis, postea syncopizaret; & tam a seipsa, quam a ceteris æstimatum fuit, quod ex intentione dictorum dolorum, tunc, nisi Dominus aliter dispensasset, sicut & fecit omnino, ex hac vita migrasse deberet, prout etiam in secunda parte suæ legendæ capite sexto narratur. Præterea etiam sibi pluries apparuit JESUS CHRISTUS crucifixus, ex quibus apparitionibus relucebat, quam videlicet conformis esset & affecta passioni & cruci Christi, atque per hoc a Christo gratias quamplurimas & mirabiles reportavit, ut ex dicta legenda apparet: ubi etiam adhuc pluribus declaratur qualiter virgo hæc erga altaris sacramentum affecta fuit in quo Passionis & Crucis Christi memoria recolitur: in tantum ut facta computatione circa triginta vicibus in celebritate ejusdem sacramenti, utpote in missa, cum signum crucis ad præfatam passionem & crucem repræsentandam iteratur, tam excessiva devotione extitit affecta, ut quamplurima miranda in susceptione Dominici Corporis in sacramento ipsi virgini evenirent; inter quæ unum fuit, quod sumto semel per virginem Sacramento in ecclesia S. Christinæ de Pisis, cum ipsa esset ibidem, & hoc quodam mane diei Dominicæ, apparuit sibi Christus veluti crucifixus, ut hic supra tactum est, stigmata sua sibi modo miro impressit. De aliis autem ipsius virginis circa præfatum sacramentum tum nimium stupendis; & quam multis excessibus, habetur in legenda præfata & alibi, & signanter in quodam libello in supplementum ejusdem legendæ confecto.

13. Consimiliter si sermo fiat de supradicta cruce morali quatuor cardinalium virtutum, ita illam complexa est hæc virgo; ut incipiendo a temperantia, etiam sex annorum vel circa existens, tantam cœpit sectari abstinentiam, & consequenter usque ad finem vitæ persequi, ut fere linguâ non valeat explicari, ad tantam deveniens, ut tunica unica contenta, sine quovis lecto, omnique esu quorumcumque atque potu remoto, quodammodo nihil comederet aut biberet, ali, quantulo herbarum succo & modicæ aquæ poculo dumtaxat exceptis. Virginitatem etiam, dum esset septennis, Deo devovit, quam usque ad finem illibatam servavit.

Ejus temperantia.

14. De prudentia ejus quid dicam? cum ex quo sponso suo JESU servire cœpit, & virginitatem vovit, semper in cunctis cum prudentia perfecta processit, habitum suæ religionis quam avide & devote sumendo, solitariam vitam sectando, austeritates mirabiles prosequendo, & deinde immediate præcepto Dominico in publicis procedendo. Namque nedum factum aut verbum stolidum, sed quod nec foret ociosum sermonem protulerit, reperitur.

Prudentia.

15. Suo etiam modo de ejus justitia dici potest, omnibus & unicuique quod suum est pro viribus exhibendo, prout ad justitiam spectat: tam ipsi Deo, quam sibi, quam etiam proximo, omnibus compatiens, omnibus subveniens, omnesque suo lato caritatis sinu suscipiens. Et simili modo semper patiens, fortis & constans in passionibus, in infirmitatibus, persecutionibus, infamiis, quibusque illatis sibi injuriis est reperta. Et nedum in præfatis, sed etiam in cunctis virtuosis operibus usque ad mortis pericula inclusive semper gaudens & læta perstitit.

Justitia.

Fortitudo.

16. Quantum ad secundum, si præfatam intellectualem crucem huic virgini in ejus commendationem applicare velimus, procul dubio miranda possent recitari de illa. Siquidem quantum ad virtutem scientiæ, ipsa virgo scientiam habuit plurimorum, quæ a sponso suo illam docente reportavit. Nam tam legere quam scribere miraculose didicit

Scientia & sapientia.

cit, licet naturaliter esset satis boni ingenii & intellectus, per quem reddebatur bene habilis ad omnia capescenda. Item in sapientia divinorum, signanter quovis modo sapientia, prout virtutem sonat, accipiatur, utpote non solum per respectum ad omnia divina, sed etiam ad perceptionem saporis eorumdem & gustus, in tantum quod cum ejus menti vel per auditum vel per inspirationem aut meditationem aliquid præsentaretur de Deo, vel de divinis; statim a sensibus raperetur. In agnitione etiam scripturarum divinarum & secretorum cordis, & spiritu prophetiæ semper viguit, de quibus per singula in ejus legenda.

17. Qualiter autem virtutes heroicæ atque divinæ, & supra rationem hominem extollentes in hac virgine extiterint, non est facile referare, pro quanto ex ejus legenda hinc inde colligi potest. Dictarum virtutum effectus & actus in ipsa multipliciter resulsere. Siquidem quantum ad prudentiam purgatoriam sive purgati animi pertinet, hæc virgo divinis semper intendere cernebatur: in tantum ut ad hoc deveniret, quod despretis ceteris, semper Deo actualiter intenderet: ita ut quodammodo in ipsum videretur absorpta, & pro magno tempore totaliter esset a sensibus rapta. Similiter idem de heroica temperantia suo modo dici potest, utpote ad tantum gaudium ejusdem deveniens, ut non solum erga illa præcise occuparetur, quæ necessario usus corporis exigit, sed etiam de illis & aliis totaliter memoriam perderet. Eodem adhuc modo de fortitudine heroica dici valet, quoniam semper quæcumque virtutis ardua ita est ardenter aggressa, ut ad summum cujusvis virtutis attingeret. Passionis autem cujusvis, sive doloris tormenta nedum timeret, sed potius illa affectabat, atque mentaliter saginabatur in illis. Timore autem dissolutionis a corpore nedum caruit, sed etiam illam usque ad transitum cum concursu martyrii ex intimis concupivit, suumque desiderium admirabili & inaudito modo finaliter reportavit. Nam martyrium sibi tandem a dæmonibus illatum stupenda patientia toleravit, & transiens ad sponsum suum, quod pro ecclesia vitam traderet efficaciter affirmavit. Et idem de justitia dici potest, ex eo quod, prout in via possibile fore dignoscitur, unicuique debitum suum dedit. Et ut breviter concludatur, ita a virgine ista passiones tam concupiscibiles quam irascibiles fuerunt edomitæ, quod de cunctis personam suam tangentibus & aliorum triumphum præcipuum reportaverit. Nam contra seipsam multoties insurgentes, non solum catenam vel cilicium, sed etiam aliquando aquas ebullientes, aliquando disciplinas terribiles, & inauditas intulit sibi austeritates, necnon & aliquoties plagas horribiles aliquarum, quibus pro Domino serviebat, aut deosculata est, aut earumdem loturam in quodam paropside seu catino collectam totaliter, ut potum suavissimum, transglutivit. Et consimiliter patiens injurias multiplices a diversis, ita erga illas se gessit, ac si aliqua donaria sibi grata præsentata fuissent, veluti tota heroica, & divina effecta, ut habetur in ejus legenda, & alibi.

18. Unde cum hæc virgo B. Catharina, cujus hodie memoriam recolimus, tantæ excellentiæ fuerit in via, supradictas virtutum cruces in se, ut deductum est, perfectissime obtinendo, ac etiam ipsam crucem Christi per caritatis excessum usque ad mortem imitando, sequitur evidenter, quod perveniens ad primarias cruces præmiativas tam dotium animæ quam dotium corporis excellenter haberi debeat in vita beata: Ad quam nos perducat qui sine fine vivit.

19. Peracta autem prædicatione præfata, dixi quomodo non multum me extenderem circa legendæ & mirandorum virginis narrationem; & hoc ex eo quod supradictus V. P. frater Thomas de Senis huic virgini non parum devotus, debebat prædicare immediate post me in ecclesia sancti Apostoli de Venetiis, non solum de cruce Christi, sed etiam specialiter de virtutibus virginis propter quod exhortatus sum populum, ut iret ad audiendum ipsum, quia legendam plenius recitaret; & ita factum est. Item, dixi & dico quod non solum nunc, sed etiam alias prædicare de ista virgine audivi, & adhuc non solum nunc in dicto conventu SS. Johannis & Pauli in Venetiis, sed etiam in diversis aliis locis de ipsa alias prædicavi. Item dixi & dico, quod notitiam supradictarum virtutum eximiarum ac mirabilis doctrinæ dictæ virginis ego habui ex publica ejus fama, ac etiam ex devota & ordinata legenda ejusdem, quam composuit quidam magister Raymundus de Vineis de Capua, ordinis Prædicatorum, tempore quo fuit generalis ejusdem ordinis, & qui fuit ultimus confessor virginis. Quam etiam legendam, jam anni sunt plures, ex quo illam transcribi feci in civitate ista Ferrariensi, ad instantiam unius cancellarii domini marchionis virginis præfatæ devoti Item dico, quod supradictam notitiam de mirandis vita & doctrina virginis etiam ego percepi ex libris epistolarum circa quadringentarum, per ipsam virginem directarum ad summos pontifices, cardinales, reges atque reginas, & consequenter ad nonnullas personas utriusque sexus, conditionis & status: quas epistolas ego vidi, & in præsenti anno in Venetiis, in camera reverendissimi magistri nostri ordinis Prædicatorum, qui existens in aliquali languore, per socium sibi aliquando in solatium de dictis epistolis legere faciebat, cum eidem sibi facultas offerret. Item dico, quod præfatam notitiam

Unde acceperit fr. Bartholomæus notitiam eorum quæ contestatus est.

etiam reportavi, per librum ab ipsa virgine in abstractione constituta compositum in suo proprio vulgari, per biennium ante transitum suum: qui liber postea latinizatus est per quemdam valentem virum dictæ virginis devotum, & nunc est in uno volumine in libraria conventus SS. Johannis & Pauli ordinis Prædicatorum: ubi etiam supradictæ virginis legenda est cum pluribus aliis ad virginem pertinentibus in uno alio volumine. Item dixi & dico, eamdem notitiam reportasse ex relato cujusdam venerabilis viri de civitate Lucana, Dinus appellatus, qui juxta me in refectorio in festo dictæ virginis comedit; & qualiter virginem in civitate præfata personaliter viderat, ac de fama sanctitatis ejusdem virginis, ejusque mirandis virtutibus mihi quamplurima enarravit. Et idem audivi ab alio appellato Leopardo, etiam de civitate Lucana oriundo. Ex relatu etiam cujusdam nobilis & prudentis viri, qui Jacobus de Militibus de monte Politiano est appellatus, & mihi retulit inter alia de opusculo quod fecerat in reverentia virginis, quod etiam vidi. Omnes etiam præfati invenerunt se in Venetiis in præsenti anno cum essem ibidem. Item dico, præfatam notitiam specialiter habere ex relatione supradicti patris fratris Thomæ de Senis, qui virginem vidit, & qui tam in principio fuit in Senis quam alibi, propter quod de ipsa tam de visu, quam de auditu, mihi quamplura singularia diversis vicibus recitavit. Qui pater jam anni sunt 15. & ultra ex quo fuit & est apud conventum SS. Johannis & Pauli: & inter alia bona quæ fecit non parum in reverentiam dictæ virginis operatus est, & una mecum a domino episcopo Castellano propter materiam hujus virginis requisitus fuit. Consimiliter etiam a pluribus utriusque sexus & status de dicta virgine virtutum eximia audivi, de quibus hic aliter prosequi dimitto gratia brevitatis. Item ultimo dico, qualiter supradictis omnibus, licet hæc virgo propter flebilem statum ecclesiæ numquam decenter canonizari minime potuit; quamvis jam aliqua suæ canonizationis postulatio tam apud Bonifacium IX. quam apud Gregorium XII. cum fuit in Senis, facta sit: nihilominus vita atque doctrina virginis diligenter attentis, ac etiam per multas Christianitatis partes ejusdem fama diffusa, etsi non sit canonizata, saltem potest dici aliqualiter approbata, præsertim cum huc usque nihil dissonum, sed ex toto conforme vitæ & doctrinæ ejusdem reperiatur de ipsa, & etiam conformiter faciens ad ædificationem fidelium, confirmationem fidei, & sanctæ vitæ promotionem. Insuper quod hæc virgo posset dici aliqualiter approbata, optime facit illud quod narrat Vincentius Gallicus in 7. libro sui primi Historialis, utpote de quibusdam qui licet non sint canonizati, attamen propter vitam & doctrinam quæ in eis viguit, præcipua sanctitatis, habentur quodammodo ab ecclesia pro approbatis, sicut recitat ibidem de Richardo, venerabili Beda presbytero, Hugone & quibusdam aliis. Concludens finaliter, qualiter ita credo, & reputo, ac esse confiteor, prout dixi, de omnibus supradictis; reputans etiam per præfata evacuatum fore ad plenum de mentibus omnium, non solum scandalum crucis, sed etiam scandalum supradictæ in principio querelæ illorum bonorum virorum, & quorumdam aliorum, quamvis bona intentione, minus docte loquentium circa materiam virginis hujusmodi. Subjacendo me nihilominus semper in cunctis correctioni atque determinationi sanctæ Romanæ ecclesiæ, non solum quantum ad prædicta, sed etiam quantum ad quævis per me alias dicta vel dicenda in posterum, ad ædificationem proximorum & Dei laudem, cui est honor & gloria in sæcula sæculorum. Amen.

20. In quorum omnium testimonium has patentes litteras fieri ordinavi anno supradicto die ultima mensis Septembris; & continenter tam sigillum meum proprium quam officii inquisitionis duxi præsentibus apponendum: necnon & postmodum per notarium inquisitionis præfatæ in publicam formam redigere, & solemniter cum testibus ad hæc idoneis publicare mandavi in pleniorem veritatis favorem & robur omnium prædictorum.

21. Ego Urbanus filius Francisci de Russetis, imperiali auctoritate notarius publicus Ferrariæ, necnon notarius officii inquisitionis prænominati, & infrascripti D. D. inquisitoris, suprascriptas patentes litteras de mandato & commissione venerabilis & religiosi patris fratris Bartholomæi de Ferraria, ordinis fratrum Prædicatorum S. Dominici benemeriti, pravitatis hæreticæ inquisitoris in Ferraria, a suis litteris jam datis & exhibitis, bona fide & sine fraude exemplavi, & eas supradictas litteras sic exemplatas cum suis prædictis litteris auscultavi, in præsentia bonorum virorum F. Nicolai de Cunsandalo notarii, filiique Petri de Contrata, Sexti sancti Romani, Francisci de Casentino notarii filiique domini Antonii de Contrata Baccanalici, Francisci de Belardo notarii filiique F. Jacobi de Contrata S. Michaëlis, testium ad hoc exhibitorum. Et quia ipsas litteras sic exemplatas, cum prædictis suis litteris, per omnia reperi concordare, ideo in fidem manu propria hic me subscripsi, signumque mei tabellionatus a capite mei nominis apposui consuetum. Anno Domini 1412. indictione 5. die 27. mensis Aprilis.

22. Ego fr. Bartholomæus de Ferraria ibidem inquisitor, ac etiam nunc prior conventus SS. Johannis & Pauli de Venetiis ordinis Prædicatorum, prædictam ordinationem scripturæ per me factam præmissis loco & tem-

pore transcribi & publicari per dictum notarium Urbanum, ut præmittitur, ac sigilli soliti dicti officii inquisitionis appensione muniri mandavi, licet propter quædam impedimenta dilatum sit ad hoc perficiendum usque ad tempus hic supra immediate expressum. In quorum fidem & testimonium me etiam hic propria manu subscripsi, meumque sigillum consuetum etiam propria manu apposui.

22. Item cum facta fuisset per supradictum reverendum patrem fr. Bartholomæum de Ferraria priorem & inquisitorem publica responsio & declaratio supradicta anno Domini 1412. indictione 5. die 27. mensis Aprilis, ut hic supra, & postea die prima Maii immediate sequentis, quæ fuit dies Dominica & festum apostolorum Philippi & Jacobi, & juxta consuetum morem debuisset tali die in conventu SS. Johannis & Pauli memoria supradictæ virginis celebrari, dictus prior & inquisitor per diem ante, ut asseruit, convocavit patres & fratres dicti conventus ad consilium vocari consuetos, & de unanimi eorumdem consilio & assensu decretum & firmatum est, quod quemadmodum in præsenti, ita & in posterum debeat in præfato conventu dictæ virginis memoria perpetualiter celebrari, & signanter adhuc ex eo quod non solum ex declaratione supradicta totaliter a cunctis removeretur omnis occasio cujuscumque murmuris & querelæ, sed etiam omnes affectu præcipuo, & speciali devotione debeant amplius solito ad celebrationem dictæ memoriæ provocari. Propter quod sicut hactenus celebrata fuerat dicta memoria, & prædicatum de vita & virtutibus dictæ virginis, ita & tunc, videlicet die supradicta fuit executioni mandatum, & non solum in dicto conventu SS. Johannis & Pauli, sed etiam in aliis locis fratrum Prædicatorum de Venetiis, & in ecclesia Apostolorum de Venetiis, & aliquo modo devotius, quam alios, utpote cum unanimi cunctorum intus & extra affectione & devotione, quovis murmure & querela ex toto remotis.

23. Et cum ego frater Thomas Antonii de Senis de dicto ordine & de conventu præfato, in quo fui continue jam anni sunt sexdecim, occasione supradictæ querelæ & seditionis requisitus essem die 27. mensis Maii supradicti a præfato episcopo Castellano, una cum venerabili patre fratre Bartholomæo de Ferraria inquisitore Ferrariensi & tunc prædicatore dicti conventus SS. Johannis & Pauli. Idcirco cum præfato patre me coram dicto domino episcopo præsentavi, & quemadmodum dictus pater obtulit se ad respondendum per scripturam publicam, & sic fecit plenarie & commendabiliter, illam etiam præsentando domino vicario supradicti domini episcopi Castellani, & ille eamdem commendando, ut mihi constat, eo quod præfatis personaliter interfui; ita consimiliter ego me obtuli ad respondendum non solum oraculo vivæ vocis, sed etiam per scripturam propria manu scriptam, super materiam celebritatis dictæ virginis, & vitæ & doctrinæ ejusdem: & taliter quod merito haberet non solum supradicta querela, sed etiam quævis alia hujusmodi nedum quietari, sed etiam ex toto sopiri. Quemadmodum autem ego ad faciendum me obtuli, ita etiam executioni mandare curavi, prout hic immediate sequitur, videlicet.

24. Ego frater Thomas supradictus, nunc sexaginta duorum annorum ætatis existens, tamquam si a quovis prælato adjuratus essem, per decursum viginti principalium partium sive capitulorum. Primo & principaliter circa memoriam supradictæ virginis a magno tempore annuatim celebrata in diversis locis Italiæ, ut decet; & de ejus pictura, ut decet; ac de ipsius legenda ad quædam loca transmissa, contestor, & dico, Verum esse quod in supradictis 16. annis usque ad præsens, in dominica quæ immediate sequitur festum S. Petri martyris ordinis Prædicatorum, facta est quædam commemoratio supradictæ virginis B. Catharinæ de Senis, principaliter in dicto conventu SS. Johannis & Pauli, semper me personaliter ibidem præsente. Hoc etiam in conventu S. Dominici, & in monasterio Corporis-Christi de Venetiis: immo in S. Dominico de Clugio ordinis Prædicatorum: ita tamen quod in tali die nullum divinum officium vel oratio facta est, nisi præcise de officio dominicali vel alicujus sancti canonizati currentis in tali die. Item dico, quod in diebus dictæ commemorationis facta fuit in prædicatione specialis mentio de dicta B. Catharina, videlicet tam de mirabili vita ejus & doctrina, quam de eximiis suis virtutibus atque miraculis. Item dico, quomodo ego semper percepi figuram sive imaginem dictæ virginis depictam fuisse cum radiis sive cum diademate radioso circa caput, quemadmodum personæ beatæ nondum canonizatæ depingi consueverunt, licet viderim de aliis plurimis nondum canonizatis cum diademate rotundo depictis, prout de canonizatis fieri consuevit. Item dico, quod quicquid de dicta virgine ego vidi depictum, aut feci depingi, totum fuit juxta seriem eorum quæ in ejus legenda historialiter continentur. Item dico, qualiter ego fui præsens in prædicatione cujusdam P. F. Bartholomæi de Ferraria, inquisitoris Ferrariensis ordinis Prædicatorum per ipsum facta in commemorationis dictæ virginis in conventu SS. Johannis & Pauli, videlicet tertia die mensis Maii 1411. in quo die fuit festum Inventionis crucis Christi; & in qua prædicatione dictus inquisitor circa celebritatem dictæ virginis declaravit fore atque fuisse, quemadmodum ego hic supra expressi,

ac etiam quamplurima eximia de virtutibus hujus virginis recitavit, & ad materiam dictæ crucis, de qua principaliter prædicavit, multipliciter adaptavit. Qui etiam fr. Bartholomæus jam anni sunt plures, ex quo in Ferraria unam legendam hujus virginis, me mediante, tanscribi fecit, de ipsius virginis virtutibus pluries prædicavit, prout ab ipso audivi oraculo vivæ vocis. Item dico, quomodo post prædicationem factam per dictum inquisitorem in dicto conventu, ego immediate ad ecclesiam de S. Apostolo de Venetiis accedens, prædicavi ibidem, cui prædicationi præfatus inquisitor voluit interesse. Ego autem juxta illud quod præfatus inquisitor de me in præfata sua prædicatione prædicaverat, ita in mea sum prosequutus, utpote multa tangendo de cruce & ad crucis materiam miranda virginis adaptando, & quamplura de virgine in legenda contenta historialiter recitando: quam utique prædicationem in fine hujus meæ testificationis apponam, Domino concedente. Item dico, qualiter ante supradictos 16. annos, ego fui pluribus annis in conventu Senensi ordinis Prædicatorum, ubi etiam fui prior, licet indignus, & quod semper annuatim ante & post, usque in præsens celebrata est memoria dictæ virginis in dicto conventu, & modo quo supra, & ubi est etiam huc usque venerabile caput ejus in sacristia, atque volumina tam legendæ ejus, quam etiam doctrinæ posita ad catenam (z) in libraria dicti conventus. Item dico, eamdem memoriam factam fuisse in conventu Romano, videlicet S. Mariæ super Minervam ordinis Prædicatorum, eo modo quo supra, & ex quo virgo migravit usque in præsens, ubi etiam huc usque requiescit virginale corpus ejus; & est volumen legendæ ejus in libraria dicti conventus: siquidem quædam soror, nomine Lisa de Senis, & cognata dictæ virginis ac ejusdem ordinis usque in præsens, ex quo virgo migravit in Roma, cum aliis pluribus sororibus etiam ejusdem ordinis de Pœnitentia S. Dominici Romani, ut melius annuatim posset fieri dicta memoria, ad ipsius instantiam, me mediante, transmissa est ibidem supradicta legenda. Item dico, dictam memoriam a pluribus annis factam fuisse in civitate Lucana, & in conventu S. Romani de Luca ordinis Prædicatorum, in ejus armario ad catenam est legenda virginis, quam ibidem, me mediante, transmisit quidam Nicolaus de Quidicionibus de Luca, qui in Venetiis commoratur, & hoc ut dicta memoria ibi posset habilius celebrari; & in solatium tam sororum sui ordinis, quam aliarum personarum de Luca, de vita & doctrina virginis plenius prædicari. Item dico, quod similiter idem puto factum esse de dicta memoria in Pisis, tam in conventu S. Catharinæ, quam in monasterio sanctæ prædictæ dicti ordinis, ubi etiam, prout mihi constat, sunt volumina tam de vita quam etiam de doctrina ipsius virginis. Idem etiam puto consimiliter factum in conventu Nuremburgensi ordinis Prædicatorum de provincia Teutonica, ubi etiam, me operante, transmissa fuit legenda dictæ virginis jam est diu. Et simili modo idem puto factum esse in conventu Perusino, & civitatis Castelli ordinis Prædicatorum, ubi jam anni sunt multi, ex quo in utroque dictorum conventu, me cooperante, etiam legenda virginis fuit transmissa. Item dico, me tam in Janua, & in Venetiis, quam in Pisis, Senis, Urbe-veteri, & in pluribus aliis locis Italiæ vidisse ac audivisse celebrari hujusmodi memorias de appellatis beatis & nondum canonizatis, & hoc tam in ecclesiis sæcularium sacerdotum, quam religiosorum ordinum diversorum, eo tamen modo quo supra; & ulterius cum pulsatione campanarum non parva; & quod contigit me in aliquibus supradictorum locorum in diebus talium commemorationum multoties prædicare de sancta vita & virtutibus ipsorum beatorum; ac etiam populum ex talibus prædicationibus devotionem & ædificationem non modicam reportare, & in Venetiis quampluries prædicavi in ecclesia S. Chrysostomi de vita & virtutibus B. Litthæ de Luca in certo die commemorationis & celebritatis dictæ beatæ, quæ ibidem fit die 27. mensis Aprilis, & quod similiter tam in dicta ecclesia, quam in cathedrali & apostolorum &SS. Johannis & Pauli, & in monasterio Corporis-Christi, etiam quampluries prædicavi de vita & virtutibus istius virginis B. Catharinæ de Senis cum assistentia non parvi populi, & magnæ devotionis cunctorum: & quod tandem præcipuum est, & a sæculo inauditum, quia in dicto conventu SS. Johannis & Pauli ego per totam unam quadragesimam cum festis paschalibus, me tunc existente prædicatore dicti conventus, die qualibet dictæ quadragesimæ de dicta virgine specialiter prædicavi, adaptando materiam cujusque evangelii ad materiam hujus conditionis, videlicet proprietatis seraphici crucifixi ac proprii amoris, repertæ, sive existentis in virgine prælibata, quod fuit anno Domini 1396. In decursu etiam supradictorum 16. annorum & ultra in quibus fui in Venetiis, ut contigit huc usque, quod omni anno in dicto conventu vel alibi ego prædicavi de ista virgine in die suæ commemorationis in Venetiis, aliquando in die apostolorum Philippi & Jacobi, aliquando in festo Coronæ Domini, & pluries in die Inventionis S. Crucis, & etiam S. Johannis ante Portam-Latinam, prædicando etiam aliquoties bina vice & in duabus ecclesiis in præfata commemoratio-

---

(z) Olim in monasteriis alligati catenis erant libri in pulpitis, id quod adhuc aliquibus in locis observatur.

nis die, cum non parva quantitate populi, & aviditate ad hujusmodi prædicationes audiendas convenientis.

25. Item, secundo principaliter & pro secundo capitulo circa qualitatem & quantitatem numeralem confessorum virginis, & originalem legendam ejusdem, contestor & dico, quod ego habui specialem notitiam omnium confessorum dictæ virginis, de quibus fit mentio in ipsa legenda, quorum unus fuit quidam R. P. frater Thomas de Fonte, qui jam diu decessit; alius quidam venerabilis pater frater Bartholomæus Montucci de Senis, qui adhuc superest; alius autem fuit quidam R. P. F. Bartholomæus Dominici de Senis, sacræ theologiæ professor, qui etiam adhuc supervivit. Ultimus autem fuit quidam R. P. F. Raymundus de Vineis de Capua, sacræ theologiæ professor, qui paulo post virginis transitum in capitulo generali anno 1380. in festo Pentecostes Bononiæ celebrato factus est generalis magister ordinis Prædicatorum, & postea in processu temporis sui magistratus instigatus & sollicitatus a quampluribus utriusque sexus & status, ex quibus ego fui unus, composuit hujus virginis legendam, & postea tandem decessit jam anni sunt plures; & sic isti fuerunt regulariter dictæ virginis confessores, omnes de ordine Prædicatorum, licet aliquando in absentia præfatorum fuit etiam quidam R. P. dictus Johannes, sacræ theologiæ magister, ordinis Eremitarum S. Augustini, vel quidam abbas S. Antimi ordinis monachalis, omnes præcipuæ & honestæ vitæ & famæ. Est autem nunc originalis legenda hujus virginis per dictum generalem composita, & pro majori parte manu sua conscripta, & pro aliqua parte ipso dictante, etiam scripta de manu mea, est apud quemdam R. P. F. Nicolaum de Apulea, sive de Nuncenna, sacræ theologiæ professorem, qui assistens totius dicti ordinis generali decedenti in Winberga anno 1399. de mense Octobris, sibi post mortem ejus dictam legendam vindicavit, quam secum in Apulia detulit. Ego autem, vivente adhuc præfato generali magistro, & tunc in Venetiis existente, ex præfata originali legenda aliam transcribi feci, & consequenter ex illa aliæ sunt quamplures transcriptæ, de quibus fit mentio in præcedenti capitulo, & de quibus etiam infra tangetur in capitulo 16.

26. Item, tertio principaliter & pro capite tertio circa notitiam hujus virginis & sanctitatem, atque austeritatem vitæ ejusdem, contestor & dico, quomodo jam anni sunt 45. elapsi & ultra, ex quo habui personalem notitiam dictæ virginis, ac omnium de domo sua, & signanter genitorum & cognatæ, existentium bonæ famæ, viræ, ac honestæ conversationis, ut puta postquam ipsa jam sumserat habitum ordinis de Poenitentia B. Dominici, & ego intrans in ordine Prædicatorum. Nam antequam sacrum subdiaconatus ordinem susciperem, semper ex tunc vidi de ipsa quamplurima admirandæ sanctitatis atque austeritatis: unde per medium sui primi confessoris supradicti vidi in Senis unam ex disciplinis ipsius virginis cum pluribus chordis subnexis in suis capitibus aculeos ferreos ad incidendum cutem aptos, quæ erat ac si fuisset immersa in aliquo vase sanguine pleno per spatium & postmodum desiccato. Vidi etiam unum circulum ferreum quo virgo illis temporibus usa fuerat in anno, & quædam de mirandis virginis per præfatum confessorem recollecta & scripta. Item dico, quod vidi postmodum in Venetiis quamdam catenam ferream cum quibusdam ferreis crucibus in ipsa interpositis, quam virgo tenuit circa lumbos, & quæ pro magno munere post ejus transitum præsentata fuit cuidam capellano monasterii S. Andreæ de Venetiis, & post mortem præfati devenit apud quemdam venerabilem priorem de Misericordia de Venetiis, qui illam benigne per dies plurimos compræsentavit. Item, vidi in Senis virginem semper tabulis regulariter uti pro lecto, sive sana esset, sive infirma, & licet semper esset jucundi ac læti spiritus, signanter tamen cum aliquo detineretur languore, illo durante, semper erat in Domino tota ridens atque lætabunda & gaudens. Item, cum contigisset me comedere cum ea, vidi illam quasi nihil comedentem, semper nobis de Deo cum miro fervore loquentem; & cum aliquoties cum præfato confessore ad virginis mansionem accederem, adverti & audivi de quamplurimis admirandis rigiditatibus & abstinentiis virginis, & qualiter semel steterit per dies quinquaginta, in quibus nihil sumserat, de quo recolo qualiter in Senis apud spirituales personas magnum murmur fuit exortum, & non parva admiratio cum pervenisset ad aures eorumdem. Item pluries vidi multas virgulas fœniculi virides apud virginem, quibus ipsa utebatur, admittendo illas per guttur proprium, quousque de stomacho exiret aliqualis succus ex herbis per illam masticatis in stomacum introductus. Non modicum patiebatur in sumendo dictum succum, quem tamen sumebat, tam pro obedientia exequenda, quam etiam ad removendum scandalum pusillorum de eo quod non comedere dicebant. Patiebatur autem longe amplius in admittendo dictum succum, in tantum quod tales actus ipsa justitiam appellabat: unde quando ibat cum socia ad talem actum exercendum, dicere in consuetudinem duxerat: Vadam ad faciendum justitiam.

27. Item, quarto principaliter & pro quarto capitulo, quantum ad devotas orationes & sanctas exhortationes virginis ac earumdem

De austeritate S. Catharinæ.

De ejus orationibus.

effectum & fructum, & signanter erga fratres Prædicatores, conteſtor & dico, me virginem vidiſſe, tam in eccleſia quam etiam in domo ſua quampluries miro modo orantem, utpote a ſenſibus totaliter abſtractam, ſalvo quod aliquando vocaliter ſubticebat, aliquando vero in eodem raptu loquebatur, ſcilicet voce ſubmiſſa cum Deo, illis utendo verbis, quibus in ſuis ſoliloquiis utitur Auguſtinus. Item dico, quod cum quodam ſemel in ejus domo, juxta illam taliter ſe habentem reverenter aſſiſterem, non ſolum illam vidi taliter orantem, aut audivi modo præfato loquentem, ſed etiam percepi ipſam tam admirandi & inconſueti odoris fragrantia ſpirantem, ut ex illo per quamplures dies in memetipſo ſentirem fomitem mirabiliter fuiſſe ſopitum. Item dico, quod in illis temporibus ego percepi qualiter virgo ſuas protrahebat vigilias uſque ad matutinas juxta morem ſuum meditando, præcipue vitam Chriſti & evangelicas veritates, de quibus ſingulariter edocta ab eodem extitit, & ipſum Dominum laudando & orando pro multis, & inter alios vocaliter exprimendo quos ſibi Dominus dederat præcipuos in Chriſto dilectos, prout ego propriis auribus aliquoties audivi, ac etiam præcipue Dominum deprecando pro fratribus & religioſis, & ſignanter ordinis Prædicatorum & ſancti Dominici, cujus habitum tam interius quam exterius ipſa portabat, & in Senis ſatis juxta eorum eccleſiam habitabat. Qui fratres cum ſurrexiſſent ad matutinas, tunc illa ad paululum quieſcendum, accedere diſponebat, ita Domino dicens: Hucuſque, Domine, fratres mei quieverunt, & ego oravi pro eis & tuis laudibus vacare curavi; nunc vero ipſi ſurgunt ad te laudandum & orandum; & nunc ego ad aliquantulum quieſcendum accedam. Adverti etiam aliquoties qualiter virgo aliquando in ſuis orationibus interponebat hæc verba, videlicet: Peccavi, Domine, miſerere mei, & quod communiter in fine orationum ſuarum cancellatis manibus & inclinato capite præfata verba humiliter ipſi Domino porrigebat. Item dico, quomodo quampluries ego audivi a virgine cum loqueretur cum fratribus & præſertim ordinis Prædicatorum, præcipue ſibi dilectis in Domino, videlicet quod conarentur tamquam veri filii niti Dominum ipſum ſuum tamquam Patrem efficaciter imitari, & maxime quantum ad zelum & deſiderium ſalutis omnium peccatorum, & quod cum Chriſto in menſa crucis totis præcordiis ſumere dignarentur cibum ſalutis, videlicet animarum, & quod ubicumque forent, in ſpirituali & mentali cella, & ſignanter quantum ad ſuimet propriam cognitionem continue reſiderent, & quod ſuper mortuos in peccatis efficaciter plorare deberent. Unde ſæpius hoc replicare conſueverat, videlicet:

Stemus, ſtemus in cella. Et conſimiliter: Ploremus, ploremus ſuper mortuos iſtos. Item dico, quomodo in dictis temporibus, me præſentialiter in Senis reſidentiam faciente, ego vidi experientialiter tam in me, quam in aliis fratribus, qualiter meritis & orationibus, & perſuaſionibus tam exemplaribus quam verbalibus hujus virginis, devotio & religio ſignanter viguit in conventu noſtro Senenſi ordinis Prædicatorum, multiplicatis in fratribus vigiliis, orationibus, diſciplinis, abſtinentiis, ciliciis & auſteritatibus aliis longe ultra priſtinum eorumdem fratrum ac conſuetum vivendi modum; & quemadmodum in fratribus noſtris, ita mediante virgine, etiam ſemper ex tunc vidi de ipſa tam plurima admirandæ ſanctitatis atque auſteritatis; unde per medium ſupradicti ſui primi confeſſoris vidi idem in aliis religioſis, de quo aliqualiter habetur infra in capite 7. & de efficacia orationis virginis etiam tangetur infra in cap. 9.

28. Item, quinto principaliter & pro capite quinto de floribus & ſignificationibus, de quibus virgo mirandas cruces & manipulos conficiendo reperta eſt in aliquo tempore ſingulariter delectari, conteſtor & dico me vidiſſe quampluries virginem antequam exiret in publicum, recte tamquam divino amore languentem, & ſic fulciri floribus affectantem, in ipſis etiam materialibus floribus cum devotarum laudum decantatione ſpiritualem complacentiam pro tempore habuiſſe, compoſitiones mirabiles faciendo tam in crucibus quam in manipulis de floribus prælibatis: de quibus ad Chriſti amorem propagandum, fovendum ac etiam concitandum, tam in ſe, quam etiam in mentibus aliarum perſonarum, de dictis crucibus & manipulis diverſa hinc inde donaria faciebat. Propter quod contigit etiam me per medium ſupradicti ſui primi confeſſoris de ipſis crucibus & florum manipulis habuiſſe. Quæ utique florum compoſitiones atque largitiones, quemadmodum rei ad plenum probavit eventus, non ſolum quod Dominus rerum largitor, ſed diverſa alia myſteria caritatis Dei & proximi in virgine deſignabant; & inter alia, crucem ſanctam, atque multipliciter in caritatis exceſſu cruci Chriſti conformem per virginem avide aſſumendam, & delectabiliter & effectualiter tolerandam: necnon magnam quantitatem veluti florum utriuſque ſexus redolentium animarum per ipſam Chriſti glutino copulandam, & ipſi Domino præſentandam; cum tandem appellata ſit mater millium animarum: aut etiam deſignantes præfati florum manipuli multitudinem veluti redolentium florum, verborum & operum mirandorum in perfectæ caritatis vinculo ligandorum, quæ virgo erat multipliciter atque ferventer actura, ac etiam ad illa plurimos hortatura. Ad quod non

modicum facere videtur, quod hæc virgo uti florida florum tempore, videlicet in fine mensis Aprilis, ut patet in ejus legenda, supernis atque regalibus, ut pie credendum est, conspectibus, non solum cœlicolis, sed etiam terrigenis intulit suavitatem odoris; pro quorum etiam confirmatione dico non parum adhuc fore ponderandum, quod in virginis sancta memoria semper ex quo in Venetiis cœpit exordium annuatim in die memoriæ prælibatæ in ecclesia SS. Johannis & Pauli, & signanter apud capellam sancti Johannis-Baptistæ, ubi est imago virginis cum certis historiis circum circa ad virginem pertinentibus; non solum per aliquos ante dictam imaginem aliquem positum extitisse laurum, sed etiam semper hucusque in dicto die aliquæ utriusque sexus personæ veluti a sponso virginis inspiratæ, apportare consueverunt in bona copia, ut ponantur ante virginis imaginem, tam cruces plures & coronas multiplices de diversis floribus consitas, quam etiam cingulos & quamplurimos manipulos florum, & signanter coloris cœlestis, ac diversarum redolentium herbularum, prout etiam potest esse notum cunctis ad dictam ecclesiam SS. Johannis & Pauli concurrentibus. Cum etiam per anni circulum, ante virginis imaginem de præfatis & signanter crucibus & coronis florum ibidem quamplura perdurent, & quemadmodum in dicta ecclesia, ita & in aliis locis in Venetiis, ubi ipsius virginis memoria recolitur. Idem quoad coronas de floribus & herbulis redolentibus hucusque vidi & in Senis.

Ipsius amor in Deum.

29. Item, sexto principaliter & pro sexto capite de hujus virginis ad Deum amore, & servilibus operibus propter Christum; fervore, ac ejusdem virginis ad Deum timore, & sancto odio respectu sui, contestor & dico me tam exaudisse, quam etiam aliquando ex visu percepisse, qualiter virgo semper in actu divino amore flagrabat, & quod semper actualiter sursum ferebatur in Deum: unde tam tempore quo propter Christum persecuta extitit a Germanis in domo, quam tempore quo ex Dei præcepto in publicum ad exercitia vitæ activæ propter Christum exequenda, sive in faciendo panem, aut obsequendo familiæ de domo, sive quævis opera servilia exercendo, semper cuncta cum actuali fervore caritatis & divini amoris geminata & multiplicata expressione facere cernebatur. Nam ex panibus seu focatiis per manus virginis cum dicto fervore & divini amoris assidua & frequenti vocali repetitione confectis, per medium supradicti primi confessoris ego recepi atque comedi, nec judicavi modicum, quod videlicet de pane taliter confecto ego habuissem atque edissem. Ex eo etiam quod ipsa virgo aliquando in caritatis spiritu cum vellet panes conficere, pro pascendis cujusdam famis tempore pauperi-

bus Christi, in adjutorium habuit ad panes conficiendos Matrem Panis vivi qui de cœlo descendit, etiam pluribus sanctis angelis sociatam, prout in decimo capite secundæ partis legendæ suæ plenius declaratur. Item dico, me pluries advertisse virginem non solum actualiter amore Christi fervere, sed etiam quod consimiliter ejusdem moris erat semper actualis in Dominico timore processus. Unde vidi qualiter virgo existens in Senis, ad caput sui lectuli, in quo propter infirmitates assiduas semper residentiam facere cogebatur, tenebat cedulam, in qua versus ille Davidicus erat inscriptus, videlicet *Illumina, Domine, oculos meos, ne unquam obdormiam in morte*, dando per hoc intelligere evidenter, quod timebat quovis modo suum offendere creatorem, utpote semper timendo, tamquam amica veridica, ne suum offenderet amicum, propter quod si quidem etiam in quibuslibet minimis se qualitercumque offendisse Dominum judicaret, pœnitentias & austeritates importabiles attentabat; immo etiam quodammodo lacrymis & gemitibus inenarrabilibus, & quasi irremediabiliter est flere reperta. Vigebat autem in virgine ex timore divinæ offensæ tantæ austeritatis assumtio, tam ratione intentionis divini amoris, quam etiam sancti odii respectu sui: de quo sancto odio ipsa mirabiliter differebat, & ad ipsum specialiter possidendum & obtinendum omnes suos in Domino tam facto quam verbo singulariter animabat, prout apparet in ejus legenda. Et ut breviter concludatur, cum timoris Domini sit peccatum expellere & mentem longius ab offensa Domini facere, juxta illud: *Si ego Dominus, ubi est timor meus?* in hoc potest ad plenum patere, quod perfectus timor Domini, sanctus, castus, filialis, in virgine fuit; per quem videlicet non solum puritatem virginalem, sed etiam innocentiam baptismalem servasse perhibetur, prout omnes qui cum illa conversati sunt, quorum unus ego aliquo modo fui, de hoc firmiter, licet diversimode advertere potuerunt, & maxime confessores, prout etiam in dicta legendæ decursu apparet.

30. Item, septimo principaliter & pro capite 7. quantum ad confortationes spirituales, quampræcipuas ab aliquibus per virginem reportatas, & de continuitate suæ vocationis cum Deo, vel proximo propter Deum, & de diversitate personarum per ipsam ad Deum conversarum & ad ipsam concurrentium, & qualiter ipsa cœpit appellari Sancta, dum adhuc ageret in humanis, contestor & dico primo de me, quomodo non solum de supradictis floribus & pane virginis ad me pervenit, sed quod etiam ab ipsa quampluries fui in meis passionibus & tentationibus personaliter & efficaciter confortatus, & de pertinentibus ad salutem animæ

Auctorem ipsum in tentationibus confortat.

meæ, cum tunc essem juvenis, fructuose & multoties informatus. Item, quodam semel, ipsa mediante & orante pro diebus aliquibus, cum accessissem cum quodam fratre ad certum locum desertum pro aliqua spiritus recreatione, evidenter aliqua miracula sum expertus non solum spiritualiter, sed etiam corporaliter, utpote tam circa cibum nobis miraculose tunc ministratum, videlicet de panibus, quibus omnino carebamus, quam etiam circa potum, videlicet aquæ illius loci, quam cum degustarem vel biberem, taliter mihi sapiebat in ore, ac si venam in se cujusdam dulcedinis contineret. Et ita post aliquos dies non mediocriter in utroque homine meritis virginis consortati, discedentes ab inde pervenimus ad virginem, & exinde post congratulationem in Domino de receptis, ad conventum nostri ordinis redeuntes. Item, dico quod cum ex quavis causa cum aliquo supradictorum confessorum me ad domum virginis accedere contigisset, semper adverti actuali fervore caritatis ipsam affici, & sine aliqua intermissione aut orantem, & in abstractione constitutam, aut de salute animarum vel de Deo loquentem, describentibus dictantem, sive aliis piis operibus intendentem : in tantum quod numquam percipere potui quod otio veniali etiam quomodolibet in quovis tempore parvo vacaret, vel quod umquam etiam verbum otiosum de ore suo proferret. Item, dico me virginem vidisse aliquoties in diversis ecclesiis sive locis in Senis, & semper vel missas vel prædicationes meas, cum tamen tunc essem juvenilis ætatis, & consimiliter aliorum humiliter & devote audientem, aut devotissime communicantem, sive orantem, aut per plures horas raptam & a sensibus totaliter abstractam stantem, sive exinde tam eleemosynis spiritualibus quam corporalibus insistentem, & taliter prædicta continuare, ut fere modicum, & quasi nihil quietis acciperet, aut parum, ut dicebant, & quasi nihil dormiret. Item dico, illis temporibus multoties me vidisse in Senis diversorum ordinum religiosos per virginem ad meliorem vitam reductos, tam ordinis Prædicatorum & Minorum, quam Eremitarum S. Augustini, ac ordinis monachalis, & non solum juvenes, sed etiam provectos & litteratos, utpote tam baccalaureos quam lectores & prædicatores, ac etiam in theologia magistros, quorum pro majori parte notitias habui : sed illos hic explicare dimitto gratia brevitatis. Item dico, vidisse personas plurimas utriusque sexus per ipsam ad religiones diversas transmissas, utpote tam ad illam Prædicatorum, quam sanctimonialium & ordinis sui de Pœnitentia B. Dominici, quam etiam ad illam montis Oliveti, & si bene occurrit, Eremitarum S. Augustini de Silva-lacus, ac etiam S. Anthimi ordinis monachorum de comitatu Senarum, ad quas utique transmisit tam Jesuatos, quam plures personas ac etiam nobiles de domibus Tholomæorum & Salimtenensium & Piccolomineorum de Senis, quas, licet pro majori parte cognoverim, tamen illas particulariter nominare & gratia vitandæ prolixitatis omitto ; salvo quod hoc unum dicam, videlicet qualiter ego vidi tam in Pisis quam in Senis, non solum quamplurimas matronas tam populares quam nobiles, ac etiam consimiliter quamplures virgines, quæ per medium hujus virginis habitus sui ordinis de Pœnitentia B. Dominici assumserunt, de quibus inter alias, duas germanas de Tholomæis de Senis ego cognovi; quæ cum primo ad carnis suæ cultum & mundi affectum totaliter se dedissent, haberentque in vasis lotiones & coloraturas diversi generis, & alias vanitates ad ornatum corporis facientes, cum per virginem ad æternum sponsum fuissent conversæ, cunctis mundialibus spretis, in fervoris spiritu omnia præfata vasa fregerunt, & in sterquilinium projecerunt, ducentes deinde in propria domo usque ad suum transitum vitam potius angelicam quam humanam. Quædam vero aliæ de dictis virginibus post dicti habitus de Pœnitentia beati Dominici assumtionem, in monasteriis tam Prædicatorum, quam aliorum sub regularis observantiæ institutis, tam in Senis quam in Pisis initiantes, & usque hodie sanctissimam vitam a cunctis ibidem ducere dignoscuntur. Item dico, quod adhuc in tempore illo vidi in Senis personas utriusque sexus & sæcularis status, & per virginem ad pœnitentiam conversas, quarum aliquæ solum ad tempus in sæculo remanserunt : ex quibus unus fuit quidam Gabriel de Piccolominibus de Senis; alius quidam Nevius Landocci de Senis, qui postea fuit unus de scriptoribus virginis, & qui post virginis transitum dies suos in sancta vita eremitica terminavit. Alius fuit quidam Christophorus Ghani de Senis, qui etiam fuit postmodum unus de scriptoribus virginis, & qui frater Hospitalis sanctæ Mariæ de Senis effectus est, postquam librum virginis latinizavit, & pro majori parte epistolas virginis recollegit, & rithmica de ipsa composuit, & alia plura fecit, ibidem beato fine quievit. Alius, ceteris pro nunc dimissis, fuit quidam intelligens juvenis, dictus Stephanus de Maconibus de Senis, qui cum mortales inimicitias pateretur, & ex hoc arma, ut moris est talium, portaret, ibidem per virginem non solum conversus est ad pœnitentiam & ad pacem, sed etiam omnes adversarii ad idem, mediante virgine, sunt reducti, prout ipsa virgo prædicto Stephano quampluries quod ita foret vel eveniret asseruerat atque prædixerat. Et qui Stephanus etiam postea fuit unus de scriptoribus suis, & comes usque ad Avenionem, & consequenter

Multos ad meliorem vitam convertit.

quenter ad Urbem, indefectibilifque ad virginis tranſitum. Poſt quem utique tranſitum, prout mandaverat ſibi virgo, non obſtantibus parentum retinentiis, lætus & gaudens Carthuſienſem ordinem eſt ingreſſus, in quo ordine tandem ex laudabilis vitæ ſuæ proceſſu, & ut æſtimatum fuit a pluribus ſui ordinis, meritis virginis eſt generalis effectus, & uſque nunc ſupervivens inter plurima laude digna & pro reverentia virginis multa fecit, de quibus aliqua tanguntur infra in xiv. xv. & xvi. capitulis. Item dico, me in Senis etiam vidiſſe & cognoviſſe quemdam Nannem filium Vanni, qui per virginem ad pœnitentiam poſt aliqua miranda reductus, eidem virgini quoddam forticulum modicum extra civitatem Senarum conſtitutum pro ædificando uno monaſterio tradidit; & conſimiliter ibidem vidi & novi alium virum nobilem, qui Franciſcus Malevolis dictus, & per virginem de ſua vita pluries admonitus, ex prophetico ſpiritu virginis, poſt ejus tranſitum Montis-Oliveti, me cooperante, ordinem eſt ingreſſus. Item dico, quomodo ego adverti & vidi qualiter de omni conditione ſervorum Dei tam religioſorum & monachorum, quam eremitarum & ſæcularis ſtatus confluebant ad virginem, de remotis partibus adventantes, ſive mittentes, & conſilia in via ſpiritus ab ea humiliter poſtulantes atque reportantes, de quibus per ſingula nimis foret enarrare diffuſum: addens quomodo de aliquibus hic ſupradictis ſerioſe tangitur in ejus legenda. Item dico, quod in Senis ego me reperi, quando virgo ibidem cœpit hinc inde appellari ſancta, & communiter haberi pro ſancta; ſed cauſam in ſpeciali pro tunc ego ignoravi, de qua tamen cauſa explicatur in particulari in dicta legenda, ubi in 2. partis capite 4. narratur qualiter cum in Senis aliqua infirma, cui virgo ſerviebat, inſtigante ſatana, ipſam virginem infamaſſet, meritis virginis ad pœnitentiam reducta, unde voluit adverſarius virginem confundere ſive deprimere, inde cooperante ſponſo ſuo meruit exaltari: quoniam unde adverſarius quæſivit quod mala mulier diceretur, inde factum eſt ut virgo a cunctis ſancta vocaretur.

31. Item octauo principaliter & pro octavo capitulo de ſingulari gaudio virginis quod habebat in viſitando infirmos tempore peſtis, & de tranſitu animarum ad cœlum, ac mirabili efficacia ipſius virginis erga converſionem aliquorum, ſignanter in tranſitu ex diverſis cauſis obſtinatorum, confeſtor & dico, quod me exiſtente in Senis tempore cujuſdam peſtis, quæ ibidem fuit, ſi bene occurrit anno MCCCLXXI. ſive LXXII. ego vidi pluries virginem cum præcipuo gaudio viſitare de peſte infirmos; ac vidi etiam aliquas per ipſam tam de peſte quam de alia infirmitate miraculoſe ſanatas, de quibus tangitur in legenda. Vidi ſæpius virginem de deceſſu animarum ad cœlum tranſeuntium ſpecialiter exultantem, & quemadmodum de aliis, ita etiam de illis ſuæ domus, de quibus cum aliqui de peſte ex hac vita migraſſent, cum mirabili jucunditate atque lætitia propriis manibus ſepelivit. Simili etiam modo quando proprii genitoris occurrit tranſitus, præcipuum gaudium demonſtravit, in tantum quod ceteris flentibus, ipſa ſola rideret, & in Domino exultaret, & ſignanter ex eo quod per revelationem habuerat, quod cum anima tranſiiſſet in cœlum, propter quod & ipſa libenter ipſum aſſociaſſet, ubi id de ſui ſponſi beneplacito extitiſſet. Item dico, quod Senis occurrerunt aliqui caſus in quibuſdam imminentis mortis, tam ex gravi infirmitate, quam ex vulneribus ab inimicis inflictis, quam & ex quadam condemnatione ad ſententiam capitalem, qui tamen omnino pœnitentiam accipere recuſabant, & hoc aut ex mala conſuetudine, aut ex appetitu vindictæ, ſive præ nimia ex occurſo caſu triſtitia & afflictione, & deficientibus circa hoc religioſis & aliis reverendis ſacerdotibus & in theologia magiſtris, tandem ſolum per virginem ad optatam pœnitentiam ſunt reducti, ſiquidem cum me inveniſſem in carceribus communitatis cum infraſcripto ad capitale ſupplicium condemnato, qui Nicolaus Jolde nobilis de Peruſio dicebatur, & qui per ſenatorem Senarum in quodam officio deputatus, cum quadam turbatione ipſum ſenatorem de quibuſdam concernentibus civitatis ſtatum infamaſſet, ac per hoc irremediabiliter in ſe ſententiam talem cerneret prolatam, omnino ſe in baratro deſperationis jactare volebat: quod virgo audiens, veluti ſalutis animarum tota zelotypa, cum acceſſiſſet ad ipſum, taliter factum eſt, ut qui primo tamquam leo ferociſſimus & deſperatus per carcerem incedebat, mediante præſentia virginis, taliter eſt reductus, quod uti agnus manſuetus qui portatur ad victimam, devotus & ſpontaneus, ad locum decapitationis acceſſit, cum tam admiranda devotione mortem illam, cum eſſet juvenilis ætatis, virgine præſente, & ſuis manibus caput ejus arripiente, ſuſcepit, ut non condemnati ex quovis ſcelere hominis, ſed per omnia cujuſdam devoti martyris tranſitus videretur, ac per hoc omnes viſceraliter & ex corde compungerentur, inter quos unus ego fui, in tantum ut non recorder uſque tunc alicui ſepulturæ interfuiſſe tantæ devotionis quemadmodum illa fuit: & hoc tantum meritis prælibatæ: quæ etiam alias quibuſdam aliis damnatis ibidem a ſponſo ſuo gratiam ſimilem impetravit, prout in ejus legenda ſerioſe narratur. Et conſimiliter infraſcripto alio ab hoſtibus atrociter & mortaliter vulnerato, & de Ceretatis de Senis, majoriſque eccleſiæ

Senensis canonico, cum esset taliter obstinatus, quod in extremis positus nihil de Deo a quoquam penitus audire valeret, recurrente virgine miserabilibus lacrymis & precibus, antequam decederet eidem salutarem pœnitentiam impetravit. Alius etiam dictus Andræas de Belantis de Senis, & a cunabulis mihi notus, cum fuisset homo valde mundanus, & infirmatus esset ad mortem, nec vellet aliquid de salutari pœnitentia audire, habito recursu ad virginem, illa statim, hoc audito, orationi se dedit, & per plures horas cum Domino disceptando, sibique pro præfato preces & lacrymas multipliciter offerendo, tandem meritis virginis eidem infirmanti misericorditer Dominus apparuit, sicque gratiam salutaris pœnitentiæ reportavit, utpote omnia facta sua perfecte ordinando, se cum magna devotione confitendo, & cum præcipua contritione ex hac luce migrando, prout in legenda plenarie continetur. Dico etiam cognovisse plures alias personas ad pœnitentiam per virginem tam in vita quam in morte fuisse conversas, ac de corporea infirmitate & a dæmone liberatas, ac pro bona parte in legenda notatas, de quibus hic gratia brevitatis pertranseo, uno signanter notabili excepto, videlicet de gratia præfatæ pœnitentiæ uni sui ordinis sorori in extremis se habenti & totaliter impœnitenti, mirabiliter & singulariter per virginem impetrata, utpote cum potens retinendi spiritum taliter migrantis a corpore, quousque per dictam virginem gratiam plene reportaret, quod etiam in legenda seriose narratur.

Zelus ejus pro conversione infidelium.

32. Item nono principaliter & pro nono capitulo de desiderio virginis tam per se quam per alios transeundi ad infideles & ad terram sanctam, & de quadam præcipua efficacia suæ orationis erga speciales sibi in Christo dilectos, ac de miranda liberalitate ejusdem tam in spiritualibus quam in temporalibus, & signanter erga peccatores, necnon de suo transitu ex hac vita ad tempus, contestor & dico, quomodo quam pluries personaliter ab ore virginis audivi de materia fiendi passagii, sive transitus ad infideles, & hoc ex accrescentia continentiæ amplioris caritatis in ipsa erga animarum salutem, in tantum quod ego vidi in Senis plures personas jam paratas atque dispositas, mediante virgine, ad iter dicti passagii prosequendum, & consimiliter audivi de pluribus ad idem paratis, aut pro eadem causa ad certa subsidia largienda: unde & postea cum virgo se reperit coram papa Gregorio XI. constituta, inter alia mirabiliter de dicti passagii prosecutione disputavit, ut tangitur in legenda. Optante etiam ipsa virgine sacratissimum Domini visitare sepulcrum, & ubi Deo placeret, cum suis singulariter in Christo dilectis ad salutem tam fidelium quam infidelium procurandam suprascripto interesse passagio. Item dico, quam pluries me personaliter advertisse, quod cum virgo orando loqueretur cum Deo, præfatas personas præcipue sibi in Christo dilectas ipsi Domino specialiter recommendabat, dicens: Adhuc tibi, Domine, efficaciter recommendo personas quas mihi dedisti in te diligere speciali dilectione. Et etiam quodam semel advertisse qualiter virgo orans impetravit vitam æternam pro suis præfatis in Christo præcipuis, recipiendo super hoc in sua manu dextra certum indicium per modum cujusdam stigmatis in ipsa impressi invisibiliter cum intentione doloris remanentis in illa, de quo plenius tangitur in legenda: necnon & tandem tamquam signum adimpetrationis præfatæ vidisse, videlicet tam aliquas originales quam copias apostolicarum litterarum per virginem tam a Gregorio XI. quam ab Urbano VI. impetratarum, de plenaria indulgentia pro omnibus supradictis, & totius sui collegii de Senis sororibus. Insuper virgine existente in Urbe, & me in Senis, ab ipsa recepi unam litteram sive epistolam, in qua de dicta plenaria indulgentia pro me specialiter impetrata scripsit. Addens in illa exhortationes ad virtutis perfectionem provocantes, prout loquendo vel litteras dirigendo sui moris facere semper erat; & inter alia quod pro ecclesia & summo pontifice specialiter orare deberem. Item dico, qualiter semper pro tempore quo sui ubi fuit virgo, & signanter in Senis, ipsam vidi de omnibus bonis quæ habuisset, tam spiritualiter quam temporaliter propter Christum omnibus liberaliter & propter proximi salutem penitus in nullo sibi parcentem. Propter quam liberalitatem multa miracula, & præsertim circa quædam opera misericordiæ per ipsam exercitata, occurrerunt, ut tangitur in legenda. Quin immo etiam adverti virginem pro peccatoribus etiam pœnitentias eis debitas pro peccatis, ut ipsos facilius ad Dominum converteret, in seipsa, & in proprio corpore tam liberaliter, quam magnanimiter, & affabiliter assumentem, seu promittentem, fidejubentem, ac etiam quam delectabiliter prosequentem, in tantum, ut recordor, in Senis quoddam murmur insurrexisse, pro quanto ab aliquibus pusillis tanta caritatis affluentia non bene poterat comprehendi. Erat enim solita dicere, & maxime peccatoribus, ex immanitate peccatorum quasi de venia desperantibus, ut ipsos ad Dominum traheret: Non respiciatis ad peccata vestra, quia illa omnia volo super me, aut: Ego volo fidejubere pro vobis apud Deum, aut, Ego volo obligari ad reddendam rationem pro vobis ipsi Deo, & hujusmodi. Nam & sanctus Doctor determinat in 4. Sententiatum quomodo, quemadmodum corporaliter apud homines, ita & spiritualiter in caritate con-

stituti, unus pro alio satisfacere potest, consimiliter apud Deum. Item dico, quomodo alias contigit, quod etiam quidam aliquale scandalum reportarunt, audientes virginem ad tempus modicum ab hac luce subtractam, & ad Dei visionem ejus animam elevatam, & de multis alterius vitæ informatam, ac eodem die corpori proprio restitutam, cum tamen illa die inter alias personas aliqui fratres, & ego cum primo ipsius virginis confessore me reperi in domo ipsius virginis, ubi de dicto transitu audivi atque percepi qualiter per dictum confessorem & alios pertractatum est de pertinentibus ad sepulturam; sed quomodo postea eodem die revixerit, ut dictum est, non fuit expediens aliquid prosequi de tractatis, de quo in legenda extense narratur, ubi etiam de me fit mentio specialis. Recolo autem me in legendis fratris Petri de Clugio ordinis Prædicatorum legisse quod aliquid simile de quodam S. Oddone abbate, de quo ibidem post legendam S. Ceciliæ dicitur quod mortuus est, & revixit, & postea iterum in Domino requievit. Et consimiliter circa principium epistolæ B. Cyrilli episcopi Jerosolymitani ad B. Augustinum habetur de tribus viris meritis B. Hieronymi, cum essent prius mortui, ad vitam sequenti die reductis, & postmodum certo tempore superviventibus, atque testificantibus de gloria animarum purgatarum, & de pœnis infernalibus & purgatoriis. Et modo consimili circa dictæ epistolæ finem habetur de quodam Andræa cardinali, qui post mortem ad ecclesiam suæ cadaver cum esset deductum, ibidem meritis B. Hieronymi ad vitam pristinam revixit, & de his quæ sibi, cum ex hac luce migrasset, contigerant coram domino papa & aliis tunc ejus funeri præsentibus enarravit.

In verbis suam circumspecta.

33. Item decimo principaliter & pro capitulo 10. quo ad admirabilem inoffensam virginis in verbis, & ejusdem tristitiam in mundialibus prosperis, & lætitiam in adversis, per verba, gestus, & opera ostensionis, & de gestis per eam apud quamdam arcem, ac de suæ fama sanctitatis ibidem, contestor & dico, quomodo in toto tempore, quo conversatus sui cum virgine, numquam audivi de ore suo procedere verbum aliquod ineptum, aut scandalosum, aut otiosum, seu reprehensibile quovis modo; nec etiam unquam audivi aliquem cum virgine conversatum contrarium referentem; sed potius quod dictum est confirmantem, quod non solum in vita sua potuit esse notorium, sed etiam post, pro quanto libro suo & cunctis ejus epistolis, ac ceteris verbis & dictis ejus quæ reperiuntur in scriptis diligenter inspectis; verbum quod rationabiliter reprehendi possit minime reperitur. Insuper ipsam virginem numquam me vidisse recolo turbulentam, sive turbatam, nisi ratione offensæ

Dei vel proximi, sed semper affabilem, benignam, alacrem, & jucundam, & præsertim in infirmitatibus propriis, quibus continue tenebatur, & in adversitatibus & tribulationibus tam suis, quam parentum suorum, semper illam vidi gaudentem & lætam, illasque vehementer optare, & cum postea advenirent cum omni festo & lætitia tolerare. Unum prout mihi occurrit ego aliquando vidi virginem cum quibusdam plagiis sive nascentiis in brachiis suis exortis & in auribus, de quibus veluti de roseis floribus lætabatur, atque subridendo dicebat: Istæ sunt rosæ & flores mei. Recolo & alio semel vidisse inter alias vices virginem cum valde intense infirmitatem pateretur, consimili modo jucundam pariter & ridentem, atque cum risu dicentem: Si aliquis sciret quam dulces sunt passiones & pœnæ amore Domini toleratæ, profecto tamquam præ ceteris aliis ipsius dona singularia specialiter & delectabiliter acceptaret. Unde solum de prosperitate, & sospitate etiam suorum, cum occurrerent, reperta est singulariter contristari, siquidem cum prosperitatem temporalem aliquando succedere parentibus cerneret, in oratione postmodum constituta cum quodam quasi gemitu & ejulatu sic sponso suo dicebat: O Domine, numquid sunt hæc dona quæ desidero parentibus meis, & non potius æterna? Et simili modo de oppositis, utpote adversitatibus quæ postea, me tunc in Senis præsente, parentibus evenerunt, reperta est præcipue in Domino gratulari, & ita ac multo amplius de contumeliis & injuriis suæ personæ quovis modo illatis consimiliter faciebat, atque de præfatis omnibus singulares Domino gratias referebat. Unde semel ego vidi in Senis quod cum quidam Dei servus venisset de Florentia Senas, & vellet de virgine aliqualem experientiam habere, propter famam quam de ipsa perceperat, intrantibus ad illam dicto Dei servo cum primo ipsius virginis confessore, & me una cum ipsis, nullo alio assistente, nobis exceptis; cum dictus Dei servus post aliqua verba interrogatoria & responsibilia & gratiosa a virgine sibi facta, in miras contra ipsam contumelias prorupisset, in tantum ut mihi quid nimium videretur enorme: illa tamen in lectulo suo de tabulis tamquam aliqualiter languida residens, & cum omnimoda reverentia flexo aliqualiter capite ac manibus cancellatis ad pectus, quæ sibi dicebantur humiliter & diligenter attendens, in nullo mutata facie, & cum plena mentis tranquillitate, veluti coram suo sponso & Domino constituta, totum cum quadam jucunditate & cordis serenitate & gratiarum actione suscepit, tamquam a Deo sponso suo de animabus suis zelotypo per medium servi sui ex singulari caritate correcta, quemadmodum postea confessori præ-

In adversis quam hilaris.

In prosperis tristis.

fato, altera die ipsam interroganti, quid cogitasset cum supradicta dicerentur, eidem, etiam me praesente, habuit respondere. Virgine autem, ut praefertur, taliter se habente, & terminatis per Dei servum, prout visum est sibi, suis sermonibus, omnes pariter ab illa discessimus, Cum autem, etiam me audiente, dictus confessor postmodum in via praefatum Dei servum interrogaret, quid sibi de virgine videretur; ille de ista respondit: Quod videlicet esset veluti colatum aurum sive unum aurum plene purificatum. Sicque factum est, ut rediret Florentiam unde venerat, de virgine summe aedificatus, & in Domino de illa non modicum consolatus. Item dico, quod cum semel de civitate Urbe-veteri essem accessurus ad quamdam arcem Selimteniensium de Senis, ubi virgo tunc erat, & deinde ad civitatem Senarum, ego ad dictam arcem pervenissem, & ibidem cum virgine diebus aliquibus moram contraherem, adverti de fructu mirando quem per illam in animabus & etiam in corporibus Dominus faciebat, & secundo quantae sanctitatis & famae apud omnes & singulariter apud principaliores ibidem erat. Unde quo ad primum percepi de quampluribus ad salutarem poenitentiam per ipsam reductis; ex quibus aliqui reperti sunt qui annos XL. sine confessione transierant, aliqui sunt reducti ad pacem; & quamdam ibidem daemoniacam a daemonio liberavit, de quo etiam tangitur in legenda. Quo ad secundum vero percepi de domina dictae Arcis, quae domina Lancina dicitur, germana nobilium de Fulgeneo dominorum, quod ex quo de virginis sancta vita & conversatione advertit, habuit aliquando dixisse, qualiter cum personas spirituales plurimas pratticasset, numquam aliquam sibi similem in doctrina spiritus & sanctitate vitae vidisse. Cum autem in supradicto itinere, antequam ad virginem pervenissem, multorum latronum insultus & alia mihi pavenda viarum discrimina occurrissent, & omnia praefata pericula mirabiliter sive miraculose cum socio evadissem penitus, indubitanter mente concepi, quod meritis virginis, ad quam revertebar, fuissem a dictis periculis totaliter divinitus praeservatus.

Ejus devotio erga Eucharistiam. 34. Item undecimo principaliter & pro undecimo capitulo quantum ad mirabilem virginis circa sacramentum Corporis Christi devotionem ex aliquibus mirandis ostensam, & ad mirabilem suum dictandi modum, ac etiam pro conclusione suae praecipuae & eximiae sanctitatis, contestor & dico, quod ego perpluries vidi virginem in ecclesia nostri conventus cum juvarem ad missam, & hoc in Senis antequam ipsa ad papam GREGORIUM XI. accederet, qualiter cum tanta devotionis & affectionis excessu praefatum sacramentum Corporis Christi sumebat, quod nec sermone vocali nec scripto possit facile explicari. Propter quod non solum devotionem praecipuam, sed etiam admirationem non parvam assistentibus inferebat. Unde quodam semel, me ibidem juvante ad missam, ipsam vidi cum esset sumtura Corpus Christi transfiguratam in facie, & illam habentem non solum lacrymis irrigatam, sed etiam guttis sudoris veluti gemmis hinc inde miro modo respersam. Et ut postea percepi, tunc factum est hoc, quando visum fuit ipsi virgini communicare debenti, quod super se plueret sanguis cum igne mixtus: propter quod taliter purificata se sensit in anima, ut etiam transfunderet usque ad corpus novam videlicet excipiendo purificationem a fomitali corruptione, prout tangitur in ejus legenda. Dico etiam, quod cum virgo ad civitatem Senarum de Avenione rediisset, & in domo propriae habitationis de apostolica licentia aliquoties missa celebraretur, contigit me ibidem aliquando juvare ad missam, atque videre qualiter virgo post Eucharistiae mirabilem sumtionem, veluti caritate effusi pro nobis sanguinis JESU-CHRISTI taliter inebriata, os suum ad os calicis postquam vinum de illo sumsisset taliter applicabat, & cum propriis dentibus ita fortiter detinebat, ut sacerdos de dictis dentibus vix finaliter posset calicem retrahere. Propter cujus actus frequentiam, vidi dictum calicem circumcirca extremitates per ejusdem dentes virginis mirabiliter undique intercisum, & prout apparet in libello de supplemento legendae virginis, id in duobus aliis calicibus noscitur contigisse. Multa atque alia miranda circa virginem quantum ad materiam Eucharistiae diversis in locis & temporibus occurrerunt, de quibus habetur tam in legenda, quam in supradicto libello, in tantum ut de nullo sancto vel sancta legerim tot stupenda occurrisse circa venerabile sacramentum Corporis JESU CHRISTI, quemadmodum quampluries & diversimode isti virgini occurrerunt. Item dico, quomodo etiam quampluribus vicibus vidi virginem in Senis, & signanter postquam illuc rediit de Avenione, fuisse abstractam a sensibus, oraculo vivae vocis excepto, quo dictabat diversis scriptoribus simul vel successive aliquando epistolas, aliquando librum diversis in locis & temporibus, prout se eidem habilitas offerebat, & hoc aliquando cancellatis ad pectus manibus per cameram incedendo, aliquoties flexis genibus, vel aliter se habendo: ita tamen quod semper faciem versus coelum elevatam tenebat. Apparendo etiam in virgine circa libri sui compositionem inter alia hoc mirabile, videlicet quod cum ex emergentibus caussis transisset plures dies, in quibus sibi ad dictandum procedere non liceret, concesso tamen sibi apto postmodum tempore, ita ubi dimiserat resumebat, ac si nullum intervallum aut intermissio sibi quomodolibet occurriffet. Infuper ut in decurfu sui libri evidenter apparet, poftquam etiam aliquando perplures cartas dictaret, ita tamen principale in tantum refumit five epilogat, ac fi tam dicta quam dicenda fuiffent, ficut & de facto erant, pariter & actualiter præfentia menti fuæ. Item dico, quod ego me reperi perfonaliter folum cum virgine in Senis certo tempore, & in arce fupradicta, & tunc cum effem juvenilis ætatis, & in occupationibus ordinis conftitutus, non potui cuncta quæ fiebant hinc inde per virginem oculata fide tenere; unde de vifu circa perfonam ejufdem tantum quæ dicta funt, prout nunc mihi occurrit, volui enarrare. De aliis autem per eam dictis vel factis, tam in Senis per me tunc ignoratis, quam in diverfis aliis locis per fuos confeffores & alias perfonas, quæ fecum ibidem converfatæ fuerunt, poffunt enarrari de vifu, per me autem folum de auditu. Concludens finaliter qualiter de vifu diebus fuis vel meis, cum fim ultrafexagenarius, numquam vidi perfonam in actuali perfectione caritatis & in zelo falutis animarum, ac aliis pluribus ex præfatis emanantibus, & fignanter in defiderio patiendi propter Deum & proximum fimilem fibi; nec confimiliter ex auditu, quod aliqua perfona ufque ad fui tranfitum in præfatis fibi adæquaretur, hucufque percepi. Licet autem pro tunc mihi non occurrant alia præcipua digna relatu circa virginis perfonam vidiffe, dum ageret in humanis: attamen quamplura ad ipfam virginem pertinentia, de quibus infra in fequentibus capitulis, me vidiffe conteftor.

Privilegia a fummis pontificibus ipfi conceffa.

35. Item duodecimo principaliter & pro duodecimo capitulo, quantum ad quædam privilegia tam a domino papa GREGORIO XI. quam ab URBANO VI. per virginem ad honorem Dei & falutem fidelium impetrata, conteftor & dico, tam me vidiffe & legiffe, quam etiam in prædicatione publica in conventu SS. Johannis & Pauli de Venetiis toti populo oftendiffe quamplura privilegia cum bulla plumbea vel authentica fupradicti GREGORII XI. & per ipfum Gregorium virgini conceffa: in quorum uno fibi concedebatur quod poffent aliquæ de fua comitiva a quibufcumque facerdotibus juxta votum eccleſiaſtica recipere facramenta. In alio, quod ipfa poffet habere altare portatile, & miffam habere etiam juxta votum. In alio, quod poffet fecum habere tres confeffores, quos & de facto habuit, omnes mihi notos, qui auctoritate apoftolica poffent peccatores abfolvere, & fignanter ad pœnitentiam jam reductos per virginem ab omnibus peccatis fuis, illis folum exceptis, de quibus effet fedes apoftolica merito exquirenda. In alio vero, quod auctoritate apoftolica poffet ordinare de ædificando uno monafterio fororum de quodam fortalitio a quodam cive

Senarum per ipfam converfo ad hoc fibi tradito: & quod eadem auctoritate poffet recipere de incertis ufque ad quantitatem duorum millium florenorum occafione ædificationis monafterii prælibati. Et hoc per medium five mediante quodam abbate monafterii S. Antimi Clufinæ diœcefis, & occurrentibus aliis opportunis ad dictum officium profequendum. Item, dico me vidiffe in Venetiis aliorum quatuor privilegiorum per virginem ab URBANO VI. impetratorum copias, in quorum uno ad inftantiam virginis requirebatur, quod deberent fe præfentare apud fedem apoftolicam principaliter quidam domnus Bartholomæus de Ravenna ordinis Carthufienfis, cum quibufdam aliis famofis Dei fervis, quorum unus erat quidam domnus Johannes monachus de Cellis Vallis-Umbrofæ; alius domnus Johannes prior monafterii Vallis-Jocofæ ordinis Carthufienfis; alius frater Lucas ordinis Humiliatorum de Florentia; alius frater Thadæus de Urbe-veteri ordinis Prædicatorum; alius frater Leonardus de Monte-Politiano ordinis Minorum; & alius frater Guillelmus de Anglia ordinis eremitarum fancti Auguftini, apoftolicam gratiam recepturi. Ipfo etiam URBANO concedente non folum præfatis, fed etiam omnibus Dei fervis & Chrifti ancillis in fanctis & devotis exercitationibus, aut eremitica feu alia fpirituali vita fancte viventibus, & aliis vere pœnitentibus & confeffis, pro ftatu ecclefiæ & reductione ejufdem in ftatu fanctorum patrum primitivorum, ad utilitatem animarum, Deique laudem, gloriam & honorem orantibus, pro qualibet vice certam indulgentiam, utpote centum dies de injunctis fibi pœnitentiis relaxando. In aliis vero tribus continebatur de indulgentia plenaria ab ipfo URBANO VI. per virginem impetrata, non folum pro fibi in Chrifto præcipuis, ut dictum fuit fupra cap. 9. fed etiam pro multis aliis perfonis, & inter ceteras alias pro omnibus fororibus fui ordinis & fui collegii de Senis, per ipfam non parum augmentatis, tuncque quafi centum numeraliter exiftentibus, nominibus omnium fupradictarum perfonarum in dictis privilegiis figillatim expreffis. Vidi autem omnia præfata privilegia tam bullata authentica, quam etiam copiata effe pro nunc apud forores ordinis de Pœnitentia beati Dominici de Venetiis, & etiam occurrit mihi vidiffe in Senis aliud privilegium bullatum bulla fupradicti Gregorii XI. quod virgo impetraverat ab eo de plenaria indulgentia quampluribus perfonis diverfæ conditionis & ftatus conceffa.

36. Item, decimo tertio principaliter, & pro decimo tertio capitulo de diverfis fcripturis ac voluminibus quampluribus ad virginem pertinentibus, & de loco five perfona apud quam funt collocata, conteftor & dico

De fcriptis S. Catharinæ.

me vidisse & legisse tam in Senis quam in Venetiis diversas epistolas & a diversis recollectas, quas virgo vivens in corpore diversis personis direxerat, & etiam vidisse quamplura volumina, in quorum aliquibus erat complete liber per virginem in suo vulgari compositus; & ulterius magnus numerus epistolarum virginis in duobus voluminibus, quæ tunc, me existente in Senis anno Domini 1398. deinde mecum huc Venetias reportavi; & omnia præfata, & alia plura habentur apud sorores ordinis de Pœnitentia B. Dominici de Venetiis. Item, præter supradicta dico, me vidisse in domo cujusdam Nicolai de Guideronibus de Luca, in Venetiis actualiter habitantis, infrascripta volumina, omnia ad virginem pertinentia, & in quadam sua capsa recondita, videlicet unum volumen tabulatum, in quo est supradictus liber virginis in suo vulgari, & capitulatus. Item, aliud volumen, in quo est idem liber juxta præfatum vulgarem latinizatus. Item, aliud in quo sunt epistolæ virginis numero 155. pertinentes ad omnem statum ecclesiasticum utriusque sexus, utpote directæ per virginem tam summis pontificibus, cardinalibus, archiepiscopis, episcopis, & plebanis, quam monachis nigris, griseis, & albis diversorum ordinum, necnon & fratribus Prædicatoribus, Minoribus, Eremitis S. Augustini, Eremitis solitariis, & adhuc monialibus tam diversi ordinis monachalis, quam ordinis Prædicatorum; atque tam personis de Pœnitentia beati Dominici, quam tertii ordinis S. Francisci. Item, aliud volumen in quo sunt epistolæ virginis numero 139. pertinentes ad omnem statum sæcularem utriusque sexus. Item, aliud in quo est legenda virginis in latino in tres partes distincta, & composita, ut dictum fuit in sexto capitulo, per venerabilem generalem ordinis Prædicatorum, dum esset actualiter in dicto officio constitutus. Item, aliud in quo est dicta legenda vulgarizata, partim in vulgari Placentino, partim in vulgari Senensi. Contigit autem postmodum ratiocinatum fuisse per supradictum Nicolaum de Guideronibus, hujus virginis devotum præcipuum, de quo etiam in capite sequenti fit mentio, & aliquos alios dictæ virgini signanter affectos, quod dicta volumina vel diligenter in dicta sua capsa conservarentur tempore suo, ubi se offerret facultas, in Romana curia præsentanda, vel in libraria alicujus conventus ordinis Prædicatorum, præsertim Senensium, sub ista tamen conditione, quod ubi in promotionem virginis seu canonizationem opportunum per discretos viros judicaretur, quod dicta volumina ubi supra præsentari deberent, tunc eo casu extrahi possent de libraria præfata, quemadmodum est de una legenda virginis quæ est in libraria conventus S. Dominici de Venetiis. Quæ legendæ, me mediante & operante, sub præfata conditione dictis librariis concessæ fuerunt, super quibus etiam factæ fuerunt litteræ sigillis dictorum conventuum sigillatæ.

37. Item, decimo quarto principaliter, De variis seu & pro decimo quarto capitulo de pluribus reliquiis. reliquiis ad virginem pertinentibus, hinc inde diversimode collocatis, tam de capite quam de aliis membris sui corporis, quam etiam de cappa, catena, & scripturis ipsius virginis propria manu scriptis, ac etiam de quibusdam miraculis, necnon & imaginibus ad figuras virginis appensis, contestor & dico me vidisse cum personaliter essem in Senis, qualiter de Roma ibidem deportatum fuit caput venerabilis hujus virginis apud certum locum, & deinde certo die ad hoc singulariter deputato cum processione & magna solemnitate, populique frequentia, deportatum fuit apud conventum fratrum Prædicatorum de Senis, & postmodum in pulchro tabernaculo deaurato repositum, & in sacristia dicti conventus reverenter cum reliquiis aliis collocatum. Item, dico etiam me vidisse in Venetiis quoddam brachium de argento, scilicet æqualiter deauratum, in quo poni debebat de brachio & manu virginis; quod brachium fieri fecerat magister Raymundus tunc generalis ordinis Prædicatorum, & per me in festo Dominicæ Resurrectionis in conventu SS. Johannis & Pauli, cum actualiter essem prædicator ibidem, completa prædicatione coram toto populo est ostensum, dicto generali in præfato conventu tunc actualiter existente, quod fuit anno Domini 1396. qui etiam generalis postmodum ordinavit, quod dictum brachium deferrent Romam apud conventum sanctæ Mariæ super Minervam, ubi corpus virginis requiescit, & ita factum est: ubi longo post tempore ibidem tam a peregrinis quam a populo veneratum, tandem inde sive de sacristia, sive de altari furtive noscitur fuisse sublatum; & licet audivi anno præterito fuisse restitutum, mihi tamen hoc certitudinaliter minime constat. Item, dico qualiter non solum in talibus diebus Dominicæ Resurrectionis præfatæ, sed etiam per totam præcedentem quadragesimam in præfato conventu SS. Johannis & Pauli, ego de virgine ista sub similitudine Seraphici Crucifixi sancto Francisco seraphice apparentis quotidie aliquid tamquam de Seraphica & Christi Seraphici crucifixi imitatrice præcipua prædicavi, quod nusquam de sancto alio reperi auditum vel factum, ut etiam dictum fuit supra in capitulo primo, considerando præfatum Seraphicum Crucifixum cum quatuor corporis partibus, & cum sex alis pro qualibet septem pennas habentibus, quatuor conditiones divini amoris cum aliis sex conditionibus ejusdem, & pro qualibet septem divini amoris proprietates repræsentantibus,

juxta quatuor dies & sex hebdomadas ipsius quadragesimæ, quarum hebdomadarum quælibet continet septem dies, & ulterius etiam speculandum præfatum Seraphicum Crucifixum, licet non solum. Item, dico quod per medium cujusdam sororis de Pœnitentia B. Dominici sanctæ vitæ, de Urbe venientis Venetias, & ad sepulcrum Dominicum accedentis, ego recepi unum frustum de osse brachii virginis hujus, cujus particula posita est in tabernaculo argenteo, ubi est etiam de osse S. Christophori, quod tabernaculum est hic in Venetiis apud sorores dicti ordinis. Item, dico me recepisse de Roma per medium supranominatæ in primo capitulo cognatæ virginis ibidem commorantis, unum de digitis ejusdem virginis, qui etiam adhuc est hic in Venetiis apud dictas sorores in pulchro tabernaculo argenteo & cristallino, cum certis aliis SS. reliquiis. De quo tamen digito aliquid parum circa radices ejusdem quidam domnus Stephanus domus Vallis omnium sanctorum, ordinis Carthusiensis monachus, miraculose multis precibus & lacrymis impetravit. De quo miraculo & aliis pluribus alibi pertractatur. Item dico, quod cum essem in Senis post virginis transitum, vidi alium digitum dictæ virginis reponi in quodam tabernaculo argenteo, præsentibus aliis pluribus venerabilibus viris & devotis, & remansisse apud quemdam alium domnum Stephanum de Senis, ordinis etiam Carthusiensis, eo quod dictum obtinuerat, & dictum tabernaculum in reverentiam virginis fabricari fecerat. De quo viro etiam dictum fuit supra cap. 7. qui etiam post temporis processum existens generalis ejusdem ordinis, & de mandato summi pontificis ad eumdem, & postmodum ad capitulum generale sui ordinis accedens, & per Venetias transiens, oraculo vivæ vocis non solum de pluribus miraculis in partibus Austriæ meritis virginis patratis a Domino erga languores corporales diversi generis enarravit, sed etiam de persona sua, non solum miraculose a quampluribus periculis & occursibus usque tunc meritis virginis præservata, sed adhuc in narrando qualiter apponendo præfatum digitum super proprium oculum, in quo plurimum patiebatur, statim recepit plenariam sanitatem. Quem etiam digitum quemadmodum ego vidi erectum fore absque aliqua curvitate, ita & dictus D. Stephanus mihi dixit qualiter modo consimili semper se habuerat, non solum post, sed etiam antequam ab aliis digitis separatus existeret. Nam cum virgo defuncta, & in feretro collocata, manus cancellatas super pectus teneret, ceteris digitis æqualiter curvis manentibus, solus dictus digitus tunc & ex tunc usque ad ejus abscissionem per suprascriptam cognatam virginis factam, & semper post stetit erectus, omni curvitate remota, & hoc ad designandum qualiter fuit digitus a sponso suo Christo certo annulo subarratus, de qua subarratione superius habetur, & in ultimo capitulo secundæ partis legendæ virginis. Item, dico me personaliter vidisse & recepisse unum de dentibus virginis, quem prout habui a præfato D. Stephano de Senis, cum ipse existens in Roma post transitum virginis de ore ejus dictum dentem abstulisset, idem dens postmodum ad manus sui tunc generalis, videlicet B. Christophori de Florentia pervenit; & cum postea sibi petitus foret a domino Angelo Corario de Venetiis, tunc patriarcha Constantinopolitano, & postea Gregorio XII. appellato, illum sibi tradidit gratiose. Ulterius vero ipse existens patriarcha, & antequam Romam accederet, dictum dentem recommendavit cuidam venerabili antiquo patri olim magistro suo, qui dictus pater Antonius David de Venetiis est dictus, sanctusque homo ab omnibus reputatus, & mihi notus pariter & devotus. Cum autem mihi quodam semel præfatus pater dictum dentem cum certis aliis reliquiis ostendisset, in tantum institit cum litteris & precibus apud præfatum tunc patriarcham, quod de mandato ejusdem dictus pater mihi dentem supradictum consignavit & tradidit. Ego vero ipsum aliqualiter ornatum, quod in uno supradictorum tabernaculorum de argento deaurato atque cristallino collocaretur ordinavi. Post certum autem tempus cum a quodam venerabili patre ordinis Carthusiensis aliquid de reliquiis virginis pro domno Alberto duce Austriæ petereretur instanter; tandem propter eximiam devotionem quam dictus dux habebat ad virginem, eidem dictum dentem transmittere procuravi: qui ipsum non cum parva devotione suscepit, & cum suis reliquiis venerabiliter collocavit. Item, me vidisse plures fratres vel monachos Montis-Oliveti mihi notos pariter & devotos, & unanimiter attestantes, qualiter in loco majori ipsorum, qui per quatuordecim milliaria distat a civitate Senarum, est unus de dentibus virginis, tentus per duos digitos unius parvæ manus argenteæ, quæ cum dicto dente est in quodam tabernaculo cristallino, quod tabernaculum est in sacristia dicti conventus de Monte-Oliveto venerabiliter collocatum. Dictum autem dentem cum certis aliis scripturis atque libellis obtinuerunt fratres sive monachi dicti conventus a quodam Nerio Landoceio de Senis, qui fuit unus de scriptoribus virginis, de quo supra facta est mentio cap. 7. Item dico me in Venetiis vidisse, & apud me diebus pluribus habuisse unam catenam ferream, quamplures cruces ferreas in se habentem, & hoc apud quemdam venerabilem patrem priorem ecclesiæ Misericordiæ de Venetiis: qua catena usa est virgo ista longo tempore circa lumbos, & qui prior ipsam tamquam reliquiam præcipuam conservavit atque conservat: in tantum quod nullis ab illo valui quibuscumque precibus impetrare: allegando mihi inter alia, qualiter post mortem suam debet redire ad monasterium S. Andreæ de Venetiis. De qua catena tactum fuit supra cap. 3. Item, dico me habuisse a supradicto Stephano de Senis, & hoc per litteras, qualiter ex quo virgo miraculose scribere didicit, ab oratione surgens cum desiderio scribendi, scripsit propria manu unam litteram, quam ipsi D. Stephano transmisit, in qua ita concludebatur, scilicet in suo vulgari, videlicet: *Scias, mi fili carissime, quod hæc est prima littera quam ego umquam scripserim.* Et in supradictis litteris mihi ab ipso directis, subjungit ipse præfatus pater, quomodo ipso præsente multoties postmodum virgo propria manu scripsit, & etiam plures cartas de libro, quas ipsa in proprio vulgari composuit, & qualiter dictas scripturas virginis habuit pro reliquiis in domo Pontiniani sui ordinis Carthusiensis prope civitatem Senarum: cui postmodum ego scripsi qualiter dignaretur ordinare taliter, quod unam de dictis scripturis virginalibus haberem, & nondum recepi. Legi ego in libris epistolarum virginis, & reperi quod ipsa virgo reverendo patri supradicto magistro Raymundo generali ordinis Prædicatorum, epistolas duas propria manu scripsit, inter alia intimando quod aptitudinem scribendi mirabili modo Dominus in mente sua formaverat ex providentia speciali. Item dico in Venetiis me habuisse & vidisse quamdam cedulam de cinnabrio miraculose inter alias a virgine propria manu scriptam. Nam cum quodam semel postquam scribere divinitus didicisset, cinnabrium aptum ad scribendum juxta se reperisset, accepta quadam cartula & quadam penna, incœpit cum dicto cinnabrio taliter, licet in suo vulgari, scribere, videlicet: *Spiritus-sancte, veni in cor meum, pro tua potentia illud trahas ad te Deum, & mihi concede caritatem cum timore. Custodi me, Christe, ab omni mala cogitatione. Me recalescas & me reinflammes tuo dulcissimo amore; ita ut omnis pœna mihi levis videatur. Sancte mi Pater, mi dulcis dominator, oportet me juvare in omni mea necessitate. Christus amor, Christus amor.* Dicta ergo cedula pro singulari munere tradita fuit uni venerabili patri ordinis Eremitarum S. Augustini, videlicet fratri Hieronymo de Senis, qui postea illam tradidit pro speciali xenio famoso prædicatori in Venetiis, videlicet D. F. Leonardo Pisani, a quo ego postmodum pro singulari reliquia & dono recepi. Et nunc est cum aliis reliquiis virginis apud sorores ordinis de Pœnitentia B. Dominici de Venetiis. Item dico, me apportasse de Senis in Venetias anno 1398. cappam hujus virginis, cum qua induta fuit, cum in Senis ipsa primum re-

cepit habitum ordinis de Pœnitentia beati Dominici, & prout reperi in quadam littera mihi transmissa a supradicto Nereo, habebat virgo præfatam cappam singulariter caram, forsan quia fuerat illa cum qua sponso suo solemniter se dedicaverat; in tantum autem illam cari pendebat, quod aliquando dicebat: Ego non intendo quod ista cappa a me umquam auferatur; & veluti spiritu tacta prophetico, subjungebat dicens: Ego volo quod ipsa perduret sive permaneat ultra vitam meam. Et ex hoc semper ubi dicta cappa deficiebat, sive dilacerabatur, illam soleret ibidem resarcire curabat: unde omnes petias dictæ cappæ sua manu propria resarcivit. Et ex hoc tam propter devotionem dictæ cappæ, quam etiam ad virginis habitum multæ dominæ sumserunt habitum dicti ordinis de Pœnitentia B. Dominici cum dicta cappa. Ex quo secutum est, quod ipsa fuit multoties benedicta, secundum quod quando talis habitus sumitur, prius a sororum magistro benedicitur. Propter quæ dictam cappam virgo primo confessori Fr. Thomæ de Fonte singulariter recommendavit. Et idem confessor, cum ex hac vita migravit, dimisit illam cuidam nepti suæ, sorori dicti ordinis, quæ etiam Catharina Cothi usque huc dicitur: & ab ipsa ego Senis existens anno præfato eamdem cappam miro modo obtinui & recepi, & ita, ut prædictum est, de Senis Venetias apportavi, & nunc est in quadam capsula lignea & deaurata cum aliis reliquiis virginis apud sorores dicti ordinis, ubi per dictam cappam meritis virginis personas plures liberavit tam ab infirmitatibus corporalibus, quam etiam a malignis spiritibus. Item, me habuisse * per litteras a quodam venerabili patre, de quo supra in capite 12. facta est mentio, videlicet D. Bartholomæo de Ravenna, ordinis Carthusiensis, mihi directas & apud me existentes, in quibus inter alia continetur, qualiter apud ipsum est una alia cappa sive mantellus, qui fuit hujus virginis. Nam cum virgo in insula Gorgonæ apud domum sive prope domum ordinis Carthusiensis se reperiret, & dictus pater tunc dictæ domus prior existeret, virgo ob devotionem ejusdem præfatam cappam sibi reliquit, quam etiam usque nunc apud se habet in domo dicti ordinis de Papia, ut mihi scripsit, & quomodo per ipsam Dominus aliquando sospitatem utriusque hominis est operatus, & sic illam secum pro singulari reliquia retinet & conservat hucusque. Item dico, quod anno Domini 1403. ego vidi unum juvenem a sæpius in hoc capitulo notato, videlicet D. Stephano de Senis generali tunc sui ordinis Carthusiensis Venetias transmissum, qui accedens Romam ad sepulcrum virginis, quasi ex toto cœcus, rediit ab inde plenarie illuminatus, de quo apparet publicum instrumentum in curia domini episcopi

f. pluresli- teras.

episcopi Castellani de Venetiis, de miraculo præfato confectum, quod est nunc inter privilegia apud suprascriptas sorores. Item, dico in Venetiis me vidisse quemdam reverendum patrem fratrem Paulum de Roma ordinis Prædicatorum, qui mihi dixit oraculo vivæ vocis, qualiter tempore URBANI papæ VI. vidit in Urbe virginem, cui etiam locutus fuit; & quod post virginis & dicti Urbani transitum, ipso existente poenitentiario BONIFACII papæ IX. cum ipse quodam sero dolore viscerum nimium torqueretur, propter devotionem conceptam ad virginem, ad ipsam recurrens, & postmodum obdormiens, postea excitatus se reperit plenarie liberatum: quod miraculum in die commemorationis virginis, tam in Urbe quam in Senis postmodum prædicavit, & quampluries ad gloriam virginis recitavit, & ad faciendum super hoc juramentum, ubi expedierit, mihi se obtulit. Item, dico me vidisse & cognovisse quemdam Nicolaum de Guideronibus de Suca in Venetiis habitantem, qui ad invocationem virginis liberatus est a doloribus eximiis sui sinistri pedis, & qui ex devotione quam habet ad virginem, non solum supradicta volumina, de quibus facta est mentio supra in cap. 13. apud se habere voluit; sed etiam, ut dictum fuit supra capite 1. unum volumen in quo est legenda virginis, Lucam transmisit ad conventum ordinis Prædicatorum, pro habilius ibidem virginis recolenda memoria, & in Venetiis annuatim in die memoriæ dictæ virginis aliqua in ejus reverentiam facit. Cumque plurima sanctitatis a fide dignis & ab his qui eam viderunt, de virgine audisset, & existens puer in Luca quando virgo ibidem fuit, tantam devotionem concepit ad ipsam, ut non solum apud se semper habere voluit ejus imaginem, & facere quod dictum est; sed etiam quod in sacro fonte in reverentiam virginis nomen Catharinæ uni filiarum imponeretur. Et cum fuerit & sit hucusque rebus temporalibus locuples, pro virginis canonizatione quampluries, etiam me præsente, se obtulit ad expendendum plura centenaria ducatorum, & pro magna parte ob ejusdem virginis reverentiam fecit, expendens pro obtinendo privilegio confirmationis ordinis de Poenitentia B. Dominici ab Innocentio VII. prout mihi constat. Item, dico me vidisse ac etiam nosse quemdam alium Nicolaum Philippi de Venetiis, qui cum certis aliis quodam semel in non parvo periculo constitutus in mari, ad invocationem virginis, occurrente discrimine, fuit cum reliquis a maxima tempestate salvatus; cujus & uxor cum haberet filiam, ob reverentiam virginis * nomen Catharinæ, & occurrisset sibi terribilis defectus in oculis, ita ut pariter esset in procinctu coecitatis & mortis, habito recursu ad virginem, factaque sibi promissione de oculis duobus argenteis offerendis, fuit reparata luminibus, & corpori reddita sospitate, plenarie liberata. Et consimiliter uxor præfata pluries ad invocationem virginis a pluribus periculis extitit præservata, prout ipse Nicolaus de præfatis etiam per litteras propria manu scriptas & apud me habitas est contestatus.

38. Item quinto decimo principaliter & pro decimo quinto capitulo quoad illa quæ canonizationem virginis concernunt, & qualiter dicta canonizatio usque in præsens suum non potuit sortiri effectum, contestor & dico, me in Venetiis vidisse anno 1402. de mense Septembris duos venerabiles religiosos ordinis Cartusiensis, missos de licentia suprascripti B. Stephani de Senis, tunc generalis eorum ordinis existens, a quodam domino ALBERTO duce Austriæ ad magistrum Thomam de Firmo, tunc generalem ordinis Prædicatorum, qui, Domino disponente, Venetias die præcedente advenerat, & consequenter mittebantur ad Romanam curiam, videlicet ad dominum papam BONIFACIUM IX. & ad dominos cardinales, cum litteris pluribus ad canonizationem virginis pertinentibus, quarum aliquæ dirigebantur dicto summo pontifici, quæ erant tres, una scilicet ex parte domini episcopi * Pictaviensis, alia ex parte regis Ungariæ, & alia ex parte ducis Austriæ. Aliquæ vero dirigebantur dominis cardinalibus, quæ erant similiter tres, a tribus videlicet personis præfatis eis directæ; petentes omnes prædictæ tres litteræ quam devote & efficaciter virginis canonizationem præfatam, & quamdecenter fiendam devotius suadentes, ne videlicet talis lucerna alicui lateret; sed super modio ecclesiæ candelabro superposita cunctis fidelibus reluceret. Aliquæ vero litteræ erant, quæ a præfato duce Austriæ, dicto magistro ordinis Prædicatorum dirigebantur: quæ erant duæ, petendo in una ab ipso generali caput venerabile virginis, de quo supra in principio præcedentis capituli, & in primo capitulo facta est mentio, & de aliis ejusdem virginis reliquiis: & in alia, quod licentiare dignaretur quemdam fratrem Bartholomæum de Senis sacræ theologiæ professorem in Venetiis, sicut & ego, tunc existentem, qui fuerat unus de confessoribus virginis, & me etiam secum, ex eo quod fueram ejusdem virginis aliqualiter familiaris, & hoc pro executione canonizationis prædictæ. Aliquæ etiam litteræ erant videlicet duæ, quæ dirigebantur duobus præfatis pariter propter eamdem causam; & una erat dicti domini ALBERTI; alia supradicti D. generalis Cartusiæ, suadentes nobis etiam supplicando supra dictum accessum ad Romanam curiam pro executione causæ prælibatæ. Sed in littera generalis præfati, qui pro hujusmodi

causa totis affectibus laborabat, etiam continebatur tota series negotii supradicti, & adhuc qualiter ipse pro prædicta causa personaliter scribebat pluribus prælatis in Romana curia existentibus, & signanter D. COSMATO cardinali Bononiensi, qui postea fuit INNOCENTIUS VII. & domino ANGELO CORARIO patriarchæ Constantinopolitano, qui postea fuit GREGORIUS XII. & cuidam domino THOMÆ PETRA, qui erat protonotarius ac etiam procurator in curia præfata sui ordinis Cartusiensis; suadendo etiam in litteris suis præfatis, quod idem fieri deberet pro eadem causa per supradictos patres ordinis Prædicatorum: subjungendo ibidem plura alia ad propositum, de quibus dimitto gratia brevitatis. Item dico, me consimiliter vidisse & recepisse litteras a præfato generali Cartusiæ, in quibus inter alia continebatur, qualiter rex Apuliæ LADISLAÜS ad supradictum BONIFACIUM IX. pro canonizatione virginis litteras transmiserat efficaces, & adhuc vidisse litteras supradicti generalis ordinis Prædicatorum ad procuratorem ordinis ejusdem in Romana curia pro causa supradicta, & alias ejusdem generalis, in quibus supradicto magistro Bartholomæo, & mihi juxta vota dicti domini ducis Austriæ licentiam accedendi ad curiam pro dicta causa, tam seorsum quam simul, liberaliter & generaliter concedebat. Item dico, quod supradictus Bartholomæus & ego pariter responsales & speciales litteras transmisimus dicto domino duci Austriæ, inter alia sibi regratiando, ac suum votum plurimùm commendando; & consimiliter scripsimus seriose seorsum dicto generali Cartusiæ litteras inter alia continentes, qualiter habito in Venetiis consilio super canonizationis prædictæ materia diligenti, fuit consultum quod supradicti religiosi ordinis Cartusiæ pro tunc retrocederent, & ad dictum dominum ducem Austriæ redirent cum informatione plenaria eorum quæ ad canonizationem requiruntur, & signanter quantum ad expensas infallanter opportunas, ut sic omnibus bene digestis, solidius & efficacius in tanto negotio esset processus. Propter quod postmodum est secutum, quod præfatus dominus dux Austriæ super executione dicti negotii voluit informari in Romana curia; & cum pluries ibidem misisset super id consulendo, & advisationem petendo, pluries habuit responsum, quod pro tunc non erat tempus congruum ad pertractandam præfatam materiam, tum propter ipsius domini papæ languorem, qui continue infirmabatur, tum propter sermones invalescentes de unione fienda, tum propter multiplicem & excessivam expensam, tum propter temporis protelationem quamlongam: & ita pro tunc destitit. Postea vero, interveniente morte dicti domini BONIFACII papæ, ac etiam dicti

domini ALBERTI ducis Austriæ, circa id pro illo tempore non potuit de cetero aliquid executioni mandari. Cum autem succederet præfato Bonifacio IX. INNOCENTIUS VII. in cujus tempore putabatur aliquid circa materiam posse fieri: attamen nihil est factum, tum propter causam dictæ unionis, tum quia citò decessit. Item dico, quomodo consequenter, me existente in Venetiis, ego recepi litteras de Senis anno Domini MCCCCVII. a quodam scilicet Christophoro Gani scriba & fratre hospitalis majoris de Scala civitatis Senarum, de quo viro etiam supra in cap. 7. facta est mentio, mihi intimando, quod cum immediatus successor præfati INNOCENTII VII. GREGORIUS XII. pontificatus sui anno primo, causam unionis prosequendæ prope Senas in quodam castro dicti hospitalis, quod dicitur Cuna, & postea in Senis cum sua curia reperiretur, inter alia ostendit maximam affectionem & devotionem habere ad virginem, inde, videlicet de Senis exortam, & a Senensibus parentibus propagatam, & tanto amplius à diu ante de virgine notitiam habuerat, & quamplura ad ejus auditum de virginis sanctitate vitæ & doctrina sancta ejusdem pervenerat; ac eidem cum esset ante patriarchatum Constantinopolitanum episcopus Venetiarum, ipsa virgo litteram sive epistolam unam direxerat, quæ in uno suprascriptorum voluminum est copiata inter alias. Necnon & patriarcha existens unum de dentibus virginis apud se certo tempore cum præcipua devotione conservavit; sed cum postea Romam accederet, præfatum dentem cuidam venerabili patri magistro olim suo dimisit, meque postmodum interpellante, eumdem dentem mihi dari mandavit, prout dictum fuit superius: unde propter hoc & alia quamplura, ut supra, dictus summus pontifex dixit multa audivisse de virgine, & quod libenter vellet suos libros & scripturas videre. Et cum tunc quidam dominus Paulus Pauli de Senis, rector majoris hospitalis de Scala supradicti, ac virginis in Domino singularis filius & devotus, præsente supradicto, scilicet Christophoro fr. dicti hospitalis & pluribus aliis, & tam in præfato castro, quam postea in Senis multis vicibus replicasset dicto summo pontifici, quod dignaretur canonizationi virginis intendere, idipsum multipliciter suadendo, dictus dominus papa taliter respondit: videlicet quod libenter hoc faceret, sed quod oporteret habere quamplurimos, qui fidem facerent de virginis vita, moribus, doctrina, & fama, & de miraculis, & habere testes de visu, & alia prout ordo ecclesiæ exigit. Deinde tunc petiit inter cetera habere in scriptis illa quæ sancta virgo prædixit de statu ecclesiæ. Et cum tunc ibidem in curia advenisset quidam archiepiscopus Ragusanus ad virginem tamquam ad beatam matrem affectus, & ad cuncta sibi possibilia pro virginis canonizatione paratus, quamplures scripturas & litteras virginis, quas apud se habebat, dedit ipsi domino papæ, quas virgo direxerat domino Urbano VI. dum pro inchoato tunc schismate affligeretur, quas etiam scripturas dictus archiepiscopus latinizavit, ut sic per dominum papam delectabilius & habilius legerentur. Invenit etiam scilicet tunc esse in Senis in curia ibidem venerabilis vir & virgini signanter affectus, videlicet dictus dominus Thomas Petra, ipsius domini papæ & aliorum suorum supradictorum prædecessorum protonotarius, qui etiam admiranda habuit narrare de virgine. Et quoniam supradictus generalis Cartusiæ fuerat præcipuus in Domino filius virginis, & de ejusdem generalis virtutibus facta esset relatio apud ipsum dominum papam, ipse dominus papa misit pro generali præfato, ut ad suam sanctitatem haberet accedere. Propter quod supradictus, scilicet Christophorus etiam dicto generali existenti in partibus ducum Austriæ, seorsum scripsit, & etiam seorsum mihi tunc existenti in Venetiis, & efficaciter, quatenus ex eo quod fueramus virginis aliqualiter familiares, & in Domino filii, omnino ad curiam in Senis deberemus accedere pro causa prædicta. Sed cum postea præfatum summum pontificem negotium unionis urgeret, nec esset tempus aptum ad præfatum opus canonizationis pertractandum; remansit ejus processus pro tunc interruptus; nec ex tunc usque nunc apparuit vel apparet tempus ad talia prosequenda dispositum, prout considerato ecclesiæ statu potest esse omnibus manifestum & clarum. Et sic ex omnibus supradictis aperte convincitur; qualiter materia præfatæ canonizationis decenter hucusque prosecutionem aliter habere non voluit. Concludens mihi intimatum fuisse a prædicto generali Cartusiæ per litteram de manu sua, motivum fuisse supradictorum principum, & signanter domini ducis Austriæ, ad virginis canonizationem petendam fuisse, non solum informatio fide digna de virtutibus & sanctitate vitæ pariter & doctrinæ virginis, sed etiam quædam miracula pro personis utriusque sexus & status in partibus Austriæ meritis virginis a Domino perpetrata, de quibus etiam in capite præcedenti aliqualis facta est mentio.

39. Item decimo sexto principaliter & pro xvi. capitulo de multiplicibus litteris & copiis earumdem personarum diversi status & diversimode ad virginem pertinentibus, utpote de materia supradicta canonizationis, reliquiarum, miraculorum multiplicitate, legendæ ipsius, & per orbem diffusæ tractantibus, ac etiam de diversis vocabulis in dictis litteris contentis, ac sanctitatem virginis attestantibus, contestor & dico me vidisse, recepisse, & apud me habuisse omnes originales litteras vel earumdem copias supradictæ canonizationis materiam, & quicquid tunc circa id hucusque factum est concernentes, necnon & libri virginis ac legendæ ipsius declarationem, multiplicationem, diffusionem per orbem, & alia quamplurima ad commendationem virginis facientia continentes, quarum litterarum vel copiarum aliquæ fuerunt litteræ cancellariorum suprascriptorum principum canonizationem virginis petentium, a quibus etiam per medium supradicti tunc generalis Cartusiæ habui copias earumdem: aliæ vero litteræ fuerunt, & in bona qualitate de manu propria generalis supradicti, tam antequam esset in dicto officio, quam in eodem existens mihi directæ per ipsum, faciendo in dictis litteris mentionem modo de pertinentibus ad canonizationem prædictam, modo de recollectione orationum virginis, modo declarationem partium de legenda, etiam circa visionem domini Thomæ Petra habita de virginis gloria: modo de miraculis & aliis actis in partibus Austriæ; modo de libro virginis per ipsum ordinato latinizari in Urbe a quodam sui ordinis monacho, de legenda in latino per ipsum transcripta in Mediolano; ubi tunc prior erat, & de alia quam transcribi fecit R. P. Bartholomæus de Ravenna ejusdem ordinis; modo de legenda virginis quam idem generalis fecit in Mediolano a quodam sapienti viro de Placentia in vulgari transcribi, ipsam postea transmittendo Venetias uxori domini Francisci de Sandelis; modo de legendis ejusdem virginis per ipsum generalem transmissis, videlicet ad regem Angliæ, qui devote illam petivit, ad regem Ungariæ, cui & librum virginis destinavit, ad regem etiam Apuliæ: aliam misit Gandavum in Flandria, aliam Pragam in Boëmia, aliam Treverim in Alemannia, aliam Prusam juxta Poloniam, aliam Romam ad locum sui ordinis Cartusiensis. Facientes etiam præfatæ litteræ mentionem de pluribus aliis virginis in commendationem, de quibus foret nimium hic enarrare diffusum. Item dico, mihi relictos fuisse quosdam quaternos ad virginem pertinentes, a generali ordinis Prædicatorum, utpote a reverendissimo magistro Raymundo, legendæ ejusdem compositore: qui quaterni & omnium copiæ, atque litteræ supradictæ sunt in quadam sacula & in quadam capsa Nicolai de Guideronibus, ubi etiam sunt supradicta volumina ad virginem pertinentia, prout hic dictum fuit superius in capite 13. Item huic parti sive capitulo finaliter addo, qualiter in omnibus supradictis litteris, copiis & scripturis, quasi de omni statu ecclesiæ existentibus, hæc virgo appellatur vel mater millium animarum, aut communis mater, aut dulcissima mater, aut sancta mater,

aut beata Catharina, aut beata virgo, aut sacra virgo, aut sancta virgo, aut alma virgo, aut admirabilis virgo, sive Dei famula, aut JESU CHRISTI fidelissima sponsa, aut mirabilis sanctitatis sancta, aut sanctitate præcipua, perspicua atque perfecta, & hujusmodi consimilibus vocabulis, prout illas intuenti clare patere potest; & hoc totum ex conceptu formato de virginis sanctitate, ex vitæ, virtutum & doctrinæ excellentia speciali, & ex consequenti tamquam digna canonizatione talibus utendo nominibus.

De his qui testimonium reddere possunt de sanctitate B. Catharinæ.

40. Item decimo septimo principaliter & pro decimo septimo capitulo de pluribus supervivientibus, & signanter de aliquibus vita & fama sancta vigentibus, qui de visu & auditu possent de virgine efficaciter testimonium exhibere seu perhibere, & informationem specialem de ipsa tradere commendabilem, contestor & dico me vidisse & novisse & nunc actualiter existere in Venetiis infinitos qui viderunt virginem in Florentia, vel in Urbe, vel in Janua, vel in Luca, vel in Pisis, quorum unus fuit quidam fr. Mathæus de Venetiis ordinis Camaldulensis, qui fuit in Florentia tempore quo beata virgo erat ibi pro reconciliandis Florentinis cum domino papa GREGORIO XI. pro qua causa accessit virgo Avenionem, & postea rediit Florentiam, nec inde discessit, quousque cum URBANO VI. reconciliati fuerunt. Item alius fuit Jannoctius de Vibertis de Florentia, & quidam vir nobilis & devotus Nicolaus de Prato appellatus, & virgini non parum affecti, qui dicto tempore etiam in Florentia se inveniebant, & nunc in Venetiis residentiam faciunt. Item, quidam alius pater F. Sæcurianus de Savona, qui vidit virginem, cum ipsa fuit in Janua, & eam tunc visitabat, & miranda de illa pluries in oraculo vivæ vocis habuit recitare: & inter alia quam in magna reputatione sanctæ vitæ atque doctrinæ fuerit protestando, & de pluribus aliis de quibus in libello de supplemento legendæ virginis seriose sit mentio. Item, quidam alius, videlicet frater Augustinus de Pisis, qui virginem vidit in Pisis, & miranda de illa novit: & omnes præfati tres sunt de ordine Prædicatorum, & tam ipsi quam alii primo hic nominati sunt sexagenarii, vel ultra. Item, quidam reverendus abbas de Burgognionibus, videlicet dominus . . . . de Pisis, qui simili modo vidit eam in Pisis, & non pauca de illa videre potuit, & quamplura de virgine audivit, & qui existens ordinis fr. Prædicatorum antequam esset abbas, habuit aliquando in conventu SS. Johannis & Pauli in die commemorationis virginis efficaciter prædicare. Item, quidam mercatores de Luca, videlicet Leopardus & Dinus etiam cum dicto abbate, sexagenarii, vel circa, viderunt virginem in civitate Lucana, narrantes non parum mi-

randa de illa. Item dico, me cognovisse plures alios supervivientes & a civitate absentes, qui virginem viderunt, & quamplures ex eis cum illa conversati sunt: inter quos unus appellatur D. Stephanus de Senis ordinis Cartusiensis, de quo pluries facta est mentio, qui plura de virgine scripsit, & de ipsa miranda narrare consuevit; & qui cum per annos plurimos stetisset in officio generalatus sui ordinis, pro unione tandem sui ordinis dicto cessit officio in ejusdem ordinis capitulo generali. Ubi tunc factus fuit vicarius omnium domorum Italiæ sui ordinis, & nunc est præsentialiter prior S. Mariæ de Gratia de Papia. Ubi etiam est alius reverendus pater, videlicet D. Bartholomæus de Ravenna, ultra quam sexagenarius, & supra nominatus, qui singulariter tempore quo erat prior domus Gorgonæ, cum virgine conversatus, etiam solitus est grandia recitare de ipsa. Item dico, nunc actualiter esse in domo Pontiniaci ordinis Cartusiensis prope Senas, quemdam reverendum patrem D. Jacobum de Senis procuratorem dictæ domus, & ultrasexagenarium, qui multa vidit & audivit de virgine, & in conventu Senensi ordinis fratrum Prædicatorum, esse alium quemdam R. P. F. Bartholomæum Montucci de Senis, qui aliquando fuit confessor virginis, ut dictum fuit supra. Item dico, quomodo adhuc quidam superest venerabilis & grandævus dominus Thomas plurium summorum pontificum protonotarius, & supra pluries nominatus, qui antequam haberet visionem de eximia gloria virginis, intellectis & visis in curia URBANI VI. etiam seorsum ejusdem præconiis, & adhuc habitis aliquando secretis cum ipsa colloquiis, maximam habebat existimationem de ipsa. Unde cum post ipsius virginis transitum, ipso tunc in Urbe præsente, per aliquos fieret sermo de miraculis virginis non forsan crebrescentibus, ut optasset: tale fertur eis dedisse responsum. Quid quærendum de miraculis aliis erga virginem istam, cum tota ejus vita nihil aliud fuerit nisi miraculum? Quamquam post dictum ejus transitum tam in Urbe, ut patet in ejus legenda, quam etiam alibi, ut dictum est supra, nonnullis etiam postquam migravit ad Dominum noscatur miraculis claruisse: quibus tamen etsi non coruscasset, stante suæ præconio sanctitatis, admirabilis vitæ pariter & doctrinæ, minori tamen veneratione digna non esset, cum constet Præcursorem Domini modicis aut nullis suo tempore miraculis refulsisse: quo tamen inter natos mulierum nullus major legitur extitisse. Item dico, fore in præsentialibus cum domino Urbinato quemdam nobilem & sapientem virum Jacobum de Monte-Politiano superius nominatum, qui ipsam virginem vidit & in ejus laudem quædam rithmica in vulgari sermone fecit, &

plurima digna relatu de virgine audivit, quæ pluries hinc inde, etiam me aliquando præsente, habuit recitare, quam efficaciter & devote. Item dico, me credere adhuc superesse quamdam nobilem dominam dictam Lancinam de domo dominorum de Fulgineo, ætatis grandævæ, & hujus virginis specialiter devotam, de qua etiam dictum fuit supra. Et concludens istam partem dico, quod licet omnes supradicti, qui adhuc supersunt, & mihi a diu noti fuerunt, & affecti in Domino, signanter tamen plures ex eis, ubi requirerentur, possent ubique locorum testimonium præcipuum & informationem dare de virgine.

41. Item, decimo octavo principaliter & pro decimo octavo capitulo de pluribus qui transierunt in Domino, sanctæ vitæ reputatis a cunctis, & qui videlicet, si supervivent, in quavis curia testimonium virgini de ejus vitæ sanctitate tam reverentissime quam affectuosissime perhiberent, contestor & dico me scire migrasse ad Dominum quamplures personas Dei servas utriusque sexus, conditionis, & status, approbatæ vitæ & famæ, de quibus vidi plurimas tam ante transitum virginis, quam post, singularissima devotione ex virtutibus eximiis virginis ad eamdem affectas, quæ ubi supervivent, & requisitæ forent de ipsa virgine, tam de visu quam de auditu mirabiliter testarentur; de quo personarum numero inter alias fuit quidam reverendus D. archiepiscopus Racusinus, qui ad virginem quam præcipue fuit affectus, prout idipsum ostendit ex multis de quibus dictum est supra. Item, R. magister Raymundus supradictus de Capua generalis ordinis Prædicatorum, de quo supra. Item, R. P. F. Thomas de Fonte ejusdem ordinis, qui multa de virgine novit & scripsit, & cui virgo epistolas quamplures direxit, & ejusdem primus confessor fuit, ut dictum est supra. Item, venerabilis pater D. Johannes de Cellis Vallis-Umbrosæ de districtu Florentino, vir sanctæ vitæ ab omnibus appellatus, qui grandævus virginem suam in Domino matrem humiliter appellabat, & qui de virgine miranda scripsit, & plures litteras ab illa suscepit. Cujus etiam venerabilis patris plures discipuli de Florentia extiterunt, quos in Domino spiritualiter instruxit, & contra Fratricellos de opinione defendit, contra quos etiam quamplura quæ ego vidi commendabilia valde scripsit. Ex dictis autem discipulis aliqui postea fuerunt de scriptoribus virginis, & signanter quidam Barduzinus de Canigianis de Florentia, qui ordinatione virginis factus est presbyter, & qui postquam virgo discessit de Florentia, fuit singularis virginis in Domino filius, scriptor & comes usque ad Urbem, ac usque transitum ejusdem virginis ibidem; post quem veniens ad civitatem Senarum aliqualiter languidus, cum ibidem infirmatus esset ad mortem, ridendo migravit ad Christum. Existimatumque ex hoc fuit, quod quemadmodum virginem in vita, ita & in morte apud ipsum Christum habuerit adjutricem. Item, quamplures fratres Montis-Oliveti transierunt, ex quibus multos virgo ad illum ordinem introduxit, & multis epistolas plures direxit. Volens autem istam partem concludere, addo istud, videlicet quod etiam ultra personas supradictas, aliæ diversorum locorum & ordinum transiere, qui una cum præfatis, meritis & impetratione virginis indulgentiam plenariam in mortis articulo habuere, & quæ de excellentia virginis ubique valuissent efficax testimonium perhibere. De quibus tamen aliter non prosequar gratia prolixitatis vitandæ. Dico tamen omnes supradictas personas in isto capitulo expressas me vidisse, & omnes semper & usque in finem reputari bonæ & honestæ vel sanctæ vitæ, & ita etiam ab aliis reputari percepi.

42. Item, decimo nono principaliter, & pro decimo nono capitulo, de pluralitate scriptorum in Venetiis actualiter existentium, qui plura de pertinentibus ad virginem scripserunt, hinc inde de transmittenda etiam legenda, & de diffusione librorum & famæ suæ per orbem, consimiliter suæ imaginis vel figuræ in diversis locis depictæ, sive ab illa transmissæ, ac de suæ excellentia sanctitatis, & qualiter quam multa aliis dimisit ad ædificationem ecclesiæ, & quomodo tamquam singulariter approbata decenter sit in ecclesia, non solum specialiter veneranda, sed quod etiam annuatim sit ejus memoria aliquo modo recolenda, contestor & dico, nunc actualiter Venetiis scriptores, ultra alios qui desunt, qui ad petitionem diversorum habuerunt scribere opera virginis, utpote legendam vel epistolas aut orationes, seu librum virginis, & aliquando ut plurimum in latino, quandoque vero in vulgari sermone, aliquoties hinc inde per diversas mundi partes transmittenda. Dictorum autem scriptorum unus appellatur Guillelmus de Apulia, magister scholarum, & moratur in contrata S. Severini. Alius dicitur Henricus de Aprussia, magister scholarum in contrata S. Johannis. Alius D. Ludovicus in contrata S. Leonis. Alius vocatur Augustinus in contrata S. Viti. Alius dictus Andreas in civitate Castella in contrata S. Mariæ novæ. In tantum autem quantitatis numeralis fuere diffusa virginis opera prædicta transcripta, ut facta computatione solum ex hic supradictis, magna multitudo voluminum ad virginem pertinentium sit quasi per omnes mundi partes usquequaque transfusa, Hispaniæ, Cataloniæ & Franciæ locis exceptis, & hoc solum occasione pestiferi schismatis, quamvis vivente virgine ante schismatis tempus personaliter usque ad

De his qui scripserunt de S. Catharina.

Avenionem apud Gregorium XI. se præsentavit, & sic ex his quæ virgo ibidem consequenter fecit, usque tunc ejus fama redolens in partibus illis fuit divulgata, ut apparet aliqualiter ex legenda : dirigens nihilominus postmodum virgo, incœpto schismate, litteras suas caritate refertas & contra inchoatum schisma ipsi regi Francorum, prout in libro epistolarum apparet. Quemadmodum autem in dictis orbis partibus odor vitæ & doctrinæ virginis diffusus fore dignoscitur, ita & imago ejusdem communiter depicta more beatarum ab ecclesia nondum solemniter canonizatarum, multipliciter in diversis provinciis reperitur, prout de pluribus fore in remotis partibus fide digna relatione percepi, & de quampluribus propriis vidi luminibus, utpote Poloniæ, Theutoniæ, Hungariæ, sive Romaniæ, Dalmatiæ, sive Sclavoniæ, Tusciæ, Lombardiæ, & signanter in civitate Venetiarum, ac Romæ & Apuliæ, aliisque diversis locis Christianitatis, & hoc aut in tabulis, aut in muris, sive in cartis, seu in pannis, ac etiam libris; sicque per hoc non solum ad loca fidelium, sed etiam infidelium, prout mihi constat, per fideles virgini præcipua devotione affectos imago virginis deportatur tam per mare quam per terram. Nam & dum ista scriberem, ordinatum est quod aliquæ virginis imagines de Venetiis Alexandriam sint transmissæ : addens adhuc quoddam notabile circa materiam istam, quod ex quo commemoratio virginis cœpit in Venetiis celebrari, ordinatum fuit per quemdam devotum ejusdem præcipuum, ut imago ipsius virginis etiam historialiter de facili multiplicabiliter depingeretur in cartis, de quibus in die commemorationis præfatæ plurimæ inter ramos seu florum manipulos in ecclesia ponerentur, ut sic omnibus & maxime devotis virginis communicari valerent, ac per hoc virginem possent juxta debitam decentiam non solum in publico, sed etiam in propria statione sive domo venerari. Et certus sum quod ex quo cœperunt dictæ imagines virginis fieri, plura millia facta sunt; & quotidie fiunt, ex quibus non solum per civitatem Venetiarum, sed etiam per partes suprascriptas est hucusque non parva multitudo transmissa : & quod plus est, quod ex hoc habuit ortum, ut usque hodie per diversas ecclesias Venetiarum aliquorum sanctorum imagines in die festo ipsorum in talibus cartis multiplicarentur, ut ad manus personarum devotarum, & præsertim eorumdem sanctorum pervenirent in augmentum reverentiæ & devotionis ad ipsos sanctos, & hoc commendabiliter, ut de imaginibus sanctorum habetur in decretis de consecrat. dist. 3. cap. *Perlatum est*. Volens igitur a modo de virginis eximia sanctitate concludere, quemadmodum aliàs, ita & nunc

De ipsius imagine.

iterum dico, numquam videlicet me vidisse diebus suis aliquam personam in qua relucerent ad plenum omnia veræ sanctitatis indicia, sicuti in ipsa, nec credo quod nullus habuit in temporibus suis feminam virginem illi similem in sanctitate vitæ & claritate atque copiositate doctrinæ. Dixi autem notanter feminam virginem ad differentiam venerandæ B. & S. Brigidæ de Suecia, quæ temporibus hujus virginis, licet etiam perantea floruit, & ut dicitur, per septennium ante virginem istam, & in Urbe ad Dominum quemadmodum ista virgo migravit, ac etiam scripturas plurimas revelationum cœlestium ecclesiæ dereliquit. Dico etiam me non credere, licet salvo semper judicio meliori, quod fuerit tempore istius virginis de qua sermo, & præsertim in partibus istis, caritatis & sanctitatis consimilis, in cujus argumento per cunctas partes Italiæ, prout in hominum venit notitia, & ut mihi constare potest, quid illis in temporibus habui, ut non ad ..... notitias plurimorum Dei servorum, numquam tamen potui quovis modo percipere quod repertus fuerit vir cujusvis status atque religionis, in sanctitatis fama, qui huic non deniserit virgini, ipsamque in reverentiam non haberet specialem, & quod est dictu mirabile, nec ex parte utriusque minus ædificatorium, quod cum aliqui ex præfatis essent magnæ sanctitatis in fama, ætatis grandævæ respectu virginis, nihilominus erga virginem taliter se habebant quemadmodum filii parvuli erga grandævam matrem se habere consueverunt, cum humilis devotionis admiranda dulcedine ipsam virginem, nunc mammam, modo matrem, non solum verbo, sed adhuc scripto suppliciter consimiliter appellando; & quod plus est, quia ut reperi in scripturis aliquorum præfatorum etiam vivente virgine factis, ipsam non tantum matrem, sed modo sanctam matrem, modo devotissimam, aut dulcissimam matrem : nunc vero cara, dulcis & veneranda mamma ab eis est humiliter appellata. Et idem quamplurimæ venerandæ matronæ ac etiam virgines consociæ fecisse noscuntur. Quod totum non ex alio erat, nisi propter suæ perfectæ caritatis & sanctitatis excessum, prout etiam scripturæ præfatæ quæ supersunt efficaciter insinuant & ostendunt. Ad quod etiam non modicum facit, quoniam ut mihi constat, a sexdecim annis, ex quo me semper præsente, ut dictum fuit supra in capite primo, commemoratio virginis annualiter facta est in conventu SS. Johannis & Pauli de Venetiis, quasi usque in præsens semper in die commemorationis præfatæ, quemadmodum de mane intervenientibus organis & ornamentis paramentorum, reliquiarum ac crucium, circulorum, atque manipulorum de floribus cum multitudine imaginum virginis, de quibus dictum est hic supra, adveniente etiam schola de Misericordia, missa est devote & solemniter celebrata. Ita de sero in vesperis est in cœna factum quamsæpius, per me prius in prædicatione quæ fit post prandium generaliter & liberaliter facta coram toto populo invitatione ad cœnam præfatam. Cum præcipua jucunditate & festo convenere postmodum cum fratribus in dicta cœna homines devoti in non parva comitiva, omnis conditionis, ætatis, & status, utpote tam sæcularium, clericorum, religiosorum, monachorum, spiritualium pauperum, & Jesuatorum, & aliquoties prælatorum, quam etiam nobilium, doctorum medicorum, mercatorum, artistarum, juvenum, & puerorum & aliquorum de Pœnitentia S. Dominici, in mensa serviendum cum priore eorumdem, videlicet Antonio Superantio de Venetiis, concurrentibus tam in cœna de legenda virginis lectione, quam post diversarum sanctarum laudum a quampluribus devota decantatione, & de prærogativis virginis seriosa collatione. Occurrens adhuc mihi qualiter quædam domina juvenilis ætatis, etiam vivente viro, in tantum exarsit virginis devotione, quod tandem mundum despiciens, habitum virginis sumsit, & in sancta vita, de qua alibi habetur in scriptis, dies suos fideliter consummavit: quæ cum transitura ad Dominum suum conderet testamentum, plures ducatos pro refectione præfata in die memoriæ virginis annuatim fienda, in conventu supradicto SS. Johannis & Pauli perpetuo delegavit: cujus nomen dictum est domina soror Maria domini Nicolai de domo Istorionæ de Venetiis, cujus sororis genitrix pariter & commissaria, non solum dictum legatum executioni mandare disposuit, ut hucusque fecit, sed etiam, quod pro die dictæ recolendæ memoriæ tam in monasterio Corporis-Christi, quam in certis aliis locis nostri ordinis quilibet dictorum locorum certam quantitatem pecuniæ habeat annuatim in perpetuum de suprascriptis ordinavit. Insuper numquam fuit, scilicet usque ad tempus supradictum, quin in dicto commemorationis die plures diversarum conditionum tam nobilium quam populorum utriusque sexus, quamplura ad conventum vel ad ecclesiam non afferrent sive transmitterent; utpote aliquæ ramos & cruces sive coronas, manipulosque de floribus; aliquæ imagines præter supradictas, vel argenteas sive æreas in reverentiam virginis; aliquæ panes, aliquæ vinum, aliquæ utrumque, aliquæ fructus antiquos vel novellos, aliquæ lacticinia, aliquæ pecuniam, ut sic de omni genere personarum tam ad ornatum ecclesiæ, quam ad refectionem præfatam manus porrigerent adjutrices. Inter quas specialiter fuere supradictus nobilis Antonius Superantius prior cum consorte sua domina sorore Marina de Contarinis, ambo de Pœnitentia B. Dominici; & aliqui viri dicti ordinis, & consimiliter quædam domina soror Agnetina Suppa priorissa, domina soror Lucia de Lauretano, domina soror Elizabetha de Leone, & aliæ ejusdem ordinis habentes apud se inter alias reliquias, cappam, digitum, & de osse brachii virginis, & alia paramenta pro dicta solemnitate deputata: de quibus reliquiis dictum est supra in capite 14. Fuerunt etiam quamplures aliæ personæ tam nobiles quam populares annuatim pro dicta celebritate aliquid vel aliqua specialiter offerentes, quas nominatim explicare nimis esset processus in longum. Contigit autem hoc totum, Domino singulariter disponente, ut quemadmodum ipsa virgo, omnium vera dilectrix uti & mater, omnes & præsertim fideles portavit in visceribus caritatis, & consimiliter, ut dictum est, ab omnibus Dei servis utriusque sexus diligebatur & reverebatur dum esset in terris: ita & ab omnibus generaliter veneraretur constituta in cœlis, in gradu videlicet gloriæ singularis, juxta suæ sanctitatis & caritatis gradum singulariter excessivum; propter quod tam ex dictis, quam ex dicendis patentissimum caritatis & sanctitatis virginalis excessum, quemadmodum fertur Gregorium IX. dixisse de B. Dominico cum ab ipso canonizari deberetur. Quod videlicet dubitabat de sanctitate ipsius B. Dominici, quemadmodum & sic de sanctitate apostolorum Petri & Pauli. Ita & consimiliter, ubi mihi licet, idem & ego dico cum omnimoda reverentia coram Deo & tota ejus ecclesia de virgine ista, utique imitatione præfata, ipsius præfati P. S. Dominici legitima in Domino filia, de qua etiam dico quod licet, ut hic supradictum est, sancta Brigida memorata miranda virtutum exempla & scripta ecclesiæ reliquit; attamen non reperi hucusque, nec reperio, quod ab aliqua mera virgine tot & tanta tam in stupendis exemplis, quam in mirandis doctrinis & scriptis sint relicta ad ædificationem ecclesiæ, sicut ab ista. Notando etiam mihi qualiter ab apostolis usque hodie non occurrit reperisse de duabus feminis quæ tot & tanta, ut præfertur, ecclesiæ reliquerint, sicut duæ præfatæ in istis ultimis temporibus a Domino misericorditer exhibitæ & concessæ, tam pro reformatione ecclesiæ, quam pro salute tam fidelium quam infidelium, prout ex factis, dictis, & scriptis earumdem evidenter apparet. Ex quibus non immerito quemadmodum præfata Brigida per Bonifacium IX. jam est in catalogo sanctorum adscripta, & canonizata: ita etiam hæc virgo merito esset modo consimili super candelabrum ecclesiæ ponenda ac solemniter canonizanda; quod verisimiliter jam factum foret, nisi tam casus flebilis multiformis schismatis ecclesiæ occurrisset, prout potest aliqualiter patere ex supradictis cap. 15. Unde ex hoc præfatis adjungo & dico, quod etiam in casu quod ista virgo non canonizaretur, ejus vita, doctrina, virtutibusque diligenter inspectis, etiam tam dum ageret in humanis, quam post usquequaque diffusis, & quotidie amplius diffundendis, satis esset per semper apud ecclesiam approbata, sive pro approbata habenda. Quemadmodum de talibus narrat Vincentius Gallicus de ordine Prædicatorum in libro 1. cap. 11. & 12. suæ historiæ, utpote de certis propter doctrinam & vitam eximiam per fideles ubique pro sanctis & approbatis & reputatis, qui tamen per ecclesiam nondum fuere solemniter canonizati, ut narratur de venerabili Beda presbytero, Rabano, Hugone, Richardo & aliis. Cum ergo honor, reverentia, & quævis veneratio debeatur & fiat personis in testimonium approbatæ virtutis; justum ecclesiæ dignoscitur, quod ubi in aliqua persona virtus perfectior & magis approbata reperitur, eidem etiam major honor & reverentia exhibeatur & fiat; & tanto amplius; quanto cum hoc constiterit ejusdem personæ virtutis & sanctitatis publica fama. Reservatis tamen semper in modo venerandi sanctis statutis & apostolicis, ut est decens. Igitur hæc virgo fuerit hujusmodi, ut ex supradictis & infra dicendis evidenter apparet, sequitur quod merito sit a fidelibus veneranda, & hoc non solum ad tempus, sed quod etiam annuatim sit ejus memoria aliquo modo in ecclesia recolenda : quod etiam taliter suadetur, quoniam scilicet [ut] ecclesia & supradictus venerabilis Beda confirmat, transitus sanctorum & perfectorum in caritate dicitur natalitia, pro quanto per corporalem mortem soluti vinculis carnis ad lucem sublimantur æternam, ibidem renascentes ut reges, & tanto sublimius, quanto ibi quisque renascitur in caritate perfectior; sed prout a multis est observatum, antiquitus natalitia regum annuatim recoli consueverant; ergo multo magis natalitia præfatorum justorum, prout servat ecclesia. Cum igitur hæc virgo, ut patet tam ex legenda, quam in supradictis & infra dicendis, informata præcipua caritate perfectione migraverit ex hac vita, sequitur evidenter quod annuatim ejus recoli possit memoria, saltem quemadmodum de beatis nondum canonizatis hinc inde fieri consuevit. Item, quemadmodum in civilitate illi major honor & reverentia exhibetur merito, qui non solum virtuosior, sed qui amplius ex amore pro republica laboravit, & plura fecit; etiam usque ad mortem, affectione reipublicæ vitam de facto corpoream expendendo : ita etiam in civilitate ecclesiæ hoc etiam plenius observetur; sed hæc virgo semper indefectibiliter etiam usque ad mortem corporis inclusive, supradicta præfata caritate, vel divino

Catharina licet sancto rum albo non dum inscripta aliqualem tamen cultû meretur.

præcepto ipsam movente, pro salute fidelium & pro tota ecclesia laboravit, utpote solitarie pro tempore stando, in publicum procedendo, peregrinando, jejunando, abstinendo, immo quasi nihil comedendo, vel bibendo, aut etiam dormiendo; aliquando per dies quamplurimos cibi vel potus nihil sumendo; locutione ad magnum tempus ac omni delectatione sensuali totaliter se privando, corpus proprium non solum præfatis, sed etiam ciliciis aut circulo ferreo, vel catena, ferreis crucibus inserta, & disciplinis cum aculeis de ferro dietenus triplicatis macerando; legendo, meditando, contemplando, raptus & extasim mirabiliter frequentissime patiendo; corpus non solum a sensibus abstractum, sed etiam a terra elevatum multoties sursum secum trahendo, sine intermissione orando, deplorando, exhortando, impetrando, epistolas ad personas omnis status per Christianitatem dirigendo, librum omnem statum concernentem ecclesiæ, abstracta a sensibus per modum dialogi componendo, se in cunctis pietatis & misericordiæ operibus, tam spiritualibus quam corporalibus, tam miserabiliter quam liberaliter exercendo; ad apostolicam sedem pluries pro factis fidelium & ecclesiæ accedendo, passagium fieri & ad Sarracenorum partes pro eorumdem salute avide peroptando accedere; pro peccatoribus pœnitentias & pœnas intolerabiles assumendo, eorumdem conversionem & privilegiorum & confessorum a sede apostolica impetratione ac modis aliis procurando; injurias & quasvis pœnas, omniaque adversa pro honore Dei & salute proximi semper cum præcipua lætitia tolerando; pro eadem causa omnem crucem commendabilem in se affectanter avideque tollendo; omnes cujusvis conditionis, sexus, & status suo lato sinu caritatis, veluti omnium mater, dulciter & maternaliter amplexando, & affabiliter in Domino acceptando, necnon tam supradictæ caritatis, quam ceterarum virtutum & heroicarum perfectionem attingendo, ex qua utique caritatis perfectione, ut in epilogo legendæ suæ introducitur, tantus ardor amoris erat, quem ad quoslibet gestabat in animo, quod quidquid erat, nihil aliud sapere videbatur aut intendere nisi proximi caritatem. Unde ne contingeret ipsam aliquos Dei imagine insignitos quovis modo amittere; in oratione & extasi constituta, audenter Domino dicebat, se nec unum ex illis perdere velle, gratissimumque ei fore, ubi ipsi Deo placeret, quod ipsa super os poneretur inferni, ne aliquis de cetero illud ingrederetur, ut sic omnes supradicti sui proximi universaliter & totaliter salvarentur : pro dictæ petitionis obtentu etiam se ad infernales pœnas liberaliter obligando. Replicatur etiam pluries in libello supplementi legendæ, quomodo tanta caritatis fervore debaccabatur bacchabatur erga Deum & proximos, ut poenas omnium perfonarum quæ funt in mundo, propter ipfum tolerare defideraret, optaretque ut non folum dæmones corpus fuum confringerent, fed etiam feipfam vendere atque mori pro redemptione cunctorum. Et quod non eft minus ftupendum, quia ut ipfa de fe teftatur, & in 6. cap. 2. partis legendæ narratur, tantus erat ardor in anima fua, ut ignis naturalis exterius fibi videretur potius refpective refrigerans, quam exurens; & potius frigidus, quam accenfus. Ex quo producebatur in ejus mente quod non folum præcipua renovatio humilitatis & puritatis, fed etiam tantus amor proximi accendebatur in ipfa, ut nedum pro omnibus proximis, fed etiam pro quovis proximo libentiffime mortem fubiret corpoream, illam cum magna cordis lætitia & gaudio tolerando: & ita finaliter datum eft ei fuum defiderium adimpleri, utpote tandem de facto & effectu vitam fuam cum inexplicabilibus paffionibus diverfi generis pro ipfa ecclefia tam lætanter quam gaudente tradendo five ponendo, prout ipfa facta eft, cum ex hac luce migrare deberet. Propter quæ bene merito fequitur, quod ab ipfis fidelibus & ab ipfa tota ecclefia fit ejus annuatim memoria recolenda, faltem modo videlicet fupradicto. Item præfatam rationem confirmando, illi perfonæ magis ecclefia obligatur, quæ illius caput, videlicet fummum pontificem veneratur, defendit, atque tuetur, & confimiliter membra, ipfiusque ecclefiæ reformationem zelat & ftatum. Et hæc virgo fuit hujufmodi. Pro quanto ipfa fuit in Urbe exiftens, fuis crebris & efficacibus orationibus URBANUM VI. defendit ac impedivit ne a Romanis cum ipfo turbatis occideretur;

Quid pro ecclefia & Romanis pontificibus fecerit.

& modo confimili Romanum populum præfervavit ab ira Dei, ne videlicet a dæmonibus parricidium inftigantibus in abyffum demergeretur, pro quibus cum tam mirando fervore & inftantia oraffe tunc fertur, quod crepuiffet cor ejus, nifi illud Dominus miraculofa fortitudine circumvallaffet. Propter quod ab ipfis dæmonibus multoties maledicta cum horrendis comminationibus fuit. Etiam ab eifdem terribiliter verberata, ut in tertia parte legendæ narratur. Ubi etiam recitatur qualiter virgo continue per feptennium ante tranfitum fuum numquam deftitit, quin tam pro fummo pontifice, quam pro reformatione fanctæ matris Ecclefiæ, ipfa femper apud Deum inftaret; & ita ad idem alios hortaretur fuis precibus ad ipfum impetrandum, & cum habilitas eidem fe obtulit, pro hoc apud duos Chrifti in terris vicarios fucceffive, & apud alios dominos audenter inftetit; aliofque Dei fervos propter idem requiri fecit, ac etiam per fuas epiftolas requifivit, ipfofque tam oraculo vivæ vocis, quam etiam litteris ad idem multipliciter confor-

tavit, quam affecta atque parata ipfa exiftente, quatenus fua interfuiffe pro hujufmodi caufa ponere mille vitas; & prout reperi in quadam virginis ejufdem epiftola, optaffet ipfa, quod fuper totam ecclefiam comprimeretur cor proprium. Necnon veluti tota fpiritu ebria, etiam per omnem alium modum Deo acceptum & gratum fuum fanguinem fundere, ut fic fanguinem pro fanguine redderet fponfo fuo pro effectu hujufmodi confequendo: pro quo etiam inter alias orationes quæ ab ipfa virgine in extafi conftitutæ factæ funt, & quæ in legendis reperiuntur, de quibus viginti quatuor venerunt ad manus meas, licet quodammodo in qualibet de ecclefia & fummo pontifice faciat mentionem, fignanter tamen in una ipfa virgo ipfi Domino dixit, videlicet: *Domine Deus, unum corpus habeo quod tibi reddo & offero. Ecce carnem meam, ecce fanguinem; difvenetur, & deftruatur, necnon fcindatur, & etiam triturentur offa cum medullis fuis pro vicario ipfo fponfo unico fponfæ tuæ, & aliis pro quibus oro.* Quod utique defiderium taliter reportaffe probatur, ut quemadmodum data fuit licentia Satan fuper corpus Job fuo modo: ita & fuper corpus virgineum alio quodam non minus terribili: in tantum quod, ipfa teftante, a planta pedis ufque ad verticem non effet fui corporis membrum, quod non fincere per fe tormentum aut fimul tormentis pluribus pateretur. Propter quod in decimo capite 2. partis legendæ, per ferio fum de ecclefia & paftoribus proceffum oftendit quod fuper obtentu reformationis prædictæ taliter extitit aliquo modo confolata à Domino, ut fic fuo diceret confeffori: « Noveritis, pater, quod licet Dominus fit fuam « ecclefiam modo imperceptibili purgaturus, « attamen fufcitaturus eft poftmodum fpiritum « electorum fuorum, fequeturque tanta ecclefiæ reformatio, & fuorum paftorum veneratio, quod ex folo cogitatu fpiritus meus « refultat in Domino. De qua etiam grata promiffione in una fupradictarum orationum, « quæ incipit, *Ad te, ô fuperne medice*, pluries replicatur. Infuper prout in tertia parte legendæ habetur, Cum GREGORIUS XI. de Avenione veniffet ad Urbem, & virgo confimiliter, deinde ad Senarum civitatem rediiffet, ad ipfius fummi pontificis mandatum virgo fecundo Florentiam accedens, pro zelo obedientiæ Romanæ ecclefiæ tam a fe quam ab aliis obfervandæ, pluries ibidem in periculo mortis fuit, femelque ipfa orante in quodam horto, modicum extra Florentiam exiftente, aggreffa eft eam quædam caterva cum gladiis & fuftibus, magnifque & injuriofis clamoribus: cumque unus ferocior ceteris, evaginato gladio, & cum ingenti clamore virginem quæreret, ipfa fe fibi læta facie præfentavit, & genu flexo admodum Salvatoris fibi conteftans quia ipfa erat Catharina, sed quod nullus de suis ab A in sancto Petro de Urbe qualiter navicula ecclesiæ posita super spatulas virginis, in tantum virginem ipsam compressit, quod moriendo in terram cecidit. De præfatis autem reperitur adhuc in scriptis dicti patris aliis, & aliorum quamplurium, de quibus hic dimitto gratia brevitatis: inter quos venerabilis generalis ordinis Prædicatorum magister Raymundus in fine legendæ hujus virginis per ipsum compositæ, post longum de patientia mirabili ac multiplicibus passionibus virginis ejusdem processum concludens ait: Qualiter hæc virgo non modo laureolam per martyrii desiderium, sed etiam lauream per actualem martyrii passionem consecuta sit in coelis. Propter quod non immerito est canonizanda, & sanctorum catalogo annotanda in terris. Ex quibus omnibus plenarie patet confirmatio rationis præcedentis, atque principale propositum. Præterea illius memoria annuatim per modum anniversarii vel quovis modo alio congruenti habet merito in ecclesia fieri, per quem vel per quam ipsi ecclesiæ majora beneficia sunt relicta. Sed ut supra dictum est, de nulla alia virgine, præsertim in scriptis & ad ecclesiæ ædificationem tanta relicta noscuntur, quantum de ista. Ergo non solum potest, sed & debet in ecclesia, prout decentia patitur, ejus annualis memoria celebrari. Item, illud quod cedit in singularem utilitatem fidelium, utpote provocationis, excitationis, atque promotionis ad virtutem est merito in ecclesia saltem annualiter frequentandum; sed ex reductione ad memoriam virtutum eximiarum hujus virginis sequitur infallibiliter talis utilitas. Ergo merito, ut præfertur, ejus est in ecclesia memoria annuatim recolenda. Et confirmatur pro quanto & præsentia magis movent, & nova magis placent. Unde cum hæc virgo & miranda ejus virtutum omnia opera & exempla fuerunt diebus nostris, & sint veluti præsentia & toti mundo nova, sequitur evidenter propositum. Item, finaliter illius natale sive transitus ex hac vita est annuatim merito recolendus, qui majorem conformitatem habet ad transitum Christi: sed transitus hujus virginis per excellentiam & specialiter fuit hujusmodi, ut plene patet in libello supplementi, ubi circa finem dicta conformitas ſnes similitudines quindecim plenarie declaratur, quarum est prima, quod sicut Christus prædixit suum transitum ex hoc mundo, ita & ista. Secunda, quod sicut Christus prope transitum sermonem devotissimum fecit, & de agendis per apostolos in futurum præmunivit, ita suo modo per istam factum est erga suos. Tertia, quod sicut Christus pluries pro salute nostra oravit, ita & ista. Quarta, quod sicut Christus circa suum transitum discipulos suos multiplicibus promissionibus confortavit; ita & ista suos. Quinta, quod sicut Christus circa suum transitum usus est sacramento Eucharistiæ, ac etiam quodammodo poeni-

ejs lædi deberet. Cum autem ictum ferire volentis quam avide expectaret, dicens se paratam esse pro Christo & ecclesia sua pati, eo quod hoc erat quod votis omnibus anhelabat, seque tamquam hostiam viventem, sponsamque immolandam humiliter offerebat, Domino optatum martyrium sibi dare per viam aliam disponente, magnoque miraculo concurrente, tam præfatus, quam tota illa acies consternata pariter & confusa retrocessit, virginem cum suis illæsam penitus derelinquendo; nec tamen propter hæc vel alia, divino concurrente præcepto, inde virgo discessit, quousque postmodum creato URBANO VI. reconciliati essent Florentini cum ipso. Post quod cum virgo Senas rediisset, ad mandatum dicti domini URBANI Romam accessit, & ad reginam JOHANNAM ipsi papæ rebellem, quam virgo per litteras noverat, & alias sibi scripserat, audenter & intrepide, prout dictus dominus papa Urbanus ordinaverat, accessisset, nisi quia id postea summus pontifex revocavit. Tamen intervenientibus innumeris passionibus tam corporalibus quam spiritualibus, & signanter a dæmonibus sibi illatis, martyrium ab ipsis dæmonibus finaliter reportavit. Unde cum esset virgo in transitu, antequam suum spiritum Domino commendaret, non solum quod pro ecclesia vitam corpoream traderet affirmavit, sed etiam tam pro ecclesia quam pro sponso ejusdem & Christi in terris vicario URBANO VI. specialiter exoravit, ut sic id tamquam ultimum ab ipsa singulariter affectatum, ac per ipsam præfato mediante martyrio executioni mandatum mentibus sibi adstantium efficacius remaneret infixum. De præfato autem virginis martyrio, & ejusdem pro ecclesia & Christi vicario passione scribens pluries supranominatus magnæ sanctitatis pater frater Guillelmus de Silva-lacus, sermonem suum, quem compegit de laudibus & virtutibus virginis, ita inchoavit dicens: *Diem festum transitus Catharinæ Senensis non in lacrymis sed canticis devotissime celebramus. Qualiter pro ecclesia Dei passa sit in cælis coronata ad memoriam revocamus.* In quo utique sermone ultra alia multoties replicatur, Quoties, quot, & quanta pro præfatis virgo adversa reportaverit, utpote qualiter pro ecclesia & Christi vicario pluries Florentiæ, & alibi se morti exposuit. Centies in die ubi fuisset possibile ad martyrium aspiravit, innumera martyria mortesque sustinuit. Omne genus martyrii, nec semel, sed a sui principio atque ad finem longanimiter & verissimiliter toleravit, etsi non illud quod a dæmonibus tormentis terribilibus horrendisque vocibus inter alia dicentibus: Nos te de hac vita corporea excludemus, sibi Domino dispensante, illatum fuit, pro præfata ecclesia & Christi in terris vicario lætantissime acceptavit. In cujus præsagium ostensum fuit

S. Catharina in suo transitu Christo conformis.

tentiæ pro nobis, ita etiam ista, tam pro se quam pro suis. Sexta, quod sicut Christus circa transitum suum fuit, ut creditur magis in historiis, a dæmone tentatus, ejusque suggestione ab hominibus crucifixus pro cunctis; ita & ista, Domino id finaliter dispensante, præcise fuit a dæmonibus tormentata, & passa pro tota Dei ecclesia. Septima, quod sicut Christus circa transitum suum dolores inexplicabiles passus est pro omnibus; ita & ista. Octava, quod sicut circa transitum & in transitu Christus secutus fuit a matre & quibusdam de suis, absentibus multis aliis, & pro majori parte, ita etiam contigit in ista. Nona, quod sicut Christus usque ad suum transitum locutus est plura verba cum expressa & clamosa locutione; ita & ista in eadem etiam ætate transiens qua & Christus. Decima, quod sicut Christus extra suam civitatem transivit ex hac vita, assistente matre, ut dictum est, cum aliquibus de suis utriusque sexus, & a præfatis quamdevote traditus est sepulturæ, & in alieno collocatus sepulcro; ita etiam contigit de ista. Undecima, quia sicut Corpus Christi fuit redolens incorruptum per triduum suum, ita & de incorruptione hujus virginis contigit, non solum per triduum antequam sepeliretur, sed etiam in posterum, ut apparet in aliquibus partibus sui corporis pro reliquiis hinc inde existentibus, quæ partes hucusque incorruptibiles perseverant, absque eo quod fuerint cum aromatibus conditæ, vel balsamatæ: quod apparet in duobus digitis, quorum unus est hic in Venetiis apud sorores de Pœnitentia B. Dominici, & alius apud nunc priorem domus Carthusiæ de Papia, quos digitos modicum est quod propriis luminibus ego vidi. Duodecima, quod sicut de Christo post transitum glorificato quamplures sunt visiones ostensæ; ita & de ista ex quo transivit ad gloriam. Decima tertia, quod sicut Christi sepulcrum post transitum ejusdem hucusque a diversis extitit visitatum cum devotione præcipua, ita & sepulcrum hujus virginis tam ab extraneis quam a Romanis. Decima quarta, quod sicut circa transitum Christi, & post, multa miranda apparuerunt, inter quæ unum fuit mira sustentatio Corporis Christi, eo quod non legitur comedisse a sabbato in Ramis usque ad mortem nisi in cœna Domini, & quod circa transitum sive in transitu voce magna clamavit, ita & de ista virgine plenarie contigit, concurrentibus etiam pluribus miraculis diversarum curationum cum admirando concursu omnium cujuscumque sexus, conditionis & status in Urbe ad exequias ejusdem virginis apud S. Mariam de Minerva, ordinis Prædicatorum, devotissime celebratas. Decima quinta, quod sicut Christus post suum transitum habuit discipulos famam & fidem ejus tam in scriptis quam per prædicationes & contestationes, imagines atque commemorationes seu solemnitates multipliciter divulgantes; ita plenarie contigit hucusque de ista. Quas tamen quindecim similitudines & conformitates hic aliter explicare dimitto gratia brevitatis. Et sic ex hoc potest bene merito concludi, quod prout decentius fieri potest, est hujus virginis transitus annuatim commendabiliter recolendus. Et ita sufficiat pro isto capitulo.

42. Item, vigesimo & ultimo principaliter & pro vigesimo capitulo, atque pro executione promissionis per me factæ superius in primo hujus contestationis capitulo, quod videlicet in fine hujus contestationis ego apponerem prædicationem per me factam anno 1411. in ecclesia S. Apostoli de Venetiis in die commemorationis hujus virginis, occurrentis in dicto anno in festo Inventionis S. Crucis, ego contestor & dico, quod quemadmodum R. P. Inquisitor Ferrariensis, de quo supra facta est mentio, me præsente prædicavit in conventu SS. Johannis & Pauli dicto anno & die, tam de cruce quam de virgine ista, & proposuit: *Ergo evacuatum est scandalum crucis*, ad Galat. 5. prosequendo salutationem & prædicationem usque ad finem; ita & ego, ipso præsente, prædicavi ut supra immediate post prædicationem suam, & proposui: *Mihi absit gloriari, nisi in cruce, &c.*

Nota quod hic sequitur in processu originali tota prædicatio supradicti patris Thomæ maxime prolixa, quam nos omittimus transcribere gratia brevitatis, & quia circa materiam beatæ virginis nihil novi adducit, quod jam in suprapositis 20. articulis sive capitulis non dixerit. Postea finaliter sic concludit suam contestationem:

43. Et ita narrationi & contestationi supradictæ finem totaliter imponendo, in illa contenta veridice & sincere narrasse, recitasse, atque contestasse me dico pariter & affirmo coram Deo cum Apostolo nullatenus mentiendo. Cum hoc etiam protestationibus tam in studiis generalibus, quam etiam in aliis scholis publicis alias per me factis firmiter inhærendo, meque in hujusmodi & in cunctis aliis per me prædicatis, dictis & scriptis, conventioni sanctæ matris ecclesiæ humiliter & totaliter subjiciendo: necnon & quantum mea interest pro ampliori confirmatione prædictorum me ad juramentum solemne promte & liberaliter offerendo, pro honore Domini nostri JESU CHRISTI, genitricis ejus, ac ipsius ecclesiæ, omniumque sanctorum, & signanter hujus virginis, de qua est sermo. Quorum omnium meritis & precibus omnes ad finem ultimum beatificum nos perducat qui vivit & regnat in sæcula sæculorum. Amen.

44. Item antequam supradictus R. P. Fr. Thomas de Senis supradictam scripturam &

PROCESSUS CONTESTATIONUM

contestationem suam præsentaret supradicto domino Dominico domini episcopi Castellani vicario, de consilio dicti domini vicarii, prout mihi constat, scripsit inter alios quibusdam reverendis patribus ordinis Carthusiensis in Papia existentibus, videlicet domno Stephano de Maconibus de Senis, & domno Bartholomæo de Ravenna, eo quod fuissent cum virgine B. Catharina de Senis aliquo tempore conversati, ut videlicet ratione suprascriptæ in principio hujus processus factæ querelæ circa commemorationem dictæ virginis in curia episcopali de Venetiis, deberent aliquam informationem super vita & doctrina ejusdem virginis in scriptis publicis Venetias ipsi præfato patri Thomæ transmittere. Quarum litterarum tenor hic sequitur & est talis.

Epistola F. Thomæ de Senis ad Ven. Stephanum de Maconibus & Bartholomæum de Ravenna Cartusianos.

45. Venerabiles patres, cum de mense Maii immediate præterito, currente anno Domini 1411. hic coram domino episcopo Castellano de Venetiis, proposita fuerit per quosdam sæculares viros quædam querela, quod videlicet a multis annis hucusque hic in Venetiis in conventu SS. Johannis & Pauli ordinis Prædicatorum celebratum fuerit festum sive commemoratio B. Catharinæ de Senis, de qua licet multa virtutum eximia & digna laude referantur, nec per fratres dicti monasterii factum sit dictum festum, nisi quemadmodum de aliis beatis nondum canonizatis fieri consuevit: nihilominus, quia aliqui de dicta celebritate scandalizati sunt, ex eo quod ipsa nondum sit ab ecclesia canonizata, nec per aliquos credantur magnifica suæ vitæ atque doctrinæ quæ dicuntur de ipsa. Hinc est quod cum reverentiæ vestræ cum præfata virgine diversis in locis sint conversatæ, dum ipsa ageret in humanis; & ita de ipsius dictis & factis sitis non mediocriter informati propter quod in attestatione mea facta per me in supradicta curia, ratione ejusdem supradictæ querelæ, singulariter feci de vestris reverentiis mentionem, Et quia etiam pariter zelare debemus concernentia fidem, & sanctorum honorem & laudem, ac quæ ædificationis, salutis & pacis sunt proximorum. Eapropter reverendas paternitates vestras duxi affectione qua possum instantius deprecandas, quatenus aliquas informationes sive attestationes, ut dixi, super dictis & factis, sive super vita, & doctrina dictæ virginis dignentur conficere, atque per manus publicorum notariorum solemniter ordinare, ipsasque sigillis vestris, sive vestræ domus munitas, quam citius se offeret facultas, huic mihi fideliter destinare. Erunt enim indubitanter ad firmamentum attestationis meæ supradictæ, ac etiam aliorum. Paratus & ego ad quæque vestris paternitatibus beneplacita in Domino, a quo ad votum pariter valeamus. Datum Venetiis die prima Augusti 1411. per vestrum totum in Christo fratrem Thomam Antonii de Senis, qui se vestris paternitatibus humiliter recommendat, ordinis Prædicatorum dictus. *A tergo.* Venerabilibus religiosis & patribus domno Stephano de Senis, priori monasterii S. Mariæ de Gratia prope Papiam, & domno Bartholomæo de Ravenna olim priori insulæ Gorgonæ, nunc autem monacho dictæ domus ordinis Carthusiensis.

46. Qui patres habitis litteris supradictis post aliquos menses per litteras a publicis notariis publicatas, & sigillis domus eorumdem munitas dicto patri fratri Thomæ super conquæsitis quam devote & solemniter responderunt. Unde præfatus P. frater Thomas dictas litteras & scripturas supradicto domino vicario eodem tempore quo suam, videlicet anno 1412. indictione 5. & die 20. mensis Junii, quodam patre fratre Johanne de Luca ordinis Prædicatorum, & me notario infrascripto præsentibus præsentavit: quas cum dictus dominus vicarius vidisset, & quam bene intellexisset, quemadmodum de duabus attestationibus supradictis, ita & de istis duabus dictorum patrum de Carthusia dixit: Quomodo videlicet acceptabiles, & quam devote. Quarum tenor quoad primam factam per supradictum Stephanum de Senis hic immediate sequitur, & est talis videlicet:

Nota, quod ista contestatio P. D. Stephani habetur in talce hujus voluminis ex autographo exscripta, quod habetur in tabulario domus Pontiniani, licet in libro processus dividatur per capitula.

Item tenor quantum ad contestationem factam per supradictum domnum Bartholomæum de Ravenna ordinis Carthusiensis hic sequitur, & est talis videlicet:

Prologus responsalis contestationis præsentis.

Æternam Christi salutem & pacem.

47. Quia, venerabilis pater, per litteras vestras instanter petitis tam a reverendo nostro patre domno Stephano de Senis priore hujus monasterii S. Mariæ de Gratia nostri Cartusiensis ordinis prope Papiam: quam a parvitate & humilitate mea, ut in scriptis redigere velimus quæ vera sunt & laude digna ac memoriæ commendanda de beata & gloriosa virgine Catharina de Senis, cujus mirabilium virtutum tot sunt testes in mundo, quot cum ea conversati dum ageret in humanis; & quia præfatus pater noster D. Stephanus copiose conscribit de excellentia & multitudine virtutum præfatæ virginis, utpote cum ea conversatus, & ab ea spiritus lacte nutritus, de aliquali narratione virtutum, quibus virgo præ multis aliis singulariter floruit, nihilominus pauca quæ novi ad notitiam hominum narrare curabo, protestans grandia & excelsa virtutum quibus in

hoc mundo floruit, ut cordis puritate, contemplatione singulari cœlestium bonorum, cognitione intimorum & occultorum hominum factorum, prophetiæ spiritu, patientia, humilitate, abstinentia, misericordia. In quibus virtutibus coram Deo & angelis ejus testor & dico numquam me vidisse similem in hominibus viventem.

De speciali allegatione cujusdam facti, in quo relucent quamplures de virginalibus virtutibus prænarratis, & de quodam miraculo mediante mantello virginis perpetrato, quod verum fateor.

48. Cum ipsa virgo Pisis corporaliter adesset, inspirata Spiritu-sancto ad insulam Gorgonæ personaliter venit, in qua non modicum fructum animarum est operata; sed cum jam de insula recedere disponeret, mihi in secreto dixit : Attende, prior, circa custodiam gregis tui, & scito quod inimicus humani generis quærit in hoc monasterio scandalum ponere. Et cum turbatus fuissem ad hæc verba, sciens certissime quod non loqueretur in vanum; ipsa subjunxit, & ait: Sed ne timeas, quia ipse inimicus non potest prævalere : quod & factum est. Nam post aliquos dies, dum quædam barca de Pisis causa portandi ligna ad insulam venisset, unus ex marinariis retulit cuidam monacho juveni nostri ordinis prioris S. Benedicti, quædam tristia de matre sua : qui dictus monachus cum instantia importuna, ut sibi concederem licentiam me rogabat eundi Pisas cum dicta barca. Ego vero considerans non fore utile, neque necessarium pro tunc temporis, concedere nolui; & ista barca recessit. Tunc idem monachus absorptus est a tanta tristitia, diabolo instigante, ut quiescere non valeret. Sed post aliquos dies cum esset in claustro cum monachis, venit ad me, & facie turbulenta & sermone arroganti iterum petiit ut permitterem ire Pisas. Unde volens cum reprimere ab audacia sua & temeritate, repuli eum, & mandavi uni ex antiquioribus monachis quod sequeretur eum. Et cum ingressus fuisset cellam ejus, ipse præfatus monachus arrepto gladio manu correpto se perimere voluit : quo dicto monacho antiquiore apprehendente manum ejus, sic non valuit percutere se. Et tunc alta voce clamare cœpit. Ad cujus vocem ego cucurri sine mora, & cœpi blandiri dicto monacho, promittens quod sibi darem licentiam. Qui alta voce respondit cum clamore : Ego nolo ire, quia diabolus tentabat me, & etiam suggerebat ut me præcipitarem de monasterio, quod in altum positum est. Qui monachus cum in multa altercatione ac mentis angustia ac valido timore positus esset, feci portare quemdam mantellum præfatæ virginis, quem dimiserat mihi commemorationis ejus causa, quando de insula recessit, & quem nunc habeo etiam apud me. Quo reverenter posito inter brachia dicti monachi vexati, statim requiem recepit. Et tunc ego dixi : Recommenda te, fili mi, nostræ Catharinæ. Et tunc ipse ait : Ipsa bene orat pro me, & male mihi esset, si ipsa pro me non oraret.

De quodam testimonio per quamdam obsessam a dæmonio sanctitati virginis præcipuo modo exhibito.

49. Alio post tempore cum essem Pisis, & dicta beata virgo jam de civitate Pisana recessisset, contigit me provocatum quorumdam precibus amicorum ire extra civitatem, prope tamen, cum præfato monacho superius nominato, ad quamdam mulierem a dæmone obsessam, quam cum instigassem, & multis sermonibus provocassem, inter alia quoque dixi. Dic mihi si hæc sancta Catharina de Senis est ita sancta ut fertur ? Quæ respondit : Est sanctior quam dicatur. Et tunc ille monachus qui erat mecum dixit : Et si ipsa hic esset expelleret te ? Quæ respondit, Sic. Et tunc ille : Quare ergo nos te expellere non possumus? Et illa respondit : Quia vos non estis in statu illius perfectionis in quo ipsa est, licet sitis boni religiosi.

De quodam singulari casu monachorum per virginem præviso & auxiliato, & de multiplicibus epistolis a virgine diversis monachis Cartusiensibus non sine singulari fructu directis.

50. Aliud etiam non omitto dicere quod oblitus fueram, quia cum recessisset de insula nostra cum familia & barcula nostra, & venisset Pisis ; illis recedentibus, & ab ea benedictionem petentibus, causa ad insulam remeandi, ait : Si aliquod sinistrum vobis occurrerit in via, ne timeatis, quia Dominus erit vobiscum. Qui cum recessissent ab ea, intraverunt mare, & navigabant ad insulam. Insurgentibus vero fluctibus maris, & nimia vi ventorum, contigit ut appropinquarent insulæ, & subito fracto timone, non poterant se gubernare : unde compulsi iverunt ad insulam ad locum ad quem ire nolebant propter fluctus imminentes & gurgites aquarum grandes ; quibus impellentibus, barca per transversum intravit, & venit in terram; & impleta est aqua. Quod cum videret unus ex nostris monachis, cucurrit, & voluit auxilium præbere. Unde absorptus a fluctibus maris abstractus est a terra ; sed alio succurrente evasit periculum, & Deo gubernante, & B. Catharina intercedente, nec aliquis de dicta barca, nec dicta barca aliquam læsionem recepit. Multas etiam alias epistolas scio ipsam scripsisse personis ordinis nostri Cartusiensis, per quas eos a multis tentationibus liberavit, & in virtute constantiæ & perseverantiæ roboravit.

De excusatione dicendorum & de efficacia testificandi ipsius testatoris, testibus etiam pluribus adhibitis cum sigilli appensione monasterii ordinis Cartusiensis prope Papiam.

51. Multa etiam alia possem vobis scribere, sed quia lingua mea explicare non posset magnalia & inaudita quibus Dominus glorificavit & mirabilem ostendit præfatam virginem: ideo lætanter de pluribus pauca suscipite, quibus adhibere fidem indubitantissime debetis, ac si propriis oculis vidissetis. Etiam ut vestro desiderio satisfaciam, meo juramento confirmo in præsentia domini Petri de Damasanis, domni Ugonis de Caste, domni Vincentii ...... monachorum hujus præfati monasterii nostri Cartusiensis, cum appensione sigilli conventualis prædicti monasterii. Sancta Trinitas vos semper dirigat in agendis. Datum in dicto monasterio die XXVII. Octobris anno Domini 1411.

Per humilem & indignum Christi servum Domnum Bartholomæum de Ravenna nunc monachum, olim indignum priorem insulæ Gorgonæ.

52. Post hæc notum sit omnibus hunc processum legentibus qualiter anno Domini 1412. de mense Octobris, tempore capituli provincialis provinciæ S. Dominici ordinis Prædicatorum in festo sancti Lucæ, celebrati in conventu SS. Johannis & Pauli de Venetiis ordinis Prædicatorum, ego notarius infrascriptus habui vivæ vocis oraculo a priore dicti conventus, videlicet a R. P. F. Bartholomæo de Ferraria & inquisitore Ferrariensi, & a subpriore ejusdem conventus, videlicet a R. P. F. Christophoro de Venetiis, qualiter cum dictum capitulum celebraretur, intimatum fuit, R. P. F. Ardezono de Padua sacræ theologiæ magistro, ac priori provinciali dictæ provinciæ, & quatuor aliis reverendis patribus suprascripti capituli definitoribus, quomodo anno prædicto, die 28. Aprilis per suprascriptum priorem convocatum fuerat consilium conventus SS. Johannis & Pauli, & quomodo in dicto consilio decretum est & determinatum fuit unanimiter & concorditer, quod celebritas sive commemoratio B. Catharinæ de Senis in dicto conventu fieri consueta semper in posterum deberet consimiliter fieri. De quo consilio etiam in suprascripto processu immediate post narrationem contestationis præfati patris F. Bartholomæi prioris facta est mentio specialis. Propter quod dictus pater provincialis cum dictis diffinitoribus & aliis patribus dicti capituli ad idem non parum affectis, determinationem præfati consilii approbaverunt, ac etiam confirmarunt per corumdem patentes litteras, sigillis omnium præfatorum, videlicet tam præfati provincialis, quam dictorum quatuor diffinitorum sigillatas; quas litteras ego notarius infrascriptus personaliter vidi atque perlegi: quarum litterarum tenor hic sequitur & est talis.

Nota quod hic sequuntur præfatæ litteræ diffinitorum, necnon inquisitoris Bononiensis super eamdem materiam commemorationis, quas nos transcribere omisimus gratia brevitatis.

53. Item consequenter, quemadmodum pluries superius nominatus P. F. Thomas de Senis, de consilio supradicti domini vicarii domini episcopi Castellani scripsit Papiam reverendis patribus ordinis Cartusiensis, ut occasione suprapositæ in principio hujus processus factæ querelæ deberent aliquam informationem de beata Catharina Senensi in scriptis publicis huc Venetias dicto fratri Thomæ transmittere. Et sic factum est, ut patet hic supra, ante approbationem supradicti capituli provincialis. Ita etiam dictus frater Thomas, prout mihi constat, de consilio ejusdem supradicti domini vicarii, scripsit Ariminum cuidam R. P. fratri Bartholomæo Dominici de Senis sacræ theologiæ professori, ordinis Prædicatorum, qui simili modo ratione causæ supradictæ deberet sibi huc Venetias certam informationem & contestationem de pertinentibus ad vitam & doctrinam beatæ Catharinæ de Senis in scriptis publicis fideliter destinare, & signanter ex eo quod diu cum virgine fuerat conversatus præfata, & unus de suis confessoribus extitisset. Et quoniam litteræ per præfatum patrem F. Thomam dicto magistro Fr. Bartholomæo transmissæ fuerunt consimilis tenoris ad litteras supradictis patribus de Cartusia per eumdem directas, idcirco earumdem tenorem hic aliter enarrare omitto gratia brevitatis. Nec solum dictus Fr. Thomas dicto reverendo magistro Bartholomæo scripsit, ut præmittitur, sed etiam pluries sollicitando eumdem R. patrem super intenta responsione. Qui tandem reverendus magister post non parvum temporis spatium transmisit dicto patri Fr. Thomæ responsionem præfatam in scriptis publicis ac proprio ejusdem sigillo munitam; unde dictus pater Fr. Thomas, cum dictam recepisset responsionem, ipsam supradicto domino vicario in episcopali palatio residenti, reverendo patre F. Dominico de Scutari priore conventus S. Dominici de Venetiis, ordinis Prædicatorum, &c. me notario infrascripto præsentibus, præsentavit anno Domini 1412. die XVI. mensis Novembris. Quam responsionem sæpedictus dominus vicarius gratanter & benigniter acceptavit, & quod illam capta opportunitate videret benigne permisit. Cum autem in die S. Thomæ apostoli rediret dictus R. Fr. Thomas ad dominum vicarium supradictum, reperit qualiter ipse dictam responsionem & contestationem supradicti patris magistri Fr. Bartholomæi legeret seriose, habuitque ab ipso qualiter dicta con-

testatio non solum bene, sed quod multum bene judicio stabat. Et ita idipsum præfato R. P. F. Thomæ ac R. P. Fr. Johanne de Luca, & Fr. Jacobo de Pisis, omnibus ordinis Prædicatorum, meque notario infrascripto præsentibus, pluries confirmavit. Præfatæ autem responsionis atque contestationis tenor hic sequitur, & est talis:

Contestatio R. P. F. Bartholomæi Dominici de Senis de S. Catharinæ sanctitate.

Reverendo patri fratri Thomæ Antonii de Senis, ordinis Prædicatorum, Fr. Bartholomæus Dominici de Senis, ejusdem ordinis, inter sacræ theologiæ doctores minimus.

De prologo hujus contestationis, in quo fit mentio tam de quodam fratre Thoma cui dirigitur, quam de dirigente, & consequenter de septemplici motivo ipsius contestatoris ad scribendum & contestandum de virgine, cum explicatione aliquali quorumdam pertinentium tam ad virginis canonizationem, quam ad ejusdem de ecclesia prophetiam, & de quantitate dicendorum, ac de modo narrandi corumdem. Prætendit autem se motum ad contestationem faciendam, 1. ex increpatione multiplicis negligentiæ. 2. Ex receptione multiplicis gratiæ. 3. Ex reportatione præcipua virginalis notitiæ. 4. Ex præsumtione virginalis relucentiæ. 5. Ex cogitatione propriæ desinentiæ. 6. Ex consideratione solvendæ exigentiæ.

CAP. I. 54. Venerande pater, noveritis me fratrem Bartholomæum suprascriptum plures recepisse litteras caritatis vestræ, ignaviam meam increpatione digna digne objurgantes, & opportune, importune excitantes longam negligentiam meam. Hortamini enim me, ut redigam in scriptis ad perpetuam rei memoriam ea quæ gesta vel dicta novi per sanctæ memoriæ beatam Catharinam de Senis sororem ordinis S. Dominici de Pœnitentia. Fateor, agnosco me debitorem ad hoc exequendum multis ex causis. Præcipue tamen quia etiam si quid bonæ voluntatis fuit vel est in me, licet totum divinæ gratiæ sit principaliter merito adscribendum; tamen dictante mihi conscientia mea habere, & si quid boni operis umquam egi, ex longa conversatione quam per Dei gratiam habui cum præfata Deo sacrata virgine, cooperante mellifua doctrina ejus, ac etiam exemplis sanctæ vitæ ipsius, necnon meritis orationum ejusdem divina clementia infudisse non ambigo: immo me sic firmiter credere affirmo pariter & confirmo. Insuper ad hoc exequendum me fateor debitorem, quia neminem novi in hac mortali carne viventem, qui vel de dictis, vel operibus ejus plura vel etiam tot noverit per longam conversationem cum eadem, sicut ego. Quia vero per bonæ memoriæ fratrem Raymundum de Capua, sacræ theologiæ doctorem egregium, ac ordinis nostri magistrum generalem, qui

& confessor extitit principalis ipsius sacratæ virginis, composita extat legenda, in qua pulchro & veridico stilo, ordine etiam non incongruo narrantur satis plene de principio, medio & fine sanctæ conversationis ejusdem virginis, ac etiam de mirandis & miraculis tam circa eam, quam etiam per eam divinitus perpetratis, putabam ac etiam de præsenti puto, scripturam illam omni pie desideranti & quærenti excellentias ipsius præfatæ virginis, ac etiam omni optanti verbo doctrinæ ejus, immo cœlesti & verius divinæ, exemploque mirabilium virtutum ipsius, sese ad amorem cœlestis patriæ contemtumve mundi accendere & excitare, copiose debere sufficere. Et ideo supervacuum existimabam velle rusticano stilo eadem, seu nova quæque narrando contexere. Verum quia, ut scribitis, sperandum est divinam clementiam non sinere civitatem quam ædificavit & posuit super montem latitare, diutius. Nam & ipse testatur, *Nemo accendit lucernam, & in abscondito ponit, neque sub modio, sed super candelabrum, ut luceat omnibus qui in domo sunt.* Unde ut quod verbo docuit opere compleret; sicut tam vobis, quam mihi constat, eadem divina instigante clementia, dudum recolendæ memoriæ dominus quidam illustrissimus dux Austriæ singulari hujus virginis devotione affectus, propter miranda quæ de ipsa viderat & audierat, destinavit sui ex parte nuntium specialem ad sanctæ memoriæ dominum BONIFACIUM papam nonum, supplicando sanctitati suæ, ut facta prius juxta statuta ecclesiæ diligenti examinatione de sanctitate ipsius virginis, dignaretur ipsam solemniter sanctorum catalogo adnotare, offerens sumtus omnes ad omnia in hoc necessaria dare de gazophilacio suo. Induxit etiam, ut nostis, ad hoc idem supplicandum serenissimum regem Ungariæ: vos etiam & me, quos noverat familiares fuisse eidem S. virgini, suis litteris requisivit, ut cum præfato nuntio suo ad tam sanctum opus perficiendum laborare vellemus: quod & fecissemus, si non mors festina eumdem illustrissimum principem de mundo abstulisset. Et forsitan dispositione divina sapienter actum est, ut tam pium & sanctum negotium suum pro tunc non sortiretur effectum: quatenus tam maligno tempore, quo homines in tantam devenere vesaniam, ut bonum dicant malum, & malum approbent & adstruant tamquam si esset bonum juxta evangelicum documentum, sanctum non darent canibus, nec inter porcos margaritæ projicerentur. Et fortasse, ut existimo, eadem divina ordinante providentia hoc negotium perficiendum ad tempus illud dilatum est; quod specialiter sibi a Domino revelatum ipsa S. virgo non tacuit, sed per epistolas suis filiis ad consolationem & gaudia propalavit, scribens sibi a

Dux Austriæ canonizationem S. Catharinæ procurat.

Domino esse revelatum, quod divina mirabiliter operante clementia, futurum erat, ut infideles divino lumine illustrati tanto fervore converterentur ad Dominum, quod hi qui Christiani nuncupantur, tantæ devotionis exemplo salubriter confusi, pariter & commoti ad recte vivendi semitam revertentur; & ecclesia tunc sanctis & veris pastoribus reformata uberius exultabit. Illo ergo in tempore, cum videlicet aperientur oculi cæcorum, & aures prius surdorum patebunt ad percipiendam sanam, utpote cœlestem, doctrinam per sanctam virginem in libro & epistolis suis dulciter propinatam: quo etiam tempore, qui prius amore proprio claudicabant, divino amore accensi salient ut cervi, præcipue exemplis mirabilium operum hujus sanctæ virginis excitati. Igitur, quia forsitan, ut dicitis, eo tempore quo lucerna ista per canonizationem secundum formam ecclesiæ consuetam ponenda erit super candelabrum ecclesiæ, ut luceat omnibus qui in domo eadem ibunt; vos & ego ac etiam alii numero pauci, qui nunc præsentes sumus, finito cursu vitæ præsentis, testimonium veræ sanctitatis ejus, ut expedit, perhibere non valebimus, conveniens nimis, & ut existimo, divinæ placitum pietati, ut ea quæ de ipsa sancta virgine, divina ordinante providentia, novimus, narratione veridica calamo & atramento, & etiam juramento firmata posteris demandemus. Quia ergo vos, & quidam alii, circa hoc jam vestrum debitum exsolvistis, restat ut ego, qui ex debito debui esse primus, at saltem vel ultimus reddam, & perhibeam testimonium mihi creditæ veritatis. Protestor autem ante omnia, quod non intendo cuncta quæ de ipsa virgine novi describere; quia si omnia quæ de ipsa novi velim calamo commendare, immensum volumen, & aliam novam legendam me oporteret & eadem retexendo componere, cum plene nihil quod me lateat in ipsa narretur. Intendo ergo, concedente Domino, ex multis mihi notis, quædam, prout mihi Dominus inspirabit & memoria administrabit excerpere, & pauca illa, rusticano, licet veridico stilo narrare. Contingere tamen mihi potest, ut seni præcipue, cum jam sint anni quadraginta elapsi & ultra, ex quo novi quædam quæ inferius narrare intendo, ego vero ad præsens, ut æstimo, sum in sexagesimo septimo vitæ meæ anno vel octavo, quod me fallat memoria; sed conabor, prout potero reminisci, omnia narrare fideliter, nullam scienter admiscendo falsitatem. Novi enim non indigere mendaciis nostris, toto cordis affectu adhærendo primæ & infallibili Veritati, quæ Deus est; qui ad sui gloriam & honorem cunctos, ut voluit condidit sanctos, ut sic cum valeremus in sanctis ejus laudare, in quibus semper est mirabilis. Cui, ut dignum est, semper sit laus & gloria per infinita sæcula sæculorum. Amen.

55. In primis omnibus hanc scripturam CAP. II. legere volentibus sit manifestum, quod ego fr. Bartholomæus superius descriptus, incœpi habere notitiam sanctæ memoriæ B. Catharinæ de Senis præfatæ, jam sunt anni 44. & ultra, cum essem annorum 24. & si memoriæ bene occurrit, currebat annus 1368. quo tempore ipsa jam per annos plures deferebat habitum sororum de Pœnitentia B. Dominici, quæ sorores a civitate vulgo Mantellatæ nuncupantur: quem habitum ipsa Senis miraculose recepit, invita videlicet matre sua, & priorissa etiam dictarum sororum diu contradicente, & hoc propter ipsius virginis nimis teneram ætatem. Non enim consueverant dictæ sorores recipere ad prædictum habitum nisi mulieres ætatis provectæ, propter periculum honestatis: sed prævaluit sermo divinus, quo manifesta visione eidem virgini promissum fuerat, quod habitum illum, quem portare toto cordis affectu desiderabat, absque ulla dubitatione se in brevi habituram speraret, prout apertius & latius in ipsius continetur legenda. Ego autem hæc postea novi, ipsa sancta virgine ad Dei laudem mihi plenius enarrante. Sed pertranseo gratia brevitatis iterum enarrare. Eo tempore erat confessor præfatæ virginis quidam frater Thomas de Senis dictus de Fonte, cum quo ego fueram novitius, cum essem annorum 18. Ipse vero tunc erat annorum 20. & ultra, ut puto. Cum ego essem eidem fratri Thomæ domesticus, cœpit me aliquando secum ducere quando accedebat ad visitandam eamdem morantem perpetuo in quadam cellula parva infra domum paternam, cujus ostium & fenestra semper clausa erant: sed coram imagine Christi, B. Mariæ, & aliorum sanctorum, quæ ibi depictæ erant, incessanter die noctuque lampas ardebat. Erat etiam in eadem cella tabulatum factum de asseribus, super quibus nudis semper vestita dormiebat. Ex tunc ergo & deinceps habui conversationem cum eadem, toto videlicet residuo vitæ ejus, utpote usque ad annum 1380. quo anno die penultima mensis Aprilis obdormivit in Domino. Verum medio tempore propter obedientiam ordinis mei observandam non fui semper cum ea, sed tamen pro majori parte temporis prædicti, scilicet annis 12. fui cum eadem in diversis locis, videlicet, in Senis, in Pisis, in Luca, in Avenione, in Janua, in Florentia ultimo & in Roma, ubi sacrum ejus corpus requiescit, licet caput ejus sit in Senis in sacristia ordinis nostri honorifice decoratum. Incipiendo autem narrare pauca de multis quæ novi, omittam narrare de progenie & parentibus ejus gratia brevitatis. Omittam etiam plura mirabilia circa eam in puellari ætate divinitus operata. Non procedam ejusdem

ejusdem brevitatis causa ad narrandum de mirabili ejus transmutatione in Deum cum jam esset adulta, & in annis discretionis constituta. Quomodo etiam edocta divinitus, ut carnem suam spiritui posset subjicere, statim capillos flavos quos habebat abscidit, omnem vestimentorum vanitatem a se abjecit, lecti mollitiem declinavit, asperum cilicium cum magna industria, insciis suis, procuratum induit, & in annis multis portavit: catenam etiam ferream ad carnem stricte cinctam habuit: disciplinam autem cum aculeis ferreis ter die qualibet annis multis propria manu recepit: in hoc volens imitari S. Dominicum patrem suum; de quo legitur quod idem die qualibet faciebat. Taceo insuper quomodo subito a se omnem esum carnium abdicavit, vinum licet ad vitandum scandalum suorum apparenter biberet, in rei tamen veritate aquam tantum vini colore tinctam bibebat. Satis etiam cito post omnia lacticinia & omnem vini talem apparentiam a se penitus abstulit, solum panem & crudas herbas oleo tantum, aceto, & sale conditas, ac etiam terrae fructus habebat in usum, aquam puram bibendo quotidie. In hac autem tali abstinentia perseveravit quousque postea amplius non valuit, sicut consueverat, manducare, sed tantum masticare, prout in sua legenda narratur & in contestatione R. P. F. Thomae Antonii de Senis, de quibus omnibus; ut dixi, pertranseo gratia brevitatis. Omitto etiam eadem de causa narrare quomodo a principio suae totalis in Deum conversionis seipsam propter Deum vilificaciebat, scilicet scopa domum purgando, scutellas & incisoria lavando, lecti sternia recipiendo, ignem ad coquendum accendendo, & in mensa omnibus serviendo, non obstante quod in domo erat ancilla pro his servitiis omnibus pretio deputata. Et quia parentes ejus haec aegre nimis portantes ipsam de his durius increpabant, cogitavit virgo sacra haec sanctae humilitatis servitia non deserere, & tamen parentum suorum offensam publicam devitare. Igitur in nocte aliis dormientibus, ipsa de praedictis exercitiis quae poterat sollicite adimplebat. Cum vero sibi tempus vacabat, lavabat pannos immundos omnes quos in domo reperiebat. Non prosequar eadem causa narrare quomodo mirabiliter delectabatur in liliis, rosis, floribus, & violis, faciendo de ipsis cruces & manipulos mirabiles, quando videlicet completis disciplinis & orationibus suis tempus sibi vacabat. Quo etiam tempore quandoque admittebat ad consortium suum ejusdem habitus & propositi consocias virgines, cum quibus etiam quandoque cantabat devotissimas cantilenas. Haec & alia quamplura initia sanctae conversationis ejus, ut dixi, pertranseo, ne consequenter promissam narrationem meam in longum nimis extendam.

Vet. Script. & Mon. ampl. Collect. Tom. VI.

56. Testor ergo quod a principio quando coepi accedere ad dictam cellulam suam, cum ipsa esset juvencula, & semper facie laeta, non solum non sentiebam stimulum libidinis, cum & ego essem juvenis; immo quanto amplius conversabar cum ea, & quanto magis eo appropinquabam, tanto magis sopiebatur omnis inordinatus motus & carnis appetitus, cujus contrarium experiebar quotidie conversando cum aliis mulieribus, etiam magis in aetate provectis. In processu etiam temporis vidi quamplures tam laicos quam religiosos ordinum diversorum, qui venientes & conversantes cum eadem soli quandoque cum sola, cum alias essent valde lubrici, experiebantur in semetipsis hoc idem quod de me dixi: unde & pro admiratione & devotione concepta hoc ipsum ceteris praedicabant. Aspectus enim & affatus ejus quamdam puritatis redolentiam potius angelicam quam humanam affluere & influere videbantur. Licet, ut dictum est, semper facie esset laeta, & hilaris, prout de S. Antonio scribit S. Athanasius in ejus legenda, quam ipse composuit.

CAP. III. *Ejus praesentia libidinis motus in aliis compescit.*

57. Licet autem, ut saepius dixi, studeam brevitati, non valeo tamen omnino silentio pertransire, quin de multis mirabilibus & laudabilibus operibus ejus quae novi, quaedam excerpam, illa pauca sed compendio recitando. Et in primis de ipsius ferventi caritate erga infirmos aegritudine corporali detentos. Erat enim tunc temporis mulier quaedam Cecca nomine, a vertice usque ad pedes scabie horribili plena, quae penitus nihil habens, jacebat in quodam pauperculo hospitali, non valens seipsam juvare. Vitam autem suam in tanta miseria constitutam sustentabat de eleemosynis sibi datis. Pro horribilitate autem & foetore suae infirmitatis, nemo valebat eidem appropinquando ministrare. Sed Christi sponsa & ancilla sui sponsi caritate accensa, Christum pauperem in illa venerans, cibum illi suis manibus ministrabat, & ulcera ejus lavans, ac petias (a) ulceram sordibus plenas, lotas & desiccatas die qualibet reportabat, sicque multo tempore, usquequo videlicet illa supervixit eidem quotidie ministravit. Nec a tam sancto & pio opere eam compescere valuit mandatum matris suae pluries repetitum, ut scilicet a tali servitio omnino deberet desistere. Nec adhuc ab eodem ministerio eam retrahere potuit ingratitudo seu perversitas infirmae jam dictae, quae saepe conquerendo & lamentando clamabat, objurgans eam quod de mane nimis in ecclesia resideret, nec ita festine venerat, prout ipsa infirma quandoque optabat. Sed virgo in nullo turbata blande mitigabat iram illius, nihil penitus ex hoc omittendo de sancto ministerio suo. Tentavit autem virginem Dominus, nam

CAP. IV. *Ejus caritas erga infirmos.*

[4]

(a) Petiae hic sunt linteola seu penicilla quibus vulnera obtegebantur.

RRrr

ex contactione & lotione quotidiana ulcerum infirmæ adhæsit ipsius virginis *scabies ipsa horribilis, & de die in diem magis augmentum sumebat: unde magis mater ejus turbata sub interminatione maledictionis suæ eam a præfato servitio prohibebat. Ipsa vero immobilis in sanctæ caritatis proposito constanter perseverans, ab illius obsequio numquam destitit, donec manibus propriis ipsam sepelivit. Nec est autem passa divina clementia sub modio occultari quam suaviter redolebat in conspectu suo tantæ caritatis, patientiæ, humilitatis, ac indefessus fidei ardor. Cum enim horribilis scabies, ut dictum est, jam manus & brachia sanctæ virginis occupasset, factum est, Deo mirabiliter operante, ut cum sancta virgo corpore prædictæ mortuæ in fossa debite collocato inde exiret, ita manus & brachia ejus munda ab omni scabie & scabiei vestigio remanserunt, ac si numquam suis manibus adhæsisset.

* adl. carni.

Calumniis atrocissimis impetitur.

58. Fuit etiam pene per idem tempus, licet post jam dicta, soror quædam de eadem Pœnitentia B. Dominici, nomine Andrea, provectæ ætatis, habitans juxta hospitale præfatum. Hæc spiritu suadente maligno, ipsam Deo sacratam virginem de impudica & suspecta conversatione apud priorissam dicti collegii turpiter & procaciter infamavit: ita ut priorissa quæ simul cum aliis consororibus de ipsa Deo dicata sanctam opinionem habebat, verbis illius commota, ipsam sacram virginem super dictam materiam increparet. Ipsa vero quæ diu ante virginitatem corporis & animæ Deo & B. MARIÆ ac B. Dominico patri suo tota mentis attentione devoverat, pariterque servare toto nisu studuerat, verecundia virginali & columbina simplicitate genuflexa respondit ei dicens: O mater, parcatis mihi, ego tamen in materia de qua loquimini non cognosco me offendisse. Scio enim quod per gratiam Dei vellem potius mori quam offendere Deum meum, & præcipue in materia ante dicta. Priorissa vero visa ejus humilitate & simplicitate ejus, bene ædificata de ipsa, dimisit eam in pace. Sed ipsa tota zelotypa suæ Deo dicatæ castitatis, infra seipsam aliquibus diebus tota stupida examinabat conscientiam suam, & nihil respiciens mirabatur. Non enim tunc temporis credere poterat quod ex industria prava aliqua posset mentiri. Tandem in oratione posita declarata fuit a Domino, hanc tentationem ipsum Dominum ideo sibi evenire voluisse, ut assuesceret patienter tolerare injurias sibi illatas, & ut erga suæ custodiam castitatis quotidie magis ac magis esset intenta. Sed non diu post subsecuta est divina pie sæviens disciplina, quæ & illam emendaret, & virgini ancillæ proficiendi materiam ministraret. In pectore namque illius jam dictæ sororis exortum est horrendum apostema, quo

A confracto, tanta erupit putredo, tantusque exhalabat inde intolerabilis fœtor, quod sorores quæ deputatæ erant ad serviendum eidem, non valentes sustinere fœtorem illum, & timentes si forte valerent graviter infirmari ex illo, derelinquentes illam recedebant. Quid plura? In tantum sanies ulceris illius excrevit, quod suum ipsa ferre non posset fœtorem. At sponsa Christi, hoc percepto, sui sponsi ferventi amore accensa, ad illam accessit, eique diligenter servire cœpit. Non solum autem cibum ac potum eidem manu propria ministrabat quotidie; verum etiam die qualibet ulcus illud horribile B denudans, & manu virginea saniem inde trahens, & in scutella ad hoc parata recipiens, vino lavabat ulcus; petias vero lavans atque desiccans, & ipsa plagam circumligans, ad domum paternam revertebatur. Audit hæc mater, & nimio dolore cordis cruciata super eam terribiliter clamat dicens: Maledicta filia, tu non solum vis ante tempus mori, sed & totam familiam meam tuo fœtore inficere. Virgo vero sancta ad pedes matris se humiliter prosternens, conabatur verbis & gestibus placare eam: ministerium sanctum tamen quotidie exercebat, sed occulte quantum poterat propter matrem. Accidit autem die quadam cum virgo sancta prædictum ulcus purgando magnam copiam saniei in scutella deposuisset, stomachum ipsius ex nausea plus solito conturbari, qua ne mox contra seipsam acriter indignata cœpit se graviter increpare, dicens sibi ipsi: Quæ tu tantæ superbiæ mulier quæ Christum abominari non erubescis in proximo tuo? statimque odio sancto contra seipsam accensa, secedens cum dicta scutella, facto signo crucis, dictam scutellam plenam spurcissima sanie ad os suum applicando cœpit ebibere. Hoc infirma illa advertens, cœpit alta voce clamare dicens: O filia ne feceris, qualiter teipsam vis occidere? Ipsa vero totam putredinem illam ebibit. Quæ epotatio non solum non nocuit sibi, sed ut inde ad tempus retulit ipsa nobis, non occurrebat memoriæ suæ bibisse se umquam potum tantæ suavitatis secundum sensum gustus etiam corporalem. Infirma vero illa, viso hoc, corde compuncta humiliter & cum lacrymis petivit ab ea veniam de his quæ dixerat contra eam. Misit etiam pro priorissa, & retractavit omnia quæ ante dixerat contra illam, narrando ei omnia supradicta. Non diu autem postea supervixit, ancilla Christi a sancto incœpto ministerio numquam cessante; sed usque ad diem mortis illius semper perseveravit.

Calumniæ cem insimul summo studio cedit.

Saniem dis- bit.

59. Extat relatione dignum quoddam aliud huic simile in genere, de quadam alia consorore, nomine Palmerina; sed quia non clare occurrit memoriæ nostræ totus processus rei gestæ, omitto illud narrare. Credo

tamen quod in legenda plenius defcribatur, & confimiliter duo etiam antedicta.

CAP. V.

59. Subfequenter congruum exiftimo, ut enarrarem aliquid vel breviter de fervore caritatis ejus erga pauperes. Circa hanc autem materiam recolo me audiviffe, utrum ab ipfa fancta virgine, quæ ad gloriam Dei, & ut excitaremur ad confidenter agendum ea quæ Dei funt, quandoque narrabat miranda opera Dei erga fe gefta; femper tamen cùm talia enarrabat, dicebat quafi de alia narrans perfona, ut puta: novi quamdam perfonam cui fic evenit. Vel dicebat: Audivi a quadam ferva Dei. Utrum ergo, ut dicere coeperam, audierim ab ea vel a confefore fuo fupradicto, vel ab aliqua de filiabus fuis, non clare nunc occurrit memoriæ meæ. Certum tamen eft apud me, quod eo tempore quo jam coeperam converfari cum virgine, audivi quod narro, videlicet, quod antequam eam noffem, dum ipfa ferventi amore infifteret eleemofynarum largitioni, de licentia tamen patris fui diftribuebat ipfa quotidie pauperibus in magna copia, panem, vinum, oleum, lardonem, & cetera ad victum & indumentum pertinentia. Abundabat enim tunc domus patris fui omnibus his bonis, de quibus femper eligebat pro pauperibus meliora. Contigit autem quod pater ordinavit atque prohibuit, ne aliquis de domo præfumeret haurire vinum cujufdam parvæ vegetis quæ erat in cellario domus fuæ, quia illud tamquam optimum volebat ut ultimo bibendum fervarent. Virgo vero fancta quæ vinum non bibebat, fed puram aquam, cogitavit, hoc audito, tale vinum tamquam optimum debere dari pauperibus. Et quia a patre habebat licentiam generalem dandi amore Dei quæcumque volebat, affumta fiducia de Deo, coepit in flafconibus vinum illud infirmis pauperibus erogare. Cum tempus adveniffet, quo pater decreverat ut biberent præfatum vinum, mifit ancillam domus, ut afferret de vino illo. Illa vero in redeundo nimiam moram faciente, mifit filium fuum uxoratum, ut increparet eam & vinum portaret. Interim illa reverfa dixit, quod pro certo in vegete illa non erat vinum. Filius ergo jam dictus cum patre & aliqui de familia objurgans eam perfonaliter acceffit ut portaret de vino jam dicto. Diu etiam ipfe ftetit, finaliter vero vacuus reverfus eft, affirmans quod veges illa vacua erat. Turbatus pater contra totam familiam, quærens quis tam patens facinus perpetraverit contra mandatum fuum tam expreffum. At virgo fancta audiens turbatum patrem, familiam tumultuantem, confcia facti, ftimulante confcientia, concepta de Deo fiducia, venit mitigatura & fedatura tumultum. Quare turbamini, bone pater? Audita vero caufa, intulit: Non conturbemini, pater mi, ego volo ire & haurire vinum. Ac-

Eleemofynæ ejus.

ceffit ad vegetem, flexifque genibus oravit confidenter ad Deum dicens: *Domine, tu nofti quod confumtum eft vinum hoc præcife in neceffitatibus pauperum, & hoc propter nomen tuum, tu nofti. Non ergo permittas, Domine, ut ex hoc ego fim caufa fcandali patri meo & familiæ ejus.* Statimque oratione completa furgens, facto figno crucis contra vegetem, acceffit ad vegetem, vinumque fluxit ex vegete abundanter. Ipfa vero gratias agens, portavit patri, de miraculo nihil dicens alicui. Verumtamen mirabantur non modicum hi qui prius ad hauriendum vinum acceffrant. Tandem cum pater portaret vinum illud toti familiæ vix per menfem fufficere, cogitabat accelerare vindemiam, fed vino quotidie plene per duos menfes abundanter fluente, dilata eft vindemia ufque ad tempus confuetum. Nec tamen virgo fancta ceffabat de vino illo more folito pauperibus erogare. Adveniente autem tempore vindemiæ, volentes eamdem vegetem vino novo replere, aperuerunt eam ut lavarent, & vinum modicum, quod in ea effe putabant, in aliquo vafe reponerent; fed cum effet aperta, fic ficca eft reperta ac fi per plures menfes antea nullus in ea liquor quomodolibet extitiffet. Mirantur omnes & ftupent, tum quia vinum illud tanto tempore fuffecit familiæ, tum quia cum de fero appareret effe in vegete de vino adhuc pro pluribus diebus copiofe, tamen mane inventa eft totaliter arida, & nullum habens fignum feu veftigium madiditatis. Horum enim caufa erat illis ignota. Pater tamen virginis, qui erat bonæ fidei poffeffor, & tenerrime diligebat eam, exiftimabat quod meritis ejus omnia fibi profpera evenirent, quampluries repetendo confirmabat datam licentiam de eleemofynis erogandis. Virgo vero fancta, certa de Dei bonitate, quam fæpe tam in panis, quam etiam in olei multiplicatione fuerat experta, quotidie confidentius & ferventius fefe in fimilibus exercebat, prout in ejus legenda latius & clarius continetur, tam de ad victum pertinentibus, quam etiam de veftibus & rebus aliis quas quotidie pauperibus erogabat.

Ejus prece vinum in Vegete crefcit.

60. Et quia nunc narratum eft de vino divinitus augmentato, addam confequenter de pane non minus mirabiliter multiplicato. Occurrit enim mihi ad memoriam quod poft hæc quæ immediate funt dicta, forte ad annos duos vel circa. Cum virgo fancta mandaffet dilectæ difcipulæ fuæ Alexiæ, in cujus domo tunc habitabat, quod non permitteret aliquem pauperem petentem eleemofynam difcedere, eleemofyna non recepta: quod illa follicite & devote implebat. Contigit quod farina fimul & frumentum per menfem vel circa ante recollectionem frugum in domo fua deficeret. Tunc neceffitate urgente, dixit fe non poffe perficere mandatum, notificando eidem defi-

Panem multiplicat in gratiam pauperum.

cientiam jam dictam. Ipsa vero interrogavit utrum haberet aliquid de farina; & illa respondente quod sic, sed modicum, ita ut vix fierent panes pro sex diebus. Tunc sancta virgo dixit ei: Vade, fac panes de farinula illa, nec omittas facere eleemosynas consuetas, & secura esto quod sufficient nec deficient, donec habeas frumentum novum. Sic dixit, & sic factum est. Verum cum illa parasset necessaria pro conficiendis panibus, tunc illa ancilla Christi accessit, & dixit ei: Ego volo te juvare ad faciendos panes istos. Ego faciam panes, & tu pones in lecto. Ista ergo faciente panes, & illa in lecto collocante, ex insperato repletus est lectus. Alexia hoc videns, stupore repleta dixit ei: O mater, lectus est plenus, non habeo ubi ponam. Quo dicto, adinstar olei sub Eliseo, statim cessavit multiplicatio panis. Ut autem postea nobis narravit praedicta ejus filia Alexia, alias dupla farina non consueverat sic lectum implere, sicut illa modica tunc replevit. De pane autem illo copiosius dabant pauperibus, & tamen nusquam defecit, donec colonus portavit frumentum novum, juxta verbum ancillae Christi. Pro admiratione autem tam aperti miraculi, conservavimus aliquos de illis panibus per annos plures.

61. Istis duobus de pane & vino narratis addam tertium, videlicet de indumentis. Nam cum die quadam tempore hiemali ipsa virgo summo mane ad ecclesiam properaret solito more, perveniens ad plateam, quae contigua est ecclesiae nostrae de Senis, obvium habuit quemdam pauperem seminudum, qui pauper instanter petebat ab ea, ut aliquam sibi vestem tribueret, qua corpus suum contra frigus contegere valeret. Ipsa vero recordata, quod tunc super se duas haberet tunicas, statim intrans in ecclesiam, in angulo ipsius ecclesiae, ne ab aliquo videretur, exuit tunicam interiorem, quae manicas non habebat, & pauperi dedit. Ille vero accepta tunica, quae, ut dictum est, sine manicis erat, coepit importune manicas petere; at illa cum non haberet, se humiliter excusabat: ille vero importunius quasi objurgando petebat. Ipsa vero eidem compatiens dixit ei: Non turberis, carissime, sed veni mecum, & dabo tibi; sicque domum paternam reversa, abscissis manicis de quadam veste quam invenit, tradidit pauperi. Sed illis acceptis, petiit idem pauper ut camisiam sibi daret. Ipsa iterum intrans domum, inventa una camisia matris suae, dedit ei. Qua accepta, iterum sibi dari petebat pro quodam, ut dicebat, socio suo. Cum autem illa per domum quaerens non inveniret, verecunde se excusavit eidem. Ille vero dixit: Bene video, quod si haberes, libenter dares; statimque discessit. Ipsa vero ad ecclesiam est reversa. Cum autem nocte sequenti devotius oraret, apparuit ei Dominus ostendens ei tunicam quam pauperi dederat, dicens ei: Filia, tu heri induisti me hac tunica, & ego volo te induere alia tunica mea; & extrahens tunicam quamdam de latere suo dextro, induit eam. Non est autem putandum, quod aliqua reali seu materiali tunica induerit eam; hoc enim non fuit verum, cum fuerit visio imaginaria: attamen praefatum indumentum tantae fuit virtutis & efficaciae, quod de cetero toto tempore vitae suae in quacumque asperitate hiemali numquam usa est nisi una simplici tunica, sicut experimentaliter vidi ego simul cum aliis annis multis, nec umquam sensit frigoris molestiam, ut nobis petentibus & admirantibus asserebat. Ab ore enim ipsius latius audivi totum quod nunc sub quadam brevitate narravi. Omitto gratia brevitatis narrare innumera alia mirabilia, quae circa eam & per ipsam erga personas alias operatus est Dominus in praedictis sanctis exercitiis ejus. Sed ad ostendendum aliqualiter fervorem caritatis ejus erga infirmos & pauperes, & etiam quantam quamque indubiam & constantem erga Deum gerebat fiduciam, cujus bonitatis dulcedinem quotidie animo degustabat, tria nunc de proximo narrata sufficiant.

62. Per idem vero fere tempus coepit virgo sancta vigere spiritu prophetiae. Nam post extasim quam in oratione posita patiebatur quotidie pene per duas horas, licet aliquando etiam per horas numero plures, sed etiam per plures dies, ad proprios sensus tandem reversa, saepe reprehendebat socias seu discipulas secum commorantes, si contingebat eas eo tempore vacare otio, vel otiosa locutione occupari: immo cum aliquando vellent negare, vel se excusare, putantes eam latere quod egissent vel dixissent, ipsa durius eas reprehendebat, dicens: Nonne in tali loco talia & talia dicebatis? Ipsa vero videntes se esse de vaniloquio simul & mendacio deprehensas, non tantum semel, sed pluries, de cetero sibi cavebant, sese in orationibus vel alio laudabili exercitio occupantes. Ego vero rusticus & pro tunc ignarus virtutum sanctae virginis, non putabam eam vigere spiritu prophetico, sicut illae existimabant haec mihi narrantes; sed putabam eam vel audivisse, vel quadam solertia deprehendisse quod agebant vel dicebant. Eodem vero tempore cum semel accessissem ad cellulam ejus cum supradicto confessore, post longam collocutionem interrogavit nos quid agebamus secunda & tertia hora noctis. Nos autem volentes eam tentare, diximus interrogantes eam: Quid credis? Et ipsa respondit: Quis melius scit hoc quam vos ipsi? Tunc confessor praedictus subjunxit, me annuente: Mando tibi per obedientiam, dic si tu scis quid egimus illis horis. Ipsa vero hoc facere humiliter recusavit; & se ut prius ex-

CAP. VI.
Spiritu prophetico viget.

cusante, idem confessor iterum per obedientiam hoc idem sibi mandavit. Tunc illa capite humiliter inclinato, dixit: Vos bene scitis quod estis quatuor, & statis in cella subpriotis ad colloquendum per magnum spatium temporis de illo sero. Nos autem interrogavimus illam qui erant illi : & ipsa singulos nominavit. Interrogata vero quid loquebamur? Respondit quod communiter loquebamur de pertinentibus ad salutem animarum nostrarum, licet aliquando immisceremus & alia. Ego obstupui, tamen dubitavi, ne aliquis ex nobis quatuor sibi hoc dixisset. Volens ergo tentare utrum hoc sciret per hominem, an per spiritum prophetiæ, die sequenti accessi ad eam, & colloquens cum ea, dixi: O mater, (sic enim eam vocare solebamus) unde, inquam, hosti quid agamus? Et ipsa: O fili, noveris quod ex quo placuit dulci Salvatori nostro (sic enim tunc temporis eum nominate solebat) dare mihi filios & filias, quos & quas, ipso donante, habeo, nihil me latet ad vos pertinens; sed totum mihi clare ostendit quod agitur circa eos. Tunc ego adjeci: Ergo nosti quid egerim heri sero tali hora noctis? Et respondit mihi : Utique, nam scribebatis, & de tali materia scribebatis. Quod totum sic fuerat. Et adjecit : Fili, ego semper vigilo, & oro pro vobis filiis meis & pro aliis usquequo in conventu vestro pulsatur ad matutinas, & ostendit mihi quid agatis : immo si bonos oculos haberetis, videretis me esse vobiscum, sicut clare ego omnes vos & singulos video, & qui estis, & ubi estis, ac etiam quid agitis. Sæpissime vero dulcis Salvator noster me associat psallentem & incedentem per cellulam istam, & confabulatur mecum instruens me de multis. Quandoque vero cum videt me lassam, sedet hic in statio isto, & ego sedeo de mandato ejus ad pedes ejus, & usque ad prædictam horam confabulamur. Adveniente autem hora dicta, dat mihi licentiam ut dormiam, dicens : Vade, filia, quiesce, donec filii tui, qui jam surgunt ad matutinas, loco tui laudabunt me. Sicque dormio. Post breve spatium dormitionis statim surgo.

CAP. VII. *Insignis peccatoris conversionem a Deo obtinet.*

63. Ut autem de spiritu prophetiæ quo ipsa vigebat, prout jam cœpi, aliqua vel breviter, sicut potero, prosequar : Recordor quod non longe postquam incœpi conversari cum ea, contigit quod quidam nobilis civis de civitate nostra Senensi, nomine Andreas Naddini de Bellantibus graviter infirmatus, nullatenus acquiesceret suadentibus sibi quod vellet confiteri. Uxor vero sua cum esset nobilis & bonæ conscientiæ mulier, valde anxiebatur pro salute animæ viri sui, tum etiam quia timebat vituperium hominum, cum sciret esse notorium virum suum esse mundi voluptatibus occupatum. Quemcumque ergo audiebat esse probum & religiosum virum, pro illis mittebat, ut suaderet viro suo & ad confitendum eum induceret. Plures accesserunt, sed in nullo profuerunt. Ultimo quædam mulier suasit uxori, ut mitteret ad fratrem Thomam confessorem sanctæ virginis jam dictum, ut ipse exposita eidem virgini mala dispositione infirmi, imponeret sibi, ut rogaret Deum pro eo. Quod & factum est. Illa ergo mandato accepto de sero, noctem illam duxit insomnem. Orante autem illa, ecce circa diluculum infirmus ille clamare cœpit dicens : Cito mittite pro sacerdote, quia volo confiteri. Quo sic clamante, uxor ejus expergefacta dixit ei : Quid placet tibi? Ille vero iterans eumdem sermonem adjecit : Nonne videtis in illo angulo Christum, qui mandat mihi, ut statim habeam confiteri; juxta vero Christum est quædam mantellata, nomine Catharina? Statim ergo adveniente sacerdote, devote confessus est, & testamento condito, & omnibus reverenter susceptis ecclesiæ sacramentis, ex hac luce migravit. Eodem mane, completis missarum solemniis, confessor præfatus accessit ad cellulam virginis, & ego cum eo, interrogatque an fecerit obedientiam ab ipso de sero sibi injunctam? Qua respondente, quod sic : iterum eam interrogavit an crederet quod infirmus ille mutaretur in melius? Illa respondit se per misericordiam Dei esse certam quod sic. Et adjecit : O pater, quam vere immensa est bonitas & clementia Salvatoris! Cum enim ex præcepto obedientiæ mihi per vos injuncta ista nocte pro illo orarem ad Dominum, semper usque ad matutinum dabat mihi negativam, dicens : Quomodo vis ut parcam isti, qui numquam fuit memor mei, nec salutis animæ suæ? Iste numquam confitebatur, missas non audiebat, ecclesiam causa orandi non intrabat, numquam jejunabat, eleemosynas nullas faciebat, vacabat semper commessationibus & ludo alearum, sæpe etiam turpiter nomen meum blasphemabat : quomodo ergo parcam ei, qui de tot & aliis malis multis numquam a me veniam petivit? Cumque quod non pro justis, sed pro peccatoribus mori voluit instarem; & quod latro in cruce veniam petivit & impetravit, postquam ipse ex sua misericordia & pietate hoc ut faceret eidem inspiravit. Respondit : Fateor, latro ille multa mala fecit, & in illis quasi usque in finem perseveravit, sicut iste; sed ille non me crucifixerat, immo pro suis sceleribus cruci affixus fuit. Iste vero de tot suis ullam numquam pœnitentiam egit, & ultra hoc, quantum in eo fuit, iterum me crucifixit. Nam cum semel ludo alearum magnam summam pecuniæ perdidisset, furore repletus, me blasphemare turpissime cœpit, nec de tam nefaria blasphemia multoties iterata contentus, intravit quamdam ecclesiam, ubi in-

» venta in quadam parva tabella imagine Cru-
» cifixi, gladio pluribus ictibus perforavit; nec
» sic adhuc contentus, in latrinam projecit
» eamdem. Ego autem concepta fiducia ex
obedientia, quam ab ipso mihi impositam
» reputabam, dixi: Oro, Domine Deus meus,
» fac hanc misericordiam cum isto peccatore
» indigno: nemo enim est tua misericordia
» dignus, nisi quem tu ipse feceris dignum.
» Qui Saulum contra te tanto odio persequen-
» tem ad te tam mirabiliter attraxisti. Exaudi,
» Domine, & perfice opus misericordiæ tuæ
» per te inchoatum. Tu enim per ministrum
» tuum mihi imperasti, ut hoc peterem. Da
» ergo gloriam nomini tuo. Circa ergo dilu-
» culum Dominus dixit mihi: Ecce exaudivi
» preces tuas. Tunc ergo ostendit mihi Dominus corporalem effigiem infirmi illius, &
quem ante non noveram, nunc statim re-
cognoscerem si viderem. Me etiam præsente
mandavit infirmo, ut statim confiteri deberet. His sic ab ea auditis, admirantes recessimus, & rei gestæ investigata veritate, invenimus visionem cum re gesta plenarie ac-
cordare, prout superius est narratum.

Interiores auctoris pœnas absens agnoscit.

64. Circa idem tempus cum ex obedientia ordinis mei moram traherem in Florentia, ipsa sancta virgine tunc commorante in
Senis, die quadam me loquente cum quodam fratre provectæ ætatis & bonæ litteraturæ, quem etiam reputabam bonæ conscientiæ virum, & erat frater ordinis mei, inter
cetera ei confabulando, dixi quod ex præcepto prælati mei susceperam ordinem sacerdotalem ante ætatem xxv. annorum. Quo
ipse audito, fecit mihi magnam conscientiam & gravem, dicendo quod mortaliter
peccabam celebrando, cum dicto jure essem
suspensus. Ego tunc juris ignarus, statim fidem adhibui verbis ejus, & decrevi a celebratione cessare. Cum per aliquos menses
abstinuissem, prior conventus voluit causam
hujus scire. Cui, ut debebam, exposui. Qua
audita, conabatur tam ipse quam alii probi
fratres suadere mihi, ut conscientiam istam
tamquam erroneam omnino deponerem.
Sed ego sic menti impresseram quod deponere non valebam. Quare cum diu non ac-
quiescerem persuasionibus fraternalibus eorumdem, cœperunt contra me indignari,
& me phantasticum appellare. Aliquamdiu
ergo amarissimam vitam duxi. Hi enim qui
prius compatiebantur mihi, postea subsannabant: qua de re habitabam solus, ne de-
risioni paterem, & sæpe ex nimia mentis
angustia flebam. Una ergo dierum de mane
cum hac de causa amarissime & diu flerem,
& magnis vocibus ejularem, conqueri cœpi
intra meipsum quod non eram in Senis. Spe-
rabam enim si ibi essem, quod virgo consolaretur me. Similis pro tunc eram regulo,
qui fidem quidem habebat in Domino, sed
plus confidebat de ipsius præsentia corpo-

rali, quam de virtute divina & spirituali.
Invocabam ergo eam, amaritudine quidem
plenus, sed fide non plena flevi diu & ejulavi. Tandem quidam venerabilis pater magister Raynaldus, frater dicti conventus, motus caritate me vocavit, & duxit me ad episcopum civitatis, cujus erat ipse confessor.
Exposito autem casu meo coram eo, ipse
episcopus qui erat jurisperitus, dixit mihi:
Fili, malum est agere contra decretales; tamen in tali casu possum dispensare tecum,
quia ex ignorantia juris, & non in contemtum clavium hoc fecisti. Sic ego facio, &
tecum dispenso. Statimque, sicut de beato
Augustino legitur, a mente mea omnes dubietatis tenebræ diffugerunt. Sicque reversus sum ad conventum totaliter mente &
conscientia serenatus. Illo autem mane quo,
ut dictum est, tam amare flevi & ejulavi, ac
ipsam virginem totaliter invocavi, ipsa absens, ut dictum est, corpore, sed præsens
spiritu in ecclesia nostra de Senis ante altare
B. Petri martyris astans, tam gravem & vehementem cordis mei afflictionem sentiens,
& mihi ex intimis cordis compatiens, absorpta a sensibus, ut ei mos erat cum vehementer orabat, toto in Deum rapta spiritu
ferventissime pro mea liberatione Dominum
exorabat. Tanto autem impetu mens ejus
pro tunc ferebatur in Deum, me eidem offerendo, ut corpus ejus quod in altaris scabello prostratum jacebat, licet pro tunc nullis exterioribus uteretur sensibus, impetu tamen spiritus mirabiliter sursum se erigens
totum, & brachiis astringens scabellum, ipsum violenter sursum traxit, de quo non parva admiratio in mentibus circumstantium
est generata, tum propter inconsuetudinem
actus, tum propter magnitudinem scabelli,
quod tantæ erat gravitatis, ut quicumque
juvenis bene fortis cum difficultate sic elevasset. Postea vero reversa domum, secreto
eam interrogabant domesticæ ejus sociæ, cupientes scire quid sibi voluisset talis & tam
inusitatus actus. Ipsa vero respondit: quia
filius meus frater Bartholomæus in Florentia
ab adversario nimis crudeliter vexabatur.
Ipsæ vero notantes diem & horam, ex mandato ejus scripserunt mihi, ut venirem ad
eam, quod & feci. Inventa autem veritate
& concordantia prædictorum, omnes Deo
gratias egimus.

65. Simile quoddam accidit fratri Thomæ
confessori suo supradicto. Cum enim in itinere constitutus captus esset a latronibus, &
ab eis festinanter cum socio ductus ad interiora silvæ, quæ remota est a civitate Senarum fere per xxx. milliaria, & ab eis dubitaret occidi, ex toto corde virginem invocavit, & modico intervallo facto absque no-
cumento liberi sunt dimissi. Reversus vero
Senas invenit, quod illa hora qua invocaverat eam, ipsa suis dixerat filiabus in Christo,

Ecce pater meus frater Thomas vocat me, & statim ad orationem cucurrit. Totum autem hoc ipse mihi & aliis pluribus enarravit. Ad idem manifeste pertinet quod in legenda narratur de nobili milite domino *Cinque* de Sarracenis de Senis. Cum enim suadente eadem sancta virgine fuisset sacramentaliter confessus omnia peccata de quibus valuit recordari, veniens postea ad eam cum gaudio, nuntiavit se juxta ejus monita fuisse confessum: A quo cum virgo sancta peteret utrum plene omnia sua peccata fuisset confessus: ipso respondente quod sic: Ipsa adjecit: « Numquid fuisti confessus tale peccatum, quod » in tali loco perpetrasti? Ipse vero respondit quod non, quia non fuerat recordatus. Et valde admirans unde ipsa hoc sciret, reversus ad confessorem iterum confessus, totum quod supradictum est enarravit.

66. Tempore etiam quo ipsa erat in Avenione, missa illuc a Florentinis, ad sanctissimum papam Gregorium IX. ut induceret eum ad faciendum pacem cum eis, ipse Gregorius qui sanctam opinionem habebat de ea, cum jam parari fecisset multas galeas, ut cum tota curia sua iret Romam, & pene omnes cardinales & curiales, ac etiam rex Franciæ contradicerent ei, interrogavit eam utrum videretur sibi bonum quod prosequeretur iter quod jam sic agere disposuerat, presertim cum tot & tales haberet contradictores. Ipsa vero se humiliter excusante ac dicente, quod non decebat unam mulierculam dare consilium summo pontifici: ipse respondit: Non peto ut consulas, sed mihi circa hoc mandes voluntatem Dei. Ipsa vero se humiliter excusante, mandavit eidem per obedientiam, ut sibi manifestaret, si quid nosset circa materiam istam de voluntate Dei. Tunc ipsa capite humiliter inclinato dixit: » Quis melius novit hoc quam sanctitas vestra, » quæ Deo vovisti vos hoc facturum? Ipse hoc audito nimis stupefactus, quia, ut dixit, nemo vivens corpore præter se hoc sciebat, ex tunc deliberavit iter arripere, quod & fecit.

67. Modico post tempore, cum de Avenione cum eadem reverteremur ad Italiam, & in vigilia B. Francisci essemus in quodam castro quod dicitur Voragine, prope civitatem Januensem, hora vespertina, ipsa vocato fratre Raymundo confessore suo supradicto, dixit esse sibi tunc a Domino revelatum, quod tali die revolutis annis ipse manibus propriis erat translaturus corpus ejusdem sanctæ virginis de uno sepulcro ad aliud. Et hoc tunc ipse mihi retulit: quod & rei postmodum probavit effectus. Implerem quaternos, si omnia quæ de hac materia meæ occurrunt memoriæ, vellem calamo commendare; sed sufficere existimo jam dicta, addendo illud quod incidenter recitavi in prologo, videlicet eidem revelatum fuisse a Domino de futura conversione infidelium & innovatione sive reformatione fidelium. Facit etiam ad hoc idem quod superius de multiplicatione panis narravi, videlicet quod ipsa dixit Alexiæ: Vade, facias panes de illa modica farina quam habes, nec omittas facere eleemosynas consuetas, & secura esto, quia non deficient donec habeas frumentum novum: in hoc imitata Eliam prophetam, qui idem dixit & fecit mulieri viduæ de Sarepta Sidoniorum. Innumera occurrunt talia, & scribendi non esset finis. Nam & mihi & aliis pluries manifestavit secreta cordis nostri, quando hæc quandoque materia exigebat ad laudem Dei, vel ad utilitatem animæ. Paucis etiam diebus ante obitum suum, cum esset Romæ graviter infirmata, & ego essem ibi, misit me Bononiam, dicens: Fili, tu scis quia de proximo instat electio de magistro generali ordinis tui; pro dicto officio eligetur Fr. Raymundus pater meus. Volo vadas illuc, ut sis cum eo; sicque dixit, sive prædixit, & ita factum.

68. Quia vero superius circa principium hujus capituli de spiritu prophetiæ mentio facta fuit, quod dignabatur Dominus quandoque visitare & cum eadem confabulari ac etiam eam docere de multis, congruum existimo de ejus doctrina non omnino sub silentio pertransire. Omittens ergo causa brevitatis prolixe & extense narrare de quibus & qualiter eam Dominus instruebat, cum sic confabulari dignabatur cum ea, procurabo, prout Dominus adjuvabit, pauca quædam quæ de multis occurrunt sub brevitate perstringere. Instruebat namque eam, docendo & declarando eidem quomodo amor proprius est radix omnium malorum; odium vero sui est fundamentum omnium bonorum. Et vocabat ipsa hoc odium sanctum. Item, docebat eam quod numquam exiret de cella propriæ cognitionis, id est cognitionis sui ipsius; sed omni tempore ubicumque esset, numquam exiret de dicta cellula. Item, quod attente consideraret quod in omni tempore & in omni loco oculi Domini aperti erant super eam, amplius respicientes cor quam operationem exteriorem. Item, quod non judicaret dicta seu opera cujuscumque, sed in omnibus attenderet voluntatem Dei, qui tam bonus est, qui etiam mala bene ordinat, nec sineret mala fieri, nisi ex illis majus bonum eliceret. Attenderet etiam quod nulla creatura potest quodcumque nocumentum alicui inferre, nisi desuper data esset ei potestas. Item, quod legendo vel orando non curaret multum legere vel orare, sed ruminaret verba singula, & cum aliquod verbum inveniret quod mentem similiter delectaret, in illo tamdiu sisteret, quamdiu mens delectabiliter pasceretur. Et ex hoc ipsa devenit ad orandum mentaliter, taliter quod non poterat dicere unum *Pater noster* vocaliter, quin statim mentaliter ra-

peretur. Et ex hac consuetudine cœpit mens ejus in oratione sic rapi, quod taliter extrahebatur a sensibus corporis, ita ut insensibilis omnino remaneret. In processu autem temporis, cum per talem extasim raperetur, taliter obrigescebant membra ejus, quod potius potuissent frangi, quam flecti. Qua de causa infinitas, quasi injurias passa est a diversis personis, putantibus quod non vere, sed ficte sic a sensibus esset abstracta: unde multis etiam & gravibus experimentis probata fuit, & repertum est quod non ficte, sed veraciter a sensibus tali tempore alienata erat. Inter ceteras experientias habitas de ea in hac materia, illa fuit gravior & apertior, quam pertulit a comitissa Valentinensium, quæ, soror erat carnalis papæ GREGORII XI. de qua experientia diffuse tractat Stephanus de Senis, ordinis Cartusiensis, in attestationibus suis; ideo pertranseo, licet videre meo illa perforatio pedum & tibiarum fuit gravior, quam ipse narrat. Fui etiam tunc præsens ibidem sicut & ipse; & recolo quod per plures dies non poterat sanari de illis perforationibus. Verum ipsa non solum patienter, sed gaudenter tolerabat, & nullum adhibebat remedium puncturis illis.

CAP. IX. 69. Præfata autem profunda & utilia documenta docebat eam Dominus per seipsum, dum sic domestice de nocte conversari dignabatur cum ea, quæ ipsa postea ad utilitatem nostram referebat nobis, consortando nos & animando ad perficiendum ea. Plura alia quotidie successive nobis referebat documenta a Domino sibi data, pulchra & utilia valde, quæ ex ignavia mea nec scripturæ nec memoriæ commendavi. In legenda autem sua, si bene recolo, fit mentio de quibusdam talibus documentis a Domino sibi datis. Verum cum nobis prædicta & alia quæ sibi in oratione positæ ostensa narrabat, sæpe ingemiscendo dicebat: Melius esset tacere, quam talia sic enarrare. Non enim valet lingua carnis decenter exprimere, quæ spiritus sive mens a Domino illustrata valet apprehendere. Et addebat quod videbatur sibi quasi margaritas luto inficere, cum conabatur ea quæ viderat vel audierat nobis lingua carnea enarrare. Ego vero coram Deo loquens fateor, quod narratio mea de talibus ab ipsa nobis dictis, in comparatione narrationis ejusdem recte, sic est etiam mihi ipsi insipida, quemadmodum optimum ferculum sine sale. In oratione etiam sua tanto fervoris impetu ferebatur mens ejus, ut ex violentia spiritus ad superna tendentis corpus ejus totaliter elevaretur a terra, & aliquando suspensum staret in aëre, ut a pluribus fide dignis de familia ejus pluries audisse me recolo, qui testabantur se propriis oculis hoc vidisse. Fateor me numquam hoc sic aperte & manifeste videre meruisse, sicut illi de se narrabant: quibus tamen & tunc fidem ad-

In oratione a terra cernitur elevata.

hibui, & nunc adhibeo: quia etsi non vidi eam totaliter elevatam, vidi tamen eam aliquando in oratione sua sic a terra elevati, quod sola summitate grossioris digiti unius pedis tangebat terram: quod nulla arte vel humana industria fieri posse arbitror, præcipue longo spatio temporis, prout aliquando in ea propriis oculis ego vidi.

70. Expedita doctrina divinitus acquisita, CAP. X. secuta est mirabilis facundia in loquendo de *De ejus facundia.* pertinentibus ad honorem Dei & salutem animarum: ita ut mirarentur tam docti quam idiotæ dicentes: Unde isti tanta doctrina cum non didicerit? Aliqui autem æmuli putabant quod nos fratres doceremus eam, cum tamen, ut jam dixi, esset e contrario. Sed in processu temporis per quotidianam experientiam totus pene mundus, ut sic liceat loqui, cognovit doctrinam ejus esse eidem infusam divinitus, tam in colloquendo, quam etiam in dictando epistolas quammultas profundas pariter & devotas, & in componendo librum quem cum dictabat, semper abstracta erat a sensibus. Vidi pluries eam eodem tempore dictantem duobus scriptoribus de diversis materiis: aliquando tribus scriptoribus simul, & nullam faciebat penitus moram in meditando quid deberet dictando dicere, quemadmodum ceteri dictantes communiter facere consueverunt; sed videbatur quod in mente & lingua ejus tam influxus continuus esset sententiarum, quam etiam verborum. Et vere sic erat, ut recte cum Apostolo dicere posset: *An experimentum ejus quæritis, qui in me loquitur Christus.* Tantam autem Deus in labiis ejus diffuderat gratiam, quod in processu temporis, postquam, ut in legenda habetur, de mandato Domini cœpit cum omnibus generaliter conversari. Vidi ego quamplures doctos & valentes viros, quosdam quidem prælatos magnos, aliquos vero religiosos, & alios doctores laïcos diversis temporibus & in diversis locis venientes ad eam, non ex devotione, sed potius causa subsannandi & confundendi eam, qui tamen postea in collocutione habita cum eadem, taliter immutabantur, quod mutabant de cetero vitam suam in melius, vel saltem bene ædificati de ea virtutes ejus postmodum prædicabant. Omitto gratia brevitatis mirabiles mutationes quorumdam religiosorum ordinum diversorum, qui prius toto nisu conabantur, nedum in privatis locutionibus, verum etiam in publicis ad populum prædicationibus detrahere famæ ejus; qui tamen postea ex collationibus habitis cum eadem, taliter sunt opinionibus & moribus immutati, quod veritate urgente, coacti sunt eam in publicis prædicationibus ultro necnon mirabiliter commendare. Nec cessare volebant a commendatione virtutum ejus, quas in seipsis fuerant experti, non obstante quod ex hoc a confratribus

confratribus suis quotidianas & graves molestias paterentur. Novi ego ipsis mihi narrantibus hæc, quod quandoque consueverant me deridere etiam in publico, ex eo quod noverant me habere conversationem publicam cum eadem, qui tamen opinione & vita ita mutati frequentabant sæpius cellulam meam: quorum quidam etiam in moribus & doctrina taliter profecerunt, ut multas animas lucrifacerent Christo. Mirabilem etiam gratiam contulerat Deus virgini in exhortando, ita ut velut seraphim incendens quos verbo instruendo tangebat, mox ad Dei timorem & amorem mirabiliter commovebat: immo, quod dictu mirabile est, attamen verum est, quanto erant doctiores hi cum quibus loquebatur, tanto ut communiter in admirationem & devotionem magis & citius movebantur. Tanta autem in exhortando, divina gratia influente, aderat ei facundia, ut catervatim confluerent tam viri quam etiam mulieres ad audiendum verbum ex ore ejus. Tantus etiam sequebatur animarum fructus, ut sanctissimus GREGORIUS XI. de hoc informatus, & per seipsum aliqualiter expertus, concessit ei bullam qua posset tres eligere confessores qui essent cum ea, & qui auctoritate ipsius summi pontificis possent ubique absolvere omnes ad se per eamdem destinatos, cum potestate quam habent episcopi singuli in diocesibus suis. Concessit etiam bullam eidem, qua posset facere celebrare coram se ubique, etiam ante diem, & quod tam ipsa, quam omnes utriusque sexus de familia ejus, in capella ipsius possent recipere sacramentum Eucharistiæ quandocumque ei placeret. Concessit etiam ei plura alia de quibus late patet in attestationibus fratris Thomæ Antonii de Senis; ideo illa narrare & explicare omitto.

CAP. XI. 81. Item testor, ut supra, quod toto supradicto tempore quo conversatus sum cum eadem, non audeo dicere quod audierim proferri ex ore ejus verbum otiosum, nisi prout inferius enarrabo, cum tamen conversatus cum ipsa fuerim annis multis tam in terra quam in mari in supradictis locis. Hoc autem apud me non est parum notabile, cum dicat apostolus Jacobus, quod qui in verbo non offendit, perfectus est vir. Verum recolo quod quasi in principio conversationis meæ cum ea, cum in festo conversionis S. Pauli apostoli dulcedine contemplationis illius raptus, absorpta ipsa per tres dies staret abstracta & alienata a sensibus, die tertia quidam frater Donatus de Florentia, qui tunc gratus prædicator erat in conventu Senensi nostri ordinis, volens visitare quemdam devotum religiosum ordinis Eremitarum, qui vocabatur frater Guillelmus Anglicus, & habitabat juxta civitatem prædictam, in quadam silva distante ab ipsa civitate per milliaria

tria: accessit frater Donatus præfatus ad Christi ancillam Catharinam stantem, ut dictum est, in extasi, & dixit ei: Ego vado ad visitandum talem Deo devotum, & tibi bene notum, vis tu venire nobiscum? Ipsa quia multum afficiebatur ad illum sanctum eremitam, statim respondit, quod sic, licet pro tunc non intenderet ire. Illo ergo discedente, conscientia cœpit eam torquere de mendacio dicto: propter quod tribus diebus continuis amare flevit, ac si commisisset aliquod grave crimen. Nec quibuscumque persuasionibus temperare valuimus ejus fletum: immo cum diceremus sibi illud mendacium fuisse jocosum & leve, tunc ipsa amarius flebat, nec a fletu cessavit, donec die tertia Christus ei dixit: Filia, ne amplius plores peccatum tuum. Ego enim permisi te cadere in illud, ut stimulante te conscientia redires ad sensus tuos corporeos, quos in tua extasi posita, quasi reliquisse gaudebas. Volo ergo redeas ad sensus tuos, ut cognoscas qualis ex te es, & non intumescas, cum ex benignitate mea te traho ad pergustandum vel modicum de spiritualibus meis deliciis, ut sic confortetur infirmitas & fragilitas tua. Et sic ab illo fletu cessavit.

82. Recordor etiam quod quasi ad idem, licet longe prius id quod dictum est evenerit, quod in vigilia B. Dominici patris nostri, cum pulsatum esset primum signum pro vesperis decantandis, ipsa more suo consueto statim ad ecclesiam venit. Ego vero cum essem ibi, vocavi eam, & posui me ad sedendum. Ipsa vero genuflexa stetit juxta me. Cum ergo sederem, videns eam totam lætam & jucundam, sicut semper erat, & præcipue in sanctorum solemnitatibus, interrogavi eam dicens: Pro certo debemus habere bona nova, ex quo te video sic lætam & ridentem. Tunc ipsa dixit mihi multa & miranda de B. Dominico, quæ enarrare nimium foret longum. Ait autem, ut breviter dicam, ô pater, nonne videtis B. Dominicum patrem nostrum? Quam gloriosus est in conspectu Dei! Et adjunxit: Ipse est valde similis Salvatori. Habet enim faciem oblongam, maturum conspectum pariter & jucundum, capillos flavos tam in capite quam in barba. Et subjunxit, quod Christus dicebat sibi: Filia, iste pater tuus, sicut vides eum mihi esse similem in corpore, sic fuit mihi simillimus in affectu & in moribus. Nam sicut ego totus ardebam pro salute animarum, sic ipse totus fervebat anhelans pro viribus verbo & scripto animas trahere ad amorem mei. Ista etiam de causa, me eidem inspirante, instituit ordinem suum Prædicatorum, ut quia videbat se non posse ubique & semper animarum salutem, sicut optabat, procurare, per filios suppleret, quod per se minus fieri posse videbat. Et ideo non mireris, filia, si sic honorifico eum ut vides,

Quam tenera S. Catharinæ conscientia.

"Si ergo vis esse legitima filia sua & mea, exerce te ipsum in zelo honoris mei & salutis animarum. Addebat etiam mihi quod B. Dominicus ostendebat sibi magnam multitudinem fratrum Prædicatorum secum beatificatorum, exponendo eidem merita & nomina eorumdem; quæ causa brevitatis narrare omitto: specificatis tamen & distincte declaratis gloria & meritis beatorum Petri martyris & Thomæ de Aquino, de tota multitudine reliqua fratrum beatorum qui circa B. Dominicum consistebant. Præ ceteris autem videbat unum peculiari gloria refulgentem, quem dicebat vocari fr. Reginaldum, & a me petebat quando fuerat iste; sed pro tunc non occurrit mihi, nisi de socio & confessore S. Thomæ præfati, qui sic vocatus est. Ipsa autem non assensit dicto meo. Quare ego recogitans, postea credidi & firmiter credo, quod fuit ille frater Reginaldus, quem B. Dominicus recepit ad ordinem statim post ordinis confirmationem, dum esset Romæ; de quo multa & miranda narrantur in legenda S. Dominici. Ipsa ergo narrante prædicta & plura alia cum indicibili quodam gaudio, contigit germanum ejus transire per ecclesiam prope eam. Unde cum ipsa ad spuendum faciem suam a me parumper divertisset, vidit germanum transeuntem & agnovit eum; statimque ad me conversa cœpit amare flere. Ego vero stupens de tanta & tam subita mutatione, interrogabam eam de causa tanti fletus; sed propter abundantiam lacrymarum atque singultuum nullatenus mihi valuit respondere, usque quasi ad horam completorii, largiter pene per tres horas. Tandem hora prædicta accessi ad eam adhuc in ecclesia existentem, & interrogavi de causa tanti fletus. Quæ mihi respondit: " O pater, nonne perpenditis quantum ego " misera erravi, & Creatorem meum offendi? " Dum enim sua benignitate mihi miseræ os- " tendere dignaretur tam festive gloriam tanti " patris, ego sicut misera & miserabilis diverti " oculum & vidi germanum meum transeun- " tem per ecclesiam. Et cum ego excusarem dicendo quod vix adverterat faciem spuendo, & statim conversa fuerat; & verum dicebam, quia sic fuerat. Ipsa respondit mihi: " O pater, si vidissetis magistrum mihi a Do- " mino traditum, videlicet apostolum Paulum, " cum quanta severitate & vultus curvitate " me reprehendit, non sic parvipenderetis de- " fectum meum. Addidit autem quod post præ- " dictum fletum, B. Apostolus consolatus est " eam dicens: Ecce, filia, acceptavit Deus " fletum tuum; & vidit lacrymas tuas, de ce- " tero eris cautior. Hoc pro tanto narravi, ut ex his parvis pateat consideranti qualiter se custodiebat in gravibus, quæ sic se affligebat in levibus. Juxta id Gregorius dicit: Quomodo bonarum mentium est ibi agnoscere culpam, ubi culpa non est. Cum autem con-

tingebat nos filios suos in Christo, aut etiam filias, verba non dico perniciosa, sed otiosa coram ea narrare; statim immiscebat locutionem de Deo, & interrumpebat nostram. Si autem vidisset nos procaces ad loquendum de levibus, mirabili dulcedine verborum nos abstrahebat ab illis vanis, & ad spiritualia attrahebat. Detractiones vero nullatenus poterat sustinere. Quæ si coram ea incidissent, austera voce & torvo vultu & statim præscindebat quadam urbana correctione, nos sacerdotes admonens & dicens: Num- " quid hæc est doctrina, quam didicistis in li- " bris sanctis, & quam populo Dei quotidie " prædicatis? Quod videlicet linguas suas re- " laxent ad detrahendum proximis suis? infe- " riores vero verbis asperis compescebat. "

83. Augebatur quotidie in sponsa Christi desiderium, ut conjuncta esset realiter sponso suo, dissolvi enim cupiebat, ut esse inciperet cum eodem. Hoc autem in suis quotidianis orationibus avidissime exposcebat, quia didicerat pondus carnis cum mœrore portare. Et quia ille diligentes se diligit, non est passus eam a suo tam ferventi desiderio omnino fraudari. Cœpit ergo ex vehementi amore languere. Tandem quadam die Dominica, si memoria me non fallit, circa horam tertiarum, dum ego actu prædicarem in conventu nostro Senensi, ipsa migravit e corpore, & incœpit esse cum Christo. Insonuit rumor iste quod moritur, statimque currebant fratres plures & mulieres quamplurimæ. Impletur cellula illa sancta, & spatium totum per quod ad illam erat iter multitudine concurrentium. Peracta prædicatione, hoc ego audiens, illuc cucurri & ego, sed cum difficultate non parva cellulam intravi. Asserebant autem qui a principio ibi affuerant, eam flendo spiritum exhalasse jam per plures horas ante adventum meum. Sed ecce dum diu sic stamus dolentes, incipiunt in corde prius mortuæ exiles quidam motus apparere. Sicque paulatim post longum intervallum temporis ad usitatum usum sensuum est reducta. Nos autem lætitia repleti loqui conabamur cum ea. Ipsa vero mœrore confecta singultus & lacrymas abundantissime emittebat, dicendo sæpe, O infelix anima mea! quo verbo etiam post longo tempore utebatur quandoque. Quia ergo tam brevi temporis spatio mortuum corpus stetit, dubitatum fuit communiter utrum fuisset mortua, an syncopen passa. Per triduum ergo aut biduum non valuimus ab ea habere responsum propter lacrymarum & singultuum indeficientem copiam. Tandem mitigato fletu, secreto interrogavimus eam, quid sibi volebat hoc inusitatum antea verbum, & tamen ab ipsa illo triduo toties repetitum, videlicet, O infelix anima! Ipsa vero cum magno suspirio respondit: O quomodo non " infelix est anima mea, quæ deputata erat "

CAP. XII.
Ex amoris violentia moritur, & resuscitatur.

»cum angelis videre faciem sui Creatoris, &
»nunc iterum dimissa est in hujus tenebras
»carnis? Nobis autem quærentibus utrum anima sua vidisset faciem sui Creatoris? Respondit, Quod per gratiam Dei illo parvo temporis spatio viderat. Me autem petente utrum parvo illo tempore anima ejus vere fuisset a corpore separata, dixit se credere quod sic. Et cum dicerem quomodo tu scire hoc potes, cum B. Apostolus de se loquens dicat, se nescire utrum esset in corpore an non, quando Deum vidit? Respondit illa, quod hoc credebat ex eo quod tunc ex violentia spiritus cor ejus crepuerat, & sic vere fuisse mortuam existimabat. Ego autem iterum affirmabam, quod ex quo Apostolus hoc de se ignoraverat, ipsa de se scire non poterat. Ipsa vero acquiescente rationi, confessor per obedientiam ei mandavit, ut in oratione de hoc peteret declarari: quod & fecit. Responsumque habuit quod vere anima ejus separata fuit a corpore; & adjunxit, »quod Dominus dixerat sibi: Considera & »adverte dulcissima filia, quod sicut ego te »mortuam de novo reduxi ad vitam; sic tu »decenter alium modum vivendi & conver»sandi tenebis. Circuibis enim & transibis de »loco ad locum, de civitate ad civitatem, »prout & quando dicam tibi. Eritque de ce»tero conversatio tua communis cum omni»bus utriusque sexus, & publica atque patens. »Mittam enim alios ad te, quandoque vero »te mittam ad eos, prout mihi placebit. Tu »autem semper esto parata, ut meæ obedias »voluntati. Dixit & opere complevit. Nam ex tunc cœperunt homines & mulieres magis solito frequentare eam, & ad ipsam venire etiam a remotis: indeque actum est, ut volante hujusmodi fama sanctitatis & doctrinæ ejus, rogata a diversis personis pro honore Dei & salute animarum, ad diversa accederet loca, juxta mandatum sibi a Domino datum. Sicque toto tempore quo supervixit, exemplo Abrahæ patriarchæ, non solum egressa est de domo paterna, sed etiam de civitate & patria propria, & successive peregrinata est in diversis civitatibus & locis, de quibus superius quasi in principio memoriam feci. Et in tali peregrinatione perseverando, juxta Dei sui directionem & voluntatem, tandem anno 1380. vita & peregrinatione finita, aggregari propius meruit societati civium beatorum. Narrata autem in hoc capitulo de morte & resuscitatione virginis, ac de clara visione Dei ejusdem, licet videantur & sint mirabilia, non tamen sunt incredibilia. Nam simile habetur de B. Oddone, ut patet in legendis fr. Petri de Clugia, immediate post legendam S. Ceciliæ; & de multis qui prius mortui postmodum revixerunt, & postmodum finaliter transierunt. Habetur in epistola Cyrilli ad B. Augustinum, & in diversis aliis locis; nec hujusmodi miranda fidei catholicæ in aliquo derogant, sed potius ipsam approbant & confirmant.

84. Considerans ergo virgo sancta, quod de voluntate & beneplacito sui sponsi necessario oportebat eam adhuc in carne corruptibili permanere, cœpit a sponso suo ardentissimo & continuato desiderio incessanter expetere, ut ex quo eidem sic placebat, saltem pro refrigerio quodam animi sui dignaretur eam sibi in pœnis corporalibus conformare, ut scilicet pœnas quas ipse pendens in cruce pertulit in carne, has in suo corpore sentire ex munere mereretur, ut saltem vel sic conjuncta esset eidem. Exaudivit autem ipsam Deus, nec fraudavit eam a tam pio & sancto desiderio suo. Tribus enim clavis diversorum corporalium dolorum confixit carnes ejus, videlicet capitis, pectoris, & iliorum. His enim tribus cruciatibus quotidie, licet autem aliquando uno istorum, aliquando alio gravius vexaretur, numquam tamen ab istis vacabat; quibus tamquam stimulis quotidie agitata, numquam tamen a sanctis exercitiis cessabat, quin vel dictaret, vel cum advenientibus de pertinentibus ad salutem animæ loqueretur, vel orationi semper intenderet vel vacaret. Non enim solum habitu, sed etiam actu diebus illis continue mens ejus ferebatur in Deum, nec propter dictos continuos dolores apparebat aliquando tristis, aut turbulenta, sed semper hilaris inveniebatur & læta. Immo cum aliquando passione iliaca vehementissime gravaretur, ita ut non valens stare necessitata jaceret, nos eidem compatientes dicebamus: O mater, quid pateris? Ipsa vero nobis quasi subridendo respondebat: *Sentio un pici dolce fianco.* Dolores enim ipsi veluti dona ipsius sponsi semper sibi erant dulces: sed quando augmentabantur, dicebat sibi esse dulciores. Vidimus ego & etiam alii quamplures, quod pluries cum taliter pateretur, superveniente aliquo casu, ubi imminebat, ut pro honore Dei vel salute animæ seriose loqueretur, vel si dictis de causis expediret domum exire, & ad alium locum ire, quod statim, ac si nihil pateretur, prompta erat & parata ad omnem laborem. Recordor etiam quod cum ego ab ea peterem, qualis erat dolor ille pectoris, ipsa dixit mihi, esse sibi a Domino revelatum, quod quando ipse fuit cruci affixus, una jam manu elevata, reliquum brachium tanta violentia traxerunt, quod costæ pectoris ex utraque parte nervis conjunctæ violentia illa fuerunt disjunctæ, & in tali disjunctione fuit sensibus maximus dolor, & maxima pœna huic dolori similem ipsa patiebatur. His tamen non plane contenta virgo sancta instanter petebat, ut dignaretur eam sibi conformare non in pedum & manuum, ac etiam lateris foris patenti fossura, sed in dolore vulnerum

CAP. XIII.
Christo patienti sit conformis.

præfatorum: ita ut dolores tales sentiret in corde, & tamen nulla de his apparerent signa in oculorum visione. Nec passus est sponsus ejus etiam ipsam defraudari in præfata tam pia & devota petitione sua. Nam dum esset Pisis die quadam, in ecclesia sanctæ Christinæ virginis & martyris, post communionem more suo in extasim posita, cum hoc donum a sponso suo devotius exposceret atque ferventius, visa est a circumstantibus manus & pedes extendere, sicut depingi consuevit B. Franciscus, cum sacra stigmata scribitur recepisse. Et cum aliquandiu sic stetisset, tandem usui sensuum reddita, est domum reversa. Tunc sui qui viderant, secreto eam interrogabant, scire cupientes quid sibi voluisset illa manuum pedumve tam insueta & prolixa extensio, quibus respondens ait: O filii, mecum gratias agite Deo, qui non despicit orationes pauperum, sed vota humilium respicit & exaudit. Tunc aperuit eis quomodo gratiam suprascriptam diu a Domino postulaverat, & quod illo mane ferventius hoc expostulans exaudiri meruerat. Toto igitur residuo tempore vitæ suæ, passione nunc dicta & aliis pœnalitatibus superius nominatis, tam alacriter quam dulciter, quotidie in suo corde virgo Domini vexabatur, licet ipsam quandoque mitius, quandoque asperius cruciarent. Ex illo ergo tempore quasi certa facta de præsentia in se per gratiam Domini Salvatoris, nonobstantibus quotidianis passionibus antedictis, in omnibus exercitiis & laboribus ad honorem Dei vel animarum salutem pertinentibus fortior & lætior apparebat. Videbatur enim, etsi non verbo, tamen opere dicere quod de se beatus dicit Apostolus, videlicet *Cum infirmor, tunc potens sum & fortior.* Et alibi quasi tacitæ respondens quæstioni dicit: *Omnia possum in eo qui me confortat.* Unde & cum eodem Apostolo gloriabatur in infirmitatibus suis, sciens per hos habitare in se virtutem Christi.

CAP. XIV. Desiderat martyrium.
85. Fervebat deinceps in sancta virgine ardor & desiderium patiendi & sustinendi martyrium pro nomine Salvatoris. Unde & aliquando ipsa colloquente nobiscum, occurrente materia, magna cum vultus hilaritate, manibus tenendo tunicam suam albam qua erat induta, dicebat: O quam decora esset hæc tunica, si esset sanguine rubricata. Intendebat autem virgo sacra de rubricatione sanguinis per martyrium, quam habere desiderabat, ut per sanguinem martyrii rubricaretur vestis alba qua induta erat sanctæ virginitatis. Signum autem manifestum dicti ferventis sui desiderii patuit in Florentia. Cum enim de mandato sanctissimi GREGORII XI. missa ipsa Florentiam, ut Florentinos exhortaretur ad petendam veniam de gravi offensa per eos contra ecclesiam perpetrata, ut sic ab eodem pastore pacem percipere mererentur; & jam suis monitis ad hoc exequendum quorumdam bonorum civium animos inclinasset, aliis multis contradicentibus; facta seditione, populus cucurrit ad arma. Insonuit autem vox in vulgo, quod mulier illa de Senis, erat causa hujus tumultus atque seditionis. Quidam ergo de populo præceptores insolentes & discoli, hoc audito, veloci passu venerunt ad domum ubi ipsa pro tunc habitabat, tumultuantes, & armis perstrepentes, dicentesque se velle occidere eam. Violenter itaque & cum magno impetu intraverunt ubi ipsa erat. Unde territi qui erant cum ipsa aufugerunt, & absconderunt se quasi omnes. Unus ergo ex illis qui venerant procacior ceteris, ense nudato, verbis contumeliosis aggressus est virginem. Ipsa vero in nullo territa, statim tensis in cœlum oculis & manibus, ac genuflexa, dixit illi. Si desuper est tibi data potestas, percute. Et adjunxit: Ex parte autem Dei vobis præcipio, quatenus nulli meorum noceatis. Illi ergo Dei virtute conterriti, in nullo eam vel aliquem de suis lædentes recesserunt. Permansit autem virgo sacra ibidem donec placuit summo præfato pontifici, qui miserat eam. Et licet ego pro tunc non fuerim cum ea, tamen seriose prædicta audivi, & ab ipsa & ab aliis qui tunc erant cum ea; qui eam mirabiliter extollebant, admirantes & commendantes constantiam virginis.

86. Vita autem & conversatio ipsius sanctæ virginis deinceps valde mirabilis fuit, & ad conversionem animarum quam mirabiliter utilis & fructuosa. Puto enim quod si quis attentare vellet enarrare quæ post hæc gessit mirabilia in Senis, Florentia, Luca, Pisis, in Janua, in Avenione, & ultimo in Roma, ubi sacrum ejus corpus requiescit, plures impleret quaternos. Quis enim sufficienter enuntiet quot & quales ad meliorem vitam reduxit sanctis exhortationibus suis? Quot enim matronas nobiles ad sanctæ religionis habitum suscipiendum induxit? Quot nobiles juvenculas ad virginitatem & mirabilis austeritatis voluntariam observantiam suo verbo & vitæ exemplo excitavit? Quot lascivos juvenes ad diversos ordines introduxit? Quot dissolutos religiosos ad meliorem vitam convertit? Quot publicas meretrices ad caste vivendum reduxit? Quot homicidas & graves aut antiquatas inimicitias habentes ad perpetuam pacem & bonas deinceps amicitias suis sanctis monitis conciliavit? Longum nimis foret & pene incredibile si quis enarrare vellet qualiter sua mirabili locutione dulcebat & consolabatur pios, terrebat & confundebat superbos sive protervos, non modo idiotas & rusticos vel plebeios, sed principes & barones ac milites, prælatos, magnos utriusque juris doctores, nominatos medicos, & sacræ theologiæ

CAP. XV.

non mediocres professores. Et ut breviter dicam, omnes secum seriose colloquentes pios in meliorem commovebat affectum; subdolos & malignantes mirabiliter & salubriter confundebat. Tanta denique erat in sermone ejus maturitas, & tanta in exhortando erat auctoritas, ut præ admiratione sapientiæ tam copiose in labiis ejus cœlitus diffusæ omnes, præcipue magnates animo suspendendo ad Dei laudem efficaciter nimis ac mirabiliter attrahebat. De quibus omnibus innumera extant exempla patentia, si hæc narrare præsentis descriptionis brevitas pateretur, sicut præcipue patuit in Avenione de domino papa Gregorio XI. de domino duce Andegavensi avunculo regis Franciæ, de domino Barensi, postea papa Urbano VI. & pene de tota curia Romana, qui omnes insurrexerant contra eam, quos omnes animo mirabiliter immutavit & opere, ita ut hi qui prius erant ejus persecutores, postmodum facti sunt amici atque benefactores. Nam præfatus dominus dux taliter est animo immutatus, ut de Avenione duceret eam ad quoddam suum castrum, ut consolaretur dominam ducissam consortem suam. Quo per triduum facto, rogavit eam ut secum iret ad dominum regem Franciæ. Sed ipsa humiliter renuente, dedit ei pro expensis viæ in redeundo ad Italiam francos centum. Ad suggestionem etiam ipsius sanctæ virginis ipse dominus dux promisit domino papæ Gregorio prædicto, quod ad voluntatem & requisitionem ejusdem domini papæ iret cum exercitu ultra mare propriis sumtibus & expensis. Ipse etiam dominus papa non permisit eam de Avenione discedere usque in diem qua ipse inde discessit. Immo per menses tres ipsam cum tota familia sua numero XLII. quotidie nutrivit, providendo eis de amplo & idoneo hospitio, ac de omnibus ad victum necessariis. In discessu vero pro expensis in via fiendis, dedit ei florenos centum. Innumera etiam alia gratia brevitatis annotare desisto: unum tantummodo ex multis & pene innumeris exempli gratia recitabo.

Cap. XVI. *Incestuosum peccatorem ad Christum convertit.*

87. Fuit in diebus illis in civitate Senensi vir quidam secundum carnem nobilis genere, nomine Franciscus. Hic erat, ut credo, tunc annorum octoginta & ultra, qui numquam communicaverat, nec umquam confessus fuerat, nisi semel tantum in gravi infirmitate constitutus, cum valde esset adolescentulus. Hujus senis nurus erat quædam Alexia dilecta filia sanctæ virginis, de qua supra facta est mentio in cap. de multiplicatione panis. Hæc zelo Dei accensa suadebat sæpe præfato socero suo, ut juxta mandatum Dei & ecclesiæ sanctæ peccata sua sacerdoti confiteri deberet. Sed cum in nullo proficeret, cogitavit rogare sanctam virginem, ut iret ad hospitandum cum ea, cum tamen noctes essent prolixæ, ut sic capta opportunitate loqueretur cum illo. Sic cogitavit, sic actum est. Loquitur ergo virgo sacra cum octogenario illo, sed ille obdurato corde diu reluctatur, quasi deridendo sacras exhortationes illius, sermo in longum protrahitur; tandem post longam moram non valens amplius resistere Spiritui qui loquebatur in illa, ad verba tam ignita cœpit emolliri cor ejus, quod prius ut lapis fuerat obduratum. Dixit igitur: Ecce volo confiteri, ut mihi suades; sed quid præcedere debet, cum jam per bonum temporis spatium odio habeam priorem talis ecclesiæ, ut quotidie cogitem quomodo opportune occidam eum? Tunc ipsa virgo iterum sermone taliter commovit cor ejus, quod victus iterum exclamabat dicens: Ecce paratus sum facere quidquid jubes. Jube quod vis. Tunc illa: Volo quod amore Christi Jesu, ut ipse vobis parcat, vos parcatis dicto priori & pacem faciatis cum eo. Quid plura? Spopondit, & quod mirum est dictu, sed mirabilius facto, ipse qui injuriam gravem receperat, & in nullo illum offenderat, taliter per verba quæ ex ore virginis sacræ audierat, compunctus est corde, quod statim summo mane assumens accipitrem, quem carum valde habebat, intravit ecclesiam illam solus in qua erat prior ille, de quo supra facta est mentio: quo illo viso, timens eum, de ecclesia statim aufugit. Ipse vero rogavit unum de canonicis, ut nuntiaret priori quod ipse non venerat ut noceret, sed potius ut grata loqueretur. Tunc prior, scito quod solus & absque armis venerat, convocatis ad se ad cautelam aliquibus de suis, permisit eum ad cameram suam venire. Intravit ille, & salutato priore, dixit: Ego veni motus a Deo, ut faciam pacem vobiscum, & ut credatis quod bonam deinceps pacem velim habere vobiscum, ecce dono vobis accipitrem istum, qui mihi est valde carus: sicque pace facta reversus ad virginem, dixit ei: Ecce feci quod jussisti, quid amplius jubes ut faciam? Illa autem mandavit ei, ut veniret ad me, & confiteretur omnia peccata sua. Quod & fecit, narrando mihi per triduum ab infantia totam vitam suam. Qua confessione completa, & facta absolutione, suspensus animo quomodo imponerem sibi pœnitentiam cum esset senex; & licet esset genere nobilis, tamen erat pauper secundum gradum suum, dedi ei parvam pœnitentiam, & dixi: Revertamini ad eam quæ vos ad me misit, & quam vobis ipsa imposuerit pœnitentiam, illam ego vobis impono. Fecit ut dixeram. Illa autem eidem imposuit quod usque ad certum tempus omni mane in aurora profunda surgeret, & iret cum silentio ad ecclesiam cathedralem, dicendo pro qualibet vice centum *Pater noster* & totidem *Ave Maria*, deditque ei in uno filo centum *Pater*

noster, ut portaret in manibus, quando sic ad ecclesiam properabat. Omnia complere cum magna humilitate perfecit. Et qui alias raro visitabat ecclesias, jejunare non consueverat, ex tunc, ut dictum est, cum octogenarius esset, omni die in ecclesia longo temporis spatio morabatur; per totam vero quadragesimam semper die qualibet jejunavit, & omni die prædicationem audivit, sicque pene per annum in spiritualibus exercitiis perseverans, diem clausit extremum & obdormivit in pace.

Dæmonem ab obsessis ejicit.

88. Non solum autem sponsus suus contulit illi virtutem dura corda emolliendi, verum etiam eidem dedit potestatem calcandi inimicum, ac ipsum de obsessis corporibus expellendi. Fuit enim in civitate Senarum vir quidam Michaël Monaldi arte notarius, conversatus honeste & grate coram Deo & hominibus. Hic habens filiam parvulam, quæ pro tunc, ut puto, erat annorum octo vel circa, posuit eam in quodam monasterio sub nomine B. Johannis Baptistæ constituto, ut ibidem Deo in sanctitate serviret. Quia vero secundum Psalmistam Dei judicia sunt abyssus multa, prædicta puella soror Laurentia nuncupata, tradita est satanæ vexanda in corpore, cum, ut puto, esset tunc annorum decem vel circa. Vexabatur puella, sed & molestius ejus sorores omnes pariter vexabantur, & præcipue de nocte. Tædio igitur quotidiano devictæ sorores, & tot molestias non valentes amplius sustinere, vocatis patre & matre puellæ, restituerunt eam illis, qui male consolati duxerunt eam ad domum suam; multis etiam ejusmodi molestiis & ipsi vexati diutius, post multas adjurationes per sacerdotes & religiosos super eam factas, cum in nullo proficerent, illam ad diversa loca duxerunt, ubi quiescebant corpora sanctorum, ut eorum mereretur meritis liberari. Recolo me fuisse præsentem in ecclesia nostra Senensi, quando hac de causa illuc perducta erat. Circumstabant eam fratres plures litterati, volentes per ejus responsionem explorare utrum puella vel spiritus loqueretur. Auditis autem multis responsionibus ejus, concludebant omnes pari sententia quod procul dubio non puella, sed spiritus loquebatur. Quid ulterius protelor? Licet, ut dictum est, ducta fuerit ad diversa sanctorum corpora, ubi alias quandoque arreptitii consueverant liberari, a nullo tamen consecuta est beneficium sanitatis. Frater autem Thomas, dictus de Fonte, confessor tunc virginis supradictæ, compatiens ex corde tantæ illorum calamitati, consuluit parentes puellæ, quod summo mane ducerent eam ad domum ubi virgo sacra tunc habitabat, & intromittentes eam, claudentesque ostium a foris recederent. Sicut consuluit, sic fecerunt. Cum vero virgo vellet exire, ut ad ecclesiam pergeret, invenit eam, statimque cognito quod arreptitia esset, & causam cur adducta erat prudenter intelligens, & ex humilitate existimans hoc excedere vires suas, elegit per fugam subterfugere istud onus. Sed inveniens ostium clausum circuivit domum, quærens aditum ut exiret. Cumque ad excundum nullum penitus aditum inveniret, intellexit virgo spiritu Dei plena, hoc gestum esse Dei voluntate. Assumta ergo de Deo fiducia, puellam duxit ad superiora domus. Adjurans autem per nomen Domini malignum spiritum ut exiret, in nullo proficiebat. Quare intelligens edocta per Spiritum, juxta dictum Domini Salvatoris, hoc genus dæmoniorum non posse exire nisi in oratione & jejunio, vocata discipula sua Alexia, in cujus tunc domo habitabat, dixit : Filia, oportet nos orare, ut Deus liberet istam creaturam suam de manu inimici. Igitur adveniente nocte tantus erat strepitus in tota domo, excepta camera ubi erant, quod putabat Alexia domum totam ruituram. Sed virgo Domini in nullo territa, quia assueta erat bellare cum hoste, Alexiam confortabat, monens tamen eam ne exiret de camera. Noctem igitur totam duxerunt insomnem. Mane autem facto, Alexia ad ecclesiam eunte, virgo Domini, de Dei bonitate & clementia assumta fiducia, stans super arreptitam, spiritui mandavit audacter ut discederet. Ille autem non valens amplius resistere imperanti, puellam valde discerpens, horribiliter spumantem & in terram prostratam semimortuam dereliquit. Virgo autem Domini consortationibus manuum, & cibo ac potu refocillatam per brevem morulam sanam mente & corpore eam erexit. Tenuit autem eam secum diebus octo, post quos restituens eam parentibus suis, monuit eos quod ponerent eam in monasterio ubi prius fuerat, aliter potestati satanæ iterum traderetur. Volunt illi obedire, sed moniales nolunt eam recipere, timentes ne non vere esset liberata. Tandem post longam habitam experientiam, ita ut pene tota civitas testimonium eis perhiberet de sincera & perfecta liberatione ipsius, de novo ipsam receperunt. Sicque miraculum quod prius erat occultum, factum est manifestum. Simile in specie miraculum fecit postea in Pisis, imperando confidenter spiritui, tamquam potestatem habens a Domino sibi datam. Hoc licet ego non viderim, audivi tamen a fide dignis, qui dicto miraculo præsentes fuerunt. Et quia in evangelio narratur quod Dominus, convocatis discipulis suis, non solum dedit illis virtutem & potestatem super omnia dæmonia, sed etiam ut languores curarent.

Infirmum sanitati restituit.

89. Dicto de virtute & potestate eidem virgini sacræ super omnia dæmonia a Domino data, nunc narrandum est vel breviter aliquid de curatione languentium; &

omissis omnibus aliis gratia brevitatis, unum solum prosequar de quam multis. Erat in civitate Senarum vir quidam, nomine Matthæus Cenni; hic sincerus & bonus ab omnibus reputatus, de communi omnium voluntate est electus per communitatem, & deputatus ut gubernaret hospitale quoddam civitatis prædictæ, S. Mariæ de Misericordia vulgariter nuncupatum. Erat autem præfatus vir erga pauperes valde pius, orationibus die ac noctu mirabiliter deditus, dono lacrymarum mirabiliter dotatus, in jejunando quasi quotidianus, præfatæ sanctæ virginis valde familiaris & carus. Tempore igitur pestis febri prævalida & inguinaria est gravissime infirmatus, ita ut phrenesim, sicut talibus sæpe accidit, pateretur. Mane vero sequenti frater Raymundus confessor sanctæ virginis supradictus, eidem domino Matthæo valde familiaris, & domesticus, venit, hoc audito, ut visitaret eumdem. Inveniens autem eum taliter gravatum, timens de morte ejus, quia tempore illo ut communiter infra triduum vel biduum personæ moriebantur, tactus dolore cordis, quia eum valde diligebat, statim ab eo discessit, & cursim ivit hoc sanctæ virgini nuntiare cum lacrymis. Ipsa vero, hoc audito, & quod ire volebat ad medicum, dixit ei: Vadatis vos ad medicum, & ego statim ibo & visitabo infirmum. Ivit ille festinus ad medicum, qui visa urina infirmi quem diligebat, dolens dixit: Amicus noster modico tempore erit nobiscum. Dedit tamen remedia quæ putavit esse proficua. Interim virgo sancta perrexit ad ægrum, & visa gravi infirmitate ejus, statim orationi se dedit. Ab oratione vero surgens, ad infirmum accessit, & tenens manum ejus, nomine proprio eum vocans, dixit:
» Domine Matthæe, surgite. Ad hanc vocem
» ille statim apertis oculis ea visa resedit. Cui
» iterum dixit: Surgatis, non est enim modo
» tempus standi in lecto, sed juvandi alios
» pauperculos, qui adjutorio egent: statimque
» surrexit & ambulare cœpit. Frater vero Raymundus, qui, ut dictum est, ad medicum accesserat, receptis medicinis sibi a medico pro dicto infirmo datis, festine reversus est, existimans sicut audierat a medico, quod omnino cito esset moriturus. Cum vero intrasset domum, invenit eum loquentem & ambulantem; & intra se nimis stupens, audito modo sanationis ejus, simul cum aliis dedit laudem Deo, qui dedit potestatem talem hominibus. Eodem vero mane ipse qui tam graviter fuerat infirmus, in mensa cum aliis olera & cepe comedit, ut aliàs, cum esset sanus; facere consuevit, sicque perfecte sanatus, ad Dei laudem & gloriam sanctæ suæ annis plurimis supervixit.

90. Ego frater Bartholomæus Dominici de Senis supra in principio hujus operis descriptus, totum quod supra scriptum est, hucusque dictavi, & manu propria in quibusdam cedulis scripsi: postea vero ordinate feci transcribi per Adam notarium infrascriptum, prout de verbo ad verbum supra est exaratum. Die vero 29. Octobris 1412. hora vespertina dictus Adam notarius totam scripturam prædictam a principio usque ad finem de verbo ad verbum alta voce, distincte & intelligibiliter legit coram me & Geniolo notario de Arimino infrascripto. Protestor autem coram Deo loquens, quod omnia suprascripta fideliter dictavi & scripsi, nullam scienter admiscens falsitatem, & firmiter credo omnia prædicta esse vera. In quorum omnium testimonium & munimen hic manu mea propria me subscripsi, & sigillum meum apposui consuetum.

Sequuntur attestationes & subscriptiones amborum notariorum in forma legitima, publica & consueta, quas gratia brevitatis hic omitto transcribere.

91. Item, postquam suprascriptus reverendus magister Bartholomæus Dominici de Senis suprascripto reverendo patri fratri Thomæ de Senis etiam in isto processu quampluries nominato anno Domini 1412. de mense Octobri de Arimino per quemdam R. P. fratrem Antonium de Bononia ordinis fratrum de Monte-Oliveto suprascriptas suas contestationes Venetias transmisisset, & de mense Novembri ad ipsum præfatum patrem fratrem Thomam cum ipsis pervenisset, & ut superius apparet, reverendo vicario domini episcopi Castellani suprascripto etiam per eumdem præsentatæ fuissent. Ipsis præfatis attestationibus per præfatum fratrem Thomam diligenter attentis, cum videretur sibi illas non fuisse bene completas, & in duobus singulariter punctis non esse legendæ virginis ex toto conformes; & ex hoc statim supra id supradicto magistro P. Bartholomæo plures litteras rescripsisset, ut mihi notario supra & infra scripto plene constat. Idem magister Bartholomæus dictis litteris habitis quam citius potuit supplere & dicto P. F. Thomæ satisfacere pro posse curavit, respondendo & transmittendo eidem post de mense Decembri quasdam additiones & declarationes erga & ad suas supradictas contestationes, etiam per modum publicum scriptas; quarum responsionum, additionum, & declarationum tenor hic sequitur & est talis, videlicet:

92. Venerabilis pater frater Thoma, cum nuper de mense videlicet Octobri 1412. transmisissem R. V. quasdam attestationes meas in forma publica redactas, cum subscriptione duorum notariorum & manus meæ, ac cum impressione mei sigilli, mentionem facientes de sanctitate vitæ & veritate doctrinæ beatæ Catharinæ de Senis; cito post molestante me conscientia mea, adverti quod plura narranda omiseram, & non terminatam, sed

Additiones & declarationes contestationum fr. Bartholomæi de Senis.

quasi truncatam narrationem vobis transmiseram. Quare illico erubescendo dolui, ac emendare defectus prædictos mente statui. Post non multos vero dies recepi litteras vestras plures successive, in quibus mentionem facitis vos in attestationibus meis prædictis deprehendisse plures inesse defectus, videlicet duos jam per me dictos; addendo quod in quibusdam punctis videntur attestationes meæ prædictæ contradicere legendæ ordinariæ in eisdem punctis.

Quinquaginta dies sine cibo transit.

93. Incipiendo ergo a primo, cum videlicet dicitis quod attestationes meæ prædictæ sunt nimis diminutæ; præcipue cum in prologo earum dixerim me plura scire de pertinentibus ad laudem & gloriam dictæ sanctæ memoriæ Catharinæ de Senis, quam quicumque alius vivens in corpore. Quantum ad hoc, fateor me multa ex industria tacuisse, sicut in prologo illarum me facturum prænuntiavi; & hoc causa vitandæ prolixitatis. In secundo etiam capite prædictarum attestationum specialem mentionem feci de quibusdam, quæ causa brevitatis omittere intendebam, de quibus extense & veridice legenda ordinaria caute & devote prosequitur: quibus verbis meis, videre meo, confirmo vera esse omnia quæ in legenda illa ordinaria narrantur, quæ ego specificando dico me velle omittere; & sic quodammodo ego narro illa omnia de quibus in prædicto capite brevem & succinctam facio mentionem. Ut autem aliqualiter suppleam defectum istum, alia quædam narrando illis superaddam. Et quia in prædictis litteris vestris specialem facitis mentionem de hoc quod ipsa per dies quinquaginta nullum cibum sumsit, recordor quod tunc eram Senis, ubi tunc & ipsa erat; & quod ipsa postquam communionem recepit die Dominica de Passione, vel salva veritate, Dominica in Ramis Palmarum: quæ enim dictarum duarum Dominicarum fuerit, non pleno memoriæ meæ occurrit; sed bene recordor, quod ex tunc usque ad diem Ascensionis Domini exclusive, nullum cibum corporalem sumsit, ut asserebant omnes, qui nocte & die conversabantur cum ea. Verum per aliquot dies ante dictum festum Ascensionis ipsa fuit valde extenuata in corde, & debilis nimis effecta, in tantum quod vix poterat tam alte loqui quod audiretur, vel intelligeretur ponendo etiam aures juxta os ejus; ita ut omnino putaremus eam morituram in brevi. Tandem in vigilia Ascensionis Domini, dictis vesperis in conventu, accessimus, si bene recolo, tres copulæ fratrum ad visitandum eamdem, dubitantes ne forte moreretur. Cum autem pulsaretur ad completorium, volentes ad conventum reverti, accessi ego ad eam, & dixi » sibi. O mater, credis ad præsens relinquere » nos? Ipsa vero respondit mihi: Nescio quid » erit; sed pro certo teneo, quod in hac so-

lemnitate, vel Deus faciet mecum misericordiam vocando me ad se, ut opto; vel si hoc noluerit facere, mirabili & inusitato modo me faciet de cetero vivere. His auditis, recessimus omnes. In aurora vero diei sequentis, ipsa quæ tot ante diebus, velut quasi mortua jacuerat, clara & alta voce vocavit filiam suam in Domino Alexiam, dicens ei: Da mihi calceos meos & mantellum. Illa stupens & gaudens fecit ut jusserat. At illa calceamenta ponens in pedibus, assumto mantello, statim cum tanta festinantia ad ecclesiam properavit, quod prædicta dilecta filia sua, eam ex more sequens, nullatenus valuit ad eam pertingere, donec ipsa in ecclesia jam se ad orandum locaverat. Tandem illo mane more solito communionem cum multis aliis consortibus accepit. Juxta consuetudinem suam postea absorpta est a sensibus, & in ecclesia remansit cum aliis pluribus filiabus suis, donec fratres prandio completo cantando gratias more solito ad ecclesiam veniunt. Quibus laudibus expletis, plures ex nobis accessimus ad eam. Ipsa vero ab oratione surgens tota hilaris & jucunda, dulcissimo suo affatu omnes quæ & qui ibi erant ineffabili spirituali gaudio lætificavit. Postea vero adjecit: Hodie festum Domini est, credo quod dulcis Salvator noster pro consolatione vestra vult quod hodie comedam vobiscum. Quo audito, omnes qui ibi erant, præ lætitia iverunt ad prandendum cum ea. Cum ergo pro prandio nihil esset paratum, nos fratres misimus ei in olla de fabis quæ conventus pro fratribus coxerat. Et sic omnes illæ cum eadem mane illo exultantes comederunt. Factum ergo est gaudium non parvum apud omnes devotas personas, quæ hoc audiverant. Unde plures ex eis præ admiratione & gaudio venerunt die illo ad visitandum eamdem, pro quarum consolatione coacta fuit die eadem pluries cibum sumere & vinum gustare. Die vero altera posuit se ad comedendum cum filiabus suis, sed licet cibum masticaret, tamen deglutire non potuit, nec vinum gustare. Facto autem prandio, cœpit dolorem vehementem sentire in stomacho, quare coacta fuit stomachum per violentiam evacuare totaliter, & sic dolor ille cessavit. Die etiam sequenti eodem modo comedit, & modo jam dicto dolore stomachi vexata, iterum coacta fuit stomachum violenter evacuare, & dolor cessavit. Eadem modo sequentibus diebus singulis faciebat, nec dolor ille stomachi cessabat, donec aquam & succum totum quem deglutierat cum longa festuca fœni violenter de stomacho eduxisset. Volat hinc inde fama hæc, & scandalizantur quamplurimi. Quidam enim suspicabantur, quod ipsa hoc malitiose faceret, ut videlicet per hoc nomen sibi sanctitatis acquireret, credentes quod palam sic faceret, sed in occulto comederet;

mederet. Alii vero magis pie hoc opinantes, & non credentes, quod ficte sic faceret, putabant quod illusio esset diaboli, ut videlicet vel seipsam occideret non comedendo, vel saltem inani gloria periclitaretur. His suspicionibus motus confessor ipsius frater Thomas de Fonte, cujus ego eram socius: dubitans ipse quod esset illusio diaboli, nam ex testimonio sociorum ejusdem certus erat quod non fingebat, mandavit eidem per obedientiam quod post cibum taliter qualiter dictum est sumtum, non deberet vomitum procurare. Ipsa vero ut vere obedientiæ filia fecit ut sibi jussum fuerat. Sic enim mandata ejus observabat, ac si de cœlo manifeste sibi sonarent. Statim autem cœpit graviter infirmari, ita ut pene videretur morti esse vicina. Quo per plures horas viso, confessor ejus præfatus compatiens ei, simul cum pluribus aliis qui præsentes eramus, timens etiam ne forte fieret causa mortis illius, monitionibus astantium, & etiam conscientia propria commotus, dedit ei licentiam, ut stomachum ad vomitum provocaret. Fecit, & statim liberata est. Cum vero nos admirantes postea peteremus ab ea, quid & unde hoc esset, respondit quod hoc sibi erat inflictum a Deo in pœnam peccati sui. Dicebat enim se in annis præteritis nimis fuisse voracem in comedendo herbas & fructus. Postea vero corde compuncta, multoties Deum affectuose rogabat, ut dignaretur in vita præsenti eam punire de hoc peccato, in quo videbatur Deum sibi specialiter offendisse. Unde & prædictum quotidianum supplicium vomitus violenti jam dicti vocabat ipsa Sanctam justitiam. Ex tunc ergo & deinceps in annis multis toto videlicet residuo vitæ suæ diebus singulis herbas crudas, olera, seu legumina cocta cum oleo, & aliquando caseum, sed putridum, sic ut dictum est, edebat, sive, ut verius loquar, masticabat, aquam puram bibens. De mensa vero surgens, statim ibat ad prædictum evacuationis tormentum, alacri vultu sæpe dicens, Vadamus ad Sanctam Justitiam. Qua evacuatione completa, a dicto dolore stomachi simpliciter liberata remanebat.

Fervor devotionis ejus erga Eucharistiam.

94. Occurrunt etiam mihi ad memoriam plura, quæ ad ædificationem & consolationem legentium æstimo profutura. Cum enim jam per plures annos cum eadem sacra virgine conversatus fuissem, cœpit ipsa confiteri sacramentaliter peccata sua & sacramentum Eucharistiæ de manibus meis frequenter recipere. Cum autem tanto mentis desiderio & devotionis affectu & spiritus fervore sumebat ipsum Eucharistiæ sacramentum, quod antequam applicarem hostiam ad os ejus, tenendo eam tamen digitis meis, sentiebam quandoque violentia quadam hostiam ipsam rapi de digitis meis: ita ut intra meipsum stuperem nimis, & in ipso

Vet. Script. & Mon. ampl. Collect. Tom. VI.

principio, quando scilicet incœpi ministrare eidem Eucharistiæ sacramentum, aliquando ex hoc dubitavi, ne hostia cecidisset in terram. In processu vero temporis, quia circa hoc magis eram intentus, & videbam hostiam ipsam quasi evolare intra os ejus; tum etiam quia alii hoc idem asserebant sibi evenire, omni timore & dubitatione remotis, velut quid divinum cœpi, ut erat debitum, mente reverenter venerari. Cum vero, sumta jam hostia, offerebamus ei vinum in calice ad os abluendum, sicuti est de more, tanta tenacitate os calicis suis dentibus astringebat, quod cum magna difficultate & ingenio vix ab ejus ore extrahere valebamus. Unde & in duobus calicibus argenteis, amore Dei sibi donatis, quos pro usu capellæ suæ habebat, in summitatibus eorumdem erant signa manifesta tenacissimæ morsicationis ejus cum dentibus: ita ut mirum esset, quod dentes ejus non frangebantur. Sumta enim hostia sic reperiebatur mens ejus in Deum, quod statim perdebat usum sensuum exteriorum, & membra corporis ejus taliter rigescebant, quod potius frangi quam flecti potuissent. Sicque quotidie fere per tres horas & ultra permanebat totaliter absorpta & insensibilis. Sæpe etiam in tali extasi posita, cum Deo loquendo, orationes & postulationes perfervidas & devotas clara voce proferebat. Quas voces audientes qui aderant, ut communiter, ad pias & devotas lacrymas movebantur. Quæ orationes pro magna parte fuerunt redactæ in scriptis de verbo ad verbum; aliquæ scilicet per me, quamplures vero per alios, quando ipsa, ut dictum est, clara voce & distincta proferebat easdem. De quarum profunditate gratia brevitatis prosequi omitto. Nequaquam enim apparent vocabula illa & sensus ille verborum esse mulieris, sed doctrina & sententiæ magni doctoris. Et vere sic erat: quia non ipsa, sed spiritus erat qui loquebatur per ipsam, ut clare patet illarum orationum pio lectori.

95. Confessiones autem ejus illis diebus erant, non de aliquo commisso seu perpetrato peccato, sed solum de omissione perfectæ virtutis, & ingratitudine beneficiorum Dei. Unde se dicebat miseram & miserabilem. Erant enim hæc vocabula sua, affirmando etiam se dicebat miserabiliorem esse omnibus hominibus, & se causam esse omnium malorum quæ fiebant. Ego vero unde debebam ædificari & proficere, ex ruditate & ignavia mea cœpi in mente mea male interpretari verba sua tam sancta & tam profunda, velut animalis homo, qui non percipit ea quæ sunt Dei. Putabam enim quod in mente non se talem esse omnino crederet, qualem se esse sua voce resonabat. Motus ergo tali bestiali suspicione, postquam pluries audieram talia & similia verba, ip-

Omnibus se dicit miserabiliorem.

TTtt

sam interrogavi, semiredarguere intendens eamdem. Quomodo, inquam, hoc dicis, cum manifestum sit omnibus quod abhorres peccata quæ multi delectanter quotidie perpetrant? Quæ suspirans mihi respondit: O pater, ut video, vos non cognoscitis miseriam meam. Nam ego misere tot & tanta ac talia recepi dona a Creatore meo, quod, ut puto, non est aliquis ita vilis ribaldus, qui si talia recepisset, non totus ferveret sui Creatoris inflammatus amore. Et sic tam exemplo vitæ, quam verbo doctrinæ accenderet corda hominum ad amorem patriæ cœlestis & contemtum vitæ præsentis, & sic cessarent homines a peccatis. Cum ergo ego misera tot præventa donis hoc non faciam, quid de me veritatem fatendo dicere valeo, nisi quod sum ingratissima Deo meo, & quod causa sum ruinæ omnium, qui per me potuerunt a malo revocari & promoveri ad bonum? Si ego, ut debui pabulo verbi Dei eos revocassem, exemplo bonæ vitæ ipsos ad bene agendum animassem: quod quia non feci ut debui, procul dubio rea sum. Quibus ego auditis, erubui & tacui, & merito. Quia cum, ut jam dixi, putarem eam esse reprehensibilem, ipsa se humiliter accusando ostendit me multipliciter esse culpabilem. Sicut enim in attestationibus meis præfatis recolo me dixisse, tanta erat in corde & in labiis sacræ virginis gratia diffusa, quod ad se venientium non solum mentis dispositionem cognoscebat, sed etiam suis ignitis eloquiis eorum corda sic inflammabat, quod ut communiter vitam commutabant in melius. Et licet in legenda multa talia sint descripta, in meis etiam contestationibus de quibusdam talibus memoriam fecerim, tamen quia adhuc memoriæ quædam occurrunt narratione digna & mihi specialiter nota, ideo unum ex multis aliis, omnibus gratia brevitatis omissis, hic recitabo.

96. Ipsa enim adhuc in secreto suæ cellulæ habitante, antequam videlicet per communem conversationem ex mandato Dei devenisset in publicum. Illo enim tempore, excepto patre & suis germanis, nulli loquebatur viro, nisi de sui confessoris licentia speciali. Cœpit tamen odor sanctitatis ipsius & fama per totam civitatem Senensem diffundi; sed sicut Apostolus scribens ad Corinthios 2. dicebat de se & de sui similibus; quod bonus odor Christi erant, aliis quidem odor vitæ in vitam, aliis vero odor mortis in mortem, id est ut Glossa ibi exponit, bonis & fidelibus erat vita, & doctrina apostolorum odor vitæ in vitam. Infidelibus autem & invidis erat odor mortis in mortem. Sic etiam de ista sancta virgine contingebat. Nam simplices & recti corde venerabantur & commendabant eam & laudabant opera ejus. Quidam vero & quædam, videlicet duplices corde & invidi, subsannabant & detrahebant eidem, putantes quod si quid recte & prudenter loquebatur, totum a nobis fratribus hauriret, credentes quod eam taliter loqui instrueremus ad jactantiam & mundi pompam acquirendam. Inter ceteros vero & præcipuos ejus in hac parte persecutores, fuit quidam frater Lazarinus de Pisis ordinis Minorum, qui eo tempore Senis in conventu ordinis sui philosophiam legebat cum magna fama. Vigebat siquidem intellectu, & sermone erat valde facundus, in prædicationibus etiam bene erat populo gratus. Hic audiens famam boni odoris de sancta virgine per civitatem diffundi, invidiæ stimulis agitatus, conabatur famæ ejusdem virginis detrahere, non solum in secreto apud suos, sed etiam in publico apud extraneos. In tantum autem exardescebat & sæviebat zelus ejus contra virginem sanctam, quod non solum eam, sed etiam omnes quos eidem domesticos noverat, odio habebat. Unde & me qui eodem tempore cursorie Sententias legebam, sic exosum habebat, quia sciebat me eidem sanctæ virgini fore domesticum, quod totis viribus conabatur me odiosum reddere omnibus studentibus, præcipue quando causa disputationis conveniebamus omnes in unum, ut est de more. Quia vero experientia eum docente cognovit, quod sic detrahendo non proficiebat, sed quotidie magna fama sanctitatis ejus crescebat, decrevit in publicum ad populum prædicationibus ejus famam totis conatibus denigrare. Cumque nec sic videretur proficere, cogitavit callide sub specie devotionis eam visitare, ut sic in verbis ejus vel gestibus deprehenderet eam merito calumniandam. In vigilia igitur B. virginis & martyris Catharinæ hora vespertina venit ipse ad cellam meam, rogans me ut eum duceram ad loquendum cum ea. Ego vero credens quod corde compunctus hoc peteret, annui; & cum eo de licentia confessoris ipsius virginis, videlicet fr. Thomæ de Fonte ad eam accessi. Igitur cellulam ejus sanctam intrantes, fr. Lazarinus sedit super quamdam capsulam: ipsa vero prope pedes ejus in pavimento; ego vero seorsum ex opposito resedi. Tacet aliquandiu ille, tacet & illa. Tandem ille exorsus ait: Ego audita tam bona fama sanctitatis tuæ, & quia a Domino es dotata intellectu scripturarum, libenter ad te veni, sperans audire aliquid ædificatorium pariter & consolatorium animæ meæ. Ipsa vero respondit: Ego in adventu vestro lætata sum, credens quod Dominus vos misisset, ut vos qui habetis scientiam scripturarum sanctarum, per quam pascitis quotidie animas populorum, caritate motus veniretis ad consolandum paupercularum animam meam; & sic amore Jesu Christi rogo ut facere dignemini. Cum ergo in tali modo loquendi flueret tempus, & jam nox appropinquaret,

Fratris Lazarini conversio.

ipse non quidem eam irridens, ut putaverat se facturum; sed tamen in corde suo non multum eam appretians, sed potius parvipendens, dixit: Video quod hora tarda est, & ideo puto quod melius est ut vadam, & aliàs hora magis congrua potero redire, sicque surrexit ut iret. Cumque abiret, virgo sacra secuta est eum, genuflexa vero brachiis cancellatis rogavit eum, ut benediceret sibi: quod & ille fecit. Qua benedictione habita, rogavit ut in orationibus suis haberet eam recommendatam. Ipse vero quadam erubescentia potius quam devotione motus, rogavit eam ut pro se oraret, quæ se hoc facturam libenter promisit. Igitur abiit ille, ut dictum est, parvipendens, existimans esse bonam quidem, sed non dignam tanta fama, quanta de ipsa volitabat. Cum ergo nocte sequente immediate surgeret ad meditandum de lectione, quam juxta morem discipulis suis de mane legere debebat, subito in magna copia de oculis suis lacrymæ effluere cœperunt, quas quanto amplius tergebat, tanto magis multiplicabantur & abundabant. Admiratur, & diu laborat in tergendo lacrymas abundanter fluentes, & inter seipsum investigat causam tanti fletus, nec invenire valet; fluctuat animo causam quærens, utrum nimirum ex nimia potatione serotina hoc acciderit, vel forte quia capite cooperto non dormierit: neutrum horum reperit causam fore hujusmodi fletus. Interim elabitur tempus & hora adest consueta legendi. Sollicitant magistrum discipuli, ut scholas ingrediatur. Ille vero facta sibi violentia, prout valuit, ad scholas festinanter accessit, ac perfunctorie legens statim discessit, quia lacrymas continere non valebat. Ad cellam itaque regressus, mox lacrymis habenas laxans, irrugiit clamore magno, sibique iratus seipsum increpare cœpit, dicens sibi ipsi: » Quid Lazarine habes? quid vis? Num forte » mater tua repente mortua est? Aut frater » tuus gladio est occisus? His & similibus diem illam occupans, vix cibum vel potum degustans, pervenit ad noctis sibi grata silentia: quo adveniente tempore, tædio & labore devictus paululum obdormivit; rursumque evigilans, lacrymasque iterum ut prius cohibere non valens, cogitare cœpit quod forte in aliquo gravi sibi ignoto Deum offenderat, propter quod Deus misericorditer sic eum ad se revocabat. Ipso ergo attente circa hoc meditante, vox non corporis, sed mentis ipsius auribus insonuit fortiter, dicens ei: An forte tam cito a memoria » tua excidit, quod pridie famulam meam fi-» delem Catharinam tam superba mente de-» spexisti, & quod, licet ficte, ejus te tamen » orationibus commendasti? Hac ipsa interiori voce audita, mente exhilaratus flere volebat præ gaudio, sed nullatenus valuit: nam statim ille lacrymarum fluvius est taliter exsic-

catus, ut nec unam quidem lacrymam emittere prævaleret. Statim tamen cor ejus inflammatum est, & æstuabat desiderio ipsam sanctam virginem visitandi. Unde quasi mœrore quodam & tædio afficiebatur mens ejus, quia non tam cito illucescebat aurora, ut optabat ex ardore desiderii eam visendi. Non expectato ergo solis ortu, sed in crepusculo diei de conventu suo exiens, ad domum virginis inverecundus festinantissime properavit. Pulsante autem ipso ostium cellulæ, virgo sacra non ignara horum quæ per sponsum suum agebantur in homine illo, ostium aperuit. Ille vero statim ut ipsam vidit, antequam cellulam intraret, ad pedes virginis se prostravit. Et virgo hoc non ferens, se similiter ad terram projecit, rogans eum ut surgeret. Cumque hoc ille facere renueret, tandem ambo de terra pariter surrexerunt. Cellulam autem intrans, nequaquam, ut prius fecerat, voluit in alto sedere, sed in solario storea cooperto; virgo autem similiter in imo, ut consueta erat, resedit. Habito autem longo & sancto colloquio cum eadem, totus mente serenatus obtulit se totum eidem virgini, obnixe eam rogans, ut dignaretur eum in filium adoptare, ac ipsum ut filium in via Dei dirigere & educare. Ipsa autem dicente quod viam Dei, mediantibus scripturis sanctis, ipse melius noverat; respondit quod noverat ipse in cortice, sed ipsa gustabat in medulla. Tandem ejus instantibus precibus devicta, respondit: Via salutis animæ vestræ est, ut spreta sæculi « pompa, & omni complacentia mundi, ab-« jectis etiam pecunia & omnibus superfluis, « nudus & humilis sequamur Christum cruci-« fixum, & patrem vestrum B. Franciscum. « Quo ille audito, videns vanitatem sui cordis esse virgini patefactam, mente confusus, & corde realiter consternatus, in virum alterum est mutatus: in lacrymas vero prorumpens, statim spopondit omnia & singula quæ sibi mandaret, se esse facturum. Quod etiam rei postea probavit effectus. Nam infra paucos dies pecuniam quam habebat, pannos superfluos ac etiam libros, excepta quadam evangeliorum postilla necessaria ad prædicandum, omnia distribuit, & verus Christi pauper realiter est effectus. Factus ergo de Saulo Paulus, id est de superbo humilis, effectus est de persecutore prædicator. Nam sicut antea tam ante fratres suos, quam etiam apud extraneos, famæ sanctæ virginis consueverat semper detrahere, & tam in privato, quam etiam in publico, ut est dictum, ipsius famam avide denigrare; sic deinceps cœpit seipsum accusando ipsam extollere ac mirabiliter commendare. Qua de causa sicut Saulus factus Paulus persecutiones multas & graves, præcipue a suis est passus. Dicebant enim eum insanum factum, tum quia ipsam publice extollebat, cujus famam paulo ante consueverat totis nisibus extirpare. Tum quia, ut dictum est, cuncta temporalia præter sola necessaria a se abdicaverat, credentes quia valde fuerat pomposus, ipsum hoc fecisse in posterum pœniteret. Sed ipse ab ea sæpe confortatus, velut alter Paulus convalescebat & superabat omnes. Verum, ut dixi, persecutiones multas & graves passus est, quas enarrare nimis foret prolixum. Attamen auxiliante Deo, meritis sponsæ suæ, de omnibus triumphavit. Vixit autem post hoc annis pluribus, laudabiliter valde proficiens quotidie de bono in melius. Multas vero animas Christo lucrifecit tam verbo prædicationis, quo præcipue fuit dotatus, quam etiam exemplo sui boni operis, in quo, ut dictum est, quotidie profecit, & usque in finem vitæ perseveravit. Prædicta omnia & singula in hoc capitulo licet diminute & incompte per me enarrata novi ego, partim experientia me docente, & partim ipsomet fratre mihi enarrante, qui postea mihi fuit valde domesticus.

Plures religiosos ad meliorem frugem reducit. 97. Post hoc crescente quotidie fama sanctitatis ipsius sanctæ virginis, cœperunt plures ad eam confluere tam viri quam mulieres, prædicto venerabili patre tam in privatis locutionibus, quam etiam in publicis ad populum prædicationibus omnes ad hoc hortante. Multi etiam notabiles cives eo tempore per eam fuerunt in meliorem vitam mirabiliter inmutati, de quorum aliquibus fit specialis mentio in legenda ordinaria, & similiter in attestationibus meis supradictis. Religiosi etiam quamplures diversorum ordinum ad eam accedebant, & omnes ac singuli bene consolati, & optime de ipsa ædificati, discedentes precibus impetrabant posse ad eam venire & revisere ipsam; nec soli juniores aut idiotæ, sed etiam seniores & docti quamplures sunt per eam mirabiliter in melius immutati, sicut patuit de magno Gabriele de.... ordinis fratrum Minorum, qui fuit vir per totam Italiam valde famosus in scientia & gratia prædicationis: & tamen ea audita, præ admiratione immutatus est animo, & eam sæpe devote visitabat. Patet etiam hoc idem de fratre Johanne.... probo & antiquo sacræ theologiæ magistro ordinis Eremitarum sancti Augustini de Senis, ac etiam de fratre Felice de Massa probo in ordine præfato lectore: qui ambo annis pluribus cum ea in Senis sunt conversati, & postea tempore felicis recordationis GREGORII papæ XI. in Avenione cum eadem sunt mensibus quatuor commorati, ac etiam cum eadem ad Italiam reversi. Ipse etiam magister Johannes præfatus postea euntem Romam tempore URBANI papæ VI. associavit, & cum ea quotidie habitavit usque ad diem felicis transitus ipsius sanctæ virginis ex hoc mundo ad sponsum suum. Quid ultra immoror, enumerare cupiens quot & quales diversarum ecclesiarum prælati, ac etiam abbates, viri notabiles diversorum ordinum ad eam confluebant, & speciali affectu venerabantur eamdem, prout de aliquibus latius patet in legenda, & ideo de illis hic pertranseo.

98. Cum postea Pisis essemus, & multitudo non parva utriusque sexus ad ipsam conflueret ut audirent eam; aliqui illorum ex devotione genua flectentes osculabantur manus ejus: quidam vero graviter ex hoc scandalizati murmurabant contra eam, nitentes totis viribus avertere omnes quantum poterant a devotione quam circa eam se habere ostendebant. Inter ceteros vero erat unus præcipuus medicinæ artis bene peritus, nomine magister Johannes Gutalebracia. Hic impatienter nimis ferens, quod retrahere non valebat, ut volebat, venientes ad eam, cogitavit eam confundere proponendo eidem quæstiones graves sacræ scripturæ. Insonuerat enim in vulgo quod ipsa explanabat scripturam sacram. Ut autem detractioni suæ, quam contra eam facere intendebat, magis adhiberetur fides, persuasionibus suis secum duxit quemdam jurisperitum qui vocabatur dominus Petrus domini Albizi, qui erat provectæ ætatis, & tam in scientia illa quam in moribus erat magnæ gravitatis vir. Venientes igitur ambo ad eam, soli cum eadem consederunt. Magister vero Johannes præfatus qui erat junior, loqui incipiens, dixit ei: Dominus Petrus qui est hic & ego audientes bonam famam tuam, & quod docta es in scripturis sanctis, venimus audire cupientes aliquid ex ore tuo pro consolatione nostra. Opto vero præcipue a te audire, quomodo intelligitur id quod scriptura dicit, quod Deus creando mundum dixit: Et factum est? Et adjecit: Numquid Deus os habet & linguam? Et multa alia perscrutatus, tandem de a se propositis responsionem petendo, siluit. Ipsa vero aperiens os suum, dixit: Miror valde quod vos qui estis aliorum doctores, venire vos dicatis ad audiendam unam mulierculam, cum congruum potius sit, ut vos me tamquam ignaram doceatis. Attamen ex quo vobis placet ut respondeam, dicam prout Dominus donabit. Quid ad me attinet, aut quid mihi utilitatis affert scire quomodo Deus, qui non est corpus, sed tantum spiritus, dicendo mundum creaverit? Sed utile, immo necessarium mihi video esse ac etiam vobis scire, videlicet Dominum JESUM CHRISTUM verum Dei Filium sumsisse naturam nostram pro nostra salute, passum ac mortuum fuisse pro liberatione nostra; hoc nosse mihi est necessarium ad salutem, ut ista credendo & meditando accendatur cor meum ad amorem illius qui sic me amavit. Hæc & similia cum magno fervore spiritus illa prosequente, D. Petrus jam dictis corde commotus, lacrymas con-

tinere non valuit: unde & furgens, difcooperto capite, genu flexo veniam petens ab ea. Ipfa vero hoc non ferens, proftravit fe ad terram, obnixe eum rogans ut furgeret. Quo renuente, poft longam & piam circa hoc concertationem, ambo fimul de terra furgentes, pariter confederunt. Poftea vero longo & dulci colloquio inter fe habito de pertinentibus ad falutem animæ, tandem idem D. Petrus, detracto iterum caputio, fupplicavit eidem virgini, ut dignaretur tenere ad baptifmum prolem, quam ex uxore fua fperabat in brevi habere: quæ & benigne recepit, & opere poftea complevit. Magifter autem Johannes præfatus, corde compunctus, humiliter venia ab ea petita, & confolatione non parva recepta, totus animo mutatus, & deinceps detractiones in laudem & commendationem virginis commutavit. Eodem fere tempore frater Raymundus confeffor fuus, qui poftea legendam fuam compofuit, motus latratibus murmurationum feorfum, me folo præfente, eam interrogavit dicens: O mater, nonne vides quot reverentiæ tibi ab advenientibus exhibentur? Et quia non prohibes, videtur multis quod in his habeas complacentiam; & fic fcandalizantur & murmurant contra te. Et adjunxit: Numquid, mater, tot honores & reverentiæ quæ tibi a tantis fiunt, non moveant ad aliqualem inanem gloriam mentem tuam? Quæ ad interrogata refpondens, ait: Quoad primum vere, ut plurimum de talibus reverentiis non adverto, nec per Dei gratiam mihi placent; fed cum veniunt præftitæ ad me, confidero bonum affectum advenientium, & gratias ago divinæ bonitati fic eas moventi, & mente ipfam exoro, ut ipfe qui movit, perficiat & impleat defideria fua quæ ipfe infpiravit. Ad fecundum vero fic refpondit: Miror quod creatura cognofcens fe effe creaturam, poffit vanam gloriam habere. Nos admirantes de tali refponfione, tacuimus. Fateor quod pro tunc non intellexi verbum. In proceffu vero temporis ruminando & meditando verbum prædictum, vifum eft mihi, ac etiam nunc videtur, quod noluit adhuc dicere, nifi concordare doctrinæ apoftolicæ dicenti: *Quid habes quod non accepifti?* Et ftatim fubdit: *Si autem accepifti, quid gloriaris quafi non acceperis?* Nec hoc dico, quia credam eam legiffe hoc in epiftolis B. Pauli, & fic quafi eum allegando, nobis refpondiffe. Non enim hoc credo, fed credo & firmiter teneo, quod ille qui apoftolum Paulum docuit, & vas electionis, id eft fanctarum fcripturarum armarium fecit, ipfe idem hanc dilectam fponfam fuam docuerit, nec folum quod fupradictum eft, fed & multa alia utilia & notabilia valde documenta ei tradidit. dum tam familiariter dignatus eft converfari cum eadem, ut in legenda ipfius latius patet. Ego etiam ipfe aliquid licet breviter & rufticane de hac materia in atteftationibus meis inferui.

99. Ut autem manifeftius appareat fuprafcriptam rationem ipfius virginis emanaffe ex doctrina quam a Salvatore noftro, ut dictum eft, diu ante acceperat, reducamus nobis ad memoriam, fi non piget, primum documentum quod ipfamet virgo fancta fatebatur fe habuiffe a Domino in principio domefticæ converfationis fuæ cum eodem. Dicebat enim fibi Salvator: Filia, volo difcas quis ego fum, & quæ tu es. Ego enim fum qui fum. Tu vero es quæ non es. Si hæc duo bene noveris, beata eris, nam femper eris humilis & obediens mandatis meis, cognofcendo me effe creatorem & Dominum, te vero creaturam & inutilem ancillam Domini tui. Per hanc doctrinam evades omnes laqueos inimici, cujus exercitium & ftudium eft femper fuadere mentibus incautorum reputationem & amorem proprium fui ipfius ufque ad contemptum mei. Per hanc vero doctrinam cognofces nihil effe a te. Si quid vero es, hoc habes a me, & fic debes femper te ipfam contemnere, & me femper magnificare. De hoc primordiali documento a Salvatore noftro facræ virgini dato, tamquam pro fundamento fpiritalis ædificii habetur in legenda ipfius virginis, ubi etiam latius & clarius explanatur.

100. Illis etiam diebus, dum virgo in Pifis moram contraheret, quidam non parvæ reputationis vir inter fpirituales perfonas, cognominatus A. Bianco, de civitate Caftelli, audiens de tanto concurfu univerfali omnium ad ipfam facram virginem, & de honore & reverentiis quæ eidem communiter exhibebantur ab omnibus, zelo accenfus & motus, eidem fanctæ virgini quamdam epiftolam prolixam & bene dictatam deftinavit, in qua acute eam nimis reprehendebat, quia talia fuftinebat fieri circa fe. Allegabat enim in contrarium gefta & documenta Salvatoris, doctrinam etiam & exempla fanctorum, fubjungendo etiam quod talis modus vivendi videbatur effe periculofus & potius vituperandus quam commendandus. Hortabatur etiam eam ut fugeret publicum, & folitudinem quæreret, concludendo quod illa eft vita fanctorum, ifta vero hypocritarum & propriam laudem quærentium. Hæc epiftola pervenit primum ad manus fratris Raymundi confefforis jam dicti. Qua perlecta, tam ipfe quam ego qui præfens eram, ira permoti contra fcribentem, putantes quod non ex caritate, fed ex æmulatione, & quod ftimulo invidiæ agitatus fic fcriberet, conferebamus ad invicem dicentes quod bonum effet dictam epiftolam ipfi facræ virgini non præfentare, fed contra illum refcribere, & ipfum tamquam temerarium & fpiritalis vitæ ignarum acriter redarguere. Sic diu nobis muffitantibus, & quandoque inter

nos vocem altius elevantibus, perpendit virgo sacra quæ a nobis erat non valde remota, nos ira esse non commotos. Quare ad se illico vocari fecit. Audita autem causa nostræ turbationis, ait: *Date mihi litteram ut legam eam.* Frater vero Raymundus nolebat eam sibi tradere, intendens facere quod primitus dixeramus. Ipsa vero dixit: *Et si mihi illam non vultis dare, saltem ex quo mihi dirigitur, debeo eam audire.* Legit ergo litteram illam frater Raymundus, ipsa sacra virgine audiente. Cumque coram ea contra scriptorem illius litteræ ambo pariter fremeremus, ipsa nos benigne redarguens ait: *Vos una mecum deberetis regratiari ei qui hanc litteram misit, cum videatis quod tam dulciter & aperte de salute mea me admonet. Qui etiam timens ne in via Dei decipiar, contra versutias inimici mei tam provide cautam reddit. Unde vos & ego obligamur caritati suæ. Volo ergo habere litteram istam, & respondere ac regratiari sibi:* quod & fecit laudabiliter & virtuose nimis, prout clare patet litteram illam legenti. Cum autem frater Raymundus adhuc instaret quod volebat & ipse respondere & increpare illum: ipsa omnino prohibuit torvo vultu, redarguens nos de tanta impatientia, & quia opus bonum interpretabamur in malum. Sic ergo verbo pariter & exemplo quotidie nos retrahebat a vitiis, & ad virtutum actus & opera dulciter confortabat. Quamquam ego, ut non sine mei rubore & verecundia dixerim, velut terra arida de tam fluenti & aperta cœlesti doctrina, quam operum exhibitio confirmabat, pene nullum boni operis fructum protulerim. In aliis tamen plurimis utriusque sexus personis, non sic evenit. Nam ex illis multi velut terra bona fructus uberrimos bonorum operum reportarunt, quorum nomina hic inserere gratia brevitatis omittam. Et etiam quia de multis talibus in legenda specialis fit mentio. Præmissa ergo sunt illa quæ mihi ad præsens occurrunt supplenda, post per me narrata in supradictis attestationibus meis. Et hæc sufficiant quoad primum principale.

Erga reprehendentem quam bene affecta.

101. Quo vero ad secundum principale, ubi videlicet dicitis quod quædam quæ in attestationibus meis jam dictis narro, videntur contradicere narrationi legendæ de eisdem rebus, præcipue de restitutione famæ factæ per dominam Andream, quam ego scripsi fuisse factam post epotationem illius spurcissimæ saniei. In legenda vero, ut dicitis, continetur quod causa retractationis dictæ infamiæ fuit visio quædam ostensa dictæ Andreæ.

102. At respondeo primo, quod narratio mea prædicta non contradicit legendæ, licet non faciam mentionem de illa visione. Sæpe enim in evangeliis reperitis quod eamdem historiam evangelista unus narrat extense, alius vero eamdem narrat truncate. Ejus rei exempla hic inserere omitto gratia brevitatis, & etiam quia nota sunt evangelia legere consuetis. Nec tamen ex hoc dicuntur sibi invicem contradicere, ut clare docet Augustinus in libro de Concordia evangelistarum. Secundo respondeo, quod recordor de visione illa me illis temporibus audivisse. Sed quando scripsi prædictas meas contestationes, pro tunc meæ memoriæ non occurrit: nec mirum, cum transierint anni quadraginta, & forte ultra, ex quo audivi: oblivio vero sit naturaliter concomitans senectutem. Licet ergo ego visionem illam non inseruerim narrationi meæ, tamen illam non negavi, quod esset contradicere legendæ; nec nego, sed affirmo. Similiter si legenda narrat illam infamiam evenisse tempore infirmitatis dictæ dominæ Andreæ: ego vero in narratione mea prætendo infamiam eamdem præcessisse tempus infirmitatis ejusdem Andreæ, puto me scripsisse veritatem, quia alia fuit occasio dictæ infamiæ, quam illa quæ ponitur in legenda, quam narrare omisi & omitto, eo quod nimis esset longa narratio, & utilitas nulla. Nec ob hoc contradico legendæ, quia possibile est quod sicut ante infirmitatem suam sacram virginem infamavit, ut ego narro; sic & tempore suæ infirmitatis iterato simile fecerit, ut narrat legenda.

103. Ad id vero quod dicitis de motivo primi transitus ipsius virginis sacræ ex hac luce, nullam invenio repugnantiam dictorum meorum contra narrationem legendæ. Nam in legenda dicitur, quod ex violentia divini amoris creperit cor ejus, & scissum est a summo usque deorsum, & ex hoc mortua est. Ego vero in attestationibus meis idem dico, sed non eodem modo narro, nec ita compte sicut in legenda. Ex hoc tamen nulla sequitur contradictio.

104. Cum vero tertio dicitis, quod narratio mea de stigmatibus videtur contradicere narrationi legendæ, ex eo quod ego ibi dico dictos dolores cum doloribus aliarum passionum ipsius virginis, videlicet capitis, pectoris, & iliorum perseverasse in ea usque ad finem vitæ ipsius. Legenda vero narrat, quod ad instantiam filiorum & filiarum ipsius in Christo, ipsa rogavit Dominum, ut, si esset pro meliori, removeret ab ea dolores illos stigmatum, qui tam diri erant, quod necessario infra paucos dies vitam ejus corporalem violenter extorsissent, & subdit legenda, quod exaudita fuit, & quod vulnera illa non affligebant corpus, sed potius confortabant. Hic ego dico quod dictum legendæ credo esse verum, & sic fuisse affirmo, quia præsens fui ibidem, quando illa omnia sic acta fuerunt, sicut legenda narrat. Potuit tamen esse, servata supradicta veritate legendæ, quod dolores illi tam diri & acerbi fuerint precibus ejus a Domino mitigati,

quod ex hoc dicebantur non affligere corpus, sed potius confortare, quemadmodum tepidus in comparatione excellenter calidi, apparet frigidus, licet non sit. Sic ergo ex quo mitiores erant, videbantur sibi dolores illi non diri & acerbi, sed dulces & consolatorii, sicut de doloribus aliarum passionum jam dictarum accidebat sibi. Nam ut in attestationibus meis dixi in capite quod incipit, *Considerans igitur virgo sancta*, ipsa pro quodam refrigerio animi sui contra tædium quod procedebat ex prolongatione incolatus vitæ præsentis, petivit a Domino, ut pro munere donaret sibi passiones jam dictas: quas cum impetrasset, & graviter cruciaretur, non erat tristis, nec turbulenta, sed hilaris & jucunda, ut sequitur ibidem. Legenda etiam in eodem 6. cap. 2. partis asserit hoc idem, videlicet quod petivit a Domino sibi dari pro munere singulari passiones omnes prædictas. Et sic manifeste apparet, quod dolores illi non affligebant eam, sed potius erant eidem refrigerium singulare, cum per dolores illos a Domino impetratos videret se superamantissimo sponso suo Christo in pœnis aliqualiter conformari. Sic ergo & non affligebant corpus intolerabiliter, videlicet ut prius, quin potius confortabant, ex redundantia spiritualis gaudii quod in mente generabant. Sic ergo fortasse, ut scripsi, permanebant dolores illi in corde ejus usque in finem vitæ illius, taliter tamen mitigati. Et ne mea hæc interpretatio videatur nimis extranea, similem locutionis modum invenietis in præallegato 6. capite, ubi ultra medium dicti capituli ad litteram sic habetur. *Ad cujus probationem sive indicium dicebat ceteros dolores in suo corpusculo pertransisse, illumque tantummodo remansisse.* Et statim sequitur: *Unde quamvis continue pateretur dolores iliacos & dolorem capitis incessanter, hunc tamen dolorem vehementiorem esse dicebat.* Posset etiam forsitan non incongrue & aliter responderi, videlicet, quod non omnia & singula verba illius vel alterius cujuscumque legendæ sic sunt libranda & ponderanda, ac si essent verba sacramentalia, aut evangelica, quibus nec unum iota vel apicem addere vel mutare cuicumque licet.

105. Perpendo autem quod ordine præpostero ad legendam quædam hic ac etiam in attestationibus meis sæpedictis scripsi: qui error tolerandus est, dummodo permaneat veritas facti. Nam & evangelistæ quandoque sic narrant gesta Domini Salvatoris, ut per B. Augustinum patet in præallegato libro. Non ergo vos vel alius quicumque debetis scandalizari, immo nec mirari, si varie legenda aliquid narrat, & ego vel alius quicumque, dummodo in narratione non sit realis contradictio. Et hæc sufficiant quoad secundum principale.

106. Quo vero ad tertium principale, videlicet quod illa mea narratio in suo fine videtur vobis potius ex abrupto truncata, quam fine debito terminata. Fateor etiam mihi sic apparere. Sed importuna sollicitatio vestra, & opportunitas fidelis nuntii, qui ad sibi tradendum scripturam illam me infestabat, rusticitatem & ignaviam meam aliqualiter excusat. Ut ego nunc aliqualiter suppleam quod tunc omisi truncate nimis, notandum quod multa alia miranda curationum corporalium opera memoriæ meæ recurrunt per sanctam virginem perpetrata, ultra illud quod in attestationibus meis factum circa dominum Matthæum ultimo narravi. Nam occurrit mihi qualiter & eodem tempore tam fratrem Raymundum quam adhuc me miraculose de eodem morbo pestifero liberavit; ac etiam de resuscitatione genitricis ejusdem sanctæ virginis facta meritis & orationibus ipsius: quam, si me non fallit memoria, ab ipsa virgine sancta recitante cognovi. Certus vero sum quod a fratre Thoma confessore ipsius audivi, & ab aliis sororibus quæ resuscitationi præfatæ præsentes fuerunt, de quibus fit mentio in legenda. Cum enim essem quotidianus socius ipsius fr. Thomæ confessoris prædicti, nihil mihi occultabat, sicut nec ego sibi. In processu etiam temporis per ipsam sanctam virginem datus sum in socium continuum fratri Raymundo confessori ipsius virginis, qui & ejusdem legendam postea compilavit. Recordor etiam de miraculosa curatione Nerei Laudocci de Paglarensibus, & Stephani Currani de Maconibus, ambo de Senis, quos beata virgo in Janua mirabiliter liberavit, ut latius scribitur in legenda. Eram enim tunc præsens, quando cum ipsa sancta virgine & prædictis duobus juvenibus & aliis multis, qui erant de familia ipsius virginis numero xxi. & ultra, ut puto, habitavimus per mensem in civitate Januæ in domo cujusdam nobilis & devotæ matronæ, quæ dicebatur domina Orietta Scota, & quæ in civitate illa erat magni nominis & famæ communiter apud omnes. Et quia de his & multis aliis curationibus morborum corporalium per sanctam virginem factis & mihi notis in legenda fit extensa narratio, ideo gratia brevitatis pertranseo. Unum autem tantummodo narrabo, aliis omissis, in quo uno multa mirabilia & merito notabilia continentur. Cum enim Romæ ipsa gravissime ægrotaret, de quo languore anima ejus de corpore ac de præsenti sæculo nequam educta est, ego cum tunc temporis essem prior in conventu Senensi ordinis mei, per provincialem meum Romam missus fui pro quibusdam negotiis ordinis exequendis. Ex obedientia igitur iter arripiens, sabbato sancto Paschæ circa horam vespertinam Romam perveni. Statim ergo accessi ad domum ubi sancta virgo manebat, cupiens eam visitare, ignorans tamen

De ultima ejus ægritudine. eam decumbere. Cumque intrassem domum ubi manebat, notificatum est mihi de gravi infirmitate ipsius. Mœstus ergo ad eam intravi. Inveni autem eam jacere super tabulas quas ambiebant tabulæ ad mensuram corpusculi ejus in longum & latum. Verum tabulæ supereminebant paleis, ita ut videretur quasi sepulta in defosso loco. Accessi ad lectulum credens more solito posse familiariter loqui cum eadem. Cum ergo appropinquassem, vidi corpusculum illud taliter attenuatum, quod ossa singula & nervi facile enumerari valebant. Sic erat squalidum quasi longo jam tempore solis ardoribus fuisset adustum, cum consuevisset esse competenter formosum. Quo ego viso stupui, & dolore cordis percussus gemebunda voce cœpi eam vocare, dicens: O mi mater, quomodo est tibi? Quæ me viso, lætificata respondere voluit, sed non valuit, nisi tam depressa voce, quod ipsam intelligere nullatenus valui, quare inclinavi aurem meam juxta os ejus. Et sic cum difficultate intellexi ipsam mihi respondentem & dicentem quod bene sibi erat per gratiam nostri dulcissimi Salvatoris. Notificata ergo sibi per me causa mei itineris, subintuli & dixi ei: O mater, cras Pascha Domini est, volo ego cras celebrare hic, & tam tibi quam etiam filiis tuis Corpus Domini ministrare. Ipsa vero respondit: O utinam placeret dulcissimo Salvatori nostro quod possem communicare! His dictis, discessi. Mane vero sequenti accessi, perficere optans quod sero præcedenti promiseram me illo mane facturum. Accessi ad eam auditurus ejus sacramentalem confessionem, sicut fueram hactenus consuetus. Confessa est ut potuit, sed verba intelligere non valebam, nisi inclinassem aurem ad os ejus, sicut sero feceram præcedente. Audita autem confessione ejus, & facta per me absolutione, licet non sperarem quod posset Corpus Domini recipere, sicut nec aliquis nec aliqua de filiis & filiabus suis sperabat, quia per multos jam dies jacebat immobilis, quod nullatenus poterat non solum se totam movere, sed nec pedem aut manum mutare. Tamen pro pœnitentia injunxi sibi ut rogaret sponsum suum quod in tanta solemnitate tam sibi quam nobis concedere dignaretur tantum gaudium, videlicet quod ipsa cum filiis & filiabus suis communionem reciperet illo mane. His peractis, accessi ad altare, quod prope prædictum lectulum situm erat, hostias præparavi, ut erat expediens, tam pro ea quam pro nobis, licet pro ea modicam spem haberem. Manebat enim sic immobilis sicut prius. Legi missam meam, sed usque ad sumtionem Sacramenti illa immobilis permanebat. At peracta mea communione, & ablutione tam oris quam digitorum, ut est moris, stupentibus cunctis qui aderant, & præ gaudio plurimis ex eis lacrymantibus, ipsa subito per seipsam absque ulla difficultate de sepulcro, ut ita dixerim, corpusculum illud emortuum secum ferens, ad altare pervenit: ubi reverentissime genuflexa, oculis clausis, & brachiis cancellatis, stetit donec sacram Eucharistiam dedi ei, & vinum ad os abluendum, ut est de more, porrexi. Quo accepto, aliquamdiu absorpta a corporis sensibus stetit, sicut fuerat hactenus in tali actu quotidie assueta. Cum vero post extasim talem sibi semper post communionem consuetam restituta esset sensibus, sic est facta immobilis sicut fuerat prius, nec valuit per se redire ad lectulum, sed manibus spiritualium filiarum suarum illuc fuit deportata, pariter & locata. Licet autem sic esset immobilis, ut dictum est, concessum tamen sibi fuit a Domino pro aliquali refrigerio animi sui, totis illis paucis diebus quibus postea fui in Roma, ut taliter posset loqui, quod clare audiebam & intelligebam verba sua. Tunc aperuit mihi indicibiles molestias & corporales pœnas a dæmonibus sibi inflictas: ex eo videlicet quod ardentissimo nimis desiderio orabat quotidie pro pace sanctæ ecclesiæ. Optabat etiam & petebat a Domino puniri in corpore suo pœnis debitis pro peccatis illorum qui erant causa tanti mali, videlicet schismatis contra summum pontificem URBANUM VI. quem ipsa asserendo dicebat indubitanter summum esse pontificem. Addebatque: Pro certo teneatis, quod si contingat me nunc mori, nulla alia causa est mortis meæ, nisi vehementissimus ardor & zelus qui comburit cor meum & consumit medullas ossium meorum pro ecclesia, pro cujus liberatione libenter hoc patior, & mortem subire promto animo sum parata. Hæc & multa alia tunc colloquendo narrabat, quæ omnia in legenda latius explicantur, ideo pertranseo. Post paucos vero dies expeditis negotiis pro quibus missus eram, sollicitabat me socius ad recessum; ego vero dissimulabam. Tandem ipso me importune sollicitante, de hoc contuli cum eadem. Ipsa vero respondit, quod conveniens nimis erat, quod tunc reverteremur ad eum qui miserat nos. Tunc adjeci: Quomodo, mater, possum ego recedere, & deserere te in extremis laborantem, cum si essem in remotis partibus, & hoc scirem, merito deberem, omnibus omissis, statim occurrere, & venire ad te? Et adjeci: Nullatenus recedam nisi videam te taliter convaluisse, quod merito possim sperare te de hac infirmitate posse evadere. Ipsa vero dixit mihi: Fili, tu nosti quod refrigerium mihi est habere mecum filios quos donavit mihi Dominus, quos diligo in veritate, & quod consolatio non parva mihi esset, si placeret dulcissimo Salvatori nostro, præsentia patris mei fratris Raymundi & vestra; sed placet sibi quod sim privata utroque. Cum ergo velim

Prædicti Raymundi electionem in generalem.

» velim non meam, sed suam voluntatem im-
» pleri; expedit quod vadatis. Et quia de pro-
» ximo, ut nostis, debet celebrari capitulum
» generale ordinis vestri in Bononia pro ele-
» ctione magistri facienda, volo quod vadatis
» illuc, & ibi eligetur pro dicto officio pater
» meus frater Raymundus, cum quo volo sitis,
» & ab ejus voluntate numquam recedatis. Et
» hoc quantum possum vobis mando. His auditis, respondi me facturum omnia, quæ
mandaverat, dummodo eam viderem prius
convaluisse, ut prius dixeram. Et adjeci: Si
» Domini voluntas est, quod, ut dicis, va-
» dam; roga eum quod antequam recedam,
» videam te convaluisse. Quæ respondit se Dominum rogaturum. Fecit ut promiserat, &
ecce die sequenti cum venissem ad eam,
sic ipsam inveni hilarem & jucundam, sicut
retroactis temporibus cum iliacos patiebatur
dolores læta jacebat. Ego hoc videns lætus
ad eam accessi. Ipsa vero quæ, ut prius dictum est, prius erat immobilis, brachia sua
extendens tam dulciter amplexata est me,
quod si bene recolo, præ gaudio lacrymas
emittere sum coactus. Ex tunc ergo ipsa secundum Domini voluntatem, iterum me
hortari cœpit ad recessum. Ego vero, ut
cum Propheta mihi liceat loqui, a Domino
seductus deliberavi iter arripere. Recessi igitur; sed postquam perveneram ad conventum meum Senensem, notificatum est mihi
per litteram ab uno filiorum ejus, quomodo
ea die non diu post recessum meum, ipsa
redacta est ad eumdem statum, id est ad
corporis & membrorum immobilitatem sicut prius fuerat. Inde vero ad paucos dies,
ut legenda narrat, feliciter transivit ex hac
vita moribunda & valle miseriæ, ad diu de-
sideratos dulces amplexus sponsi sui.

107. Circa finem vero vitæ suæ, quam sancte & quam laudabiliter in omnibus ad se & ad
suos pertinentibus se habuerit, novi ego ex auditu ab his qui ibi præsentes fuerunt; sed
quia in legenda ordinate & latius enarrantur,
hic pertranseo. Verum post transitum ipsius
virginis adveniens ego Romam post plures
annos, cum die quadam familiariter loquerer cum venerabili viro domino Thoma Petra de regno Siciliæ oriundo, S. R. E. & domini papæ notario, qui multis annis eidem
virgini fuerat familiaris, in nostra locutione
incidit sermo de eadem, de qua cum ipse
multa laudabilia enarrasset, quæ de ea noverat tam tempore vitæ ipsius, quam etiam
tempore mortis ejus, ac etiam plura mirabilia, quæ post transitum ipsius contigerant;
quia ipse præsens omnibus prædictis extiterat, & de quibus omnibus in legenda sit
mentio. Post multa, ut dictum est, enarrata
subintulit narrans de seipso. Dicebat enim se
ab ejus felici transitu die trigesima vel circa
habuisse de ea mirabilem pariter & devotam
visionem, quam tunc mihi enarravit. Post

Vet. Script. & Mon. ampl. Collect. Tom. VI.

plures vero annos cum essem Venetiis & ipse
Romæ degeret, per meas litteras ipsum ad-
juravi, quatenus dictam revelationem redigere dignaretur fideliter in scriptis, & mihi
transmittere. Quod ut nostis fecit. Cujus tenor de verbo ad verbum hic sequitur.

108. Exigit, venerabilis magister, sanctæ *Revelatio fe-*
tuæ venerationis hortatus, edici tibi ad Dei *licis status*
gloriam & honorem, quæ fuerit & quomodo *S. Catharinæ.*
processerit revelatio illa sanctissima super
omne quod in hac vita obtineri valeat pretiosa, de statu felicis animæ Christi sponsæ
Catharinæ Lapæ de Senis in consortio agminum beatorum. Cumque non sit extin-
guendus spiritus veritatis, nec tantæ rei lux
sub modio abscondenda, ne talis absconsio
mihi præjudicet apud Deum, sitque, quod
absit, meæ detrimentum salutis, ipsum contestor Deum & tremendum Dei judicium
me veritate purissima relaturum, in quantum rememoratio fragilis texti temporis in-
sta, quo cum felicis recordationis Urbano
VI. summo pontifice plurima vitæ pericula
pertuli, suffragatur. Dum ergo dicta virgo ageret in extremis, integri tamen adhuc sensus
existens, accersitus & exoptatus visitare ipsam, cum esset mihi Christi gratia strictasa-
tis filiatione conjunctaque affectu purissimæ
caritatis adeo quod me patrem suum vocaret. Accessi & eam reperi in hortulo domus
quondam Paulæ de .... almæ Urbis super
quadam asside satis debilitatam jacentem,
& aio: Mater, videtur quod sponsus tuus «
Christus vult te vocare ad se a vita præsenti, «
disposuistine aliquid pro tali discessu? At illa «
quid possum disponere paupercula nihil ha- «
bens? Ad quam ego poteris ordinare nobi- «
lissimum testamentum dando modum vi- «
vendi post tuum transitum sequentibus te. «
Et ego volo id agere propter Deum. Et ipsi «
obedient hujusmodi tuæ voluntati. At illa, «
placet, & faciam cum gratia Jesu Christi. «
Quod statim postmodum complevit, & ob- «
servata est voluntas ejus. Aio iterum: Ma- «
ter, peto propter Deum, ut id quod secun- «
do jam petam mihi annuas amore Christi, «
quod videlicet stringas te ex nunc cum tuo «
sponso Christo Jesu, pro obtinendo gra- «
tiam ostendendi mihi statum animæ tuæ post «
discessum. At illa: Impossibile hoc videtur. «
Nam anima quæ est in alia vita, aut est sal- «
va, & tunc ob perfectum gaudium summi «
boni miseriarum vitæ hujus oblita est, alio- «
quin id bonum perfectum non esset: si vero «
damnata sit, ob infinitam pœnalitatem con- «
solationem hanc obtinere nequit. Quod si «
in purgatorio sit, de utroque participat, & «
cum quælibet partium prædictarum id im- «
pedire per se potens sit, multo magis tertia «
ista. At ego: Non veni disputaturus cum «
Spiritu sancto, nec puto te in his excludere «
potentiam ejus. Confido in Deum, ideo «
peto; tu vero, si placet, ulterius non in- «

VVuu

" sistas, nec differas mihi promittere quod
" confidens avide posco. At illa annuit, re-
" mittens seu committens se gratiæ Christi, &
" me sibi obnoxium commendans, & paulo
" postmodum expiravit. Elapsis autem octo
diebus post ejus discessum, summo diluculo
venit ad me vir magnæ reputationis in sanctitate, Johannes Pisanus nomine, tunc vivens, & tacto ostio cameræ, quam cito ape-
" rui, Inquit autem: Venit ad te Catharina de
" Senis? Ad quem ego, quomodo potest ad
" me venire, cum jam obierit diu est? At ille:
" Scias quod venit ad te; & verso capite abiit,
nec vocatus ultra se vertit; sed protinus ab
audiendo discessit. Sic alter hujusmodi testis
egit per omnia altero mane. Sic tertius tertio mane, & sic de singulis usque trigesimum vel circa diem. Et omnes erant similiter Deo devoti, & personæ magnæ devotionis & sanctæ vitæ. Unde ex tanta confor-
mitate existimo hos angelos Dei fuisse, qui
se transformaverint in species mihi notarum
supradictarum personarum ad me magis cer-
tificandum. Die autem trigesima prima vel
circa, Dominicus dies erat, perlectis nocturnis post mediam noctem, posui me ad quiescendum, & ecce circa crepusculum in cœlum serenissimum & apertum receptus, vidi
maximam multitudinem spirituum beatorum processionaliter incedentium in albis vestibus de more diaconorum assistentium prælato suo solemniter celebranti, excepto quod
stolas habebant more presbyterorum, ibantque
trigeni & trigeni per totum amicti stolis, deferentes extenta pallia, supra dictam Catharinam &
sanctas reliquias, cruces, candelabra argentea
cum accensis cereis sive faculis ceræ virginis
& albissimæ, ornamenta altarium, litteras,
quinternos, & alia suavissima instrumenta,
cantantes per singulas acies diversas laudes,
utpote *Kyrie eleison* novies. *Gloria in excelsis,
Sanctus, sanctus, Benedictus, Te Deum laudamus.* Ego vero ex his quamvis propter magnitudinem ad primum stupens, tamen promissi memor effati, resumtis animi viribus,
quemdam ex illis angelis tangens aio: Quid
" agitis? At ille: Conducimus animam. Ca-
" tharinæ de Senis ante conspectum divinæ Ma-
" jestatis. Et dum ille cum pluribus sequentibus
" pertransisset, alium tangendo, inquam: Ubi
" est illa? At ille perinde me intellexit, immo
totus chorus absque alio quæsito, in tantum
voti mei informatus est. Mira res, quod aperiens se chorus ipse in modum alarum ad
longissimum spatium, qui prope eam erant,
segregaverunt se in modum circuli, dimissa
ea in centro sola induta omnimode sicut ipsi.
Habebat tamen in suo circuitu formæ alium
circulum, sicut pingitur Salvator in tribu-
nalibus ecclesiarum. Manus autem ejus com-
plosæ erant palmis ad superiora circa pectus
versus mentum suum. Caput vero & oculi
proclivi erant, quasi vestigia sua inspiceret.

Tunc ego, ea bene recognita, quoad formam corporis, non quoad vultum, oro Deum
omnipotentem, ut hanc dignetur perficere
visionem, & animam meam consolari de
certa notitia vultus illius. Et ad subitum exauditus, elevans ipsa caput, & visum me cum
amœna quadam grati subrisus sanctæ suæ
consuetæ ac perpetuæ alacritatis hilaritate
inspexit, & illico visu reflexo, acies chori directa, ut prius, cum hymnis & laudibus sua
iterum officia perfecerunt. Egoque excitatus, indutus eram, & lumen habebam in
camera, subito cum multa jucunditate sur-
rexi, gratias agens Deo, visionem notavi,
& ex tunc de tam ingenti gratia perpetuo
consolatus nihil curavi, vel curo quomodo
degam in dies, nisi ut possim placere Deo,
nec expavi tormentum regum & adversariorum Ecclesiæ, eorumque turbam contrariam
veritati; sed secutus sum in periculis Urbanum VI. ut plene nostis, & cum eo obsessus,
cujus liberationem a carcere procuravi, omnia prava consilia contemnens, eum pericu-
lare vel solum relinquere in maribus æmulorum effugi. Ex quibus in campo præconi-
zatum est, ut quicumque me traderet hostibus vel vivum vel mortuum quacumque
morte præter naturalem lucraretur sex millia
florenorum, & tamen præcones captum a
nostris gentibus & sagittis expositum liberavi.
Sic me Deus adjuvet, & faciat me participem
suavitatis effatæ. Vale Deo & ora pro me.
Romæ in lare proprio regionis Parionis ultima die totius anni 1402.

109. Hæc ergo pauca per me noviter su-
peraddita attestationibus meis supra sæpius
nominatis, si vobis non sufficiunt, patientiam habeatis & in caritate supportate imperfectum meum quo undique circumdor,
& premor valde. Si vero vel aliqualiter vobis satisfaciunt, gratias agite Deo, a quo
omne bonum, & sine quo nullum. Cui laus,
honor, & gloria, per infinita sæcula sæculorum. Amen.

*Sequuntur subscriptiones notariorum in for-
ma publica & ipsius fratris Bartholomæi, quas
gratia brevitatis omitto.*

110. Ulterius quoniam in supradicta in
principio hujus processus descripta querela,
fit mentio qualiter dominus episcopus Castellanus etiam habere debeat aliquam informationem ab aliquo patre, sive a patribus de
conventu S. Dominici de Venetiis; super materiam celebritatis dictæ virginis factæ jam
& diu in dicto conventu: hinc est quod R.
P. frater Dominicus de Scrutari ordinis Prædicatorum & actualiter prior dicti conventus,
in quo prioratus officio ibidem fuit jam anni
sunt plures; cum audisset de supradicta querela & quibusdam aliis, tandem etiam in
particulari voluit informationem exhibere
de prædictis suprascripto domino vicario dicti
domini episcopi nedum semel, sed pluries

oraculo vivæ vocis. Et ita fecit. Nec hoc sibi suffecit, quia etiam idem facere voluit per scripturam, & non solum ipse, sed etiam omnes principales patres supradicti conventus S. Dominici se in scriptura dicti prioris manu propria subscripserunt. Quam scripturam suam cum aliis subscriptionibus præfatorum patrum dictus prior præsentibus pluribus anno Domini secundum morem istius curiæ 1413. die 3. Januarii dicto domino vicario præsentavit. Cui scriptura præfata placuit, quemadmodum aliæ supradictæ, cujus scripturæ tenor talis est.

Sequitur hic supradicta scriptura cum aliis similibus, quas omitto transcribere, quia repetunt eadem, quæ supra jam sunt dicta atque confirmant.

111. Finaliter anno Domini 1413. secundum morem curiæ nostræ die quinta mensis Januarii, indictione sexta, die videlicet Epiphaniæ, convenientes venerabiles viri, qui fecerant jam est annus & ultra dimidium alterius querelas, de qua querela, & de quibus viris supra in principio hujus processus facta est mentio, deliberaverunt iterum redire ad supradictum dominum FRANCISCUM BEMBO episcopum Castellanum de Venetiis. Et hoc quia cum dictus dominus episcopus ad petitionem ipsorum ordinasset requiri aliquas reverendas personas & patres, & signanter ordinis Prædicatorum, quæ & qui dare deberent veridicas informationes de vita virtutibus & doctrina B. Catharinæ de Senis, ac etiam de celebritate quæ de ipsa fiebat in conventu SS. Johannis & Pauli, & S. Dominici de Venetiis ordinis præfati Prædicatorum; & hoc plenarie factum esset, tam per dictum dominum episcopum, quam per ejus vicarium, cui dictus dominus episcopus idipsum commiserat, obtinendo informationes præfatas non solum a fratribus Prædicatoribus, sed etiam ab aliis diversorum ordinum etiam existentium a remotis; ac per hoc ego notarius dicti domini episcopi, & quidam alii ostendissent præfatis viris informationes prædictas, ac de ipsis remanerent & essent plene contra quodvis dubietatis scrupulum quietati, & de veritate celebritatis supradictæ rite & debite observatæ, & consimiliter de veritate sanctitatis vitæ & doctrinæ & virtutum virginis juxta votum specialiter informati. Et adhuc quomodo tam conventus supradicti ordinis Prædicatorum, quam etiam capitulum provinciale provinciæ S. Dominici de mense Octobris celebratum determinaverit, quod dicta celebritas sive commemoratio dictæ virginis eodem modo quo in attestationibus declaratur, semper fieri debeat in futurum quemadmodum factum est in præterito, ac per hoc etiam ipsum qui querelam deposuerant, modo consimili essent cum fratribus Prædicatoribus prædictorum conventuum ad dictam celebritatem profe-

quendam totis affectibus provocati, decreverant ad dictum dominum episcopum Castellensem, ut dictum est, iterato accedere, atque me notarium infrascriptum cum quibusdam aliis secum adducere, ut videlicet ipsi domino episcopo de supradictis attestationibus, informationibus, & declarationibus per ipsum procuratis juxta ipsorum votum regratiarentur, seque eidem offerrent, ac etiam ab eodem impetrarent, quod ad dictam celebritatem memoriæ virginis decenter fiendam eo modo quo alias factum est, etiam suam auctoritatem interponere deberet, mihique notario infrascripto imponeret, ut omnia suprascripta in publicam formam redigere deberem: quæ omnia executioni mandata sunt in omni meliori modo & forma, ut constat ex actis publicis in libro processus descriptis, quæ gratia brevitatis transcribere omitto.

Sequitur deinde subscriptio solita notarii ac nomina testium.

112. Item post expeditionem supradictorum, sit hæc legentibus etiam notum, qualiter quemadmodum pluries supra nominatus fr. Thomas Antonii de Senis ordinis Prædicatorum de consilio supradicti domini vicarii episcopi Castellani, scripsit quamplurimis hinc inde, ut occasione supradictæ in principio hujus processus querelæ aliquam informationem de vita & doctrina B. Catharinæ de Senis in scriptis publicis deberent dicto patri fratri Thomæ Venetias commoranti transmittere, & sic factum est per plures, ut patet ex supradictis; ita etiam præfatus pater frater Thomas, prout mihi notario infrascripto constat, de consilio ejusdem domini vicarii scripsit anno 1411. cuidam R. P. fratri magistro Angelo de Senis ordinis Minorum, cujus contestatio sequitur, & est talis videlicet.

113. In nomine Domini nostri JESU CHRISTI. Amen. — Contestatio fr. Angeli de Senis.

Noverint universi præsentes litteras inspecturi, quod ego frater Angelus Salvetti de Senis ordinis Minorum, magister nomine in sacra pagina, & lector actualis conventus majoris de Venetiis, ejusdem ordinis Minorum, devotione actus illius B. Catharinæ de Senis, cujus precibus desidero adjuvari, tum etiam ex veritate a quibusdam mihi relata, quorum testimonio sine ulla dubitatione in quibuscumque etiam ordinis standum arbitror, & finaliter adhærendum, propalare cogor ad laudem omnipotentis Dei, qui suis in sanctis semper est mirabilis, ad reverentiam fidelium excitandam pariter & imitationem ejusdem dictæ beatæ virginis, dignum duxi contestari quæ veridica relatione hinc inde, & pluries de ipsius vita miranda & doctrina sibi divinitus data, mihi contigit audivisse, vidisse, vel quomodolibet alias cognovisse.

114. In primis cum essem in sæculari habitu in civitate Senarum, per effectum cognovi & firma veritate per experientiam percepi ejusdem virginis mirabilem efficaciam a Deo, qui dator est munerum, erga mutationem peccatorum non solum sæcularium, sed religiosorum, & cujuscumque status singulariter habuisse. Eo namque tempore per colloquium quod secum habuit quidam beatæ memoriæ fr. Lazarinus de Pisis ordinis S. Francisci, tanto Spiritus-sancti calore remansit ignitus, ut non solum omnibus rebus & librorum usibus renuntiaret, verum etiam & omnem fratrum conversationem fugiens, ad locellos devotionis Columbariæ & S. Processi se statim transtulit, & si quando coactus gratia prædicationis exiret, verba in conversationem hominum velut sagittas potentis ignitas ad penetrandum corda audientium non inaniter emitteret. Sed cum magno fructu animarum ejusdem B. Virginis conversativa adhæsione cœperunt nobiles ejusdem civitatis, ceteri cives, juvenes & senes quammulti utriusque sexus tot & tales animari ad Deum, ut sortirentur nomen commune, quod usque in præsens in laudem dictæ virginis remansit, scilicet Catharinati.

115. Item, postquam indigne cœpi gerere habitum fratrum Minorum, conversationem frequentem habui cum Christophoro Ghani de Senis scriba & fratre hospitalis S. Mariæ de Scala, viro magnæ caritatis, justitia pleno, & habituato mirabiliter in mentalibus elevationibus, cui omnium magnorum fides esset adhibenda, cum usque ad mortem in vita sanctitatis vixerit & irreprehensibiliter. Ab eodem scilicet Christophoro multa & miranda audivi, quæ de visu mihi loquebatur, & aliquando compræstitit mihi aliqua opera facta per eamdem virginem, vere Spiritu-sancto dictante, cum ipsa esset illuminata, & aliquas ex suis epistolis mihi ostendit, in quibus contestor, secundum id quod potest capere mens mea, quod non sensus feminei leviter exprimantur, vel humani, sed Spiritus-sancti, qui illos non ex ipsa, sed per ipsam, sicuti per acceptum sibi suorum carismatum habitaculum mirabiliter expressit.

116. Item, post studiorum cursus varios, hinc inde per Italiam aliquando rediens ad patriam secundum ordinis & studentium morem, Domino volente, singulari fœdere amicitiæ vinctus fui cum beatæ memoriæ fr. Francisco S. Petri, fratre supradicti hospitalis S. Mariæ de Scala, cujus vitæ sinceritatem omnes dicunt Senenses, fidelitatem tota protestatur communitas, cum introitum & expensarum communitatis servare per plures annos usque ad mortem creditur sibi fuerit onus thesaurarius cujuscumque facultatis. Tantæ enim veritatis vir iste fuit, ut testimonium sui verbi ipse ego testimonio ocu-

Locus corruptus.

lorum proprii cordis prætulissem. Ab eo multum assertivè audivi pluries, quod in castro Belcaro prope Senas per tria milliaria dum celebraretur missa, vidit eamdem virginem corpore insensibili existentem a terra elevatam, ut inter terram & fimbrias proprii vestimenti meatus quantitatem distantiæ ab omnibus cum stupore concernerentur. Ex tunc ego cœpi detractoribus viriliter resistere, & precibus devotissime meipsum fidenter sanctæ Virgini, commendare.

117. Item, senectuti non multum distans, multisque sedatis jam in me passionibus juventutis, lapsusque in provincialatus officio, quo per quinquennium functus fui in provincia Tusciæ, renuntiavi ejusdem ministeriatus officio; ad quietem me recolligere sperans, reveni Senas quasi jugiter mansurus, & visitare cœpi monasteria servorum Dei, & inter cetera ordinis Cartusiensis. Dum vero hæc agerentur, contigit ut D. Stephanus dicti ordinis Cartusiensis generalis rector, etiam ob sui & humilitatem, & propter pacem & unionem dandam ordini suo, convenit cum generali alterius obedientiæ renuntiare officio generalatus, quod & factum est. Post quæ rediit ipse Stephanus ad partes Italiæ, cujus factus fuerat visitator, venitque Senas, cupiens me videre; sed ego magis nullam percunctationem passus, accessi Pontinianum visitationis gratia, & quibusdam salutationibus factis, cœpit ipse, ut solitus est, loqui de beata virgine Catharina, totus festivus semper vocans eam suam matrem, & non immerito, cum esset per eam novo spiritu vitæ regeneratus, & lacte nutritus suæ spiritualis doctrinæ. Fuerat enim magno tempore ejusdem virginis cancellarius & scriptor epistolarum, quas sibi copiavit, quasi ad omnem statum, & mihi ostendit. Ab ipso fratre Stephano plurima audivi, quæ ipsam virginem commendant de spiritu prophetiæ. Et me dicente quod frater Franciscus S. Petri de Senis viderat eam elevatam a terra, ut præhabitum est, cum risu perlevi recepit, addens quod non semel, sed pluries similiter viderat. Et quod in Avenione per neptem papæ tunc ibidem degentem, agitata est dum esset in mentis extasi, & non movebatur: vocata est, & non audiebat; compuncta est, & nullius punctura ad fugam conversa est. Adjecit pro testimonio sanctitatis e multis unum, videlicet meram & subitaneam liberationem oculorum suorum. Diu enim, ut aiebat, concupierat habere ejusdem virginis reliquias; tandem sibi missus fuit residens in Alemannia digitus manus suæ matris. Et cum diceretur sive nuntiaretur sibi de hoc munere tamdiu optato, reverenter suscepit cum quodam insolito gaudio, & tam acrem patiebatur oculorum gravitatem, quod nullo modo sibi dabatur facultas scribendi, prout scribere solitus erat,

& suum exigebat generalatus officium. Susceptо propriis in manibus in quodam satis decenti tabernaculo digito supradictæ sanctæ virginis, mente interius exhilaratus, promit: Eia, mater mi, cujus gratia sum reformatus, nunc indignus tua sancta membra tangere promerui. Et hoc dicto, ab omni quam prius patiebatur oculorum infirmitate curatus est, ac si dulcissimo liquore fuisset linitus, omnis abscessit dolor: quod percipiens flere cœpit pro devotione dicens: Hæc, mater, adjecisti ad mei cordis concatenatam tibi vinculationem, ut bene sis, ut meretur nomen tuum, cognita in terris.

118. Tandem in novissimis diebus vitæ meæ, quam semper fœdavi moribus contrariis, omni religione Venetias venire acceptavi.

Sequuntur alia plurima in commendatione fr. Thomæ de Senis ordinis Prædicatorum sæpius supranominati, cum quo contestator iniit amicitias, ac testimonium de celebritate sive commemoratione supradicta S. Virginis quæ tunc Venetiis fiebat, ut dictum est. Postea terminat dicendo:

In quorum testimonium non solum supradicta, ut dictum est, propria manu scripsi, & hoc anno 1415. die 20. Martii, sed etiam sigilli mei impressione munivi.

CONTESTATIO

De sanctitate vitæ & doctrina beatæ Catharinæ de Senis facta per venerabilem patrem D. Stephanum de Senis ordinis Cartusiensis, de quo fit mentio supra.

IN nomine Domini nostri Jesu Christi, & beatissimæ virginis Mariæ. Cum juxta dictum evangelicum nemo accendit lucernam, & ponit eam sub modio, sed super candelabrum, ut luceat omnibus qui in domo sunt; & dignum sit & congruum, ut illis adhibeatur honor, quibus ad id propria virtutum merita laudabiliter suffragantur, dicente Propheta: *Exultate justi in Domino, rectos decet collaudatio.* Ea propter universis & singulis præsentes inspecturis notum sit & manifestum, quod religiosus & venerabilis P. D. Stephanus de Senis Dei gratia prior monasterii S. Mariæ de Gratia ordinis Cartusiæ prope Papiam siti, requisitus per litteras, de quibus infra seriosius mentio habetur: omnibus jure, modo, via, & forma, quibus hæc melius fieri possunt, ipsis litteris infrascriptis respondendo, ad hoc ut infrascriptis major & plenior fides adhibeatur, infrascripta ejus proprio sacramento vera fuisse, fore, & esse affirmando in præsentia notariorum & testium infrascriptorum dixit & protestatus fuit & est,

ac dicit & protestatur, quod infrascripta de vita B. virginis Catharinæ de Senis per ipsum in responsione facta prædictis litteris fuerunt sinceriter, rite, & recte, & legaliter vera. Tenor quorum inferius per singula describitur hoc modo, videlicet.

Venerando religioso sibique peramabili corde sincero Fr. Thomæ Antonii de Senis ordinis Prædicatorum in conventu SS. Johannis & Pauli Venetiis immoranti, frater Stephanus de Senis prior, licet indignus, domus S. Mariæ de Gratia, Cartusiensis ordinis prope Papiam, salutem in eo qui est omnium vera salus.

Litteras vestras affectuose recepi, & attente perlegi, per quas me valde requiritis atque rogatis, ut juridicam informationem vestræ caritati dirigere debeam etiam in publica forma, de gestis, moribus, & doctrina famosæ sanctitatis virginis Catharinæ de Senis, cujus conversationem aliquando merui, dum ageret in humanis, ut asseritis; & præsertim occasione cujusdam querelæ factæ Venetiis in episcopali palatio circa celebrationem festi sive commemorationis ejusdem virginis: quia multi credere recusant veras esse virtutes, quæ de ipsa veridice prædicantur. Ut verum aperte fatear, facies ipsius virginis cum omni genere suo mihi & omni generi meo penitus ignota fuit, licet in eadem civitate Senarum oriundi fuerimus, usque ad annum 1376. vel circa, nec etiam illo tempore velut immersus in fluctibus vitæ præsentis, ejus habere notitiam exoptabam, nisi quod æterna bonitas, quæ neminem vult perire, per hanc virginem animam meam de faucibus inferni liberare disposuisset. Accidit igitur illo tempore sine culpa nostra nos incurrere quamdam guerram cum valde potentioribus nobis, in qua cum plurimi magni cives fuissent occupati atque fatigati, nullam omnino spem alicujus bonæ voluntatis vel pacis ab illis adversariis nostris habere potuerunt. Tunc sancta virgo prædicta florebat quasi per universam Tusciam, & magnis operum præconiis a quamplurimis extollebatur, & opera valde miranda referebantur. Unde mihi suggestum extitit, quia si rogarem illam de tali negotio, sine dubio pacem haberem, quia multa similia fecerat. Quare consilium habui cum quodam vicino nostro viro nobili, qui longo tempore portaverat odium contra quosdam, & postea pacem fecerat, ejusque virginis conversationem habebat. Qui sicut motivum meum audivit, illico respondit: Indubitatum habeas, quia nullam in ista civitate personam invenies, quæ sit aptior ipsa pro tali pace, subjungens: Ultra non differas, & ego te sociabo. Visitavimus igitur eam, quæ me recepit non ut verecunda virgo, sicut existimabam, sed affectuosissima caritate, velut si germanum a remotis partibus redeuntem gratiose recepisset. De quo sui miratus, & attendens efficaciam sanctorum verborum quibus me non tantum induxit, verum etiam compulit ad confessionem & ad virtuose vivendum, dixi : Digitus Dei est hic, & audita causa meæ visitationis, absolute respondit : Vade, fili carissime, confidens in Domino, quia libentissime laborabo donec habebis optimam pacem, & hujusmodi pondus omnino super caput istud habere me sinas. Et ita postea rei probavit eventus, quia miraculose postmodum, ipsa mediante, pacem habuimus, etiam contra voluntatem ipsorum adversariorum nostrorum. Et hoc omitto causa brevitatis. Interim ego sollicite desiderans hujusmodi pacem, visitavi pluries eam, & quotidie propter efficacissima verba sua & exempla perfectissima, sentiebam interiorem hominem in melius, conscientia compellente reformari. Interim me benigne rogavit, ut aliquas epistolas, quas ore virgineo mirabili modo dictabat, scribere vellem : quod valde gratanter acceptavi, sentiens in me quotidie per novum fervorem ad coelestia cor accendi, vilipendendo sæculum & omnia sua cum tanta displicentia vitæ pristinæ, ut vix me tolerare valerem. Et tantam atque talem in me persensi mutationem, ut etiam ab extra temperari non posset, ita ut fere tota civitas miraretur. Et quanto plus attendebam vitam, exempla, & verba, & mores prædictæ sacræ virginis, tanto majus augmentum in me percipiebam divini amoris atque sæculi contemtus. Post modicum temporis præfata sacratissima virgo mihi dixit in secreto : Noveris, fili dilectissime, quia cito implebitur majus desiderium quod habeas. Quo percepto, sui aliqualiter stupefactus, quia nesciebam invenire quid in mundo vellem habere, immo potius omnia sua recusabam. Ideo dixi : Obsecro, carissima mater, quod est majus desiderium quod habeam? Et ipsa : Quæras in corde tuo. Ad quam ego : Vere, mater amantissima, nescio in me majus desiderium invenire, quam esse jugiter juxta vos. Et illa subito respondit : Et hoc erit. Ego autem nesciebam intelligere modum qualiter commode fieri posset ita, propter dissimiles conditiones & statum. Ille vero, cui nihil est impossibile, per modum admirabilem ordinavit, ipsam ad Avenionem, videlicet ad dominum Gregorium XI. dirigere gressus, & ita, licet indignus, acceptatus fui comes tam sanctæ societatis, parvipendens atque derelinquens utrumque parentem, germanos, sororem, atque alios consanguineos, me beatum reputans esse pro virginea præsentia & familiaritate. Post hæc vero ipse summus pontifex venit ad urbem Romanam, ipsa virgine sacratissima solummodo confortante, tamen ex divino præcepto, prout apertissime mihi constat. Denique præfatus summus pontifex eam destinavit pro factis ecclesiæ sanctæ ad civitatem Florentiæ, quæ tunc rebellis erat ecclesiæ, ubi multa mirabilia Deus operatus est per eam, ut aliqualiter patet in sua legenda. Et ibi adhuc secum esse merui. Tandem etiam fui in Roma secum, ubi post multos labores infatigabiliter ad honorem Dei deportatos, diem felicissime clausit extremum in præsentia mea, quam & propriis manibus ad Minervam, videlicet Prædicatorum ecclesiam, detuli tumulandam, immo verius in capsa cedrina & honorabili tumulo conservandam. Dum vero laboraret in extremis, ordinavit cum aliquibus quid agere deberent post ejus transitum. Postea faciem ad me vertens, ait digitum suum protendendo : Tibi autem in virtute sanctæ obedientiæ præcipio ex parte Dei, ut vadas ad ordinem Cartusiensem, quoniam ad illum ordinem te vocavit & elegit. Et videndo nos plorantes, ait : Filii carissimi, nullo modo plorare debetis, immo potius in Domino gratulari, & diem festivum agere, quia carcerem istum egredior hodie vadens ad amantissimum sponsum animæ meæ. Vobis autem indubitantissime promitto, quod magis incomparabiliter vos adjuvabo postea, quam umquam adjuvare potuerim dum fui sic incarcerata. Et sicut ore promisit, sic opere perfectissime adimplevit, immo quotidie adimplere non cessat; & ut hoc aliquali pateat exemplo, proferam unum ad honorem Dei & ipsius virginis, quamvis ad verecundiam meam accedat : quia quando mihi præcepit ex obedientia Dei, ut irem ad ordinem Cartusiensem, ego non optabam illum, vel etiam alium ordinem; sed ex quo migravit ad æternas mansiones, in corde meo tale desiderium jussa perficiendi succensum extitit, ut si totus mundus mihi contradicere voluisset, ego non attendissem, sicut experientia declaravit : ubi quantum & quid operata jam fuerit & etiam operetur cum filio suo, licet inutili, non est hujus temporis enarrare. Hoc autem intactum præterire non patiar, quia post Deum atque Beatissimam Virginem Mariam, ego magis me obligatum existimo præfatæ sanctæ virgini Catharinæ quam alicui creaturæ mundi. Et si quid boni foret in me, totum attribuo ipsi post Deum. Per suprascripta comprehendi potest aliquibus annis habuisse me supra ceteros familiarissimam conversationem ejus, litteras atque secreta sua, & partem sui libri scribendo, & ab ore virgineo percipiendo : quia supra merita mea me nimis affectuose caritate materna dilexit : ita ut multi filiorum ægre portarent, & quamdam æmulationem haberent. Ego tamen attente & cum diligentia magna considerabam verba, mores, & actus ejus in omnibus & per singula, & in paucis volendo multa concludere, super conscientia mea coram Deo & universa ecclesia militante veridice fibi præbeo testimonium iftud, quia licet ego me peccatorem intelligam, tamen habui, elapfis jam annis fexaginta & ultra, converfationem multorum & valde famoforum fervorum Dei, & numquam vidi vel etiam audivi a multis elapfis temporibus aliquem Dei fervum, qui effet in omni virtute in tam perfectiffimo atque fupremo gradu. Quare merito reputabatur ab omnibus virtutum fimulacrum & fpeculum fervorum Dei lucidiffimum. Non habeo memoriæ umquam ab ore fuo virgineo tanto tempore converfando fecum verbum otiofum audiviffe; fed verba noftra, numquam erant fic inepte prolata, quin ipfa ftatim ad aliquem fpiritualem profectum adduceret. Semper & infatigabili corde loquebatur de Deo vel ad ipfum adducentia. Numquam dormiviffet vel comediffet, fi auditores habuiffet, ut experiebamur in ipfa quotidie. Si vero aliquando compellebatur facta fæculi audire, vel ad falutem inutilia, fubito rapiebatur in extafim, & corpus ibi remanebat abfque fenfu quocumque, velut in oratione fua confiftens illo modo quotidie rapiebatur, ut ipfi vidimus, non dico centum vel mille vicibus, fed valde pluries. Membra fua rigida remanebant inflexibilia: ita ut prius offa frangi potuiffent vel a fe disjungi quam flecti membra valuiffent. Et pro veritate iftius paffus apertiffime demonftranda, ne forte aliquis æftimare vellet ipfam ita fimulatorie feciffe, unum volo narrare geftum in præfentia noftra. Quando fuimus in Avenione, papa GREGORIUS XI. affignari nobis fecit unam pulcram domum cum ornatiffima capella. Soror ipfius domini papæ tamquam devotiffima domina, poftquam aliquando locuta fuit cum fuprafcripta virgine, magnam affectionem atque devotionem concepit ad eam, & inter cetera dixit in fecreto magiftro Raymundo confeffori fuo, quod valde optabat adeffe quando facra virgo communicaret. Qui promifit ei quod die Dominica futura fibi notificaret: qua die veniente, hora tertiarum virgo fancta capellam intravit abfque fotularibus, fed tantummodo cum pedulibus, & more fuo rapta fuit in extafim, communicare defiderans & expectans. Quamobrem me vocavit magifter Raymundus, & ait: Vade ad tale palatium, ubi moratur veneranda foror papæ, dicefque fibi quod Catharina communicabit ifto mane. Hæc enim domina miffam audiebat; fed ficut intravi quamdam aulam valde magnam, ipfa me confideravit, & cognovit effe de familia Catharinæ, fubito perfonaliter venit ad me, & ait: Fili, quid quæris tu? Cui dixi quæ mihi fuerant injuncta. Ipfa vero feftinavit fubito, & venit ad domum noftram cum honorabili focietate fexus utriufque, inter quos adduxit fecum uxorem nepotis papæ, quæ vocabatur dominus RAYMUNDUS DE

A TURENA. Juvencula erat dedita vanitati, nihil habens de Deo. Soror autem papæ fe geffit valde devote; fed illa infelix, ficut exiftimo, cogitavit quod virgo fimularet: unde celebrata miffa, oftendit ex devotione faciem fuam fuperponere pedibus virginis, & eos pluribus vicibus acerrime perforavit. Ipfa vero ftetit immobilis, quemadmodum ita ftetiffet, etiam fi pedes totaliter abfcidiffet. Sed pofteaquam omnes abfceffeffent, virgo rediit ad fenfus proprios, & valde cœpit dolere pedem, ita quod bene non poterat ambulare; & confiderantes fociæ fuæ viderunt

B emortuum fanguinem ex puncturis allatis, & intellexerunt aperte malitiam illius miferæ & nequiffimæ mulieris. De multis exemplis ad propofitum hoc unum exiftimo fufficere poffe fideli viro. Circa quem extaticum ftatum ejus, unum valde mirabile non eft omittendum, fed cum debita veneratione recolendum; quia præcipue quando pro quibufdam arduis ejus anima fervenrius in oratione feipfam excitabat, & cum majori impetu conabatur afcendere, gravedinem etiam corporis a terra fublevabat: unde multoties a quibufdam vifa fuit a terra fufpenfa, quo-

C rum ego unus fum, qui cum non modica admiratione aliquoties vidi: qualiter autem ita fieri poteft, aperte fcribitur in libro quem ipfa virgo facra compofuit, quem ego pro parte fcripfi, dum ore virgineo dictabat illum admirabili modo. Super qua materia notandum eft, quia divina majeftas ifti fideliffimæ fponfæ fuæ tantam auctoritatem atque familiaritatem fecum exhibuerat, ut frequenter in oratione fua confidentiffime loqueretur dicendo: Ego fic volo. Et quando tali modo fic fponfo fuo loquebatur, vide-

D batur effe neceffarium, quod illico fuum haberet effectum, ut in multis poffemus veriffimum exhibere teftimonium. Sed hoc unum quod in me percepi tacere non potero. Cum de Avenione redirimus, fuimus in Janua per menfem & ultra in domo cujufdam nobilis & probæ dominæ quæ dicebatur domina Orierta Scotta, ubi fere tota focietas fuit infirmata. Sed illa domina follicita de omnibus curam gerebat, adducendo quotidie duos medicos valentes viros, cum quibus habui laborem valde magnum, volendo fatisfacere fingulis infirmis, donec

E ab omnibus de domo quafi mihi prædiceretur quod etiam infirmarer. Et infra paucos dies ita fubfecutum eft. In lectum ergo decidi, multum arctiffima febre correptus cum exceffivo capitis dolore & vomitu laboriofo. Cumque fancta virgo percepiffet, ad me perfonaliter acceffit una cum fociabus fuis atque confefforibus, & a me petivit in quo eram ita gravatus. Ego vero lætatus ex ejus gratiffima præfentia, folatiofe refpondi: Aliqui mihi dicunt quod patior, ignoro quid. Tunc ipfa materna caritate mota manu

virginea mihi frontem tetigit, & caput aliqualiter agitans ait: Audiatis istum filium, qui dicit: Aliqui mihi dicunt quod patior, ignoro quid; cum ipse patiatur acutissimam febrem. Et subjecit: Ego non permittam te facere prout agunt ceteri infirmi, sed in virtute sanctæ obedientiæ tibi præcipio, ut ulterius hanc ægritudinem non patiaris. Nam omnino volo te sanum esse, ac ut alios adjuves. Et his dictis juxta morem suum cœpit loqui de Deo. Mirabile dictu, licet mirabilius in facto, ipse tunc adhuc ea loquente fui plenissime liberatus, & interrumpendo verba sua, me liberatum esse clamavi, & annis multis postea cum perfectissima sanitate perseveravi. Modo simili præfata virgo, videlicet ex præcepto potestativo venerabilem virum domnum Johannem monachum habitantem in cellis Vallis-Umbrosæ liberavit: qui, sicut mihi asseruit, hora tali laborabat in extremis in abbatia Passignani prope Senas. Præceptum autem ab ore virginis audivit, quod in abbatia dicti D. Johannis factum extitit, videlicet in persona duorum discipulorum ejusdem, præcipiens illi per eos, ut indilate veniret ad eam, & hic implevit absque mora. Super quo facto admiratione multa digno, ipse postea pulcherrimam epistolam luculento stylo dictavit ad memoriam tanti miraculi, quam epistolam in cella nostra devote conservavi. Et quamvis universa vita suprascriptæ virginis, tam secundum hominem interiorem quam exteriorem, extiterit, ut ita dixerim, inaudita & valde miraculosa: tamen aliqui servi Dei magis excellentes altius unum in ea considerabant in homine viatore valde stupendum & insolitum: quia quidquid ageret, diceret vel audiret, inseparabiliter sua mens sancta in Deo semper erat immersa, sibique actualiter unita. Et quoniam ex abundantia cordis os loquitur, numquam nisi de Deo loquebatur, vel ad Deum inducentia. Semper & ubique Deum quærebat, inveniebat & possidebat per actualem affectum & unionem. Recolo quod quando videbat in prato flores, in quibus valde complacentiam habebat, cum
» sancta licentia nos invitabat dicens: Nonne
» videtis quod omnia Deum honorant atque
» clamant? Isti rubei flores rubicundas Jesu
» Christi plagas parente nobis intimant. Quan-
» do videbat multitudinem formicarum, di-
» cebat: Ita sunt egressæ de sancta mente Dei
» sicut & ego, qui tantum laboravit ad crean-
» dos angelos quantum istos arborum flores.
Et in effectu semper omnes & in omnibus eramus in præsentia sua consolati & tantum ædificati, quod, ut ita dixerim, absque corporali cibo stetissemus jugiter ad audiendam eam, quantumcumque fuissemus aliunde tribulati vel infirmitate gravati. Etiam suspendendi vel decapitandi, quos in carcere visitabat, omnes, videbantur oblivioni tradere

pro tali tempore pœnas & afflictiones undecumque venirent. In cujus aspectu mirabili modo tentationes diabolicæ videbantur omnino cessare, veluti quando sol in virtute sua lucet, tenebræ non apparent. Recolo multoties, ad eam ivisse cum proposito narrandi multa de statu meo, & postea illi dicens quod oblivioni tradideram: unde solebam ab ea petere qualiter mihi esset: quæ procul dubio melius exponebat, & in necessitatibus occurrebat, quam ego ipse scivissem exponere vel postulare. Et ne aliquis admiretur de tali modo loquendi, noverint universi, quod ista sacerrima virgo quasi cognoscebat animarum dispositionem, velut nos cognoscimus dispositionem facierum, prout experientia multoties apertissime demonstravit, unde non poteramus eam quoquomodo latere, sed nobis nostra secreta propalabat. Quare quandoque sibi dixi: Vere, mater, est majus periculum esse juxta vos, quam ambulare per mare, pro eo quod ita videtis omnia nostra. Et ipsa mihi intulit in secreto: Noveris, fili carissime, quod in mentibus eorum præcipue super quos amplius invigilare studeo, nulla macula sive nubes alicujus defectus ita cito cadit, quin illam subito videam Domino demonstrante. Et ad majorem expressionem hujus veritatis, apertissime mihi constat, quod propter efficacissimas exhortationes ejus, ipsa confiteri fecit etiam in præsentia mea, utriusque sexus multa millia hominum, quia nullus omnino poterat ei facere resistentiam. Unde propter tantum fructum, quem ipsa faciebat in hujusmodi, papa Gregorius XI. ei gratiose concessit habere secum jugiter tres confessores cum auctoritate valde magna. Quandoque tamen occurrebant ei peccatores aliqui a diabolo tam tenaciter alligati, quod omnino resistebant ei, dicentes: Vere, domina, si diceretis mihi quod Romam irem vel ad sanctum Jacobum, infallibiliter adimplerem: super hoc autem articuio confessionis obsecro parcatis mihi, quia non possum. Tandem quando per alium modum ipsa prævalere non poterat, in secreto ei dicebat: Si dixero tibi causam ob quam tu teneris confiteri, numquid postea confiteberis? Ille tamquam attonitus atque præventus ita facere promittebat. Et ipsa: Dilectissime fili, oculos hominum aliquando latere possumus, oculos vero Dei numquam. Ideo tale peccatum quod in tali tempore & in tali loco fecisti, est illud unde diabolus tibi mentem tuam tali modo confundit, quod te confiteri non permittit. At ille videns ita se deprehensum, ad pedes ejus humillime se prosternebat cum abundantia lacrymarum veniam exposcens, & indilate confitebatur. Apertissime mihi constat quod pluries & cum pluribus hoc actum est: quorum unus per totam Italiam valde famosus mihi dixit: Solus

„lus Deus & ego sciebamus illud quod ista „virgo mihi dixit. Et per hunc modum animas peccatorum de manibus diaboli prudentissime liberabat. Et ista pro præsenti de miraculosa vita sua secundum hominem interiorem dicta sufficiant. Secundum exteriorem hominem adhuc erat vita ipsius miraculosa, quia sicut habetur in legenda sua, multo tempore sustentabatur aliquando virgineum corpusculum absque cibo quocumque materiali, etiam abstinendo a gutta aquæ, quod impossibile judicarem, nisi vidissem oculis meis in Roma, quandoque sumendo solummodo venerabile sacramentum. Communis tamen ejus vivendi modus, quem multo tempore servavit, ut ego pluribus annis vidi, est iste: Carnes & vinum & confectiones vel ova multum abhorrebat. Illæ sociæ suæ parabant ei communiter herbas crudas, quas insalacium vocamus, quando poterant habere, vel aliquando ferculum olerum cum oleo. De anguilla comedebat solummodo caput & caudam. Caseum non comedebat, nisi quando bene putridus erat, & hujusmodi. Neque tamen ista comedebat, sed aliquando cum pane, aliquando sine pane dentibus conterebat, ingerendo succum, & omnem bolum quoad grossam materiam expuendo, & aquam puram frequentissime bibendo. Et quasi tanto tempore differebat ista facere, quanto sociæ comedendo stabant in »mensam. Postea surgebat dicens: Vadamus »ad justitiam istius miseræ peccatricis, & cum uno virgulto quem ad stomachum immittebat, donec violenter per eamdem viam & illum succum & aquam potatam ad extra revocabat. Et aliquando tantam violentiam in actu sustinebat, quod ex ore sanguis vivus exibat. Confunditur hinc igitur opinio quorumdam incredulorum, qui falsissime detrahebant ei, dicentes: Quamvis ipsa non comedat aperte cum aliis, postea comedit in secreto. Simplicissima veritas est ista, quam apertissime multi vidimus: quod dum in stomacho suo erat aliqua substantia cujuscumque succi vel aquæ, sive rei alterius, etiam adinstar unius avellanæ, corpus ejus efficiebatur infirmum & inutile totaliter. Aliquando veniebant ad eam aliqui magistri tempore quo debebat facere justitiam illam, ut utar vocabulo suo, & sic eis illico satisfaceret, oportebat differre talem actum, sed ipsa subito sincopizabat, & efficiebatur velut mortua, donec illam evacuationem opere perfecisset. Hoc vidimus, ut ita dicam, infinitis vicibus. Quod ego diligenter attendens, valde confidenter aliquando dixi sibi: „Mater amantissima, considero quod refrige- »rium ejus quod sumitis ita modico tempore »tenetis in stomacho, quod natura modicum »vel nullum subsidium potest inde habere: »præcipue quia statim revocatis cum tanta »difficultate, amaritudine atque pœna; quare

melius appareret quod abstineretis a tali sumtione. Quæ tamquam prudentissima mihi respondit: Dilectissime fili, plures habeo respectus in ista sumtione mea. Unus est quia rogavi Deum, ut in præsenti vita me puniret pro peccato gulæ. Itaque libenter accipio disciplinam istam a Deo mihi concessam. Deinde quia cogor satisfacere pro pluribus qui videntur in me scandalizari quando non comedebam: dicebant enim quia diabolus me decipiebat. Itaque comedo sicut mihi conceditur. Alius etiam potest esse bonus respectus, quia per istam corporalem pœnam mens aliqualiter ad corporales potentias revertitur; alius, quia sic est absorpta, corpus insensibile remaneret. His auditis tacui, non habens ad ei replicandum. Præter hæc autem habebat ista sacratissima virgo tantam sapientiam animæ suæ divinitus infusam, quod omnes eam audientes in stuporem vertebantur. Omnem sacram paginam ita lucidissime declarabat, & interpretabatur, ut omnes quantumcumque docti nimis admirarentur, & quod etiam apparebat valde mirabile, humana scientia in ejus conspectu ita deficiebat, quemadmodum nix vel glacies in adspectu solis ardentissimi liquefieri solet. Plures fecit efficacissimos sermones & admirando stilo, in conspectu prius domini Gregorii papæ XI. postea Urbani papæ VI. atque dominorum cardinalium, dicentium unanimiter admiratione multa suspensi: Numquam sic locutus est homo, & absque dubio ista non est mulier quæ loquitur, immo Spiritus-sanctus, ut apertissime comprobatur. Et quia materia se præbet, ad propositum, unum volo succincte recitare, cui fui præsens. In Avenione cum papa Gregorius XI. isti sanctæ virgini multam audientiam exhiberet, atque reverentiam haberet ei, tres magni prælati, videant ipsi quo spiritu, super ipsa fuerunt ei locuti, dicentes: Pater beatissime, numquid ista Catharina de Senis est tantæ sanctitatis quantæ dicitur? Qui respondit: Vere nos credimus eam esse sanctam virginem. Et ipsi: Visitabimus eam, si placet vestræ sanctitati. Et respondit: Credimus quod eritis bene ædificati. Venerunt ergo domum nostram statim post nonam in æstate. Pulsantibus illis, ego cucurri ad eos: qui dixerunt: Dic Catharinæ quod ei loqui volumus. Quo percepto, sacra virgo descendit ad eos una cum magistro Johanne confessore & quibusdam aliis religiosis. Et in aperto loco fecerunt eam sedere in medio. Exordium ipsorum a magna superbia cœpit, ipsam irritando mordacibus verbis dicentes: Ex parte domini nostri papæ venimus & audire cupimus, utrum Florentini te mittant, uti fama protulit. Et si verum est, numquid non habent aliquem valentem virum, quem pro tanto negotio mittere valeant ad tantum dominum. Si vero te non miserunt, valde

„ miramur, cum tu sis vilis femella, quia præ-
„ sumis de tanta materia loqui cum domino
„ nostro papa. Ipsa vero velut immobilis columna perseverabat, humiles & efficacissimas exhibendo rationes, donec illi valde mirabantur. Et cum de tali materia plenissime satisfecisset eis, ei proposuerunt valde magnas & quamplurimas quæstiones, præcipue de istis abstractionibus ejus, & modo singularissimo vivendi; & cum Apostolus dicat, quod angelus satanæ se transfigurat in angelum lucis, ad quid ipsa cognoscit utrum a diabolo sit illusa? Et alia multa dixerunt atque proposuerunt, & in effectu disputatio tracta fuit usque ad noctem. Aliquando magister Johannes pro ea respondere volebat, & licet in sacra theologia magister, illi tamen erant ita valentissimi, quod in paucis verbis confundebant eum, dicentes: Vos
„ erubescere deberetis in conspectu nostro talia proferre. Permittatis eam respondere,
„ quia valde magis satisfacit nobis quam vos.
Inter illos tres erat unus archiepiscopus ordinis Minorum, qui pharisaico supercilio procedens, ut apparebat, verba sacræ virginis non videbatur acceptare. Alii duo tandem insurrexerunt contra eum, dicentes: Quid
„ ultra quæritis ab ista virgine? Sine dubio materias istas explanavit apertius quam umquam invenimus ab aliquo doctorum, &
„ plura signa verissima luculenter expressit. Et ita schisma fuit inter eos. Postremo recesserunt ædificati pariter & consolati, referentes domino papæ, quod numquam invenerunt animam tam humilem, nec ita illuminatam.
Die vero sequenti magister Franciscus noster de Senis, qui tunc erat medicus papæ, dixit
„ mihi: Cognoscis tu prælatos illos, qui venerunt heri domum vestram? Cui respondi,
„ quod non. Tunc ille: Noveris quod si scientia illorum trium poneretur in una lance, &
„ in alia poneretur scientia omnium qui sunt
„ in curia Romana, scientia illorum trium
„ valde præponderaret. Et scio tibi dicere quod
„ si non invenissent Catharinam habere solidum fundamentum, ipsa numquam fecisset
„ ita pessimum iter. Postremo quis enarrare sufficiat intrinsecas virtutes hujus almæ virginis cum actuali experimento? Sic humilitatem suam profundissimam, patientiam invictissimam, ita quod numquam visa fuerit in facie semel alterata, vel quod unum verbum cum impatientia vel iracundia protulerit. Quis ejus ardentissimam caritatem exprimere posset? Quia non solummodo bona temporalia, cum erat in domo paterna, in honorem Dei & consolationem proximorum, sed semetipsam infatigabiliter exhibebat. Unde multa miracula ostendit Deus, quandoque multiplicando vinum in vegete, quandoque panem in capsa, quandoque tribuebat pauperi tunicam suam, postea Salvator ostendebat ei in dorso proprio gemmis ornatam,

prout actus iste figuratus est Romæ juxta sepulcrum ejus. Alia vice cum confessoribus & sociabus suis ibat ad quemdam locum, & habuit obvium pauperem, ut apparuit, valde procacem, qui petivit eleemosynam ab ea, quæ respondit: Vere, carissime frater, nullam habeo pecuniam. Et ille: Vos potestis mihi dare mantellum quem habetis. Et illa: Verum est, & illico sibi dedit. Confessores vero sequentes, vix cum magno pretio posuerunt ab illo paupere redimere. Quæ cum argueretur ab eis, quia sine sui ordinis habitu decrevit incedere, respondit: Ego volo potius inveniri sine habitu, quam absque caritate. Qui nescierunt ei respondere, perfectionem ejus admirantes. Nunc vero quadam indispositione corporali suadente, simul cum occupationibus occurrentibus, quoniam ex hac amplissima materia multi libri confici possent, volens verbis meis incompositis imponere finem, exhortor in Domino devotos homines, qui delectantur audire virtutes reales, imitabiles, saluberrimas, atque exemplares istius almæ virginis, & ut ita dixerim inauditam familiaritatem, quam etiam dum esset in mortali corpore jugiter habebat cum Domino nostro JESU CHRISTO atque beatissima virgine MARIA, similiter & cum sanctis aliis, non dormiendo vel somniando, sed etiam corporaliter vigilando, legant vitam atque legendam ipsius virginis, editam & ordinatam a reverendissimo patre magistro Raymundo de Capua sacræ paginæ professore, qui longo tempore confessor ejus extitit, & post ejus felicissimum transitum fuit factus generalis magister sui ordinis, videlicet Prædicatorum, ubi multa utilia simul & pulcherrima reperiet. Et quamvis aliqui fastidiosi lectores & ab omni fructu devotionis alieni dicant quia valde prolixe scripsit, hoc apertissime noverint universi, quod in comparatione gestorum, ipse nimis abbreviavit vitam ipsius ibi qualicumque modo descriptam. Et ea quæ scripsit indubitanter existimo, quia Spiritu-sancto, dictante scripsit. Hoc verbum hic apposui confidenter, quia longam conversationem immeritus habui secum, & non ignoro vitam ejus commendabilem atque dotes odoriferas, videlicet virginitatis, nobilitatis etiam corporeæ, scientiæque magnæ, & aliarum virtutum quibus a Domino Deo nostro fuerat insignitus. Hoc unum in fine tacere non potero, quia, sicut optime novi, beatissimæ Virginis MARIÆ devotissimus extitit, ut etiam appareret omnibus illum pulcherrimum atque devotum tractatum quem edidit super *Magnificat*, attente legentibus. Et quia sicut ego pie credo, jam transivit ad vitam, unum secretum hactenus in præsenti propulsabo, ut apud me certum habeo. Quia per annos plurimos antequam cognosceret almam virginem suprascriptam vel econtra, beatissima

Virgo MARIA corporaliter apparens ipsi sanctissimæ virgini Catharinæ, promisit ei dare unum fidelissimum devotum in patrem & confessorem, qui daret ei valde majorem consolationem, quam hactenus habuerit a ceteris suis confessoribus, ut postea rei probavit eventus. Hæc pauca occurrunt nunc in testimonium vitæ S. virginis Catharinæ de Senis vestræ caritati transmittenda; ut a me cum instantia postulastis, quæ simplici stilo descripsi, & licet in multis occupatus corde simpliciore dictavi. Et quoniam in litteris vestris notavi vocabulum unum, videlicet quod veridicam informationem vestræ caritati dirigerem, hoc intactum omnino præterire non patiar. Absit ab æstimatione cujusque præcipue sapientis, absit etiam a sinceritate, serenitate atque puritate conscientiæ meæ, ut scienter & contra conscientiam aliquid a simplici veritate alienum permiscere vellem in sermonibus quibuscumque meis: quia novi quod os quod mentitur occidit animam, nec Deus indiget habere mendacia nostra, neque fienda sunt mala ut proveniant inde bona. Certissimum igitur habeatis quia meram veritatem protuli supra scripta narrando, vel veritatem asserere putavi, pro qua non solum expono juramentum juxta petitionem vestram, & paratum me offero sub quacumque forma fuerit expediens efficacissime jurare, immo quod plus est, ut ita dixerim, pro tali veritate confirmanda & ad honorem Dei & ædificationem, consolationem, & utilitatem proximorum sum paratus etiam in igne ponere manus, ut ille novit qui nihil ignorat. Cui est laus & gloria per infinita sæcula sæculorum. Amen.

In quorum omnium fidem & testimonium has patentes litteras fieri jussit & regiftrari, sigilique conventus monasterii Cartusiæ prædictæ appensione muniri, & per notarios infrascriptos subscribi. Quibus omnibus & singulis suprascriptis, nos infrascripti notarii, dum sicut præmittitur agerentur, una cum testibus infrascriptis, præsentes fuissemus, & ut prædictis plena fides ubique adhibeatur, nos hic subscripsimus cum consigno tabellionatus nostri, prout inferius continetur. Datum & actum Papiæ anno nativitatis Domini 1411. indictione quarta, die 26. mensis Octobris in domo monasterii prædicti sita in porta Marencha, in parochia S. Felicis, præsentibus D. Petro de Restis, Dei gratia abbate monasterii S. Sepulcri, vulgariter vero nuncupati S. Lanfranchi. D. Laurentio de Speculo rectore S. Gabrielis Papiæ, presbytero. Antonio de Filiastris rectore S. Christinæ Papiæ, presbytero Guillelmo de S. Mauritio capellano S. Trinitatis. D. Philippino de Strata monacho monasterii nostri Cartusiæ, fratribus Johanne & Beltramo conversis præfati monasterii nostri Cartusiæ, fratre Guillelmo eremita della Plebe & quampluribus aliis testibus.

Ego Maphinus de Sclastonatis filiusque Nicollæ. } Publici notarii Papienses.
Ego Augustinus de Pozolo filiusque Simonis.

BULLA SIXTI PAPÆ IV.

Qua sub gravissimis pœnis a summo pontifice prohibetur, ne quis audeat imagines seu figuras sanctæ Catharinæ de Senis habere, pingere, facere cum sacris stigmatibus; quod uni S. Francisco privilegium convenit.

SIXTUS episcopus, servus servorum Dei, ad perpetuam rei memoriam. Licet dum militans in terris ecclesia, triumphantem in cœlis filiali & devoto veneratur affectu, ac virtutes, laudes, præconiaque sanctorum & sanctarum Dei dignissimis attollit titulis & illustrat: devotis quoque precibus & solemni ritu sacrificia laudum offerat, & ad decus & venerationem civium supernorum nihil eis accrescat novæ perfectionis & gloriæ, nec eorum perfecta felicitas nostris operibus firmari possit, minui vel augeri; sed dumtaxat misericors miseratorque Dominus per intercessionem meritaque sanctorum quos in terris celebritate congrua veneramur, imperfectum nostrum suppleri providerit, ut quod nostris meritis non valemus, eorum suffragiis assequamur: nihilominus ecclesia ipsa militans consuevit non permittere aliquem quantumcumque miraculis clarentem in terris pro sancto venerari, nisi quem Romanus pontifex, subsistentibus miraculis in vita & post mortem, prævioque desuper diligenti examine, sanctorum catalogo duxerit aggregandum, nec illum aliis quam ecclesia ipsa ordinet insignibus, titulis aut officiis venerari. Dudum siquidem pro parte tunc generalis ministri & dilectorum filiorum capituli etiam generalis fratrum Minorum, tunc in civitate nostra Ferrariensi celebrati, nobis expositio, quod etsi S. Franciscus dicti ordinis fundator per biennium antequam diem vitæ hujus clauderet extremum, sacra stigmata Christi ejus corpori a Deo impressa portasset, illaque dicto durante biennio a multis visa & palpata fuissent, tamen non licuerat dicti ordinis professoribus ipsum gloriosum sanctum cum hujusmodi stigmatibus quibus a Domino nostro JESU CHRISTO corpus ejus decoratum fuerat, pingi facere absque sedis apostolicæ desuper concessione & licentia speciali; quodque nonnulli aliquas sanctas Dei, & præsertim S. Catharinam de Senis cum stigmatibus a Dei Filio Domino nostro JESU CHRISTO ejus corpori impressis, adinstar ejusdem sancti Francisci, nulla desuper apostolicæ sedis super hujusmodi stigmatibus approbatione, nullave licentia obtenta, pingi fecerant & faciebant in ecclesiis

Ex archivio fratrum Minorum Rumthenensium.

& aliis locis publicis partium diversarum, & de illis clarius quam de præfati S. Francisci præsertim ultra montes, & in publicis prædicationibus ad populum asserebant sanctam ipsam stigmata hujusmodi a Christo recepisse, stigmatibus apparere. Nos tunc attendentes quod felicis recordationis Pius papa secundus, prædecessor noster, dum sanctam ipsam Catharinam sanctorum & sanctarum Dei catalogo inscripsit, ejus præclara miracula, laudes & præconia in processu desuper habito declarata referendo, suis litteris de hujusmodi stigmatibus nullam mentionem fecerat: quodque si corpus ejusdem sanctæ talibus signis in sæculo visibiliter decoratum fuisset, id in processu & litteris canonizationis ejus nullatenus prætermissum extitisset: universis quorumvis ordinum professoribus & aliis personis utriusque sexus, cujuscumque dignitatis, status, gradus, vel conditionis forent, in virtute sanctæ obedientiæ, & sub excommunicationis pœna, quam ipso facto contrafacientes incurrerent, & a qua ab alio quam a Romano pontifice, præterquam in mortis articulo, absolvi non possent, districtius inhibuimus, ne præfatam sanctam stigmata hujusmodi habuisse, in suis prædicationibus & sermonibus ad populum asserere auderent; immo & de picturis hujusmodi præfatæ sanctæ jam factis amoverent & delerent & deleri facerent ubilibet, atque procurarent infra annum a publicatione dictarum nostrarum litterarum: nec licere voluimus alicui eamdem sanctam Catharinam cum hujusmodi stigmatibus depingi facere, donec sedes ipsa stigmata hujusmodi approbaret, & per speciale privilegium, quod cum illis depingi posset, concederet, prout in eisdem litteris nostris plenius continetur. Cum autem, sicut postmodum accepimus, nonnulli litteris & mandatis nostris prædictis nonobstantibus, propriis inhærentes affectibus, de jam factis picturis dictæ sanctæ ante datam dictarum litterarum, stigmata hujusmodi amoveri facere non curaverunt, & sanctam ipsam stigmata ipsa habuisse adhuc de novo pari modo publice prædicare, & asserere, ac illam cum ipsis stigmatibus depingi facere non formidant, in contemptum mandatorum hujusmodi & scandalum plurimorum. Nos attendentes quod sancti & sanctæ Dei nonnisi veris certisque prærogativarum, gratiarum & privilegiorum laudibus venerandi sunt, ac etiam quod tanti mysterii & sacramenti nostræ redemptionis præclara & admiranda insignia nemini attribui debent pro reverentia nostri Salvatoris, nisi cui distributione esse rei evidentia & certitudo facti declaraverit: ac super his opportunum volentes adhibere remedium, & his ex quibus in ecclesia Dei scandala possent verisimiliter exoriri, pro posse obviare, ut tenemur; habita super his cum venerabilibus fratribus nostris S. R. E. cardinalibus matura deliberatione, & de illorum consilio & assensu, auctoritate apostolica, præsentium tenore statuimus & ordinamus, quod nullius sancti aut sanctæ, beati vel beatæ figura aliqua cum prædictis stigmatibus aut quovis modo quo existimari possit vel credi illum vel illam hujusmodi stigmata habuisse, per aliquem depingi possit, nec aliquis in prædicationibus ad populum, vel alia scriptura aut verbo, aliquem sanctum seu sanctam, beatum aut beatam stigmata hujusmodi habuisse asserere vel affirmare præsumat; præfati beati Francisci, quem constat stigmata a Christo recepisse, tum rei testium, tum multorum prædecessorum nostrorum approbatione, figura dumtaxat excepta: mandantes universis ecclesiarum prælatis, presbyteris & clericis, ac ordinum quorumcumque, tam mendicantium quam non mendicantium, professoribus, in quorum ecclesiis & oratoriis ac personis aliis etiam sæcularibus, in quorum domibus & locis præfatæ sanctæ Catharinæ de Senis, aut aliquorum aliorum sanctorum seu sanctarum, beatorum vel beatarum Dei figuræ & imagines, excepta præfata figura S. Francisci, cum ejusmodi stigmatibus depictæ forent, quatenus infra mensem a die qua in cathedralibus, vel aliis ecclesiis, locorum eorumdem publicatæ fuerint, teneantur & debeant cum effectu curare, quod de omnibus aliis picturis hujusmodi, exceptis picturis dicti S. Francisci, penitus & omnino stigmata ipsa deleantur & amoveantur: ita tamen ut illorum forma nullatenus videatur in eis, & quod de cetero cum ejusmodi stigmatibus aliquorum sanctorum seu sanctarum aliquarum, beatorum vel beatarum Dei imagines & figuræ, excepta figura præfati S. Francisci, non pingantur: quodque in eorum ecclesiis aut plateis seu locis eorum jurisdictioni subjectis, absque sedis præfatæ licentia speciali, nullus in prædicationibus ad populum & sermonibus verbi Dei, disputationibus, vel alias quomodolibet, quod aliquis alius sanctus aut aliqua alia sancta Dei, beatus vel beata Christi stigmata habuerit, excepto confessore glorioso prædicto Francisco, affirmare præsumat; & si secus fieri contingat, & eos hujusmodi litteris & mandato non parere; ex nunc prout ex tunc, non solum ecclesias ipsas in quibus picturæ hujusmodi cum stigmatibus reperirentur, sed etiam parochialis ecclesia infra cujus parochiæ limites in privatis locis forent, quamdiu illæ inibi erunt, & triduo postquam deletæ fuerint, & etiam ecclesias in quibus seu quarum plateis permissum fuerit vel toleratum talia prædicari vel asseri contra præsentium tenorem in sermonibus ad populum vel aliàs, ut præfertur, donec prædicantes vel asserentes inibi permanserint, communi & publico ecclesiastico subjicimus interdicto, quod volumus & mandamus districte observari. Ecclesiarum vero prælatos, qui in præmissis culpabiles fuerint aut negligentes vel remissi, ab ecclesiarum ingressu, eo ipso, volumus esse suspensos, donec mandatis nostris hujusmodi, quantum in eis fuerit, obtemperare procuraverint cum effectu. Inferiores denique qui in ecclesiis quas obtinent, aut in quibus beneficiati existunt, præmissa fieri permiserint, temporales quoque cujuscumque status, magistratus, gradus, nobilitatis, excellentiæ & conditionis fuerint, qui contra præmissa forsan quocumque modo venire aut quicquam attentare præsumserint, excommunicationis sententiam incurrant, a qua nequeant absolvi, præterquam in mortis articulo constituti, donec quantum in eis est procuraverint ut nostris obtemperetur mandatis: Et si sententiam ipsam animo, quod absit, per sex menses sustinuerint indurato, ex tunc decursis mensibus eisdem, ecclesiastici ecclesiis & beneficiis ipsis sint eo ipso privati, illaque aliis liberę conferantur; prædicantes vero & asserentes vel facientes contra tenorem præsentium, eo ipso excommunicationis sententiam incurrant, & postquam illam per sex menses sustinuerunt, tamquam de hæresis crimine suspecti, ab ecclesiarum prælatis & inquisitoribus hereticæ pravitatis, prout eorum incumbit officio, ad respondendum super his coram eis, & qualiter de fide sentiant compellantur, & puniantur ab eisdem, & nihilominus universis ecclesiarum prælatis, ac aliis in ecclesiastica dignitate ubilibet locorum constitutis personis per apostolica scripta mandamus, quatenus ipsi vel duo aut unus eorum per se vel per alium seu alios illos ex prædictis, quos censuras & pœnas prædictas incurrisse, & loca quæ interdicto prædicto supposita fore præmissorum occasione eis constiterit, censuris & pœnis hujusmodi subjacere declarent, ac faciant & mandent illis subjecta publicari, & eosdem excommunicatos ab omnibus arctius evitari, donec mandatis nostris obtemperantes, &c. Datum Romæ apud sanctum Petrum, anno Incarnationis Dominicæ 1475. 8. cal. Aug. pontificatus nostri anno quarto.

VITA GABRIELIS PALÆOTI
S. R. E. CARDINALIS
ET BONONIENSIS ARCHIEPISCOPI PRIMI,
AUCTORE AUGUSTINO BRUNO.

Ex ms. Vallicellitano eruit Mabillonius.

OBSERVATIO PRÆVIA.

Gabrielis Palæoti sanctæ Romanæ ecclesiæ cardinalis & primi archiepiscopi Bononiensis vitam ex ms. codice Vallicellitano Romæ describi curavit Mabillonius, quam ad legendum alliciunt & stili nitor atque elegantia, & rerum quas narrat præstantia. Illius auctor Augustinus Brunus vir doctissimus in aula Palæoti vixerat per annos duodecim, ipsius devinctus beneficiis, & familiaritate, ne dicam confidentia, usus: qui cum consiliorum ejus esset particeps, ac præclare gestorum testis oculatus, nihil non sibi probe notum, nihil non omni veneratione dignum scribere potuit. Bruni vero pietatem simul ac eruditionem & in rebus agendis experientiam adeo suspiciebat Palæotus, ut suas in episcopatu Sabinensi vices ei commiserit, ac decreta varia, quæ pro cleri ac populi Bononiensis recta institutione viginti & octo annorum decursu ediderat plurima, unum in corpus ab eo referri voluerit, id quod ille summo labore nec minori diligentia aggressus est, septem in partes totum opus distribuendo, cui titulum præfixit Archiepiscopale Bononiense, in quo quidem libro de universo episcopi officio, ac potissimum de praxi administran-

di Bononiensis ecclesiæ ex Tridentinæ synodi decretis agitur. Porro de Gabriele Palæoto præter Augustinum Brunum tractant Carolus Sigonius, qui ejus jussu de Bononiensibus præsulibus scripsit, Antonius Possevinus in Apparatu sacro, Rubeus in Historia Ravennensi, Alphonsus Ciaconius in Historia pontificum Romanorum & S. R. E. cardinalium, ac demum Ughellus in Italia sacra, præsertim in serie episcoporum Bononiensium.

Illustrissimo & reverendissimo domino domino Cæsari Baronio S. R. E. cardinali amplissimo sedis apostolicæ bibliothecario Augustinus Brunus S. P. D.

Epistola nuncupatoria.

FRuebar otio laudabili apud Franciscum Barbarum patriarcham Aquileiæ, virum omni laude dignissimum, qui etsi provinciam dederat mihi negotiosam duramque, commodis tamen meis ita consuluerat, ut sacerdotio quoque ab ea honestatus, patria procul, rem meam melius gererem & publicam quam in patria. Verum in his maximis ac turbulentissimis Venetæ reipublicæ tempestatibus, una cum multis, sed gravius quidem ego, aliarum calamitatum concursu jactatus, in patria peregrinus, atque hospes pius esse malui, quam ibi in affluentia rerum omnium impius existimari. Hic igitur statim adfuit mihi Gabriëlis cardinalis Palæoti, quamquam demortui beneficentia, qua rei familiaris jacturas æquiore animo ferre potui. Et quoniam tantum habui otii, quantum jamdiu mihi non contigit, illud, ut tanti patroni nomen animo prosequerer, in recolendis ejus actionibus libentissime consumsi. Æquum vero est, ut extet tibi, cardinalis amplissime, otii hujusce mei non minus, quam negotii ratio. Nam te Gabriel, dum vixit, unum doctrinæ ac pietatis lumen clarissimum suspiciebat; atque unus tu, quæ tua fuit singularis benignitas! de naufragio meo colligendo, ac reficiendo cogitasti. Scriptionem igitur hanc debitam tibi dico, quæ si minus exercitato stilo flaccescit, si elegantia caret, amore incitata, est veritate simplex. Ea ego quasi annulo pulcherrimam Gabriëlis virtutum imaginem, brevi gyro conclusi, ut illo licet rudi, ejus magna de me merita testimonio saltem recordationis obsignarem. Peto a te, cardinalium, atque ecclesiæ sanctæ splendor illustrissime, ut haud negligas exiguam hanc significationem addictissimæ voluntatis & observantiæ præsertim meæ erga te, cujus gesta publice jam proposita, veluti per simulacra, & egregie depictas tabulas, sunt tamquam ara virtutis ad monimentum gloriæ, atque æternitatis. Romæ XIII. cal. Maii MDCVII.

VITA GABRIELIS PALÆOTI S.R.E. cardinalis, episcopi Sabinensis, archiepiscopi Bononiensis.

1. REcordatio temporis illius quo in aula Gabriëlis Palæoti cardinalis vixi, adeo jucundam fructuosamque delectationem habet, ut duodecim annorum spatio, licet variis ab eo devinctus beneficiis, hanc tamen unam ob causam, quod apud ipsum fuerim, mecum fuisse, mecumque vixisse cum laude mihi videar. Quare sumsi calamum sæpius, tantique viri animum actionesque adumbrare incœpi; tum ut gratus essem, piusque in memoria beneficiorum, tum etiam ut pro virili mea delectationis illius diuturnitatem hac ratione custodirem, & quodammodo ex ruminatione regustarem. Sed me ab incœpto sæpe revocavit eadem ipsa Gabriëlis in me beneficentia, quæ rerum quas eram de eo narraturus, veritatem in suspicionem facile adduxisset; ipsaque materies ab hoc proposito sæpius etiam avertit, cum careat varietate quadam, & magnitudine rerum, quæ longinqua itinera, amplas legationes, regum consilia, belli pacisque tractationes, & id genus alia complectuntur; unde luculenta, & grandis oratio suapte natura exurgit, quæ oblectat, eorumque inprimis animos allicit, qui solent esse scriptionum æstimatores ac judices potius, quam virtutum, quæ in ipsis recensentur, imitatores. In hac ancipiti cura cedere demum pietati malui, cujus professione saltem apud gratos piosque viros excusabor; cum præsertim is fuerit Gabriëlis vitæ cursus, ut ejus gesta nativæ pulchritudinis lumine illustrata, ascitii coloris opem minime desiderent, atque idcirco scriptori cuilibet de illo quidquam mentiendi labor omnis adimatur.

2. Neque vero antequam rem ipsam aggrediar, Bononiæ, quæ Gabriëlis patria fuit, magnificentiam atque amplitudinem, aut in ea urbe Palæoti gentis, ex qua ille fuit, nobilitatem, ejusque majores domi, forisque insignes, aliaque ejusmodi commemorabo, in quibus efferendis scriptores diligenter ut plurimum, versari solent: sed hisce omnibus, quæ satis per se cognita sunt, atque perspecta, consulto prætermissis, a Vincentio Gabriëlis paterno avo, veluti a propinquiore rivo narrationem deducam. Fuit hic sane vir optimis artibus excultus, præcipue vero tantum juris præstantia claruit, ut non

Palæoti patria & parentes.

in Italia modo, sed in exteris, & longinquis regionibus celeberrimus ab Angliæ rege HENRICO VII. ex muneribus patriæ, quæ gerebat honorificentissime fuerit evocatus, fortunis locupletatus, regni negotiis adhibitus gravissimis, ipsisque regiis insignibus & privilegiis, quæ ad ejus quoque posteros regio diplomate transmissa sunt plurimis honestatus. Quæ quidem omnia, licet in publico munere valde feliciter illi contigerint, tamen domesticæ res ejus felicitatem multo majorem effecerunt. Ceterum ex duabus uxoribus suscepta triginta filiorum sobole, præter unam filiam, quæ Beroaldi majoris (hunc bibliothecam loquentem ob variam doctrinarum scientiam, ut rem novam, proprio atque inusitato vocabulo appellabant) uxor fuit, aucta re familiari, liberis ingenue & liberaliter educatis, in patria demum senio confectus obiit, vitaque functum, ipsi liberi, quod parens testamento jusserat, nova quadam & memorabili pompa suis humeris ad sepulcrum detulerunt. Hi paternarum virtutum heredes, nobilitatis decus, alii litteris, alii armis, alii studio religionis amplificarunt. Ex ipsis, Alexander legum scientia præclarus, vestigia parentis in forensi tractatione Romæ aliquandiu egregie persequutus, publicæ demum rei studii familiares curas summa cum laude conjungens, Bononiæ ex hac vita migravit, Camillo, Gabriële de quo agimus, & Astorre filiis relictis, quos ex Gentili Volteia uxore femina clarissima procrearat.

3. Verum illa conjugis orbata societate, filiorum curationem adeo forti & virili suscepit animo, ut egregiam ipsorum indolem ad ubertatem disciplinarum omnium exquisita cultura redegerit, nullique sumtui aut labori pepercerit umquam, ut præclare instituerentur, & corporis animique affectiones, studia, remissiones, lususque tum Christiana pietate ac religione, tum frugalitate, ac modestia temperarentur. Atque illud ante omnia occurrit mihi, vel in ipsis prope Gabriëlis incunabilis, admirandum. Cum enim puerorum ingenium proclive sit ad voluptates, scholarum fugitans ac laborum, is autem disciplinarum omnem liberalem non terfugeret modo, sed ipsum præceptoris nomen reformidans, quasi perfuga quoties poterat a litteraria palæstra ad puerorum lusitantium signa transfugeret, factum est ut in colludentium turba gravissimum vitæ discrimen subiret: amentata quippe hasta transverberato genu ita consternatus est, ut de ejus salute pene omnes desperarent. Ex quo vero periculoso vulnere, cum mirandum in modum, vel citra claudicationem convaluisset, illud tamen multo fuit mirabilius, quod animi quoque tam pervicacis curatio statim consequuta est. Quasi enim gravi somno expertectus puer, cum se collegisset ad virtutem, & doctrinæ studia, tanto amore inflammatus est, ut omni prorsus caligine discussa, quæ vitæ auroram quodammodo retardabat, per eam quam inivit, disciplinarum viam brevi maximas & supra ætatem progressiones fecerit.

4. Ei vero jam non modo excitato, sed sua sponte currenti, stimulos quoque solertia gentilis admovit acerrimos, quæ secum ipsa reputans, præcipuas curas parentibus eò conferendas esse, ut filii a primis annis assuescant versari cum iis, qui & virtute & nobilitate præstent, summa diligentia curavit, ut moribus ac litteris imbuerentur in collegio Ancharanio, quod olim Petrus Ancharanus, qui ex Farnesia gente jam tum perillustri fuit, ad nobilium adolescentium juris civilis studiis operam navantium educationem Bononiæ ex suo fundaverat, suoque de cognomine Ancharanium appellarat. In quo contubernio nobilissimos adolescentes ALEXANDRUM FARNESIUM, & OCTAVIUM fratres, eorumque consobrinum GUIDONEM, ASCANIUM SFORTIAM, suavitate morum atque ingenii acumine ita sibi devinxerunt, ut perpetua inter eos postea fuerit officiorum vicissitudo. Alexander vero ab avo Paulo III. summo pontifice ad cardinalatum evectus, susceptam certo judicio erga Palæotos benevolentiam ita conservavit, ut Gabrieli præsertim non mediocri adjumento postea fuerit ad virtutum præmia consequenda. In eo collegio morum studiorumque moderator erat Sebastianus Delius græce latineque eruditissimus, qui a Paulo III. pontifice Bisuntinensium episcopus factus fuit. Sed Gabrieli postea non defuere præceptores alii insignes, (inter ceteros Romulus Amasæus in humanioribus litteris clarus) quorum assidua cura rhetoricæ & bonarum artium confecto curriculo, philosophiam in ipsa adolescentia fere universam tenuit, ceterisque disciplinis etiam theologiæ cognitionem postea adjunxit; atque ex hac multiplici eruditione apte sese in omnes fere scientias effundente, dicendi scribendique facultatem egregiam sibi comparavit. Totam denique operam enixo conatu in legum studia contulit, audivitque Marianum Soccinum, & Augustinum Beroum jurisconsultos illustri fama celebratos.

5. Itaque non longo intervallo annum vigesimum quartum agens, post consueta doctrinæ certamina solemni ritu laurea decoratus est, ascitusque illico in collegium doctorum, (qui sane honor Bononiæ præcipuus in Palæota familia semper continuarat) juris Cæsarei interpretandi munus publicum plures annos egregie sustinuit, magna audientium approbatione, a quibus junior Alciatus honoris causa vocabatur. Inter alios ejus auditores, quorum dignitas & doctrina magistri præstantiam ostendit, SIGISMUNDUS ZANETTINUS Bononiensis legum professor,

Ejus audito-res præstan-tissimi. archiepiscopus Firmanus creatus fuit, Scipio Lancellotus Romanus ex Rotæ duodecim viris ad cardinalatum promotus; Hippolitus Aldobrandinus ex ipsamet Romana Rota per omnes insignium meritorum gradus ad pontificatum ascendit, vocatusque Clemens octavus, Christianum orbem singulari pietatis & sapientiæ exemplo gubernavit. Sed Gabrieli *Fit canonicus Bononiensis.* perpetuis in gymnasio occupationibus implicato magnum onus addidit ecclesiastica disciplina, cui ille canonicatu basilicæ Bononiensis ornatus religiosissime se addixerat; suas tamen partes tam accurata temporis dimensione agebat, ut quod in primis Deo in templo, quodque ipsi patriæ in gymnasio debebat, utrumque absolute omnino persolveret: quin etiam otii cujusque vel exigui expers atque impatiens, horasque somno & relaxationi subtrahens, librum de Nothis & spuriis tunc composuit; quo argumenti genere præstantissimi cujusque jurisconsulti gloriam adæquasse existimatur.

Romam pergit. 6. Inter hæc domesticis quibusdam molestiis impendentibus, præter opinionem Romam primum ire cogitur. Antequam vero illic suum expediat negotium, adest ex Gallia Alexander Farnesius cardinalis apostolicæ sedis legatus, qui ut vehementer Gabrielem diligebat, incredibili eum certi verique amoris significatione amplectitur: nam in publicis privatisque rebus tractandis ex familiari adolescentiæ consuetudine quæ illi cum eo fuerat, paucis quidem illum conferendum, neminem autem inferiorem esse judicabat. Quare cum de illo honoribus augendo, ex eo tempore assidue cogitasset, ætatisque gravioris judicio, hujusmodi cogitationes ejus animo in dies maturius insedissent, illud potissimum totis viribus contendit, ut Gabriel, gymnasii curis abdicatis, ea quæ docebat jam tandem in tractatione atque usu poneret; ille tamen de nulla re magis sollicitus erat, quam de reditu in patriam ab aulico ambitu, atque urbanarum rerum amplitudine *Vasionensi regioni præficitur.* omnino alienus: sed cum summa Farnesii auctoritas ad jubendum intercederet, parere compulsus, Vasionensium regioni, (quæ in ditione Avenionensi est) a Farnesio cardinali legato præficitur. Neque enim alia tunc dignior ad ornandum hominem amicissimum sese offerebat occasio. Sed eum in itinere improvisus Gentilis matris obitus Bononiæ detinuit; quem casum omnium acerbissimum pertulit. Gabriel constanti sane animo, dignoque tali viro, qui posthac in episcopali administratione & fortitudinis & constantiæ exempla singularia præbiturus esset. *Majoricensem episcopatum recusat.* Interea urgetur etiam impense a Johanne Baptista Campegio Majoricensium episcopo, ut ecclesiæ illi regendæ animum adjiciat. Nam episcopus ob infirmam valetudinem, ætatemque annis gravem, suas vires episcopali labori impares esse cum experire-

tur, neminem & moribus & doctrina Gabriele magis idoneum esse arbitrabatur, cui tuto ecclesiæ illius munus demandaret. Quamobrem & summo pontifice, & rege ipso Catholico, cujus imperio Baleares insulæ subjectæ sunt, factis certioribus, eorumque impetrato consensu, nil amplius obstare videbatur, præter Gabrielis voluntatem, quo hæsitante atque adeo repugnante, deliberatio omnis repente inciditur. ex obitu Peregrini Fabii Bononiensis, qui Romanæ Rotæ duodecim-viratum gerebat. Cumque senatus Bononiensis a Paulo IV. pontifice impetrasset, ut honore illo Bononiensis jurisconsultus decoraretur, ad eum locum Gabriel sine controversia ascendit, propriis innixus meritis, quæ apud pontificem locupletissimo testimonio illustrarat Sylvester Aldobrandinus, & Marianus Soccinus, quos tamquam duo jurisprudentiæ lumina suspiciebat Italia universa; hic quidem Gabrielis ipsius doctor, ut diximus; ille vero Clementis VIII. pontificis maximi pater, qui ob filii sub tanto præceptore progressus ad hujusmodi officia incitabatur.

7. A Paulo igitur pontifice in Urbem accitus *In Rotæ decimviratum cooptatur.* Gabriel, cum vix trigesimum tertium ætatis annum attingeret, in illud collegium cooptatur summo collegarum consensu, gratissima faventis aulæ admurmuratione, atque incredibili Bononiensium lætitia, studiosis exceptis, qui ejus præsenti patrocinio, sedulaque opera destituti, relicto Bononiensi gymnasio, plerique Patavium recessere. Ille vero multo citius quam fieri solet in luce hominum, in ore principum virorum esse cœpit, quippe qui in retinenda pietate atque integritate miram diligentiam ac sollicitudinem adhibuit semper; atque idcirco tantum abest ut quidquam prætermitteret, quod ad onus illud recte perferendum facere videbatur, ut etiam non alia, nisi suorum laborum industria, neque alio nisi incorrupti animi præsidio, ad cetera quæ subsecuta sunt majora munera obeunda aditum sibi tutum eumdemque amplissimum patefecerit. Cum enim vix fieri possit, ut in controversiis judex æque utrique litigantium satisfaciat, fugit ille in primis aulica studia, ad quæ ambitio non paucos exstimulare solet; nam ad gratiam captandam nullum umquam adivit procerem, abstinuitque prorsus ab ipsis obsequiis quæ Farnesio cardinali debere se profitebatur: tantoque studio vel ipsam suspicionem avaritiæ evitavit, ut honesta etiam lucra quæcumque suspecta haberet, dona rejiceret, nihilque penitus in gratiam faceret, cum tamen gratissima semper essent illis ipsis qui causa cadebant; judicia quæ pronuntiabat, facilis ad audiendum, timidos etiam ultra ad dicendum invitans, ad respondendum benignus atque expeditus. Ante vero quam ad sententias ferendas accederet,

ret, confueverat perfcrutari diligenter an controverfiis amice & benevole dirimendis locus aliquis relinqueretur. Hinc facile eveniebat, ut graviffimas difficultates nullo fere negotio fedaret, atque eorum exemplo, qui ipfo hortante æquabilitatem amplectebantur, frequentiffimus clientum numerus excitaretur, qui eum affidue circumftabat.

A Pio IV. initiur ad concilium Tridentinũ.

8. Inter has Gabriëlis occupationes moritur Paulus IV. pontifex, & Pius IV. ei in pontificatu fuccedit. Is dum multa molitur, ut affectæ reipublicæ Chriftianæ, ac variis hærefum, quibus partim tentabatur, partim intime urebatur, morbis fuccurreret ac mederetur, nullum præter alia remedium efficacius fore fapientiffime judicavit, quam fi œcumenicum concilium a Paulo tertio inchoatum ad finem ufque perduceretur. Cum igitur ad opus præclariffimum in ipfo pontificatus initio fe accinxiffet, deftinatis fex cardinalibus legatis, qui concilio præeffent, inter alios præcipuos ejus adminiftros ex duodecim viris Rotæ unum Gabriëlem felegit, qui legatis apoftolicæ fedis hac in re omnium graviffima affifteret; noverat fiquidem Pius multo ante hominis doctrinam, atque incorruptos mores.

Alegatis ad concilium ganti affiderur.

9. Proficifcitur itaque Tridentum, urgente pontificis juffu, atque in ipfo itinere Herculi Gonzagæ cardinali ampliffimo legationis illius principi cum fe adjunxiffet, quem antea fic de facie quidem agnofcebat, (ea vis eft ac pulchritudo virtutis) tantam ab eo gratiam inivit, ut in quacumque concilii actione, nihil umquam poftea Gonzaga vel animo decreverit vel reipfa perfecerit, ipfo infcio, cum quo confilia omnia, & cogitationes fuas conferre folitus erat. Habuit quoque magnam auctoritatem, atque exiftimationem apud alios cardinales legatos, qui de eo amando, atque ornando inter fe quodammodo certabant, præcipue vero Simoneta, Seripandus, & Varmienfis, vitæ probitate, doctrina & prudentia præ ceteris clariffimi. Quod autem admiratione dignum eft, cum vix fieri poffit, ut in confultationibus ac difceptationibus maximarum rerum omnes idem fentiant, ille nihilominus integritatis ac fapientiæ fumma laude ftudia legatorum ita promerebatur, ut licet in re ipfa interdum difcordes effent, in efferenda tamen ejus virtute, fummam conjunctionem atque concordiam haberent.

Ejus in concilio munia.

10. Ejus partes erant, præter alia, interdiu & noctu etiam fæpius legatos adire; antiftites, qui ad eum accedebant fingulis fere momentis, audire, eorumdem fenatum convocare; litteras, quæ ab urbe mittebantur recitare, decreta antiftitum adnotare; concilii fanctiones dictare; principum oratores legatorum nomine convenire, eorum refponfa ad legatos referre; edicta tum voce tum fcripto promulgare. Quibus in omnibus

negotiis neceffariam gravitatem affabilitate atque urbanitate fic condiebat, ut fummi quique viri, eum non folum fingulari obfervantiæ cultu, fed etiam egregia veri amoris fignificatione profecuti fuerint. Inter quos extitere Hugo Boncompagnus epifcopus Veftanus, Nicolaus Sfondratus epifcopus Cremonæ, Johannes-Antonius Facchinettus epifcopus Neocaftri, qui poftea cardinales creati, ad pontificatum etiam affumti funt; Antonius Auguftinus Hifpanus epifcopus Ilerdenfis, Hieronymus Trivisanus Venetus epifcopus Veronæ, Thomas Covaruvias de Lequa Hifpanus epifcopus Civitatenfis, Hieronymus Ragarronus Venetus epifcopus Famaguftanus, Nicolaus de Pelve' Gallus archiepifcopus Senonenfis & poftea cardinalis, Ægidius Fufcararius vir fanctiffimus epifcopus Mutinæ, Ludovicus Beccatellius Bononienfis magna integritate & fapientia præditus, archiepifcopus Ragufinus, qui cum valetudinis caufa ecclefiæ illius adminiftratione levari cuperet, in unum Gabriëlem oculos conjecerat, cui confcientiæ fide haud commotus illam tunc gubernandam traderet; fed Gabriel neque precibus neque argumentis ullis umquam in Beccatellii fententiam atque officia flecti potuit, utpote cui regendi ecclefias pondus res ipfæ, quas in concilio præ manibus habebat, formidandum oftendebant: gratiffimo tamen memorixe animo ejus erga fe propenfam voluntatem æftimans, ipfo demortuo fratris filium Ludovicum Beccatellium virum rectiffimis ftudiis atque ingenio elegantī, liberalique præditum, inter fuos intimos familiares habuit. Ceterum ejufmodi rerum mole preffus, ut non folum noctes infomnes, fed pervigiles ducere cogeretur, fuccifivas eo ipfo horas more fuo furripuit, quibus vacavit fcriptionibus, atque inter alia, actorum totius concilii pleniffimam ornatiffimamque hiftoriam confcripfit (a)

Ragufinum archiepifcopatum recufat.

11. Interea Tridenti difcedunt e vita Gonzaga & Seripandus cardinales, dum continenti labore connituntur, ut permagnis difficultatibus fuperatis, concilium præclaro exitu concludatur. In Herculis locum a pontifice fuffectus eft Hieronymus cardinalis Moronus, eorum jacturam, magna ex parte compenfavit, & de Gabriëlis virtute ac meritis exiftimationes ac judicia non æquavit modo, fed etiam longe fuperavit. Nam in rerum illarum magnitudine, a quibus totius Chriftianæ reipublicæ falus ac dignitas pendebat, Gabriëlem, tum confiliorum omnium participem fecit, tum complurium rerum optime geftarum auctorem fuiffe non femel affirmavit.

[4]

Eum Moronus cardinallis fuorum confiliorum facit participem.

12. Poftquam igitur exoptatus finis con-

Romam rerverfus juffu pontificis fcribit de cœlibatu facerdotum.

(a) Hanc hiftoriam præ manibus habuit Odoricus Raynaldus, eaque in confcribendis Annalibus ecclefiafticis feliciter ufus eft.

cilio impositus fuit, Romam rediit Gabriel, summa amicorum, propinquorum & familiarium lætitia exceptus. Nec minora cardinalium & Romanæ auiæ procerum benevolentiæ in eum documenta extiterunt. Cumque præcipua quædam concilii decreta, antequam ederentur, diligentius iterum essent consideranda, ipse quoque pontifex quantum Gabriëlis judicio & doctrinæ tribueret, hoc ei imposito onere, aperte declaravit, sociosque laboris adjunxit HUGONEM BONCOMPAGNUM tunc episcopum Vestanum, & FRANCISCUM ALCIATUM, quos paulo post etiam cardinales creavit. Restabat quoque, ut refellerentur opiniones quædam hæreticorum de cœlibatu sacerdotum, deditque Pius negotium archiepiscopo Lancianensi, eidemque episcopo Vestano, ipsique Gabriëli, cui insuper ut omnia scripto mandaret imperavit; id quod ille tam accurate ac docte præstitit, ut ex hujusmodi scriptione & apud pontificem & apud doctissimos quosque viros laudem acquisiverit singularem.

Fit cardinalis.

13. In illa tranquillitate rerum, qua ob felicem eventum concilii Christianus orbis perfrui videbatur, constituerat pontifex sacrum cardinalium senatum augere viris egregia virtute præstantibus, qui ejusdem concilii negotium sua opera provexissent. In ea sententia confirmarat illum Moronus cardinalis, qui maximam auctoritatem nomenque habebat, & Romam reversus, cum de toto illo progressu sæpe pluribus longis & familiaribus colloquiis Pium fecisset certiorem, Palæotum quoque præclare commendavit, deque eo tam multa honorifice dixit, ut Pius, qui illius merita multo ante noverat, Moroni etiam adducto testimonio, incitatusque ab ipso nepote CAROLO BORROMÆO cardinali, qui de Gabriëlis integritate optime sentiebat, illum cardinalitia dignitate augere constituerit. Indicto demum senatu, in quo cardinales creandi erant, urbe tota sollicita, ac tamquam importunis fluctibus spei metusque agitata, Gabriel, quamvis propensam erga se Pii voluntatem a Farnesio rescivisset, nulla animi perturbatione commotus, ipsum diem, qui senatum antecessit integrum cum Guillelmo Sirleto protonotario viro doctissimo, cum quo ei erat summa necessitudinis ac studiorum conjunctio, in sacræ theologiæ disputationibus pacate consumsit, & subsequenti die, quo cardinalis a pontifice declaratus fuit, ab ea cura vacuus, audiebat clientes, intento solum animo negotiis illis, quæ ad munus Rotæ pertinebant. Itaque una cum duobus & viginti viris præstantissimis, inter quos fuit idemmet GUILLELMUS SILLETUS in cardinalium collegium cooptatur, & diaconiæ sanctorum Nerei & Achillei titulo adscribitur, anno a Virginis partu MDLXV. Cum, quod admiratione dignum est, perbrevi tempore, nempe novem annorum spa-

tio, ex quo Rotæ auditor factus fuerat, nullis regum aut principum virorum promotus officiis, ad eam honoris amplitudinem pervenerit. In ea nullo fastu elatus nulloque humanæ gloriæ, qua & afficimur & sæpe conficimur sensu, ne leviter quidem impulsus, tantam moderationem statim adhibuit, ut in ipsa dignitate natus & longo tempore enutritus esse videretur. Atque inter cetera æquanimitatis hujusmodi documenta, quamvis liber omnino a curis esset judicia exercendi, quibus ante cardinalatum premebatur, non obscuro tamen Christianæ caritatis exemplo, iis omnibus tamquam clientibus patrocinabatur, qui ad eum consilii aut auxilii petendi causa confluebant. Solam paupertatem, in progressibus adeo magnis, ei impedimento fore æstimabant, ii potissimum, qui illum nihil umquam sibi seposuisse norant, sed honore & laude potius quam pecuniis rem auxisse familiarem, cum præsertim fraternæ opes licet honestæ, haud sufficerent ad beneficentiam & largitatem ostendendam, quæ in magnis rerum incrementis desiderari solet. Præsto illi tamen fuit antiquum Farnesii cardinalis præsidium, quo fultus & veteri suo modestiæ instituto satis egregie dignitatem sustinuit.

14. Eo ipso tempore, quo vix cardinalatum inierat, contigit ut ei non leve dignitatis ab ipsa dignitate periculum esset, cui tamen ille sese intrepidus obtulit, integritatem animi per omnia rerum discrimina casusque sartam, ut dicitur, tectamque conservans. Agebatur tunc de bello contra Catholicæ fidei perduelles in Gallia sedis apostolicæ copiis & auxiliis prosequendo: sed cum ærarium in publicos sumtus, ac præcipue in eos quos concilium Tridentinum absorbuerat, exhaustum esset, ea erat Pii & cardinalium sententia, ut subsidium a pontificiæ ditionis populis peteretur. Quippe rationi consentaneum maxime videbatur, & ad sedem apostolicam in primis pertinere, si Karolo regi Christianissimo in tam opportuno tempore contra acerbissimos hostes suppetiæ ferrentur. Relata ad senatum re, unus Gabriel communi sententiæ repugnavit, variis argumentis docens, honestam quidem & maxime necessariam ejusmodi auxilii dandi causam videri, sed antequam novum onus sedis apostolicæ provinciis jam exhaustis superadderetur, plura esse perpendenda, atque eo cautius deliberandum principibus in gravissimis rebus, quo majoribus difficultatibus respublica premeretur: populos quidem ecclesiasticæ ditionis amore potius ac beneficiis, quam armis atque arcibus in officio contineri; vectigalibus vero cum populi onerantur, benevolentiam hanc de medio tolli, verendumque esse ne redemtores brevi temporis spatio pignorum loco pauperes bonis omnibus exspoliarent; populi vero sic one-

In consistorio magna animi constantia sententiam profert aliis adversam.

rati ne hostes propinqui ac domestici efficerentur, se non quærere, an pecuniis ærarium omnino vacuum sit, aliter tamen de ea re a populis judicari, eorumque benevolentiam ærarii inopiæ prorsus anteponendam, neque a miseris hominibus ea impositis vectigalibus extorquenda, quæ sponte nisi premerentur exhibituri essent. Hoc se jussum, prout sentit, ea qua decet reverentia in medium afferre, quæ sine nefario scelere prætermittere non possit. Silentibus cunctis atque obstupescentibus, Gabriel auditus fuit, plerisque etiam cardinalibus summissa voce extollentibus ejus animi magnitudinem ac senatoriam in dicenda sententia libertatem. Nemo vero id tam acerbe tulit, quam nonnulli administri ejusmodi vectigalium, qui pecuniarum lucris inhiantes, in Gabriëlem magna indignatione incensi, impetrarunt ut centum aurei nummi ei statim auferrentur, quos ex publico ærario ad paupertatem sublevandam eidem cardinali creato singulis mensibus pontifex numerari jusserat. Qua jactura, si ejus fortunas aspiciamus, maxima; si animi robur atque integritatem, levissima, nequaquam permotus, nec variis minis, quæ in eum jactabantur, percussus; Pium pontificem adiit, eique iterum sententiam suam explicavit adeo constanti animo, validisque rationibus, ut pontifex re optime perspecta, arctiore quam umquam antea amoris vinculo cum complexus, ejus probato consilio, nihil amplius de novis illis vectigalibus imponendis constituendum esse censuerit.

electione
V. ut se
erit.

15. Verum Pio, non multo post ad superos evocato, novus Gabriëli patuit campus e republica se in cardinalitio munere exercendi. Nam edictis comitiis summo pontifici creando, & cardinalibus de more in Vaticana clauſtra congregatis, cum Palæotus tunc primum experientia comprobaturus esset, quam ardui negotii moles sacro senatui incumberet, tutum sibi pontificis eligendi modum præfinivit, non illum quidem a proprio judicio aut humana prudentia omnino captum, sed a Deo, cujus causa agebatur, diurnis nocturnisque precationibus & voluntaria corporis afflictatione, ac jejuniis efficaciter impetratum. Inclinabat ejus animus in Farnesium aut Moronum cardinales, usu rerum præcipue & sapientia spectatissimos, sed suffragiis deficientibus, totam operam studiumque contulit in GUILLELMUM SIRLETUM & MICHAELEM GHISLERIUM Alexandrinum cardinales, qui priscam illam sanctorum patrum disciplinam moribus & doctrina præ se ferre videbantur. Sed cum Sirleto suffragium unum ad pontificatum defuisset, Borromæi cardinalis voluntati tantum ex Gabriëlis officiis accessit propensionis ac studii, ut Alexandrinus demum, initis cardinalium a Pio IV. creatorum suffragiis,

Vet. Script. & Mon. ampl. Collect. Tom. VI.

A pontifex fuerit declaratus.

16. Is grato Pii resumto nomine, gubernacula sacri imperii vix attigerat, cum eniti cœpit, ut inter ceteras Tridentini concilii sacrosanctas leges, quæcumque præsertim de recto ecclesiarum regimine, & episcopali residentia in eo decreta fuerant, religiose observarentur. Atque ad id perficiendum stimulis assiduis a Borromæo cardinali potissimum concitabatur, qui ad Mediolanensem ecclesiam, cui præerat recensendam, ejusque mores emendandos magno animi ardore aggressus fuerat. Cumque eo tempore e vivis B sublato RAYNUTIO FARNESIO cardinali Pauli III. nepote, Bononia careret episcopo, hac arrepta occasione Pius ei civitati, quæ & potentia & amplitudine præstat, episcopum Gabriëlem designat. At ille ex hac pontificis deliberatione pene animo consternatus, repugnare primum omnino & precibus contendere, nec ipsas lacrymas continens, etiam atque etiam obtestari Pium, ne se in tantum periculum & discrimen vocaret; maximas enumerare difficultates episcopalis muneris in patria obeundi, affirmare, alios quidem C falli posse, dum honorificentius de se judicarunt, quam ipse mereri se sciret, qui experiretur etiam in exiguis rebus virium suarum imbecillitatem, hancque viam laborum ingredienti sibi, tamquam exiguæ staturæ homini induenda esse gigantum arma, quibus sive in via, sive in prælio ad interitum usque impediretur, alia demum plura; sed frustra tamen in medium adducere. Ex qua sane pia egregiaque animi demissione, non minus laudis tunc ad eum pervenit, quam ex optime gesta re postea in illius ecclesiæ gubernatione. Victus itaque & ipsius Borromæi adhortationibus erectus, pontificis imperio obtemperat, atque ab eodem Borromæo consecratus anno sexagesimo sexto post millesimum quingentesimum, discedendi venia a Pio statim impetrata, ante jejunii quadragenarii initium Bononiam properat.

17. In urbem igitur suis pene ex sedibus revelli se gestientem, ut patri ac civi suo obviam occurreret, accipitur incredibili senatus, populi & diœcesis universa frequentia, quæ ad tanti viri adventus famam eo confluxerat. Peractisque sacris ritibus, quibus advenientes primum antistites sancta ecclesia coli mandat, qui sane Bononiæ insigni apparatu & solemni magnificentiæ pompa servati sunt, ille ponderis quod subierat gravitatem assidua cura perpendens, & privatim cum plurimis ex prima nobilitate agens, qui ad eum invisendum conveniebant, & in publicis colloquiis sacrisque ipsis concionibus (a quibus tamquam a præcipuo & proprio episcopi munere, suarum actionum sumserat exordium) omnes admonere hortarique sedulo, ut salutarem disciplinam e concilii Tridentini fonte haustam, sponte, eaque

Invitus creatur episcopus Bononiensis.

Bononiam venit, ac suos hortatur ad præscriptam a concilio disciplinam sectandam.

Yyyy ij

obedientia, quæ filios erga parentem, aut discipulos erga præceptorem decet, amplecterentur: esse quidem se dicebat Bononiæ civem, sed jam, quod ex animo dolebat cruciabaturque, cum secum virium suarum imbecillitatem reputabat, a Deo sibi impositum esse parentis & magistri onus: ita tamen ut fieret servus & minister hominum propter Christum. His veluti suæ voluntatis nuntiis præmissis, adhibita diligentissima præparatione, imploratoque cœlesti auxilio per assiduas preces, iterata sacrificia & jejunia, (ea enim ratione vires ad labores perferendos difficultatesque superandas, & pericula, quæ subsecuta sunt propulsanda reparare consuevit) sese colligens, nonnullos dies consumsit in continuo sacrorum librorum lectione, a quibus tamquam mutis, sed fidelissimis præceptoribus & doceri se & pressum episcopali onere animum sublevari asserebat.

Ludos & choreas festis diebus prohibet.

18. Verum illo se pene accingente ad pravas consuetudines vel de medio tollendas vel corrigendas, lætitiam qua patria ex ejus adventu efferebatur, subita atque insperata satietas & fastidium subsecutum est: versabatur Italia atque adeo totus Christianus orbis in magna vivendi licentia & libertate, atque inter cetera sacri dies, quos tamquam divino cultui dicatos, caste pieque transigere jubemur, per conviviales ludos saltationesque celebrabantur. Hanc itaque publicam peccandi sub specioso amicitiæ per familiaritatem & faceta colloquia conservandæ nomine illecebram detestabilemque consuetudinem, quæ locis in omnibus palam, non solum impune, sed etiam tamquam laudabilis inoleverat, ante omnia sibi Bononiæ extirpandam esse existimavit Gabriel; quippe qui si remedium inveterato illi & communi malo parare potuisset, etiam si magno populi dolore id fieret, facilem sibi totius commissi gregis procurationem fore speraret. Lege itaque lata profani lusus, choreæque sacris diebus prohibentur. Enimvero id populi tam iniquo tulere animo, ut aliquot menses, tamquam exul Gabriel episcopus Bononiæ vixerit, ab omnibus vel ipsis affinibus & consanguineis despectus, ut dum per Urbem quoque incederet, aperte negligeretur ac vitaretur. Porro multo etiam majores difficultates offendit, cum paulo post, ecclesiæ Bononiensis bona recognovit, multaque in profanos usus translata, ne suæ sponsæ sacram dotem occupari sineret, recuperanda curavit. Verum Dei gloriam suique salutem gregis ante oculos sibi cum proposuisset, constantissimo animo fluctus omnes perturbationum infregit; quin ea veluti septa, quæ ad continendas errantes oves paraverat, quæque in malum pronæ hominum mentes quodammodo furentes perstringebant, tanta patientia & mansuetudine reparabat, ut illi ipsi, qui in cum furere videbantur resipiscentes, illum ad reliquas episcopi partes peragendas ut cum maxime juverint.

Ex hisce initiis veluti ex gravi somno excitati populi, ad morum normam ita se accommodarunt, ut abusus in posterum Gabriel vel penitus eradicarit, vel a radice vix pullulantes incidere facile potuerit.

19. Quia vero tamquam in agro spinis undequaque sentibusque obsito non vulgari industria, sed exquisito culturæ genere illi fuit utendum; operæ pretium esse existimavit episcopalis tum vitæ, tum administrationis quædam ejus instituta strictim proponere aspicienda, quamquam communia episcopis omnibus, atque ostendere, quibus ille mediis quibusque virtutibus corruptissimo sæculo ipsa in patria, ubi regendi ipsi cives, qui aut se a cive gubernari, aut sibi quidquam negari, aut non indulgeri, moleste laturi essent. Primus tamen concilii Tridentini sanctiones in usu posuit, & sibi creditam Christi vineam sic coluit, ut ab exiguis propagata seminibus, tam ubere fœtu, tamque miro, quam nunc videre est, proventu coaluerit.

Primus concilii Tridentini sanctiones in usu posuit.

20. Eadem igitur Gabrieli episcopo domui & familiæ ratio fuit, quam ante episcopatum sibi præstituerat, ecclesiasticæ modestiæ exemplo potius, quam hominum numero metienda. Numquam tamen caruit eo numero familiarium, quibus tum ad existimationem, tum ad necessaria negotia opus esse judicabat. Non solum in publicis actionibus, sed etiam intra domesticos parietes decoris splendor viro in sacra republica principi congruens elucebat; cum tamen paupertate obnoxius esse censeretur, quippe quod episcopales redditus majori ex parte in pensiones pluribus summorum pontificum liberalitate, antequam Gabriel ecclesiam illam obtineret, assignatos dividebantur. Si quos in familiam accepturus erat, tamquam de amicis eligendis, cum ipsis transigebatur studiaque in illis quærebantur, moresque non dispares institutæ disciplinæ. Idcirco admissos semel numquam missos fecit; & cum novi subsecuti sunt, veteres numquam fastidivit. Paucis exceptis, qui sæcularibus operibus curisve in domestica re implicabantur, ceteri omnes, aut clerici, aut sacerdotes; ex quibus plures nobilitate, aut doctrina præstantes, quorum merita in eadem palæstra indicabunt, ne omnes recenseam, Guillelmus Sceprænus Anglus theologus, græcæ atque hebraicæ linguæ peritissimus, qui Miscellaneorum appellatum volumen in sacra Biblia edidit; Alexander Burgius Mutili prior exculta omnium scientiarum eruditione, & græcis latinisque litteris insignis, ad episcopatum Burgi sancti sepulchri promotus; Evangelista Carbonesius, cujus in gerendis negotiis dexteritatem Gabriel valde commendare solitus fuit, canonicatu Basilicæ sancti

Qualis esset ejus familia & vivendi ratio.

Petri Romæ honeſtatus; Dominicus Gualandus, qui poſtea Bononienſis & Florentinæ Rotæ auditor fuit; Alexander Beroaldus canonicatu baſilicæ Bononienſis auctus, aliique quorum opera, tum in regenda familia, tum variis in rebus maximi ponderis, maximo earum ſuoque commodo impenſe atque aſſidue utebatur. Præſcripſerat ille ſuæ domui accommodatas leges, ex quibus mirus ordo, mira concordia, atque in diſciplina cuſtodienda incredibilis facilitas atque obedientia oriebatur. Cibus in cœnatione ab omnibus uno eodemque tempore ſtatis horis capiebatur, & animum interea, ne illi quoque ſua oblectatio deeſſet, a ſacris hiſtoriis & eccleſiaſticis doctoribus ſumta lectio recreabat. Ciborum uſus non delicatus neque ſumtuoſus, ſed tuendæ potiſſimum valetudini conveniens. Cubicula modeſte inſtructa extra delicias & auſteritatem, veſtitus decorus & mundus, nec diligenter exquiſitus, nec omnino abjectus, ceteris diſciplinæ partibus reſpondebat. Sacerdotes & clerici feſtis potiſſimum diebus in majori templo convenire, illi frequenter miſſæ ſacrum facere, hi ſingulis menſibus una cum ſæcularibus, ex ipſius manu corpus Domini ſumere: veſperi tempus quotidie datum eſt ſacris precationibus, quibus omnes in ſacello ad id extructo & parato intererant. A cœna præſente ipſo epiſcopo, hyeme præſertim per horam jucundiſſima de ſacris rebus colloquia ſerebantur. Is demum erat vivendi ac degendi modus in Gabriëlis domo, ut qui ſemel in eam admiſſi fuerint, numquam fere poſtea diſceſſerint, ſed triginta, quadraginta & amplius annos in ea explerint, inſenuerint, diemque clauſerint extremum, inter quos adhuc ſuperſtitem honoris cauſa nomino Ludovicum Nuceium, qui Gabriëli, cui a ſecretis fuit, mira fide atque integritate fuit in adverſis, ſive in proſperis rebus inſervivit ab eo tempore, quo ille primum Bononiæ Romam ivit.

Ex ejus domo plures prodierunt epiſcopi.

21. Porro cum multa prudentia, probitate ac doctrina præditos in primis eos eſſe oportet, qui epiſcoporum vices gerunt, & judiciis jurique dicendo præſunt, non ſolum Gabriel ſummo ſtudio ac diligentia hujuſmodi adminiſtros conquiſivit, ſed etiam liberaliter & perhonorifice tractavit, nihil eorum munerum in ſe trahens, quæ ipſorum propria erant, nihilque de ipſorum auctoritate ac dignitate apud illos minuens, qui in cauſarum diſceptationibus, ut plerumque accidit, conquerentur. Foro autem epiſcopali optimis regulis inſtructo, ad quas directi qui in eo verſabantur, corruptelæ ſuſpicionem omnem effugerent, deſtinatiſque piis locis, quo multatitia ſontium pecunia palam erogabatur, cujus adminiſtri nullam in partem, quæ æqua non eſſet, inclinare, nedum labi umquam poſſe videbantur. Hinc factum

eſt, ut a Gabriëlis domo, veluti officina egregiorum virorum prodierint plures epiſcopi Angelus Perutius Sarſinæ, Nicolaus Horatius Catanzarii, Nicolaus Turricella ſanctæ Agathæ, Marcus Antonius Salamonius Soræ, Antonius Bornius Belcaſtri, Berlingerius Gypſius Arimini, qui nunc in Urbe ſummi pontificis vicarii vices gerit, Sebaſtianus Medices magni nominis & doctrinæ juriſconſultus, aliique quos prætereo; ex his enim facile de ceteris æſtimabitur.

In arduis negotiis doctiorum virorum conſilio utitur.

22. Etſi vero tales illi erant, ut in eorum fide ſui oneris magnam partem ille deponere potuiſſet, nihil tamen in arduis negotiis deliberari patiebatur, niſi aliorum etiam ſententiis exploratis. Quapropter tum ex clero tum ex ſæcularibus plures pro varietate & conditione rerum, de quibus agebatur, acerrimo judicio ſibi elegerat idoneos viros, ſtatoſque dies præſcripſerat, quibus in ejus colloquium & congreſſum veniebant. Ex hac communicatione mirum eſt, quot bona emanarint, non ſolum quod optimus exitus unicuique negotio contingeret, ſed etiam quia univerſa civitas, cum ab epiſcopo rationem haberi cerneret ſuorum civium, quicquid Gabriel conſtituebat tamquam prudenter excogitatum & rejecto propriæ affectionis impulſu, decretum facilius amplectebatur. Quæ res non mediocri adjumento illi fuit, illis initiis præſertim ſuæ epiſcopalis adminiſtrationis. Idemque inſtitutum poſtea ſemper ſumma cum prudentiæ laude tenuit, licet nonnullis, vel modica tarditas quam conſultationes pariunt, in rebus agendis odioſa eſſet.

Diœceſim viſitat.

23. Hiſce fultus præſidiis, & veluti alte defoſſo alveo, quo reliquæ epiſcopales actiones pleno curſu fluerent, duram omnino, & magnis difficultatibus implicatam provinciam cœpit ſuæ eccleſiæ recognoſcendæ, & ſingulos tamquam Chriſtianæ militiæ ordines recenſendi. Obſtabant actioni illi numquam antea uſu receptæ, laxi hominum mores, atque ingenia ab odioſo correctionis & cenſuræ ipſo nomine abhorrentia, atque inter cetera afferebat impedimentum, quod nulla diligentia, induſtriaque ſuperari poſſe videbatur, eccleſiaſticæ diſciplinæ corruptela & depravatæ. Unde nullus ubique locorum aut exiguus ſane in ſacris ædibus locciſque cultus, & quod unum reliquum erat epiſcopis concilii Tridentini perfugium obſtruebant inveteratæ atque in malo obſtinatæ voluntates. Verum cum niſi ante omnia hoc fundamentum difficili quidem, ſed neceſſario labore jaceretur, Gabriël ſpiritale quodcumque ædificium, tamquam male materiatum & ruinoſum eſſe intelligeret; opus hoc arduum ſtrenue aggreſſus eſt, & nullo timore perculſus, nulliſque periculis territus, egregie perfecit. Sæpius enim vehementibus procellis ab impietate hominum exci-

tatis, sacrum illud negotium non solum perturbatum est, sed etiam pene obrutum, variis in episcopum ejusque familiares dissipatis in vulgus calumniis, ille tamen expectavit semper atque evitavit transitum tempestatum ea constantia, tantoque Christianæ patientiæ & caritatis exemplo, ut portum denique tutissimum in ea actione tenuerit, & diœceseos censuræ quotannis habendæ viam facile complanarit, modumque præfinierit, paucissimis comitibus famulisque adscitis, quos omnes operi suscepto, laboribusque aptos judicabat; quare ecclesiasticæ res tantum abest ut detrimentum paterentur nimiis fortasse gravatæ sumtibus, ut potius Gabriëlis liberalitate ipsa loca, in quibus inopia laborabatur, pecuniarum largitione ubique ab eo facta non mediocriter sublevarentur.

Conciones in sua diœcesi ad populum haberi curat.

24. Inter hæc Dei cultus, qui veluti densis ante concilium tenebris obsitus delitescebat, elucere, Christiana pietas vires paulatim sumere, quique jam longe a recto tramite aberrarant, morum correctionem non subterfugere, sed sacra templa & res divinas frequentare, illo singulari inter cetera a Gabriële collapsis rebus importato adjumento, quo nihil efficacius, nempe prædicatione verbi Dei, cui muneri, quod episcoporum proprium dicitur, recte & fructuose obeundo, non solum ipse episcopus se totum applicuerat, sed magnam industriam operamque in eo collocarat, ut & in ipsa urbe Bononia, ipso præsertim sacri jejunii quadragenarii tempore, tum in diœcesi ubique fere sacri concionatores ex variis ordinibus religiosorum virorum accurate delecti evangelium explicarent: qui ab eo edocti atque instructi, neque plausum quærerent, neque oblectarent, & inani sermone prurientes aures quodammodo scalperent, sed ad virtutis amorem odiumque vitiorum populos excitarent. Hinc factum est, ut plurimi a teterrima pravitate morum ad Deum converterentur: hinc sublatis discordiis, restinctis odiis, tanta excitata pietas, ut sacræ confessionis & Eucharistiæ salutarem usum frequentem, diaboli fraude pene extinctum, Bononiæ exemplo, civitates etiam finitimæ receperint.

Synodos quotannis celebrat ac clerum reformat.

25. In tantis progressibus florentis illius episcopalis regiminis, post perlustratam, ut dixi, urbem, atque in ea erectam veluti fortissimam rectæ gubernationis arcem, diœcesim vero tamquam variis munitionum præsidiis firmatam, ut animarum saluti nulla non ex parte consuleret, eaque præcipue quæ ad ecclesiasticæ militiæ disciplinam spectant curaret, congregato universo clero synodum celebravit, morum vero reformationem tanta prudentia in canonicorum, sacerdotum & clericorum animis cœpit inserere, ut exiguo mutatæ conditionis, eoque suavi sensu, quæcumque tum de habitus, qui ecclesiasticos viros decet, modestia, tum de eorum muneribus atque officiis tunc primum decrevit, placido usu recepta & retenta fuerint. Non enim uno eodemque tempore, sed sensim & leviter corruptis moribus adhibuit medicamenta. Quapropter id illi potissimum curæ semper erat, ut synodi quotannis celebrarentur, neque tamen decretorum multiplicem congeriem in medium afferret, sed pauca & illa, quibus animorum morbis, quos in suo grege magis periculosos esse cognoscebat, succurreretur.

26. Nullus illo hominum sollicitior de parochorum præcipue integritate ac doctrina, quam exquisita diligentia perpendebat. Atque ut majore etiam præsidio firmaret, distributa diœcesi in varias veluti provincias, vicarios diœcesanos earum constituit, atque exercitia quædam litteraria speciatim eis injunxit, quæ congregationes conscientiæ casuum appellantur, in quibus nil aliud Gabriël studuit magis, quam ut plura quæ in administratione sacramenti pœnitentiæ vel difficultatem parere, vel progressus in Christiana pietate augere possunt, a parochis & clericis discuterentur, sive invicem communicarentur. *Exercitia litteraria inter parochos injungit.*

27. In hunc modum ad meliorem frugem redacto clero & populo, ut Domini vineæ ita cultæ etiam novarum plantarum educatione fœcunditas augeretur, ad aliud opus aggreditur totis viribus perficiendum. Jusserat in synodo a parochis erudiri plebem puerosque Christiana catechesi, vetusque ecclesiæ institutum, quod jam obsoleverat, restitui. Quare ipsemet, cum selectis sacerdotibus, vicatim festis diebus ad hoc apostolicum munus obeundum accedebat: quo exemplo commoti parochi & alacriores facti, patres vero matresque familias ita incitati sunt, ut filios statis horis in templa ac loca ubi catechesim edocerentur, sua sponte perducerent. Hinc sodalitia per totam diœcesim instituta virorum & mulierum pietate & Christiana caritate præstantium, ex quibus operarii tam multi numerabantur, ut cum in sola urbe dividerentur pueri & puellæ in quadraginta scholas, sexcenti amplius administri essent, qui sanctæ illi exercitationi suam operam eodem tempore navabant. *Christianæ catecheses festis diebus pueris faciendas instituit.*

28. Curavit quoque civitatis parochos novo & salutari exercitii genere ad prædicationem verbi Dei assuescere, simulque occasionem dati populis opportunam in sacris ædibus diutius versandi, animosque divinis præceptis imbuendi, in ipsa basilica, oratorii nomine indicta congregatione singulis fere diebus haberi solita, in qua excitati prius sacrarum historiarum recitatione animi, sermonibus piis, sacris precationibus ac meditationibus ad recte beateque vivendum incitabantur. Quia vero non omnes præ civitatis amplitudine ejusmodi exercitatione eo- *Pias congregationes & publicas orationes festis diebus instituit.*

dem in loco eodemque tempore uti poterant, orationem quam publicam appellavit, festis diebus in pluribus ecclesiis ad hoc destinatis instituit. Unde tantum incrementi factum Christianis progressibus, ut profanis deambulationibus ludisque, aut intermissis, aut omnino dimissis, pleraque pars civium accommodata, illa occupatione detenta, placide tempus ac religiose transigeret.

Seminarium clericorum & gymnasii origit.

29. Sed quo feliciorem exitum hæ Gabrielis actiones sortitæ sunt, eo majore incendio caritatis æstuabat ille, ut commodis atque utilitati suorum populorum inserviret, neque solum præteritis malis, sed etiam futuris remedia compararet; eamque compendiariam emendandorum abusuum viam esse judicans, ut adolescentes clericali instituto assuescerent, ac sacræ militiæ quodammodo, in qua postea strenue plura stipendia facerent, nomen darent; excitavit summo labore atque industria seminarium, quod vocant clericorum, & numero & progressibus insigne, ditavit censibus, pluresque in eo suis sumtibus adolescentes sacris initiatos aluit. Quia vero non omnibus clericis in seminario locus esse poterat, gymnasium in separato ædium episcopalium loco clericis aliis non paucis, qui simul instituerentur, adolescentibus paravit, quibus musices, grammatices, & casuum conscientiæ (in his enim rebus quæ ecclesiasticæ sunt utar propriis eorum vocabulis) ecclesiasticæ denique disciplinæ absque ulla ipsorum impensa præceptores attribuit.

Societatem perseveran- tiæ instituit.

30. Interea dum hæc & ejusmodi alia Bononiæ geruntur, Pio V. optimo pontifice vita functo, GREGORIUS XIII. Bononiensis in pontificatu successit, Gabriël vero postquam Romam venit, ibique cardinalitio muneri in illius pontificis electione satisfecit, nequaquam diutius cunctatus, Bononiam statim reversus, incœptos jam pro sui gregis salute labores eo alacriore prosequutus est animo, quo uberiores fructus a jacta semente ad illud usque tempus colligebat, quoque vehementius ad operis placide & tranquille inchoati perfectionem urgebatur a novo pontifice, qui Pii sanctis vestigiis insistens, sui ingenii lenitate legum severitatem miro condimento temperabat. De novo igitur, eoque firmissimo propugnaculo corruptis moribus opponendo atque objiciendo cogitavit. Etenim cum in eam urbem quotidie confluant ex omnibus fere exterarum quoque nationum regionibus nobilissimi adolescentes, a parentibus aut propinquis missi, ut scientiam percipiant magnarum artium, ne pravis familiarium amicorumve consiliis aut exemplis, a recta via rationeve deflectant, sed sincerum litterarum atque humanitatis cultum atque sapientiæ omnis initium, timorem Domini conservent, instituta societate quæ Perseverantiæ appellata est, rationeque inita ejus rectæ gubernationis, tantos fructus collegit, ut gymnasiarcharum professorum universique studiorum ordinis pietas inde maxime enituerit; utpote qui sanctis adhibitis exercitationibus, indictisque sibi a Gabriele legibus innocentiæ, continentiæ, & religionis, non solum Christianam vitam profiteantur, sed etiam disciplina severiore, quam quæ ceteros vulgo tenet, sensus astringant; eam vero societatem Gregorius pontifex & probavit, & utilibus multis ad salutem privilegiis honestavit.

31. Neque vero in ista rerum spiritualium affluentia ita neglexit temporalia, ut liberalitatem & magnificentiam egregie non coluerit. Templum Bononiæ præcipuum, episcoporum sedes, antiquitatis tantum inordinata & confusa quadam specie erat visendum, ceterum omni penitus elegantia atque ornatu destitutum, ac præ angustia loci situsque nulla relinquebatur facultas excogitandi, qui aut illud ipsum laxius fieret, aut in iisdem vestigiis novum excitaretur. Ac domus episcopalis templo adjuncta ad habitandum inutilis, & vetustate pene consumta, aulæ & cubicula, collabentibus tectis, parietibus male firmis, neque ad normam exactis, sibi ipsis oneri atque impedimento potius quam habitantium commoditati erant. Ille vero loci, situs & expensarum difficultatibus superatis, excogitato magnificentissime instaurationis modo, basilicam illam ad aram maximam amplissima apside concameravit, tribusque hemicyclis, altaque testudine quam columnis scapi crassitudine ac rotunditate, tum celsitudine insignibus subnixam, pictura sculpturaque sumtuosi operis exornavit. Martyrium (quod vocant) amplum extruxit, quod affabre depictis sanctorum gestis decoravit, illustravitque reliquiis beatorum Christi martyrum Vitalis & Agricolæ, quas in eodem templo minus decenti repertas loco, in altari marmoreo a se constructo solemni ritu, urbe illa lætitiam incredibilem præ se ferente, collocavit. Hoc enim semper in ipsius more fuit, ut actiones singulas alicui & Christianas virtutes publico incitamento connecteret, neque ullam vel exiguam occasionem præterlabi sineret, qua populi ad virtutem inflammari possent. Neque his contentus, eamdem basilicam postea ditavit etiam ecclesiastica supellectile; culcitris auro atque argento contextis, pretiosis infulis, cruce, candelabris, lampadibus ex argento cælatis, ornamentisque aliis ad aspectum præclarissimis. Domum autem episcopalem, ædificatis amplis porticibus & peristyliis, partim renovavit, partim reconcinnavit, atque ex architecturæ lege scalas, pavimenta, sacellum, bibliothecam, dormitoria, cubicula, cameras, aulas, cœnationes tam æstivas quam hyemales, cellas, horto & fonte adjectis, tam apte refecit, tamque decoro instruxit

Ecclesiam cathedralem & domum episcopalem restaurat & ornat.

apparatu, ut non adhuc perfecto ædificio etiamsi plurium eodem tempore virorum principum sæpe floreret hospitio, unusquisque tamen & magnifice & sine ipsorum Gabriëlis familiarium incommodo exciperetur. Vario quoque picturæ genere domus parietes distinxit, non illa quidem rerum inani & vacua, sed quæ sanctorum facta triumphalesque laureas repræsentaret, ut eas per tormenta, perque rerum mortalium contemtus emercandi viam ostenderent spectantibus, calcarque æmulandi adderent. Inter alia majore in aula imagines omnium Bononiæ episcoporum, quorum historiam Carolus Sigonius vir doctissimus Gabriëlis jussu condiderat, ordine depictæ conspiciebantur, & civitatis ipsius totiusque diœcesis in tabulis accurata typographia tamquam a memoria libellus necessariam in ea regenda vigilantiam objiciebat. Idem fecit de villis, prædiisque episcopalibus, quæ non mediocri impensa instauraverat: Deo rationem, ut sæpius dicere solitus erat, villicationis etiam hujusce redditurus, ne quid pessum iret quod ad ecclesiam pertineret, sed omnia continuo labore modestaque industria multiplicarentur.

Catechumenorum neophytorum, & mendicantiū domus ædificari procurat.

32. Quantum autem ille solo hoc magnificentiæ & liberalitatis exemplo incrementi fecerit divino cultui, indicant tot sacra ædificia sumptuosi operis, tot pia loca, quæ ab eo tempore Bononiæ fundata atque erecta sunt, Gabriele non solum auctore, sed etiam adjutore. Ei tamquam optimo parenti acceptam referunt Bononienses catechumenorum & neophytorum domum, atque præ ceteris illam, quæ mendicantium appellatur, patetque innumeris fere omnis ætatis & sexus hominibus, pueris, item puellisque inopia periclitantibus; nam præter corrogatas profuse in eorum alimenta pecunias, tam ordinatam atque incorruptam in ea formavit disciplinam, ut magna illa Christi pauperum multitudo suis distincta locis & ministeriis exercitiisque variis intenta, negotiosæ civitatis & reipublicæ optime constitutæ imaginem repræsentet. Ibi videres magistratus, judices, & varia officiorum genera numerares. Omnium enim fere mecanicarum artium officinæ in ea sunt, in quibus pauperes exercentur; pueri vero a maribus, puellæ a fœminis educantur; nec præterea desunt, qui summa cura & diligentia eos Christianæ doctrinæ præceptis, puerilibusque legendi & scribendi rudimentis imbuant: inde postea veluti deductis coloniis per civitatis regiones distribuuntur, constituta puellis collocandis dote, quarum honestatem atque indolem paupertas, quæ maximum a vulgo malum existimatur, corrumpere facile potuisset, ex quibus multæ sacris in cœnobiis Deo sese addicunt.

33. Extant & alia ejus plurima magnificentiæ & regiæ caritatis, unde ceu a cardine nomen cardinalibus, monimenta, quibus singulis numquam addere desiit spiritualium fructuum omni industria quæsitam ubertatem. Cumque sciret indulgentiarum usum Christiano populo maxime salutarem, de iis pie sancteque atque incorrupte acquirendis magnos conatus summamque sollicitudinem adhibuit, idemque præstitit in sacris processionibus aliisque ecclesiasticis ritibus, quæ omnia non solum scriptis evulgatis ad instruendos populos, sed etiam ipsa præsentia atque exacta ministrorum cura ad optimam normam redegit. Ac ne illa, quæ forte minutiora censeantur, otiose persequi videar, jubilæi annus, qui fuit millesimus quingentesimus septuagesimus quintus id satis superque comprobavit, cujus memoriam Bononienses immortalitati consecrarunt. Neque enim is minima quæque documenta in occasione tam sancta prætereunda sibi esse judicavit, sed iter ipsum ordinans, incedendi modum, vestitus rationem, sacrarum precationum tempus distincte præscripsit, atque ut ægroti infirmioresque viribus in itinere regerentur, administros tum sacerdotes tum sæculares proprio sumptu destinavit. Qua sane opera (quamquam res ipsa ad Deum corda hominum convertebat trahebatque) tanta pietatis accessio facta est, ut præter spirituales fructus, quos paterna hac sollicitudine sevit ille, percepit & condidit, Romam profecta copiosissima sodalitas Bononiensium, & cultus & religiosæ modestiæ exemplo memorabili fuerit. At vero cum jubilæum a Gregorio XIII. Bononiam sequenti anno transmissum est, Gabriel seipso major quid non fecit? quid intactum reliquit? quanto caritatis incendio exarsit? quanta præsidia valetudinariis, orphanotrophiis & piis omnibus locis comparata sunt illo auctore ac duce? Ut vere jubilæi annus dici potuerit ille, quo Bononiæ non solum debitoribus pecuniæ condonatæ sunt plurimæ, sed etiam egeni magna eleemosynarum vi sublevati, ordinis quo per quatuor menses tota civitas supplicatum processit, ipso cum magistratu præsente episcopo; & præscribente, depictum in porticu basilicæ majoris adhuc visitur monimentum.

Populis suis indulgentias procurat.

Jubilæi tempore quid gesserit.

34. Multa huic proposito mihi afferenda essent, quæ Gabrielis hac etiam ex parte præstantiam declarant; sed narrationem hanc præcido, quia me rapit paterna caritas, qua Bononienses prosequutus est, in longe diversa occasione, in squalore scilicet, luctu, ipsisque mortis miserrimæ vestigiis. Docuit ille profecto, ac reipsa ostendit, quid episcopus agere, quibusque auxiliis munire se debeat ad res adversas tolerandas, atque imminentia pericula amolienda. Laborabat enim Italia contagione & fœda lue, quæ pluribus in locis miserandum in modum sævire incœperat.

Ad pestem a Bononia avertendam quid fecerit.

incœperat. Bononiæ vero præsertim erat metuendum ob propinquitatem locorum, quæ jam pestis invaserat, custodesque dispositi jam aditus summa cura tuebantur. Sed Gabriel de salute filiorum sollicitissimus, non sufficere eam custodiam ratus, nisi ante omnia Dei ira averteretur, & ipse civitatem custodiret, populum ad pœnitentiam excitare atque ad erratorum veniam a divina misericordia impetrandam inflammare, ad jejunia hortari quotidie, ad singula templa ipsemet accedere, supplicationes indicere, eas nudis pedibus obire, sacras imagines & sanctorum reliquias inter supplicationes procedendo deferre, easque populo venerandas exponere, seipsum vero severioribus iisque assiduis jejuniis & verberationibus affligere. Deinde imminentibus malis remedia undequaque comparat. Sodalitium instituit, quod Misericordiæ appellavit; in illud ipso hortante, & enixe postulante adscribuntur illico plurimi tam mares quam feminæ nobilitate atque opibus pollentes; latebrosi pecuniarum recessus inventi; sponte communi saluti exhibentur opes incredibili eleemosynarum vi collectæ, quibus ipsemet episcopus magnum dat incrementum, earumque ministris destinatis, valetudinaria parantur in unaquaque civitatis regione, domusque assignantur, atque horrea in quæ frumentum aliaque victui humano necessaria copiose congeruntur; medici, chirurgi & pharmacopolæ deliguntur, pii illi quidem probique viri, sacerdotes item, qui ægris assistant ac sacramenta strenue administrent. De sua opera sodalitio præstanda singuli sancta æmulatione decertant. Eadem ratione diœcesis tota directa est, ut quibus in locis sodalitium institui minime posset, adscitis sibi parochi vitæ probatioris aliquot sociis, idem pro viribus curarent. Abiit demum pestilentia, neque Bononia illam sentiit (sic placitum est Deo, qui Gabrielis vota precesque exaudivit) neque diœcesis finitimorum populorum ærumnis conflictata est, sed ille quæcumque ad arcenda hujusmodi pericula parata fuerant, eodem pietatis conatu in usus pauperum omnia convertit.

Censes epi-scopi-potes ut dispensat.

35. Sed hæc atque alia quæ superius enarravimus, quamquam magna sint & laude dignissima; illud tamen admirabilius, quod ob incredibiles sumptus ditissimus videretur, quamvis in paupertate semper vixerit: nam si cuncta metiaris, census, qui exigui potius, quam mediocres erant, ad episcopi necessaria alendæ familiæ præsidia sufficere vix posse existimabis; rationem tamen ordinem, quo ille utebatur in pecuniæ curatione ac dispensatione si animadvertas, mirari desines, dum is multis locis ædificat, liberale hospitium semper exhibet, eleemosynas profundit, neque tamen de pristino honesti ac decori instituto in sua familia, & domo quidquam detrahit. Numquam enim Gabriel pecunias tractavit, aut census ecclesiasticos a suis affinibus & consanguineis tractari permisit; sed ut eorum usus palam innotesceret, sacris legibus obtemperans, in ejusmodi curarum partem vocavit pios peritosque basilicæ Bononiensis sacerdotes, eosque episcopali œconomiæ præfecerat; locum in episcopali domo, ubi libri asservabantur, attribuerat. Eo œconomi statis horis conveniebant, ibi colonos, rerum gestores, ministrosque alios audiebant, dati & accepti rationes cognoscebant; de prædiorum locationibus ibidem, de cultura, de ædificiorum reparatione, de exactionibus, de hospitio, de eleemosynis, de quotidianis expensis, de familiæ regimine, præsente in rebus quibusdam gravioribus ipso episcopo, deliberabatur; & nulla pecuniæ summa numerabatur, nisi facta syngrapha, & ab ipso episcopo & œconomis subscripta, atque a ratiocinatore in tabulas expensi relata. Ad hunc igitur modum non solum frugalitate & modestia, aut optime cultis prolatisque agris citra avaritiæ sordes, & nimiam largitatem ecclesiæ Bononiensis census auxit; sed etiam cum ejusmodi occupationibus ablegatis, munera episcopi propria liber atque expeditus ita obire potuit, ut nullo umquam tempore librorum lectionem aut scriptiones prætermiserit.

36. Inter alia cum magnos abusus in sacrarum imaginum picturas irrepsisse cerneret, ne concilii Tridentini sanctiones de hac re, quæ episcopis curanda mandatur, Bononiæ negligerentur, hanc tractationem scripto aggressus est. Non enim nudam vocem aut colloquia ad hoc sufficere, sed multiplici explicatione atque industriæ opus esse existimavit. Quæ vero extant hujus operis primordia, ut faciliora captu essent, edidit primum Italico sermone, in Latinum postea translata atque Ingolstadii impressa. *Scribit de abusu in sacrarum imaginibus picturis.*

37. Promulgavit quoque preces horarias, summi pontificis privilegio comprobatas, ut festo die beatissimi patris Petronii Bononiæ episcopi & patroni a clero recitarentur. *Preces horarias promulgavit.*

38. Recensuit cœnobia sacrarum virginum, quarum disciplinam tanta circumspectione adeoque cauto studio restituendam curavit, ut quod inter cetera difficillimum existimatur, id in sua patria illum facile assecutum fuisse omnes fateantur; nempe ut virgines nobilissimæ Deo consecratæ, impositum sibi a concilio Tridentino correctionis jugum, Gabrielis opera, libenti animo susciperent; quin etiam sine tumultu illas, quæ extra urbem in amplis atque amœnis claustrorum spatiis degebant, in urbem traduxit, novisque & magnificis extructis cœnobiis inclusit. *In cœnobiis virginum restituit disciplinam.*

39. Atque omni ex parte sollicito animo cogitans de commodis gregi suo parandis non solum iis quæ ad animi, sed etiam iis, *Quid pro componendis in plebe sua litibus præstiterit.*

quæ ad externa bona pertinent; cum animadvertisset ex litibus & controversiis inter cives incredibili eorum detrimento & domos expilari & familias quamvis amplas atque honestas publica ruina collabi, trucesque atque perpetuas contrahi inimicitias, Gregorii XIII. pontificis, cui summi consilium patefecerat, auctoritate sodalitium instituit præstantissimorum omnis ordinis & conditionis hominum, quos direxit ad regulam, quam rei bene gerendæ præscripsit, ut selecti stato tempore, ex eo atque in hunc usum destinati sacerdotes, senatores, doctores, viri nobiles & cives, una litibus in ipsarum exordiis occurrerent quærerentque totis viribus remedia, quibus concordia inter partes gigneretur, neque (sic jubente summo pontifice) litigatores ante a judicibus audiri possent, quam ejusmodi concordiæ experimentum serio factum esset.

Morbum quam constanti ac pio pertulerit animo.

40. Verum ille dum in has occupationes ac studia ardentius incumbit, leviter ægrotare incœpit, nihil tamen de laborandi assiduitate minuens, in atrocem diuturnamque febrem incidit, proximeque ad mortem accessit. In eo statu, licet multa corporis saluti concederet, mira tamen sapientia rectoque divinæ gratiæ gustu ad magnarum virtutum incrementa & animæ lucrum eadem traducebat; tanta enim patientia, tantoque Christianæ humilitatis exemplo morbi illius sævitiam toleravit, ut ejus actiones inde postea splendidiores & pretiosiores tamquam aurum igne probatum apparuerint. Nullam abjecti, sive ignavi, umquam, aut mollis animi significationem præbuit, vel dum gravissime angebatur, Ingemiscebat quidem, sed inter gemitus assidue psalmorum sententias proferebat, ac remittente interdum febre, tunc ille constanti & forti animo præsentes solari, de rerum humanarum caduco & misero statu verba facere, atque asserere veras Christiani hominis delicias in hac mortali vita, pignusque quodammodo divini amoris esse, si per corporis ægritudines doloresque invisceretur, illudque beati Augustini ei erat sæpissime in ore dictum: Si exceptus es a passione flagellorum, exceptus es a numero filiorum: si promissa patris bene agnovisti, non timeas flagellari, sed exheredari. Eripitur demum, sola Dei ope, a præsenti illo vitæ periculo, pluribus laboribus pro Christiana republica sustinendis reservatus, & quo diuturnior fuerat ægrotatio, eo acriore animi intentione intermissas curas resumit.

Concilio Ravennensi interest.

41. Quo tempore CHRISTOPHORUS BONCOMPAGNUS, Gregorii pontificis fratris filius, archiepiscopus Ravennas provinciale concilium habuit: eam vero ecclesiam metropolitanam inter ceteras Italiæ insignem, elegerant episcopi Bononienses, quo accedescent ad concilia provincialia celebranda. Eo Gabriel se contulit, actionemque illam summa qua præstabat doctrina, sapientia & episcopalis administrationis experientia, universæ Ravennati provinciæ perutilem reddidit ac salutarem. Inde Bononiam postea reversus, acceptis litteris, rogatusque a CAROLO BORROMÆO sanctæ Romanæ ecclesiæ cardinali archiepiscopo Mediolani, ut præsens episcopalibus quibusdam actionibus interesset, Mediolanum proficiscitur.

42. Magna exstabat inter CAROLUM & Gabriëlem sanctæ necessitudinis conjunctio, nam ad unum eumdemque finem suas vigilias referebant, optimeque pastoris Christi Domini vestigiis pro viribus insistentes, de suo grege custodiendo, tutoque itinere ad æterna pascua perducendo, omni conatu laborabant. Dispar tamen erat custodiæ, ac ductus ratio. Etenim magnus ille antistes CAROLUS sanctimoniam priscorum patrum illorum æmulatus, qui inhabitatas vastasque solitudines incolebant, in seipsum severissimus, corpus jejuniis fere quotidianis castigans, pane tantum & aqua illud plurimum reficiebat; in suo vero populo regendo alta & profunda episcopalis administrationis fundamenta Mediolani jecit, legumque antiquo rigore utendum sibi esse duxit, ut statim, si fieri potuisset, diruta penitus atque eversa inveteratorum abusuum immensa mole, spiritale ædificium, novum atque ex omni parte congruum extolleretur. At Gabriel sensim, mitibus adhibitis legibus, nec exemplo minus, Christianam disciplinam reparans, eamque paulatim veteri morum relaxationi subnectens, spiritalem structuram mire extulit, ab honesta hominum consuetudine, communique victu nequaquam alienus. Qua quidem in re quis divinæ providentiæ lucem non animadvertat? Nam ad cœlestem patriam non una tantum semita per corporis scilicet voluntarias afflictationes, aut per ipsa etiam tormenta patet accessus, sed per plures vias quorumcumque conditioni hominum accommodatas; ut rebus omnibus, quæ a Deo pro usu mortalium creatæ sunt, juste & rite fruentes, illi placeant, atque in beatis sedibus locum ipsi quoque promereantur; cumque tam cito ad sempiternam gloriam Carolus esset evolaturus, nihil fuit illa vitæ asperitate magis opportunum, totique Christiano orbi, nedum Italiæ & Mediolanensi diœcesi nihil utilius; nam Gabriel longa annorum serie, quibus ecclesiæ Bononiensi præfuit, ea quæ paulatim perficiebat, ipsa præsentia potuit ipsoque usu postea non incommode stabilire.

Magna ejus cū S. Carolo conjunctio.

43. Non hic ego commemorabo quantis veræ lætitiæ signis Mediolani Gabriel a Carolo susceptus fuerit. Nam etsi præter institutæ brevitatis propositum, præclarissimæ illius urbis plausus honoresque amplissimos ei habitos recenserem; illud tamen quod

Mediolanensi synodo & reliquiarum translationi interest.

majus est atque animos hominum præcipue commovet, non est cur coner exprimere, quia nullo pacto possum; illos scilicet divinos utriusque, Pauli ne dicam atque Antonii, an Ambrosii & Augustini? congressus, sermones, sensus intimos, cùm de rebus coelestibus, de reipublicæ Christianæ tempestatibus, de suo episcoporumque ceterorum munere colloquerentur. Obnubam igitur caput hujusmodi rerum imagini, cujus pulchritudinem delineare penitus ignoro. Illud legenti sufficiat, si ante mentis oculos sibi proposuerit duo illa lumina episcopalis ordinis & ecclesiasticæ disciplinæ antesignanos, dum & animo & sermone conjuncti nil aliud spectant, nihil præter æternam hominum salutem meditantur. Inter cetera, dum Gabriel Mediolani fuit, rogatu Caroli, synodo quam ille habuit lætus volensque interfuit, sapientibus consiliis negotium provexit, sacris concionibus & functionibus frequentem operam navavit. Cumque id temporis plurium sanctorum corporum reliquiæ ab uno in alium locum Carolus solemni ritu transferret, ut erat Gabriel harum rerum accuratissimus observator, in illud in primis incubuit, ut non sine aliquo pio lucro Bononiam reverteretur, sed illius thesauri particeps factus, suam ecclesiam novo decore illustraret. Quia vero ex ipsis Caroli litteris hæc omnia præclaro testimonio comprobantur, eas ipsas suis verbis, ne quid scribentis auctoritati detrahatur, hic annectere placuit, cum plurimum faciat ad Gabriëlis vitæ ac morum doctrinæque celebritatem Caroli cardinalis Borromæi, quem summus pontifex in sanctorum numerum brevi relaturus creditur, & jam beati titulo insignivit, amplissimum & omni majus exceptione testimonium.

S. Caroli litteræ de eucclesiis Palæoto restituis.

44. Omni studio instituta amplectimur, quæ fidelium pietatem excitant, quæque ob eam causam sanctissimi patres nostri adhibuerunt, & illa quidem præsertim, quæ in nostra hac ecclesia olim usitata fuisse accepimus. Id enim aliquando in more positum fuit episcopis, qui translationis celebritati præsentes adfuissent, aliquid sacrarum reliquiarum, quæ translatæ essent, pia liberalitate concedi. Nos igitur ad hoc, quod oblata occasione ad usum revocare studemus, majorum nostrorum exemplo adducti, & præterea illustrissimi reverendissimique in Christo patris & domini domini cardinalis Palæoti episcopi Bononiensis, qui pro eo, quo tenetur amplificandæ ecclesiasticæ disciplinæ desiderio, ad solemnem S. Simpliciani aliorumque sanctorum translationem, quam proxime celebravimus, litteris nostris invitatus, amplissima auctoritate sua & virtutum maximarum quæ in eo elucent, splendore illam collustravit, singulari pietate commoti, & ea quoque recordatione memoriaque excitati, quod ecclesia Bononiæ, cui ille præest,

mutuis præcipue caritatis officiis cùm hac nostra Mediolanensi, & olim tempore potissimum sancti patris nostri Ambrosii, & jam nunc maxime conjuncta est, in eam deliberationem venimus, ut eidem religiosissimo cardinali pastorique vigilantissimo Boboniam ad episcopalem stationem suam redeunti, aliquas sacras reliquias sanctorum, qui in hac nostra Mediolanensi ecclesia præcipue coluntur, nos pie impartiremur. Itaque sancti Simpliciani archiepiscopi & confessoris digitum unum de ecclesia ejusdem; sanctorum archiepiscoporum & confessorum Johannis Boni, Monæ & Galdini reliquias sacras de basilica metropolitana; sancti autem Arderici episcopi & confessoris reliquiam de ecclesia sancti Nazarii, & præterea beatorum martyrum Naboris & Felicis reliquias de ecclesia sancti Francisci, & reliquiam quoque de sacris cineribus sancti Eusebii archiepiscopi & confessoris ex ecclesia sancti Laurentii, ac reliquiam item de dalmatica sancti patris & patroni nostri Ambrosii ex basilica Ambrosiana, ipsi illustrissimo cardinali Palæoto episcopo Bononiensi pia largitate donamus, tradimus, impartimur & concedimus. In cujus rei fidem ac testimonium has litteras manu nostra solemnique sigillo archiepiscopali sancti Ambrosii munitas atque obsignatas fieri jussimus, earumque monimentum atque exemplum in cancellaria archiepiscopali asservari mandavimus. Datum Mediolani idibus Junii MDLXXXII.

45. Neque vero ea quæ Carolus de Mediolanensis & Bononiensis ecclesiæ conjunctione tangit, nova aut a gravissimis scriptoribus prætermissa videri debent, nam abunde litteris prodita est religiosa familiaritas ac mutua officiorum communicatio, quæ inter utramque ecclesiam intercessit, ipseque gloriosissimus pater Ambrosius cum Bononiam se recepisset, sacras ibi sanctorum martyrum Vitalis atque Agricolæ corporum in certo loco ad id tempus abditas, omnibusque ignotas reliquias divino instinctu reperit, atque id ipse testatur.

S. Ambrosius SS. Vitalis & Agricolæ corpora olim reperit.

46. Expeditis igitur sacris illis Mediolani negotiis, Carolus & Gabriel pia cogitatione mutuisque colloquiis incensi, religiosæ peregrinationi iter suscipiunt Augustam Taurinorum, ut in ea civitate asservatam Syndonem, qua Christi Domini nostri corpus sacratissimum ad sepulturam involutum fuit, venerentur. Novariæ & Vercellis qua iter est, sacris præsertim concionibus Christianam pietatem mirifice in iis populis accenderunt, Augustæ Taurinorum demum eos regali magnificentia EMANUEL PHILIBERTUS Sabaudiæ dux inclytus, idemque religiosissimus excepit, nullamque honoris & lætitiæ significationem prætermisit, qua suam erga ipsos observantiam & animi affectionem intimam palam proferret. At splendoris illius appa-

Cum S. Carolo Taurinum domini Syndonem veneraturus pergit.

tatu deficiisque ita illi utebantur, ut ex omni parte quam diligentissime præstitis quæ debebant humanitatis officiis, & duci satisfacerent, & sibi dum illius magnificentiam nec impediunt, nec aspernantur, nec tamen ideo modestiæ & summissionis suæ fines egrediuntur, jejuniaque & pias animi exercitationes inter illas ipsas delicias interdici etiam, sed noctu frequentius, ut inobservati, ac liberius usurpant. Mirum dictu, quanta frequentia Pedemontani populi, quantisque Christianæ in Deum pietatis argumentis omnibus ex locis, quo cardinalium adventus fama pervenerat; etiam nostræ veræ religionis adversarii eo confluxerint, ut in illa præsertim civitate, quæ ampla est, nullus fere hospitandi locus reliquus esset ipsis episcopis, qui præter alios principes viros, illuc convenerant. Indicta demum precatione quadraginta horarum, sanctam Syndonem cardinales adorandam publice exposuerunt, sacrumque illud spectaculum mira plurium nationum frequentia celebratum, obita solemni pompa concluserunt.

Reversus Bononiam acceptas a S. Carolo reliquias in templo primario collocat.

47. His votis persolutis, actisque duci de tanta ejus benignitate gratiis, per Padum fluvium principis illius liberalitate ad iter conficiendum magnifice & percommode paratis atque instructis naviculis, ab eo discedunt. Gabriel cum a sua ecclesia abfuisse sibi videretur diutius, quam solitus erat, venia a Carolo impetrata, per idem flumen Bononiam defertur, & præmonitis interim Bononiensibus per publicas litteras de sacris reliquiis quas secum afferebat, triumphali apparatu in urbem invectus, ipso festo die apostolorum principi sacro, in cujus honorem primarium templum Bononiæ Deo dicatum est, eas in ipsomet templo cum ingenti omnium lætitia collocavit, inter summi sacrificii solemnem actionem præclara habita concione, in qua cum de sua profectione Mediolanum, optimi parentis officio functus, populum edocuisset, nonnulla adjecit egregia illa quidem de Beato cardinali Carolo, de quo vivente, quæ modo post ejus mortem admiranda cernimus, ipse quodammodo prædixit; quæ tamen prætereo, ne quid addam ex alieno, dum quæ ille de aliis honorifice locutus est, ejus historiæ subjungam, tamquam facta ab eo non suppetant, quorum nisi seges amplissima offertur.

Primus Bononiensis archiepiscopus creatur.

48. Vix Bononiam redierat Gabriel, cum a Gregorio pontifice Romam evocatur. Cum enim pontifex de patria ornanda assidue cogitaret, præter magnas dignitates quibus illam amplificarat, variaque pretiosa munera, quibus cathedralem basilicam exornarat, adhuc ejus animus magno desiderio flagrabat, insigni aliquo privilegio ipsius illustrandæ, neque id ullo umquam tempore aptius & commodius effici posse existimabat, quam eo ipso quo & ipse Christiani orbis habenas regeret, & Gabriel ecclesiæ Bononiensi præesset. Re igitur mature perpensa, sacri senatus adhibito consilio, eam ecclesiam ab episcopali quæ diœcesi, in matricem quæ provinciæ præest, quamque archiepiscopalem & metropolitanam vocant, erexit, atque ipsemet pallio quod est archiepiscopalis oneris signum, Gabrielis humeros contexit. Eæ autem fere ecclesiæ, quas apostolico diplomate in Bononiensi provincia comprehensas esse pontifex tunc declaravit, nempe Cervia, Forum-Cornelii, Mutina, Regium-Lepidi, Parma, Placentia & Crema. Tantum igitur ponderis cum accessisset episcopali curæ, contentiores esse cœperunt Gabrielis de illo perferrendo cogitationes. Quare Bononiam reversus anno supra LXXXIII. millesimo quingentesimo, ipso die Annunciatæ Deiparæ Virginis, archiepiscopalibus functionibus initium dedit, a magistratus senatoribus ceterisque omnibus civitatis ordinibus magno honore acceptus. Sed paucis elapsis mensibus gaudium, quod Bononia tunc præ se tulerat, immensum in mœrorem luctumque convertitur, ex improviso Gregorii pontificis obitu, quem non illa civitas modo, sed universa Christiana respublica sane quam pro merito ægerrime tulit; in cujus prudentia, vigilantia & singulari studio caritatis diu conquievisse rite videbatur. Tantam jacturam accepit Gabriel dum in Cartusiano cœnobio seipsum in spiritalis vitæ (quod sæpe agere consueverat) palæstra duriore exercebat, atque in ipsa mortis meditatione versabatur, quæ sane improvisi tristisque nuntii vulnus non parum leniit. Quare ut cardinalitii muneris præcipuas partes in pontificia electione exequeretur, ad sacra comitia celebranda Romam iterum proficiscitur.

49. Inde intra paucos dies Sixto quinto pontifice maximo creato, Bononiam redit celeriter, cum ab eo mandata excepisset, ut primum Bononiensis provinciæ concilium haberet. Qua de re interim litteras ad episcopos provinciæ mittit, per certos nuntios proponit edicta, & reliqua demum præscribit omnia, quæ ad illius celebris actionis felicem exitum facere posse animadverterat. Apparatus in basilica fuit profecto sumptuosissimus & magnificentissimus, atque in episcopali domo hospitium episcopis provinciæ destinatum, splendidum quidem, sed consueta Gabrielis modestia apposite temperatum. Ordine demum accuratissimo finis actioni illi impositus quindecim dierum spatio, anno post Christum natum MDLXXXVI. In eo concilio præcipue actum fuit de pluribus rebus quæ ad religionem pertinent, quibusque pene tota episcopalis muneris administratio comprehenditur. Neque in ea tam insigni actione consueta studia ille prætermisit, quibus præterea Bononiensis populi pietatem excitaret. Nam octavo die post

Primum provinciale concilium Bononiense ac SS. Zamæ & Faustiniani translationem celebrat.

inchoatum concilium, celeberrima pompa apparatuque adeo illustri, ut supra exemplum ad hunc usque diem fuisse existimetur, corpora sanctorum Zamæ qui fuit primus, & Faustiniani, qui fuit secundus episcopus Bononiæ, in metropolitanam basilicam transtulit, & sub ara maxima, quam hanc ob causam affabre exornarat, in arculis cedrinis a Libano monte ad hunc usum asportatis collocavit, & amplissima peccatorum omnium, quicumque ea rite prius confessi fuerant venia (potestate a Sixto V. concessa) illi sacræ pompæ præsentes liberaliter est prosequutus. Eam præter ANTONIUM MARIAM SALVIATUM cardinalem tunc Bononiæ legatum, ipsum senatum, omnesque magistratus & civium ordines, sua præsentia honestarunt quoque episcopi Sarsinæ, Tiferni, Forolivii, Castri, Aversæ, Faventiæ, Massæ, Populoniæ, aliique Bononienses a Gabriele invitati ad illam cœlestis triumphi imaginem exornandam.

Sanctorum horum vitæ compendium.

50. Æquum est, ut quoniam prætereunda nullo modo fuit hujus celebritatis mentio, horum sanctorum merita a Carolo Sigonio, viro æque pio atque docto, jussu Gabrielis ab obscuritate vindicata indicemus. Zama, imperante Gallieno anno Christi CCLXX. a sancto Dionysio summo pontifice ordinatus episcopus Bononiæ, ad eam civitatem missus est, non tamen admissus; sed in suburbio sedem posuit, eumque Christiani qui tum erant benigne exceperunt in eo loco, ubi postea ædes sancti Felicis condita fuit; disciplinam rectamque in Christum fidem inter ejus ignaros contemtoresque totis viribus propagavit; mortuus ibidem creditur ante annum CCC. cum confessor vocetur, quia si ad CCCI. spiritum produxisset, sine dubio in illis procellis, quas contra Christianos Diocletianus excitavit, inter primos excruciatus, sacro martyris nomine insignitus fuisset, humatusque in eodem loco est ubi consedit. Dies ejus, ut ex Romano martyrologio habemus, ab ecclesia IX. cal. Februarii celebratur. Sed sanctus Faustinianus sub Constantino magno floruit anno CCCXII. sæva temporis illius in Christianos defuncta tempestate. Idem Christianos superiore ecclesiæ naufragio dissipatos collegit, & Constantini instituto, qui Deo ædificari basilicas jusserat, multisque ipse in locis extruxerat, ædificandam basilicam præparavit, & synodo Romanæ interfuit inter CXI. episcopos, quos sanctus Julius summus pontifex ad confirmandum Nicenum concilium contra Arium anno CCCXXXVII. advocarat, situsque est in eodem monumento marmoreo quo sanctus Zama, quod ante translationem a Gabriele celebratam ad sanctum Felicem cum hoc titulo visebatur: *Hic requiescunt corpora Zamæ primi, & Faustiniani secundi episcopi civitatis Bononiæ.* Hujus memoria agitur in eodem martyrologio 3. cal. Februarii.

51. Non longo post habitum concilium tempore, Gabriel, ut ea decreta sedis apostolicæ auctoritate confirmaret, rursus Romam contendit. Unde, ut solebat, cum peracto negotio reditum ad suam pararet ecclesiam, inopinato eventu a Sixto pontifice Romæ detinetur, cujus animo dudum opinio quædam prudentiæ plena insederat, ut quemadmodum sanctæ Romanæ ecclesiæ cardinales consiliarii sunt pontificis summi, & apostolico collegio subrogati senatores, ita in Urbe apud ipsum pontificem eorum statio esse deberet. Gabrielem autem ille magni faciebat, & non semel antea ejus in sententiis dicendis & consiliis dandis præstantiam palam extulerat. Repugnavit Gabriel pontificis voluntati, quantum modestiæ & obsequii ratio patiebatur, pluribus argumentis, quibus necessarium sibi ad ecclesiam curæ suæ creditam reditum ostendebat. At contra pontifex objicere aliquam temporis partem non peculiaribus ecclesiæ Bononiensis necessitatibus tribuendam, sed universæ Christianæ reipublicæ usibus quoque esse distribuendam ab eo episcopo, qui cardinalis esset, cum præsertim tot per annos illius ecclesiæ regimini sua præsentia prospexisset, ita demum velle, se ita jubere. Atque ut Gabriel arctiore vinculo ad Urbem incolendam adstringeretur, a Sixto inter sex episcopos cardinales senatus principes adlegitur, qui summo pontifici assistentes dicuntur.

Concilii sui decreta a sede apostolica confirmari curat.

Romæ retinetur invitus a Sixto V.

52. Præficitur itaque episcopatui Albanensi, dimisso S. Laurentii, quem obtinebat, titulo. Et quoniam in titulorum mentionem incidi (utar ejusmodi vocibus, ne dum sequor verborum lucem, inducam rebus tenebras atque obscuritatem) neque illud silentio transibo, duabus aliis ante hanc postremam sancti Laurentii, titularibus ecclesiis summo earum commodo & ornamento Gabrielem præfuisse: dimisso enim titulo sanctorum Nerei & Achillei, quem primum habuerat, titulum S. Martini in Montibus (ad exquilias id templum est) optavit: optio enim a cardinalibus fieri dicitur, cum a titulo quem obtinent, ad alium qui vacat ascendunt. Eum titulum prius obtinuerat CAROLUS cardinalis Borromæus, & elaborato laqueari templum contexerat; Gabriel vero marmorea porta locoque ubi plurima corpora sanctorum asservantur, illud exornavit. Sed dimisso quoque hoc titulo, cum ei templum & parœchia sancti Laurentii in Lucina ex more atque ordine obtigisset, late patentis animarum curationis gravata pondere, assiduum vehemensque caritatis studium adhibuit in sublevandis pauperibus, ægris, virginibus, viduis, aliisque omnibus juvandis, & præsertim in verbi Dei prædicatione. Unde sacramentorum pœnitentiæ & Eucharistiæ in eam parœciam frequentior introductus usus,

Præficitur episcopatui Albanensi.

auctusque Dei cultus Gabriëlis præsentia, qui titulum illum, cum per cardinalitii muneris occupationes licebat, festis præsertim diebus celebrabat, sibique in ea administratione vicarium magno judicio suffecit Johannem Baptistam Stellam Romanum, qui a supplicibus libellis referendis summis pontificibus est, virum magno ingenio & litterarum scientia præstantem, atque ab iisdem apud principes in gravissimis negotiis adhibitum.

Sixto papæ in creatione cardinalium repugnat.

53. Per idem tempus, cum amantissimus veritatis esset, atque in sententia dicenda, non minus prudentia quam integritate excelleret, constansque omnium esset opinio illum numquam blanditiis & assentationibus benevolentiam collegisse, sed quæcumque ad sedis apostolicæ dignitatem & catholicæ religionis incrementum pertinere judicaret, ea libere in senatu proferre solitum. Hinc factum est, ut rumoris nescio quid afflarit, illum in Sixti pontificis indignationem incurrisse, quod cardinalium creationi repugnasset. Quod tamen verosimile haud videbatur iis, qui eum ob egregiam, quam cardinalitio muneri navabat operam, sine invidia magnam laudem apud pontificem invenisse intelligebant, a quo etiam postea sæpius & privatim & publice commendatus fuit. Improbari tamen graviter cœpit ab ipsismet affinibus, familiaribus & amicis, partim quod vererentur, ne quid durius ei aliquando succederet; partim quod libera, quamvis prudens & ab integro animo surgens in senatu loquendi libertas (vano humanæ prudentiæ judicio) detrimenti plurimum ad pontificatus, cui omnium consensu destinabatur, rationes ei afferre posset.

Scribit librum de Sacri Consistorii consultationibus.

54. Quamobrem his rumoribus excitatus, tantum abest ut in posterum abstinuerit a pristino in senatu loquendi more, ut cogitationem potius omnem traduxerit ad functiones senatorias diligentius perpendendas, sedaturum se existimans eo labore non solum ea quæ de se turbulenter jactabantur, sed etiam varios atque assiduos animi sui fluctus placaturum. Tam multa demum hoc proposito collegit ac dictavit luculentæ materiæ nitore præclara, ut in librum creverint, qui nunc extat, *De sacri consistorii consultationibus* inscriptus.

Urbanus VII. Palæoti consilio utitur.

55. Sixto ecclesiasticæ libertatis & apostolicæ auctoritatis inconcusso propugnatore vita functo, paucorum intervallo dierum, URBANUS VII. pontifex maximus creatur, qui statim atque pontificatum iniit, consilio in primis atque opera Gabriëlis uti cœpit, sed duodecim dierum spatio importuna morte præripitur incredibili totius urbis & bonorum omnium mœrore, an quia tamquam ostensus non ultra imperavit? lubricum enim est ac periculosum regendi cuncta onus, cui sustinendo nos homines, nisi Deus præsens adstiterit, non sumus.

56. Degustato igitur pontificatu cum excessisset Urbanus, respublica Christiana de novi pontificis electione sollicita, variis curarum fluctibus agitabatur; ea erat tamen in maxima opinionum varietate consensio, ut esset ex omnibus eadem, illudque de Gabriële judicium, ut nemo illo in maximis rerum fere universarum per totum Christianum orbem exortis difficultatibus ad eas sedandas aptior videretur. In hanc sententiam major etiam cardinalium pars venerat, cum peractis exequiis demortui principis, conclave (eo nomine locum vocant, in quem septum clausumque atque undique munitum, ne quis eo inferre ne quidem oculos libere possit, cardinales de pontificis electione comitia habituri conveniunt) ingressi, de novo pontifice eligendo serio tractarunt, jamque Gabriëlis electio ad eum exitum perducta erat, ut unum tantummodo suffragium (reliquis omnibus illud quidem certius judicatum) desuerit ad pontificatum, obstupescentibus cunctis, qui naturam & vim negotii noverant, quod humana industria destrui nequaquam posse videbatur. Id quod ego divinæ voluntati acceptum refero, cum sciam inter alia quæ a Deo Gabriël solebat efficaciter postulare, id fuisse potissimum, ne majore salutis animarum curatione gravaretur; perhorrescere enim se affirmabat, cum de ratione Deo reddenda unius aut alterius animæ cogitabat, quid vero si episcopus sit? quid si episcoporum caput toti Christiano orbi præponatur? Et quamvis gesta hominum humano quodam sensu complures metiantur, eosque probe intelligam longe fore alienos ab hoc Gabriëlis proposito, quin potius accusaturos me imprudentiæ, utpote qui ejus animi affectiones aut imbecillitates, ista quæ in paucis admodum elucet laude, tamquam velo obtegere videar, similemque coner illum reddere sanctissimis illis patribus, qui in abditis cavernis sese includebant, ut propriæ tantum saluti absque periculo consulerent, summarum dignitatum fastigia recusantes. Tamen si æquis oculis anteactæ ejus vitæ semitam inspiciamus, nil mirum videbitur, si iisdem vestigiis insistens, pontificiæ majestatis pondus omnium gravissimum divina tantum ope assiduaque precum, quas ad Deum fudit, instantia a se quodammodo propulsasse existimetur. Quod si ea quæ subsequuta sunt miræ fortitudinis & constantiæ argumenta toti Urbi cognita atque perspecta consideremus, sum equidem, dum hæc scripto refero, tantæ virtutis parcissimus æstimator. Nam sive perpendamus interregni dies, qui pontificis electionem antecedunt eo tempore quo exequiæ demortuo Urbano celebrabantur, cum tota Urbs ad Gabriëlis domum conflueret, & ubique de eo veluti de pontifice designato ageretur, ille aulicos ad se officii causa adven-

Publica vox ad eum creandum summi pontificem conspirat.

tantes humaniter dimittebat omnes, & lectica vectus, ut eorum frequentiam evitaret, non senatoria via, sed ponte qui Sixti dicitur (a quo ejus nominis quarto conditus fuit) trajecto ad Vaticanum quotidie ducebatur. At conclave ingressus ante omnia familiares suos allocutus est tanta animi constantia, ut nihil aliud præter singulare studium, vehementemque de publica salute sollicitudinem non solum verba, sed etiam frons, oculi, vultus testarentur. Prohibuit vero omnino insuper, ne quis nostrum sermones de eo faceret; sed sancta quædam exercitia nobis præscripsit, quibus enixe postulavit ut vacaremus, curaremusque exemplo nostro, ut ceteri omnes aulici non ad tractationes inanes tanto negotio prorsus repugnantes, sed ad sacras precationes & obsecrationes inducerentur, ut is pontifex a præpotenti Deo ecclesiæ præficeretur, qui eam recte sancteque gubernaret ; idque in primis efflagitaremus, ut a se, in illa præsertim quassata annis ac laboribus ætate, tantos labores, quantos eligendus pontifex non sine periculo subiturus esset, avertere dignaretur. Sed posteaquam quinquaginta dierum spatio finis pontificiis electioni positus fuit, Gregorio XIV. pontifice creato, viro magnarum virtutum laude, morumque castitate præstanti, Gabriël æquissimo animo, Dei sancto timore instructus, hilari vultu, gratiis publice actis, tum iis qui de eo ad pontificatum promovendo laborarant, tum iis qui tanto onere eum levare conati erant, nemine non admirante, domum rediit, tanto virtutis robore evidenter auctus, ut in illa ætate annis gravi, corporis etiam viribus rectius valere quam antea judicaretur. Auxit enim potius ab eo tempore consuetos labores episcopalis curæ, quam vel minima quidem ex parte diminuerit, amicis adfuit sedulus, nullasque senatoris optimi functiones atque officia prætermisit, atque, ut de Catone legitur, ejus vires numquam in posterum curia desideravit. Neque hic prætereundum censeo (facit enim non parum ad Gabriëlis laudem ac dignitatem) quod in accessibus, qui ad ejus electionem in pontificem a senatu fiebant, (hic mos est certior atque antiquior semper in pontificum creatione habitus) ultimus ad eum accedentium fuit Ascanius Columna, qui, quamquam a Sixto quinto cardinalis factus esset, ille vero non satis æquo ac benevolo in Gabriëlem animo fuisse vulgo existimabatur, Ascanius tamen egregium Romanæ constantiæ ac magnanimitatis exemplum privatas causas publicis posthabuit, atque ad Gabriëlem accessus vocis suæ perhonorifico testimonio conclusit, ut illa vere illustris optimorum, ac de republica Christiana benemerentium senatorum consensio non parvam a suo fine laudem accepisse videatur, diuque in ore populi fuerit Ascanii virtus ac singulare judicium.

57. In ipsis initiis pontificatus Gregorii ad Sabinensem episcopatum, qui inter sex illos, quos superius diximus, adnumeratur, per optionem ab Albanense transiit. In ecclesiæ Albanensis administratione plura perfecit quæ sui erant muneris, consueto vigilantiæ studio, atque inter alia incredibili piæ industriæ fœnore, & diœcesim illam lustravit, & synodum longo tempore intermissam in Albano habuit. Episcopatum vero Sabinensem non in censuum incrementis, qui minores justo sunt ac perexigui, sed in spem amplioris frugis in Dei gloriam hominumque salutem colligendæ, ad mortem usque postea retinuit, cum a duodecimo ab Urbe lapide, ad radices vicinorum montium citra Tyberim, ad trigesimum usque, frequentibus oppidis & nobilibus extendatur.

Transfertur ad episcopatum Sabinensem.

58. In hac diœcesi occasionem nactus egregii laboris, ea quæ Bononiæ utiliter perfecerat, ad Sabinos transtulit. Ante omnia seminarium clericorum post incredibiles difficultates Manliani erexit, in eo domibus ad habitandum concinne ampliatis, præter clericos alumnos viginti & amplius nobiles adolescentes bonis moribus & litteris ad eamdem disciplinam informabantur.

Seminarium Manliani erigit.

59. Nec præterea quicquam prætermisit in templis ædibusque instaurandis, atque ornandis: nam vetustissimum templum (episcopium Sabinensium appellant) cui nil aliud præter templi nomen reliquum erat, ad pristinum redegit cultum, rebusque omnibus necessariis instruxit ; sanctorum reliquias & sacras imagines alio ob loci solitudinem & indignitatem delatas, ad idem templum decenti ornatu & solemni ritu transtulit ; ibidem synodum habuit, & ne memoria antiquæ sedis episcopalis Sabinorum penitus laberetur, futuris temporibus prospiciens, canonicales domos instar cœnobii disposuit aptavitque, quas religiosis e Franciscana familia fratribus, quos ab austeritate vitæ & disciplinæ forma reformatos vocant, auctoritate pontificia incolendas attribuit, iisdemque templi cultum, & sacramenti pœnitentiæ administrationem præcipue commendavit. At Manliani post recognitam diœcesim universam, synodumque iterum habitam, cleri mores correxit, divinum cultum auxit ; cathedralem Sabinorum basilicam, quæ ad eam civitatem translata olim fuerat, picturis pulchriorem, ipsamque episcopalem domum novis ædificationibus commodiorem fecit, atque honesta supellectile auxit ad usum sibi succedentium episcoporum dono data.

Templum Sabinense & domos canonicales restaurat.

60. His aliisque tum episcopalibus tum cardinalitiis curis assidue implicitus, opportunitatem habuit non ingratam (molestam tantum ob viri cui successit jacturam) de longinquis etiam nationibus benemerendi. Libanum Syriæ altum vastumque montem

Collegii Maronitarum ei cura committitur.

VITA GABRIELIS PALÆOTI

inter Arabes & Phœnices, cedro potissimum arbore fœcundum atque insignem, longe lateque incolunt Maronitæ populi, tum situ regionis difficili atque aspero, tum numero non contemnendi. Habent hi suos episcopos, & metropolitanum, quem patriarcham dicunt, & quamvis apostolicæ Romanæ sedi obtemperent, addictosque se catholicæ religioni profiteantur, Turcorum tamen oppressi tyrannide, a veteri disciplina degenerarunt. Eam ob causam Gregorius XIII. pater optimus & vigilantissimus, inter cetera veluti catholicæ religionis propugnacula, collegium nationis hujus Romæ instituit, in quo pueri & adolescentes Maronitæ educantur, & sacras litteras, religiosos mores, incorruptamque religionem ediscunt. Hujus collegii curationem egregie expleuit ANTONIUS CARRAFFA sanctæ Romanæ ecclesiæ cardinalis Neapolitanus, Pauli IV. pontificis gentilis, vir incorruptæ integritatis, & non vulgaris doctrinæ; quo vita functo, Maronitæ Gabriëlis operam & patrocinium summis precibus a summo pontifice impetrarunt; neque eos fefellit opinio, quam de illius sapientiæ & benignitate conceperant; vicit enim is hoc in onere, quod libenter subivit, omnium expectationem, paterni omnis officii studio, & non solum auctæ mirificæ disciplinæ loci illius rationibus censibusque consuluit, sed etiam postea paucis elapsis mensibus Clementis pontificis eximiæ liberalitati innixus, patriarcham ipsum & ecclesias illas pecuniis juvit, & eò sacros libros plures in Chaldæam linguam ex Latina versos, Chaldæisque characteribus Romæ typis editos, copiosamque suppellectilem ecclesiasticam Romani ritus per ipsosmet collegii alumnos transmisit, quos ad sacerdotis & parochi munus peragendum in tam remota incultaque Domini vinea idoneos operarios esse comperit; unde post annum alios adventantes in eodem collegio instituendos, liberaliter ab eo exceptos vidimus.

Alphonsus Palæotus in sede Bononiensi ei coadjutor datur.

61. Inter hæc ardenti perpetuoque flagrans desiderio Bononiensis ecclesiæ, a qua abesse ægerrime ferebat, omnem lapidem sæpius moverat, ut episcopatum Sabinensem dimittere sibi permitteretur; sed inani conatu: a GREGORIO tamen XIV. pontifice hac sollicitudine levari aliqua ex parte visus est, qui ALPHONSUM PALÆOTUM senem optimum versatumque in illius ecclesiæ gubernatione eidem pontifici familiarem creavit archiepiscopum Corinthi, concessitque ut Gabriëli, cui illum in archiepiscopatu Bononiæ, successorem fore declaraverat, in ejus administratione jam tum socius esset, atque opem pro virili ferret, coadjutorem cum spe successionis vulgo vocant.

Novæ congregationis Romæ erectæ præficitur.

62. Post Gregorii XIV. obitum INNOCENTIUS IX. Bononiensis, singularis sapientiæ atque integritatis vir, atque veteri necessitudine Gabriëli conjunctus, duos tantum menses in pontificatu fuit; quo perbrevi temporis spatio ostendit sane quanti Gabriëlem faceret. Eum enim vix pontifex creatus præfecit congregationi quam instituerat, ut in ea de correctione morum in Urbe necessaria multa decernerentur, unde in reliquas Christiani orbis partes, & præscriptæ leges & exempla optimæ disciplinæ diffluerent. Cardinales qui ad hoc negotium conveniebant, fuere ALEXANDER MEDICES archiepiscopus Florentiæ, LEO XI. in pontificatu ad quem ascendit dictus, AUGUSTINUS VALERIUS episcopus Veronæ, FEDERICUS BORROMÆUS archiepiscopus Mediolani, & AUGUSTINUS CUSANUS. Atque inter alios, qui consilii causa in eam jussu pontificis advocabantur, fuere CLAUDIUS AQUAVIVA præpositus generalis Societatis Jesu, Antonius Possevinus ex eadem Societate, & SYLVIUS ANTONIANUS, qui postea cardinalis fuit.

Bononiam reversus synodum celebrat.

63. Sed Innocentii successor CLEMENS VIII. pontificatum vix iniverat, cum Gabriël diu expetitam occasionem tunc sibi oblatam ratus, ut Bononiam reverti, ibique commorari posset, denuo frustra orat; impetrat tamen ut sua saltem præsentia archiepiscopum collegam in ea administratione paucorum mensium spatio animet, atque in suscepto labore, salutaribus consiliis monitisque confirmet. Quapropter Bononiam reversus, ut id facilius consequatur, synodum diœcesanam indicit, ad quam insigni pietatis ac religionis studio clerus illius diœcesis tam bene instructus accessit, ut nihil fere amplius in eo quod ad disciplinam faceret desiderari posse videretur. Firmiore quoque usus præsidio est beatissimæ Virginis & sanctorum patrocinio, ut voti sui compos fieret. Is ad dexterum latus aræ maximæ in archiepiscopali basilica sacellum pretiosis e marmoribus extruxerat, organisque musicis, egregiis picturis, magnificaque suppellectile exornatum, congruoque censu ad divinum in eo cultum assiduo retinendum locupletarat, Eo tunc inter ipsam synodum, quæ postrema fuit, Gabriël, publicis supplicationibus obitis, apparatuque maxime solemni plurimas sanctorum reliquias, quæ centum quinquaginta numerabantur, pretiosis in vasis, arculisque auro atque argento distinctis, ab veteri, ubi in episcopali domo privatim asservabantur, loco transportavit, atque populo Bononiensi perpetuo tradidit veneranda. Deinde parœciis præcipue virginumque cœnobiis accurate aditis, atque ad normam censuramque exactis, in magna annonæ difficultate, tam eas quam pauperes omnes, obæratos, ægros, & carcere detentos, non vulgari liberalitate sublevavit. Quo exemplo Bononienses inflammati adeo exarsere, ut institutis, eo auctore, novis sodalitiis piorum & nobilium virorum ac mulierum, eleemosynarum

mosynarum magna copia quotidie in singulas civitatis regiones distribueretur.

Romam reversus pontificem suis adjuvat consiliis.

64. Cum vero satis recte Bononiæ res brevi illo tempore stabilivisset, summo pontifici obtemperans Romam redit, a quo variis, gravissimis, iisdemque difficillimis negotiis implicatur, eique suam operam egregie navat, ut inextinguibile pene, ac truculentum seditionum hæreticarum incendium, quo Galliarum regna dudum perdite conflagrabant, restingueretur. Nihil enim præter Deum & Christianæ reipublicæ commodum atque amplificationem sibi ante oculos umquam statuit Gabriel, atque in tam arduo negotio præsertim, liberius quam umquam antea, quæcumque e republica fore intellexit, nulla suspicione sollicitus, non obscuris atque suspensis verbis, quorum sententia diversas in partes trahi posset, sed clare ac sapienter exposuit, ut Henricus Borbonius rex Navarræ in ecclesiæ catholicæ sinum reciperetur. Ejusmodi officiorum laborumque pene incredibilium affero testem conscium religiosumque, Antonium Possevinum e Societate Jesu (quo in ea quoque re Clemens pontifex utebatur) a Palæoto crebris litteris ad negotium urgendum, ne ulli labori parceret, neve impedimentis cederet exstimulatum.

Decreta ecclesiæ Bononiensis unum in corpus colligi curat.

65. Sed quo majori pondere premi videbatur publicarum rerum causa, eo amantius de ecclesia Bononiensi firmiore adhuc præsidio optimæ gubernationis munienda absens cogitabat. Norat is a clero & populo urbis & diœceseos Bononiæ utiliter fuisse recepta quæcumque viginti octo & amplius annorum spatio, quo eamdem ecclesiam rexerat, ejus administrationi usui accommodata constituerat: quæ si ordine distinguerentur, atque in capita digesta uno volumine tamquam promptuario includerentur, quocumque tempore sive eo absente, sive præsente, sive e vita sublato, mentis suæ sensum patefacere possent: successoribus vero archiepiscopis, iisque præsertim qui aliunde oriundi Bononiæ præficerentur, non levi commodo fore existimabat, si semitas in quibus ipse versatus fuerat, ante oculos ipsis proponeret, quibus non solum facilius dirigerentur ad sui muneris metam contingendam; sed etiam gravibus illis molestiis nova quotidie promulgandi decreta & remedia excogitandi liberarentur. Quare hujus laboris opus mandavit mihi, viribus meis sane impar, quod septem partibus distinctum fuit, & iis præmissis, quæ ad theoriam & præcepta quædam magis necessaria episcopali administrationi pertinent, colliguntur quæcumque in ejusdem praxi versantur.

66. Quamvis autem ille ejusmodi diligentia consilioque occurrerit aliqua ex parte sollicitudini, qua continue angebatur, numquam tamen permisit, ut quidquam gravius in eo regimine quoad vixit, seipso inscio & inconsulto, perficeretur, atque idcirco certis familiaribus utebatur, quos in conscribendis epistolis & negotiis pertractandis, quæ tantum ad illam ecclesiam pertinebant, diu noctuque occupabat.

Librum de Bono senectutis componit.

67. Neque tamen, quod non satis umquam admirari possum, in tam multiplici cogitationum gravissimarum & laborum cumulo, a consueto studiis litterarum incumbendi more, & horas quas illis avide dabat, ab ipso etiam somno surripiendi, ne latum quidem, ut dicitur, unguem discedebat. Nam & hac industria longævæ senectutis molestias minuere se maxime profitebatur. Quin ut id commodius assequeretur, in illa gravi & affecta ætate, librum latine composuit, de *Bono senectutis*, tanta eruditione, tamque varia rerum cognitione refertum, ut in diversis postmodum locis editus typis, & in vulgarem etiam sermonem versus fuerit.

De imaginibus libros sex.

68. Sacrarum vero imaginum tractationem eodem tempore præ manibus habebat magno conatu resumtam, quam tamen, etsi jam ad sex libros fere creverat, relinquere imperfectam coactus est, non tam ob corporis virium imbecillitatem, quam ob dolores calculi, quibus assidue fere tentari cœperat, ut sæpe in vitæ discrimen adduceretur. Et quoniam hujus compositionis adversaria, quæ mox in justum æternumque volumen referrentur, adhuc, ut permultæ aliæ ejus lucubrationes publica luce dignissimæ in tenebris, numquam inde fortassis, magno reipublicæ Christianæ ac litterariæ damno, proditurae delitescunt, totam argumenti illius seriem, ut ex hoc Gabriëlis pietas ac judicium manifestius appareat, explicabo; quarum rerum commemoratione inflammabuntur viri doctrina, pietate atque auctoritate insignes, ad hujusmodi conatus adeo Christianæ puritati necessarios & salutares, strenue provehendos. Distinguebatur totum opus in sex libros, in primo de imaginum origine, dignitate, officio, & fine agebatur, tum de veneratione & cultu, qui sacris picturis jure debetur, ut hinc constaret, quanta sit necessitas emendandi abusus, qui ad hoc usque tempus in eas irrepserunt, & cavendi in posterum ne ullatenus contaminarentur. Secundo libro, ad exemplum indicis librorum, quo auctores aliqui & libri omnino damnantur, aliqui expurgandi mandantur, aliqui permittuntur, regulæ quædam generales explicabantur, quibus distinguebatur quænam imagines omnino essent prohibendæ, quæ correctione indigerent, & quæ demum pro rerum varietate in quibusdam locis certisque personis tantum permitti possent. Tertius ad picturas descendebat, quæ turpes & obscœnæ censentur, de quibus fuse & distincte agebatur. Quarto post relata sin-

gula mysteria, quæ divinitatis sunt, videlicet de Imagine Dei Patris, Dei Filii, & Dei Spiritus-sancti, & sanctissimæ Trinitatis, ordine recensebantur præcipuæ quæque de vita Christi Domini nostri historiæ, quæ cum in iis pingendis, plurium imaginum fiat concursus, debent evangelicæ veritati & historiæ ecclesiasticæ congruere. Quinto agebatur de ratione pingendi imagines sanctorum quæ sigillatim ex ordine sacrarum precum, quas græco vocabulo Litanias vocant, recensebantur. Sexto demum libro multa promiscue colligebantur, instruebanturque ii qui præsunt ecclesiis aliisve locis, quæ picturis exornari solent, qua ratione hæc apte & cum dignitate effici debeant.

De morte frequentius cū suis loquitur. 69. Interrupto itaque ab ægritudinis molestia scribendi consilio, medicorum jussu, placidis quibusdam itineribus Urbi propinquis uti cœpit; sed haud ita intento studio vacabat curando corpori, ut interea spirituales exercitationes, sive sui officii partes oblivisceretur: nam eo præsertim tempore dicebat sibi ardentius Christianis operibus episcopo dignis instandum, cum animus ad cœlestium rerum contemplationem corporis depressis viribus, facilius erigebatur. Tunc de morte assiduos fere sermones cum familiaribus serere cœpit, cumque sæpius inter loquendum, ut fit, commemoretur prosperitas multorum, qui incolumes & robusti nonaginta & amplius annos in hac mortali vita fuerant, objiciebat ille summo spiritu plena sanctorum patrum dicta, illudque præsertim in ore frequentissimum habebat divi Hieronymi, Nulla res longa mortalium est, omnisque felicitas sæculi, dum tenetur, amittitur. Cum enim tribulationis tempus advenerit, omne quod præteritum est, nihil adjuvat sustinentem. In itinere, quod postremum suscepit benigno veris tempore per Sabbatios & Tarquinienses agros ad Forum Claudii, qui locus nunc Tolfa appellatur, se contulit, ad visendam in proximis Appennini jugis, aluminis venam, quod ex duro lapide mira industria operosoque labore conflatur. Ibi Gregorius XIII. pontifex arcem extruxit, ædificiis, artificum copia, suppellectilis varietate munitissimam. Immensus est enim, ac prope incredibilis hominum numerus, qui in opus illud incumbunt, alii in præcipiti monte diu noctuque lapides cædunt; alii plaustris cæsos vehunt, irrigant aquis atque emolliunt alii, pars in vastis fornacibus emollitos coquunt, alii veluti remis in amplis vasorum sinibus assidue versant aquam, inde alii ad loca reducunt ubi coagulatur, atque in alumen convertitur: præsunt alii domus ministerio, alii ponderibus, alii officinis. Immensi illius opificii Gabriel aspectu ita recreatus esse videbatur, ut in magnam spem veniremus ejus pristinæ valetudinis recuperandæ. Sed ille ad altiora

erectus animo, non tam naturæ arcana atque industriæ humanæ vires, quam sanctorum martyrum angustias contemplabatur, qui in Siticulosis insulis ad lapides cædendos a sævis damnabantur tyrannis; eorum exemplum apte ante oculos illi proponebat reperta ibi solitudo, ut & se robustiorem multo reddi, & ad tolerandos ægritudinis suæ dolores, atque adeo ad summos quosque cruciatus perferendos excitari diceret. Hinc ad proximos Graviscos profectus, atque amœna Cornuetanæ civitatis (castrum Inui esse nonnulli non levibus innixi argumentis putant) statione valde oblectatus, Romam per Pirgos rediit. Centum-Cellis, qui portus est ac statio pontificiæ classis, diligentissime quæsitos Bononienses, qui in triremibus ultra præfiniti ad pœnam temporis spatium detinebantur, impetrata a Clemente pontifice facultate, liberos pecunia indumentisque donatos Bononiam dimisit.

Calculo & febri vehementer laborat. 70. Verum sequenti anno post celebratum Christo resurgenti sacrum diem, calculi dolor, qui remiserat, intentius crevit, ut intolerabili prope cruciatu oppressus decubuerit. Tres menses eum ægrotatio, in dies sæviens magis, tenuit. Accesserat ad retentos calculos gravis eaque assidua febris, ardor sitis inextinguibilis, & vigilia continens. Quæ omnia adeo constanter perferebat, ut religiosi viri plures, qui in spirituali palæstra totum vitæ tempus consumserant, eo quotidie accederent ad seipsos Christiana religiosaque Gabriëlis patientia incitandos & confirmandos, atque in illo corpusculo tam diris & continuis doloribus jactato, tam sublimem & fortem animum palam admirarentur. Dum ei per corporis dolores licuit, sacratissimo Christi corpore reficiebatur fere quotidie; dum lingua uti potuit, vel morbo maxime gravatus, horas canonicas quotidie recitavit; cum ita languit, ut verba pronuntiare non posset, sacerdotes recitantes attentissime audivit. Inter alias precationes exposcebat assidue auxilia Virginis Deiparæ & sanctorum Gabriëlis archangeli, Petronii, Dominici, Francisci, quos tutelares suos peculiari cultu venerabatur; oratione, quæ jaculatoria a sanctis patribus appellatur, sæpissime usus, etiam sermones, & medicamenta ad corporis curationem necessaria interdum negligebat.

Ejus obitus. 71. Ceterum hæc Christiano viro, quicumque pie diem suum claudat, communia videri possunt; illud autem peculiare Gabriëli fuit, quod jam ad mortem accinctus, familiam ad se vocari jussit, eamque dolore immenso propinquæ jacturæ percitam, deditamque jam lacrymis penitus, ac lamentis, solari conatus est, nemine non admirante, quod voce plenus & suavis discedentem spiritum revocaret, atque ad plures dies perducturus videretur. Huc mihi afferenda essent eadem Gabriëlis verba, ut postremæ hujus actionis exemplari egregio compendium dictis facerem, sed illo potissimum tempore, ingenti animi mei molestia, consistendum mihi fuit in Sabinensi dioecesi, (ibi Gabrielis vices gerebam) ne, quod verebantur nonnulli, ejus animum, alioquin semper infractum, mea praesentia perturbarem hoc uno praetextu, ut ipsi aiebant, quod is de Sabinorum ecclesiastica gubernatione maxime sollicitus, me inde absente, aliquid mali contingere posse suspicaretur. Ego vero, ne quid umquam, licet haud ignarus hominum voluntatis, mihi adscribi posset, quod meae erga tantum patronum observantiae repugnaret, continui me, atque absentiam toleravi, dolorem, cui imperare non potui, lacrymis temperavi. Post haec jam moribundus nec ideo cessat a consueta vigilantia, quam tanto studio episcopalibus curis omnibus semper adjunxit, neque suae erga domesticos & familiares benevolentiae finem facit; nam illico dictavit epistolam ad ALPHONSUM PALAEOTUM archiepiscopum collegam suum, cui paternos affectus totos effundens, Bononiensem ecclesiam suamque familiam efficacissimis verbis commendavit, eademque hora cum salutarem expiationem atque indulgentiam a summo pontifice ritu Catholico postulatam obtinuisset, vita celeriter ad exitum properante, ut expeditiore etiam mente mortem expectaret, signatas testamenti tabulas praefecto domus dedit, atque ut aperirentur statim atque decessisset, rogavit FEDERICUM BORROMAEUM archiepiscopum Mediolani, & GUIDONEM PEPULUM sanctae Romanae ecclesiae cardinales, qui praesentes aderant. Denique inter manus piorum sacerdotum, qui ejus quotidianae vitae administri erant, cum omnes corporis partes prae dolore obstupescerent, integra mente, placidissime animam creatori reddidit, anno aetatis suae septuagesimo quinto, & salutis humanae MDXCVII. XI. cal. Augusti. Urbe tota, statim atque ejus mors vulgata est, non dubiis moestitiae signis ad cadaver visendum effusa, cum alii parente optimo, alii strenuo in ecclesia Dei duce, alii sancto principe, alii doctissimo antistite, omnes demum integerrimo ac sapientissimo senatore Christianam rempublicam destitutam complorarent. Depositum per aliquot dies defuncti corpus in aede sacra sancti Johannis Evangelistae Romae jacuit. Postea Bononiam fuit asportatum, atque in templi metropolitani inferiori parte, quam vocant Confessionem, in ipso sacello, quod ejus rogatu Gregorius XIII. pontifex maximus ad animas quae in purgatorio igne cruciantur, ab eo supplicio liberandas peculiari privilegio insignaverat, humatum sepulcro humili, lapide tantum, qui a pavimento non eminet, quod ita fieri & inscriptionem talem lapidi insculpi ipsemet Gabriel jusserat: *Hic jacet corpus Gabrielis Pa-*

Et sepultura.

laoti sanctae Romanae ecclesiae cardinalis & archiepiscopi Bononiensis primi, cujus anima requiescat in pace. Funus quidem satis amplum factum est Bononiae, incredibili omnium ordinum doloris amorisque significatione, sed multo amplissimum perennitate laudum & memoria virtutum ejus celebratum. Testamentum prolatum, apertum & praesentibus iisdem cardinalibus Borromaeo, & Pepulo recitatum est. Heredem ex asse instituit ecclesiam Bononiensem, bibliothecam, quae ingenti selectorum librorum numero celebris erat, in palatio archiepiscopali decenti loco expositam ad publicum cleri usum voluit custodiri. Plura legavit aedibus sacris piisque locis Bononiae & Romae, ut divinis sacrificiis & precationibus juvaretur. Reliqua legata varie dedit, in quibus amicorum & familiarium exquisitissimam rationem habuit.

72. Statura fuit formosa, non magno corpore, sed in quo partes omnes cum lepore consentiebant. Faciei inerat dignitas venustati conjuncta; nasus extrema parte ad aduncitatem paulatim & parum vergebat, oculos habuit caeruleos, visu ita praestitit, ut, duobus ante obitum annis tantum, specillis, interdum, & raro quidem uti coeperit, semperque mira cum facilitate legerit; auditus ei solers; odoratus acer; dentes tamen amisit in virilitate, pituita redundante, ob nimios studiorum labores; lingua non iccirco haesitans, sed soluta; vocis sonus gravis & permanens; manibus ad extremos usque senii dies, pedibusque valuit; robustiores longa deambulatione onustus annis lassabat. Dictavit scripsitque plurima, pauca tamen scripta edidit, eorumque jam mentionem fecimus, quae non nisi pro bono publico exire permisit. scribendi genere floruit eleganti ac temperato, crebris sententiis variaque eruditione jucundo. In ejus scriptis inter cetera, laudatur judicii acumen, ordo, ac dictionis claritas; ab ecclesiasticis dictionibus nequaquam abhorruit, sed iis tamquam pretiosis lapillis scripta & sermones ipsos episcopis conspergendos esse dicebat. In epistolis brevitatem amavit & prudentiam; in earum inscriptionibus titulisque eorum ad quos scribebantur, consuetudini temporum semper adhaesit, quam tamen ea in re improbare solitus erat, quod antistitum dignitati consentaneum esse affirmaret, ut latino potius quam vulgari sermone inter eos litterarum officia exercerentur. Graeca lectione adeo delectatus est, ut inter deambulandum, dumque curru etiam ac lectica veheretur, sive ipse legens, sive legentem audiens, aliquam temporis partem illi quotidie fere tribuerit. Tractabat negotia horis omnibus, cum postulabat occasio a prandio & a coena, quae cum varia essent ac plurima, ad multam noctem saepissime producebantur, cum tamen ipse summo mane ante lucem evigilaret, ac de lecto

Praeclarae ejus dotes & virtutes compendiose referuntur.

surgeret; si a negotiis aut ecclesiasticis functionibus interdum vacandum erat, rus & solitudinem adibat: quam quæsiit & in primis optavit in cœnobiis apud religiosos viros, nulla eorum impensa, sed potius non mediocri commodo. Ibi numquam fuit absque litteraria exercitatione; atque relaxationis tempore, negotia ipsa episcopalesque occupationes distinguebat, ut cum ad urbem reverteretur, facilius illi consilium esset post opportunam commentationem. Solebat etiam aliqua interdum peregrinatione, non ea tamen longinqua, fatigatas corporis vires reficere, animumque recreare memoria sanctorum patrum Benedicti, Francisci, Romualdi, aliorumque, ad quorum insigniora quædam templa & cœnobia, sive Montis-Cassinatis, sive Sublacensis recessus, sive Montis-Alvernii, sive Eremi Camaldulensium libenter proficiscebatur: quin Camaldulensem solitudinem ita amabat, ut eo in loco domum extruxerit eremitarum usui.

Ejus peregrinationes.

Asseclas semper habuit itinerum atque animi relaxationum viros nobiles, multis litteris, iisque non vulgaribus, sed intensioribus ac reconditis præditos, & non minus pietate morumque elegantia, quam doctrina præstantes. Inter eos fuere Lucius Magius, vir in quo pietas, doctrina & morum elegantia inter se ita certabant, ut nescires cui palmam dares: Federicus Pendasius philosophiæ in Bononiensi gymnasio professor magni nominis, Ulixes Aldrovandus philosophus insignis, aut potius omnium scientiarum thesaurus; Carolus Sigonius historicus celeberrimus; Antonius Gigas integritate, ingenii suavitate, bonarumque litterarum usu, supra quam dici possit Gabrieli carus; Marinus Benvenutus, in quo admiratione digna non minus erat ætas longæva & corporis firmitas, quam medicinæ ac theologiæ scientia, atque animi tranquillitas & nota probitas: Percurrerat enim Gabriel etiam ipsius medicæ facultatis initia, & cum ipsis aliisque varias disceptationes in medium afferebat, non solum de natura animantium, de cœlo, de stellis, sed etiam de arboribus, de plantis, quarum adeo fuit diligens investigator, ut magnam in ea re operam consumsisse judicaretur, earumque nomina ex improviso græce & latine exponeret, utilitatesque enumeraret. In familiari consuetudine nemo illo suavior, nemo jucundior, vel in ipsa senectute; illud vero non levi argumento est, quam absolutis numeris compositus esset ejus animus, quod pomeridianis horis, æstivo tempore, vespertinis hyemali, ante somnum familiares suos musici concentus otio laudabili sese oblectantes, intentus tamen ipse negotiis, quibus horas illas assignarat, non mediocri cum voluptate audiebat. Temperatissimus in omni ætate fuit, victus ei tenuis æque ac simplex. Illam vero temperantiæ

Itinerum socii.

partem, qua voluptates oppugnantur, tanto studio & severitate custodivit, ut a mulierum colloquiis, quamlibet affinium & propinquarum, ab ineunte ætate semper abstinuerit: cumque episcopus fuit, paterna caritate id expostulante, quæ viduis, aliisque feminis & virginibus episcopi ope indigentibus debetur, in ipso templo præsentibus saltem duobus sacerdotibus eas audire consueverit, illud frequenter in hanc sententiam adducens, quod Gregorius magnus de Augustino scribit, qui neque cum sorore voluit habitare. Quare nulla umquam corruptorum morum contagia ad ejus pectus pervenerunt, quæ ei vel minimum quidem labem asperserint, constansque fuit opinio servatæ ab eo virginitatis, id quod non solum omnes, ipso vivente, asserebant viri religiosi, annis graves & vitæ integritate præclari, in ejus intima familiaritate diutissime versati, sed dissecto cadavere post ejus obitum, ut ad sepulturam curaretur, ipsi medici testati sunt non obscuris probationibus, dum lapidosi morbi causæ, unde tanti viri jactura fuit, ex urinariis, quos vocant, meatibus explorarentur. Hoc idem indicabat ingenuus quidam & sanctus pudor, quem a teneris annis ad extremam usque senectutem retinuit, neque id quidem mirum videbatur iis, qui ipsius religionem ac pietatem in Deum singularem intime contrectarant, unde virtutum omnium origo est atque incrementum.

Mulierum colloquia etiam affinium devitabat.

Servata ab eo virginitas.

73. A primis annis obtemperare assuetus monitis spiritalis patris, eo numquam postea caruit. Postquam sacerdos fuit, toto vitæ suæ tempore, quotidie fere, nisi maximis occupationibus detineretur, aut morbo opprimeretur, missæ sacrum fecit: antequam sacerdos esset, pœnitentiæ atque Eucharistiæ sacramentum frequentabat, precibus ad Deum peculiares ac proprias horas etiam a somno ereptas tribuens; & quamvis magno curarum pondere premeretur assidue, habebat se tamen in potestate intenta mentis acie omnia a Deo incipiens, in ipso uno omnia terminans, ut commodatus dici posset, non datus rebus quæ tractabat, ad spirituales delicias quamprimum reversurus, quibus e contrario sic utebatur, ut publica negotia omni cura & assiduitate amplecteretur. In unaquaque vel minima re summa Dei beneficia recolebat, ad cujus contemplationem floris etiam aut herbæ aspectu rapiebatur; traducebatque opportune sermonem, deambulationis præsertim & relaxationis tempore, ad Dei laudem prædicandam. Nullum umquam negotium, nisi prius implorata Dei ope, est aggressus, neque in ejusmodi pietatis officiis studiisque tantum sibi umquam tribuit, ut confessarii sui consilium ante omnia non exquireret. Cum Romæ fuit, in animæ suæ custodia & regimine ductorem habuit Philippum Nerium congregationis

Ejus pietas.

Animæ rectorem habuit S. Philippum Nerium.

Oratorii institutorem, cujus virtutem spectatamque sanctimoniam ita admirabatur, ut eumdem quoque in libro *De bono senectutis* præclara laude extulerit, & summi pontificis sententiam, qui cum beatum appellari voluit, declaravitque, ipse prævenit. Incredibilem exercuit semper erga Christi pauperes liberalitatem, cum etiam plures haberet in eos suæ pecuniæ distributores administrosque; qui non solum oblatos sublevarent, sed quærerent atque indagarent. Libellos supplices, qui ei ab inopibus porrigebantur, & libenter accipiebat, & neminem tristem ab se discedere patiebatur. Ad eos ægrotosque visendos tum ad valetudinaria, tum ad ipsas domos ipsemet accedebat sæpissime, neque ardentius quidquam expetere videbatur, quam ut Christo Domino in pauperibus id obsequium præstare posset. Vix firmus a gravissima valetudine ad pauperem periculose ægrotantem se contulit, qui ejus opem imploraret, pluresque alios ægrotos eo ipso die invisit juvitque, cumque domum reversus non sine aliquo febris indicio urgeretur ad quietem ab ipsis medicis, & benevole admoneretur, ut in posterum hujusmodi laboribus abstineret, liberum se ab omni languore esse dixit, ea sententia usus : Tunc equidem me a Deo amari confiderem, si ob Christi pauperes aliquid paterer, & ex meis aliorum mala ac dolores melius intelligerem; hi sunt qui me paternam quæ episcopos decet curam docent, cur eos corporis mei incolumitati non anteponam ? In domestica ejus suppellectile asservabantur varia indumentorum genera, quæ pauperibus in dies distribuebantur. Cumque annonæ caritas ob maximas rei frumentariæ difficultates, ubique fere in Italia invaluisset, ille & Bononiæ & Romæ non mediocrem pauperum numerum sua impensa aluit. Hinc factum est, ut in extrema senectute aliquanto diligentior in sumtuum cura videretur, cum coactus conditione temporum, quibus largissime fuerat pauperibus succurrendum, exhaustum fere penitus episcopale ærarium, non multos post menses decedens, non tamen obæratus reliquerit. Ædificationibus valde oblectabatur, in quas ad archiepiscoporum usus, quorum ipse tunc pro tempore locum tenebat, aut ad templorum publicarumque ædium instaurationem, magnam auri vim non minore judicio impendit; parum in hoc de affinium aut consanguineorum commodis sollicitus, quibus nihil umquam ex archiepiscopatus fructibus impertiebatur, non quod illos non amaret, ut optime de se ac publico meritos, sed quod pauperum atque archiepiscopalis curæ necessitatibus quidquid colligebat absorbebatur. Hospitibus excipiendis ejus domus episcopalis Bononiæ semper patuit, quamvis ille inde abesset, episcopis præsertim, qui a Gallia, aut Hispania, aut Germania, aut Polonia & remotissimis terrarum oris Romam adventabant, principibus item viris, cardinalibus, & illac transeunti cuilibet apostolicæ sedis administro. Moscovitarum legatis ab Antonio Possevino ad Gregorium XIII. deductis bis hospitium liberale dedit, quo etiam inter alios viros principes regali excepit magnificentia duces inclytos Octavium Farnesium Parmæ & Placentiæ, & Franciscum Mariam Feltrium de Ruere Urbini, qui ab Octavio Farnesio in ipsa basilica Bononiæ aureo vellere Catholici regis insignitus eo tempore fuit. Anglos præcipue patria ob catholicam religionem profugos hospitatus est; quibus etiam pecunias profuse largiebatur, ex quibus fuere illustri genere orti Guillelmus Alanus a Sixto quinto postea in cardinalium collegium, Gabriele etiam promovente adscitus ; Audoenus Ludovicus archidiaconus Cameracensis, ab eodem episcopus Cassanensis factus; Franciscus Inglefeldt intimus consiliarius Scotorum reginæ; Ricardus Nortonus equestri dignitate, opibus atque auctoritate conspicuus, qui dum vicecomes Eboracensis fidem catholicam regio imperio oppugnatam totis viribus defenderet, liberis, fortunis, ac dignitate spoliatus, Romam cum Helisabeth filia sexagenaria ipse octogenarius confugerat. Perpetua in eo fuit erga omnes, qui studiorum causa Bononiæ commorabantur, exteros præsertim, animi propensio, erga quos non solum dum publice in eo gymnasio jurisprudentiam profitebatur, omnia humanitatis officia adhibuit, sed eosdem etiam cardinalis atque episcopus factus beneficiis cumulare non prætermisit, ut illis postea sive ad patriam reversis, sive ad varios honorum gradus evectis, sive Romanæ aulæ addictis, nihil fuerit antiquius quam de tanto patrono benemereri. Quin & iis, quos ingenio præstantes agnoscebat, occasiones præbere solitus erat, multiplici variaque materia ingenium exercendi. Amici hic mei Gregorii Montagnanæ veluti honorifici ac proprii exempli mentionem faciam, qui cum Bononiæ legum studiis adolescens navaret operam, centum & amplius theoremata juris civilis strenue defendit. Ejus vero publicæ disputationi cum Gabriel triduo interfuisset, juvenis ingenio plurimum delectatus, eum arrepta occasione extimulavit, ut scripto quoque Justinianum imperatorem optimum qui leges magna sapientia compilavit condiditque, a vulgatis quibusdam calumniis defenderet; id quod ille egregie perfecit, eamque laudem ex ea re sibi apud Gabrielem comparavit, ut ab eo postea Romæ gravibus in rebus adhibitus fuerit, qui ejus honestissimos in aula Romana labores semper postea promovit. Neque vero severitas illa, quæ necessario adjungitur episcopalibus curis, illum umquam tristem, aut durum in humano convictu reddidit, nam sermoni pleno suavitatis & gratiæ, multa semper pro ingenio captuque amicorum admiscebat, quæ festivam ambiguitatem parerent, jucundæque disceptationis occasionem darent. A scommatibus asperisque facetiis & dicacitate omnino abhorruit, etiam in ipsa adolescentia. Etsi vero senes ut plurimum morosi esse solent, ipse ætate mannis plenam affabilitatis dulcedine ita condiebat, ut mirifice omnium animos quibus conversabatur sibi devinciret.

Qualis in mensa fuerit. 74. Dum Bononiæ fuit, diebus fere singulis publice prandere consuevit, & in frugali mensa, a qua longe aberant sordidæ arsimoniæ artes, convivas adhibebat viros ingenuos, & varietate scientiarum ornatos, cum quibus post ab aliquo ex suis familiaribus sacerdote sacræ alicujus historiæ ex libro particulam recitatam, qui mos illi ad epulas perpetuo fuit, eruditissimis colloquiis fruebatur. Qua ex re illum insuper fructum percipiebat, ut convivæ ad conservandam inter se benevolentiam illa capti dulcedine, allicerentur; eam quoque ob causam sæpe una cum domesticis familiaribus suis prandebat: in coenatione ad id, ut diximus, extructus, in qua victus & disciplinæ ratio singularis a coenobitica non dissimilis adhibebatur: eaque delectati sunt episcopi, plures cardinales, ceterique viri principes, qui apud eum hospitabantur. Ibi remotis epulis & gratiis Deo actis, Gabriel, seu alius e convivis documentum aliquod Christianæ disciplinæ a sacro evangelio quod illius diei proprium erat, exceptum proponebat, quod cum pro cujusque ingenio ac doctrina examinaretur, eveniebat ut ea sermonum varietate avidis etiam animis non vulgares cibi apponerentur. Amavit veritatem, ac rebus omnibus præposuit, adulationi infensissimus, Nulla in eo honoris sui aut meriti amplificatio, procul omnis garrulitas, ac de seipso sermo loquacitasque. In consultationibus publicis privatisque nihil umquam defendit, nihil umquam cuiquam pollicitus est, quod non probe teneret, ac sciret juste, ac sine cujuspiam injuria se re præstaturum; gravibus sententiis opiniones suas tueri, præter rationes, solitus fuit; sententias vero non sibi ipsi fingere, sed ab auctoribus Latinis Græcisque, sacris ut plurimum, nihil immutatis verbis, recitatas aut translatas in medium adducere, ipsosquemet citare auctores.

Res humanas fortiter toleravit. 75. Res humanas tanta fortitudine toleravit, ut quovis eventu, sive prospero, sive adverso expugnari aut vinci numquam potuerit, nec in ipsorum fratrum obitu, quos unice diligebat: mansuetudine & benignitate, quæ inter ceteras virtutes ejus propriæ esse videbantur, tamquam tutissimo navigio iracundiæ, doloris, cupiditatum, ceterarumque perturbationum procellas secundissimo cursu devitavit. Numquam ego, cum iratum vidi, nisi ob eas causas, quæ ad divinæ legis, pietatis, aut caritatis neglectum vel modice pertinerent. Famulum qui librum ab eo manuscriptum in itinere in caupona reliquerat, Architæ Zarentini dictum Christianæ usurpans, ita excepit: jam te, inquit, dimitterem, nisi iratus essem. Nullius umquam monita sprevit; sed ex omnibus iisque etiam qui imperiti essent, non mediocrem fructum sapientiæ percipere se palam profitebatur. Eos qui acrius quam par erat objectis responderent placide demulcebat, paratumque se aiebat ab omnibus corripi, ab omnibus emendari. Summa cura amicitias non modo conciliavit, sed etiam quam diligentissime semper coluit, ægroque animo tulit amicorum negligentiam in officiis quæ debentur præstandis. Laborandum esse dicebat æque de veteribus amicitiis conservandis ac de novis exquirendis. Amicos & sodales habuit, elegantia morum, probitate & nobilitate claros ab ipsa adolescentia, studiorum & naturæ similitudine conjunctissimos; quo in numero fuere Marcus Antonius Bobba, Guido Ferrerius, Benedictus Lomellinus, Joannes Baptista Castaneus, virtutum merito cardinales postea creati, quorum postremus summum quoque pontificatum attigit, Urbanus VII. appellatus, Joannes Baptista Rubeus, Paulus Æmilius Verallius, qui ex Rotæ Romanæ duodecim viris fuere, præfuitque Verallius archiepiscopatui Caputaquensi; Urbanus Vigerius, Odoardus Gualandus, quorum ille Senogalliensium, hic Cæsenatum ecclesiam rexit, Augustinus Trivisanus, Augustinus Valerius, ambo patritii Veneti, pietate & doctrina clarissimi, (hic episcopus Veronensis, & postea cardinalis fuit) Hercules Fortitius Vicentinus, Franciscus Bursatus Mantuanus, jurisconsulti præstantissimi. At religiosos viros amavit, observavitque supra quam dici potest, quos litteris & pietate insignes esse agnoscebat, atque inter eos Stephanum Cataneum Bononiensem, congregationis Cassinensis abbatem, Franciscum Panigarolam ordinis Franciscani, qui Minorum observantium dicitur, episcopum Astensem. Auctoritate plurimum quoque apud illum valuere Jacobus *Lainez* & Claudius Aquaviva Societatis Jesu generales præpositi, ejusdemque Societatis patres Franciscus Toletus, & Robertus Bellarminus, summis meritis ad cardinalatum promoti; Benedictus Palminus, Antonius Possevinus, Franciscus Palmius, Joannes-Baptista Peruseus, qui sane magnorum progressuum in episcopali onere adjutores illi extiterunt; Ludovicum Beiam Pelestrelum Lusitanum Augustiniani ordinis, & Franciscum Odoardum Hispanum Cartusiani, Theologos insignes apud se etiam domi, permittente summo pontifice, diu retinuit, atque in ipsis coenobiis honorifice aluit. Dice-

Nullius monita sprevit.

Amici ejus præcipui.

Viros sanctos & religiosos colit.

bat vitæ sanctitatem, quæ in solitudine perficitur, florentem in eo qui populos recturus sit, tutissimum esse navigium, quo ad æternæ salutis portum homines deducantur, huncque animi sui sensum, præsente me, longa oratione declaravit. Promoto inter alios ad cardinalatum Cæsare Baronio, cujus operosissimos atque eruditissimos labores annalium ecclesiasticorum, tamquam propugnacula catholicæ religionis ex omni parte ad expugnandum etiam munitissima, assidue laudabat, lætitia exultare videbatur, eumdemque amplissima illa dignitate ornari se repugnantem, suis apud Philippum congregationis illius parentem officiis ad cardinalatum compelli quodammodo curavit. Multo vero antea Ludovicum Granatensem Dominicani ordinis virum doctrina, eloquentia, & vitæ sanctimonia celebrem, summis pontificibus commendarat sæpissime, ut inter sacri senatus patres cooptaretur. Nec desiit postquam idem e vivis sublatus est, ejus imaginem typis editam evulgare, ut Italia videret lineamento picturæ, quem tantum scriptis, ubique religionis Christianæ semina dispergentem agnoscebat. Eadem studia contulit in Martinum ab Apzilcueta pontificii juris doctorem eximium, aliosque omnes, quos doctrinæ & virtutum sola fama norat, Osorios, Stapletonos, Genebrardos, Lypsios optimarum artium vindices, quos omni studiorum genere vel in longinquis regionibus necessitudinis vinculo devinxit, & sibi adjunxit; ipsumque Lypsium Bononiam alliciens, omnem, ut dicitur, lapidem movit, ut Bononiense gymnasium sua quoque doctrina illustraret. In deliciis habuit Tullium Crispoldum, Achillem Bocchium, Sylvium Antonianum Romanum, virum integerrimum, e cujus pectore perennem omnis doctrinæ fontem effluere dicebat. Is a Clemente VIII. cardinalis creatus fuit ex cubiculi præfecto, non absque ipsius Gabriëlis officiis, Julium Cæsarem Stellam Romanum Joannis Baptistæ, cujus mentionem fecimus, fratrem, quem Gabriel in otio negotioque maximi semper fecit, ejusque ingenium admirans, musarum domicilium optimum appellabat.

Viris doctis providere cogitabat.

76. Nolui mihi temperare in horum Gabriëlis amicorum mentione, ut si eos ille amavit suspexitque, non id fuisse instinctu quodam affectionis animi, aut casu aliquo, sed summo judicio, ut omnia, id eum fecisse cognoscamus. Quod si ad eorum aliorumque ejus conditionis virorum merita ejus animo suffecissent vires, quammulti dignitatibus amplissimis perfungerentur, qui in tenebris delitescentes oblivione posteritatis extincti judicantur! Ejus consilium erat, atque de ea re cum Clemente pontifice paulo ante obitum egerat, ut ex proventibus censibusque pontificii ærarii quota saltem pars seponeretur, singulis annis attributa accipiendis hospitio, & honorifice tractandis doctis viris paupertati obnoxiis, qui Romam se conferunt, donec ecclesiasticis sacerdotiis, aut pensionibus juvarentur.

77. Jam vero liceat mihi hac clausula scriptioni meæ finem imponere, nam ab iis quæ postremo narrata sunt quoddam veluti compendium vitæ Gabriëlis facimus, cui certa stabilisque virtutum omnium possessio permansit, quia virtutibus præcellentes viros, ipsa virtutis res ad amicitiam attraxit; sed omnes prius, ad quorum manus hæc pervenerint, rogatos velim, ne mihi culpæ adscribant, tamquam ignaro historiæ legum aut contemtori, quod cum ea sequi soleat rerum fastigia & gestorum, in magnorum commemoratione versetur, ego nihilominus minutiora quædam (si in Gabriëlis mores atque actiones nomen id cadit) enucleate sigillatimque pertractaverim. Facile mihi ignoturum spero quisquis ille erit, qui curam hanc meam legerit, si historiam non vulgaris alicujus, quamquam viri principis, sed doctrina, dignitate, sanctimonia, religione, probitate præstantissimi, si denique ut omnia uno verbo comprehendam, Gabrielis Palæoti vitam enarrare me consideraverit, cujus nutus incessusque ne dum facta & dicta imitanda proponi, ac pro exemplo non solum nobis, qui eum vidimus, sed insequenti etiam posteritati esse possunt. Ego quidem sic censeo, fieri non posse quin virtutum amantes professoresque, quos ille semper coluit, ac largius quam pro fortuna semper opibus ac præmiis exornavit, summa amoris confensione, ejus quamquam demortui singulas vitæ partes perpetuis observantiæ studiis prosequantur.

DE BEATO ANGELO DE MASSATIO MARTYRE, MONACHO CAMALDULENSI.

Ex schedis Mabillonii.

An. 1458. EX antiquissima traditione seniorum terræ Massatii in Marca Anconitana in territorio civitatis Esii accepimus, beatum ANGELUM fuisse ex familia Urbanorum honesta & civili, nec multis ab hinc annis decessit e vita quædam mulier ejusdem familiæ ultima. Beatus igitur Angelus induit Camaldulensem habitum in monasterio sanctæ Mariæ posito extra Massatium, itinere unius milliarii (hodie vocatur Abbatia sancti Angeli.) Fuit vir doctissimus, prædicator insignis atque honoris Dei zelantissimus.

Emicuit ejus virtus eo tempore, quo pestifera hæresis Barbotanorum, qui Itala lingua vocantur *i Fraticelli overo i Barbozati*, grassabatur in Italia. B. Angelus cupiens eam extinguere, cœpit suis ardentissimis prædicationibus hæreticos persequi, ac rationibus & scriptura divina consutare. Tandem anno millesimo quadringentesimo quinquagesimo octavo egressus e suo monasterio, & repertos in quodam nemore vicino aliquos hæreticos ejusdem sectæ, qui die festo ligna cædebant, & ex consueto illos redarguens atque errores suos illis exprobrans, eisdem armis, quibus arbores cædebant, impie occisus fuit. In ejus martyrio hoc miraculum narratur, & in pariete post altare majus, ubi ejus corpus honorifice positum est, depictum visitur. Nescientes monachi ubi esset B. Angelus, quia non revertebatur ad monasterium, canis, qui solitus erat Angelum sequi, dum extra monasterium pergebat, regrediens, & quasi gemens ac latrans videbatur monachis innuere, ut eum sequerentur; qui ab eodem cane ducti, ad locum ubi sanctissimum corpus suo sanguine totum conspersum jacebat, perveniunt, & causam suæ mortis agnoscentes, atque ante istum fratrem gemitibus magnis deplorantes, toto populo illuc accersito, ac omni clero celebri pompa vocato, ad suum monasterium detulerunt, & in ara magna, ubi nunc etiam est, deposuerunt, ubi Deus ad ejusdem sancti preces, multas gratias fidelibus concessit. De B. Angelo mentionem faciunt historiæ Camaldulenses libro tertio, cap. trigesimo, his verbis.

De beato Angelo Massatii martyre.

Anno 1458. illustravit felici transitu suo templum sanctæ Mariæ de Serra extra Massatium B. Angelus ibi monachus: qui cum Barbotanæ sectæ extirpandæ quasi auctor vehementi sua prædicatione fuisset, a quibusdam sceleratis propterea occisus fuit. Ad cujus tumulum Deus optimus maximus miracula multa ostendere dignatus est in ipsa ecclesia, quæ nunc ex ejus nomine S. Angeli dicitur. Cujus rei gratia eo inter sanctos ordinis relato, carmen istud in sepulcro ad notissimam aram fuit sculptum imperiti artis metricæ auctoris.

Virgo sacra filio, patrique corona donata
In cœlis assistens, sit, tibi cura nostri.
Gemma monachorum arca jacet Angelus ista.

In eadem ecclesia etiam antiquissima extat pictura in pariete, & supra caput beati leguntur hæc verba: *Beatus Angelus de Massatio.* Et sub pedibus: *Anno Domini MCCCCLVIII. die primo mensis Maii.*

Testimonium sanctitatis & martyrii B. Angeli absque ulla exceptione dignum est B. Jacobus a Marchia Minorum observantium, qui floruit illis diebus, & qui fuit coætaneus B. Angeli. Ipse enim conscripsit librum per manum sui secretarii, sed ab eodem propria manu signatum, seu subscriptum, in quo in forma dialogi disputat Catholicus cum hæretico. Liber autem iste reperitur in archivio conventus Eremitæ ejusdem terræ Massatii, quod a me Hieronymo Zanardo abbate Camaldulensi lectum fuit cap. 8. pag. 22. Catholicus enim exprobrat vitia & iniquitates hæreticorum sectæ Barbotanæ his verbis Italico sermone.

Ecco la carita della vostra chiesa. Queste sono l'opere della vostra pietade. Questi sono li miracoli della vostra santitade. Cristo in cruce colli suoi santi chiama perdona, perdona, e voi co li Giudei chiamate mora, mora, vecide, vecide. Si como facesti del beato Angelo del ordine de Camaldoli, lo quale persequitava la vostra maledetta setta. La cui morte como digno sacritio offerto a Dio per diffensione della immaculata fede di Cristo, lo ha justamente acceptato, e demostrato con evidenti segni de molti miracoli esser a sommamente grato.

INDEX RERUM ET VERBORUM HUJUS VOLUMINIS.

A.

Aaron episcopus Autissiodorensis, 691. c.
Abbas ecclesiæ Meduntensis rex, 269. b.
Abbatis S. Victoris installatio a quo facienda, 275. e.
Abbatis eligendi sine regis consensu facultas datur canonicis sancti Victoris, 219. a. e.
Abbo episcopus Autissiodorensis, 733. c.
Abbo abbas Floriacensis, 821.
Abbo miles S. Stephani, 697. d.
Abendoniarum episcop: Guarinus Dumbar, 325. d. Guillelmus Stewart, 325. e.
Ablenus archidiaconus Autissiodorensis, 686. b.
Abrincatensis episcopus Herbertus, 105. e.
Absia monasterium, 594. d.
Achardi abbatis S. Victoris epistola ad Arnulfum episcopum Lexoviensem, 231. b. ad Henricum regem Angliæ, 230. d.
Achardus episcopus Abrincensis ex abbate S. Victoris, 232. a. d.
Achilles Bocchius, 1437. c.
Aclevertus decanus Autissiodorensis, 735. a.
Acon civitas inexpugnabilis a Sarracenis expugnata, 77. d. Recuperatur, 61. c.
Aconensis episcopus Jacobus de Vitriaco, 329. c.
Adam abbas a Kenlos, 322. b.
Adam de Teras abbas a Kenlos, 322. c.
Adæ canonici S. Victoris epitaphium, 220. c. 222. a. Ejus opera 221. b.
Adamitarum hæresis, 84. b.
Adeandis mater S. Geraldi de Salis, 989. a. Fit monialis, 995. c.
Adelboldus episcopus Trajectensis, 33. a.
Adelelmus nobilis miles & humilis, 717. a.
Ademarus episcopus Morinensis, 619. a.
Ademarus episcopus Petragoricensis, 120. d. 1094. b.
Ademarus de Friaco prior VIII. Grandimontis, 121. b. 128. b.
Ademarus Laverca prior Grandimontensis, 131. c.
Ademarus de Verna prior Grandimontis, 121. e.
Ademarus vicecomes Lemovicanus, 1096. d.
Adeodatus sancti Augustini filius, 21. c.
Adhelbaldus sacerdos & magister ecclesiæ Autissiodorensis, 723. d.
Adila religiosa femina, 698. b.
Ado filius Autharii a S. Columbano benedictus, 16. d. 27. a.
Adoynus sacerdos & decanus Autissiodorensis, 689. d.
Adrianus papa IV. 1004. d. 1185. a. 1090. b.
Adrianus papa V. 369. d.
Adricus presbyter, 669. c.
Ædelbertus archiepiscopus I. Magdeburgensis, 673. a.
Ædificia magna in religiosis improbantur, 253. c.

Ædith regina, 669. c.
Æduensis S. Martini abbas Hugo, 805.
Ægidius Fuscatarius episcopus Mutinæ, 1394. b.
Ægidius abbas Vicionensis, 302. b. Prædones ad Christum convertit, 303. b. Pace inter nobiles procurata, adversus infideles transfretat, 303. d. Eos cum suis aggressus cedere cogit, 304. a. Primus Damiatam ingreditur, 304. e. A Romano pontifice grate suscipitur, 305. a.
Ægidius de Ouina abbas S. Bertini, 614. c. Cedit dignitati, 615. c.
Ægidius de Walcuria prior Oigniaci, 330. b.
Ægidius de Lisciviis vir doctus, 367. e.
Ægyptios juste spoliaverunt Israëlitæ, 1157. b.
Æia mulier bona, 709. a.
Ælfstan episcopus Londoniensis, 832. b.
Agano decanus Autissiodorensis, 694. d.
S. Agathæ episcopus Nicolaus Turicella, 1402. a.
S. Agathæ monasterium Tusculanum, 953. a.
Agennensis episcopi Bertrandus, 119. a. 120. d. 455. e. 1091. e. 1094. b. Guillelmus, 501. c.
S. Agnetis vita a S. Ambrosio emendata, 776. c.
Agnes de Monte-Politiano femina sanctissima, 384. a.
Agnes comitissa de Grueria, 318. d.
Agnetina Suppa priorissa de Pœnitentia S. Dominici, 1294. a.
S. Agricolæ reliquiæ, 1406. d.
Aiga nobilis femina, 26. c.
Aimericus episcopus Parisiensis, 274. e.
Aimericus magister ordinis Prædicatorum, 341. c. 345. d. 376. a. 412. b.
Aimericus Palmuz canonicus Dauratensis, 465. e.
Aimo de Aiis rerum Templi citra mare administer, 226. d.
Aimo filius Thomæ comitis Sabaudiæ, 314. a.
Aimonius monachus S. Germani scribit acta translationis S. Savini, 805.
Alamannus de Ponz vir illustris, 284. d.
Alanus doctor universalis, 52. a.
Alanus Brito vir pius, 392. d.
Alardus Trubert abbas S. Bertini, 622. d. e.
Albanenses episcopi S. Bonaventura, 71. e. Bonifacius, 544. e. Palæotus, 1418. c.
S. Albericus abbas Cistercii, 47. d.
S. Albertus patriarcha Jerosolymitanus Carmelitarum institutor, 59. e. Scribit regulam, 355. d.
Albertus-Magnus, 551. c. 553. b. Ejus vitæ compendium, 358. e. &c. seqq. Scribit contra hæreticos, 359. e. Guillelmum de S. Amore confundit, 357. e. Fit episcopus Ratisponensis, 69. b. 360. b. Dignitati renuntiat, 360. b. Ejus scripta, 360. e. & seqq. Obitus, 361. e. 369. e. Epita-

phium, 361. a. Gloriæ revelatio, 362. e. & seq. Translatio, 392. b.
Albertus magister ordinis Prædicatorum, 341. b. 371. d. 411. b.
S. Albertus de Tarpano Carmelita 60. c.
Albertus de Brixia vir doctus & sanctus, 381. b.
S. Albertus eremita, 55. a.
Albertus dux Austriæ, 1178. c. S. Catharinæ Senensis canonizationem prosequitur, 1282. b. Petit ejus caput, 1252. d. 1283. c. Ejus obitus, 1284. a.
Albienses episcopi Bernardus de Castaneto, 509. b. 511. b. Bernardus de Combreto, 485. d. 500. a. b. Guillelmus Petri, 494. b.
Alboinus abbas S. Hilarii in diœcesi Carcassonensi, 440. b. c. 442. b.
Alciacenses abbates Alardus Trubert, 622. a. Johannes Glachon, 622. b. Johannes de Lannoy, 628. c.
Aldemarius monachus sanctissimus Casinensis, 794. b.
Aldulfus episcopus Autissiodorensis, 729. e.
Alelmus Bristel abbas S. Bertini, 616. e. 617. b. d. 619. a.
Alemanni a Sancto-Audomaro expulsi, 629. e.
Alenconii comitissæ Johannæ felix obitus, 1219. a. & seq.
Alexander II. papa, 88. a.
Alexander III. papa, 88. e. 118. d. 170. d. 295. e. 1037. e. 1090. e. Ejus epistola ad S. Germani & S. Victoris &c. abbates, 233. c. Ad Ervisium S. Victoris abbatem, 241. d. Ad canonicos S. Victoris, 132. c. 254. e. Ad Robertum priorem sancti Victoris, 264. b. Ad canonicos S. Satyri, 238. a. Ad Ludovicum VII. regem de reformando S. Victoris monasterio, 249. a.
Alexander papa IV. 340. c. 408. c. Ejus privilegium pro Pruliano monasterio, 445. b. Ei confirmat ecclesiam Fani-Jovis, 450. e. Revocat bullam Innocentii IV. contra Mendicantes, 357. d. e. Ejus obitus, 363. b.
Alexander papa V. 83. b. 208. c. Ejus creatio, 588. b.
Alexander VI. papa, 393. d. 394. a. 631. b.
Alexander Medices cardinalis archiepiscopus Florentinus, 1414. a.
Alexander Farnesius cardinalis & apostolicæ sedis legatus, 1390. b. c. 1391. c.
Alexander cardinalis S. Laurentii in Lucina, 252. b. 253. a. 254. b.
Alexander & Theod. cardinales Victorinos canonicos hortantur ad regulæ observantiam, 263. a.
Alexander Burgius Burgi S. Sepulcri episcopus, 1400. c.
Alexander episcopus Moraviensis, 322. c.
Alexander Palæotus legum scientia præclarus, 1389. c.

INDEX RERUM ET VERBORUM

Alexander Beroaldus canonicus Bononiensis vir doctus, 1401. a.
Alexander *de Helez*, 75. b.
Alexander de Villa-Dei ordinis Minorum, 74. c.
Alexander rex Scotorum, 320. d.
Alexander Gordonius comes, 324. c.
Alexius Servita vir sanctus, 579. a.
Alexius canonicus S. Victoris, 233. b.
Alexius diaconus ecclesiæ Rom. factus canonicus S. Victoris, 241. d.
Alferus presbyter, 670. c.
Alfonsus Palæotus coadjutor Bononiensis, 1425. d. 1429. b.
Alfonsus rex Castellæ, 398. a.
Aligernus abbas Casinensis, 938. b. 946. b.
Allodium monasterium, 904. d.
Altercatio inter Prædicatores & Minores de Sanguine Christi in cruce, 391. c.
Altiripensis monasterii fundatio, 311. b. Factæ eidem donationes, 313. c. Privilegia concessa, 314. b. Ejus situs, 316. d. Reliquiæ, 317. b. & seq. Sepulcræ, 317. c.
Altimontensis abbas Clarembaldus, 1715. b.
Alvernia monasterium Grandimontensium, 1072. a.
Alverniæ dux Johannes, 1132. d.
Alvisus episcopus Attrebatensis, 289. a.
Amalphicanus episcopus Petrus, 972. c. 975. d. 976. b.
Amandus de Dononio vir illustris, 289. b.
Amantius Columbi fundator conventus Burdigal. fratrum Prædicatorum, 472. b.
Ambaziacus prioratus S. Augustini Lemovic. 1067. c.
Ambaldus cardinalis, 566. d.
S. Ambrosius, 21. c. Sabbato non jejunabat, 941. b. Vitam S. Agnetis emendavit, 776. c. Reliquias SS. Vitalis & Agricolæ detegit, 1414. d. Ejus dalmatica 1414. b.
Ambrosius episcopus Sanctonensis, 757.
Amedæus comes Gebennensis, 312. d.
Amedæus comes Sabaudiæ, 188. e. 316. e. Filium a Deo impetrat precibus prioris Cartusiæ, 189. b.
Amedæus filius Amedæi comitis Sabaudiæ, 189. c.
Amelius archiepiscopus Narbonensis Pruliano restituit ecclesiam S. Martini de Limoso, 440. d.
Amuco presbyter, 670. b.
Anastasius archiepiscopus Senonensis, 686. e.
Ancherus cardinalis, 310. c.
Andegavensis dux a S. Catharina Senensi animo immutatus, 1337. a.
Andreas cardinalis, 1169. c.
Andreas episcopus Moraviensis, 321. d.
Andreas abbas a Kenlos, 320. a. c.
Andreas Servita vir sanctus, 583. b.
Andreas rex Hungariæ, 351. a.
Andreas miles, 696. b.
Andreas miles Jerosolymis sepultus, 710. b.
Andreas Naddini de Bellantibus nobilis civis Senensis, conversus per S. Catharinam Senensem, 1267. a. 1321. e.
Angelelmus episcopus Autissiodorensis, 711. a.
Angelus de Massatio monachus Camaldulensis martyr 1439. a. & seq.
S. Angelus Carmelita martyr, 60. b.
Angelus Corrario patriarcha CP. 1283. a. Postea papa Gregorius XII. 1278. b.
Angelus Perusius episcopus Sarsinæ, 1402. a.
Angeli de Senis ord. Minor. contestatio de S. Catharina Senensi, 1366. d. Fuit provincialis, 1368. c.
Angli per fraudem Scotiæ regnum occupant, 327. b.
Angliæ reges Beodricus, 816. b. Edelredus, 815. d. c. Eduardus, 825. c. Guillelmus, 35. e. Henricus I. 1198. a. Henricus III. 129. a. Henricus VII. 1389. a. Henricus VIII. 325. e.
Anglicus Grimoaldi de Grisaco cardinalis Mimatensis, 194. b.
Anibaldus cardinalis, 336. b. 366. d.
Aniciensis episcopus Guido Fulcherii, 237. c. 488. c.

Animarum cura quam sit periculosa, 988. a. & seq.
Anna comitissa, 30. a.
Annualia præbendarum possident canonici regulares S. Victoris in ecclesia Parisiensi, 225. c. In Stampensi 226. a. In abbatiis regalibus, 228. d.
Annus ab Annuntiatione Domini inceptus, 464. a.
Ansegisus archiepiscopus, 691. b.
Ansellus episcopus Tricastinensis, 738. b.
Ansellus juvenis miles S. Stephani, 697. a.
Ansellus levita canonicus insignis & in divinis scripturis magister egregius, 700. d.
S. Anselmi patria & prima studia, 99. d. Adit Lanfrancum, ibid. c. Fit monachus Becci, 100. a. Ejusdem loci prior, 100. b. Fit abbas, 100. d. Ejus virtutes, 100. e. Angliæ regem adit pro ecclesiæ suæ negotiis, 101. b. Fit archiepiscopus Cantuariensis, 101. e. Ejus miracula, 983. d. Leprosum mundat, 985. e. Romam tendit & a pontifice benigne excipitur, 986. b. Ibi secundus est a papa, 986. b. Discipulum suum ad episcopatum Belvacensem petitum recusat dare, 988. d. Ejus sententia de cura animarum periculo, 988. a. & seq.
Anselmus abbas a Kenlos, 319. c.
Antaradensis episcopus Guillelmus, 355. c.
S. Antelmus fit prior Portarum, 170. c. Et Cartusiæ, 168. c. Sub eo florent Cartusienses, 169, c. Ejus pater & fratres facti Cartusiani, ibid. b. Fit episcopus Bellicensis, 171. a. In episcopatu ut se gesserit, 171. b. & seq.
S. Anthelmus episcopus Bellicensis, 38. d. De eo, 130. b. 199. d. Ejus obitus, 173. c. Et miracula 174.
Anthelmi monachi epitaphium, 818. c.
Antiochensis episcopus Stephanus, 338. c.
Antiochus dux ethnicorum misere perit, 877. d. & seq.
Antiphoneti imago Christi, 880. c.
S. Antoninus archiepiscopus Florentinus, 390. c.
S. Antonius vir angelicæ perfectionis, 17. b. & seq.
S. Antonius de Padua, 72. b.
Antonius Cartafa cardinalis, 1423. b.
Antonius Maria Salvianus cardinalis & legatus Bononiensis, 1417. c.
Antonius Augustinus episcopus Ilerdinus, 1394. c.
Antonius Bornius episcopus Belcastri, 1462. a.
Antonius Pisamanus episcopus Feltrensis, 393. a.
Antonius *Berghes* abbas S. Bertini & S. Trudonis 631. b.
Antonius de *Clidar* prior provincialis ordinis Prædicatorum, 416. c.
Antonius Servita vir sanctus, 584. b.
Antonius Superantius prior de Pœnitentia S. Dominici, 1293. c.
Antonius de Brixia magnus concionator, 393. c.
Antonius David magister Angeli Corrarii, 1278. b.
Antonius Gigas vir doctus & pius, 1431. c.
Antonius Possevinus, 1424. b. 1425. b. 1434. a. 1436. c.
Apamiensis episcopus Rainaudus, 1094.
S. Apollinaris episcopi Valentini vita, 777. Nobile genus, 779. c. Stephanum Sigismundi regis ministrum excommunicat propter incestum, 779. d. c. Fontem divinitus impetrat, 780. b. Sigismundum regem ægrotum sanat, 780. d. Qui ab eo de illatis injuriis veniam petit, 780. c. De morte divinitus admonitus consacerdotes visitat, 781. c. Agitacas Rhodani undas sedat, 781. e. Energumenum per sacerdotem suum a dæmone liberat, 781. b.
S. Apollinaris Arelate honorificè receptus, 782. d. Massiliam accedens amissos recuperat solidos, 782. e. Surdum & mutum sanat, 783. b. Paragorio cum percutienti indulget, 783. c. Orans cœlesti lumine irradiatur, 784. a. Obit, 784. d.
S. Apollinaris abbas Casinensis, 762. c.

Apuliæ rex Ladislaus, 1283. b.
Aquæ frigidæ judicium, 1050. c.
Aquensis archiepiscopus Rostagnus, 538. b. d.
Aquileiæ patriarcha Franciscus Barbarus, 1387. a.
Aquinensis episcopus Robertus de Licio, 73. a.
Aquitaniam invadunt Gothi, 763. e.
Aragonum rex Petrus, 365. a.
Archiepiscopale Bononiense, 1386. c.
Archiepiscopus Senonensis apud S. Victorem quomodo recipiendus, 277. b.
Arculania senatrix S. Apollinaris propinqua, 282. c.
S. Ardeicti reliquiæ, 1414. b.
Ardozonus de Padua sacræ theologiæ magister & prior provincialis ordinis Prædicatorum, 1307. d.
Ardoini epitaphium, 821. a.
Arduinus monachus Cartusiæ vir sanctus, 164. a.
Arechis rex Longobardorum, 753. c. Construit Beneventanam S. Sophiæ basilicam, 754. a.
Arelatensis episcopus Cæsarius, 782. d.
Ariminii episcopus Berlingerius Gyphus, 1402. a.
Atmannus abbas Magni-loci, 1200. c.
Arnaldus prior Pruliani, 455. c.
Atnaldus vicecomes, 733. d.
Arnaudus dominus Rupis-excisæ, 1110. c.
Arnoldus de Villa-nova doctor medicus tractatum edit pro defensione Cartusiensium, qui etiam infirmi carnes non comedunt, 202. a.
Arnulfus episcopus, 673. c.
Arnulfus episcopus Lexoviensis, 231. b.
Atnulfus abbas Viconiensis, 293. b.
Aroasia monasterium canonicorum regularium, 288. e.
Atoildis Deo devota, 695. d.
S. Arsenius, 843. b.
Arturus abbas Deirensis, 323. c.
Arveriæ Cartusia, 163. c.
Ascanius Columna cardinalis, 142. c.
Ascanius Sfortia, 1390. c.
Astensis episcopus Franciscus Panigarola, 1436. d.
Astor Palæotus, 1389. c.
Atheldagus archiepiscopus, 671. d.
Athenis prædicans S. Nicon a civibus honoratur, 855. c.
Ato archipresbyter Autissiodorensis, vir sanctus factus monachus, 724. c.
Ato miles, 715. b.
Ato-Raimundus pater S. Bertrandi episcopi, 1021. c.
Atto sacerdos succentor Autissiodorensis, vir sanctus, 689. d.
Attrebatensis episcopi Alvisus, 289. a. Godescalcus, 291. a. Robertus, 287. b.
Avara uxor Pandulfi principis Capuæ, 942. b.
Avara principissa Capuæ commendatum quemdam ex invidia jubet interfici, 942. b. Eidem pœnitentiam respuenti S. Nilus prædicit filii ejus mortem, 942. c.
S. Audoenus, 27. a. b. Ecclesias Fontanellæ consecrat, 798. a.
Audoenus Ludovicus episcopus Cassanensis, 1434. b.
S. Audomari castellum ab Anglis captum & a civibus recuperatum, 629. c.
S. Audomari civitas a Gallis primum frustra obsessa & postea capta, 630. c. d.
Augensis abbatia sub congregatione Aroasiensi, 259. a.
Augensis abbas Rogerus, 237. b. 259. a.
Augustinensium ordo, 63. b.
S. Augustinus & ejus regula, 21. a. Ejus canonici vivebant sine proprio, 22. b. Tria hominum genera congregavit, 22. d.
S. Augustinus Anglorum apostolus, 28. c.
Augustinus Valerius cardinalis episcopus Veronæ, 1424. a.
Augustinus S. Benedicti discipulus, 792. b.
Augustinus Brunus Gabrielis Palæoti cardinalis familiaris ac vitæ scriptor, 1386. d. 1388. a.

HUJUS VOLUMINIS.

Augustinus Cusanus, 1414. a.
Augustinus de Pisis ordinis Prædicatorum, 1287. d.
Augustinus Trivisanus patricius Venetus, 1436. c.
Augustinus Valerius patricius Venetus, 1436. c.
Augustinus Berous insignis jurisconsultus, 1390. c.
Augustodunenses episcopi Johannes Rolin cardinalis, 279. c. Norgaudus, 702. a. Walterius, 722. c.
Avitus episcopus Viennensis, 777. Vir apostolicus, 779. d. e.
S. Aviti monasterium canonicorum regularium, 991. a.
Aura-Ventosa monasterium Grandimontensium, 1111. d. c.
Aureæ-Petræ monasterium, 841. d.
Aurelianenses duces Carolus, 611. d. 612. a. c. Ludovicus, 604. a. 607. b. & seq.
Austriæ dux Albertus, 1278. c. 1282. b. 1284. a. Prosequitur canonizationem S. Catharinæ Senensis, 1310. c.
Autharius vir nobilis S. Columbanum excipit, 26. c.
Autissiodorenses episcopi Aaron, 691. c. Abbo, 733. c. Aldulfus, 729. c. Angilelmus, 711. a. Archemboldus, 718. d. Betto, 692. d. 694. d. Christianus, 711. a. Eribaldus, 700. c. Eribertus, 717. d. Galdricus, 700. b. Gaufridus, 700. b. 721. c. 733. a. Gerannus, 687. e. 713. d. 735. c. Heriboldus, 697. c. Heresridus, 718. d. 726. c. Hugo, 225. d. c. 693. d. Hugo vir sanctus, 715. d. 725. a. 728. c. Humbaldus, 702. c. 703. b. 721. a. Jolaus, 533. c. Julianus, 715. a. Remigius, 698. a. Richardus, 699. a. 704. d. Robertus, 691. b. Waldrici ordinatio, 697. a. W. 686. c. Warimbertus, 698. a. Wigbaldus, 704. a.
Autissiodorenses decani Aclevertus, 735. a. Adoynus, 689. c. Aygulfus, 701. c. Ganfridus, 687. c. Gillebertus, 690. d. Goscelinus, 732. a. c. Hugo, 701. a. Ingelboldus, 720. b. Rotfredus, 693. b. Salomon, 715. c. Vitalis, 733. b. Walaharius, 695. c.
Autissiodorenses præpositi Ermenfridus, 715. a. Erembertus, 733. d. Stephanus, 773. d. Waldricus, 693. b.
Auxitanus archiepiscopus Willelmus, 1021. a. 1014. c. 1016. c. 1037. d.
Auxitanus episcopus decem episcopatuum metropolitanus, 1025. a.
Aya S. Mariæ sucilla, 696. a.
Ayginifus sacerdos & decanus Autissiodorensis, 701. c.
Aymarus de Bello-visu, 180. c.
Aymarus dominus Intermontium Cartusienses vexat, 781. e.
Aymericus episcopus Lemovicensis, 305. c.
Aymo prior Cartusiæ, 181. b. 208. d.
Azo presbyter & præpositus, 674. b.
Azo monachus pius Casinensis, 795. b.

B.

Badegoz presbyter, 670. e.
Badilo comes Æduensis restaurat sancti Martini monasterium, 805.
Baidulus clericus Palatinus abbas Majoris-monasterii restaurat ecclesiam S. Savini, 805. 808. d.
Balduinus archiepiscopus Trevirensis, 377. c. Duo fundat monasteria Cartusiensium, 197. c.
Balduinus abbas S. Edmundi, 821. 823. c.
Balduinus rex Jerosolymitanus, 35. d.
Balduinus comes Flandriæ adhæret Johanni regi Angliæ, 296. c.
Balduinus comes Hannoniensis, 291. a. 291. a. c.
Balma sub spelunca S. Mariæ Magdalenæ, 535. b.
Baltasar Cossa cardinalis fit papa Johannes XXIII. 298. c.
S. Barbarus, 752. c.
Barbotanorum hæresis, 1439. b.

Barduzius de Canigianis scripsit de S. Catharina Senensi, 1289. e.
Barnabas magister ordinis Prædicatorum, 341. e. 383. e. 393. b. 413. d. 415. c.
Baronius doctrinæ ac pietatis lumen, 1387. c. Invitus sit cardinalis, 1439. b. Ei dicata vita Palæoti card. 1387. a.
S. Bartholomæi junioris Cryptæ - ferratæ vita, 957. 968. b. Puer in monasterio traditus ut se gereret, 958. e. S. Nili sit discipulus, 959. b. 969. c. Et tertius ejus successor. 959. e. 970. b. Cantus in honorem B. Virginis & sanctorum componit, 960. b. Sub eo augetur monachorum numerus, & templum erigit in honorem B. Mariæ, 960. c. Benedicto IX. papæ injungit, ut propter delictum cedat dignitati, 961. c. Gaietæ princeps captus eo intercedente libertate donatur, 961. e. & seq. Famis tempore frumentum sibi divinitus missum accipit, 964. b. & seq. Ejus obitus, 967. b.
B. Bartholomæus abbas Cryptæ-ferratæ auctor vitæ S. Nili, 888.
Bartholomæus archiepiscopus Turonensis, 119. e. 1092. c.
Bartholomæus episcopus Bayonensis, 433. e.
Bartholomæus episcopus Caturcensis, 471. c. d.
Bartholomæus episcopus Corsulanus, 555. c.
Bartholomæus Comatius magister generalis ordinis Prædicatorum, 392. c.
Bartholomæus Texerii magister ord. Prædicatorum, 343. a. 389. c.
Bartholomæus decanus Parisiensis confirmat donationes ab episcopis Parisiensibus S. Victori concessas, 223. b. Postea creatur episcopus Catalaunensis, 223. c.
Bartholomæus de Ferraria inquisitor ordinis Prædicatorum, 1241. b. Petit fieri inquisitionem de memoria per eum facta B. Catharinæ Senensis nondum canonizatæ, 1241. c. Epistola vicarii episcopi Castellani ad eum, 1242. a. Fit prior conventus SS. Johannis & Pauli Venetiis, 1243. c. Ejus contestatio de sanctitate S. Catharinæ Senensis, 1244. b. & seq.
Bartholomæus Montucci confessor S. Catharinæ Senensis, 1257. d. 1288. c. -
Bartholomæus de Ravenna Cartusianus, 1274. b. Vir pius, 1280. d. 1286. c. 1288. b. Ejus contestatio de S. Catharina Senensi, 1304. d. Ei scribit Thomas de Senis de S. Catharina Senensi, 1303. b.
Bartholomæus Dominici confessor sanctæ Catharinæ Senensis, 1257. b. 1182. d. 1283. c. 1308. c. Ejus contestatio de ea, 1309. b. Additiones ad suas contestationes de sancta Catharina de Senis, 1342. e.
Bartholomæus de Pisis Summæ Pisanæ auctor, 381. d.
Bartholomæus Servita vir sanctus & miraculis coruscans, 576. a. 581. d.
Bartholomæus Pictor vir pius, 589. b.
Basilius prior Cartusiæ, 37. c. 175. b. Vir magnæ sanctitatis, 170. b.
Basilius imperator filius Romani minoris, 869. a.
Basilius dux, 997. c.
Basilius Apocaucus prætor, 873. d. Bulgarorum metu & morbo S. Niconis precibus liberatus, 867. c.
Bayona igne consumta, 469. c.
Bayonensis episcopus Bartholomæus de Riparia, 432. e.
Beatrix regina Siciliæ, 531. a.
Beatrix filia comitis Sabaudiæ, fundatrix conventus Sistaricensis ordinis Prædicat. 530. b.
Beccensis monasterii origo, 95. a. & seq. Scholæ, 97. d. & seq. Floret sub S. Anselmo, 101. c. b. Omnibus abundat, 98. a. Ejus possessiones in Anglia tuetur, 104. c. Abbates Anselmus, 99. d. Boso, 103. c. Gaufridus de Hispania, 109. c. Guillelmus, 102. b. Guillelmus de Beussé-villa, 106. c. Herluinus, 102. Letardus, 105. a. Petrus, 106. b. Rogerius, 106. c. Teobaldus, 104. b. Thomas, 106. 108. b. Eorum gesta metrice conscripta, 93. Bec-

censes monachi ex Anglia expulsi, 110. c.
Bedæ depositio, 651. a. Calendarium, 635. 650. a. Martyrologium, 635. 637. a.
Begardi combusti Parisiis, 801 d.
Bela rex Hungariæ, 545. c.
Belcastri episcopus Antonius Bornius, 1401. a.
Bellicensis episcopus S. Antelmus, 38. d. 171. a. & seq.
Belli-loci abbas Robertus Reyde, 325. d.
Bellum immane inter Philippum Valesium regem Francorum, & Eduardum regem Angliæ, 616. e.
Benedicens Deum benedicitur, 1156. c.
Benedictini monachi in ecclesia Cantuariensi, 56. e.
Benedicto IX. papæ injungitur, ut propter delictum cedat dignitati, 961. e.
Benedicti ordinis sancti canonizati quinquaginta quinque millia & quingenti, 25. e.
Benedictus abbas Casinensis, 418. e. Ejus regula, 23. c. d. Dominicis & festis jejunabat, 941. c. Ejus translatio, 673. d. In Germania celebrata, 643. e. De eo rithmus, 24. d.
S. Benedicto Anianensi traditur regendum S. Savini monasterium, 805. a.
Benedictus papa, 673. c.
Benedictus V. papa, 86. b.
Benedictus VIII. papa, 87. b. e.
Benedictus IX. papa, 87. c. d. Ei ob commissum delictum S. Bartholomæus injungit ut cedat dignitati, 961. c. d.
Benedictus papa XI. 66. a. 335. c. 336. c. 371. c. 411. b. 534. c. 543. d. Ejus modestia, 373. b. Miracula, 314. a. & seq.
Benedictus papa XII. 384. c. 414. c. 416. a. Reformat ordinem S. Benedicti & Cisterciensem, 51. c. Consanguineos fugiebat, 51. d.
Benedictus XIII. papa, 83. b.
Benedictus Comelinus cardinalis, 1456. c.
Benedictus Sardorum episcopus, 794. a.
Benedictus Servita vir sanctus & miraculis coruscans, 577. c. & seq.
Beneficiorum ecclesia malus usus, 51. d. e.
Beneficiorum reservationes ortum habent sub Clemente VI. 616. c.
Beneventanus archiepiscopus Milo, 113. b. 123. d. 125. a. 1045. a. 1052. a. 1062. c. e.
Beneventanus princeps Sichardus filius Siconis, 974. e.
Beneventum monasterium, 1100. c. e.
Beodricus rex Anglorum orientalium, 826. b.
Berlingerius Gypsius episcopus Arimini, 1402. a.
Berengarius doctus vir, episcopus Compostellanus, 69. c. ex magistro ord. Prædicatorum, 376. b.
Berengarius archiepiscopus Narbonensis dat Pruliano ecclesiam S. Martini de Limosos, 438. c. 439. b.
Berengarius magister ordinis Prædicatorum, 341. d.
Berengarius de Landora prior provincialis ordinis Prædicatorum, 430. Deinde magister, 412. d.
Betengarius de Maloduno prior provincialis ord. Prædicat. 431. b.
Berengarius Otarli prior provincialis ord. Prædic. 425. d.
Bernamundus amicus S. Antelmi, 175. a.
S. Bernardinus prædicator insignis, 73. c. & seq. Ejus obitus, 74. b. Episcopatus tres oblatos contemnit, 73. a.
S. Bernardus abbas Claræ-Vallis, 36. d. 47. c. 48. a. 168. d. 223. d. Centum & sexaginta monasteriorum pater, 48. c. Quadringentos sub se monachos habuit in Clara-Valle, 37. a. Cartusienses visitat & laudat, 37. a. Cellulam habuit in Monte-Dei, 169. c. Regulam scripsit Templariorum, 52. d. e. Ad instantiam Bernardi prioris Portarum scripsit in Cantica, 168. d. Verborum ejus efficacia, ibid. c. Supra prædicat, 169. b. Pro ecclesia ter Romam profectus est, 48. e. Schisma extinxit, 88. c. Ejus obitus, 50. a. Ejus elogium, 999. b. Stola, 317. b.
Bernardi cardinalis epistola ad Garinum ab-

INDEX RERUM ET VERBORUM

batem S. Victoris, 261. a.

Bernardus nepos Bernardi cardinalis, 261. c.

Bernardus de Castaneto episcopus Albiensis, 509. b. In eum insurgunt hæretici, 511. b. & seq. 512. b. & seq.

Bernardus de Combreto episcopus Albiensis, 485. d. 500. a. b.

Bernardus Raymundi electus Carcassonensis, 439. c. e.

Bernardus Claromontanus episcopus scribit pro doctrina S. Thomæ, 370. e.

Bernardus de Savena episcopus Lemovicensis, 463. d. e.

Bernardus Guidonis quo anno ingressus est ordinem Prædicatorum, 418. a. Fuit lector Albiensis, 509. c. Et prior, 510. b. Et etiam Castrensis, 500. d. Atque Carcassonensis, 455. a. 478. a. Et Lemovicensis, 468. d. Fit episcopus Lodevensis, 70. a. 113. Ejus opera, 568. a. Libellus de magistris ord. Prædicatorum, 397. a. Epistola de incorruptione Bernardi de Caucio, 481. d.

Bernardus abbas S. Anastasii postea papa Eugenius III. 49. c.

Bernardus prior Cartusiæ, 179.

Bernardus prior Portarum, 168. d. 170. c.

Bernardus prior Grandim. 1166. c.

Bernardus de *Grandalmar* prior Grandimontis, 122. d. 135. c.

Bernardus *Risse* pseudoprior Grandimontis, 133. c.

Bernardus magister ord. Prædicatorum, 341. c. 371. d.

Bernardus de Juzico magister ord. Prædicatorum, 411. e.

Bernardus Geraldi prior Tolosanus fratrum Prædicatorum, 461. c. Et prior provincialis, 134. b. 424. c. 425. b. 426. a. 459. b.

Bernardus de Trilia vir doctus, 371. b. Provincialis ord. Prædicatorum, 426. b. 520. c.

Bernardus de Caucio malleus hæreticorum vir sanctus, 481. b. Bernardi Guidonis epistola de ejus incorruptione, 481. d.

Bernardus de Monte Politiano confessor Henrici VII. imperatoris, purgatur a crimine intoxicationis ejusdem imperatoris, 376. d. & seqq.

Bernardus de Bociacis prior Albiensis vir sanctus, 509. a.

Bernardi de Castris S. Vincentii chronicon, 372. a.

Bernardus de Rupeforti pro fide Christi occisus, 338. d. 355. a.

Bernardus Bocardi discipulus Hugonis de Lacerta, 1162. a.

Bernardus prior Plumbi redarguitur de officii pro defunctis omissione, 1004. e.

Bernardus Bembus vir egregius, 1240. a.

Bernardus Deliciosi ordinis Minorum inquisitionis persecutor, 479. e. 514. c. Et regis proditor, 499. e. 514. c.

Bernardus comes Armeniaci, 434. a.

Bernardus comes de Laureto, 364. c.

Bernardus orator Venetus, 71. e.

Berno abbas Cluniacensis monachus S. Savini, 805. Cluniaci conditor, 30. a.

Bernowini episcopi versus ad crucem, 820. a.

Beroaldus vir doctus, 1389. b.

Berta mater Caroli-Magni, 816. c.

S. Bertini abbates Ægidius de Onina, 614. c. 615. c. Alardus *Trubert*, 622. d. c. Adelmus, 616. c. 617. b. 619. a. Anthonius *de Berghes*, 631. b. 632. b. Eustasius *Gomier*, 613. c. Fridericus *Marolette*, 631. b. Gerardus *de Hemericourt*, 631. b. Jacobus, 610. a. Jacobus *Duval*, 631. b. Ingelbertus *d'Espaigne*, 632. b. Johannes *le Bhegre*, 631. d. Johannes de Ipra, 617. a. 619. a. & seq. Johannes *de Lannoy*, 628. c. Johannes *de Medon*, 625. Johannes *Tribouel*, 622. c. 623. d. Vedastus *Grenette*, 632. b. Willelmus Filiatrius, 626. d.

S. Bertoldus primus prior Carmelitarum, 59. c. 60. b.

Bertholdus dux & rector Burgundiæ ducis

Zeringiæ & civitatis Friburgensis fundator, 314. e. 315. b. c.

Bertrandus episcopus Auxitanus, 1024. e. 1027. a. c.

Bertrandus Aginnensis episcopus, 119. a. 120. d. Avunculus papæ. 455. c. 1091. c. 1094. b.

S. Bertrandi episcopi Convenarum vita, 1021. Ejus genus illustre, 1021. b. In armis ut se gesserit, ibid. d. Mundi gloriam despicit, 1012. c. In solo Deo gloriatur, 1023. a. Quam cautus esset in verbis, 1025. c. Quam humilis, quam castus, 1024. a. Fit episcopus Convenarum, 1024. d. Canonicos regulares in sua ecclesia instituit, 1025. c. Ejus pius obitus, 1025. d. Et virtutes, 1026. b. & seqq. Miraculis co..uscat, 1027. b. & seqq.

Bertrandus de Gariga S. Dominici discipulus, 457. b. Institutus ab eo provincialis, 418. c.

Bertrandus de Monte-acuto abbas Moisiacensis, 462. b.

Bertrandus de Claromonte prior provincialis ord. Prædic. 429. c.

Bertrandus Nigri prior provincialis ordinis Prædic. 432. d.

Bertrandus de Garvia vir sanctus, 333. d.

Bertrandus comes de Novo-castro, 313. d. e.

Bertrandus vicecomes Bruuiguelli, 484. e.

Betto episcopus Autissiodorensis, 692. d. Ejus ordinatio, 694. d.

Biana seu Viana fundatrix parthenonis Pontis viridis, 526. e.

Bibio monasterium, 994. d. 995. a.

S. Bibianus episcopus Sanctonensis post Ambrosium collocandus, 757. Ejus vita, ibid. Ejus genus illustre 761. b. Baptizatur & Christianis legibus instituitur, 761. d. Fit comes Sanctonensis, 762. Sacris ordinibus initiatur, 762. b. Designatur episcopus Sanctonensis, 762. c. Electus episcopus fugit, sed deregitur, ibid. d. Ordinatur episcopus, 763. b. Captivos cives liberatarus Tolosam proficiscitur, 764. b. & seqq. A rege invitatur & cum honore excipitur, 765. b. Regi hæretico poculum offerre recusat, 766. c.

S. Bibianus regis iram per merita S. Saturnini mitigat, 765. e. Ab eo captivorum impetrat libertatem, 766. b. Barbaros ac Saxones sua vincit & repellit oratione, 766. c. Coruscat miraculis, 767. b. Ex omni regione fit ad eum concursus, 770. a. & seq. Sanguinem ejus pulveri mixtum colligit mercator & pro reliquiis veneratur, 771. b. Hujus sanguinis præsentiam formidant dæmones, 771. d. Ei viventi construitur ecclesia, 773. a. Cathedralem ipse construit ac dedicari curat, 773. d. Obit, 774. d.

Biblia lecta ad vespertinam synaxim, 865. e.

Bisuntinus archiepiscopus Sebastianus Delius, 1390. d.

Bitterrensis episcopus Richardus nepotis, 514. d.

Bituricenses archiepiscopi S. Guillelmus, 51. a. 128. d. Henricus, 110. e. 1094. b. d. Philippus 464. c. 471. a. c. Stephanus, 522. b.

Blancha regina Aragonum fundatrix parthenonis Cæsar augustani ord. Prædicatorum, 541. b.

Bobardus cardinalis S. Angeli, 1092. d.

Bobiense cœnobium, 27. e.

Boëtius, 364. e.

Bohemiæ rex Johannes, 377. e.

Bolbona monasterium ordinis Cisterciensis, 452. c.

Bolbonensis abbas Jacobus de Furno, 51. c.

Bonavallis monasterium Grandimontensium, 1078. c.

S. Bonaventura alias dictus Eustachius, 71. d. Ordinis Minorum generalis, cardinalis & episcopus Albanensis intoxicatus, 71. c.

Bonaventura Servita vir sanctus, 583. d.

Bonifacius I. papa, 85. a.

Bonifacius papa VIII. 78. d. 136. a. 336. d.

340. e. 370. b. 371. b. 409. d. 534. e. 543. e. Sanctorum albo inscribit S. Ludovicum, 542. b. Nicolaum de Trivisio creat cardinalem, 410. c.

Bonifacius papa IX. 83. a. 387. b. 1251. d. 1282. c. 1294. c. 1310. c. Ejus obitus, 1283. c.

Bonifacius episcopus Albanensis fundat monasterium in Alba monialium ordinis Prædicat. 544. c.

Bonifacius prior Cartusiæ, 208. a. Renuntiat prioratui, 208. c.

Bonimius sacerdos, 808. a. 810. a.

Bonirus abbas Casinensis, 792. a.

Bonitus presbyter, S. Savino devotus, 807. e. 810. a.

Bononiensis & Mediolanensis ecclesiæ conjunctio, 1414. c.

Bononiensibus coadjutor Alfonsus Palæotus, 1423. d.

Bononienses episcopi Raynutius Farnesius cardinalis, 1398. b. S. Faustinianus 1417. c. S. Zama, ibid.

Bononiensis ecclesiæ decreta unum in corpus redigit Palæotus, 1425. c.

Boni soli nusquam nisi in cœlo, & mali soli nusquam nisi in inferno, 53. d.

Boni-passus Cartusia a Johanne XXII. fundata, 39. c. 204. a.

Bonus filius Servita vir sanctus & doctus, 575. d. e.

Borbonii dux Johannes, 1032. d.

Bornetum monasterium, 994. d.

Boscavii abbas Guillelmus, 1013. a. Johannes de Calentio, 1005. c.

Bosnensis episcopus Johannes Teutonicus, 354. d. 407. e.

Bosnevensis episcopus Johannes, 339. e.

Boso episcopus Convenarum, 526. c.

Boso abbas Becci, 103. c.

Boso prior Cartusiæ, 180. b.

Boso *de Refes* vir illustris, 1070.

Bribreeth dux Cumanorum ad fidem Christi conversus, 351. a.

Brigida abbatissa, 678. e.

S. Brigida Sueciæ ordinem religiosum instituit, 81. c. 82. c. Ejus regula, 617. c. A Bonifacio IX. canonizatur, 1294. c.

Bristoliensis abbas Richardus, 243. c.

Brivatensis præpositus Heraclius, 1200. e.

Bruchi dux Cumanorum ad fidem conversus, 351. a.

Brunelli sententia de ordinibus religiosis, 1.

Bruno archiepiscopus, 670. c.

Bruno Coloniensis archiepisc. 33. a.

S. Bruno Cartusiæ institutor, 31. c. 123. c. Doctor famosus scholas regit Remenses, 153. a. Ejus secessus quæ fuerit causa, 149. 152. & seq. Ordinem Cartusiensem instituit, 26. a. c. d. 37. c. Ab Urbano II. evocatur, 156. b. Electus archiepiscopus Regensis cessit dignitati, 157. a. In Calabriæ eremum recedit, 157. b. Ejus obitus, 159. b. Sepultura, 37. c.

Bulla canonizationis S. Stephani Grandimontensis, 1092. a.

Bulla Paschalis I. pro S. Victore, 219. d.

Burchardus reus necis Caroli Boni comitis Flandriæ punitur, 1138. b.

Burdigalenses archiepiscopi Elias 119. a. e. 120. b. 1091. c. 1092. c. 1094. b. Gaufridus, 1175. c. Giraldus de Mala-morte, 472. b. d. Electus archiepisc. Hugo de Mala-morte, 466. c. Petrus 472. d. 473. b. Simon, 1008. c.

Burgensis episcopus Paschasius, 395. a.

Burgi S. Sepulcri episcopus Alexander Burgius, 1400. e.

Burgundiæ reges Gundebaudus, 777. Sigismundus 777. d. c.

Burgundiæ duces Carolus, 627. a. 628. a. 630. b. Johannes, 622. c. c. 623. c. Philippus, 622. c. 623. c. Philippus Audax, 619. c.

Burgundiæ marchio Henricus, 725. c.

Burgundiæ comes Stephanus, 1205. a.

Buscavium monasterium, 996. c.

C

HUJUS VOLUMINIS.

C.

Cabilonensis episcopus Stephanus, 729. c.
Cadalous antipapa, 88. a.
Cadomensis primus abbas Lanfrancus, 98. b.
Caduinum monasterium, 994. d. 999. c.
Cælestinus papa II. 226. a. b.
Cælestino III. papæ gratulatur Guarinus abbas S. Victoris de ejus promotione, 265. a. & seqq.
Cælestinus V. papa, 336. d. 371. c.
Cælestinorum domum fundat Gregorius XI. 214. b. Item Carolus rex Francorum, 214. b.
Cælestinorum ordo, 78. c.
Cælestinorum Suessionensium fundationis historia, 593. b. & seq. Monasterium construitur, 597. c. Eorum libellus supplex adversus heredes Enguerranni *de Coucy*, 605. a.
Cæsarius episcopus Arelatensis, 782. d.
Cæsenatum episcopus Odoardus Galandus, 1436. c.
Calabriæ eremitæ, 113. b.
Calabriæ religiosi eremitæ, 1052. e.
Calabriæ ab Agarenis destructionem prædicat S. Nilus, 937. c.
Calendarium Anglicanum, 635. 652.
Calendarium Stabulense, 635. 668. d.
Calendarium Verdinense, 635. 679. a.
Calesii abbatia unita Cartusiæ, 120. c.
Calixtus II. papa, 88. d. 1015. b. 1201. a.
Calixtus papa III. 891. a. Festum Transfigurationis renovat, 92. e.
Calo episcopus Pictavensis, 1004. b.
Calo-Johannes imperator CP. fundat monasterium in honorem S. Victoris martyris, 271. c.
Calomniatarum erga S. Niconem religio, 875. e.
Cameracensis episcopus Stephanus, 835. c. d.
Camillus Palæotus, 1389. c.
Camisea S. Nili olim magistri, 919. d.
Cancellarius Ludovici VI. Stephanus, 219. c.
Candida mater S. Stephani Grandimontensis, 113. a. 125. a. 1050. c.
Canonici seculares, 8. b. & seqq.
Canonici regulares, 34. c.
Canonici Nigri a carnibus abstinentes, 7. a. Veste alba interius amicti, 7. c.
Canonicis regularibus carnes edere extra monasterium illicitum, 238.
Canonizationis S. Stephani Grandimontensis bulla, 1092. a.
Cantuarienses archiepiscopi Elphegus, 33. a. Odo, ibid. Robertus, 333. b. c. 368. a. 369. c. 625. S. Thomas, 55. c. 106. b.
Capellos de filtro incipiunt portare Grandimontenses, 134. c.
Capitulum generale ducentorum fratrum Grandimontensium, 1108. c.
Capitulum 1. generale ordinis Prædicatorum, 370. c.
Caput-Aquensis episcopus Paulus Æmilius Verallius, 1436. c.
Cardinalatum respuit prior Cartusiæ, 200. a.
Caritas est canticum novum, 1156. c.
Carmelitarum ordo quando incœpit, 59. e.
Carmelitarum regula ab Innocentio IV. mitigata, 355. c.
Carmelitarum monasterium a Saracenis destructum, 78. a.
Carcassona privata consulatu, 480. b.
Carcassonenses episcopi Bernardus Raimundi, 439. c. e. 440. b. Clarinus, 443. b. 475. c. Guillelmus 444. c. 452. b. Guillelmus Radulfi, 475. c. 476. b.
Carnotenses episcopus Fulbertus, 33. a. Gaufridus, 996. c. Ivo, 35. b. 219. c.
Carnes extra monasterium comedere canonicis regularibus illicitum, 238. c.
Carnes mutatæ in pisces pro Cartusiensibus, 202. c.
Carnium esus Grandimontensibus concessus, 138. d.

Vet. Script. & Mon. ampl. Collect. Tom. VI.

Caroli loci monasterium, 970. d.
Carolus Borromæus cardinalis, 1393. c. 1397. c. 1398. a. d. Magna ejus cum Palæoto conjunctio, 1412. b. Vitæ ejus austeritas, 1412. b. Sacrarum reliquiarum translationem celebrat, 1413. b. Ejus litteræ de concessis Palæoto reliquiis, 1413. d. Tautinum Christi Domini Sindonem veneraturus pergit, 1414. d. e. Fuit cardinalis S. Martini in Montibus, 1418. c.
Carolus Magnus imp. 689. e. S. Savini monasterium augustius restauratum attribuit monachis, 805. Versus de eo, 811. a. & seqq. 814. b. 819. a.
Carolus imperator, 724. e.
Carolus IV. imperator, 378. a. & seqq.
Carolus V. rex Francorum, 617. e. 619. c.
Carolus IX. rex Francorum, 1396. d.
Carolus I. rex Siciliæ, 530. e.
Carolus II. rex Siciliæ dat Neapoli monasterium ordinis S. Benedicti monialibus ordinis Prædicatorum, 543. e. Dat etiam Prædicatoribus locum S. Maximin in diœcesi Aquensi, 532. c. Massiliæ transfert Aquas Sextias sorores ordinis Prædicatorum, 537. a. Quarum est fundator, 540. c.
Carolo Andegav. datur regnum Siciliæ, 179. c.
Carolus dux Aurelianensis, 611. d. Fit captivus & in Angliam ducitur, 612. a.
Carolus dux Burgundiæ, 627. a. 628. a.
Caroli-Boni comitis Flandriæ de nece rithmus, 1133. e. In ecclesia occiditur, 1135. e. Cum duobus filiis, 1136. a. Interfectores ut puniti, 1136. d. Ejus necem ulciscitur rex Franciæ, ibid.
Carolus comes *de Charolois*, 628. a.
Carolus Sigonius, 1387. 1431. c. Scribit historiam episcoporum Bononiensium, 1407. b. 1417. c.
Cartusiensis ordinis brevis historia, 147. a. Ejus initium, 36. a. & seq. 155. a. A summis pontificibus approbatur & multis privilegiis decoratur, 37. b. & seq.
Cartusiani primo bini & bini in cellis habitabant, 155. c. Profitentur vitam solitariam, & c. Raro missam dicunt, 6. d. e. Ter singulis hebdomadis jejunant in pane & aqua, 6. d. Cilicio carnem domant, ibid. Leprosis carnem ministrant, 6. e. A litibus abstinent, 7. a.
Cartusiensium cœna, 215. c. Vigiliæ, ibid. Abstinentiæ, 216. b. Minutiones, 216. c. Consolationes, 211. b. Tentationes, 211. d. Exercitia, 158. c. In bono perseverantia, 169. a. Laudes, 36. d.
Cartusiensis nivium mole obruti, 164. a. De Cartusiensibus varia miracula, 209. c. & seq.
Cartusiensis ordinis sancti quindecim, 38. c.
Cartusiensis ad extinctionem schismatis sub Alexandro III. quid contulerint, 170. d. e. Tempore schismatis adhærent suo diœcesano, 107. a. Celebrant Romæ capitulum generale, 207. b. Stantes a parte Urbani eligunt sibi novum generalem, 207. d.
Cartusianos consulit S. Dominicus, 209. d. Semper habent laudatores & vituperatores, 208. a. Viri sunt angelici, 168. a. Decem domos monialium habent, 204. b.
Cartusiensis monachi Vallis-Dei dialogus, 11. Ejus vita, ibid.
Cartusia conflagrat, 181. d. 204. c. & seq. Ad cujus reparationem papa & cardinales, reges & principes contribuunt, 205. a. b.
Carus-locus cella Cluniaci, 1199. a.
Casæ-Dei abbates Jordanus, 200. d. Seguinus, 157. c. d.
Casinenses episcopus Severus, 791. d.
Casinenses abbates Aligernus, 938. b. 946. b. Apollinatis, 792. d. Bonitus, 792. a. Girardus, 786. 794. b. Manso, 945. b. 946. d. Oderisius, 792. b. Seniorectus, 791. c. Wibaldus, 789. d.
Casinensi in monasterio ut exceptus S. Nilus, 938. b.

Cassanensis episcopus Audoenus Ludovicus, 1434. b.
Castanearia monasterium Grandimontensium, 1112. c.
Castanetum monasterium Grandimontensium, 1085. c.
Castellanus episcopus Franciscus Bembus, 1240. a. c. 1242. b. 1245. a. 1365.
Castellariæ Cisterciensium monasterium, 994. d. 1000. c. Nova in eo ecclesia construitur, 1008. c.
Castellatensis abbas Thomas, 1066. b. 1068. b. 1011. a. c.
Castrensis abbas S. Vincentii Guillelmus de Biterris, 486. d. 487. d. 491. c.
Castrum Nantonis abbatia canonicorum regularium, 212. c. d.
Catharina filia S. Brigittæ, 82. e.
S. Catharina Senensis, 82. c. 83. d. 108. e. 342. e. 385. e. 386. b. Ejus memoria publica antequam albo sanctorum inscriberetur, 1253. b. 1254. b. Querelæ de hac memoria depositæ apud episcopum Castellanum, 1240. a. & seq. De ea petitur inquisitio & approbatio, 1240. c. Contestatio Bartholomæi de Ferraria de ejus sanctitate, 1244. b. & seq. Erga crucem quam fuerit affecta, 1247. b. & seq. Ejus temperantia, 1248. b. Prudentia, ibid. c. Justitia & fortitudo, ibid. d. Scientia & sapientia, ibid. e. Virtutes ejus heroicæ, 1249. b. & seq. Dormiebat vestita super nudos asseres, 1312. d. Vitæ ejus austeritas, 1258. a. 1313. a. & seq. Humilitas, 1313. d. Ejus in infirmos caritas, 1314. c. Calumniis atrocissimis impetitur, 1315. e. Calumniatricem infirmam summo studio curat, 1316. a. Saniem ejus ebibit, ibid. c. Ejus eleemosynæ, 1317. b. 1319. c. 1389. a. Conscientiæ puritas, 1329. d. & seq. Ex amoris violentia moritur & resurgit, 1332. b. 1336. c. Christo patienti fit conformis, 1334. a. 1356. d. & seq. Desiderat martyrium, 1335. d. Zelus ejus pro infidelium conversione, 1267. c. Quam fuerit in verbis circumspecta, 1269. c. In adversis hilaris, 1270. a. In prosperis tristis, 1270. c. Ejus fervor & devotio erga Eucharistiam, 1271. e. 1345. e. Confessiones, 1346. d. Extases, 1326. c. 1327. a. 1373. b. & seq. 1374. b. In oratione a terra elevatur, 1327. e. Ejus sanctitatem explorare tres prælati, 1378. d. & seq. Ejus facundia, 1328. a. & seq. Ad Gregorium XI. vadit Avenionem, 1371. e. A quo mittitur ad Florentinos, 1372. a. Cum eis ut se gesserit, 1335. c.
S. Catharina Senensis plures sermones habuit in conspectu Gregorii XI. & Urbani VI. 1378. c. Quid pro ecclesia & summis pontificibus præstiterit, 1297. d. & seq. Secundo venit Florentiam pro summo pontifice, 1298. d. Ibi de vita periclitatur, 1298. e. Ab Urbano VI. mittitur ad Johannam reginam papæ rebellem, 1299. b. In suo transitu Christo fit similis, 1300. e. Ejus reliquiæ, 1301. c. Quantum pro republica laboraverit, 1296. e. Urbanum VI. impedit ne a Romanis occidatur, 1297. c.
S. Catharinæ Senensis quædam miracula, 1305. b. & seq. Multorum infirmitates curat, 1358. a. Ejus præsentia libidinis motus in aliis comprimit, 1314. a. & seq. Dæmones ab obsessis ejicit, 1339. b. Infirmum sanitati restituit, 1340. c. Quinquaginta dies sine cibo pertransit, 1343. d. & seq. Ejus prece vinum in vegete crescit, 1318. c. Panem multiplicat in gratiam pauperum, 1318. c. Spiritu prophetico donatur, 1320. c. Summo pontifici votum de repetenda Urbe manifestat, 1335. b. Corporis sui futuram translationem prædicit, 1325. d. Et Raymundi generalis electionem, 1326. b. 1360. d. e. Aliorum interiorem videt dispositionem, 1376. b. Insignis peccatoris conversionem obtinet, 1321. Etiam inveteratam, 1337. e. Lazarinum ordinis

CCccc

INDEX RERUM ET VERBORUM

Minorum virum superbum convertit, 1348. a. Et plures alios religiosos, 1351. c. Et multos convertit peccatores, 1376. c. & seq.

S. Catharinæ Senensis videndi ratio, 1377. b. Ei varias bullas & privilegia concedit Gregorius papa XI. 1273. d. 1329. c. Ejus scripta, 1274. c. Reliquiæ, 1276. a.

S. Catharinæ quæ fuerit mens inter exhibitos honores, 1353. b. Primum documentum ipsi a Domino datum, 1354. a. Redarguitur quod reverentias sibi exhiberi patiatur, 1254. c. Erga redarguentem quam bene affecta, 1355. b. & seq. Ultima ejus ægritudo, 1359. a. Ejus obitus, 1361. c. Tumulatur in tumulo cedrino, 1373. b. Revelatio felicis ejus status, 1362. a. De ejus sanctitate contestatio Angeli Salvetti ord. Minorum, 1366. d. Ejus digitus missus Stephano de Machonibus, 1368. c.

S. Catharinæ brachium furto sublatum, 1376. d. Ei devotus Albertus dux Austriæ, 1278. c. Divinitus discit scribere, 1279. a. c. Acta quædam pro ejus canonizatione, 1282. b. Ejus caput petit dux Austriæ, 1282. d. 1310. c. Ejus canonizationem postulat, 1282. b. Item Ladislaus rex Apuliæ, 1293. b. Ejus legenda missa ad reges & principes, 1286. d. Ejus elogia, 1287. a. Reconciliat Florentinos papæ, 1287. c. Quid de ea scripserunt, 1290. d. Ad regem Franciæ scripsit de schismate, 1291. a. De ejus imagine, ibid. De ea contestatio Bartholomæi Dominici de Senis ejus confessoris, 1309. b. Bartholomæi Dominici de Ravenna Cartusiani, 1304. d. Ejus mantellum, 1305. c. Dæmonis de ea testimonium, 1306. b. Ejus epistolæ, 1250. e. Contestatio Thomæ Antonii de Senis de sanctitate & doctrina ejus, 1254. b. & seq. Depicta fuit cum diademate radioso, 1254. d. Ejus corpus Romæ in conventu Minervæ requiescit, caput Senis, 1255. c. Qui fuerunt ejus confessores, 1257. a. & seq.

S. Catharina Senensis canonizatur, 394. b. A Pio II. 1383. a. Ne pingatur cum sacris stigmatibus bulla Sixti IV. 1382. b.

Catharina de Baillonet domina de Lenze & de Condé, 1236. c.

Catalaunenses episcopi Guido, 235. a. Fridericus electus, 66. c. Gerardus, 120. d. Bartholomæus, 471. c. d.

Caturcenses episcopi Gerardus 1094. b. Guillelmus de Cardalhaco, 470. c. e. Pontius, 470. c.

Caturcinus prior Grandimontis, 121. c.

Caulitarum origo, 213. a. & seq.

Celsiniacum monasterium, 1189. d. c. 1196. c. 1200. c. d.

Cerasiensis abbas Johannes de Boleya, 106. c.

Chastenetum cella Grandimontensium, 1168. d.

Choreas diebus festis prohibet Gabriel Paniolus, 1399. c.

Christianus episcopus Autissiodorensis, 731. a.

Christianorum est mori in cinere & cilicio, 1105. c. 1111. a. 1115. a. 1117. c.

Christianos persequentes imperatores misere perierunt, 749. a. & seq.

Christophorus antipapa, 89. c.

Christophorus Boncompagnus archiepiscopus Ravennensis concilium celebrat, 1411. c.

Christophorus de Florentia generalis Cartusiensium, 1276. a.

Christophorus Ghaui vir sanctus, 1183. b. 1366. c. Scripsit de S. Catharina Sehensi, 1264.

Cibus primorum Beccensium qualis, 96. a.

Cimiteriorum immunitas, 1029. a.

Cinthius filius præfecti Romæ Gregorium VII. captum incarcerat, 30. b.

Cistercienses ordinis origo, 47. b.

Cistercienses per monachos albos designati,

4. b. Raras habent festivitates, 4. c. Femoralibus non utuntur, 4. d. Visitantes domum Viconiensem picturas ab aula auferunt, 301. d.

Cistercienses abbates S. Albericus, 47. d. S. Robertus, 47. d. S. Stephanus, 48.

Civitatensis episcopus Thomas Covarruvias, 1394. b.

Clarembaldus abbas Altimontensis, 1215. a.

Clara-Vallis monasterium ordinis Cisterc. 48. b. 497. c. 999. a.

Claræ-Vallis abbas S. Bernardus, 225. d.

Clarinus episcopus Carcassonensis, 443. b. 475. c.

Claromontensis episcopus Bernardus, 370. c.

Clarus prior Cartusiæ, 184. a. 190. c.

Clarus papæ pœnitentiarius ordinem Prædicatorum intrat, 349. d.

Claudius Aquaviva præpositus generalis Societatis Jesu, 1424. b. 1436. d.

Claudius diaconus, 782. a. 784. a.

Clemens II. papa 87. d.

Clemens papa III. 61. d. 126. c. Confirmat regulam Grandimontensium, duos priores inter se contendentes destituit, 1090. c. S. Stephanum refert in sanctorum numerum, 118. e. Ejus bulla de ejus canonizatione, 119. b.

Clemens IV. 363. c. 366. e. 423. e. 488. c. 500. c.

Clemens papa V. 130. e. 135. e. 337. a. 375. d. 463. c. 480. b. 516. a. Apud Prulianum divertit, 455. a. b. Venit Lemovicas, 468. e. Venit Grandimontem, 122. e. Gravat monasterium, 136. d. Illud reformat, 138. Templariorum ordinem extinguit, 138. b. Ejus obitus, 139. c.

Clemens VI. papa, 337. c. 342. a. b. 384. e. 385. b. 391. d. 414. b. 415. d.

Clemens papa VII. 206. b. c. 386. d. 619. d. Dat Cælestinis Suessionensibus Vesenolium abbatiam, 600. e.

Clemens papa VIII. 1391. a. 1392. b. 1424. b. 1425. c. 1428. b. 1438.

Clemens VIII. antipapa, 83. b.

Clemens omnis sapientia luce coruscans, 731. b.

Cluniacensis ordinis origo, 29. e.

Cluniacensium cibus familiaris & communis ova & fabæ, 3. e. Pinguedinem etiam feria sexta comedebant, 3. d. Pelliciis portabant, 3. d. Silentii violationem verberibus puniebant, 3. e. Carcere violentam manuum injectionem, 3. e. Officia & dignitates gratis distribuunt, 4. a. Per eos magna ex parte reformatur ord. S. Benedicti, 32. c. Cluniacum de propagine monachorum suorum orbem replevit, 1188. a.

Cluniaci abbates Berno, 30. Hugo, 30. b. 1189. a. Hugo II. 1190. b. S. Maiolus, 1189. a. Odilo, 33. b. 686. a. 1189. a. Odo, 30. 1189. a. Petrus, 164. c. 1187. a. Pontius, 1190. b. Rodulfus, 1187. Stephanus, 1187. a.

Cluniacensis ecclesia ab Innocentio consecrata, 1195. a.

Coctonetes eunuchus monasterium Constantinopoli construere, & ibi fieri monachus cupit, 934. a. & seq.

Codiciacum Ludovico duci Aurelianensi venditum, 604. a.

Columba ad reservandam Eucharistiam, 688. c.

Columba virgo sanctissima, 394. a.

S. Columbanus, 26. b. 27. d.

Colonienses archiepiscopi Bruno, 33. a. Fridericus, 1015. e. Geto, 673. b. Philippus, 118. d. Siffridus, 361. c. Waltramus, 197. d.

Commemoratio publica quorumdam sanctorum nondum canonizatorum, 1256. b. c.

Communio sub utraque specie, 1272. b.

Compostellanus episcopus Berengarius, 69. e. 341. d. 376. b. 443. a.

Conceptio B. Mariæ immaculata in concilio Basileensi definita, 73. c.

Concilium an supra papam, 90. c. d.

Conciliorum generalium necessitas, 63. a.

Concilium Basileense, 73. c. 90. a. c. 624. e. Ejus sigillum commissum monachis S. Bertini, 624. e.

Concilium Bononiense, 1416. d. 1418. a.

Concilium Carnotense, 116. b. 1068. e.

Concilium Claromontense, 31. b. 159. d.

Concilium Constantiense, 62. c. 89. c. 388. c.

Concilium Ferrariense, 321. a.

Concilium Lateranense sub Innocentio III. 121. 400. b. 401. c. 456. b. 846. d.

Concilium Lateranense IV. 128. c.

Concilium Lugdunense sub Innocentio IV. 122. a. 131. c.

Concilium Lugdunense sub Gregorio X. 77. c. 133. a. 369. b.

Concilium Monspeliense, 398. c.

Concilium Pisanum, 208. b. 388. b.

Concilium Ravennense, 1411. c.

Concilium Romanum sub Julio, 1417. c.

Concilium Tridentinum continuat Pius IV. Ad illud mittit sex cardinales, 1393. a.

Concilium Turonense, 31. b.

Concilium Viennense, 138. d. 375. d.

Concordantiæ super biblia in conventu Parisiensi editæ, 552. c.

Condrada Deo sacrata. 697. a.

Confessionem peccatorum suis commendat Petrus Venerabilis, 1191. a. 1195. b. c. 1197. b.

Confessio Viatico præmissa, 107. b. c. Facta pluribus sacerdotibus, 1222. c.

Confraternitates vitari volebat S. Stephanus Grandimontensis, 1125. d.

Conradus episcopus Portuensis & cardinalis, 441. c.

Conradus d'Ass magister ord. Prædicatorum, 343. b.

Conradus imperator prosus, 33. d.

Conradus filius Friderici imperatoris captus decapitatur, 179. c.

Conradus comes, 696. a.

Conspiratio in regem detecta Carcassonæ, 479. c.

Constantia soror Ludovici VII. 136. a.

Constantia filia comitis Fuxi, 499. c.

Constantiensis abbas S. Salvatoris Hugo, 105. e.

Constantinopolis a Turcis capta, 91. e.

Constantinopolitanus patriarcha S. Petrus Thomæ, 61. a.

Constantinus episcopus Urbevetanus scribit vitam S. Dominici, 405. a.

Constantinus magnus imperator, 17. c.

Constantinus qui dictus est Constans, 752. c. Quintodecimum civitatem diruit, 752. b. Roma direpta a suis occiditur, 752. c.

Contestatio Angeli Salvetti de Senis de sanctitate S. Catharinæ de Senis, 1266. d.

Conversorum Grandimontensium dissidium, 1087. d. Insolentia, 127. a. b. 128. c. 266. c. d. Sub clericorum correctione rediguntur, 121. c.

Conventarum episcopus comes civitatis, 1025. b.

Conventarum episcopi S. Bertrandus, 1021. Boso 524. c.

Corbolicensis S. Exuperii præbenda concessa S. Victori, 212. c.

S. Cornelius papa, 84. c.

Corona monasterium in quo jacet Giraldus de Mala-morte archiepiscopus Burdigalensis, 472. d.

Corpus Christi medias inter flammas conservatum, 469. c.

Corsulanus episcopus Bartholomæus, 555. c.

Cortonensis episcopus Marianus, 567.

Cosmas cardinalis Bononiensis, postea Innocentius VII. 1283. a.

Cremonensis episcopus Nicolaus Sfondratus, 393. a.

Crescentius consul capite truncatur, 86. c.

Cretam insulam a Saracenismo ad rectam fidem convertit S. Nicon, 852. b.

Cruciferorum ordo, 76. c.

Cruciflagellatores, 81. c.

Crucifixus pro sigillo magistri Prædicatorum, 380. a.

HUJUS VOLUMINIS.

Crux translata Grandimontem, 118. d.
S. Crucis Burdigalensis abbas Remundus Delgot, 455. c.
Camani per fratres Prædicatores ad fidem conversi, 351. a.
Culros monasterium, 320.
S. Cunegundis, 670. b.
Cuprum monasterium ord. Cisterciensis, 322. e.
S. Cyrillus Carmelita, 60. c.

D.

Dade filius Authatii a S. Columbano benedictus, 26. d. 27. a. b.
Dagobertus rex, 26. c. Wandregesilum comitem palatii facit, 795. a. S. Dionysii ecclesiam decoravit, 816. d.
Daimbertus archiepiscopus Senonensis, 219. b.
Dalon monasterium, 994. d.
Daniel abbas Viconiensis ab abbate Præmonstratensi depositus, 293. b.
Daniel de Cutte-Trajani, 289. c.
Daniela virgo pia, 386. a.
Damalam convertit S. Nicon, 854. e.
David abbas a Capro, 323. c.
David levita & præpositus Autissiodorensis, 699. c.
David rex Scotorum fundator monasterii a Kenlos, 319. b. c.
Deauratæ monasterium in diœcesi Caturucensi, 471. c. d.
Decius occupato imperio reipublicæ statum reparare meditatur, 743. b.
Decius præses, 741. a.
Dedicatio turris S. Vincentii, 681. e.
Deir monasterium in Scotia, 321. a.
Deirenses abbates Ardorus, 321. a. Attunus, 321. c. Richardus, 321. a. Robertus, 321. a. Robertus Bovis, 322. a. Stephanus, 321. a. Valerantius, 321. b.
Desiderius abbas Casinensis, 795. b.
Didæ epitaphium, 822. a.
Didacus episcopus Oximensis, 332. a. 346. b. 347. d. 358. c. 399. a. 437. a. 456. b.
Dicensis episcopus Stephanus, 38. d. 176. c.
Dignensis episcopus Hugo, 538. b.
Dinus vir venerabilis, 1251. b.
S. Dionysii depositio, 649. d.
S. Dionysii abbates Fardulfus, 816. c. Fulradus, 816. a.
Dionysius papa, 1417. c.
Dioscorus schismaticus, 23. b.
Disciplinarum fructus, 55. d.
Dissitus frater Petri Venerabilis, 1200. c.
Divinæ causa relaxationis monasteriorum, 31. c.
Doa monasterium canonicorum regulatium transit ad Præmonstratenses, 237. c.
Doctoris Parisiensis infelix exitus causa secessus S. Brunonis, 152. b. & seq.
Doda sacerdos occisus in bello, 720. a.
Dodo miles S. Stephani, 697. b.
Domina cella Cluniaci, 1189. c.
S. Dominicus ordinis Prædicatorum institutor, 60. a. c. 70. c. 447. b. 1330. d. & seq. Instituens prædicator ad extirpandas hæreses, 446. a. Plus quam centum millia hæreticorum convertit, 349. a. Ad majorem accedit Cartusiam, 209. d. Instituit ordinem Prædicatorum, 331. a. 400. c. & seq. Ad concilium Lateranense proficiscitur, 333. a. Regulam S. Augustini eligit, 333. b. & seq. 343. b. Prulianum monasterium instituit, 346. c. 437. a. Quod ipse regit, 452. c. Parisios venit, & monasterium instituit, 549. b. Duas domos ordinis sui instituit in Hispania, 402. e. Lemovicensem unam, 402. c. Ordinem suum promulgat in Hungaria, 403. d. Romæ S. Sixti virginum monasterium instituit, 346. d. Ejus sanctitas, 1194. c. Ter quotidie disciplinam accipiebat, 1315. b. Celebrat primum capitulum generale, in quo renuntiat reditibus, 403. a. 448. c.
S. Dominicus ordinem militiæ Christi instituit ex viris laicis, 348. d. e. Ejus primi discipuli, 457. b.
S. Dominicus in lecto & tunica fratris Monetæ obit, 339. b. Ejus obitus, 403. c. Sepultura, 350. b. Translatio, 352. c. Et canonizatio, 339. b. 404. b. Ejus gesta a quibus conscripta, 404. d. & seq. Secunda translatio, 340. d. 404. a.
Dominicus martyr ex ord. Prædicatorum, 338. b.
Dominicus S. Dominici comes individuus, vir sanctus, 334. a. 417. c.
Dominicus Scrutari ordinis Prædicatorum, prior conventus Venetensis, 1364. c.
Dominicus Grimanus cardinalis, 393. a.
Dominicus de Esculo vicarius episcopi Castellani, 1241. b. 1243. b. 1245. a. 1363. a.
Dominicus Servita vir sanctus, 586. c.
Dominicus Gualardus Rotæ auditor, 1401. a.
Dominicus de Flandria, vir doctus, 392. d.
Domnolus Judæus medicus, 925. b. 928. b.
Domus monachorum monasterium ordinis Cartusiensis, 197. e.
S. Donati episcopi vita, 773. d.
Donatus de Florentia S. Catharinæ devotus, 1319. e.
Dorienfium urbes lustrat S. Nicon, 858. c.
Dungali epitaphium, 817. d.
Durandus episcopus Lemovicensis, 464. d.
Durandus senior, 581. c.
Durandus de S. Portiano, 382. c.
Durbonis Cartusia, 163. c.

E.

EAlfuinus abbas Ramesiensis, 829. c.
Ebrardus miles S. Stephani, 717. a.
Eboracensis archiep. Oswaldus, 33. a.
Ebredunensis archiepiscopus Raymundus de Medullione, 536. b.
Ebroicenses episcopi Guillelmus de Floques, 58. d. Philippus de Molendinis, 175. d.
S. Ebrulfi abbas Robertus le Tellier, 106. c.
Ecclesiam monasterii S. Nili mulieres non intrabant, 918. a.
Echebertus seu Egibertus Scholasticus Coloniensis, postea episcopus Monasteriensis, 1039. a.
Edelredus rex Angliæ a Sueyn rege Danico fugatus in Normanniam, 825. e.
S. Edmundus quo anno martyrium subiit, & ubi sepultus, 823. d. c. Ejus miracula, 824. a. & seq. Potentia & miraculis æquiparatur Mercurio martyri, 827. a. Ejus corpus ad varia loca delatum, 819. d. Liber ejus miraculorum, 821.
S. Edmundi abbas Balduinus, 821. 823. c.
Eduardus rex Anglorum, 321. e.
Eduardus VI. rex Angliæ, 603. a.
Egelwinus monachus piissimus, 826. d. 827. b. e. 829. c. & seq.
Egilhardus presbyter & philosophus, 675. d.
Eldradus archiepiscopus Senonensis, 722. c.
Elia uxor Roberti ducis femina piissima, 700. c.
Elias archiepiscopus Burdegalensis, 119. a. c. 120. d. 1091. c. 1092. c. 1094. b.
Elias episcopus Xantonensis, 320. d. 1094. b.
Elias de Mala-motte decanus Lemovicensis, 503. c.
Elias Aldemari prior Grandimontis intrusus, 141. c. 146 c.
Elias Atnaldi prior Grandimontis, 121. c.
Elias magister ordinis Prædicatorum, 385. d. 386. c. 417. a.
Elias Raymundi magister ordinis Prædicatorum, 342. d.
Elias de Ferreriis prior provincialis ordinis Prædicatorum, 431. c.
Elias Navarra ordinis Prædicatorum, prior Lemovicensis, vir sanctus, 466. c.
Elias Patricii Carcassonensis regulus rei regis proditor, 479. a. c.
Elisharius prior Cartusiæ, 193. b 210. b. Ex priore Boni-Passus, 193. e. Nepos cardinalis Mimatensis, 194. e.
Elizabeth monialis soror germana reginæ Siciliæ, filia regis Hungariæ, 544. a.
Elizabeth Deo sacrata, 719. d.
Elizabeth de Leone, 1294. a.
Elizeus archidiaconus Autissiodorensis, 735. d.
Elphegus archiep. Cantuariensis, 93. a.
Elionor uxor Eduardi regis Angliæ, 551. a.
Emericus primus abbas Castellariensis, 1004. c.
Emma comitissa restaurat Oyense monasterium, 794. 802. d.
Emmanuel imperator CP. 118. c. Crucem mittit Grandimontem, 126. c.
Emmanuel Philibertus dux Sabaudiæ, 1414. c.
Emmena Deo sacrata, 690. c.
Endæ abbas, 670. c.
Engolismensis episcopus Hugo, 1185. c.
Enguerannus comes Suessionensis & dominus Codiciaci fundator Cælestinorum Suessionensium, 594. b. 609. b. Ejus litteræ de hac fundatione, 594. c. Novos reditus addit fundationi, 597. c. Pergit in Hungariam adversus infideles, 598. c. Codicillo confirmat primam fundationem, 599. a. & seq. A barbaris capitur & redimitur, 601. b. Altero codicillo addit aliquid ad primam fundationem, 601. d. Moritur & sepelitur in ecclesia de Nongento, 602. b. c. Ejus nata & uxor obeunt, 602. d.
Entresis monasterium Grandimontensium, 1116. a. 1179. d.
S. Eparchii abbatia, 474. e.
Epidaurum navigans S. Nicon insidias patitur a nautis, 854. a.
Epiphaniæ diebus aqua sanctificatur, 868. b.
Epitaphium Anthelmi monachi, 818. c.
Epitaphium Ardoini & Didæ, 822. a.
Epitaphium Dungali, 817. d.
Epitaphium Evalis, 820. c.
Epitaphium Fardulfi abbatis S. Dionysii, 816. c.
Epitaphium Fultadi abbatis S. Dionysii, 816. a.
Epitaphium Hebrarii, 820. b.
Epitaphium Motharii sacerdotis, 817. b. c.
Epitaphium Pipini regis Italiæ, 816. e.
Epistola episcopi Castellani & Ferrariensem de facienda inquisitione de memoria S. Catharinæ Senensis nondum canonizatæ, 1242. a.
Epistola universitatis Parisiensis ad capitulum generale Prædicatorum de obitu S. Thomæ, 564. c.
Erchinoaldi palatii præfectus sub Clodoveo II. 797. b. e.
Erembertus præpositus Autissiodorensis, 692. b. 733. d.
Eremitæ S. Augustini, 22. c.
Eribaldus episcopus Autissiodorensis, 700. c.
Eribaldus levita & archiclavis Autissiodorensis, 710. a.
Eribertus episcopus Autissiodorensis, 717. d.
Ermenfredus præpositus Autissiod. 715. a.
Ermengardis abbatissa, 734. c.
Ersendis vidua Deo sacrata, 699. e.
Ervisius abbas S. Victoris, 234. a. 235. b. 236. a. 264. c. Ab eo petit G. Herefordensis episcopus, qui præfit ecclesiæ Wigorniensi, 240. e. Ejus epistola ad O. cardinalem, 240. e. Depositus ecclesiæ thesaurum retinere conatur, 254. a. b. Locum ad quem ad tempus missus fuerat sibi retinere laborat, 252. b. d. Ejus cessionem approbat Alexander III. papa, 254. c. 255. b.
Ervisius quondam abbas S. Victoris, 260. d.
Eschivardus miles, 1103. e.
Evalis epitaphium, 820. c.
Evangelista Carbonesius canonicus S. Petri, 1400. c.
Eubœam applicat S. Nicon & prædicat, 855. c.
Eucharistia conficitur verbis divinis, 1097. a.
Eucharistia servata in columna suspensa, 688. c.
Eugenius II. papa, 85. d.
Eugenius III. papa, 314. c. Veniens in Gal-

INDEX RERUM ET VERBORUM

Itas antiquum visitat monasterium, 49. d.
Ejus elogium, epitaphium & miracula, 1139.
Eugenius papa IV: 89. c. 90. a. b. 91. d. 589. d. Ejus depositio, 624. c.
Eulalius schismaticus, 85. a.
Eupraxius regius judex Italiæ & Calabriæ, 922. b. 926. c. Fit monachus, 928. b. Obit, 928. d.
S. Eusebii episcopi Mediolanensis reliquiæ, 1610. b.
S. Eusebii abbates Gaufridus, 698. a. Gibertus, 702. c. Gualdricus, 712. b. Johannes, 698.
Eusicius seu Eutericius abbas, 313. d.
Eustachius de Lens canonicus Præmonstratensis, 301. c.
Eustachius frater Petri Venerabilis, 1200. c.
Eustasius *Gonier* abbas S. Bertini, 613. c.
S. Evurtii abbates Robertus, 242. c. Rogerius, 242. e. Stephanus, 237. c.
Exclusa monasterium Grandimontense, 1106. c.
Excommunicationis timor, 259. a.
Excubiarum Cartusia, 163. c.
Expeditio in Turcas tempore Pii II. papæ, 627. c.
Extrema-unctio ante viaticum apud Cartusianos ministrata, 46. e.

F.

Fabianus papa, 24. d.
Famagustanus episcopus Hieronymus Ragazzonius, 1394. b.
Fames magna, 294. a.
S. Fantinus probat humiliationibus Stephanum S. Nili discipulum, 911. b. V. Phantinus.
Fardulfi abbatis S. Dionysii epitaphium, 816. c.
Farnesius cardinalis, 1396. c. 1397. d. Vid. Alexander.
S. Faustiniani episcopi Bononiensis vitæ compendium, 1417. d. Et translatio, ibid. a.
Federicus Metius episcopus Thermularum, 888.
Federicus Pendasius, vir doctus, 1431. c.
Felix IV. papa, 23. d.
Felix V. antipapa, 89. e. 91. e. & seq. 614. c.
Felix de Massa, vir probus, 1351. d.
Feltrensis episcopus Antonius Pisamanus, 395. a.
Feminæ ecclesiam S. Nili non intrabant, 918. a.
Ferreolus consanguineus S. Apollinaris, 781. d.
Ferricus de Gentiliaco, 246. d.
Festis diebus ludos & choreas prohibet Gabriel Palæotus, 1399. c.
Festum SS. Sacramenti instituitur, 365. e.
Filia Dei parthenon ordinis Cisterc. 317. c.
Firmanus episcopus Sigismundus Zanettinus, 1390. e.
Flagellatores, 81. a.
Flandriæ comites Carolus Bonus, 1133. c. & seq. Guido, 613. c. Johannes, 621. c. Ludovicus, 619. c. Philippus, 126. a.
S. Flaviani martyris caput, 291. a.
Florentia mulier nobilis, domina Rupiscisæ, 1110. c.
Florentini archiepiscopi Alexander Medices, 1424. a. S. Antoninus, 390. c.
Florentini in papam rebellant, 586. c. Eos interdicto supponit Martinus papa, 589. c. Reconciliat papæ S. Catharina Senensis, 1287. c.
Florentinæ basilicæ B. Mariæ consecratæ, 590. b. & seq.
Floriacensis abbas Abbo, 821.
Fontes baptismales, 815. c.
Fons-crosæ monasterium Grandimontensium, 1081. c.
Fontis Ebraldi monasterium, 990. c. 994. b.
Fontis-Ebraldi moniales condentes, 997. b.
Fodris-Johannis abbas Gelduinus, 382. a.
Fontanelleuse monasterium construit sanctus Wandregesilus, 797. b. In quo quatuor

condit ecclesias, 797. d. A S. Audoeno consecratas, 798. a. Ibi trecentos congregat monachos, 798. c.
Formosus papa, 85. c. 86. a.
Forojuliensis episcopus Jacobus, 536. a.
S. Fortunati vita vitiata emendatur, 776. d.
Franchus monachus, 967. c.
S. Franciscus, 68. c. Ordinis Minorum institutor, 70. c. Stigmata Crucifixi ei divinitus impressa, 71. c. Biennio ante mortem, 1382. d.
Franciscus de Savona generalis Minorum, ac deinde cardinalis, ac demum papa Sixtus IV. 72. c.
Franciscus Alciatus cardinalis, 1395. a.
Franciscus Toletus cardinalis, 1436. c.
Franciscus Barbarus patriarcha Aquileiæ vir doctus, 1387. a.
Franciscus Panigarola episcopus Astensis, 1436. d.
Franciscus Bembus episcopus Castellanus, 1240. a. c. 1242. b. 1245. a. 1365. b.
Franciscus Odoardus Cartusianus, theologus insignis, 1436. c.
Franciscus Servita vir sanctus, 580. c.
Franciscus I. rex Francorum, 325. c.
Franciscus Bursatus Mantuanus jurisconsultus, 1436. c.
Franciscus *Inglefeldt* intimus consiliarius reginæ Scotorum, 1434. b.
Franciscus de Malevois vir nobilis a S. Catharina Senensi conversus, sit monachus Montis-Oliveti, 1265. b.
Franciscus Maria Felzrias de *Ruere*, 1434. a.
Franciscus Mayronis vir doctus, 391. d.
Franciscus de Neritano vir doctus, 393. a.
Franciscus Petri vir pius, 1367. c.
Franciscus de Rethsa vir doctus, 388. d.
Franciscus nobilis Senensis a S. Catharina conversus, 1337. c. & seq.
Franciscus de Senis medicus domini papæ, 1379. c.
Franci S. Audomarum sinistra obsident, 630. c. Postea tamen capiunt & etiam Morinum, 630. d.
Francorum rex curat strumas, 1165. b.
Francorum reges Carolus IX. 1396. d. Henricus, 714. d. Johannes, 617. a. Ludovicus VII. 106. b. Ludovicus X. 139. c. Philippus, 713. c. Philippus II. 1215. c. Philippus IV. 139. c. 541. c. 542. b.
Franciæ regina Maria, 1233. b.
Frangipanorum antiqua origo, 364. c.
Fratricelli hæretici, 214. c. & seq.
Fridericus archiep. Coloniensis, 1495. c.
Fridericus Borromæus archiepiscopus Mediolanensis, 1414. b. Cardinalis, 1429.
Fridericus episcopus Leodiensis, 1015. b.
Fridericus electus ac confirmatus Catalanensis fit canonicus regularis Vallis Scholarium, 66. c.
Fridericus *Marolle* administrator S. Bertini, 612. b.
Fridericus I. imperator, 89. a. 295. c. 296. a. Cruce signatur, 61. d.
Fridericus III. imp. 630. b.
Fridericus de *Vriburg* vir doctus, 368. b.
Frithericus presbyter, 670. d.
Fritherun sanctimonialis, 670. c.
Frodo archipresbyter litteris bene eruditus, 702. d.
Frotmundus miles, 687. a.
Frotmundus miles S. Stephani, postea monachus S. Benedicti, 706. c.
Frumaldus archidiaconus Atrebatensis, 291. c.
Fulbertus episcopus Carnotensis, 33. a.
Fulcherius Grimoaldi prior Grandimontis, 1122. c. 1132. c.
Fulco Parisiensis indicit preces publicas ad S. Sebastianum dissipandæ pestis grassantis causa, 273. c.
Fulco episcopus Tolosanus, 339. a. 346. d. 399. c. 437. b. 456. c. Interest concilio Lateranensi, 333. a. 400. b. Ejus concilio facta S. Dominico & sociis ejus, 446. a. & c. 447. c. Is dat S. Dominico ecclesiam S. Romani, 400. c. Et Fani-Jovis, 447. c. Quam postea concedit monialibus Pruliani, 449. b. Ejus obitus, 459. c.

Fulco pater S. Geraldi de Salis, 989. a. Fit monachus, 995. c.
Fulco frater Giraldi de Salis, 995. b. Vir sanctus, 996. c.
Fulradi abbatis S. Dionysii epitaphium, 816. c.
Fundatio Cælestinorum Suessionensium, 594. c.
Fundatio conventus Prædicat. Aginnensis, 481. a.
Fundatio conventus Albicensis, 508. d.
Fundatio conventus Altovillaris, 508. c.
Fundatio conventus S. Æmiliani, 531. c.
Fundatio conventus Appamiensis, 507. a.
Fundatio parthenonis Aquensis ordinis Prædicatorum, 536. c.
Fundatio conventus Bayonensis, 469. b.
Fundatio conventus Biterrensis, 531. b.
Fundatio conventus Bragerracensis, 505. b.
Fundatio conventus Brivensis, 501. c.
Fundatio conventus Burdigalensis, 472. a.
Fundatio conventus de Buxo, 536. b.
Fundatio conventus Carcassonensis, 475. a.
Fundatio conventus Castrensis, 485. c.
Fundatio conventus Caturcensis, 470. c.
Fundatio conventus Cauquilberti, 531. c.
Fundatio conventus Condomensis, 501. b.
Fundatio conventus de Draguignano, 535. c.
Fundatio conventus S. Emiliani, 506. c. 534. c.
Fundatio conventus Figiacensis, 485. a.
Fundatio conventus S. Gaudentii, 518. a.
Fundatio conventus de Genoliaco, 534. c.
Fundatio conventus S. Juniani, 518. c.
Fundatio conventus Lectorensis, 517. c.
Fundatio conventus Lemovicensis, 463. c.
Fundatio conventus S. Maximini, 532. c.
Fundatio conventus Montis-Albani, 484. c.
Fundatio conventus Montis-Pessulani, 529. c.
Fundatio conventus Morlanensis, 507. c.
Fundatio conventus Narbonensis, 529. c.
Fundatio conventus Orthesiensis, 484. c.
Fundatio parthenonis S. Pardulfi, 527. d.
Fundationis conventus Parisiensis ordinis Prædicatorum historia, 549.
Fundatio conventus Petragoricensis, 474. c.
Fundatio conventus Podii-Cerdani, 532. c.
Fundatio parthenonis Pontis-viridis, 526. c.
Fundatio Pruliani monasterii, 437. a.
Fundatio parthenonis Pruliani Montis-Pessulani, 539. a. 540. c.
Fundatio conventus Rivensis, 508. a.
Fundatio conventus Sistaricensis, 530. b.
Fundatio conventus Tolosani, 456. a.

G.

Gabrielis Palæoti cardinalis Bononiensis primi archiepiscopi vita, 1386. c.
Ejus patria & parentes, 1388. c. Poetitia, 1389. d. Educatio, 1390. a. Præceptores, 1390. Laurea doctorali ornatus jus Cæsareum Bononiæ interpretatur, 1390. c. Alciatus junior honoris causa dictus, ibid. Ejus auditores præstantissimi, 1391. a. Fit canonicus Bononiensis, 1391. a. Librum de nothis & spuriis componit, 1391. b. Romam pergit, 1391. b. Vasionensi regioni præficitur, 1391. d. Majoricensem episcopatum recusat, 1391. c.
Gabriel Palæotus in Rota Romana duodecimviratum cooptatur, 1391. c. A Pio IV. papa mittitur ad concilium Tridentinum, 1393. a. Ibi quanti a legatis æstimatur, 1393. c. Ejus in concilio munia, 1393. c. Ejus actorum historiam conscribit, 1394. d. Ragusinum archiepiscopatum recusat, 1394. b. Eum Moronus cardinalis concilii Tridentini præses consiliorum suorum participem efficit, 1394. c. Romam reversus scribit de coelibatu sacerdotum, 1394. c. Fit cardinalis, 1395. c. In consistorio magna animi constantia sententiam profert aliis adversam, 1396. c. In electione Pii V. papæ ut se gesserit, 1397. d. Invitus creatur episcopus Bononiensis, 1398. a. A sancto Carolo

HUJUS VOLUMINIS.

Carolo Borromæo consecratur, 1398. c.
Bononiam venit, ac suos hortatur ad præscriptam a concilio Tridentino disciplinam sectandam, 1398. d. & seq. Ludos & choreas festis diebus prohibet, 1399. c. Ecclesiæ suæ bona dissipata recuperat, 1399. e. Primus concilii Tridentini sanctiones posuit in usu, 1400. a. Qualis esset ejus familia & vivendi ratio, 1400. c. Ex ea plures prodiere episcopi, 1402. a. In arduis negotiis doctorum virorum consilio utitur, 1402. b. Diœcesim visitat, 1402. d. Conciones in sua diœcesi ad populum haberi curat, 1403. b. Synodos quotannis celebrat & clerum reformat, 1403. c. Exercitia litteraria inter parochos jejungit, 1404. b. Christianas catecheses festis diebus faciendas pueris instituit, 1404. c. Et etiam pias congregationes & orationes publicas, ibid. e. Seminarium clericorum & gymnasium erigit, 1405. b. Societatem Perseverantiæ instituit, ibid. c. Ecclesiam cathedralem & domum episcopalem instaurat & ornat, 1406. b. & seq. Catechumenorum, neophytorum & mendicantium domos ædificat, 1407. c. Indulgentias populis suis procurat, 1408. a. Jubilæi tempore quid gesserit, 1408. b. Et ad pestem a Bononia avertendam, ibid. e. Census episcopales ut dispensat, 1409. c. Scribit de abusu in sacris imaginibus pingendis, 1410. c.
Gabriel Palæotus preces notarias promulgat, 1410. d. In cœnobiis virginum disciplinam restaurat, 1410. d. Litibus plebis suæ componendis laborat, 1411. a. & seq. Morbum quam constanti animo pertulerit, 1411. c. & seq. Concilio Ravennensi interest, 1411. e. Magna ejus cum sancto Carolo conjunctio, 1412. b. Synodo Mediolanensi interest ac reliquiarum translationi, 1413. b. & seq. Reliquias S. Carolo accipit Bononiam transferendas, 1413. d. & seq. Taurinum cum S. Carolo pergit, synodum Domini veneraturus, 1414. b. Reversus Bononiam acceptas a S. Carolo reliquias in primario templo collocat, 1415. c. d. Fit primus archiepiscopus Bononiensis, 1415. e. Concilium provinciale celebrat, 1416. d. SS. Zamæ & Fanctiniani translationem, 1417. a. Concilii decreta a sede apostolica confirmari curat, 1418. c. Romæ invitus a Sixto papa retinetur, 1418. b. Albanensi episcopatui præficitur, 1418. c. Sixto V. papæ in creatione cardinalium repugnat, 1418. b. Scribit librum de sacri consistorii consultationibus, 1419. d. Ejus consilio utitur Urbanus VII. 1419. c. Publica vox ad Palæotum creandum summum pontificem, 1420. a. & seq. Transfertur ad sedem Sabinensem, 1422. b. Seminarium Maniani erigit, 1422. b. Templum Sabinense & domos canonicorum restaurat, ibid. c. Collegii Maronitarum cura ei committitur, 1423. a. Quam bene eam gesserit, ibid. 1423. c. Novæ congregationi Romæ erectæ præficitur, 1423. e.
Gabriel Palæotus Romam reversus pontificem suis adjuvat consiliis, 1425. a. Decreta Bononiensis ecclesiæ unum in corpus redigit, 1425. c. Librum componit de Bono senectutis, 1426. b. De imaginibus libros VI. 1426. c. De morte cum suis frequenter loquitur, 1427. b. Bononienses viros ad triremes damnatos pecunia redimit, 1428. b. Calculo ac feri vehementer laborat, 1428. c. Ejus obitus, 1428. e. Sepultura, 1429. c. Epitaphium, 1429. a. Testamentum, 1430. a. Præclaræ ejus virtutes, 1430. c. Ejus peregrinationes ac itineraria socii, 1431. b. Mulierum colloquia etiam affinium devitabat, 1431. a. Servata ab eo virginitas, 1432. b. Ejus pietas, 1432. b. Animæ ductorem habuit, S. Philippum Nerium, 1432. c. In pauperes quam pius, 1433. a. & seq. In hospites, 1433. e. Erga

Vet. Script. & Mon. ampl. Collect. Tom. VI.

studentes Bononiæ, 1434. c. Ejus mansuetudo, 1435. a. Qualis fuerit in mensa, 1435. b. Res humanas fortiter toleravit, 1435. c. Nullius monita sprevit, 1436. a. Amici ejus præcipui, ibid. c.
Gabriel Palæotus viris doctis providere cogitabat, 1438. a.
Gabriel Servita vir sanctus, 584. d.
Gabriel ordinis Minorum vir doctus, 1351. d.
Gabriel de Barchina vir doctus, 1391. d.
Gabriel Picolomineus, 1264. c.
Gaietæ princeps captivus intercedente beato Bartholomæo libertate donatur, 961. c. & seq.
Gaillarda uxor Pontii domini de Bainagia, 1077. b.
Galdricus episcopus Autissiodorensis, 700. b.
S. Galdini reliquiæ, 1414. b.
Galerannus comes Mellenti, 225. a.
Galo episcopus Parisiensis, 219. c. 223. c.
Galterius confessor regis Augliæ cardinalis, 536. c. 573. b.
Galterius abbas Viconiensis, 291. b.
Galterius de Quercero abbas Viconiensis piissimus, 300. d.
Gandavensis civitas usurarum voragine corrupta, 305. b.
Garaldus abbas Viconiensis, 290. d. 292. b.
Garnerius episcopus Trecensis, 271. c.
Garinus *Dumbar* episcopus Abendoniarum, 325. d.
Garius episcopus Sagonensis, 480. c.
Garino abbati S. Victoris de sua promotione gratulantur Alexander & Theodericus cardinales, 253. b. Ejus electionem confirmat Alexander III. papa, 254. c. 255. b. Ejus epistola ad Johannem cardinalem Neapolitanum, 256. c. Ad Alexandrum III. 256. e. Gratulatur Cælestino papæ III. de ejus promotione, commendatque illi ecclesiam suam, 265. a. & seq. Philippum regem orat ut finem imponat dissidio Grandimontensium, 266. b. & seq. Scriptæ ad eum epistolæ, Alexandri papæ, 265. b. Alexandri & Theoderici cardinalium, 253. b. Bernardi cardinalis, 261. c. Gelduini abbatis Fontis-Johannis, 258. a. Hugonis Petri Leonis, 260. c. Johannis Neapolitani cardinalis, 261. Johannis comitis Augi, 258. c. P. cardinalis, 259. c.
Garinus magister ordinis Prædicat. 342. b. 385. a.
Garinus de Giaco magister generalis ordinis Prædicatorum, 358. d. 355. a.
Garsias de Aura pro fide Christi occisus, 358. d. 355. a.
Gaufridus episcopus Autissiodorensis, 700. b. Ejus ordinatio, 733. a.
Gaufridus episcopus Carnotensis, 996. c.
Gaufridus de Hispania abbas Beccensis, 109. a.
Gaufridus archidiaconus abbas S. Eusebii, 698. a.
Gaufridus de *Harene* abbas Gemœticensis, 106. d.
Gaufridus decanus Autissiodorensis, 687. c.
Gaufridus decanus S. Petri Autissiodorensis, 692. b.
Gaufridus comes Cabilonensis factus monachus, 714. b.
Gaufridus Cartusianus, vir egregiæ facundiæ, 170. a.
Gaufridus miles, 725. d.
Gauzelmus episcopus Lingonensis, 704. e.
Gauzo decanus Autissiod. 726. a.
Gebennensis comes Amedeus, 312. d.
Gebizo monachus pius Casinensis, 794. b.
Gelasius papa II. 1015. b.
Gemmeticensis abbates Gaufridus de *Harene* abbas, 106. d. Robertus, 635.
S. Genesius martyr Arelatensis, 781. c. e.
S. Genovefæ canonicos hortatur Ludovicus VII. ad vitam religiose ducendam, 239. a. & seq.
S. Genovefæ abbas Odo, 226. a. 233. d. e.
Gentilis mater Palæoti cardinalis, 1389. c. 1390. a. Obit, 1391. d.

Genulfus canonicus Senonensis, fundator cujusdam monasterii ordinis Grandim. 1080. b.
Georgius vir nobilis, S. Nili discipulus, 913. d. Quanta ejus virtus, 916. a. Mira ejus obedientia, 917. b. Obitus, 918. b.
Geppe abbas, 678. d.
Geraldus de Mala-morte archiepiscopus Burdigalensis, 472. b. d.
Geraldus abbas Obazinæ, 502. b.
Geraldus de Cardailhaco abbas Obazinæ, 505. c. 505. d.
Geraldus de Malo-monte gubernator vicecomitatus Lemovicensis, 527. d. c.
S. Geraldi de Salis vita, 989. Ejus patria & parentes, 989. a. Litterarum studiis erudiendus traditur, 989. c. Mundum deserere cogitat, 989. d. Accedit ad Robertum de Arbrisello, 990. b. Canonicorum regularium habitum eo hortante suscipit, 990. d. In monasterio ut se gesserit, 991. b. Fit diaconus, 991. e. Iterum accedit ad Robertum de Arbrisello, & in eremum se recipit, ibid. c. Mira ejus austeritas, 992. b. Qualis ejus vestitus, 992. c. Divinis semper erat intentus, 993. b. Prædicationi dat operam, 993. d. Vices suas ei committit Petrus episcopus Pictaviensis, 994. a. Monasteria varia construit, 994. d. Apud Fontem-Ebraldi prædicatoris exercet officium, 996. c. Ejus elogium, 997. c. & seq. Impudicam muliecem convertit, 998. c. Castellarias fundat, 1000. d. Ibidem infirmatur, 1001. e. Discipulos hortatur ad regulæ observantiam, 1201. b. Ejus obitus, 1001. e. Sepultura, 1003. b. Corpus ejus transfertur in novam ecclesiam, 1004. b. Ad ejus festum concurrunt singulis annis vicini abbates, 1005. c. Abbati absolvi a regimine petenti obtinet a Deo mortem, 1005. c. Ejus translatio, 1006. d.
Geraldus prior Cartusiæ, 177. c. 179. d.
Geraldus de S. Valerico ord. Prædicat. prior Lemovicensis, 467. a.
Geraldus de Francheto prior Lemovicensis & provincialis, 465. d. & seq.
Geraldus presbyter genere & dignitate conspicuus, 1114. c.
Geraldus clericus vir pius, 1113. b. Ejus ordinatio, 687. c.
Gerardinus Servita vir sanctus, 578. b.
Gerardus de Daumaro, seu de S. Audomaro, generalis ordinis Prædicatorum, cardinalis, 337. c. 342. a. 384. c. 414. b. c. 416. a.
Gerardus episcopus Cameracensis, 33. b.
Gerardus episcopus Caturcensis, 120. d. 1094. d.
Gerardus episcopus Lemovicensis, 1079. e.
Gerardus de *Hamericourt* abbas S. Bertini, 632. b.
Gerardus abbas Casinensis, 794. b.
Gerardus abbas Sigebergensis, 118. d.
Gerardus de Cirvia abbas Viconiensis, 305. c. Homicidæ fratris sui parcit, 306. e.
Gerardus frater Aimerici episcopi Parisiensis, 275. d.
Gerardus Iterii prior VII. Grandimontis, 119. a. Eligitur, 1091. b. Vitam S. Stephani scribit, 128. c. 1043. 1049. c. 1050. d. Alia ejus opuscula, 121. a.
Gerardus de Francheto ordinis Præd. provincialis Provinciæ, 423. a. Scribit vitam S. Dominici, 405. a.
Gerardus comes, 679. d.
Gerardus comes Viennensis, socer Humberti comitis Sabaudiæ, 174. b.
Gerardus de Mida baccalaureus, 368. b.
Gerberga comitissa, uxor Henrici ducis, 734. d.
Gerdagus episcopus, 678. b.
S. Gereonis monasterium, 1015. d.
S. Germani Autissiodorensis translatio, 586. d.
S. Germani Autissiodorensis abbates Hacardus, 713. d. Hildricus, 687. c.
S. Germani e Pratis abbas Hugo, 236. a.
Gero archiepiscopus Coloniensis, 673. b.

DDddd

INDEX RERUM ET VERBORUM

Giia femina Deo sacrata, 687. e.
Gilduini abbatis S. Victoris epistola ad episcopum Belvacensem, 227. c. Ejus litteræ de ecclesia S. Petri de Monte-Letherico, 229. c. Directa ei Paschalis II. bulla, 219. d.
Gilduini abbatis Fontis-Johannis epistola ad Garinum abbatem S. Victoris, 258. b.
Gimo miles S. Stephani, 718. c.
Girbertus abbas S. Eusebii, 702. c.
Girardus episcopus Sagiensis, 105. e.
Girardus abbas Altæ-ripæ, 315. a.
Girardus abbas Casinensis, 786.
Girardus de Bononia doctus Carmelita, 60. c.
Gisilharius archiepiscopus, 669. c.
Gisla filia Cuonradi regis, 674. a.
Gislarius archidiaconus Autissiod. 696. b.
Gislebertus episcopus, 686. b.
Gislebertus episcopus Londoniensis, vir doctus, 716. a.
Gislebertus decanus Autissiodorensis, postea monachus, 690. d.
Godefridus Bullonius, 35. b.
Godefridus Attrebatensium comes, 288. c.
Godefcalcus episcopus Atrebatensis, 291. a.
Godila diaconus, 670. c.
S. Godonis abbatis Oyensis vita, 794. Genus ejus illustre, 795. a. Fuit S. Wandregesili nepos, ibid. Vitam monasticam amplectitur, 795. c. Pro ejus perfecta conversione orat S. Wandregesilus, 796. a. & seq. Fontanellam se recipit, 797. b. Romam pergit reliquias a summo pontifice petiturus, 797. c. Mittitur a sancto Wandregesilo ad fundandum novum monasterium, 798. c. Ad Oyam desertum locum se recipit, 799. a. Ubi cellas ædificat, locum sibi cedentibus incolis, 799. c. & seq. Quam dure ibi vixerit, 800. a. Miracula patrat, 800. d. & seq. Obit, 801. e.
S. Godonis elevatio, 803. b. Et miracula, ibid. c. & seq.
Goffridus archiepiscopus Burdigalensis, 1175. c.
Goffridus episcopus Aurissiodorensis, vir sanctus, 721. a. 726. b.
Goffridus de Fontibus impugnat doctrinam S. Thomæ, 370. d.
Gordianus pater S. Mercurii, 745. a.
Gordus quid, 223. c.
Goscelinus decanus Autissiodorensis, 732. a. e.
Gotelendis Deo sacrata, 689. c.
Gothi Aquitaniam invadunt, 763. c.
Gozfridus decanus Senonensis, 734. d.
Græci uniuntur ecclesiæ Latinæ, 179. e.
Grandeus de Asculo vir doctus, 381. d.
Grandimontensis ordo, 33. c. & seq.
Grandimontenses monachi, 213. e.
Grandimontensis ordinis exemtio, 116. e. Privilegia, 127. c. 128. b. 153. c.
Grandimontensium capitulum, in quo quinginti religiosi, 1091. c.
Grandimontenses bini extra-monasterium intedunt, 118. b. Carnem & sagimen etiam ægri non comedunt, 118. b. Eorum vita aspera, 5. b. Ex nihilo semper sufficienter habent, 5. b. Signis non utuntur ad loquendum, 5. c. Vitam ducunt angelicam, 5. d. Conversorum rebellio, 6. a. & seq. 118. e. 1087. b. & seq. Compesci rogat Gaufinus abbas S. Victoris, 266. b. & seq.
Grandimontensium reformatio, 130. a. b. d. 138. c. d.
Grandimontem gravat Clemens V. 136. d.
Grandimontenses capellos de filtro & sotulares ad pedis cavillam portare incipiunt, 134. Carnis abstinentiam relaxant, ibid. c. 138. d.
Grandimontenses Mureto transferunt se ad Grandimontem, 1070. a. b.
Grandimontensespriores Ademarus La Verna, 111. e. 131. c. Ademarus de Friaco, 120. b. 121. b. 128. b. Bernardus de Grandalmar, 122. d. 131. c. Caturcinus, 121. c. 128. e. Elias Arnaldi, 121. c. 130. a. Fulcherius Grimoaldi, 122. c. 131. c.

Gerardus Itherii, 117. c. 118. a. Guido Archerii, 122. b. 132. d. Guido Fulcherii, 122. c. 135. c. Guillelmus Dongres, 122. a. 131. c. Guillelmus de Prato Morelli, 123. a. 137. d. Guillelmus de Trainhaco, 118. c. 126. e. Johannes de Aquila, 121. d. 130. d. Jordanus de Rapistagno, 123. a. 139. b. Iterius Meruli, 122. a. 131. c. Petrus Bernardi, 117. c. 126. d. Petrus de S. Christophoro, 117. a. 126. c. Petrus de Coasaco, 122. c. 133. a. 317. a. Petrus Lemovicanus, 117. a. 125. c. 126. a. S. Stephanus, 123. d. & seq. 1113. a. Stephanus de Liciaco, 117. b. 126. c.
Grandimontenses priores duos sibi invicem contrarios destituit Clemens papa III. 1090. d.
Grandimontensium priorum historia duplex, 113.
Grandimontensis abbas Petrus, 1132. c.
Grandis-Silva monasterium, 452. c. 994. d. 1000. b.
Grandissonius domum Carthusianis fundat, 181. c.
Gratianopolitani episcopi S. Hugo, 36. c. 154. b. 1203. c. Ejus vita, 163. c. Hugo II. 162. b. Johannes, 1211. c.
Gratianopolitanam ecclesiam protegit Margarita Burgunda, 1206. b.
Gratianus abbas, 730. a.
Gratiani Parleonis epistola ad Robertum abbatem S. Victoris, 267. b.
S. Gregorii ordinatio, 654. a. Ejus elogium, 28. b. & seq. Fuit Spiritus-sancti dignissimum organum; scripsit vitam sancti Benedicti, 24. b. c. Regulam ejus professus, 24. c. 28. d.
S. Gregorius papa dialogos conscripsit, 564. e. Et gesta S. Felicitatis, 776. c.
Gregorius VI. papa, 87. c. d.
Gregorius papa VII. 30. d. 88. b. 156. a.
Gregorius IX. papa, 69. d. 339. b. 352. b. 353. c. 473. a. 1294. c. 1298. d. Ejus epistola ad abbatem & conventum sancti Victoris, 272. a. Munus inquisitionis committit fratribus Prædicat. 338. c. Ejus rescriptum pro Pruliano, 443. c. Cui concedit ecclesiam de Fano-Jovis, 450. c. S. Dominicum sanctorum albo inscribit, 404. c.
Gregorius papa X. 180. a. 336. b. 367. c.
Gregorius papa XI. 386. b. 434. e. 619. d. 1267. c. 1268. b. 1271. c. 1273. d. 1278. b. 1287. c. 1337. c. 1371. c. Cælestinorum cœnobium fundat, 214. b. Ad Florentinos mittit S. Catharinam Senensem, 1335. c. Eam quomodo Avenione excipit, 1373. e. Ejus furor erga S. Catharinam devota, 1373. e. Ejus votum de repetendæ Urbe manifestat, 1325. b. c. Varias bullas & privilegia ei concedit, 1319. c. Sepeliri in majori Cartusia optabat, 205. a.
Gregorius papa XII. 83. a. 388. a. 1251. d. 1283. 1284. b.
Gregorius XIII. papa, 1405. c. 1427. d. 1429. c. 1434. a. Bononiensem ecclesiam in archiepiscopalem erigit, 1415. c. Collegium Maronitarum Romæ instituit, 142. a. Obit, 1416. c.
Gregorii papæ XIV. creatio, 1421. c. Obiit, 1423. c.
Gregorius cardinalis legatus apostolicæ sedis, 116. b.
Gregorius cardinalis, 1062. a. 1068. c. 1152. d.
Gregorius Paphlago abbas monasterii sancti Niconis, 876. d.
Gregorius theologus, 898. e.
Gregorius Montagnana vir doctus, 1434. b.
Gregorius dux Tusculani, 953. b. 954. c. 955. d.
Gregorius Malcinus protospatharius, 93 t. d.
Gregorius prætor S. Niconi injurius paralysi corripitur, veniam petens sanatur, 866. a & seq.
Grimoaldus frater Giraldi de Salis, 995. b. Fit abbas Allodiensis, deinde episcopus Pictaviensis, 996. a. 1203. c. Ejus exequiæ, 996. b.

Gualdricus abbas S. Eusebii, 712. b.
Gualterius vicecomes, 716. c.
Guibertus miles, 721. a.
Guido Ferrerius cardinalis, 1436. c.
Guido Pepulus cardinalis, 1429. c.
Guido Falcherii episcopus Aniciensis, 488. c. 489. b. Deinde Narbonensis, 500. b.
Guido episcopus Belvacensis, 228. c.
Guido episcopus Catalaunensis, 233. a.
Guido episcopus Lansanensis, 311. c. 312. d.
Guido de Clansello archidiaconus, deinde episcopus Lemovicensis, 463. c.
Guido de Perpiniano ex generali Carmelitarum episcopus Majoricarum, deinde Duensis, 60. d.
Guido abbas, 724. a.
Guido Archerii prior Grandimontis, 122. b. 132. d.
Guido Fulcherii prior Grandimontis, 122. c. 135. c.
Guido de Miliaco monachus pius Grandimontensis, 1085. c. Discipulus Hugonis de Lacerta, 1162. a. 1176. c. 1177. d. e.
Guido Flamocheti magister ordinis Prædicatorum, 343. a. 390. d.
Guido de Langimella martyr, 351. c.
Guido ordinis Prædicatorum martyr, 338. c.
Guido de Castro-novo ordinis Prædicatorum, 1222. a.
Guido canonicus & archiclavis Autissiod. 702. c.
Guido archidiaconus Edissæ, 697. c.
Guido presbyter vir religiosus, 1075. b.
Guido Buticularius, 240. a.
Guido comes Flandriæ a Philippo rege incarceratus, 613. c.
Guido vicecomes Lemovicensis, 527. d.
Guido de Levis vir nobilis, 453. c.
Guido Sfortia, 1390. b.
Guigo episcopus Gratianopolitanus, 1203. c.
Guigo V. prior Cartusiæ, 36. d. 37. c. 154. c. 161. c. 163. b. Auctor epistolæ ad fratres de Monte-Dei, 36. c. Alia ejus opuscula, 163. e. Epistolas S. Hieronymi emendavit, 163. d. Ejus obitus, 164. c. Sub eo plures fundatæ Cartusiæ, 163. c.
Guigo Delphinus comes Albonis, 1201.
Guigo Delphinus, 1203. a. In prælio vulneratus obit, & Gratianopoli sepelitur, 1203. c.
Guigomorus abbas, 244. c. d.
Guillelmitarum ordo, 54. c. & seq.
Guillelmus Alanus cardinalis, 1484. c.
Guillelmus Anglicanus cardinalis, 373. b.
Guillelmus Arufati cardinalis, 455. c.
Guillelmus Sudre cardinalis episcopus Ostiensis, 337. d. 432. c.
Guillelmus Petri cardinalis, 373. c. 470. b. Ex priore provinciali ord. Prædic. 428. c. 429. c. Fit cardinalis, 429. d.
Guillelmus Sirlenus cardinalis, 1395. c. 1397. c. Ejus translatio vitæ S. Nili, 888.
Guillelmus S. Sabinæ cardinalis, archiepiscopus Remensis, 119. c. 1092.
S. Guillelmus archiepiscopus Bituricensis, 50. c. 257. c. Ejus tibialia, 51. b. Canonizatio in concilio Lateranensi postulata, 128. d.
Guillelmus archiepiscopus Narbonensis ratas habet confirmationes factas monasterio Pruliani de ecclesia S. Martini de Limoso, 444. c.
Guillelmus Steuuart episcopus Abendoniarum, 325. c.
Guillelmus episcopus Aginensis, deinde patriarcha Jerosolymitanus, 505. c.
Guillelmus Petri de Berenes episcopus Albiensis, 494. b.
Guillelmus episcopus Antaradensis, 355. c.
Guillelmus episcopus Carcassonensis, 444. c. 452. b.
Guillelmus de Campellis doctor Parisiensis fit canonicus regularis S. Victoris, deinde episcopus Catalaunensis, 217.
Guillelmus de Cardaliaco episcopus Caturcensis, 470. c.
Guillelmus Hoques episcopus Ebroicensis, 58. d.

Guillelmus episcopus Lingonensis, 66. b.
Guillelmus Dulcini ex provinciali ordinis Prædicatorum episcopus Lucanus, 431. c.
Guillelmus *Sudre* episcopus Massiliensis, 432. e.
Guillelmus episcopus Parisiensis, 63. b.
Guillelmus episcopus Pictavensis, 120. d. 997. c. 1000. d. 1094. b.
Guillelmus II. episcopus Pictavensis, dictus Adelenius, 146. a.
Guillelmus episcopus Virduncnsis, 625. b. e.
Guillelmus abbas Beccensis, 102. d. Ejus patria, mores & litteræ, 102. e. Ejus obitus, 103. c.
Guillelmus de Biterris abbas S. Vincentii Castrensis, 486. d. 489. d. 491. c. 495. c.
Guillelmus abbas Boscavii, 1013. a.
Guillelmus *Pelliccrii* primus abbas Grandimontis, 146. b. 148. c.
Guillelmus *Blesy* abbas a Kenlos, 322. e.
Guillelmus *Cairos* abbas a Kenlos, 324. c.
Guillelmus *Galbreth* abbas 2 Kenlos, 324. a.
Guillelmus abbas S. Theofredi, 155. c.
Guillelmus de Gordonio prior ecclesiæ Cadurcensis, 470. d. 1077. b.
Guillelmus de Viliazeto magister Hospitalis Jerosolymitani, 538. c.
Guillelmus prior Cartusiæ, 179. e. Ejus obitus, 207. c.
Guillelmus de Trainbaco VI. prior Grandimontis, 118. c. 1080. a.
Guillelmus *Daegres* prior Grandimontis, 122. a. 131. c.
Guillelmus de Prato Morelli ptior Grandimontis, 123. a. 137. d.
Guillelmus de Rocuna prior Cati-loci, 1199. b.
Guillelmus Arnaldi pro fide occisus, 338. d. 355. a.
Guillelmus Clareti S. Dominici discipulus, 439. a. c. 440. b.
Guillelmus de Abbatia ptior provincialis ord. Prædicat. 436. b.
Guillelmus de Anhanis prior provincialis ord. Prædicat. 430. c. e.
Guillelmus de Syssac provincialis prior ord. Prædicat. 419. e.
Guillelmus Bernardi prior Albienfis, vir sanctus & doctus, 509. e.
Guillelmus Brabantinus ord. Prædicatorum, vir doctus, 366. c.
Guillelmus *Massep* scribit pro defensione S. Thomæ. 370. e.
Guillelmus, *Figac* monachus pius Claræ-Vallis, 1013. c.
S. Guillelmus eremita, 53. e.
Guillelmus de Anglia eremita S. Augustini, 1274. c. 1329. e.
Guillelmus Dandina, dictus de S. Savino, scriptor vitæ Hugonis de Lacerta, 1185. d.
Guillelmus Perardi, ejus scripta, 358. a.
Guillelmus canonicus Gratianopolitanus, vitæ Margaritæ Burgundæ scriptor, 1101.
Guillelmus de Altono Anglus, vir doctus, 369. a.
Guillelmus Sceptreus Anglus, vir doctus, Miscellaneorum in sacra biblia auctor, 1400. c.
Guillelmus *Edeline* theologiæ professor, vir nefandus, 57. c. Nefanda ejus facinora, 58. a. & seq. Errata ejurat, 58. e. Ad carcerem damnatur, 59. b.
Guillelmus rex Scotiæ, 320. c.
Guillelmus S. Cluniaci fundator, 30. a.
Guillelmus de Glana ex comitibus Viennæ, fundator monasterii Altæ-ripæ, 311. b. 315. c. 318. e.
Guillelmus dux Normanniæ factus rex Anglorum, 35. d. 195. c. Lanfrancum instituit abbatem Cadomensem, 98. b. Deinde archiepiscopum Cantuariensem, 98. d.

Guillelmus comes Northilandiæ, 321. b.
Guillelmus filius Stephani comitis Burgundiæ, 1203. a.
Guillelmus de Randone vir nobilis, fundator conventus Prædicatorum de Genolhaco, 534. c. e.
Guillelmus Columbi miles, 473. b.
Guisus abbas S. Lupi, 980. c.
Gundebaudus rex Burgundiæ, 777.
Gundrada puella nobilis, 811. d.
Guntarius episcopus, 677. c.
Gutardus canonicus Autissiodorensis, & præpositus S. Mariæ, 687. e.
Guvilencus miles, 700. d.

H.

HAbitus fratrum Prædicatorum, 402. a.
Hacardus abbas S. Germani Autissiod. 713. d.
Haiæ monasterium virginum, 1201. b.
Haimo Cattusiensis, vir in sæculo potens, 173. a.
Haracho presbyter, 670. b.
Harmannus comes Palatinus Burgundiæ, 315. c.
Harmannus junior comes de *Kyburg*, 315. c. e. 316. a.
Haymericus Antiochenus patriarcha, 59. e.
Hebratii epitaphium, 810. b.
Heldradus miles S. Stephani, 705. c.
S. Helena, 77. a.
Helena de Hungaria monialis sanctissima, 384. b.
Henricus archiepiscopus Bituricensis, 120. c. 1094. b. d.
Henricus *Chieu* episcopus Abendonensis, 322. a.
Henricus episcopus Bajocensis, 105. a.
Henricus episcopus Moraviæ, 323. a.
Henricus abbas B. Martini de Campellis & aliarum regalium abbatiarum, frater regis, 227. c. e. 229. a. Ejus diploma pro S. Victore, 222. c.
Henricus *de Condescure* abbas S. Bertini, 615. d.
Henricus electus abbas Viconiensis dignitatem fugit, 287. b. 290. b.
Henricus Poleti ex Parisiensi canonico factus prior Cattusiæ, 186. d.
Henricus Kalkar, 158. d. Prior Cartusiæ Coloniensis, 196. b.
Henricus de Arimino, vir doctus, 381. d.
Henricus de Erfordia vir doctus, 385. c.
Henricus de Gandavo doctor solemnis, 370. c.
S. Henricus imperator, 33. d.
Henricus II. imperator, 87. d.
Henricus III. imperator, 88. c. Obiit Leodii, 115. a.
Henricus IV. imperator excommunicatus, 1015. b.
Henrici VII. imperatoris obitus, 376. c.
Henricus I. rex Anglorum, 115. e.
Henricus II. rex Angliæ, 118. e. 119. e. 230. d. 1094. a. 1193. e. Magnificam Grandimontensibus ecclesiam construit, 118. e.
Henricus III. Anglorum rex Grandimontensibus concedit justitiam altam & bassam, 129. a.
Henricus VII. Angliæ rex, 1389. a.
Henricus VIII. rex Anglorum, 325. e.
Henricus rex Francorum, 714. d.
Henricus Borbonius rex Navarræ, 1425. b.
Henricus dux, 734. d.
Henricus dux Lemburgensis, 291. b.
Henricus dux Normanniæ, 105. d.
Henricus marchio Burgundiæ, 725. e.
Henricus comes, 677. c.
Henricus comes Trecensis Palatinus, 1215. c.
Henricus dominus *de Bar*, 603. a.
Heracleus præpositus Brivatensis, 1200. c.
Herbertus Abrincatensis episcopus, 105. c.
Herbertus episcopus Lexoviensis, 95. d.
Herbertus prior Boni-passus, 181. c.
Hercules Gonzaga cardinalis apostolicæ sedis ad concilium Tridentinum legatus, 1393. c. Præses ejusdem concilii, 1394. d.

Hercules Fortitius Vicentinus jurisconsultus, 1436. d.
Herdingus abbas, 571. e.
Herefordensis episcopi G. epistola ad Ervisum abbatem S. Victoris, 240. b.
Heribertus episcopus & postea monachus, 687. c.
Heriboldi episcopi Autissiodorensis ordinatio, 697. c.
Herefridus episcopus Autissiodorensis, 718. d. 726. c.
Herigerus abbas Lobiensis, 33. b.
Heriveus episcopus Nivernensis, 715. b.
S. Herluinus primus abbas Becci, 95. c. Ejus jussu Cantuatiensem archiepiscopatum suscipit S. Lanfrancus, 98. e. Senex Anselmum sibi successorem eligit, 99. c. Ejus obitus, 100. b. 110. c.
Herimannus præpositus S. Gereonis, 1019. b.
Hermannus de Petra Cartusianus, vir doctus, 38. c.
Hermannus de Minda vir doctus, 368. d.
Hermengardis comitissa, 704. a.
Herveus magister ordinis Prædicatorum, 341. c. 382. a. b. 413. b. 415. d.
Hetharicus, 684. c.
Hierosol. patriarcha Petrus de Casa, 60. c.
Hierosolymitanus episcopus Quiriacus, 76. c.
S. Hieronymi epistolæ a Guigone priore Cartusiæ emendatæ, 163. d.
Hieronymus generalis Minorum, deinde cardinalis, ac tandem papa Nicolaus IV. 72. c.
Hieronymus Motonus cardinalis, concilii Tridentini præses, 1394. d. 1395. c. 1397. d.
Hieronymus Ragartonus episcopus Famagustanus, 1394. b.
Hieronymus Trivisanus episcopus Veronæ, 1394. b.
Hieronymus Savonarola, vir piissimus & doctus, 394. b.
Hieronymus de Senis eremita S. Augustini, 1279. c.
Hieronymus de Praga hæreticus, 84. a.
S. Hilarion, 17. c.
S. Hilarius malleus hæreticorum, 990. c.
S. Hilarii abbas Alboñius, 440. b. c. 442. b.
Hildebrandus prior Cluniacensis, 30. d.
Hilderadus presbyter, 669. c.
Hildigrinus episcopus, 685. c.
Hildricus abbas S. Germani Autissiodorensis, 687. c.
Hillericus episcopus, 677. a.
Hilliwardus episcopus, 677. c.
Hippolytus Aldobrandinus factus papa Clemens VIII. 1391. a.
Hiva abbatissa, 672. d.
Honorius III. papa, 76. c. 333. b. 346. b. Confirmat ordinem Vallis-Scholarium, 67. a. Et ordinem Prædicatorum, 68. d. Et Minorum, 71. a. 458. e. Fr. Prædicatoribus ecclesiam Fani-Jovis, 450. c.
Honorius papa IV. 72. d. 134. a. 370. d.
Hospitalarii milites, 3. c.
Hucbertus abbas S. Savini, 806. a.
Hugo Boncompagnus episcopus Vestanus, 1394. a. Et cardinalis, 1395. a.
Hugo de Bullione cardinalis, 370. c.
Hugonis Petri-Leonis cardinalis epistola ad Gatinum abbatem S. Victoris, 260. c.
Hugonis cardinalis epistola ad Guidonem episcopum Catalaunensem, 233. a.
Hugo cardinalis ord. Prædicatorum, 69. d.
Hugo de Caro cardinalis, 336. a. 354. 445. d. Ejus scripta, 355. c.
Hugo de S. Theoderico cardinalis, 355. c. Ejus obitus & epitaphium, 366. b.
Hugo archiepiscopus Rotomagensis, 258. c. Vir summæ religionis & industriæ, 105. c.
Hugo Viennensis archiepiscopus, 169. d. 1203. c.
Hugo de Mala-morte prior Lemovicensium Prædicator. electus archiepiscopus Burdigalensis, 466. c. 473. c.
Hugo episcopus Autissiodorensis, 225. d. c. Vir sanctus, 715. d. 725. a. Decus pon-

INDEX RERUM ET VERBORUM

r ficum, 728. c. Ejus ordinatio, 693. d.
Hugo episcopus Dignensis, 538. b.
Hugo episcopus Engolismensis, 1185. c.
S. Hugo episcopus Gratianopolitanus, 36. c. 169. d. 1203. e. S. Brunonis in scholis socius, 454. b. Eum excipit & socios, ibid. d. Ejus humilitas, 155. c. Vita, 163. c.
Hugo II. episcopus Gratianopolitanus, postea Viennensis archiepiscopus, 168. b.
S. Hugo episcopus Lincolniensis, 37. e. & seq. 175. d. 199. e. 201. d. 204. a.
Hugo episcopus Nivernensis, 703. c.
Hugo episcopus Placentiæ, 267. c.
Hugo de Mascharo episcopus Tolosanus, 461. c.
Hugo abbas, 704. a.
Hugo abbas Æduensis S. Martini, 805.
Hugo abbas Altæ-ripæ, 516. c.
S. Hugo abbas Cluniacensis, 30. c. & seq. 1189. a. c. 1190. b.
Hugo II. abbas Cluniaci, 1190. b.
Hugo abbas S. Salvatoris Constantiensis, 105. e.
Hugo abbas S. Germani a Pratis, patrinus Philippi Augusti, 236. a.
Hugo capellanus domini papæ, 234. c.
Hugo decanus Autissiodor. 701. e.
Hugo præpositus S. Stephani, 714. e.
Hugo magister ord. Prædicatorum, 341. e. 383. e. 384. c.
Hugo de *Vaissemant* magister ord. Prædic. 414. a. 416. a.
Hugo de Martiano prior provincialis ord. Prædicat. 431. c.
Hugo de Verduno prior provincialis ord. Prædic. 433. d.
Hugo prior claustralis Cluniaci, 1196. c.
Hugo Cartusiæ prior, 157. c. 176. d.
Hugo de S. Victore, 55. a.
Hugo de S. Germano canonicus regularis S. Victoris, 256. a. 257. a.
Hugo S. Stephani Muretensis discipulus, 1085. e. & seq.
Hugonis de Lacerta vita, 1143. a. & seq. Ejus parentes, 1144. b. Infantia, ibid. e. Factus miles quam effet misericors, ibid. Ejus abstinentia, 1145. b. Cujusdam pauperis desiderat vestes, 1145. c. Alterius ædiculam, ibid. d. Immo animalium, ibid. e. In militia ut se gereret, 1146. b. Jerosolymam tendit, 1146. c. Divitis cujusdam sibi conciliat amicitiam, 1146. c. Cum quo revertitur in patriam, 1147. b. & seq. Piis operibus vacat, 1147. e. Anno ætatis suæ 40. accedit ad S. Stephanum & ab eo repellitur, 1148. b. & seq. Iterum repellitur, sancti Stephani ad eum verba, 1148. c. Tandem ab eo admittitur, 1149. d. & seq. Susceptus in ordine ut se gerit, 1151. b. S. Stephano fit carus, 1151. c. e. Et adjutor, 1152. a. Ipsum adhibet in colloquio cum cardinalibus, 1152. d. Prophetico spiritu declarat familiarem S. Stephani amicum traditum fuisse ab hospite latronibus, 1153. b. Mortuus mundo litem dirimere recusat, 1154. d. Ejus consilium ceteris præfert S. Stephanus, 1155. a. S. Stephani sententias colligit, 1155. b. 1179. e. Ei quæstiones solvendas proponit, 1155. d. & seq.
Hugo de Lacerta. Tribus diebus totidemque noctibus in ejus sinu requiescit S. Stephanus ante obitum, 1158. a. Post S. Stephani obitum mittitur ad Planiam, ubi præclaræ ejus virtutes elucent, 1160. e. Fratrum conscientias divinitus detegit, 1161. d. Miraculis coruscat, ibid. e. Contractum curat, 1462. e. 1163. e. Strumosum puerum sanat, 1164. c. Item puerum fistula laborantem, 1165. d. Varias curat infirmitates, 1167. d. & seq. Seipsum ab infirmitate sanat, 1175. c. Cælesti recreatur visione, 1177. a. & seq. Ejus obitus, 1178. c. 1179. e. 1181. c. d. Ante obitum a fratribus conveniur, ibid. c. Ad quos exhortatorium habet sermonem, 1180. a. Obitum prædicit, 1180. e. Ejus sepultura, 1182. e. Coruscat miraculis, 1183. c. Transfertur ad Grandimontem,

1184. b. Guido de Campania discipulus Hugonis de Lacerta, 1180. c.
Hugo de Lacerta quo anno mortuus & qua ætate, 1185. a.
Hugo de Monte familiaris Hugonis de Lacerta, 1162. c.
Hugo de Prato vir doctus, 381. c.
Hugo cancellarius Ludovici VII. 240. b.
Hugo & Gaufridus primi fundatores ordinis Templariorum, 52. c.
Hugo comes, 708. d. 717. e.
Hugo de Mala-morte vir nobilis, 501. a.
Hugo miles nobilissimus, 700. b.
Hugolinus cardinalis, 339. b. 350. b. S. Dominici exequias celebrat, 403. e.
Hugua de Castris femina devota, 504. c.
Humbaldi episcopi Autissiodorensis ordinatio, 702. c. 705. b. 721. a. 726. b.
Humbertus magister ordinis Prædicatorum, 70. a. 340. b. 350. d. 470. c. Cedit magistratui, 363. b. Ejus opera, ibid. c. Scribit vitam S. Dominici, 405. b.
Humbertus Delphinus Viennensis, 186. c. Fit religiosus ordinis fratrum Prædicatorum, 189. c.
Humbertus comes Sabaudiæ, 171. c. d. 174. b.
Humilitas virtutum fundamentum, 75. d.
Hunencus decanus S. Mammetis, 729. b.
Husenuardus presbyter, 323. c.
Hussitæ Prædicatorum conventus evertunt in Bohemia, 381. a.

I.

Jacintus cardinalis, 1021. a.
Jacobus de Voragine archiepiscopus Januensis, 405. d. Auctor legendæ aureæ, 70. b.
Jacobus Ydruntinus archiepiscopus, 538. b.
Jacobus de Vitriaco episcopus Aconensis & cardinalis. 327. a. 329. c.
Jacobus episcopus Forojuliensis, 536. a.
Jacobus episcopus Morinensis, 613. c.
Jacobus de Farno abbas Borbonensis, deinde papa Benedictus XII. 51. c.
Jacobus abbas Balmeroensis, 324. d.
Jacobus abbas S. Bertini, 620. a.
Jacobus *Daval* abbas S. Bertini, 631. b.
Jacobus *Scotellare* pseudo-abbas S. Bertini, 620. b.
Jacobus *Galtery* abbas a Kenlos, 323. a. 324. a.
Jacobus *Lainez* generalis S. J. 1436. d.
Jacobus de Viviaco prior Cartusiæ, 183. c. 185. d. 186. a. & seq.
Jacobus prior S. Bertini, 629. b.
Jacobus doctor in theologia, canonicus in Monte S. Martini, 302. a.
Jacobus *Spenger* vir pius , 392. d.
Jacobus de Susato vir doctus, 388. c. Ejus chronicon, 378. e. 380. c.
Jacobus de Venetiis, vir sanctus, 381. e.
Jacobus de Viterbio eremita Augustinianus impugnat doctrinam S. Thomæ, 370. d.
Jacobus rex Scotiæ, 323. a.
Jacobus V. rex Scotorum, 325. d. c. 326. d. 327. a.
Jacobus rex Majoricarum, 531. e. 532. c.
Jacobus de Militibus de Monte-Politiano, vir nobilis & pius, 1251. b. 1288. c. Rithmum componit in laudem S. Catharinæ Senensis, ibid.
Jancelinus prior Cartusiæ, 177. a.
Jannotius de Vibertis, 1287. c.
Januensis archiepiscopus Jacobus de Voragine, 70. b. 368. c. 405. d.
Idruntinus archiepiscopus Jacobus, 538. b.
Jejunium sabbati, 941. a. b.
Jejunium in vigilia Corporis Christi apud Cartusienses, 190. a.
Jerosolymitanam terram præ ceteris elegit Christus, 1157. c.
Jerosolymitani patriarcha S. Albertus, 59. c. 355. d. Guillelmus, 501. c.
Jerusalem reges Balduinus, 35. d. Godefridus, 37. c.
Jerosolyma a Saracenis capta, 61. c.
Ilerdensis episcopus Antonius Augustinus, 1394. a.

Ilgerius Autissiod. præpositus & monachus vir sanctus, 703. a.
Imperatores Christianos persequentes misere pereunt, 749. a. & seq.
Indulgentiæ concessæ visitantibus ecclesiam S. Victoris, & ad reparanda ædificia conferentibus, 279. c.
Infirmi ante exitum osculum præbent fratribus, 164. b.
Ingelbaldus decanus Autissiodorensis, 710. a.
Ingelbertus *d'Espagne* abbas S. Bertini, 632. c.
Ingelboldus miles, 736. d.
Ingeluinus miles, 697. c.
Inquisitionis officium solitione & persecutione turbatum, 477. c. 478. c. 479. a.
Inquisitores fidei ex ordine Prædicatorum, 70. d.
Inundatio ingens in Frigia, 77. a.
Innocentius H. papa, 88. e. 118. a. 163. c. 314. b. Papa ab omnibus agnoscitur, 1193. b. Cluniacum venit, 1192. e. Ecclesiam consecrat, 1193. a.
Innocentius III. papa, 63. b. 68. c. 71. a. 76. c. 196. c. 314. c. 333. a. 380. a. Scribit S. Dominico, 334. d.
Innocentius papa IV. 35. b. c. 77. a. 314. d. 336. a. 355. b. Confirmat regulam & privilegia Grandimontensium, 122. c. Ejus bulla contra Mendicantes, 357. a.
Innocentius V. papa, 68. c. 335. c. 369. c.
Innocentius papa VI. 187. d. 188. d. 200. d. 337. d. 385. c. Fundat Cartusiam Vallis-Benedictionis prope Avenionem, 39. c. In qua & sepultus jacet, 204. b.
Innocentius papa VII. 83. a. 349. b. 387. c. 1283. a.
Innocentius VIII. papa, 392. d.
Innocentius IX. papa, 1423. c.
Inthronisatio abbatis gratis est facienda, 248. c. d.
Joachim abbas Florinensis in Calabria, 51. c. 335. b. 347. e.
Joachinus Servita vir sanctus, 579. c.
Johanna regina papæ rebellis, 1299. b.
Johannæ comitissæ Alenconii & Blesensis felix obitus, 1219. a. & seq. Confitetur peccata cum magna contritione. 1219. b. & seq. Viaticum recipit, 1220. a. & seq. Codicillum condit, 1220. c. De proxima morte monetur a medico, 1221. a. Eligit sepulturam apud Minores, 1221. d. Confessionem generalem ad plures facit, parata etiam coram universis peccata declarare, 1222. a. b. Priori Carmelitarum iterum confitetur, 1222. d. Eleemosynam facit ad generale & provinciale capitulum Carmelitarum, 1223. c. Domesticos bonis afficit, 1224. b. Abeis veniam petit, 1224. c. Requiem respuit, 1225. c. Pia ejus ad Crucem oratio, 1225. d. & seq. Crucem ligneam pro aurea petit, 1228. b. Ejus humilitas, 1229. c. & seq. Et ad suos exhortatio, 1230. c. Extremam petit unctionem, 1230. d. c. Quam pie recipit, 1231. a. & seq. Petit sibi legi Passionem Domini, 1233. b. Reginæ pia dat monita, 1233. b. c. Crucem petit, 1234. a. Et ut fiat animæ suæ commendatio, 1234. c. Obit, 1236. c.
Johanna *de Bethune* comitissa *de Liney*, 603. b.
Johanna filia domini Mirapicis, uxor Philippi Montis-fortis, 498. c.
Johanna virgo piissima tertii ordinis Servitarum, 587. c.
S. Johannis Baptistæ conceptio, 646. c. 651. c. 656. c. 676. b.
S. Johannis-Baptistæ capitis inventio , 639. c. 653. c.
S. Johannis Damasceni versus iambici de apostolis, 908. a.
S. Johannis Boni reliquiæ, 1414. b.
Johannes papa XXI. 369. d.
Johannes papa XXII. 86. b. 89. a. 124. a. 214. c. 413. a. Se & doctrinam suam subjicit correctioni ecclesiæ. 384. a. Confirmat statuta Cartusiensium, 202. c. Cartusiam Boni-pastus fundat, 39. c. 204. a. Monasterium Grandimontense erigit in

abbatiam,

HUJUS VOLUMINIS.

abbatiam, 146. b. Ordinem novorum militum instituit, 80. e. Ejus encomium, 745. c.
Johannes XXIII. papa, 83. b. 208. e. 388. e.
Johannis XVII. antipapæ infelix exitus, 86. c.
Johannes-Baptista Castaneus cardinalis, postea Urbanus VII. papa, 1436. c.
Johannes cardinalis bibliothecarius S.R.E. 220. a.
Johannes de Casa-nova cardinalis, 337. e.
Johannes Dominici cardinalis, 337. e.
Johannes Dominicus de Florentia cardinalis, 338. a.
Johannes de Molendino cardinalis, 337. c. Antea magister ordinis Prædicatorum, 385. a.
Johannes de Novo-castello cardinalis, 337. e.
Johannes Rolin cardinalis & episcopus Augustodunensis, 279. c.
Johannes de Turre-cremata cardinalis, 70. b. 337. e. 389. e.
Johannes cardinalis S. Marci, 119. b. 120. a. 1091. e. 1092. d.
Johannes cardinalis Neapolitanus, 255. e. 257. a. 261. e. Olim canonicus S. Victoris, 261. e. 262. e. Monasterium construit canonicorum regularium, 262. b.
Johannes de Vicecomitibus archiepiscopus Mediolanensis, 384. c.
Johannes episcopus Autissiodorensis, 688. e.
Johannes Fabri episcopus Dimitriensis, 64. b.
Johannes episcopus Gratianopolitanus, 1211. e.
Johannes-Baptista Campegius episcopus Majoricarum, 1391. e.
Johannes Antonius Facchinettus episcopus Neocastri, 1394. a.
Johannes de Carcassona nepos Clarini episc. Carcassonensis, 471. c.
Johannes Glachon abbas Alciacensis, 621. b.
Johannes le Blegre abbas S. Bertini, 621. d.
Johannes Iperius abbas S. Bertini, 617. b. c. Tres lites obtinet adversus episcopum Morinensem, 619. a. & seq. Ejus obitus, 619. e. Continuatum chronicon, 613. c.
Johannes de Gribonal abbas S. Bertini, 623. d.
Johannes de Lannoy abbas S. Bertini, 628. c.
Johannes de Meden abbas S. Bertini, 625. b.
Johannes de Calcatio primus abbas Boscavii, 1005. c.
Johannes de Bouleya abbas Cerasiensis, 106. e.
Johannes abbas a Cupro, 325. b.
Johannes Levita abbas S. Eusebii, 698. b.
Johannes Ellem abbas a Kenlos, 323. d.
Johannes Flatere abbas a Kenlos, 323. b.
Johannes Fogovir abbas a Melros, 323. a.
S. Johannes abbas Reomensis, vir apostolicus & doctor egregius, 689. e.
Johannes abbas Viconiensis, 293. b.
Johannes de Malbodio abbas Viconiensis, 309. b.
Johannes de Pontibus abbas Viconiensis, 311. a.
Johannes Teutonicus abbas S. Victoris, 271. e.
Johannes Levita humilis abbas, 699. d.
Johannes Soreth generalis & reformator Carmelitarum, 65. b.
S. Johannes de Capistrano S. Bernardini discipulus, 92. c.
Johannes prior Villæ-novæ, papæ legatus, 200. d.
Johannes de Molendinis magister ordinis Prædicatorum, postea cardinalis, 342. b.
Johannes de Vercellis magister ord. Prædicatorum, 340. c. 367. d. 408. e. Patriarchatum Jerosolymitanum sibi oblatum recusat, 409. a. Electus in papam, 364. d.
Johannes Dignati prior provincialis ordinis Prædicatorum, 435. b.
Johannes de Merula prior provincialis ord. Prædicat. 435. a.
Johannes Vaifent prior provincialis ordinis Prædicat. 435. d.

Johannes de Navarra S. Dominici discipulus, 457. c. Ab eo missus Bononiam, 401. c.
Johannes decanus S. Quintini, 401. e. Fundat conventum Parisiensem Prædicatorum S. Jacobi, 349. c.
Johannes a Janua ordinis Prædicatorum, 70. a.
Johannes prior Allionis, vir sanctus & doctus, 196. c.
Johannes prior Cartusiæ, 163. a.
Johannes Bitelli prior Cartusiæ, 184. e. 187. e.
Johannes de Frisemont prior Cartusiæ, 209. a.
Johannes prior Vallis-Jocosæ Cartusianus, 1274. b.
Johannes de Aquila prior Grandimontis, 121. e.
Johannis Vallis-Dei Cartusiani monachi vita, 40. e. Pietas erga Eucharistiam, 41. a. Austeritas, 42. b. Vilitas in vestitu, 42. e. Devotio erga sanctos, 43. a. b. Libros scribit & corrigit, 43. c. d. Ejus tentationes, 44. b. Qualis fuerit in sæculo, 44. e. & seq. Felix ejus transitus, 46. b. & seq.
Johannes monachus de Cellis Vallis-umbrosæ, 1274. b. Scripsit de S. Catharina Senensi, 1289. d. Ægrotans a S. Catharina Senensi sanatur, 1375. b.
Johannes Cornerius seu Tornecius sanctissimus monachus, 184. c.
Johannes Fantinus celebris monachus, 891. e. 897. d.
Johannes Servita vir sanctus, 576. d.
Johannes canonicus & cantor eximius, 732. c.
Johannes Andreas doctor, amicus Cartusiensium, de suo eis procurat domum juxta Bononiam, 102. b.
Johannes sacræ theologiæ magister, ordinis Eremitarum S. Augustini, 1257. c.
Johannes Eremita S. Augustini, vir doctus, 1351. d. e.
Johannes Bentius Florentinus, 593. a.
Johannes de Bachone Carmelita, vir doctus, 60. d.
Johannes Bartholomæus doctor, 73. a.
Johannes Capreoli, vir doctus, 388. d.
Johannes Colonus vir sanctus, 911. b.
Johannes Electi professor V. J. officialis Parisiensis, 275. d.
Johannis Ferrerii vita abbreviata, 326. a. & seq.
Johannes de S. Geminiano, 381. c.
Johannes Christophorus de Minda, vir doctus, 368. a.
Johannes de Monte-nigro disputat contra Græcos in concilio, 390. a.
Johannes Morandus doctor Parisiensis, 326. b.
Johannes de Motha, 107. a. Ejus elogium, ibid. Orator ad regem Franciæ, 109. a.
Johannes de Nivella doctor egregius, 329. a.
Johannes Parisiensis magister in theologia, ejus opera, 368. c.
Johannes Pisanus vir sanctus, 1363. a.
Johannes-Baptista Rubeus ex Rotæ Romanæ duodecim viris, 1436. c.
Johannes Scotus immaculatam B. M. conceptionem tuetur, 73. b.
Johannes-Baptista Stella Romanus, a supplicibus libellis summis pontificibus referendis, 1419. a.
Johannes Scholasticus Siciliæ, 963. a. & seq.
Johannes de Uriburgo vir doctus, 368. c.
Johannes confessor S. Catharinæ Senensis, 1378. c.
Johannes Gutolebrachia medicus, vir doctus, 1352. b.
Johannes pictor egregius, 591. e. & seq.
Johannes de Rupe-scissa ordinis Minorum, falsus propheta, 81. d. 82. a.
Johannes Wicleff hæresiarcha, 84. a.
Johannes Hus hæresiarcha, 84. a.
Johannes Trimisces Nicephorum imperatorem occidit, 840. b.

S. Johannis Jerosolymitani ordo, 54. a.
Johannes rex Bohemiæ, 377. e.
Johannes rex Francorum cum Philippo nato in pugna Pictaviensi captus, 617. a. In Anglia moritur, 617. c.
Johannes dux Borbonii & Arverniæ in Angliæ carcere detentus, 1132. d.
Johannes dux Burgundiæ, 622. c. e.
Johannis comitis Augi epistola ad Garinum abbatem S. Victoris, 258. c.
Johannes comes Burgundiæ, dominus de Salins, 314. a.
Johannes comes Flandriæ, 621. c.
Johannes de Monte-forti comes Squillaci & Montis-caveosi, 499. a.
Johannes Gordonius comitis Alexandri filius, 324. c.
Johannes de Fontanis miles, 600. e.
Johannes de Pinquonio vicedominus Ambianensis, 479. a. Delegatus a rege ad inquirendum contra inquisitores, 511. c. Misere obit, 514. d.
Johannes Malacenus vir nobilis, 868. e. Majores apud imperatorem honores obtinet, 869. d.
Johannes de Roye miles, 600. e.
Johannes Contarau fundator conventus fratrum Prædicatorum in villa S. Juniani, 521. a. & seq.
Jonæ canonici epistola ad Ervisum abbatem S. Victoris, 245. c.
Jordanus abbas Casæ-Dei, 1200. d.
Jordanus de Rapistagno prior Grandimontis, 123. a. 139. c.
Jordanus magister ordinis Prædicatorum, 339. e. 349. c. 351. d. 352. a. c. 354. d. e. 405. c. 407. c. 437. c. 551. b. 552. b. Vitam S. Dominici scribit, 404. d.
Jordanus doctor irrefragabilis ordinis Prædicatorum, 69. e.
Jordanus monachus S. Fidis, 1100. c.
Josbertus miles, 700. c.
Joscelinus de Soloco miles, 1104. a.
S. Joseph festum quam antiquum, 635. 636.
Joslenus episcopus Suessionensis, 225. e.
Isaac Caroli Boni comitis Flandriæ interfector ut punitus, 1137. d.
Isabellis a Lotharingia domina Codiciaci & comitissa Suessionensis, 594. d. 598. c. 599. c. Piis viri sui votis obstat, 603. b. d. 605. a. & seq.
Isabellis nata Engueranni de Codiciaco, 602. c.
Isabellis nata Eduardi regis Angliæ, uxor prima Engueranni de Codiciaco, 603. a. Obit, 602. a.
Iscius episcopus Viennensis, 777.
Israëlitæ juste spoliaverunt Ægyptios, 1157. b.
Iterius Meruli prior Grandimontis, 112. a. 131. b.
Iterius monachus doctor eximius, 708. c.
Iterius de Monte-Valerii vir nobilis, 1117. a. & seq.
Jubilæi indulgentia, 336. a.
Judæi Sparta pulsi, 860. b. 862. a.
Judicium aquæ frigidæ, 1030. e.
Juliana virgo pia tertii ordinis Servitarum, 587. b.
Julianus apostata, 77. a.
Julianus ordinis Prædicatorum prior Burdigalensis, vir sanctus, 473. e.
Julius papa synodum Romæ celebrat, 1417. c.
Julius Cæsar Stella vir doctus, 1437. d.
Justinianus imperator, 23. d.
S. Justi pueri martyris translatio, 853. a.
Ivo episcopus Carnotensis, 235. b. 219. c. olim abbas sancti Quintini Belvacensis, 228. e.

K.

Katissa virgo & martyr, 291. e.
Kenlos monasterii historia, 319.
Kenlos abbates Adam, 322. b. Adam de Teras, 322. c. Andreas, 320. a. Anselmus, 319. c. Guillelmus, 324. c. Guillelmus Blayr, 322. e. Guillelmus Calvus, 324. c. Guillelmus Galbreth, 324. a.

Henricus, 321. b. Jacobus *Gultury*, 323. d. Johannes *Ellem*, 323. d. Johannes *Flutere*, 323. b. Radulfus, 320. d. Raynerius, 320. c. Richardus, 321. b. Richardus II. 321. c. Richardus III. 322. b. Robertus *Reyd*, 324. e. 325. b. Simon, 321. c. Thomas, 321. c. Thomas Crystalli, 324. d.

L.

Lacedæmonis regio terræ motu concussa, 881. c.
Lacedæmoniorum legatione evocatur sanctus Nicon, 859. c.
Ladislaus rex Apuliæ petit S. Catharinæ Senensis canonizationem, 1283. b.
Lambertus Levita doctor eximius, 719. b.
Lancina germana dominorum de Fulgineo, 1271. c. 1289. a.
Landricus episcopus Lausanensis, 313. b. c.
Landuinus II. prior Cartusiæ, 154. d. 157. a. 162. b.
S. Lanfranci elogium, 96. c. Fit monachus Becci, 96. d. Et mox prior, 97. b. Ibidem scholas instituit, 97. d. Fit abbas Cadomensis, 98. b. Deinde archiepiscopus Cantuariæ, 98. b. Beccensem ecclesiam consecrat, 100. b.
Latinus cardinalis, 336. c. 369. e. 543. d. 566. d.
Lavenna monasterium virginum, 1193. c.
Laurentii abbatis Wastinensis epistola ad Ervisum abbatem S. Victoris, 142. a.
Laurentius S. Dominici discipulus, 457. c.
Laurentius schismaticus, 85. b.
Lausanensis episcopi Guido, 3. 1. c. 312. d. Landricus, 313. b. c.
Lazarini ordinis Minorum viri docti conversio per S. Catharinam Senensem, 1348. a. & seq. 1367. a.
Lesftanus vicecomes, 824. e.
Lemovicenses episcopi Aymericus, 505. e. Bernardus de Savena, 463. d. c. Durandus, 464. d. Geraldus, 1079. e. Guido de Clausello, 463. e. Seibrandus, 119. a. 120. d. 1091. c. 1092. d. 1094. b.
Lemovicis conventum instituit S. Dominicus, 402. c.
Lemovicanus vicecomes Ademarus, 1096. d.
Leo papa XI. 1424. a.
Leo pseudopapa, 85. b.
Leo VIII. antipapa, 86. b.
Leo Marsicanus monachus Casinensis & S. R. E. cardinalis, 979.
Leodiensis episcopus Fridericus, 1015. b.
Leon Domesticus, 922. e. 926. a.
Leonardus de Florentia magister ordinis Prædicatorum, 388. c.
Leonardus de Mansuetis magister ordinis Prædicatorum, 343. b.
Leouardus Staci magister ordinis Prædicatorum, 343. a.
Leonardus de Monte-Politiano ordinis Minorum, 1174. e.
Leonardus Pisani famosus prædicator, 1279. e.
Leonardus de Utino vir doctus, 399. a.
Leontius monachus, 967. b.
Leotardus decanus Senonum, 687. a.
Leotericus archiepiscopus Senonensis, 709. d.
Leotericus vicecomes, vexillarius ecclesiæ Autissiodorensis, 697. e.
Letardus abbas Becci, vir summæ religionis, 105. a.
Leubaredus archidiaconus, 784. a.
Lexoviensis episcopus Herbertus, 95. d.
Liberius papa, 84. c. 85. a.
Liberjus præfectus Galliarum, 782. d.
Libri olim in bibliotheca catenis illigati, 1255. c.
Ligni pulsu convocati fideles ad ecclesiam, 875. c.
Lincolniensis episcopus S. Hugo, 37. c. & seq. 175. d.
Lingonenses episcopi Gauzelmus, 704. c. Guillelmus, 66. b.
Liruthardus præpositus Malmundariensis, 833. a.
Litcha de Luca virgo sanctissima, 1256. c.

Lobiensis abbas Herigerus, 33. b.
Lodevensis episcopi Bernardus Guidonis, 70. a. 113. Raymundus de Rocozello, 486. b.
Londonienses episcopi Alfhun, 832. b. Gisbertus vir doctus, 716. a. Robertus, 635.
Longus-pons abbatia ordinis Cistertciensis, 229. c.
Longus-pons cella ordinis Cluniacensis, 229. d. e.
Lotharius II. imperator, 1193. a.
Lotharius III. imperator Casinensi monasterio præficit Wibaldum abbatem Stabulensem, 790. a.
Lotharius rex, 26. e.
Lucens episcopus Guillelmus Dulcini, 431. e.
Lucas S. Fantini frater sit rector monasterii ejus, 909. c.
Lucas novitius monasterii S. Niconis ab eo sanatus, 880. a. & seq.
Lucas ordinis Humiliatorum, 1274. b.
Lucia de Lauritano, 1294. a.
Lucius papa III. 118. e. 127. b. c. 1090. c.
Lucius monachus Casinensis sanctissimus, 792. c.
Lucius Magius vir pius & doctus, 1431. c.
Ludolphus prior Cartusiæ Argentinensis, 38. c.
Ludovicus Alemanda episcopus Arelatensis, vir sanctæ vitæ, 91. a. b.
Ludovicus Beccarellus archiepiscopus Ragusinus, 1394. b.
S. Ludovicus regis Siciliæ filius, archiepiscopus Tolosanus, 72. a.
Ludovicus Granatensis, vir eximius, 1437. b.
Ludovicus monachus Cartusiensis pius, 210. a.
Ludovicus imperator, 709. a.
Ludovicus IV. imperator, 89. a.
Ludovicus monachus Casinensis, filius Caroli, 720. b.
Ludovicus rex Franciæ, 714. a.
Ludovicus rex, 698. c.
Ludovicus VI. rex Francorum, fundator monasterii S. Victoris Parisiensis, 228. d. Illud dotat, 217. a. Jubet aliquos ex suis filiis sepeliri ad S. Victorem, 222. d.
Ludovicus VII. rex, 229. a. 705. c. 1004. d. 1185. b. Transfretat ad sepulcrum sancti Thomæ Cantuariensis archiepiscopi, 106. b. Ejus epistola ad Henricum fratrem suum, &c. 227. c. Ad canonicos S. Genovefæ, 239. a. Ad canonicos S. Victoris, 232. a. Ad Ervisum abbatem S. Victoris, 236. b. Ejus diploma pro S. Victore, 239. b. Monetur ab Alexandro papa de reformando sancti Victoris monasterio, 249. a.
S. Ludovicus rex Francorum, 363. a. 408. c. 423. e. Libenter audiebat S. Thomam Aquinatem, 553. c. Fundat conventum Carcassonensem Prædicatorum, 475. a. d. 476. d. 477. b. Ejus pius obitus, 1217. c. & seq. Et miracula, 1218. d. Vitæ compendium, Ipsi sacrata ecclesia Pisacensis, 541. e. & seq. Officium ejus ab Arnaldo de Prato ord. Prædic. compositum, 463. b.
Ludovicus X. rex Francorum, 139. e.
Ludovicus rex Siciliæ, 365. a.
Ludovicus dux Aurelianensis emit Codiciacum & comitatum Suessionensem, 604. a. & seq. Secundus est fundator Cælestinorum Suessionensium, 607. b. Perficit monasterii ædificia, 607. d. & seq. Conventum introducit, 608. e. Addit ad fundationem reditus pro sex religiosis, 609. a. & seq. Novum ejus donum, 610. d. Et privilegium, 610. e. Ejus cædes, 611. b.
Ludovicus *de Nevers* comes Flandrensis, 616. d. In pugna Cressiaci occisus, 617. a.
Ludovicus *de Male* comes Flandriæ, 617. c. 618. a. 619. c.
Ludovicus de Luxemburgo, comes S. Pauli, 603. a.
Ludovicus de Sabaudia, dominus Vaudi, 316. c.
Ludovicus de Valle-Olof. ordinis Prædicat. 566. c.

Ludovicus Nuceius, 1401. d.
Ludos diebus festis prohibet Gabriel Palzotus. 1399. c.
Lugdunensis archiepiscopus Petrus de Tarentasia, 356. b. 399. c.
Luidulfus archiepiscopus, 671. a.
Luidulfus episcopus, 674. b.
S. Lupi abbas Guisus, 980. c.
Luxoviense monasterium, 27. d.

M.

Macarius [S.] 17. e. Quinquaginta millium monachorum pater, 19. c.
S. Macharii martyris corpus, 122. b. Grandimontem transferunt, 132. d.
Macra Augia parthenon ordinis Cisterciensis, 317. a.
Madelinus abbas S. Sophiæ de Benevento, 980. b.
Magdeburgenses archiepiscopi Ædelbertus, 673. a. Tagenus, 669. d. 677. a.
Maginfridus miles S. Stephani, 656. a.
Magister Italiæ & Calabriæ princeps, 930. c.
Magni-loci abbas Armannus, 1209. c.
S. Maiolus abbas Cluniaci, 1189. c. Reparator monasticæ disciplinæ, 32. d. Ejus oratorium, 1200. a.
Majorevi Cartusia, 165. c.
Majoricarum episcopus Johannes-Baptista Campegius, 1391. e.
Majoricarum rex Jacobus, 131. e. 532. c.
Majoris-monasterii abbas Baidulus, 805. 808. c.
Malcolmus rex Scotiæ, 320. c.
Malmundarium monasterium, 836. d.
Mames seu Manes Hispanus, frater carnalis S. Dominici, 333. c. 487. c.
Manfredus rex Siciliæ interfectus, 179. e.
Manfredus vir doctus & pius, 250. b.
Manichæi sabbato jejunant & vetus testamentum damnant, 941. d.
Manliui seminarium erigit Palæotus, 1422. b.
Manso abbas Casinensis intrusus, 945. e. 946. c.
Mantellare sorores, 1312. a.
Mantellum S. Catharinæ Senensis, 1305. e.
S. Marcellus magister S. Bibiani, 761. c. A rege petit S. Bibianum ordinari episcopum, 763. b.
Marcolinus vir eximiæ sanctitatis, 387. c.
Marcus-Antonius Bobba cardinalis, 1436. b.
Marcus-Antonius Solonius episcopus Sotr, 1402. a.
Margarita regis Angliæ soror, 617. a.
Margarita uxor S. Ludovici regis Franciæ, 530. e.
Margarita virgo electa, filia regis Hungariæ, 384. c. 545. b.
Margaritæ Burgundæ, Guigonis delphini & Albonis comitis conjugis vita, 1201. Genus ejus illustre, 1203. a. Copulatur Guigoni delphino, ibid. Primo sterilis, deinde fœcunda, 1203. b. c. Mortuo viro suffragia procurat, 1203. d. Delphinensem comitatum quam strenue administrat, 1204. b. Præclaræ ejus animi dotes, 1204. c. d. Castitas, 1205. b. c. Divinis quam intenta, 1205. e. Ecclesias protegit, 1206. b. Monasterium virginum fundat, 1206. c. Filias suas in matrimonium collocat, 1207. c. Et etiam filium suum, cui etiam salutaria dat monita, 1207. d. e. Illius obitus, 1208. c. d. Exequiæ & suffragia ei procurat, 1208. e. d. In morbum gravem incidit, 1209. c. Filiæ ejus in eam sollicitudo, ibid. e. Ecclesiæ sacramentis se munit, 1210. b. Accersitis monialibus monasticam ab eis vestem recipit, 1210. d. e. Carnes & strata mollia recusat, 1210. e. Ejus obitus, 1211. b. Exequiæ, ibid. d. e. Epitaphium, 1213. a.
Margarita filia Ludovici comitis Flandriæ, uxor Philippi Audacis ducis Burgundiæ, 619. e.
Margarita vicecomitissa Lemovicensis, fun-

HUJUS VOLUMINIS.

datrix parthenonis S. Patrulfi, 527. d. 539. e.
Margarita virgo pia, 386. a.
B. Mariæ consecratæ basilicæ Florentinæ, 590. b. & seq.
B. Mariæ officium ab Urbano II. institutum, 159. d.
S. Mariæ missa solemnis celebranda diebus sabbati apud S. Victorem, 277. e. & seq.
Maria de Nivella virgo sanctissima, 329. b.
Maria regina Franciæ, 1233. b.
Maria filia Caroli ducis Burgundiæ nupta Maximiliano, 630. b.
Maria filia Engueranni de Codiciaco, uxor Henrici *de Bar*, 603. a. Patris sui fundationem approbat, 603. e. Ludovico Aurelianensi duci vendit Codiciacum, &c. 604. a.
Marianus episcopus, 592. b.
Marianus episcopus Cortonensis, 567.
Marianus Soccinus jurisconsultus insignis, 1390. c. 1392. b.
Marienverde monasterium Præmonstratensium, 198. e.
Marina de Contarenis de Pœnitentia S. Dominici, 1294. a.
Marinus Benvenutus vir doctus, 1431. c.
Maronitarum collegium Romanum, 1422. c.
Martialis Auriberti magister ord. Prædicat. 343. b. 390. d. 391. b. 392. a.
Martinus IV. papa, 369. e.
Martinus papa Florentiam interdicit, 589. e.
Martinus prior Cartusiæ, 178. d.
Martinus Apzilcueta juris pontificii doctor, 1437. c.
S. Martini Landunensis abbates Walterius, 286. c. Fit episcopus, 290. c. Warinus, 290. c.
S. Martini de Limoso ecclesia data Pruliano, 438. c. 439. c.
Martyres ex ordine Prædicatorum, 338. a. & seq. 351. b. c.
Martyrologium Autissiodorense, 685.
Martyrologium Bedæ, 635. 637. a.
Martyrologium Corbeiense, 633.
Martyrologium Gallicanum, 635. 658. b.
Martyrologium Gellonense, 633.
Massiliæ episcopus Guillelmus Sudre, 337. d. 432. c.
Mathildis imperatrix, 110. d.
Mathildis comitissa, 678. b.
Mathildis comitissa Landrici conjux, 734. c.
Mathurinorum ordo, 62. c.
Matthæus Ursini cardinalis, 337. b. 386. e.
Matthæus primus abbas ordinis Prædicatorum, 333. c. 401. d. 403. c. 457. b. 549. c.
Matthæus de Venetiis Camaldulensis, 1287. b.
Matthæus Cenni vir pius a S. Catharina Senensi sanatus, 1341. a.
Matthæus de Monmorentiaco, 225. a.
Matthæus camerarius, 140. c.
Matthæus miles de Munellis, 224. d.
Maureola mater S. Bibiani episcopi Sanctonensis, 761. c.
Maurinennensis episcopus Willelmus, 171. d.
Maurinus episcopus Autissiodorensis, 715. a.
Mauritius episcopus Parisiensis, 236. a. 246. d. 247. c. Ejus epistola ad Willelmum archiepiscopum Senonensem, 253. e.
Mauritius pater Petri Venerabilis, 1189. c.
S. Maurus, 23. e.
Maximilianus imperator, 629. c. 630. a. Francos vincit prope Morinum, 630. a.
Medericus abbas Æduensis, 33. b.
Mediolanensis & Bononiensis ecclesiæ conjunctio, 1414. a. c.
Mediolanensis archiepiscopus Fridericus Borromæus, 1424. b. 1429. c.
Meldensis episcopus, 249. c. 250. c. 251. c.
Mellenti comites Galerannus, 225. a. Robertus, 103. a.
Melotes pellis caprina, 10. a.
Mendacium vitandum, 199. b. & seq.
Mendicantium ordinum commendatio, 76. a. Privilegiis suis non debent abuti, 76. b. Contra eos bulla Innocentii IV. 357. a. Revocatur ab Alexandro IV. 377. d.

Meduntensis ecclesiæ abbas rex, 269. b.
S. Mennæ eremitæ acta translationis, 979. a.
Mercator magister prædonum, 1113. a.
Mercurius martyr, 827. d. Ejus passio, 743. b. & seq. Constituitur dux exercitus Decii, 745. a. Eum hortatur angelus ad præliandum pro Christo, 745. c. Pia patris sui monita mente revolvit, 745. e. A Decio accersitur, 746. e. Apud eum accusatur quod sit Christianus, 747. b. Conjectus in carcerem ab angelo confortatur, 747. c. d. Tormentis applicatur, 747. c. Divinitus curantur ejus vulnera, 748. c. Novis tormentis cruciatur, 749. c. Mortis sententia in eum pronuntiatur, 750. b. & seq. Ejus corpus in exercitu delatum, 751. b.
S. Mercurii monasteria, 891. d. 897. d. 911. e.
S. Mercurio ædificata ecclesia apud Quintodecimum, 753. b. Ejus corpus ibidem latet per multos annos, 753. e. Transfertur in Beneventanam S. Sophiæ basilicam, 754. b.
S. Michaëlis de Clusa monasterium fundatum a proavo Petri Venerabilis, 1200. d.
Michaël Ghislerius cardinalis fit papa Pius V. 1397. c.
Michaël abbas Pratellensis, 105. e.
Michaël generalis minister Minorum, hæreticus, 80. c.
Michaël de Andegavis Carmelita, vir doctus, 61. a.
Michaël S. Dominici discipulus, 457. c.
Michaël Chærosphactes vir illustris misere perit, 878. b. & seq.
Miledeburgensis abbas Ægidius, 301. b.
Milo episcopus Beneventi, 113. b. 113. d. 1115. a. 1045. 1052. a. 1061. c. e. Antea decanus Parisiensis, & postea archiepiscopus Beneventi, 1054. e.
Milo Crispinus cantor Beccensis, 93. 95. b.
Mimatensis episcopus Anglicus Grimoaldus de Grisaco, 194. e.
Minorum ordinis origo, 70. e.
Miracula in Cartusia fieri prohibita, 178. a.
Miracula facere prohibetur S. Stephanus Grandimontensis, 117. d. 1071. c.
Missæ frequens celebratio commendatur, 187. c.
Missa in privata domo celebrata, 1272. b.
Moisiacensis abbas Bertrandus de Monteacuto, 463. b.
S. Monæ reliquiæ, 1414. b.
Monachus quid & quod opus ejus, 939. c. Est angelus aut dæmon, ibid. e.
Monachi soli non debent iter facere, 934. e.
Monachorum Ægyptiorum elogium, 18. a. & seq.
Monachi in ecclesia Cantuariensi, 55. e.
Monastica professio baptismus, 927. e.
Monasteriensis episcopus Egebertus, 1020. d.
Monasteriorum multiplicatio nociva, 1180. c.
In monasterio falsus frater quasi satan in paradiso, 5. a.
Monasteriotum reformatio, 93. a.
Monasteria monialium ordinis Prædicatorum, 540.
Monasterium Absiæ, 99. d. S. Agathæ Tusculanum, 953. a. Allodium, 994. d. S. Anastasiæ, 922. b. 928. e. S. Anastasii Romæ, 49. c. S. Andreæ ad radicem montis Syraptis, 162. c. S. Augustini Lemovicensis, 117. b. S. Aviti canonic. regul. 991. a. Aureæ-Petræ, 841. d. Beneventum, 1000. c. e. Bibio, 994. d. 995. a. Bornetum, 995. d. Buscavium, 996. b. Caduinum, 994. d. 999. c. Caroli-loci, 50. d. Cari-loci, 1199. a. Casæ-Dei, 1100. d. Gastellani, 914. d. Castellariæ, 994. d. 1000. c. Castellii, 906. a. Castri-Nantonis, 232. c. Celsiniacum, 1189. c. Clara-Vallis, 48. b. 49. d. 999. a. Conchensæ S. Fidis, 1199. d. De Corona, 472. d. *Dalon*, 994. d. Dou, 237. c. Domina, 1189. e. Filiæ-Dei, 317. a. Fontis-Johannis, 257. c.
Monasterium S. Gereonis, 1015. d. Grandis-Silvæ, 459. c. 994. d. 1000. b. De

Haiis, 1201. b.
Monasterium S. Johannis de Cola, 474. b. Iusula Gorgonæ, 1304. a. 1305. b. Lavenna, 1293. c. S. Laurentii Gratianop. 155. c. Luxoviense, 27. d. Malmundarium, 836. d. Magni-loci, 1100. d. S. Mariæ de Gratia prope Papiam ordinis Cartusiensis, 1369. e. 1404. c. d. Beatæ Mariæ de Macra Augia, 317. a. *Marienverde* ordinis Præmonstratensis, 198. a. Marciniaci, 1190. b. 1100. d. S. Martini a Campis præbendam habet in ecclesia Parisiensi beatæ Mariæ, 225. a. c. S. Michaëlis de Clusa, 1100. *Monichausen*, 137. e. Montis-Dei Cartusia. 169. c.
Monasterium S. Nazarii, 892. c. 895. b. Nicolai in portu Spartano, 819. c. Oyense, 799. c. 802. b. & seq. S. Pancratii, 1198. c. S. Quintini prope Bellovacum, 228. a. e. Radolicense, 27. a. 1194. a. Scalæ-Dei, 1017. d. Serpertis, 952. c. Solemuiacum, 1103. c. S. Sophiæ Beneventi, 756. c. Tutillense in Navarra 132. d. Turris, 159. b. Tutio, 994. d. Vallis-Lucion, 958. c. 946. e. Vizelincum, 1189. c. 1198. c.
Monasterium Urbevetanum Benedictinatum transit ad moniales S. Dominici, 343. d.
Moneta famosissimus theologus ordinis Prædicatorum, 347. d.
Monetæ in tunica & lecto obit S. Dominicus, 339. b.
S. Monica S. Augustini mater, 21. c.
Montis Letherici ecclesia data Longi-pontis monachis, 229. b.
Montis Senarum situs, 573. a.
Moraviensis episcopi Alexander, 321. c. Andreas, 321. d. Henricus, 323. a.
Morinensis episcopus Ademarus, 619. a. Jacobus, 613. c. Raimundus, 616. c. 617. c.
Mori in cinere & cilicio moris est Christianorum, 1105. c. 1111. a. 1115. a. 1117. c.
Mori decet monachum in oratorio, 934. c.
Mortuorum lotio, 967. d.
Motharii sacerdotis epitaphium, 817. b. c.
Motus terræ ingens, 919. a. b.
S. Mummoleni caput, 626. c.
Munio magister ord. Prædicatorum, episcopus Palentinus, 340. e. 370. a. 409. b.
Mutinæ episcopus Ægidius Fuscarsarius, 1394. b.

N.

Naboris & Felicis [SS.] reliquiæ, 1414. b.
Nannes Vanni a S. Catharina Senensi conversus ad Christum, 1265. b.
Nannetensis episcopus Simon, 342. d. 417. a.
Nantildis regina, 816. d.
Narbonensis archiepiscopi A. 439. c. 440. b. Berengarius, 438. c. 439. b. 441. d. 442. a. Guido Fulcodii, 506. b. Petrus Amelius, 339. a. c. 443. b. 444. a.
Navarræ reges Henricus Borbonius, 1425. b. Ludovicus, 139. e. Theobaldus, 122. b. 1217. c.
Neocastri episcopus Johannes Antonius Facchinettus, 1394. b.
Nevius Landocci S. Catharinæ Senensi devotus, 1264. c. Ab ea sanatus, 1358. c. De ea scribit, 1278. c.
Nili duo celeberrimi inter monachos, 888. Nili junioris vita, 889. Patria, 889. d. Pueritia, 890. c. Incidit in laqueum diaboli, & ex puella filiam gignit, 891. a. b. In monasterium se recipit, 891. c. Præsidis edictum ne recipiatur in monachum, 892. a. A Saracenis capitur, 892. c. Præclarum Nili ad eos responsum, 843. a. Ab illis servatur illæsus, 893. b. Saracenia in eum pietas, 893. c. A suscipienda vita monastica dæmon eum avertere conatur, 894. b. In monasterio admissus ut se gesserit, 894. d. Dignitates aversatur, 894. e. Mira ejus abstinentia, 895. b. c. Scribendis libris diem agit, ibid. 901. b. Amico persuadet vitam monasticam, 895. e. Apostolicam & propheticam imitatur,

INDEX RERUM ET VERBORUM

895. b. Prædicit regulo crudeli proximum interitum, 897. b. Revertitur ad Mercurii monasterium, 897. d. S. Nili obedientia, 898. b. Humilitas, 898. c. A SS. apostolis Petro & Paulo docetur, 899. c. In speluncâ habitat, 900. c. Ab infidelibus & tyrannis honoratur, 900. c. 913. a. Plures dies abstinet a cibo, 901. c. 902. d. Labori & contemplationi vacat, 901. c. Qualis ejus cibus, 902. b. Noctem pene insomnem in recitandis psalmis transigit, 903. b. Vestis ejus saccus e caprarum velleribus contextus, 903. c. Tentationibus ut resistit, 904. a. & seq. Romam orationis causâ pergit, 904. e. Sociuм ægre admittit, ac vitæ severioris impatientem abire persuadet, 905. c. & seq. A dæmone exterius vexatur, 906. b. A Phantino visitatus ægrotans ducitur ad monasterium, 906. d. In antrum reversus a dæmone vexatur, 907. c. Inflictum illi vulnus divinitus sanatur, 908. b. Lucam S. Phantini fratrem constituit monasterii rectorem, 909. c. Stephanum discipulum verbis duris & increpationibus probat, 910. e. Georgius vir nobilis Nili fit discipulus, 913. d. Injustè damnatum suâ prudentiâ à cruce liberat, 915. d.

S. Nili plures fiunt discipuli, 916. b. Sibi detrahentes mansuetudine mitigat, 916. c. Fratres extra monasterium comedentes divinitus agnoscit, 917. d. Item quod mulier eo absente ingressa sit ecclesiam, 918. a. Cum aspide magis quam cum feminâ conversari eligebat, ibid. Camissæam suum olim magistrum monet ut divitiis dimissis agat pœnitentiam, 919. d. Discipulorum probat obedientiam in excisione vineæ, 921. b. & seq. Præparatus ad mensam pisces dat pauperi, 922. a. Virginum monasterium instituit, 922. d. Visitatus à metropolitâ & aliis divinum eis incutit timorem, 922. c. Propositas de scripturis difficultates solvit, 923. c. Oblatam medicinam recusat, 925. b. Et loqui de Deo cum Judæo, 925. c. Irridentibus vestem monasticam prædicit futuram ultionem, 926. a. Recusat fieri procurator bonorum Basilici, 928. c. Polieucti ducis filium à dæmone liberat, 929. b. & seq. Russanis tumultuantibus veniam impetrat, 930. c. In itinere diaboli fraude vulnere accepto ab angelis sanatur, 931. c. 937. c. Oblatas sibi pecunias recusat, 931. c. 937. c. Et monasterium quod sibi Coctonectes eunuchus construere cupiebat, 934. a. & seq. Solus in itinere, nec fratres ejus soli ambulabant, 934. e. Archiepiscopatum Rossanensem recusat, 935. b. Tres ex ejus discipulis à Saracenis detenti ejus intuitu cum muneribus dimittuntur, 936. c. Humanam gloriam fugit, 938. a. b. In Casinensi monasterio summo cum honore excipitur, 938. b. Ad monasterium Vallis Lucion deducitur, 938. c. In Casinensi vigiliis celebrat more Græcorum, 939. b. Varias solvit monachorum quæstiones, 940. b. & seq. Avaræ principissæ pœnitentiam respuenti prædicit filii interitum, 942. c. Nepotem proprium delinquentem etiam morientem videre non vult, 944. b. Furem captum libertate donat & equo quem furatus fuerat, 945. a. & seq.

S. Nilus abbati Casinensi quæ futura erant prædicit, 946. c. Relictâ Valle Lucion transit ad locum minus commodum, 946. e. 947. d. Vixit annis centum quinque minus, 948. a. Fœminarum congressum & optimatum vitat, 948. c. Oblata sibi à rege refugit, 951. c. Nesciri studet, 952. c. Romam profectus apud Tusculanum sedem figit, 952. e. Ejus obitus, 953. d. Exequiæ, 955. b. Hymnus ad B. Nilum, 956. b.

Nicephorus Phocas imperator, 840. a. 852. b.

S. Nicolai translatio Barium, 1051. b. e.

S. Nicolai monasterium in portu Spartano, 879.

S. Nicolaus de Tolentino, 63. c.

Nicolaus papa III. 369. d. 409. a.

Nicolaus papa IV. 72. c. 340. c. 370. b. c. 371. c.

Nicolaus papa V. 91. d. c. 395. a. 626. b. d.

Nicolaus de Farinula confessor regis Franciæ, cardinalis, 337. a. 375. d.

Nicolaus de Neapoli cardinalis, 337. d. 386. d.

Nicolaus de Prato cardinalis & episcopus Spoletanus, 336. c. Deinde Hostiensis, 373. b. 377. b. 455. c.

Nicolaus Roselli cardinalis, 337. c.

Nicolaus de Saturnino cardinalis, 337. c.

Nicolaus de Tarvisio cardinalis, 336. d. Ex magistro ordinis Prædicatorum factus papa Benedictus XI. 341. a. 371. c. 411. a.

Nicolaus de Pelvé archiepiscopus Senonensis, 1394.

Nicolaus Tutricella episcopus S. Agathæ, 1402. a.

Nicolaus Sfondratus episcopus Cremonensis, 1394. a.

Nicolaus abbas Viconiensis, 310. a. Recusat cardinalatum, 310. c.

Nicolaus prior Viconiensis, 295. c. 297. c.

Nicolaus de Apuleâ five de Nuncenna ord. Prædicatorum, 1257. c.

Nicolaus Aretinus Servita, vir doctus & sanctus, 586. c.

Nicolaus de Goram vir doctus, 371. b.

Nicolaus de Guideronibus vir ditissimus, & S. Catharinæ Senensi devotus, 1281. b.

Nicolaus de Engelsberto eques, 318. d.

Nicolaus Jolde nobilis de Perusio capite damnatur, 1266. c.

Nicolaus de Lyrâ, 74. d.

Nicolaus de Monte Mauritii ordinis Prædicatorum, prior Lemovicensis, vir sanctus & doctus, 468. b.

Nicolaus Philippi S. Catharinæ Senensi devotus, 1281. c.

Nicolaus de Prato vir nobilis S. Catharinæ Senensi devotus, 1287. c.

Nicolaus protospatharius, 923. c. 926. 2.

Nicolaus de Trevet, 382. c.

S. Niconis Metanoitæ vita, 838. Patria & parentes, 840. a. Qualis fuerit puer, 840. b. Patriam & omnes relinquit possessiones, 840. e. Fit monachus in monasterio Aureæ-Petræ, 841. d. In quo humilibus officiis inclinavit spatio exercetur, 842. c. Cibus ejus quam parcus, 842. e. Vigiliæ, 843. b. Et virtutes, 843. c. Vestium vilitas, 843. e. In cellulâ aliorum more exercetur, 844. a. Lacrymarum ejus causæ, 844. e. Angelicam vitam ducit, 845. d. e. Perquiritur a patre carnali, 845. c. Quanta per Niconem Deus sit operaturus agnoscit per visum ejus præpositus, 846. b. Abbatis ad eum abeuntem oratio, 846. d. Discedit e monasterio, 847. c. Parthenium flumen miraculo trajicit, 848. b. Patrem frustrà transmittere conantem ex alterâ ripâ salutat, 849. b. & seq. Per deserta pœnitentiam prædicat, 850. b. A latronibus & dæmonibus vexatur, 850. d. Cretam insulam ad rectam fidem convertit, 852. b. & seq. Ejus prædicandi modus, 852. d. e. Cretensium erga eum veneratio, 853. b. Photina martyr ei apparet, 853. d. Ejus templum restaurat, 854. a. Epidaurum navigans insidias patitur a nautis, 854. b. & seq. Athenas petens vaticinatur & navigium servat, 854. e. Athenis prædicans à civibus honoratur, 855. c. d. Eubœam applicat & prædicat, 855. e. Miracula patrat, 856. b. & seq. Thebis concionatur, 857. b. Item Corinthi, 857. c. Argos petens Eoorienses agricolas docet, 857. c. Futura prædicit, 858. a. Suspensus in aëre ambulat, 858. c. Doriensium urbes lustrat, 858. e. Ægrotantes majorem habitum suscipit, 859. b. Fontem ictu virgæ elicit, 859. c. Lacedæmoniorum legatione evocatur, 859. e. Spartæ sedem figit & pestem

ac Judæos ab urbe pellit, 860. b. 862. c. Templum construit, 861. a. 864. c.

S. Nicon a Johanne Arato malè tractatur, 862. a. Qui malignitatis suæ pœnas dat, 863. a. Ingens saxum leve reddit, 865. c. Vinum acidum in melius mutat, 865. e. Columnam templi fractam precibus resarcit, 865. c. d. Gregorius prætor Niconi injurius paralysi corripitur, 866. Veniam petens sanatur, 866. c. Basilium Apocaucum prætorem morbo & timore Bulgarorum liberat, 867. c. & seq. Ejus baculus noctu radiat, 868. a. Malacenus a calumniâ apud imperatorem ejus precibus liberatur, 869. a. & seq. Niconis imago divinitùs expressa in tabulâ, 870. a. & seq. Obitum suum ante prænoscit, 871. a. Suos ante mortem hortatur, 871. b. & seq. Obit, 872. c. & seq. Sepelitur ab episcopo, 873. a. Miracula post ejus mortem, 873. c. Calomnearum erga eum religio, 875. c.

Nivernenses episcopi Heriveus, 715. b. Hugo, 703. c.

Nivernensis comes factus conversus apud Cartusianos, 39. a.

Nivelo episcopus Suessionensis, 1215. c. 1216. c.

Nivelon miles, 701. d.

S. Norbertus institutor Præmonstratensium, 53. b. 285. e. Magnus prædicator, 1015. c. 1017. c.

Norgaudus episcopus Ædnensis, 702. a.

Norgaudus miles S. Stephani, 716. b.

Normanniæ duces Guillelmus, 35. d. Henricus, 105. d.

Novatus hæreticus, 84. c.

Novitius Cartusianus de ordinis asperitate tentatus, 190. b. c.

Novitius ordinem deserere volens, a dæmone corripitur, 1195. d.

Nurembergense monasterium Cartusianum, 198. b.

O.

Obasinæ abbas Geraldus, 502. b. 505. c. Obertus miles, 706. a. d.

Octaviani cardinalis SS. Sergii & Bacchi, 120. a. 1092. d.

Octavianus antipapa, 170. c.

Octavius Farnesius, 1390. b. 1434. a.

Oderisius abbas Casinensis, 792. b.

Odilo abbas Cluniacensis, 33. b. 686. a. 1189. a.

Odo monachus Cluniacensis factus papa Urbanus II. 31. a.

Odonis cardinalis epistola ad Ervisium abbatem S. Victoris, 245. d.

Odo Cantuariensis archiepiscopus, 33. a.

Odonis episcopi Parisiensis privilegium pro S. Victore, 268. a.

S. Odo abbas, 1169. b.

S. Odo abbas Cluniacensis, 30. a. 1189. a.

Odo abbas S. Genovefæ, 234. d. c. 236. a.

Odo prior S. Martini à Campis, 215. c. 228. c.

Odo S. Dionysii monachus, 711. c.

Odo præceptor S. Stephani, 716. c.

Odo miles dat Crevenum canonicis Autissiodori, 695. b.

Odoardus Gualandus episcopus Cæsenatus, 1436. c.

Officium B. Mariæ in concilio Claromontensi impositum clericis, 31. b.

Officium B. Mariæ recipiunt Cartusiani, 159. d.

Oignacensis monasterii fundatio, 527. c.

Olckia quid, 224. e.

Oliverius Brito vir doctus, 371. b.

Oratio quomodo fieri debeat, 1155. d.

Orationes devotæ S. Thomæ Aquinatis, 562. d. & seq.

Orbacensis abbas Willelmus, 1215. c.

Orcadensis episcopus Robertus Reyd, 326. d.

Ordines gratis conferendi, 276. c.

Ordinatio sacerdotis ante annum 25. illicita, 1213. c.

Ordines varii sub regulâ S. Benedicti, 25. b.

Ordo

HUJUS VOLUMINIS.

Ordo Cælestinorum, 78. e. Ejus regula, 79. b.
Ordo S. Johannis Jerosolymitani, 54. a. Hujus ordinis tria sunt professorum genera, 54. b.
Ordo novorum militum in Portugallia, 80. e.
Ordinis Minorum origo, 70. e.
Ordo de Pœnitentia S. Dominici, 349. a.
Ordinis Prædicatorum origo, 67. e. Dilatatur, 349. c. Ejus elogium, 519. c. Reformatur, 387. a.
Ordo Salvatoris five S. Brigidæ, 82. c.
Ordo Servorum B. Mariæ, 373. d.
Ordo Teutonicorum, 62. b.
Ordinis Vallis-Scholarium origo, 64. e.
Orietta Scota nobilis matrona Januensis, 1358. d. 1374. d.
Osculum fratribus exhibitum ante exitum ab infirmo, 164. b.
Ostiensis episcopi Guillelmus *Sudre*, 337. d. Hugo de Bilonio cardinalis, 336. c. Nicolaus de Prato, 455. c. Nicolaus de Tarvisio, 336. d. Petrus de Tarentasia, 336. b.
Oswaldus archiepiscopus Eboracensis, 33. a.
Otto I. imperator pius, 33. c. 86. b. 671. c.
Otto II. imperator, 33. c. 678. b.
Otto III. imperator, 33. e. 669. c.
Otto IV. imperator, 63. b. 296. c.
Otto dux, 677. c.
Otto Burgundiæ marchio, 692. e.
Oxomensis episcopus Didacus, 346. b. 397. d. 398. e. 399. a. 437. a.
Oyensis abbatia construitur, 799. c. & seq. A Normannis destruitur, 802. b. Restauratur ab Emma comitissâ, ibid. d. 794.

P.

Pachomius, [S.] 19. d. Ejus regula, 19. e.
Pœnitentia pro homicidio ab episcopo injuncta, 943. a.
Paganus vir doctus, 382. d.
Palæotus cardinalis, Vid. Gabriel Palæotus.
Palentinus episcopus Munio, 340. e. 370. a. 409. c.
S. Pancratii cella Cluniacensium in Anglia, 1198.
Pandulfus princeps Capuanus, 938. b. 942. b. 945. e.
S. Pantaleonis abbas Radulfus, 1015. a.
Paphnutius S. Antonii discipulus, 17. e.
Parisienses episcopi Aimericus, 274. e. Fulco, 273. c. Galo, 219. c. 223. e. Guillelmus, 636. Mauritius, 236. a. 246. d. 247. e. Odo, 268. a. Petrus, 267. c. Stephanus, 383. c. Theobaldus, 225. c. c. 229. e.
Parochia non reputatur ubi non sunt decem Parochiani, 427. b.
Parthenius consanguineus S. Apollinaris, episc. Gabalitan. 782. d.
Paschalis II. papa, 88. c. 163. b. 1015. b.
Paschalius episcopus Burgensis, 343. a.
Paulinus S. Benedicti discipulus, 792. a.
Paulicę monachi in Hungaria orti, 214. b.
S. Pauli translatio, 659. c. 689. b.
S. Paulus primus eremita, 17. c.
S. Paulus Simplex, 17. c.
Paulus papa II. 392. e.
Paulus III. papa, 1390. a.
Paulus papa IV. 1392. a. 1423. b. Ejus obitus, 1393. a.
Paulus Æmilius Verallius episcopus Caputaquensis, 1436. c.
Paulus de Monella episcopus Chii, 394. a.
Paulus diaconus Casinensis, 792. b.
Paulus præpositus monasterii S. Nili, 953. c.
Paulus ordinem Prædicatorum dilatat in Hungaria, 350. e.
Pauli Florentini dialogus de origine ordinis Servitarum, 567.
Paulus Servita, scriptor vitæ Joachini Servitæ, 570. a.
Paulus de Roma ord. Prædicatorum, papæ pœnitentiarius, 1281. c.
Paulus Pauli de Senis, rector majoris hospitalis de Scala, 1284. d.

Paulus de Soncino vir doctus, 392. e.
Pauperes de Lugduno, 80. e. Eorum hæresis quando incœperit, 56. c.
Paupertas a viris religiosis exquirenda, 572. c.
Pax Atrebatensis, 614. e.
Pelagius papa, 24. c.
Percevallus *de Dureval* miles, 600. e.
Peregrinus Fabius Bononiensis, Rotæ Romanæ duodecimvir, 1392. a.
Peregrinus Servita vir sanctus, 580. e.
Perjurium punitur, 1029. d.
Persecutiones sunt justorum, 1089. c. & seq.
Pestis ingens, 803. d. Per orbem; 385. b. Senis, 1265, e. Meritis S. Sebastiani dissipata, 273. e.
Petragoricenses episcopi Ademarus, 120. d. 1094. b. Petrus de S. Asterio, 467. d. c.
S. Petrus martyr ord. Prædicatorum, 69. c. 338. a. 316. b. 373. d. 592. c. Instituit Mediolani monasterium de Vinea in quo jacet, 545. a. Sanctorum albo inscribitur, 336. c. Ejus translatio, 384. c.
S. Petrus Cælestinus, 78. d.
S. Petri Tarentasiensis cilicium, 317. b.
Petrus de Tarentasia archiepiscopus Lugdunensis & cardinalis, postea Innocentius V. papa, 69. a. 336. b. 367. d.
Petrus de Corbario antipapa, 89. a.
Petrus cardinalis Hispaniæ, fundator parthenonis S. Praxedis prope Avenionem ord. Prædicat. 541. a.
Petrus Leonis cardinalis, 116. b.
Petrus de Leo cardinalis, 1062. a. 1068. c. Antipapa, 88. e.
Petrus Vasculus archiepiscopus Burdigalensis, 472. d. 473. b.
Petrus de Candia archiepiscopus Mediolanensis, 388. b.
Petrus Amelii archiepiscopus Narbonensis, 339. a. 399. c. 443. b. Confirmat Pruliano ecclesiam S. Martini de Limoso, 444. a.
Petrus de Corbolio archiepiscopus Senonensis, 271. c.
Petrus episcopus Amalphitanus, 972. c. 975. d. 976. b.
Petrus Aniciensis episcopus reformat monasterium de Doa, 237. c. & seq.
Petri episcopi Parisiensis diploma pro sancto Victore, 267. e. Litteræ de missa solemni B. Mariæ sabbatis celebranda, 277. d.
Petrus de S. Asterio episcopus Petragoricensis fundat conventum Prædicatorum, 467. d. 474. b. Fit religiosus, ibid d.
Petrus episcopus Pictaviensis, 994. a. 1002. a.
S. Petrus Thomæ Carmelita, episcopus Pictavensis & patriarcha CP. 61. a.
Petrus episcopus Regensis, 538. b.
Petrus de Alamanone episcopus Sistariensis, 533. c. 537. c. 538. d.
Petrus de Casa ex generali Carmelitarum episcopus Vasionensis, deinde patriarcha Jerosolymitanus, 60. e.
Petrus Venciensis episcopus, 538. b.
Petrus ab *Affry* abbas Altæ-ripæ, 314. d.
Petrus abbas Beccensis, 106. b.
Petrus Venerabilis Cluniacensis abbas, 164. c. Ejus vita, 1187. a. Parentes, 1189. c. Litteris instruitur in Celsinienti cœnobio, 1189. d. In Vitiliacensi cœnobio litteras docet, sicque custos ordinis, ibid. e. Prior de Domina, 1189. e. Eligitur abbas Cluniaci, 1190. c. Ejus præclaræ dotes, ibid. d. Qualis erga fratres suos extiterit, 1190. e. Ei confiteri ambiunt, 1191. a. Ejus in pauperes misericordia, 1191. b. Leprosorum domos facit, ibid. Nudum propria veste induit, ibid. c. 1197. e: Sacræ lectioni deditus erat, 1192. a. Circa exteriora sollicitus ecclesiam ædificavit, 1192. b. Zelus ejus pro ordine, 1192. c. Regibus & principibus carus, 1192. c. Innocentium II. Cluniacum deducit, 1192. e. Ubi ecclesiam consecrat, 1193. a. Papam ad regis curiam deducit, ibid. Ejus scripta, 1193. c. Virginum monasterium condit, 1193. e. Miraculis coruscat, 1194. a. & seq. Cellas visitat, 1194. a.

Henricum I. Anglorum regem à tormentis liberat, 1198. a. Discipulum a febre quartana liberat, 1198. d. In Hispaniis moratur, 1199. d. Singulis annis ad Cartusianos pergit, 1200. e. Obit in die natalis Domini, ut optaverat, 1200. e.
Petrus abbas Grandimontensis, 1132. c.
Petrus de Restis abbas S. Sepulcri vulgo S. Lanfranchi, 1381. e.
Petri Ducis abbatis S. Victoris electio, 274. e. De eo, 276. b. 277. d.
Petrus Fulcodii pater Clementis IV. papæ factus Cartusianus, 177. b.
Petrus Rochini magister ord. Prædicatorum, 343. a. 390. d.
Petrus de Palma magister ord. Prædicatorum, 343. a. 385. a. 434. e.
Petrus Adeberti prior provincialis ordinis Prædicat. 434. e.
Petrus de Brocatio prior provincialis ord. Prædic. 336. b.
Petrus Guidonis prior provincialis ordinis Prædicatorum, 432. b.
Petrus de Maricalmo prior provincialis ord. Prædic. 433. a.
Petrus de Mommasio prior provinc. ord. Prædicatorum, 455. b.
Petrus de Mulceone prior provincialis ord. Prædicatorum, 336. b. 427. a.
Petrus de Valenca prior provincialis ord. Prædicat. 424. c. e.
Petrus Ancharanius fundator collegii Ancharanti Bononiensis, 1390. b.
Petrus Bernardi V. prior Grandimontis, 118. c. 126. d. 1079. d.
Petrus de S. Christophoro III. prior Grandimontis, 118. a. 126. c.
Petrus de Causaco prior Grandimontis, 122. c. 133. a.
Petrus Celani vir sanctus, 333. d. Domos suas offert Tolosæ S. Dominico, 400. a. Fit prior conventus Lemovicensis, 456. d. 457. b. Missus a S. Dominico ad recipiendum conventum, 402. c. 463. d. Post S. Dominicum primus ordinis Prædicatorum, 464. e.
Petrus Franciscus prior Cartusiæ, 162. d.
Petrus Guidonis prior Carcassonensis, nepos Bernardi Cartusiani, 480. e.
Petrus Lemovicanus secundus prior ordinis Grandimontensis, 117. b. 125. c. 126. a. 1069. b. 1071. c. 1072. a. 1093. a. 1160. c. 1161. e. 1184. c.
Petri camerarii papæ epistola ad Garinum abbatem S. Victoris, 262. a.
Petrus *Albix* vir doctus & gravis, 1352. c. e.
Petrus de Clugio ord. Prædicat. 1269. b.
Petri diaconi Casinensis prologus in vitam S. Placidi, 792. a. Ejus genus illustre & opera, 786. Prologus ejus in librum de locis sanctis, 789. d. De vita & ortu justorum Casinensis cœnobii, 791. c.
Petri Divensis libellus de gestis abbatum Beccensium, 93.
Petrus Faverii magnæ religionis monachus, 182. d.
Petrus Petragoricus canonicus regularis S. Victoris, 256. a. 257. a.
Petrus Servita vir sanctus, 586. a.
Petrus rex Aragonum, 365. a.
Petrus Medicus, 567. Templum Annuntiatæ mirifice exornavit, 571. c. 574. a. 591. b. & seq.
Petrus de Bergomo vir doctus, 392. e.
Petrus Ferrandi vitam S. Dominici scribit, 404. e.
Petrus de Glana, 318. a. b.
Petrus Jeremiæ vir doctus, 390. b.
Petrus de Libiis miles, 600. e.
Petrus de Mala-morte vir nobilis, 506. a.
Petrus dominus de *Montsalvant*, 313. b.
Phantinus insignis monachus, 897. d. Visitat S. Nilum ægrotantem, & ad monasterium ducit, 906. d. Prædicit monasterii sui eversionem, 907. d. Nilum hortatur ad lectionem S. Damasceni, 908. b. Qui ab eo pœnitentiam petit, 908. b.
Philagathus archiepiscopus, 949. a. 952. e.
Philippa soror comitis Fuxensis, & uxor Arnaldi de Hispania, 526. b.

Vet. Script. & Mon. ampl. Collect. Tom. VI.

FFfff

INDEX RERUM ET VERBORUM

Philippa filia Engueranni de Codiciaco, uxor ducis Islandiæ, 603. a. d. 604 b. c.
S. Philippus Nerius, 1432. c. 1437. a.
Philippus archiepiscopus Bituricensis, 471. c. e. Benedicit cimiterium fratrum Prædicatorum Lemovicensium sede vacante, 464. d.
Philippus archiepiscopus Coloniensis, 118. d.
Philippus de Molendinis episcopus Ebroicensis, 275. d.
Philippus abbas, 491. b. 992. d.
Philippus abbas ecclesiarum regalium, frater Ludovici VII. regis, 228. c.
Philippi inter Servitas viri insignis elogium, 574. c. & seq. 592. b.
Philippus imperator a Decio occisus, 743. b. 744. b.
Philippus I. rex Franciæ, 218. a. 713. c.
Philippus II. rex Francorum, 118. e. 127. d. 419. b. 446. d. 457. e. 458. b. c. 1215. c. Ejus nativitas, baptismus & patrini, 253. d. & seq. Eum rogat Guarinus abbas S. Victoris, ut finem imponat dissidio Grandimontensium, 266. a. & seq.
Philippus IV. rex Francorum, 139. c. 454. a. 480. c. 518. b. Flandros vincit, 615. c. d. 615. b. Fundat parthenonem Poissiacensem in honorem S. Ludovici, 541. e. Ejus litteræ de fundatione illius parthenonis, 542. b.
Philippus Strabo rex Francorum, 615. e.
Philippus Valesius rex Francorum Flamingos vincit & comitem restituit, 616. a.
Philippus Audax dux Burgundiæ ducit Margaritam comitis Flandriæ filiam, 619. c.
Philippus dux Burgundiæ patris sui mortem ulciscitur, 623. c.
Philippus dux Burgundiæ Guillelmum Virdunensem episcopum abbatem S. Bertini instituit curat, 625. c. e.
Philippus dux Sueviæ, 296. c.
Philippus comes Flandriæ, 296. a. 625. b.
Philippus de Monte-forti, dominus terræ Albigesii, &c. 481. c. 487. d. 495. e. 496. e. Petis ab Alexandro IV. papa corpus sancti Vincentii pro fratribus Prædicatoribus, 488. a. Ejus obitus, 497. a. 498. b.
S. Photina martyr apparet S. Niconi, jubetque sibi templum instaurari, 853. c.
Pictavenses episcopi Calo, 1004. d. Grimoaldus, 996. a. 1003. c. Guillelmus, 997. c. 1000. b. 1094. b. Guillelmus II. Adelenius dictus, 1003. a. Petrus, 994. a. 1002. a. S. Petrus Thomæ, 61. a.
Pictura ex monasterio Vicoviensi ablatæ, 301. d.
Pipini regis Italiæ epitaphium, 816. e.
Pisciacensis monasterii fundatio in honorem S. Ludovici, 541. c. In eo debent esse moniales centum, 542. c.
Pius papa II. 343. b. 391. a. 627. c. Catharinam Senensem sanctorum albo inscribit, 1383. a.
Pius IV. papa, 1395. b. Concilium Tridentinum continuat, & ad illud mittit Gabrielem Paleotum, 1395. a.
Pius V. papa, 1405. c. Episcoporum residentiæ procurandæ plurimum laborat, 1398. a.
Placentiæ episcopus Hugo, 267. c.
S. Placidi Vita a Petro diacono descripta, 785.
Plania monasterium Grandimontense, 1079. a.
Plania cella Grandimontensium, 1169. c. 1178. c.
Podium Giberti monasterium Grandimontensium, 1075. c.
S. Polycarpi abbas R. 442. c.
Polyeuctus dux militiæ, 929. a.
Pontiniani monasterium Cartusiensis ordinis, 1304. c.
Pontius sacrista, deinde episcopus Caturcensis, 470. c.
Pontius abbas Cluniaci sponte dimittit abbatiam renitente papa, 1160. b.
Pontius frater Petri Venerabilis, abbas Virelaci, 1190. c.

Pontius Hispanus ord. Prædicatorum, pro fide peremtus, 338. d.
Pontius inquisitor martyr, 356. a.
Pontius de S. Ægidio prior provincialis ord. Prædic. 423. d. 492. e. 502. c.
Pontius de Sparra prior provincialis ord. Prædicat. 422. a.
Pontius decretorum doctor, vir sanctus, 189. d.
Pontius dominus de Bainagio, 1077. b.
Portarum Cartusia, 163. c. 170. c.
Porta Mariæ monasterium Cartusiensium, 198. b.
Portuensis episcopus Conradus, 441. e.
Posthumius abbas S. Antonii successor, 19. c.
Prædicatorum ordinis origo, 67. c. Eum instituit S. Dominicus, 346. a. & seq. Confirmatur, 401. b. 418. c. Ejus scopus, 345. a. Paupertas, 465. b. Renuntiat reditibus & possessionibus, 350. a. 403. a.
Prædicatorum fratrum brevis historia, 337. Cur dicti fratres Prædicatores, 334. c. 347. a. Habitus illorum, 334. c. 347. d. Eorum ordinem plures prælati sunt ingressi, 335. c. Summi pontifices inde assumti, 335. c. Cardinales, 336. a. Ordinis magistri, 338. c.
Prædicatorum ordo in octo provincias distributus, 350. b. 403. b. Deinde in duodecim, 352. b. Postea in viginti, 389. a.
Prædicatores Bononiæ instituti, 401. c. Constantinopoli, 501. e. Et in Pera, ibid. Parisiis in domo S. Jacobi, 401. d. Ibi primo cimiterium non habebant, 402. c. Quando scholas Parisiis habere coeperunt, 339. c. 551. d. Magistri qui sententias legerunt in universitate Parisiensi, 765. e. Conventus Parisiensis virorum illustrium omnium primus 352. d. Prædicatores suas constitutiones Parisiis edunt, 352. c. Fr Prædicatores apud multos infideles verbum Dei annuntiaverunt, 345. Camanos ad fidem convertunt, 351. a. Plures habent martyres, 351. b. c. Tolosa ab hæreticis fuerunt ejecti, 480. d. Albix persecutionem passi ab eis, 512. e. Eorum conventus evertunt Hussitæ in Bohemia, 381. a.
Prædicatores cur manu sinistra seipsos communicant, 379. c. & seq. Purgantur a crimine porrecti cum hostia veneni Henrico VII. imperatori, 376. d. & seq.
Magistri ord. Prædicat. Aimericus, 338. c. 341. c. 343. d. 376. a. 412. b. 419. e. 430. b. 543. a. Barnabas de Neapoli, 393. b. 341. c. 383. e. 413. d. 415. e. 432. a. Bartholomæus Comacius, 392. c. Bartholomæus Texerii, 343. a. 389. e. 435. c. Berengarius, 341. d. 376. b. 412. 430. d. Bernardus, 341. c. 371. e. 411. c. 428. c. 461. d. e. Conradus de Ast, 343. b. 391. b. S. Dominicus, 338. & 397. c. Elias Raymandi, 341. e. 385. d. 386. c. 417. a. 434. b. Ervens, 341. e. 382. a. 413. b. 415. d. 431. e. Garinus, 342. b. 385. a. 415. a. 416. c. Geraldus de Daumaro, 342. a. 384. e. 414. b. 416. c. Guido Flamochetti, 343. a. 390. e. Hugo, 341. e. 383. e. 384. c. 414. a. 416. a. 432. b. Humbertus, 340. b. 354. d. 363. b. 405. b. 407. e. & seq. 493. a. 531. a. Joachim Turrianus, 393. b. Johannes de Molendinis, 342. b. 385. a. 415. c. 416. c. 432. c. 433. a. Johannes Teutonicus, 339. c. 354. d. 405. a. 407. c. 408. a. 552. a. Johannes de Vercellis, 340. c. 363. d. 408. c. 424. d. 527. b. Jordanus, 339. e. 351. d. 352. a. 353. a. b. 403. b. 404. d. 405. c. 437. c. 551. b. 552. b. Leonardus de Mansuetis, 343. b. 392. a. Leonardus Staci, 343. a. 388. c. Martialis Auribelli, 343. b. 390. b. 391. b. 392. a. 416. b. Munio, 340. c. 370. a. 409. b. Nicolaus de Tervisio, 341. a. 371. c. 410. a. 342. c. Petrus de Palma, 342. a. 385. a. 414. d. 416. b. Petrus Rochini, 343. a. 390. d. Raimundus, 339. d. 353. c. Raymundus de Capua, 342. c. 385. c. 386. c. 387. a. Raimundus de Penna-

forti, 406. d. Salvus Cassetta, 343. c. 392. b. Simon, 342. c. 385. b. 416. d. Stephanus, 340. c. 371. a. 409. d. 427. b. 428. d. Thomas de Firmo, 128. c. 342. e. 387. b. 1282. b. Vincentius Bandellus, 392. c. 394. d. Merlinus vir doctus, 393. b.
Præmonstratensis ordo, 53. b.
Præmonstratensium laus, 7. c. Canibus in conventu non vescuntur, ibid. e. Sed pinguedo eis concessa, 8. a.
Prælatio quàm periculosa, 129. d. 130. e. & seq.
Pragmatica Sanctio, 109. a.
Pratellenses abbates Michael, 505. e. Vincentius le Lieur, 106. d.
Presbyteratus ordo anno ætatis 30. collatus, 762. b.
Processio post completorium in honorem B. Virginis in ordine Prædicatorum, 551. b.
Proclus S. Nili discipulus, vir sanctus, 918. d. e.
Procopius rusticus a S. Nicone sanatus, 880. e. & seq.
Proditio in regem detecta in Limosii villa, 479. c.
Proprietarius in morte ut sepeliendus, 1196. b. & seq.
Provinciales priores ordinis Prædicatorum in Saxonia, 352. b. 403. & seq.
Provinciæ comes Raimundus Berengarii, 530. e.
Prulianum virginum monasterium instituit S. Dominicus, 346. d. 389. b. Monasterii fundatio, 437. a. Observantia sancta, 438. a. b. Ipsi confirmat Romanus cardinalis donationem ecclesiæ S. Mariæ de Limoso, 443. a. Monasterion regit S. Dominicus, 451. c. Arnaldus Segueri, 453. b. Bernardus de Furnis, 453. c. Guillelmus Clareti prior Pruliani transfert ad Cistercienses, 452. c. Petrus Regis, 453. b. Raimundus Catalani, 453. a.
Psalterium litteris aureis scriptum, 1206. a.
Prolomæus consul Romanus, 787. c.
Pugna d'Azincourt, 622. c.
Pugna Curtracensis, 615. c.

Q

Quarta monasterium Grandimontensium, 1081. d.
S. Quintini de Monte abbas Johannes de Medon, 626. c.
S. Quintini monasterium prope Bellovacum, 228. a.
Quintodecimum civitas unde nomen accepit, 751. c. Diruitur, 752. b.
S. Quiriacus patriarcha Hierosolymitanus, 76. e.

R

Rado filius Authasii a S. Columbano benedictus, 26. d. 27. a.
Radoliense monasterium, 27. a.
Radulfus archiepiscopus Remensis, 219. b.
Radulfus archiepiscopus Rotomagensis, 108. c.
Radulfus abbas a Kenlos, 320. d.
Radulfus abbas S. Satyri, 258. c.
Radulfus abbas Viconiensis, 294. c. Ejus virtutes, 246. d. & seq.
Radulfi papæ pœnitentiaris epistola ad Meuandum canonicum S. Victoris, 269. d.
Radulfus constabularius, 240. b.
Ragusinus archiepiscopus S. Catharinæ Senensi devotus, 1289. c.
Ragusinus archiepiscopus Ludovicus Beccatellus, 1394. b.
Raimundus de Medullione archiepiscopus Ebredunensis, 536. b. 556. b.
Raimundus de Titio episcopus Basatensis, 435. d.
Raimundus de Roccozello episcopus Lodevensis, 486. b.
Raimundus episcopus Moxinensis, 616. b. 617. c.
Raimundus episcopus Tolosanus, 444. c.

452. a. 459. c. 507. b. Monialibus Pruliani confirmat ecclesiam Fani-Jovis, 449. c. Ejus obitus, 460. a.

Raimundus *Dolgas* nepos papæ & abbas S. Crucis Burdigalensis, 455. c.

Raimundus instituror ordinis S. Johannis Jerosolymitani, 54. a.

S. Raimundus de Peana-forti magister generalis ord. Prædicat. 353. c. 406. d. Factus pœnitentiarius & papæ confessor, 383. c. Ejus jussu corpus decretalium compilavit, 69. d. 354. a. Alia ejus scripta, 354. b. c.

Raimundus de Vineis a Capua, generalis ordinis Prædicatorum, confessor S. Catharinæ Senensis & vitæ scriptor, 342. c. 385. c. 386. c. 387. a. 1250. d. 1257. b. 1279 c. 1286. e. 1300. a. 1309. c. 1353. b. 1355. d. & seq. 1358. c. 1375. d. 1380. c. Ejus elogium, ibid. d. e. Ejus electionem prædicit S. Catharina Senensis, 1326. b. 1360. c. Argento includit brachium S. Catharinæ Senensis, 1276. c. Obit, 1361. c.

Raimundus de Conveniis provincialis ord. Prædicatorum, 419. d.

Raimundus de Durosorti prior provincialis ord. Prædicat. 432. c.

Raimundus de Falgario prior provincialis ordinis Prædicatorum, 420. b.

Raimundus Huaaudi prior provincialis ord. Prædicatorum, olim monachus Electi-osis, 427. d.

Raimundus comes Tolosanus, 460. d.

Raimundus Berengarii comes Provinciæ, 530. e.

Raimundus de Plantadio miles, sanatus ad tumulum S. Stephani Grandimontensis, 1070. d. e.

Rainaldus episcopus Apamiensis, 1094. b.
Rainaldus Casuensis diaconus, 792. d.
Rainaldus filius Stephani comitis Burgundiæ, 1203.
Rainaldus comes interfectus, 706. c.
Rainaldus filius Willelmi comitis interfectus, 714. e.
Rainardus miles, 719. b.
Rainerius abbas a Keulos, 320. c.
Rainerius Pisanus vir doctus, 531. d.
Raingardis mater Petri Venerabilis, 1189. c. Fit monialis, 1209. d.
Raioulfus comes Beneventanus, 980. b.
Rainutius Farnesius cardinalis Bononiensis, 1398. b.
Randesius monachus pius Casinensis, 794. b.
Ratisponensis episcopus Albertus-Magnus, 69. b. 360. b.
Ravennensis archiepiscopus Christophorus Boncompagnus, 1411. a.
Reformatio monasteriorum necessaria, 62. d. 93. a.
Reformatio Grandimontensium, 130. a. b. d. 134. c.
Reformatio ordinis Prædicatorum, 387. a. 389. c. 390 b. e. 396. b. 434. c.
Reformatio monasterii S. Victoris, 249. c. 250. d. & seq. 251. d.
Regensis episcopus Petrus, 538. b.
Reginaldus decanus Aurelianensis, 335. c. 347. e. Ordinem Prædicatorum intrat, 402. a. e.
Reginaldus S. Dominici discipulus, 1331. b.
Reginaldus post S. Dominicum vita & doctrina secundus, 549. c. 551. c.
Reginaldus ordinis Prædicatorum, sepultus in ecclesia B. Mariæ de Campis, 349. c.
Reliquiæ apud Grandimontem translatæ, 127. a.
Reliquiæ seu corpora sanctorum in exercitu delata, 751. b.
Regula fratrum & sororum de Pœnitentia B. Dominici, 370. b.
Reinwardus presbyter, 670. c.
Remenses archiepiscopi Guillelmus, 119. e. 1092. c. 1225. c. Radulfus, 219. b. Reolus, 1215. c.
Remigius episcopus Autissiodorensis, 698. a.
Remigius monachus egregius doctor, 702. a.
S. Remigii abbatiola, 700. e.

Remundus de Turena papæ Gregorii XI. nepos, 1373. e. V. Raimundus.
Reimundus Baudelii monachus Candelii, favens hæreticis laqueo se suspendit, 514. a.
S. Reoli Remensis archiepiscopi translatio, 1215. c.
S. Reparatæ virginis & martyris acta, 739.
Reservationes beneficiorum ortum habent sub Clemente VI. 616. e.
Residentia episcoporum, 1398. a.
Revelationes veræ sunt prophetiæ; falsæ, illusiones, 81. d.
Rhodi magnus prior, 54. e.
Richardus episcopus Autissiodorensis, 704. d. Ejus ordinatio, 699. a.
Richardus episcopus Biterrensis lepra affectus obit, 514. c.
Richardus abbas, 672. a.
Richardi abbatis Bristoliensis epistola ad Ervisium abbatem S. Victoris, 243. c.
Richardus *Marscheell* abbas Cultensis, 323. c.
Richardus abbas a Keulos, 321. b.
Richardus III. abbas a Keulos, 322. b.
Richardus prior S. Victoris, 234. d. 235. b. 236. d. 237. a.
Richardus Nepotis atchidiaconus Lexoviensis a rege deputatus ad inquirendum adversus inquisitores, 511. e.
Richardus comes, 699. d. 719. a.
Richardus Nortonus vicecomes Eboracensis vir catholicus, 1434. b.
Richardus *Chapeel* vir doctus, 369. b.
Ricoverus Servita vir sanctus, 578. e.
Rictiovarus, 834. a.
Risterius prior Cartusiæ, 179. b.
Robaldus S. Angeli cardinalis, 120. a.
Robertus de Gebennis, postea Clemens papa V.I. dictus, 83. a.
Robertus archiepiscopus Caduatiensis & cardinalis, 336. c. 367. c. 369. e.
Robertus Bellarminus cardinalis, 1436. c.
Robertus de Licio episcopus Aquinensis, 75. a.
Robertus episcopus Atrebatensis, 287. a.
Robertus episcopus Autissiodorensis, 691. b.
Robertus Clementis episcopus Hipponensis, 64. c.
Robertus episcopus Roffensis, 321. c.
Robertus episcopus Wapincensis, 530. c. d.
Robertus *Reyd* abbas a Keulos, episcopus Orcadensis, 324. e. 325. b. 326. d.
S. Robertus primus abbas Cistercii, 47. b.
Robertus *le Tellier* abbas S. Ebrulfi, 106. c.
Robertus abbas S. Evurtii, 242. c.
Robertus abbas S. Victoris, 267. b.
Robertus de Arbrisello, ejus elogium, 990. b. 991. e. 994. e. 1002. a.
Robertus præpositus Autissiodorensis, 728. a.
Robertus de Torigneo prior claustralis Becceusis, 105. d.
Robertus de Hispania prior B. Mariæ de Prato, 110. d.
Robertus prior S. Victoris, 264. b.
Robertus rex in bello occisus, 708. c.
Robertus rex Franciæ, 722. a.
Robertus Brevis rex Scotorum, 322. a.
Robertus Artesii comes, 615. d. 615. a.
Robertus *de Bar* comes d'*Aumale*, 603. a. 605. b. 609. b.
Robertus comes Beneventanus, 980. b.
Robertus de Mellento erga Bnecum munificus, 103. a.
Robertus filius Guidonis comitis Flandrensis, 615. c.
Robertus Augustini vir magnificus, 321. b.
Robertus *Orford* scribit pro defensione S. Thomæ, 370. c.
Robertus *Olchot* Anglus, vir doctus, 381. c.
Robertus religiosus vir & sanctus, 383. d.
Robertus miles, 692. a.
Rodulfus abbas S. Pantaleonis, 1015. a. Expulsus de cœnobio S. Trudonis, ibid. b. c.
Rodulfus discipulus & scriptor vitæ Petri Venerabilis abbatis Cluniacensis, 1187.
Rodulfus rex, 687. c.

Rodulfus rex Romanorum, 180. a.
Rodulfus comes de Grueria, 313. a.
Roffensis episcopus Robertus, 321. c.
Rogerius abbas Augensis, 237. b. 259. a.
Rogerius *de Bailleul* abbas Beccensis, 105. c. e.
Rogerius abbas S. Evurtii, 242. e.
Rogerius dux Calabriæ monasterium S. Stephani de Busco construit, 160. b. A S. Brunone divinitus præmonetur de præparatis sibi insidiis, 160. c. Proditores efficit servos monasterii sancti Brunonis, 161. c.
Rolandus Cremonensis, magister ord. Prædicatorum, 349. c.
Romanus cardinalis confirmat Pruliano donationem ecclesiæ S. Martini de Limoso, 443. a.
S. Romani ecclesia Tolosana data S. Dominico, 417. b. Eam deserunt fratres Prædicatores, 419. a.
Romeus prior provincialis ord. Prædicat. erga B. Mariam devotus, 410. d.
Romualdus princeps Beneventanus, 752. e.
Romulus Amasæus vir doctus, 1390. d.
Rosarium B. Mariæ, 392. d.
Rossanensem archiepiscopatum recusat S. Nilus, 935. b.
Rostagnus archiepiscopus Aquensis, 558. a.
Rotfredus decanus Autissiodorensis, 693. b.
Rotgangi episcopi obitus, 639. d.
Rotomagensis archiepiscopi S. Audoenus, 798. a. Hugo, 105. c. 258. c. Radulfus, 108. c.
Rotrodus archiepiscopus Rothomagensis, 105. a.
Ruolium monasterium, 1194. a.
Russanum urbs Calabriæ a Saracenis protectione B. Mariæ intacta, 890. a.
Russani tumultuantes per S. Nilum veniam impetrant, 930. e. & seq.

S.

Sabbati jejunium, 941. a. b.
Sabaudiæ comites Amedæus, 185. e. Humbertus, 171. d. 174. b. Thomas, 344. a.
Sabaudiæ dux Emmanuel Philibertus, 1414. e.
Sabinensis episcopus Gabriel Palæotus, 1412. a.
Sagiensis episcopus Girardus, 505. c.
Sagiensis ecclesiæ pressura per duos contendentes de episcopatu, 14. 83. c. In ea olim canonici regulares, 15.
Sagonensis episcopus Garinus, 480. c.
Salomon an damnatus, 924. a.
Salomon decanus Autissiodorensis, 713. c.
Salve regina ut post completorium cantaretur unde ortum habuit, 549. d. & seq.
Salvus Casseta magister ord. Prædicatorum, 343. c.
Sancia uxor Richardi regis Teutoniæ, 531. a.
Sancia Petri *de Aquilar* baronissa, 541. c.
Sancius de Ficola prior provincialis ordinis Prædicat. 433. b.
Sancius Parra de Oltia, 1042. d.
Sanctonenses episcopi Ambrosius, 757. Bibianus, 757. & seq. V. Xantonenses.
Saracenorum incursu in Calabriam, 912. a. & seq. Quam destruunt, 937. c.
Sarlinæ episcopus Angelus Peruvius, 1402. a.
S. Satyri abbas Radulfus, 238. c.
Saturninus comes, 744. c.
S. Savini martyris acta translationis, 805. 807. a.
S. Savini ecclesia a Wandalis destructa, 807. b.
S. Savini monasterium a canonicis transit ad monachos, 805. 809. b.
S. Savini abbates Benedictus, 805. Dado, 805. Hucbertus, 803. b.
Saxones barbatos irrumpentes in Sanctonas oratione sua repellit sanctus Bibianus, 766. c.
Scala-Dei monasterium ordinis Cisterciensis, 1017. d.

INDEX RERUM ET VERBORUM

Schismata in sede Romana quot fuerint, 84. c.
Schisma in ecclesia, 386. d. Sub Alexandro III. 295. c. Post mortem Gregorii XI. 206. a. & seq.
Schisma perplexum valde, 83. b.
Scholæ Beccenses, 98. d. c. & seq.
Scipio Lancelottus cardinalis, 1391. a.
Scotiæ regnum per fraudem occupant Angli, 327. b.
Scotiæ reges Alexander, 320. d. David, 319. b. Guillelmus, 320. c. Jacobus, 323. a. Malcolmus, 320. b.
S. Sebastiano fusæ preces ad dissipandam pestem, 273. c. & seq.
Sebastianus Delius vir doctus, archiepiscopus Bisuntinus, 1390. c.
Sebastianus Medices magnus jurisconsultus, 1402. c.
Securianus de Savona vir pius, 1287. c.
Seibrandus episcopus Lemovicensis, 115. a. c. 120. d. 1091. c. 1092. d. 1094. b.
Selerus Bardæ imperatori reconciliatur, 867. b.
Simpringham ordo in Anglia, 10. b.
Seniorectus abbas Casinensis, 791. b.
Senonenses archiepiscopi Anastasius, 686. c. Daimbertus, 219. b. Eldaldus, 722. c. Leotericus, 709. d. Nicolaus Pelvé, 1394. b. Petrus de Corbolio, 271. d. Seguinus, 725. c. Walterius, 730. a. Willelmus, 249. c. 250. c. 251. c. 252. b. 253. c.
Senonensis decanus Gozfridus, 734. d.
Sepeliendi mos Grandimontensium, 1183. b.
S. Sepulcri in Italia abbas Petrus de Restis, 1381. c.
Seguinus abbas Casæ Dei, 157. c. d.
Sergius papa, 85. c. 86. a.
Sergius monachus pius Casinensis, 794. b.
Seripandus cardinalis, 1393. d. Obit Tridenti, 1394. d.
Serra monasterium Grandim. 1078. b.
S. Servani monasterium, 320. d.
S. Servatii reliquiæ, 197. c.
Servitarum ordo, 591. a. A septem viris originem ducit, 570. c. Qui relicta Florentia a B. Virgine moniti secedunt ad montem Senarum, 572. b. & seq. A qua etiam formam habitus acceperunt, 573. b. Et regulam S. Augustini, 573. c.
Servitarum cur nullus sanctorum albo inscriptus, 581. c.
S. Severinus Coloniensis archiepiscopus, 197. c.
Severus episcopus Casinensis, 791. b.
Seuvinus archiepiscopus Senonensis, 725. c.
Sicardus princeps Beneventanus, 974. c.
Siciliæ regnum Carolo fratri regis Franciæ dat Urbanus IV. 179. c.
Siciliæ reges Carolus II. 532. c. 535. c. 537. a. 538. a. Ludovicus, 365. a.
Siffridus archiepiscopus Coloniensis, 361. c.
Sigebergensis abbas Girardus, 118. d.
Sigismundus imperator, 388. a.
Sigismundus rex Burgundiæ, 777. 779. d. c.
Sigismundus Zaucctinus Bononiæ legum professor, 1390. c. Episcopus Firmanus, 1391. c.
Silvæ benedictæ Cartusia, 163. c.
S. Silvester, 17. c.
S. Silvestri vitæ nemo facile credit propter auctoris incertitudinem, 941. b.
Silvester antipapa, 87. c.
Silvester Aldobrandinus Romanæ Rotæ duodecimvir, 1392. b.
Silvius Antonianus cardinalis, 1414. b. 1437. c.
Simon archiepiscopus Burdigalensis, 1008. c.
Simon abbas a Kenlos, 321. b.
Simon magister ord. Prædicatorum, episcopus Nannetensis, 342. c. 385. b. 416. d.
Simon Capistri vicarius generalis episcopi Ebroicensis, 59. b.
Simon comes Tolosanus, 457. c. 458. b. c. e.
Simon comes Montis-fortis, 339. a. 395. c. 437. d. 446. d. 465. a. 493. b. 493. c.
Simon Montis-fortis miles, 498. d.

Simon de Motha civis Rothomagensis, 107. c.
Simoneta cardinalis, 1393. d.
S. Simplicii translatio, 1413. c.
Sipontinus archiepiscopus Matthæus Ursini, 357. c.
Siricius papa, 21. a.
Sirmondi translatio vitæ S. Niconis, 838.
Sisinnius papa, 85. c.
Sisinnius antipapa, 85. d.
Sistaricensis episcopus Petrus de Alamanone, 533. c. 537. c. 538. d.
Sixtus papa IV. 71. c. 72. d. 392. a. b. 628. c. Ejus bulla ne S. Catharina Senensis cum sacris stigmatibus pingatur, 1382. b.
Sixtus papa V. 1416. d. 1418. c. Cardinales creat, 1419. b. Ejus obitus, 1419. c.
S. Sixti Romæ monasterium instituit S. Dominicus, 346. d.
Solemnicum monasterium, 1103. c. 1104. a.
Solemniacum venit Clemens V. 469. a.
S. Sophiæ monasterium Beneventanum, 756. c.
S. Sophiæ de Benevento abbas Madelinus, 980. b.
Soræ episcopus Marcus-Antonius Salonius, 1402. a.
Sparæ episcopus Theopemptus, 861. a.
Sparsa pestem a Judæos pellit S. Nicon, 864. b.
Spinæ de corona Domini, 110. c.
Spoletanus episcopus Nicolaus de Prato, 336. c.
Stellæ abbas Johannes, 293. b.
S. Stephani lapis sanguine tinctus, 317. b.
Stephanus metropolita, 928. b.
Stephanus archiepiscopus Rituricensis, 252. c.
Stephanus episcopus Antiochenus martyr, 338. c.
Stephanus episcopus Cabilonensis, 729. c.
Stephanus episcopus Camaracensis, 855. c. d.
S. Stephanus episcopus Dienfis, 38. d. Ex priore Portarum, 176. c.
Stephanus episcopus Meldensis, 249. c. 250. c. 251. c.
Stephanus I. episcopus Parif. jubet promulgari excommunicationem in interfectores Thomæ prioris S. Victoris, 220 b.
Stephanus episcopus Parisiensis revocat condemnationem quorumdam articulorum S. Thomæ, 383. c.
Stephanus Cataneus abbas, 1436. d.
S. Stephanus abbas Cisterciensis, 48. a.
Stephanus abbas Viconiensis, 118. d.
S. Stephanus institutor ordinis Grandimontensis, 33. c. 34. c. 113. a. 1185. b.
S. Stephani Grandimontensis vita a pluribus auctoribus descripta, 1043. Paupertatis fuit amator, 1048. c. Ejus patria & parentes, 1050. c. Ad S. Nicolaum duodennis a patre ducitur, 1051. b. Infirmus remanet Beneventi, 1051. c. Ejus curam suscipit Milo archiepiscopus, 1052. a. d. & seq. Eremitarum Calabriæ vitam imitari desiderat, 1053. d. Parentes visitat, 1053. c. Ad Milonem revertitur, cumque inortuum reperiens Romæ commoratur apud quemdam cardinalem, 1054. a. Facultatem a pontifice impetrat ordinem instituendi, 1054. c. Reversus in patriam parentibus valedicit, 1055. b. Solitudinibus variis peragratis Murcei sedem figit, 1055. d. Professionis ejus formula & annulus, 1056. b. Ejus cibus, 1056. c.
S. Stephanus Grandmontensis lorica ferrea induebatur, 1057. b. Ejus indumenta, 1057. c. Lectus, ibid. d. Perseverantia in divinis officiis, 1057. c. Genuflexiones, 1058. a. Biduo aut triduo ab omni edulio abstinet, ibid. b. Discipulos congregat, 1058. d. Ejus erga eos prudentia, 1059. a. Humilitas, 1059. a. Doctrina, ibid. c. Cogitationes discipulorum suorum novit, 1059. e. Vis orationum ejus in quodam milite quem convertit, 1060. b. Captivum liberat, 1061. a. & b. A duobus cardinalibus visitatur, 1062. b.

Qui eum admirantur, 1064. a. S. Johanni Baptistæ comparatur, 1064. b. & seq. Moysi, 123. d. Ad mortem se præparat, 1066. b. Suos hortatur ad paupertatem, 1066. d. c. Triduo ante mortem requiescit in sinu Hugonis de Lacerta, 1158. a. Ejus obitus & epitaphium, 1067. b. 1169. b. d. Ejus mors manifestata, 1068. d. 1087. d. c. 1068. b. Ejus miracula, 1070. c. & seq. Miracula sacere prohibetur, 117. d. 1071. c. 1082. d. 1093. b. Miracula facere jubetur, 1074. c. 1075. c. 1093. b. Ejus translatio, 1079. b. Oblata sibi furto recusat, 1080. c. Ejus revelatio, 1087. d. 1094. a. & seq. Canonizatio, 1091. c. Bulla canonizationis, 113. b. 1092. a. c. & seq. Erga pauperes magis quam erga divites miracula exercet, 1100. c. Vivens fugiebat munera, 1101. b. Ejus dicta & facta justa Stephani de Liciaco prioris conscripta, 1118. b. Ejus virtutes, 1118. c. & seq. 1119. a. & seq. Ejus caritas, mansuetudo & longanimitas, 1114. b. & seq. Quæ consilia daret peccatoribus, 1121. a. Quæ militibus, ibid. c. Ne faciant de rapina eleemosynas, ibid. c. Monita ad clericos & sapientes viros, 1122. a. Ad religiosos, 1122. b. Ad meretrices & histriones, 1122. d. c. Confraternitates vitabat, 1123. a. & seq. Eleemosynæ, 1123. d. c. Erga pauperes ut se gereret, 1124. a. & seq. Erga ægrotos, 1125. b. & seq. Vere fuit martyr, 1125. c. Ejus elogium, 1126. d. & seq. Versus de ejus virtutibus, 1130. d. Ejus sententias colligit Hugo de Lacerta, 1155. b. Regula a Clemente III. confirmata, 118. c. Corpus a Marceto translatum ad Grandimontem, 1178. a. Brachium ejus datum ecclesiæ collegiatæ de Thierno, 1132. c. Vitæ synopsis, 125. a.
S. Stephani Grandimontensis vitæ compendium, 1143. a. Paucos adhuc fratres receperat cum ad eum accessit Hugo de Lacerta, 1148. a. Angelorum vitam ipse & discipuli ejus ducunt, 1148. c. Ejus verba ad Hugonem de Lacerta, 1148. c. Qui ipsi quæstiones solvendas proponit, 1155. b. & seq.
Stephanus S. Nili discipulus, 909. c. Verbis duris & increpationibus ab eo probatur, 910. c. Eum humiliat S. Faustus, 911. b. Ad Theodoram virginem mittitur, 911. d. Sportulam absque panis mandato factam jubetur in ignem projicere, 913. b. Et psalterium alteri dare, ibid. c.
Stephani discipuli S. Nili obitus & elogium, 951. c. & seq.
Stephanus de Maconibus, 1358. c. A sancta Catharina Senensi convertitur, & ei deinde devotus, 1264. c. Eam visitat, 1370. c. Quæ ei pacem cum adversariis procurat, & eum ad meliorem frugem convertit, 1371. b. S. Catharinæ epistolas scribit, 1371. b. 1372. c. Cum ea ad Gregorium XI. Avenionem proficiscitur. Eam comitatur in aliis ejus itineribus & legationibus, 1372. a. Etiam ad tumulam, ibid. b. Ea jubente ingreditur ordinem Cartusiensem, 1372. b. c. Ægrotans ab ea sanatur, 1375. a. Fit ordinis Cartusiensis generalis, 1277. c. 1280. c. 1282. b. c. 1283. c. 1288. a. In obedientia Urbani VI. 208. c. Propter ecclesiæ unionem renuntiat generalatui ord. Cartusiensium, 1368. b. Et fit visitator in Italia, ibid. c. Ei scribit Thomas de Senis ordinis Prædicatorum de S. Catharina Senensi, 1303. Ejus contestatio de vita & sanctitate S. Catharinæ Senensis, 1369. d.
Stephani Bisuntinus magister ord. Prædicatorum, 340. c. 371. c.
Stephanus de Alvernhatz prior provincialis Fr. Prædic. 422. d.
Stephanus de Cumba prior provincialis ord. Prædicat. 434. a.
Stephanus de Salanbaco ord. Prædic. prior Lemovicensis, vir sanctus, 466. d. 467. d.
Stephanus præpositus Autissiodorensis, 417. b. Vir doctus, 733. d.

Stephanus

HUJUS VOLUMINIS.

Stephanus de Liciaco IV. prior Grandimontis, 118. b. 126. c. 1085. b. 1185. c. & seq. Vir magnæ austeritatis & probitatis, 1074. b. 1075. a. b. 1076. e. Mori desiderat, 1077. a. S. Stephanum orat ne miracula faciat, 1082. d.
Stephanus Cartusiensis Vallis omnium sanctorum, 1277. b.
Stephanus novitius ordinem deserere volens a dæmone corripitur, 1195. d.
Stephanus ex ministro publico monachus, 882. a.
Stephanus ex officio regis Sigismundi, 779. d.
Stephanus comes Burgundiæ, 1203. a.
Stephanus vicecomes Thierni, 115. a. 1050. c.
Stephanus cancellarius Ludovici VI. 219. c.
Stephani Anicicnsis epistola in passionem S. Placidi, 788. b.
S. Stephani de Basco monasterium in Calabria a S. Brunone constructum, 159. c. 160. d. Transit ad Cistercienses, 161. d. e.
Suavis subdiaconus vir litteratus, 698. c.
Subdiaconi tenentur recitare horas canonicas, 270. a.
Suenο rex Daniæ Angliæ regnum invadere tentat, 825. e. Edelredum regem fugat, 825. d. Occiditur, 825. e.
Suessionensis episcopus Goslenus, 225. e. Nivelo, 1215. c. 1216. c.
Suessionensis comes Enguerannus dominus Codiciaci, 594. c.
Suessionensem comitatum emit Ludovicus dux Aurelianensis, 604. b.
Symmachus papa, 85. a. b.

T.

Tagenι archiepiscopi tertii Magdeburgensis ordinatio, 665. d. 677. a.
Talerandus episcopus Petragoricensis cardinalis, 187. c.
Tartari Hungariam & Poloniam invadunt, 77. b. Regnum CP. 77. c. Eorum nuntii in concilio Lugdunensi baptizati, 180. a.
Tassilo seu Dacilo dux infidelis, 813. c.
Templariorum ordo, 52. c. Scripsit eorum regulam S. Bernardus, 52. d. Equum non trottantem habere debebant, 52. b. Veste alba utebantur, 52. b. Eorum excidium, 158. b.
Terardus miles, 687. c.
Teutonicorum ordo, 62. b.
Thaddeus de Urbe-veteri ordinis Prædicat. 1274. b.
Thebæorum legio inclyta pro Christo moritur, 1013. e. Et quidem diversis in locis, 1015. Par: in Arnaburg, 673. c. Pars Coloniæ, 724. c.
Theobaldus episcopus Parisiensis ex monacho S. Martini a Campis, 225. c. 229. e.
Theobaldus abbas Becci, 104. a. Fit archiepiscopus Cantuariensis, & motus Angliæ compescit, 104. e.
Theobaldus rex Navarræ, 112. b. 1217. a. Corpus S. Macharii transfert ad Grandemmontem, 132. d.
Theobaldus comes, 707. c.
Theobaldus comes dapifer Ludovici VII. 240. a.
Theodericus cardinalis S. Vitalis, 252. b. 253. a. 254. d.
Theodericus præpositus B. Mariæ de Gradibus Coloniæ, 1017. c.
Theodericus de Appoldia scribit vitam S. Dominici, 405. d.
S. Theoderici prope Remos abbas Willelmus Filtartius, 626. d.
Theodericus rex, 85. a. b.
Theodericus rex Gothorum dictus ab antiquis Theodorus, 757. 763. c.
Theodora sanctissima virgo, 911. d.
Theodora mater S. Thomæ Aquinatis, 365. a.
Theodorus abbas Lateranensis, 792. a.
Theodosius imperator, 21. a.
S. Theofredi abbas Guillelmus, 155. c.
Theopemtus episcopus Spartæ, 861. a.

Theophilactus metropolita Calabriæ, 922. c.
Thiatgrimus episcopus, 680. b.
Thiarmarus episcopus, 668. d.
Thiedricus decanus, 670. e.
Thiedricus comes, 670. c.
Thierni vicecomes Stephanus, 105. a.
Thiernensis ecclesia collegiatæ datur brachium S. Stephani Grandimont. 1133. c.
Thiezuca sanctimonialis, 671. c.
Thomas cardinalis, 337. b.
Thomas Anglicus cardinalis, 375. e.
Thomas Donatus patriarcha Venetus, 393. d.
S. Thomas archiepiscopus Cantuariensis, 55. c. 56. a. 106. b. 1042. e.
Thomas Covarruvias episcopus Civitatensis, 1394. b.
Thomas abbas Beccensis, 107. a. 108. b.
Thomas abbas Castellariæ novum templum construit, 1006. b. Et transfert corpus B. Giraudi, 1006. 1008. b.
Thomas abbas a Kenlos, 321. c.
Thomas II. abbas a Kenlos, 322. a.
Thomas Crystalli abbas a Kenlos, 324. d.
Thomæ prioris S. Victoris interfectores excommunicati, 220. b.
S. Thomas de Aquino, 69. b. Ejus vitæ synopsis, 364. d. 551. c. & seq. Recusat episcopatum, 365. d. Festum Corporis Christi institui procuravit, 365. e. Raptus est in spiritu in mensa S. Ludovici comedens, 557. b. Qui eum libenter audiebat, 553. c. 557. b. Tribus scriptoribus simul de diversis materiis dictabat. 554. a. Magisterii munus divinitus monitus suscepit, 554. d. c. Quanta fuerit ejus doctrina, 554. d. c. Ejus scripta, 555. d. & seq. De ejus Summa, 556. a. De ejus Summa contra gentiles, 557. a. & seq. De scriptis ejus in SS. Sacramento, 558. c. De scriptis ejus in sacra biblia, 558. c. De variis ejus aliis scriptis, 560. c. In diffilioribus quæstionibus ad orationem recurrit, 556. d. 558. b. 559. a. 563. e. Ejus primum opus super evangelia, 553. d. Obitus, 369. b. Sanctorum albo inscribitur, 381. e. Ossa ejus petit universitas Parisiensis, 565. b. Corpus ejus transfertur Tolosam, 342. c. 385. d. 417. b. Ejus doctrina impugnata & defensa, 370. a. Illius articuli damnati revocantur, 385. c. Opera ejus in Græcum translata, 509. c.
Thomas S. Dominici discipulus, 457. c.
Thomas capellanus Petri Venerabilis, 1197. d.
Thomas Brixiensis vir pius & doctus, 392. c.
Thomas de Firmo magister ord. Prædicat. 342. e. 387. b. 1282. b.
Thomas Antonii de Senis ord. Prædicatorum, 387. c. 1241. b. 1242. c. & seq. 1366. c. 1370. a. Ejus contestatio de sanctitate & doctrina S. Catharinæ de Senis, 1254. b. Ejus epistola ad Stephanum de Maconibus & Bartholomæum de Ravenna Cartusianos; 1303. b.
Thomas de Fonte confessor S. Catharinæ Senensis, 1217. a. 1279. c. 1280. b. 1289. e. 1312. c. 1345. a.
Thomas Petra protonotarius apostolicus, 1283. a. 1285. b. 1286. b. 1288. c. 1361. b.
Thomas Servita vir sanctus, 584. a.
Thomas de Suetonio vir doctus, 369. a.
Thomas comes Sabaudiæ, 314. a.
Thomas marchio Saluciarum, quatuor filias Christo desponsat in monasterio de Renalla, 544. d.
Thunensis episcopi epistola de obitu S. Ludovici, 1217. c.
Tirolius dominus Castellariæ, 1001. d.
Tolosanus archiepiscopus S. Ludovicus, 71. a.
Toloſæ episcopi Fulco, 333. a. 339. a. 346. d. 399. c. 400. b. c. 437. b. 446. a. c. 447. c. 448. c. 449. b. c. 451. a. d. 457. c. 458. c. 459. c. Hugo de Mascharo, 462. c. Raimundus de Falgario, 420. b. Remundus, 444. c. 449. c. 452. a. Remundus de Miromonte, 459. c. 460. a. 507. b.

Tornacensis episcopus Guillelmus Filtartius, 626. d.
Trajectensis episcopus Adelboldus, 33. a.
Transfigurationis festum instituitur, 628. d. A Calixto III. renovatur, 592. c.
Trecensis episcopus Anselsus, 738. b. Garnerius, 271. c. Walo, 693. d.
Trecensis comes Henricus, 1215. c.
Trevirensis archiepiscopus Balduinus, 197. c. 377. c.
S. Trinitatis officium, 115. d.
S. Trinitatis ordo, 17. c.
S. Trophimenis virginis & martyris inventio, translatio & miracula, 971. a. & seq. Ejus epitaphium, 972. a.
S. Trudonis abbas Antonius Berghes, 631. b.
Tullensis episcopus Guillelmus Filtartius, 626. d.
Tullius Crispoldus, 1437. c.
Turcæ duo imperia, quatuor regna, provincias viginti auferc Christianitati, 72. e. Expugnant CP. 91. c. Christianos in Hungaria vincit, 92. d.
Turkillus Danus, 829. c.
Turonensis archiepiscopus Bartholomæus, 119. c. 1192.
Tutris monasterium in Calabria a sancto Brunone constructum, 159. b. c.
Tutio monasterium, 994. b.
Tusculanum S. Agathæ monasterium, 953. a.

V.

Vaifferas monasterium Grandimontenfium, 1078. a.
Valdensium hæreticorum origo, 56. c.
Valentinianus abbas Laceranensis, 792. a.
Valentinensis comitissa soror Gregorii papæ XI. S. Catharinæ Senensis perforat pedes, 1327. b.
Valentini episcopi Apollinaris vita, 777.
Valentinus Camers vir doctus, 393. a.
S. Valerius episcopus Hipponensis, 21. e.
Vallis-benedictionis Cartusia prope Avenionem ab Innocentio VI. fundata, 39. c.
Vallis-Lucion monasterium a Casinensi dependens, 938. e. 946. c.
Vallis-Scholarium origo, 64. e. Confirmatur ab Honorio III. 67. a.
Vallis-Scholarium constitutiones, 67. b.
Vanna virgo sanctissima, 385. e.
Vapincensis episcopus Robertus, 530. c. d.
Varmiensis cardinalis, 1393. d.
Vasatensis episcopus Raymundus de Tilio, 435. d.
Vasionensis episcopus Petrus de Casa, 60. c.
Vasionensi regioni præficitur Gabriël Palæotus, 1391. d.
Ubaldus Servita vir sanctus, 582. b.
S. Udalricus monachus Cluniacensis, 30. c.
Vedastus de Grenette abbas S. Bertini, 632. b.
Venciensis episcopus Petrus, 538. b.
Venetus patriarcha Thomas Donatus, 393. d.
Venturinus de Bergomo insignis prædicator, 384. a.
Vercellinus de Vercellis vir doctus, 391. c.
Veronæ episcopi Augustinus Valerius, 1424. a. Hieronymus Trivisanus, 1394. b.
Veronica, 198. c.
Vestanus episcopus Hugo Boncompagnus, 1394. a. 1395. a.
Vestis militaris, 1016. a. & seq.
Viana fundatrix conventus Condomensis ord. Prædic. 501. b.
Viana fundatrix parthenonis Pontis-viridis, 539. c.
Viconiensis monasterii historia, 281. Loci descriptio, 285. a. 285. c. Primus ejus incola Wido, 283. c. Ante Præmonstrati loci habitator, 283. e. Ad eum abdicatæ sæculi vanitatibus multi confluunt, 284. c. Sibi suisque scribendo stipem acquirit, 285. a. Truncinensem abbatem adit, 286. d. Abbati S. Martini Laudunensis se suosque subjicit, 286. c. Henricus vir nobilis in abbatem electus benedicendus aufugit,

Vet. Script. & Mon. ampl. Collect. Tom. VI.

GGggg

INDEX RERUM ET VERBORUM.

287. b. Viconiensium vita quam austera & pauper, 287. d. e. Ecclesiam lapideam construunt, 288. d. Divites fieri timebant, 289. d. Æs alienum ab abbatibus contractum solvit Stephanus abbas, 292. c. & seq. Apud eos visitatoris officium exercentes Cistercienses picturas ab aula auferunt, 301. d. Nova construitur ecclesia, 307. e.

Viconienses abbates Arnulfus, 293. d. Daniel, 293. b. Galterius, 292. b. Galterius de Querceto, 300. d. Geraldus, 290. d. 292. b. Gerardus de Cisvia, 305. Godefridus, 293. c. e. Johannes, 293. b. Johannes de Malbodic, 309. b. Johannes de Pontibus, 311. a. Nicolaus, 310. a. Radulfus, 290. d. 294. c. Stephanus, 291. b. 293. e. Warinus primus abbas Viconiensis, 287. c. 290. c. 292. a. Willelmus de Wercinio, 307. b.

Victor III. papa, 156. d.

S. Victoris Parisiensis antiqua monumenta, 217.

S. Victoris monasterium diu floruit religione & scientia, 251. d. Ejus religio laudatur, 243. c, Observantia, 268. a. In obedientiis iisdem vestibus, cibis & lectis uti debent, quibus in monasterio utuntur, 272. b.

Victorinos canonicos ad regulæ observantiam hortantur Alexander & Theod. cardinales, 263. a. & seq. Iis plures prebendæ concessæ in diversis ecclesiis, 223. c. Reformantur, 249. c. 251. d. 254. d.

S. Victoris viri illustres, 217.

S. Victoris abbates Achardus, 230. d. 231. b. 232. a. d. Ervisius, 234. a. 235. b. 236. a. b. 260. d. Gilduinus, 227. c. 229. c. 231. c. Goerinus, 253. a. Johannes Teutonicus, 271. e. Petrus Ducis, 274. e. 276. b. 277. b. Robertus. 267. b.

S. Victoris martyris pars capitis qua ratione ad canonicos Parisienses sancti Victoris transierit, 271. a. & seq.

S. Victoris miraculum, 272. d. & seq.

Victoria comitissa, 699. d.

Viennenses archiepiscopi Avitus, 777. 779. d. e. Hugo, 168. b. 1203. e. Isicius, 777.

Viennensis comes Geraldus, 174. b.

Vigilius papa, 789. d.

S. Vincentii inventionis historia, 493. b. & seq.

S. Vincentii corpus pro fratribus Prædicatoribus ab Alexandro IV. papa petit Philippus de Monte-forti, 488. a.

S. Vincentii caput apud Claram-vallem, 497. c.

S. Vincentius Ferrerius, 74. c. 387. c. & seq. Ejus canonizatio, 390. e. 391. a.

Vincentius Bellovacensis omnem scibilem scientiam studiosis utilem collegit, 70. a. Opera ejus, 363. a.

Vincentius le Lieur abbas Pratellensis, 106. d.

Vincentius Bandellus magister generalis ord. Prædicat. 391. e. 394. d.

Vincentius Palæotus vir præstantiæ 1388. e.

Virdunensis episcopus Guillelmus, 625. b. e.

Virginibus sacris consortium presbyteri non convenit, 941. d.

Visenoliom abbatia data Cælestinis Suessionensibus, 600. e.

Vitalianus papa, 797. e.

SS. Vitalis, & Agricolæ reliquiæ, 1406. d. Eorum reliquias detegit S. Ambrosius, 1414. d.

Vitalis Alexandri tertii notarius, 1023. a. 1037. c.

Vitalis decanus Autissiodorensis, 733. b.

Vizeliacum monasterium, 1189. e.

Uldricus comes de Novo-castro, 313. c.

Uldricus dominus de Arzonciel, 313. b.

Ulixes Aldrovandus vir doctus, 1431. c.

Ulricus vir doctus Alberti-Magni discipulus, 70. a.

Ulricus Teutonicus baccalaureus, 368. b.

Urbanus papa II. 31. a. 82. b. 214. 2. S. Brunonis olim discipulus, 156. b. Romam cum accersit, ibid.

Urbanus papa III. 119. d.

Urbanus IV. papa, 336. b. 359. e. 360. b. 363. b. 365. c. 366. d. Regnum Siciliæ Carolo fratri regi Franciæ dat, 179. c. Eo jubente S. Thomas scribit in evangelia, 553. e. 558. c. Et officium S. Sacramenti, 558. a.

Urbanus V. papa, 82. c. 189. d. 337. d. 385. c. 417. b. 433. a. c. 617. e. 618. a. b. Ecclesiam S. Crucis in Jerusalem dat Cartusiensibus, 260. a. b. Quædam statuta condit pro eis, quæ respuunt, 200. b.

Urbanus papa VI. 83. 2. 206. a. c. 386. e. 619. d. 1268. b. 1274. a. d. 1285. a. 1287. c. 1337. b. 1378. c. Ne a Romanis occidatur impedit S. Catharina Senensis, 1297. c. d. E carcere liberatur, 1364. b. Ei reconciliati Florentini, 1299. b.

Urbanus VII. papa, 1419. e. 1436. c.

Urbanus Vigerus episcopus Senogalliensis, 1436. c.

Urbeveranus episcopus Constantiensis, 405. c.

Ursi-campus monasterium ord. Cisterciensis, 234. c.

Ursinus miles spoliat terras S. Victoris, 242. c.

Wadimirus corepiscopus, 734. b.

Wala episcopus, 694. b.

Walaciensis abbas Ægidius, 302. b.

Walabarius decanus Autissiodorensis, 695. e.

Waldrici episcopi ordinatio, 697. a.

Waldricus miles de Warziaco, 686. c.

Waldricus Autissiodorensis præpositus, 693. b.

Walo episcopus Trecensis, 693. d.

Walonis seu Walradi monachi Altimontensis elogium seu vita abbreviata, 1214. b. & seq.

Walo decanus S. Petri, 705. d.

Walo canonicus postea monachus, 706. b.

Walramus archiepiscopus Coloniensis Cartusiam fundat, 197. d.

Walterius archiepiscopus Senonensis, 730.

Walterius episcopus Ædyensis, 722. e.

Walterius episcopus Aurelianensis, 692. a.

Walterius abbas S. Martini Laudunensis, 286. e. Fit episcopus, 290. d.

Walterius levita & canonicus & præpositus S. Mariæ. 702. c.

Walthardus episcopus, 674. c.

Walto episcopus, 675. c.

S. Wandregesilus orat pro nepotis sui Godonis perfecta conversione, 796. a.

Warimbertus episcopus Autissiodorensis, 698. a.

Warinus abbas Viconiensis, 287. c. Fit abbas S. Martini Laudun. 290. c.

Wastinensis abbas Laurentius, 242. a.

Welfo abbas, 730. a.

Wibaldus abbas Casinensis & Stabulensis, 789. d. A Lothario imperatore institutus abbas Casinensis, 790. a. Ejus elogium, 790. b. c.

Wibertus antipapa, 162. b. c.

Widikindus comes, 678. c.

Widonis primi Viconiensis loci incolæ obitus, 289. e.

Wighaldus episcopus Autissiodorensis, 704. a.

Wigorniensi ecclesiæ pastor petitur ab Ervisio abbate S. Victoris, 240. c. e.

Wibbertus episcopus, 670. d.

Willelmizæ monachi, 214. a.

Willelmus archiepiscopus, 670. b.

Willelmus archiepiscopus Antianus, 1021. a. 1024. e. 1026. e. 1037. d.

Willelmus archiepiscopus Remensis, 1215. e.

Willelmus archiepiscopus Senonensis, 249. e. 250. c. 251. c. 252. b. 253. c.

Willelmus Mauriennensis episcopus, 171. d.

Willelmus Virdunensis episcopus factus abbas S. Bertini, deinde Tullensis, ac demum Tornacensis episcopus, 626. d.

Willelmus abbas Orbacensis, 1215. e.

Willelmus de Wercino abbas Viconiensis, 302. a. 307. b. Interest concilio Lugdunensi, ibid. Novam construit ecclesiam, 307. c.

Willelmus prior Cartusiæ, 246. c.

Willelmus prior Ursi-campi, 234. d.

Willelmus Claretti S. Dominici socius, 334. b.

Willelmus comes, 707. b.

Willelmus Nivernensis comes Cartusianus, 717. a.

Wisardus episcopus, 676. a.

Uxorem propter Deum an possit homo dimittere, 925. a.

X

Xantonensis episcopus Elias, 120. d. 1094. b.

Z

Zacharias monachus insignis, 891. e.

S. Zanæ translatio, 1487. Vitæ ejus compendium, 1417. c.

Zosymus monachus, 878. c.

Zosymus vir pius, 868. c.

ERRATA EMENDANDA.

Pagina 17. linea 6. Thoretica, lege Theoretica. pag. 64. l. 23. theoriæ, l. theologiæ. pag. 85. l. 20. eorum, l. episcoporum. pag. 101. l. 2. neumate, l. pneumate. pag. 104. l. 2. neumatis, l. pneumatis. pag. 150. l. 26. derivatam, l. derivatum. pag. 151. l. 26. qui ad, l. quod ad. pag. 156. l. 59. correptum, l. conceptum. pag. 196. l. 17. juxa, l. justa. pag. 221. l. 19. meritorie, l. memoriæ. pag. 241. l. 30. per hoc, l. per hos. pag. 244. l. 4. Victoti, l. Victoris. pag. 247. l. 32. vivat, l. vivas. pag. 248. l. 49. oratione, l. occasione. pag. 299. l. 42. sint, l. sit. pag. 305. l. 31. fore, l. fere. pag. 309. l. 9. conventus, l. conventui. ibid. 647. tamen, l. tantum in parte. pag. 333. l. 32. albus, l. abbas. pag. 338. l. 17. in harum, l. in horum. pag. 340. l. 24. papa IV, l. Alexandro papa IV. pag. 343. l. 26. Salutis, l. Salvus. pag. 352. l. 20. superadditi, l. superadditæ. pag. 336. l. 39. lectore, l. lictore. pag. 360. l. 15. alia, l. illa. pag. 385. l. 24. Ligonensis, l. Lingonensis. pag. 417. l. 47. alitus, l. aliquis. pag. 452. l. 25. quia, l. qua. pag. 475. l. 4. MCCCXV. l. MCCCXXV. pag. 48. l. 42. instingant, l. instigant. pag. 553. l. 1. sua, l. suæ. pag. 560. l. 43. Parnomitarum, l. Panormitanum. pag. 565. l. 34. rigendis, l. erigendis. pag. 573. l. ult. irrepsisse, l. irrepsisse. pag. 610. l. 25. mois l'autrui, &c. l. autrui en toutes. Donné à Paris ou mois d'Avril. pag. 611. l. 29. MCCCVII. l. MCCCCVII. pag. 695. l. 39. VIII. l. viri. pag. 744. l. 1. eum, l. eam. pag. 803. l. 52. præservandum, l. præsentandum. pag. 817. l. 19. ab ore, l. ab orbe. pag. 839. l. 6. pivinitatis, l. divinitatis. pag. 846. l. 4. Deum illo, l. Deo illum. pag. 851. l. 10. nullum, l. nullam. pag. 867. l. 10. ipsi &, l. ipsi de. pag. 869. l. 37. honorem, l. honorum. ibid. l. 47. abigens, l. ambigens. pag. 871. l. 1. proficiscetur, l. proficisceretur. pag. 881. l. 58. dilata, l. deleta. pag. 883. l. 38. capiendam, l. capiendum. pag. 885. l. 22. educebatur, l. educabatur. pag. 889. l. 51. desiit, l. desit. pag. 891. l. 13. illorum, l. illarum. pag. 903. l. 11. sectabantur, l. sectabatur. pag. 935. l. 48. detexit, l. deflexit. pag. 946. l. 47. oculis, l. oculi. pag. 950. l. 5. concessitis, l. concessistis. pag. 994. l. 4. non desipiebant, dele non. pag. 998. l. 5. opprimabatur, l. opprimebatur. pag. 1007. l. 42. permittitur, l. præmittitur. pag. 1015. l. 5. animati....experti, l. animatæ....expertæ. pag. 1023. l. 37. trasgressus, l. transgressus. pag. 1024. l. 57. præcedente, l. procedente. pag. 1035. l. 1. incontinentia, l. incontinentiæ. pag. 1042. l. 9. minis, l. nimis. pag. 1072. l. 18. modicos, l. medicos. ibid. l. 28. sanctitatis, l. sanitatis. pag. 1073. l. 24. illo, l. illa. pag. 1076. l. 56. conditerentur, l. conderentur. pag. 1105. l. 2. Ob meritis, l. meritis. pag. 1150. l. 10. signamus, l. significamus. pag. 1156. l. 46. præveniat, l. proveniat. pag. 1184. l. 61. quam, l. quoniam. pag. 1201. l. 25. ecclesiam, l. historiam. pag. 1210. l. 22. commorantes, l. commorante. pag. 1239. l. 6. priori, l. priore. pag. 1253. l. 42. alios, l. alias. pag. 1330. l. 9. gentilis, l. Gentilis. pag. 1399. l. 16. continuo, l. continua.

www.ingramcontent.com/pod-product-compliance
Lightning Source LLC
Chambersburg PA
CBHW052034290426
44111CB00011B/1503